조선후기 심설논쟁

노사학파

표점 · 해제 · 선역

心說論爭 아카이브 구축 자료집 총서 03

조선후기 심설논쟁

노사학파

표점·해제·선역

한국전통문화대학교
한국철학연구소

學古房

이 책은 2017년 대한민국 교육부와 한국학중앙연구원(한국학진흥사업단)의
한국학분야 토대연구지원사업의 지원을 받아 연구되고 출판되었다.(AKS-2017-KFR-1250003)

19세기 말, 기호·호남·영남 세 지역을 기반으로 성리학의 사대 학파(四大學派)가 형성되었다. 호남 지역에서 노사학파(蘆沙學派)에 이어 간재학파(艮齋學派)가 나와 모두 넷이 되었다. 학파의 대표가 활동한 시기로 보면 화서학파(華西學派)가 빠르고 간재학파가 가장 늦다. 학문 계통으로 보면, 화서·노사·간재 세 학파가 율곡학파의 우산 속에 들어가는 한편, 한주학파(寒洲學派)는 퇴계학파의 학맥에 연결된다. 학설상으로는 화서·노사·한주 세 학파가 주리(主理)의 기치를 높이 들고 이를 척사위정(斥邪衛正)의 사상적 근거로 삼은 반면에, 간재학파는 율곡설에 충실하게 성리설을 전개하였으며, 성리설을 척사위정의 근거로 원용(援用)하지는 않았다. 이처럼 조선 말기의 사대 학파는 학통과 사설(師說), 지역적 연고를 떠나 성리학사의 마지막 불꽃을 활짝 피웠다. 조선 성리학의 약점으로 지적을 받아왔던 당파성, 분열성을 나름대로 극복하고 성리학의 본령과 시대정신을 함께 찾으려 하였다. 이 점은 정당한 평가를 받아야 할 것으로 본다.

노사 기정진(奇正鎭, 1798~1879)은 전라도 순창(淳昌)에서 태어나 18세 때 장성(長城)으로 옮겨가 도학에 전념하여 일가를 이루었다. '리학육대가(理學六大家)'의 한 사람으로 꼽히는 그는 근세 성리학사에 크게 기록될 만한 업적을 남겼다. 주위 배경이 기호학파와 연결되어 있었지만, 기호학파의 학설과 이론을 답습하지 않고 강렬한 주리론을 주창하였다. 조정에 올린 시정(時政)의 대책들은 그의 성리학과 긴밀하게 연결되어 있었다.

기정진은 평소 성리설에 대한 글을 남기는 것을 탐탁하게 생각하지 않았으나, '주기'의 세폐(世弊)를 구제하기 위해 부득이 남겼노라고 밝혔다. 대표적 저술인 「납량사의(納凉私議)」·「리통설(理通說)」·「외필(猥筆)」에 그의 철학사상이 응축되어 있다. 그의 주리론은 종래의 주리론을 답습한 것이 아니었다. 리기 문제를 당시의 시대 상황에 맞추어 가치론적 측면에서 해석한 것이었다. '시대정신'을 떼어놓고는 그의 강한 주리론을 이해하기 어렵다. 당시 율곡학파 후예들에게 심한 공격을 받았고, 특히 연재(淵齋) 송병선(宋秉璿)과 그의 문도 등의 저지에 부딪쳐 『노사문집』의 출판이 어려움을 겪었던 것은 성리학의 기본 논리와 시대정신 사이에서 생긴 간극 때문이었다고 할 수 있다.

기정진의 주리론은 조선 성리학사상 매우 이채를 띤다. 종래 여러 학자들이 펼쳤던 주리론과도 차이가 있다. 대다수 주리론자들이 리와 기를 상대적으로 말하고 이원적으로 보아 '리주기자(理主氣資)'의 관점을 취한 데 비해 그는 리일원론적 사유를 견지하였다. 기정진처럼 리일원론에 가까운 존리론(尊理論)을 전개한 학자는 이전에 없었다. 그는 리를 잘못 인식하는 것이 세도인심(世道人心)에 가장 큰 해독이라고 주장하였다. 리기를 말하면서 될 수 있는 대로 '기' 자를 사용하지 않고 '분(分)' 자로 대신할 정도로 철저하게 주리적 관점을 취하였다.

기정진은 당시 기호학파에 만연하던 주기설이 율곡의 설(氣發理乘一途說)에 뿌리를 두고 있다고 지적하면서, 이것은 본연(本然)은 소홀히 하면서 유행(流行) 일변으로 흐른 것이라고 비판하였다. 기정진은 리를 스스로 조작(造作)할 수 없는 것으로 보아 사실상 '기발'만을 인정하였다. 그러면서도 리의 주재성을 역설한 나머지 "동(動)하고 정(靜)함은 기요, 동하고 정하게 하는 것은 리다. 동하고 정하게 함이 바로 그렇게 시킨 것이 아니고 무엇인가"라고 하였다. 기발(氣發)이 결과적으로 리발이라는 것이다. 이는 주로 영남의 주리론자들이 리의 능조작(能造作)을 주장하여, 기의 작용 능력이 리의 동정(動靜)에서 비롯된다고 본 것과 차이가 있다. 그의 이런 견해는 율곡의 기발리승일도설은 물론 퇴계의 리기호발설과도 다르다. 이 때문에 기호학파와 영남학파 양쪽에서 강한 비판을 받았다.

사단칠정 문제에서는 사단과 칠정의 근원이 하나임을 강조하고, 사단칠정 리기호발설에 반대하였다. 주자가 '사단리지발(四端理之發), 칠정기지발(七情氣之發)'이라고 한 것은 사단·칠정을 구별해서 본 것이지, 그 근원이 서로 다름을 나타내려 함이 아니라는 것이다. 이런 리기불상리(理氣不相離)의 관점은 인심도심설에도 이어졌다.

많은 학자들이 주자의 「중용장구서(中庸章句序)」를 근거로 도심을 리발, 인심을 기발이라 하였다. 그러나 그는 "형기(形氣)에서 생한다고 말한 것을 기발이라고 말할 수 있으며, 성명(性命)에 근원한다고 말한 것을 리발이라 말할 수 있을까"라고 하여 반대의 입장을 분명히 하였다. '심(心)'에 대해서는 '심즉리'나 '심즉기' 양설에 모두 반대하고, '심합리기설(心合理氣說)'에 대해서도 '합' 자에 어폐가 있음을 지적하였다.

한편, 당시 치열하게 논쟁이 전개되었던 '명덕(明德) 주리·주기' 문제에 대해 많은 언급을 하였다. 먼저 '명덕은 본심(本心)을 달리 이르는 말이다'고 하여 명덕을 심의 본래면목(本來面目)으로 파악하고, 심이라 하지 않고 명덕이라 한 까닭을 밝혔다. "심을 말할 때는 기에 구속되고 물(物)에 가려진 심이라도 심이라고 말하지 않을 수 없다. 그 기를 범하지 않고[不犯氣] 물을 범하지 않은[不犯物] 본체를 가리키는 까닭에 명덕이라고 한다"고 하였다. 그는 심에 대해 리나 기 어느 한쪽으로 파악하여 단정하지 않았다. 화서학파에서 치열하게 전개되었던 '명덕 주리·주기의 논변'을 종합, 지양하려 했음을 볼 수 있다. 그가 끝까지 심즉리를 인정하지 않음은 한주 이진상의 '심즉리'설을 염두에 둔 것일 수 있다.

노사 성리설의 특징은 '리일분수'에 대한 독특한 해석에서 잘 나타난다. 그의 대표적 논문인 「납량사의(納凉私議)」는 인물성동이론에 관한 문제를 탐구하는 과정에서 그 이론적 기초가 되는 리일분수설을 새롭게 해석, 정립한 것이다. 그는 '리일'이라 할 때 이미 분(分)을 내함(內涵)하며 '분'이라 할 때 이미 리일을 상함(相涵)한다고 하였다. 이것이 리함만수설(理涵萬殊說)의 대체다. 그는 이것을 동철(銅鐵)에 비유하여 설명하였다. 한 덩이의 동철이 있다고 할 때 이것은 일태극(一太極)이요, 주발을 만들 수 있고 칼을 만들 수 있는 것은 분수(分殊)가 일(一)에 포함된 것이다. 그러나 동철이 주발이나 칼이 되어 비록 옛 모습을 지니지는 않았지만 쇳덩이의 본질이 변한 것은 아니다. 이는 분수 중의 리일이니, 처음부터 주발이나 칼 이외에 따로 한 덩이의 동철이 있는 것은 아니다.

기정진은 이 리함만수설에 따라 호락(湖洛) 양론을 모두 비판하였다. 호론은 분수를 고집하고 낙론은 리일만을 고집하니 그 병폐는 마찬가지라고 하면서 "같은 가운데에도 다름이 있고[同中有異] 다른 가운데에도 같음이 있으니[異中有同], 같고 다름을 논할 필요는 없다. 물(物)과 아(我)가 오상을 고루 가진 것은 리지일(理之一)이며, 오상에 편전(偏全)이 있는 것은 일(一) 가운데 분(分)이다"고 주장하였다. 그리고 "만일 다름을 주로 하여 같음을 폐한다면, 성즉리(性卽理) 세 글자는 헛말이 될 것이요, 또 같음을 주로 하여 다름을 폐한다면 성(性)은 체만 있고 용은 없는 것이 된다"고 하여 호락 양론의 편향성을 비판하였다.

일반적으로 기정진은 기호학파에 속하면서도 주리적 관점을 취한 학자로 평가된다. 실제로 당시 기호학파 일부 학자들 사이에서는 기정진이 율곡설을 비판한 것과 주리설을 주장한 것을 비판하면서 이를 영남학파와 연결 지어 일종의 이단자(異端者)로 인식하기도 하였다. 그러나 이것은 오해다. 기정진은 가치론적 측면에서 기호학파 학인들의 리에 대한 인식이 잘못되었다고 비판하였고, 그러한 인식의 단서를 율곡에게서 찾아 이를 비판했을 뿐이다. 율곡의 학설을 전면적으로 부정하거나 무시한 것이 아니었다. 그가 사실상 '기발'만을 인정한 점은 결과적으로 이이의 논리와 다르지 않다. 사단칠정·인심도심설에서도 퇴계보다는 율곡의 견해와 관점을 따랐다.

영남 성리학의 도미(掉尾)를 장식한 면우(俛宇) 곽종석(郭鍾錫)은 이항로와 기정진의 주리설에 대해 평가하면서, 기정진이 주리의 관점에 철저하지 못함을 비판한 바 있다. 이것은 곧 기정진이 율곡학파의 학문 전통에서 벗어나지 못했다는 말로 이해할 수 있다. 기정진의 성리설은 성리학의 일반 논리에 비추어 볼 때 논리적 일관성에서 문제점으로 지적할 만한 것들이 있지만, 서세동점의 현상이 가속화하던 당시 상황과 견주어 고찰해야 그 진정한 의미를 찾을 수 있다고 본다. 그의 주리론에서는 우주론적 이해보다 가치론적 이해를 앞세웠다는 점에서 특성을 찾을 수 있고, 또 심성론에서는 대체적으로 율곡의 논리를 따르면서도 호락시비, 명덕주리주기논쟁 등에서 양자의 절충으로 꾀하였다는 점도 눈여겨볼 대목이다. 그는 진리를 탐구하면서 기성의 권위나 꽉 짜여진 틀[窠臼]에서 과감히 벗어나려 했고, 또 시대를 외면하지 않는 학문을 했다. 이점은 후학들에게 좋은 본보기가 된다고 하겠다.

기정진의 문하에서 정재규(鄭載圭)·이최선(李最善)·조성가(趙性家)·최숙민(崔淑珉)·기우만(奇宇萬) 등 걸출한 제자가 배출되었다. 문인록에 오른 제자가 3백여 명에 달하였다고 한다. 장성·광주권을 중심으로 하나의 학단(學團)을 형성하였는데, 영남의 함양·산청·하동 등 진주권(晉州圈)에서도 상당수의 학자들이 찾아와 수학함으로써, 영·호남의 학술 교류에 크게 기여하였다. 진주권 출신의 문인들이 가교(架橋)가 되어 한주 이진상 계열 등 퇴계학파 학인들과 활발하게 접촉하였음은 근세 학술사에서 한 페이지를 장식할 만한 일이다. 노사학파를 중심으로 하는 심설논변 종합편이 한 책으로 정리되어 나온 것을 기뻐하여 마지않는다.

2022년 10월 31일
한국철학연구소장 최영성 근지(謹識)

범례

1. 이 책은 "心說論爭 아카이브 구축 - 자료의 수집·발굴, 교감·표점, 해제, 해석 - "사업의 결과
   물로서, 총 4권의 자료집 중 제 3권에 해당한다.
2. 이 책은 노사학파의 기정진, 신재철, 김류, 이최선, 나도규, 기양연, 정하원, 기홍연, 안정회, 박철
   현, 김석구, 최숙민, 김한섭, 정시림, 정재규, 오계수, 정의림, 박해량, 이직현, 정면규, 박노술,
   오준선, 권운환, 기우승, 정기, 황철원, 양회갑의 심설논변 자료이다.
3. 각 편마다 해제와 표점원문을 싣고, 중요문편을 선역하였다.
4. 표점원칙과 용례를 수록하여 독자가 참고할 수 있도록 하였다.
5. 책의 뒤편에는 이 책 본문에 나오는 인물들 전체를 표로 만들어 제시하였다. 또한 간략한 인명
   사전을 수록하였다.

1. 『심설논쟁 아카이브 구축』의 표점안 9개 부호 사용 : 표점부호(15개) · 교감부호(4개)

	부호	부호명	구분	기능 및 사용 위치
1	◦	고리점	종지	평서문, 어조가 약한 명령문·청유문의 끝에 사용함.
2	?	물음표	종지	일반의문문 및 반어문 끝에 사용함.
3	!	느낌표	종지	감탄문 및 어조가 강한 명령문의 끝에 사용함.
4	,	반점	휴지	한 문장 안의 句나 節의 구분이 필요한 곳에 사용함.
5	、	모점	휴지	병렬된 명사 또는 밀접한 관계의 명사구 사이에 사용함.
6	;	쌍반점	휴지	두 구 이상으로 구성된 각 절이 병렬을 이룰 때 그 사이에 사용함.(네 구 이상은 쌍반점을 쓰지 않고 온점을 찍는 것을 원칙으로 함. 단, 글자 수가 많지 않거나, 단순구조는 예외로 함.)
7	:	쌍점	휴지	직접인용문을 제기하는 말 뒤, 또는 주장을 제기하는 말 뒤에 사용함.(愚按類)
8	" "	큰따옴표	1차 인용 및 강조	대화문·인용문·강조 어구에 사용함.
9	' '	작은따옴표	2차 인용	1차 인용부호 안에 사용함.
10	『 』	겹낫표	서명	서명을 묶을 때 사용함.
11	「 」	홑낫표	편명	편명을 묶을 때 사용함.(십익·괘명 포함)
12	◇	꺾쇠표	작은 편명	편명 안의 소제목을 묶을 때 사용함.[1] 또는 원문에서 밝히지 않은 原註를 묶을 때 사용함.[2]
13	·	가운뎃점	편명구분	편명부호 안에서 층위 있는 편명이 나열될 경우, 가운뎃점을 두어 구분함.
14	＿	밑줄	고유명사	고유명사(國名·地名·人名·字·號·시호·연호·건물명)[3]의 해당글자 밑에 사용함.
15	【 】	어미괄호	저본의 소주	小字로 된 原註를 본문과 구별하는 데 사용함.[4]
16	▨	판독불가부호	저본의 상태	저본의 판독불가 글자에 사용함.[5]
17	교감 { }	중괄호	저본의 누락글자	누락글자의 보충에 사용함.[6]
18	( )	소괄호	저본의 誤字, 혹은 衍文	誤字로 추정되는 글자에 사용함.[7] 衍文으로 추정되는 글자에 사용함.[9]
19	[ ]	대괄호	수정 글자	誤字를 대체할 글자에 사용함.[8]

1) 1-2-44 「闢邪錄辨」(『華西集』卷25)

　　　　〈上帝與天主相反辨〉

2) 원문에서 밝히지 않은 原註를 묶을 때 〈 〉를 사용함

> 보기 堯, 舜不止於心之, 而必性之; 孔, 顔不止於心, 而必曰矩與仁也; 曾傳旣曰"明明德", 而又必曰"止於至善"; 『中庸』首言性道, 而不及心靈。〈「序文」亦不以靈覺爲本, 又必曰原於性命。〉_『중재집』「田艮齋書瑣辨」

3) 인명 등 고유명사의 밑줄 예시

華門 / 孔門 / 帝堯 / 大舜 / 伊川先生 /

柳正言丈 / 王氏期齡 / 金參判

洲上 / 圯上老人 / 塞翁 / 金氏 / 朴公

河朔 / 川蜀 (관습상 연용되는 경우)

彪丈 / 彪某 / 姦檜 / 許賊 /

二程 / 漢武帝 / 周公旦 / 湖伯 / 宋帝

嶺南 / 湖南 / 關東 / 下三道 / 兩界 / 有明 / 皇淸

* 서양인의 인명은 원문에 밑줄표시하고, 각주를 달아줌. (DB구축시 말풍선과 메모창 활용)

> 보기 利瑪竇(마테오리치 Matteo Ricci, 1552~1610) : 이탈리아 출신의 예수회 선교사이다. 저서에 『천주실의』가 있다.

4) 소주의 내용도 표점하되, 명사형(서명, 인명)은 고리점을 찍지 않는다. 어미괄호 (【 】)는 앞 구절의 표점에 이어 붙여 쓰며, 닫는 어미괄호 뒤에는 한 칸을 띄워 준다. (원문은 14p, 소주는 11p. 단, 원주의 대상이 직전 단어에 대한단순설명이거나 고유명사인 경우는 표점부호를 닫는 어미괄호 뒤에 붙여 쓴다.)

> 보기 章末無"此謂平天下在治其國"之結尾, 何也?【金漢驥】

> 보기 蓋理有知【智】而氣無知, 故理能主宰而氣不能主宰; 氣有爲而理無爲,【莫之爲而爲, 便是無爲。】故氣能作用而理不能作用。

> 보기 且其他以神明【本心】、虛靈【明德】, 直做理言者, 不一而足, 今於此却如此說, 未知何故也。

5) 각주를 달아준다

> [보기] 正在別處期▨[각주번호]知其不在
>
> 각주 → ▨: 저본의 상태가 불분명하여 판독이 불가한 글자이다.

6) 저본에 누락된 글자가 있다고 판단될 경우, 중괄호 안에 해당글자를 보충하고 각주를 달아준다.

> [보기] 王氏認心爲理, 故嘗言仁人心也。心體本弘毅, 不弘{不}[각주번호]毅者, 私欲蔽之耳。
>
> 각주 → {不}: 『간재집』에 의거하여 '不'을 보충하였다.

> [보기] 蓋天地之心, 卽下文所謂似帝字{者}。[각주번호]
>
> 각주 → {者}: 『간재집』에 의거하여 '者'를 보충하였다.

7) 8) 저본에 誤字가 있다고 판단될 경우, 저본의 글자를 바로 수정하지 않고, 해당글자에 '( )', 수정글자에 '[ ]'를 하고, 각주를 달아준다.

> [보기] A. 言固可述, 意亦可記乎? 旣曰門人記之, 則曾子門人莫賢於子思, 何不因舊說爲子思記之?[崔(民琡)[琡民]][각주번호]
>
> 각주 → (民琡)[琡民]: 저본에 '民琡'으로 되어 있으나, 『蘆沙集』「答崔元則【琡民】大學問目」에 의거하여 '琡民'으로 수정하였다.

> [보기] B. 如田氏之說, 則性上而心下, 性尊而心卑, 是統之者反爲下爲卑, 而所統者反爲上爲尊, 揆諸事理, 亦豈安乎? 然而性尊心卑, 正是田氏之一生佩符, 不可奪也, 則亦(且)[自][각주번호]任而已。『重齋集』
>
> 각주 → (且)[自]: 저본에 '且'로 되어 있으나, 문맥을 살펴 '自'로 수정하였다.

9) 연문으로 판단되는 글자에 '( )'를 하고 각주를 달아준다.

> [보기] 蓋恐人專認此心以爲主, (故)[각주번호]不復以性爲主, 故爲此極本窮源之論, 以詔後世聖賢憂患道學之心, 可謂至深切矣。『性理類選』
>
> 각주 → (故): 『艮齋集』前編 권2「答柳稺程」에 의거하여 '故'를 연문으로 수정하였다.

※ [교감각주 유의] 저본과 원출처본의 글자가 다르나, 내용상 차이가 없을 때는 수정하지 않고, 각주만 달아줌.

> [보기] 所 : 『간재집』에는 '少'로 되어 있음을 밝힌다.

2. 체제

모든 문장의 줄바꾸기는 원전에 의거하되, 원전에서 줄이 바뀐 경우는 1줄을 띄어준다. 원전에서 줄이 바뀌지 않은 경우라도 문단의 내용을 고려하여 줄바꾸기를 할 수 있다. 但, 후자는 1줄을 띄우지 않는다.

1) 기존 저술이나 주장을 인용한 다음, 이에 대한 '저자의 견해'등 답변이 이어지는 문장은 '저자의 견해'등 답변에 해당하는 부분을 전체 '왼쪽들여쓰기 20(Alt T)'을 한다. 이때, 인용문과 답변을 하나의 문단으로 보고, 답변과 새로 이어지는 인용문 사이에 1줄을 띄운다.

보기 (『남당집』에서 인용, 이에 대한 화서의 견해)

我國風俗有兩班常漢, 多結者大抵皆在兩班, 而無田者得以佃作, 獲其半利。田主獲其半, 而於其中又出公稅; 佃作者獲其半, 而無公稅之出, 所食反優於田主矣。

> 愚按: 小民食力, 大民食德, 天地之常經也。…… (본문생략) …… 何故以佃作所食反優田主啓達耶? 耕作之家, 十失其五; 兼倂之室, 十斂其五, 已非古制。況彼耕有限, 而此兼無節, 則其所食之多寡豐約, 尤非當較之地矣。此實難得之會, 而未得對揚, 可勝歎哉? 亦命矣夫!

2) 문답문에서의 물음과 답변은 줄을 바꿔 구분하고, 인용문의 쌍점 뒤에 큰 따옴표를 하지 않는다.

보기 ① 화서 「心與氣質同異說」

> 或問: 心與氣質同乎異乎?
>
> 余曰: 按朱子之訓, 則心有以理言處, 有以氣言處。以理言者, 如『孟子』"盡心"、"仁義之心"、"本心"之類是也; 以氣言者, 如"心猶陰陽, 性猶太極"、"心者, 氣之精爽"之類是也。蓋心者, 人之神明, 主於一身而管乎萬事者也。其原則出於天, 而非人之所得私也; 其用則應於物, 而非人之所得己也。……(본문생략) …… 蓋如性字本然、氣質之異同。但性本屬理而不離乎氣, 故亦言氣質; 心本屬氣而乘載其理, 故亦言本體。此又不可不辨也。

② 「明氣問答」

> 客有問於臼山老生曰: 子以明德爲非理, 烏據諸?
>
> 曰: 據朱子。
>
> 何謂據?
>
> 朱子曰: "虛靈是氣之明處, 具衆理應萬事是虛靈之能處。" 吾故曰"據朱子"也。

3. 인용문 및 기타

1) 여러 인용문이 이어서 제시될 경우, 인용문 사이에 반점(,)을 사용하지 않는다.

蔡九峯曰: "智則吾心虛靈知覺之妙。" 雲峯胡氏曰: "智則人之神明, 所以妙衆理而宰萬物者也。"

2) Ⓐ,Ⓑ 둘 다 가능하지만, Ⓑ를 취한다.

Ⓐ 『易』曰"所樂而玩者, 爻之辭也", 何謂也?
Ⓑ 『易』曰: "所樂而玩者, 爻之辭也。" 何謂也?

3) 병렬관계의 여러 인용문이 오는 경우, 인용문과 설명문이 비교적 짧고 단순하다면, 각각의 인용문을 위 Ⓐ형으로 처리한다.

朱子曰"發而中節", 卽此在中之理發見於外; 陳北溪曰"喜怒之中節處", 是性中道理流出來; 李子「中圖」說曰"子思、孟子", 只指理言; 大山先生曰"『中庸』喜怒哀樂之中節", 爲天性之發。吾黨相傳宗旨, 本自如此。「答尹士善」別紙(『寒洲集』卷8)

cf. 아래의 경우와 구분해야 함.

孟子曰: "『詩』云: '旣飽以德。' 言飽乎仁義也。" 韓子曰: "道德, 合仁與義言之也。" 朱子曰: "仁義禮智便是明德。" 此皆以形而上者說德也。

4) 未知의 처리 : 평서문·의문문 둘 다 가능

李氏時常暗指栗谷以下諸賢爲主氣之學, 未知諸賢"心是氣"氣字, 果是李氏所認矗雜之物?

5) 云云의 처리 : 말줄임표의 의미로 쓰인 "云云", "云"은 간격없이 인용부호 밖에 두고, 인용문의 끝에는 종지부호(。? !)를 일체 쓰지 않는다. 직접 인용문의 경우도 동일하다.

〈중국 표점 용례〉

鍾羽正稱"(子咸)信道忘仕則漆雕子 , 循經蹈古則高子羔"云。『明史·列傳』
孝宗曰: "是謂良齋者耶? 朕見其《性學淵源》五卷而得之"云。『宋史·列傳·謝諤』

보기 問: "禮行遜出?" 朱子曰: "行是安排恁地行, 出是從此發出"云云。此等安排字, 何嘗是不好底? _『해상산필』

4. 牛山章 등의 편명여부와 화법

1) 『孟子』牛山章『附註』, 蘭溪范氏曰: "蓋學者, 覺也. 覺由乎心, 心且不存, 何覺之有? 心雖未嘗不動也, 而有所謂至靜. 彼紛紜乎中者, 浮念耳, 邪思耳, 物交而引之耳. 雖百慮煩擾, 而所謂至靜者, 固自若也. 君子論心, 必曰存亡云者, 心非誠亡也, 以操舍言之耳."

> 恒老按: 心者, 人之神明, 主一身而宰萬事者也. 動與靜不可頃刻不存, 而其存之之方, 亦不可他求. 苟能操之, 則斯存矣; 纔不操而捨之, 則昔之存者, 忽焉亡矣. 操舍之頃, 只爭毫髮; 存亡之判, 不翅天壤. 是以君子之心, 一動一靜, 無非着操存之地, 而亦不敢少忽舍亡之戒於瞬息之間也. 今范氏之言曰: "心未嘗不動, 而有所謂至靜" 未知所謂動者指何心, 而所謂至靜者又指何心耶? 是一耶二耶? 一則動靜不可同時, 二則方寸不容兩主, 奈何? 其言又曰: "彼紛紜于中者, 浮念耳, 邪思耳, 物交而引之耳. 雖百慮煩擾, 而所謂至靜者, 固自若也." 果如是言, 則浮念邪思自浮念邪思, 至靜者自至靜. 彼各爲二心, 不相干涉, 不相株累, 固不害爲無時不存矣. 尙何存與亡之可言, 又何待於操而後不亡也耶? 譬之於車, 則循塗轍而行, 卽此車也; 不循塗轍而行, 亦此車也. 若曰不循塗轍之時, 別有循塗轍者自在云爾, 則奚可哉? 其言又曰"君子論心, 必曰存亡云者, 心非誠亡也, 以操捨言之耳", 篁墩從而釋之曰"存心在至靜". 以此參互, 則所謂操捨之工已不干於存亡之實, 而操之之云只當施之於靜, 而不可施之於動矣. 所謂存者不過存得靜者, 而不能存得動者矣, 烏乎其可哉? 朱子初年未發說, 微有此意, 而晚年改本, 不翅明白. 辨胡文定起滅體用之說曰: "非百起百滅之中, 別有一物不起不滅也." 朱子之訓炳如指南, 而後學之尙困冥埴, 亦云何哉? _「心經附註記疑」【甲寅】(『華西集』卷23)

2) 第一條: "心固是一箇知覺"【止】"道氣者不危也"

既曰"心固是一箇知覺", 又曰"若論其全體之本然, 則直以太極當之, 固是知覺", 正文註以"不只是知覺", 乍予乍奪, 此爲何意? 若如今說, 太極全體原於仁而爲惻隱, 原於義而爲羞惡也. 太極之原於性命, 豈非頭上有頭之說乎? 於性於道, 曰德曰仁, 是形容性道之辭, 故性無失德之性, 道無違仁之道. 而至若道心, 心之從道, 是爲道心. 故心不從道時, 道自道, 心自心, 不可以道心目之也. 以舜之道心, 比例於孔子"人能弘道", 則道爲無爲之道體, 心爲有覺之人心. 而俛宇以道爲理之當行, 以心爲理之知覺, 此非"六經我註"之某子法門也耶? _「觀俛宇集柳省齋【重敎】心說辨」

15

5. 표점 부호

1) 표점 부호 코드 수정안

구분		표점명	구기호 (유니코드)	신기호 (유니코드)	구분	확정
전각 → 반각	1	모점	、 (3001)	ˎ (02CE)	휴지부호	신기호 (단, 모점 뒤 1칸 띄움)※
	2	홑낫표	「 」 (300C/D)	｢ ｣ (FF62/3)	편명부호	신기호
	3	겹낫표	『 』 (300E/F)	﹃ ﹄ (0F0854/5)	서명부호	신기호
개선안	4	고리점	. (온점)	｡ (FF61)	종지부호	

2) 한글 문서 디폴트값 : (글꼴) '굴림' → '함초롱바탕'으로 변경(以此參互검토)

3) 서명이나 편명의 순번양식은 『』, 「」에 포함하지 않는다.

> 보기　2-1-07 「答人問」第一
> 　　　2-1-08 「答人問」第二
> 　　　2-1-15 「性命」一之二
> 　　　2-1-16 「心性情」一之三
> 　　　『艮齋集』前篇

4) '易'은 『周易』이 확실한 경우에만 서명 표시함.

> 보기　※ 서명표 하는 경우
> 　　　『易』之"各正性命"
> 　　　老子言無爲, 聖人作『易』
> 　　　猶『易』所謂"一陰一陽之謂道"歟!
>
> 　　　※ 서명표 안하는 경우
> 　　　易有太極
> 　　　易與太極分言, 則易如心字, 太極如理字.
> 　　　生生之謂易

5) 이미 모점을 사용한 문장에서 다시 모점이 필요한 경우는 4/1각(Alt+space bar)을 사용함.

> 보기 於是有堯桀之殊、人物之分, 而華夷之判、儒釋之異, 亦皆從此而見矣。

6) 제시어 按

제시어 按은 쌍점처리하되, 큰 따옴표는 사용하지 않는다. 但, 단순서술어는 해당하지 않음.

> 보기 ① 之東之西, 惟馬首是瞻。
>
> 　　按: 人心自能識東西, 又有箝制之術。故東西惟吾意之所欲也。理亦有此識認
> 　　指揮之能歟? 此似是認理爲有爲者然, 可疑也。
>
> ② 按: 主與器相對, 主是"命物者"之謂也, 器是"命於物者"之謂也。
>
> [단순서술어]
> 更按『論語』, 無"子路爲仁"語, 路當作貢。

7) 所謂~~者

所謂와 者 사이의 3字 이상에 강조 표시함.

> 보기 栗谷所謂"參差不齊者, 亦是理當如此, 非理不如此而氣獨如此"者, 正謂此也。

8) 『 』: 서명의 약칭이나 이칭에도 사용한다.

『三百篇』『馬史』『麟經』

9) 『 』: 관습적으로 사용하는 몇 책의 합칭에도 허용한다.

『四書』『三經』『春秋三傳』

10) 편지인용문의 제목이 원전의 제목과 일치하지 않을 경우라도 편명표시를 하고, 원전의 제목을 각주로 달아준다.

각주) 「答朴弘菴」:『華西集』에는 「答朴善卿」으로 되어 있다. 弘菴 朴慶壽(?~?)의 자가 善卿이다.

1. 蘆沙 奇正鎮 心說論爭 資料

2. 松菴 愼在哲 心說論爭 資料

9. 管山 安貞晦 心說論爭 資料

10. 遠齋 朴喆鉉 心說論爭 資料

11. 大谷 金錫龜 心說論爭 資料

12. 溪南 崔琡民 心說論爭 資料

13. 吾南 金漢燮 心說論爭 資料

14. 月波 鄭時林 心說論爭 資料

26. 重軒 黃澈源 心說論爭 資料

27. 正齋 梁會甲 心說論爭 資料

1.

蘆沙 奇正鎭
(1798~1879)
心說論爭 資料

「외필猥筆」(『蘆沙集』卷16)

해제

1) 서지사항

기정진(奇正鎭)이 1878년에 지은 논설.『노사집(蘆沙集)』권16에 실려 있다.(한국문집총간 310)

2) 저자

기정진(奇正鎭, 1798~1879)으로 자는 대중(大中), 호는 노사(蘆沙)이다.

3) 내용

이 글은 기정진이 제자인 조성가의 질문을 계기로 지은 것으로 기의 자발적 운동성을 표현한 '기자이(機自爾)', '비유사지(非有使之)'에 대해 비판적으로 논의하였다. 기정진은 「외필」에서 그의 성리설에서 일관되게 유지되는 기에 대한 리의 철저한 주재성을 강조하는 리기론을 제시하였다. 즉, 기정진은 기에 대한 리의 가치론적 우선성을 전제하고, 기를 리 가운데의 일(理中事), 리가 유행하는 손과 발(理流行之手脚)이라고 하여 현실 세계의 궁극적인 하나의 원인은 바로 리임을 강조하였다. 따라서 기정진은 이이가 기의 운동성을 전제하면서도 기 운동의 소이연으로서 리의 주재성을 긍정하지만, 이때의 리의 주재는 만지 추뉴근저(樞紐根底)로서의 소극적인 의미만 있을 뿐이라고 비판하였다. 그래서 기정진은 이이의 "움직이게 하고 고요하게 하는 것은 리이다"에서 '리'를 '사지(使之)'로 이해하고, 리의 주재를 기 운동변화의 표준으로서만 이해하는 소극적인 해석에서 벗어나 기 운동변화의 궁극적 주재자로서 리를 부각시키고자 하였다. 「외필」은 「납량사의(納凉私義)」와 함께 기정진의 대표적인 저술이라 할 수 있다. 하지만 기정진의 「외필」이 기호학계에 알려지면서 많은 논란이 있었는데, 그 이유는 기존의 기호학파 전통적 입장인 리무위를 리유위(理有爲)로 해석하였다는 비판이 있었기 때문이다. 결국 19세기 말 기호학계에서 노사-연재·간재학파간의 학술적 논쟁이 펼쳐지는데 기폭제 역할을 하였으며, 20세기 초까지 「외필」를 둘러싼 기호학계의 학술논쟁은 계속해서 진행되었다.

3-1-1 「猥筆」(『蘆沙集』卷16)

"陽陰靜", 驟看皮面, 果似自行自止。若深原其實, 則壹是天命使之然也。天命然也, 故不得不然, 此之謂所以然, 非天命之外, 別有所以然也。今曰: "其機自爾", 自爾雖不竢勉強之謂, 而已含由己不佗由之意。又申言之曰"非有使之"者, 說自爾時, 語猶虛到, "非有使之", 語意牢確, 眞若陰陽無所關由, 而自行、自止者。祇此兩句, 淺見已不可曉。"一陰一陽之謂道", 一日無陰陽, 則天命無所施; "不誠無物", 天命一日或息, 則無陰陽矣。皮之不存, 何物可以動靜也? "非有使之"一句內, 天命旣息矣。天命息, 而陰陽因舊, 實所未聞。天命爲萬事本領, 今有自行自止, 不關由天命者, 則天命之外, 又一本領也。兩箇本領, 各自樞紐, 則造化必無此事, 又理弱氣強, 吾懼夫氣奪理位也。非惟此也。曰自爾、曰非使時, 其不得不然之故, 已被氣分占取。不得不然之故, 卽所以然也。天地萬物, 說到所以然, 卽是窮源, 更無餘地, 猶夫繼之曰, 所以然者理, 則架出所以然之上, 復有何所以然也? 豈非有虛名而無實事者歟? 論以愚見, 自爾二字與所以然三字, 恰是對敵, 自爾爲主張, 則所以然不得不退縮。今欲兩存而並用, 其貌樣頗似<u>魏延</u>、<u>楊儀</u>, 同在丞相府, 安能免畢竟乖張乎? 此又事勢之必不可行者也。動者靜者, 氣也; 動之靜之者, 理也, 動之靜之, 非使之然而何?

貴人之出, 非無車馬騶從, 而見之者但以爲貴人出, 未嘗言其車馬騶從出也。由此言之, 太極動靜, 本是平坦語, 而<u>朱子</u>之爲後世慮周矣。却怕學者見太極動靜之說, 昧形而上下之分, 誤以爲太極不待氣機, 而自動自靜也, 故於註解中, 著"所乘之機"四字。蓋一名爲理, 便有所乘, 乘非絲毫犯氣力字, 而今人看"所乘"字與此異, 有若太極漫無主張, 忽見馬匹當前趫捷而騰上樣。然則是馬也, 終是<u>塞翁</u>之得, 非自家元來所乘。騰上後事, 又可知矣。勢必之東之西, 惟馬首是瞻, 嗚呼危哉!

氣之順理而發者, 氣發卽理發也; 循理而行者, 氣行卽理行也。理非有造作、自蠢動, 其發其行, 明是氣爲, 而謂之理發、理行何歟? 氣之發與行, 實受命於理。命者爲主而受命爲僕, 僕任其勞而主居其功, 天之經、地之義。是以言"逝者如斯"時, 直言逝者, 未嘗言乘氣如斯; 言"乾道變化"時, 直言乾道, 未嘗言乘氣變化。言"太極生兩儀"時亦然, 言"誠者物之終始"時亦然。<u>濂溪</u>「圖說」, 傳法於此, 故劈頭言"太極動而生陽靜而生陰", 不見一氣字, 非遣却氣機也。主之所向, 僕豈有不往者乎? 其言光明直截, 無可疑貳,而到過不及處, 不得已而有說氣時, "蹶者趨者氣也"是也。蓋過不及, 雖亦本於理, 而末流害於理, 則不可無區別耳。我東方近世說理說氣, 何其滯也? 其言大概以混淪一塊, 無適莫沒主張者爲理, 故理發二字, 爲今日學士家一大禁避語, 而纔見有段落行變化成條理者, 則曰氣也。問孰主張是, 則曰"其機自爾, 非有使之者", 問所謂理者落在何方, 則曰"乘之"矣。初旣無使之然之妙, 末又非有操縱之力, 寄寓來乘, 做得甚事? 有之無所補, 無之靡所闕, 不過爲附肉之疣, 隨驥之蠅, 嗚呼可憐矣! 究厥端由, 原於乘字失其本旨, 駸駸致得理輕而氣重, 直至氣奪理位, 爲萬事本領而後已。一字之失其本旨, 其禍乃至於此乎?

乘字不作元來所乘看, 而作隨遇輒乘看, 不惟認主爲客, 安在其理無蠢動乎? 大旨已失。且乘字自有來歷, 蓋自形而上下之上下二字, 咀嚼出來, 乃不可分開處, 分開底說話。今人作隨遇輒乘看, 則乃本是二體而合一底說話, 於本旨燕、越矣。

把氣與理對擧, 喚作理氣, 始於何時? 愚意, 此必非聖人之言。何以言之? 理之尊無對, 氣何可與之對偶? 其闊無對, 氣亦理中事, 乃此理流行之手脚。其於理本非對敵, 非偶非敵而對擧之, 何哉? 說本原宜莫如孔子, 孔子之說本原, 宜莫如『大易』, 言理時, 必理以率氣; 說氣時, 便卽以明理。曰"一陰一陽之謂道", 曰"太極生兩儀", 是也。十分停當, 罔有滲漏, 曷嘗見一處對峙, 而雙擧者乎?

形而上下, 非對擧乎?

曰: 此節眼在上下字, 上下乃的對也。欲爲千萬世, 開分別道器之門戶, 其言不得不爾。雖然, 而上而下, 以形字爲冒頭, 不可分開之意自在, 何嘗如今各立窠窟, 各自頭腦耶? 今人纔見理字, 必覓氣來作對偶。於是理之流行一大事, 盡被氣字帶去作家計。所餘者, 秖混淪也、冲漠也。此雙本領之履霜也, 悲夫!

凡此所言, 或干犯先賢語句, 極知不韙。竊以前聖苦心血誠, 垂世立敎之旨, 一道字之外無佗。古所謂道, 今所謂理也。聖人的見流行發見, 變化昭著, 莫非此道之爲, 故曰: "仁者, 見之謂之仁; 知者, 見之謂之知。" 雖事物粗迹, 雲行雨施, 鳶飛魚躍, 纔說著時, 便所以明道。今人驅道理二字, 於冥漠不可思議之地, 而纔有發見昭著, 一屬之氣, 如此者, 爲識理氣, 不如此者, 爲不識理氣。雖以虛名過去說, 說道說理, 而其實則氣奪理位, 爲萬事本領而已。若是則天下更無詖淫邪遁矣, 顚倒昌披, 何事不有? 設欲以瑣力矯捄, 則彼必曰: "前賢亦嘗云爾。" 童行學子, 一能勝余, 況頭戴前賢, 以爲確證, 爭辨必無幸矣。是以內抱耿耿八十年, 不敢發口明言。今雖下山之日, 萬念灰冷, 於此一事, 耿耿猶存。竊意前賢之論, 或發之太快, 末弊之至斯, 容有未之細思也。前賢尙在, 實有奉質之願, 而旣不可得, 則所可質者後賢而已。質之而吾所疑者妄則幸矣, 苟或不妄, 奈東方理氣何? 因趙直敎書, 銳意寫此, 皇恐不敢寄直敎。直敎猶不敢寄, 則况敢掛他人眼乎? 然則後雖有賢者出, 誰當奉以質者? 又爲之曠然一欷也。

3-1-1 「외필猥筆」(『蘆沙集』卷16)

선역

'양이 움직이고, 음이 고요함'은 겉으로 얼핏 보면 정말로 '스스로 가고, 스스로 멈추는 것'처럼 보이나, 만약 그 실상을 깊이 추구해보면 한결같이 천명이 그렇게 시키는 것이다. 천명이 그러하므로 부득불 그러한 것이니, 이것을 '소이연'이라 한다. 천명 밖에 따로 소이연이 있는 것이 아니다. 지금 "그 기틀이 스스로 그러하다[機自爾]"고 말하면, '스스로 그러함'은 비록 '힘써 노력함을 기다리지 않는다'는 말이지만, 이미 '자기로부터 말미암고, 다른 것에 말미암지 않는다'는 뜻을 포함한다. 또 거듭 말하기를, "시키는 것이 있지 않다[非有使之者]"고 하였으니, '스스로 그러하다'고 말할 때는 오히려 그냥 한 말 같았지만, "시키는 것이 있지 않다"는 말은 그 의미가 확고하여, 진실로 음양이 말미암는 것 없이 스스로 가고 스스로 멈춘다는 것 같다. 단지 이 두 구절[機自爾, 非有使之]은 내 견해로는 이해할 수가 없다.

"한번 음하고 한번 양하는 것을 일러 도(道)라고 한다"고 했으니, 하루라도 음과 양이 없으면 천명이 베풀 바가 없는 것이요, "참됨이 아니면 사물이 존재할 수 없다"고 했으니, 천명이 하루라도 혹시 쉰다면 음양도 없는 것이다. 가죽이 없다면,[1] 어떤 사물이 동정할 수 있겠는가? "시키는 것이 있지 않다"는 한 구절 안에서 천명이 이미 멈추었다. 천명이 멈추어도 음양이 진실로 여전하다는 것은 듣지 못하였다. 천명은 만사의 본령이 되니, 지금 스스로 가고 스스로 멈추어 천명과 관련이 없다고 하면, 즉 천명의 밖에 또 하나의 본령이 있는 것이다. 두 개의 본령이 각각 스스로 지도리가 된다는 것은, 조화(造化)에는 결코 이런 일은 없을 것이다. 또 리는 약하고 기는 강한 것이니, 나는 기가 리의 자리를 빼앗을까 두렵다. 오직 이것만이 아니다. "스스로 그러하다"고 말하고, "시키는 것이 있지 않다"고 말할 때, 그 '부득불 그러한 까닭'은 이미 기의 몫으로 돌아가게 된다. 부득불 그러한 까닭은 곧 소이연이다. 천지 만물이 소이연을 말하는 데 이르면 바로 근원을 궁구한 것으로서, 다시 남은 것이 없는 것이다. 그런데 오히려 이어서 말하기를 '소이연은 리'라고 하니, 소이연의 위에 다시 무슨 소이연이 있겠는가? 어찌 허명(虛名)만 있고, 실사(實事)는 없는 것이 아니겠는가?

나의 견해로 논하면, "스스로 그러하다[自爾]" 두 글자와 "소이연(所以然)" 세 글자는 서로 적대(敵對)

---

1) '가죽이 없다면[皮之不存]': 『春秋左氏傳』僖公 14년 기사에 "가죽이 없다면 터럭이 어디에 붙을 수 있겠는가[皮之不存 毛將安傳]"라는 말이 보이는바, 여기에서는 '陰陽이 天命에 의지하고 있음'을 비유하는 말로 보인다. 또는 '皮之不存'은 '彼之不存'의 誤字일 수도 있는데, 그렇다면 '彼'는 '天命'을 지칭하는 것으로서, '天命이 없이는 陰陽의 動靜도 불가능하다'는 뜻이다.

하는 것으로, '스스로 그러하다'고 주장하면, '소이연'은 물러나 움츠러들지 않을 수 없다. 지금 '스스로 그러함'과 '소이연'을 둘 다 보존하여 함께 사용하고자 한다면, 그 모양이 위연(魏延)과 양의(楊儀)가 함께 승상부에 있는 것과 같으니, 어찌 끝내 어그러지는 것을 모면할 수 있겠는가? 이것은 또 일의 형세상 반드시 실행될 수 없는 것이다. 움직이고 고요한 것은 기이고, 움직이게 하고 고요하게 하는 것은 리이니, 움직이게 하고 고요하게 하는 것이 '그렇게 시키는 것'이 아니고 무엇인가?

귀인(貴人)이 나가는데 수레·말과 종이 없지 않지만, 그것을 보는 자는 다만 귀인이 나간다고 할 뿐 일찍이 수레·말과 종이 나간다고 말하지 않는다. 이로 말미암아 말한다면, '태극이 동정(動靜)한다'는 것은 본래 평탄한 말이다. 그런데 주자가 후세를 위해 두루 생각하여, 배우는 사람들이 '태극이 동정한다'는 말을 보고 형이상과 형이하의 구분에 어두워져, 태극이 기의 기틀을 기다리지 않고 스스로 동정한다고 오인할까 두려워, 주해(註解) 가운데 "소승지기(所乘之機)" 네 글자를 붙여둔 것이다. 대개 한 번 리라고 이름을 붙이면 바로 '타는 바[所乘]'가 있으니, 타는 것은 터럭만큼도 기의 힘을 침범하는 글자가 아니다. 그런데 지금 사람들은 '소승(所乘)'이라는 글자를 이와 다르게 보아, 태극이 멋대로 굴며 주장하는 것이 없다가 갑자기 말[馬]이 앞에 당도한 것을 보면 재빨리 올라타는 것처럼 여긴다. 그렇다면 이 말은 결국 새용이 얻는 것으로, 자기 집에서 원래 타던 말이 아니다. 올라탄 뒤의 일 역시 알 수 있거니와, 형세가 반드시 동으로 가고 서로 가는 것을 오직 말의 머리만 보는 것이니, 아 위태롭다!

기가 리에 순응하여 발한 것은 기발(氣發)이 곧 리발(理發)이며, 리를 쫓아서 행한 것은 기행(氣行)이 곧 리행(理行)이다. 리는 조작(造作)이 없고 스스로 꿈틀거림도 없으니, 그 발하고 행하는 것은 분명 기가 하는 일인데, 리발·리행이라고 말하는 것은 무슨 까닭인가? 기의 발과 행은 실제로 리에게 명령을 받는 것이다. 명령하는 것은 주인이 되고 명령을 받는 것은 종이 되며, 종은 그 노고를 책임지지만 주인이 그 공을 거두는 것은 하늘의 경(經)이고 땅의 의(義)이다. 그러므로 "흘러가는 것이 이와 같다[逝者如斯]"고 말할 때 곧바로 '흘러가는 것'이라고 말하고 일찍이 '기를 타는 것이 이와 같다'고 말하지 않았으며, "건도변화(乾道變化)"를 말할 때 곧바로 '건도'라고 말하고 일찍이 '기를 타고 변화한다'고 말하지 않았다. "태극(太極)이 양의(兩儀)를 낳는다"라고 말할 때도 그러했으며, "성(誠)은 사물의 처음과 끝이다"라고 말할 때도 그렇게 했다. 주렴계의 「태극도설(太極圖說)」은 여기에서 본을 받은 것이다. 그러므로 글의 첫 머리에 "태극(太極)이 움직여 양(陽)을 낳고, 고요하여 음(陰)을 낳는다"라고 말하여, 하나의 기(氣)자도 보이지 않는바, 이는 '기의 기틀[氣機]'을 빼버린 것이 아니다. 주인이 가는 방향에 종이 어찌 따라가지 않을 수 있는가? 그 말은 빛나고 밝아서 즉각 알 수 있으며, 의심스러운 점이 전혀 없다. 과불급(過不及)한 곳에 이르러 부득이하게 기를 말할 때가 있으니 "넘어지고 달리는 것은 기이다[蹶者趨者氣也]"라는 것이 이것이다. 대개 과불급(過不及)은 비록 역시 리에 근본하지만, 말류(末流)로서 리에 해를 끼치는 것이니, 구별이 없을 수 없다.

우리 동방에서 근세에 리를 말하고 기를 말한 것이 어찌 그렇게 막혔는가? 그 말은 대개 혼륜한 한 덩어리로서, 적막(適莫)이 없고 주장함이 없는 것을 리라고 한다. 그러므로 '리발(理發)' 두 글자는 지금의 학자들이 크게 금하여 피하는 말이 되었다. 단락이 있고 변화를 행하여 조리를 이루는 것을 보면 곧바로 기라고 말하거니와, '무엇이 이것을 주장하느냐'고 물으면 '그 기틀이 스스로 그러하니, 시키는 것이 없다'고 말하며, '이른바 리는 어디에 존재하는가'를 물으면, '기를 타고 있다'고 말한다. 애초에 이미 '그렇게 시키는 묘(妙)'가 없고, 결국엔 또 '조종(操縱)하는 힘'도 없으며, 다만 붙어있어 탈 뿐이라고 하면, 무슨 일을 할 수 있겠는가? 있어도 도움이 될 만한 바가 없고, 없어도 부족한 바가 없으니, 살에 붙어 있는 혹이나 천리마를 쫓아다니는 파리에 불과하니, 가련하구나! 그렇게 된 이유를 탐구해보면, '타다[乘]'라는 글자가 그 본지를 잃은 것에 근원하니, 어느새 리는 가벼워지고 기는 무거워지는 데 이르러, 곧바로 기가 리의 자리를 빼앗아 만사의 본령이 된 다음에야 그친 것이다. 한 글자가 본지를 잃음에, 그 화가 여기에 이른 것인가?

'타다[乘]'라는 글자를 '원래 타고 있다'는 뜻으로 보지 않고 '경우에 따라 갑자기 탄다'는 뜻으로 보면, 주인을 손님으로 인식할 뿐만이 아니니, '리는 꿈틀거림이 없다'는 뜻은 어디에 있는가? 큰 뜻이 이미 잘못된 것이다. 또 '탄다'는 글자는 스스로 내력이 있으니, 대개 형이상·형이하의 상·하 두 글자로부터 음미해보면, 바로 '나눌 수 없는 곳에서 나누어 말한 것'이다. 지금 사람들은 '경우에 따라 갑자기 탄다'는 뜻으로 보니, 이는 '본래 두 개였다가 하나로 합쳐진다'는 말로서, 본래의 뜻과 연(燕)과 월(越)처럼 멀다.

기와 리를 함께 거론하여 '리기'라고 부르는 것이 언제부터 시작되었는가? 내가 생각하기에, 이는 결코 성인의 말씀이 아니다. 무슨 말인가? 리의 존귀함은 상대가 없으니, 기가 어떻게 상대하여 짝이 될 수 있겠는가? 그 광활함은 상대가 없으니, 기 역시 리 가운데의 사물로서, 리가 유행할 때의 손발이다. (氣는) 리에 본래 대적할 수 없는바, 짝도 아니고 적도 아닌데 함께 거론하는 것은 무슨 까닭인가? 본원을 말하는 것은 당연히 공자만한 사람이 없고, 공자가 본원을 말한 것은 당연히 『주역』만한 것이 없거니와, 리를 말할 때에는 반드시 리로 기를 거느리고, 기를 말할 때에는 곧 그에 입각하여 리를 밝히셨다. "한번 음하고 한번 양하는 것을 일러 도(道)라 한다"는 말씀과 "태극이 양의를 낳는다"는 말씀이 그것이다. 이는 매우 합당하여 빠진 것이 없으니, 어찌 일찍이 한 곳에서 대치하여 둘을 함께 거론한 것을 볼 수 있겠는가? 형이상과 형이하는 함께 대립시켜 거론한 것이 아닌가? 답하기를, 이 구절은 '상·하'라는 글자에 안목이 있는바, '상·하'는 확실히 대립하는 것이다. 천만세를 위해 도(道)와 기(器)를 분별하는 문호를 열고자 함에, 그 말씀이 부득불 그렇게 된 것이다. 비록 그렇지만 이상(而上)과 이하(而下)는 '형(形)' 자로 첫 머리를 삼았으니, '나눌 수 없다'는 뜻이 그 속에 담긴 것이다. 어찌 일찍이 지금처럼 각각 보금자리를 세우고, 각자 두되가 되는 것이겠는가? 지금 사람들은 '리' 자를 보면 곧 반드시 '기' 자를 찾아 짝을 지으니, 이에 '리의 유행(流行)'이라는 하나의 큰 일이 모두 '기' 자와 함께 이루어지는 것이 되고 말았다.

남은 것은 다만 '혼륜(混淪)'과 '충막(沖漠)' 뿐이니, 이것이 두 개의 본령이 있게 된 조짐이었다. 슬프구나!

무릇 여기서 말한 것이 간혹 선현의 말씀을 범하여서, 옳지 못함을 잘 안다. 그윽이 생각건대, 전성(前聖)이 고심혈성(苦心血誠)으로 교훈을 세워 세상에 드리운 본 뜻은 하나의 '도(道)' 자 외에 다른 것이 없다. 옛날의 '도'는 지금의 '리'이다. 성인은 유행하고 발현하여 변화가 환하게 나타나는 것은 모두 이 '도'가 하는 일이라는 것을 분명하게 보았기 때문에, 그러므로 "어진 사람이 보면 '인(仁)'이라 하고, 지혜로운 사람이 보면 '지(知)'라 한다"고 말씀한 것이다. 비록 사물의 거친 자취라도, 구름이 지나가고 비가 내리고, 솔개가 날고 고기가 뛰는 등 드러난 것을 말할 때엔 바로 도(道)를 밝히는 것이었다. 지금 사람은 '도리'라는 두 글자를 아득하여 생각도 논의도 할 수 없는 데다 몰아내버리고, 조금만 발현하고 드러나는 것이 있으면, 한결같이 기에 소속시키니, 이러한 사람은 리기를 아는 사람이 되고, 이렇지 않은 사람은 리기를 모르는 사람이 된다. 비록 헛된 이름과 과거의 말로 도를 말하고 리를 말하지만, 그 실질은 기가 리의 자리를 빼앗아 만사의 본령이 되고 마는 것이다. 이와 같다면 천하에 다시는 치우치고 어지럽고 간사하고 교활함이 없을 것인바, 거꾸로 뒤집히고 창피한 온갖 일이 다 벌어지고 있지 않은가? 설사 약간의 힘으로 바로잡아 구하려 하면, 저들은 반드시 "전현(前賢)도 또한 일찍이 그렇게 말씀했다"고 말한다. 아이들이며 배우는 자들도 한결같이 나를 이길 수 있을 것인데, 하물며 전현을 머리에 이고 확고한 증거로 삼으니, 다투어 변론해도 반드시 좋은 결과는 없을 것이다. 그리하여 80년 동안 속으로만 생각하고, 감히 입으로 분명하게 말하지 않았다. 지금 비록 서산에 지는 해가 되어 모든 생각이 재처럼 식어버렸지만, 이 하나의 일에 대해서는 늘 걱정이 되어 아직도 잊지 않고 있다. 가만히 생각해보면, 전현의 말씀이 혹여 너무나 통쾌하게 나와, 말폐가 여기에 이를 것을 세세하게 생각하지 못했을 수도 있겠다. 전현이 계신다면 진실로 여쭈어보고 싶지만, 이미 그럴 수 없으니, 물어볼 수 있는 자는 후현(後賢)뿐이다. 물어보아, 나의 의심하는 것이 망령된 것이라면 다행이지만, 진실로 혹 망령된 것이 아니라면, 동방의 리기를 어찌하겠는가?

조직교(趙直敎)의 편지로 인해 마음에 용기를 내서 썼지만, 황공하여 감히 직교에게 부치지 못하겠다. 직교에게도 오히려 못 부치는데, 하물며 감히 다른 사람의 눈에 보일 수 있겠는가? 그렇다면 후세에 비록 현자가 나타나더라도, 누가 받들어서 질문할 수 있겠는가? 또 한 번 길게 탄식하노라.

"陽動陰靜", 驟看皮面, 果似自行、自止。若深原其實, 則壹是天命使之然也, 天命然也, 故不得不然, 此之謂所以然, 非天命之外, 別有所以然也。今曰: "其機自爾", 自爾雖不竢勉強之謂, 而已含由己不佗由之意。又申言之曰: "非有使之"者, 說自爾時, 語猶虛到, "非有使之", 語意牢確, 眞若陰陽無所關由, 而自行、自止者。秖此兩句, 淺見已不可曉。"一陰一陽之謂道", 一日無陰陽, 則天命無所施, "不誠無物", 天命一日或息, 則無陰陽矣。皮之不存, 何物可以動靜也? "非有使之"一句內, 天命旣息矣。天命息, 而陰陽因舊, 實所未聞。天命爲萬事本領, 今有自行、自止, 不關由天命者, 則天命之外, 又一本領也。兩箇本領, 各自樞紐, 則造化必無此事, 又理弱氣強, 吾懼夫氣奪理位也。非惟此也。曰自爾、曰非使時, 其不得不然之故, 已被氣分占取。不得不然之故, 卽所以然也。天地萬物, 說到所以然, 卽是窮源, 更無餘地, 猶夫繼之曰, 所以然者理, 則架出所以然之上, 復有何所以然也? 豈非有虛名而無實事者歟? 論以愚見, 自爾二字與所以然三字, 恰是對敵, 自爾爲主張, 則所以然不得不退縮。今欲兩存而並用, 其貌樣頗似魏延、楊儀, 同在丞相府, 安能免畢竟乖張乎? 此又事勢之必不可行者也。動者, 靜者氣也; 動之靜之者, 理也, 動之靜之, 非使之然而何?

貴人之出, 非無車馬騶從, 而見之者但以爲貴人出, 未嘗言其車馬騶從出也。由此言之, 太極動靜, 本是平坦語, 而朱子之爲後世慮周矣。却怕學者見太極動靜之說, 昧形而上下之分, 誤以爲太極不待氣機, 而自動、自靜也, 故於註解中, 著"所乘之機"四字。蓋一名爲理, 便有所乘, 乘非絲毫犯氣力字, 而今人看所乘字與此異, 有若太極漫無主張, 忽見馬匹當前趫捷而騰上樣。然則是馬也, 終是塞翁之得, 非自家元來所乘。騰上後事, 又可知矣。勢必之東之西, 惟馬首是瞻, 嗚呼危哉!

氣之順理而發者, 氣發卽理發也; 循理而行者, 氣行卽理行也。理非有造作、自蠢動, 其發其行, 明是氣爲, 而謂之理發、理行何歟? 氣之發與行, 實受命於理。命者爲主而受命爲僕, 僕任其勞而主居其功, 天之經、地之義。是以言"逝者如斯"時, 直言逝者, 未嘗言乘氣如斯; 言"乾道變化"時, 直言乾道, 未嘗言乘氣變化。言"太極生兩儀"時亦然, 言"誠者物之終始"時亦然。濂溪「圖說」, 傳法於此, 故劈頭言"太極動而生陽靜而生陰", 不見一氣字, 非遺却氣機也。主之所向, 僕豈有不往者乎? 其言光明直截, 無可疑貳, 而到過不及處, 不得已而有說氣時, "蹶者趨者氣也"是也。蓋過不及, 雖亦本於理, 而末流害於理, 則不可無區別耳。我東方近世說理說氣, 何其滯也? 其言大概以混淪一塊, 無適莫沒主張者爲理, 故理發二字, 爲今日學士家一大禁避語, 而纔見有段落行變化成條理者, 則曰氣也。問孰主張是, 則曰"其機自爾, 非有使之者", 問所謂理者落在何方, 則曰"乘之"矣。初旣無使之然之妙, 末又非有操縱之力, 寄寓來乘, 做得甚事? 有之無所補, 無之靡所闕, 不過爲附肉之疣, 隨驥之蠅, 嗚呼可憐矣! 究厥端由, 原於乘字失其本旨, 駸駸致得理輕而氣重, 直至氣奪理位, 爲萬事本領而後已。一字之失其本旨, 其禍乃至於此乎?

乘字不作元來所乘看, 而作隨遇輒乘看, 不惟認主爲客, 安在其理無蠢動乎? 大旨已失。且乘字自有來歷, 蓋自形而上下之上下二字, 咀嚼出來, 乃不可分開處, 分開底說話。今人作隨遇輒乘看, 則乃本是二體而合一底說話, 於本旨燕、越矣。

把氣與理對擧, 喚作理氣, 始於何時? 愚意, 此必非聖人之言, 何以言之? 理之尊無對, 氣何可與之對偶? 其闊無對, 氣亦理中事, 乃此理流行之手脚。 其於理本非對敵, 非偶非敵而對擧之, 何哉? 說本原宜莫如孔子, 孔子之說本原, 宜莫如『大易』。 言理時, 必理以率氣; 說氣時, 便卽以明理。 曰: "一陰一陽之謂道", 曰: "太極生兩儀"是也。 十分停當, 罔有滲漏, 曷嘗見一處對峙, 而雙擧者乎? 形而上下, 非對擧乎? 曰此節眼在上下字, 上下乃的對也。 欲爲千萬世, 開分別道器之門戶, 其言不得不爾。 雖然, 而上而下, 以形字爲冒頭, 不可分開之意自在, 何嘗如今各立窠窟, 各自頭腦耶? 今人纔見理字, 必覓氣來作對偶。 於是理之流行一大事, 盡被氣字帶去作家計。 所餘者, 祇混淪也、沖漠也。 此雙本領之履霜也, 悲夫!

凡此所言, 或干犯先賢語句, 極知不韙, 竊以前聖苦心血誠, 垂世立敎之旨, 一道字之外無佗。 古所謂道, 今所謂理也。 聖人的見流行發見, 變化昭著, 莫非此道之爲, 故曰"仁者, 見之謂之仁; 知者, 見之謂之知"。 雖事物粗迹, 雲行雨施, 鳶飛魚躍, 纔說著時, 便所以明道。 今人驅道理二字, 於冥漠不可思議之地, 而纔有發見昭著, 一屬之氣。 如此者, 爲識理氣, 不如此者, 爲不識理氣。 雖以虛名過去說, 說道說理, 而其實則氣奪理位, 爲萬事本領而已。 若是則天下更無詖淫邪遁矣。 顚倒昌披, 何事不有? 設欲以瑣力矯捄, 則彼必曰, 前賢亦嘗云爾。 童行學子, 一能勝余, 況頭戴前賢, 以爲確證, 爭辨必無幸矣。 是以內抱耿耿八十年, 不敢發口明言。 今雖下山之日, 萬念灰冷, 於此一事, 耿耿猶存。 竊意前賢之論, 或發之太快, 末弊之至斯, 容有未之細思也。 前賢尙在, 實有奉質之願, 而旣不可得, 則所可質者後賢而已。 質之而吾所疑者妄則幸矣, 苟或不妄, 奈東方理氣何? 因趙直敎書, 銳意寫此, 皇恐不敢寄直敎。 直敎猶不敢寄, 則況敢掛他人眼乎? 然則後雖有賢者出, 誰當奉以質者? 又爲之曠然一欷也。

「납량사의納凉私議」(『蘆沙集』卷16)

1) 서지사항

기정진(奇正鎭)이 1843년에 지은 논설이며, 1874년에 일부분을 수정.『노사집(蘆沙集)』권16에 실려 있다. (한국문집총간 310)

2) 저자

기정진(奇正鎭, 1798~1879)으로 자는 대중(大中), 호는 노사(蘆沙)이다.

3) 내용

이 글은 기정진이 1843년 장성 인근의 남암(南庵)으로 피서를 가 있을 때 지은 것이며, 1874년 일부분을 수정하였다. 기정진은 당시의 호락논쟁의 말폐적 현상에 대해 비판적 입장을 견지하고 호락 양학파의 인물성동이 논쟁을 리일분수(理一分殊)에 관한 이해를 중심으로 해소시키고자 하였다. 기정진은 「납량사의」에서 인성과 물성의 같고 다름이라는 호락논쟁의 핵심 주제에 대해 성리학의 핵심인 성즉리(性卽理)를 수용한 바탕위에서 본원과 현상을 일원적으로 구조화하는 리일분수에 기반하여 동일성과 차별성에 대해 극복하고자 하였다. 기정진은 인성과 물성에 관한 동이의 관점이 발생하게 된 원인은 리(理)와 분(分)을 서로 나누어서 보려는 데 있다고 지적하며, 리일(理一)을 형기로부터 분리된 것, 분수는 형기에 떨어진 다음으로 국한시키기 때문이라고 밝힌다. 따라서 기정진은 리(理)와 분의 원융(圓融)에 주목하여 근원적 동일성의 원리로서 리일지리(理一之理)와 현상계 다양성의 원리로서 분수지리(分殊之理)를 상호 매개한다. 그리고 이를 토대로 보편적 원리로서의 존재와 당위의 근거인 천명(天命)과 그것의 구체적인 현실인 현상세계의 성(性)이 유기적 연관성을 가짐을 강조하여 리의 내용을 일과 분으로 규정짓고 동일성과 다양성을 포괄하여 인물성동이 문제의 논란을 지양하고자 하였다. 「납량사의」는 「외필」과 더불어 기정진 성리설을 대표하는 저술이라 할 수 있는데 당시 기호학파 낙론계의 종장인 전우가 1902년 「납량사의의목(納凉私議疑目)」을 발표하면서 노사 – 간재학파 사이에 학술논쟁이 본격적으로 시작되는 계기가 되었다.

3-1-2 「納凉私議」(『蘆沙集』卷16)

諸家人物之性, 其歸雖殊, 竊意其所蔽一也。曷言蔽之一? 蔽在理分相離, 曷言理分相離? 詳諸家之意, 一是皆以理爲無分之物, 分爲因氣而有, 限理一於離形氣之地, 局分殊於墮形氣之後。於是理自理、分自分, 而性命橫決矣。性命橫決而論, 性始爲天下裂矣。以膚淺所聞, 分也者理一中細條理, 理分不容有層節, 分非理之對, 分殊二字乃對一者也。理涵萬殊, 故曰一, 猶言其實一物也。殊非眞殊, 故曰分殊, 言所殊者特其分限耳。一句兩語相須爲義, 除一箇不得, 故說理一時, 可知分之已涵, 說分殊時, 已見一之自在, 初非沿理而下, 添一料而方成分, 泝分而上, 超一步而方稱理之謂也。有朱子兩句語, 最分明易曉, 曰: "太極者, 象數未形而其理已具之稱,【卽「圖解」所謂"冲漠無眹, 而動靜陰陽之, 悉具於其中者。"】 形器已具而其理無眹之目。"【卽「圖解」所謂"動靜不同時, 陰陽不同位, 而太極無不在焉者。"】 夫象數未形, 則未破之一矣, 而其理已具, 則非分之已涵乎? 形器已具, 則旣定之分矣, 而其理無眹, 則非一之自在乎? 非有以離乎形器, 而其不雜乎形器者, 善觀者不妨其卽形氣而得之也, 此所謂太極之本體。有見乎此, 則理分非對峙相礙之物, 而二氣、五行、男女、萬物之各一其性, 玆乃一太極之本色者, 不待辨說而自明矣。苟以理分爲兩截事, 則一與殊之相反若冰炭, 其遼絕若天淵, 層級橫生, 各占一位, 以爲本然, 而同異之論, 紛然而起。信斯義也, 吾懼一是儱侗無物而不足爲一原, 分亦臨時排定而不得爲本分, 同異猶屬第二件事, 其於實體何如也? 此所以諸家論性, 節節推去, 終多難從者也。

"象數未形"一句, 以言乎微也; "形器已具"一句, 以言乎顯也。若有兩節矣, 然物自有始終, 理本無成壞, 實非有兩事也。天下無離氣獨立之理, 分殊之外, 曷嘗別有所謂理一者耶? 須知祗此分殊便是理一處, 分殊之爲一理, 亦無甚難曉者。如屈伸翻覆, 一手也; 行住坐臥, 一身也。屈伸時一手, 翻覆時又一手, 而謂有兩手, 可乎? 行住處一身, 坐臥處又一身, 而謂有兩身, 可乎? 理一之不外於分殊者然也, 分殊之早涵於理一, 亦不過由此而一翻看耳。設言此物之未始有, 而必先有此物之理, 萬物之未始有, 如一物也; 萬理之必先有, 如一理也, 是必有一手, 而藏屈伸翻覆者矣, 一身而含行住坐臥者矣。如曰不然, 則程子所謂"冲漠萬象", 朱子所言已具、先有處, 不止一再, 是皆何謂耶? 此又可見源頭一理, 非無分之謂也。請復以一淺事喩之, 今有一塊銅鐵, 是一太極, 可以爲盤盂, 可以爲刀劍, 是分殊之涵於一, 所謂粲然者, 非東邊可爲盤盂、西邊可爲刀劍, 則渾然。及其入盤盂爐而爲盤盂, 入刀劍爐而爲刀劍, 各得其本分之一爐, 是氣化各得其一分, 是各一其性之分殊, 是分也, 非臨時排定。是本然, 雖爲盤盂刀劍, 而脫不得舊時銅鐵, 銅鐵伎倆, 依舊自在, 是分殊中理一, 初非盤盂刀劍之外, 別有一塊銅鐵, 是一太極秖在分殊中也。惟理無對, 豈有切譬? 但其一與殊未嘗相離, 大槩如此, 一而未嘗無分殊而不害於一, 其妙蓋如此。是豈先有無分之一, 後生因氣之分, 理自理、分自分, 如諸家之意耶? 孔子曰: "百姓日用而不知。" 蓋日用形器, 莫非此理之所寓, 而百姓識慮粗淺, 眼中但見形器, 更不見形器上面有一段事。聖人有憂之, 分別箇上下與人看, 道器之說, 於是興焉。然上道下器, 皆以形而言之, 一形一理, 卽所謂分殊者。萬殊一理之說, 聖人初不數數然, 何則? 理也者, 不期一而自無不一者也。但能於萬殊處, 截斷得道器分明, 則理之不一, 非所憂也。是以學者平生"博文約禮", 皆是分殊上工夫, 而至於理一處, "一以貫之"一句已是多。『易』之卦爻象象, 皆是分殊上說話, 而至於理一處, "太極生兩儀"一語已是多, 及至後世人之識慮益下, 而後賢爲人之意轉緊, 必待分殊明而理自一, 則蓋邈乎無有限極矣。且意圓而語滯, 意闊而語窄, 勢不可以當句竭盡兩端。乃取理一分殊, 常常雙關說去, 或以理氣分雙關, 或以天命稟受分雙關, 或以一原異體分雙關, 每同一邊屬之上一段, 異一邊屬之下一段。蓋上一段, 乃夫子太極一貫之旨; 下一段, 卽夫子形而上下之說也。夫子之所兩處言之者, 後賢一時並擧, 蓋欲學者識其原委彼此相形, 去去來來, 本體躍如也。後學乃反包羅不周, 執言迷旨, 往往以理爲無頭腳沒著落之一物, 懸在冥漠之間, 而中道被有力者驅使, 倉卒排定成出萬殊來, 不亦誤哉? 不謂近世賢儒之論性, 亦復近於此也? 蓋既以無分爲一, 則無怪其別立一層本然於本然之上, 以爲萬物之一原,【南塘以不犯形氣, 單指其理爲第一層本然】無怪其以仁義禮智爲因氣各指之性, 而有人物性異之論。【南塘曰: "天命超形器而稱之, 五常因氣稟而名之。"】既以分爲因氣而有, 則無怪其以人物同五常爲本然之性, 而偏全之性爲非本然, 有人物性同之論。【寒泉詩曰: "蓋聞心性間, 過占氣分界, 偏全作本然, 氣質當心體"云云。】噫! 性異者吾非曰不可, 而異處乃在五常之帶氣, 則大本有所不明矣。不得不別立一原, 則是理外有分也。遂主異以廢同, 則"性卽理也"一句爲虛語矣。性同者吾不曰不然, 而以偏全之性爲非本然, 則是分外有理也。遂主同以廢異, 則性爲有體無用之物矣。理者一實萬分, 愈異而愈同者也。一而分, 非實異也, 異而同, 乃眞同也。兩家之言同異, 同異不相容若此, 蓋其所言異者是實異, 而同者非眞同也。

請試更詳之, 兩層本然之說, 蓋倣「太極圖」而差者也。其意蓋以第一層本然, 當「圖」之第一圈, 第二層本然, 當二五以下諸圈, 非不酷似矣, 其實有不可者。「圖」象從造化邊說去, 故就二氣五行萬物散殊之中, 挑出其不可挑出者, 以爲公共一箇本領。以下諸圈, 卽其本色實體, 非謂第一圈與諸圈有差別也。乃若論性是人物邊事, 恰是太極未挑出時, 在我則我底却是一原, 在你則你底却是一原, 不假人力箇箇圓足, 其實又非有此疆你界也。何故無事中生事, 必曰挑出一層, 然後爲萬物之一原乎? 前聖之於道理, 雖不雜形器而言之, 亦不離形器而言之。『詩』言"有物有則", 『易』言"一陰一陽之謂道"皆是也。今言"各一其性", 則旣不雜矣, 復欲就其上面, 揀出一層不雜者, 則不幾於離矣乎? 然則離物而後有則, 離陰陽而後有道, 何其與前聖之意不相似也? 是必以爲各一其性, 已落分殊, 已犯形氣, 不足以爲一原, 此性異之根柢。所謂"理外有分"此一項, 最令人苦苦, 分之不齊, 於理一也, 何害? 以分不同而嫌其理不同者, 卽飜手非覆手之說也。惟其有分, 乃所以一, 旣未嘗不分, 又不局於分, 理一正在此處。苟離了此分, 無別尋理一處矣。原思之粟九百, 公西華之粟一釜, 是乃一心, 苟離了此分, 無別討一心處矣。朱子曰: "理擧著都無欠闕, 言著仁都在仁上, 言著誠都在誠上, 言著忠恕都在忠恕上。"此活例也。以此例之, 則言著一槁木之理, 理便都在這上, 言著一微塵之理, 理便都在那上, 又可知矣。然則槁木微塵之理, 便是兩儀、四象、八卦之宗祖, 何故必擺脫分殊而後, 方成一原乎? 分之隨形器而各正者, 挑出而言之, 容可擺脫, 分之早涵於一理者, 終無可擺脫之理, 挑出亦何益矣? 夫旣以本然之不足於一原, 而別立上層本然, 則兩層本然差別顯然矣。是果與「圖」象之意同乎哉? 理一旣是無分之謂, 則五常降爲因氣之性, 亦次第事, 此寃何時可雪? 凡有是氣, 方有是理者, 不過說得流行一邊耳。若論實理之本然, 則亦果以氣爲有無乎? 費而隱之隱、微之顯之微、無極之無, 皆言其非耳目見聞之所及, 非謂眞無也。耳目之所不及, 可會之以心, 心若終不能識其何狀, 口若終不能說其何物, 則與眞無奚擇哉? 五常之在人, 亦何嘗有形象聲臭? 不過因用而推之耳。其在天地, 獨不可因用而推之乎? 是故太極之本然, 無聲臭之妙, 深探而究言之, 則不過五常之理也。太極是五常之理, 而五常反爲因氣之性, 可乎? 本然云者, 對今始然之辭, 五常之德, 匪今斯今, 本來已然, 故謂之本然。若先有無分之一, 後生因氣之分, 則乃本不然而今然者也, 猶復以五常爲本然者, 何也? 天命爲本然, 而五常爲氣質,【遂菴曰云云, 南塘曰: "此與元震三層之說同。"】亦一串貫來說不去處。天之所以命人物, 五常之外無佗焉, 五常被氣質所占, 則天命乃虛殼子也, 雖加以本然之美稱, 畢竟果是何物乎? 天命不可

據以爲性, 故所占不得不落在氣質, 此甲邊議論, 所以難從也。至若乙邊同五常而說本
然, 是著實的一原, 不比甲邊超五常, 而立一原空蕩蕩地。故下梢層節之猥穰, 不至如
甲邊之甚, 而但以偏全非本然之說觀之, 却恐同五常之同字, 已自帶病了, 曷謂之同?
只五常便是同處。五常之隨物而偏全, 乃此理之本分, 何可同也? 偏全不同, 而猶謂之
同者, 如盤盂刀劍爲銅鐵則同之同, 非以混同無盤盂刀劍而謂之同也。偏全之性非本
然, 離盤盂刀劍, 而求銅鐵之說也。偏全, 形而下者; 偏全之性, 形而上者, 形而上者不
得爲本然, 則夫子所言形上之道, 只說得氣質一邊耶? 故一箇性也, 自其分之不害於一,
而謂之同五常可也; 自其一之不外於分, 而謂之偏全之性亦可也。雖其名言之間, 若有
抑揚之勢, 而實如一幅布中, 或經或緯, 一人身上, 有名有字, 初非偏全之上, 更有同五
常之一位也。今曰彼爲本然而此爲氣質, 則是經稱布帛而緯可菅蒯, 名呼貴人而字曰
皁隸也, 奚可哉? 天下之性, 不全則偏, 固未有不全, 又不偏之性也。偏全皆非本然, 則
天下無一物能性其本然之性者, 而本然之性, 永爲懸空之虛位, 卽將安用彼性矣? 於
是不得不質言之, 曰: "本然之性, 豈明德之所具也?"【崔叔固說】似此道理, 眞七聖皆迷之
地。所貴乎正通者, 以其得本然之正也。若與偏塞者, 均之爲非其本然, 如臧穀之亡羊,
則何正通之足貴乎? 蓋以無分爲一, 其弊必至於此。其以各正之性, 爲落分殊犯形器, 不
足以爲一原, 與甲邊之議, 恐無異同, 玆又難從者也。總而言之, 豈非理分相離之蔽耶?
偏全指善一邊而言, 善一邊也者, 如孔隙雖有大小而月光自若, 盤盂雖有方圓而水性無
恙。若此者, 豈不是本然? 氣質是兼善惡而言, 兼善惡也者, 如和泥之水稠淸百層、隔
窻之月明暗多般。以偏全爲氣質, 豈不低陷了偏全? 氣質之性, 君子有不性者焉, 人物
偏全之性, 君子亦有不性焉者乎?

朱子「答徐子融」書曰: "氣質之性, 只是此性墮在氣質之中, 隨氣質而自爲一性, 正周子
所謂'各一其性'者。"

謹按: 性墮氣中, 自爲一性之云, 分明是"纔說性, 不是性之義", 乃氣質之性之正釋, 而却
以「圖說」各一其性當之, 恐非正義。或自是一說, 斷文取義。若執據此語以各一之性爲
非本然, 則未知其可也。朱子又曰: "氣質之性, 二氣交運而生, 一本之萬殊也。" 此段却
無可疑。所謂"流行邊說話雙關"之下段, 氣質之性四字, 雖與程、張本意不同, 不妨是自
成一說, 「答徐」書之本意, 亦可以此傍照矣。

或有難之者曰: 江門論分殊, 自"因氣"、"各指"以下, 諸先生之論, 猶或歧而不合。今子乃
言一原之中, 已涵分殊, 所謂如水益深, 何乃以是而反疑舊論哉? 其得罪也必多矣。

曰: 一而未嘗無分, 殊而不害於一者, 乃理之自然, 命之所以不息, 而誠之所以不遺, 非吾之一時頰舌所能移易也。知罪一款, 非吾敢知, 若所妄論, 其於舊論, 乃相反非益深也。如吾之說, 則理分圓融。所謂"體用一原, 顯微無間"者, 同中有異, 異中有同, 同異不須論也。如舊論之意, 則理分隔斷, 乃是體用二本, 顯微有間, 同者自同, 異者自異, 終無會通之期矣。賴"各指"、"單指"一話頭, 廑得排定其層節, 各指單指, 非無此理, 亦是皮面說, 玆乃註釋家分疏前人見成說話之法。如曰"天地之性", 專以理言, "氣質之性", 理與氣雜而言之是也。至若裏面一著, 此理之實體, 乃各家議論以前事。其同其異, 必有天然自有之體段, 豈必隨人指頭而爲之低仰乎? 僭論至此, 尤無所逃罪也。

朱子曰: "理與氣, 伊川說得好。"
曰: 理一分殊, 此非以氣言分耶?
曰: 朱子書謂氣爲分處亦有之, 而乃在別處, 若此段所言及『圖解』, "分之所以一定而不移", 此等分字, 恐不然矣。朱子若將分殊二字, 直作"氣異"看, 則理一氣異, 人人皆能說得, 何以云伊川說得好? 且況理一氣異, 縱然說得, 亦非好語, 何以故? 理既云萬事本領, 氣是甚樣物事, 乃獨"你一我殊", 背馳去? 玆故理一氣異, 縱然說得, 亦非好語。近世諸先生坼開"理"、"分", 大抵皆你一我殊之論, 其蔽也, 氣無聽命於理, 理反取裁於氣, "天命之謂性", 徒虛語耳。乃伊川之意不然, 理不一了便休, 乃其中有纖悉委折。有玆般樣根柢, 萬化之氣, 安得不生。故玆簡寥一句語, 於理氣精狀脈絡, 可謂括盡矣, "說得好"之意蓋如此。分之爲言, 理實而名虛, 遲是只各有定限, 不相踰越之謂, 本非理之名, 亦非氣之稱也。自其涵於一者而言之, 則固至微之理, 自其定於各者而言之, 則必須氣爲之地盤, 故朱子謂氣爲分處亦有之。「圖解」分字所指深味之, 亦自可見, 玆不復言。

五常之德, 人物同異, 畢竟惡乎定?
曰: 定於先覺之言。蓋道理微妙, 必須得之於心, 不比名物形迹之粗, 可以言語聞見, 卒乍指定也。然心得之道, 又不可徑舍言語而佗求, 必就先覺已定之論, 思惟參驗, 勿輕立己見。驅率前言以從之, 久而心安理順, 信其必然而後, 是眞心得也。朱子之論人物性, 固多矣。其見於『四子註』說者, 則手筆稱停, 非記錄易訛書疏倉卒之比。其言人物五常, 凡有三處, 曰"人物之生, 必得是理, 然後有以爲健順仁義禮智之性"者, 『大學或問』也。"人物之生, 各得其所賦之理, 以爲健順五常之德"者, 『中庸章句』也。此二條,皆不區分人物, 一例說去, 粗通文理者, 初不難辨。且得以爲性, 得以爲德之云, 皆屬成性以下, 而非繼善以上事, 則朱子之意, 明以人物之性, 爲同此五常矣。豈復有佗說哉? 獨於『孟子』生之謂性章『集註』, 以理言之, 則仁、義、禮、智之粹然者, 豈物之所得以全哉? 此爲區分人物處。然而只曰 "物豈得全?" 不言物莫得與, 則此亦人物同五常之說也。竊嘗思之, 古人之剏語命物, 各有本旨, 仁、義、禮、智四字本旨, 分明是因人而名。如"立人之道, 曰仁與義", "仁也者, 人也", "仁, 人心也; 義, 人路也", 此等人字, 若代以萬物字, 則便不襯貼, 此可見四字本旨因人而名也。若「乾」卦「文言」,「无妄」「大象」,『中庸』盡性一章, 皆可見物我一理之意, 而猶於物性, 未嘗四破立說, 非謂無此理也, 詳人略物, 其分固爾。至「圖說」二五妙合一段, 始微發其端, 及乎程子"無獨有對"之語、康節"四片觀物"之法, 而窩藏畢露矣。至朱夫子, 始以五常明言之, 朱子之爲此說, 豈喜爲剏新之論以同人道於庶類哉? 蓋聖賢眼中, 的見一箇道理, 亘古亘今, 直上直下, 此理之外, 更無佗理, 無所逃於天地之間, 仁者見之謂之仁, 知者見之謂之知, 都是此箇物事。是以直以從上聖賢, 四破人性的字, 一萬物而貫之, 不以爲嫌也。雖然, 一而無分, 非吾所謂一也。故『庸』『學或問』, 卽言"鳥獸草木之生, 僅得形氣之偏, 而不能有以通貫乎全體", "彼賤而爲物者, 梏於形氣之偏塞, 而無以充其本體之全。" 此言人物之性, 雖同此一理, 而理中之分限不能無也。氣所以承載此理, 故雖不離形氣而言分而一之未嘗無分, 於此因可見矣。合此上下文義而觀之, 其與生之謂性章『集註』, 亦非有異義也。此其首末明備, 豈不攧撲不破乎? 後世讀者各占上下一半, 就生軒輊, 豈朱子之所能預料哉? 是知物我均五常者, 理之一也, 五常有偏全者, 一中之分也。蓋自統體一極, 理分圓融而無間, 故其成性於萬物者, 又如此。是故先覺論性, 有言理同者, 有言理不同者, 非相戾也。所主而言之者不同, 曷爲有此所主之不同? 共公以論其妙, 則挑出而言之, 眞的以指其體, 則卽氣而明之。挑出則理本一, 故理一爲主, 而萬殊涵於其中; 卽氣則氣已分, 故分殊爲主, 而理一存乎其間。自是話有兩般, 何曾性有多層? 諸家於先覺論性處, 非不講貫詳密, 而特緣理分一體處, 未甚著眼, 以致理氣相妨, 同異相攘。說異則欲獨擅五常, 說同則乃低視偏全, 差之毫釐, 謬以千里, 豈不信哉?

有一理, 便有五理, 故有一氣, 便有五氣。"一"言乎其總也, "五"言乎其蘊也, 非昔一、今五之謂也。有一而無五, 則無四支百體而有人之說也, 欲獨擅五常, 可乎? 以一視五, 五者同一, 以五相視, 分於是存, 雖散殊之無窮, 皆本分中事, 欲低視偏全, 可乎? 一部『易』, 正是畫出此理。世豈有顒突一塊, 可以樞紐造化根柢品彙者乎?

曰: 審如子言, 分殊亦理一中事矣, 『庸』『學或問』, 言物性之偏, 何故必以形氣言之耶?

曰: 此近世議論之所由興, 亦恐於本文看得, 欠消詳也。道是形而上者, 聖人不離形氣而言之, 『或問』之意, 亦如是而已。故旣從陰陽五行說來, 言其綱理之一般, 繼以陰陽五行之偏全, 言其條件之不同, 一時事而先後言之, 有何可疑之端乎?

曰: 本體而云無以充, "本體"爲性分耶? 至"無以充"三字, 始爲性分耶? 全體而云不能通貫, "全體"爲性分耶? 至"不能通貫"四字, 始爲性分耶? 抑當從江門以"全體"爲人之全體耶?【逐菴曰: "物則僅得形氣之一偏, 故不能有以貫通乎人之全德。"】又僅得之僅字, 梏於形氣之梏字, 皆可見理拘於氣, 失其本分之義, 而今乃以物性之偏, 亦謂之本分, 何也?

曰: 此亦已踏之蹊也。本體、全體, 卽其性分中理一處也; 無以充不能貫者, 卽其性分中分殊處也。兩項事理有則俱有, 今必欲二而論之謬矣。且所謂全體者, 乃一太極之本然, 而萬物之一原也, 初非物與我之所得私, 而亦未嘗非物與我之所共有也。若必曰人之全體, 物不能通貫, 則無亦有伐柯睨視之勞乎? 曰僅、曰梏, 蓋方主於同而說其異, 語勢賓主之分, 不得不爾。若以此爲失其本分, 則是無分之一, 豈理也哉?

"以理言之, 則萬物一原, 固無人物貴賤之殊", 此一節所謂挑出以言其妙, 理一爲主者也; "以氣言之, 則得其正且通者爲人, 得其偏且塞者爲物", 此一節所謂卽氣以指其實, 分殊爲主者也。然則所言乎氣者, 乃所指則在乎理之偏全也。先儒之主理一邊者, 乃謂人物之辨, 專在於氣,【諸公之論皆然】夫言氣而不以理爲主, 則所言正通偏塞者, 皆不過一箇空殼, 何足以爲人物之貴賤乎?

論心亦然, 心雖氣分事, 而乃所具則性也。心具性, 吾之心與聖人之心同; 心不能盡性, 吾之心與聖人之心異。其同、其異, 皆所重在性也。夫其體段則同, 而作用則異者, 固緣氣稟之美惡, 用事於其間。然聖人之於此, 常主其同者, 絀其異者, 不把氣稟作大事看。故曰: "雖愚必明, 雖柔必強。" 曰: "惟狂克念作聖。" 南塘乃忘却其同者, 主張其異者, 以聖凡異心說爲法門, 其亦矛盾於聖人之意矣。與南塘辨者, 亦不言其所重之有在, 區區較其光明之分數, 欲以此爲同聖凡之心, 未爲箚著痛處, 而又或以爲"天地之妙用良能, 降於人而爲心, 非人生氣質一定之後, 始聚而爲心者",【櫟泉說】尤汙遠矣。至若心本善之說, 以"湛一氣之本、喜怒哀樂未發, 何嘗不善"等語斷之, 便自眞的。但南塘必欲藏淑慝種子於未發, 以爲發後之根柢, 則亦末如之何矣。

天下不容有兩種子, 雖慝亦根於淑而生者也。如一穗之間, 得虛粃半粟者, 豈別有種子而然歟? 氣稟之美惡, 下種之土力有不齊也。土力之所湊合, 種子固有不得直遂者, 而種子却是元初種子, 故只未發謂之中, 中便是至善。今云未發, 有淑慝種子, 而復云非未發之中之謂, 則是有雙未發耶? 氣質之性與生俱生, 非可隨時有無者,【逐菴說】汎論之不可謂不然矣。第未知所謂本然者, 於何見得? 只氣質之循軌不亂處是也。然則衆人氣質不美, 正當於不昏則亂, 無澄然未發時。見之苟未發矣, 則是乃氣質之偶然循軌者也, 非本然而何哉? 既本然矣, 而復有不美之種子伏在一邊, 則天下終無大本矣。

右湖、洛諸賢之論, 多有不可曉者, 每自恨其蔽痼之甚而莫之解也。病中納凉, 略草所疑, 蓋備攷閱以求闕, 非欲纔得一說, 終身不改也, 又非敢與當世專門爭是非也。此外尙有不勝其可疑者, 而心力有所不能及焉。苟有同志者, 不辭與之屋下商確云。碎紙中得鹿門任氏一段議論, "苟言異則非但性異, 命亦異也, 苟言同則非但性同, 道亦同也。" 此言驟看外面, 殆若鹿邊者獐, 獐邊者鹿, 而其實說得道理原頭, 無有滲漏。伊川"理一分殊"四字, 賴此公而一脈不墜於東方歟? 恨不得其全書而攷閱也。

3-1-2 「납량사의納凉私議」(『蘆沙集』卷16)

여러 학자들의 인성(人性)과 물성(物性)에 대한 말씀은 그 결론이 비록 다르지만, 가만히 생각해보면 폐단은 동일하다. 어찌하여 '폐단은 동일하다'고 말하는가? 그 폐단은 '리(理)'와 '분(分)'을 서로 떼어놓는 데 있다. 어찌하여 리와 분을 서로 떼어놓는다고 말하는가? 여러 학자들의 뜻을 자세히 보면, 한결같이 모두 리(理)를 분(分)이 없는 사물로 삼고, 분(分)은 기(氣)로 인해서 있는 것으로 삼아서, 리일(理一)을 형기(形氣)와 떨어진 곳으로 한정하고, 분수(分殊)를 형기에 떨어진 후로 국한시킨다. 이에 리는 스스로 리가 되고, 분은 스스로 분이 되어, 성(性)과 명(命)이 옆으로 갈라지게 되었다. 성과 명이 옆으로 갈라지면서, 성을 논함에 비로소 천하가 분열되었다. 나의 얕은 견해로 들은바, 분(分)은 리일 가운데의 세세한 조리(條理)여서, 리(理)와 분(分) 사이에는 층과 마디가 용납되지 않는다. 분(分)은 '리(理)'에 상대되는 것이 아니요, 분수(分殊) 두 글자가 '일(一)'에 상대되는 것이다. '리(理)'는 만수(萬殊)를 포함하므로 '하나'라고 말하는데, '그 실상은 일물(一物)'이라는 말과 같다. '수(殊)'는 참으로 다른 것이 아니므로 '분수(分殊)'라고 말하는데, '다른 것은 다만 그 분한(分限)'이라는 말이다. 한 구절의 두 말은 서로 기다려서 뜻이 되므로, 하나라도 제거할 수 없다. 그러므로 리일(理一)을 말할 때에는 분(分)이 이미 포함되어 있음을 알 수 있고, 분(分)을 말할 때에는 이미 리일(理一)이 자재함을 볼 수 있으니, 애초에 리를 따라 내려가 한 가지 재료를 덧붙여서 비로소 분(分)을 이루고, 분(分)을 거슬러 올라가 한 걸음을 뛰어 넘어서 비로소 리라고 일컫는 것이 아니다.

주자의 두 구절 말씀이 가장 분명하여 알기 쉽거니와, "태극이란 상수(象數)가 아직 형체로 드러나지 않았지만 리가 이미 갖추어진 것을 일컫고[즉 「태극도해(太極圖解)」에서 '충막무짐(沖漠無朕)하나 동정음양(動靜陰陽)의 리가 모두 그 안에 갖추어져 있다'고 말한 것이다], 형기(形器)가 이미 갖추어져 있으나 그 리는 조짐이 없음을 가리킨다[즉 「태극도해」에서 '동정이 때가 다르고, 음양이 위치가 다르지만, 태극(太極)이 있지 않은 적이 없다'고 말한 것이다]."고 하셨다.

무릇 '상수가 아직 형체로 드러나지 않은 것'은 '아직 나누어지지 않은 하나'인데, '리는 이미 갖추어져 있다'고 했으니, 그 안에 이미 분(分)이 포함되어 있는 것 아닌가? '형기가 이미 갖추어져 있는 것'은 '이미 정해진 분(分)'인데, '그 리가 조짐이 없다'고 했으니, 그 안에 일(一)이 스스로 존재하는 것 아닌가? 형기와 떨어져서 형기와 섞이지 않는 것은 없는바, 제대로 보는 사람은 형기에 나아가 (理를) 얻는 데 방해받지 않게 되니, 이것이 이른바 '태극의 본체'이다. 이에 대해 본 것이 있다면, 리(理)와 분(分)은 서로 대립하고 구애되는 사물이 아니요, 음양(陰陽)·오행(五行)·남녀(男女)·만물(萬物)이 각각 그 성을 하나로 하는바, 이것이 곧 '하나의 태극'의 본색이라는 것은 변설을 기다리지 않더라도 자명할 것이다.

진실로 리(理)와 분(分)을 나누어 두 개로 만들면, 일(一)과 수(殊)가 얼음과 숯처럼 서로 반대되고, 하늘과 연못처럼 멀리 떨어지며, 층계와 등급이 옆으로 생기거니와, 각각 하나의 자리를 점하여서 본연(本然)이라고 여기면서 '같고 다름'의 논의가 분분하게 일어나는 것이다. 정말로 이러한 뜻이라면, 나는 일(一)은 흐지부지 사물이 없으므로 일원(一原)이 될 수 없고, 분(分) 역시 때에 따라서 배정되어 본분(本分)이 될 수 없음을 두려워하는 바이다. 같고 다름은 오히려 둘째 문제이고, 그 실체에 대해서는 어찌하겠는가? 이러한 까닭에 여러 학자들이 성을 논한 것을 구절마다 미루어보면, 마침내 많은 부분 따르기 어려운 것이다.

"상수(象數)가 아직 드러나지 않았다"는 구절은 은미한 것을 말한 것이고, "형기(形器)가 이미 갖추어져 있다"는 구절은 드러난 것을 말한 것이다. 비록 두 구절이 있는 것 같지만, 사물은 스스로 처음과 끝이 있고, 리는 본래 생성과 붕괴가 없으니, 실상은 두 일이 있는 것이 아니다. 천하에 기와 떨어져 독립된 리는 없으니, 분수(分殊) 밖에 어찌 따로 리일(理一)이라는 것이 있겠는가? 모름지기 분수(分殊)가 바로 리일(理一)임을 알아야 한다. 분수(分殊)가 하나의 리가 됨 역시 그다지 알기 어려운 것은 아니다. 하나의 손을 굽히고 펴고 뒤집고 덮는 것과 같고, 하나의 몸으로 가고 오고 앉고 눕는 것과 같다. 굽히고 펼 때도 하나의 손이고, 뒤집고 덮을 때도 하나의 손이니, 두 손이 있다고 하면 옳겠는가? 가고 멈출 때도 하나의 몸이고, 앉고 누울 때도 하나의 몸이니, 두 몸이 있다고 하면 옳겠는가? 리일(理一)이 분수(分殊)를 벗어나지 않는 것도 그러하니, 분수(分殊)가 일찍이 리일(理一)에 포함된다는 것도 이것으로 말미암아 한번 뒤집어 본 것에 불과하다. 설령 이 사물이 처음 있기도 전에 반드시 먼저 이 사물의 리가 있다고 말하더라도, 만물이 있기 전에도 일물(一物)과 같고, 만리(萬理)가 반드시 먼저 있는 것도 일리(一理)와 같으니, 이는 반드시 하나의 손이 있어서 굽히고 펴고 뒤집고 덮는 것이고, 하나의 몸이 있어서 가고 오고 앉고 눕는 것이다. 만약 그렇지 않다면, 정자(程子)의 "아득히 텅 빈 것 같지만, 만상이 이미 갖추어져 있다"는 말씀, 주자(朱子)의 "이미 갖추어져 있다, 먼저 있다"는 말씀이 한두 번에 그치지 않았으니, 이것들은 모두 무슨 말이겠는가? 여기서 또한 '원두(源頭)의 일리(一理)'란 '분(分)이 없다'는 말이 아님을 알 수 있다.

다시 한 가지 평범한 일로 비유하겠다. 지금 한 덩어리의 구리와 쇠가 있는데, 이를 '하나의 태극'이라고 하면, 이것으로 그릇을 만들 수도 있고, 칼을 만들 수도 있는 것은 바로 '분수(分殊)가 일(一)에 포함된 것'이니, 이른바 '찬연(粲然)'이요, 동쪽면으로는 그릇을 만들고 서쪽면으로는 칼을 만들 수 있는 것이 아니니, '혼연(渾然)'이다. 그릇을 만드는 용광로에 들어가면 그릇이 되고, 칼을 만드는 용광로에 들어가면 칼이 되어, 각각 그 본분(本分)의 한 용광로를 얻음은 기화(氣化)가 각각 그 하나의 분(分)을 얻는 것이니, 이것이 각일기성(各一其性)의 분수(分殊)이다. 이 분(分)은 때에 따라 배정되는 것이 아니다. 이 본연이 비록 그릇이 되고 칼이 되지만, 옛날의 구리와 쇠를 벗어날 수 없는 것이므로,

구리와 쇠의 기량은 그대로 자재한다. 이것이 분수(分殊) 가운데 리일(理一)로서, 처음부터 그릇과 칼 밖에 따로 한 덩어리의 구리와 쇠가 있는 것이 아니다. 이것이 하나의 태극이 다만 분수(分殊) 가운데 있는 것이다. 오직 리는 상대가 없으니, 어찌 적절한 비유가 있겠는가? 다만 그 일(一)과 수(殊)가 일찍이 서로 떨어지지 않음이 대개 이와 같은 것이다. 일(一)이지만 일찍이 분수(分殊)가 있어도 일(一)이 됨을 방해하지 않으니, 그 묘한 것이 대개 이와 같다. 이것이 어찌 먼저 분(分)이 없는 일(一)이 있고, 후에 기(氣)로 인해 분(分)이 생겨서, 여러 학자들의 말처럼 리는 스스로 리이고, 분(分)은 스스로 분(分)인 것이겠는가?

공자가 말씀하기를, "백성은 날마다 쓰면서도 알지 못한다"고 하였다. 대개 날마다 쓰는 형기(形器)는 모두 이 리가 깃드는 곳인데, 백성들은 식견과 생각이 거칠고 얕아서, 눈으로 형기만 볼 뿐, 다시 형기 위에 있는 하나의 일을 보지 못한다. 성인(聖人)이 이를 걱정하시어, 상하를 분별하여 사람들에게 보게 했으니, 여기서 '도(道)와 기(器)에 관한 학설'이 생긴 것이다. 그러나 상(上)의 도(道)와 하(下)의 기(器)는 모두 형체로 말한 것으로, 일형(一形)과 일리(一理)가 곧 이른바 분수(分殊)이다. 만수(萬殊)와 일리(一理)의 설을 성인이 처음에 자주 언급하지 않은 것은 어째서인가? 리는 일(一)을 기약하지 않더라도 스스로 일(一)이 되지 않음이 없다. 다만 만수(萬殊)의 곳에서 도와 기를 분명하게 절단할 수 있다면, 리가 일(一)이 되지 못함을 걱정할 것이 없다. 그러므로 배우는 사람들이 평생동안 "널리 글을 배우고 예법으로 요약함"은 모두 분수(分殊)상의 공부이요, 리일(理一)에 대해서는 "하나로써 관통한다"는 한 구절이면 이미 충분하다. 『주역』의 괘효(卦爻)와 단상(彖象)은 모두 분수(分殊)에서 말한 것이요, 리일(理一)에 대해서는 "태극(太極)이 양의(兩儀)를 낳는다"는 한 마디면 이미 충분하다. 후세 사람들의 식견과 생각이 더욱 아래로 내려가자, 후현(後賢)이 사람들을 위하는 뜻이 더욱 긴밀해져, 반드시 분수(分殊)가 밝아져서 리가 스스로 일(一)이 됨을 기다리고자 함에 대개 아득하여 한계와 끝이 없고, 또한 뜻이 원융하면 말이 막히고, 뜻이 넓으면 말이 협애하게 되어, 그 형세가 어느 한 구절을 가지고 양단을 충분히 다 설명할 수 없게 되었다. 이에 '리일분수(理一分殊)'를 취하여 항상 쌍방을 관련시켜 말함에, 혹은 리와 기를 쌍방으로 나누고, 혹은 천명과 품수를 쌍방으로 나누며, 혹은 일원(一原)과 이체(異體)를 쌍방으로 나누어, 매번 같은 한 쪽을 위의 일단(一段)에 소속시키고, 다른 한 쪽을 아래의 일단(一段)에 소속시켰다. 대개 위의 일단(一段)은 공자의 태극(太極)·일관(一貫)의 뜻이고, 아래 일단(一段)은 바로 공자의 형이상(形而上)·형이하(形而下)의 말이다. 공자가 두 곳에서 말한 것을 후현들이 일시에 함께 들어서 말한 것은 대개 배우는 사람들로 하여금 그 근원과 말단이 서로 드러내주어, 가고 또 가고 오고 또 오는 속에 본체가 생동함을 알게 하고자 한 것이다. 그런데 후학들은 도리어 두루 망라하지 못하고, 말에 집착하여 뜻에 헷갈리니, 때때로 리를 머리와 다리도 없고 붙어있을 곳도 없는 물건으로서 어둡고 막막한 허공에 매달려 있다가, 중간에 유력자(有力者 : 氣)가 몰고 부리게 되면, 갑자기 배정하여 만수(萬殊)를 이루는 것으로 여기니, 또한 잘못이 아니겠는가? 근세의 유현(儒賢)들이 성(性)을 논한 것도 또한 이것에 가깝다고 할 수 있지 않겠는가?

대개 이미 분(分)이 없는 것을 일(一)로 삼는다고 한다면, 본연지성(本然之性) 위에 따로 한 층의 본연지성을 세워 만물의 일원(一原)으로 삼은 것도 괴이할 것이 없고[남당은 형기를 범하지 않고, 오직 그 리만을 지칭하여 제일층의 본연으로 삼았다], 인의예지(仁義禮智)를 기(氣)에 따라 각각 지칭한 성(性)으로 보아 사람과 사물의 본성이 다르다는 논의가 있게 된 것도 괴이할 것이 없다[남당은 "천명(天命)은 형기를 초월하여 말한 것이고, 오상(五常)은 기품으로 인하여 말한 것"이라 했다]. 이미 분(分)을 기(氣)로 인해 있는 것이라 한다면, 인간과 동물이 오상을 함께 타고난 것을 가지고 본연지성으로 삼고, 편전(偏全)의 성은 본연이 아니라고 하여, 사람과 동물의 본성이 같다는 논의가 있게 됨도 괴이할 것이 없다[한천(寒泉, 陶菴 李縡의 別號)의 시에 "대개 듣건대 심과 성 사이에, 기의 영역을 지나치게 크게 잡아, 편전(偏全)으로 본연을 삼고, 기질을 심체(心體)에 해당시켰다"고 하였다]. 아! '성(性)이 다르다'는 것을 내가 옳지 않다고 말하는 것은 아니지만, 다른 것은 바로 오상이 기를 띠고 있음에 있는 것이니, 대본(大本)에 밝지 못한 바가 있는 것이다. 부득불 따로 일원(一原)을 세운다면, 이는 리 밖에 분(分)이 있는 것이니, 결국 다름을 주로 하여 같음을 폐한다면, "성이 곧 리"라는 한 구절은 헛된 말이 된다. '성이 같다'는 것을 내가 그렇지 않다고 말하는 것은 아니지만, 편전의 성을 본연의 성이 아니라 한다면, 이것은 분(分) 밖에 리가 있는 것이니, 결국 같음을 주로 하여 다름을 폐한다면, 성이 체만 있고 용이 없는 쓸데없는 사물이 된다. 리는 하나의 실상이 만 가지로 나뉘는 것이니, 다를수록 더욱 같은 것이다. 일(一)이면서 분(分)이니, 참으로 다른 것이 아니고, 다르면서도 같은 것이니, 참으로 같은 것이다. 두 학파에서 같고 다름을 말할 때, 이처럼 같고 다름이 서로 용납하지 못하는 것은 대개 다르다고 말한 것은 참으로 다른 것이고, 같다고 한 것은 참으로 같은 것이 아니기 때문이다.

청컨대 다시 자세히 시험하겠다. '두 층의 본연지성'이라는 주장은 대개 「태극도(太極圖)」를 모방했는데 어긋난 것이다. 그 뜻은 대개 제일층의 본연으로 「태극도」의 첫째 권(圈)에 해당시키고, 제이층의 본연으로 음양·오행 이하의 여러 권(圈)에 해당시킨 것인바, 매우 비슷하지 않은 것은 아니나, 그 실상은 옳지 않은 것이다. 「태극도」의 모양은 조화(造化)를 따라 말한 것이다. 그러므로 음양·오행과 만물이 흩어져 있는 가운데에 나아가, 그 도출할 수 없는 것을 도출하여, 하나의 공공(公共)한 본령으로 삼은 것이다. 그 아래의 여러 권(圈)은 바로 그 본색(本色)의 실체(實體)로서, 첫째 권과 아래의 여러 권 사이에 차별이 있다는 말이 아니다. 성(性)을 논하는 것은 사람과 사물의 일이니, 마치 태극이 도출되기 전에 나에게 있으면 나의 것이 일원(一原)이 되고, 너에게 있으면 너의 것이 일원(一原)인 것과 같으니, 사람의 힘을 빌리지 않고도 하나하나가 원만하고 풍족한 듯하지만, 그 실상은 또한 나와 너의 경계가 없는 것이다. 어찌하여 일이 없는 가운데 일을 만들어, 반드시 한 층을 도출한 다음에 만물의 일원(一原)이라고 하는가?

옛 성인은 도리에 대해 비록 형기와 섞지 않고 말씀하셨지만, 또한 형기와 분리하지 않고 말씀하셨다.

『시경(詩經)』의 "사물이 있으면 법칙이 있다"는 말과 『역경(易經)』의 "한번 음하고 한번 양하는 것을 도라고 한다"는 말이 모두 이것이다. 지금 '각일기성(各一其性)'을 말하면 이미 섞지 않은 것인데, 다시 그 위에 나아가 한 층의 섞이지 않은 것을 발라내려고 한다면, '분리함'에 가깝지 않겠는가? 그렇다면 사물을 떠난 다음에 법칙이 있고, 음양을 떠난 다음에 도(道)가 있는 것이니, 어찌하여 옛 성인의 뜻과 서로 다른 것인가? 이는 반드시 '각일기성(各一其性)'을 이미 분수(分殊)에 떨어지고 이미 형기를 범한 것이므로 일원(一原)이 될 수 없다고 여긴 것이니, 이것이 '성이 다르다'고 한 것의 근본이다.

이른바 '리 밖에 분(分)이 있다'는 이 한 조목이 가장 사람들로 하여금 가장 괴롭게 하니, 분(分)이 가지런하지 않은 것이 리일(理一)에 무슨 방해가 되겠는가? 분(分)이 같지 않다는 이유로 리가 같지 않다고 의심하는 것은 곧 '뒤집은 손은 덮은 손이 아니다'라는 학설이다. 오직 그 분(分)이 있기 때문에 일(一)인 것이다. 이미 일찍이 나뉘지 않음이 없으면서 또 분(分)에 국한되지도 않는 것, 바로 여기에 리일(理一)이 있다. 진실로 이 분(分)을 떠나서 따로 리일(理一)을 찾을 수 있는 곳이 없다. 원사(原思)에게 양곡 구백을 주고 공서화(公西華)에게 양곡 1부(釜)를 준 것이 한 마음이니, 진실로 이 분(分)을 떠나서는 따로 하나의 마음을 찾을 수 있는 곳이 없다.

주자는 "리를 말하자면 어떠한 흠도 없다. 예컨대 인(仁)을 말하면 모두 인(仁) 위에 있고, 성(誠)을 말하면 모두 성(誠) 위에 있고, 충서(忠恕)를 말하면 모두 충서 위에 있다."고 말씀했으니, 이것이 활례(活例)이다. 이것으로 예를 들면, 하나의 마른 나무의 리를 말하면 리가 모두 이곳에 있고, 하나의 작은 먼지의 리를 말한다면 리가 모두 그곳에 있다는 것을 알 수 있다. 그렇다면 마른 나무와 작은 먼지의 리가 바로 양의(兩儀)·사상(四象)·팔괘(八卦)의 종조(宗祖)이니, 무슨 까닭으로 반드시 분수(分殊)에서 벗어난 뒤에야 일원(一原)이 되겠는가? 분(分)이 형기를 따라 각기 바른 것은 도출해서 말한 것이니, 형기를 벗어난 것을 용납할 수 있지만, 분(分)이 일찍이 일리(一理)에 포함된 것은 끝내 벗어날 수 있는 이치가 없으니, 도출하는 것이 또한 무슨 이익이 있겠는가?

대개 본연이 일원(一原)에 불충분하다고 하여서 따로 상층의 본연을 세운다면, 두 층의 본연이 현저하게 구별될 것이니, 이것이 과연 「태극도」 도상(圖象)의 뜻과 같겠는가? 리일(理一)이 이미 분(分)이 없는 것을 일컫는 것이라면, 오상(五常)이 내려가 '기로 인한 성[因氣之性]'이 되는 것도 정해진 일인 바, 이 원통함을 언제 씻어내겠는가? 무릇 "기가 있으면 바야흐로 리가 있다"는 것은 유행(流行)의 한 측면을 말하는 것에 불과하다. 만약 실리(實理)의 본연을 논한다면, 과연 기로써 있고 없음을 삼겠는가? '비(費)하면서도 은(隱)하다'의 은(隱)과 '미(微)한 것이 현(顯)하다'의 미(微)와 '무극(無極)'의 무(無)는 모두 '눈과 귀로 보고 들을 수 없는 것'을 말하는 것이요, '참으로 없다'는 말이 아니다. 귀와 눈이 미칠 수 없는 곳은 마음으로 알 수 있다. 마음이 만약 끝내 그것이 어떤 상태인지 알 수 없고, 입이 끝내 그것이 어떤 사물인지 말할 수 없다면, '참으로 없는 것'과 무엇이 다르겠는가? 오상이 사람에게 있는 것도 어찌 형상(形象)과 소리와 냄새가 있겠는가? 쓰임새로 인해 미루어보는 것에 불과하다. 그 천지에 있는 것만 홀로 쓰임새로 인하여 미루어볼 수 없겠는가?

그러므로 태극의 본연이 소리와 냄새가 없는 묘(妙)도 깊이 탐구하여 말하면 오상의 리에 불과하다. 태극이 오상의 리인데, 오상이 도리어 '기로 인한 성'이 된다면 옳겠는가? '본연'이라는 말은 '지금 비로소 그러함'과 상대되는 말인바, 오상의 덕은 지금이든 아니든 '본래 이미 그러한 것'이니, 그러므로 '본연'이라고 말한다. 만약 '분(分)'이 없는 일(一)'이 먼저 있다가 나중에 '기로 인한 분(分)'을 낳는다면, 이는 바로 '본래는 그렇지 않던 것이 지금 그런 것'이다. 그런데도 오히려 다시 오상을 본연으로 삼는 것은 무슨 까닭인가? 천명을 본연으로 여기고 오상을 기질로 여기는 것(수암이 말하자, 남당이 "이것은 나의 삼층설(三層說)과 같다"고 말했다) 역시 마찬가지로 말이 되지 않는다. 하늘이 사람과 사물에게 명령한 것은 오상 밖에 다른 것이 없는데, 오상은 기질이 점령한 바가 된다면, 천명은 바로 빈껍데기인 것이다. 비록 '본연'이라는 아름다운 호칭을 더한다고 하더라도, 결국 이것은 어떤 물건이겠는가? 천명을 성(性)의 근거로 삼지 않으니, 그러므로 점거한 바가 부득불 기질에 떨어지는 것인바, 이것이 갑쪽의 의론을 따르기 어려운 이유이다.

을쪽은 오상과 본연을 같은 것으로 설명하는데, 이는 일원(一原)에 착실한 것으로, 갑쪽에서 오상을 초월하여 일원(一原)을 허공에 세운 것과 다르다. 그러므로 마침내 층절(層節)의 잡다함이 갑쪽처럼 심하지는 않다. 다만 '편전(偏全)은 본연이 아니다'라는 말로 살펴본다면, 도리어 '오상을 같이 한다[同五常]'의 '동(同)'자는 이미 스스로 병을 지닌 것 같다. 무엇을 '같다[同]'고 말하는가? 단지 오상이 바로 같은 것이다. 오상이 사물에 따라 편전(偏全)이 있는 것은 바로 리의 본분(本分)인데, 어찌 같을 수 있겠는가? 편전이 다른데도 오히려 같다고 말하는 것은 예컨대 '그릇이나 칼이 모두 쇠나 구리로 이루어진 점이 같다'고 할 때의 '같음'이요, 그릇과 칼의 구별 없이 혼동하여 '같다'고 말하는 것은 아니다. '편전의 성은 본연이 아니다'라는 것은 그릇과 칼을 떠나 쇠나 구리를 구하는 말이다. 편전은 형이하자이며, 편전의 성은 형이상자인데, 형이상자가 본연이 될 수 없다고 한다면, 공자가 말한 형이상의 도는 다만 기질 한쪽만을 말한 것이겠는가? 그러므로 하나의 성이지만, 그 분(分)이 일(一)에 방해가 되지 않음을 일컬어 '오상을 같이 한다'고 하는 것은 옳으며, 그 일(一)이 분(分)에서 벗어나지 않음을 일컬어 '편전의 성'이라고 말하는 것 또한 옳다. 비록 이름 지어 말하는 사이에 억양(抑揚)의 차이가 있을지라도, 실제로는 한 폭의 삼베 가운데 어떤 것은 날줄이 되고 어떤 것은 씨줄이 되며, 한 사람에 대해 이름과 자(字)가 있는 것과 같다. 애초에 편전 위에 다시 '오상을 같이 한다'는 한 자리가 있는 것이 아니다. 지금 '저것은 본연이고, 이것은 기질이다'라고 말한다면, 이는 날줄은 삼베인데 씨줄은 골풀이라 여기며, 이름으로는 귀하게 대하고 자(字)로는 천하게 대하는 것이니, 어찌 옳겠는가? 천하의 성은 온전한 것이 아니면 치우친 것이니, 진실로 온전하지도 않고 치우치지도 않은 성은 없다. 편전이 모두 본연이 아니라면, 천하에 어떠한 사물도 그 본연의 성을 성으로 삼을 수 없게 되고, 본연의 성은 영원히 허공에 매달린 헛것이 될 것이니, 장차 저 성을 어디에 쓰겠는가? 이에 "본연의 성이 어찌 명덕이 갖추고 있는 바이겠는가?"[최숙고의 설]라고 묻지 않을 수 없는 것이다. 이와 같은 도리는 참으로 칠성(七聖)도 모두 미혹된 곳이라 하겠다. '바르고 통함[正通]'을 귀하게 여기는 것은 그것이 본연의 바름을 얻었기 때문이다. 만약 '치우치고 막힌 것[偏塞]'과 마찬가지로 본연이 아니라고 한다면, 이는 마치 장(藏)과 곡(穀)이 모두 양(羊)을 잃은 것과 같으니, 어찌 바르고 통함을 귀하게 여기기에 충분하겠는가? 대개 분(分)이 없는 것으로 일(一)을 삼으면 그 폐단이 반드시 여기에 이른다. 그 '각각의 바른 성'을 분수(分殊)에 떨어지고 형기를 범한 것이라고 하여 일원(一原)으로 삼기에 부족하다고 하면, 갑쪽의 논의와 차이가 없게 되니, 이 또한 따르기 어려운 것이다. 종합하여 말하면, 어찌 리(理)와 분(分)을 서로 나눈 폐단이 아니겠는가?

'편전(偏全)'은 '선(善) 한쪽'만을 가리켜 말한 것이다. '선(善) 한쪽'이란 구멍에 크고 작은 차이가 있어도 들어오는 달빛은 동일하고, 그릇에 모나고 둥근 차이가 있어도 담긴 물(水)의 성질은 다름이 없는 것과 같다. 이와 같은 것들이 어찌 본연이 아니겠는가? '기질(氣質)'은 '선악을 겸하여' 말한 것이다. '선악을 겸한다'는 것은 흙탕물에 탁하고 맑은 것이 여러 층인 것과 같고, 창문 사이로 들어오는 달빛의 명암이 다양한 것과 같다. 편전을 기질이라고 한다면, 어찌 편전을 빠뜨린 것이 아니겠는가? '기질지성'은 군자가 성으로 여기지 않는 것이다. 사람과 사물의 '편전의 성'도 군자가 역시 성으로 여기지 않는 것이겠는가?

주자는 서자융(徐子融)에게 답한 편지에서 "기질지성은 다만 본성이 기질 가운데 떨어져 있는 것으로서, 기질에 따라서 저절로 하나의 성이 된 것이니, 바로 주자(周子)가 말한 '각일기성(各一其性)'이다."라고 말했다. 가만히 살펴보건대, '성이 기 가운데 떨어져 스스로 하나의 성이 된다'는 것은 분명 '성을 말하자마자 성이 아니다'라는 뜻으로서, 곧 기질지성의 바른 해석인데, 도리어 「태극도설」의 '각일기성(各一其性)'에 해당시켰으니, 올바른 뜻이 아닌 것 같다. 혹은 스스로 하나의 설로서, 글을 끊어 뜻을 취한 것 같다. 만약 이 말을 근거로 삼아서 '각일기성(各一其性)'은 본연이 아니라고 한다면, 옳지 않을 것이다. 주자는 또 "기질지성은 이기(二氣)가 서로 운행하여 생긴 것으로, 일본(一本)의 만수(萬殊)이다"라고 했는데, 이 단락은 도리어 의심스러운 점이 없다. 이른바 유행의 측면에서 쌍방으로 나눈 다음 기질지성 네 글자를 말하는 것은 비록 정자(程子)·장자(張子)의 본의와는 다르지만, 스스로 하나의 학설이 될 수 있다. 서자융에게 답한 편지의 본의도 또한 이렇게 이해할 수 있다.

혹자(或者)가 비난하기를, "강문(江門)에서 분수(分殊)를 논한 것은 '인기질(因氣質)·각지(各指)'로부터 그 아래 여러 선생들의 논의가 혹 갈라져서 일치 않지 않는다. 이제 그대가 바로 '일원(一原) 가운데 이미 분수(分殊)를 포함한다'고 하니, 이른바 깊은 물을 더욱 깊게 하는 것이다. 어떻게 이런 말을 가지고서 오히려 옛 논의를 의심하겠는가? 반드시 죄를 얻는 것이 많을 것이다."라고 하였다.

답하기를, 일(一)이면서 일찍이 분(分)이 없을 수 없고, 다르면서 일(一)에 방해되지 않는 것이 바로 리의 자연이요, 천명이 그치지 않는 까닭이며, 성(誠)이 빠뜨림이 없는 까닭이니, 내가 한 순간에 말로 바꿀 수 있는 것이 아니다. 죄가 됨을 내가 감히 알 수 있는 것은 아니지만, 내가 망령되게 논한 내용이 옛 논의와 서로 반대되는 정도는 그렇게 더욱 심하지는 않을 것이다. 나처럼 설명하면 리와 분이 원융하여[理分圓融], 이른바 체용일원(體用一原)과 현미무간(顯微無間), 같은 것 가운데 다른 것이 있고 다른 것 가운데 같은 것이 있어서, 같음과 다름은 더 이상 논의할 필요가 없다. 옛 논의의 뜻은 리와 분이 서로 격리되어[理分隔斷], 체·용이 두 근원으로 되고, 현·미에 간격이 생기며, 같은 것은 스스로 같고, 다른 것은 스스로 달라, 끝내 회통할 기약이 없는 것이다. '각지(各指)'와 '단지(單指)'라는 하나의 화두에 힘입어 겨우 리일(理一)과 분수(分殊)의 층을 배정한 것인바, '각지(各指)'와 '단지(單指)'는 그러한 이치가 없는 것은 아니지만, 또한 피상적인 설명으로서, 주석가들이 앞사람이 이루어 놓은 말을 분석하는 방법인 것이다. 예컨대 "천지지성은 오로지 리로 말한 것이며, 기질지성은 리와 기를 섞어서 말한 것"이라는 말이 이것이다. 만약 이면(裏面)에 붙어있는 리의 실체에 이르게 된다면, 이는 여러 학자들이 논의한 것 이전의 것으로서, 그 같고 다름에는 반드시 자연스럽게 스스로 존재하는 체단(體段)이 있는바, 어찌 반드시 사람들이 가리키는 바에 따라 높이고 낮추겠는가? 참란한 논의가 여기에 이르렀으니, 더욱 죄를 피할 수 없을 것이다

(혹자가 말하기를) 주자는 "리와 기는 정이천(程伊川)의 설명이 좋은바, 리일분수(理一分殊)라 하였다."라고 말했는데, 이는 '기(氣)로 분(分)을 말한 것'이 아닌가?

답하기를, 주자의 글에 기(氣)를 분(分)이라고 말한 곳도 있지만, 다른 곳에 있다. 이 문단에서 말한 것과 「태극도해(太極圖解)」에서 "분이 일정하여 옮겨가지 않는다"고 말한 '분(分)'은 그렇지 않은 듯 하다. 주자가 만약 '분수(分殊)' 두 글자를 곧바로 '기의 다름[氣異]'으로 여겼다면, '리는 동일하고 기는 다르다[理一氣異]'는 것은 모든 사람들이 말할 수 있는 것인데, 어찌하여 "정이천의 설명이 좋다"고 했겠는가? 또한 하물며 '리는 동일하고 기는 다르다'는 것은 비록 그렇게 말할 수 있을지라도 또한 좋은 말은 아니다. 무슨 까닭인가? 리는 이미 만사(萬事)의 본령이라 했는데, 기는 어떤 사물이기에 홀로 '너는 동일하나, 나는 다르다'고 등질 수 있겠는가? 이러한 까닭에 '리는 동일하고 기는 다르다'고 말할 수 있을지라도, 또한 좋은 말은 아닌 것이다.

근세의 여러 선생들은 모두 리와 분을 쪼개어 갈랐으니, 무릇 '너는 동일하나, 나는 다르다'는 논의로서, 그 폐단은 '기는 리의 명령을 듣지 않고, 리가 거꾸로 기에게 재단되는 것'으로서, '하늘이 명한 것을 성이라고 한다[天命之謂性]'는 말이 한갓 빈말이 되는 것이다. 정이천의 뜻은 그렇지 않았다. 리는 하나로 끝나는 것이 아니라, 그 가운데 세밀한 곡절이 있는 것이다. 이러한 모양의 근저(根柢)가 있으니, 만화(萬化)의 기가 어찌 생겨나지 않겠는가? 그러므로 이 간단한 한 마디 말이 리·기의 정상

(情狀)과 맥락을 모두 포괄한다고 말할 수 있는 것이다. '정이천의 설명이 좋다'는 말은 대개 이러한 뜻일 것이다. '분(分)'이라는 말은 이치는 충실하지만 이름은 빈 것으로서, 다만 '각기 정해진 한도가 있어서 서로 넘지 않음'을 말하는 것이요, 본래 리의 이름도 아니며, 또한 기의 이름도 아닌 것이다. 그 일(一)에 포함된 것으로부터 말하면 지극히 은미한 리이지만, 각각에 한정해진 것으로부터 말하면 반드시 기가 지반이 되어야 한다. 그러므로 주자도 '기가 분(分)이 된다'고 말한 곳이 있는 것이다. 「태극도해」에서 '분(分)' 자가 가리키는 바를 깊이 음미하면 스스로 알 수 있을 것이니, 여기에서는 더 이상 말하지 않겠다.

(혹자가 말하기를), '오상의 덕은 사람과 사물이 같은가, 다른가'에 대해 결국 어떻게 판정해야 하는가? 답하기를, 선각(先覺)의 말씀에 따라 판정해야 한다. 대개 도리의 미묘함은 반드시 마음에서 얻어야지, 명물형적(名物形迹)처럼 거친 것에 비유하여 언어나 문견(聞見)으로서 갑자기 규정할 수 있는 것이 아니다. 그러나 마음으로 얻은 도리도 또한 금방 말을 버려두고 다른 방법으로 구할 수 없는 것이니, 반드시 선각자가 이미 정한 논의에 나아가 생각하고 참고해야지 가볍게 자기의 소견을 세워서는 안 된다. 앞의 사람의 말을 좇아서 그 말을 따르다가 오랜 뒤에 마음이 편해지고 리가 순조로워져, 반드시 그러함을 믿게 된 뒤에 이것이 참으로 마음에 얻어진 것이다.

주자가 사람과 사물의 본성에 대하여 논한 것이 진실로 많지만, 사서(四書)의 주설(註說)에 보이는 것은 손수 써서 다듬은 것이어서, 와전되기 쉬운 기록이나 급하게 쓴 편지·소(疏)와는 비교할 바가 아니다. (四書의 註說에) '사람과 사물의 오상'에 대해 말한 것이 세 곳이 있다. "사람과 사물이 태어남에 반드시 리를 얻은 후에 건순(健順)과 인의예지(仁義禮智)의 성이 된다."는 것은 『대학혹문(大學或問)』에 있는 말이고, "사람과 사물이 태어남에 각각 그 품부한 리를 얻어서 건순(健順) 오상(五常)의 덕이 된다."는 것은 『중용장구(中庸章句)』에 있는 말이다. 이 두 조목은 모두 사람과 사물을 구분하지 않고 한 가지로 설명하였으니, 조금만 문리에 통한 사람이라면 처음부터 분별하기 어렵지 않다. 또 "얻어서 성(性)이 된다"거나 "얻어서 덕(德)이 된다"는 것은 모두 성지자성(成之者性) 이하에 속하고 계지자선(繼之者善) 이상의 일이 아니므로, 주자의 뜻은 사람과 사물의 본성은 '이 오상을 동일하게 지닌다'고 여긴 것이 분명하다. 어찌 다시 다른 말을 하겠는가?
오직 『맹자』 「생지위성(生之謂性)」장의 주에서 "리로 말하면 인의예지의 순수한 것을 어찌 사물이 온전히 얻었다고 할 수 있겠는가?"라고 하였으니, 이는 사람과 사물을 구별한 것이다. 그러나 단지 "사물이 어찌 온전히 얻었다고 할 수 있겠는가?"라고만 하고, '사물은 얻지 않았다'고 말한 것이 아니니, 이것 역시 '사람과 사물이 오상을 동일하게 지닌다'는 설명이다. 생각건대 옛 사람이 말을 처음 만들어서 사물을 명명하는 데는 각각 본지가 있으니, 인의예지(仁義禮智) 네 글자의 본지는 분명히 사람으로 인하여 명명한 것이다. 예를 들어 "사람의 도를 세워 인의라 한다", "인이란 사람이다", "인이란 사람의 마음이고, 의란 사람의 길이다"라는 말에서, 이러한 '인(人)'자를 만약 '만물'로 대체한다면 의미가 들어맞지 않으니, 이에 '인의예지' 네 글자의 본지는 사람으로 인하여 명명한 것임을 알 수 있다. 건괘(乾卦) 문언(文言)과 무망괘(无妄卦) 대상(大象)과 『중용(中庸)』의 진성장(盡性章)에서는 모두 '사물과 내가 하나의 리[物我一理]'라는 뜻을 볼 수 있는데, 오히려 사물의 성에 대해서는 넷으로 쪼개 분명하게 말하지 않은 것은 '이 리가 없다'는 말이 아니다. 사람에 대해서는 자세히 하고 사물은 간략하게 다른 것은 그 분(分)이 진실로 그렇기 때문이다. 「태극도설」의 '이오묘합(二五妙合)'이라는 단락에서 처음으로 그 단서를 조금 발명했고, 정자(程子)의 '무독유대(無獨有對)'라는 말과 소강절(邵康節)의 '사편관물(四片觀物)'의 법에 이르러서 감춰졌던 것이 마침내 드러났으며, 주자(朱子)에 이르러 비로소 '오상'으로 분명히 말씀했다. 주자가 이렇게 말한 것이 어찌 새로운 말을 지어내 사람의 도를 다른 부류와 같이 만들기를 좋아해서였겠는가?

대개 성현(聖賢)의 눈에는 하나의 도리를 정확하게 보아서, 고금과 상하를 통하니, 이 리 이외에 다시 다른 리가 없어, 천지 사이에 도망갈 곳이 없는 것이다. 인(仁)한 자가 보면 인(仁)이라 하고, 지(知)한 자가 보면 지(知)라고 하는 것이 모두가 이 물건일 뿐이다. 그러므로 곧바로 위의 성현을 따라 사람의 성이라는 글자를 넷으로 쪼개고, 만물에까지 일관시킨 것도 혐의가 되지 않는 것이다. 비록 그러하나, '일(一)이면서 분(分)이 없음'은 내가 말하는 일(一)이 아니다. 그래서 『중용혹문』에서는 곧 "조수(鳥獸)와 초목(草木)은 태어나면서 겨우 치우친 형기를 얻어, 전체를 관통할 수 없다."고 했고, 『대학혹문』에서는 "저 천하여 만물이 된 것들은 치우치고 막힌 형기에 질곡되어 본체의 온전함을 확충시키지 못한다."고 하였으니, 이는 사람과 사물의 성이 비록 일리(一理)를 동일하게 지니고 있다고 하더라도, 리 가운데의 분한(分限)이 없을 수 없음을 말한 것이다. 기는 리를 싣고 있는 것이므로 비록 형기를 떠나지 않고 분(分)을 말하더라도, 일(一)에는 일찍이 분(分)이 없을 수 없음을 여기에서 알 수 있다. 상하의 글 뜻을 합해서 보면, 생지위성장(生之謂性章)의 집주(集註)와 또한 다른 뜻이 있는 것이 아니다. 여기에 처음과 끝을 분명하게 갖추었으니, 어찌 넘어뜨리고 두드려도 깨지지 않을 말이 아니겠는가? 후세의 독자들이 각각 위와 아래의 절반을 가지고 올리고 내리고를 하고 있으니, 어찌 주자(朱子)가 일찍이 예상이나 했을 일이겠는가? 이로써 '사물과 내가 모두 오상을 균등하게 지님'은 리의 일(一)이고, '오상에 편전이 있음'은 일(一) 가운데 분(分)임을 알 수 있다.

대개 통체일태극(統體一太極)으로부터 일(一)과 분(分)이 원융하여 사이가 없으므로, 만물에서 성을 이룸도 또한 이와 같다. 그러므로 선각자들이 성을 논할 때, '리가 같다'고 말한 사람도 있고, '리가 다르다'고 말한 사람도 있는데, 이는 서로 어긋난 것이 아니라 주로 삼은 것이 다른 것이다. 어찌하여 그 주로 삼은 것이 다른 것인가? 공통적으로 그 묘(妙)를 논할 때엔 (理를) 도출해서 말하고, 진실로 정확하게 그 체(體)를 가리킬 때엔 기에 나아가서 설명하는바, 도출하면 리는 본래 하나이기에 리일

(理一)이 주가 되나 만수(萬殊)가 그 가운데에 포함되고, 기에 나아가면 기가 이미 나누어진 것이므로 분수(分殊)가 주가 되나 리일(理一)이 그 사이에 존재한다. 이로부터 서로 다른 두 설명이 있는 것인바, 어찌 성에 여러 층이 있겠는가? 여러 학자들은 선각자가 성을 논한 것에 대해 상세하게 강론하지 않은 것이 아니나, 다만 리와 분(分)이 일체가 되는 곳에 깊이 착안하지 못함으로써, 리와 기가 서로 질투하고, 같음과 다름이 서로 물리침에 이르렀다. '다르다'고 말하면 오상을 (사람만) 혼자서 차지하려는 것이 되고, '같다'고 말하면 편전을 낮추어 보는 것이 되니, '털끝만큼의 차이가 천리나 어긋나게 한다'는 말이 어찌 믿을 만하지 않겠는가?

일리(一理)가 있으면 곧바로 오리(五理)가 있는 것이니, 그러므로 일기(一氣)가 있으면 곧 오기(五氣)가 있게 된다. 일(一)은 총괄하여 말한 것이고, 오(五)는 그 속에 온축된 것을 말한 것이니, 옛날에는 '하나'였던 것이 지금 '다섯'으로 되었다는 말이 아니다. 일(一)은 있는데 오(五)가 없다면, 이는 '사지(四肢)와 백체(百體)가 없는데 사람은 있다'는 말이니, 오상을 혼자서만 차지하려 한다면 옳겠는가? 일(一)로서 오(五)를 보면 다섯 가지가 동일하고, 오(五)로서 서로를 보면 분(分)이 여기에 있게 되니, 비록 흩어져 달라짐이 끝이 없더라도 모두 본분(本分) 가운데의 일이니, 편전을 낮추어보려 하여도 옳겠는가? 한 권의 『주역』은 바로 이러한 이치를 그려낸 것이다. 세상에 어찌 하나의 큰 덩어리가 온갖 조화(造化)의 지도리가 되고, 온갖 사물의 근저가 되겠는가?

(혹자가) 말하기를, 참으로 그대의 말대로라면, 분수(分殊)도 또한 리일(理一) 가운데의 일인데, 『중용혹문』과 『대학혹문』에서 물성(物性)의 치우침을 말할 때 어찌 반드시 '형기'로 말하였는가?
답하기를, 이것이 근래의 논의가 생겨난 원인으로서, 또한 본문을 자세히 살피지 못한 탓으로 여겨진다. 도(道)는 형이상자이지만, 성인은 형기(形氣)를 떠나지 않고 말씀하셨으니, 『혹문』의 뜻도 또한 이와 같을 뿐이다. 그러므로 음양오행을 따라서 말할 때엔 그 강리(綱理)가 같음을 말하고, 이어서 음양오행의 편전으로 그 조건(條件)이 다름을 말한 것으로, 일시(一時)의 일을 앞뒤로 말하였으니, 무슨 의심할 단서가 있겠는가?

(혹자가) 말하기를, '그 본체의 온전함을 확충시킬 수 없다[無以充其本體之全]'는 말에서, '본체'가 성분(性分)이 되는가, '무이충(無以充)' 세 글자에 이르러야 비로소 성분이 되는가? '전체에 통관할 수 없다[不能有以通貫乎全體]'는 말에서, '전체'가 성분(性分)이 되는가, '불능관통(不能貫通)' 네 글자에 이르러야 비로소 성분이 되는가? 그렇지 않으면, 강문(江門)에서 '전체'를 '사람의 전체'로 여긴 것을 따라야 하는가[수암(遂菴)은 "사물은 겨우 형기의 치우친 부분을 얻었으니, 그러므로 사람의 온전한 덕을 관통할 수 없다"고 말했다]? 또 '겨우 얻었다[僅得]'는 '근(僅)'자와 '형기에 질곡된다[梏於形氣]'는 '곡(梏)'자에서 모두 '리가 기에 구애되어 본분을 잃었다'는 뜻을 볼 수 있는데, 지금 '물성의 치우침' 또한 '본분'이라고

말하는 것은 무슨 까닭인가?

답하기를, 이것 역시 이미 지나온 길이다. '본체와 전체'는 바로 성분(性分) 가운데 리일(理一)에 해당하는 곳이요, '확충할 수 없고, 관통하지 못함'은 성분(性分) 가운데 분수(分殊)에 해당하는 곳이다. 두 가지의 일은 있으면 모두 있는 것인데, 지금 굳이 둘로 갈라서 논하려고 함은 잘못이다. 또 이른바 '전체'는 바로 '일태극(一太極)의 본연'이고 '만물의 일원(一原)'이니, 애초에 사물과 내가 사사롭게 할 수 없는 것이요, 또한 일찍이 사물과 내가 함께 지닌 것이다. 만약 반드시 '사람의 전체로서, 사물이 관통할 수 없다'고 말한다면, 또한 '도끼자루를 깎으면서 곁눈질을 하는 노고'가 있지 않겠는가? 그리고 '근(僅)'이나 '곡(梏)'은 대개 바야흐로 같음을 주로 하면서 그 다름을 말한 것이니, 말의 형세에 손님과 주인의 구분이 있어서 그럴 수밖에 없는 것이다. 만약 이것으로 '그 본분(本分)을 잃었다'고 하면, 이는 '분(分)'이 없는 일(一)'이 되니, 어찌 이치에 맞겠는가?

"리로 말하면 만물이 일원(一原)이어서, 진실로 사람과 사물에 귀천의 다름이 없다"는 구절은 이른바 '도출하여 그 묘(妙)를 말한 것'이니, 리일(理一)이 주가 되는 것이다. "기로써 말하면 그 바르고 통한 것을 얻으면 사람이 되고, 치우치고 막힌 것을 얻으면 사물이 된다"는 구절은 이른바 '기에 나아가 그 실상을 가리킨 것'이니, 분수(分殊)가 주가 된 것이다. 그렇다면 기를 말하는 것도 그 가리키는 바는 곧 리의 편전에 있는 것이다. 선유(先儒)들이 리 한쪽만을 주장하면서 '사람과 사물의 구분은 오로지 기에 있다'고 말했는데【여러 학자들의 논의가 모두 그렇다】, 무릇 기를 말하면서 리를 주로 하지 않는다면, 이른바 '정통(正通)과 편색(偏色)'이 모두 하나의 빈껍데기에 불과할 것이니, 어찌 사람과 사물의 귀천이 되겠는가?

마음을 논하는 것 역시 그렇다. 마음은 비록 기분(氣分)의 일이지만, 갖추고 있는 것은 성(性)이다. 심이 성을 갖추고 있으므로 나의 마음과 성인의 마음이 같은 것이요, 심이 성을 다하지 못하므로 나의 마음과 성인의 마음이 다른 것이다. 그 같음과 다름은 모두 중점이 성에 있다. 무릇 그 체단은 같은데 작용이 다른 것은 진실로 기품의 미악(美惡)이 그 사이에 용사(用事)하기 때문이다. 그렇지만 성인은 이에 대하여 항상 그 같음을 주로 하고 그 다름을 물리쳐서, 기품을 큰 일로 보지 아니한다. 그러므로 "비록 우매할지라도 반드시 밝아지고, 유약하더라도 반드시 강해진다."고 말하고, "미친 사람도 능히 생각할 수 있으면 성인이 될 수 있다."고 말하였다. 남당(南塘)은 그 같은 것을 망각하고 그 다른 것만을 주장하여, '성인과 범인의 마음이 다르다'는 학설을 법문(法門)으로 삼았으니, 또한 성인의 뜻과 모순된다. 남당과 변론한 사람들 또한 '그 중점이 있는 곳'은 말하지 않고, 구구하게 광명의 분수(分殊)만을 비교하면서, 이로써 '성인과 범인의 마음이 같다'고 하니, (남당의) 아픈 곳을 찌르지 못한 것이다. 또한 혹자가 "천지(天地)의 묘용(妙用)과 양능(良能)이 사람에게 내려와 마음이 되는 것이요, 사람이 태어나 기질이 정해진 뒤에 비로소 모아져 마음이 된 것은 아니다"【역천(櫟泉) 송명흠의 설】라고 한 말은 더욱 사실과 거리가 멀다. '마음이 본래 선하다'는 주장에 대해서는 '담일(湛一)은 기의 본연'이라는 말과 '희노애락(喜怒哀樂)이 아직 발하지 않았을 때 어찌 선하지 않겠는가?'라는 말 등으로 판단하면, 참된 말이다. 다만 남당(南塘)의 '반드시 미발시에 선악의 종자(種子)가 있어서, 발한 다음의 (선악의) 뿌리가 된다'는 주장은 또한 어찌해야 할지 모르겠다.

천하에 두 가지의 종자가 있을 수 없으니, 비록 악(惡)일지라도 또한 선(善)에 뿌리를 박고 생긴 것이다. 예컨대 하나의 이삭에 빈 쭉정이도 있고 절반만 여문 것도 있는데, 어찌 별도의 종자가 있어서 그런 것이겠는가? '기품의 미악(美惡)'은 종자를 심은 땅의 힘이 같지 않은 것이다. 땅의 힘이 모인 곳인데도 종자가 제대로 자라나지 못하는 경우가 있지만, 종자는 도리어 원초의 종자이다. 그러므로 다만 미발을 중(中)이라고 하니, 중은 곧 지극한 선이다. 지금 "발하기 전에 선과 악의 종자가 있다"고 하고, 다시 "미발의 중을 말한 것이 아니다"라고 하니, 그렇다면 두 개의 미발이 있는 것인가? "기질지성은 태어날 때 함께 생기는 것이니, 때에 따라서 있기도 하고 없기도 한 것이 아니다"[수암(遂菴)의 설]라는 말도, 넓게 말하면 그렇다고 할 수 있겠다. 다만 이른바 '본연'을 어디서 볼 수 있는지 모르겠거니와, '기질이 법도를 따라 어지럽지 않은 곳'이 그곳이다. 그렇다면 보통 사람들의 기질이 좋지 못함은 바로 '어둡지 않으면 어지러워, 맑은 미발의 때가 없음'에 해당하는바, 보기에 진실로 미발이라면 이는 '기질이 우연히 법도를 따른 것'이니, 본연이 아니고 무엇인가? 이미 본연인데 다시 '아름답지 않은 종자가 한편에 엎드려 있다'고 하면, 천하에 끝내 대본(大本)이 없게 된다.

위의 호론과 낙론 제현(諸賢)의 학설은 이해할 수 없는 것이 많아서, 매번 그 병폐와 고질이 심한데도 해결할 수 없음을 스스로 한탄하였었다. 병석(病席)에 있으면서 더위를 물리치려고 의심나는 것을 대략 기록하였는바, 이는 헤아리고 살핌에 대비하여 부족한 것을 탐구하려는 것이요, 겨우 한 가지 설을 얻고서 종신토록 고치지 않으려는 것이 아니며, 또 감히 지금의 전문가들과 더불어 옳고 그름을 다투려는 것도 아니다. 이 밖에도 오히려 의심할 만한 것들이 많지만, 심력(心力)이 거기까지 미칠 수 없었다. 진실로 뜻을 같이 하는 자가 있다면, 그와 함께 다시 토론하여 확정하는 것을 사양하지 않겠다.

찢긴 종이 가운데 녹문임씨(鹿門任氏)의 의론 한 단락을 얻었는데, "진실로 '다르다'고 한다면 성(性)만 다른 것이 아니라 명(命) 또한 다르고, 진실로 '같다'고 한다면 성(性)만 같은 것이 아니라 도(道) 또한 같다."고 하였다. 이 말은 얼핏 겉으로 보면 '사슴 옆에 있는 것은 노루, 노루 옆에 있는 것은 사슴'이라는 말처럼 두루뭉술한 것 같지만, 실제로는 도리의 원두처(源頭處)를 조금도 물샐틈없이 말한 것이다. 정이천의 '리일분수(理一分殊)' 네 글자가 임공(林公)에 의지하여 우리나라에서 한 맥이 추락하지 않은 것 같다. 그 전서(全書)를 얻어 참고하지 못한 것이 한스럽다.

諸家言人物之性, 其歸雖殊, 竊意其所蔽一也. 曷言蔽之一? 蔽在理分相離, 曷言理分相離? 詳諸家之意, 一是皆以理爲無分之物, 分爲因氣而有, 限理一於離形氣之地, 局分殊於墮形氣之後. 於是理自理、分自分, 而性命橫決矣. 性命橫決而論, 性始爲天下裂矣. 以膚淺所聞, 分也者理一中細條理, 理分不容有層節, 分非理之對, 分殊二字乃對一者也. 理涵萬殊, 故曰一, 猶言其實一物也. 殊非眞殊, 故曰分殊, 言所殊者特其分限耳. 一句兩語相須爲義, 除一箇不得, 故說理一時, 可知分之已涵, 說分殊時, 已見一之自在, 初非沿理而下, 添一料而方成分. 泝分而上, 超一步而方稱理之謂也. 有朱子兩句語, 最分明易曉, 曰: "太極者, 象數未形而其理已具之稱【卽「圖解」所謂"沖漠無朕, 而動靜陰陽之, 悉具於其中者"】, 形器已具而其理無朕之目."【卽「圖解」所謂"動靜不同時, 陰陽不同位, 而太極無不在焉者"】 夫象數未形, 則未破之一矣, 而其理已具, 則非分之已涵乎? 形器已具, 則旣定之分矣, 而其理無朕, 則非一之自在乎? 非有以離乎形器, 而其不雜乎形器者. 善觀者不妨其卽形氣而得之也, 此所謂太極之本體. 有見乎此, 則理分非對峙相礙之物, 而二氣、五行、男女、萬物之各一其性. 玆乃一太極之本色者, 不待辨說而自明矣. 苟以理分爲兩截事, 則一與殊之相反若冰炭, 其遼絶若天淵, 層級橫生, 各占一位, 以爲本然, 而同異之論, 紛然而起. 信斯義也, 吾懼一是儱侗無物而不足爲一原, 分亦臨時排定而不得爲本分, 同異猶屬第二件事, 其於實體何如也? 此所以諸家論性, 節節推去, 終多難從者也.

"象數未形"一句, 以言乎微也; "形器已具"一句, 以言乎顯也. 若有兩節矣, 然物自有始終, 理本無成壞, 實非有兩事也. 天下無離氣獨立之理, 分殊之外, 曷嘗別有所謂理一者耶? 須知祇此分殊便是理一處, 分殊之爲一理, 亦無甚難曉者. 如屈伸飜覆, 一手也; 行住坐臥, 一身也. 屈伸時一手, 飜覆時又一手, 而謂有兩手, 可乎? 行住處一身, 坐臥處又一身, 而謂有兩身, 可乎? 理一之不外於分殊者然也, 分殊之早涵於理一, 亦不過由此而一飜看耳. 設言此物之未始有, 而必先有此物之理, 萬物之未始有, 如一物也; 萬理之必先有, 如一理也, 是必有一手, 而藏屈伸飜覆者矣, 一身而含行住坐臥者矣. 如曰不然, 則程子所謂"沖漠萬象", 朱子所言已具、先有處, 不止一再, 是皆何謂耶? 此又可見源頭一理, 非無分之謂也. 請復以一淺事喩之, 今有一塊銅鐵, 是一太極, 可以爲盤盂, 可以爲刀劍, 是分殊之涵於一, 所謂粲然者, 非東邊可爲盤盂西邊可爲刀劍, 則渾然, 及其入盤盂爐而爲盤盂, 入刀劍爐而爲刀劍, 各得其本分之一爐, 是氣化各得其一分, 是各一其性之分殊, 是分也, 非臨時排定. 是本然, 雖爲盤盂刀劍, 而脫不得舊時銅鐵, 銅鐵伎倆, 依舊自在, 是分殊中理一, 初非盤盂刀劍之外, 別有一塊銅鐵, 是一太極祇在分殊中也. 惟理無對, 豈有切譬? 但其一與殊未嘗相離, 大槩如此, 一而未嘗無分殊而不害於一, 其妙蓋如此. 是豈先有無分之一, 後生因氣之分, 理自理、分自分, 如諸家之意耶? 孔子曰: "百姓日用而不知." 蓋日用形器, 莫非此理之所寓, 而百姓識慮粗淺, 眼中但見形器, 更不見形器上面有一段事. 聖人有憂之, 分別箇上下與人看, 道器之說, 於是興焉. 然上道下器, 皆以形而言之, 一形一理, 卽所謂分殊者. 萬殊一理之說, 聖人初不數數然, 何則? 理也者, 不期一而自無不一者也. 但能於萬殊處, 截斷得道器分明, 則理之不一, 非所憂也. 是以學者平生"博文約禮", 皆是分殊上工夫, 而至於理一處,

“一以貫之”一句已是多。『易』之卦爻象象, 皆是分殊上說話, 而至於理一處, “太極生兩儀”一語已是多, 及至後世人之識慮益下, 而後賢爲人之意轉緊, 必待分殊明而理自一, 則蓋邈乎無有限極矣。且意圓而語滯, 意闊而語窄, 勢不可以當句竭盡兩端。乃取理一分殊, 常常雙關說去, 或以理氣分雙關, 或以天命稟受分雙關, 或以一原異體分雙關, 每同一邊屬之上一段, 異一邊屬之下一段。蓋上一段, 乃夫子太極一貫之旨也; 下一段, 卽夫子形而上下之說也。夫子之所兩處言之者, 後賢一時並舉, 蓋欲學者識其原委彼此相形, 去去來來, 本體躍如也。後學乃反包羅不周, 執言迷旨, 往往以理爲無頭腳沒著落之一物, 懸在冥漠之間, 而中道被有力者驅使, 倉卒排定成出萬殊來, 不亦誤哉? 不謂近世賢儒之論性, 亦復近於此也。蓋既以無分爲一, 則無怪其別立一層本然於本然之上, 以爲萬物之一原【南塘以不犯形氣, 單指其理爲第一層本然】, 無怪其以仁義禮智爲因氣各指之性, 而有人物性異之論。【南塘曰: “天命超形器而稱之, 五常因氣稟而名之”】。既以分爲因氣而有, 則無怪其以人物同五常爲本然之性, 而偏全之性爲非本然, 有人物性同之論。【寒泉詩曰: “蓋聞心性間, 過占氣分界, 偏全作本然, 氣質當心體”云云】噫! 性異者吾非曰不可, 而異處乃在五常之帶氣, 則大本有所不明矣。不得不別立一原, 則是理外有分也。遂主異以廢同, 則“性卽理也”一句爲虛語矣。性同者吾不曰不然, 而以偏全之性爲非本然, 則是分外有理也, 遂主同以廢異, 則性爲有體無用之長物矣。理者一實萬分, 愈異而愈同者也。一而分, 非實異也, 異而同, 乃眞同也。兩家之言同異, 同異不相容若此, 蓋其所言異者是實異, 而同者非眞同也。

請試更詳之, 兩層本然之說, 蓋倣「太極圖」而差者也。其意蓋以第一層本然, 當「圖」之第一圈, 第二層本然, 當二五以下諸圈, 非不酷似矣, 其實有不可者。「圖」象從造化邊說去, 故就二氣五行萬物散殊之中, 挑出其不可挑出者, 以爲公共一箇本領, 以下諸圈, 卽其本色實體, 非謂第一圈與諸圈有差別也。乃若論性是人物邊事, 恰是太極未挑出時, 在我則我底却是一原, 在你則你底却是一原, 不假人力箇箇圓足, 其實又非有此疆你界也。何故無事中生事, 必曰挑出一層, 然後, 爲萬物之一原乎? 前聖之於道理, 雖不雜形器而言之, 亦不離形器而言之。『詩』言“有物有則”, 『易』言“一陰一陽之謂道”皆是也。今言“各一其性”, 則既不雜矣。復欲就其上面, 揀出一層不雜者, 則不幾於離矣乎? 然則離物而後有則, 離陰陽而後有道, 何其與前聖之意不相似也? 是必以爲各一其性, 已落分殊, 已犯形氣, 不足以爲一原, 此性異之根柢。所謂理外有分此一項, 最令人苦苦分之不齊, 於理一也, 何害? 以分不同而嫌其理不同者, 卽䜢手非覆手之說也。惟其有分, 乃所以一, 既未嘗不分, 又不局於分, 理一正在此處。苟離了此分, 無別尋理一處矣。原思之粟九百, 公西華之粟一釜, 是乃一心, 苟離了此分, 無別討一心處矣。朱子曰: “理擧著都無欠闕, 言著仁都在仁上, 言著誠都在誠上, 言著忠恕都在忠恕上”, 此活例也。以此例之, 則言著一橋木之理, 理便都在這上, 言著一微塵之理, 理便都在那上, 又可知矣。然則橋木微塵之理, 便是兩儀、四象、八卦之宗祖, 何故必擺脫分殊而後, 方成一原乎? 分之隨形器而各正者, 挑出而言之, 容可擺脫, 分之早涵於一理者, 終無可擺脫之理, 挑出亦何益矣? 夫既以本然之不足於一原, 而別立上層本然, 則兩層本然差別顯然矣。是果與圖象之意同乎哉? 理一既是無分之謂, 則五常降爲因氣之性, 亦次第事, 此寃何時可雪? 凡有是氣, 方有是理者, 不過說得流行一邊耳。若論實理之本然, 則亦果以氣爲有無乎? 費而隱之隱, 微之顯之微, 無極之無, 皆言其非耳目見聞之所及, 非謂眞無也。耳目之所不及, 可會之以心, 心若終不能識其何狀, 口若終不能說其何物, 則與眞無奚擇哉? 五常之在人, 亦何嘗有形象聲臭? 不過因用而推之耳。其在天地, 獨不可因用而推之乎? 是故太極之本然, 無聲臭之妙, 深探而究言之, 則不過五常之理也。太極是五常之理, 而五常反爲因氣之性, 可乎? 本然云者, 對今始然之辭, 五常之德, 亘今斯今, 本來已然, 故謂之本然, 若先有無分之一, 後生因氣之分, 則乃本不然而今然者也, 猶復以五常爲本然者, 何也? 天命爲本然, 而五常爲氣質【遂菴曰云云, 南塘曰: "此與元震三層之說同"】, 亦一串貫來說不去處。天之所以命人物, 五常之外無佗焉, 五常被氣質所占, 則天命乃虛殼子也, 雖加以本然之美稱, 畢竟果是何物乎? 天命不可據以爲性, 故所占不得不落在氣質, 此甲邊議論, 所以難從也。至若乙邊同五常而說本然, 是著實的一原, 不比甲邊超五常, 而立一原空蕩蕩地。故下梢層節之猥穰, 不至如甲邊之甚, 而但以偏全非本然之說觀之, 却恐同五常之同字, 已自帶病了, 曷謂之同? 只五常便是同處。五常之隨物而偏全, 乃此理之本分, 何可同也? 偏全不同, 而猶謂之同者, 如盤盂刀劍爲銅鐵則同之同, 非以混同無盤盂刀劍而謂之同也。偏全之性, 非本然, 離盤盂刀劍, 而求銅鐵之說也。偏全, 形而下者; 偏全之性, 形而上者, 形而上者, 不得爲本然, 則夫子所言形上之道, 只說得氣質一邊耶? 故一箇性也, 自其分之不害於一, 而謂之同五常可也; 自其一之不外於分, 而謂之偏全之性亦可也。雖其名言之間, 若有抑揚之勢, 而實如一幅布中, 或經或緯, 一人身上, 有名有字, 初非偏全之上, 更有同五常之一位也。今曰彼爲本然而此爲氣質, 則是經稱布帛而緯可菅蒯, 名呼貴人而字曰皁隷也, 奚可哉? 天下之性, 不全則偏, 固未有不全, 又不偏之性也。偏全皆非本然, 則天下無一物能性其本然之性者, 而本然之性, 永爲懸空之虛位, 卽將安用彼性矣? 於是不得不質言之, 曰: "本然之性, 豈明德之所具也?"【崔叔固說】似此道理, 眞七聖皆迷之地。所貴乎正通者, 以其得本然之正也。若與偏塞者, 均之爲非其本然, 如臧穀之亡羊, 則何正通之足貴乎? 蓋以無分爲一, 其弊必至於此。其以各正之性, 爲落分殊犯形器, 不足以爲一原, 與甲邊之議, 恐無異同, 玆又難從者也。總而言之, 豈非理分相離之蔽耶?

偏全指善一邊而言, 善一邊也者, 如孔隙雖有大小而月光自若, 盤盂雖有方圓而水性無羔。若此者, 豈不是本然? 氣質是兼善惡而言, 兼善惡也者, 如和泥之水稱清百層隔窻之月明暗多般。以偏全爲氣質, 豈不低陷了偏全? 氣質之性, 君子有不性者焉, 人物偏全之性, 君子亦有不性焉者乎?

朱子「答徐子融」書曰: "氣質之性, 只是此性墮在氣質之中, 隨氣質而自爲一性, 正周子所謂'各一其性'者。"

謹按, 性墮氣中, 自爲一性之云, 分明是纔說性, 不是性之義, 乃氣質之性之正釋, 而却以「圖說」各一其性當之, 恐非正義。或自是一說, 斷文取義。若執據此語以各一之性爲非本然, 則未知其可也。朱子又曰: "氣質之性, 二氣交運而生一本之萬殊也", 此段却無可疑。所謂"流行邊說話雙關"之下段, 氣質之性四字, 雖與程、張本意不同, 不妨是自成一說, 「答徐書」之本意, 亦可以此傍照矣。

或有難之者曰: 江門論分殊, 自因氣各指以下, 諸先生之論, 猶或歧而不合。今子乃言一原之中, 已涵分殊, 所謂如水益深, 何乃以是而反疑舊論哉? 其得罪也必多矣。

曰: 一而未嘗無分, 殊而不害於一者, 乃理之自然, 命之所以不息, 而誠之所以不遺, 非吾一時煩舌所能移易也。知罪一款, 非吾敢知, 若所妄論, 其於舊論, 乃相反非益深也。如吾之說, 則理分圓融。所謂 "體用一原, 顯微無間" 者, 同中有異, 異中有同, 同異不須論也。如舊論之意, 則理分隔斷, 乃是體用二本, 顯微有間, 同者自同, 異者自異, 終無會通之期矣。賴各指單指一話頭, 廑得排定其層節, 各指單指, 非無此理。亦是皮面說, 玆乃註釋家分疏前人見成說話之法。如曰 "天地之性", 專以理言, "氣質之性", 理與氣雜而言之是也。至若裏面一著, 此理之實體, 乃各家議論以前事。其同其異, 必有天然自有之體段, 豈必隨人指頭而爲之低仰乎? 僭論至此, 尤無所逃罪也。

朱子曰: 理與氣, 伊川說得好,

曰: 理一分殊, 此非以氣言分耶?

曰: 朱子書謂氣爲分處亦有之, 而乃在別處, 若此段所言及『圖解』, 分之所以一定而不移, 此等分字, 恐不然矣。朱子若將分殊二字, 直作氣異看, 則理一氣異, 人人皆能說得, 何以云伊川說得好? 且況理一氣異, 縱然說得, 亦非好語, 何以故? 理旣云萬事本領, 氣是甚樣物事, 乃獨你一我殊背馳去, 玆故理一氣異, 縱然說得, 亦非好語。近世諸先生坼開理分, 大抵皆你一我殊之論, 其蔽也, 氣無聽命於理, 理反取裁於氣, "天命之謂性", 徒虛語耳。乃伊川之意不然, 理不一了便休, 乃其中有纖悉委折。有玆般樣根柢, 萬化之氣, 安得不生。故玆簡寥一句語, 於理氣精狀脈絡, 可謂括盡矣, 說得好之意蓋如此。分之爲言, 理實而名虛, 遲是只各有定限, 不相踰越之謂, 本非理之名, 亦非氣之稱也。自其涵於一者而言之, 則固至微之理, 自其定於各者而言之, 則必須氣爲之地盤, 故朱子謂氣爲分處亦有之, 「圖解」分字所指深味之, 亦自可見, 玆不復言。

五常之德, 人物同異, 畢竟惡乎定?

曰: 定於先覺之言。蓋道理微妙, 必須得之於心, 不比名物形迹之粗, 可以言語聞見, 卒乍指定也。然心得之道, 又不可徑舍言語而佗求, 必就先覺已定之論, 思惟參驗, 勿輕立己見。驅率前言以從之, 久而心安理順, 信其必然而後, 是眞心得也。朱子之論人物性, 固多矣。其見於『四子註』說者, 則手筆稱停, 非記錄易訛書疏倉卒之比。其言人物五常, 凡有三處, 曰: "人物之生, 必得是理, 然後有以爲健順仁義禮智之性" 者, 『大學或問』也。"人物之生, 各得其所賦之理, 以爲健順五常之德" 者, 『中庸章句』也。此二條, 皆不區分人物, 一例說去, 粗通文理者, 初不難辨。且得以爲性, 得以爲德之云, 皆屬成性以下, 而非繼善以上事, 則朱子之意, 明以人物之性, 爲同此五常矣。豈復有佗說哉? 獨於『孟子』'生之謂性'

章『集註』, 以理言之, 則仁、義、禮、智之粹然者, 豈物之所得以全哉? 此爲區分人物處。 然而只曰 "物豈得全?" 不言物莫得與, 則此亦人物同五常之說也。 竊嘗思之, 古人之刱語命物, 各有本旨, 仁、義、禮、智四字本旨, 分明是因人而名。 如 "立人之道, 曰仁與義", "仁也者, 人也", "仁, 人心也; 義, 人路也", 此等人字, 若代以萬物字, 則便不襯貼, 此可見四字本旨因人而名也。 若乾卦文言, 无妄大象, 『中庸』 '盡性' 一章, 皆可見物我一理之意, 而猶於物性, 未嘗四破立說, 非謂無此理也, 詳人略物, 其分固爾。 至「圖說」二五妙合一段, 始微發其端, 及乎程子 "無獨有對" 之語, 康節 "四片觀物" 之法, 而窩藏畢露矣。 至朱夫子, 始以五常明言之, 朱子之爲此說, 豈喜爲刱新之論以同人道於庶類哉? 蓋聖賢眼中, 的見一箇道理, 亙古亙今, 直上直下, 此理之外, 更無佗理, 無所逃於天地之間, 仁者見之謂之仁, 知者見之謂之知, 都是此箇物事。 是以直從上聖賢, 四破人性的字, 一萬物而貫之, 不以爲嫌也。 雖然, 一而無分, 非吾所謂一也。 故『庸、學或問』, 卽言 "鳥獸草木之生, 僅得形氣之偏, 而不能有以通貫乎全體", "彼賤而爲物者, 梏於形氣之偏塞, 而無以充其本體之全。" 此言人物之性, 雖同此一理, 而理中之分限不能無也。 氣所以承載此理, 故雖不離形氣而言, 分而一之, 未嘗無分, 於此因可見矣。 合此上下文義而觀之, 其與 '生之謂性' 章『集註』, 亦非有異義也, 此其首末明備, 豈不攧撲不破乎? 後世讀者各占上下一半, 就生軒輊, 豈朱子之所能預料哉? 是知物我均五常者, 理之一也, 五常有偏全者, 一中之分也。 蓋自統體一極, 理分圓融而無間, 故其成性於萬物者, 又如此。 是故先覺論性, 有言理同者。 有言理不同者, 非相戾也。 所主而言之者不同, 曷爲有此所主之不同? 共公以論其妙, 則挑出而言之, 眞的以指其體, 則卽氣而明之, 挑出則理本一。 故理一爲主, 而萬殊涵於其中; 卽氣則氣已分, 故分殊爲主, 而理一存乎其間。 自是話有兩般, 何曾性有多層? 諸家於先覺論性處, 非不講貫詳密, 而特緣理分一體處, 未甚著眼, 以致理氣相妬, 同異相攘, 說異則欲獨擅五常, 說同則乃低視偏全, 差之毫釐, 謬以千里, 豈不信哉? 有一理, 便有五理, 故有一氣, 便有五氣。 一言乎其總也, 五言乎其蘊也, 非昔一、今五之謂也。 有一而無五, 則無四支百體而有人之說也, 欲獨擅五常, 可乎? 以一視五, 五者同一, 以五相視, 分於是存, 雖散殊之無窮, 皆本分中事, 欲低視偏全, 可乎? 一部『易』, 正是畫出此理。 世豈有顒突一塊, 可以樞紐造化根柢品彙者乎?

曰: 審如子言, 分殊亦理一中事矣, 『庸、學或問』, 言物性之偏, 何故必以形氣言之耶?

曰: 此近世議論之所由興, 亦恐於本文看得, 欠消詳也。 道是形而上者, 聖人不離形氣而言之, 『或問』之意, 亦如是而已。 故旣從陰陽五行說來, 言其綱理之一般, 繼以陰陽五行之偏全, 言其條件之不同, 一時事而先後言之, 有何可疑之端乎?

曰: 本體而云無以充, 本體爲性分耶? 至無以充三字, 始爲性分耶? 全體而云不能通貫, 全體爲性分耶? 至不能通貫四字, 始爲性分耶? 抑當從江門以全體爲人之全體耶?【遂菴曰: "物則僅得形氣之一偏, 故不能有以貫通乎人之全德"】又僅得之僅字, 梏於形氣之梏字, 皆可見理拘於氣, 失其本分之義, 而今乃以物性之偏, 亦謂之本分, 何也?

曰, 此亦已踏之蹊也。本體全體, 卽其性分中理一處也; 無以充不能貫者, 卽其性分中分殊處也。兩項事理有則俱有, 今必欲二而論之謬矣。且所謂全體者, 乃一太極之本然, 而萬物之一原也, 初非物與我之所得私, 而亦未嘗非物與我之所共有也。若必曰人之全體, 物不能通貫, 則無亦有伐柯睨視之勞乎? 曰僅, 曰梏, 蓋方主於同而說其異, 語勢賓主之分, 不得不爾。若以此爲失其本分, 則是無分之一, 豈理也哉?

"以理言之, 則萬物一原, 固無人物貴賤之殊", 此一節所謂挑出以言其妙, 理一爲主者也; "以氣言之, 則得其正且通者爲人, 得其偏且塞者爲物", 此一節所謂卽氣以指其實, 分殊爲主者也。然則所言乎氣者, 乃所指則在乎理之偏全也。先儒之主理一邊者, 乃謂人物之辨, 專在於氣【諸公之論皆然】, 夫言氣而不以理爲主, 則所言正通偏塞者, 皆不過一箇空殼, 何足以爲人物之貴賤乎?

論心亦然, 心雖氣分事, 而乃所具則性也。心具性, 吾之心與聖人之心同; 心不能盡性, 吾之心與聖人之心異。其同、其異, 皆所重在性也。夫其體段則同, 而作用則異者, 固緣氣稟之美惡, 用事於其間。然聖人之於此, 常主其同者, 絀其異者, 不把氣稟作大事看。故曰"雖愚必明, 雖柔必強。" 曰"惟狂克念作聖。" 南塘乃忘却其同者, 主張其異者, 以聖凡異心說爲法門, 其亦矛盾於聖人之意矣。與南塘辨者, 亦不言其所重之有在, 區區較其光明之分數, 欲以此爲同聖凡之心, 未爲箚著痛處, 而又或以爲天地之妙用良能, 降於人而爲心, 非人生氣質一定之後, 始聚而爲心者【櫟泉說】, 尤迂遠矣。至若心本善之說, 以湛一氣之本喜怒哀樂未發, 何嘗不善? 等語斷之, 便自眞的。但南塘必欲藏淑慝種子於未發, 以爲發後之根柢, 則亦末如之何矣。

天下不容有兩種子, 雖慝亦根於淑而生者也。如一穗之間, 得虛秕牟粟者, 豈別有種子而然歟? 氣稟之美惡, 下種之土力有不齊也。土力之所湊合, 種子固有不得直遂者, 而種子却是元初種子, 故只未發謂之中, 中便是至善。今云未發, 有淑慝種子, 而復云非未發之中之謂, 則是有雙未發耶? 氣質之性與生俱生, 非可隨時有無者【遂菴說】, 汎論之不可謂不然矣。第未知所謂本然者, 於何見得? 只氣質之循軌不亂處是也。然則衆人氣質不美, 正當於不昏則亂, 無澄然未發時。見之苟未發矣, 則是乃氣質之偶然循軌者也, 非本然而何哉? 旣本然矣, 而復有不美之種子伏在一邊, 則天下終無大本矣。

右湖、洛諸賢之論, 多有不可曉者, 每自恨其蔽痼之甚而莫之解也。病中納凉, 略草所疑。蓋備攷閱以求闕, 非欲纔得一說, 終身不改也, 又非敢與當世專門爭是非也。此外尙有不勝其可疑者, 而心力有所不能及焉。苟有同志者, 不辭與之屋下商確云。碎紙中得鹿門任氏一段議論, "苟言異則非但性異, 命亦異也, 苟言同則非但性同, 道亦同也。" 此言驟看外面, 殆若鹿邊者獐, 獐邊者鹿, 而其實說得道理原頭, 無有滲漏。伊川"理一分殊"四字, 賴此公而一脈不墜於東方歟? 恨不得其全書而攷閱也。

「형질기질설증정계방形質氣質說贈鄭季方」(『蘆沙集』卷16)

해제

1) 서지사항

기정진(奇正鎭)이 1873년에 지은 논설. 『노사집(蘆沙集)』 권16에 실려 있다. (한국문집총간 310)

2) 저자

기정진(奇正鎭, 1798~1879)으로 자는 대중(大中), 호는 노사(蘆沙)이다.

3) 내용

이 글은 기정진의 성리설에서 기(氣)와 관련된 여러 가지 논의에 대해 자신의 의견을 제시한 것으로 제자인 정의림이 질문한 것을 계기로 작성되었다. 먼저 기정진은 형체를 이루고 있는 모든 사물은 기(氣)와 질(質)로 구성되어 있음을 전제하고, 유위한 것을 기, 유형한 것을 질로 각각 설명하였다. 유위와 유형은 기와 질을 각각 상대한 것으로 양자가 서로 다른 성격임을 확인한 것이라 할 수 있다. 기정진은 심을 인간의 육신에 있으면서도 기질로 이루어진 육신 가운데 영한 것으로 이해하여 그것이 가지고 있는 차별성을 전제하였다. 이는 곧 구체적인 형상이 없는 심이 인간 육신 안에 실재함을 확인하면서 이와 동시에 기질로 이루어진 육신과 심을 차별적으로 이해하여 육신과 대비되는 인간의 심리 활동을 가리키는 것으로 본 것이었다. 또한 기정진은 심을 구성하고 있는 기질을 육신을 구성하는 기질과 구별하여 별개의 것으로 생각하는 당시의 논의를 비판하였다.

3-1-3 「形質氣質說贈鄭季方」(『蘆沙集』卷16)

形氣質之說, 向也劈破, 猶欠消詳, 故更言之。形質云者, 兩字一義。凡有形者皆屬體質邊, 故曰形質, 非形之外別有質也。氣質云者, 氣與質對。凡流行者是氣, 凡凝定者是質。氣自氣、質自質, 一時並擧成文而曰氣質。質字卽指形質而言, 非形質之外別有氣質之質也。今乃以形質、氣質, 上下對擧, 以爲形自有一質, 氣自有一質, 可乎不可乎? 雖然, 此非季方之刱出見解, 抑有來歷苗脈。曾看東儒議論, 有人身之氣質, 何能賢愚人之說; 蓋其意以爲人身氣質血肉之塊耳。頑蠢無靈, 此外別有心之氣質乃賢愚之所關也云爾。此語尋常竊駭之, 以爲此老非但不識氣質二字本旨, 倂不識心是何物。夫所謂心者何物? 卽一身之精英, 身者何物? 乃氣質之團聚。內自五臟外至百體, 無一而非質者; 陞降流通於形質之裏面者, 無一而非氣者。故言氣質則一身盡之矣。除却周身之氣質, 則無此身也。無此身, 則無此人也。無此身、無此人, 則又安有此心乎? 且所謂心之氣質者, 是何物? 指醫書所言七竅五竅, 未敷蓮花而言也乎? 若以周身氣質爲血肉之塊, 則彼獨非血肉之塊也乎? 氣也者, 人身之陽也; 質也者, 人身之陰也。陰陽粹而無雜, 淸而無濁, 則其精英之發, 必到底炯澈。駁濁者反是, 爲賢爲愚, 亶在於是。東儒之外周身氣質而別求心之氣質者, 蓋惑也。願季方勿似之也!

『답문류편答問類編』

1) 서지사항

기정진(奇正鎭)이 남긴 서신 및 저술, 문답 등을 문인들이 편집한 것이다. 1890년 편집되고 1891년에 간행되었으며, 1902년 『노사집(蘆沙集)』을 목판본으로 재간(再刊)할 때 합본되었다.

2) 저자

기정진(奇正鎭, 1798~1879)으로 자는 대중(大中), 호는 노사(蘆沙)이다.

3) 내용

이 글은 기정진이 제자들과 주고 받은 서신과 저술, 문답 등을 편집한 것으로 기양연이 서문, 정의림이 발문, 김현옥이 범례를 작성하였다. 1902년 경상남도 단성 신안정사(新安精舍)에서 『노사집(蘆沙集)』을 목판본으로 재간(再刊)할 때 같이 합본되었다. 『답문류편』에는 『노사집』과 중복되는 내용이 다수 있지만, 기정진 성리설의 종지를 파악할 수 있는 중요한 자료라 할 수 있다. 총 15권 6책으로 되어 있다. 권1~3은 논도체(論道體)로, 권1 총론, 권2 성명(性命), 권3 심성정(心性情) · 형기신리(形氣神理) · 귀신명수(鬼神命數)이다. 논도체(論道體)를 통해서는 기정진 성리설에 대한 입장을 확인할 수 있으며, 19세기 성리학계의 주요 쟁점인 심과 명덕에 관한 논의, 그리고 이이 성리설에 대한 비판적 논의에 관해서도 확인할 수 있다. 이 가운데 19세기 성리학계의 핵심 쟁점인 명덕에 관해서는 본심으로 이해하면서도 당시 기호학파 낙론계가 '주기(主氣)'로 해석하는 것에 대해 그렇다면 명명덕(明明德)은 기를 밝히는 것이냐고 되물으며, 단선적으로 기로만 해석할 수 없음을 주장하였다. 이는 당시 '심시기(心是氣)'에 대해 심을 기로 해석할 수 있는 것에 대한 지양적 태도를 견지할 것이라 할 수 있다. 뿐만 아니라, 호락논쟁의 여러 가지 주제들이 19세기에도 계속해서 논란이 되었는데 기정진은 인물성동이론에 대해 호락 양론을 모두 지양하고 리(理)와 분(分)의 동일적 입장에서 호락 양론을 통합하고자 하였다. 그리고 기정진은 심론에 관한 별도의 논저를 저술하지 않았는데 심성정(心性情) · 형기신리(形氣神理) · 귀신명수(鬼神命數)는 기정진의 심론을 확인 할 수 있는 좋은 자료이다. 권4와 5는 논학(論學)으로, '학문'에 대한 총체적인 논의를 확인할 수 있다. 권6~9는 유교의 경전을 논의한 논경(論經)으로 『소학』과 『대학』, 『논어』, 『맹자』, 『중용』, 『시경』, 『서경』, 『주역』, 『춘추』, 『예기』와 관련된 것들의 문답이며, 권10과 11은 주돈이, 장재, 정이와 정호, 주자를 비롯한 송대 성리학자들의 논저에 관한 문답인 논선유서(論先儒書)이고, 권12~14는 예와 관련된 문답인 논예(論禮), 권15는 논사(論史)와 훈문인(訓門人)으로 편집되어 있다. 『답문류편』을 통해 기정진의 성리설 및 학문에 대한 종지가 확연하게 정리되었을 뿐 아니라, 노사학파의 결속력을 더욱 강화시키는 계기가 되었다.

3-1-4 「性命」一之二(『答問類編』卷2)

天理性同異。【姓名欠攷。○先生時年八歲】

天理物性, 性卽理也。理初無性, 性乃具理。童子無知, 未知如何。

天所賦爲命, 物所受爲性。譬如雨之注下虛空中則謂之雨, 墮在平地上則謂之水。【金錫龜】

然。

此理在天地, 則曰天地之性; 在人物, 則曰人物之性。就人物上兼氣質言之, 則曰氣質之性; 單指理言之, 則曰本然之性。【金錫龜】

天地之性, 謂天地所賦與人物者耳, 非謂在天地也。

天下萬物, 無非太極中物; 動靜語默, 無非性命中事。【金錫龜】

是。

設問「答權宇仁」。

"'天命之謂性', 公以此句爲空無一法耶? 爲萬理畢具耶?" 右朱子問李伯諫語, 今願老兄代伯諫下一句答語。

"天命之謂性", 公以此句爲專指理耶? 爲雜理與氣言之耶? 右鄙陋所自設問目, 願老兄爲我下一句答語。就天地造化論, 不如近取身爲親切, 願一聞之。

元亨利貞, 以一氣流行之序言之; 仁義禮智, 以二氣對待之體言之。【鄭在弼】

元亨云云, 似春夏秋冬; 仁義云云, 似東西南北, 蓋流行對待, 本是一串事。

文王謂「乾」之四德曰元亨利貞, 則雖見天理之有間架, 而難見天理之統會。至孔子而言太極, 則可見四德之有統會也。子思言物之所受之理曰天命之性, 則雖見此理之爲全體, 而難見此性之有間架。至孟子而言仁義禮智, 則可見此性之有條理也。太極之於元亨利貞, 猶性之於仁義禮智也。分太極之統會而言, 則元是生物之始之太極, 亨是生物之通之太極, 利是生物之遂之太極, 貞是生物之成之太極。分性之全體而言, 則仁是慈愛之性, 義是斷制之性, 禮是節文之性, 智是是非之性。天之物物, 無非四德之流行; 人之事事, 莫非五性之流行也。【鄭時林】

果有此理。然而此等說話, 只是全吞大棗實, 於棗肉滋味了無干涉。試看『魯論』三千陞堂七十入室, 何嘗開口爲此等說耶? 此是後世不及洙泗處, 恐當體念而亟反之也。

朱子曰: "性雖寂然, 而自有條理, 自有間架。" 性旣無形, 則有何條理間架之可言乎? 夫五氣之精英, 聚而爲心, 則五氣上所具者, 其非五性耶?【鄭義林】

性雖寂然, 而有條理間架, 理之爲理, 正在此處。人以數一二辨黑白之眼目, 那能看得此處? 的然無疑, 方是得看理眼目。

一理在中, 隨感而應, 其體渾然, 而渾然之中, 自有條理。其發也, 非一者出, 而三者却留在; 又非一者發, 而三者因以隨滅也。夫五行之理, 其勢相須, 如見孺子入井, 而惻隱之發也。的當不忒者, 義之宜也; 粲然有條者, 禮之節文也; 知所惻隱者, 知之分別也。推此可知。【鄭義林】

此說甚好。

「答黃聖儀」

纔見說四者爲性之體, 便疑實有此四塊之物磊磈其間, 皆是錯看了也。須知性之爲體, 不離此四者, 而四者又非有形象, 方所可撮可摩也。但於渾然一理之中, 識得箇意思情狀, 似有界限, 而實亦非有墻壁遮欄分別處也。然此處極難言, 故孟子亦只於發處言之, 不是本體中元來有此, 如何用處發得此物出來? 但本體無着莫處, 故只於用處看, 便省力耳。界限之說, 亦是要見得五者之在性中各有體段, 要得分辨不雜, 不可說未感時都無分別, 感後方有分別也。觀程先生"冲漠無眹"一段可見矣。【右二條, 朱子「答林德久書」略。】

此兩書議論, 因「玉山講義」及「答陳器之書」而發, 合「講義」與合「陳書」而觀之, 則其志趣脈絡犁然可尋矣。此事朱子猶曰"極難言", 曷不曰性本渾然一理而已, 及其感物而動, 乘氣變化, 今日生一理, 明日生一理, 積成萬理乎? 若是則言之無難, 曉之甚易, 何苦而必爲此難言之言也? 只爲理本如此, 言之雖難, 不可遷就以避之也; 理本不如彼, 曉之雖易, 不可誣罔以就之也。蓋一理云者, 總萬理而名者也。若除却萬理, 則所謂一理者, 何理也? 譬如一人云者, 總百體而名者也。若掃却百體, 則所謂一人者, 何人也? 然而人者有形者也, 故眼有匡、鼻有梁、舌有腭、耳有郭, 箇箇墙壁, 在在遮攔, 而理則無形者也。是以有界限而初無墙壁, 各體段而亦非磊磈, 所謂本然之妙者此也, 所謂所以然而不可易者此也。理之通, 蓋如此。今人纔謂萬理全備, 疑其如蜂窠榴核各有方位處所, 此則磊磈墙壁之見也。纔謂一理渾然, 便認爲儱侗昆侖, 如醉如泥, 此都無分別之說也。朱子此書, 豈非明見百世之下有此等見解, 而預爲之防者乎?

天地生物, 人得其秀而最靈。所謂心者, 乃虛靈知覺之性, 猶耳目之有聞見耳。此性未達其義, 曰虛靈知覺之體, 則如何?【金錫龜】

此性字, 乃自然具足之意, 非指"人生而靜"以下也。

仁體義用云云。

仁義互爲體用, 專指陽氣發用, 則仁固爲體。若以陰陽對待言之, 陰爲陽之體。

天命五常同異。【趙性家】

大抵理猶水焉。一泓之內, 斗斛升合之分量, 各各停當, 但非有定處正名耳。及其分爲斗斛升合, 雖局於匡郭, 不能相通, 若論其本體, 則與一泓水, 少無增減, 非人之頰舌所可杜撰也。聖門未嘗論一泓之水, 但就斗斛升合中, 使人明着眼力, 着眼旣明, 則一泓之水不外此矣。今人斗斛升合, 本無眼目, 但見匡郭之粗, 不見本體之妙, 而徑論一泓之水, 皆謂上面一段事, 都無準的, 末乃倉卒排成。然則性命繫於汲水者手段, 而非天之所命也, 其說非常醜差。直敎若未信得及, 姑就斗斛升合內, 着眼力善矣。苦苦摸捉無形影之事, 無補而有損也。

天命之性, 卽理也, 而理卽分殊者也。故人物之性雖殊, 而理則同耶?【安貞晦】

"天命之性, 卽理也, 而理卽分殊者也", 如此說, 所謂理一都無下落處, 可乎? 須以理爲主而分殊爲其中細條理看, 始合於本章之義。大抵升斗勻合之水, 雖多寡不同, 水之性味無加無減, 朱子所言"物之性不異於人者", 此也。若並欲與其升斗勻合而同之, 則是亂天下也。於今但看得同異二字各有着落, 則曰同曰異, 初不相妨,不必論, 亦不足論。苦苦說同說異者, 此二字失安頓處故也。張子曰: "大『易』不言有無, 言有無則諸子之陋也。" 吾於同異亦云。

東儒有爲人物性同之說者, 竊嘗有疑於心, 妄謂人物理則同, 而性則不同。未知如何?【鄭義林】

"性者萬物之一源", 果異乎? "乾道變化, 各正性命", 果同乎? 吾嘗妄謂一而分非實異也, 異而同乃眞同也。苦苦說同說異, 皆非眞知同異者也。

人與物均得太極五常之德, 故曰性同。人得人之理爲人, 物得物之理爲物, 故曰性異。【金錫龜】

論人物之性, 大概則然, 而恐未爛熟, 置之恐無妨。

有言物物不同性處, 有言物物性同處。【奇弘衍】

物物不同性又同性, 此處正好看。

近世論人物性同異者, 或曰本然有偏全, 或曰偏全非本然。【李應辰】

人物之性, 有謂之同者, 言其材料一般也; 有謂之異者, 言其結裹自別也。結裹之別, 不害於材料之同, 故本然不可以偏全論, 如云器中之水, 非有方圓之別也。亦非結裹之外別有材料, 故偏全莫非本然, 如云孔隙大小之所受, 莫非日光也。或者以本然謂有偏全, 則是材料不同之說也, 以偏全謂非本然, 則未知結裹中物果是何物乎!

有言"本然之理無乎不在"者, 有言"爲理之本然則不可"者云云。【閔誼行】

本然如月光所受, 偏全如窓隙有大小, 而所受月光, 隨而不同。"本然之理無乎不在"者, 如云窓隙大小之所受, 罔非月光也。"爲理之本然則不可"云者, 如云月光本無大小之分也。其大意如此, 而神而明之, 又非倉卒間事, 當涵泳以求之耳。事變二字, 又似離却性字本旨, 性字豈事變之謂耶? 程子曰: "性中只有箇仁義禮智四者, 曷嘗有孝悌來?" 試以此思之。

理無不同, 而偏全不同, 性與理異耶?【安貞晦】

偏全之異, 初不害於理之同。"性與理異耶"一句, 恐全不成說。

物性之偏云云。【奇弘衍】

　　偏全一事也。一名爲理, 更無多寡增減, 故曰物我同春。故鳶飛魚躍, 爲君子之道, 陰陽、五行、男女、萬物之圈, 箇箇圓滿, 無一尖斜攲側。然則緣何而有偏全之說? 曰偏全本非自上順下來底說話, 自形迹之可見者分而言之, 又逆推進一步而名其本體耳。雖然, 逆推旣有此名, 則豈可曰在天原無此分? 原無此分, 則人與物何處得來而有此偏全? 此處難看亦難言。蓋物則滯一而不化, 一物容處, 他物不得容焉。理則圓通, 故萬理卽一理之所涵, 一理卽萬理之實體。若一而闕萬, 萬而妨一, 則是死太極非活太極。是故原有之分, 是理之本面如此, 非此圈之外別有他圈而然也。小間隨形器而結裹, 則又只是此物事, 無半分增減。故朱子論物性之偏, 有曰: "謂之全亦可, 謂之偏亦可。" 朱子此句語, 若自今人口中出, 則聽之者必大笑, 以爲糢糊熟鹿皮。此坐自家無見理眼目耳, 有眼目者見之, 必以爲八字打開, 更無餘蘊矣。然則雖曰天所賦, 然而何害於萬物一原? 雖曰物所受, 然而豈可曰失其本然乎? 理無不全之理, 而自物之膺受此理而言, 則不能皆全, 故朱子之論果有似左右珮劍者, 此我東湖、洛說所本也。程子曰: "人則能推物不能推。" 只此一語, 是理全而物不得全之苗脈也。卦爻雖多, 皆太極之蘊, 孔隙杓椀, 謂非本然, 則不可但理之爲言。譬若人蔘、白朮, 以其性味而名, 非秉斤兩輕重而言, 此亦不可不知也。

性則理也, 理無不同, 則似無人物同異。【安貞晦】

　　性譬如火石之含火。不論石之好否, 若兼言石之好否, 則涉於氣質也。無人物同異不成說矣。

二層本然、二層氣質, 南塘之論性, 終難解惑。本然之心、氣質之心, 陶庵之論心, 亦似有疑。【鄭在弼】

　　尋常所未解, 今難開口, 久久鍊磨, 終當有歸宿矣。

近得先生「五常詠」讀之, 其大意已判矣。但曲折之精密, 有所未盡曉者, 玆敢以己意解釋之以就正焉。天命流行, 只是一般, 所謂同也; 具於氣者, 不能無偏全, 所謂異也。理無先後盈縮, 故"冲漠無眹, 萬象森然已具", 生出萬象, "各具一太極". 不可以同者謂獨圓融, 而以異者謂不圓融也, 故曰"同異圓融是曰天". 天者太極也, 太極之理, 自一本而論, 則一已涵萬; 自萬殊而論, 則萬不外一, 故曰: "散殊方信一原然". 五常性也, 形旣生矣, 不能無局於氣, 故程子曰: "才說性時, 便已不是性." 故曰: "五常莫曰本來有." 然其理則太極渾然之全體, 初非空無一法而成形後安排出來者也, 故曰"太極非由挑出玄". 人得氣之正且通者, 而其所賦之理, 無有不善, 人之所以最貴也. 物得氣之偏且塞者, 而其所受之理, 亦不能不異於人. 然原其本然, 則彼亦無不全也, 卽所謂"萬物各具一太極也, 故曰"舜、跖同時吾最貴, 犬牛異處彼亦全". 苟能知此, 則人物性道之同異, 可以躍如而不究乎? 散殊一原之妙, 只就性字上呶呶爭辨, 故落句曰"只緣理字失眞面, 枉就性中費究研", 蓋慨惜之也.【鄭載圭】

立層節以爲同異, 與不知理者言之, 其言不得不然. 若言其實, 則天命本同, 則豈有下梢之異也? 理本無同異, 言同異者, 諸子之陋也. 「五常咏」當時臨紙次韻, 今不能記憶. 然"五常莫曰本來有", 必非吾言, 本字似是末字之訛. "吾最貴", 言其同中自有異也, 彼亦全言其異中元有同也. 此是理字之眞面, 不明乎理而欲明性, 可乎?

「五常咏」【因五常問而作, 附見于此.】

同異圓融是曰天, 散殊方信一原然. 五常莫曰末來有, 太極非由挑出玄. 舜、跖同時吾最貴, 犬牛異處彼亦全. 只緣理字失眞面, 枉就性中費究研.

「納涼私議」【因答問而著, 附見于此. ○ 並詩二絶.】
諸家言人物之性, 其歸雖殊, 竊意其所蔽一也, 曷言蔽之一? 蔽在理分相離, 曷言理分相離? 詳諸家之意, 一是皆以理爲無分之物, 分爲因氣而有, 限理一於離形氣之地, 局分殊於墮形氣之後. 於是理自理, 分自分, 而性命橫決矣. 性命橫決, 而論性始爲天下裂矣. 以膚淺所聞, 分也者, 理一中細條理, 理分不容有層節. 分非理之對, 分殊二字, 乃對一者也. 理涵萬殊, 故曰一, 猶言其實一物也. 殊非眞殊, 故曰分殊, 言所殊者特其分限耳. 一句兩語, 相須爲義, 除一箇不得. 故說理一時, 可知分之已涵; 說分殊時, 已見一之自在. 初非沿理而下, 添一料而方成. 分溯分而上, 超一步而方稱理之謂也. 有朱子兩句語最分明易曉, 曰: "太極者, 象數未形而其理已具之稱,【卽『圖解』所謂"冲漠無眹, 而動靜陰陽之理, 悉具於其中"者.】 形器已具而其理無眹之目."【卽『圖解』所謂"動靜不同時, 陰陽不同位, 而太極無不在焉"者。】"夫象數未形", 則未破之一矣, 而"其理已具", 則非分之已涵乎? "形器已具", 則既定之分矣, 而"其理無眹", 則非一之自在乎? 非有以離乎形器, 而其不雜乎形器者, 善觀者不妨其卽形器而得之也。此所謂太極之本體, 有見乎此, 則理分非對峙相礙之物, 而二氣五行、男女萬物之各一其性, 玆乃一太極之本色者, 不待辨說而自明矣。苟以理分爲兩截事, 則一與殊之相反若冰炭, 其遼絶若天淵, 層級橫生, 各占一位以爲本然, 而同異之論紛然而起。信斯義也, 吾懼一是儱侗無物而不足爲一原, 分亦臨時排定而不得爲本分, 同異猶屬第二件事, 其於實體何如也? 此所以諸家論性, 節節推去, 終多難從者也。

"象數未形"一句, 以言乎微也; "形器已具" 一句, 以言乎顯也, 若有兩節矣。然物自有始終, 理本無成壞, 實非有兩事也。天下無離氣獨立之理, 分殊之外, 曷嘗別有所謂理一者耶? 須知只此分殊便是理一處, 分殊之爲一理, 亦無甚難曉者。如屈伸翻覆一手也, 行住坐臥一身也, 屈伸時一手, 翻覆時又一手, 而謂有兩手可乎? 行住處一身, 坐臥處又一身, 而謂有兩身可乎? 理一之不外於分殊者然也, 分殊之早涵於理一, 亦不過繇此而一翻看耳。設言此物之未始有, 而必先有此物之理。萬物之未始有, 如一物也; 萬理之必先有, 如一理也。是必有一手而藏屈伸翻覆者矣, 一身而含行住坐臥者矣。如曰不然, 則程子所謂"冲漠萬象", 朱子所言"已具"、"先有"處, 不止一再, 是皆何謂耶? 此又可見原頭一理, 非無分之謂也。請復以一淺事喩之, 今有一塊銅鐵, 是一太極, 可以爲盤盂, 可以爲刀劍, 是分殊之涵於一。所謂粲然者, 非東邊可爲盤盂, 西邊可爲刀劍, 則渾然, 及其入盤盂爐而爲盤盂, 入刀劍爐而爲刀劍, 各得其本分之一爐。是氣化各得其一分, 是各一其性之分殊, 是分也非臨時排定。是本然雖爲盤盂、刀劍, 而脫不得舊時銅鐵, 銅鐵伎倆, 依舊自在。是分殊中理一, 初非盤盂、刀劍之外, 別有一塊銅鐵, 是一太極只在分殊之中也。惟理無對, 豈有切譬? 但其一與殊未嘗相離, 大概如此, 一而未嘗無分, 殊而不害於一, 其妙蓋如此。是豈先有無分之一, 後生因氣之分, 理自理分自分, 如諸家之意耶? 孔子曰: "百姓日用而不知。" 蓋日用形器, 莫非此理之所寓, 而百姓識慮粗淺, 眼中但見形器, 更不見形器上面有一段事。聖人有憂之, 分別箇上下與人看, 道器之說, 於是興焉。然上道下器, 皆以形而言之, 一形一理, 卽所謂分殊者。萬殊一理之說, 聖人初不數數然, 何則? 理也者, 不期一而自無不一者也。但能於萬殊處, 截斷得道器分明, 則理之不一, 非所憂也。是以學者平生博文約禮, 皆是分殊上工夫, 而至於理一處, "一以貫之"一句已是多。『易』之卦、爻、彖、象, 皆是分殊上說話, 而至於理一處, "太極生兩儀"一語已是多。及至後世人之識慮益下, 而後賢爲人之意轉緊, 必待分殊明而理自一, 則蓋邈乎無有限極矣。且理圓而語滯, 理闊而語窄, 勢不可以當句竭盡兩端, 乃取理一分殊, 常常雙關說去, 或以理氣分雙關, 或以天命稟受分雙關, 或以一原異體分雙關, 每同一邊屬之上一段, 異一邊屬之下一段。蓋上一段乃夫子太極一貫之旨也, 下一段即夫子形而上下之說也。夫子之所兩處言之者, 後賢一時並舉, 蓋欲學者識其原委, 彼此相形, 去去來來, 本體躍如也。後學乃反包羅不周, 執言迷旨, 往往以理爲無頭脚沒着落之一物, 懸在冥漠之間, 而中道被有力者驅使, 倉卒排定成出萬殊來, 不亦誤哉? 不謂近世儒賢之論性, 亦復近於此也。蓋既以無分爲一, 則無怪其別立一層本然於本然之上, 以爲萬物之一原,【南塘以不犯形氣, 單指其理爲第一層本然。】無怪其以仁義禮智爲因氣, 各指之性而有人物性異之論。【南塘曰: "天命超形器而稱之, 五常因氣稟而名之。"】既以分爲因氣而有, 則無怪其以人物同五常爲本然之性, 而偏全之性爲非本然, 有人物性同之論【寒泉詩曰: "蓋聞心性間, 過占氣分界, 偏全作本然, 氣質當心體"云云。】噫! 性異者吾非曰不可, 而異處乃在五常之帶氣, 則大本有所不明矣。不得不別立一原, 則是理外有分也, 遂主異而廢同, 則"性即理也"一句爲虛語矣。性同者吾不曰不然, 而以偏全之性謂非本然, 則是分外有理也, 遂主同而廢異, 則性爲有體無用之長物矣。理者一實萬分, 愈異而愈同者也。一而分, 非實異也; 異而同, 乃眞同也。兩家之言同異, 同異不相容若此, 蓋其所言異者是實異, 而同者非眞同也。

請試更詳之, 兩層本然之說, 蓋倣「太極圖」而差者也。其意蓋以第一層本然當圖之第一圈, 第二層本然當二五以下諸圈, 非不酷似矣, 其實有不可者。圖象從造化邊說去, 故就二氣、五行、萬物散殊之中, 挑出其不可挑出者, 以爲共公一箇本領, 以下諸圈, 即其本色實體, 非謂第一圈與諸圈有差別也。乃若論性, 是人物邊事, 恰是太極未挑出時, 在我則我底却是一原, 在你則你底却是一原, 不假人力箇箇圓足, 其實又非有此疆你界也。何故無事中生事, 必曰挑出一層, 然後爲萬物之一原乎? 前聖之於道理, 雖不雜形器而言之, 亦不離形器而言之。『詩』言"有物有則", 『易』言"一陰一陽之謂道", 皆是也。今言各一其性, 則既不雜矣, 復欲就其上面揀出一層不雜者, 則不幾於離矣乎? 然則離物而後有則, 離陰陽而後有道, 何其與前聖之意不相似也? 是必以爲各一其性, 已落分殊, 已犯形氣, 不足以爲一原, 此性異之根柢。所謂理外有分此一項, 最令人苦苦。分之不齊, 於理一也, 何害? 以分不同而嫌其理不同者, 即翻手非覆手之說也。惟其有分, 迺所以一, 既未嘗不分, 又不局於分, 理一正在此處。苟離了此分, 無別尋理一處矣。

原思之粟九百，公西華之粟一釜，是乃一心，苟離了此分，無別討一心處矣。朱子曰："理舉着，都無欠闕；言着仁，都在仁上；言着誠，都在誠上；言着忠恕，都在忠恕上。"此活例也。以此例之，則言着一槁木之理，理便都在這上；言着一微塵之理，理便都在那上，又可知矣。然則槁木、微塵之理，便是兩儀、四象、八卦之宗祖，何故必擺脫分殊而後方成一原乎？分之隨形氣而各正者，挑出而言之，容可擺脫，分之早涵於一理者，終無可擺脫之理，排出亦何益矣？夫既以本然之不足於一原，而別立上層本然，則兩層本然差別顯然矣，是果與圖象之意同乎哉？理一既是無分之謂，則五常降爲因氣之性，亦次第事，此冤何時可雪？凡有是氣方有是理者，不過說得流行一邊耳。若論實理之本然，則亦果以氣爲有無乎？費而隱之隱，微之顯之微，無極之無，皆言其非耳目見聞之所及，非謂眞無也。耳目之所不及，可會之以心，心若終不能識其何狀，口若終不能說其何物，則與眞無奚擇哉？五常之在人，亦何嘗有形象聲臭？不過因用而推之耳。其在天地，獨不可因用而推之乎？是故太極之本然無聲臭之妙，深探而究言之，則不過五常之理也。太極是五常之理，而五常反爲因氣之性可乎？本然云者，對今始然之辭，五常之德，匪今斯今，本來已然，故謂之本然。若先有無分之一，後生因氣之分，則乃本不然而今然者也，猶復以五常爲本然者，何也？天命爲本然而五常爲氣質，【遂庵曰云云，南塘曰："此與元震三層之說同。"】亦一串貫來說不去處。天之所以命人物，五常之外無他焉，五常被氣質所占，則天命乃虛殼子也，雖加以本然之美稱，畢竟果是何物乎？天命不可據以爲性，故所占不得不落在氣質，此甲邊議論所以難從也。至若乙邊，同五常而說本然，是着實的一原，不比甲邊超五常而立一原空蕩蕩地。故下梢層節之猥穰，不至如甲邊之甚，而但以偏全非本然之說觀之，却恐同五常之同字，已自帶病了。曷謂之同？只五常便是同處，五常之隨物而偏全，乃此理之本分，何可同也？偏全不同而猶謂之同者，如盤盂、刀劍爲銅鐵則同之同，非以渾同無盤盂、刀劍而謂之同也。偏全之性非本然，離盤盂、刀劍而求銅鐵之說也。偏全，形而下者；偏全之性，形而上者，形而上者不得爲本然，則夫子所言形上之道，只說得氣質一邊耶？故一箇性也，自其分之不害於一，而謂之同五常可也；自其一之不外於分，而謂之偏全之性亦可也。雖其名言之間，若有抑揚之勢，而實如一幅布中或經或緯，一人身上有名有字，初非偏全之上更有同五常之一位也。今曰彼爲本然，而此爲氣質，則是經稱布帛，而緯可菅蒯，名呼貴人，而字曰皁隸也，奚可哉？天下之性不全則偏，固未有不全又不偏之性也。偏全皆非本然，則天下無一物能性其本然之性者，而本然之性永爲懸空之虛位，即將安用彼性矣？於是不得不質言之, 曰: “本然之性豈明德之所具也?”【崔叔固說。】似此道理, 眞七聖皆迷之地。所貴乎正通者, 以其得本然之全也。若與偏塞者均之爲非其本然, 如臧、穀之亡羊, 則何正通之足貴乎? 蓋以無分爲一, 其弊必至於此, 其以各正之性, 爲落分殊犯形器, 不足以爲一原, 與甲邊之議恐無異同, 茲又難從者也。總而言之, 豈非理分相離之蔽耶?

○ 偏全指善一邊而言。善一邊也者, 如孔隙雖有大小, 而月光自若, 盤盂雖有方圓, 而水性無恙。若此者豈不是本然? 氣質是兼善惡而言。兼善惡也者, 如和泥之水稠淸百層, 隔窓之月明暗多般, 以偏全爲氣質, 豈不低陷了偏全? 氣質之性, 君子有不性者焉, 人物偏全之性, 君子亦有不性焉者乎?

朱子「答徐子融書」曰: “氣質之性, 只是此性墮在氣質之中, 隨形氣而自爲一性, 正周子所謂‘各一性’者。” 謹按, 性墮氣中自爲一性之云, 分明是 “才說性不是性” 之義, 乃氣質之性之正釋, 而却以「圖說」 “各一其性” 當之, 恐非正義。或自是一說, 斷文取義, 若執據此語, 以各一之性爲非本然, 則未知其可也。朱子又曰: “氣質之性, 二氣交運而生一本之萬殊也。” 此段却無可疑。所謂流行邊說話, 雙關之下段氣質之性四字, 雖與程、張本意不同, 不妨是自成一說。「答徐書」之本意, 亦可以此傍照矣。

或有難之者曰: 江門論分殊, 自 “因氣各指” 以下諸先生之論, 猶或岐而不合。今子乃言一原之中已涵分殊, 所謂如水益深, 何乃以是而反疑舊論哉? 其得罪也必多也。

曰: 一而未嘗無分, 殊而不害於一者, 乃理之自然。命之所以不息而誠之所以不遺, 非吾之一時煩舌所能移易也。知罪一款, 非吾敢知, 若所妄論於舊論, 其乃相反非益深也。如吾之說, 則理分圓融, 所謂 “體用一原, 顯微無間” 者, 同中有異, 異中有同, 同異不須論也。如舊論之意, 則理分隔斷, 乃是體用二本, 顯微有間, 同者自同, 異者自異, 終無會通之期矣。賴各指、單指一話頭, 僅得排定其層節, 各指、單指非無此理, 亦是皮面說。茲乃註釋家分疏前人見成說話之法, 如曰 “天地之性, 專以理言; 氣質之性, 理與氣雜而言之”, 是也。至若裏面一着此理之實體, 乃各家議論以前事, 其同其異, 必有天然自有之體段, 豈必隨人指頭而爲之低仰乎? 僭論至此, 尤無所逃罪也。

○ 朱子曰: “理與氣, 伊川說得好, 曰理一分殊。” 此非以氣言分耶? 曰: 朱子書謂氣爲分處, 亦有之而乃在別處。若此段所言及『圖解』 “分之所以一定而不移” 此等分字, 恐不然矣。朱子若將分殊二字直作氣異看, 則理一氣異, 人人皆能說得, 何以云 “伊川說得好”? 且況理一氣異, 縱然說得, 亦非好語, 何以故? 理旣云萬事本領, 氣是甚樣物事, 乃獨你一我殊背馳去? 茲故理一氣異, 縱然說得, 亦非好語。近世諸先生坼開理分, 大抵

皆你一我殊之論, 其蔽也氣無聽命於理, 理反取裁於氣, "天命之謂性", 徒虛語耳。乃
伊川之意不然, 理不一了便休, 乃其中有纖悉委折, 有茲般樣根柢, 萬化之氣, 安得不
生? 故茲簡蔘一句語, 於理氣情狀脈絡, 可謂括盡矣。"說得好"之意蓋如此。分之爲言,
理實而名虛, 只是各有定限不相踰越之謂, 本非理之名, 亦非氣之稱也。自其涵於一者
而言之, 則固至微之理; 自其定於各者而言之, 則必須氣爲之地盤。故朱子謂氣爲分處
亦有之, 『圖解』分字所指深味之, 亦自可見, 茲不復言。

五常之德, 人物同異, 畢竟惡乎定?

曰: 定於先覺之言。蓋道理微妙, 必須得之於心, 不比名物形迹之粗, 可以言語聞見卒
乍指定也。然心得之道, 又不可徑舍言語而他求, 必就先覺已定之論, 思惟參驗, 勿輕
立己見。驅率前言以從之, 久而心安理順, 信其必然而後, 是眞心得也。朱子之論人物
性固多矣, 其見於四子註說者, 則手筆稱停, 非記錄易訛、書疏倉卒之比。其言人物五
常凡有三處。曰"人物之生, 必得是理, 然後有以爲健順仁義禮智之性"者, 『大學或問』
也, "人物之生, 各得其所賦之理, 以爲健順五常之德"者, 『中庸章句』也, 此二條皆不區
分人物。一例說去, 粗通文理者, 初不難辨。且"得以爲性"、"得以爲德"之云, 皆屬成性
以下, 而非繼善以上事, 則朱子之意, 明以人物之性爲同此五常矣, 豈復有他說哉? 獨
於孟子'生之謂性'章『集註』"以理言之, 則仁義禮智之粹然者, 豈物之所得以全哉?" 此
爲區分人物處。然而只曰 "物豈得全", 不言物莫得與, 則此亦人物同五常之說也。竊
嘗思之, 古人之刱語命物, 各有本旨, 仁義禮智四字, 分明是因人而名。如"立人之道曰
仁與義", "仁也者, 人也", "仁, 人心也, 義, 人路也" 此等人字, 若代以萬物字, 則便不
襯貼, 此可見四字本旨, 因人而名也。若乾卦「文言」、无妄「大象」、『中庸』盡性一章, 皆
可見物我一理之意, 而猶於物性未嘗四破立說, 非謂無此理也, 詳人略物, 其分固爾。
至『圖說』"二五妙合"一段, 始微發其端, 及乎程子"無獨有對"之語, 康節"四片觀物"之
法, 而窩藏畢露矣, 至朱夫子始以五常明言之。朱子之爲此說, 豈喜爲創新之論, 以同
人道於庶類哉? 蓋聖賢眼中, 的見一箇道理, 亙古亙今, 直上直下, 此理之外, 更無他理,
無所逃於天地之間, 仁者見之謂之仁, 知者見之謂之知, 都是此箇物事。是以直以從上
聖賢, 四破人性的字, 一萬物而貫之, 不以爲嫌也。雖然, 一而無分, 非吾所謂一也。故
『庸學或問』卽言 "鳥獸草木之生, 僅得形氣之偏, 而不能有以通貫乎全體", "彼賤而爲
物者, 梏於形氣之偏塞, 而無以充其本體之全"。此言人物之性雖同此一理, 而理中之
分限不能無也。氣所以承載此理, 故雖不離形氣而言分, 而一之未嘗無分, 於此因可見

矣。合此上下文義而觀之, 其與‘生之謂性’章『集註』, 亦非有異義也。此其首末明備, 豈不攧撲不破乎? 後世讀者, 各占上下一半, 就生軒輊, 豈朱子之所能預料哉? 是知物我均五常者, 理之一也, 五常有偏全者, 一中之分也。蓋自統體一極, 理分圓融而無間, 故其成性於萬物者又如此。是故先覺論性, 有言理同者, 有言理不同者, 非相戾也, 所主而言之者不同。曷爲有此所主之不同? 共公以論其妙, 則挑出而言之, 眞的以指其體, 則卽氣而明之。挑出則理本一, 故理一爲主, 而萬殊涵於其中; 卽氣則氣已分, 故分殊爲主, 而理一存乎其間。自是話有兩般, 何曾性有多層? 諸家於先覺論性處, 非不講貫詳密, 而特緣理分一體處, 未甚着眼, 以致理氣相妬, 同異相攘, 說異則欲獨擅五常, 說同則乃低視偏, 全差之毫, 鰲謬以千里, 豈不信哉?

有一理便有五理, 故有一氣便有五氣。一言乎其總也, 五言乎其蘊也, 非昔一今五之謂也。有一而無五, 則無四支百體而有人之說也, 欲獨擅五常可乎? 以一視五, 五者同一, 以五相視, 分於是存, 雖散殊之無窮, 皆本分中事, 欲低視偏全可乎? 一部『易』正是畫出此理, 世豈有顒突一塊, 可以樞紐造化、根柢品彙者乎?

曰: 審如子言, 分殊亦理一中事矣。『庸學或問』言物性之偏, 何故必以形氣言之耶?

曰: 此近世議論之所由興, 亦恐於本文看得欠消詳也。道是形而上者, 聖人不離形氣而言之, 『或問』之意, 亦如是而已。故旣從陰陽五行說來, 言其綱理之一般, 繼以陰陽五行之偏全, 言其條件之不同, 一時事而先後言之, 有何可疑之端乎?

曰: 本體而云“無以充”, 本體爲性分耶? 至“無以充”三字, 始爲性分耶? 全體而云“不能通貫”, 全體爲性分耶? 至“不能通貫”四字, 始爲性分耶? 抑當從江門以全體爲人之全體耶?【遂庵曰: “物則僅得形氣之一偏, 故不能有以貫通乎人之全德”】又“僅得”之僅字, “梏於形氣”之梏字, 皆可見理拘於氣, 失其本分之義, 而今乃以物性之偏, 亦謂之本分, 何也?

曰: 此亦已踏之蹊也。本體、全體, 卽其性分中理一處也; “無以充”、“不能貫”者, 卽其性分中分殊處也。兩項事理有則俱有, 今必欲二而論之, 謬矣。且所謂全體者, 乃一太極之本然而萬物之一原也, 初非物與我之所得私, 而亦未嘗非物與我之所共有也。若必曰人之全體, 物不能通貫, 則無亦有伐柯睨視之勞乎? 曰僅曰梏, 蓋方主於同而說其異, 語勢賓主之分, 不得不爾。若以此爲失其本分, 則是無分之一, 豈理也哉?

以理言之, 則萬物一原, 固無人物貴賤之殊, 此一節所謂挑出以言其妙, 理一爲主者也。以氣言之, 則得其正且通者爲人, 得其偏且塞者爲物, 此一節所謂卽氣以指其實, 分殊爲主者也。然則所言乎氣者, 乃所指則在乎理之偏全也。先儒之主理一邊者, 乃謂人物之辨專在於氣。【諸公之論皆然。】夫言氣而不以理爲主, 則所言正、通、偏、塞者, 皆不過一箇空殼, 何足以爲人物之貴賤乎?

論心亦然, 心雖氣分事, 而乃所具則性也。心具性, 吾之心與聖人之心同。心不能盡性, 吾之心與聖人之心異。其同其異, 皆所重在性也。夫其體段則同, 而作用則異者, 固緣氣稟之美惡, 用事於其間。然聖人之於此, 常主其同者, 紐其異者, 不把氣稟作大事看。故曰: "雖愚必明, 雖柔必强。"曰: "惟狂克念作聖。"南塘乃忘却其同者, 主張其異者, 以聖凡異心說爲法門, 其亦矛盾於聖人之意矣。與南塘辨者, 亦不言其所重之有在, 區區較其光明之分數, 欲以此爲同聖凡之心, 未爲箚着痛處。而又或以爲天地之妙用良能, 降於人而爲心, 非人生氣質一定之後始聚而爲心者,【櫟泉說。】尤迂遠矣。至若心本善之說, 以"湛一氣之本", "喜怒哀樂未發, 何嘗不善"等語斷之, 便自眞的。但南塘必欲藏淑慝種子於未發, 以爲發後之根柢, 則亦末如之何矣。

天下不容有兩種子, 雖慝亦根於淑而生者也。如一穗之間得虛秕半粟者, 豈別有種子而然歟? 氣稟之美惡, 下種之土力有不齊也。土力之所湊合, 種子固有不得直遂者, 而種子却是元初種子, 故只未發謂之中, 中便是至善。今云未發有淑慝種子, 而復云非未發之中之謂, 則是有雙未發耶? 氣質之性, 與生俱生, 非可隨時有無者,【遂庵說。】汎論之不可謂不然矣。第未知所謂本然者, 於何見得, 只氣質之循軌不亂處是也。然則衆人氣質不美, 正當於不昏則亂, 無澄然未發時, 見之苟未發矣, 則是乃氣質之偶然循軌者也, 非本然而何哉? 既本然矣, 而復有不美之種子伏在一邊, 則天下終無大本矣。

　　右湖洛諸賢之論, 多有不可曉者, 每自恨其蔽痼之甚, 而莫之解也。病中納涼, 略草所疑。蓋備考閱以求闕, 非欲纔得一說, 終身不改也, 又非敢與當世專門爭是非也。此外尚有不勝其可疑者, 而心力有所不能及焉。苟有同志不辭與之屋下商確云。
　　碎紙中得鹿門任氏一段議論, "苟言異, 則非但性異, 命亦異也; 苟言同, 則非但性同, 道亦同也。"此言驟看外面, 殆若鹿邊者獐, 獐邊者鹿, 而其實說得道理源頭無有滲漏。伊川"理一分殊"四字, 賴此公而一脈不墜於東方歟! 恨不得其全書而攷閱也。

各一其性已超然, 何曾別有更上巔? 只緣理分不相入, 費力尋求天外天。

各本然是一本然, 莫將氣質掩偏全。若言此理元無分, 萬化生成摠別天。

「納涼私議」篇末任鹿門云云, 其言則是。其所言之意, 則恐與先生本旨迥異, 而終不出湖、洛之見也。嘗見鹿門說一段, 有曰: "盈天地間都是氣, 無一席可以安頓理字處, 就

氣之自然、能然處而强名之曰理。" 若是則其所論命與性與道之同異者, 無乃就氣之同異處而言者耶?【鄭載圭】

　　苟能於道器截斷得上下分明, 則謂盈天地都是理亦得, 謂盈天地都是氣亦得, 而第其語意, 脫不得湖、洛窠臼也。蓋聖賢眼中盈天地都是理, 衆人眼中盈天地都是氣。

高峯論本然、氣質之性曰: "孟子剔出而言性之本然者, 似就水中而指言天上之月; 伊川兼氣質而言者, 乃就水中而指其月耳。" 此言不能無惑。嘗以爲本然之性, 就水中單指月言之, 氣質之性, 兼水而言之, 非有天上水中之分。【金錫龜】

　　天上之月, 水中之月, 月有天水, 而理豈有天水? 惟理無對, 譬辭安得逼肖? 惟在觀者善觀耳。

未發時亦有氣質之性歟? 譬如水不動時, 泥滓雖不起, 而猶不在於本質乎? 曰: "泥滓是有形之物, 不可以未發而無也。若心則氣之精靈也, 當其未發也, 不見其淸濁、純雜、剛柔、偏全之不同, 謂有氣質之性可乎?"【鄭義林】

　　此處却不易一筆句斷。但曰本然不在氣質外, 氣若霽時澄淸, 則此處便是本然。

未發有氣質之性云, 則有害於大本; 未發無氣質之性云, 則草木無情之物, 無氣質之性耶?【鄭時林】

　　遂庵曰: "氣質之性, 與生俱生, 非可隨時有無。" 此言良是。但氣質之循軌處, 卽便本然之性, 不可於傍邊更覓氣質也。

先生嘗曰: "氣若霽時澄淸, 則霽時無氣質之性; 一日澄淸, 則一日無氣質之性; 顏子三月不違, 三月無氣質之性。" 又曰: "從古聖賢, 只說降衷, 只說秉彝, 只說恒性而已。後世或有曰性惡, 或有曰善惡渾者, 故先儒提出氣質性三字, 以明人之不善, 由於氣而不由於性也。" 近世主氣之論, 遂爲證案, 此論理家大弊也。小子謹守此說, 以爲纔說氣質性便非未發也。向見答鄭時林別紙有遂庵云云, 似與前所聞不同。【鄭義林】

　　氣質之不隨時有無, 本非吾之十分嚮服。曾所與令族人言者, 不記其語脈云何。未發是十分澄淸時, 不可以氣質藏在一邊。

南塘以爲"若謂未發時無氣質之性, 而至於已發後有之, 則是以理氣爲體用也, 可乎?" 此說可疑。心之未發也, 氣未用事, 湛然而已, 未嘗有不同之可言。至於發用而後, 方有是非善惡之分, 則未發時何嘗有離氣之理而致理氣有體用之疑耶?【鄭義林】

　　未發之時, 將氣質一性伏在一邊, 使天下終無大本, 尋常疑怪。蓋衆人不昏則亂, 無澄然未發, 雖或有霎時未發, 還復昏亂者, 此乃氣質之性也。

錫龜以爲本然之性, 單指理言之, 氣質之性, 兼乎氣言之, 故未發之前, 亦有氣質之性。載圭、義林以爲此性墮在氣質之中而有氣質性之名, 則兼氣謂氣質之性, 非爲不然, 而若於未發時謂有氣質之性, 則恐未然。【金錫龜、鄭載圭、鄭義林】

　　景範之說, 是南塘餘論, 此處極精微, 非卒卒所可剖判。蓋性本屬未發, 而未發字與『中庸』"未發之中"相亂。未發亦有氣質, 則未發不可謂中; 氣質與生俱生, 則亦不可謂未發時無氣質, 將何以折衷哉? 蓋衆人未發, 非眞未發, 不昏則亂。以此境界言之, 則未發亦有氣質, 孰云不可? 若或有澄然未發, 則此乃湛然之本體偶然回淳者也。此乃天下之大本, 又欲將氣質二字藏在這裏者, 不已病乎? 當細細商量, 不可卒乍剖判者此也。

氣質之性此性字, 不須深看, 似是俗語性勤、性懦、性剛、性柔之性, 未知然否。【金錫龜】
　　然。

求仁、爲仁等仁字, 皆指本然之仁耶?【金在河】
　　本然之仁四字甚碍眼。蓋本然云者, 對氣質而名者也, 仁無氣質之仁, 何得云本然之仁?

或問性與仁之別曰: "性是稟賦上說, 仁是實理上說。性之義較闊, 仁之義較緊。" ○ 德是五性之氣象, 中是五性之體段, 誠是五性之幹骨, 敬是五性之血脈。【鄭義林】
　　此段及上段皆有意味, 而但此段氣象字, 改作形容字, 則何如耶?

須收斂管攝, 使一身生理周流通徹, 則知覺亦日開。所謂體用兼擧而仁爲四德之長者, 亦此義歟?【鄭義林】
　　"生理周流"、"知覺日開"之說, 似是自身徑歷中出, 甚善。但仁爲四德之長, 豈必因此而名耶?

主於仁而看, 則萬物皆仁也; 主於禮而看, 則萬物皆禮也, 義、智、信皆然。心之發也, 主於一理, 而五者悉備; 事之則也, 主於一理, 五者全具。橫看豎看, 合看分看, 無非五性流行發見之妙也。【鄭義林】

　　好。

於人旣曰仁、義、禮、智、信, 則於天亦當言五者, 而但言元、亨、利、貞, 何歟? 在天無非實理之自然, 不必言信字。在人方有修爲, 而雖聖人亦有希天之工, 故以一信字明之, 此便是天人之別。【鄭義林】

　　言極有味, 而恐本旨未必然。

禮有收斂底意, 而配於夏何耶? 在四方以西南爲陰, 在五行以火金爲陰之義歟?【鄭義林】

　　無截然爲陰爲陽之理, 故禮中亦具收斂之意, 而言其大體, 則仁之發也屬夏, 不亦宜乎?

禮有發見節文, 而裏面緊要, 終是收斂, 則在四時當屬於秋而屬於夏, 何也?【鄭時林】

　　"終是收斂"云者, 似看得過重。

禮是四性之一云云。【崔璥民】

　　人性之界爲四破, 以禮當一, 自孟子始。以前禮字, 蓋皆指三千三百也。

禮樂不可斯須去身, 然五性言禮而不言樂, 何也? 夫禮, 體也; 樂, 用也。偏言則禮與樂對立, 專言則樂在禮中。五性之禮, 是專言之禮; 禮樂之禮, 是偏言之禮。【鄭義林】

　　古無五性之名, 故古人不爲五性作字, 至孟子界人性爲四破時, 不得不借古人已作人事合有底字進一步而名之, 此意不可不知。與樂對者, 是面前人事, 與仁、義、智並立者, 是進一步而名者。想其界破之初, 極費區處, 潔淨精微, 置水不漏。今也連累對擧之說, 疑樂之不入五性則過矣。禮有精密謹嚴之體, 進一步而說性可也。樂是混合融浹物事, 說性迂遠矣。雖然, 公之所言"樂在禮中"一段, 似自「學而」篇有子一章咀嚼來, 不無意味, 試更思之如何?

3-1-5 「心性情」一之三(『答問類編』卷2)

天地、性、情, 何以分看耶?【鄭時林】

太極, 性也; 陰陽, 心也; 四時, 情也。

或曰: "天地亦有心乎?" 曰: "人物之心, 得天地心來。天地若無心, 則人物豈有心也?"

或曰: "天地之心, 亦有知覺乎?" 曰: "人物之心, 自這裏來而有此知覺, 則這裏自有本然之知覺。" 曰: "天道福善禍淫, 是無心而自然耶? 有意而必然者耶?" 曰: "謂之無心則太冷淡, 謂之有意則固穿鑿, 然終不是無心。"【金錫龜】

　　然。

申鍾求曰: "天地有無心處, 有有心處。" 曰: "天地之有心處、無心處, 朱子已言之曰: '須要知得他有心處, 又要見得他無心處。' 有心處, 其所謂'若果無心, 則牛生出馬, 桃樹上發李花'是也; 無心處, 其所謂'四時行百物生, 天地何所容心'是也。其意蓋本有主宰而元無容心焉, 雖無容心而實有主宰之謂也。尊喻則似謂或有有心處, 或有無心處, 何處是無心, 何處是有心?" 宋時一曰: "有心無心處, 似於體用上看。" 曰: "然則有心處爲體, 而無心處爲用耶? 抑亦無心處爲體, 而有心處爲用耶? 愚以爲本有主宰而元無容心焉, 故曰無心; 雖無容心而實有主宰, 故曰有心。恐不可以有無分體用看。"【金錫龜】

　　子之言是。

朱子曰: "天地之心不可道是不靈, 但不如人恁地思慮。" 恁地思慮, 此乃人不及天處耶?【金錫龜】

　　"恁地思慮, 此乃人不及天處", 其說甚善。

天地以生物爲心, 故"天地之大德曰生", 秋冬間肅殺者, 亦可謂大德乎? 秋是生之收, 冬是生之固, 故亦可爲大德耶?【柳樂浩】

　　大概好。

嶺人有號一叟者, 或問: "有曰天心, 而無曰地心, 何?" 叟曰: "地亦有心。崑崙在地中

央, 其高最矣, 而河出其墟. 水亦中央土色, 此爲地心." 或有据依耶?【閔璣容】

天包地, 故天心卽天地之心, 其兼言之者則有矣. 在『易』之復曰: "復, 見天地之心."
若單言地心, 則地不能統天, 奚可乎? 一叟何人? 其言大是不經.

心是氣之精爽, 而却能統性爲主宰; 性是太極之全體, 而反具於心, 不能檢心. 在人却
是氣爲理之主也.【鄭載圭】

太極是共公底, 其在我者必須氣爲之地盤, 心以具理, 何須疑乎?

精神與心之別.【奇弘衍】

血之靈曰精, 氣之靈曰神, 卽心之地盤也. 其中有該載衆理, 方謂之心.

心統性情, 以性爲心之體, 以情爲心之用, 固無可疑. 但緣此而或有謂心無體用, 得性
情爲體用者, 恐非本旨. 蓋心之虛靈知覺未發而光明洞徹者, 體之所以立也; 已發而發
揮萬變者, 用之所以行也. 其體之所具者性, 而能具者心也; 其用之所發者情, 而能發
者心也. 然則心豈無體用而必得性情, 然後乃有體用耶?【鄭載圭】

或人心無體云云, 其意非謂初間無體用而借性情來作體用也. 蓋言性情之外無別
體用也云爾, 善看固亦無弊. 但其口氣過於好新, 非論理本色. 左右所論, 亦未箚
着痛處.

朱子曰: "性猶太極, 心猶陰陽." 太極生兩儀而心却統性情, 何也?【羅燾圭】

須知兩箇猶字, 亦只說得一半, 言其實, 則性卽太極, 心卽陰陽耳. 何以言之? 太極
是動靜之妙, 陰陽是動靜之體, 無是妙則做陰陽不出, 無是體則太極亦無掛搭處矣
. 在天曰太極陰陽, 在人曰心性, 此物事之外, 更無他物事, 故曰"卽太極"、"卽陰
陽"者此也. 若就其中分別天人而言之, 則在人之心性, 猶在天之太極陰陽, 故曰
"猶太極"、"猶陰陽"者此也. 此非混同天人而言之, 故曰"只說得一半"也. "太極生
兩儀"是混同說, 混同說則造化本原在理, 故歸重於理, 而曰"太極生兩儀." 心統性
情, 是人身上說, 自人身而言, 則動作運用爲主, 故歸重於心, 而曰"心統性情". 蓋
理本無二致, 而立言各有地頭, 務先通大義, 則頭頭玲瓏, 若隨語生解, 則節節礙掣,
無有了期矣.

心是氣云云。【李應辰】

　　以心謂氣, 姑以論心性界至, 則有何不可? 若欲解釋心字本旨, 則心乃氣之靈處, 有具衆理應萬事之體用, 豈一氣字所可了乎? 呼吸榮衛, 未嘗不是氣, 則皆可謂之心乎? 體質無別之論, 又似深文, 蓋心靈於氣一層, 體質重濁於氣一層矣。

心是五臟之一, 而虛靈之亦名曰心云云。【金錫龜】

　　吳臨川說固可笑, 而君之所言相似二字亦是病。虛靈之必名曰心, 明指血肉之心而言, 非但相似而已也。其得名苗脈, 則吾亦每取康節說心屬火之言, 亦不須深看致生病敗也。

人之神明, 寤在心, 寐在腎。【安達三】

　　人之虛靈知覺, 必於寤時見之, 而火藏爲寤時之主, 故以火藏因爲虛靈知覺之名, 若熟睡時腎爲主矣。蓋水火是五行之大端, 故一寤一寐關焉。

或謂所以然在物, 所當然在心, 此恐未安。以物之理觀之, 則所以然、所當然, 皆在於物; 以應物之理觀之, 則所以然、所當然, 皆在於心。【鄭義林】

　　所以然言其原頭, 所當然言其實體, 皆物之理而具於心。

先賢曰: "四端, 卽道心及人心之善"者, 此言尋常未達。【金錫龜】

　　道心人心, 苗脈各異。人心之善者, 卽道心爲主宰而然也。四端以道心看, 似當。

性字。【奇弘衍】

　　性字從生, 性理便是生理。百藥皆枯槁之物, 而吞之便能補瀉。

性爲體, 情爲用。性不統情, 則情熾而鑿性。【安達三】

　　性不統情云者, 似不識性爲何物。蓋志不帥氣, 是責志之辭, 然則性不統情, 非責性之辭耶? 性非受責於人之物。

或曰: "寂然不動, 性也; 感而遂通, 情也。" 曰: "寂然不動, 則性存乎這裏; 感而遂通, 則情行乎其中, 而能寂、能感, 心也, 寂然感通, 當以心看。" 或曰: "性, 理也; 心, 氣也; 情, 理氣之流行也。" 曰: "心與性對舉, 固有道器之分。性與情是一理, 而但有體用之殊。蓋心氣之靈性理之在中渾然者也, 情則乘氣流行者也。"【金錫龜】

　　答說皆是。

聖人之心, 如明鏡止水, 物來物去, 無所礙滯。若孔子之不知肉味, 孟子之喜而不寐, 何歟?【鄭義林】

　　所感者大, 則不能頓忘, 如洪鍾罷叩, 尚有餘聲。

感應一理而形器不能間隔也否?【金錫龜】

　　本同一氣, 故有感應, 此感應之理也。感應本旨, 當屬氣分。

或曰: "情是兼理氣, 說性則寂然無爲, 純是理而已。" 曰: "性發爲情, 情亦理也。但知具於氣者爲理, 不知發於氣者爲理可乎? 況中和專以性情之德言之, 尤不可以和說氣。" 或曰: "四端以理言, 七情兼理氣言耶?" 曰: "四端、七情皆理也。七情本非不善之謂, 則何必別加一氣字耶? 流而不善, 方可謂氣。"【鄭義林】

　　四端善一邊, 故曰以理言; 七情兼善惡, 故曰兼理氣。此等理氣字, 以善惡字看, 則都無事。

遜齋有以喜怒哀樂之未發爲未發之專言,　　以喜發時怒哀樂在中不發者爲未發之偏言, 此說思之未曉。夫一念之發也, 不可謂五性俱發, 而五性之條理脈絡已悉於一念之中矣, 豈一心一時之間有動有靜、有發有存歟?【鄭義林】

　　『遜齋集』此說殊可疑。

七情喜、愛、樂, 皆屬於喜一邊, 似不必分爲各情; 憂、患、恐、懼亦是情也, 而不入於七情, 何歟?【鄭在弼】

　　七情是『禮記』說, 記禮者, 偶然拈出如此, 遂成後世鐵案, 非若仁義禮智之來歷消詳增減不得也。

四端七情, 同是此心之發, 而端以四言, 情以七名, 何也?【安達三】

四七雖同爲數目, 而四德之四, 七情之七, 其來歷輕重, 迥然不侔。四則自天地元化一生兩, 兩生四而來, 『易』、「範」無非此理。七則以日用人事之最多者, 歷數之偶然滿七, 若究言之, 則又不止於七也。故醫書以喜、怒、憂、思、悲、驚、恐爲七情, 釋氏亦別有七情之目, 初非止於『禮記』七情也, 豈可以四七同爲數目而參涉論之乎? 抑情雖名七, 而其實則不過喜、怒兩端耳。哀、懼、惡皆怒也, 愛、欲皆喜也, 何嘗如性中四德之各占地界乎?

性則有五, 而情則有七。【奇弘衍】

性是四而非五也, 一生兩, 兩生四, 故四。此是從根本說話。情之七, 是從外面歷數, 偶然滿五加二, 未說到根本處。

七情外無他情乎? 若吾所以應人者, 非可喜、可怒、可哀、可懼, 則當屬何情?【鄭義林】

心之所發有氣力無計較者, 大約有此七者, 若閒漫發動, 何嘗止於七耶? 又七情其實好惡兩情。

七情與四端互發耶? 或以四端爲主, 七情爲客, 此說近之否?【柳漢新】

七情之外, 本無四端, 互字不好, 主客之說皆非也。德之有四, 出於天而來歷分明; 情之有七, 感於物而面貌各別。若欲段段分屬, 則未知其可也。

四七之論, 始以退溪爲主, 中間從栗谷更思之。氣之發動, 卽理之發動, 謂之理發, 亦似無言。【禹琪疇】

太極之有動靜, 天命之流行也, 理發何害? 但恐昧者觀之, 以爲理與氣根柢對峙, 枝葉互發耳。

偶記。【因人問而著類附于此。】

四七非兩情, 理氣無互發, 諸先生所論, 的然無可疑。但緣此而並以『語類』理發氣發二句, 直謂記錄之誤【栗谷說自高峯已有此意。】, 則或涉過重矣。今以人騎馬之說推之, 馬之曉解人意思, 循軌而出者, 謂之人出可也, 不必以人脚行, 然後謂之人出也。其或不受箝制而橫逸傍出者，謂之馬奔可也，不得以人在馬上不謂之馬奔也。蓋旣挑出四端而謂之理發，則外此七情，乃是情之奔逸者，故謂之氣發無不可。若或執據理氣發之說，疑四七之原有二本，則是豈<u>朱子</u>本意哉？

形氣神理，一之四。

虛靈亦氣也，而獨無淸濁之分耶？蓋人之生也，有形、氣、神、理四者。形，形質；氣，氣質；神，卽虛靈之謂。人多認氣爲神，故有虛靈分數之說。【<u>鄭義林</u>】

此段所論頗多難曉。形質、氣質、形氣皆一，而質獨兩耶？所謂神者，不着根於形氣而自立耶？虛靈全無分數，緣何有聖人愚人耶？

形氣、氣質。【<u>奇弘衍</u>】

形氣之爲言也麤淺，氣質之爲言也精細。

以有生成形之初言之，有氣而後有形，有形而後有質，則氣、形、質一也，不可謂質獨兩也。若以有生成形之後觀之，有形則有形質之質，有氣則有氣質之質。氣之精粗，各有其分，淸濁粹駁之質，非形質之質也。【<u>鄭義林</u>】

人只有一箇身與心，身者氣質之團聚也，心則其靈處也。何嘗舍此一身之氣質而別有懸空之氣質也？氣陽而質陰，氣流行者也，質凝定者也。人之一身，此物之外，更無他物，外此而別求氣質，可謂捕風捉月。

形質氣質說。【因<u>鄭義林</u>問而著類附于此。】

形氣二質之說，向也劈破，猶欠消詳，故更言之。形質云者，兩字一義。凡有形者，皆屬體質邊，故曰形質，非形之外別有質也。氣質云者，氣與質對。凡流行者是氣，凡凝定者是質，氣自氣質自質，一時並擧成文而曰氣質。質字，卽指形質而言，非形質之外別有氣質之質也。今乃以形質、氣質，上下對擧，以爲形自有一質，氣自有一質，可乎不可乎？雖然，此非<u>季方</u>之刱出見解，抑有來歷苗脈。曾看東儒議論，有人身之氣質，何能賢愚人之說？蓋其意以爲人身氣質血肉之塊耳，頑蠢無靈，此外別有心之氣質，乃賢愚之所關也云爾。此語尋常竊駭之，以爲此老非但不識氣質二字本旨，做不識心是何物。夫所謂心者，何物？卽一身之精英。身者，何物？乃氣質之團聚。內自五藏, 外至百體, 無一而非質者, 陞降流通於形質之裏面者, 無一而非氣者, 故言氣質則一身盡之矣。除却周身之氣質, 則無此身也, 無此身則無此人也。無此身無此人, 則又安有此心? 乎且所謂心之氣質者, 是何物? 指醫書所言七竅、五竅未敷蓮花而言也乎? 若以周身氣質爲血肉之塊, 則彼獨非血肉之塊也乎? 氣也者, 人身之陽也; 質也者, 人身之陰也。陰陽粹而無雜, 淸而無濁, 則其精英之發, 必到底炯徹, 駁濁者反是, 爲賢爲愚, 亶在於是。東儒之外周身氣質而別求心之氣質者, 蓋惑也。願<u>季方</u>勿似之也。

或曰: "力生於氣。" 曰: "力生於質, 質生於氣。" 或曰: "氣壯者力宜强, 氣屓者力宜弱, 而或有力贍而氣易耗, 或有力微而氣常旺者, 何也?" 曰: "此乃氣有剛柔而稟有多少故也。蓋稟剛而多者, 氣壯而力强; 稟柔而少者, 氣屓而力弱。稟雖多而柔者, 力雖贍而氣易耗; 稟雖少而剛者, 力雖微而氣常旺也。"【<u>金錫龜</u>】

似然。

或問: "氣之所運, 必有以主之者。" <u>朱子</u>曰: "氣中自有箇靈底物事。" 靈底是理否?【<u>金錫龜</u>】

有理故靈, 而不可謂靈便是理。蓋此處小差, 則入於認氣爲理。

<u>朱子</u>曰: "木神仁、金神義。" 仁義理也, 神氣也, 則當曰木性仁、金性義, 而曰木神、金神, 何也?【<u>金錫龜</u>】

"神, 氣也"一句似誤。理之妙處謂之神, 理而不神, 則是木强一塊矣。『易大傳』: "陰陽不測之謂神。" <u>橫渠</u>曰: "兩在故不測。" 兩在者, 旣在陽又在陰也。所謂在者, 非理在乎? "木性仁"之語可笑, 木亦有惻隱之心乎?

"木神仁、金神義。" 前者誤以神爲氣, 及得聞理之妙處之訓, 則此固無疑。然神是理之妙處, 性是理之渾然, 神與性均是理也, 而木、金之神旣謂之仁、義, 則木、金之性, 不可謂之仁、義耶?【<u>金錫龜</u>】

神是理之運用, 故謂木神則可, 而性是理之結裹, 故謂之木性則不可。

鬼神命數, 一之五。

人有曰: "鬼神、吉凶、禍福, 此只是以理言, 理無不善, 人能順理則吉, 逆理則凶。自是理合如此, 安有所謂鬼神一一降之哉?" 朱子答曰: "是也。" 然福善禍淫, 只是理合如此, 而無有所謂鬼神之爲之如問者之說, 則其說似乎太冷淡。凡天下萬事理合如此處, 鬼神亦合如此, 而所以然者理也, 所能然者鬼神也。故福善禍淫固理也, 理不能自爲, 爲之者鬼神也。此處恐或人之未達, 故朱子姑應之曰: "是也。" 或曰: "然則鬼神亦有所喜怒愛惡, 必如人之有情意耶?" 曰: "鬼神與人, 其理一也, 故人之喜怒處, 鬼神亦喜怒; 人之愛惡處, 鬼神亦愛惡。人之心卽鬼神之心, 鬼神之情卽人之情也。但人著而鬼神微, 人顯而鬼神隱。惟有著微隱顯之分, 其情意豈有不同也? 故古之至誠者, 爲徒於鬼神與之合其吉凶。"【金錫龜】

　　子之論然。

子產謂"人生始化曰魄, 旣生魄, 陽曰魂"云。人之生也, 有氣而有形, 則魂當居先, 而此先言魄, 何耶? 蓋成形之前, 固先有氣, 有氣則有神。然此是天地生物之神, 非在我之魂, 旣成形而後, 方是在我之魂也。【鄭義林】

　　以形化者言, 故其說如此。

祭祀之說, 先賢論之詳矣, 終有所未瑩處。蓋祭祀者以己之精神聚彼之精神, 然後孫之祭先祖, 後賢之祭先聖, 其歿已久, 其氣已散, 更有甚來格者也? 後孫後賢之於先祖先聖, 自有當報之理, 以此理求之, 則便有此氣也否?【金錫龜】

　　末段以"此理求之"云者, 似見得大意。蓋天地萬物, 本吾一體, 今有惑於邪魔者, 一
　　念專一, 亦能有感, 況正當道理乎?

或曰: "魂魄二者, 有則俱有, 無則俱無。葬而返也, 宜乎魂魄俱返, 而獨返魂, 何也? 蓋魂是氣也, 魄屬質也。屬於質者, 形質在彼, 必無歸來之理。氣是飄揚無定, 宜有返還之道, 故獨返魂耶?" 曰: "返魂則返魄在其中, 魂在於此, 魄亦在此。闕一則無物, 故於祭焚香以求魂, 酹沙以求魄, 合鬼神而享之。" 或曰: "神是陽之伸, 鬼是陰之歸。人死則是鬼也, 題主宜可曰鬼主而稱神主, 何耶?" 曰: "神是自無而有者也, 鬼是自有而無者也。人死則鬼, 是自有而無也; 祭而享之, 是無中求有也。蓋鬼中亦有陰陽生死道理, 感應來格, 是亦陽之伸而生底理也。"【金錫龜】

魂魄之說, 問者, 何人? 其言大槪近之。賢者答語返魄在中之說, 未免使人拍掌。返魂兼返魄, 則是起死還生也, 何不以定省事之, 安用祭祀爲也? 求魄之云, 見於何經? 吾寡陋而未之見耶? 下段所言近之。○魂魄說, 曩書所云, 是平生誤執, 而書發後忽自疑其於魄太煞就。攷『書傳』則其與己見相左處非一, 而朱先生則不啻重言復言, 此與六經何別? 反而思之, 則魂魄雖是二物, 而必相依而後靈, 故凡言神者, 皆合魂魄而言者也, 離則散而不靈矣。此是一件大事, 而向來疎脫若此, 乃欲開口論天下之理者, 可謂不自量力矣。可愧可愧。

魂魄亦言於天地萬物耶?【宋榮淳】

　　天地是魂魄之來處, 萬物則固有之矣。

命之同異云云。【尹宗儀】

　　命字之實, 老兄旣讀『易』, 何不攷之於『易』乎? 吉凶憂虞, 卦卦不同, 爻爻各異, 雖聖人不能使八卦皆火天地山,「坤」六爻皆含章黃裳, 此豈非命? 然而言利貞, 未有言利不貞, 此不同中之同也。其同其異, 自天言之, 則非有兩箇命一滾下來焉爾。一滾者何物? 理外無命, 千差萬別, 一理字而已。自人觀之, 則彼此對立, 得失相形。於是以異一邊歸之於氣, 謂之指氣而言; 同一邊歸之於理, 謂之指理而言。其實豈有氣外之理、理外之氣也? 然則吾之安身立命, 不患其無地矣。彼卦卦不同, 爻爻各異者, 吾無如之何矣。利於貞, 不利於不貞者, 非吾之所當鞠躬者乎?

程子以聖人非不知命然于人事不得不盡謂爲未是者, 何也?【金錫龜】

　　如此說, 則天命人事判然二物, 故曰未是。然此處極難知, 當深思也。

或曰: “伊川曰‘孔子旣知桓魋不能害己, 又却微服過宋。舜旣見象之將殺己, 而又象憂亦憂, 象喜亦喜。國祚長短, 自有命數, 人君何用汲汲求治? 禹、稷救飢溺者, 過門不入, 非不知飢溺而死者自有命, 而又却救之, 如此其急。數者之事, 何故如此? 須思量到道並行不相悖處可也。’聖人旣知有命矣, 而又爲之如此, 其義蓋何也?” 曰: “程子所言此等之命, 以氣分言之。聖賢之盡其道, 盡其性分上事也。” 或曰: “然則天命自天命, 人事自人事。程子以聖人非不知命, 然于人事不得不盡爲未是者, 何也?” 曰: “或有天命如此, 而聖賢順而行之者, 或有聖賢盡道而天命感而應之者。天命人事, 常合一而無間也。安有天命如彼, 自運於上, 人事如此, 謾行於下之理也? 固知盛衰興亡, 皆有定分, 聖人求盡其性而不委之於命也。」故朱子亦曰: 「若曰已知天命之如彼, 而姑盡其事之如此, 則是乃天命人事判然二物。」【金錫龜】

　　吉凶成敗, 固有定命, 而干我何事? 己修己分事, 日不暇給, 奚暇念到天命? 天地不能相爲謀, 人安能爲天謀? 況命是藏頭物事, 巧曆之所不能預度, 而性分實理昭著於心靈, 引彼藏頭之吉凶, 欺我昭著之心靈可乎? 是以事到論義, 事過方論命, 論命於事過之前, 大亂之道。盛論大㮣則是, 而主意常欲合天人而一之, 故終涉支蔓苟且。

『詩』、『書』言天人之際甚多, 如天道福善禍淫, 天何有情意而必福善禍淫?【金錫龜】
　　理之自然者, 謂之天。

「河」、「洛」之數云云。【金濡】
　　「河」、「洛」雖曰理氣源頭, 若言學問蹊逕, 則容有急於此者, 小紙俯詢, 未爲切問也。且況所論不過數一端。有理而後, 有象而有數, 須先於生成二字咀嚼出意味來, 始免捨本逐末矣。

程子曰: 「有理則有氣, 有氣則有數。行鬼神者, 數也, 數氣之用也。」此以運用處言之耶?【金錫龜】
　　一、二、三、四謂之數。

自一至萬, 所謂數也。是根於理, 而作於氣, 著於事物之間。具此數者, 理也; 行此數者, 氣也; 體此數者, 物也; 盡此數者, 聖人也。【金錫龜】
　　"盡其數者, 聖人也"盡字, 未易領解, 盡知耶, 盡行耶? 聖人之聰明睿知固能盡知, 而但恐非所以語聖人。若曰盡行, 則吉凶悔吝, 豈皆身親經歷耶?

3-1-6 「論經」第3(『答問類編』卷5)

「大三之二」

「序」"仁義禮智"之智, <u>胡氏</u>引"知則心之神明, 所以妙衆理而宰萬物"以釋之, 恐不襯合。
<u>朱子</u>曰: "所知覺者是理。" 又曰: "理與氣合便能知覺。" 蓋"仁義禮智"之智, 指所知覺之
理; 言"心之神明"之知, 指理與氣合便能知覺者言。<u>胡氏</u>引彼釋此, 似認心爲性。【<u>金錫龜</u>】
　　見得精密, 更與明眼訂之。

<u>胡氏</u>引"心之神明所以妙衆理而宰萬物"以訓智, 而<u>農巖</u>謂認心爲性, 因曰: "若云別之
理心之貞則無病。" 竊謂四德之貞, 卽四性之智, 以貞訓智, 亦似未穩, 改以幹字, 則何
如?【<u>鄭載圭</u>】
　　曾見<u>南塘</u>書有輯<u>朱子</u>語句散見諸書者, 爲四德註脚, 一如心之德愛之理之例, 今不
　　能一一記憶, 就考可也。若幹字, 幹下須着蠱字、事字, 方成文理, 單言幹字不成說。

<u>番易沈氏</u>曰: "智者, 涵天理動靜之機, 具人事是非之鑑。" 蓋智卽四德之貞, 元不生於
元而生於貞, 所以始萬物而終萬物者也, 其曰"天理動靜之機"者是也。事之有是非, 猶
物之有妍醜。智之理, 隨所感而應, 別其是非; 如鑑之明, 隨所觸而照, 分其妍醜, 其曰
"人事是非之鑑"者是也。機、鑑二字, 於智之妙用, 可謂最善名狀。但涵、具二字, 下得
不好, 所以<u>農巖</u>有認心爲性之譏, 若省此二字爲無病。【<u>鄭載圭</u>】
　　機、鑑, 終非所以說性。

天之賦人, 何均善其性而善惡其氣?【<u>金以權</u>】
　　天何嘗有心於善其性而善惡其氣乎? 天本有善而無惡, 分排人性時, 何處貸來惡而
　　殽雜與之乎? 此所謂性善也。及其擡扛運用, 不能無過不及者, 亦理勢之所必有也,
　　此所謂氣之不齊。

『大學』復性之書, 而篇內無性字, 只有"拂人之性"一字, 何也?【<u>金漢驥</u>】
　　<u>老子</u>曰: "數車無車。" 復性之書不言性字, 固其所也。若拂人之性, 則乃是翻覆處,

不得不露出矣。

躬行心得之餘云云。【閔在南】

　　明德是天生底, 躬行心得是人爲底, 一則所能, 一則能, 以躬行心得爲明德可乎? 修
　　己治人, 必體立而後用行, 則治人非修己之餘乎?

“曾氏之傳”, 自曾氏傳耶? 所傳於孔門耶?【朴海量】

　　傳字固受於孔子之謂, 而曰曾氏, 則如曰曾門, 兼曾子及其門徒而言。

“異端虛無寂滅之敎, 其高過於『大學』而無實。” 夫吾儒以心觀物, 就事物上會道理, 故
虛而有; 老、佛以心觀心, 無應接處, 故虛而無、寂而滅乎?【李熙容】

　　大槪如此, 而吾之學益進, 則所見必一層明的矣。大抵“無實”二字病源不在是, “過
　　高”二字上病已膏肓矣。乾道變化, 萬物發育, 此事之外, 更無他事。欲超此而別求
　　道, 則是道也, 何道也?

“采而輯之, 補其闕略。” 陶庵、南塘皆分作兩段看。而曰放失, 本有是而放失, 故采而輯
之, 如補亡章正錯簡是也。闕略, 本無是而闕略, 故附己意而補之, 如‘誠正’章下註是也。
發明雖詳, 恐涉牽强而非朱子之本意也。蓋補亡章采程子十六條之言而輯之, 輯, 集也;
以自家十一條之意而附之, 附, 參也。『或問』可考也。補亡章, 其意, 則本於程子十六條
之言; 其言, 則皆出於自家十一條之中也。采輯、附意, 皆所以爲補第五章之闕略也, 無
疑矣。且無論本有、本無有, 而未全者皆謂之闕略。第五章只有“此謂知之至”一句, 故
『章句』已云“別有闕文。”【鄭載圭】

　　“采而輯之”與“補其闕略”, 分明是兩項, 何者? 曰“亦竊”、曰“己意”, 可見采輯之先
　　於補闕, 又見所輯之非己意也, 但先儒云云, 未敢必信。以愚見則采輯者, 采輯程
　　說也; 補闕者, 程說之闕略也。補亡章雖曰程子之意, 有其意而無其辭, 則亦補闕
　　之類也。未知然否。

“陳氏曰此序分六節”云, 天與之性爲一節, 氣質之禀爲二節, 三皇二帝之繼立爲三節,
三代之學爲四節, 孔門之學爲五節, 宋朝之學爲六節否?【金顯玉】

凡長文如此分段看, 則旨趣易明, 非徒「大學序」爲然。 然而六節之中, 性爲宗旨, 此亦不可不知也。

"子程子", 獨於『庸』、『學』表稱表章, 有功而然歟?【金漢驥】
　　某子上又加子字, 古無此例, 至『公羊傳』始有之。 倣而稱之, 特出致其丁寧之義, 不必每文盡言也。

"子"是宗師、先儒之稱, 而或自稱某子者, 何也?【金勳】
　　子是男子美稱, 本字內初無宗師、先儒之意。 及春秋之時, 儒學蕃而師門多, 若但稱子游、子夏, 則無以別異其師於他人, 故沒其名與字而以有子、曾子稱。 至於孔夫子, 則天下共師尊之, 故並沒其姓而以子稱。 自此以後, 子字非徒爲男子美稱, 然其本意固自如也。 故以後學稱之則爲宗師之稱; 以常人自稱則不過爲男子美稱, 庸何傷?

『大學』因『小學』之成功, 而曰初學者, 何耶?【金漢驥】
　　『小學』蓋有行不著、習不察者矣。 窮理修身之學, 初發軔於『大學』也。

道與德宜無二致, 而入道、入德殊稱於『論語』、『大學』篇題, 何耶?【金漢驥】
　　『論語』主忠信, 是行上工夫, 由之可以進於道, 故曰入道。 『大學』先格致, 是知上工夫, 因之可以積其德, 故曰入德。

大人指聖人耶? 對小子之學而言耶?【金漢驥】
　　『大學或問』, 大人之學, 對小子之學言之也。

明德, 以理看, 則理無虛靈不昧之意; 以氣看, 則氣有淸濁粹駁之殊。【閔在南】
　　明德, 是本心之異名。『章句』"虛靈不昧"四字, 分明是以氣言, 而具衆理應萬事, 本不以淸濁粹駁而有間也。

明德, 或言主心, 或言合心性二說, 似皆未然。 性單指理, 心兼言氣, 理無不善, 氣有不齊。 若主心、合心而言, 則果有分數歟? 明德是卽心而指性也, 是就不相離之中挑出純

善不雜者。如此看如何？【鄭載圭】

　　明德, 心也。然則不言心而言明德, 何也？言心則氣拘物蔽之心, 亦不可不謂之心也。指其不犯氣不犯物之本體, 故曰明德也。明德何嘗有分數也？此是『章句』正意盛論。恐低了明德, 以爲卽心而指性, 駸駸流入說性去, 恐非本旨。

“明德, 人之所得乎天”, 所得乎天, 理與氣云云。【崔琡民】

　　明德, 當以心字看。心, 卽氣之精爽也。然則不曰心而曰明德, 何耶？心字該眞妄, 明德指无妄之本體也。如是而後, 曰不昧、曰以具、曰應, 皆有下落。若理氣合三字, 雖是先儒說, 而恐是籠罩崑崙口氣, 不可承襲也。然則明德單屬氣分乎？曰：“以器物譬之, 則氣字, 單指盤盂；明德, 指儲水之盤盂, 自可意會。”

明德理氣, 諸賢說終難歸一, 若認以心之表德與尊稱, 則理氣不言而自在, 何以起爭端耶？【金勳】

　　盈天地都是理, 爭端蓋所見異處, 初不若認以心之無事。

或謂：“先生所答明德問, 多可疑。其答吾子問曰‘指其不犯氣不犯物之本體’, 又曰‘說性恐非本旨, 不犯氣不犯物之本體, 非性而何？’ 其答崔琡民問曰‘理氣合三字, 籠罩崑崙口氣。’ 又曰‘指儲水之盤盂, 儲水之盤盂, 非理氣合而何？’ 既曰‘不犯氣’, 又曰‘儲水盤盂’, 不亦相反乎？” 曰：“心之本體, 光明洞徹, 能具衆理, 知此則指性之非儲水之諭, 可以默識矣。所謂不犯氣者, 以其至精至爽湛一虛明恰似無了氣也而言也。”【鄭載圭】

　　不犯氣、不犯物之本體, 其言果似未圓, 而實自『章句』一翻來。『章句』曰：“爲氣禀所拘, 物欲所蔽, 則有時而昏, 然其本體之明, 有未嘗息者。” 謂之說性可乎？來諭“恰似無了氣”五字, 善爲我出脫。

心卽氣之精爽, 明德卽心之无妄。精爽之氣, 不可謂非氣, 則无妄之心, 亦可謂氣乎？【崔琡民】

　　曰“氣之精爽”, 則是從粗說入精, 是進一步語；今却云“精爽之氣”, 則是由精說入粗, 退一步說。其意趣與之燕、越矣。今宜權舍理字、氣字, 但就心字, 看其體段何如、功能何如, 瞭然在眼前, 然後又進一步算得一箇心字是什麽樣物事鎔鑄得成。

此時理字、氣字, 方有來歷。看得一箇心字, 初不另別而苦苦說是理、是氣, 用於甚處? 且本不識理是甚麼樣、氣是甚麼樣, 安知某物是理、是氣? 爲賢者計, 凡道理題目如心字、理字、氣字之類, 各各逐字看其本來稱星, 箇箇分明, 勿引此牽彼, 連累湊合, 始有眞的一條路可通。

理也、氣也、性也、心也等名義不能究得。理是甚樣, 氣是甚樣, 性甚心甚?【崔琡民】

　　理也、性也, 無聲臭影響, 就其發露散殊處觀之, 孟子嘗見其惻隱而知有仁, 見其善惡而知有義。孔子亦是見兩儀、四象、八卦而知有太極。若不於此處着眼, 則所謂性理, 眞捕風繫影之不若矣。心與氣, 患不反求耳, 求之豈有不知乎?【因舉掌口噓露珠示之, 莞爾曰: "此是氣。"】

具衆理, 以氣具理, 以理具理。【崔琡民】

　　氣之精爽, 故能具衆理。以理具理, 如以目視目。

"虛靈不昧"四字, 所以形容明德。其虛靈不昧之處, 氣也; 其所以虛靈不昧者, 理也。有指其虛靈不昧之處而謂之心者, 心性之郛郭是也; 有指其所以虛靈不昧者而謂之心者, 心卽性是也; 有指其虛靈不昧之處與其所以虛靈不昧者而謂之心者, 心合理氣之謂也。各隨其地位而所指不同。惟明德, 卽其虛靈不昧之處而指其所以虛靈不昧者, 而朱子所謂"虛靈不昧四字, 說明德意已足"者此也。【鄭載圭】

　　"虛靈不昧四字, 說明德意已足"者, 謂其說心體意已足也。尊內懷不足, 必揷入所以二字而後足, 可知其誤入。

北溪云: "理與氣合。" 理氣元不相離, 合字未穩。【閔在南】

　　此四字, 或不免語病。

或曰: "明德主理看, 是以理具理。" 此說何如?【朴海量】

　　明德是得於天之本心, 具衆理者, 非本心而何? 無端生出理氣之說, 葛上生葛, 吾所未喻。

明德是理是氣?【李敎文】

　　此須反而求之於身, 是何樣物事, 禀賦時是如何, 昏蔽時是如何, 欲明之又如何, 一一現在眼前, 如別黑白, 方始學問。說理說氣, 濟得甚事?

問目同上。【金漢驥】

　　明德之訓, 本心二字最的。心是氣之精爽, 故近世因有明德是氣之說, 然則明明德是明氣歟? 聖門曷嘗有明氣之學也? 更宜詳思之。

明德是性是心是氣?【鄭敏采】

　　明明德之註脚在八條中, 格、致、誠、正四箇字是也。此果性耶? 心耶? 氣耶? 細思之, 明氣之學, 於古未聞。

陶庵以明德爲德性, 南塘謂心, 兩說不同。【柳樂浩】

　　陶庵、南塘二說, 未見本文, 不知其頭尾云, 何難乎爲答。若只據來說而言, 則德性二字, 似欠虛靈不昧之意。一心字包操舍存亡在裏, 許以訓明德, 皆恐未的確。不若本心二字爲安穩也。

明德今儒擧屬之氣云云。【安貞晦】

　　明德乃本心也。若以明德屬氣, 則明明德乃明氣之義耶?

明德以『章句』看, 包心性情。若以明德二字分心性, 則明屬心、德屬性耶?【柳漢新】

　　明德是本心。旣言本心, 則便包性情在裏面, 『章句』之意, 脈絡可尋。若曰包心性情, 則語歸籠罩而非其眞面也。"二字分心性", 不成說。德本明底却好。

或謂: "明德是心, 則是主氣。" 曰: "本體之明, 是天理之本然也。"【禹琪疇】

　　明德但知其爲本心, 則百事皆順, 苦苦說理說氣, 做甚麼? 理氣二字, 爲今學者痼瘼, 可歎。蓋天下之物, 若大若細, 有名可名者, 孰非氣之爲耶? 何必明德是氣? 然而若大若細者, 未嘗尊號曰明德, 惟人之本心, 乃名明德, 是必有其故矣。愚嘗譬之食器, 一圓鉢盂滿載玉食者, 是明德也。見鉢盂之本出於鍮銅也, 而呼滿載玉食者曰鍮銅, 可乎不可乎? 或者之單氣爲說, 蓋鍮銅之論, 而足下之主理, 亦未免遺却地盤匡郭。

理與氣不離而不雜云云。【安貞晦】

今以一器飯喩之, 飯必以器盛之, 固無懸空之飯也。然而若論飯之性、味飯之功用, 則此乃單指飯而言, 豈兼器而言也? 道不離氣, 而不可犯氣看者, 其狀如此。

明德議論多岐, 其誰適從?【李熙容】

明德雖以天之明命言之, 未爲不可, 朱子『章句』主於心而言必金秤稱來。今當依『章句』而玩索, 未可輒生他說也。心有氣質有蔽之心, 惟得於天之本心, 乃當明德之稱。

明德『章句』本以心言, 而性情在其中。後學之講論不一, 或謂氣, 或謂性, 或謂心性。曰性、曰心性云者, 於文義似不察賓主之分; 單擧氣字, 於明德之義幾矣。蓋心無他氣而已, 德之光明, 非心而何? 心之運用, 非氣而何? 且以朱子所云"心者, 氣之精爽"及"明德, 主於心"者觀之, 分明心是德、氣是心。【朴瑩壽】

明德單氣字之說, 近日頗行於世, 而礙於淺者之耳, 卽嘗妄闘之, 曰: "明德是氣, 則明明德是明氣也。修養家鍊氣之學, 卽嘗聞之矣, 明氣之學, 未之聞也。" 今明者亦有取於單氣之說, 可知愚見之左矣。然而來誨之勤如此, 不得已略貢愚見以取正焉。天地萬物, 同一氣化。今以氣字爲大鬮頭, 冒之天地萬物, 則孰敢有逃避者? 然而事物之得名, 各有境界地頭。氣字本以流行運化而得名, 就人身而言, 噓吸之出入, 榮衛之陞降, 皆是物也。必氣字下着精爽字, 方入心字境界。然精爽亦是皮殻說話, 須合性情體用而說, 方是骨子, 方是心字本旨。然猶不可遽言明德, 何哉? 氣質有蔽之心, 亦不可不謂之心, 須是得於天之本心, 方是明德。回顧單氣字, 經幾重關, 方到明德耶? 今請以一淺事諭之。甘露不生於酒耶? 酒不生於麴糵耶? 麴糵不生於來麰耶? 今有言者曰甘露來麰也, 則人必以爲不成說話。明德是氣之說, 何以異此? 然東人之大病, 又別有在。明德是天生底, 非人言之所能加損, 說理說氣, 何益矣? 緊要着工夫處, 專在上明字, 用工少則得力亦少, 用工多則得力亦多。不此之爲而苦苦說理說氣, 做得甚事? 又聖人本天, 東方說氣大張王, 幾乎代天造命。可憂可憂。

"明明德"上明字, 以吾身本有之德明之耶?【李熙容】

德不本有, 則孰能明之? 所謂"明明德"者, 不過全吾本體之明耳, 『章句』所言"本體之明, 有未嘗息者, 故當因其發而遂明之"也。

"明明德"之訓, 只爲學者發, 不爲聖人發耶。【金漢驥】
　經訓皆爲學者設, 豈爲聖人發也?

致知云云。【崔琡民】
知是元有底, 致字方始人工, 其說每如此。

明德、新民, 皆止於至善, 何止善並列爲三綱?【閔致完】
　信不在四德之外, 而亦與四德並立而爲五常。

明明德、止至善, 到盡性地位, 然後可。不至此境界, 縱有一事之至善, 而未到十分恰好處。【鄭時林】
　然。

至善是十分恰好處, 或以爲太極之異名。【金漢驥】
　至善是碎底太極。

知止, 如射之有正鵠。知止, 爲學者初下手處。【朴海量】
　知止亦非容易事。『章句』曰: "物格知至, 則知所止矣。" 豈可曰初頭下手處耶?

"有定"之有字。【閔在南】
　定者心也, 而有字當屬理。

"慮謂處事精詳", 精詳是省察意否? 能慮以知行言, 則知耶行耶?【安貞晦】
　精詳與省察有分, 精詳是更審一番之意, 省察是念慮萌動時也。能慮, 向行邊說去。

"事有終始", 先終是愼終之義耶?【金漢驥】
　古人一字升降, 固有意謂, 而亦或有便文取其音韻者, 若執一以求則或滯矣。

“知所先後”, 只曰“近道”, 何耶?【朴海量】

　　知所先後而直謂之道, 則得所先後當云何?

“明明德於天下”, 古今無異而必曰古, 何也?【金漢驥】

　　言古之二字, 歎今之不然。

問目同上。【李熙容】

　　傅說曰: “事不師古而克永世, 非說攸聞。”

必着古者, 以二帝三王爲證耶?【朴海量】

　　二帝三王爲證, 其意好。

不曰欲平天下, 而曰“明明德於天下”, 何也?【李周相】

　　“明明德於天下”, 見體用皆明德中事也。

格致之義。【金以權】

　　朱子曰: “格物致知, 仔細讀書之異名。” 只此一語, 別走之弊, 庶乎免矣。若其字義, 則到底根覈之謂。大抵人之常情, 以一知半解, 謂吾事已了, 鮮能直窮到底, 故格致二字所由生也。

格致之說, 詳見『或問』, 而亦難得下手做去。【崔琡民】

　　朱子有云: “格致, 仔細讀書之異名。” 此言最有下手處。

才明彼卽曉此。【奇弘衍】

　　明彼曉此, 是明字之變文, 言通達者近之。

格致固無先後之可言, 而曰“物格而后知至。”【朴海量】

　　物格如啖蔗, 知至如啖蔗而知蔗味。此所謂有先後處無先後。

上曰“致知”, 此曰“知至”。上則是工夫用力處, 故言致; 此是功效極盡處, 故言至否?【金漢驥】

然。

物格之格, 是心到極處, 理到極處耶?【閔在南】
　　經文旣明言物格, 則非物理到極而何哉?

欲其極處無不到, 欲物理之到極處。物理之極處無不到, 物之理到極處也。蓋到者, 理
到也。【金錫龜】
　　與鄙見無異同。

誠、正、修, 明明德之事; 齊、治、平, 新民之事; 格致, 則止至善之事也。格致爲學者最初
工夫, 而屬於第三綱, 何耶?【閔致完】
　　格致乃是知止, 不是得止。知止是最初事, 得止是末後事。

意誠則善, 不誠則不善。善不善在誠不誠。【金顯玉】
　　格致得力時, 誠意省力。不然, 終是說食飢夫。

"誠意"註: "意者, 心之所發。" "中和"註: "喜怒哀樂, 情也; 其未發, 則性也。" 心發爲意,
性發爲情, 何也?【閔在南】
　　性、情二字, 是不犯安排字, 故相對爲體用。意則有安排布置, 對着性不襯, 故云
　　"心之所發"耳。然而性、情豈心外之物乎? 此兩條各就本文地頭觀之, 則初無可疑
　　。只緣驅會一處, 互生崖角, 於是心性二本, 情意二岐。此乃科題之伎倆, 讀書之大
　　忌, 後生所當切戒者也。

胡雲峯言: "性發爲情, 心發爲意"云云。【閔誼行】
　　情、意、思、慮, 皆心之所發, 而『章句』以意爲心之所發者, 因經文"欲正心先誠意"
　　而立文也, 故其言平正。雲峯乃裁爲一句, 與"性發爲情"對擧, 則心性却似互有作
　　用, 心字單指未發, 情與思似非心之所發。此所以不能無病也。

問目同上。【安貞晦】
　　心發爲意, 釋本文正心、誠意之相接。小註胡氏心性之說有病。

誠意是主發工夫, 正心是主靜工夫耶?【金祿休】

　誠意是思慮萌動處致謹, 正心是全體主宰處照管。若曰主發、主靜, 則差失本旨。

意欲實而心本虛云云。【金祿休】

　此實字與此虛字, 本非的對, 而以爲對句, 爲科文則有餘釋, 經義則恐未的當也。

心本也, 意其所發, 欲正心先誠意, 似是倒說。【閔在南】

　誠意之上, 已有致知一條, 先自用上做工夫。蓋全體無粹然得正之理。

綱領以明德爲本, 條目以修身爲本, 兩本字只是一串貫來否?【金漢驥】

　修身以上, 明明德之事也。

誠意是自修之首, 而特舉修身結之, 何也?【柳樂浩】

　修身云者, 指明明德而言。新民必以明明德爲本, 何疑之有?

旣言本末, 而又言厚薄, 何義?【金漢驥】

　明、新本末, 上文旣言之, 而末字中又有厚薄, 則不可不申言。

言本末, 又言厚薄。【朴海量】

　自初所言者, 本末二字, 忽添厚薄字, 可謂無滲漏。

孔子之言、曾子之意, 言與意有分別耶?【李泰魯】

　言是已吐之意, 意是未吐之言。

不曰曾子之言而曰意, 何歟? 曾子何不自記而但示其意於門人耶?【閔致完】

　曾子平常敎人之法, 其大意如此也。曾子之不自記, 豈非以已在經一章上面耶?

門人記之, 則非曾傳, 乃門人之傳也。愚以爲曾子述經意以爲傳, 以告門人。【金漢驥】

　曾子作『大學』傳, 古書無明文。以十目、十手一段獨引曾子之語觀之, 則其出於曾氏之門人無疑, 朱子蓋極費參量矣。

言可述也, 意何見而記之?【李熙容】

　雖未著爲文字, 發之言語, 而逐日踐履, 敎誨不出此外, 親炙門人豈不能知乎?

問目同上。【朴海量】

　未嘗從頭至尾說破如此, 故曰曾子之意。其平生敎人之地, 其意向歸宿, 豈有不可
　知者乎?

言固可述, 意亦可記乎? 旣曰門人記之, 則曾子門人莫賢於子思, 何不因舊說爲子思記
之?【崔(民琡)[琡民]2)】

　平日敎人行己, 其大意可見, 故可記。子思無的證。

方修『曾子全書』云云。【尹宗儀】

　所編『曾子全書』, 乍看不能無碍眼處。『大學』雖入德之門, 而謂曾門書則可, 謂曾
　子書則不可。今編曾子書, 而以此爲第一編, 不瑕未穩? 註釋若前人並所未有, 則
　馬、鄭旣行之, 已亦爲後世之馬、鄭, 亦何大不可之有? 今註疏也、『章句』也、『集註』
　也, 鄭重臚列若是, 而以自家手段參於其間, 無或犯離立往參之戒乎? 愚意則當立
　內外篇, 以見於『論語』者爲內篇之首, 其次『孟子』, 其次二戴, 以『孝經』終焉。以
　『家語』爲外篇之首, 而以『大學』終焉。有註疏處, 則存而勿削, 繼以『章句』、『集註』
　以會極焉。始終不犯編次者一句話, 似爲得體。以學行訓三字, 了一書意思, 尤周
　盡無疎漏。學行訓三字意足, 而辭或不雅, 改作內篇第一、第二、第三, 而學行訓之
　意, 略爲篇題以發之爲可耶? 蓋此書外篇, 不可闕傳記中所載曾子之言與行。或有
　近於傅會者, 而亦皆敦本近裏之意, 今不可一筆句斷, 歸之傅會, 又不可混入原書,
　漫無分別。若無外篇, 則何以區處耶? 旣有外篇, 則原書自當爲內篇。

"今不盡釋", 未盡者, 何也?【閔致完】

　朱子旣立『章句』而又述『或問』, 則"不盡釋"豈虛語耶?

---

2) (民琡)[琡民]: 저본에 '民琡'으로 되어있으나, '琡民'의 誤記로 판단하여 수정하였다.

“克明德”, 明德之全體本明, 非眞知本明而實用力, 則不能。克字, 專用心力, 其義嚴刻; 能字, 有才而能, 其義平順。故朱子云“比能字有力”耶![朴海量]

此段明字, 是“明明德”之上明字。下明字未嘗露出, 而所論以下明字言之, 何耶? 明其德, 大是難事, 故不曰能而曰克, 此非克字有力而然耶!

『大學』傳“新民”解, 異於「康誥」本文。[金漢驥]

別古文, 多斷章取義。此章所引重在“新”字, 則其釋不得不異於本文。

問目同上。[朴海量]

雖曰三綱領, 而『大學』本意新民, 只在自新中, 無別般事。傳二章首節自新旣如此, 則民之自新可知, 故以新字屬民之自新, 在上之人, 鼓舞振作之而已。若「康誥」本文, 則方在舊染汚俗之中, 安有自新之民乎? 是以作新二字, 都歸在上之人。

問目同上。[呂鳳燮]

康叔所莅是殷民, 未嘗有自新之實, 故以作新相連解之。『大學』則己德旣明, 民必自新, 故以作其新民解之。

“天之明命”命字是理, “其命維新”命字是氣。[崔琡民]

兩命字固不同, 每事必欲說理說氣, 是公大病。

明德章末, 不言止善; 新民章末, 言止善, 何義?[金漢驥]

“克明峻德”, 豈不是止至善? 但新民章末露出“用其極”三字, 是文字關鎖之法。

爲臣止敬, 何不言忠? 止孝、止慈, 何先“子孝”? 孝重於慈而然否?[金漢驥]

敬是行事之顯然可見者, 忠字是裏面說。言其止至善之目, 當取可見者, 先仁先孝來說大概似然。

仁爲明、新之本, 而始言於此, 何也?[李泰魯]

博學而篤志, 切問而近思, 都不言一仁字, 而曰“仁在其中”。以此推之, 則克明、克新, 仁在其中。人君止仁之仁, 亦是偏言之仁。若全言之仁, 只在明、新上。

言仁言義而不言禮、智，何也?【柳樂浩】

　　四破則仁、義、禮、智，約言之則仁包禮、義包智，其實則一箇仁而已，何必以四德每
　　每歷言而爲可乎?

並引「淇澳」二句云云。【朴海量】

　　『詩』之興起最好，喚醒人，退溪所謂"非歇后看則非歇后"，正在此等處。今人眼目
　　滯於辭句，不知辭句上面有一段冲融意思，故有此云云。猗猗之竹，何關於止至善
　　之義也?

"盛德至善，民不能忘"，似言新民之效，而朱子釋以明明德者之止至善而不及新民，何
也?【金漢驥】

　　明德、新民是一串事，故其語不能無相參。但其語勢賓主之辨，則淇澳不誼，固主
　　言明德矣。

非無聖人而舉衛武公道學自修者，何也?【金漢驥】

　　生知、安行，無跡可見。武公之切磋琢磨，豈不爲學者對證之藥乎?

賢賢、親親、樂樂，而末乃以利利結之。【朴海量】

　　樂、利，只是親、賢之對舉，曰結之者，看得利字過重。利字重，則親、賢、樂皆輕耶?
　　蓋結字大旨，玉振之謂，非可用於對舉綴文處。

引『詩』三有止字，二無止字。【金漢驥】

　　字雖不見，而其意則至，下二『詩』始親切。

"大畏民志"，不曰服而曰畏，不言心而言志，何也? 朱子言無惡志，今云"畏服民自欺之
志"，何也?【崔琡民】

　　畏字比服字，尤有力。不言心而言志，心該體用，志字專就發用處言耳。昔人曰志
　　公意私，所謂志無惡者，是以對意而言，故然矣。"大畏民志"，專謂自欺之志，亦恐
　　與本文文意微有不同。

經言本末終始, 傳釋本末而闕終始, 何也?【金漢驥】

　　綱條如棊子, 本末二字如落子, 有先後。經文之幾箇先字幾箇後字, 皆緊關在本末二字上也, 爲之設傳, 不亦可乎? 若終始字則又當別論, 此則工夫漸漸進就處, 不必別言。

間嘗之間, 何間? 程子編次之時, 何不補之?【閔致完】

　　間字, 猶今言近間。程子說諸條, 見於『或問』本章, 此不補之補也。

全體、大用, 已貫表裏、精粗說來, 全體主裏精看, 大用主表粗看, 如何? 饒氏以忠孝之臣子分上顯然易見者謂表, 其間節文又分表裏, 如何?【柳漢新】

　　表裏、精粗在物, 全體、大用在心。然心無體用, 以物爲體用, 此處下不得貫字。體主裏精, 用主表粗, 非是。饒氏說大槪似然。精粗雖若與表裏無異, 然表中也有精粗, 裏中也有精粗。

當曰誠其意在致知, 而只曰"誠其意", 何也?【金漢驥】

　　八條雖相因, 知行地頭自別。若曰誠其意在致知, 則精神都湊在致知上, 奚可乎?

不攙致知、正心, 而獨爲一章示人, 尤切耶!【朴海量】

　　欲分次第, 則誠意不得不后於格致, 而其實八條之總說。

上不連致知, 知行之分; 下不連正心, 何也?【金錫龜】

　　不連於致知章固然, 不接正心, 蓋正心, 修、齊之總領關鍵也。

先惡惡而後好好, 能惡惡而後好善, 得邃否?【金錫龜】

　　與鄙見無異同。

好惡, 性之所發。二如卽誠意工夫云云。【柳漢新】

　　二"如"字是工夫云者, 看得好。然如是工夫成就處用工, 正在一毋字, 天下豈有性外之物? 然性是不犯人工底字, 情字亦然, 故有"性發爲情"之說。養其性、約其情, 自是人工。試於此處看得爛熟, 則諸般所疑, 皆有着落矣。

假官會。【吳繼洙】

　　會是會計。假官會，謂改易官文書。

賺却下文。【吳繼洙】

　　不當連而連看謂之賺連，謂如本非我物而買來也。

"愼獨"，『中庸』以隱微言，『大學』以好惡言，不同，何也？上下文愼獨，兼指身心耶？上
言心、下言身耶？【李泰魯】

　　顯微是境界，好惡是實事。"小人閒居"一段，雖似身所獨處，然其大意當以心所獨
　　知看。

"愼其獨"，上言心所獨知，下說己所獨處。【崔瑃民】

　　上言愼其獨，意已盡，一番翻轉說不能愼獨之弊，又以愼其獨結之，蓋申說而致其
　　丁寧也。愼獨豈有二義耶？

小人之病，在掩惡詐善然。又有一種人，獨處時不無爲善之意，而對人不敢自立，便作
同流合汚之態，與閒居小人若異，而卒同爲小人之歸。【崔瑃民】

　　同流合汚一段，意思也精細也痛快。此蓋俗情終是重於道義故也。

"見其肺肝"其字，指小人耶？指視己者歟？【閔致完】

　　其字指爲不善之人也。

牛溪以其字指小人，栗谷言自見其肺肝。【閔璣容】

　　肺肝，豈可自見乎？

"誠於中"，惡亦可以誠言乎？【崔瑃民】

　　"誠於中"，天下事情繁多，而字數不多，於是乎有借用之法，道有君子小人，德有吉
　　凶，道德本意豈如是乎？

小人爲惡處下誠字，似不着題。【李宗浩】

小人之實於爲惡, 如君子之實於爲善, 故借用誠字。 凡字多借用, 道有君子小人, 德有吉凶皆是也。

饒氏以誠於中兼善惡, 陳氏以爲惡之實中形外者, 當從何說?【金漢驥】
　執著本文, 則陳氏說似當; 而若以文字活看之法論之, 則饒氏說得之。

傳十章皆曾子之意, 而此獨加“曾子曰”, 何歟?【閔致完】
　此是言也, 非但曾子之意而已, 蓋曾子之所丁寧於門人者也。

問目同上。【金漢驥】
　此段必加“曾子曰”, 可見傳十章是曾子傳授。大義如此而不必曾子吐口說出也。

補亡章言“心之全體大用”, 此單言“心體之明。”【崔琡民】
　對用言體, 則體自體、用自用, 單言體則包用在其中。

“已明而不謹乎此。” 此指愼獨指誠意?【李泰魯】
　此指誠意, 愼獨卽其用工處, 不可分而二之。

經曰: “欲修其身, 先正其心。” 傳曰: “修身在正心。”【金漢驥】
　“欲修其身先正其心”, 就學道人身上說; “修身在正其心”, 就道理說, 略變換一字, 尤覺周盡。

“有所”之有, 是未來先有期待之心? 是過後猶不消釋否? “一有”之一, 是有一於四者? 是一向之一?【朴喆炫】
　有字通未來旣過, 如鑑衡上有一物在。一有字, 朱子恒用之, 當輕輕看。我東先輩 或作少有看, 亦非本意。

有是久有之意, 一是四者之一, 如一之意歟?【李熙容】
　有字大抵不與物俱往之意, 久暫不論也。一字是朱子常用之字, 不必重看, 重在有 字。一字如今俗語一時、一番之謂。四者之一、如一之意皆非本意。

不言羞恥、悲哀等事, 何也?【鄭時林】

　　四"有所", 非謂心不正之病止於四也, 蓋舉四以見其餘也。然則羞恥、悲哀之不得
　　其正者, 亦在其中矣。且羞恥、悲哀, 或是四端之發見, 正欲其擴而充之, 遽謂不得
　　其正可乎?

意者, 發於內而有善不善之幾而已。心之有四者, 形於事而著外, 故意雖實, 亦勉於正
心耶?【朴海量】

　　幾字之用於意, 特臨時借用耳。若言其本旨, 則幾而後有發, 發而有計校商量, 此
　　之謂意。意豈可謂幾耶? 意有未誠, 則亦將形於事而著外。以形、著二字當正心,
　　則恐未然, 十目、十手非形著乎?

"正其"、"其正", 同乎異乎?【金漢驥】

　　正其之其, 其人也; 其正之其, 其道也。

恐懼, 『大學』與『中庸』有異義耶?【李泰魯】

　　『大學』恐懼, 是俗語恐怕之義; 『中庸』恐懼, 是一念不敢慢忽之謂, 其義不同也。

"忿懥"等四者是情也, 而註必曰"心之用", 何也?【崔琡民】

　　"心之用"三字, 如曰"意者, 心之所發。" 此釋經襯貼法, 所以緊綴正心之心字也。

"欲動情勝", 以欲對情, 何也?【崔琡民】

　　欲字古文有來歷, 蓋本於「樂記」"性之欲"一語, 即感物而動情之謂也。

方氏云: "上說有心之病, 此說無心之病。"【朴海量】

　　"仰面耽看鳥, 回頭錯應人"兩節, 是一病大體則然, 而人之病痛許多般樣, 亦或有
　　都無住着而然者。方說不妨置之一邊作一說耶!

"有心之病", "無心之病", 非兩項病。【金祿休】

　　既知其非兩項病, 而又知傳文分作兩段之意, 然後方為周盡耳。

此章與上章, 只說病痛而不言工夫, 何也?【金漢驥】

　　到得誠意, 則以下工夫便省力, 故矯其偏而已。

五辟爲修齊之病, 而不言治病之方, 何也?【李泰魯】

　　朱子曰: "知其病而欲去之, 則只此欲去之心, 便是能去之藥。" 然則治病之方, 只在五辟字, 非別尋大黃甘草。

言五辟, 又言好惡, 能盡好惡, 自無五辟。【李泰魯】

　　蓋自格物致知已包好惡在裏面。

"五者本有當然之則。" 敖惰亦有當然之則耶?【李熙容】

　　先儒以孔子不見孺悲, 孟子不赴齊王之召, 爲敖惰之不辟。

不曰齊其家在修其身, 曰"身不修不可以齊其家", 何也?【李熙容】

　　一正一反, 皆是結辭, 而反辭尤直截。

問目同上。【金漢驥】

　　身與心較親近, 身與家稍疎遠, 故作傳者翻文以警切之。

治國章不效上下文體而曰"必先", 何也?【李熙容】

　　以常情言之, 家國似一層遙遠, 故更着精彩。

問目同上。【朴海量】

　　三代以後, 孰不欲治國, 而不知先齊其家。

孝、悌、慈是修身事, 而至齊、治始言, 何耶?【金漢驥】

　　修身刑家, 何嘗截然不相入乎?

孝、弟、慈均得於天, 而孝、弟鮮能全, 惟慈獨全, 故擧其所明以明其餘耶?【金錫龜】

　　國以使衆爲主, 則孝、弟、慈之中, 以一慈字申言者, 厥有脈線焉。

“有諸己而後求諸人”, 是修身事, 何言於治國?【金漢驥】

可見八條都來相連。

“所藏乎身不恕”, 只訓以學者之恕。【朴喆炫】

“恕”本學者事, 豈可拕來聖人忠恕作枝蔓?

他章只一結, 而此章則兩結, 何也?【金漢驥】

常人之情, 以外面刑政爲治國之道, 不知其本有在此, 是萬古公病, 故丁寧反覆之。

不曰幼幼興慈, 而曰“不倍”者, 何耶?【金祿休】

“恤孤”二字, 已與老老、長長殊, 慈又不學而能。

問目同上。【李熙容】

老老、長長, 吾老、吾長也而已。旣生存, 則孤非吾孤也, 不得不與上文變法。且不學養子而嫁, 人無不慈, 慈豈待興?

不曰興慈, 慈人皆能, 故以“如保赤子”明之耶?【朴海量】

生父豈有孤兒乎? 他人之孤猶恤, 則其仁慈又加一層。 慈者人皆能之云者亦然。 “如保赤子”, 所指自別。

“不倍”, 不倍其上, 恤孤之義耶?【金漢驥】

不倍者, 親其上、死其長之義。蓋發政施仁, 先此無父之孤兒, 仁之至、義之盡, 故上行下效有如此者。

“絜矩”, 不言規, 何也?【李熙容】

欲其上下四方均齊方正, 故必言爲方之矩。

“絜矩”二字, 以一恕字看, 如何?【金漢驥】

似當。

齊、治、平根基, 立得於修身, 擧而措之, 而修身及家, 不言絜矩, 必於平天下標立名目,

何也?【朴海量】

　　此矩何處得來? 得於格物致知。此矩何能立得? 立於誠意正心, 至齊家治平, 只是
　　絜已得之矩。

"彼我之間, 各得分願。"【李泰魯】

　　上下四方各有地方是分, 各有好惡是願。

"同有是心", 是心何心?【李泰魯】

　　指好惡。

第二節只言惡, 而第三節兼言好惡, 何也?【金漢驥】

　　去其所惡則便是所好, 第二節非不言好也。

絜矩必言財貨, 人之所同欲而然耶?【金漢驥】

　　何以聚人? 曰財。

"矩者, 心也", 云云。【金祿休】

　　所好所惡, 矩也。以此度人之情者, 絜也, 好惡豈非心之用乎? 蓋心字兼體用也。
　　"矩者心"三字, 所以明矩之非在外也。

引楚、晉、秦及孟獻子。【朴海量】

　　陽貨曰: "爲仁不富。" 聖門之不以人廢言如此。

"所令反其所好", 其字指君, 指民?【范璟駿】

　　指君上也。

"不能先, 命也", 鄭氏作慢, 程子作怠, 何先鄭說?【呂鳳燮】

　　可見公心。

"發己自盡爲忠, 循物無違謂信。" 伊川見明道此語尚晦, 故云"盡己之謂忠, 以實之謂
信", 更穩當, 而朱子於此却引明道語, 何也?【金漢驥】

發己循物四字, 切於『大學』修己治人, 故然耶!

"以義爲利", 能恕則盡仁, 而特言義者, 何耶?【朴海量】

　　義是利之的對, 蓋裁制事物, 非義則利也, 仁未有與利對者。

章末無"此謂平天下在治其國"之結尾, 何也?【金漢驥】

　　國與天下, 略分廣狹, 無甚層節, 故然矣。

治、平二章, 不言禮樂刑政。【李熙容】

　　『論語』首篇"道千乘章"見之否? 其『集(傳)[注]3)』論其所存而已, 未及爲政也。苟無
是心, 雖有政, 不行焉。『大學』治、平章, 亦當以此意看之。

末二章自分推化, 仁山之論甚好, 未知如何。【柳漢新】

　　上章論化處多, 下章說推處詳。此二字本於朱子, 而仁山所論似當。

"常惺惺", 瑞巖僧語而爲吾儒法門。【尹泰憲】

　　"常惺惺", 如云"片時不得放過", 吾儒與禪家其不放過同, 而其虛實不同。

"推其類以通之, 至於一日脫然貫通", 旣言通又言貫通, 何也?【金祿休】

　　詳推類二字, 則可知其與貫通二字煞有不同矣。程子曰: "一處通而觸處通, 雖顏
子, 亦不至此。"

"觀物察己"云云。【奇弘衍】

　　"觀物察己"四字不著於經, 程門問答者, 因『大學』格物之說而有此語, 其實格物, 非
欲其面面察己也。

玉溪盧氏解"其體則有仁、義、禮、智之性, 其用則有惻隱、羞惡、恭敬、是非之情", 而曰:
"渾然在中, 其體初無仁、義、禮、智之分。隨感而應, 其用始有惻隱等四者之別。" 盧氏
所謂"渾然在中"者, 指其性而言之, 則何故"其體初無仁、義、禮、智之分"耶? 仁、義、禮、

---

3) (傳)[注]: 저본에 '傳'으로 되어있으나, '注'의 誤記로 판단하여 수정하였다.

智合而言之則曰性, 性分而言之則曰仁、義、禮、智。【鄭時林】

　　玉溪論性果似可疑。大抵不能眞知, 則說得易差, 此是自反內省處。

西山眞氏解張子所謂“性者, 萬物之一原”, 而曰“凡人物之性, 皆自此流出, 如百川之同一源”, 此言似未然。張子之言性字, 貼在一原字上, 物雖萬而性則一之謂也, 直指統體言之。眞氏之言性字, 歸宿百川字上, 萬物之性同出一原之謂也。下落各具處也。【金錫龜】

　　見得精密, 更與明眼訂之。

“『論』、『孟』之精微”, 精微, 指事之細微而言耶?【柳漢新】

　　『論』、『孟』之道, 不外乎修己治人, 精微, 其妙處也。由淺入深, 故言精微。若曰細微, 則却閒漫。

『大學』八條次第行之云云。【崔惟允】

　　行道有命, 講學在己。

『中庸』之道包含於天命之性,『大學』之道包含於止至善。知性則止於至善, 知止則無違於性,『庸』、『學』相爲表裏。【閔璣容】

　　所論大槪近之。然而“相爲表裏”四字, 必欲以章首一句話了當, 似有厭煩趨徑意味。如何如何? 必欲求一句包括之話, 則恐不若“成己成物”四字爲穩也。

或曰: “『大學』明德, 卽『中庸』天命之實體也; 格、致、誠、正, 率性之工也; 修、齊、治、平, 修道之功效; 新民, 費隱以下萬事; 至善, 中和位育之極致也。” 此說何如?【朴海量】

　　此節所論大槪則然, 而看『大學』時, 但知天下有『大學』一書可也, 不必傍引爲說。

　　且率性非有工夫, 率性謂道。天不變, 道亦不變, 豈待人工而謂道耶?

「정자설定字說」(『蘆沙集』卷16)

해제

1) 서지사항

기정진(奇正鎭)이 1845년에 지은 논설문. 『노사집(蘆沙集)』권16에 실려 있다. (한국문집총간 310)

2) 저자

기정진(奇正鎭, 1798~1879)으로 자는 대중(大中), 호는 노사(蘆沙)이다.

3) 내용

이 글은 이봉섭과 「태극도설(太極圖說)」에 관해 의견을 교환하는 과정에서 지은 글이다. 글의 형식은 어떤 사람이 묻고 이것을 기정진이 답하는 것으로 되어 있다. 첫 번째 질문은 「태극도설」의 '성인정지(聖人定之)'에 관한 것이다. 이에 대해 기정진은 성을 안정시키는 것이라고 대답하였다. 이어진 두 번째 질문은 안정시키는 도리에 대해 물었는데, 중정인의(中正仁義)가 바로 안정시키는 방법이라고 말하였다. 세 번째 질문은 일반사람의 경우 이러한 덕이 없어서 성을 안정시킬 수 없다고 하면, 비록 성인이 성을 안정시킨다고 하더라도 세상에는 아직 성이 안정되지 않은 것들이 많으니 성인인들 어떻게 할 수 있느냐고 반문하였다. 이에 대해 기정진은 일반사람이 성을 안정시키지 못하였다고 하여 안정되지 못한 것이 많다고 하면 이것은 능(能)과 소(所)를 구분하지 못한 것이라고 대답하였다.

3-1-7 「定字說」(『蘆沙集』卷16)

或問「圖說」"聖人定之", 定何事耶?

曰: 定其性也。性是本有之理, 衆人欲動情勝, 則此理無泊定處, 遇聖人則定矣。

定之之道, 奈何?

曰:「圖說」旣言之矣, "中正仁義, 所以定之也。" 蓋性中有中正仁義之理, 聖人有中正仁義之德。有此德而後可以凝此理。『中庸』曰"苟不至德至道, 不凝焉", 此之謂也。

曰: 衆人旣無是德, 不能定其性, 則雖曰聖人定之, 而天下之性未定者尙多, 聖人將若之何?

曰: 不然也。性者一原之理, 初不可以內外分, 定則都定, 此性之外, 更無餘性故也。今若以衆人之不能皆如聖人, 而疑性之尙多未定, 則是未達乎能所之辨也。夫所定者, 理也。故以性言之, 則一處定時, 天下之理都定, 能定者心也, 故以人言之, 則惟聖人定之, 而非聖人莫能與也。今子方論所定何事, 而侵入能定界分, 以人之不能皆能, 謂性之有未盡定, 不亦謬乎?

曰: 鷺湖自定兼定人之說, 何如?

曰: 此或因問者繳繞, 而其答亦離却本面, 宛轉解之, 雖若可通, 以鄙見言之, 終有不可曉者。蓋其於不當分處分人己, 使之各立而對峙, 所謂頭邊安頭, 其不可曉者一也。曰自、曰兼字義乖, 當非所論於此事者, 其不可曉者二也。夫自之爲言也, 專於己分, 而不干人事處用之, 如自爬其癢, 自按其痛, 干人何事? 是之謂自。人之一身, 雖亦一乾坤, 而尙屬自家邊, 故謂之自修其身者有矣。人之一心, 所以參三才, 而猶非佗人事, 故謂之自明其德者有矣。惟性不可言自, 是以有言養其性, 而未有言自養其性者, 有言知其性, 而未有言自知其性者。若有言自知其性者, 則是性也, 必氣質之性之謂也; 若有言自養其性者, 則是性也, 必壽命之性之謂也。若道理之本然者, 則古今聖愚同, 此一原公共之地, 何自之有? 且夫有兩件事, 而兼攝兼總者兼也。吏部之官, 得行兵部; 鴻臚之卿, 並理光祿, 此之謂兼。若乃定性之事, 則所謂性者, 元無兩件, 故所以定者, 初無二岐, 顧有何兼之可言乎? 雖然, 此兩字實自人己上來, 人己本也, 兩字標也。但無人己, 則兩字無著處矣。一原之不可分人己, 旣略言之, 而其實體當求之於心, 未易以口舌明也。大抵道本一體, 而人有各身, 與道難一, 職此之由。是以學者之事, 或推己以及人, 或因人以反己, 期於剖破藩籬, 打成一塊。六經千言, 參半是兩邊說話, 至於聖人分上事則不然, 性卽我, 我卽性。克明峻德, 非自定也; 協和萬邦, 非定人也, 惟其性而已矣。却就上面, 苦苦說人說己, 非徒蹉失定字本旨, 深恐與聖人之德, 不相似也。李生鳳爕, 旣以此有數次書尺。昨又相過, 尙不釋然而去, 思之餘鬱, 自恨其所以語之者, 猶欠直截。故設爲問答如右, 以竢更討, 未知能不歸於亂道否?

「우기偶記」(『蘆沙集』卷16)

1) 서지사항

기정진(奇正鎭)이 1845년에 지은 논설문. 『노사집(蘆沙集)』권16에 실려 있다. (한국문집총간 310)

2) 저자

기정진(奇正鎭, 1798~1879)으로 자는 대중(大中), 호는 노사(蘆沙)이다.

3) 내용

이 글은 기정진이 사단칠정(四端七情)에 관한 자신의 의견을 짧게 기록한 것이다. 기정진은 먼저 사단과 칠정이 두 가지 정이 아니고 리(理)와 기(氣)가 각각 호발(互發)하는 것이 아니라고 설명하였다. 그러면서도 주자가 "사단은 리의 발이요, 칠정은 기의 발이다(四端是理之發, 七情是氣之發)"가 오기(誤記)라는 것은 더욱 잘 못된 것이라고 말하였다. 즉 기정진은 사단과 칠정이 다른 근원을 가진 것은 아니지만, 동시에 사단과 칠정을 가치론적으로 구별하여 사단이 가지고 있는 도덕적 의미를 간과해서는 안 된다고 주장하였다. 사단칠정에 관한 기정진의 입장은 기본적으로 기발리승에 대한 이이의 입장을 견지하면서도 사단과 칠정을 가치론적으로 구분하려 했던 이황의 입장 역시 긍정적으로 수용한 것이라 할 수 있다.

3-1-8 「偶記」(『蘆沙集』卷16)

四七兩情, 理氣無互發, 諸先生所論的然無可疑, 但緣此而並以『語類』"理發氣發"二句, 直謂記錄之誤,【栗谷說, 自高峯已有此意】則或涉過重矣。今以人騎馬之說推之, 馬之曉解人意思, 循軌而出者, 謂之人出可也, 不必以人脚行, 然後謂之人出也。其或不受箝制而橫逸傍出者, 謂之馬奔可也, 不得以人在馬上, 不謂之馬奔也。蓋旣挑出四端而謂之理發, 則外此七情乃是情之奔逸者, 故謂之氣發無不可。若或執據理氣發之說, 疑四七之原有二本, 則是豈朱子之本意哉?

3-1-8 「우기偶記」(『蘆沙集』卷16)

사단과 칠정은 두 개의 정이 아니고, 리와 기가 서로 발하지 않는 다는 것은 여러 선생들이 논한 것이 정확하여 의심할 것이 없다. 다만 이로 인하여 『주자어류』의 '리발·기발' 두 구절을 곧바로 잘못 기록한 것이라고 한다면【율곡의 말이지만, 고봉으로부터 이미 이러한 뜻이 있었다】, 지나침이 과하다. 지금 '사람이 말을 탄 것(人乘馬)'이라는 비유로 추론해보면, 말이 사람의 의사를 잘 이해해서 궤도를 따라 나가는 것에 대해 '사람이 나간다'고 하면 옳다. 반드시 '사람의 다리'로 다닌 연후에 '사람이 나간다'고 할 필요는 없다. 말이 간혹 겸제(箝制)를 받아들이지 않고 제멋대로 비껴나가는 것을 '말이 달아난다'고 할 수 있으니, '사람이 말위에 있다'는 이유로 '말이 달아난다'고 말할 수 없는 것은 아니다. 대개 이미 사단을 도려내서 '리발'이라고 했으면, 곧 그 바깥의 칠정은 '정이 달아난 것'이므로 '기발'이라고 말해도 된다. 만약 혹시 리발과 기발의 설을 근거로 삼아 사단과 칠정의 근원에 두 가지가 있다고 의심한다면, 이것이 어찌 주자의 본의겠는가?

四七非兩情, 理氣無互發, 諸先生所論的然無可疑, 但緣此而並以『語類』"理發氣發"二句, 直謂記錄之誤【栗谷說, 自高峯已有此意】, 則或涉過重矣. 今以人騎馬之說推之, 馬之曉解人意思, 循軌而出者, 謂之人出可也, 不必以人脚行, 然後謂之人出也. 其或不受箝制而橫逸傍出者, 謂之馬奔可也, 不得以人在馬上, 不謂之馬奔也. 蓋旣挑出四端而謂之理發, 則外此七情乃是情之奔逸者, 故謂之氣發無不可. 若或執據理氣發之說, 疑四七之原有二本, 則是豈朱子之本意哉?

「답최원칙대학문목答崔元則大學問目」[琡民](『蘆沙集』卷13)

1) 서지사항

기정진(奇正鎭)이 지은 논설로 작성 시기는 미상.『노사집(蘆沙集)』권13에 실려 있다. (한국문집 총간 310)

2) 저자

기정진(奇正鎭, 1798~1879)으로 자는 대중(大中), 호는 노사(蘆沙)이다.

3) 내용

이 글은 기정진이 문인 계남(溪南) 최숙민(崔琡民, 1837~1905)의 질문 내용에 대한 서한이다. 질문 내용은『대학』의 원문과 주희의 장구에 관한 것이다. 첫째는 주희의 명덕(明德)과 그 주석에 관한 것인데, 명덕은 거짓 없는 본체를 가리키는 것이므로 주희가 장구에서 언급한 불매(不昧)·구(具)·응(應) 등의 글자를 사용하였다고 하였다. "기의 정상(精爽)"과 "정상의 기"를 비교 설명하는데 '기의 정상'은 거친 것에서 정밀한 것으로 들어가는 것이고 '정상의 기'는 정밀한 것에서 거친 것을 향해 들어가는 것으로 여겼으며, "기의 정상"은 여러 이치를 구비할 수 있다고 하였다. 제4장 "대외 민지(大畏民志)"에 대해서는 "외(畏)"와 "지(志)"를 "복(服)"과 "심(心)"으로 쓰지 않은 내용을 설명하였다. 제6장 성의(誠意)에 대한 내용에서 신독(愼獨)이 두 번 언급된 것에 대한 두 가지 의미를 피력하였고, 성어중(誠於中)에서 '성(誠)'을 차용한 법은 도에는 군자와 소인이 있고 덕에는 길함 과 흉함이 있기 때문이라고 하였다. 제7장의 분치(忿懥) 등 네 가지와 정심(正心)의 연관성을 간략 히 언급하고, 그 장구 주석에서 "욕동정승(欲動情勝)"의 '욕(欲)'을 「악기(樂記)」의 "성지욕(性之 欲)"과 견주어 설명하였다.『대학장구』에 보이는 리(理)·기(氣)·성(性)·심(心)에 대한 명칭과 뜻 을『맹자』에서 언급된 측은과 수오, 그리고『주역』「계사전」내용에 견주어 설명하였다. 기타로 「독대학법(讀大學法)」에서 언급한 "독서"에 대해 "그 마음을 평온하게 하고 기운을 온순하게 하여 야 함"을 강조하였다.

3-1-9 「答崔元則大學問目」[^{叔民}](『蘆沙集』卷13)

"明者, 人之所得乎天。" "所得乎天", 理與氣也; "虛靈", 亦合理氣言也, 而下特言"但爲
氣稟所拘"云云, 則明德似專主理而言。

　　明德, 當以心字看, 心卽氣之精爽也。然則不曰心而曰明德, 何耶? 心字該眞妄, 明
　　德直指无妄之本體也。如是而後, 曰不昧、曰以具、曰應, 皆有下落。若理氣合三
　　字, 雖是先儒說, 而恐是籠罩昆侖口氣, 不可承襲也。然則明德單屬氣分乎? 曰:
　　"以器物譬之, 則氣字單指盤盂, 明德指儲水之盤盂, 自可意會。"

"當因其所發而遂明之"者, 卽格致章"因其已知之理而益窮之"之義歟!

　　"知"是元有底, "致"字方是人工, 其說每如此。

格致之說, 詳見『或問』, 而亦難得下手做去。

　　朱子有云"格致仔細讀書之異名", 此言最有下手處。

"經一章, 蓋孔子之言, 而曾子述之; 傳十章, 則曾子之意而門人記之。" 言固可述, 意亦
可記乎? 旣曰"門人記之", 則曾子門人, 莫賢於子思, 何不因舊說爲子思記之?

　　平日敎人行己, 其大意可見, 故可記。子思無的證。

心卽氣之精爽, 明德卽心之无妄。精爽之氣, 不可謂非氣, 則无妄之心, 亦可謂氣乎?

　　曰"氣之精爽", 則是從粗說入精, 是進一步語。今卻云"精爽之氣", 則是由精說入
　　粗, 退一步說, 其意趣與之燕、越矣。今宜權舍理字、氣字, 但就心字, 看其體段何
　　如、功能何如, 瞭然在眼前, 然後又進一步, 筭得此一箇心字是什麼樣物事鎔鑄得
　　成。此時理字、氣字, 方有來歷, 看得一箇心字初不另別, 而苦苦說是理、是氣, 用
　　於甚處? 且本不識理是甚麼樣, 氣是甚麼樣, 安知某物是理、是氣? 爲賢者計, 凡道
　　理題目如心字、理字、氣字之類, 各各逐字看其本來秤星, 箇箇分明, 勿引此牽彼,
　　連累湊合, 始有眞的一條路可通。

"具衆理", 以氣具理, 以理具理?

氣之精爽, 故能具衆理。以理具理, 如以目視目。

"大畏民志", 不曰服而曰畏, 不言心而言志, 何也? 朱子言"志無惡志", 今云畏服民、自欺之志, 何也?

　　畏字比服字, 尤有力。不言心而言志, 心該體用, 志字專就發用處言耳。昔人曰"志公意私", 所謂"志無惡"者, 似是對意而言故然矣。"大畏民志", 專謂"自欺之志", 亦恐與本文文意微有不同。

獨是"心所獨知"之地, 下文絮說"己所獨處"之事, 是特引粗喩精之法也。上下愼獨, 恐無二義。

　　上言"愼其獨", 意已盡。一番翻轉說不能愼獨之蔽, 又以"愼其獨"結之, 蓋申說而致其丁寧也。愼獨, 豈有二義耶?

"誠於中", 惡亦可以誠言乎?

　　"誠於中", 天下事情繁多, 而字數不多, 於是乎有借用之法。道有君子 小人, 德有吉凶。道德本意, 豈如是乎?

小人之病, 在掩惡詐善。然又有一種人獨處時, 不無爲善之意, 而對人不敢自立, 便閹然作同流合汙之態, 與閒居小人若異, 而卒同爲小人之歸。

　　同流合汙一段, 意思也、精細也、痛快, 此蓋俗情, 終是重於道義故也。

忿懥等四者, 是情也, 而註必曰"心之用", 何也?

　　心之用三字, 如曰"意者, 心之所發", 此釋經襯貼法, 所以緊綴"正心"之心字也。

"欲動情勝", 欲是情也。今以欲對情, 何也?

　　欲字, 古文有來歷。蓋本於『樂記』"性之欲"一語, 卽感物而動情之謂也。

理也、氣也、性也、心也等名義, 心思昏蔽, 訓詁繁互, 莫能摸捉。望得開示一條路, 使略知理是甚樣、氣是甚樣、性甚、心甚, 俾免入曲徑。

　　理也、性也, 無聲臭影響, 就其發露散殊處觀之, <u>孟子</u>亦見其惻隱而知有仁, 見其羞

惡而知有義。<u>孔子</u>亦是見兩儀、四象、八卦而知有太極。若不於此處著眼，則所謂
性、理，眞捕風繫影之不若矣。心與氣，患不反求耳，求之，豈有不知乎？

讀書，欲深究緊討則入穿鑿，涉躐大意則易放過。

先須平其心，易其氣，字字句句，反覆玩味，道本若大路然。自家心地，先不平鋪，
故誤入耳。

「답인문答人問」(『蘆沙集』卷16)

1) 서지사항

기정진(奇正鎭)이 지은 논설로서 저술 시기는 미상. 『노사집(蘆沙集)』 권16에 실려 있다. (한국문집총간 310)

2) 저자

기정진(奇正鎭, 1798~1879)으로 자는 대중(大中), 호는 노사(蘆沙)이다.

3) 내용

이 글은 세 가지 질문에 대해 기정진이 답하는 형식으로 되어있다. 먼저 리(理)의 근본은 하나이지만 이것이 기(氣)를 타고 변화하여 만리(萬理)가 생긴다는 것에 대해 어떻게 보아야 하는지 물었다. 즉, 기의 가지런하지 못함으로 인해 리 역시 기의 제한을 받게 되느냐의 물음이었다. 이 질문에 대해 기정진은 리의 원융(圓融)을 토대로 근원적 동일성의 원리로서 리와 현상계 다양성의 원리로서 리를 상호 매개하여 설명하였다. 이러한 대답에 대해 그렇다면 기를 타고 변화한다는 것은 폐지해야 되느냐고 물었다. 기정진은 첫 번째 질문의 연속선상에서 리의 의미를 다시 상기시킨다. 즉 유행의 측면에서 보면 하나의 사물이 있으면 하나의 리가 있고, 만 가지 상(象)이 있으면 만 가지 리가 있는 것처럼 리는 두루 통하는 것이라고 설명하였다. 마지막으로 이 세계의 모든 것들이 리에 근거하는데 사람의 일에서 어떻게 불선이 생겨나게 되는지를 물었다. 기정진은 이것은 리가 곧게 성취되지 못한 것일 뿐이라고 하여, 리는 다만 필연의 묘(妙)만 있을 뿐 능연의 힘은 있지 않기에 그렇다고 대답하였다. 하지만 필연의 묘가 있기 때문에 리 아님이 없는 것이며, 그 본연은 항상 있는 것이라고 말하였다. 「답인문(答人問)」에 나와 있는 세 가지 질문에 대한 대답은 '리일분수'에 대한 기정진의 일관된 입장을 재확인한 것이라 할 수 있다.

3-1-10 「答人問」第1(『蘆沙集』卷16)

有問曰: 蓋聞理本一, 因氣有不齊, 乘之變化, 始生萬理, 信乎?

曰: 子之言似矣。但未知所謂　者, 竟何如耳。竊嘗聞之, 理也者, 無盈縮、無先後。一理未爲寡, 萬理未爲多, 是之謂無盈縮, 不以有是物而存, 不以無是物而亡, 是之謂無先後。有見乎此, 則所謂一者, 可領會矣。人一也, 筋、骸、髮、膚, 各各具足而後, 方成一人; 木一也, 根、幹、枝、葉, 各各具足而後, 方成一木。彼形器者猶然, 矧居於無形, 而爲萬有之本領者乎? 故曰"冲漠無眹, 萬象森然已具", 及其生出萬象, 依舊成就一箇本相。故曰"萬物一太極", 妙矣乎?

3-1-11 「答人問」第2(『蘆沙集』卷16)

然則氣變化之說, 可廢乎?

曰: 否。若從源頭論, 一理之初, 萬有已足, 如種著土, 不得不生, 故萬有之氣, 由此而生。若就流行看, 有一物, 方有一理; 有萬象, 方有萬理。有若乘氣變化, 而旋旋生出。善觀者, 知其爲流行邊說話, 不執言迷旨則可矣。若迷厥旨以爲理本無準, 則東西南北, 惟氣之從, 是理不爲氣之主, 反聽命焉, 不亦左乎? 天下未有無種而生者, 理乎理乎, 其萬有之種子歟!

3-1-12 「答人問」第3(『蘆沙集』卷16)

萬有根於理, 既聞命矣。敢問人事之不善, 亦根於理而生乎?

曰: 善乎, 其問之也! 不善者, 善之不直遂者也。不善亦安有別根乎? 善之不直遂, 有或掩閉、激盪、震撼者矣。天物之以掩閉、激盪、震撼, 而夭閼者亦多矣。上天無心, 因其材而篤焉, 故此理無不直遂者。人事不然, 以一己之私, 增減天物, 於是理之不直遂者, 始多矣。仁不直遂, 而爲貪吝; 義不直遂, 而爲殘忍; 禮不直遂, 而爲諂佞; 知不直遂, 而爲邪譎。以其害於善, 而謂善之仇敵, 可也; 以其本於善, 而謂善之孼孫, 亦可也。是果外此理, 而別有根柢乎?

曰: 理本可直遂, 而有不直遂, 則聽命於氣固也。

曰: 此不知理之過也。理者, 種子也。但有必然之妙, 非有能然之力。以其有必然也, 故可直遂; 以其非有能然也, 故或不直遂, 莫非理也, 其本然則有在矣。惟聖人主於必然, 以致其能然, 而後本然者得矣, 是之謂繼天之所不能, 深哉!

「답경도答景道」(『蘆沙集』卷15)

1) 서지사항

기정진(奇正鎭)이 그의 삼종질 기홍연(奇弘淵:1828~1898)의 질의에 답한 서한. 『노사집(蘆沙集)』 권15에 실려 있다. (한국문집총간 310)

2) 저자

기정진(奇正鎭, 1798~1879)으로 자는 대중(大中), 호는 노사(蘆沙)이다.

3) 내용

기홍연의 호는 용산(龍山)이고, 경도(景道)는 자(字)이다. 기정진의 삼종질이자 문인으로, 과업에 종사하지 않고 학문연마에 전념하였다. 본 연구에서는 기정진이 기홍연에게 보낸 총 6통의 편지 가운데 4편을 선별했다. 『노사집』에는 「답경도」의 연대나 순서를 별도로 표기하지 않았으나, 본 연구에서는 『노사집』에 실린 순서에 따라 「답경도」1 (문집총간a310_354b), 「답경도」2 (a310_354c), 「답경도(答景道)」3 (a310_354d), 「답경도(答景道)」4 (a310_355c)로 표제어를 붙였다. 기정진은 먼저 심신(心神)안정의 중요성을 말하였다. 어떤 설을 세우는 것이 어려운 것이 아니라, 그 이전에 심신이 안정되지 않으면 제대로 된 설을 드러낼 수가 없고, 또 경솔하게 입론을 해서 자칫 어긋나기라도 하면 도리어 도를 어지럽게 되는 결과를 초래할 것이라고 경계하였다. 모든 것은 시간을 두고 천천히 성숙시켜야 하며, 마음의 장애도 갑자기 없어지는 것이 아니므로 조급히 여기지 말고 꾸준히 공부해 나아가야 한다고 하면서, 기홍연이 정진할 것을 격려하였다. 기정진은 기홍연의 질의들이 여러 항목이지만 대체로 리기를 둘로 보는 오류가 있음을 지적하였다. 천지만물은 모두 기(氣)라 하겠지만, 그렇다고 해서 리(理)가 별도로 물건처럼 따로 있는 것은 아니라, 그 기(氣)의 소이연(所以然)임을 강조한 것이다. 기정진에 의하면 선악이 모두 천리(天理)로서, 악이라 할지라도 성(性)이라 하지 않을 수 없다. 악을 기의 탓으로 돌리는 것은 악 역시 천리로부터 오는 것임을 몰라서가 아니라, 악은 천리의 본연(本然)이 아니기 때문에 그것이 악이 된다. 그는 가령 '물이 이마를 넘어 산에까지 치고 올라간다'고 해도 이 역시 리 밖의 일이 아니지만, 이 경우 이치가 본래 그러한 것이라 할 수는 없다고 설명하였다.

3-1-13 「答景道」1(『蘆沙集』卷15)

三弟病云者, 向者輪證, 抑別祟, 可鬱。此處憂故, 豈可以旬日言其進退也? 知開『大學』
疑不能讀, 此是入佳境消息, 不疑, 何由進步也? 掘泥水多後, 自當有清泉迸出矣。理氣
之說, 是子貢所謂性與天道, 豈有卒乍可聞之理乎? 姑就先賢所已說底本子, 反覆參驗
於吾心, 若有一條路可通, 便是商量路脈也。今者雖欲奉答, 或恐言辭未瑩, 反生病痛。
設或說得是, 未必信得及, 姑更思惟以竢面話如何? 或可以朱子所解「太極圖說」參看
耶? 思量爲之。

3-1-14 「答景道」2(『蘆沙集』卷15)

見書夜來一安, 爲慰。況不得不措之意, 滿在紙面, 尤非嘉悅者耶? 第立說非難, 而有難輕易下手者, 一則心神不能寧息, 必不能有所發明; 一則道理說得易差, 恐徒歸亂道也。大抵五穀百物, 無昨日生今日成之理, 必優游漸漬, 積以日月而後, 乃可望其成熟, 姑勿生躁意, 試自平易處遊心, 時時觀習之。蓋心中有礙, 此是用工處, 不必以都無礙爲急也。

3-1-15「答景道」3(『蘆沙集』卷15)

手字奉筵無疾恙, 爲慰爲慰。『禮』曰"居喪廢業", 朱子以業字爲簾業之業, 蓋朱子之意以爲誦讀之業, 不可廢云爾。高聲大讀固未安, 而披閱默念, 何不可之有? 設燭恐無不可, 尚幽之說過矣。叔如前土木, 杳無就畢之期, 而風色如此。奈何?

3-1-16 「答景道」4(『蘆沙集』卷15)

掩竁事已過, 凡節似稍安靜可慰, 吾則待盡而已。所問可見用心之詳密, 其有窒礙何妨
也? 蓋先窒後通, 始眞通透, 無窒而遽通, 則恐其通非眞也。所論雖多項, 大抵看理氣
爲兩頭之病, 是以互爲強弱勝負, 宜其多窒也。今姑除却一理字, 但看一氣字, 先天地
後天地, 若大若小, 都是氣也, 何處有一塊物別稱理耶? 須知此不過其然, 必有所以然,
是之謂理。然則善惡雖不同, 豈有無所以然而然者耶? 此之謂善惡皆天理, 惡亦不可不
謂之性。雖然就其中深探而究言之, 則善者其本然也。惡之歸咎於氣, 非不知惡亦自天
理來, 而其語意如曰非其本然, 非欲以流放竄殛之典加於氣。造化本自如是, 何呼寃之
有? 此處細入思量, 自當有一條路可通, 豈俟黑窣窣者強費辭說耶? 水之過顙在山, 亦
非理外之事, 則氣之聽命於理信矣, 而謂是本然則不可, 故氣執其咎。

第一節因氣而生, 第二節草木倒生。

右兩節是一意, 從古說理氣者, 其言大槩如此。語非不是, 而只說得如此, 便已微
有理氣兩頭之病, 一差則駸駸入於近世學問氣奪理位。要知理氣一體, 氣之不齊,
亦理之使然, 天下寧有理外之氣也?

第三節氣生於理, 第四節惡之所由生, 第五節歸咎於氣。

右三段, 與曩時所言淺見大同, 別無可言。然而第五節爲古人言語分疎, 稍涉牽強,
見自家之猶不能自信意味。

末段物性之偏云云。

偏全一事也, 一名爲理, 更無多寡增減, 故曰物我同春, 故鳶飛魚躍, 爲君子之道。
陰陽五行, 男女萬物之圈, 箇箇圓滿, 無一尖斜欹側。然則緣何而有偏全之說? 曰
偏全本非自上順下來底說話, 自形迹之可見者分而言之, 又逆推進一步而名其本
體耳。雖然, 逆推旣有此名, 則豈可曰在天? 原無此分。原無此分, 則人與物何處
得來, 而有此偏全? 此處難看, 亦難言。蓋物則滯一而不化, 一物容處, 佗物不得容
焉。理則圓通, 故萬理卽一理之所涵, 一理卽萬理之實體。若一而闕萬, 萬而妨一,

則是死太極, 非活太極。是故原有之分, 是理之本面如此。非此圈之外, 別有佗圈
而然也, 小間隨形器而結裹, 則又只是此物事無半分增減。故朱子論物性之偏, 有
曰謂之全亦可, 謂之偏亦可。朱子此句語, 若自今人口中出, 則聽之者必大笑以爲
糢糊熟鹿皮, 此坐自家無見理眼目耳。有眼目者見之, 必以爲八字打開, 更無餘蘊
矣。然則雖曰天所賦然, 而何害於萬物一原? 雖曰物所受然, 而豈可曰失其本然
乎? 惟信得及者信之, 非可強人人使從己也。

理無不全之理, 而自物之膺受此理而言, 則不能皆全。故朱子之論, 果有似左右珮
劍者, 此我東湖、洛說所本也。程子曰: "人則能推, 物不能推。" 只此一語, 是理全
而物不得全之苗脈也。看來看去, 久後有歸宿, 倉卒之見, 非實見也。

卦爻雖多, 皆太極之蘊, 孔隙杓椀, 謂非本然則不可。但理之爲言, 譬若人蔘白朮,
以其性味而名, 非兼斤兩輕重而言, 此亦不可不知也。

形氣氣質

　　形氣之爲言也, 麤淺; 氣質之爲言也, 精細。

精神是心。

　　血之靈曰精, 氣之靈曰神, 卽心之地盤也。其中有該載衆理, 方謂之心。

心本善

　　良知良能, 本善可知。

性則有五, 而情則有七。

　　性是四而非五也, 一生兩、兩生四故四, 此是從根本說話。情之七, 是從外面歷數,
　　偶然滿五加二, 未說到根本處。

事天著所以字, 養性不著所以字。

　　性無著手處, 故存其心卽所以養其性也。語勢方湊急於事天句, 若著所以等字則不
　　成文理。

太極有動靜、無動靜。

　　動靜, 氣也; 而使之動靜者, 太極也。知者, 雖曰太極有動靜, 可; 不知者, 雖曰太極
　　無動靜, 何益矣?

物性同異

　　物物不同性, 又同性, 此處正好看。

五行或以相對言, 或以相生言。

　　五行之相對、相生, 此所謂錯綜而不失其端緒, 以淺心豈可卒然領會乎?

祔祭參祖考, 而不參祔位。

　　三年常侍, 故無參於祔位。

俗待妻, 以卑幼而不相拜。

　　妻是敵體, 不可以卑幼論, 行禮時當拜無疑。

祧埋時并櫝埋之, 用灰隔否。

　　櫝是開闔之物, 埋安無開闔之義, 用櫝恐無義。木匣甚當, 灰隔似過禮。

性字

　　性字從生, 性理便是生理。百藥皆枯槁之物, 而吞之便能補瀉。

理字、中字

　　過與不及, 亦理所必有, 理字從頭至尾都該了。中字執兩端最精處。

3-1-17

「이통설理通說」(『蘆沙集』卷16)

해제

1) 서지사항

기정진(奇正鎭)이 1853년 지은 논설.『노사집(蘆沙集)』권16에 실려 있다. (한국문집총간 310)

2) 저자

기정진(奇正鎭, 1798~1879)으로 자는 대중(大中), 호는 노사(蘆沙)이다.

3) 내용

이 글은 기정진의 도우였던 권신원이 이이가 말한 '리통기국(理通氣局)'의 '리통(理通)'을 기통(氣通)으로 잘못 이해하고 있다는 비판이다. 기정진은 리는 기가 있으면 함께 있고, 기가 없어지면 함께 없어지는 것에 불과하니 그렇다면 기가 변화하면 리도 또한 기와 더불어 변화하는 것이니, 이는 곧 기통을 말한 것이라 비판하였다. 곧이어 사물에는 동정(動靜)과 다과(多寡), 그리고 생사(生死)가 있지만 리에는 동정과 다과, 그리고 생사가 없다고 하여, 동정과 다과 생사가 있는 것을 '국(局)'으로, 동정과 다과, 그리고 생사가 있는 것을 '통(通)'으로 이해하여 리통기국을 설명하였다. 그리고 통이 가지고 있는 의미를 묘(妙)와 연결시키는데, 리의 묘는 간격이 없기에 동(動)한 가운데 정(靜)이 있고, 정한 가운데 동이 있으니 이것이 통하는 것이고, 리의 묘는 피차(彼此)가 없기에 일(一)에서 떠나지 않으면서 만(萬)이 갖추어져 있고, 만에서 떠나지 않으면서 동시에 일이 있으니, 이것이 다과가 통하는 것이며, 리의 묘는 선후가 없기에 처음에서 떠나지 않으면서도 끝이 정해져 있고, 또한 끝을 떠나지 않으면서 처음이 완정(完定)한 것으로 이것이 생사가 통하는 것이라고 설명하였다. '리통'에 대한 입장은 기정진의 성리설에서 일관되게 유지하는 리와 분(分)의 근원적 동일성을 강조한 것이라 할 수 있다.

142   1. 蘆沙 奇正鎭 心說論爭 資料

3-1-17 「理通說」(『蘆沙集』卷16)

"理通局", 先賢蓋有此語, 而吾友信元論理之說, 理通二字, 終始頭戴, 可謂篤信先賢矣。但恐信元之所謂通, 非先賢所言理通之本旨耳。請陳膚淺之見, 以竢明者之或有時而裁擇焉。大抵物有動靜, 而理無動靜; 物有多寡, 而理無多寡; 物有生死, 而理無生死。有動靜、有多寡、有生死者, 謂之局; 無動靜、無多寡、無生死者, 謂之通。泛論若此時, 信元之見, 恐亦無以大異於我也。但未知諸般無字, 特言無其事耶? 抑曰無其妙耶? 若以無其事而遂曰無其妙, 則天下豈有無源之委、無根之支、無體之用也? 然則森羅萬象, 依舊是有, 烏在其理之通也? 嗚呼! 吾所謂眞理通, 乃在此處, 非若信元之所謂通也。動者, 靜之反也, 理之妙無閒隔, 不離乎動, 而所謂靜者蘊焉; 不離乎靜, 而所謂動者藏焉, 非如物之動靜各一其時, 此動靜通也。多者, 寡之對也, 理之妙無彼此, 不離乎一, 而所謂萬者具焉; 不離乎萬, 而所謂一者在焉, 非如物之多寡各一其形, 此多寡通也。死者, 生之變也, 理之妙無先後, 不離乎始, 而所謂終者定焉; 不離乎終, 而所謂始者完焉, 非如物之生死各一其情, 此生死通也。相反者若是, 相因者又可知矣。若是, 故謂之通, 通故謂之妙, 妙故謂之理。此乃上天之載, 本然之體, 不以人力有加損, 歲月有盈縮。故萬化由此而生, 不舍晝夜, 雖無閒之微, 莫非全體者也。信元之爲理通, 異於此矣。其爲說曰: "單言理, 則有一理無萬理。故萬物之理, 皆非本然完具, 必以氣加味添材, 所謂理者, 乘之變化, 然後方成萬理。一物生生, 則一理方始生生; 一物消滅, 則一理隨以消滅。" 信如信元之言, 則動靜相猜, 萬一相妬, 生死相仇, 其不通甚矣。特以"其能乘氣變化, 圓通不拘而謂之通", 其頭腦之醜差, 舌弊而不見聽, 置之勿復道。姑以事勢語脈言之, 本體之不通若是, 何以能圓通於發用? 藉使圓通, 未足以償其上一半之不圓不通, 概而命之曰理通, 未爲名實相稱也。況理既無本然不可易之妙, 不過氣存與存, 氣亡與亡, 則所謂變化者, 乃氣變化而理亦與之變化, 所謂圓通者, 乃氣圓通而理亦與之圓通, 是乃氣通也, 非理通也。奪通歸理, 以局命氣, 爲氣者不亦冤乎? 先賢之意, 決知其不如信元之言也。信元嘗有詩曰: "理通一語精, 能醒千古醉。" 其意思豈不偉然而不幸知見誤入, 將使先賢一句語, 反醉一權信元, 嗚呼, 惜哉!

2.

松菴 愼在哲
(1803~1873)

心說論爭 資料

「서가장호락원위후書家藏湖洛源委後」(『松菴遺稿』卷10)

해제

1) 서지사항

신재철이 호락논쟁의 핵심쟁점인 심과 기질의 분변, 인성과 물성의 동이(同異), 명덕의 분수 문제에 관해 낙론의 입장에서 호론을 비판하고 있다. 『송암유고(松菴遺稿)』 권10에 실려 있다.

2) 저자

신재철(愼在哲, 1803~1873)이다.

3) 내용

이 글에서는 율곡 이이로부터 도암 이재로 이어진 낙학이 정론이라고 규정하고, 남당 한원진으로 대표되는 호학의 주장은 이에 배치되어 그르다고 비판한다. 그 구체적인 비판 내용은 호락논쟁의 세 가지 주요 쟁점인 심과 기질의 분변, 인성과 물성의 동이, 명덕(또는 허령)의 분수에 관한 것이다. 신재철에 따르면 호학은 심이 기질이며 선악의 차등이 있다고 보는데, 이는 정자의 '심본선(心本善)'의 설로 반박될 수 있다. 또한 호학에서 사람과 사물의 본연지성에 편전의 차이가 있다고 보는 것은 천명지성·본연지성에 해당하지 않으며, 이는 기질지성을 본연지성으로 여기는 것이다. 또한 허령에 분수의 차등이 있다는 호학이 주장은 허령이 곧 심의 본체라는 주자의 설명에 배치되는 것이다. 요컨대, 세 가지 문제 모두에 있어서 호학이 그르고 낙학이 옳다는 점이 명백하다는 것이다.

3-2-1 「書家藏湖洛源委後」(『松菴遺稿』卷10)

夫心理氣之說, 其來遠矣。孟子曰"性善", 而荀卿以"性惡, 其善者僞"之說反之; 程子曰 "性即理", 而象山以"心即理"之論違之;『語類』曰"良知便是明德", 而陽明以"良知即天 理"之語背之, 互相岐貳, 歪斜訛謬, 而害正悖義者, 不勝其多。洛、閩以還, 吾東性理之 明, 未有如石潭翁, 而寒泉先生纘承石潭之緒業, 默契性命之本源, 發揮理氣之名論, 所 以闡明程、朱之訓說, 而洵是不易之論也。苟與陸、王之訛誤邪遁者, 庶幾撥其亂而反 于正矣夫! 何南塘之所見誤入, 乃曰"心即氣質, 心之本體有善惡", 又曰"天命之性, 人 物不同, 而本然之性, 偏全有異", 又曰"明德非心之全體, 氣不齊而有分數"云? 其果不 知有程、朱之正論, 而如是爲說耶? 或雖知之而所見有異耶? 程子既曰"心本善", 則是 本然之體, 不雜於駁濁, 安有善惡之混也? 其有善惡者, 氣質之心也。湖論認心爲氣質, 故謂有善惡, 是不知心之本體也。朱子既以天命之性, 兼人物而言, 則是本然之性, 萬 物之一原也。安有人物不同, 而又有偏全之異也? 其有偏全者, 氣質之性也。湖論以氣 質之性爲本然, 故謂有偏全, 是不知本然之性也。『語類』釋明德曰"虛靈自是心之本體", 是本體之明, 不囿於氣稟也。安有分數也? 湖論不究虛靈不昧之體, 故爲淸虛靈、濁虛 靈有分數之說。苟有分數, 則如何而爲止於至善, 如何而爲不止於至善耶? 自謂明朱子 之說, 而其爲說者, 反爲誣逼, 則此所謂"以夫子之道, 害夫子"者也。只以爭心勝氣, 堅 壁立幟, 假仁義而欲主盟。洛中正論, 克遵朱子安社稷、捍邊境之遺訓, 嚴詞鋒而攻之, 終未見降幡之竪, 以成未決之案, 可勝惜哉! 此說之得失是非, 既有程、朱明論, 則不待 辨說, 而自可歸正, 而各守其說, 各有成書, 終無歸一之道, 則當俟後世之朱夫子而已矣。 余以晚生末學, 識見寡昧, 何敢擬議於其間哉? 但恨屈左徒無長年度世之術, 不能見其 是非結末矣。妄陳瞽說, 以寓感慨之意焉。後學娥林愼在哲謹書。

3-2-1 「서가장호락원위후書家藏湖洛源委後」(『松菴遺稿』卷10)

선역

심·성(心性)과 리·기(理氣)의 학설은 그 유래가 오래되었다. 맹자가 "성은 선하다"고 말씀하니 순경은 "성은 악하니, 그 선한 것은 인위(人爲)이다"라는 설로 반대하였고, 정자가 "성은 곧 리이다"라고 말씀하니 육상산은 "심은 곧 리이다"라는 주장으로 그것을 거슬렀고, 『주자어류』에서 "양지(良知)는 곧 명덕이다"라고 말씀하니 왕양명은 "양지는 곧 천리이다"라는 말로 그에 반대하였다. 서로 의견이 일치하지 않아 갈라지고, 왜곡하여 잘못되어 바름을 해치고 옳음을 어지럽히는 자가 이루 말할 수 없이 많다. 정자와 주자 이래로 우리 동방에서 성리를 밝힌 것은 율곡(栗谷) 선생만한 이가 없었고, 도암(陶菴) 선생은 율곡이 시작해 놓은 일을 계승하여 성명의 본원에 묵묵히 합치하고 이기의 이론을 발휘하였다. 그래서 정자와 주자가 가르친 설을 분명히 드러내어 밝히셨으니, 진실로 바꿀 수 없는 의론이다. 이로써 순경과 육상산, 왕양명의 그릇됨과 사특함은 거의 그 어지러움을 제거하여 바름으로 되돌아가게 되었다. 그런데 어찌하여 남당은 견해가 그릇된 데로 빠져서, "심은 곧 기질이니 심의 본체에는 선악이 있다"고 말하고, 또 "천명지성은 사람과 사물이 다르니 본연지성에는 치우침과 온전함의 차이가 있다"고 말하고, 또 "명덕은 심의 전체가 아니니, 기가 고르지 않아서 차등이 있다"고 말하는 것인가? 그는 정말로 정자와 주자의 올바른 의론이 있음을 알지 못하여 이렇게 주장한 것인가? 혹은 비록 그것을 알았더라도 견해에 차이가 있었던 것인가? 정자가 이미 "심은 본래 선하다"고 말씀했으니, 이는 본연의 체는 잡되고 흐린 것에 섞이지 않는다는 것인데, 어찌 선악의 섞임이 있겠는가? 그 선악이 있는 것은 기질지심이다. 호론(湖論)은 심을 기질로 여기므로 선악이 있다고 말하는데, 이는 심의 본체를 모르는 것이다. 주자가 이미 천명지성으로 사람과 사물을 겸하여 말씀했으니, 이는 본연지성은 만물의 동일한 근원이라는 것인데, 어찌 사람과 사물이 다르고 또 치우침과 온전함의 차이가 있겠는가? 그 치우침과 온전함이 있는 것은 기질지성이다. 호론은 기질지성을 본연지성으로 여기므로 치우침과 온전함이 있다고 말하니, 이는 본연지성을 모르는 것이다. 『주자어류』에서 명덕을 해석하여 "허령은 본래 심의 본체이다"라고 하였으니, 이는 본체의 밝음은 기품에 얽매이지 않는다는 것인데, 어찌 차등이 있겠는가? 호론은 허령불매한 본체를 궁구하지 않기 때문에 맑은 허령과 탁한 허령의 차등이 있다는 설을 주장하게 되었다. 진실로 차등이 있다면 어떻게 지극한 선에 그칠 수 있고, 어떻게 지극한 선에 그치지 않을 수 있는 것인가? 스스로는 주자의 설을 밝힌다고 말하지만, 그 설을 주장하는 것은 도리어 속이고 핍박하는 것이 되니, 이것이 바로 '부자(夫子)의 도(道)로 부자를 해치는 것'이다. 단지 다투려는 마음과 이기려는 기운을 가지고 성벽을 굳게 지키듯 자기주장을 고수하여, 인의를 빌려 맹주가 되고 싶어 하는 것이다. 낙론(洛論)의 올바른 이론은 '사직을 편안히 하고 변방을 방어한다'는 주자의 유훈을 능히 따를 수 있는 것인데, 모진 붓끝으로 공격하여 끝내 항복의 깃발을 세우는 것을 볼 수 없어서 해결되지 않는 문제가 되었으니, 매우 애석하도다! 이 설의 득실과 시비에 관해서는 이미 정자와 주자의 분명한 의론이 있으니, 그렇다면 변설할 필요도 없이 저절로 올바름으로 귀결되는 것이다. 그런데 각자 그 주장을 고수하고 각자 글을 지어서, 끝내 하나로 귀결되는 길이 없으니, 그렇다면 마땅히 후세의 주자를 기다려야 할 뿐이다. 나는 늦게 태어난 후학으로서 식견이 얕고 어두우니, 어찌 감히 그 사이에서 의논하고 따질 수 있겠는가? 다만 굴원이 장년에 세상을 구제하는 기술이 없어서, 그 옳고 그름의 결말을 볼 수 없었음이 한스럽다. 그리하여 함부로 어리석은 말들을 늘어놓아 마음속에 사무치는 뜻을 거기에 실어보았다. 후학 아림 신재철이 삼가 쓰다.

夫心性理氣之說, 其來遠矣。孟子曰"性善", 而荀卿以"性惡, 其善者僞"之說反之; 程子曰"性卽理", 而象山以"心卽理"之論違之;『語類』曰"良知便是明德", 而陽明以"良知卽天理"之語背之, 互相岐貳, 歪斜訛謬, 而害正悖義者, 不勝其多。洛, 閩以還, 吾東性理之明, 未有如石潭翁, 而寒泉先生纘承石潭之緒業, 默契性命之本源, 發揮理氣之名論, 所以闡明程, 朱之訓說, 而洵是不易之論也。荀與陸, 王之訛誤邪遁者, 庶幾撥其亂而反于正矣夫! 何南塘之所見誤入, 乃曰"心卽氣質, 心之本體有善惡", 又曰"天命之性, 人物不同, 而本然之性, 偏全有異", 又曰"明德非心之全體, 氣不齊而有分數"云? 其果不知有程, 朱之正論, 而如是爲說耶? 或雖知之而所見有異耶? 程子旣曰"心本善", 則是本然之體, 不雜於駁濁, 安有善惡之混也? 其有善惡者, 氣質之心也。湖論認心爲氣質, 故謂有善惡, 是不知心之本體也。朱子旣以天命之性, 兼人物而言, 則是本然之性, 萬物之一原也。安有人物不同, 而又有偏全之異也? 其有偏全者, 氣質之性也。湖論以氣質之性爲本然, 故謂有偏全, 是不知本然之性也。『語類』釋明德曰"虛靈自是心之本體", 是本體之明, 不囿於氣稟也。安有分數也? 湖論不究虛靈不昧之體, 故爲淸虛靈, 濁虛靈有分數之說。荀有分數, 則如何而爲止於至善, 如何而爲不止於至善耶? 自謂明朱子之說, 而其爲說者, 反爲誣逼, 則此所謂"以夫子之道, 害夫子"者也。只以爭心勝氣, 堅壁立幟, 假仁義而欲主盟。洛中正論, 克遵朱子安社稷, 捍邊境之遺訓, 嚴詞鋒而攻之, 終未見降幡之堅, 以成未決之案, 可勝惜哉! 此說之得失是非, 旣有程, 朱明論, 則不待辨說, 而自可歸正, 而各守其說, 各有成書, 終無歸一之道, 則當俟後世之朱夫子而已矣。余以晩生末學, 識見寡昧, 何敢擬議於其間哉? 但恨屈左徒無長年度世之術, 不能見其是非結末矣。妄陳瞀說, 以寓感慨之意焉。後學娥林愼在哲謹書。

3.

橘隱 金㴑
(1814~1884)

心說論爭 資料

「명극성설名克性說」(『橘隱齋遺稿』卷3)

해제

1) 서지사항

김류가 배극성(裵克性)이라는 인물에게 '극성(克性)'이라는 이름을 지어주게 된 경위를 설명한 글이다. 『귤은재유고(橘隱齋遺稿)』 권3에 실려 있다.

2) 저자

김류(金瀏, 1814~1884)로, 자는 사량(士亮), 호는 귤은재(橘隱齋)이다.

3) 내용

이 글에서 김류는 배극성이라는 사람에게 '극성(克性)'이라는 이름을 지어준 경위를 설명한다. 이에 질문자는 만인이 동일하게 품부 받은 천리(天理)인 성(性)에 관해 '이긴다[克]'는 표현이 부적절한 것 같다고 묻는데, 김류가 이에 대답하는 과정에서 본연지성과 기질지성, 그리고 수양에 관한 그의 관점이 나타난다. 김류는 '극성'의 성(性)은 본연지성이 아니라 기질지성이라고 대답하지만, 그렇다고 해서 이 기질지성과 천명지성이 따로 있는 것도 아니라고 말한다. 이에 질문자는 다시, 그렇다면 결국 천명지성은 그 자체로 실질적인 의미를 가지지는 않는 게 아니냐고 질문한다. 이에 대해 김류는 성(性)은 본래적으로 하나의 근본이 되는 리(理)로서, 자기 자신에게서 괴리되지 않으므로, 올바름을 실현하면 그것이 곧 천명지성이며, 기질의 변화를 통해서 반드시 완성에 다다를 수 있다고 답한다.

3-3-1 「名克性說」(『橘隱齋遺稿』卷3)

裴克, 鄙黨也。年才成童, 略通『史記』、『語』、『孟』, 將有成就之望, 而稟性峭直, 不能含容。將冠請名于余, 余名之曰克(成)[性][1], 字之曰敬韋, 蓋欲使顧名思義, 不敢違越者也。有難之者曰: 性者, 人所稟之天理, 而與堯、舜同然者也。若曰率其性, 則可矣; 克其性, 則不幾於杞柳桮棬之說, 而爲矯揉戕賊者乎?

曰: 不然。子之言率其性, 是子思天命之性之謂也; 吾之言克其性, 卽張子氣質之性之謂也。人之氣質, 千百不同, 故性之所稟, 千百相殊。若夫"夷之淸、惠之和", "師也辟, 由也喭", 莫非氣稟之所使然, 而吾所謂克, 卽顏子"克己"之克, 非若告子"矯揉、戕賊"之意也。

曰: 人之形質, 旣皆略同, 而性之偏正, 若是不齊, 何也?

曰: 五行之稟, 不能相齊, 一重一輕, 此強彼弱, 故隨事感發, 不能無過不及之病矣。

曰: 人旣有氣質之性, 則天命之性, 將何止宿乎?

曰: 性, 理而已。纔說性時, 便屬於人。旣屬於人, 則便止於氣質中。若無氣質, 此理沒安頓處, 譬猶水之不離於土, 火之不離於木也。

曰: 天命之性, 旣不離於氣質, 則此非別爲一物懸空也, 復何直指而名之耶?

曰: 性者, 一本之理, 初無彼此之間界, 而出於中正者, 此之謂天命之性也; 出於偏倚者, 彼之謂氣質之性也。人能大段用力, 克去氣質之偏, 則畢竟變化, 直到天性之界矣。

曰: 然則克之之道, 當如何?

曰: 此在我而已矣。苟能克誠克敬, 終始惟一, 而"日三省吾身"。

曰: 好勇乎? 好直乎?

勇而無禮, 則傷勇; 直而不溫, 則傷直。

又曰: 好柔乎? 好逸乎?

柔而不斷, 則不立; 逸而不勞, 則不成。其必勇往直前, 着力不已, 然後前日之習, 渙然冰釋, 今日之爲, 怡然理順, 而凡吾所以爲性者, 純乎天性矣。雖然, 非誠曷克, 非敬曷存? 惟誠惟敬, 入德之門也。余嘗病己性之懦弱, 而亦患子性之偏急, 故設爲問答如右, 以表眷眷之意, 兼以自警焉。

---

1) (成)[性]: 저본에 '成'으로 되어 있으나, 문맥을 살펴 '性'으로 수정하였다.

「태극권설太極圈說」(『橘隱齋遺稿』卷3)

1) 서지사항

김류가 「태극도설」에서 각 권역을 구별한 취지에 대해 설명한 글.『귤은재유고(橘隱齋遺稿)』권3
에 실려 있다.

2) 저자

김류(金瀏, 1814~1884)로, 자는 사량(士亮), 호는 귤은재(橘隱齋)이다.

3) 내용

이 글에서 질문자는 「태극도설」에서 각 단계별로 권역을 구분한 것이 무형[無極]이라는 태극의
특징에 부합하지 않는 것 같다고 질문한다. 이에 김류는 태극의 본래적 의미에 위배되지 않는 방식
으로 「태극도설」에서 권역을 구분한 취지를 설명하고 있다. 태극은 천지와 만물을 아우르는 모든
존재와 운동의 근원이므로 모든 것이 태극의 한 권역에 포괄된다고 할 수도 있다. 다만 그 가운데
서도 시초가 되는 것을 태극의 권역으로, 음양이 생성되는 것을 그 다음의 권역으로, 오행이 생성
되어 각각의 특질을 얻는 것을 그 다음의 권역으로 구분하여 설명하였을 뿐이라는 것이다. 그리고
이러한 취지를 「태극도설」에 실린 "태극이 움직임에 양을 낳고, 고요함에 음을 낳는다", "양이 변
하고 음이 합하여 수·화·목·금·토를 낳는다", "오행이 하나의 음양이고, 음양이 하나의 태극이
고, 태극은 본래 무극이다"라는 말을 인용하면서 정리하고 있다.

3-3-2 「太極圈說」(『橘隱齋遺稿』卷3)

客問 太極無甚形狀, 而特印圈子爲圖, 何也? 無乃此翁實見得太極之體, 而模之爲圈
歟? 抑以意想推測而爲之圈歟? 太極之體, 果如圈子, 則是爲一箇圓樣之物, 而必有形
影可見也。

曰: 夫太極者, 二氣之本源, 萬理之總會, 此非膚淺之見所可議到, 而竊以所聞者參之。
太極是本然之理, 理本無形。無形, 則不可以圓不圓論之, 而旣曰理焉, 旣曰極焉, 則道
理圓滿, 無虧欠處。川月之譬, 水銀之諭, 亦豈無實見而言之耶? 始雖以意想推測, 而
意想之眞切處, 便是實見也。

客曰: 然則實見之所以見, 子能明言歟?

曰: 此乃大道理緫轂處也, 余何敢容喙? 而以聾瞽之見臆度之, 則太極之理圓, 故天地
之體圓; 天地之體圓, 故萬理之形圓。在天則日月之輪, 星辰之象, 在在皆圓; 在地則草
木之果, 魚鳥之卵, 箇箇亦圓, 此皆本於太極而各(俱)[具]²⁾一極者也。且夫四時之循環,
五行之迭運, 亦一圈子之圓, 圓而後能變, 變而後成物。及其成物也, 方圓曲直, 巨細長
短, 無不各自爲形而具理, 則已(俱)[具]³⁾於太極一圈中。就其圖而考之, 其挑出在上者,
是之謂太極之圈, 生於太極而陰陽合爲一圈, 生於陰陽而五行各一其圈。故曰"太極動
而生陽, 靜而生陰", 又曰"陽變陰合而生水火木金土", 又曰"五行一陰陽也, 陰陽一太
極也, 太極本無極也"。竊惟周先生實見處, 其在斯歟! 其在斯歟!

客曰: 理亦是否? 請質于無極翁。

---

2) (俱)[具]: 저본에 '俱'로 되어 있으나, 문맥을 살펴 '具'로 수정하였다.

3) (俱)[具]: 저본에 '俱'로 되어 있으나, 문맥을 살펴 '具'로 수정하였다.

4.

石田耕人 李最善

(1825~1883)

心說論爭 資料

「독외필讀猥筆」(『石田集』卷2)

1) 서지사항

「외필」에 대한 이최선의 논평문.『석전집(石田集)』권2에 실려 있다.

2) 저자

이최선(李最善, 1825~1883)으로, 자는 낙유(樂裕), 호는 석전(石田)이다.

3) 내용

이 글은 이최선이 스승인 노사 기정진(奇正鎭, 1798~1879)의 「외필(猥筆)」을 읽고, 스승의 의론에 큰 감명을 받고 쓴 논평문이다. 이최선은 15세의 어린나이에 노사의 문하에 들어가 오롯이 노사의 학문과 예법을 탐구하고 종사한 직전 문인이다. 그러나 노사의 성리학적 족적이 깊고 큰데 비해 그의 문집인 「석전집」에서 성리설을 직접 논의한 부분은 「독외필」이 유일하다. 이최선은 「독외필」에서 노사가 「외필」을 지은 이유를 밝혔다. 즉 "율곡선생은 우연히 '기자이비유사지(機自爾非有使之)'라고 말했는데, 돌고 돌아 권신원(權信元)에 이르러서 곧바로 리(理)를 기(氣)로 인식했다. 그러므로 노사 선생은 특별히 「외필」을 써서, 주자가 말한 '동정이란 태극이 타는 기틀이다'라는 말을 풀이해서 주인과 하인, 선과 후의 구분을 밝히신 것이다."라고 하였다. 이는 「외필」을 대상으로 기호학계의 논쟁이 본격화되기 이전에 이최선이 「독외필」을 통해 「외필」에 대한 의문점을 제기하고 이에 대한 변론을 스스로 정리하였다는 데 큰 의미가 있다. 이최선은 「독외필」에서 "도는 본래 사람을 넓히지 못하지만, 도 자체에 넓히는 묘용이 있기 때문에 사람이 넓힐 수 있다. 도에 그 묘용이 없다면, 사람이 무엇으로부터 도를 넓히겠는가"라고 하여 노사의 '리에는 그렇게 할 수 있는 힘은 없지만, 반드시 그렇게 되는 묘용이 있다(理無能然之力而有必然之妙)'라는 말을 강조하고, 이는 "명백하고 적확하여 넘겨져도 깨지지 않을 말이며, 실제로 이전의 누구도 미처 말하지 못한 것을 말한 것이니, 성문(聖門)에 큰 공적이 있다."고 귀결하였다. 「독외필」의 주요 내용은 '기자이비유사지(機自爾非有使之)'와 '주리주기(主理主氣)'를 중심으로 구성되었으며, 이를 통해 율곡과 노사의 이론을 수호하고 있다. 이최선이 「독외필」을 쓴 이유는 스승 노사의 주리설을 옹호하기 위함이었으나, 그와 동시에 이 저술은 그의 성리학적 견해가 어느 정도의 수준에 올랐음을 반증하기도 한다. 한편 그는 삼정(三政)의 문란을 바로잡아야 한다는 상소문을 올렸으며, 병인양요 때는 의병을 모아 구국의 열망을 몸소 실천하였는데, 이러한 일련의 행적을 통해 보면 그가 노사의 성리학 체계를 계승한 바탕위에서 주리의 관점을 현실에 적용하였음을 알 수 있다.

3-4-1 「讀猥筆」(『石田集』卷2)

孔子: "人能弘道, 非道弘人。" 張子曰: "心能盡性, 性不知檢其心。" 後之儒者, 驟看皮面, 以此爲"機自爾, 非有使之"之證。然道固非弘人, 而道自有弘之之妙, 故人能弘之。道無其妙, 人何自而弘之? 朱子曰: "主宰常定者, 心也; 發出不同者, 性也。" 所謂弘道者, 只是以主宰常定之本體妙用, 檢其發出不同者而擴充之, 極其盛, 則至於參天地贊化育, 是豈此心所乘之機之能自爾乎? 蓋道體無爲, 所謂無者, 無其能然之力耳, 其必然之妙, 則乃其固有者也。如恭己正南面無爲, 而九官十二牧, 典禮典樂, 掌兵掌糧, 各隨其職, 而禮樂征伐, 自天子出, 早已命之之由也。此所以爲至尊之實, 而萬物之主焉。故曰"太極生兩儀", 曰"乾道變化, 各正性命", 曰"太極動而生陽, 靜而生陰"。聖哲之千言萬語, 皆以理爲主, 而至於鳶飛魚躍, 逝者如斯, 直曰"理之用", 曰"此道體也", 而未嘗以氣言之也。後世禪家與陸氏, 俱有認氣爲理之弊, 故朱子解「太極圖說」動靜註, 著"所乘之機"四字, 明道器上下之分矣。栗谷先生偶發"機自爾, 非有使之"之語, 而轉轉至權信元, 一直認理作氣。故蘆翁特著「猥筆」, 解朱子"動靜者所乘之機", 以明主僕先後之分。於是乎從上聖賢主理之眞詮, 始明於世矣。夫栗谷之所解, 解所乘無爲而機有爲也。故「答牛溪」書, 有此"機自爾"之說, 而以"人能弘道"斷之曰"若非氣發理乘一途, 而理亦別有作用, 則不可謂理無爲也"。如此則氣專用事, 而似有可疑。然就考全篇, 則一節若理爲主, 而與蘆翁合; 一節若氣爲主, 而與蘆翁離。一書之內, 有若左右佩劍, 而其實下一節, 是就流行邊說, 故有所云云。今之儒者, 執言迷旨, 誤認爲源頭。於是理爲沒主張之物, 而天下之大本遂舛。周平王之下堂見侯, 漢獻帝之徒擁虛號, 亦將次第事。蓋由不知無爲之中, 有必然之妙故也。乘然後謂之理, 恐非朱子之本意, 而待人弘之然後謂之道, 則又非孔子之本意也。然則蘆翁所謂"理無能然之力, 而有必然之妙"十二字, 明白的確, 顚撲不破, 實發前人之所未發, 而大有功於聖門也歟!

5.

德巖 羅燾圭
(1826~1885)

心說論爭 資料

「상노사선생上蘆沙先生」(『德巖漫錄』卷4)

해제

1) 서지사항

　나도규가 노사 기정진에게 질문을 올려 문답한 내용.『덕암만록(德巖漫錄)』 권4에 실려 있다.

2) 저자

　나도규(羅燾圭, 1826~1885)로, 자는 치문(致文), 호는 덕암(德巖)이다.

3) 내용

　이 글은 나도규가 질문하고 기정진이 답한 세 개의 조목으로 이루어져 있다. 구체적으로 "성은 무위하나 기미에 선악이 있다[誠無爲, 幾善惡]"는 말의 의미에 대한 질문, 아버지가 종조부의 후사로 입적되었는데 친조부의 후사가 없는 경우 제사를 치르는 방식에 대한 질문, 심(心)과 성(性)의 관계에 대한 질문이다. 이 중 세 번째가 심설논쟁과 관련성이 높으며 이 서신에서의 비중도 가장 큰 편이다. 그 내용을 보면, 먼저 나도규가 혹자와 토론한 내용을 설명한다. 혹자는 "성은 태극과 같고 심은 음양과 같다", "태극이 양의를 낳는다", "심이 성과 정을 통괄한다"와 같은 말을 고려하면 성(性)이 심(心) 안에 있다고 보아야 할 것 같다고 질문한다. 이는 성과 심이 리와 기로 분명히 구분되는 것 같다는 취지를 표현한 것으로 추측된다. 이에 대해 기정진은 심과 성의 관계에 대해 상세하게 답한다. 그에 따르면, 천(天)의 태극·음양이 인간의 성·심과 같다는 점에서는 "성이 곧 태극이고 심이 곧 음양"이라 말할 수 있다. 또 천과 인간을 구분하여 보더라도, 천의 태극·음양이 인간의 성·심에 대응할 수 있으므로 이 경우에는 "성은 태극과 같고 심은 음양과 같다"고 말할 수 있다. 또 천과 인간을 통합하여 보는 관점에서는 조화(造化)의 본원이 리에 있으므로 그러한 취지를 "태극이 양의를 낳는다"고 표현한다. 사람의 차원에서 말하면 동작하고 운용하는 것이 중요하므로 심의 역할을 강조하여 "심이 성과 정을 통괄한다"고 말한다. 이는 심과 성이 근본적으로 통합되는 관계에 있으면서도 취지에 따라 달리 설명될 수 있음을 밝힌 내용이라 할 수 있다.

3-5-1 「上蘆沙先生」(『德巖漫錄』卷4)

人生蒙, 長無師友則愚, 是知好問然後有進。苟或膠守己見, 不向師友問質, 終必墮了固陋一邊。古之人居敬窮理, 反躬踐實, 故其所論難, 便是"操戈入室", 須從原頭體認, 是以說得痛快, 見得分明。今人不曾就身上做細密工夫, 却是"傅會杜撰", 輒叩於長者, 小子以是病之, 竊欲煞用其力, 因指其差誤處, 講質計矣。見聞益昧, 放倒了, 無可收拾, 前所病人者, 適足爲己病。反爾思之, 今日問處, 雖似鹵率, 旣問又問, 漸向精熟處去, 似有力, 前日問候, 固出於斯, 而猶茫然不知爲說, 悚惡。且伏念程伯子見周先生, 令尋仲尼、顏淵樂處, 引而不發, 蓋欲深思而自得之。門下之設教又欲無言, 孰有發吟風弄月之趣者? 伏願特賜矩誨, 引而發之。

問: 周子云"誠無爲, 幾善惡", 此明人心未發之體, 指已發之端。誠是個實理, 理是天性, 才說性便有動之幾。動之幾, 故曰"誠無爲, 幾善惡"歟? 誠者, 聖人之本而爲盡心行己之要, 故敢此仰質, 如劉忠定終身行之者耳。

　　先生曰: 得之。

問: 近見一士友家, 其父出爲從祖後, 本生祖仍無後, 其兄奉所後祖之祀, 渠主本生祖之祭, 又以繼孫二字, 懸註於譜牒, 故小子誥之曰: "子之本生祖旣無後, 子之兄班附奉祀, 於禮停當, 何必於譜以子之名闕一世繼之? 苟有是禮, 先儒亦當行之, 何嘗以伯叔父母, 祭本生父母?" 其人拗執曰: "禮以義起, 亦出於情"云云。此於情或庶幾, 而於義無湊泊處, 未知此或有可據說耶?

　　先生曰: 如來說, 萬世無弊, 而近世或有行之者矣。

問: 或抵書於小子曰: "朱子曰'性猶太極, 心猶陰陽也', '太極生兩儀', '心統性情', 而推此, 恐似性在心中。" 小子曰: "性豈離了心? 性上見得心, 情上見得性, 貫乎動靜, 無不在焉, 故心統性情者此也。太極, 理也; 陰陽, 理中運用, 而性是理也, 心是一身主宰運用, 故朱子說如此"云云。然說得終含胡, 故敢問。

　　先生曰: 須知兩個猶字亦只說得一半, 言其實, 則性卽太極, 心卽陰陽耳。何以言之? 太極, 是動靜之妙; 陰陽, 動靜之體。無是妙, 則做陰陽不出; 無是體, 則太極亦無掛搭處矣。在天曰太極陰陽, 在人曰心性, 此物事之外, 更無佗物事, 故曰"卽太極"、"卽陰陽"者此也。若就其中, 分天人而言之, 則在人之心性, 猶在天之太極陰陽, 故曰"猶太極"、"猶陰陽"者此也。此非混同天人而言之, 故曰"只説一半"也。
"太極生兩儀"是混同説, 混同説, 則造化本源在理, 故歸重於理而曰"太極生兩儀";
"心統性情"是人身上説, 自人身而言之, 則動作運用爲主, 故歸重於心而曰"心統
性情"。蓋理本無二致, 而立言各有地頭, 務先通大義, 則頭頭玲瓏。若隨語生解,
則節節礙掣, 無有了期矣。

「여송치오與宋致五」(『德巖漫錄』卷4)

1) 서지사항

나도규가 송치오에게 서신을 보내어 안부를 전하는 한편, '천명지위성'에서의 천(天)의 의미에 대해 질문하고 있다. 『덕암만록(德巖漫錄)』 권4에 실려 있다.

2) 저자

나도규(羅燾圭, 1826~1885)로, 자는 치문(致文), 호는 덕암(德巖)이다.

3) 내용

이 글에서 나도규는 『중용』 수장(首章) 첫 머리의 '천명지위성'에서 '천'의 의미에 대해서 논의하고 있다. 그는 먼저 이 '천'에 대해서 형체의 천이나 주재의 천으로 보는 등 의견이 분분하다고 말하고, 자신은 주재의 의미라고 생각한다고 밝힌다. 형체가 명령[命]의 주체로 이해될 수는 없기 때문이다. 또한 이러한 측면에서 근재 박윤원이 여기서의 천을 리에 속하는 것으로 보아야 한다고 주장한 견해도 소개하면서, 이러한 해석에도 난점이 있다고 설명한다. '천명지위성'에서 '천'과 '성'이 모두 리의 의미라면, 이 구절은 '리가 명하는 것을 일러서 리라고 한다'와 같이 해석되어야 하는데, 이는 적절하지 않아 보이기 때문이다. 나도규는 더 이상의 논의를 전개하지는 않고 상대방의 의견을 물어보면서 이 서신을 마치고 있다.

3-5-2 「與宋致五」(『德巖漫錄』卷4)

湯患和, 莫非誠孝, 孚格亦復, 福星在瑞石一方, 感祝。繼又聞晬辰在近, 是固陽復道長之日, 我城主盛德光輝, 抑已朕於以降之初歟? 竊欲趨賀於稱觥介眉之筵, 而旣未一承顏範, 肆然請謁於盞斝之末, 非禮也, 玆以詩替。倣西湖放鶴故事, 而本不嫻律, 恐不足仰塵淸鑑。然言志則足, 何必求詩人格調? 覽卽覆瓶焉。想座擾不暇閑商量酬應, 而近與人講質, 而未質者存, 故略陳之。天命謂性之天, 先輩多疑以爲形體之天、主宰之天云云, 而愚意此指主宰言, 非形體上說。命之者主宰, 而豈形體而可命之乎? 於朴近齋『集』中, 亦有是說, 而近翁亦不管說形體云云, 且以天字屬理云, 故愚言天固理也, 而若曰理命之謂性, 則甚不句當。天命之謂性而性是理也, 則指天字謂理, 固不太泥耶? 相持者久迄未究竟, 未知甲乙得失何居? 指諭焉。向於朴友書有云"世雖萬變, 吾道自如"八字, 眞是萬世不易之論, 道固日用當行理, 而人存道在於人, 人不存道在於天, 至誠不息, 容有間斷乎? 若於斯體得, 自可做到"文王純一", 足與天一耳, 何嘗以世衰而變吾之塞乎? 只當守"至死不變"四字耳。某宿疴少可而荐, 又以冷痰引疼, 抑天翁憎此老而無聞, 以病警之耶? 雪封江村, 只怕有袁安之卧了, 未做淰、楊之立, 撫躬自悼已矣。餘冀侍體康泰, 學問精博。

「심학도설心學圖說」【乙卯七月日】(『德巖漫錄』卷5)

1) 서지사항

　나도규가 임은(林隱) 정복심(程復心)이 지은 「심학도」의 취지를 밝힌 내용. 『덕암만록(德巖漫錄)』
권5에 실려 있다.

2) 저자

　나도규(羅燾圭, 1826~1885)로, 자는 치문(致文), 호는 덕암(德巖)이다.

3) 내용

　글의 제목이 가리키는 것처럼 기본적으로는 나도규가 정복심의 「심학도」의 취지를 밝힌 글이지만,
실제 내용으로 보면 인심도심설과 그 공부에 관한 전체적인 견해를 요약하고 있다. 나도규는 먼저
천(天)과 명(命)과 성(性), 그리고 심(心)의 관계에 대한 논의를 시작으로, 허령지각의 심은 하나일
뿐이지만, 성명과 형기에 따라 인심과 도심의 구분이 생기게 된다고 밝힌다. 또 그러한 천리와
인욕의 나뉨에서 정일(精一) 공부를 힘써 실천하는 것이 핵심적인 관건이 되는데, 그 공부의 대체
는 결국 경(敬)을 벗어나지 않는다고 한다. 나아가서 이 경(敬)은 결국 동정(動靜)의 모든 국면을
관통하므로, 마음의 주재이자 공부의 시작점이라고 강조한다.

3-5-3 「心學圖說」【乙卯七月日】(『德巖漫錄』卷5)

天之於人物者謂之命, 人與物受之者謂之性, 主於一身者謂之心。心之虛靈知覺一而已, 於形氣之私、性命之正, 有人心、道心之分。人心, 私之萌而易流於欲, 故危; 道心, 理之奧而無形於外, 故微。於此乎, 不進精察執一之工夫, 則危者愈危, 微者愈微, 却只放逸走作。是以惟精惟一一段, 爲天理人欲分界處, 切要戒懼乎不覩不聞, 而愼之於獨知之地, 然後能克復能操存。其曰心在者, 在於克復上體認也; 心思者, 思於操存中做着了。然初用工或未免間斷, 必須求放心, 而反復入身來, 以之養心, 以之正心, 則自家腔子裏, 自然要好而能盡其心法。於是焉得力, 則人心退聽, 渾然無私念之伺隙投間。要其大綱領, 則不越乎敬之一字, 整衣冠, 尊瞻視, 常如對越上帝者然。存之於未發之前, 而主一直內, 則到已發之後, 隨事中節, 照管許多道理, 此非一心之主宰, 而亦不爲學者之最初持心處耶? "四十而不動心"者, 迺用力之久, 而遇事坦然, 不爲他動搖; "七十而從心"者, 萬理光明, 凡事之來, 從吾心所欲, 不踰規矩。此崇昔大聖人之博學至道, 後之學者, 痛加鐫誨, 潛心持敬, 則庶幾聖賢同歸, 可不勉旃? 心學之圖, 出於新安程林隱手寫, 而西山先生取之付于『心經』, 其爲學者之箴警, 若提耳面命, 余謹摸而付之座隅, 朝夕莊誦, 而繼爲之說, 醒我天君。

6.

柏石 奇陽衍

(1827~1895)

心說論爭 資料

「용학서언심언성책庸學序言心言性策」(『柏石軒遺集』卷1)

해제

1) 서지사항

기양연이 『중용장구』와 『대학장구』의 서문을 중심으로 심과 성의 관계에 대해 설명한 글이다. 『백석헌유집(柏石軒遺集)』 권1에 실려 있다.

2) 저자

기양연(奇陽衍, 1827~1895)으로, 자는 자민(子敏), 호는 백석(柏石)이며, 기정진의 문하에서 수학하였다.

3) 내용

이 글에서는 주자가 『중용장구』 서문에서는 성(性)을 말하지 않고 심(心)만을 말한 반면, 『대학장구』 서문에서는 심을 말하지 않고 성을 말한 이유에 대해 설명하고 있다. 기양연이 보기에 심과 성은 불가분의 관계에 있으며, 그래서 수양의 차원에서도 둘 중 하나만을 따로 취할 수는 없다. 그러므로 『중용』의 솔성(率性)은 곧 심의 공부이고, 『대학』의 정심(正心)은 성을 회복하는 공부라 할 수 있다. 그럼에도 불구하고 주자가 두 서문에서 각각 심과 성 가운데 하나만을 말한 것은 본문의 내용을 보완하기 위한 취지라는 것이 기양연의 설명이다. 『중용』의 본문에서는 성만을 말하고 심을 말하지 않았기 때문에 서문에서 심을 말하여 이를 보충했고, 『대학』의 본문에서는 심을 말하였지만 성에 대해서는 말하지 않았기 때문에 서문에서 성을 말하여 보완하였다는 것이다. 다른 측면으로 보면, 『대학』과 『중용』의 본문에서 각각 심과 성 중 하나만을 말한 것은 심과 성이 불가분의 관계에 있으므로 둘을 따로 언급할 필요가 없었기 때문이다. 이러한 설명에서 심과 성 사이의 긴밀한 연관성을 강조하는 기양연의 시각을 엿볼 수 있다.

3-6-1 「庸學序言心言性策」(『柏石軒遺集』卷1)

對。也, 性也, 自是一理, 而『中庸』之率性, 卽是傳心之法也;『大學』之正心, 卽是復性之工也。著『中庸』傳心之法, 而可不言心字於序文乎? 明『大學』復性之工, 而可不言性字於序文乎? 序『中庸』而不言心字, 則無以見是心之檢其性也; 序『大學』而不言性字, 則無以知是性之具於心也。性具於心, 而『中庸章句』不言是心, 故此所以序『中庸』而特言心也; 心包乎性, 而『大學章句』不言是性, 故此所以序『大學』而必言性也。然則「中庸序」之必言心者, 乃補其章句之不言心也;「大學序」特言性者, 亦補其『章句』之不言性也。序其傳心之書, 而可不以心字說出乎; 序其復性之書而寧不以性字說來乎? 言心性於序文, 補經文之有闕, 則言心言性, 互相發明, 曰『庸』曰『學』, 自爲表裏, 豈可謂心、性之有二致, 而致疑於『庸』、『學』表裏之義耶? 卽其心、性之各言而尤可見表裏之義也。推其誠敬之一理, 而亦可見表裏之義也。乃言曰『中庸』是傳心之書也, 『大學』是復性之書也。明其傳心之法, 而「中庸序」之言心不言性者, 宜矣; 著其復性之工, 而「大學序」之言性不言心者, 允矣。朱夫子所以互言心、性於『庸』、『學』序文者, 豈非各有攸當者耶? 然而執事若疑夫『庸』、『學』序文之各言心、性, 則愚有所可言者。蓋嘗論之, 性出於天, 而包是性者, 心也; 心存乎人, 而具於心者, 性也。心之所存, 性以之明; 性之所明, 心以之全。心與性自是一理, 則言心而性在其中矣; 性與心初非二致, 則言性而心該這裏矣。夫如是, 則「中庸序」之言心者, 固可謂兼言性矣;「大學序」之言性者, 亦可謂兼言心矣。序『中庸』而不言心, 則何以明傳心之法乎; 序『大學』而不言性, 則何以著復性之道乎? 大抵『中庸』本經之言性而不言心者, 以其傳心之在於率性也;『大學』本經之言心而不言性者, 以其復性之在於正心也。在『中庸』, 則本經不言心, 故序文所以必言心也; 在『大學』, 則本經不言性, 故序文所以必言性也。必言心於序文, 而補『中庸』不言心之義; 必言性於序文, 而補『大學』不言性之旨, 則朱夫子所以闡明經旨, 開示後學者, 眞可謂俟百世而不惑矣。夫何疑哉? 嗚呼! 心性二字, 乃是聖門之大頭腦也。子思著傳心之書, 而心之一字不現於本經, 則序文中言心者, 所以補其闕也; 曾子著復性之書, 而性之一字不言於本經, 則序文中言性者, 欲以補其略也。豈可謂心與性有二致而然耶? 若夫『庸』、『學』表裏之義, 則先儒之說, 已爲詳備, 愚不必架疊, 而三綱三德。【缺】

7.

小蠹 鄭河源
(1827~1902)

心說論爭 資料

「부태극동정문답_{附太極動靜問答}」(『小蠹集』卷10)

해제

1) 서지사항

정하원이 태극의 동정 문제에 대한 의문을 문답형식으로 기록한 글.『소두집(小蠹集)』권10에 실려 있다.

2) 저자

정하원(鄭河源, 1827~1902). 본관은 진주(晉州), 자는 희청(希淸), 호는 소두(小蠹)이다. 전라도 무장(茂長)에서 살았고, 기정진의 문인이다.『소두집(小蠹集)』이 전한다.

3) 내용

정하원이 기정진과의 강석(講席)에서 논의한 주제들 가운데 석연하게 해결되지 않은 '태극동정(太極動靜)'에 관한 문제를 문답의 형식으로 다시 정리한 글이다. 주요논제는 주돈이「태극도설」의 "태극동이생양(太極動而生陽), 정이생음(靜而生陰)"과「계사전」의 "역유태극(易有太極), 시생양의(是生兩儀)"이다. 정하원의 의문은 '리는 정의(情意)와 조작(造作)이 없는데, 실제로 동정(動靜)의 작용을 하고, 양의(兩儀)를 낳는 리의 실상을 어떻게 해야 분명하게 이해할 수 있는가'라는 것이다. 이에 대해 기정진은 리란 '지극히 허(虛)하면서도 실(實)하고, 없으면서도 있는 것으로,『중용』의 천명지위성(天命之謂性)이나『역』의 태극생양의(太極生兩儀)가 모두 이 리(理)'임을 알아야 한다고 한다. 정하원은 '극(極)'은 음양과 불리(不離)의 차원에서 말하는 것으로, 동정의 '소이(所以)'를 태극으로 이해하면 무방한 것인지를 묻는다. 이에 대한 기정진의 답변은 간접적이고 우회적이다. "조선의 유학자 가운데 '리가 기를 타는 것'을 '사람이 말에 오르는 것'으로 보거나, 음양동정의 작용을 자이(自爾), 비유사지(非有使之)로 설명하는 사례가 있는데 이는 옳지 않다"고 한다. 이하 더 이상의 문답은 없으며, 정하원이 본인이 이해할 수 없는 부분을 서술하고, 기우만(奇宇萬)과 토론한 내용을 덧붙이는 것으로 맺음하고 있다. 주희(朱熹)의 주(註)에 "태극이 동정하는 것이 아니라, 리에 동정이 있는 것이다"라 하였는데, 그렇다면 태극과 리에 구별이 있는 것인가라는 질문과 '소이(所以)'의 개념을 분명하게 알 수 없다는 내용이 중심을 이룬다.

3-7-1 「附太極動靜問答」(『小蠹集』卷10)

河源以推樸之姿, 苦無記性, 而亦不無意圓、語滯之病。頃於口受之際, 得其要領, 故退
自反覆, 逐段辨論, 敢擬席間問答樣, 謹拜以上, 伏乞先生, 恕其僭妄之罪, 曲賜批誨。
今此條列, 不過數段, 而伊時席間問答, 莫非引而不發之意也。欲使學者, 憤悱、反隅,
自當浹洽濃郁而求之爾。不可徒習於口耳, 纔見一段, 便可謂一超頓悟。故雖不明言其
要領、歸趣, 而其蓄積霧霈之狀, 自不覺觀海望洋之歎, 故書此下方, 敢(寓)[寓]¹⁾曾門記
意之意云。
敢問, 太極者理也, 動靜者氣也, 「圖說」直言“太極動而生陽, 靜而生陰”, 何也? 理固無
情意造作, 而行此動靜之事, 則烏在其冲漠無朕之妙耶?
先生笑曰: 子之論太極, 無愧乎我東之說理氣者也。我東之論, 與中國之說, 自相有矛
盾者也。
對曰: 東國、中國之論, 見彼寡陋, 未能博涉先儒之緒餘。然而姑以俯敎之意, 請就下段
而辯之。
曰: 此理, 至虛而至實, 至無而至有; 冲漠無朕, 萬象森然已具; 已應非爲後, 未應非爲先。
對曰: 此乃太極本然之妙也。『圖解』所謂“推之於前而不見其始之合, 引之於後而不見
其終之離”者, 是也; 邵子所謂“用起天地先, 體在天地後”者, 是也。雖曰“冲漠無朕”, 而
眞實無妄之妙則具焉; 雖曰“無情意造作”, 而不是儱侗一物有似枯木死灰之義則存焉,
此所謂“至虛而實, 至無而有”者也。
曰: 此說見於經傳及諸書者甚悉, 非一時捃摭所可及也。『庸』曰“天命之謂性”, 『易』曰
“太極是生兩儀”者, 皆是理也。明乎此, 則思過半矣。
對曰: “天命”者, 理氣之妙凝, 而『中庸』則主理之意較多。其時提耳之敎, 可謂微示其
意, 而妄以泛言之天, 率爾失對, 而亦未見呵斥之恰。白首從黃卷者之口氣, 乃一發如
此, 不勝退而自失。夫所謂“命”者, 理氣妙凝之際, 流行而命物者也。朱子所謂“命猶令
也”, 聽令於“繼之者善, 成之者性”之間也。繼、成, 形而下底; 善、性, 形而上底。繼是動
之意, 而命之所以使之而流行不息者也; 成是靜之意, 而命之所以使之而凝聚成形者

---

1) (寓)[寓]: 저본에 ‘寓’로 되어 있으나, 문맥을 살펴 ‘寓’로 수정하였다.

也。此"天命之性", 與『圖解』中"天命之流行", 實相貫通也。

『易』之"太極之生兩儀", 此極卽「圖」極也。先儒曰"「圖說」之'極'是陰陽裏說, 『易』中便擡起說"。朱子註曰"天地之間, 只有動靜兩端, 循環不已, 更無餘事。此之謂易, 而其動其靜, 必有所以動靜之理焉, 是則所謂太極也"。由此觀之, 兩儀者, 陰陽也; 陰陽者, 動靜也, 而所以動靜者, 實太極也。然則"太極之生兩儀", 不難見矣, 卽『易』所謂"一陰一陽之謂道"之義也。『本義』曰"陰陽迭運者, 氣也, 其理, 所謂道也"。其下小註曰"從古至今, 恁地袞將去, 只這箇陰陽, 是孰使之然哉? 乃道也"。『程傳』註曰"一陰一陽之謂道, 道非陰陽也, 所以一陰一陽者, 道也"。凡此等理氣性情之說, 先儒之用'所以'字、'使之'字, 實多矣, 而局於寡陋之見聞, 不可(↑又)[枚]2)擧, 而其下字之例, 亦可推知也。今此太極動靜之義, 亦曰"其動靜, 氣也, 所以動靜之者, 非太極耶?" 夫如是則不害爲"太極之動而生陽, 靜而生陰"之義也。敢問先生以爲如何?

曰: 東儒之論, 有曰"理之乘氣, 如人之乘馬", 又曰"陽動陰靜, 皆自爾, 非有所使"。此等語, 專以太極看作日本皇帝者。嗚乎, 其可哉!

對曰: "理之乘氣, 如人之乘馬"云云。此則『圖』中註解本語也。未知借此語者, 其以上語義文法如何續來。而理固無朕, 氣則流行, 以無朕之妙, (楷)[搭]3)在流行之機之語, 有何可疑乎? 但有未知處, 本註語曰"陽動陰靜, 非太極動靜, 只是理有動靜, 理不可見, 因陰陽而後知, 理(楷)[搭]4)在陰陽上, 如人跨馬"云, 敢問太極與理, 果有分揀乎? 伏願明示之如何? 至於"陰靜陽動, 皆自爾, 非有所使", 主見未可知也。九原可作, 願以質焉。此所以起日本皇之譏也, 前後兩段, 果非有告於先儒之所謂曰"所以"、曰"使之"之妙者耶? 抑復有"所以"者耶? 蓋『易』之所以爲兩儀者, 太極之所以也; 所以爲一陰一陽者, 道之所以也。本『圖』之所以爲動靜者, 太極之所以也者, 明矣。然而若以"所以"二字, 活例推去, 似有無限不勝之弊。何者? 先儒有曰"太極者, 只是天地萬物之理。未有天地之先, 畢(境)[竟]5)先有此理"云。此理者, 天地萬物之理也, 則非但兩儀之所以生、動靜之所以生而已也。至於天地萬物之生, 皆所以生之也。人有問之者, 曰"太極生人與物乎", 曰"然"。問之者曰"不然。生人與物者, 氣也; 太極, 其理也。生人物者, 氣也;

---

2) (↑又)[枚]: 저본에 '↑又'로 되어 있으나, 문맥을 살펴 '枚'로 수정하였다.

3) (楷)[搭]: 저본에 '楷'으로 되어 있으나, 문맥을 살펴 '搭'으로 수정하였다.

4) (楷)[搭]: 저본에 '楷'으로 되어 있으나, 문맥을 살펴 '搭'으로 수정하였다.

5) (境)[竟]: 저본에 '境'으로 되어 있으나, 문맥을 살펴 '竟'으로 수정하였다.

而所以生之者, 太極也。此與上兩儀、陰陽、動靜之爲太極之所以者, 一也。" 問者復詰之, 曰"誠如子之言, 氣不能自用其(幾)[機]⁶⁾, 而太極反爲裁割萬物之主人也。生一凶人, 而所以生之者在彼, 生一惡物, 而所以生之者在彼。理失純善至粹之面貌, 而『中庸』所謂'人物之生, 各得爲健順五常之德'者, 當自此鑿矣, 所謂'氣而成形, 理亦賦焉'者之義, 果安在? 然則'所以'二字, 先儒下語, 必有所在"。伏願先生曲賜辯喩, 開發蒙(部)[鄙]⁷⁾, 如何?

退與會一同作槐亭之行, 又及此論。會一曰"比如王者之舉動, 其官班、馬隊、威儀之燦然可觀者, 皆從者事也。然而不曰從者事, 而曰王者之舉動者, 其所以歸重, 在此不在彼故也"。余欣然曰"此喩甚妙。然而義理無窮, 尊當歸求之, 吾亦更思之"云。

此論卽隱若於席間者, 而有强擡起、强牽合之義, 終覺未安, 望須參看於妄。自辯論之餘, 以爲更示, 如何? 此一段, 答會一語。

---

6) (幾)[機]: 저본에 '幾'으로 되어 있으나, 문맥을 살펴 '機'로 수정하였다.

7) (部)[鄙]: 저본에 '部'으로 되어 있으나, 문맥을 살펴 '鄙'로 수정하였다.

「답이응규서答李膺圭書」(『小蠹集』卷4)

1) 서지사항

정하원이 이응규에게 안부와 함께 성리이론을 논한 편지이다. 『소두집(小蠹集)』 권4에 실려 있다.

2) 저자

정하원(鄭河源, 1827~1902). 본관은 진주(晉州), 자는 희청(希淸), 호는 소두(小蠹)이다. 전라도 무장(茂長)에서 살았고, 기정진의 문인이다. 『소두집(小蠹集)』이 전한다.

3) 내용

정하원이 이응규와 견해를 달리하는 성리이론에 대하여 의문을 제기하고, 자신의 견해를 피력하는 내용이다. 첫째, 명덕(明德)을 심(心)으로 보아야 하는가, 성(性)으로 보아야 하는가의 문제이다. 이응규의 "명덕은 마땅히 심(心)으로 보아야 하는데, 어떤 이는 성(性)으로 보아야 한다고 주장한다"는 견해에 대해, 정하원은 반론을 제기한다. 명덕을 심으로만 보아야 한다면, 『대학』에서 애초에 '명심(明心)'이라 했을 것이요, '명덕(明德)'이라 했을 이유가 없다는 것이다. 심에는 진망(眞妄)이 다 있지만, 명덕은 무망(无妄)의 본체이다. 이 때문에 '어둡지 않은' 것이므로, 명덕을 기에 속하는 것으로만 볼 수 없다고 한다. 둘째, '형이상자위지도(形而上者謂之道)', '형이하자위지기(形而下者謂之器)'에서 '상·하(上下)'를 '전·후(前後)'로 바꿔 볼 수 있는가의 문제이다. 정하원은 이에 대해, '전·후'자로 바꾼다면 '도(道)'가 허공에 매달린 것이 되고 만다고 비판한다. '형'이란 이미 기로 인해 형체가 생기고 이치가 부여된 의미에서의 '형'이며, 이 형을 떠나서 '도(道)'를 말할 수는 없다는 것이다. '상·하'를 '전·후'로 바꾸면, 도(道)와 기(器)는 이미 분리되어 버리므로 합당하지 않다고 주장한다. 셋째, 리일분수에서 인성과 물성의 편·전(偏全) 문제이다. 정하원은 리일의 관점에서 보면 '편'이 없고, 형적이 있는 분(分)의 관점에서 보면, 본래 이 '편'이 없을 수 없지만, 그 관계는 '분수'를 떠나서 '리일'이 별도로 있는 것이 아니라고 한다. 그는 '편전'의 의미를 "문틈에 크고 작은 차이가 있더라도 달빛에는 차이가 없으며, 그릇의 모양은 달라도 물의 성질은 같다"는 비유로 설명한다. 리일 가운데에 분수가 있으며, 분수 가운데 '편전'이 있다는 것이다.

3-7-2 「答李膺圭書」(『小蠹集』卷4)

一別可惜。古今惜別者何(恨)(限)[8]? 而下堂執手, 絟縞相贈, 豈皆舊識慣面乎? 此別幾時, 始有此書, 無乃近於文飾乎? 努力相期, 古所謂"朝暮遇"者也。謹審承歡一樂, 涵養益懋, 江山助發, 錦水非其襟帶乎? 仰慕風義, 不知身之在遠也。河源白首轉蓬, 今年二月, 棲泊于舊山下龍溪里, 所謂年形與一身之坐守空殼子, 同歸於大無, 內虛外乏, 益無聊賴, 奈何? 貴湖之大登, 何一氣之平陂盈胸, 若是懸絕耶? 頃逢時, 靑眼未熟, 遽以明德理氣等說, 娓娓辨駁不置者, 此所以開今日惜別之言路也。伊時倉猝仰對, 非無舊緒之隱約, 而老昏神思, 未能盡情拙出, 追復思繹, 敢此別紙仰呈, 非敢曰自是己見, 望須批評, 終至至當之歸, 則豈徒爲吾人一時之幸而止哉?

盛教曰: 明德, 當以心看, 或者則曰"當以性看"云云。

　　"明德, 當以心看"者, 『章句』虛靈不昧四字, 是心之註脚, 故曰"當以心看"者乎? 然則不曰明心, 而曰明德, 何耶? 心字該眞妄, 明德乃无妄之本體也。如是而後曰不昧、曰具、曰應。纖悉無虧漏者, 卽氣之精爽, 賦予之本心者也。然則明德單屬氣分乎? 曰"以器物譬之, 則如明鏡焉", 氣字單指鏡之匡郭也, 明德指匡郭之包光明也。其脈絡之有歸宿乃如此, 而或者之以性看者, 不過就已具中理字說, 此皆非得其牛、遺其牛者乎?

盛教曰: "形而上謂之道, 形而下謂之器", 此上、下字, 以前、後字看, 云云。

　　以前後看, 則此道是懸空摸捉之一物也, 天下豈有懸空之道理乎? 似此義理, 非直曰東儒口氣而已, 雖出於程、朱筆段, 吾不信也。是形字, 明是『中庸章句』"氣而成形, 理亦賦焉"之形也。古今群經群書, 果有外是形而言道者乎? 曰"有物有則", 曰"誠者物之終始", 曰"苟不至德, 至道不凝", 曰"乾道變化, 各正性命", 曰"乾道成男, 坤道成女", 曰"上帝降衷下民", 曰"吾道一以貫之", 凡若此類, 不可悉擧, 而何有離形而言道者乎? 若以上下作前後看, 則是離形而言道者也。然則道在人物化

---

8) (恨)[限]: 저본에 '恨'로 되어 있으나, 문맥을 살펴 '限'으로 수정하였다.

生之前也, 羲, 農以下群聖人, 皆不得與於斯道也耶? 說之橫流, 豈有甚於此者乎! 程子曰"至微者, 理也; 至著者, 象也。 體用一原, 顯微無間。" 此則言其道在器中, 元不相離之謂也, 豈有上下之可言乎? 道器之本來面目如此, 故聖人借一形字, 而上則謂之道, 而下則謂之器, 一以明徹上徹下之妙, 一以示下學上達之義也。 胳合之中, 上下字實有所難言者, 而況一轉而作前後看, 則道器不旣離矣乎! 更有一言於此, 就天地造化論, 不如近就身爲親切者也。 以吾身而言, 則形而上之道, 是何物乎? 形而下之器, 是何物歟? 抑可曰此身未形之前, 可謂之道, 而此身已形之後, 可謂之器耶? 然則形前之道, 安能爲形後之器, 而上下分際, 又若是甚明耶? 語到于此, 亦可以前後看爲當耶?

盛敎中"理一分殊"四字, 是說理氣家大腦頭也, 湖, 洛說所由起也。 甲者人物性異之論, 偏全通塞, 固其然矣。 以乙者人物同五常之論觀之, 則偏全通塞, 亦豈無半上落下之疑乎? 此爲近世未決之公案久矣。 惟願高明一刀兩段, 開發墒埴, 是所望也。

所謂"理一分殊"者, 非謂懸空之理也。 自萬象而言, 則未有萬象, 已有萬象之理; 自二五而言, 則未有二五, 已有二五之理; 自天地言之, 則未有天地, 已有天地之理。 推而又推, 畢境先有此理, 乃有此氣, 故謂之理一分殊。 一名爲理, 更無多寡增減, 故曰"陰陽五行男女萬物之圈, 箇箇圓滿, 無一尖斜欹側。" 然則緣何而有偏之說? 曰: 偏, 全, 本非自上順下來底說話也。 自形跡之可見者, 分而言之, 又逆推, 進一步而名其本體耳。 雖然, 逆推, 旣有此名, 則豈可曰"在天元無此分"? 元無此分, 則人與物, 何處得來而有此偏全也? 此處難看, 亦難言耳。 物之滯一, 而理則圓通, 故原有之分, 是理之本面也。 是以非此圈之外, 別有他圈也。 小間隨形器而結裹, 又只此物事無半分增減, 故朱子論物性之偏, 有曰"謂之全亦可, 謂之偏亦可"。 朱子此語, 自今人口中出, 則必大笑曰"糢糊熟鹿皮", 此皆自無見理眼目也。 有眼目者見之, 必以爲八字打開矣。 天下無離氣獨立之理, 分殊外曷嘗有所謂理一者乎? 知此則分殊便是理一也。 行住坐臥一身也。 屈伸時一手, 飜覆時一手, 而謂之兩手, 可乎? 行住處一身, 坐臥處一身, 謂之兩身, 可乎? 理一之不外於分殊者, 亦然也。 分殊之早涵於理一者, 亦不過由此而一飜者也。 是以偏全指善一邊而言也。 善一邊者, 如孔隙雖有大小, 而月光自若; 盤盂雖有方圓, 而水性無恙也。 若此者, 豈不是本然也? 所謂氣質, 是兼善惡而言者也。 善惡也者, 如和泥之水, 稠淸萬層, 隔窓之月, 明暗多般, 以偏全爲氣質, 豈不低陷了偏全? "氣質之性, 君子有不性者也。"
人物偏全之性, 君子有不性者乎? 且有<u>朱先生</u>手筆稱停處, 其言人物五常, 凡有三
處。曰"人物之生, 必得是理, 然後有以爲健順仁義禮智"者, 『大學或問』也; "人物
之生, 各得所賦之理, 以爲健順五常之德"者, 『中庸章句』也。此二條, 皆不區分人
物, 而一例說去。獨於『孟子』生之謂性章『集註』, "以理言之, 則仁義禮智之粹然者,
豈物之所得而全哉?" 此爲人物之區別處, 然而只曰"物豈得以全", 不言"物豈得
與", 則此亦人物同五常說也。然則理一之有分殊, 分殊之有全偏, 豈有半上落下之
疑乎?

「여이응규서與李膺圭書」(『小蠹集』卷4)

1) 서지사항

정하원이 자신의 성리학적 견해를 밝힌 편지글. 『소두집(小蠹集)』 권4에 실려 있다.

2) 저자

정하원(鄭河源, 1827~1902). 본관은 진주(晉州), 자는 희청(希淸), 호는 소두(小蠹)이다. 전라도 무장(茂長)에서 살았고, 기정진의 문인이다. 『소두집(小蠹集)』이 전한다.

3) 내용

정하원이 이응규의 심론 및 성리학적 견해를 강경한 어조로 비판하고, 자신의 견해를 주장한 편지글이다. 먼저 이응규의 견해 중 논쟁이 될 만한 부분을 제시하고, 이를 비판하는 방식으로 구성되어 있다. 첫째, 이응규가 『중용장구』에서 '허령불매(虛靈不昧)'를 심으로 본 주희(朱熹)의 견해를 근거로, '명덕(明德)'을 '심(心)'으로 주장한 것에 대한 반박이다. 정하원은 이응규가 '허령(虛靈)'의 뜻을 잘못 알고 있다고 비판한다. '허(虛)'는 주리(主理)를 말한 것이고, '령(靈)'은 기를 겸해 말한 것이어서, '허령'을 기(氣)로만 보아서는 안 되며, 따라서 '명덕'은 '심'에만 속하는 것이 아니라, 심성의 총명이라고 주장한다. 둘째, 이응규가 선유(先儒) 가운데에서도 "형이상자위지도(形而上者謂之道), 형이하자위지기(形而下者謂之器)"에서 '상·하(上下)'를 '전·후(前後)'로 본 사례가 있다고 주장하자, 정하원은 그 선유가 누구인가를 구체적으로 제시하라고 따져 물으며, 이치에 맞지 않는 것을 선유의 권위를 빌어 덮을 수는 없다고 다시 반박한다. '형(形)'을 떠나서는 '도·기(道·器)'를 말할 수 없으므로, '상·하'를 '전·후'로 보는 것은 전혀 이치에 맞지 않는다고 주장한다. 셋째, 이응규가 '형이전(形而前)'이 리(理)이고, '형이후(形而後)'가 기(氣)라고 한 것에 대한 반론이다. 정하원은 "형체 이전을 도(道)라 한다면, 그 도가 어떻게 갑자기 형체가 있는 다음의 기(器)와 밀착할 수 있으며, 어떻게 도·기(道·器)가 본래 떨어져 있는 것이 아니라고 말할 수 있겠느냐?"고 반문한다. 그는 이응규가 '도'의 개념을 잘못 이해한 것이라고 비판한다. 정하원은 도(道)란 사물의 소당연의 이치로서 내 마음에 갖추어져 있으며, 성(性)이 그 총회(總會)가 되는 것이라 한다.

3-7-3「與李膺圭書」(『小蠹集』卷4)

自承喩, 尋常不忘于中者久矣。所以譏諷警覺之說, 投之空山樵牧之社, 被之衰頹老朽之物, 若是珍重, 非賢者求道之弘量, 無所不用其極, 則何以及此也? 然而以古人所謂言當於理, 雖婦人孺子, 有所不棄, 或乖理致, 雖出於古書, 不敢盡信, 晦翁亦以爲此論甚當, 非世儒淺見所及也。鄙於來諭, 反覆屢回, 挾自高之氣, 急於吹毫之意較多; 降和平之心, 切於觀理之眼較小, 燕書郢語, 倒東來西, 或有不曉人意處者焉, 或有似已曉而有枉走者焉, 有若故爲閃忽以爲玩戲之態焉。如不佞者, 固不足道, 而於賢者自治之道, 無乃太踈乎? 是以欲爲奉報, 則未免於大方家矣。遂欲無言, 則又恐後之學者, 無所取正, 故不懼畏屑, 敢此條列于下方。

盛教曰: 明德心性之分, 從前有云, 而近來任(高)[鼓]9)山、金重庵, 各有做心、做性之說云云, 請置他說, 有可易知明白者,「中庸序」曰"心之虛靈知覺, 一而已矣", 明德『章句』曰"虛靈不昧", 是非心之謂乎? 推此以看, 則庶可無疑云云。

    曰: 高明非徒不知明德之義而已, 又不知虛靈之義也; 非徒不知虛靈之義而已, 不知心性之所以爲心性之義者也。心性二字之義, 若另別覰得, 則虛靈之義, 從可知矣。虛靈之義, 分明看破, 則明德之義, 又何難知耶? 先儒曰"性者, 心之理也; 心者, 性之質也", 又曰"天理之賦於人者, 謂之性; 合性與氣而爲主宰於一身者, 謂之心也", 又曰"性則心中之理也, 心則盛貯性之器也"。蓋性屬理分, 心屬氣分, 則理氣之元不相離, 亦可見矣。若言虛靈, 則玉溪之言, 曰"心之神明, 卽所得於天, 而虛靈不昧者也"。神明(寧)10)與虛靈字相應爲表裏, "虛"主理言, "靈"兼氣言, 先虛後靈, 見心之體, 不離於用也。"神"兼氣言, "明"主理言, 先神後明, 見心之用, 不離於體也。由此觀之, 蓋"虛"屬理邊, "靈"屬氣邊, 此亦見理氣之元不相離。陳北溪亦曰"虛靈通徹, 蓋理與氣合而有此妙用耳"。賢者所引虛靈者, 但知屬於氣分, 而初不知心字之面貌, 作何樣物者也。若單言心, 則心是淸濁、粹駁、邪正、眞妄、變化無

---

9) (高)[鼓]: 저본에는 '高'로 되어 있으나 '鼓'로 바로잡았다.

10) (寧): 문맥을 살펴 연문으로 수정하였다.

常者也, 而今以虛靈字, 專屬氣分, 把作心之註脚, 而謂明德者, 其可乎不可乎? 夫
人心之本善者, 其大腦頭, 全在性字上, 故孟子曰“盡其心, 知其性, 知其性, 知其
天”, 此卽窮理極處, 與天合一之妙也。故宋子曰“學至於此, 則知性之爲德, 無所不
該, 而天之爲天者, 不外是矣”。然則『孟子』“盡心知性”四字, 卽『大學』明德之事,
其用工, 全在性上矣。世或以『孟子』盡心註曰“人之神明, 所以具衆理, 應萬事”, 與
『大學章句』同, 其訓心訓明德, 無一言不同, 則心與明德, 固非二物。此固不知一心
字之上有“盡”, 下有“性”字, 其用工也, 割去百裹皮, 打開千鎖鑰, 然後方到性善界
分, 乃欲以尋常一心字當之, 可乎? 且『中庸或問』曰“聖人之心, 淸明純粹者, 皆性
字上, 十分恰好”之語也, 而乃其言之糢糊穿鑿, 不能(樸)[撲]¹¹⁾破, 其大腦頭, 狂走
砂礦邊, 綴拾零星粹金, 如入場擧子, 斷章取義之爲, 不亦可笑者耶? 性非心, 則無
該載之具; 心非性, 則無光明之體也。愚故曰“明德者, 心性之總名也”。未知高明
復以爲如何? 又不歸之於做性云, 而作燕書郢語, 則又幸矣。

盛敎曰: “形而上謂之道, 形而下謂之器”, 高明則曰“形신前謂之道, 形신後謂之器”云云。
曰: 把上、下字, 作前、後看, 而又爲吐釋, 謂之使人易曉, 其冗雜儱侗如此, 愚見甚
是不當, 故曰“此言, 雖出於程、朱筆端, 吾不信然”云矣, 乃反拖倒於明德書中, 以
爲聲討羅織之欛柄, 此無乃好勝之心轉急, 看理之眼全空? 此所謂“倒東來西”者也。
豈以高明純粹之姿稟乃爾耶? 以上下字, 作前後看, 終始執拗, 言必稱先儒說云, 尊
之所謂先儒者, 果我東先儒乎? 抑明、宋間先儒乎? 夫“喪欲貧, 死欲速朽”者, 明是
夫子之言, 而有若曰“此非夫子之言也”。蓋亦有有爲之言者, 則尊所謂“前後看之
先儒”者, 恐未知亦發於有爲而言者歟! 不然則自有道器之後, 豈有如此懸空之說
乎? 朱子曰: “其性、其形, 雖不外乎一身, 然道器之間, 分際甚明。” 盧玉溪曰: “心
之爲物, 主於身, 形而下者也, 其體用性情, 形而上者也。” 以至孟子之“是氣也, 配
道與義”, 氣是形而下者也, 道義是形而上者也。「繫辭」之“繼之者善”, 形而下者也;
“成之者性”, 形而上者也。天合當高, 地合當厚, 高厚, 器也; 而所以高厚, 道也。陽
合當伸, 陰合當屈。屈伸, 器也; 所以屈伸, 道也。以此推之, 天下萬事萬物, 無形外
之道器, 此則愚之所謂先儒說者, 而不可盡擧也。頃書中所引經傳諸說, 都無干涉,

---

11) (樸)[撲]: 저본에 ‘樸’으로 되어 있으나 문맥을 살펴 ‘撲’으로 수정하였다.

而但見其博識廣覽云云, 而賢者之所謂"不滿一笑"者, 乃所以反消者也。『小學』之灑掃應對, 是形而上之道也, 此言賢必大笑, 而所以灑掃應對, 皆主於敬字上, 則此皆下學上達、徹上徹下之妙, 而亦豈徒取上下之相似者乎?

盛教曰: 道指事物之理, 故曰形而上; 器指事物之體, 故曰形而下, 以爲形而前 則是理, 而形而後則是器也云。然其實, 道寓於器, 故程子曰"器亦道, 道亦器", 元不相離者也云云。
曰: 賢所謂"器指事物之體"體字, 此亦賢所謂先儒說者乎? 體是全體、本體、道體、事體、體段之義, 而乃被冒置於事物成形之位, 此或有失於下語之糟粕耶? 愚請改之, 曰"器, 事物之具"云, 則尊意以爲何如? 且所引程子曰"器亦道, 道亦器", 元不相離, 乃倒戈自伐之言也。旣以形前之道, 何遽與形後之器, 有此不離之妙耶? 此在於前, 彼成於後, 其相去不翅千里者, 而其親粘無間, 乃有此元不相離乎? 此不自言其言, 反言吾言, 何? 此所謂"或已曉而枉走"者也。如此汨董無倫緖者, 靡他也, 又不識道字之爲何樣面貌故耳。夫道者, 事物中所當然之理, 人之所共由者也。性則在我之理, 具於吾心, 而道之所總會也。若早知事物當行之道, 具於吾心, 而爲總會於一性字上, 豈有如此胡亂靡定之說乎? 高明之以前後看者, 抑或誤看於蔡節齋所謂"先有理, 後有氣"者, 形而上爲道、形而下爲器之語耶? 其下有"有則俱有", 道卽器之謂也。"蓋不分先後, 則理氣不明, 不合理氣, 則判爲二物"云云, 愚恐高明之所拗執者, 恐先後字一轉爲前後字而然歟? 其語意自別, 乃於道器之說, 可謂(顚樸)[攧撲]12)不破者也。向所謂"明德心性之說"者, 心卽形而下之器也, 性卽形而上之道也, 後所謂"湖、洛人物之論"者, 陰陽五行卽非形而下之器乎? 健順五常卽非形而上之道耶? 其外挾麤淺之氣, 無倫脊之語, 決非儒者之所可道也。欲語則非曰無辭, 而此亦非關於明理講討之事也。故願立於三緘之下也。
至於湖、洛理分之說, 盛教曰"巍巖之論, 終爲決案, 則愚何敢更爲贅說耶"云。如愚者, 所見謏寡, 年迫就木, 果末見巍巖之論, 眞所謂未爬之癢也。高明自信自己聰明博識, 不度人飢飽, 但誇張某壚上佳釀, 爲天下第一方文云。然而聞者未熟其路, 未知其味, 徒爲病渴者, 使之流涎而已, 何不使建州人往泉州者, 且敎他從劍南州問路去耶? 此不幾乎道器說中沒頭尾先儒歟?

---

12) (顚樸)[攧撲]: 저본에는 '顚樸'으로 되어 있으나, 문맥을 살펴 '攧撲'으로 수정하였다.

8.

龍山 奇弘衍
(1828~1898)

心說論爭 資料

「중용이발미발설中庸已發未發說」(『龍山遺稿』卷3)

1) 서지사항

『중용』의 이발과 미발에 관한 기홍연의 설명문. 『용산유고(龍山遺稿)』 권3에 실려 있다.

2) 저자

기홍연(奇弘衍, 1828~1898)으로, 자는 경도(景道), 호는 용산(龍山)이다.

3) 내용

이 글은 『중용(中庸)』의 '이발미발(已發未發)'에 대한 설명으로, 전문(全文) 69자의 매우 짧은 글이다. 기홍연은 미발의 성(性)은 성인(聖人)과 보통 사람이 같다고 하였다. 다만 성인의 미발(未發)은 명경지수(明鏡止水)와 같고, 중인(衆人)의 미발은 밝은 구슬이 진흙 속에 있는 것과 같으니, 주자(朱子)가 미발을 심체가 유행하는 것으로 설명한 것은 잘못이라는 견해를 피력하였다.

3-8-1「中庸已發未發說」(『龍山遺稿』卷3)

以大言之, 則性之未發者, 聖、凡固無不同, 而就心體流行處言之, 則聖人之未發, 如明鏡止水; 衆人之未發, 如明珠在泥土中。朱訓未發, 已就心體流行處見, 故直謂之性則不可。

「인성선악변人性善惡辨」(『龍山遺稿』卷3)

1) 서지사항

인간 본성의 선악에 관한 기홍연의 논설문. 『용산유고(龍山遺稿)』 권3에 실려 있다.

2) 저자

기홍연(奇弘衍, 1828~1898)으로, 자는 경도(景道), 호는 용산(龍山)이다.

3) 내용

이 글은 기홍연이 인성(人性)의 선악에 대해 변론한 것이다. 본래 인성의 선악에 대하여 맹자는 성선(性善)을, 순자는 성악(性惡)을, 양웅(揚雄)은 선악이 혼재되어 있음을 주장하였고, 한유(韓愈)는 인성에 삼품(三品)이 있음을 주장하였다. 정호(程顥)는 맹자의 설명이 인성의 근원을 궁구한 의론이라 호평하였으나, "성을 논하면서 기를 논하지 않는 것은 불완전한 논의이고, 기를 논하면서 성을 논하지 않는 것은 불분명한 논의다.[論性不論氣不備, 論氣不論性不明.]"라고 하였다. 주희(朱熹)는 "순자, 양웅, 한유는 기(氣)만을 설명하였는데, 장재(張載)는 그 중간에 나아가 기질의 성을 분별하여 형체가 있은 뒤에 기질의 성이 있다고 하였으니, 잘 회복하면 천지의 성이 그 안에 보존된다"고 하였다. 이에 본연지성과 기질지성이 각각 분명하게 구별되었다고 기홍연은 주장하였다. 기홍연은 물욕에 가려짐이 없는 것을 본연의 성이라고 하고, 가려짐이 있는 것을 기질의 성이라고 하니, 본연의 성으로 말하면 선하지 않음이 없고, 기질의 성으로 말하면 악이 없을 수 없다고 하였다. 순자와 양웅은 모두 가려짐이 없음을 보지 못하고 가려짐이 있는 것만 보았기 때문에 분분하게 설명하였으나, 결국 모두 도를 어지럽혔다고 평하였다. 악은 본래부터 악이 아니라 지나침과 미치지 못함으로 인하여 악이 될 뿐임을 말하여 본연지성의 선(善)을 강조하였다.

3-8-2 「人性善惡辨」(『龍山遺稿』卷3)

性, 訓善, 荀云惡, 揚言善惡混, 韓謂有三品。明道以鄒訓謂極本窮源之論, 仍謂"論性, 不論氣, 不備; 論氣, 不論性, 不明"。晦翁以荀、揚、韓謂只說得氣, 橫渠去其中, 分別箇氣質之性出來, 以爲形而後有氣質之性, 善反之則天地之性存焉。於是本然之性, 氣質之性, 各有著落, 而鄒夫子占本然之位, 荀、揚、韓皆歸氣質之科。自此或有以氣質犯本然界分者, 晦翁嚴禁而痛斥之, 以爲張、程氣質之論, 大有功於後學。竊嘗論之, 本然者, 太極之妙, 純粹至善者也; 氣質者, 二五之精, 凝聚形化者也。純粹者, 墮在凝聚之中, 卽所謂性, 而凝聚者, 不能無殊, 則性爲其所蔽而善惡乃分。於是指其無蔽者, 而謂之本然之性; 指其有蔽者, 而謂之氣質之性。故自其本然之性言之, 則無有不善; 自其氣質之性言之, 則不能無惡。荀、揚不見其無蔽者, 而但見其有蔽者。故遂有紛紜之說, 而同歸於亂道也。若使荀、揚生於程、朱之後, 則必無混惡之說。惜乎! 韓昌黎以仁義禮知爲性, 以喜怒哀樂爲情, 則庶幾近之, 而不能將三品之說, 直屬之氣質, 則又烏得免晦翁之慨歎也? 蓋性說, 夫子之言, 旣不可得聞, 若非鄒夫子, 孰能窮其本源, 以明此性之有善無惡乎? 又若非橫渠、明道兩夫子, 孰能說氣質之性, 以惡歸氣質, 以補鄒訓之備乎? 又若非晦庵夫子, 孰能使後學就氣質之性之中, 挑出其不蔽於氣質者, 以見其本體之至善, 而使善惡混等說不得肆行乎? 天爲斯文, 降生四夫子, 辨明性理, 炳如日星, 今何必更辨? 然本然之性則善, 而氣質之性則惡, 是有兩箇性耶? 天下無性外之物, 不知何自而有惡也? 此非有兩箇性也。卽本然之性, 爲氣質所蔽, 而發出來便如此也。仁有所蔽, 而爲殘忍; 義有所蔽, 而爲剛暴; 禮有所蔽, 而爲諂諛; 智有所蔽, 而爲苛察。如本淸之水, 以汙泥塞之, 便爲濁流。故明道以爲"善固性也, 惡亦不可不謂之性。謂之惡者, 本非惡, 因過與不及, 便如此", 蓋謂此耳。

3-8-3

「심무옹설心无翁說」(『龍山遺稿』卷3)

해제

1) 서지사항

기홍연이 당호를 심무헌(心无軒)으로 짓고 스스로 심무옹(心无翁)으로 자처한 것에 대한 해설문. 『용산유고(龍山遺稿)』 권3에 실려 있다.

2) 저자

기홍연(奇弘衍, 1828~1898)으로, 자는 경도(景道), 호는 용산(龍山)이다.

3) 내용

이 글은 기홍연이 당호를 심무헌(心无軒)으로 짓고, 스스로 심무옹(心无翁)으로 자처한 내력을 쓴 것이다. '심무헌'은 처음에 심헌(心軒)이었으나, 당호에 대해 기롱하는 자들이 있어 심(心)자 아래에 무(无)자를 붙여 '심무헌'이라고 고쳤다. 기롱하는 자가 또 "심무(心无)의 무(无)가 '없음[無]으로 없음[無]을 삼는 데'에 가깝지 않느냐"고 하였다. 이에 작자는 없음[無]을 근본으로 삼는 것은 외물에 구속되지 않는 초연한 기상임을 강조하고, 심무(心无)는 마음이 보존되어 있으면서 바깥일에 매이는 일이 없는 것이며, 무심(无心)은 마음도 함께 없는 것이라는 차이를 설명하였다. 기롱하는 자가 경청하고 옷깃을 여미니, 이것으로 심무헌설(心无軒說)을 지었음을 밝혔다.

3-8-3 「心无翁說」(『龍山遺稿』卷3)

翁心軒爲號, 有譏之者, 其說多端。翁苦於分疏, 乃以无字着之於心字下, 謂之心无軒, 自以爲無他說矣。譏之者, 又曰: "心无之无, 不幾於以無爲無乎?" 翁卽蹴然曰: "子何言之易也? 夫以無爲本者, 能外形骸忘機關, 以超然於物累之表, 豈可以其異端而易言哉? 雖然, 心无云者, 非是之謂也, 心內無事云爾。喜怒哀懼愛惡欲七者, 非心之用乎? 是七者, 其來也由外, 而其應也由內。翁年老矣, 氣衰矣, 於七者之來也, 所以應之者, 漸倦。七者見其倦, 而亦不數數而來, 來益稀而應益寡, 寡之又寡, 以至於无, 則心內自然無事矣。此翁所謂心无也, 是果以無爲本之無乎? 且使謂之无心, 則是並與其心而无之, 子之言或似矣。今云心无, 則是心存, 而所無者, 外事而已, 子欲比而同之, 不亦異乎?" 譏之者曰: "然則'必有事焉, 而勿正心勿忘', 何謂也?" 翁乃瞿然曰: "善哉! 子可謂起發人意也。向也翁托於老倦矣, 今不得不爲子略言之。有事勿正, 乃无事之所由生也。苟有一毫間斷, 而心不守宅, 則七者紛紜於內, 終不得无事矣。喜而不留其喜, 怒而不留其怒, 是所謂无事也。致此者, 豈偶然哉? 有事勿正, 卽其本也。" 於是譏之者, 愀然斂襟, 若有所意會於心, 默然而退。翁乃掇其語, 以爲心无軒說。

3-8-4

「상노사선생문목上蘆沙先生問目」(『龍山遺稿』卷3)

해제

1) 서지사항

기홍연이 기정진에게 올리는 문목(問目). 『용산유고(龍山遺稿)』 권3에 실려 있다.

2) 저자

기홍연(奇弘衍, 1828~1898)으로, 자는 경도(景道), 호는 용산(龍山)이다.

3) 내용

이 글은 기홍연이 스승인 노사 기정진(奇正鎭, 1798~1879)에게 올리는 질문목록[問目]이다. 과거시험을 단념하고 학문연구에만 전념했던 기홍연은 주서(朱書) 공부에 힘써 『주서표기(朱書標記)』 등을 만들어 실천하고 이를 좌우명으로 삼기도 하였는데, 이 글은 그가 성리학과 경학을 공부하는 과정에서 의문 나는 것을 목록으로 작성한 것인 듯하다. 주로 태극, 음양, 리기, 선악 등에 관한 의문이며, 대략 23개의 문단으로 나뉘어 있다. 그 중 몇 개의 문목을 열거하면 아래와 같다.

- '관물찰기(觀物察己)'란 사물로 인하여 내 마음의 이치를 밝히는 것인지를 질문한다. 또 명덕(明德)도 리(理)이고 도심(道心)도 리(理)인데 왜 다르게 명명(命名)하는지를 질문한다.
- 광명허령(光明虛靈)한 것이 본래 기(氣)이지만, 리에 광명허령함이 없다면 기가 이것을 어디에서 품부 받았는지를 질문한다. 선유(先儒)가 "리와 기가 합하여 허령한 것이다"고 하는데, 여기에서 리에 비중을 두지 않는 것은 왜인지를 질문한다.
- 정(精)과 신(神)이 정기(精氣)와 신리(神理)인지를 질문한다. 그렇다면 심성(心性)은 어디에 속하는지를 묻고, 형기(形氣)와 기질(氣質)이 같지 않음은 왜인지를 질문한다.
- 성(性)에 다섯 가지가 있고, 정(情)에 일곱 가지가 있는 것은 왜인지를 질문한다.
- 염계는 "태극(太極)이 동하여 양(陽)을 낳는다"고 하였는데, 주자(朱子)는 동정(動靜)은 태극이 아니라고 한 것은 왜인지를 질문한다.

• 편전(偏全)의 편(偏)과 편색(偏塞)의 편(偏)이 어떻게 다른지를 질문한다.

이러한 질문목록을 담은 유고(遺稿)는 『중용』에서 말한 박학(博學), 심문(審問), 신사(愼思), 명변(明辨), 독행(篤行)의 공부과정을 몸소 실천한 좋은 본보기라고 할 수 있다.

3-8-4「上蘆沙先生問目」(『龍山遺稿』卷3)

"觀察己"云者, 因乎物而明吾心之理之謂耶? 此法極其至與一貫異耶? 此以知, 彼以行, 而不同耶?

明德, 理也; 道心, 亦理也。其所以命名之異, 何耶? 光明虛靈, 固氣也。然理無光明虛靈, 氣從何稟來耶? 先儒言"理與氣合, 所以虛靈", 此言不歸重於理, 未知何如?

纔明彼卽曉此, 曉是知覺之云耶? 通達之云耶?

精神二物, 精氣而神理耶? 於心性, 何所屬耶? 形氣與氣質, 其不同, 何如?

性惟五, 情則七, 何也?

"盡其心"云, 盡則吾心之全體、大用, 無不盡也。不但可謂知得盡, 亦可謂行得盡, 朱先生必謂之知至, 何耶? 因下文有"存心"一段而然耶?

"存其心", 但當云"存所以養也", 今云"存其心, 養其性", 似有兩段工夫, 何也?

周子分明說"太極動而生陽", 而朱子云"動靜非太極", 何也? 朱子曰"動靜陰陽, 皆形而下者也", 延平云"動而生陽, 做已發看不得", 奈何?

"五行之生也, 各一其性也", 是則物物之性, 不同也。"陰陽, 一太極也", 是則物物之性, 又同也, 奈何?

"陽變陰合, 而生水、火、木、金、土", 五者有生之序, 有行之序, 其所以相對相生, 終難得其要領, 奈何?

良知、良能, 明人性之本善耶?

理爲萬化之主, 而其有過不及, 便歸咎於氣。此如東關之事, 昭則敗, 而儀則誅也, 爲氣者, 獨不冤乎?

若曰"理雖本善, 而其賦與之際, 不能無過不及之差云爾", 則是理不勝氣也。若曰"氣聽命焉而云爾", 則是又善惡皆天理也, 奈何?

曰"天下無性外之物", 由是, 則惡亦似性中物也。曰"非性中元有此兩物, 相對而出", 由是, 則惡固性外物也, 此物果從何處生出耶?

惡之來處, 終不分曉, (秪)[祇]¹⁾可曰"善之不直遂", 則理到此, 不得已 任氣所爲", 如吳

---

1) (秪)[祇]: 저본에 秪로 되어 있으나, 문맥을 살펴 '祇'로 수정하였다.

王不朝日, 仍賜几杖, 理如此其弱之甚耶?

『大學或問』曰: "彼賤而爲物者, 旣梏於形氣之偏塞, 而無以充其本體之全。"「太極圖」解之曰: "各一其性, 則渾然太極之全體, 無不各具於一物之中。" 兩全字不同, 何也? 竊以偏全、本然視之, 則上全字 是偏全之全, 而下全字是偏全之偏耶!

曰"性, 如孔隙之受日光", 曰"性, 如杓椀之取海水"。竊以爲孔隙不同, 而日光自在, 杓椀雖殊, 而海水則同, 是則無可疑也。但孔隙之或大或小, 杓椀之一小一大, 是孰使之然哉?

若曰"是理本然", 則凡天下醜惡底物, 亦皆有是理, 而旋旋生出耶? 若曰"非理本然", 則方其成形質也, 理初不管攝, 而待其成質, 而後乃隨其質, 而賦其性而已耶? 若如前言, 則善惡皆天理也; 若如後言, 則氣不聽命於理也, 奈何?

偏全之偏, 偏塞之偏, 如何分別?

朱子曰: "枯槁之物, 謂無生意則可, 謂無生理則不可。" 生意與生理如何別? (秖)[祗]2) 當曰"枯槁之物, 謂無生意則可, 謂無性理則不可", 如此言之, 便無疑矣。

凡有形質, 斯有質性, 質性善惡, 似當隨其形質之美惡, 而形質美者, 質性反惡, 形質不美者, 質性反善, 何也?

形質、質性, 皆氣分事也。形質旣不可變化, 則質性之可以變化者, 何也?

何叔京云: "不知何自而有此人欲?" 朱先生引程子言: "但過與不及, 便如此。" 不知過與不及, 是誰之咎?

---

2) (秖)[祗]: 저본에 秖로 되어 있으나, 문맥을 살펴 '祗'로 수정하였다.

「답송해사答宋海士」【漢宗】(『龍山遺稿』卷3)

해제

1) 서지사항

기홍연이 송한종(宋漢宗)에게 답하는 서간문. 『용산유고(龍山遺稿)』 권3에 실려 있다.

2) 저자

기홍연(奇弘衍, 1828~1898)으로, 자는 경도(景道), 호는 용산(龍山)이다.

3) 내용

이 글은 노사의 직전제자인 기홍연이 송한종(宋漢宗)에게 보내는 답신인데, 송한종의 자가 해사(海士)인 듯하다. 송한종에 대해 알려진 바 없으나, 편지의 투식으로 보아, 그는 같은 노사문인으로서 기홍연보다 다소 나이가 많으며 서로 학문을 토론하는 관계일 것으로 보인다. 이 글에서 기홍연은, 맹자가 "하늘이 재(才)를 그렇게 다르게 내려준 것이 아니다.[非天之降才爾殊]"라고 한 것은 재를 리로 말한 부분이고, 정이(程頤)가 "재(才)로 말하면 하우(下愚)여서 변할 수 없는 자가 있다.[語其才, 則有下愚之不移]"라고 한 것은 재를 기로 말한 부분이라고 하며, 주희(朱熹)가 "측은(惻隱)·수오(羞惡)는 심(心)이고, 측은(惻隱)·수오(羞惡)할 수 있는 것은 재(才)라고 한 말은 리와 기를 합하여 말한 것이라고 답하였다. 또, 야기(夜氣)는 본래 그러한 청명(淸明)한 기이고, 호기(浩氣)는 잘 길러진 강대한 기이므로, 야기와 호기는 다르다고 하였다. 즉 똑같은 나의 기인데 야기는 어린아이와 같은 순수한 기이고 호기는 노성한 사람의 기라고 답하였다. 또 주자가 "죽으면 혼백(魂魄)이라하고, 살았으면 정기(精氣)라 하며, 천지에 공공연하게 있는 것을 귀신(鬼神)이라 한다."라고 말한 것과 "기의 호흡이 혼(魂)이니, 혼이 곧 신(神)이며, 이목구비의 종류를 백(魄)이라하니 백이 곧 귀(鬼)이다."라고 말한 것을 인용하고, 또 "양혼(陽魂)이 신(神)이고, 음백(陰魄)이 귀(鬼)이다."라고 하였다. 성(誠)에 대하여는 성(誠)은 하늘에 있으면 실리(實理)이고, 사람에 있으면 실심(實心)이라고 하였다. 오상(五常)의 신(信)에 상대하면 신(信)은 성(誠)의 근본이고, 성은 신의 덕(德)이며, 충신(忠信)의 신(信)에 상대하면 성(誠)은 저절로 그러한 성실이며, 신(信)은 인위적인 성실이니, '성(誠)'과 오상의 '신(信)'은 구분하기 어렵다고 하였다. 주희의 "성(性)은 실제로 드러나고, 지성은 허명하다[性實誠虛]"의 뜻으로 미루어보면 거의 이해할 수 있을 것이라고 답하였다. 이러한 답변의 저변에는 리와 기를 일체(一體)의 관계로 주장하는 스승 노사의 학풍이 깔려있다.

3-8-5 「答宋海士」[漢宗] (『龍山遺稿』卷3)

不意拜惠存, 以審春寒經履百福, 實叶願聞。弟病狀依前。所喩知行云云, 知雖切, 豈可便言行安耶? 要在勉之耳, 如何如何? 五絕意格, 俱到可賀, 勤意不可不答, 不得已露醜, 下覽如何? "得詩仰風味, 便覺霧眸明。可笑龍山老, 不能辨濁淸。" 此不過寫情而已, 豈可以酬唱論也? 慙愧慙愧! 止齋箴, 尊先代有知止堂, 必有箴戒之詞矣, 何必他求? 況弘衍豈其人乎? 愧悚愧悚! 多少在面討, 不備。

才有以理言處, 孟子"非天之降才爾殊"是也; 有以氣言處, 伊川"語其才則有下愚之不移"是也。朱子曰: "惻隱、羞惡, 是心也; 能惻隱、羞惡者, 才也。" 此則合理氣而言也。夜氣與浩氣不同。夜氣者, 自然淸明之氣也; 浩氣, 養成剛大之氣也。同吾氣也, 夜氣如孩提, 浩氣如老成。

盡知是知底工夫, 存養是守底工夫。盡心當作意誠說, 此皆朱子語。上下盡字, 分知行, 當從下訓。

朱子曰: "死則謂之魂魄, 生則謂之精氣, 天地公共底謂之鬼神。" 又曰: "氣之呼吸者爲魂, 魂卽神也; 耳目口鼻之類爲魄, 魄卽是鬼也。" 又曰: "陽魂爲神, 陰魄爲鬼。"

誠, 在天爲實理, 在人爲實心。對五常之信, 則信爲誠之本, 誠爲信之德; 對忠信之信, 則誠是自然底實, 信是人做底實。誠字與五常之信字難分, 以朱子性實誠虛之意推之, 庶可理會得。

鳶, 物也; 魚, 亦物也, 形而下者也。其飛, 其然也; 其躍, 亦其然也, 理之昭著者也。必有所以然, 理之不可見者也

鳶則戾于天, 魚則躍于淵, 理之可見者也。必有一箇什麼物, 使得他如此。

門者是果儒者乎? 儒者未嘗不用武。然其進退有據, 不失儒者本分, 如阿衡之於殷, 師尙父之於周是耳。安有儒者, 而自衒鬻於用武之場乎? 是其冠可溲溺也。若使高帝遇眞儒, 則必極其尊敬矣, 豈其溲溺爲也? 陸生說『詩』、『書』, 則號曰『新語』。魯城聞絃誦, 則卽爲退軍, 過夫子廟, 則祀以太牢, 帝可謂崇儒矣。帝未嘗學問也, 蓋其天性明達, 姿稟甚高耳。若有眞儒輔導之, 則儒者之道, 庶幾可行, 而挽回三代, 蓋亦不難矣。嗚呼惜哉!

9.

管山 安貞晦

(1830~1989)

心說論爭 資料

「명덕도심이기설변明德道心理氣說辨」(『管山遺稿』卷2)

해제

1) 서지사항

안정회(安貞晦, 1819~1891)가 명덕과 도심을 이기론의 관점에서 설명한 잡저(雜著)이다.『관산유고 (管山遺稿)』권2에 실려 있다.

2) 저자

안정회로 호는 관산(管山)이다.

3) 내용

이 글은 먼저 명덕과 도심을 모두 담연순일한 기의 작용이라고 보아야 한다는 견해를 소개하고, 이를 비판하는 내용이다. 안정회는 리기불상리(理氣不相離)를 "리와 기가 본래 하나"라는 측면으로, 리기불상잡(理氣不相雜)을 리와 기를 "쪼개어 둘로 보는" 측면으로 구분했다. 그래서 쪼개어 볼 때는 리와 기를 각각 선과 악으로 소속시키지만, 기(氣)가 올바른 도리를 따라 선이 될 때에는 리(理)가 주재한 것이므로 "본래 하나"라는 관점에서 기의 순선을 곧 리의 순선으로 이해해야 한다고 주장했다. 결론적으로 안정회는 명덕과 도심을 기(氣)를 위주로 하여 담연순일한 기(氣)로 설명해서는 안 되며, 리(理)를 위주로 설명하여야 한다고 주장하였다.

3-9-1 「明德道心理氣說辨」(『管山遺稿』卷2)

一種曰: "明德、道心, 俱是氣。理一墮在氣質中, 則發見運用皆是氣也。氣或有不善, 然其善者, 豈非(動)[氣][1]之湛然純一乎? 然則明德、道心, 乃湛然純一之所爲也。"

辨之曰: "理氣有不相離、不相雜之訓, 而其曰不相離者, 理氣本一也; 其曰不相雜者, 分開而二之也。曰何以二之? 氣有善惡, 而理則純善而已。故分別其善與惡, 而善者屬之理, 不善者屬之氣, 於是不得不二之也。蓋氣之循軌爲善者, 理爲之主宰也。然則氣純一, 乃理純善, 而本一底境界也。諸般病證, 皆出於只知理氣爲二物, 而不知理氣之本一故也。是知但執一物之論, 而不知爲二者, 病也。故朱子論理氣曰'一而二, 二而一'。乃若明德統說聖凡之心, 則主理而非主氣也。朱子曰'天命率性, 卽道心之謂也'云, 則烏可以氣之湛然, 蔽天命率性乎?"

---

1) (動)[氣]: 저본에 '動'으로 되어 있으나, 문맥을 살펴 '氣'로 수정하였다.

「기의記疑」(『管山遺稿』卷2)

1) 서지사항

안정회(安貞晦, 1819~1891)가 퇴계의 리발설에 나름의 일리가 있음을 주장하는 한편, 선(善)을 기의 담일로 설명하는 당대의 학설에 대해 비판한 잡저(雜著)이다. 『관산유고(管山遺稿)』 권2에 실려있다.

2) 저자

안정회로 호는 관산(管山)이다.

3) 내용

이 글에서 안정회는 먼저 퇴계의 리발설이 사단과 칠정이 모두 기가 발한 것임을 몰랐던 것이아니요, 다만 사단은 리를 따라서 발한 것임을 '이발'이라 표현한 것이라고 설명하였다. 아울러리와 기가 본래 하나라는 입장에서 기가 순수하여 선으로 발현할 때는 곧 리라고 보아도 무방하다고 주장하였다. 그리고 이러한 입장에서 발용 이후의 선(善)은 담일한 기(氣)로 귀착된다는 당대의학설을 비판하고 있다. 또한 율곡이 주장한 '본연지기(本然之氣)' 역시 기(氣)로만 말한 것이 아니라 리(理)를 위주로 하여 그에 따르는 기(氣)를 말한 것이라 주장하였다. 마지막으로 안정회는 학문의 본령이 "기를 밝히는 학문"에 있는 것이 아니라 "리를 밝히는 학문"에 있다고 강조하였다.

3-9-2 「記疑」(『管山遺稿』卷2)

退翁七辨曰"四端, 理發而氣隨之; 七情, 氣發而理乘之", 栗谷辨以"四端七情皆是氣"。
余昔年意謂退翁之失, 在理氣之互發, 而栗谷駁正其失云矣。 及考見『退溪集』中與高
峯往復書, 則盖退翁非不知四七之皆氣發也, 只是四端循理而發, 故曰"理發", 而氣未
用事, 故曰"氣隨之"。 然而如無栗翁之辨, 則後生或疑其理氣之互發。 然則四七皆氣
發, 而但有純理與兼氣之分矣。 "四端純理, 七情兼氣"云云, 乃集中之說也。『語類』曰
"四端是理之發, 七情是氣之發"云者, 豈昧於氣發一途而然耶? 只有主理兼氣之別, 而
不得不如是下語矣。

周子曰: "太極動而生陽。" 盖有動有靜者, 氣也; 動之靜之者, 理也。 其言"太極動"時,
非遺却氣也, 挑出理而言動也, 則今夫"四端理發"云者, 恐似可以傍照矣。 朱子曰: "陰
陽五行錯綜, 不失其端緒, 便是理。" 然則理之直遂者, 雖千變萬化, 不害爲理也。

『退溪集』中有一端可疑者, 曰"以氣順理而發爲理之發, 則是未免認氣爲理之病"云云。
『中庸』曰"發而皆中節謂之和, 和也者, 天下之達道", 道非理之謂而和非氣順理耶? 若
曰指和爲理, 則是認氣爲理耶? 然則四端之謂理發者, 亦未免認氣爲理之病, 奈何? 此
段傳錄者恐誤。

或曰: "理則純善, 而氣有善惡, 故凡天下之善者屬之理, 不善者屬之氣。 然則氣自湛一
純粹之本體, 而若屬之惡, 則爲之氣者, 不其冤乎?" 曰: "不然也, 理氣本一, 故有不相
離之訓, 而氣之純粹時, 乃與理渾然無間, 則理而已, 有何此理彼氣之別乎? 其或不善
者, 非理之過, 而乃氣之過, 故於是有不相雜之訓, 而不得不分開而二之矣。"

東方一邊議論曰"氣固有湛一之體, 而發用以後, 則不擇循理與不循理, 而皆屬之氣, 而
其循理者, 歸之湛一"云云。 然則所謂理者, 終無發見之時耶? 『大學』曰"明明德", 曰
"顧諟明命", 是明氣之學則已, 乃明理之學, 則其於先賢本意何?

大抵理氣, 初無間隔。 理則純善, 而氣或有不善, 故自古言道學者, 乃明理而已。 是故
『中庸』言理之費隱, 而其曰"鳶飛魚躍"者, 是氣也, 而曰"上下察", 則引鳶魚而形容其
上下著見之理也。 又曰"鬼神"云者, 亦氣也, 而曰"微顯, 誠不可掩", 則其歸實理而已。

一邊說者, 偏主朱子"理氣決是二物"之說, 而於是有心本體、性本體之說出焉。 大抵心
之本體乃性也, 則性之本體, 求於何處也? 果如是說, 則不幾於亂道之詖言耶?

栗谷書曰: "氣有順乎本然之理者, 氣亦是本然之氣。" 此論乃理爲主而氣隨而湛然, 則上下本然必歸一, 而非分開底說也。今誤看作氣本然、理本然, 而爲對立之物, 是乃雙本然也。氣之本然, 果是理也, 而理之本然, 在於何地耶?

自古學問, 就氣上觀理而已。氣則天下之有目者, 皆可顯見, 而理則微而難見, 故名其學問曰"明理之學", 而未聞其"明氣之學"也。

3-9-3

「태극음양설太極陰陽說」(『管山遺稿』卷2)

1) 서지사항

안정회(安貞晦, 1819~1891)가 태극(太極)과 음양(陰陽)의 관계에 대해 논한 잡저(雜著)이다. 『관산유고(管山遺稿)』 권2에 실려 있다.

2) 저자

안정회로 호는 관산(管山)이다.

3) 내용

이 글은 무극(無極)과 태극(太極), 그리고 음양(陰陽)의 근저라는 의미가 하나임을 설명하고 있다. 먼저 무극이 곧 음양의 근저가 되는 태극이라고 밝히고 있다. 이어서 "형체는 없지만 리(理)가 있으므로 본체"라 하고, "그 리(理)가 기(氣)를 타고 움직이고 고요함을 형용하므로 유행"이라 하지만, 태극 이외에 별도로 무극이 있는 것이 아니며, "무극이라는 것은 단지 태극의 무형함을 말한 것일 뿐"이라고 설명하였다. 또한 "태극이 움직여서 양(陽)을 낳는다"는 말은 리(理)가 주재임을 밝힌 것일 뿐이지, 실제로 태극이 스스로 움직이고 고요해진다는 말은 아니라고 설명하였다.

3-9-3 「太極陰陽說」(『管山遺稿』卷2)

或疑太極圖」上一圈是無極, 而下圈陰根陽根乃太極。余辨之曰: "上圈子指太極之本體也, 下圈子指太極之流行也。何謂本體? 形容其無形而有理, 故曰本體也; 何謂流行? 形容其理乘氣而動靜, 故曰流行也。而非太極之外, 別有所謂無極, 而無極者只言太極之無形也。" "然則圈中分陰陽, 而謂之太極言, 何也?" 曰: "非指陰陽而謂太極也。其中曰圈乃太極而形容其理乘氣也, 上下太極, 豈有異也?" 曰: "太極動而生陽云, 則太極自動而生氣耶?" 曰: "動者靜者, 氣也; 動之靜之者, 理也。言其理爲主宰, 故曰太極動, 而實非太極自動自靜也。"

「이일분수설理一分殊說」(『管山遺稿』卷2)

해제

1) 서지사항

안정회(安貞晦, 1819~1891)가 리일분수(理一分殊)에 대해 논한 잡저(雜著)이다.『관산유고(管山遺稿)』권2에 실려 있다.

2) 저자

안정회로 호는 관산(管山)이다.

3) 내용

이 글은 리일분수(理一分殊)를 주제로 다룬 잡저(雜著)이다. 안정회는 먼저 리통(理通)/리일(理一)과 기국(氣局)/분수(分殊)를 각각 리와 기에 대응시키면서 논의를 시작하고 있다. 구체적인 현상의 변화를 기(氣)에 소속시킨 것이다. 하지만 이어서 리(理)의 관점으로 보면 현상의 다양성, 즉 분수(分殊) 역시 리일(理一)에서 벗어나지 않는다고 설명하여, 리일과 분수의 연속성을 강조하고 있다. 끝으로 만약 리(理)와 기(氣)를 근본적으로 구분한다면, 기(氣)에 대한 리(理)의 존재론적 우선성이 규명될 수 없음을 지적하고 있다.

3-9-4 「理一分殊說」(『管山遺稿』卷2)

夫萬相通者, 理也; 萬一相殊者, 氣也。此之謂理通氣局。大抵兩儀、四象、八卦, 已具於畫前者, 理也; 六十四、三百八十四, 箇箇有分限者, 氣也。以理言, 則畫乾一畫時, 已具六十卦, 三百爻在其中, 而非旋旋生出也。然則分之殊者, 實不在理一之外矣。乃若理云者, 有條理脉絡, 而氣之分乃理一中事也, 烏可分氣與理爲兩道哉? 若以理氣, 只看作齊頭並立之物, 則生此(理)²⁾氣者誰歟? 推以上之, 必不成說。

---

2) (理): 문맥을 살펴 '理'를 연문으로 수정하였다.

「상노사선생문목上蘆沙先生問目」[附答](『管山遺稿』卷1)

1) 서지사항

안정회(安貞晦, 1819~1891)가 기정진에게 질문한 내용과 답으로 이루어져 있다. 『관산유고(管山遺稿)』 권1에 실려 있다.

2) 저자

안정회로 호는 관산(管山)이다.

3) 내용

이 글은 안정회가 기정진에게 질문한 내용과 그에 대한 기정진의 답으로 이루어져 있다. 처음의 두 조목에서는 리(理)와 성(性)의 관계를 중심으로 인물성동이의 문제를 논하며, "리(理)를 위주로 보되 사람과 다른 사물의 성(性)이 달라지는 분수(分殊)는 리 안의 조리로 보아야 하며", 또한 성(性)을 기질과 겸하여 보는지 여부에 따라서 동이(同異)를 나누어 볼 수 있다고 답하였다. 또한 리(理)와 기(氣)의 서로 떨어지지도 섞이지도 않는 관계에 대해서는 '밥과 그릇'의 관계에 비유하면서, 밥은 항상 그릇에 담겨있지만, 밥의 성미(性味)나 공용(功用)을 말할 때엔 그릇을 배제하고 말하는 것이라고 설명했다. 이어서는 경전의 구절 해석과 관련된 내용으로, 정상(精詳)과 성찰(省察)의 의미 차이에 대해서는 전자가 자세히 살피는 의미이고 후자는 생각이 싹틀 때에 해당한다고 설명하였다. 비(費)와 은(隱)의 관계에 대해서는 각각 소당연과 소이연을 대응시키고 있다. 한편, 『대학(大學)』에 보이는 "심이 발하여 의(意)가 된다"는 주석에 대해서는 정심(正心)과 성의(誠意)가 서로 연결됨을 주석한 것이라고 답하고 있다.

3-9-5 「上蘆沙先生問目」【附答】(『管山遺稿』卷1)

天命之性卽理也, 而理卽分殊者也。故人物之性雖殊, 而理則同耶?

    "天命之性卽理也, 而理則分殊者也"。如此說, 所謂理一, 都無下落處, 可乎? 須以理爲主而分殊爲其中細條理看, 始合於本章之義。大抵升斗、勻合之水, 雖多寡不同, 水之性味, 無加無減, <u>朱子</u>所言物之性不異於人者, 此也。若並欲與其升斗、勻合而同之, 則是亂天下也。於今但看得同異二字, 各有著落, 則曰同曰異, 初不相妨, 不必論, 亦不足論。苦苦說同說異者, 此二字失安頓處故也。<u>張子</u>曰"『大易』不言有無, 言有無, 則諸子之陋也", 吾於同異亦云。

性卽理也, 理無不同, 似無人物同異, 而往往乃以同異相難, 小子愚昧, 未究其實, 乞下詳誨。

    性譬如火石之含火, 不論石之好否。若兼言石之好否, 則涉於氣質也, 無人物同異, 不成說矣。

理與氣, 不離而不雜, 旣不可離、不可雜, 則似不必論主資輕重之分矣。

    今一器飯論之, 飯必以器盛之, 固無懸空之飯也。然而若論飯之性味、飯之功用, 則此乃單指飯而言, 豈兼器而言也? 道不離氣, 而不可犯氣看者, 其狀如此。

『大學章句』謂"慮謂處事精詳", 精詳是省察之意否? 能慮, 以知言、以行言耶?

    精詳與省察有分, 精詳是更審一番之意, 省察是念慮萌動時也。能慮向行邊說去。

行道有得, 得字訓德, 終有難明之惑。

    德有得義, 或以得於天而名, 五常之德是也; 或以得於心而名, 德有吉凶之類是也。又有行意, 其偏傍從行是也。此訓釋之本義, "行道有得", 當通上下看。

費是形而下者也, 隱是形而上者也。然則費隱, 當分理氣看。

    費是所當然, 隱是所以然, 譬如火燧之前, 有火之理, 以薪燃之然後, 見其火矣。

陰陽合散, 無非實者, 實便是理否? 微之顯之微顯, 亦以理言否?

鬼神之實有底, 未可便以理言; 鬼神之微顯, 亦未可便以理言。 盖以鬼神之微顯, 發明此理之微顯。

心之所發爲意, 則性之所發爲情耶?

"心發爲意", 釋本文正心、誠意之相接, 小註胡氏心性之說有病。

3-9-6

「답이택중答李擇中」[興昇](『管山遺稿』卷1)

해제

1) 서지사항
안정회(安貞晦, 1819~1891)가 이택중에게 답하여 보낸 서간문이다. 『관산유고(管山遺稿)』 권1에 실려 있다.

2) 저자
안정회로 호는 관산(管山)이다.

3) 내용
이 글은 안정회가 이택중에게 답한 편지이다. 주요한 내용은 도심(道心)을 기(氣)가 아닌 리(理)로 보아야 한다는 주장이다. 안정회는 이 글에서 "심과 성을 대비하여 거론하면 심은 진실로 기"이지만, "심만 가지고 말하면 리를 위주로 말한 것이 있다"고 주장하고, "도심(道心)은 도(道)를 위주로 한 것이므로, 기(氣)가 아니라 리(理)"라고 주장하였다. 또한 선의 발현을 단지 담연순일한 기로만 설명하면 "리를 볼 수 있는 곳이 끝내 없게 된다"고 비판하였다.

3-9-6 「答李擇中」[興昇](『管山遺稿』卷1)

道心云者, 局於心本氣之說也。心與性對擧, 則心固氣, 性固理也。若單言心, 則有主理而言者, <u>朱子</u>曰"惟心無對", 曰"心不踰矩之類"是也; 有主氣而言者, 曰"精爽", 曰"穀種之比"是也。今夫道心者, 道爲主, 則乃理, 非氣也。大抵理氣本不相離, 而理則純善, 氣或有不善, 故分別其善不善, 而曰理曰氣之說出焉。於是善者屬之理, 不善者屬之氣, 而有不相雜之訓矣。蓋一邊說者, 徒知理一墮在氣中, 則天地間發見皆是氣, 而不知(之理)[理之]發見也[3]。是以發見之善者, 直以氣之湛然純一四字, 掩覆包過, 而所謂理則終無可見之地矣。且氣之有萬不齊者, 烏可以湛然字盡蔽乎? 乃若理氣合一言處, 當從合一看, 分開言處, 亦當分開看, 方成圓滑眼目。而於合一處, 輒以分開者汨之, 於分開處, 以合一者眩之, 則終無正見, 奈何? 氣之純一, 乃理之純善, 而與理無間, 則乃合一者也。理則善, 氣則不齊, 而理與氣不相雜, 乃分開者也。以此商量如何?

---

3) (之理)[理之]: 저본에 '之理'로 되어 있으나, 문맥을 살펴 '理之'로 수정하였다.

10.

遠齋 朴喆鉉
(1831~1888)

心說論爭 資料

「이기理氣」(『遠齋遺稿』卷1)

해제

1) 서지사항

박철현이 리와 기가 서로 떨어지지도 않고 섞이지도 않는 '불리부잡(不離不雜)'의 관계에 있음을 서술한 잡저이다. 1책으로 이루어진 『원재유고(遠齋遺稿)』에 실려 있다.

2) 저자

박철현(朴喆炫, 1831~1888)으로, 자는 원식(元式), 호는 원재(遠齋)이다.

3) 내용

이 글에서 박철현은 리와 기의 불리부잡(不離不雜)에 대한 율곡 이이의 입장을 충실히 따르는 설명을 제시하고 있다. 아울러 율곡의 리통기국(理通氣局)의 입장도 그대로 수용하고 있는 것으로 보인다. 그는 리의 본연은 순선하고 기의 본연은 담일하다고 전제하고, 기의 유행 과정에서 생겨난 기의 편차로 인해 실제 현실의 다양한 차이가 나타난다고 설명한다. 아울러, 리의 경우는 이러한 변화 속에서도 본연의 묘를 그대로 유지하지만, 기는 그 본연을 잃어버릴 경우 더 이상 본연이 아니며, 그래서 흐린 기는 맑은 기가 아니라고 주장한다. 이러한 이해는 율곡 이이가 제시한 리통기국의 입장을 그대로 수용한 것으로 보인다.

3-10-1「理氣」(『遠齋遺稿』卷1)

理氣不相離, 似是一物, 而妙合之中, 理自理氣自氣, 不相挾雜, 非一物也。以氣發理乘言之, 則似是二物, 而混融無間, 無先後無離合, 亦非二物也。故程子曰"動靜無端, 陰陽無始"。蓋理之本然固純善, 氣之本然固湛一清虛而已。然氣有爲而升降飛揚, 未嘗止息, 故參差不齊, 而萬變生焉。理無爲而乘氣流行, 在氣之偏, 則理亦偏, 在氣之全, 則理亦全。以此觀之, 則非二物, 而渾融無間之實, 可見矣。至於淸濁粹駁, 糟粕煨燼糞壤之中, 理無所不在, 各爲其性, 而其本然之妙, 不害其自若。以此言之, 則非一物, 而理自理氣自氣之實, 可見矣。氣之本, 湛一清虛而已, 曷嘗有糟粕汙穢之氣哉? 方其發動也, 參差不齊, 有不失其本然者, 有失其本然者。旣失其本然, 則氣之本然者, 已無所在。偏者, 偏氣也, 非全氣也; 清者, 清氣也, 非濁氣也。非若理之於萬物, 不失其本然之妙, 而無乎不在也。

「성범현우론聖凡賢愚論」(『遠齋遺稿』卷1)

1) 서지사항

박철현이 성인과 범인, 현인과 우인의 차이가 발생하는 까닭에 대해 논한 글이다. 1책으로 이루어진 『원재유고(遠齋遺稿)』에 실려 있다.

2) 저자

박철현(朴喆炫, 1831~1888)으로, 자는 원식(元式), 호는 원재(遠齋)이다.

3) 내용

만물을 구성하는 공통의 요소는 리와 기이고, 둘 모두 본연의 차원에서는 순선하고 또한 맑은데, 그럼에도 불구하고 고금을 통틀어 선한 사람과 그렇지 못한 사람의 차이가 언제나 나타나는 것은 무슨 까닭인가? 박철현은 이러한 질문을 던지면서 이 글을 시작한다. 이에 대한 그의 답변은 성리학의 일반적인 설명과 다르지 않다. 기가 유행하면서 운동하고 서로 부딪치는 과정 중에 여러 변화를 겪으면서 맑고 흐림의 차이가 생겨나고, 인간이 태어날 때에 맑은 기를 타고나면 성인이나 현인이 되고, 흐린 기를 타고나면 범인이나 우인이 된다는 것이다. 하지만 박철현은 이러한 설명과 더불어 모든 인간은 지극히 선한 리, 즉 성(性)을 똑같이 지니고 있으므로 기질의 변화를 통해서 순선한 본성을 실현할 수 있다고 강조한다.

3-10-2「聖凡賢愚論」(『遠齋遺稿』卷1)

夫充乎天地之間者, 只是理氣, 而理之本然固純善, 氣之本然亦湛一清虛而已。人同得此理氣而生者, 必無聖凡賢愚之殊, 而余觀古今人品之不齊, 賢與聖十一, 愚與凡十九, 何也? 蓋天地之所以生人者, 理也, 其生人者, 氣也。氣之方流行也, 升降飛揚, 未嘗止息, 故參差不齊, 而萬變生焉, 然後乃有清濁粹駁之分耳。是故稟其清粹者, 爲聖爲賢; 稟其濁駁者, 爲凡爲愚。然愚者止於愚, 而凡者止於凡而已乎? 聖凡賢愚, 同得這至善之理而爲性, 則性之本善, 初無彼此之可別也。但其本然之性, 墮在氣質之中, 始有四等之分。然則凡愚之學賢聖, 惟在於變化氣質, 克復天性而已也。張子所謂“善反之, 則天地之性存焉”, 其言約而盡矣。

「심변설心辨說」(『遠齋遺稿』卷1)

해제

1) 서지사항

박철현이 심의 중요성을 논하는 한편, 공부의 요점은 이러한 중요성을 이론적으로 이해하는 것이 아니라 실질적인 수양에 있다는 점을 강조한 글이다. 1책으로 이루어진 『원재유고(遠齋遺稿)』에 실려 있다.

2) 저자

박철현(朴喆炫, 1831~1888)으로, 자는 원식(元式), 호는 원재(遠齋)이다.

3) 내용

심(心)에 대해 논하고 있는 이 글은 크게 두 부분으로 이루어진다. 전반부에서 박철현은 사람에게 무엇이 가장 귀한지를 묻는 혹자의 질문에 심이라 답하고, 그 중요성에 대해 설명한다. 심은 지극히 허령하면서 모든 리를 갖추고 있으며, 그 묘용을 통해서 현실에서 그 리를 실현하는 존재이다. 박철현은 심의 덕을 찬탄하면서 이야기를 마무리 한다. 그런데 그 답변을 듣던 어떤 다른 사람이 박철현의 실제 행실이 심에 대한 그러한 설명에 잘 부합하지 않는다고 지적하며 논의의 흐름을 전환시킨다. 그리고 이는 "심의 덕을 말할 수는 있지만, 심의 리를 다하지는 못하는 것"이라고 꼬집는다. 박철현이 이에 수긍하고 공부 방법에 대해 질문함으로써, 논의의 차원은 실질적인 수양론으로 넘어간다. 이에 상대는 수양의 핵심이 욕심을 줄이는 데 있다고 답하고, 다시 그 요법은 경(敬)에 있다고 밝히면서 논의가 정리된다.

3-10-3 「心辨說」(『遠齋遺稿』卷1)

或有於余曰: "人具百體, 孰爲最大?" 余應之曰: "心而已。" 曰: "然則願聞其指。" 曰:
"心之爲物, 至虛至靈, 萬理兼該, 而其敷施發用也, 則如事親要孝, 事君要忠, 事兄要
敬, 御妻子要和, 交朋友要信, 這便是心之德。且夫目之所以視, 耳之所以聽, 口鼻之臭
味也, 手足之運用也, 非心, 皆不能踐其形也。衣服, 則只要其蔽體而已; 飲食, 則只要
其充飽而已。以至一動一靜、一語一黙, 何莫非此心之妙用, 而事理之當然? 則雖各有
面貌之不同, 其實一知覺而已也。心之德盛且大, 其如是夫!" 或黙然良久曰: "聞子之
言, 則誠或似然, 而考子之行, 則自相矛盾者, 何也?" 余竦然而懼, 起而復跪曰: "何謂
也?" 或曰: "子之平居, 動靜語黙, 不能無過不及之差矣。飲食、衣服, 必要其甘肥而輕
煖矣。手足則不能得運用之節次也, 口鼻則不能別臭味之美惡也。至於耳目之聰明, 亦
未能充其形色, 則況於人倫之大者, 自謂盡能明之乎? 如吾子者, 可謂能言其心之德,
而不能盡夫心之理者也。" 余曰: "然。我乃言之, 反而求之, 不得吾心。而子言之, 於我
心, 有慊慊然。此心之所以合於我者, 何也?" 或曰: "子之所言心者, 道其本, 而不知其
病也; 我之所解心者, 救其病, 而欲反其本也。然則子無惑乎我之所辨也。" 余曰: "然則
願聞其治心、養心之要。" 或曰: "寡欲。孟子曰'養心莫善於寡欲', 周子曰'不止於寡而
存, 蓋寡焉以至於無'。人之常情, 寡欲猶爲難, 況至於無乎? 無則非聖人不能也。雖然,
聖人與我同類者, 而先得我心之所同然之理義而已, 豈有他哉? 願吾子, 自玆以往, 直
下工夫, 至於十年之久, 而盡去己私, 克復天理, 然後吾當聽子之言, 觀子之貌, 而占其
心中之得失矣。雖然, 又有要法焉, 只就敬字上捱去, 庶幾執捉得定, 有箇下手處, 而庶
得瘳心之病矣。不然, 如暗室求物, 必無可得之理, 而一身無主, 萬事無綱, 特一木偶
人、空殼子而已矣。" 言訖起而出, 余謂其言深有切於治心之方, 記之而欲警省焉。

3-10-4

「차기劄記」(『遠齋遺稿』卷1)

해제

1) 서지사항

박철현이 주자(朱子), 정자(程子), 장자(張子) 등의 말을 발췌하여 모은 글이다. 1책으로 이루어진 『원재유고(遠齋遺稿)』에 실려 있다.

2) 저자

박철현(朴喆炫, 1831~1888)으로, 자는 원식(元式), 호는 원재(遠齋)이다.

3) 내용

주자(朱子), 정자(程子), 장자(張子), 진덕수(眞德秀) 등의 말을 발췌하여 모은 글이며, 발췌문 이외에 자신의 생각을 덧붙여 기록하지는 않았다. 그 내용을 보면, 인심도심설을 가지고 수양의 필요성을 강조한 내용, 자기 마음을 엄격하게 다스릴 것을 촉구한 내용, 경(敬) 공부에 대한 내용 등 마음 공부에 관한 언급이 많다. 이외에 사람과 사물이 공통적으로 오상(五常)을 지니지만 기질의 차이를 고려하여 그것을 다스리는 방식은 다르다는 내용, 인(仁)과 심(心)의 관계에 대한 토론, 심(心)·성(性)·천(天)·도(道)의 관계를 설명한 내용 등이 포함되어 있다.

朱子: “義理之心, 頃刻不存, 則人道息。人道息, 則天地之用, 雖未嘗已, 而其在我者, 則固卽此而不行矣。”

“心則欲其常不泯, 而不恃其不常泯也; 法則欲其常不廢, 而不恃其不常廢也。所謂‘人心惟危, 道心惟微, 惟精惟一, 允執厥中’者, 欲其擇之精, 而不使人心得以雜乎道心; 欲其守之一, 而不使天理得以流於人欲。”

“凡生於天地之間, 無論是人是物, 同得此健順五常之理以爲性, 旣有是性, 無不皆有自然當行之路, 但到聖人設敎處, 以其氣質有異, 所以施於人物者, 始有不能盡同者耳。”

程子曰: “懈意一生, 便是自暴自棄。”

橫渠先生曰: “以己心爲嚴師。”

劉元承問於程子曰: “仁與心, 何異?” 曰: “心是所主處, 仁是就事言。” 曰: “若是則仁是心之用否?” 曰: “固是。若說仁者心之用, 則不可。心譬如身, 四端如四支。四支固是身所用, 只可謂身之四支; 四端固具於心, 然亦未可便謂之心之用。” 或曰: “譬如五穀之種, 必待陽氣而生。” 曰: “非是, 陽氣發處却是情也。心如穀種, 生之性, 便是仁也。”

“敬是閑邪之道。閑邪、存其誠, 雖是兩事, 然亦只是一事, 閑邪則誠自存矣。”

“稱性之善謂之道, 道與性一也。以性之善如此, 故謂之性善。性之本謂之命, 性之自然者謂之天, 自性之有形者謂之心, 自性之有動者謂之情, 凡數者, 皆一也。聖人因事以制名, 故不同若此, 而後學隨文析義, 求奇異之說, 而去聖人之意, 遠矣。”

伯溫問於程子曰: “孟子言心、性、天, 只是一理否?” 曰: “然。自理而言謂之天, 自稟受而言謂之性, 自存諸人而言謂之心。” 問: “意者心之發否?” 曰: “有心而後有意。” 問: “人有逐物, 是心逐之否?” 曰: “心則無出入矣, 逐物是慾。”

“欲正其氣, 莫若正其志。其志正, 則雖熱不煩, 雖寒不慄。”

“至顯者莫如事, 至微者莫如理, 而事理一致, 微顯一源。古之君子所謂善學者, 其能通於此而已。”

“天地所以生物者, 理也; 其生物者, 氣與質也。人物得是氣質以成形, 而其理之在是者, 則謂之性也。”

西山眞氏曰: “善者, 性也, 而能爲善者, 才也。性以體言, 才以用言。”

「상병호신장上屛湖申丈」(『遠齋遺稿』卷1)

해제

1) 서지사항

박철현이 도(道)와 리(理) 및 성(性)의 관계에 대해 논한 글이다. 1책으로 이루어진 『원재유고(遠齋遺稿)』에 실려 있다.

2) 저자

박철현(朴喆炫, 1831~1888)으로, 자는 원식(元式), 호는 원재(遠齋)이다.

3) 내용

이 글에서 박철현은 도(道)와 리(理) 및 성(性)의 관계를 논하고 있다. 천도의 차원, 인간과 사물의 구분 등 각 측면을 구분하여 각 개념의 취지를 고찰하고 있으며, 궁극적으로는 도와 리의 일치와 체용일원의 관계를 강조한다. 도는 곧 리이고 인간의 성은 이 리가 심에 내재한 것이므로 삼자는 동일한 관계에 있다고 할 수 있지만, 각 명칭의 정확한 취지에 있어서는 차이가 있다. 리가 비로소 유행하는 것이 도라면, 성은 그것이 일정하게 확립된 것을 말한다. 그래서 도가 유행하여 아직 사물에 부여되지 않은 것을 천도(天道)라 하고, 사람에게 갖추어졌지만 아직 일에 응하지 않은 것을 성이라 한다. 박철현은 성과 도의 의미를 정확히 이해하려면 이러한 동일성과 차이를 모두 알아야 하며, 양자를 별개의 존재로 여겨서도 안 된다고 강조한다. 그는 나아가서 체용의 범주를 활용하여 천도와 인간 마음의 리, 그리고 사물의 리 사이의 관계를 정교하게 설명하고 있다. 그리고 성과 도가 궁극적으로는 하나의 리이며 체용일원의 관계 안에서 설명될 수 있다는 내용으로 글을 마무리 하고 있다.

3-10-5 「上屛湖申丈」(『遠齋遺稿』卷1)

聖人門, <u>子貢</u>獨稱穎悟, 而其言曰"性與天道, 吾未之聞也", 況愚鹵莽滅裂之學, 何敢容易議到? 亦不可含糊護短, 恥於資問, 而終身受此黯暗以自欺也, 故復陳其一二焉。道卽理也, 性卽吾心所具之理也。然而或曰道, 或曰性者, 何也? 道則理之方行之謂也, 性則理之已立之謂也。故<u>張子</u>曰"由氣化, 有道之名", 氣化非道也, 理之乘氣化者, 爲道之名也; <u>朱子</u>曰"天道流行, 賦於人而爲性", 流行非道也, 理乘氣流行而妙合者, 爲性之名也。然則此理在天, 未賦於物, 故曰天道; 此理具於人, 未應於事, 故曰人性。從古聖賢於性、道, 有分而言之者, <u>孔子</u>曰"乾道變化, 各定性命"是也; 有合而言之者, <u>邵子</u>曰"性, 道之形體"是也。析之得其名, 合之得其旨, 然後知性、道也。恐不可以性與道命名之不同, 看作二物。若論其體用, 則道固有體用, 道之體卽吾心渾然之理, 而天命之性也; 道之用卽事物各具之理, 而率性之道也。然而悟事物之理者, 乃吾心之靈也, 以其理一故也。以吾心對事物而言, 則吾心爲體, 事物爲用矣, 不可謂吾心之理爲事物之體, 而事物之理爲吾心之用也。事物之理, 亦天然自有之則也, 乃天理之用也。但以吾心對天道而言, 則吾心亦一事物, 天道爲體, 吾心爲用。然則天道乃統體中之統體也, 吾心乃各具中之統體也。若或謂天理元不在於事物, 而必以吾心統事物, 而各遵當然, 然後天理乃在事物, 則理乃因人而有者也, 烏可哉? <u>子思子</u>何不曰"率性則爲道", 而必曰"率性之謂道"也耶? 故"率"只訓循, 循萬物自然之性之謂道也。愚之前書, 道者之道字, 體也, 非用也。以道之用, 謂非吾心之體則可; 以道之體, 謂非吾心之體則不可也。然則恐不可以性與道, 汎然說體用矣。且<u>文丈</u>之意, 旣是性, 則不可喚做道也; 旣是道, 則亦不可喚做性也。若然則性與道, 各爲一物, 不相貫通矣。旣是二物, 則各有體用亦可知, 而何可曰性是體、道是用乎? 若以道謂性之用, 則性之用卽情也。情可謂道乎? 情, 氣也; 道, 理也。於善情上見天理之流行, 而謂之達道, 則是矣。若謂情爲理, 則不是矣。性道若非一理, 則<u>程子</u>奚以曰"道卽性"也? 若道外尋性, 性外尋道, 則便不是乎! 體用若非一原, 則<u>朱子</u>亦何以曰"天命、率性, 道心之謂也"耶?

11.

大谷 金錫龜
(1835~1885)

心說論爭 資料

「지구문답知舊問答」(『大谷遺稿』卷5)

해제

1) 서지사항

김석귀가 정재규와 성리학 및 예설에 관해 주고받은 질문과 답변을 기록해 놓은 글.『대곡유고』권5에 실려 있다.

2) 저자

김석귀(金錫龜, 1835~1885)로, 자는 경범(景範), 호는 대곡(大谷)이다.

3) 내용

이 글은 김석귀가 동문 정재규(鄭載圭, 1843~1911)와 심성리기(心性理氣) 및 예설(禮說)에 대해 문답한 것을 기록해 놓은 것이다. 김석귀는 전라도 남원에서 태어났으나, 학문에 전념하기 위해 담양군 대전면 대곡리(大谷里)로 이사했다. 27년간 노사(蘆沙) 기정진(奇正鎭, 1798~1879)의 문하를 왕래했다. 정재규는 자가 영오(英五)·후윤(厚允)이며, 호는 노백헌(老柏軒)·애산(艾山)이다. 경상남도 합천에서 전라남도 장성에 있던 기정진에게 수학했다. 개화운동에 반대하고 위정척사(衛正斥邪)를 주장했다. 전반부는 정재규가 묻고 이에 대해 김석귀가 대답한 내용이다. 모두 8개 조목이다. 정재규는 "성은 기를 겸하여 말하는 것이다.[性乃兼氣而言]"라는 말과 "리에 선과 악이 있으니, 기로 인해 있다.[理之有善惡, 因氣而有.]"라는 말의 의미에 대해 자신의 견해를 피력했다.『논어』에 나오는 "십세가지(十世可知)"와 "지십(知十)"의 의미에 대해서도 물었다. 그리고 "발자기야(發者氣也)"의 현토에 대해 "발하는 것은 기야"라고 읽어야 하는지, 아니면 "발케 하는 것은 기야"라고 읽어야 하는지에 대해 자신의 생각을 밝히면서 질문했다. 후반부는 김석귀가 묻고 정재규가 답한 내용이다. 모두 28개 조목이다.

3-11-1 「知舊問答」(『大谷遺稿』卷5)

厚允曰 性也者, 乃兼氣而言也者。 始看甚駭然, 及看下段"以性之所以得名之實而言",
然後乃知其言意之所在, 非若以性爲和泥帶水看者也。 蓋理之在物, 名之曰性, 果以其
生之理具於心, 故其爲字, 從心從生。 先儒之釋字義, 甚精密無可疑, 而景範之爲是言
也, 以此; 先生之云答說是者, 亦以此。 然語病終覺有之, 性之在物, 譬如人之乘馬, 水
之儲盤, 而稱人稱水, 皆單指人而謂人, 未嘗兼馬而稱人, 單指水而謂水, 未嘗兼盤而稱
水, 此"性卽理也"之說也。 此程子之有功於聖門, 而朱先生之一生頭戴者也。 今曰"性
也者, 乃兼氣而言也", 則是并人馬而稱人, 混水盤而稱水, 不亦有病乎? 見處之病, 固
是重證也; 下語之病, 亦不可謂無恙也。 盍以此更質於先生耶? 近世韓南塘言"性卽在
氣之理"也。 南塘於程子本語, 添"在氣之"三字者, 蓋以性謂因氣而得名而然也。 夫理
不在物, 則不名爲性。 其以性爲因氣而得名, 其言性謂在氣之理者, 皆未爲不可, 而一
有此知見, 轉轉醜差, 以仁義禮智亦欲兼氣而言, 遂以太極之本然爲懸空底物事, 此非
可戒耶? 且曰"在氣", 曰"因氣", 則歸重猶在於理也; 曰"兼氣", 則是性也半理半氣, 孰
重孰輕? "兼"字字義, 迥別於"因"、"在"字也。 然則語病非特爲南塘而已。 雖然, 南塘見
處之病也, 景範下語之病, 固不可比而同之, 而後生之隨語生解者, 若執據"兼也"一句,
則幾何而不爲南塘也? 或人有皮膚小痾, 良醫者診之曰: "脈不病, 是何足爲病?" 或人
遂不以爲病, 爬痒致毒, 終成大腫。 蓋景範之語病, 皮膚小痾也; 先生之是之者, 以脈不
病也, 願景範勿以先生之是之而不復致思也。 "合虛與氣, 有性之名", 此正周子所謂
"五行之生也, 各一其性"之意。 "各一其性", 非太極之本然耶, 則以其不離乎氣, 而槪
以兼字命名之可乎? "墮在氣質中"之說, 朱子「答徐子融」書也。 徐蓋外本然而別求氣
質之性, 以本然、氣質分作兩性看, 故朱子以本然、氣質之合一者言, 以明本然之性不
離乎氣質, 氣質之性之不外乎本然也。 是以其言如此, 意各有在也。 明道"人生以靜"一
段意亦如此, 引此以證"性之不離氣質"則可, 以證"性乃兼氣也"之說, 則恐或過矣。
答曰: "性乃兼氣而言", 此一句使渠自觀, 猶不勝駭甚。 雖曰語病, 實是知見未到。 若使
執言而不問旨, 則去荀、揚, 在毫髮頃刻間, 此是吾家頭腦命脈。 在處一差, 則餘無可
論, 而不知不覺此身坐在裏許, 誠甚慨然, 吾兄可謂濟人於九淵之中矣。 何幸何幸! 來
喩明白精密, 不待更稟, 而已無所疑。

厚允曰: 先生答問中, "理之有善惡, 因氣而有"云云, 此段問答, 可謂極窮到底, 發前賢所未發者。求之於心, 察之於行, 造次顛沛, 毋敢有所差失於所謂中者, 則大本斯立, 達道斯行, 此非吾輩家計耶? 但"說理不如說中, 中則無不(盡)[善]¹⁾也", 此二句使不知者看之, 或不能無疑, 疑於低視理字裏面, 有若包不善自在者。然此則先生於「答人問第三」段, 已明言之, 而至其究竟成就處, 專以"聖人繼天"之所不能言之, 則善惡旣分以後, 有若天理無如之何者。然夫有必然而不可易之妙者, 是理也, 豈其如是之不能, 而一任他聖人繼之歟? 此則未見先生定論, 稟質之如何? 嘗見農巖先生「雜識」, 有一段語, 似甚的確, 錄呈擧似, 仰稟如何? 農巖曰: "事有萬殊, 而至善之理無乎不在。或疑'人之不善, 安有所謂理?' 曰'指其事而言之, 雖不可謂之理, 然善則治, 而不善則亂, 善則安, 而不善則危, 善則吉, 而不善則凶, 非理而何? 是則事雖不善, 而理之至善, 固未嘗不在也。'" 竊嘗因農巖說而思之, 治、亂、安、危、吉、凶, 皆理之所有。而善則治, 不善則亂; 善則安, 不善則危; 善則吉, 不善則凶, 天也, 理之必然者, 而卽所謂"至善之無乎不在"也。善而治, 不善而亂; 善而安, 不善而危; 善而吉, 不善而凶, 人也, 天亦無如之何, 聖人之所不能, 其在斯乎!

答曰: 理有必然之妙, 無能然之力, 故"聖人繼天"之所不能者常多, 必欲取證先生, 聖人制律之訓盡之矣。盛論中引農巖說云云, 已躍如善則吉, 不善則凶, 莫非天理, 而聖人取其善則吉者, 去其不善則凶者, 使天下之事必皆"止於至善", 是非"繼天"之所不能乎? 以愚之疎略, 不欲更稟。

厚允曰: "十世可知"章, 師門答條中, 朱、張兩說孰優? 正好想量, 想已經商量, 果孰優? 愚意南軒據秦氏而言, 朱子據事理而言, 言各有當。蓋損益者, 因其故而損之、益之之謂。若秦氏之心, 自以爲功過五帝, 德兼三王, 三代不足法, 一切掃除, 創立新制, 曷嘗有因周之故, 而參酌斥兩之心? 南軒所謂"廢先王之道, 而一出於私意"者, 得秦氏之心。雖然, 據理而言之, 則其大體, 秦氏終泯滅他不得。且其焚坑, 因周末之繁文而然也; 其强戾, 因周末之柔弱而然也。周之衰, 諸侯擅命, 故彼因而廢封置郡; 周之衰, 君弱臣强, 故彼因而尊君卑臣。其所以刱制, 亦不出因而損益之而已。朱子所謂"損益

---

1) (盡)[善]: 저본에 '盡'으로 되어있으나, 『蘆沙集』「答金景範問目」에 의거하여 '善'으로 수정하였다.

太甚”者, 畢竟得之, 未知如何損益之未盡善? “未盡善”三字, 非朱子本語。本語只曰
“損益得太甚耳”, “未盡善”云者, 善而未盡也。秦氏之所爲, 何善之有哉? 或未及細考
而然耶? 抑別有微意歟?

答曰: 愚之所問, 不在秦氏損益如何, 但願聞朱子非南軒之意耳。若夫秦之損益, 朱子
已詳言之, 來示皆是也。何必多及答語中“未盡善”三字? 恐當時未暇考。朱子說雖更
稟, 似無他義。

厚允曰: 老兄問目, 『論語』“知十”章, 集註“卽始而見終, 因此而識彼”, 二“而”字亦改作
“以”字, 然後合於本文之意云。“卽”、“因”兩字已有“以”字意, 又以“以”字承接之, 則語
意無乃重複乎? 更詳之。又本文同“一以知”字, 而集註於“知十”, 則曰“卽”、曰“見”, 於
“知二”, 則曰“因”、曰“識”, 皆自金稱上稱出來, 恐加減不得。

答曰: 來喩甚精。

厚允曰: 老兄問目中, “廟火焚, 神主當題於廟墟”云, 則題於墓所, 何獨不當, 以其魂返
於室堂, 而廟墟乃其所嘗憑依之地耶? 雖嘗憑依, 而今已災矣。精靈飄蕩而不復憑依,
又何必於廟墟? 吾聞之, 子孫之精神, 卽祖考之精神, 子孫之精神集, 則祖考之靈感應
而聚焉。苟能致吾誠、會吾精, 而設奠以題之, 則無處不可, 而況正寢乃子孫之所嘗會
精處, 祖考之所嘗感應處? 題於正寢, 恐最當, 更詳之。

答曰: 雖蒙盛喩, 愚見依舊未回, 何者? 正寢固是子孫會精處, 祖考感應處。然若乃廟
墟, 則平昔精靈依憑之久, 雖有一朝之變, 必有彷徨眷戀於此, 而湊泊於此之爲易矣。
不於此處, 而更於何求? 故曰: “愚意題於廟墟, 似當。”

厚允曰: 老兄問目中, “遞遷時, 如有祔位, 則祔主亦隨之”云, 此一節與『備要』不同, 恐
不可猝乍句斷。『備要』曰: “本位出廟, 則祔位當埋墓所。” 蓋祔位與正位少無隆殺之節,
不亦未安乎? 『備要』之意, 恐以此也。又按程子曰: “下殤終父母之身, 中殤終兄弟之身,
上殤終兄弟之子之身, 成人而無後者, 終兄弟之孫之身。” 此四項祔祭, 各有代限, 今隨
本位而遷於他房, 亦非程子之意。或曰: “祧遷必於親未盡者, 則其祔位亦遷於兄弟之
孫若子, 何獨以兄弟之適孫死, 而兄弟之諸子諸孫不敢復祭父祖之兄弟乎? 程子言‘兄
弟之孫’, 何嘗單言兄弟之適孫乎? 何必謂非程子之意耶?” 曰: “子之言似矣, 而‘中殤終
兄弟之身’, 若兄死, 則又遷而之弟房耶? ‘上殤終兄弟之子’, 則若長子死, 又遷而之衆

子之房耶？殤祭之遞奉，愚未知其必然。此而不然，則其言'兄弟孫之身'者，恐亦一例也。更容商量如何？" 此非論禮意而已，鄙家有祔位，竊欲講定，以竢後日之行耳。

答曰: 愚聞本未之有考。『備要』既有"本位出廟，祔位當埋"之語，則此不必更稟。

<u>厚允</u>曰: 師門答條中，"發者氣也"一句，自先賢已有此語，而愚尋常疑之，請以諺吐解之，以發其所以疑之意也。若曰"發ㅎㄴ거ㅅ 氣也"云爾，則其於所謂"在中之理，發形於外"者，不啻相戾，而大本、達道判爲二物也。若曰"發케ㅎㄴ거ㅅ 氣也"云爾，則其於所謂"氣是關棙"者，雖是相孚，然其語意氣象歸重於氣，而有若氣使理也。以此以彼，皆可疑也。今先生亦曰云云，未達其意所在。

答曰: 先生答語結尾云: "<u>伊川</u>之意，或以是耶？" "或"字、"耶"字亦是先生疑辭，而<u>伊川</u>說終有可疑。至若"發者氣也"以下，盛論云云，剖釋精微，可見吾兄見得此理徹底洞然。然以愚見言之，則此不必深疑。"發者氣也"，此語先賢本非單句獨立說來，而乃與"所以發者理也"一句雙立對說下來，則不害氣爲理之用也，豈疑氣之使理也？ 蓋能發者氣也，所發者理也。理乘氣行，如人乘馬行，既曰"人乘馬行"，則這箇行者，固歸宿於人字分上。然其運脚者馬也，故曰"行者馬也"者，未爲不可。今有人乘馬行，而汎言其行，則必曰"人行"，蓋馬之行卽人之事故也。若就這裏分言所乘、所行，則乘者人也，行者馬也。"發者氣也"，其義與此相似，未知何如？

<u>厚允</u>曰: 老兄問目中，"木性仁，金性義"云云。或見此段，指而問余曰: "性是理之結裹，故謂之木性則不可，此非可疑耶？凡有形氣之物，莫非理之結裹者，而有是性焉。故<u>孟子</u>言'山之性'、'水之性'，<u>朱子</u>亦言'灰土之性'。金木獨非有形氣之物而理之結裹者耶？" 余應之曰: "非是之謂也。木之理，人得之而爲仁; 金之理，人得之而爲義。所謂'結裹'也，人物之生，稟五行之氣以爲形，得五行之理以爲性，五行是公共底，人物是結裹處，故云然爾。" 鄙答如此，果不失於先生本旨耶？

答曰: 吾兄答人問，深得先生本旨。但"公共"二字，改作"流行"字，何如？

問: <u>鄭時林</u>講目中，"陰陽上，各有陰陽，以晝夜言之，則"云云，末段"以本原言之，則萬物之理卽一物之理也; 以分殊言之，則一物之理卽萬物之理也"云云，"一物"之物似是病。才言物便是分殊，本原上，豈有物之可言耶？直曰"以本原言之，則一理也; 以分殊言之，則萬理也"，似好。

厚允答曰: "以本原言之, 則一理; 以分殊言之, 則萬理", 此二句出於兄口. 吾活看, 而若出於世儒之口, 則此便是爾一我殊之論, 萬一各占一位, 可乎? 蓋世儒之論, 以人物性爲已落分殊, 不足爲一原, 故別求一原於空蕩蕩地位, 先師所以極力辨破者在此. 才言物便是分殊, 亦同一伎倆. 伯彦之言有曰"一物之理卽萬物之理", 而不曰"一物卽萬物之理", 則其所言物者, 非論物也, 乃所以言理也. 然則兄所謂"本原上, 豈有物之可言?"云者, 不幾近於謾罵歟? 夫"理擧着都無欠闕", 故曰"擧着一枯木、一微塵之理, 便都在這上, 而枯木、微塵之理, 便是兩儀、四象、八卦之宗祖". "兩儀、四象、八卦之宗祖", 非本原而何? 本原上言物, 固不可, 而獨不可言物之理乎?

問: 閔致完問"傳十章, 字字句句"云云, 又問"間嘗竊取程子之意"云云, 李熙容問"所補第五章"云云, 又問"平天下, 以心推之"云云, 此四條, 恐刪之不妨.
厚允答曰: 閔問第一條, 刪之固好, 其餘三條, 恐不必刪. 雖於經旨, 無甚發明, 而顧問者淺近耳, 隨問而答, 何害? 亦足以見因材之篤, 不倦之意也. 下鄭禧源問答, 除首、除腰亦同.

問: 錫龜問目中, 所謂"冲漠無眹, 萬象森然已具"云云, "隨成萬般不同之物, 則"云云. "則"字上, 兄更加"然"字, 加一"然"字, 則以上文脈不屬; 去"然"字, 則以下意味無害. "然"字刪去, 似好.
厚允答曰: 去"然"字, 則是一直說去; 加"然"字, 則是再轉結來, 語意恐尤確. "然則"字與"如此則"、"若是則"同義, 然此等增剛, 無甚利害.

問: 錫龜問目中, "『或問』「費隱章」小註"云云, 此條當刪.
厚允答曰: 此條, 何故欲刪之耶? 兄意未達實有此理, 而且"肚裏外皆是水"一句, 說得最好.

問: 錫龜問目中, "有君喪服於身"云云, 此條當刪之.
厚允答曰: 此條恐亦不必刪. 此問本非淺問, 又大義所係, 何可刪也?

問: 錫龜與申鍾求論"太極因"云云, "火金土之圈, 莫不皆然"而下, 兄更添"才有一行, 便有五行, 則此亦統(然)[體]2)也"十四字, 語非不好, 理非不然. 然五行之圈, 周子既已分作五箇圈, 而分書五行字, 則此五圈當分作五行之各具看, 不可作統體五行看。故愚止曰: "木之圈, 萬木之統體; 水之圈, 萬水之統體也"云云。若如兄言, 則此五圈各各統體五行, 而未見各具之義, 似乎未安。

厚允答曰: 若只論五行圈, 則五行圈是各具也, 兄敎當矣。乃兄所與申論辨者, 則是明"統體、各具不可分而爲二之"論也。故兄所謂"萬木、萬水"云云, 就各具, 言其統體也。既就各具中, 言其統體, 則木之一圈, 非但爲萬木之統體, 水、火、土、金便在這裏。理無盈縮故也, 卽所謂"枯木、微塵之理", 便是"兩儀、四象、八卦之宗祖"之說也。若只曰"萬木之統體", 而不言"才有一, 便有五."之妙, 則所謂統體者, 箇箇分片, 而水、火、金、木各有窟穴, 非所以明"統體、各具之不可分而二之"之故也。意兄非不知此, 而特偶未之及, 故妄下一語, 以補其不備耳。然因兄敎而思之, 所補語欠曲折, 致兄疑問也。謹改如左, 更詳之。若各具之義, 則兄所謂"惟五行圈, 則各具也"一句, 已盡矣。其末結句亦未穩, 竝改之如左。火、金、土之圈皆然, 莫非統體也。又才有一行, 便有五行統體, 不可外各具而求之。各具之太極外, 更別無一層統體之太極也。

問: 鄭禧源問"「答葉味道」書"云云, 此條未達其意。

厚允答曰: 考「葉味道問目」, 則可知也。葉問"女子適人, 爲父母朞, 不貳斬也。賤婦喪母, 旣葬而歸。繼看「喪大記」曰'旣練而歸', 賀令反終其月數, 誤歸之月, 不知尙可補塡乎? 因思他人或在母家, 彼此有所不便, 不可待練, 不可不歸, 又如之何?"云云, 故朱子之答如是。禧源擧答語中"衣服則不可{不}3)變"一節爲問, 故先師之答又如是耳。然其所謂"未奔喪"三字未穩, 改以"未歸", 則好矣。

問: 錫龜問目中, "有「檀弓」'夫子曰始死, 羔裘玄冠者, 易之而已', 以此觀之, 黑笠似去答語, 以文義觀之, 則羔裘玄冠, 非常着衣服"云云一條, 似當錄於逐庵曰"吉冠"云云條下, 而不錄, 何也?

厚允答曰: 所謂"易之"者, 恐與「表記」所謂"易服"同義, 卽所謂"始死, 雞斯"之義也。與下文"夫子{不}4)以吊"所指, 不同。雖一處幷言, 而實是兩事, 如是則所問、所答, 恐未襯

2) (然)[體]: 저본에 '然'으로 되어있으나, 『老柏軒先生文集』 「答金景範答問類編疑義」에 의거하여 '體'로 수정하였다.

3) {不}: 『常變通攷』에 의거하여 '不'을 보충하였다.

切, 故刪之耳。

問: 鄭載圭問目中, "或問'祖喪中父喪, 則爲祖服制'"云云條, 『通解』所引『服令』云云 "嫡子兄弟未終祥而亡", "兄弟"二字衍。問者旣曰"受祖服, 則平居常以何服", 答"父服 爲己而製也, 祖服爲父而製也。饋奠時, 則各服其服; 常居, 則持己服。" "持己服"一句, 恐不然。旣曰"父服爲己而製, 祖服爲父而製", 爲己而製, 己行己事也; 爲父而制, 代行 父事也。己事、父事, 輕重迥別, 常居, 恐當持祖服。

厚允答曰: 蓋因『服制令』本文而然耳。然"兄弟"二字, 非但爲衍而已, 實乖於立孫之禮, 謹當刪之。因兄敎, 而得此新意, 多謝多謝! 兄之所聞者, 旣如此; 愚之所質者, 又如彼, 而各有成說, 各有意義。今不敢遽然從違, 然未知子之所以代父者, 以祭奠之不可無主 耶? 退溪、沙溪皆以祭奠爲言, 而曰"不得不服其服而行其禮也"。愚所謂"恐合於退溪 之意"者, 以此耳。若常居, 則己行己事時也, 恐不可曰"代父而常居也", 更以見喩也。 大抵兄我所聞, 不同如此, 必有一誤, 而今稟質無地, 檃栝之慟, 於是爲切。抑各是一說, 俱無害於禮意耶? 此等處, 兩存之無妨, 兄我往復, 檃栝成文, 附之於下, 如何?

問: 錫龜問目中, "繼室與前室爲一人也"云云, "一身"之"身"字, 兄換作"體"字, "體"字 固無分殊。然細察字義, 則無分殊之中, 有些分殊, 而"一身"之云似近。蓋"一身"云者, "代身"之謂, 非同體之稱, 未知何如?

厚允答曰: 曰"一身", 則兩人便成一人, 而未見其人各有身也; 曰"一體", 則人各有身, 而其體則一也。此"體"字自有來歷, 曰"實具三年之體", 曰"繼體", 曰"正體", 非"身體" 之謂, 猶言"體段、體統、體禮"也。蓋繼室雖代前室, 便謂"一身", 則恐未然。又"代身" 二字, 話頭不雅。

問: 鄭義林問目中, "勸漢祖"云云, 鄭時林問目中, "秦始皇、晉元帝"云云, 又"賈誼"云 云, 此等條刪之, 恐無妨。

厚允答曰: "賈誼"云云, 果如兄敎, 而上二條, 愚未見其可刪。蓋"勸漢祖"一着, 旣有程 子之論, 後來無人敢議到, 而季方所謂"無文王之德, 爲他日生靈之患"數語, 可謂極窮 到底, 而"是求有成之心, 非公心也"二句, 恐非先生不能答也。與夫子"民無信不立", 孟

---

4) {不}: 『禮記』에 의거하여 '不'을 보충하였다.

子“行一不義, 得天下不爲”, 董子“正誼明道”之說, 同一心法。吾儒之根本在此, 何故欲其刪去也? 至於秦、晉, 則言之雖甚醜, 『史記』所傳旣如彼, 人多疑之, 非獨伯彦, 此皆世俗繳繞之見也。雖無足道者, 然旣擧以爲問, 則答是也亦難矣。欲詳言之, 則有若爲秦、晉分疏, 煩而費辭; 欲略言之, 則意未達, 不足以解問者之惑也。“大非事理”四字, 辭約意備, 恐難如此下語也。

問: 「小記」“生不及祖父母、諸父、昆弟, 父稅服, 而已則否”云云。此條, 愚意以爲祖父母、諸父、昆弟之喪, 以其生於他國, 不及識之, 故不爲追服, 於天理、人情甚遠, 故不取。註『家語』, 疑其爲死生異代者也, 而兄意恐是經文兼言昆弟, 則弟於已無先代而生死, 故刪之。然弟字恐是昆字帶來說, 不以文害意可也, 未知如何? 別有精義, 勿惜誨語。
厚允曰: 此本草不在, 今不追憶, 是以不敢下說耳。本草投示, 當更思。

問: 向因錫龜問目中, “見得‘道理無空闕{處}[5]’, 故不可須臾{離}[6]”之語, 因語及『中庸』“道也者, 不可須臾離”。其時兄言, 今不能記得, 而似謂“道於天地, 不可須臾離”。當時, 愚於昏迷中, 未及詳辨, 隨而應諾。然以愚見, 則兄言終是未安。愚則以爲此謂“人於道, 不可須臾離”也。若謂“道於天地, 不可須臾離”, 則不惟於“率性”、“修道”意不相續, 不可二字, 又非所以語此。若如兄言, 則子思必別爲立言, 必不曰“不可”也。且『章句』所謂“所以不可須臾離, 若其可離, 豈率性之謂哉?”, 與夫『或問』所謂“由敎而入者, 其始當如此”之語, 皆非“人於道, 不可須臾離”之謂耶? “道理無空闕處”, 卽『章句』所謂“無物不有, 無時不然”之謂也。故字, 卽所以二字之意也。故此故字不必移在離字下。
厚允答曰: “曩時吾所”云云, 吾亦不能記得云何。然“道於天地, 不可離”一句, 實非吾言。(『集註』)[『章句』][7]分明以率性而言, 何故更尋那天地說去, 使道爲空蕩蕩物件耶? 雖然, 兄我所爭, 只在主道、主人之異耳。兄則曰“人於道, 不可須臾離”, 是所主而言者在人; 我則曰“道於人, 不可離”, 是所主而言者在道。姑置多少引證, 只就子思本文, 而觀其語脈文理, 然後參以『章句』, 則似可以解悟, 何哉? 以“道也者”發端, 而曰“不可須

---

5) {處}: 『蘆沙先生文集』에 의거하여 ‘處’를 보충하였다.

6) {離}: 『中庸』에 의거하여 ‘離’를 보충하였다.

7) (『集註』)[『章句』]: 저본에 ‘集註’로 되어있으나, 『老柏軒先生文集』 「答金景範答問類編疑義」에 의거하여 ‘章句’로 수정하였다.

臾離", 此非主道而言乎? "君子戒愼"以下, 方始說"人於道, 不可離"也。中間"是故", 所以明道固如此, 故君子必如此之意也。『章句』所謂"所以不可須臾離", 所以二字, 亦主道而言, 明其"道於人, 不可離"之故也。至下文"所以存天理"之所以字, 方說人之體道, 而中間"是以", 應本文"是故"二字。 兄所引『或問』"由敎而入"云云, 乃是"君子戒愼"以下而言, 必欲於"道也者, 不可須臾離"一句內, 便主人而言, 使上下句渾無節拍, 未可曉也。至若故字之移置離字下, 亦極費商量, 若故字依舊置"空闕處"下, 則必削去見得二字, 方成文理。若見得字及故字皆依舊, 則下句"不可"之可字, 當刪改。若削那見得字, 則"道理無空闕處", 卽『章句』所謂"無物不有, 無時不然"者也; 故字, 卽所以二字之意也。果如兄敎, 而却不削見得字, 移置故字者。蓋以兄問目中, 說"『中庸』‘君子戒愼’工夫, 不可須臾少忽"之意, 已盡故也。蓋由"君子所以如此者, 正以見得如此故也"云爾, 合問答而觀之, 可知矣。願兄細思之, 若以爲未然, 則更以見諭也。

問: 伯彥講目中, "夫婦有別, 禮也; 長幼有序, 智也"云, 鄙意"長幼有序, 禮也; 夫婦有別, 智也"。『二程全書』中有"禮, 別也"之語, 先哲固有以禮爲別。然此不以"夫婦有別"言之。若就五倫上言, 則"有序"似當屬禮, "有別"似當屬知。

厚允答曰: 愚從兄說。

問: 伯彥講目中, "惻隱之有節文者, 則禮也"云, 鄙意"四端是就情發處言, 節文當於行事看"。方論四端, 而遽及節文, 無乃迂遠乎? 愚意則以爲凡發一情, 其發動者仁也, 合宜者義也, 中節者禮也, 知覺者智也, 誠實者信也, 則似庶幾。蓋中節與節文, 語自不同, 中節云者, 情之發, "無過不及"之謂也; 節文云者, 不可直情徑行, "撙節回互"之謂也。"禮之有節文", 吾非不知, 但不當於情發處言之。

厚允答曰: 此有朱子說, 曰"燦然宣著者, 禮也"。兄以節文謂"當於行事看", 則兄所謂中節之云, 抑外節文而別有他歟? 有言"天理之節文"者, 未有言"人事之節文"者。蓋天理有自然之節文, 故人事循而有儀則, 所謂"率性之謂道"者也, 何獨於人事上看乎? 愚意有是節, 而方言中; 無是{節}[8], 則中無可言之地。『中庸』所謂"中節", 雖不竢人安排, 然猶是就發後言之, {中節}[9]獨可言於情之始發, 而{節文}[10]却不可言, 抑何歟? 節文、中

---

8) {節}:『老柏軒先生文集』에 의거하여 ‘節’을 보충하였다.

9) {中節}:『老柏軒先生文集』에 의거하여 ‘中節’을 보충하였다.

節非有兩箇, 就他有條理次第而無過不及而言, 則謂中節。[11] 以此論之, 伯彦{節文}[12] 之論, 猶或近之, 而兄所言{中節}[13], 未可曉也。雖然, 才說節文, 便有節有文, 而色相太露。言之於惻隱之發, 則亦未保其恰當, 只得遵守朱子說而已, 不必更有他說話。

問: 伯彦講目中, 人物性同異, 引朱子諸說, 以爲此言"人物本性之不同"者, 可疑。蓋此數段語, 皆理則本同, 因其氣稟之不同, 而"人物之性有不同"之謂, 非"人物本性不同"之謂也。今乃就因其氣稟而不同處, 以爲"本性之不同"者, 何也? 朱子旣曰"人物性本同", 又曰"以理言之, 則無不全"。三色椀中所放, 只是此水; 長短隙中之日, 只是此日, 則此非"理本同"之謂乎? 故以爲此言"人物之性不同", 則可也; 如曰"人物之本性不同", 則不可也。本性四字, 似非見理之言, 本性云者, 就氣稟中挑出, 而單指理言之。朱子所謂"天命之性, 通天下一性, 何相近之有"言者, 是也。"相近"旣不可言, 則"不同"其可得言耶? "陰陽五行, 各是一氣所稟, 而性則同", 朱子此語, 亦"人物性同"之謂也, 而竝與已上諸說同, 謂"'人物本性不同'之謂", 則又可疑也。蓋此理之外, 更無他理, 故單指理而言其本性, 則人物之性無不同也; 人物旣生, 則氣稟不同, 故兼氣稟而言其所賦, 則人物之性各不同也。

厚允答曰: 主同者, 言同而不言異; 主異者, 言異而不言同, 此湖、洛之所以分也。抑未知兩兄之所言同者, 同而無異; 所言異者, 異而無同歟? 伯彦"吾雖不保其何如", 而老兄則"吾保其有見於同而異、異而同者, 而今看"云云, 乃不過誦洛下諸儒已成之說也。誠竊訝惑, 抑伯彦說得偏, 故兄欲救其偏, 而語有不備耶? 兄所言不同處, 皆歸咎於氣, 而曰"因氣而不同", 重言複言, 而更不言。本分不同若是, 則爾一我殊之論, 先師苦口極論以幸萬世者, 不待一再傳而已壞爛耶? 甚可懼者! 然兄豈然也? 是必有其故, 而未得面請曲折, 可恨可恨!

問: 伯彦講目中, "從其氣之發用底, 如彼; 而識其隱微底, 理亦如彼"云, "理亦如彼"之"亦"字, 有些未安, 何者? 凡理之流行發用也, 理本如此, 故氣得如此; 非氣自如彼, 故

10) {節文}: 『老柏軒先生文集』에 의거하여 '節文'을 보충하였다.
11) 이 부분은 『老柏軒先生文集』「答金景範答問類編疑義」에 "就他有條理次第而言, 則謂之節, 就他條理次第之燦然宣著而言, 則謂之節文, 就他合乎條理次第而無過不及而言, 則謂之中節。"이라고 되어 있다.
12) {節文}: 『老柏軒先生文集』에 의거하여 '節文'을 보충하였다.
13) {中節}: 『老柏軒先生文集』에 의거하여 '中節'을 보충하였다.

“理亦如彼”也。“理亦如彼”四字, 使知者觀之, 則固無病敗。若不知者觀之, 則其語勢所重歸在氣字上, 似乎氣能如彼。故理又如彼, 氣爲之主, 而理隨而然, 轉入於主氣之歸矣。此故“亦”字換作“本”字, 然後其語意方得顚撲不破矣。吾兄豈不知此? 恐於下語之際, 偶未之察, 故瞀說及之。

厚允答曰: 兄言甚確, 無容更評。

問: 伯彦講目中, “「太極圖」五行圈, 蓋以『圖說』‘五氣順布’, 立言”云。五行之圈, 蓋以『圖說』“陽變陰合, 而生水、火、木、金、土”之意, 對待立象也。

問: 伯彦講目中, “當然、必然、能然、將然、自然, 皆理之名也”云。此皆理之事, 非理之名也。

問: 伯彦講目中, “費與隱, 皆理之名也”云。道之體微而無形像, 故曰“隱”; 道之用廣而無不在, 故曰“費”。費與隱, 皆理之實, 非理之名也。

問: 伯彦講目中, “中亦理之名”云。中者, 無過不及之名, 非理之名也。

問: 伯彦講目中, “中是性之異名, 和是道之異名”云, 中, 非性之異名, 狀性之體也; 和, 非道之異名, 形道之用也。

問: 伯彦講目中, “喜怒哀樂, 氣也”, 又曰“情, 氣也, 物也; 中和, 道也, 則也”云。喜怒哀樂, 理之乘氣而發也, 非氣也。情是性之用也, 性是情之體也。情之發也, 其發者, 固氣也; 發之者, 卽理也。故情之爲情, 其骨(隨)[髓][14]血脈, 歸重在理而不在氣也。至其不中節處, 乃氣之爲耳。今乃專屬於氣一邊、器一邊, 不亦冤乎? 中節之爲言, 只此理之發而直遂, 無過不及之謂也。今乃就其中截斷得不可截斷處, 分開作道器、物則看, 則未知子思立言之意, 然乎否乎? 若欲於喜怒哀樂上, 分別箇道器、物則說下來, 則能喜怒哀樂之氣, 器也, 物也; 所以喜怒哀樂之理, 道也, 則也。情與中和不可分道器、物則看也。彼以和爲氣者, 其病根在於何處乎? 不在於認情爲氣耶? 吾兄亦以喜怒哀樂謂

---

14) (隨)[髓]: 저본에 ‘隨’로 되어있으나, 문맥상 ‘髓’로 수정하였다.

之氣, 則反爲助瀾其說, 安得折彼之口而服彼之心也?

問: 伯彥講目中, "中節之和字, 非時中之中乎? 時中之中字, 謂之理可乎, 謂之氣可乎?"云, 此語亦有未安. 中節之和, 固時中之中, 而以和字爲時中之中, 則不可; 時中之中, 固理也, 而以中字謂之理, 則不可. 故此兩箇字刪去而後, 語意無病.
厚允答曰: 此上七條, 皆從兄說.【已上, 因「法和講錄」, 而有此往復.】

問: 顔淵曰"如有所立卓爾, 雖欲從之, 末由也已", 詳此語意, "卓爾"二字, 似指聖人而言也. 『性理大全』, "朱門人問'所謂卓爾之地, 乃是廓然貫通而知之至極, 與聖人生知意味, 相似否?', 朱子曰'也是如此'." 以此觀之, 則"卓爾"似是顔子自謂. 蓋"卓爾"、聖人, 而顔子已知得到, 故云爾耶?
厚允答曰: 朱門問答, 非全指顔子而言, 泛論學而至於卓立之地者耳. 若『論語』, 則分明指聖人.

問: 朱子曰"天將降非常之禍於此世, 預出非常之人以擬之", 此語可疑.
厚允答曰: 曰"將降", 曰"豫擬", 其語意有若有所爲而爲者然, 故兄疑之耶? 自天言之, 則固莫之爲而爲之; 自人觀之, 則其準擬巧湊, 實若有爲者然. 朱子之言, 乃自人觀之之說也. 天下之生久矣, 一治一亂, 未有往而不復者. 今天下亦有豫出而擬之者耶? 何其降禍之此極也? 噫!

問: 先師「偶記」中, 曰"挑出四端而謂之理發, 則外此七情, 乃是情之奔逸", 七情豈可盡謂之奔逸耶? 恨未質正於當時.
厚允答曰: 單言七情, 則七情有善有惡; 對四端而言七情, 則七情乃是情之放逸者. 蓋單言七情, 則四端在其中; 對四端而言七情, 四端乃其就七情而剔發出者也, 所謂"子先獲珠, 所餘鱗(介)[爪]15)"耳. 嘗以此仰稟, 則先生頷之, 因微吟"既挑出四端而謂之理發, 則外此七情, 乃是情之(放)[奔]16)逸者"一段語, 盡於"挑出"、"外此"四字, 仔細看乎? 書成後復思之, 致疑於「偶記」中一段語者, 蓋亦有意. 大抵四七非兩情, 理氣無互發.

---

15) (介)[爪]: 저본에 '介'로 되어있으나, 『唐詩紀事』「劉禹錫」에 의거하여 '爪'로 수정하였다.
16) (放)[奔]: 저본에 '放'으로 되어있으나, 『蘆沙先生文集』「偶記」에 의거하여 '奔'으로 수정하였다.

然畢竟面貌不同, 苗脈亦異, 以七情便謂之(專)[全]17)然不善, 或涉過重, 卽所謂"人心不可便謂人欲"之說也。 然朱子"以七情爲氣發"者, 非以七情之發, 別有一塗而言也。 其理之乘氣而發一也, 而爲氣所揜而氣反重, 故謂之"氣發", 爲氣所掩而氣反重, 則謂之"放逸", 亦何害? 此與人心、道心之分, 煞有分別, 人心之生於形氣, 自發之機而言也; 七情之爲氣發, 自發之後而言也。 是以愚嘗曰: "四七皆理之發, 而'氣發'云者, 自已發後去見他如此。" 先生手自點批曰: "甚合吾意。" 更加細思, 如何?

問: 李鏡湖曰"妾子於父死承重而後, 方爲其母緦, 若父在, 則只當爲父母喪之杖期也", 此言可疑。 旣升爲嫡子, 則名分已定於所生母降服, 似不分父之存没也。 又曰"承重妾子於所生母除服, 無別祭, 而別室奉几筵, 終三年, 行大、小祥, 恐盡於人情", 此說可疑。 除服後, 豈復有大小祥也? 但几筵不必掇於三年之內, 忌日只設祭, 恐當。
厚允答曰: 此兩條, 李氏恐誤。

問: 來後於所後祖喪朞年內者, 芝村則以爲"似與服未盡前, 聞喪者同。自今服朞, 至明年, 除服似宜"。 陶庵則以爲"可以已未生前已没之事爲準, 未出後而在本生家者, 便可與生於他國一例看"。 愚意恐當從陶庵說。
厚允答曰: 此恐不可若是斷言。祖與父, 朞、三年, 輕重雖殊, 其義例一也。爲後於父喪三年內者, 更制遠月, 已有定論, 獨不可推之於祖乎? 若以未生前已没爲準, 則父喪後爲後者, 亦以遺腹兒處之歟?

---

17) (專)[全]: 저본에 '專'으로 되어있으나, 『蘆沙先生文集』「偶記」에 의거하여 '全'으로 수정하였다.

3-11-2

「사상어록沙上語錄」(『大谷遺稿』卷5)

해제

1) 서지사항

   김석귀가 스승인 기정진과 주고받은 문답을 기록해 놓은 글. 『대곡유고』 권5에 실려 있다.

2) 저자

   김석귀(金錫龜, 1835~1885)로, 자는 경범(景範), 호는 대곡(大谷)이다.

3) 내용

   이 글은 김석귀가 스승인 노사(蘆沙) 기정진(奇正鎭, 1798~1879)을 찾아뵙고 주고받은 문답을 46조목으로 기록해 놓은 것이다. 김석귀는 전라도 남원에서 태어났으나, 학문에 전념하기 위해 담양군 대전면 대곡리(大谷里)로 이사했다. 27년간 기정진의 문하를 왕래했다. 사상(沙上)은 기정진이 살던 마을 이름으로 전라남도 장성에 있다. 계축년(1853) 8월 김석귀가 처음 스승을 찾아뵈었을 때 경전의 뜻을 설명했는데, 자못 번쇄했던 모양이다. 이에 대해 기정진은 먼저 대의를 통달하는 데 힘쓰라고 충고했다. 이어 김석귀가 우리나라 선유들의 설을 언급하자, 기정진은 다음과 같이 말했다. "사서삼경에 모두 주자(朱子)의 주석이 있다. 성인이 다시 일어나도 모두 주자의 설을 따를지는 모르겠다. 하지만 주자 이후의 여러 현인들은 아직 주자에 이르지 못했다. 먼저 주자의 주석을 보고 깨달음이 있으면, 후대 현인들의 책 또한 볼 수 있다. 어찌 먼저 우리나라 유학자들의 설을 보겠는가?" 갑인년(1854) 10월 두 번째 뵈었을 때 김석귀는 어떻게 하면 학문을 잘 할 수 있는지를 물었다. 이에 대해 기정진은 다음과 같이 대답했다. "스스로 학문에 뜻을 두더라도 실용 공부를 할 수 없으면, 사적 이익을 도모하게 되어 낭패함에 이른다. 자하(子夏)가 이르기를 '배우기를 널리 하고 뜻을 독실히 하며 절실하게 묻고 가까이 생각하면, 인이 그 가운데 있다.[博學而篤志, 切問而近思, 仁在其中.]'라고 했다. 초학자들의 공부는 '절문근사(切問近思)' 넉 자에 있다." 임술년(1862) 8월에 뵈었을 때 김석귀는 성리설에 대해 물었다. 기정진은 "질문은 절실한 것이 좋고, 생각은 가까운 것이 좋다. 너의 질문은 너무 고원하다. 성리는 급한 것이 아니고, 효제가 급한 것이다."라고 대답했다. 28조목에 의하면, 김석귀가 중국의 북송시대 학자 장재의 "기화(氣化)에 연유하여 도(道)라는 이름이 있다."를 "기화에 연유하여 명(命)이라는 이름이 있다."는 것으로 이해하자, 기정진은 그렇게 되면 천(天)과 명(命)이 둘로 된다고 경계시켰다. 하지만 김석귀가 이해하지 못하자 기정진은 이원론이 아닌 일원론의 차원에서 『주역』「계사전」의 "한 번 음하고 한 번 양하는 것을 도라 한다.[一陰一陽之謂道.]"를 살펴보면 의심이 없다고 하였다.

3-11-2 「沙上語錄」(『大谷遺稿』卷5)

錫龜見先生, 稟經旨頗瑣細, 先生曰"先須務通大意"。錫龜又語及東儒說, 先生曰: "三經、四書皆有朱子註釋, 若'聖人復起', 未知盡從朱子說。然盡其平生精力, 以爲加不得, 減不得, 而朱子後諸賢未有到朱子處。先看朱子註釋而有得焉, 則後賢之書可以看, 不看者亦自知之, 豈可先看東儒說?" 又曰: "以有限精神、有限歲月, 豈可盡看無限文字乎?"【癸丑八月。】

錫龜嘗揀取諸書牴牾處稟問, 先生曰: "此是今世試場疑題樣, 汝有科文意耶?" 對曰: "小子之志, 以爲必待有治平經綸然後出世, 不然, 雖有徵辟, 必不能應就。" 先生曰: "必待有治平經綸然後出世者, 伊尹、傅說、姜子牙數人而已。抑其次諸葛孔明是爾。" 因曰: "汝手不執灑掃之節, 口能言治平之事, 高談峻論太過矣。"【甲寅十月, 再見時。下四條同。】

錫龜嘗問: "如何可以善學?" 先生曰: "孔子謂子夏曰'汝爲君子儒, 毋爲小人儒'。'打透此關', 然後方爲善學, 不能'打透此關', 雖爲諸菩薩, 萬行皆僞也。" 又曰: "以學問自處, 實是大端恐懼處, 若自謂志學, 而不能實用功夫, 則營私謀利, 反有甚於他人, 終至狼狽。" 後又請益, 曰: "子夏曰'博學而篤志, 切問而近思, 仁在其中', 蓋擧終始本末, 盡言之。故如是爾, 若初學, 用功在'切問近思'四字。"

先生嘗謂錫龜曰: "立心以直字爲標準, 下功以久字爲期待。" 又曰: "其本一差, 則愈用功, 而愈成就私邪。"

錫龜嘗問草木臭味之說, 先生曰: "此我力量未及處, 不知也。" 因曰: "知此何爲?" 錫龜曰: "聖人無不知, 學聖人者, 何所不思索?" 先生稍厲聲曰: "聞汝之言, 令人頭撞。" 復徐曰: "古人所謂學聖人者, 蓋謂日用當行孝悌忠信, 必以聖人爲法。若聖人之聰明睿知, 衆人安可學得?"

先生曰: "向也, 汝以爲聖人斷可學, 吾以爲聖人不可學。沮抑少年銳進之志, 心所慊然, 爲此事者, 志可小乎?" 又曰: "汝不遠百里之路, 踵余朽弊之門, 無以報其志, 愧多於感。"

【乙卯三月, 三見時。】

錫龜曰: "願聞先生入道初年用功。" 先生曰: "若欲取捨, 古人在焉, 何必於余放倒者問焉? 蓋余天稟, 偶然近道, 公分數多, 私分數小。今能辨若干是非善惡者, 惟是耳。若所謂‘存養、省察、擴充’之功, 蔑然無之。" 又曰: "余之初年, 將天下好事, 不曾讓頭與人, 而身勢困迫, 憊喫厄窮, 人所不堪者, 然而不以此而志挫。但年邁意差, 抆到白首之年, 歲去而志亦去, 到今空空一虛殼。"

先生嘗呼錫龜曰: "汝見實有志者乎?" 對曰: "自謂有志者, 或見之矣, 實有志必以古人自期底人, 未之見也。" 先生笑曰: "我亦未見此等人, 豈無其人? 蓋我未實有故也。"【壬戌八月, 下同。】

先生嘗呼錫龜曰: "‘義理儘無窮’, 此言汝其諗之。"

先生嘗謂門人曰: "聖人之學, 一無所爲。但順吾性而已, 順吾性者, ‘鳶飛魚躍’是耳。"

先生嘗謂學者曰: "眞實爲己者, 曾不向人說道。但默默向前而已, 向人說道, ‘內不足’也。"

錫龜曰: "某人負重望。" 先生曰: "魯人稱東家某, 齊有管仲, 惟鮑子知之; 鄭有子産, 惟子皮知之。自古, 知德者鮮矣。向裏底人, 實難知負望, 何足信乎?"

錫龜嘗問處世之道, 先生曰: "根基深固, 然後方論出處、語默之道而‘時中’焉, 如何遽論處世之道?" 因曰: "吾平生不欲作人家文字。但爲來請者難於恝視, 所爲非甚不可, 黽勉爲之, 是違吾素志, 而乃吾處世慊然處。" 門人曰: "此事, 程、朱亦嘗爲之, 吾東先儒又皆以爲茶飯事。" 先生曰: "吾於朱子事亦有所疑焉。韋齋先生行有根柢, 而朱子之爲之狀也。至年將七十而後爲之, 其心我知之矣。自以己見未信, 恐於幽明之間, 或有過不及語, 則獲罪甚重。故待己見有定, 然後爲之未晚也。今年待來年, 來年又待來年, 以是遷延, 及至末年而後爲之, 自家文字如是審愼, 而人家文字未必然, 是可疑。"

錫龜問性理說, 先生曰: "問非不好也, ‘切問’爲好; 思非不善也, ‘近思’爲善, 汝之思問皆隱暗高遠也。" 又曰: "以子貢之穎悟, 處夫子之門, 自謂‘性與天道, 不可得而聞’, 此豈初學所可論也?” 又曰: “性理非急, 孝悌爲急。”

錫龜嘗以五言詩一律上先生,【詩見原篇。】願托門人之末, 以此爲贄。先生曰: “不惟汝之向我如此, 我亦長有向汝之心。”【癸亥三月。】

錫龜曰: “小子至今, 未有毫髮得力, 願聞繁切用力之方。” 先生曰: “用功之方, 汝已知之。但脫灑致身甚難, 脫灑致身, 必如文王之'誕先登于岸', 然後可以卓立。” 又曰: “此別無方法, 只在自家用力如何?” 後又請益, 曰: “此事當淵然深思, 曠然遠覽。”【乙丑十月。】

先生嘗呼錫龜曰: “汝自料心力, 知其不可則不爲耶?” 對曰: “未也。戲虐之害事, 知之已久, 至今未改; 好色之娛, 人知之已久, 見則心動。不利己事, 尚不能改, 況利己底事乎? 如此者, 豈可謂'知不可則不爲'乎?” 先生曰: “嘗於洛中, 見一二人, 其稟氣似不甚厚者, 顔如渥丹, 問何以得此, 則曰: '顔貌醜鄙, 不悅人眼, 則妨於功名, 故平生斷却內房。' 彼志於功名者, 其志篤如此, 況子爲天下之大事, 志之篤反不如彼輩耶?” 又曰: “知其不可, 而去彼就此, 如天旋地轉。然萬牛不能挽回, 可以有爲。若'朝悔而暮已復然', 昨悔而今已復然, 豈有進就之時?”【甲戌冬。】

先生嘗謂錫龜曰: “聖人眼中都是理, 衆人眼中都是氣。” 又曰: “'『大易』不言有無, 而言有無, 諸子之陋也'; 聖人不言同異, 而言同異, 後人之陋也。” 又曰: “以常人觀之, 故有同異; 以聖人觀之, 何嘗有同異? 仰而天是此理也, 俯而地亦此理也, 幽而鬼神是此理也, 明而人物亦此理也。”【乙亥冬。】

先生嘗呼錫龜曰: “天下有三大變, 汝知之乎?” 對曰: “願聞之。” 先生曰: “妻奪夫位, 一大變也; 臣奪君位, 一大變也; 夷奪華位, 一大變也。若氣奪理位, 則三變次第事。”【己卯春, 下七條同。】

門人有作人家文字者, 先生責之曰: “淸人有言'韓退之文集中, 若無行狀數篇, 實爲近世之山斗', 退之猶爲見誚, 況不及退之者乎? 汝之此書, 發之太早。”

人有志學者謂錫龜曰: "嘗見先儒文集中, 有曰'道學、節義、文章, 三者具備, 然後謂之全人。若有道學、節義而無文章, 或有文章、道學而無節義, 皆不可'云。" 錫龜曰: "此乃俗人之陋說, 非有識之言也。安有有道學而無節義者乎? 從上聖賢, 何嘗以文章作一項大事看也?" 後日稟于先生, 先生曰: "此等說, 何足多爲之辨乎?" 因曰: "今人必把文章作大事看, 可怪!"

門人曰: "某也不文, 人以不文目之, 心甚愧。欲爲之, 而年暮才拙, 不能爲也。" 先生曰: "不文之名甚好, 宋人曰'一號文人, 餘不足觀'。"

錫龜嘗請於先生, 往見某人, 先生曰: "前已知之乎?" 對曰: "未也。" 先生曰: "然則不必往見。子是貧賤人, 彼爲富貴者樣, 富貴, 貧賤人之大防, 故吾平生不喫富人飯。" 因曰: "宋 劉元城平日師事溫公, 時節問侯不廢, 及溫公拜相後, 不一書問, 前輩自守如此。"

先生嘗謂門人曰: "諺謂'雖至凍死, 恥燎藁火', 人無此志, 禽獸不若。"

錫龜嘗問: "嵇康何如人?" 先生曰: "雖非中庸人, 志趣甚高。阮籍猖狂, 亦爲志事所在。"

門人議寫先生眞, 先生不許。後日錫龜, 欲觀微意, 仰稟曰: "小子嘗拜先賢遺眞, 瞻慕起敬, 與木主自別, 因思古之人有德有功者。寫眞遺後, 其義不少。" 先生曰: "大如唐、虞事業, 如一點浮雲, 何功德之爲? 有人之死也, 當乘化歸盡, 何凝滯爾也? 坡詩云'此身常欲同外物, 浮雲變化無定形', 此意甚好。"【十月。】

錫龜嘗問: "女子'七去之惡', 今不得行否? 今世所行, 只'淫去'一事。" 錫龜曰: "'不順父母去', 未可行乎?" 先生曰: "難。己之事親, 能盡子道, 然後可以責人; 己之事親, 有一毫未盡, 何可責人? 故曰'難'。"

錫龜曰: "張子曰'由氣化有道之名', 似當曰'由氣化有命之名'也。" 先生曰: "若是則分天與命而二之。" 後日錫龜又問: "張子之言, 終是未解。" 先生曰: "'由氣化有道之名'

者, 以'一陰一陽之謂道'觀之, 則無疑。"

錫龜嘗稟先生: "如之何可以的得古人之心?" 先生曰: "積眞用力之久, 自有脫然如大寐之得醒者。"

錫龜問: "'素患亂, 行乎患亂', 何謂?" 先生曰: "此與'言忠信, 行篤敬', '雖之夷狄, 不可棄'之語同。"

錫龜曰: "小子氣本柔弱, 其於尊前言語, 自然屈縮而囁嚅, 如何可無此病?" 先生曰: "以孔子聰明睿知之大聖, 於鄉黨似不能言者。子若言於尊前, 不敢盡其餘, 則是誠好事, 奈何欲其不如此? 然'子入太廟, 每事問', 以太廟之嚴, '每事問', 則雖至尊之前, 所當言者, 豈不言哉?"

有志學而隨品官之列者, 人爭非之。先生曰: "'世事不敎人做, 更敎誰做?' 隨其坐地, 雖尊風之任無不可, 但看其行之是與不是。"

先生嘗謂: "學者持己和平爲好, 君子之德可稱者甚多, 而詩人每稱'樂只君子', 此可見。"

余嘗問於章一【先生之孫】曰: "子亦有異聞乎?" 章一曰: "嘗聞持心和平之訓。"

錫龜嘗侍坐, 先生語及中國與東國人品才器。先生曰: "東國人才, 何以及中國人? 但今世科文, 則東人能之。然一針雕雙龍, 巧則巧矣, 而用於何處; 棘棗畫沐猴, 才則才矣, 而用於何事?"

有暴怒者, 先生曰: "物之不齊, 物之情也, 有見於此, 無可怒之事。"

先生嘗曰: "上天待我以不餓死, 賜我也厚矣。"

先生嘗戒門人、小子曰: “入門莫我貴, 出門莫我賤。”

先生謂門人曰: “君子而無才者有矣, 未有小人而無才者。”

錫龜問: “『中庸』三十一章‘寬裕溫柔, 足以有容也, 發强剛毅, 足以有執也, 齊莊中正, 足以有敬也, 文理密察, 足以有別也’, 此言仁、義、禮、智之德, 各以四字渾成一德。然就其中細分言之, 則寬裕以量言, 溫柔以用言, 發强以發於外者言, 剛毅以守於內者言, 齊莊以存於身者言, 中正以處於事者言, 文理以事理言, 密察以心知言, 各有體用之分也。” 先生曰: “此言然。”

或曰: “朱子「答廖子晦」書曰: ‘東坡在湖州被逮時, 面無人色, 兩足俱軟, 幾不能行, 求入與家人訣, 而使者不聽。雖伊川先生謫涪陵時, 亦(告)[欲]¹⁸⁾入告叔母, 而不可得。惟陳了翁被逮, 聞命卽行, 使人駭焉, 請其入治行裝, 而了翁反不聽, 奇哉奇哉! 願子{晦}¹⁹⁾勉旃, 毋爲後人羞也。’【朱子說止此。】東坡、了翁, 則其親之存否, 未之知也。伊川之於叔母, 則欲其入告之者, 固人情之不能已也, 而以朱子之言觀之, 雖父母在焉, 聞命卽行, 必如了翁而後爲奇哉, 是豈人情之能爲哉?” 錫龜曰: “朱子之意, 何嘗固謂‘雖父母在而不欲入告’哉? 但勉子晦之不以患難而失其所守耳, 不可執言而失其旨也。然君子之處不幸也, 惟顧命義之如何, 而順受安行而已, 私情則有時不暇顧矣。夫君子之於父母, 何可須臾忘也? 於命義所在, 或有不得恤者。蓋天之與父, 其親則無間, 而其尊則非父之比, 故寧或違父, 而不敢違天也。然違父, 豈君子之得已哉? 迫於天命, 而不得已也。” 先生曰: “答說甚善。”

問: “伊川臨終, 或問曰: ‘平生學底, 正要今日用?’ 伊川開眼曰: ‘說要用便不是。’ 朱子曰: ‘說要用便兩心。’ 何謂兩心?” 先生曰: “所謂有心之病。”

錫龜嘗問: “分野之說, 信乎?” 先生曰: “星宿隨天而旋, 常動不靜, 豈定爲某星爲某地

分? 且天也者, 天下之天也。中國人惟知天爲中國之天, 而東人見中國人, 亦以爲東國
亦有星宿分野, 皆可笑也。"

奇門、八門之說, 亦甚誕妄。所謂八門, 周環不定, 因指居室南戶, 而因此門, 有爲生門
時, 有爲死門時, 常常出入, 未見有吉凶。

呼錫龜曰: "世俗觀命之說, 汝謂有理乎?" 對曰: "觀命之說, 小子未之信。譬如穀種, 一
時種下, 一時發生, 有苗壯者, 有凋殘者。且草木亦有一時生者, 山南、山北, 榮瘁不同。
人雖有同時, 南北人稟氣, 宜各不同, 吉凶豈其同乎?" 先生曰: "思審矣。"

錫龜問: "『太極圖說』至'小人悖之凶', 已言之盡矣。'立人之道, 仁與義'結殺已了, 而又
引'原始反終知死生'之說, '始終生死, 只是這箇道理'之謂耶?" 先生曰: "'始終生死, 只
是這箇道理'者然。"【按: 此一條似是絶筆於病中, 所讀『易書』中收得焉。】

「자경설自警說」(『大谷遺稿』卷3)

1) 서지사항

김석귀가 평생 공부하면서 스스로를 경계하기 위해 교훈이 될 만한 경구들을 기록해 놓은 글.『대곡유고』권3에 실려 있다.

2) 저자

김석귀(金錫龜, 1835~1885)로, 자는 경범(景範), 호는 대곡(大谷)이다.

3) 내용

이 글은 김석귀가 평생 학문에 뜻을 두고 공부한 것을 스스로 깨우치고 반성하려는 목적으로 쓴 것이다. 김석귀는 전라도 남원에서 태어났으나, 학문에 전념하기 위해 담양군 대전면 대곡리(大谷里)로 이사했다. 27년간 노사(蘆沙) 기정진(奇正鎭, 1798~1879)의 문하를 왕래했다. 행동거지의 하학(下學)에서부터 천명리기(天命理氣)의 상학(上學)에 이르기까지 자신이 보고 느낀 것이나 읽고 터득한 것을 307조목으로 정리했다. 서두와 말미에는 이 글을 쓰게 된 내력을 짤막하게 기록해 놓았다. 서두에서는 이 글을 쓰기 시작하면서 그 목표를 다음과 같이 설명했다. "어릴 때부터 고인(古人)의 학문에 뜻을 두었다. 처음 가졌던 뜻은 많이 타락했지만 오늘부터 다시 새롭게 시작한다. 그 목표를 지어지선(止於至善)에 두고자 한다." 이때가 그의 나이 36세인 경오년(1870) 11월 6일이었다. 그리고 말미에는 이 글을 마무리하면서 지은 글이 수록되어 있는데 다음과 같다. "이 글은 내 나이 25~6세부터 35~6세까지 전후 10년간 느끼는 바가 있거나 깨닫는 바가 있으면 기록해 놓은 것이다. 「자경설」이라고 명명했다. 다시 지금 10년이 흘렀는데 한 마디 말도 실천하지 못했다. 한탄스럽다. 다시 오늘을 자경(自警)의 시초로 삼고자 한다." 이때가 그의 나이 44세인 무인년(1878) 동짓날이었다.

3-11-3 「自警說」(『大谷遺稿』卷3)

余自年, 雖云“志古人之學”, 但志不篤而不勝氣質之累, 行不力而不免舊習之汚, 出言則悖於理, 有動則違於道。至於隱微之中、思念之發, 尤有甚於見顯言動之際, 間亦有自知其非而內訟者。然朝悔而暮然, 顚倒至今, 三十有六年矣。虛度少壯時節, 蹉過合做工夫, 成就一箇懶散人。初年期待之志, 九分墮落, 昧昧思之, 心骨悚然。旣往雖不可諫, 當以今日爲自新之始, 一言動, 一思念, 必求“止於至善”, 以終吾餘日。此乃爲人、爲獸之一大機關, “上帝臨汝”, 鬼神在傍。庚午至月六日識。

余年十八, 斷然有學古人之志, 至於今十數年。少有進於前日者, 若干記聞誦說, 而古人着實爲己親切工夫, 不惟蔑然, 計功釣名之心, 反有甚於初年, 間亦有“隱惡”之不可向人言者。虛負初心, 獲罪古人, 枉吾生, 已過半矣。若不卽今劈劃天人界分, 嚴別生死路頭, 撏除舊習, 奮發新志, 更張規模, 改圖工程, 眞實爲己, 念念向裏, 求盡吾性分上所得於天以生者, 而依舊閑漫地度了, 則畢竟不知墮落何等坑坎, 而爲吾生不盡之憾矣。然求盡吾性分上事, 必先須洗得盡世俗所謂“予奪、榮辱、貴賤、窮達”者, 脫然無累, 方得沛然前進。凡此非知不高, 脫不得; 非志不勇, 躍不出。自今以往, 以古人自期, 熟讀古人書, 凡天理之當然, 次第整頓起來, 於已知處, 先力行之。雖今日死, 死於此; 明日死, 死於此; 百年後死, 死於此。若富貴貧賤, 死生存亡, 許多物事, 抛却浮雲之外, 一聽於天, 而不復顧念。

余才質愚頑, 又以疾病纏繞, 無毫髮得力於古人之學, 而鼎器已弊。今當喚起若干氣力精神, 收拾整齊, 如孤軍遇强敵, 背城血戰, 誓不與俱生, 非賊死, 必我死而後已。

士當以入則修其身, 無一事之不善; 出則濟天下, 無一物之不得爲心。平生有一事不由其道, 天下有一物不被其澤, 於吾本分有所未盡。

必以天下爲已任, 不以天下易其介。

士生衰世, 當益自奮勵, 使天地之心由我而立, 聖賢之道賴我而傳。

心天地之心, 事天地之事, 處聖賢之處, 行聖賢之行, 只在動靜之間、語默之中。

自家分內事有一毫未了, 則此恨曷既, 此古人所以孳孳汲汲, 不敢少懈者也。

人欲易陷, 天理難明, 歲月有限, 責任甚重, 非天下之至誠、大勇, 孰能盡其道而無憾也?

此事固非志小氣弱之人所可當也。故孔子曰: "不得中道而與之, 必也狂狷乎!"

人生世間, 百年幾何? 一朝溘然, 更無伸贖之日, 有志者, 惟於百年之內, 持守其身心, 使之死無遺憾。

努力於百年之內, 立法於萬世之下, 只在此一生, 常思此日不可復得, 則自不敢放過。

人之生世, 處畎畝之中, 無事逸老, 則雖無才德, 猶可也。得處廟堂之上, 擔天下之重, 不能有為, 其於天下之亂, 後世之誅何?

能做人不能做底功業者, 必用人不能用底工力; 能用人不能用底工力者, 必有人不能有底志氣。

其身若有一毫之不正, 安得以正天下之不正? 故以天下為己任者, 先盡其道。

此身, 天地正大之體也。故自處不可不高, 自待不可不重, 自守不可不嚴, 自衛不可不堅。如或自小, 自輕, 自放, 自毀, 行不念道義之大, 言不顧性命之正, 是乃自棄。

一視聽、一言動, 不由乎禮, 是乃自絕于天。

天之生人, 本自正大, 人自小了, 甚可痛也!

"全而生", 當"全而歸"。"盡其性", "踐其形", 以終吾生, 是謂"全歸"。

性不外形。維求"盡性", 必"踐其形"; 允茲"踐形", 克"盡其性"。

常思此身受於天地父母來, 而必盡其道。

受職於君, 致事之前, 君命常在於己; 受生於天, 未死之前, 天命常在於己。

修身以"全歸", 乃吾所受於天之本分, 不可須臾免離者也。知此, 則雖欲自棄而不得。

聞大道者, 不安於小成; 有遠志者, 不屑於近名。竭力以求古之哲人, 能安於小成乎; 修身以竢後之作者, 其屑於近名乎?

余前日, 自謂"古人可學"; 近日, 又謂"古人不可及"。前日之謂, 固愚也; 近日之謂, 亦妄也。與其妄, 寧愚!

孔子曰: "人一能之, 己百之; 人十能之, 己千之。" 當以此自勉, 硬着精神骨力, 抵死爲限, 不到不休。

余之至此, 鹵莽滅裂, 當初門路不直, 基本不立故也。今欲直門路, 須求古人眞實爲己, 當日力行, 則門路自直, 德業漸就, 古人眞實爲己處, 莫過乎『小學』「明倫篇」。今欲立基本, 須求古人培養德性處, 卽時下工, 則基本自立, 心地漸明, 古人培養德性處, 莫要於『小學』「敬身篇」。

吾儒之學無他焉, 精讀古人書, 以求古人心, 以古人心, 行古人事, 所謂古人事, 不出乎日用動靜之間。讀書者, 必"切問近思", "先急而後緩", "反己實體", "下學而上達", "循循有序", 則基本漸固, 門路漸通, 終身由之, 可以幾及乎古人矣。若不擇先後, 躐等好高, 則必陷於異端; 不審緩急, 汎然博觀, 則必局於俗儒, 安敢望古人?

所以爲學者, "復其本性"而已。"復其性"在乎知行, 不知則不能盡性, 故窮理而知其性所具之理; 不行則不能成性, 故力行而踐其性所具之理。

道之在天曰命, 人得之曰性, 主於身曰心, 感物而動則曰情。日生則曰事, 體之於身則曰行, 發之於口則曰言, 記於方策則曰書。然行則聖人之所欲, 言則聖人之不得已也, 言且不得已, 而況乎書? 天下之人皆自知道, 則聖人必無書也。後世之人不務實行, 惟言、書之是尙, 雖其言皆中於理, 不先行其言, 非君子之所貴, 況其言之未必中乎?

王者不作, 大道不行。聖賢進欲行道而不得, 懼斯道之無傳, 退而著書立言, 以待後之人, 此乃聖賢倦倦於天下後世而不能自已者也。後之人見聖賢立言著書, 而不究其旨意之所在, 而費心力於文辭。吁, 亦異哉!

余前日陷於俗尙, 馳心文辭。所以心地波浪, 意思浮雜, 於古人眞實工夫, 日益遠, 遂焚若干所著閒漫詩文, 以痛絶之。自今以往, 自家身上緊急文字外, 不當把筆爲書。

至言簡而涵天下理, 至文約而爲萬世經。古今聖賢千言萬言, 未善帝舜十六言; 漢、唐文章千書萬書, 難爲皇陶一篇謨。

古之人, 言也爲天下法, 書也爲萬世經。言而不法言乎, 書而不經書乎? 有志於古, 須除今之文, 尙古之忠質。

著書新奇, 是亦巧言。

自文之勝, 不惟大道之不明, 大文亦不作。

士之當務, 務此理之盡而已; 所求, 求其德之全而已, 何嘗以自外來者一毫關吾心哉? 戴命而立, 履道而行, 接物而無一念之或誘, 處世而無一事之或拘, 胸襟磅礡, 氣度浩大, 與天地同其運轉, 則王公之貴, 秦、楚之當, 如片雲之過空; 今日萬鍾, 明日窮餓, 如寒暑之代謝; 衆口之毀, 百世之名, 如風聲之過耳。況不及於此者, 動得吾一髮?

余非謀富之人，則家之貧寒非所患也；余非志貴之人，則身之鄙賤非所憂也。素志不求乎安，則事之艱苦非所避也；可欲不在乎生，則壽之短長非所慮也。所事非爲衣食，則“菲惡”有何足恥；所樂非在文辭，則巧拙寧復爲念？孰使我遑遑，富矣、貧矣；孰使我營營，貴矣、賤矣？四者，天下之大拘束，孰使貧富，使我遑遑；孰使貴賤，使我營營？已乎已乎！克去一己，天下之大解脫。

此身乃太極中一塊物，而死生亦是那義理中常事。故義當生則生，義當死則死。

人得天命而生，所受於天者，其重爲何如哉？

“古之人聽天命”云者，非“以我去聽他天所命”之謂也。本無我而只是天而已，而“天以行之”之謂也。初非於天之外別有我也，何以我聽天之有哉？若或有我一箇，則雖每聽之，必有不聽之時，一動一靜，或不以天，則是乃自有，豈“聽天”之謂哉？聽父命，聽君命，皆然。

此身之形骸，天地之氣也；性命，天地之理也。動靜語默，皆天地之爲也；死生壽夭，皆天地之數也。此身卽天地之身也，彼自有其身者，不知孰甚焉？

人苟知此身之所從來，則不敢須臾忘父母也，亦不敢須臾忘天地也。非天地，則從何生乎；非父母，則從何成乎？故人之道，莫大乎事天，莫先乎事親。

惟天有理，不可違也；惟天有命，不可逃也。

福不可力求，禍不可智免。惟其數到，所以福來；惟其數盡，然後禍息。

永言配命，自求多福，自絶于天，降之百殃，是則人事，難謂之數。

人之處世，順境常少，逆境常多，須思順處其逆。

知天命，然後安於變逆，禍厄之來，當順受而安處，毋思苟免。不知命者，苟免而增益其禍。

禍厄之來, 皆自取之, 苟非自取, 則命實爲之。自我取者, 防之在我, 命之爲者, 但當順受, 一毫或有憂患忿怒之心, 則非順受也。

禍福之來, 皆當順受, 聽其自然。若以勢力而求, 智術而免, 雖或有可爲之路, 是非順天者, 故君子不爲。

不順天命, 罪莫大焉。

人皆曰"余知有命", 信之者鮮矣; 人皆曰"余知有道", 由之者鮮矣。

何謂信之, "死生以之"; 何謂由之, "造次必於"。

君子知時之有窮通, 故得而不喜, 喪而不怨; 知命之有存亡, 故生而不樂, 死而不悲。

維變無窮, 維時無常, 維無窮與無常, 天地之所不能御, 況人乎? 故安於變而順其時者, 爲達時變, 此謂"知命"。

人之患在不信聖人之言。若"獲罪於天, 無所禱", "死生有命, 富貴在天", "不知命, 無以爲君子"等數句, "信得及", "都無事"。

有此身在此, 則有明命在此。

纔不安於本心, 則卽此是逆天之明命。

日用之間爲不善, 而自知其非, 是卽天命之明。

此理在天地, 則爲天地主宰; 在人, 則爲一身主宰。

人之動靜、語默、進退、坐作, 孰使之然乎; 天之風雨、霜露、晝夜、晦明, 孰使之然乎?

上帝之常臨, 昭然如此, 其嚴乎!

我之所以爲我者, 理而已, 故其用, 義而已。此我之所以生出也, 我之所以存在也, 離乎此, 則我已亡矣。血軀雖存, 與腐土、朽木, 何異? 雖貴爲天子, 富有四海, 披錦玉, 喫梁肉, 調護此無主之空殼。故得王天下, 不義則不爲殺身殞命, 義則必爲毋失我之所以爲我而已。

學者, 一日不以聖人自期, 其志必退; 一事不以正道自守, 其學必邪。

一時不以天地之心爲心, 則便是不仁。

道與德, 惟古之有"驚天動地"之力、"山藏海涵"之量、"駕風鞭霆"之勇、"斷金穿石"之誠、"抃生盡死"之志者, 能之。故有志於道者, 先辦得這般氣力, 然後有所進, 就氣力退弱, 則雖有所進, 豈能寸哉?

大哉, 道乎! 不有天地力量, 孰能舉而存之?

常須念念在此, 心心在此; 勉勉不已, 進進不已; 得寸守寸, 得尺守尺; 一銖尚累, 一分尚積。

古所謂"困而得之"者, 是何等努力, 何等刻苦? 今之人材器力量, 不逮古人, 而欲以安逸得之, 是萬無其理。

古人所謂"竭其才"者, 不遺一毫餘力, 不容一息間斷。

學者於道, 牢着骨力, 猛着精神, 擔當自任, 勇往直前, 方見得進就。才生悠悠底意思, 便是退托。

志不可不堅, 志之堅矣, 天下無難當底事。

有一兩分難事, 用一兩分力; 有十百千萬分難事, 用十百千萬分力。用一兩分力, 有一兩分效; 用十百千萬分力, 有十百千萬分效。

今人之不及古人, 無他, 只用功不如古人。

大禹之孜孜, 成湯之栗栗, 文王之翼翼, 周公之乾乾, 此皆何等骨力也? 今於千百載之下, 每一默念, 使人心神悚然, 足以想聖人當日之氣像。

古之人養其志, 用何等力也? 苟遂其志, 殺身猶不暇恤, 況論其餘外?

日用之間, 若有一毫志不勝氣, 則於臨大節, 何?

上之立志, 不以世變而變, 不以身滅而滅。砥柱可動, 而此志不可動; 泰山可拔, 而此志不可拔, 天地有時而消, 而此志無時而消也。不如此, 不可謂之立。

立志亦有精粗, 其泛然以遠大自期者, 粗也; 其克勤小物不敢須臾捨者, 精也。余之粗有志於古人之學者, 不可謂不志也。但立之未精, 故日用之間, 若存、若亡, 或入、或出, 滅裂至此。如有志於古人之學, 須是無所不用其極, 語其遠, 則必以聖人自期, 一息尙存, 不容少懈; 語其近, 則一動一靜, 一思一念, 求"止於至善"。語其大, 則"行一不義, 殺一不辜, 而得天下不爲"; 語其小, 則"非其義也, 非其道也, 一毫不敢取與"。如此而後, 是實有志者。

無其實而志虛大, 是大病。

立志以遠大爲貴, 下工以切實爲善。志不遠大, 則頹懦不起, 無任道之氣力; 工不切實, 則泛濫無功, 無進德之脈絡。道之體, 雖高遠微妙; 道之用, 甚平易切近。苟有志於道, 須於日用事物平易切近處, 一循乎理, 勉勉不已, 久而純熟, 則所謂高遠微妙之體, 卽在於此, 而終至與道爲一。

有志於聖人之學, 須先從事於下學, 然後事事却實。若從用力於上達, 則雖知得精明, 必有茫然無交涉之患。

聖門事業都在下學, 下學上去, 可以上達。

學聖人者, 只是去眼前着實處, 一以聖人之所止爲法, 何嘗學箇變化無方、神妙不測底?

今而後知古人用力處, 顔子"竭其才", "竭其才"於日用行事之間。

道在日用視聽言動四者而已, 用力於四者, "仁在其中"。欲其終日游泳於天理之中, 須於動靜語默上用工。

君子盡性之道, 不出言行, 言必由理, 行必由理。生長於斯, 老死於斯, 便是盡性, 便是盡道。

尋箇古人樂處, 須於言行心術上求之。自家身心上都是天理, 則自然快活。

善學者, 必自近者始而用力久, 則高者、遠者可以馴致。

克勤小物, 然後德日進。

欲當大任, 須於小事上積力去。

見道着實, 然後方下手切近。

言語、飲食、起居、進退, 無非天理所存。

灑掃、應對, 是聖人事中一段事。

余之稟氣孱弱, 精力短淺, 於世間萬事, 固知不能一有所爲。自今以往, 書非聖賢之言不讀, 事非日用之道不學, 一分力必於是, 一寸工必於是, 庶幾於此有一毫所得, 更何敢望他?

人之生世, 天下甚事, 何嘗不是己分內事? 若余者, 才器短劣, 一無所能, 惟求自家言行心術, 無愧於天, 而猶之未能, 奈何奈何?

"心不存焉"者, 無事則悠泛, 有事則忙迫。

有事忙迫, 疑若心存, 而是乃客心爲之主也, 非眞心。

眞心, 道爲之主, 無事而無悠泛, 有事而無忙迫。故有事忙迫, 是亦放心; 有事忙迫, 心爲物役。

大人之心, 初無一物, 亦無一事。無事而靜, 則渾然如太極之未判; 應物而動, 則沛乎若江河之莫禦。

天之能生萬物, 以其本領一也。故人亦一於本領上, 然後能成萬事, 本領者, 太極與心乎!

聖人周旋乎天下之事, 而行其所無事。

天下之事, 大小輕重, 難易遲速, 各有自然之分限, 因其勢而順其分, 然後謂"代天工"。

小人於天下事, 必售其智謀、技能與勢力而爲之。若不由其道, 則雖善其智謀, 巧其技能, 重其勢力, 而罅漏百出。

尚智力者, 困於智力而自賊; 多才藝者, 使於才藝而自苦。無爲所困, 無爲所使, 終始能於無事者, 能事畢矣。

水之流, 物之生, 君子之心; 鳶之飛, 魚之躍, 君子之行。

學者之於天下, 不當思前算後。只把眼前事, 做得恰好, 而至於死生之際亦然, 得正而斃則已矣。

教人而驟言本原, 爲學而遽談性命, 儒門之末失。是以後世之學, 終不如古人之平實而純熟, 敦厚而光明。

性命, 夫子之所罕言, 門人之所未易聞, 是豈始學之士所可得以聞, 所可得以言也?

以孔子爲師, 以顏淵爲弟子, 其爲仁之方、授受之訣, 不過曰"視聽言動, 禮與非禮之間"而已, 古人之學焉者可知也。今之人才言學, 便說"性與天道"; 才言仁, 便說"萬物一體"等語, 閑漫說去, 所以仁者鮮矣。苟有志於仁矣, 於孔子之所敎, 顏淵之所學, 孜孜勉勉耳。

欲學古人之深遠, 先學古人之切近; 欲學古人之高明, 先學古人之平實。

後生之緊急用力處, 只是正心術, 亂威儀, 敬動作, 愼應接而已。

道在方策, 熟讀則知, 知不是自外來, 喚惺在我者也。

讀今人之書, 不如讀古人之書; 讀後賢之書, 不如讀前聖之書。先須專力於六經、四子之間而有得焉, 則其餘後賢之書, 亦可餘力看過, 皆自知。若先耽看後世之文, 則吾恐其元枝葉而忘本根也。

"博學於文", 豈無規模程法, 而汎濫百家之謂也? 學者當於聖賢之文, 尋箇先後緩急之序, 用力眞積, 沈潛涵泳, 浹洽厭飫, 使聖賢千言萬語, 條貫融會於自家方寸之中, 措諸日用之間, 左周右旋, 西去東來, 屈伸反復於聖賢言語之中, 各當其可, 方是眞實博學人。

余之當患, 拘於多事, 讀書不多者, 是未得古人蹊徑故也。夫無事則讀書, 事至則應事, 隨遇而安, 盡吾之心, 此古人之學也。故隨事盡力, 餘力學文者, 可以言古人之學, 希顏者亦然, 希舜者亦然。

聖人之一言一句, 皆天之理也。惟畏天之君子, 能畏聖人之言。

用工雖密, 而絕不可存迫促之念; 程度雖寬, 而亦不可萌悠汎之心。博而有要, 無汗漫之患; 約而不固, 無執滯之陋。務通乎道之精微, 而不離乎日用常行之上; 致究乎理之散殊, 而必求乎吾心虛明之中。存此心虛靜渾一之體, 以爲事物應接之本; 盡此理大小精粗之妙, 以克吾道無窮之量。以至動靜之間、進退之際, 持敬以存其誠, 集義以養其氣。放開胸襟, 無一毫踽踽底氣像; 收斂身心, 無一息懶怠底意思, 久久純熟, 自然進德矣。

敬者, 聖學之要。以之"存養", 則心地虛靜, 天理湊泊; 以之"格致", 則思慮精一, 物理透徹。以之"持身", 則外物不誘, 可以"踐形"; 以之"應事", 則人欲不萌, 得以"止善"。能使此心不離乎敬, 而積眞之多, 至於渾是一團誠, 則是乃學問之極功也。

無事則收斂身心, 立其本地; 讀書則虛心理會, 不知不措; 應事則義以制之, "止於至善"。

道之體一, 其用萬, 存體而應用在乎心, 心存則體立而用行。

存心在乎持敬, 須是持敬又能忠恕, 久久庶幾乎道。

持敬則心虛, 心虛則理明, 理明則應萬事, 濟天下有餘裕。

爲學肯綮在乎存心、養氣, 心常存則氣不亂, 心定理明, 應事沛然。

具此道者, 心也; 行此道者, 身也。心不沈靜, 則道無所湊泊; 身不正重, 則道不能流行。

虛靜而涵道之體, 沈潛而究道之妙, 中正而由道之用, 廣大而盡道之量。

平常須是肅然, 有戰陣不可犯底氣像。

嚴肅恪厲, 則昏惰之氣不得入; 操存縝密, 則紛擾之心無自生。

學者篤於恭敬, 而常懼怠慢處多; 極爲勉勵, 而常患悠泛時過。

常恐一息、一毫有離於道, 常思此身、此心不出於天理。

常須謹嚴天理、人欲界限, 不使人欲掩蔽天理。

善惡迭爲消長, 間不容髮。戒懼之心, 有些間隙, 天理便消, 人欲便長。

敬肆存放, 交爭相勝之際, 痛加着力, 使此常勝, 使彼常屈, 此是日用工夫最精切處。

天地設位而無罅漏, 造化行乎其間而無間斷, 所以生出許多物。

存心久時道自凝, 如火之薰蒸, 久時烹飪, 熟水之浸灌, 久時滋潤洽。

余之常有欲速之心, 是大病。聖門之學, 是終身事業, 學者當寬閑程度, 而日邁月征。但勿忘而已, 如何助之長, 而至以忙迫之心, 橫滯胸中也? 天命之不已, 聖人之無息, 何嘗有一毫助長之心也? 須體認得天地氣像, 便長進。

程子曰"吾以忘生徇欲爲深恥", 學者之助長, 亦"忘生徇欲"。

善學者, 無一毫有事, 亦無一毫無事; 無一毫過着力處, 亦無一毫不着力時。

學者不可先有期, 必有所期, 必便忙迫涉躐, 難見得寬平廣大底田地。但日出而作, 日入而息, 斃而後已。

思慮持守, 亦當從容涵泳, 使無間斷而已。不可苦索着力, 小間便間斷了, 難見得天理自然流動底妙也。

學之爲難, 緊則有急迫挾窄之意, 緩則有閒漫悠泛之患。"逝者如川", 緊乎、緩乎, 惟其

"不舍晝夜"而已。

學者惟務涵畜, 不當發露。發露底人, "內不足", 安得養成重厚廣大之德器哉?

學者當敬守此心, 消釋世間許多思慮, 無一點痕跡, 使如太虛然, 無一毫係着, 常觀萬化從這裏出。

係着之心有未消融, 則本地已點缺, 天德無自而凝, 王道無自而出。

欲知吾心本然之體, 仔細看「太極圖」上面一圓圈。

太極中本無物, 聖人心中, 何嘗有物?

至善者虛也, 學者當虛此, 必不可使一物存着其中。若有一物着在其中, 萬般病痛, 自此喚起。

君子之心虛, 虛者, 心之本體也, 衆善之地也。

敬則虛而靜, 靜則明無所不照。虛, 其本也; 敬, 其要也。

世俗之心不祛, 天地之心不存。

無所求, 無所爲, 無所欲, 滿腔子都是天理方是。

人能養其德性, 天理自然生生。

靜而涵天地之德, 動而循天地之道。

人可以無事乎? "宇宙內事, 己分內事", 一息如何無事? 人可以有事乎? 有天下而不預,一毫更有甚事？

道不可以意爲之，意爲之，非道也。

道自平坦，本無高低，而時有高低；本無隱見，而時有隱見。惟其本無高低，所以時有高低；惟其本無隱見，所以時有隱見。

至尊無尙，而天下莫能與；至大無求，而天下莫能加。尊，何謂非道乎；大，何謂非仁乎？爲徒於鬼神，孰尊焉；參於天地，孰大焉？

至貴不在位，至富不在祥，至賤而不害爲貴，至貧而不害爲富。有得乎此，無貴無賤，無富無貧。無貴無賤，所以常貴；無富無貧，所以常富。

君子無意於尊，而其尊不可及；無意於剛，而其剛不可奪。惡乎然矣？"居仁由義"。

自足者，人必慊之；自能者，人必毀之。故大而自大，功之賊也；多而自多，德之伐也。

華岳不自以爲崇，而衆山莫之與爭高；河海不自以爲多，而百川莫之與爭深。天地不自以爲大，而萬物莫之與爭功；聖人不自以爲智，而後世莫之與爭能。

知而自知，知者病之，況不知而知乎；能而自能，能者諱之，況不能而能乎？

失生於得，無得則無失；毀生於成，無成則無毀。無得之得，得而無失；無成之成，成而無毀。道乎德乎！

人生日用，各自有職分，一毫添減不得者，是乃天職也。廢天職者，"獲罪於天"。

日用之間，大事、小事，順境、逆境，不可有揀擇去取之心，亦不可有忙迫苟且之意。隨其所遇，盡吾之心，而處之以道，便是"樂天"，便是"安土"。

處之以安, 則苦亦安也; 處之以樂, 則憂亦樂也。

人之生也, 由道而生, 故曰"人之生也直"。

"君子曰終", 終吾事也, 終吾事則已矣。

觀曾子"而今而後, 吾知免夫", 子張"吾今日其庶幾乎", 則其平生所由行與所爲志, 可知矣。

臨難允當求盡其道, 康節詩曰"以至死生皆處了", 程子曰"學者學處患難", 何嘗有苟免之心也?

屈於困厄者, 自家力量不足也。苟剛而勇, 吾力勝之, 困厄可爲於我哉?

學者須守得剛剛, 然後可以有爲。

於天下事物, 一有所屈, 未足以爲剛。

學者當以"止至善", 立其標準, 每事必求止於此, 然後方見長進。若不求極致處, 姑以爲後善於此, 則終必流於惡。

非道之得, 得必見失; 非義之利, 利必爲害。

心大而物小, 內重而外輕。苟於小大輕重之間, 知所取捨, 則知所持守矣。

古之人, 苟其義也, 視棄國猶蔽屣, 所貴在義也; 苟非義也, 王天下有不爲者, 所榮不在外也。

君子以處義爲榮, 以害義爲辱。故義之所安, "溝壑喪元", 泰然處之。

"內省不疚", "自反而縮", 雖縲絏之中、鼎鑊之上, 不喪其"氣之浩然"; 雖裔夷之竄、市朝之戮, 不害其"生之全歸"。

古人厄窮而不悶, 危疑而不動, 以知素明而養素厚也。

福有幸而得者, 禍有不幸而遇者, 幸之福, 君子恥之; 不幸之禍, 君子安之。故福有所不處, 禍有所不避。

死於患難, 勇者能之; 安於貧賤, 惟仁者能之。

不爲富貴、貧賤、死生、榮悴所移, 然後百事可辦。

如欲得古人之心, 須是洗滌盡臟胃間葷血脂膏, 而於世味淡泊而後幾矣。

學而至於一切世味淡淡, 然後灑落。

求財爲生也, 求財而傷生, 可謂知乎; 干祿榮己也, 干祿而喪己, 可謂明乎? 故知者不以財傷生, 明者不以祿喪己。

人能無我, 則天而已; 天而已, 則形骸亦外。

人局於軀殼, 不知其本只是天也, 故自小而不能大。苟不局於形殼, 則與天同大。

變化氣質, 在力行上。

莊敬、持養之久, 自然消融其粗厲浮薄之習, 養成其溫厚正大之氣。

人之持身、接物、作用、運動, 所賴而爲之者, 氣力與精神也, 而氣力有分量, 精神有界限, 於運用處, 常須量度而爲之。若過了些子分限, 則不惟不能堪, 而雖得之, 必失之。

氣力、精神亦隨而耗, 蓋精力不及而濫用者, 自賊者也; 可及而不用者, 自廢者也。

學者無所憂愧, 無所忿厲, 常須溫溫, 使自家胸中和氣滋養, 則天德生生。

自家和氣一喪, 則天地和氣亦喪。

一暴厲之作, 一"戕賊"自家之生氣; 一放肆之行, 一"牿亡"自家之生氣; 一懶惰之萌, 一斷絕自家之生氣。

客氣之作, 使人失其性。

今而後, 知言之不得已後發也。點檢日用之間, 悖逆于道理者, 尤在於言語, 聖人欲人訥於言, 良以此也。

哲人言寡, 多則民不信; 其事簡, 煩則民不從。

理明者, 其言簡而達; 心醲者, 煩而支。

君子之言寡而簡, 其行平而易, 言過高、行過難者, 吾不知之矣。

天理本自平坦, 人心本自易直, 故君子無駭俗之論、絕倫之行。

好動而招禍, 智者猶然, 況如吾之愚妄乎; 多言而與戎, 明者猶然, 況如吾之昏昧乎?

有懷必吐, 淺丈夫也。

適口之味, 豈可必食; 適體之衣, 豈可必服? 拂意之言, 豈可盡說; 快心之事, 豈可盡為?

表裏若有一毫之不同, 則盜也; 言行若有一毫之不孚, 則狂也。盜與狂, 奚論於道哉?

知而不爲, 自棄也; 言而不行, 欺人也。

知之眞者, 必爲之; 言之謹者, 必行之。

有志於自修, 則毀言之來, 警策尤深切。

人非大賢以上, 不能無血氣, 被了事物撞衝, 則此氣便翻動天理, 有所掩蔽, 失其全面。故其應接處, 雖有長處, 必多短處; 或有明處, 每多暗處。

今而後知責人之難也。先正其己, 無一毫之不善, 又有忠厚惻怛, 又必氣和辭順, 一有不足於此, 自取侮辱。

余嘗言人之所短, 其後聞其人嘗言我之所長。彼雖不知我之毀之, 對其人, 未嘗不赧赧然。

士之自守, 正大直截, 不惟己不敢向人出私邪之言, 亦能使小人不敢向我出諂佞之說。

"人無妄交, 物無妄受"二句, 是保身之要道。

貧人不當交富人, 賤人不當交貴人, 貧賤與富貴交, 鮮有不失其所守者。

學者能不失輕富貴、守貧賤之心, 可以全其所守。

其身正, 則人不敢以不正之事干我。

遠小人, 莫如正其身。

毋自輕以招辱, 毋自賤以納侮。

交人不可不謹, 以義交者, 其交也全; 以利合者, 其合也離。交合之際, 有取於利, 末梢之禍, 不可勝言, 吾見亦多矣。

小人不可與同謀, 安知今日之同心不爲來日之燕、越?

導人不亦難乎? 或有由我而陷於不善, 其有甚於推而納之溝中。

濟川以舟, 涉世以道, 捨二者而能致者, 鮮矣。

寧見絕於人, 毋自絕於天; 寧見忤於人, 毋見怒於鬼神; 寧獲罪於今人, 毋獲罪於古人。

仰而上穹尊嚴, 俯而下民有嚴。生而聖人之言可畏, 死而百世之公議可畏。

人可侮乎? 天地之德, 寧可侮也? 物可凌乎? 天地之生, 豈可凌也? 世可輕乎? 君親師長之所在, 安可輕也? 身可自大乎? 方存乎見小, 又何以自大也?

傷人者, 必自傷; 害物者, 必自害。

古人知處身之難, 故必敬必慎; 今人不知, 故自肆無忌。

人之處世, 各有其分, 思不出其分。

分者, 理之限也, 過與不及, 均是違分。

人能見得分界之不可踰, 自不敢違越。

與人言論, 若不相合, 卽當平心詳念。彼言是, 則喜而受納; 彼言非, 則諄諄詳諭, 何至遽加怒氣?

患人之不我合, 慍人之不我同, 是不知物之情也。物之不齊, 物之情也, 故不合者不強合，不同者不苟同。

我猶未信我，人如何信我；我猶未順我，人如何順我？

人非我也，如何盡快我意？

慍人之不快我者，望人之快我也。初無所望於人，自無所慍於人。

父之不賢，子之不孝也；君之不聖，臣之不忠也；兄之不愛，弟之不恭也；妻之不順，夫之不正也；朋友之不信，己之不先也。故正己而天下化之者，至矣。

天下事一順一逆而已，惟順與逆，孰非由我？故君子反己，反己則吉；小人尤人，尤人則凶。

自反者，無責人之暇；尤人者，無自修之日。

學者當須自責，雖痛自責，己猶懼責己者淺，責人者深。

凡行有不得者，不由其道故也。得之之道在此，不在彼，故君子反求諸己。

人之患不能盡其道也，故古人惟求盡吾道而已。余每計較是非，患人之不盡其道，何厚於人而薄於躬也？

德薄而受厚祿，非福也；才劣而處高位，非榮也。

甚矣！不仁之人，苟有些少利害，便有幸人之不幸者，人而忍有此心哉！

甚矣！聲色之奪人心也。古之人不誘於聲色臭味之欲者，非血軀之異於人，但義理勝。

天下不正之事，一見一聞，皆足以害吾心術。

非禮、非義之加於其身, 有甚於蒙不潔。

過惡之痛毒, 有甚於疾病。

人之在世, 爲其職分所當爲者, 日猶不給, 何暇謀及外事?

出位而謀, 妄也; 不時而動, 愚也。愚與妄, 獲禍必矣。

人心難測, 事變無窮, 不一以御之, 難矣哉!

凡臨事, 其成敗不須論, 但顧其義理之如何?

天地在義理中運用, 人物在義理中生息, 非此則天地便毀, 人物便消。

前日之過, 無所賴於後日之善; 將來之功, 不得掩其已往之罪。

才有一分過惡於隱暗之中, 便起一分災禍於顯見之地。

君子爲善, 非爲福; 不爲不善, 非爲禍, 樂循理而已。

人於一生, 如有一語默、一動靜不出於正事, 有未盡者。

一日之間, 有一事之未善, 則此日之事未盡善; 一年之間, 有一事之未善, 則此年之事未盡善; 一生之間, 有一事之未善, 則此生之事亦未盡善。故從生至死, 無一事之未善, 然後始無慊恨矣。

古之人, 其身先立, 故百事皆立。

學者當先立其大者, 大者不立, 則雖有蓋世之才、絕倫之智, 適足以反賊吾心之天理。

良知, 天之知也; 良能, 天之能也, 能莫能乎良能, 知莫知乎良知。故養其良知、良能, 充其量而無害, 則人便是天。

學者之憂, 憂其道之不進。苟道之成, 乃與天通, 乖於世, 何足憂哉?

毀我、譽我、貴我、賤我, 皆人之事, 我無所損; 愛人、惡人、尊人、慢人, 皆我之事, 人無所預。我當爲我事, 如何憂人事?

均是盜也, 盜財不如盜位, 盜位不如盜名, 名者天下之美也。盜天下之至美, 而人不知其爲盜, 是天下之大盜。

過譽是招大毀之兆, 虛名乃受實禍之基, 學者須愼乎名譽之間。

計校長短, 細人乎! 脫有所長, 豈能寸哉? 大抵計校者, 相去不遠, 天地之於萬物, 但包容而已, 何計校之有?

苟知物我一體, 則天下之能, 皆我之能也; 天下之長, 皆我之長也。故君子見人之善, 若己有之, 初無彼此之間。

凡己之所知、所能, 亦當與天下共之。

凡天下之事, 皆天地之事, 我行之幾分。我死, 則這箇事依舊在天地間, 復有能者行之, 何爲認作己功而自有哉?

屠城殺賊, 非君子之所謂功也; 致祥萬鍾, 非君子之所謂業也。君子之所功, 不出乎當行之職而盡其道; 君子之所業, 不離乎日用之間而致其力。

功莫大於"代天", 盡道於當行之職, 謂之"代天"; 業莫盛於"盡性", 致力於日用之事, 謂之"盡性"。

君子盡心於內, 天下響應於外; 修身於上, 百世景仰於下。故君子不出"環堵之室", "風動天下"; 不待百年而死, "澤流萬世"。君子舍身與心, 何所事哉?

大哉, 學之力也! 積之久, 可以撐拄乾坤, 扛擧天下而有餘。

色過乎目, 便顧眄; 聲觸乎耳, 便傾聽。物見乎外, 欲動乎內, 意作於心, 言出於口, 皆心不定故也。心得其定, 外物安得以動之?

能不爲耳目鼻口之所便, 其過人遠矣。

其存心也正大, 則其持身也正大, 處事也正大。

以剛毅持守, 以恭默處世, 以和敬待人, 以謙遜自牧。

隨處泰然, 不屈於外物, 然後始可謂"大丈夫"。

人苟知"修身"、"行道"不在衣食之間, 自無恥惡衣、食之心。

人苟知"盡性"、"知命"不在富貴, 則自無慕富貴之心。

人苟知人我一體, 則自無好勝之心。

人苟知人之生也, 由是理而生, 生也是理, 死也是理, 則自無苟生之心。

學而至於"懲忿", 則"克己"之功已深矣。

學者先能克去懦惰一病, 則其餘是次第事。

學者不爲氣所動、習所奪, 則地位已高。

世路多歧, 俗尙多端, 苟非見道分明底人, 不向他岐轉入者, 鮮矣。

勿觀浮華文字。不惟分精力、廢時日, 心地亦有時波浪動盪, 意思不佳。

知人之非而不察己非, 可謂知乎; 好人之善而不務己善, 可謂好乎?

千里可知, 而惟分難知; 三軍可勝, 而惟己難勝。知分之明, 明之明也; 勝己之剛, 剛之剛也。

"無恥過作非", 非誠好善者, 不能。

何謂近思? 思今日之當行; 何謂篤行? 知當行而必行。

不愼乎獨, 外而持守, 都是虛事。

學而至於"無自欺", 則自別。

學者固不可少繼開之志, 當勉勉於修吾身, 亦不可忘治平之心, 宜汲汲於齊其家。

人不可以好勝, 吾恐忿小故而敗家國; 人不可以好屈, 吾恐忘君父而事仇讎。心旣有偏, 其禍至此, 嗚呼懼哉!

士未仕曰"處士", 女未嫁曰"處女"。婚姻不備, 則寧老死閨房, 而貞女不行; 禮儀不具, 則寧窮餓溝壑, 而正士不出。

凡天下之物, 不經艱苦, 不變其質; 不變其質, 不成材用。

金之精也, 鑠之以冶, 得以成器; 玉之美也, 磨之以石, 得以爲寶。

故人不經極艱甚苦, 不能成就德業, "困窮拂鬱", 做人之冶石。

處危懼者, 常受其福; 居安樂者, 必致其禍。故危懼者, 福之宅也; 安樂者, 禍之基也。

登山者不顚於絶頂, 而或顚於平岡, 以其危之忘也; 涉水者不溺於險濤, 而或溺於淺波, 以其懼之忘也。

惟智者履坦道而不忘其危, 臨潺流而不弛其懼, 故終身無顚溺之患。

物宜尙質而不貴文, 人當尙德而不貴才。文過其質, 物之不祥也; 才過其德, 人之不祥也。

言之不實, 亦可恥也, 況行乎; 言之無益, 亦可惡也, 況事乎? 余常患才質之不如人, 是亦私意。

人之爲心, 惟公與私。公其心, 堯、舜之治平, 尙病不博; 私其心, 莽、操之篡奪, 常患不足。一日之間, 一念之公, 卽堯、舜之心; 一念之私, 卽莽、操之心。

學者當"自強不息", "夙夜乾乾", "對越上帝", "奉行天命"。"奉行天命", 只在日用一動一靜、一語一黙之間。

人苟有自樂於道義, 則陋巷安於大廈, 溝壑榮於廟堂, 菜根香於梁肉, 簞瓢甘於列鼎, 縕袍華於文繡, 素履貫於馴馬。至貴、至富, 常自浩浩然, 活潑潑, 不知天下復有何物在也。

此篇, 自余年二十五六歲時, 至三十五六歲, 前後十年間, 或有所感發則記之, 有所悔悟則錄之, 名爲「自警說」, 而又今十年, 無一言踐之, 甚可歎也! 更以今日爲自警之始。時余年四十四歲, 戊寅, 日南至, 書。

「상노사선생上蘆沙先生」(『大谷遺稿』卷2)

1) 서지사항

김석귀가 스승인 기정진에게 보낸 서한. 『대곡유고』 권2에 실려 있다.

2) 저자

김석귀(金錫龜, 1835~1885)로, 자는 경범(景範), 호는 대곡(大谷)이다.

3) 내용

이 글은 김석귀가 스승인 노사(蘆沙) 기정진(奇正鎭, 1798~1879)에게 보낸 편지와 이에 대한 기정
진의 답장이다. 김석귀는 전라도 남원에서 태어났으나, 학문에 전념하기 위해 담양군 대전면 대곡
리(大谷里)로 이사했다. 27년간 기정진의 문하를 왕래했다. 그는 주자가 말한 두서(頭緒)와 입로
(入路)라는 말을 인용하며, 이를 공부하는 자들이 거쳐야 하는 단계적 의미로 파악했다. 이러한
개념을 통해 퇴계의 『성학십도(聖學十圖)』와 율곡의 『격몽요결(擊蒙要訣)』을 이해했다. 『성학십
도』의 10개 도인 「태극도(太極圖)」·「서명도(西銘圖)」·「소학도(小學圖)」·「대학도(大學圖)」·「백
록동규도(白鹿洞規圖)」·「심통성정도(心統性情圖)」·「인설도(仁說圖)」·「심학도(心學圖)」·「경재
잠도(敬齋箴圖)」·「숙흥야매잠도(夙興夜寐箴圖)」의 내용을 간략히 언급한 다음, 퇴계가 이러한 순
서로 구성한 의도를 다음과 같이 설명했다. "공부하는 자들이 진실로 「태극도」와 「서명도」에서
단서를 찾고, 『소학』과 『대학』에서 규모를 세워 존심(存心)과 구인(求仁)을 요체로 삼은 다음 「경
재잠」과 「숙흥야매잠」 사이에서 일을 꾸준히 해나간다면 끝내는 진성(盡性)과 체인(體仁)의 경지
에 이를 것이다." 김석귀는 똑같은 논리로 『격몽요결』을 분석했다. 『격몽요결』의 10개 장인 「입지
장(立志章)」·「혁구습장(革舊習章)」·「지신장(持身章)」·「독서장(讀書章)」·「사친장(事親章)」·「상
제장(喪制章)」·「제례장(祭禮章)」·「거가장(居家章)」·「접인장(接人章)」·「처세장(處世章)」의 의미
를 설명한 다음, 율곡의 구성 의도를 다음과 같이 설명했다. "공부하는 자들이 먼저 입지·혁구습하
며, 지신·독서·사친에 근신하여 그 효를 지극히 하고 신종추원(愼終追遠)하며, 거가·접인·처세

에 이르러 각각 그 마땅함을 얻는다면 이것들이 곧 수기치인(修己治人)의 방법이다." 이러한 김석
귀의 설명에 대해 기정진은 두서나 입로라는 말은 단계적·점층적 의미가 아니라, 새로운 세계에
들어갈 수 있도록 해주는 단초의 의미라고 하면서,『성학십도』와『격몽요결』을 그렇게 꿰어 맞추
려고 하면 오히려 아득하고 모호해진다고 충고했다.

3-11-4 「上蘆沙先生」(『大谷遺稿』卷2)

朱子曰 "須先立頭緒, 頭緒既立, 然後有所持守." 又曰: "如今學問未識箇入路, 就他自做, 倒不覺, 惟其識得箇入路頭, 却事事著實." 其"頭緒"與"入路", 前日未嘗講究, 而今思之, 則吾東先正所編有可言者, 退溪之『聖學十圖』, 栗谷之『擊蒙要訣』是也.『十圖』之首之以「太極圖」者, 使學者先知道之本原, 而不流於異敎也. 繼之以「西銘」者, 使學者眞知道之大腔, 而不陷於偏窄也. 次之以「小」「大學圖」者, 既知道之本原與大腔, 而其規模條目, 一循乎『小』『大學』也.「白鹿洞規圖」, 則圖之意在乎明倫, 而以博學、審問、愼思、明辨、篤行爲入道之次序, 有合於『小學』之立敎、明倫、敬身,『大學』之格、致、誠、正、修、齊之道, 故類記之也. 又次之以「心統性情圖」者, 學問之道在乎心之操存也, 此『孟子』所謂"學問之道無他, 求其放心"之意也. 又次之以「仁說圖」者, 仁者, 心之全德, 而孔門之敎, 必使學者汲汲於求仁之意也. 又次之以「心學圖」者, 其許多名目, 皆求仁之方也. 終之以「敬齋」、「夙興夜寐箴」兩圖者, 敬者, 一心之主宰, 聖學之成始成終者也. 故常居於敬, 而天下之事, 自非至健至勤者不能管著, 而非燕閒暇逸之所可及, 故又使學者早夜孳孳, 不可有一毫之間斷也. 學者誠能求端於「太極」、「西銘」之圖, 立規模於『小』『大學』之書, 以存心、求仁爲要, 而從事於「敬齋」、「夙興夜寐」兩箴之間而不已焉, 則終至於盡性、體仁之地矣. 此退溪之排置頭緒與入路然也.

『十章』之先之以「立志章」者, 爲學在乎立志, 志不立, 則無所著力處, 故使學者先須立志, 念念在此而不忘也. 繼之以「革舊習章」者, 人須有志於學, 而不能勇往直前者, 舊習有以沮敗之也. 故使學者痛革舊習, 而無所沮遏, 有所成就也.「立志」、「革舊習章」之下, 必先之以「持身章」者,『大學』所謂"自天子以至於庶人, 一是皆以修身爲本"之意也. "其本亂而末治者否矣", 故欲使學者點檢此身, 不可有一毫之放過也. 又次之以「讀書章」者, 苟欲持身而不讀書, 則心地荒塞, 無以見聖賢之道, 而所謂持身者, 只是私意而已, 故必欲讀書窮理也. 此朱子所謂"學莫先於窮理, 窮理莫先於讀書"之意也.「讀書章」之後, 先之以「事親章」者, 孝者, 百行之原、爲仁之本也, 故汲汲以事親爲先也. 又次之以「喪制」、「祭禮」二章者, 人生日用之大者, 在乎冠昏喪祭四者, 而冠昏之禮, 用之於燕閒之時; 喪祭之禮, 用之於急遽之際. 其行之也難, 非素講究, 則當此苟且之時, 安能尋其頭緒, 行之無憾也? 且況"養生者不足以當大事, 惟送死可以當大事"故也。又次之以「居家章」者, 家者身之常處, 而其道最急也。且上既有「革舊習」、「持身」、「讀書」等章, 則已盡乎格、致、誠、正、修、齊之道, 而當推之於家也。家者, 又國、天下之本也, 宜乎, 此章之處乎此也! 終之以「接人」、「處世」二章者, 人不能高飛遠走, 而同群於鳥獸之中, 則不得一日不接乎人也; 又不能離衆遺物, 而置身於穹壤之外, 則不得一時不處乎世也。然則接人、處世之道, 不可一日廢弛也。此二章之所以爲終者也, 而學而至於接人, 使天下之人各得其所, 處世, 使天下之事各中其理, 則其非學之極功耶? 學者苟能先須立志、革舊習, 謹於持身、讀書、事親, 極其孝, "愼終追遠", 至於居家、接人、處世, 各得其宜, 則此乃其修己治人之方也。此栗谷之整齊"頭緒"與"入路"者然也。蓋『十圖』則以獻人君, 而以君德之所急者爲重也; 『十章』則以擊童蒙, 而以蒙學之所要者爲先也。故先後次序, 大有不同, 然學者察乎二者之間而有得焉, 則自有"頭緒"與"入路"而不差矣。小生見雖如此, 然未敢自質, 伏願賜辨誨焉。

附答書

兩賢『圖』、『訣』, 如此咀嚼出意味, 固善。但朱子"頭緒"、"入路"四字, 欲以此當之, 則恐不襯著。蓋"頭緒"云者, 如云端緒, 開端初下手之謂也。"入路"之意亦然。是必有至簡約、至親切, 若翻覆手、開闔戶的光景。若以『十圖』、『十訣』當之, 則反浩浩茫茫, 如入市觀寶。吾意如此, 更思之, 如何?

3-11-4 「상노사선생上蘆沙先生」(『大谷遺稿』卷2)

선역

주자(朱子)가 이르기를 "모름지기 먼저 두서(頭緖)를 세워야 하느니, 두서가 이미 세워진 연후에야 지조를 지킬 수 있다."[20]라고 했습니다. 또 이르기를 "지금의 학문은 미처 입로(入路)를 알지 못한 상태에서 다른 데로 나아가 힘쓰면서 오히려 깨닫지 못한다. 생각건대 입로의 두서를 알아야 매사가 착실해질 것이다."[21]라고 했습니다. 그 두서와 입로에 대해서 이전에는 미처 연구해보지 않았는데, 지금 생각해보니 우리나라 선유들의 저술에서 언급될 만한 것이 있었습니다. 퇴계의 『성학십도(聖學十圖)』와 율곡의 『격몽요결(擊蒙要訣)』이 그것입니다. 『십도(十圖)』에서 「태극도(太極圖)」를 맨 앞에 내세운 것은 공부하는 자들이 먼저 도의 본원(本原)을 알아 이교(異敎)에 빠지지 않도록 하기 위함입니다. 다음에 나오는 「서명(西銘)」은 공부하는 자들이 도의 대강(大腔)을 진실로 알아서 편협함에 빠지지 않도록 하기 위함입니다. 다음에 「소학도(小學圖)」와 「대학도(大學圖)」를 둔 것은 이미 도의 본원과 대강을 알았으면 그 규모(規模)와 조목(條目)은 『소학』과 『대학』을 한결같이 따라야 한다는 의미입니다. 「백록동규도(白鹿洞規圖)」는 그 뜻이 명륜(明倫)에 있고, 박학(博學)·심문(審問)·신사(愼思)·명변(明辨)·독행(篤行)을 입도(入道)의 순서로 삼습니다. 이는 『소학』의 입교(立敎)·명륜(明倫)·경신(敬身)과 『대학』의 격물(格物)·치지(致知)·성의(誠意)·정심(正心)·수신(修身)·제가(齊家)의 도에 부합하기 때문에 조목별로 기록한 것입니다. 또 다음에 「심통성정도(心統性情圖)」를 둔 것은 학문의 도가 마음의 조존(操存)에 있기 때문이니, 이는 『맹자』에서 말하는 "학문의 도는 다른 것이 아니라 그 놓아버린 마음을 찾는 것일 뿐이다."[22]라는 의미입니다. 또 다음에 「인설도(仁說圖)」를 둔 것은 인은 마음의 온전한 덕이기에 공자 문하의 교육은 반드시 공부하는 자들로 하여금 인을 찾는 데 급급하게 하려는 의도입니다. 또 다음에 「심학도(心學圖)」를 배치한 것은 그 허다한 명목(名目)들이 모두 인을 찾는 방편이기 때문입니다. 「경재잠(敬齋箴)」과 「숙흥야매잠(夙興夜寐箴)」으로 마무리한 것은 경(敬)은 일심(一心)의 주재(主宰)로서 성학(聖學)의 처음과 끝을 이루기 때문입니다. 그러므로 항상 경에 머물러야 하니, 천하의 일이란 지극히 부지런하지 않으면 관여할 수 없고 한가하고 나태한 와중에 미칠 수 있는 바가 아닙니다. 그러므로 공부하는 자들이 밤낮으로 부지런히 노력하여 한

---

20) 『朱子語類』 卷8 「學二·總論爲學之方」〈可學錄〉.

21) 『朱子語類』 卷8 「學二·總論爲學之方」〈賀孫錄〉: 如今學問未識箇入路, 就他自做, 倒不覺. 惟旣識得箇入頭, 却事事須著理會, 且道世上多多少少!

22) 『孟子』 卷11 「告子上」〈第11章〉: 孟子曰: "仁, 人心也; 義, 人路也. 舍其路而弗由, 放其心而不知求, 哀哉! 人有雞犬放, 則知求之; 有放心, 而不知求. 學問之道無他, 求其放心而已矣."

치의 중단도 없도록 하기 위함입니다. 공부하는 자들이 진실로 「태극도」와 「서명도」에서 단서를 찾고, 『소학』과 『대학』에서 규모를 세워 존심(存心)과 구인(求仁)을 요체로 삼은 다음 「경재잠」과 「숙흥야 매잠」 사이에서 일을 꾸준히 해나간다면 끝내는 진성(盡性)과 체인(體仁)의 경지에 이를 것입니다. 이것이 퇴계가 두서와 입로를 배치한 까닭입니다.

『십장(十章)』에서 「입지장(立志章)」을 맨 앞에 내세운 것은 배움은 입지에 있으니 뜻이 서있지 않으면 힘쓸 곳이 없기에 공부하는 자들로 하여금 먼저 뜻을 세워 항상 이를 생각하여 잊지 않게 하기위함입니다. 다음에 「혁구습장(革舊習章)」을 둔 것은 사람들이 배움에 뜻을 두고서도 용감하게 앞으로 나아가지 못하는 것은 구습이 가로막고 있기 때문이니, 공부하는 자들로 하여금 통절하게 구습을 혁파하여 장애물을 제거하고 성취하는 바가 있도록 하기 위함입니다. 「입지장」과 「혁구습장」 아래에 「지신장(持身章)」을 내세운 것은 『대학』에서 말하는 "천자에서 서인까지 모두 수신(修身)을 근본으로 삼는다."[23]는 뜻입니다. "그 근본이 어지러우면서 말단이 다스려지는 경우는 없으므로"[24], 공부하는 자들로 하여금 자신을 점검하여 조금의 소홀함도 없도록 하기 위함입니다. 다음에 「독서장(讀書章)」을 둔 것은 진실로 지신(持身)하고자 하면서 독서하지 않으면 마음 바탕이 거칠고 막혀서 성현의 도를 볼 수 없기 때문입니다. 소위 '지신'이라는 것은 사적인 의지일 뿐이니, 독서하여 궁리하도록 하기위함입니다. 이것은 주자가 말한 "배움은 궁리보다 앞서는 것이 없고, 궁리는 독서보다 앞서는 것이 없다."[25]는 뜻입니다. 「독서장」 다음에 먼저 「사친장(事親章)」을 둔 것은 효는 백행의 근원이자 인의 근본이므로 급급하게 사친을 우선으로 삼기 위함입니다. 그 다음에 「상제장(喪制章)」과 「제례장(祭禮章)」을 둔 것은 사람이 살아가면서 치르는 일상의 대사가 관혼상제(冠昏喪祭)에 있기 때문입니다. 관례와 혼례는 한가할 때 치르는 것이고, 상례와 제례는 황급할 때 치르는 것입니다. 그것을 치르는 어려움은 평소에 강구할 수 없으므로, 이러한 황망할 때를 당하면 어찌 그 두서를 찾아 그것을 행함에 유감이 없을 수 있겠습니까? 또한 "살아 계실 때 봉양하는 것은 큰일에 해당한다고 할 수 없다. 오직 돌아가셨을 때 장례를 모시는 것이 큰일에 해당될 수 있기"[26] 때문입니다. 다음에 「거가장(居家章)」을 둔 것은 집은 몸이 항상 머무는 곳이므로 그 도가 가장 긴급하기 때문입니다. 또 위에서 이미 「혁구습장」·「지신장」·「독서장」 등을 두어 이미 격물·치지·성의·정심·수신·제가의 도를 다했기 때문에 마땅히 집으로 나아간 것입니다. 집은 나라와 천하의 근본이므로, 마땅히 이 장을 여기에 둔 것입니다. 마지막에 「접인장(接人章)」과 「처세장(處世章)」을 두었습니다. 사람이 높이 날고 멀리 달려 조수(鳥獸) 속에서 같이 무리 지으며 살 수 없다면, 하루라도 사람들과 접하지 않을 수 없습니다. 그리

---

23) 『大學章句』 「經一章」.

24) 『大學章句』 「經一章」.

25) 이는 『晦庵集』 卷14 「行宮便殿奏劄二」에서 절취한 것이다.

26) 『孟子』 卷8 「離婁下」 〈第13章〉.

고 사람들과 사물들을 떠나 천지 밖에 몸을 둘 수 없다면, 한시라도 세상에 처하지 않을 수 없습니다. 그러므로 접인과 처세의 도는 하루라도 폐지할 수 없습니다. 이 두 장을 마지막에 둔 것은 배워서 접인에 이르러 천하 사람들로 하여금 각각 제자리를 얻게 하고, 처세에 이르러 천하 일로 하여금 각각 그 이치에 들어맞게 하고자 함입니다. 그것이 배움의 지극한 공력이 아니겠습니까? 공부하는 자들이 먼저 입지·혁구습하며, 지신·독서·사친에 근신하여 그 효를 지극히 하고 신종추원(愼終追遠: 부모의 장례를 신중히 치르고 조상을 추모함)하며, 거가·접인·처세에 이르러 각각 그 마땅함을 얻는다면 이것들이 곧 수기치인(修己治人)의 방법입니다. 이것이 율곡이 두서와 입로를 정리한 까닭입니다. 대개『십도』는 임금에게 바치기 위한 것으로 임금의 덕에 시급한 것을 중요하게 여긴 것이고,『십장』은 아동들을 계도하기 위한 것으로 아동들의 배움에 필요한 것을 우선으로 삼았습니다. 그러므로 선후의 순서가 대체적으로는 같지 않지만, 공부하는 자들이 양자 사이를 살펴 터득함이 있다면 스스로 두서와 입로를 얻어 착오가 없을 것입니다. 저의 견해가 비록 이와 같으나 스스로에게 질문하지 못하니, 원컨대 분별과 가르침을 내려주소서.

답서(答書)를 붙임

두 선현의『성학십도』와『격몽요결』을 이와 같이 음미하여 의미를 풀어낸 것은 매우 좋네. 다만 주자의 "두서"와 "입로" 네 글자를 이와 같이 꿰어 맞추고자 한 것은 그다지 들어맞지 않는 것 같네. 대개 "두서"라고 하는 것은 단서라는 말과 같아서 단초를 열어 착수함을 이르네. "입로"의 의미 또한 그러하네. 이것들은 매우 간략하고 친절하여 손바닥을 뒤집고 문을 여닫는 광경과 같네. 만약『성학십도』와『격몽요결』을 그것에 꿰어 맞추고자 한다면, 오히려 아득하고 모호하여 시장에 들어가 보물을 구경하는 것과 같네. 나의 뜻이 이와 같으니, 다시 생각해보는 것이 어떻겠는가?

朱子曰: "須先立頭緒, 頭緒旣立, 然後有所持守。" 又曰: "如今學問未識箇入路, 就他自做, 倒不覺, 惟其識得箇入路頭, 却事事著實。" 其"頭緒"與"入路", 前日未嘗講究, 而今思之, 則吾東先正所編有可言者, 退溪之『聖學十圖』, 栗谷之『擊蒙要訣』是也。『十圖』之首之以「太極圖」者, 使學者先知道之本原, 而不流於異敎也。繼之以「西銘」者, 使學者眞知道之大腔, 而不陷於偏窄。次之以「小」「大學圖」者, 旣知道之本原與大腔, 而其規模條目, 一循乎『小』『大學』也。「白鹿洞規圖」, 則圖之意在乎明倫, 而以博學、審問、愼思、明辨、篤行爲入道之次序, 有合於『小學』之立敎、明倫、敬身,『大學』之格、致、誠、正、修、齊之道, 故類記之也。又次之以「心統性情圖」者, 學問之道在乎心之操存也, 此『孟子』所謂"學問之道無他, 求其放心"之意也。又次之以「仁說圖」者, 仁者, 心之全德, 而孔門之敎, 必使學者汲汲於求仁之意也。又次之以「心學圖」者, 其許多名目, 皆求仁之方也。終之以「敬齋」、「夙興夜寐箴」兩圖者, 敬者, 一心之主宰, 聖學之成始成終者也。故常居於敬, 而天下之事, 自非至健至勤者不能管著, 而非燕閒暇逸之所可及, 故又使學者早夜孳孳, 不可有一毫之間斷也。學者誠能求端於「太極」、「西銘」之圖, 立規模於『小』『大學』之書, 以存心、求仁爲要, 而從事於「敬齋」、「夙興夜寐」兩箴之間而不已焉, 則終至於盡性、體仁之地矣。此退溪之排置頭緒與入路然也。

『十章』之先之以「立志章」者, 爲學在乎立志, 志不立, 則無所著力處, 故使學者先須立志, 念念在此而不忘也。繼之以「革舊習章」者, 人須有志於學, 而不能勇往直前者, 舊習有以沮敗之也。故使學者痛革舊習, 而無所沮遏, 有所成就也。「立志」、「革舊習章」之下, 必先之以「持身章」者, 『大學』所謂"自天子以至於庶人, 一是皆以修身爲本"之意也。"其本亂而末治者否矣", 故欲使學者點檢此身, 不可有一毫之放過也。又次之以「讀書章」者, 苟欲持身而不讀書, 則心地荒塞, 無以見聖賢之道, 而所謂持身者, 只是私意而已, 故必欲讀書窮理也。此朱子所謂"學莫先於窮理, 窮理莫先於讀書"之意也。「讀書章」之後, 先之以「事親章」者, 孝者, 百行之原、爲仁之本也, 故汲汲以事親爲先也。又次之以「喪制」、「祭禮」二章者, 人生日用之大者, 在乎冠昏喪祭四者, 而冠昏之禮, 用之於燕閒之時; 喪祭之禮, 用之於急遽之際。其行之也難, 非素講究, 則當此苟且之時, 安能尋其頭緒, 行之無憾也? 且況"養生者不足以當大事, 惟送死可以當大事"故也。又次之以「居家章」者, 家者身之常處, 而其道最急也。且上旣有「革舊習」、「持身」、「讀書」等章, 則已盡乎格、致、誠、正、修、齊之道, 而當推之於家也。家者, 又國、天下之本也, 宜乎, 此章之處乎此也! 終之以「接人」、「處世」二章者, 人不能高飛遠走, 而同群於鳥獸之中, 則不得一日不接乎人也; 又不能離衆遺物, 而置身於穹壤之外, 則不得一時不處乎世也。然則接人、處世之道, 不可一日廢弛也。此二章之所以爲終者也, 而學而至於接人, 使天下之人各得其所, 處世, 使天下之事各中其理, 則其非學之極功耶? 學者苟能先須立志、革舊習, 謹於持身、讀書、事親, 極其孝, "愼終追遠", 至於居家、接人、處世, 各得其宜, 則此乃其修己治人之方也。此栗谷之整齊"頭緒"與"入路"者然也。蓋『十圖』則以獻人君, 而以君德之所急者爲重; 『十章』則以擊童蒙, 而以蒙學之所要者爲先也。故先後次序, 大有不同, 然學者察乎二者之間而有得焉, 則自有"頭緒"與"入路"而不差矣。小生見雖如此, 然未敢自質, 伏願賜辨誨焉。

附答書

兩賢『圖』、『訣』, 如此咀嚼出意味, 固善。但朱子"頭緒"、"入路"四字, 欲以此當之, 則恐不襯著。蓋"頭緒"云者, 如云端緒, 開端初下手之謂也。"入路"之意亦然。是必有至簡約、至親切, 若翻覆手、開闔戶的光景。若以『十圖』、『十訣』當之, 則反浩浩茫茫, 如入市觀寶。吾意如此, 更思之, 如何?

12.

溪南 崔琡民
(1837~1905)

心說論爭 資料

3-12-1

「운담문답雲潭問答」(『溪南集』卷20)

1) 서지사항

최숙민이 중암(重菴) 김평묵(金平默)과의 문답을 기록해 놓은 글. 『계남집』 권20에 실려 있다.

2) 저자

최숙민(崔琡民, 1837~1905)으로, 자는 원칙(元則), 호는 계남(溪南)이다.

3) 내용

이 글은 최숙민이 김평묵(金平默, 1819~1891)과 주고받은 문답을 기록해 놓은 글이다. 운담(雲潭)은 김평묵을 말한다. 그는 고종 23년인 1886년 지금의 경기도 포천 지역인 영평(永平)의 운담(雲潭)으로 이사 가서 그곳에서 운담정사(雲潭精舍)를 짓고 강학에 전념했다. 최숙민은 경상남도 하동에 살면서 전라남도 장성에서 강학하던 노사(蘆沙) 기정진(奇正鎭, 1798~1879)을 찾아가 사사한 뒤, 스승의 학설을 따라 주리론을 주장했다. 동문인 조성가(趙性家, 1824~1904)·정재규(鄭載圭, 1843~1911)와 함께 경상우도 삼가·단성·옥종 등지에 기정진의 학문을 전파시킨 주요 인물 가운데 한 사람이다. 최숙민은 영남의 심설에 심즉리설, 심즉기설, 심리기합설 이렇게 세 종류가 있다고 하면서, 이에 대한 가르침을 구했다. 즉 심즉리설은 허령정상(虛靈精爽)한 마음을 모두 리로 보고 있고, 심즉기설은 전체대용(全體大用)과 주재(主宰)의 권한을 모두 기에 귀속시키고 있으며, 심리기합설은 리와 기가 별도로 존재하다가 합쳐지는 것으로 보고 있다는 것이다. 이에 대해 김평묵은 진실로 깨닫고 말한다면 어떻게 표현하든 가능하다고 대답했다. 만약 그렇지 않고 말한다면 심즉리설은 본심(本心)으로 돌아가게 되고, 심즉기설은 주기론으로 귀속되며, 심리기합설은 주인과 손님의 구분이 없어지게 된다고 논평했다.

3-12-1「雲潭問答」(『溪南集』卷20)

嶺中說有三家, 心卽理也, 心卽氣也, 理氣合也。此言出於知者之口, 則昔賢亦有云處。
但卽理爲說者, 並與虛靈精爽等字, 皆作理看。卽氣爲說者, 全體大用主宰之權, 皆歸
之氣, 元不成說。合理氣爲說者, 如有一箇理、一箇氣, 東西湊合樣, 亦不免子莫之執。
賤子之惑滋甚, 伏望精覈細分, 折衷開示, 俾得有所持循, 而免他說搖奪。

　　眞知而言, 則謂心卽理可也, 謂心卽氣可也, 謂理氣合可也。不能眞知, 則云此云
　　彼, 皆無所發明, 節節害理。眞知而言, 則孟子曰"形色, 天性也, 惟聖賢能踐形", 非
　　心卽理之說而何? 『語類』曰"心, 氣之精爽", 非心即氣之說而何? 周子曰"無極二
　　五, 妙合而凝", 非理氣合之說而何? 故眞知, 則隨其地頭, 彼此各有所發明。不然,
　　則曰心卽理者, 爲本心之歸矣; 曰心卽氣者, 爲主氣之歸矣; 謂理氣合者, 帥役賓主
　　無分矣。

知而言, 不知而言, 旣聞命矣。雖然, 就此三者, 而求致一之論, 則畢竟何說爲長? 竊以
爲從古聖賢, 許多立敎, 皆要明理, 以理爲主, 而心旣爲一身之主, 則卽理之論, 恐最近,
如何?

　　心, 語其本體, 則理也。只要操存此心而勿放, 則得爲一身之主宰, 學求如是而已。

妄謂"心, 語其跡則氣, 而究其本然之妙, 則純然是理"。

　　似然。

「변전간재량의기의辨田艮齋凉議記疑」(愚)(『溪南集』卷21)

해제

1) 서지사항

최숙민이 간재(艮齋) 전우(田愚)의 「량의기의(凉議記疑)」를 비판하는 논설. 『계남집』 권21에 실려 있다.

2) 저자

최숙민(崔琡民, 1837~1905)으로, 자는 원칙(元則), 호는 계남(溪南)이다.

3) 내용

이 글은 노사(蘆沙) 기정진(奇正鎭, 1798~1879)의 「납량사의(納凉私議)」를 비판한 전우(田愚, 1841~1922)의 「량의기의(凉議記疑)」에 대해, 최숙민이 조목조목 비평을 가한 논변이다. 「납량사의」는 기정진이 1843년에 저술한 논설이다. 여기에서 그는 우주의 구성에서부터 인간 본질에 대한 문제, 사단칠정과 인심도심 등 심성의 문제, 인물성동이의 문제, 선악의 문제 등을 리일분수(理一分殊)의 논리로 설명했다. 최숙민은 경상남도 하동에 살면서 전라남도 장성에서 강학하던 기정진을 찾아가 사사한 뒤, 스승의 학설을 따라 주리론을 주장했다. 동문인 조성가(趙性家, 1824~1904)・정재규(鄭載圭, 1843~1911)와 함께 경상우도 삼가・단성・옥종 등지에 기정진의 학문을 전파시킨 주요 인물 가운데 한 사람이다. 1902년 『노사집(蘆沙集)』 중간본이 간행되던 때를 전후하여 전우 등이 기정진의 학설을 비판하자, 최숙민은 동문들과 함께 이에 대항하면서 이 글을 저술한 것이다. 저술의 방식은 먼저 「납량사의」의 한 대목과 이에 대한 전우의 「기의」를 제시한 후 자신의 견해를 밝혔다. 모두 13개 조목으로 구성되어 있다. 가령 「납량사의」의 "분(分)이란 리일(理一) 가운데의 세세한 조리(條理)여서 리와 분에 층절이 있을 수 없다. 분은 리의 상대가 아니며 분수(分殊) 두 글자가 곧 일(一)에 상대하는 것이다.[分也者, 理一中細條理, 理分不容有層節. 分非理之對, 分殊 二字, 乃對一者也.]"라는 구절에 대해, 전우는 기정진이 기경도(奇景道)에게 보낸 편지에서 말한 편전(偏全)을 언급하며 기정진 언설의 비일관성을 비판했다. 경도는 기홍연(奇弘衍, 1828~1898)의

자이다. 즉 이 편지에서 기정진은 "하늘의 근원에는 이러한 분(分)이 없는데, 인간과 사물은 어떻게 이러한 편전을 갖게 되는가? 그러므로 여기서 말하는 분이란 세세한 조리로서 장차 인간과 사물이 얻게 될 편본연(偏本然)과 전본연(全本然)의 근원이 된다."라고 말했는데, 여기서 편과 분을 하나로 꿰뚫지 못하고 있다고 비판한 것이다. 이에 대해 최숙민은 『통서(通書)』와 주자의 말을 인용하며 스승을 적극 변호했다.

3-12-2 「辨田艮齋凉議記疑」【愚】(『溪南集』卷21)

「凉」曰: "分也者, 理一中細條理, 理分不容有層節。分非理之對, 分殊二字, 乃對一者也。"

　　「記疑」曰: "此語驟看, 則無可疑者。但蘆沙「答奇景道」書, 論偏全云: '在天原無此
　　分, 則人物何處得來, 而有此偏全? 然則此言分者, 細條理, 將爲異日人物所得偏本
　　然、全本然之源。' 愚意偏之與分, 元非一串, 分如一身中耳目手足, 偏如一耳獨聽、
　　半身偏遂也。分是一中本有之理, 偏是氣上對全之性, 恐難做一樣說也。"

世儒將分殊屬氣看, 艮齋知其爲一中本有之理, 儘卓然矣。但旣知分是一中本有之理,
則於「凉議」之說, 宜其釋然。而今曰"驟看, 則無可疑", 有若熟看, 則有可疑者然, 何也?
蓋先生論理文字, 無一句創說, 皆有所本矣。『通書』曰: "是萬爲一, 一實萬分。" 一實是
理一也, 萬分是分殊也, 則分非一中細條理乎? 理一卽一實也, 分殊卽萬分也, 則分殊
二字, 非對一者乎? 然則理分, 豈容有層節乎? 朱子論太極而曰: "理有許多, 故物亦有
許多。" 理有許多, 非在天原有之分乎? 在天原有此分, 故人物所稟, 有此偏全也。理無
形, 分殊何以見之? 見人物之有偏全, 而知在天原有此分也。偏全只是分殊一定, 已然
自然之故也。得名雖殊, 其實事則非一串乎? 陰陽五行男女萬物之圈, 箇箇圓滿, 無所
虧欠間隔, 天理豈有偏全之可言乎? 特就"萬物各一其性", 已然自然之故, 而各各對看,
則有偏有全, 而以人性之全視物, 則物歸於偏, 犬偏於守, 牛偏於耕, 物物皆然。如一身
之中耳目手足, 各各天理完具, 不相暇借, 不相陵奪。但以虛靈洞徹、萬理咸備之心體
視之, 耳偏於聽, 目偏於視, 手偏於持, 足偏於行。故朱子論物性之偏而曰"謂之偏亦得,
謂之全亦得", 可以默會矣。若以物性之偏, 歸之一耳偏聰、半身偏遂, 則乾道變化, 各
正性命, 乃做出許多聾瞶殘疾, 可乎哉?

「凉議」曰: "朱子曰: '太極者, 象數未形, 而其理已具之稱; 形器已具, 而其理無眹之目。'
夫象數未形, 則未破之一矣, 而其理已具, 則非分之已涵乎? 形器已具, 則旣定之分矣,
而其理無眹, 則非一之自在乎?"

　　「記疑」曰: "未審, 蘆沙以其理已具, 爲人物所稟偏全之源乎? 竊意, 此句指意, 恐是
　　父子君臣未生之前, 慈孝禮忠之理已具; 事物微細未有之先, 事物微細之理已具云
　　爾。非謂聖人未生之前, 已有理一中分殊之全理, 賢人衆人未生之前, 已有幾分未

全之理, 下愚大憝未生之前, 已有十分不移、十分乖戾之理, 鳥獸枯槁未生之前, 已
有偏塞之理, 而各爲萬象所得之源也。 然則似與蘆沙所謂‘在天原無此分, 則人物
何處得來, 而有此偏全’云者, 判然殊別矣, 可疑。 下段所引‘冲漠萬象’, 亦然。”
湖、洛所爭, 只是人物性同異之說。 此段所論, 乃明其所以同異之爲本分, 而今於本論
之外, 賺及聖凡賢愚多般層等之由於氣質者, 胡言亂道, 殊不可知也。 但知父子君臣事
物微細之理已具, 而却不知爲人爲物之理已具。 爲人爲物, 果無此理之本分而然者耶?

「凉議」曰: “性同者, 吾不曰不然, 而以偏全之性爲非本然, 則是分外有理也。 遂主同而
廢異, 則性爲有體無用之物矣。”

> 「記疑」曰: “洛家若指性中發出來底忠孝仁讓, 而曰‘此分之殊, 非本然之性也’, 則
> 分外有理, 而性爲無用之物矣。 但謂萬衆之性, 其體本全, 而自學知以下, 至於翔
> 走枯槁之發見, 各隨所禀之氣而自爲一性。 由未達一間, 至一點子, 由相近, 至絶
> 不同, 由天縱之聖, 至下愚不移, 其品有萬不齊, 是安可皆謂本然之性乎?”

此段分明言人物偏全之爲本然, 則以爲非本然者, 當明言其人物爲性之故, 以明之可也。
而乃就人分上, 引學知、一間、天縱、下愚等說, 而混雜於翔走枯槁、一點明以駁之, 是
可謂箚著瘭處乎? 諸家說, 吾固陋不得盡見。 然其所謂性同、性異者, 非指人與物而言
乎? 故「凉議」所辨, 亦只在人與物性而已。 孟子曰: “天下之言性也, 卽故而已矣。” 朱子
曰: “所謂故者, 必因其自然之勢, 如人之善, 水之下, 非有所矯揉造作而然者也。 若人
之爲惡, 水之在山, 則非自然之故矣。” 蓋萬物皆有自然之故, 是便所謂本然之性也。 人
之善, 人之本然也; 水之下, 水之本然也。 以此推之, 犬偏於守, 犬之本然也; 牛偏於耕,
牛之本然也。 鳶之飛, 魚之躍, 虎狼之仁上一點明, 蜂蟻之義上一點明, 何莫非其本然
也? 今外善而求人之本然, 外下而求水之本然, 外守耕飛躍, 而求犬牛鳶魚之本然, 外
一點明, 而求虎狼蜂蟻之本然, 則此豈非分外有理, 而性爲有體無用之長物乎? 若夫程、
張所謂氣質之性, 則是乃對夫本然之性而言者也。 本然之性, 凡同類者擧相似也。 人與
人相似, 犬與犬相似, 牛與牛相似。 氣質之性, 則同類之中, 自不相似, 如人性本善而有
賢愚, 或相倍蓰無算, 是乃此謂氣質之性也。 以此例之, 則犬有善守不善守, 牛有善耕
不善耕者, 是氣質也。

「凉議」曰: “天下之性, 不全則偏, 固未有不全又不偏之性也。 偏全皆非本然, 則天下無

一物能性其本然之性者, 而本然之性, 永爲懸空之虛位, 卽將安用彼性矣? 所貴乎正通者, 以其得本然之全也. 若與偏塞者, 均之爲非其本然, 則何正通之足貴乎? 蓋以無分爲一, 其弊必至於此. 其以各正之性, 爲落分殊、犯形器, 不足以爲一原, 與甲邊之議, 恐無異同.

> 「記疑」曰: "問: '氣質不同, 則天命之性有偏全否?' 朱子曰: '非有偏全.' 此洛家之所本也. 今若譏之曰'天下之性, 旣無偏又無全, 則不過爲虛位'云爾, 則(是)[豈]¹⁾得爲盡人之言者耶? 此不待多辨而明矣. '所貴乎正通者, 以其得本然之全', 然則偏塞者, 其所得只是本然之偏矣. 無乃與'天命之性, 非有偏全'者, 相戾矣乎? 若改之曰: '所貴乎正通者, 以其能全本然之性', 則似無可議矣."

知天命之性非有偏全, 又知天下之性不全則偏, 然後可與言性矣. 蓋就一原上論, 則萬物渾然一體, 莫非無極之妙焉. 天以陰陽五行, 化生萬物, 何嘗有意以其全者, 與人減下一等, 與物爲偏也? 所以言"天命之性, 非有偏全"也. 就異體上言, 則氣以成形, 理亦賦焉. 人物形氣旣異, 其所得乎天之理亦異. 人則得其全, 而無有不善; 物則不得其全, 而有所偏, 可以見"天下之性, 不全則偏"也. 且朱子不曰無偏全, 而曰"非有偏全", 亦有斟酌, 已含"非有偏全", 而不能無偏全之意. 故朱子「答趙致道」書, "若論本然, 則有理然後有氣, 故理不可以偏全論. 若論稟賦, 則有是氣而後, 理隨而具, 故有是理則有是氣, 無是氣則無是理, 是氣多則是理多, 是氣少則是理少, 又豈可不以偏全論耶?" 蓋兩說幷行, 而不悖如此矣. 人之得其全, 物之不得其全, 初非矯揉造作而然者也, 皆朱子所謂自然之故也. 自然之故, 非本然而何? 本然云者, 有生之初, 各各所稟, 本其然也云耳. 然則曰"本然之全、本然之偏", 亦何害? 今欲改"本然之全"四字, 爲"能全本然之性", 似不能無可議耳. 得其全, 是人之本然也. 今曰"能全本然", 是全字上面, 別有一層主張這物事者也, 可乎哉? 且能字有用力之意, 若論聖凡成就之不同, 而曰"聖人能全本然之性", 則可也, 蓋衆人失其本然之性故也. 萬物之各一其性, 亦豈是失其本然之性而然者也哉?

「凉議」曰: "偏全指善一邊, 如孔隙雖有大小, 而月光自若, 盤盂雖有方圓, 而水性無恙, 豈不是本然?"

---

1) (是)[豈]: 저본에 '是'로 되어 있으나, 『艮齋集』「納凉私議疑目」에 의거하여 '豈'로 수정하였다.

「記疑」曰: “信斯言也, 蜂虎果然之仁義, 堯、舜、周、孔之仁義, 毫無殊別矣。然則朱子何以言‘仁義禮智之粹然者, 人與物異’乎?”

人全體仁義, 蜂蟻一點義、一點仁, 仁義豈有別種? 仁義只全體, 一點便是分之大殊別也。此所以“仁義之粹然者, 人與物異”, 而有偏全之性也。朱子所言“人與物”, 人字包聖凡而一之也。今必獨擧堯、舜、周、孔, 或無於人性之本全, 有未釋然者乎?

「凉議」曰: “氣質是兼善惡, 如和泥之水, 稱淸百層, 隔窓之月, 明暗多般, 以偏全爲氣質, 豈不低陷了偏全?”

「記疑」曰: “堯、舜、孔子之全, 固當爲本然。至於夷、惠之偏於淸和, 顏、閔之具體而微, 游、夏之僅有一體, 則是非由於氣質乎? 此類不可謂兼善惡也。人猶如此, 況於微物乎? 今不欲以偏全爲氣質, 恐終可疑。

人物偏全, 全字獨指堯、舜、孔子上聖乎? 然則朱子何不曰“聖人獨得其全”, 而直曰“人得其全, 物不得其全”云云乎? 堯、舜至於塗人, 同得其全者, 本然之性也。同得其全, 而不能皆爲堯、舜、孔子, 方可以氣質之性論之也。

「凉議」曰: “‘氣質之性, 君子有不性焉者’, 人物偏全之性, 君子亦有不性焉者乎?”

「記疑」曰: “‘氣質之性, 君子有不性者焉’, 本橫渠先生語。先生又嘗言: ‘凡物莫不有是性, 由通蔽開塞, 所以有人物之別, 由蔽有厚薄, 故有智愚之別。’ 今以上一(股)[段][2]爲偏全, 而屬於本然之性; 下一(股)[段][3]爲氣質, 而降爲不性之科, 恐文義事理俱難, 如蘆沙之言矣。問: ‘氣質不同, 則天命之性有偏全否?’ 朱子曰: ‘非有偏全。’ 偏全之性, 豈非朱子之所不性焉者乎? 據此, 則南塘、蘆沙兩說似當更加商確, 恐未可認爲千聖不易之論也。”

“偏全之性, 豈非朱子所不性焉者乎”, 此言, 或無誣朱子之嫌乎? 令人惶恐。萬物各一其性, 無適而非太極之本然, 夫豈有虧欠間隔哉? 此之謂“非有偏全”也, 豈以物性之偏、人性之全, 都不之性焉而云哉? 朱子分明論偏全而曰: “形氣旣異, 則其生而有得乎天之理亦異。蓋在人, 則得其全而無有不善; 在物, 則有所蔽而不得其全, 是乃所謂性也。

---

2) (股)[段]: 저본에 ‘股’로 되어있으나, 『毅菴集』「納凉私議疑目講辨」에 의거하여 ‘段’으로 수정하였다.

3) (股)[段]: 저본에 ‘股’로 되어있으나, 『毅菴集』「納凉私議疑目講辨」에 의거하여 ‘段’으로 수정하였다.

學者正當審其偏正、全闕，而知所以自貴於物，不可以有生之同，反自陷於禽獸，而不自知己性之大全也。」抑不知「是乃所謂性也」、「己性之大全」兩箇性字，是皆不性之性乎？千不是，萬不是，恐當更費商量。向以物性之偏，歸之聾瞶殘疾；今並夫人性之全，而入於不性之科，然則天下豈有一物性其性者，而性不爲懸空之虛位乎？且「氣質之性，君子有不性者焉」，張子此語，正恐人爲氣質所拘，自陷於禽獸，而不自知己性之本全。故言之如此之切，而望人善反其本然之全也。本然之全，乃孟子所謂「人之所以異於禽獸幾希」者也。今無端引此幾希者，而自入於氣質不性之科焉，不亦殆哉？且氣質之性，變化爲貴，則將變化此幾希者，欲爲何人？「君子存之」，孟子誤耶？千不是，萬不是，恐當更費商量。偏全自是人物之本然，非強尊之也；氣質自是君子之所不性，非強降之也。若必欲以偏全爲氣質之性，則朱子就氣質，論偏全處，不爲不多，不患無辭可證。但不可與程、張所言氣質之性，混同看也。程子「才出於氣」、張子「氣質不性」之論，皆所以補孟子性善之論所未備也。此其有功於聖門，而朱子所以言「張、程之說早出，則諸子說性惡與善惡混等，自不用爭論」。蓋初不干於人物之偏全，只要學者知人性本善，而爲氣質所拘，有智愚賢不肖之不齊，而善反之也。至論人物之偏全，則只是當初人物之生，陰陽五行氣質交運，而所得之理，各各隨其氣質，有全有偏，是乃所謂性也。故朱子解「五行之生，各一其性」曰：「隨其氣質，而所稟不同，所謂各一其性也。」以此觀之，則偏全雖就氣質上說，而其下卽曰：「各一其性則渾然太極之全體，無不各具於一物之中，而性之無所不在，可見也。」此豈不是萬物本然之性乎？解「惟人也，得秀最靈」曰：「陰陽五行，氣質交運，人之所稟，獨得其秀。」此亦就氣質上說，而其下亦曰：「故此心爲最靈，而有以不失其性之全，所謂天地之心而人之極也。」此豈不是人本然大全之性乎？蓋氣質字雖同，其所言之不同如此。今不顧文之害辭、辭之害意，而強辯禦人曰「此亦氣質，彼亦氣質，皆君子之所不性焉者」，則吾不知也。

「涼議」曰：「理旣云萬事本領，氣是甚樣物事，乃獨爾一我殊背馳去？近世諸先生拆開理分，大抵皆爾一我殊之論。其蔽也，氣無聽命於理，理反取裁於氣，天命之性，徒爲虛語耳。」

　　「記疑」曰：「理一分殊，固是理中事。然分殊，先賢直就氣異處說者極多。今且以隙日譬之，‘隙之長短大小，自是不同，然却只是此日’。【見『語類』。】只是此日，理一也；隙自不同，分殊也。【朱子「答余方叔」書，歷擧人獸草木枯槁而曰：‘雖其分之殊，而其理則未嘗不同。此亦以理氣區屬於理一分殊，此類甚多，不可枚引。’】此與前一義，可幷行而不相硋也。至若天命之性, 雖十分大全, 十分至善, 無奈所賦形氣有異, 莫能遂其本然? 雖是性體而氣用, 亦是理弱而氣强, 故不能無蔽也。 若以分殊專歸之理, 則理果號令乎氣, 氣果隨順於理, 而更無不治之國, 更無爲惡之人也乎? 恐難如此立語。"

"隙之長短大小, 自是不同, 然却只是此日。" 此語, 與"孔隙雖有大小, 而日光自若"之語, 其意有不同者乎? 何乃一則駁而黜之, 一則引而自證己說爲也? 且"只是此日"四字, 是指隙而言乎, 指隙中之光而言乎? 且不知所說"隙自不同, 分殊也"七字, 是指隙之長短大小耶, 是指隙中日光之長短大小耶? 且隙無無日之隙, 物無無性之物, 無此理, 則初無此物矣。 雖其分之殊, 而其理則未嘗不同。 今以分字對理字, 而謂'分非理', 亦誤矣。 理譬則水也、 木也, 分譬則派也、 枝也。 如曰"雖其派之殊, 而其水則未嘗不同, 雖其枝之殊, 而其木則未嘗不同", 是豈可以派之分於水, 枝之分於木, 而謂"派非水", 謂"枝非木"也哉? 且首段旣言"分是一中本有之理", 而今反曰"若以分殊專歸於理, 則理果號令乎氣"云云, 何前後之矛盾也? 分若不可專歸於理, 則不知可三二分歸理, 八七分歸氣乎? 五七分歸理, 三五分歸氣乎? "上天之載, 無聲無臭", 其號令與否, 吾不得見, 而聖人曰"天道流行, 發育萬物", 聖人曰"天命之謂性"。

「凉議」曰: "五常人物性同異, 畢竟惡乎定? 曰: 定於先覺之言, 朱子之論, 此固多矣。 其見於四子註說者, 則手筆稱停, 非記錄易訛、 書疏倉卒之比。 其言人物五常, 凡有三處。 曰'人物之生, 必得是理然後, 有以爲健順仁義禮智之性'者, 『大學或問』也; '人物之生, 各得所賦之理, 以爲健順五常之德'者, 『中庸章句』也。 此皆不區分人物, 一例說去, 粗通文理者, 初不難辨。 且'得以爲性', '得以爲德'之云, 皆屬'成性'以下, 而非'繼善'以上事, 則朱子之意, 明以人物之性爲同五常矣。 獨於『孟子』「生之謂性」章集註, '以理言之, 則仁義禮智之粹然者, 豈物之所得以全哉?', 此爲區分人物處。 然而只曰'物豈得全', 不曰'物莫得與', 則此亦人物同五常之說也。【云云。】 朱子之爲此說, 豈喜爲剙新之論, 以同人道於庶類哉? 蓋此理之外, 更無他理。 是以直以從上聖賢, 四破人性的字, 一萬物而貫之, 不以爲嫌也。 雖然, 一而無分, 非吾所謂一也。 故『庸、 學或問』卽言: '鳥獸草木之生, 僅得形氣之偏, 而不能有以通貫乎全體。 彼賤而爲物者, 梏於形氣之偏塞, 而無以充其本體之全。' 此言人物之性, 雖同此一理, 而理中之分限不能無也。 氣所以乘載此理, 故雖不離形氣而言分, 而一之未嘗無分, 於此因可見矣。 合此上下文義而觀之, 其與「生之謂性」章集註, 亦非有異義也。後人各占一半, 就生軒輊, 此豈朱子之所能預料哉? 是知物我均五常者, 理之一也; 五常有偏全者, 一中之分也。蓋自統體一極, 理分圓融而無間, 故其成性於萬物者又如此。是故先覺論性, 有言理同者, 有言理不同者, 非相戾也。公共以論其妙, 則挑出而言之; 眞的以指其體, 則卽氣而明之。挑出則理本一, 故理一爲主, 而分殊涵於其中; 卽氣則氣已分, 故分殊爲主, 而理一存乎其間。自是話有兩般, 何曾性有多層? 諸家緣理分一體處, 未甚着眼, 說異則欲獨擅五常, 說同則乃低視偏全, '差之毫釐, 謬以千里', 豈不信哉?"

「記疑」曰: "『庸、學或問』, 若單言微物, 而不幷擧衆人, 則猶或可如蘆沙之言矣。今其文明明言智愚賢否氣稟之異而曰: '於其所謂性者, 有所昏雜, 而無以全其所受之正。' 又曰: '其所謂明德者, 已不能無蔽, 而失其全矣。' 此與微物之不能通、無以充者, 語意一致, 類例無二, 而以不能通、無以充, 歸之本然之性, 無以全、失其全, 歸之氣質之性, 則無亦有失其平之嫌乎? 如有人質於蘆沙曰'聖凡均德性者, 理之一也, 德性有偏全者, 一之分也', 則將應之曰'然乎, 否乎?'"

『大學或問』, 【自】"以其理而言之, 則萬物一原, 固無人物貴賤之殊; 以其氣而言之, 則得其正且通者爲人, 得其偏且塞者爲物。"【至】"是則所謂明德也", 正是說人物之性, 本自有偏全, 人貴物賤也。【自】"然其通也, 不能無淸濁之異; 其正也, 不能無美惡之殊。"【至】"介然之頃, 一有覺焉, 則卽此空隙之中, 而其本體,【人性本然之全。】已洞然矣", 此乃更就人, 言"其本然之性雖全, 而爲氣質物欲所拘蔽, 失其本性, 自陷於禽獸。然其本然之體得之於天, 終有不可得以昧者, 雖昏蔽之極, 而介然有覺, 則其本體洞然"云矣。語勢自有次第, 不可相紊, 是果以人物偏全, 一例於愚不肖之氣質, 而同歸之不性也哉? 『中庸章句』, 其大義亦無異於此矣。分者, 一定不可易者也。今以聖凡氣質之不齊, 爲一定之分, 而與人物之分無別, 則豈非所謂"其性與人殊, 若犬馬之與我不同類也"耶, 則人皆可以爲堯、舜, 孟子欺我哉?

「涼議」曰: "本體而云'無以充', 本體爲性分耶? 至'無以充'三字, 始爲性分耶? 全體而云'不能通貫', 全體爲性分耶? 至'不能通貫'四字, 始爲性分耶? 曰: 本體、全體, 卽性分中理一處; '無以充'、'不能通貫'者, 卽性分中分殊處也。兩項事理, 有則俱有, 今必欲二而論之, 謬矣。"

「記疑」曰: "'無以充'、'不能通貫', 分明是形氣偏塞之病, 今必以爲性之(本)[分]4)殊,使人聽瑩。且以『大學』論之, '天降生民, 莫不與性', 性分中理一處; '氣稟不齊, 不能皆全', 性分中分殊處; '虛靈具應', 德分中理一處; '拘蔽(皆)[或]⁵⁾昏', 德分中分殊處也。如此說亦得否? 請觀者爲下一轉語。"

"無以充、不能通貫", 即所謂"物則有所蔽, 而不得其全也", 朱子語此而曰"是乃所謂性也"。今却曰"分明是病也", 分明知其爲病者, 或可如此爲說乎? 顧自無分明之見, 不敢不姑信朱夫子也。即氣觀理, 則"氣以成形, 理亦賦焉", 此言可謂盡矣, 而必先言"天以陰陽五行, 化生萬物"。就物論理, 則"氣只有許多, 故其理亦只有許多", 此言亦已盡矣, 而乃復言"未有無此理, 而有此物也", 乃又言"理有許多, 故物亦有許多"。朱夫子此等之論, 不可勝舉, 恐當更容潛究。蓋陰陽五行, 氣質交運, 而萬物之生, 隨其氣質, 所稟不同, 此所謂"各一其性"也。皮面觀之, 則恰似氣之所爲, 而陰陽五行, 氣質交運, 是孰使之然也? 乃道也。人物偏全, 終恐不當作病看也。莫不與性爲理一, 氣稟不齊爲分殊, 此與前段"聖凡、德性"云云之說, 一套也, 亦是"其性與人殊, 若犬馬之與我不同類"之見也。率天下之人, 而禍本性者, 無或非此之言否? 理一分殊, 所包甚廣, 太極爲理一, 而陰陽五行男女萬物之各一其性爲分殊也; 性爲理一, 而健順仁義禮智百行萬事爲分殊也; 仁爲理一, 而義爲分殊。莫非分也, 不可以聖凡氣質之不齊爲分殊之分也。此若爲分殊云, 則是都不要人變化氣質, 以復其本然、大全之性, 而甘與庶類, 各安其分, 惡乎可哉?

「涼議」曰: "'以理言之, 則萬物一原, 固無人物貴賤之殊', 此一節, 所謂挑出以言其妙, 理一爲主者也。'以氣言之, 則得其正且通者爲人, 得其偏且塞者爲物', 此一節, 所謂卽氣以指其實, 分殊爲主者也。"

「記疑」曰: "上一節, 言'一性之中, 含具萬理', 一性理一也, 萬理分殊也, 人物同此一原也。【雖言分殊, 不害其無人物貴賤之殊, 據此而見分偏之不可以相準, 此一著最可領悟。】下一節, 却只專言氣稟事, 蓋此二十一字, 無一點一畫可指理之實處, 而蘆沙之言如此, 可疑。"

不知所謂一性者, 指萬物之一原耶? 旣曰"一性含具萬理", 則分殊非一原中含具者耶? 若爾則與「涼議」無異義, 乃以分殊專就氣質上看者, 何也? 蓋理分

---

4) (本)[分]: 저본에 '本'으로 되어있으나, 『艮齋先生文集』「納凉私議疑目」에 의거하여 '分'으로 수정하였다.

5) (皆)[或]: 저본에 '皆'로 되어있으나, 『艮齋先生文集』「納凉私議疑目」에 의거하여 '或'으로 수정하였다.

不容有層節, 曰"萬物一原", 則萬物之分殊, 固已涵於一原之中, 而理一爲主
也; 曰"爲人爲物", 則一原之理一, 未嘗不在於人物之中, 而分殊爲主也。然
則人物形氣之正通偏塞, 乃分殊之實處, 所謂"有是理, 故有是氣, 有是氣, 則
是理賦焉者"也。不知就氣言理之實事, 而以其不露出理字, 謂"二十一字, 無
一點一畫之可指"者, 惡乎可哉? 『易』以道陰陽, 三百八十四爻, 只是陰陽奇
耦而已, 曷嘗有理字, 而必曰"易理"者, 何也?

「凉議」曰: "心雖氣分事, 而乃所具則性也。心具性, 吾之心與聖人之心同; 心不能盡性,
吾之心與聖人之心異。其同其異, 皆所重在性也。南塘乃忘却其同者, 主張其異者, 以
聖凡異心爲法門, 其亦矛盾於聖人之意矣。與南塘辨者, 亦不言其所重之有在, 區區較
其光明之分數, 欲以此爲同聖凡之心, 未爲箚著痛處。"

　「記疑」曰: "氣質者, 清濁純雜, 有萬不齊; 心者, 虛靈神妙, 有一無二。南塘乃認兩
　者爲無辨之物。今不指其光明之無優劣分數, 只擧心具性、聖凡同者, 以辨之, 其
　不被南塘之哂者, 鮮矣。況心之具性, 微物亦然, 此何足以辨南塘之疑乎?"

　　"心具性, 吾之心與聖人同; 心不能盡性, 吾之心與聖人異", 此言不是則已矣,
　　此言是, 則逢哂何傷? 心之具性, 微物亦然, 而人之心具人之性, 微物之心具
　　微物之性, 何可同也? 今必欲躋微物之偏性, 與聖凡同得大全之性, 無別看然
　　後, 快於心乎?

「凉議」曰: "碎紙中, 得鹿門任氏一段議論, '苟言異, 則非但性異, 命亦異也; 苟言同, 則
非但性同, 道亦同'。此語驟看外面, 殆若鹿邊者獐, 獐邊者鹿, 而其實說得道理源頭, 無
有滲漏。伊川理一分殊四字, 賴此公, 而一脈不墜於東方歟? 恨不得其全書而攷閱也。"

　「記疑」曰: "理一分殊, 伊川何嘗以之論性? 只因「西銘」, 使人推理而知其一, 存義
　而立其分而已。楊、李、朱子所論, 亦皆如此。至羅整菴, 始揭此四字, 以爲性命之
　妙, 無出於此。其言曰: '受氣之初, 其理惟一; 成形之後, 其分則殊。' 此與蘆沙之
　意, 遠矣。羅氏又曰'以理一分殊論性, 則自不須立天命氣質之兩名', 則其說更乖
　矣。又其認理氣爲一物, 而深病乎朱子理氣二物之訓, 則愈不可說矣。我東任鹿門,
　又祖述羅氏四字之旨, 而其言曰: '乾之健卽太極, 而健之中有元亨利貞; 坤之順即
　太極, 而順之中有元亨利貞。元亨利貞, 卽陰陽五行也。然乾之元亨利貞, 依舊是

健; 坤之元亨利貞, 依舊是順。 然則乾坤之於太極, 自不害其不同也。' 又作「人物性圖」, 人圈具書五常太極, 物圈只書太極, 而不書五常。 又論朱子'渾然太極, 各具於一物'之說云: '此謂即此各一處, 天理完全, 無所虧欠耳, 非謂一物各具萬理也。' 此皆看得分殊之過, 而至於如此。 又論'人性之善'曰: '此乃氣質之善耳, 非氣質之外, 別有善底性也。' 且尤不可曉矣。 使蘆沙復起見此, 不覺臁頰而長太息也。 老洲吳先生嘗有論羅、任兩家者, 極多。 今舉三段, 附見於下, 使蘆門諸公看詳焉。『老洲集』「雜識」曰: '整菴、鹿門, 均爲理氣一物之論, 然整菴於理一看得重, 鹿門於分殊看得重。 看理一重, 則自然理爲主; 看分殊重, 則畢竟氣爲主。 以此較論得失, 整菴殆其少疵矣乎!' 又曰: '整菴、鹿門, 皆從氣推理, 看得合一之妙者, 驟看非不高妙。 然其究也, 皆歸於主氣, 而整菴則猶有每每提掇此理之意, 鹿門直以一氣字, 盡冒天下之理, 更不求理之所以爲理。 蓋鹿門之見, 實本於整菴, 而其主張氣字, 則殆過之耳。' 又曰: '整菴以理一分殊, 爲說理氣底稱子。 其曰性以命同、道以形異者, 極是。 性以命同, 則未發而指理一也; 道以形異, 則已發而指分殊也。 鹿門之祖述其理一分殊, 而獨深斥此語, 何也? 終是拘於人物之偏全, 不能疏觀, 性道雖有體用之異, 不害其一原之同也。'"

任說, 先生偶見此一段, 有契而言之耳, 其全書則未得攷閱也。 設使其論或有差處, 苟此一言之可取, 取之何害? 埈亦初不識鹿門學術之如何, 而今但以所引數說, 觀之。 如曰"乾健中有元亨利貞, 坤順中有元亨利貞", 此則文王所已言之者。 至曰"乾之元亨利貞, 依舊是健; 坤之元亨利貞, 依舊是順", 亦非無據之說。 又論"渾然太極, 各具於一物之中"曰: "此謂即此各一處, 天理完全, 無所虧欠。" 此亦"乾之元亨利貞, 依舊是健; 坤之元亨利貞, 依舊是順"之說也。 朱子論"先天之說"曰: "太極散爲六十四卦、三百八十四爻, 而一卦一爻, 莫不各具一太極, 其各一處, 又有許多道理"云云, 此非"即此各一處, 天理完全, 無所虧欠"之說耶? 其他說固亦有差, 然此說恐不可作病看。

「심설心說」(『溪南集』卷22)

1) 서지사항

최숙민이 심(心)에 대한 본인의 생각을 간략히 정리해 놓은 논설.『계남집』 권22에 실려 있다.

2) 저자

최숙민(崔琡民, 1837~1905)으로, 자는 원칙(元則), 호는 계남(溪南)이다.

3) 내용

이 글은 근래 심(心)과 성(性)을 구분하여 심을 기(氣)에 배속시키는 경향에 대해 최숙민이 일침을 가하는 논설이다. 최숙민은 경상남도 하동에 살면서 전라남도 장성에서 강학하던 노사(蘆沙) 기정진(奇正鎭, 1798~1879)을 찾아가 사사한 뒤, 스승의 학설을 따라 주리론을 주장했다. 동문인 조성가(趙性家, 1824~1904)·정재규(鄭載圭, 1843~1911)와 함께 경상우도 삼가·단성·옥종 등지에 기정진의 학문을 전파시킨 주요 인물 가운데 한 사람이다. 이 글에서 최숙민은 "심통성정(心統性情)"이라는 말처럼 성·정 외에 별도의 심이 있는 것이 아니라고 주장했다. 심·성·정은 모두 하나의 리(理)로서 이름만 다를 뿐이라는 것이다. 정이 아직 발하지 않은 상태를 성이라 하고, 성이 이미 발한 상태를 정이라 하는데, 심은 성과 정을 묘합(妙合)한 것으로서 천리(天理)의 주재자라고 보았다. 다만 심이 출입하는 과정에서 기(氣)를 타지 않을 수 없는데, 이 기에 가려 본심을 잃지 않으려면 심을 맑게 정화하고 욕망을 억제하는 공부가 필요하다고 강조했다.

3-12-3 「心說」(『溪南集』卷22)

"心性情", 非性情外別有心也。言性則不須更言心, 而心不外焉, 「大學序」是也; 言心則不須更言性, 而性在其中, 「中庸序」是也。蓋心也、性也、情也, 一理也, 而異名耳。情之未發者性也, 性之已發者情也, 心妙性情者也, 天理之主宰也。故曰"心者, 天理在人之全體也", 又曰"人只有一箇天理, 若不存得, 更做甚人?", 又曰"人只要存一箇天理", 皆是說心也。特以其出入乘氣機, 故或爲氣所蔽而失其本心者有矣, 是以不得不下澄治遏存之功。凡聖賢言心, 皆明此理也。近世或有分心性判然別作兩箇物事, 直以心專屬之氣, 爲形而下之物。若然, 則所謂存心是存氣, 所謂正心是正氣, 盡其心爲盡其氣, 從心所欲不踰矩爲從氣所欲不踰矩, 而一身主宰氣而已, 可乎哉?

「명덕변시향옥재제생明德辨示香玉齋諸生」(『溪南集』卷21)

1) 서지사항

최숙민이 향옥재(香玉齋)의 여러 유생들에게 명덕(明德)의 뜻을 풀이해준 글.『계남집』권21에 실려 있다.

2) 저자

최숙민(崔琡民, 1837~1905)으로, 자는 원칙(元則), 호는 계남(溪南)이다.

3) 내용

이 글은 최숙민이 향옥재(香玉齋)의 여러 유생들에게 명덕(明德)의 뜻을 훈시하여 올바른 학문의 길을 걷도록 권면한 논술이다. 말미에 방국원(方國元)과 최충언(崔忠彦)의 간청에 의해 이 글을 짓는다고 소회를 밝혔다. 최숙민은 경상남도 하동에 살면서 전라남도 장성에서 강학하던 노사(蘆沙) 기정진(奇正鎭, 1798~1879)을 찾아가 사사한 뒤, 스승의 학설을 따라 주리론을 주장했다. 동문인 조성가(趙性家, 1824~1904)·정재규(鄭載圭, 1843~1911)와 함께 경상우도 삼가·단성·옥종 등지에 기정진의 학문을 전파시킨 주요 인물 가운데 한 사람이다. 향옥재는 경상남도 합천군 삼가(三嘉)에 있던 교육기관으로, 모려(茅廬) 최남두(崔南斗)가 학문을 강론하던 곳이었다. 그는 「향옥재팔영(香玉齋八詠)」을 남겼는데, 향옥재 주변의 8경을 읊은 시이다. 최숙민은 명덕은 심(心)을 중심에 놓고 살펴야 한다고 강조하면서 주자의 "명덕은 심의 표덕(表德)"이라는 말을 인용했다. 그리고 "심통성정(心統性情)"에서 "성은 심의 체(體)이고, 정은 심의 용(用)이니, 성정과 체용을 제거하면 심이라고 말할 것도 없다"고 자신의 견해를 밝혔다. 지금 학자들이 성분(性分)을 말하는 곳에 가서는 "왜 정을 말하지 않는가?"라고 말하고, 정분(情分)을 말하는 곳에 가서는 "왜 성을 말하지 않는가?"라고 말한다면서, 이는 "성을 말하면서 정과 용을 버리고, 정을 말하면서 성과 체를 버리는 짓"이라고 비판했다. 그러면서 이 양자를 통합하는 것이 심이라고 주장했다.

3-12-4「明德辨示香玉齋諸生」(『溪南集』卷21)

明德, 物也? 朱子曰"明德, 心之表德", 明德, 當以心字看也。"心統性情", 性是心之體, 情是心之用, 除性情體用, 初無所謂心者也。正老氏所謂"數車無車", 故欲論心之德, 自然語及性分, 自然語及情分, 如論水者, 舍源與流, 無以言水也。今就語及性分處, 疑之曰"何不曰(性)[情]6)", 就語及情分處, 疑之曰"何不曰(情)[性]7)", 却不知"曰性則遺情遺用, 曰情則遺性遺體"。統者心也。『章句』釋明德, 必合性情體用而言, 以故知明德, 當以心字看也。然則何不直曰心, 而別名之曰明德? 心該眞妄, 明德直指無妄之本體。聖人作『大學』, 丁寧開示萬世心學, 其喫緊爲人之心, 惟恐其人之難喩也。若泛擧心字, 而使人明之, 則以初學氣拘物蔽之心, 眞妄未易辨焉。曷若就心上, 直指其眞而無妄, 不關氣拘物蔽, 未嘗息底本體之明, 而語之曰"此是明德", 必當因此德所發, 而遂明之之爲易曉而無差謬也? 嗚呼! 明德二字, 可謂潔潔淨淨, 而無些子累矣。聖人敎人之意, 若是其至矣。夫何近日此德, 爲氣之所奪, 爲氣之所兼, 直是令人悶懊? 蓋心卽在人之天理也, 在天曰理, 在人曰心。但世間無離氣獨立之理, 此心之妙, 必乘氣而出入。於是焉, 或不免爲氣拘物蔽, 而凝冰焦火, 淵淪天飛, 是皆氣之所爲, 而亦不可不謂之心。故先儒或有以氣言心處, 亦有兼氣而言心處, 是皆有爲而言, 乃若其本然之體, 則依舊是天理而已。今人見前人有此等語, 不諒其所以言之由, 而便硬據做論心大欛柄。以心爲氣, 則明德之爲氣、爲兼氣, 亦次第事也。明德爲氣, 則明明德是明氣, 而『大學』爲明氣之學也。仙家鍊氣導氣之學, 則或聞之矣, 吾家亦有明氣之學乎? 理無聲臭, 氣未形質, 是理是氣, 固非初學所易辨, 權置許多說話, 姑就『大學』書中, 試思聖人此書, 要人明理而作乎? 要人明氣而作乎? 猶未辨也, 試思此書所謂三綱八條, 要人明理而設乎? 要人明氣而設乎? "至善"是氣之至善耶? "顧諟天之明命", 亦指氣而言耶? 猶未知也。試細思『章句』所謂"得乎天"者, 是得其氣之謂乎? 得其理之謂乎? 所謂天者, 是指蒼蒼積氣之形體乎? 是"天命、天討、則天、繼天", "道之大原出於天", "嚴其心之所自出"之天耶? 此天是氣也, 則所得乎者氣也; 此天卽理也, 則所得乎者理也。"虛靈不昧"者, 是

6) (性)[情]: 저본에 '性'으로 되어 있으나, 문맥을 살펴 '情'으로 수정하였다.
7) (情)[性]: 저본에 '情'으로 되어 있으나, 문맥을 살펴 '性'으로 수정하였다.

氣耶? 是理耶? 主氣家所爭在靈字, 先儒有曰"靈底是理, 靈處是氣", 此言煞有分別。 明德雖無聲臭, 而眞的是實有底物事, 則是爲靈底乎? 是爲靈處乎? "具衆理應萬事", 是果氣之所爲乎? 主氣家所爭在具字, 未知這具字, 如以袂裹物, 而袂與物判爲二耶? 抑如身具衆體, 而身與體渾是一耶? 論心而曰"具衆理", 如指身而曰"具衆體", 將無同乎? 若曰"衆理是理", 而具衆理者是氣, 則未知其氣果可以酬應萬事, 而無毫釐之差乎? 明德是氣也, 則氣拘之氣, 復自何處來拘之也? "本體之明", 是氣之本體之明耶? 請問 氣之本體, 果何如之明也? 果何如"未嘗息"云者? 恐人難見氣之不息, 故丁寧指示耶? "復其初", 初是氣之初耶? 氣之初, 果何如? "凡此厥初, 無有不善", 果是氣也? 果是兼 氣也耶? 凡若此類, 不可屈指而勝辨也。 猶未詳也, 試更溯考序文所言, "莫不與之"之 性, "繼天立極"之極, 皆爲發明氣之源頭, 而歷擧以示人耶? "司徒之職、典樂之官、小 學、大學, 本之人君躬行心得之餘, 不待求之民生日用彝倫之外"者, 皆是明氣之謂乎? 心得也, 彝倫也, 果是氣耶? 果是兼氣耶? "其學焉者, 無不有以知其性分之所固有, 職 分之所當爲"者, 皆是氣云耶? 性分固有, 職分當爲, 實是明德, 是果氣耶? 是果兼氣也 耶? 孔子之所誦以詔後, "三千之徒, 所莫不聞, 曾氏所獨得之宗, 孟子沒而其傳泯焉" 者, 皆是明氣之謂乎? 嗚呼! 其明氣也, 如是之詳也, 則孟子養氣二字, 可謂贅之贅矣, 何故程子謂"擴前聖之未發"也? 若明德二字, 出於今人之口而曰"是氣, 是兼氣", 粗解 字義者, 未之或信。 況指夫子所言, 『大學』經首段之首, 爲綱領之綱領者, 而曰"是氣、 是兼氣", 則千千萬萬所不信也。 是氣之說, 誠有病矣, 若兼氣看, 則恐無甚害否? 是氣 之爲病易知, 或無甚害, 兼氣之說, 彌近而大亂, 莫是甚害乎否? 蓋盈天地, 都是氣, (際)[除]8)氣更無一物。 但氣之所以然者, 是之謂理, 理氣元不相離, 衆人之眼, 但見其 氣, 不見其理。 故聖人於不相離之中, 每每提示不相雜之妙, 使人明而循之, 以率氣焉。 曰心、曰性、曰道、曰中和、曰衷、曰彝、曰太極、曰命、曰天, 皆是也。 明德雖是心之別 名, 較心益精, 其實純是天之明命。 故傳「明德章」, 直引「康誥」之語而明之, 顧應明明德 之上明字, 明即明德之明, 命指德字也。 若明德而雜些子氣, 則曰天、曰命以下, 將次第 爲氣所侵逼, 而不爲王莽之居攝、曹操之挾令者, 幾希矣, 甚可懼也。 顧琡民昏愚, 無 (名)[明]9)理格致之工, 且見世人不務下學, 而徑躐想像, 曰理, 曰氣, 互相迷藏, 其或仇

---

8) (際)[除]: 저본에 '際'로 되어 있으나, 문맥을 살펴 '除'로 수정하였다.

9) (名)[明]: 저본에 '名'으로 되어 있으나, 문맥을 살펴 '明'으로 수정하였다.

讎相攻, 厭爲此態, 權倚閣。此一段事, 恭俟臘月三十日, 究竟也。偶到此齋, 諸生日課, 以此爲題, 而多說不成。方國元、崔忠彦, 苦要爲辨, 不獲已略述所見, 非辨也, 乃一篇箚疑, 俟知者請敎焉。

「신안잡록新安雜錄」(『溪南集』卷20)

해제

1) 서지사항

최숙민이 애산(艾山) 정재규(鄭載圭)와의 문답을 기록해 놓은 글.『계남집』권20에 실려 있다.

2) 저자

최숙민(崔琡民, 1837~1905)으로, 자는 원칙(元則), 호는 계남(溪南)이다.

3) 내용

이 글은 최숙민이 정재규(鄭載圭, 1843~1911)와 주고받은 문답을 기록해 놓은 어록이다. 최숙민은 경상남도 하동에 살면서 전라남도 장성에서 강학하던 노사(蘆沙) 기정진(奇正鎭, 1798~1879)을 찾아가 사사한 뒤, 스승의 학설을 따라 주리론을 주장했다. 동문인 조성가(趙性家, 1824~1904)·정재규와 함께 경상우도 삼가·단성·옥종 등지에 기정진의 학문을 전파시킨 주요 인물 가운데 한 사람이다. 정재규는 경상남도 합천에 살면서 기정진의 문하에서 수학했던 인물이다. 그의 또 다른 호는 노백헌(老柏軒)이다. 신안(新安)은 경상남도 산청군 단성에 있는 신안정사(新安精舍)를 가리키는데, 최숙민은 이곳에서 강의를 했었다. 정재규가 사물의 체는 내 마음의 용이 되고, 사물의 용은 내 마음의 체가 되는데, 어떤 사물을 말하는 것이냐고 물었다. 이에 대해 최숙민은 "마음은 비록 한 몸의 주인이지만 그 체(體)는 허령(虛靈)하여 세상의 리(理)를 관장할 수 있고, 리는 비록 만물에 흩어져 있지만 그 작용의 미묘함은 실로 한 사람의 마음 밖에 있지 않다.[心雖主乎一身, 而其體之虛靈, 足以管乎天下之理; 理雖散在萬物, 而其用之微妙, 實不外乎一人之心.]"라는 주자의 말을 인용하며, "그 작용의 미묘함은 내 마음에 구비되어 그 체의 허령함이 되고, 만물에 흩어져 있는 것은 내 마음과 만나 관장할 수 있는 작용이 된다."라고 대답했다.

3-12-5 「新安雜錄」(『溪南集』卷20)

艾山: 事物之體爲吾心之用, 事物之用爲吾心之體, 出說何物?

溪南曰: 朱子曰: "心雖主乎一身, 而其體之虛靈, 足以管乎天下之理; 理雖散在萬物, 而其用之微妙, 實不外一人之心". 蓋所謂"其用之微妙"者, 卽具於吾心, 而爲"其體之虛靈"也; 所謂"散在萬物"者, 卽吾心隨遇, 而爲"足以管"之用也. 如賞善罰惡, 就事上分體用, 則善惡爲體, 賞罰爲用. 就心上論, 則賞罰之理, 具於心之體, 而遇善遇惡, 其用見焉. 如服牛乘馬, 就物上論, 則牛馬體也, 乘服用也. 就心上論, 則乘服之理已具, 故遇牛遇馬, 用各別焉. 推之事物皆然.

艾山曰: "形而後有氣質之性", 此形字, 似是"形見"之形, 當以發後看也.

溪南曰: 此形字, 是"形旣生矣"之形. 氣質, 與生俱生, 有此形, 便有此氣質.

艾山曰: 凡言氣質之性, 皆指發後說. 未發, 豈有氣質之性? 且人生而後, 方有性之名. "以上不容說", 若以形生後言, 則本然之性, 亦形而後有, 奚獨氣質之性?

溪南曰: "未發, 無氣質性"云者, 此是論『中庸』發, 未發而言也. 蓋未發時, 氣不用事, 全無干了, 發而後, 有中節, 不中節, 方可言氣質之性. 但張子此言, 則與『中庸』語勢自別, 未可說到發, 未發, 只要分別本然, 氣質大界限. 蓋人生以前, 雖無性之名, 而性之理則本然矣, 故"天命之謂性". 若夫氣質, 則形生以後方有也, 非性之本然也.

「호상어록湖上語錄」(『溪南集』卷20)

1) 서지사항

최숙민이 스승 노사(蘆沙) 기정진(奇正鎭)과의 문답을 기록해 놓은 글.『계남집』권20에 실려 있다.

2) 저자

최숙민(崔琡民, 1837~1905)으로, 자는 원칙(元則), 호는 계남(溪南)이다.

3) 내용

이 글은 최숙민이 스승 기정진(奇正鎭, 1798~1879)과 주고받은 문답을 기록해 놓은 어록이다. 호상(湖上)은 최숙민이 살았던 경상남도 하동 지역을 가리킨다. 최숙민은 경상남도 하동에 살면서 전라남도 장성에서 강학하던 노사(蘆沙) 기정진(奇正鎭, 1798~1879)을 찾아가 사사한 뒤, 스승의 학설을 따라 주리론을 주장했다. 동문인 조성가(趙性家, 1824~1904)·정재규(鄭載圭, 1843~1911)와 함께 경상우도 삼가·단성·옥종 등지에 기정진의 학문을 전파시킨 주요 인물 가운데 한 사람이다. 기정진은 특히『논어』공부를 강조했다. 이에 대해 "격물치지의 공부에는『논어』가 가장 좋은데, 여기에서 그 정미함을 다하면 다른 경전들은 쉽게 통달할 수 있다."라고 언급했다. 그리고 기정진이 최숙민에게 "그대는 남명(南冥)의 고향에서 나고 자랐으니 그의 학문을 얘기할 수 있겠는가?"라고 묻자, 그는 남명의 묘비명 중 "앎은 이미 정미했으나 더욱 그 정미함을 추구했고, 행함에 이미 힘썼으나 더욱 그 힘을 다했다."라는 구절을 들며 이것이 그의 학문을 표현한 적절한 견해라고 대답했다. 이에 대해 기정진은 고개를 끄덕이며 "오늘날의 학자들이 마땅히 남명을 배운다면 한 걸음 두 걸음 진보가 있을 것"이라고 대답했다. 그리고 최숙민이 "마음에 모든 이치가 갖추어져 있어 마음이지, 별도의 마음이 있어 모든 이치를 갖추는 것이 아닙니다."라고 말하자 기정진은 "그렇다. 다만 마음이라는 글자는 스스로 사람에게 존재해서 얻은 이름이다."라고 대답했다.

3-12-6 「湖上語錄」(『溪南集』卷20)

琡民: "心具衆理, 如身具百體。非別有一心, 以包具衆理, 只具衆理之謂心。" 先生曰:
"亦然。但心字, 自存諸人而得名, 離地盤不得, 故向有氣之精爽"云云。

嘗因論氣, 擧掌口噓, 露珠示之, 莞爾曰: "此是氣。"

嘗言: "道理題目, 如心性理氣等字, 各各貼在壁上, 時時觀省, 而溫過久久, 自當看得別。"

人事之儀則, 可見, 而天理之節文, 若不可見。然人事儀則, 卽天理節文, 如三千三百,
昭昭可見。

"太極生兩儀"一句, 足以破後世主氣之論。

格致工夫, 『論語』得力最妙, 於此而盡其精微, 則他經易通耳。

一心於求道, 自無淫朋色目之累。

古人下學而上達, 自有次序。如『禮記』「曾子問」一篇, 是甚工夫? 然後, 一貫之旨, 可得
以聞。後學未曾用力於下學, 徑欲上達, 所以輕自大, 而養成虛驕之病。頃年, 勸君讀
『論語』, 爲此故也。

"理一而分殊", 須自分殊上入, 則理一在。是故, 程子曰: "盡性知命, 必本於孝弟。"

一日呼琡民謂曰: "頃見「箚錄」中, 如互鄕、亂邦、無道隱諸條, 其將有意於遯世乎? 此
不必別求方便, 只不爲的然之行, 以求聞達, 自是隱。德非可儉之物, 而聖人曰'儉德避
難', 蓋'衣錦尙絅', 道理元自如此。"

顧琡民曰: "君生長南冥之鄕, 能道其學乎?" 琡民擧大谷所撰碣文中, "知之已精, 而益求其精, 行之已力, 而益致其力"兩句以對曰: "此語必有的見。" 因說到士大夫"要須壁立千仞, 頭分支解, 不爲世俗所移, 方能做成吉人"之語。先生頷之曰: "今日學者, 當學南冥, 方有一步二步進處。"

學問門戶, 至退溪而大成; 禮敎化俗, 至沙溪而寢備。我東儒賢, 當以兩先生爲宗。

最後進謁先生, 與之坐曰: "後生遊吾門者, 多矣。其中, 窮寒者, 時有進就, 溫飽者, 未見有自勵者。元則非全窮寒者, 而向上匪懈, 誠是異事。"

謂琡民曰: "近見, 人多置後庄, 爲避難計。君家如何?" 對曰: "愚蒙目前事, 措畫無術, 安能慮及此等事?" 先生曰: "一治一亂, 理勢所不免。況伊川被髮, 其兆已久。老物死期不遠, 諸君將見許多變怪。惟始終一心, 使一線種子不絶, 爲斷港之航, 可也。"

「상노사선생문목上蘆沙先生問目」【『大學』○答目附各條下下做此 ○己巳】(『溪南集』卷5)

해제

1) 서지사항

　최숙민이 스승 기정진과『대학』관련한 내용을 문답한 글.『계남집』권5에 실려 있다.

2) 저자

　최숙민(崔琡民, 1837~1905), 호는 계남. 노사(蘆沙) 기정진(奇正鎭)의 제자이다.

3) 내용

　최숙민이 스승 기정진에게『대학』관련한 내용을 질의하고, 기정진이 답한 글이다.『계남집』에 수록되어 있으며,『노사집』에도 대체적인 내용이 실려 있다.

　주요 주제는 '명덕'의 주리, 이(理)·기(氣)·성(性)·심(心)의 개념에 대한 분별, 분치(忿懥), 공부하는 방법,『대학』의 저자 등이다.

　최숙민은 명덕을 '리'로 보아야 할 것 같다는 입장을 피력하고, 마음이 '기의 정상(精爽)'이라면 '무망(無妄)의 마음'인 명덕도 기(氣)라고 보아야 하는가를 질문한다. 이에 대해 기정진은 그릇이 '기(氣)'라면 명덕은 '물을 담은 그릇'이며, '기의 정상'이기에 리를 담을 수 있는 것이라 답변함을 볼 수 있다.

　최숙민은 이(理)·기(氣)·성(性)·심(心)의 개념이 혼동되어, 이에 대한 정의를 구별해 줄 것을 기정진에게 청하였는데, 기정진은 리와 성은 자취가 없어서 알 수 없는 것이므로, 측은지심, 수오지심 같은 마음의 현장에서 그 의미를 탐색하거나, 또는『주역』의 "양의(兩儀)·사상(四象)·팔괘(八卦)를 보고 태극이 있다"는 것을 알아야 하는 것이지, 그렇지 않으면 공부는 공허한 메아리가 되고 말 것이라 답한다. 덧붙여 심과 기의 성찰을 수양론적 측면에서 언급하고 있다.

　『대학』의 저자문제에 있어서, 최숙민은『대학』의「전(傳)」을 증자(曾子)의 제자들이 증자의 뜻을 헤아려 썼다고 하는데, '뜻'을 기록한다는 것이 가능한 일인가를 묻는다. 또한 증자문하의 제자는 자사(子思)가 으뜸인데, 그렇다면 왜 자사를 『대학』의 저자라 하지 않는가를 묻는다. 이에 대해 기정진은 평소 늘 선생과 함께 공부하였기 때문에, 선생의 '뜻'을 기록하는 것이 가능하다고 답하고, 자사가 『대학』을 지었다는 명확한 증거가 없다고 답한다.

끝으로 공부하는 법은 먼저 마음을 평온하게 하고 기운을 순탄하게 해서 하나하나 살피고 음미해야하며, 자신이 병통이 있는 줄 알았다면, 그것을 고치는 방법 역시 본인에게서 찾을 수밖에 없는 것이라 답한다.

明德, 人之所得乎天。所得乎天, 理與氣也。虛靈亦合理氣言也, 而下特言但爲氣稟所拘云云, 則明德似專主理而言。

　　明德當以心字看, 心卽氣之精爽也。然則不曰心而曰明德, 何也? 心字該眞妄, 明德直指无妄之本體也。如是而後曰不昧, 曰以具, 曰應, 皆有下落。若"理氣合"三字, 雖是先儒說, 而恐是籠罩昆侖口氣, 不可承襲也。然則明德單屬氣分乎? 曰: "以器物譬之, 則氣字單指盤盂, 明德指儲水之盤盂, 自可意會。"

心卽氣之精爽, 明德卽心之无妄。精爽之氣, 不可謂非氣, 則无妄之心, 亦可謂氣乎?
　　曰: 氣之精爽, 則是從粗說入精, 是進一步語。今却云精爽之氣, 則是由精說入粗, 退一步說, 其意趣與之燕、越矣。今宜權舍理字、氣字, 但就心字看, 其體段何如、功能何如, 瞭然在眼前, 然後又進一步, 筭得此一箇心字是什麼樣物事, 鎔鑄得成, 此時理字、氣字, 方有來歷。看得一箇心字, 初不另別, 而苦苦說是理是氣, 用於甚處? 且本不識理是甚麼樣、氣是甚麼樣, 安知某物是理是氣? 爲賢者計, 凡道理題目, 如心字、理字、氣字之類, 各各逐字看, 其本來秤星, 箇箇分明, 勿引此牽彼連累湊合, 始有眞的一條路可通。

"具衆理"是以氣具理, 是以理具理?
　　氣之精爽, 故能具衆理。以理具理, 如以目視目。

格致之說, 詳見『或問』, 而亦難得下手處。欲强揣臆計, 則徒弊精神, 反致私念, 欲平平檢過, 徐俟有會, 則玩愒時日, 竟没摸著, 奈何?
　　朱子有云"格致, 子細讀書之異名", 此言最有不手處。

"經一章, 蓋孔子之言, 而曾子述之; 傳十章, 則曾子之意, 而門人記之", 言固可述, 意亦可記乎? 旣曰門人記之, 則曾子門人莫賢於子思, 何不因舊說爲子思記之?

平日敎人行己, 其大意可見, 故可記。子思無的證。

“大畏民志”, 不曰服而曰畏, 不言心而言志, 何也? 朱子言“志無惡志”, 今云“畏服民自欺之志”, 何也?

　　畏字比服字, 尤有力。不言心而言志, 心該體用, 志字專就發用處言耳。昔人曰“志, 公; 意, 私”, 所謂志無惡者, 似是對意而言故然矣。“大畏民志”, 專謂自欺之志, 亦恐與本文文意, 微有不同。

“獨”是心所獨知之地。下文絮說“己所獨處之事”, 是特引粗喩精之法也。上下愼獨, 恐無二義。

　　上言“愼其獨”意已盡。一番翻轉說不能愼獨之蔽, 又以“愼其獨”結之。蓋申說而致其丁寧也。愼獨豈有二義耶?

“誠於中”, 惡亦可以誠言乎?

　　“誠於中”, 天下事情繁多, 而字數不多, 於是乎有借用之法。道有君子、小人, 德有吉凶, 道德本意, 豈如是乎?

小人之病, 在掩惡詐善。然又有一種, 人獨處時, 不無爲善之意, 而對人不敢自立, 便闒然作同流合汙之態, 與閒居小人若異而卒同爲小人之歸。

　　“同流合汙”一段, 意思也精細也痛快。此蓋俗情終是重於道義故也。

“忿懥”等四者, 是情也, 而註必曰心之用, 何也?

　　心之用(四)[三]10)字, 如曰“意者, 心之所發”。此釋經襯貼法, 所以緊綴正心之心字也。

---

10) (四)[三]: 저본에는 ‘四’로 되어 있으나, 『蘆沙集』권13 「答崔元則(琡民)大學問目」에 의거하여 ‘三’으로 수정하였다.

“欲動情勝”, 欲是情也。今以欲對情, 何也?

　　欲字, 古文有來歷。蓋本於「樂記」“性之欲”一語, 卽感物而動情之謂也。

理也、氣也、性也、心也等名義, 心思昏蔽, 訓詁繁互, 莫能摸捉。望爲開視一條路, 俾免入曲徑。

　　理也、性也, 無聲臭影響, 就其發露, 散殊處觀之。孟子亦見其惻隱而知有仁, 見其羞惡而知有義。孔子亦見其兩儀、四象、八卦而知有太極。若不於此處著眼, 則所謂性理, 眞若捕風繫影矣。心與氣患不反求耳。求之豈有不知者乎?

讀書欲深究繁討, 則入穿鑿; 涉獵大意, 則易放過。

　　先須平其心, 易其氣, 字字句句, 反覆玩味。道本若大路, 然自家心地先不平鋪, 故誤入耳。

剛不能果決持守, 而不免躁動忿厲圭角之偏; 柔不能寬裕和厚, 而入於懦軟戲嬉浮沈之病。不要高潔而塵俗沈, 故不能耐遣, 善悔而不能改, 此病如何可得對症之的劑?

　　朱子曰: “若知如此是病, 便是不如此是藥。” 蓋四百四病, 藥皆在廣濟局, 而自家身心藥不在別處, 只此欲去之心, 便是能去之藥。若曰旣知病欲去矣。而然猶不能去, 則眞是無藥可醫, 雖有賢者, 不知爲子謀矣。

「여정후윤與鄭厚允」(『溪南集』卷10)

해제

1) 서지사항

최숙민이 정재규에게 보낸 글.『계남집』권10에 실려 있다.

2) 저자

최숙민(崔琡民, 1837~1905), 호는 계남. 노사(蘆沙) 기정진(奇正鎭)의 제자이다.

3) 내용

최숙민이 노백헌(老栢軒) 정재규(鄭載圭, 1843~1911)에게 보낸 글이다. 정재규는 노사학파의 대표 문인이다. 최숙민은 이 글에서 심(心)과 성(性)은 개념적으로 구별되지만, 심과 성은 결코 분리될 수 없으며, 그 불가리성(不可離性)으로 인해 마음이 몸의 주재가 될 수 있는 것이라 주장한다. 최숙민은 "심과 성은 하나의 이치이다"라 한 정자(程子)의 말을 이끌어, 심과 성이 불리부잡(不離不雜)의 관계임을 증명하려 한다. 심은 허령통철한 것이지만, 성은 리(理)이기에 결코 허령통철로 설명할 수 없다. 그러나 "심(心)이 이 몸을 주재할 수 있는 이유는 내가 받은 하늘의 이치가 바로 성(性)이기 때문"이라 한다. 따라서 기질과 욕심에 마음이 어둡고 가려지더라도 그 본연의 체는 하늘에서 얻은 것이기에 결코 어두워지지 않아서, 격물할 수 있고, 본성을 회복할 수 있다는 것이다.

3-12-8 「與鄭厚允」(『溪南集』卷10)

心說, 蒙提諭, 如或有領會, 而旋苦昧昧。顧無自得之實, 而只靠人言句者, 宜然也。近溫『大學或問』, 略有契悟處。曰"其性爲最貴, 故方寸之間, 虛靈洞徹", 下一故字, 可以見此方寸間所以虛靈洞徹者, 性爲之體故也。故又曰"心之爲物, 實主於身, 其體則有仁義禮智之性, 其用則有惻隱羞惡恭敬是非之情", 然則心也、性也, 一理也, 非別有兩箇物。然下一故字, 則又可以見心性字, 所以得名之異, 而不可作一物看也。一物則下故字不得, 蓋心是虛靈洞徹之物, 而性不可以虛靈洞徹言也。故又曰"性只是那理, 心是盛貯該載敷施發用底"。然則心也、性也, 各有所指而不可混也。此所謂一而二, 二而一, 而比性微有迹者也。故曰"仁義禮智是性, 以仁愛、以義惡、以禮恭、以智知, 是心也"。言之至此, 無餘蘊矣。示諭"性是發出底, 心却有主宰之妙"者, 非此之謂耶? 蓋有此身, 必有所以主宰此身者, 此便是心, 而心之所以主宰此身者匪他, 乃吾所得乎天之理, 此便是性。今就身上言心, 就心上言性, 就性上言理, 庶乎不差矣。故『孟子』曰: "盡其心者, 知其性, 知其性, 則知天矣。" 然則天理性情, 非心無以見也。愚故妄謂"心者, 天理之主宰此身者也。是以雖其氣質物欲昏蔽之極, 而其本然之體得之於天, 終有不可得以昧者, 此所以有所發之可因, 而可以致復初之功"。愚見如此, 幸一一繳敎, 期得至正之歸也。神明舍說多難, 卒膽容竢續便請敎, 方欲裁書適此奇便, 綾州安信亦慰此。兄來正旬, 間有枉訪, 意甚非易事。書封中豐五、舜卿去兩度量此『易傳』, 故發封出之, 至夕舜卿適到, 亦奇事。言長多縮。惟哀照。

「여정후윤與鄭厚允」(『溪南集』卷10)

해제

1) 서지사항

최숙민이 정재규에게 보낸 글.『계남집』권10에 실려 있다.

2) 저자

최숙민(崔琡民, 1837~1905), 호는 계남. 노사(蘆沙) 기정진(奇正鎭)의 제자이다.

3) 내용

최숙민이 노백헌(老栢軒) 정재규(鄭載圭, 1843~1911)에게 보낸 글이다. 정재규는 노사학파의 대표 문인이다. 본문은 최숙민이 정재규의 심설에 동조하고 그로부터 계발 받았음을 치하하는 내용이다. 요점은 심과 성은 분리해서 볼 수 없다는 주장이다. 심과 성은 명위가 달라서 '하늘이 명해준 것'을 성이라 하고, '몸에 주가 되는 것'을 심이라 할 뿐이다. 최숙민은 주자가 "에 따르면,"라 한 언급을 근거로 삼아 리가 같기에 인성과 물성이 같고, 리가 다르기에 사람과 동물의 심이 다르다고 한다. 같고 다름이 모두 리로 인한 것이므로, "리가 같아서 성이 같고, 기가 달라서 심이 같지 않다"는 논의는 성립되지 않는다고 비판한다. 그리고 정재규가 "사람과 동물의 결코 같지 않은 그 마음이 바로 성인과 보통사람이 같이 가지고 있는 마음이다"라 한 말은 옛 사람이 미처 드러내지 않는 말을 드러낸 훌륭한 일이라고 치하한다.

3-12-9 「與鄭厚允」(『溪南集』卷10)

心說思之, 益有條理。向所謂微雲點綴者, 庶幾消融矣。蓋心統性情, 心與性, 本不可作二物看。但以其名位而對言之, 則天命之謂性, 主於身之謂心。天命, 非是指萬物之一原乎; 主於身, 非是指萬物之異體乎? <u>朱子</u>曰"論萬物之一原, 則理同而氣異", 是知理同故人物性同。又曰"論萬物之異體, 則氣猶相近, 理絶不同", 是知理絶不同故人物心不同。然而同亦理也, 不同亦理也。或人所論, 理同, 故性同; 氣異, 故心不同者, 不攻自破矣。而老兄所謂"人物絶不同之心, 是乃聖凡所同之心"一語, 豈非發前人之未發而爲後學之幸也歟? 中和第六說, 前非不看, 而被老兄勸讀, 著眼玩味, 與前看懸然矣。不必多說, 只此理須以心爲主而論之, 則性情之德, 中和之妙, 皆有條而不紊已。是八字打開聖賢之言, 如是平易明白, 緣後人任私意穿鑿, 故空然回互費力也。

「답정주윤答鄭周允」【冕圭○ 庚寅】(『溪南集』卷11)

해제

1) 서지사항

　최숙민이 정면규(鄭冕圭, 1850~1916)에게 보낸 편지.『계남집』권11에 실려 있다.

2) 저자

　최숙민(崔琡民, 1837~1905), 호는 계남. 노사(蘆沙) 기정진(奇正鎭)의 제자이다.

3) 내용

　최숙민이 정면규(鄭冕圭, 1850~1916)에게 답한 편지이다. 정면규의 자는 주윤(周允), 호는 농산(農山). 정면규는 정재규의 일가로 그를 따라 노사학파의 문생이 되었으며, 정재규의 학문을 이었다. 이 글의 내용으로 보아 정면규는 최숙민에게 '허령불매(虛靈不昧)'에 대해 질문하였고, "허령불매가 기(氣)의 일이기는 하지만 허령하게 되는 까닭을 묻는다면 그것은 리에 있지 '기에 있지 않다[不在氣]'"는 견해를 피력한 듯하다. 최숙민은 농산이 심을 분석하면 경계(境界) 골자(骨子) 운용(運用) 통체(統體)의 4가지 측면에서 말할 수 있지만 모두 하나의 심일뿐이라는 견해를 피력한데 대해 찬동한다. 또한 농산이 경계를 말할 때 골자를 버린 것이 아니며, 운용을 말할 때에 통체를 버린 것이 아니라는 견해와 "허령불매 4글자에 온갖 이치가 다 갖추어 있어서 먼저 허령한 물건이 있어서 만사에 응하는 이치가 와서 갖추어진 것이 아니다"라 한 견해에 대해 옛 사람이 미처 말하지 않은 것을 드러낸 탁견이라고 칭찬한다. 다만 농산이 허령불매에 대해 "기에 있지 않다[不在氣]"라 주장한데에 대해서는 허령은 역시 '기가 바르고 통한 것[氣之正且通]'을 매개로 하는 것이기에, 그러한 기의 공을 몰라서는 안된다고 지적한다.

歲色垂, 懷思益切, 不審玩樂有相。頃惠心說, 至今逋答, 緣冬候不調, 衰病百般, 侵攻精神, 莫能收拾而然。向學無誠, 推此可見也。鄙前書性性情情, 而性發而爲情, 乃心之妙一段。其時偶看此, 若有契於心字義, 故謾及之。初非答吾友虛靈之問也。果是東問西答, 至承繳質警昏深感, 今來諭甚有斟酌。蓋心一也, 而自人身推入, 則曰氣之精爽; 自源頭說下, 則曰理之主宰; 以其能寂感, 而曰猶陰陽; 以其統性情, 而曰爲太極。所諭"境界、骨子、運用、統體"四邊說, 不得不如此分析, 然只一心也。說境界時, 非遺却骨子; 說骨子時, 非外却境界, 運用統體亦然。其爲物也, 精爽而能寂感, 主宰而統性情, 此之謂虛靈不昧。所諭不離虛靈不昧四字而萬理便足, 非先有虛靈之物而別有應萬之理來具也。此語眞可謂發前人未發, 但所云虛靈不昧四字, 其境界雖氣分事, 而若問其曷爲而虛靈, 則其故在理, 而不在氣也。此言乍看, 誠若精覈可悅。然或恐不在氣三字無已快乎? 古人無如此言心處。朱先生曰: "惟人也, 得其氣之正且通者, 而其性爲最貴, 故其方寸之間, 虛靈洞徹, 萬理咸備。" 以此觀之, 非氣之正且通, 則其性安能最貴, 而方寸之間, 安能如此虛靈? 蓋人受天地之中以生, 其氣秀而理得全。故方寸之間如此虛靈, 非物之所能與也, 則其虛靈之故, 雖在理, 而其氣之正且通之功, 亦不可不知也。今人把心專作氣看者, 置而勿言其主理一邊, 人大體固是。但苦苦要脫氣分而說心, 却不知此心自是人一身主宰, 自存諸人而得名, 不惟脫不得氣分, 脫此血肉之軀亦說心不得, 不脫血肉之軀而言心, 不害爲主理。今權舍理字氣字, 試反之吾身而默察此心, 危微之際, 操存舍亡之機, 實不存天遏人之功, 而致夫精一之極, 方是眞實心學, 方是眞實明理之學, 未知如何? 中間宋敬夫以心說見質, 鄙意大槩, 如今說答之, 恐不免亂道誤人, 並謄其往復納往。幸並合吾兩間往復書, 稟令從兄得定論, 千萬千萬, 去令從兄書, 亦言及耳。那當良晤臨書依依, 惟冀迓新增祉。

3-12-11

「여정주윤與鄭周允」【辛卯】(『溪南集』卷11)

1) 서지사항

최숙민이 정면규(鄭冕圭, 1850~1916)에게 보낸 편지. 『계남집』 권11에 실려 있다.

2) 저자

최숙민(崔琡民, 1837~1905), 호는 계남. 노사(蘆沙) 기정진(奇正鎭)의 제자이다.

3) 내용

최숙민이 정면규(鄭冕圭, 1850~1916)에게 보낸 편지. 정면규의 자는 주윤(周允), 호는 농산(農山). 정면규는 정재규의 일가로 그를 따라 노사학파의 문생이 되었으며, 정재규의 학문을 이었다. 이 글에서 최숙민은 주자의 글만 인용해서 열거하였을 뿐, 자신이 주장을 자신의 언어로 직접 제시하지 않았다. 인용한 주자의 글은 대체로 다음과 같다. "신령한 곳은 심이고, 성이 아니다. 성은 리일 뿐이다." "지각하는 대상은 심의 리이고, 지각하는 주체는 기의 영(靈)함이다" "오로지 기만이 아니니, 이보다 앞서 지각하는 이치가 있다. 이와 기가 합해서 지각할 수 있다" 이를 통해 볼 때, 최숙민은 지각의 주체로서 심을 말하고, 이 심의 지각작용은 기만이 아니라 리와 기가 합해서 있음을 주장하려는 것으로 보인다.

3-12-11 「與鄭周允」【辛卯】(『溪南集』卷11)

心說, 說看看, 益恐多錯, 惟望回敎。<u>朱子</u>曰: "靈處是心, 不是性。性只是理。" 又曰: "心比性, 微有跡; 比氣, 則自然又靈。" 又曰: "所覺者, 心之理也; 能覺者, 氣之靈也。" 又曰: "不專是氣, 是先有知覺之理。理未知覺, 氣聚成形, 理與氣合, 便能知覺。譬如這燭火, 是因得這脂膏, 便有許多光焰。" 合此數說, 潛玩久久, 自然有躍如處, 不須別立新說迷藏, 如何如何?

3-12-12

「답정주윤答鄭周允」(『溪南集』卷11)

해제

1) 서지사항

최숙민이 정면규(鄭冕圭, 1850~1916)에게 보낸 편지. 『계남집』 권11에 실려 있다.

2) 저자

최숙민(崔琡民, 1837~1905), 호는 계남. 노사(蘆沙) 기정진(奇正鎭)의 제자이다.

3) 내용

최숙민이 정면규(鄭冕圭, 1850~1916)에게 보낸 편지이다. 정면규의 자는 주윤(周允), 호는 농산(農山). 정면규는 정재규의 일가로 그를 따라 노사학파의 문생이 되었으며, 정재규의 학문을 이었다. 최숙민은 앞서 정면규가 허령불매의 성립근원이 "기에 있지 않다[不在氣]"라 한 주장에 대해, 허령불매(虛靈不昧)가 성립되는 데에는 '기가 바르고 통한 것[氣之正且通]'의 공로도 몰라서는 안된다고 지적한 바 있다. 최숙민은 이 글에서, 그 비판을 철회한다. 농산이 분명히 허령불매가 "비록 기의 일이지만"이라고 서술하였는데, 본인이 미처 보지 못해서, 농산의 취지를 오해했다고 서술한다. 그리고 다시 허령불매는 "비록 기의 차원이라고는 해도, 그 기가 어떻게 해서 허령하게 되었는가를 따져본다면 그 근거는 리에 있지 기에 있지 않다"는 견해가 옳음을 재확인한다. 예를 들어 유리를 씌운 등불이 있다고 할 때, 그 빛이 비치는 경계는 유리갓이지만 그 빛이 밝은 이유는 불에 있지 유리갓에 있지 않음과 같다고 한다. 최숙민은 만약 "유리갓이 아니라면 어떻게 비칠 수 있겠는가? 검은 갓을 씌웠더라면 이런 빛은 없을 것이다"라 한다면, 이는 기를 지나치게 주장하는 결과를 초래하게 된다고 주장한다.

3-12-12 「答鄭周允」(『溪南集』卷11)

虛靈不昧四字, 其境界雖氣分事, 而若問其曷爲而虛靈, 則其故在理, 不在氣。以物譬之, 如指這琉璃燭籠, 曰彼光明透徹, 其境界雖籠上事, 而若問其曷爲而光明透徹, 則其故在火, 不在籠。盛論之意, 本非有病, 麤眼遺却上面氣分事一句, 而徑就不在氣三字, 却嫌太契於氣, 故鄙說云云。如曰"若非琉璃籠, 則火亦安能如此光明透徹? 黑籠則無這光明耳", 忽自不覺主籠之太快, 荷辨駁不置, 意思稍似有通, 然難舍者已也。昧昧舊見, 猶有未盡了然者, 徐當淸心細究而聞命矣。適擾甚, 寒暄都閣。

「답송경부答宋敬夫」【乾明○庚寅】(『溪南集』卷13)

1) 서지사항

최숙민이 송인모(宋麟模1860~1898)에게 답한 편지.『계남집』권13에 실려 있다.

2) 저자

최숙민(崔琡民, 1837~1905), 호는 계남. 노사(蘆沙) 기정진(奇正鎭)의 제자이다.

3) 내용

송인모(宋麟模, 1860~1898)는 송건명(宋乾明)이라고도 한다. 자는 경부(敬夫), 호는 도천(陶川)이다. 이 글의 주요논의는 마음의 허령(虛靈)을 리기론의 관점에서 어떻게 논할 수 있는가이다. 최숙민은 송인모가 "허령은 이 리가 꿰뚫은[透徹] 것"이라 한데 대하여, 잘 보았다고 칭찬한다. 다만이 리가 꿰뚫는 바로서의 대상이 반드시 있기 마련이라고 한다. 이는 허령에서 기의 역할 역시도외시 할 수 없다는 지적이다. 최숙민은 마치 등불의 갓이 있어야 빛이 뚫고 나오고 연못물이맑아야 달빛이 환하게 비출 수 있는 것과 같다고 한다. 이를 심론에 적용해 보면 사람의 몸을 떠나서는 심을 말할 수 없다. 심을 기로만 말하는 이는 심의 본체를 모르는 것이지만, 그렇다고 심을리로만 말해서 기의 도외시하고 심을 말하는 것 역시 억지스럽다고 한다. 최숙민은 정자가 "심, 성, 천은 하나의 리이다. 리로 말하면 천이라 하고, 품수받은 것으로 말하면 성이라 하며, 사람에게보존된 것으로 말하면 심이라 한다"라 한 말을 이끌어 자신의 주장을 결론짓는다. 심을 허령(虛靈), 통철(洞徹), 정상(精爽)등 여러 이름으로 말할 수 있지만, 모두 각각의 측면에서 말한 것이며, 결국하나의 심일 뿐이라 주장한다.

客臘德行惠札, 其時講會, 賓客多事, 未能修謝, 至今爲悵。繪夫忽帶新生, 消息來甚
慰。但恨繪夫來時, 不告知吾友得一字爲新年面目也。虛靈乃此理之透徹云云, 看得甚
精。但旣曰此理透徹, 則其所透徹, 必有地界可指耳。蒙之紗籠, 然後可以言燈光之透
徹; 受之澄淵, 然後可以言月光之瀅澈。故古之言心者, 必以存諸人爲言, 必以身之主
宰爲言, 必以方寸間爲言。蓋離却人身, 則無心之可言也。謂心爲氣者, 固不知本體者
也。知此心之爲理, 而慮或爲氣字所累, 務要離却氣分而言心者, 亦或不免牽強之意。
故語虛靈、洞徹、精爽等字, 或皆直作理字看, 却不知理字, 不可以虛靈、洞徹、精爽字
論之也。太倉之積公言之, 則米也; 分俵民各受去, 則賦也; 民持來甕飱以食, 則飯也。
以其名之異, 而曰非米者, 非也。知其名雖異, 而實一米也, 而不辨其名之所以異者, 亦
非知飯者也。故程子曰: "心也、性也、天也, 一理也。自理而言, 謂之天; 自禀受而言,
謂之性; 自存諸人而言, 謂之心。" 如此, 方爲至論, 盛水不漏, 試於此, 潛體認之, 如何
如何?

「답송경부答宋敬夫」(『溪南集』卷13)

1) 서지사항

최숙민이 송인모(宋麟模1860~1898)에게 답한 편지. 『계남집』 권13에 실려 있다.

2) 저자

최숙민(崔琡民, 1837~1905), 호는 계남. 노사(蘆沙) 기정진(奇正鎭)의 제자이다.

3) 내용

송인모(宋麟模, 1860~1898)는 송건명(宋乾明)이라고도 한다. 자는 경부(敬夫), 호는 도천(陶川)이다. 이 글은 송인모가 '정상(精爽), 허령(虛靈), 통철(洞徹)'을 기의 간섭이 없는 순수한 리로 간주하려는 관점에 대해 최숙민이 옳지 않다고 변론하는 내용이 주를 이룬다. 특히 그는 정자의 "심과 성과 천은 하나이다. 이치의 입장에서 말하면 천(天)이라고 이르고, 품수한 입장에서 말하면 성이라고 이르고, 사람에게 보존된 입장에서 말하면 심이라 이른다"는 언급에 근거하여 "심이란 천리가 사람에게 보존되어 있는 것"이라 주장하였다. 이로 인해 정상, 허령과 같이 심을 형용하는 이름들이 있게 된다는 것이다. 따라서 심에 있어서 리와 기를 판연히 다른 영역의 일로 보아서는 안된다는 것이다. 리(理)와 성(性)은 모두 공공한 것으로 사람의 몸과 분리해서 말할 수 있지만, 심의 경우는 사람 몸의 방촌(方寸)을 떠나서는 결코 말할 수 없다고 한다. 사람 몸을 떠나지 않고 그 사이에서 천리가 갖춘 것을 말하기 때문에, 정상, 허령, 통철, 지각, 신명을 말할 수 있다는 것이다. 최숙민은 도는 리이지만, 그것이 다른 이름을 갖게 되는 것은 '기화(氣化)'로 말미암은 것이며, '성즉리(性卽理)'이지만 그것이 이름을 얻게 되면 허(虛)·기(氣)와 합해진다는 것이다. 최숙민은 이를 (송인모가 말하듯) "명실(名實)이 어긋나서 반은 리이고 반은 기이다"라 비판한다면, 이는 적절하지 않다고 지적한다.

3-12-14 「答宋敬夫」(『溪南集』卷13)

所諭儘明, 該洽引類, 析合無不中理。獨有一事, 吾友前後, 主意隱然。要以精爽、虛靈、洞徹等字, 磨鍊掇轉, 分疏洗雪, 作潔淨, 不干氣, 純理看, 然後快於心也。奈此等字本不是純理面目何?"心也、性也、天也, 一理也。自理而言謂之天, 自禀受而言謂之性, 自存諸人而言謂之心", 由此言之, 心乃天理存諸人之名也。自存諸人言, 故有精爽、虛靈等, 許多形狀名目也。退溪先生多以合理氣言心, 雖涉混淪說, 而却古實無病, 不似今人一理一氣判爲兩家事之謬也。吾友所言, 心雖主理, 而亦是兼氣, 非此意耶? 蓋理字、性字, 可公共挑出言之。至於心字, 離却人身上方寸間說不得。不離人身上方寸間而言其天理之所具, 故曰精爽、曰虛靈、曰洞徹、曰知覺、曰神明。今權舍文字, 試反之吾身而體察焉, 則昭昭可見, 奈何欲將此等字, 分疏之, 洗雪之, 要做潔潔淨淨純理看乎? 假令吾友之力, 能將此等字, 洗雪潔淨得來時, 恐此等字, 便使不著耳, 如之何? 且以鄙說心之體是性, 而其得名則異, 謂"名實相悖, 半理半氣, 此何模樣?"云云, 恐亦吾友未思也。道是理也, 而其得名則由氣化。吾友於此, 亦曰名實相悖, 半理半氣乎? 性即理也, 而其得名則合虛與氣。吾友於此, 亦曰名實相悖, 半理半氣乎? 愚意竊疑, 吾友差處, 正在此也。苟不以吾言歸之邪遁, 於此少留意焉, 如何如何? 顧無工夫實見, 而卒卒脣舌辦得者, 安能中理, 亦安能喩人? 旣蒙繳質, 而隱默苟同, 非朋友之道, 略布如此。深望細櫛更敎, 終發此。蒙餘惟歲寒, 侍學益進。

3-12-15

「답송경부答宋敬夫」【癸巳】(『溪南集』卷13)

해제

1) 서지사항

최숙민이 송인모(宋麟模1860~1898)에게 답한 편지. 『계남집』 권13에 실려 있다.

2) 저자

최숙민(崔琡民, 1837~1905), 호는 계남. 노사(蘆沙) 기정진(奇正鎭)의 제자이다.

3) 내용

송인모(宋麟模, 1860~1898)는 송건명(宋乾明)이라고도 한다. 자는 경부(敬夫), 호는 도천(陶川)이다. 이 글의 주요 주제는 역시 심의 리기문제이다. 몇 가지 문목에 대한 답변 형식으로 구성되어 있다. 먼저 서두에서 최숙민은 송인모에게 보낸 앞의 답신들과 같이 이진상을 포함한 성리학의 '심즉리(心卽理)'논의는 기를 배제하지 않으며, 송인모와 같이 허령의 심을 기와 무관한 리로 보려고 하면, 이는 마치 기름과 심지 없이 등불이 환할 수 있다고 말하는 것과 같아서, 양명학의 심즉리가 되고 만다고 비판한다. 그 다음은 송인모가 "심이란 사람에게 있는 신명한 이치[人之神明之理]이다"라 한 부분에 대한 지적이다. 신명(神明)이란 두 글자에 리가 이미 온전히 갖추어 있으므로, 리(理)자를 다시 붙일 필요가 없으며, 성(性)과 리(理)는 지반을 떠나서 논의할 수 있지만, 심(心)은 결코 지반과 무관하게 이야기 할 수 없으며, 그것이 심의 본색이라고 강조한다. 송인모는 줄곧 허령을 순수한 '리'로 보려는 주장을 굽히지 않고, "『대학장구』에서는 허령을 오로지 리로 보았다"고 근거를 대고, 퇴계가 "마음이 아직 발하지 않았을 때에는 기가 용사하지 않은, 오직 리일 따름이다"라 한 구절을 인용하여 자신의 주장을 거듭한다. 이에 대해 최숙민은 심이 허령이 되는 근거를 따지면 오로지 리(理)라고만 해도 문제가 없지만, 허령을 곧바로 리나 성이라고 해서는 안된다고 하며, 주자가 "리가 있기 때문에 령(靈)하지만, 리는 령이라 해서는 안된다"라 한 언급을 인용한다. 또한 마음의 미발시에는 당연히 성(性)이라 하겠지만, 심에 대한 논의는 미발에만 한정되지 않음을 지적하며, 심성의 관계는 하나이면서 둘이고, 둘이면서 하나인 관계라고 한다. 마지막으로 지(智)에 의미적 차이를 언급한 바, 예지(禮智)의 지(智)는 본성의 측면에서 말하고, 예지(睿智)의 지(智)는 기질의 측면에서 말하는 것으로 간주하였다.

心卽理句, 譬之有形可見之物而言之, 則如言燈卽火相似。蓋旣名爲燈, 則非離了盞油
炷子而別有懸空無藉之燈。然所貴乎燈者, 以火也, 非以其盞油炷子也。寒洲公之意正
如是, 非如王陽明認氣爲理, 而並盞油炷子, 都做火看, 而曰心卽理也。故愚平日常右
此說, 而吾友所尊信主張, 亦非此說乎? 宜無異論, 而但吾友推之太過, 始欲離了氣而
言心, 是離了盞油炷子而言燈也。又以精爽、虛靈等, 凡狀心諸字, 皆欲幹轉直做理字
面目看, 則或慮浸浸入於陽明認氣爲理之弊。故愚每不敢盡從, 而間有辨駁者也。但愚
於此, 自無密察精細之見, 其爲辭, 多有不達處, 致使賢者未領, 極爲慚愧, 神昏未能統
論, 聊就盛論略陳。愚見於逐條之下, 瞽者之論, 安能免日聲也? 惟亮照。

理者, 公共底太極之理; 性者, 人物受生之本, 而天理之命乎人者, 便謂之性, 故特就稟
受而言也。且性, 仁義禮智渾成之名, 理之所在, 自然有妙物之神, 此心之神明, 主宰乎
一身者也。心者, 人之神明之理, 故只就人身上言也。

　　此段與鄙見大槩無異, 但"性, 仁義禮智渾成之名"渾成二字, 恐下得未精。性雖渾
　　然, 而渾然之中, 自有條理燦然。蓋這箇不是昆侖, 無面目物事, 便是五行各一其
　　性之性。一曰性, 便有箇仁義禮智四者, 條理不紊。今曰渾成之名云, 則如以四者,
　　打合渾成一塊者, 然恐欠商量。且"心者, 人之神明之理"云者, 神明二字, 說心已
　　足, 不待更下之理字, 而此理已全具於神明二字之內無欠闕。但曰神、曰明, 則所
　　就所指而言者, 著在人身上。非若性理字, 可以挑出不干地盤說, 此正是心字本色。

虛靈二字, 以『大學章句』看之, 則專以理看。

　　此心曷爲而虛靈以其具衆理應萬事也? 專以理看何害? 但不知聖賢何故, 於論理
　　論性時, 不曰虛靈, 而譏釋氏性靈之說以爲不識性。至於說心, 特曰虛靈, 其所指
　　所就之不同, 此亦可見也。朱子曰"有理故靈, 而不可謂靈, 便是理"。蓋此處少差,
　　則入於認氣爲理, 當更深思之也。

聖賢言語, 橫說竪說, 各有所指, 不可執一而論。

　　此說甚好。夫心竪說而指其本體, 則理之妙用也; 橫說而指其當體, 則氣之精爽也。
合理氣、統性情而狀其德, 則虛靈不昧; 就寂感、指主宰而狀其妙, 則神明。

退溪先生雖多以合理氣言心, 然又有可據處, 不曰"心之未發, 氣不用事, 而惟理而已"乎?

　　吾友前後論心, 果皆單指心之未發, 氣不用事時說耶? 若爾則孰謂不然? 心之未發,
不是性乎? 雖然, 論心、論性, 語自不同。吾友或見聖賢說性時, 亦有氣不用事, 惟
理而已云處乎? 心性之一而二, 二而一, 此可見也。蓋嫌於氣分, 故曰氣不用事; 疑
於不惟理, 故曰惟理而已也。若單就理字上說, 則不須加此等贅說。

睿智之智, 禮智之智。

　　禮智, 性上說; 睿智, 氣質上說。然非有兩箇智, 特所就而言者不同。氣質譬則火
籠, 性便是籠中之火。單論火之明, 則不關籠之好醜, 而天下之火同。若就籠上說,
則好醜明暗萬別, 惟新潔好紗, 籠方明得盡矣。此聰明睿智, 正指籠上明也。然其
籠上明, 依舊是籠裏明, 非有別箇明。

「답송경부答宋敬夫」【甲午】(『溪南集』卷13)

1) 서지사항
최숙민이 송인모(宋麟模, 1860~1898)에게 답한 편지. 『계남집』 권13에 실려 있다.

2) 저자
최숙민(崔琡民, 1837~1905), 호는 계남. 노사(蘆沙) 기정진(奇正鎭)의 제자이다.

3) 내용
송인모(宋麟模, 1860~1898)는 송건명(宋乾明)이라고도 한다. 자는 경부(敬夫), 호는 도천(陶川)이다. 이글의 주제와 내용도 앞서 송인모에게 보낸 답신과 다를 바 없다. 먼저 최숙민은 간재 심성설의 내용을 "심은 정상(精爽)한 기운에 불과한데, 귀하게 여기는 것은 성(性)이 있기 때문이다. 성은 곧 리이고, 심은 곧 기이다"로 정리한다. 그리고 그는 "심이란 성체정용(性體情用)으로, 성정(性情)과 체용(體用)을 통괄함으로 인해 비로소 심(心)이라는 글자가 성립된다"고 한다. 심과 성의 관계는 하나이면서 둘이고, 둘이면서 하나이다. 이와 같이 심의 허령불매는 리의 묘용(妙用)이자 기의 정상(精爽)이다. 기가 정상(精爽)하기 때문에 리의 묘용을 담을 수 있고, 리는 묘용으로 인해 기의 정상에 올라탈 수 있어서, 정상(精爽)과 묘용이 하나의 일이 된다는 것이다. 이것이 '허령불매'라는 심의 본래면목이다. 최숙민은 앞서의 논의와 같이 심은 기를 떠나서 말할 수 없지만, 심에서 귀하게 여기는 것은 리이지 기가 아니라고 한다. 성현이 심을 말한 것들이 모두 리를 위해 말한 것으로, '놓아버린 마음을 구한다[求放心]'는 것은 이 리를 구하는 것이고, '마음을 보존한다[存心]'는 것은 이 리는 보존한다는 것이며, '마음을 다한다[盡心]'는 것은 이 이치를 다한다는 말이라고 설명한다. 그는 자신이 말하는 '심즉리(心卽理)'는 '등즉화(燈卽火)'와 유사한 것으로서, 등이란 등잔의 기름과 심지를 떠나서는 말할 수 없지만 귀하게 여기는 것은 불이지, 기름과 심지가 아닌 것과 같다고 비유로 설명한다.

3-12-16「答宋敬夫」【甲午】(『溪南集』卷13)

嘗見田齋一派之說, 以爲"心不過一箇精爽之氣, 所貴者以有性也。性卽理, 心卽氣"。愚每妄笑之曰: "心之爲物, 自是性體情用。統性情體用, 方成一心字。若除去性情, 初亦無心字可言。言之不過醫書所謂七竅、五竅、未敷、蓮花, 一血肉塊而已, 豈聖經所言心字之意也?" 雖對待而言之, 只如程子所謂"自禀受而言"、"自存諸人而言"之類而已, 豈有別說也? 曰禀受, 則可見其天命賦與之實也; 曰存諸人, 則可見其就地盤而指其主宰之妙也。故曰心比性, 微有跡, 故曰一而二, 二而一。性只是一理字, 不費多說, 心是虛靈不昧底。虛靈不昧, 固卽是理之妙用, 而亦卽是氣之精爽。氣之精爽, 故能具理之妙用; 理之妙用, 故自乘氣之精爽。精爽、妙用, 只是一體事。但就理、就氣, 橫、竪說之不同也。其實說妙用時, 精爽自在; 說精爽時, 妙用自在。狀其精爽而妙用之體段, 曰"虛靈不昧", 此正是心字本來面目如此, 非世人曰理曰氣者之口頭所可轉移也。此愚所謂就地盤而指其主宰之妙, 又所謂亦不可離了氣而論心者也。然所貴乎心者, 理也, 非氣也。聖賢許多言心, 皆爲理而發, 求放心, 求此理也; 存心, 存此理也; 盡心, 盡此理也。故曰天也、性也、心也, 一理也。此愚所謂心卽理, 如曰"燈卽火"相似。旣名爲燈, 則非離了盞油炷子, 而所貴乎燈者以火, 非爲盞油炷子也。盛諭多緒昏, 愚不能條對, 而只此亦足見鄙意之所主也。若猶未也, 則必是愚先入之不明也。不如姑尊閣竢識見稍進。惟照察。

「답유선일答柳善一」[相大](『溪南集』卷13)

해제

1) 서지사항

최숙민이 유상대(柳相大)에게 보낸 답신. 『계남집(溪南集)』 권13에 실려 있다.

2) 저자

최숙민(崔琡民, 1837~1905), 호는 계남. 노사(蘆沙) 기정진(奇正鎭)의 제자이다.

3) 내용

글의 내용으로 보아, 유상대는 『대학』에서의 '영(靈)'을 리기로는 어떻게 보아야하는가에 대해 질의한 것으로 보인다. 이에 대해 '영'이란 '마음이 허령통철해서 온갖 이치를 갖추고 있는 것'을 가리킨다고 답하고, '영'은 리기가 합한 것으로 마음의 태극이 된다고 한다. 또한 '성이 태극'이 되고, '허령도 태극'이 된다고 한다면, 두 개의 태극이 있는 것인가라는 질문에 대해, 최숙민은 성(性)과 심(心)을 상대해서 논하는 관점과, 성(性)과 심(心)을 통합하여 논하는 관점이 각기 의취가 있으므로, 서로 모순되는 것이 아니라고 논박한다. 그리고 "심, 성, 천은 하나의 리이다"라는 정자(程子)의 말을 이끌어 증거로 삼는다.

3-12-17「答柳善一」【相大】(『溪南集』卷13)

靈, 曰"理亦得", 何者? "靈底"是理也。曰"是氣亦得", 何者? "靈處"是氣也。蓋非"底"
則靈無物, 非"處"則靈無所, 故鄙說既言靈是就氣上指其方寸間【處】虛靈洞徹,【底處】萬
理咸備【底】者說也, 又引朱子之說以證之。承喩謂愚引朱子此說, 爲靈字是理非氣之證
云, 則竊恐明者偶失照管。"底、處"是一箇靈, 何嘗證其是理而非氣乎? 但"底"是主, 而
"處"是僕, 若把這箇靈, 單作氣看, 而理爲退老, 致事無用之一位而已焉, 則竊恐主僕倒
置, 猶屬尋常事, 僕將逐主而自專矣, 奈何? 然則靈分明是合理氣的物事, 直以靈當心
而謂在人之太極, 此非是理非氣之論乎? 曰然, 此則竊有取於「太極圖說」本旨而云矣。
蓋此「圖說」, 本爲人而作也。一篇旨歸, 皆是爲明此一靈字設也。人之一心, 雖主乎此
身, 而其體之虛靈, 實是全乎太極之本。但太極原本窮源說, 元不干氣。最靈二字, 從
得其秀而說來, 則在氣以成形之後, 不得不就氣而言之矣。雖就氣言之, 而其主意爲是
發明此理, 非爲氣而設也。故愚斷然以靈爲在人之太極, 未知如何? "靈底是心, 實底是
性。" 性是白直物事, 下靈字不著, 心有寂感之妙, 方著得靈字。於性下底字, 於心亦下
底字, 不須疑也。底字無某事特指其所言之物件, 如熱底是火, 冷底是水, 何處不宜下
也。竊念"靈底是心"此一句語, 若深味之, 則足以解明者之惑也。既曰"靈底是理", 今
曰"靈底是心", 朱子之意, 豈不躍如於前乎? 强病荒草, 不能他及。

朱子曰"其心爲最靈而有以不失其性之全", 性之全爲太極, 而最靈又爲太極, 則是二太
極耶?

愚以靈爲心, 而謂是在人之太極者, 正以其有以不失其性之全故也。"有以不失其
性之全"八字, 卽靈之實事。今賢簡取八字, 看作兩頭相對, 疑有二太極, 可見其文
理之未察也。且從賢意, 以性對心而言之, 亦有說焉。蓋自稟受而言謂之性, 性具
仁義禮智, 性爲太極, 而仁禮爲陽, 義智爲陰。自存諸人而言謂之心, 心統性情, 心
爲太極, 而性情爲陰陽。各是一說, 不相爲嫌。故朱子論性而曰"性猶太極", 論心
而曰"心爲太極", 豈有二太極之嫌而夫子言之乎? 故程子曰"心也、性也、天也, 一
理也"。

「답정형로答鄭亨櫓」【戊戌】(『溪南集』卷14)

1) 서지사항

최숙민이 정제용(鄭濟鎔, 1865~1907)에게 보낸 답신. 『계남집(溪南集)』 권14에 실려 있다.

2) 저자

최숙민(崔琡民, 1837~1905), 호는 계남. 노사(蘆沙) 기정진(奇正鎭)의 제자이다.

3) 내용

이 글은 최숙민이 정제용에게 답한 글이다. 형로(亨櫓)는 정제용(鄭濟鎔)의 자(字)이며, 그는 후산(后山) 허유(許愈, 1833~1904)와 면우(俛宇) 곽종석(郭鍾錫, 1846~1919)의 문인이다. 이 글에서 제기된 문제는 '명덕(明德)'이 사람과 동물이 모두 얻은 것인가이다. 최숙민은 '명덕'은 오직 사람만이 얻고 동물은 얻을 수 없는 것으로, 사람과 동물이 구별되는 분기가 명덕에 달렸음을 논하였다. '마음이 허령통철해서 온갖 이치를 갖추고 있는 것'은 오로지 사람에게만 해당되는 것으로, 사람이 요순과 같이 되어서 천지의 화육에 참여할 수 있는 근거가 이 명덕에 달렸다는 것이다. 주자는 '구슬이 맑은 물에 있는 경우와 탁한 물에 들어있는 경우'의 비유를 통해 기질에 가려 명덕이 발휘되지 못함을 설명하였는데, 이는 사람이 모두 명덕을 지니고 있지만, 기질에 구속되어 현자와 어리석은 자가 같지 않음을 설명하였을 뿐이다. 복암 조원순은 주자의 이 비유가 동물도 명덕을 지녔음을 말하는 것이라고 이해하였는데, 최숙민은 이는 잘못 안 것이라고 지적한다. 만물은 '일원(一原)'에서는 사람과 동물의 차이가 없지만, 일단 품수받게 되면 동물은 형기의 편색에 구속되어 비록 한 점의 밝음이 있다고 하더라도, 이를 명덕이라고 할 수는 없다고 한다.

3-12-18 「答鄭亨櫓」【戊戌】(『溪南集』卷14)

明德說, 南黎"人獨有之而物不得與焉", 此言甚當, 足令人警勵自拔恥與禽獸同歸矣。
然此非黎翁倡說, 朱子已詳言之矣。曰: "惟人之生, 得其氣之正且通者, 而其性爲最貴,
故方寸之間, 虛靈洞徹, 萬理咸備。蓋其所以異於禽獸者, 正在於此, 而其所以可爲堯、
舜, 而能參天地以贊化育者, 亦不外焉。是則所謂明德者也。" "異於禽獸者, 正在於
此", 則豈不是"人獨有之而物不得與焉"者乎? 但朱子以"虛靈洞徹, 萬理咸備", 釋明
德, 而黎翁乃以"理義之心"四字, 當之。夫指明德爲理義之心, 固非不可, 而但明德是
統體說, 理義却是條理說, 如明德究言之, 豈不是性道, 而曰性、曰道, 則合人物而言之,
此所以來俛友之駁論也。俛說固未見始終, 不得質論, 其曰"理義之心, 豈獨人哉"云云,
想其意以爲"明德若曰理義之心, 蜂蟻之君臣、虎狼之父子, 亦非理義乎", 以駁黎說之
孤單耳, 非謂明德爲人物所同有也。諸君無乃錯認而致疑也耶? 復菴以玉盛囊之喻, 蓋
倣朱子寶珠在清濁水之說, 而誤矣。朱子此說, 單就人分上, 言其同有此明德, 而氣質
所拘有智愚賢不肖之不同也。今乃引此爲人物同有明德之證案, 可乎? 蓋萬物一原, 固
無人物貴賤之殊, 而及其稟受一定, 彼賤而爲物者, 旣梏於形氣之偏塞, 而無以充其本
體之全, 則其所得乃點明片德, 此則朱子所謂物亦有是理, 有些明處, 如虎狼父子、蜂
蟻君臣者, 豈得謂之明德也? 惟人方寸間, 虛靈洞徹, 萬理咸備, 方是所謂明德也。便
是潔潔淨淨, 光明無瑕, 一圓完全寶珠, 而堯、舜、塗人所共得者也。復菴以我懷中此箇
寶珠, 欲降同於彼, 不得充其本體之全, 七缺八瑕零瑣, 不成珠之糜玉, 豈不誤哉? 今指
禽獸草木, 而曰"此物亦本是方寸間, 虛靈洞徹, 可堯、舜參天地贊化育者, 與人同也"云
爾, 是果成說乎? 以鄙說更質於復友, 而有未安, 望更開示。

「답이순거문목答李舜擧問目」[圭南](『溪南集』卷15)

해제

1) 서지사항

　최숙민이 이규남(李圭南)에게 보낸 답신. 『계남집(溪南集)』 권15에 실려 있다.

2) 저자

　최숙민(崔琡民, 1837~1905), 호는 계남. 노사(蘆沙) 기정진(奇正鎭)의 제자이다.

3) 내용

　최숙민이 이규남에게 보낸 답신이다. 이규남이 명덕(明德)은 리, 명명덕(明明德)의 앞쪽에 있는 명(明)은 겸리기(兼理氣)가 아닌가를 질문한데에 대한 답변내용이다. 최숙민은 명명덕의 문제에 있어서 이를 리기론으로 분석하는 긴요한 일이 아니라 한다. 명덕 자체는 성인과 보통사람이 모두 같은 리(理)로서 더 논할 필요도 없으며, 중요한 것은 명덕을 어떻게 밝힐 것인지 그 '밝히는 방법'을 연구하는 실천적 공부가 긴요하고 지적한다. 덧붙여 『대학장구』와 『대학혹문』을 참고하여 명(明)을 겸리기(兼理氣)의 차원에서 분석하는데, 이를 굳이 리기로 말하자면, '명(明)'이라는 글자의 형상은 기라 하겠지만, 그것이 지적하는 내용은 리라고 할 것이다. '명명덕'에서 두 개의 '명'자, 즉 '밝은' 것이나, '밝히는' 것 모두가 심(心)이지만, 여기에는 천리가 오묘하게 주재함을 볼 수 있다. '명명덕'에서 보다 중요한 것은, 주자가 『대학장구』에서 말하였듯, "그 발한 바를 따라서 마침내 밝히는" 일이 될 것이다.

3-12-19「答李舜擧問目」[圭南](『溪南集』卷15)

明德, 以「序文」仁義禮智之性推之, 則理也; 以上明字言, 兼理氣。

　　明字兼理氣, 不成講論。蓋吾聞之, 明明德, 下明字, 是吾與聖人所同得者, 初無豐嗇, 而吾之不能如聖人, 只欠了上明字耳。『大學』工夫綱領, 有三條目, 有八頭項, 固多而其實, 只是"明之"之方也。讀『大學』者, 至此明字, 正當急急求其所以"明之"之方, 而急急以明之, 可也。不此之爲, 無端生事於『章句』、『或問』, 慮不到者而曰"此明字兼理氣", 愚却不知。此明字, 果兼理氣, 則賢者將欲何爲? 非兼理氣, 則賢者亦欲何爲? 所謂"不成講論"者此也。近日學者, 或有爲理體氣用之說, 而凡繫工夫字, 皆作氣看, 賢者或習聞於此, 而爲此說耶? 上天下地, 何物非理氣? 此明字, 必欲以理氣論之, 則其點畫成字樣墨痕底是氣, 其字義之所明底與其所以明之之方則理也。蓋上下明字, 明者, 固心也; 明之者, 亦心也。"如手反覆, 如臂屈伸", 此正是天理主宰之妙也。然終非急切公事, 今日急切事, 惟『章句』"因其所發而遂明之"八箇字是也。

「답정주중문목答鄭疇仲問目」【『中庸』】(『溪南集』卷17)

1) 서지사항

최숙민이 정홍규(鄭洪圭)에게 보낸 답신. 『계남집(溪南集)』 권17에 실려 있다.

2) 저자

최숙민(崔琡民, 1837~1905), 호는 계남. 노사(蘆沙) 기정진(奇正鎭)의 제자이다.

3) 내용

정홍규(鄭洪圭)가 『중용』에 대해 질의한 문목에 최숙민이 답한 글이다. 정홍규는 최숙민의 문인이자 사위이다. 질문의 주요 내용은 ① 지각에 선악이 있는가, ②'천명지위성'의 명(命)자에 '기의 힘[氣力]'이 있는가, ③ 인심이 도심의 명을 따른다고 한다면 심이 심을 주재할 수 있는 것인가 등으로 요약할 수 있다. 최숙민은 지각의 선악에 대해, 본래 지각은 하나이지만, 지각이 일어난 후에는 선악이 있게 되는 것은 지각하는 매개[所以爲知覺者]가 같지 않기 때문이라 한다. 지각하는 매개가 되는 것[所以爲]은 형기(形氣)와 성(性)을 합해서 가리키기는 것이라 한다. 두 번째 질문에 대해 최숙민은 천도의 화육작용을 '마치 명령하는 듯하다'라 표현하는 것은 아직 리를 잘 이해하지 못한 이들을 이해시키는 방법으로는 쓸 수 있지만, 이는 천명이 실로 그러한(實然) 한 묘로서, '기의 힘[氣力]'을 논할 사항이 아니라고 답한다. 끝으로 최숙민은 마음이 한 번 생겨나면, 도심이든 인심이든 자취를 남기기 마련이고, 허령불측한 본심은 앞서 생겨난 마음에 대해 성찰해 그 득실을 판단할 수 있으며, 이는 불교의 관심법과는 다르다고 답한다.

3-12-20 「答鄭疇仲問目」【『中庸』】(『溪南集』卷17)

知覺亦有善惡。<u>濟戼</u>曰: "知覺本無不善, 而物欲蔽之, 故所以爲知覺者不同, 如火之照本無不明, 而所照之物不同, 故其照亦有不同處, 豈照之罪乎?" 此說如何?

從知覺已成後看之, 則安得無善惡? 但論其初, 則知覺本無不善之說, 煞有商量。蓋知覺一也, 而所以爲知覺者不同。"所以爲"三字, 正指形氣性命二者而言也。

"天命之謂性", 天命卽繼之者善也, 性卽成之者性也否?

得之。

<u>濟立</u>問: "命字有氣力否?" 曰: "命是天道化育之自然, 何嘗有氣力? 但人見之, 恰似命令然。"

"恰似命令"四字, 爲不知理者納約之說, 則可矣。若論天命實然之妙, 則分明眞的箇箇命令, 不可違也。雖無形跡可以氣力言之, 而其實天下甚箇氣力, 可以當得這箇?

"必使道心, 常爲一身之主, 而人心每聽命焉。" 使之者亦心, 則未知以心使心否?

心是活物, 虛靈不測, 生生不窮, 纔生一念, 又生一念, 便能察前念之是非。<u>艾山</u>嘗言"此心回照時, 恰似今人察前人之得失", 此說甚好。蓋不論人心、道心, 旣發則便着在事物上有跡, 可見本心之明, 便能照察其爲道心、爲人心, 而便有使之之妙, 正所謂"屈伸在臂, 反覆惟手"也。與<u>禪家</u>觀心之說, 將心作弄者, 大不相似。

「답정주중문목答鄭疇仲問目」【『心經』】(『溪南集』卷17)

1) 서지사항

최숙민이 정홍규(鄭洪圭)에게 보낸 답신. 『계남집(溪南集)』 권17에 실려 있다.

2) 저자

최숙민(崔琡民, 1837~1905), 호는 계남. 노사(蘆沙) 기정진(奇正鎭)의 제자이다.

3) 내용

정홍규(鄭洪圭)가 『심경』에 대해 질의한 문목에 최숙민이 답한 글이다. 정홍규는 최숙민의 문인이자 사위이다. 이 글에 담긴 질문의 주제는 ①도심의 정의 ②한사존성(閑邪存誠)과 극기(克己)의 구별에 대한 정자와 주자의 설명이 어긋남 ③경(敬)공부의 방법 이다. 먼저 "인심이 발한 후에 본연이 있으면, 그것이 도심" 이 아닌가라는 질문에, 최숙민은 인심과 도심은 모두 이발(已發)이후의 일이지만, 그 소종래를 따져보면 형기(形氣)와 성명(性命)으로 그 싹이 다르다고 답한다. 형기는 태어난 이후의 사사로움이지만 성명은 그와 달리 항고불변의 것이라 한다. 둘째, 정자는 '한사존성'의 방법을 사물(四勿)로 설명하였다. 그런데 주자는 사물(四勿)을 극기의 조목으로 말하며, 극기는 '대단히 힘을 써야하는 것'이라 설명함에 비해, '한사존성'에 대해서는 그렇게까지 크게 힘을 쓰지 않고 이룰 수 있는 것으로 말한다. 이에 대한 질문에 최숙민은 두 설이 같지는 않지만 서로 보완되는 점이 있으며, 정자의 설은 공부의 방법을 알려준 것이며, 주자의 설은 건괘 구이효 「문언전」에 나오는 '한사존성'의 문맥을 설명한 것이라 답한다. 끝으로 정홍규는 '마음을 다잡으면, 외적 거동까지 저절로 바로 잡힌다'는 세간의 경공부의 이해는 불교의 공부법과 다를 바 없다고 비판한다. 그런데, 유가에도 경공부의 방법이 동일하지 않아서, 정자는 '정제엄숙'으로 경공부의 방법을 제시하고, 사량좌는 '마음을 항상 깨어있게 해서 혼매하지 않도록 하는 것'으로 경공부의 방법을 제시했음을 지적한다. 정홍규는 '정제엄숙'으로 경공부를 해석하는 것이 지당하지만, 한편 사량좌의 말과 같이 내면공부도 필요하지 않는가를 묻는다. 이에 대해 최숙민은 두 가지 설이 어긋난다고 보는 것은 단지 말과 문자를 따라 이해했기 때문이며, 실천을 위주로 한다면 두 가지 설이 어긋날 것이 없다고 답한다.

3-12-21 「答鄭疇仲問目」【『心經』】(『溪南集』卷17)

"原"是本然, "生"是今然, 則人心已發後, 方有其本然, 則道心而已。

曰危、曰微, 可見人心、道心, 皆就已發說。就已發而溯其所從來, 則有形氣、性命之別, 各有苗脉。但形氣, 人生以後一己之私; 性命, 則是上帝降衷, 亘古亘今, 無所逃於天地之間者。

程子曰: "如何是閑邪? 非禮勿視聽言動, 邪斯閑矣。" 朱子曰: "閑邪存誠, 不大段用力。四勿是克己之目, 克己恐是大段用力處。" 朱先生却云云, 何也?

「乾」九二之義, 言庸信、庸謹、盛德之至, 猶自閑邪存誠, 便是"無斁亦保"。朱子"不大段用力", 正說此義。程子却引出一步, 說克己之目, 示學者用工之方。蓋非禮即是邪, 非禮而勿, 則邪斯閑矣。兩說雖不同, 互相明也。非程子說, 則學者不知用工之方; 非朱子說, 則本文之義晦矣。

朱子曰: "學者之病, 只是合下欠却持敬工夫, 所以事事滅裂。其言敬者, 又只說能存此心, 自然中理, 至於容貌辭氣, 往往全不加工。設使眞能如此存得, 亦與釋、老何異? 又況心慮荒忽, 未必眞能存得耶? 程子言'敬必以整齊嚴肅、正衣冠、尊瞻視爲先', 又言'未有箕踞而心不慢者', 如此乃是至論。" 而至論謝氏惺惺法, 則云: "惺惺, 乃心不昏昧之謂, 只此便是敬。今人說敬, 以整齊嚴肅言之, 固是。然心若昏昧, 燭理不明, 雖強把捉, 豈得爲敬?" 前後說似不同。

隨語生解, 則若不同; 隨語體行, 則無不同。

「답정주중答鄭疇仲」【己亥】(『溪南集』卷17)

1) 서지사항

최숙민이 정홍규(鄭洪圭)에게 보낸 답신. 『계남집(溪南集)』권17에 실려 있다.

2) 저자

최숙민(崔琡民, 1837~1905), 호는 계남. 노사(蘆沙) 기정진(奇正鎭)의 제자이다.

3) 내용

이 글의 내용으로 보아, 정홍규는 악(惡) 역시 본성(本性)이라 할 수 밖에 없지 않은가라는 질문은 보내온 듯하다. 이에 대해 최숙민은 악도 성(性)이라 하지 않을 수 없는 것은 마치 탁한 물로 물이 라 하지 않을 수 없는 것과 같다고 설명한다. 탁한 성도 본래는 선하지만 기질에 구속되어 악이 되었으므로, 악도 비록 성의 본연(本然)은 아니지만 성은 성이라 할 수 밖에 없다. 따라서 '악(惡) 역시 곧바로 본성'이라 지목하는 정홍규의 견해가 의미가 없지 않으나, 본인의 의도와 달리 오해의 여지가 있으므로, 기질지성(氣質之性)으로 보는 편이 무난하다고 답한다. 기질지성의 성 역시 본연 지성(本然之性) 밖에 있지 않기 때문이다.

3-12-22 「答鄭疇仲」【己亥】(『溪南集』卷17)

佇行懶闕書, 惠墨不校, 多感多感。審重省連康, 又知與忠彦有講討名理之樂, 尤慰。惡亦不可不謂之性, 如曰濁亦不可不謂之水。蓋水本淸, 而泥滓淆之故濁; 性本善, 而氣質拘之故惡。濁雖非水之本然, 而水則水矣, 故亦不可不謂之水; 惡雖非性之本然, 而性則性矣, 故亦不可不謂之性。濁亦是水, 故澄治之, 則卽此而本然之水存焉; 惡亦是性, 故善反之, 則卽此而天地之性存焉。疇仲以不可不謂之性, 直作本性看, 不無意味。但恐聽者不審, 誤以惡爲本然之性, 則不難爲荀子矣, 不如且從忠彦說, 作氣質性看, 爲無害。蓋氣質之性, 性字, 亦非本性之外別有一種性也。暑喘倩書, 不能長言, 獅孫晬朝, 似有人來, 故封竢之耳。

「답유가호答柳可浩」(『溪南集』卷7)

해제

1) 서지사항

최숙민이 친우 유종원(柳鐘源, 1838~1916)에게 답한 글.『계남집』권7에 실려 있다.

2) 저자

최숙민(崔琡民, 1837~1905), 호는 계남. 노사(蘆沙) 기정진(奇正鎭)의 제자이다.

3) 내용

최숙민은 유종원이 앞서 보내온 편지의 요지가 "심은 리로 말할 수 없으면 반드시 기로 간주해야 한다"는 것이라고 요약하였다. 이에 대해 최숙민은 일반적으로 심을 기로 보는 것은 문제가 없지만, 심의 본지로 말하자면 '본심은 리'가 되지 않을 수 없다고 한다. 심은 '기의 령(靈)'으로 온갖 이치를 갖추어 만사에 대응하기 때문에 기(氣)라고만 정의할 수 없다고 주장한다. 예를 들어 존심(存心)은 이 이치를 보존하는 것이고, 정심(正心)은 이 이치를 바로잡는 것이며, 입심(立心)은 이 이치를 세우는 것이고, 진심(盡心)은 이 이치를 극진히 하는 것이며, 적연부동(寂然不同)은 이 이치를 온축하고 있는 것이고, 감이수통(感而遂通)은 이 이치를 행하는 것이다. 마음이 하고자 하는 대로 행해도 법도에 넘어서지 않는 성인의 마음은 순전한 천리라고 할 수 있다. 그런데 성인의 마음이 별도로 있는 것이 아니라, 사람마다 지니고 있는 본심이 그것이므로, 본심은 리가 된다는 주장을 거듭 펼친다.

3-12-23 「答柳可浩」(『溪南集』卷7)

視官不寧, 衰境最慮, 間復如何? 惟兄達觀, 必無西河離索之過, 是恃是祝, 心字之旨,
蒙不棄開示鄙說之謬, 至幸至幸。但舍去先入之見, 難於拔山, 明敎之下, 不能無疑, 奈
何奈何? 敎意雖多曲折, 其大義, 心不可以理言, 而必作氣看也。大抵心爲五臟之一,
見是火臟, 奚啻氣也? 乃一血肉塊, 醫書所謂未敷蓮花者是也。此則勿論至以運用出入
之機言之, 亦皆氣也。朱子詩"人心妙不測, 出入乘氣機"是也。然則以心謂氣, 姑以論
心性界至, 則有何不可? 若欲釋心字本旨, 則心乃氣之靈, 而有具衆理應萬事之體用,
豈一氣字所可了也? 故聖賢心學千五百年井井傳受, 凡六經所言心字, 無不以理言。
存心, 存此理也; 正心, 正此理也; 立心, 立此理也; 盡心, 盡此理也。放心、失心, 違此
理也。格致、省察, 要明此理; 戰兢臨履, 恐失此理; 戒愼恐懼, 保守此理; 誠敬忠恕, 求
全此理。寂然不動, 而此理蘊; 感而遂通, 而此理行, 曰中、曰和、曰本、曰道、曰性、曰
情、曰體、曰用, 無非所以明此理之妙也。以至私欲淨盡、天理流行, 從心所欲不踰矩,
乃所謂聖人之心, 純然天理者也。所謂聖人之心, 亦非別心也。只是人人所同得之本心
也。然則本心之爲理, 豈不昭然乎? 愚殊不覺自說之非, 而敢謂老兄不得不費再思之勤
也。幸恕察, 無惜反復, 爛熳同歸。區區不宣。

3-12-24

「답허퇴이문목答許退而問目」(『溪南集』卷8)

해제

1) 서지사항

최숙민이 허유의 질문들에 답한 글. 『계남집(溪南集)』 권8에 실려 있다.

2) 저자

최숙민(崔琡民, 1837~1905), 호는 계남. 노사(蘆沙) 기정진(奇正鎭)의 제자이다.

3) 내용

최숙민이 이진상의 문인 허유(許愈, 1833~1904)가 질의해온 항목에 답한 글이다. 허유의 자는 퇴이(退而), 호는 남려(南黎) 또는 후산(后山)이다.

허유는 먼저 「천명도(天命道)」에 대한 담론을 전개한 후, "성(性)은 천리의 전체이고, 심(心)은 천리가 사람에게 있는 전체이다"라 한 주자의 말을 인용하여 심이 '사람에게 있는 천리'라는 점을 주목해 보아야 한다는 점을 강조한다. 최숙민 역시 "품수한 것으로 말하면 성이라 하고, 사람에게 보존된 것으로 말하면 심이라 한다"라는 정자의 말을 인용하며 이에 호응한다. 성은 오히려 기질 중에 있어도 분리해 말할 수 있지만, 심은 일신을 주재하는 것이므로 결코 사람의 몸에서 떨어져서는 말할 수 없다고 한다.

3-12-24 「答許退而問目」(『溪南集』卷8)

「天命圖」四端書于下, 意字書于上, 此是錯也。栗谷此說如何?

四端卽情之條目, 旣書情字, 而以意字分半夾書于情之左右, 情意之別, 卽此已明矣。其下之列, 書四端, 特言情, 有此四者之名, 非謂情與意在先而四端在後也。是錯之說未詳。

所謂朱子曰"性者, 天理之全體; 心者, 天理在人之全體", 於心特加"在人"二字, 極有精義, 當細察。

程子亦曰"自稟受而言, 謂之性; 自存諸人而言, 謂之心"。蓋自其稟受而言之, 則曰天理之全體; 自存諸人而言之, 則曰天理在人之全體, 只是一理也, 而曰性則尙屬公共物事, 雖已墮在氣質中, 而可挑出說也。心則是主宰人一身者, 不可離了人身而言心也。

「여허퇴이與許退而」(『溪南集』卷8)

1) 서지 사항

최숙민이 허유에게 보낸 글. 『계남집(溪南集)』 권8에 실려 있다.

2) 저자

최숙민(崔琡民, 1837~1905), 호는 계남. 노사(蘆沙) 기정진(奇正鎭)의 제자이다.

3) 내용

최숙민이 이진상의 문인 허유(許愈, 1833~1904)에게 보낸 글이다. 공(公)과 인(仁)의 관계에 대해 두 사람이 의견이 다른데 대해서, 진안경과 주자의 문답을 인용해 자신의 견해가 근거가 있다는 내용을 서술하였다. 최숙민은 인(仁)을 행하기 위해서는 먼저 반드시 공(公)해야 하는데, 공(公)이란 구체적 정(情)이 없는 그냥 '도리'이므로 반드시 사람이 본심으로 그 공을 체득해야 비로소 인(仁)을 행하는 것이 되며, 만약 사람이 체득하지 못한다면, 관념적 겸애로 들어가게 된다는 의견을 피력하였다. 이에 대해 후산은 그렇다면 '공(公)은 빈껍데기에 불과하게 되니, 이 공(公)을 사람의 골자로 삼은 뒤에야 인(仁)을 행하는 것이 된다'고 주장하였다. 이에 대해 최숙민은 안진경이 "공은 단지 인의 이치여서, 반드시 몸으로 체득한 뒤 나와 이치가 합해서 인(仁)이 되는 것"이라는 취지로 주자에게 질의하자, 주자가 옳다고 인정하고, 그렇지 않다면 "공(公)이라 하더라도 인(仁)이라 할 수 없다"라 답한 내용을 채록해 기록하였다.

3-12-25 「與許退而」(『溪南集』卷8)

記得頃年雷龍會講時, 說到公而以人體之, 珹以爲欲爲仁必先須公。然公是無情底道
理, 須以人惻怛底本心體其公, 然後爲仁。若只公而不以人體之, 則或入墨子之兼愛,
亦未可知也。兄與厚允以爲不然, 曰: "如此則公不過虛殼, 此句公字爲重, 當以公爲人
之骨子, 然後爲仁。" 珹於心, 終有疑, 偶讀『朱子大全』, 見有問答及此者, 似與鄙見同。
或是吾先見爲主而尚有誤看耶? 玆錄本文以質, 幸更詳敎之也。其時講錄想在周允覓
考似好。

　　陳安卿問 "公而以人體之爲仁", 人字只是指吾身而言也, 與『中庸』言 "仁者, 人也"
　　之人, 自不同, 不必重看緊要, 却在體字上。蓋仁者, 心之德, 本是吾身至親至切底
　　物, 公只是仁之理, 專言公則只虛空說著理, 而不見其切於己, 故必以身體之, 然後
　　我與理合而謂之仁, 亦猶孟子 "合而言之道也" 云云。先生答曰: "此說得之。不然
　　則如釋氏之拾身飼虎, 雖公而不仁矣。"

「답조형칠答曺衡七」(『溪南集』卷11)

1) 서지사항

최숙민이 조원순(曺垣淳, 1850~1903)에게 답한 글.『계남집』권11에 실려 있다.

2) 저자

최숙민(崔琡民, 1837~1905), 호는 계남. 노사(蘆沙) 기정진(奇正鎭)의 제자이다.

3) 내용

최숙민이 조원순에게 보낸 답신이다. 조원순의 자는 형칠(衡七), 호는 복암(復庵)이다. 이진상(李震相, 1818~1886)의 문인이다. 이 글에서 최숙민은 심(心)을 기(氣)로 볼 수 있는 측면이 물론 있지만, 일신을 주재하는 소이연(所以然)의 오묘함은 리로 보아야 함을 주장한 글이다. 최숙민은 주자가 "인(仁)으로써 사랑하고…지(智)로써 안다"라 하였는데, 이 때 "~으로써[以之]"하는 주체는 심이라 한다. 이 때의 심은 "소이연의 오묘함"으로서 리로 보아야지, 이와 별도로 "마음이 일신을 주재하는 것"으로서의 리가 있지 않다고 한다. 그는 "이 리가 있으면, 이에 신(神)이 있으며, 신(神)이란 리의 오묘함이다"라 한다. 각각의 일에 자연히 따라붙는 이 신(神)의 예측할 수 없는 묘용이야말로 리가 온갖 변화를 주재하고 만사의 근거가 되는 그것이라고 주장한다.

3-12-26 「答曺衡七」(『溪南集』卷11)

朱子曰"以仁愛; 以義宜; 以禮敬; 以智知", 夫以之者, 心也。兄之前日, 所謂以理爲主者也; 愚之今, 所謂必有所以然之妙者, 是也。以以之者謂心, 而又以心之主宰一身者謂理, 則有若以理使理, 如以目視目, 其勢難通之嫌, 而兄說云然耶? 此則不知理之過也。豈以吾兄而疑此耶? 有是理, 斯有是神, 神也者, 理之妙也。旣有是神, 則其妙用不測, 自有隨事交付, 無所以而自以者, 此理之所以主宰萬化樞紐萬事者也。然蓋亦難言也。願兄細究而更敎之。先賢有心是氣之說, 先師以心爲氣處亦有之。此皆氣之精爽之說, 而蓋指心之當體而言, 先師所謂界至地盤者也, 非以主宰一身所以然之妙而亦謂之氣也。竊謂心之所以主宰一身者理焉而已, 氣則乃其爲地盤而資焉者也。

3-12-27

「여조형칠與曹衡七」(『溪南集』卷11)

해제

1) 서지사항

　　최숙민이 조원순(曺垣淳, 1850~1903)에게 답한 글.『계남집』권11에 실려 있다.

2) 저자

　　최숙민(崔琡民, 1837~1905), 호는 계남. 노사(蘆沙) 기정진(奇正鎭)의 제자이다.

3) 내용

　　최숙민이 조원순에게 보낸 편지이다. 조원순의 자는 형칠(衡七), 호는 복암(復庵)이다. 이진상(李震相, 1818~1886)의 문인이다. 이 글에서 최숙민은 앞서 조원순과 '의·리(義利)'에 대해 토론하였던 일을 복기하면서, 자신이 했던 비판이 잘못되었음을 시인하고, 수정된 견해를 제시하였다. 글의 내용으로 보아 조원순이 "리(利)는 의로움의 화합이다"라는 설을 제기한데 대해 최숙민은 "하필이면 리(利)를 말씀하십니까"라 한 『맹자』의 구절을 이끌어, 조원순의 주장을 비판했던 것으로 보인다. 이 글에서 최숙민은 "의로움이 조화로운 곳이 바로 리(利)"라고 자신의 견해를 수정하며, 그 의로움을 바로 잡으면 자연히 이롭지 않음이 없다라 한다. 다만 의를 행하는 사람이, 의를 행하면서 이익을 도모하는 마음이 있다면, 그것은 의가 될 수 없다는 견해를 덧붙인다.

3-12-27「與曺衡七」(『溪南集』卷11)

頃者義利之說, 近因看書有覺處。吾友引"義之和"爲說, 朱子亦有如此言之, 琡妄駁之非也。蓋義之和處, 便是利也, 正其義, 則自無不利。然而爲義之人, 若有爲此義, 謀此利之心, 則卽是有所爲而爲之, 便不成義。故董子本意, 如曰仁人之心, 惟知義之是正, 而初不計其義之爲利云爾, 正與『論語』先難後獲之意同。鄙說本不當賺引『孟子』"何必曰利", 看其所羞正在此。仲謹甚望甚望。

「여송덕중자경與宋德中子敬」(『溪南集』卷13)

1) 서지사항

최숙민이 송호언(宋鎬彦, 1865~1907)에게 쓴 편지. 『계남집』 권13에 실려 있다.

2) 저자

최숙민(崔琡民, 1837~1905), 호는 계남. 노사(蘆沙) 기정진(奇正鎭)의 제자이다.

3) 내용

송호언(宋鎬彦, 1865~1907)의 자는 자경(子敬), 호는 이재(履齋)이다. 교우(膠宇) 윤주하(尹冑夏, 1846~1906)의 문하에서 수학하였다. 한주(寒洲) 이진상(李震相, 1818~1886)의 주리론을 계승하였다. 유주하는 한주(寒洲) 이진상(李震相, 1818~1886)의 문인으로, 송호언 역시 주리론을 계승하였다. 이 글에서 송호언은 명도(明道)가 말한 "인생이정이상(人生而靜以上)"의 의미에 대한 질문하였다. 그는 이 의미를 "사람이 태어나기 이전[人生以前]"으로 풀이하면 잘 통하지 않을 때가 있다고 하며, 이를 "미발의 이전[未發之前]"으로 보면 어떠한가를 질의하였다. 이에 대해 최숙민은 "인생이정이상(人生而靜以上)"에 대한 명도의 뜻은 '태어나기 이전에는 성(性)으로 말할 수 없으며, 태어나야 비로소 성이라는 명칭을 쓸 수 있는 것'을 말한다고 한다. 태어나면 반드시 기질을 동반하기에, 성은 기질을 동반하는 것으로 허공에서 말할 수 없다는 것이다. 그러나 그 본체는 여기에서 벗어난 적이 없으므로 바로 이 자리에서 기질에 섞이지 않는 본체를 보아야 한다고 말한다. 명도는 "보통사람들이 성을 말하는 것은 단지 계지자선[繼之者善, 잇는 것이 선이다]을 말한다"라하였는데, 이 말이 바로 그 뜻이라는 것이다. 『주역』「계사전」에서는 일음일양(一陰一陽)의 작용근거인 도(道)를 계승하여 펼치는 것을 선이라고 하였다[一陰一陽之謂道, 繼之者善也]. "계지자선"은 본래 만물이 만들어지고 발육하는 공로를 말하는 것인데, 명도는 이를 삶에서의 발용처로 보았다는 것이다. 최숙민은 정(情)가운데 선이 되는 종류를 미루어 나가면 그것을 통해 본체의 선을 알게 된다고 설명한다.

3-12-28 「與宋德中子敬」(『溪南集』卷13)

子敬嘗藥節宣, 近復何如? 德中簞瓢, 益有不改之樂, 別來馳情不已。頃晤數夕參爛多荷開發, 特其數條未及究決者, 留更思奉報之約, 而緣其時行曆太廣, 至九月中返棲, 連苦冗擾, 又無的便, 食言之是懼。今日忽見瑞仲, 亦其時講論中人, 依然當日風致, 遂略爲條辨于下, 方冀得磋磨之益, 無以吾老昏, 幸一一繳敎, 當知感矣。

人生而靜以上, 子敬曰: "此若只以'人生以前'言之, 則終似有不通處。靜是未發以上, 是前字意, 只作未發之前看如何?"

 "人生而靜以上"一段, 明道之意以爲生以前不可以性言, 有生方有性之名, 而生便脫不得氣質, 不能懸空說得性。故纔說性時, 便帶氣質, 便已不是性之本然。然其本體, 又未嘗外此, 要人卽此而見得其不雜之本體。「樂記」天之性、『孟子』性善, 皆是卽此而指其不雜者也。明道所謂"凡人說性, 只是說'繼之者善'", 亦此意。"繼之者善"本是說造化發育之功, 明道此處, 却是說人生發用處, 如乃若其情, 則可以爲善之類是也。蓋推其情之可善, 而知其本體之善, 是卽伊川所言極本窮源之性也, 乃是對氣質之性而言, 言其氣質雖善惡不同, 然極本窮源而論之, 則善也云爾。朱子答嚴時亨、王子合兩書詳之。【然則靜時亦有氣質性否? 氣質與生俱生, 人豈有無氣質時? 但未發時, 氣不用事, 純然天理, 無氣質可言。】

德中問: "『大學章句』'皆務決去', 皆字尋常未瑩。"

 此皆字, 但以事事皆然之義。看之文義, 自平順於道理, 無害於工夫周繁。

 蓋惡惡, 而有一分不惡者, 挽之於中, 故戒之曰"務決去"。"決去"云者, 謂盡其所挽之一分而決去也。好善, 而有一分不好者, 拒之於內, 故戒之曰"求必得"。"必得"云者, 謂盡其所拒之一分而必得也。事事皆當如此, 方無自欺之弊。

「답송성집문목答宋聖集問目」[秉澤](『溪南集』卷13)

1) 서지사항

최숙민이 송병탁(宋秉鐸)의 질문에 대해 답한 글. 『계남집(溪南集)』 권13에 실려 있다.

2) 저자

최숙민(崔琡民, 1837~1905), 호는 계남. 노사(蘆沙) 기정진(奇正鎭)의 제자이다.

3) 내용

이 글에서 볼 수 있는 송병탁의 질문은 다음의 두 가지이다. 첫째, 당시의 급선무는 화이(華夷)와 인수(人獸)의 구별을 분명히 하여 선왕의 예법을 분명히 하는 일이 아닌가? 둘째, 최숙민이 "만물이 막 생겨나기 시작할 때에는 이치가 같지만, 생겨난 후에는 이치가 결코 같지 않다"고 하였는데, 막 생겨나기 시작할 때 이치가 같다면, 그 뒤에 이치가 달라질 수는 없지 않겠는가?

최숙민은 첫째질문에 대해 크게 동의한다. 그러나 더 나아가 마음에서의 이적(夷狄)은 사욕이고, 이는 실제 외부의 이적을 물리치는 것보다 더욱 어려운 것이므로, 먼저 자기 자신이 닦여지지 않고서는 남을 바르게 할 수 없다고 답한다. 둘째 질문에 대해서는 본인의 실수를 인정하며, 인물성동이에 관한 리기의 문제는 기정진의 「납량사의」을 참고할 것을 권면한다.

3-12-29 「答宋聖集問目」【秉鐸】(『溪南集』卷13)

人有恒言, 必曰"識時務". 如今之世, 何事爲急務? 夷狄橫行, 先王之禮樂文物, 幾乎剝盡. 竊以爲華夷之辨、人獸之分, 爲今日急務.

　此說足以破時輩邪詖之說. 禹時急務, 抑洪水; 周公時急務, 兼夷狄、驅猛獸; 孔子時, 尊周室、攘夷狄、誅亂臣賊子爲急務; 孟子時, 闢楊、墨爲急務, 老、佛亂眞, 則排老、佛爲急務, 此皆不得已之事, 講『孟子』好辯章可見. 或曰: "此皆聖人之事, 豈衆人之所敢?" 殊不知聖人之事, 實爲衆人之法. 衆人而不法聖人, 則爲夷、爲獸, 是次第事. 豈可曰吾爲衆人而不勉乎哉? 特其功效所施之大小, 隨吾工夫力量之如何耳. 有一急務不得不先於此者, 朱子告君之言曰: "中原之戎虜易逐, 一己之私欲難除." 私欲便是方寸間夷狄, 欲辨外面夷狄, 先除方寸間夷狄. 吾心不正, 吾身不修, 而曰"吾能正人", 吾不信也.

人物性同異, 致敎曰: "論萬物之一原, 則理同而氣異, 此指有生之初而言也. 觀萬物之異體, 則氣猶相近, 而理絶不同, 此指有生之後而言也. 同是指方生之初, 異是指有生之後." 秉鐸竊以爲方生之初旣同, 則有生之後何處得異來? 且初同後異, 則是有同時、有異時, 恐非先生同中有異、異中有同之意也.

　成夫說誤矣, 聖集駁論得之. 先師「納凉私議」中, 論五常之德、人物同異甚詳, 同中有異、異中有同之說, 吾有所受也. 幸試考之於此, 而因以講貫乎全篇, 則其同其異, 庶將躍如於吾之眼前矣.

「답정시경문목答鄭蓍卿問目」【『中庸』】(『溪南集』卷17)

해제

1) 서지사항

최숙민이 정찬규(鄭贊圭)에게 보낸 서한. 『계남집』 권17에 실려 있다.

2) 저자

최숙민(崔琡民, 1837~1905)으로, 자는 원칙(元則), 호는 계남(溪南)이다.

3) 내용

이 글은 최숙민이 정찬규(鄭贊圭)의 질문에 대해 자신의 생각을 피력한 것이다. 시경(蓍卿)은 정찬규의 자이다. 최숙민은 경상남도 하동에 살면서 전라남도 장성에서 강학하던 노사(蘆沙) 기정진(奇正鎭, 1798~1879)을 찾아가 사사한 뒤, 스승의 학설을 따라 주리론을 주장했다. 동문인 조성가(趙性家, 1824~1904)・정재규(鄭載圭, 1843~1911)와 함께 경상우도 삼가・단성・옥종 등지에 기정진의 학문을 전파시킨 주요 인물 가운데 한 사람이다. 정찬규는 『중용장구』「서문」에 나오는 "심(心)의 허령(虛靈)과 지각(知覺)은 하나인데, 인심과 도심의 차이가 있게 되는 것은 혹 형기(形氣)의 사욕에서 나오는 것도 있고, 혹 성명(性命)의 정도에 근원한 것도 있어서, 지각하는 것이 같지 않기 때문이다.[心之虛靈知覺一而已矣, 而以爲有人心道心之異者, 則以其或生於形氣之私, 或原於性命之正, 而所以爲知覺者不同.]"라는 대목과 "천명지위성(天命之謂性)" 부분에 대해 질문했다. 이에 대해 최숙민은 간략히 자신의 생각을 밝혔다. "심(心)의 허령(虛靈)과 지각(知覺)은 하나이다."라고 했는데 말미에 다시 "지각하는 것이 같지 않기 때문이다."라고 언급한 것이 서로 모순이 아니냐는 질문에 대해, 최숙민은 "지각하는 것은 하나이나, 지각하게 하는 것은 형기(形氣)와 의리(義理)로 차이가 있기 때문이다."라고 대답했다.

3-12-30 「答鄭著卿問目」【『中庸』】(『溪南集』卷17)

"虛靈知覺一而已"下段, "所以爲不同", 却似不相貫通。
　　心之知覺, 如目之視、耳之聽一也, 而所以爲視聽者, 有禮與非禮之不同。知覺一
　　也, 而所以爲知覺者, 有形氣義理之不同。

"人心生於形氣, 道心原於性命", 又曰"人心卽是道心"。
　　如「鄕黨」篇, 許多飮食衣服之節, 見是人心, 而一一中節, 便是道心也。

"天命之謂性", 蓋不離氣稟而言也, 而朱子何故添註"氣以成形, 而理亦賦焉"也?
　　天命之性, 蓋就人生以後, 而推原其純然不雜之理出於天者。

「답심경회答沈景晦」【相福○己亥】(『溪南集』卷17)

해제

1) 서지사항

최숙민이 치당(恥堂) 심상복(沈相福)에게 보낸 서한. 『계남집』 권17에 실려 있다.

2) 저자

최숙민(崔琡民, 1837~1905)으로, 자는 원칙(元則), 호는 계남(溪南)이다.

3) 내용

이 글은 최숙민이 심상복(沈相福, 1876~1951)이 보낸 명덕설(明德說)에 대해 자신의 견해를 피력한 것이다. 최숙민은 경상남도 하동에 살면서 전라남도 장성에서 강학하던 노사(蘆沙) 기정진(奇正鎭, 1798~1879)을 찾아가 사사한 뒤, 스승의 학설을 따라 주리론을 주장했다. 동문인 조성가(趙性家, 1824~1904)·정재규(鄭載圭, 1843~1911)와 함께 경상우도 삼가·단성·옥종 등지에 기정진의 학문을 전파시킨 주요 인물 가운데 한 사람이다. 심상복은 자가 경회(景晦), 호는 치당(恥堂), 본관은 청송(靑松)이다. 저서로는 『치당집』이 있다. 특히 "마음으로 기를 제어하여 기에 가리지 않게 한다."라는 대목을 핵심이라고 상찬했다.

3-12-31 「答沈景晦」【相福○己亥】(『溪南集』卷17)

明德說所論, 頗成條理, 而"以心御氣, 不爲氣所掩"一段, 可謂要言不煩, 須將『小學』樣子, 緊緊體踐, 要令本源純固。此等講論, 方有著落, 爲己用。不然把作美談而已, 則不濟事也。秋間故山行, 迤邐貴洞, 專爲見君, 而君不在, 不免愴恨而來耳。且聞君行未必十分是當, 於心不能無疑, 讀今書釋然矣。今世何世? 出門坑塹, 愼之愼之! 琡今冬, 掃近地人家山閣, 遠近學者, 有一二從逐, 不至太寥寂苦。要開春更會, 顧此筋力難堪, 而恐未可孤其好意也。君或能有暇否?

13.

吾南 金漢燮
(1838~1894)

心說論爭 資料

「명덕도변설明德圖辨說」(『吾南文集』卷10)

해제

1) 서지사항

김한섭이 명덕(明德)에 대한 그림을 그리고 견해를 기술한 것. 『오남문집』 권10에 실려 있다.(『한국역대문집총서』 542)

2) 저자

김한섭(金漢燮, 1838~1894)으로, 자는 치용(致容), 호는 오남(吾南)이다.

3) 내용

이 글은 김한섭이 '명덕'에 대한 자신의 견해를 그림으로 그리고, 설명한 것이다. 그림은 '소득호천(所得乎天)' 글자 안에 원형이정(元亨利貞)을 배치했고, '허령불매(虛靈不昧)' 안에 성(性)의 인의예지(仁義禮智)와 정(情)의 애공의별(愛恭宜別)을 배치했으며, 각각에 알맞은 해설을 덧붙였다. 김한섭은 먼저 주자의 "명덕은 사람이 하늘에서 얻은 것으로서, 허령(虛靈)하고 어둡지 않아서 여러 이치를 갖추고서 만 가지 일에 응하는 것이다"라는 말을 비롯한 일곱 가지의 문장을 소개한 다음, "선유(先儒) 중에 기(氣)의 본연을 명덕이라고 한 사람이 있으니, 이는 주자의 뜻에 마땅한 것인가 그렇지 못한 것인가? 또한 명덕을 리(理)라고 하면서, 허령(虛靈)하고 어둡지 않는 것은 곧 기에 소속시키니, 이것은 또한 '이 리는 본래 저절로 빛나서 어둡지 않은 것'임을 깊이 믿지 못하는 것이다."라고 설파하였다. 김한섭은 또 명덕은 마음 중에 '본연의 선한 마음'만 가리키는 것이라고 설명했다. 도심과 본심 등 '본연의 선한 마음'은 사람마다 함께 얻은 것으로서, 내가 사사로이 할 수 있는 것이 아니므로, 따라서 명덕에는 분수(分數)가 없다는 것이다. 김한섭은 또 "사람과 사물이 생겨날 적에 모두 건순(健順)과 오상(五常)의 덕을 갖추고 있지만, 사람은 품부받은 기가 바르고 통하기 때문에 오상의 덕이 하나라도 밝지 않음이 없었고, 만물은 품부받은 기가 치우지고 막혔기 때문에 오상의 온전한 덕을 관통할 수 없어서 혹 한쪽으로 밝기도 하고 완전히 어둡기도 한 것이다. 그러므로 사람에 있어서는 명덕이라고 하나, 만물에 있어서는 명덕이라고 말할 수 없는 것이다."라고 설명하고, 이것이 사람이 만물의 영장이 되는 까닭이니, 이것 또한 반드시 알아야 한다고 강조했다.

3-13-1 「明德圖辨說」(『吾南文集』卷10)

朱夫子於『大學』傳明德曰: "明德者, 人之所得乎天, 而虛靈不昧, 以具衆理而應萬事者也." 又嘗曰: "天之賦於人物者, 謂之命; 人與物受之者, 謂之性; 主於一身者, 謂之心; 有得於天而光明正大者, 謂之明德." 又曰: "這箇道理在心裏, 光明照徹, 無一毫不明." 又曰: "人本來皆具此明德, 德內便有仁義禮智四者, 只被外者汩沒了不明," 又曰: "明德, 謂得之於己, 至明而不昧者也, 如父子則有親, 君臣則有義, 夫婦則有別, 長幼則有序, 朋友則有信, 初未嘗差也. 苟或差焉, 則其所得者, 昏而非固有之明矣." 又曰: "天之所以與我, 便是明命; 我之所得以爲性者, 便是明德. 命與德, 皆以明爲言, 是這箇物, 本自光明." 又曰: "這箇道理, 光明不昧. 方其未接物時, 此理固湛然淸明, 及其隨事應接, 此理亦隨處發見." 又曰: "明德未嘗息, 時時發見於日用之間, 如見非義而羞惡, 見孺子入井而惻隱, 見尊賢而恭敬, 見善事而歎慕, 皆明德之發見也." 聖人訓語, 如是詳盡, 不一而足. 學者於此, 誠能反復體驗, 則庶可知明德之爲何, 而竊不可以妄以己意, 揣摩杜撰也. 然先儒以氣之本然謂明德者有之, 此於朱子之訓, 當乎? 否乎? 且有以明德謂理, 而虛靈不昧, 則屬之於氣, 是亦未深信乎此理本自光明不昧也. 蓋天之所賦者, 元亨利貞也, 此所謂明命也; 人之所得以爲性者, 仁義禮智也, 發而爲情者, 愛恭宜別也. 這箇道理統體用, 而本虛靈不昧, 此所謂明德也. 明德者, 卽心統性情之謂也. 虛靈不昧, 是神明之變文, 以此心體用全部而言; 具衆理、應萬事, 就全部中分全體大用而言. 然不曰心, 而曰明德者, 心之發處, 固有人心道心之別, 公私善惡之可言者. 惟此明德, 單指其本然善心, 卽仁、義、禮、智之心, 發而爲惻隱、羞惡、恭敬、是非之類者也. 大舜所謂道心, 孟子所謂本心, 皆指此明德也. 此人人所同得, 而非有我之所得私也. 明德之無分數者, 此其然也. 且人物之生, 莫不具有健順五常之德, 而人則所稟之氣, 正且通, 故五常之德, 無一不明; 物則所稟之氣, 偏且塞, 故不能有以通貫乎五常之全德, 而或偏明焉, 或全昧焉. 故於人則謂明德, 而於物則不當謂明德, 此所以人爲萬物之靈也. 是亦不可以不知. ○ 按: 德內便有仁義禮智四者, 與性中只有箇仁義禮智四者, 語意正同. "這箇道理在心裏, 光明照徹", 卽太極含具萬理, 而爲萬化之本者也.

3-13-1 「명덕도변설明德圖辨說」(『吾南文集』卷10)

선역

주부자(朱夫子)는 『대학』의 명덕(明德)에 대해 "명덕은 사람이 하늘에서 얻은 것으로서, 허령(虛靈)하고 어둡지 않아서 여러 이치를 갖추고서 만 가지 일에 응하는 것이다"[1]라고 설명하였고, 또 일찍이 "하늘이 사람과 사물에 부여한 것을 명(命)이라고 하고, 사람과 사물이 이것을 받은 것을 본성이라고 하고, 한 몸에서 주재하는 것을 마음이라고 하고, 하늘에서 얻어 광명정대(光明正大)한 것을 명덕이라고 한다"[2]라고 하였으며, 또 "이 도리가 마음속에 있어 광명조철(光明照徹)하여 털끝만큼도 밝지 않음이 없다"[3]라고 하였고, 또 "사람은 본래 모두 이 명덕을 갖추고 있다. 덕 안에는 인의예지 네 가지가 있는데, 단지 바깥 사물에 빠지게 되어 밝지 않다"[4]라고 하였으며, 또 "명덕은 자기에게 얻어서 지극히 밝아 어둡지 않은 것을 말한다. 예컨대 부모와 자식에게는 친함이 있고, 임금과 신하에게는 의로움이 있으며, 남편과 아내에게는 구별이 있고, 어른과 어린이에게는 서열이 있으며, 벗들에게는 신의가 있으니, 애초 어긋난 적이 없었다. 만약 혹 어긋난 것이라면, 그 얻은 것이 어두운 것으로서, 본래 있는 밝음이 아닌 것이다"[5]라고 하였고, 또 "하늘이 나에게 부여한 것은 바로 명명(明命: 밝은 명령)이고, 내가 얻어 본성으로 삼은 것은 명덕(明德: 밝은 덕)이다. '명(命)'과 '덕(德)'은 밝음[明]으로 말하였으니, 이러한 것은 본래 저절로 광명한 것이다"[6]라고 하였으며, 또 "이 도리는 광명하여 어둡지 않다. 바야흐로 그 사물을 접하지 않았을 때에는 이 리가 진실로 맑아서 청명하고, 그 사물에 따라 응접함에 미쳐서는 이 리가 또한 곳에 따라 발현하는 것이다"[7]라고 하였고, 또 "명덕은 쉰 적이 없이 일상생활 사이에서 때때로 발현하니, 예컨대 의로움이 아닌 것을 보고 부끄러워하며 어린 아이가 우물에 빠지려는 것을 보고 깜짝 놀라며 높고 어진 사람을 보고 공경하며 선한 일을 보고 탄식하며 사모하는 것이 모두 명덕의 발현이다"[8]라고 하였다.

---

1) 『大學章句』「經一章」.
2) 『朱子語類』卷14「大學一·經上」〈敬仲錄〉.
3) 『朱子語類』卷14「大學一·經上」〈無名錄〉.
4) 『朱子語類』卷14「大學一·經上」〈椿錄〉.
5) 『朱子語類』卷14「大學一·經上」〈履孫錄〉.
6) 『朱子語類』卷16「大學三·傳二章釋新民」〈道夫錄〉.
7) 『朱子語類』卷16「大學三·傳二章釋新民」〈道夫錄〉: 這道理, 光明不昧, 方其靜坐未接物也, 此理固湛然淸明; 及其遇事而應接也, 此理亦隨處發見.
8) 『朱子語類』卷14「大學一·經上」〈儞錄〉.

성인의 가르친 말은 이와 같이 자세하고 곡진함이 한둘이 아니다. 배우는 자들은 여기서 진실로 반복하며 체득하고 징험할 수 있으면 명덕이 어떠한 것인지 거의 알 수 있을 것이고, 함부로 자기의 뜻으로 헤아리고 꾸며대서는 안 된다. 그러나 선유 중에 기의 본연을 명덕이라고 한 사람이 있으니, 이는 주자의 뜻에 마땅한 것인가 그렇지 못한 것인가? 또한 명덕을 리라고 하면서, 허령(虛靈)하고 어둡지 않는 것은 곧 기에 소속시키니, 이것은 또한 '이 리는 본래 저절로 빛나서 어둡지 않은 것'임을 깊이 믿지 못하는 것이다.

대개 하늘이 부여한 것은 원형이정이니, 이것이 이른바 명명(明命)이다. 사람이 얻어 본성으로 삼은 것은 인의예지인데, 발현하여 감정이 되는 것은 애공의별(愛恭宜別)이다. 이 도리는 체용(體用)을 통섭하여 본래 허령하고 어둡지 않으니, 이것이 이른바 명덕이다. "명덕"은 곧 마음이 본성과 감정을 통섭한다고 하는 것이다. "허령하고 어둡지 않은 것"은 "신명(神明)"의 변문(變文)이니, 이 마음의 체용 전부로 말한 것이고, "여러 이치를 갖추고 만 가지 일에 응하는 것"은 전부 가운데 전체(全體)와 대용(大用)을 구분한 것에 나아가 말한 것이다. 그러나 마음이라 말하지 않고 명덕이라 말한 것은 마음의 발현한 곳에는 본래 인심과 도심의 구별이 있어서, 공정함과 사사로움, 선과 악을 말할 수 있기 때문이다. 오직 이 명덕은 그 본연의 선한 마음만 가리키니, 곧 인·의·예·지의 마음이 발현하여 측은·수오·공경·시비가 되는 것이다. 위대한 순임금이 말씀한 "도심", 맹자가 말씀한 "본심"이 모두 이 명덕을 가리키는 것이다. 이는 사람마다 함께 얻은 것으로서, 내가 사사로이 할 수 있는 것이 아니다. 명덕에 분수(分數)가 없는 것은 이것이 그러하였던 것이다. 또 사람과 사물이 생겨날 적에 모두 건순(健順)과 오상(五常)의 덕을 갖추고 있지만, 사람은 품부받은 기가 바르고 통하기 때문에 오상의 덕이 하나라도 밝지 않음이 없었고, 만물은 품부받은 기가 치우지고 막혔기 때문에 오상의 온전한 덕을 관통할 수 없어서 혹 한쪽으로 밝기도 하고 완전히 어둡기도 한 것이다. 그러므로 사람에 있어서는 명덕이라고 하나, 만물에 있어서는 명덕이라고 말할 수 없는 것이다. 이것이 사람이 만물의 영장이 되는 까닭이니, 이것 또한 알지 않을 수 없다.

○ 안찰하건대, "덕 안에 인의예지 네 가지가 있음"은 "성 가운데 단지 인의예지 네 가지가 있음"과 어의가 완전히 같다. "이 도리가 마음속에 있어 광명조철하다"는 것은 곧 태극이 온갖 리를 갖추고서 모든 변화의 근본이 되는 것이다.

朱夫子於『大學』傳明德曰: "明德者, 人之所得乎天, 而虛靈不昧, 以具衆理而應萬事者也." 又嘗曰: "天之賦於人物者, 謂之命; 人與物受之者, 謂之性; 主於一身者, 謂之心; 有得於天而光明正大者, 謂之明德." 又曰: "這箇道理在心裏, 光明照徹, 無一毫不明." 又曰: "人本來皆具此明德, 德內便有仁義禮智四者, 只被外者汩沒了不明," 又曰: "明德, 謂得之於己, 至明而不昧者也, 如父子則有親, 君臣則有義, 夫婦則有別, 長幼則有序, 朋友則有信, 初未嘗差也。苟或差焉, 則其所得者, 昏而非固有之明矣。"
又曰: "天之所以與我, 便是明命; 我之所得以爲性者, 便是明德。命與德, 皆以明爲言, 是這箇物, 本自光明。" 又曰: "這箇道理, 光明不昧。方其未接物時, 此理固湛然淸明, 及其隨事應接, 此理亦隨處發見。"
又曰: "明德未嘗息, 時時發見於日用之間, 如見非義而羞惡, 見孺子入井而惻隱, 見尊賢而恭敬, 見善事而歆慕, 皆明德之發見也。" 聖人訓語, 如是詳盡, 不一而足。學者於此, 誠能反復體驗, 則庶可知明德之爲何, 而竊不可以妄以己意, 揣摩杜撰也。然先儒以氣之本然謂明德者有之, 此於朱子之訓, 當乎? 否乎? 且有以明德謂理, 而虛靈不昧, 則屬之於氣, 是亦未深信乎此理本自光明不昧也。蓋天之所賦者, 元亨利貞也, 此所謂明命也; 人之所得以爲性者, 仁義禮智也, 發而爲情者, 愛恭宜別也。這箇道理統體用, 而本虛靈不昧, 此所謂明德也。明德者, 卽心統性情之謂也。虛靈不昧, 是神明之變文, 以此心體用全部而言; 具衆理、應萬事, 就全部中分全體大用而言。然不曰心, 而曰明德者, 心之發處, 固有人心道心之別, 公私善惡之可言者。惟此明德, 單指其本然善心, 卽仁、義、禮、智之心, 發而爲惻隱、羞惡、恭敬、是非之類者也。大舜所謂道心, 孟子所謂本心, 皆指此明德也。此人人所同得, 而非有我之所得私也。明德之無分數者, 此其然也。且人物之生, 莫不具有健順五常之德, 而人則所稟之氣, 正且通, 故五常之德, 無一不明; 物則所稟之氣, 偏且塞, 故不能有以通貫乎五常之全德, 而或偏明焉, 或全昧焉。故於人則謂明德, 而於物則不當謂明德, 此所以人爲萬物之靈也。是亦不可以不知。○按: 德內便有仁義禮智四者, 與性中只有箇仁義禮智四者, 語意正同。"這箇道理在心裏, 光明照徹", 卽太極含具萬理, 而爲萬化之本者也。

「형이상하도변설形而上下圖辨說」(『吾南文集』卷10)

1) 서지사항

「형이상하도변설」은 김한섭이 형이상(形而上)과 형이하(形而學)에 대한 그림을 그리고 자신의 견해를 기술한 것.『오남문집』권10에 실려 있다.(『한국역대문집총서』542)

2) 저자

김한섭(金漢燮, 1838~1894)으로, 자는 치용(致容), 호는 오남(吾南)이다.

3) 내용

이 글은 김한섭이 『주역』의 형이상(形而上)과 형이하(形而下)에 대해 그림을 그리고 자신의 견해를 기술한 것이다. 『주역』의 "형이상자를 도(道)라고 하고 형이하자를 기(器)라고 한다"는 것에서 '도와 기'를 각각 '태극과 음양'에 분속시켰다. 김한섭에 의하면, 태극은 형기를 초월하여 독립한 존재가 아니고 단지 음양 속에 있기 때문에 '형이상'이라 하는 것이다. 또한 태극과 음양의 관계를 말하면, 음이 고요함에 태극의 체(體)가 확립되고, 양이 움직임에 태극의 용(用)이 유행하는 것이라 한다. 김한섭은 이러한 맥락에서 "태극과 음양은 하나이면서 둘, 둘이면서 하나"라고 설명했다. 김한섭은 이처럼 태극과 음양, 도와 기의 관계를 긴밀하게 규정하면서도, 또 양자를 엄격하게 구별하였다. 즉 "도는 기가 아니면 탈 것이 없고, 기는 도가 아니면 발할 것이 없다. 하나는 상(上)이고 하나는 하(下)로서, 동정할 때에 서로 필요로 하며, 하나는 높고 하나는 낮아서 이름과 지위가 혼란스럽지 않다. 도(道)는 비유컨대 하늘, 양(陽), 군주, 부모, 남편, 군자, 장수, 중국, 인류에 해당한다. 기(器)는 비유컨대 땅, 음(陰), 자식, 아내, 소인, 졸도, 오랑캐, 금수에 해당한다." 따라서 리가 기의 주인이 되고 기가 리의 역졸이 되면 모든 일이 형통하게 되나, 리가 주인이 되지 못하고 기기(氣機)가 스스로 움직인다면 모든 일이 비색하게 된다는 것이다. 김한섭은 또한 '리의 무위(無爲)'에 대해서도 독특하게 해석했다. '리의 무위'란 '인위적으로 작위(作爲)함이 없어서 자연스럽다'는 뜻으로서, "비록 무위인 것 같지만 사실은 하지 않는 바가 없다"는 것이다. 그런데 "세상 사람들은 마침내

'태극'을 '쓸데없는 사물(死物)'로 여기고, 일용사물의 소당연처(所當然處)에 천리(天理)가 밝게 발현되는 것을 '기기자이(氣機自爾)'라고 말하니, 이는 자식을 도적으로 오인하고, 기가 리의 지위를 빼앗은 것에 해당한다."는 것이다.

3-13-2 「形而上下圖辨說」(『吾南文集』卷10)

子曰: "形而上者, 謂之道; 形而下者, 謂之器。" 道者何? 太極也; 器者何? 陰陽也。陰陽
氣, 而太極理也。理本無形, 何以謂形而上? 太極, 非超形器獨立底物, 只在陰陽之裏,
故謂之形而上。陰者靜, 而太極之體所以立也; 陽者動, 而太極之用所以行也。然則只
在陰陽之裏, 則太極陰陽, 似無甚揀別, 而何以上下二字分言乎? 蓋太極陰陽, 一而二,
二而一者也。理乘氣而氣載理也, 上下二字, 含蓄無限意思。自其不離者而觀之, 則道
亦器, 器亦道; 自其不雜者而言之, 則道自道, 器自器, 判而爲兩, 不相關涉, 固不可混
而爲一。尊卑無別, 亦不可惟於一形字, 以上下截得看了, 大煞分明, 非大聖人見道精
密, 何以說得如此? 道, 非器無以承載; 器, 非道無所發用。一上一下, 動靜相須; 一尊
一卑, 名位不亂。道譬則天也、陽也、君也、父也、夫也、君子也、將帥也、中國也、人類
也; 器譬則地也、陰也、臣也、子也、婦也、小人也、卒徒也、蠻夷也、禽獸也。理爲氣主,
而氣爲理役, 則動靜相須, 名位不亂, 天始而地成, 陽唱而陰隨, 君令而臣恭, 父敎而子
孝, 夫導而婦婉, 君子道長而小人革面, 將帥令行而卒徒服心, 中國治明而蠻夷率賓, 人
類化行而禽獸馴從。如理不得爲主, 而氣機自用, 則動靜相悖, 名位反亂, 地不順天, 陰
反疑陽, 臣爲叛賊, 子爲悖逆, 婦爲反目, 小人害君子, 卒徒逐將帥, 蠻夷猾夏, 禽獸逼
人。其治亂向背之分, 只在於道器之謹不謹如何耳。理無爲云者, 無所作爲, 而自然而
已。其實雖似無爲, 而無所不爲也, 天理之流行發見, 是自然而已, 豈有所作爲而然哉?
先賢有言曰: "天地無心, 而心普萬物; 聖人无情, 而情順萬事。" 此豈天地眞箇无心而
聖人眞箇無情乎? 无心无情, 無所作爲, 而自然之謂也。世之人, 遂認以太極爲無用死
物, 而其於日用事物所當然處, 天理之發見昭著者, 謂之以氣機自爾, 是認子爲賦, 而氣
奪理位矣。若爾而天理人心, 安得不日以晦蝕乎? 天理人心, 日以晦蝕, 則三綱淪九法
斁, 而中國淪於戎狄, 人類入於禽獸, 勢固然也。噫! 上下尊卑之分, 可不謹乎? 朱子
「感興」詩曰: "人心妙不測, 出入乘氣機" 此是道器之一言斷案。"人心妙不測"者, 卽
"太極者, 本然之妙也"; "出入乘氣機"者, 卽"動靜者, 所乘之機也"之謂。按: 語錄三字
類, 釋形而上曰未有形之前, 只有理而已。此言是畢竟先有此理之謂, 而於形而上下,
則殊失本意。

「심통성정도변설心統性情圖辨說」(『吾南文集』卷10)

1) 서지사항

김한섭이 '심통성정'에 대한 자신의 견해를 그림으로 그리고, 글로 설명한 것.『오남문집』권10에 실려 있다.(『한국역대문집총서』542)

2) 저자

김한섭(金漢燮, 1838~1894)으로, 자는 치용(致容), 호는 오남(吾南)이다.

3) 내용

이 글은 김한섭이 '심통성정'에 대한 자신의 견해를 그림으로 그리고, 글로 설명한 것이다. 김한섭은 정자(程子)의 "심(心)과 성(性)과 천(天)은 하나의 리이다. 리로부터 말하면 천이고, 품수로부터 말하면 성이며, 사람에게 보존된 것에서 말하면 심이다"라는 말과 장재(張載)의 "태허(太虛)로 말미암아 천의 명칭이 있고, 기화(氣化)로 도의 명칭이 있으며, 허(虛)와 기(氣)를 합하여 성의 명칭이 있고, 성과 지각을 합하여 심의 명칭이 있다"는 말을 인용하고서, 전자는 리의 입장이고 후자는 기의 입장이라고 설명하였다. 그리고 성이 발하여 정이 되지만, 정은 바로 지각하는 것이어서, 성과 지각을 합하면 심통성정이 된다는 것이다. 김한섭은 또 심의 발현 여부에 따른 심과 성과 정의 관계를 "심의 전체는 담연허명하여 온갖 리를 구비하고, 느낌에 따라 반응하니, 그 오묘한 운용을 헤아릴 수 없다. 그 아직 발현하지 않은 전체로 말하면 성이니 곧 건순오상(健順五常)의 리가 기를 타고 고요한 것이고, 그 이미 발현하여 묘용하는 것으로 말하면 정이니 곧 희노애구애오욕(喜怒哀懼愛惡欲)의 리가 기를 타고 움직이는 것이다. 심통성정이란 혼륜한 일물(一物)의 가운데 나아가 그 아직 발현하지 않은 것과 이미 발현한 것을 가리켜 말할 뿐이다"라고 설명하였다. 김한섭은 이를 기초로 형기의 사사로움인 인심(人心)과 천리의 공정함인 도심(道心)의 함의를 말하고, 나아가 인심에서 천리(天理)와 인욕(人欲)의 관계를 설명하였다. 또한 사단과 칠정에 대해서는 "칠정은 인심과 도심의 총명이고, 사단은 칠정 가운데 선한 정의 명칭"이라고 설명했다. 따라서 인심과 도심은 상대하여 말할 수 있지만, 사단과 칠정은 상대하여 말할 수 없다는 것이다. 마지막 부분에서는 주자의 "심의 리는 태극이고 심의 고요함과 움직임은 음양이다"라는 말을 소개하고, "대개 사람의 마음에 적감(寂感)이 있음은 태극에 동정이 있음과 마찬가지로서, 한 몸의 주재자가 되고 만화의 근본이 되는 것이다. 마음과 태극은 사실 하나이다. 그러므로 '마음이 태극이 된다'고 하였고, 또 '오직 마음은 상대가 없다'고 말한 것이다."라고 결론지었다.

3-13-3 「心統性情圖辨說」(『吾南文集』卷10)

程子曰: "心也、性也、天也, 一理也。自理而言, 謂之天; 自稟受而言, 謂之性; 自存諸人而言, 謂之心。" 此言人之所得乎天, 而主乎一身者, 理也。張子曰: "由太虛有天之名, 由氣化有道之名, 合虛與氣有性之名, 合性與知覺有心之名。" 此從一理上漸細分說出, 氣化非道, 所以氣化者乃道也。如所謂"一陰一陽之謂道"。性卽理也, 而所掛搭者氣質, 故謂之合也。氣字, 特帶去說, 非謂理與氣均半襯合而爲性。性之發爲情, 而情乃知覺底物。合性與知覺, 卽心統性情之謂也。朱子曰: "心如水, 性猶水之靜, 情則水之流。" 此言心之統性情, 猶水有靜動, 而性是心之體, 情是心之用也。合此數說而觀之, 則心、性、情, 名義體統, 槩可知矣。蓋心之全體, 湛然虛明, 萬理具足, 隨感而應, 妙用不測。以其未發而全體者言之, 則性也, 卽健順五常之理, 乘氣而靜者也; 以其已發而妙用者言之, 則情也, 卽喜怒哀懼愛惡欲之理, 乘氣而動者也。心統性情云者, 只就混淪一物之中, 指其未發已發而爲言耳。非是心是一箇地頭, 性是一箇地頭, 情又是一箇地頭, 如此懸隔也。理則純一無雜, 氣則有萬不同。故淸者智, 而濁者愚, 粹者賢, 而駁者不肖, 是以有聖凡心不同之說。而然及其未發, 氣不用事, 故雖濁駁之甚者, 無惡可言也; 及其已發, 知覺不同, 而善惡判焉。其原於性命之正者, 曰道心。道心之發, 非不乘其氣, 而特純乎天理者也。如惻隱仁之端, 羞惡義之端, 辭讓禮之端, 是非智之端, 與夫愛敬忠悌之類, 是也。其生於形氣之私者, 則曰人心。人心之發, 非不原於理, 而特所感者形氣也。如口之於味, 鼻之於臭, 目之於色, 耳之於聲, 四肢之於安佚, 精盛思室, 飢欲食, 寒欲衣之類, 是也。然人心也, 有天理焉, 有人欲焉。其發也, 循乎天理則爲善, 如當食而食, 當衣而衣, 視聽言動之俱以禮也。此孟子所謂"形色, 天性也。惟聖人, 然後可以踐形也"。徇乎人欲則爲惡, 如不當食而食, 不當衣而衣, 視聽言動之俱以非禮也。此孟子所謂"飲食之人, 則人賤之矣。爲其養小而失大也"。人心者, 形氣之私也; 道心者, 天理之公也。七情者, 人心道心之總名; 四端者, 七情中善情之一名。人心、道心, 固可以對言; 七情、四端, 不可以對言。猶性與情, 固可以對言; 而心與性, 不可以對言也。世之學者, 不能深究乎此, 而遂以心性判作兩段, 動輒曰心卽氣, 而性卽理也。且創爲性爲心宰之說, 以粧點理爲氣主之案。若果爾, 則是性却統心也。心統性情之妙, 更於何推覓? 而朱夫子主宰是心之說, 反顚倒無理。如使朱子家奴, 起乎今日, 其將袖手含嘿乎？抑亦苦口辨誣乎？噫！人皆有是心，而不思已矣。朱子曰：“心之理是太極，心之動靜是陰陽。” 蓋人心之有寂感，如太極之有動靜，而爲一身之主、萬化之本。心與太極，其實一也。故曰：“心爲太極。” 又曰：“惟心無對。”

선역

정자(張子)가 말하기를, "마음·본성·하늘은 하나의 리이다. 리로부터 말하면 하늘이라고 하고, 품수로부터 말하면 본성이라고 하며, 사람에게 존재하는 것으로 말하면 마음이라 한다"[9]고 하였다. 이는 사람이 하늘에서 얻어 한 몸을 주재하는 것이 리라는 말이다. 장자(張子)가 말하기를 "태허로 말미암아 하늘이라는 명칭이 있게 되었고, 기화로 말미암아 도라는 명칭이 있게 되었으며, 태허와 기화를 합해서 본성이라는 명칭이 있게 되었고, 본성과 지각을 합해서 심이라는 명칭이 있게 되었다"[10]라고 하였다. 이는 하나의 리에서 점차 세분하여 말한 것으로서, 기화는 도가 아니요, 기화하는 까닭이 바로 도이니, 예컨대 "한 번 음이 되고 한 번 양이 되는 것을 도라고 한다"[11]는 말과 같다. 본성은 리인데, 걸려 있는 곳은 기질이기 때문에 '합(合)'이라고 한다. '기(氣)' 자는 특별히 곁들여서 말한 것이요, 리와 기가 균등하게 절반씩 결합해 본성이 된다는 것이 아니다. 본성이 발현하여 감정이 되는데, 감정은 바로 지각을 통한 것이다. 본성과 지각을 합하면 곧 '마음이 본성과 감정을 통섭한다'는 것이다. 주자(朱子)가 말하기를 "마음은 물과 같으니, 본성은 물의 고요함과 같고, 감정은 물의 흐름이다"[12]라고 하였다. 이는 마음이 본성과 감정을 통섭함은 물에는 고요함과 움직임이 있음과 같음을 말한 것으로서, 본성은 마음의 본체이고 감정은 마음의 작용이다. 이 여러 가지 말을 합하여 보면, 마음·본성·감정의 명의(名義)와 체통(體統)을 대개 알 수 있을 것이다.

대개 마음의 전체(全體)는 담연(湛然)하고 허명(虛明)하여 온갖 리를 충분히 갖추고, 느낌에 따라 응하는데 묘용(妙用)은 헤아릴 수 없다. 그 아직 발현하지 않은 전체로 말하면 본성이니, 곧 건순(健順)과 오상(五常)의 리가 기를 타고 고요한 것이다. 그 이미 발현한 묘용으로 말하면 감정이니, 곧 희노애구애오욕(喜怒哀懼愛惡欲)의 리가 기를 타고 움직이는 것이다. '마음이 본성과 감정을 통섭한다'는 것은 단지 혼륜(混淪)한 하나의 사물 가운데 나아가 그 아직 발현하지 않은 것과 이미 발현한 것을 함께 가리켜 말한 것이니, 마음이 한쪽에 있고 본성이 한쪽에 있으며 감정도 한쪽에 있어서, 서로 떨어져 있는 것이 아니다. 리는 순일(純一)하여 섞임이 없는 것이요, 기는 만 가지로 다른 것이다. 그러므로 기가 맑은 사람은 지혜롭고 흐린 사람은 어리석으며, 순수한 사람은 어질고 잡박한 사람은

---

9) 『二程遺書』卷22上「伊川語錄」: 伯溫又問: "孟子言心性天只是一理否?" 曰: "然. 自理言之謂之天, 自稟受言之謂之性, 自存諸人言之謂之心." 참조.

10) 『正蒙』「太和篇第一」: 由太虛, 有天之名; 由氣化, 有道之名; 合虛與氣, 有性之名; 合性與知覺, 有心之名.

11) 『周易』「繫辭上傳」〈第5章〉: 一陰一陽之謂道.

12) 『朱子語類』卷5「性理二·性情心意等名義」〈銖〉: 心如水, 性猶水之靜, 情則水之流.

어질지 못하니, 그리하여 성인과 범인의 마음이 같지 않다는 설이 있다. 그런데 그 아직 발현하지 않았을 때에는 기가 용사하지 않기 때문에 비록 흐리고 잡박함이 심하더라도 악을 말할 수 없고, 그 이미 발현함에 미쳐서는 지각이 같지 않아서 선과 악이 판가름 난다.

그 성명(性命)의 바름에 근원한 것은 도심이라고 한다. 도심의 발현은 기를 타지 않은 것이 아니나, 다만 천리에 순수한 것이니, 예컨대 측은은 인의 단서이고 수오는 의의 단서이며 사양은 예의 단서이고 시비는 지의 단서라는 것과 애(愛)·경(敬)·충(忠)·서(恕) 등이 이것이다. 그 형기(形氣)의 사사로움에서 생겨난 것은 인심이라 한다. 인심의 발현은 리에 근원하지 않은 것이 아니나, 다만 느끼는 것이 형기인 것이니, 예컨대 입이 맛에 있어서와 눈이 색깔에 있어서와 귀가 음악에 있어서와 코가 냄새에 있어서와 사지가 안일에 있어서와 정기가 왕성하면 아내를 생각함과 굶주리면 먹고자 함과 추우면 옷을 입고자 함 등이 이것이다.

그러나 인심에는 천리도 있고 인욕도 있다. 그것이 발현할 때 천리를 따르면 선이 되니, 예컨대 마땅히 먹을 것을 먹고 마땅히 입을 것을 입는 것과 시청언동을 모두 예에 맞게 함 등이다. 이것이 맹자가 말씀한 "형색(形色)은 천성이니, 오직 성인인 뒤에야 형색을 실천할 수 있다"[13]는 것이다. 인욕을 따르면 악이 되니, 예컨대 마땅히 먹지 않을 것을 먹고 마땅히 입지 않을 것을 입는 것과 시청언동이 모두 예에 맞지 않게 함 등이다. 이것이 맹자가 말씀한 "먹고 마시기만 하는 사람은 남이 천하게 여기니, 작은 것을 길러 큰 것을 잃기 때문이다"[14]라는 것이다. 인심은 형기의 사사로움이고, 도심은 천리의 공정함이다. 칠정은 인심과 도심을 합친 명칭이고, 사단은 칠정 가운데 선한 감정만 일컫는 별도의 명칭이다. 인심과 도심은 진실로 상대시켜 말할 수 있으나, 칠정과 사단은 상대시켜 말할 수 없으니, 이는 본성과 감정은 진실로 상대시켜 말할 수 있으나 마음과 본성은 상대시켜 말할 수 없는 것과 같다. 세상의 학자들은 이것을 깊이 탐구하지 못하여, 마침내 마음과 본성을 두 가지로 판가름하고, 걸핏하면 마음은 곧 기이고 본성은 곧 리라고 한다. 게다가 본성이 마음의 주재가 된다는 설을 창안하여, 리가 기의 주재가 된다는 주장을 꾸며냈다. 만일 과연 그렇다면, 이것은 본성이 마음을 통섭하는 것이니, 마음이 본성과 감정을 통섭하는 오묘함은 다시 어디에서 찾겠는가? 또한 주자의 "주재자는 마음이다"[15]라는 설도 도리어 전도되어 이치가 없게 된다. 만일 주자의 가노(家奴)가 오늘날에 흥기한다면, 장차 수수방관하면서 입을 다물겠는가? 아니면 또한 입이 아프도록 억울함을 변명하겠는가? 아! 사람들이 모두 이러한 마음이 있으면서도, 생각하지 않을 뿐이다. 주자는 "마음의 리는 태극이요, 마음의 동정은 음양이다"[16]라고 말씀했다. 대개 사람의 마음에 적감(寂感)이 있음은 태극에 동정이 있

---

13) 『孟子』 權13 「盡心」(上) 〈第38章〉:孟子曰: "形色, 天性也; 惟聖人, 然後可以踐形."
14) 『孟子』 卷11 「告子」(上) 〈第14章〉:孟子曰: "(…) 飮食之人, 則人賤之矣. 爲其養小而失大也. (…)"
15) 『朱子語類』 卷5 「性理二·性情心意等名義」〈可學〉:性對情言, 心對性情言. 合如此是性, 動處是情, 主宰是心.
16) 『朱子語類』 卷5 「性理二·性情心意等名義」〈振〉:心之理是太極, 心之動靜是陰陽.

음과 마찬가지로서, 한 몸의 주재자가 되고 만화의 근본이 되는 것이다. 마음과 태극은 사실 하나이다. 그러므로 "마음이 태극이 된다"[17]고 하였고, 또 "오직 마음은 상대가 없다"[18]고 말한 것이다.

程子曰: "心也、性也、天也, 一理也。自理而言, 謂之天; 自稟受而言, 謂之性; 自存諸人而言, 謂之心。" 此言人之所得乎天, 而主乎一身者, 理也。張子曰: "由太虛有天之名, 由氣化有道之名, 合虛與氣有性之名, 合性與知覺有心之名。" 此從一理上漸細分說出, 氣化非道, 所以氣化者乃道也。如所謂"一陰一陽之謂道"。性卽理也, 而所掛搭者氣質, 故謂之合也。氣字, 特帶去說, 非謂理與氣均半襯合而爲性。性之發爲情, 而情乃知覺底物。合性與知覺, 卽心統性情之謂也。朱子曰: "心如水, 性猶水之靜, 情則水之流。" 此言心之統性情, 猶水有靜動, 而性是心之體, 情是心之用也。合此數說而觀之, 則心、性、情, 名義體統, 槩可知矣。蓋心之全體, 湛然虛明, 萬理具足, 隨感而應, 妙用不測。以其未發而全體者言之, 則性也, 卽健順五常之理, 乘氣而靜者也; 以其已發而妙用者言之, 則情也, 卽喜怒哀懼愛惡欲之理, 乘氣而動者也。心統性情云者, 只就混淪一物之中, 指其未發已發而爲言耳。非是心是一箇地頭, 性是一箇地頭, 情又是一箇地頭, 如此懸隔也。理則純一無雜, 氣則有萬不同。故淸者智, 而濁者愚, 粹者賢, 而駁者不肖, 是以有聖凡心不同之說。而然及其未發, 氣不用事, 故雖濁駁之甚者, 無惡可言也; 及其已發, 知覺不同, 而善惡判焉。其原於性命之正者, 曰道心。道心之發, 非不乘其氣, 而特純乎天理者也。如惻隱仁之端, 羞惡義之端, 辭讓禮之端, 是非智之端, 與夫愛敬忠悌之類, 是也。其生於形氣之私者, 則曰人心。人心之發, 非不原於理, 而特所感者形氣也。如口之於味, 鼻之於臭, 目之於色, 耳之於聲, 四肢之於安佚, 精盛思室, 飢欲食, 寒欲衣之類, 是也。然人心也, 有天理焉, 有人欲焉。其發也, 循乎天理則爲善, 如當食而食, 當衣而衣, 視聽言動之俱以禮也。此孟子所謂"形色, 天性也。惟聖人, 然後可以踐形也"。徇乎人欲則爲惡, 如不當食而食, 不當衣而衣, 視聽言動之俱以非禮也。此孟子所謂"飮食之人, 則人賤之矣。爲其養小而失大也"。人心者, 形氣之私也; 道心者, 天理之公也。七情者, 人心道心之總名; 四端者, 七情中善情之一名。人心、道心, 固可以對言; 七情、四端, 不可以對言。猶性與情, 固可以對言; 而心與性, 不可以對言也。世之學者, 不能深究乎此, 而遂以心性判作兩段, 動輒曰心卽氣, 而性卽理也。且創爲性爲心宰之說, 以粧點理爲氣主之案。若果爾, 則是性却統心也。心統性情之妙, 更於何推覓? 而朱夫子主宰是心之說, 反顚倒無理。如使朱子家奴, 起乎今日, 其將袖手含嘿乎? 抑亦苦口辨誣乎? 噫! 人皆有是心, 而不思已矣。朱子曰: "心之理是太極, 心之動靜是陰陽。" 蓋人心之有寂感, 如太極之有動靜, 而爲一身之主、萬化之本。心與太極, 其實一也。故曰: "心爲太極。" 又曰: "惟心無對。"

---

17) 『皇極經世書』卷14「觀物外篇下」: 心爲太極. 又曰: "道爲太極." 참조.
18) 『朱子語類』卷5「性理二·性情心意等名義」〈方子〉: 惟心無對.

3-13-4

「인물성동이도변설人物性同異圖辨說」(『吾南文集』卷10)

해제

1) 서지사항

「인물성동이도변설」은 김한섭이 인물성동이(人物性同異)에 대한 그림을 그리고 견해를 기술한 것. 『오남문집』 권10에 실려 있다.(『한국역대문집총서』 542)

2) 저자

김한섭(金漢燮, 1838~1894)으로, 자는 치용(致容), 호는 오남(吾南)이다.

3) 내용

이 글은 김한섭이 사람과 동물의 본성이 같고 다름에 대한 그림을 그리고 자신의 견해를 기술한 것이다. 그림은 인의예지가 중심이 된 세 개의 큰 둥근 원이 있는데 두 번째 둥근 원 아래에는 다섯 개의 작은 둥근 원이 있다. 둥근 원마다 그에 알맞은 해설을 덧붙였다. 인물성동이론은 조선 후기성리학에서 인간의 성(性)과 금수 또는 동물의 성에 대해 같고 다름을 설명한 이론이다. 같다 는 이론을 주장한 학자는 외암(巍巖) 이간(李柬, 1677~1727)을 비롯한 낙론(洛論) 계열이고 다르다 는 이론을 주장한 학자는 남당(南塘) 한원진(韓元震, 1682~1751)을 비롯한 호론(湖論) 계열이다. 김한섭은 낙론과 호론의 이론을 거론하지 않고 그림에 대한 자신의 견해를 기술하고 있다. 그는 먼저 『중용장구』 제1장의 "하늘이 명한 것을 성이라 한다"에 대한 주희(朱熹, 1130~1200)의 주석 중에 "하늘이 음양오행으로 만물을 화생할 적에 기로써 형체를 이루고 리 또한 부여된다. 사람과 사물이 세상에 나올 적에 각기 부여받은 바의 이를 얻음으로 인하여 건순·오상의 덕을 삼는다"는 것을 인용한 다음, 그 만물은 오상의 성을 구비하지 않음이 없고 성은 오상의 리를 구비하지 않음 을 없음을 알아야 한다고 하였다. 그렇지만 음양오행을 하나라도 빠트리면 만물을 생성할 수 없어 기가 있으면 이미 리가 있는데, 리는 하나의 근본이고 기는 만 가지로 다르기 때문에 타는 바의 리도 본래대로 같지 않음을 피력하였다. 양의(兩儀)와 오행(五行)의 측면에서 그 의미를 말하고, 이체(異體)로 보면 건순오상(健順五常)이 각각 본래대로 하나의 덕이 되는 듯하고, 일통(一統)으로 말하면 건순오상은 모두 하나의 리라고 하면서, 건괘와 곤괘의 인의예지 및 오행, 오상·건순·태극의 관계를 기술하고 있다. 태극의 밖에 별도 건순과 오상이 있지 않기 때문에 만물은 동일한 태극이지만, 리는 형체가 없기에 때문에 통함[通]이고 기는 형체가 있기 때문에 국한됨[局]이라고 하였다. 통국의 관점에서 사람과 동물의 성이 지닌 함의를 밝히고 있다. 그리고 주희의 논변을 통해 같음 가운데 그 다름을 알아야 하고, 다름 가운데 같음을 알아야 함을 주장하였다. 더욱이 정자의 "성을 논하면서 기를 논하지 않은 것은 완비되지 않고 기를 논하면서 성을 논하지 않는 것은 분명하지 않다"는 설을 원용하면서 "구비되지 않음"과 "분명하지 않음"의 의미를 밝히고, 나아가 "천지만물은 본래 나와 일체이다. 나의 마음이 바르면 천지의 마음도 올바르게 되어 천지가 자리잡고, 나의 기가 순하면 천지의 기도 순조롭게 되어 만물이 육성된다. 이것은 성인이 자기의 성을 다하고 사람의 성을 다하며 만물의 성을 다하는 까닭은 성의 리가 하나이기 때문이다"라고 하였다. 때문에 학문의 도는 리를 궁구하고 성을 다하는 것으로 여겼다.

3-13-4 「人物性同異圖辨說」(『吾南文集』卷10)

朱子曰: "天以陰陽五行, 化生萬物, 氣以成形而理亦賦焉。於是人物之生, 因各得其所賦之理, 以爲健順五常之德。" 觀此, 可知其物無不具五常之性, 而性無不具五常之理也。何者? 陰陽五行, 若闕一, 便生物不得, 而纔有是氣, 已有是理。理則一本, 而氣則萬殊, 故所乘之理, 亦自不同。以兩儀言之, 則陽之理健, 陰之理順; 以五行言之, 則木之理仁, 金之理義, 火之理禮, 水之理智, 土之理信。自異體而觀之, 則健順五常, 似各自爲一德; 而自一統而言之, 則健順五常, 便俱是一理也。故乾健坤順不同, 而乾曰元亨利貞, 坤亦曰元亨利貞; 水之潤下, 火之炎上, 木之曲直, 金之從革, 不同而仁義禮智, 無一行不具也。如木主乎仁, 而禮是仁之亨通底, 義是仁之斷制底, 智是仁之斂藏底。言之水火金土, 無非此例。以此推之, 覆載間, 含生之物, 外乎健順五常, 而豈有所謂性哉? 夫五常, 一健順也; 健順, 一太極也。非太極之外, 別有所謂健順五常, 故曰萬物同一太極。然理無形, 故通; 氣有形, 故局。健之理卽順之理, 順之理卽健之理, 是理之通也; 陽自是陽, 陰自是陰, 是氣之局也。非惟陰陽五行亦然, 非惟五行人物亦然。人之五常之理, 與禽獸草木無異者, 理之通也; 人則所稟之氣, 秀而正通, 故五常全明; 禽獸則所稟之氣偏濁, 故於五常各有一線明處。【如虎狼稟木氣, 偏勝於水火金土, 而勝者常爲主, 故粗通於父子之仁, 而其他禮義智, 更推不得。蜂蟻稟金氣, 偏勝於水火木土, 而勝者常爲主, 故粗通於君臣之義, 而其他仁禮智, 更推不得。餘物莫不皆然。】草木則所稟之氣, 尤濁而質亦全塞, 故五常全昧, 若合下不賦者, 皆氣之局也。徒知理之一原, 而遂以爲人與禽獸草木之性, 少無差別, 則是不識萬殊之妙也。若然則孟子何以而謂人犬牛不同乎? 徒見氣質之各殊, 而遂以爲人獨稟五常, 禽獸或只稟一德, 草木則本無五常, 是全昧性命之理也。若爾則朱子何以而有一寶珠之說乎? 同中須當識其異, 異中亦當識其同. 可也。由前一說, 則此所謂"論性不論氣不備"者也; 由後一說, 則此所謂"論氣不論性不明"者也。"不備"猶未盡善, "不明"却甚害道。蓋天地萬物, 本吾一體。吾之心正, 則天地之心亦正, 而天地位矣; 吾之氣順, 則天地之氣亦順, 而萬物育矣。此聖人所以能盡己之性, 盡人之性, 盡物之性也, 無他, 性之理一故也。苟"不備"、"不明", 則天地萬物, 自與己不相干, 而終陷於自私自利。是以學問之道, 貴窮理盡性也。

「일감문답—鑑問答」(『吾南文集』卷11)

해제

1) 서지사항

김한섭이 선비의 처세관과 가치관, 그리고 성리학·예학을 비롯하여 여러 학문분야에 대한 저자의 주관을 문답체의 형식을 빌려서 기술한 것. 『오남문집』 권11에 실려 있다.(『한국역대문집총서』 542)

2) 저자

김한섭(金漢燮, 1838~1894)으로, 자는 치용(致容), 호는 오남(吾南)이다.

3) 내용

이 글은 김한섭이 선비의 처세관과 가치관, 그리고 성리학·예학을 비롯하여 여러 학문분야에 대한 저자의 주관을 문답체의 형식을 빌려서 기술한 것이다. 구성은 첫 번째 글이 서론에 해당하고, 그 나머지는 총 80조목으로 이루어졌다. 서론 부분에서 대명동(大明洞) 일감정(一鑑亭)의 맑은 물가에서 유유자적에 지내는데 어느 빈객이 찾아와 말을 걸어오자, "그대의 뜻은 진실로 좋으나 그대의 들은 것은 잘못이다. 산간의 노쇠하고 비루한 내가 어찌 함께 말할 수 있겠는가"라고 하였다. 하지만 이는 자신의 주관을 문답체로 표현하기 위한 양식으로 보인다. 총 80조목으로 이루어진 내용은 선비의 처세관와 가치관, 배움의 차례, 과거 공부의 부정적인 측면 등을 설명하였고, 『주역』의 하도(河圖)와 낙서(洛書), 태극·음양·도(道)와 기(器), 형이상과 형이하의 상호 관계, 심성론에 대한 리기론적 해석, 인성(人性)과 물성(物性)의 동·이 문제, 심(心)·성(性)·정(情)의 함의와 관계, 심의 주재와 성의 주재에 대한 논변, 심의 지각, 성발위정(性發爲情)과 심발위의(心發爲意)의 구조, 명덕의 주리·주기 문제 등이고, 그밖에 이단(異端)과 양명학(陽明學)의 치양지(致良知), 역상(曆象) 등에 대해서도 언급하였다. 심설논쟁과 관련된 내용으로 제26조목을 살펴보면, 빈객이 주자의 "심의 리는 태극이요, 심의 동정은 음양이다."라는 말과 "성은 태극과 같고, 심은 음양과 같다"는 말을 소개하고, "심과 성이 하나인가, 둘인가"를 묻자, 김한섭은 "심과 성은 하나이면서 둘, 둘이면서 하나이다. 태극은 스스로 태극이요, 음양은 스스로 음양이다. 그러나 태극은 음양을 떠나지 않으니, 음양이 곧 태극이다."라고 답하였다. 또 제27조목을 살펴보면, 빈객이 "심이 리인가, 리와 기의 총회(總會)인가"를 묻자, 김한섭은 "심은 리를 가리켜 말하는 것도 있고, 기를 가리켜 말하는 것도 있으며, 리와 기를 합하여 말하는 것이 있으니, 각각의 맥락에 따라 보아야 하며, 하나로 단언할 수 없다"고 답하였다. 제34조목에서는 빈객이 "성인과 보통사람의 마음이 같은가, 다른가"에 대해 질문하자, 김한섭은 "그 구비된 리로 말하면 발현하여 측은·수오·사양·시비가 되니 이것은 비록 가장 어리석은 사람도 없을 수 없고, 그 품부받은 기로 말하면 허령지각(虛靈知覺)에 본래 분수(分數)가 있으니 성인과 보통사람이 다름이 없을 수 있겠는가"라고 하여, 같고 다른 측면을 동시에 설명하였다.

3-13-5 「一鑑問答」(『吾南文集』卷11)

多明洞, 有一鑑亭。亭下塘水, 明如一鑑。時一鑑短筇, 臨流盥浴, 惟意所適, 而世故俗言, 絶莫之與聞。一日有客躡屩而來, 衣冠甚古, 相揖坐定。客曰: "聞主翁樂泉石之勝, 讀聖賢之書。故今玆之來, 竊欲得聞其緒餘, 肯不以面生, 而樂與之告乎?" 余曰: "子之意則誠善, 子之聞則誠誤矣。山間朽陋之物, 有何可與說話也?"

客曰: "士生一世, 讀得古書, 窮則獨善其身, 達則兼善天下, 其窮達也, 獨善與兼善, 惟在隨時而盡我之道而已。聞吾子不赴擧者, 今有五年, 果欲離羣絶類, 忘世長往乎?" 余曰: "是何言也? 余早業功令, 未得向方, 而謾爲赴擧, 送了許多好光陰, 追悔莫及。負薪力農, 是野人之常業, 於吾分甘矣。子欲比之於入山遯跡者, 無乃失實歟?"

客曰: "有來學于此者, 子不使讀通史, 又不欲作時交者, 抑何故?" 余曰: "古人言讀書次第, 先小學, 次四子, 次六經, 此是不易定論。後之學者, 舍古人成法, 則無可爲也。子何尤焉? 初學無知, 未有定向, 外蔽物欲, 內喪德性。于斯時也, 雖以孔、孟、程、朱, 格言至訓, 日日講論, 鮮能立志, 烏可以史記尋常駁雜之說, 縱橫攻伐之事, 資其講習, 長其意見乎? 以此望成人之德, 欲之越來轅也。且時文, 余早受病痼, 深知其弊, 所以不令兒曹習之也。"

客曰: "時文之弊, 可得聞歟?" 余曰: "其爲弊也, 一言以蔽之, 曰利也。蓋做時文者, 其未捷科也。晝宵營思曰: '何以捷科?' 或行險僥倖而登科也, 晝宵營思曰: '何以做好官?' 沒廉喪恥, 奔競成風。如是而不失其本心者, 有幾? 能致君澤民者, 有幾? 程子曰'爲名與爲利, 淸濁雖不同', 其利心一也. 先儒詩云'所用是人行是學, 不知何日可昇平', 正此弊之謂也。"

客曰: "古今國家治亂, 人物臧否, 俱載於史, 此固不可不知也。子之所云, 不亦過乎?" 余曰: "不然, 人先讀『小學』、四子, 立得基本, 次之五經, 使義理是非, 瞭然於心目之間, 而此以去看史, 人之邪正, 國之治亂, 莫能遁其情者, 是豈童蒙初學所可辨得哉?"

客曰: “擧業, 且時王之制, 今之爲士者, 非此無由進身。古人有云, 孔、孟生於此世, 亦必爲擧業; 明道、晦翁, 俱登科籍。子之所見, 誠可謂不識時義。” 余曰: “竊料先王之制, 設科取士, 必有其道, 豈有如今日士習之紛競乎? 古之人, 寧道之不行, 而不輕其去就, 孔、孟之終身不遇, 正以此也。孔、孟之時, 有管、晏功利之術, 申、商刑名之學, 楊、墨詖邪之說, 蘇、張縱橫之辯, 而擧天下, 不入于此, 則入于彼。然而仲尼之門, 羞稱五伯, 孟子能言距楊、墨, 以此知孔、孟雖生於此世,決不爲擧業也。若隨俗做擧業, 則亦一擧業人, 烏得爲孔、孟也? 程、朱之取科, 先儒謂程、朱未成德前事者, 此也。人誰不欲事君哉? 但士之待聘, 如女之待聘, 何其不自重也?”

客曰: “如子之言, 則士當居常何業?” 余曰: “讀聖賢之書, 開廣聞見; 行孝悌之道, 勉修職業。日用萬事, 何莫非人之所當爲哉?”

客曰: “初學之道, 在乎務本, 因才篤之, 循序漸進。夫子之罕言性與天道, 正以此也。朱子於寒泉之編, 首之以「太極圖說」, 而曰‘『近思錄』四子之階梯’。夫不讀四子者, 何以先識其太極之至妙乎? 辨論太極, 果可爲急先之務乎? 今之學者, 開口便說太極性命, 而其於進德修業, 則未有如古人者, 其故抑何以歟?” 余曰: “『近思』之首太極, 朱子於篇題, 已說其梗槩矣。吾子以太極, 認以爲懸空駕虛之物乎? 太極者, 天理本然之謂也。分而言之, 則曰健順; 又演而言之, 則曰五常。五常, 一健順也; 健順, 一太極也。外乎太極, 而豈有所謂健順五常哉? 在天地, 曰太極; 在人與萬物, 亦曰太極。太極, 同一太極也。非太極, 天地不得爲天地; 人與萬物, 亦不得爲人與萬物。太極, 只是理之一字, 天下豈有無理之物乎? 天地之道, 自然而已, 無加無減。惟人也, 得五行之秀氣, 其心最靈, 理無不具。語其綱領之大者, 則曰仁義禮智信, 發而爲惻隱羞惡恭敬是非, 而父子乎有親, 君臣乎有義, 男女乎有別, 長幼乎有序, 朋友乎有信也。惟聖性者, 與天爲一。君子修之吉, 小人悖之凶。至於悖之而凶, 則其與禽獸草木之偏且塞者, 亦無異矣。濂溪立言垂戒之意, 誠爲正大明白, 而晦翁之以此首揭, 豈不欲學者識得性命之正而體驗力行之哉? 歐陽公有云‘性非所先’, 而今子之言, 不幸近之矣。”

客曰: “夫子曰‘易有太極, 是生兩儀’, 而濂溪之以無極二字, 更加一層者, 亦何以歟?” 余曰: “此則朱子與象山, 辨答甚詳, 子未之讀耶? 太極, 本無極也。非太極之上, 復有一層無極, 如老氏所云虛無也。無極云者, 只言此理之無形象方所也。"

客曰: "「伏羲八卦次序之圖」, 初一層, 只畫之以太極一畫, 而非別有所謂「太極圖」矣。乃周子始著爲一圖, 而總之以陰陽五行, 男女萬物, 此固有發前人之所未發歟?" 余曰: "不然。蓋太極, 畫之則爲一, 圓之則爲圈, 其實一也。以其次序言之, 則一生兩, 兩生四, 四生八, 此固生生自然。加一倍之數, 而非人巧之所可排置也。其曰陰靜陽動, 卽兩儀也; 其曰五行, 卽四象也; 其曰萬物, 極其數而總名也。八卦太極兩圖, 名異而實同, 制殊而理合, 周子何嘗有一毫己見, 創始爲圖乎? 直說夫『大易』所言之理也。故曰: '大哉易哉! 斯其至矣。'"

客曰: "太極生兩義, 兩義未生之時, 太極獨立乎?" 余曰: "太極象數未形, 而其理已具之稱。若非太極, 陰陽何從而生乎? 然陰陽無俱未生底時節, 陰前又是陽, 陽前又是陰, 陰時太極在乎陰, 陽時太極在乎陽, 非有離陰陽而太極獨立之時也。若窮其源而言之, 則畢竟是先有此理, 故曰'易有太極, 是生兩儀', 豈無理之言而立夫子言之?"

客曰: "陰陽, 有對待底, 有流行底, 其詳可得聞歟?" 余曰: "旣曰陰陽, 則本是對待底物, 而陰根於陽, 陽根於陰, 則是生生流行之妙, 無有窮已也。以四方言之, 則南北爲經, 東西爲緯, 此一定對待之體也。以四時言之, 則春而夏, 夏而秋, 秋而冬, 冬而復春, 此生生流行之妙。然對待之中, 有流行之妙; 流行之中, 亦有對待之體。攷之於河、洛之圖, 參之以八卦方圓之圖, 豈不皎然乎? 陰不獨陰, 陽不獨陽, 而互體用。一六之水, 生乎陽而成乎陰, 故內明外暗, 寒而潤下; 二七之火, 生乎陰而成乎陽, 故內暗外明, 熱而炎上; 三八之木, 生乎陽而成乎陰, 故溫而柔; 四九之金, 生乎陰而成乎陽, 故冷而剛; 五十之土, 生乎陽而成乎陰, 故堅實而順靜, 此皆法象自然之妙, 而乾坤坎離震巽艮兌, 其對偶也, 流行也。以隨時變易, 雖巧曆, 不能盡筭也。"

客曰: "「河圖」、「洛書」, 東北二位, 其數相同, 而西南二位, 其數相換, 何? 且伏羲、文王八卦之方位不同, 亦何以歟?" 余曰: "此於『周易』總目, 朱子及諸儒, 說之已詳, 見之自可知矣, 更容何說? 蓋東北陽方也, 西南陰方也。陽不可易, 而陰則可易, 故兩圖之不同, 此也。「河圖」圓而「洛書」方。「河圖」以五生數, 統五成數; 「洛書」以五奇數, 統四偶數。縱橫對待, 相爲表裏, 其實無不同也。然「河圖」, 體也, 非無用焉;「洛書」, 用也。非無體焉, 此亦不可不知。伏羲八卦, 先天之體也。天地之間, 明莫如日月, 動莫如雷風, 衆莫如山澤。故其取象也, 天位乎上, 地位乎下, 日出乎東, 月生乎西, 雷主發生, 風主長養, 山峙乎西北, 水流乎東南, 而陰陽對偶, 方位一定矣。若夫文王八卦, 後天之用也。用天地之道, 盡位育之妙者, 惟人爲能之。故其取象也, 以父母六子, 分主八方, 而主器者, 莫若長子, 震居乎東方, 首事之位。婦人, 主中饋助君子, 而成家道, 故以長中二女次之, 而居乎東南, 長者之位。家母雖老, 必統攝大事, 家道乃成, 故坤居乎西南, 成熟之位, 而以少女次之, 輔助其餘。家道有嚴君焉, 乾居乎西北肅嚴之位, 以中少二男次之, 而居乎北方成終之位, 以繼述其父之志事。蓋艮者, 止也, 物之終始也。貞則復元之理, 其在斯歟? 東北陽也, 四陽居之; 西南陰也, 四陰居之。物以群分, 方以類聚者, 亦如是矣。夫天地其大無外, 乾一坤八, 而包乎外; 盈天地之間者, 山澤, 故次乎其內; 光之著明者日月, 故亦次乎其內; 氣之發通者, 雷風, 故又次乎其內。萬化, 皆從中起。自震至乾, 以順往也; 自巽至坤, 以逆來也。先天八卦次序, 方圓之圖, 無不皆然也。然先、後天, 統而言之, 則雖分體用, 而分而言之, 則各自有體用, 此不一槩以斷之也。”

客曰: “‘形而上者, 謂之道, 形而下者, 謂之器。’又云: ‘一陰一陽之謂道。’道器, 決是二物, 而何以陰陽謂之道乎?” 余曰: “道器一而二, 二而一者也。當離合看, 乃見其妙。自其不離物而言之, 則道亦器, 器亦道, 所謂太極生陰陽, 而陰陽卽太極也。自其不雜者而言之, 則道自道, 器自器, 太極自是太極, 陰陽自是陰陽, 非謂陰陽是道也, 所以陰陽者是道也。道卽太極之謂也, 道非懸空獨立之物。非器無以見道, 道乘器者也, 器載道者也。此之謂形而上, 形而下也。若認以道器爲二物而已, 則無以見本然一原之妙矣。爲一物而已, 則無以辨主客尊卑之分矣。非夫子之至聖, 孰能如此其說得精切乎?”

客曰: “『易』是卜筮之書, 而聖人奚爲而以此敎人乎?” 余曰: “『易』之爲書, 廣大悉備, 有天道焉, 有地道焉, 有人道焉。立天之道曰陰與陽, 立地之道曰剛與柔, 立人之道曰仁與義。三才卽一理也, 兼三才而兩之。故六畫而成卦, 八卦而小成, 引而伸之, 觸類而長之, 開物成務, 定吉凶而生大業, 天下之能事畢矣。蓋天下事物, 至大至衆, 至微至隱。非至誠之道, 難以前知。是以聖人設卦, 觀象繫辭, 以通天下之志, 以定天下之業, 以斷天下之疑。與天地合其德, 與日月合其明, 與四時合其序, 與鬼神合其吉凶。顯仁藏用, 神妙莫測, 聖人之德, 何以加此乎? 此以敎人, 有何不可乎? 但後之讀者, 居則觀其象而玩其辭, 動則觀其變而玩其占。驗之于心, 體之于身, 日夕乾乾, 常存敬畏, 則凶者反吉, 危者可安, 可以無悔吝憂咎矣。夫子大聖, 晚而喜『易』, 曰'假我數年, 卒以學『易』, 可以無大過', 況乎常凡之人, 可不讀『易』乎?"

客曰: "大衍之數五十, 其用四十有九者, 何歟? 倚數之元, 不過參天兩地, 而參用其全, 四用其半者, 亦何歟?" 余曰: "天地之數, 本五十有五, 而其曰五十者, 以「河圖」中宮, 五與十相乘, 衍之爲五十也。其虛一不用, 象太極之無爲也。參之用全, 四之用半, 此乃陰陽盈縮之理也。"

客曰: "乾坤之策, 合三百有六十而當期之日, 二篇之策, 萬有一千二百五十, 而當萬物之數。蓋朞之三百六十, 以天日月常行之數而爲然, 而蓍策之能符合於此者, 抑何妙理?" 余曰: "子奚爲獨於此而致疑乎? 天下之物, 形殊而理一。以此觀彼, 無不符合。「河圖」、「洛書」, 相爲經緯; 八卦九章, 相爲表裏。雖推之於庶類, 無一不然。天而日月五星, 霜露風雨; 地而山澤五行, 禽獸草木; 人而耳目五臟, 六脉百骸, 語之則皆一理也。夫理者, 自然而已, 豈人之智巧詐力所可牽合哉?"

客曰: "「乾」之元亨利貞, 夫子於「文言」, 以四德言之, 而<u>朱子</u>『本義』, 則以大亨利其貞釋之者, 何歟?" 余曰: "蓋以天道言之, 則四德分主四時, 「文言」之訓, 正以此也。若『易經』本義, 則分明如<u>朱子</u>所釋, 以他卦攷之, 曰元亨, 曰亨, 曰利永貞, 曰利女貞, 則其爲大亨而利其貞者, 不亦皎然乎? 然<u>朱子</u>亦親爲太極圈子, 而以元亨利貞書之; 且於「小學題辭」, 以元亨利貞, 對仁義禮智, 則曷嘗有違於「文言」乎? 但其卦辭, 則『本義』當如是云。"

客曰: "如子之言, 則天地萬物, 同一太極, 人物之性, 固無分別歟?" 余曰: "此非余言。<u>周子</u>「太極圖」, 本如是, 而以人物稟受者而言, 則豈無分別云爾?"

客曰: "然則吾人獨得五常之理, 而物則不得全稟五常之理歟?" 余曰: "是何言也? <u>朱子</u>於『中庸章句』曰'人物因各得其所賦之理, 以爲健順五常之德', 五常, 非性而何? <u>朱子</u>

何嘗分揀人物乎? 五常卽健順也, 健順卽太極也。同一太極, 則亦同一五常也。朱子一寶珠之說, 子嘗未之見乎? 雖有淸水濁水淤泥之殊, 而寶珠則同一寶珠也。然在於淸水, 則其光輝瑩淨; 在於濁水, 則或昏或明; 在於淤泥, 則其光全不可得見。人之與動植, 其理亦類是也。人稟五行至秀之氣, 故所賦之理, 全無不明; 禽獸稟五行偏濁之氣, 故所賦之理, 或只有一線明處; 草木稟五行至濁之氣, 其質全塞, 故所賦之理, 全不可得見, 若合下不賦者。單指其理, 則五常本然之妙, 人與物, 無有不同, 而兼言其氣, 則偏全通塞之殊, 人與物迥然有別。朱子有言曰: '論萬物之一原, 則理同而氣異; 觀萬物之異體, 則氣猶相近, 而理絕不同。' 又曰: '同中識其異, 異中識其同。' 若後之人, 膠守偏見, 以爲人物之性, 少無差別, 則是不識異體偏全之理也。以爲人獨稟五常, 而物不稟五常, 則誠大不可, 此尤不識天命一原之妙也。若以五常與天命二之, 則其不可也甚矣。程子曰: '謂之性, 則無一理之不具, 無一物之不得。' 以此觀之, 豈有無理之性, 而又豈有無性之物哉? 但後來言性, 重拈在氣字上, 故有許多病痛生出來。"

客曰: "然則程、張之始言氣質之性, 俱非歟?" 余曰: "論性不論氣, 則不備。程、張之言氣質, 誠有功於聖門矣。余之言, 非此之謂也。但不可以氣重看也。蓋天地, 無爲也, 自然而已。動植之物, 局於氣質, 而無修爲之術。故偏者不可以全, 塞者不可以通。惟人則所賦本全, 而雖或有氣稟所拘, 物欲所蔽, 能存養省察, 益加澄治之功, 以復其初, 則可以與天地參矣。張子曰'善反之, 則天地之性存焉, 故氣質之性, 君子(以爲不)[有弗]19)性者焉'者, 正謂此也。性卽理也, 本無不善, 若乃拘於氣稟, 蔽於物欲, 而爲惡滋甚者, 是豈性之罪哉?"

客曰: "吾子旣曰人物均得五常, 而又曰有偏全通塞之殊, 此是同之謂歟? 異之謂歟?" 余曰: "要說同亦得, 要說異亦得。以其同者而言, 則物之理, 卽人之理也; 人之理, 卽天地之理也。以其分殊而言, 則非惟物與人不同, 人人亦自不同。有自幼而善, 有自幼而惡, 程子所謂善固性也, 惡亦不可不謂之性者, 此也。以天地言之, 天健地順自不同; 以五行言之, 水之潤下, 火之炎上, 木之曲直, 金之從革, 亦自不同。"

---

19) 저본에 "以爲不"로 되어 있으나, 『장재집』에는 "有弗"로 되었다.

客曰: "然則人性之中, 有善惡一定, 而各自出來歟? 此與可以爲善, 可以爲惡, 與善惡混之說, 無甚異矣。" 余曰: "不然, 性本至善, 豈有本無主張, 而可以爲善, 可以爲惡乎? 又豈有善惡相混, 而各自發出也? 其曰'自幼而惡'者, 特其氣質使然也。烏可云本然之理, 亦若是也? 譬之水, 水本淸也, 貯於淸器則淸, 混於濁泥則濁, 濁亦不可不謂之水, 若謂水之本然, 則不可也。孟子之有功於聖人之門者, 以其性善之論也。"

客曰: "程子曰: '才說性時, 便已不是性。' 此事何謂也?" 余曰: "性非獨立底物, 因掛搭形質而立名, 故才說性時, 便不是天命之本然純粹云爾。蓋程子此言, 就人生以後說, 得合理與氣者也, 與張子合理與氣有性之名之說同。然先賢以不是性之訓, 或以爲說得太重, 但後之讀者, 亦不可以辭害意也。"

客曰: "人物氣質之偏全通塞之妙, 何以見之?" 余曰: "此不難知, 本乎天者, 親上; 本乎地者, 親下。如人頭向上, 所以最靈, 能識許多道理; 禽獸橫生, 故全然蠢了, 所知不過只通得一路; 草木之頭反向下, 所以全塞而無知覺。蓋天下之理, 正直則明通, 橫雜則昏暗, 倒置則閉塞。驗之人身, 亦然。正立端坐之時, 淸明在躬, 志氣如神; 偏倚側臥之時, 昏濁乘之, 理難全明。若倒懸, 則氣反昏塞, 全沒知覺, 雖推之於古今天下, 亦然。聖明在上, 治化隆盛, 則天理人心, 無一不明; 異端橫流, 王伯混雜, 則治日常小, 亂日常多; 戎狄肆逆, 冠屨倒置, 則人心陷溺, 天倫掃滅。若人而立心制事, 未能正直明通, 而反流於橫雜倒錯之境, 與動植何別哉?"

客曰: "程子云: '生之謂性, 性卽氣, 氣卽性, 生之謂也。' 告子則以知覺運動者謂之性, 而程子亦何從而發明之歟?" 余曰: "告子則專以一氣字認性, 而程子則合理與氣而言之也。其主意心煞有不同。"

客曰: "性之目, 不過曰仁義禮智信, 而周子以剛柔善惡中五者, 言性, 何歟? 五常之外, 亦別有此箇五者之性歟?" 余曰: "仁義禮智信, 是大本之性也, 專言其理; 剛柔善惡中, 是氣稟之性也, 兼言其氣。然性非有兩箇種子也。只是一理, 周子嘗言五常之性曰德, 愛曰仁, 宜曰義, 理曰禮, 通曰智, 守曰信, 而又言此剛柔善惡中者, 明其氣質之性也。聖賢之言, 何嘗有一毫未穩處?"

客曰: “性者, 心中所具之理, 而心統性情者也。朱子曰: ‘心之理, 是太極; 心之動靜, 是陰陽。’ 又曰: ‘性猶太極也, 心猶陰陽也。’ 心性是非一物乎? 是二物乎?” 余曰: “心性, 一而二, 二而一者也。太極自是太極, 陰陽自是陰陽, 而然太極不離乎陰陽, 而陰陽卽太極也。朱子兩言, 俱有攸當, 而若細究之, 下一節之云, 似不若上一節之該備詳盡, 顚撲不破也。蓋心猶陰陽之訓, 以其心之有動靜而爲言也。”

客曰: “然則心是理乎? 氣乎? 抑理氣之總會者歟?” 余曰: “此最難說。古昔聖賢, 說心何限? 而有指理而言者, 有指氣而言者, 有合理與氣而言者, 各有地頭, 當隨文徐觀, 切不可以一槩斷案也。自帝舜, 始說人心道心, 爲萬世心學淵源宗祖。而其曰人心, 指其生於形氣之私; 其曰道心, 指其原於性命之正也。以人心謂性命之正, 固不可; 以道心謂形氣之私, 亦不可。理氣二字, 於是乎始有界分。如孟子所云‘心之所同然, 謂理也義也’, 亦云‘仁義之心、本心、良心’者, 此皆以理而言也。程子曰‘在天爲命, 有義爲理, 在人爲性, 主於身爲心, 其實一也’, 邵子曰‘心爲太極’, 此亦皆以理言之也。張子曰: ‘合性與知覺, 有心之名。’ 朱子曰: ‘所覺者, 心之理也; 能覺者, 氣之靈也。’ 又曰: ‘知覺, 不專是氣, 是先有知覺之理, 理未知覺, 氣聚成形, 理與氣合, 便能知覺。’ 黃勉齋以師門嫡傳, 從而發明之曰: ‘說虛靈知覺, 便是理, 固不可; 說虛靈知覺, 與理是兩項, 亦不可。須當說虛靈知覺上, 見得許多道理。’ 又曰: ‘心之能爲性情之主宰者, 以其虛靈知覺也。此心之理, 炯然不昧, 亦以其虛靈知覺也。’ 陳北溪曰: ‘人得天地之理爲性, 得天地之氣爲體。理與氣合, 方成箇心, 有箇虛靈知覺。’ 此等說, 俱合理與氣而言之也。朱子曰: ‘心者, 氣之精爽。’ 此則指氣而爲言也。於古人論議處, 惟觀其所見如何耳。”

客曰: “誠如子之言, 則心之歸重, 果在於理歟? 象山、陽明, 亦皆曰‘心卽理也’, 此則何以異端目之乎?” 余曰: “吾儒與異端, 立言主意, 各自不同。若陸、王所論, 則以昭昭靈靈能覺之氣, 認以爲理, 師心自用, 猖狂胡叫, 略無忌憚, 遂使天理人心, 陷溺戕害。其流弊也, 豈洪猛之比哉? 蓋禪學出而後, 有精神知覺之說, 曰‘知之一字, 衆妙之門’, 曰‘覺則無所不了’, 曰‘淨智妙圓’, 曰‘光明寂照’, 此皆以精神知覺言心也。『孔叢子』曰: ‘心之精神, 謂之聖。’ 張子韶曰: ‘覺之一字, 衆妙之門。’ 陸象山曰: ‘收拾精神, 萬物咸備。’ 又曰: ‘無事安坐, 瞑目澄心。’ 又曰: ‘目能視, 耳能聽, 鼻能知香, 口能知味, 心能思, 手足能運動, 更要甚存誠主敬。’ 楊慈湖曰: ‘鑑中萬象。’ 陳白沙曰: ‘一片虛靈, 萬象存。’

王陽明曰: '那能視聽言動底, 便是性, 便是天理.' 此等說話, 皆與告子之以知覺爲性, 佛氏之以作用是性, 同一傳神. 其所謂心卽理也者, 弄幻精神, 認妙知靈覺, 遂以爲理, 而非吾之所謂民彝物則之理也. 若吾儒之言, 則不然, 人得天地生物之心以爲心. 故方寸之間, 含具萬理, 虛明不昧, 統性情而爲主宰. 及其未發也, 常存敬畏, 涵養本源; 其已發也, 隨事省察, 爲形氣而發者, 則每於道心而聽命, 爲理義而發者, 則勿以私欲而間之, 日用常行, 要皆中節, 此則心之太極, 爲萬化之樞紐根本, 而主宰乎萬物者也. 夫子曰: '從心所欲不踰矩.' 又曰: '其心三月不違仁.' 孟子曰: '仁義禮智根於心.' 又曰: '志者, 氣之帥也.' 此皆以理義言心也. 周子曰: '寂然不動者, 誠也; 感而遂通者, 神也.' 朱子註之曰: '本然而未發者, 實理之體; 善應而不測者, 實理之用.' 程子曰: '心一也, 有指體而言者, 寂然不動, 是也; 有指用而言者, 感而遂通, 是也.' 朱子曰: '心主於身, 其所以爲體物, 性也; 其所以爲用者, 情也. 是以貫乎動靜, 而無不在焉.' 或問曰: '心該誠神、備體用, 故能寂而感、感而寂, 其寂然不動者, 誠也體也; 感而遂通者, 神也用也. 體用一源, 顯微無間, 惟心之謂歟?' 朱子曰: '善.' 此皆主理而爲言也, 非謂心便是理也. 心之本體乃理也, 其理卽仁義禮智也. 以仁愛, 以義宜, 以禮恭, 以智別者, 卽心之妙也. 妙者, 主宰之謂也. 故朱子曰; '性者, 心之理也; 情者, 性之動也; 心者, 性情之主也.' 又曰: '心比性, 微有迹, 比氣自然又靈.' 若以一箇氣字, 當心而已, 則是徒如敷施發用之妙, 專藉乎氣, 而不知本然主宰之體, 實在乎理也. 聖賢、異端, 學問本源不同. 在於理氣, 聖賢, 理學也; 異端, 氣學也. 彼所云心卽理也者, 非眞天理也. 錯以能覺之氣, 換面題目, 是認賊爲子也. 世之人, 亦不深究其聖學、異端之本領若何, 而有以心主理而言者, 則遂目之以異端, 與陸、王一視之, 何以能服人之心, 而嘿人之口乎?"

客曰: "然則後來心卽氣之說, 俱非歟?" 余曰: "不然. 若以心爲非氣, 則亦不可. 知覺運用, 非氣而何? 然知得其上面, 有所以知覺運用之理, 爲之主宰, 方可. 若徒知陰陽有動靜, 而不知動靜之妙, 在乎太極, 可乎? 以朱子'心之理是太極, 心之動靜是陰陽'之訓觀之, 但心卽氣之說, 未爲該備也."

客曰: "理無爲也, 氣有爲也, 以心爲无爲, 可乎? 爲有爲, 可乎?" 余曰: "寂然不動, 則謂之無爲, 可也; 感而遂通, 則謂之有爲, 亦可也. 且無爲云者, 無所作爲, 而自然而已. 无形无爲而爲有形有爲之主者, 理也. 理自有體用, 此所以爲萬化之根本樞紐也. 若太極眞无爲而已, 氣自作用, 則太極決是死物, 而不過爲天地間贅疣無用之物。若爾, 則聖人開口, 何以便說道理乎? 且所主乎身者, 以理可乎? 以氣可乎? 氣爲之主, 則君子道消, 而小人道長, 人類入於禽獸, 中國淪於戎狄矣。此非可懼之甚哉? 程、朱之心主乎身之訓, 恐不專指氣而爲言也。"

客曰: "心爲五臟之一, 而能爲一身之主者, 此何由?" 余曰: "心屬火, 他是光明底物, 所以能洞燭輝管。故爲一身之主宰, 而不似胃腎肺肝之只屬得一邊也。蓋午位, 天地之中, 夏爲四時之中, 而光明通泰, 品物咸亨。心之於一身, 亦猶是也。火臟爲神明之舍, 則形也; 言其精爽, 則氣也; 言其妙用, 則神也; 言其本體, 則理也。形、氣、神、理, 四者闕一, 不可以爲心也。"

客曰: "近有'性爲心宰'之論, 此說何如?" 余曰: "宰字, 是主宰妙用之意。以性爲心之本體則可。以性爲心宰, 則此不敢知, 朱子何嘗有如此倒說乎? 蓋聖賢之學, 不過理爲氣主四字, 而爲此之言者, 專以心爲氣。故嫌生於氣爲一身之主, 遂挑出一性字, 置之於上面, 爲之主宰云。細觀其立言本意, 則心卽氣也, 性卽理也。若曰心爲性情之主宰, 則於理爲氣主四字說不得。故如是開鑿兩邊, 對擧做出前人之所未言。其意見則誠善, 其立言則誠誤。此非他, 專由於不知性之爲物, 合是心之本體, 而統於心者也。朱子曰: '心之全體, 湛一虛明, 萬理具足, 無一毫私欲之間, 其流行該徧, 貫乎動靜, 而妙用又無不在焉。故以其未發而全體者言之, 則性也; 以其已發而妙用者言之, 則情也。然心統性情, 只就混淪一物之中, 指其未發已發而爲言耳。非是性是一箇地頭, 心是一箇地頭, 情又是一箇地頭, 如此懸隔也。' 以此觀之, 則心性決是二物乎? 朱子又曰: '性對情言, 心對性情言。' 以此言之, 心性果對言可乎? 後來言心專以氣看, 故或於古聖之訓, 有窒礙說不去處矣。蓋異端, 專以知覺爲理, 而不知有本然之理。一邊說話, 專以知覺爲心, 而不言其本體所具之理; 一邊說話, 亦以知覺爲氣, 而以本體所具之理爲主焉。此其不同之略也。"

客曰: "異端之見, 誠如所諭, 而但兩邊論說不一, 何所適從?" 余曰: "兩說, 雖有差殊, 而其爲憂道闢異, 則一也。前一說之心卽氣云者, 深懲異端心卽理之說, 而恐後學認知覺爲天理。故曰: '性爲心宰。' 此與後一說之以本體所具之理爲主者, 一樣意思。但後之學者, 聽人之言, 不究其主意若何, 不問其義理當否, 動輒相詆, 角立門戶。此等處, 極難開喙。余之此言, 非欲爲調停牽合也。實究其裏面意思, 則宮商相宣, 不害爲保合太和也。"

客曰: "聖、凡之心同歟? 異歟?" 余曰: "以其所具之理言之, 則發而爲惻隱羞惡辭讓是非, 此則謂下愚不能無者也。以其所禀之氣而言, 則虛靈知覺, 固有分數, 何可謂聖凡無異也?"

客曰: "栗翁云'心之虛靈, 不拘禀受', 而今子之言, 虛靈知覺, 有分數者, 何歟?" 余曰: "聖人, 禀氣至淸, 故明睿所照, 觸處洞然; 賢人以下, 至于衆凡, 有萬不同, 或學知利行, 或困知勉行。若虛靈無分數, 則世間, 何有凡愚之人耶? '不拘禀受'云者, 愚者可變而爲智, 不肖者可變而爲賢, 非如妍醜長短之一定無變也。豈其無分數之云爾乎?"

客曰: "如子之言, 則虛靈固是氣歟? 世或以氣之本體言虛靈, 以理之神明言虛靈, 以合理與氣言虛靈, 其爲說不一, 何歟?" 余曰: "朱子亦嘗以虛靈屬之於氣, 而又於『通書』'匪靈不瑩'之下, 註之曰: '此言理也。非人心太極之至靈, 孰能明之?' 又嘗曰: '理神而莫測。' 又曰: '這箇道理在心裏, 光明照徹。' 以氣以理, 俱不爲無據。蓋理氣, 元不相離, 何物不然? 惟心也, 理與氣妙合而成名者也。其曰虛靈, 非是專理也, 亦非是專氣也。能爲虛靈者, 二五之精英也。所以虛靈者, 太極之至靈也。此處極細密難看。若謂氣自虛靈, 而與理不相干, 則是天下有理外之物也。夫子何以曰'一陰一陽之謂道'耶? 或謂虛靈是氣之本然, 而聖凡皆同, 此亦未可知。旣曰氣, 則淸濁粹駁, 有萬不同。雖以氣之本然言之, 聖人衆人, 固無分數, 而同一虛靈歟? 栗谷曰: '虛靈底有優劣。'"

客曰: "靈底是心, 實底是性。靈與實, 自是有別, 而子於心性欲合, 而爲言者, 何歟?" 余曰: "性者, 太極之實理也。實有是理, 故曰: '實底是性。' 具是實理, 而神明不昧, 能主宰運用者是心, 故曰: '靈底是心。' 心外無性, 其實一也。譬如人之一身, 內有五臟, 外有耳目鼻口手足運動, 五臟謂之非身, 可乎? 與身相對而言, 可乎? 五臟, 是身中所具之物, 而身統五臟耳目鼻口手足運動靜而爲名者也。心亦猶是焉, 心是統性情者也, 性是心中所具之理也。其不可分言對言, 猶五臟之於身也, 甚明矣。"

客曰: “性發爲情, 心發爲意。情、意, 似非別樣, 而何以有性發、心發之異言歟?” 余曰: “天理在中, 粲然有條, 而及其隨事感發, 有喜怒哀懼愛惡欲七者之目, 故曰情者, 性之動也。意者, 緣情計較商量之謂也; 心, 是統性情而爲主宰者也。因是情之發出而計較商量者, 是心之發。故曰意者, 心之所發也。蓋心能思量, 性不能思量。情者, 無思量而直發出者也; 意者, 於發出而能思量者也。是以字訓本義, 各自不同, 而『大學』亦不曰‘誠其情’, 而曰‘誠其意’者, 職以此也。”

客曰: “志字, 是何等名目?” 余曰: “情發而直向者志也, 有剛毅堅實底意。蓋志陽而意陰, 故志則善邊底意多, 意則於善惡之發, 聚精蓄思矣。”

客曰: “性則五常而已, 而至於發而爲情, 則或曰七情, 或曰四端者, 何歟? 七情、四端, 是一歟, 二歟? 先儒曰: ‘四端, 理發而氣隨之, 七情, 氣發而理乘之。’ 若如此說, 則理氣有互發, 而四、七各自爲情歟? 或有以七情, 屬之人心; 四端, 屬之道心者, 此則何如?” 余曰: “情, 統而言之, 則七情而已。七者之外, 安有別樣四端也? 七情, 有善有惡, 兼理氣而言者也; 四端, 就七情中, 單指善一邊而言者也。蓋性之德, 不過曰健順五常。而其發也, 喜怒屬乎健順, 愛屬仁, 惡屬義, 懼屬禮, 哀屬智, 欲屬信, 脈絡相通, 條理不紊。以四端言之, 則惻隱, 非愛乎? 羞惡, 非惡乎? 恭敬, 非懼乎? 是非, 則於七者, 無乎不屬也。四七理氣互發之辨, 先賢論之甚詳, 更容何說? 蓋‘發者, 氣也; 所以發者, 理也。非氣不能發, 非理無所發。’ 栗谷此言, 至爲精透, 於發明理氣, 發與所以發之妙, 蔑以加矣。但退溪主意, 眞謂理氣有互發耶? 抑以四端發於理, 七情發於氣, 而說之反差倒耶? 此未可知。然七情兼理氣者也, 亦不可以氣之一字偏言也。人心, 從形氣而生者; 道心, 從性命而發者。七情, 統人心道心而爲言也。四端屬之於道心則可; 七情何可偏屬之於人心乎? 喜怒哀樂之由理義而發者, 謂之人心, 可乎? 人心道心, 固可對說; 四端七情, 不可對說也, 明矣。且四端雖曰專言理, 而以常人言之, 四端亦或有不中節者矣。”

客曰: “朱子曰: ‘知覺, 便是神。’ 知覺, 固是氣也; 則神, 亦氣也。世之以神爲理者, 亦有證據歟?” 余曰: “周子曰: ‘感而遂通者, 神也。’ 朱子註之曰: ‘善應而不測者, 實理之用。’ 周子曰: ‘神應故妙。’ 朱子註之曰: ‘不疾而速, 不行而至, 應(以)[而][20]妙也。’ 其下小註,朱子又曰: ‘知覺, 便是神, 觸其手則手知痛, 觸其足則足知痛, 便是神應, 故妙.’ 上下文勢, 自是一串, 而於上文, 旣以實理之用註之, 則下文亦何以異看乎? 朱子亦嘗曰‘理與氣合, 便能知覺’, 何可專認知覺爲氣乎? 神字來歷, 厥有久矣. 夫子於『易經』曰‘神無方而易無體’, 朱子註之曰: ‘如此, 然後可見至神之妙, 無有方所.’ 夫子曰‘陰陽不測之謂神’, 朱子曰: ‘此章, 言道之體用, 不外乎陰陽, 而其所以然者, 則未嘗倚於陰陽也.’ 夫子曰‘易無思也, 无爲也, 寂然不動, 感而遂通天下之故, 非天下之至神, 其孰能與於此’, 朱子註之曰: ‘寂然者, 感之體; 感通者, 寂之用. 人心之妙, 其動靜亦如此.’ 其外許多神字, 無一差殊, 而周子曰‘物則不通, 神妙萬物’, 朱子曰: ‘此言形而上之理也. 理則神而莫測.’ 程子曰‘以功用謂之鬼神, 以妙用謂之神’, 朱子註之曰: ‘功用, 言其氣也; 妙用, 言其理也.’ 張子「西銘」曰‘知化則善述其事, 窮神則善繼其志.’ 朱子曰‘化底是氣, 故喚做天地之事; 神底是理, 故喚做天地之心.’ 張子又曰‘一故神. 自註曰: 兩在故不測.’ 朱子曰: ‘橫渠說得極好’. 夫聖賢所論, 如是詳盡. 後之學者, 何爲左右携異乎? 神者, 神妙不測之謂也, 卽太極之異名. 非太極之外, 別有所謂神也, 太極之用卽神也. 方其靜時, 未嘗不動; 方其動時, 未嘗不靜. 靜而能動, 動而能靜, 忽然在這裏, 又忽然在那裏, 無有形體, 無有方所, 不疾而速, 不行而至, 無一息之間斷, 無一物之闕漏. 若非太極之妙用, 天地不能悠久矣, 古今不能連續矣, 四時不能連行矣, 人物不能生生矣. 世之人, 或有以理無爲三字, 偏守己見, 遂以太極認爲死物, 而不知太極之妙用, 神而莫測. 若如其見, 則釋子無爲無慮, 閉目見心, 眞可謂理學, 而吾儒之日用事物所當行者, 不亦氣學之甚乎? ‘君子之道, 費而隱’, 隱者, 太極之本體; 費者, 太極之妙用也. 知太極本體之无爲, 而不知太極妙用之無不爲, 可乎? 近世明儒, 以心與神, 專以爲氣者, 蓋出於攻斥陸、王、釋氏之計, 而却未知反有傷害於古昔聖賢之訓, 何者? 聖學、異端, 本領霄壤, 所見矛盾. 聖學則理爲氣主, 異端則認氣爲理. 以彼證此, 有何近似乎? 「感興」詩曰: ‘人心妙不測, 出入乘氣機.’ 乘氣者, 是理乎? 氣乎? 妙不測, 卽神之謂也. 然古人, 亦或有以氣言神處, 惟隨其地頭而觀之耳.”

客曰: “明德, 或以心言之, 或以性言之, 或以理言之, 或以氣言之, 何取正?” 余曰“明德者, 人之所得於天之理也. 在天曰明命, 在人曰明德, 其實一也. 虛靈不昧是心, 具衆

---

20) (以)[而] : 저본에 '以'로 되어 있으나 『通書解』에 의거하여 '而'로 수정하였다.

理是性, 應萬事是情, 明德是心性情之總名, 而不昧之下, 存着一以字, 則亦可見心統性情之妙也。是以栗谷於『聖學輯要』, 以玉溪'明德只是本心', 註之矣。蓋明德, 以心言之, 則道心也, 非人心也; 以性言之, 則本然也, 非氣質也。且經傳中許多德字, 以理言乎? 以氣言乎? 奚獨於此而爭之乎? 孟子所云'本心'者, 是理乎? 氣乎? 朱子曰: '有得於天而光明正大者, 謂之明德。' 又曰: '這箇道理, 在心裏光明照徹, 無一毫不明。' 又曰: '人本來皆具此明德, 德內便有仁義禮智四者。' 又曰: '明德未嘗息, 時時發見於日用之間, 如見非義而羞惡, 見孺子入井而惻隱, 見尊賢而恭敬, 見善事而歎慕, 皆明德之發見也。' 由此觀之, 明德之非氣, 豈不十分昭然乎? 明德, 本是明底物事。只爲氣稟所拘, 物欲所蔽, 或有時而昏。然其本體之明, 則有未嘗息者, 故因其所發而遂明之, 則卽本來明德也。文王之克明, 明此德也; 成湯之顧諟, 明此德也; 帝堯之克明, 明此德也。此德卽上帝所降之衷, 而民生所秉之彝也, 萬物所有之則也。古之欲明明德於天下者, 欲明此理於天下也。德與道理, 互換說了, 有何不可?"

客曰: "然則明德, 人人所同, 而固無分數歟?" 余曰: "然! 若以明德, 爲有分數, 則是理有萬本也, 烏其可哉! 以性則有本然氣質, 名目之不同; 以心則有人心道心, 知覺之不同; 以情則有天理人欲, 向背之不同, 而惟此明德, 單一光明正大底道理, 有何分數也? 堯、舜與衆人, 其明德則一也。"

客曰: "喜怒哀樂之未發, 謂之中, 中也者, 天下之大本。旣曰天下之大本, 則人人皆有未發之中歟?" 余曰: "中者, 狀性之德也, 無所偏倚, 而渾然在中之義。以其大本而言, 則人皆得此而爲生也。劉子所謂民受天地之中, 是也。但衆人之心, 卽拘於氣稟, 又蔽於物欲, 常昏昧放倒, 鮮有未發時矣。是以君子之道, 貴存心養性也。"

客曰: "或云'未發之體, 亦有善惡之可言'者, 此說如何?" 余曰: "心之未發, 此理無所偏倚, 有何惡之可言? 及其乘氣而發也, 氣之清時, 事易中節; 氣之濁時, 事難中節。而有從理義而發者, 則無有不善; 有從形氣而(坐)[發][21]者, 則易流於惡。善惡二字, 只於發處判了。豈眞有惡之種子, 根於心內, 與善相對, 而隨感以發耶? 程子曰: '人生氣稟, 理

---

21) 坐[發]: 저본에는 '坐'로 되어 있으나, 문맥을 살펴 '發'로 수정하였다.

有善惡.’ 此箇理字, 當以合字意看, 非謂理本有善惡兩箇也.”

客曰: “孟子曰: ‘存其心, 養其性.’ 又曰: ‘養心, 莫善於寡欲.’ 又曰: ‘善養吾浩然之氣.’ 養性、養心、養氣, 同一節度歟? 養氣之說, 何以而謂有功歟?” 余曰: “養性, 以其靜時而言; 養心, 兼動靜而言. 其節度, 只是敬之一字. 君子之心, 常存敬畏, 而於所不睹不聞之時, 則戒愼恐懼, 常惺惺, 無昏昧之失, 而萬理具足, 無所偏倚. 及其隨事感應也, 精以察之, 不使有紛雜之弊, 而不貳不參, 靡他其適, 所謂敬以直內, 義以方外者, 正如此. 其曰養氣, 非如珍味良藥補養血氣也. 蓋人之稟氣, 本自浩然. 但失養故餒, 養之之術, 集義而已. 須見得道義分明, 行得道義眞的. 惟日俛焉孳孳, 積之又積, 仰不愧, 俯不怍, 无所慊恨於心, 則其正大之氣, 由此而生, 充滿於體, 有千萬人吾往之勇, 而誠可以任重致遠矣. 故曰‘持其志, 無暴其氣’, 志者, 帥也; 氣者, 卒徒也. 非帥, 無以帥卒徒; 非卒徒, 無以夾助乎帥. 雖曰敬守其志, 而若無此氣以配乎道義, 則其一時所爲, 雖未必不出於正, 而亦不免於疑懼, 而不足以有爲矣. 此養氣之說, 有功於聖門也. 異端之學, 與此正相反, 不能存心養性, 而謂以見心識性, 不能養氣而徒使氣而已. 吾儒養之以道義, 異端之所見者, 不過昭昭靈靈之氣. 是以硬制此心, 絶外物而廢人倫, 欲無思慮, 不究其所以當行之理; 徒以能視聽運動底認之爲天理, 不知其上面有民彝物則、天然自有之中. 如告子雖曰勿求於氣, 而其所以硬把不動者, 只一麤氣也. 若於道義, 則冥然無覺, 悍然不顧也. 後來蘇、陸、陳、王, 與釋氏意見, 凡爲無一不然也.”

客曰: “尊德性, 居敬也; 道問學, 致知也. 先儒或以爲‘異端於尊德性則有之, 而道問學則未也’. 如子之言, 則異端亦不得爲尊德性耶?” 余曰: “子謂德性, 是理乎? 氣乎? 吾儒之學, 虛而有, 寂而感, 以其能敬也. 異端之敎, 虛而無, 寂而滅, 以其不能敬也. 不能敬以直內, 安有義以方外也? 以虛无寂滅, 謂之尊德性, 可乎?”

客曰: “陽明致良知之說, 本於孟子良知之訓, 而世人深闢之者, 何歟?” 余曰: “孟子以愛親敬兄之道, 不待思慮, 而油然發出者, 謂之良知; 而陽明, 則以視聽運用之氣, 不由義理而自能知覺者, 謂之良知. 字之外貌雖同, 而裏面主意, 大相不同. 譬之, 如以五霸之假仁義, 謂之仁義之眞, 可乎?”

客曰: “學問之要, 在乎致知、力行, 而『大學』曰‘致知在格物’。致知與格物。’ 是一事歟? 是二事歟? 其曰‘物格’云者, 物理至於吾心歟? 吾心, 至於物理歟? 蓋天下事物之理, 至衆至微, 以紛雜搖漾之心, 何能格得事事物物歟?” 余曰: “此言, 非常醜差, 與異端之說, 其間何能以寸? 如曰閉目絶慮, 頓悟良知者, 徒以絶夫外物, 而不欲窮理也。是以其傳守之徒, 利其簡便, 不肯用工於問學實地, 而硬把守定者, 只一虛箇影子耳。聖人, 敬以存心, 主一無適, 酬酢萬變, 日用事物, 何莫非所當行之理哉? <u>程子</u>曰: ‘世間萬事[22], 盡是人事, 人事不敎人做, 更責誰做。’ 然事物之理, 无有窮盡, 切不可以頓悟良知也。必須大段用工, 方可致知。是以『大學』始敎, 必使學者, 卽凡天下之物, 莫不因其已知之理, 而益窮之, 以求至乎其極, 其用工節目曰博學、審問、愼思、明辨而已。以學、問、思、辨, 謂心常紛雜, 可乎? 古人之嘉言、善行, 盡在於書, 熟讀詳究, 方能知事親、事君, 如何是十分恰好? 尊賢、敬長, 如何是十分恰好? 處己、接人, 至於事物拒細, 無一不知其所當然之理。若不道問學而能窮理者, 吾未之信也。物理、吾知, 固是兩項, 而欲致吾之知, 非窮物之理則不能, 故曰: ‘致知在格物。’ 此致知格物, 卽一事也。又曰‘物格而后知至’, 則物格, 以‘物理之極處’爲言; 知至, 以‘吾心之所知’爲言, 此便是二條也。物格云者, 以‘物理極處無不到’爲言也。‘到’與‘至’字, 俱是極至之謂也。格物是工夫, 故『章句』於‘極處’上, 着‘欲其’二字; 物格是功效, 故於‘極處’上, 闕‘欲其’二字也。‘物理至於吾心’之云, 與古註略同, 而切非經文章句之本意也。”

客曰: “<u>溫公</u>以扞格物欲, 謂之格物, 此說何如?” 余曰: “如此則當屬於誠意一邊, 於致知有何緊切乎? 誠不知致知上本領節度, 而在窮理也。蓋天下之物, 莫不有理, 人心之靈, 莫不有知, 以吾心之知, 窮至事物之理, 此是合內外之道也, 此之謂格物。<u>溫公</u>人品質則至粹, 而才氣則未盡淸明, 故於此等處, 或有見得不透了。”

客曰: “<u>堯</u>、<u>舜</u>, 以生知之聖, 宜其知無不周徧, 而但曆象日月星辰與璣衡之, 以齊七政爲急先之務, 故兩典首言之歟? 或言洋曆甚精, 歲月日無差度云, 此說信否?” 余曰: “惟天垂象, 非聖人莫能則之。天有運行, 地有升降, 日行中道, 月行九道, 有遲速遠近之不同。經星周天旋行, 常有定度; 五星爲緯, 或遲或速, 或進或退。雖云歲有出入常度, 亦其變

---

22) 저본에는 ‘世間萬事’로 되어 있으나, 『二程遺書』는 ‘世事雖多’로 씌였다.

難測。蓋天地造化，皆從七政上斡旋了。聖人代天理物，爲之曆象，敬授人時，以成歲功，急先之務，孰愈於此乎? 堯、舜之前，已有此曆象; 堯、舜之後，亦以此曆象。聖人欽若昊天，敬授人時。故天無災異，人不失時，庶績咸熙，天下大治。暴君不然，慢天虐民，不知天戒，不恤民情。時氣失節，飢餓離叛，天下大亂。天人一也，爲人上者，奈何不敬? 世之說洋曆者，口液津津，謂以堯時曆象，莫能及此。噫! 何其醜差也? 多見其不知量也。假使洋曆甚精，此不過禽獸之只通得一路，何足掛齒? 蓋大聖人所作爲，範圍而不過，曲成而不遺，固非常人之所可測度也。蓋天度三百六十五度二百三十五分而有奇，歲日三百六十五日二百三十五分而不足。是以天漸差而西，歲漸差而東，約七十五年差之一度，此歲差之所由說也。以今昏中星觀之，與堯時不同。後人本不知天象之如何，而誣毀聖人，此眞坐井觀天也。聖人則天觀象，隨時總裁而已，豈必零零瑣瑣，計較毫絲，務爲萬億年將來之曆乎? 如使堯、舜，在於今日，以今之昏中，推步作曆，亦無不合矣。"

客曰: "朞三百註，則以爲日行小遲，故在天不及，爲一度; 月行尤遲，故在天不及，爲十三度十九分度之七。十月之交註，則以爲日行一度，月行十三度十九分度之七，當從何說? 兩註若是相反，何歟? 天則左旋，日月俱右旋歟?" 余曰: "天與日月，俱左旋而天行健，故一日經三百六十五度二百三十五分，而復過一度。日則比天不及，爲一度; 月則不及，爲十三度十九分度之七。但曆家，則從推數之簡便，以退步爲事。故以爲日行一度，月行十三度十九分度之七。日月，豈眞右旋也? 『詩』註則從曆家之說，若計日月合朔，則以十二度十九分度之七推數之，積二十九日四百九十九而月與日會也。蓋日與天會而成一朞，月與日會而成一月，合氣盈朔，虛而閏生焉。十有九歲七閏，而天日月度數，別無過差，是爲一章，此其六略也。"

客曰: "天之列宿，下應萬物之精，而各有主司。且有瑞慶災妖之不同，何以能明察而盡識歟?" 余曰: "以蓋天圖攷之，周天經星，皆有常數。此則非難知，而但精察氣色之大小昏明，審觀次舍之離合遠近，難也。五星有遲速進退，客星有瑞慶災妖，此則尤難。非精於天象者，難可語此也。然此非學者所當急務也。雖未知，亦何害之有?"

客曰: "天下至大，各國名，實不可盡識明。以史籍所載言之，其山川風土，宜莫如中國。

且以周公土圭之法測之, 則洛陽爲天下之中, 而近來有地球圖出云, 海內有五大洲, 而以中國及西域等地統之, 爲東邊一洲。天地之間, 果如此圖乎?" 余曰: "噫! 此是余足跡之所未到也, 何必質言其然否也? 然以理勢推之, 決知其必不然。古人詩曰: '天向一中分造化, 人於心上起經綸。' 中國卽天地之中心也。自開闢以來, 神聖繼出, 作書契制禮樂, 日月所照, 霜露所墜, 舟車所至, 人力所通, 同文同軌, 無不被化湊輻。且以土圭言之, 洛陽是土中, 周公豈欺余哉? 世之人, 別好新奇。如地球圖, 信以爲眞, 此邪說之所以行也。蓋洋胡, 卽人類之禽獸。作奇技淫巧, 眩人耳目; 造邪言異藥, 幻人心腸。率天下而入其掌, 與先王禮法, 不啻惟爭衡, 思以欲易天下。若使孟子生於此世, 肯屈首堅降幡乎? 不得已而苦口辨說, 以距之乎? 不必孟子, 人人皆得以能言距之, 可也。"

客曰: "古史無西洋二字, 而其曰西域諸國, 倘今之所云西洋乎? 或云西洋之與中國不通, 以弱水無力, 不能行舟也。萬曆間, 利泰西始通中國, 周流天下, 而弱水生力, 與他無異, 此說不足信乎?" 余曰: "弱水之得名, 以其無力也。載於古經, 何可不信? 但今之生力, 此何異事? 誠未可知。以一元言之, 今當午會之中, 太陽之氣, 正西轉之時也。無乃天地之氣數使然耶? 然弱水, 是西域一邊水, 非西海之統名也。西域, 自張騫始通, 而西域諸國, 雖絶遠, 在於西海之內, 今此洋夷, 想必在西海島中。且其人桀驁淫巧, 絶不可近也。今擧天下, 無不受毒, 而惟我箕聖一域, 彝倫攸敍, 獨爲乾淨矣。近日之事言之, 誠可爲痛哭者, 吾東人人, 誓不與北賊俱生, 可免於禽獸之歸矣。"

客曰: "中華是帝王文明之國, 而北胡間入稱帝, 是亦天運歟? 東西南三方之夷, 自古莫帝於中國, 而獨北胡爲然者, 此何以歟?" 余曰: "北胡之患, 自三代已有之, 夏曰獯鬻, 殷曰鬼方, 周曰玁狁, 漢曰匈奴, 唐曰突厥、契丹, 宋曰遼、金, 蒙古, 而世有賢聖之君, 御之以其道, 則雖臣附歸服, 而亦數爲邊患。若中國不治, 則乘釁以入, 雄據天下。今之淸虜稱帝, 已過二百餘年, 自有中國以來, 亦無前變故也。古人詩曰: '宇宙無男兒, 可汗帝天下。' 噫! 天何不厭穢德, 使之若是久竊神器耶? 先王之衣冠文物, 掃地以盡, 而惟我靑邱一片, 獨爲明快耳。今日吾輩之生於東國, 思益奇幸。不然則雖不欲剃頭辮髮, 而冠復皮卉, 得乎? 北胡之境, 與幽、並相接, 踰邊塞以入, 若建瓴水然。且人性强暴變詐, 以殺戮爲耕作。是以中國每中其毒, 餘外三方之夷, 或隔在海外, 或偏在遠陬, 是以初不敢生意於中國也。"

客曰: "我國之服事於淸, 如是其久. 且有城下之盟, 設有渡江之日, 則何以處之?" 余曰: "此是國家大事, 何敢言之? 然城下之恥, 何忍忘之乎? 二百餘年之貢聘, 此含冤忍痛, 迫不得已也. 若復渡江, 則是反我敵讎也, 豈可坐輸先王之疆土乎? 枕戈嘗膽, 不可一日忘之也."

客曰: "皇明之名號, 已古矣. 生於中國者, 皆用淸之年號, 服淸之衣制, 而惟我東方士族, 甚羞淸之年號. 而今子之所居, 稱以大明洞, 而刻之于石. 凡於文字, 以崇禎二字特書, 而表出之, 其大義, 可得聞歟?" 余曰: "皇朝之於我國, 其再造之恩, 實天地父母也. 吾輩之得有今日, 是誰之賜? 雖百世不可諼也. 此非余言, 實擧國之公言也. 且虜之年號, 非正朔之所可擬議, 粗有意見者, 豈肯書此乎? 此洞前居之人, 妄以大淸稱謂. 故余之來此, 切不欲以此犬號, 小須臾掛於唇齒間. 故改之以大明, 而刻之于石, 以表余一生, 風泉之思也."

客曰: "淸之有天下, 如彼其專且久也. 且或云其文明之治, 堯、舜三代後, 罕比焉. 子之深斥, 無乃不公乎? 我國以彈丸小邦, 僻處海隅, 外無應援. 且文恬武嬉, 民不睹兵革已久矣. 猝當變難, 何以取勝乎?" 余曰: "是何言也? 元魏孝文, 能變改胡制, 朱子於『綱目』與之. 今此淸虜, 專以智巧, 制御九有, 而先生之衣冠文物, 一變掃盡, 以此謂之文明之治可乎? 三代上矣無論, 漢、唐以後, 至于宋、明, 寧有此事否? 今之淸虜, 卽前之胡元. 先儒以胡元, 非正統, 累以爲言, 子奚以余言爲不公乎? 三代全盛之時, 王畿不過千里, 而孟子曰: '未聞以千里畏人者也.' 我東國三千里, 地非不大也, 人非不多也. 山川非不險固也, 兵革非不堅利也. 內修外攘, 苟爲自强之術, 則何待於外援, 何畏乎寇賊哉? 乙支文德, 當東國三分之日, 猶能以偏師, 敗沒隋之九軍, 唐太宗以天下英武, 猶不能渡鴨綠, 況今以全盛之日, 薄斂勸農, 修兵講武, 使知有親上死長之義, 則胡之鐵騎, 洋之大砲, 何足懼哉? 不然, 則前徒倒戈, 舟中皆敵國也."

客曰: "我國與洋倭, 業已講和, 事無奈何, 當以何術驅逐境外, 使無尾大難掉之患乎?" 余曰: "事關朝廷, 非草野之人所可屋下私講也. 然今日之憂, 非杞人之無事, 爲臣子者, 孰不欲掫腕張膽, 蹴踏此賦也? 但投鼠忌器, 不敢乃爾. 此賊, 外雖託通貨之名, 而內必有窺伺肆毒之意, 以奇貨珍怪爲之外府耳. 今上自朝廷, 下至草野, 貪樂倭洋之物,服之用之, 視之如常。而又款接彼醜, 處之都城之內, 宮闕之側, 民神雜糅, 彼我混一。如入鮑魚之肆, 而不覺其臭。噫! 此亦天使之然耶? 抑人爲而然耶? 燕雀處於未及燃之宇下, 而呴呴相樂, 誠目下眞境耶? 縱虎入室, 安得保其無反噬也? 今此賊, 絶之亦叛, 不絶亦叛, 旣往莫追。若自上翻然悔悟, 下諭朝野臣民, 使知大聖人所作爲。如靑天白日, 而先自京城, 不用洋倭之物, 禁奢華絶奇巧, 而至於遠方市肆, 有貿遷倭洋之物者, 以律痛繩, 則民心愛戴, 孰不欲親君死長乎? 軍情親附, 孰不欲禦侮敵愾乎? 至於彼人, 以好言謝絶, 驅出境外, 而我旣不用彼物, 則彼雖欲通貨, 何路可得乎? 若彼先執言動兵, 雖不免一場鏖戰, 猶不勝於束手受制乎? 況我人心日固, 以守以戰, 豈有不勝之理? 若坐失日月, 百病俱發, 雖華、扁手段, 何能救治乎? 竊恐季孫之憂, 不在顓臾, 自在於蕭墻之內也。設或立關通貨, 定約設禁, 不過如前日萊關, 則彼以何辭凌辱於我乎? 追念龍蛇之變, 倭奴之汚辱我先王陵寢, 屠戮我生靈肝腦, 其毒禍大矣, 雖百世, 何可忘也? 尚未能快雪前恥, 而豈肯與之親和乎?"

客曰: "國之大政, 軍還糴三者, 而我國軍制, 古今異變, 而京城則鐵騎精砲, 猶可足恃也。以外邑言之, 則軍額充數, 並無其實, 白骨黃口, 幾至其半, 而雖或春秋點閱, 間歲調鍊, 殆同兒戲, 坐作進退, 專無紀律, 以此而欲赴湯火、犯矢石, 安得不敗北乎? 所貯軍器, 亦不堪用, 何以則能不擾民情, 不傷民力而變通有道乎?" 余曰: "古者, 聖人雖治化隆盛, 晏然無事之日, 未嘗一日而忘武備, 是以藏兵於農, 以四時農隙, 講習武事, 況今憂虞溢目, 武備亦一急務也。若軍額有闕, 以精壯塡代, 兵器有傷, 命工匠改造。武技之精通者, 舉而用之; 器械之精造者, 重以賞之, 則何患無精兵利器乎? 但我國取人, 文武異道, 而貴文而賤武。故爲士者, 不知決拾爲何物, 流弊滋僞, 業武者, 亦不習弓矢而取科, 可勝歎哉! 蓋男子之初生也, 懸弧於門, 此固有爲而然也。今若以鄕三物敎萬民, 而比年貢擧, 隨其才而擢用, 則孝廉賢良, 人人可必, 禮樂射御, 家家皆能。如此則民情不憂, 而武技遍於國中; 民力不傷, 而弓矢各自準備矣。設有變難, 折衝禦侮, 何難之有? 然精兵利器, 專不可恃, 民知禮法, 然後可以用戰。子曰: '以不敎民戰, 是謂棄之。' 孟子曰: '可使制挺, 以撻秦楚之堅甲利兵。' 又曰: '天時不如地利, 地利不如人和。' 豈無理之言而聖人說之?"

客曰: "還穀本爲民設倉, 而凶年則發之, 豐年則斂之, 而備不虞, 資用軍需, 此有國之大政。而今則倉廩無片石之貯, 盡爲吏胥之負逋, 而其所給還, 不過爲紙上空文。雖曰米還, 而民不見一粒米; 雖曰錢還, 而民不見一分錢, 而防納督徵, 民不了生, 何以則有還穀之名實, 而民亦無弊乎?" 余曰: "目今之勢, 爲民之弊, 莫甚於還穀。設使一朝, 盡蠲吏逋, 生微本穀於民, 以實倉庫, 不過幾年, 亦如今日矣, 莫如革罷, 以舒民困也。若欲以備歲荒, 廩軍食, 不得革罷, 則只依朱子社倉法例, 自民間自立規約, 歛散隨宜, 而使官吏不爲干涉, 則其或庶幾乎?"

客曰: "田結兩稅, 以國典攷之, 初不滿十一, 而挽近以來, 穀數歲加,結歛日增, 二猶不足。公私(具)[俱]23)竭, 而爲民者, 終歲勤動, 雖年豐, 不足以仰事俯畜。若凶荒, 則取盈稱貸, 終不免飢餓死亡, 土豪則雖耕作元實之結, 用賂作奸; 殘民則雖陳川無徵之結, 無處告訴, 何以則上不失公家之賦稅, 下以安民生之生業歟? 古人論治人先務, 未嘗不以經界爲急, 我國不得行井田之制歟?" 余曰: "十一者, 天下之常法, 行之則極善, 而但我國山川偏狹, 地形傾陷。井田, 雖不可通行, 然以平原, 則畫井如法。其餘則統名爲公田, 計畝均受, 定爲十一, 而使不得私自賣買, 則民無貧富之等差, 而官祿軍需, 亦可坐而定也。若爾則雖不畫井, 而與古之井制, 何異哉? 縱不能行此制, 如今之田結, 率由舊章, 則亦何弊之有? 若遇飢荒, 則自上執灾減賦, 待秋捧稅, 此莫非憂恤斯民而然。民未蒙實惠者, 但爲中間所盜弄耳。蓋農者, 天下之大本, 而非野人, 亦莫養君子。下之貢上, 上之取下, 皆有定制, 則本固邦寧。未有府庫財, 非其財者也。生財有大道, 務本節用而已。白圭之二十取一, 固不可; 哀公之二猶不足, 亦不可。春省耕而補不足, 秋省歛而助不給, 勸課農桑, 不失其時, 則穀不可勝食也。上自朝廷, 達于里巷, 衣服飮食, 宮室車馬, 勿用華靡, 則財不可勝用也。不作無益, 則難役不興; 不寶遠物, 則異類不至; 民生當足, 則國用亦足; 民生困竭, 則國用亦竭。上有好仁, 下必有甚焉者, 君子之德, 風也; 小人之德, 草也。治亂安危, 只在於上之化導耳。田結改量, 亦已久矣, 安得無實結作奸而陳川橫徵乎? 昔則有弊則改之; 今則欲爲矯弊, 反益生弊。田結改量, 此亦重事, 不善措處, 則未見實效, 而徒增民間之擾擾耳。蓋其人存, 則其政擧; 其人亡, 則其政息。爲政之本, 在於得人也。"

---

23) (具)[俱]: 저본은 '具'로 되어 있으나 문맥을 살펴 '俱'로 수정하였다.

客曰: "今之取人, 專以文武科目中出身者, 次第擢用, 而設或有草野遺逸之人, 不由科第, 則何以識其才不才而取舍之乎?" 余曰: "科目出身之人, 豈無賢者? 但以此取人, 非先王之制也。修學校之政, 興孝悌之道, 使人人知人倫之爲實行, 知聖學之爲大經, 勉盡孝悌, 崇尙禮讓, 則人才得以培養, 民俗可以淳厚矣。鄕貢大比, 任賢使能, 則民日遷善, 野無遺賢。如是而不治平者, 未之有也。科目取人, 不惟未爲培養士習, 反又害之也。"

客曰: "如子之言, 則科擧專廢之可乎?" 余曰: "其來久矣! 縱不能廢, 主試士者, 取其文辭之淳實, 而明於聖學、達於治道者, 則何爲不可也? 但時文淺浮新奇, 無一實用, 而奔競成習, 借手納劵。幸而得科, 曳白無恥者, 何能知古聖人修齊治平之道哉?"

客曰: "古者, 自卿士大夫, 有立宗之法。各有統攝, 而冠昏之禮、告廟之節, 皆以宗子主之。今則鮮見有宗法之家, 而但近世, 明譜系, 收宗族, 是或宗法之一道歟?" 余曰: "然。蓋宗子有君之道焉, 人不知尊祖, 故不能敬宗也。"

客曰: "當如古禮, 則冠必三加, 昏必親迎。而今俗鮮有行之者, 且不嫌同姓之婚, 此等誤習, 猝難變改歟?" 余曰: "大哉言也! 使世人皆如子之志, 則何復禮之爲難? 但習於俗見, 不知禮教, 是以猝難變改也。先王朝, 已有禁同姓之婚, 而且國家五百年議昏, 無一同姓揀選。爲今臣民者, 不法國制, 而謬行汚俗, 可乎?"

客曰: "人家初喪, 或有造使者飯, 而鋪於門外者, 此則何如?" 余曰: "誠大不可, 此必出於麗俗崇佛也。若有閻羅使者, 捉殺人命, 則是爲人子之大讎也。於大讎, 何飯之有? 此是無知妄作, 傷倫悖理甚矣。此等說話, 可家喩戶曉也。或世俗家間, 有置帝釋器者, 此亦無識之甚。釋器, 何當於俗家乎? 人家灾厄, 每由此等妖邪而生, 切宜痛禁!"

客曰: "喪中上食時, 或以澆飯之水, 棄之於外, 爲犬猫所食, 此亦惡事, 何以則可?" 余曰: "神之饗餘, 何可褻慢也? 進熟水後, 下匙於器中而已。不爲澆飯, 可也。非惟上食時爲然, 雖某祭時, 亦當如此。"

客曰: "祭禮, 莫重於四時正祭, 而今俗鮮有行之者。忌祭則家力稍饒者, 盛供酒饌。祭之日, 與賓客里人, 飲啖醉飽, 無異宴次。 或不然者, 人爭非之, 此則何如?" 余曰: "祭禮無論, 某祭財力可及者, 自當如儀; 不及者, 飯羹蔬菜, 務令精潔, 盡其誠敬, 可也。 四時正祭, 非惟貧家不行, 雖財力可及者, 亦自不行, 此未知緣於何故耳。 上自天子, 至于庶人, 雖有七廟五廟, 三世祭禰之等殺不同, 而其祭於四時則一也。 祭之時, 主人受胙撤而餕, 歸胙於宗黨親賓, 而雖作樂娛尸, 亦無不可者, 以其吉祭故也。 忌日則古之人, 以喪餘之服, 獨處哀慕, 飲食凡節, 變於常日, 而親戚故舊, 或往問吊矣。 至于宋而始有祭, 此亦義起也。 今人不知忌日之爲重, 而粗有家力者, 盛供祭饌。 祭之後, 主人以下, 飲酒食肉, 謂之飲福, 恬以爲常, 而與賓客村人, 聚會一席, 盃盤狼藉, 與吉祭之餕無異, 此誠駭俗。 爲人後嗣者, 當此喪餘之日, 小有哀慕之心, 則安敢若是也? 蓋忌日則盛供, 似不可已。 祭之饌, 不可埋棄於地。 人若飲之食之, 則此等謬習, 勢不可免。 噫! 人之家, 於四時行正祭, 而祭饌當與人飲食, 忌日則略設以示變, 可也。 且貧寒之家, 亦無不可行時祭之道, 慎獨齋以大夫之家, 乾石魚一尾行時祭; 重峯退耕沃川, 以蔬芘行時祭云, 此皆後人之所當模範也, 豈必財力稱足, 然後奉先行祀乎? 且神道不饗, 無以爲享。 當氣序流易之日, 豈無感愴之心乎? 曾子曰: '愼終追遠, 民德歸厚矣。'"

客曰: "人子事親之節, 亦莫大於送死, 而地之卜吉最難。 旣不能自知地理, 則不得不信聽地師之說。 人之吉凶禍福, 果專繫於地理歟? 古之人, 或以爲地理不足信, 而切不可惑於地師, 此說如何?" 余曰: "旣有天理, 又有人理, 何可謂獨無地理乎? 旣不能自知, 則不可不聽地師之說, 只當盡其誠力而已。 不可深惑其說, 要求後人之吉福, 而妄爲遷動也。 蓋擇地者, 先避五患, 而於山回水抱之處, 土厚水深, 藏風向陽, 而峯巒秀出, 局勢安穩, 不有左右之橫衝、 險殺之照應, 則可以安厝矣。 子曰: '卜其宅兆, 以安厝之。' 程子曰: '彼安此安。' 若得吉地以葬, 則於人子之心, 得無愧乎?"

客曰: "喪之服制有五, 而中國則皆有五服之布。 故無論貴賤尊卑, 當斬衰者, 服斬衰之布; 當齊衰者, 服齊衰之布, 而至於功緦, 皆然。 惟我國, 則無其布。 故富貴之人, 則雖當斬衰, 冠服或有用極細之布者, 此事何以則當復於古禮歟?" 余曰: "我東之無五服之布, 果不知此何事故也。 今若自朝家下令, 令民間織此五服之布, 而無論貴賤, 遭喪服者, 受服如布, 則雖好華無恥之人, 當斬齊衰, 而不敢復功緦之布矣。 織斬齊之布者, 亦何患其未賣乎? 事之甚易, 而不此之行, 不亦苟簡之甚乎?"

客曰: "人生一世, 奉先事親, 俯畜眷屬, 是日用當行, 而若貧寒則自不免傷哉之歎。雖不得已, 而興利殖貨, 亦無妨否?" 余曰: "古者, 士出於農, 四民之中, 士農卽一也。貧寒, 固士之本色也。若仕而有常祿者, 無以爲慮。不然者, 則自合力農, 勤儉爲度, 則上奉下率, 豈有不足之理? 興利殖貨, 此是商賈之事。名以爲士者, 何必龍斷賤丈夫之若哉?"

客曰: "處家之要, 當如何則可?" 余曰: "一家之則, 在於一身, 不能正己, 豈能正人乎? 家間大小事, 一以禮法爲準, 正倫理篤恩義, 而其節度, 則勤儉而已。不可得而久者, 事親之謂也。承順和怡, 樂其心志; 甘軟輕煖, 安其口體。而親之所命, 或有未合於義, 則柔聲以諫, 期於聽從, 而不可犯顏力爭, 遽傷親之志也。難得者, 兄弟也, 盡其愛恭, 勿有鬩墻之羞; 而衣服飮食, 有無共之, 以古人永世同居之誼爲法。令婦女, 議酒食勤女工, 而勿以粉膏飾容, 逸遊惰漫。且勿使觀諺文俚說, 以喪其心志。令子弟, 讀書幹蠱, 習知爲人之方, 而異端雜書, 絶不令見, 博奕雜技, 嚴禁莫近。若貧寒難堪, 則以古人之晝耕夜讀爲法。奉祠堂者, 行晨謁朔祭之禮, 出入必告, 有事則告。雖饒富, 喪葬之禮, 勿爲過分; 冠昏之需, 勿用奢華。於族戚, 則勉盡恩誼, 而或有悖亂之人, 勿爲計較共爭。於賓客, 則待以誠欵, 而若或術數異色之人, 則切不可親近往來。御奴婢, 以恩威兼濟, 而亦不可嚴刑督責。雖牲畜, 亦必愛養, 勿爲濫殺, 可也。一室和平, 內外老少, 自盡其道, 則雖簞食瓢飮, 樂在其中, 何願人之膏粱文繡也?"

客曰: "異端之爲害, 其來久矣。爲士者, 固可深闢, 而異端之名, 其類不一, 何以辨別乎? 但釋氏, 變形異經, 初相角立, 而或於吾人之中, 有陽儒陰釋者, 亦何以辨其眞僞乎?" 余曰: "異端, 異於聖人之道者也。人若讀聖人之書, 知聖人之道, 則其於異聖人之道者, 如辨白黑矣。如老、莊, 宗虛無而尙詭誕, 此聖人之所不言也; 管、商, 尙霸術而專功利, 此聖人之所不爲也。鄕愿, 似德而非德, 此聖人之所以深惡也。楊、墨、告子, 率天下而禍仁義, 此聖人之所以深闢也。聖人豈肯爲申、韓刑名之學乎? 亦肯爲蘇、張縱橫之辯乎? 荀卿以性爲惡, 以禮爲僞, 楊雄以性爲善惡混, 大本已失, 更說甚道? 東坡早拾蘇、張之緒餘, 晩醉佛、老之糟粕; 象山引釋亂儒, 借儒文釋, 此皆前賢所斷案也。陳公甫, 以致虛爲本, 以自然爲宗; 王伯安不思善不思惡, 曰良知, 曰正覺, 此皆老、釋之傳鉢也。其類雖萬, 其實則一。然楊、墨之害, 甚於申、韓; 佛、老之害, 甚於楊、墨。若世之儒者, 不能用力於居敬問學, 而有厭煩好高之弊, 則其何以不駸駸然入於其中乎?

釋氏之去人倫、傷名教, 已無可論, 而今此洋醜之邪學, 卽同禽獸, 天何生此尤物於世間? 使人類被禍, 若是其酷哉? 居今之世, 服洋之布, 嗜洋之物者, 皆洋邊人也。能言距之者, 皆聖人之徒也。"

客曰: "子云異端之書, 絶不可見, 此未知其必然。不見異端之書, 何以知異端之非乎? 程、朱俱以大賢, 異端文字, 亦爲引用, 此則何故? 人或謂爲文章者, 異端之書, 亦不可不看, 此皆不可歟?" 余曰: "見異端之書, 辨其非是則可。但愚昧淺見, 未得立志, 而反爲沉惑於彼說, 則奈何? 世之人, 著述文字, 用許多異端之說, 誇其博識, 而動輒以程、朱爲證, 曰'程、朱亦用異端文字, 欲人之不敢議已', 此不過挾天子, 以令諸侯之手段也。若有程、朱之道德力量, 而看得辨破, 則亦何不看之有? 無程、朱之道德力量, 則切不可看。譬如吊民伐罪, 在湯、武則可, 無湯、武之德則是簒也。以羿、莽、卓、操之輩, 謂之湯、武, 可乎? 以其文字言之, 程、朱之亦或引用, 不過取其好言, 此亦出於聖人至公之心也。如世儒, 則不問其精粗善惡、當理與否, 而惟其文體之怪誕虛荒, 與夫字樣之奇巧雄深者, 則刮剔塗用, 嗜如芻豢, 自不覺入於鮑魚之肆, 而如大醉者, 揚言曰'酒非佳味, 吾不飲酒', 此言人孰信之哉? 人之聰明有限, 歲月無幾。雖一生讀聖賢經傳, 猶不能盡識道理, 奚暇有及於異端之書哉? 讀聖人之書, 以聖經文字, 著爲文詞者, 是聖人邊人也; 看異端之書, 以異端文字, 著爲文詞者, 是異端邊人也。子以爲聖人之文章, 不及於異端乎? 好看異端之書, 言必稱之, 而曰吾非異端也。子肯諾之乎?"

客曰: "雖生知安行之聖, 不可自任聰明, 而下此學焉者, 不可無師友也。師道之亡, 亦已久矣。若獨學寡陋, 則豈有所進益歟?" 余曰: "然。無嚴師良友以訓誨輔助之, 而能有成就者鮮矣。古者人之始生也, 必擇友師, 隨其年歲, 而敎之有方。及其十年, 出就外傅, 學禮樂射御書數; 十有五年, 入于大學。是以古之成材也易。今則絶無師道, 何以而望其有成也? 且離羣索居, 豈無自信自足之病乎? 古人曰: '經師易, 人師難。' 擇師取友, 亦不可不愼也。"

客曰: "六藝, 是敎人之大節目, 而今世鮮有兼行者。樂則絶無, 而所存者, 伶人下俚之音。若使人人, 兼學六藝, 則無乃不近於豪雜放蕩乎?" 余曰: "以禮而治其躬, 則怠慢之心, 無自以生; 以樂而養其性, 則鄙邪之心, 無自以入。持弓矢審固, 射以觀德, 聞鸞和之聲, 御之以範。書者, 儘天下之同文, 不可以不習; 數者, 悉事物之源委, 不可以不學。禮云禮云, 玉帛云乎哉! 敬以爲本; 樂云樂云, 鐘鼓云乎哉! 和以爲貴。百步中心, 異邊城之射獵; 六轡在手, 非章臺之走馬。書法不詳, 故世不識蝌蚪古文; 數學不傳, 故人未知「河」、「洛圖」書, 此皆人之日用當行, 而無一非實事, 豈與今之吟風哦月, 習白紛而費歲月者, 同日而語哉? 但敎之不以其法, 則亦不無豪雜放浪之弊。對症命藥, 自有其方, 豈可因噎而廢食乎?"

客曰: "男女未冠笄者總角, 是古制然也。聞近世畿湖, 亦有行之之家, 而吾子亦命來學者, 以爲雙髻, 非徒人之譏笑, 且非時制, 而何? 時文之弊, 雖如吾子之言, 而此亦時制也。子之不欲人先讀通史, 不做擧業, 誠若美事, 而人或有不滿之意。居今之世, 反古之道, 無乃不可乎?" 余曰: "雙髻, 非余使爲之也。兒輩自爲耳。人雖譏笑, 吾則自不覺喜溢解頤也。我東衣冠文物, 盡從華制, 而獨此兒童之辮髮, 誠未知何故? 辮髮, 本虜俗也。冠笄以前, 從虜俗; 冠笄以後, 從華制, 此所謂半上落下也。今若自上敎諭入域, 使未冠笄男女, 一新雙髻, 不與胡虜混同, 則豈不痛快? 此邊居兒, 今無行之者, 良見其志之未篤也。如子之言, 則堯、舜古矣。今不可學堯、舜之道歟? 且朝家, 安有禁雙髻之令乎? 人自不行, 良可慨惜! 伊川被髮百年而爲戎者, 其兆於兒童之辮髮乎? 世之讀書者, 通史不可不看, 此是從後次第事, 非急先之務也。讀書次第, 古人已詳言之, 不由古人之成法, 而肯與時俗, 同流合汚, 安有所成就乎? 且時文之作, 不過取科一路, 富貴人, 非不欲, 亦豈可力求? 子曰如不可求, 從吾所好, 所好是何事? 思之則可知也。且子以爲聖學重乎? 時文重乎? 學聖人之學, 則雖未至於聖, 亦不失其令名; 學時人之文, 則雖百般精硏, 不過時人而已。人生一世, 此身不虛生, 此日不再來。富貴非所願, 文章非所願, 功名非所願, 長生非所願, 所願則學聖人也。人人孰不知聖人之爲尊且大哉? 顏、冉、游、夏, 皆聖門之高弟, 而孟子猶云姑舍者, 非以數子爲不足於心而言之如是。其所願學, 在於孔子故也。今之讀聖人之書者, 小無奮發明期待之心, 而肯屈首俯伏, 以入時弊之窠曰, 不思之甚矣。程子曰: '今之學者, 有三: 一曰儒者之學, 二曰訓詁之學, 三曰詞章之學。' 欲通乎道, 非儒者之學不可。訓詁、詞章, 比今之科文, 如霄壤之懸絶, 而古人猶不取者, 必有所以然也。前乎漢、晉, 而孔、鄭、王、范, 以註家著名, 其於聖人之道則末矣; 後乎唐、宋, 而李、杜、歐、蘇, 以詞章耀世, 其於聖人之學則遠矣。子之所願, 在於堯、舜、文、武、孔、孟、程、朱乎? 在於孔、鄭、王、范、李、杜、歐、蘇乎? 呂與叔詩曰:

‘學如元凱方成癖, 文似相如殆類俳.’ 此等說話, 苟無所見而偶爾形言歟? 矧今之科文, 於元凱、相如, 萬萬不及乎? 顏子雖不出仕, 無記傳, 其爲亞聖, 不下於孟子. 伊川亦不取科, 無著詩, 其爲大賢, 不愧於明道, 何可以顯榮著述, 論斷人品乎? 且時文之流弊, 陷溺人心, 敗傷禮教, 其與天主邪學, 無甚差別. 世若有子雲、堯夫, 必不以此言爲過激也. 古人云: ‘異端, 門外之寇; 科業, 門內之寇.’ 推此則爲害之輕重緩急, 可必知矣. 試觀今日之域中, 專事科業, 而能有幾箇人彷彿乎? 舉世長夜, 職以此也. 余本空疎, 未知趨向, 而深中其毒, 後悔莫及. 自誤尚不可, 況復誤人乎? 人雖不滿於我, 我實不滿於人. 人之來此者, 以實心向學, 則吾亦以實心待之. 吾雖以實心待之, 或者不比之爲聽, 而一心以爲鴻鵠將至, 則吾於彼何哉? 孟子曰: ‘大匠不爲拙工, 改廢繩墨.’ 余雖未得爲大匠, 其不改繩墨, 則已審矣. 天地之間, 至尊至貴者, 道德而已. 人之不欲願學, 抑何所見? 費在勞力, 尚可爲之, 而況不費不勞乎? 程子曰: ‘莫說道將第一等, 讓與別人, 且做第二等. 才如此說, 便是自棄.’ 自棄其身, 尚可忍爲乎? 吾卽以孔、孟、程、朱, 期待於人, 而人欲反自處於漢、唐諸儒之下, 良可惜也!”

客曰: “聖人可學而至歟? 聖人之道, 至大至高, 至精至微. 後生初學, 未知向方, 而欲以聖人自期待, 則妄有好高躐等之弊, 何以則循序漸進, 至於高明正大之域乎? 有詳可得聞歟?” 余曰: “夫道若大路然, 此非高遠難行也. 人自舍之而不由耳. 子以聖人爲博聞强記乎? 聖人則與後世之專致記誦者不同, 明睿所照, 卽事窮理, 觸處洞然也. 子以聖人爲工文麗辭乎? 聖人則與後世之刻意詞章者不同, 有德有言, 積中發外, 斐然成章也. 聖人之道, 無所不包, 雖與天地同其大, 其實則存心養性, 反身修省, 盡其日用當行而已. 堯、舜之孝悌, 夫子之忠恕, 此性之所固有, 而職分之所當爲也. 謂之高遠難行, 可乎? 反求之窈冥昏默, 可乎? 聖人之爲聖人, 非有別樣道理, 如是而已. 後之學聖人者, 亦非有別樣道理, 如是而已. 顏淵曰: ‘舜何人也? 余何人也? 有爲者亦若是.’ 孟子曰: ‘舜爲法於天下, 可傳於後世. 我猶未免爲鄉人也, 是則可憂也. 憂之如何? 如舜而已.’ 程子曰: ‘言人便以聖爲志, 言學便以道爲志. 人苟志于學, 而勉勉不已, 及其至也, 則一也.’ 蓋自上古聖神, 繼天立極, 道統之傳, 傳之以是. 是者何? 曰道德, 曰仁義, 曰誠敬, 曰中正. 言雖殊而理則一, 無非所以明此心之妙也. 羲、軒、堯、舜、禹、文、武, 得其君師之位, 以是道而治而教之; 孔、孟、顏、曾、周、程、張、朱, 雖不得君師之位, 以行其政教, 而誦而傳之, 以詔後世. 其所以爲天地立心, 爲生民立極, 爲往聖繼絕學, 爲萬世開太平者, 不可勝道。若非聖人之道, 萬古如長夜矣。初學立志, 必以聖人自期待, 而熟讀『小學』、四子, 則循序漸進, 亦無躐等之患矣。人之騖於虛遠之弊, 專主於博聞强記, 而不能守約也。古人詩曰: ‘博而寡要豈通儒? 三萬牙籤亦太虛。一編『論語』用不盡, 世間何必許多書。’ 此誠格言也。如『論語』中, 顏、曾之四勿、三省, 俱非約禮之大節目乎? 知行並進, 敬義夾持, 方可言好學也。朱子曰: ‘居敬以立其本, 窮理以致其知, 反躬以踐其實。’ 蓋敬者, 爲學之始終。未知者, 非敬無以知; 已知者, 非敬無以守。此是合內外徹上下之道也。”

「산중촉화山中燭話」(『吾南文集』卷12)

1) 서지사항

　김한섭이 경전과 선유의 글에서 태극음양과 리기에 해당한 내용을 가려 뽑고, 자신의 견해를 기술한 것. 『오남문집』 권12에 실려 있다.(『한국역대문집총서』 542)

2) 저자

　김한섭(金漢燮, 1838~1894)으로, 자는 치용(致容), 호는 오남(吾南)이다.

3) 내용

　이 글은 김한섭이 경전과 선유의 글에서 태극음양과 리기에 해당한 내용을 가려 뽑고, 자신의 견해를 기술한 것이다. 내용은 앞에 짧은 서론격의 글이 있고, 바로 뒤에 경전과 선유의 글에 대한 자신의 견해를 밝힌 것이 주를 이룬다. 서론 부분에서 중암(重菴) 김평묵(金平默, 1819~1891)이 지도(智島)에 유배되었을 때 지은 『해상필어(海上筆語)』에 대한 요지를 간략히 서술하고, 김한섭 자신도 그 글에서 깨달은 바 있음을 밝혔다. 1887년 정해년에 막내아들 김학식(金鶴植)이 『해상필어』에 상대하는 글을 청하자, 김한섭이 웃으며 『해상필어』는 뛰어나니 다시 무엇을 운운하겠는가 라고 하였다. 그리고 밤마다 제자들과 담론한 것을 『산중촉화』로 엮으면서도 이 글은 『해상필어』에 상대되지 않는다고 하였다. 본론의 체제는 경전과 중국 송나라 때 선유들의 글 19개를 가려 뽑았는바, 먼저 『주역』 「계사전(繫辭傳)」 다섯 구절과 「설괘전(說卦傳)」 한 구절을 인용하고, 그에 대한 주돈이(周敦頤, 1017~1073), 장재(張載, 1020~1077), 정자(程子, 程頤, 1017~1073), 주희(朱熹, 1130~1200) 등의 글을 가려 뽑은 다음, 자신의 견해를 기술하였다. 예를 들어, 첫 번째에서는 『주역』의 "역에 태극이 있으니 이것이 양의를 생한다"는 것에 대해, 주돈이의 「태극도설(太極圖說)」 앞 부분과 주희의 "태극은 본연의 오묘함이고, 동정은 타는 바의 기틀이다"를 인용한 다음 자신의 견해를 밝혔다. 두 번째는 "일음일양지위도(一陰一陽之謂道)", 세 번째는 "형이상자를 도라 하고, 형이하자를 기라 한다[形而上者謂之道, 形而下者謂之器]", 네 번째는 "음이 되고 양이 되어 헤아리지 못함을 신이라 한다[陰陽不測之謂神]”와 “신이란 것은 만물을 오묘하게 하는 것을 말한다[神也者, 妙萬物而爲言者也]”, 다섯 번째 “역은 생각도 없고 하는 것도 없다. 하지만 고요히 움직이지 않고 있다가, 일단 느끼게 되면 마침내 천하의 일을 통하게 된다. 천하의 지극히 신령스러운 자가 아니면 그 누가 여기에 참여할 수가 있겠는가” 등이다. 각각에 대해 송나라의 학자들의 언설을 인용하고 자신의 견해를 밝혔는데, 전체적으로 태극과 리기론이 중심을 이룬다. 마지막 부분에서 심성론에 대하여 김한섭은 “생각도 없고 하는 것도 없다는 것은 그 심이 없다는 것이다. 만일 생각하여 작위하면 어찌 리의 자연이겠는가? 천하의 지극한 신묘함은 그 태극의 지극히 신령스러움을 말한다”라고 하고, 주돈이·정자·주희의 언설을 인용하고 자신의 생각을 기록하였다. 여기서 정자의 “심은 하나이나, 체(體)를 가리켜서 말하는 것이 있고, 용(用)을 가리켜서 말하는 것이 있으니, 오직 그 소견의 여하를 볼 따름이다”는 언설에 대해, 김한섭은 “심은 성과 정을 통섭하면서 한 몸을 주재하는 것이다. 구분하여 말하면, 그 고요한 것은 심의 체이고, 그 느껴 통하는 것은 심의 용이다”라고 하였다. 더욱이 주희의 언설에 대해서는 “심의 리는 태극이고, 심의 동정은 음양이다. 그 동정은 기의 기틀이 스스로 그러한 것이 아니요, 사실 태극이 그 까닭[所以]이 되는 것이다. 이것이 소옹(邵雍)의 ‘심이 태극이 된다’는 것이다”라고 하였다.

3-13-6 「山中燭話」(『吾南文集』卷12)

曩歲重翁在智海也, 爲來學者懇請, 著『海上筆語』一篇。首以大舜精一執中十有六言爲頭腦, 而繼之以孔、孟二夫子許多懿訓, 參互反復, 於理氣界分, 辨析甚悉, 亦申之以羣聖持敬之言, 以明心法相傳之一致, 與夫憂道慨世, 勉人進學之意, 丁寧懇至, 此是燭幽之鑑, 指南之車, 而卽一部小心經也。雖如余昏劣, 亦少受讀, 而脫然如大寐喚醒也。丁亥元日, 季兒鶴植, 翻出往年曆子, 請寫要言, 以爲『筆語』之對. 余笑曰:『筆語』"一此優矣, 復何云云?" 時鶴植, 方讀『易』。且近夜有與諸生共話者, 因以記之, 名曰『山中燭語』, 豈敢於『筆語』對之云乎哉?

子曰: "易有太極, 是生兩儀。"

太極, 理也; 兩儀, 氣也。理氣二者, 元不相離, 理外無氣, 氣外無理。朱子所謂"一而二, 二而一"者也。不可分先後言之, 而若窮源極本, 則畢竟是先有此理, 故曰: "太極生兩儀。"

周子曰: "無極而太極, 太極動而生陽, 動極而靜, 靜而生陰, 靜極復動。一動一靜, 互爲其根, 分陰分陽, 兩儀立焉。"

周子此「圖說」, 蓋原於夫子, 而推衍增益, 發明其妙。如曰無極, 言其理之無形狀方所也。非太極之外, 復有無極也。如曰動靜, 明言其理之有動靜也。理之有動靜, 是天命之流行也。蓋動靜者, 氣也。動則非靜, 靜則非動, 氣之局也。一動一靜者, 理也。在動在靜, 所以循環, 理之通也。此所謂"一陰一陽之謂道"也。若理無動靜, 氣何自而有動靜乎? 然太極之動, 便是陽; 太極之靜, 便是陰。非動然後始生陽, 靜然後始生陰, 有大段層級也。讀者, 不以辭害意可也。

朱子曰: "太極者, 本然之妙也; 動靜者, 所乘之機也。"

本然之妙者, 言其理之本體自然, 而其妙不測也; 所乘之機者, 言其理之一動一靜, 所乘者氣機也。「感興」詩云"人心妙不測, 出入乘氣機"者, 正指此也。蓋理非懸空獨立底物, 其一動一靜, 專藉乎氣。氣, 載理者也; 理, 乘氣者也。乘氣而動時節, 乃陽也, 太極之用所以行也; 乘氣而靜時節, 乃陰也, 太極之體所以立也。譬如人之乘馬, 一行一止, 皆在乎人之所使, 而非馬之自爲也。今人但見馬之行止, 而不知行止之妙, 在乎人, 烏乎可哉?

太極雖無聲無臭, 實造化之樞紐, 品彙之根柢, 而無一物能外乎是. 故陰靜陽動, 同一太極, 男女萬物, 同一太極也。如非太極, 何以有陰靜陽動, 亦何以有男女萬物乎? 朱子曰: "天以陰陽五行, 化生萬物。" 天, 卽主宰之理也, 太極之謂也。不由乎太極, 而自能動靜, 自能化生, 必無是理也。

先賢有言曰: "陰靜陽動, 機自爾也, 非有使之者也。陽之動則理乘於動, 非理動也, 陰之靜則理乘於靜, 非理靜也。" 此愚之平日所疑者也。果如此說, 則陰陽自動靜而不由乎太極。太極無動靜而只寓於陰陽也。恰似一疋馬, 駄死者於背, 而自行自止也。若生者而乘, 則馬之一行一止, 皆乘者之所使也, 豈可謂非有使之者乎? 噫! 太極, 是果死者乎? 生者乎? 濂翁之言, 則不然。"太極動而生陽, 靜而生陰"云者, 直從大本上推出說也。理本如是故也, 太極動靜, 非理動理靜而何? 生陰生陽, 非使之者而何? 窮鄉淺末, 且生於數百載之下, 恨未得及門而質疑也。

從古聖賢, 非不知天理之流行變化, 非氣不能, 而然不言其氣, 而直曰"乾道變化", 曰"天理流行", 曰"君子之道費而隱", 曰"聖人之道發育萬物者", 何也? 旣謂之變化、流行、費隱、發育, 則氣亦包在其中, 而主宰者理故也。今若曰"陽動陰靜, 非有使之, 而理乘於動靜, 非理動理靜也", 則是氣自主張, 而理之所乘, 不過隨氣之所爲而已, 不亦可懼之甚乎?

蓋"氣發而理乘"一句, 本是主意命脉。故立文語勢, 不得不歸重於氣之一字, 而氣先而理後, 氣主而理客, 氣握權柄, 理失主宰, 名位易置, 其弊有不可勝言者矣。無已則改之云"理乘氣而發", 則無庶可名正言順乎?

太極只是理之一字。天下事物, 無一非太極所爲, 而氣亦理中之物事也。其尊無對, 其妙不測; 其大無外, 其用不窮。上帝者, 太極之尊號也; 鬼神者, 太極之功用也; 誠者, 太極之實體也; 神者, 太極之妙用也; 一者, 太極之本原也; 萬者, 太極之分殊也; 理者, 太極之條理也; 氣者, 太極之運用也; 乾者, 太極之性情也; 易者, 太極之變易也; 善者, 太極之純一也, 命者, 太極之賦與也; 道者, 太極之當行也; 德者, 太極之至德也; 中者, 太極之大本也; 和者, 太極之達道也; 隱者, 太極之體微也; 費者, 太極之用廣也; 性者, 太極之準則也; 心者, 太極之主宰也。言其本體則本然也, 言其無爲則自然也, 言其主宰之妙則所以然也, 言其日用當行則所當然也。言則雖殊, 而理則一也。

理無爲者, 言其無作爲, 而其爲也, 自然而已。此所謂"天地無心, 而心普萬物"者也。先賢又以"氣有爲"三字, 爲"理無爲"之對案, 其實氣之有爲, 卽理之所爲也。後人不深究其旨, 遂認以爲理眞無所爲, 而氣自有爲。凡粗涉於流行發見者, 則目之以氣。然則太極不過爲無用疣物, 一塊死肉耳。一陰一陽之謂道, 何處說去乎? 或者, 亦以無爲、有爲分揀靜、動, 靜屬於理, 動屬於氣。至如四端亦謂之氣, 是不惟不知理之有動也, 亦不知氣之有靜也。其不思甚矣。

理通氣局四字, 說得精妙。而然理通中亦有局, 氣局中亦有通, 何也? 理之周流貫通, 無乎不在, 而萬物一原。人之理, 卽物之理者, 理之通也。就中分殊者而言, 則乾健坤順, 人全物偏。仁自是仁, 義自是義, 此理之局也。氣之升降屈伸, 有萬不齊, 而陰自是陰, 陽自是陽者, 氣之局也。就中一本者而言, 則至而伸者爲神, 反而歸者爲鬼, 而非有二氣也, 此氣之通也。譬如人之一身, 目視耳聽, 手持足行, 一呼一吸, 一動一靜, 各有一定, 而然只是一氣之流通也, 此亦不可不知也。

子曰: "一陰一陽之謂道。"

陰陽, 氣也; 所以陰陽者, 道也。道, 卽太極也; 一陰一陽, 循環不已者, 此太極之所以也。張子所謂"由氣化有道之名"者, 是也。

程子曰: "離乎陰陽更無道, 所以陰陽者, 是道也。"又曰: "陰陽非道也, 所以一陰一陽者道也。"

太極非離陰陽獨立底物, 只在陰陽之內, 而主宰乎陰陽者也。經文於"一陰一陽"上, 不着所以二字者, 非爲闕文也。旣曰一陰一陽, 則雖不言所以, 而其所以之旨, 已躍如矣。

朱子曰: "一陰一陽之謂道, 則陰陽不是道, 所以爲陰陽者, 乃道也。若只言陰陽之謂道, 則陰陽是道。今曰一陰一陽, 則是所以循環者, 乃道也。"

天道流行, 無間可容息。其動便是陽, 其靜便是陰也。日往則月來, 寒往則暑來, 五氣順布, 萬物化生, 此皆實理之妙用不測, 而周子所謂"五行, 一陰陽也; 陰陽, 一太極也"者, 此也, 陰陽雖有清濁之殊, 而其實皆一理也。譬如水在於沙石則清, 在於淤泥則濁, 是所乘之器不同也。然其濁者, 亦不可不謂之水, 而其元初, 則只是至淸之水也。人心之妙, 蓋亦如此。

子曰: "形而上者謂之道, 形而下者謂之器。"

　　形者, 事物之形體也。事事物物, 莫不有理。理則無形, 而只掛搭於形體上面, 故曰
　　形而上者也。形而下者, 直指其事物形體也。對上者而言, 故謂之下, 非形而復有
　　下者也。

　　語錄三字類解"形而上"云, 未有形之前, 只有理而已。此則恐失經文正義也。

程子曰: "形而上爲道, 形而下爲器。須着如此說, 器亦道, 道亦器。"

　　先着一形字, 而更分開上下者, 就其不離中, 言其不雜也。若無形字, 而但以上下
　　爲道器, 則是道器二者, 元自相離。一上一下, 便是別物也, 可得謂"器亦道, 道亦
　　器"乎?

朱子曰: "形而上底, 虛渾是道理; 形而下底, 實便是器。這箇分說, 得極精切。"

　　太極雖不離乎陰陽, 而亦不雜乎陰陽而爲言耳。以其不離者而言, 則"器亦道, 道亦
　　器"也; 以其不雜者而言, 則"道自道, 器自器"也。惟此形而上下四字, 說得最分明。
　　理無形也, 故謂之虛; 氣有形也, 故謂之實。無形之理, 非在形外也。若但以無形、
　　有形, 分開道器而已, 則便是物與理, 相間斷了。

　　上下二字, 含畜無限義理。理尊而氣卑, 理主而氣役。如天地夫婦, 父子君臣, 中夏
　　外夷, 皆截然有尊卑之分, 而不可犯者。理爲氣主, 則德博化行, 天下文明, 事事物
　　物, 皆得其道, 而安其位矣; 氣奪理位, 則物欲熾盛, 人紀晦喪, 蠻夷猾夏, 危亡立至。
　　可不審愼乎?

子曰: "陰陽不測之謂神。" 又曰: "神也者, 妙萬物而爲言者也。"

　　神者, 神妙不測之謂, 卽太極之異名也。太極動而生陽, 靜而生陰。不屬陰、不屬
　　陽, 而動中有靜, 靜中有動。至神至妙, 其用不測, 故曰: "神無方而易無體。"

　　妙者, 主宰之謂。主宰萬物者, 卽太極也。然不曰太極, 而曰神也者, 太極之用, 便
　　是神也。

張子曰: "一故神, 兩在故不測。"

一者, 太極也; 兩在者, 在陰在陽也。此解不測謂神之義。

周子曰: "動而無靜, 靜而无動, 物也。【朱子曰: "有形則滯於一偏。"】動而無動, 靜而無靜, 神也。【朱子曰: "神則不離於形, 而不圍於形矣。"】動而无動, 靜而無靜, 非不動不靜也。【朱子"動中有靜, 靜中有動。"】物則不通, 神妙萬物。"
　　此發明神妙萬物之義。

程子曰: "上天之載, 無聲無臭, 其體則謂之易, 其理則謂之道, 其用則謂之神。"
　　"上天之載, 無聲無臭"者, 太極本無極也; "易"者, 生生之謂; "道"者, 一陰一陽之謂; "神"者, 陰陽不測之謂。其實一理也, 但隨其地頭, 而為言不同耳。
　　此上數者, 莫非理也。而惟於道謂之其理者, 日用事物, 皆有當行之則, 而條理粲然。循是條理而做將去, 是乃道也。

朱子曰: "神卽此理也。理則神而莫測。靜中有動, 動中有靜, 靜而能動, 動而能靜, 陽中有陰, 陰中有陽, 錯綜無窮。"
　　自兩儀、四象, 以至什百千萬, 只是這一箇物事, 周流其間。方其靜時, 未嘗不動; 方其動時, 未嘗不靜。忽然在這裏, 又忽然在那裏。此所謂神而莫測也。

子曰: "易, 無思也, 無為也。寂然不動, 感而遂通天下之故, 非天下之至神, 其就能與於此?"
　　無思、無為, 言其無心也。若夫思慮而作為, 則豈理之自然云乎? 天下至神, 言其太極之至靈也。

周子曰: "寂然不動者, 誠也; 感而遂通者, 神也。"
　　夫子既以至神, 通寂感言之, 而周子復以誠神, 分寂感為說者。理之體, 元非不神, 而及其未發, 無跡可見, 而只是這一箇真實而已。方其感應, 無所不通, 而其妙莫測。其實神之體, 便是誠; 誠之用, 便更神。非有二物, 一體一用也。

程子曰: "心一也, 有指體而言者,【本註, 寂然不動, 是也。】有指用而言者,【本註, 感而遂通, 是也。】惟觀其所見如何耳。"
　　心者, 統性情而主宰乎一身者也。分而言之, 則其寂然者, 性也, 心之體也; 感通者,情也, 心之用也。

朱子曰: "寂然不動者, 實理之體; 感而遂通者, 實理之用。" 又曰: "寂然者, 感之體; 感通者, 寂之用。人心之妙, 其動靜亦如此。"

實理者, 誠也。誠, 卽太極也。太極, 爲天地生物之心, 而其動靜之妙, 與人心寂感相類。『中庸章句』所謂"誠以心言, 本也。道以理言, 用也"者, 蓋一義也。

心之理, 是太極; 心之動靜, 是陰陽也。其動靜, 非氣機自爾, 實太極所以也。此邵子所謂"心爲太極"者也。

心之爲物, 本妙合理氣而成名者也。理, 形而上者也; 氣, 形而下者也。以二者, 又細分說了, 則形者, 心之郛郭也; 火臟, 神明之舍, 是也。氣者, 心之運用也; 動靜, 所乘之機, 是也; 神者, 心之主宰也, 神明不測, 是也; 理者, 心之實體也, 五常之德, 是也。形與氣, 氣也; 神與理, 理也。以氣言, 則形體而氣用也; 以理言, 則理體而神用也。然非謂理氣二物, 各自有體用, 而一東一西也。卽理寓於形, 而其妙用之所乘者, 氣機耳。於此四者闕一, 不得以爲心也, 程子所謂"心如穀種"者, 亦此義也。

心一也, 有指理而言處, 有指氣而言處。指理處, 不可喚做氣; 指氣處, 亦不可喚做理。惟觀其所指如何耳。

心本善, 孟子所謂"人皆有不忍人之心"者, 是也。其或有不善者, 爲氣稟所拘、人欲所蔽, 而失其本心也。本心者何? 明德也, 所得乎天, 而虛靈不昧, 以具衆理而應萬事者也。

人生氣稟, 有萬不同。聖人得其至淸至粹者, 故方寸之間, 廓然大公, 物來而順應, 與天地相似。若衆人則濁者愚, 駁者不肖。其知不足以周物, 其行不能以成己。苟能博學實踐, 百倍其功, 則庶可以變化氣質, 而復其本善。心統萬理, 爲性情之主。朱子所謂"惟心無對"者, 以理不以氣也。若以心性, 判作二物, 心屬於氣, 性屬於理, 則是氣爲理主也, 可乎?

道心之發, 非不乘其氣, 而其所原者, 性命之正, 故屬之理; 人心之發, 非不原於理, 而其所感者, 形氣之私, 故屬之氣。苟或但知心之本善, 而不審所感之私正, 則鮮不以認賊爲子, 而猖狂恣行矣。是以君子, 旣常戒懼於其念慮萌動, 精以察之, 天理則保護之如嬰兒, 人欲則禁制之如悍卒; 常以道心爲一身之主, 而人心每聽命焉, 則危者安, 微者著, 動靜云爲, 自無過不及之差。此千古聖賢相傳之要法也。

「심설집해상心說集解上」(『吾南文集』卷12)

1) 서지사항

김한섭이 심설(心說)에 관한 경전 구절과 선유의 언설을 가려 뽑고, 자신의 견해를 기술한 것.『오남문집』 권12에 실려 있다.(『한국역대문집총서』 542)

2) 저자

김한섭(金漢燮, 1838~1894)으로, 자는 치용(致容), 호는 오남(吾南)이다.

3) 내용

이 글은 김한섭이 심설(心說)에 관한 경전 구절과 선유의 언설을 가려 뽑고, 자신의 견해를 기술한 것으로, 상편에 해당한다. 내용은 13조목으로 이루어졌는데, 1조목에서 12조목은 심설에 관한 경전 구절과 그것에 대한 주희(朱熹, 1130~1200)의 글을 인용하고, 마지막 조목에서는 주희·정자(程子, 程頤, 1017~1073)·장재(張載, 1020~1077)의 글 등을 인용한 다음, 자신의 견해를 기술하고 있다. 한 조목을 살펴보면, 첫째 조목은 "인심은 오직 위태롭고 도심은 오직 미약하다"는 것에 대해, 주희의 「중용장구서(中庸章句序)」에서 "심(心)의 허령지각은 하나일 뿐인데, 인심과 도심의 다른 점이 있는 것은, 하나는 형기의 사사로움에서 생겨나고 하나는 성명의 올바름에서 근원하여, 지각하는 것이 같지 않다"라는 내용을 인용한 다음, 김한섭 자신의 의견을 서술하였다. 즉, 김한섭은 '인(人)'은 '사람의 형기(形氣)를 지칭하는 말'이요, '도(道)'는 '사람들이 함께 말미암는 천리(天理)'를 뜻한다고 설명한 다음, 인심과 도심이 같지 않은 까닭에 대하여 "심이란 지극히 텅 비고 지극히 신령스러워 만 가지 리를 모두 구비하고 있기 때문에 지각을 발출(發出)할 수 있는 것이다. 그러나 그 아직 발현하지 않았을 때에는 전체가 혼연할 따름이다. 그 일에 따라 감응할 적에, 형기에서 생겨나는 것은 인심이고, 성명에서 근원하는 것은 도심이다. 인심은 나만이 홀로 사사로운 것이고, 도심은 사람들마다 공평하고 함께하는 것이다. 그래서 지각을 하는 바가 같지 않다"는 것이다. 나머지 12조목들도 모두 이러한 형식을 취하고 있다. 이를 통해 김한섭이 조선 말기 심설논쟁의 주요 쟁점에 대해 경전과 선유의 글을 통해 올바르게 이해하려고 노력했음을 엿볼 수 있다.

3-13-7 「心說集解上」(『吾南文集』卷12)

舜曰: “人心惟危, 道心惟微。”

朱子曰: “心之虛靈知覺, 一而已矣, 而以爲有人心道心之異者, 則以其或生於形氣之私, 或原於性命之正, 而所以爲知覺者, 不同。”

　　人者, 指人之形氣而言也; 道者, 人所共由之天理也。人心, 卽耳目四肢、食色安佚之類, 易流私欲, 故謂之危; 道心, 卽惻隱羞惡、愛敬忠悌之類, 難爲著見, 故謂之微。形而上底, 渾是道理, 故謂之虛; 厥彰厥微, 神妙不測, 故謂之靈。知者, 識其所當然; 覺者, 悟其所以然。虛靈, 體也; 知覺, 用也。蓋心之爲物, 至虛至靈, 萬理合備, 故能發出知覺來。然其未發也, 全體渾然而已; 及其隨事感應, 生於形氣者, 則人心也; 原於性命者, 則道心也。人心, 是我之所獨私底; 道心, 是人人所公共底。所以爲知覺者, 有此不同。

子曰: “從心所欲不踰矩。”

朱子曰: “聖人表裏精粗, 無不昭徹, 只是一團天理。”

　　聖人之心, 一理渾然, 而泛應曲當, 不待思勉, 而自不踰於法度。

子曰: “操則存, 舍則亡, 出入無時。莫知其鄉者, 惟心之謂歟!” 朱子曰: “神淸氣定, 常如平朝之時, 則此心常存, 無適而非仁義矣。” 又曰: “愚聞之師。” 曰: ‘人理義之心, 未嘗無, 惟持守之卽在爾。’”

　　聖賢論心, 常以理義爲主, 未有舍義理, 而單言血氣之心者, 須知孔子所云“存亡出入”者, 非昭現圓覺之心, 乃仁義之心也。是以孟子先言仁義之心, 而終以是結之。

子曰: “欲修其身者, 先正其心。”

朱子曰: “心者, 身之所主也。”

　　心包那性情, 而主乎一身者也。心有不存, 則無以檢其身, 是故欲修其身, 必先正其心。

　　朱子釋心字, 不一其義, 而此訓正貼修身爲言, 故曰身之所主也。所以與『孟子』「盡心」章註說不同者, 此也。蓋朱子訓義, 隨文措辭, 例多類此。此既曰身之所主, 則直指全體, 所該廣矣。讀之者, 勿較其字之多寡而忽之哉!

子思子曰: "天命之謂性, 率性之謂道。"
朱子曰: "天命率性, 卽道心之謂也。"
性卽理也, 健順五常之德, 爲心之實體者也。道, 猶路也, 其於日用事物, 循其當然之則, 而發皆中節者也, 心之用也。在天曰明命, 在人曰明德, 其實皆一理也。

子思子曰: "中也者, 天下之大本也, 和也者, 天下之達道也, 致中和, 天地位焉, 萬物育焉。"
朱子曰: "吾之心正, 則天地之心亦正矣; 吾之氣順, 則天地之氣亦順矣。"
中和者, 性情之德, 而致中和, 是心之體用極工也。致中而謂之心正者, 方其未發, 此心常存敬畏, 無少偏倚, 而大本立矣; 致和而謂之氣順者, 及其將發, 此心尤審幾節制, 無少差繆, 而達道行矣。然大本、達道, 俱是理也, 而以心與氣相對說者, 此心所具之理, 敷施發用, 則藉乎氣故也。喜怒哀樂, 俱得其當, 此非氣順之驗耶?

子思子曰: "誠者自成也, 而道自道也。"
朱子曰: "誠以心言, 本也; 道以理言, 用也。"
誠者, 眞實無妄之謂, 天理之自然, 而心之本體也。卽天命之性, 而大德敦化者也, 天下之大本也。道者, 日用事物當行之路, 條理粲然, 而心之大用也。卽率性之謂道, 而小德川流者也, 天下之達道也。

孟子曰: "夫志, 氣之帥也; 氣, 體之充也。"
朱子曰: "志, 固心之所之而爲氣之將帥。然氣亦人之充滿於身, 而爲志之卒徒者也。"
孟子既變心謂志, 而又謂氣之帥, 則孟子之所言心, 可知矣。

孟子曰: "惻隱之心, 仁之端也; 羞惡之心, 義之端也; 辭讓之心, 禮之端也; 是非之心, 智之端也。"
朱子曰: "惻隱羞惡辭讓是非, 情也; 仁義禮智, 性也; 心, 統性情者也。"

朱子曰: “以仁愛, 以義惡, 以禮讓, 以智知者, 心也; 性者, 心之理也; 情者, 性之動也; 心者, 性情之主也。”

性是太極渾然之體, 其中含具萬理, 而綱理之大者有四, 曰仁義禮智。及其隨感發見, 仁爲惻隱, 義爲羞惡, 禮爲辭讓, 智爲是非, 粲然各有條理。仁義禮智, 性也; 四端, 情也; 而皆得以心名之者, 心統性情故也。

孟子曰: “雖存乎人者, 豈無仁義之心哉! 其所以放其良心者, 亦猶斧斤之於木也, 旦旦而伐之, 可以爲美乎?”

朱子曰: “良心者, 本然之善心, 卽所謂仁義之心也。”

心外無性, 性外無心。仁義之心, 卽仁義之性也。

孟子曰: “仁, 人心也。”

朱子曰: “仁者, 心之德。” 程子所謂 “心如穀種, 仁則其生之性”, 是也。然但謂之仁, 則人不知其切於己。故反而名之, 曰人心, 則可以見其爲此身酬酢萬變之主, 而不可須臾失矣。”

仁者, 天地生物之心。而人之生, 因得是心以爲心, 所以人皆有仁心也。仁義禮智, 俱是心之德, 而仁者, 四德之長也。偏言則一事, 專言則包四者。此章 “人心”, 與舜所謂 “人心”, 所指不同。

孟子曰: “從其大體爲大人, 從其小體爲小人。”

朱子曰: “大體, 心也; 小體, 耳目之類也。”

大體, 指其道心之原於性命者也, 天理之公也; 小體, 指其人心之生於形氣者也, 人欲之私也。

孟子曰: “盡其心者, 知其性也, 知其性則知天矣。”

朱子曰: “心者, 人之神明, 所以具衆理而應萬事者也。性則心之所具之理, 而天又理之所從以出者也。”

程子曰: “心也、性也、天也、一理也。自理而言, 謂之天; 自稟受而言, 謂之性; 自存諸人而言, 謂之心。”

張子曰: "由太虛有天之名, 由氣化有道之名, 合虛與氣有性之名, 合性與知覺有心之名。"

性者, 得於天而具於心者也。能盡其心, 則天下事物之理, 亦不外是矣。

朱子釋此章"心"字, 與『大學』"明德"訓義同。神明, 卽虛靈不昧也。蓋方寸之間, 虛靈洞徹, 萬理合備, 而應事接物, 其妙不測。神明, 以其統體用全部說也。具衆理, 言其體也; 應萬事, 言其用也。心統性情之妙, 於此可見矣。

天, 專言之則道也。性, 人物之所共稟受也。惟人也, 得其氣之正且通者。故其所賦之理, 亦正通虛明, 而其心爲最靈, 所謂"天地之心", 而人之極也, 豈物之所可比倫而語哉? 人則酬酢萬變, 神明不測也; 物則厚蔽不通, 蠢暗而已。故曰自存諸人而言, 謂之心。存者, 存主之謂也。然其心也、性也、天也, 言雖殊, 而理則一也。"上天之載, 無聲無臭", 故謂之太虛, 卽無極而太極也。"天以陰陽五行, 化生萬物", 故謂之氣化, 卽一陰一陽之謂道也。"氣以成形, 理亦賦焉", 此乃合虛與氣而有性也, 卽所謂氣質之性也。性, 是未發之體也; 知覺, 是情也, 已發之用也。心統性情, 故曰合性與知覺, 有心之名。或者殊不知性字名上, 已合理氣言之, 而以性與知覺, 分屬於理氣, 此殊非橫渠立言本義。而且以知覺言之, 其曰四端與道心, 果是氣邊耶? 不思甚矣!

「심설집해하心說集解下」(『吾南文集』卷12)

1) 서지사항

김한섭이 심설(心說)에 관한 경전 구절과 선유의 언설을 가려 뽑고, 자신의 견해를 기술한 것. 『오남문집』 권12에 실려 있다.(『한국역대문집총서』 542)

2) 저자

김한섭(金漢燮, 1838~1894)으로, 자는 치용(致容), 호는 오남(吾南)이다.

3) 내용

이 글은 김한섭이 심설(心說)에 관한 경전 구절과 선유의 언설을 가려 뽑고, 자신의 견해를 기술한 것으로, 하편에 해당한다. 내용은 23조목으로 이루어졌는데, 1조목과 3조목에서 『주역』의 구절을 원용하고, 나머지는 선유들의 글을 원용한 다음, 김한섭 자신의 견해를 기술하고 있다. 선유는 주돈이(周敦頤, 1017~1073), 소옹(邵雍, 1011~1077), 장재(張載, 1020~1077), 정자(程子, 程頤, 1017~1073), 주희(朱熹, 1130~1200) 등이다. 몇 조목을 살펴보면, 아홉 번째 조목은 장재의 "심통성정(心統性情)"과 그에 대한 주희의 간단한 해설을 원용한 다음, 김한섭 자신의 견해를 밝혔다. 즉 김한섭은 한편으로는 "물에는 비록 고요함과 흘러감의 차이가 있지만, 그 물이란 것은 하나이다"라고 하여, 심·성·정이 본래 하나임을 강조하고, 다른 한편으로는 심에 대한 주리적 관점과 주기적 관점을 거론하면서 "우리 유교의 심학은 리를 기의 주인으로 삼는 것"이라 하여 주리적 관점을 옹호하였다. 열여섯 번째 조목은 주희가 "지각하는 것은 심의 리이고, 지각할 수 있는 것은 기의 신령스러움이다"고 한 것에 대해, 김한섭은 "인(仁)이 발현하여 사랑이 되고, 예(禮)가 발현하여 공손함이 되며, 의(義)가 발현하여 마땅함이 되고, 지(智)가 발현하여 분별함이 되는 것은 심의 조리이다. 그러므로 '지각하는 것은 심의 리이다'고 한다. 인으로써 사랑하고 예로써 공손하며 의로써 마땅하게 하며 지로써 분별하는 것은 심의 오묘한 운용이다. 그러므로 '지각할 수 있는 것은 기의 신령스러움이다'고 한다. '기의 신령스러움'은 곧 기 속에서 신령스러운 존재이다"라고 하였다. 열일곱 번째 조목은 주희가 "심은 기의 정상(精爽)이다"고 한 것에 대해, 김한섭은 '기의 정상'은 기의 신령스러움[靈]이라고 하였다. 나머지 조목들도 모두 이러한 형식을 취하고 있는바, 이를 통해 김한섭이 조선 말기 심설논쟁의 주요 쟁점에 대해 경전과 선유의 글을 통해 올바르게 이해하려고 노력했음을 엿볼 수 있다.

3-13-8 「心說集解下」(『吾南文集』卷12)

子曰: "易, 無思也, 無爲也。寂然不動, 感而遂通天下之故, 非天下之至神, 其孰能與於此?"

朱子曰: "人心之妙, 其動靜, 亦如此。"

　　至神, 本以易之著策言之, 而朱子又以人心之妙當之。妙者, 卽太極本然之妙也。靜卽寂然不動也, 心之體也; 動卽感而遂通也, 心之用也。

周子曰: "寂然不動者, 誠也; 感而遂通者, 神也。"

程子曰: "心一也, 有指體而言者, 寂然不動是也; 有指用而言者, 感而遂通天下之故是也。"

朱子曰: "寂然不動者, 實理之體; 感而遂通者, 實理之用。"

　　寂然不動者, 誠, 太極之體也; 感而遂通者, 神, 太極之用也。此雖分體用言之, 而誠與神, 亦非二物矣。周、程、朱三子所言, 皆一串貫來, 而實本於夫子「繫辭」。觀於此, 則從古聖賢言心之訣, 亦可知矣。

子曰: "易有太極。"

朱子曰: "太極, 只是理之一字。"

周子曰: "太極動而生陽, 動極而靜, 靜而生陰。"

朱子曰: "太極者, 本然之妙也; 動靜者, 所乘之機也。"

　　陰陽, 氣也, 而其實太極之所爲也。非太極之外, 別有一箇陰陽也, 故曰: "陰陽一太極也。"

邵子曰: "心爲太極。"

朱子曰: "心之理是太極, 心之動靜是陰陽。"

　　太極有動靜, 而心亦有動靜。心與太極, 其理一也。

朱子曰: "天地變化, 其心孔仁。成之在我, 則主于身。其主伊何? 神明不測。發揮萬變,立此人極。”

人得天地生物之仁以爲心, 主乎一身, 而其本然之妙, 神明不測, 能酬酢萬變, 建此
人極, 而與天地參矣。

朱子曰: “人心妙不測, 出入乘氣機。”

妙者, 太極本然之妙也。神妙故不測。出入, 謂動靜也。理之動靜, 所乘者, 氣機也。

朱子曰: “性猶太極也, 心猶陰陽也, 一而二, 二而一者也。”

性只是實理, 故謂之猶太極也; 心包動靜, 故謂之猶陰陽也。蓋性者, 心中所具之
實理, 而心則貫乎動靜, 而無不在焉。心之靜, 則太極之體, 所以立也; 心之動, 則
太極之用, 所以行也。故曰“心猶陰陽”也。此與“心之理是太極, 心之動靜是陰陽”
者, 無甚差別, 而後人不深究本義所在。遂以心性判作二物, 謂以性理心氣, 而以
性猶太極, 心猶陰陽, 立爲證案, 何其固哉? 凡天下事物, 理爲之主, 而氣則特其理
之所使者爾。故太極爲萬化之樞紐, 心爲一身之主宰, 此統萬古不易之常理也。若
如或說, 而但曰心卽氣而已, 則雖朱子之言, 無乃悖理之甚, 而亦何嘗曰心者身之
所主乎? 讀者, 不以辭害意可也。

程子曰: “在天爲命, 在義爲理, 在人爲性, 主於身爲心, 其實一也。”
朱子曰: “天之賦於人物者, 謂之命; 人與物受之者, 謂之性; 主於一身者, 謂之心; 有得
於天而光明正大者, 謂之明德。”

曰命、曰理、曰性、曰心、曰德, 雖若各有所指, 而其實一而已, 無二道也。

張子曰: “心統性情。”
朱子曰: “統是主宰。性者, 心之理; 情者, 心之用; 心者, 性情之主。橫渠‘心統性情’語極
好, 顚撲不破。”
朱子曰: “性是未動, 情是已動, 心包得已動未動。蓋心之未動, 則爲性, 已動則爲情, 所
謂‘心統性情’也。心如水, 性猶水之靜, 情則水之流。

水雖有靜與流之異, 而其爲水則一也。後賢有曰: ‘心如器, 性如器中之水, 情如水
之瀉出於器外。’夫器與水, 本是各物也, 此不過指心爲血肉火臟而已。至於全體

妙用, 認作心外之物, 而判而二之, 其與朱子如水之訓, 果何如哉? 近日說心, 皆以形而下者當之者, 其原蓋出於此. 若以形而下者, 爲一身之主, 則於心安乎? 於理當乎? 蓋吾儒心學, 理爲氣主, 而今乃專認此心爲氣, 故不得不避其氣爲理主之嫌, 又或爲性爲心宰之說, 見識一差, 語勢倒錯, 固其所也. 朱子豈不曰心爲性情之主宰乎? 又不曰心統性情爲是耶? 性統心情爲是耶? 夫豈無理而朱子言之.

朱子曰: "心是主宰之謂也. 動靜皆主宰, 非是靜時無所用, 及至動時, 方有主宰也. 言主宰, 則混然體統, 自在其中. 心統攝性情, 非儱侗與性情, 爲一物而不分別也."

性是心之理, 情是心之發見處, 心主宰乎性情而貫乎動靜. 大抵心與性, 似一而二, 似二而一.

朱子曰: "心之全體, 湛然虛明, 萬理具足. 以其未發而全體者言之, 則性也; 以其已發而妙用者言之, 則情也. 然心統性情, 只就混淪一物之中, 指其未發已發而爲言耳. 非是性是一箇地頭, 心是一箇地頭, 情又是一箇地頭, 如此懸隔也."

性與情, 是心之體用, 而所指以言, 雖若有界分, 然只是一物中分揀說也. 非其各占地頭, 若是懸隔也.

朱子曰: "性者, 卽天理也, 萬物稟而受之, 無一理之不具; 心者, 一身之主宰; 意者, 心之所發; 情者, 心之所動; 志者, 心之所之, 比於情意尤重. 氣者, 卽吾之血氣, 而充乎體者也. 比於他, 有形器而較(麤)[粗]24)者也."

朱子歷言性、心、情、意、志、氣, 而獨於氣, 謂以'比於他有形器而較麤'者也. 觀此, 則他之不有形器, 不待辨說而自明矣.

問: "人心, 形而上下, 如何?" 朱子曰: "如肺肝五臟之心, 却是實有一物. 若今學者所論操舍存亡之心, 則自是神明不測, 故五臟之心, 受病則可用藥補之. 這箇心, 則非菖蒲茯苓所可補也." 問: "如此則心之理, 乃是形而上否?" 曰: "心比性, 微有迹; 比氣, 自然又靈."

---

24) (麤)[粗]: 저본에 '麤'으로 되어있으나, 『朱子語類』卷5 「性理二・性情心意等名義」에 의거하여 '粗'으로 수정하였다.

五臟之心, 血氣也, 可用藥治補。若理義之心, 形而上者也, 非用藥可補也。性則未發也, 無跡可見; 而心則靜而能動。故謂以"比性微有迹"也。氣則體之充也, 而心之動靜, 乘其氣機, 故謂以"比氣自然又靈"也。

問: "氣之所運, 必有以主之者。" 朱子曰: "氣中自有箇靈底物事。"
　　靈底物事, 指太極之至靈也。

問: "知覺, 是心之靈, 固如此, 抑氣爲之耶?" 朱子曰: "不專是氣, 是先有知覺之理。理未知覺, 氣聚成形, 理與氣合, 便能知覺。"
　　理, 非懸空獨立底物, 本掛搭於形氣。而惟人之生也, 得其氣之至秀者, 故其所賦之理, 無所偏塞, 而心爲最靈。其靜也, 乘氣而靜, 如明鏡止水; 其動也, 乘氣而動, 如騎馬乘船。理非氣不能發, 氣非理無所發, 故曰: "理與氣合, 便能知覺。"

朱子曰: "所覺者, 心之理; 能覺者, 氣之靈。"
　　仁發爲愛, 禮發爲恭, 義發爲宜, 智發爲別者, 心之條理也。故曰: "所覺者, 心之理。" 以仁愛, 以禮恭, 以義宜, 以智別者, 心之妙用也, 故曰: "能覺者, 氣之靈。" 氣之靈, 卽所謂"氣中自有箇靈底物事"者也。

朱子曰: "心者, 氣之精爽。"
　　"氣之精爽", 卽氣之靈也。

朱子曰: "氣之精英者爲神, 金木水火土非神。所以爲金木水火土者是神, 在人則爲理, 所以爲仁義禮智信者, 是也,"
　　精英, 卽精爽也。朱子旣有曰: "氣之靈"、"氣之精爽" 而又曰: "氣之精英者爲神。" 此三言者, 所指一也。而又謂"在人爲理", 則精英之爲理, 豈不皎然乎? 盖理則神而莫測, 程子所謂"以妙用謂之神"者也。夫理氣元不相離, 合而言之, 則曰"氣之靈"、"氣之精爽"、"氣之精英者爲神"也; 分而言之, 則曰"比氣自然又靈"、"氣中自有箇靈底物事"。靈與神, 俱是一義, 而卽實理之妙用也。觀於所以爲三字, 則其非爲氣也, 尤一言可破矣, 朱子何嘗以氣之單一字說心乎? 後之讀者, 勿以先入爲主,而平心徐觀, 極其義理攸當, 則庶可以弗畔於道也夫!

朱子曰: "此德之明, 日益昏昧, 而此心之靈, 其所知者, 不過情欲利害之私而已。"

明德, 卽人之所得乎天, 而健順五常之理, 發而爲善情者也。但爲氣拘欲蔽, 故日益昏昧, 而此心之靈, 其所知覺者, 不過情欲利害之私。此則道心不得爲主, 而人心自用也。故曰: "微者愈微, 危者愈危。"

蓋人心之靈, 莫不有知。知覺之原於性命者, 曰道心; 生於形氣者曰人心。以道心爲主者, 君子之喩於義也; 以人心爲主者, 小人之喩於利也。二者不容竝立。若不知所以治之, 則其所知覺者, 於道心上, 則日益昏昧; 於人心邊, 則日益熾盛, 勢所必至。朱子以"德之明"、"心之靈"相對說下者, 驟以看之, 則若有物、則之分, 而其實有不然者。"心之靈"三字, 是合下統道心人心, 壓頭物事也。不可偏屬於人心也, 審矣。其下情欲利害字, 與"德之明"爲對說也。潛心玩繹, 則自可見矣。

朱子曰: "實底是性, 靈底是心。"

理雖無形, 而眞實而非僞虛, 故曰: "實底是性。" 具是眞實之理, 而自能知覺, 故曰: "靈底是心。"

周子曰: "厥彰厥微, 匪靈弗瑩。"

朱子曰: "此言理也, 陽明陰晦, 非人心太極之至靈, 孰能明之?"

太極, 至虛至靈, 而一陰一陽, 其妙不測, 而了然昭著。厥彰, 言道之顯; 厥微, 言道之隱。其人心之妙, 亦如此。

朱子曰: "惟心無對。"

"無對"者, 一也, 太極是已。以存諸人而言, 則"惟心無對"也。

朱子曰: "心者, 人之所以主乎身者也。一而不二者也, 爲主而不爲客者也, 命物而不命於物者也。"

一【太極。】者, 理也; 二【陰陽。】者, 氣也。爲主者, 理也; 爲客者, 氣也; 命物者, 理也, 命於物者, 氣也。故曰: "理爲氣主。" 又曰: "心爲太極。"

「심자신지소주설心者身之所主說」(『吾南文集』卷12)

해제

1) 서지사항

김한섭이 심의 주재에 대한 견해를 기술한 것. 『오남문집』 권10에 실려 있다.(『한국역대문집총서』 542)

2) 저자

김한섭(金漢燮, 1838~1894)으로, 자는 치용(致容), 호는 오남(吾南)이다.

3) 내용

이 글은 김한섭이 심의 주재에 관해 설명한 것이다. 김한섭은 먼저 "무릇 사람은 천지가 만물을 생성하는 리를 얻어 마음으로 삼는다. 인의예지(仁義禮智)는 그 미발(未發)의 체(體)이고, 애공의 별(愛恭宜別)은 그 이발(已發)의 용(用)이다."라고 하여, 심에 대한 주리적 관점을 분명히 하였다. 또 "심(心)은 오장의 하나이지만, 한 몸을 주재하는 것은 그 형기로는 말하는 것이 아니고, 다만 그 전체대용(全體大用)이 신명하여 헤아릴 수 없는 것을 말하는 것이다. 무슨 말인가? 귀로 듣고, 눈으로 보며, 코로 냄새를 맡고, 입으로 맛보고, 손으로 잡고, 발로 걷는 것은 각각 맡은 바가 있어 서로 통할 수 없으니, 이것은 기(氣)가 국한되기 때문이다. 오직 심(心)의 오묘함은 단속하고 검속하여 살피지 않음이 없어, 그 천하사물에서 느껴 마침내 통하지 않음이 없으니, 이것은 리(理)가 통하기 때문이다."라고 하여, 심의 주재적 기능 역시 리의 역할이라고 설명했다. 이러한 맥락에서 김한섭은 '심의 주재'를 태극(太極)이 천지만물을 주재하고 대군(大君)이 한 국가를 통치하는 것에 견주고, 결론적으로 그러므로 "심이 태극이 된다"고 하였고, 또 심을 "천군(天君)"이라고 부른다고 설명하였다.

3-13-9 「心者身之所主說」(『吾南文集』卷12)

夫人得天地生物之理, 以爲心。仁義禮智, 其未發之體也; 愛恭宜別, 其已發之用也。
且得天地生物之氣, 以爲形。耳目鼻口, 五臟四肢百骸是也。然心是五臟之一, 而爲主
宰乎一身者, 非以其形氣爲言, 而特以其全體大用神明不測也。何者? 耳之聽, 目之視,
鼻之臭, 口之味, 手之持, 足之行, 各有所司, 而不能相通, 此則氣之局故也; 惟心之妙,
則無乎不照管檢察, 而其於天下事物, 亦無不感而遂通, 此則理之通故也。盖太極者,
天地萬物之主宰也。至誠不息, 循環無端, 而萬化從出。故曰陰靜陽動, 同一太極也;
男女萬物, 同一太極也。大君者, 天地人物之主宰也。內自華夏, 外薄四海, 而號令統
一。故曰天無二日, 民無二王。若太極而失其主宰之職, 則陰陽乖和, 時氣失節, 妖怪
變災, 無所不作, 而萬物不得遂其生矣。大君而失其主宰之職, 則上下無分, 中外無統,
僭亂爭奪, 無所不有, 而中國而陷於夷狄矣。心而失其主宰之職, 則天理日昏, 人欲益
熾, 縱恣悖戾, 無所不至, 而人類而入於禽獸矣。由是觀之, 則心也、太極也、大君也, 其
爲道一也。故曰: "心爲太極。" 又名曰: "天君。"

3-13-9 「심자신지소주설心者身之所主說」(『吾南文集』卷12)

선역

무릇 사람은 천지가 만물을 생성하는 리를 얻어 마음으로 삼는다. 인의예지(仁義禮智)는 그 미발(未發)의 체(體)이고, 애공의별(愛恭宜別)은 그 이발(已發)의 용(用)이다. 또 천지가 만물을 생성하는 기를 얻어 형체로 삼는다. 이목구비나 오장(五臟)·사지(四肢)·백해(百骸)가 이러한 것이다. 그러나 심(心)은 오장의 하나이지만, 한 몸을 주재하는 것은 그 형기로는 말하는 것이 아니고, 다만 그 전체대용(全體大用)이 신명하여 헤아릴 수 없는 것을 말하는 것이다. 무슨 말인가? 귀로 듣고, 눈으로 보며, 코로 냄새를 맡고, 입으로 맛보고, 손으로 잡고, 발로 걷는 것은 각각 맡은 바가 있어 서로 통할 수 없으니, 이것은 기(氣)가 국한되기 때문이다. 오직 심(心)의 오묘함은 단속하고 검속하여 살피지 않음이 없어, 그 천하사물에서 느껴 마침내 통하지 않음이 없으니, 이것은 리(理)가 통하기 때문이다. 대개 태극은 천지만물의 주재이니, 지극히 정성되어 쉼이 없고, 순환이 단서가 없어, 온갖 변화 그곳에서 나온다. 그러므로 음정양동(陰靜陽動)은 동일한 태극이고, 남녀만물(男女萬物)은 동일한 태극이다. 대군(大君)은 천지만물의 주재이니, 안으로는 화하(華夏)로부터 밖으로 사해에 이르러 호령하고 통일시킨다. 그러므로 하늘에 두 개의 해가 없고 백성에 두 왕이 없는 것이다. 만일 태극이 그 주재의 직분을 잃으면, 음양의 조화가 어긋나고 시절과 기후가 절도를 잃어, 온갖 요괴변재(妖怪變災)가 일어나고 만물은 그 생명을 이룰 수 없을 것이다. 대군이 그 주재의 직분을 잃으면, 위와 아래의 구분이 없고 안과 밖의 기강이 없어져, 온갖 참란쟁탈(僭亂爭奪)이 생기고 중국은 오랑캐로 변할 것이다. 마음이 그 주재의 직분을 잃으면, 천리가 날로 어둡고 인욕이 더욱 성하여, 온갖 방자하고 어긋난 일들이 벌어져 인류는 금수로 변할 것이다. 이것으로 보면, 심·태극·대군은 그 도(道)가 마찬가지이다. 그러므로 "심이 태극이 된다"[25]고 하였고, 또 심에 "천군(天君)"[26]이라는 이름을 붙인 것이다.

夫人得天地生物之理, 以爲心。仁義禮智, 其未發之體也; 愛恭宜別, 其已發之用也。且得天地生物之氣, 以爲形。耳目鼻口, 五臟四肢百骸是也。然心是五臟之一, 而爲主宰乎一身者, 非以其形氣爲言, 而特以其全體大用神明不測也。何者? 耳之聽, 目之視, 鼻之臭, 口之味, 手之持, 足之行, 各有所司, 而不能相通, 此則氣之局故也; 惟心之妙, 則無乎不照管檢察, 而其於天下事物, 亦無不感而遂通, 此則理之

---

25) 이는 송나라 때 邵雍이 언급한 말이다. 『皇極經世書』卷14 「觀物外篇下」: 心爲太極, 道爲太極.

26) 이는 전국시대 荀子가 언급한 말이다. 『荀子』「天論」: 心居中虛, 以治五官, 夫是之謂天君.

通故也。盖太極者, 天地萬物之主宰也。至誠不息, 循環無端, 而萬化從出。故曰陰靜陽動, 同一太極也; 男女萬物, 同一太極也。大君者, 天地人物之主宰也。內自華夏, 外薄四海, 而號令統一。故曰天無二日, 民無二王。若太極而失其主宰之職, 則陰陽乖和, 時氣失節, 妖怪變災, 無所不作, 而萬物不得遂其生矣。大君而失其主宰之職, 則上下無分, 中外無統, 僭亂爭奪, 無所不有, 而中國而陷於夷狄矣。心而失其主宰之職, 則天理日昏, 人欲益熾, 縱恣悖戾, 無所不至, 而人類而入於禽獸矣。由是觀之, 則心也、太極也、大君也, 其爲道一也。故曰: "心爲太極。" 又名曰: "天君。"

「유석심학부동변儒釋心學不同辨」(『吾南文集』卷12)

해제

1) 서지사항

김한섭이 유학과 불교의 차이점을 기술한 것. 『오남문집』 권10에 실려 있다.(『한국역대문집총서』 542)

2) 저자

김한섭(金漢燮, 1838~1894)으로, 자는 치용(致容), 호는 오남(吾南)이다.

3) 내용

이 글은 김한섭이 유학과 불교의 심(心)에 대한 차이점을 기술한 것이다. 그는 주희의 "우리는 심과 리(理)를 하나로 만들고, 저들은 심과 리를 두 개로 만든다"는 말을 인용한 다음, 심은 하나인데 왜 리와 하나가 되기도 하고 두 개가 되기도 하는 것인가를 설명했다. 김한섭에 의하면, 심은 리와 기가 오묘하게 합하여 허령하면서 지각하는 것인데, 리는 심의 실체가 오묘하게 운용하는 것이고 기는 심의 동정이 타는 것이다. 유학의 심이 리와 하나가 된다는 것은, 그 고요하루 때엔 항상 계신공구(戒愼恐懼)하여 천리(天理)의 본연을 보존하고, 그 움직일 때엔 일마다 성찰하여 그 천리를 확충하고 그 인욕을 제거하여, 도심이 항상 한 몸을 주재하여 인심이 명령을 듣게 한다는 것이다. 김한섭은 이러한 맥락에서 순(舜)의 "유정유일(惟精惟一)", 안자(顔子)의 "비례사물(非禮四勿)", 자사(子思)의 "계구신독(戒懼愼獨)", 맹자의 "존천리알인욕(存天理遏人慾)" 등을 '성인들이 서로 전한 심법'으로 간주하였다. 반면에 불교는 돈오의 심을 주재로 여겨, 기품과 물욕의 사사로움을 살피지 않고 ,눈앞의 작용을 천리로 삼아 방자하게 행동하니, 도심은 더욱 은미해지고 인심은 더욱 위태로워져, 심과 리가 두 개가 된다는 것이다. 김한섭은 이러한 맥락에서 고자(告子)의 "생지위성(生之謂性)"과 육구연(陸九淵)·왕수인(王守仁)의 "심즉리(心卽理)"를 불교의 법문과 같은 것으로 간주하였다. 특히 유학의 심은 맑게 텅 비고 빛나 만 가지 이치가 구비되어 발현할 적에 모두 절도에 들어맞기 때문에 심과 리는 하나가 되는 것이고, 불교의 심은 속이 텅 비어 다시 한 사물도 없고 의로움으로 밖을 방정하게 하지 못하기 때문에 심과 리는 두 개가 되는 되는 것으로 여겼다. 김한섭은 결론적으로 "심과 리가 하나가 되면 심은 리인 것이요, 심과 리가 둘이 되면 심은 기인 것이다. 유교와 불교의 쟁점은 다만 여기에 있다."고 하여, 당시의 주기적 심론을 불교와 같은 부류의 이단이라고 비판하는 태도를 보여주었다.

3-13-10「儒釋心學不同辨」(『吾南文集』卷12)

朱子曰: "儒、釋不同, 正爲吾以心與理爲一, 彼以心與理爲二。" 心則一也, 而有此與理爲一、爲二之不同, 何也? 盖心者, 理與氣妙合, 而虛靈知覺者也。理是心之實體妙用也, 氣是心之動靜所乘也。吾則於其靜也, 常戒愼恐懼, 存天理之本然; 而及其動也, 隨事省察, 其爲天理則擴而充之, 其爲人欲則克而去之, 以道心常爲一身之主, 而人心聽命焉, 此心與理爲一之說也。如大舜之惟精惟一, 顔子之非禮四勿, 子思之戒懼愼獨, 孟子之存理遏欲, 卽聖聖相傳之心法也。彼則都不識天命之性, 許多道理, 是爲心之實體, 而只是慌惚之間, 却見得些子閃爍影象, 須要頓悟; 及其動也, 專認此心爲主宰, 而莫察乎氣稟物欲之私, 卽以眼前作用爲天理, 縱意恣行, 而不問禮與非禮, 無所不視聽言動。故道心愈微, 而人心愈危, 此心與理爲二之說也。如告子之生之謂性, 陸、王之心卽理也者, 卽釋氏傳鉢之法門也。彼所謂理, 非吾所謂天敍天秩、民彝物則之名目也。止是運水搬柴、石火雷光底消息也。雖曰心卽理也, 而其實認氣爲理, 師心自用, 所以七顚八倒, 無有是處, 果與吾儒所謂仁義之心、本心、道心者, 同乎? 否乎? 吾所謂心, 湛然虛明, 萬理具足, 而且須要發皆中節, 故曰心與理爲一。彼所謂心, 空豁豁地, 更無一物, 而却不會義以方外, 故曰心與理爲二。心與理一, 則心卽理也; 心與理二, 則心卽氣也。儒、釋所爭處, 只在於此。

「상고산선생上鼓山先生」(『吾南文集』卷5)

1) 서지사항

　　김한섭이 임헌회에게 보낸 서한. 『오남문집』 권5에 실려 있다.(『한국역대문집총서』 541)

2) 저자

　　김한섭(金漢燮, 1838~1894)으로, 자는 치용(致容), 호는 오남(吾南)이다.

3) 내용

　　이 글은 김한섭이 고산(鼓山) 임헌회(任憲晦, 1811~1876)에게 보낸 서한으로서, 명덕을 주리와 주기의 관점에서 논하는 내용이다. 리는 인의예지의 성으로 고금의 현인(賢人)이나 우인(愚人)이 모두 동일한 것이고, 기는 청탁수박이 만 가지로 달라서 현인이나 우인의 구분이 있다는 것이다. 그리고 명덕의 리는 모든 사람이 함께 지니는바, 그것을 밝히는 공부는 기질의 구애와 물욕의 가림을 제거하여 그 본성의 처음을 회복하는 것이라 한다. 그리고 김한섭은 '기질의 구애와 물욕의 가림이 명덕을 방해한다'는 논법으로 볼 때 명덕은 리임이 분명하다고 주장하고, 만약 명덕을 기로 보면 사람들마다 동일하지 않아 많은 분수가 있게 되는 난점에 발생한다고 설명했다. 김한섭은 리와 기에 관한 일반론에 입각해 명덕주리론을 옹호하기도 했다. "리는 기의 장수(將帥)요, 기는 리의 졸도(卒徒)인바, 명덕은 장수라 할 수는 있으나 졸도라 할 수는 없다."는 것이며, "리는 기를 타고 유행하는 것이요, 기는 리를 실어주는 그릇인바, 명덕은 기를 타고 유행하는 것이라 할 수는 있으나, 리를 실어주는 그릇이라 할 수는 없다."는 것이다.

3-13-11 「上鼓山先生」(『吾南文集』卷5)

漢燮白。小生稟才昏濁, 自幼雖粗讀聖賢之書, 而未得一分實效矣。今初夏, 猥忝門屏
之下, 得聞性理之論, 如冥埴得相從可進步。然於明德之說, 猶有未能釋然于中者, 故
更稟焉。蓋天之所以與人, 人之所以得於天者, 惟理氣二者而已。理則仁義禮智之性,
而古今賢愚同一其性也; 氣則淸濁粹駁, 有萬不同, 而知愚賢不肖所以分也。明德謂之
理, 則人我之所同有, 而其曰明之之功, 祛其氣質之拘、物欲之蔽, 以復其性之初也。若
謂之氣, 則人人不同而不免有許多分數也。『章句』曰: "但爲氣稟所拘, (物)[人]27)欲所
蔽"云爾, 則明德之爲理, 豈不皎然乎? 且以心言之, 本是虛靈知覺底物, 而道心原於性
命之正, 人心生於形氣之私, 則今此明德, 當屬之道心乎? 屬之人心乎? 由性與知覺, 有
心之名, 而其未發之體, 則性也; 已發之用, 則情也。於性、於情, 不分本然氣質、天理人
欲, 而只以一氣字當明德本色, 則天之所與光明正大者, 不幾於晦塞哉? 蓋太極雖不離
於陰陽, 而亦不離乎陰陽而爲言, 則小生之意, 亦以爲明德雖不離乎氣, 而亦不雜乎氣
而爲言。其曰"虛靈不昧"者, 卽光明正大之謂, 而心之本體, 自爾虛靈不昧, 則於此處,
眞可見天之明命, 人得以爲德者也。夫理爲氣之帥, 氣爲理之卒徒, 則明德固可謂帥,
而不可謂卒徒也。理是乘氣流行者, 而氣是載理之器, 則明德亦可謂乘氣流行者, 而不
可謂載理之器也。『或問』曰: "明德者, 又人人所同得, 而非有我之得私者也。" 又曰:
"爲大學之敎者, 所以慮其理雖粗, 復而有(未)[不]28)純, 己雖粗, 克而有(未)[不]29)盡。"
朱夫子若以氣言明德, 則不必曰'人人所同得', 而且謂'其理雖粗復'者, 此非明其明德之
云乎?"『語類』曰: "這箇道理在心裏, 光明照徹, 無一毫不明。" 又曰: "人本來皆具此明
德, 德內便有仁義禮智四者。" 凡此數條, 皆的指明德之爲理, 而此外許多言明德處, 皆
一串貫來。小生雖自信朱子, 而以管窺蠡傾, 自不覺其橫看背馳歟? 曲賜批誨若何?

---

27) (物)[人]: 저본에는 '物'로 되어있으나, 『大學章句』에 의거하여 '人'으로 교감하였다.
28) (未)[不]: 저본에는 '未'로 되어있으나, 『大學或問』에 의거하여 '不'로 교감하였다.
29) (未)[不]: 저본에는 '未'로 되어있으나, 『大學或問』에 의거하여 '不'로 교감하였다.

「상중암上重菴」(『吾南文集』卷5)

1) 서지사항

김한섭이 김평묵에게 보낸 서한.『오남문집』권5에 실려 있다.(『한국역대문집총서』541)

2) 저자

김한섭(金漢燮, 1838~1894)으로, 자는 치용(致容), 호는 오남(吾南)이다.

3) 내용

이 글은 김한섭이 중암(重菴) 김평묵(金平默, 1819~1891)에게 보낸 서한으로서, 명덕(明德), 인성(인성)과 물성(物性), 심(心) 등 심성론의 여러 주제들을 논하는 내용이다. 먼저 명덕에 관한 논의로, 김한섭은 매산(梅山) 홍직필(洪直弼)의 명덕주기론을 비판하는 입장을 취했다. "일반적으로 '덕(德)'은 모두 '주리'로 말하는 것이며, '명(明)'은 덕의 본색이 이처럼 밝다는 뜻이다. 만약 명덕을 오로지 기에 해당시킨다면, 덕의 본의에 크게 어긋날 뿐만 아니라『대학장구』의 설명과도 어긋난다."는 것이다. 즉『대학장구』에서는 "명덕이 기품에 의해 구애된다"고 했거니와, 명덕이 만약 기라 한다면, 이는 "기가 기에 의해 구애되는 것"이니, 이는 어불성설이라는 것이다. 김한섭은 또 명덕주리론의 중요한 논거로서『대학혹문』의 "명덕은 모든 사람이 함께 얻은 것으로서, 내가 사사롭게 할 수 있는 것이 아니다."라는 내용을 거론하였다. 리는 모든 사람이 함께 얻은 것이요, 기는 사람마다 청탁수박의 차이가 있는바, 이렇게 볼 때 명덕은 리임이 분명하다는 것이다.

다음으로 인성과 물성에 대해, 김한섭은 주자의 여러 자료를 예시하여 사람이나 동물 모두 인의예지의 본성을 품부받았다고 주장하였다. 김한섭은 주자의 "같음 가운데 그 다름을 알고 다름 가운데 그 같음을 안다", "만물의 일원을 논하면 리는 같고 기는 다르며 만물의 이체를 보면 기는 오히려 서로 근사하지만 리는 절대로 같지 않다"는 말을 원용하면서, 사람은 오행의 빼어난 기를 얻었기 때문에 리가 그대로 바르고 통하며, 동물은 오행의 탁한 기를 얻었기 때문에 리가 그대로 치우지고 막혔다고 설명했다. 심에 대해서는, 혹자의 '성인과 보통사람은 심이 같지 않다[聖凡心不同]'

는 주장에 대해, 그것은 그 본체를 빠뜨렸기 때문에 생기는 오해라고 비판했다. 요컨대 "태극의 리는 인의예지의 성인데, 인의예지가 어찌 성인과 보통사람이 같이 않음이 있겠는가?"라고 반문이다. 그는 심을 "리와 기를 합하고 체(體)와 용(用)을 겸하여 한 몸을 주재하고 온갖 변화를 통솔하는 것"이라고 설명하고, 성인이나 보통사람은 기질의 청·탁이 다르지만, 보통사람도 본원을 함양하고 기질을 변화시키면 성인이나 현인처럼 될 수 있다고 하였다.

3-13-12 「上重菴」(『吾南文集』卷5)

前論明德條: "今明德, 以心言, 則道心也; 以性言, 則本性也; 以情言, 則天理也。於此無問精粗、本末, 挿入一毫氣字, 爭爲長雄, 則孔子之經文, 朱子之『章句』, 所以苦心發明之意晦矣。" 此與漢燮平日所聞於家庭者吻合焉。且考先師著說, 無非是言, 尤覺師門授受之無毫髮爽也。近觀『梅翁文集』, 以明德專屬之於氣, 而歷引『語類』數條以爲證, 寒鄕晚進, 安敢容喙於其間而重犯不韙之罪乎? 然義理者, 天下之公也。不可以終於泯默, 敢陳愚見如左。從古經傳, 凡言德者, 皆主理以言, 而明字, 亦不過德之本色, 如是光明而已。若專以氣字當之, 則與德字本義, 不啻差謬千里。以朱子『章句』言之, 但 "爲氣稟所拘" 云爾, 則豈可謂氣爲氣之所拘乎? 若曰氣爲氣之所拘, 則非徒不成說話, 義理恐不如此。且『或問』曰: "必其上智大賢之資, 乃能全其本體, 而無(小)[少]30) 不明, 其有不及乎此, 則其所謂明德者, 已不能無蔽, 而失其全矣。況乎又以氣質有蔽之心, 接乎事物無窮之變, 則其目之欲色, 耳之欲聲, 口之欲味, 鼻之欲臭, 四肢之欲安佚, 所以害乎其德者, 又(何)[豈]31)可勝言也?" 又曰: "其所謂明德者, 又人人之所同得, 而非有我之得私也。" 觀此德字與氣字, 相對說下, 則德之以理而言, 槩可知矣。"人人之所同得, 而非有我之得私也", 則主理而言, 尤爲明白。蓋理通氣局, 故理者, 人人之所同得, 而氣者, 淸者智而濁者愚, 美者賢而惡者不肖, 此則人人之所不同也。『語類』曰: "這箇道理在心裏, 光明照徹, 無一毫不明。" 又曰: "人本來皆具此明德, 德內便有仁義禮智四者。" 又曰: "明德是自家心中, 具許多道理。在這裏, 本是箇明底物事, 初無暗昧, 人得之則爲德。如惻隱羞惡辭讓是非, 是從自家心裏出來。" 又問: "明德, 便是仁義禮智之性否?" 曰: "便是。" 觀此諸條, 無氣邊一毫近似底意思。蓋讀書者, 一以朱子爲宗主, 而着力眞得, 則諸說之同異得失, 有若指諸掌矣。陶菴曰: "合理氣而兼體用, 虛靈洞徹, 光明純粹者, 而名之曰明德。" 又曰: "明德, 本心之謂也; 心, 固氣也; 氣之本體, 湛然淸明而已。"【陶庵說止此。】陶翁此說, 殊覺聽瑩。蓋太極雖不離於陰陽, 而亦不雜乎陰陽而爲言耳。明德亦雖掛搭於氣質, 而超然專說得理, 則固不可曰合理氣而名之矣,

---

30) (小)[少]: 저본에는 ‘小’로 되어있으나, 『大學或問』에 의거하여 ‘少’으로 교감하였다.

31) (何)[豈]: 저본에는 ‘何’로 되어있으나, 『大學或問』에 의거하여 ‘豈’으로 교감하였다.

亦不可以氣字斷之矣。栗谷『聖學輯要』明德章註，只取盧氏之“明德只是本心”六字。第未知盧氏本心之說，果與孟子、朱子本心之訓，同一義意否? 盧氏只拈出“本心”二字，而小無發明本心之苗脈，則此亦可訝。淸儒或有謂盧氏本心之說，近於釋氏，而最爲亂道，此說何如? 盧氏且曰: “虛者，心之寂; 靈者，心之感。” 蓋寂者，未發也; 感者，已發也。虛靈二字，似不可以分屬於未發、已發矣。

人物之性，或曰人稟五性，物只稟一性。或曰: “虎狼、蜂蟻、雎鳩、雁行之類，只稟一性，餘外之物，一無所稟焉。” 漢燮於此，常疑其言之不倫，而泣岐於心者，有年矣。朱子嘗曰: “謂之性，無一物之不得，無一理之不具。” 『大學或問』曰: “彼賤而爲物者，旣梏於形氣之偏塞，而無以充其本體之全。” 『語類』曰: “人物皆稟得健順五常之性。” 又曰: “理者，如一寶珠，在聖賢，則如置在淸水中，其輝光自然發見; 在愚不肖，如置在濁水中，須是澄去泥沙，(其)[則]³²⁾光方可見。至(於)[如]³³⁾萬物，亦有此理，天何嘗不將此理與他? 只爲氣昏塞，如置寶珠於濁泥中，不復可見。然物類中，亦有知君臣母子，知祭知時者，亦是其中，有一線明處。然而不能如人者，只爲他不能克治。” 又曰: “僅得形氣之偏，不能有以通貫乎全體。” 「生之謂性章」集註曰: “人物之生，莫不有是性，亦莫不有是氣。然以氣言之，則知覺運動，人與物若不異也; 以理言之，則仁義禮智之稟，豈物之所得而全哉? 蓋徒知知覺運動之蠢然者，人與物同，而不知仁義禮智之粹然者，人與物異。” 『語類』曰: “知覺運動，人物皆異，而其中却有同處; 仁義禮智，是同而其中却有異處，須是仔細看。” 又曰: “只是一箇，只是氣質不同。” 蓋觀此前後之未嘗言其物只稟一性，而但謂其無以充其本體之全，不能如人之粹然而已。朱子嘗與人書曰: “惟人心至靈，故能全此四德，而發爲四端，物則氣偏駁而心昏蔽，固有所不能全矣。其父子之相親，君臣之相統，間亦有僅存而不昧者。欲其克己復禮以爲仁、善善惡惡以爲義，則有所不能矣。不可謂之無是性。若生物之無知覺者，又其偏中之偏者，故理之在是物者，亦隨其形氣而自爲一物之理，雖若不復可論仁義禮智之彷彿，然亦不可謂無是性也。” 又曰: “同中識其異，異中識其同。” 又曰: “論萬物之一原，則理同而氣異; 觀萬物之異體，則氣猶相近，而理絶不同。” 此前後之訓，同條共貫，極爲明白精切。蓋同中

---

32) (其)[則]: 저본에는 ‘其’로 되어있으나, 『朱子語類』에 의거하여 ‘則’으로 교감하였다.
33) (於)[如]: 저본에는 ‘於’로 되어있으나, 『朱子語類』에 의거하여 ‘如’으로 교감하였다.

識其異者, 理同之中, 識其氣異也; 異中識其同者, 氣異之中, 識其理同也。但物之異於人者, 雖理寓於氣, 而氣則昏濁, (理故)[故理]34)亦隨以偏塞耳。程子亦嘗曰: "天有五氣, 故凡生物, 莫不具有五性。居其一而有其四, 至如草木之黃者, 得土之性多。"【程子說止此。】蓋今之以物謂只稟一性, 又以爲一無所稟焉者, 抑有何依據也? 『中庸章句』曰 "天以陰陽五行, 化生萬物, 氣以成形, 理亦賦焉。於是人物之生, 因各得所賦之理, 以爲健順五常之德"云爾, 則無論人物貴賤, 同稟是氣。同稟是氣, 故同有是理, 豈有"氣以成形, 而理不賦焉"之理? 陰陽五行, 雖曰名各不同, 用各不同, 其本體之妙, 未嘗不在也。其本體者, 何謂也? 卽太極也。太極者, 卽萬物之一本也。演以言之, 則元亨利貞也, 仁義禮智信也。若人獨得健順五常, 而物不得健順五常, 則朱子不必以人物二字, 混言於健順五常也。蓋人稟五行之秀氣, 故理隨以正且通; 物則稟五行之濁氣, 故理隨以偏且塞。以虎狼、蜂蟻、雎鳩、雁行、候蟲言之, 虎狼, 雖稟五氣, 而木之氣較多, 故於仁, 只有一線明處, 而不能通貫其義禮智信。且雖知父子之仁, 而不能如人之全備仁德, 而亦無克治修爲之術, 故不能推去仁民愛物。他物亦類是焉。此朱子所謂只稟得來小者, 是也。若論其氣, 則非惟物爲然。人亦木氣多者, 仁較多; 金氣多者, 義較多。然人則變化氣質, 有修爲克治之術, 故可以得其五常中正之道矣。是以朱子嘗曰: "理同氣異四字, 包涵無限道理。" 栗谷曰: "理通氣局。" 蓋氣局者, 氣之淸濁粹駁, 有萬不同也; 理通者, 理之周流貫通, 無物不在也。三淵五稜之說, 似恐涉於混淪未精。然其較於物只稟一性之謂, 奚啻三十里哉? 漢燮以無知妄見, 不知裁言。雖曰自信朱子, 而亦未知其反有舛誤否?

心最難說。漢燮自幼, 粗讀古人之書, 而終未得其領要, 及得先師著說, 始如瞽之有相, 而從可進步也。今人或專以氣字看心了, 故至有聖凡心不同之說, 此大爲未安。從古聖賢論心處, 或有指氣而言, 或有指理而言, 後學切不可以執一而槩之矣, 惟見其所指如何耳。然說理處尙多。若以爲聖凡心不同, 則是遺却其本體矣。其本體者, 卽太極也。太極之理, 卽仁義禮智之性也; 仁義禮智, 曷有聖凡之不同耶? 蓋以質言之, 則火臟爲神明之舍, 是也; 以氣言之, 則湛一虛明, 是也; 以理言之, 則仁義禮智, 是也。其未發則性也, 其已發則情也。循其本然之理, 而發皆中節, 則善也; 拘於形氣之私, 而發未中節,

---

34) (理故)[故理]: 저본에 '理故'로 되어 있으나 문맥을 살펴 '故理'로 수정하였다.

則惡也。蓋心者，合理氣而兼體用，爲一身之主，萬化之統者也。誠能涵養其本，省察其幾，以道心爲一身之主，而人心每聽命焉，則堯、舜之聖，不過如斯而已。拘於形氣，蔽於物欲，而瞥然之間，雖或有本心之發，不能擴充而戕賊之，則凡愚是已。爲聖、爲凡，固由於氣之淸濁，而其本心，則未嘗不同也。雖凡庸之人，若涵養本原，變化氣質，則可以爲聖爲賢矣。若其不能擴充其善端，戕賊天性者，是豈本心之罪哉？

「답홍여장答洪汝章」(『吾南文集』卷6)

1) 서지사항

김한섭이 홍대심에게 보낸 서한. 『오남문집』 권6에 실려 있다.(『한국역대문집총서』 541)

2) 저자

김한섭(金漢燮, 1838~1894)으로, 자는 치용(致容), 호는 오남(吾南)이다.

3) 내용

이 글은 김한섭이 확재(確齋) 홍대심(洪大心, 1837~1877, 자는 汝章)에게 보낸 서한으로서, 자신이 임헌회(任憲晦, 1811~1876)를 방문했을 때의 논변을 소개하는 내용이다. 김한섭은 일찍이 이항로 (李恒老, 1837~1877)에게 수학한 바 있다. 김한섭이 임헌회를 찾아뵈었을 때, 임헌회의 문인들은 이항로의 심주리설(心主理說)에 대해 주자의 "심은 기의 정상(精爽)이다"라는 말을 들어 반대하면 서, 이항로의 주리설은 왕수인(王守仁)의 학설에 가까운 것이라고 비판한 바 있다. 이에 대해 김한 섭은 "심은 일신의 주재자이니, 리를 주재자라고 해야 옳겠는가, 기를 주재자라고 해야 옳겠는가?" 라고 반문하고, "무릇 리는 주인이요 장수이며, 기는 손님이요 졸도이다. 만약 심을 기에 해당시키 면 일신의 주재자가 될 수 없다."고 주장하였다. 그리고 나서 김한섭은 "심은 리를 가리켜 말하는 경우도 있고, 기를 가리켜 말하는 경우도 있다"고 하여 주리론과 주기론이 모두 성립할 수 있음을 인정하면서, 이항로의 주리설은 공·맹(孔孟)의 정론(正論)을 따르는 것으로서, 왕양명의 주장과는 무관하다고 역설했다. 김한섭은 홍대심에게 이러한 내용을 소개하고, 궁리자득(窮理自得)의 공부 를 다짐하였다.

3-13-13 「答洪汝章」(『吾南文集』卷6)

漢燮白。去春惠書, 秋晚而獲拜, 備審賢閤違世, 詎意酷禍何如是遽臻於德門耶? 遠外驚愕, 不能已已。伏惟伉儷義重, 悲悼沈痛, 何可勝任? 南北涯角, 末由奔慰, 而歲華再經, 闋制已久, 夫復何言? 秋色漸高, 尊體侍奉, 神相百福, 而餘力經課, 知行輪翼, 必造至善之域矣。區區景仰, 不任拱祝之至。漢燮奉老窮居, 未得盡歡, 實爲聖敎之罪人, 而且凡百細屑, 叢纏于身, 十寒一曝, 尙爾未得, 未知此身將作何樣人耳? 甚可畏懼! 去月奄遭從叔母喪, 悲痛何言? 盛諭一心上分理氣, 一理上分心性, 甚荷不鄙提誨, 而亦將有爲而發耶? 燮數年前, 蘗門之行, 歷拜明岡,任丈, 而其門下有一人論吾先師心主理之說曰“心者, 氣之精爽”云, 則華翁主理之見, 無乃近於陽明乎云, 任丈默然不答。余乃正襟而言曰: “愚亦嘗聞是論矣。華翁論心之說, 無慮累百言, 而其意則固以理爲主。然其說曰‘火臟心之形, 精爽心之氣, 知覺心之神, 仁義心之理。四者闕一, 未得爲心’云, 則何嘗單言理乎? 蓋心者, 一身之主宰, 則以理謂之主宰可乎? 以氣謂之主宰可乎? 其未發則性也, 已發則情也, 五常四端, 是果理乎? 氣乎? 夫理, 主也帥也; 氣, 客也卒也。若以氣之一字當心, 則是不得爲一身主宰, 而不過如耳目四肢之各自爲一物, 烏其可哉? 程子曰‘心, 有指體而言者, 有指用而言者’, 惟觀其所見如何耳。愚亦謂心有指理而言者, 有指氣而言者。華翁心主理之說, 固爲正當至論, 而實本於夫子之從心所欲、誠意正心, 孟子之盡心知性、仁義之心等說, 則何可擬之於倡狂自恣之陽明乎?”云。任丈亦以愚說爲然。然自後燮, 心甚悚懼。或恐先師明天理正人心之大功至德, 反見誣於人也。後生末學, 無論彼我, 旣無窮理自得之工, 篤信人言, 以先入株守而妄加詆辱。世道人心, 若是不已, 則將至于何境耶? 良可懼也! 伏乞老兄努力進修, 日星乎昏衢, 砥柱乎黃流, 以爲吾道之光也。

「답홍여장答洪汝章」(『吾南文集』卷6)

1) 서지사항

김한섭이 홍대심에게 보낸 서한. 『오남문집』권6에 실려 있다.(『한국역대문집총서』541)

2) 저자

김한섭(金漢燮, 1838~1894)으로, 자는 치용(致容), 호는 오남(吾南)이다.

3) 내용

이 글은 김한섭이 홍대심에게 보낸 서한으로서, 사단칠정론(四端七情論)과 인심도심론(人心道心論)에 대해 논변하는 내용이다. 김한섭의 기본 입장은 "발하는 것은 기요, 발하는 까닭은 리이다. 리는 기를 타는 것이요, 기는 리를 싣는 것이다."라는 것으로서, 김한섭은 이러한 입장에서 이이(李珥)의 기발이승일도론을 지지하였다. 이황의 호발론(互發論)에 대해서는 "사단과 칠정을 리와 기로 분대(分對)하는 것"은 옳지 못하다고 비판하였다. 칠정은 모든 정을 합쳐서 말하는 것이요, 사단은 칠정 가운데의 선일변(善一邊)이니, 인심과 도심처럼 양변으로 대립시켜 말할 수 없다는 것이다. 요컨대 김한섭의 주장은 "칠정은 모든 정을 합친 것으로서, 그것이 발할 때에는 도의(道義)를 위해서 발하는 것도 있고, 형기(形氣)를 위해서 발하는 것도 있다. 사단은 도의가 발한 것으로서, 선정(善情)의 별명이다."라는 것이다. 김한섭은 이처럼 이이의 기발리승론을 지지하면서도, 리를 단순하게 '무위(無爲)'로 규정하는 것은 반대하였다. 리무위론은 "태극을 사물(死物)로 오인하게 만든다"는 것이 그 이유였다.

3-13-14 「答洪汝章」(『吾南文集』卷6)

理氣互發之說, 栗翁力辨甚詳, 固可謂竢百無疑。然以愚見言之, 其四端七情, 皆氣發理乘之語, 於發明理氣之發與所以發之妙, 曲盡精詳, 而於退溪本意, 則恐未得覰破耳。細觀其立文主意, 則四端理發而氣隨之, 謂發於理而氣未用事也; 七情氣發而理乘之, 謂發於氣而理亦在是也。退溪本意, 竊恐不過如是。此說似本依樣於道心發於理, 人心發於氣之訓, 而但其語勢過重, 致此顚倒回互耳, 豈眞以爲理氣有互發底時節而云爾也? 特以四端七情, 分對於理氣二字, 而有此語病。蓋七情總以言之者也, 四端則七情中善一邊也。其不可兩邊對說如人心道心者, 甚皎然矣。以退溪之正見, 偶失照勘而然否? 此誠不可知也。尊兄必講究有素矣。幸示及緒餘, 以牖此昏惑, 如何?

退、栗兩先正, 言學踐履, 精確高明。爲後學者, 惟當平心徐究, 而雖有小小疑晦處, 自信己見之未瑩, 不可遽生詆斥也。愚之前所云, 恐未得覰破退溪本意者, 意實有在。夫發者, 氣也; 所以發者, 理也。理, 乘氣者也; 氣, 載理者也。栗谷之所謂無論四端與七情, 皆氣發而理乘之者, 特以明其發與所以發之妙也。若乃退溪之論, 則其曰: "四端理發而氣隨之, 七情氣發而理乘之"者, 恐非指其理氣有互發也。四端, 純善無惡者也, 此之謂發於理, 而其氣隨之者, 謂直出於天理而氣未用事也; 七情, 則容或有不善也, 此之謂發於氣, 而其理乘之者, 理氣元不相離, 雖氣有善惡, 而理亦無乎不在也。細究其立言本意, 則大槩恐不過此。兩賢主論, 各有攸屬, 而所指迥然不同。栗谷則統體說也, 退溪則分開說也。然退溪之以四端七情兩下對說, 而七情則似專主乎氣, 此皆不可知。蓋七情, 情之總會者也, 而其發也, 有爲道義而發者, 有爲形氣而發者。四端, 卽是道義之發, 而善情之別名耳。推此以究, 則七情, 豈可偏屬之於人心乎? 愚之前稟, 四端是七情中善一邊, 而其不可兩邊對說如人心道心者, 皎然。此非愚說, 乃栗谷之說也。此翁之前後苦口極辯, 無慮累千萬言, 而其指意則一也。吾兄偶未及細考本集耶? 來論謂: "四端, 卽道心原於性命之正者也; 七情, 卽人心發於形氣之私者也。" 此與退溪之見, 無甚差異。栗谷所論, 則正不如此。其與牛溪書曰: "人心、道心, 則或爲形氣, 或爲道義, 其源雖一, 其流旣岐, 固不可不分兩邊說下矣。若四端、七情, 則有不然者。四端是七情之善一邊也, 七情是四端之總會者也。一邊安可與總會者分兩邊相對乎? 朱子發於理、發於氣之說, 意必有在, 而今者未得其意, 只守其說, 分開拖引, 則豈不至輾轉失眞乎? 朱子之意, 亦不過曰四端專言理, 七情兼言氣云(爾)[耳]35)。非曰四端則理先發, 七情則氣先發也。" 又曰: "人之性有仁義禮智信五者而已, 五者之外無他性; 情有喜怒哀懼愛惡欲七者而已, 七者之外無他情。四端只是善情之別名, 言七情則四端在其中矣。非若人心道心相對立名也。旣曰道心, 則非人心; 旣曰人心, 則非道心, 故可作兩邊說下矣。若七情則已包四端在其中, 不可謂四端非七情, 七情非四端也, 烏可分兩邊乎?"【栗翁說止此。】此言明白痛快。雖至昏極迷者, 一見於此, 如披雲霧而睹靑天, 更無左右佩劍之慮。以吾兄之正見, 知篤信栗翁, 而其言之相背, 抑又何故耶? 來諭, 又謂"四端必由七情而發, 道心亦由人心而感",【盛說止此。】此亦可訝。四端卽情也, 何必曰由七情而發而更生層級耶? 道心則原於性命, 而性命是仁義禮智之謂也; 人心生於形氣, 而形氣是耳目鼻口四肢之謂也。那可以原於性命之正者, 謂之以亦由形氣之私而感之乎? 其下又曰: "人心聽命於道心, 七情爲用於四端。"【此亦盛說。】蓋七情包四端, 則何可以反爲用四端耶? 細觀吾兄主意, 則七情專以氣之一字當之, 故偏屬之於人心, 而謂之爲用。四端與人心聽命於道心者, 相爲對擧, 何其謬誤若是也? 竊恐吾兄, 尙未得的見七情之名目條理也。栗谷曰: "夫人之情, 當喜而喜, 臨喪而哀, 見所親而慈愛, 見理而欲窮之, 見賢而欲齊之者, 仁之端也; 當怒而怒, 當惡而惡, 義之端也; 見尊賢而畏懼者, 禮之端也; 當喜怒哀懼之際, 知其所當喜、所當怒、所當哀、所當懼,【此屬是。】又知其所不當喜、所不當怒、所不當哀、所不當懼者,【此屬非。】智之端也。善情之發, 不可枚擧, 大槩如此。若以四端, 準于七情, 惻隱屬愛, 羞惡屬惡, 恭敬屬懼, 是非屬于智[知]36), 其當喜怒與否之情也。七情之外, 更無四端矣。然則四端專言道心, 七情合人心道心而言之也。與人心道心之自分兩邊者, 豈不迥然不同乎?"【栗翁說止此。】此語正爲今日準備。以此見之, 吾兄之論, 當乎? 否乎? 伏望濯去舊見, 一以栗翁之論爲主, 可也。蓋聖學以理爲氣主, 而其大本要領, 不過因吾之所同有者, 發明擴充之也。若擇之不精, 則認理爲氣, 認氣爲理者, 容或無怪。或者之以此誣毀兩賢, 多見其不知量也, 何傷於日月乎? 近世儒賢, 又有著論, 而七情之喜怒屬健順, 愛屬仁, 惡屬義, 懼屬禮, 哀屬智, 欲屬信, 此說亦極好。深味見之, 則可知七情之原於性命, 而其本然則無有不

---

35) (爾)[耳]: 저본에 '爾'로 되어 있으나, 『율곡전서』에 의거하여 '耳'로 교감하였다.

36) (智)[知]: 저본에 '智'로 되어 있으나, 『율곡전서』에 의거하여 '知'로 교감하였다.

善, 此之謂四端道心, 而孟子所云"情無有不善者", 正指此等也。其生於形氣, 而自私陷欲, 則豈情之本然哉? 陽動陰靜, 而所以陽動陰靜者, 太極也。朱子曰: "太極只是理之一字。" 又曰: "理無動靜, 氣何自而有動靜乎?" 栗谷曰: "無形無爲而爲有形有爲之主者, 理也。"【止此。】近世或有不知太極之有本然、妙用, 而以理無爲三字, 株守己說, 反以太極認作死物, 此亦可憂之深。蓋此等說話, 雖似, 非初學急務, 而朱夫子首揭「太極圖說」於『近思』之編, 豈非有爲而然耶? 此處義理極精密, 自當細究體驗, 方有所得矣, 豈可以言語容易辨取也?

『聖學十圖』, 退溪親寫定本, 而理發氣發之說, 載之於「心統性情下圖」, 此非當時記聞者之差誤, 甚明矣。兄於理氣之說, 指的甚詳, 而但七情, 專屬於人心, 不無差謬。若爾則反有甚於退溪之論也, 此誠俗所謂裸身以浴, 而譏人露臂者也。弟本愚昧, 小無見識, 而竊有深感於高見之正大, 與夫不恥下問, 以有所貢愚, 而言不知裁, 冒觸甚多, 儻包荒牖迷, 如何? 妄以己見, 依樣於退、栗「心統性情圖」, 而有所增衍者, 自知僭率, 無所逃罪。惟恃眷愛之深, 一本寫呈。如有未當處, 詳細批誨, 期臻大同之域, 豈非美事哉?

許衡之失身, 先儒論之已詳。今不必畫蛇添足, 而至若以失身失節, 差殊看, 則似不然。身外無節, 失身卽失節也。蓋衡之生, 不問金末與元初, 其先乃宋人也。且身任聖賢之學, 仕於犬羊之朝, 此可羞之甚, 而其使北方之人, 知有濂、洛、關、閩之學, 則衡之功, 亦不爲小也。朱子論王珪、魏徵之事, 曰: "功(罪)[37]不可以相掩。" 愚於衡亦云爾。未知老兄, 更以爲如何也?

---

37) (罪): 저본에는 있으나, 『주자어류』에는 없다.

「여전자명與田子明」[愚](『吾南文集』卷6)

해제

1) 서지사항

    김한섭이 전우에게 보낸 서한.『오남문집』권6에 실려 있다.(『한국역대문집총서』541)

2) 저자

    김한섭(金漢燮, 1838~1894)으로, 자는 치용(致容), 호는 오남(吾南)이다.

3) 내용

    이 글은 김한섭이 간재(艮齋) 전우(田愚, 1841~1922, 자는 子明)에게 보낸 서한으로서, 심과 성의 주재(主宰) 문제에 대해 논변하는 내용이다. 전우의 "성(性)이 심(心)의 주재가 된다"는 주장에 대해, 김한섭은 "심(心)은 성(性)과 정(情)을 통섭하며, 한 몸을 주재한다"는 내용을 거론하면서 반대하였다. 김한섭은 또한 "심은 성을 검속할 수 있으나, 성은 심을 검속할 수 없다"는 말과 '주재'란 '재제(宰制)'의 뜻이 있다는 점을 들어, 성을 주재자로 간주하기는 어렵다고 설명했다. 한편 김한섭은 전우가『오현수언(五賢粹言)』을 편찬하고 있는 것에 대해 '사문(斯文)의 다행(多幸)'이라고 치하했다.

3-13-15「與田子明」[愚](『吾南文集』卷6)

榴夏一別, 思之若三歲兮! 際茲秋氣淸高, 尤不禁戀德之私也。伏詢服候, 何以支安?
閒居味道, 直方交養, 計應有造極之妙矣。高山仰止, 竊爲高明誦之, 儻示及緒餘, 以警
昏懶耶? 性爲心宰之說, 先賢已立定論。在後生, 固當篤信, 而但愚見素昧, 不能無訝,
故茲敢控陳, 苟未之深思而然耶? 蓋心統性情, 而爲一身之主宰, 則其曰性爲心宰者,
語義恐似倒置。性卽理也, 究其本義, 不過曰理爲一心之主宰云爾。然心能檢性, 性不
能檢心。而且宰者, 宰制之義也。以性爲心之所具之理, 未發之體則可, 宰制之義, 則
無乃過重歟! 詳細批誨如何? 師門曾所詔, 漢燮文字謄本以呈, 幸收入於編帙之中耶?
書贈刊役, 近或告訖否。『五賢粹言』, 若次第成就, 則斯文之幸, 盍復何如哉? 漢燮親
候, 粗安萬幸, 而但離索空山, 泛過時月。雖間有看書之暇, 無異畫鏁, 其負我師友之期
望, 何哉? 愧悚增深。『存齋集』, 師門旣許其校正, 感幸而高明, 亦必參助矣。望須努力,
俾此窮鄕, 倍生光榮如何? 餘不備, 伏冀爲道護重, 以慰遠悰。

「여전자명與田子明」(『吾南文集』卷6)

해제

1) 서지사항

김한섭이 전우에게 보낸 서한. 『오남문집』 권6에 실려 있다.(『한국역대문집총서』 541)

2) 저자

김한섭(金漢燮, 1838~1894)으로, 자는 치용(致容), 호는 오남(吾南)이다.

3) 내용

이 글은 김한섭이 간재(艮齋) 전우(田愚, 1841~1922, 자는 子明)에게 보낸 서한으로서, 리·기와 심·성에 대해 논변하는 내용이다. 김한섭에 의하면, "심은 리와 기가 결합한 것으로서, 허령지각(虛靈知覺)하여 한 몸의 주재가 되는 것"이다. 김한섭은 또 "심의 본체가 구비한 것을 말하면 리이고, 그 묘용(妙用)의 헤아릴 수 없음을 말하면 신(神)이며, 그 정상(精爽)을 말하면 기이고, 그 화장(火臟)을 말하면 형(形)이다. 형·기·신·리(形氣神理) 네 가지 가운데 하나라도 빠뜨리면 심이라고 할 수 없다."고 설명하면서, 그런데 이 가운데 주재자는 '리'라고 주장하였다. 김한섭은 그 논거로 이이(李珥)의 "형체도 없고 작위도 없지만 형체가 있고 작위가 있는 것의 주인이 되는 것은 리이고, 형체도 있고 작위도 있지만 형체가 없고 작위가 없는 것의 그릇이 되는 것은 기이다"라는 주장을 원용하였다. 한편, 김한섭은 '리위기주(理爲氣主)'를 '성현이 전수한 심법(心法)'이라고 기꺼이 인정하면서도, 전우가 이를 원용하여 "성위심재(性爲心宰)"를 주장한 것에 대해서는 비판하는 입장을 취했다. 전우의 성위심재설은 주자의 "유심무대(惟心無對)"와 어긋난다는 것이다. 김한섭은 전우가 '주재'를 두 차원으로 구분해서 설명하는 것에 대해서도 비판했다. 전우는 "주재(主宰) 두 글자는 글자가 같지만 쓰임이 다르다. 심위성재(心爲性宰)는 유행처에서 그 리를 운용할 수 있는 것을 가리켜 말하고, 성위심재(性爲心宰)는 원두처에서 그 기의 근본이 되는 바를 가리켜 말한다."고 주장한 바 있는데, 이에 대해 김한섭은 "만일 그렇다면 원두처에서는 리가 기의 주재자가 되고, 유행처에서 기가 리의 주재자가 될 것이다. '성위심재'의 심은 이미 기로 간주하였으니, '심위성재'

의 심은 또한 기일 것이다. 그렇다면 어찌 기가 도리어 리의 주재자가 되는 이치가 있겠는가?"라고 반박하였다. 요컨대 전우는 "유행처에서 리를 운용하는 것은 기"라고 하여 기의 현실적 주도권을 강조한 것인데, 김한섭은 어느 경우든 "기가 리를 주재한다"는 것은 있을 수 없는 일이라고 비판한 것이다.

3-13-16「與田子明」(『吾南文集』卷6)

心最難說, 夔素無體驗。自己之力, 徒爲蹈襲前人之言, 欲窮其理, 欲盡其妙, 反不亦難乎? 誠俗所謂外嚱西苴者, 不知裏面有甚滋味也。然竊嘗聞之, 從古聖賢許多說心處, 有單指理而言, 有單指氣而言, 有合理與氣而言。惟觀其所見如何耳, 切不可以執一而槩之也明矣。蓋心者, 合理與氣, 而虛靈知覺, 而爲一身之主宰者也; 該誠神, 備體用, 貫乎動靜, 而無不在焉。言其本體之所具則理也, 言其妙用之不測則神也, 言其精爽則氣也, 言其火臟則形也。形、氣、神、理四者闕一, 不得謂之心。然其主宰之妙, 則在乎理而不在乎氣, 何者? 理無形而氣有形, 理無爲而氣有爲。無形無爲而爲有形有爲之主者, 理也; 有形有爲而爲無形無爲之器者, 氣也。是以「感興」詩曰"人心妙不測, 出入乘氣機"者, 正謂此也。今承來書, 莊讀累回, 竊有所可疑者。蓋理爲氣主四字, 此是千古聖賢傳授心法, 誰敢有異言乎? 但今若援之, 以爲性爲心宰之對證, 恐未襯貼, 無乃高明以心爲都不關涉於理, 而專以一氣字當之也耶? 若然則性却宰心, 而先賢所謂惟心無對者, 可謂贅言, 烏其可哉? 非惟此也, 仁義之心、本心、良心等說, 節節滯礙, 都爲說不去矣。以高明之正見, 偶失照勘而然耶? 世間粗讀聖賢之書者, 誰不曰理爲氣主? 而若或援之於不當援之地, 則名義一差, 末流之弊, 正爲不些。心若果是氣而已, 則古人何以盛言心字, 而至於喚做爲天君乎? 鄙意則不若於一心上, 看得理爲氣主, 則名正言順, 都爲無事耳。來諭"主宰二字, 字同而用異。謂心爲性宰者, 從流行處, 指其能運用此理而言; 謂性爲心宰者, 就源頭處, 指其爲氣所本而言也。"【盛說止此。】若爾則源頭處, 理爲氣之主宰; 流行處, 氣爲理之主宰歟! 性爲心宰之心, 旣看之以氣, 則心爲性宰之心, 亦氣也, 豈有以氣反爲理之主宰之理歟? 此尤不敢知。願高明更熟思之。蓋性者, 心中所具之本體也; 情者, 性之動也; 心者, 包性情而主宰者也。體用一源, 顯微無間, 故曰心妙性情之德。妙者, 是主宰運用之謂也。今若心性分劈兩段, 互爲主宰云爾, 則是心性二岐, 而理氣互主也。道理恐不如此。【心外無性, 一而二, 二而一者也。若如所諭, 則微有心外有性之語病。】若心合理與氣看, 而以理爲氣之主, 則原來不必有性爲心宰之說, 而正如此者, 獨氣之一字, 爲之祟耳。此處義理, 極精微。正宜着心看, 高明所引, 氣之流行, 性爲之主。【此氣字, 非單指心也。泛言理爲氣主也, 故其下又曰: "性之流行, 心爲之主。此處可見心爲性主, 理爲氣主之妙矣。非謂有性爲心主, 心爲性主, 兩時節也。】理爲氣主, 諸般說話, 箇箇恰好, 而至於心性分開太甚, 一屬於理, 一屬於氣者, 抑何歟? 蓋人徒知心固氣也, 而不知心之爲心, 其重在乎理, 故反視至尊無對之天君, 降同編伍。如有言心學心法者, 必引聖人本天、釋氏本心之說以折之, 此不過以心爲氣之一物故也。如是則古人開口, 何以便說心字, 而亦有『心經』之卷子乎? 心則一也, 而吾儒、釋氏之所主不同, 吾儒主理故也。【心上, 看得理爲氣主。】釋氏主氣故也。【心上, 只爲不見天理。】何者? 合性與知覺, 有心之名, 而吾儒則此心未發之前, 常存敬畏, 而其寂然不動者, 誠也體也; 此心已發之際, 卽加省察, 而其感而遂通者, 神也用也。貫乎動靜而其主宰之妙, 則存養省察也。是以其知覺也, 原於性命之正者, 則擴而充之; 生於形氣之私者, 則宰而制之, 常以道心爲一身之主者, 卽惟精惟一之謂也。萬古心法, 豈有加於此哉? 此所謂心也、性也、天也一理也。【聖人本天者, 正如是, 心外求別樣, 豈有天理乎?】釋氏則妄認天性, 而不知仁義禮智之根於心, 徒以知覺爲性, 而猖狂自恣, 少無省察之功, 故不免流於自私, 是則只爲不見此心所具之理, 而以作用之氣爲主也。【釋氏本心者, 正如是, 此心字指其氣之自用也。】是以朱子嘗曰"人心, 是箇無揀擇底心; 道心, 是箇有揀擇底心。" 佛氏只是無揀擇底心", 此言直看破他心肝處也。蓋心之乘氣而動, 譬如人之乘馬而行。一人乘馬出門之際, 御之以其道, 直向正路上去時, 或有走向於曲逕荊榛之間, 卽爲按轡加策, 迴入於正路而后乃已。此則精以察之, 一以守之也。一人不問是如何爲正路, 如何爲曲逕, 而只信馬足, 雖崎險荊棘之中, 奔馳出沒, 而謂馬之行, 固當如是, 此則認氣爲理, 認賊爲子也。主理、主氣, 差毫謬千, 而儒、釋之判, 果不若是乎? 來諭"試就自心上, 體察此心自用時, 其發果無差否?"【盛說止此。】此段, 誠極有力, 其警誨至意, 敢不服膺。蓋"心比性微有迹, 比氣自然又靈"。【合理與氣, 故能神明不測; 有主宰之妙, 故比性微有迹, 比氣又靈。】若以形、氣、神、理四字, 細分【性卽理也, 心卽神也。氣充體者也, 形成質者也。】說了, 則惟一神字, 可以當心。故曾以此說稟于師門, 卽蒙印可。自後, 只自篤信, 不復有異也。『老洲集』, 尙今未得見, 果未知立言本意是如何, 而省齋書, 亦未知其主意措辭爲如何耳。只恨窮處寡陋而已。

「답현사명答玄士明」[在昇](『吾南文集』卷6)

해제

1) 서지사항

김한섭이 현재승에게 보낸 서한.『오남문집』권6에 실려 있다.(『한국역대문집총서』 541)

2) 저자

김한섭(金漢燮, 1838~1894)으로, 자는 치용(致容), 호는 오남(吾南)이다.

3) 내용

이 글은 김한섭이 현재승(玄在昇, 자는 士明)에게 보낸 서한으로서, 명덕의 주리·주기 문제와 인성과 물성의 동·이 문제 등을 논하는 내용이다. 먼저 명덕을 심통성정으로 설명하는 문제에 대해, 심(心)에는 인심(人心)과 도심(道心)이 있고, 성(性)에는 본연(本然)과 기질(氣質)이 있으며 정(情)에는 천리(天理)와 인욕(人欲)이 있거니와, 명덕은 심으로 말하면 도심이지 인심이 아니며, 성으로 말하면 본연이고 기질이 아니며, 정으로 말하면 천리이고 인욕이 아니라고 설명했다. 요컨대 명덕은 주리라는 것이다. 김한섭은 심에 대해서는 이항로의 심설을 그대로 수용하여, "심은 형(形)으로 말하면 화장(火臟)이요, 기(氣)로 말하면 정상(精爽)이며, 신(神)으로 말하면 지각(知覺)이며, 리(理)로 말하면 인의(仁義)이다. 형·기·신·리(形氣神理) 가운데 하나라도 빠뜨리면 심이라 할 수 없다."고 역설했다. 인성과 물성의 동·이 문제에 대해서는, 김한섭은 '건순오상의 성'을 기질지성으로 간주하는 것을 비판했다. 건순오상의 성은 당연히 본연지성으로서, 만물은 모두 건순오상의 본연지성을 함께 지닌다는 것이다. 다만 기질을 겸해서 논하면 사람과 동물 사이에는 편·전(偏全)의 차이가 있으며, 또 사람들끼리도 다양한 차이가 있게 된다는 것이다. 끝부분에서는 '오행의 각일기성(各一其性)'에 대해, 삼연(三淵) 김창흡(金昌翕, 1653~1722)이 '각(各)은 기이며, 일(一)은 성이다'라고 분석한 것을 '병통의 근원'으로 규정하여 비판하였다.

3-13-17 「答玄士明」[在昇](『吾南文集』卷6)

『大學』篇題, “孔氏之遺書”云者, 誠如盛諭所引虛齋之說。蓋經一章, 是孔子之言也; 其傳十章, 則曾子傳經之意也。故以孔氏二字統稱之, 非以有壓尊之慮故也。

明德是心統性情云者, 盛見得之矣。古人亦以此言之。然心有人心道心, 性有本然氣質, 情有天理人欲, 此等處, 最宜詳玩明辨, 不可草草含糊看過也。蓋明德, 以心言, 則道心也, 非人心也; 以性言, 則本然也, 非氣質也; 以情言, 則天理也, 非人欲也。道心與本然、天理云者, 是理乎? 氣乎? 執此以究, 則槩可知矣。聖賢之學, 不出乎理爲氣主四字。若明德, 屬之於氣, 則其不可也甚矣。聖人豈有明氣之學乎? 古人言心, 有指全體主宰說者, 曰“心爲太極”、曰“天君泰然”, 是也; 有指統體該備說者, 曰“心之理是太極, 心之動靜是陰陽”, 是也; 有就中分開說者, 曰“性猶太極也, 心猶陰陽”, 是也; 有單指理而說者, 曰“仁義之心”, 是也; 有單指氣而說者, 曰“氣之精爽”, 是也; 有指血肉而說者, 曰“火臟爲神明之舍”, 是也。若此說話, 不止十百。爲後學者, 當隨文徐觀, 惟究其所指如何? 切不可以執一而槩之也。蓋心, 以形言則火臟也, 以氣言則精爽也, 以神言則知覺也, 以理言則仁義也。形、氣、神、理, 四者闕一, 不可以爲心也。高明以爲如何?

五行之生也, 各一其性, 是各具一太極之謂也。太極者, 本然之妙也。五行, 雖有潤下炎上, 曲直從革之不同, 而其本然之妙, 無乎不在也。以天地言之, 天健地順, 雖若不同, 而健順, 卽一太極也。以天地謂有二性, 可乎? 以朱子一寶珠之說觀之, 非惟天地五行, 凡兩間生生之物, 莫不具有一太極也。若就中條理分開說, 則健順仁義禮智, 名各不同, 意各不同, 而遽以此謂非本然之性, 則甚不可。程子曰: “旣曰性, 則性無不具五常之性, 物無不具五常之性。” 此說正明快耳。若禽獸不得五常云, 則禽獸是無性之物乎? 旣有性云, 則外乎五常, 而更有何別性乎? 若兼氣質言之, 則非惟人物有偏全之異, 人與人亦自不同。是以夫子曰: “性相近也。” 世之人, 於五行之各一其性, 多以氣質之性當之。故尤翁亦嘗甚病之。且三淵各是氣一是性之說, 諸賢亦以爲善, 後學只篤信可也。竊料蓋各字, 大段着力看, 故謂之氣質之性, 與夫禽獸不得五常云者, 其病脈似發乎此。願賢者着眼詳究如何。

「답현사명答玄士明」(『吾南文集』卷6)

해제

1) 서지사항
김한섭이 현재승에게 보낸 서한. 『오남문집』 권6에 실려 있다.(『한국역대문집총서』 541)

2) 저자
김한섭(金漢燮, 1838~1894)으로, 자는 치용(致容), 호는 오남(吾南)이다.

3) 내용
이 글은 김한섭이 현재승(玄在昇, 자는 士明)에게 보낸 서한으로서, 명덕의 주리·주기 문제, 호연지기(浩然之氣)와 도심(道心)의 관계, 천리(天理) 등에 대해 논변하는 내용이다. 먼저 명덕 문제에 대해, 김한섭은 "나는 명덕을 주리라고 설명하는데, 그대는 명덕을 주기라고 설명한다. 이 두 설명 가운데 하나는 반드시 오류일 것인바, 내가 옳다고 자처하지는 않겠다. 생각건대 하늘이 부여하고 사람이 받은 것 중에 명덕보다 더 큰 것이 없고, 학문의 종지(宗旨)도 이보다 중대한 것이 없다. 그런데 근대에 기학(氣學)이 매우 성행하여 천리(天理)가 날로 어두워지고 인심(人心)이 날로 손상되게 하는데도, 이를 제대로 구제하지 못하여, 중국이 오랑캐에 빠지고 인류가 금수가 되고 있거니와, 이는 필연의 형세이다. 나는 이를 매우 두려워하는 것이다."라고 하여, 자신의 문제의식을 천명하였다. 김한섭은 또 "도심은 주리, 인심은 주기"라는 입장을 견지하면서 호연지기(浩然之氣)를 '도심'으로 규정하는 것에 대해서도 반대했다. 김한섭에 의하면, "도심이란 맹자가 말한 인의(仁義)의 마음, 측은·수오·공경·시비의 마음, 양심, 본심 등으로서, 말은 비록 다르나 그 리를 가리키는 것은 동일하다"는 것이다. 김한섭은 현재승이 '명덕이 발하는 것'을 '기발(氣發)'로 규정하는 것에 대해서도 비판했다. 김한섭에 의하면 "리는 기를 타는 것이요, 기는 리를 싣는 것이다. 기가 아니면 발할 수 없으나, 그 발하는 작용을 주재하는 것은 소이연의 리이다." 그러므로 "명덕이 발할 때 비록 기기(氣機)를 타고 움직이지만, 그 본체는 하늘에서 얻은 리로서, 그 기가 발하는 것을 함께 말하는 것이 아니다." 따라서 발(發)이라는 한 글자 때문에 명덕을 기로 규정하는 것은 매우 잘못이라는 것이다. 김한섭은 마지막으로 '복기초(復其初)'라는 말을 주목하라고 요청했다. 주자는 「소학제사(小學題辭)」, 『논어』 수장(首章)의 주석, 『대학』 명덕(明德)의 주석에서 모두 '복기초'를 언급했는데, '초(初)'는 '성선(性善)'을 말하고 '명덕'을 말하는 것이므로, 명덕은 '주리'로 보는 것이 옳다는 것이다.

3-13-18「答玄士明」(『吾南文集』卷6)

向稟明德說, 略陳愚見矣。高明回批臚列, 與鄙意大相矛盾, 而以爲愚於恩急之間, 不得盡究其實云。此亦太恕之言, 慚悚特甚。愚素昧識, 何敢開喙執管, 與之較長乎? 然學問之道, 有不知則不敢措, 玆以更瀆, 潛心熟究焉。愚則以明德主理而言, 高明則主氣而言。此二說必有一誤者矣。愚不敢自以爲是, 而竊惟天之所與, 人之所得, 莫明德爲大, 而學問宗旨, 亦莫此爲大也。蓋近來氣學甚盛, 遂使天理日晦, 人心日喪, 莫之能救。中國而淪於夷狄, 人類而入於禽獸, 此必然之勢也。愚爲此甚懼焉。

來諭"孟子所謂浩然之氣, 其非道心乎"云。此愚所未可知。孟子既曰: "志者, 氣之帥也。"又曰: "其爲氣也, 配義與道。"此志字, 卽心字之變文也。此箇心字, 非指理而言乎? 義與道, 卽道心之謂也。浩然之氣, 卽夾助乎道義者也。孟子何嘗以浩然之氣直謂道心乎? 高明雖以愚爲不信孟子之言, 而以愚見之, 竊恐高明似不善讀『孟子』矣。更取浩然章, 詳味思繹如何?

來諭"道心之爲心, 亦非異作物事, 有時乎由仁義而發。"愚意有時乎三字, 恐有語病, 卽墨抹似可。朱夫子於「中庸序」, 既以原於性命之正者, 謂之道心, 則性命之正, 非指理而何? 性命之正, 卽健順五常之德也。道心, 卽四端七情之發皆中節者也。蓋道心, 主理而言; 人心, 主氣而言。故朱子又曰: "精則察夫二者之間而不雜也, 一則守其本心之正而不離也。"二者之間, 卽理氣之別也。本心之正, 卽單理之謂也。其下又曰: "使道心常爲一身之主, 而人心每聽命焉。"此謂氣聽命於理也。此道心云者, 卽孟子所謂仁義之心、惻隱羞惡恭敬是非之心、良心、本心, 而言則雖殊, 而其指理則一也。聖賢所訓, 如是詳盡。爲後學者, 宜無左右佩劍之嘆, 而高明直以道心爲氣, 則於『孟子』中許多仁義之心本心, 及「中庸序」道心等說, 何如看過耶?

來諭"謂明德, 當看理與氣, 亦甚便宜。"其下又謂"此明德, 則就理上單指氣者也。"前則既混淪無分說了, 後則又直截硬定說了。觀其主意, 明德不過曰氣而已。蓋理氣元不相離, 而亦不相雜。故就不離上, 亦有指其不雜者言之也。愚則此明德, 就氣上指理而言; 高明則就理上指氣而言, 此其相乖之甚也。高明以"所得乎天"之得字, 看之以氣, 而以『或問』中"得其正且通者爲人"一節爲證。此雖似然, 而但思之未精耳。蓋天之所賦者, 明命也; 人之所得者, 明德也。在天曰明命, 在人曰明德, 而其實一也。其曰明命, 豈非天命之謂性耶?『或問』曰: "必得是理, 然後有以爲健順仁義禮智之性; 必得是氣, 然後有以爲魂魄五臟百骸之身。" 執此究之, 其所得之明德, 是健順仁義禮智之理乎? 抑魂魄五臟百骸之氣乎? 必不待多言, 而渙然氷釋矣。蓋明德, 無他焉。健順五常之德, 具於方寸之間, 虛靈洞徹, 而及其隨處感見, 粲然有條。如事親而仁之理發而爲愛, 從兄而義之理發而爲悌; 如過宗廟而禮之理發而爲恭敬, 當事物而智之理發而爲是非之類, 是也。此德明之, 則家國天下, 治且平矣; 此德不明, 則家國天下, 莫能治平矣。若曰明其氣云, 則氣是何物, 而能修齊治平乎? 惟人則得其氣之正且通者, 故其性爲最貴, 其所以異於禽獸者, 正在於此。然正且通之中, 不無清濁粹駁之不齊。故君子, 志氣如神, 德無不明; 庶民, 旣拘於氣稟, 又蔽於物欲, 不能皆有知其性之所有而全之也。然其本體之明, 則有未嘗息者, 故因其所發而遂明之, 以復其初也。初者, 卽所得於天之光明正大之本體也。其所以爲堯、舜而參天地、贊化育者, 不外於是焉。此則吾人所獨, 而非禽獸之所可與議也。何者? 人得氣之正且通, 故所賦之理, 亦正且通; 動植則得氣之偏且塞, 故所賦之理, 亦隨以偏且塞, 不能有以通貫乎本體之全。徒觀其理之原而謂禽獸亦同明德, 則亦不通之論也; 徒執其氣之分殊, 而以明德直謂之氣, 則亦不可也。高明雖自信以爲知是朱子『章句』本義云, 而愚恐『章句』本義, 與盛說不同。明德, 若是氣也, 則朱子何以曰"但爲氣稟所拘"云爾乎? 讀之之法, 先熟讀白文, 繼之以朱子訓釋, 詳細參考, 而不可以己見附會牽合, 謂以本意如此也。不惟自己之不實, 反或誣逼古人, 何哉?

來諭"謂以愚之所謂'明德, 以情言則天理'云者, 第未知其所諭, 爲如何"云。蓋情上, 亦有天理人欲之分, 其原於性命之正, 則天理也; 拘於形氣之私, 則人欲也。今此明德, 以情言則天理也, 非人欲也, 有何可疑也?

來諭"若使此情謂渾然天理而已, 則惟當沖漠而已、寂然而已。安有發之之時乎?"云。"此情渾然天理而已"云者, 本非愚之所言也, 亦不敢知其所指如何, 而蓋非大人以上純乎天理者, 難可以語此情也。且細觀其立言本意, 則天理惟沖漠而已、寂然而已, 無有發之之時。若爾則太極, 直一死物耳, 何以曰"動而生陽, 靜而生陰", 而爲萬化萬物之根本樞紐乎? 有體則有用, 雖沖漠無眹, 而萬象森然已具; 雖寂然不動, 而感遂通天下之故。"渾然天理, 惟沖漠寂然, 而安有發之"之說? 高明從何處而得來乎? 其大槩想必不過曰理無發用而氣自發用也, 亦不思之甚矣。仁發而爲惻隱, 義發而爲羞惡, 禮發而爲辭讓, 智發而爲是非, 仁、義、禮、智, 非理而何? 惻隱、羞惡、辭讓、是非, 非理之所發而何? 『小學』亦曰"藹然四端, 隨感而見", 豈無理之言而聖人言之?

來諭謂"指其所以發者, 而曰理則可; 指其直發者, 而曰理則甚不可。'當因其所發'之發, 是指直發者也, 非指所以發者也。"【盛說止此。】高明於理氣上見得, 大綱則好, 而猶未能精細研究。故許多葛藤, 皆從此處出來, 而遂以明德之發, 認以爲氣者, 不過曰"發者, 氣也"而已。愚於是乎尤不勝其慨然也。蓋理, 乘氣者也; 氣, 載理者也。非氣雖不能發, 其爲發之之主宰者, 卽所以然之理也。譬如人, 乘馬者也; 馬, 載人者也。非馬雖不能行, 其爲行之之主宰者, 人也。今見人之乘馬以行, 而謂之"人乘馬"可乎? 謂之"馬載人"可乎? 如高明所論, 徒見所行之馬, 而不見所乘之人也, 烏其可乎? 馬順人意, 而由正路而行者, 人心聽命於道心者也; 馬不順人意, 而走於曲徑荆棘之中者, 是氣稟反拘蔽明德者也。今此明德之發, 雖乘其機以動, 而其本體, 則所得乎天之理也。非兼言其氣之發也。不可以發之一字, 直把明德認氣也, 審矣。且朱子於「小學題辭」, 『論語』首章, 及『大學』此章, 以"復其初"三字屢言之。"初", 是性善之謂也, 明德之謂也。性善與明德, 豈可以異樣各件物看之可乎? 惟願平心徐究, 勿以先入爲主, 而窮盡其理, 造詣其極, 則何幸如之! 愚荷相知之深, 支蔓及此, 儻不以人廢言, 如何?

「답위형량答魏衡良」(『吾南文集』卷7)

1) 서지사항

김한섭이 위형량에게 보낸 서한. 『오남문집』 권7에 실려 있다.(『한국역대문집총서』 541)

2) 저자

김한섭(金漢燮, 1838~1894)으로, 자는 치용(致容), 호는 오남(吾南)이다.

3) 내용

이 글은 김한섭이 위형량(魏衡良, 자는 貫一)에게 보낸 서한이다. 위형량은 김평묵(金平默, 1819~1891)의 문인이다. 내용은 순임금의 "인심도심(人心道心)"과 탕임금의 "강충항성(降衷恒性)"을 언급하며 심론을 말한 다음, 아홉 가지 간략한 내용을 거론하고 있다. 김한섭은 심에 대해, 심은 허령(虛靈: 神)하고 불매(不昧: 明)하여 뭇 이치를 구비하고 만 가지 일에 응하면서 한 몸의 주재라는 존재라고 설명하였다. 김한섭은 또 심의 네 차원으로서 형(形)·기(氣)·신(神)·리(理)를 거론하고, 여기서 하나라도 빠뜨릴 수 없음을 강조하였다. 김한섭은 또 "심 밖에 성이 없고, 성 밖에 심이 없다. 성은 심이 갖춘 리요, 심은 성을 담고 있으면서 베풀어 쓰는 것이다."라고 하여, 심과 성은 별개의 존재가 아니라고 역설했다. 그런데 만약 단순히 "성은 리, 심은 기"라고 하여 별개로 간주한다면, "이는 기가 일신의 주재자가 되고, 리는 도리어 손님으로 부림을 당하는 것이다. 그렇다면 인욕(人欲)이 날마다 치열해지고 천리(天理)는 날마다 어두워져, 사람은 사람답지 못하게 되고 나라도 나라답지 못하게 되며, 금수가 사람을 핍박하고 오랑캐가 중화를 어지럽히게 될 것"이라고 극력 비판하였다.

3-13-19 「答魏衡良」(『吾南文集』卷7)

大舜始言人心道心, 成湯始言降衷恒性, 而自是以來, 聖賢千言萬語, 無非明此箇道理, 而其要只使人存養省察, 以去夫外誘之私, 復其固有之善也。故於邪正、是非、帥役、子賊之別, 不得不嚴者, 政以是也。後之學者, 若不識天命所賦之實理, 不究聖賢立言之本旨, 而妄以己意, 偏執强辯, 則其爲斯道之害, 可勝言哉? 蓋心者, 虛靈【神。】不昧【明。】, 以具衆理, 應萬事, 而爲一身之主宰者也。以言其火臟, 則形也; 以言其所乘, 則氣也; 以言其妙用, 則神也; 以言其所具, 則理也。於形、氣、神、理四者, 闕一不可以爲心。古人說心, 雖或有指形而言, 指氣而言, 指神而言, 指理而言, 而言各有當切, 不可偏主一說, 而惟觀其所見如何耳。心外無性, 性外無心。性者, 心中所具之理也; 心, 是該貯敷施發用底。心比性較大。張子所謂心統性情, 是也。張子又曰: "合虛與氣有性之名, 合性與知覺有心之名。" 程子曰: "以稟受而言謂之性, 以存諸人者而言謂之心。"[38] 其實一理也。觀此, 則心與性, 其非二物也明矣。今若但曰性理也, 心氣也, 而判爲二物, 則是氣爲一身之主, 而理反爲客爲役矣。若爾則人欲日熾, 天理日晦, 人不爲人, 國不爲國, 而禽獸逼人, 戎狄亂華, 害流生民, 禍延來世矣。不亦甚懼乎? 是以於性而審本然氣質之異, 於心而謹人心道心之別, 常存敬畏, 克己復禮者, 是儒門第一義諦。惟願賢者, 眞知力行, 而勿以人廢言, 如何?

儒釋同異, 得失不消, 張皇引說。彼之廢棄人倫, 滅絶天理, 罪之尤者。此則以五常爲性, 彼則以作用爲性; 此則寂而感, 彼則寂而滅; 此則曰存心養性, 彼則曰見心識性。如陰陽晝夜, 每每相反, 而其得失之判, 只在理氣公私毫釐之差耳。

仁之道甚大。專言則包四端, 而惟當惻隱發見之時, 眞可以體驗其仁, 故曰惻隱之心, 仁之端也。此言最善名狀。

男女無別, 則是禽獸也。於禽獸而何責其父子君臣上下之倫乎? 今日西洋醜類, 無異禽

---

38) 『二程遺書』권22상에 의거하면, 원문은 다음과 같다. "自稟受言之謂之性, 自存諸人言之謂之心。"

獸, 以其無別故也。

道心, 固天理也。若人心直謂之私欲, 則太傷急迫。雖上智不能無人心, 則於上智而云有私欲, 可乎?

東坡打破敬三字, 模得戰國氣習, 而終是老、莊虛無之學也。陽明致良知一說, 借粧儒門面貌, 而實則佛氏作用是性也。

父爲子隱, 子爲父隱。雖似非直, 而人情所安, 合乎天理, 則直在其中。舜負瞽瞍之論, 最爲切當。此等處, 政宜着眼理會過。

誠者, 實理也, 卽太極之謂也。天下之物, 皆實理之所爲。若無此理, 豈復有物乎? 故君子, 必以忠信爲主。

律度者, 法度之器也。聖人之一言一行, 自然中理, 故曰聲爲律, 而身爲度。

"君子不器", 以其道成德立, 故用無不周。若初學, 妄意不器, 汎濫躐等, 則不惟不爲不器, 終無一器之可成, 非可戒哉?

「답이복여答李服汝」(『吾南文集』卷6)

1) 서지사항

　김한섭이 이희면에게 보낸 서한. 『오남문집』 권6에 실려 있다.(『한국역대문집총서』 541)

2) 저자

　김한섭(金漢燮, 1838~1894)으로, 자는 치용(致容), 호는 오남(吾南)이다.

3) 내용

　이 글은 김한섭이 복여(服汝) 이희면(李喜冕)에게 보낸 서한으로서, 이희면이 그린 심통성정에 대한 그림을 비판하는 내용이다. 첫째는 정(情)과 의(意)의 선후 문제이다. "성(性)은 심 가운데 갖추어진 리로서 아직 발하지 않은 것이요, 정(情)은 성이 발한 것으로서 심의 용(用)이며, 의(意)는 정을 바탕으로 계교하고 상량하는 것"이라 했으니, 정(情)이 의(意)보다 우선하는 것이다. 그런데 이희면의 그림에서는 의가 정보다 우선하니, 잘못이라는 것이다. 둘째는 음양을 좌우에 배치함에 있어서 방위가 맞지 않는다는 것이다. 이희면의 그림에서는 음을 오른쪽에, 양을 왼쪽에 배치했는데, 「하도낙서(河圖洛書)」나 「태극도(太極圖)」 등의 배치와 어긋난다는 것이다. 셋째는 "구중리(具衆理)"라는 구절을 정(情)에 배속했는데, 이는 오류라는 것이다. "구중리(具衆理)는 성(性)에 해당하고, 응만사(應萬事)는 정(情)에 해당한다"는 것이 성리학의 일반론이므로, 이에 맞게 고쳐야 한다는 것이다.

3-13-20 「答李服汝」(『吾南文集』卷6)

善惡之幾　　陽決故居左
具衆里
張子曰: "心統性情。"
邵子曰: "性者心之郛郭。"
程子曰: "惡亦不可謂非心[性][39]。"
善惡之判
應萬事　　陰守故居右

此圖可見其苦心累索, 鑽硏不已。此非用力於實地, 體驗力行之深, 何以與此? 然以愚見言之, 不無可疑者, 蓋心統性情者也。性者, 心中所具之理而未發者也; 情者, 性之發而心之用也; 意者, 緣情計校商量者也。以此言之, 則情先意後, 而盛圖之以意, 反居於情先, 似失先後之序。且陰陽左右, 失其方位, 若考之於河、洛之圖, 及先後天卦、「太極圖」, 可洞知矣。"具衆理"一節, 屬之於情, 亦甚未隱。古人云: "具衆理", 性也; "應萬事", 情也。想吾兄偶失照勘而然也。邵子云 "心者, 性之郛郭", 而今此心性二字之相換, 固知一時筆誤。第不揆僭率, 妄以己意, 圖之於下, 方細考批誨之, 如何? 古人制字, 不無義意; 子母形聲, 各以類應。故性、情、志、意、思、慮等字, 皆從心做成, 而但一心字, 畫畫如此見得, 亦似太巧。然古人已亦有如此言之者, 何敢謂其必不然也?

陰凝故居右
陽動故居左
　　此南塘所著「心統性情圖」, 而載之於『經義記聞錄』, 弟見此已久, 不能詳記, 而其大
　　槩則如斯, 後便當模呈原本矣。
　　志者, 情發而直向者也。志陽而意陰, 故此翁亦着志字於下畫之直上處者, 想必取
　　直向之義, 而象炎上之陽也耶!

---

39) (心)[性]: 저본에 '心'으로 되어 있으나, 『이정전서』에 의거하여 '性'으로 교감하였다.

「답한문答漢文」(『吾南文集』卷7)

1) 서지사항

김한섭이 김한문에게 보낸 서한.『오남문집』권7에 실려 있다.(『한국역대문집총서』541)

2) 저자

김한섭(金漢爕, 1838~1894)으로, 자는 치용(致容), 호는 오남(吾南)이다.

3) 내용

이 글은 김한섭이 김한문(金漢文)에게 보낸 서한이다. 김한문은 김한섭의 집안 먼 친척 동생이다. 내용은『중용장구』에서 언급한 내용 가운데 열두 가지를 거론하여 간략하게 설명한 것이다. 심론에 관한 것으로는, 네 번째, 천명(天命)의 성(性)은 기질과 떨어지지 않으나 또한 기질과 섞이지도 않는다고 말하면서 대본(大本)을 천명의 성으로, 달도(達道)를 솔성(率性)으로 여겼다. 여덟 번째에서는 심(心)·성(性)·중(中)·정(情)·화(和)·도(道)는 모두 리(理)인데, 기(氣)도 리 가운데 존재이니 각각 가리키는 바가 있다고 하면서, 각각의 함의를 기술하였다. 심이 아직 발현하지 않은 상태에서는 심이 기를 타고 고요하며, 심이 장차 발현하려는 상태에서는 심이 기를 타고 움직인다는 것이다. 또한 심이 장수이고 기가 사역이라는 것을 맹자의 "그 뜻을 지니고 있으면 그 기를 포악하게 하지 않는다"는 것을 들어 예증하였다. 또한 심이 아직 발현하지 않은 상태에서는 그 기의 기틀을 타고서도 그 중도를 다하지 않음이 없다고 했다. 때문에 심이 바르면 기도 바르고 심이 순조로우면 기도 순조롭다는 것을 치중(致中)과 치화(致和)에 분속시켰는바, 심이 바른 것은 심의 본체가 치우친 바가 없어 광명정대한 것이고, 기가 순조롭다는 것은 희노애락이 어긋난 바가 없어 모두 절도에 들어맞은 것이라고 하였다.

3-13-21 「答漢文」(『吾南文集』卷7)

"折其衷", 盛說得之。蓋以吾意參酌, 取其中之義。

『中庸』自首章以下多對說, 如言中和、費隱、天道人道之類, 將此箇道理, 對待說來, 直是整齊云。

"退藏於密", 小註雲峯說已詳。蓋"彌六合"者, 費也; "藏於密"者, 隱也。

天命之性, 雖不離乎氣質, 而亦不雜乎氣質而爲言。大本者, 天命之性; 達道者, 循性之謂。

幾者, 是意之萌動處, 而善惡路頭也。此非惟同於『大學』"審幾"之幾, 凡『周易』、『通書』及他幾字, 亦同一義也。

程子所謂"靜中有物", 朱子所謂"養其未發"者, 是皆言其主敬也。

"自戒懼而約之, 以至於至靜"云者, 是由粗入精說。蓋戒懼, 是靜時主敬氣象, 而久久純熟, 則不容言戒懼, 而至靜自若矣。

心也、性也、中也、情也、和也、道也, 俱是一理, 而氣亦理中物事也, 言各有所指者。心者, 統性情而爲一身之主也; 性者, 心之本體也; 中者, 性之德也; 情者, 性之發也; 和者, 情之德也; 道者, 日用事物當行之則也; 氣者, 心之所乘也。心之未發, 乘氣而靜; 心之將發, 乘氣而動。心則帥, 而氣則役也, 故孟子曰: "持其志, 無暴其氣。" 蓋心正則氣亦正, 心順則氣亦順, 而朱子以心正氣順, 分屬於致中致和者, 語極精切。心之未發, 非不乘其氣機而極其中。這時節, 無形迹可言, 故但云心正。心正者, 心之本體, 無所偏倚, 而光明正大也。氣之發用, 非不心爲之主而極其和。那時節, 有形迹最著, 故謂之氣順。氣順者, 喜怒哀樂, 無所乖戾, 而皆得中節也。以天地言之, 亦然。覆載圓方, 常安其所者, 豈非心正乎? 寒暑風雨, 各以時若者, 豈非氣順乎? 觀於朱子所謂"誠, 以心言本"
也。 與張子所謂"由氣化, 有道之名"者, 亦可知心正氣順之語意大略矣。

以"含忍之力勝人"之勝, 非勝負之勝, 乃過人之謂也。 下註勝字亦然。
"依乎中庸", 知之盡也; "不見知而不悔", 仁之至也。 饒氏於此兩句, 分揀易難者, 不惟
未精。 考朱子『章句』, 槃於道體極功, 實無見得, 故宜乎其言若是也。

知、 仁、 勇三者, 廢其一, 則無以造道而成德矣。 以大舜、 顏淵、 子路之事明之者, 欲使學
者, 視而爲則也。 來說得之。

不可以費當氣看云者, 誠是誠是。 蓋費隱, 俱形而上者。 而費是所當然也, 道之用也;
隱是所以然也, 道之體也。

14.

月波 鄭時林
(1839~1912)

心說論爭 資料

「외필상질설猥筆相質說」(『月波集』卷1)

1) 서지사항

정시림이 기정진 「외필」의 종지(宗旨)를 문답의 형식으로 정리해서 기록한 것이다. 『월파집속(月波集續)』 권1에 실려 있다.

2) 저자

정시림(鄭時林, 1839~1912). 자는 백언(伯彦), 호는 월파(月波), 전남 보성 출신으로, 기정진의 문인이다.

3) 내용

이 글은 기정진의 「외필」이 율곡 이이(李珥) 리기론의 본지를 제대로 밝혀, 이이(李珥)의 학문이 세상에 왜곡되게 알려지는 일을 막은 것이라는 주장을 담고 있다. 손님과 주인이 문답하며 상호 질정하는 형식으로 구성되어 있다. 정시림은 이이(李珥)의 리기론이 주기가 아니라 주리이며, 이는 이이(李珥) 「이일분수부」에서 "돈독한 변화[敦化]는 끝이 없고, 흐르는 시내[川流]는 쉬지 않는구나. 누가 그 기틀을 주관하는가? 오호, 태극이로다."라 한데서 잘 드러난다고 한다. 기정진 「외필」의 종지는 여기에 근거하는 것이라 한다. 손님은 이이(李珥)의 '기틀이 저절로 그러하다', '시키는 자가 없다'는 언설이 「이일분수부」의 내용과 일치하지 않는다는 점을 지적한다. 이에 대해 정시림은 이이(李珥)가 '기틀이 저절로 그러하다', '시키는 자가 없다'라 한 것은 어떤 특정한 목적이 있거나, 실수에 불과하므로 후세인이 바로 잡는 것이 진정 선현을 존경하는 일이라 주장한다. 선현이 실수로 한 말에 불과한 것을 학문의 전거로 삼아 움직일 수 없는 학설로 확정하는 것은 자신을 속이고 세상을 속이는 일이며 선현을 해치는 일이라 비판한다. 정시림은 기정진의 「외필」이 이이(李珥)의 설을 제대로 밝히고 세상의 학문을 구제하려는 공심에서 나왔다는 점을 힘써 변론하고 있다.

3-14-1 「猥筆相質說」(『月波集續』卷1)

客有問者曰: "世或有栗谷主氣爲言, 信乎?" 曰: "否, 不然。栗翁主理。" 曰: "主理, 則蘆翁何爲著「猥筆」耶?" 曰: "世人錯看其'機自爾, 非有使之者'之說, 遂以主氣爲言, 故著述此「筆」, 以救後學誤見之弊。" 曰: "蘆翁此「筆」, 與栗谷本旨相反, 何也?" 曰: "蘆翁所說, 本是栗翁之意也。栗翁「理一分殊賦」曰'敦化無窮, 川流不息, 孰尸其機? 嗚呼! 太極', 是謂敦化川流之其流, 無非太極之所主也, 非敦化川流之其機自爾, 而太極無所與之之義也, 則蘆翁「猥筆」之所叙, 無非原本於「理一賦」中太極所尸之機者而言之也。" 曰: "自爾、非使, 果非氣爲之主宰者耶?" 曰: "此亦有說焉。朱子曰'以本原言之, 則理先而氣後; 以稟賦言之, 則氣先而理後', 又曰'氣以成形, 理亦賦焉'。夫以流行言之, 則必先言氣, 後言理, 故蘆翁以栗翁此言爲特是流行一邊說言之也。" 客曰: "栗翁主理之說, 可詳聞耶?" 曰: "栗翁理氣之說, 備在『栗谷全書』中, 而其撮取精要, 則尤在於『李子性理書』, 其主理爲說, 槪可見矣。篇首「理一分殊賦」中'孰尸其機, 嗚呼, 太極', 與夫「答牛溪書」曰'夫理者, 氣之主宰也', 又曰'非理則氣無所根柢', 又曰'發之者, 氣也; 所以發者, 理也', 又曰'無形無爲, 而爲有形有爲之主者, 理也', 若此之類, 不一而足。以此言之, 則氣之所行, 理之爲主宰, 爲氣之根柢, 爲氣之所以發, 爲有形有爲之主, 固足以昭然, 而非氣之自爾者也。此乃栗翁以理爲主也, 而「猥筆」主意, 擧是栗翁此意也。" 客曰: "「理一賦」中, 太極爲其機之主者, 以理爲主也。此其以本原言之, 不以流行言之故耶?" 曰: "敦化川流, 無窮不息, 非流行者耶?" 客曰: "流行之時, 理爲之主, 則以流行邊言之, 何必先言氣耶?" 曰: "非氣, 則理無所安頓處, 從形著上言理, 則不得不先言氣也。" 曰: "栗谷旣主理, 而何以言'機自爾, 非有使之'云耶?" 曰: "理無爲也, 氣有爲也; 理則無能然也, 氣則有能然也。如曰'有使之'云, 則是有爲也, 有能然也。爲是之故, 而如是下言。" 則客曰: "理雖無爲, 而有爲之之妙; 理雖無能然, 而有能然之之妙, 則其言也, 無已太快, 而又與「理一賦」中'太極之尸其機'有異, 何爲而然耶?" 曰: "栗翁此說, 有此前後不契, 故蘆翁於「猥筆」中, 以爲'前賢之論, 或發之太快'云。第惟朱子之言, 亦有前後相殊處, 後是改其前言之有欠者, 而又或有後賢補輯者, 則栗翁此言, 亦或有一處改正者耶? 抑或所「答牛溪書」, 是倉卒書尺間下言而然乎? 抑或當時有主理者, 間或謂氣專無與於理云, 故救其偏見之弊而然耶? 蓋未可知也。" 客曰: "旣主理, 則氣或可廢耶?” 曰: “凡此論說, 謂氣受命於理, 而有主僕之勢云也。如燕王噲之不可顧爲臣也, 子之之不可南面行王事也, 非謂君可以廢臣民也。理氣二者, 不可相離, 而非氣則理亦不得流行矣。氣可廢之說, 何其滯滯也!” 客曰: “蘆翁辨說先賢, 亦非未安處耶?” 曰: “凡在義論說, 古今天下共公底說話, 故先儒有所不嫌。是以, 伊川論議, 朱子亦有不從處; 朱子未定之書, 勉(齊)[齋]¹⁾亦有所修補。至於我東, 退溪理氣之說, 栗谷亦有取舍; 栗谷之'四端, 以七情中, 中節者言之'之說, 尤菴曰'此爲未安'; 沙溪有形上形下之釋, 而尤菴謂'文元公上下異釋者, 固爲未安'云, 則不必以此爲未安。” 客曰: “權、崔之論詆「猥筆」也, 必以主理主氣兩邊說爲大頭腦, 而辨其是不是, 爲左右袒, 固可也。不此之爲務, 但摘取其枝葉言句, 眩人視聽, 何事?” 曰: “彼若以主理爲不是, 則自知見屈, 故不以大公爲心, 而以橫竪言說, 萋斐貝錦, 鼓天下之耳目, 而以後人誤見末流之弊, 詖滔邪遁, 顚倒昌披者, 誣稱指謂栗谷, 噫! 其甚矣。竊聞, 後孔子, 朱子也; 後朱子, 栗谷也, 則我東之尊慕栗翁, 果何如而彼哉? 言說之不自知, 自陷於累先賢之科, 是固以膚受之說動人聽聞爲計, 而明者見之, 膚受之愬, 亦有以不行矣。千世在前, 萬世在後, 凡在義理之論, 若或一毫, 失於稱停大公, 而惟較強弱決勝負之爲主, 則其不免於君子之公評, 爲可畏哉!” 客謝而退, 因記其說。

---

1) (齊)[齋]: 저본에는 '齊'로 되어 있으나, '齋'로 바로잡았다.

3-14-1 「외필상질설猥筆相質說」(『月波集續』卷1)

어떤 손님이 이렇게 물었다: "세상에서 간혹 율곡은 기(氣)를 위주로 말했다고 하는데, 믿을 만합니까?" 답했다: "아닙니다. 그렇지 않습니다. 율곡은 리(理)를 위주로 했습니다." 물었다: "리를 위주로 했다면, 노사는 왜 「외필」을 지었습니까?" 답했다: "세상 사람들이 '기틀이 저절로 그러하여, 시키는 자가 있지 않다'는 설을 잘못 보아서 마침내 기(氣)를 위주로 했다고 말을 하니, 그래서 이 「외필」을 지어 후학들의 잘못된 견해의 폐단을 구하고자 한 것입니다." 물었다: "노사의 「외필」이 율곡의 본지와 상반되는 것은 왜 그렇습니까?" 답했다: "노사가 말한 것이 본래 율곡의 뜻입니다. 율곡의 「이일분수부」에 '돈독한 변화[敦化]는 끝이 없고, 흐르는 시내[川流]는 쉬지 않는구나. 누가 그 기틀을 주관하는가? 오호, 태극이로다.'라 하였는데, 이는 '돈화(敦化)와 천류(川流)의 그 흐름이 모두 태극이 주관하는 바이다'라는 말이요, '돈화(敦化)와 천류(川流)의 기틀이 저절로 그러하여 태극이 관여하는 바가 없다'는 뜻을 말한 것이 아닙니다. 노사가 「외필」에서 서술한 바는 모두 본래 「이일분수부」의 '태극이 기틀을 주관한다'는 뜻에 근거하여 말한 것입니다." 물었다: "'저절로 그러하다', '시키는 자가 없다'라 함은 과연 기(氣)가 주재자가 되는 것이 아닙니까?" 답했다: "이 또한 전거가 있습니다. 주자는 '본원으로 말하면 리가 앞서고 기가 나중이며, 품부한 것으로 말하면 기가 앞서고 리가 나중이다'라 하였고, 또 '기로써 형체가 이루어지면 리 역시 부여된다'라고 하였습니다. 유행의 측면에서 말하면 반드시 먼저 기를 말하고 나중에 리를 말합니다. 그러므로 노사는 율곡의 이 말이 단지 유행(流行)의 한 쪽을 말한 것으로 보았습니다." 손님이 물었다: "율곡이 리를 위주로 한 내용을 상세하게 들을 수 있을까요?" 답했다: "율곡의 리기설은 『율곡전서』에 갖춰져 있으나, 더욱 그 요체를 간추린 것은 『이자성리서』에 있으니, 주리(主理)로 설을 삼은 것의 전모를 볼 수 있습니다. 문편의 첫머리 「이일분수부」가운데 '누가 그 기틀을 주관하는가, 오호, 태극이로다!'라 하였고, 「답우계서」에 '리란 기의 주재자이다'라 하였습니다. 또 '무형무위로되 유형유위의 주재가 되는 것은 리(理)이다'라 하였습니다. 이러한 부류의 말이 매우 많습니다. 이로써 말하자면, '기(氣)가 행하는 바'에 리가 주재자가 되고, 기의 근저가 되며, 기가 발하는 까닭이 되고, 유형유위한 것의 주인이 됨이 참으로 분명하니, 기(氣)가 저절로 그러한 것이 아닙니다." 이것이 율곡이 리로써 주재자를 삼은 것이니, 「외필」의 중심 내용은 모두 율곡의 이 뜻입니다. 손님이 말했다: "「이일분수부」가운데 태극이 그 기틀의 주재가 된다는 것은 리를 위주로 한 것입니다. 이는 그 본원으로써 말한 것으로, 유행의 측면에서 말하지 않았기 때문입니까?" 답했다: "돈화와 천류가 끝이 없고 쉼이 없음이 곧 유행에 해당하지 않겠습니까?" 손님이 말했다: "유행할 때 리를 위주로 한다면, 유행의 측면에서 말할 때 어째서 반드시 먼저 기를 말합니까?" 답했다: "기가 아니면 리가 깃들일 곳이 없으니, 형체로 드러난 곳으로부터 리를 말할 때는 부득이 먼저 기를 말합니다." 물었다. "율곡이 이미 리를 위주로 하였는데, 어째서 '기틀이 저절로 그러하여 시킴이 있지 않다'라고 말하였습니까?" 답했다. "리는 무위(無爲)이고, 기는 유위(有爲)입니다. 리는 능연(能然)함이 없고, 기는 능연함이 있습니다. 만약 '시킴이 있다[有使之]'라 하였다면, 이는 유위이고, 능연입니다. 이런 까닭으로 이렇게 말한 것입니다." 그러자 손님이 말했다. "리가 비록 무위이나, 유위의 오묘함이 있고, 리가 비록 능연함이 없으나 능연의 오묘함이 있습니다. 그 말씀이 이미 지나치지는 않으나 또한 「이일분수부」 가운데의 '태극이 그 기틀을 주관한다'와는 다름이 있으니, 어째서 그러합니까?" 답했다. "율곡의 이 설은 앞뒤가 꼭 들어맞지 않습니다. 그래서 노사가 「외필」에서 '선배 현인들의 논의 가운데 간혹 지나치게 말씀한 것들이 있다'라고 한 것입니다. 다만 주자의 말씀에도 또한 전후에 서로 다른 곳이 있는데, 뒤에 그 앞의 말에 흠이 있는 것을 고친 것이 있고, 간혹 훗날의 현인이 보완한 것도 있습니다. 율곡의 이 말씀 역시 고쳐야할 곳일까요? 아니면 「답우계서」에서 창졸간에 편지를 쓰면서 한 말이라 그런 것일까요? 아니면 당시의 주리를 말하는 자가 간혹 기는 전혀 리와 상관이 없다고 해서, 그 편견의 폐해를 구제하기 위해 그런 것일까요? 알 수가 없습니다." 손님이 말했다. "이미 주리(主理)라면, 기(氣)를 버려도 됩니까?" 답했다. "이 논의는 기가 리의 명을 받으니, 주인과 비복의 형세가 있다는 말입니다. 연왕 쾌가 신하가 되는 일은 생각할 수 없고, 자지가 남면해서 임금 노릇을 할 수 없는 것 같은 경우이니, 임금이 신민을 버려도 좋다는 말이 아닙니다. 리와 기 두 사물은 서로 떨어질 수 없으니, 기가 아니면 리 역시 유행할 수가 없습니다. 기를 버릴 수 있다는 설은 얼마나 답답합니까!" 손님이 말했다. "노사가 선현을 논변한 것 또한 미안한 일이 아닙니까?" 답했다. "의리에 대해 논하는 것은 천하고금에 공공한 것이므로, 선유들도 꺼리지 않았습니다. 그러므로 이천의 논의에 대해 주자도 따르지 않는 곳이 있었고, 주자의 저술 가운데 아직 완정하지 않은 것에 대해 면재도 보완한 바 있습니다. 우리 동방에 이르러서는 퇴계의 리기설에 대해 율곡 역시 취사(取舍)한 바 있고, 율곡의 '사단은 칠정 가운데 중절(中節)한 것을 말한다'는 설에 대해 우암이 '이는 편안하지 못하다'라 하였습니다. 사계는 형이상과 형이하로 해석하였는데, 우암이 '문원공이 형이상하로 달리 해석한 것은 참으로 편안하지 못하다'라 하였으니, 이것을 가지고 미안하다고 여길 필요는 없습니다." 손님이 말했다. "권과 최가 「외필」을 비판한 것은 반드시 주리와 주기 양쪽의 설로 기준을 삼고서 그 옳음과 옳지 않음을 변론하여, 분명하게 판단했더라면 진실로 옳았을 것입니다. 그런데 이에 힘쓰지 않고 단지 그 지엽적인 어구를 추려내어 남의 눈과 귀를 어지럽히는 것은 어쩐 일입니까?" 답했다. "저들이 만약 주리를 옳지 않다고 한다면, 스스로 굽은 것을 알 것입니다. 그러므로 마음을 공정하게 하지 못하고, 갖은 말로 작은 일을 크게 꾸며 천하의 이목을 흔들어 놓습니다. 후세 사람이 잘못 보는 말류의 폐단과 잘못되고 제멋대로인 것을 가지고 율곡의 설이라고 거짓되게 일컬으니, 아, 참으로 심합니다. 듣건대 공자를 이은 이는 주자이고, 주자를 이은 이는 율곡이라 하니, 우리 동방에서 율곡을 존모함에 있어서 과연 어떻게 저들과 같이 하겠습니까? 자신도 모르는 것을 말하여 선현을 해치는 데로 빠져듭니다. 이는 참으로 절절한 말로 남의 귀를 움직이기를 도모하는 것이나, 밝은 이는 절절한 참소를 들어도 통하지 않는다고 합니다. 천세 전이든 만세 후이든 의리를 논함에 있어서는 털끝만큼 이라도 공정(公正)에 꼭 들어맞게 함을 잃어서, 강약을 따지고 승부 내기를 위주로 한다면, 군자의 공평한 비판에서 벗어나지 못할 것이니 두려운 일입니다." 손님은 예를 표하고 물러갔고, 이를 계기로 이 문답을 기록하였다.

客有問者曰: "世或有栗谷主氣爲言, 信乎?" 曰: "否, 不然。栗翁主理。" 曰: "主理, 則蘆翁何爲著「猥筆」耶?" 曰: "世人錯看其'機自爾, 非有使之者'之說, 遂以主氣爲言, 故著述此「筆」, 以救後學誤見之弊。" 曰: "蘆翁此「筆」, 與栗谷本旨相反, 何也?" 曰: "蘆翁所說, 本是栗翁之意也。栗翁「理一分殊賦」曰'敦化無窮, 川流不息, 孰尸其機? 嗚呼! 太極', 是謂敦化川流之其流, 無非太極之所主也, 非敦化川流之其機自爾, 而太極無所與之之義也, 則蘆翁「猥筆」之所叙, 無非原本於「理一賦」中太極所尸之機者而言之也。" 曰: "自爾, 非使, 果非氣爲之主宰者耶?" 曰: "此亦有說焉。朱子曰'以本原言之, 則理先而氣後; 以稟賦言之, 則氣先而理後', 又曰'氣以成形, 理亦賦焉'。夫以流行言之, 則必先言氣, 後言理, 故蘆翁以栗翁此言爲特是流行一邊說言之也。" 客曰: "栗翁主理之說, 可詳聞耶?" 曰: "栗翁理氣之說, 備在『栗谷全書』中, 而其撮取精要, 則尤在於『李子性理書』, 其主理爲說, 槪可見矣。篇首, 「理一分殊賦」中'孰尸其機, 嗚呼, 太極', 與夫「答牛溪書」曰'夫理者, 氣之主宰也', 又曰'非理則氣無所根柢', 又曰'發之者, 氣也; 所以發者, 理也', 又曰'無形無爲, 而爲有形有爲之主者, 理也', 若此之類, 不一而足。以此言之, 則氣之所行, 理之爲主宰, 爲氣之根柢, 爲氣之所以發, 爲有形有爲之主, 固足以昭然, 而非氣之自爾者也。此乃栗翁以理爲主也, 而「猥筆」主意, 擧是栗翁此意也。" 客曰: "「理一賦」中, 太極爲其機之主者, 以理爲主也。此其以本原言之, 不以流行言之故耶?" 曰: "敦化川流, 無窮不息, 非流行者耶?" 客曰: "流行之時, 理爲之主, 則以流行邊言之, 何必先言氣耶?" 曰: "非氣, 則理無所安頓處, 從形著上言理, 則不得不先言氣也。" 曰: "栗谷旣主理, 而何以言'機自爾, 非有使之'云耶?" 曰: "理無爲也, 氣有爲也; 理則無能然也, 氣則有能然也。如曰'有使之'云, 則是有爲也, 有能然也。爲是之故, 而如是下言。" 則客曰: "理雖無爲, 而有爲之之妙; 理雖無能然, 而有能然之之妙, 則其言也, 無已太快, 而又與「理一賦」中'太極之尸其機'有異, 何爲而然耶?" 曰: "栗翁此說, 有此前後不契, 故蘆翁於「猥筆」中, 以爲'前賢之論, 或發之太快'云。第惟朱子之言, 亦有前後相殊處, 後是改其前言之有欠者, 而又或有後賢補輯者, 則栗翁此言, 亦或有一處改正者耶? 抑或所「答牛溪書」, 是倉卒書尺間下言而然乎? 抑或當時有主理者, 間或謂氣專無與於理云, 故救其偏見之弊而然耶? 蓋未可知也。" 客曰: "旣主理, 則氣或可廢耶?" 曰: "凡此論說, 謂氣受命於理, 而有主僕之勢云也。如燕王噲之不可顧爲臣也, 子之之不

3-14-1「외필상질설猥筆相質說」 487

可南面行王事也, 非謂君可以廢臣民也。理氣二者, 不可相離, 而非氣則理亦不得流行矣。氣可廢之說, 何其滯滯也!" 客曰: "蘆翁辨說先賢, 亦非未安處耶?" 曰: "凡在義論說, 古今天下共公底說話, 故先儒有所不嫌。是以, 伊川論議, 朱子亦有不從處; 朱子未定之書, 勉(齊)[齋]2)亦有所修補。至於我東, 退溪理氣之說, 栗谷亦有取舍; 栗谷之'四端, 以七情中, 中節者言之'之說, 尤菴曰'此爲未安'; 沙溪有形上形下之釋, 而尤菴謂'文元公上下異釋者, 固爲未安'云, 則不必以此爲未安。" 客曰: "權、崔之論詆「猥筆」也, 必以主理主氣兩邊說爲大頭腦, 而辨其是不是, 爲左右袒, 固可也。不此之爲務, 但摘取其枝葉言句, 眩人視聽, 何事?" 曰: "彼若以主理爲不是, 則自知見屈, 故不以大公爲心, 而以橫竪言說, 萋斐貝錦, 鼓天下之耳目, 而以後人誤見末流之弊, 詖滛邪遁, 顚倒昌披者, 誣稱指謂栗谷, 噫! 其甚矣。竊聞, 後孔子, 朱子也; 後朱子, 栗谷也, 則我東之尊慕栗翁, 果何如而彼哉? 言說之不自知, 自陷於累先賢之科, 是固以膚受之說動人聽聞爲計, 而明者見之, 膚受之愬, 亦有以不行矣。千世在前, 萬世在後, 凡在義理之論, 若或一毫, 失於稱停大公, 而惟較強弱決勝負之爲主, 則其不免於君子之公評, 爲可畏哉!" 客謝而退, 因記其說。

---

2) (齊)[齋]: 저본에는 '齊'로 되어 있으나, '齋'로 바로잡았다.

3-14-2

「주리주기설主理主氣說」(『月波集』卷6)

해제

1) 서지사항

정시림이 주리주기(主理主氣)에 대한 자신의 견해를 설명한 글이다. 『월파집(月波集)』 권6에 실려 있다.

2) 저자

정시림(鄭時林, 1839~1912). 자는 백언(伯彦), 호는 월파(月波), 전남 보성 출신으로, 기정진의 문인 이다.

3) 내용

이 논설은 무엇을 주리(主理)라 하고 무엇을 주기(主氣)라 하는가에 대한 정시림 자신의 견해를 설명한 것이다. 정시림은 먼저 리·기 관계의 일반론을 설명한다. 리는 기와 떨어져 허공 속에 있는 것이 아니라, 음양오행 만사만물 가운데 있으면서 그것을 주재한다는 것이다. 기가 아니면 발(發)할 수 없고, 리가 아니면 발할 근거가 없어서 양자는 떨어질 수 없는 것인데, 어째서 주리와 주기의 구별이 있게 되는가? 정시림은 사물이 그 도(道)를 얻어 리에 합한 경우, 사물에 나아가 보면 기가 없을 수 없지만 본연의 리에 합하므로 이것을 '주리(主理)'라 한다고 설명한다. 이와 반대로 사물이 도를 잃어 리에 어긋나는 경우, 그 사물에 나아가 보면 리가 없을 수 없지만 본연의 리에서 어긋났 으므로 이를 '주기(主氣)'라 한다는 것이다. 기의 본연은 순선하지만, 그것이 리의 본선(本善)에 어긋나, 리가 기에 의해 가려짐으로서 그 본연을 잃게 된다면, 그것은 기의 잘못이라는 것이다. 정시림의 주리주기설은 가치론적 관점에서 논의되는 것임을 볼 수 있다.

3-14-2「主理主氣說」(『月波集』卷6)

理者, 凡事物之不得不然之妙也, 非以大以多而有餘也, 非以小以寡而不足也, 非離氣而懸空獨立者也, 在陰陽五行萬事萬物之中, 而爲陰陽五行萬事萬物之主宰者也。理無爲也, 氣有爲也, 故凡事物之發見者, 非氣不能發, 非理無所發, 則理在於氣之內, 而氣不在於理之外也。事物之如此者, 氣也; 事物之所以如此者, 理也。然則凡指一事一物, 而若曰"理也"云, 則理本不離氣, 而此非理之離氣者耶; 如曰"氣也"云, 則氣亦不離理, 而玆非氣之離理者耶? 夫若爾則不必曰理, 不必曰氣, 而併擧之曰"理氣", 可乎? 言頗似全而見識儱侗, 不知輕重、緩急、內外、賓主之分者也。事物之得其道, 而合於理者, 就此事物之中, 不爲無氣, 而合於本然之理, 故可以理爲主也。事物之失其道, 而違於理者, 就其事物之中, 不爲無理, 而違於本然之理, 故可以氣爲主也。氣之本然者, 亦爲純善, 而事物之不善者, 獨歸罪於氣, 不亦偏乎? 氣生於理, 故氣之純善者, 循其理之本善, 則是氣之純善也, 非理之純善耶? 凡發用處, 非無理也, 而其機則氣也。違其本善者, 理爲氣之所揜, 而失其本然, 則歸罪於氣, 不亦宜乎? 此主理主氣之大略也。

「한설閒說」(『月波集』卷6)

1) 서지사항

정시림이 리(理)에 대한 자신의 관점을 설명한 글이다. 『월파집(月波集)』 권6에 실려 있다.

2) 저자

정시림(鄭時林, 1839~1912). 자는 백언(伯彦), 호는 월파(月波), 전남 보성 출신으로, 기정진의 문인이다.

3) 내용

이 논설은 정시림이 리(理)에 대한 자신의 견해를 피력한 글이다. 주요한 논의는 다음과 같다. 리는 하나이지만 본원(本原)상에서의 관점과 유행(流行)상에서의 관점으로 나누어 말할 수 있다. 본원의 관점에서는 리에 선후(先後), 대소(大小), 다과(多寡), 장단(長短), 취산(聚散)이 없지만, 품부받은 유행의 관점에서는 리에도 선후, 대소, 다과, 장산, 취산을 말할 수 있다는 것이다. 정시림은 자신의 주장이 궤변이 아니라 전거가 있는 것임을 '실리(實理)'의 작용에 대한 주자의 주(註)와 「답조치도서(答趙致道書)」에서의 주자의 말을 이끌어 제시한다. 요점은 유행의 관점에서는 기가 있으면 리도 있고, 기가 없으면 리도 없으므로, 이러한 관점에서는 리를 편전(偏全)으로도 말할 수 있다는 것이다.

3-14-3「閒說」(『月波集』卷6)

理一而已矣, 而有以本原上言之者, 有以流行上言之者, 本原之體則一也, 而流行之用則有萬不同也。理之本原, 則不可以目擊, 不可以手模, 而氣之流行處, 理亦乘氣流行, 故就其流行之裡面而默會, 則其所以爲理者, 亦可得以領會矣。知其流行之理, 則理之原頭一本統會處, 亦可得以瞭然矣。以本原言之, 則陽之動也, 動之理固在, 而陰靜之理亦在焉; 陰之靜也, 靜之理固在, 而陽動之理亦在焉, 理一故也。所謂"未應不是先, 已應不是後"者也。不以一物爲不足也, 不以萬物爲有餘也。如是則理者, 無先後, 無大小, 無多寡, 無長短, 無聚散者也。雖然以稟賦流行上觀之, 則理亦有先後、大小、多寡、長短、聚散之可言者。此言, 相知間聞之者, 往往大駭。此非時林刱出億見, 以求務立同儕之異論, 欲逐其自己乖僻之誤見也。特聞之者, 不得徐究深思, 而遽加詆斥也。先儒之說有之, 『中庸』二十五章『章句』曰"天下之物, 皆實理之所爲, 故必得是理, 然後有是物, 所得之理旣盡, 則是物亦盡而無有矣。" 朱子之言, 又有"凡有一物, 則其成也, 必有所始; 其壞也, 必有所終, 而其所以始者, 實理之至, 而向於有也; 其所以終者, 實理之盡, 而向於無也"云云。「答趙致道書」曰"所疑理氣之偏, 若論本原, 則有理然後有氣, 故理不可以偏全論; 若論稟賦, 則有是氣而後, 理隨以具, 故有是氣則有是理, 無是氣則無是理, 是氣多卽是理多, 是氣少卽是理少, 又豈不可以偏全論耶?"云云。右上三節所論, 非理之有聚散、有大小、有多寡、有長短處耶? 以其流行上言之故也。高明君子, 惜不以此等論議, 早自鏡考而爲盛見之一疵, 反以瞽說, 爲杯中之弓影, 良爲歎惜。世之見此說者, 若或不揣本意、輕重、本末之所在, 而遽以理有先後、多少、大小、長短、聚散, 惟爲之主見則不可, 是見枝葉而不見其根, 知委流而不知其源, 則何以哉? 知其無可言, 而又知其有可言, 則庶矣乎!

「법화문답法化問答」(『月波集』卷4)

해제

1) 서지사항
정시림이 가상의 문답체로 작성한 글.『월파집』권4에 실려 있다.

2) 저자
정시림(鄭時林, 1839~1912)으로, 자는 백언(伯彦), 호는 월파(月波)이다.

3) 내용
이 글은 정시림이 화(化)가 묻고 법(法)이 대답하는 가상 형식으로 작성한 것이다. 모두 39개 조목으로 구성되어 있다. 정시림은 구한말 전라남도 보성(寶城) 출신의 학자로 성리학에 조예가 깊었다. 그는 노사(蘆沙) 기정진(奇正鎭, 1798~1879)의 고족제자로서, 최익현(崔益鉉, 1833~1907) · 최숙민(崔琡民, 1837~1905) · 기우만(奇宇萬, 1846~1916) · 정재규(鄭載圭, 1843~1911) 등과 교유했다. 원래 법화는 정시림이 살았던 전라남도 보성에 있는 마을 이름이다. 여기서 글자 하나씩을 따서 대화의 주체로 삼은 것이다. 첫 조목에서 화는 법에게 다음과 같이 물었다. "나는 종일토록 심성(心性)에 관한 책을 읽고 심성에 관한 설명을 들었다. 문득 심성의 물건됨을 알 것 같았다. 하지만 그것뿐, 보려 해도 볼 수 없고, 들으려 해도 들을 수 없고, 그리려 해도 그릴 수 없었다. 도대체 심성은 어떤 물건인가?" 이에 대해 법은 다음과 같이 대답했다. "심은 기(氣)의 정상(精爽)으로, 몸과 만물을 주재한다. 발하여 천변만화에 대응하는 것도 심이고, 미발 시에 환하게 밝은 것도 심이다. 심에 갖추어진 리(理)가 성(性)이고, 성에서 발한 것이 정(情)이며, 심이 따지고 헤아리는 능력이 의(意)이다. 성에는 다섯 가지가 있으니, 인의예지신(仁義禮智信)이 그것이다. 이것들은 초학자들이 쉽게 알 수 있는 것이 아니니, 사단(四端)이 발현한 곳에서 그 소이연(所以然)을 탐구해 나가면 곧 터득할 수 있을 것이다." 마지막 조목에서는 이 글을 작성하는 의도를 다음과 같이 우의적으로 표현하고 있다. 화가 물었다. "나의 말이 어리석은 견해일 수 있고, 그대의 대답이 엉뚱한 생각일 수 있다. 뭐가 뭔지 어지럽고 헛갈릴 때, 누가 변별할 수 있겠는가? 이웃에 월파거사(月波居士)가 있는데,

그 또한 이러한 대화를 좋아하니, 그에게 나아가 바로잡을 수 있지 않겠는가?" 이에 대해 법은 다음과 같이 대답했다. "월파거사는 우리 두 사람 사이에 살면서 우리와 더불어 교유한 지 이미 오래되었다. 그대의 말과 나의 견해가 월파의 그것과 다르지 않을 것이다. 그러므로 번거롭게 그에게 묻지 말고, 앞으로 조그마한 진보가 있기를 기다려보세."

3-14-4 「法化問答」(『月波集』卷4)

化問於法曰: 吾終日見心性之書, 終日聞心性之說, 而恍然有以知其心性之爲物, 不過如是而已。反而詳細思量, 則只是言語酬應, 口中文字寫在紙上, 雖欲見之而無影色可見, 聞之而無聲音可聞, 模之而無形貌可模, 則心性果是何物耶?

法曰: "心是氣之精爽", 而主一身, 宰萬物者也。發而酬酢萬變者, 固心也; 未發而炯然不昧者, 亦心也。經傳所載之心字, 皆指"虛靈知覺"、"運用"而言也。然言其血肉形貌之心, 未之及焉。醫書所謂七竅、五竅, 三毛、二毛, 如蓮花未敷者, 指心之形殼而言也。日用間"動靜云爲", 小事、大事, "神妙不測"者, 無非此心, 而心中所具之理, 性也, 發於性者, 情也, 心之較計商量者, 意也, 則橫渠所謂"心統性情"者也, 邵子所謂"心, 性之郛郭"者, 此也。"物之所受之理曰'性'", 朱子所謂"在事喚做理, 在心喚做性"者也。性之目有五, 曰"仁義禮智信", 此固非初學者所能測度識到。但四端上發處, 尋究上面所以然, 則便可識得, 久久用工, 自然眼目圓滑, 必有沛然自信, 而躍如瞭然於心目間矣。

化曰: 心之未發時, 但一性渾然而已耶? 抑五性森然各具耶?

法曰: "性卽理也", 一性分而言之則爲五, 五性合而言之則爲一, 合之而非有餘, 分之而非不足, 非如物件之各在東西, 一彼一此而自爲一物也。性只是一物, 而未發之時, 又自有五者之間架, 朱子所謂"非儱侗一物"者也。然則未發時, 五者已自森然, 非必到得發處, 方有五者名目稱道也。

化曰: 未發時, 自有間架, 則仁發時, 義在何處, 而仁獨發乎; 禮發時, 智在何地, 而禮自發乎? 若"五者發則俱發"云, 則朱子曰"仁作義不得, 義作仁不得"之說, 似與不合, 如何?

法曰: 兩次所問詳細, 則有之於五性上見得未的, 故有此紛然不置。我請以物"罄作然", 五性則可見一而五, 五而一, 然後聽氷靡定之見, 似必如雪見晛矣。今夫水一而已, 就中消詳分言之, 則淸也、寒也、潤也、柔也、下也, 非水耶? 五者中缺一不得, 今言水之就下, 而去其淸、寒、潤、柔, 則下可獨存乎? 故余曰: "靜而渟滀之氷, 皆淸、寒、潤、柔、下之水也; 動而流注之水, 亦淸、寒、潤、柔、下之水也。未有潤而不柔, 柔而不潤之水也。" 五性之體段, 亦如是。然而性, 理也, 水, 物也, 則以物喩理, 已涉形器, 故言語猶不帖然。但活看可也, 豈有仁發而義在一邊, 禮發而智在一邊耶? 一性發用, 則五者已在此矣, "仁、義不得"云云, 以事之大綱者言之。如政法中, 生之是仁, 殺之是義, 則固有兩者相不得處矣。然生之中, 當知有五德; 殺之中, 亦知有五德, 始可。

化曰: "一性發用時, 四者已在", 此之義可詳細明辨耶?
法曰: 性雖是五, 而約之則爲二, 又約之則爲一。朱子曰"禮者, 仁之著; 智者, 義之藏", 然則對擧仁、義, 五者已備矣。朱子曰"惟仁則包乎四者", 然則只言一仁, 五性盡擧矣, 則當的知五而一, 一而五, 然後可以言此矣。請詳言之。

五性有大分界限, 一性有四者蘊蓄, 如惻隱之理卽仁也, 羞惡之理卽義也, 辭讓之理卽禮也, 是非之理卽智也, 實然之理卽信也。父子有親, 仁也; 君臣有義, 義也; 夫婦有別, 禮也; 長幼有序, 智也; 朋友有信, 信也, 則此五性之大分界限也。

就惻隱之心, 而論五性, 則仁是"生生之德", 而吾心所具之德, 無非此理。故當"孺子入井之時", 見其生理之將絶, 自不覺有怵惕、惻隱之發而發焉, 此"生生之德"之仁也。義是合宜, 而有截嚴不可撓屈者存焉, 以人待人, 有此惻隱, 固爲合宜, 而闖發此心, 有截嚴不可撓屈者, 此義也。禮有節文、條理, 而旣驚旣懼, 且傷且痛, 則非有節文有條理乎? 此禮也。智是知也, 而有知, 故有此惻隱, 若無知, 則頑然木石而已, 烏有所謂惻隱哉? 此智也。信是誠實而有此惻隱者, 非故欲假設僞爲而然也, 滿腔惻隱, 誠然實然, 則此信也。就羞惡上論之, 則羞惡者, 羞己之不善, 惡人之有惡, 此天理之流行, 則此仁也。此事理之合宜, 而有截嚴不可撓屈者, 此義也。有羞不善, 惡有惡之節文, 則此禮也。有知其可羞, 知其可惡, 則此智也。非假飾羞惡, 而旣誠且實, 則此信也。就辭讓上論之, 則辭其可辭, 讓其可讓者, 此當理而無私心者, 此仁也。其辭、其讓, 合於事宜者, 此義也。辭避退讓, 自有節文者, 此禮也。知其可辭而辭, 知其可讓而讓者, 此智也。辭以誠實, 讓以誠實者, 此信也。就是非上論之, 則是是非非之懇惻者, 仁也; 是是非非之合宜者, 義也; 是是非非之有節文者, 禮也; 知其是是, 知其非非者, 智也; 是是非非之誠實者, 信也。就五倫上, 論有親, 則親之怛然愛子, 子之怛然愛親, 仁也; 親之戒子, 子之熟諫, 義也; 鞠育敎訓之方、養志養體之道, 皆有節文, 禮也; 父知父之道, 子知子之道, 智也; 有親之誠實之道理, 信也。論有義, 則君之愛臣, 臣之愛君, 仁也; 君臣間, 事之合宜, 義也; 使之以禮, 事之以敬, 禮也; 君之於臣, 知其合宜, 臣之於君, 知其合宜, 智也; "九五"、"九二", 事宜之誠實, 信也。論有別, 則男女不瀆, 天理流行, 仁也; 有分截嚴, 義也; 其親、其別, 有節、有儀, 禮也; 知其有別爲是, 知其無別爲非, 智也; 有別節文、誠實, 信也。論有序, 則"兄友弟恭", 無非親愛底道理, 此仁也; 長幼分嚴, 義也; 長之慈幼, 幼之敬長, 自有儀文, 禮也; 知幼吾幼, 知老吾老, 智也; 長長之誠實, 幼幼之誠實, 信也。論有信, 則"以友輔仁", 仁也; "責善之道", 義也; "相下不倦", 禮也; "擇交"、"辨賢", 智也; "切偲"以實, 信也。此一性之四者, 蘊蓄者也。然此答猶不到至約之域, 以一"愛"字言之, 則愛之理, 仁也; 當愛而愛之合宜者, 義也; 可愛而愛之有節者, 禮也; 知當愛而愛者, 智也; 其愛之誠實者, 信也。此特陳其膚淺之見而略道之, 若高明深思默體, 則日用間一事一物, 方策上一言一句, 無非此五者之流行, 可見矣。【答五性。】

化曰: 人物本然之性, 同與不同, 湖、洛諸賢, 互相左右, 孰勝孰負? 願得一言嘉惠。
法曰: 坐談龍肉, 不如食猪肉者之實美且腴, 則願吾子做"格致"之工, 篤"踐履"之行。求其知性、盡性, 未爲不可, 捨而不擧, 何極擇其難理會底問? 爲吾之言, 爲"郢書", 則子得無"燕說"之誚乎? 井中之數星, 不可爲蓋天之全圖; 管中之一斑, 不得盡全身之炳文, 旣無自信的見, 則吾於子之問, 將若之何? 雖然, 略取先儒之已成說話, 以貢其愚, 或可乎? 朱子曰: "陰陽五行, 各是一氣所稟, 而性則同。" 又曰: "人物性本同, 只氣稟異。如水無有不淸, 傾放白椀中, 是一般色; 及放黑椀中, 是一般色; 放靑椀中, 是一般色。" 又曰: "性最難說, 要說同亦得, 要說異亦得。如隙中之日, 隙之長短大小, 自是不同, 然却只是此日。" 又曰: "謂之全亦可, 謂之偏亦可, 以理言之, 則無不全; 以氣言之, 則不能無偏。" 此言人物本性之同也。「答嚴時亨」書曰: "'生之謂性'一章, 論人與物性之異, 固由氣稟之不同。但究其所以然者, 却是因其氣稟之不同, 而所賦之理固亦有異, 所以孟子分別犬之性、牛之性、人之性有不同者, 而未嘗言犬之氣、牛之氣、人之氣不同也"云云。此言人物本性之不同也。「答程允夫」書曰: "'天命之謂性', 通天下一性, 何相近之有? 言相近者, 是指氣質之性而言, 孟子所謂'犬、牛、人性之殊者', 亦指此而言也"云云。此言人物本性之不異也。「答程正思」書曰: "然則犬之性猶牛之性, 牛之性猶人之性, 與犬、牛、人之形氣旣異, 而有知覺能運動者生也。有生雖同, 然形氣旣異, 則其生而有得乎天之理亦異。蓋在人, 則得其全而無有不善; 在物, 則有所蔽而不得其全, 是乃所謂性也"云云。此言人物本性之有異也。「答門人」書云: "呂芸閣云: '性一也, 流形之分,有昏明、強柔者, 非性也。有三人焉, 皆一目而別乎色, 一居乎密室, 一居乎帷箔之下, 一居乎廣庭之中, 三人所見, 昏明各異, 豈目不同乎?' 移此語以喩人物之性亦好"云云。此言人物本性之不異也。觀此前後所論, 或同或異, 則學者固當潛思力究, 久久後, 心目自別, 則於同之中, 自知有異, 於異之中, 的知有同, 不必苦口說同, 亦不必固守說異。但理字、性字上, 默識則可乎! 雖然, 靑白椀放水之說, 隙中大小日光之說, 仔細體認, 則自有所處矣。【答人物本性同異。】

化曰: 旣有本然之性, 又有氣質之性, 則是性外, 又別有一性, 似爲不可。若本然之性、氣質之性, 便是一性, 則其命辭處固有逈別, 而何故有本然、氣質之稱耶?
法曰: 非此性之外, 又別有一性也。氣質之循軌轍處, 無非本性, 而強言其有昏明、強弱之差別。【答本然、氣質性。】

化曰: 東儒集中, 有"禽獸亦稟五性"之問, 以大段不是答之。此與朱子所謂"仁義禮智之粹然者, 豈禽獸所得以全哉"者, 相同?
法曰: 朱子固曰"人物之生, 各得其所賦之理, 以爲健順五常之德", 五常之德非性耶? 不曰人而兼言人物, 則可以旁照物之所得偏、駁, 固不如人之粹然、全然, 而若謂之全無, 則似不可有一性則四者自具。但微耳, 粗耳。

化曰: "禽獸亦有五性"之說, 甚是駭然。東儒之言, 旣其如彼, 而子敢爾云爾, 果無嫌於尊慕之道耶?
法曰: 言若果是, 東儒先德亦必莞爾許之矣。尊敬愛慕, 固在其中, 言如違背, 先賢之說, 炳如丹靑。朱子論"物之有知覺者"曰: "克己復禮以爲仁, 善善惡惡以爲義, 則固有所不能矣, 亦不可謂無是性也"云云。是謂有仁義而不能爲仁義也。又曰: "仁之爲仁, 人與物不得不同, 而知仁之爲仁而存之, 人與物不得不異也"云云。此亦物亦有仁之謂也。豈其有仁而無義禮智耶?

化曰: "物之五性, 微爾粗爾"云則可, 各件做題目說道耶?
法曰: 物之愛育其雛, 則仁也; 有知覺, 避患害, 智也; 不愛生, 相傷鬪, 義也; "群處和輯"與"恐懼畏伏", 禮也。雖非如人之全粹, 而其粗其微, 則亦有不可揜者也。【答禽獸亦微有五常。】

化曰: 性既善, 則發於性之七情, 宜無不善, 而不善者居多, 何也?

法曰: 性只是吾心所具之理, 而直發出底是情也, 其運用宰制者皆心也。然則性固善矣, 而心失其宰, 然後情有不善。張子所謂"心能盡性, 性不知檢心"者也。朱子所謂"心爲宰, 則其動也, 無不中節矣, 何人欲之有? 惟心不宰而情自動, 是以流於人欲, 而每不得其正也。然則天理、人欲之判, 中節、不中節之分, 特在乎心之宰與不宰"者也。栗翁所謂"發於仁而反害仁, 發於義而反害義"者也。【答情。】

化曰: 太極只是理也, 則只言理一字, 不爲不足, 何故聖人更加挑出太極二字? 後賢又更添無極二字, 使後世有無限紛競辨詰, 吾未知太極名目, 稱道所在。

法曰: 理一字, 名目甚多, 固不可枚擧悉數, 指的件件。若夫太極說稱, 無可更加之謂太, 至盡無餘之謂極, 此二字乃道理之無加至極名稱。若只說單理字立論, 則猶爲歇后語言, 聖人所以刱立二字, 開示萬世造化要妙、名理根柢。周子更加本意, 恐後人以太極, 看作有形物尋求。故爲說其無形有理, 苦心極思, 加此二字, 斷不爲疑, 其慮後世也已至, 其牖來裔也殊極。朱子「答陸子美」書曰: "不言無極, 則太極同於一物, 而不足爲萬化之根; 不言太極, 則無極淪於空寂, 而不能爲萬物之根"云云。詳悉試看取。

化曰: 動而無動, 靜而無靜, 理也; 動則無靜, 靜則無動, 氣也, 則『圖說』曰"太極動而生陽, 靜而生陰", 動靜兩字, 指太極而言也。太極, 理也, 而何以言動靜耶? "動而生陽"云, 則動在陽生之前; "靜而生陰"云, 則靜在陰生之前。然則動靜與陰陽分而爲二, 陰陽前動靜, 非陰非陽, 而果何物耶?

法曰: 非太極動然後陽乃生, 靜然後陰乃生也。栗翁所謂"原其未然而言"者, 卽此也, 則言其所以如此也。動靜之始, 已是陰陽也。陰陽之初, 俱是動靜, 則動靜豈在陰陽之前, 而爲陰陽外之物耶?

化曰: 萬物之生, 同一太極, 則是一太極而已。安有所謂有統體太極, 又有各具太極耶? 鱊魚肚裏水, 卽鯉魚肚裏水也; 鯉魚肚裏水, 卽鱊魚肚裏水也, 則彼物太極, 卽此物太極也, 一物太極耶? 萬物太極也, 而旣有統體名稱, 又有各具名稱, 何重併疊複也?

法曰: 同是水也, 而有源有流, 則非別有源之水, 又別有流之水也。然則統體, 言其源也; 各具, 言其流也。統體、各具, 只是一極, 而其一本萬殊、萬殊一本之爲源爲流自別。就物物上各具一理, 不相假借, 不相凌奪。此理完具, 故有各具之稱, 其名稱不得不爾。
曰統體, 曰各具, 乃統之所以有宗, 會之所以有元者也。

化曰: 功令家以詩賦爲東國巨匠者, 詩曰“太極上有無極理”, 賦“無極而太極”, 其頭腦
句曰“已先有此二極”, 此果無傷於命辭耶?
法曰: 不必辨論多爲。

化曰: 中年敬差, 以“易有太極”揭題, 而“易有”之易字, 皆易書之易字。製呈與選之人,
無非是人, 則果無違錯之失耶?
法曰: “易有太極”, 則承上文而言, 所以往來闔闢而無窮, 以其有是理, 未可以書言也。
此朱子之言也, 可爲明證。【答太極。】

化曰: 陰陽二氣互相前却, 萬事萬物之吉凶、聚散, 無不由此二氣中做出來。混沌之初,
若陽一氣而已, 則萬事萬物有吉無凶, 有聚無散, 有生無死, 有君子無小人。無端陰一
氣添出來, 天地間, 使有無限不好底事, 惜乎!
法曰: 陰陽是一氣也, 非二氣也。子不見夫水乎? 靜而涵濇者曰潀, 動而流射者曰灘,
潀與灘雖殊, 而水則一也, 非二也。此氣之動者曰陽, 靜者曰陰, 陽與陰不同, 而氣則一
也, 非二也。凡有一物, 則自有盛底時節, 自有衰底時節。若無動靜相乘之機, 則造化
不得其功, 庶物不得其成。試看『圖說』, 陰陽非一氣耶?【答陰陽。】

化曰:「太極圖」五行圈, “水是陰盛, 故居右, 火是陽盛, 故居左”, 此乃“陽變爲水, 陰變
爲火”也。然而以『圖說』“陽變陰合, 而生水、火、金、木、土”之文觀之, 則以對待之五行
爲言也。對待之五行, 水爲陽, 火爲陰也, 則「圖」之“陽變爲水, 陰變爲火”者, 似相鑿枘,
得聞契合之說耶?
法曰: 余亦所疑者已久矣。以周子所論五行者觀之, 則有可考訂。周子曰: “五行之序,
以質之所生而言, 則水本是陽之濕氣, 以其初動, 爲陰所陷而不得達, 故水陰勝; 火本是
陰之燥氣, 以其初動, 爲陽所擒而不得達, 故火陽勝”云云。觀此則對待五行之水、火,
動之初也。然則流行之五行, 已成形而盛者也。『圖說』“陽變陰合”, 只言其動之初, 而
五行圈“火陽水陰”, 以『圖說』“五氣順布”者, 立言也歟!

化曰: 陰陽各是陰陽, 而陰中有陽, 陽中有陰, 則是陽無純陽, 陰無純陰, 陰亦可以爲陽, 陽亦可以爲陰。如對待之陰陽, 水爲陽, 火爲陰; 流行之陰陽, 水爲陰, 火爲陽, 亦一證也。

法曰: 此活看之言也。程子所謂"天地間, 無截然爲陰爲陽之物, 而其大分則不可無者", 此也。

化曰: 對待、流行之水、火, 固爲相與上下, 而亦可謂"有大分"耶?

法曰: 水寒火熱, 其大分犁然。【答陰陽五行。】

化曰: 康節每見一物, 必分作四片。看得如是推看, 則五行上亦各有五行備具, 可各件分片指辨五行耶?

法曰: 以火分看, 則其體虛明。水也, 其勢凜烈, 金也, 其形上衝, 木也, 其質灰炭, 土也, 餘皆類推。

化曰: 五行相生, 以實事看驗, 則金生水, 火生土, 專無依據。

法曰: 水之源頭, 必在石間, 石是金類也。圓是金也, 而雨水生於一圓赤匣之天, 亦一證也。火有灰炭, 則灰炭之生, 土之一驗。

化曰: 前說似然, 而後對殊極無據。如子之言, 則今之土地, 亦皆火之灰炭耶?

法曰: 但觀如是實理而已, 不必泥看至此也。【答五行。】

化曰: 理無聲色臭味可言, 而其所以然妙處是也。以渾然者觀之, 則萬物之上, 只是一理, 雖欲分而二之而不可分; 以燦然者觀之, 則一物之中, 萬理森然, 雖欲合而一之而不可合。這邊天樣大物無非此理, 那裏鍼樣細物無非是理, 未應不是先, 已應不是後, 推之於前而不見其始之合, 引之於後而不見其終之離。若果見得到此蹊逕, 則凡天下若大若小之事, 如辨黑白, 如數一二, 而不見物我之有間, 不知今古之有殊, 甚可快活! 自古及今, 學問之士, 不爲不多, 而其見識等差, 有萬不同, 開明見識, 有何別般法門?

法曰: 見識造詣, 在於窮理。故『大學』之格物, 在誠、正之前;『中庸』之誠身, 在明善之後, 格物、明善, 無非窮理也。窮理亦多端, 或讀書講義, 或辨人賢否, 內而吾心之所感, 外而事物之所應, 別其是與不是, 思其當與不當, 每事裏面, 須要十分瀜釋脫落。力猶未逮, 置之而復思之, 思索而未通, 又從而問於人, 不知不措, 不得不措。如是用工, 則雖似無大段增益, 而久久後, 力量開豁, 知慮超詣, 見解精明, 胸中自當有灑然處。古人云: "思之思之, 又思之, 鬼神將汝通之也。非鬼神通之也, 誠之所通也。" 此眞格言也。工夫非白撰可得, 而如或徒然觀理爲計, 則是自誣而誣人, 自誤而誤人, 認賊爲子, 指鐵爲金, 所得只是眼中之金屑。縱欲見得一邊, 而橫看縱看, 自不免成峯成嶺, 則安有所謂"全體"者見得也耶?【答窮理。】

化曰: 我東先德論形上、形下兩上下字, 以前後二字註脚, 說者曰: "'形而前爲道, 形而後爲器'之解, 其曉人也, 辭不費而甚易知"云。以愚見言之, 如是做說, 則是道、器破裂而爲二, 道在器之前, 器在道之後, 道在器外, 器在道外。然則天地之道, 在於天地未判之前, 而天地成器之後, 無天地之道; 聖人之道, 在於聖人未生之前, 而聖人成器之後, 無聖人之道, 其可乎哉? 凡物之有形質者, 皆器也。就形質中, 其不可見之理卽道也, 則道不離器, 器不離道, 道在器之裏面, 而器不出於道之外。分而看之, 則道與器"不相雜"也, 而分際甚明; 合而言之, 則器與道"不相離"也, 而混合無間, 則上下二字, 猶精粗清濁之云爾, 非高低上下之上下也。
法曰: 看得當然。【答形上、形下。】

化曰: 子思語"費隱"之道, 引"鳶飛魚躍", 而明其昭著於上下。鳶是何物而獨擧鳶, 魚是何物而獨擧魚? 鳶魚本非一物, 而飛躍不同, 何鳶魚俱是"費隱"之道耶?
法曰: 鳶魚固非別物, 而其飛其躍, 但"率性"而已, 非有一毫作爲而然也。在天只擧一物, 在地只擧一物, 則穹壤間小大物物已盡擧矣。虛空辟塞之氣, 無非是物, 而俱在其中矣。以象之著者觀之, 則鳶固鳶也, 而必非魚也, 魚固魚也, 而亦非鳶也; 以理之微者論之, 則鳶亦魚也, 而非必鳶也, 魚亦魚也, 而非必魚也。然則鳶處有魚, 魚處有鳶, 鳶魚同是一物, 而不必爲二物也。如是言之, 則"必有事焉而勿正", 此孟子之鳶魚也; "暮春者, 冠童風浴", 乃曾氏之鳶魚也。"見入井兒而側隱", "見穀觫牛而不忍", 亦鳶之飛, 魚之躍也。不知三公之尊榮、"萬鍾之俸祿", 不見"刀鉅之在前, 鼎鑊之在後", 亦"戾于天", "躍于淵"也。花之白者、紅者, 物之角者、齒者, 無非鳶魚也, 而不要人道好, 不避人道不好。但爲其所當爲, 而不容自己一毫私爲而已, 則盈天地間絪縕流行, 自然底道理, 盡是鳶魚, 而不必鳶魚然後爲鳶魚也。此所以只擧一鳶一魚, 而"費隱"之道昭著, 充盈于天地之妙, 自可見矣。【答鳶魚。】

化曰: 『經』云"福善禍淫", 若謂不然, 聖人必不爲無實之空言, 以詔之於萬世也。苟曰實然, 質之於古今已驗之端, 則有不然者, 請略言之。堯之子不肖, 舜之父頑、母嚚、弟傲、子不肖, 孔、朱喪明之慘, 龍逢、比干、萇弘之死, 顏之夭, 冉之癩, 果皆"福善"耶? 矯跖之死於牖下, 季氏之富於周公, 陳恒、曹操、司馬昭之徒, 俱是巨姦大逆, 而有國爲君, 則可謂"禍淫"耶? 以至鄉曲細小民人, 或有武斷勒行, 如虎之暴、狼之貪, 或有愚弄作譎, 爲鬼爲蜮, "弱之肉, 强之食", 膏盲弊瘼, 笶獨盡劉。然而此等人, 腴其食, 華其衣, 嗣承著衍, 財穀豊饒, 稱以素封, 或有勅躬修行, 操觚數墨, 求放心而喚惺, 屏紛競而守靜。然而枯頃黃鹹, 冬暖而呼寒, 年登而病餓, 單子踽涼, 形影相依, 見斥於庸昏, 取笑於鄉黨, 則烏有"福善"訂據? 抑亦求福避禍, 雖至昏至愚之人, 無不艷願飫望。故爲設是言, 使愚者不行其惡, 而爲勸善之一助而然耶? 苟無其理, 而姑爲如是云, 則又非佛氏報應之說耶?

法曰: 賦氣所得, 有盛長者, 有短促者。得氣盛長而善, 則盛長而又盛長, 淫則盛長者必短促, 豈非福禍之明驗乎; 得氣短促而淫, 則短促而又短促, 善則短促者必扶植, 亦非善惡之著應耶? 有一分之善, 則或有一分之福之應, 而未必有一分之福之應也; 有一分之惡, 則或有十分之惡之應, 而亦必有一分之禍之應也。君子之不幸, 小人之得意, 不無可疑可憾, 而氣之所局, 天理之流行, 有時爲氣所揜, 不得其道者存焉。然而其福禍之理, 固自昭然, 聖王有心於刑殺惡逆, 尚有時月之差緩。況天之無心, 理之無情無爲, 豈其當下如人之有爲斷律而正法治惡者乎? 天理之推移, 默運於冥冥之中也。如倚轂相似, 然其證著, 差有遲緩耳。苟曰"專主乎氣", 而理無與焉, 則堯、舜、禹、湯、文、武之敎化, 不必"祈天永命", 延綿曆數也; 夏桀、商紂、隋廣之淫虐, 不必國亡滅, 身大戮也。成其家, 立其身者, 無不勤善; 敗其家, 亡其身者, 靡不著傲, 則"善淫福禍"之理, 可謂章章矣。【答福善禍淫。】

化曰: 先儒之說, 有理先氣後者, 朱子曰"未有天地之先, 畢竟是先有此理"者, 是也。又有理氣不相離者, 朱子曰"太極在陰陽, 則在陰陽裏面; 在五行, 則在五行裏面"者, 是也。又有氣先理後者, 朱子曰"氣以成形, 而理亦賦焉"者, 是也。則謂之理先氣後亦可, 理氣不相離亦可, 氣先理後亦可。然而其先、其後、其不相離者, 皆有所指而言, 則其立言關棙, 可詳言曉喩耶?

法曰: 立言所主, 固各有異, 而有見於理氣本面, 然後可以與此, 請言其所以然。理在氣之中, 氣不在理之外, 則理氣固不可相離, 而若無氣, 則理無安頓處, 所以不相離也。然而以理言之, 則理無形者也。其所以然, 妙處是也, 則不以是物之有而有此理, 不以是物之無而無此理。故方其動時, 靜之理已在, 則靜之理先於靜之氣也; 方其靜時, 動之理已在, 則動之理先於動之氣也。如月之方虧, 不見將盈之氣, 而將盈之理則固自在矣; 花之將開, 未見將謝之氣, 而將謝之理則亦自在矣。此理之先於氣者也, 以理之本原言之者也。理氣不相離之說, 不必註解, 如以一物言之, 則此物之氣固自顯。然而其不可見之理, 亦不離此物, 此理氣不相離者也。氣先理後之云, 以物之稟賦發用言之, 則理固不離於氣, 而若無此氣, 則此理無安頓處。有是氣而後, 是理隨以具焉, 則此氣先理後者也, 指其流行一邊而言也。朱子所謂"以本原言之, 則理先氣後; 以稟賦言之, 則氣先理後"者, 是也。若細心思量, 觀理活潑, 則謂之理先, 謂之理氣不相離, 謂之理後, 俱無不可, 而若心不了了, 強欲依人說話, 隨人脚跟, 務立言說, 則代大匠而斲, 鮮不傷手, 可戒哉!【答理氣有先有後, 不相離。】

化曰: 五緯無躔次, 小大不等, 遲速不類, 次舍歲移, 混在經星之中。若無指點者, 則與經星, 按圖推看不同, 辨得有道耶?

法曰: 五緯大小固有定體, 而或有時不同; 遲速亦有常度, 而或有時無常; 光色雖有定形, 而或有時隨變。其順逆贏縮, 隱見退伏, 不可質言。雖然, 細察有光芒不閃耀者, 是也。滿天錯落之中, 自有不閃翻樣五箇星, 就中辨其大小, 驗其遲速, 證其光色, 則可見得。太白, 俗所謂"啓明長庚"是也, 其色白, 在五緯最大。辰星大小, 與熒惑相等, 常附日而行, 或在日出前, 或見日入後。其行近於日, 不見; 稍遠於日, 然後乃可見得, 五緯中最爲難見。歲星色靑黃, 小於太白, 一歲行三十度。塡星色黃赤, 小於熒惑。熒惑色赤, 小於歲星, 其行無定度。以是推驗可見。

化曰: 按『漢書』曰"漢元年冬十月, 五星聚東井", 以余所聞, 須可疑。金、水兩緯, 常附日而行, 十月, 日在析木之次。尾、箕、斗, 自斗十一度, 至井初度, 則合爲百三十餘度。然則五緯在東井爲十月者, 豈不大錯乎? 若四、五月間, 則固然。

法曰: 推得甚是詳密。【答五星。】

化曰: "日東景夕多風, 日西景朝多陰", 其指意未得領會。

法曰: 中國爲天下之中, 洛陽爲中國之中, 則自洛陽言之, 日在天之正中央, 則極東之人觀之, 日之景已西, 則可謂"夕"矣; 極西之人觀之, 日之景尙東, 則可謂"朝"矣。西北山多, 故謂之"多陰"; 東南多海, 故謂之"多風"。

化曰: "老陽爲九, 少陰爲八, 少陽爲七, 老陰爲六"之義, 可得聞耶?
法曰: 此, 卦之象數也。一爲數之始也, 十爲數之終也。兩儀之肇判也, 四象生焉, 則太陽居一而便含九數, 此老陽所以爲九也; 少陰居二而便含八數, 此少陰所以爲八也; 少陽居三而便含七數, 此少陽所以爲七也; 老陰居四而便含六數, 此老陰所以爲六也。以揲著言之, 則三奇爲老陽。老陽所揲之策爲十三, 而去掛一之策則爲十二策。四策爲一奇, 則十二策爲三奇。以徑一圍三之義推之, 則就四策一奇之中, 一策爲徑一, 三策爲圍三, 則三奇圍三之策實爲九數。又過揲之策爲三十六, 三十六策爲九奇, 則老陽爲九者, 以此也。一偶二奇爲少陰。少陰所揲之策爲十七, 而去掛一之策則爲十六。四爲一奇, 二四爲偶, 則一偶二奇之策爲十六。二奇之策, 以徑一圍三之數言之, 則爲六。一偶爲八策, 陰數用其半, 去其半, 則餘爲四策。就所餘四策中, 用兩地之數, 則又去其二而用其二。然則二奇圍三之策爲六, 一偶兩地之策爲二, 倂六與二則爲八, 過揲之策爲三十二, 三十二策爲八奇, 則少陰爲八者, 以此也。一奇二偶爲少陽。少陽所揲之策爲二十一, 而去掛一之策則爲二十策。一奇圍三之三策, 與二偶兩地之四策, 竝之則爲七。又過揲之策爲二十八, 二十八策爲七奇, 則少陽爲七者, 以此也。三偶爲老陰。所揲之策爲二十五, 而去掛一之策則爲二十四。一偶所用之策爲二, 則三偶爲六策, 過揲之策爲二十四, 二十四策爲六奇, 則老陰爲六者, 以此也。【答九、六、七、八。】

化曰: 揲著者遇"三爻變, 則前十卦主貞, 後十卦主悔"。前十卦、後十卦, 何以辨得耶?
法曰: 卦變有次第, 故有前十卦、後十卦之云云。若本卦初爻陽也, 而之卦初爻陽也, 則爲後十卦; 陰也, 則爲前十卦也。本卦初爻陰也, 而之卦初爻陰也, 則爲後十卦; 陽也, 則爲前十卦也。【答前、後十卦。】

化曰: 卦有已生、未生之稱, 何也?
法曰: 兩儀之分, 四象也。二爲"太陽居一", 而二之上, 加一則生乾, 加一則生兌也。二爲"少陰居二", 而加一則生離, 加一則生震也。二爲"少陽居三", 而加一則生巽, 加一則生坎也。二爲"太陰居四", 而加一則生艮, 加一則生坤也。從八卦之中, 而擧震以言, 故

震以上, 乾、兌、離爲已生之卦; 巽以下, 坎、艮、坤爲未生之卦也。【答卦之已生、未生。】

化曰: 今之擧子論生、李之事, 或用溫公右生之論, 或取胡氏右李之說, 互相抵排, 未爲歸一。此實今古未決之公案, 果無歸一之端耶?

法曰: 朱夫子曰: "唐與生、李, 皆失之也。夫不知『春秋』之義, 而輕與戎盟, 及其犯約, 攻圍魯州。又不能聲罪致討, 絶其朝貢, 至此乃欲效其失信叛盟之罪, 而受其反臣, 則其義有所不可矣。然還其地可也, 縛送悉怛謀, 使肆殘酷, 則亦過矣。若論利害, 則僧孺固爲大言以恐文宗, 如致堂之所論, 而吐蕃卒不能因維州以爲唐患, 則德(孺)[裕]3)之計不行, 亦未足爲深恨"云云。其下縣註曰: "生則論正而心私, 李則計譎而心正"云。然則"還其地可也", 是取生論也; "肆其殘酷", 亦不取生而取德(孺)[裕]4)也。德(孺)[裕]5)之計不行, 未爲深恨, 亦不取李也。兩家議論, 互有長短, 不可相掩。以朱子之言觀之, 則以德(孺)[裕]6)之心, 行僧孺之論, 而就中不送悉怛謀, 則似爲得矣。【答生、李。】

化曰: "月行一日, 爲十三度十九分度之七", 何以算得耶?

法曰: 排算定身而除之, 或商量而除之, 則得。

化曰: 田有方圓、圭句、梯梭等樣, 有萬不齊, 長廣尺度之規法各異。六等結總, 每等減下十五, 如一等, 百尺爲一負, 則二等爲八束五把。若尺樣長短, 毫釐有差, 則田地廣狹, 結總高歇, 有不可勝言。量尺長短, 幾許?

法曰: 量田一尺, 與今曲尺, 四尺九寸九分九釐相當。

化曰: 吾之言未必無"刻舟"之見, 子之答亦想有"捫籥"之意, 則其爲"汩董", 有誰辨別耶? 比有月波居士, 亦喜爲此等說話, 則亦可就正耶?

法曰: 月波之居吾兩人間, 與吾兩人遊已多年所, 則子之言、吾之見, 未必非月波之言、月波之見也。何就質之煩爲? 惟俟異日之鉄寸有進。【法化, 先生所居地名。】

---

3) (孺)[裕]: 저본에 '孺'로 되어있으나, 『舊唐書』「李德裕列傳」에 의거하여 '裕'로 수정하였다.
4) (孺)[裕]: 저본에 '孺'로 되어있으나, 『舊唐書』「李德裕列傳」에 의거하여 '裕'로 수정하였다.
5) (孺)[裕]: 저본에 '孺'로 되어있으나, 『舊唐書』「李德裕列傳」에 의거하여 '裕'로 수정하였다.
6) (孺)[裕]: 저본에 '孺'로 되어있으나, 『舊唐書』「李德裕列傳」에 의거하여 '裕'로 수정하였다.

「사문질의師門質疑」(『月波集』卷4)

1) 서지사항

정시림이 묻고 스승인 기정진이 대답한 글.『월파집』권4에 실려 있다.

2) 저자

정시림(鄭時林, 1839~1912)으로, 자는 백언(伯彦), 호는 월파(月波)이다.

3) 내용

이 글은 정시림이 묻고 스승인 노사(蘆沙) 기정진(奇正鎭, 1798~1879)이 대답한 것이다. 모두 41개 조목으로 구성되어 있다. 정시림은 구한말 전라남도 보성(寶城) 출신의 학자로 성리학에 조예가 깊었다. 그는 기정진의 고족제자로서, 최익현(崔益鉉, 1833~1907)·최숙민(崔琡民, 1837~1905)·기우만(奇宇萬, 1846~1916)·정재규(鄭載圭, 1843~1911) 등과 교유했다. 심성(心性)과 관련된 몇 조목을 뽑아 소개하면 다음과 같다. 정시림이 물었다. "정자(程子)는 양웅(揚雄)의 '본성을 닦는다.'라는 말을 배척했고, 주자(朱子)는 '본성을 닦기를 용납하지 않는다.'라고 했습니다. 주자의 말에 또 '남을 해치려는 마음이 있으면 곧 이는 인(仁)을 닦지 않는 것이요, 구멍을 뚫고 담장을 넘으려는 마음이 있으면 곧 이는 의(義)를 닦지 않는 것이다.'라고 했습니다. 인의가 본성이라면, 어찌 전에는 배척하고 여기서는 이렇게 말하는 것입니까?" 이에 대해 기정진은 "체(體)는 닦을 수 없으나 용(用)은 닦을 수 있는 것"이라고 대답했다. 양심(養心), 양성(養性), 양기(養氣)에 대해 정시림이 다음과 같이 물었다. "지각이 좋아하고 싫어하는 쪽에 나아가 기르는 것을 양심이라 하고, 보이지 않고 들리지 않는 곳에 나아가 경계하고 두려워하는 것을 양성이라 하고, 어둡고 밝고 굳세고 유약한 쪽으로 나아가 바로잡는 것을 양기라고 합니까?" 이에 대해 기정진은 "양심은 곧 선의 단서를 확충하는 것을 이르고, 양성은 인의와 양심을 보존하는 것을 말하며, 양기는 안으로 반성하여 하자가 없는 데에 있다."라고 대답했다. 그리고 공자가 "성(性)은 서로 가까우나 습관에 의하여 서로 멀어진다."고 한 말의 의미에 대해 기정진은 다음과 같이 설명했다. "선을 좋아하고 악을 싫어함은 지혜로운 사람이나 어리석은 사람이나 모두 이 마음을 지니고 있으니 이것이 서로 가깝다는 것이다. 그러나 선을 취하지 않음이 있고 악을 피하지 않음이 있으니 멀어지는 것이다."

3-14-5 「師門質疑」(『月波集』卷4)

萬物化生之始, 陽先而陰後; 萬物旣生之後, 陰先而陽後。

　陽言氣, 陰言形耶? 若皆以氣言之, 則大抵陽倡而陰隨矣。

靜看五行, 則一行上, 各具五行。

　此所以<u>康節</u>每見一物, 必以四片看之, 奚但五行? 一花一葉皆然。

<u>程子</u>斥<u>楊雄</u>"修性"之言, 而<u>朱子</u>曰"性不容修"云云, 而<u>朱子</u>之言亦有"有害人之心, 便是仁不修; 有穿窬之心, 便是義不修"云。仁義, 性也, 則何前斥之, 更言此耶?

　體不可修, 而用則可修。

何謂"養心"、"養性"、"養氣"耶? 就知覺好惡邊, 養之者曰"養心"; 就不覩不聞邊, 戒懼者曰"養性"; 就昏明強柔邊, 矯揉者曰"養氣"。如是看得如何?

　此段於下學, 最爲緊要, 而所論却似疎脫。吾意"養心", 卽擴充善端之謂; "養性", 存其仁義良心之謂; "養氣", 在於"內省不疚"。"就不覩不聞"一句, 最疎脫。

子曰: "性相近也, 習相遠也。" 此"性"字兼氣質而言, 則上知下愚之氣質, 不啻天淵之相懸, 何待習而後遠耶?

　好善惡惡, 知愚皆有是心, 此相近也。及其善有不取, 惡有不避, 則遠矣。

「太極圖」第二圈, 左邊白者, 陽也, 而白中之黑者, 陽中之陰也; 右邊黑者, 陰也, 而黑中之白者, 陰中之陽也。中小圈白者, 是陰陽裏面太極也。然則太極未嘗離陰陽而有懸空獨立時節, 然第一白圈子, 無陰無陽, 似懸空獨立。此乃<u>朱子</u>所謂"未有天地之先, 畢竟是先有此理"之義耶?

　<u>朱子</u>云云, 果有此理, 而「圖」之第一圈子, 非爲此也。蓋就萬化中挑出耳。

『禮』"明則有禮樂, 幽則有鬼神"註, <u>輔氏</u>云"禮樂, 形而下者; 鬼神, 形而上者", 果爾耶?

竊觀, 禮樂有似形而上者, 鬼神有似形而下者。

　　此以可見不可見分上、下, 與『易』「繫」所言上、下, 異矣。

『禮』"庶子不祭祖者, 明其宗也"詁云: "適子之爲適士者, 因祭祖及禰, 其庶子雖適士, 止得立禰廟"云。禰廟之神主, 已在於適子之家, 而又在於庶子之家, 則重併疊設, 似未備於尊宗之道。

　　此必爲適子無官, 故拘於法制, 而不得立廟。

"形而上者謂之道, 形而下者謂之器"者, 凡就一物之中, 其不可見之至微者, 理也, 則理非道耶? 其可見之至著者, 象也, 則象非器耶? "而上"、"而下"兩上下字, 猶言精粗淸濁之云也, 非如"天在上"、"地在下"之上下也。"而上"、"而下"上面, 各著一"形"字, 此"形"字上非道也, 下非器也。如曰器云, 則器而下者謂之器, 可乎? 然則非形質之形, 而乃"形見"之形耶?

　　"形見"之義。

侯氏曰: "鬼神, 形而下者, 非誠也, 鬼神之德, 則誠也"云, 而朱子非之曰: "侯氏解'鬼神之爲德', 謂'鬼神爲形而下者, 鬼神之德爲形而上者', 如'中庸之爲德', 不成說'中庸形而下者, 中庸之德爲形而上者'"云云。謹按侯氏之言, 雖非經文本意, 而道器之分, 似不得不然。中庸, 理也, 則以上下言之, 似無妨, 而與朱子"中庸之德分上下"之說, 似不同也。

　　此論其文勢語脈之不然耳, 非謂中庸與鬼神一類也。

"天命", 中庸之父母也。"性"是中庸之體質也。"道"是中庸之名號也。"戒愼恐懼", 中庸之血絡命脈也。"中和", 中庸之德行也。"知仁勇", 中庸之元氣也。"費隱", 中庸之精神魂魄也。"誠"是中庸之節骨臟腑也。

　　大槪近之, 若非用工, 未易說得到此。

先儒云"天下無不是底父母", 又云"彼臣弒其君, 子弒其父者, 常始於見其有不是處"云, 則眞得孝子愛親之至誠與夫賊子悖天之至惡。 然而「小弁」之詩曰"君子秉心, 維其忍之", 『禮』曰"三諫而不聽, 則號泣而隨之", 此處亦可不謂"見其有不是處"耶?

"不可磯"章, 已言之。見頑嚚之底豫, 則可知父母之不是, 非父母之不是, 子之所以事之者, 不如舜故也。此之謂"無不是底父母"。

陰陽與遊氣, 何以分看耶? 以二氣運用言之, 則曰陰陽; 以人物化生言之, 則曰遊氣耶?
　朱子曰"遊氣紛擾, 如磨中出者", 君以地上以空無一物耶? 其實則逼塞充滿, 無一線孔隙, 皆遊氣也。

孔明有伊、呂之抱負, 則佐佑昭烈也, 修德行仁, 當如伊、呂之輔佐湯、文也。如是則天下之歸漢, 亦如夏民之歸殷, 殷民之歸周也, 必矣。孟子曰"小國七年, 必爲政於天下"云, 則蜀雖小國, 行王政, 則必有王天下之勢矣。孔明不爲伊、呂之政治, 而每以兵甲爲進退之規, 何也?
　"一征自葛", "伐崇伐密", 何嘗有不用兵申耶?

陰陽上各有陰陽, 何也? 日以晝夜言之, 則晝爲陽也, 而午以前爲陽也, 午以後爲陰也, 而子以前陰也, 子以後陽也。此非陰陽之陰陽耶? 以水、火言之, 則水是陰也, 而流而動者陽也, 潴而靜者陰也; 火是陽也, 而灰炭之潛藏者陰也, 柴薪之發揚者陽也。推之物物, 無不皆然。五行上各有五行, 何也? 以水論之, 則光明者火也, 而水有光潤內明, 則此非水之火者耶? 春屬於木也, 生育萬物, 而水能生育萬物, 則玆非水之木者耶? 嚴肅者金也, 而臨其不測深淵, 有凜嚴肅恐之不可犯者, 則斯非水之金者耶? 順平載物者土也, 而水之體則柔順, 面則寬平, 載芥載舟, 則其非水之土者耶? 餘皆推看, 則自可見矣。一物上各有萬物者, 何也? 自其燦然者觀之, 則一物只是一物之理, 而不可謂一物上有萬物也。自其渾然者而看之, 則天地萬物只是一理而已矣。大而天地, 多而萬物, 其理則不可有贏餘也; 細而塵埃, 寡而一芥, 其理則不得有欠縮也。然則以本原言之, 則萬物之理, 卽一物之理也; 以分殊言之, 則一物之理, 卽萬物之理也。以張子"性者, 萬物之一原"之文推之, 看一物之性, 可見其有萬物於一物矣。
　此則五行上各有五行之說。

文王謂「乾」之四德曰"元亨利貞", 則雖見天理之有間架, 而難見天理之統會, 至孔子而始言太極, 則可見四德之有統會也。子思言物之所受之理曰"天命之謂性", 則雖見此

性之有渾然, 而難見此性之有條理, 至孟子而言仁義禮智, 則可見此理之有條理也。然
則太極之於元亨利貞也, 猶性之於仁義禮智也。元亨利貞之外, 無所謂太極也; 仁義禮
智之外, 無所謂性也。分太極之統會而言之, 則元是生物之始之太極也, 亨是生物之通
之太極也, 利是生物之遂之太極也, 貞是生物之成之太極也。分性之渾然而言之, 則仁
是慈愛之性也, 義是斷制之性也, 禮是節文之性也, 智是是非之性也。則天之元亨利貞,
卽人之仁義禮智也。觀天之物物, 則無非四德之流行也; 觀人之事事, 則莫非五性之流
行也。雖至南海之南, 只是此理而已矣; 雖至北海之北, 亦只是此理而已矣。雖此天地
以前, 只是此道而已矣; 雖此天地以後, 亦只是此道而已矣。

果有此理。然而此等說話, 只是全吞大棗, 實於棗肉滋味, 了無干涉。試看『魯論』,
三千陞堂, 七十入室, 何嘗開口爲此等說話耶? 此是後世不及洙、泗處, 恐當體念
而亟反之也。

東儒之言有曰: "五代祖禮當毀廟, 宗子無可宗之義。吾意則神主當褫奉於最長房, 伊
時生存祖先, 或考或妣, 亦同移養於親屬最近之子孫, 於情理似無所礙。及其天年終養
之後, 宗子、衆子皆服齊三月"云, 以其『語類』"四世之上, 若逮事者, 亦當齊衰三月"云
故也。察其事理, 其果如是耶? 竊有所疑, 而有釋然不得者。『語類』之云, 似非指宗孫
而言也, 指衆孫而發也。詳觀"逮事"二字, 則恐世人以五世無服, 而五世之衆孫, 或將
不服也, 故特云"逮事者, 亦當三月", 此必爲衆孫而言也。禮有祖、曾、高之喪, 無主喪,
則爲曾、玄孫者, 爲之承重。然則五世之宗孫, 爲五世祖考妣, 終喪三年, 其於義理, 有
何害耶? 爲其廟毀而然耶, 則三年之內, 主不入廟, 則有何祧毀之嫌耶? 宗孫只服齊衰
三月, 則懷育高祖三年之恩, 歸於烏有, 承其宗統者, 於心果安乎, 不安乎? 終喪三年
後, 遷于長房而奉祀, 有何所拘耶? 生存祖與母, 似遷于長房之說。又有所凝, 有"事死
如生"之文, 而事生如死之禮, 則未之見也。況祖妣平生所居之處, 輕易遷易, 固爲不
可也。指示使令, 子孫之承奉, 已自慣習, 則心旣安乎此矣; 興寢起居, 子孫之侍奉, 習
於左右, 則形亦安乎此矣。以至室戶之出入, 堂階之升降, 足跡之擧移, 平生安習之地
也。以五世之故, 一朝遷于長房, 則其非以死者之道, 以待生存之祖妣耶? 遷者之心安
乎, 遷之者之心安乎? 此果天理耶, 人情耶? 仁人孝子之心, 似有不然者也。

所論, 於大義正當。

孟子曰"湯之於伊尹, 學焉而後臣之", 又曰"伊尹、萊朱, 則見而知之"云, 以後言見之,

則伊尹反有資於湯也。

　　“見知”, 言其同時而與於斯道之傳也。“九五”、“九二”, 安得無相資耶?

“天命之謂性”, “率性之謂道”, 先言性, 後言道; “一陰一陽之謂道”, “成之者性”, 先言道, 後言性。

　　『中庸』自人物言, 『大傳』自造化言。

“三分天下有二之時, 文王率商之叛國以事紂”, 則紂若使文王拏取叛商之諸侯, 則文王一一捕送耶?

　　文王專征討之後, 紂亦不能以必不可行之事使之。

「調息箴」曰: “雲臥天行, 非予敢議, 守一處和, 千二百歲。” 何謂耶?

　　白日飛昇, 非所可議, 延年益壽, 庶幾有之。

“九容”無非涵養緊切工夫, 而就中“目容端”、“氣容肅”, 尤爲緊切。

　　旣知緊切, 急宜體行。

荆卿刺秦, 而『綱目』以盜書之; 子房椎秦, 而『綱目』褒之。

　　荆卿不過豢養之私, 子房乃是君父之讐。

“使顔子謂‘樂道’, 則道與顔子爲二”, 而『集註』言“樂道”, 何也?

　　不樂乎道, 所樂何事? 程子云云, 怕以道爲樂, 非怕“樂道”也。

『大學』「正心章」不言羞恥悲哀等事, 何也? 又曰: “心不在焉, 視而不見, 聽而不聞。” 要見之之謂視, 則視是有心者也; 要聞之之謂聽, 則聽是有心者也, 而今於視聽曰“心不在”者, 雖有九分視聽之心, 而指其一分不誠者乎?

　　四“有所”, 非謂心不正之病止於四者也, 蓋擧四以見其餘也。然則羞恥悲哀之“不得其正”者, 亦在其中矣。且羞恥悲哀, 或是四端之發見, 正欲其擴而充之, 遽謂“不得其正”, 可乎?

無事時"收斂精神", 危坐"主一無適", 則少間精神眩暈, 不能專一做工, 何如使精神不眩也?

> "收斂精神", 便無昏沈走作, 則一躍而到不違仁之地位矣, 寧有是理? 便不遠而復, 不與之俱往, 則間斷者接續, 久久可以打成一塊, 此所謂"仁在乎熟之"也。

朱子之「答嚴時亨」書曰: "'生之謂性'一章, 論人與物性之異, 異固由氣稟之不同。但究其所以然者去, 因其氣稟之不同, 而所賦之理固亦有異。所以孟子分別犬之性、牛之性、人之性有不同者, 而未嘗言犬之氣、牛之氣、人之氣不同也"云云。此書似人與物本然之性不同也。「答程允夫」書曰: "天命之性, 通天下一性耳, 何'相近'之有? 言'相近'者, 指氣質之性而言"云云。「答程正思」書曰: "犬、牛、人之形氣既具而有知覺能運動者, 生也。有生雖同, 形氣既異, 則其生而有得乎天之理亦異"云云。「答黃商伯」書曰: "論萬物之一原, 則理同而氣異; 觀萬物之異體, 則氣猶相近而理絕不同"云云。「答或人」書曰: "呂芸閣云'性一也。流形之分, 有昏明剛柔者, 非性也'"云云。觀此五條, 或有以爲同處, 或有以爲不同處。

> 理本圓通, 而纔涉言語, 則便滯一隅。蓋隨病下藥, 不得不然, 善看則頭頭皆活, 不善看則面面皆病。雖然, 善看與不善看, 亦有來處。若非性字、理字本面瞭然於心目, 則雖欲善看, 其道末由, 奈何奈何?

朱子曰: "仁體柔而用剛, 義體剛而用柔。" 又曰: "仁體剛而用柔, 義體柔而用強"云者。以四時觀之, 則春之溫和, 仁體之柔也; 秋之寒涼, 義體之剛也。草木萌芽, 折甲穿地, 則仁用之剛也; 草木萎蕤, 收斂寂然, 則義用之柔也。萬物生生, 天地之化, 健而不息, 則仁體之剛也; 嚴霜大雪, 肅殺萬物, 則義用之剛也。時雨和風, 萬物生長, 則仁用之柔也; 萬物黃落, 而有他日條榮之意, 義體之柔也。

> 大義固應若是。

"未發時, 有氣質之性"云, 則有害於大本上, "未發之中, 無氣質之性"云, 則草木無情之物, 亦可謂無氣質之性耶?

> 逐菴曰"氣質之性, 與生俱生, 非可隨時有無", 此言良是。但氣質之循軌處, 卽便本然之性, 不可於傍邊, 更覓氣質也。

「召誥」集註, "日東景夕多風, 日西景朝多陰", 何謂也?

日東者, 立表之地, 在日之東也。下倣此。

呂東萊曰: "孔斌'世無其人'之語, 似非孔子家法"云者。以其有其人, 故不可謂無耶? 抑亦雖無, 而不可謂"必乎無其人", 而無之云耶? 所謂"其人"者, 指上智之人, 則子順之言不得不然矣。雖然, 孔子轍環四海, 遊七十二國, 見七十二君, 而終不得行道, 至欲往佛、公山之召, 所以然者, 以其天下無不可爲之人故也。此天地生物之心也。雖"無其人", 而豈其"必乎無其人"也; 雖不見"其人", 而安知有"其人"也? 此子順之語, 所以失家法者耶?

東萊之言甚好。末段所論, 大概如是。

"一陰一陽之道"之道字, 理之本然者也; "繼之者善"之善字, 理之流行者也; "成之者性"之性字, 理之成形者也。

如此分層看, 固得。其實則兩"一"字, 已含"繼善"意; "陰陽"字, 已含"成性"意。

"太王有心於剪商"云, 則似非聖人氣像。若無心云, 則明言泰伯不能從事, 與"夷、齊叩馬"之心同。

『詩』中明言"實是剪商", 孫豈得誣其祖?

"穆公遺命如此, 而三子自殺以從, 則三子亦不得爲無罪"者, 何以爲言耶? 爲三子者, 若君命如是, 則事雖不可, 而亦不可以不自殺矣。人臣或遇庸暗之君, 以不當之事賜死, 則以不當而不之死耶?

當俟嗣君措處, 古有不從其亂命者。

孔子多發"道不行"之歎, 時林妄分其先後之次。"鳳鳥不至"之歎, 最在先, 其次"不復夢見周公", 其次"乘桴浮海", 其次"欲居九夷", 其次"歸歟歸歟"。

如此看, 似好。

時林妄以費、隱合看於性、道、敎, 而爲之說曰: "天命之性爲隱, 而率性、修道爲費。" 費外有隱, 隱外有費, 而費隱異, 似爲不可也。雖然, 自人物之稟賦本原而言之, 則天命之性也; 就人物之稟受各具而言之, 則率性之性也。人物同受天命之性, 人率人之性, 物率物之性。人有父子君臣、慈孝忠敬之道, 物有牛耕馬馳、水潤下、火炎上、麻綿絲縷之道, 則就中率性之道裏面, 乃天命之性也。然則天命之性, 不離乎率性之道; 率性之道, 不外乎天命之性。自性、道而言, 則性爲體, 道爲用, 而道中之微而不可見者, 性也, 性爲隱, 道爲費也。自道、敎而言, 則道爲體, 敎爲用, 而敎中之微而不可見者, 道爲隱, 敎爲費也。似不得爲無說矣。

性、道、敎, 物件名目也; 費、隱, 情意脈絡也。所論不爲無說, 而吾惛不能卒乍批評。

伊川曰: "侯師聖, 好隔壁聽。" 何謂也?
"外強中乾"。

"雪月風花未品題", 何以爲解耶?
用詩人口話, 而康節自有自家雪月風花。

『中庸』曰"溫故而知新", "溫故"似屬於"道問學", 而以章句觀之, 則屬於"尊德性", 何也?
少成如天性, 習慣如自然, 故是自家物。

『大學或問』註曰: "玉溪盧氏曰'心之爲物, 主於身, 形而下者也。其體用性情, 形而上者也。渾然在中, 其體初無仁義禮智之分, 隨感而應, 其用始有惻隱等四者之別'"云云者。未曉其旨, 盧氏所謂"渾然在中"者, 若不指其性而言也, 則可; 若指其性而言也, 則何故繼言"其體初無仁義禮智之分"耶? 性外更無仁義禮智, 而仁義禮智之外, 無所謂性也, 則旣言"渾然在中"之性, 又言"其體初無仁義禮智之分", 果何義耶? 時林竊以謂仁義禮智, 合而言之, 則曰性; 性, 分而言之, 則曰仁義禮智。然則豈其有性而無仁義禮智之分耶? 比諸水, 則寒也、柔也、潤也、流也、清也, 合而言之曰水。水, 分而言之曰寒也、柔也、潤也、流也、清也, 則豈其有水而無寒、柔、潤、流、清者, 可乎?

玉溪論性, 果似可疑。大抵不能眞知, 則說得易差, 此是自反內省處。

「만록漫錄」(『月波集』卷6)

1) 서지사항

정시림이 그때 그때의 메모들을 모아놓은 글이다. 『월파집(月波集)』 권6에 실려 있다.

2) 저자

정시림(鄭時林, 1839~1912). 자는 백언(伯彦), 호는 월파(月波), 전남 보성 출신으로, 기정진의 문인이다.

3) 내용

「만필(漫錄)」이라는 제목처럼 정시림이 그때그때 기록한 짧은 메모들을 모아 놓은 글이다. 일관된 주제가 있는 것은 아니나, 대체로 마음을 기르는 법에 대한 성찰적 내용이 주를 이루며, 리·기 관계에 대한 사색도 일부 들어 있다. 이를테면, 내가 아끼는 사람에 대해서는 단점을 보지 못하고, 싫어하는 사람에 대해서는 장점을 보기 어렵다든가, 일을 잘 처리했다고 스스로 기뻐하는 마음을 가지면 내 마음이 이 일로 인해 병통이 생긴다든가, 욕심을 적게 해야 도(道)에 들어갈 수 있다 등과 같이 자신을 경계하는 말들이다. '혈구지도(絜矩之道)', 『맹자』의 '야기(夜氣)', '구용(九容)', '구사(九思)', '교기질(矯氣質)'의 다양한 방법 등, 일상생활에 직접 적용할 수 있는 내용들을 담고 있다.

養心之方, 便覺有助於調息時者居多。○ 人雖譽之而己之行不脩, 則何以爲喜? 人或毀之而己之德無缺, 則何以爲怨? ○ 於我所愛者, 難見其非, 而見其非, 則可見吾心之不蔽; 於我所惡者, 難見其是, 而見其是, 則亦覩吾心之無私。○ 日用間, 四端隨處發見, 方其發時, 須是體認下工, 勿憂其過於擴充也。不然, 不濟事。每自省曰'此爲(側)[惻]⁷⁾隱之心, 此爲羞惡之心, 此爲辭讓之心, 此爲是非之心', 旣其知之, 擴而又擴, 恐或至於有間, 日日如是, 則德性涵養, 其長進也不已。○ 見人嗢笑, 而其人所養之淺深, 可知。○ 處事雖或合宜, 切不可有自喜之心, 吾心爲這件事所病矣。○ 每察吾之心中, 如春風之和乎, 如秋月之明乎, 亦足以發; 亦察吾之心中, 如狂風怪雨之時乎, 昏黑擿埴之夜乎, 亦足爲戒。○ 聞人陰惡隱慝, 切勿酬語, 有大段禍敗, 亦非吾養德之事也。○ 輕喜輕怒者, 必無所養之德; 乍作乍輟者, 決無有成之理。○ 不以喜怒動聲色者, 可以當大事, 方寸不亂, 素有定方故也。○ 外物有拘, 則胷臆狹隘, 呼吸急促, 七尺之軀, 無可容之地。中心無物, 則耳目聰明, 胷次寬弘, 天地之性, 有可復之處。○ 寡欲者, 可以入道。○ 遇事之不可堪者, 憫迫無地, 則與不學人何異? 此處可驗學力之所造。○ 思是理, 行是事, 而吾心忽然, 被他引將去, 不知省察, 則此心遂與外物俱化矣。孟子曰"存其心, 養其性, 所以事天", 以是推之, 則心一不存, 便是逆天。雖下愚凡庸, 猶知逆天爲大故, 而有志於修勅者, 往往以舍則失, 不知至於逆天, 若知其逆天, 則必有悚懼警省處。○ 非靜以養之, 則所知者皆非爲我有矣。○ 七情上, 發不中節者, 皆爲害於浩然之氣。○ 責人時, 有三分可怒之事, 而爲被責者, 些子咈之, 則又加四五分怒, 與初間三分可怒相左者, 無定力故也。○ 得意處, 易至忘却道, 是於外物, 心爲之動故也。○ 聞人禍災而幸之, 聞人慶榮而怭之者, 何其不仁? 見人勢燄而趨之, 見人貨財而歆之者, 何其不義? ○ 氣質偏駁者, 事事發處, 有偏駁, 非十分用力克治則難變, 體得未發之中, 則庶矣乎! ○ 有爲善思念, 此正好時節。苟能充養, 則古人不可及者, 亦將倏然在我。世之悠悠度日者, 正坐無此本領而然矣。○ 絜矩, 最是接人依據道理。○ 論利害者, 易至於不見理; 當喜怒者, 易至於爲物遷。○ 人受天地之中, 中字, 與『中庸』未發之中一般。○ 或曰: "朱子

曰‘博物洽聞者, 識愈多而心愈窒’者, 何也?” 曰: “專務博覽者, 有誇多矜博之病, 故只
是涉躐强記, 而不務覈眞, 是眞非以求其所以然。涉躐博見, 故隨事隨言; 不知所以然,
故心識昏昧。以其粗淺之知, 信其洽好之歸, 證古援事, 大相逕庭, 而人不動其一髮, 此
‘識愈多而心愈窒’, 如王荊公可見。” ○ 枯木有枯木之氣, 死灰有死灰之氣。枯槁之木,
生氣已絶, 開花、敷葉、條榮、苗長之氣, 無復有焉。雖然, 嘗黃柏之枯者而苦, 則苦非氣
耶? 啖桂皮之枯者而辣, 則辣非氣耶? 死滅之灰, 無復燒燃之氣, 然而纔入於口, 則各隨
其氣而辛烈酸鹹, 則亦非氣耶? 天下無有形而無氣之物, 豈惟枯木死灰也? ○ 以孟子
夜氣之說觀之, 則日用間無心度了似無妨, 雖然, 無此理, 雖未接物而心苟無主, 則大本
已是紛綸, 不濟事。故孟子於日用間, 不敎人以作夜間熟睡底人做工, 而下文特言“操
則存, 舍則亡”之語, 使之無時不省察。○ 馬援戒兄子論人長短, 而他亦言杜保短處,
反爲構陷, 儘乎出言之難! ○ “太極者, 本然之妙也”云者, 指理之運用、主宰之所以然
之本然也。“動靜者, 所乘之機也”云者, 指陰乘動極之機, 陽乘靜極之機也。○ 九容,
置身之依據處也; 九思, 致知之依據處也。四端, 知性之依據處也; 四勿, 爲仁之依據
處也。○ 靜時有動方可, 炯然不昧是也。不然則爲枯木死灰, 大本有所不立也; 動時有
靜方可, 怒而不遷是也。不然則如狂瀾奔波, 達道有所不行也。○ 常知有己, 則心自虛
明而植立, 斯須忘却, 則心便昏昧顚仆, 然心之植立與顚仆, 其在敬與不敬。○ 以本原
言之, 則理先而氣後; 以禀賦言之, 則氣先而理後者, 先有此理, 故此氣有所根柢; 先有
此氣, 故此理有所湊泊。○ 先儒論心之體用, 而以靜爲體, 以動爲用, 似是不然。虛靈
是心之體, 動靜是心之用, 如太極爲理之體, 動靜爲理之用。○ 敬之於心, 如魚之有水,
木之有土。魚無水則死, 木無土則枯, 心如不敬, 則與枯死無異。○ 先儒云“明道渾厚
如顏子, 伊川嚴正如孟子”, 固然。然竊謂“明道之言語發越如孟子, 伊川之規模詳密如
顏子。” ○ 盡其心者, 盡其心之無盡之體云也, 非聖人不能也。栗谷所謂顏子未盡心者
是也。○ 敬則心生, 不敬則心死, 敬是心之命脈也。○ 「西銘」“天地之塞”, 何以見得耶?
是二氣之塞于天地也。日月星辰之光、風雨霜露之氣、晦明寒暑之氣, 盈于兩間, 何嘗
有容一毛間孔隙耶? 試於房中孔隙間, 見日光所照, 則輕塵之如煙如霧者, 無非乘此氣而
飛揚, 可知二氣之辟塞天地間也。○ “萬物並育而不相害, 道幷行而不相悖”云者, 晝而明
、夜而昏, 夏而暑、冬而寒, 是皆相反則似爲相悖, 雖然, 氣不翕聚, 則不得發散。有昏之
翕聚, 故有明之發舒; 有寒之翕聚, 故有暑之發舒, 則非徒不相悖而已, 乃所相成也。聖
人之道, 蓋如是。○ 若實心下工, 則所言所行, 縱有蹉跌, 而有純熟之日, 所謂仁在乎熟

者, 此也。○ 雖小小事, 天理人欲, 分際甚明, 戒之哉! ○ 多病無妨心地養, 優遊便覺性天存。○ 仁義禮智, 本然之性也; 淸濁粹駁, 氣質之性也, 則似是二性。雖然, 性非有此二者也。就氣質中單指理, 而謂之本然, 以其本來而然也; 合理與氣而指氣質之所使者, 謂之氣質之性, 以氣禀之偏也。○ 趙廣漢之死, 似爲實當。廣漢自知犯法, 而魏相不聽, 故因脅魏相, 至牽其妻, 受辭庭下, 則此不爲侍婢之死而然也, 欲以陷魏相也。況丞相夫人, 不殺侍(俾)[婢]8)耶! 此風似不可長。○ 小小利害上, 失其本心者, 是平日利主于中故也。○ 岑晊之逃也, 訪賈彪, 賈彪拒而不見; 張儉之亡也, 訪孔褒, 弟融爲之藏匿。二人皆未盡善。賈則宜慰其困戹, 而喩以君命之不可避。融則不可受, 以張儉之故, 多伏重誅, 郡縣爲之殘破, 雖於兄有舊, 而避君命如是, 則是名與行不相副者也, 與凡常人何異? 彼幸免於斯時, 不知羞愧, 後爲衛尉, 卒年八十五云者, 亦史氏之譏之也。受如是之人, 兄爲之死, 豈不爲大欠乎? ○ 却缺之妻饁于野, 鮑宣之妻提瓮汲, 麗公之妻耘于野, 淵明之妻荷鋤歸, 此皆不取非義, 不爲不義故也。今人則不然, 雖甚貧窮, 若有汲水治田, 則爲非笑, 而或憑其門地攘奪者有之, 或逞其詭譎証人者有之, 其悖戾駁舉, 與穿窬者無異, 居于都市城府者, 固不可提瓮鋤田, 而居山谷者似無妨。○ 靜閒所居, 端坐收歛, 則虛明廣大氣像, 自可見矣。○ 矯氣質之偏亦多端, 素輕躁者, 鎭之以安重; 浮薄者, 矯之以深厚; 偏狹者, 馴之以寬弘; 急迫者, 治之以徐緩; 暴厲者, 捄之以溫和; 惙縮者, 優之以强勇; 執滯者, 警之以濶達; 粗率者, 策之以詳密, 隨症下劑。○ 有理義悅于心者, 可以爲學, 旣爲所悅, 故日用間, 耳之聞、目之見、心之思者, 無非義理, 而皆爲我有不悅非義理, 故非義者, 勿聽、勿視、勿思, 而終必有成矣。○ 有毫髮刻害之念, 萠于心, 則傷仁; 有毫髮貪慾之私, 動于心, 則傷義; 有毫髮矜高之思, 存于心, 則傷禮; 有毫髮機械之意, 留于心, 則傷智。此數者不形于外, 則人雖不知, 而己旣知之, 則機已露矣。在上昊天、在傍鬼神, 皆不出于吾心, 則其可畏哉! ○ 雖一念之小善, 積之則爲賢爲聖; 雖一念之小惡, 積之則弑父弑君。○ 喜屬木, 怒屬金, 樂屬火, 哀屬水, 欲屬土。喜之發也, 其氣慈愛溫柔, 有木之象焉; 怒之發也, 其氣凜寒剛猛, 有金之象焉; 樂之發也, 其氣熏炎發揚, 有火之象焉; 哀之發也, 其氣流泄漏瀉, 有水之象焉。○ 一言一動, 常察其中不中, 則必不至有大過。○ 日用間默識默行, 間斷者, 使之接續, 隨處提撕, 則學者亦有"知我者, 其惟天乎!"之時。○ 靜時心無所主, 而卒當事務, 則雖小小事, 心爲

之動, 爲其所挭, 出脫不得, 況大事乎? 若主敬無間斷, 則吾自有定力, 隨其夷險, 有酬應處, 此心不爲這物事所拘也。○ 陰陽五行之氣, 迭爲消長, 故一極備, 則必有一極無, 雜錯萬變之中, 有一定不易之理, 是以氣之流行, 如權衡之稱物低昂, 加不得減不得。有大寒後有大暑, 有旱災後有水災, 其往來闔闢, 無絲毫差謬, 設如此年夏無大暑極熱, 則此年冬亦無大寒極冱, 所以然者, 二五之氣, 旣其舒之也, 有所不極, 故其翕之也, 亦有所不極故也。○ 蒼蒼者, 非必天也, 理卽天也, 則吾心所具之理, 皆天也。知其違越乎理而爲之者, 不必謂欺心也, 乃欺天也。世人知欺天之爲可畏, 而其在欺心, 因恬然不知畏, 何哉? ○ 靜時, 涵養得力, 則七情上, 隨發而應, 中節處多, 不中節處少。○ 若無存養, 則發處雖或警省曰"如是則不爲不及, 如彼則不得爲過也", 然而平日氣質之禀, 爲主于我, 故省察時隨其氣質而爲掩蔽焉。故剛者易至於過, 而不知其爲過; 柔者易至於不及, 而不知其爲不及, 及至事了後思之, 則知其爲過不及也。故涵養深久, 則氣質之氣, 盡爲消磨了, 義理洨貫, 然後七情之發而中節者, 可得以言矣。○ 讀經不可求新奇, 段段立說以爲觀美之資, 只是多讀深思, 浹洽吾心, 可也。○ 雖素所已知之文, 潛思默念, 則別無新得之奇異, 而久久用工, 則自有浹洽吾心, 於日用間事, 有相與參攷顧省處。○ 有謹獨工夫, 則可見天神地祇之臨上臨下也, 可畏<u>孔</u>、<u>孟</u>、<u>程</u>、<u>朱</u>之在前在後也。一言一動, 莫非與神明爲徒, 無私欲之累矣。○ 居官者, 雖無赫赫之名, 而去後常見思, 則可謂不干譽而愛民者矣。凡常事亦然。○ 潛淵沈默, 間斷者, 接續不已, 其戒愼恐懼也, 如臨深履薄, 則雖同遊儕輩, 亦所不知, 而所知者, 其惟天乎! ○ "一陰一陽之謂道"之道字, 統體一太極也; "率性之謂道"之道字, 萬物上各具一太極也。○ "色思溫", 戒其有忿厲驕亢之氣也; "色容莊", 戒其有戲慢懈怠之色也, 則其溫也, 非一於太溫, 而溫之中自有莊嚴也; 其莊也, 非全於克莊, 而莊之中自有溫柔。其溫其莊, 如寬而栗、直而溫者也。然則捨莊求溫, 去溫語莊, 非知溫與莊之爲德之義者也。溫而厲, 非溫之中有莊者歟? 威而不猛, 非莊之中有溫者耶? ○ 合言仁義禮智之義者, <u>子思</u>也, 如『中庸』寬裕溫柔、發强彊毅、齊莊中正、文理密察是也。<u>孟子</u>得聞其義, 故合言仁義禮智四字, 使人知此性之各有間架界分。

「답신국범答申國範」(『月波集』卷3)

해제

1) 서지사항

정시림이 신국범에게 보낸 답장.『월파집』권3에 실려 있다.

2) 저자

정시림(鄭時林, 1839~1912)으로, 자는 백언(伯彦), 호는 월파(月波)이다.

3) 내용

이 글은 정시림이 신국범(申國範)에게 보낸 답장이다. 정시림은 구한말 전라남도 보성(寶城) 출신의 학자로 성리학에 조예가 깊었다. 그는 노사(蘆沙) 기정진(奇正鎭, 1798~1879)의 고족제자로서, 최익현(崔益鉉, 1833~1907)·최숙민(崔琡民, 1837~1905)·기우만(奇宇萬, 1846~1916)·정재규(鄭載圭, 1843~1911) 등과 교유했다. 그는 신국범이 제기한 질문 중 11개 조목에 대해 자신의 생각을 피력했다. 우선 주재자로서 리(理)의 역할에 대해 신국범은 다음과 같이 물었다. "리는 만 가지 변화의 주재자인데 혹 그 기를 제어할 수 없어 기가 하는 바에 일임(一任)하게 된다. 그래서 천하 만물 중에 치우친 자들이 많고 온전한 자들이 적으며, 지혜로운 자들이 드물고 어리석은 자들이 많게 된다. 어찌 리가 주재한다고 할 수 있겠는가?" 이에 대해 정시림은 다음과 같이 대답했다. "리가 비록 기를 주재함에도, 리는 무위(無爲)이고 기는 유위(有爲)이다. 그러므로 기는 때로 궤범을 따르지 않고, 리는 기에 가리게 된다." 하지만 현자가 때로 소인에게 굴욕을 당할지라도 끝내 소인은 죄를 얻고 현자는 칭송을 받는 것처럼, 리가 종국에는 주재자가 된다고 비유적으로 설명했다. 그리고 신국범은 성(性)과 지각(知覺)의 관계에 대해서도 질문했다. 주자가 "성과 지각을 합한다."라고 말했고, 또 "성이 있으면 저절로 지각이 있게 된다."라고도 했기 때문에, 이는 성 밖에 지각이 있다는 것 아니냐는 것이다. 이에 대해 정시림은 "성과 지각을 합하여 심이라는 이름이 있게 되었다."라는 말을 인용하면서, 만약 지각을 성이라고 한다면, 이는 심을 성이라고 인식한 것이므로 진실로 성의 경계가 아니라고 주장했다.

3-14-7 「答申國範」(『月波集』卷3)

天之賦人也, 必善其性而不齊其氣者, 何也? 理者, 萬化之主宰, 而或不能裁其氣, 一任氣之所爲, 使天下之物偏者多而全者少, 知者寡而不肖者多, 惡在其理爲主宰耶?

　　天以陰陽五行化生萬物, 則二五之氣已是參差不齊, 而物之所稟之氣不齊中又是不齊, 則淸濁粹駁之有萬不得不爾者也。理主氣者也, 氣載理者也, 理雖主乎氣, 而理無爲也, 氣有爲也。故氣或有時不循軌, 而理爲氣之所揜, 則理果不能宰制, 如示意之所云也。然而如賢者, 或見屈於小人, 而終見小人得罪, 賢者稱揚, 則可見乎理之終爲主宰也。若人之愚者及不肖者, 不必歸罪乎氣也。氣之所局, 固有愚不肖之殊, 而苟能勤篤學問, 則愚而必明, 不肖而爲賢也, 必矣。此非理之主宰處乎?

"性中只有箇仁義禮智而已, 曷嘗有孝弟來?" 孝弟曷嘗爲性外之物, 程子云爾耶? "來"字又當如何看?

　　天下無性外之物, 則孝弟已包在仁之中。如是, 則性中只有仁義禮智四者而已, 曷嘗有孝弟從外來耶?

凡學主忠、信, 則一言一行, 皆當省其忠、信, 而特於爲人謀、與人交爲言, 何也? "以忠、信爲傳習之本"云, 則爲人謀、與人交, 而後能傳習耶?

　　人是泛底人, 友是親底人, 於此忠、信, 則何處不是忠、信? 曾子於接人處, 尤致省之之工耳。"爲傳習之本"者, 非謂謀人、友交之後傳習也, 有忠、信者, 可傳習故也。

"父在觀志"章, 若"三年無改", 則"父没"亦"觀其志"而已, 旣曰"觀行", 又曰"無改", 不亦抵梧乎?

　　"父没觀行", 未必指三年內也。"無改"者, 指可改而未改者耳。

"嚴而泰, 和而節", 此兩句分體、用, 則何體, 何用? 仁一於慈愛, 義一於斷制, 而禮却有"嚴而泰, 和而節"兩面道理, 何也?

嚴是禮之體, 而就體之中以言乎有泰也; 和是禮之用, 而就用之中以言乎有節也。
四德固有大分界限, 而若擧一德而言, 則一德之中無不具四德。禮之嚴與節, 義也;
泰與和, 仁也, 則仁、義上亦莫不各有四德也。

陶菴曰: “禮勝則離, 故不可一於敬; 樂勝則流, 故不可一於和。” “一於和”固不可, 而“一
於敬”有何不可? 所謂和亦未嘗離敬而和也。

　　“一於敬”之敬, 非謂“主一”之敬也, 謂一於嚴肅之敬, 故其言如是。示中“未嘗離敬
　　之和”, 則“一於和”亦何妨也?

“信近於義”, 『集註』直以“合其宜”、“中其節”釋之, “合”與“中”, 與“近”字些有分別。先
儒以爲聖人辭不迫切, 故只言“近”。『集註』則用其意, 不用其言, 直以“合”與“中”言之,
此說果信否?

　　以朱子合近也之言言之, 則用其言亦可見。

“不惑”, 知事物之所當然而無疑; “知天命”, 知事物當然之所以然。所以然不離那所當
然, 而無疑則所謂所以然者, 卽此而在耳, 安有十年之工耶?

　　朱子謂“因其近似而自名”云, 則亦當以“近似”之義讀之, 不可如大國五年、小國七
　　年之例的看。

“異端”何待“專治”以後害耶? 『集註』“異端”以“楊、墨”言之, “無父無君”, 是流弊也。方
其學而差處, 無害否?

　　雖小技, 當務專治而精之, 則有可觀。若“異端”, 則“專治而欲精之”, 惟有害而無益
　　甚, 言其不可近也。“楊、墨”之道, “專治而欲精之, 爲害甚矣”, 觀“甚矣”二字, 學而
　　差處, 有害可知。

朱子曰“合性與知覺”, 恰似性外有知覺。且言“性自有知覺”, 又以釋氏“精神魂魄, 有知
有覺之物爲性”者, 爲非是而痛斥之, 此言“性非有知有覺之物”也。

　　知覺之理是智也, 則性中果無知覺乎? 智發而爲知覺, 是心之界分, 故曰“合性與知
　　覺, 有心之名”。若以有知有覺爲性, 則是認心爲性也, 固非性之界分也。況曰“精

神魂魄，有知有覺之物爲性”云，則其主見尤是儱駭，而可不爲之痛斥乎？

　　言天地之至誠不貳，上應聖人之“至誠無息”也；言天地之生物不測，下應“今夫天”
　　以下衆物之盛也，而卽下章“聖人之道，發育萬物，峻極于天”之意也。
“至誠”之道，詳言之，則“至誠無息”，“動以天”故也。久於中，悠於外，而以至與天地同
體用，此聖人之至誠，無以爲加也。故復言天地之“至誠無息”之功用，“其爲物不貳”也
耶。聖人無息之誠也，天地有不貳之誠，故有日月山河“生物不測”之盛，則可見“聖人
之道有發育萬物”之盛也。末段以天與<u>文王</u>爲言者，可見天與聖人爲一者，以“至誠無
息”而然歟。
　　見得固然。

3-14-7 「답신국범答申國範」(『月波集』卷3)

선역

하늘이 인간에게 성품을 부여할 때, 반드시 그 본성을 선하게 하고 그 기(氣)를 가지런하게 하지 않음은 어째서입니까? 리(理)는 만 가지 변화의 주재자인데 혹 그 기를 제어할 수 없어 기가 하는 바에 일임(一任)하게 됩니다. 그래서 천하 만물 중에 치우친 자들이 많고 온전한 자들이 적으며, 지혜로운 자들이 드물고 어리석은 자들이 많게 됩니다. 어찌 리가 주재한다고 할 수 있겠습니까?

하늘이 음양오행으로 만물을 화생(化生)할 때 음양오행의 기가 이미 가지런하지 않습니다. 만물이 부여받은 기가 가지런하지 않은 와중에 또 가지런하지 않으니, 청탁수박(淸濁粹駁)이 만 가지로 그렇게 되지 않을 수 없습니다. 리는 기를 주재하는 것이고, 기는 리를 싣는 것입니다. 리가 비록 기를 주재함에도, 리는 무위(無爲)이고 기는 유위(有爲)입니다. 그러므로 기는 때로 궤범을 따르지 않고, 리는 기에 가리게 됩니다. 리가 과연 주재할 수 없음은 편지에서 말씀하신 뜻과 같습니다. 그러나 현자가 때로 소인에게 굴욕을 당할지라도 끝내 소인은 죄를 얻고 현자는 칭송을 받게 됩니다. 리가 종국에는 주재자가 됨을 알 수 있습니다. 사람 중에 어리석고 못난 것을 반드시 기에게 죄를 돌릴 수는 없습니다. 기가 국한(局限)되어 있어 어리석고 못남의 차이는 있지만, 진실로 학문에 근면하고 독실할 수 있다면 어리석은 자는 반드시 밝아지고 못난 자는 반드시 현명해질 것입니다. 이것이 리의 주재함이 아니겠습니까?

"성 안에는 다만 인의예지가 있을 뿐이니, 어찌 일찍이 효제가 있겠습니까?[性中只有箇仁義禮智而已, 曷嘗有孝弟來?]"[9] 효제가 어찌 성 밖의 물건이라고 정자(程子)가 말했겠습니까? "래(來)" 자는 또한 마땅히 어떻게 봐야 합니까?

천하에 성 밖의 물건은 없으니, 효제는 이미 인(仁) 속에 포함되어 있습니다. 이와 같다면 성 안에는 다만 인의예지 네 가지가 있을 뿐이니, 어찌 효제가 밖에서 들어올 수 있겠습니까?

무릇 배움에 충(忠)과 신(信)을 주로 한다면, 한 마디 말과 하나의 행동 모두 마땅히 그 충과 신을 살펴야 합니다. 다만 남을 위하여 일을 도모하고 친구와 더불어 사귐에 대해 말한다면 어떻습니까? "충과 신을 전습하는 근본으로 삼아야 한다.[以忠信爲傳習之本.]"[10]고 말한다면, 남을 위하여 일을

---

9) 『論語集註』卷1「學而」〈第2章〉.

10) 『論語集註』卷1「學而」〈第4章〉.

도모하고 친구와 더불어 사귄 이후에야 전습할 수 있는 것입니까?

남은 일반적인 사람이고, 친구는 친한 사람입니다. 이들에 대한 충과 신이라면, 어느 경우인들 충과 신이 아니겠습니까? 증자(曾子)는 사람들을 접대함에 더욱 그들을 살피는 공부에 힘썼습니다. "전습하는 근본으로 삼아야 한다."는 것은 남을 위해 도모하고 친구와 사귄 이후에 전습한다는 것을 말하는 것이 아닙니다. 충과 신이 있는 자라면 전습할 수 있기 때문입니다.

"부재관지(父在觀志)"[11] 장에서 만약 "3년 동안 고치는 일이 없다.[三年無改.]"면 "아버지가 돌아가신 뒤"에도 "자식의 뜻을 관찰할 수 있을" 뿐입니다. 이미 "자식의 행동을 관찰할 수 있다."고 말했으면서 또 "고치는 일이 없다."고 말하는 것은 서로 어긋나는 것이 아닙니까?

"아버지가 돌아가신 뒤에야 자식의 행동을 관찰할 수 있다.[父沒觀行.]"는 것은 반드시 3년 내를 가리키는 것이 아닙니다. "고치는 일이 없다."는 것은 고칠 수 있지만 아직 고치지 않는 것을 가리킵니다.

"근엄하면서도 태평하고, 조화로우면서도 절제한다.[嚴而泰, 和而節.]"[12]는 이 두 구절을 체(體)와 용(用)으로 나눈다면 무엇이 체이고 무엇이 용입니까? 인(仁)은 자애를 주로 하고 의(義)는 결단과 제어를 주로 하는데, 예는 "근엄하면서도 태평하고, 조화로우면서도 절제한다."는 양면의 도리를 갖고 있으니 어째서입니까?

근엄함은 예의 체이니 체의 가운데에 나아가 태평함을 말하고, 조화로움은 예의 용이니 용의 가운데에 나아가 절제함을 말한 것입니다. 네 가지 덕 사이에는 진실로 크게 나누어진 경계가 있지만, 하나의 덕을 들어 말한다면 하나의 덕 안에 네 가지 덕을 갖추고 있지 않음이 없습니다. 예의 근엄함과 절제함은 의이고, 태평함과 조화로움은 인이라면 인과 의의 측면에서도 또한 각각 네 가지 덕을 갖고 있지 않음이 없습니다.

도암(陶菴)이 말하기를 "예가 지나치면 떠나게 되므로 경을 한결같이 해서는 안되고, 악이 지나치면 방탕한 데로 흐르게 되므로 조화로움을 한결같이 해서도 안된다.[禮勝則離, 故不可一於敬, 樂勝則流, 故不可一於和.]"[13]라고 했습니다. "조화로움을 한결같이 한다."는 것은 불가하지만, "경을 한결같이

---

11) 『論語』 卷1 「學而」 〈第11章〉:子曰: "父在, 觀其志; 父沒, 觀其行; 三年無改於父之道, 可謂孝矣. "

12) 『論語集註』 卷1 「學而」 〈第12章〉:愚謂嚴而泰, 和而節, 此理之自然, 禮之全體也. 毫釐有差, 則失其中正, 而各倚於一偏, 其不可行均矣.

13) 이는 주희가 『論語集註』 卷1 「學而」 〈第12章〉에서 程子가 언급한 내용에 대한 陶菴 李縡의 말이다. 『陶菴集』에는 보이지 않는다.

한다.”는 것은 어째서 불가합니까? 조화로움이라는 것 또한 일찍이 경을 떠나지 않으면서도 화한 것입니다.

　　“경을 한결같이 한다.”는 경은 “주일(主一)”의 경을 말하는 것이 아닙니다. 엄숙한 경을 한결같이 한다는 것을 이르므로 이와 같이 말한 것입니다. 보내준 편지에 “일찍이 경을 떠나지 않은 조화로움[未嘗離敬之和]”이라고 말한 것은 “조화로움을 한결같이 한다.”는 것과 무엇이 다르겠습니까?

“약속이 의에 가까우면[信近於義]”14)에 대해 『집주(集註)』에서는 곧바로 “그 마땅함에 합치함[合其宜]”과 “그 절도에 들어맞음[中其節]”으로 해석했습니다.15) “합(合)”과 “중(中)”은 “근(近)” 자와 조금 구별이 있습니다. 선유들은 성인의 말이 박절(迫切)하지 않다고 여겼기 때문에 “근”이라고만 말했습니다. 『집주』에서는 그 뜻만 사용하고 그 말은 사용하지 않고, 곧바로 “합”과 “중”으로 언급했습니다. 이 설은 과연 믿을 수 있겠습니까?

　　주자의 “합”과 “근”이라는 말로 언급한다면, 그 말을 사용한 것 또한 알 수 있습니다.

“불혹(不惑)”16)은 사물의 소당연(所當然)을 알아 의혹됨이 없는 것이고, “지천명(知天命)”17)은 사물의 당연함의 소이연(所以然)을 아는 것입니다. 소이연은 소당연과 분리되지 않으며, 의혹됨이 없으면 곧 이른바 소이연이 여기에 있게 됩니다. 어찌 10년 공부가 더 있어야 하겠습니까?

　　주자가 “그 근사한 일을 가지고 스스로 이름 붙인다.[因其近似而自名.]”18)고 했으므로 또한 마땅히 “근사한” 뜻으로 읽어야 합니다. 대국 5년, 소국 7년19)의 사례와 같이 읽어서는 안됩니다.

“이단(異端)”20)은 어찌 “전적으로 연구함[專治]”21)을 기다린 이후에야 해가 되겠습니까? 『집주』에서 “이단”으로 양주(楊朱)와 묵적(墨翟)을 언급하면서, “무부무군(無父無君)”22)이 폐단이라고 했습니다. 바야흐로 그들이 배우다가 어긋남에 이르렀으니, 어찌 해가 없지 않겠습니까?

---

14) 『論語』卷1「學而」〈第13章〉:有子曰: “信近於義, 言可復也; 恭近於禮, 遠恥辱也; 因不失其親, 亦可宗也.”

15) 『論語集註』卷1「學而」〈第13章〉:言約信而合其宜, 則言必踐矣. 致恭而中其節, 則能遠恥辱矣.

16) 『論語』卷2「爲政」〈第4章〉:子曰: “… 四十而不惑, 五十而知天命,…”

17) 앞의 각주 참조.

18) 『論語集註』卷2「爲政」〈第4章〉:愚謂聖人生知安行, 固無積累之漸, 然其心未嘗自謂已至此也. 是其日用之間, 必有獨覺其進而人不及知者. 故因其近似以自名, 欲學者以是爲則而自勉, 非心實自聖而姑爲是退託也.

19) 『孟子』卷7「離婁上」〈第7章〉:如恥之, 莫若師文王. 師文王, 大國五年, 小國七年, 必爲政於天下矣.

20) 『論語』卷2「爲政」〈第16章〉:子曰: “攻乎異端, 斯害也已!”

21) 『論語集註』卷2「爲政」〈第16章〉:范氏曰: “攻, 專治也.”

22) 『論語集註』卷2「爲政」〈第16章〉:范氏曰: “…如楊墨是也. 其率天下至於無父無君, 專治而欲精之, 爲害甚矣!”

비록 작은 기예라도 마땅히 힘써 전적으로 연구하여 정밀히 한다면 볼 만 함이 있게 됩니다. 만약 "이단"을 "전적으로 연구하여 정밀히 알고자 한다면[專治而欲精之]"23), 오직 해가 될 뿐 이로움은 없으니, 가까이 해서는 안됨을 말한 것입니다. 양주와 묵적의 도는 "전적으로 연구하여 정밀히 알고자 한다면 해로움이 심합니다.[專治而欲精之, 爲害甚矣.]" "심의(甚矣)"라는 두 글자를 살핀다면, 배우다가 어긋남에 이르게 되는 해로움이 있음을 알 수 있습니다.

주자가 "성과 지각을 합한다.[合性與知覺.]"24)라고 말했는데, 이는 성 밖에 지각이 있다는 것과 같습니다. 또 "성이 있으면 저절로 지각이 있게 된다.[性自有知覺.]"25)라고 말했습니다. 또한 불교에서는 "정신혼백은 지각을 가진 물건으로서 성이다."라고 했기 때문에 옳지 않다고 하면서 배척했습니다.26) 이것은 "성은 지각을 갖고 있는 물건이 아니다.[性非有知有覺之物.]"라고 말한 것입니다.

지각의 리(理)는 지(智)이니, 성 안에 과연 지각이 없겠습니까? '지'가 발하면 지각이 되니, 이것이 마음의 경계입니다. 그러므로 "성과 지각을 합하여 심이라는 이름이 있게 되었다.[合性與知覺, 有心之名.]"라고 말한 것입니다. 만약 지각을 성이라고 한다면, 이는 심을 성이라고 인식한 것이므로 진실로 성의 경계가 아닙니다. 하물며 "정신혼백은 지각을 가진 물건으로서 성이다."라고 말한다면, 그 주장은 더욱 거칠고 해괴합니다. 어찌 그것을 배척하지 않을 수 있겠습니까?

천지의 지극한 성(誠)은 변함이 없다고 말하는 것은 위로 성인의 "지극한 성은 쉼이 없음[至誠無息]"27)과 조응하고, 천지가 만물을 냄에 헤아릴 수 없다고 말하는 것은 아래로 "금부천(今夫天)"28) 이하 만물이 번성함과 조응합니다. 이는 곧 아래 장의 "성인의 도가 만물을 발육시켜 높음이 하늘에 닿았다.[聖人之道, 發育萬物, 峻極于天.]"29)라는 뜻과 같습니다.

---

23) 앞의 각주 참조.

24) 『朱子語類』卷60「孟子十·盡心上·盡其心者章」〈蓋卿錄〉:問"合虛與氣有性之名, 合性與知覺有心之名". 曰: "虛, 只是說理. 橫渠之言大率有未瑩處. 有心則自有知覺, 又何合性與知覺之有!"

25) 朱熹는 "性自有知覺"를 언급한 적이 없다. 노사학파 문인들이 이를 언급하고 있는데 이는 잘못이다. 앞의 각주 참조.

26) 『晦庵集』卷41「答連嵩卿」:若以我爲主, 則只是於自己身上認得一箇精神魂魄, 有知有覺之物, 即便目爲己性, 把持作弄, 到死不肯放舍. 謂之死而不亡, 是乃私意之尤者, 尙何足與語死生之說·性命之理哉? 釋氏之學本是如此.

27) 『中庸』「第26章」.

28) 앞의 각주 참조.

29) 『中庸』「第27章」.

"지극한 성"의 도를 상세히 말하면 곧 "지극한 성은 쉼이 없다.[至誠無息.]"는 것으로, "천리로써 움직이기[動以天]"³⁰⁾ 때문입니다. 안으로 오래가고 밖으로 여유 있어 천지와 더불어 체용(體用)을 같이하게 되면, 이것이 성인의 지극한 성이니 더할 것이 없습니다. 그러므로 다시 천지의 "지극한 성은 쉼이 없는" 공용(功用)을 말하여 "그 물건됨이 변치 않는다.[其爲物不貳.]"고 한 것입니다. 성인에게 쉼이 없는 성이 있는 것은 천지에 변치 않는 성이 있기 때문입니다. 그러므로 일월산하(日月山河)가 "만물을 냄에 헤아릴 수 없는" 번성함이 있다면, 이를 통해 "성인의 도가 만물을 발육시키는" 성대함이 있음을 알 수 있습니다. 말단에서 하늘과 문왕(文王)을 언급한 것은, 하늘과 성인을 하나로 여기는 것이 "지극한 성은 쉼이 없기" 때문에 그러한 것입니다.

터득한 견해가 진실로 그러합니다.

天之賦人也, 必善其性而不齊其氣者, 何也? 理者, 萬化之主宰, 而或不能裁其氣, 一任氣之所爲, 使天下之物偏者多而全者少, 知者寡而不肖者多, 惡在其理爲主宰耶?

天以陰陽五行化生萬物, 則二五之氣已是參差不齊, 而物之所稟之氣不齊中又是不齊, 則淸濁粹駁之有萬不得不爾者也. 理主氣者也, 氣載理者也, 理雖主乎氣, 而理無爲也, 氣有爲也. 故氣或有時不循軌, 而理爲氣之所揜, 則理果不能宰制, 如示意之所云也. 然而如賢者, 或見屈於小人, 而終見小人得罪, 賢者稱揚, 則可見乎理之終爲主宰也. 若人之愚者及不肖者, 不必歸罪乎氣也. 氣之所局, 固有愚不肖之殊, 而苟能勤篤學問, 則愚而必明, 不肖而爲賢也, 必矣. 此非理之主宰處乎?

"性中只有箇仁義禮智而已, 曷嘗有孝弟來?" 孝弟曷嘗爲性外之物, 程子云爾耶? "來"字又當如何看?

天下無性外之物, 則孝弟已包在仁之中. 如是, 則性中只有仁義禮智四者而已, 曷嘗有孝弟從外來耶?

凡學主忠、信, 則一言一行, 皆當省其忠、信, 而特於爲人謀、與人交爲言, 何也? "以忠、信爲傳習之本"云, 則爲人謀、與人交, 而後能傳習耶?

人是泛底人, 友是親底人, 於此忠、信, 則何處不是忠、信? 曾子於接人處, 尤致省之之工耳. "爲傳習之本"者, 非謂謀人、友交之後傳習也, 有忠、信者, 可傳習故也.

---

30) 『伊川易傳』「无妄卦」: 動以天爲无妄, 動以人欲則妄矣. 无妄之義大矣哉!

“父在觀志”章, 若“三年無改”, 則“父沒”亦“觀其志”而已, 旣曰“觀行”, 又曰“無改”, 不亦抵梧乎?

　　“父沒觀行”, 未必指三年內也。“無改”者, 指可改而未改者耳。

“嚴而泰, 和而節”, 此兩句分體、用, 則何體, 何用? 仁一於慈愛, 義一於斷制, 而禮却有“嚴而泰, 和而節”兩面道理, 何也?

　　嚴是禮之體, 而就體之中以言乎有泰也; 和是禮之用, 而就用之中以言乎有節也。四德固有大分界限, 而若擧一德而言, 則一德之中無不具四德。禮之嚴與節, 義也; 泰與和, 仁也, 則仁、義上亦莫不各有四德也。

陶菴曰: “禮勝則離, 故不可一於敬; 樂勝則流, 故不可一於和。” “一於和”固不可, 而“一於敬”有何不可? 所謂和亦未嘗離敬而和也。

　　“一於敬”之敬, 非謂“主一”之敬也, 謂一於嚴肅之敬, 故其言如是。示中“未嘗離敬之和”, 則“一於和”亦何妨也?

“信近於義”, 『集註』直以“合其宜”、“中其節”釋之, “合”與“中”, 與“近”字些有分別。先儒以爲聖人辭不迫切, 故只言“近”。『集註』則用其意, 不用其言, 直以“合”與“中”言之, 此說果信否?

　　以朱子合近也之言言之, 則用其言亦可見。

“不惑”, 知事物之所當然而無疑; “知天命”, 知事物當然之所以然。所以然不離那所當然, 而無疑則所謂所以然者, 卽此而在耳, 安有十年之工耶?

　　朱子謂“因其近似而自名”云, 則亦當以“近似”之義讀之, 不可如大國五年、小國七年之例的看。

“異端”何待“專治”以後害耶? 『集註』“異端”以“楊、墨”言之, “無父無君”, 是流弊也。方其學而差處, 無害否?

　　雖小技, 當務專治而精之, 則有可觀。若“異端”, 則“專治而欲精之”, 惟有害而無益甚, 言其不可近也。“楊、墨”之道, “專治而欲精之, 爲害甚矣”, 觀“甚矣”二字, 學而差處, 有害可知。

朱子曰“合性與知覺”, 恰似性外有知覺。且言“性自有知覺”, 又以釋氏“精神魂魄, 有知有覺之物爲性”者, 爲非是而痛斥之, 此言“性非有知有覺之物”也。

　　知覺之理是智也, 則性中果無知覺乎? 智發而爲知覺, 是心之界分, 故曰“合性與知覺, 有心之名”。若以有知有覺爲性, 則是認心爲性也, 固非性之界分也。況曰“精神魂魄, 有知有覺之物爲性”云, 則其主見尤是矗駭, 而可不爲之痛斥乎?

　　言天地之至誠不貳, 上應聖人之“至誠無息”也; 言天地之生物不測, 下應“今夫天”以下衆物之盛
　　也, 而卽下章“聖人之道, 發育萬物, 峻極于天”之意也。
“至誠”之道, 詳言之, 則“至誠無息”, “動以天”故也。久於中, 悠於外, 而以至與天地同體用, 此聖人之
至誠, 無以爲加也。故復言天地之“至誠無息”之功用, “其爲物不貳”也耶。聖人無息之誠也, 天地有不
貳之誠, 故有日月山河“生物不測”之盛, 則可見“聖人之道有發育萬物”之盛也。末段以天與文王爲言
者, 可見天與聖人爲一者, 以“至誠無息”而然歟。

　　見得固然。

「답염자선答廉子善」[鍾烈](『月波集』卷3)

1) 서지사항

정시림이 염자선(廉子善)에게 보낸 답장. 『월파집』 권3에 실려 있다.

2) 저자

정시림(鄭時林, 1839~1912)으로, 자는 백언(伯彦), 호는 월파(月波)이다.

3) 내용

이 글은 정시림이 염자선(廉子善)에게 보낸 답장이다. 정시림은 구한말 전라남도 보성(寶城) 출신
의 학자로 성리학에 조예가 깊었다. 그는 노사(蘆沙) 기정진(奇正鎭, 1798~1879)의 고족제자로서,
최익현(崔益鉉, 1833~1907)·최숙민(崔琡民, 1837~1905)·기우만(奇宇萬, 1846~1916)·정재규(鄭載
圭, 1843~1911) 등과 교유했다. 이 글에서는 『맹자』「진심상」에 나오는 "군자의 본성은 인의예지가
마음속에 근원한다.[君子所性, 仁義禮智根於心.]"라는 구절에 대해 정시림이 자신의 견해를 다음
과 같이 밝혔다. "'심은 본성이 발한 것'이라는 말은 그럴싸하긴 하지만, 그렇다면 미발시(未發時)
에는 심이라고 말할 수 있는 것이 없단 말인가? 주자(朱子)는 '본성에서 발하면 정(情)이고, 주재자
는 심이다.'라 했고, 정자(程子)는 '심은 곡식의 씨와 같고, 인은 생생의 이치이다.'라고 했다. 소자
(邵子)는 '심은 본성의 성곽'이라 했으며, 주자는 '본성은 심의 리(理)'라고 했다. 이를 통해 인의예
지의 본성이 마음속에 갖추어져 있음을 알 수 있다. 그러므로 '인의예지가 마음속에 근원한다.'는
것은 맞지 않겠는가?"

3-14-8 「答廉子善[鍾烈]」(『月波集』卷3)

"君子所性, 仁義禮智根於心。"

　　"心者, 乃性之所發也"云者, 似有可說, 如是則未發時有不可謂之心耶? 朱子曰:
　　"'未發而炯然不昧者謂之心'之言可見矣。發於性則情也, 而有主宰者是心也。" 程
　　子曰: "心如穀種, 仁則其生之性也。" 邵子曰: "心, 性之郛郭也。" 朱子曰: "性是心
　　之理也。" 則仁義禮智之性, 該載於心之中可見, 然則"仁義禮智之根於心"者, 不其
　　然乎?

「상민사애별지上閔沙厓別紙」【胄顯】【己卯】(『月波集』卷1)

1) 서지사항

정시림이 사애(沙厓) 민주현(閔胄顯, 1808~1882)에게 보낸 편지의 별지. 『월파집속(月波集續)』 권1 에 실려 있다.

2) 저자

정시림(鄭時林, 1839~1912). 자는 백언(伯彦), 호는 월파(月波), 전남 보성 출신으로, 기정진의 문인 이다.

3) 내용

정시림이 민주현(閔胄顯, 1808~1882)에게 보낸 편지 별지의 내용이다. 민주현은 기정진과 홍직필에 게 사사한 바 있다. 별지의 내용은 성(性)은 정(靜)에 속하고 정(情)은 동(動)에 속한다는 일반론을 비판하고, 성(性)은 동정(動靜)에 모두 관여함을 주장한 것이다. 정시림은 성(性)의 위상이 태극과 같다고 한다. 태극이 고요할 때는 음에 있지만 움직일 때는 양에 있는 것처럼, 성(性) 역시 고요할 때의 혼연함도 성(性)이지만, 움직일 때의 찬연함도 성(性)이라 본다. 움직일 때에도 성(性)이 관여 함을 강조한다는 데에서 주리파의 면모를 확인할 수 있다.

3-14-9 「上閼沙崖別紙」【冑顯】【己卯】(『月波集』卷1)

或曰"性是靜也。" 以其"人生而靜, 天之性也"云。故仁義禮智, 是性也, 惻隱、羞惡、辭讓、是非, 是情也。四端上面是仁義禮智之性也, 則性果是偏於靜之物事耶? 靜時渾然, 固是性也, 而動時燦然, 亦是性也, 則性不可以動靜偏主立言也。以程子所謂"性無內外"者推之, 則以"性無動靜"立言, 亦似可也。『禮』之云云, 言其靜時渾然之體也, 非謂性只是靜而已也。性如太極, 太極靜時在陰, 動時在陽, 則太極不可以靜偏言也, 性亦如是而已矣。

3-14-9 「상민사애별지上閔沙崖別紙」【胄顯】【己卯】(『月波集』卷1)

어떤 이는 "성(性)은 고요하다"란 사람이 생래적으로 지닌 고요함인 하늘의 성(性)을 말하는 것이라 합니다. 따라서 인의예지가 성(性)이고, 측은·수오·사양·시비가 정(情)이라는 것입니다. 사단 위에 있는 것이 인의예지의 성이라면, 성은 과연 고요함에만 치우친 것이겠습니까? 고요할 때의 혼연함은 진실로 성(性)이지만, 움직일 때의 찬연함 역시 성(性)이니, 성은 동정(動靜)의 어느 한 편을 중심으로 한다고 주장할 수 없을 것입니다. 정자(程子)의 이른바 "성(性)은 내외가 없다"는 것으로 미루어 보면 "성(性)은 동정(動靜)이 없다"고 주장해도 될 것입니다. "예(禮)에서" 운운한 것은, 그 고요할 때의 혼연한 체(體)를 말한 것이지, "성은 단지 고요할 뿐"이라 말한 것이 아닙니다. 성(性)은 태극과 같습니다. 태극은 고요할 때에는 음에 있고, 움직일 때에는 양에 있으니, 태극을 고요함으로만 치우치게 말할 수 없으며, 성(性) 역시 이와 같을 뿐입니다.

或曰"性是靜也。" 以其"人生而靜, 天之性也"云。 故仁義禮智, 是性也, 惻隱、羞惡、辭讓、是非, 是情也。 四端上面是仁義禮智之性也, 則性果是偏於靜之物事耶? 靜時渾然, 固是性也, 而動時燦然, 亦是性也, 則性不可以動靜偏主立言也。 以程子所謂"性無內外"者推之, 則以"性無動靜"立言, 亦似可也。 『禮』之云云, 言其靜時渾然之體也, 非謂性只是靜而已也。 性如太極, 太極靜時在陰, 動時在陽, 則太極不可以靜偏言也, 性亦如是而已矣。

「상노사기선생별지上蘆沙奇先生別紙」【庚午○質疑在原集】
(『月波集』卷1)

해제

1) 서지사항
정시림이 스승 기정진에게 보낸 편지의 별지이다. 『월파집속(月波集續)』 권1에 실려 있다.

2) 저자
정시림(鄭時林, 1839~1912). 자는 백언(伯彦), 호는 월파(月波), 전남 보성 출신으로, 기정진의 문인이다.

3) 내용
정시림이 스승 기정진에게 『주역(周易)』과 성리를 연관하여 질의한 것이다. 세 조목의 문답으로 구성되어 있다. 첫째, 정시림은 8괘의 음양이 천지만물의 음양을 다 담기에는 부족하다는 의견이 있는데, 만약 그렇다면 천지사이에 또 다른 리·기가 있다는 뜻이 되니 옳지 않다고 말한다. 기정진은 이에 대해 8괘의 음양과 인물의 음양이 일치한다는 정시림의 견해를 긍정한다. 둘째, 비괘(否卦)의 (육이효)「상전(象傳)」 "대인은 비색하니 형통하다"에 대해 「정전(程傳)」에서 '몸은 비색해도 도(道)는 형통하다'는 취지로 주석한 것에 의문을 제기한 것이다. 정시림은 이에 대해 비색한 때를 당했지만 절개를 지킨다면 몸도 형통한 것으로, 도(道)와 몸을 둘로 나눈 것은 적절치 못하다는 점을 지적한다. 이에 대해 기정진은 빈천하고 환난이 있는 것이 몸이 비색한 것이고, 부끄럽지 않은 것이 도(道)가 형통한 것이라 답변한다. 셋째, 리는 태극, 도, 성(誠), 명(命), 덕(德), 신(神), 중(中), 역(易), 인(仁) 등의 여러 명칭이 있으나 모두 가리키는 뜻에 따라 맥락이 있다는 내용이다.

3-14-10「上蘆沙奇先生別紙」【庚午 ○質疑在原集】(『月波集』卷1)

聖人見陰陽之有奇偶, 故畫一以爲陽, 畫--以爲陰, 以象兩儀, 因以重之, 以象老少四象, 四象之上, 又加畫而爲八卦, 則八卦之陰陽, 卽天地人物之陰陽也; 天地人物之陰陽, 卽八卦之陰陽也。然則八卦之外, 豈別有人物之陰陽也? 人物之外, 豈別有八卦之陰陽也? 若曰八卦之陰陽如是, 而人物之陰陽不如是, 則是天地之間, 有理氣之外, 又有別理氣也。卦畫之陰陽, 不足以盡天地萬物之陰陽也。聖人畫卦之本意, 似不如是也。曾於函席前, 以男陰多而陽少, 女陽多而陰少之說稟之, 而先生答曰"此乃陽卦多陰, 陰卦多陽之說。「太極圖」陰陽圈亦然, 而求之人身, 未見其的"云。人身陰陽, 與卦畫不同者, 果何爲而然耶? 時林之意, 則以爲一而統衆, 衆而輔一, 理之固然者也。以君民言之, 則君之一身, 統御乎億兆之民; 億兆之民, 輔助乎君之一身。以數言之, 則君之一身, 不如億兆之多也; 以勢言之, 則億兆之民, 不如君之一身也。然則男雖陽少而其勢則尊也, 陰雖多而皆輔助乎陽者也。如是言之, 則男之陽少而陰多者, 亦何必有疑耶? "「太極圖」陰陽圈亦然"云者, 退而思之, 只以圖之左邊白者爲陽, 而白中之黑者爲陰也, 右邊黑者陰也, 而黑中之白者陽也, 多少何爲而然耶?

> 答: "八卦之外, 非別有人物之陰陽"云者, 可見得大意通透, 而吾所謂未見其的者, 謂於形體上未見多寡之象云耳。「太極圖」陰陽圈, 陽一白在兩黑之間, 陰儀一黑在兩白之間, 其多寡昭然。

「否」之象曰: "大人否亨。"「傳」"大人於否之時, 守其正節, 不雜亂於小人之群類, 身雖否而道之亨也"云。君子之身, 與道不可以分言也。道外無身, 身外無道, 則道卽身, 身卽道也。當否之時, 不雜於小人而守其正節, 則君子之身, 亦可謂亨矣。若雜於小人而失節, 則雖富貴尊榮, 亦可謂身不亨也。「傳」以道與身, 分而爲二, 以爲身雖否, 而道之亨, 何耶?

> 答: 貧賤患難, 是身之否; 不愧不怍, 是道之亨。

理之至極者曰太極, 理之流行者曰道, 理之眞實者曰誠, 理之自然者曰善, 理之有定者曰命, 理之在物者曰性, 理之實得者曰德, 理之恰好者曰善, 理之不測者 曰神, 理之無過不及者曰中，理之開闔者曰易，理之生生者曰仁。理之名目雖多，而合衆說而觀之，則似有旨意之有脈絡可言處。

　　答: 見得是。

3-14-10 「상노사기선생별지上蘆沙奇先生別紙」【庚午○質疑在原集】(『月波集』卷1)

성인(聖人)이 음양에 기우(奇偶)가 있음을 보시고, 한 획을 그어 양으로 삼고, 한 획을 그어 음으로 삼아, 양의(兩儀)를 상징하였습니다. 이를 중첩하여 노소(老少)의 사상(四象)을 상징하고, 사상 위에 또 한 획을 더하여 8괘를 만들었으니, 8괘의 음양은 천지와 사람과 사물[天地人物]의 음양이요, 천지와 사람과 사물의 음양은 8괘의 음양입니다. 그렇다면 8괘의 바깥에 어찌 별도로 사람과 사물의 음양이 있겠으며, 사람과 사물 이외에 어찌 별도로 8괘의 음양이 있겠습니까? 만약 8괘의 음양이 이와 같은데 사람과 사물의 음양이 이와 같지 않다면, 이는 천지 사이에 리·기 이외에 또 별도의 리·기가 있는 것입니다. 괘획의 음양이 천지만물의 음양을 다 담기에는 부족하다고 하는데, 성인이 괘를 그은 본의는 이와 같지 않은 듯합니다.

지난 번 강론의 자리에서 "남성괘는 음이 많고 양이 적으며, 여성괘는 양이 많고 음이 적다"는 설에 대해 여쭈었는데, 선생께서 "이것은 양괘에는 음이 많고, 음괘에는 양이 많다는 설로, 「태극도」의 음양권(陰陽圈)에서도 그러하지만, 사람의 몸에서 구해보면 꼭 들어맞음을 보지 못했다"하였습니다. 사람 몸의 음양과 괘획의 음양이 같지 않은 것은 과연 어찌하여 그러한 것입니까? 제가[시림] 생각하기에 '하나가 무리를 통솔하고, 무리가 하나를 보좌하는 것'은 이치가 참으로 그러한 것입니다. 임금과 백성으로 말하자면, 임금의 한 몸이 억조의 백성을 다스리고, 억조의 백성은 임금의 일신을 보좌합니다. 숫자로 말하면 임금의 한 몸이 억조가 많은 것만 못하지만, 위세로 말하면 억조의 백성이 임금의 한 몸만 못합니다. 그러니 남성괘의 경우 비록 양이 적으나 그 위세는 존귀하고, 음이 비록 많지만 모두 양을 보좌하는 것입니다. 이와 같이 말한다면 남성괘에 양이 적고 음이 많은 것이 또한 어찌 반드시 의심이 있겠습니까? "「태극도」의 음양권 역시 그러하다"하신 말씀을 물러나 생각해 보았습니다. 단지 그림의 왼쪽 흰 것이 양이고 흰 것 가운데 검은 것이 음이며, 오른쪽 검은 것이 음이고, 검은 것 가운데 흰 것이 양이니, 많고 적음이 어찌하여 그러합니까?

　답: "8괘의 바깥에 별도로 사람과 사물의 음양이 있는 것이 아니다"라 한 것은 의미가 잘 통합니다. 내가 "꼭 들어맞음을 보지 못했다"고 한 것은 형체상에서 많고 적은 상을 보지 못했다는 말일뿐입니다. 「태극도」 음양권에서, 흰색의 양 하나가 두 개의 검은색 사이에 있고, 검은색의 음 하나가 두 개의 흰색 사이에 있으니, 그 많고 적음은 분명합니다.

비괘(否卦)의 (육이효) 「상전(象傳)」에 "대인은 비색하니 형통하다"고 하였습니다. 「정전(程傳)」에 "대인은 비색한 때에 바른 절개를 지켜서 소인의 무리에 섞여서 어지럽혀지지 않으니, 몸은 비록 비색하지만 도는 형통하다."라 하였습니다. 군자의 몸은 도와 나누어 말할 수가 없습니다. 도 바깥에 몸이 없고, 몸 바깥에 도가 없으니, 도가 곧 몸이고, 몸이 곧 도입니다. 비색한 때를 당해서 소인들에게 섞이지 않고 그 바른 절개를 지킨다면, 군자의 몸 역시 형통하다 할 수 있을 것입니다. 만약 소인들에게 섞여 절개를 잃는다면 비록 귀하고 영화롭더라도 또한 몸은 형통하지 못하다 할 것입니다. 「정전」에서 도와 몸을 나누어 둘로 보아 "몸은 비록 비색하지만 도는 형통하다"라 한 것은 어째서입니까?

답: 빈천하고 환난이 있음은 몸이 비색한 것이고, 부끄럽지 않은 것은 도가 형통한 것입니다.

리의 지극한 것을 태극(太極)이라 하고, 리가 유행하는 것을 도(道)라 합니다. 리가 진실한 것을 성(誠)이라 하고, 리가 자연한 것을 선(善)이라 합니다. 리에 정(定)함이 있는 것을 명(命)이라 하고, 리가 사물에 있는 것을 성(性)이라 합니다. 리를 실제로 얻은 것을 덕(德)이라 하고 리가 꼭 맞는 것을 선(善)이라 합니다. 리의 헤아릴 수 없는 것을 신(神)이라 하고, 리가 지나치지도 모자람도 없는 것을 중(中)이라 합니다. 리가 열리고 닫히는 것을 역(易)이라 하고, 리가 생생하는 것을 인(仁)이라 합니다. 리의 이름은 비록 많지만 여러 설을 종합해 보면 가리키는 뜻에는 맥락이 있는 것 같습니다.

답: 옳게 보았습니다.

聖人見陰陽之有奇偶, 故畫─以爲陽, 畫--以爲陰, 以象兩儀, 因以重之, 以象老少四象, 四象之上, 又加畫而爲八卦, 則八卦之陰陽, 卽天地人物之陰陽也; 天地人物之陰陽, 卽八卦之陰陽也. 然則八卦之外, 豈別有人物之陰陽也? 人物之外, 豈別有八卦之陰陽也? 若曰八卦之陰陽如是, 而人物之陰陽不如是, 則是天地之間, 有理氣之外, 又有別理氣也. 卦畫之陰陽, 不足以盡天地萬物之陰陽也. 聖人畫卦之本意, 似不如是也. 曾於函席前, 以男陰多而陽少, 女陽多而陰少之說稟之, 而先生答曰"此乃陽卦多陰, 陰卦多陽之說. 「太極圖」陰陽圈亦然, 而求之人身, 未見其的"云. 人身陰陽, 與卦畫不同者, 果何爲而然耶? 時林之意, 則以爲一而統衆, 衆而輔一, 理之固然者也. 以君民言之, 則君之一身, 統御乎億兆之民; 億兆之民, 輔助乎君之一身. 以數言之, 則君之一身, 不如億兆之多也; 以勢言之, 則億兆之民, 不如君之一身也. 然則男雖陽少而其勢則尊也, 陰雖多而皆輔助乎陽者也. 如是言之, 則男之陽少而陰多者, 亦何必有疑耶? "「太極圖」陰陽圈亦然"云者, 退而思之, 只以圖之左邊白者爲陽, 而白中之黑者爲陰也, 右邊黑者陰也, 而黑中之白者陽也, 多少何爲而然耶?

答: "八卦之外, 非別有人物之陰陽"云者, 可見得大意通透, 而吾所謂未見其的者, 謂於形體上未見多寡之象云耳. 「太極圖」陰陽圈, 陽一白在兩黑之間, 陰儀一黑在兩白之間, 其多寡昭然.

「否」之象曰: "大人否亨。" 「傳」"大人於否之時, 守其正節, 不雜亂於小人之群類, 身雖否而道之亨也"
云。君子之身, 與道不可以分言也。道外無身, 身外無道, 則道卽身, 身卽道也。當否之時, 不雜於小人
而守其正節, 則君子之身, 亦可謂亨矣。若雜於小人而失節, 則雖富貴尊榮, 亦可謂身不亨也。「傳」以
道與身, 分而爲二, 以爲身雖否, 而道之亨, 何耶?

　　答: 貧賤患難, 是身之否; 不愧不怍, 是道之亨。

理之至極者曰太極, 理之流行者曰道, 理之眞實者曰誠, 理之自然者曰善, 理之有定者曰命, 理之在物
者曰性, 理之實得者曰德, 理之恰好者曰善, 理之不測者 曰神, 理之無過不及者曰中, 理之開闔者曰易,
理之生生者曰仁。理之名目雖多, 而合衆說而觀之, 則似有旨意之有脈絡可言處。

　　答: 見得是。

15.

老柏軒 鄭載圭
(1843~1911)

心說論爭 資料

「외필변변猥筆辨辨」(『老柏軒集』卷29)

1) 서지사항

정재규가 지은 변론문. 『노백헌집(老柏軒集)』 권29에 실려 있다.

2) 저자

정재규(鄭載圭, 1843~1911)로, 자는 영오(英五)·후윤(厚允), 호는 노백헌(老柏軒)·애산(艾山)이다.

3) 내용

이 글은 노백헌(老柏軒) 정재규가, 노사(蘆沙) 기정진(奇正鎭, 1798~1879)이 지은 「외필(猥筆)」을 비판한 간재(艮齋) 전우(田愚, 1841~1922)의 「외필변(猥筆辨)」을 읽고, 이를 재비판한 변론문이다. 이글 말미에 쓰인 간지로 미루어 보아 계묘년(1903년)에 탈고한 것으로 추정된다. 기정진은 당시 논쟁 속에 빠져있는 성리학의 현실을 들여다보고 이를 위한 해결책으로 「납량사의」와 「외필」을 지었다. 「외필」에 보이는 기정진의 관점은 리일분수설(理氣分殊說)에 따른 주리론적 리기일원론(理氣一元論)으로서 그가 고심 끝에 밝힌 주장이 "리발(理發)"이다. 이를 두고 전우는 기정진이 율곡(栗谷) 이이(李珥, 1536~1584)를 배반하는 논리를 폈다고 격분하였는데, 그에 따른 저술이 「외필변」이다. 노사문인인 정재규는 「외필변변」에서 「외필변」을 11개 조목으로 나누어 전우를 비판하고 기정진의 학설을 공고히 하였다. 제1조목에서 전우가 "잠깐이라도 작용이 있으면 곧 형이하자이므로 율곡이 '기틀이 저절로 그러하다.[機自爾也]'라고 한 것이다."라고 한 것에 대하여, 정재규는 리(理)는 본래 조작이 없지만 기(氣)가 리에 의지하여 행해지니, 조작의 준칙이 이미 리에 갖추어진 것이라고 설명하였다. 제2조목에서 전우가 "주자(朱子)가 '천리(天理)의 당연함이 그렇게 시킨 듯하다.[天理當然, 若使之也]'라고 말한 까닭은 사람들이 '시키다[使]'를 '작용'의 뜻으로 오해하여 도(道)를 크게 해치게 될까 염려했기 때문에, 별도로 '듯하다[若]'를 붙여, 그 '작용이 없는 시킴[無作用之使]'을 드러낸 것이다. 그러므로 율곡도 '그렇게 시키는 존재가 있는 것이 아니다.'라고 하였다." 라고 하여 道가 결코 작용하는 것이 아님을 주장하는 데 대하여, 정재규는 맹자(孟子)

·이윤(伊尹)은 "그렇게 하도록 시킨다."고 분명하게 말했는데, 주자는 도리어 사람들이 작용의 뜻으로 잘못 알까 두려워하여 "약(若)"자 등을 사용했으며, 이이도 주자의 뜻으로 인해 곧장 '그렇게 하도록 시키는 존재가 있는 것이 아니다'는 말을 했다고 하였다. 이는 도가 작용하지 않는 것은 맞지만, 작용하도록 시키는 데 방점이 있음을 강조하여 결코 이이의 학설에 어긋나는 것이 아님을 논변한 것이다. 정재규는 논지를 세운 방식이 비록 다르지만, 그 뜻은 모두 리를 밝히고자 하는 데 있음을 강조하고, 후학들이 천지간의 조화와 생성을 하나의 '기(氣)'자로 덮어 씌워 이른바 리(理)라는 것이 주재의 권병을 잃었으니 도를 해침이 매우 크다고 일갈하였다. 제4조목에서는 이이도 "들쭉날쭉하여 가지런하지 않은 것은 비록 기가 그렇게 만든 것이라 하더라도 반드시 리(理)가 이 일을 주재함이 있으니, 들쭉날쭉하여 가지런하지 않은 소이(所以)는 역시 리가 마땅히 이와 같은 것이며, 리가 이와 같지 않은데 기만 홀로 이와 같은 것은 아니다."라고 하였음을 인용하고, 이것이 이이의 정견(正見)이며 선사(先師: 기정진)의 주장이 이와 다르지 않음을 밝혔다. 제5·6·7·8조목의 대강(大綱)은 전우가 기정진의 학설인 "리발(理發)"을 기를 리로 인식하는 것이라고 비판한 것에 대한 정재규의 반론이다. 정재규는 리에 운용하고 조작하는 일은 없지만, 그 운용하고 조작하는 신묘함은 리가 실제로 지니고 있다고 전제하고, 이것이 동하게 하고 정하게 함에 저절로 그렇게 하는 신묘함이 있다고 하여, "동정(動靜)"은 기(氣)이지만 "동하게 하고 정하게 함[動之靜之]"은 리(理)임을 성현의 가르침을 들어 분별하였다. 제9조목에서 전우는, 성인이 심(心)에 대해서 도(道)와 나란히 하는 것을 기꺼워하지 않았던 까닭은, 심은 비록 정밀하게 연마하더라도 '충막무짐(沖漠無朕)'의 도와 비교한다면, 결국에는 조금이나마 자취가 있으니, 애초에 '허령한 것[心]'과 '참된 것[性]'은 구별이 있어서 그런 것이라고 하였다. 도리(道理)는 우리 유학에서 첫 번째 의리이며, 또한 첫 번째 뚝[防閑]인데, 노사의 '리발(理發)'이 이것을 무너뜨렸다"라고 하여, 기정진이 리를 기로 인식하였음을 비난하였는데, 이에 대하여, 정재규는, 주자가 "심은 주재하는 것이니, 주재하는 것이 바로 이 리이다.[心是主宰底, 主宰者, 卽此理也.]"라고 한 말 등, 심을 리로 간주하는 성현의 말들을 인용하고, 『맹자』에서 심을 설명한 것이 가장 상세한데, 그 안에 어느 한 곳도 심을 기로 설명한 데가 없다고 부언하였다. 정재규는 "도체가 함이 없다"는 것은 다만 그 자취가 없을 뿐, 그것을 하는 신묘한 작용은 곧 본래 있는 것이라고 하여, 이점이 지극히 존귀한 실상이 되는 이유이며, 이것이 만물의 주재가 되는 이유라고 역설하였다. 이어지는 제10·11조목에서 정재규는 리발(理發)을 결코 기(氣)로 논할 수 없음에 대하여 횡간(橫看)과 수간(豎看)에 따른 차이로 설명을 보충하고, 태극과 음양오행 및 체용의 관계를 들어 비판하였다.

전우는 이이의 "누가 그 기틀을 주장하는가. 아!, 태극이다![孰尸其機, 嗚呼太極]"라는 말을 인용하여 이이가 리(理)를 부정한 것이 아니라고 하였다. 그러나 리(理)는 실제로 정의(情意)가 없으므로, 비록 선(善)한 정(情)이라 하더라도 다만 "기발(氣發)"만 말할 수 있다고 하였다. 이를 두고 기가 리의 자리를 빼앗았다고 하는 것은, 군령신행(君令臣行)에 비유할 때 "신행(臣行)"의 글자를 지목하여 "신하가 군주의 자리를 빼앗았다."고 하는 것과 같으니 어찌 이치에 맞겠느냐고 반문하였다. 이것으로 볼 때 객관적으로 전우와 기정진의 간극은 이이의 학설을 달리 해석하는 데 있는 것이 아님을 알 수 있다. 그런데도 본연지성의 관점에서 극명하게 대척(對隻)하고 있는 것이 두 학파간의 대립이다.

정재규는 율곡의 "성이 발한 것이 정이다[性發爲情]"를 들어 선사(기정진)께서 일찍이 온갖 정이 리에서 발현되는 것을 정확하게 정론으로 삼아 문인들을 기르치셨다고 하였다. 그린데 후세의 유자들이 정론의 소재를 고찰하지 않고 오로지 "저절로 그러하며[自爾]"와 "시키는 존재가 있는 것이 아님[非使]"의 말만을 과장해서 리는 본연의 신묘함이 없고 다만 "기발(氣發)"만 의존하여, 만약 "리발(理發)"이라고 말하는 자가 있으면 이이를 배반한 것이라고 몰아붙여서 공격하고 배척하니, 이것이 「외필」이 지어진 이유라고 하였다.

이상으로 볼 때, 전우와 기정진이 리의 존위(尊位)를 인정한 점은 같으나, 전우는 존위(尊位)의 리(理)를 기(氣)처럼 동작한다고 보는 것은 잘못이라 하였고, 기정진은 리가 존위이기 때문에 동작하게 하는 소이가 된다고 보았다. 기정진은 움직이지 못하는 죽은 사물[死物]이 리(理)가 아니라, 주재하는 것이 리(理)임을 역설하였다. 이런 차이를 변론하고자 했던 정재규의 재비판은 사설(師說)을 변호함과 동시에 자신의 성리학을 체계화하여 노사학파의 성리학적 입장을 더욱 엄중하게 계승하였다는 평가를 받는다. 이런 의미에서 이글은 그의 「납량사의기의변(納凉私議記疑辨)」과 함께 쌍벽을 이룬다.

3-15-1 「猥筆辨辨」(『老柏軒集』卷29)

朱子雅言"理無造作", 動靜者, 造作也, 故曰"機自爾也"。朱子又言"纔有作用, 便是形而下者", 動靜者, 作用也, 故曰"機自爾也"。

理固無造作, 然氣依傍這理行, 則造作之準則, 已具於理也。作用固是氣, 然理自有妙用, 則作用之節制, 自在於理也。且動靜是自然而然, 非有絲毫犯氣力底字; 造作是有情意營爲, 而煞費氣力底字, 以動靜直喚做造作, 未知其如何也。朱子曰: "動亦太極之動, 靜亦太極之靜。"又曰: "以本體言, 則太極涵動靜; 以流行言, 則太極有動靜。"又論『通書』"動而無動, 靜而無靜, 非不動不靜", 而曰: "此言形而上之理也。"又曰: "言理之動靜, 則靜中有動, 動中有靜, 其體也: 靜而能動, 動而能靜, 其用也。"此類甚多, 不可枚擧。以此言之, 動靜固有以氣言者, 而亦可以言之於理, 非若造作、作用等字之專做氣邊說者也。

孔子分明說"天之生物, 栽者培之, 傾者覆之", 而朱子卻言"此非有物使之然。但物之生時, 自長將去, 恰似有物扶持; 及其衰也, 自消磨去, 恰似箇物推倒佗, 理自如此"。孟子分明說"天之生物, 使之一本", 而朱子卻言"自然之理, 若天使之然也"。伊尹分明說"天之生民, 使先知覺後知", 而朱子卻言"天理當然, 若使之也"。此何以故? 只是恐人錯認使字爲作用之意, 則害道大矣。故另下若字、恰似字、非有物使之然字, 以見其無作用之使。故曰"非有使之也"。

孔子、孟子、伊尹分明言"使之", 而朱子却怕人誤看認爲作用之意, 而下若字、恰似字, 栗翁又因朱子之意而直曰"非有使之"。若是則立言雖殊, 而其意則皆爲明理也。而後之學者蔽於近而昧於遠, 師其言而不師其意, 遂眞以爲"非有使之者", 而天地間造化生成, 以一氣字冒之, 所謂理者, 失主宰之柄, 其害道也, 不亦大矣乎! 於是另言天命實有使之然之妙, 以明聖賢之微言, 以還天理之本面, 其言雖異, 其意亦同, 歸於明理者也。然則彼執言而迷旨者, 適足爲栗翁之累, 此致疑而明辨者, 乃所以發栗翁之蘊也。

且如"人能弘道", "機自爾也"; "非道弘人", "非有使之也"。蓋"人心有覺"是"陰陽動靜之機也”, “道體無爲”是“太極自然之妙也”。

今以人字作氣字, 弘字作使字, 曰“氣能使理, 非理使氣”, 則是果成說乎? 心從氣而言, 則人心有覺, 固亦陰陽動靜之機也。若統言心, 則必須合性情之全體大用, 而爲一身之主宰、萬事之綱領者言之, 方是心字本旨, 是豈一氣字所能了當者乎? 所謂弘道者, 只是以此心本體之權度準則, 隨其端緒之發而宰制, 而擴充之極其盛, 則至於參天地、贊化育, 是豈此心所乘之機所能自爾者乎。有朱子說最分曉者, 曰: “元、亨、利、貞, 性也; 生、長、收、藏, 情也; 以元生、以亨長、以利收、以貞藏者, 心也。” 此言天地之心所以爲主宰萬化也。曰: “仁、義、禮、智, 性也; 惻隱、羞惡、辭讓、是非, 情也; 以仁愛、以義惡、以禮讓、以智知者, 心也。” 此言人之心所以主宰萬事也。惟其有主宰之實體、妙用, 故乃能弘道, 乃能檢性。今論陰陽動靜之機, 而引此爲援證, 認氣爲使理之物, 而猶曰理爲氣主, 則人將信之矣乎?

物之生, 雖曰自長自消, 而其自長自消, 究是理自如此; 陰陽之機, 雖曰自動自靜, 而其自動自靜, 亦是理當如此, 此豈難曉之理乎? 或言: “朱子於‘自長自消’下, 繼以‘理自如此’, 而栗翁無此一轉語, 所以來蘆沙之疑。” 此又不然。朱子嘗言: “一氣流行, 萬物自生自長, 自形自色, 豈是逐一糚點得如此?” 卽栗翁“非有使之”之謂, 而更無“理自如此”之云。云云。

氣機之一動一靜, 亦是理當如此。此卽程子“顯微無間”、朱子“未形已具”之意。而栗翁亦嘗言之, 有曰: “參差不齊者, 雖曰氣之所爲, 而必有理爲之主宰, 則其所以參差不齊者, 亦是理當如此, 非理不如此而氣獨如此也。” 此本末兼擧, 上下俱盡, 顚撲不破之說也。栗翁之正見如此, 故先師以“自爾非使”一語, 斷然謂流行邊說話也。蓋道理源頭, 自知者見之, 則固無難曉之理, 而自昧者言之, 日用而不知, 習焉而不察。故或舍本而擧末, 語下而遺上, 則後人之隨語生解、執言迷旨者, 安得無蔽乎? 故先師又疑“發之太快, 而末弊之至斯, 未及細思者”此也。

朱子言“一氣流行”上文, 有天(秪)[祇][1]是三字; “豈是逐一糚點得”下文, 有“(秪)[祇]是大原大本中流出”一句。曰“天(秪)[祇]是一氣流行”, 則一氣流行乃天也, 一氣流行之外, 更無別討箇天字處; 曰“豈是逐一糚點得如此”, 則天之於物, 非若畫

---

1) (秪)[祇]: 저본에 ‘秪’로 되어 있으나 문맥을 살펴 ‘祇’로 수정하였다. 『朱子語類』에는 ‘只’로 되어있다.

工之糀點; 而曰"(秪)[秖][2]是大原中流出", 則雖不物物糀點, 而物之自形自色, 實從此理中出, 乃理自如此者也。

今截去首尾, 摘取句語, 以爲理不使氣之證, 而謂"更無理自如此之云", 未知其看得疎脫而然耶? 抑欲伸己見而驅率前言以從己者耶? 奈天下後世之目必不盡盲何? 朱子此言, 乃天之物各付物處, 理未嘗物物糀點, 而物物自如此, 正是此理不使之使、無爲之爲也, 先具於一氣流行上面, 而各正於自形自色之中矣。

"動者、靜者, 氣也; 動之、靜之者, 理也。動之、靜之, 非使之然而何?" 竊謂理使云者, 只是根柢之謂, 非如氣之有情意者。故尤翁於沈明仲"使動、使靜, 豈無造作"之問曰: "此不過曰自然而已, 不似二五之運用也。" 今蘆沙之見, 正與沈氏同, 而其曰"動之、靜之者, 理", 又與栗翁"發之者, 氣", 同一語勢, 則豈不歸於認氣爲理乎? 云云。

"動者、靜者, 氣也; 動之、靜之者, 理也", 此二句是誦栗翁之語,【見「天道」及「易數策」】而若是譏斥, 何也? 眞所謂視其人之所在而攻之耳, 何嘗有定論者也? 朱子曰: "氣根於理而生。" 是生者, 氣也。孔子曰: "太極生兩儀。" 是生之者, 太極也。動之、靜之, 卽生之之謂也。

氣機旣自能動靜, 而所謂太極者, 竝與其生之者而無之, 則正退溪所謂"但見其本體之無爲, 而不知妙用之能顯行, 殆認理爲死物", 何以爲萬化之根柢者也? 然則彼所謂"只是根柢"者, 卽是過去之虛說也。沈明仲不知使動、使靜有自然之妙, 而疑理有造作。故尤翁答以使是自然之使, 不如陰陽五行之運用造作, 而其下直曰: "此陰陽五行之所以能運用造作者, 豈非理乎?"

又引朱子"若理無動靜, 氣何自而有動靜乎"之說, 以明氣之動靜實理之使然。又引"天以陰陽五行, 化生萬物"之說, 而曰"所謂天者, 理而已矣"。以之而化生者, 非使之然者乎? 蓋謂理無運用造作之事, 而其運用造作之妙, 則理實有之。此是使動、使靜, 有自然之妙也。

今認使字以造作, 則是復踵沈氏之錯看, 而以尤翁之說爲非使之證, 則反不爲厚誣尤翁乎? 至若"發之者氣", 指所發之機而言也; "所以發者理", 指所發之主而言也。發之者上頭, 已自有所以發者, 所以發者, 豈非發之之根樞, 而發之者之所受命處

2) (秪)[秖]: 저본에 '秪'로 되어 있으나 문맥을 살펴 '秖'로 수정하였다.『朱子語類』에는 '只'로 되어있다.

乎？其曰"動之、靜之者"，卽所以動靜之謂也。蓋卽氣而言理，則曰"發之者，氣也"，言發得此理出來，以明其所發之乘於氣也。本理而言氣，則曰"動之、靜之者，理也"，言動靜得此氣流行，以明其動靜者之受命於理也。

二說但有橫豎之分，而實互相發也。陳北溪問"理有能然、必然、當然、自然"而曰："如動靜者，氣也；所以能動靜者，理也。"朱子答曰："此義甚備。"其所以能動靜，非"動之靜之"之謂乎？朱門授受之旨，亦同歸於認氣爲理之科乎？

且如其說，則語者、默者，口也；語之、默之者，性也。吾聞性爲語默之理而口舌從而語默，此朱子所謂"理有動靜，【謂理有此氣動靜之理，非謂理先自有動靜也．此句，前後讀者，多不察而領會也。】故氣有動靜"者也，【上下兩動靜，皆指氣言，非一屬理、一屬氣而有兩箇動靜也。】未聞此性自會語默也。是故告子、釋氏之"知覺、作用是性"，陽明之"良能、視聽言動便是天理"，皆歸於認氣爲理，而與吾聖人異矣。朱子「答胡季隨」書，有"自心自省"語，豈不知省之之理出於性，而其能省之者心而非性？故立語如此云云。

語者、默者，口也；當語、當默者，理也；會語、會默者，亦理也。有當語當默之理，故事物之來，便能會語會默，而口從而語之默之，此語彼必大駭。然朱子曰："太極便會動靜。"又曰："性便是會恁地做底理。"此吾之所本也。性若無會做語默底理，則口也何自而有語默也？所引"理有動靜，故氣有動靜"者，朱子本語，只有此句而已，則如此曲爲註解，猶或爲可欺之方。而却有下數句語曰："若理無動靜，則氣何自而有動靜乎？且以目前論之，仁便是動，義便是靜，又何關於氣乎？"是果非理自有動靜者乎？

陳北溪問"先有這動之理靜之理，旣生陰陽，則理又在陰靜陽動之中"，朱子是之，是亦歸於認氣爲理之科乎？謂"前後讀者，多不察"，自以爲獨得之見，超出前後。然前而荀、揚之論性，後而陸、王之言心，何嘗不自許以獨得之見乎？可懼可歎！知覺之生於形氣者，固不可謂性，其本然之知覺，爲智之德，成終始，智之用，別是非者，亦不得謂性乎？作用之不分眞妄者，固不可謂性，其本於理 而中節者，亦不得謂性乎？視聽言動之不分理欲者，固不可謂性，其聰明從恭，亦不得謂性乎？程子曰："視聽思慮動作，皆天也。但於中要識得眞與妄耳。"【朱子曰："視聽思慮動作，皆是天理，其順發出來，無非當然之理，卽所謂眞。其妄者，却是反乎天理者也。"】不分眞、妄，而概謂之非性，則凡知覺運用視聽言動，皆性外之物，所謂性者，不得爲萬善之綱，而淪於空寂, 其與概以謂性者, 其相去, 恐不能以寸.

朱子問李伯諫曰: "天命之謂性, 公以此句爲空無一法耶? 爲萬理畢具耶?" 吾亦欲擧而問焉. 朱子「答陳衛道」書, 辨儒釋之分甚詳曰: "性命之理, 只在日用間. 但每事尋得一箇是處, 卽是此理之實, 不比禪家見處, 只在儱侗悅惚之間也. 釋氏六用不行, 則本性自見, 只此便是差處. 六用豈不是性? 若待其不行然後性見, 則是性在六用之外, 別爲一物矣." 今離了視聽動作而言性, 則性果在日用之外而別爲一物, 正與吾聖人異矣. "自心自省"之語, 朱子本爲將敬字作一物而又以一心守之者而言耳, 卽自作主宰之謂也. "自心自省"之下, 卽繼以"當體便是"一句, 卽心便是敬之謂也. 是豈氣能自省之謂耶? 引以爲其"機自爾"之證, 不亦乖當乎? 蓋心屬火, 敬是禮, 禮是火之神, 而爲心之德, 故心卽敬, 敬卽心, 心性初非二歧, 於此亦可見矣. 今以心專做氣看, 而與性判以爲二物, 是豈朱子之意? 朱子曰: "心是主宰底." 所謂主宰者, 卽此理也, 不是心外別有箇理, 理外別有箇心. 如有人以彼所云云, 奉質於朱子, 則其肯莞爾否乎?

或曰"若是則得無以理具理、以理妙理之嫌乎", 曰"以理妙理, 初無所嫌". 理有以主宰常定底言者, 在天曰帝, 在人曰心;【朱子曰: "人字似天字, 心字似帝字."】有以發出不同底言者, 在天曰元亨利貞, 在人曰仁義禮智. 然主宰常定底, 卽是那發出不同底, 亦非有彼此也. 故性之發也, 仁作義不得, 義作仁不得, 各專一事. 然無論某情, 闖然發出者, 仁也; 粲然宣著者, 禮也; 截然斷制者, 義也; 炯然含藏者, 智也, 是一情又各具四者也. 仁包四德, 而智能終始. 凡事物之來, 智便知得是非, 而知了, 便交付三者, 又更收斂得快. 故曰仁智交際, 乃萬化之機軸, 此心之所以妙衆理而主宰處也. 蓋自理之大用而言, 則曰妙, 妙便是主宰底; 自理之全體而言, 則曰具, 具萬分於一實之中. 故曰性是太極渾然之體, 其中含具萬理. 惟其具之, 所以妙之也. 無星之秤, 無寸之尺, 安能稱輕重而度長短乎?

"是馬也, 爲塞翁之得, 非元來所乘, 此後勢必之東之西, 惟馬首是瞻", 此亦須消詳, 未可草草打過. 蓋人皆有太極, 而氣稟旣異, 則欲動情勝, 利害相攻之患, 往往而有. 是時所謂元來乘馬之主人, 旣有操縱之力而亦非無適莫者,【"操縱"、"適莫", 皆「猥筆」中語.】奈何有此東西惟馬之失也? 此宜明核而勘破. 不然則其曰"主之所向, 僕焉有不往者", 人將不之信矣, 嗚呼殆哉!

主之所向, 僕無不往, 常也, 本然也; 馬不循軌, 有時橫走, 變也, 末弊也. 以其變者, 而詰其常; 擧其末弊, 而疑其本, 然則從上聖賢之言, 無一可信者矣. 天道栽培傾覆, 而大德必得祿位, 常理也. 氣數所變, <u>顏</u>, <u>跖</u>之壽夭不齊, <u>孔</u>, <u>孟</u>之窮而不達, <u>子思</u>之言, 亦將不之信矣乎? 人性均善, 而皆可爲堯舜, 本然也. 氣質所蔽, 能性其性, 而爲<u>堯</u>, <u>舜</u>者, 千萬難獲一二, <u>孟子</u>之言, 亦將不之信矣乎? 氣數雖變, 知天道之有常; 氣質雖異, 知人性之本同; 氣機雖危, 知此理之爲主, 則可以據常而應變, 反本而抹末, 主理而帥氣, 此君子所以戒愼恐懼, 須臾之不敢忽者也. 明上下之分, 嚴主僕之辨, 以此爲防, 猶有相攻之患, 況初不知理之爲主宰, 而權勢號令, 一切委之於氣機, 則豈不殆哉? 豈不殆哉?

適莫操縱, 皆借用人事有情意底字, 以明天理無聲臭之妙. 以若洗索之心, 無怪其執言以譏之也. 蓋適莫, 言此理必然之妙也. 角者常角, 鬣者常鬣, 此是適處; 冬不衣葛, 夏不衣裘, 此是莫處, 皆必然而不可易者. 乃若"非有操縱之力", 則蓋言其本來非有也. 先師嘗曰: "理有必然之妙, 無能然之力." 能然之力, 猶曰無之, 況於操縱之力乎? 故曰"言其本來非有也". 不曰無而曰非有, 亦可見矣. <u>朱子</u>分明言理有能然, 豈可曰無能然乎? 但無其力耳. 操縱亦然, 豈可以非有其力而遂謂無其妙耶? 理之始, 無有不善, 而或爲氣所拘, 欲所蔽, 不能直遂, 而流於惡者, 固亦有之. 然善者, 其終也必遂; 惡者, 其終也必不遂. 國之治亂, 人之禍福, 雖或遲速久近之不同, 究其終而觀之, 可執契而待之, 此非理之操縱處耶? 但有自然之妙, 而非有作爲之力耳.

"理發二字, 爲今日一大禁避語, 而纔見行變化成條理者, 則曰'氣也'. 問'孰主張是', 則曰'其機自爾, 非有使之者', 問'所謂理者, 落在何處', 則曰'乘之矣'. 始旣無使之然之妙, 末又'非有操縱之力', 寄寓來乘, 做得甚事? 有之無所補, 無之靡所闕, 嗚呼可憐矣! 究其端由, 原於乘字失其本旨, 駸駸致得理輕氣重, 直至氣奪理位, 爲萬事本領而後已. 一字之失, 其禍乃至此乎."
愚按: <u>栗翁</u>亦嘗言"孰尸其機, 嗚呼太極!" 此何嘗以氣爲萬事本領乎? 又言"性發爲情", 則「猥筆」云云, <u>栗翁</u>已見之昭陵也. 但其以理發爲非者, 却有曲折, 實由理氣互發而云爾. 蓋從理爲根柢上說, 則氣爲理之用, 故雖氣發, 亦可謂之理發. 如行者雖馬, 而主者是人, 故統而言之, 曰人行也. 若據氣能作用上說, 則理實無情意, 故雖善情, 但可謂之氣發。如乘者雖人，而行者是馬，故辨而明之，曰馬行也。若都欲以理爲主，而至於用事處，亦禁不下氣發字，非其情實也。譬如臣行君令，其所行固出於君，然其行之，畢竟是臣而非君。如必以所行是君命，指臣行爲君行，則名不正而言不順矣。況遽指臣行二字，爲臣奪君位，而誅之，則豈法理之所當出乎？

"太極尸氣機"、"性發爲情"，非惟此二句，又有"萬般之情，夫孰非發於理乎"之語，「猥筆」中云云，在栗翁果是已見之昭陵也。先師嘗以萬情發理爲的確定論，以諭門人，因歎後儒之遺却定論。蓋後儒不考究定論之攸在，而專主"自爾非使"之語，而張大之，使理無本然之妙，氣爲專擅之物，此猥筆之所以作也。"理發字禁避"云者，蓋以今之儒者，只據氣發一語，而若有言理發者，則以爲貳於栗翁，輒加攻斥，使人不敢發口故也。分明言"今日學士家"，而今反移之於栗翁，以知見之異，挾念懟之心，費力吹覓，其不能平心以盡人言之意固也。豈意若是之甚乎？其所論栗翁之意，則固得之矣。但以上段"理無動之靜之"之說，及"性不會語默"之論看之，却是人不能使馬，君不能令臣也。於此乃曰人行，曰君令，少變其見，何歟？理固如此，終有不得諱者耶！

「猥筆」所擧"一陰一陽之謂道"、"太極生兩儀"兩句，誰曰"不然"？但"人能弘道，非道弘人"，獨非孔子之言乎？恐不必執一而棄一也。

竊嘗思之，自鄉人而至於爲聖爲賢，豈非奪天地之造化者乎？其功夫雖存乎心，而其本源一出於性，然則謂之道能弘人，亦何不可？而聖人之言如此，此宜深思其故。

夫道是至尊之實，而爲萬物之主者，若乃降而與有作用者同科焉，則道器、上下之分亂，而無以杜此心覬覦之萌矣。嗚呼！聖人之指微矣哉！【以此防心，後世猶有此心自稱大理具小理者。】

抑又思之，心之能事，至於敬尊德性，義扶世敎，鑄凡作聖，竪人參天，其有功於人，何如哉？雖假以形上之名，宜若無可惜者，而聖人之於心，乃不肯與道齊頭幷腳，是又何故？釋氏不知理之爲道，而天上天下惟我獨尊，我是心自我。心雖磨鍊得極精細，比之沖漠無眹之道，畢竟微有迹。蓋靈之與眞，原自有辨而然也。聖人不欲指心以爲道，其謹嚴之意，豈不以是歟？此是吾儒第一義理，亦第一防閑。欲以奉質於曩哲，而旣未可得，亦願幷世與後來之賢者，與之是正。

氣配道義，蓋嘗聞之矣；氣能弘道，未之聞也。浩氣生於道義，而養得盛大，故可以配道。乃若人心所乘之機，則隨所稟之淸濁，而善惡不一。【栗翁言："善者，淸氣之發；惡者, 濁氣之發。"】槩以命之曰配道, 猶爲不可, 況可曰弘道乎? 配, 助之也。曰助之, 則道固爲主也。弘, 大之也。曰大之, 則大之者, 自爲主也。氣爲道主, 亦未之聞也。朱子曰: "主宰常定者, 心也; 發出不同者, 性也。" 以主宰常定者, 檢其發出不同者, 是以能弘之。今不論主宰常定之本體妙用, 而欲以所乘之機當之, 誠不可曉也。道體無爲, 所謂無者, 特無其迹耳, 其爲之之妙, 則乃其固有者也。恭己正南面無爲, 而九官、十二牧, 則早已命之, 典禮、典樂、掌兵, 各有其人, 而禮樂征伐, 自天子出, 此所以爲至尊之實, 此所以爲萬物之主。若漠然都沒主張, 而惟氣機是視, 則直是漢獻之徒擁虛號, 幾何不爲周平之下堂見侯乎? 上下之分, 於是乎亂矣, 果可以杜此心覬覦之萌乎? 今以氣機當心體, 危厥覬覦之萌如此, 而反以爲弘道之物, 何哉? "此心自稱大理具小理"以下云云, 譏斥蘗山、重菴之說也。蓋心之得名, 以主乎身而言也。其當體, 則氣之精爽, 而屬於火臟, 精神魂魄爲其運用, 非若性之可以挑出而名者也。朱子"比性微有迹"之訓, 以此。然言其得於天之本體妙用, 則性情之外, 更別無心。故孟子以仁、義、禮、智爲心, 又以惻隱、羞惡、辭讓、是非之端爲心。程子曰: "心也、性也、天也, 一理也。" 張子曰"心統性情", 而朱子亟稱之。"心統性情, 不若言心者性情之統名", 又取蔡西山之說。"心爲太極", 又引邵子之說。又曰: "元亨利貞, 天地生物之心, 而人得之爲心。未發而四德具, 已發而四端著。" 又曰: "人受天地之中, 只有箇心。" 又曰: "心者, 天理在人之全體。" 又曰: "心是主宰底, 主宰者, 卽此理也。" 又曰: "惟心無對。" 此皆以理言心也。『孟子』一書, 言心最詳, 而未有一處以氣言者。對氣言處, 則却有之, 曰: "志, 氣之帥也。" 又曰: "夜氣不足以存仁義之心。" 程子曰: "必有仁義之心, 然後有仁義之氣。" 朱子以游氏"心合於氣, 氣合於神"爲非儒者之言, 而曰: "心無形 而氣有物。" 有問"心是身上精靈底物事?", 曰: "理固如此。" 程子以呂與叔"養氣可以爲養心之助"爲不然, 而曰: "養心只是養心, 又何必助?" 朱子曰: "才養氣, 則氣雖得養, 却不是養心了。" 又曰: "五臟之心, 非心也, 乃心之神明升降之舍也。" 此皆分別心與氣, 而明心之非氣也。以此觀之, 則其就氣言心處, 以其乘載運用爲佗資助而言耳。何嘗專以氣論心, 而乃翻倒其口氣, 磨礪其鋒穎, 努力立說, 含蓄無限感慨, 如此之深且切也? 栗翁有心是氣之說, 是就氣機動靜上言, 故云然, 亦朱子精爽之說也。然其統論處, 則必合性情體用, 而深以心性之不可二歧言之矣。【「人心道心說」曰: "性是心之體, 情是心之用, 心是未發已發之總名, 故曰心統性情。" 「克己復禮說」, 以仁爲本心之全德。「雜記」, 以今之學者分心性爲

【二歧, 爲大差。】今必欲以心性爲二物, 專以氣機當心體, 見人以理言者, 則氣聳如此者, 抑何歟? 蘗門之說, 亦嘗聞其大略矣, 蓋以心之全體妙用爲理耳。至於動靜之機, 爲此心乘載運用者, 則曷嘗并謂之理哉?

其言曰: "心固理也, 而所乘者, 氣也。" 認心爲理, 而不問氣欲之拘蔽, 則其害固不可勝言; 指心謂氣, 而不知天命之主宰, 則其理亦有所不明矣。認心爲理, 不問氣欲之拘蔽者, 正是陸、王之說, 而指心謂氣, 不知天命之主宰者, 豈非今日欲以奉質於曩哲與後賢者耶? 曩哲之訓, 消詳如右, 而旣不取考而自正焉, 則後雖有賢者是正之, 豈肯舍己而從之乎? "天上天下惟我獨尊", "我"果是心自我也, 釋氏旣以理爲障, 則其所謂我者, 只是儱侗怳惚之間, 見其影子, 而未見其裏面道理者耳。朱子曰: "釋氏雖自言惟明一心, 實不識心體, 而心外有法, 不足以立天下之大本。若聖門所謂心, 則天敍、天秩、天命、天討, 惻隱、羞惡、辭讓、是非, 無不該備, 而無心外之法。" 又曰: "儒釋之異, 正爲吾以心與理爲一, 彼以心與理爲二。" 然則所謂 "惟我獨尊"者, 與理爲二, 而非聖門所謂心也。

今不以聖門所謂心者爲心, 而反譏心理爲一之說, 歸之天竺之見, 似此議論眞"七聖皆迷"之地。且朱子論性情之德、中和之妙, 而必以心爲主。「答張敬夫」書, 又言: "心包性情, 心是字母, 故性情皆從心。" 又言: "天命之謂性, 要須天命箇心, 方是性。" 而今離性而言心, 尊性而卑心, 旣以釋氏之所謂心者謂心, 則卑之宜矣, 而其亦矛盾於朱子之旨矣。嘗因宜春田生, 得見其所謂「曰山雜著」而觀之, 以神字專做氣字看, 此其以氣言心之根由也。蓋以氣言神處, 固亦多矣。若『易』「大傳」"陰陽不測之謂神"與"神妙萬物", 此等神字, 通謂之氣, 則無怪 其以一氣字, 冒天下之道, 而以當一身之主、萬事之綱也。其書印布四方是必自以爲俟百不惑, 然質諸往哲, 則實有不然者, 請略言之。

周子所謂"動而無動, 靜而無靜, 神也, 神妙萬物。", 程子所謂"妙用謂之神", 張子所謂"一故神, 兩在故不測", 皆主理而言。而朱子之言, 又加詳焉曰: "理則神而不測。"【解周子之言曰: "此言形而上之理也。理則神而不測。" 又曰: "陰陽不測之神。如晝動, 神不與之俱動; 夜靜, 神不與之俱靜。神又自是神, 神却變得晝夜, 晝夜却不變得神。神妙萬物。"】曰: "神自是超然於形氣之表。"【神之爲物, 自是超然於形氣之表, 貫動靜, 而言其體, 常如是矣。】曰: "神者, 卽理也。"【善應而不測, 實理之用, 神者卽理也。】曰: "妙用, 言其理。"【解程子之言曰: 妙用言其理, 妙用是無迹底。】曰: "妙用包得許多道理。"【解張子之言曰: "不測便是妙用, 包得許多道理。橫渠說得極好。”】此論天道、陰陽之神，而至若人性、五行之神，則又不甚明白。

程子曰: “上天之載，無聲無臭。其命在人，謂之性; 其用無窮，謂之神，一而已矣。”
朱子曰: “氣之精英者，爲神。金木水火土，非神; 所以爲金木水火土者，爲神，在人則仁義禮智信是也。” 又曰: “五行之神，理之發用，而乘氣出入者也。” 前哲之以神爲理，昭如日星。以若高明俊傑，豈不講貫? 豈不入思議? 然且不信獨見之高可謂超出千古矣，豈淺腹之所能測哉? 靈之與眞，固亦有辨。朱子曰: “氣中自有箇靈底物事。” 蓋形氣凝聚，便有精神魂魄，爲此心之運用，卽所謂靈底物事。大抵靈是氣分事，然本非有形質確定底字，亦可以狀理之妙，故周子「圖說」始言“無極之眞”，至於人極，則言“最靈”，朱子以爲“純粹至善之性”也。『通書』又言: “匪靈弗瑩。” 朱子又以爲: “此言理也，非人心太極之至靈，孰能明之?” 又有問: “虛靈不昧是氣?” 曰: “不是氣。是 則言理處，亦使靈字? 靈亦不可硬做氣邊看，況神乎?” 蓋是理也，以實體而言，則曰誠; 以妙用而言，則曰神。故周子曰“寂然不動者，誠也; 感而遂通者，神也”。

誠爲神之體，神爲誠之用。一陰一陽而繼之者，神之爲也; 一動一靜而幾焉者，神之爲也; 一闔一闢而變焉者，神之爲也。理而無神，不成爲理。惟神也，故物來而應也。不疾而速，不行而至，此心之所以有神明之名，不離乎氣，而不雜乎氣者也。本理發見，而氣爲之運用; 乘氣流行，而理爲之宰制。此神明之德，所以爲一身之主，而萬事之綱也。乃若虛靈，則神明之情狀也，從氣而言，則精爽之會也; 從理而言，則妙用之著也。是以心也、神也、靈也，有從氣而言者，有從理而言者，當各隨所指之如何耳。故尤翁之言曰: “心，有以理言者，有以氣言者。” 此論心之活例也，眞詮也。然理上而氣下，理通而氣局，理主而氣役，其分又不可有毫忽紊者矣。今專以氣機名心，奉以爲天君，而使百體從令，殆而殆而!

程子曰: “天地萬物之理，無獨，必有對。” 有問於朱子曰: “太極便對甚底。” 曰: “太極便與陰陽相對。” 「猥筆」第五段，正論此義云: “把氣與理對擧，此非聖人之言。今人纔見理字，必覓氣來作對偶。於是理之流行一大事，盡被氣字帶去作家計，所餘者，只混淪也，沖漠也。此雙本領之履霜也，悲夫!”
愚按: 蘆沙意欲尊理，而有此云云。然辭氣之間，陵轢過越，大損尊畏聖賢之體，此豈非氣之失理處乎? 況朱子何嘗非聖人? 何嘗非一本領? 然而把陰陽太極做對，此亦謂奪卻理之流行一大事, 以與氣字, 而爲雙本領之履霜, 而受蘆沙悲夫之歎者耶。

橫看, 則天地萬物之理, 無獨, 必有對; 堅看, 則天地萬物之理, 亦固有無對。最尊者, 太極, 與陰陽相對, 橫看說也。故朱子於此, 以形上、形下爲說, 而曰卻是橫對了, 道固無對, 獨非朱子之言乎? 此以道體之渾然, 無所不具精明純粹者而言, 堅看說也。又有合橫堅而一處言之者, 曰:“天下事物之理, 亭當均平, 無無對者, 惟道爲無對。” 然則何嘗偏主有對之說, 而廢無對之理乎? 「猥筆」中始言理之尊無對, 堅說也。其下文, 又以上下、道器爲的對, 亦所謂橫對了也。無對有對, 一是皆朱子之意也。今人之把氣對理, 一處對峙, 大違聖人主理帥氣之意, 故曰“此非聖人之言”。今卻引太極、陰陽相對之說, 謂“此段正論此義”, 而曰“朱子何嘗非聖人, 何嘗非一本領”, 勒做罪案, 奮筆張皇, 深深覓得, 禦人之話 柄, 誠勞矣, 巧矣! 獨不畏今與後之窺其中者乎? 正論此義四字, 直闔闢手段也。藉使正論此義, 亦非大罪。程伯子曰“心有存亡出入, 非聖人之言”, “操存舍亡, 出入無時”是孔子之言, 孟子筆之書者, 而程子云然者, 但據理而言, 如有子言非夫子之言之意也。聖賢之不苟同也如此, 亦將以此爲程子之罪, 而謂孔、孟何嘗不是聖人, 亦何嘗不識心者耶? 噫! 程子幸而不出於今之世也。

“聖人的見流行發見, 變化昭著, 莫非此道之爲”云云。“此道之爲”四字, 恐合商量。朱子於『論語集註』, 旣云“道體無爲”; 尤翁之答人書, 又云“非此理其體{則}[3] 無情意造作, 而至於用則有情意造作也”。二先生豈不知道之流行發見, 而其言如此耶? 此宜再入思議看也。【莫非此道之爲, 若添數字, 云莫非此道爲之根柢樞紐, 則似更詳明, 未知如何!】

朱子曰: “一陰一陽, 雖屬形氣, 然其所以一陰一陽者, 是乃道體之所爲也。”【「答陸子靜」】又曰: “一物之中, 自始至終, 皆實理之所爲也。” 又曰: “凡天下之事, 雖若人之所爲, 其所以爲之者, 莫非天地之所爲也。”【『中庸或問』】朱子此說, 亦宜再入思議看者耶? 程子曰: “老子言無爲, 聖人作『易』, 未嘗言無爲, 惟曰‘無思也無爲也’, 此戒夫作爲也。” 所謂道體無爲, 是無作爲之謂也。其曰道體之所爲者, 亦豈作爲之爲乎? 以“其所以爲之妙”與夫“所當爲之則”也。膠守“無爲”字, 凡說著“爲”字處, 一切歸之於造作, 則是道體淪於空無也, 不幾於老子之無爲乎? 然則所謂根柢、樞紐

---

3) {則}: 저본에 없으나, 『송자대전』에 의거하여 보충하였다.

者, 畢竟爲烏有先生矣。蓋理也者, 至無而至有者也, 觀於所引尤翁之言, 亦可見矣。無造作者, 所謂"靜亦靜"; 用無造作者, 所謂"動亦靜"。靜而體立, 靜非塊然, 所謂"靜中有物"; 動而用行, 動非蠢然, 所謂"動以天"。朱子於此, 兩下立說, 曰"道體無爲", 又曰"道體之所爲"。不知者, 必疑其有似乎左右佩劍; 其知之者, 必謂體則無爲, 用則有爲。而乃若尤翁之意, 則不然, 以爲"無則體用皆無, 有則體用皆有", 可以一翻看矣, 斯乃爲眞知朱子之意也。于以見"體用顯微, 一原無間"之實, 非若"性體氣用, 體同用異"之見也。

余旣爲「記疑辨」, 又得其所謂「猥筆辨」者而看之, 「猥筆」中所論, 今人之弊者, 一切歸之於栗翁, 又或歸之於朱子, 吹洗譏斥, 費盡心機, 比「記疑」不啻幾層矣。蓋難與言也, 然彼自以爲捉得眞臟, 而傳播四出。後生少輩, 於往哲名理之論, 或包羅不周, 而眩於文辭, 屈於聲名, 則知覺之不見蝕者鮮矣, 皓天不復之憂, 不容無也。乃忘陋, 條辨如右, 以告同志, 其援引古訓, 繁而不殺, 雖涉支離, 蓋其勢不得不爾, 覽者詳之。癸卯, 仲夏, 謾筆。

3-15-1 「외필변변猥筆辨辨」(『老柏軒集』卷29)

선역

1. 주자(朱子)는 평소에 "리(理)는 조작이 없다."[4]라고 했으니, 동정(動靜)은 조작(造作)이므로 〈율곡이〉 "기틀이 저절로 그러하다."[5]라고 한 것이다. 또 주자는 "조금이라도 작용이 있으면 이는 곧 형이하자(形而下者)이다."[6]라고 했으니, 동정은 작용이므로 〈율곡이〉 "기틀이 저절로 그러하다."라고 한 것이다.

　리(理)는 본래 조작이 없지만 기(氣)가 리에 의지하여 행해지니, 조작의 준칙이 이미 리에 갖추어진 것이다. 작용은 본래 기이지만 리에 본래 신묘한 작용이 있으니, 작용의 절도와 제재가 본래 리에 있는 것이다. 또 동정(動靜)은 저절로 그러해서 그런 것이니 조금이라도 기력(氣力)을 침범하는 용어가 아니다. 조작(造作)은 정의(情意)와 영위(營爲)가 있어서 매우 기력을 소비하는 용어이니, 동정을 곧바로 조작이라 부르는 것이 어떤지 모르겠다. 주자가 말하였다. "움직임[動]도 태극의 움직임이고, 고요함[靜]도 태극의 고요함이다." 또 말하였다. "본체(本體)로 말하면 태극이 동정을 포함하고,[7] 유행으로 말하면 태극에 동정이 있다." 또 『통서(通書)』의 "움직이나 움직임이 없고 고요하나 고요함이 없으니, 움직이지 않는 것도 아니고 고요하지 않는 것도 아니다."를 논하여 "이것은 형이상의 리를 말한 것이다."라고 말하였다. 또 말하였다. "리의 동정을 말하면 고요한 가운데 움직임이 있고 움직임 가운데 고요함이 있는 것은 그 본체이고, 고요하면서 움직일 수 있고 움직이면서 고요할 수 있는 것은 그 작용이다." 이런 종류의 설명이 매우 많아 일일이 거론할 수 없다. 이것으로 말하자면 동정은 진실로 기로 말한 것이 있지만, 또한 리에 대해서도 말할 수 있으니, 오로지 기의 측면으로만 간주하여 말하는 조작·작용 등의 용어와는 같지 않다.

2. 공자는 "하늘이 만물을 낳음에, 잘 심어진 것은 북돋아 주고 기울어진 것은 엎어 버린다."라고 분명히 말했는데, 주자는 도리어 "이것은 어떤 존재가 있어서 그렇게 시키는 것이 아니다. 단지 물(物)이 처음 생겨날 때에 스스로 자라남이 어떤 존재가 있어서 〈그것을〉 지탱해 주는 것과 흡사하고, 그것이

---

4) 『朱子語類』卷1「理氣上」: 蓋氣則能凝結造作, 理卻無情意, 無計度, 無造作。只此氣凝聚處, 理便在其中。

5) 『栗谷先生全書』卷10「答成浩原 壬申」: 陰靜陽動, 機自爾也, 非有使之者也。

6) 『朱子語類』卷75「上繫下」: 問: "如何分形器?" 曰: "形而上者, 是理; 才有作用, 便是形而下者。"

7) 『朱子語類』卷94「太極圖」: 太極自是涵動靜之理, 卻不可以動靜分體用。蓋靜卽太極之體也, 動卽太極之用也。

쇠할 때에 저절로 닳아서 없어짐이 어떤 존재가 있어서 그것을 밀어 엎어뜨리는 것과 흡사하니, 이치가 스스로 이와 같은 것이다."라고 말했다. 맹자는 "하늘이 만물을 낳음에 그 근본을 하나이게 했다."라고 분명히 말했는데, 주자는 도리어 "자연의 이치는 하늘이 그렇게 시킨 듯하다."라고 말했다. 이윤은 "하늘이 백성을 낳음에 먼저 아는 사람으로 하여금 뒤에 알게 될 사람을 깨우치게 했다."라고 분명히 말했는데, 주자는 도리어 "천리의 당연함이 그렇게 시킨 듯하다.[天理當然, 若使之也]" 라고 말했다. 무슨 까닭으로 그렇게 말했을까? 이는 다만 사람들이 "시키다[使]"를 "작용"의 뜻으로 오해하여 도(道)를 크게 해치게 될까 염려했기 때문이다. 그러므로 별도로 "듯하다[若]", "흡사하다[恰似]", "어떤 존재가 있어서 그렇게 시키는 것이 아니다[非有物使之然]"의 말을 붙여, 그 "작용이 없는 시킴[無作用之使]"을 드러내었다. 그러므로 〈율곡이〉 "그렇게 시키는 존재가 있는 것이 아니다."라고 한 것이다.

공자(孔子)·맹자(孟子)·이윤(伊尹)은 "그렇게 하도록 시킨다."고 분명하게 말했는데, 주자는 도리어 사람들이 작용의 뜻으로 잘못 알까 두려워하여 "약(若)"자나 "흡사(恰似)"자를 사용했으며, 율곡은 또 주자의 뜻으로 인해 곧장 "그렇게 하도록 시키는 존재가 있는 것이 아니다."라고 하였다. 이처럼 논지를 세운 방식이 비록 다르지만, 그 뜻은 모두 리를 밝히는 것이다. 그런데 후학들이 가까이 들은 것에 가려지고 멀리 성현의 가르침에 어두워, 그 말만을 스승으로 삼고 그 뜻을 스승으로 삼지 않았다. 그리하여 참으로 "그렇게 하도록 시키는 존재가 있는 것이 아니다."고 여겨서 천지간의 조화와 생성을 하나의 "기(氣)"자로 덮어 씌워 이른바 리(理)라는 것이 주재의 권병을 잃었으니 그 도를 해침이 매우 크지 아니한가? 이에 "천명에는 실제로 그렇게 시키는 신묘함이 있다."고 별도로 말하여 성현의 은미한 말씀을 밝히고 천리의 본래의 면모를 돌이키려 하니, 말은 비록 다르지만 그 뜻은 또한 같아서 리를 밝히는 데로 귀결되는 것이다. 그렇다면 말만을 고집하여 뜻에 혼미한 저들은 다만 율곡의 죄인이 되기에 충분하니, 여기에서 의심을 일으켜 분별을 밝히는 까닭은 바로 율곡이 말한 속뜻을 드러내려는 것이다.

3. 또 "사람이 도를 넓힐 수 있음[人能弘道]"은 "기틀이 스스로 그러할 뿐[機自爾也]"에 해당하며, "도가 사람을 넓히는 것이 아님[非道弘人]"은 "그렇게 시키는 존재가 있는 것이 아님[非有使之也]"에 해당한다. 대개 "사람의 마음에 지각이 있음[人心有覺]"은 "음양이 동정하는 기틀"에 해당하고, "도체는 작위가 없음[道體無爲]"은 "태극의 자연한 묘용(妙用)"에 해당한다.

지금 "인(人)"자를 "기(氣)"자로 간주하고, "홍(弘)"자를 "사(使)"자로 간주하여, "기가 리를 부릴 수 있는 것이지 리가 기를 부릴 수 있는 것이 아니다."고 하니 과연 말이 되는가? 심(心)을 기(氣)의 측면에서 말하면 인심에 지각이 있는 것이 진실로 음양이 동정하는 기틀이다. 그러나 심을 통합하여 말한다면, 반드시 성정(性情)의 온전한 본체와 큰 작용을 합하여 한 몸의 주재와 온갖 일의 강령이 되는 것으로 말해야 바야흐로 "심(心)"자의 본지가 되니, 이것이 어찌 하나의 "기(氣)"자가 감당할 수 있는 것이겠는가. 이른바 "도를 넓힌다."는 것은 단지 본체인 이 심(心)의 권도와 준칙으로 단서의 발현을 따라 주재하고 제재하여, 확충함이 그 성대함을 지극히 하면, 천지에 참여하고 화육을 도울 것이니, 이것이 어찌 심이 타고 있는 바의 기틀이 저절로 그럴 수 있는 것이겠는가. 이에 대하여 주자의 말 중에 가장 분명하게 설명한 대목이 있으니, 아래와 같다. "원(元)·형(亨)·리(利)·정(貞)은 성(性)이고, 생(生)·장(長)·수(收)·장(藏)은 정(情)이며, '원(元)으로 낳고, 형(亨)으로 기르며, 리(利)로 거두고, 정(貞)으로 감추는 것'은 심(心)이다." 라고 하였으니, 이는 천지의 심이 온갖 변화를 주재하는 소이를 말한 것이다. "인(仁)·의(義)·예(禮)·지(智)는 성(性)이고, 측은(惻隱)·수오(羞惡)·사양(辭讓)·시비(是非)는 정(情)이며, '인(仁)으로 사랑하고, 의(義)로 미워하며, 예(禮)로 사양하고, 지(智)로 아는 것'은 심(心)이다."[8]라고 하였으니, 이는 사람의 심이 온갖 일을 주재하는 소이를 말한 것이다. 오직 주재하는 실체(實體)와 묘용(妙用)이 있기 때문에 곧 도를 넓힐 수 있고, 곧 성(性)을 검속할 수 있는 것이다. 지금 음양이 동정하는 기틀을 논하면서 이 말을 인용하여 증거로 삼아 기를 '리를 부리는 존재'로 인식하면서, 오히려 리가 기의 주인이라고 하니 사람들이 장차 믿겠는가?

4. 사물의 생명이 비록 스스로 자라나고 스스로 소멸한다고 하더라도, 스스로 자라나고 스스로 소멸함도 결국엔 리가 스스로 이와 같은 것이고, 음양의 기틀이 비록 스스로 움직이고 스스로 고요하다고 하더라도, 스스로 움직이고 스스로 고요함도 역시 리가 마땅히 이와 같은 것이니, 이것이 어찌 깨닫기 어려운 이치이겠는가? 혹자는, "주자는 '스스로 자라나고 스스로 소멸한다.'는 말 뒤에 '리가 스스로 이와 같다.[理自如此]'는 말을 붙였지만, 율곡은 이처럼 전환하는 말이 없으므로, 노사의 의심을 일으켰다."라고 하였는데, 이 말은 더욱 그렇지 않다. 주자는 일찍이 "하나의 기(氣)가 유행하여 만물이 스스로 생장하고 스스로 형색을 갖춘 것이니, 이것이 어찌 하나하나 치장해서 이렇게 될 수 있는 것이겠는가?"라고 말했는데, 이 말은 바로 율곡의 "그렇게 시키는 존재가 있는 것이 아니다.[非有使之]"를 이름이니, 다시 "리가 스스로 이와 같다.[理自如此]"는 말을 붙이지 않은 것이다. 운운.

　　기의 기틀이 한번 움직이고 한번 고요한 것은 리가 마땅히 이와 같기 때문이다. 이것이 바로 정자가 말한 "드러남과 은미함 사이에 간격이 없다."[9]와 주자가 말한 "형체가 있기 전에 〈그 리가〉 모두 갖추어 있다."의 뜻이다. 율곡도 일찍이 이것을 말한 적이 있으니, 아래와 같다. "들쭉

8) 『晦庵集』 卷67 「元亨利貞說」: 元亨利貞, 性也; 生長收藏, 情也。 以元生, 以亨長, 以利收, 以貞藏者, 心也。 仁義禮智, 性也。 惻隱羞惡辭讓是非, 情也. 以仁愛, 以義惡, 以禮讓, 以智知者, 心也. 性者, 心之理也, 情者, 心之用也, 心者, 性情之主也。
9) 『伊川易傳』 「序」에 보인다.

날쭉하여 가지런하지 않은 것은 비록 기가 그렇게 만든 것이라 하더라도 반드시 리(理)가 이일을 주재함이 있으니, 들쭉날쭉하여 가지런하지 않은 소이(所以)는 역시 리가 마땅히 이와 같은 것이며, 리가 이와 같지 않은데 기만 홀로 이와 같은 것은 아니다."[10] 본말을 겸하여 거론하는 이런 관계는 상하를 다 갖추고 있어서 뒤엎어 깨뜨릴 수 없는 설이다. 율곡의 바른 견해가 이와 같다. 그러므로 선사(先師: 기정진)께서 "저절로 그러한 것이고, 시키는 존재가 있는 것이 아니다."[11]라는 한 마디 말을 유행하는 측면에서 설명한 말이라고 단언하신 것이다. 이는 도리(道理)의 근원은 아는 이의 입장에서 보면 진실로 깨닫기 어려울 리가 없지만, 어두운 자의 입장에서 말하면 날마다 쓰면서도 알지 못하고 습관이 되어 살피지 못한다. 그러므로 혹 근본을 놓치고 말단을 들며, 형이하를 말하고 형이상을 누락하니, 후학 중에 말만 따라서 해석을 만들어내고 말에 집착하여 본지를 어지럽히는 자들이 어찌 가려짐이 없을 수 있겠는가? 그러므로 선사께서 또 "너무 통쾌하게 말해서 말폐가 이 지경에 이를 것을 미처 세밀하게 생각하지 못할까"[12] 의심한 것은 이 때문이다.

주자가 말한 "하나의 기가 유행한다."의 위 문장에 "하늘은 단지[天祗是]"라는 석 자가 있고, "어찌 하나하나 치장해서 이렇게 될 수 있는 것이겠는가?"의 아래 문장에 "단지 하나의 커다란 근본 가운데서 유출하여[祗是大原大本中流出]"라는 한 구절이 있다. "하늘은 단지 하나의 기가 유행한다."고 하였으니, 하나의 기가 유행하는 것이 곧 하늘이고, 하나의 기가 유행하는 이외에 다시 별도로 하늘을 토론할 곳이 없다. "어찌 하나하나 치장해서 이렇게 될 수 있는 것이겠는가?"고 하였으니, 하늘이 사물에 대해서 화공이 하나하나 치장해 만들어내는 것과는 같지 않다. "단지 하나의 커다란 근본 가운데서 유출하여"라고 하였으니, 비록 사물마다 하나하나 치장해내지는 않을 지라도 사물이 스스로 형색을 갖는 것은 실제로 이 리(理) 안에서 나온 것이니, 곧 리가 스스로 이와 같다는 것이다.

이제 앞뒤를 잘라버리고 구절만을 따다가 "리는 기를 부리지 않는다."는 증거로 삼되, "다시 '리가 스스로 이와 같다'는 말을 붙이지 않은 것이다."고 이르니, 모르겠으나 보는 데에 소탈해서 그런 것인가? 아니면 자기의 견해를 펼치려고 앞사람의 말을 몰아다가 자기를 따르게 하는 것인가? 그렇다면 천하 사람이나 후세 사람들이 반드시 모두 맹인은 아닐 터인데 어떻게 하려는 것인가? 주자의 이 말은, 곧 하늘이 사물을 각자 그 사물에 맡겨 두는 곳에 리가 사물마다 하나하나 치장해 낸 적이 없지만 사물마다 스스로 이와 같음은, 바로 이 리의 "시키지 않는 시킴"과 "함이

---

10) 『栗谷先生全書』 卷10 「答成浩原 壬申」에 보인다.

11) 『栗谷先生全書』 卷10 「答成浩原 壬申」에 보인다.

12) 『蘆沙先生文集』 卷16 「猥筆」: 竊意前賢之論, 或發之太快, 末弊之至斯, 容有未之細思也.

없는 함"이 하나의 기가 유행하는 윗면에 먼저 갖추어 있어 각각 스스로 형색을 갖는 가운데에서 바르게 하기 때문이다.

5. 〈노사는〉 "동(動)하고 정(靜)한 것이 기이며, 동하게 하고 정하게 하는 것이 리이다. '동하게 하고 정하게 하는 것'이 '그렇게 시킴'이 아니고 무엇인가?"라고 말했다. 내 생각에, "리가 시킨다.[理使]"는 것은 단지 근저가 될 뿐임을 이르니, "기에 정의(情意)가 있음"과는 같지 않다. 그러므로 심명중(沈命中)의 "동(動)하게 하고 정(靜)하게 한다는 것이 어찌 조작(造作)이 없는 것입니까?"라는 물음에 대해, 우암이 말하기를 "그것은 자연(自然)에 불과할 따름이니, 음양과 오행의 운용과는 같지 않다."라고 하였다. 지금 노사의 견해는 바로 심씨가 말한 뜻과 같은 것이나, 〈노사가〉 "동하게 하고 정하게 하는 것이 리이다.[動之靜之者理]"라고 말한 것이 또 율곡이 "발하는 것은 기이다.[發之者氣]"[13]라고 말한 것과 어세가 같으니, 어찌 '기를 리로 인식하는 데로 귀결되지 않겠는가? 운운.

"동(動)하고 정(靜)한 것이 기이며, 동하게 하고 정하게 하는 것이 리이다."라고 한 구절은 율곡의 말을 되풀이한 것인데[「천도책(天道策)」과 「역수책(易數策)」에 보인다.][14] 이와 같이 비난하고 배척하는 것은 어째서인가? 진실로 이른바 "그 사람이 있는 곳만을 보고 공격한다."는 것일 뿐이니, 어찌 일찍이 정론이 있는 것이겠는가? 주자는 "기는 리에 근본하여 생겨난다."[15]고 말했는데, 여기서 "생겨나는 것"은 기이다. 공자는 "태극(太極)이 양의(兩儀)를 낳는다."고 말했는데, 여기서 "생기게 하는 것"은 태극이다. 동하게 하고 정하게 하는 것은 곧 "생기게 한다."는 말이다. 기의 기틀이 이미 스스로 동정할 수 있는데 이른바 태극과 그 생겨나게 하는 것과 아울러 없다고 한다면 바로 퇴계(退溪)의 이른바 "다만 본체의 함이 없음만 보고 신묘한 작용이 능히 드러나 행해짐을 모른다면 이는 자못 리를 죽은 물건으로 인식하는 것이다."[16]라는 것이니, 어찌 온갖 변화의 근저라고 할 수 있겠는가? 그렇다면 저 간재의 이른바 "단지 근저가 될 뿐"이라는 것이 곧 지나가버린 헛소리이다. 심명중(沈明仲)이 동하게 하고 정하게 하는 것에 스스로 그렇게 하는 신묘함이 있는 줄 모르고 리(理)에 조작이 있다고 의심하였기 때문에 우암(尤庵)이 "시킨다는 것은 저절로 그렇게 시킴이니 음양오행의 운용과 조작과는 같지 않다."고 대답하고, 이어서 곧바로 "이 음양오행이 운용하고 조작할 수 있는 소이가 어찌 리가 아니겠는가?"라고 하였다.

또 주자가 "만일 리에 동정이 없다면 기가 무엇으로부터 동정이 있겠는가?"라고 한 말을 인용

---

13) 『栗谷先生全書』卷10「答成浩原 壬申」: 發之者氣也, 所以發者理也, 非氣則不能發, 非理則無所發.

14) 『栗谷先生全書』卷14, 잡저에 「天道策」과 「易數策」이 있다.

15) 『朱子語類』「鬼神」: 用之問: "先生答廖子晦書云: '氣之已散者, 旣化而無有矣, 而根於理而日生者, 則固浩然而無窮也.

16) 『退溪先生文集』卷16「答奇明彦」에 보인다.

하여 기의 동정은 실제로 리가 그렇게 하도록 시킨 것임을 밝혔다. 또 "하늘은 음양오행으로 만물을 화생(化生)한다."는 말을 인용하여 "이른 바 하늘이란 리일 뿐이다."라고 하였다. 이것으로써 변화하고 생성한다는 것이 그렇게 하도록 시키는 것이 아닌가? 이는 리(理)에 운용하고 조작하는 일은 없지만 그 운용하고 조작하는 신묘함은 리가 실제로 지니고 있다. 이것이 동하게 하고 정하게 함에 저절로 그렇게 하는 신묘함이 있다는 것이다.

지금 "시킨다[使]"는 글자를 "조작"으로 인식하면 이는 다시 심씨의 잘못된 관점을 뒤따르는 것이고, 우암의 학설을 "그렇게 하는 존재가 있는 것이 아니라"는 증좌로 삼는다면 이는 도리어 우암을 심하게 무고함이 되지 않겠는가? 심지어 "발하는 것은 기이다."는 발하는 기틀을 가리켜서 말한 것이고, "발하게 하는 소이는 리이다."는 발하게 하는 주체를 가리켜서 말한 것이다. 발하는 것 위에 이미 발하는 소이가 있으니, 발하는 소이가 어찌 발하는 것의 근저와 추뉴가 아니겠으며, 발하는 것이 명을 받은 곳이 아니겠는가? "동하게 하고 정하게 하는 것"이라는 말은 바로 동정하는 소이를 이른다. 대개 기에 나아가 리를 말하면 "발하는 것은 기이다."라고 말하니, 발(發)이 이 리(理)를 얻어 나오게 됨을 말하여 '그 발하는 것이 기를 타는 것임'을 밝힌 것이다. 리에 근본하여 기를 말하면 "동하게 하고 정하게 하는 것은 리이다."라고 말하니, 동정이 이 기(氣)를 얻어 유행함을 말하여 '동정이 리에게 명령을 받은 것임'을 밝힌 것이다.

두 학설은 다만 횡설(橫說)과 수설(竪說)의 차이만 있을 뿐, 실제로는 서로 발명하는 것이다. 진북계(陳北溪)가 리에는 "능히 그러함[能然]", "반드시 그러함[必然]", "마땅히 그러함[當然]", "저절로 그러함[自然]"의 종류가 있다고 하면서, 묻기를 "예컨대 동정은 기이고, 동정할 수 있는 소이는 리입니다."라고 하였는데, 주자가 "이 뜻이 매우 구비되었다."[17]고 답하였으니, 동정할 수 있는 소이가 "동하게 하고, 정하게 하는"을 이른 것이 아닌가? 그런데도 주자의 문하에서 주고받은 뜻이 또한 기를 리로 인식하는 부류로 함께 귀결될 수 있는가?

6. 또 그 말대로라면, 말하고 침묵하는 것은 입이며, 말하게 하고 침묵하게 하는 것은 성(性)이다. 나는 "성(性)은 말하고 침묵하는 이치가 되고, 입과 혀는 그에 따라 말하거나 침묵하는 것"이라는 말을 들었으니, 이것이 주자가 이른 바 "리(理)에 동정이 있다.[리(理)에 기(氣)가 동정하는 리가 있다는 말이요, 리가 〈기보다〉 먼저 저절로 동정을 지닌다는 말이 아니다. 이 구절은 전후의 독자들이 대부분 잘 살펴 이해하지 못했다.] 그러므로 기(氣)에 동정이 있다."[18]는 것이다.[앞뒤에 있는 두 "동정"은 모두 기(氣)를 가리켜 말한 것이니, 하나는 리에

---

17) 『性理大全書』卷34「性理六 理」에 보인다.
18) 『晦庵集』卷56「答鄭子上」: "理有動靜, 故氣有動靜, 若理無動靜 則氣何自而有動靜乎? 且以目前論之, 仁便是動, 義便是靜, 此又何關於氣乎?"

속하고 하나는 기에 속해서 두 개의 동정이 있는 것이 아니다.] "성(性)이 스스로 말하거나 침묵한다."는 말은 들어보지 못했다. 이러므로 고자(告子)나 불교의 "지각과 작용이 성(性)이다."라는 주장과 양명의 "양능(良能) 및 보고 듣고 말하고 행동하는 것이 곧 천리이다."[19]라는 주장은 모두 '기를 리로 여기는 것[認氣爲理]'으로서, 우리 성인(聖人)의 가르침과는 다른 것이다. 주자가 쓴 「답호계수(答胡季隨)」의 편지에 "자기의 마음을 스스로 살핀다.[自心自省]"는 말이 있으니, 주자가 어찌 성찰하는 이치가 성(性)으로부터 나오고, 성찰할 수 있는 것은 심이지 성이 아님을 몰랐겠는가? 그러므로 이와 같이 말씀하신 것이다. 운운.

말하고 침묵하는 것은 입이며, 당연히 말해야 하고 당연히 침묵해야 하는 것은 리(理)이고, 말할 수 있고 침묵할 수 있는 것도 리이다. 당연히 말해야 하고 당연히 침묵해야 하는 리가 있기 때문에 사물(事物)이 오면 문득 말할 수 있거나 침묵할 수 있어서 입이 사물에 따라서 말하기도 하고 침묵하기도 하는 것이니 이 말에 저 간재(艮齋)는 반드시 크게 놀랄 것이다. 그러나 주자는 말하였다. "태극은 곧 동정(動靜)할 수 있다." 또 말하였다. "성(性)은 곧 이렇게 해낼 수 있는 리(理)이다." 이것이 내가 근본으로 여기는 바이다. 만일 성(性)에 말하거나 침묵할 수 있는 리가 없다면 입이 무엇을 근거로 말하거나 침묵하겠는가? 인용한 "리(理)에 동정이 있기 때문에 기(氣)에 동정이 있다."라는 말은 주자의 본래의 말에는 단지 이 구절만 있었을 뿐인데, 곧 「외필변」에서 이와 같이 자세하게 주해를 달았으니 이는 오히려 혹 속일 수 있는 방법을 만들고자 그랬을 것이다. 그러나 〈『주자대전』에〉 이 구절에 이어 다음과 같은 몇 구절이 있다. "만일 리에 동정이 없다면 기가 무엇을 근거로 동정할 수 있겠는가? 우선 눈앞에 있는 것을 가지고 논해 보면, 인(仁)이 바로 동(動)이고 의(義)가 바로 정(靜)이니 또 기(氣)와 무슨 관련이 있는가?" 이는 과연 리에 스스로 동정이 있다는 것이 아니겠는가?

진북계(陳北溪)가 "먼저 이러한 동(動)의 리와 정(靜)의 리가 있고나서 이미 음양을 낳으면, 리가 또 음의 정(靜)과 양의 동(動) 속에 있는 것이겠군요?"라고 물으니, 주자가 옳은 말이라고 하였다.[20] 이 또한 기를 리로 인식하는 부류에 귀결되는가? "전후의 독자들이 대부분 살피지 못했다."라고 한 것은 자신이 독자적으로 터득한 견해가 전후의 독자들을 뛰어넘는다고 여기는 것인가? 그러나 이전에는 순자(荀子)와 양웅(揚雄)이 성(性)을 논했고, 이후에는 육상산과 왕양명이 심(心)을 말했으니, 그들이 어찌 일찍이 독자적으로 터득한 견해라고 자처하지 않은 적이 있었나? 두렵고 한탄할 만한 일이다. 지각(知覺)이 형기(形氣)에서 생겨나는 것은 본래 성이라고

---

19) 『王文成全書』 卷1 「語錄一」: 那能視聽言動的這箇便是性, 便是天理.

20) 『朱子語類』 卷94 「太極圖」: 問: "'太極動而生陽', 是有這動之理, 便能動而生陽否?" 曰: "有這動之理, 便能動而生陽; 有這靜之理, 便能靜而生陰. 旣動, 則理又在動之中; 旣靜, 則理又在靜之中." 曰: "動靜是氣也, 有此理爲氣之主, 氣便能如此否?" 曰: "是也. 旣有理, 便有氣; 旣有氣, 則理又在乎氣之中.

이를 수 없지만, 그 본연의 지각이 지(智)의 덕이 되어 시종을 이루고, 지(智)의 작용이 시비를 분별하는 것도 성이라고 이를 수 없는 걸까? 참됨(眞)과 망령됨(妄)을 구분하지 못하는 작용은 진실로 성이라고 이를 수 없지만, 리에 근본하여 절도에 알맞은 것도 성이라고 이를 수 없는 걸까? 천리와 사욕을 구분할 수 없는 시청언동(視聽言動)은 진실로 성이라고 이를 수 없지만, 총명하여 공손함을 따르는 것도 성이라고 이를 수 없는 걸까? 정자가 말하였다. "보고 듣고 생각하고 동작함은 모두 천리(天理)이다. 다만 그 가운데 참됨(眞)과 망령됨(妄)을 인식하여야만 한다."21) 【주자가 말하였다. "보고 듣고 생각하고 동작함은 모두 천리이니, 순하게 발출하여 당연한 리 아님이 없는 것이 곧 이른 바 참됨(眞)이다. 망령됨(妄)은 도리어 천리에 상반되는 것이다."】22) 참됨(眞)과 망령됨(妄)을 구분하지 않고서 대충 성이 아니라고 한다면 지각하고 운용하는 모든 시청언동(視聽言動)이 전부 성(性) 밖의 물건이 되니, 이른 바 성(性)이라는 것은 온갖 선(善)의 벼리가 될 수 없고 공허하고 적막한 데 빠져서 "대충 성(性)이라고 하는 것"과 그 차이가 적지 않을 것이다.

주자가 이백간(李伯諫: 李宗思)에게 묻기를 "천명(天命)을 성(性)이라고 하는데, 그대는 이 구절을 보고 공허하여 하나의 법(法)도 없는 것이라고 여깁니까? 아니면 온갖 리(理)가 다 갖추어진 것이라고 여깁니까?"23) 하였는데, 나도 이 문제를 가지고 묻고 싶다. 주자는 「답진위도(答陳衛道)」의 편지에서 유학과 불교의 차이를 매우 상세하게 변론하여 다음과 같이 말하였다. "성명(性命)의 리(理)는 단지 일상생활에 달려 있을 뿐입니다. 다만 매사에 하나의 옳은 곳을 찾는다면 그것이 바로 리의 실제이니, 선가(禪家)의 견해가 다만 애매모호한 데에 있는 것과는 비교할 수 없습니다. 석씨(釋氏)는 육용(六用)24)이 행해지지 않으면 본성이 저절로 드러난다고 하였는데, 이 점이 바로 잘못된 부분입니다. 육용(六用)이 어찌 성(性)이 아닙니까? 만일 육용이 행해지지 않고 나서야 성(性)이 드러난다면, 이는 성이 육용의 밖에 있는 것이어서 별도로 하나의 물건이 됩니다." 지금 보고 듣고 동작하는 것을 떠나 성(性)을 말한다면 성은 결과적으로 일상생활의 밖에 있어서 별도로 하나의 물건이 되니 바로 우리 성인의 가르침과는 다를 것이다. "자기의 마음을 스스로 살핌[自心自省]"은 본래 주자가 "경(敬)"자를 하나의 물건으로 여기고 또 하나의 마음으로 이를 지키는 자를 위하여 말했을 뿐이니 곧 스스로 주재함을 이른다. "자기의 마음을 스스로 살핌[自心自省]"의 아래에 곧바로 "심[當體]이 곧"이라는 한 구절을 이었으니, 이는 바로 마음이 곧 경(敬)임을 이른다. 이것이 어찌 기가 스스로 살필 수 있음을 이르는 것인가? 그런데도 이를 인용하여 "기틀이 저절로 그러함[機自爾]"의 증거로 삼았으니 매우 어긋나지 않는가? 심

---

21) 『二程遺書』 卷11에 보인다.
22) 『朱子語類』 卷95 「程子之書一」에 보인다.
23) 『晦庵集』 卷31 「答張敬夫」: 熹因問之, 天命之謂性, 公以此句爲空無一法耶? 爲萬理畢具耶?
24) 육용(六用): 불교에서 마음을 움직이는 여섯 가지 작용, 즉 눈, 귀, 코, 혀, 몸, 뜻의 육근(六根)을 가리킨다.

(心)은 불[火]에 속하고 경(敬)은 예(禮)이니, 예(禮)는 불의 신(神)이며 심(心)의 덕이 된다. 그러므로 심이 곧 경이고 경이 곧 심이니, 심과 성(性)이 애초에 두 갈래가 아님을 여기에서도 알수 있을 것이다. 지금 심을 오로지 기로만 간주하여 성(性)과 갈라서 두 가지의 물건으로 여기니이것이 어찌 주자의 본의이겠는가? 주자는 "심은 주재하는 것이다." 라고 말하였다. 여기에서이른바 "주재자(主宰者)"는 바로 리이니, 심 이외에 따로 리가 있고 리 이외에 따로 심이 있는것이 아니다. 만일 어떤 사람이 저 사람(간재)이 설명한 것을 주자에게 질정한다면 주자가 흐뭇한 미소를 지으려 하겠는가?

어떤 이가 "이와 같다면 리로 리를 갖추고, 리로 리를 묘용(妙用)한다는 혐의가 없겠느냐?"고묻는다면 "리로 리를 묘용함은 애초에 혐의할 것이 없다."고 말할 것이다. 리는 주재가 항상 정해져 있는 것으로 말하는 경우가 있으니, 하늘에 있는 것을 제(帝)라하고 사람에 있는 것을 심이라한다.【주자가 말하였다. "인(人)자는 천(天)자와 흡사하고, 심(心)자는 제(帝)자와 흡사하다."】 발출하여 같지 않게 되는 것으로 말하는 경우가 있으니, 하늘에 있는 것을 원형이정(元亨利貞)이라 하고 사람에있는 것을 인의예지(仁義禮智)라 한다. 그러나 '주재가 항상 정해져 있는 것'이 곧 '발출하여같지 않게 되는 것'이니, 또한 피차가 있는 것이 아니다. 그러므로 성(性)이 발출한 것에 대해인(仁)을 의(義)라 할 수 없으며, 의(義)를 인(仁)이라 할 수 없으니, 각각 한 가지 일을 전담하는것이다. 그러나 어떤 정(情)을 막론하고 틈만 있으면 새어나오는 것은 인(仁)이고, 찬란히 빛나베풀어 드러나는 것은 예(禮)이며, 단호하게 결단하고 제재하는 것은 의(義)이고, 환하게 밝아함축하고 감추고 있는 것은 지(智)이다. 이것이 하나의 정이 또 각각 네 가지를 갖추고 있다는것이다. 인(仁)은 네 덕을 포함하고 있으며 지(智)는 처음을 시작하고 끝을 맺을 수 있다. 무릇사물이 다가오면 지(智)는 문득 시비(是非)를 알 수 있고, 알고 나면 문득 세 가지에 교부하고또 다시 재빠르게 수렴한다. 그러므로 인(仁)과 지(智)가 교제하는 것이 곧 온갖 변화의 기축(機軸)이라고 하는 것이니, 이것이 심(心)이 중리(衆理)를 묘용하여 주재하는 것이다. 대체로 리의큰 작용으로 말하면 신묘함이라고 하는데 신묘함이 바로 주재하는 것이고, 리의 전체로 말하면갖춤이라고 하는데 하나의 실제 가운데 만 가지 나눔이 갖추어졌다는 것이다. 그러므로 성은태극의 혼연한 본체이고, 그 가운데 온갖 리를 갖추고 있다고 하는 것이다. 오직 갖추고 있기때문에 신묘하게 쓰는 것이다. 눈금 없는 저울과 마디 없는 자가 어떻게 무게를 잴 수 있으며,길이를 헤아릴 수 있겠는가?

7. 〈노사가〉 "이 말[馬]은 변방노인이 얻은 것이니 원래부터 타던 말이 아니다. 이제부터는 반드시동쪽으로 가거나 서쪽으로 가야할 형편이라면 〈위태롭게〉 오직 말 머리만 바라보고 가야 할 것이다."라고 했는데, 이 또한 자세히 따져보아야 하며 간단히 보아 넘겨서는 안 된다. 대개 사람들은 모두

태극을 지니고 있지만 기품이 이미 다르니, 욕심이 움직이고 감정이 이겨서, 이해(利害)를 다퉈 서로 공박하는 우환이 종종 발생한다. 이때에 이른바 '원래 말에 탔던 주인'이 이미 조종(操縱)하는 힘이 있고 또한 '가·불가를 주장함[適莫]'이 없는 경우가 아니라면["조종(操縱)"과 "적막(適莫)"은 모두 「외필」에 있는 말이다.] 어떻게 동쪽으로 가거나 서쪽으로 가야함에 오직 말에 달려있는 잘못이 생기겠는가? 이는 마땅히 명확히 따져 확실하게 간파해야 한다. 그렇지 않으면 사람들이 "주인이 향하는 곳으로 어찌 종이 가지 않는 자가 있겠느냐?"는 말을 믿지 않을 것이다. 아, 위태롭다!

주인이 향하는 곳으로 종이 가지 않음이 없는 것은 상도(常道)이며 본래 그런 것이고, 말이 궤도를 따르지 않고 때로 제멋대로 달리는 것은 변고(變故)이며 말단의 폐단이다. 변고를 가지고 상도를 힐난하고 말단의 폐단을 들어 그 근본을 의심하니, 그렇다면 위로 성현의 말씀부터 하나도 믿을 만한 것이 없을 것이다. 하늘의 도는 잘 심어진 것은 북돋아 주고 기울어진 것은 엎어 버리며, 큰 덕을 지닌 자는 반드시 작록과 지위를 얻으니, 이런 것이 상도의 리이다. 기수(氣數)에 의해 변하여, 안연은 요절하고 도척은 장수하는 고르지 못하나 공자·맹자가 궁벽하게 지내며 영달하지 못함으로 인해 자사(子思)의 말을 장차 믿지 못한단 말인가? 인성(人性)이 균등하게 선(善)하여 모두 요순처럼 성인이 될 수 있는 것은 본래 그러한 것인데, 기질에 가려서 타고난 성을 타고난 성대로 발휘하되 요순 같은 성인이 되는 자가 천명 만명 가운데 한 두 사람 찾기도 어렵다. 이로 인해 맹자의 말도 장차 믿지 못한단 말인가? 기수(氣數)가 비록 변하더라도 천도에 상도가 있음을 알며, 기질이 비록 다르더라도 인성(人性)이 본래 같음을 알며, 기의 기틀이 비록 위태롭더라도 이 리가 주체가 됨을 안다면, 상도에 의거하여 변함에 대응하며 근본에 돌이켜 말단을 구하며 리를 주인으로 하여 기를 통솔할 것이니, 이것이 군자가 경계하고 삼가며 두려워하여 잠깐이라도 감히 소홀히 하지 않는 이유이다. 위아래의 구분을 분명히 하고 주인과 종의 구별을 엄격히 하여 이것으로 방비하더라도 오히려 서로 다투는 근심이 있는데 하물며 처음부터 리가 주재가 됨을 알지 못하고 권세와 호령을 온통 기의 기틀에 맡기면 어찌 위태롭지 않겠는가? 어찌 위태롭지 않겠는가?

"가·불가를 주장함[適莫]"이나 조종한다는 말은 모두 인사(人事)의 감정과 의지를 담은 글자를 빌려서 천리가 소리도 없고 냄새도 없는 가운데 신묘함을 밝힌 것이다. 만약 샅샅이 〈허물을〉 찾아내려는 마음이라면 말에 집착하여 기롱하는 것이 괴이할 것이 없다. 대체로 "가·불가를 주장함[適莫]"은 리가 반드시 그렇게 하는 신묘함을 말하는 것이다. 즉 뿔나는 짐승은 항상 뿔이 나고 갈기가 생기는 짐승은 항상 갈기가 생기니, 이것이 "가함[適]"이라고 말하는 부분이다. 겨울에는 갈옷을 입지 않고 여름에는 갖옷을 입지 않으니 이것이 "불가함[莫]"이라고 말하는 부분이다. 이는 모두 반드시 그러하여 바꿀 수 없는 것들이다. "조종하는 능력이 있지 않다."와 같은 것은 대개 "본래 지니고 있지 않다."는 것을 말씀한 것이다. 선사(先師)는 일찍이 "리에는 반드시 그렇게 하는 신묘함은 있으나 그렇게 할 수 있는 힘은 없다."고 말씀했다. "그렇게 할 수 있는 힘"도 오히려 없다고 하셨으니 하물며 "조종하는 힘"이겠는가? 그러므로 "본래 지니고 있지 않다."고 말한 것이니, "없다"고 하지 않고 "지니고 있지 않다"고 한 것에서 또한 알 수 있다. 주자는 "리에 그렇게 할 수 있음이 있다."고 분명히 말했으니 어찌 그렇게 할 수 없다고 말할 수 있겠는가? 다만 그런 힘이 없을 뿐이다. "조종한다"도 마찬가지이니 어찌 그 힘을 가지고 있지 않다하여 마침내 그 신묘함이 없다고 이를 수 있겠는가? 리가 애초에는 선하지 않음이 없다가 간혹 기에 구속되고 사욕에 가려서 곧게 이루지 못하고 악에 흘러가는 경우가 본래 또한 있다. 그러나 선한 것은 마침내 반드시 이루어지고 악한 것은 끝내 반드시 이루지 못한다. 나라의 치란과 사람의 화복이 비록 혹시 늦거나 빠르고 오래거나 가까운 차이는 있지만 그 종극을 궁구해보면 부절을 합치듯 어긋나지 않음을 기다릴 수 있을 것이니 이것이 리가 조종하는 곳이라서가 아닌가? 다만 저절로 그러한 신묘함은 있으나, 작위하는 힘이 있는 것이 아닐 뿐이다.

8. 〈「외필」에서 말하였다.〉 "'리가 발한다.[理發]'는 말은 오늘날 크게 금기어(禁忌語)가 되어 조금이라도 변화를 행하여 조리를 이루는 것을 보면 곧 '기'라고 말한다. '누가 이것을 주장하느냐?'고 물으면 '그 기틀이 저절로 그러하니, 그렇게 하도록 시키는 존재가 있는 것이 아니다.'고 말하며, '이른바 리는 어디에 존재하느냐?'고 물으면, '기를 타고 있다.'고 말한다. 애초에 이미 그렇게 시키는 묘(妙)가 없고, 또 끝까지 '조종(操縱)하는 힘도 없어' 다만 붙어있어 탈 뿐이면, 무슨 일을 할 수 있겠는가? 있어도 도움 될 만한 것이 없고, 없어도 부족할 것이 없으니, 아! 가련하구나! 그렇게 된 이유를 탐구해보면, '타다[乘]'라는 글자가 그 본지를 잃은 것에 근원하니, 어느새 리는 가벼워지고 기는 무거워지는 데 이르러 곧바로 기가 리의 자리를 빼앗아 만사의 본령이 되고야 말았으니, 한 글자가 본지를 잃음에, 그 화(禍)가 곧 여기에 이른 것이다."

내 생각은 아래와 같다. 율곡 역시 일찍이 "누가 그 기틀을 주장하는가? 아! 태극이다!"라고 말했는데, 이것이 어찌 일찍이 기를 모든 일의 본령이라고 여긴 것이겠는가? 〈율곡은〉 또 "성이 발한 것이 정이다.[性發爲情]"라고 말했으니, 「외필」에서 말한 것들은 율곡이 이미 훤히 알고 있는 것이었다. 다만 '리발(理發)'을 잘못이라고 여기는 것은 도리어 곡절이 있으니, 실제로 리기호발설(理氣互發說)로 인해 말한 것일 뿐이다. 대개 "리가 근본[根柢]이 됨"으로부터 말하면, 기는 리의 용(用)이므로, 비록 "기발"이라 하더라도 또한 "리발"이라고 할 수 있다. 이는 마치 가는 것이 비록 말이라 하더라도, 주인은 사람이므로 통상적으로 "사람이 간다."고 말하는 것과 같다. 만일 "기(氣)만이 작용할 수 있음"에 의거하여 말하면, 리는 실제로 정의(情意)가 없으므로, 비록 선(善)한 정(情)이라 하더라도 다만 "기발"이라고만 말할 수 있다. 이는 마치 타고 있는 것이 비록 사람이라 하더라도, 길을 가는 것은 말이므로 구분하여 분명하게 "말이 간다."고 말하는 것과 같다. 만일 모두 리를 위주로 하고자 하여 용사처(用事處)에서도 "기발"이라는 글자를 붙이지 못하도록 금한다면, 이는 실정에 맞지 않는다. 비유하자면 신하가 군주의 명령을 시행함에, 시행하는 내용은 진실로 군주에게서 나오지만, 그것을 시행하는 사람은 결국 신하이지 군주가 아닌 것과 같다. 만일 반드시 시행하는 내용이 군주의 명이라고 하여, 신하의 행동을 가리켜 군주의 행동이라고 한다면, 명칭도 바르지 않고 말도 순조롭지 않게 된다. 하물며 갑작스럽게 "신하가 시행한다."는 글자를 지목하여 "신하가 군주의 자리를 빼앗았다."고 여겨서 주벌한다면, 어찌 이치에 마땅하겠는가?

  "태극은 기의 기틀을 주장한다."거나 "성(性)이 발한 것이 정(情)이다."라고 한 이 두 구절 뿐만이 아니라, 또 "온갖 종류의 정 가운데 어느 것인들 리에서 발현하지 않는 것이겠는가?"의 말이 있는데 「외필」 안에서 이와 같이 말한 것들은 율곡에게 있어서도 이미 훤히 알고 있는 것이었다. 선사(先師: 기정진)께서 일찍이 온갖 정이 리에서 발현되는 것을 정확하게 정론으로 삼아 문인들을 가르치고 인하여 후세의 유자들이 정론을 망각한 것을 탄식하였다. 이는 후세의 유자들이 정론의 소재를 고찰하지 않고 오로지 "저절로 그러하며, 시키는 존재가 있는 것이 아님[自爾非使]"의 말만을 주장하여 과장해서 리에 본연의 신묘함이 없고 기가 멋대로 자리를 차지하는 물건이 되게 하였으니 이것이 「외필」이 지어진 이유이다. "'리가 발한다.[理發]'는 말이 금기어(禁忌語)가 되었다."고 말한 것은, 지금의 학자들이 단지 "기가 발한다."는 한 마디에 의거하여 만약 "리(理)가 발한다."라고 말하는 자가 있으면 율곡을 배반한 것이라고 여겨 번번이 공격하고 배척해서 사람들에게 감히 입을 열지 못하게 했기 때문이다. 분명히 "오늘날의 학자 선비들"이라고 했음에도, 지금 도리어 율곡에게 그 말을 옮겨 견해의 차이를 가지고 걱정과 원망의 마음을 품고서 힘을 허비하여 흠을 찾아내려하니, 마음을 가다듬어 남이 말하는 뜻을 다 알 수 없음이 당연하다. 어찌 의도가 이처럼 심하겠는가? 율곡의 뜻을 논한 것은 진실로 옳다. 다만 윗 문단의 "리(理)는 동(動)하게 하거나 정(靜)하게 하는 것이 없다."는 설과 "성(性)은 말하거나 침묵할 수 없다."는 가르침으로 본다면 도리어 사람이 말을 부릴 수 없거나 임금이 신하에게 명령할 수 없는 격이다. 여기에서 곧 "사람이 간다."라고 말하거나 "임금이 명령한다."라고 말하여 그 견해를 조금 바꾸는 것은 어째서인가? 리는 본래 이와 같으니, 끝내 숨길 수 없는 것이 있어서일 것이다.

9. 「외필」에서 거론한 "한 번 음이 되고 한 번 양이 되는 것을 도(道)라고 한다."와 "태극이 양의[陰陽]를 낳는다."의 두 구절에 대해 누가 "그렇지 않다."고 하겠는가? 그러나 "사람이 도를 넓힐 수 있지, 도가 사람을 넓히는 것이 아니다.[人能弘道, 非道弘人]"라는 말이 유독 공자의 말씀이 아닌가? 아마도 하나에 집착하여 다른 하나를 버릴 필요는 없을 듯하다.

  내가 일찍이 생각해보니, 향인(鄕人)에서 성인(聖人)이 되고 현인(賢人)이 되는 것이 어찌 천지의 조화(造化)를 빼앗은 것이 아니겠는가? 그 공부는 비록 심(心)에 달려있는 것이라도 그 근원은 한결같이 성(性)에서 비롯되니, 그렇다면 "도가 사람을 넓힐 수 있다."고 말하더라도 안 될 이유가 무엇인가? 그런데도 성인의 말씀이 이와 같으니, 이에 대해서는 그 까닭을 깊이 생각해야만 한다. 무릇 도는 지극히 존귀한 실체이며 만물의 주인인데, 곧 낮추어 "작용이 있는 것"과 동급이 된다면, 도(道)와 기(器), 상(上)과 하(下)의 구분이 문란하여, 심(心)이 야심을 드러내는 싹을 저지할 수 없게 된다. 아! 성인의 뜻이 은미하도다![이를 통해 심(心)을 제한해야 하는데, 후세에는 오히려 이 심(心)이 대리(大理: 心)로서 소리(小理: 性)를 갖추고 있는 것이라고 일컫는 자가 있다.]

또 생각해보니, 심이 할 수 있는 일은 심지어 경(敬)으로 덕성(德性)을 높이고, 의(義)로 세교(世敎)를 도우며, 보통 사람을 가다듬어 성인(聖人)으로 만들고, 사람을 세워 천지에 참여하게 하니, 사람에게 있어 그 공효가 어떠한가? 비록 "형이상"이라는 명칭을 빌려주더라도 아깝지 않을 것 같다. 그런데 성인이 심(心)에 대해서 도(道)와 나란히 하는 것을 기꺼워하지 않았던 것은 또한 무슨 까닭인가? 석씨(釋氏)는 "리가 도가 된다."는 사실을 모르고서 "천상천하에 나만이 홀로 존귀하다."고 했는데, "나"는 "심"이 스스로 "나"라 하는 것이다. 심을 비록 정밀하게 연마하더라도 충막무짐(沖漠無朕)한 도와 비교한다면 결국에는 조금이나마 자취가 있으니, 이는 '허령한 것[心]'과 '참된 것[性]'은 원래부터 구별이 있어서 그런 것이다. 성인이 심(心)을 가리켜 도(道)라고 여기려 하지 않으셨으니, 그 근엄한 뜻이 어찌 이 때문이 아니겠는가? 이것[道]은 우리 유학에서 첫 번째 의리이며, 또한 첫 번째 뚝[防閑]이다. 이를 옛 철인에게 질정하고 싶지만 그렇게 할 수 없으니, 또한 현세와 후세의 현자들이 함께 바로잡기를 바란다.

"기가 도의와 짝한다.[配]"는 말은 들어 보았으나, "기가 도를 넓힐 수 있다."는 말은 들어보지 못했다. 호연지기가 도의에서 생겨나 성대하게 길러지기 때문에 도와 짝할 수 있다. 그러나 사람의 마음이 타는 기틀의 경우는 품부 받은 청탁(淸濁)에 따라 선악이 같지 않다.[율곡이 말하였다. "선은 맑은 기가 발현한 것이고, 악은 혼탁한 기가 발현한 것이다."][25] 개괄적으로 명명해서 "도와 짝한다."고 해도 오히려 불가하거늘, 하물며 도를 넓힌다고 말할 수 있겠는가? "짝한다[配]"는 돕는다는 뜻이다. "돕는다"고 말했으니 도가 진실로 주재가 되는 것이다. "넓힌다[弘]"는 크게 한다는 것이다. "크게 한다"고 말했으니 "크게 하는 자"가 스스로 주인이 되는 것이다. 기가 도의 주재가 된다는 말도 들어보지 못했다. 주자가 말하였다. "주재가 항상 정해진 것이 심이고, 발출이 똑같지 않은 것이 성이다." 주재가 항상 정해진 것으로 발출이 똑같지 않은 것을 검속한다. 이 때문에 넓힐 수 있는 것이다. 지금 주재가 항상 정해진 본체의 신묘한 작용을 논하지 않고 타고 있는 기틀에 해당시키려는 것은 진실로 이해할 수 없다. 도체는 함이 없다. 이른 바 없다는 것은 다만 그 자취가 없을 뿐이니 그것을 하는 신묘한 작용은 곧 본래 있는 것이다. 자신을 공손히 하여 남면하여

---

25) 『栗谷先生全書』卷14「人心道心圖說」에 보인다.

아무 하는 일이 없으나 구관(九官)과 십이목(十二牧)이 일찍이 이미 그에게 명을 받고, 전례(典禮)·전악(典樂)·장병(掌兵)이 각각 적임자를 두어 예악과 정벌이 천자에게서 나오니, 이것이 지극히 존귀한 실상이 되는 이유이며, 이것이 만물의 주재가 되는 이유이다. 막연히 아무런 주장도 없는 것처럼 오직 기의 기틀만을 본다면 곧 한(漢) 헌제(獻帝)가 헛되이 공허한 칭호를 껴안고 있는 격이니, 어찌 주(周) 평왕(平王)이 당에서 내려와 제후를 보는 것처럼 되지 않겠는가? 위아래 자리의 구분이 이에 문란해졌으니 과연 이 마음이 엿보는 싹을 막을 수 있겠는가? 지금 기의 기틀을 심의 본체에 해당시켜 위태롭게 엿보는 싹이 이와 같은데도 도리어 도를 넓히는 물건으로 여기는 것은 어째서인가?

"이 심(心)이 대리(大理: 心)로서 소리(小理: 性)를 갖추고 있는 것이라고 자칭한다." 이하에서 운운한 것은 벽산(蘗山: 이항로)과 중암(重菴: 김평묵)의 설을 비판하여 배척한 것이다. 대체로 심이라는 명칭을 얻은 것은 몸을 주재하기 때문에 그렇게 말한 것이다. 그 당체는 기의 정상(精爽)이며 화장(火臟)에 속하는 바 정신과 혼백을 운용하니, 〈심에서〉 추려내어 명명할 수 있는 성(性)과는 같은 것이 아니다. 주자가 "〈심(心)은〉 성(性)에 비해 약간 자취가 있다."[26]고 한 가르침은 이런 이유에서 말한 것이다. 그러나 하늘의 본체와 묘용을 얻은 것으로 말하면 성과 정의 밖에 다시 별도로 심이 있는 것이 아니다. 그러므로 맹자는 인의예지를 심이라고 하였고, 또 측은·수오·사양·시비의 단서를 심이라고 하였다. 정자는 "심·성·하늘은 하나의 리이다."라고 말하고, 장자(張子)는 "심은 성과 정을 통합한다."라고 말했는데, 주자가 이 말들을 자주 일컬었다. 또, "'심은 성과 정을 통섭[統]한다.'는 것은 '심은 성과 정을 통합한 명칭[統名]'이라고 말하는 것만 못하다."[27]라고 말한 것은 채원정(蔡元定)의 학설을 취한 것이고, 또 "심이 태극이다."라고 한 것은 소옹(邵雍)의 학설을 인용한 것이다. 또 말하였다. "원형이정은 천지가 만물을 낳는 마음인데 사람이 얻어서 심을 삼았으니, 발현하기 전에는 사덕이 갖추어 있고 발현한 후에 사단이 드러난다." 또 말하였다. "사람은 천지의 중도(中道)를 받아, 단지 하나의 심이 있을 뿐이다." 또 말하였다. "심은 천리가 사람에게 있는 전체이다." 또 말하였다. "심은 주재하는 것이니, 주재하는 것이 바로 이 리이다." 또 말하였다. "오직 심만은 짝이 없다." 이상은 모두 리로 심을 말한 것이다. 『맹자』라는 하나의 책은 심을 설명한 것이 가장 상세한데, 그 안에 어느 한 곳도 〈심을〉 기로 설명한 데가 없다. 기를 짝하여 말한 곳이 있기는 하다. "지(志)는 기의 장수이다."라고 하고, 또 "야기(夜氣)는 인의(仁義)의 심을 보존하기에 부족하다."라고 한 것이 이것이다. 정자가 말하였다. "반드시 인의(仁義)의 심(心)이 있고 난 뒤에 인의(仁義)의 기(氣)가 있다." 주자는 유씨(游

---

26) 『朱子語類』 卷5 「性理二」: 問: "如此, 則心之理乃是形而上否?" 曰: "心比性, 則微有跡; 比氣, 則自然又靈。"

27) 『朱子語類』 卷98 「張子之書」: 季通云: "'心統性情', 不若云'心者, 性情之統名'。"

氏)가 "심은 기와 합치하고, 기는 신(神)과 합치한다."고 말한 것에 대하여 유자의 말이 아니라고 하고, "심은 형체가 없지만, 기는 사물이 있다."고 하였다. 어떤 이가 "심은 몸에 있어서 정령(精靈)한 사물인가?"를 물으니, "리가 진실로 이와 같다."28)고 답하였다. 정자는 여여숙(呂與叔)이 "기를 기르는 것은 심을 기르는 것에 도움이 된다."고 말한 것에 대하여 "그렇지 않다."고 하며, "심을 기르는 것은 단지 심을 기르는 것이니, 또 무슨 도움이 필요하겠는가?"29)라고 말하였다. 주자가 말하였다. "잠깐 기를 기르면 기가 비록 길러지겠지만, 오히려 심을 기르는 것은 아니다." 또 말하였다. "오장(五臟)의 심장은 심이 아니라, 바로 심의 신명이 오르내리는 집이다."30) 이상은 모두 심과 기를 분별하여 심이 기가 아님을 밝힌 것이다.

이로써 살펴보면, 기를 가지고 심을 설명하는 곳에서, "타고 싣고 운용하는" 것을 도움 주는 것으로 삼아 말한 것일 뿐이다. 〈심시기(心是氣)를 주장하는 자들이〉 언제 전적으로 기로써 심을 논하여 곧 그 말투를 뒤집고 그 예봉을 갈아 없애서 힘써 학설을 세우고 무한한 감개를 함축함이 이처럼 깊고도 절실하였던가? 율곡에게 "심(心)이 기(氣)이다."는 학설이 있는 것은 기의 기틀과 동정의 측면에 나아가 설명했기 때문에 그런 것이니, 또한 주자의 "〈마음은 기의〉 정상(精爽)"이라는 학설과 같다. 그러나 통합해서 논한 곳에서는 반드시 성(性)·정(情)·체(體)·용(用)을 통합하고, 더 나아가 심성(心性)을 두 갈래로 말할 수 없다고 하였다.[「인심도심설」에서는 "성(性)은 심의 체이고, 정은 심의 용이며, 심은 발현되기 이전과 발현된 이후를 총괄한 명칭이기 때문에 '심이 성과 정을 통합한다.'고 하는 것이다."라고 하였고, 「극기복례설(克己復禮說)」에서는 "인(仁)을 본심(本心)의 온전한 덕"이라고 하였으며, 「잡기(雜記)」에서는 "오늘날의 학자들은 심과 성을 나누어 두 갈래로 여기니 큰 잘못"이라고 하였다.]31) 지금 반드시 심(心)과 성(性)을 두 가지 물건으로 여기고자 해서 오로지 기의 기틀만을 심체(心體)에 해당시키고, 리로 말하는 사람을 보면 이렇게 기운이 용솟음치는 것은 어째서인가? 화서문인의 학설은 또한 그 대략을 들은 적이 있으니, 이는 심의 전체와 묘용을 리라고 여길 뿐이다. 동정의 기틀에 대해서는 이 마음이 타고, 실리며, 운용하는 것이라고 여기니 어찌 아울러 리라고 할 수 있겠는가?

그들은 "심은 진실로 리이지만 타는 것은 기이다." 라고 말한다. 이는 심을 리라고 인식하면서 기에 구속되고 사욕에 가리는 것을 따지지 않으니 그 해는 진실로 이루 다 말할 수 없으며, 심을 가리켜 기라고 하여 천명의 주재를 알지 못하니 그 리 또한 밝혀지지 않음이 있을 것이다. 심을

---

28) 『晦庵集』 續集卷5 「答李孝述繼善問目」: 恐心又是身上精靈底物事。不知可以如此看否?
29) 『朱子語類』 卷97 「程子之書三」에 보인다.
30) 『朱子語類』 卷5 「性理二」에 보인다.
31) 『栗谷先生全書』 卷14 「雜記」: "性是心之理也, 情是心之動也, 情動後緣情計較者爲意。若心性分二, 則道器可相離也。情意分二, 則人心有二本矣, 豈不大差乎?

리라고 인식하면서 기에 구속되고 사욕에 가리는 것을 따지지 않는 것은 바로 육상산과 왕양명의 학설이다. 심을 가리켜 기라고 하면서 천명의 주재를 알지 못하는 것이 어찌 이전의 철인과 후대의 현자에게 질정하고자 하는 오늘날의 어리석은 자가 아니겠는가? 이전 철인의 가르침이 이상과 같이 소상한데도 이미 고찰하여 스스로 바르게 하지 않는다면, 설령 후대에 현자가 있어 바로잡고자 하더라도, 어찌 자기를 버리고 따르려 하겠는가? "천상천하에 나만이 홀로 존귀하다."라는 말에서 "나"는 과연 '심'이 스스로 '나'라고 하는 것이다. 석씨는 이미 리를 장애라고 여겼으니 그가 "나"라고 말한 것은 단지 어리석고 흐리멍텅한 가운데 그림자만 보고 그 안의 도리는 보지 못한 자일 뿐이다. 주자가 말하였다. "석씨(釋氏)가 비록 하나의 마음을 밝힌다고 스스로 말했지만 실제로는 심체(心體)를 알지 못했고, 심 이외에 따로 법을 두어 천하의 큰 근본을 확립하기에 부족했다. 성인의 문하에서 말하는 심(心)은 천서(天敍)·천질(天秩)·천명(天命)·천토(天討)와, 측은·수오·사양·시비가 전부 구비되지 않음이 없고 심 이외의 법은 없다."[32] 또 말하였다. "유학과 불교의 차이는 바로 우리는 심과 리를 하나로 만드는데, 저 불교는 심과 리를 둘로 만든다는 것이다."[33] 그렇다면 이른바 "나만이 홀로 존귀하다."는 말은 리(理)와 둘이 되니, 성인의 문하에서 말하는 심(心)이 아니다.

지금 성인의 문하에서 말하는 심을 심이라 여기지 않고 도리어 "심과 리가 하나이다."는 학설이 불교의 견해에 귀결한다고 기롱하니, 이런 의론은 참으로 "일곱 성인이 모두 길을 잃어 헤매다. [칠성개미(七聖皆迷)]"[34]의 상황과 흡사하다. 또 주자는 성정(性情)의 덕과 중화(中和)의 신묘함을 논하면서 반드시 심을 위주로 하였다. 또 「답장경부(答張敬夫)」의 편지에서는 "심(心)은 성(性)과 정(情)을 포괄하니 '심(心)'이 자모(字母)[35]이므로 성(性)과 정(情)은 모두 심(心)에 속합니다."라고 말하였고, 또 "'하늘이 명한 것을 성(性)이라고 한다.'는 말은 요컨대 하늘이 심(心)에 명해야 바야흐로 성(性)이 된다는 것입니다."라고 말하였다. 그런데 지금 성을 떠나 심을 말하고 성을 높이고 심을 낮추니, 이미 석씨가 이른바 "심"을 심으로 여긴다면 낮추는 것이 마땅하나, 그 또한 주자의 본지와는 모순이 될 것이다. 일찍이 의춘(宜春)의 전생(田生)을 통하여 이른바

---

32) 『朱子大全』 卷44 「性理三」에 보인다.

33) 『朱子語類』 卷126 「釋氏」: 吾以心與理爲一, 彼以心與理爲二。亦非固欲如此, 乃是見處不同, 彼見得心空而無理, 此見得心雖空而萬理咸備也。雖說心與理一, 不察乎氣稟物欲之私, 是見得不眞, 故有此病。大學所以貴格物也。

34) 칠성개미(七聖皆迷): '길을 잃어 방향을 모른다'는 뜻이다. 『莊子』 「徐无鬼」에 "양성의 들판에 이르자 일곱 성인이 모두 길을 잃었다.[至於襄城之野 七聖皆迷]"라고 하였다. 七聖은 일곱 사람의 성인 즉, 黃帝·方明·昌寓·張若·謵朋·昆閽·滑稽로, 황제가 具茨山에 가서 大隗[천지]를 보려고 方明 등 6인을 데리고 떠났는데, 襄城에 이르러 방향을 몰라 말 모는 동자에게 길을 물은 일이 있다.

35) 자모(字母): 한자에서 많은 글자의 모체가 되는 부수인 글자를 말한다. 곧 心是字母는 '忄' 부를 가리킨다.

「구산잡저(臼山雜著)」[36]를 얻어 살펴보았는데 "신(神)"자를 전적으로 "기(氣)"자로 간주하니, 이것이 기(氣)로 심(心)을 말하는 근본적인 이유였다. 대체로 기로 신을 말한 곳은 진실로 많다. 『주역』「계사전」에서 말한 "예측할 수 없는 음양의 활동을 신(神)이라고 한다."와 "신(神)은 만물에 신묘하게 작용하는 것이다." 같은 따위의 신(神)자를 상통하여 기(氣)라고 한다면, 하나의 기(氣)자로 천하의 도를 뒤엎어 한 몸의 주체와 만사의 벼리에 해당하는 게 괴이할 것이 없다. 그 책이 인쇄되어 사방에 배포되면 반드시 스스로 백년이 지나도 미혹되지 않을 것이라고 여길 것이다. 그러나 이전의 철인에게 질정해보면 실제로 그렇지 않은 것이 있으니, 이에 대해 대략 말하고자 한다.

주자(周子)가 말한 "동(動)하나 동함이 없고, 정(靜)하나 정함이 없는 것이 신(神)이니, 신은 만물에 신묘하게 작용하는 것이다."와 정자(程子)가 말한 "신묘하게 작용하는 것을 신이라 한다." 와 장자(張子)가 말한 "하나이기 때문에 신이고, 둘이 있기 때문에 예측할 수 없다."는 모두 리를 위주로 말하였다. 주자(朱子)의 말은 더욱더 상세하니, "리이니 신묘하여 예측할 수 없다."고 하였다.【주자(周子)의 말을 해석하여 아래와 같이 말하였다. "이것은 형이상의 리를 말한 것이다. 리는 신묘하여 예측할 수 없다."[37] 또 말하였다. "예측할 수 없는 음양의 활동을 신이라고 한다. 예컨대 낮이 움직이지만 신은 그와 함께 움직이지 않고, 밤이 고요하지만 신은 그와 함께 고요하지 않는다. 또 신은 본래 신이니, 신은 도리어 낮과 밤을 변화할 수 있지만 낮과 밤은 도리어 신을 변화할 수 없다. 신은 만물에 신묘하게 작용하는 것이다."】[38] 말하였다. "신(神)은 본래 형기의 밖에 초연히 있는 것이다."【신(神)이라는 것은 본래 형기의 밖에 초연히 있고 동정을 관통하니, 그 본체를 말하면 항상 이와 같다.】 말하였다. "신(神)이라는 것은 바로 리(理)이다."【응하기를 잘하나 예측할 수 없는 것이 실제 리의 작용이니, 신이 곧 리이다.】 말하였다. "신묘한 작용은 그 리를 말한다."【정자의 말을 해석하여 "신묘한 작용은 그 리를 말하는데, 신묘한 작용은 자취가 없는 것이다."라고 하였다.】 말하였다. "신묘한 작용은 허다한 도리를 포함한다."【장자(張子)의 말을 해석하여 "예측할 수 없는 것이 곧 신묘한 작용이니, 허다한 도리를 포괄하고 있다. 횡거의 말이 매우 훌륭하다."라고 하였다.】 이상은 천도와 음양의 신묘함을 논한 것이니, 인성과 오행의 신묘함에 대해서는 더욱 명백할 뿐만이 아니다.

정자(程子)가 말하였다. "상천(上天)의 일은 소리도 없고 냄새도 없다. 천명이 사람에게 있는 것을 성(性)이라 하고, 그 쓰임이 무궁한 것을 신(神)이라 하니, 〈성(性)과 신(神)은〉 하나일 뿐이다." 주자가 말하였다. "기(氣)의 정령이라는 것이 신(神)이다. 금·목·수·화·토는 신이 아니고, 금·목·수·화·토가 되게 하는 것이 신이니, 사람에게 있어서는 인·의·예·지·신이 이것이다."

---

36) 「구산잡저(臼山雜著)」: 臼山은 田愚의 호 가운데 하나이니, 「臼山雜著」는 田愚의 저술 중 잡저류에 해당하는 것을 지칭하는 듯하다.

37) 『朱子語類』 卷94 「周子之書 太極圖」에 보인다.

38) 『朱子語類』 卷94 「周子之書 太極圖」에 보인다.

또 말하였다. "오행의 신은 리의 발용이며, 기를 타고 드나드는 것이다." 이전의 철인이 신(神)을 리(理)라고 여긴 것이 해나 별처럼 밝은데, 고명하고 준걸한 그대로서 어찌 강론하여 관통하지 않으며, 어찌 들어가 생각하고 의론하지 않는가? 그러나 또한 독견(獨見)의 고상함이 천고를 뛰어넘는다고 자신하지 말아야 하니, 어찌 얕은 마음으로 헤아릴 수 있는 것이겠는가? 신령함은 진(眞)과 진실로 분별이 있다. 주자(朱子)가 말하였다. "기(氣) 안에 본래 신령한 물사가 있다."[39] 이는 형기가 엉기고 모이면 곧 정신과 혼백이 생겨 이 심의 운용이 되니, 바로 이른바 신령한 물사인 것이다. 대체로 신령함은 기(氣) 영역 안의 일이다. 그러나 본래 형질이나 확정된 글자가 있는 것이 아닐지라도 또한 리의 신묘함을 형상할 수 있기 때문에 주자(周子)의 「도설」에서 비로소 "무극(無極)의 진(眞)"이라고 말하고, 인극(人極)에 대해서는 "가장 신령함"을 말했으니, 주자(朱子)는 이를 "순수하고 지극히 선한 성(性)"이라고 하였다. 또 『통서(通書)』에서 말하였다. "신령하지 않으면 밝지 못하다." 또 주자(朱子)는 말하였다. "이는 리를 설명한 것이다. 지극히 신령한 인심(人心)과 태극(太極)이 아니라면, 누가 그것을 밝힐 수 있겠는가?" 또 어떤 이가 "허령하여 어둡지 않은 것이 기(氣)입니까?"라고 물으니, 답하였다. "기(氣)가 아닙니다. 이것이 기(氣)라면 리를 설명하는 곳에서 또한 '신령함'이라는 글자를 사용했겠습니까? '신령함'이라는 글자도 억지로 기의 범주로 간주할 수 없는데, 하물며 '신(神)'이겠습니까?" 대체로 리는 실체(實體)로 말하면 곧 성(誠)이고, 묘용(妙用)으로 말하면 곧 신(神)이다. 그러므로 주자(周子)가 "고요하여 움직이지 않는 것은 성(誠)이고, 느껴서 마침내 통하는 것은 신(神)이다."라고 한 것이다. 성(誠)은 신(神)의 본체이고 신(神)은 성(誠)의 작용이다. 한번 음하고 한번 양하여 계속 운행하는 것은 신이 하는 것이고, 한번 움직이고 한번 고요하여 기미를 보이는 것도 신이 하는 것이며, 한번 열고 한번 닫아서 변화를 주는 것도 신이 하는 것이다. 리(理)이면서 신(神)이 없다면 리가 될 수 없다. 오직 신이기 때문에 사물이 다가옴에 응하는 것이다. 빠르게 하지 않아도 신속하며 가지 않아도 이르는 것이니, 이것이 심(心)이 신명하다는 이름을 갖게 된 이유이며 기(氣)와 떨어지지도 않고 기와 뒤섞이지도 않는 이유이다. 본래 리(理)가 발현하면 기(氣)가 그를 위해 운용하고, 기를 타고 유행하면 리가 그를 위해 제재한다. 이것이 신명한 덕으로서 한 몸의 주체가 되고 온갖 일의 벼리가 되는 이유이다. 허령함 같은 것은 신명(神明)의 실정대로의 모습인데, 기를 따라 말하면 정상(精爽)이 모인 것이고, 리를 따라 말하면 묘용(妙用)이 드러난 것이다. 이러므로 심(心)·신(神)·령(靈)은 기를 따라 말한 것도 있고, 리를 따라 말한 것도 있으니, 마땅히 각각 가리키는 바가 어떠한지를 따를 뿐이다. 그러므로 우암이 말하였다. "심(心)은 리(理)로 말한 것도 있고, 기(氣)로 말한 것도 있다."[40] 이것이 심(心)을 논한 살아있는 예증이며, 참된 깨달음이다.

---

39) 『朱子語類』 卷5 「性理二」에 보인다.

그러나 리(理)는 위이고 기(氣)는 아래이며, 리(理)는 통하고 기(氣)는 막혔으며, 리(理)는 주인이고 기(氣)는 종이니, 그 구분에 더욱 조금이라도 문란함이 있어서는 안 되는 것이다. 지금 기의 기틀로만 심을 명명하고서 그것을 천군으로 떠 받들어 온몸이 명령을 따르게 하니 위태롭고 위태롭다!

10. 정자(程子)가 말하였다. "천지만물의 리(理)는 홀로인 것이 없고, 반드시 짝이 있다." 어떤 사람이 주자(朱子)에게 물었다. "태극의 짝은 무엇입니까?" 주자가 답하였다. "태극은 바로 음양과 서로 짝합니다." 「외필」의 다섯 번째 단락에서는 바로 이러한 뜻에 대해 아래와 같이 논하였다. "기를 리와 짝하여 거론하는 것은 성인의 말씀이 아니다. 지금 사람들은 잠깐이라도 '리'라는 글자를 보면 곧바로 '기'를 찾아 짝을 지운다. 이에 리가 유행하는 하나의 큰일이 모두 '기'자를 끼고 안배되었으니, 〈리에서〉 남은 것은 단지 혼륜(混淪)과 충막(沖漠) 뿐이다. 이것이 한 쌍, 즉 두개의 본령이 있게 된 조짐이니, 슬프다!"

나는 아래와 같이 생각한다. 노사는 리를 높이고자 하여 이러한 말을 한 것이다. 그러나 말을 하는 사이에 능멸하는 기운이 매우 지나쳐 성현을 존중하고 외경하는 체모(體貌)에 큰 손상을 입혔으니, 이것이 어찌 "기가 리를 잃은 곳"이 아니겠는가? 하물며 주자가 어찌 일찍이 성인의 말이 아니라고 했으며, 어찌 일찍이 하나의 본령이 아니라고 했던가? 그런데도 음양을 태극과 짝으로 삼았으니, 이 또한 리가 유행하는 하나의 큰일을 빼앗아 "기"자에 부여하여 본령이 둘이게 하는 조짐으로서, 노사의 슬픈 탄식을 받아야 하는 것인가?

횡으로 보면[橫看] 천지간 만물의 리는 홀로인 것이 없고 반드시 짝이 있으나, 종으로 보면[竪看] 천지간 만물의 리도 본래 짝이 없는 것이 있다. 가장 존귀한 것은 태극인데, 〈태극이〉 음양과 서로 짝이 되는 것은 횡간(橫看)으로 설명한 것이다. 그러므로 이에 주자는 형이상과 형이하로 설명하였으나 도리어 "횡으로 짝하였다.[橫對了]"고 말하였으니, 도는 본래 짝이 없음이 유독 주자의 말이 아닌가? 이는 도체가 혼연하여 구비되지 않음이 없고 정명하고 순수한 것으로 말한 것이니 수간(竪看)으로 설명한 것이다. 또 횡간과 수간을 합하여 한 곳에서 말한 경우가 있으니, 〈주자가〉 "천하 사물의 리(理)는 정당하고 균평하여 짝이 없는 것이 없으나, 오직 도(道)만은 짝이 없다."[41]라고 말하였다. 그렇다면 언제 짝이 있다는 설을 치우치게 주장하여 짝이 없는 이치를 폐기하였는가? 「외필」 안에서 처음에 "리(理)의 존귀함은 짝이 없다."고 말한 것은 수간으로

---

40) 『宋子大全』卷130「浩然章質疑」에 보인다.

41) 『晦庵集』卷42「答胡廣仲」: 大抵天下事物之理, 亭當均平, 無無對者, 唯道爲無對。然以形而上下論之, 則亦未嘗不有對也。

설명한 것이고, 아래 글에서 또 형이상과 형이하 및 도(道)와 기(器)를 분명하게 짝이 되는 것이라고 한 것은 또한 이른바 "횡으로 짝하였다.[橫對了]"는 것이다. "짝이 있음"과 "짝이 없음"이 똑같이 모두 주자의 뜻이다. 요즘의 사람들은 기를 가지고 리에 짝지어 한쪽으로만 대치하니, 이는 "리를 위주로 기를 통솔한다."는 성인의 뜻에 크게 위배된다. 그러므로 "이는 성인의 말씀이 아니다." 라고 한 것이다.

지금 도리어 태극(太極)과 음양(陰陽)이 서로 짝이 된다는 설을 끌어다가 "이 단락은 바로 이러한 뜻을 논하였다."라고 이르고, "주자가 어찌 일찍이 성인의 말이 아니라고 했으며, 어찌 일찍이 하나의 본령이 아니라고 했던가?"라고 하면서 억지로 죄목을 만들고 장황하게 붓을 휘둘러 사람들을 몰아 갈 이야기자루를 찾으려 애쓰니 참으로 수고롭고 교묘하다. 유독 지금이나 훗날에 그 속을 들여다볼 자가 두렵지 않은가? "바로 이러한 뜻을 논하였다."는 말은 단지 닫고 여는 수단일 뿐이다. 설령 바로 이러한 뜻을 논하였다 하더라도 큰 죄가 아니다. 정백자(程伯子: 程顥)가 "심에는 존망(存亡)과 출입(出入)이 있다는 것은 성인의 말씀이 아니다."라고 했다. 그러나 "잡으면 보존되고 놓으면 잃어서 출입에 정해진 때가 없다."는 것은 공자의 말씀으로 맹자가 책에 쓴 것인데, 정백자가 그렇게 말한 것은 다만 리에 근거하여 말한 것이니, 유자(有子)가 "공자가 말씀한 뜻이 아니다."라고 말한 것과 같다. 성현이 구차하게 같고자 하지 않음이 이와 같은데, 또한 장차 이것을 정백자의 죄라고 여겨, "어찌 일찍이 공맹이 성인이 아니겠으며, 또한 어찌 일찍이 심을 모르는 자이겠는가?"라고 말할 수 있겠는가? 아! 정백자가 지금 세상에 태어나지 않은 것이 다행이다.

11. 〈「외필」에서 말하였다.〉 "성인(聖人)이, 유행하고 발현하여 변화가 밝게 나타나는 것이 모두 이 도(道)가 하는 일 아님이 없음을 분명히 보았다. 운운" 여기에서 "이 도가 하는 일"이라는 말은 자세히 헤아려보아야 한다. 주자는 『논어집주』에서 이미 "도체는 함이 없다."고 말했고, 또 우암도 어떤 사람에게 답한 편지에서 "이 리는 체(體)에 정의(情意)와 조작(造作)이 없으면서 용(用)에 정의와 조작이 있는 것이 아니다."[42]라고 말했다. 두 선생이 어찌 도(道)가 유행하고 발현함을 몰라서 이처럼 말했겠는가? 이는 마땅히 다시 생각해 보아야 한다.["이 도(道)가 하는 일 아님이 없음"이라는 말에 만약 몇 글자를 보태어 "이 도가 근저와 추뉴가 되지 않음이 없음"이라고 한다면, 더욱 상세하고 분명할 것 같다. 어떠한지 모르겠다.]

주자(朱子)가 말하였다. "한번 음하고 한번 양하는 것은 비록 형기에 속하지만, 한번 음하고 한번 양하는 까닭은 곧 도체가 하는 것이다."[「답육자정(答陸子靜)」에 보인다.] 또 말하였다. "하나의 물건에 관련된 처음부터 끝까지 모두 실리(實理)가 하는 바이다." 또 말하였다. "모든 천하의

---

42) 『宋子大全』 卷104 「答金仲固 丙辰」: 非謂此理其體則無情意造作, 而至於用則有情意造作, 自能到其極處也.

일이 비록 사람이 하는 것 같지만, 그렇게 하게 하는 소이는 천지가 하는 바 아님이 없다."[『중용혹 문(中庸或問)』에 보인다.] 주자의 이런 말도 또한 마땅히 다시 생각해 보아야 한다는 말인가? 정자가 말하였다. "노자(老子)는 '함이 없음[無爲]'을 말했으나, 성인은 『역』을 지으면서 '함이 없음'을 말한 적이 없고, 오직 '생각함도 없고, 함도 없다.[無思也無爲也]'[43]고 하였으니 이는 작위함을 경계한 것이다."[44] 이른바 도체가 함이 없음은 작위가 없음을 이른다. 그가 "도체가 하는[爲] 바"라고 말한 것이 또한 어찌 작위(作爲)의 "위(爲)"이겠는가? "그렇게 하는 소이의 신묘함"과 "마땅히 해야 하는 법칙" 때문에 그렇게 말한 것이다. "함이 없음[無爲]"의 글자를 굳게 지켜 "함[爲]"을 말하는 모든 때를 일체 조작에 귀결시킨다면 이는 도체가 비고 없는 데 빠지는 것이니, 노자의 "함이 없음"에 가깝지 않겠는가? 그렇다면 이른바 근저와 추뉴라는 것은 결국 존재하지 않는 것이 될 것이다. 리라는 것은 지극히 없으면서도 지극히 있는 것이니, 인용한 우암의 말에서 살펴보면 또한 알 수 있다.

〈도체에〉 조작(造作)이 없다는 것은 이른바 "고요함에도 고요함"이라는 것이고, 작용에 조작이 없다는 것은 이른바 "움직임에도 고요함"[45]이라는 것이다. 고요하여 본체가 확립됨은 고요함이 흙덩이 같은 것이 아니니 이른바 "고요함 속에 어떤 것이 있음"[46]을 의미하고, 움직여 작용이 행해짐은 움직임이 벌레가 꿈틀대는 것과 같은 것이 아니니 이른바 "천리로써 움직임"[47]이다. 주자(朱子)는 이런 뜻에서 양쪽으로 학설을 세워 "도체(道體)는 함이 없다."하였고, 또 "도체가 하는 바"라고 말하였다. 〈주자를〉 모르는 사람은 반드시 좌우에 칼을 찬 것과 흡사하다고 의심하고, 아는 사람은 본체는 함이 없고 작용은 함이 있다고 말한다. 그러나 우암의 뜻은 그렇지 않아서 "없으면 본체와 작용이 모두 없고, 있으면 본체와 작용이 모두 있다."고 여겼으니, 한번 뒤집어 보면 곧 진정으로 주자의 뜻을 안 것이라고 할 수 있다. 여기에서 체용일원(體用一原)과 현미무간(顯微無間)[48]의 실상을 볼 수 있으니, "성(性)은 본체이고 기(氣)는 작용이니, 본체는 같고 작용은 다르다."의 견해와 같은 것이 아니다.

내가 이미 「납량사의기의변(納凉私議記疑辨)」을 짓고서 또 이른바 「외필변(猥筆辨)」이라는 것을 구

---

43) 『周易』「繫辭上」: 易, 无思也, 无爲也, 寂然不動, 感而遂通天下之故, 非天下之至神, 其孰能與於此?
44) 『二程遺書』 卷5에 보인다.
45) 靜亦靜과 動亦靜은 『二程粹言』 卷2에 각각　靜亦定과 動亦定으로 되어 있다.
46) 『二程遺書』 卷18에 보인다.
47) 『二程遺書』 卷2에 보인다.
48) 『伊川易傳』「序」에 "顯微無間"이라고 하였다.

해 보았는데, 「외필」에서 논한 요즘 사람들의 폐단을 일체 율곡에게 귀결시키고 또 때로는 주자에게 귀결시키니, 남의 잘못을 들춰내어 비난하고 배척하느라 심(心)의 기틀을 다 허비하는 것이 「납량사의기의」에 비해 몇 배 뿐이 아니었다. 함께 말하기 곤란한 지경이지만, 저 간재는 스스로 범죄의 확증[眞臟]을 포착하여 사방에 전파한다고 여겼을 것이다. 이러므로 뒤에 태어나는 후학들이 혹 이전의 철인들이 논한 명리(名理)에 대해서 두루 포괄하지 못하여 문사에 현혹되고 명성에 굴복한다면, 지각이 좀먹지 않을 자가 드물 것이니, 밝은 하늘이 회복되지 못할까 하는 근심이 없을 수 없다. 이에 비루함을 잊고 이상과 같이 조목별로 변론하여 동지들에게 고한다. 옛 가르침을 원용한 것이 번다해도 줄이지 못함은, 설령 지리멸렬함에 저촉될지라도 형세상 어쩔 수 없어서일 뿐이니, 열람하는 이들이 자세히 살펴야 할 것이다. 계묘년(1903년) 5월에 쓰다.

1. 朱子雅言"理無造作", 動靜者, 造作也, 故曰"機自爾也"。朱子又言"纔有作用, 便是形而下者", 動靜者, 作用也, 故曰"機自爾也"。

理固無造作, 然氣依傍這理行, 則造作之準則, 已具於理也。作用固是氣, 然理自有妙用, 則作用之節制, 自在於理也。且動靜是自然而然, 非有絲毫犯氣力底字; 造作是有情意營爲, 而煞費氣力底字, 以動靜直喚做造作, 未知其如何也。朱子曰: "動亦太極之動, 靜亦太極之靜。" 又曰: "以本體言, 則太極涵動靜; 以流行言, 則太極有動靜。" 又論『通書』"動而無動, 靜而無靜, 非不動不靜", 而曰: "此言形而上之理也。" 又曰: "言理之動靜, 則靜中有動, 動中有靜, 其體也: 靜而能動, 動而能靜, 其用也。" 此類甚多, 不可枚擧。以此言之, 動靜固有以氣言者, 而亦可以言之於理, 非若造作、作用等字之專做氣邊說者也。

2. 孔子分明說"天之生物, 栽者培之, 傾者覆之", 而朱子卻言"此非有物使之然。但物之生時, 自長將去, 恰似有物扶持; 及其衰也, 自消磨去, 恰似箇物推倒佗, 理自如此"。孟子分明說"天之生物, 使之一本", 而朱子卻言"自然之理, 若天使之然也"。伊尹分明說"天之生民, 使先知覺後知", 而朱子卻言"天理當然, 若使之也"。此何以故? 只是恐人錯認使字爲作用之意, 則害道大矣。故另下若字、恰似字、非有物使之然字, 以見其無作用之使。故曰"非有使之也"。

孔子、孟子、伊尹分明言"使之", 而朱子却怕人誤看認爲作用之意, 而下若字、恰似字, 栗翁又因朱子之意而直曰"非有使之"。若是則立言雖殊, 而其意則皆爲明理也。而後之學者蔽於近而昧於遠, 師其言而不師其意, 遂眞以爲"非有使之者", 而天地間造化生成, 以一氣字冒之, 所謂理者, 失主宰之柄, 其害道也, 不亦大矣乎! 於是另言天命實有使之然之妙, 以明聖賢之微言, 以還天理之本面, 其言雖異, 其意亦同, 歸於明理者也。然則彼執言而迷旨者, 適足爲栗翁之累, 此致疑而明辨者, 乃所以發栗翁之蘊也。

3. 且如"人能弘道", "機自爾也"; "非道弘人", "非有使之也"。蓋"人心有覺"是"陰陽動靜之機也", "道體無爲"是"太極自然之妙也"。

今以人字作氣字, 弘字作使字, 曰"氣能使理, 非理使氣", 則是果成說乎? 心從氣而言, 則人心有覺, 固亦陰陽動靜之機也。若統言心, 則必須合性情之全體大用, 而爲一身之主宰、萬事之綱領者言之, 方是心字本旨, 是豈一氣字所能了當者乎? 所謂弘道者, 只是以此心本體之權度準則, 隨其端緒之發而宰制, 而擴充之極其盛, 則至於參天地、贊化育, 是豈此心所乘之機所能自爾者乎。有朱子說最分曉者, 曰: "元、亨、利、貞, 性也; 生、長、收、藏, 情也; 以元生、以亨長、以利收、以貞藏者, 心也。" 此言天地之心所以爲主宰萬化也。曰: "仁、義、禮、智, 性也; 惻隱、羞惡、辭讓、是非, 情也; 以仁愛、以義惡、以禮讓、以智知者, 心也。" 此言人之心所以主宰萬事也。惟其有主宰之實體、妙用, 故乃能弘道, 乃能檢性。今論陰陽動靜之機, 而引此爲援證, 認氣爲使理之物, 而猶曰理爲氣主, 則人將信之矣乎?

4. 物之生, 雖曰自長自消, 而其自長自消, 究是理自如此; 陰陽之機, 雖曰自動自靜, 而其自動自靜, 亦是理當如此, 此豈難曉之理乎? 或言: "朱子於'自長自消'下, 繼以'理自如此', 而栗翁無此一轉語, 所以來蘆沙之疑。" 此又不然。朱子嘗言: "一氣流行, 萬物自生自長, 自形自色, 豈是逐一糚點得如此?" 卽栗翁"非有使之"之謂, 而更無"理自如此"之云。云云。

氣機之一動一靜, 亦是理當如此。此卽程子"顯微無間"、朱子"未形已具"之意。而栗翁亦嘗言之, 有曰: "參差不齊者, 雖曰氣之所爲, 而必有理爲之主宰, 則其所以參差不齊者, 亦是理當如此, 非理不如此而氣獨如此也。" 此本末兼擧, 上下俱盡, 顚撲不破之說也。栗翁之正見如此, 故先師以"自爾非使"一語, 斷然謂流行邊說話也。蓋道理源頭, 自知者見之, 則固無難曉之理, 而自昧者言之, 日用而不知, 習焉而不察。故或舍本而擧末, 語下而遺上, 則後人之隨語生解、執言迷旨者, 安得無蔽乎? 故先師又疑"發之太快, 而末弊之至斯, 未及細思者"此也。

朱子言"一氣流行"上文, 有天(秪)[祗]⁴⁹⁾是三字; "豈是逐一糚點得"下文, 有"(秪)[祗]是大原大本中流出"一句。曰"天(秪)[祗]是一氣流行", 則一氣流行乃天也, 一氣流行之外, 更無別討箇天字處; 曰"豈是逐一糚點得如此", 則天之於物, 非若畫工之糚點; 而曰"(秪)[祗]⁵⁰⁾是大原中流出", 則雖不物物糚點, 而物之自形自色, 實從此理中出, 乃理自如此者也。

---

49) (秪)[祗]: 저본에 '秪'로 되어 있으나 문맥을 살펴 '祗'로 수정하였다. 『朱子語類』에는 '只'로 되어있다.

50) (秪)[祗]: 저본에 '秪'로 되어 있으나 문맥을 살펴 '祗'로 수정하였다. 『朱子語類』에는 '只'로 되어있다.

今截去首尾, 摘取句語, 以爲理不使氣之證, 而謂"更無理自如此之云", 未知其看得疎脫而然耶? 抑欲伸己見而驅率前言以從己者耶? 奈天下後世之目必不盡盲何? 朱子此言, 乃天之物各付物處, 理未嘗物物糚點, 而物物自如此, 正是此理不使之使、無爲之爲也, 先具於一氣流行上面, 而各正於自形自色之中矣.

5. "動者、靜者, 氣也; 動之、靜之者, 理也. 動之、靜之, 非使之然而何?" 竊謂理使云者, 只是根柢之謂, 非如氣之有情意者. 故尤翁於沈明仲"使動、使靜, 豈無造作"之問曰: "此不過曰自然而已, 不似二五之運用也." 今蘆沙之見, 正與沈氏同, 而其曰"動之、靜之者, 理", 又與栗翁"發之者, 氣", 同一語勢, 則豈不歸於認氣爲理乎? 云云.

"動者、靜者, 氣也; 動之、靜之者, 理也", 此二句是誦栗翁之語, 【見「天道」及「易數策」.】而若是譏斥, 何也? 眞所謂視其人之所在而攻之耳, 何嘗有定論者也? 朱子曰: "氣根於理而生." 是生者, 氣也. 孔子曰: "太極生兩儀." 是生之者, 太極也. 動之、靜之, 卽生之之謂也.

氣機旣自能動靜, 而所謂太極者, 竝與其生之者而無之, 則正退溪所謂"但見其本體之無爲, 而不知妙用之能顯行, 殆認理爲死物", 何以爲萬化之根柢者也? 然則彼所謂"只是根柢"者, 卽是過去之虛說也. 沈明仲不知使動、使靜有自然之妙, 而疑理有造作. 故尤翁答以使是自然之使, 不如陰陽五行之運用造作, 而其下直曰: "此陰陽五行之所以能運用造作者, 豈非理乎?"

又引朱子"若理無動靜, 氣何自而有動靜乎"之說, 以明氣之動靜實理之使然. 又引"天以陰陽五行, 化生萬物"之說, 而曰"所謂天者, 理而已矣". 以之而化生者, 非使之然者乎? 蓋謂理無運用造作之事, 而其運用造作之妙, 則理實有之. 此是使動、使靜, 有自然之妙也.

今認使字以造作, 則是復踵沈氏之錯看, 而以尤翁之說爲非使之證, 則反不爲厚誣尤翁乎? 至若"發之者氣", 指所發之機而言也; "所以發者理", 指所發之主而言也. 發之者上頭, 已自有所以發者, 所以發者, 豈非發之之根柢, 而發之者之所受命處乎? 其曰"動之、靜之者", 卽所以動靜之謂也. 蓋卽氣而言理, 則曰"發之者, 氣也", 言發得此理出來, 以明其所發之乘於氣也. 本理而言氣, 則曰"動之、靜之者, 理也", 言動靜得此氣流行, 以明其動靜者之受命於理也.

二說但有橫竪之分, 而實互相發也. 陳北溪問"理有能然、必然、當然、自然"而曰: "如動靜者, 氣也; 所以能動靜者, 理也." 朱子答曰: "此義甚備." 其所以能動靜, 非"動之靜之"之謂乎? 朱門授受之旨, 亦同歸於認氣爲理之科乎?

6. 且如其說, 則語者、默者, 口也; 語之、默之者, 性也. 吾聞性爲語默之理而口舌從而語默, 此朱子所謂"理有動靜, 【謂理有此氣動靜之理, 非謂理先自有動靜也. 此句, 前後讀者, 多不察而領會也.】故氣有動靜"者也【上下兩動靜, 皆指氣言, 非一屬理、一屬氣而有兩箇動靜也.】未聞此性自會語默也. 是故告子、釋氏之"知覺、作用是性”, 陽明之“良能、視聽言動便是天理”, 皆歸於認氣爲理, 而與吾聖人異矣。朱子「答胡季隨」書, 有“自心自省”語, 豈不知省之之理出於性, 而其能省之者心而非性? 故立語如此云云。

語者、默者, 口也; 當語、當默者, 理也; 會語、會默者, 亦理也。有當語當默之理, 故事物之來, 便能會語會默, 而口從而語之默之, 此語彼必大駭。然朱子曰: “太極便會動靜。” 又曰: “性便是會恁地做底理。” 此吾之所本也。性若無會做語默底理, 則口也何自而有語默也? 所引“理有動靜, 故氣有動靜”者, 朱子本語, 只有此句而已, 則如此曲爲註解, 猶或爲可欺之方。而却有下數句語曰: “若理無動靜, 則氣何自而有動靜乎? 且以目前論之, 仁便是動, 義便是靜, 又何關於氣乎?” 是果非理自有動靜者乎?

陳北溪問“先有這動之理靜之理, 旣生陰陽, 則理又在陰靜陽動之中”, 朱子是之, 是亦歸於認氣爲理之科乎? 謂“前後讀者, 多不察”, 自以爲獨得之見, 超出前後。然前而荀、揚之論性, 後而陸、王之言心, 何嘗不自許以獨得之見乎? 可懼可歎! 知覺之生於形氣者, 固不可謂性, 其本然之知覺, 爲智之德, 成終始, 智之用, 別是非者, 亦不得謂性乎? 作用之不分眞妄者, 固不可謂性, 其本於理而中節者, 亦不得謂性乎? 視聽言動之不分理欲者, 固不可謂性, 其聰明從恭, 亦不得謂性乎? 程子曰: “視聽思慮動作, 皆天也。但於中要識得眞與妄耳。”【朱子曰: “視聽思慮動作, 皆是天理, 其順發出來, 無非當然之理, 卽所謂眞。其妄者, 却是反乎天理者也。”】不分眞妄, 而槪謂之非性, 則凡知覺運用視聽言動, 皆性外之物, 所謂性者, 不得爲萬善之綱, 而淪於空寂, 其與槪以謂性者, 其相去, 恐不能以寸。

朱子問李伯諫曰: “天命之謂性, 公以此句爲空無一法耶? 爲萬理畢具耶?” 吾亦欲擧而問焉。朱子「答陳衛道」書, 辨儒釋之分甚詳曰: “性命之理, 只在日用間。但每事尋得一箇是處, 卽是此理之實, 不比禪家見處, 只在儱侗恍惚之間也。釋氏六用不行, 則本性自見, 只此便是差處。六用豈不是性? 若待其不行然後性見, 則是性在六用之外, 別爲一物矣。” 今離了視聽動作而言性, 則性果在日用之外而別爲一物, 正與吾聖人異矣. “自心自省”之語, 朱子本爲將敬字作一物而又以一心守之者而言耳, 卽自作主宰之謂也。“自心自省”之下, 卽繼以“當體便是”一句, 卽心便是敬之謂也。是豈氣能自省之謂耶? 引以爲其“機自爾”之證, 不亦乖當乎? 蓋心屬火, 敬是禮, 禮是火之神, 而爲心之德, 故心卽敬, 敬卽心, 心性初非二歧, 於此亦可見矣. 今以心專做氣看, 而與性判以爲二物, 是豈朱子之意? 朱子曰: “心是主宰底。” 所謂主宰者, 卽此理也, 不是心外別有箇理, 理外別有箇心。如有人以彼所云云, 奉質於朱子, 則其肯肎爾否乎?

或曰“若是則得無以理具理、以理妙理之嫌乎”, 曰“以理妙理, 初無所嫌”。理有以主宰常定底言者, 在天曰帝, 在人曰心;【朱子曰: “人字似天字, 心字似帝字。”】有以發出不同底言者, 在天曰元亨利貞, 在人曰仁義禮智。然主宰常定底, 卽是那發出不同底, 亦非有彼此也。故性之發也, 仁作義不得, 義作仁不得, 各專一事。然無論某情, 藹然發出者, 仁也; 粲然宣著者, 禮也; 截然斷制者, 義也; 炯然含藏者, 智也, 是一情又各具四者也。仁包四德, 而智能終始。凡事物之來, 智便知得是非, 而知了, 便交付三者, 又更收斂得快。故曰仁智交際, 乃萬化之機軸, 此心之所以妙衆理而主宰處也。蓋自理之大用而言, 則曰妙, 妙便是主宰底; 自理之全體而言, 則曰具, 具萬分於一實之中。故曰性是太極渾然之體, 其中含具萬理。惟其具之, 所以妙之也。無星之秤, 無寸之尺, 安能稱輕重而度長短乎?

7. "是馬也, 爲塞翁之得, 非元來所乘, 此後勢必之東之西, 惟馬首是瞻", 此亦須消詳, 未可草草打過。蓋人皆有太極, 而氣稟旣異, 則欲動情勝, 利害相攻之患, 往往而有。是時所謂元來乘馬之主人, 旣有操縱之力而亦非無適莫者,【"操縱"、"適莫", 皆「猥筆」中語。】奈何有此東西惟馬之失也? 此宜明核而勘破。不然則其曰"主之所向, 僕焉有不往者", 人將不之信矣, 嗚呼殆哉!

> 主之所向, 僕無不往, 常也, 本然也; 馬不循軌, 有時橫走, 變也, 末弊也。以其變者, 而詰其常; 舉其末弊, 而疑其本, 然則從上聖賢之言, 無一可信者矣。天道栽培傾覆, 而大德必得祿位, 常理也。氣數所變, 顏、跖之壽夭不齊, 孔、孟之窮而不達, 子思之言, 亦將不之信矣乎? 人性均善, 而皆可爲堯舜, 本然也。氣質所蔽, 能性其性, 而爲堯、舜者, 千萬難獲一二, 孟子之言, 亦將不之信矣乎? 氣數雖變, 知天道之有常; 氣質雖異, 知人性之本同; 氣機雖危, 知此理之爲主, 則可以據常而應變, 反本而捄末, 主理而帥氣, 此君子所以戒愼恐懼, 須臾之不敢忽者也。明上下之分, 嚴主僕之辨, 以此爲防, 猶有相攻之患, 況初不知理之爲主宰, 而權勢號令, 一切委之於氣機, 則豈不殆哉? 豈不殆哉?
>
> 適莫操縱, 皆借用人事有情意底字, 以明天理無聲臭之妙。以若洗索之心, 無怪其執言以譏之也。蓋適莫, 言此理必然之妙也。角者常角, 鬣者常鬣, 此是適處; 冬不衣葛, 夏不衣裘, 此是莫處, 皆必然而不可易者。乃若"非有操縱之力", 則蓋言其本來非有也。先師嘗曰: "理有必然之妙, 無能然之力。" 能然之力, 猶曰無之, 況於操縱之力乎? 故曰"言其本來非有也"。不曰無而曰非有, 亦可見矣。朱子分明言理有能然, 豈可曰無能然乎? 但無其力耳。操縱亦然, 豈可以非有其力而遂謂無其妙耶? 理之始, 無有不善, 而或爲氣所拘, 欲所蔽, 不能直遂, 而流於惡者, 固亦有之。然善者, 其終也必遂; 惡者, 其終也必不遂。國之治亂, 人之禍福, 雖或遲速久近之不同, 究其終而觀之, 可執契而待之, 此非理之操縱處耶? 但有自然之妙, 而非有作爲之力耳。

8. "理發二字, 爲今日一大禁避語, 而纔見行變化成條理者, 則曰'氣也'。問'孰主張是', 則曰'其機自爾, 非有使之者', 問'所謂理者, 落在何處', 則曰'乘之矣'。始旣無使之然之妙, 末又'非有操縱之力', 寄寓來乘, 做得甚事? 有之無所補, 無之靡所闕, 嗚呼可憐矣! 究其端由, 原於乘字失其本旨, 駸駸致得理輕氣重, 直至氣奪理位, 爲萬事本領而後已。一字之失, 其禍乃至此乎."

愚按: 栗翁亦嘗言"孰尸其機, 嗚呼太極!" 此何嘗以氣爲萬事本領乎? 又言"性發爲情", 則「猥筆」云云, 栗翁已見之昭陵也。但其以理發爲非者, 却有曲折, 實由理氣互發而云爾。蓋從理爲根柢上說, 則氣爲理之用, 故雖氣發, 亦可謂之理發。如行者雖馬, 而主者是人, 故統而言之, 曰人行也。若據氣能作用上說, 則理實無情意, 故雖善情, 但可謂之氣發。如乘者雖人, 而行者是馬, 故辨而明之, 曰馬行也。若都欲以理爲主, 而至於用事處, 亦禁不下氣發字, 非其情實。譬如臣行君令, 其所行固出於君, 然其行之, 畢竟是臣而非君。如必以所行是君命, 指臣行爲君行, 則名不正而言不順矣。況遽指臣行二字, 爲臣奪君位, 而誅之, 則豈法理之所當出乎?

　　"太極尸氣機"、"性發爲情", 非惟此二句, 又有"萬般之情, 夫孰非發於理乎"之語, 「猥筆」中云云, 在栗翁果是已見之昭陵也。先師嘗以萬情發理爲之確定論, 以諭門人, 因歎後儒之遺却定論。蓋後儒不考究定論之攸在, 而專主"自爾非使"之語, 而張大之, 使理無本然之妙, 氣爲專擅之物, 此猥筆之所以作也。"理發字禁避"云者, 蓋以今之儒者, 只據氣發一語, 而若有言理發者, 則以爲貳於栗翁, 輒加攻斥, 使人不敢發口故也。分明言"今日學士家", 而今反移之於栗翁, 以知見之異, 挾念懟之心, 費力吹覓, 其不能平心以盡人言之意固也。豈意若是之甚乎? 其所論栗翁之意, 則固得之矣。但以上段"理無動之靜之"之說, 及"性不會語默"之論看之, 却是人不能使馬, 君不能令臣也。於此乃曰人行, 曰君令, 少變其見, 何歟? 理固如此, 終有不得諱者耶!

9. 「猥筆」所擧"一陰一陽之謂道"、"太極生兩儀"兩句, 誰曰"不然"? 但"人能弘道, 非道弘人", 獨非孔子之言乎? 恐不必執一而棄一也。

竊嘗思之, 自鄉人而至於爲聖爲賢, 豈非奪天地之造化者乎? 其功夫雖存乎心, 而其本源一出於性, 然則謂之道能弘人, 亦何不可? 而聖人之言如此, 此宜深思其故。

夫道是至尊之實, 而爲萬物之主者, 若乃降而與有作用者同科焉, 則道器、上下之分亂, 而無以杜此心覬覦之萌矣。嗚呼! 聖人之指微矣哉!【以此防心, 後世猶有此心自稱大理具小理者。】

抑又思之, 心之能事, 至於敬尊德性, 義扶世敎, 鑄凡作聖, 竪人參天, 其有功於人, 何如哉? 雖假以形上之名, 宜若無可惜者, 而聖人之於心, 乃不肯與道齊頭幷脚, 是又何故? 釋氏不知理之爲道, 而天上天下惟我獨尊, 我是心自我。心雖磨鍊得極精細, 比之沖漠無眹之道, 畢竟微有迹。蓋靈之與眞, 原自有辨而然也。聖人不欲指心以爲道, 其謹嚴之意, 豈不以是歟? 此是吾儒第一義理, 亦第一防閑。欲以奉質於曩哲, 而旣未可得, 亦願幷世與後來之賢者, 與之是正。

　　氣配道義, 蓋嘗聞之矣; 氣能弘道, 未之聞也。浩氣生於道義, 而養得盛大, 故可以配道。乃若人心所乘之機, 則隨所稟之清濁, 而善惡不一。【栗翁言: "善者, 清氣之發; 惡者, 濁氣之發。"】槪以命之曰配道, 猶爲不可, 況可曰弘道乎? 配, 助之也。曰助之, 則道固爲主也。弘, 大之也。曰大之, 則大之者, 自爲主也。氣爲道主, 亦未之聞也。朱子曰: "主宰常定者, 心也; 發出不同者, 性也。" 以主宰常定者, 檢其發出不同者, 是以能弘之。今不論主宰常定之本體妙用, 而欲以所乘之機當之, 誠不可曉也。道體無爲, 所謂無者, 特無其迹耳, 其爲之之妙, 則乃其固有者也。恭己正南面無爲, 而九官、十二牧, 則早已命之, 典禮、典樂、掌兵, 各有其人, 而禮樂征伐, 自天子出, 此所以爲至尊之實, 此所以爲萬物之主。若漠然都沒主張, 而惟氣機是視, 則直是漢獻之徒擁虛號, 幾何不爲周平之下堂見侯乎? 上下之分, 於是乎亂矣, 果可以杜此心覬覦之萌乎? 今以氣機當心體, 危厥覬覦之萌如此, 而反以爲弘道之物, 何哉?

"此心自稱大理具小理"以下云云, 譏斥蘗山、重菴之說也。蓋心之得名, 以主乎身而言也。其當體, 則氣之精爽, 而屬於火臟, 精神魂魄爲其運用, 非若性之可以挑出而名者也。朱子"比性微有迹"之訓, 以此。然言其得於天之本體妙用, 則性情之外, 更別無心。故孟子以仁、義、禮、智爲心, 又以惻隱、羞惡、辭讓、是非之端爲心。程子曰: "心也、性也、天也, 一理也。" 張子曰"心統性情", 而朱子亟稱之。"心統性情, 不若言心者性情之統名", 又取蔡西山之說。"心爲太極", 又引邵子之說。又曰: "元亨利貞, 天地生物之心, 而人得之爲心。未發而四德具, 已發而四端著。" 又曰: "人受天地之中, 只有箇心。" 又曰: "心者, 天理在人之全體。" 又曰: "心是主宰底, 主宰者, 卽此理也。" 又曰: "惟心無對。" 此皆以理言心也。『孟子』一書, 言心最詳, 而未有一處以氣言者。對氣言處, 則却有之, 曰: "志, 氣之帥也。" 又曰: "夜氣不足以存仁義之心。" 程子曰: "必有仁義之心, 然後有仁義之氣。" 朱子以游氏"心合於氣, 氣合於神"爲非儒者之言, 而曰: "心無形 而氣有物。" 有問"心是身上精靈底物事?", 曰: "理固如此。" 程子以呂與叔"養氣可以爲養心之助"爲不然, 而曰: "養心只是養心, 又何必助?" 朱子曰: "才養氣, 則氣雖得養, 却不是養心了。" 又曰: "五臟之心, 非心也, 乃心之神明升降之舍也。" 此皆分別心與氣, 而明心之非氣也。

以此觀之, 則其就氣言心處, 以其乘載運用爲佗資助而言耳。何嘗專以氣論心, 而乃翻倒其口氣, 磨礪其鋒穎, 努力立說, 含蓄無限感慨, 如此之深且切也? 栗翁有心是氣之說, 是就氣機動靜上言, 故云然, 亦朱子精爽之說也。然其統論處, 則必合性情體用, 而深以心性之不可二歧言之矣。

【「人心道心說」曰: "性是心之體, 情是心之用, 心是未發已發之總名, 故曰心統性情。"「克己復禮說」, 以仁爲本心之全德。「雜記」, 以今之學者分心性爲二歧, 爲大差。】今必欲以心性爲二物, 專以氣機當心體, 見人以理言者, 則氣聳如此者, 抑何歟? 蘗門之說, 亦嘗聞其大略矣, 蓋以心之全體妙用爲理耳。至於動靜之機, 爲此心乘載運用者, 則曷嘗幷謂之理哉?

其言曰: "心固理也, 而所乘者, 氣也。" 認心爲理, 而不問氣欲之拘蔽, 則其害固不可勝言; 指心謂氣, 而不知天命之主宰, 則其理亦有所不明矣。認心爲理, 不問氣欲之拘蔽者, 正是陸、王之說, 而指心謂氣, 不知天命之主宰者, 豈非今日欲以奉質於曩哲與後賢者耶? 曩哲之訓, 消詳如右, 而旣不取考而自正焉, 則後雖有賢者是正之, 豈肯舍己而從之乎? "天上天下惟我獨尊", "我"果是心自我也, 釋氏旣以理爲障, 則其所謂我者, 只是儱侗怳惚之間, 見其影子, 而未見其裏面道理者耳。

朱子曰: "釋氏雖自言惟明一心, 實不識心體, 而心外有法, 不足以立天下之大本。若聖門所謂心, 則天敍、天秩、天命、天討, 惻隱、羞惡、辭讓、是非, 無不該備, 而無心外之法。" 又曰: "儒釋之異, 正爲吾以心與理爲一, 彼以心與理爲二。" 然則所謂"惟我獨尊"者, 與理爲二, 而非聖門所謂心也。今不以聖門所謂心者爲心, 而反譏心理爲一之說, 歸之天竺之見, 似此議論眞"七聖皆迷"之地。且朱子論性情之德、中和之妙, 而必以心爲主。「答張敬夫」書, 又言: "心包性情, 心是字母, 故性情皆從心。" 又言: "天命之謂性, 要須天命箇心, 方是性。" 而今離性而言心, 尊性而卑心, 旣以釋氏之所謂心者謂心, 則卑之宜矣, 而其亦矛盾於朱子之旨矣。嘗因宜春田生, 得見其所謂「臼山雜著」而觀之, 以神字專做氣字看, 此其以氣言心之根由也。蓋以氣言神處, 固亦多矣。若『易』「大傳」"陰陽不測之謂神"與"神妙萬物", 此等神字, 通謂之氣, 則無怪 其以一氣字, 冒天下之道, 而以當一身之主、萬事之綱也。其書印布四方是必自以爲俟百不惑, 然質諸往哲, 則實有不然者, 請略言之。

周子所謂"動而無動, 靜而無靜, 神也, 神妙萬物。", 程子所謂"妙用謂之神", 張子所謂"一故神, 兩在故不測", 皆主理而言。而朱子之言, 又加詳焉曰: "理則神而不測。"【解周子之言曰: "此言形而上之理也。理則神而不測。" 又曰: "陰陽不測之神。如晝動, 神不與之俱動; 夜靜, 神不與之俱靜。神又自是神, 神却變得晝夜, 晝夜却不變得神。神妙萬物。"】曰: "神自是超然於形氣之表。"【神之爲物, 自是超然於形氣之表, 貫動靜, 而言其體, 常如是矣。】曰: "神者, 卽理也。"【善應而不測, 實理之用, 神者卽理也。】曰: "妙用, 言其理。"【解程子之言曰: 妙用言其理, 妙用是無迹底。】曰: "妙用包得許多道理。"【解張子之言曰: "不測便是妙用, 包得許多道理。橫渠說得極好。"】此論天道、陰陽之神, 而至若人性、五行之神, 則又不啻明白。程子曰: "上天之載, 無聲無臭。其命在人, 謂之性; 其用無窮, 謂之神, 一而已矣。" 朱子曰: "氣之精英者, 爲神。金木水火土, 非神; 所以爲金木水火土者, 爲神, 在人則仁義禮智信是也。" 又曰: "五行之神, 理之發用, 而乘氣出入者也。" 前哲之以神爲理, 昭如日星。以若高明俊傑, 豈不講貫? 豈不入思議? 然且不信獨見之高可謂超出千古矣, 豈淺腹之所能測哉? 靈之與眞, 固亦有辨。朱子曰: "氣中自有箇靈底物事。" 蓋形氣凝聚, 便有精神魂魄, 爲此心之運用, 卽所謂靈底物事。大抵靈是氣分事, 然本非有形質確定底字, 亦可以狀理之妙, 故周子「圖說」始言"無極之眞", 至於人極, 則言"最靈", 朱子以爲"純粹至善之性"也。『通書』又言: "匪靈弗瑩。" 朱子又以爲: "此言理也, 非人心太極之至靈, 孰能明之?" 又有問: "虛靈不昧是氣?" 曰: "不是氣。是 則言理處, 亦使靈字? 靈亦不可硬做氣邊看, 況神乎?" 蓋是理也, 以實體而言, 則曰誠; 以妙用而言, 則曰神。故周子曰 "寂然不動者, 誠也; 感而遂通者, 神也"。

誠爲神之體, 神爲誠之用。一陰一陽而繼之者, 神之爲也; 一動一靜而幾焉者, 神之爲也; 一闔一闢而變焉者, 神之爲也。理而無神, 不成爲理。惟神也, 故物來而應也。不疾而速, 不行而至, 此心之所以有神明之名, 不離乎氣, 而不雜乎氣者也。本理發見, 而氣爲之運用; 乘氣流行, 而理爲之宰制。此神明之德, 所以爲一身之主, 而萬事之綱也。乃若虛靈, 則神明之情狀也, 從氣而言, 則精爽之會也; 從理而言, 則妙用之著也。是以心也、神也、靈也, 有從氣而言者, 有從理而言者, 當各隨所指之如何耳。故尤翁之言曰: "心, 有以理言者, 有以氣言者。" 此論心之活例也, 眞詮也。然理上而氣下, 理通而氣局, 理主而氣役, 其分又不可有毫忽紊者矣。今專以氣機名心, 奉以爲天君, 而使百體從令, 殆而殆而!

10. 程子曰·"天地萬物之理, 無獨, 必有對。" 有問於朱子曰: "太極便對甚底。" 曰: "太極便與陰陽相對。" 「猥筆」第五段, 正論此義云: "把氣與理對擧, 此非聖人之言。今人纔見理字, 必覓氣來作對偶。於是理之流行一大事, 盡被氣字帶去作家計, 所餘者, 只混淪也, 沖漠也。此雙本領之履霜也, 悲夫!"

愚按: 蘆沙意欲尊理, 而有此云云。然辭氣之間, 陵轢過越, 大損尊畏聖賢之體, 此豈非氣之失理處乎? 況朱子何嘗非聖人? 何嘗非一本領? 然而把陰陽太極做對, 此亦謂奪卻理之流行一大事, 以與氣字, 而爲雙本領之履霜, 而受蘆沙悲夫之歎者耶。

橫看, 則天地萬物之理, 無獨, 必有對; 竪看, 則天地萬物之理, 亦固有無對。最尊者, 太極, 與陰陽相對, 橫看說也。故朱子於此, 以形上、形下爲說, 而曰却是橫對了, 道固無對, 獨非朱子之言乎? 此以道體之渾然, 無所不具精明純粹者而言, 竪看說也。又有合橫竪而一處言之者, 曰: "天下事物之理, 亭當均平, 無無對者, 惟道爲無對。" 然則何嘗偏主有對之說, 而廢無對之理乎?「猥筆」中始言理之尊無對, 竪說也。其下文, 又以上下、道器爲的對, 亦所謂橫對了也。無對有對, 一是皆朱子之意也。今人之把氣對理, 一處對峙, 大違聖人主理帥氣之意, 故曰"此非聖人之言"。

今却引太極、陰陽相對之說, 謂"此段正論此義", 而曰"朱子何嘗非聖人, 何嘗非一本領", 勒做罪案, 奮筆張皇, 深深覓得, 禦人之話柄, 誠勞矣, 巧矣! 獨不畏今與後之窺其中者乎? 正論此義四字, 直闖關手段也。藉使正論此義, 亦非大罪。程伯子曰"心有存亡出入, 非聖人之言", "操存舍亡, 出入無時"是孔子之言, 孟子筆之書者, 而程子云然者, 但據理而言, 如有子言非夫子之言之意也。聖賢之不苟同也如此, 亦將以此爲程子之罪, 而謂孔、孟何嘗不是聖人, 亦何嘗不識心者耶? 噫! 程子幸而不出於今之世也。

11. "聖人的見流行發見, 變化昭著, 莫非此道之爲"云云。"此道之爲"四字, 恐合商量。朱子於『論語集註』, 旣云"道體無爲"; 尤翁之答人書, 又云"非此理其體{則}51)無情意造作, 而至於用則有情意造作也"。二先生豈不知道之流行發見, 而其言如此耶? 此宜再入思議看也。【莫非此道之爲, 若添數字, 云莫非此道爲之根柢樞紐, 則似更詳明, 未知如何!】

---

51) {則}: 저본에 없으나, 『송자대전』에 의거하여 보충하였다.

朱子曰: "一陰一陽, 雖屬形氣, 然其所以一陰一陽者, 是乃道體之所爲也。"【「答陸子靜」】 又曰: "一物之中, 自始至終, 皆實理之所爲也。" 又曰: "凡天下之事, 雖若人之所爲, 其所以爲之者, 莫非天地之所爲也。"【『中庸或問』】 朱子此說, 亦宜再入思議看者耶? 程子曰: "老子言無爲, 聖人作『易』, 未嘗言無爲, 惟曰'無思也無爲也', 此戒夫作爲也。" 所謂道體無爲, 是無作爲之謂也。其曰道體之所爲者, 亦豈作爲之爲乎? 以"其所以爲之妙"與夫"所當爲之則"也。膠守"無爲"字, 凡說著"爲"字處, 一切歸之於造作, 則是道體淪於空無也, 不幾於老子之無爲乎? 然則所謂根柢、樞紐者, 畢竟爲烏有先生矣。蓋理也者, 至無而至有者也, 觀於所引尤翁之言, 亦可見矣。

無造作者, 所謂"靜亦靜"; 用無造作者, 所謂"動亦靜"。靜而體立, 靜非塊然, 所謂"靜中有物"; 動而用行, 動非蠢然, 所謂"動以天"。朱子於此, 兩下立說, 曰"道體無爲", 又曰"道體之所爲"。不知者, 必疑其有似乎左右佩劍; 其知之者, 必謂體則無爲, 用則有爲。而乃若尤翁之意, 則不然, 以爲"無則體用皆無, 有則體用皆有", 可以一翻看矣, 斯乃爲眞知朱子之意也。于以見"體用顯微, 一原無間"之實, 非若"性體氣用, 體同用異"之見也。

余旣爲「記疑辨」, 又得其所謂「猥筆辨」者而看之, 「猥筆」中所論, 今人之弊者, 一切歸之於栗翁, 又或歸之於朱子, 吹洗譏斥, 費盡心機, 比「記疑」不啻幾層矣。蓋難與言也, 然彼自以爲捉得眞臟, 而傳播四出。後生少輩, 於往哲名理之論, 或包羅不周, 而眩於文辭, 屈於聲名, 則知覺之不見蝕者鮮矣, 皓天不復之憂, 不容無也。乃忘陋, 條辨如右, 以告同志, 其援引古訓, 繁而不殺, 雖涉支離, 蓋其勢不得不爾, 覽者詳之。癸卯, 仲夏, 謾筆。

「납량사의기의변納凉私議記疑辨」(『老柏軒集』卷28)

1) 서지사항

정재규가 지은 변론문. 『노백헌집(老柏軒集)』권28에 실려 있다.

2) 저자

정재규(鄭載圭, 1843~1911)로, 자는 영오(英五)·후윤(厚允), 호는 노백헌(老柏軒)·애산(艾山)이다.

3) 내용

이 글은 노백헌(老柏軒) 정재규가, 노사(蘆沙) 기정진(奇正鎭, 1798~1879)이 지은 「납량사의(納凉私議)」를 비판한 간재(艮齋) 전우(田愚, 1841~1922)의 「납량사의의목(納凉私議疑目)」을 읽고, 이를 재비판한 변론문이다. 제목의 '납량사의기의(納凉私議記疑)'는 「납량사의의목(納凉私議疑目)」을 가리킨다. 글의 체제는 먼저 기정진의 「납량사의(納凉私議)」를 인용한 뒤, 'ㅇ'로 구분하여 그에 대한 비판을 전우의 「납량사의의목(納凉私議疑目)」에서 발췌하여 싣고, 별행으로 정재규의 견해를 수록하였다. 전체 14개의 조목으로 분류하여 변론하였다. 기정진 성리학의 핵심은 리일분수설(理一分殊說)에 있다는 것이 일반적인 견해인데, 그 기저가 되는 저술이 「납량사의」이다. 이글에서 기정진은 리(理)의 일(一)과 리(理)의 분수(分殊)를 전제로 전(全)과 편(偏)을 가지고 사람과 사물의 차이를 설명하였다. 그러므로 기정진이 보는 편전은 본연지성(本然之性)을 말한다. 기정진은 사람의 성(性)은 정통(正通)하고, 사물의 성(性)은 편색(偏塞)하다고 하여 그 차이를 설명하였는데, 전우는 성(性)은 온전하므로 성(性)에 편전이 있다는 사유는 잘못된 것이라고 반박하였다. 이에 대해 정재규는 주자(朱子)가 "인의예지(仁義禮智)가 어찌 사물이라고 해서 없겠는가? 다만 치우쳐 온전하지 못할 뿐이다.[仁義禮智, 物豈不有? 但偏而不全耳。]"라고 한 말을 인용하여 본성의 편전을 확신하였고, 또 "같은 바닷물을 어떤 사람은 한 표주박만큼 가져가고, 어떤 사람은 한 통만큼 가져가고, 어떤 사람은 한 그릇만큼 가져간다고 하더라도 모두 원래의 바닷물인 것과 같다."라고 한 주자의 비유를 들어 편전의 타당성을 변론하였다. 또 정재규는 "지금 편전을 모르고서 모두 선한 측면을 가리켜 반드시 선악을 합하고 기질을 겸하여 보아 '본성에는 편전으로 일정하게 나뉨이 없으나, 그 작용은 온전할 수도 치우칠 수도 있다'고 한다면 도리어 온통 기질이 아닌가?"라고 하여, 전우가 편전을 작용으로 간주하는 것은 "리(理)를 무시하여 기(氣)로 보는 것"이라고 반론하였다. 기정진은 일찍이 이러한 주기론(主氣論)을 사탈(四奪)의 하나로 지목하여, 주기론의 성행이 강상붕괴의 현상으로 이어질 것이라고 단죄하였었는데, 정재규는 주자가 "사람과 사물의 본성 차이는 본래 기품의 다름에서 연유하는데, 그 소이연(所以然)을 궁구해보면 오히려 그 기품의 다름으로 인하여 품부 받은 이치도 본래 다름이 있는 것이다.[論人與物性之異, 固由於氣稟之不同, 究其所以然者, 卻是因其氣稟之不同, 而所賦之理, 固亦有異矣。]"라고 한 말을 인용하여 기정진의 주장에 대한 근거를 보였다. 정재규는 지우(知愚)도 성의 편전으로 보기 때문에, 전우에게 "이것이 형기에서 생겨나는 것이라면 이른바 일원지묘(一原之妙)가 아니니, 본체가 하나라는 것을 어디에서 찾을 수 있느냐"고 반문하였다. 이는 전우가 성범(聖凡)의 차이를 기질의 차이로 강조한 것에 대하여 , 지우(知愚)와 현불초(賢不肖)가 본연지성을 온전히 할 수 없는 것은 분명 기질의 병폐이지만, 사물이 하늘에서 얻은 본연지성이 형체가 치우치면 이치 역시 치우진 것이 본래의 나뉨이니 이것이 무슨 병폐가 되겠느냐고 한 것이다. 정재규는 성인과 범인이 똑같이 형체·본성·덕을 갖고 있으나 범인은 본래의 같음을 잃었기 때문에 같을 수 없다고 주장하였다. 기정진은 생전에 주자가 『대학혹문(大學或問)』에서 말한 "리로 말하면 만물이 일원이어서, 진실로 사람과 사물에 귀천의 다름이 없다[以理言之, 則萬物一原, 固無人物貴賤之殊]"와 "기로 말하면 그 정통한 것을 얻으면 사람이 되고, 편색한 것을 얻으면 사물이 된다[以氣言之, 則得其正且通者爲人, 得其偏且塞者爲物]"의 리일분수설을 들어 특히 후자에서 기는 리의 편전에 따른 것임을 밝혔는데 전우는 "후자 21자는 리(理)를 가리킬만한 실제가 없는데 노사의 말이 이와 같으니 의심스럽다"고 하였다. 정재규는 "생각을 잘하면 글자 하나도 리의 진실한 측면이 아님이 없는데도 리라는 글자를 노출시키지 않았다고 해서 리의 실제가 없다고 하니 이런 말은 사람을 부끄럽게 한다"고 격앙된 표현을 하였다.

인물성동이의 논변은 사람과 사물의 본연지성이 같은가 다른가에 대한 논쟁이다. 그러나 리동(理同)이라 해도 사람과 사물의 다름을 간과하지는 않는다. 그런데 그 다름을 두고, 기정진과 그의 문인들은 주리론적 리기일원론(理氣一元論)을 기저로 본연지성의 편전으로 설명하였고, 전우는 기질의 치우침으로 설명한 것이 논쟁의 주안점이다. 이글은 정재규가 사설(師說)을 변호함과 그 과정에서 자신의 성리학을 체계화하여 노사학파의 성리학적 입장을 더욱 엄중하게 계승하였다는 데 의미가 있으며, 이런 면에서 이글은 그의 「외필변변(猥筆辨辨)」과 함께 쌍벽을 이룬다.

3-15-2 「納凉私議記疑辨」(『老柏軒集』卷28)

分也者, 理一中細條理, 理分不容有層節, 分非理之對, 分殊二字, 乃對一者也。○ 此語驟看, 則無可疑者。但蘆沙「答奇景道」書, 論偏全云: "在天原無此分, 則人物何處得來而有此偏全?" 然則此言分者細條理, 將爲異日人物所得偏本然、全本然之源。愚意偏之與分, 元非一串。分如一身中耳目手足, 偏如一耳獨聽, 半身偏遂也。分是一中本有之理, 偏是氣上對全之性, 恐難做一樣說也。

偏全言人物所受之性, 或偏或全。人性必全, 物性必偏, 皆天之所命也。在天自有爲人、爲物之分, 故人得之爲人, 物得之爲物, 皆本分然也。栗谷所謂"參差不齊者, 亦是理當如此, 非理不如此而氣獨如此"者, 正謂此也。今以偏全謂非本分, 則所以爲人、爲物, 理不如此, 而氣獨如此者耶? 惟其理之本分全, 故人性必全, 全固是五常; 本分偏, 故物性必偏, 偏亦是五常。朱子言"一理之實, 而萬物分之以爲體, 故萬物各有太極"者此也。理無形象, 其一中本有之分, 於何驗得觀? 於人物之所受或偏或全而知之。程子曰: "自根本至枝葉秖是一貫。" 全, 譬則幹之直遂也; 偏, 譬則枝之橫生也。其所以爲全爲偏之分, 則根本也。以幹枝橫直、小大之不同, 而謂與根本不貫, 可乎? 且本然云者, 自其然處, 究其所以然, 而謂本來已然也。爲人爲物, 果無所以然者乎? 一理之涵萬分, 如一身之具百體耳。目手足之各專其用, 可以諭人物萬殊之各一其性。然身有形者也, 耳目手足, 各有方所, 各有匡郭, 局而不相通。理無形者也, 雖有間界條理, 而亦無墻壁遮攔, 一而未嘗無分, 分而未嘗不一。自萬物統體而言, 則人性雖全, 亦只是得其一分; 自一物各具而言, 則物性雖偏, 亦莫不得其全體。然而以全命人, 以偏命物, 何也? 理自有等差, 是之謂分。
【朱子曰: "所謂分也者, 特是理之等差耳。"】

偏全, 乃等差人物之名也。偏全之與分, 豈非一串? 耳專於聽, 目專於視, 卽是偏也。各得其分, 偏何嘗病? 天地之大, 偏言之則偏。朱子言"覆載生成"之偏, 是非定分乎? 所謂"一耳獨聽, 半身偏遂", 則乃氣之不能盡其能, 而爲身之病也。如獸之踦其足, 而鳥之缺其翼, 是爲不成物也。乃若物性之偏, 就成性上言, 其所受之理, 其分有等差也。其分雖偏, 亦未嘗不全, 豈獨聽、偏遂之比哉?

凡言性者, 皆就氣上說也, 所謂"成之者性也"。然則偏是氣上對全之性云者, 語非不是, 而其意則蓋以爲性一而無分, 都無人物之差殊, 而其全、其偏, 則皆氣之使然也。而猶曰"分是一中本有之理", 此專就一性中所蘊, 指仁義禮智之分而言耶? 徒知性之所蘊有分, 而不知命之所賦有分, 又不知所性之分, 卽是所命之分也。若是則性命果不爲橫決乎?

朱子曰: "太極者, 象數未形, 而其理已具之稱; 形器已具, 而其理無眹之目。" 夫象數未形, 則未破之一矣, 而其理已具, 則非分之已涵乎? 形器已具, 則旣定之分矣, 而其理無眹, 則非一之自在乎? ○ 未審蘆沙以其理已具, 爲人物所稟偏全之源乎? 竊意此句指意, 恐是父子君臣未生之前, 慈孝禮忠之理已具; 事物微細未有之先, 事物微細之理已具云爾。非謂聖人未生之前, 已有理一中分殊之全理; 賢人衆人未生之前, 已有幾分未全之理; 下愚大憝未生之前, 已有十分不移、十分乖戾之理; 鳥獸枯槁未生之前, 已有偏塞之理, 而各爲萬衆所得之源也。然則似與蘆沙所謂"在天原無此分, 則人物何處得來而有此偏全"云者, 判然殊別矣, 可疑。下段所引"沖漠萬象"亦然。

「凉議」果以其理已具爲人、物性偏全之源, 朱子分明就象數、形器而言之。爲人爲物, 非象數已形、形器已具者乎? 父子君臣未生之前, 慈孝禮忠之理, 固已具矣; 事物微細未有之先, 事物微細之理, 固已具矣。旣知其然, 而獨未知人未生之前, 爲人之理已具, 物未生之前, 爲物之理已具耶? 已具爲人之理, 人得之而爲性; 已具爲物之理, 物得之而爲性, 卽所謂"形器已具, 而其理無眹"者也。其理"其"字, 指形器而言也。有這箇形, 則具這箇理; 有那箇形, 則具那箇理。隨形各得其性不同, 而有偏全之名也。以其理已具爲偏全之本分, 不亦宜乎?

方論人、物性本分, 而却攙聖人、賢人、衆人、下愚、大憝說, 將來爬定幾分未全、十分未全許多層等。是以人性全"人"字, 專做聖人看, 而賢人以下, 皆不得與焉, 是豈朱子之本旨乎? 此人字, 乃對物而言, 則與所謂"人爲貴, 惟人最靈"這箇人字一般。通聖人、衆人而言, 聖人、衆人, 其性初無不全也。下段所引"沖漠萬象", 亦言一中之萬分已具也。未有萬象、已有萬象之理, 旣有萬象, 各具一理, 卽所謂"各一其性, 各具一太極"也。才說各一, 便不能無偏全之分, 除却那偏全之性, 則更別無所謂"各一太極"者。然則人全物偏者, 非各得其本分, 而何哉? 信口努力, 說得崎嶇, 不自知其辭之入於偏詖也, 吁! 亦異矣。

性同者, 吾不曰不然, 而以偏全之性爲非本然, 則是分外有理也, 遂主同而廢異, 則性爲有體無用之物矣。○洛家若指性中發出來底忠孝仁讓, 而曰此分之殊, 非本然之性也, 則分外有理, 而性爲無用之物矣。但謂萬衆之性, 其體本全, 而自學知以下至於翔走枯槁之發見, 各隨所稟之氣, 而自爲一性, 由未達一間至一點子, 由相近至絶不同, 由天縱之聖至下愚不移, 其品有萬不齊, 是安可皆謂本然之性乎?

理也者, 一實萬分, 一與分元不相離, 一而未嘗無分, 分而未嘗不一斯義也。朱子於『中庸』首章章句, 已言之曰: "人物之生, 各得其所賦之理, 以爲健順五常之德, 所謂性也。" 又曰: "人物各循其性之自然, 則莫不各有當行之路, 是則所謂道也。" 既曰"各得其所賦之理", 則其所賦之理, 未始不各有其分也。雖曰"各得", 而以爲健順五常之德, 則其理一也。雖同一健順五常之德, 而曰"各循其性"、"各有其道", 則其分殊也。自分殊而言, 則人全而物偏, 人物不得不異; 自理一而言, 則全亦五常, 偏亦五常, 偏全未始不同。正朱子所謂"同中識其異, 異中見其同"者也。如此然後理分一體, 性命相貫矣。諸家之主同而攻異, 主異而非同者, 果不戾於朱子之意乎?

主同者之以人物同五常爲本然之性, 固是的確正見, 而但以偏全之性爲非本然, 則所謂"人物性同"者, 一而無分也。未生而無已具之分, 生而無各得之分, 行而無各循之分, 而一味言同, 則是非分外有理者乎? 外分而言理, 則理爲混淪一塊物事, 又安得免有體無用之物乎? 苟不於偏全之異, 而求其五常之同, 則所謂"五常"者, 畢竟推之於離形氣之地、人物未生之前矣。體用有無, 又無可論之地, 惡乎可哉?

蓋洛論之以偏全之性, 謂非本然者, (秖)[祇]52)以墮在形氣, 則自爲一性而然矣。而今却以忠孝仁讓之發爲本然之性, 忠孝仁讓, 獨非觸形而感、乘氣而發者耶? 物性上亦可言忠孝仁讓之發耶? 若曰物則無是, 則物果無本然之性耶? 忠孝仁讓, 固本然之性之發, 所貴乎人性之全者, 以其備忠孝仁讓之德也。既指此爲本然, 而謂全非本然, 何歟? 且偏全之偏, 分明是對人言物, 而以"學知以下"、"未達一間"、"下愚不移"氣稟之偏者, 呶呶提起, 汩董混說者, 抑何故歟? 以聖人以下, 一切歸之於物之類耶? 又云"萬衆之性 其體本全", 抑以爲衆物之性, 其體與人同, 其大而無毫分差殊耶? 若是則眞所謂"犬之性, 猶牛之性; 牛之性, 猶人之性"也。其體則與人同其全, 而其發見則偏而不全, 是亦謂有體而有用耶? 惟其得之偏, 是以發亦偏, 故李

---

52) (秖)[祇]: 저본에 '秖'로 되어 있으나 문맥을 살펴 '祇'로 수정하였다. 『朱子語類』에는 '只'로 되어있다.

繼善問物性之偏, 朱子答曰: "旣是不曾受得自是不能做得。" 天下寧有受得則全,
而做得則鐵定是偏, 亙萬古而不易者乎? 人之氣質, 雖不同, 其性本全, 故可以變化
氣質, 而復其性。若物則雖千萬磨礱, 終不可變而如人之全也。然則物性之偏, 專
歸之氣質, 而不謂本然可乎?

天下之性, 不全則偏, 固未有不全又不偏之性也。偏全皆非本然, 則天下無一物能性
其本然之性者, 而本然之性, 永爲懸空之虛位, 則將安用彼性矣? 所貴乎正通者, 以其
得本然之全也。若與偏塞者均之, 爲非其本然, 則何正通之足貴乎? 蓋以無分爲一, 其
弊必至於此, 其以各正之性, 爲落分殊犯形氣, 不足以爲一原, 與甲邊之議, 恐無異同。
○問: "氣質不同, 則天命之性, 有偏全否?" 朱子曰: "非有偏全。" 此洛家之所本也。今
若譏之曰"天下之性, 旣無偏又無全, 則不過爲虛位云爾", 則是得爲盡人之言者耶? 此
不待多般而明矣。所貴乎正通者, 以其得本然之全。然則偏塞者, 其所得只是本然偏
矣, 無乃與天命之性非有偏全者相盭矣乎? 若改之曰"所貴乎正通者, 以其能全本然之
性, 則似無可議矣。

問者所謂"氣質不同", 專就人上說, 故朱子之答云然耶? 若竝指人物而言, 則莫是
以其分雖殊, 其爲天命之性則一也, 非有偏全之異而云然耶? 蓋以人言, 則其氣質
雖有昏明之不同, 而其大分則皆得其正通者、得其秀者。故皆與我同類, 而其性無
不全, 固無偏全之可論。若竝言物, 則其氣有開塞之殊, 其形有橫直之異, 而其類
有貴賤之不同, 則其性安得無分別? 然亦莫不有太極, 莫不有健順五常之德, 則亦
非有偏全之不同, 正所謂"天命之本然, 初無間隔"者也。【『中庸或問』】
朱子之意, 蓋不出此兩端。若執此而遂謂人物之性無隨形各賦之實, 而混同無偏全
之分, 則決非朱子之意也。朱子曰: "仁義禮智, 物豈不有? 但偏而不全耳。" 又曰:
"理不可以偏正通塞論, 而氣稟旣殊, 則氣之偏者, 只是得理之偏。" 又曰: "如一海
水, 或取得一杓, 或取得一擔, 或取得一椀, 都是這海水。" 夫所謂"仁義禮智, 物豈
不有?", 卽非有偏全之說也。而曰但偏而不全, 則是同有底仁義禮智, 自有偏全之
分也。所謂"理不可以偏正通塞論", 亦非有偏全之說也。而曰"氣之偏者", 只是得理
之偏, 則是所得之理, 亦有偏全之分也。或一杓, 或一擔, 或一椀, 則是卽偏全之不
容無分者, 而曰都是這海水, 則又非有偏全之說也。蓋非有偏全, 而又不容無偏全
之分, 雖有偏全之分, 而又非有偏全之異, 同而異, 異而同, 此理分相涵, 萬一各正

底本然之妙也。徒知同者之爲本然, 而不知異者之爲本然, 則所謂同者, 畢竟歸於離形氣之地, 非懸空之虛位, 而何哉? 主同而廢異, 執一而廢百, 自不能盡乎朱子立言之意, 而乃譏人以不盡人之言耶?

既以偏者謂非本然, 則全者不得不歸於非本然之科也。所貴乎正通者, 以其得本然之全也。彼偏塞者, 正以其得本然之偏, 故賤之矣, 卽所謂"不曾受得, 自是不能做得"與夫"氣之偏者, 只是得理之偏"者耳。『易』之"各正性命", 『本義』又曰. "各正得於有生之初。" 亦『章句』"各得其所賦"之謂也。然則得其本然之全, 此"得"字實傳法於朱子者。今欲改得爲全, 而曰能全其本然之性, 則是全也, 全之也。全之者, 誰也? 非理之自全也, 乃氣能全之也。理無本然之分, 而氣能全之則全, 氣能偏之則偏, 主張人物者, 理歟氣歟?

偏全, 指善一邊。如孔隙雖有大小, 而月光自若; 盤盂雖有方圓, 而水性無恙, 豈不是本然? ○ 信斯言也, 蜂虎果然之仁義, 堯、舜、周、孔之仁義, 毫無殊別矣。然則朱子何以言"仁義禮智之粹然者, 人與物異"乎?

偏全, 皆指善一邊, 正於朱子所謂"仁義禮智之粹然者, 人與物異"一語, 亦可以知之矣。不曰"仁義禮智之粹然者, 人所獨有", 而但曰"人與物異", 則其異者, 只是仁義禮智之粹然者異也。且此與"知覺運動之蠢然者, 人與物同", 對下說來, 則其同者, 蠢然者同也; 其異者, 粹然者異也。同是粹然, 而其分則異, 此卽"仁義禮智, 物豈不有?", 但偏而不全之說也, 亦"人物之生, 各得其所賦之理以爲健順五常之德"之說也。雖偏而不全, 同爲五常之德, 而豈有不善者乎? 朱子又言: "鳥獸草木, 僅得形氣之偏, 而其知覺運動, 榮悴開落, 亦皆循其性, 而各有自然之理焉。至於虎狼之父子, 蠭蟻之君臣, 豺獺之報本, 雎鳩之有別, 又有以存其義理之所得, 尤可以見天命之本然, 而道未嘗不在是者。" 皆指善一邊而言也。雖皆指善一邊, 而曰偏而不全, 則人物之分, 已判然矣, 而以蠭虎果然之仁義, 比議於堯、舜、周、孔之仁義, 而譏以無別者, 是果成說乎? 離偏全而說本然, 曰人物同五常, 則蟻虎之仁義與堯、舜之仁義, 果毫無殊別也? 蟻虎之說, 不幾於倒戈而自攻乎? 是蓋由徒知仁義禮智之爲一理, 而不知仁義禮智之自有分殊也。理分相離, 噫! 蔽也久矣!

氣質是兼善惡, 如和泥之水, 稠淸百層; 隔牕之月, 明暗多般。以偏全爲氣質, 豈不低陷了偏全? ○堯、舜、孔子之全, 固當爲本然。至於夷、惠之偏於淸和, 顏、閔之具體而微, 游、夏之僅有一體, 則豈非由於氣質乎? 此類不可謂兼善惡也。人猶如此, 況於微物乎? 今不欲以偏全爲氣質, 恐終可疑。

論性之人全物偏, 而每每說人之氣質不齊以反之, 眞所謂見人說晝底, 却將夜底說以反之者也。已悉於上, 不必復辨。而但氣質兼善惡, 自周、程以來, 累言而不一言, 而亦疑之, 何也? 以氣質言, 則不惟夷、惠淸和, 顏、閔具體, 游、夏一體, 雖堯、舜、孔子之全, 亦可謂由於氣質。惟其所稟, 極淸無濁, 極粹無駁, 故全體昭著, 能盡其本然, 洛家所以竝全謂氣質者此也。然其全, 則乃所性之本然也。若夷淸而欠於和, 惠和而欠於淸, 其欠處猶有所未善也, 其淸和則善也。顏、閔之具體而微, 微則猶有些查滓未化, 不害爲未善也, 其具體則善也。游、夏之得一體, 其未得處固未善也 其得則善也。此類可不兼善惡而言乎? "人猶如此, 況於微物", 此句不省何謂? 抑以爲大賢以下, 猶爲氣質所拘, 不得全其性之本然, 況以微物之偏, 而可論其本然耶? 若是則恐失之尤遠矣。朱子曰: "{物}[53]只有這一處通, 便却專; 人卻事事理會得些, 便却泛泛, 所以易昏。"【問: "虎狼蜂蟻之類, 雖其一偏, 然徹頭徹尾得義理之正, 人合下具此天命之全體, 而爲物欲、氣質所昏, 反不能如物之能通其一處而全盡, 何也?" 朱子答曰云云。】是則氣質之昏蔽, 人爲甚於物, 而物則各全其所得之偏也。偏之爲本然, 於此尤可見矣。

氣質之性, 君子有不性者焉; 人物偏全之性, 君子亦有不性焉者乎? ○"氣質之性, 君子有不性者焉", 本橫渠先生語。先生又嘗言: "凡物莫不有是性, 由通蔽開塞, 所以有人物之別; 由蔽有厚薄, 故有知愚之別。" 今以上一股爲偏全, 而屬於本然之性; 下一股爲氣質 而降爲不性之科, 恐文義事理俱難, 如蘆沙之言矣。問: "氣質不同, 則天命之性有偏全否?" 朱子曰: "非有偏全。" 偏全之性, 豈非朱子之所不性焉者乎? 據此, 則南塘、蘆沙兩說, 似當更加商確, 恐未可認爲千聖不易之論也。

張子言"凡物莫不有是性", 是性何性也? 非天命之性耶? "由通蔽開塞, 所以有人物之別", 此句是就"凡物莫不有性"上, 言人物之大分也。"由蔽有厚薄, 故有知愚之別", 此句又就"人物大分"上, 言知愚生稟之異也。上下兩句, 皆卽形氣而言。然形氣之所以通開而爲人, 蔽塞而爲物, 實天命之本分然也。必先有爲人、爲物之分,

---

53) {物}: 저본에 없으나, 『주자어류』에 의거하여 보충하였다.

而乃有爲人、爲物之氣。開通底成人, 蔽塞底成物, 開通之所聚, 理亦賦焉, 而其性全; 蔽塞之所聚, 理亦賦焉, 而其性偏。正朱子所謂"此氣依傍這理行, 及此氣聚, 則理亦在焉"者也。且朱子又言"通蔽不同"而曰: "本乎天者親上, 本乎地者親下, 如人頭向上, 所以最靈; 草木頭向下, 所以最無知; 禽獸之頭橫了, 所以無知。" 此卽邵子人直生、禽獸橫生、草木倒生之說也。

各以其類, 各隨其形, 則各得其理, 而各爲其性, 各循其道, 正程子所謂"洪纖高下, 各以其類, 各正性命"者也。然則直生者, 其性固全也; 橫生者, 其性固偏也, 倒生者, 偏而又偏也。偏全之名, 雖因形氣而立, 偏全之實, 乃此理之本分。故凡物雖有通蔽開塞之別, 而莫不有是性。朱子言"氣不可謂之性命, 但性命因此而立", 正謂此也。若知愚之別, 則同類同本, 其性無不同, 而發用有此不同, 則固緣氣質之美惡用事耳。是以有善反之功也。然知者、愚者所得之性, 亦只是莫不有之本性也。先言凡物莫不有是性, 而次言人物之所以分, 次言知愚生禀之所由別, 語有次第, 事理完備。正如『中庸章句』先言天命之成形賦理, 而次言性道之各得各循, 次言氣質之過不及也。蓋離偏全, 而言人物同五常, 則是欲同人道於犬牛也。何苦苦將人物之大分一定不可易底, 而喚做氣質, 然後快於心歟? 誠不可曉也。

天命之性, 非有偏全, 據此而謂偏全之性, 朱子之所不性焉, 則仁義禮智之偏而不全, 及仁義禮智之禀, 豈物之所得以全? 及氣之偏者、得理之偏者, 亦朱子之所不性焉者乎? 非有偏全, 蓋謂全亦五常, 偏亦五常, 非有偏全之異云爾。不究其意, 而以辭而已, 則不幾於高叟之爲詩乎? 且南塘固亦以偏全爲本然。然其所以爲本然之意, 與「凉議」迥別矣, 而今以同科譏之, 見皮而忘髓, 不亦疎乎?

理旣云萬事本領, 氣是甚樣物事, 乃獨爾一我殊背馳去? 近世諸先生坼開理分, 大抵皆爾一我殊之論。其蔽也氣無聽命於理, 理反取裁於氣, 天命之性, 徒爲虛語耳。○理一分殊, 固是理中事。然分殊, 先賢直就氣異處說者極多。今且以隙日譬之, 隙之長短大小, 自是不同, 然却只是此日。【見『語類』。】只是此日, 理一也; 隙自不同, 分殊也。【朱子「答余方叔」, 歷擧人獸、草木、枯槁而曰: "雖其分之殊, 而其理則未嘗不同。" 此亦以理氣區屬於理一分殊, 此類甚多, 不可枚引。】此與前一義, 可竝行而不相礙也。至若天命之性, 雖十分大全, 十分至善, 無奈所賦形氣有異, 莫能遂其本然? 雖是性體而氣用, 亦是理弱而氣强, 故不能無蔽也。若以分殊專歸之理, 則理果號令乎氣, 氣果隨順於理, 而更無不治之國, 更無爲惡之人也乎？恐難如此立語。

先賢言分殊處，大抵多就形氣而言之。蓋理無形象，氣之成形，乃是理之著迹。故聖人之於道理，雖不雜形氣而言之，亦不離形氣而言之。但就形氣而截斷得上下，指而上而謂之道，指而下而謂之器。苟離了形氣，則雖聖人，無以說出，故曰"一陰一陽之謂道"，曰"有物必有則"皆是也。朱子之就形氣言分者，亦當以此義求之矣。今且以所引隙日之譬、「答余方叔」之書言之，隙之長短大小，雖不離形氣而言之，隨隙之長短大小，而所受之光，自有長短大小之不同，則此分之各正者也。長短大小雖不同，而却只是此日，則此理一之不外於分殊也。今曰隙自不同，而推此日於懸空之地，則是不知此日裏面本自有容光必照之妙也。本有容光必照之妙，是統體一太極也；容光所照，却只是此日，是各具一太極也。理分一體，相離不得，於此已躍如矣。「答余」書所謂"雖其分之殊，而其理則未嘗不同"，此言分雖殊而理則一也。以其分之殊，則其理之在是者，不能不異，此言理雖同而分則殊也。其分其理其字，指人獸、草木、枯槁之氣也，分與理，皆卽氣而指其本然也。上下兩句，異中有同，同中有異，說得理分，無有滲漏。彼所謂"理一分殊，自是理中事"者，正於此可以看得，而乃截去下句，隻擧上句，欲主同而廢異，則所謂分殊者，乃理外事也，不啻相硋矣。至若性之不能遂其本然，誠在於氣質所拘。此聖人所以修道立教，各因其固有之分，以裁之使之，主理而御氣，變異而反同，省察克治，戰兢臨履，不敢須臾之少忽也。氣質之所稟，雖有濁駁，本性之純粹者有不息，故用力而克治之，則無不可變之人。是以曰"雖愚必明，雖柔必强"，曰"惟狂克念作聖"，若置之無奈何之域而曰"理弱而氣强，理無奈氣何？"，則直是自暴自棄之下愚也。況乃以形氣之所拘直喚做分殊之分，則分之所定，非用力之可變，聖賢所以言矯揉變化之道，皆歸於欺余之虛言，而國之不治，人之爲惡，反視以爲常也。若是則天下殆哉，岌岌乎！

且性體、氣用之云，恐合有一場大商確者。抑以體立於未發之前，用行於已發之後，未發則氣未用，事發則乘氣，故云爾歟？所謂發者，只是此理乘氣而發，理爲發之主，氣爲發之僕，如人乘馬，馬隨人而行。今舍主而以僕名，舍人而以馬名，則恐非命名之義也。『中庸章句』曰："一體一用，雖有動靜之殊，必其體立，而後用有以行，則亦非有兩事也。"體用初非兩事，理氣決是二物，而今坼體用，而一曰理，一曰氣，則是以體用爲兩事矣。朱子曰："本然而未發者，實理之體；善應而不測者，實理之用。"又曰："以形而上者言之，則沖漠者，固爲體；發見於事物之間者，爲之用。以形而下者言之, 則事物爲體, 而其理之發見者, 爲之用, 形上、形下皆以理之發見爲用。” 朱子豈不識理無造作氣能乘載而然耶? 以所主者在理而不在氣故耳。

五常人物性同異, 畢竟惡乎定? 曰: 定於先覺之言。朱子之論此固多矣, 其見於『四子註』說者, 則手筆稱停, 非記錄易訛書疏倉卒之比。其言人物五常, 凡有三處, 曰“人物之生, 必得是理, 然後有以爲健順仁義禮智之性”者, 『大學或問』也。“人物之生, 各得所賦之理, 以爲健順五常之德”者, 『中庸章句』也。此皆不區分人物, 一例說去, 粗通文理者, 初不難辨。且得以爲性、得以爲德之云, 皆屬成性以下, 而非繼善以上事, 則朱子之意, 明以人物之性爲同五常矣。獨於『孟子』生之謂性章『集註』, 以理言之, 則仁義禮智之粹然者, 豈物之所得以全哉? 此爲區分人物處。【愚按: 此註亦不專於區分人物, 何以言之? 上文旣言性形而上者, 人物之生, 莫不有是性, 是性何性? 卽所謂仁義禮智之性也。是亦與『章句』、『或問』之說同矣。如以“物豈得全”爲區分人物之斷案, 則『章句』下文, 豈不曰“氣禀或異, 故不能無過不及之差”;『或問』下文, 豈不曰“彼賤而爲物者, 梏於形氣, 而無以充其全矣”乎? 此二條又皆與『孟註』之云, 無些子異意。愚竊謂三處俱是同體異用之說也。】然而只曰“物豈得全”, 不曰“物莫得與”, 則此亦人物同五常之說也。云云。朱子之爲此說, 豈喜爲刱新之論, 以同人道於庶類哉? 蓋此理之外, 更無佗理。是以直以從上聖賢四破人性之字, 一萬物而貫之, 不以爲嫌也。【愚按: 以上所論, 無不與洺家同。】雖然, 一而無分, 非吾所謂一也。故『庸』『學或問』, 卽言鳥獸草木之生, 僅得形氣之偏, 而不能有以通貫乎全體, 彼賤而爲物者, 梏於形氣之偏塞, 而無以充其本體之全。此言人物之性雖同, 此一理而理中之分限不能無也。氣所以承載此理, 故雖不離形氣而言分, 而一之未嘗無分, 於此因可見矣。合此上下文義而觀之, 其與生之謂性章『集註』, 亦非有異意也。後人各占一半, 就生軒輊, 此豈朱子之所能豫料哉? 是知物我均五常者, 理之一也; 五常有偏全者, 一中之分也。蓋自統體一極, 理分圓融而無間, 故其成性於萬物者, 又如此。是故先覺論性, 有言理同者, 有言理不同者, 非相戾也。公共以論其妙, 則挑出而言之; 眞的以指其體, 則卽氣而明之。挑出則理本一, 故理一爲主而萬殊涵於其中。【愚按: 以偏而不全者爲萬殊, 殊不可曉。】卽氣則氣已分, 故分殊爲主, 而理一存乎其間。自是話有兩般, 何曾性有多層? 諸家緣理分一體處, 未甚著眼, 說異, 則欲獨擅五常; 說同, 則乃低視偏全, “差之毫釐, 謬以千里”, 豈不信哉? ○『庸』『學或問』, 若單言微物, 而不竝擧衆人, 則猶或可如蘆沙之言矣。今其文, 明明言知愚賢否氣禀之異, 而曰“於其所謂性者, 有所昏雜而無以全其所受之正”, 又曰“其所謂明德者, 已不能無蔽而失其全矣。” 此與微物之不能通、無以充者, 語意一致, 類例無二。而以不能通、無以充, 歸之本然之性; 無以全、失其全, 歸之氣質之性, 則無亦有失其平之嫌乎? 如有人質於盧沙曰“聖、凡均德性者, 理之一也; 德性有偏、全者, 一之分也”, 則將應之曰然乎否乎?

『庸』『學或問』, 首言人物同得是理以爲性。其曰“天之所以賦與萬物, 而不容自已”【『庸或』】與“必有是理, 而後有是氣”【『學或』】者, 言理一中分殊也; 其曰“雖有氣稟之異, 而其理未嘗不同”【『庸或』】與“及其生物, 則又必因是氣之聚而有是形, 故必得是理以爲性”【『學或』】者, 言分殊中理一也, 此公共以言其妙者也。次言人物之性, 各因形氣而不容無分。其曰“得形氣之正, 而性無所不備; 得形氣之偏, 而各有自然之理, 及虎蟻豺鳩, 有以存其義理之所得”【『庸或』】與“得其氣之偏且塞者, 而無以充其本體之全; 得其氣之正且通者, 而其性最貴”【『學或』】者, 言人物之大分也, 此眞的以指其體者也。是分也, 乃天命中本有之分也。故曰“不假人爲”,【『庸或』】曰“人之所以異於禽獸者, 正在於此”,【『學或』】人物性之說, 至此而已盡之矣。

人物之大分, 雖如此, 物則得其偏矣, 徹頭徹尾做得偏, 而終無以做得全。人則得其全矣, 雖有氣稟之異, 而用力克治, 則可以變其異, 而反其全矣。於是就人物上, 拔出箇人, 又言知愚、賢否氣質之不同, 明聖人修道立法以敎天下萬世之意, 而使知矯揉變化之功, 不得不力也。循其立言之次第, 而審其旨趣之攸歸, 則人物與知愚之各各區別, 而說去者犁然可尋矣。今曰類例無二, 是但以其句語之髣髴, 而不察乎語脈之次第曲折也。蓋人物之氣, 正通偏塞之分, 定於未生之前, 天命之本分也。朱子言“惟其理有許多, 故物亦有許多”者, 正謂此也。同是正通之氣, 而有淸濁之異, 乃稟生之時所值之不純也, 非本分也。分之早定於未生之前者, 生而所得, 又只是這箇分。故物之不能通、無以充者, 雖擧天下閱萬古, 而終無可通之物、可充之日。若人之拘於氣質而無以全, 失其全, 則如鏡塵圭玷, 可拂拭磨礱, 而復其初也。今比而同之, 不亦誤乎? 湖、洛所爭, 只是人物性同異; 「凉議」所辨, 亦只就人物上論性耳。今却攙入知愚、賢不肖氣質之不同, 而必欲同之於物性之偏, 抑信以爲知愚、賢不肖其性之殊局定, 而不可移易, 如物性之偏乎? 願以質焉。

以『孟子集註』爲“不專於區分人物”一條, 通上文而看則似矣。然『孟子』此章, 本以明犬、牛、人性之不同, 則『集註』亦爲區別人、物而言也。朱子曰: “論人與物性之異, 固由於氣稟之不同, 究其所以然者, 卻是因其氣稟之不同, 而所賦之理, 固亦有異矣。" 所以孟子分別犬之性、牛之性、人之性有不同者, 而未嘗言犬之氣、牛之氣、人之氣不同也。所賦之理, 固亦有異者, 是指本性而言乎? 指氣質而言乎? 抑外此固亦有異者, 而別有一箇天命之性乎? 同體異用之云, 大礙淺見。五峯以性謂無善惡之可名, 而其用可以爲善、可以爲惡。故朱子曰: "如是則却是一團人欲窠子。" 今不知偏全, 皆指善一邊, 而必欲和善惡、兼氣質看, 謂性無偏全之定分, 而其用可以爲全、可以爲偏, 則所謂同體異用, 却不是一團氣質窠子乎? 偏 全是區別人物之說, 而却賺連知愚說去, 至以賢愚之性同歸之偏, 則賢愚發用之不同, 乃生於形氣者, 而非所謂一原之妙者, 惡在其同體乎? 其所謂同體者, 却是氣質, 則幾何不爲五峯之見乎? 氣質、人欲, 每每相循, 轉轉相害, 特一間耳。其不以性爲有定體則均矣, 正朱子所謂"將甚麼做體?"者也。蓋以同體異用做論性宗旨, 則程、朱"體用一原"之旨, 幾乎息矣。

謂以上所論與洛家同者, 誠然矣。「涼議」以洛家同五常而說本然, 爲著實的一原者此也。然但不就偏全之性, 而論五常, 則五常不免爲離形氣, 而立於空蕩蕩地, 此爲未安耳。

偏而不全, 朱子分明以物之有仁義禮智言之, 同一仁義禮智, 而偏而不全, 則非分殊, 而何哉?

曰本體而云無以充, 本體爲性分耶? 至無以充三字, 始爲性分耶? 全體而云不能通貫, 全體爲性分耶? 至不能通貫四字, 始爲性分耶? 曰本體全體, 卽性分中理一處; 無以充不能通貫者, 卽性分中分殊處也。兩項事理, 有則俱有, 今必欲二而論之謬矣。○ 無以充、不能通貫, 分明是形氣偏塞之病。今必以爲性之分殊, 使人聽瑩, 且以『大學』論之 "天降生民, 莫不與性", 性分中理一處; "氣稟不齊, 不能皆全", 性分中分殊處; "虛靈具應", 德分中理一處; "拘蔽或昏", 德分中分殊處。如此說亦得否? 請觀者下一轉語。
　　知愚、賢不肖之或過或不及, 而無以全其本然, 則分明是氣質之病也。若物之得於天, 而形偏而理亦偏者, 自是本分, 何病之有? 『大學』所謂"莫不與性"、"虛靈具應",

乃單就人而言之。人則無聖凡, 同是形, 同是性, 同是德, 而却有不能同者, 是失其本分也。咎在氣質, 何理分同異之可論? 以上段所謂"單言物, 則可如此說"者觀之, 則亦非不知卽氣言分之曲折, 而必以人之氣質, 提起題外之說, 務欲禦人, 無亦失其平之甚者耶?

"以理言之, 則萬物一原, 固無人物貴賤之殊", 此一節所謂"挑出以言其妙", 理一爲主者也。"以氣言之, 則得其正且通者, 爲人; 得其偏且塞者, 爲物", 此一節所謂"卽氣以指其實", 分殊爲主者也。○ 上一節, 言一性之中, 含具萬理。一性, 理一也; 萬理, 分殊也, 人物同此一原也。【雖言分殊, 不害其無人物貴賤之殊, 據此可見分偏之不可以相準, 此一著最可領悟。】下一節, 却只專言氣禀事。蓋此二十一字, 無一點一畫可指理之實處, 而蘆沙之言如此, 可疑。

　　萬物一原, 則一原之中, 已有人物萬殊之分, 是分殊之早具於理一也。無人物貴賤之殊, 則貴亦只是此性, 賤亦只是此性, 是理一之不外於分殊也, 所謂"挑出以言其妙"者也。卽其正通偏塞, 而究其各有所以然, 則是理一中分殊也, 言其自有所當然, 則是分殊中理一也, 所謂"卽氣以指其實"者也。於此一段, 苟能著眼於裏面實事, 則無一字非理之實處。以其不露出理字, 而有一點一畫之云耶? 點畫之說, 殆令人代赧。

心雖氣分事　而乃所具則性也。心具性, 吾之心與聖人之心同; 心不能盡性, 吾之心與聖人之心異。其同、其異, 皆所重在性也。南塘乃忘却其同者, 主張其異者, 以聖、凡異心爲法門, 其亦矛盾於聖人之意矣。與南塘辨者, 亦不言其所重之有在, 區區較其光明之分數, 欲以此爲同聖凡之心, 未爲箚著痛處。○ 氣質者, 淸濁粹駁, 有萬不齊; 心者, 虛靈神妙, 有一無二。南塘乃認兩者爲無辨之物, 今不指其光明之無優劣、分數, 只舉"心具性, 聖、凡同"者以辨之, 其不被南塘之哂者鮮矣。況心之具性, 微物亦然, 此何足以辨南塘之疑乎?

　　心之所以虛靈不昧, 而爲一身之主、萬事之綱者, 以其有性情體用也。未發而燦然有條, 已發而秩然有節, 皆性之德而具於心, 爲實體也、準則也。若離了性而言心, 但較其光明分數, 則雖說得十分精到、十分高妙, 却是蛻去之空殼, 不過閃閃爍爍地光景。而怳惚無所準則, 所存、所發, 何自而中於理乎? 且光明之發於淸濁美惡之氣者, 不能無分數, 畢竟聖、凡異心之說得之矣。若曰此以正通本然之氣而言之, 非指清濁美惡之所凝聚者, 則恐亦未然。朱子分明言: "其通也, 不能無淸濁之異; 其正也, 不能無美惡之殊。" 其得其淸且美者, 固全其本然, 得其濁且惡者, 其光明豈得依舊而無虧欠耶? 光明分數之說, 果不被南塘之哂而辨其疑耶? 以其所具者言之, 則稟雖濁駁, 其本體之明, 有未嘗息者。指此而謂聖、凡同心, 乃爲劄著痛處。且心之具性, 信無分於人與微物矣。其所以爲心爲性, 信無分於人與物乎? 論人物性不同處, 輒以聖、凡氣質之不同而反之; 論聖、凡心同處, 卻以微物之所同者而詰之, 苟不故爲迷藏之戲, 則是眞以人、獸爲無別也。

碎紙中得鹿門任氏一段議論: "苟言異, 則非但性異, 命亦異也; 苟言同, 則非但性同, 道亦同也。" 此言驟看外面, 殆若鹿邊者獐, 獐邊者鹿, 而其實說得道理源頭, 無有滲漏。伊川理一分殊四字, 賴此公而一脈不墜於東方歟? 恨不得其全書而攷閱也。○ 理一分殊, 伊川何嘗以之論性? 只因「西銘」, 使人推理而知其一, 存義而立其分而已。楊、李、朱子所論, 亦皆如此。至羅整菴, 始揭此四字, 以爲性命之妙 無出於此。其言曰: "受氣之初, 其理惟一; 成形之後, 其分則殊。" 此與蘆沙之意遠矣。羅氏又曰: "以理一分殊論性, 則自不須立天命、氣質之兩名。" 則其說更乖矣。又其認理氣爲一物, 而深病乎朱子理氣二物之訓, 則愈不可說矣。我東任鹿門, 又祖述羅氏四字之旨, 而其言曰: "「乾」之健卽太極, 而健之中有元亨利貞; 「坤」之順卽太極, 而順之中有元亨利貞。元亨利貞, 卽陰陽五行也。然「乾」之元亨利貞, 依舊是健; 「坤」之元亨利貞, 依舊是順. 然則「乾」、「坤」之於太極, 自不害其不同也。" 又作「人物性圖」, 人圈具書五常太極, 物圈只書太極, 而不書五常。又論朱子"渾然太極, 各具於一物"之說云: "此謂卽此各一處, 天理完全無所虧欠耳, 非謂一物各具萬理也。" 此皆看得分殊之過, 而至於如此。又論人性之善曰: "此乃氣質之善耳。非氣質之外, 別有善底性也。" 此尤不可曉矣。使蘆沙復起見此, 不覺蹙頞而長太息也。老洲吳先生嘗有論羅、任兩家者極多, 今擧三段, 附見于下, 使蘆門諸公看詳焉。○『老洲集』「雜識」曰: "整菴、鹿門均爲理氣一物之論。然整菴於理一看得重, 鹿門於分殊看得重。看理一重, 則自然理爲主; 看分殊重, 則畢竟氣爲主。以此較論得失, 整菴殆其小疵矣乎。" 又曰: "整菴、鹿門, 皆從氣推理, 看得合一之妙者, 驟看非不高妙, 然其究也, 皆歸於主氣。而整菴則猶有每每提掇此理之意, 鹿門直以一氣字, 盡冒天下之理, 更不求理之所以爲理。蓋鹿門之見, 實本於整菴, 而其主張氣字,則殆過之耳。" 又曰: "整菴以理一分殊爲說理氣底稱子。其曰'性以命同, 道以形異'者極是。'性以命同', 則未發而指理一也; '道以形異', 則已發而指分殊也。鹿門之祖述其理一分殊, 而獨深斥此語, 何也? 終是拘於人物之偏全, 不能疏觀性道雖有體用之異, 不害其一原之同也。"

朱子言理與氣, "伊川說得好, 曰理一分殊。" 「凉議」引而爲之說。今曰"伊川只論「西銘」, 何嘗以之論性?", 而譏「凉議」之表章。然「凉議」實承朱子旨訣, 朱子不可譏也, 奈「凉議」何? 朱子解『通書』, 又曰: "一實萬分, 萬一各正, 便是理一分殊。" 問: "旣曰理一, 又曰分殊, 是理與分二也?" 朱子曰: "理有品節之殊、輕重之等, 分特是理之等差耳。" 又曰: "分者, 天理當然之則。" 此皆不可以之論性乎? 且以「西銘」言之, "塞吾體, 帥吾性"是「西銘」骨子, 謂之不論性可乎? 楊、李二氏, 皆以仁義言理一分殊。且其所言"體用不相離"、"冠屨不相易"者, 皆性分之固然、名理之眞詮也。是豈至羅氏而始揭爲性命之妙乎? 羅、任二家, 以理氣爲一物, 又以一氣字, 冒盡天下之理, 諸般說話, 果令人屢頗而太息處也。二家之書, 未曾攷閱, 而整菴嘗於退、栗之書, 見其有差處。鹿門因近儒書中所引"盈天地都是氣"一段, 而疑其或歸於主氣, 嘗舉以質諸間席, 則答曰: "苟能截斷, 得道器上下分明, 則謂盈天地都是氣, 亦得; 謂盈天地都是理, 亦得。然聖賢眼中, 盈天地都是理; 衆人眼中, 盈天地都是氣。" 因以「凉議」末段所引同異之說進稟, 曰: "鹿門所見苟如彼, 則其所言同異者, 恐亦隨氣, 而同異非理分之本面也。" 合有一言以辨之者, 答曰: "旣云'碎紙中得一段', 又恨'不得全書而攷閱', 則其特取一言之意, 自可見矣。" 遂不敢復請, 而竟未知其所見之果如何也。今以所引"人性之善, 乃氣質之善"云云觀之, 曩吾所疑者, 果不妄矣。得破舊疑, 良幸良幸! 然一二猶有可商量者, 曰乾之健卽太極 而健之中有元亨利貞; 坤之順卽太極 而順之中有元亨利貞。乾健坤順, 則未嘗不偏, 而卽是一太極, 則是分殊中理一也。卽是一太極而却是有元亨利貞, 則是理一中分殊也。健順不同, 而同爲太極者, 以其皆有元亨利貞, 則元亨利貞, 卽是太極也。分而一, 一而分, 只是一箇理字本面, 其於理分, 可謂有見。而却以元亨利貞, 謂卽陰陽五行, 則已有理氣一物之病。又曰: "依舊是健順, 而不害爲不同。" 則却不知乾雖主乎健, 而未嘗無順; 坤雖主乎順, 而未嘗無健, 是果看得分殊之過也。其斥羅氏"性以命同, 道以形異"者, 則未見其斥之之說云何, 未敢質言。然命與性與道, 只是一貫, 性以命同, 道以性同, 是朱子之意也。『章句』於性與道, 皆以理言之, 而曰

“性道同”。乃以道以形異，對性以命同，一則似命與性一而無分，道分而不一也。一則似道本無分，而特因形而始有分也。抑未知孔子言道卽形而指而上，故羅氏云然耶？苟如是，則不但道以形異，惟性亦然。『章句』不曰“氣以成形，理亦賦焉”耶？『或問』亦不就形氣之通塞，而分人物性之偏全耶？不但性然，惟命亦然，天以陰陽五行，化生萬物，非命耶？何必獨於道，而云以形異也？且指理一於未發之前，指分殊於已發之後，是體則同，而用則不同也，所謂忤者，果不爲有體無用之物乎？任氏之譏，不亦宜乎？願明者之駁敎也。

余旣爲此，或告余曰：“後輩之疑先進，得不爲罪？”余曰：“昔溫公平生不喜『孟子』，至謂之僞書，而公休、元城，皆尊『孟子』。朱、呂爲「知言疑義」，而南軒與焉。然未聞後世斥公休不孝，劉、張背師者。余于蘆沙，非親子弟門人比，不尤有間乎？況其爲言，但擧所未徹，以爲問而已，更無一毫輕肆意象，縱遇褊心，決不見怒。抑余之爲此，正欲蘆門諸公，看詳而平議之，庶幾得聞解惑之言，子母以流俗視諸公也。

吾聞之，公則一，私則萬殊。湖、洛諸賢，人物性同異之論，皆以明理爲心則公也。其議論之矛盾，以仁、智之所見不同也。仁者之謂之仁，智者之謂之智，壹是皆主乎道，則不害其爲同也。後來諸儒之各主一說，同我者謂之是，異我者謂之非，是非相攻，遂成偏黨，立彼我爭勝負，則雖各自以爲明理，而其心未知其皆出於公也。先師憂道術之分裂，參考二家之說，折諸朱子之意，同中識其異，異中見其同，發二家未盡之蘊，開一世後學之眼，其心何嘗有一毫之私也？則同歸於憂道明理，而世儒創見大駭，譁然起而攻之。乃以此時爲此箚記，傳播四出，其迹則助瀾，其文則辨疑，未知其心之果如何，而此段所言，則實公義也。其辭雖若自解，而其意則實警吾輩也。旣以公義望於人，豈不以公義自待乎？然則其心宜不似世儒“立彼我，爭勝負”之爲者矣。必不以譏斥先輩，疑「凉議」，亦不以吾之辨疑謂不韙。而但隨問置對，不敢回互，而頗傷直截，不敢糊塗，而或涉煩瑣，覽者以爲如何也？竊惟艮公聲名溢國，位望拔萃，秉拂當座，四方奔趨，雖以陋生，亦恒切竝世不見之歎。而始以家貧親老，今又衰病纏綿，末由參聽於講論之末矣。偶得此記而讀之，考其議論之得失，窺其所學之淺深，無異於合堂唯諾，誠亦覽者之幸也。卽欲討便奉質，而顧今少輩浮薄，轉深爭競成風，此公脚下，又安保其必無此等人也？玆用不敢姑藏而俟之。

「추록追錄」(『老柏軒集』卷29)

1) 서지사항
정재규의 『노백헌집(老柏軒集)』 권29에 수록된 글.

2) 저자
정재규(鄭載圭, 1843~1911), 자는 영오(英五), 후윤(厚允). 호는 노백헌(老柏軒), 애산(艾山). 노사(蘆沙) 기정진(奇正鎭)의 문인이다.

3) 내용
전우(田愚)는 안자(顏子)의 '심불위인(心不違仁)'을 소재로, 어기지 않게 되는 기틀은 마음에 있어서, 마음이 그 어긋났음을 자각하여 인(仁)에 의거함으로써, 마음이 인을 어기지 않게 되는 것이지, 인이 마음으로 하여금 어기지 않도록 시키는 것이 아니라고 주장한다. 그러나 기정진의 설명을 따르면 심이 성에 의거하고 어긋나는 작용을 리가 일일이 조종하는 것이 되므로 옳지 않다고 비판한다. 이 글은 이러한 전우의 비판에 대해, 정재규가 기정진의 입장에서 다시 반박한 것이다. 정재규는 '본심'이라는 개념을 말한다. 인(仁)은 심의 덕이므로, 고유한 그 덕을 지닌 심을 '본심'이라 하며, 이 '본심'이 온갖 변화의 주재가 된다고 하였다. 그는 전우의 설명은 기기(氣機)를 심체(心體)로 삼아 그것이 인을 어기지 않는 기틀이 된다고 본 것이므로, 그렇다면 별개의 심이 별개의 인을 어기지 않는다는 뜻이 되어 심성이 분리된다고 비판했다. 정재규는 의예지(義禮智)를 포괄한 인이 마음의 덕으로 담겨있기 때문에 심이 (인에서) 어긋남을 자각할 수 있는 것이라 했다. 지(知)는 지(智)의 발현이며, 경(敬)은 예(禮)의 발현이라고 보았다. 경이 주재가 되고, 지가 시비를 분별하는 것은 단순한 기기(氣機)로서의 심의 작용이 아니라, '리의 묘용'으로서 인이 덕이 되기 때문이라고 한다. 더 나아가 그는 '일리(一理)'를 실체로 말하면 성(性)이고, 주재묘용으로 말하면 심(心)이라고 보았다. 인의예지(仁義禮智)라는 명칭은 이미 심(心)을 전제로 성립된다는 것이다.

3-15-3 「追錄」(『老柏軒集』卷29)

聖人之稱顏子, 不曰仁使心不違, 而但曰其心不違仁。此無乃不違之所以然則雖出於性, 而其不違之機, 卻只在於心故歟? 若如蘆沙之說, 則其違仁之時, 此理又何爲使之如此? 又其覺違而依仁也, 謂自心自覺而自依之, 可乎? 抑謂之所謂"理"者, 於此心依、違之間, 有有適、有莫之意, 而操縱之如是云爾, 可乎? 以此反覆推究, 見其說之不能無失也耶?

仁者, 心之德也。心本仁, 而其有不仁者, 私欲間之也。其不違仁者, 無私欲而有其德也。所謂"有其德"者, 非謂無私欲而後始有其德也, 乃其固有之德也。是之謂"本心", 而爲發揮萬變之主也。若私欲間之者, 氣自用事而不循乎理也。今乃以氣機當心體, 而爲不違仁之機者, 不亦異乎? 然心不違仁, 驟看外面, 則有若以一箇心不違那一箇仁者然, 故自朱門已有叩竭而問辨者矣, 采錄于後, 覽之可以犁然矣。蓋仁是心之全德, 而義禮智在其中, 才違便覺知之, 所以始四端也。才覺便不違, 敬之所以主一心也。知是智之用, 而敬是禮之發也。智以始之, 禮以守之, 此仁之所以不違也。自敬之爲主宰者言之, 則謂之自覺自依, 可也; 自知之別是非者言之, 則謂之有適有莫, 亦可也。敬之爲主宰、知之別是非, 皆理之妙用, 而仁之所以爲德也。所謂理者, 在天, 元亨利貞而已矣; 在人, 仁義禮智而已矣。只此一理, 言其條理實體, 則曰性; 言其主宰妙用, 則曰心。是以仁義禮智, 皆從心而得名也, 觀於孟、朱之訓可見矣。【孟子言四端曰惻隱之心、羞惡之心、恭敬之心、是非之心。朱子釋四德, 仁曰心之德, 義曰心之制。】彼以心與仁爲二物, 而別討所以然於心仁之上一層地頭, 然則其所謂所以然者, 不幾於無位眞人耶?

『語類』先生曰: "如何是心, 如何是仁?" 曰: "心是知覺底, 仁是理。" 先生曰: "耳無有不聰, 目無有不明, 心無有不仁。然耳有時不聰, 目有時不明, 心有時不仁。" 問: "莫是心與理合而爲一?" 曰: "不是合, 心自是仁。" 又曰: "仁卽是心, 心如鏡, 仁便是鏡之明, 鏡從來自明。" ○ 又曰: "仁者理卽是心, 心卽是理。" ○ 問: "三月不違仁。" 曰: "仁與心本是一物, 被私欲一隔, 心便違仁去, 却爲二物。若私欲旣無, 則心與仁便不相違。心猶鏡, 仁猶鏡之明。鏡本來明, 被塵垢一蔽遂不明, 若塵垢一去, 則鏡明矣。

田又因金溪雲所示, 有一段辨駁語, 而所引甚多, 皆不過已踏之蹊, 無用更辨。其引顏子心不違仁, 而以爲理不能使氣之證, 則不容無辨, 玆追錄于下。

「변무문시제동지辨誣文示諸同志」(『老柏軒集』卷29)

1) 서지사항

정재규의 『노백헌집(老柏軒集)』 권29에 수록된 글.

2) 저자

정재규(鄭載圭, 1843~1911), 자는 영오(英五), 후윤(厚允). 호는 노백헌(老柏軒), 애산(艾山). 노사(蘆沙) 기정진(奇正鎭)의 문인이다.

3) 내용

이 글은 정재규가 그의 스승 기정진이 율곡의 리기설에 대한 당시의 통설에 의문을 제기하고 그 의미를 새롭게 재해석한 것으로 인해, 선현을 배반했다고 무고(誣告) 당하는 일은 결코 옳지 않다고 힘써 변론한 글이다. 기정진이 파악한 율곡설의 핵심은 "모든 정은 리에서 발한다[萬般之情發於理]"에 있는데, 세간에서 이를 버려두고 있기 때문에 이를 바로잡고자 하였다는 것이다. 정재규는 옳고 그름을 분변하는 것은 매우 공공한 일이며 시대를 초월하여 열려있는 일로서, 선현의 견해를 맹목적으로 추종하는 것은 올바른 학문 태도가 아님을 역설하였다. 정재규는 기정진이 새로운 해석을 내놓은 이유는 세간에서 율곡의 '리통기국(理通氣局)'을 잘못 이해해서, 마침내 율곡 학문의 종지(宗旨)가 오도되고 있는 현실을 바로잡기 위해서라고 변론하였다. 예를 들어 주희는 주돈이, 정이, 장재를 종사(宗師)로 삼았지만, 『역전(易傳)』을 따르지 않고 『본의(本義)』를 지었으며, 주돈이에 대해서도 "그 언설이 노장(老莊)과 비슷하다"라고 지적하기도 했다는 것이다. 또한 정재규는 주희의 후학인 황간도 때로 주자의 설과 다른 견해를 내었지만, 이를 근거로 스승을 존중하지 않았다고 할 수는 없다고 주장하였다. 이 외에 우리나라의 이언적도 주자의 『대학장구』가 있음에도 『대학장구보유(大學章句補遺)』를 지었으며, 율곡 역시 퇴계의 리기설을 비판하였고, 송시열 역시 율곡의 설에 의문을 표한 부분이 있으며, 김창협도 송시열의 설에 의문을 제기하는 등 이와 같은 사례는 셀 수 없이 많다고 하였다. 정재규는 화서학파인 김평묵이 「외필」을 높이 평가해서,

"율곡을 존경한 이는 노사와 화서 두 분 선생이다"라 하였음을 인용하여, 기정진의 위상을 높이고자 하였다. 이와 같이 정재규는 이 글에서 여러 역사적 사례를 들어 기정진의 무고함을 변론하는 데 치중하였다.

3-15-4 「辨誣文示諸同志」(『老柏軒集』卷29)

道理無窮而是非至公, 學由講明而言以時異, 故前聖之所未發, 後賢發而擴之, 前說之所未契, 後儒辨而明之, 是豈欲創立新說, 求多於前人哉? 乃所以發其未盡之蘊而已。使前賢決然自是, 欲人莫敢違, 後儒苟然雷同, 懷疑不敢議, 則是乃守殘妒眞之末俗, 曲學阿世之餘習, 曾謂天地至正之道, 聖賢至公之心而有是哉? 是以張子曰"其未善者, 共改之, 正所望於後學", 朱子曰"尊畏先賢, 講明義理, 並行而不悖"。然則學者之於先賢, 當以先賢之心爲心, 講明遺言, 十分盡底, 而其有或偶失照管者、或未及細思者, 則亦不敢放過, 是乃十分尊慕之道。此操戈入室, 古人之所以善學也。先師蘆沙先生於栗谷先生, 原來是家學淵源之所自, 一生尊信其道, 講明其學。蓋栗谷論理之說, 其總括全體, 則"理通氣局"一語是已, 而世儒錯認其旨, 遂使栗谷宗旨, 不明於世, 則先師力言其非, 而又爲之說以明之。其的指端緒, 則"萬般之情發於理"一語是已, 而世儒遺而不講, 使栗谷微言, 鬱而不彰, 則先師深歎的確定論, 而慨後儒之遺却。至於四端七情之說, 亦以"四七非兩情"、"理氣無互發", 謂先生之論, 的然無可疑。惟陰陽動靜之說, 有所不契, 而每欲活看以通之, 以爲此特流行邊說, 而憫世儒之執言迷旨, 累發於書疏之間。彼錯認宗旨, 遺却定論, 而專主"機自爾, 非有使之"之說, 以爲己援者, 輾轉差謬, 遂爲主氣之歸, 則先師疑先賢之言, 發之太快, 而末弊之至斯, 容有未之細思也。遂反覆辨論, 以正今人主氣之失, 而恨不得奉質於前賢, 志在明理, 言之不得不切也。邇者一二人輩, 託以推尊前賢, 而濟其偏克之私心, 謂先師攻斥栗谷, 相繼投通, 肆其詆誣, 可笑亦可怪也。蓋先師所疑"發之太快者", 指"非有使之"一句語也。若以一言之異, 而便謂攻斥先賢, 則恐朱子以下群賢, 無一人得免於攻斥前賢之律也。朱子之所宗師者, 周、程、張子, 而其一言一行之差過處, 未嘗掩諱而無不辨析之。至『易傳』, 辨破程子差處甚多, 而別立『本義』, 以復羲、文之舊。若「乾」之元亨利貞之釋以四德, 非惟『程傳』爲然, 孔子「文言」已明言之, 而『本義』不從, 特做兩言解。以此而謂朱子攻程子, 而不尊信孔子, 可乎? 其論周子文字, 則直曰"其言似莊、老"。張子則直曰"有還原反本之病", 又曰"近釋氏", 又曰"其說聚散屈伸處, 却是大輪回", 又曰"『正蒙』多差處, 不是佗命辭有差, 是見得差", 其佗辨駁處, 不可枚擧。以此而謂朱子斥周、張以異端, 可乎? 五峯差處, 南軒不諱; 考亭定說, 勉齋或違, 以此而謂貳於其師, 可乎? 至於我東, 則晦齋爲『大學補遺」, 而改定編次, 辨論『章句』, 而至末章論仁, 則直以"一字不明, 禍流於後世"言之。『大學章句』是朱子盡一生精力者, 而晦齋乃敢如此, 當時與後世, 固有辨其不然者, 而未聞以攻朱子斥之。栗谷之於退溪, 早歲及門, 而自謂"回車改轍, 實賴啓發", 則其得於觀感之間者深矣。至其論文廟從祀, 斷然以靜菴並擬, 隱屛精舍祀朱子, 而配以靜菴、退溪, 正如竹林精舍以七君子從祀先聖, 則其尊信誠服, 又何如也? 惟以四端七情理發氣發之說, 不契己見, 與牛溪往復辨論而有曰"辨說雖詳, 義理不明", 又曰"於大本上, 有一重膜子", 又引羅整菴人道心之說, 而曰"整菴之失, 在名目上; 退溪之失, 在性理上", 屢歎知見之累, 其所極言竭論者, 只是講明道理而已。而柳穆等以此詆斥栗谷曰"攻退溪之學, 不遺餘力", 穆等之言果是耶? 尤菴書中言退溪差處亦多, 其『朱子大全劄疑』, 因退溪「記疑」而作, 而多所改正。農巖於四七之發, 還從退說, 於『劄疑』之辨, 多疑尤說, 以此而亦謂尤菴攻退溪, 而農巖不尊栗、尤, 可乎? 蓋義理, 公物也。所見旣異, 則不敢苟同。若心知其不然, 而依阿掩護, 左攔右遮, 則正程子所謂"昔所未遑, 今不復作, 前所未安, 後不能復正"者也。尤菴所作「栗牛辨誣疏」, 引程子此言, 而謂栗谷之高明灑落, 專以明理爲心者, 其肯爲此否耶? 前賢之心旣如此, 則後賢之心, 獨不可以此求之乎? 「猥筆」中論今人之弊, 而有"詖滛 邪遁、顚倒 猖披"等語, 彼輩以此, 譏"先師自處以孟、朱, 而擬栗谷於告、陸"。噫! 其言之無忌憚, 乃至於是乎! 蓋「猥筆」文字, 曲折段落, 極其分明, 粗生文理者, 纔看一過, 皆能覰其言之無據, 固不足多辨, 而顧不能家蓄其書, 人人皆見, 則虛聲所及, 易以惑衆, 又不容無辨也。此書之作, 爲正今人之失, 以開後學之惑, 而先從今人所頭戴而張皇底二句語, 辨措語之未妥, 論理勢之不然, 而漸次說入世儒之駮駮, 致得理輕氣重, 而以"雙本領之履霜"結之。至"今人驅道理二字, 於冥漠不可思議之地"以下, 乃正說今人之弊, 終歸於氣奪理位, 自爲本領, 若是則向之履霜者, 今則堅冰矣。古所謂"詖淫邪遁", 猶不足道, 而"顚倒猖披", 宜無所不有矣。於是欲以矯救, 則彼輒頭戴, 曰"前賢亦嘗云爾", 正諺所謂"負文宣王以訟者, 則非㾲力之所能抵敵也"。末弊之至斯, 豈前賢之所能預料哉? 當日之未及細思, 不能無遺恨於先賢, 而耿耿不能已。然其未及細思, 蓋亦容或有之者, 實有奉質之願, 如得奉質, 則安知先賢之不莞爾而笑也? 嗚呼! 旣不可得, 則不得已, 而猥論如此, 以俟後賢而質之, 質之而吾所疑者妄, 則今人主氣之說得矣, 吾之狼狽, 儒門之幸也。如或不妄, 則今日東方理氣之說, 反見狼狽, 奈之何奈之何! 通一篇而平心看之, 則語脈指歸, 節節可尋, 言愈切而禮愈恭, 衛道之誠, 尊賢之意, 自見於辭, 而彼乃截去首尾, 孤行隻句, 摘取今人之失, 移作前賢之疵, 亦獨何心哉? 退溪言互發而引朱子說以證之, 栗谷既明辨朱子之意不然, 而質言以正之曰: "若朱子眞以爲理氣互發, 則朱子亦誤也。" 櫻等乃以正退溪之誤者, 推之於朱子, 以爲攻斥朱子; 今彼以矯今人之弊者, 移之於栗谷, 以爲攻斥栗谷。噫! 彼之平日自處, 決不以櫻等爲期, 而何用心之不幸相近若是也? 晦齋『補遺』論仁一段, 所謂"害流於生民, 禍及於後世", 是『孟子集註』論異端邪說之害者。如今議者之說, 則必曰"以孟子自處, 而擬朱子於楊、墨", 乃若栗谷則辨其說之不然而云"晦齋目見慘禍, 故作論以警一時, 欲救萬一耳"。如以栗谷之心爲心, 則亦當曰"蘆沙目見主氣之說盛行, 故作此說以警後學, 欲救萬一耳"。彼乃全不識先賢心法, 而但欲頭戴前賢, 以爲禦人之欛柄, 反不爲前賢之罪人耶? 所謂今人, 指何等人而言之也? 先師與權宇仁論理氣, 前後往復, 至數千言, 權錯認前賢之言, 終始頭戴, 而但就流行邊語, 攙入源頭說, 至謂理無先具之妙, 而主氣太張王。故先師謂古今道術雖多, 特未有主氣一學, 乃欲充其數耶? 所謂今人, 正指此等人也。近世世儒滔滔皆是, 則憂道之君子, 雖欲無言, 得乎? 且彼通中起頭數句, 抑何文法? 焉有幾於聖者而才主氣而爲詖淫邪遁, 淪於異端而才主理而爲正人君子者乎? 以辭則不成說, 以心則太危險, 其包藏機變, 令人不忍正視也。然彼之所見, 若如所謂今人者, 而斥主理之非, 則猶之可也, 今既自知主氣之不可, 而亦何惡於主理之旨, 怒之暴而斥之甚也? 抑因此一段論辨, 而意先師於栗谷學問道德之大, 全全不尊信而然歟? 其論理宗旨, 則既有理通說, 又有萬情發於理, 四七無互發之說, 無容更贅, 其佗佩服遺言, 以爲受用, 則無異於程、朱之書發於尋常談論之際, 見於汗漫文字之中者, 不暇盡擧, 姑以一篇所論言之。先師嘗論河喚醒癸未疏曰'文而不能參天地關盛衰, 浩然與元氣同流, 則雖多亦不奚以爲'。又曰"喚醒疏有天地後經法, 雖堯、舜之德, 不由是, 則不可以治天下", 又曰"滿廷臣僚, 喋不出一語, 當時氣象, 既長夜矣, 堅冰矣, 乃有一喚醒齋, 天生此翁, 蓋不爲一時計, 乃爲萬世傳否泰消息"。噫! 癸未疏爲栗谷伸辨者也, 以伸救栗谷, 而其文可以參天地關盛衰, 與元氣同流, 則栗谷之道德全體可知矣。以伸救栗谷, 而其疏爲有天地後經法, 則栗谷之經濟大用可知矣。以伸救栗谷, 而其人爲萬世傳否泰消息而生, 則栗谷之生, 又可知矣。彼名尊栗谷者, 只是以吾黨之尊之而尊之; 其所稱誦者, 只是誦先輩見成說話而已, 曷嘗有一半分自見得者乎? 乃謂先師以吾黨而不尊栗谷, 不亦可笑之甚乎? 苟以吾黨而有疑不敢疑, 則是乃私尊也, 非義理之公尊也。義理無窮, 而知見既異, 則雖父子兄弟, 亦不可苟同也。是以溫公作「疑孟」論, 而其子康以爲"『孟子』書最醇", 進講經筵, 又作『要解』, 是

子不得私於父也。明道受條例司, 而伊川不滿之; 明道定『大學』編次, 而伊川改正之,
是弟不得私於兄也。父子兄弟猶然, 況於吾黨乎! 尊其道, 讀其書, 大體則終身鑽仰之,
微言則極力思辨, 而一字一句, 不敢放過, 如有微瑕之可疑, 則亦必辨白, 使後學不迷於
所擇而後, 先賢之道大明於世。此吾黨之士, 所宜盡心者也。若如所謂今人者之遺却定
論, 而主張其可疑者, 欲以禦人, 則適所以暴揚其過差也。豈尊之之謂哉? 是故重菴金
公得「猥筆」讀之, 深致敬服之意而言曰: "此與我華西先生之獨立不懼者, 不約而符。"
又曰: "尊栗翁者, 莫如奇、李兩先生也。" 又曰: "難與不知者道也。彼旣不知, 則何用與
之道哉?" 彼輩以爲"栗谷書, 旣行于世, 則蘆沙書不可使之並行"云, 而方營毀板之擧。
苟若是則周、程、張、朱之書不宜并行, 退、栗之書亦不宜並行, 無是理也。且假使學術
之不同, 如程、蘇、朱、陸, 只得各尊所聞以俟百世。抑著書立論, 以開後學, 而投通召
黨, 欲以勢力脅制之, 自以爲尊先賢, 於古未之聞。凡讀書爲儒者, 其誰與之, 其誰與
之! 然天地有盛衰之運, 聖賢亦有屈伸之會, 以栗、牛之大賢, 而竟遭誣賢之律, 有癸卯
黜享之變, 況於今日世變罔極之時乎? 然此非我師門一時之厄會, 實關吾道之興廢, 時
運之盛衰, 豈吾輩容力之地? 只得靜以俟之而已。但吾輩中, 後生少年, 知見未甚端的
者, 或不無爲衆口所鑠之慮, 故玆草一通以示之, 諸君念之哉!

「물즉부불수연저오상변物則賦不粹然底五常辨」(『老栢軒集』 卷27)

해제

1) 서지사항

정재규의 『노백헌집』 권27 잡저(雜著)에 수록된 글.

2) 저자

정재규(鄭載圭, 1843~1911), 자는 영오(英五), 후윤(厚允). 호는 노백헌(老栢軒), 애산(艾山). 노사(蘆沙) 기정진(奇正鎭)의 문인이다.

3) 내용

이 글은 사람과 동물이 받은 오상(五常)은 다 같이 수연(粹然)한 것이며, 동물이라고 해서 불수연(不粹然)한 오상을 받은 것이 아님을 논증한 것이다. 이 논증은 주희의 『맹자집주』에 "인의예지의 수연(粹然)한 것은 사람과 동물이 다르다"라 한 기록을 해명하는 것으로 시작한다. 정재규는 이 문장의 의미가 "동물은 불수연(不粹然)한 오상을 부여받았다"는 뜻이 아니라고 하였다. 사람이나 동물이나 모두 오상의 수연함을 부여받았지만, 그 편전(偏全)에 따라 인성과 물성의 다름이 있게 된다는 것이다. 그는 비유하자면 달빛의 밝기는 동일하지만 창틈으로 받아들이는 데 크고 작은 차이가 있는 것과 같다고 하였다. 『주자어류』의 "인의예지의 수연한 것을 동물의 경우에는 가지고 있지 않다"라는 기록 역시 어세(語勢)가 그러할 뿐이지, 오상(五常)이 수연한 것과 불수연한 것 두 가지로 나뉜다는 뜻이 아니라고 하였다. "오상은 하나이며, 편전으로 나뉘어 다를 뿐"이라는 것이 정재규의 지론이다.

3-15-5 「物則賦不粹然底五常辨」(『老柏軒集』卷27)

『孟子集註』: "仁義禮智之粹然者, 人與物異也。" 粹是駁之對也, 爲純善無雜之義也。其曰"粹然"者, 乃贊美其仁義禮智之純善無雜也。然則"人與物異"云者, 人則有是粹然者, 而物則有不粹然者耶? 其有粹然者則同, 而其爲粹然則異也。譬如月光之皎然則一, 而牕隙之所受, 有大小之不同也。水性之澄然則一, 而盤盂之所儲, 有多寡之不同也。其五常之粹然則一, 而人物之所賦, 有偏全之不同也。若曰全是粹然者, 而偏是不粹然者, 則拳隙之所受皎然, 而針孔之所受有不皎然乎; 斗斛之所儲澄然, 而升合之所儲有不澄然乎? 旣五常矣, 則無不粹然者也。曷嘗有不粹然底五常乎? 五常一而已, 五常豈是和泥之水、汨董之羹耶? 然則『語類』所謂"仁義禮智之粹然者, 物則無也"一語, 何謂也? 此恐論人及物, 語勢有不得不如是耳, 非謂有粹然底有不粹然底兩箇五常也。蓋同一五常, 而一中之分限自別。人物有五常, 一也 ; 五常有偏全, 分也。豈可以分之殊而疑於一之同乎? 方論人之五常粹然, 而以及於物, 則人物之爲性, 固不同也。物雖有仁而不如人之仁, 物雖有義而不如人之義, 謂"仁義禮智之粹然者, 物則無也"亦可。物之有仁義, 雖是一點明處, 亦是天命之本然, 謂"仁義禮智有不粹然者"則不可。且"粹然者, 人與物異"一句, 與"蠢然者, 人與物同"一句, 對下說來, 其同者, 蠢然者同, 則其異者, 非粹然者異乎? 大小不同, 而月光之皎然, 則一也; 多寡不同, 而水性之澄然, 則一也。以其皎然澄然者之一, 而謂無大小多寡之不同, 則是一而無分也; 以其大小多寡之不同, 而謂有不皎然不澄然底水月, 則殊而無本也。奚可哉? 不粹底五常, 先賢蓋有是語, 而尋常有疑, 故姑錄此, 以俟知者之駁敎也。

「사상기문沙上記聞」(『老栢軒集』卷27)

1) 서지사항

정재규의 『노백헌집』 권27 잡저(雜著)에 수록된 글.

2) 저자

정재규(鄭載圭, 1843~1911), 자는 영오(英五), 후윤(厚允). 호는 노백헌(老柏軒), 애산(艾山). 노사(蘆沙) 기정진(奇正鎭)의 문인이다.

3) 내용

정재규가 1864년, 1871년, 1877년 스승 기정진을 배알하고 나눈 대화를 문답식으로 기록한 것으로 독서법, 마음 다스리는 법, 상례(喪禮) 등 다양한 논의가 있으나, 성리설과 관련된 중심주제는 리기설, 명덕설(明德說), 인성(人性)과 물성(物性)의 편전(偏全) 문제 등이다. 정재규는 한원진의 논리가 결국 기 중심의 논의로 귀결되어 리가 기의 주인이 될 수 없다는 견해를 제시하였다. 또한 「계사전」에 '태극생양의(太極生兩儀)'라 하였으니, 태극에 이미 양의(兩儀)가 갖추어져 있어 양의가 여기에서 생겨나는 것인데, 한원진의 성삼층설(性三層說)은 태극과 오상(五常)이 별개의 것처럼 되어 있다고 비판하였다. 사단칠정론에 대해서 정재규는 "발(發)은 모두 리발(理發)이며, 기발(氣發)이라고 말하는 것은 이발(已發) 후의 관점에서 보기 때문"이라고 하였다. 정재규는 명덕은 하늘의 '명명(明命)'이고, 성(性)이란 리(理)가 사람에게 있는 것을 말하므로, 명덕은 성(性)으로 보아야 할 것이라는 견해를 제시하였다. 이에 대해 기정진은 '심과 성은 본래 두 갈래가 아니다'라고 답하였다. 정재규는 명덕이란 리와 기가 뒤섞여 있는 것이 아니라, 성정체용(性情體用)이 기의 정상(精爽)에 갖추어져 있는 것을 명덕(明德)이라 한다고 결론지었다. 끝으로 정재규는 인물성동이론이 일어난 원인은 『중용혹문』과 『대학혹문』에서 인성과 물성의 편전을 '형기(形氣)'를 가지고 말했기 때문이라고 진단하였다. 문제는 사람들이 형기의 소종래(所從來)를 보지 못하고, 성현이 기에 나아가 리를 말한 뜻을 알아차리지 못한다는 것이다. 『대학』에서 '궁리(窮理)'라 하지 않고 '격물(格物)'

이라 한 것이 이와 같은 뜻으로, 성현의 취지는 볼 수 있는 것을 매개삼아 그 보이지 않는 것을 미루어 알도록 했다는 것이다. 따라서 그 소종래를 따져본다면 '형기(形氣)'란 실상 '리(理)의 분(分)'을 드러낸 것일 뿐이라 하였다. 임금이 총괄하는 일을 높고 낮은 벼슬아치들이 제 각기 시행하지만, 그 일은 모두 임금의 지휘 아래 있는 것이지, 그 일이 각 벼슬아치들에게서 나오는 것은 아니라고 비유하였다. 그는 이것이 통체일태극(統體一太極)과 각구일태극(各具一太極)의 의미라고 설명하였다. 편전(偏全)의 문제에 있어서, 정재규는 '전(全)'도 오상이고, '편(偏)'도 오상(五常)이라고 한다. 편전은 리의 '본분(本分)'에 의한 것이요, 기가 리일(理一)을 구속해서 편(偏)과 전(全)이 결정되는 것이 아니라고 하였다. 다시 말해, (리의) '본분'이 통할 수 있으므로 통할 수 있는 결과를 낳고, (리의) '본분'이 통할 수 없으므로 통할 수 없는 결과를 낳게 된다는 것이다. 예를 들어 사람은 중인(衆人)과 성인(聖人)의 기질적 차이가 있지만 '본분'이 같기 때문에 중인도 성인이 될 수 있다. 둔마는 준마와 기질적 차이가 있으나 '본분'이 같기 때문에, 둔마도 준마로 훈련시킬 수 있다. 그러나 동물이 사람이 될 수 없는 까닭은 리의 분(分)이 정해져 있기 때문이라는 것이다.

3-15-6 「沙上記聞」(『老柏軒集』卷27)

<u>載圭</u>納拜, 先生命坐, 曰: "子之遠來奚以?" 對曰: "願聞一言之敎." 曰: "吾無所敎, 每有愧於遠方來者, 借以古人敎人者言之. 一病有一藥, 各治其病, 今一見其面, 而有何可敎事? 讀書欲以知古人用心言行, 反身以踐其實也. 必曰某書有曰如此, 而吾心之所知不能如此, 又恐或不必如此也. 某事有曰如彼, 而吾身之所行不能如彼, 又恐或不必如彼, 然後隨問而答之." 對曰: "侍生前此非不讀書, 不能如是檢察, 而但所謂書書我我也." 曰: "此或無怪, 久事擧業, 又年少, 必非自謙而然矣. 若有志於爲己之學, 舍置前日所讀書, 若童蒙初學樣, 心究而身體之." 對曰: "敬奉敎. 敢問先讀何書?" 曰: "<u>西漢</u>之時, 童蒙初學, 必以『孝經』、『論語』, 至於羽林之士, 皆通焉." 對曰: "敢問讀書先須收心, 當用何訣?" 曰: "屈伸惟臂, 反覆惟手, 操則存, 舍則亡, 操舍只是一心耳. 看佗不是處, 便有箇是處; 看佗舍亡處, 便下操存工夫, 可也." 又曰: "<u>子謂子夏曰</u>'汝爲君子儒, 無爲小人儒.' 君子儒, 爲己者也; 小人儒, 爲人者也. 學者所當深察焉." 對曰: "謹奉敎."

先生曰: "擧世專尙科學, 所謂讀書, 志在射利, 工於尋摘, 是以誦習雖多, 而其志益喪, 其心益荒." 對曰: "然則科學不可爲歟?" 曰: "豈可若是之斷言也? 其中有道理焉. 夫學非專讀書之謂, 然不讀書, 又無以知爲學之方, 人君思欲人人讀書而知其方, 故科學之所以設也. 國君旣以科, 勸人爲吾君之民者, 豈不赴擧乎? 然以今世觀之, 汨於名利, 所謂以士爲名者, 竊近權要吮癰舐痔, 恬不爲恥, 揚揚自得, 反誇張於人, 人亦不以爲鄙, 望風歎羨, 其身不可爲, 則勸責子弟, 遂送子遊京, 若稍有所見者, 恬靜自守, 則衆口咻之, 此甚可惡, 亦可哀也. 噫! 關節奔競之弊, 古亦有之, 而未有如今之傷風敗俗也. 夫得失有命, 豈盡由是乎? 不此之爲, 而赴擧焉, 則似可矣." 對曰: "才氣過人者, 學問之餘, 亦可兼治時文, 才不逮者, 有志於學, 而又從事時文, 則恐學問擧業, 兩無所成, 且科學雖專心致志, 期於實才爲名, 則亦爲極難, 奈何?" 曰: "此在自量爲之, 若不能兼治, 則從其志之所好."

先生曰: "若要爲學, 先要立志, 志不可以徒立也. 在於致知, 致知之要, 在於思, 而思之有道, 必曰'萬物之中, 惟人最靈, 最靈者, 何故', 深思其最靈之所以然。又必曰'人於世, 或奔走於軟塵馳逐之間, 或流入於異端妖妄之域, 或有詩酒行樂清閒自高者, 或有讀書求志, 索聖賢立言之本意, 窮天下之義理者, 何者眞可學, 何者眞不可學', 深思其可學與不可學之所以然, 則知可至而志有定。子歸而思之, 若徒曰立志, 則爲外物所撓奪, 不能持三日也。" 對曰: "每靜坐讀書之時, 一念無定, 妄意踰分, 欲除不能, 此又奈何?" 曰: "此是通病, 隨其端緖, 察其所念者, 出於義理之正乎, 人欲之私乎, 私則用力拔去, 久當有效。"

先生曰: "君家多有書冊否?" 對曰: "無幾焉。" 曰: "有『朱子大全』、『近思錄』否? 『朱子大全』是知舊門人難疑答問」者, 於學者用工最繁。" 對曰: 有『近思錄』, 而『朱子大全』無有焉。" 曰: "或近處有之乎? 姑爲借看, 然非自家所有, 則借來還送, 非一覽終身不忘者, 難可爲也。" 因拈示朱子「答朱朋孫」書, 曰: "此讀書法, 子其觀之。" 拜授而退。

先生曰: "子家勢何如?" 對曰: "貧。" 曰: "貧甚而不可爲則已, 若少有餘力, 則構一間閒屋於靜處, 無使外人出入, 一日安靜端坐者三四次, 沈潛窮究者三四次, 則自然善工夫多。"

先生曰: "近來學者, 多用工於太極之妙、大衍之數, 旣以自治, 又以治人。此鮮不爲手不知灑掃而口談天理者也。堯、舜以下, 群聖相傳, 以有天下。至孔子不得其位, 與三千弟子, 討論講習。聖人之敎人, 可謂詳且盡矣, 而無一言一事之語及太極, 至晚而喜『易』, 始言太極。以此言之, 非初學之所急者, 明矣。『近思錄』敎初學, 而首卷記「太極圖說」及陰陽性命之說者, 特使之知其名義有所向望而已, 非欲卽此而專力也。第二卷載讀書法甚悉, 可細究也。" 對曰: "謹奉敎。"

先生曰: "子頃云'一念無定, 妄意踰分, 除却不得', 吾略已言之, 而有未盡言者。" 對曰: "願安承敎。" 曰: "『論語』一部, 皆學者切己之言也。篇終記'不知命, 無以爲君子', 君子與衆人, 其性一也, 而衆人之爲衆人, 由其外物奪志, 汩於利欲, 不知有命故也。子以'有命'二字, 把作平生第一符。子讀「西銘」否? 豈不曰'勇於從而順令者, 伯奇也'乎? 令, 命也。能順從天命, 則子亦可爲天之伯奇也。又不曰'貧賤憂戚, 庸玉汝於成也'乎? 於貧賤憂戚, 隨遇隨安, 則安知非玉子於成也? 『莊子』曰'人子之於父母, 東西南北惟令之從, 人於陰陽有甚焉',54) 陰陽, 天地也。天地之命, 安敢不從乎? 邵子曰: '已至死生, 皆處了自餘, 榮辱可知之.' 蓋死生皆以命處之, 則何事能動心也? 陶淵明曰: '哀哉韓生! 竟死「說難」.' 「說難」韓非所著書也。其意專以說人爲主, 而韓非竟以說人忤旨死焉, 故淵明之言如此。蓋韓非非言之未能, 巧之未盡也, 皆有命故也。子其念之哉! 驗之吾身, 亦有可言者。吾少時嘗赴擧, 或中或不中, 又多病, 幾死而復生者四、五次, 至於老, 忝非分之恩命。蓋赴擧而中, 命也; 不中, 命也。多病, 命也; 病至於死, 命也。幾死復生, 亦命也; 老而受恩命, 亦命也。人之一生, 莫非命也, 既知有命, 則豈敢妄意違命, 得罪於天也? 子其勉焉, 則可以爲君子也。" 起而對曰: "惟恐不堪, 不敢忘命。"

先生曰: "吾聞嶺南多西學云, 果然否?" 對曰: "嘗聞之矣。" 曰: "其學也, 云何?" 對曰: "不見其學之書, 又不見其學之人, 不能知其如何也。" 曰: "死後極樂之說, 似同佛學, 而其妖妄奇怪之術, 又甚焉, 其未之聞耶?" 對曰: "概云如是矣。" 曰: "其學也, 有宗匠焉, 有徒弟云, 此亦然耶?" 對曰: "亦聞有是矣。" 曰: "蓋惑於是說者, 皆有怕死之心也。死生, 命也。假令得其奇怪之術, 升天駕雲, 呼神役鬼, 死命至焉, 則烏可免也? 近來卜筮者, 必稱郭璞, 而避凶就吉, 未有如郭璞者也。然郭璞竟死於卜筮, 豈其術之未至也? 由於死命之不可免故也。以此言之, 怕死之心, 不可存諸胷中明矣。子於此等處, 動心否乎?" 對曰: "雖未知其術法之如何, 而亦知其虛誕妖妄之甚, 故平日有人說到此等, 則必拒而不聽, 於此必不動心也。" 曰: "姜太公、張子房、諸葛武侯數人, 能逆而知來, 坐而致遠。或以此等術告之, 則動心否乎?" 對曰: "此事惟才智明達者能之, 自知其才之至鈍, 故不能意到於此也。" 曰: "固守此心而勿失也。"

先生曰: "嶺南先賢輩出之地, 宜有遺風之尙存。人心陷溺莫今世, 若間有有志之士, 不與世推移, 則群聚而嘲笑, 故恐乖於衆, 不能自守, 此湖南人之大病也。子若有志, 不爲他人言所動, 仰尙先賢遺風也。嶺南土風淳實, 故凡事期至究竟, 子其勉哉!"

留五日告歸。先生曰: "子頃見『朱書』可以自知矣。讀書切忌貪多務得, 必要精熟, 常常照顧前後。吾近來看書, 一朝看過數百行, 而掩卷則便茫然, 少時讀書, 常照管前後, 故

---

54) 『莊子』「大宗師」의 원문은 "子來曰, 父母於子, 東西南北, 唯命之從。陰陽於人, 不翅於父母"이다.

至今在臆中。蓋貪多者無益, 致精者得效。" 遂書'照顧後面, 切忌貪前'八字以贈。曰:
"近日所言, 可記念不忘否? 書此以贈別, 因此不忘所言, 則幸矣。"【右, 甲子所聞。】

載圭問學禮之要。先生曰: "禮當遵守先賢見成之論, 不可妄以己意創起也。" "或有泥
而不通處, 則奈何?" 曰: "師其意, 不師其文, 可也。"

問: "深衣制度, 自『家禮』以後, 諸儒之論不一, 何所適從?" 先生曰: "如欲衣深衣, 當依
近世黃掌令所編書而製之。" "黃掌令所編, 其制何如?" 曰: "今未能詳記。蓋輯諸家之
長, 非偏主一說也。" "『家禮』之制, 佗無可疑。但前後幅數皆同, 而前則兩襟相掩, 不能
無牽捩之患, 此一節最不可曉。" 曰: "若無此患, 豈云有疑? 從『家禮』則有疑, 違『家禮』
則不敢, 吾於深衣從康節。"

問: "先生於人家文字, 不肯泚筆, 慮其見欺耶?" 先生曰: "吾於贊美文字, 舌梗不能言。"

問: "性理等說, 非末學之所可得聞, 而書中所言參半是, 此等說, 旣讀書不得不思辨, 而
以前聖賢之言, 觀近世賢儒之論, 則近儒之論, 或有大可疑處, 以微末後生, 妄議先賢之
論, 有所不敢, 故欲稟正, 而囁嚅不敢也。" 先生曰: "某賢某說, 爲大可疑?" "第言之, 南
塘說, 大抵多可疑。南塘論理, 每歸重於氣, 而理則隨而乘之而已。如此, 則理非氣之
主, 而爲孤寓可憐之物, 豈非大可疑乎?" 曰: "君何爲發此言也? 誠是意外。" 瞿然而起
曰: "非敢以南塘爲非, 特知不及, 故疑之矣。" 曰: "吾非以君之疑南塘爲可駭也。特吾
創聞於今日故云爾。吾嘗「答權信元」書曰'改頭換面, 爲寄寓可憐之物也', 今君言如此,
可謂不約而合。" 又曰: "南塘筵奏論東方道統之傳, 而單擧栗谷、尤菴, 直接朱子, 不言
退溪、沙溪, 此亦不敢知者。東方學術至退溪而始正, 禮制至沙溪而始明, 皆破一世之
聾瞽, 而大有功於吾道也。"

問: "氣有盡時, 理無盡時。若理也, 惟氣是從, 則氣盡時, 理亦盡。凡物之往來屈伸始
終, 皆氣之輪回, 而非理之無間斷也。" 先生曰: "然。'天其運乎? 地其處乎? 日月其爭
於其所乎? 孰主張是? 孰綱維是? 孰居無事推而行是?' 此莊生說也。今之儒者開口, 便
笑莊生, 然何曾夢見得莊生此意耶?"

問: "聖人言'太極生兩儀', 是太極已具兩儀, 兩儀於是乎生。程子'冲漠無眹'一段, 亦此意也。南塘三層本然之論, 其語意似不如此, 太極自太極, 五常自五常, 有彼此之別, 而無一貫之妙, 可疑。" 先生曰: "然。聖人明言'太極生兩儀', 而世儒或有言'理不生氣'者, 非怪底事耶?"

問: "聞訃後時者及喪後立後者, 其二祥之祭, 計初再期行之耶? 計聞訃行之耶? 朱子「答曾無疑」書曰: '練祥之禮, 當計成服日月實數爲節, 其間忌日, 却須別設祭奠, 始盡人情耳。' 沙溪引之於『備要』, 則當計聞訃行之, 而後儒之論, 亦有不然者, 引「小記」'祭不爲除喪'與「曲禮」'死與往日、生與來日'之說而言之。" 曰: "二祭豈爲除喪而退行乎? 生死之與往來日, 本不同, 祭除豈可不異時乎?" "小子之意, 則以爲「小記」之說, 只明祭除之各有其義。蓋以祭除同日並舉, 而或疑祭爲除喪而設故云。然「曲禮」云云, 蓋以成服在死之第四日, 而猶言三日者, '死與往日、生與來日', 故云爾。恐不可以此而祭除異時也, 未知何如?" 先生曰: "朱子有言, 『備要』亦然, 從之似當。"

問: "鄉有以父命出後叔父, 而服叔父三年者, 後讀禮書, 以無天書, 罷繼還本宗, 鄉議目之以敗倫, 而載圭以爲禮則然矣, 未知何如?" 先生曰: "此人其誰非之? 其有所受也。愼齋與尤菴論此, 愼齋言不必, 然尤菴據經, 力辨而歸一。此人其誰非之? 然時有古今。尤翁時立後而無禮斜者鮮矣, 今則有禮斜者鮮矣。以無禮斜, 一切罷繼歸宗, 則生有子而死無後, 終身父事而一朝爲路人, 滔滔者皆是, 恐亦有關於風化。父命亦重也, 以父命出後服喪, 而後私自罷繼, 亦不重難乎? 若尤翁作於今日, 則恐未知其斷然必使罷繼也。" 又曰: "惟人君代天理物, 可以繼絶, 其禮甚重, 而今世繼絶太輕, 甚或有鬼神出後者, 或有梨木接柿者, 倫紀可謂蕩然矣。吾平生不喜爲人家文字, 而惟族譜序謂爲之或無妨而爲之矣。今而思之, 此則尤不可爲也。大抵今之亂倫敗常, 其源由於繼絶太輕也, 誠可寒心。"

問: "朝廷命撤域中院祠, 士論甚呇嗟, 得失何如?" 先生曰: "祀典極重, 非有功德於民國者不可。今之書院, 多出於子孫之私尊, 而殆乎家家有之。且書院之設, 爲講學而祀賢次之。今絃誦絶而爲酒食遊戲之所, 蠹國而病民, 子以爲有王者作, 則在所益乎, 在所損乎?【右, 辛未所聞。】

載圭將謁師門, 許友愈錄寒洲李丈「互字說」以示之, 曰: "稟質間席如何?" 其說大意以爲理發元有所隨之氣而理爲主, 氣發非無所乘之理而氣反重, 故謂之互發, 引陰陽互藏、文義互看之說, 以證互字之義, 而明其非迭發之謂矣。先生覽訖, 手指"理爲主、氣反重"二句而言: "此人亦知理氣無互發之義, 而如此分疏, 其情亦可謂戚矣。"

載圭以四端理發、七情氣發之說, 爲問目呈上, 先生覽畢, 手自點批於"凡發皆理之發, 而其氣發云者, 自已發後去見佗如此", 曰: "此數句語, 甚合吾意。"

祖喪中父卒, 則爲祖服制, 先儒所論不一。載圭以爲當代父服重而不可以承重, 服之代服者, 代其父未畢之禮, 而依退溪、沙溪之論, 繼服餘日也。承重則當如『通典』所論, 彼喪雖殺, 我重自始, 而更制遠月也。更制遠月, 則致死之不仁也。繼服餘日, 則不忍致死之, 又不致生之仁且知焉。知代服之非承重, 則不可以適孫不傳重爲證, 不可以父卒然後爲祖後爲言, 不可曰奪重也, 不可曰變在也, 不可曰二主也。以諸儒同異之論, 層節繁多, 故設爲或問辨論, 以俟講質, 至是呈上。先生覽畢曰: "所言皆吾雅見, 而又極精詳。" 又曰: "禮者, 理之節文。先究經子, 以明義理, 然後乃可學禮。若猝入聚訟之中, 其何以辨之哉?"【右, 乙亥所聞。】

問: "朱子曰: '學者於是非之原, 毫釐有差, 則害流於生民, 禍及於後世。' 今世主氣之論, 其於道理之原, 所差已非毫釐, 則其害將如何?" 先生曰: "古有三奪, 今有四奪。妻奪夫位, 臣奪君位, 夷奪華位, 三者天下之大變也, 而古亦有之。今也氣奪理位, 則彼三奪者, 是次第事。"

問: "明德是理是氣、主心主性之說, 崎而不一, 恐皆未察乎傳文'明命'二字而然也。傳所以釋經, 傳之'天之明命', 卽明德之註脚。" 先生曰: "然。" "然則天之明命, 非理耶? 理之在人爲性, 則明德畢竟是性。" 曰: "明德者, 天命之全體在乎人者, 是之謂得於天之本心, 心性本非二崎。"

問: "「納凉私議」篇末, 任鹿門云云, 其言則是, 其所言之意, 則恐與先生本旨迥異, 而終不出湖、洛之見也。嘗見鹿門說一段, 有曰'盈天地間都是氣, 無一席可以安頓理字處。

就氣之自然能然處, 而強名之曰理’。若是, 則其所論命與性與道之同異者, 無乃就氣之同異處而言者耶?” 先生曰: “苟能於道器之分, 截斷得上下分明, 則謂‘盈天地都是理’亦得, 謂‘盈天地都是氣’亦得, 而但其語意, 殊非所以說理, 似是脫不得湖、洛窠臼也。” 又曰: “聖賢眼中, 盈天地都是理; 衆人眼中, 盈天地都是氣。鹿門之見旣如是, 則合有一說於所引鹿門說一段之後, 以辨之。” 先生曰: “旣曰‘得一段於碎紙中, 又恨其未見全書’, 則但取其一言之合理, 而非與其正見者, 自可知矣。”

一日陪先生, 風乎野外, 還至村後, 大樹下少憩, 顧眄若尋可坐處。載圭指樹下大石曰: “平廣, 可坐。” 曰: “恐是洞神祭壇, 席地而坐。” 載圭不覺竦然, 君子之敬鬼神、謹細物, 固如此也。亦可見戒懼之須臾不弛也。

夜侍坐, 語及「太極圖說」。先生曰: “自知者觀之, 則「先天」一圖已盡之, 無餘蘊。濂溪「圖說」, 亦無事於作矣。” “敢問, 何謂也?” 曰: “「先天圖」兩儀以下, 皆有象劃, 而太極則無象可劃, 只書太極二字, 而兩儀、四象、八卦, 皆自太極中出來, 則太極二字中, 已具兩儀、四象、八卦之理, 此所謂無形而爲有形之主。” 對曰: “兩儀、四象、八卦, 固已具於太極之中, 而太極亦不離乎兩儀、四象、八卦之外, 則兩儀、四象、八卦, 無往而非一太極。「圖說」陰陽、五行、男女、萬物, 只是一樣圈子, 箇箇圓活, 此非發「先天圖」之秘耶?” 曰: “此則然矣。「圖說」正爲無知者而作, 不得已也。後儒之喜作圖子, 是無事中生事。”【右, 丙子所聞。】

朱子「答徐子融」書曰: “氣質之性, 只是此性墮在氣質之中, 隨形氣而自爲一性, 正周子所謂‘各一其性’者。向使元無本然之性, 此氣質之性, 又從何處得來耶?” 謹按, 朱子此語, 分明是才說性, 不是性之意, 固是氣質性之正釋, 而所引‘各一其性’一句, 却就氣質, 而指其本然之不外乎氣質也, 故其下卽繼之曰‘向使元無本然之性’云云, 其意豈不以本然之性不可離形氣而求之? 周子所謂‘各一其性’是本然之性, 而亦非離乎氣質者, 向使無此‘各一’之本然, 則氣質之性又從何處得來云爾耶? 徐方外本然, 而別討箇氣質之性。故以本然之不離乎氣質者, 而明氣質性之不外乎本然也。‘各一其性’一句, 卽照應上文‘此性’二字; ‘本然之性’四字, 卽接著‘各一其性’一句者也。如此看, 方是無虧欠。若欲執據此語, 而遂以‘各一其性’, 謂非本然, 則竊恐未然。” 先生曰: “此段終涉牽強,且當置闕疑之科。” 又曰: “此是朱子說, 故不敢舍置, 而留作商量, 若出於東儒之口, 則當歸之於不可知之說。”

諸家不細看『中庸章句』, 各以己意, 牽合諸說之近似者, 以就己見, 遂使天命爲虛位, 偏全爲雜物, 而性命橫決矣。『章句』曰 “人物之生, 各得其所賦之理, 以爲健順五常之德”, 此兩句十餘言, 於理一分殊四字, 可謂說盡無餘欠矣。“各得其所賦之理” 一句, 言理一中分殊也; “以爲健順五常之德” 一句, 言分殊中理一也。於上一句, 可知 “所賦之理” 各有分限也, 若一而無分, 則 “各得” 二字, 已不襯貼矣。於下一句, 可見 “五常之德” 人物無別也, 若殊而不一, 則 “五常” 二字, 已涉儱侗矣。『章句』文章曷嘗如此哉? 於此兩句, 看得分明, 則同異之說, 不攻而自破矣。或曰: “人物同五常, 誠然矣。以 ‘各得’ 一句爲理一中分殊, 則無乃鑿乎?” 曰: “若無 ‘各得’ 二字以分別之, 則所謂同五常者, 畢竟爲不同也。犬之性猶牛之性, 牛之性猶人之性歟? 愚意, ‘各得’ 二字, 最爲著眼處。曰 ‘各循’、曰 ‘各有’, 諸各字, 皆言其分殊也。命曰 ‘各得’, 性曰 ‘各循’, 道曰 ‘各有’。性卽命也, 道卽性也。命與性與道, 只是一箇物事, 更安有間隔耶?”

『庸』『學或問』言人物性偏全之分, 必以形氣言之, 諸家異同之論所由起也。竊恐不惟於本文看得欠消詳也, 蓋於形氣之所從來, 未曾看得也。於此不曾看得, 則於聖賢就氣言理處, 無怪其只將文字皮面上說去也。蓋游氣紛擾, 以生人物之萬殊, 其游揚紛擾者, 宜其變幻無常, 而彼必偏塞, 此必正通者, 孰使之然哉? 理一中萬分, 各有準則, 萬殊之氣, 於是乎生, 而及其成就萬象也, 其通其塞, 不得違越乎其準則也。旣有是形, 則其所具之理, 因各得其本分而或偏或全也。形之偏全, 分之著者, 而耳目之所擊也; 偏全之性, 分之微者, 而見聞之所不及也。聖賢就氣言理者, 特因其可見者, 以推其不可見者也。『大學』所以不曰 “窮理”, 而曰 “格物” 者此也。苟能因其可見之形氣, 而深原其必通必塞之所從來, 則所論形氣者, 其實卽發明此理之分也。若曰無分之一隨形氣而偏全, 則豈朱先生本意哉? 朱子以朝廷差除解命字, 請復以此諭之。人君總庶事, 而朝廷有衆官, 貴而爲公卿者, 行公卿之事; 賤而爲胥吏者, 行胥吏之事。彼公卿之事, 非因公卿之官而始有也。人君所總之中, 本有是事, 故乃有是官也。旣有是官, 則是事亦由是官而在也。彼胥吏之職, 亦猶是耳。故論公卿之事者, 必擧公卿而言其事; 論胥吏之事者, 必稱胥吏而指其事。論性而卽形氣言之者, 蓋嘗如此。若如諸家之說, 則朝廷大小事,本非人君所總之事, 而賴有百官庶司而方有是事也。百官庶司, 本無受命之處, 而皆是自立也, 可乎不可乎? 然則其“僅得”之僅字、“梏於形氣”之梏字, 與夫“無以充”、“不能通貫”之說, 皆何謂也? 曰挑出而公共言之, 則有分限, 而實無遮攔; 卽氣而的指言之, 則爲偏全, 而氣爲匡郭。有分限而無遮攔, 卽一人而總庶事之說, 所謂統體一太極也; 爲偏全而有匡郭, 卽庶事由是官而在之說也, 所謂各具一太極也。於一太極而得其一分, 謂之“僅得”可也; 以一太極而囿於匡郭, 謂之“梏”焉亦可也。蓋曰僅、曰梏, 立言雖若有抑揚, 而其實則主同而說異, 論人而及物, 語勢有不得不然者耳。至於“無以充”、“不能通”, 亦同一語勢, 豈可以此爲無分之一爲氣所拘而爲偏全耶? 旣曰“人物同五常”, 又曰“偏全皆本分”, 同此五常, 而曷爲而有偏全耶? 虎狼之仁、蜂蟻之義, 才有一點明處, 倘非人則盡得五常之全, 物則才得五常之一, 是故謂之偏全耶? 曰天下之理一而已, 一者, 何也? 五常也。五常之外, 無佗理也。全亦五常, 偏亦五常, 五常之有偏全, 猶人身之有短長也。同是人也, 或有頎然而長者, 或有矮然而短者, 彼長者非獨有四肢百體也, 此短者非不有四肢百體也。總四肢百體, 而方成一人; 具健順五常, 而方是一理, 惟此一理, 何物不有哉? 若曰全是五常, 偏是一德, 則是墻壁遮攔之見也。五常豈各有窩穴而各生一物耶? 五常者, 一理之條件也; 一理者, 五常之總名也。有界限, 而無墻壁, 有則俱有, 故自仁觀之, 都是仁; 自義觀之, 都是義。觀佗一點明處, 物之具五常, 從可知矣。且旣曰“無以充其本體之全”, 又曰“不能通貫乎全體”, 則亦可見本體之未嘗不全, 而但“無以充”、“不能通”, 故謂之偏也。如具此四肢百體, 而矮然短者也。若有才得一體而無頭無脚, 塊然一物, 則謂之人乎否乎? 然則“無以充”、“不能通”, 畢竟是爲氣所拘也, 烏得爲本分耶? 曰本分無以充, 故無以充; 本分不能通, 故不能通也。本分可充、可通, 而豈有無以充、不能通之理乎? 蓋理爲氣拘, 當各於其類而論之, 衆人之於聖人是也, 駑駘之於騏驥是也。人之性, 本分皆同, 而衆人之異於聖人, 氣之拘也; 馬之性, 本分皆同, 而駑駘之異於騏驥, 氣之拘也。氣之所拘, 可變而化, 故衆人而克念, 可以作聖, 何無以充之有乎? 駑駘而馴致, 可爲良蹄, 何不能通之有乎? 若人物則不同類者, 終不可化物爲人, 其故何哉? 分定故也。“無以充”者, 終無可充之期; “不能通”者, 終無能通之日。“無以充”、“不能通”, 非本分而何哉? 有見乎此, 則同異不須論。苦苦說同異者, 豈非文字上皮面而已乎? 先生曰: “此兩段說, 得精詳, 可喜。今之讀書者, 大抵多不究皮裏事。”

或有來問明德者, 輒以所「答朴瑩壽」書誦告之, 問者曰: "然則明德畢竟屬氣分。甘露雖不可曰來麰, 而節節推去, 則畢竟生於來麰者也。倘非就氣中, 別去討至精至爽者, 而謂之明德, 如洛中先輩心字之說也耶?" 曰: "未也。若別討箇精爽, 則豈云精爽猶是皮殼說話耶? 但取譬經幾重關, 到明德之說也。" 問者尙不釋然而去。蓋此取譬一節, 無怪其有是疑也。因此思之, "單氣"字之單字, 亦恐有後生之疑。若有難之者曰"明德是合理氣者耶", 將何以答之? 張子曰: "合虛與氣, 有性之名也。" 以'合虛與氣'一句, 謂性是合理氣者則可乎? 理之具於氣而謂之性, 故曰"合虛與氣, 有性之名也"。性情體用之具於精爽者, 而謂之明德, 故斥單氣之說也。先生曰: "隨語生解者, 何足道哉?"【右三條, 丙子所呈問目, 而丁丑進謁時口批。】

「묘합설妙合說」(『老柏軒集』卷30)

1) 서지사항

정재규의 『노백헌집(老柏軒集)』 권30에 수록된 글.

2) 저자

정재규(鄭載圭, 1843~1911), 자는 영오(英五), 후윤(厚允). 호는 노백헌(老柏軒), 애산(艾山). 노사(蘆沙) 기정진(奇正鎭)의 문인이다.

3) 내용

이 글은 정재규가 주돈이 「태극도설」에 나오는 '묘합(妙合)'이란 글자를 어떤 관점에서 해석해야 하는가에 대해 그의 견해를 밝힌 것이다. 그는 '묘합'의 의미를 리기(理氣)의 불리부잡(不離不雜)의 관점에서 보아야 한다고 주장하였다. 애초에 리기가 구별이 없다면 '합(合)'이라 말할 까닭도 없다. 그는 '합(合)'이란 두 가지가 합해서 하나가 되어 서로 분리되지 않는다는 의미라고 보았다. 또한 혼융무간(混融無間)한 하나로 합하게 되는 것이 '묘(妙)'가 되는 까닭이라고 말하였다. 이 '묘합'은 기(氣)와 기(氣)가 합하는 것이 아니며, '무극(無極)의 참됨[眞]'인 리(理)와 '음양오행의 정(精)'인 기(氣)가 합하는 것이라 하였다. 이 묘합은 사람과 사물이 생겨날 때에 이르러 비로소 발생하는 것이 아니라, 음양과 태극의 관계가 본래 그러하다고 주장하였다.

3-15-7 「妙合說」(『老柏軒集』卷30)

「大極圖說」“妙合”字, 世多疑之。或曰“合字當輕輕看, 重在妙字”。或曰“氣與氣合而理實妙之”。其意蓋曰理氣元不相離, 混融無間, 而奚乃至於成男女生萬物而始言合耶云爾。大抵‘輕輕看’云者, 知合字爲“眞”、“精”合, 而求其說而不得者也。‘氣合’云者, 以合字爲散殊合, 而求其說而鑿矣者也。旣不能無疑於合之一字, 則無怪其有是說也。蓋理氣二者, 固是不相離者, 而亦豈相雜者耶？離氣言理, 則理爲懸空底物事, 莊生所謂“道在太極之先”是也。雜氣言理, 則理爲有形底物事, 漢志所謂“太極函三爲一”是也。一離一雜, 無人覷得理氣眞面目久矣。於是周先生作圖著說, 再闢混沌, 而著箇“妙合”二字, 以明其不離不雜之妙也。余謂合字當著眼看, 夫合之爲言, 二而一、一而二者也。若初非二物, 則無合之可言, 而惟其二物而爲一體, 故謂之合, 所謂不相離者也。若本是一物, 則亦無合之可言, 而惟其一體而實二物, 故謂之合, 所謂不相雜者也。混融無間, 乃合之所以爲妙也。豈可以混融無間, 而疑於合耶？氣與氣合, 大非文義, 曰“無極之眞、二五之精”兩下說來, 而繼以妙合字, 則分明是“眞”、“精”合也。若是二五之散殊者合, 則周子於此, 必有穩語, 以盡其曲折也, 必不爲此兩下說, 而以疑後之讀者也。朱子於此, 必有以分明解剝, 以發其本旨, 而必不只曰“無極、二五, 所以混融而無間也”。且氣已合, 則已凝聚矣。又著“而凝”字, 不其贅矣乎？至若始言合於男女生物之際之疑, 則可謂都不察於「圖說」之本意也。乾坤生人物之時, 卽太極生陰陽之日也。非是今日太極生陰陽, 明日陰陽生五行, 又明日陰陽五行始生男女也。太極之動而生陽, 卽乾道之成男; 靜而生陰, 卽坤道之成女也。何以知其然也？自太極而沿而下之, 則其生陰陽, 太極在陰陽裏面, 而更無太極一位也。其生五行也, 太極陰陽在五行裏面, 而更無陰陽一位也。其成乾坤也, 太極二五, 都在乾坤裏面, 而更無所謂二五之位也。自乾坤而遡而上之, 則此乾坤何物也？所謂五行之凝聚也。此五行何物也？所謂陰陽之變合也。此陰陽何物也？所謂太極之動靜也。太極、二五、男女、萬物, 非有層級之彼此、時節之先後也。故「圖說」始則曰“太極生陰陽, 陰陽生五行”, 終則曰“五行一陰陽, 陰陽一太極”, 說來說去, 都無異同也。說得至此, 無極、二五, 已妙合而無間也。故於此指以言之, 以爲男女、萬物化生之源頭也。惟此源頭上, 更別無一層源頭可以推上去處也。然則“妙合”字, 非是始言於生人物之際, 而乃明其上文所謂“陰陽一太極”, 是眞精妙合者也。是所謂天下無性外之物, 而性無不在者也。自有此論以來, 晝宵商量, 殆近半年, 而舊見之外, 卒無新得, 故爲之說, 以竢知者, 而非欲硬守一說, 終身不改也。

「태극도설강록太極圖說講錄」(『老柏軒集』卷30)

해제

1) 서지사항

정재규의 『노백헌집(老柏軒集)』 권30에 수록된 글.

2) 저자

정재규(鄭載圭, 1843~1911), 자는 영오(英五), 후윤(厚允). 호는 노백헌(老柏軒), 애산(艾山). 노사 (蘆沙) 기정진(奇正鎭)의 문인이다.

3) 내용

이 글은 주돈이 「태극도설」과 주희의 『태극도설해』 중 의심나는 부분에 대해 김현옥(金顯玉), 정재 규(鄭載圭), 최숙민(崔淑民)이 서로 토의하는 내용이다. 「태극도설」을 성리학적으로 이해하는 데 쟁점이 될 만한 문제들을 조목조목 다루고 있다. 「태극도설」에 대한 노사학파의 이해를 파악할 수 있는 자료라 할 수 있다. 다루고 있는 주제들을 살펴보면, '무극이태극(無極而太極)'의 의미를 어떻게 이해할 것인가, '조화(造化)의 추뉴(樞紐), 품휘(品彙)의 근저(根柢)'라 할 때 '추뉴'와 '근저' 의 의미와 관계를 어떻게 볼 수 있나, '태극동이생양(太極動而生陽), 정이생음(靜而生陰)'이라 할 때, 음양 이전에 태극의 동정(動靜)이 있는가, '양변음합(陽變陰合)'에서 변(變)과 합(合)의 의미를 어떻게 이해할 수 있나, '태극, 음양, 오행 사이에 휴흠(虧欠)과 간격(間隔)이 없다'는 설명을 어떻 게 이해할 수 있는가, '각일기성(各一其性)'의 의미를 어떻게 이해할 것인가, '무극(無極)의 진(眞) 과 이오(二五)의 정(精)이 묘합되어 있다'는 말을 어떻게 해설할 수 있는가, '묘합이응(妙合而凝)' 에서 '응(凝)'의 의미는 어떻게 이해할 수 있는가, "사람만이 그 빼어남을 얻어 가장 신령하다[惟人 也, 得其秀而最靈]"으로 시작하는 문단의 의미를 어떻게 해설할 수 있는가 등의 문제를 다루었다. 이 가운데 몇 가지 논의를 구체적으로 살펴보면 다음과 같다. 먼저 '무극이태극(無極而太極)'에 대한 논의이다. 이황은 이 구절에 대한 언해를 "極이 無호딕 가장 極홈이라"라 하였고, 기정진은 "極이라 홈이 업솜이 가장 極홈이라"라 하여, '而'를 퇴계는 '역접[反轉]'으로, 기정진은 '순접[連

承]'으로 보았다. 이 차이에 대해 최숙민은 '무이유(無而有)'의 측면에 중점을 두면 '역접'이 옳지만 '무극즉태극(無極卽太極)'이 주돈이의 본지이며, 이런 측면에서는 '순접'이 더 타당하다는 의견을 제시한다. 이에 대해 정재규는 '무극즉태극'이 본지라는 데 동의하며, '而'는 역접도 순접도 아닌 군더더기 말에 불과하다고 보았다. 최숙민은 "지목할 수 있는 어떤 형상이 없는 것을 '극(極)'이라 한다"는 견해를 제시하였고, 정재규는 이에 찬성하며, '무극이태극(無極而太極)'의 언해를 "極이라 홈이 업쇼듸 가장 極혼거시라"로 결론지었다. 다음으로 추뉴(樞紐)와 근저(根柢)에 대해, 정재규는 이 두 가지가 본래 두 층이 아닌 하나의 일로서, 전체적으로 말하자면 '추뉴'이고 분수(分殊)로 말하면 '근저'로서 이는 리일분수(理一分殊)의 관계와 같은 것이며, 모두 태극을 가리킨다고 보았다. 최숙민은 이 견해에 적극 찬동한다. 최숙민에 따르면 오행, 남녀, 만물이 각일기성(各一其性)이며, 태극의 본색이라는 것이 기정진의 본지인데, 정재규의 해석은 스승의 뜻을 잘 드러내 당대 주기설(主氣說)의 병폐를 바로잡을 수 있는 탁견이라고 평가하였다.

3-15-8 「太極圖說講錄」(『老柏軒集』卷30)

鄭載圭曰: "無極而太極, 以諺吐解之, 則當何以?" 崔琡民曰: "退溪有言, ‘極이 無호딕 가장 極홈이라’云云。" 金顯玉曰: "先師答禹乃範之問‘極이라 홈이 업솜이 가장 極홈이라’云云。" 載圭曰: "‘而’字有兩義, 或以連承爲義, 若所謂‘學而時習之’是也。或以反轉爲義, 若所謂‘人不知而不慍’是也。此‘而’字是連承之義耶, 反轉之義耶?" 琡民曰: "以退溪之解觀之, 則當爲反轉之義, 以先師之意推之, 則當爲連承之義。蓋以‘無’、‘太’二字言之, 則如曰無而有, 恐當以反轉看, 而無極太極旣爲名目, 則周子本意, 恐無極卽太極之謂, 連承看似當。" 載圭曰: "無極太極旣爲名目之說, 是吾平日恒言也, 而觀於下文‘太極本無極’一句, 與‘五行一陰陽’、‘陰陽一太極’, 一例立文可見也。然近更思之, 說所以解圖也。圖有太極、陰陽、五行圈, 而無所謂無極圈者, 以無極並謂之名目, 恐非本旨。然則無極二字, 只是太極之註解。然無極二字, 釋之極難。如退溪說, 則無極‘極’字便同一物, 而與太極‘極’字, 指意微別。如先師說則太極卽是無極, 而中間一‘而’字, 旣非反轉之義, 又非連承之義, 乃沒意味之一箇贅字, 恐亦非文義。" 顯玉曰: "然則將何所折衷乎?" 琡民曰: "退溪之解, 本朱子無形而有理之說也; 先師之解, 亦以朱子‘而’字不深看之意也。蓋無形狀之可指以爲極者, 而實爲至極者也。名目云者, 非別有一物, 只是旣與太極對擧成文, 則便成一名目。" 載圭曰: "無形狀之可指以爲極者一句, 於無極解, 說得甚好。今以此意解之, 則當曰‘極이라 홈이 업쇼딕 가장 極ᄒ거시라’ᄒ야, ‘無極’字從先師說, ‘而’字從退溪說, 恐合於朱子註解‘無聲無臭而實樞紐根柢’之意也。名目之云, 當於下文‘太極本無極’與‘夫無極之眞’兩處言之。於第一句, 卽喚做名目, 則非以無極二字解太極之旨也。"

顯玉曰: "造化之樞紐, 指陰陽五行圈而言; 品彙之根柢, 指男女萬物圈而言耶?" 載圭曰: "造化之具, 固是陰陽五行; 品彙, 則指男女萬物。然造化品彙, 初無二層, 樞紐根柢, 只是一事。自其總會而言, 則曰樞紐; 自其定分而言, 則曰根柢, 所謂理一而分殊者是也, 皆指太極而言也。" 琡民曰: "此說足以破近世主氣之說也。先師所言陰陽五行、男女、萬物, 各一其性, 玆乃一太極之本色者, 此之謂也。"

顯玉曰: "非太極之外復有無極一段, 豈以有象山一流人而爲此說耶? 抑別有意義耶?"
載圭曰: "莊子所謂'道在太極之先', 漢儒所謂'函三爲一'者, 皆以太極爲一物, 而意太極上面, 別有一段事, 豈專爲陸氏而說耶? 須知太極之外, 非別有無極, 又知太極上面, 必言無極之意, 乃爲周盡。"

載圭曰: "太極動而生陽云云, 方其{未}⁵⁵⁾動靜也, 無陰陽, 而必待動靜而後, 方始生陽生陰耶? 陰陽未生之前, 太極之有動靜, 其情狀可得以言耶?" 琡民曰: "太極圖五層圈, 只是一時事, 豈有無陰陽而有動靜之時乎? 就陰陽中挑出而言之, 則朱子所謂'上天之載無聲無臭, 而實造化之樞紐, 品彙之根柢'者, 非太極之實體乎? 故曰太極者, 本然之妙也; 動靜者, 所乘之機也, 太極, 形而上之道也; 陰陽, 形而下之器也。大概知其如此, 而其精微曲折, 未能了然於胷中, 願爲我推說其詳, 開此冰炭之抱也。" 載圭曰: "五層圈只是一時事, 已得其大意, 而其精微曲折, 大抵難言也。姑因朱子註解而反復之, 則綽約可見矣。所謂太極者, 只是一陰一陽之道, 就一陰一陽上, 問其曷爲而若此, 則必有其本然之妙也, 是妙也, 亦非在乎離陰陽之地也。卽陽而言, 則其爲陽之妙, 在乎陰靜上面; 卽陰而言, 則其爲陰之妙, 在乎陽動上面, 靜之極爲動之機, 動之極爲靜之機。方其靜也, 曷不一於靜而旋爲動之機乎? 以動之妙所乘者在此也; 方其動也, 曷不專於動而又爲靜之機乎? 以靜之妙所乘者在此也。然則無動之妙, 則陽無以生; 無靜之妙, 則陰無由生。陽雖未生, 而動之妙已乘乎靜; 陰雖未生, 而靜之妙已乘乎動, 則陰陽未生而太極之有動靜, 太極動靜而陰陽始生者, 其情狀其不昭然可見乎? 故朱子解此段首引'一陰一陽之謂道', 而終'以動靜無端, 陰陽無始'結之, 然則所謂'太極動而生陽, 靜而生陰', 乃就那陰陽上, 挑出其本然之妙, 以明其所以生之脈絡根由也。其實則太極本不離陰陽, 而動靜曷嘗先陰陽未生而有乎? 無陰則動無所根, 何自而有動乎? 無陽則靜無所根, 亦何由而有靜乎? 若執言迷旨, 因「圖說」而求太極於離陰陽之地, 而謂'太極自能蠢動'則不可, 因註解而混太極於陰陽之中, 而疑'太極不生陰陽'則不可。「圖說」就造化上豎說將來, 註解就定體上推說將去, 皆以明陰陽五行無非太極之妙用, 男女萬物無非太極之實相也。願諸兄之更詳也。"

---

55) {未}: 문맥을 살펴 '未'를 보충하였다.

顯玉曰: "或以朱子於註中, 不訓生字, 而於解剝圖體, 只言'動而陽, 靜而陰', 疑生陽生陰之生字, 未知如何?" 琬民曰: "夫子不曰'太極生兩儀'乎? 周子於其間, 下動靜字者, 艾兄所謂所由生之脈絡, 尤昭然矣". 載圭曰: "疑生字者, 初何嘗謂太極不生兩儀? 但因周子於生字上, 添'動而'字, 而疑太極之或犯造作蠢動, 而昧理之妙, 實至神而不測也. 轉轉差繆, 至有理不生氣之說者, 眞所謂差之毫釐, 而終至於千里之謬者也. 此非吾輩之自反兢懼處乎?" 琬民曰: "此生字, 不但著在陰陽上面, 下至化生萬物, 依舊是這箇生, 如此看如何?" 顯玉曰: "看得甚好. 生陽生陰之生字, 爲下文諸般生字之總括綱領也."

顯玉曰: "守夢『釋疑』以兩儀爲天地而謂, 與『易』之所謂兩儀者不同, 此說何如?" 載圭曰: "以兩儀硬做天地看, 亦不妨. 蓋太極陰陽, 只就一形字, 截作上下而分別道器而已. 兩儀分立, 舍天地, 則無可指的處矣. 然周子此圖就形氣上挑出其不雜者以爲源頭, 而動靜通復, 語有次第, 此段只說動靜陰陽, 循環錯綜之妙, 未及乎穹然隤然之有形有象者也. 方纔說到兩儀而未及乎生五行, 五行未生之前, 生物之具未備, 又安有穹然隤然者乎? 太極是萬物都所蒙底大匼頭, 而天地亦太極中一物也, 更詳之如何?"

載圭曰: "註析'動而生陽'、'動極而靜'二句, '動而生陽'屬之定分, '動極而靜'屬之流行, 其位置何如?" 顯玉曰: "以動靜之互根言, 故屬流行邊; 以陰陽之分立言, 故屬定分邊." 載圭曰: "大槪然矣, 而看得止此, 則恐亦無味. 其實'動而生陽'一句內, 已悉具流行、定分, 深味一'而'字, 則可見矣." 琬民曰: "黃勉齋以'動而生陽'以下四句屬流行邊, 自'一動一靜'以下四句, 屬定分說." 載圭曰: "動靜陰陽, 參伍錯綜, 而流行中自有定分, 定分中也有流行. '動而'、'靜而', 流行也, 而'生陽'、'生陰', 則定分在焉. '動極'、'靜極', 定分也, 而'而靜'、'復動', 則流行存焉. 朱子之錯綜互擧, 而分作兩段, 欲其省文而易知, 而實有餘味. 勉齋之分上下, 而中截爲兩段, 於錯綜之義, 恐有未盡."

載圭曰: "'動靜無端, 陰陽無始'云云, 以'動極而靜'、'靜極復動'觀之, 則動極是靜之端, 靜極是動之端, 何謂無端乎? 動靜苟有端矣, 則陰陽又何以無始也?" 顯玉曰: "只就氣上說, 則有端有始矣, 而自一動一靜一陰一陽者言之, 則是所謂道者也, 道何嘗有所謂端始者耶?" 載圭曰: "得之矣. 故程子言此, 而以'非知道者, 孰能識之'結之, 知道'道'字, 所以無端始者也."

琡民曰: "'變'、'合'之狀, 與夫生水、生火、生木金土, 先後之實, 有可指而言者歟? '五行質具於地, 而氣行於天', 此段所指, 質歟氣歟? 以其序觀之, 則似以質之生而言之。然以質言之, 則在地之水火木金土, 卽是萬物之一也, 且萬物中除此五者, 則餘物有幾, 且未知在地已成之質, 其精果可以化生萬物歟?" 載圭曰: "陰陽變合、通復繼成之說, 解之盡矣。今以一易知事言之, 太極如穀種, 團圓無缺, 才著土便甲坼芽茁, 此陽之變也, 所謂通也, 繼也。及其成實也, 却還佗團圓本相, 此陰之合也, 所謂復也, 成也。五行生成之實, 謂之有先後次第, 可也; 謂之無先後次第, 亦可也。以質而語其生之序, 則天一生水、地二生火、天三生木、地四生金、天五生土; 以氣而語其行之序, 則木生火、火生土、土生金、金生水、水生木, 有先後次第者然也。天一才生, 地六便成之; 地二才生, 天七便成之。若一僅生之而必待生火、生木、生金、生土, 而後地六方始成之, 則一生之氣, 已間斷而不成造化矣。且凡物之生, 雖纖芥之微, 五者闕一, 則便不成物, 故其生水也, 火木金土已悉具於一水矣, 無次第先後者然矣。此段所說生水火木金土, 正是解作圖之義。按圖參看, 則可見其氣質之錯綜交互也。以質而言, 則水火先而金木後, 此圖之所以以水火對峙於上而金木居下; 以氣而言, 則木金先而水火後, 此圖之所以以木金對峙於下而水火居上。質則上者先, 而氣則下者先。蓋水火, 有質而未成者也; 金木, 質之已成者也。未成者, 質之始, 而變合之未盡者也, 故居上而承接陰陽之圈; 已成者, 質之終, 而變合之已盡者也, 故居下而湊著妙凝之圈。此段之錯綜氣質而言者, 斯可見矣。自太極而言, 則天地亦一物, 而況於五行乎? 然太極本非離天地五行而懸空說底, 言天地生萬物亦不外乎穹然隤然者, 而物之生也, 却能受氣於天, 而稟質於地, 則五行亦豈外在地之質, 而別有一物爲生物之具者耶? 卽形而定名, 則水火木金土之外, 爲物者何限? 若論物之所以爲物, 則物物莫非五行, 五行之外, 更有何物乎?" 鄭冕圭曰: "水火木金土, 以質言之; 五氣順布, 以氣言之。凡五行之生, 必有氣而後有質, 此乃先質後氣, 何歟?" 琡民曰: "自五行而言其所以生之氣, 則陰陽變合是也。變合之外, 更無別討五氣處。五行旣生, 則五氣却能流行, 其序自爾。" 載圭曰: "溪兄說得之, 此初不須疑者。「太極圖」本就萬物成形上畫出來, 故朱子解太極陰陽, 引形而上下之說。形是道器合一處, 離形而言道, 卽世儒所論推太極於懸空之地, 若佛氏無位眞人樣子耳。"

載圭曰: "'虧欠、間隔', 指何而言?" 冕圭曰: "言五行則五行各一太極之本面, 言陰陽則陰陽各一太極之本面, 是之謂無虧欠; 五行不外乎陰陽, 陰陽不外乎太極, 是之謂無間隔。”載圭曰：“陰陽變合而生五行然後，造化發育之具始備。方其未生五行也，陰陽若有虧欠，而所以為五行者，無適而非陰陽之道，豈有所欠？陰陽，氣也；太極，理也。若有彼此之間隔，而所以為陰陽者，無適而非太極之本然，豈有所間隔哉？”顯玉曰：“解剝圖體所謂五殊二實無餘欠，精粗本末無彼此，正謂此也。”

載圭曰：“‘各一其性’，各一二字，反覆咀嚼，終未釋然。水有水之性，火有火之性，各專其一之謂耶？抑水之生也，其性亦是這一太極，火之生也，其性亦是那一太極，氣質雖各，而性則一之謂耶？”琡民曰：“水有水性，火有火性，是所謂各一，而這各一之性，便是渾然太極之全體。蓋才言性則更無虧欠，合艾兄兩說看方得。”晁圭曰：“曰‘各一’則固是各專其一，而曰‘其性’則可見其不外乎渾然之體也。蓋水有水之性，火有火之性，而稟那水時，非將稟火底留在一邊；稟那火時，非將稟水底留在一邊。若是則雖以各專其一言之，似無欠。”載圭曰：“然則此各一其性，是分殊上說耶，是一原上說耶？”晁圭曰：“此固分殊上說，而分之早涵於一者，可見矣。”琡民曰：“此是就分殊上，明一原之妙也。蓋自篇首，至四時行焉，皆一原而分殊之說。此段則一翻說分殊而一原之意，而結之以此句。於此可見分殊卽是一原，一原卽是分殊。”載圭曰：“太極乃此性字之挑出，而此性字乃太極之本體也。此性字若是分殊上說，則太極亦是分殊上說，更無可尋覓一原矣。太極而陰陽，陰陽而五行，是汎論造化發育之妙，莫非太極，而太極之實體眞面，則至此性字，方始露出矣。故朱子註解，只舉一性字言之，而明性之為太極也。”顯玉曰：“曰太極、曰陰陽、曰五行，名目雖殊，其實一串貫來。於其氣質之各，而可見其一本而萬殊處；於其性之一，而可見其渾然之全體。太極云者，挑出而公共言之也；性云者，就其結窠而指的言之也。”載圭曰：“於其氣質之各，而可見其一本而萬殊處；於其性之一，而可見其渾然之全體。此二句，見得的實。”

顯玉曰：“無極二五眞精妙合之義，可得以聞其說之詳乎？”琡民曰：“就成形上，觀上下道器不相離而脗然無間者，則妙合之義，可以覵得否？”載圭曰：“有離而後有合。理氣二者，元不相離，何合之可言？故朱子曰‘推之於前而不見其始之合，引之於後而不見其終之離’。然則無極，初非離形氣獨立之物，而至此而乃言妙合者，特以明無極二五不離而不雜之妙也。離形氣而言太極，則是莊子道在太極之先之說也；雜形氣而言太極，則是淮南子太極函三為一之說也。自伏羲氏畫先天圖，孔子之作「易大傳」也，數千年之

間, 無人識得羲、孔之旨。以太極看作一物, 而離氣雜氣, 太極之眞面晦, 而已宣之人
文, 復還混沌矣。於是周子遂啓千古之秘, 以闡太極之眞面。乃挑出於不可挑出之地,
以著潔淨冲漠之微言; 妙合於初無離合之地, 以明渾淪無間之體。此一合字, 乃理氣二
者, 混一而分開處也。自不雜者言之, 則有若理自理氣自氣, 而言妙合則可見其脗然一
體, 而又不見罅縫之可言; 自不離者言之, 則有若理氣只是一物, 而言妙合則可見其自
是二物, 而又不見各占地位之可論矣。此妙合二字, 於理氣二者, 爲混一而分開底, 一
大眼節也。蓋離合二字, 乃看理者巧法, 而於理氣之實體, 則初非襯貼的當底字。世儒
之推一原於離形氣之地者, 以爲理氣於玆始合, 而求太極於未合之前; 論妙用於犯形氣
之地者, 以爲太極合氣, 故能生物, 而任權勢於氣機之動。是皆此合字爲之祟也。然則
周子曷爲而下此一字也? 此一字, 自夫子形而上下之說而咀嚼出來者也。就一形字而
分其上下之界至, 言其道器之無間, 則惟一合字, 可以狀得而見不離不雜之妙也。若執
據一合字而疑理氣或有相離之時, 又疑理氣遂爲混淆之物, 則乃莊、淮之見, 而於周子
之旨, 不翅水火南北矣。" 晃圭曰: "然則妙合之妙字, 是從理言者耶, 是從氣言者耶?"
琡民曰: "此只是言理氣不離不雜之妙, 艾兄之說盡之。凡物之言合者, 自離而來合也。
合則合矣, 而不足爲妙。惟理氣二物, 元不相離, 而又不相雜。混融無間, 此所以爲妙
合也。蓋萬物生成, 理爲之主而氣爲之資。農友從理之說, 亦有商量。太極全圖, 只是
明理之一字。"

琡民曰: "'妙合而凝', 凝字是乾男坤女之胎乎? 以圖觀之, 則乃五行之合尖而不屬於乾
男坤女, 譬則非子胎之在母腹者耶?" 顯玉曰: "其情狀則然矣。我先師「答權上里」書,
有曰'太極生兩儀, 生字豈血氣成胎, 彌月如達而生乎?' 此以理生氣之妙言之故乃爾。
若以凝字言之, 則明是血氣成胎者也。" 琡民曰: "此是氣化之始, 血氣之說, 無乃太早?"
晃圭曰: "氣化之挿入血字, 果若生疎, 而其實則血陰而氣陽, 流行者氣, 凝定者血。無
那血而有此凝, 造化恐不如此。" 載圭曰: "「太極圖」五層圈, 大抵皆虛位, 只是以明實理
者也。若就其中細究之, 則惟陰陽五行兩層爲實事, 而五行圈合尖處一圈子, 乃實事之
結窠者也。最上一層圈, 只是就此而挑出者也。下二層圈, 只是以此而排定時分地頭者
也。然則上下三箇圈, 乃虛位之虛位也。陰陽變合而生五行, 則造化發育之具備矣。陰
陽五行, 錯綜經緯, 而以類而凝, 則男女萬物, 舉已成形矣。譬則子已脫母之胎也。血
氣之說, 何太早之有? 若曰'此說凝字時, 男女萬物, 猶未生出, 而至成男成女而後, 方

始生成,’ 則恐誤矣。” 顯玉曰: “然則註解氣化二字, 不言於以類凝聚之下, 而必言之於父道母道之下者, 何也?” 琡民曰: “子胎母腹之說, 果是滯於圖象而誤見矣。艾兄虛位之說, 節節明的無疑。石兄所疑, 亦泥於文字而錯也。成男成女, 就凝聚成形上, 以類分言者也。註解中‘各以類’三字, 已含乾男坤女在其中矣。” 載圭曰: “溪兄得之矣。蓋說以解圖, 而圖旣以氣化形化, 排定時分地頭, 則註解之說氣化於乾男坤女之下者, 一依圖說本旨而然矣。” 琡民曰: “然則此男女, 卽是萬物之男女, 則氣化時萬物已化生, 而今於形化時, 始言化生萬物者, 何也?” 載圭曰: “此乃祖、子、孫三世之說也。氣化時男女, 是厥初生民之祖也; 形化時化生萬物, 是初祖所生之子也; 萬物生生, 是子又生子, 爲初祖之孫也。天地之化育萬物, 其資生有序。「圖說」乃發明此理以示人, 故自太極動靜, 以至于此, 語有次第。其曰‘乾道成男, 坤道成女’, 卽『易』所謂‘天地絪縕, 萬物化醇’也。其曰‘二氣交感, 化生萬物’, 卽『易』所謂‘男女媾精, 萬物化生’也。惟其成男成女時, 萬物已生, 故二氣交感, 方能化生萬物。若男女只是一箇男女, 則化生亦只是一箇男女。但氣化時, 無而有矣; 形化時, 有而有矣。故化生萬物, 特言於形化之時也。” 琡民曰: “若是乎古人之言之有倫也! 言凝時, 男女非不成矣。而圖說之所明者, 在於凝之道; 言男女時, 萬物非不生矣, 而所明者, 在於乾父坤母之道。此所以至形化而言萬物化生者也。” 載圭曰: “溪兄可謂也釋然矣。”

顯玉曰: “‘惟人也’一段, 乃就萬物中, 抽出人而言之。其曰‘靈’, 卽太極也; 其曰‘形’、‘神’, 卽陰陽也; 其曰‘五性’, 卽五行也; 其曰‘善惡’, 卽男女也; 其曰‘萬事’, 卽萬物也。此乃天人一理處, 亦可得以聞其說之詳乎?” 琡民曰: “此段‘最靈’靈字, 最難理會。以圖說位置言之, 則‘最靈’是太極, 而太極, 理也; 以語勢文脈言之, 則‘最靈’專資得其秀, 秀, 氣也。直喚做理, 則理無人物之殊, 而‘最靈’人之所獨也。若喚做氣, 則氣爲一身之主, 而理却爲隨氣之物也, 如何可以得其說乎?” 載圭曰: “誠難理會, 誠難說得。然道理雖無天人之別, 而立言自有橫竪之異, 太極是竪說而公共者也, ‘最靈’是橫說而的指者也。公共而竪說, 則自‘繼善’以上而言其先具也; 的指而橫說, 則卽‘成性’以下而言其所得也。言其先具, 則太極裏面, 動靜陰陽悉具於其中, 是也; 言其所得, 則人之神明, 具衆理應萬事, 是也。此段就天地造化、化生萬物之中, 抽出一箇人, 言其所得乎天而的指其本體, 此五氣精英之所聚, 而太極本然之所在也, 故曰‘最靈’。有理故靈, 而靈能妙性, 言其所以主宰者, 則太極之本然也; 言其所以資焉者, 則五氣之精英也。然則何不曰‘得無極之眞而最靈', 而却曰'得氣秀而最靈', 先其所資而遺其所主也? 曰此已踏之蹊也。人之所以爲人, 所謂氣以成形而理亦賦焉者也。 故自天地而言太極, 則太極動靜而陰陽生; 自人而言太極, 則形成而神會, 神會而理全, 此'最靈'之所以橫說者也。 是靈也, 語其地盤, 則氣之精英也; 語其本然, 則理之妙用也。先其所資而曰'得其秀'者, 以明其所得之由也。若太極之本然, 則一篇發明, 專在此二字, 無事於言而不言也。" 顯玉曰: "自太極動靜, 至于生五行, 主太極爲說, 而及至各一其性, 性却是太極, 故註解以性爲太極之本體, 而自此以下, 提起一'性'字爲源頭矣。於此段, 則'最靈'當太極之位, 而'性'却當五行之位者, 何也?" 琡民曰: "曰性、曰太極, 只是挑出此箇道理於不可挑出之地, 以明其本然之妙也。 語其本然之妙曰太極, 語其各定之妙曰性, 語其總會而的指當體則曰靈, 靈是心也。 心外無性, 性外無太極。太極, 萬物之一原也; 心, 萬事之綱領也。太極是天地之心, 心是一身之太極也, 而性乃其所具之實體, 則若無分別, 然心是總會, 性有條理。總會則一, 條理則五, 猶五行雖是太極之裏面實事, 而太極爲總體五行爲條件也。心之於性, 其理亦一也。" 載圭曰: "溪兄說, 甚分曉。"

顯玉曰: "'乾男、坤女', 在天地不可相無, 而至於善惡自源頭說, 則有善而無惡。然順之爲善, 反之爲惡, 亦理中事, 願聞其所以然。" 載圭曰: "太極之所以爲造化者, 陰陽而已。陽動而陰靜, 陽變而陰合, 一動一靜而循環無間, 流行之所以不已也。一變一合而饒乏不齊, 生成之所以萬變也。生成之際, 饒乏不齊, 此所以於消長之際, 有淑慝之分, 而人所憾於天地者也。就此人之所憾而推其所由, 則不過曰饒乏之不齊也。饒乏由於變合, 變合由於動靜, 而一動而一靜者太極也。然則其氣之有饒乏, 其類之有淑慝, 亦不可不謂之太極中事也。聖人之所以致扶抑之義, 盡輔相之功, 而繼天之所不能者, 以此也。然太極之本體, 則眞而无妄, 純而無雜, 潔淨精微, 有何饒乏淑慝之可論? 故先師論過不及之所由, 而曰'不可謂理之所無, 而但非本然耳'。今吾輩方把酒而論此, 請以酒喻之。米麴和而成酒, 酒, 物也; 米麴, 陰陽也; 其一米而一麴者, 太極。酒之味有甘酸, 卽情之有善惡也。其甘者, 味之本然也; 酸者, 味之變也。是酸也, 謂非一米而一麴者之所爲則不可, 謂是一米而一麴者之本然則亦不可。此就天地造化上公共說也。天地無心, 而造化猶有此樣, 況就人心上, 言其性情之發乎? 其未發也, 性之體立, 有善無惡。其已發也, 情之用行, 其始何嘗不善? 而或流而爲惡。其善者固本然之發, 而其惡者乃本然之反而動於氣機者也。然此氣機之動, 何從而生乎? 乃形生神發之所爲也。形生神發, 乃'最靈'者之手脚也, 謂是惡也, 非'最靈'之所爲則不可, 而因謂是'最靈'之本然亦惡, 可哉? 然則'最靈'裏面, 已有惡之根乎? 曰天下無無根而生者, 酒味之有酸, 甘之變也; 人情之有惡, 善之反也。惡豈有別根而與善對峙乎? 故先師曰'以其根於善, 而謂善之孼子, 可也; 以其害於善, 而謂善之仇敵, 可也'。" 琡民曰: "所論饒乏以下, 節節詳密, 可謂盛水不漏, 但究其饒乏之所由, 則太極動而陽、靜而陰時, 已有苗脈。蓋以理言之, 則一動一靜、一陰一陽, 純然是太極之妙; 以氣言之, 則動時無靜, 靜時無動, 陽處無陰, 陰處無陽, 動靜陰陽, 各自偏了, 此非饒乏之所從來乎?" 載圭曰: "此則然矣, 而但陰陽是其然, 太極其所以然, 所以然者全, 而是其然者偏, 抑何也?" 顯玉曰: "太極統體用而言, 陰陽分體用而言, 統言則全, 分言則偏。自偏而言其所以然, 則偏亦全也, 分殊中也有一原; 自全而言其是其然, 則全亦偏也, 一原中也有分殊。程子所謂未應不是先, 已應不是後是也。" 載圭曰: "陽時太極之理全在陽, 陰時太極之理全在陰, 偏亦全之說亦然矣。而但偏全皆就善一邊言之, 若流而爲惡之時, 則太極之理, 果在乎不在乎?" 顯玉曰: "譬如火以溫突, 而若失火則災也, 以其災而謂之非火, 可乎?" 載圭曰: "氣旣流而爲惡, 則亦必有爲惡之理, 這便是乘在惡氣上者也。火氣也, 火之走失而災, 則便有此走失之理, 於是乎乘在耳。此所以有氣質性之說, 所謂氣質之性, 亦非外本然而別有者也, 但隨氣質而自爲一性。然氣質之性, 君子不謂之性, 爲惡之理, 亦非理之本然耳。"

載圭曰: "此段所以說人極也。得秀最靈、形生神發、五性感動, 聖凡皆然, 則'惟人也'人字, 似是統聖凡而言, 註解單擧衆人言之, 何也?" 顯玉曰: "此人字, 是公共說也, 而註中單擧衆人者, 意就善惡分三字上說出來, 而其曰常失之於動云, 則與下文聖人主靜對擧而成文也。" 載圭曰: "先儒以「西銘」分上下兩段, 而以上段謂碁盤, 以下段謂如人下碁。愚於「圖說」亦云, 惟人也以上, 闡明造化之妙, 已盡之矣, 以下自人極立說, 示人以下手用力之地。此段言太極之在乎人, 而使人知實體之無不備已, 下段言聖人之立極, 爲衆人之標準, 故註解以衆人之失於動者起頭, 以爲下文定之之張本。'蓋'字以下, 始解本義, 其所以發明言外之旨, 開示後學之意, 明且盡矣。"

顯玉曰: "心統性情, 性屬靜而情屬動。今曰'定之以中正仁義而主靜', 主靜乃所以定欲動情勝者, 而一天下之動也耶? 定之何以? 且正文則先中正而後仁義, 原註則先仁義而後中正, 願聞其說?" 載圭曰: "'主靜'靜字, 是定之以後事, 衆人未定則欲動情勝, 而聖人定之則無欲矣。無欲則靜矣。主靜固所以一天下之動, 而以爲所以定之者, 則恐非本旨。且所定者性也, 欲動情勝, 此性未定之由也, 直謂定欲動情勝者, 恐亦未瑩。註解所謂'欲動情勝者, 於是乎定'者, 蓋曰欲動情勝而性之未定者, 至此而定云爾, 豈直以欲動情勝爲所定之物事乎? 所以定之者, 則「圖說」已言之, 而今問定之何以者, 豈以中正仁義性也, 而曰定之以中正仁義則, 有若以性定性者然, 故疑之耶? 先師所言'苟不至德, 至道不凝焉', 有中正仁義之德, 而後可以凝此理者, 已說得盡矣。言所以定之者, 則中正較切; 汎言道理, 則仁義較大。其互爲先後者, 以此耶? 『大易』六十四卦所貴者中正, 而其言'立人之道則曰仁與義'可見矣。" 顯玉曰: "今聞此說, 則先師定字說中能所之分, 可以綽約見得矣。" 玻民曰: "石兄以此靜字做性看, 動字做情看, 恐非「圖說」之意。「圖說」則分四性, '中'、'仁'屬動, '正'、'義'屬靜, 艾兄不之辨, 何也? 以性情分動靜, 於此說, 亦可通乎? 註曰'無欲故靜', 此靜字亦可做'正'、'義'看否?" 顯玉曰: "主心而言性情, 則性當屬靜, 情當屬動。上段'五性感動'動字, 似是性發爲情者, 而此段却以中正仁義分動靜, 故吾蓋發端而未竟矣。艾兄之所未言, 溪兄言之, 多謝多謝。" 載圭曰: "自太極動靜, 至立人道之仁義, 皆以性情分動靜。動者誠之通, 而在天則元也、亨也, 在人則仁也、中也, 此心之用所以行也; 靜者誠之復, 而在天則利也、貞也, 在人則義也、正也, 此心之體所以立也。以中正仁義分動靜, 奚獨於此段而爲然也? 今諸兄之論, 無乃賺連於孟子以仁義禮智爲四性, 愛恭宜別爲四情而云云耶? 「圖說」當以「圖說」看, 『孟子』當以『孟子』看, 各是一說, 不當牽合也。然合以言之, 則仁義禮智是四性而爲未發之體者, 卽所謂成之者性, 而利貞之所以終也; 愛恭宜別是四情而爲已發之用者, 卽所謂繼之者善, 而元亨之所以始也。其實亦未嘗不一也, 願更仔細也。"

顯玉曰: "註解於'中正仁義', 以行之、處之、發之、裁之爲言, 何也?" 載圭曰: "仁以發之、中以節之、動而用之, 所以行也; 義以裁之、正以居之、靜而體之, 所以立也。動靜周流而四德終始, 於斯可見。然中正仁義, 是道理名目, 而曰行之、處之、發之、裁之, 則是就事物上說, 似非中正仁義之正釋, 此以所以定之者言之, 所謂凝道之至德也。" 玻民曰: "四'之'字, 乃定之之事也, 此是事理相涵處, 離事而言理, 離理而言事, 上之則爲老、莊, 下之則爲管、商, 聖人之道然乎哉?" 顯玉曰: "太極爲萬物萬事之本領, 而流行於萬物萬事之中, 離事物而言太極, 太極云乎哉? 聖人亦一太極也。"

顯玉曰: "'修之'、'悖之', 亦必有道, 而不言其所以修、所以悖者, 何也? 註解以'敬'、'肆'二字言之, 此是補本文之闕耶?" 琡民曰: "上天之載, 無聲無臭, 其所儀刑在聖人。修此道理, 則君子而吉; 悖此道理, 則小人而凶。修悖之間, 毫釐千里, 其機之可畏如此。雖不言敬字, 而敬字之意, 已默寓於其中。註解中一敬字, 固是朱先生喫緊爲人開示爲學之要, 而實無極翁言下之意也。" 載圭曰: "儀刑聖人, 其機可畏之說, 說得固好矣, 而猶有所未盡。蓋聖人君子, 其道一也, 但聖人不假修爲耳。'君子修之'之道, 卽'聖人定之'之道, '定之以中正仁義', 則中正仁義, 亦所以修之者也, 謂不言所以修者, 可乎? 註解中敬字, 非修之之道, 乃修之以道之本, 應上段主靜字而言也。聖人, 定之以中正仁義, 而主靜焉; 君子, 修之以中正仁義, 而主敬焉, 此聖賢之分也。然周子之本意, 則以主靜二字爲修德、凝道之本, 而通貫上下。若註解敬字之旨, 則實是程門眞訣, 程子曰'主靜不如主敬'。蓋敬是徹上徹下之法, 聖人之定性, 敬之成終者也; 君子之修德, 敬之成始者也, 此則朱子之意也。所以慮'主靜'之猝難湊泊而或倚於一偏, 以示學者者也。敬之一字, 是「太極圖」之命脈, 而有功於無極翁多矣。"

顯玉曰: "道則一也, 而在天地, 擧氣質而言, 於人, 則特以仁義之德言之, 何義? 且終始死生, 亦道中事, 其所以然之故, 可得聞歟?" 琡民曰: "天地之道, 何莫非太極之全體? 而惟人也, 受氣於天, 賦形於地, 混然中處, 爲天地之心, 參贊位育, 繼天之所不能。於人以理言之者, 其不以是乎? 動則靜, 陽則陰, 是終始之道, 原始反終之說, 斯焉已矣。" 載圭曰: "人爲天地之心一語, 甚好甚好。天動地靜, 而全具動靜之理者人也; 天覆地載, 而輔相覆載之道者人也。天地只是一物, 天氣地質, 逼挨無間, 而人處其中。分其上下, 而天地各爲一物, 此天地之不能不偏, 而人之理爲最全, 而爲天地之心者也。『易』所謂'天地設位'、'聖人成能'者, 然也。且不曰'聖人之作『易』'也, 將以順性命之理'乎? 然則聖人之作『易』, 非爲天地謀, 乃爲人謀。周子「圖說」傳法於此, 故旣明天地造化生成之妙, 而就中抽出人, 以明人極之道, 末引此語以結之, 其旨深且切矣。噫! 人乃視天地許大而自視藐然, 不亦哀哉? 終始死生之說, 溪兄以動靜陰陽言之者, 亦簡要矣。自太極動靜, 至萬物化生, 皆原始而知生之說也。一翻看則所以反終而知死者, 卽此而在矣。"

顯玉曰: "註解'不言之妙', 是群聖所不言, 夫子獨言之, 故云爾歟? 抑綱紀造化流行古今之妙, 非言語之所能形容者, 故云爾歟?" 載圭曰: "朱子「感興詩」曰'玄天幽且默, 仲尼欲無言', 知此則可以知不言之妙矣。'天何言哉? 四時行焉, 百物生焉', 綱紀造化流行古今之妙, 豈待言而著哉? 孟子所謂'四體不言而喩'是也。"

顯玉曰: "周子手是圖, 以授兩程, 而兩程則卒, 未嘗明以此圖示人矣。註解特擧此事而言之曰'是則必有微意焉', 微意所在, 可得聞歟?" 載圭曰: "南軒嘗擧此以問於朱子, 而朱子已言之矣。程門諸子, 楊、謝、尹、張, 其賢亦非等夷, 猶以謂無受之者而不傳焉, 則是豈易言哉? 不言則混沌復還, 言之則口耳可憂, 此朱子所以不得不解, 而末以此語深致意焉者也。吾輩今日之講討, 實涉惶懼, 願有以胥戒胥勖, 盡心於修悖、敬肆之間, 無爲草廬輩所笑, 則幸矣。"

「이심사심변以心使心辨」(『老栢軒集』卷27)

해제

1) 서지사항

정재규의 『노백헌집』 권27 잡저(雜著)에 수록된 글.

2) 저자

정재규(鄭載圭, 1843~1911), 자는 영오(英五), 후윤(厚允). 호는 노백헌(老柏軒), 애산(艾山). 노사(蘆沙) 기정진(奇正鎭)의 문인이다.

3) 내용

이 글은 정자(程子)의 "마음으로써 마음을 부린다[以心使心]"는 말이 '마음을 둘로 쪼갠 것'이 아니라 '하나의 마음'이라는 점을 변론한 것이다. 정재규는 정자의 "이심사심"을 "항상 일정하게 주재하는 마음으로 다양하게 발출하는 마음을 부린다"는 의미로서, "심통성정(心統性情)"과 맥락을 같이한다고 보았다. "마음으로써 마음을 부린다"고 하면 마치 두 개의 마음이 있는 것처럼 보이지만, 결코 그렇지 않다는 것이다. 정자의 설명에 따르면 이는 항상 안정된 마음으로 생각해야할 때 생각해서 인심(人心)이 제멋대로 발출하지 않도록 하는 것이다. 정자는 "인심은 모름지기 안정되어야 하니, 그것으로 하여금 생각해야할 때 생각하도록 하는 것이 옳다. 지금 사람들은 모두 제 마음 가는 대로 한다"라고 하였다. 정재규는 "마음이란 살아있는 물건이어서 붙잡으면 보존되고 놓아버리면 없어진다"고 하였다. 그는 이것이 군자가 늘 경계하고 두려워 소홀히 하지 못한 까닭이고, 정자가 '경(敬)'을 성현이 서로 전한 심법으로 널리 드러낸 이유라고 하였다. 경(敬)은 이 마음이 스스로 주재하는 것으로, 마음이 둘이 있는 것이 아니다. 주자는 이를 "마음이 스스로 살피는 당체(當體)"라고 하였다. 정재규는 "이심사심(以心使心)"이라는 문구로 인해 정자가 마음을 둘로 여겼다고 의심한다면, 염계(濂溪)의 무극(無極)도 노자의 견해에서 벗어나지 못한 것이라 의심할 수 있으며, 명도(明道)의 '생지위성(生之謂性)' 역시 고자(告子)의 견해로 귀속되고 말 것이라 하였다.

3-15-9 「以心使心辨」(『老柏軒集』卷27)

心者統性情, 而一而不二者也。釋氏別以一心, 使此一心, 心爲二也。程子所謂"以心使心", 則以主宰常定之心, 使其發出不同之心也。主宰常定者, 權度之定於本體者也; 發出不同者, 發用之應於事物者也。正朱子所謂以仁愛, 以義惡, 以禮讓, 以智知者也。以之者, 主宰之妙也; 愛之、惡之、讓之、知之者, 卽所謂使也, 此心之所以統性情, 一而不二者也。彼二此一, 所指之不同, 不啻苗莠紫朱之間而已也。同一句語, 而奚以知程子之言必如此, 而不如彼耶? 曰觀其上下語意而知之。程子曰: "人心須要定, 使佗思時方思乃是。今人都由心。" 又曰: "心誰使之?" 曰: "以心使心則可, 人心自由便放去也。" 其曰"人心須要定"者, 以主宰常定者而言也; "使佗思時方思"者, 以發出不同者而言也。"今人都由心"者, 言出入無時, 莫知其向者人心也。今人都任佗而不知操存也。"心誰使之"者, 因上"使佗"字而設問也。必設問而後言者, 以明使之者非別有一心也。"以心使心則可"者, 謂心之主宰常定而思時方思也。"人心自由便放去"者, 言無主宰以使之則便放逸難制也。其語意犂然可尋矣。且釋氏亦人也。其心曷嘗有二乎? 特所見者二耳, 以一箇心便作二心看。故其學, 逆而虛; 其機也, 危而迫, 如以目視目, 以口齕口, 朱子所辨觀心之說, 已詳且盡矣。蓋心是活物也, 操之則存, 舍之則亡, 如手之不反則覆, 如臂之不屈則伸, 此君子戒謹恐懼, 不敢須臾之或忽, 而程子表章敬字爲聖賢相傳之心法者也。所謂敬者, 亦只是此心自做主宰, 朱子所謂"自心自省, 當體便是"者是也, 非有二也。以程子之言, 有句語字面之同, 而疑其所指之或似, 則濂溪無極, 不免爲老氏之見也, 明道所謂"生之謂性", 滲入於告子之歸矣, 可乎哉?

3-15-9 「이심사심변以心使心辨」(『老柏軒集』卷27)

선역

심(心)은 성(性)과 정(情)을 통섭하는 존재로서, 하나이지 둘이 아니다. 불교에서는 이와 달리 하나의 마음으로 다른 하나의 마음을 부리니, 마음을 둘로 여긴 것이다. 정자(程子)가 '마음으로써 마음을 부린다[以心使心]'는 말은 '주재하여 항상 안정된' 마음으로 '발출하여 부동(不同)한' 마음을 부리는 것이다. '주재하여 항상 안정된' 것이란 (마음의) 헤아림이 본체에서 안정된 것이고, '발출하여 부동한' 것이란 (마음이) 발용해서 사물에 감응하는 것이다. 바로 주자(朱子)가 "인(仁)으로 아끼고, 의(義)로써 미워하며, 예(禮)로써 사양하고, 지(智)로써 안다"는 것이다. 저들은 둘로 여기고 우리는 하나로 하였으니, 가리키는 바가 같지 않음이 모와 가라지, 자색(紫色)과 주색(朱色)이 차이나는 정도뿐만이 아니다. 동일한 어구(語句)인데, 어떻게 정자의 말씀은 반드시 이와 같고 저들과 같지 않음을 알 수 있는가? 그 위아래의 문맥을 보면 알 수가 있다. 정자가 말씀하였다. "인심은 모름지기 안정되어야 하니, 그것으로 하여금 생각해야할 때 생각하도록 하는 것이 옳다. 지금 사람들은 모두 제 맘 가는대로 한다." (혹자가) 또 물었다. "마음은 누가 부립니까?" "마음으로써 마음을 부리는 것이 옳으니, 인심이 제멋대로 하면 곧 (마음을) 놓쳐버릴 것이다." "인심은 모름지기 안정되어야 한다"고 한 것은 주재하여 항상 안정된 것으로써 말한 것이며, "그것으로 하여금 생각해야할 때 생각하도록 한다"라는 것은, 발출하여 부동(不同)한 것으로써 말한 것이다. "지금 사람들은 모두 제 맘 가는대로 한다"는 것은 '들어오고 나가는 것이 정해진 때가 없어, 그 있는 곳을 알 수 없는 것이 사람의 마음'이라는 말이다. 지금 사람들은 모두 마음을 방만하게 하여 붙잡아 보존할 줄을 모른다. "마음은 누가 부립니까?[心誰使之]"라고 한 것은, 위에서 정자의 말씀에 "그것으로 하여금[使他]"이라고 하였기 때문에 이처럼 물은 것이다. 굳이 질문을 해놓고 다시 답한 것은 부리는 자가 별도의 한 마음이 아님을 밝히기 위해서이다. "마음으로써 마음을 부리는 것이 옳다"고 한 것은 마음이 주재해서 항상 안정되어 생각해야할 때 생각한다는 말이다. "인심이 제멋대로 하면 곧 (마음을) 놓쳐버릴 것이다."라는 것은, 주재하여 부리지 않는다면 곧 방만해져서 제어하기 어려움을 말한 것이다. (이처럼 이해하면) 그 말의 의미를 분명하게 헤아릴 수 있다. 그리고 석씨 또한 사람이니, 그 마음이 어찌 두 개인 적이 있었겠는가? 그저 본 것이 두 개 일 뿐이다. 하나의 마음을 두 개의 마음으로 본 것이니, 그러므로 그 학설이 어그러지고 허황하며, 그 방식이 위태하고 긴박하여, 마치 눈으로 눈을 보고 입으로 입을 씹는 것 같다. 주자가 이미 '마음을 살피는 논설'에 상세하게 다 변론하였다. 마음은 살아있는 물건이어서 붙잡으면 보존되고 놓아버리면 없어지니, 마치 손이 뒤집혀 있지 않으면 덮여있고, 팔이 구부러져 있지 않으면 펴 있는 것과 같다. 이는 군자가 경계하여 삼가고 두려워해서 감히 잠시라도 소홀할 수 없는 것이니,

정자가 경(敬)자를 성현이 서로 전한 심법으로 널리 드러내었다. 이른바 경(敬)이란 단지 이 마음이 스스로 주재하는 것이니, 주자의 "자신의 마음이 스스로 살피는 당체(當體)가 곧 그것"이라는 말이 이것으로, 둘이 있는 것이 아니다. 정자의 말씀이 (불교의 말과) 어구와 글자가 같다고 해서 그 가리키는 바가 혹 같지 않은가 의심한다면, 염계(濂溪)의 무극은 노자의 견해에서 벗어나지 못할 것이며, 명도(明道)의 '생지위성(生之謂性)'은 마침내 고자(告子)에게로 귀속되고 말 것이니, 옳겠는가?

心者統性情, 而一而不二者也。釋氏別以一心, 使此一心, 心爲二也。程子所謂"以心使心", 則以主宰常定之心, 使其發出不同之心也。主宰常定者, 權度之定於本體者也; 發出不同者, 發用之應於事物者也。正朱子所謂以仁愛, 以義惡, 以禮讓, 以智知者也。以之者, 主宰之妙也; 愛之、惡之、讓之、知之者, 卽所謂使也, 此心之所以統性情, 一而不二者也。彼二此一, 所指之不同, 不啻苗莠紫朱之間而已也。同一句語, 而奚以知程子之言必如此, 而不如彼耶? 曰觀其上下語意而知之。程子曰: "人心須要定, 使佗思時方思乃是。今人都由心。" 又曰: "心誰使之?" 曰: "以心使心則可, 人心自由便放去也。" 其曰 "人心須要定"者, 以主宰常定者而言也; "使佗思時方思"者, 以發出不同者而言也。"今人都由心"者, 言出入無時, 莫知其向者人心也。今人都任佗而不知操存也。"心誰使之"者, 因上"使佗"字而設問也。必設問而後言者, 以明使之者非別有一心也。"以心使心則可"者, 謂心之主宰常定而思時方思也。"人心自由便放去"者, 言無主宰以使之則便放逸難制。其語意犁然可尋矣。且釋氏亦人也。其心曷嘗有二乎? 特所見者二耳, 以一箇心便作二心看。故其學, 逆而虛; 其機也, 危而迫, 如以目視目, 以口齕口, 朱子所辨觀心之說, 已詳且盡矣。蓋心是活物也, 操之則存, 舍之則亡, 如手之不反則覆, 如臂之不屈則伸, 此君子戒謹恐懼, 不敢須臾之或忽, 而程子表章敬字爲聖賢相傳之心法者也。所謂敬者, 亦只是此心自做主宰, 朱子所謂"自心自省, 當體便是"者是也, 非有二也。以程子之言, 有句語字面之同, 而疑其所指之或似, 則濂溪無極, 不免爲老氏之見也, 明道所謂"生之謂性", 遂入於告子之歸矣, 可乎哉?

「우기偶記」(『老柏軒集』卷30)

1) 서지사항

정재규의 『노백헌집(老柏軒集)』 권30에 수록된 글.

2) 저자

정재규(鄭載圭, 1843~1911), 자는 영오(英五), 후윤(厚允). 호는 노백헌(老柏軒), 애산(艾山). 노사 (蘆沙) 기정진(奇正鎭)의 문인이다.

3) 내용

이 글은 정재규가 주돈이 「태극도설」에 나오는 "다섯 가지의 다름과 두 가지의 실제가 남거나 부족함이 없다[五殊二實無餘欠]"와 "정추와 본말에 피차의 구별이 없다[精粗本末無彼此]"에 대해, 이는 리(理)의 문제이지 기(氣)의 문제가 아니라는 견해를 피력한 것이다. 주자가 "오행의 변화는 어디를 가든 음양의 도(道)가 아님이 없다"고 하였고, "어디를 가든 태극의 본연(本然)이 아님이 없다"고 하였는데, 이에 대해 정재규는 '도(道)'와 '본연(本然)'은 '리'의 문제라고 주장하였다. 그는 '무여흠(無餘欠)'과 '무피차(無彼此)'를 기(氣)의 문제로 보는 것은 음양오행의 이면에 태극이 있음을 알지 못하기 때문이라고 보았다.

3-15-10「偶記」(『老柏軒集』卷30)

或問: "「太極圖解」'五殊二實無餘欠'、'精粗本末無彼此', 所謂'無餘欠'、'無彼此', 指何而言也?" 曰: "皆指理而言也。朱先生已論之詳矣。其言曰'五行之變, 至於不可窮, 然無適而非陰陽之道', 道豈有虧欠哉? '無適而非太極之本然', 本然豈有間隔哉? 此'無餘欠'、'無彼此'之說也。所謂道與本然, 非理而何哉?" 曰: "然則諸儒之以'無餘欠'謂氣無餘欠者, 何也?" 曰: "徒知五行之爲質, 陰陽之爲氣, 而不知五行裏面有一太極, 陰陽裏面有一太極也。是以, 層級橫生, 根枝不貫, 非惟失朱子之意, 其於濂溪劃圖之旨, 都無一貫之妙矣。而所謂太極云者, 離氣獨立於空蕩蕩地位, 殊可訝也。至於玄石之論, 則固有見於朱子言意, 而其言'陰陽粗末之道'、'太極精本之本然'云云, 恐亦未得爲知道之言也。道無分於精粗本末, 而無往而非太極之本然, 精粗本末, 何可分屬耶? 旣曰粗末之道, 又曰精本之本然, 道與本然, 亦有層節歟?" 蓋諸儒於濂溪劃圖之旨、朱子作解之意, 非不反覆詳密, 而有此云云, 使後之讀者, 轉轉差誤, 殊可訝也。故因或人之問以記之。

「여이한주與李寒洲」【震相】(『老栢軒集』卷4)

1) 서지사항

정재규(鄭載圭, 1843~1911)가 이진상(李震相, 1818~1886)에게 보낸 서한.『노백헌집』권4에 실려 있다.

2) 저자

정재규

3) 내용

이글은 정재규가 이진상의 이론을 비판적으로 분석한 서한으로 본문과 별지로 구성되어 있다. 본문에는 정재규가 이 편지를 쓰게 된 간략한 이유가 적혀 있으며, 별지에서는 성(性), 정(情), 심(心)에 관한 이진상의 두 가지 주장을 논리적으로 비판하고 있다. 첫 번째로 정재규는 이진상의 "선악이 서로 가깝다.(善惡相近)"라는 주장에 대해 "이미 발하여 기가 용사한 후에는 선악이 서로 가까울 수 없다.(若指其已發而氣用事者而言, 則善惡之判相去遠矣, 亦何相近之有哉?)"고 반박하였다. 이진상의 이 주장은『한주집(寒洲集)』권19「답곽명원의문答郭鳴遠疑問」【贅疑錄○庚午】에 실려 있다. 두 번째로 정재규는 이진상의 "성은 미발의 리요, 정은 이발의 리요, 심은 동정을 관통하고 성정 모두를 관장하는 리이다.(性者未發之理也, 情者已之理也, 心者通貫動靜管攝性情之理也。)"라는 설을 비판하여 "성은 리가 아직 발하지 않은 것이요, 정은 리가 이미 발한 것이요, 심은 리가 동정을 일관하고 성정을 총괄하는 것이다.(性者理之未發者也, 情者理之已發者也, 心者理之貫動靜統性情者也)"라고 정리하였다. 이진상의 이 주장은『한주집』권10「답강운부(答姜耘父)」와 권17「답정후윤별지(答鄭厚允別紙)」에 실려 있다.

3-15-11 「與李寒洲」[震相](『老栢軒集』卷4)

欽仰德義, 已有年所, 而不惟不一造軒屏, 亦不以姓名一通於將命者, 亦見其緇衣誠薄矣。秋間特因降屈, 鄙近始獲展拜, 尤足以彰其慢矣。而乃蒙不鄙與之酬酢, 於以見汎愛之量懷, 少之仁也, 爲感豈淺淺哉? 載圭未嘗不有志於此事, 亦未嘗不有聞於先生。長者而才鈍氣懦, 行之不力, 三十年成就, 直一癡獃罔兩漢矣, 自悼而已。昨年, 因鄉友得盛著數篇而讀之, 其精微淵深, 非管窺之所可測矣。然大綱則固已暗合於前所聞者, 而大非世儒繳繞之論也。一倍嚮慕, 又幸得御, 其或因仍承誨, 不遂爲小人之歸也耶。茲敢數條別紙仰質, 若蒙駁敎, 則終始之賜也。

別紙

盛論曰: "性本一也, 何相近之有? 惟其發而氣用事, 然後善惡以類而相近矣。"

謹按: 此一節, 恐非『論語』本義。此所謂性兼氣質而言者也。蓋曰: "氣質所禀, 固有美惡之不同, 其初則不甚相遠也"云爾。若指其已發而氣用事者而言, 則善惡之判相去遠矣, 亦何相近之有哉? 且道以類而相近, 抑善與善爲類, 惡與惡爲類, 而各相近云爾耶。此善彼善同一善也, 此惡彼惡同一惡也, 亦何相近之有哉?

盛論曰: "性者未發之理也, 情者已發之理也, 心者通貫動靜管攝性情之理也。"

謹按: 此亦恐有些語病。若曰: "性者理之未發者也, 情者理之已發者也, 心者理之貫動靜統性情者也"云爾, 則不待下文分疏而已了然矣。今曰云云, 則頭面太多恐費分疏。

「답허후산答許后山」【愈】(『老栢軒集』卷5)

1) 서지사항

정재규(鄭載圭, 1843~1911)가 허유(許愈, 1833~1904)에게 보낸 서한. 『노백헌집』 권5에 실려 있다. (한국문집총간 317)

2) 저자

정재규

3) 내용

이 글은 정재규가 이진상(李震相, 1818~1886)의 문인인 허유에게 보낸 서한으로 『노백헌집』 권5 첫 번째 편에 해당한다. 현재 『노백헌집』에는 정재규가 허유과 교유한 8편의 편지가 남아 있다. 이 서한에서 정재규는 이이(李珥, 1536~1584)의 인심도심설(人心道心說)에 근거해서 허유와 이진상의 리기심성론을 비판하였는데, 노사학파와 한주학파간 심설논변의 일면을 잘 보여주고 있다. 정재규는 "리가 발하여 기가 따른다.(理發而氣隨之)", "기가 발하여 리가 탄다.(氣發而理乘之)"라는 이황의 호발설은 리기가 상호 대응한다는 것을 의미하는 것인데, 이진상의 호발설은 리와 기의 시간적 순서를 의미한다고 비판하였다. 또한 미발시 기질지성(氣質之性)의 청탁(淸濁)과 수박(粹駁)을 선악(善惡)으로 판단한 것도 오류이며(「下圖」 "淸濁、粹駁", 置之圈內, 若不善看, 亦不能無誤。) 이 모두 이황(李滉, 1501~1570)의 본지(本旨)가 아니라고 주장하였다.

歲初一紙, 率爾仰答, 今承示諭, 不惟不以妄率爲罪. 開示蘊奧, 深存勸獎, 爲若可與共學者. 然益可見盛德者之愛人, 非等閒可比, 感荷僕僕, 無以爲謝. 互字說, 近更思之, 見處元無可疑, 下語有些未安. 旣曰"理發而氣隨之", 又曰"氣發而理乘之." 盛論所謂交互之說, 果是退陶本旨. 然若以陰陽動靜對待說話, 引而解之, 則後生少年之隨語生解者, 幾何不以理氣爲對待之物耶? 盛敎曰: "自發處之情之機而言之, 則亦可以對待說. 處字機字, 恐亦未穩, 改以自發後之情之用, 則似穩. 更詳之如何?" 凡對無一定, 或以彼此而對, 或以正反而對, 或以賓主而對, 無非對也. 旣曰"理之發氣之發", 則對待說固無不可. 然彼者因此而得名也, 反者因正而得名也, 賓者因主而得名也. 本無此, 安有彼哉? 然則雖曰對待, 而先後之分·輕重之別, 又不可以對待而渾稱也. 盛敎曰"以迭發看互發者", 未免有各一之義. 蓋今之爲迭發各一之說者, 固已無取, 而愚之所謂, 猶爲彼勝者, 亦在於各一其時也. 此爲主時, 謂之此發此一時也; 彼反重時, 謂之彼發彼一時也. 彼此各一其時, 則猶無雙根對立齊頭幷發之嫌矣. 此愚之不得已之言也. 盛敎以氣發專屬於惡一邊爲未然, 而曰: "馬之馴良者, 謂非馬出耶?" 此處, 蓋非倉卒間可剖判者, 合有仔細處氣之始, 固無不善而騰倒. 到今日善惡萬殊, 若泛論一氣字, 則氣不可專屬於惡一邊. 今論四七之理發·氣發, 而謂氣發亦有善, 則是四七兩情矣. 蓋惡者善之反也. 七情之自然中節者, 這便是四端理發也. 譬之騎馬, 則馬之隨人循軌者也. 旣挑出此四端, 而謂之理發, 則外此七情, 豈非"氣壹動志"·"德不勝氣"者耶? 譬之騎馬, 則豈非放逸橫出者耶? 愚是以謂: "凡發皆理之發而其氣發云者, 自己發後去見他如此也." 卽所謂善之反也. 此因師門偶記中一段語, 推演說去者也. 細加思量, 更明敎之, 以祛此惑, 如何?

聞曾與鳴遠"有未發時氣質性"之說云, 未知鳴遠究竟何如, 蓋一互字推之太過, 則宜有是說. 且「下圖」"淸濁·粹駁", 置之圈內, 若不善看, 亦不能無誤. 世之爲此說者, 恐皆非退陶之本意. 頃在師門時, 適逢金錫龜景範語話間, 偶發此論. 景範與鳴遠說同, 終朝辨詰, 景範不以爲然. 故遂仰稟師門, 而後始歸一耳. 玆幷錄呈覽之想, 欣然心會矣.

16.

難窩 吳繼洙
(1843~1915)

心說論爭 資料

「이기심성설理氣心性說」(『難窩遺稿』卷15)

해제

1) 서지사항

오계수가 리와 기의 관계에 대하여 논한 글이다. 『난와유고(難窩遺稿)』 15권에 실려 있다.

2) 저자

오계수(吳繼洙, 1843~1915)로, 자는 중함(重涵), 호는 난와(難窩)이다. 기정진의 문인이다.

3) 내용

이 글에서 오계수는 리와 기의 관계를 바라보는 관점을 세 가지로 구분하여 설명한다. 먼저 본원의 측면에서 보면 리는 기를 낳는 근본이 된다. 둘째로 품부의 측면에서 보면 기가 모이면 여기에 리가 갖추어지게 된다. 마지막으로 유행의 측면으로 보면 리와 기의 선후를 말할 수 없다. 이는 결국 리와 기는 서로 떨어지지도 않고 섞이지도 않는다는 '불리부잡(不離不雜)' 네 글자로 요약된다. 오계수는 이처럼 리와 기의 관계를 정확히 이해하면, 기를 리로 여기거나, 성을 심으로 여기는 병폐가 발생하지 않을 것이며, 도가나 불가와 구분되는 유학의 탁월성 또한 여기에서 발견할 수 있다고 강조한다.

3-16-1 「理氣心性說」(『難窩遺稿』卷15)

周子曰: "無極之眞, 二五之精, 妙合而凝。" 眞者, 理也; 精者, 氣也。形而上之謂理, 而
生物之本也; 形而下之謂氣, 而生物之具也。人物之生, 必稟此理, 然後有性; 必稟此氣,
然後有形。其性其形, 雖不外乎一身, 而曰理曰氣, 實具於萬物, 此所以有理氣之說也。
若以本原言之, 則氣之所生, 以理爲本, 故『中庸章句』曰"天以陰陽五行, 化生萬物", 卽
孔子所謂"太極生兩儀"也。以稟賦言之, 則是氣凝聚, 理方具於其中, 故朱子曰"氣以
成形, 理亦賦焉", 卽孔子所謂"繼之者善, 成之者性"也。以流行言之, 則動靜無端, 陰
陽無始, 而理氣本無先後之可言, 故朱子曰"推之於前, 不見其始之合; 引之於後, 不見
其終之離", 卽孔子所謂"一陰一陽之謂道"者也。朱子又曰: "五行之性一也者, 專言理
也; 五行各一其性者, 各指一氣之所稟而言也。"且不離不雜四字, 足可以發明理氣之
蘊, 而不離故合看, 合看則理爲氣所囿, 而陰陽(之)[五]¹⁾行萬物, 各一其性矣; 不雜故分
看, 分看則理不囿於氣, 而陰陽五行萬物, 同一太極矣。各一其性者, 一本之所以萬殊
也; 同一太極者, 萬殊之所以一本也。蓋理本混然, 初無不同, 而氣有淸濁粹駁之不同,
故稟其淸者爲賢, 稟其濁者爲愚, 而統以言之, 則人於天地之間, 獨得正通之氣, 故其心
最靈, 而其性最貴。虛靈不昧, 爲一身之主宰者, 心也; 萬善具足, 爲一心之準則者, 性
也。心者, 氣之聚, 而其用至變不可測, 形而下者也; 性者, 理之會, 而其體至精不可見,
形而上者也。理爲氣主, 心爲性統, 此萬世不易之論, 而或有認氣爲理者, 或有認性爲
心者, 此莫非所見之蔽也。噫! 老、莊以虛無爲道, 是有見乎氣之太初也; 釋氏以靈覺爲
性, 是有見乎氣之妙用也; 荀、楊以惡與混爲性, 是有見乎氣之末流也。其所見, 雖有淺
深高下之不同, 而其認氣爲性道, 一也。學者深知其蔽, 然後可以言理氣, 道心性, 而益
信吾道之大中至正矣。程子曰"道亦器, 器亦道", 道也者, 理也, 器也者, 氣也, 言道寓
於氣而本不相離也。張子曰"心統性情", 情者, 性之所發, 而心者, 盛性之器也。故盈於
天地之間者, 理氣也; 蘊於方寸之中者, 心性也。徹上下, 徹內外, 而無所不在, 人能透
得見此, 則庶可無二岐之惑矣。【理氣之論, 固非初學之所可幾及, 又似無關於日用修治之方, 雖不言
可矣。而若不明於理氣之辨, 則無以知心性之本, 而亦無以變化氣質矣。自顧寡陋, 素昧於爲學之方, 況可議
到於理氣之源流乎? 不揆僭猥, 略記平日所聞見, 以俟後賢之考質。】

---

1) (之)[五]: 저본에 '之'로 되어 있으나, 문맥을 살펴 '五'로 수정하였다.

「인심도심설人心道心說」(『難窩遺稿』卷15)

1) 서지사항

오계수가 인심도심설의 의미와 취지에 대해 상세하게 설명한 글이다. 『난와유고(難窩遺稿)』 15권에 실려 있다.

2) 저자

오계수(吳繼洙, 1843~1915)로, 자는 중함(重涵), 호는 난와(難窩)이다. 기정진의 문인이다.

3) 내용

이 글에서 오계수는 인심도심설의 의미와 취지를 설명하고 그 중요성을 강조하고 있다. 심은 일신을 주재하는 태극과 같은데, 그것을 나누어서 말하면 인심과 도심의 차이가 있다. 또한 인심은 다스리기 어려운 점이 있으므로 위태롭고, 도심은 확충하기에 어려운 점이 있어서 미미한데, 이러한 문제점을 해결하기 위해서 정일(精一)의 마음공부가 필수적이다. 그 공부의 요점을 단적으로 말하면, 천리를 보존하고 인욕을 제거하는 "존천리, 알인욕"이다. 다시 말하면, 경건한 마음 자세를 유지하면서 마음이 싹틀 때를 잘 살펴서 보존하고 제거하는 공부를 오랫동안 지속하는 일이다. 오계수는 이것이 가장 중요한 심학의 요결이라고 강조한다.

3-16-2 「人心道心說」(『難窩遺稿』卷15)

心者, 一身之太極也, 分而言之, 有人心道心之異焉。人心者, 發於形氣而有好惡忿懥之習; 道心者, 原於性命而有中正仁義之具, 所以有曰危曰微之不同。而蓋人心之發, 如銛鋒, 如悍馬, 有未易制馭者, 故曰危; 道心之發, 如火燃, 如泉達, 有未易擴充者, 故曰微。人心易私而難公, 道心難明而易昧。二者之間, 曾不容隙, 而不知所以治之, 則危者愈危, 微者愈微。治危微之道, 莫如精一, 而求其精一之要, 則莫如遏人欲而存天理。夫仁義禮智者, 天理之公也; 聲色臭味者, 人欲之私也。古之君子, 於平居動靜之際, 莊敬自持, 察一念之所由萌, 知其爲人欲而發, 則遏之不使滋蔓; 知其爲天理而發, 則存之不使變遷。如是而久久成熟, 則天理流行, 而人欲自然退聽矣。是故"惟精惟一, 允執厥中"者, 堯、舜、禹相傳之訣, 而萬世心學, 此其淵源也。"操則存, 舍則亡", 尼聖之訓也; "學問之道, 無他, 求其放心", 鄒賢之箴也。(檀)[澶]²⁾州橋樑, 程子證有心之病; 同安鍾聲, 晦翁戒無心之病。不可無者, 存主也; 不可有者, 偏係也。鑑空衡平, 心之體也, 而有所偏係, 則失其體; 思明思聰, 心之用也, 而無所存主, 則失其用。是以斂之方寸, 太極在躬, 散之萬事, 其用不窮, 念玆在玆, 豈可不力? 若其微妙之理、中正之道, 固非後生之所可覰得, 而先儒云"道心如將, 人心如卒"。"將"是統三軍, 而指麾者也; "卒"是聽約束, 而趨走者也。使道心常爲一身之主, 而使人心聽命, 如士卒之聽將令焉, 則危者安, 微者著, 而天君日常泰然矣。

---

2) (檀)[澶]: 저본에 '檀'으로 되어 있으나, 지명에 의거하여 '澶'으로 수정하였다.

「존성잠存性箴」(『難窩遺稿』卷15)

해제

1) 서지사항

오계수가 성(性)의 의미에 대해 설명한 글이다. 『난와유고(難窩遺稿)』 15권에 실려 있다.

2) 저자

오계수(吳繼洙, 1843~1915)로, 자는 중함(重涵), 호는 난와(難窩)이다. 기정진의 문인이다.

3) 내용

오계수는 이 글에서 성(性)은 만물이 동일하게 품부 받은 리라는 점을 강조하고 있다. 그래서 만물은 모두 "건곤"을 부모로 삼지 않는 것이 없다고 한다. 물론 오계수 또한 기를 겸지할 경우에는 기질의 편차가 없을 수 없으며, 이에 따라서 작용으로 발현될 때는 사단·도심과 칠정·인심의 차이가 있다고 설명한다. 그러나 만물이 건순오상의 덕을 모두 갖추어 선을 완비하고 있다는 점에는 차이가 없다고 말한다. 따라서 이 글은 전반적으로 리(理)가 하나의 근원이라는 점을 강조하고 있는 것으로 보인다.

3-16-3「*存性箴*」【凡天地間, 有生之類, 同稟是氣而爲體, 亦同具是理而爲性, 無不有以乾坤爲父母。】(『*窩遺稿*』卷15)

性者, 天之所賦而人之所具者也。『書』曰"降衷", 『詩』云"秉彝", 單指其理曰"本然之全", 兼指其氣曰"氣質之偏"。稟其全, 則發之也, 爲四端, 爲道心, 而自無不善。得其偏, 則發之也, 爲七情, 爲人心, 而未必皆善。人人同得, 物物各異, 包爲健順之德而五常兼備, 不加毫末之緖, 而萬善具足。"存其心, 養其性", 是鄒賢事天之訓; "性相近, 習相遠", 亦尼聖警世之箴。噫! 彼釋氏靈覺之論, 只見氣之妙用, 況此荀、楊混惡之說, 不知理之主宰, 欲救末流之弊者, 盍於一原上推諸?

「심체답심자해설心體答心字解說」(『難窩遺稿』卷15)

해제

1) 서지사항

오계수가 심체에 내포된 함의를 설명한 글이다. 『난와유고(難窩遺稿)』 15권에 실려 있다.

2) 저자

오계수(吳繼洙, 1843~1915)로, 자는 중함(重涵), 호는 난와(難窩)이다. 기정진의 문인이다.

3) 내용

이 글은 크게 두 부분으로 나누어 볼 수 있다. 먼저 손님이 심자(心字)의 자획(字劃)을 가지고 심에 오행의 리가 구비되어 있다고 설명하는 내용이다. 심자를 쓰기 위한 다섯 가지 획이 각각 수 목 화 토 금에 대응한다는 것이다. 이에 주인은 심체에 양의(兩儀)와 사상(四象)과 오행(五行)과 팔괘(八卦)의 의미가 구비되어 있다는 말로 응수한다. 양의는 미발과 이발의 체용에 대응하고, 사상은 사단에 대응한다. 오행에는 인 의 예 지 신의 오상이 대응한다. 마지막으로 팔괘에는 사단인 측은 · 수오 · 사양 · 시비의 8글자가 대응한다. 그래서 주인은 이것이 "태극이 양의를 낳고, 양의가 사상을 낳고, 사상이 팔괘를 낳는다"는 뜻과 일치한다고 주장한다. 이러한 내용은 심이 성과 정을 통괄하면서 심이 만사를 포괄할 수 있다는 의미를 강조하는 의미로 생각된다.

3-16-4 「心體答心字解說」(『難窩遺稿』卷15)

客有問於主人曰: "心一字, 而五行之理備焉, 主人知之乎?" 主人曰: "奚?" 客曰: "心字之第一點, 有下潤底義, 於五行, 水也; 第二畫, 有曲直底義, 於五行, 木也; 第三畫, 有炎上之象, 於五行, 火也; 第四點, 居中而有方正之義, 於五行, 土也; 第五點, 居外而有圓滿之象, 於五行, 金也。大哉! 心字之義也!" 主人曰: "此語, 於釋雖襯, 而於義未長, 子徒知心字之備五行, 而不知心體之有兩儀、四象、五行、八卦之理, 可乎?" 客曰: "奚?" 主人曰: "心者, 吾身之太極也。心有體用二象, 未發之謂體, 已發之謂用是也。心包四端, 惻隱之心, 仁之發也; 羞惡之心, 義之發也; 恭敬之心, 禮之發也; 是非之心, 智之發也。何以謂五行? 仁木、義金、禮火、智水、而信土則四端之實有者, 而四端之外, 非別有信也。何以謂八卦? 四端八字, 各是一義, 而四端如四象, 八字如八卦, 此豈非'太極生兩儀, 兩儀生四象, 四象生八卦'之義乎? 夫四端衍之, 則爲七情; 七情約之, 則爲四端, 同實異名者也。人心, 四七之爲食色而發者也; 道心, 四七之爲義理而發者也。人心、道心, 兼意志; 四端、七情, 不兼意志。意志緣於情, 情亦原於性, <u>張子</u>所謂'心統性情'者是也。吾心之所以應萬事, 令百體, 備四端, 具五行, 而無所不包也。" 客唯唯而退, 略記問答之語, 用寓<u>瑞菴僧</u>喚惺之方。

「간정심중설簡靜審重說」(『難窩遺稿』卷15)

1) 서지사항

오계수가 간(簡)·정(靜)·심(審)·중(重) 네 글자를 중심으로 수양의 요점을 설명한 글이다. 『난와 유고(難窩遺稿)』 15권에 실려 있다.

2) 저자

오계수(吳繼洙, 1843~1915)로, 자는 중함(重涵), 호는 난와(難窩)이다. 기정진의 문인이다.

3) 내용

이 글에서 오계수는 간(簡)·정(靜)·심(審)·중(重) 네 글자로 수양의 핵심을 잘 포괄할 수 있다고 보고 한 글자씩 의미를 설명한다. 먼저 간(簡)은 간이함을 가리킨다. 정(靜)은 고요함을 주로 하는 주정(主靜) 공부이다. 심(審)은 치밀하게 헤아리고 삼가는 도리이다. 마지막으로 중(重)은 중후함을 말한다. 오계수는 자신을 다스리는 수양의 방도가 이 네 가지를 벗어나지 않는다고 말한다. 하지만 결국 이러한 공부의 진정한 귀결처는 심에 있으며, 그러한 심을 다스리는 공부인 경(敬)이 공부의 요체가 된다. 그래서 앞서 설명한 네 가지의 공부 또한 결국 주경(主敬)으로 관통할 수 있다고 설명한다.

3-16-5 「簡靜審重說」(『難窩遺稿』卷15)

余嘗閱道谷進士公遺稿, 得簡靜審重四字之論, 而究其本源, 則乃渼湖金先生書贈者也。自顧顓蒙, 性又浮輕, 於律身之方, 全沒巴鼻, 此四字足可爲頂門上一鍼。故揭諸座右, 以爲一生弦韋之佩, 而仍又推衍其說曰, "簡"者, 不煩之謂也。易曰"簡而天下之理得矣", 虞夔之教冑子, 皇陶之稱九德, 簡皆居一, 則言簡者近道, 而君子所履, 不可不簡也。夫"靜"者, 對動之稱也。衆人具動靜之理, 而常失之動; 聖人全動靜之德, 而常本之靜。故周子說太極之理而有曰: "聖人定之以中正仁義而主靜。" 程子教人靜坐而常曰: "靜中觀天地生物氣像。" 又曰: "靜後見萬物自然皆有春意。" 朱子曰: "主靜所以養其動。" 然則近道莫如靜, 而主靜者, 所以制乎動也。若夫"審"字之義, 有周詳謹愼底道理, 而「說命」曰"慮善以動, 動惟厥時", 釋之者曰"未動, 審於慮善; 將動, 審於時義, 然後事理順而當其可矣。" 『中庸』之稱"博學", 繼之以"審問", 釋之者曰"問必審, 然後有以證其所學之疑。" 然則謹愼於慮善之際, 周詳於問辨之地者, 非君子進德之基乎? 至於"重"之爲言, 必帶厚字並看, 而內重, 則可以勝外之輕, 故子曰"君子不重, 則不威; 不學, 則不固", 程子曰"將修己, 必先厚重而自持", 『戴記』之飭九容, 亦以足容重爲先務, 則學者進步處, 其不在重字上乎? 嗚乎! 以此說去, 律身之方, 不外乎四字之中, 而推原其所以律之者, 則又有說焉。夫身者, 擧其全體而言, 而其所以主宰一身者, 非心乎? 心主乎身而萬化之所由出也, 而統攝此心, 主一萬化之源者, 又非敬, 則亦無以維持此心施用萬事也。徒知簡靜審重四字之爲律身之方, 不知用工於一心字上, 則譬如無原之水, 無根之木, 未見其盈科食實之效也。不知心之主宰又在於敬, 則有若無樞之戶, 無括之機, 惡乎其可也? 故君子之操此心, 而居敬也, 無動靜語黙而不用其力焉。四端七情, 未發之前, 是敬也, 固已主宰乎存養之實; 已發之際, 是敬也, 必常行於省察之間矣。『魯論』曰"君子居敬而行簡", 此則居簡者, 不可不主敬也; 程子曰"未接物, 只主於敬", 此言靜時工夫, 只主乎敬也。許魯齋曰"天下古今之善, 皆從敬字上起, 天下古今之惡, 皆從不敬上生", 此言審於幾者, 不可不持敬也; 程子曰"涵養須用敬", 此則重其內者, 非敬不能入道矣。大哉, 敬也! 貫通於"簡靜審重"之間, 而乃是做人底樣子。若所謂敬者, 有以"整齊嚴肅"言之矣, 有以"其心收斂, 不容一物"言之矣。朱子末年乃曰: "敬字之義, 惟畏近之"。蓋心存敬畏, 造次靡忽之意也。『詩』曰"戰戰兢兢, 如臨深淵",

<u>子思子</u>曰"恐懼乎其所不聞"。"從事於斯, 無所間斷", 則旣簡且靜, 不期審重, 而亦自審重矣。庶幾有副於先賢垂誨之意否乎!

「조심잠操心箴」(『難窩遺稿』卷15)

1) 서지사항

오계수가 마음공부의 중요성을 역설한 글이다. 『난와유고(難窩遺稿)』 15권에 실려 있다.

2) 저자

오계수(吳繼洙, 1843~1915)로, 자는 중함(重涵), 호는 난와(難窩)이다. 기정진의 문인이다.

3) 내용

오계수는 이 글에서 심의 중요성과 위상을 강조하는 한편, 심이 그러한 역량을 충분히 실현할 수 있는지는 마음을 잘 다스리는 공부 여하에 달려 있다고 설파한다. 오계수는 마음공부의 핵심이 인심도심설의 정일(精一) 공부에 있다고 설명하면서 이를 다시 "마음을 잡으면 보존되고 놓아버리면 사라진다"는 공자의 말과 연결 짓는다. 이는 심의 역량과 지위를 최대로 고양시키려는 입장과 끊임없는 수양공부의 중요성을 강조하는 태도를 동시에 보여준다.

3-16-6 「操心箴」【原於性命, 則爲四端, 爲道心; 生於形氣, 則爲七情, 爲人心。】
(『難窩遺稿』卷15)

心者, 合理氣而統性情者也。斂之方寸, 備以體用, 其存之也, 主一身而虛靈不昧; 其發之也, 彌六合而神妙莫狀。雖千古之秘, 一照便燭; 雖萬里之遠, 一念便至。致其誠, 則可以格鬼神; 充其量, 則可以參天地。然出入無時, 而變化不測。"人惟危, 道惟微", 是大舜授受之良規; "操則存, 舍則亡", 亦尼師啓發之遺則。如欲求屋子之整頓, 可不喚惺翁而用力?【是心也, 得天地之理以爲性, 得天地之氣以爲體, 虛靈洞澈, 神明不測。故體雖具於方寸之中, 而實與天地同其大; 用雖發於一膜之內, 而實與天地同其用。萬理無所不具, 萬事無所不統, 寂而感, 感而寂, 雖鬼神莫窺。親而仁, 仁而愛, 推至彌綸四海, 位育天地, 而此心之量, 無有窮已。】

17.

日新 鄭義林
(1845~1910)

心說論爭 資料

「변전우소저노사선생외필변辨田愚所著蘆沙先生猥筆辨」
(『日新齋集』卷11)

1) 서지사항

정의림이 전우의 「외필변(猥筆辨)」에 대해 재변론한 글. 『일신재집』 권11에 실려 있다. (경인문화사 1995년 영인본)

2) 저자

정의림(鄭義林, 1845~1910)으로 자는 계방(季方), 호는 일신(日新)이다.

3) 내용

이 글은 간재(艮齋) 전우(田愚, 1841~1922)가 노사(蘆沙) 기정진(奇正鎭)의 「외필(猥筆)」을 비판한 것을 일신재(日新齋) 정의림(鄭義林)이 전우의 여덟 가지 비판을 다시 변론한 것이다. 일찍이 기정진은 기(氣)의 모든 작용이 리(理)의 명령에 따른 것일 뿐, 기 스스로 작용하는 것은 있을 수 없다고 하여 율곡 이이의 '기자이설(機自爾說)'을 부정하였다. 이에 대해 전우는 주자와 이이의 이론에 위배되는 것이라 「외필변(猥筆辨)」을 지어 기정진의 성리설을 비판하였다. 전우의 비판을 접한 기정진의 여러 문인들은 전우의 논지를 비판하기에 이른다. 그 가운데 정의림은 스승의 입장을 계승하면서도 철저하게 리기불상리(理氣不相離)의 원칙을 고수하며 전우의 여덟 가지 비판을 재차 비판하였다. 첫 번째는 '기자이설'에 대한 것이고, 두 번째는 리기동정(理氣動靜)에 대한 것으로 기의 동정은 리가 시켜서 그러한 것임을 강력히 주장하면서 '주재(主宰)'의 문제를 거론하였다. 세 번째는 전우의 "리일(理一)"과 "만리(萬理)"의 관계 비판을 리일분수론(理一分殊論)의 입장에서 비판하였다. 네 번째는 전우의 "리발(理發)" 비판을 이이의 "만 가지 정이 모두 리에서 나온다[萬般之情 皆出於理]"는 논거를 통해 재차 비판하였다. 다섯 번째 이하 모두 스승의 논지를 고수하면서 이이의 논거를 제시하며 전우를 재비판하였다. 정의림의 비판 이후 노사학파와 간재학파의 문인들이 반박과 재반박이 거듭되며 논쟁이 확산·심화되어 갔다.

3-17-1 「辨田愚所著蘆沙先生猥筆辨」(『日新齋集』卷11)

田愚曰: "栗翁嘗言'陰陽動靜, 機自爾, 非有使之也'。蘆沙「猥筆」漫駁之。然以愚觀之, 朱子雅言'理無造作', 動靜者, 造作也, 故曰: '機自爾也。' 朱子又言'纔有作用, 便是形而下者'。動靜者, 作用也, 故曰: '機自爾也。' 孔子分明說'天之生物, 栽者培之, 傾者覆之', 而朱子却言'此非有物使之然。但物之生, 自長將去, 恰似有物扶之, 及其衰也, 自消磨去, 恰似箇物推倒他。理自如此'。孟子分明說'天之生物, 使之一本', 而朱子却言'自然之理, 若天使之然也'。伊尹分明說'天之生民, 使先知覺後知', 而朱子却言'天理當然, 若使之也'。此何以故? 只是恐人錯認使字爲作用之意, 則害道大矣。故另下'若'字、'恰似'字、'非有物使之然'字, 以見其無作用之使也。故曰: '非有使之也。' 栗翁豈無所受而妄言之哉? 且如'人能弘道', '機自爾也'; '非道弘人', '非有使之也'。蓋人心有覺, 是陰陽動靜之機也; 道體無爲, 是太極自然之妙也。朱子於『集註』載張子語, 而未聞後賢以性不知檢其心, 爲天命已息心能盡性, 爲天命之外又一本領, 而奮筆肆罵也。若論'理爲氣主, 性爲心本', 則栗翁又嘗言'氣之所爲, 必有理爲主宰'。又曰: '無爲而爲有爲之主者, 理也。' 又曰: '孰尸其機? 嗚乎太極。' 此類不一而足矣。人苟有見於此, 雖曰'機自爾也', 而其'自爾'之所以然, 則依舊是理也; 雖曰'非有使之', 而其不使之使, 則依舊是理也。何曾有魏延、楊儀同府乖張之變, 如「猥筆」之謂乎?"

以動靜直喚做造作、作用看可乎? 動靜是二氣之良能, 豈造作作用, 犯氣力費排置之比哉? 況周子所謂"動而無動, 靜而無靜", 朱子所謂"靜中有動, 動中有靜", 此等動靜字, 皆非以理言之耶? 理既無形, 安有造作? 然理之如此, 氣亦如此; 理之如彼, 氣亦如彼。氣之動靜運行、成形著迹, 皆理之所爲也。此是無爲之爲, 不使之使也。見人之推間太過, 而認爲作用, 則曰"非有使之"。見世之主氣太甚, 而至於獨擅, 則曰實有"使之然", 則栗谷之書, 蘆沙之筆, 皆所以因時明理之言也。未知今日之執言迷旨, 而斷斷不置者, 其心亦皆出於明理否耶? "人能弘道, 心能檢性", 此心字是神明主宰之謂, 人之神明固是合理與氣而有者也。然所根在理, 所重在理, 則所謂"神明主宰"者, 豈一氣字所能了當乎? 今以心專喚做氣機看, 以證其氣能制理之說, 其爲侮聖言大矣。"人能弘道", 是人身上說也。其"機自爾", 是造化上說也。今以"人能弘道"對其"機自爾", 曰機能弘道; 以"非道弘人"對"非有使之", 曰非道使氣, 則果可成說乎?

田愚曰: "物之生, 雖曰自長自消, 而其自長自消, 究是理自如此。陰陽之機, 雖曰自動自靜, 而其自動自靜, 亦是理當如此, 此豈難曉之理乎? 或言朱子於自長自消下, 繼以理自如此, 而栗翁無此一轉語, 所以來蘆沙之疑, 此又不然。朱子嘗曰: '一氣流行, 萬物自生自長自形自色, 豈是逐一粧點得如此?' '豈是逐一粧點得如此?' 卽栗翁'非有使之'{之}[1]謂, 而更無理自如此之云, 此亦將以'自行自止不關由天命'罵之乎? 亦將以吾懼夫'氣奪理位而爲萬事本領'斥之乎? 蘆沙曰: '動者靜者, 氣也; 動之靜之者, 理也。動之靜之, 非使之然而何?' 竊謂: 理使云者, 只是根柢之謂。非如氣之有情意者, 故尤翁於沈明仲'使動使靜豈無造作之'問曰: '此不過曰自然而已。不似二五之運用也。' 今蘆沙之見, 正與沈氏同。而其曰'動之靜之者理', 又與栗谷'發之者氣'同一語勢, 則豈不歸於認氣爲理乎? 大抵理雖曰主宰, 而實則自在; 氣雖曰動靜, 而實本於理, 此前天地後天地千古萬古不易之定理。故栗翁旣曰: '無形無爲而爲有形有爲之主者, 理也; 有形有爲而爲無形無爲之器者, 氣也。' 又曰: '有形有爲而有動有靜者, 氣也; 無形無爲而在動在靜者, 理也。' 此可謂本末兼盡體用無漏, 非洞見道體者, 其孰能與於此哉? 今不能如是看破, 如是體得, (各)[卻][2]只主主宰一義, 而幾於理有操縱, 不復檢束此氣, 以循乎理之本然, 則其功夫豈非有疎漏處乎? 且如其說, 則語者默者, 口也; 語之默之者, 性也。吾聞性爲語默之理, 而口舌從而語默, 此朱子所謂'理有動靜,【田愚按: 謂理有此氣動靜之理, 非謂理先自有動靜也。此句前後讀者, 多不察而領會也。】故氣有動靜'者也。【田愚按: 上下兩句動靜, 皆指氣言, 非一屬氣一屬理有兩箇動靜也。】, 未聞此性自會語默也。是故告子、釋氏之'知覺、作用是性', 陽明之'(那)[良][3]能、視聽言動便是天理', 皆歸於認氣爲理, 而與吾聖人異矣。朱子「答胡季隨」書有'自心自省'語, 豈不知省之之理出於性, 而其能省之者心而非性? 故立言如此, 詞理俱到, 無些子疵纇, 而後人有習聞「猥筆」之說者, 誤以自行自止, 不由性命, 兩箇本領, 各自樞紐等, 奉疑於朱子, 則竊意蘆沙有靈, 亦應憮頗於泉下也。"

朱子曰: "豈是逐一粧點"云云, 如此說處不一, 如曰: "付與萬物而已不勞焉。" 又曰: "天之於衆形, 非物物刻而雕之。" 此皆從一本上說來而主宰之妙, 已壓在上頭, 豈

---

1) {之}: 저본에는 없으나, 『艮齋集』前編 권13 「猥筆辨(壬寅)」에 의거하여 보충하였다.
2) (各)[卻]: 저본에는 '各'으로 되어 있으나, 『艮齋集』前編 권13 「猥筆辨(壬寅)」에 의거하여 '卻'으로 수정하였다.
3) (那)[良]: 저본에는 '那'로 되어 있으나, 『艮齋集』前編 권13 「猥筆辨(壬寅)」에 의거하여 '良'으로 수정하였다.

漫無主宰而自生自長之謂哉? 是故'豈逐一粗點'得下文, 有只是大原大本中流出一句, 今乃刪去下文單摘一句以爲伸己禦人之話欛耶? 以理無作爲者言, 則曰: "動静者理也, 動之静之者氣也。" 以"理爲主宰"者言, 則曰: "動静者氣也, 動之静之者理也。" 隨其地頭, 語各有當也, 況栗谷「天道」及「易數策」有'動之静之者理也'之語'栗谷亦嘗認氣爲理而然乎? 今爲栗谷分疏而反以栗谷爲認氣爲理之科, 何其無定論若是乎?

"理有動静", 此"動静"字, 是無體之動、無體之静, 是以『通書』曰: "動而無動, 静而無静, 非不動不静。" 朱子曰: "言理之動静, 則動中有静, 静中有動, 其體也; 静而能動, 動而能静, 其用也。" 如此說不一而多。今曰"理有動静", 而以理之動静喚作氣之動静。然則所謂理者, 非有名無實之物耶? 謂前後讀者, 皆不能察, 而自許以千古之獨見, 夫黜理主氣之學, 古果有之乎? 此可謂千古之獨見也。

主宰之義, 豈可小之者哉? 此是天地大一統, 貫古貫今、至重至嚴底道理也。今曰: "只主主宰一義, 而幾於理有操縱, 不復檢束, 此氣"云, 視主宰貌然。若一箇没緊要底物事, 豈所重在氣而然耶? 主理, 乃所以檢束此氣, 主氣而聽其自爲, 乃可謂檢束乎? 主理, 乃可以無疎漏, 主氣而遺却本原, 乃可謂無疎漏乎? 時然後言, 則語者口, 而語之者理之主宰也。非禮勿言, 則默者口, 而默之者理之主宰也。釋氏之認氣爲性, 陽明之認心爲理, 是不擇所發之善惡, 而槩以謂性也, 其不可也固矣。若其知覺作用、視聽言動之由於善者, 亦不可謂之理乎? 不擇善惡, 而槩謂之性者, 古之告子、釋氏及陽明之流也。不分理欲而槩謂之氣者, 今之自謂得千古之獨見者也。自心自省, 此是主一無適之謂, 亦豈爲漫無主張而自行自止之意耶? 噫! 九原不作朱子無語也。

田愚曰: "理一而已, 乘於氣則其分萬殊, 此栗翁說也。曰: '豈一之時, 初無所乘, 至萬之時, 始上著機歟?' 曰: '不然。' 今單言機上之太極, 則曰'理一而已矣'; 兼擧四氣之時, 而言元亨利貞, 則曰'乘於氣, 而其分萬殊'云耳, 豈昔日徒行而今日跨馬之謂乎? 今「猥筆」乃曰: '此若太極漫無主張, 忽見馬匹當前, 騰上者然。' 此決非栗翁之本意也。又曰: '是馬爲塞翁之得, 非元來所乘, 此後勢必之東之西, 惟馬首是瞻', 此亦須消詳, 未可草草打過。蓋人皆有太極而氣稟既異, 則欲動情勝利害相攻之患, 往往而有, 是時所謂元來乘馬之主人, 既有操縱之力, 而亦非無適莫,【操縱適莫, 此4)皆「猥筆」中語。】奈何有此東西惟馬之失也? 此宜明核而勘破。不然, 則其曰主之所向, 僕焉得有不往者, 人將不之信矣。嗚乎殆哉!"

一理, 如人之一身; 萬理, 如身之百體。一非不足, 萬非有餘。今曰: "理一而已矣, 而兼擧四時之氣, 而言元亨利貞。" 然則一爲無分之一, 必待兼擧而後爲萬理也。前所謂"分殊", 固是本然之分者, 顧安在耶? 太極, 固主宰, 而欲動情勝者, 氣習之敝也。以氣習之敝, 而疑太極之不爲主宰, 何異於見水之過顙, 而疑其性之不潤下也? 雖在欲動情勝之中, 而其歉然不足、索然不安之意, 未嘗不在其中, 此心靈之不可欺而理之所以爲宰也。豈可引此而譏主理者, 曰"奈何有東西南北馬首之失也"?

田愚曰: "「猥筆」又曰: '理發二字, 爲今日一大禁避語, 而纔見行變化成條理者, 則曰氣也。問孰主張是, 則曰其機自爾, 非有使之者。問所謂理者落在何處, 則曰乘之矣。始旣無使之然之妙, 末又非有操縱之力, 寄寓來乘, 做得甚事? 有之無所補, 無之靡所闕。嗚乎可憐矣! 究其端由, 原於乘字失其本旨, 駸駸致得理輕氣重, 直至氣奪理位, 爲萬事本領而後已。一字之失, 其禍乃至此乎?' 愚按: 栗翁亦嘗言'孰尸其機, 嗚乎太極。' 此何嘗以氣爲萬事本領乎? 又言'性發爲情'則「猥筆」云云, 栗翁已見之昭陵也。但其以理發爲非者, 却有曲折, 實由理氣互發而云爾。蓋從理爲根柢上說, 則氣爲理之用, 故雖氣發, 亦可謂之理發。如行者雖馬, 而主者是人。故統而言之曰人行也。若據氣能作用上說, 則理實無情意。故雖善情, 但可謂之氣發。而乘者雖人, 而行者是馬, 故辨而明之曰馬行也。若欲以理爲主, 而至於用事處, 亦禁不下氣發字, 非其情實也。譬如臣行君令, 其所行固出於君。然其行之, 畢竟是臣而非君。如必以所行是君命, 指臣行爲君行, 則名不正而言不順矣。況遽指臣行二字, 而爲臣奪君位誅之, 則豈法理之所當出乎?"

變化者氣也, 而曰"乾道變化"; 流行者氣也, 而曰"天理流行", 何嘗以此爲"名不正言不順"乎? 氣之循軌處, 莫非理之流行, 至於氣不循軌而後, 方說氣質。然則彼所謂臣行者, 或不爲不軌之臣耶?

栗翁嘗曰: "孰尸其機, 嗚乎太極。" 又曰: "無形無爲而爲有形有爲之主。" 又曰: "萬般之情, 皆出於理。" 此皆不易之定論也。「猥筆」之言, 亦豈非栗翁之已見之昭陵

---

4) 此 : 전우의 「猥筆辨」에는 없다.

乎? 但後之人舍平日之定論, 而特擧流行邊一條說, 以爲自已主氣之證案. 至有性體氣用、同體異用之說, 以人物之生, 謂無定分; 陰陽五行, 謂非本然. 橫說竪說, 要不出於氣之一字, 而必引栗翁語以實之. 嗚乎! 栗翁平日之主理顧何如, 而爲後人所傳會, 反若不免爲主氣之科. 然則爲栗翁分疏者幾, 何不爲栗翁之罪人也耶?

田愚曰: "「猥筆」所擧'一陰一陽之爲道, 太極生兩儀'兩句, 誰曰不然? 但'人能弘道, 非道弘人', 獨非孔子之言乎? 恐不必執一而棄一也. 竊嘗思之, 自鄕人而至於爲聖爲賢, 豈非奪天地之造化者乎? 其功夫雖存乎心, 而其本原一出於性. 然則謂之'道能弘人', 亦何不可? 而聖人之言如此, 此宜潛思其故. 夫道是至尊之實, 而爲萬物之主者, 乃降而與有作用者同科焉, 則道器上下之分亂, 而無以杜此心覬覦之萌矣. 嗚乎! 聖人之指微矣哉?【此以防心. 後世猶有此心自稱大理具小理者.】抑又思之, 心之能事, 至於敬尊德性, 義扶世敎, 鑄凡作聖, 堅人衆天, 其有功於人, 何如哉? 雖假以形上之名, 宜若無可惜者, 而聖人之於心, 乃不肯與道齊頭並脚, 是又何故? 釋氏不知理之爲道, 而天上天下惟我獨尊, 我是心自我. 心雖磨鍊得極精細, 比之冲漠無眹之道, 畢竟微有跡. 蓋靈之與道, 原自有辨而然也. 聖人不欲指心以爲道, 其謹嚴之意, 豈不以是歟? 此是吾儒第一義理, 亦第一防閑, 欲奉質於曩哲, 而旣未可得, 亦願幷世與後來之賢者, 與之是正."

人固氣也, 而其所以爲人者乃理也. 然則所謂"能弘"者, 是在於理, 而不在於氣, 不其明矣乎? 今以心專作氣分, 而禁不得覬覦; 以道爲至尊, 而俾不欲貶降, 其意可謂勤矣. 然徒知心之爲氣, 而不知爲理, 則是主宰妙用之權, 一歸於氣, 而所謂至尊者, 還不免爲陽尊矣. 歸權於氣, 使之覬覦, 而欲其不覬覦; 陽尊其位, 使之貶降, 而欲其不貶降, 得乎? 聖人不欲指心爲道, 則孟子何以曰"仁人心也"? 邵子何以曰"心太極也"? 程子何以曰"心生道也"? 又何以曰"在天爲命, 在人爲(心)[性],⁵⁾ 主於身爲心"? 朱子何以曰"仁者, 天地生物之心, 人得之以爲心"云云, 而使之齊頭幷脚耶? 孟、邵、程、朱, 獨不念吾儒第一義理、第一防閑而然耶? 以遺理主氣爲第一義理, 而欲以質於曩哲, 又欲正於幷世, 又欲俟於來後, 可謂枉用心力矣. 且形上形下之名, 豈人所得以假之者哉?

---

5) (心)[性] : 저본에는 '心'으로 되어있으나, 『二程遺書』卷18「劉元承手編」에 의거하여 '性'으로 수정하였다.

田愚曰: "程子曰: '天地萬物之理, 無獨必有對.' 有問於朱子曰: '太極便對甚底.' 曰:
'太極便與陰陽相對.' 「猥筆」第五段, 正論此義云. 把氣與理對擧, 此非聖人之言. 今
人纔見理字, 必覓氣來作對偶. 於是理之流行一大事, 盡被氣字帶去, 作家計, 所餘者,
只混淪也, 沖漠也, 此雙本領之履霜也. 悲夫! 愚按: 蘆沙尊理, 而有此云云. 然辭氣之
間, 陵轢過越, 大損尊畏聖賢之體, 此豈非氣之失理處乎? 況朱子何嘗非聖人, 何嘗非
一本領? 而把陰陽太極做對, 此亦謂奪却理之流行一大事, 以與氣字而爲雙本領之履
霜, 而受蘆沙悲夫之歎者耶?"

　　程子曰: "心有存亡出入, 非聖人之言." 夫"操則存舍則亡, 出入無時", 此非孔子之
言耶? 然而程子云然者, 但據理而言, 非正論孔子之言也. 今先師之言, 但據理而
言之, 非正論朱子之言也. 程子之言, 亦可謂陵轢過越耶? 亦可謂氣失其理耶? 天
下固有無對之尊, 如國之有君, 家之有父, 是也. 然必欲究言其對, 則君之於臣、父
之於子, 亦不可謂非對也. 惟心無對、惟道無對、惟義無對, 此皆非朱子之言耶? 今
也單擧朱子"有對"之一言, 而謂先師正論此義, 欲使悲夫之歎, 加於朱子之身爲陷
人之計, 君子而用心, 如是乎, 其機關籠絡, 令人可怕.

田愚曰: "「猥筆」曰: '聖人的見流行發見, 變化昭著, 莫非此道之爲'云云, '此道之爲'四
字, 恐合商量. 朱子於『論語集註』, 旣云'道體無爲'. 尤翁之「答人書」又云: '此理其體
無情意造作, 而至於用則有情意造作也.' 二先生豈不知道之流行發見, 而其言如此耶?
此宜再入思議看也."【莫非此道之爲, 若添數字.6) 此道之根柢樞紐,7) 則似夓詳明, 未知如何?】

　　自然、當然、必然、能然之然, 是道之所爲也, 何必運手運脚有作有用而後, 乃謂之
爲耶? 朱子曰: "所以一陰一陽者, 是皆道體之所爲." 又曰: "一物之中, 自始至終,
皆實理之所爲." 此等"爲"字, 亦可再入思議看耶?

田愚曰: "蘆沙奇丈理氣說, 近因溪雲金丈所示辨說, 槩見一二, 顯與栗谷先生角立, 極
有不可曉處. 大抵其意本欲尊理字, 而不覺其反有貶降之嫌矣. 愚竊意: 凡氣有所爲,
必有所以爲之理, 然後乃有是事. 只如此說, 其於'理爲氣主'之義, 已自綽有裕矣. 今
論理字, 而曰有適莫, 又曰有操縱之力, 又曰做得事. 然則其爲有爲之物, 明矣, 何以爲

---

6) 字: 전우의 「猥筆辨」에는 '字' 뒤에 '云'이 있다.
7) 전우의 「猥筆辨」에는 '此道爲之根柢樞紐' 앞에 '莫非'가 더 있다.

有爲者之主乎? 設如其說它姑無論, 只如唐、殷之水旱, 孔、孟之貧賤, 夷、惠之偏於淸和, 顔、冉之未及仁道, 此等處所謂'理者却去何處'句, 當甚事? 而乃若無適莫没操縱, 而一任其氣之所自爲者然。可怪可怪! 顔子之心, 方且以性爲主, 而日勉焉, 而明道稱其和氣自然。雖吾夫子, 苟原其心之所發, 則亦一本於此, 而未嘗自用也。而朱子却謂其從心所欲, 而自然不踰矩, 至其註『楚辭』「天問」, 則曰: '一動一静、一晦一朔, 皆陰陽之所爲, 非有爲之者', 解『陰符經』'人心機也'之語, 又直云: '人心自然而然者, 機也。' 程、朱二先生, 豈不知氣字心字以上, 夐有所以然之理而謂之自然也哉? 且聖人之稱顔子, 不曰仁使心不違, 而但曰'其心不違仁', 此無乃不違之所以然, 則雖出於性, 而其不違之機, 却只在於心故歟? 若如蘆沙之說, 則其不違仁之時, 此理又何爲使之如此? 又其覺違而依仁也。謂自心自覺而自依之, 可乎?【此以「求放心銘」'孰放孰求? 反覆惟手'等語, 觀之可見。】抑謂之所謂理者於此心依違之間, 有適有莫之意, 而操縱之如是云爾, 可乎? 以此反覆推究, 見其說之不能無失也耶?"[8]

以有形之事, 形容無形之妙, 其言不得不如此。若併與其無形之妙而無之, 則是道理不其淪於空寂乎? 理無操縱之形, 而有操縱之妙; 無適莫之跡, 而有適莫之妙; 無做得之力, 而有做得之妙。福善禍淫, 虧盈益謙, 非操縱乎? 種豆得豆, 種瓜得瓜, 非適莫乎? 四時運行, 百物生成, 非做得之妙乎? 今以陰陽五行、萬物庶類, 謂非本然之分, 則宜乎謂無操縱無適莫無做得事也。唐、殷之水旱, 孔、孟之貧賤, 雖不可謂此理之本然, 而亦不可謂非理勢之使然也。理勢使然, 先哲亦謂之天, 顔子之和氣, 夫子之從心, 亦義理充積而然, 豈理不爲主而一任於氣之謂耶? 理不爲主而氣自如, 此則盜跖之心, 奚獨無不踰矩乎? 顔子之或有所違, 而自心自省, 亦理之爲主也。

既以國之不治、人之不善爲理不主氣之證, 又以唐、殷之水旱、孔、孟之貧賤爲理不主氣之驗。夫唐、殷之水旱、孔、孟之貧賤, 乃一時氣數之變耳。以一時之變而疑萬古不易之常, 聖人千言萬語, 皆爲不試無驗之書矣。理固爲主, 而猶有背理習亂之變, 況以氣爲主, 漫無主宰, 其爲變顧何如哉? 朱子以士者文體浮薄爲世道憂, 況道理心術邊說話乎? 所謂人於是非之原, 毫釐有差, 則其禍至於伏尸百萬、流血千里者, 誰謂非今日之憂也。近來主氣之說不一, 有以太極爲無分之一, 有以五性爲帶

---

8) 田愚曰……見其說之不能無失也耶?: 이 단락은 田愚의 「猥筆辨」에는 없고, 『日新齋集』에만 있다.

氣之物, 有以明德爲形而下。言一本萬殊, 則萬殊爲氣; 言大本達道, 則達道爲氣。或以陰陽五行謂非本然, 或以人物偏全謂非定分, 使主宰妙用, 條理段落, 一歸於氣, 立論如此, 而猶不曰氣奪理位, 得乎? 氣奪理位, 則臣之奪君, 子之奪父, 妻之奪夫, 小人之奪君子, 夷狄之奪華夏, 亦其一例事也。先師惟是之憂, 發揮剔刮, 次第折衷, 使千橫萬決, 庶歸于一矣, 而一邊之論, 猶復斷斷至引"作用是性, 求心習静"之語以譏之, 明道體之本然, 存太極之主宰者, 是作用歟? 是習静歟? 然道理, 必不爲一邊之論, 所可移易公論, 必不爲一時之言, 所可眩惑多見, 其不知量也。況以忌克之心爲吹覓之計, 則其出言立論, 安得公平通達無所偏倚乎? 嗚乎! 此何時也? 此何時也? 爲士者, 所宜同心修省, 以扶如綫之脉於萬分有一之中, 而乃反斷斷如是耶? 誠可歎也。

「변전우소저노사선생남량사의기의辨田愚所著蘆沙先生納凉私議記疑」(『日新齋集』卷11)

1) 서지사항

정의림(鄭義林)이 전우(田愚, 1841~1922)의 「납량사의의목(納凉私議疑目)」에 대해 반론한 글.『일신재집(日新齋集)』 권11에 실려 있다.

2) 저자

정의림(鄭義林, 1845~1910)으로 자는 계방(季方), 호는 일신(日新)이다.

3) 내용

이 글은 저자 정의림이 스승 기정진(奇正鎭, 1798~1879)의 「납량사의(納凉私議)」를 전우(田愚, 1841~1922)가 「납량사의의목(納凉私議疑目)」을 통해 논박을 하자 이에 대해 다시 반론을 제시한 글이다. 기정진은 유리론(唯理論)적 입장에서 이통설(理通說)을 주장하였다. 그리고 인성(人性)과 물성(物性)의 동이론(同異論)에 대해 공통적으로 '理分相離'를 문제점을 「납량사의(納凉私議)」통해 주장하였다. 기정진은 사물(物)과 이치(理)를 구분해 사물에는 운동과 정지(動靜), 많음과 적음(多寡), 생성과 사멸(生死)이 있지만 이치에는 없다고 주장하였다. 그리고 운동과 정지, 많음과 적음, 생성과 사멸이 있는 것이 국(局)이며 그렇지 않은 것이 통(通)이라고 규정하고, 통의 의미를 묘(妙)와 연결시켰다. 운동과 정지, 많음과 적음, 생성과 사멸은 서로 대립자이며 상대적으로 구별되는 것이지만, 이묘(理妙)에 의해 대립이 해소되고 하나로 통한다는 것이다. 이에 반해 전우(田愚)는 「납량사의의목(納凉私議疑目)」을 통해 14개 항목, 그리고 「납량사의의목초본육조록(納凉私議疑目初本六條錄)」을 통해 6개 항목 등 총 20개 조목에 걸쳐 기정진의 논의에 대한 의문을 제기하였다. 이 문제 제기는 「납량사의」뿐만 아니라 『노사집(蘆沙集)』 전반에 걸쳐 제시된 기정진의 호락논변에 대한 입장 중에서 전우가 문제가 된다고 판단한 주제에 한정된 것이었다. 전우는 기정진이 제시한 리(理)와 분(分)의 상함적 관계를 수용하면서, 동시에 현실세계에서 드러나는 차별적인 현상을 기정진 및 노사 문인들과 다른 각도에서 이해하고 있다. 이것은 호락논변의 최대 쟁점이었던 인성물성동이(人性物性同異)를 중심으로 전개된 기정진의 논의 가운데 현실에서 드러나는 차별적인 현상인 편전(偏全)에 주목하였기 때문이다. 논의에 대해 기정진의 문인인 정의림은 리(理)와 분(分)의 불상리(不相離)에 초점을 맞추어 반론을 제기한다. 정의림은 전우가 주장을 반론하며 차별성의 원인을 기(氣)로 한정한 것이라 하였다. 현상세계의 다양성의 원인을 기에 따른 것이라 한다면 그것은 우연한 현상에 불과한 것이 되고 현상의 다양성은 혼란 그 자체일 수밖에 없다고 주장하며 기의 현실적 발현에만 주목하여서는 안된다는 입장을 분명히 하였다.

3-17-2 「辨田愚所著蘆沙先生納凉私議記疑」(『日新齋集』卷11)

「凉議」曰: "分也者, 理一中細條理, 理分不容有層節, 分非理之對, 分殊二字, 乃對一者也." ○「記疑」曰: "此語驟看, 則無可疑者. 但蘆沙「答奇景道」書, 論偏全云, '在天原無此分, 則人物何處得來而有此偏全?'然則此言分者細條理, 將爲異日人物所得偏本然全本然之源, 愚意偏之與分, 元非一串, 分如一身中耳目手足, 偏如一耳獨聰, 半身偏遂也. 分是一中本有之理, 偏是氣上對全之性, 恐難做一樣說也."

理有分, 故物有偏全, 理若無分, 物何自而有偏全乎? 今曰分如一身之耳目手足, 而爲一中之本有, 請以此說明之, 合耳目手足百骸百體, 而爲一身之統體; 合人獸草木萬象萬物, 而爲天地之統體. 知人身統體之理, 本有於未生之前, 而不知天地統體之理本有於未形之前耶? 知人耳目手足之本有, 則鳥獸之羽毛蹄角, 草木之枝葉花實, 亦不可謂非本有矣. 然則人物偏全, 果非天命之本然乎? 分與偏全, 若非一串, 朱子何以曰"覆載生成之偏", 又何以曰"人物之生, 其賦形偏正, 固合下不同耶? " 至若獨聰、偏遂, 此是氣失其平而爲未成之物也, 烏可援而爲說耶?

「凉議」曰: "朱子曰: '太極者, 象數未形而其理已具之稱, 形器已具而其理無眹之目.' 夫象數未形, 則未破之一矣, 而其理已具, 則非分之已涵乎? 形器已具, 則旣定之分矣, 而其理無眹, 則非一之自在乎?" ○「記疑」曰: "未審蘆沙以其理已具, 爲人物所稟偏全之源乎? 竊意此句指意, 恐是父子君臣未生之前, 慈孝禮忠之理已具, 事物微細未有之先, 事物微細之理已具云爾. 非謂聖人未生之前, 已有理一中分殊之全理; 賢人衆人未生之前, 已有幾分未全之理; 下愚大懟未生之前, 已有十分不移十分乖戾之理; 鳥獸枯槁未生之前, 已有偏塞之理, 而各爲萬象所得之源也. 然則似與蘆沙所謂'在天原無此分', 則人物何處得來, 而有此偏全云者, 判然殊別矣, 可疑."

盈天盈地, 若大若細, 無一物而非象數與形器也. 然則人未生而人之理已具, 物未生而物之理已具者, 何足多辨? 彼於此義, 必非不知, 而故引氣質分數, 下愚大懟之語, 眩混其說, 以濟其一時忌克之私, 噫! 用心如此, 此等理致之得失, 猶是小事也. 天偏於覆, 而地偏於載; 日偏於晝, 而月偏於夜; 目偏於視, 而耳偏於聽; 手偏於持, 而足偏於行. 以昭昭而視周天, 則周天爲全; 以涓涓而視河海, 則河海爲全; 以一葉而視一樹, 則一樹爲全; 以一肢而視一身, 則一身爲全, 天下何物, 果有外於偏全者哉? 以此爲非本然, 則天下更無本然久矣。且以鳥獸草木, 謂非理之所本有, 則人是何物獨爲理之所本有耶? 人旣非本有, 則慈孝禮忠之理, 豈獨爲本有而已具於何處耶? 豈以急於取辨而有不暇察也耶?

「凉議」曰: "性同者, 吾不曰不然, 而以偏全之性爲非本然, 則是分外有理也。遂主同而廢異, 則性爲有體無用之物矣。" ○「記疑」曰: "洛家, 若指性中發出來底忠孝仁讓, 而曰'此分之殊, 非本然之性也', 則分外有理, 而性爲無用之物矣。但謂萬象之性, 其體本全, 而自學知而下, 至於翔走枯槁之發見, 各隨所稟之氣而自爲一性, 由未達一間, 至一點子, 由相近, 至絶不同, 由天縱之聖, 至下愚不移, 其品有萬不齊, 是安可皆謂本然之性乎?"

氣之淸濁粹駁, 固隨遇而適然, 萬物之生, 偏全之分, 亦隨遇而適然者乎? 若隨遇而適然, 則豆可以瓜, 瓜可以豆, 馬可以角, 牛可以鬣, 上帝之主宰, 乾道之各正, 果是何事? 欲守偏全分之語, 而至於上帝失其宰, 乾道失其職, 可乎不可乎? 萬象之性, 其體本全, 至於發見, 自爲一性, 此果成說乎? 然則犬之性、牛之性、與人之性同其全, 草之性、木之性、與天之性同其大, 而至於發見, 而後乃始爲天、爲人、爲犬牛、爲草木耶? 言之無謂, 令人代怓。

「凉議」曰: "天下之性, 不全則偏, 固未有不全又不偏之性也。偏全皆非本然, 則天下無一物能性其本然之性者, 而本然之性, 求爲懸空之虛位, 卽將安用彼性矣? 所貴乎正通者, 以其得本然之全也。若與偏塞者, 均之爲非其本然, 則何正通之足貴乎? 蓋以無分爲一, 其弊必至於此, {是必}9)(其以)[以爲]10)各(正之)[一其]11)性, (爲)[已]12)落分殊、{已}13)犯形器, 不足以爲一原, 與甲邊之議, 恐無異同。" ○「記疑」曰"問: '氣質不同, 則天命之性, 有偏全否?' 朱子曰: '非有偏全。' 此洛家之所本也。今若譏之曰 '天命之性,

---

9) {是必}: 『蘆沙集』, 「納凉私議」에 의거하여 '是必'을 보충하였다.

10) (其以)[以爲]: 저본에는 '其以'로 되어있으나 『蘆沙集』, 「納凉私議」에 의거하여 '以爲'로 수정하였다.

11) (正之)[一其]: 저본에는 '正之'로 되어있으나 『蘆沙集』, 「納凉私議」에 의거하여 '一其'로 수정하였다.

12) (爲)[已]: 저본에는 '爲'로 되어있으나 『蘆沙集』, 「納凉私議」에 의거하여 '已'로 수정하였다.

13) {已}: 『蘆沙集』, 「納凉私議」에 의거하여 '已'를 보충하였다.

既無偏又無全, 則不過爲虛位'云爾, 則豈得爲盡人言者耶? 此不待多(般)[辨]14)而明矣。
所貴乎正通者, 以其得本然之全, 然則偏塞者其所得, 只是本然之偏矣。無乃與天命之性
非有偏塞者, 相齟矣乎? 若改之曰'所貴乎正通者, 以其能全本然之性', 則似無可議矣。"

　　朱子曰: "非有偏全。又曰: "人物之生, 其賦形偏正, 固自合下不同。" 須知理之非
　　有偏全, 又知理之不容無偏全, 然後方可謂識理矣。天命之性, 所以賦予者, 固無
　　人物貴賤之殊者, 是無偏全之謂也。萬殊之分, 森然已具於一原之中者, 是有偏全
　　之謂也。徒知非有偏全之語, 而謂人物無各正之性; 徒知合下不同之語, 而謂人物
　　無一本之性者, 皆執一而廢百, 得此而失彼者也。既不能盡乎朱子立言之意, 而乃
　　反譏人以不能盡人言之意耶? 朱子曰: "各正得於有生之初。" 然則正通者, 得本然
　　之全; 偏塞者, 得本然之偏, 又何疑乎?

「凉議」曰: "偏全, 指善一邊, 如孔隙雖有大小, 而月光自若; 盤盂雖有方圓, 而水性無
恙, 豈不是本然?" ○「記疑」曰: "信斯言也, 蜂虎果然之仁義, 堯、舜、周、孔之仁義, 毫
無殊別矣。然則朱子何以言'仁義禮智之粹然者, 人與物異乎?'"

　　彼以偏全, 謂非本然而曰 "萬象之性, 其體本全外偏全", 而言本全, 則蜂虎之性與
　　堯、舜之性, 果無毫髮差殊, 可謂倒戈而自攻, 言人物分殊, 則以其體本全駁之言,
　　人物性同, 則以蜂虎果然譏之, 亦可謂無定論, 而隨其人之所在而攻之者也。

「凉議」曰: "氣質是兼善惡, 如和泥之水, 稠清百層, 隔窓之月, 明暗多般, 以偏全爲氣
質, 豈不低陷了偏全?" ○「記疑」曰: "堯、舜、孔子之全, 固當爲本然, 至於夷、惠之偏於
淸和, 顏、閔之具體而微, 游、夏之僅有一體, 則豈非由於氣質乎? 人猶如此, 況於微物
乎? 今不欲以偏全爲氣質, 恐終可疑。"

　　夷、惠、游、夏之偏, 是氣質之善一邊也。桀、紂、幽、厲之暴, 非氣質之惡一邊乎?
　　雖以善一邊言之, 其些有未盡處, 亦不可謂非未善也。今乃特擧善一邊, 而謂之不
　　兼善惡可乎? 偏全之云, 不須再辨。

「凉議」曰: "'氣質之性, 君子有弗性者焉', 人物偏全之性, 君子亦有弗性焉者乎?" ○「記

疑」曰: "'氣質之性, 君子有弗性者焉', 本橫渠先生語。先生又嘗言:'凡物莫不有是性, 由通蔽開塞, 所以有人物之別。' 由蔽有厚薄, 故有知愚之別。今以上一股爲偏全, 而屬於本然之性; 下一股爲氣質, 而降爲弗性之科, 恐文義事理, 俱難如蘆沙之言矣。" "問: '氣質不同, 則天命之性, 有偏全否?' 朱子曰: '非有偏全。偏全之性, 豈非朱子之所弗性焉者乎? 據此則南塘、蘆沙兩說, 似當更加商確, 恐未可認爲千聖不易之論也。"

橫渠先生此說主意, 專在於人物賢愚、通蔽開塞、厚薄難易之分, 而次第說來, 其文勢語脈, 於本然與氣質, 有不暇及。又安知今日有此偏, 今非分之說而豫爲準備之耶? 偏全之出於氣質者, 固不性焉, 偏全之由於理分者, 亦不性焉乎? 偏言之仁, 專言之仁, 亦朱子不性焉乎? 覆載生成之偏, 天地亦不性焉乎? 千古不易之論, 恐非人人所得知也。朱子曰: "人物之生, 其賦形偏正, 固自合下不同, 然於不同之中, 又各自有淸濁粹駁之不同。上段不同, 是本然之分; 下段不同, 是氣質之異。『中庸章句』先言人物各得之分, 次言氣稟或異, 橫渠此言, 亦是此義, 豈以下一股言氣質, 而賺連上一股, 亦作氣質看耶?

「凉議」曰: "理旣云萬事本領, 氣是甚樣物事? 乃獨你一我殊背馳去。近世諸先生, 坼開理分, 大抵皆你一我殊之論, 其蔽也, 氣無聽命於理, 理反取裁於氣, 天命之性, 徒爲虛語耳。" ○「記疑」曰: "理一分殊, 固是理中事。然分殊先賢直就氣異處說者極多, 今且以隙日譬之, 隙之長短大小, 自是不同。然{卻}[15]只是此日, 只是此日, 理一也。隙自不同, 分殊也。朱子「答余方叔」書, 歷擧人獸草木枯槁而曰: '雖其分之殊, 而其理則未嘗不同, 此亦以理氣區屬於理一分殊。此類甚多, 不可枚引, 此與前一義可幷行而不相礙也。至若天命之性, 雖十分大全、十分至善, 無奈所賦形氣有異, 莫能遂其本然, 雖是性體而氣用, 亦是理弱而氣强, 故不能無蔽也。若以分殊專歸之理, 則理果號令乎氣, 氣果隨順於理, 而更無不治之國, 更無爲惡之人也乎? 恐難如此立語。"

以本原而言, 則條理分殊, 固粲然已具, 此道器不雜處, 太極圈所以挑出也。以流行而言, 則條理分數, 可以卽氣而見其實, 此道器不離處, 陰陽五行圈所以爲各具也。先賢多就氣異處說分數者此也。如以隙日譬之, 隙雖有長短大小, 而其長短大小必照之光, 固燦然已具於日矣。至於光之成形著迹, 則可以就其隙而見其實也。理爲氣主, 曷嘗是有作用行號令之謂? 然無其理則無其事, 有其理則有其事, 有作

---

15) {卻}: 『艮齋先生文集』, 「納凉私議疑目」에 의거하여 '卻'을 보충하였다.

用之理, 故氣能作用, 有號令之理 故人能號令。若以條理分數, 一歸於氣則三百三千, 皆非本然, 其有關於世敎爲何如哉? 既曰"分是理中矣", 而繼以分殊, 專歸於日之隙; 既曰"天命十分大全矣", 而繼以分殊, 不專歸於理, 則所謂理中事, 果何事, 所謂十分者, 果是幾分耶? 未見其倂行而不相礙也。若曰"性體而氣用。" 則性爲有體無用之物耶? 如此, 則程子所謂'體用一原', 爲二原矣; 所謂'顯微無間', 爲有間矣; 所謂'未應不是先, 已應不是後', 爲有先後矣。近世主氣之說, 其失, 蓋原於此。若以不治之國, 爲惡之人, 而疑理不爲主, 則是見有娼德之人, 而斥烝民好德之言, 見有性惡之人, 而廢孟子性善之說, 可見其說之窮矣。

「凉議」曰: "'五常人物同異, 竟惡乎定?' 曰:'定於先覺之言。' 朱子之論此固多{矣}[16], 其見於『四子』註說者, 則手筆稱停, 非記錄書疏之比。其言人物五常, 凡有三處, 曰'人物之生, 必得是理, 然後有以爲健、順、仁、義、禮、智之性'者, 『大學或問』也; '人物之生, 各得所賦之理, 以爲健順五常之德'者, 『中庸章句』也。此皆不區分人物, 一例說去。粗通文理者, 初不難辨。且得以爲性、得以爲德之云, 皆屬成性以下, 而非繼善以上事, 則朱子之意, 明以人物之性爲同五常矣。獨於『孟子』生之謂性章『集註』, 以理言之, 則仁、義、禮、智之粹然者, 豈物之所得以全哉?【田愚按: '粹然者, 本作稟; 以, 本作而。'】此爲區分人物處。【田愚按: '此註, 亦不專於區分人物, 何以言之? 上文既言'性, 形而上者', '人物之生, 莫不有是性', 是性何性? 卽所謂仁、義、禮、智之性也。是{亦與}[17]『章句』、『或問』之說, 同矣。如以物豈得全, 爲區分人物之斷案, 則『章句』下文, 豈不曰氣稟或異? 故不能無過不及之差。『或問』下文, 豈不曰彼賤而爲物者, 枯於形氣而無以充其全矣乎? 此二條, 又皆與『孟註』之云'無些子'異意。愚(按)[竊][18]: 謂三處, 俱是同體異用之說也。'】然而只曰'物豈得全', 不(曰)[言][19]'物莫得與', 則此亦人物同五常之說也, {云云}[20]。朱子之爲此說, 豈喜爲刱新之論, 以同人道於庶類哉? 蓋此理之外, 更無佗理, 是以直以從上聖賢, 四破人性的字, 一萬物而貫之, 不以爲嫌也。【田愚按: '以上所論, 無不與洛家同'。】雖然, 一而無分, 非吾所謂一也。故『庸』『學或問』, 卽言'鳥獸草木之生, 僅得形氣之偏,

---

16) {矣}: 『蘆沙集』, 「納凉私議」에 의거하여 '矣'를 보충하였다.

17) {亦與}: 『艮齋先生文集』, 「納凉私議疑目」에 의거하여 '亦與'를 보충하였다.

18) (按)[竊]: 저본에는 '按'으로 되어있으나 『艮齋先生文集』, 「納凉私議疑目」에 의거하여 '竊'로 수정하였다.

19) (曰)[言]: 저본에는 '曰'로 되어있으나 『艮齋先生文集』, 「納凉私議疑目」에 의거하여 '言'으로 수정하였다.

20) {云云}: 『艮齋先生文集』, 「納凉私議疑目」에 의거하여 '云云'을 보충하였다.

而不能有以通貫乎全體。彼賤而爲物者，梏於形氣之偏塞，而無以充其本體之全，此言人物之性，雖同此一理，而理中之分限，不能無也。氣所以承載此理，故雖不離形氣，而言分而一之，未嘗無分，於此因可見矣。合此上下文義而觀之，其與'生之謂性'『集註』，亦非有異義也。後人各占一半，就生軒輊，豈朱子之所能預料哉？是知物我均五常者，理之一也；五常有偏全者，一中之分也。蓋自統體一極理分圓融而無間，故其成性於萬物者又如此。是故先覺論性，有言理同理不同者，非相戾也。共公以論其妙，則挑出而言之；眞的以指其體，則卽氣而明之，挑出則理本一，故理一爲主，而萬殊涵於其中【田愚按：'以偏而不全者爲萬殊，殊不可曉{也}[21]。'】卽氣則氣已分，故分殊爲主，而理一存乎其間，自是話有兩般，何曾性有多層？諸家緣理分一體處，未甚著眼。說異則欲獨擅五常，說同則乃低視偏全，差之毫釐，謬以千里，豈不信哉？" ○「記疑」曰："『庸』『學或問』，若單言微物，而不併擧衆人，則猶或可如蘆沙之言矣。今其文明明言智愚賢否禀氣之異，而曰'於其所謂性者，有所昏雜，而無以全其所受之正。' 又曰'其所謂明德者，已不能無弊，而失其全矣。' 此與微物之不能通無以充者，語意一致，類例無二，而以不能通無以充，歸之本然之性，無以全失其全，歸之氣質之性，則無亦有失其平之嫌乎？{又}[22]有人質於蘆沙曰'聖、凡均德性者，理之一也；德性有偏全者，一之分也'，則將應之曰然乎否乎？"

就人物上，併擧五性字而言之者，有此三處，故先師云然耳，下文之區分有無不須論也。『中庸章句』"氣禀或異"，非人物之區分，是就人物上區分其氣禀之不同。若人物之區分，則已在於上文，天以陰陽五行，化生萬物條，此亦可以知人物偏全，爲本然之分也。同體異用，與性體氣用之說，同一圈套，不足多卞，所謂與洛家同者，其實有不同焉。先師所謂同，卽實底同；諸家所謂同，乃虛底同。『庸』『學或問』，主言天命明德人物一原，而究別其源委曲折，多寡分數，故自草木禽獸，至於衆人賢人，以至於聖人之盡性而乃已。其語脈次第，固應如此，至若本然與氣質自是別說，有不暇區別。『章句』曰，"人物各得所賦之理。" 又曰，"人物各循其性之自然。"『或問』曰，"無以通貫全體。又曰，"無以充其本體。" 何其褒於『章句』而貶於『或問』也？蓋『章句』言所禀本然之妙，『或問』言所賦分數之異，今見其貶者，以爲非本然則併與其褒者，而以爲非本然耶？無以全失其全，正『章句』所謂'氣禀或異'者，而爲'修

---

21) {也}：『艮齋先生文集』，「納凉私議疑目」에 의거하여 '也'를 보충하였다.
22) {又}：『艮齋先生文集』，「納凉私議疑目」에는 '又'를 보충하였다.

道立敎’處也。

「凉議」曰: “本體而云無以充, 本體爲性分耶? 至無以充三字, 始爲性分耶? 全體而云不能通貫, 全體爲性分耶? 至不能通貫四字, 始爲性分耶? 曰 ‘本體全體, 卽性分中理一處, 無以充不能通貫者, 卽性分中分殊處也.’ 兩項事理, 有則俱有, 今必欲二而論之謬矣.” ○「記疑」曰: “‘無以充不能通貫’, 分明是形氣偏塞之病. 今必以爲性之分殊, 使人聽瑩, 且以『大學』論之, ‘天降生民, 莫不與性, 性分中理一處, 氣稟不齊, 不能皆全, 性分中分殊處, 虛靈具應, 德分中理一處, 拘蔽或昏, 德分中分殊處.’, 如此說, 亦得否? 請觀者, 爲下一轉語.”

　　‘無以充不能通’, 豈朱子歎草木鳥獸之不能, 服堯服、言堯言, 而爲是說耶? 只是據天命明德而言其所存不同, 分有如此耳. 人而服堯、言堯, 人將以爲聖矣; 草木鳥獸而服堯、言堯, 人將以爲怪矣. 然則無以全失其全, 在人, 固氣稟之蔽, 無以充不能通, 在物, 豈非本然之分耶?

「凉議」曰: “以理言之, 則萬物一原, 固無人物貴賤之殊, 此一節, 所謂挑出以言其妙, 理一爲主者也. 以氣言之, 則得其正且通者爲人, 得其偏具塞者爲物. 此一節, 所謂卽氣以指其實, 分殊爲主者{也}23).” ○「記疑」曰: “上一節, 言一性之中, 含具萬理, 一性理一也. 萬理分殊也, 人物同此一原也.【雖萬言分殊, 不害其無人物貴賤之殊, 據此, 可見分偏之不可以相準, 此一著, 最可領悟.】下一節, 却只專言氣稟事. 蓋此二十一字, 無一點一畫可指理之實處, 而蘆沙之言如此, 可疑.”

　　爲人爲物, 不在本然分殊之中, 則所謂分殊, 果是何事, 所謂人物, 果從何處來? 人物之分, 固已具於一原之中, 而人底只是此理, 物底亦只是此理. 故曰, “無貴賤之殊也.” 人物之分, 固已素定, 而至氣以成形而後, 方見其實. 故曰, “卽氣而指其實.” 孔子以一陰一陽爲道; 程子以川流不息爲道體; 朱子以五行爲道之體段, 人苟達於理致, 則盈天地形形色色, 莫非道理也. 今以正通偏正, 謂非理之實體, 則必言理字、道字、太極字而後, 乃謂之理耶? 一點一畫之云, 令人可笑?

---

23) {也}: 『蘆沙集』, 「納凉私議」에 의거하여 ‘也’를 보충하였다.

「凉議」曰: “心雖氣分事, 而乃所具則性也。心具性, 凡聖同; 心不能盡性, 凡聖異, 其同其異, 皆所重在性也。南塘乃忘{却}24)其同者, 主張其異者, 以凡聖異心爲法門, 其亦矛盾於聖人之意矣。與南塘辨者, 亦不言其所重之有在, 區區較其光明之分數, 欲以此爲同聖凡之心, 未爲箚(着)[著]25)痛處。○「記疑」曰: “氣質者, 淸濁(粹駁)[純雜]26), 有萬不齊。心者, 虛靈神妙, 有一無二。南塘乃認兩者, 爲無辨之物, 今不指其光明之無優劣分數, 只擧心具性聖凡同者, 以辨之, 其不被南塘之哂者, 鮮矣。況心之具性, 微物亦然, 此何足以辨南塘之疑乎?”

心與氣質, 不是判然二物, 隨其淸濁粹駁, 而其靈不能無分數, 固不可指此而謂聖凡同, 亦不可專認光明爲心而謂聖凡異。然則所重之外, 更安有一物, 獨無優劣分數者乎? 抑或有形而下之明德耶? 【任全齋以明德爲形而下。】近世諸儒, 多以氣質爲不囿於身體, 又以虛靈爲不根於氣質, 有上帝降靈坐在方寸之語。遂以此爲明德, 以此爲同聖凡, 此與異說其光爍爍死而不滅, 何別? 夫氣質者, 只是此身陰陽之團聚, 而心則其精爽也。氣旣有淸濁粹駁, 則其精爽不容無分數, 但所具者性也。所謂本心、良心、仁義心, 何嘗有聖凡之異? 今見光明無分之語, 可知其承誤踵訛, 非一朝一夕之故也。

「凉議」曰: “碎紙中, 得鹿門任氏一段議論, 苟言異, 則非但性異, 命亦異也; 苟言同, 則非但性同, 道亦同也。此言驟看, 外面, 殆若鹿邊者獐, 獐邊者鹿, 而其實說得道理原頭, 無有滲漏。伊川‘理一分殊’四字, 賴此公而一脈不墜於東方歟? 恨不得其全書而攷閱也。”○「記疑」曰: “‘理一分殊’, 伊川何嘗以之論性? 只因西銘, 使人推理而知其一, 存義而立其分而已。楊、李、朱子所論, 亦皆如此, 至羅整菴, 始揭此四字, 以爲性命之妙, 無出於此。其言曰, ‘受氣之初, 其理惟一, 成形之後, 其分則殊’, 此與蘆沙之意遠矣。{羅氏}27)又曰, ‘以理一分殊論性’, 則自不須立, 天命氣質之兩名, 則其說更乖矣。又其認理氣爲一物, 而深病乎朱子‘理氣二物’之訓, 則愈不可說矣。我東任鹿門, 又祖述羅氏

---

24) {却}: 『蘆沙集』, 「納凉私議」에는 ‘却’을 보충하였다.

25) (着)[著]: 저본에는 ‘着’으로 되어있으나 『蘆沙集』, 「納凉私議」에 의거하여 ‘著’로 수정하였다.

26) (粹駁)[純雜]: 저본에는 ‘粹駁’으로 되어있으나 『艮齋先生文集』, 「納凉私議疑目」에 의거하여 ‘純雜’으로 수정하였다.

27) {羅氏}: 『艮齋先生文集』, 「納凉私議疑目」에 의거하여 ‘羅氏’를 보충하였다.

四字之旨, 而其言曰, '乾之健, 卽太極, 而健之中有元亨利貞; 坤之順, 卽太極, 而順之中有元亨利貞。元亨利貞, 卽陰陽五行也。然乾之元亨利貞, 依舊是健; 坤之元亨利貞, 依舊是順。然則乾坤之太極, 自不害其不同也。又作人物性圖, 人圈具書五常太極, 物圈只書太極, 而不書五常。又論朱子渾然太極各具於一物之說云, 此謂卽此各一處, 天理完全, 無所虧欠耳, 非謂一物各具萬理也。此皆看得分殊之過, 而至於如此。又論人性之善曰, '此乃氣質善耳, 非氣質之外, 別有善底性也', 此尤不可曉矣。使蘆沙復起, 見此不覺蹙頞而長太息也。老洲吳先生, 嘗有論羅、任兩家者極多。今擧三段, 附見於下, 使蘆門諸公看詳焉。" ○『老洲集』「雜識」曰: "'整菴、鹿門, 均爲理氣一物之論', 然整菴於理一看得重, 鹿門於分殊看得重, 看理一重, 則自然理爲主; 看分殊重, 則畢竟氣爲主, 以此較論得失, 整菴殆其少疵矣乎? 又曰, '整菴、鹿門, 皆從氣推理看得合一之妙'者, 驟看非不高妙, 然其究也, 皆歸於主氣, 而整菴則猶有每每提掇此理之意, 鹿門直以一氣字, 盡冒天下之理, 更不求理之所以爲理。蓋鹿門之見, 實本於整菴, 而其主張氣字, 則殆過之耳。又曰, '整菴以理一分殊, 爲說理氣底(枰)[秤]²⁸⁾子。, 其曰, '性以命同, 道以形異'者極是, 性以命同, 卽未發而指理一也; 道以形異, 卽已發而指分殊也。鹿門之祖述其理一分殊, 而獨深斥此語, 何也? 終是拘於人物之偏全, 不能疏觀, 性道雖有體用之異, 不害其一原之同也。"

德無常師, 主善爲師; 善無常主, 協于克一。曰, "一致而百慮, 同歸而殊塗", 曰, "吾道一以貫之", 曰, "其爲物不貳, 則其生物不測", 曰, "博學而詳說之", 將以反說約也。細究而詳玩之, 則經傳之中, 說理一分殊, 義甚多, 而無非所以明此心、此性之妙也。朱子曰: "理與氣, 伊川說得好。, 曰: "理一分殊", 理一分殊, 卽伊川所雅言也, 豈但因「西銘」而發哉? 程子又曰: "冲漠無朕, 萬象已具。張子曰: "性者萬物之一原", 此不可以論性耶? 楊、李二氏, 以仁義論'理一分殊', 是豈至羅氏, 始揭以說性耶?

鹿門, 健順、太極之說, 恐無害而其曰"元亨利貞, 卽陰陽五行一條"說, 有理氣一物之病, 羅整庵, "性以命同, 道以形異"之說, 有不可曉。『中庸章句』, 性道雖同, 在化生萬物之後, 則雖同之同, 已是該分之同, 豈待形而後異哉? 形字, 若作氣稟或異看, 則形與氣稟, 意義迥別, 鹿門斥之是矣。但人物性圖, 及氣質之善之說, 果不可

---

28) (枰)[秤]: 저본에는 '枰'로 되어 있으나, 문맥을 살펴 '秤'으로 수정하였다.

曉。然不以人廢言，況以此言之失，而廢他言之得乎？

「涼議」曰："諸家言人物之性，一是皆以理爲無分之物，分爲因氣而有，限理一於離形氣之地，局分(數)[殊]29)於墮形氣之後，於是理自理分自分，而性命橫決30)矣。" ○「記疑」曰："若使洛家謂太極而無元、亨、利、貞，性而無仁義禮智，則當曰理爲無分之物矣。若謂元、亨、利、貞因氣而始有，仁義禮智待氣而始生，則當曰分爲因氣而有矣。今旣不然，則安有理自理、分自分之患乎？"

元是生萬物之理，而包含徧覆，無不周徧；亨是長萬物之理，而條理等威，粲然宣著；利是成萬物之理，而裁制差別，無不恰當；貞是藏萬物之理，而保合大和，各正性命，此理也。在天，爲天之理而萬物之理具焉；在人，爲人之理而萬事之理具焉。今知太極之有元亨利貞，而不知元亨利貞面，有人物偏全自然之分耶？

人有一箇身，便須管着天下事，夫何故？有一箇身，必有主此身者，君上是也；必有生此身者，父母是也；必有此身先後生者，兄弟是也；必有此身對配者，夫婦是也；必有此身同類者，朋友是也。此身爲萬物之靈，則必有宰萬物之理；此身爲天地之心，則必有輔相天地之理。人猶如是，況於天乎？善言天者，必於人觀之。

下段「猥筆辨」，彼旣曰"單指機上之理"，則曰"太極兼擧四時之氣"，則曰"元亨利貞"云云，必兼擧四時之氣而後，曰"元亨利貞"，則此非因氣待氣而何？

「涼議」曰："今有一塊銅鐵，可以爲盤盂，可以爲刀劍，是分殊之涵於一。所謂粲然者，非東邊可爲盤盂，西邊可爲刀劍，則渾然。及其入盤盂爐而爲盤盂，入刀劍爐而爲刀劍，各得其本分之一。" ○「記疑」曰："假如有人言，入輕淸爐而爲天；入重濁爐而爲地；入淸粹爐而爲上智；入濁駁爐而爲下愚；入陽剛爐而爲男；入陰柔爐而爲女，是各得其本分之一云{爾}31)，{則}32)將如何辨破？"

爲人、爲物、爲男、爲女，是銅鐵之爲盤、爲盂、爲刀、爲劍也。爲賢、爲愚，銅鐵之遇爐鞴繁歇，而鍛鍊有精麤也。且爲盤盂、爲刀劍，是銅鐵之自爲邪，有主張者存乎否？

---

29) (數)[殊]：저본에는 '數'로 되어있으나 『蘆沙集』, 「納涼私議」에 의거하여 '殊'로 수정하였다.

30) (炔)[決]：저본에는 '炔'로 되어 있으나, 문맥을 살펴 '決'로 수정하였다.

31) {爾}：『艮齋先生文集』, 「納涼私議疑目」에 의거하여 '爾'를 보충하였다.

32) {則}：『艮齋先生文集』, 「納涼私議疑目」에 의거하여 '則'을 보충하였다.

「凉議」曰: "旣以分爲因氣而有, 則無怪其以人物同五常爲本然之性, 而偏全之性爲非本然, 有人物性同之論." ○「記疑」曰: "偏全通塞, 與分殊之分, 殺有不同, 分雖具於天地人物未生之前. 而偏全通塞, 卻繫於所賦之氣, 且偏全非可單言於人物, 亦可幷言於聖凡, 故朱子言'學知以下, 氣之淸濁, 有多寡', 而理之全缺繫焉. 今以聖凡同五常, 爲本然之性, 而理之全缺者, 爲非本然, 有何窒礙乎? 知此則人物之性, 可以三隅反也耶?"

　　偏全, 以人物言者, 本然之分也, 以聖凡言者, 氣稟之異也. 若以人之全, 謂本然而物之偏, 謂氣質則人獨得本然之性, 物之所得, 只是氣質之性而已耶? 然則鳶飛魚躍, 水潤火燥, 皆非本然也, 天下安有一物能性其性者耶? 旣曰, "分已具於人物未生之前", 而猶以偏全, 謂却繫於所賦之氣, 夫人物之分, 舍偏全而更有何分乎? 可知其說之窮矣, 不思之甚也?

「凉議」曰: "五常之隨物而偏全, 乃此理之本分, 何可同也? 偏全不同, 而猶謂之同者, 如盤盂刀劍, 爲銅鐵則同之同, 非以混同無盤盂刀劍而謂之同也. 偏全之性, 非本然離盤盂刀劍而求銅鐵之說也." ○「記疑」曰: "人物一原之中, 有五常, 此爲理之本分. 今以五常之隨氣而發見有全缺者, 謂之理之本分, 而喚做性之本然, 此與朱子性之在氣質者, 其品不一, 所謂氣質之性, 與以氣質論, 則凡言性不同者, 皆冰釋之訓, 無或相戾乎?"

　　人與人不同, 物與物不同, 此是氣質之偏全, 人與物不同, 此是本然之偏全. 朱子曰: "人物偏正, 固自合下不同." 程子言仁曰, "偏言則一事, 全言則包四者." 此言偏全, 亦皆非本然耶?

「凉議」曰: "以一視五, 五者同一, 以五相視, 分於是存. 雖散殊之無窮, 皆本分中事, 欲低視偏全可乎?" ○「記疑」曰: "以一身視四肢, 四肢同一身, 以四肢相視, 則分於是存, 此固然矣. 然豈可以四肢與分殊, 分偏全乎? 愚故曰, '分與偏全不同, 如欲言偏, 當曰四肢或有痿痺不仁, 癱瘓不遂, 然後方可謂之偏爾, 雖欲不低看得乎?'"

　　統一身而言, 則猶理一也. 指百體而言, 則猶分殊也. 言一身而百體在其中, 言百體而一身在其中. 非一身之外, 別有百體; 非百體之外, 別有一身. 理一分殊之非各有方所, 各有時節, 如此. 今以一身對四肢, 而局理一於一身, 限分殊於四肢, 以理一分殊爲局定間隔之物, 此其所以有同體異用偏全, 非分之說也.

「涼議」曰: "『庸』『學或問』, 旣從陰陽五行說來。言其綱理之一般, 繼以陰陽五行之偏全, 言其條件之不同, 一時事而先後言之, 有何可疑之端乎?" ○「記疑」曰: "陰陽五行之偏全, 自屬氣質; 健順五常之條件, 自屬分殊, 何可直指分殊, 爲偏全乎? 若如此則手足之異名, 而可謂之偏全, 恐不成言。"

張子曰, "氣質之性, 君子有不性者焉。", 此言氣質性之非本然也。朱子以五行之生, 各一其性, 爲氣質之性。此與張子之言, 雖不同而不害其各爲一義也。此則不可謂非本然之分也, 彼旣以氣質之性, 謂非本然而以陰陽五行之偏全, 歸之於氣質而與所謂痿痺癱瘓者同科, 其無謂甚矣。然則陽剛、陰柔、水潤、火燥, 皆非本然耶? 天地萬物, 有則俱有, 如人身之四肢百骸, 加不得減不得, 完全周足, 無有空闕, 此是太極之大全, 造化之妙用, 若曰"陰陽五行, 繫於所賦之氣, 而爲臨時排定"云爾, 則太極果是虛位, 而爲造化者, 不已勞乎?

天之生萬物, 猶人之應萬事, 應萬事之理, 不先具則人性之體 有欠闕矣。生萬物之理, 不先具則天命之原, 有疎漏矣。若曰"天命之原, 與人性之體, 有不同"云, 則非愚之所知也。

朱子曰: "人物之生, 其賦形偏正, 固自合下不同。然於偏正之中, 又各自有淸濁昏明之不同。" 上段合下不同, 是本然之分也, 下段又自不同, 是隨氣之分也。今合上下段而一歸之氣分, 可乎?

「서시제동지書示諸同志」(『日新齋集』卷12)

1) 서지사항

정의림이 기정진(奇正鎭)의 문인들에게 쓴 글.『일신재집』권12에 실려 있다.

2) 저자

정의림(鄭義林, 1845~1910)으로, 자는 계방(季方), 호는 일신재(日新齋)이다.

3) 내용

이 글은 정의림이 노사(蘆沙) 기정진(奇正鎭, 1798~1879)의 문인들에게 보낸 것이다. 정의림은 기정진의 제자로, 전라남도 화순 지역에서 강학하며 많은 제자들을 길러냈다. 간재(艮齋) 전우(田愚, 1841~1922)가 기정진의 「외필(猥筆)」과 「납량사의(納凉私議)」를 비판하자, 이를 반박하는 논설을 남겨 스승의 학설을 옹호하였다. 이 글은 「납량사의」와 「외필」과 관련하여 논란이 분분할 때 정의림이 기정진의 학설에 동의하는 이들에게 쓴 글이다. 그는 처음에 "태극은 천지의 종조(宗祖)이고 조화의 주재(主宰)이며, 만사의 뿌리이고 천하고금인사의 준칙"이라고 명시했다. 세상의 흥망성쇠는 이러한 도리가 밝혀지느냐 아니냐에 달려 있는데, 이러한 도리는 형체가 없어서 사람들이 잘 알아보지 못한다고 개탄했다. 그래서 여러 성현들이 경전을 지어 이러한 도리를 밝혔는데, 세월이 흐르면서 이러한 가르침이 가려져서 기(氣)를 성(性)으로 인식하고 심지어 성악설을 주장하는 사람들이 나타났다고 했다. 이러한 현실을 바로잡고자 송나라 때 성리학이 흥기했고, 이러한 학풍이 우리나라로 전해져 조광조, 이황, 이이, 송시열로 이어졌다고 설명했다. 하지만 근래 들어 이러한 학풍도 시들해져 태극을 기(氣)가 섞인 물건으로 본다든가, 오성(五性)이 기로 인해 생겨났다든가, 명덕을 형이하(形而下)로 본다든가, 달도(達道)를 기발(氣發)로 본다든가 하는 주기론자들이 생겨나게 되었다는 것이다. 이러한 세태를 바로잡고자 스승인 기정진이 「납량사의」와 「외필」을 저술했다고 강조했다.

3-17-3 「書示諸同志」(『日新齋集』卷12)

太極是天地之宗祖, 造化之主宰, 萬彙之根柢, 天下古今人事之準則也。至微至妙, 而不離乎日用之常; 至近至切, 而實原乎天命之嚴。世之治亂, 人之賢否, 俗之污隆, 事之成壞, 只在乎此箇道理明不明如何耳。然道理無形, 而人心有蔽。心旣有蔽, 則雖形器粗迹, 見且猶不得了了, 況無形之妙乎? 是以聖賢作之經, 述之傳, 以至於千言萬語娓娓而不已者, 無非所以明此理, 使人人得以見之。然三代以降, 世敎不明, 雖間世豪傑如荀卿、揚雄之徒, 猶不免認氣爲性, 至有性惡之說, 況其下者乎? 百世長夜, 摘埴俇俇, 至宋洛、閩間, 有二三先覺出而發揮之, 使性善之義, 大明於世。暨于我東, 如靜、退、栗、尤諸先生, 篤信謹守, 路脈坦然。嗚呼! 遺風浸遠, 微言易晦, 或以太極爲帶氣之物, 或以五性爲因氣而有, 或以明德爲形而下, 或以萬殊爲氣分, 而以達道爲氣發。如此則性情體用、始終本末, 無非氣爲之主, 而所謂太極主宰者, 果安在哉? 大綱旣差, 餘皆可知。先聖先賢, 苦心苦口, 所以明之於旣晦之餘者, 今不免復晦於旣明之餘, 可勝歎哉! 人於此理, 講之討之, 使昭然在目, 至運用之際, 易致差失。況目前所見, 無非形氣麤粗之物, 則其於民彝何, 其於世道何? 惟我蘆沙先生, 嘗慨然於此, 思有以救之, 而「納凉」、「猥筆」之書所以作也。析以辨之, 會而通之, 使往哲微旨, 庶幾復明於世。不意, 嶺中權、崔諸人, 指摘句語, 眩惑視聽, 以爲誣毀前賢, 未知此人此擧, 是公心所發耶, 是猜嫌所使耶? 今「猥筆」之刊布在四方, 有眼者皆可得以見之。況時移歲久, 愛惡稍衰, 則所餘者公議而已。只有緘口結舌, 守靜無辨, 以俟百世之人可也。然惟吾黨之士, 試觀今日所辨, 如理氣之說, 以爲何者爲得, 何者爲失。此則不可委之於後, 而所當卽下究覈者也。若己無知識, 而隨人毀譽, 惟便是擇, 惟好是阿, 則因仍苟且之頃, 安知此身或不陷於偏側之科乎? 但道理是無形之妙也。須從容沉索, 積久存養, 乃可以見, 勉之勉之! 此是學問大法, 身家大計, 又豈足止爲了此一事而已耶?

「통고영남열읍장보문通告嶺南列邑章甫文」(『日新齋集』卷12)

1) 서지사항

정의림이 영남 여러 고을의 선비들에게 돌린 통문.『일신재집』권12에 실려 있다.

2) 저자

정의림(鄭義林, 1845~1910)으로, 자는 계방(季方), 호는 일신재(日新齋)이다.

3) 내용

이 글은 정의림이 영남 여러 고을의 선비들에게 돌린 통문이다. 정의림은 기정진의 제자로, 전라남도 화순 지역에서 강학하며 많은 제자들을 길러냈다. 간재(艮齋) 전우(田愚, 1841~1922)가 기정진의 「외필(猥筆)」과 「납량사의(納凉私議)」를 비판하자, 이를 반박하는 논설을 남겨 스승의 학설을 옹호하였다. 이 글은 1902년 「납량사의」와 「외필」의 내용이 율곡의 학설을 비판했다는 논의가 분분할 때, 정의림이 영남의 유학자들에게 쓴 글이다. 이 통문에서 정의림은 다음과 같이 설명했다. "노사는 멀리 공자와 정자와 주자를 근본으로 삼았고, 가까이는 동방의 여러 현인들을 본받았다. 그리고 율곡선생에 대해서는 더욱 돈독하게 믿었다. 그 리(理)를 논할 때는 율곡이 말한 '리통기국(理通氣局)'을 종지로 삼았고, 성정(性情)을 논할 때는 율곡이 말한 '만가지 정(情)은 모두 리(理)에서 발한다.[萬般之情, 皆發於理.]'를 정론으로 삼았다." 즉 기정진은 결코 율곡을 저버리거나 율곡의 학설에 대립한 것이 아니라는 것이다. 그러면서 기정진이 이것을 쓴 것은 주기(主氣)의 학설이 성행하여 태극과 천명의 본체가 밝혀지지 않는 것을 우려했기 때문이라고 강조했다.

3-17-4 「通告嶺南列邑章甫文」(『日新齋集』卷12)

謂伯夷貪, 謂柳惠暴, 則人將信之乎? 恐人之不信, 而文致辭說, 巧引援據, 玲瓏閃忽, 致人眩惑, 此聖人所以畏巧言、惡利口、遠佞人者也。惟我蘆沙奇先生, 生於世衰道微之餘, 而繼往開來, 其功爲不少矣。遠宗洙、泗、洛、閩, 近法東方諸賢, 而於栗谷先生, 尤篤信焉。其論理, 則以栗谷所言"理通氣局"爲宗旨; 其論性情, 則以栗谷所言"萬般之情, 皆發於理"爲確論。見「伸捄栗谷疏」, 則以爲此是爲萬世傳否泰消息; 見誦法『擊蒙要訣』, 則以『論語』、『孟子』擬而議之。若此之類, 不可殫記, 而放諸『文集』, 歷歷可見。但於"陰靜陽動, 其機自爾, 非有使之"一段語, 有少未契, 而每活看而通之, 以爲此特流行邊說話矣。近來主氣之說, 盛行于世, 而太極天命之本體, 掩蔽而不明, 故先生深加憂歎。凡於問答往復之際, 無不深辨而痛斥之, 則或者輒引"非有使之"之語, 以爲主氣之證案。於是先生始辨其措語之未妥, 以至輾轉差謬之意, 而因曰: "前賢於此發之太快, 而未究乎後蔽之至此也。" 此所以發前賢未盡之意, 徵今人無窮之蔽者也。然猶不敢自安, 而曰"猥筆"; 猶不敢自專, 而曰"實有奉質之願"; 猶不敢自是, 而曰"吾之所疑者忘, 則儒門之幸也"。辭益切而禮益恭, 志愈苦而意愈遜, 所以增光前賢, 實尊往哲, 爲何如耶? 若以此爲誣毀栗谷, 則朱子之『本義』爲誣毀程子, 晦齋之『補遺』爲誣毀朱子耶? 栗谷於性情四七之辨, 亦何不一從退溪之說乎? 日者嶺中人崔東敏、權鳳熙輩, 先後投通, 以蘆沙所著「猥筆」爲攻斥栗谷。噫嘻! 此何擧也? 曰"氣奪理位", 曰"兩箇本領", 曰"有虛名無實事"等語, 是說理氣帥役之義, 而謂之攻斥栗谷。曰"詖淫邪遁", 曰"顚倒昌披", 說今人主氣之弊將至於斯, 而謂之攻斥栗谷。只此數語, 已極誣虛, 而又欲招引黨援, 則曰"侵斥退溪", 曰"譏切尤庵"。文致辭說, 巧引證據, 變幻是非, 眩惑視聽, 『禮』所謂"學非而博, 行僞而堅, 以惑衆, 則殺, 無赦"者, 非此輩之謂耶? 人不辱其父, 而爲子者, 自做辱說以徵成之, 則是自辱其父者也。然則今日之誣毀栗谷, 在此乎, 在彼乎? 且蘆沙先生, 以四朝禮遇之儒臣, 尊兼三達, 望重一國, 而以彼么麽後生, 乃敢指斥姓名, 詬辱罔極, 此亦世道之一大變怪也。嶺中古稱鄒魯文明之鄉, 而任他恠鬼輩之跳踉, 如是而不恤乎? 誠極痛歎, 兹以奉告。惟嶺中僉君子, 聲討其罪, 俾不置士類之地, 斯文幸甚, 世道幸甚。

「통고호남열읍장보문通告湖南列邑章甫文」(『日新齋集』卷12)

1) 서지사항

정의림이 호남 여러 고을의 선비들에게 돌린 통문.『일신재집』권12에 실려 있다.

2) 저자

정의림(鄭義林, 1845~1910)으로, 자는 계방(季方), 호는 일신재(日新齋)이다.

3) 내용

이 글은 정의림이 호남 여러 고을의 선비들에게 돌린 통문이다. 정의림은 기정진의 제자로, 전라남도 화순 지역에서 강학하며 많은 제자들을 길러냈다. 간재(艮齋) 전우(田愚, 1841~1922)가 기정진의 「외필(猥筆)」과 「납량사의(納凉私議)」를 비판하자, 이를 반박하는 논설을 남겨 스승의 학설을 옹호하였다. 이 글은 1902년 「납량사의」와 「외필」의 내용이 율곡의 학설을 비판했다는 논의가 분분할 때, 정의림이 호남의 유학자들에게 쓴 글이다. 이 통문에서 정의림은 기정진은 결코 율곡을 저버리거나 율곡의 학설에 대립한 것이 아니라고 강조했다. 기정진이 이 글들을 쓴 것은 주기(主氣)의 학설이 성행하여 태극과 천명의 본체가 밝혀지지 않는 것을 우려했기 때문이라고 설명했다. 그러면서 오는 9월 17일 능주 영귀정(詠歸亭)에 모여 성토대회를 열자고 제안했다.

3-17-5 「通告湖南列邑章甫文」(『日新齋集』卷12)

天下之可惡者何限, 而聖人特言"惡似而非者", 何耶? 蓋似是而非, 易以惑衆故也。今頭戴先正, 名稱尊賢, 而眩亂是非, 熒惑視聽者, 非似是而非耶? 惟蘆沙先生一生尊慕栗谷, 而於太極理氣之說, 天命性情之論, 無不脗合而篤信焉。考之『文集』, 歷歷可徵。但於"陰靜陽動, 非有使之"一句, 語有少未契, 而每活看而通之, 以爲此特流行邊說話矣。及見今人之主氣者, 專執此語, 以爲己見之證案, 則先生始辨此句下語之未妥, 以至輾轉差謬之意, 是乃所以講明前賢之道, 而矯捄今日之弊也。不意近者, 嶺人崔東敏、權鳳熙輩, 指摘此語, 以爲誣毁栗谷, 飛通列郡, 肆其詆斥, 人之無狀, 一至於此乎! 道理無窮, 而時世有異, 是以前後聖賢, 捄世立言, 不得不略有異同, 如程子『易傳』、朱子『本義』之類, 不可殫記。若以此而誣毁前賢, 則自程、朱以後諸賢, 無一人免於誣毁前賢之(肆)[律][33]矣。且蘆沙先生, 以四朝禮遇之臣, 尊兼三達, 望重一國, 而彼么麼後生輩, 敢自指斥姓名, 極其誣辱, 此亦世道之一大變怪也。擧國人人所與共斥者, 而況在先生之鄕, 冠儒服儒者乎? 道內僉君子聞之, 想不無同憤共疾之心。須以九月十七日齊會于綾州之詠歸亭, 以爲一席爛商, 齊聲致討之地, 幸甚。

---

33) (肆)[律]: 저본에 '肆'로 되어 있으나, 문맥을 살펴 '律'로 수정하였다.

「일지록日誌錄」(『日新齋集』卷12)

1) 서지사항

정의림이 학문하면서 자신의 견해를 단편적으로 기록해 놓은 글.『일신재집』권12에 실려 있다.

2) 저자

정의림(鄭義林, 1845~1910)으로, 자는 계방(季方), 호는 일신재(日新齋)이다.

3) 내용

이 글은 정의림이 학문하면서 자신의 견해를 단편적으로 기록해 놓은 것으로서 모두 39개 조목을 적어 놓았다. 정의림은 노사(蘆沙) 기정진(奇正鎭, 1798~1879)의 제자로, 전라남도 화순 지역에서 강학하며 많은 제자들을 길러냈다. 간재(艮齋) 전우(田愚, 1841~1922)가 기정진의 「외필(猥筆)」과 「납량사의(納凉私議)」를 비판하자, 이를 반박하는 논설을 남겨 스승의 학설을 옹호하였다. 정의림은 이 글을 44세 되던 때부터 기록했는데, 날이 갈수록 기억이 희미해져 적어두었다가 나중에 취정(就正)의 자료로 삼겠다고 그 사연을 밝혔다. 주요 조목을 발췌해보면 다음과 같다. "주자의 「태극도설」은 유행변역(流行變易)을 주로 해서 말한 것인데, 변역(變易)의 기(氣)는 대대(對待)하여 교역(交易)하는 기이다." "사사로운 욕심을 깨끗하게 하면 생리(生理)가 온전해져서, 미발(未發)일 때는 천지와 동체(同體)가 되고, 이발(已發)일 때는 천지와 동류(同流)가 된다." "태극은 한 개의 볼 수 있는 물건이 아니다. 하늘에 있으면 만리(萬理)의 총명(總名)이 되고, 사람에게 있으면 온갖 선(善)의 통체(統體)가 된다." "사(邪)를 막으면 성(誠)은 저절로 존재하게 된다. 사를 막는 것 외에 다른 곳에 성이 있는 것이 아니다. 극기복례(克己復禮) 또한 그렇다. 대개 마음에서 발하는 것이므로 천리와 인욕 두 가지 길이 있을 뿐이다. 천리가 아니면 인욕이고 인욕이 아니면 천리이니, 두 개가 서로 대치함이 없기 때문이다. 일에 응대하는 것에 선(善)한 것도 있고 과(過)한 것도 있어 만 가지가 다 같지 않다." "사(邪)와 정(正)은 본래 나란히 설 수 없다. 공(公)과 사(私)는 본래 나란히 행할 수 없다. 날마다 크게 공정하고 지극히 바른 이치를 보고, 달마다 크게 공정하고 지극히 바른 곳으로 나아가면, 구구하고 사사(邪私)로운 것은 자연히 들일 데가 없게 된다."

3-17-6 「日誌錄」(『日新齋集』卷12)

余年今四十有四矣。此是古人不惑知命之日, 而學不加進, 心不加存, 其岜岜貿貿, 即當日蒙蔀童昏之見耳。然至於精神氣魄, 則日衰月頹, 與疇昔遽已大不相同, 撫念悲歎, 此生何爲? 但平生之業, 不可到老改轍, 只有黽勉不舍, 庶幾餘效, 而聞見所及, 先忘後失, 無緣會得浹洽。於是置一小冊子, 凡日間應接及思索得失, 隨手箚記, 一以爲溫故之計, 一以爲就正之資也。

陰陽之對待者, 是交易也; 流行者, 是變易也。周子『太極圖說』, 是主流行變易而言, 然變易之氣, 便是對待交易之氣。

程子曰: "性中只有箇仁義禮智, 曷嘗有孝弟來?" 據此, 似若性中無孝弟。然四者裏面, 細條理都包在了。如五行言木, 則松、柏、橡、樟, 都包在裡面; 言水, 則江、淮、河、漢, 都包在裏面。

程子曰: "滿腔子是惻隱之心, 於此見天地萬物一體, 最爲的實, 若去腔子外尋覓, 浩浩茫茫無交涉"云。夫私欲淨盡, 生理渾全, 則其未發也, 與天地同體; 其已發也, 與天地同流。所謂"公則一"、所謂"靜中觀萬物, 皆有春意"者, 亦此意。

太極不是一箇可見之物, 在天爲萬理之總名, 在人爲萬善之統體。

陰陽兩端, 雖極萬變, 而莫非生理之周流; 人生日用, 雖耒耜陶冶甲兵簿書之類, 莫非生理所須之具。

"不知命, 無以爲君子", 此命字, 指氣數而言也。人生一循天理, 無犯人爲, 凡吉凶榮辱之來, 無一毫自取而後, 可諉於命。知此則見利不趨, 見害不避, 惟知有義理而已, 豈不爲君子乎?

"中天下而立, 定四海之民, 君子樂之, 所性不存", 所性旣不存於此, 則獨可存於彼乎? 所性者, 千萬人皆同; 地分者, 千萬人皆不同。不同故所性不存, 而因其不同, 又莫不各有當行之道, 不爲此嗇而彼豊, 何必捨此而慕彼哉?

游氣, 何氣也? 以天地陰陽之氣爲主, 則萬物爲游氣; 以萬物當體之氣爲主, 則陰陽爲游氣。

"閑邪則誠自存", 不是閑邪之外, 別有存誠也。"克己復禮"亦然, 但"遷善改過", 自是二事。蓋發於心者, 則天理人欲二途而已, 非天理便是人欲, 非人欲便是天理, 無兩相對峙故也。應於事者, 則有善底, 有過底, 有萬不同也。

朱子「答呂子約」書曰: "所論必有事焉, 鳶飛魚躍, 意亦甚當。知得如此, 已是不易。更且虛心寬意, 不要回頭轉腦, 計較論量, 却向外博觀衆理, 益自培殖, 則根本已固, 而枝葉愈茂矣。若只於靜坐處尋討, 却恐不免正心助長之病"云云。此言偏中我病, 如對證下劑, 千載之下, 似爲等待而準備者。三復悲悵, 益恨得味此言之晚。

人欲之害, 大槪有三, 一則氣質之偏也, 二則耳目之蔽也, 三則物我之形也。柔懦昏濁、暴戾剛輕者, 氣質之偏也; 貪嗇浸淫、經營汩沒者, 耳目之蔽也; 忌克殘忍、虛驕羞縮者, 物我之形也。三者輾轉因仍, 相助益深。然氣質之偏, 爲其本領, 故古人以變化氣質言之。

意有所褊隘, 則以廣大底意思克之; 有所虛僞, 則以眞實底意思克之; 有所怠散, 則以嚴凝底意思克之; 有所邪曲, 則以正直底意思克之。日日如此, 使爲善之力足以勝彼, 然後可以有進。

程子曰: "性中曷嘗有孝弟來? 然則孝弟是待人排定底物事耶?" 曰: "不然也。所性之中, 天理全具, 而此理之施於親者謂之孝, 施於君者謂之義, 施於長者謂之弟。但性爲萬物之一原, 而孝弟是人分上說, 故不可就一原上以孝弟之名加之也。" 曰: "孝弟之理, 固在一原上, 而所以爲父子、君臣、兄長者, 則不在於一原耶?" 曰: "父子、君臣、兄長, 是氣也。固不在於一原, 而所以爲父子、君臣、兄長之理, 則已在於一原中矣。"

一本固天命之全體, 而萬殊是天命之流行也。然則萬殊果是因氣而有者哉!

一說, 窮理之道, 有所當然、所以然。所當然, 如父之慈、子之孝, 所以然, 是慈孝之所從來, 即天命之性也。一說, 所當然, 固爲父之慈、子之孝, 而所以然, 是就父子上所以慈孝之故也。未知二說何如? 曰: "窮理之道, 固非一端, 有就理上看者, 有就物上看者, 有就事上看者。就慈孝上窮究, 是理上看; 就父子上窮究, 是物上看; 就父慈子孝上窮究, 是事上看。自萬殊至一本, 中間甚有多少曲折。有如此曲折, 故至於萬殊, 所以萬殊者, 由其有此曲折, 故知其一本。"

就理上窮究, 則所以然固是一本處; 就事物上窮究, 則知其曲折不同, 所以造乎一本。

向看『太極圖說』"動極而靜, 靜極復動"之語, 竊疑此是流行一邊說, 而非對待之體。追後思之, "動而、靜而"者, 是流行之用, 邵子所謂"用起天地先"者也; "生陽、生陰"者, 是對待之體, 邵子所謂"體立天地後"者也。但一動一靜之用, 起於天地之先, 而行於天地之後, 非分陰分陽之後, 別生一箇流行之氣也。是故曰"靜極復動"也。

此身非我私物。凡身之視聽行步喫着語默, 莫非天機, 纔着一毫私意, 不是天則。

己丑春, 冠山 魏斯文釋雲龍奎, 從我游碧山書舍。一日, 講及夫婦有別之義。釋雲曰: "昔聞南坡李丈與蘆沙先生論此義, 南坡以一夫婦居內居外之義言之。先生曰: '非也。此是人人夫婦, 各有定偶而不亂之義也。是以有曰夫婦有別, 然後父子親。' 又曰: '禽獸知有母, 而不知有父, 以其無別也。' 予從來解認有別之義, 亦如南坡之見, 及聞此語, 不覺怳然。若以一夫婦相與之義言之, 則必曰'夫婦有恩', 不但曰'夫婦有別'也。人人夫婦各有定偶而不亂者, 此固正義, 而一夫婦居內居外, 特其中細條理也。" 嗚呼! 摳衣之日, 未及聞之, 而至於山頹十年之後, 乃得聞之, 此講聚之樂不可無也。

助忘常相因, 忘故助, 助故忘。不忘則何助之有, 不助則何忘之有? 須知勿忘勿助之間, 乃是本心。

景立說: "許多條理, 安能常常記念? 應事時, 又安能着意安排? 比如明鏡照物, 不成萬象常在鑑中。但洗磨塵垢, 使淸明通徹, 則物雖不至, 而不可謂萬象不涵於此, 未知何如?" 余謂: "此說固好。但磨鏡之方, 不向格致踐履上用功, 而若只撑眉努眼, 向壁觀心, 則必入空寂寂地去矣。"

要息思慮, 便有多少思慮在。惟"莊敬持養"四字, 最不煩而要。

問: "格物之道, 有所當然、所以然, 是如何?" 曰: "如說'足容重', 則足者地也, 在一身之下, 而承載得許多, 其容不得不重, 此所以然也。端重安詳, 不輕躁, 不草率, 此所當然也。且趍時當如何? 立時當如何? 升降時當如何? 進退時當如何? 在親前當如何? 在君前當如何? 此是'足容重'中細條理, 又莫不各有所以然。"

仁者, 合下天然自有之物, 不爲天地萬物一體而有也。然纔有生生至愛之理, 則便是天地萬物自然一體。如一箇種子, 只有生生之理, 所以千枝萬葉之理, 自然完具, 此其仁故一體也。若以施用處說, 則亦可謂一體故仁也。有(主)[生]34)生之理, 故有父子之分, 而且父子一體也, 故有慈孝之道。昔年與繼元論此義, 頗費往復, 不無小小歸宿。

先就日用事物上, 窮索得仁義禮智, 見眼前至近天理流行, 然後方有據守處。若只向高妙處, 說性說理, 都無着摸。

邪正本不幷立, 公私本不並行。日觀大公至正之理, 日就大公至正之域, 則區區邪私, 自無容處。

容體正, 然後禮義行; 不遷怒, 自正容體始。

一身, 太極之象, 形氣, 陰陽之象, 氣血骨肉, 五行之象, 百骸萬竅, 萬物之象也。

---

34) (主)[生]: 저본에 '主'로 되어 있으나, 문맥을 살펴 '生'으로 수정하였다.

無懸空之理, 故亦不曾別有統體之太極。只是在陽爲一太極, 在陰爲一太極, 在五行亦各一太極, 在萬物亦各一太極, 合陰陽五行萬物爲統體之太極。然統體之太極, 不多於各具之太極; 各具之太極, 不少於統體之太極, 是各具中自有所謂統體者。

天於萬物, 非物物刻而雕之也, 亦非汗漫不關聽其自爾也。天地萬物只是一體, 更無分別, 如人之一身四體, 生理周流, 無不相管。

明性善而主忠信, 此是先立乎大者云者, 此是先儒喫緊爲人處也。爲學之道, 豈有以加於此乎? 此『大學』所以爲初學入德之門, 可不勉哉?

"不誠無物"四字, 當仔細玩求。

私意消化, 則動靜語默, 皆是天機也。『莊子』所謂"人於嗜欲深者, 其於天機淺", 亦此意。

<u>朱子</u>曰"以正配中, 則中爲重, 以義配仁, 則義爲本"云云, 以<u>周子</u>主靜之說觀之, 似以正義爲主, 而<u>朱子</u>之言如是, 何耶? 蓋陰陽互爲其根者, 是仁義互爲其體故也。以正義爲本, 則中仁爲用; 以中仁爲體, 則正義爲用。

"無極而太極", 是理上說; "冲漠無眹, 萬象森然已具"者, 心上說。

性卽太極也, 太極是陰陽動靜本然之妙也, 然獨以未發爲性, 何也? 曰: "未發非性也。但具於未發者, 是性也。未發則氣不用事, 而道義全具, 故謂之性。"

一本以理言, 大本以心言。故各具中, 謂有一本則可, 謂有大本則不可。

或曰: "'萬殊之外, 非別有一本'云爾, 則天爲萬物之一本, 心爲萬事之一本, 而天與心非別於事與物耶?" 曰: "天於萬物謂之一本則可, 以不可謂之大本; 心於萬事謂之大本則可, 而不可謂之一本。蓋天與心亦萬殊中一物, 予曾以合天地萬物爲一本, 分天地萬物爲萬殊, 以今觀之, 殊甚未穩。一本萬殊, 初無堦位等級, 只是一本中有萬殊, 萬殊中有一本。”

人根於太虛陰陽之氣, 如魚根於水, 木根於土, 其動息呼吸, 未嘗須臾間斷。

心莊則聲宏, 心和則聲平, 講治精則其言條暢, 存養熟則其言舒重。

問: “天一生水, 地二生火。然而人物之生, 稟陽於天, 稟陰於地, 何耶?” 天一地二, 是對待中綜錯也; 稟陽稟陰, 是綜錯中對待也。有陰陽然後有五行, 有五行然後萬物化生, 則天一生水, 地二生火, 是其上一節事也。然凡物之生, 莫不初清虛而漸堅實, 有水火金木次第生成之象。氣則推行有漸, 而理則一時都具, 完全自足, 更無欠剩。變化氣質, 只在見理明、涵養熟。若見理而無涵養, 則只是口耳之學而已, 何氣質之可變哉?

凡有物有則, 皆合下自有底道理。方方正正, 見得分明, 則此是物各付物, 安有私意牽引之患哉?

生成萬物, 其德莫大於天地, 而天地何嘗有驕矜之心? 陶鑄一世, 其功莫盛於聖人, 而聖人亦何嘗有滿足之意? 雖孝如大舜, 而亦人子分內當然底; 學如孔子, 而亦學者分內當然底, 何驕矜滿足之有? 人之驕矜滿足者, 只是心狹故也。

「상노사선생上蘆沙先生」(『日新齋集』卷2)

1) 서지사항

정의림이 기정진(奇正鎭 1798~1879)에게 보낸 편지.『일신재집(日新齋集)』권2에 실려 있다.

2) 저자

정의림(鄭義林, 1845~1910)으로, 자는 계방(季方), 호는 일신재(日新齋)이다.

3) 내용

이 글은 정의림이 자신의 스승인 기정진에게 공부와 그 이론적 기반에 대해 물은 편지이다. 본서와 별지 각각의 답서가 부기되어 있어, 문답내용을 알 수 있다. 본서에서 정의림은 용모를 의젓하게 하고자 하면 각박해지고, 안색을 온화하게 하고자 하면 관대함으로만 흐르니, 어떻게 하면 서로 배치되지 않게 할 수 있을지 물었다. 기정진은 용모의 의젓함은 외면의 말이고 안색의 온화함 내면의 말인데, 의젓함은 온화함의 밖에 있지 않다고 하였다. 내면에 난폭함과 사사로움이 없으면 용모가 온화할 것이라는 말이다. 별지에서 정의림은 하나의 이치가 마음에 있어 느낌을 따라 응하고, 그 체(體)는 혼연(渾然)하되 혼연한 가운데 스스로 조리가 있어, 그 발(發)할 때는 하나만 발하고 세 가지는 그대로 머물러 있는 것이 아니며, 또 한 가지가 발함에 세 가지가 따라서 없어진 것도 아니라고 했다. 기정진은 이 설이 매우 좋다고 했다. 또 음과 정, 양과 동은 각기 두 가지 물건인지, 동정이라는 것은 리기의 유행이고 음양이라는 것은 유행의 체단이라고 하면 어떨지 물었다. 이에 대해서는 "동정이라는 것은 일기(一氣)의 유행이요, 음양이라는 것은 이체(二體)의 대립이다"라고 하면 어떠냐고 답했다. 정의림이 성이 기질 중에 떨어져 있다고 한다면 비록 미발일 때도 기가 없다고 말할 수 있으나 다만 기가 아직 용사하지 않았으므로 청탁수박(淸濁粹駁) 강유편전(剛柔偏全)이 같지 않음을 볼 수 없고 단지 혼연할 뿐인데, 미발시 또한 기질지성이 있는지 물었다. 기정진은 단정짓기는 어렵지만 다만 본연은 기질의 밖에 있지 않다고 말할 뿐이니, 기가 만약 삼시간에 맑아진다면 이곳이 바로 본연이라고 답했다. 천지가 서로 오행을 낳고 오행은 서로 순환하는 것은 어째서인지, 천명(天命)의 성(性)을 체라고 하면 솔성(率性)의 도(道)가 용이 되는지, 수도(修道)의 교(敎)가 용이 되는지 등을 물은 것에 대해서는 천지의 생이 아니면 오행이 저절로 상생할 수 없다 하였고, 천명의 성을 체로 본 점도 미흡하다고 하였다.

3-17-7「上蘆沙先生」(『日新齋集』卷2)

伏惟秋高, 燕申道體對序寧適。門生二十二日, 自門下還, 中路得病, 二十三日到柳生家。累日濡滯, 情私甚悶, 思溫容莊, 向旣聞命, 而終未釋然。大抵欲莊, 則涉於迫隘; 欲溫, 則流於寬緩, 何以則容思合宜, 不至相背乎? 人之氣稟, 有萬不同, 學者必先知自已氣稟之如何, 然後可下矯揉之功。以生之氣稟觀之, 則柔弱太甚, 是稟陽之不足。陽旣不足, 則陰必有餘, 而以不能嚴厲者觀之, 稟陰亦不足也。未知其故安在。此處下一語, 千萬至祝, 天氣未寒, 更乞爲道保重。

答附

略曰: 思溫容莊, 復此提起, 足見切問近思、不得不措之意。顧此昏翳, 何足以助發萬一? 以淺見言之, 容莊不在思溫之外。思溫者, 近裏語也; 容莊者, 外面語也, 故曰"望之儼然, 卽之也溫"。蓋胷中無暴戾、狷忿之私, 則其色必溫; 外面無戲豫、放浪之態, 則其容必莊。若舍溫而求莊, 則吾恐其成就者暴戾、狷忿之私而已矣。詩曰: "溫溫恭人, 惟德之基。" 勉之哉! 矯揉氣稟之偏, 固當無時無處, 不用其力, 而"色思溫"一節, 恐是衆人通法, 出腳不得。吾意如此, 未知如何。

別紙

一理在中, 隨感異應耶? 抑各有攸主, 各相發用耶? 曰其體未嘗不渾然, 而渾然之中, 亦不能無各有条理之可言。其發也, 非一者出, 而三者留在其中; 又非一者發, 而三者因以隨滅也。夫五行之理, 其勢相須, 如見孺子入井, 而惻隱之發也。的當不忒者, 義之宜也; 燦然有条者, 禮之節文也; 知所惻隱者, 知之分別也, 推此可見。

纔動便是陽, 纔靜便是陰。今曰"動而生陽, 靜而生陰", 則陰與靜, 陽與動, 又各兩物耶? 曰"動靜者, 二氣之流行也; 陰陽者, 流行之體段也", 邵子所謂"用起天地先, 體立天地後"者, 此歟!

未發時, 亦有氣質之性耶? 曰"此性墮在氣質之中", 則雖未發不可謂無氣, 但氣不用事, 故不見有清濁粹駁、剛柔偏全之不同, 而只是粹然、渾然而已。

人之爲人, 禽獸之爲禽獸, 草木之爲草木, 莫非天使之然, 則天命其各不同, 而謂之同,何歟?

『大易』以動爲「復」卦, 周子以靜爲誠之復, 何耶? 曰: "陽爲淑, 陰爲慝, 故『大易』主陽而言; 靜爲體, 動爲用, 故周子主體而言。" 天地互生五行, 五行又相生循環, 何也? 曰: "天一生水, 地二生火者, 以萬物形化而言; 木生火, 火生土者 以萬物氣化而言。" 道者, 體與用而已, 以天命之性謂體, 則以率性之道爲用歟? 以修道之敎謂用歟? 曰: "天命固是未發之體, 而率性之道, 乃未發中森然已具之稱。到修道上方, 他說用。"

答附

略曰: 別紙幾條, 無非名理肯綮, 自顧昏翳如此, 安能與之上下其論也? 大抵君能如此求之不休, 必無不得之理。勿以老昏人尾附數語爲歸宿, 更加玩索涵泳, 是所望也。

第一段, 一理隨感說, 甚好。

第二段, 動便是陽說。答語改之曰"動靜者, 一氣之流行也; 陰陽者, 二體之對立", 何如?

第三段, 未發時亦有氣質說, 此處却不易一筆句。但斷曰"本然不在於氣質外", 氣若霧時澄淸, 則此處便是本然, 足矣。

第四段, 人物天命說, 此是最難言處。天命若是無分別, 一理則萬殊, 從何得來? 須知所謂一者, 非無分之謂也。

第五段, 動復說, 大意似然。

第六段, 五行相生、互生說, 若非天地之生, 五行安能自相生乎?

第七段, 體用說, 以率性爲體, 容有未然。若修道, 乃心之用, 不可謂道之用也。

「상노사선생上蘆沙先生」(『日新齋集』卷2)

1) 서지사항

정의림이 기정진(奇正鎭 1798~1879)에게 보낸 편지. 『일신재집(日新齋集)』 권2에 실려 있다.

2) 저자

정의림(鄭義林, 1845~1910)으로, 자는 계방(季方), 호는 일신재(日新齋)이다.

3) 내용

이 글은 정의림이 자신의 스승인 기정진에게 보낸 편지이다. 기정진의 답서는 『노사문집(蘆沙文集)』 권12 〈답정계방(答鄭季方)〉 (계유년 12월)에 수록되어 있으며, 신미년 9월 편지에도 문의 내용 일부에 대한 답변이 실려있다. 정의림은 이전에 형이상(形而上)이란 형상이 있기 전에 그 리(理)가 이미 갖춰진 것을 말하고, 형이하(形而下)란 막 형적(形迹)에 다다른 이후로 곧 기(氣)라고 할 수 있는지 물은 바 있다. 이에 대해 기정진은 그렇게 본다면 도는 인물(人物)이 화생(化生)하기 이전에 존재하는 것이 되고, 복희·신농 이하 여러 성인이 모두 이 도에 참여하지 못하게 되기 때문에, 이것은 이단의 사설(邪說)과 둔사(遁辭) 중에서도 심한 것이라고 하였다. 형이상하의 '상·하'를 '전·후'의 의미로 보면 안 된다는 것이다. 그러나 정의림은 사물에 나아가 그 유래한 바를 궁구하면 모름지기 "먼저 이 이치가 있다."고 말한다면, 이 사물이 형체를 이루기 전에 먼저 이 사물의 이치가 있다는 말이 되고, 주자도 "형이상하라는 것으로 근거하여 말하자면 어찌 선후가 없겠는가."라고 했다고 반론했다. 기정진은 "아래로 배워서 위로 통달한다"라는 말처럼, 성인이 상·하라는 글자를 통하는 것으로 형용한 바 있지만 양자를 분리해보려 한 것은 아니므로 유의해야 한다고 하였다. 정의림은 또 『통서』의 「기선악도(幾善惡圖)」에서 성(誠)자 아래 기자가 있고 기(幾)자 아래 선기(善幾)와 악기(惡幾)의 권(圈)이 있다. 발하자마자 곧 선이 있고 악이 있는데 어째서 반드시 특별히 하나의 기자를 세운 뒤에 또 선기와 악기의 권을 두었는지 묻기도 하였다. 부기된 답서에서 기정진은 자신의 말이 매번 도리에 맞을 수가 없고 도리에 맞더라도 매번 서로 의견이 부합할 수 없으므로 조금이라도 온당하지 않은 점이 있거든 꺼리지 말고 끝까지 논박해주길 바란다고 하였다.

3-17-8「上蘆沙先生」(『日新齋集』卷2)

冬令垂深, 未審燕申道體對時萬康。向自漢師到江上, 伏見我先生飮饍酬應之節, 不異平常, 私心喜幸。退語于心曰: "今日拜師門, 明日拜親庭, 而親庭氣候, 亦且康適, 則千里遠遊之餘, 爲幸莫大矣。" 行到光州聞有親瘵之急, 侵晨而發, 比暮抵家, 則親候已復常。小子依歸之地, 惟親惟師, 而親師之間, 俱見慶幸如此, 百拜後蒼感頌無任。返巢以後, 杜門掃却, 自爲看書之策。然心地病根, 種種有惹絆之患, 回顧茫然, 難以旬月工夫, 可能捄治而去之也。汲汲修省, 使此平生大事, 或有所成就之望於我先生康寧之日, 則先生敎育之義, 小子服受之恩, 庶乎無憾矣。但平日事, 動輒纏繞, 不惟學問之不力, 而隨序供候, 旋卽告歸, 其安能優遊薰蒸變此氣習之積病哉? 嗚乎! 聖遠言湮, 同流滔滔, 擧天之下知有吾道者, 誰歟? 況世趍多端, 士論不一, 分之又分, 至於今日而極矣, 則其勢不得不有大心力人出而正之, 然後可也。不然, 小子後生, 安知適從而取舍耶? 恐先生終不得以辭其責也。但摳衣之列, 無起予相長之人, 而闡微發奧, 以爲存心相傳之規, 小子不能無慨然於其間, 而孜孜不能者也。數条說, 錄在別紙。

"聖人定之, 以中正仁義, 而主靜", 以定主兩字觀之, 道理似有俟人排定之意。夫仁義動靜固天然, 自有不犯人力底道理也。學問者所以明此而已, 何待於定之、主之哉? 朱子曰"此一節是聖人'修道之謂敎'處", 定主兩字卽修道之謂歟? 向於函筵, 小子以形而上下之上下, 看作前後之義, 先生曰: "然則道在人物化生之前, 而羲、農以下羣聖人, 皆未與於斯道, 此異端邪遁之尤者, 此亦我先生爲世道明辨極力處也。" 小子受讀, 不覺悚然, 然愚迷之見, 終未回曉。大抵小子之意 不以"形上"、"形下"爲判然"先後", 如今日有形而上者, 明日有形而下者也。卽一物而究其所從來, 須說先有此理, 則此物成形之前, 先有此物之理者, 不其然乎? 此小子所以"形而上下"字作"前後"看矣。若直以"上下"字看之, 則一物上下之間, 分理、分氣似乎太闊矣。朱子曰: "自形而上下言, 豈無先後?" 此"先後"字, 豈非小子所謂"前後"者歟? 先生「答權上里」書, 以"理不雜氣"、"理先氣後"之說, 累累規戒, 而於小子之問, 如是反之, 未知有何義也。

心欲弘廣, 則易解散; 欲莊矜, 則易狹隘。大抵着意爲之, 則弘廣與莊矜兩段意, 固難併存, 須於氣象上體認得之, 何如?

喜怒等七情外, 更無他情。若吾之所以應於人者, 別非可喜、可怒、可哀、可懼之事, 則當屬於何情耶？雖非可喜、可怒，而猶有然、不然之分，則當以此而分其喜怒看耶？

謹按：「幾善惡圖」，誠字下有幾字，幾字下有善幾、惡幾之圈。夫纔發便有善有惡，何必特立一幾字而后，又有善幾惡幾之圈耶？然則幾之第一層，無善無惡，而至於第二層，而乃有善惡耶？抑或二幾字，只是註解一幾之義者歟？

須收斂管攝，使一身生理，周流通徹，則知覺亦日開，所謂體用兼舉，而仁爲四德之長者，亦此義歟？

答附

略曰：書中有開眼處，請言之。左右天姿樂易，見識超詣。心乎愛矣，實不淺尟。而每謷說之下，見其領受，不見其詰難，此一節，心常訝鬱。吾之言，安能每每當理？設或當理，安能每相符合？無乃其間有未發之隱情乎？見此書而後，宿昔所疑 霍然霧除，豈非禩事？繼今而有往復，須以此書爲法，少有未安，勿憚到底掊擊，是區區之望也。別紙諸條非無可小小仰復者，所大喜在此，不暇他。及且午前，作答書一幅於朋友，眩甚容竢後便。【答目在下。】

「상성재유장上省齋柳丈」[重教](『日新齋集』卷2)

1) 서지사항

정의림이 유중교(柳重教 1832~1893)에게 보낸 편지.『일신재집(日新齋集)』권2에 실려 있다.

2) 저자

정의림(鄭義林, 1845~1910)으로, 자는 계방(季方), 호는 일신재(日新齋)이다.

3) 내용

이 글은 정의림이 유중교에게 화서학파의 심설에 의문을 제기한 편지이다. 본 편지에 대한 유중교의 답서는 남아있지 않다. 먼저 정의림은 이전의 편지에서 "리(理)를 주로 하는 것을 큰 종지로 삼으며, 시대적 의리를 논하자면 양이(洋夷)를 물리치는 것을 으뜸가는 의리로 삼는다", "우리 유학자들의 학문은 본디 나아가는 방향이 바르게 되는 것을 가장 먼저 급히 해야 할 일로 삼고 있다"는 유중교의 말에 공감을 표하고, 태극, 오상, 명덕, 중화 등 논하는 것에서 조리가 있고 신묘한 것이 있기만 하면 기에 인한 것이라 하면서 리를 죽은 물건으로 여기는 주기론의 폐해가 극심하다고 평하였다. 그런데 정의림은 주리론을 주장한 이항로의 제자이면서 주리론을 종지로 삼는다고 자부한 유중교가 "심은 기이지 리가 아니고 물이지 법칙이 아니다"라고 한 것은 주리론을 벗어난다고 하였다. 리와 기를 통언하면 기는 단지 리 가운데의 일이지 나란히 대치하는 물건이 아니라는 것이다. 또한 유중교가 이인구(李寅龜, 1809~1896)와 나눈 편지에서 자신의 스승인 기정진의 설을 비판한 내용에 대해 문제를 제기하였다. 유중교는 기정진이 마치 선(善)과 불선(不善)이 똑같이 리(理)에 근본을 둔 것처럼 말했다고 했는데, 정의림은 이것은 선사의 뜻이 아니라고 하였다. 그는 기정진이 "선악이 모두 천리(天理)라고 한 말은 선악 양단(兩端)이 병립하여 각자 나온 것이 아님을 반드시 알아야 하니, 그것은 바로 천하에는 본래 악이 없고 이른바 악이란 것은 곧 선의 얼자(孼子)라는 것을 알아야만 조금도 문제가 없다. 얼자는 일찍이 자기의 혈육이 아닌 것이 없는지라 악 또한 천리라고 말하지 않을 수 없는 것이다."라고 했지만, "우매한 자를 위해 '선은 리에 근본하고 불선은 기에서 만든다'고 말하지 않을 수 없다."고 하여 상황에 따라 다른 서술이 있었다고 하였다. 또 유중교는 일리(一理)가 만 가지로 나뉨을 이미 포함하고 있다는 기정진의 리일분수(理一分殊) 해설에 대해서 "일(一)이라는 것은 리의 통함이요, 만(萬)이라는 것은 형체의 다름이다."라고 하면서 "어찌 만 가지로 나뉜 리가 있은 뒤에 만 가지 다름에 응한다고 할 수 있겠는가"라고 비판하였다. 이에 대해 정의림은 일이라는 것은 만의 총괄이요, 만이라는 것은 일의 나뉨이며, 만 가지로 나뉜 리에 이미 일이 갖추어져 있는 것이라고 반박하였다.

年者再度奉書, 固出於積仰之私, 而程途遙敻, 每疑其不免浮沉。月前咸平便, 不謂辱賜惠幅, 滿紙臚列極其諄懇, 雖十年席間服勤致情者, 何以加此? 於以見文丈德盛、禮恭, 不忘遐遠, 不遺細微之至意也, 顧此悾悾眛劣, 何以當之? 切欲解使去已, 而不可得也。生少師蘆沙先生, 未及卒業, 而遽遭山樑之痛, 區區竊念寰宇滔滔, 可以爲此身依歸之地者, 惟是華西門庭數三君子而已。然而身家債業, 墜在於水山雲雷之中, 流離瑣尾, 不遑其居, 以來十數年矣。雖未能抱刺踵門, 而期擬等待者, 何嘗一日而忘也? 然等威、切嚴、禮數自在, 則豈敢自恃隻愛, 而遽犯煩瀆之罪乎? 此前書所以不能不達, 而亦不敢不略也。旣而一往一復, 書路已開, 有問有敎, 契分已定, 區區慰洽, 不容名喩。下喩有曰: "論學問, 則以主理爲大宗旨; 論時義, 則以斥羊爲第一義。" 又曰: "吾儒之學, 固以趨向之得正爲急先務, 而及其得正, 則又必以進修節度之周盡無偏爲貴, 此是千古不刊之典要。今日對證之眞劑, 敢不書紳銘座, 爲日夕顧諟之方也。然主理二字, 生嘗聞之於蘆沙先生之門矣, 後又得見於蘖溪先生之書矣。嗚呼! 理固氣之主, 何待乎人之主之也? 世之主氣之弊極矣。論太極 則謂之帶氣; 論五常, 則謂之因氣; 論明德, 則謂之形而下; 論中和, 則和爲氣; 論費隱, 則費爲氣。以至三綱五倫, 凡發於用、施於行者, 才有條理, 才涉神妙, 皆謂之氣。遂以理爲冥頑儱侗, 没氣息底一塊死物, 此果降衷、秉彝、敘秩、命討之義耶? 二先生所以"苦心極力"爲斯文世道計者, 實可以建不悖而質無疑矣。蘖溪之門, 幸有諸老長德, 又從而紹述之; 嶺湖士子, 又有往往信從者, 庶幾二先生之論見行於世矣。年間伏聞文丈之言, 以爲"心, 氣也, 非理也; 物也, 非則也", 未知此說果爾否。文丈受師門宗旨, 力主"主理"之論, 而其論若果如此, 則抑別有意義於其間耶? 略陳鄙見以聽可否之命。夫理與氣統言之, 則氣只是理中事, 非比倂對峙之物也; 分言之, 則形上、形下是也。然朱子論此上下之義曰: "若以無形、有形言之, 則便是物與理相間斷了。" 若知無形之爲理, 而不知有形之未始非道, 則不其幾於間斷乎? 心之爲物, 至虛至靈, 在當體固爲氣之精爽, 而其他骨子實頭處, 則何嘗不是理耶? 此先覺所以或以理言, 或以氣言者, 固不一二矣。今何獨與其爲氣, 而不與其爲理也? 且曾得文丈與莞爾丈論, 鄙師門與門人問答數条語讀之, 其警發人甚多。但其中有曰: "竊觀蘆沙之意, 恰似善不善同根於太極。" 此則甚非先師之意也。先師之言曰: "善惡皆天理云者, 不是兩端併立, 各自出來正, 以天下本無惡, 而所謂惡者, 乃善之孽子。孽子未嘗非己之血脉, 故惡亦不可不謂之天理也。” 又曰: “天下不容有兩種子, 雖慝亦根於淑而生者也。” 又曰: “自原頭言, 則理本生, 氣自流行言, 則氣或害理。” 此其平日雅素之言也。至若「答金景範問目」有曰: “爲昩者言, 不得不曰‘善者根於理, 不善者作於氣’云云。” 夫平說, 則謂不善作於氣可也; 極言之, 則不善亦生於理, 如程子所謂“惡亦不可不謂之性也。” 夫豈以程子之言, 謂善惡同根於太極乎? 稍有知識者, 猶不爲性惡之說, 豈先師而有是言乎? 又見莞爾丈問目有曰: “一者, 理之通; 萬者, 形之異。” 又曰: “豈有萬分之理而後, 可以酬應萬殊乎?” 此說於鄙意多未瑩。一者; 萬之總, 萬者; 一之分, 豈以一爲理, 而以萬爲形乎? 萬爲一之分, 則萬分之理, 已具於一矣, 豈本無萬分之理, 而臨時排定, 以應萬殊乎? 見文丈答書, 無一言以爲不然者, 未知一副講討已在於答書之外耶。望乞俯賜裁敎, 以開蒙蔀, 如何? 天氣漸寒, 更乞爲道增重。

「여정후윤與鄭厚允」(『日新齋集』卷3)

1) 서지사항

정의림이 정재규(鄭載圭, 1843~1911)에게 보낸 편지.『일신재집(日新齋集)』권3에 실려 있다.

2) 저자

정의림(鄭義林, 1845~1910)으로, 자는 계방(季方), 호는 일신재(日新齋)이다.

3) 내용

이 글은 정의림이 동문인 노백헌(老柏軒) 정재규에게 보낸 편지이다. 후윤(厚允)은 정재규의 자이다. 정의림은 먼저『답문류편(答問類編)』출간을 위한 편집 문제에 대해, 과거 이정(二程)의 유서 편찬 과정과 장식(張栻)의『희안록(希顔錄)』편집 문제를 논하면서 더 신중하기를 권하였다. 그리고 세상에서 명덕을 기(氣)로 여기는 것은『대학』의 허령(虛靈)을 잘못 이해한 데서 생긴 것이라고 하였다. 정의림에 의하면 그들은 허령불매(虛靈不昧)는 심이고, 심이 기의 정상이라면 명덕은 기에 속하는 것이지 리(理)에 속하는 것이 아니라고 한다. 그러나 허령불매는 '사람이 태어나서 고요한 [人生而靜]' 이하의 말이지만, 덕을 얻는다는 것은 심에서 얻고 자기에게서 얻는 것을 말한다. 정의림은 '사람이 태어나 고요한' 이상의 측면은 태극이 동하여 양을 생하고 정하여 음을 생하는 영역인데, 모름지기 명덕은 오히려 태극임을 알아야 한다고 하였다. 그는 동정은 태극 중의 일이고, 허령은 명덕 중의 일이라고 보았다.

3-17-10 「與鄭厚允」(『日新齋集』卷3)

日月不留, 先夫人練事, 行將隔日, 伏惟哀慕罔極, 何以堪支? 遠外慰戀, 不任下誠。弟自嶺中, 二月初七日始返巢, 再明日遭叔父喪, 至情之痛, 夫何言喩? 從遺命, 以翌月葬於先麓耳。年力日替, 世故日深, 區區宿心, 未有以副其一二。今又住接村塾耳目酬應, 紛然日馳, 其何不爲汨没之歸耶? 向日相奉, 是出於十數年之後, 正是大有議論之日, 而弟則不啻墮坑而落塹矣。但老兄言論光明, 義理昭晰, 動靜規矩, 粹然可則。及觀所撰言行錄, 及所論心性等書若干篇, 其毫析縷分, 理明辭達, 眞有德之言, 未知今日域中有此等文字耶? 敬感萬萬, 『答問編』, 向得松沙書, 有刊布之意, 弟引程子『易傳』未傳, 尙覬有進之語以告之。松沙答云"『易傳』是程子所自作, 故審愼固有如此者", 此則只是類附成編, 則其義諦逈別。然以愚思之, 恐未然。昔二程子遺書多傳寫, 失眞處, 龜山欲刪正, 而未敢下筆。南軒編『希顏錄』輒多刪去, 五峯胡子謂之曰: "此是終身事不可便容易而削之也。" 然則夫刪正與自己立說, 其難易似無異矣。此書向日雖未了閱, 追來思之, 恐不無合商量處。願兄縱未能遽加廣訂, 須與居近老成博雅幾許人, 定爲幾日之規, 更加細櫛。如何世之論明德爲氣者, 其說誤認, 『大學』虛靈云云而發焉。其說曰"虛靈不昧, 心也, 而心是氣之精爽, 則明德, 是屬氣邊底, 非屬理邊底。" 余曰"虛靈不昧", 此一段, 是人生以靜以下語。德者得也, 是得於心得於己之謂, 則朱子據德字而解之, 故其勢不得不從地盤上說來。然人生而靜上面, 自有"太極動而生陽, 靜而生陰", 須知明德猶太極也, 而動靜, 是太極中事; 虛靈, 是明德中事。未知此說何如。回敎之爲望, 只祝節哀順變, 以副遠望。

「여정후윤與鄭厚允」(『日新齋集』卷3)

1) 서지사항

정의림이 정재규(鄭載圭, 1843~1911)에게 보낸 편지. 『일신재집(日新齋集)』 권3에 실려 있다.

2) 저자

정의림(鄭義林, 1845~1910)으로, 자는 계방(季方), 호는 일신재(日新齋)이다.

3) 내용

이 글은 정의림이 동문인 노백헌(老柏軒) 정재규에게 보낸 편지로, 최익현의 편지글을 통해 유중교의 심설을 접하고 이를 논한 것이다. 정의림은 유중교가 심을 물로 말할 수도 있고 법칙으로 말할 수도 있다고 여기고, 심장으로 말하면 심장은 본디 물이고 인의는 법칙이며, 신명으로 말하면 신명 또한 물이고 인의는 법칙이라고 본다고 하였다. 그러나 유중교의 스승인 이항로는 "심이 기(氣)고 물(物)이다. 다만 이 물과 이 기에 나아가 그 덕을 가리켜 리(理)라고 한다."라고 했고, 일찍이 신명을 기라고 말한 적이 없고 물과 법칙을 구분함에 단적으로 말하지 않았다고 비판하였다. 그러면서 유중교의 명성과 학문으로도 그 언론이 도리어 근세의 병폐가 된다고 한탄하였다. 정의림에 의하면 기의 묘용(妙用)은 신(神)이라하고, 리의 묘처도 신이라고 한다. 비록 "기의 묘용이 이 리가 운행하는 손발에 불과하다"고 말할지라도, 심에는 물(物)로 말한 것이 있고 법칙을 가지고 말하는 것도 있다. 정의림은 정재규에게 맹자의 "인(仁)은 인심(人心)이다", 정자의 "천에 있는 것이 명(命)이고, 사람에 있는 것이 성(性)이며, 몸을 주재하는 것이 심이다"에서의 심도 물(物)로 볼 수 있는 것인지 물었다.

3-17-11 「與鄭厚允」(『日新齋集』卷3)

年前蔣老人事, 想已聞之矣。其遺胤回便付上諸札, 不至浮沈耶? 春間赴澹軒講會, 聞兄搬移之報矣。未審新移之餘燕處節宣, 凡百何如? 安往而不貧, 何處而不困? 惟是桑梓故邱, 計寓瞻慕無窮之思, 而又與賢從聯丌對討, 爲晚年游養之所者, 其意豈偶然哉? 弟蕩失先業, 漫無聊賴, 朝東暮西。如落葉隨風, 區區之念, 只欲返舊庄。瞻近墳墓, 爲殘生終老之計, 而不能得, 未知老兄何以辦此耶? 聞乘龍之擇, 在明湖之姪, 此郎氣骨, 曾所艷見, 兩德作述, 餘祿可量。前書所論莞爾丈往復數條, 及山石所示吾輩往復一段語, 想已照及, 幸爲折衷, 祛此蒙部如何? 『鍾山講錄』及弟所述『嶺行錄』, 亦爲一一澄裁, 倂以見還也。丙子夏吾兩人送別文字, 此是先師之命, 則非尋常著述之比, 而但其體裁未善, 不可不更爲修潤者, 誠如兄敎矣。弟歸來役役, 無暇及此。今聞有便, 乃始倉卒下筆, 而猶不免再誦二十年舊語, 其業之不進, 乃如是耶? 向得勉菴丈書, 知省齋所論心說頗詳。蓋省齋之意, 以爲心可以物言, 不可以則言, 以火臟言, 則火臟固物也, 而仁義爲則; 以神明言, 則神明亦物也, 而仁義爲則。至謂其師蘗溪先生, 未嘗以神明言氣者, 於物則之分, 不甚端的云, 未知兄亦近見此語否。此丈素號邃學, 而其言論, 反襲近世謬檠耶? 夫氣之妙用, 固謂之神; 而理之妙處, 亦謂之神, 雖曰"氣之妙用, 而亦不過此理運行底手脚也", 心有以物言者, 有以則言者, 以物言則, 仁爲其則; 以則言則, 身爲其物。孟子所謂"仁, 人心", 程子所謂"在天爲命, 在人爲性", "主於身爲心", 此等心字亦皆以物看耶? 尋常未瑩, 敢此仰布, 以爲如何? 明春雙溪之約, 將亦不遠矣。定期之初, 見其間日月。若可以優着功夫爲供臨時問辨之資, 而旋復因循, 竟未免一場閒追逐, 其於鍾山之會已可見矣。此不惟非吾輩講聚之本意, 而如是捱過, 未幾年, 其不終於無聞耶? 可懼, 且二三同志, 從容相約, 其終必至於浩大, 況稠座衆諾所及已多乎? 其時兩省人士, 必將不少, 願兄預定條約, 無繁渙之檠, 有觀感之實, 如何? 乞更珍重加愛。

「여정후윤與鄭厚允」(『日新齋集』卷3)

해제

1) 서지사항

정의림이 정재규(鄭載圭, 1843~1911)에게 보낸 편지.『일신재집(日新齋集)』권3에 실려 있다.

2) 저자

정의림(鄭義林, 1845~1910)으로, 자는 계방(季方), 호는 일신재(日新齋)이다.

3) 내용

이 글은 정의림이 동문인 노백헌(老柏軒) 정재규에게 보낸 편지이다. 후윤(厚允)은 정재규의 자이
다. 지난 편지에서 정의림은 "원두(原頭)로 말하면 이 리가 있어서 이 기가 있으니 이 리가 주재가
되는 것이요, 당체(當體)로서 말하면 이 기가 있어서 이 리를 갖추고 있는 것이니 이 심이 주재가
되는 것"이라고 했는데, 정재규는 "품부받은 이후에는 한결같이 기가 주재가 되므로, 리가 주재가
된다는 것은 단지 원두에서나 말할 수 있는 추상적인 설이지 실제 일이 아니다"라고 한 바 있었다.
이에 대해서 정의림은 "리가 있기에 신(神)이 있고, 신이라는 것은 리의 묘며, 그 묘용은 헤아릴
수 없고 저절로 일에 따라 교부되어 소이가 없고 스스로 작용하는 것이니 리가 주재가 되는 것"이
라고 하였다. 또 원두, 당체는 판연히 나뉘는 것이 아니라 당체에 나아가 본연을 궁구하면 이것이
곧 원두인데, 이미 리가 있고 난 뒤에 기가 있게 된다고 하면, 기의 처음과 끝이 모두 리가 하는
것이 아니라는 말인지 의문을 제기했다. 그는 비록 심이 주재가 된다고 하지만 그것의 주재가 되는
것은 리이고, 리의 자연은 본래 소이가 없고 스스로 작용하는 것이나 반드시 기의 령(靈)이 있은
후에 묘용이 있게 된다고 하였다.

3-17-12 「與鄭厚允」(『日新齋集』卷3)

天荒寂寞之隅, 得賢人君子一番光顧, 足令草水勤榮, 駕旋消息, 寂然無際, 七月間到乙枝, 始得聞之矣。未審伊後燕養候節, 與時康泰, 令從氏何狀, 溪南、山石、舜卿、子厚及所知諸益, 一齊平適耶? 年事不均, 未知貴中何如。瞻向東雲, 無日不馳情, 弟見樣依舊, 餘無可道。惟是衰徵日侵, 世故日深, 而區區舊業, 未見有萬一之收, 悲憤憂嘆, 曷有涯極? 去年二月所惠書, 今夏兄來時, 始已得之, 而拘於忽撓, 未得仔細追後見之亦不無多少商確處, 鄙前書有曰: “以源頭而言, 則有是理而有是氣, 此理之所以爲主宰也; 以當體而言, 則有是氣而具是理, 此心之所以爲主宰也。” 兄駁之曰: “理爲主宰, 只可以言於原頭, 而稟賦以後一, 是氣爲之主, 則所謂理爲主宰者, 只是懸空虛說, 而無實事也。” 夫有是理, 斯有是神。神也者, 理之妙也, 其妙用不測, 自有隨事交付, 無所以而自以者, 此理之所以爲主宰也。其後得栗里漫錄, 見兄所抵山石第二書, 有曰“若以理自爲主宰, 而謂無待乎人, 則聖賢所論立極定性, 使道心爲主, 諸般說話, 皆可廢歟?” 云云, 此與前書之意, 不其大相懸絶耶? 弟前書所云源頭、當體, 非有判然地頭, 卽此當體而究其本然, 則這便是源頭也。旣有是理而后有是氣, 則是氣之自始至終, 非理之所爲耶? 然則雖曰“心爲主宰”, 而其所以爲主宰, 理也。人能弘道, 心能檢性, 及兄所引“立極定性, 使道心爲主”等語, 皆非此義耶? 理之自然, 固無所以而自以, 然, 必須氣之靈而後, 方有是妙。不然, 枯木死灰, 亦可謂有是妙耶? 朱子言事物之義曰“言事則物在其中; 言物, 則事在其中; 事物對言, 則事自事, 物自物”, 弟以爲心性二字之義, 亦如是云耳。且以不動謂之正心以後事, 不可, 雖聖人之極功, 於正心以後, 更無可去處。況正心章所論憂、患、恐、懼等語, 其非不動心之功耶? 幸加敎之也。向於乙枝見『大谷遺集』, 因以袖來, 思欲淨書成篇耳。嗚乎! 老兄勘校之, 山石編輯之, 而弟亦不可謂非當日知舊之一, 則安獨無一分補效之勞乎? 況其格言要語, 及論辨精微處, 有可以晨夕披玩而不欲離也。「行狀」松沙已述之傳, 則弟依兄敎, 亦爲下筆耳。『静菴集』二帙, 託于三芝齋。但其主事諸員, 今在京洛, 故未得運送耳。明春雷龍之游, 松沙將欲移爲凰山之會, 蓋其時先師墓碑役, 將就故也。

3-17-13

「여정후윤與鄭厚允」(『日新齋集』卷3)

해제

1) 서지사항

정의림이 정재규(鄭載圭, 1843~1911)에게 보낸 편지. 『일신재집(日新齋集)』권3에 실려 있다.

2) 저자

정의림(鄭義林, 1845~1910)으로, 자는 계방(季方), 호는 일신재(日新齋)이다.

3) 내용

이 글은 정의림이 동문인 노백헌(老柏軒) 정재규에게 보낸 편지로, 정재규와 양회락·황철원의 미발심 논변에 대한 자신의 견해를 피력한 것이다. 먼저 정의림은 정재규와 양회락·황철원이 기질의 문제를 논변한 것에 대해, 양회락·황철원 두 친구는 미발일 때 기질이 없다고 여겼으므로, "기질은 태어날 때 얻는 것이어서 없는 때가 없지만, 기가 용사하지 않으면 보존된 성이 순수하고 흠이 없다."고 말했다고 정리하였다. 그러나 정의림은 미발·이발은 기질 상의 설은 아니고, 정자도 "사람이 태어나 기를 품부받으면 리에 선악이 있게 된다"고 하였지만, "리에 선악이 있는 것이 미발시가 된다"고 한 적은 없다고 하였다. 정의림은 정재규의 의견도 기본적으로 이와 동일하지만, "사람이 기를 품부받으면 리에 선악이 있다"는 것이 "발용상의 설"이라고 본 것은 잘못이라고 하였다. 리에 선악이 있음은 다만 기품의 리를 논한 것일 뿐이니 발용 여부를 말할 수 없다는 것이다. 황철원은 또 령(靈)은 주재할 수 없고 갖추거나 응할 수도 없으며 오직 신(神)만이 주재하고 갖추고 응할 수 있다고 여겼다. 그러나 정의림이 보기에 이는 "령을 주재로 간주한다면 리가 주재를 잃고, 령을 주재하는 것이 곧 리라는 것을 알지 못한 것"이다. 그는 오직 령이 곧 능히 주재할 수 있고 곧 갖추고 응할 수 있으며, 신은 단지 묘용을 헤아릴 수 없는 것을 이름한 것이니, 령 이외에 따로 신과 대대하는 것이 없다고 하였다. 또 령을 제거하면 성(性)이라고 말할 수 있고 성을 제거하면 단지 령이라고 말할 수 있으니, 반드시 두 가지를 합한 후에야 심이라고 말할 수 있으며, 이 때문에 혹 령으로 심을 말하면 리는 일찍이 그 가운데 있지 않은 적이 없고 혹 리로 심을 말하면 령은 그 속에 있지 않음이 없다고 보았다. 정의림은 황철원이 이처럼 령과 리의 주재를 오해한 것은 정재규의 탓도 있다고 하였다. 그는 세간에서 심을 리로 인식한 것이 병통은 아니지만, 리가 되는 것은 알고 기가 되는 것은 알지 못하는 것은 병통이며, 심을 기로 인식하는 것은 병통이 아니지만, 기가 되는 것은 알고 리가 되는 것은 알지 못하는 것은 병통이라고 하였다. 또 이런 맥락에서 주리나 주기 어느 한쪽에 치우치는 학자들의 견해를 비판하고, 정재규가 의도하진 않았지만 지나친 논변을 주의할 것을 당부했다.

3-17-13「與鄭厚允」(『日新齋集』卷3)

年歲以來, 身家凡百, 以兄之老, 而可以知弟之衰; 以弟之貧, 而可以知兄之生。但區區相期以爲究竟之計者, 日頹月落, 更無餘地, 此爲不似兄處耳。悲嘆何爲? 前有<u>汝正</u>之去, 後有<u>松沙</u>之行, 同省同鄉, 便儱若此, 而皆未有一字之問, 其滾蟄之狀, 從可知矣。賴有<u>處中</u>、<u>景涵</u>二友所質問, 得見兄多少說話爲幸, 氣質云云, 二友皆以爲未發無氣質云, 故弟謂氣質得於有生, 不可以隨時有無。但氣不用事, 則所存之性, 純粹無瑕, 如汙器貯水, 水止不動, 則泥滓不起, 而所貯之水, 與在潔器者無異。但其器, 則不可謂之潔器也, 是知未發、已發, 非氣質上說。<u>程子</u>所謂"人生氣稟, 理有善惡", 是氣稟上說, 至下段方說心性, 此可見也云云, 而未嘗以理有善惡爲未發時。今見兄論, 皆與鄙意合, 但以人生氣稟理有善惡, 爲發用上說、爲極是, 此則小有未瑩。理有善惡, 特論其氣稟之理而已, 何須說發用與未哉? 兄所謂乃在於形氣上面, 而不必言此性未發者, 非此意耶? <u>景涵</u>又以爲靈不能主宰, 不能具應, 惟神爲主宰, 爲具應。蓋其意, 若以靈爲主宰, 則恐理之失主宰, 而不知靈之所以爲主宰者, 卽理也。弟謂非靈, 則枯木死灰耳。枯水死灰, 何主宰之有? 惟其靈也。是以便能主宰, 便能具應, 神只是妙用不測之名, 豈靈之外, 又別有神與之待對哉? 此亦與兄意合。但所以爲主宰之說, 蓋有苗脉, 兄不記昔年新安刊所夜話時乎? 兄與弟坐, <u>權友君五</u>在傍語次, <u>君五</u>曰: "主宰者, 心主宰底性。" 弟曰: "然則心有兩主宰乎?" 因問此誰語也, <u>君五</u>曰: "<u>朱子</u>語也。" 兄則默然無語, 弟退而思之, 以爲君爲一國之主, 而非所受之命職, 則無以爲主, 此所以爲主者, 命職也, 豈可以此而爲兩主乎? 遂以所聞於<u>君五</u>者, 爲區區之定見, 而與<u>景涵</u>語果有是云云矣。此意已熟, 今見兄書, 而猶薵然也。又云一靈而兩用之曰"氣分事", 曰"理之妙", 而繼之曰"果指甚箇靈", 詳其語意, 似有兩箇靈。兄旣言<u>景涵</u>靈神二物之非, 而乃析一靈爲兩箇耶? 仁故靈, 靈之體固是理; 理與靈合, 方有妙用, 靈之用亦是理。是就一靈字, 而所主而言者, 有氣分、理分之不同, 曷嘗有兩箇、兩用之可言乎? 未發是心上說, 動靜是物上說。凡物之不動者, 皆謂之靜, 靜與未發, 不其有間乎太極陰陽圈云云, 極爲消詳。但心猶陰陽正爲太極一句, 似有些牽強底意, 未知何如。又曰: "心者, 主乎身而得名者也, 無是身, 則無是心, 卸却氣者不得, 而其眞體妙用, 乃此理之妙, 至神而不測者也。" 此語已是十分亭當, 而其下又曰"理自有神", 此四字不其無過高之敝耶? 弟亦以爲心是合性與知覺之名, 知覺則靈也。際了靈, 只可謂之性; 除了性, 只可謂之靈, 必合二者而後, 方謂之心。是以或以靈言心, 而理未嘗不在其中; 或以理言心, 而靈未嘗不在其中。弟嘗竊謂認心爲理, 非病也, 知爲理而不知爲氣, 是病也; 認心爲氣, 非病也, 知爲氣而不知爲理, 是病也。今一邊之人, 見其爲氣, 而不見其爲理; 一邊之人, 見其爲理, 而不見其爲氣, 蓋胥失之也。以靈爲理者, 以所重在理也; 以心爲理者, 以所重在理也; 以主宰爲理者, 以所重在理也, 豈可剔撥出單理字, 而謂之靈, 謂之心乎? 今曰"理自有神", 如此則何以解一邊作用之譏? 又安知末流之敝, 果不至作用之歸乎? <u>景涵</u>所謂"靈不能具應"之說, 亦未始非老兄啓之也, 嘗記昔年兄與<u>景涵</u>書有曰"妙用之行, 精英之發, 卽所謂心", 如此說多矣。而今不可追記, 但曰"妙用之行", 則精英在其中矣, 而乃擧精英曰對之。然則妙用之行, 專屬於理, 而無俟乎精英矣。今但曰"眞體妙用"云云, 則好矣, 而又曰"理自有神"。然則至神不測, 專屬乎理也。<u>朱子</u>曰: "謂神謂理, 却恐未然。" 又曰: "將神專作氣看, 又誤。" 只此二語, 神之爲義, 不其瞭然乎? 近世主氣之說盛行, 其立言指歸, 便同異學, 惟我先師及<u>華西</u>、<u>寒洲</u>一三先生發揮之廓如也。但<u>寒洲</u>之言, 恐有過處; 其游從之列, 如<u>郭俛宇</u>因以又過之。如以精英爲理, 以郛郭爲主宰, 以心猶陰陽, 爲記錄之誤, 如此處固多矣。不意老兄之言, 又不無種種微過處, 未知老兄以爲如何。在我雖十分稱停, 無一毫之偏, 一傳再傳, 不可保其必無差失。況矯枉過直, 是亦枉而已, 何以服一邊之心, 而至於打成一片乎? 此正今日老兄之責也。弟幸爲老兄所辱知, 而前後受賜不啻多矣。況師門逝後, 朋知零散, 而惟老兄巍然, 爲今日之靈光, 雖不能源源從逐, 而一心向逴, 何嘗以斯須而忽忘哉? 每見兄論, 或不能無疑於心, 以爲吾兩人之見, 不宜有絲毫之差爽, 而且乃爾耶? 切欲汲汲就正於未死之前, 無至爲千古之恨, 而迄未遂矣。願老兄細細分析, 垂賜至當之論, 以副區區朝聞夕可之意。如何?

別紙

俯示某辨, 謹以愚意, 略加辨焉。願兄一一視至, 以可否之也。辨人之辨, 而不免復有疵類, 則何以辨爲夫靈可以言心, 不可以言性? 然非理, 則無所靈, 所靈乃理也。然則氣之靈, 卽理之妙也, 曷嘗有二靈? 有能妙用者, 有能主宰者, 有不能主宰者, 如兄敎乎陰之靈、陽之靈, 亦只是此靈得其秀, 而最靈亦只是此靈。但最靈之靈, 與上文太極相對, 故或認以爲太極。然最靈非太極, 最靈故太極之全體具焉耳。天無爲, 故以太極言; 人有爲, 故以最靈言。<u>孔子</u>所謂"人能弘道", <u>張子</u>所謂"心能檢性”, 皆此意也。然則能弘之能, 能檢之能, 非所謂主宰處乎? 旣有其能, 必有其所, 豈可以此而謂有兩層, 如家之有二主, 國之有二君乎? 嘗記弟與兄及大谷侍先師于江上也。先師曰: “今人不識理爲何物, 但將所以二字作理看, 今之言所以字者, 皆不識理之人也。” 其後弟之往新安也, 有人言所以字, 兄責之曰“所以之義, 便同異端云云。” 稱擾之中, 弟雖不能更請, 而心竊疑之, 以爲以所以言理, 著於四書訓釋及諸家者, 不啻多矣。先師之言探時人之敝, 固當如此, 而豈老兄因以過之如此乎? 老兄今日之言, 亦未始非當日之見也。如何如何? 弟雖至愚, 粗知主氣之非, 豈有專認心爲氣之理乎? 弟固以爲理, 而但不似兄所謂“理自有神”之語耳。千萬諒察, 前書旣成, 而又有餘菀, 敢此及之。蓋便人難得, 又不知何時可以論此故也。餘菀非止於此, 而姑止之耳。

「답양처중答梁處中」(『日新齋集』卷6)

1) 서지사항

정의림이 양회락(梁會洛, 1862~1935)에게 답한 편지. 『일신재집(日新齋集)』 권6에 실려 있다.

2) 저자

정의림(鄭義林, 1845~1910)으로, 자는 계방(季方), 호는 일신재(日新齋)이다.

3) 내용

이 글은 정의림이 동계당(東溪堂) 양회락에게 보낸 편지이다. 처중(處中)은 양회락의 자이다.

이 글에서 정의림은 '주재자(主宰者)'와 '주재저(主宰底)'를 구분하였다. '주재자'는 '심의 령(靈)'을 지칭하고, '주재저'는 '심의 덕(德)'을 지칭한다는 것이다. 이러한 구별을 전제로, 정의림은 "심의 령은 진실로 성급하게 리라고 말할 수 없으나, 또한 리가 하는 일이 아니라고 말할 수도 없다. 기가 아니면 령할 수 없고, 리가 아니면 령할 바가 없다. 령하므로 주재하는 것이니, 령을 버리고 별도로 주재처(主宰處)를 구할 수는 없다."라고 설명했다.

정의림은 또 "령(靈)은 전적으로 기에 속하고, 주재는 전적으로 리에 속한다"고 구분하는 것에 대해서도 반대했다. '심의 령'이 바로 '신묘한 주재처'라는 것이다. 정의림은 또 "주재저(主宰底)인 리가 성(性)과 정(情)을 주재한다"고 설명하는 것은 "의리에도 맞지 않고, 문법에도 어긋난다"고 비판했다.

前書後書, 一時倂至, 開玩豁然, 長夏紆鬱, 不覺消釋。因審經體衛安, 益勒懇祝, 義林
憒劣捱遣, 見無一狀可煩耳。心說娓娓提諭, 極其纖, 悉其造諸之浹、謀忠之至, 令人歎
服。夫主宰者, 主宰底煞有分別。主宰者何物? 非指心之靈而言耶? 主宰底何物? 非指
心之德而言耶? 性是何物? 非指理之具於心者而言耶? 然則性卽理也, 性與理有何分
別乎? 心之靈固不可遽謂之理, 而亦不可謂非理之所爲、非氣不能靈, 非理無所靈。靈
故主宰, 舍靈, 則恐無別求主宰處, 曷嘗見寘頑如本石, 而能主宰者乎? 竊覰賢與景涵
之意, 以靈專屬之氣, 以主宰專屬之理, 似涉乎? 各有占據, 各有時節, 而殊不知心之靈,
乃是神妙主宰處也。宜乎多言, 而愈不合也。夫靈與主宰, 以平坦說去, 則若有精粗之
可言, 而究而言之, 則實無彼此之可見, 一心之間, 豈有靈又有神對峙, 而倂立乎? 賢以
主宰者, 作理字看, 故有以理對心, 理上有理等, 多少說話也。且賢以主宰底理, 看作主
宰性情云爾, 則非惟於義理有欠, 亦恐文法不當如是也。主宰者, 固是心之靈, 而曰"主
宰性情"云, 則理爲主宰之義, 顧安在耶? 若如賢意, 則朱子當曰"主宰者, 心; 所主宰者,
性情"云云, 固不當如是而止也。所與所以, 亦未見其有異, 朱子所謂"所以然, 理也; 所
當然, 義也", 此亦可見矣。底字, 亦與所字、所以字, 其義無異。古人下字之義如此處,
固非一二也。

「답양처중答梁處中」(『日新齋集』卷6)

해제

1) 서지사항

정의림이 양회락(梁會洛, 1862~1935)에게 답한 편지. 『일신재집(日新齋集)』 권6에 실려 있다.

2) 저자

정의림(鄭義林, 1845~1910)으로, 자는 계방(季方), 호는 일신재(日新齋)이다.

3) 내용

이 글은 정의림이 동계당(東溪堂) 양회락(1862~1935)에게 답한 편지이다. 처중(處中)은 양회락의 자이다. 정의림은 황철원(黃澈源, 1878~1932)과 심설에 대해 논변하고, 견해차를 좁히지 못하자 양회락에게 설득을 요청한 바 있다. 그러나 양회락의 의견이 오히려 황철원과 동일하다고 보고, 이 편지를 통해 이를 다시 변론한 것이다. 정의림은 갈등의 원인이 양회락과 황철원이 신(神)을 리(理)로 오해한 데서 비롯되었다고 하였다. 그는 주자가 심을 허령(虛靈)으로 설명할 때도 있고 신명(神明)으로 설명할 때도 있지만, 이는 본래 두 가지 물건이 아니며 "갖추고 있다", "응한다", "묘용한다", "주재한다"는 표현들도 모두 심이 하는 바에 따라 달리 쓴 것일 뿐이라고 하였다. 정의림은 "령(靈)은 기이고 신(神)은 리"라고 한 양회락의 견해는 본령을 둘로 나누는 것이라고 비판하고, 령은 기의 령이고 신은 기의 신이며, "주재할 수 있는 것은 령이요, 주재하는 바는 리이며, '할 수 있는 것'은 부림을 당하는 것이요, '하는 바'는 통솔하는 것이다."라고 하였다.

3-17-15 「答梁處中」(『日新齋集』卷6)

曩與黃生有所論辨, 而終不回頭, 顧惟滅裂, 無力可回。所恃者, 惟東溪之力可以助之, 及讀來書, 反與黃生之見同焉, 可知愚陋之見, 果是差謬, 而所當回頭者, 未始非此漢也。然賢與黃生, 錯認神字作理看了。是以生出無恨葛藤, 此意已熟, 有非倉卒可解, 請以朱子說質之可乎? 明德註曰"虛靈"云云, 盡心註曰"神明"云云, 『或問』又曰"神明"云云。或言"虛靈", 或言"神明", 何耶? 靈是氣之靈, 神是氣之神。靈與神相貼, 虛與明相應, 故一例互言, 而非有差殊也。如以神明爲理, 則是以理具理, 以理妙理, 可乎? 如此, 則孔子當曰"道能弘道", 不當曰"人能弘道"; 張子當曰"性能檢性", 不當曰"心能檢性也"。虛靈神明, 本非二物, 而曰"具", 曰"應", 曰"妙", 曰"宰", 皆其所爲, 則愚所謂只此靈也。"便能主宰"云云, 何嘗與朱子說有所背馳, 而賢者見之以爲大驚小怪耶? 朱子云"虛靈二字, 說明德意已足", 德於心較精, 而猶云"已足", 況心字本旨, 有何不足於此, 而只以當體爲言耶? 夫靈近體, 神近用, 靈較實, 神較虛, 而其爲形而下者, 則一也。以妙用爲神者, 蓋言神是理之妙用云爾, 非直以神爲理也。不然, 朱子何以曰"神靈不可以言性", 又何以曰"神明是物, 非理"云耶? 且神是天地妙用, 陰陽不測之謂, 則本非無爲之物。今曰"無爲而爲", "有爲之主", 安有無爲而可以謂之神者耶? 朱子曰: "心是主於身, 而性是心之理也。" 以此言之, 心是理氣合一之物也。愚故曰"能主宰者是靈, 所主宰底是理, 能者爲役, 所者爲帥", 此安有所以之上復有所以之嫌耶? 於此可見理之爲主, 而不必引神字作理, 然後理始爲主也。然則兩本領, 及認氣爲理之幾, 賢者恐當以責人者自責, 庶乎可矣! 諸條固難枚舉, 而如云"靈是氣, 神是理", "神爲帥, 靈爲役", "靈非神不靈, 神非靈不神", 此等句語無非病痛, 安有分神靈屬理氣, 而立論不差者乎? 然此非東溪之獨見, 近日主理之論, 或多如此。蓋見心爲主宰之語, 而恐氣之奪主也, 遂於虛靈之外, 別討一神字, 強名之曰理。凡運用作爲, 一切歸之, 如先儒之論氣質者, 舍周身氣質, 而別求心之氣質於渺茫怳惚之間者也。其爲末流之弊, 豈但主氣而已哉? 夫道理無形, 難知亦難言, 況見之未明, 而強辨不置, 則如捕風繫影, 卒歲窮年, 寧有了期耶? 此吾輩尤當汲汲存養沈索, 以開種種講討之路, 庶幾桑楡之收, 或有望焉。

3-17-15 「답양처중答梁處中」(『日新齋集』卷6)

지난번에 황생과 논변한 바 있었지만 끝내 생각을 돌리지 못했는데, 돌이켜 보면 지리멸렬하여 되돌릴 힘이 없었습니다. 오직 동계의 힘만이 그것을 도울 수 있다고 믿고 있었는데, 보내주신 편지를 읽어보니 도리어 황생과 견해가 같았습니다. 내 견해가 과연 잘못되었으며, 마땅히 생각을 되돌려야 하는 자는 애초에 이 사람이었음을 알겠습니다. 그러나 그대와 황생은 神자를 잘못 알고 理로 간주하였기 때문에 한없는 갈등이 생기는 것입니다. 이런 뜻이 이미 익숙해져서 갑자기 풀 수 있는 것은 아닐 테지만, 청컨대 주자설로 질문을 해봐도 될까요? 명덕 주에서는 "虛靈"운운하였고, 진심 주에서는 "神明"운운하였으며, 『대학혹문』에서는 또 "神明"운운하였습니다. 혹 "虛靈"이라 말하기도 하고, 혹 "神明"이라고 말하기도 한 것은 어째서입니까? 靈은 氣의 靈이요, 神은 氣의 神입니다. 靈은 神과 상첩하고 虛는 明과 상응하므로 같은 사례로 서로 말하는 것이며, 다른 차이가 있는 것이 아닙니다. 만약 神明을 理로 여기면, 이는 理로서 理를 갖추는 것이고 理로서 理를 묘용하는 것이니, 옳겠습니까? 이와 같다면, 공자는 마땅히 "도가 능히 도를 넓힌다"고 말해야지 "사람이 능히 도를 넓힌다."고 말하면 안 되고, 장자도 마땅히 "성이 능히 성을 검속한다"고 말해야지 "심이 능히 성을 검속한다"고 말하면 안 됩니다. 허령과 신명은 본래 두 가지 물건이 아니고, "갖추고 있다", "응한다", "묘용한다", "주재한다"고 말한 것은 모두 그것이 하는 바입니다. 그렇다면 내가 "단지 이 靈이 곧 능히 주재한다"라고 운운한 것이 어찌 일찍이 주자설과 배치된 바가 있으며, 그대가 보고 크게 놀랍고 다소 기이하다고 여길 것입니까? 주자는 "虛靈 두 글자는 明德의 의미를 설명하기에 이미 충분하다."고 말한 바 있습니다. 德은 心보다 비교적 정밀한데도 오히려 "이미 충분하다"고 했거늘, 하물며 心자의 본지가 어찌 이것만으로 부족함이 있기에 단지 當體를 말한 것이라 하겠습니까? 靈이 體에 가깝다면 神은 用에 가깝고, 靈은 비교적 實하다면 神은 비교적 虛하다고 하겠으나, 그것들이 모두 形而下者가 되는 것은 마찬가지입니다. 妙用을 神으로 여기는 것은 대개 神이 理의 妙用이라는 말일 뿐, 神을 곧 理로 여기는 것이 아닙니다. 그렇지 않다면, 주자가 어째서 "신령은 性이라고 말할 수 없다"고 했겠으며, 또 어째서 "신명은 物이지 理가 아니다"라고 했겠습니까? 또 神이 천지의 묘용이고 음양의 측량할 수 없는 것이라고 한다면, 본래 작위가 없는 존재는 아닌 것입니다. 지금 "작위가 없으면서 행하고" "작위가 있는 것의 주체"라고 말한다면, 어찌 작위가 없는데 神이라고 말할 수 있겠습니까? 주자는 "心은 몸을 주재하고, 性은 心의 理이다."라고 했으니, 이로써 말하자면 心은 理氣合一의 物입니다. 그러므로 나는 "능히 주재할 수 있는 것은 靈이요, 주재자가 되는 것은 理이다. '할 수 있는 것'은 役卒이 되고, '하는 것'은 將帥가 된다."고 했거니와, 여기에 어찌 "그러한 까닭 위에 다시 그러한 까닭이 있다"는 혐의가 있겠습니까? 여기서 理가 주인이 됨을 알 수 있는바, 반드시 神자를 끌어다 理로 삼은 연후에 理가 비로소 주인이 된다고 할 필요가 없습니다. 그렇다면 "두 개의 본령"이라는 비판과 "기를 리로 인식했다"는 비판은, 그대가 마땅히 남을 질책한 것으로 자신을 질책하는 것이 거의 옳을 것 같습니다! 모든 조목을 일일이 열거하긴 어렵지만, 가령 "靈은 氣요, 神은 理이다", "神은 통솔을 하는 것이고, 靈은 부림을 당하는 것이다", "靈은 神이 아니면 靈할 수 없고, 神은 靈이 아니면 神할 수 없다"라는 등의 구절들은 모두 병통이 아님이 없으니, 어찌 神과 靈을 理와 氣에 분속시키고도 입론할 적에 어긋나지 않는 경우가 있겠습니까? 그러나 이것은 東溪 혼자만의 견해가 아니니, 근래의 主理論에 혹 이와 같은 것이 많습니다. 대개 "心이 주재자가 된다"는 말을 보고, 氣가 주인의 지위를 빼앗을까 두려워하여, 마침내 虛靈 밖에서 별도로 神 한 글자를 찾아서 억지로 理라고 명명하고는, 대개 운용하고 작위하는 것을 일체 그에 귀결시키는 것입니다. 이는 마치 先儒가 기질을 논할 때 '몸의 기질'을 버리고 아득하고 황홀한 사이에서 '심의 기질'을 따로 구한 것과 같습니다. 어찌 다만 主氣論만이 말류의 폐해가 되겠습니까? 무릇 道理는 형체가 없어 알기도 어렵고 또 말하기도 어려운데, 더구나 견해가 아직 밝지 않으면서 강변하기를 마지않으면, 바람을 잡고 그림자를 묶는 것과 같으니, 평생을 바쳐도 어찌 마칠 때가 있겠습니까? 이에 우리들은 더욱 마땅히 부지런히 존양하고 깊이 탐구하여 종종 강마하고 토론하는 길을 열어야 말년의 수확을 혹 기대할 수 있을 것입니다.

曩與黃生有所論辨, 而終不回頭, 顧惟滅裂, 無力可回. 所恃者, 惟東溪之力可以助之, 及讀來書, 反與黃生之見同焉, 可知愚陋之見, 果是差謬, 而所當回頭者, 未始非此漢也. 然賢與黃生, 錯認神字作理看了. 是以生出無恨葛藤, 此意已熟, 有非倉卒可解, 請以朱子說質之可乎? 明德註曰"虛靈"云云, 盡心註曰"神明"云云, 『或問』又曰"神明"云云. 或言"虛靈", 或言"神明", 何耶? 靈是氣之靈, 神是氣之神. 靈與神相貼, 虛與明相應, 故一例互言, 而非有差殊也. 如以神明爲理, 則是以理具理, 以理妙理, 可乎? 如此, 則孔子當曰"道能弘道", 不當曰"人能弘道"; 張子當曰"性能檢性", 不當曰"心能檢性也". 虛靈神明, 本非二物, 而曰"具", 曰"應", 曰"妙", 曰"宰", 皆其所爲, 則愚所謂只此靈也. "便能主宰"云云, 何嘗與朱子說有所背馳, 而賢者見之以爲大驚小怪耶? 朱子云"虛靈二字, 說明德意已足", 德於心較精, 而猶云"已足", 況心字本旨, 有何不足於此, 而只以當體爲言耶? 夫靈近體, 神近用, 靈較實, 神較虛, 而其爲形而下者, 則一也. 以妙用爲神者, 蓋言神是理之妙用云爾, 非直以神爲理也. 不然, 朱子何以曰"神靈不可以言性", 又何以曰"神明是物, 非理"云耶? 且神是天地妙用, 陰陽不測之謂, 則本非無爲之物. 今曰"無爲而爲", "有爲之主", 安有無爲而可以謂之神者耶? 朱子曰: "心是主於身, 而性是心之理也." 以此言之, 心是理氣合一之物也. 愚故曰"能主宰者是靈, 所主宰底是理, 能者爲役, 所者爲帥", 此安有所以之上復有所以之嫌耶? 於此可見理之爲主, 而不必引神字作理, 然後理始爲主也. 然則兩本領, 及認氣爲理之譏, 賢者恐當以責人者自責, 庶乎可矣! 諸條固難枚擧, 而如云"靈是氣, 神是理", "神爲帥, 靈爲役", "靈非神不靈, 神非靈不神", 此等句語無非病痛, 安有分神靈屬理氣, 而立論不差者乎? 然此非東溪之獨見, 近日主理之論, 或多如此。蓋見心爲主宰之語, 而恐氣之奪主也, 遂於虛靈之外, 別討一神字, 強名之曰理。凡運用作爲, 一切歸之, 如先儒之論氣質者, 舍周身氣質, 而別求心之氣質於渺茫怳惚之間者也。其爲末流之弊, 豈但主氣而已哉? 夫道理無形, 難知亦難言, 況見之未明, 而強辨不置, 則如捕風繫影, 卒歲窮年, 寧有了期耶? 此吾輩尤當汲汲存養沈索, 以開種種講討之路, 庶幾桑楡之收, 或有望焉。

「답윤계인答尹季仁」【相麟】(『日新齋集』卷6)

1) 서지사항

정의림이 윤상린(尹相麟, 생몰년미상)에게 답한 편지.『일신재집(日新齋集)』권6에 실려 있다.

2) 저자

정의림(鄭義林, 1845~1910)으로, 자는 계방(季方), 호는 일신재(日新齋)이다.

3) 내용

이 글은 정의림이 윤상린에게 답한 편지이다. 정의림은 김장(金丈)－미상－이 말한 "기가 심 가운데 있다"는 구절은 말이 되지 않는다고 하였다. 심은 기로서 말한 것이 있고 리로서 말한 것이 있으니, 만약 리로서 말한다면 그 본연 주재의 묘는 이미 기를 침범한 것은 아니요, 만약 기로 말한다면 리가 심에 갖추어졌다는 것은 성립되지만, 기가 심에 있다는 말은 성립되지 않는다는 것이다. 그에 의하면 불리·부잡(不離不雜), 불선·불후(不先不後)가 리·기 관계의 정석인데, 윤상린은 심과 기가 서로 섞이는 실수를 보완하고자 도리어 심과 기가 떠나는 실수를 범하였다. 정의림은 홍종에 비유하면, 홍종은 심이고, 아직 소리 나도록 치지 않은 것은 성(性)이요, 쳐서 소리 나는 것은 정(情)이며, 치는 것은 외물에 접촉하는 것이라고 하였다.

3-17-16 「答尹季仁」【相麟】(『日新齋集』卷6)

向書久未修答, 不敏多矣。自鳳城返後, 連日奔忙, 無霎隙開睫時節。只庸自悶所詢心氣說, 可見心有所在, 不草草浪過, 可賀可賀。大抵金丈所謂"氣在心中"一句, 不成說話。心有以氣言者, 有以理言者, 若以理言, 則其本然主宰之妙, 固已不犯乎氣矣; 若以氣言, 則更有何氣在乎? 氣中乎? 吾聞理具乎心, 未聞氣在乎心者也。且季仁之言, 未免有病, 其曰: "心爲主宰, 而氣亦隨屬。" 夫氣是何物, 而有隨屬時節耶? 不離不雜, 不先不後, 此理氣之界至也。季仁欲補心氣相雜之失, 而反坐心氣相離之失, 其失均矣。德哉! 洪鍾之喩亦左矣。若以洪鍾喩之, 洪鍾是心也, 未撞聲在是性也, 撞之聲發是情也, 撞之者是外物觸之也, 餘韻延連是意也。若以撞之者爲心, 聲之者爲氣, 則殆不成比類, 彼此無所據矣, 如何?

「답윤계인答尹季仁」(『日新齋集』卷6)

1) 서지사항
정의림이 윤상린(尹相麟 생몰년미상)에게 답한 편지. 『일신재집(日新齋集)』 권6에 실려 있다.

2) 저자
정의림(鄭義林, 1845~1910)으로, 자는 계방(季方), 호는 일신재(日新齋)이다.

3) 내용
이 글은 정의림이 윤상린에게 답한 편지이다. 여기서 정의림은 황철원이 신(神)을 리로 여기고 령(靈)을 기로 여기며, 그 뜻은 령은 주재할 수 없고 주재하는 것은 신이며, 뭇 리를 갖추거나 만사에 응하는 하는 것은 령이 아니라 신이라고 보는 것이라고 하였다. 반면 자신이 "령과 신은 모두리와 기가 합해서 있는 것이다"라고 말한 것은 리와 기를 분배해서 볼 수 없기 때문이라고 하였다. 그는 심이 그 이름을 얻게 된 것은 령 때문이며, 능히 주재하는 것은 이 령이요 주재하는 바는이 리라고 하였다. 또 만약 허령은 주재할 수 없고 허령 가운데 주재하는 묘용이 있다고 한다면, 령은 아주 쓸모없는 것이 된다고 하였다. 정의림은 한 두 선각자가 입론과 저술을 통해 주기론이 성행하는 근세의 폐단을 구하고 있는데, 후세가 그 뜻을 제대로 이해하지 못하고 지나치게 주리만 주장하여 도리어 굽은 것을 바로잡지 못하는 데로 돌아가면 안 된다고 경계하였다.

3-17-17 「答尹季仁」(『日新齋集』卷6)

向便有來無去, 未得修謝矣。未審日來, 旅居節宣, 體事佳勝, 馳溯不任。向抵黃生書, 賢旣視至, 則其可否何如耶? 大抵黃生之意, 以神爲理, 以靈爲氣, 以爲靈不能主宰, 而主宰者, 神也; 靈不能"具衆理, 應萬事", 而"具衆理, 應萬事"者, 神也。橫說竪說, 其端不一, 而其大意, 則本於此矣。愚謂"靈與神, 皆是理與氣合而有者也", 固不可分配理氣看。然則只是一物, 而靈之妙用處, 便是神, 神與靈, 豈是待對倂立之物哉? 且心之得名, 以其靈也。靈故能主宰。能主宰者, 是靈; 所主宰底, 是理。如枯木死灰之物, 固皆有理, 而謂之主宰, 則不可以其不靈故也。若曰"虛靈不能主宰, 而虛靈之中, 自有主宰妙用之", 則靈爲無用之長, 物理爲作用之別事。朱子曰: "虛靈不昧, 以具衆理, 應萬事。" 具之、應之, 是非虛靈之爲主宰者耶云云。然黃生竟不見從, 未知愚見或左而然耶? 每欲一與季仁相確而未果矣。今承詳示之喩, 玆以略布幸加細究, 以示稱停之論也。近世主氣之論盛行, 而惟一二先覺立言著書, 以救其敝, 此其有功於斯世者大矣。然後之人聞其說, 而不得其意, 名爲主理, 而又或過之, 反不無矯柱過直之歸, 此亦不可以不審也。

「답황경함答黃景涵」【澈源】(『日新齋集』卷8)

1) 서지사항

정의림이 제자인 중헌(重軒) 황철원(黃澈源)에게 보낸 답장.『일신재집』권8에 실려 있다.

2) 저자

정의림(鄭義林, 1845~1910)으로, 자는 계방(季方), 호는 일신재(日新齋)이다.

3) 내용

이 글은 정의림이 황철원(黃澈源, 1878~1932)에게 보낸 답장이다. 정의림은 노사(蘆沙) 기정진(奇正鎭, 1798~1879)의 문인으로, 전라남도 화순 지역에서 강학하며 많은 제자들을 길러냈다. 간재(艮齋) 전우(田愚, 1841~1922)가 기정진의 「외필(猥筆)」과 「납량사의(納凉私議)」를 비판하자, 이를 반박하는 논설을 남겨 스승의 학설을 옹호하였다. 황철원은 조선 말기의 유학자로, 자는 경함(景涵), 호는 중헌(重軒)·은구재(隱求齋)이다. 전라남도 화순군 능주(綾州)에서 태어났다. 기정진의 제자인 정의림과 정재규의 문하에서 수학하였다. 정재규의 권유로 「외필변변(猥筆辨辨)」·「납량사의기의변(納凉私議記疑辨)」·「납량사의기의추록변(納凉私議記疑追錄辨)」을 지어 전우의 성리설을 논박하였다. 이 편지에서는 호론(湖論)의 삼층설(三層說) 중 주로 "인과 인이 같고, 물과 물이 같은 성[人與人同、物與物同之性]"에 대해 설명했다. 호론의 삼층설이란 성(性)을 "인과 물이 모두 같은 성[人物皆同之性]", "인과 인이 같고, 물과 물이 같은 성[人與人同、物與物同之性]", 그리고 "인과 인, 물과 물이 같지 않은 성[人人物物不同之性]"으로 구분하여 분석하는 입장이다. 정의림은 이를 일본만수(一本萬殊)와 연결시켜 일본을 말할 때는 "인성과 물성이 같지 않다."고 말해서는 안 되며, 만수를 말할 때는 "인성과 물성이 다르지 않다."고 말해서도 안 된다고 언급했다. 즉 만수는 리분(理分)에 속하는 경우도 있고, 기분(氣分)에 속하는 경우도 있다는 것이다.

新汝便承信種種, 謹詢堂候萬安, 令弟冠娶利行, 何慰如之? 湖說三層之辨得矣, 而至以鄙說謂有三層, 則過矣。賢謂人與人同, 物與物同, 本非好語; 愚謂人與人同, 物與物同, 本非不好語。但因湖說, 而爲不好耳。人同物同, 非所謂"各正性命"處乎? 非所謂"一本之所以萬殊"者乎? 萬一、同異, 雖曰"相涵", 而究而言之, 言一本時, 不可曰"人物之性不同"; 言萬殊時, 不可曰"人物之性不異"。且萬殊, 有屬理分底, 有屬氣分底。湖說人人不同, 物物不同, 當氣分而不可以言性。然則鄙說只不過一本萬殊之義, 而何嘗有三層如湖說乎? 賢抵澗丈書, 以正通偏塞爲性, 而獨以人同物同爲不然, 何也? 以澗丈壞人物之分, 縷縷爲言, 而譏人同物同之說者, 獨非壞人物之分耶? 以正通偏塞, 爲理之所有則可; 直以正通偏塞爲性則不成說矣。人與人同, 物與物同, 此固人物一定之分, 而萬殊之屬於理分者也。只此萬殊, 固已涵於理一之中, 而非如蜂房榴核之爲, 則謂之同可也, 謂之不同亦可也。況"性道雖同"在於"各循其性"之下, 則謂之人與人同, 物與物同, 有何不可乎? 賢以率性之道爲萬殊, 而獨不取人與人同、物與物同之說, 抑何曲折耶? 人與人同、物與物同之外, 有何別般萬殊乎? 此比如貴子規而賤杜宇, 惡倉庚而愛黃鸝者也。『集註』所謂"氣稟或異", 此固人人不同, 物物不同, 而萬殊之屬於氣分者也。賢所謂"寬猛强弱"者, 得矣。澗丈見賢以正通偏塞爲理, 故以爲理固如此, 則安有本然之理, 而加矯揉之功乎? 所疑正在於此, 則其辨而解之之說, 當曰"萬殊有理分底, 有氣分底。理分固不可以矯揉, 而所可矯揉者, 氣分"云爾, 則何如耶? 寂寞之濱, 離索殊甚, 無一人以此等說相規, 而惟吾友爲之不遲, 種種示及, 若是繾綣, 區區慰感, 謂何如耶? 一分收桑之望, 惟吾友是倚, 幸勿以議論間, 小小違合爲嫌, 益加勤提, 期有所就, 如何?

「답황경함答黃景涵」(『日新齋集』卷8)

해제

1) 서지사항

정의림이 제자인 중헌(重軒) 황철원(黃澈源)에게 보낸 답장.『일신재집』권8에 실려 있다.

2) 저자

정의림(鄭義林, 1845~1910)으로, 자는 계방(季方), 호는 일신재(日新齋)이다.

3) 내용

이 글은 정의림이 황철원(黃澈源, 1878~1932)에게 보낸 답장이다. 정의림은 노사(蘆沙) 기정진(奇正鎭, 1798~1879)의 문인으로, 전라남도 화순 지역에서 강학하며 많은 제자들을 길러냈다. 간재(艮齋) 전우(田愚, 1841~1922)가 기정진의 「외필(猥筆)」과 「납량사의(納凉私議)」를 비판하자, 이를 반박하는 논설을 남겨 스승의 학설을 옹호하였다. 황철원은 조선 말기의 유학자로, 자는 경함(景涵), 호는 중헌(重軒)·은구재(隱求齋)이다. 전라남도 화순군 능주(綾州)에서 태어났다. 기정진의 제자인 정의림과 정재규의 문하에서 수학하였다. 정재규의 권유로 「외필변변(猥筆辨辨)」·「납량사의기의변(納凉私議記疑辨)」·「납량사의기의추록변(納凉私議記疑追錄辨)」을 지어 전우의 성리설을 논박하였다. 이 편지에서는 호론(湖論)의 삼층설(三層說) 중 주로 "인과 인이 같고, 물과 물이 같은 성[人與人同、物與物同之性]"에 대해 설명했다. 호론의 삼층설이란 성(性)을 "인과 물이 모두 같은 성[人物皆同之性]", "인과 인이 같고, 물과 물이 같은 성[人與人同、物與物同之性]", 그리고 "인과 인, 물과 물이 같지 않은 성[人人物物不同之性]"으로 구분하여 분석하는 입장이다. 정의림은 『중용집주(中庸集註)』에 나오는 "인과 물이 세상에 나올 때 각기 부여받은 리(理)를 얻음에 따라 건순오상의 덕을 삼는다.[人物之生, 因各得其所賦之理, 以爲健順五常之德.]"는 구절을 보고 깨달음을 얻었다고 언급하며, 인과 물이 나누어지면 서로 다르지만, 그 건순오상의 덕은 곧 하나라고 설명했다. 그리고 호론과 낙론을 절충하기 위한 방법의 하나로, 만수(萬殊)를 논할 때 이분(理分)과 기분(氣分)을 구분하는 방법을 제안했다.

3-17-19 「答黃景涵」(『日新齋集』卷8)

人與人同、物與物同之說, 曾因一友生之問, 倉卒酬答者如此, 而一念缺然, 以爲非十分稱停之義。其後反而思之, 未見其不然。愈思而愈入其說, 此所以景涵之言, 前後縷縷, 而終不肯可者也。日前偶將『中庸』, 早晚間看, 及到『集註』所謂"人物之生, 因各得其所賦之理, 以爲健順五常之德"一段語, 不覺怳然而覺悟也。爲人爲物, 分則雖殊, 而其爲健順五常則一也。下文"性道雖同", 豈非所以應貼此句而言者乎? 賢之固執果有以, 而鄙見之執迷難回, 可愧可愧! 然辨之不力, 則知之不固, 前日之多少費說, 爲何傷也? 謝謝! 且萬殊之云, 是一本之案山專以理分言, 何嘗以氣分說也? 然一邊之論, 以理爲渾然無分之物, 而以爲主宰區別皆由於氣, 此非性惡之說而何? 見其說之差謬, 而思有以反之者, 則以爲分數段落, 已具於理。此說比一邊之說, 不啻天淵, 然徒知分數段落之已具, 而不有以折衷之, 則所謂惡者, 無所歸屬, 而反有以駸駸乎性惡之論矣。然則將何以折衷哉? 必於分數上, 折斷得理氣看, 方有着落處, 不然橫側奔逸, 千差萬錯, 槪謂之理之所有耶? 此所以有萬殊、理分、氣分之說也。正通偏塞, 是人物之大分, 而爲萬世不可易底, 則雖氣也, 而謂之理分可也。鄙所謂"理分固不可以矯拂"者, 未始非此意, 而賢反窮詰之, 以爲矯拂禽獸, 爲人正通云云, 何不諒人言之若是耶? 先師所謂"雖不離形氣言分, 而理之未嘗無分可見"云者, 亦指其理分底說也。若人之爲不善, 禽獸之爲搏噬, 草木之爲妖孼, 何嘗言理之所有耶? 理分氣分, 未知其爲說何如, 而區區所以頗費區處者如此, 果不知獲罪于前賢否耶? 向來所示冊子, 連因紛冗, 未及繙閱, 今纔一番看過耳。謹以鄙意略有云云, 考可悉矣。更加三思, 隨便示及, 如何如何? 顧惟無狀, 離索衰替, 而舊業之荒廢久矣。如非吾友爲之發端, 則安有一念及於此等義諦耶? 感感亡已, 望須勉勉益造崇深也。土玉近日同處否? 篤實謹勅, 所望非細, 昕夕相守, 資益想不淺淺。

「답황경함答黃景涵」(『日新齋集』卷8)

해제

1) 서지사항

정의림이 제자인 중헌(重軒) 황철원(黃澈源)에게 보낸 답장.『일신재집』권8에 실려 있다.

2) 저자

정의림(鄭義林, 1845~1910)으로, 자는 계방(季方), 호는 일신재(日新齋)이다.

3) 내용

이 글은 정의림이 황철원(黃澈源, 1878~1932)에게 보낸 답장이다. 정의림은 노사(蘆沙) 기정진(奇正鎭, 1798~1879)의 문인으로, 전라남도 화순 지역에서 강학하며 많은 제자들을 길러냈다. 간재(艮齋) 전우(田愚, 1841~1922)가 기정진의 「외필(猥筆)」과 「납량사의(納凉私議)」를 비판하자, 이를 반박하는 논설을 남겨 스승의 학설을 옹호하였다. 황철원은 조선 말기의 유학자로, 자는 경함(景涵), 호는 중헌(重軒)·은구재(隱求齋)이다. 전라남도 화순군 능주(綾州)에서 태어났다. 기정진의 제자인 정의림과 정재규의 문하에서 수학하였다. 정재규의 권유로 「외필변변(猥筆辨辨)」·「납량사의기의변(納凉私議記疑辨)」·「납량사의기의추록변(納凉私議記疑追錄辨)」을 지어 전우의 성리설을 논박하였다. 이 편지에서는 일본만수(一本萬殊)와 합일분수(合一分殊)에 대해 설명했다. 일본만수에 대해 "리(理)의 관점에서는 천리(天理)가 지리(地理)이고 인리(人理)가 물리(物理)여서 경계가 없으며, 분(分)의 관점에서는 만물은 천(天)에 의해 거느려지고 만사는 심(心)에 의해 거느려지며 만민은 임금에 의해 거느려지게" 되는 법이라고 그 의미를 해석했다. 그리고 합일분수에 대해서는 "성(性)의 관점에서는 성으로, 심의 관점에서는 심으로 살펴야지, 합일분수를 심과 성에 분속(分屬)시켜 봐서는 안 된다."고 언급했다.

3-17-20 「答黃景涵」(『日新齋集』卷8)

一本萬殊, 以理言之, 天之理卽地之理, 人之理卽物之理, 固無界位之可言。以分言之, 萬物統於天, 萬事統於心, 萬民統於君, 萬枝統於根, 萬流統於源, 此獨非一本萬殊之義乎? 來喩以爲“豈一箇一本萬殊, 而有在理在心之異?”, 何其說之太快, 而辨之太深也? “天下之惡, 非別有根頭”云云, 此是自起一段, 非所以連累上文之意。來喩換心爲氣, 以氣當心等語, 可謂不諒人意矣。敬爲求仁之要, 此以體仁之功言; 恕爲求仁之方, 此以行仁之功言。如『論語』有是仁、行仁之別, 然恕是己立立人、己達達人之義, 則敬未嘗不在其中, 如言敬而恕在其中。嶺行, 自刊所催促, 非一非再, 而身故姑難動作, 不安不安。土玉近與相對, 頗慰孤索, 淳實謹飭, 一意向學。如土玉、宇卿, 甚不易得, 賢言亦吾意也。冊子, 秋冬來, 一向紛汨, 未暇披看, 近始一覽, 往往多格言至論, 令人不覺心醉。家塾新就, 吾友修息之計得矣。第當思其所以扁揭者, 以副吾友日夕警勉萬一之意, 姑俟之如何? 明德云云, 先儒說恐無害, 而但曰“是所受於天之仁義禮智”云, 則與性字何別? 此爲所欠耳。

大抵合一分殊, 以性言之, 則當於性上看之; 以心言之, 則當於心上看之。但不可以合一分殊, 分屬心性看也。合一分殊, 猶不當分屬, 況以偏全分屬心性乎? 賢所引喩, 極其多端, 而只不過再數長廊柱也。神明二字, 自是心字本旨, 舍神明而言心, 則其不近於空寂乎? 過此以往, 則當言性, 不當言心。艾山所言“心是性情之統名”者, 賢以爲何如耶? 愚以爲心統性情則可, 以爲心是性情之統名則未可也。何者? 以性情之外, 無心故也。神明是心之本旨, 而所以神明者, 非理乎? 如此說, 不患理不爲主宰矣。賢看心字如艾山說, 種種致此葛藤, 更詳之如何?

「답황경함答黃景涵」(『日新齋集』卷8)

1) 서지사항

정의림이 제자인 중헌(重軒) 황철원(黃澈源)에게 보낸 답장.『일신재집』권8에 실려 있다.

2) 저자

정의림(鄭義林, 1845~1910)으로, 자는 계방(季方), 호는 일신재(日新齋)이다.

3) 내용

이 글은 정의림이 황철원(黃澈源, 1878~1932)에게 보낸 답장이다. 정의림은 노사(蘆沙) 기정진(奇正鎭, 1798~1879)의 문인으로, 전라남도 화순 지역에서 강학하며 많은 제자들을 길러냈다. 간재(艮齋) 전우(田愚, 1841~1922)가 기정진의 「외필(猥筆)」과 「납량사의(納凉私議)」를 비판하자, 이를 반박하는 논설을 남겨 스승의 학설을 옹호하였다. 황철원은 조선 말기의 유학자로, 자는 경함(景涵), 호는 중헌(重軒)·은구재(隱求齋)이다. 전라남도 화순군 능주(綾州)에서 태어났다. 기정진의 제자인 정의림과 정재규의 문하에서 수학하였다. 정재규의 권유로 「외필변변(猥筆辨辨)」·「납량사의기의변(納凉私議記疑辨)」·「납량사의기의추록변(納凉私議記疑追錄辨)」을 지어 전우의 성리설을 논박하였다. 이 편지에서 정의림은 애산(艾山) 정재규(鄭載圭, 1843~1911)의 심설에 대해 좋다고 긍정하면서도, "주재즉리(主宰則理)"라는 구절이 너무 간략하다고 비평했다. 그래서 "그 주재를 말한다면 심(心)이지만, 주재하는 것은 리(理)"라고 말한다면 어떻겠냐고 제안했다. 그리고 "생지위성(生之謂性)"에 두 가지 의미가 있는데, "생(生)을 바로 성(性)이라 하는 것은 대대설(對待說)이고, 생이후(生而後)를 성이라 하는 것은 전후설(前後說)"이라고 하면서 구분했다.

3-17-21 「答黃景涵」(『日新齋集』卷8)

艾丈心說固好, 但"主宰則理"一句, 稍涉徑約。如曰"言其主宰則心, 言其主宰底則理",
何如耶? 近日所謂主氣之論, 固無足道。其主理者, 亦往往說得太高, 專以心看作理字,
至以性爲偏, 心爲全, 性爲零碎, 心爲總會, 似若心性二物對峙並立, 又若別有無位眞
人, 坐在冥冥之中。此非小疵, 奈何奈何? 合一分殊, 當初愚意, 看作理一分殊之義, 非
待人力牽合之謂也。今得東溪及景涵之語, 果知其未穩, 曷不知戒? "生之謂性"有二義
者, 直指生謂性, 是對待說, 生而後謂之性, 是前後說, 何謂專然無分耶? 好與人校, 是
私勝之敝也, 去其私勝, 非求仁之方耶? 不同流合汚, 可以行吾義, 有獨立意思, 非所以
爲義耶? 不與物校, 是求仁之方, 學者之功也。與物無校, 是顏子以上之事也。

「답황경함答黃景涵」(『日新齋集』卷8)

1) 서지사항

정의림이 제자인 중헌(重軒) 황철원(黃澈源)에게 보낸 답장.『일신재집』권8에 실려 있다.

2) 저자

정의림(鄭義林, 1845~1910)으로, 자는 계방(季方), 호는 일신재(日新齋)이다.

3) 내용

이 글은 정의림이 황철원(黃澈源, 1878~1932)에게 보낸 답장이다. 정의림은 노사(蘆沙) 기정진(奇正鎮, 1798~1879)의 문인으로, 전라남도 화순 지역에서 강학하며 많은 제자들을 길러냈다. 간재(艮齋) 전우(田愚, 1841~1922)가 기정진의 「외필(猥筆)」과 「납량사의(納凉私議)」를 비판하자, 이를 반박하는 논설을 남겨 스승의 학설을 옹호하였다. 황철원은 조선 말기의 유학자로, 자는 경함(景涵), 호는 중헌(重軒)·은구재(隱求齋)이다. 전라남도 화순군 능주(綾州)에서 태어났다. 기정진의 제자인 정의림과 정재규의 문하에서 수학하였다. 정재규의 권유로 「외필변변(猥筆辨辨)」·「납량사의기의변(納凉私議記疑辨)」·「납량사의기의추록변(納凉私議記疑追錄辨)」을 지어 전우의 성리설을 논박하였다. 이 편지에서 정의림은 전후의 심설이 장황하게 반복되고 있다고 하면서, 심에 대해 "기(氣)가 있다는 차원에서 심을 말하면 천하에 기 아닌 물건이 없고, 리(理)가 있다는 차원에서 심을 말하면 천하에 리 밖의 물건이 없다."고 설명했다. 심의 신묘한 공능은 기의 신령함인데, 이 신령함은 리를 통해 가능한 것이라고 언급했다. 따라서 "나누어 말하면 기의 정상(精爽)이고, 합하여 말하면 리의 주재(主宰)"라고 설명했다.

前後心說, 張皇反復, 期欲開悟而後已, 其所以愛我惠我者至矣。感感萬萬! 夫心是何物? 以有氣而謂之心, 則天下無非氣之物; 以有理而謂之心, 則天下無理外之物。不以此爲心, 而必以心爲心者, 特以氣之靈處言故也。靈是心字本來面目, 靈故能具, 能應, 能主宰, 能神妙。若頑蠢無靈, 如姑木死灰, 則何以能具, 能應, 能主宰, 能神妙乎? 然則心字界至, 斷可知矣。然非理則不能靈, 靈非自爲, 乃理之使然。是以, 分以言之, 謂之氣之精爽; 合以言之, 謂之理之主宰, 隨其語勢, 而意各有當。今乃各執一見, 互相圭角, 可乎? 今不能枚擧細陳, 而賢論概以靈明與妙用, 謂有精粗, 而一屬之氣, 一屬之理, 此最未穩。氣之靈, 卽是理之妙用, 豈氣自有一靈, 理自有一神, 互相占據乎? 且曰"有此身, 具此理, 而有性之名; 具此理, 有此神, 而有心之名", 此亦未穩。如此說, 則具此性時, 節無此心之可言, 而有此神而後, 方有此心耶? 然則具此性者, 是何物耶? 鄙意初不以<u>艾丈</u>說爲不然也。但就其中, 深明心性主宰之義而已。轉輾說去, 至此張旺, 實非初意也。大抵鄙意, 平日非不深惡主氣之論。然吾輩主理之人, 亦或不無矯枉過直之敝, 故敢有云云, 非故欲舍舊見而趨於彼也。如何?

「답황경함答黃景涵」(『日新齋集』卷8)

1) 서지사항

정의림이 제자인 중헌(重軒) 황철원(黃澈源)에게 보낸 답장.『일신재집』권8에 실려 있다.

2) 저자

정의림(鄭義林, 1845~1910)으로, 자는 계방(季方), 호는 일신재(日新齋)이다.

3) 내용

이 글은 정의림이 황철원(黃澈源, 1878~1932)에게 보낸 답장이다. 정의림은 노사(蘆沙) 기정진(奇正鎭, 1798~1879)의 문인으로, 전라남도 화순 지역에서 강학하며 많은 제자들을 길러냈다. 간재(艮齋) 전우(田愚, 1841~1922)가 기정진의 「외필(猥筆)」과 「납량사의(納凉私議)」를 비판하자, 이를 반박하는 논설을 남겨 스승의 학설을 옹호하였다. 황철원은 조선 말기의 유학자로, 자는 경함(景涵), 호는 중헌(重軒)·은구재(隱求齋)이다. 전라남도 화순군 능주(綾州)에서 태어났다. 기정진의 제자인 정의림과 정재규의 문하에서 수학하였다. 정재규의 권유로 「외필변변(猥筆辨辨)」·「납량사의기의변(納凉私議記疑辨)」·「납량사의기의추록변(納凉私議記疑追錄辨)」을 지어 전우의 성리설을 논박하였다. 이 편지에서는 정의림이 이전에 지었던 「양성당명(養性堂銘)」에 나오는 부곽설(郛郭說)에 대해 언급했다. 부곽은 성곽(城郭)의 지반(地盤)을 뜻한다면서 "심(心)을 성(性)의 주재(主宰)라고 하는 것은 리(理)의 주재를 가리켜 말하는 것이고, 심을 성의 부곽이라고 하는 것은 기(氣)의 정상(精爽)을 가리켜 말하는 것"이라고 설명했다. 정상과 기질에 정조(精粗)의 차이는 있지만, 기질 역시 정상의 부곽이 아니겠느냐고 자기의 생각을 피력했다. 그러면서 기질과 정상이 부곽이 아니라면, 어떤 물건이 있어 이 성을 실을 수 있겠느냐고 언급했다.

3-17-23 「答黃景涵」(『日新齋集』卷8)

鄙所述養性堂銘, 今不可記憶, 未知賢於何處得見耶? 蓋郛郭是匡郭地盤之義也。以心爲性之主宰者, 是指理之主宰而言; 以心爲性之郛郭者, 是指氣之精爽而言。精爽、氣質, 雖有精粗, 而氣質亦非精爽之郛郭耶? 其間若有一重膜子, 而其爲郛郭則一也。氣質、精爽, 不爲郛郭, 則更有何物可以該載是性也? 以郛郭作主宰者, 以愚料之, 恐大不是。賢平日不肯以精靈作主宰看, 而今乃以郛郭作主宰耶? 且上文雖言本心, 而中間以氣質二字, 措以爲語, 則下段言放逸之心, 恐無不可也。鄙與澗丈書言分殊處, 果非朱夫子之本意。然天下之物, 參錯萬變, 只是直遂與不直遂而已。以直遂爲正通, 以不直遂爲偏塞, 亦不害爲一說也。下文長短肥瘠, 其非形氣之分, 如所謂"原濕之人豐而厚, 沙土之人瘦而細"者耶? 此特就物類上, 指其分殊之非本然者而言, 至於矯揉變化, 與夫人之爲人, 關由與否, 初不數數暇及也。況居移氣, 養移體, 則體亦有可移者。變化氣質, 則質亦有可變者乎? 此等在所活看, 未知何如耶? 作用云云, 近看『大全』, 多有說起處。大抵釋氏以作用爲性, 如告子"生之謂性"。然其作用, 不自"森然已具、粲然有條"中出來, 則終不免於自私而已。賢所謂"以作用謂性, 固不可, 而以作用謂心, 亦不可"者, 極是極是。近閱『朱書』若而編, 間間有感發人處。但恨衰頹如此, 無以致力以補前愆之萬一也。

「답황경함答黃景涵」(『日新齋集』卷8)

1) 서지사항

정의림이 제자인 중헌(重軒) 황철원(黃澈源)에게 보낸 답장.『일신재집』권8에 실려 있다.

2) 저자

정의림(鄭義林, 1845~1910)으로, 자는 계방(季方), 호는 일신재(日新齋)이다.

3) 내용

이 글은 정의림이 황철원(黃澈源, 1878~1932)에게 보낸 답장이다. 정의림은 노사(蘆沙) 기정진(奇正鎭, 1798~1879)의 문인으로, 전라남도 화순 지역에서 강학하며 많은 제자들을 길러냈다. 간재(艮齋) 전우(田愚, 1841~1922)가 기정진의 「외필(猥筆)」과 「납량사의(納凉私議)」를 비판하자, 이를 반박하는 논설을 남겨 스승의 학설을 옹호하였다. 황철원은 조선 말기의 유학자로, 자는 경함(景涵), 호는 중헌(重軒)·은구재(隱求齋)이다. 전라남도 화순군 능주(綾州)에서 태어났다. 기정진의 제자인 정의림과 정재규의 문하에서 수학하였다. 정재규의 권유로 「외필변변(猥筆辨辨)」·「납량사의기의변(納凉私議記疑辨)」·「납량사의기의추록변(納凉私議記疑追錄辨)」을 지어 전우의 성리설을 논박하였다. 이 편지에서 정의림은 이전에 황철원이 보낸 편지에서 일곱 대목을 추려 그에 대한 자신의 견해를 제시했다. 그 중 첫 번째 대목을 살펴보면 황철원이 "령(靈)은 심의 당체(當體)이므로 그 속에서 스스로 주재묘용(主宰妙用)의 신(神)이 있게 되어 구중리응만사(具衆理應萬事)하는 체용이 있게 된다."라고 언급한 것에 대해, 정의림은 주자가 『대학집주』에서 왜 그냥 "허령불매(虛靈不昧)"라고만 간단히 언급했겠느냐고 물으면서, 이 령이 곧 주재할 수 있고 묘용(妙用)할 수 있는 것이라고 설명했다.

3-17-24 「答黃景涵」(『日新齋集』卷8)

來書第一段, 謂"靈是心之當體, 就其中, 自有主宰妙用之神, 故有是具衆理應萬事之體用"。如此, 則朱子於『大學』明德註, 何不曰"虛靈不昧之中, 自有主宰妙用之神, 以具衆理"云云, 而止曰"虛靈不昧"耶? 只此靈也, 便能主宰, 便能妙用, 除却此靈, 則頑然一土木而已。更有何物可以主宰, 可以妙用? 但仁故靈, 非仁安有此靈? 仁故覺, 非仁安有此覺? 是知能覺者是靈, 而所覺底是性; 能主宰者是靈, 而所主宰底是性; 能妙用者是靈, 而所妙用底是性。能者爲役, 而所者爲帥; 者者爲僕, 而底底爲主, 則所謂靈者, 卽理之所以主宰妙用也。今不知此, 而乃於靈之外, 別討一箇玄玄茫茫底影象, 以爲主宰妙用, 未知此物何物? 是理耶, 氣耶? 以爲氣也, 則賢必不以主宰爲氣, 以爲性也, 則是性檢性, 不當曰"心檢性", 是性統性; 不當曰"心統性"也。方寸之間, 有靈又有神, 各自占據, 此於事理, 果穩當耶? 近覺得艾山心說, 誠有過當處。如所謂苟無是氣, 則靜無所搭, 動無所乘, 故謂之合, 此是完轉說。性字本旨出來, 非所以言心。先師嘗答艾山問, 有曰"駸駸流入說性去", 可知誤入者, 想未始非此之謂也。第二段云云, 當體、源頭, 何嘗各有地分? 陰陽無始, 動靜無端, 上天下地, 無一物可以喚做源頭。所謂源頭, 亦只於當體上見之。有此理, 故有此心, 此源頭也; 有此心, 故具此理, 此當體也。豈有上一半下一半, 層節之相懸耶? 第三段云云, 太極也、性也、神也、心也, 一理而已, 則其爲主宰妙用, 固無二致也。心不可以主宰妙用言者, 實非愚意。當時緣何而云爾耶? 弟四段主宰妙用, 自是心之眞面本旨, 誠如來喩。然此非但賢知之, 愚亦知之, 矯枉過直, 不在於此。但認靈爲心, 嫌於主氣, 故於靈之外, 別取一箇主宰妙用, 以爲心之本旨, 使人沒着落無据守, 如捕風繫影, 此其非矯枉過直者耶? 第五段云云, 心統性情, 統字在性情之上, 則心字主制之義自著。心者性情之總名, 總字在性情之下, 則性情之外, 更別無心。如曰誠意、意誠, 而功與效分焉; 敬以、以敬, 而直不直判焉。第六段才說性, 不是性, 故道有覺之理, 而無覺之事。若如此說, 才說性以前, 道有覺, 而說性而後, 無覺也。又曰"心是主宰之理、妙用之神, 而言其資助, 則精靈也。" 此以心與精靈, 分爲二物也。又曰"覺者靈也, 覺之者主宰妙用也。" 此又以靈與主宰妙用, 分爲兩片也。二物兩片, 此豈一本主宰之義耶? 愚固曰"氣有爲, 故心能檢性", 何嘗直曰"氣能檢性"耶? 以酒醴之出於來牟, 而謂之飮來牟, 可乎? 徒知氣檢性之如以臣制君, 而不知理檢性之爲以君制君乎! 且心之檢性, 非制性, 乃循性也。如將軍之制於外, 非制君, 乃所以行君之命也。若以將之制外, 而謂有僭逼之嫌, 禁之使不得干預, 而傳餐鳴鼓, 凡百執事之役, 君自爲之, 則君之勢可謂尊乎, 貶乎? 今之論, 何以異於是? 第七段峻露云云, 非他也。靈之爲物, 雖不離氣, 而直謂之氣, 則於精粗之分, 有未愜者, 故謂峻露耳。夫心者, 五行之精英, 一身之神明, 所謂主宰, 由此而立, 所謂妙用, 由此而生, 豈可捨精靈, 而別求主宰妙用之神, 以爲心之本旨乎? 朱子曰: "性與心, 一而二, 二而一。" 以二而一者言之, 孟子所謂"仁人心", 邵子所謂"心太極"是也; 以一而二者言之, 孔子所謂"其心不違仁", 朱子所謂"心猶陰陽"是也。如欲合而一之, 必先有以分而精之, 而彼疆此界, 固不可苟也。朱子又曰"靈處只是心", 朱子何不言主宰妙用, 而只以靈言耶? 蓋靈所以爲主宰妙用也。『大學』註曰: "明德者, 人之所得乎天, 而虛靈不昧"云云。德, 得也。以所得二字, 冠之於虛靈云云之上, 可知虛靈之爲明德中事也。世人不知所得二字在上頭, 只於下段虛靈云云之間, 尋求明德, 至以明德爲形而下, 豈不誤哉? 是知靈是理中事, 而靈之爲主宰妙用, 乃理之所主宰妙用也, 如何如何? 郢郭之說, 以書以面, 不啻詳悉, 而乃復提起如此耶? 可知先入之難移, 有如是矣。雖欲奉答, 而前說之外, 更無餘言, 奈何奈何? 當此異學侵畔之日, 而知有此事者無幾人焉。知有此事者, 又皆爲主氣所誤, 各相排抑, 去而愈甚, 吾道之孤弱, 爲何如耶? 況此衰窮淟涊, 煢煢無聊, 而惟有吾友相望, 在不遠地。倚之如輔車, 資之如蚤蚷, 則其於講討問辨之間, 可不脗然會通, 思所以同歸一轍乎! 願吾友不以先見爲主, 公聽倂觀, 歸於至當是望。

「답황경함答黃景涵」(『日新齋集』卷8)

1) 서지사항

정의림이 제자인 중헌(重軒) 황철원(黃澈源)에게 보낸 답장.『일신재집』권8에 실려 있다.

2) 저자

정의림(鄭義林, 1845~1910)으로, 자는 계방(季方), 호는 일신재(日新齋)이다.

3) 내용

이 글은 정의림이 황철원(黃澈源, 1878~1932)에게 보낸 답장이다. 정의림은 노사(蘆沙) 기정진(奇正鎭, 1798~1879)의 문인으로, 전라남도 화순 지역에서 강학하며 많은 제자들을 길러냈다. 간재(艮齋) 전우(田愚, 1841~1922)가 기정진의 「외필(猥筆)」과 「납량사의(納凉私議)」를 비판하자, 이를 반박하는 논설을 남겨 스승의 학설을 옹호하였다. 황철원은 조선 말기의 유학자로, 자는 경함(景涵), 호는 중헌(重軒)·은구재(隱求齋)이다. 전라남도 화순군 능주(綾州)에서 태어났다. 기정진의 제자인 정의림과 정재규의 문하에서 수학하였다. 정재규의 권유로「외필변변(猥筆辨辨)」·「납량사의기의변(納凉私議記疑辨)」·「납량사의기의추록변(納凉私議記疑追錄辨)」을 지어 전우의 성리설을 논박하였다. 이 편지에서 정의림은 허령(虛靈)과 신명(神明)에 대해 자신의 입장을 밝혔다. 허령과 신명은 원래 하나의 물건이라는 것이다. "령이 진실로 리(理)의 령이라면 신 역시 리의 신이고, 신이 진실로 리의 묘(妙)라면 령 역시 리의 묘"라고 설명했다. 그러면서 묘용(妙用)을 신이라고 하는 것은 신이 리의 묘용이라는 뜻이지, 신이 바로 리라는 의미가 아니라고 언급했다.

3-17-25 「答黃景涵」(『日新齋集』卷8)

前說頗詳, 自謂自此而庶有歸一之望, 得來書, 不惟不一, 而更於枝上生枝, 蔓上生蔓, 紕繆轇轕, 抑又甚焉。未知, 鄙說有未暢歟? 賢見有所蔽歟? 必居一於斯矣。今欲逐節奉答, 而冗撓未暇, 雖奉答而亦恐無見信之理, 奈何奈何? 姑舉其大要之不相合處言之, 於此合則無不合矣, 又何必煩爲哉? 夫虛靈也、神明也, 自是一物。靈固理之靈, 神亦(氣)[理]³⁵⁾之神; 神固理之妙, 靈亦理之妙。所謂以妙用爲神者, 其意蓋曰"神是理之妙用"云爾, 非直以神爲理也。故『朱書』以神爲形而下者, 非一, 如侯氏以神明爲理, 萬正淳以神明爲物, 朱子從正淳之說, 此可見矣。今賢以神爲理, 以明爲靈, 以靈爲地盤, 以神爲主宰, 以靈爲當體, 以神爲本旨。又曰"覺者靈也, 覺之者神也", 又曰"靈者氣之發, 神者理之用", 如此類, 不一而足。如此則靈與神, 是齊頭並立, 各有占據耶? 抑旋旋出來, 各有時節耶? 認氣爲理, 認性爲用, 而名義位置, 無不乖戾矣。以靈之爲主宰妙用, 而作用之權, 一歸於靈, 則必如釋氏之作用爲性然後, 可謂權歸於理乎? 惡靈之專權於神, 猶唐 德宗惡宿將典兵, 而歸柄於寵臣也。古人語人君任下之道曰"惟不自用, 乃能用人", 理之不自用, 而不害爲主宰者, 其象亦猶是也。始知南塘所謂"明天理主宰之妙, 則其言易涉於作用"者, 未始非有爲而發也。後惠書所引, 寒洲"心之異於性, 以其兼情故也"之語, 與前所謂"合性與情, 有心之名", 及"心者性情之總名", 同一圈套, 賢以明白公平許之, 固矣。既許之如此, 而又以爲有可議, 何耶? 且知寒洲之有可議, 而安知己說之亦無可議耶? 曩日校(澄)[證]³⁶⁾『宋復齋集』, 集中有曰"精爽, 氣之靈也, 而心乘焉", 此語亦何如耶? 於鄙意有不好, 而賢必以爲大好矣。世之儒多以太極爲帶氣, 五性爲因氣, 明德爲形而下, 此固害理之甚者。間或有見其敝, 而思有以反之者, 又不免矯枉過直, 至爲作用是性之說, 如此, 而安望其一邊之服於我耶?

---

35) (氣)[理]: 저본에 '氣'로 되어 있으나, 문맥을 살펴 '理'로 수정하였다.
36) (澄)[證]: 저본에 '澄'으로 되어 있으나, 문맥을 살펴 '證'으로 수정하였다.

「답황경함答黃景涵」(『日新齋集』卷8)

1) 서지사항

정의림이 제자인 중헌(重軒) 황철원(黃澈源)에게 보낸 답장. 『일신재집』 권8에 실려 있다.

2) 저자

정의림(鄭義林, 1845~1910)으로, 자는 계방(季方), 호는 일신재(日新齋)이다.

3) 내용

이 글은 정의림이 황철원(黃澈源, 1878~1932)에게 보낸 답장이다. 정의림은 노사(蘆沙) 기정진(奇正鎭, 1798~1879)의 문인으로, 전라남도 화순 지역에서 강학하며 많은 제자들을 길러냈다. 간재(艮齋) 전우(田愚, 1841~1922)가 기정진의 「외필(猥筆)」과 「납량사의(納凉私議)」를 비판하자, 이를 반박하는 논설을 남겨 스승의 학설을 옹호하였다. 황철원은 조선 말기의 유학자로, 자는 경함(景涵), 호는 중헌(重軒)·은구재(隱求齋)이다. 전라남도 화순군 능주(綾州)에서 태어났다. 기정진의 제자인 정의림과 정재규의 문하에서 수학하였다. 정재규의 권유로 「외필변변(猥筆辨辨)」·「납량사의기의변(納凉私議記疑辨)」·「납량사의기의추록변(納凉私議記疑追錄辨)」을 지어 전우의 성리설을 논박하였다. 이 편지에서 정의림은 신령(神靈)과 부곽설(郛郭說)에 대해 자신의 입장을 밝혔다. 신령에 대해 "신(神)과 령(靈)을 상대적으로 말하면 령은 체(體)에 가깝고 신은 용(用)에 가까우며, 령은 비교적 실(實)하고 신은 비교적 허(虛)하다."고 설명했다. 그러면서 기(氣)가 아니면 신령할 수 없고, 리(理)가 아니면 신령될 수 없기에, 신과 령은 리와 기의 합과 같다고 주장했다. 부곽설에 대해서는 마음이 만물에 응할 수 있기 때문에 주재(主宰)한다는 뜻으로 부곽을 말한다면 가능하지만, 곧바로 부곽을 주재의 의미로 간주한다면 불가하다고 언급했다.

3-17-26 「答黃景涵」(『日新齋集』卷8)

神靈及郅郭說, 復此提起, 足見不得不措之意, 有不淺淺。妄竊自謂"專言靈, 則神在靈中, 專言神, 則靈在神中", 固無界分時節之可言。若以神靈二字, 對擧而言, 則靈近體, {神}37)近用, 靈較實, 神較虛, 靈比如鑑之明, 其妍媸大小, 無不畢見, 此神也。非氣不能靈, 非理無所靈; 非氣不能神, 非理無所神, 靈與神固皆理氣之合者也。非若賢論, 以神爲形而上, 以靈爲形而下, 而於靈之外, 別求妙用之神, 以爲此心之主宰也。如此則靈外有神, 心外有理, 靈爲無用之長物, 理爲作用之別事, 此非小病, 奈何奈何? 賢旣不信鄙說, 以爲程、朱說若有如此, 則當從之, 此可見篤信先賢, 亦不無專靠書冊之意也。然且以程、朱說證之。『中庸』言"至誠之道", 而引"鬼神之德"以明之, 鬼神者, 陰陽之靈也, 此非靈爲理之妙用處乎? 『大學』註曰"虛靈不昧"云云, 此非靈之便能主宰妙用, 具衆理應萬事處乎? 程、朱說分明如此, 而猶不見省, 更安有何說分明於此者乎? 郅郭說亦未然, 心之爲主宰, 以其能應也, 以此而謂郅郭之義則可, 直以郅郭看作主宰義則不可。且『語類』是門人所記, 豈若『大全』親筆之爲尤信乎? 然則郅郭與心統性情同云者, 似當輕輕看, 更詳之爲望。

---

37) {神}: 전후 문맥을 살펴 '神'을 보충하였다.

「답황경함答黃景涵」(『日新齋集』卷8)

해제

1) 서지사항

정의림이 제자인 중헌(重軒) 황철원(黃澈源)에게 보낸 답장. 『일신재집』 권8에 실려 있다.

2) 저자

정의림(鄭義林, 1845~1910)으로, 자는 계방(季方), 호는 일신재(日新齋)이다.

3) 내용

이 글은 정의림이 황철원(黃澈源, 1878~1932)에게 보낸 답장이다. 정의림은 노사(蘆沙) 기정진(奇正鎭, 1798~1879)의 문인으로, 전라남도 화순 지역에서 강학하며 많은 제자들을 길러냈다. 간재(艮齋) 전우(田愚, 1841~1922)가 기정진의 「외필(猥筆)」과 「납량사의(納凉私議)」를 비판하자, 이를 반박하는 논설을 남겨 스승의 학설을 옹호하였다. 황철원은 조선 말기의 유학자로, 자는 경함(景涵), 호는 중헌(重軒)·은구재(隱求齋)이다. 전라남도 화순군 능주(綾州)에서 태어났다. 기정진의 제자인 정의림과 정재규의 문하에서 수학하였다. 정재규의 권유로 「외필변변(猥筆辨辨)」·「납량사의기의변(納凉私議記疑辨)」·「납량사의기의추록변(納凉私議記疑追錄辨)」을 지어 전우의 성리설을 논박하였다. 이 편지에서 정의림은 기질(氣質)에 관해 자신의 입장을 밝혔다. "기질은 사람이 태어나면서 함께 생겨난 것으로, 때에 따라 있다 없다 하는 것이 아니다. 따라서 미발(未發) 시라도 기질지성이 없다고 해서는 안 된다."고 주장했다. 그러면서 "본성의 차원은 순수하고 지선(至善)하여, 기질지성이 있다고 말해서도 안 된다."고 언급했다.

3-17-27 「答黃景涵」(『日新齋集』卷8)

向日所示朱子說一條, 更思之, 賢所云"雖愿亦根於淑而生"云云者, 似非朱子本意也。 愚意, 以氣質觀之, 則氣質與生俱生, 不可以隨時有無, 雖未發, 不可謂無氣質之性也。 就性上觀之, 則純粹至善, 不可謂有氣質之性也。程子所謂"人生氣禀, 理有善惡, 然不是性中元(不)[有]38)此兩物相對而生"者, 恐是說破此義也, 如何? 且朱子所云"本然氣質、萬殊一本"之說, 賢說亦恐未然。 此氣質之性, 若作本然分數而看, 則未發時, 有氣質之性固也, 而賢其疑之耶? 既曰"本然之妙", 又曰"交運而生", 則天下萬物本然之分, 固已素定於本然二字之中, 而所謂"交運而生"者, 是氣分之萬殊也。 氣分萬殊, 亦不可謂非理, 而但非理之本然也。 如何?

---

38) (不)[有]: 저본에 ‘不’로 되어있으나, 『二程全書』에 의거하여 ‘有’로 수정하였다.

「답황경함答黃景涵」(『日新齋集』卷8)

1) 서지사항

정의림이 제자인 중헌(重軒) 황철원(黃澈源)에게 보낸 답장.『일신재집』권8에 실려 있다.

2) 저자

정의림(鄭義林, 1845~1910)으로, 자는 계방(季方), 호는 일신재(日新齋)이다.

3) 내용

이 글은 정의림이 황철원(黃澈源, 1878~1932)에게 보낸 답장이다. 정의림은 노사(蘆沙) 기정진(奇正鎭, 1798~1879)의 문인으로, 전라남도 화순 지역에서 강학하며 많은 제자들을 길러냈다. 간재(艮齋) 전우(田愚, 1841~1922)가 기정진의 「외필(猥筆)」과 「납량사의(納凉私議)」를 비판하자, 이를 반박하는 논설을 남겨 스승의 학설을 옹호하였다. 황철원은 조선 말기의 유학자로, 자는 경함(景涵), 호는 중헌(重軒)·은구재(隱求齋)이다. 전라남도 화순군 능주(綾州)에서 태어났다. 기정진의 제자인 정의림과 정재규의 문하에서 수학하였다. 정재규의 권유로 「외필변변(猥筆辨辨)」·「납량사의기의변(納凉私議記疑辨)」·「납량사의기의추록변(納凉私議記疑追錄辨)」을 지어 전우의 성리설을 논박하였다. 이 편지는 모두 여섯 부분으로 구성되어 있다. 첫 번째 부분에서는 "허령의 묘용이 여기에서 나오기에, 내 몸의 주인 되어 성정을 통솔하는 것이지.[虛靈妙用由斯出, 故主吾身統性情.]"라는 주자의 시를 인용하여 허령묘용의 뜻을 밝혔다. 그리고 "충막무짐(冲漠無朕)"의 뜻에 대해서도 설명했다. 두 번째 부분에서는 미발(未發)에 대한 황철원의 견해에 대해 정의림이 자신의 견해를 밝혔다. 세 번째 부분에서는 심설에 대한 논쟁이 계속 지속되고 있음을 아쉬워하며 주자의 말을 인용하여 자신의 생각을 전개했다. 네 번째 부분에서는 효건(孝巾) 제도에 대해 의문을 제기하며 자신의 의견을 제시했다. 다섯 번째 부분에서는 "소이주재(所以主宰)"에 대한 애산(艾山) 정재규(鄭載圭, 1843~1911)와 황철원의 견해를 소개하며 이에 대한 자신의 생각을 밝혔다. 그리고 용계(龍溪) 유기일(柳基一, 1845~1904)의 의견을 세 대목 제시하며 이에 대한 자신의 견해를 밝혔다. 여섯 번째 부분에서는 지동기동설(志動氣動說)에 대해 간단히 논평하면서 이 편지를 마쳤다.

3-17-28 「答黃景涵」(『日新齋集』卷8)

朱子詩, "虛靈妙用由斯出, 故主吾身統性情", 斯字指心而言, 其命題以心故也。虛靈妙用, 只是一串說來, 而能主吾身, 統性情者也。何嘗有虛靈故能妙用, 妙用故能統性情, 如賢者云云之意耶? 不欲許靈以主統, 故強排拶古文如此, 而今曰"不敢排拶"云耶? "冲漠無眹", 愚意初亦以靜一邊知之, 今見南塘之言如此, 朱子之言, 亦有如此處。蓋 "冲漠無眹", 統動靜而言, 理之面目本來如此也。然程子於"冲漠"云云之下, 以"未應、已應"言之者有之, 則亦恐不可概謂之非靜一邊也。至於"費、隱", 尤不可以動靜言, 物之動者固費, 而靜者獨非費耶? 若動若靜, 無非費也, 而其不可見不可聞者, 乃其隱也。南塘說, 恐不可輕議之也。如何如何? 俛宇論神字說, 置之家篋, 未得付呈, 留待後便耳。姑夫稱姑夫, 而自稱婦姪; 尊姑夫稱尊姑夫, 而自稱婦從孫, 如何耶? 未見的據, 更思之。

未發云云, 未得斷案久矣。然以賢之言, 則惟聖人而後, 有未發之中; 以愚之言, 則雖常人, 亦不無未發之性。善觀之, 則兩言不害爲各有攸當而不可廢。如欲廢一而存一, 則恐或不免爲一偏之歸。且來喩所謂"濁駁者, 將無時而不用事", 此恐不然。人之氣稟, 雖有不同, 而概有偶然回淳時, 有介然覺悟時, 豈可概謂無時不濁駁耶? 然則鄒聖"夜氣, 平(明)[旦]39)之氣"之說, 獨何謂耶? 既曰未發, 則彼濁駁者, 亦何以獨用其事耶? 更詳之也。『春秋』讀之甚善, 須併『胡氏傳』而讀之, 如何? 愚於此書, 晚始一番涉獵, 而未能精熟, 尋常竊恨之。今於疑義, 亦未敢容易仰對, 第當早晚入思, 以質可否也。

心說每此提起, 不惟其不得不措之意, 極爲篤至, 而悶人之昏蒙, 思有以啓拔之者, 其義豈偶然哉? 前書固不無小小凌厲之端, 而不以介慮, 猶且云爾。其含洪長厚, 實非常調人可算也。欽感萬萬。若復降心平氣, 反復論辨, 以至於怳然歸一, 則其爲幸, 又何如哉? 今不必遠引他說, 只以賢書中數條語, 言之。朱子曰"性之流行, 心爲之主", 此心字果專以理言之耶? 先師曰"在人則動作運用爲主", 此主字果專以理言之耶? 既不是專

---

39) (明)[旦]: 저본에 '明'으로 되어있으나, 『孟子』「告子上」에 의거하여 '旦'으로 수정하였다.

言其理, 則不容無能、所之分, 如朱子能覺、所覺之云, 又何妨也? 君爲主宰, 而非所賦之職, 不得爲主宰; 心爲主宰, 而非所賦之性, 不能爲主宰, 如何如何? 天無爲, 故理爲之主; 人有爲, 故心爲之主。然心之爲主, 卽理之所以爲主也。

孝巾此是俗制, 而其制度不見於禮文, 縫合之在前在後, 未知其如何爲可也? 然以吉冠向左、凶冠向右之說推之, 似當在後, 右爲陰, 後亦陰故也。且凡冠之縫在後, 似得其宜, 神返太元之說, 鄙意亦如賢言。預書祠板, 未知其可, 雖甚雪寒, 豈有不得書一行半行之理乎? 如非甚故, 不可輒改古禮, 以就其便, 不然, 豈無以禮許人之誚乎? 此於答人此等之問, 不可不審愼也。庭憂復常, 幸或一顧否?

聞賢近來頗能用功於草隸之藝, 果然耶? 此在他人固善, 而在吾友所期望爲何如, 而乃區區費日於此等伎倆耶? 艾丈以"所以"二字, 謂近於異端者, 是一時偶然發之太快之語也, 而賢以爲"若云有所以主宰, 則是非異端耶?"云云, 艾丈既偶失之矣, 而賢乃援以證之, 曲就其說耶? 何信之太過, 折之太銳乃爾也? 賢者或不無此等氣象, 此雖小疵, 亦非全美之道。若不斷下, 則又安知不止爲小疵耶? 吾輩相向, 若不盡言相規, 豈所謂謀忠之意哉? 況賢之所以惓惓於我者, 愈益勤至, 而我之所以報答者, 果何事耶? 尋常歉愧之餘, 謹貢此一轉語, 以企賢者之或有取焉, 如何如何? 所示龍溪說, 第一條以爲"心固兼形氣神理, 而至其所以能主宰者, 則在於神理", 此說固好。然此神字, 賢其不認以理之自爲耶? 第二條以爲"不可合君與臣爲主於一國", 此其比擬, 恐不精。心是合性與知覺之名, 分性與知覺, 不得爲心, 合君與臣, 不可爲君, 合理與氣, 固不可謂主宰, 合性與知覺, 亦不可謂主宰乎? 朱子猶以知覺而謂之主宰也。第三條以爲"物則之則, 單指理言之, 而其物兼指理言之, 闕一不成物"者, 亦是。愚嘗曰"言理則不可混氣, 言氣則不可離理"者, 此也。賢既知此, 則獨不知靈之爲主, 卽理之所以爲主, 何耶? 以心猶陰陽爲太極, 而獨不以心之靈爲主宰耶? 且以心猶陰陽謂兼理氣則可, 直以陰陽謂正指太極, 可乎? 以靈爲主宰, 則靈是理中事, 理之爲主宰, 固自若也。今以靈爲主宰, 則恐理失主宰; 以理謂主宰, 則恐靈歸無用。故乃喚靈爲理, 至於理自有一靈, 氣自有一靈, 理自有一神, 氣自有一神, 靈有能主宰者, 有不能主宰者, 神有能妙用者, 有不能妙用者, 此何義諦? 以吾友之見, 而不意穿鑿至此也。程子曰"心與理一, 人不能會之爲一", 心與理一, 正是主宰處也。謂心與理一則可, 謂心便是性則不可, 謂靈便是理則不可。向所謂靈之爲主, 卽理之所以爲主者, 非心與理一之謂耶? 且心與理一, 正是主宰處, 而今乃分而二之, 以爲一心之內, 有二神兩靈能主不能主之分, 可乎, 不可乎? 來喩譏我僅見其有是理, 故有此靈, 如世人之氣本於理, 故理爲主之說, 而其無眞體妙用, 至神而不測者, 自如也。夫理之爲主宰, 以其原有是理故也; 氣之爲僕役, 以其根本於理故也, 豈外此而別有所主宰, 如行號令作氣勢之爲耶? 然則理之有作用, 決矣。賢所謂 "臣任其勞, 君居其功"者, 果安在也? 其敝不惟君任其勞, 而使前日之興衛, 升爲今日之主宰, 其名位之倒置, 果何如耶? 彼此俱無定見, 但以區區之明, 强探苦索, 雖或幸有一得, 而反不免於畔道亂眞之歸, 想不少矣。自今以往, 益務存養, 徐加窮格, 日邁月征, 不無渙然會合之日, 如何如何? "形而後有氣質之性", 此形字是形生之形耶, 是形見之形耶? 『孟子』"志一則動氣, 氣一則動志", 此動字是特言志氣輕重互相資助之義耶? 抑自上文"不動心"說下來, 而爲動心之動耶? 以前言, 則志動氣是善, 氣動志是不善; 以後言, 則志動氣, 氣動志皆是不善, 未知何說爲得? 願吾友於此上下二條, 試下一言爲望。

志動氣動之說, 追後思之, 寒洲以志動爲好底, 固不可, 而艾山所言, 果似有理。今見先師之言, 可謂得孟子本意矣。

3-17-28 「답황경함答黃景涵」(『日新齋集』卷8)

주자(朱子)가 지은 시에 "허령(虛靈)의 묘용(妙用)이 이곳에서 나오기에, 내 몸의 주인 되어 성정(性情)을 통솔하는 것이지."라는 구절이 있습니다. 여기에서 '이곳'이란 심(心)을 가리켜 말한 것인데, 그 제목을 '심'이라고 달았기 때문입니다. "허령묘용"은 일관된 설로서, 내 몸을 주관할 수 있고, 성정을 통솔할 수 있다는 뜻입니다. 어찌 그대의 말처럼 "허령하기 때문에 묘용할 수 있고, 묘용하기 때문에 성정을 통솔할 수 있다."는 뜻이겠습니까? 허령이 주관하고 통솔하게 하고 싶지 않아서, 억지로 옛 문장을 이와 같이 비틀어 놓고서는, 이제 와서 "감히 비틀지 않았다."고 말하는 것입니까? "충막무짐(沖漠無朕)"에 대해, 내 뜻은 처음에는 정(靜)이라는 한쪽 측면에서 그것을 파악했었습니다. 그런데 지금 남당(南塘)의 말이 이와 같고, 주자(朱子)의 말 또한 이와 같은 곳이 있는 것을 보니, 대개 "충막무짐"은 동(動)과 정(靜)을 아울러 말하는 것으로서, 리(理)의 본래면목이 이와 같은 것입니다. 하지만 정자(程子)가 "충막"에 대해 설명하면서 "미응(未應)·이응(已應)"으로 말한 것이 있으니, 또한 아마도 정(靜) 한쪽 측면이 아니라고 말할 수 없을 것 같습니다. "비은(費隱)"에 대해서는 더욱 동과 정으로써 말할 수 없으니, 사물의 동이 진실로 "비"라면 정은 "비"가 아닙니까? 동하든 정하든 "비" 아닌 것이 없고, 볼 수 없고 들을 수 없는 것이 곧 "은"입니다. 남당의 설 또한 가볍게 논의할 수 있는 게 아니라고 생각하는데, 어떻습니까? 면우(俛宇)의 "신(神)" 자에 대한 논설은 집안 상자에 넣어 두어 이번에 부치지 못하니, 다음 기회를 기다리겠습니다. 고부(姑夫)를 고부라 칭하면 스스로는 부질(婦姪)이라 칭하고, 존고부(尊姑夫)를 존고부라 칭하면 스스로는 부종손(婦從孫)이라 칭하는 것이 어떻겠습니까? 아직 적확한 근거를 보지는 못했으니, 다시 한 번 생각해 보세요.

"미발(未發)"에 대해서는 아직 분명한 생각을 갖지 못한 지가 오래되었습니다. 그런데 그대의 말에 따르면 오직 성인(聖人)인 이후에만 미발지중(未發之中)이 있을 수 있고, 내 말에 따르면 비록 상인(常人)이라도 미발지성(未發之性)이 없을 수 없습니다. 잘 살펴보면 두 말은 각각 타당한 측면을 갖고 있어서, 어느 하나를 폐할 수 없습니다. 하나를 폐하고 다른 하나를 지키고자 한다면 한쪽으로 치우침을 면치 못할까 걱정됩니다. 또 보내준 편지에 "탁박(濁駁)은 언제나 작용하지 않는 때가 없다"고 한 말은 그렇지 않은 것 같습니다. 사람의 기품(氣稟)이 비록 같지 않지만, 대개 우연히 순박함을 회복할 때도 있고, 개연히 깨달음을 얻을 때도 있으니, 어찌 "탁박하지 않은 때가 없다"고 말할 수 있겠습니까? 그렇다면 맹자의 "야기(夜氣)"와 "평단지기(平旦之氣)"는 무엇을 말하는 것입니까? 이미 "미발"을 말했다면 저 탁박은 어떻게 홀로 그 일에 작용할 수 있겠습니까? 다시 상고해 보세요. 『춘추』를 읽는 것은 매우 잘 하는 일인데, 『호씨전(胡氏傳)』을 같이 읽는 것이 어떻겠습니까? 나는 이 책을 늦어서야 비로소 한번 섭렵했는데, 아직 정독하지 못한 게 늘 한스럽습니다. 지금 의심스러운 뜻에 대해서는 아직 감히 쉽게 대답할 수가 없습니다. 조만간 다시 생각하여 가부(可否)를 질문하겠습니다.

심설(心說)을 매번 제기하는 것은 터득하지 못하면 그만두지 않겠다는 뜻이 매우 지극하기 때문일 뿐만 아니라 사람들의 어리석음을 안타깝게 여겨 계발해주려는 생각이니, 그 뜻이 어찌 우연이겠습니까? 이전 편지에는 소소하게 뛰어난 단서들이 없지 않았지만, 개의치 않고 오히려 또 언급했으니, 그 너른 품과 후덕함은 실로 보통 사람들이 생각할 수 있는 바가 아닙니다. 흠모과 감동의 마음이 가득합니다. 만약 다시 마음을 내려놓고 기운을 평온하게 한 다음 논변을 반복한다면 놀랍게도 한곳으로 귀결될 것이니, 그 다행스러움이 또한 어떻겠습니까? 지금 멀리서 다른 설들을 끌어올 필요 없이, 그대의 편지 중에서 몇 대목을 가지고서 말하겠습니다. 주자는 "성(性)이 유행할 때, 심(心)이 주인이 된다."고 말했는데, 이 "심" 자는 과연 전적으로 리(理)를 말하는 것입니까? 스승께서 "사람에게 있어서 동작(動作)과 운용(運用)이 주인이 된다."라고 말씀했는데, 여기 "주" 자도 과연 전적으로 리를 말하는 것입니까? 전적으로 리를 말하는 것이 아니라면, 능(能)·소(所)의 구분을 인정하는 것이니, 주자가 "능각(能覺)·소각(所覺)"을 말했다는 사실에 무슨 방해가 되겠습니까? 임금이 주재함에 부여받은 직책이 아니라면 주재할 수 없고, 마음이 주재함에 부여받은 성(性)이 아니라면 주재할 수 없습니다. 이에 대해 어떻게 생각합니까? 하늘은 무위(無爲)여서 리가 주인이 되고, 사람은 유위(有爲)여서 심이 주인이 됩니다. 하지만 심이 주인이 되는 것은 곧 리가 주인이 되는 것입니다.

효건(孝巾)은 세속의 제도로서, 그 제도를 예문(禮文)에서는 보지 못했습니다. 봉합(縫合)이 앞에 있어야 하는지 뒤에 있어야 하는지에 대해서는, 어떻게 하는 게 좋은지 알지 못하겠습니다. 그러나 길관(吉冠)은 왼쪽을 향하고 흉관(凶冠)은 오른쪽을 향한다는 설로 추론해 보면, 뒤에 두는 것이 마땅해 보입니다. 오른쪽이 음(陰)인데, 뒤쪽 역시 음이기 때문입니다. 또한 보통 관의 봉합은 뒤에 두는 것이 마땅한 것 같습니다. "신반태원(神返太元)"의 설에 대한 나의 의견은 그대의 의견과 같습니다. 미리 사판(祠板)을 쓰는 것이 옳은지는 모르겠지만, 비록 눈이 내리고 매우 추운 날씨라도 어찌 일행(一行)이나 반행(半行)조차 쓸 수 없을 리가 있겠습니까? 어떤 특별한 이유가 아니라면 갑자기 고례(古禮)를 고쳐 편리함을 취하는 것은 옳지 않습니다. 그렇지 않다면, 어찌 "예법을 남에게 함부로 허락한다."는 꾸짖음이 없겠습니까? 이러한 질문들에 대답할 때는 삼가고 조심하지 않을 수 없습니다. 조정의 근심이 평상을 회복하면, 다행히 한번 만날 수 있겠습니까?

그대가 근래 화초 재배 기술에 힘쓰고 있다고 들었는데, 과연 그러합니까? 이것은 다른 사람들에게는 진실로 좋은 일이나, 그대에게는 기대하고 소망하는 바가 있는데, 어찌하여 구구하게 이러한 재주에 시간을 보내고 있습니까? 애산(艾山)이 "소이(所以)" 두 글자를 이단에 가깝다고 말했는데, 이것은 한때 우연히 통쾌하게 한 말입니다. 그대가 "만약 '유소이주재(有所以主宰)'라고 말한다면 이것은 이단이 아니겠는가?"라고 말했는데, 애산이 이미 우연히 실수한 것을 그대가 끌어다가 증거로 삼으니, 그 설을 왜곡해서 취한 것입니까? 어찌 믿음이 그렇게 지나치고 분석함이 그렇게 날카롭습니까? 그대가 혹 이러한 기상(氣象)이 없는 것이 아니라면, 이것이 비록 작은 결점이기는 하나, 그렇다고 완벽히 아름다운 길도 아닙니다. 만약 엄격하게 끊어내지 않는다면, 또 어찌 그치지 않음이 작은 결점임을 알겠습니까? 우리들이 서로를 향하여 서로 경계함을 말하지 않는다면, 이것이 어찌 진실함을 도모하는 뜻이겠습니까? 하물며 그대의 나에 대한 곡진함이 더욱 극진한데, 나의 보답은 과연 어떠해야 하겠습니까? 평소 겸연쩍고 부끄러운 나머지, 삼가 이 한 마디 말을 보내어 그대가 혹 취함이 있기를 도모하니, 어떠합니까? 보내준 용계(龍溪)의 설 중 제1조에서 "심은 진실로 형기(形氣)와 신리(神理)를 겸하고 있는데, 능히 주재할 수 있는 까닭은 신리에 있다."라고 했는데, 이 말은 매우 좋습니다. 그런데 이 "신" 자를 그대는 리가 스스로 하는 것으로 이해하는 것 아닙니까? 제2조에서 "임금과 신하를 합하여 한 나라의 주재자로 삼는 것은 불가하다."라고 했는데, 이것은 비유로서 정밀하지 못한 것 같습니다. 심은 성(性)과 지각(知覺)을 합한 이름이니, 성과 지각을 나누어서는 심이 될 수 없습니다. 임금과 신하를 합해서도 임금이 될 수 없고, 리와 기를 합해서는 진실로 주재라고 말할 수 없으나, 성과 지각을 합해서도 또한 주재라고 말할 수 없는 것입니까? 주자는 오히려 지각을 주재라고 말했습니다. 제3조에서 "'물칙(物則)'의 '칙'은 홀로 리를 가리켜 말한 것이나, 그 물은 리를 겸한다고 말해야지, 어느 하나를 빠뜨려서는 물을 이룰 수 없다."라고 했는데, 또한 옳은 말입니다. 내가 일찍이 "리를 말하면서 기와 섞여서도 안 되고, 기를 말하면서 리와 떨어져서도 안 된다."라고 한 말이 이것입니다. 그대가 이미 이것을 알면서도 유독 령(靈)의 주재가 곧 리의 주재임을 알지 못하는 것은 어째서입니까? "심유음양(心猶陰陽)"을 태극(太極)으로 여기면서, 유독 왜 심의 령을 주재로 여기지 않습니까? 또 "심유음양"이 리와 기를 겸하고 있다고 말하는 것은 가능하나, 바로 음양을 가리켜 태극이라고 말하는 것이 가능하겠습니까? 령을 주재라고 한다면 령은 리중사(理中事)여서, 리가 주재한다는 사실과 진실로 같습니다. 지금 령을 주재라고 하면 리가 주재를 잃을까 걱정하고, 리를 주재라고 하면 령이 무용(無用)으로 돌아갈까 걱정합니다. 그리하여 령을 리라고 간주함으로써, 리는 스스로 하나의 령을 갖고 있고, 기도 스스로 하나의 령을 갖고 있으며, 리는 스스로 하나의 신을 갖고 있고, 기도 스스로 하나의 신을 갖고 있으며, 령은 능히 주재할 수 있음도 갖고 있고 주재할 수 없음도 갖고 있으며, 신은 능히 묘용(妙用)할 수 있음도 갖고 있고 묘용할 수 없음도 갖고 있다는 등에 이르렀으니, 이것이 무슨 논법입니까? 우리 벗의 견해로 이렇게까지 천착할 줄은 몰랐습니다. 정자는 "심과 리는 하나이지만, 사람이 합하여 하나로 할 수는 없다."라고 했는데, 심과 리가 하나라는 것이 바로 주재처

(主宰處)입니다. 심과 리가 하나라고 말하는 것은 가능하나, 심이 곧 성이라고 말하는 것은 불가하고, 령이 곧 리라고 말하는 것도 불가합니다. 지난번에 말한 령의 주재가 곧 리의 주재라는 것이 심과 리가 하나라는 사실을 말하는 것이 아니겠습니까? 또 심과 리가 하나인 곳이 바로 주재처인데, 지금 이것을 나누어서 둘로 만들고, 일심(一心) 안에서 두 신(神)과 두 령(靈)이 주재할 수 있고 없고를 나눈다면, 이것이 가능하겠습니까, 불가하겠습니까? 보낸 편지에서 내가 겨우 이 리가 있음을 보고서 이 령이 있다고 한다면서, 이것은 세상 사람들이 기가 리에 근본하므로 리가 주재한다라고 하는 말과 같아서, 진체묘용(眞體妙用)의 지극히 신령하고 불측(不測)함이 없다라고 하는 것과 같다고 나무랐습니다. 무릇 리가 주재함은 그 근원에 이 리가 있기 때문이고, 기가 복역(僕役)함은 그 뿌리가 리에 근본하기 때문이니, 어찌 이것 이외에 별도로 주재하는 바가 있어 호령(號令)을 시행하고 기세를 부리는 것과 같겠습니까? 그렇다면 리에 작용이 있음이 분명할 것이니, 그대의 "신하는 그 수고를 맡고, 임금은 그 공(功)을 차지한다."는 말은 과연 어디에 해당합니까? 그 폐단은 임금이 그 수고를 맡을 뿐만 아니라 전날의 호위병들로 하여금 오늘의 주재의 지위에 올라가게 하는 것이니, 그 이름과 지위가 거꾸로 됨이 과연 어떠합니까? 그대나 나나 모두 정해진 견해는 없습니다. 구구한 지혜로 간신히 탐색하여 다행히 하나를 깨닫더라도, 도리어 정도(正道)에서 벗어나 진리를 어지럽히는 것이 적지 않으리라 생각됩니다. 지금 이후로 더욱 존양(存養)에 힘쓰고, 천천히 궁격(窮格)을 더해간다면, 날로 나아가고 달로 나아가서, 환연히 회합(會合)하는 날이 없지 않을 것입니다. 어떻게 생각합니까? "형이후유기질지성(形而後有氣質之性)"에서, 이 "형" 자는 "형생(形生)"의 "형" 자입니까, "형현(形見)"의 "형" 자입니까? 『맹자』에 나오는 "지(志)가 전일하면 기(氣)를 움직이고, 기가 전일하면 지를 움직인다."라는 말에서, 이 "동(動)" 자는 지기(志氣)의 경중(輕重)이 서로 도와준다는 뜻을 말한 것입니까? 아니면 윗 문장의 "부동심(不動心)"에 대한 설명 아래의 "동심(動心)"의 "동"을 말합니까? 앞의 말로써 본다면, 지가 기를 움직인다는 말은 좋으나, 기가 지를 움직인다는 말은 좋지 않습니다. 뒤의 말로써 본다면, 지가 기를 움직인다는 말과 기가 지를 움직인다는 말 모두 좋지 않으니, 어떤 말이 설득력이 있는지 모르겠습니다. 원컨대 우리 벗께서 이 상하 두 대목에 대해 한마디 말을 내려주기 바랍니다.

지동기동설(志動氣動說)을 추후에 생각해보니, 한주(寒洲)는 지동(志動)을 좋게 보았으나, 이것은 진실로 불가하고, 애산(艾山)이 말한 것이 과연 이치에 닿는 것 같습니다. 지금 스승의 말을 살펴보니, 맹자의 본의를 터득했다고 말할 수 있겠습니다.

朱子詩, "虛靈妙用由斯出, 故主吾身統性情", 斯字指心而言, 其命題以心故也。虛靈妙用, 只是一串說來, 而能主吾身, 統性情者也。何嘗有虛靈故能妙用, 妙用故能統性情, 如賢者云云之意耶? 不欲許靈以主統, 故强排挤古文如此, 而今曰"不敢排挤"云耶? "沖漠無朕", 愚意初亦以靜一邊知之, 今見南塘之言如此, 朱子之言, 亦有如此處。蓋"沖漠無朕", 統動靜而言, 理之面目本來如此也。然程子於"沖漠"云云之下, 以"未應、已應"言之者有之, 則亦恐不可概謂之非靜一邊也。至於"費、隱", 尤不可以動靜言, 物之動者固費, 而靜者獨非費耶? 若動若靜, 無非費也, 而其不可見不可聞者, 乃其隱也。南塘說, 恐不可輕議之也。如何如何? 俛宇論神字說, 置之家篋, 未得付呈, 留待後便耳。姑夫稱姑夫, 而自稱婦姪; 尊姑夫稱尊姑夫, 而自稱婦從孫, 如何耶? 未見的據, 更思之。

未發云云, 未得斷案久矣。然以賢之言, 則惟聖人而後, 有未發之中; 以愚之言, 則雖常人, 亦不無未發之性。善觀之, 則兩言不害爲各有攸當而不可廢。如欲廢一而存一, 則恐或不免爲一偏之歸。且來喻所謂"濁駁者, 將無時而不用事", 此恐不然。人之氣稟, 雖有不同, 而概有偶然回淳時, 有介然覺悟時, 豈可概謂無時不濁駁耶? 然則鄒聖"夜氣, 平(明)[且][40]之氣"之說, 獨何謂耶? 旣曰未發, 則彼濁駁者, 亦何以獨用其事耶? 更詳之也。『春秋』讀之甚善, 須倂『胡氏傳』而讀之, 如何? 愚於此書, 晚始一番涉獵, 而未能精熟, 尋常竊恨之。今於疑義, 亦未敢容易仰對, 第當早晚入思, 以質可否也。

心說每此提起, 不惟其不得不措之意, 極爲篤至, 而悶人之昏蒙, 思有以啓拔之者, 其義豈偶然哉? 前書固不無小小凌厲之端, 而不以介慮, 猶且云爾。其含洪長厚, 實非常調人可算也。欽感萬萬。若復降心平氣, 反復論辨, 以至於怡然歸一, 則其爲幸, 又何如哉? 今不必遠引他說, 只以賢書中數條語, 言之。朱子曰"性之流行, 心爲之主", 此心字果專以理言之耶? 先師曰"在人則動作運用爲主", 此主字果專以理言之耶? 旣不是專言其理, 則不容無能、所之分, 如朱子能覺、所覺之云, 又何妨也? 君爲主宰, 而非所賦之職, 不得爲主宰; 心爲主宰, 而非所賦之性, 不能爲主宰, 如何如何? 天無爲, 故理爲之主; 人有爲, 故心爲之主。然心之爲主, 卽理之所以爲主也。

孝巾此是俗制, 而其制度不見於禮文, 縫合之在前在後, 未知其如何爲可也? 然以吉冠向左、凶冠向右之說推之, 似當在後, 右爲陰, 後亦陰故也。且凡冠之縫在後, 似得其宜, 神返太元之說, 鄙意亦如賢言。預書祠板, 未知其可, 雖甚雪寒, 豈有不得書一行半行之理乎? 如非甚故, 不可輒改古禮, 以就其便, 不然, 豈無以禮許人之誚乎? 此於答人此等之問, 不可不審愼也。庭憂復常, 幸或一顧否?

聞賢近來頗能用功於草隸之藝, 果然耶? 此在他人固善, 而在吾友所期望爲何如, 而乃區區費日於此等伎倆耶? 艾丈以"所以"二字, 謂近於異端者, 是一時偶然發之太快之語也, 而賢以爲"若云有所以主宰,

————————————

40) (明)[且]: 저본에 '明'으로 되어있으나, 『孟子』「告子上」에 의거하여 '且'로 수정하였다.

則是非異端耶?"云云, 艾丈旣偶失之矣, 而賢乃援以證之, 曲就其說耶? 何信之太過, 折之太銳乃爾也? 賢者或不無此等氣象, 此雖小疵, 亦非全美之道。若不斷下, 則又安知不止爲小疵耶? 吾輩相向, 若不盡言相規, 豈所謂謀忠之意哉? 況賢之所以悁悁於我者, 愈益勤至, 而我之所以報答者, 果何事耶? 尋常歎愧之餘, 謹貢此一轉語, 以企賢者之或有取焉, 如何如何? 所示龍溪說, 第一條以爲"心固兼形氣神理, 而至其所以能主宰者, 則在於神理", 此說固好。然此神字, 賢其不認以理之自爲耶? 第二條以爲"不可合君與臣爲主於一國", 此其比擬, 恐不精。心是合性與知覺之名, 分性與知覺, 不得爲心, 合君與臣, 不可爲君, 合理與氣, 固不可謂主宰, 合性與知覺, 亦不可謂主宰乎? 朱子猶以知覺而謂之主宰也。第三條以爲"物則之則, 單指理言之, 而其物兼指理言之, 闕一不成物"者, 亦是。愚嘗曰"言理則不可混氣, 言氣則不可離理"者, 此也。賢旣知此, 則獨不知靈之爲主, 卽理之所以爲主, 何耶? 以心猶陰陽爲太極, 而獨不以心之靈爲主宰耶? 且以心猶陰陽謂兼理氣則可, 直以陰陽謂正指太極, 可乎? 以靈爲主宰, 則靈是理中事, 理之爲主宰, 固自若也。今以靈爲主宰, 則恐理失主宰; 以理謂主宰, 則恐靈歸無用。故乃喚靈爲理, 至於理自有一靈, 氣自有一靈, 理自有一神, 氣自有一神, 靈有能主宰者, 有不能主宰者, 神有能妙用者, 有不能妙用者, 此何義諦? 以吾友之見, 而不意穿鑿至此也。程子曰"心與理一, 人不能會之爲一", 心與理一, 正是主宰處也。謂心與理一則可, 謂心便是性則不可, 謂靈便是理則不可。向所謂靈之爲主, 卽理之所以爲主者, 非心與理一之謂耶? 且心與理一, 正是主宰處, 而今乃分而二之, 以爲一心之內, 有二神兩靈能主不能主之分, 可乎, 不可乎? 來喩譏我僅見其有是理, 故有此靈, 如世人之氣本於理, 故理爲主之說, 而其無眞體妙用, 至神而不測者, 自如也。夫理之爲主宰, 以其原有是理故也; 氣之爲僕役, 以其根本於理故也, 豈外此而別有所主宰, 如行號令作氣勢之爲耶? 然則理之有作用, 決矣。賢所謂"臣任其勞, 君居其功"者, 果安在也? 其敵不惟君任其勞, 而使前日之興衛, 升爲今日之主宰, 其名位之倒置, 果何如耶? 彼此俱無定見, 但以區區之明, 强探苦索, 雖或幸有一得, 而反不免於畔道亂眞之歸, 想不少矣。自今以往, 益務存養, 徐加窮格, 日邁月征, 不無渙然會合之日, 如何如何? "形而後有氣質之性", 此形字是形生之形耶, 是形見之形耶? 『孟子』"志一則動氣, 氣一則動志", 此動字是特言志氣輕重互相資助之義耶? 抑自上文"不動心"說下來, 而爲動心之動耶? 以前言, 則志動氣是善, 氣動志是不善; 以後言, 則志動氣, 氣動志皆是不善, 未知何說爲得? 願吾友於此上下二條, 試下一言爲望。

志動氣動之說, 追後思之, 寒洲以志動爲好底, 固不可, 而艾山所言, 果似有理。今見先師之言, 可謂得孟子本意矣。

「답황경함答黃景涵」(『日新齋集』卷8)

해제

1) 서지사항

정의림이 제자인 중헌(重軒) 황철원(黃澈源)에게 보낸 답장.『일신재집』권8에 실려 있다.

2) 저자

정의림(鄭義林, 1845~1910)으로, 자는 계방(季方), 호는 일신재(日新齋)이다.

3) 내용

이 글은 정의림이 황철원(黃澈源, 1878~1932)에게 보낸 답장이다. 정의림은 노사(蘆沙) 기정진(奇 正鎭, 1798~1879)의 문인으로, 전라남도 화순 지역에서 강학하며 많은 제자들을 길러냈다. 간재(艮 齋) 전우(田愚, 1841~1922)가 기정진의「외필(猥筆)」과「납량사의(納凉私議)」를 비판하자, 이를 반 박하는 논설을 남겨 스승의 학설을 옹호하였다. 황철원은 조선 말기의 유학자로, 자는 경함(景涵), 호는 중헌(重軒)·은구재(隱求齋)이다. 전라남도 화순군 능주(綾州)에서 태어났다. 기정진의 제자 인 정의림과 정재규의 문하에서 수학하였다. 정재규의 권유로「외필변변(猥筆辨辨)」·「납량사의기 의변(納凉私議記疑辨)」·「납량사의기의추록변(納凉私議記疑追錄辨)」을 지어 전우의 성리설을 논 박하였다. 이 편지는 모두 세 부분으로 구성되어 있다. 첫 번째 부분에서는 령(靈)과 신(神)에 대해 자신의 견해를 밝혔다. "령과 신은 리기(理氣)의 묘합묘용(妙合妙用)을 가리키는 말인데, 중점은 리에 있다. 령에 있어서는 기분(氣分)의 비중이 높고, 신에 있어서는 리분(理分)의 비중이 높다."고 설명했다. 두 번째 부분에서는 "형이후유기질지성(形而後有氣質之性)"에 대한 황철원의 견해에 대해 자신의 의견을 개진했다. 세 번째 부분에서는 애산(艾山) 정재규(鄭載圭, 1843~1911)가 저술 한「변전변(辨田辨)」에 대해 자신의 생각을 추가해서 설명했다.

來喩, 以理看, 則靈與神謂之理亦得; 以氣看, 則靈與神謂之不是理亦得者, 於鄙意亦恐無害。大抵靈與神, 是理氣妙合妙用之謂, 而所主則在理也。然靈, 氣分較重; 神, 理分較重。蓋靈較實, 神較虛; 靈有方, 神無方也。朱子曰“謂神卽是理”, 却恐未然, 又曰“以神專作氣看, 則且不可”, 只此二說, 神之爲義, 可以領略矣。何必苦口苦說, 必作理, 必作氣而後, 快於心歟? 近世辨爭, 擧多如此, 俛宇至以精爽爲理, 以“心猶陰陽”爲誤錄, 其主理之過, 一至於此乎! 不覺浩歎, 幅末“決是二物”, 恐下語過重, 更思之如何? 神只是妙用之名, 非有方體而與靈對待者, 則果可爲主宰之定名乎? 虛靈知覺, 旣爲此身之主宰, 則神固在其中矣, 不必別言神爲主宰, 靈爲資助也。嶺信寥寥耳。每念艾丈於主理處, 亦恐有差過處, 小少同門, 至老白首而見論, 豈宜不同, 欲作一書相訂, 而不可得也。

“形而後有氣質之性”, 此是前日所論及, 而尙未釋然者。若作“形見”義看, 則當曰“發而後有氣質之性”, 何必下形字耶? 且性是發用以前說, 如附子熱、大黃寒, 此本然之性也。若因土産之不同, 而寒熱有厚薄之異, 此則氣質之性也。何必湯之飮之而後, 謂有氣質之性哉? 推此可知矣。

艾丈近有信聞否? 此丈所「辨田辨」一篇, 博洽精詳, 可以羽翼斯文。但於鄙意, 不能無一二可議處, 旣不得與此丈相確, 則所可相訂, 非賢者耶? 朱子曰: “心與性, 一而二, 二而一。” 以二而一者言, 則心固理也, 虛靈亦理也, 神明亦理也; 以一而二者言, 則不能無分殊, 如孔子所謂“三月不違仁”是也。此丈乃於分開處, 亦且合一看, 以爲“只此一理而主宰常定者, 心也, 發出不同者, 性也”。又曰“知以始之, 敬以守之”, 其意蓋以爲仁固理也, 而“不違者亦理也”云爾。旣曰“知以始之, 敬以守之”, 則其知以之以, 敬以之以, 是何物耶? 其所引朱子說有曰“心如鏡, 仁便是鏡之明”者, 此是此丈極言心性合一之證, 而旣曰鏡, 又曰明, 亦豈可謂全無其分耶? 有鏡有明, 方有不違之名, 以此丈言觀之, 則仁固明也, 不違亦明也, 所謂鏡者, 烏乎在焉耶? 合一處合一看, 分開處分開看, 方是正當眼目, 賢以爲何如耶? 『孟子』註“粹然”之云, 近得本文, 平心徐究, 恐賢說爲長, 能覺所覺之說, 亦然。

「답황경함答黃景涵」(『日新齋集』卷8)

1) 서지사항

정의림이 제자인 중헌(重軒) 황철원(黃澈源)에게 보낸 답장.『일신재집』 권8에 실려 있다.

2) 저자

정의림(鄭義林, 1845~1910)으로, 자는 계방(季方), 호는 일신재(日新齋)이다.

3) 내용

이 글은 정의림이 황철원(黃澈源, 1878~1932)에게 보낸 답장이다. 정의림은 노사(蘆沙) 기정진(奇正鎭, 1798~1879)의 문인으로, 전라남도 화순 지역에서 강학하며 많은 제자들을 길러냈다. 간재(艮齋) 전우(田愚, 1841~1922)가 기정진의 「외필(猥筆)」과 「납량사의(納凉私議)」를 비판하자, 이를 반박하는 논설을 남겨 스승의 학설을 옹호하였다. 황철원은 조선 말기의 유학자로, 자는 경함(景涵), 호는 중헌(重軒)·은구재(隱求齋)이다. 전라남도 화순군 능주(綾州)에서 태어났다. 기정진의 제자인 정의림과 정재규의 문하에서 수학하였다. 정재규의 권유로 「외필변변(猥筆辨辨)」·「납량사의기의변(納凉私議記疑辨)」·「납량사의기의추록변(納凉私議記疑追錄辨)」을 지어 전우의 성리설을 논박하였다. 이 편지에서 정의림은 리(理)와 기(氣)의 불상리(不相離)·불상잡(不相雜)에 대한 황철원의 생각에 대해 자신의 견해를 밝혔다. 불상리의 측면에서 말하자면 리는 기를 위에서 내리누르고 있고, 기는 리 속에 포함되어 있다. 그리고 불상잡의 측면에서 말하자면 리는 기로 치환될 수 없고, 기 역시 리로 치환될 수 없어서, 리는 리이고 기는 기이다. 그런데 황철원은 편지를 보내 "기가 리 속에 포함되어 있다는 말은 지극히 당연하나, 리가 기를 위에서 내리누르고 있다는 말은 불가하다."고 자신의 견해를 밝혔던 것이다. 이에 대해 정의림은 「태극도(太極圖)」의 구조를 보면 위에 태극권(太極圈)이 있고 아래에 음양권(陰陽圈)이 있다는 것으로 이를 설명하고, 리와 기는 대대(對待)의 관계이면서도 또한 '주인과 노복', '장수와 역졸'의 구분이 있으므로 "리는 기를 통솔할 수 있으나, 기는 리를 통솔할 수 없는 것"이라고 설명했다.

3-17-30 「答黃景涵」(『日新齋集』卷8)

作前書之答, 留案俟便有日矣。書未發而又承惠幅, 不安之中, 又復不安。心之爲理爲靈, 未得決案久矣。今承來示, 其盈幅觀縷, 無非切實正當, 足以破積鬱之懷。末段所謂"不(取)[就]⁴¹)當體而正言, 則有主理太過之敝; 不就(木)[本]⁴²)根而極言, 則有主(理)[氣]⁴³)過重之敝", 此說極是。如此而後, 可以不偏於一邊, 而爲正當眼目。古昔聖賢, 或以心爲理, 或以心爲氣之靈者, 其非爲是耶? 愚之持此說, 非不久矣, 而近不見可於左右, 遠不見可於艾丈。私竊耿耿, 無可告語, 誰知爛漫同歸在於今日乎? 慰幸實多, 然義理無窮, 今之自謂不偏者, 安知果爲百世之定論而無敝否也?

夫理與氣, 元不相離, 元不相雜。以元不相離者言, 則卽理而氣已包在其中, 卽氣而理固壓在其上; 以元不相雜者言, 則理不可喚做氣, 氣不可喚做理, 而理自理, 氣自氣矣。此於前日之書, 所以有專言、對言之說。來書以包在其中爲甚當, 而以壓在其上爲不可。旣以壓在其上爲不可, 則包在其中亦爲不可, 豈以同一語意, 而有一可一不可者乎? 賢意豈以爲氣本帶理之物, 不可復言壓在其上云耶? 觀下文「太極圖」云云之說, 可見矣。若以「太極圖」言之, 則除了上一圈, 只以陰陽圈觀之, 亦不無不相離、不相雜之可言, 豈謂此一圈更無不相雜之妙, 而只有不相離者, 爲之局定乎? 且陰陽二字之著於經傳者, 不一而多, 何必以"心猶陰陽", 爲之正指此圈乎? 以其裏面有太極, 故欲援之以訓心也。然則心者, 氣之精爽, 精爽裏面, 亦有太極乎? 抑認精爽爲理, 如俛宇之說乎? 嘗見艾丈解"心猶陰陽"之義, 以陰陽解作動靜, 以動靜解作神, 以神解作理, 此其本義乎? 夫"性猶太極, 心猶陰陽", 自是平坦語, 何其支離牽引, 費了辭說乃爾耶? 此非他故, 以主理太過, 而恐心之不得爲理也。夫不相離、不相雜, 理氣皆然, 豈理有不相雜, 而氣獨有不相離乎? 氣獨有不相離而已, 則理亦何由而獨爲不相雜乎? 抑有兩太極, 一則不雜, 一則不離者乎? 不離、不雜, 此是理氣對待之界至, 而若以主僕帥役之分言之, 則理可以統氣, 氣不可以統理。此先師與權上里辨者, 所以有所云云, 而斥時人主氣之

---

41) (取)[就]: 저본에 '取'로 되어 있으나, 문맥을 살펴 '就'로 수정하였다.
42) (木)[本]: 저본에 '木'으로 되어 있으나, 문맥을 살펴 '本'으로 수정하였다.
43) (理)[氣]: 저본에 '理'로 되어 있으나, 문맥을 살펴 '氣'로 수정하였다.

敝，其言不得不如是也。賢者於陰陽圈云云之說，篤信之久矣，豈區區瞽說所能上下哉？下段氣質之心、本然之心諸般說，皆援引精當，義理條暢，可見吾友近年進業，有不尋常也。

「답황경함答黃景涵」(『日新齋集』卷8)

1) 서지사항

정의림이 제자인 중헌(重軒) 황철원(黃澈源)에게 보낸 답장.『일신재집』권8에 실려 있다.

2) 저자

정의림(鄭義林, 1845~1910)으로, 자는 계방(季方), 호는 일신재(日新齋)이다.

3) 내용

이 글은 정의림이 황철원(黃澈源, 1878~1932)에게 보낸 답장이다. 정의림은 노사(蘆沙) 기정진(奇正鎭, 1798~1879)의 문인으로, 전라남도 화순 지역에서 강학하며 많은 제자들을 길러냈다. 간재(艮齋) 전우(田愚, 1841~1922)가 기정진의 「외필(猥筆)」과 「납량사의(納凉私議)」를 비판하자, 이를 반박하는 논설을 남겨 스승의 학설을 옹호하였다. 황철원은 조선 말기의 유학자로, 자는 경함(景涵), 호는 중헌(重軒)·은구재(隱求齋)이다. 전라남도 화순군 능주(綾州)에서 태어났다. 기정진의 제자인 정의림과 정재규의 문하에서 수학하였다. 정재규의 권유로 「외필변변(猥筆辨辨)」·「납량사의기의변(納凉私議記疑辨)」·「납량사의기의추록변(納凉私議記疑追錄辨)」을 지어 전우의 성리설을 논박하였다. 이 편지는 모두 다섯 부분으로 구성되어 있다. 첫 번째 부분에서는 원불상잡(元不相雜)과 원불상리(元不相離)의 관계에 대한 황철원의 견해에 대해 자신의 생각을 밝혔다. 이 양자를 모두 언급해야만 리기(理氣)의 묘합(妙合)을 잘 설명할 수 있기 때문에, 어느 한 쪽만을 강조해서는 안 된다고 주장했다. 두 번째 부분에서는 "기이포재기중(氣已包在其中)"의 의미에 대해 설명했다. 정의림은 자기의 뜻이 리와 기를 합쳐 하나의 물건으로 만들려는 것이 아니었다고 변론하며, "기재리소포지내(氣在理所包之內)"라는 말이 스승이 말한 "기시리중사(氣是理中事)"라는 말과 무엇이 다르냐고 호소했다. 세 번째 부분에서는 정상허령(精爽虛靈)과 신명주재(神明主宰)의 의미에 대해 설명했다. "정상과 허령이 두 물건이 아니고, 신명과 주재 또한 두 물건이 아니다"라고 말한 것에 대해, 이에 대한 설이 분분하여 이것들을 총괄적으로 요약하여 정리한 것이라고 언급했다. 네 번째 부분에서는 남당(南塘) 한원진(韓元震, 1682~1751)의 "천리(天理)의 주재지묘 (主宰之妙)를 밝힌다고 말한다면 그 말은 작용과 연관되어 보이고, 도기(道器)의 무간지묘(無間 之妙)를 밝힌다고 말한다면 그 말은 주재로 요약되는 듯 보인다."라는 말에 대해, 오해의 소지가 있다며 자신의 견해를 밝혔다. 다섯 번째 부분에서는 "성(誠)은 성상설(性上說)이고, 경(敬)은 심 상설(心上說)"이라는 말에 대해, 성과 경은 상대적으로 말할 수 있는 개념이 아니라고 자신의 생각을 설명했다.

3-17-31 「答黃景涵」(『日新齋集』卷8)

前書兩元云云, 恐不然。旣曰“元不相雜”, 旋曰“元不相離”, 只此兩句, 併擧成文, 而其形容理氣之妙, 可謂完全周足, 無所餘欠。若只言元不相雜而已, 則其下當曰亦有不相離之可言; 若只言元不相離而已, 則其下當曰亦有不相雜之可言。今旣言元不相雜, 又言元不相離, 而其間又復添補亦字云云, 則其不類於床上之床、屋上之屋乎? 兩元字若各有方所, 各有時節, 則謂之千萬片可也, 謂之和泥水可也。今元不相雜之中, 而有元不相離焉; 元不相離之中, 而有元不相雜焉, 則所謂太分開者, 何事耶? 此亦曰元不, 彼亦曰元不, 而其不離不雜之妙, 尤可見矣。且此八字, 非愚之創說也, 已經先儒口語, 而藉藉於湖、洛間者, 其未之見耶? 理非懸空之物, 只是陰陽五行所以錯綜而不差者, 則言理而氣固在其中矣。今曰“可以言運行手脚, 而不可以言包在其中”, 此未知何說也。如言人, 則所謂手脚者, 獨不包在其中耶? 言乾道各正, 而萬物包在其中; 言天命率性, 而人物包在其中, 此皆可謂和泥帶水耶? 恐賢於此等去處, 或不無太察之端, 太察則易鑿, 如何如何? “壓在”之云, 鄙意固疑其未雅, 而欲改未果。今賢言如此, 固當固當。旣言不相離, 則不相離爲主, 故曰理卽氣, 氣卽理; 言不相雜, 則不相雜爲主, 故曰理自理, 氣自氣。所謂理自理, 氣自氣者, 豈理與氣各在一處, 各自用事之謂耶? 理不可喚做氣, 則是理自理也; 氣不可喚做理, 則是氣自氣也。上下段落, 只是一意, 而乃以上一段爲是, 以下一段爲不是耶? 竊觀賢者種種有喜同惡異、喜合惡分底意, 未知何故耶? 嘗見艾丈以“心猶陰陽”一句, 配陰陽圈而解之, 賢亦以爲正指此圈。故鄙說有所云云, 非連上太極圈而言之也。

“氣已包在其中”云者, 鄙意非謂合理與氣爲一物, 如合金、銀、銅、鐵爲一器, 合蘇、張、老、佛爲一人之意也。只是言理, 則“氣在理所包之內”云爾, 與賢所引先師“氣是理中事”之語, 何別矣? 同一語意, 而其取舍向背, 何若是遙絶耶? 月波丈云云, 此是近世主氣餘論也。此丈之見本如此, 依舊是數十年前說話也。賢言恐皆得之, 然其曰: “心者, 理之主宰, 氣之精爽, 狀其德則曰虛靈, 指其實則曰神明, 未發而有具衆理之體, 已發而有應萬事之用, 主宰其骨子, 精爽其界至地盤, 貫動靜, 通寂感者也。” 此段文辭, 不惟爲繁而不殺, 而曰主宰, 曰精爽, 曰虛靈, 曰神明, 其層節不爲猥多乎? 精爽虛靈, 固非二物, 神明主宰, 亦豈兩件? 如或修潤, 則曰"心者, 氣之精爽, 理之主宰, 主宰其骨子實頭也, 精爽其地盤當體也, 未發而有具衆理之體, 已發而有應萬事之用, 而貫動靜, 該寂感者", 則何如耶? 又曰"發者氣也, 發之者心也, 所發者性也", 此段亦有未穩. 將心字對理與氣, 而爲三頭, 則心是理歟, 氣歟? 抑於理氣之外, 別有所謂心者耶? 又或修潤, 則刪去上句"發者氣也"四字, 則似可矣. 不然, 刪去中句"發之者心也"五字, 如何? 更加三思, 卻以見喩也.

前日鄙書, 精爽虛靈, 固非二物, 神明主宰, 亦豈兩件者, 其意不是以此配彼, 而爲確定的對也. 但見其頭緖猥多, 而乃總而約之, 大概如斯耳. 大抵精神, 精爽, 虛靈, 神明等說, 雖約有精粗, 而其實非二物也, 豈獨虛靈, 神明無所分別耶? 氣心性換置之說, 雖若勝似前說, 然終未免有三頭之嫌, 而未見有心合理氣之義, 豈賢意以爲以兩條說下, 則未見有主宰之義故耶? 若曰"發者氣也, 所發者性也", 則所發者爲主宰, 卽張子所謂"氣之流行, 性爲之主"者也; 若曰"發之者心也, 所發者性也", 則發之者爲主宰, 卽張子所謂"性之流行, 心爲之主"者也. 試思之, 如何?

日間偶閱『南塘集』, 有曰: "明天理主宰之妙, 則其言易涉於作用; 明道器無間之妙, 則其言或略於主宰." 此言初看似好, 以爲切至之論, 更思之, 南塘差處, 皆原於此. 夫理之千變萬化, 其主宰之妙, 如言"太極生兩儀", "乾道變化"之說, 是也, 更安有作用之嫌? 但於人身上, 不可以作用爲性者, 以其有心故也. 釋氏認性爲靈, 有不生不死之惑, 故南塘因此, 而反疑於造化本原之地, 可乎? 且其下段"略於主宰"者, 亦不可曉, 到道器合一處, 尤見其主宰之妙, 如言"一陰{一}⁴⁴⁾陽之謂道"是也. 南塘五性因氣有之說, 及別立一層本然於本然之上者, 無非怕有作用之嫌也. 旣怕作用, 則其"略於主宰", 勢所必至矣. 未知此說如何?

箚說有曰"誠是性上說, 敬是心上說", 看來其氣象竟思, 固有似之, 然細思之, 有不然焉. 夫誠, 以實理言, 以實心言. 若曰"誠是命之道", 若曰"誠是實理自然之名", 皆以實理言, 其爲說固無議爲. 若以誠敬對言, 則誠是實心之義, 而曰"誠是性, 敬是心", 則不

---

44) {一}: 『周易』「繫辭傳上」에 의거하여 '一'을 보충하였다.

惟誠敬有體用本末之嫌, 而誠意之學, 誠身之功, 必歸沒(杷)[把]45)捉無下手處矣。況
"誠者天之道"一段語, 本以聖人心上說, 而今反謂之理耶? 且無妄無僞, 本皆就人心上
說, 則固無無妄無僞之可言, 豈以無妄謂理, 而屬乎聖人分上, 無僞謂心, 而屬乎賢人分
上乎? 無妄不欺, 雖有聖賢之分, 而亦恐不必分理與心也。竊有未盡之意, 復此略申。

    陶庵曰: "葬地雖近於宗家, 行喪後, 追有朝祖之儀, 有違古禮本意, 不可以私見創
    行。【止】朝祖所以順死者之孝心, 則死者於生時過宗家, 豈有不朝祖之禮乎? 後世
    必有義起之君子。"

若過宗家之門, 恐不可以已時而戛過。

    程子曰: "由孟子可以觀『易』, 蓋言義利之分, 如陰陽淑慝。"

如勸王道、用潛龍之類, 皆是。

---

45) (杷)[把]: 저본에 '杷'로 되어 있으나, 문맥을 살펴 '把'로 수정하였다.

「답정사옥答鄭士玉」(『日新齋集』卷8)

해제

1) 서지사항

정의림이 제자인 극성재(克省齋) 정순진(鄭淳珍)에게 보낸 답장.『일신재집』권8에 실려 있다.

2) 저자

정의림(鄭義林, 1845~1910)으로, 자는 계방(季方), 호는 일신재(日新齋)이다.

3) 내용

이 글은 정의림이 정순진(鄭淳珍, 1878~?)에게 보낸 답장이다. 정의림은 노사(蘆沙) 기정진(奇正鎭, 1798~1879)의 문인으로, 전라남도 화순 지역에서 강학하며 많은 제자들을 길러냈다. 간재(艮齋) 전우(田愚, 1841~1922)가 기정진의 「외필(猥筆)」과 「납량사의(納凉私議)」를 비판하자, 이를 반박하는 논설을 남겨 스승의 학설을 옹호하였다. 정순진은 정의림의 문인으로, 자는 사옥(士玉), 호는 극성재(克省齋)이다. 전라남도 화순에 극성재를 지어 학문을 닦으며 후학을 양성했다. 이 편지에서 정의림은 일본만수(一本萬殊)의 의미에 대해 설명했다. 일본만수에는 두 가지 의미가 있는데, 하나는 리분설(理分說)이고, 다른 하나는 체용설(體用說)이라는 것이다. 나무를 예로 들면, 뿌리와 줄기는 일본이고 가지와 잎은 만수라고 설명하는 것은 체용설의 입장이고, 일리(一理)가 낳고 낳아 수많은 가지와 잎이 번성한다고 설명하는 것은 리분설의 입장이라고 자신의 생각을 밝혔다.

3-17-32 「答鄭士玉」(『日新齋集』卷8)

秋風入郊, 懷想政勤, 一書垂存, 何等慰沃。矧審庭候康寧, 侍省珍勝, 尤叶願聞。一本
萬殊有二義, 一則以理分說, 一則以體用說。理分固無界位之殊, 體用不無界位之可
言。若以一株樹觀之, 而以根幹爲一本, 以枝葉爲萬殊者, 此體用說也。其一理生生,
而千枝萬葉無不敷榮者, 此理分說也。盛論於理分、體用, 恐不免合而混之, 而有不甚
分明者, 故及之耳, 如何如何? 器水瓶空, 其取譬之意, 在於理因氣而不同, 如水空之因
器瓶, 而有方圓大小之不同云耳, 非理之如水空云也。

「답정사옥答鄭士玉」(『日新齋集』卷8)

해제

1) 서지사항

정의림이 제자인 극성재(克省齋) 정순진(鄭淳珍)에게 보낸 답장. 『일신재집』 권8에 실려 있다.

2) 저자

정의림(鄭義林, 1845~1910)으로, 자는 계방(季方), 호는 일신재(日新齋)이다.

3) 내용

이 글은 정의림이 정순진(鄭淳珍, 1878~?)에게 보낸 답장이다. 정의림은 노사(蘆沙) 기정진(奇正鎭, 1798~1879)의 문인으로, 전라남도 화순 지역에서 강학하며 많은 제자들을 길러냈다. 간재(艮齋) 전우(田愚, 1841~1922)가 기정진의 「외필(猥筆)」과 「납량사의(納凉私議)」를 비판하자, 이를 반박하는 논설을 남겨 스승의 학설을 옹호하였다. 정순진은 정의림의 문인으로, 자는 사옥(士玉), 호는 극성재(克省齋)이다. 전라남도 화순에 극성재를 지어 학문을 닦으며 후학을 양성했다. 이 편지에서 정의림은 중헌(重軒) 황철원(黃澈源, 1878~1932)이 주재(主宰)를 리(理)로 본 견해에 대해 자신의 생각을 밝혔다. 천하 만물이 리 아닌 것이 없는데, 굳이 주재를 리라고 말할 필요가 있느냐는 것이다. 하지만 "이 말은 천지조화(天地造化)의 차원에서는 맞는 말이지만, 인심운용(人心運用)의 차원에서는 논의의 여지가 있다."고 말했다. 즉 "하늘은 무위(無爲)여서 리가 주재하지만, 사람은 유위(有爲)여서 심(心)이 주재한다."고 그 이유를 설명했다. 이하에서는 정순진이 보낸 편지 내용 중 11개 대목을 뽑아 이에 대한 자신의 생각을 전했다.

景涵以主宰爲理, 是主理太過之致也。夫天下萬事萬物, 莫非是理, 況以主宰謂之理,
孰云不可? 然此言, 在天地造化上說則可, 在人心運用上說, 則不能無可議者。夫天無
爲, 故理爲主宰; 人有爲, 故心爲主宰。程子所謂"道體無爲, 而人心有覺"者, 此也。且
心之所以爲主宰, 何也? 以其有虛靈知覺故也。若非虛靈知覺, 則與枯木死灰無異, 有
何主宰之可言也? 虛靈知覺, 固氣之精爽, 而所以虛靈知覺者, 理也。非靈則不能覺,
非理則無所覺。若不下"所以"字, 而直以主宰謂理, 則理爲作用之物, 而理與氣, 心與
性, 混無界至矣。大抵主氣之說, 固今日之膏肓, 而所謂主理者, 亦不無矯枉過直之敝,
可歎可歎!

　孔子曰"鄕原德之賊", 朱子釋之曰"似德非德, 反亂乎德"。大抵鄕原與狂狷相遠,
　"狂者進取, 狷者有所不爲", 鄕原者未嘗進取, 又無所不爲。聖人所惡者, 以其同流
　合汚, 不可與有爲故也。昔艾山先生賜小子一言, 其意在此。師門平日耳提面命者,
　亦未始非恐歸此流。小子亦非不知爲切己實病, 而病易得而難瘳, 如之何則可?
士玉姿質十分醇謹, 而少果敢振作之氣, 其爲一箇謹勅之士則足矣, 而於任重致遠, 不
其有欠乎? 此艾山先生所謂"不病之病, 最爲難治"者, 殊可念也。嗚呼! 聖人不取此醇
謹底人, 而特取狂狷之人者, 其意可知。矯拂氣質, 此是人人切己之功, 願士玉勉之。

　朱子所謂"發於理, 發於氣"者, 是其發之本一也, 而及其已發之後, 有不同者, 故
　一發字下, 分着理氣字。退溪所謂"理發而氣隨之, 氣發而理乘之"者, 是分明有理
　一邊、氣一邊, 相對竝立。或發於此, 或發於彼, 蓋其着發字於理氣下, 故其義相爲
　懸殊。
曰"或生或原", 則不害爲本原之一, 而特於臨發之際, 辨別其人心道心之義而已。若曰
"氣發而理乘, 理發而氣隨", 則分明有齊頭互發之嫌。

　誠一也, 所謂"誠意"者, 是一其不一之私意。
以一釋誠意之誠, 不如朱子以實字釋之, 而有下手處。

"冲漠無眹, 萬象森然已具", 若以衆人而欲默識此境界, 則於平朝未與物接, 湛然
虛明之時, 可乎?

平朝湛然, 及偶然回淳之時, 是也。然纔有欲識底意, 則便非無眹, 便非森然。

『大學』之至善, 卽『中庸』之中。

至善以實理言, 中以體段言。

或靜坐收斂, 而有昏昧走作不慊之時; 或未暇收斂, 而有不知不覺自好之時, 皆怳
惚而莫知其端, 如何則可?

此是涵養未熟, 實心未定之致, 正宜加勉。

孟子曰: "養心莫善於寡欲。" 但於寡欲上, 費得幾歲幾年工夫, 則天機自然之體, 不
期存而自存否?

寡欲固養心第一方, 然欲非特食色之謂。凡心不循軌處, 皆欲也。且須由粗入精, 可也。

氣則有質可觀, 而理則無形可見。但就有質之氣, 知其有無形之理乎?

此是下一節說, 若就上一節說, 則何嘗待氣而言理? 如曰"無極而太極", 是也。

但當存其善念, 惡念自然退聽。若於善念處, 不之接續, 而但欲除去惡念, 則如寇
之東驅西入, 如火之愈撲愈熾, 其勢有不可得以除者。

古人器虛器實之喩, 亦此意。此是辛苦經歷中出來語, 豈不可貴? 勉之勉之!

程子所謂"生之謂性", 正以其人生而靜以上, 不容說, 故以爲生以後謂之性。告子
則正指其知覺運動, 故孟子闢之。

"生之謂性", 程子之意, 有兩般焉。一則以爲性卽氣, 氣卽性; 一則以爲人生以後, 方說
性。告子專就氣說。

收斂提綴, 虛明靜一, 卽所謂"將已放之心, 反復入身來"。大抵心與仁, 本非二物,
心存則仁存, 心亡則仁亡。然則求放心, 卽求仁工夫。

好。

「답권범회答權範晦」【春植】(『日新齋集』卷8)

1) 서지사항

정의림이 권춘식(權春植)에게 보낸 답장. 『일신재집』 권8에 실려 있다.

2) 저자

정의림(鄭義林, 1845~1910)으로, 자는 계방(季方), 호는 일신재(日新齋)이다.

3) 내용

이 글은 정의림이 권춘식(權春植)에게 보낸 답장이다. 범회(範晦)는 그의 자이다. 정의림은 노사(蘆沙) 기정진(奇正鎭, 1798~1879)의 문인으로, 전라남도 화순 지역에서 강학하며 많은 제자들을 길러냈다. 간재(艮齋) 전우(田愚, 1841~1922)가 기정진의 「외필(猥筆)」과 「납량사의(納凉私議)」를 비판하자, 이를 반박하는 논설을 남겨 스승의 학설을 옹호하였다. 정의림은 권춘식이 뛰어난 자질을 갖고 있어 공부에 많은 진보가 있었으나, 학문하는 방법에는 약간 미진한 부분이 있다면서, 이 편지를 띄우는 사연을 밝혔다. 이 편지에서는 주로 형기(形氣)와 신리(神理)에 대한 자신의 견해를 밝혔다. "모든 사물은 형기와 신리를 가지고 있다. 형은 기의 집이고, 기는 신의 집이며, 신은 리의 집인데, 신은 곧 허령(虛靈)을 가리킨다."고 설명했다. 그러면서 기도 형이 없는데, 하물며 허령이 어찌 형을 가지고 있겠느냐고 물었다. 그리고 허령의 허를 전적으로 리로 봐서는 안 된다고 자신의 생각을 밝혔다.

3-17-34 「答權範晦」【春植】(『日新齋集』卷8)

日前福州 張、丁兩少年之過, 槪聞吾範晦信息矣, 而今又得此心畫, 其爲感豁, 爲何如哉? 因審重省康寧, 晨昏之餘, 溫理有程, 尤副願聞。盛課方在『大學或問』, 而於整齊及惺惺之說, 默有契焉。又有數三問目, 讀之不覺令人動情。大抵範晦以好材美質, 功夫所造, 亦已多矣。但於學問思索之方, 尙未有開頭得力之端, 尋常相向, 未嘗不以此奉告矣。今乃長得一格者如此, 從此進就, 又何可量? 理無形, 氣有形, 以理氣大分言之, 固是如此。凡物莫不有形氣神理, 形者氣之宅, 氣者神之宅, 神者理之宅, 神卽虛靈之謂也。氣猶有無形者, 況虛靈而有形乎? 但比於理較著矣。虛靈之虛, 專作理看, 亦未安。虛靈所以具衆理, 若以虛作理, 則是以理具理, 其可乎? 言虛靈, 則虛爲體, 靈爲用; 言虛靈知覺, 則虛靈爲體, 知覺爲用。然是用也, 非專爲此心發後事也。雖未發而用固在其中, 所謂"體用一原", 所謂"冲漠無眹, 萬象森然已具"者, 是也。以所以然爲所當然之源頭, 則可以覺其所以然, 而以覺爲知之源頭, 則不可, 知與覺只是此心之用也。

「답권범회答權範晦」(『日新齋集』卷8)

1) 서지사항

정의림이 권춘식(權春植)에게 보낸 답장. 『일신재집』 권8에 실려 있다.

2) 저자

정의림(鄭義林, 1845~1910)으로, 자는 계방(季方), 호는 일신재(日新齋)이다.

3) 내용

이 글은 정의림이 권춘식(權春植)에게 보낸 답장이다. 범회(範晦)는 그의 자이다. 정의림은 노사(蘆沙) 기정진(奇正鎭, 1798~1879)의 문인으로, 전라남도 화순 지역에서 강학하며 많은 제자들을 길러냈다. 간재(艮齋) 전우(田愚, 1841~1922)가 기정진의 「외필(猥筆)」과 「납량사의(納凉私議)」를 비판하자, 이를 반박하는 논설을 남겨 스승의 학설을 옹호하였다. 이 편지에서 정의림은 허(虛)와 령(靈)의 관계, 그리고 심(心)과 지각(知覺)의 관계에 대한 자신의 생각을 전했다. "허하기 때문에 구중리(具衆理)할 수 있고, 령하기 때문에 응만사(應萬事)할 수 있다."고 말한다면 허는 체(體)가 되어 버린다고 설명했다. 하지만 "마음은 본래 텅 비었으니, 사물을 응함에 자취가 없도다.[心兮本虛, 應物無迹.]"라는 정이(程頤)의 말처럼, 허 역시 용(用)의 역할을 할 수 있다는 것이다. 그리고 심과 지각은 두 물건이 아니므로 양심(養心) 공부와 양지(養知) 공부가 다르지 않다고 자신의 견해를 밝혔다.

3-17-35 「答權範晦」(『日新齋集』卷8)

虛靈之說, 復此提起。夫虛故具衆理, 靈故應萬事, 以此言之, 虛固爲體。然向日賢意, 專以虛爲體而不爲用。故愚引程子"心兮本虛, 應物無迹"之說, 以爲無迹亦虛也, 則用亦不可謂非虛也云耳。且心是知覺底物事, 則心與知覺非二物也。然則養心養知之功, 亦豈有二致哉? 程子曰"存久自明", 又曰"居敬所以精義", 朱子曰"志氣淸明, 義理昭著", 皆此意也。更詳之如何?

「답권범회答權範晦」(『日新齋集』卷8)

1) 서지사항

정의림이 권춘식(權春植)에게 보낸 답장. 『일신재집』 권8에 실려 있다.

2) 저자

정의림(鄭義林, 1845~1910)으로, 자는 계방(季方), 호는 일신재(日新齋)이다.

3) 내용

이 글은 정의림이 권춘식(權春植)에게 보낸 답장이다. 범회(範晦)는 그의 자이다. 정의림은 노사(蘆沙) 기정진(奇正鎭, 1798~1879)의 문인으로, 전라남도 화순 지역에서 강학하며 많은 제자들을 길러냈다. 간재(艮齋) 전우(田愚, 1841~1922)가 기정진의 「외필(猥筆)」과 「납량사의(納凉私議)」를 비판하자, 이를 반박하는 논설을 남겨 스승의 학설을 옹호하였다. 이 편지에서 정의림은 권춘식이 제기한 여섯 개 질문에 대해 자신의 생각을 밝혔다. 그 중 첫 번째 질문을 살펴보면 권춘식은 "탁수(濁水) 속에서 보주(寶珠)를 닦는다."라는 말에서 탁수는 기(氣)를 비유한 것이고 보주는 리(理)를 비유한 것인데, "탁수를 변화시킨다."라고 말하지 않고 "보주를 닦는다."라고만 말한다면 기질(氣質)은 변화시킬 수 없는 것이냐고 물었다. 이에 대해 정의림은 탁수를 맑게 하는 것은 기질을 다스리는 것이고, 보주를 닦는 것은 명덕(明德)을 밝히는 것으로 양자는 다른 일이 아니라고 대답했다. 그래서 옛 성현들은 극기(克己)와 복례(復禮), 한사(閑邪)와 존성(存誠), 개과(改過)와 천선(遷善), 알인욕(遏人欲)과 존천리(存天理)를 함께 말했다는 것이다.

江雲渭樹, 馳懷幾時, 涯角落落, 不覺消魂。際玆一書, 翩然入手, 摩挲沉吟, 曷勝慰豁? 因審重庭康寧, 侍履佳吉, 尤叶願聞之至。義林積年一疾, 有加無減, 此豈久於世哉? 恭俟符到而已。前頭一枉之示, 在篤老下情地, 豈是易事也? 惟晨昏之餘, 溫理舊業, 日就佳境, 此便是朝暮遇, 如何如何? 父母偕喪, 雖一日之間, 母先喪則服母期, 父先喪則服母三年, 況母喪三四日後, 而遭父喪者乎? 服期無疑矣。

就濁水中, 揩拭此珠。蓋濁水是比氣, 寶珠是比理。今不曰"變其濁水", 而只云"揩拭此珠", 則所謂"變化氣質"者, 將何以用力? 只務明其理, 則氣質可得以變化否? 澄淸濁水, 是治氣質之謂也; 揩拭明珠, 是明明德之謂也。其爲功固相資而非二事。然自古聖賢, 未嘗不兩下對說, 言"克己"必曰"復禮", 言"閑邪"必曰"存誠", 言"改過"必曰"遷善", 言"遏人欲"必曰"存天理"。

玉溪盧氏曰"至善乃太極之異名, 而明德之本體", 所謂"明德之本體", 未易解。夫光明正大曰"德之本體"。若夫至善, 則程子曰"義理精微之極", 朱子曰"事理當然之極", 皆以理之見於事物而極其至者, 言之。盧氏獨以至善歸於明德之本體, 何? 太極一也, 而有統體之太極, 有各具之太極。既以至善爲太極之異名, 則至善亦安得不然也? 所謂"明德之本體", 卽統體之至善也; 所謂"事理之極", 卽各具之至善也。

物格者, 事物之理, 各有以詣其極。此詣字, 作理自詣看, 作我所詣看? 若作理自詣看, 則理豈能自詣其極乎?
昔退溪先生初以爲"心到", 後見朱子"理到"之說, 乃覺其非。大抵"理到、理詣"者, 只是氷解凍釋, 功效自然之意也。

玉溪盧氏曰: "渾然在中, 其體初無仁義禮智之分; 隨感而應, 其用始有惻隱等四者之別。" 蓋此仁義禮智, 其在中時, 果是一物, 無分別可言否? 朱子曰: "性雖寂然不動, 而其中自有條理, 自有間架。" 以是言之, 渾然之中, 可見粲然之分, 而盧氏以無分言之, 何也? 且端者緒也, 譬如靑紅白黑之絲在於一器中, 其見於外之緒, 自有箇四色之分。若曰"在中之絲一色, 而見外之緒四色", 則是安有此理哉? 又如禾䄂菽麥四種渾合播種於一處土, 而及其萌芽, 則方見得此是禾芽, 此是䄂芽, 菽麥亦然, 豈有一種四芽之理乎?

玉溪所謂"渾然在中, 初無仁義禮智之分", 此恐未安。近世主氣之說, 未始不由於此矣。賢所謂靑紅白黑之喩, 禾䄂菽麥之說, 極其分明, 甚好甚好! 願牢守此意, 勿爲時人口氣所遷動。

劉子所謂"天地之中", 以一本之體, 不偏不倚者言; 程子所謂"自有之中", 以萬殊之用, 無過不及者言。

固好, 然亦須知體用一原之義。

『大學』註曰"好善惡惡, 人之性也", 『或問』曰"其本心莫不好善而惡惡"。蓋性是具於心者, 故其用之所行, 固無二致否?

心與性, 一而二, 二而一。若曰"本心", 則卽所謂"二而一"者也。

「답문자성答文子惺」(『日新齋集』卷9)

1) 서지사항

정의림이 문형(文炯)에게 보낸 답장.『일신재집』권9에 실려 있다.

2) 저자

정의림(鄭義林, 1845~1910)으로, 자는 계방(季方), 호는 일신재(日新齋)이다.

3) 내용

이 글은 정의림이 문형(文炯)에게 보낸 답장이다. 자성(子惺)은 그의 자이다. 정의림은 노사(蘆沙) 기정진(奇正鎭, 1798~1879)의 문인으로, 전라남도 화순 지역에서 강학하며 많은 제자들을 길러냈다. 간재(艮齋) 전우(田愚, 1841~1922)가 기정진의 「외필(猥筆)」과 「납량사의(納凉私議)」를 비판하자, 이를 반박하는 논설을 남겨 스승의 학설을 옹호하였다. 이 편지에서 정의림은 허령(虛靈)과 지각(知覺), 그리고 거경(居敬)과 궁리(窮理)의 관계에 대해 간단히 언급했다. 허령과 지각은 두 물건이 아니며, 허령하기 때문에 지각할 수 있다고 자신의 견해를 밝혔다. 거경과 궁리는 비록 지(知)와 행(行)의 구분이 있지만 상수상자(相須相資)하는 관계이기 때문에 서로 떨어질 수 없다고 설명했다.

3-17-37 「答文子惺」(『日新齋集』卷9)

『私議』、『雅言』, 同條共貫, 可謂確論。寒洲專以心喚做理, 故其言如此。且虛靈知覺, 不是兩物, 虛靈故知覺。朱子曰"寂然不動, 而知覺不昧者, 此靜中之動"云云, 正此意也。賢認知覺專爲發後事, 故及之耳。居敬窮理, 雖有知行之分, 而其相須相資, 固相離不得, 是故程子曰"未有致知而不在敬者", 又曰"居敬所以精義", 又曰"存久自明", 皆此意也。出妻云云, 靜庵之說爲至論。『易傳』曰"未有夫不失道而婦能乘之", 又曰"威嚴不先行於己, 則人怨而不服"。夫在我未能盡表率之道, 而遽爾棄斥, 豈權而合宜之謂乎?

「답문자성答文子惺」(『日新齋集』卷9)

해제

1) 서지사항

정의림이 문형(文炯)에게 보낸 답장. 『일신재집』 권9에 실려 있다.

2) 저자

정의림(鄭義林, 1845~1910)으로, 자는 계방(季方), 호는 일신재(日新齋)이다.

3) 내용

이 글은 정의림이 문형(文炯)에게 보낸 답장이다. 자성(子惺)은 그의 자이다. 정의림은 노사(蘆沙) 기정진(奇正鎭, 1798~1879)의 문인으로, 전라남도 화순 지역에서 강학하며 많은 제자들을 길러냈다. 간재(艮齋) 전우(田愚, 1841~1922)가 기정진의 「외필(猥筆)」과 「납량사의(納凉私議)」를 비판하자, 이를 반박하는 논설을 남겨 스승의 학설을 옹호하였다. 이 편지에서 정의림은 문형이 제시한 의견에 온전치 못한 부분이 있다며 자신의 견해를 밝혔다. 문형이 기질지심(氣質之心)이라는 용어를 사용한 것에 대해, 심이란 형기(形氣)와 신리(神理)를 포괄하는 것인데, 형은 기의 집이고 기는 신의 집이며 신은 리의 집으로, 서로를 필요로 하는 하나라고 설명했다. 이러한 심을 형기와 신리로 분석하여 기질지심과 본연지심(本然之心)으로 나눈다면 이것이 가능하겠냐고 반문했다. 그리고 인심(人心)과 도심(道心)에 대해서도 이것은 발용응접(發用應接) 상의 설이므로, 심체(心體) 상의 분리(分理)와 분기(分氣)를 가리킨다고 할 수 없다고 했다. 또한 심위성재(心爲性宰)와 성위심재(性爲心宰)라는 말에 대해서도, 이렇게 되면 두 주재가 있게 되어 불가하다고 자신의 견해를 밝혔다.

3-17-38 「答文子惺」(『日新齋集』卷9)

氣質之心云云, 語意誠有未穩處。夫性卽理也, 故有氣質之性之說。若夫心則其當體, 固氣分也, 而又謂氣質之心乎? 心之爲物, 包形氣神理而言之。然形者氣之宅, 氣者神之宅, 神者理之宅, 相須爲一, 混合無間。今乃就心之體段, 析形氣爲氣質之心, 分神理爲本然之心, 可乎, 不可乎? 且人心道心, 是指發用應接上說, 豈是心體上分理分氣之謂乎? 心爲性宰, 性爲心宰之語, 亦覺未穩。若如此說, 則源頭也, 理爲主宰, 流行也, 心爲主宰, 而有兩主宰矣。艾山所謂"同是理而主宰常定者心也, 發出不同者性也", 此言庶幾近之, 更如詳細如何?

「답문자성答文子惺」(『日新齋集』卷9)

해제

1) 서지사항

정의림이 문형(文炯)에게 보낸 답장.『일신재집』권9에 실려 있다.

2) 저자

정의림(鄭義林, 1845~1910)으로, 자는 계방(季方), 호는 일신재(日新齋)이다.

3) 내용

이 글은 정의림이 문형(文炯)에게 보낸 답장이다. 자성(子惺)은 그의 자이다. 정의림은 노사(蘆沙) 기정진(奇正鎭, 1798~1879)의 문인으로, 전라남도 화순 지역에서 강학하며 많은 제자들을 길러냈다. 간재(艮齋) 전우(田愚, 1841~1922)가 기정진의 「외필(猥筆)」과 「납량사의(納涼私議)」를 비판하자, 이를 반박하는 논설을 남겨 스승의 학설을 옹호하였다. 이 편지에서 정의림은 먼저 심(心)과 기질(氣質)에 대해 자신의 견해를 밝혔다. "심은 기의 정상(精爽)으로 허령지각(虛靈知覺)이 그 당체(當體)이고 본지(本旨)"라고 정의한 후, 이러한 허령지각을 버려두고 칠규오규(七竅五竅)를 가리켜 기질지심(氣質之心)이라고 하는데, 도대체 이 심은 무슨 심이냐고 반문했다. 그리고 형질(形質)의 이면에 오르내리고 흐르는 것 중 기 아닌 게 하나도 없고, 오장(五臟)에서 손가락 발가락까지 질 아닌 게 하나도 없는데, 몸의 기질을 제쳐두고 심의 기질만 거론하는 것은 무슨 까닭인지 모르겠다고 언급했다. 이하에서는 문형이 보낸 편지 내용 중 몇몇 대목을 발췌한 후 거기에 대한 자신의 의견을 피력했다.

3-17-39 「答文子惺」(『日新齋集』卷9)

心是氣之精爽, 而虛靈知覺, 其當體也, 本旨也。今舍虛靈知覺, 而但指其七竅五竅, 如未敷蓮花者, 而謂之氣質之心, 未知此心何心也。升降流通於形質之裏面者, 無一而非氣也。內自五臟, 外至百體, 無一而非質也。今外周身氣質, 而特擧心之氣質, 未知此氣質何氣質也。主於身, 改以理之妙爲好, 若如任君之言, 則氣之靈, 獨非主於身者耶?

> 有言理無分者, 如云月光本無大小之分也; 有言理有分者, 如云窓隙大小之所受, 無非月光也。然則無分處以無分看, 有分處以有分看, 可乎?

性者, 萬物之一原, 果有分乎? 乾道變化, 各正性命, 果無分乎? 須知無分中有分, 果不至爲一偏之見也。

> 曰天理, 曰天命, 理以主宰處言, 命以流行處言。

以其所存在而謂之理, 以其所賦畀而謂之命, 以其所流行而謂之道, 以其所主宰而謂之帝。

> 本然之性, 就泥濁中, 全指水之淸者而言; 氣質之性, 兼水與泥而言。

本然性、氣質性, 非二性也。如以器貯水, 水固本然之性, 而兼指其器, 則氣質之性也。

> 未發, 有氣質性, 無氣質性云云。

愚嘗以水喩之, 水在汚器而不動, 則其淸與在潔器者無異。然其器則不可謂非汚器, 亦不可以其汚器而謂水有分數也。

> 邵子曰: "性者, 道之形體"云云。

道在萬物, 無聲色, 無方所, 而性其結裹處也。故謂之"道之形"。

> 朱子曰: "心如水, 性猶水之靜, 情則水之流。" 沙溪曰: "心如器, 性如器中之水, 情如水瀉出於外。" 兩說不同, 何?

邵子曰"心者, 性之郛郭", 郛郭非器乎? 以心具性言, 則心猶器也, 性猶水也; 以心統性情言, 則心猶水, 而水之靜猶性也, 水之動猶情也。

敬義用功, 固當併進。程子曰"以敬直內, 則不直", 亦可曰"以義方外, 則不方"乎? 靜不可尋覓, 動不可安排, 以字在義字上, 則亦不無安排之病?

明德以心言, 則道心也, 非人心也; 以性言, 則本然也, 非氣質也; 以情言, 則天理也, 非人欲也。然人心之得正處, 卽道心也; 氣質之循軌處, 卽本然也; 人欲之退縮處, 卽天理也。
兩說皆好, 但人心本非不好底。

聖人言道之體用, 多用先於體。
聖賢之言, 多沿流而指源。

"心爲太極", 是合一說, "性猶太極, 心猶陰陽", 是分開說。

靈與神, 雖非二物, 而煞有分數。

知覺就心上, 該動靜而言, 情特以動處說。

靜虛之虛, 指未發之體而言; 虛靈之虛, 統未發已發而指本心體而言。

"維天之命, 於穆不已", 天之敬也; "日月不過, 而四時不忒", 天之信也。"天地之常, 以其心普萬物而無心", 可謂之有意乎? 但敬是把捉底意, 多到人事上方說得者, 恐賢於敬字本旨, 欠消詳。

天命、五常, 豈二物乎? 五常只是天命之條理, 若以天命爲不雜底物, 五常爲不離底物, 則太極果是儱侗無骨之物, 而二層三層之說所以起也。

戒愼云云, 朱子亦有以貫動靜而言者, 有專以靜而言者。天理不在人事之外, 人事上當然底是天理也。是以所當然、所以然, 皆理也。

「답김숙견答金叔見」(『日新齋集』卷10)

1) 서지사항

정의림이 김숙견(金叔見)에게 보낸 답장. 『일신재집』 권10에 실려 있다.

2) 저자

정의림(鄭義林, 1845~1910)으로, 자는 계방(季方), 호는 일신재(日新齋)이다.

3) 내용

이 글은 정의림이 김숙견(金叔見)에게 보낸 답장이다. 정의림은 노사(蘆沙) 기정진(奇正鎭, 1798~1879)의 문인으로, 전라남도 화순 지역에서 강학하며 많은 제자들을 길러냈다. 간재(艮齋) 전우(田愚, 1841~1922)가 기정진의 「외필(猥筆)」과 「납량사의(納凉私議)」를 비판하자, 이를 반박하는 논설을 남겨 스승의 학설을 옹호하였다. 이 편지에서 정의림은 김숙견이 보낸 편지 내용 중 11개 대목을 골라 이에 대한 자신의 의견을 피력했다. "심(心)과 성(性)은 하나이면서도 둘이어서, 심이 태극(太極)이라고도 말할 수 있고 성이 태극이라고도 말할 수 있다."라는 김숙견의 의견에 대해, 정의림은 "성이 태극이라는 것은 분개설(分開說)이고, 심이 태극이라는 것은 합일설(合一說)"이라고 자신의 생각을 전했다. 그리고 "심과 명덕(明德)은 본래 한 물건이므로, 성정(性情)이 마음속에 젖어든 것이 명덕이 아닙니까?"라는 질문에 대해, 정의림은 "심과 명덕은 본래 한 물건이다."라는 말이 매우 통쾌하다고 대답했다.

3-17-40 「答金叔見」(『日新齋集』卷10)

所苦是宿證耶, 或是別證耶? 何其進退無常, 而支離乃爾? 此是積瘁之餘, 血氣不暢之致。千萬攝理, 不遠復常, 是祝是祝。義林昔者之疾, 雖若少間, 而精神筋力, 扶竪不得。加以叔見不在傍, 踽踽索居, 尤無聊賴, 奈何奈何? 大抵此身, 衰年病蟄, 知舊散落, 而比隣之近, 幸有我叔見, 爲之慰我扶我, 不啻渴涸之煦濡, 則此身之所以寄倚於叔見者, 其心果何如哉? 願加愛加護, 使區區見苦之證, 如雪見睍也。

　　心、性一而二, 而曰"心爲太極", 曰"性爲太極", 似無分間。
"性爲太極", 是分開說; "心爲太極", 是合一說。

　　心與明德本是一物, 則性情之涵於心裏者, 卽明德耶?
"心與明德, 本是一物"云者, 恐說得太快。

　　性是心之體, 情是心之用, 則心之本然, 非性情之德耶?
好。

　　性者心之體, 情者心之用。以理言, 則心性情, 皆理也; 以氣言, 則心性情, 皆氣也。謂心性情皆理, 可; 謂心性情皆氣, 不可。

　　盈天地之間者, 無非光景之露面。光景莫非氣也, 而鬼神之體物不遺, 非此理耶?
然。

　　心字本來名目, 合性與知覺而得之。故以心爲氣, 固無不可; 以心爲理, 亦無不可。
　　然以心爲氣, 其所重則在理。
然字以下, 刪之似宜。

　　性是心之體, 情是心之用, 則心之本然, 非性情之德耶?

好。

　　明德本地, 純是神靈眞實之理, 而初不雜一毫形氣之爲。
神靈二字, 刪之似宜, 所論恐得之。

　　心卽明德, 明德卽心, 初非心外別有德, 德外別有心。就其中細分名目, 則心兼道
　　器, 而德則惟以道言之; 心合理氣, 而德則惟以理言。故心不能無妄, 而德則眞而
　　不妄; 心不能無邪, 而德則正而不邪。
好。

　　性卽情, 情卽性, 只有動靜之分, 初非判然二物。
好。

　　聖人之心, 如鑑之照物, 姸媸在彼。夫子之"於是日, 哭則不歌", 聖人之心, 亦有拘
　　牽於彼者乎?
聖人之心, 無所固滯, 而亦無混雜, 如天地之化, 春專於春, 夏專於夏。然運行有漸, 而
寒暑生殺, 不同其時。

「답정원실答鄭元實」[現采](『日新齋集』卷10)

1) 서지사항

정의림이 정현채(鄭現采)에게 보낸 답장. 『일신재집』 권10에 실려 있다.

2) 저자

정의림(鄭義林, 1845~1910)으로, 자는 계방(季方), 호는 일신재(日新齋)이다.

3) 내용

이 글은 정의림이 정현채(鄭現采)에게 보낸 답장이다. 원실(元實)은 그의 자이다. 정의림은 노사(蘆沙) 기정진(奇正鎭, 1798~1879)의 문인으로, 전라남도 화순 지역에서 강학하며 많은 제자들을 길러냈다. 간재(艮齋) 전우(田愚, 1841~1922)가 기정진의 「외필(猥筆)」과 「납량사의(納凉私議)」를 비판하자, 이를 반박하는 논설을 남겨 스승의 학설을 옹호하였다. 이 편지에서 정의림은 본연지심(本然之心)과 기질지심(氣質之心)에 대한 논의에 불만을 나타냈다. 원래 성(性)은 하나인데, 그 성만을 가리켜서는 본연지성(本然之性)이라 하고, 그 기(氣)를 같이 가리켜서 기질지성(氣質之性)이라고 했다. 이를 준용하여 그 심만을 가리켜서 본연지심이라 하고, 그 기를 같이 가리켜서 기질지심이라고 하는 것은 온당치 못하다는 것이다. 심이라는 것은 리(理)만으로도 설명할 수 없고 기만으로도 설명할 수 없어, 반드시 리와 기의 합으로 설명해야 한다고 주장했다. 그리고 마음에 미발(未發)과 이발(已發)의 차이가 있어, "기가 리를 태운다.[以氣載理.]"라고 하면 공평하지만, 미발만을 리라 하고 기발만을 기라 하는 것은 불가하다고 자신의 견해를 밝혔다.

相聚之餘, 遽爾分張, 悵悢之懷, 一倍難任。因詢侍旁學履, 一視崇諡, 實副懸情, 義林
一如前日而已。示喩縷縷, 可見存意之勤, 感感亡已。"心如天"云云, 此在人所見之如
何, 然則如賢說亦得, 如艾丈說亦得, 豈有一定不易者哉? 本然之心, 氣質之心, 亦頗未
穩。性一也, 而單指其性, 則曰本然之性; 兼指其氣, 則曰氣質之性。今若以此準之, 而
曰單指其心, 則曰本然之心, 兼指其氣, 則曰氣質之心, 則恐不穩當矣。心之爲物, 本非
單理字可了, 又非單氣字可了, 必是理與氣合而得名者, 則恐不似性字之以本然氣質論
也。且以本然之心配道心, 氣質之心配人心, 亦恐不然。雖聖人不能無人心, 則亦不能
無氣質之心耶?

心雖有未發已發之殊, 而其爲以氣載理則均矣。豈可以未發獨謂之理, 而已發專謂之
氣哉? 形氣神理以下, 語或未暢, 而意則可矣。但末段"性情之外更無心"云云, 恐未然。
性情雖爲心之體用, 而所以主宰性情者, 非心耶? 此意更加細思, 如何? 後書『周易』卦
爻, 無極太極之說, 姑且倚閣, 以俟所見之長得一格, 如何? 大抵就日用眼前事事物物
上, 究覈其所當然與所以然, 此是切問近思, 有依據捉摸處。若外此而馳心於玄妙怳惚
之間, 與捕風捉月, 何異哉?

　"學而時習", 仁; "朋自遠方", 禮; "不知不慍", 義也。知與信不參, 何也? 治此三者,
　則不言而在此三者之中耶?
悅有仁底意, 樂有禮底意, 不慍有義底意云耳。何嘗以時習爲仁, 朋來爲禮耶? 知只是
知此者也, 信只是實此者也。

　"性相近", 程子專以爲氣質之性, 朱子以爲兼氣質而言, 兼字尤精。蓋其所以相近
　者, 正以本然之性, 寓在氣質之中也。雖隨氣質, 各爲一性, 而其本然者, 常爲之主,
　故兼氣質而言, 非專主氣質而言也。
本然氣質, 本非兩性, 則程子、朱子之訓, 亦豈有不同?

「답임우경答任宇卿」(『日新齋集』卷10)

해제

1) 서지사항

정의림이 임태주(任泰柱)에게 보낸 답장. 『일신재집』 권10에 실려 있다.

2) 저자

정의림(鄭義林, 1845~1910)으로, 자는 계방(季方), 호는 일신재(日新齋)이다.

3) 내용

이 글은 정의림이 제자인 성재(誠齋) 임태주(任泰柱, 1881~1944)에게 보낸 답장이다. 우경(宇卿)은 그의 자이다. 정의림은 노사(蘆沙) 기정진(奇正鎭, 1798~1879)의 문인으로, 전라남도 화순 지역에서 강학하며 많은 제자들을 길러냈다. 간재(艮齋) 전우(田愚, 1841~1922)가 기정진의 「외필(猥筆)」과 「납량사의(納凉私議)」를 비판하자, 이를 반박하는 논설을 남겨 스승의 학설을 옹호하였다. 이 편지에서 정의림은 먼저 본인이 "의이위질(義以爲質)"을 말한 의도를 설명한 뒤, 임태주가 질문한 내용 중 12개 대목을 골라 거기에 대한 자신의 의견을 개진했다. "의이위질"은 『논어』「위령공(衛靈公)」에 나오는 말로 "군자는 의로 바탕을 삼는다.[君子義以爲質]"라는 뜻이다. 주돈이(周敦頤)의 「태극도설(太極圖說)」에 있는 "성인은 중·정·인·의로써 정하되, 고요함을 주장하신다.[聖人定之以中正仁義而主靜.]"라는 구절에 대해 주자가 "중과 인은 동(動)에 배속되고, 정과 의는 정(靜)에 배속된다."라는 주석을 달았는데, 이를 통해 정(靜)의 의미를 형용하고 싶었다는 것이다. 비록 이러한 해석이 『논어』의 본래 취지는 아닐지라도, 이 말 속에 동중지정(動中之靜)의 의미가 전혀 없는 것은 아니라고 자신의 입장을 적극 변호했다. 이하의 12개 대목 중 첫 번째 대목을 살펴보면, 임태주가 "심(心)이 허령(虛靈)할 수 있고, 신명(神明)할 수 있고, 지각(知覺)할 수 있고, 정상(精爽)할 수 있는 것은 기(氣)의 작용이다. 하지만 허령할 수 있고, 신명할 수 있고, 지각할 수 있고, 정상할 수 있는 까닭은 리(理)의 작용이다."라고 말했는데, 이에 대해 정의림은 주자와 정자의 말을 인용하며 아주 좋다고 칭찬했다.

3-17-42 「答任宇卿」(『日新齋集』卷10)

前書未復, 至三朔之久, 而又此承睨, 私情愧悢, 有不暇言, 而吾友不較之量, 實出尋常萬萬, 感仰交至。向者一面, 出於阻久之餘, 而未交一語, 旋卽告別, 亦可曰"亦旣見止"。我心則降乎, 追惟增帳, 未審還庭有日, 侍省節宣, 連膺安吉, 不任願聞之情。義林衰劣無狀, 姑且捱過而已, 安有一半分可聞者哉? 問目二紙, 娓娓臚列, 至數百條, 而蠶絲牛毛, 分析無遺。如非宅心精細, 爲學勤苦者, 不能從此進就, 曷其量哉? 況此是聖人所雅言, 而學者所常講討者也。其有切於幽深高遠, 躐等凌節之論, 不啻百倍。但區區滅裂, 無所知識可以上下於此, 而又以蒙率叢冗, 左鬧右呫, 無霎刻靜帖時節, 其安能精思細巧, 以副我宇卿勤意之萬一哉? 其爲失答, 想必不少, 幸勿視爲歸宿, 益加研窮, 復以見示, 如何? 切望切望。"義以爲質", 鄙意以爲濂溪太極說"定之以中正仁義而主靜", 朱子解之"以中與仁屬之動, 以正與義屬之靜", 故愚引孔子"義以爲質"之語, 以形容靜字之義。此雖非『論語』本文之義, 而斷章取義, 固有其例。且"義之爲質", 未嘗不是動中之靜, 如「艮」之"不獲其身"也。區區取用之意, 不過如此, 而未知其不至悖理否也。

> 心之能虛靈, 能神明, 能知覺, 能精爽者, 氣之爲也; 所以虛靈, 所以神明, 所以知覺, 所以精爽者, 理之爲也。能主宰者, 卽虛靈神明知覺精爽之爲也; 所以主宰者, 卽性理之爲也。此其所謂"心合理氣"者耶。

見得甚好。朱子所謂"能覺者, 氣之靈; 所覺者, 心之理"云云, 亦此意。

> 程子"眞實無妄之謂誠, 不欺其次", 又曰"不敢欺, 不敢慢, 尙不愧于屋漏, 皆是敬之事。"然則誠敬, 其實一也。

不敢慢, 不敢欺, 謂之敬亦得, 謂之誠亦得。若細分之, 不敢慢是敬, 不敢欺是誠。

> "主一之謂敬", 此一字是心, 似不可謂一是理而主是心。

主與一, 謂之心亦得, 謂之理亦得。若細分之, 主是心, 一是理。

"閑邪存誠", 只是一事。如修其墻垣, 則寇自不至, 敬者垣墻也, 邪者寇賊也, 誠者, 家內什物。

說得好。

"閑邪存誠"者, 誠意也; "思無邪"者, 意誠也。故程子曰: "思無邪者, 誠也。" 吳氏則以"思無邪", 當誠意, 以"閑邪存誠", 當正心者, 只以思與存兩箇字爲重看。

賢論得之, 吳氏說果可疑。

私欲、邪妄, 固非二物。然苟欲分以言之, 則邪妄爲根本, 私欲爲枝葉, 無私欲易, 無私妄難。

"必有事焉, 勿助長", 孟子以養氣爲言, 程子以養心爲言。然養心外, 非別有養氣, 養心, 氣自然浩大。

養心、養氣, 非有異事, 而皆兼內外動靜言之。如孟子言養氣, 而曰"持其志, 無暴其氣", 持其志, 非主敬之謂耶? 孟子言養心, 而曰"莫善於寡欲", 寡欲非集義之云耶?

言明德, 則包性情在其中; 言性情, 則包明德不得。

性情, 分體用言; 明德, 統體用而言。若曰"性情包明德不得", 則是性情外, 別有明德, 其可乎?

知則心之神明, 妙衆理宰萬物; 心則人之神明, 具衆理應萬事。具應重在性情上, 妙宰重在心上。

以知言, 故曰妙、曰宰; 以心言, 故曰具、曰應, 其實一也。豈有重在心、重在性情之分? 且心是知覺底物事, 除了知覺, 則無此心。今曰"知者統心性情", 不成說, 不成說。豈以吾友之見, 而所論如是乎? 千萬入思。

"其本也眞而靜"云云, 朱子曰"五性便是眞, 未發便是靜", 只是疊說, 然深究之, 不然也。蓋上段是就太極原頭上說下來, 故先言眞而後言靜; 下段是就性分當體上說上去, 故先言未發而後言五性。如『中庸集註』"理亦賦焉", 是眞也; "以爲健順五常之德", 是五性也。"天地儲精, 得五行之秀者爲人", 又豈非"天以陰陽五行, 化生萬物, 氣以成形"者耶？

此段所辨, 甚有意義。

在天以元亨利貞爲性, 而以溫凉寒暑爲情, 猶在人以仁義禮智爲性, 而以喜怒哀樂爲情也。在天以元亨爲情, 而以利貞爲性, 猶在人以仁中爲情, 而以義正爲性也。橫說竪說, 天也、人也、物也, 皆是一般。

功用、妙用, 本非二物。妙用是就功用中, 特指其妙處而言。

朱子曰: "分而言之, 則元亨, 誠之通, 利貞, 誠之復, 其體用固有在矣。以用言, 則元爲主; 以體言, 則貞爲主。" 夫誠之通, 誠之復, 卽"繼之者善, 成之者性", 而體用之云, 但以流行邊說話, 若以原頭說, 則元亨利貞爲體, 生長遂藏爲用, 太極爲主。此不可以流行原頭言也。以陰陽動靜之端言, 則利貞爲體; 以五行各一之性言, 則元亨利貞均之爲體。蓋五性有以對待言者, 有以流行言者。

「謙」之象"天道虧盈而益謙"以下, 皆言道字, 而獨於鬼神不言者, 何？

天、地、人皆以形體言, 故言道字; 鬼神有運用之妙、造化之柄, 故不言道字。且或取其順文勢耳。

象曰: "君子以, 思不出其位。" 凡事物之來, 不當爲而爲之者, 所當爲而不爲者, 皆思出其位也。

推而至於一毫之差, 一息之斷, 皆爲出位。

「답김이수答金而修」【德熙】(『日新齋集』卷10)

1) 서지사항

정의림이 김덕희(金德熙)에게 보낸 답장.『일신재집』권10에 실려 있다.

2) 저자

정의림(鄭義林, 1845~1910)으로, 자는 계방(季方), 호는 일신재(日新齋)이다.

3) 내용

이 글은 정의림이 김덕희(金德熙)에게 보낸 답장이다. 이수(而修)는 그의 자이다. 정의림은 노사(蘆沙) 기정진(奇正鎭, 1798~1879)의 문인으로, 전라남도 화순 지역에서 강학하며 많은 제자들을 길러냈다. 간재(艮齋) 전우(田愚, 1841~1922)가 기정진의 「외필(猥筆)」과 「납량사의(納涼私議)」를 비판하자, 이를 반박하는 논설을 남겨 스승의 학설을 옹호하였다. 이 편지에서 정의림은 김덕희가 보낸 편지 내용 중 여섯 대목을 골라 이에 대한 자신의 의견을 피력했다. 그 중 첫 번째 대목을 살펴보면, 김덕희는 다음과 같은 의견을 정의림에게 편지로 보냈다. 주자는 "심(心)이 동정(動靜)을 관통하므로 없는 곳이 없다.[心則貫乎動靜, 而無不在焉.]"라고 했고, 정자는 "심(心)은 본래 선하지만 사려로 발하게 되면 선과 불선이 있게 되니, 만약 이미 발하였다면 정(情)이라고 해야 하고 심(心)이라고 해서는 안 된다.[心本善, 發於思慮, 則有善有不善, 若旣發, 則可謂之情, 不可謂之心.]"라고 했는데, 주자의 말은 심이 미발(未發)과 이발(已發)을 겸했기 때문에 심에 선과 불선이 있다는 것이고, 정자의 말은 미발 시가 심이고 이발 후는 심이 아니므로 심에 불선이 없다는 뜻이라고 해석했다. 이에 대해 정의림은 정자는 심을 이발처에서 보기도 하고 미발처에서 보기도 한다면서, 대개 심이란 미발과 이발을 아우르는 개념이라고 자신의 견해를 전달했다.

念此萍水羈寓之跡, 專書委問, 至於如此, 妙年存舊之義, 至爲感感。且審重省康寧, 而掃塾讀書。且又有日, 尤副願聞, 人孰無過? 改之爲貴。況此初年少少之失, 苟能改革而不復萌焉, 則如鑑之去塵, 鑑復明焉, 豈不可尙? 須痛洗宿習, 刻意下功, 使前日之嗤訕, 一變爲藉藉稱賞之實, 如何? 日間思索不通, 且置之, 或先其易者, 或先其難者, 必有類會傍通之日。況賢師良朋, 世不乏人, 時節相從, 豈無辨質之日乎?

朱子曰: "心則貫乎動靜, 而無不在焉。" 程子曰: "心本善, 發於思慮, 則可謂之情, 不可謂之心。" 以朱子之言, 則心兼未發已發, 故"心有善、不善"。而以程子之言, 則未發時是心, 而已發後便不是心也, 故曰"心無不善"云云。
程子有以心爲已發處, 有以心爲未發處。惟看其本文所指之義如何耳。然槪言心字之義, 則統未發已發者也。下段"善、不善"云云, 恐得之。

程子曰: "天地萬物之理, 無獨必有對, 非有安排也。每中夜而思, 不知手之舞之、足之蹈之"云云。蓋程子於平日思爲之間, 則其親切緊要處, 想爲許多, 而只於此無獨有對, 非有安排, 謂"不知舞蹈"耶?
致思而到理順冰釋處, 自不覺有油然喜悅之意, 非獨於無獨有對而然。特因無獨有對, 而發此義耳。

太極爲陰陽之主宰, 心爲性情之主宰, 而朱子曰: "性猶太極也, 心猶陰陽也。" 然則性爲心之主宰耶? 心能檢其性, 性不知檢其心, 則豈可謂以性爲心之主宰耶?
以源頭說, 則性爲主宰, 而心爲資用之器; 以當體說, 則心爲主宰, 而性爲該具之理。

理無爲, 氣有爲, 而"太極動而生陽, 靜而生陰", 則只此無爲無有者, 有何動靜耶? 動而無動, 靜而無靜, 此太極之妙。

旣曰"性善", 則仁義禮智, 是"人生而靜"以上說也, 而若曰"繼之者善"云, 則恐或有性混善惡之說也。

仁義禮智, 配元亨利貞, 而具於吾心, 則不可謂非"人生而靜"以上說, 亦不可謂非"繼之者善"以下說也。

"喜怒哀樂之未發謂之中, 發而皆中節謂之和", 中者理, 和者氣, 中者體, 和者用, 中者性, 和者情耶?

已發則容或有言氣之地, 而和者不是統言氣發也。發而中節, 然後謂之和。旣而中節, 則可謂之善, 而不可謂之惡; 可謂之理, 而不可謂之氣也。

「답이덕수答李德受」[承福](『日新齋集』卷10)

1) 서지사항

정의림이 이승복(李承福)에게 보낸 답장. 『일신재집』 권10에 실려 있다.

2) 저자

정의림(鄭義林, 1845~1910)으로, 자는 계방(季方), 호는 일신재(日新齋)이다.

3) 내용

이 글은 정의림이 이승복(李承福, 1886~?)에게 보낸 답장이다. 그의 자가 덕수(德受)이다. 전라남도 화순군 능주에서 살았다. 정의림은 노사(蘆沙) 기정진(奇正鎭, 1798~1879)의 문인으로, 전라남도 화순 지역에서 강학하며 많은 제자들을 길러냈다. 간재(艮齋) 전우(田愚, 1841~1922)가 기정진의 「외필(猥筆)」과 「납량사의(納涼私議)」를 비판하자, 이를 반박하는 논설을 남겨 스승의 학설을 옹호하였다. 이 편지에서 정의림은 우선 천하만물이 모두 리의 소산임을 밝혔다. 그리고 천차만별인 인간의 사지백체(四肢百體)도 모두 리가 원래 갖고 있던 것이라고 했다. 하지만 청탁수박혼명강약(淸濁粹駁昏明强弱)의 차이까지 리가 원래 갖고 있던 것이라고 할 수 없는데, 이러한 차이는 기(氣)에 그 원인이 있다고 설명했다. 이것은 물이 아래로 흐르는 것은 물의 본성이나, 물이 이마 위로 튀어 오르거나 산으로 가는 것은 외부의 힘이 작용해서 그렇게 된 것과 같다고 했다. 이하에서는 이승복이 보낸 편지 내용 중 12개 대목을 골라 이에 대한 자신의 의견을 피력했다.

3-17-44 「答李德受」【承福】(『日新齋集』卷10)

每覿吾友憤悱誠篤之意, 在今日實所罕見, 是以其思索之開滑, 辭意之綢繆, 可謂日就而月將, 極可愛賞。願因是而益着脊樑, 卒究遠大也。天下之物, 莫非理之所爲, 無此理, 安有此物? 人之一身四肢百體, 千差萬別, 而皆理之所本有也。若其淸濁粹駁昏明强弱之分, 則不可謂理之所本有也。旣非理之所本有, 則不可不歸咎於氣, 如水之就下, 其本然也, 而過顙在山, 則其勢使然也。以此推之, 其義可見。

或問於朱子曰: "此章本是兼節才說, 然緊要處, 却在節上?" 朱子曰: "不然。三句都是一般說, 須是才節兼全, 方可謂之君子。" 至下文, 復引程子節操說, 何?
程子特說節操, 而朱子引之章下, 其微意可見。

如何獨"士不可以不弘毅"? 蓋"不可以不"一句, 甚說士不容不如此。蓋仁道最大, 而士之任莫大於求仁。仁是全體不息之謂, 惟其全體也, 則無一理之不該, 所以不可以不弘; 惟其不息也, 則無一念之間斷, 所以不可以不毅。士之任重道遠如此, 豈他人比哉?
士是學者之通稱, 所言全體不息之義好。

『大學』是工夫次第, 而但言誠意而不言誠情者, 意是恁地計較商量底, 其機緩而在我, 情是不知不覺發出來, 不由自家, 故其功夫爲尤難也。
然。

以氣而言之, 則得其正且通者爲人, 得其偏且塞者爲物。其正通偏塞四字, 則正之於偏, 偏之於正也, 相反而不可以相入也。至若下文淸濁美惡, 則於正通中, 特其小小不同處耳。是以, 濁者可變而爲淸, 惡者可變而爲美。惟物之偏塞, 則牢不可變。
然。

敬者, 程子以"主一無適"言, 又"整齊嚴肅"言。下文小註, "主一無適者, 敬之成也;

整齊嚴肅者, 敬之始也。" 此兩語是合內外該始終而言也。
是。

五行之靈, 各具是理, 不可單指五靈, 而便謂之心。
然。

德指無妄之本體, 無妄卽誠也。誠與德無彼此之殊耶?
曰德、曰誠, 言雖殊而理則一, 理雖一而其旨意曲折, 有不可一言而盡。

玉溪所謂"虛者心之寂, 靈者心之感也", 此說有疑。所謂虛者, 心之知處, 雖未感
物, 靈固自若, 不可曰"心之感也"。
"雖未感物, 靈固自在", 此說甚好。但"所謂虛者, 心之知處"一句, 當改之曰"虛靈者, 心
之本體", 如何?

或曰"以虛字帶理字看", 虛字果是理, 則理不能具理, 其下安得復言具衆理乎?
虛靈是心上說, 非理上說。

人生得天地之理, 又得天地之氣。理是仁義禮智之理, 氣是水火金木之氣。理無形,
氣有形。有形者, 爲無形之使; 無形者, 爲有形之主也。非氣則理無所寓, 非理則氣
爲虛器, 此可見理氣之不可相無也。然以人心之靈, 其所知, 不過情欲利害之私觀
之, 則絶其仁義禮智之理者也。然而不卽死而生存者, 何耶? 此非無其理而氣自往
來也。蓋以其本明之體得之於天者, 則終有不可得而滅矣。縱橫曲直之間, 其所以
發用者, 特有過不及之差, 而不中於節耳。若是則又可見天地間, 本無爲惡之理,
而其惡者, 蓋善之未成者也。
好。

心是合理氣而成名者也, 不以一氣字名之也, 不以一理字名之也。若以心謂理, 則
是認氣爲理也。認性爲作用, 而又曰"具衆理"云, 則不惟有"以理具理"之失。古人
名字之義, 位置之分, 恐不如此。以心謂理者, 蓋理之得名爲名, 以其卽氣, 而觀氣

之所以爲氣者, 乃理也。朱子「答陸子靜」書云"正所以見一陰一陽, 雖屬形氣, 然其所以一陰而一陽者, 是道體之所爲也", 此亦可以見。

所論恐得之。

其氣升降飛揚, 未嘗止息, 故參差不齊, 而萬變生焉, 涉於形迹, 而有本末先後也。
若非氣之有爲有形, 則天地空虛, 無物把捉處耶? 惟其理, 則無爲無形, 但其妙耳。
所謂無者, 謂無其事, 然則畢竟非其氣自爾, 而理之妙也。

妙字, 朱子以運用主宰爲訓, 是指『圖說』妙合之妙而爲言。

18.

聿修 朴海量
(1850~1886)

心說論爭 資料

「상노사선생서上蘆沙先生書」【乙亥十月】(『聿修齋遺稿』卷2)

1) 서지사항

　　박해량이 기정진에게 보낸 서한. 『율수재유고』 권2에 실려 있다(『한국역대문집총서』 2702).

2) 저자

　　박해량(朴海量, 1850~1886)으로, 자는 도겸(道謙), 호는 율수재(聿修齋)이다.

3) 내용

　　이 글은 박해량이 노사(蘆沙) 기정진(奇正鎭, 1798~1879)에게 1875년 10월에 보낸 서한이다. 이 글에서 박해량은 명덕과 심을 리 일변도로 이해하는 것을 비판하고, 명덕의 덕은 기이고 사덕(四德)의 덕은 리이며, 심만을 말하면 기이고 양심·본심은 리라고 주장하였다. 박해량은 이러한 주장을 개진하면서 기정진의 질정을 요청하는 한편, 기정진이 말한 '리변(理邊)과 기변(氣邊)'에 대해서도 더 자세한 설명을 부탁하였다.

3-18-1「上蘆沙先生書」【乙亥十月】(『聿修齋遺稿』卷2)

伏惟道體, 順序增重。區區無任下忱。竊伏念: 理氣邊說, 實非至愚童觀之辨知也。而尤有所感者, 明德與心, 或云專屬於理一邊, 而或曰否! 不然。明德之德, 氣也; 四德之德, 理也。心之謂言, 氣也; 良心、本心, 理也。想衆辨, 必在一, 而言各不同。故敢以仰稟。伏乞所謂理邊、氣邊之說, 明辨下敎焉。侍生日前還侍, 殘骨病疾, 不勝路憊, 而慈候靡寧, 焦悶未得, 委侍門墻, 緣此故耳。所課得侍賢師友, 觀善攝儀。幸於不肖之身, 不啻萬分, 誠薄病深, 浪度了日月, 其爲可憎, 亦不得爲舊時伎倆人物, 則朱夫子所謂何面目歸見父母、親戚、鄕黨、故舊之責, 又烏得免夫? 咄咄不自已。勉庵師門, 上書伏呈耳。

「상노사선생서上蘆沙先生書」【丙子十二月】(『聿修齋遺稿』卷2)

해제

1) 서지사항

　박해량이 기정진에게 보낸 서한. 『율수재유고』 권2에 실려 있다(『한국역대문집총서』 2702).

2) 저자

　박해량(朴海量, 1850~1886)으로, 자는 도겸(道謙), 호는 율수재(聿修齋)이다.

3) 내용

　이 글은 박해량이 노사(蘆沙) 기정진(奇正鎭, 1798~1879)에게 1876년 12월에 보낸 서한이다. 박해량은 명덕(明德)을 주리(主理)와 주기(主氣)로 구분하는 것에 대해, '주기'라고 하여도 리가 없는 것이 아니라고 언급한다. 한편, 명덕을 주리로 설명하는 사람들이 『주자어류』의 "인의예지변시명덕(仁義禮智, 便是明德)", "아소득이위성자 변시명덕(我所得以爲性者, 便是明德)" 등을 증거로 삼는 것에 대해서, 박해량은 "인의예지변시명덕(仁義禮智, 便是明德)", "아소득이위성자 변시명덕(我所得以爲性者, 便是明德)"의 "변시(便是)"에 대해 자세히 살펴야 함을 역설하였다. "변시"는 명덕이 갖추고 있는 리를 함께 거론하여 혼륜하게 설명한 것으로, 명덕 자체를 정확하게 설명한 것은 아니라는 것이다. 박해량은 특히 주희가 "도리가 심 속에 있다"고 말한 것을 주목하고, 따라서 덕과 리를 구분하지 않을 수 없다고 주장했다.

3-18-2「上蘆沙先生書」【丙子十二月】(『聿修齋遺稿』卷2)

省禮白, 謹伏問, 服中道體候, 神相康旺? 伏慕無任下誠, 侍生親候粗保。所課緣身不健, 無異全廢, 伏歎而已。敢伏問。明德, 主理、主氣之說。前日奉稟, 伏蒙批誨, 感佩之極, 不容名諭。近日, 或以明德屬之於主氣, 曰: "欲知明德是主理、是主氣, 須先看明德是有爲、無爲, 又須知理是有情意、無情意也。盖明德, 是有情意、有智覺底物事; 理只是以因無情意、無智覺底物事。知此則知明德主理、主氣分矣。謂之主氣者, 非無理也。特氣爲主而理爲賓也。以是謂之主氣"云云。故因其或說, 又引『語類』所謂"仁義禮智, 便是明德"之說, "我所得以爲性者, 便是明德"之說。"這箇道理在心裏"之說, 三條證之, 而非之其主氣之說。或亦曰: "所謂'仁義禮智, 便是明德'者, 是並擧明德所具之理, 而渾淪稱之者耳。非以是正訓明德也。所謂'我所得以爲性者, 便是明德'云者, 亦是如此。且'便是'二字, 亦須仔細理會, 不可便放過也。若使朱子之意, 直如高明之見, 則他日又何以曰'人具此明德, 德內有仁義禮智四字'云爾耶? 所謂'這箇道理在心裡'云者, 正所謂德內有四者之說也。據此則可見德與理之不能無辨也。若不分賓主, 徒以謂之主理, 則奚獨明德然? 如氣質、形器, 亦皆爲主理其可乎?"云云。未知或說果何如? 詳賜下教, 以擊困蒙之愚惑, 千萬伏望耳。

「상노사선생서上蘆沙先生書」【戊寅十一月】(『聿修齋遺稿』卷2)

1) 서지사항

박해량이 기정진에게 보낸 서한.『율수재유고』 권2에 실려 있다(『한국역대문집총서』 2702).

2) 저자

박해량(朴海量, 1850~1886)으로, 자는 도겸(道謙), 호는 율수재(聿修齋)이다.

3) 내용

이 글은 박해량이 노사(蘆沙) 기정진(奇正鎭, 1798~1879)에게 1878년 11월에 보낸 서한이다. 박해량은『주자어류』권4에서 인성(人性)과 물성(物性)의 같고 다름에 대해 언급한 여러 내용을 인용하고, 자신의 견해를 밝혔다. 박해량은 결론적으로 자신의 입장을 "동물도 오행을 구비하고 있지만, 오행의 치우친 것을 얻었을 뿐이다. 모든 동물은 오상의 성을 지니고 있으나, 청명함과 혼탁함의 차이가 있기 때문에 사람과 동물의 구별이 생기는 것이다. 따라서 그 일원(一原)의 리로 말하면 인성과 물성이 동일하나, 품수한 기는 다르지 않을 수 없는 것이다. 이것이 바로 하나의 근본이 만 가지로 다르게 되고, 만 가지 다름이 하나에 근본하는 것이다."라고 정리하고, 이에 대한 기정진의 질정을 요청하였다.

伏惟日間, 道體若何? 伏問人物性同異之說。先輩既有紛紜, 而未能明質者, 非後生末學所敢容喙處。然謹按: 『語類』性理篇, 有人以人物性論, 呈朱先生曰: "人物之性, 有所謂同者, 又有所謂異者。知其所以同, 又知其所以異, 然後可以論性矣。夫太極動而二氣形, 二氣形而萬化生。人與物俱本乎此, 則是其所謂同者; 而二氣五行, 絪縕交感, 萬變不齊, 則是其所謂異者。同者, 其理也; 異者, 其氣也。必得是理而後, 有以爲人物之性, 則其所謂同然者, 固不得而異也; 必得是氣而後, 有以爲人物之形, 則所謂異者, 亦不得而同也。是以先生於『大學或問』因謂'以其理而言之, 則萬(理)[物]¹⁾一原, 固無人物貴賤之殊; 以其氣而言之, 則得其正且通者爲人, 得其偏且塞者爲物, 是以或貴或賤, 而有所不能齊'者, 蓋以此也。然其氣雖有不齊, 而得之以爲生者, 在人物莫不皆有理; 雖有所同, 而得之以爲性者, 人則獨異於物。故爲知覺、爲運動者, 此氣也; 爲仁義、爲禮智者, 此理也。知覺運動, 人能之, 物亦能之; 而仁義禮智, 則物固有之, 而豈能全之乎! 今告子乃欲指其氣而遺其理, 梏於其同者, 而不知其所謂異者, 此所以見闢於孟子。而先生於『集註』則亦以爲: '以氣言之, 則知覺運動, 人物若不異; 以理言之, 則仁義禮智之稟, 非物之所能全也。' 於此, 則言氣同而理異者, 所以見人之爲貴, 非物之所能並; 於彼, 則言理同而氣異者, 所以見太極之無虧欠, 而非有我之所得爲也。" 朱子批云: "此一條論得甚分明。昨晚朋友正有講及此者, 亦已略爲言之。然不及此之有條理也。" 又答人物性同之說曰: "人物性本同, 只氣稟異。如水無有不清, 傾放白椀中是一般色。及放黑椀中又是一般色, 放青椀中又是一般色。" 又曰: "性最難說, 要說同亦得, 要說異亦得。如隙中之日, 隙之長短大小自是不同。然却只是此日。" 又答"物物具一太極, 則是理無不全也"之說, "謂之全亦可, 謂之偏亦可。以理言之, 則無不全; 以氣言之, 則不能無偏。故呂與叔謂物之性有近人之性者, 人之性有近物之性者"云云。大抵人物之性, 如是所論處多矣。以此觀之, 物亦具有五行, 只是得五行之偏者也。凡物莫不有是性, 由清明昏濁, 所以有人物之別, 其一原之理, 則無不同。然其稟受之氣, 則不能無異, 是一本萬殊, 萬殊一本也。故如是仰稟。特賜下批, 開示蒙蔀, 伏望。且初學之最難保

---

1) (理)[物]: 저본에 '理'로 되어 있으나, 『大學或問』에 의거하여 '物'로 수정하였다.

者, 至微之本心也, 豈不可懼哉? 玆搆一絶句, 伏乞治心修身底規範。幸須千萬下恕顯祝耳。

答: 人物性說話, 『語類』中極浩穰, 而能膽出其緊關處, 入思議, 只此亦也, 自不易。但此非初學者急切公事, 且置一邊, 時時意到, 或遇先輩議論有及此處, 更將宿見翻覆看, 可也。不必生忙迫心, 欲於當塲貫徹也。盖强探之得, 終非眞得, 必優游厭飫, 開口之前, 胷中先了然, 然後爲得耳。

「상노사선생서上蘆沙先生書」【己卯五月】(『聿修齋遺稿』卷2)

1) 서지사항

박해량이 기정진에게 보낸 서한. 『율수재유고』 권2에 실려 있다(『한국역대문집총서』 2702).

2) 저자

박해량(朴海量, 1850~1886)으로, 자는 도겸(道謙), 호는 율수재(聿修齋)이다.

3) 내용

이 글은 박해량이 노사(蘆沙) 기정진(奇正鎭, 1798~1879)에게 1879년 5월에 보낸 서한으로서, 인성(人性)과 물성(物性)의 같고 다름에 대해 논하는 내용이다. 사람과 동물이 생겨나는 최초에는 각각 오상의 리를 구비하여 동일하지 않음이 없지만, 리가 기를 타면 만 가지 다른 형질이 있게 된다. 그래서 그 천명의 성을 말하면 사람과 동물이 동일한 것이지만, 본성을 따르는 도에 있어서는 서로 다름을 피력하였다. 박해량은 이러한 기본적 내용을 공유하면서도 "인성과 물성의 실제를 탐구하면 하나의 근원이니, 만수(萬殊) 또한 일원(一原)일 뿐"이라는 주장과 "하늘에 있는 리는 비록 같아도, 그 본성을 논하면 다른 것"이라는 주장이 서로 대립하고 있음을 지적하고, 인물성동이론의 모든 갈등은 '본연지성과 기질지성'의 개념을 구분함으로부터 비롯되는 것이라고 진단하였다.

3-18-4 「上蘆沙先生書」【己卯五月】(『聿修齋遺稿』卷2)

伏惟數日來, 道體康旺。小子親候粗安, 身亦無撓私幸。伏白, 性理之說, 非末學所可講辨。然近與或人語, 及人物同異之性, 頗多所惑, 兹敢仰禀。下教如何? 凡人物有生之初, 各具五常之理, 性未嘗不同, 而是理乘是氣, 則便有萬殊之形質。語其天命之性, 人物一原; 至於率性之道, 人物不同也。究其實則一原, 萬殊亦一原也。或曰氣質之性之外, 更別無性。其所謂本然, 卽理而非性也。在天之理雖同, 論其性則未嘗不異。無限葛藤之說, 皆由於氣質之性、本然之性二句, 分看虑果如何?

「상면암선생서上勉庵先生書」(『聿修齋遺稿』卷2)

1) 서지사항

박해량이 최익현에게 보낸 서한. 『율수재유고』 권2에 실려 있다(『한국역대문집총서』 2702).

2) 저자

박해량(朴海量, 1850~1886)으로, 자는 도겸(道謙), 호는 율수재(聿修齋)이다.

3) 내용

이 글은 박해량이 면암(勉庵) 최익현(崔益鉉, 1833~1906)게 보낸 서한으로서, 명덕주기론(明德主氣論)을 비판하는 내용이다. 박해량은 명덕주기론의 "허령(虛靈)하여 어둡지 않은 것은 심이다. 그러므로 '여러 이치를 구비한 것이다'는 것이다. 만일 명덕을 리에 소속시키면, 어찌 '리가 리를 구비함'이 있겠는가?"라는 주장을 소개하고, 이는 "하나의 관견(管見)일 뿐"이라고 일축하였다. 박해량에 의하면, "허령하여 어둡지 않은 까닭은 성이고, 심은 성이 부리는 바이니, 따라서 성이 주가 된다."는 것이다. 박해량은 이러한 맥락에서 명덕주리론을 주장하고, 기정진의 "근래에 주기설이 세상에 유행하는 것은 해구(海寇)가 동쪽으로 침략해올 전조"라고 했던 말을 상기시켰다.

3-18-5 「上勉庵先生書」(『聿修齋遺稿』卷2)

國哀普慟。今夏潦炎, 不下昨夏。伏未審道體, 處坎愈亨? 區區伏慕, 未嘗一日少弛也。
本宅安候, 夏來承聆否? 四月科行, 造拜尊府丈席, 暨探左右安節。兼得書札而來, 卽
營入島, 灑掃請問矣。以憂患課夏奔汩, 終未得遂誠, 而所課亦置之全廢, 只自咄歎而
已。秋成後造謁, 自是雅營。然方營新基, 姑未敢質告耳。本宅書並欲付上, 而非信便
不付之意, 允友勤托故因留, 下恕伏望。方今一邊人之明德主氣, 師門亦已下燭, 而向
與某人, 語及明德之主氣。彼曰: "虛靈不昧者心也, 故曰'具衆理'矣。以若明德屬之於
理, 豈有以理具理乎?" 如是紛紜不已, 彼之此說, 不過一管見也。其所以虛靈不昧者性
也, 心爲性之所使者也。然則能使者爲主乎? 爲使者爲主乎? 此是愛莫助之處也。頃
者, 蘆沙先生亦痛斥主氣之說, 曰: "近來主氣之說, 頗行於世, 此是海寇東來之漸也。
彼輩亦無言而退云耳。"

「상면암선생서上勉庵先生書」【乙亥十一月】(『聿修齋遺稿』卷2)

1) 서지사항

박해량이 최익현에게 보낸 서한. 『율수재유고』 권2에 실려 있다(『한국역대문집총서』 2702).

2) 저자

박해량(朴海量, 1850~1886)으로, 자는 도겸(道謙), 호는 율수재(聿修齋)이다.

3) 내용

이 글은 박해량이 면암(勉庵) 최익현(崔益鉉, 1833~1906)에게 1875년 11월에 보낸 서한으로, 심(心)과 성(性)에 대해 묻는 내용이다. 첫째는 심을 주리·주기의 관점에서 파악하는 문제로서, 박해량은 '허령불매(虛靈不昧)'와 심시활물(心是活物) 등의 표현으로 볼 때 '심은 기에 속하는 것 같다'는 의견을 제시했다. 둘째는 성을 본연지성과 기질지성으로 구분하는 문제로서, 박해량은 "품수한 것 가운데 리만을 지칭하면 본연지성이라 하고, 리와 기를 함께 지칭하면 기질지성이라 하니, 진실로 두 개의 성이 아니다."라는 의견을 제시하고, "본연지성과 기질지성을 인생이정(人生而靜) 이전과 이후로 구분하여, 두 개의 성으로 보는 것"이 타당한지를 물었다. 이 글에는 최익현의 답변이 함께 수록되어 있는데, 그 내용은 다음과 같다. 첫째, 리가 음양에 있는 것을 태극이라 하고, 사람에 있는 것을 심이라 한다. 허령불매는 심의 체단일 뿐이다. 심을 기에 소속시키고 리로 간주하지 않는 것에 대해, 최익현은 장재(張載)의 '사람에게 존재하는 것을 심이라 한다'는 말과 소옹(邵雍)의 '심이 태극이 된다'는 말로 반박하였다. 그리고 둘째 질문에 대해서는 '그것이 타당한 것인지 잘 모르겠다'고 답하였다.

伏惟侍餘道體, 神祐增福。小子無撓路中, 而謁全齋丈席, 先生曰: "以院位之出入, 時論啾喧, 歸咎于尊師門。然尙不泯百世公議, 而且自家之出入, 在於任意而然矣。誰怨, 孰尤乎?" 又示一絶詩曰: "吾嘗聞: 尊師門直言遠誦, 搆一絶句第視之。" 敬受奉讀。移謄以来, 故並札伏呈耳。近来或者以爲先生更不進疏事, 相與喧傳, 甚矣。人心世情之險薄澆漓, 胡至於斯耶? 尊華攘夷, 自是先生之己任, 而於前疏至矣盡矣。夫子所謂知我、罪我者, 政此疏也。生光此時, 更何有可言? 何故彼輩之創爲飛語, 喧曉若是耶? 此段并札伏呈。敢問: "心字難知也。'心統性情'云者, 如云未發已發之總名也, 而朱子所謂'虛靈不昧'之靈字, 及'心是活底物'云者, 似以氣言之矣。且夫性卽理也, 在天爲理, 在人爲性。故夫子曰: '成之者性。' 明道先生曰: '生之(爲)[謂][2]性。' 盖於禀受中, 單指其理, 曰本然之性; 兼氣質而言, 曰氣質之性。固非有兩性, 而人生而静時, 天性渾然全具矣。而今者或曰: '人物未生時, 未可名爲性; 人生而静, 說性時不是性, 而本然氣質, 各有一性, 亦必稱兩性'云爾, 則或說果何如也? 伏乞下教焉。"

　　答: "心性之詢, 愚於此等去處, 專沒商量。且離索師友, 未克浸染而有獲焉, 則顧何敢强其不識, 不知以犯自欺欺人之歸哉? 然竊聞之, 此理之在陰陽者, 謂之太極; 在人者, 謂之心, 而虛靈不昧, 即其體段然也。若屬之氣而不喚做理, 則張子所謂自存諸人而言, 謂之心; 邵子所謂心爲太極者, 果何言也? 政宜講究思索處也。天所賦爲命, 物所受爲性, 則或者之謂以性字不可屬於人生而静前後云者, 恐未可知也。"

---

2)　(爲)[謂]: 저본에는 '爲'로 되어있으나, 『이정유서』에 의거하여 '謂'로 교감하였다.

19.

是庵 李直鉉

(1850~1928)

心說論爭 資料

「술외述猥」(『是菴文集』卷10)

해제

1) 서지사항

이직현이 그의 스승인 노사 기정진의 주장이 율곡 이이의 학설에 위배되지 않으며 오히려 그의 진의를 드러낸 것이라고 변호한 글이다. 『시암문집(是菴文集)』 10권에 잡저로 실려 있다.

2) 저자

이직현(李直鉉, 1850~1928)으로, 자는 필서(弼瑞), 호는 시암(是菴)이다. 기정진의 문인이다.

3) 내용

이 글의 내용은 기본적으로 "기틀[機]이 저절로 그러할 뿐이니, 부리는 존재가 있는 것이 아니다 [機自爾也, 非有使之者也]"라는 이이의 말에 대한 기정진의 비판적 견해 표명을 배경으로 하고 있다. 이로 인해 기정진은 이이를 공격하였다는 비판과 함께, 기를 리로 여긴다는 비판 또한 받게 된 것이다. 이직현의 이 글은 이러한 상황에서 스승인 기정진을 옹호하기 위해서 작성된 것으로 볼 수 있다. 이직현은 먼저 주자와 율곡 이이 모두 전대 성현을 지극히 존숭하였으나, 그럼에도 불구하고 전대의 성현이 도리를 제대로 드러내지 못한 경우가 있으면 후대에 정확하게 밝히는 것을 올바른 심법으로 삼았으며, 기정진 역시 이것을 계승한 것이라고 설명한다. 그리고 이이의 본래 취지는 결코 리를 도외시하고 기의 역할만을 강조한 것이 아닌데, 후대의 사람들이 지나치게 기에 경도되어 율곡을 왜곡한 것이라고 지적한다. 그러므로 이직현에 따르면 기정진이 "리가 기를 부린다"고 설명하여 리의 주재를 강조한 내용이야말로 오히려 이이의 본의를 잘 드러낸 것이라 한다.

先師蘆沙先生文集之成也, 有一二人, 以集中「猥筆」一款, 背於栗谷說, 圖欲毀板, 繼有
立辨吹覓, 至於無所顧憚, 此果尊慕栗谷而爲耶? 栗谷, 蘆沙之前賢, 而有俟後世之蘆
沙者也; 蘆沙, 栗谷之後賢, 而推明栗谷之學者也, 則尊蘆沙卽所以尊栗谷也, 斥蘆沙適
所以斥栗谷也. 蓋道理公物, 非一人之所得以私也. 故前賢之說之所未發, 後賢發之,
所未契, 後賢辨之, 其意非苟求多於前賢也, 道理如此處, 不得不爲此也. 朱子之於周、
程、張子, 一生所宗師, 而辨其說之差處, 有見於經傳註解, 及門人答問者, 甚多. 栗谷
之於退溪, 尊慕亦何如? 而有未契於四七理氣之說, 質言以辨之, 此朱子所謂"尊畏前
賢, 講明道理, 兩行而不相悖"者然也. 先師「猥筆」, 其命辭不外乎尊畏前賢, 而志在明
道, 言之不得不切, 寧爲前賢之忠臣, 不欲爲前賢之佞臣耳. 使栗谷而有說曰"後世莫
予敢違先師", 而有疑曰"前賢也, 苟爲掩護", 則豈天地聖賢至公無私之心法乎? 栗谷之
心法, 得於朱子; 先師之心法, 得於栗谷. 蓋此心法, 必有先師, 所謂後賢然後知之也.
今人不思講明栗谷、蘆沙之心法, 而妄論栗谷、蘆沙之說, 自處於後賢之上, 可謂不知
量也. 先師曰"後雖有賢者出, 誰當奉而質者", 此或爲奉質之端耶? 苟如是, 儒門之幸,
亦先師之幸也. 或質之無人, 而徒使彼說肆行, 則後生少輩, 見未周, 識未定, 將眩而莫
之擇焉, 此非小慮, 乃忘陋略辨. 噫! 先師之學, 果可不容於世, 則直鉉之言, 安保其不
來溺聞阿好之譏也歟? 亦當恭以俟後賢之出而質之.

凡聖賢之說道理, 所就而論有不同, 故說之前後或不一, 讀者當會衆說而參互演繹焉,
然後其宗旨始可以明矣. 栗谷「理一分殊賦」曰"孰尸其機? 嗚呼太極", 「答牛溪」書曰
"參差不齊者, 雖曰氣之所爲, 而必有理爲之主宰, 則其所以參差不齊者, 亦是理當如
此, 非理不如此而氣獨如此", 又曰"陰靜陽動, 機自爾也, 非有使之者". 自源頭而論,
則尸機者, 太極也, 主宰者, 理也. 就流行而看, 則動靜之機, 亦可謂自然而然也. 雖然,
旣曰太極尸機、理爲主宰, 則氣機何敢自爾乎? 栗谷云云, 所就而論雖不一, 而其所主
者理也. 然則栗谷之宗旨, 在乎源頭說, 而不在乎流行說也, 必矣. 今人錯認宗旨, 遺
却定論, 而頭戴"自爾"、"非使"二句語, 自濟己見, 轉輾張王, 遂至於氣奪理位, 自作本
領, 「猥筆」所謂"雙本領之履霜"者, 欲究其源而抹其流也. 若"詖淫邪遁, 顚倒昌披"云
云者, 接上"今人驅道理二字"以下說, 而極言其弊也. 故曰"竊意前賢之論, 或發之太

快, 末弊之至斯, 容有未之細思也。" 此則憂曩哲之所憂, 而恨其不同時, 而同憂者也。
"發之太快", 朱子嘗於程子"窮理盡性"說, 已有此語, 則先師云云, 何足以來今人之疑
也? 至若以"詖淫邪遁"等語, 謂之"直斥栗谷"者, 則見文字粗率, 一至此耶? 孟子以惻
隱、羞惡、辭讓、是非之心, 爲仁義禮智之端, 而又有以惻隱、羞惡等心, 便謂之仁義禮
智, 故朱子辨之曰: "此直因用, 以著其本體。" 苟如今人之見, 則使孟子之言, 爲無別於
體用, 而後可乎? 周子之"愛曰仁", 同於韓愈"博愛之仁" 而以情爲性, 然後可乎? 退溪
論四七, 引朱子說, 證埋氣之互發, 而栗谷辨之曰: "若朱子眞以爲理氣互發, 則朱子亦
誤也。何以爲朱子乎?" 論理氣者, 若曰"栗谷只主'機自爾, 非有使'者, 而眞不以'尸機
之太極'爲主", 則吾亦曰"栗谷亦誤也。何以爲栗谷乎?" 如此則可乎, 否乎?
動者靜者, 氣也; 動之靜之者, 理也。此栗谷對策中語, 而先師引之, 以明氣之動靜, 非
自動自靜, 而理使之動靜耳。蓋理無運用造作之力, 而所以運用造作之妙實具焉, 故爲
萬化之樞紐也。所謂使之者, 卽所以之妙也。彼之言曰"蘆沙之'動之靜之者, 理'與栗谷
'發之者, 氣也'之說, 同一語勢, 輒以認氣爲理彈之。" 若'動之靜之者, 理也'者, 果不免
於認氣爲理, 則不待先師受彈, 而栗谷先受其彈, 此非以栗谷而攻栗谷耶?" 蓋理氣不
相雜, 而實不相離。自氣而言理, 則曰'發之者, 氣也', 非氣, 無以發得此理出來, 而所發
者, 何由資仗? 自理而言氣, 則曰'動之靜之者, 理也', 非理, 無以動靜得此氣流行, 而
動靜者, 何所根柢乎? 二說一翻看而可相通也。彼乃強生葛藤曰: "栗谷說雖有'動之
靜之者, 理也'而其上文有'自然之氣'云者, 則與'機自爾', 初不相妨。" 噫! 今人眼中,
都是一氣字也。以氣字求之, 則不獨栗谷言氣, 而從上聖賢, 何嘗有言理而不言氣者
乎? 按『栗谷全書』, 言氣必言理, 亦未嘗有不言理而言氣者, 而閣置理邊說,【卽所謂本源
上說。】只摘出言氣處單句,【卽所謂流行邊說。】爲禦人欄柄曰"栗谷云矣。" 於是, 世之未見
『全書』者, 因此而疑栗谷爲主氣之倡, 而主理之宗旨, 幾乎晦矣。先師爲是之懼, 引栗
谷說, 以明其宗旨, 語或有相殊, 而意實相發, 彼所謂"愈似而愈悖"者, 吾未知其何謂也
。『易』曰: "乾道變化, 各正性命。" 其變化時, 何嘗非氣機是資? 然物之參差不齊者, 一
聽氣之所爲, 而理乘之而已, 隨之而已, 則李可桃花, 鼇可角子, 性命惡得以正也? 凡出
入, 必有騶從, 而其出入, 主使之也; 殺活, 必在士師, 而其殺活, 君使之也。今曰"出入
卽騶從之自爾, 殺活卽士師之自爾", 則家國之大防, 不爲潰決乎? 主之所在, 僕何敢自
出自入? 君之所在, 臣何敢自殺自活? 則理之所在, 氣何敢自動自靜? 故孔子曰"太極
生兩儀", 而周子曰"太極動而生陽, 靜而生陰", 此言兩儀不自動靜而太極生之也。子

思曰"天命之謂性", 而朱子曰"天以陰陽五行, 化生萬物", 此言物之有生而爲性, 天命之以之也。孟子曰"天之生物, 使之一本", 此言物之一本, 天使之也。"生之"、"使之"、"命之"、"以之"者, 固可以爲主, 則孔、孟以後諸聖賢, 孰不以理爲主也? 栗谷"機自爾"下文, 有曰: "所以陰靜陽動者, 理也。" 又曰: "情雖萬般, 夫孰非發於理?" 又曰: "理者, 氣之主宰。" 此皆實見得理爲萬事萬物之主, 而分明說一源者也。今人則無見理之眼目, 而皆曰"吾所主者, 理也, 非氣也", 而置理於無爲無能之虛位。凡化化生生, 參差而不齊者, 一切歸之於氣之所爲, 而一有言理之使之然者, 則羣起而攻之, 以爲認氣爲理, 降主而作僕。理旣無能然之力, 而又無使然之妙, 則曾蛇蚹蜩蜕之不若也, 有何主之云乎? 天地之生成化育, 惟一氣足矣, 又何理之足貴也? 名之曰主, 而言之不然, 非假乎? 辭之曰不主, 而所見者然, 非實歟? 而彼敢曰寧被主氣之斥, 而不欲負四千年以來諸聖賢。以假冒主理之名, 使主理之旨不明, 而欲其不負諸聖賢, 得乎?

散之勢分也。受有億兆夷人, 而離心離德, 故滅; 周有亂臣十人, 而同心同德, 故興。今欲轉斡國勢而使之復強, 必先打破分黨, 使士趨統於一而歸乎正, 然後人乃爲人, 國乃爲國。不爾, 雖堯、舜在上, 民不知化矣。「巷伯」曰: "寺人孟子, 作爲此詩, 凡百君子, 敬而聽之。" 直鉉雖人微言輕, 其亦敬以聽之。

「심설문답心說問答」(『是菴文集』卷10)

1) 서지사항

이직현이 시제(緦弟)인 영현과 리기론적 관점에서 심을 어떻게 규정할 수 있는지에 대해 토론한 글이다. 『시암문집(是菴文集)』 10권에 실려 있다.

2) 저자

이직현(李直鉉, 1850~1928)으로, 자는 필서(弼瑞), 호는 시암(是菴)이다. 기정진의 문인이다.

3) 내용

리기론의 관점에서 심을 규정하는 방식이라는 심설논쟁의 주요 쟁점에 관련된 내용이며, 같은 기정진 문하의 정재규에 대한 비판도 담겨 있다. 먼저 영현은 심이 기보다 영명하다는 내용에 대해서 질문하는데, 이직현은 심의 영각(靈覺)이 가능하려면 반드시 기와 리가 결합해야 하므로 기만을 가리킨다고 볼 수 없지만, 그렇다고 리와 동일시할 수도 없다고 답한다. 다시 말해서, 심을 리나 기 어느 한 쪽에 배속시키기 보다는 양자의 합으로 보아야 한다는 것이다. 이에 대해서 이직현은 심이 본체인 리와 그 지반인 기를 합치고 있다고 설명하기도 한다. 따라서 리(理)를 주로 하여 심을 말할 수도 있는데, 기정진이 강조한 '주리(主理)'의 의미 또한 여기에 있다고 한다. 중요한 것은 심에 대한 주리적 관점은 심을 곧 리로 보는 '심즉리(心卽理)'와는 구분된다는 것이다. 이러한 입장을 토대로, 이직현은 기정진의 심론이 한주 이진상의 '심즉리설'과 일관될 수 있다는 정재규의 주장이 잘못되었다고 비판한다. 이러한 비판은 심을 리나 기 어느 한 쪽에 배속하지 않으면서, 심과 성 사이의 구분을 유지하려고 하는 이직현의 기본적인 입장에 따른 것으로 생각된다. 이직현은 심을 리, 또는 기로 배속시키려는 주장은 치우친 설이며, 리와 기를 균형 있게 고려하여 기를 검속하고 리를 밝히는 것이 군자의 학문이라는 말로 글을 마무리 한다.

丁巳, 夏雨久, 客稀。齋居甚寂寥, 而惟緦弟永鉉朝暮來相守。余命抽先師集, 讀於前, 日以爲課。永鉉問曰: "所謂心靈於氣一層者, 以理言歟? 以氣之具理者而言歟?" 余曰: "靈於氣一層, 豈可便喚做理也? 蓋心之能靈覺而不昧者, 以氣之精爽而該載衆理故也。非氣無以見靈處, 非理無以爲靈底。以靈而單屬於氣者, 固不可, 而直謂之理, 亦不可。故朱子曰: '心比性, 則微有跡; 比氣, 則自然尤靈。' 先師之說, 蓋本於此, 而其答靈是理之問曰'有理故靈, 而不可謂靈便是理, 此處少差, 入於認氣爲理', 就此觀之, 則心之合理氣之妙, 可躍如也。" 曰: "然則心爲一身之主者, 而乃合理氣之物, 則大本無乃不一乎?" 曰: "豈有是也? 心者性情之總名, 而有指理而言者, 卽本體是也; 有指氣而言者, 卽地盤是也。非本體, 則地盤爲虛殼; 無地盤, 則本體亦無所掛搭, 故二者不能不相須。然其所以爲主之妙, 則在乎本體, 而不在地盤也。故先師嘗曰'精爽猶是皮殼說', 又曰'該載衆理, 方謂之心', 此主理之旨也。" 曰: "然則李寒洲'心卽理'之說, 與蘆沙主理之旨, 得無異同乎?" 曰: "'主理'之於'卽理', 言若相近, 而意實相遠。曰'主理', 則就地盤而主其本體也; 曰'卽理', 則不免於並地盤謂本體而認氣爲理也。烏乎可哉? 寒洲引孟子'仁, 人心也'之說, 以證心之卽理, 而記昔在師門之日, 以是質問。先生呼直鉉曰: '李直鉉謂之草溪之人則可, 草溪之人謂之李直鉉, 果成說乎? 仁謂之人心也則可, 緣此而曰心卽理, 可乎?' 觀於此, 其異同, 可不問而知也。" 曰: "然則老柏軒以蘆門高足, 發明師說, 每主張心理而或牽引寒洲說, 又祭寒洲文, 有'不約相符'之語, 得無因此而使人疑於蘆沙之旨歟?" 曰: "先師『全書』中, 未嘗有捨氣而言心者。其答心具理之問曰: '氣之精爽, 故能具理。以理具理, 如以目視目。' 又曰: '性卽太極, 心卽陰陽。' 此等處不翅明白, 何疑之有? 但心固是合理氣、統性情者, 而其準則則在理, 而不在氣, 故「涼議」有曰'心雖氣分事, 而所具則性也。心具性, 吾之心與聖人之心同; 心不能盡性, 吾之心與聖人之心異。其同其異, 皆所重在性也。' 柏軒之以理說心, 蓋出於此, 而對單氣言者言, 其援此捄彼者然也。雖然, 此則明性之爲心之本體, 而準則之在是也。而以氣分事三字, 提起於前, 而以所具者爲性, 則又何嘗遺地盤而直以性爲心哉? 故其上文又曰'心本善之說, 以湛一氣之本, 喜怒哀樂未發何嘗不善等語斷之, 便自眞的', 心之爲理氣之合, 而心性之不可混, 可推此而益明矣。苟以理言之, 一性字已足矣, 聖人何必更做出心字? 若以‘卽理’之說, 爲先師之旨, 則誤矣。” 曰: “‘心是氣’之說, 何如?” 曰: “單指本體而猶不可, 況單指地盤而可耶? 心之爲一身之主、萬事之綱者, 夫豈一氣字所能了當乎? 單指理, 單指氣, 恐諸家之偏, 而君子之學, 貴乎檢氣而明理。此先師之論心, 實有契於先聖之訣也。”

3-19-2 「심설문답心說問答」(『是菴文集』卷10)

선역

정사년 여름, 오래도록 비가 내리니, 손님이 드물었다. 혼자 지내는 것이 매우 적적하고 쓸쓸하였는데, 오직 시제(緦弟, 8촌 아우) 영현이 아침저녁으로 와서 함께 머물렀다. 내가 선사(先師, 돌아가신 스승님)의 문집을 뽑아서 앞에서 읽게 명하여 일과로 삼았는데, 영현이 질문하여 말하였다. "심이 기보다 한층 더 영명(靈明)하다고 하는 것은 리로 말한 것입니까? 기가 리를 갖춘 것으로 말한 것입니까?" 내가 말하였다. "기보다 한층 영명한 것을 어찌 곧 리라고 부를 수 있겠는가? 심이 영각(靈覺)의 능력이 있어서 어둡지 않은 것은 기의 정상(精爽)한 것이 여러 리를 갖추어 싣고 있기 때문이다. 기가 아니면 영명한 곳을 볼 수 없고, 리가 아니면 영명하게 될 수 없다. 영명함을 단지 기에만 소속 시키는 것은 진실로 옳지 않지만, 곧장 리라고 말해도 옳지 않다. 그러므로 주자는 '심은 성에 비하면 미미하게 형적이 있고, 기에 비하면 자연히 더 영명하다'고 하였다. 선사의 설은 대개 여기에 근본한다. 그 영명한 것이 리인지 물은 질문에, 선사께서 '리가 있으므로 영명하지만, 영명함이 곧 리라고 말해서는 안 된다. 여기에서 조금이라도 잘못 이해하면, 기를 리로 여기는 데로 들어간다'고 답하셨으니, 여기에서 살펴본다면 심이 리와 기를 합치고 있는 묘가 분명하게 드러날 것이다. 영현이 말했다. "그렇다면 심은 일신의 주재자인데, 도리어 리와 기를 합친 것이라면, 대본(大本)은 아무래도 하나가 아닌 것이 아닙니까?" 대답하였다. "어찌 이런 것이 있겠는가? 심은 성과 정을 총괄하는 명칭인데, 리를 가리켜 말한 것이 있으니 곧 본체(本體)가 이것이고, 기를 가리켜 말한 것이 있으니 곧 지반(地盤)이 이것이다. 본체가 아니면 지반은 빈껍데기가 되고, 지반이 아니면 본체 또한 걸어둘 데가 없게 되니, 그러므로 양자는 서로 의지하지 않을 수가 없다. 그러나 그 주재가 되는 근거인 묘(妙)는 본체에 있고, 지반에 있지 않다. 그러므로 선사께서는 일찍이 '정상(精爽)은 오히려 빈껍데기를 말하는 것이다'라고 하였고, 또 '여러 리를 실어 갖추어야 비로소 심이라고 말한다'고 말씀하셨으니, 이것이 주리(主理)의 가르침이다." 영현이 말하였다. "그렇다면 이한주(이진상)의 '심즉리'의 설과 노사 선생의 '주리의 가르침'에는 다른 점이 없습니까?" 대답하였다. "'주리(主理)'는 '즉리(卽理)'와 말이 서로 비슷한 것 같지만, 실제 의미에는 서로 큰 차이가 있다. '주리'라고 말하면 지반에 나아가 그 본체를 위주로 하는 것이지만, '즉리'라고 말하면 지반을 아울러서 본체라고 말하는 것이니, 기를 리로 여기는 것을 벗어나지 못한다. 어찌 옳겠는가? 한주가 맹자의 '인(仁)은 사람의 마음이다'라는 설을 끌어와 '심이 곧 리'임을 증명하였는데, 예전에 선생 문하에 있을 때에 이것으로 질문한 것을 기록하였다. 선생께서 직현을 부르며 말씀하셨다. '이직현을 초계 사람이라고 말하는 것은 옳지만, 초계 사람을 이직현이라고 말한다면 과연 말이 되겠는가? 인(仁)을 사람의 마음이라고 한다면 괜찮지만, 이에 연유하여 심이 곧 리라고 말한다면 옳겠는가?' 이 내용을 살펴본다면 그 다른 점은 묻지 않아도 알 수 있다." 영현이 말했다. "그렇다면 노백헌은 노사 문하의 수제자로서 스승의 설을 드러내어 밝히면서 매번 심이 리라고 주장하면서 혹 한주의 설을 끌어 오고, 또 한주의 제문에서 '약속하지 않고도 서로 부합함이 있다'고 말했으니, 이로 인해 사람들로 하여금 노사 선생의 가르침을 의심하게 하는 점이 없을 수 있겠습니까?" 대답하였다. "선사의 『전서』 중에는 기를 버리고 심을 말한 경우가 없다. 심이 리를 갖춘 것이냐는 질문에 대한 답에서는 '기의 정상(精爽)이기 때문에 리를 갖출 수 있으니, 리로서 리를 갖추는 것은 눈으로 눈을 보는 것과 같다'고 하였다 또 '성은 태극이고 심은 음양이다'라고 하였다. 이런 곳들은 그저 명백한 정도가 아닌데, 무슨 의심이 있겠는가? 다만 심은 본래 리와 기를 합하고 성과 정을 통괄하는 것이나, 그 준칙은 리에 있지 기에 있지 않다. 그러므로 「납량사의」에서는 '심은 비록 기에 속하는 것이지만, 갖추고 있는 것은 성이다. 심이 성을 갖추었으니 나의 심과 성인의 심이 똑같고, 심이 성을 다하지 못하니 나의 심과 성인의 심이 다르다. 그 같음과 다름은 모두 중점이 성에 있다'라고 말씀한 것이다. 노백헌이 리로 심을 설한 것은 아마도 여기에서 나온 것으로서, 기만을 가리켜 말하는 것에 대해 말한 것이니, 이것을 끌어당겨 저것을 구하고자 하여 그런 것이다. 비록 그렇지만, 이는 성이 심의 본체이며 준칙이 여기에 있음을 밝힌 것이다. 앞에서 '기분사(氣分事: 기에 속하는 것)'라는 세 글자를 제기하고, 갖추고 있는 것이 성이라 하였다면, 또한 어찌 지반을 버리고 다만 성을 심이라 한 것이겠는가? 그러므로 그 위의 글에서도 '심이 본래 선하다는 설은 담일은 기의 근본이라는 말과 희로애락이 아직 발하지 않았을 때에 어찌 선하지 않겠는가라는 말 등으로 정리하는 것이 곧 그대로의 참된 것이다'라고 하였다. 심이 리기의 합이지만, 심과 성을 섞을 수 없다는 것이 이를 미루어보면 더욱 분명해진다. 만약 리를 가지고 말한다면 하나의 성(性)자로 이미 충분한데, 성인이 어찌 반드시 다시 심(心)자를 만들어 내었겠는가? 만약 '즉리'의 설이 선사의 가르침이라 한다면 그릇된 것이다." 영현이 물었다. "'심은 기이다'라는 학설은 어떠합니까?" 대답하였다. "본체만을 홀로 가리키는 것도 오히려 옳지 않은데, 하물며 지반만을 홀로 가리키는 것이 옳겠는가? 심은 일신의 주재자이고 만사의 기강이 되니, 어찌 기(氣)자가 다 감당할 수 있는 바이겠는가? 리만을 홀로 가리키고, 기만을 홀로 가리키는 것은 아마도 여러 학파가 치우친 것이다. 군자의 학문은 기를 검속하여 리를 밝히는 것을 귀하게 여긴다. 이것이 선사가 심을 논한 것이 실로 전대 성현의 요결에 부합함이 있는 것이다.

丁巳, 夏雨久, 客稀. 齋居甚寂寥, 而惟緦弟永鉉朝暮來相守. 余命抽先師集, 讀於前, 日以爲課. 永鉉問曰: "所謂心靈於氣一層者, 以理言歟? 以氣之具理者而言歟?" 余曰: "靈於氣一層, 豈可便喚做理也? 蓋心之能靈覺而不昧者, 以氣之精爽而該載衆理故也. 非氣無以見靈處, 非理無以爲靈底. 以靈而單屬於氣者, 固不可, 而直謂之理, 亦不可. 故朱子曰: '心比性, 則微有跡; 比氣, 則自然尤靈.' 先師之說, 蓋本於此, 而其答靈是理之問曰‘有理故靈, 而不可謂靈便是理, 此處少差, 入於認氣爲理’, 就此觀之, 則心之合理氣之妙, 可躍如也。” 曰: “然則心爲一身之主者, 而乃合理氣之物, 則大本無乃不一乎?” 曰: “豈有是也? 心者性情之總名, 而有指理而言者, 卽本體是也; 有指氣而言者, 卽地盤是也。非本體, 則地盤爲虛殼; 無地盤, 則本體亦無所掛搭, 故二者不能不相須。然其所以爲主之妙, 則在乎本體, 而不在地盤也。故先師嘗曰‘精爽猶是皮殼說’, 又曰‘該載衆理, 方謂之心’, 此主理之旨也。” 曰: “然則李寒洲‘心卽理’之說, 與蘆沙主理之旨, 得無異同乎?” 曰: “‘主理’之於‘卽理’, 言若相近, 而意實相遠。曰‘主理’, 則就地盤而主其本體也; 曰‘卽理’, 則不免於並地盤本體而認氣爲理也。烏乎可哉? 寒洲引孟子‘仁, 人心也’之說, 以證心之卽理, 而記昔在師門之日, 以是質問。先生呼直鉉曰: ‘李直鉉謂之草溪之人則可, 草溪之人謂之李直鉉, 果成說乎? 仁謂之人心也則可, 緣此而曰心卽理, 可乎?’ 觀於此, 其異同, 可不問而知也。” 曰: “然則老柏軒以蘆門高足, 發明師說, 每主張心理而或牽引寒洲說, 又祭寒洲文, 有‘不約相符’之語, 得無因此而使人疑於蘆沙之旨歟?” 曰: “先師『全書』中, 未嘗有捨氣而言心者。其答心具理之問曰: ‘氣之精爽, 故能具理。以理具理, 如以目視目。’ 又曰: ‘性卽太極, 心卽陰陽。’ 此等處不翅明白, 何疑之有? 但心固是合理氣、統性情者, 而其準則則在理, 而不在氣, 故「涼議」有曰‘心雖氣分事, 而所具則性也。心具性, 吾之心與聖人之心同; 心不能盡性, 吾之心與聖人之心異。其同其異, 皆所重在性也。’ 柏軒之以理說心, 蓋出於此, 而對單氣言者言, 其援此捄彼者然也。雖然, 此則明性之爲心之本體, 而準則之在是也。而以氣分事三字, 提起於前, 而以所具者爲性, 則又何嘗遺地盤而直以性爲心哉? 故其上文又曰‘心本善之說, 以湛一氣之本, 喜怒哀樂未發何嘗不善等語斷之, 便自眞的’, 心之爲理氣之合, 而心性之不可混, 可推此而益明矣。苟以理言之, 一性字已足矣, 聖人何必更做出心字? 若以‘卽理’之說, 爲先師之旨, 則誤矣。” 曰: “‘心是氣’之說, 何如?” 曰: “單指本體而猶不可, 況單指地盤而可耶? 心之爲一身之主、萬事之綱者, 夫豈一氣字所能了當乎? 單指理, 單指氣, 恐諸家之偏, 而君子之學, 貴乎檢氣而明理。此先師之論心, 實有契於先聖之訣也。”

20.

農山 鄭晃圭
(1850~1916)

心說論爭 資料

「상종형노백헌선생문목上從兄老柏軒先生問目」(『農山文集』卷2)

해제

1) 서지사항

정면규가 종형(從兄) 정재규에게 보낸 편지. 『농산문집』 권2에 실려 있다.

2) 저자

정면규(鄭冕奎, 1850~1916)로, 호는 농산(農山)이다.

3) 내용

정면규가 종형인 정재규(鄭載圭, 1843~1911)에게 보낸 편지이다. 정면규는 이 편지에서 "리(理)가 부여된 것에는 어찌하여 인·물(人物) 상에 편·전(偏全)이 있습니까?", "인(仁)·의(義)·예(禮)·지(智)는 모두 심(心)의 덕(德)이고, 공경(恭敬)은 예의 단서입니다. 경(敬)은 사덕(四德)의 단서 중 하나인데 심의 주재(主宰)가 되는 것은 어째서 입니까?" 등에 대해 물었다. 이 편지에는 위 물음 이외에 '태극(太極)이 한번 동(動)하고 한번 정(靜)하는 사이'에 관한 조목, '본래 섞이지 않는 것'에 관한 조목, '종자(宗子)가 후손이 없어 지손(支孫)이 제사를 섭행(攝行)할 때 개제(改題)한다'는 것에 관한 조목 등을 포함한 7개 문목이 있다.

3-20-1 「上從兄老柏軒先生問目」(『農山文集』卷2)

理之所賦, 豈惟人物上有偏全? 吾身上亦有偏全。四肢百體, 個個圓滿, 各各具足, 是偏中之全也。視聽者, 偏於視聽; 臭味者, 偏於臭味, 是全中之偏也。

朱子曰"木神仁, 金神義", 蓋木主發生, 金主斷制, 故云然耶? 抑木之神在人, 爲仁之理; 金之神在人, 爲義之理之意耶?

仁、義、禮、智, 皆心之德, 而恭敬乃禮之端也。敬以四德之一端, 而爲心之主宰者, 何歟? 知乃智之事, 而知覺爲心之體用, 何歟? 孔子多說心, 而孟子多說性; 孔子多對說仁、智, 而孟子多對說仁、義, 何歟?

邵子曰: "'太極者一動一靜之間'條, 其意與形而上、下之說一般。而却有開悟人處云云。" 蓋太極者, 動靜之妙。動極而靜, 非動者靜也, 而靜之妙涵焉; 靜極復動, 非靜者動也, 而動之妙涵焉。此所謂間者耶?【類編】

義林以爲: "'元不相雜者'條, 理無精粗云云。" 語著精, 理便在精上; 語著粗, 理便在粗上。理無精粗, 語意恐如此。

"'宗子無後, 支孫攝祀改題'條, 當以攝祀者之名改題, 屬稱與他同, 但孝字去之云云。" 此與先儒所論"改題, 非權代者所敢爲, 及攝祀題主, 姑闕旁註"之義, 不同, 將何折衷?

"'爲人后者, 於所后喪中, 遭本生喪'條, 似在禫後云云。" 本生喪持服, 例以凶服, 與禫制服色, 吉凶懸殊, 捨凶服吉, 或無未安耶? 此雖嚴防之義, 而二十五月, 則喪畢矣。伸私, 恐非大悖。若伸私, 則嫌於正服無禫, 故云然耶?

「여권순경與權舜卿」(『農山文集』卷4)

1) 서지사항

정면규가 권운환에게 보낸 편지. 『농산문집』 권4에 실려 있다.

2) 저자

정면규(鄭冕奎, 1850~1916)로, 호는 농산(農山)이다.

3) 내용

정면규가 권운환(權雲煥, 1853~1918)에게 보낸 편지이다. 정면규는 그동안 권운환과 논변한 내용 중 "심(心)이 되는 리(理)[爲心之理]", "중리(衆理)를 갖춤[具衆理]"에 대한 자신의 의견을 제시하고, 다시 "심이 된 후에 심이 중리를 갖출 수 있다면, 심이 된 리[爲心之理]는 표면적 리요, 심이 갖춘 리[心具之理]는 내면적 리인가?"라고 질문하여 논변을 이어갔다.

不審。返面后翔短如故。向蒙以辭氣暴露爲規, 此是吾宿抱貞病, 固嘗用力圖治, 尋常酬應, 不覺旋發, 豈不是自憫? 忠告之風, 不講久矣。叔世復有一**舜卿**, 敢不百拜以受? 向答中, "論其所以爲心, 則爲心之理, 便是這理; 自爲心之後言, 則心得以具衆理", 恐或未然。只此"爲心之理", 便是所具之理。其曰"具衆理"者, 乃自人論心之說, 語勢不得不然耳。今曰"爲心之後, 心得以具衆理", 則"爲心之理", 乃皮面之理; "心具之理", 乃裏面之理耶? 幸更思及如何。

「답남명중答南明重」(『農山文集』卷6)

1) 서지사항

정면규가 남창희에게 보낸 편지. 『농산문집』 권6에 실려 있다.

2) 저자

정면규(鄭冕奎, 1850~1916)로, 호는 농산(農山)이다.

3) 내용

정면규는 남창희(南昌熙, 1870~1945)에게 기정진(奇正鎭, 1798~1879)의 학설을 두둔하는 편지를 보냈다. 당시 기정진은 이이(李珥, 1536~1584)를 변척했다는 비판을 받고 있었는데, 정면규는 기정진이 "이통기국(理通氣局)"의 본뜻을 다시 세상에 제대로 밝혔고, 특히 「이통설(理通說)」은 율곡 문하에 큰 공을 세웠다고 하였다. 또한 정면규는 남창희에게 '기정진이 총 6절의 「외필(猥筆)」 중 1절에서 이이에 대해 변론하고, 아래 5절에서는 근세의 폐단에 대해서 설파했는데, 당시 사람들은 6절이 모두 이이를 공척(攻斥)한 것이라고 간주하니, 이는 잘못된 것'이라는 취지로 편지를 보냈다.

"理通氣局"四字, 本旨晦蝕。蓋久賴先師, 而復明於世。「理通說」一篇, 其有功栗門, 大矣。其他"理氣無互發"、"萬情發於理"等說, 皆謂栗翁所論, 的當無可疑。至於「河喚惺文集序」, 極其贊仰。喚惺, 是一時鄕碩, 特以伸救栗翁, 一款至謂"參天地, 關盛衰"。又曰"爲萬世傳否泰消息"。今以陰陽動靜一段致疑, 謂之攻斥栗翁, 是豈成說乎?「猥筆」凡六節, 辨論栗語只一節, 下五節皆說破近世之弊, 一例驅之以攻斥之科, 何其不測也?此其忮克爲心, 其於人言, 都不欲回頭商量之致也。此皆吾友之所昭陵, 而猶復云云, 正欲吾友, 於可與言處言之。諒會如何?

3-20-4

「답김사문별지答金士文別紙」(『農山文集』卷7)

해제

1) 서지사항

정면규가 김수에게 답한 편지. 『농산문집』 권7에 실려 있다.

2) 저자

정면규(鄭冕奎, 1850~1916)로, 호는 농산(農山)이다.

3) 내용

정면규가 김수(金銖, 1890~1943)에게 답한 편지이다. 정면규는 김수의 편지에서 "리(理)와 기(氣)가 결합하면 자연히 허령(虛靈)하고 지각(知覺)할 수 있다."는 말은 옳지만, "리는 진체묘용(眞體妙用)이고 기는 당체운용(當體運用)이다."라고 구분했다. 정면규의 주장은 "지각할 수 있는 것은 기의 허령"이라는 부분은 당체(當體)에 해당하며, "지각이 아직 미발(未發)인데 이 리를 갖추고 있다"는 부분은 진체(眞體)에 해당한다는 것이다. 정면규는 결론적으로 "이 마음이 발할 때, 능히 지각할 수 있는 것은 기의 허령이지만, 이를 통해 지각되는 것은 실리(實理)의 일이다. 이는 진체가 당체를 주재하는 것으로써, 묘용의 실제가 운용에 드러나는 것이다."라고 설명했다.

3-20-4 「答金士文別紙」(『農山文集』卷7)

"理與氣合, 自然虛靈, 而能知覺", 此言良是。但其中, 理是眞體妙用, 而氣則其當體運用也。"能覺者, 氣之靈", 以當體言也。今曰"以知覺之未發而具此理者言", 則此非眞體乎? 朱子此言, 蓋就此心發處, 以明能覺者, 雖氣之靈, 而所覺者, 實理之事也。此眞體之所以主乎當體, 而妙用之實, 顯行於運用者也。若知覺之未發而具此理者, 當別時說。栢翁嘗曰"未發而有能知覺, 體也; 已發而有所知覺, 用也", 此言其靜中有動而燦然不昧, 動中有靜而品節不差之妙, 非犯些氣分也。所謂眞體妙用者, 於是而可言之。與能覺氣靈之語, 旨義自不同矣。蓋能所字, 本非實字, 於理、於氣, 皆可通用。禪家"看花折柳", 借彼有形之物, 明此無形之理, 何嘗折之爲理氣打開乎? 吾儒家, 借行其說, 分配於一理一氣, 則未知其如何也。

「답권순경태극도강록차의答權舜卿太極圖講錄箚疑」
(『農山文集』卷4)

1) 서지사항

정면규가 권운환에게 보낸 편지. 『농산문집』권4에 실려 있다.

2) 저자

정면규(鄭冕奎, 1850~1916)로, 호는 농산(農山)이다.

3) 내용

정면규가 권운환(權雲煥, 1853~1918)에게 보낸 편지이다. 정면규는 권운환이 작성한 「태극도강록차의(太極圖講錄箚疑)」를 보고 편지를 보내 "동극(動極)은 정(靜)의 단서이고, 정극(靜極)은 동(動)의 단서이다.", "음양(陰陽)이 변합(變合)하여 오행(五行)을 낳는다." 등에 대해 논하였다.

3-20-5「答權舜卿太極圖講錄箚疑」(『農山文集』卷4)

> "動極, 是靜之端, 靜極, 是動之端"云云。靜, 非始於動之極處, 纔動已有靜之妙在
> 其中, 故動而至於不得不極。動, 非始於靜之極處, 纔靜已有動之妙在其中, 故靜
> 而至於不得不極。循環不已, 無間可容息, 豈有端之可言? 蓋動之所以不得不極,
> 靜之所以不得不極, 此太極之妙實處, 所謂命之道也。若動處, 只有箇動而已; 靜
> 處, 只有個靜而已, 則是死太極, 不得爲活太極。

此段極精細, 如此而後, <u>山石</u>所謂"道無端始"者, 不爲混侖口氣。

> "陰陽變合, 而生五行"云云。陰陽五行, 其生果有次第乎? 陰靜陽動之時, 五行其
> 已不自在乎? 曰陰曰陽之時, 若非有五行, 恐亦不得以變合無窮, 但人不得一口盡
> 說了。且其成象, 則不得無次第也歟。陰陽五行, 合散無窮, 是太極之實相, 太極之
> 全體。

無五行, 則陰陽不成爲陰陽, 固無先後次第。然流行底是氣, 凝定底是質, 未免生成有
漸。蓋造化, 本自如此, 非隨人口而低昂者也。

> "太極亦是分殊上說, 更無尋覓一原"云云。太極, 初非離形氣懸空物事, 則亦豈可
> 外分殊而尋覓一原? 且分殊上尋覓得一原, 方是爲的實底一原。何者? 物各有千殊
> 萬應之理, 其千殊萬應, 不局於形氣者, 此非一原故歟? 若理本一而已, 則初無萬之
> 可言。旣曰萬, 則亦知其一之爲也。以一物而觀凡物, 則凡物莫不皆然, 此其可以
> 離分殊而得之者乎? 雖隨物而分定, 然其分也, 亦不局於形氣, 而初無聲臭, 豈如有
> 形者之各有方所? 可知其無物而非一原底。且惟"性"字, 是各一處說。蓋各一處
> 說, 故曰"性卽理"也, 以明其各一, 而亦是一之全體也。

一原上, 已有各一其性之妙。故可以卽分殊而見其一原。若是則各一其性, 非分殊上
說, 乃一原上的指其實體。

> "眞精妙合之義"云云。眞精妙合, 已可見於上段。陽變陰合處, "陰陽是氣也, 變合
> 是理也。"云云。

眞精妙合, 豈惟於陽變陰合上見之? 動而陽, 靜而陰, 夫孰非眞精妙合? 但妙合字, 始言
於此者, 極有意味。上面言造化發育之具, 至人物圈而始結窠矣。然則理氣不離不雜之
妙, 不得不露出於此, 以示人一大節眼也。

"語其本然之妙曰太極, 語其各定之妙曰性"云云。太極是挑出之性也, 性是各定之太極也。

太極, 是流行上挑出底; 性, 是定分上挑出底。

"動時無靜, 靜時無動。【止】饒乏之所從來。"云云。動時無靜, 靜時無動; 陽處無陰, 陰處無陽。雖以氣言之, 亦未必非理之所爲也。蓋饒乏, 分明由於動靜變合, 如水有是流動, 自有是波浪之高低。

"波浪"云云。善形。

"所以然者全, 而是其然者偏"云云。"所以然"云者, 隨是"其然"而言也。豈有"所以然者全, 而是其然者偏"? 此固偏亦全體太極之謂也。然太極上, 若無偏之之理, 是偏也。何自而有偏全? 是分殊上說, 理實無偏全云云。

一太極, 謂之無偏全, 可也, 以微塵枯木, 無一非太極之全體也; 謂之有偏全, 亦可也, 以爲人爲物, 依舊是太極之定分也。

「답정회부答鄭晦夫」(『農山文集』卷7)

1) 서지사항

정면규가 정방엽에게 보낸 편지. 『농산문집』 권7에 실려 있다.

2) 저자

정면규(鄭冕奎, 1850~1916)로, 호는 농산(農山)이다.

3) 내용

정방엽(鄭邦燁: ?~?)이 보내온 「역계의목(易繫疑目)」을 보고 정면규가 쓴 편지이다. 정면규는 "건도(乾道)는 남자가 되고, 곤도(坤道)는 여자가 된다.", "성인(聖人)이 천리(天理)를 즐긴다.[聖人樂天]", "성(性)이라고 말하면 곧 이미 성이 아니다.[才說性時, 便已不是性]" 등을 주제로 논변하였다.

3-20-6 「答鄭晦夫」【癸丑】(『農山文集』卷7)

入近食息, 復平日否? 吾叔, 外若充實, 而內則近虛, 攝身不可輕也. 吾宗無讀書種子, 所以注仰日深, 能知得則幸矣. 所示「易繫疑目」, 晃所未究者, 何能爲說? 顧好意, 不可孤, 姑此塞責, 須爲更研可也. 大抵『易書』難看, 才子易橫, 鈍子難狀, 終不若四子之爲便可下手也, 亦諒之如何? 思叔家耗, 得見奉天城發書, 可想其利涉, 而自彼抵寅, 又令人懸念也.

> 以"乾道成男, 坤道成女"而言, 則乾、坤各有所成矣. 而乾大始, 坤作成, 則無分於男、女矣. 以"乾大始, 坤作成"而言, 則生成各有攸主, 而地二生火四生金, 天七成火九成金, 則乾、坤又無分於生成矣.

乾男坤女, 已形之大分也. 若言其生成之次第, 則乾雖男而作成在坤, 坤雖女而大始在乾. 天一生水, 地二生火, 如云"陽生陰、陰生陽"之謂. 而只是明變化之相因也. 恐不可連累看.

> 程子曰"聖人樂天", 則不須言"知命", 此言聖人事, 而幷言"知命", 何也? 竊意下句"安土敦乎仁", 安土所以敦仁, 敦仁所以重說安土, 非二事也, 則此句, 亦以下句例推之, 而以"樂天而知命", 觀之, 或似可矣. 而「本義」又云"旣樂天理, 又知天命", 當如何看?

樂天以理言, 知命以事言, 非有優劣也.

> "範圍"之"範", 與"裁成"同. 如一歲也, 而自有溫涼寒暑之節, 故裁之爲四時; 一塊地也, 而自有前後左右之異, 故裁之爲四方. 以是爲範, 而包裹了天地, 爲法乎今古, 而更無差過, 莫非自然, 正與卦未畫, 卦爻在天地; 旣畫, 天地在『易』中, 語意相似. 而程子曰: "但人以目力所及, 見其寒暑之序、日月之行, 立此規模, 以窺測它. 不是天地之化, 其體有如城郭之類." 如此, 則聖人所以範圍, 亦是以己意安排者歟? 日月升降, 必非無, 程曆天地, 畢竟有限, 程子何以言之?

以目力所及, 窺測他所不及. 蓋化則無窮, 而聖人爲之範圍, 使之不過. 此所謂繼天之所不能, 非謂日月天地無定度耳.

> 或曰"才說性時, 便已不是性", "成之者性", 性字, 亦兼氣者歟? 邦煒曰"性固無獨立之性, 而亦性自性氣自氣. 凡言性者, 皆以不是性當之, 大本不明, 奈何? 此則自

一陰一陽之道，而流行接續者曰善，各正成就者曰性，卽天命之直接授受處，非所謂潔淨精微者耶。

答說是。

知無形，而仁有迹。自無而向有，天之道也；自有而向無，地之道也。知仁之交互言天地，固也。而上章之天知地仁，此章之陽仁陰知，必各有攸當。「本義」以淸濁動靜分解，而亦未見其所以分屬之意。

淸濁，以虛實言；動靜，以生成言。

21.

石陰 朴魯述
(1851-1917)

心說論爭 資料

「변전간재외필변辨田艮齋猥筆辨」(『石陰遺稿』卷6)

1) 서지사항

박노술이 전우의 「외필변(猥筆辨)」을 반박한 글.『석음유고(石陰遺稿)』, 권6에 실려 있다.

2) 저자

박노술(朴魯述, 1851~1917)로, 자는 공선(公善)이며 호는 석음(石陰)이다.

3) 내용

이 글은 박노술이 전우의 「외필변(猥筆辨)」을 반박하고 스승인 기정진의 주장을 옹호한 글이다. 이이(李珥)는 "음이 고요하고 양이 움직이는 것은 기틀이 저절로 그러한 것으로서, 그렇게 시키는 존재가 있지 않다. 양이 움직이면 리는 움직임에 타니 리가 움직인 것이 아니고, 음이 고요하면 리는 고요함에 타니 리가 고요한 것이 아니다.[陰靜陽動, 機自爾也, 非有使之者也. 陽之動理乘於動, 非理動也; 陰之靜則理乘於靜, 非理靜也.]"라고 한 바 있다. 기정진은 이러한 논리가 주기론(主氣論)의 이론적 근거가 되는 문제가 있다고 보고 「외필(猥筆)」을 지어 이를 반박하였다. 기정진은 '시키는 존재가 있지 않다'는 한 구절 속에는 천명(天命)이 이미 멈추어 버린 것이라고 보았다. 또한 천명이 모든 사물의 본령인데도, 스스로 가고 스스로 멈추어 천명을 말미암지 않는 것이라고 한다면, 천명 밖에 또 하나의 본령이 있게 된다고 비판하였다. 또 그렇게 된다면 리(理)는 약하고 기(氣)는 강하게 되어, '기가 리의 자리를 빼앗을 것[氣奪理位]'이라고 하였다. '리가 탄다[理乘]'는 의미도 마찬가지다. 기정진에 의하면, 기의 발현과 운행은 실제로는 리의 명령을 받은 것이므로, 종이 주인을 따르고 주인이 종이 노역한 공로를 차지하는 것처럼, 기가 리를 따라 발현하는 것을 곧 '리발(理發)'이라고 할 수 있다는 것이다.

전우는 「외필변(猥筆辨)」을 지어, 이러한 기정진의 주장은 오히려 율곡의 견해를 제대로 이해하지 못한 결과라고 비판하였다. 주자나 율곡은 작용이 있자마자 곧 형이하자가 되고, 동정이나 시킨다는 의미의 '사(使)'는 곧 작용이기 때문에 "기틀이 저절로 그러한 것으로서, 그렇게 시키는 존재가 있지 않다[機自爾也, 非有使之者也]"고 말할 수밖에 없다는 것이다. 전우에 의하면 율곡은 "누가 그 기틀을 담당하는가? 아! 태극이다[孰尸其機。嗚呼太極]"라고 말하였고, 기를 만사의 본령으로 언급한 적이 없었다. 예를 들면 '사람이 능히 도를 넓힌다'는 것과 '인심에 지각이 있다'는 것은 '기틀이 저절로 그러한 것'이고, '도가 사람을 넓히는 것은 아니다'라는 것과 '도체(道體)는 무위하다'는 것은 '시키는 존재가 있지 않다'는 태극자연(太極自然)의 묘(妙)이다. 곧 '리가 시킨다'고 말하는 것은 단지 '근본이 됨'을 이르는 것이지, 기처럼 정의(情意)가 있다는 뜻이 아니다. 전우는 송시열에게 '동하게 하고 정하게 하는 것[使動使靜]'이 어찌 조작(造作)이 없는 것이냐고 질문한 심명중처럼, 기정진 또한 기를 리로 오인하였다고 비판했다. 또 신하가 군령을 행할 때, 그 행하는 바가 본래 임금에게서 나오지만 그것을 행하는 것은 필경 신하인바, 임금의 명령을 행하는 것이라는 이유로 '신하의 행위'를 가리켜 '임금의 행위'라고 말하면, 이름이 바르지 않고 말이 순하지 않은 것이라 하였다. 이와 마찬가지로, 리가 기발(氣發)의 근거라 하더라도, '기가 발한 것'을 가리켜 '리발(理發)'고 말하는 것은 타당하지 않다고 하였다. 전우는 기정진의 뜻이 리를 높이는 데 있지만, 오히려 어기(語氣) 사이에 성현을 무시하고 지나친 바가 있다고 보았다.

그러나 박노술은 전우가 비판한 것처럼 스승 기정진이 율곡을 오해한 것이 아니라고 반박하였다. 기정진은 오히려 후대 학자들이 율곡의 견해를 오해하고 도(道)를 해치는 것을 막기 위해 율곡설을 보완설명한 것이라는 것이다. 박노술에 의하면, 이기 관계에 대해서 율곡이 '리가 주가 된다'고 한 것은 한 군데가 아닌데, 세상의 주기론자들은 "그렇게 시키는 것이 있지 않다"라는 유행설 관점의 명제만 보고 원두처를 살피지 못하여, "율곡 또한 일찍이 기를 주로 해서 말했다"고 주장한다는 것이다. 박노술에 의하면, 기정진은 이를 걱정하여 주기론자들이 잘못 말한 것을 밝히고 그 폐단을 용납하지 않는다는 의미로 글을 지어 '외필(猥筆)'이라고 명명한 것이다. '외(猥)'는 이미 겸사(謙辭)의 의미가 있는 글자인바, 전우가 부당하게 '선현을 욕하고 배척했다'고 잘못 평가하였다는 것이다.

또 전우가 '동하고 정하는 것'을 '조작(造作)' 혹은 '작용'이라고 설명한 것은 맞는 말이지만, '동하게 하고 정하게 하는 것'을 곧바로 '조작·작용'이라고 하면, 주렴계의 "태극이 동하여 양을 낳고 정하여 음을 낳는다"는 말은 성립되지 않는다. 태극은 조작하거나 작용하는 물건이 아니기 때문이다. 박노술은 '동하게 하고 정하게 하는 것'은 조작과 작용의 묘처라고 보았다. 또 전우가 선현들이 리는 근거가 되지만 직접 작용하지 않는다는 것을 밝히기 위해 '시킨다[使]'는 표현을 쓰지 않고 "자연의 리는 하늘이 그렇게 시킨 듯하다." "천리의 당연은 마치 시킨 듯하다."는 표현을 쓴 예를 든 것이 오히려 만물의 생겨남은 천명이 시키지 않음이 없다는 것을 증명하는 것이라고 하였다. 박노술은 이렇게 표현한 이유가 실리에 대해서는 말할 수 있는 것이 있지만, 형적은 볼 수 있는 것이 없기 때문이지, 전우의 말처럼 "시킨다[使]는 글자에 작용의 뜻이 있다고 잘못 알까 두려워서"는 아니라고 단언하였다. 율곡이 시키는 것이 있지 않다고 말한 이유도 유행처에서 본 것을 말했을 뿐이지, 리가 시키지 않는다는 의미는 아니라는 것이다.

주기론자들의 오해는 형기 관련 논설만 존신하고 그 위에 일원의 묘가 있음을 망각했기 때문이다. 박노술에 의하면, 이것은 율곡을 존신한다고 하면서 그 도(道)를 더 해치는 것이다. 또 전우는 "도가 사람을 넓히는 것이 아니다[非道弘人]"라는 말은 "시키는 존재가 있지 않다"는 말에 해당한다고 하였는데, 이에 대해 박노술은 "도에 넓히는 리가 없다면, 사람이 비록 넓히고자 해도 넓힐 수 없다 넓힐 수 있는 것은 사람에 달려있고, 넓히게 하는 것은 도에 있다"고 반론하였다. 뿐만 아니라 전우가 기정진을 동하게 하고 정하게 하는 것이 어찌 조작이 없는 것인지 물은 심명중과 같다고 한 것은 오히려 스승인 기정진이 배척하던 바임을 분명히 하였다. 그는 기정진이 "동하고 정하는 것은 기이고, 동하게 하고 정하게 하는 것은 리이다"라고 하면서, '동하게 하고[動之], 정하게 한다[靜之]'고 할 때 '지(之)'자는 율곡이 근거로서 소이(所以)자를 쓴 것과 같으므로, 결코 기를 리로 인식한 것이 아니라고 하였다. 박노술에 의하면 사람이 말을 타고 가는 것을 '사람이 간다'고 하지 않고 '말이 간다'고 하는 경우는 '말이 달아나는 것'이고, 신하가 군령을 행하는 것을 '군행(君行)'이라고 하지 않고 '신행(臣行)'이라고 하면 이것은 또한 '신하가 참람되게 훔치는 것'인 것처럼, 유행처에서 기가 발했어도 그것은 리에 근거한 것이므로 '리발'이라고 할 수 있다. 다만 기가 리에 따르지 않고 발하는 것은 혹 '기발'이라고 말할 수 있다. 그는 율곡이 '리기호발(理氣互發)'이라는 네 글자를 비판한 적은 있지만 '리발이 잘못되었다'고 말한 적은 없었으며, 율곡의 '리승(理乘)'이 곧 '리발'을 의미한다고 하였다. 박노술은 '리발을 부정하는 것'은 기를 주된 것으로 보는 당대 학자들이 자신들의 잘못된 견해에 집착한 결과에 불과하다고 주장하였다.

3-21-1 「辨田艮齋猥筆辨」(『石陰遺稿』卷6)

道理是公共底物事, 看人著書, 若有疑礙者, 則學者但當平心而公言之, 務要講明而已. 若於己見毫髮有差, 則自是己見, 而堅執前言, 甚至於牽強吹覓、作氣沮毀, 則無益於 己, 反以自害. 古人爲己工夫, 恐不如是. 田子明, 皷門高弟, 多聞博識, 足以講明道理, 見前賢見成說話, 有的當之論, 則豈不知其此外, 更無佗道理耶?

今見其所草「猥筆辨」主意, 則不甚相遠, 而但其立心, 本出於計較思量, 不越乎牴斥, 未 見其有講明求道底意. 設使其言, 十分停當, 於古人爲己工夫, 已若天淵, 而況乎一箇 半箇, 七顚八倒者乎? 著書無益, 徒取後世知言者之嗤笑, 可惜可惜!

謹按濂溪「圖說」"太極動而生陽, 靜而生陰", 濂溪之意, 非"太極不待氣機, 而自動自 靜"也. 以其所乘之機, 動靜故也, 故直言之曰"太極動而生、靜而生". 此一句, 體用皆 備, 與知者言, 雖曰"太極有動靜", 不害爲本體; 與不知者言, 雖曰"陰陽自動靜", 不害 爲運用. 然而本體微而難見, 運用著而易知.

栗翁爲後學立言, 欲發之太快, 而其言不得不爾. 濂溪之意, 栗翁豈期其不知耶? 栗翁 論理處, 以理爲主者, 不一而足. 誠如其喻, 而世之主氣者, 不自省察, 只以"非有使之" 兩句爲頭戴, 以流行說, 誤作源頭看, 曰"栗翁亦嘗主氣而言"云, 駁駁然入於失其本領, 而太極天命之體, 掩蔽而不明. 故先生憂歎而作此書, 以明其措語之或不容無弊, 名之 曰「猥筆」. 猥者, 已是自謙之稱, 未安之辭, 曰罵、曰斥, 於理當乎否乎?

余嘗讀『論語集註』, 夫子之言萬世無弊, 而下聖人一等, 則言雖善, 言弊或不無者. 朱 子亦嘗發明之, 此亦可以曰罵、曰斥云耶?

其言曰"動靜者, 造作也", 又曰"動靜者, 作用也". 動靜謂之造作、作用, 固也. 動之靜 之, 直謂之造作、作用, 則"太極動而生、靜而生", 是何謂耶? 太極豈是造作、作用之物 耶? 恐未的當. 愚則曰"動之靜之, 乃造作、作用之妙處".

孔子曰“天之生物, 栽者培之, 傾者覆之”, 孟子曰“天之生物, 使之一本”, 程子曰“天之生民, 使先知覺後知”。此民物之生, 莫非天命使之。然朱子解之曰“恰似有物扶持佗, 恰似箇物推倒佗, 理自如此”, 又曰“自然之理, 若天使之然”, 又曰“天理當然, 若使之也”, 亦莫不以民物之生, 歸重於天命而言之。此數段卽田書之所援引立證者, 而觀於此, 則“天命使之然”者, 益確然無疑。今乃舉此而反駁之, 抑何哉? 此蓋有實理之可言, 而無形迹之可見。故另下若字、恰似字, 而今曰“恐人錯認使字爲作用意也”, 此爲一笑。凡事自作自用者, 何使之有? 不自爲作用, 而但主張其事之謂{使}[1]。使字之不爲作用, 學語童子亦應知之, 豈有此過慮? 今此諸般先聖訓誥, 栗翁嘗有所受於此, 與知者言其本體之妙, 則亦未嘗不如此言之, “孰尸其機? 嗚呼太極”是也。然非大力量大眼目, 則人孰能的見而眞知之耶? 不如姑就其下面, 卽氣而明之, “其機自爾, 非有使之”是也。曰“孰尸其機”, 曰“其機自爾”, 語意相戾, 而其實非相戾也, 乃一串語也。何者? 程子曰: “體用一原, 顯微無間。” 朱子解之曰: “卽體而用在其中, 卽顯而微不能外。” 栗翁體其所受而明言之, 曰“一而二, 二而一”者也。故深原其實, 則云“太極尸之”; 就諸形器, 則云“其機自爾”, 左右逢原, 言無不可。而聖遠言湮, 不能無弊, 遂使今之主氣者, 昧却上面有一原之妙, 只以形器上一段說, 頭戴而尊信之, 於是乎主僕易位, 道器顚錯。栗翁傳受羣聖心法, 晦而不明, 寧不慨然? 先生竊欲撟拯, 而極加發明, 因言其爲弊之由先生。此言於栗翁道益光矣, 而妄相詆毀者, 雖自謂尊信栗翁, 不亦反害其道耶?

天之生物生民, 本諸天命, 而立言“其機自爾”, 只是單指形器而爲說, 其本末懸殊, 上下遼絕, 而其所辨說, 強欲推本而齊末, 援上而比下。吾恐其鑿枘, 而終不可合也。辨之如此, 人誰信之?

“人能弘道, 非道弘人”, 世之主氣者, 多以此執言, 而道無所弘之理, 人雖欲弘之, 得乎? 愚則曰“能弘在人, 所弘在道”, 深究之輕重判然。

性不知檢, 而所當檢者出於性, 則天命息耶? 心能盡之, 而所當盡者在於性, 則雙本領, 可乎? 不經之論, 不須多辨。

---

1) {使}: 저본에는 없으나, 문맥을 살펴 ‘使’자를 보충하였다.

朱子卽氣而言, 下自字者或有之, 而大抵聖賢眼目圓滑, 徹上徹下, 洞見大義, 未嘗以一言一事滯於一隅. 故頭頭處處, 觸類而發言, 則言無不宜, 義無不合, 雖曰"自生自消, 自生自長", 未爲不可. 栗翁卽後朱子, 以朱子之見, 言朱子之言, 亦當如此, 而今之學栗翁者, 眼目不得圓滑, 見其外而未見其內, 見其末而未見其本, 指一隅而言曰"前賢之言, 嘗如此云爾", 則大抵此處, 難言難言. 不識己見之偏滯, 而欲以井中之數星, 廢蓋天之全圖, 奈何奈何? 不得不防其源, 而捄其弊, 此先生之所以憂世道也, 切矣.

沈明仲"使動靜豈無造作"之問, 此吾先生之所嘗斥言者, 而今曰"正與相同", 是可疑也. 我先生何嘗以此言之耶?

又曰"'動之靜之者, 理', 又與栗翁'發之者, 氣', 同一語勢, 則豈不歸於認氣爲理乎?" 此段尤可疑也. "動者靜者, 氣也: 動之靜之者, 理也." 此句平順, 不甚難曉, 粗通文理者, 便可意會, 而自處以達理者, 豈不知此耶? 妄生枝節, 反辭而勒解之, 欲眩人視聽, 是誠何心? 張子所謂"自誣而誣人"者, 非耶? 如其實未知也, 請更詳之. "之"字, 深看之有力, 輕看則助語而已, 其輕其重, 讀者自當領會, 可也. 栗翁之言, "發"字上加"所以"字, 以明其理, 而"發之"之"之", 助語而已, 讀者必輕看之. 先生之言, 單指"動靜"字, 以說其氣, 而特下兩"之"字, 以明其理. "之"字有力, 與栗翁所言"所以"字一般, 看來看去, 意趣符合, 無毫髮之異. 此果認氣爲理耶? 欲誣毀我先生, 而反以自害其道者, 此也.

"欲動情勝, 利害相攻", 是馬之奔逸時, 乘馬主人, 旣失操縱之力, 無所適莫, 安得免之東之西之患耶? 理失其位, 氣爲之主, 則主之所向, 僕之不徙, 固其宜矣. 孟子所謂"蹶者、趨者, 氣也", 非是之故耶?

「猥筆」所言, 皆栗翁"已見之昭陵", 果是的當之論. 先生蓋嘗宗師朱子, 而篤信朱子, 又莫如栗翁, 則先生所言, 栗翁豈不"已見之"耶? 但世之主氣者, 皆失栗翁之本旨, 先生所願質於栗翁者, 此也.

人君使臣子行令, 謂之"君行", 其令果"名不正, 而言不順"乎? 愚意, 則臣子行君之令, 而謂之"臣行", 其令太涉於挾天子, 而擅權恣行, 是其"名不正, 而言不順"者歟!

人乘馬行, 不曰"人行", 而曰"馬行", 則是馬之橫逸者。君令臣行, 不曰"君行", 而曰"臣行", 則是亦非臣之僭竊者而何? 氣者, 此理流行之手脚也, 見人之以脚行之, 不曰"人行", 而謂之"脚行", 可乎? 譬諸語默, 則其言曰"性爲語默之理, 而口舌從而語默", 此朱子所謂"理有動靜, 故氣有動靜"者也, "未聞此性自會語默", 此說近之, 而但未知此性無所會之理, 則會之者誰耶?

理之無情意造作, 夫誰曰不然, 而亦豈無所以然之故耶? 有所以然之故, 而運用造作, 專在於氣云, 則是馬行脚行之論, 認氣爲理之苗脈, 實本於此, 此失栗翁之本旨者也。"一陰一陽之謂道", "太極生兩儀", 言理則必理以率氣, 說氣則便卽氣而明理。"人能弘道, 非道弘人", 亦豈非卽氣而明理乎? "夫子之道一以貫之", 今乃分而二之, 曰"恐不必執一而棄一", 此段竊恐不成說。

欲指心以爲道, 與道齊頭竝脚, 得乎? 非謹嚴而不爲勢不行也。知此, 則氣之不可與理對敵, 自有作用之權, 不難知矣。"氣之順理而發者, 氣發卽理發", 此先生所言, 而不循理而發, 則或可謂之氣發。然以善惡皆天理之語觀之, 乃此理不得不然之故謂之理發, 亦何不可之有? "理氣互發"四字, 栗翁嘗非之, 而"理發爲非"四字, 此必出於今人之口者也。栗翁據運用上, 單指其氣而言曰"氣發", 而其所以發者, 則理固乘在其上, 故曰"理乘", 何嘗以"理發爲非"言之耶? 今之學者, 誤執己見, 認氣爲主, 而畢竟則僞藉先賢, 欲鉗天下之口, 痼弊痼弊。

先生答人問有曰: "若從源頭論, 一理之初, 萬有已足, 如種着土, 不得不生。故萬有之氣, 由此而生。若就流行看, 有一物方有一理, 有萬象方有萬理, 有若乘氣變化, 旋旋生出。"此卽栗翁所言"理一而已矣, 而乘於氣, 則其分萬殊"之說也。但"萬有之氣, 由此而生", 是栗翁言外之意, 而先生推明而極言之, 殆近於"堯之一言, 至矣盡矣, 而舜復益之以三言, 明堯之一言, 必如是而後, 可庶幾"者也。又繼之曰: "善觀者, 知其爲流行邊說話, 不執言迷旨, 則可矣。若迷厥旨, 以爲理本無準則, 東西南北, 惟氣之從, 是理不爲氣之主, 而反聽命焉, 不亦左乎?"此爲今日學者之弊, 失其本旨而言之也。

大抵理氣字, 出於識理者之口, 則其發其行, 雖曰"氣爲", 而未爲不可。一涉今人口吻,則却爲病敗, 所見未及故耳。"自爾, 非使", 栗翁說着時, 所指眞的, 令人太快, 而後來誦法, 轉輾差謬, 何故焉? 意見偏滯所主, 主其皮膜上耳。先生解之曰: "此非源頭論, 乃流行邊說也。" 其言明白直截, 而彼之所入一蹉, 難與爭辨。故不得不曰"此兩句賤見, 已不可曉"。拯時之急, 憂道之切, 溢於紙面, 而今曰"辭氣陵轢, 大損尊畏聖人之體", 詆毁之不足, 又嘲侮之, 其心志之危險, 不待後世之公眼, 而先自綻露。彼雖百爾詆毁而嘲侮之, 於先生, 何損哉?

太極對陰陽, 朱子之言, 先生夙豈不知耶? 形而上下, 此節眼在上下字, 上下乃的對也, 此太極對陰陽之論也。然而朱子但言太極對陰陽, 未嘗把氣與理對擧, 喚作理氣也。"情意造作, 有爲之爲也; 變化昭著, 無爲之爲也"之"爲"字與"無爲"字, 不必相礙, 而於二先生之論, 若合符節, 有何枝節之可言耶?

「의의조변疑義條辨」(『石陰遺稿』卷3)

해제

1) 서지사항

박노술이 주리(主理)의 입장에서 주기론(主氣論)을 반박하고 기정진을 옹호한 글.『석음유고(石陰遺稿)』, 권3에 실려 있다.

2) 저자

박노술(朴魯述, 1851~1917)로, 자는 공선(公善)이며 호는 석음(石陰)이다.

3) 내용

이 글은 박노술이 주리론에 의문을 제기한 글을 조목별로 변론한 글이다. 그러나 누구의 글에 대한 변론인지는 분명히 알 수 없다. 기정진이 「외필(猥筆)」에서 이이(李珥)의 "기자이 비유사지(機自爾 非有使之)"를 비판하자, 간재학파와 연재학파에서는 이를 '선현의 견해를 오해하고 외람된 논설로 폄훼한 것'이라고 다시 비판한 바 있다. 이에 대해 박노술은 "기정진의 견해는 주리론을 펴고자 한 이이의 뜻을 더 분명하게 밝혀준 것"이라고 반박하였다. 그는 태극이 만물의 근원이 될 수 있는 것은 건순 오상의 리가 있기 때문이며, 이런 점에서 태극을 곧 오상이라고 할 수 있다고 보았다. 그에 의하면, 오상이 기를 수반한 존재이므로 태극과 근원이 다르다고 한다면, 태극은 공허한 존재가 되고 만다. 태극본연의 오묘함은 편전(偏全)으로 구분하여 말할 수 없고, 편전을 본연이 아니라고 해서는 안 된다. 박노술은 편전의 성이 곧 오상의 본분이고 오상이 곧 만물의 같은 근원이라는 것은 기정진이 홀로 깨달은 지점이라고 하였다.

또 박노술은 사람이 눈으로 보고 귀로 듣는 것, 말하고 움직이는 것은 모두 그렇게 된 까닭이 있고, 그것이 모두 기질의 성에 의한 것이므로 본연의 성과 다르지 않은가, 요순도 기질의 성이 있다면 본연의 성을 지닌 이는 존재하지 않는 것인가, 아니면 마음에 갖춰진 것이 본연의 성이고 몸에 갖춰진 것이 기질의 성이라면 한 몸 위에 두 가지 성이 있는 것인가, 볼 때는 눈의 총명을 다하고 들을 때는 귀의 총명을 다하는 등 언어와 침묵, 움직임과 고요함이 그 직분을 다한다는 '천형(踐

形)'은 성인의 경지라고 하는데, 이는 사실 기질에 해당하여 굳이 힘쓰지 않아도 되는 일이 아닌가, 하는 등의 의문은 모두 근거가 없는 것이라고 비판하였다. 그는 보고 듣고 움직이고 고요한 것은 반드시 그렇게 된 까닭이 있는데, 그것은 곧 마음의 주재이며 마음의 총체에 근원하지 않는 것이 없다고 하였다. 그에 의하면 기질의 성은 본연의 성에 가려진 부분일 뿐이다. 요순이 타고난 성품대로 행한 분이라는 말은 본연의 성의 밝은 사람이라도 기질의 성이 없는 것은 아니므로, 기질의 성을 잘 돌이키면 본연의 성이 있게 되고, 나의 모든 몸이 그 본연의 성이 명하는 바를 따르게 된다는 것이다. 즉 마땅히 해야 할 바에 각기 그 준칙이 있어 털끝만큼의 거짓도 없어 "하늘로부터 받은 천성을 그대로 실천"하게 되는 것이다.

3-21-2 「疑義條辨」(『石陰遺稿』卷3)

太極不在形氣之外, 卽形氣而求太極, 則可; 太極具於形氣之先, 認形氣爲太極, 可乎?

"惟狂克念作聖", 氣質中或見本然之體, 則可; 淑慝非有兩種, 本體上若說氣質之性, 則不可。

四端, 本心之循天理, 隨遇發見者, 而渾然之中, 摘指其端緒而名之, 雖衆人, 擴充此心, 則可至於聖。

七情, 亦自四性中發出來者, 而循天理則發皆中節, 掩人欲則有過不及之弊, 而反害天理。原其初, 則均是一本; 語其發, 則均是情也, 而但其所發有不同, 聖凡於是乎判焉。知此, 則曰理曰氣, 不須深辨, 而可以領會矣。

明德, 屬之理, 則以理具理, 必無其理, "具衆理"三字, (可)[何]²⁾以區處? 屬之氣, 則氣有過有不及, 其情狀有萬般不齊者, "得於天"者, 寧容若是? 氣字逆推之, 則得於天之曰"元初苗脈", 有至虛至靈者, 此便是明德。自此至氣字境界, 則有一層等級, 若指此卽謂之氣, 則語甚醜差。

萬事萬物, 原其未形之初, 則必有所以然, 而條理脈絡, 井井堂堂, 一定而不易者, 是謂之理。一名爲理, 則無離氣獨立之時。乘之變化, 神妙不測, 以生萬事萬物, 遂爲萬化之主, 而盈天地, 若大若小, 無一不本於此。如曰"離氣獨立", 則非理之本體, 故的指其實而云"元不相離"。如曰"與氣互行", 則非理之眞面, 故專言其妙而云"元不相雜"。舉其全體而曰"渾然", 言其細條理而曰"粲然", 無不統管故曰"一理", 各各具足故曰"萬理"。不雜而初無間隔, 不離而已有分限, 渾然而本非儱侗, 粲然而亦非分片, 一便是萬,

---

2) (可)[何]: 저본에는 '可'로 되어 있으나, 문맥을 살펴 '何'로 수정하였다.

其實一而已。今則纔謂"不雜", 而便認如天淵隔絶; 纔謂"不離", 而便認如金鐵淆雜; 纔見"渾然", 便認爲一塊鶻突; 纔見"粲然", 便認爲萬竅稠匝。知其爲一, 而不知其一中有萬; 知其有萬, 而不知其萬外無一, 將若之何?

周流萬變, 有剛柔、純駁、偏正之殊者, 是氣也, 而天地萬物, 得氣而始成形器。只以下面事看之, 則果有似乎氣爲主張。今日之論造化者, 無怪其以氣爲主而言也。若夫就上一段, 深探而究言之, 則有所謂理者, 已具於萬物未形之前, 而融澈於萬物已形之後。其所以周流萬變者, 雖曰氣之所爲, 而有此理而後有此氣, 則此氣之行, 卽此理之所使, 氣安能獨爲主張乎?

萬化之流行, 非氣不能, 而若論其必然之妙, 則在理而不在氣也。是以從上聖賢, 皆以理爲源頭, 如曰"天命之謂性", 曰"太極生兩儀", 曰"乾道變化, 各正性命", 是也。雖然, 理無聲色臭味之可言, 而就其已然者, 以觀其實, 則未嘗不在形氣之內。故從上聖賢, 必卽氣而明之, 如曰"有物有則", 曰"一陰一陽之謂道", 曰"鳶飛戾天, 魚躍于淵, 言其上下察也"。聖賢千言萬語, 要不出乎斯二者之間而已。

有人問曰: "今日議論, 多主於氣一邊, 何所適從?" 曰: "當從主理。" "栗翁主理耶?" 曰: "栗翁以紫陽嫡傳, 爲東方理學之宗祖, 而以理通氣局爲百世法門, 非主理而何?" 曰: "然則先生「猥筆」, 與栗翁相戾, 何耶?" 曰: "非相戾也, 發明之也。蓋理無形, 非矗眼所能看覷。故從上聖賢, 多就形氣而言之, 而理未嘗不爲之主。栗翁之言, 亦如是而已。今也不然, 除却上面一段事, 以一氣字爲樞紐根柢。於是乎太極無主張, 天地翻了矣。先生有憂之, 嘗謂學者曰: '栗翁此言, 是流行一邊說。' 大抵以流行邊看之, 則氣之用事, 何害於理爲主宰? 而安知今日之弊, 以此攙入源頭看耶? 故曰'末弊之至斯, 容有未之細思也', 蓋發明之也。先生之本意如此, 而呶呶者, 未審其志趣、語脈, 敢加詆毀爭辨, 何益? 當恭俟後賢, 而爲先生奉質焉。"

天之所以命人物, 而一理之渾然者, 分言之曰"五常"; 人物膺受此理, 而五常之有條理者, 總名之曰"性"。所謂性, 卽五常之所具, 非五常之外, 別有一箇性也。若以五常謂因氣而始有, 則得於天而謂之性者, 果是何物事?

太極爲萬物一原, 雖愚昧之人, 亦能言之; 而以太極爲空蕩蕩, 雖稍有知覺者, 其言亦如是。太極是空蕩蕩物事, 則何足以爲萬物一原乎?

太極之爲萬物一原, 以其有健順五常之理也。若是, 則太極便是五常之理, 五常便是一原之妙, 如曰"五常是帶氣之物, 不足爲一原", 別立一層本然於五常上面, 則是空蕩蕩地, 太極果空蕩蕩者乎?

太極本然之妙, 元無偏全之可論, 而及其化化生生, 人之所得者全, 物之所得者偏, 各一其性, 各具一太極。所得雖殊, 而此理之本然, 則一也。豈可曰"全者是本然, 而偏者獨非本然"耶? "偏與全, 皆非本然"耶? 若曰"偏全皆非本然", 則天下更有甚物事, 能得其本然者乎? "偏者獨非本然", 則孔隙之所受, 非月光而何?

性異之論, 以五常爲因氣各指之性, 而別立一原於五常上面, 此不知五常之理便是萬物一原。性同之論, 以偏全謂非本然, 而說同五常於偏全上面, 此不知偏全之性便是此理之本分。先生所謂"異者是實異, 同者非眞同"也。蓋偏全卽五常之本分, 五常卽萬物之一原。此蓋一件事而言之, 雖有先後, 其實則不容有毫髮。理一分殊、萬殊一本之妙, 蓋如此。此蓋先生獨得不傳之妙契也。

或曰: "有氣質, 便有氣質之性, 然則聖人有氣質, 亦有氣質之性乎?" 曰: "聖人, 氣質不用事, 而聽命於理。性之本體, 渾然自在, 清明純粹, 如水之至清、鏡之至明, 無一毫渣滓, 此乃性之本然。及其已發, 七情無不中節, 以致中和、位育之功, 此所謂能盡其性。衆人之性, 其本然, 則一也, 但氣質不美, 此性因爲氣質所拘, 墮在其中, 不昏則亂。雖有霎時澄清, 還復昏亂, 此亦未嘗不是性也, 而但非本然耳。故曰'氣質之性', 故曰'氣質之性, 君子有不性者'焉。" "然則衆人無本然之可見耶?" 曰: "霎時澄清, 乃是本然處。"

"氣質性"三字, 或認爲"人心"二字看者, 誤矣。蓋人心云者, 卽好貨好色, 惡死而欲生, 好富貴厭貧賤之類, 是人之常情, 而聖凡之所同也, 故曰"雖上智, 不能無人心"。然衆人溺於此, 而不自知。上智則不然, 雖好之而不苟得, 惡之而不苟免, 一循乎道義而已。"堯、舜亦有氣質之性"云者, 其語意如曰"上智不能無人心"者, 此豈非以氣質性爲人心之病乎?

性之有善有不善, 可以善可以不善, 善惡混, 異說不一其端, 而孟子以性善明言之。蓋性固純善無惡矣, 豈復有它說哉? 但惡亦未嘗不自天理來, 則惡亦不可不謂之性, 此所謂"善惡皆天理", 而諸般異說所由興也。然善是性之本然, 惡則非本然, 善惡於是乎分矣。孟子之言性善, 指其本體而言之, 諸般異說, 不見本體之妙, 而卽於枝葉上, 欲徑論源頭, 惑之甚矣。

惡非本然, 而亦謂之自天理來者, 物之尖斜欹側, 事之偏倚屈曲, 無不該載於一理字。而順之, 則得中得正, 善之本然者得矣; 過不及, 則或尖或斜, 或偏倚屈曲, 喪其本然, 而惡由此而生。一理中善惡之分, 惟在於此理順逆之間, 豈可曰"不善亦有別根"乎?

或曰: "目之所以視, 耳之所以聽, 四支百體之所以語默、動靜, 皆有所以然。視聽、語默、動靜之所以然, 不離乎氣質上, 故就氣質上, 指其所以然者曰氣質之性。此與所謂'與生俱生'者, 同一語意, 而但如此說, 則人生氣質一定之後, 本然之性無掛搭處耶?" 又曰: "堯、舜亦有氣質之性, 若以耳目鼻口之官, 有所以然者, 謂之氣質之性, 則堯、舜亦有之固然矣。然則上下千百載, 無一人能性其本然之性者耶? 抑將曰'心之所具爲本然, 而百體所具爲氣質之性'耶? 心亦非在氣質之外, 而內外、表裏, 分作兩段看曰'此爲本然, 彼爲氣質', 則性則人之一身上, 兩箇性對峙而雙立, 可乎?" 又曰"耳目鼻口, 循其所以然, 視則能盡目之明, 聽則能盡耳之聰, 語默、動靜, 亦各能盡其職分, 謂之'踐形'。踐形是聖賢造詣, 何等極功? 若不過如此而止, 則凡有耳目鼻口者, 氣稟自非至愚, 皆可以不勉而能, 何足以爲聖賢之事乎?" 此恐全無依據, 必是創立之論, 令人可惑。愚見以爲有形之初, 萬理皆備, 各各具足。故目之視, 有所以然, 耳之聽, 亦有所以然, 語默、動靜, 莫不各有所以然。而原其統體, 則心爲之主, 心之所以然, 卽一箇性是已。一心之統體所以然, 卽百體之各具所以然, 而百體之所以然, 無不原於一心之統體, 則是果本然之外, 別有所謂氣質之性乎? 心之官, 順其所以然, 而盡其所當然, 則耳目鼻口, 從其所以然, 而各盡其所當然者, 是乃本然。而以耳目鼻口, 已屬之氣質, 故指其循天理者, 遂謂之氣質之性, 則此性不亦冤乎? 心爲氣質所拘, 不能盡其所當然, 則氣質用事於視聽、語默、動靜之間, 而曩時本然之性, 墮在氣質之中, 反爲氣質之性。吾所謂氣質之性乃本然之掩蔽者也。堯、舜亦有氣質之性，則孟子道性善必稱堯、舜，何也？又曰“堯、舜性之也”，何謂也？大抵有氣質，則便有氣質之性，而本然之清，未嘗無也。故善反之，則本然者存，而百體從令，目之明，耳之聰，無一分淫愿，昭澈於當然之則，當語當默，各有其則，無一毫僞妄。如此方可以爲踐形，而若以所以然之不離形質，而因形質有能然者，謂之踐形，恐全不成說。”

3-21-3

「변전간재납량사의의목辨田艮齋納凉私議疑目」(『石陰遺稿』卷3)

해제

1) 서지사항

박노술이 전우의 「납량사의의목(納凉私議疑目)」을 반박한 글.『석음유고(石陰遺稿)』, 권3에 실려 있다.

2) 저자

박노술(朴魯述, 1851~1917)로, 자는 공선(公善)이며 호는 석음(石陰)이다.

3) 내용

이 글은 박노술이 전우가 기정진의 「납량사의(納凉私議)」에 의문을 제기한 「납량사의의목(納凉私議疑目)」을 반박한 것이다. 기정진은 「납량사의(納凉私議)」에서 사람과 사물의 성(性)에 대한 여러 학자들의 논설은 다양하지만 그 공통적 폐단은 리(理)과 분(分)을 서로 분리시켜 보는 데 있다고 비판하였다. 즉 '리에는 분이 없다'고 여기고 '분(分)은 기(氣) 때문에 생긴다'고 여겨, 형기(形氣)를 벗어난 곳에다 리일(理一)을 국한시키고, 형기에 떨어진 이후에 분수(分殊)를 국한시켜, '리(理)는 리대로 있고, 분(分)은 분대로 있다'고 오인한다는 것이다. 기정진은 리일은 분수를 벗어나지 않고 분수는 이미 리일에 포함되어 있으므로, '리일이 곧 분수이고, 분수가 곧 리일'이라고 할 수 있다고 보았다. 따라서 천명(天命)을 본연지성으로 삼고 오상을 기질지성으로 구별하거나, 편전(偏全)의 성이 본연지성이 아니라고 여겨 편전의 성 위에 일원(一原), 혹은 리일을 상정하는 논리를 비판한 것이다.

이에 대해 전우는 분수(分殊)는 이미 기질(氣質)의 영역이며, 성의 편전(偏全) 또한 기질에서 비롯되는 것으로서 본연(本然)이라고 할 수 없다고 비판하였다. 또 편전은 인간과 사물뿐만 아니라 성인과 범인에 대해서도 아울러 말할 수 있다고 하였다. 이에 대해 박노술은 성인과 범인의 성에 편전(偏全)이 있다고 말할 수 없고, 성인이 전(全)에 해당하고 범인이 편(偏)에 해당한다고 한다면, 중간 단계 사람들의 성은 과연 편(偏)인지, 아니면 전(全)인지 의문을 제기했다. 그는 경전에 나오는 '항성(恒性)'과 '병이(秉彝)'는 모두 모두 전(全)을 성으로 삼아 말한 것이고, 이는 모든 사람이 동일하게 지닌 것이지만, 기질에 구애되고 물욕에 가려져서 성인과 범인이 나뉜다고 보았다.

전우는 기정진이 오상(五常)이 기(氣)를 따라 발현하여 전결(全缺)이 있게 된 것을 '리(理)의 본분'이라고 하며 '성(性)의 본연'이라고 한 것은 주자의 말과 어긋난다고 비판하였다. 이에 대해 박노술은 오상(五常)의 리(理)는 사람과 사물의 동일한 근원 가운데 있고, 오상(五常)이 기(氣)에 따라 발현한 것은 반드시 사람과 사물의 동일한 근원 중에서 발출해 온 것이므로, 이것을 '리(理)의 본분'이라고 하고 '성(性)의 본연'이라고 부르는 것이 미땅하디고 히였다. 박노술에 의하면, "사람의 성(性)으로 말하자면, 오상(五常)이 기(氣) 따라 발현한 것은 혹 측은지심이 되고, 혹 수오지심이 되며, 혹 시비지심과 사양지심이 되니, 이는 리(理)의 본분이요, 성의 본연이다. 거기에 간혹 인(仁)이 어긋나면 나약하게 되고, 의(義)가 어긋나면 잔인하게 되며, 예(禮)가 어긋나면 아첨하게 되고, 지(智)가 어긋나면 속이게 되는 것 또한 이 리(理)의 본분 가운데 일이니, 바로 주자가 말한 '성이 기질에 있으면 그 품질이 하나가 아니다'라는 것이다. 그러나 잘 돌이키면 본연지성(本然之性)이 보존된다. 사물의 성이 편(偏)한 것 또한 동일한 근원 가운데서 얻은 것이다. 바로 이것이 리(理)의 본분이니, 본연이 아니라고 말해서는 안 된다. 이것을 '사람과 사물의 동일한 본연'이라고 하는 것이다." 다만 사람과 사물의 차이는 그것을 잘 돌이켜서 본연지성을 보존할 수 있느냐, 아니면 본연으로 돌이킬 수 없느냐의 차이에 있을 뿐이다.

또한 박노술은 전우가 "사지가 마비되어야만 편(偏)이라고 말할 수 있다"고 주장한 것도 비판하였다. 그는 보고 듣고 말하고 행동하고 움직이는 등의 행위는 한 몸에 관계되고 전(全)에 해당하나, 눈으로 볼 수 있지만 들을 수는 없고, 귀로 들을 수 있지만 볼 수는 없는 등, 작용기능이 제한되고 두루 통용되지 않는 것을 편(偏)이라 한다고 주장하였다. 또 오행의 편전(偏全)은 자체로 기질(氣質)에 속하고 오상(五常)의 조건(條件)은 자체로 분수(分殊)에 속하므로, 곧바로 분수(分殊)를 가리켜 편전(偏全)이 된다고 할 수 없다는 전우의 주장에 대해서는, 분수(分殊)는 리일(理一) 중의 일이고 편전(偏全)은 분수(分殊) 중에 말미암아 얻은 것을 말한 것이므로 선후가 있지만, 실은 두 가지가 있는 것이 아니라고 반박하였다. 기정진과 마찬가지로, 박노술도 당시의 학자들이 대부분 리일(理一), 분수(分殊), 편전(偏全)을 각기 다른 층위로 보고 리(理)는 리(理)대로 분(分)은 분(分)대로 설명하는 것을 매우 비판하였다.

3-21-3 「辨田艮齋納涼私議疑目」(『石陰遺稿』卷3)

諸家之意, 太極則必挑出而言之, 本然則必別立一原, 而四德五常, 皆作帶氣看, "理自理、分自分"者, 非耶? 今旣"不然"云者, 未知其所見如何耳。

造化洪爐中, 有一原之妙, 可以爲天爲地, 爲男爲女, 爲智爲愚, 而氣化之生, 各具其一理者。如一塊銅鐵, 可以盤盂, 可以刀釧, 而形器之成, 各得其一分。萬化萬物, 無物不然, 豈獨天地男女智愚而已耶? 節節辨破, 可謂直截無餘, 而猝然問曰"何以辨破", 未知其何所謂也。

"偏全, 非可單言於人物, 亦可竝言於聖凡。" 此段全未可曉。人物性之爲偏爲全, 固也。聖凡之性, 亦有偏全之可言歟? 如曰"全者是聖, 而偏者是凡", 則中品之人, 其性偏歟, 全歟? 「湯誥」曰: "上帝降衷, 民有恒性。" 程「箴」曰: "人有秉彝, 本乎天性。" 曰"恒性", 曰"彝性", 皆非其以全爲性之謂耶? 愚則曰"以全爲性, 聖凡之所同得, 而氣拘物蔽, 聖凡分矣。明之則可復其初之所全, 而因氣之淸濁有多寡, 終未免有欠缺處", 故朱子曰: "學知以下, 氣之淸濁有多寡, 理之全缺係焉。" 此爲百世之確論, 而今曰"理之全缺者, 爲非本然, 有何窒礙乎?", 缺字作偏字看, 尤爲一笑。偏字是得於天之時, 所得未全之謂; 缺字是所受於天者旣全, 而爲氣所拘, 有所欠闕之謂。所指不同, 而欲以此證彼, 可乎? 且"缺者非本然", 猶或可也, "全者亦非本然", 千萬不可。若如此說, 則聖人之性, 亦非本然云耶? "全缺"之缺, 是昔全而今未全之辭, 今雖云缺, 本然則自在。"偏全"之偏, 是始偏而終不得不偏之謂, 彼之本然, 但謂之"所得未全"則可, 謂之"非本然"則不可。

又曰: "人物一原之中有五常, 此爲理之本分。今以五常之隨氣而發見有全缺者, 謂之理之本分, 喚做性之本然。此與朱子云云, {無}[3]或相戾乎?" 此段恐必不然。大抵五常之理, 在人物一原之中, 而五常之隨氣而發見者, 必自人物一原中發出來, 則指此爲理之本分, 喚做性之本然, 不亦宜乎? 朱子云云, 此論氣質之性, 而非指本然而言者, 無怪

---

3) {無}: 『艮齋先生文集』(前編) 卷14 「納涼私議疑目」에 의거하여 보충하였다.

其相戾矣。

以人性言之, 則五常之隨氣發見者, 或惻隱、或羞惡、或是非、辭讓, 是理之本分, 性之本然。其或仁之差爲貪懦, 義之差爲殘忍, 禮之差爲諂佞, 智之差爲詐譎, 亦此理本分中事, 正朱子所謂"性之在氣質, 其品不一"者。然而善反之, 則本然之性存焉。物性之偏, 亦自一原中得來, 乃此理之本分, 不可謂非其本然。此之謂人物之一本然者, 但其元初所得, 不過如此, 無可反之之道, 雖欲存而全之, 豈可得乎? 人物之所不同, 乃在此處。

若於人之一身上言偏全, 則視聽言動、行走坐臥, 係乎一身, 是全也。目視而不能聽, 耳聽而不能視, 手持而不能行, 足行而不能持, 是偏也。非以異名而謂之偏, 以其作用不周故也。今曰: "痿痺不仁, 癱瘓不遂, 然後方可謂之偏。" 若如此說, 則牛病不能耕, 馬病不能行, 然後始可謂之偏耶? 全不近理。又曰: "五行之偏全, 自屬氣質; 五常之條件, 自屬分殊, 何可直指分殊爲偏全耶?" 此說又大不然。"綱理之一般", 指理一而言; "條件之不同", 指分殊而言。分殊是理一中事, 偏全是分殊中所由得者言之。雖有先後, 其實非有兩截。今以理一爲一位, 以分殊爲一位, 以偏全爲一位, 作許多層級, 理自理, 分自分, 誠是大患。

「동오상설同五常說」(『石陰遺稿』卷6)

1) 서지사항

박노술이 기정진의 「납량사의(納凉私議)」의 내용을 보충설명한 글. 『석음유고(石陰遺稿)』, 권6에 실려 있다.

2) 저자

박노술(朴魯述, 1851~1917)로, 자는 공선(公善)이며, 호는 석음(石陰)이다.

3) 내용

노사 기정진은 「납량사의(納凉私議)」에서 호론(湖論)의 인물성이론(人物性異論)과 낙론(洛論)의 인물성동론(人物性同論)에 대해 비판적으로 검토하고, 자신의 의견을 제시한 바 있다. 기정진은 호론에 대해서는 "오상(五常)을 떠나 허공에 일원(一原)을 설정한 것"이라고 비판하고, 낙론의 "오상이 곧 본연지성"이라는 주장에 대해서는 "착실하다"고 긍정했다. 그러면서도 기정진은 낙론의 "사람과 동물이 오상을 같이 지니고 있다[同五常]"에서의 '동(同)'은 어폐가 있다고 지적하고, "어찌 동(同)이라 하는가? 다만 오상이 바로 같은 것이다. 오상은 사물에 따라 치우치도 하고[偏] 온전하기도 한데[全], 이것이 바로 리의 본분이다. 어찌 동(同)이라 하겠는가?[曷謂之同? 秪五常便是同處. 五常之隨物而偏全, 乃此理之本分, 何可同也?]"라고 주장한 바 있다. 기정진의 이 말은 논리적으로 다소 문제가 있어 후학들 사이에 그 해석을 둘러싸고 이견(異見)이 있었거니와, 이 글은 박노술이 이에 대해 자신의 견해를 제시한 것이다.

박노술은 "오상은 곧 리(理)이고, 그것이 사물에 따라 치우치거나 온전한 것[偏全]은 분(分)이므로, 오상과 편전(偏全)은 원융(圓融)하며 분리될 수 없다"고 하였다. 오상이 비록 같더라도 같은 가운데 편전의 다름이 있고, 편전이 비록 다르더라도 다른 가운데 오상의 같음이 있다는 것이다. 그는 낙론이 "오상을 동일하게 지닌다"고 할 때 "동일하다[同]"의 의미가 오상과 편전이 분리될 수 없고, 같고 다름이 원융한 것을 설명하지 못하기 때문에, 진정한 동(同)이 아니라고 보았다. 박노술에 의하면, 낙론의 "오상을 동일하게 지닌다"는 말과 "편전은 본연이 아니다"라는 말은 리(理)와 분(分)을 서로 분리시키는 혐의가 있다. '오상이 동일하다'는 것은 편전으로 나뉜 분수 상태의 리를 말하는 것인데, 낙론은 이를 알지 못하고 편전(偏全) 위에 별도로 오상(五常)을 상정하여 '편전을 제외한 오상만이 동일하다'고 한 것이라고 보았다.

3-21-4 「同五常說」(『石陰遺稿』卷6)

「納凉私議」"同五常之同字, 已自帶病了"以下, 自"曷謂之同"至"何可同也"二十九字, 讀者執言, 互有不同, 何所折衷? 愚見以爲偏全不過五常中事, 則偏全便是此理之本分。五常旣同, 則不得不曰"偏全之性亦同", 如此方是同字無病。而今所謂同者, 何謂也? 五常是本然, 五常則可同, 偏全非本然, 偏全之性, 豈可同耶? 彼同而此不同, 則所謂同者, 非眞同, "同字已帶病"云云。如此看, 則語意穩, 而文勢甚艱。<u>浮海</u>以爲偏全不同, 則在天原有之分, 亦不能無分限之不同, 故設相問答曰"同者, 何謂也?" 曰"五常同, 故只指此處而謂之同也。" 曰"五常雖同, 有偏全之不同。今日之不同, 非自今始然, 在天原有之分, 已殊矣, 何可以五常爲同也?" 反辭而生支節, 深言其同字之爲病, 復以正辭繼之曰"偏全不同, 而猶謂之同"。如此說, 則語意反復, 似或未快, 而文勢平順, 故姑從<u>浮海</u>。然蓋嘗統以論之, 五常之同, 雖有偏全之異, 而偏全之異, 亦莫非同五常中此理原有之分。此便是本然, 此處便是同處。而乙邊同五常之論則不然, 只以五常爲本然, 而指此處謂之同, 以偏全不足爲本然, 而不以此爲之同。此離盤盂、刀劍而求銅鐵於混同之中, 雖曰"性同", 惡在其性同耶? 其所謂同者, 非曰不可, 而此其病處, 若曰"偏全是分殊時原有之理, 而此理卽是五常, 五常亦不可同云爾", 則是偏全不同, 五常又不同, 終未見其同處, 而太涉於甲邊性異之論。雖曰反辭而深病之之說, 先生恐不必如此說去, 願與具眼者更質之。

五常, 理也; 偏全, 分也。五常、偏全, 理分圓融。五常雖同, 而同中有偏全之異; 偏全雖異, 而異中有五常之同。此所謂"理分不相離", 此所謂"同異圓融", 此所謂"異而同", 乃眞同如此, 方可謂同字無病。而乙邊所謂"同五常"三字, "偏全非本然"五字, 是理分相離之苗脉, 何哉? 以五常、偏全, 分作兩截看, 只指五常而便爲之同處, 乃以偏全謂非本然, 而遂不可同也, 則同者自同, 異者自異, 一與殊之相去若天淵, 彼所謂同字, 豈不帶病歟? "只五常便是同處"一句, 覈言乙邊理分相離之弊, 而只字甚有力, 或以公共大同同字之義當之, 而只字不必深看, 或說尤可惑也。

五常之同, 吾雖不言, 彼旣知之, 吾今辨駁同五常之說, 而何乃反以五常同者, 先立定論耶？ 但彼不知"偏全不同而猶同"之義, 故先言"五常 只同", 以診其病; 次言"偏全何同?", 以詰其謬; 至其下, 始大劈破"偏全不同而猶同"之義。如此看似是正釋, 而未得歸一之論, 奈何?

偏全不同, 而不同之中, 若求所同, 則所同者, 乃此理之本分也。此理之本分同, 故偏全不同, 而猶謂之同。本分不同, 則所同者, 果是何事?

"同五常", 非曰不可, 而乙邊同五常之說, 則是理自理也; "偏全不同", 非曰不然, 而偏全非本然之說, 則是分自分也。五常雖同, 而如曰"只五常同", 則是偏全之上, 別置同五常一位, 可乎哉? 吾當曰"此理之同, 必求於偏全之內"。偏全雖不同, 而如曰"此理之本分不同", 則天下之物能得其本然者鮮矣, 可乎哉? 吾當曰"偏全之別, 不害於此理之同。" 五常者, 一塊銅鐵, 可以爲盤盂, 可以爲刀劍者; 偏全者, 盤盂、刀劍, 各得其一分者; 此理之本分, 乃依舊是銅鐵之伎倆也。吾所謂"同五常"者, 求五常於偏全之中, 則此理之本分, 皆同盤盂、刀劍, 無非舊時銅鐵伎倆, 同處正在此處。只以五常爲同處, 則離偏全而求五常於偏全上面, 離盤盂刀劍而別求銅鐵, 可乎? 若曰"此理之本分不同", 則盤盂、刀劍, 非舊時銅鐵而何?

"只五常便是同處"一句, 蓋揀取不落分殊處欲爲之同, 而不知偏全之內有此理之本分, 此病其同字之辭。以銅鐵言之, 則此混同無盤盂、刀劍時節也。"隨物偏全, 乃此理之本分, 何可同也?"一段, 蓋已落分殊, 而不見其在天原有之分自在, 乃曰"何可以此爲同耶?" 此詰其非本然之辭, 以盤盂、刀劍言之, 則非舊時銅鐵底說話。瞽見如此, 讀者更詳之。

22.

後石 吳駿善
(1851~1931)

心說論爭 資料

「답이광술答李光述」[甲子](『後石遺稿』卷5)

1) 서지사항

　오준선이 이승엽에게 답한 편지. 『후석유고』 권5에 실려 있다.

2) 저자

　오준선(吳駿善, 1851~1931)으로, 자는 덕행(德行), 호는 후석(後石)이다.

3) 내용

　1924년에 오준선이 이승엽(李承爗: ?~?)에게 답한 편지이다. 이 편지에 앞서 이승엽이 오준선에게 심성(心性)에 대해 물었고, 오준선은 그에 답하는 편지를 쓴 것이다. 오준선은 주자가 말한 "성(性)은 태극(太極)과 같고, 심(心)은 음양(陰陽)과 같다."에서 "같다[猶]"와 "심은 또한 형이하(形而下)이다."에서 "또한 …이다[亦是]"에 대해서 천(天)과 인(人)을 구별해 말한 것이라 하였다. 또한 오준선은 이이가 말한 "성은 심의 리(理)이다."와 "심의 미발(未發)이 성이다."에서 "심(心)"은 '오로지 기(氣)를 지칭한 것'으로 볼 수 없다고 하였다. 이외에도 심성에 대해 논한 내용이 수록되어있다.

3-22-1 「答李光述」【甲子】(『後石遺稿』卷5)

承諭心性之說, 甚仰, 其用力於學問之工, 專且久也。第其詢及芻蕘, 雖其謙德之光, 而非愚陋者之所敢當也。素以昏昧之質, 未有講究於性理肯綮。今又耄荒, 倂與一二所得者, 而区失久矣, 顧何敢有所上下於其間哉? 大抵先賢之言心性, 俱有條理, 言各有當, 或有指其本體而言, 或有指其流行而言, 不可執此而疑彼也。朱子曰"性猶太極也, 心猶陰陽也", "心亦是形而下者", 觀其曰"猶"、曰"亦是" 則是分別天、人而言。故曰"其理則形而上者也", 形而上者果氣乎? 栗谷先生曰"性是心之理也", 又曰"心之未發爲性", 此等心字, 恐不可專指氣也。蓋心也者, 妙性情而爲言者, 寂然而含具五性, 感通而運出四端, 皆心之爲也。具衆理而應萬事者, 此也。若果卽謂之氣, 則孟子曰"不得於心, 勿求於氣。可", 又曰"蹶者、趨者, 是氣也, 而反動其心"。由此觀之, 心性情, 只是一路而各有境界, 可知也。幸於此, 試思之, 如何率易及此甚悚? "大抵學者, 近思力行爲急務, 至於天命, 則非猝然可辨者", 此栗翁說也。吾輩之所可師法, 如何如何? 『松翁遺集』之未就, 深所慨惜, 士友之責我以壞了於垂成者, 可謂不悉吾心矣。吾則前後所執, 欲受其印許而成書也。果乞憐於彼而刊, 不亦貽累於松翁之甚乎? 且衰朽無狀, 相從於区友之日不遠, 何顏相對乎? 今因高明責諭, 不免時露情實, 諒恕之如何? 植齋猥與託契者, 五十年如一日遽爾云。区痛苦之懷, 愈久愈切, 今承諭及, 有淚沾臆, 痛哉痛哉?

願故思欲與彥卿, 強輔朝夕, 相守以資, 警益高明, 樂與之酬應, 其所以策勵警發者甚摯, 可感可喜。世變此極, 戴天履地者, 孰不憤迫欲死? 惟當講吾道守吾志, 使詖淫退聽, 則彼蟊螟於一時者, 自當如雪見晛矣。況所處賢院也, 講先賢之書, 而考其師友淵源之所自, 求其所以廣大精微之業, 則無以異於親薰而炙之矣, 甚仰。講學節度, 頃者詳聞, 更望努力加愛, 庸副玉成。無物相贈, 鄭所南詠菊詩一句語寫去耳。"寧可枝頭抱香死, 何曾零落北風中。"

3-22-2

「답김언경答金彦卿」(『後石遺稿』卷5)

해제

1) 서지사항

오준선이 김준식에게 답한 편지.『후석유고』권5에 실려 있다.

2) 저자

오준선(吳駿善, 1851~1931)으로, 자는 덕행(德行), 호는 후석(後石)이다.

3) 내용

오준선이 성명원두(性命源頭)에 대한 김준식(金俊植: ?~?)의 물음에 답한 편지이다. 예를 들어 김준식은 "무극이태극(無極而太極)"의 "이(而)"에 대해 물었고, 오준선은 "무극이태극"은 "주자(周子)가 도체(道體)의 묘(妙)를 도출해 형용한 것"이므로 주자(朱子)가 "태극 밖에 다시 무극이 있지 않다."라고 말했다고 하면서 "하늘의 일은 소리도 없고 냄새도 없지만 실제로는 조화의 중심축이고 만물의 뿌리이다.[上天之載, 無聲無臭, 而實造化之樞紐, 品彙之根柢.]"에서 "이(而)"의 쓰임에 살펴볼 수 있다고 하였다.

이외에도 "태극은 본연의 묘용이고 동정은 타는 바의 기틀이다.[太極者, 本然之妙, 動靜者, 所乘之機]"의 "소승지기(所乘之機)", "충막(沖漠)하여 조짐이 없으나, 동하고 정하여 음과 양이 되는 이치는 그 가운데에 모두 갖추어져 있다.[沖漠無眹, 而動靜陰陽之理, 已悉具於其中.]"의 "충막무짐(沖漠無眹)" 등에 대해서 논하였다.

承諭見讀『近思錄』, 此實四子之階梯也。 以左右之明敏, 專精致思, 則必當啓發靈瑩,
自有人所不知而己所獨知之樂矣。 山房靜寂, 遠朋自來, 其喜可想。 方今後進屬望, 舍
彥卿其誰? 至若勉我以謹愼精緻, 望我以學行德業, 足見愛我之無已, 可不銘佩策勵?
而老病垂死之人, 無以副其厚賜, 慚恨極矣。 頻詢諸條, 此是性命源頭, 鄙人從來, 未嘗
理會, 無實見得, 何敢有所上下於其間哉? 第誠意不可孤, 略貢愚見, 皆倉卒口頭語, 必
不契於明見。 如有未妥, 示及如何? 祭文, 各在當人之主見, 吾心無愧, 則傍人之議, 何
可顧也?

別紙

無極, 卽太極之意耶? 然則必不下"而"字矣。

　　"無極而太極", 周子挑出而形容道體之妙也。 故朱子曰"非太極之外, 復有無極也",
　　"而"字不必深看。 "上天之載, 無聲無臭, 而實造化之樞紐, 品彙之根柢", 以此"而"
　　字, 推去如何?

朱子曰: "太極者, 本然之妙, 動靜者, 所乘之機。" "所乘之機"四箇字中, 必有無限曲折,
而意不透, 說難到。

　　"所乘之機四字中, 必有無限曲折", 此意甚善。 蓋機者, 發動所由也。 兩儀、四象、
　　五行、八卦, 皆乘機所由, 而本然之妙, 亦未嘗不在, 形而上、下之說, 於此可見矣。

朱子曰: "'動極而靜, 靜極而復動, 一動一靜, 互爲其根', 命之所以流行而不已也; '動而
生陽, 靜而生陰, 分陰分陽, 兩儀立焉', 分之所以一定而不移也。" 葉氏則以"動生陽, 靜
生陰", 屬於"太極流行"; 而以"一動一靜, 互爲其根", 屬於"二氣對待, 一定不易", 倘不
與朱子之言, 有矛盾者乎?

　　朱子曰"太極之有動靜, 是天命之流行也", 葉註, 蓋本諸此, 而其下繼善成性, 分屬
　　陰陽, 故有命之流行, 分之一定, 是不得不然。 葉註, 亦依此解之, 豈有自相矛盾乎?
　　更詳之如何。

"無極之眞, 二五之精, 妙合而凝。" 夫無極卽太極也, 太極卽理也。 而朱子曰"眞以理

言”, 勉齋曰“無極之實理, 具於二五之精。”云云。

　　無極者, 動而陽、靜而陰之本體也。故曰“眞”, 眞故曰“理”, 纔說陰陽, 已屬氣分。

　　勉齋所謂“無極之實理, 具於二五之精”者, 有何可疑乎? 無極二五所以混融而無間

　　者, 此也。未知如何。

“沖漠無眹, 而動靜陰陽之理, 已悉具於其中。” “沖漠無眹”, 是澹靜無兆眹之可見者云

耶? “中”指“太極之中”耶?

　　“沖漠無眹”, “寂然不動”近之。“中”指“沖漠無眹之中”。

“形旣生矣, 神發知矣。” 此“神”字, 以“功用”言耶? 以“妙用”言耶? 云云。

　　“形生神發”, 此“神”字, 謂之“妙用”亦得, 謂之“功用”亦得”。氣質交運, 稟得其秀

　　者, 非妙用乎? 感物而動, 善惡類分者, 非功用乎?

“聖人定之以中正仁義, 而主靜, 立人極焉。” 以“中正仁義而主靜”觀之, 則若自定矣; 以

“立人極”觀之, 則若是人矣。云云。

　　“自定、定人”, 鷺湖丈之說如此, 蘆沙先生不取。愚則一從師說。今亦不敢妄爲之

　　說。須考『蘆沙集』「定字說」及「答李鳳燮」書, 則可瞭然矣。聖人無欲動情勝、利害

　　相攻, 則有何定之可言者誠然。然聖人亦人耳, 苟無“中正仁義”, 則與衆人無異。

　　『書』曰“惟聖罔念作狂”, 惟“中正仁義”而後, 人極立焉, 所謂定也。此“中”字, 如「繫

　　辭」“天下之理得而成位乎中”同否?

「답이성윤答李聖尹」[教勳](『後石遺稿』卷5)

1) 서지사항

오준선이 이교훈에게 답한 편지. 『후석유고』 권5에 실려 있다.

2) 저자

오준선(吳駿善, 1851~1931)으로, 자는 덕행(德行), 호는 후석(後石)이다.

3) 내용

오준선이 『논어(論語)』와 『맹자(孟子)』의 내용 및 심성론(心性論)에 대한 이교훈(李敎勳: ?~?)의 질문에 답한 편지이다. 이교훈은 왕(王)을 참칭한 것 때문에 공자(孔子)가 초(楚)나라를 싫어하고, 맹자(孟子)가 크고 작은 나라의 군주를 보고 왕도(王道)를 권했던 것에 대해서 물었고, 오준선은 '공자가 『춘추(春秋)』에서 존주(尊周)를 근본으로 하고, 맹자가 제(齊)나라와 양(梁)나라에서 왕도를 권한 것은 정자(程子)의 「맹자답양혜왕이민장(「孟子答梁惠王移民章」)」 주에 자세하다고 답하였다. 이외에 "문소(聞韶)", "여민동락(與民同樂)", "심(心)은 성(性)에 근본한다." 등에 대해서 논하였다.

3-22-3 「答李聖尹」【敎勳】(『後石遺稿』卷5)

帶方高士, 何能記憶? 山中棲棲, 一病漢發書問訊, 如此慇懃耶? 示喩縷縷, 足見憂時病俗之意。 "弸於中而發於外", 此等語, 聞來令人灑然。 俯詢諸條勤意, 不敢終孤, 妄以己意錄送耳。

別紙

孔子惡楚, 以其僭王也, 而孟子見小大國之君, 輒勸王道, 何也?

孔子於『春秋』, 以尊周爲本, 孟子於齊、梁, 勸行王道者, 程子於「孟子答梁惠王移民章」下註, 發明親切, 孰敢有異議哉?

君臣相說之樂, 當言爲君之宮, 爲臣之商, 而乃言爲事之徵, 爲民之角, 何也?

孔子在齊聞韶, 則齊之韶樂, 當時有之。 而孟子言民事之徵角者, 民樂而後, 君臣相說矣。 豈與民同樂之義歟?

"何以異於敎玉人雕琢玉哉?" 似有兩義, 一則 "治國與琢玉, 何異之有?", 一則 "治國, 何故有異於琢玉?" 云云。

敎猶使也。 琢玉必使玉人, 治國不使賢者任之, 是愛國不如愛玉, 何其有異云。

或曰 "心本性", 或曰 "性根心", 孰得?

鄙人, 於心性理氣, 本無的見, 又不能精思細察, 究其極趣, 何敢參論於賢者之言乎? 嘗見先師蘆沙先生答 "性猶太極, 心猶陰陽, 太極生兩儀, 而心却統性情" 之問, 曰 "在天曰太極陰陽; 在人曰心性。 就其中分別天人而言之, '太極生兩儀'是混同說, 則造化本原在理, 故歸重於理, 而曰'太極生兩儀'。 '心統性情'是人身上說, 自人身而言, 則動作運用爲主, 故歸重於心, 而曰'心統性情'。" 幸考『答問類編』本文而觀之, 則思過半矣。

我東黨論, 竊謂決非君子事, 末流之弊, 至於不論人之賢否、事之是非, 先問我黨、彼黨。云云。

我東色目, 其來久矣。 今世何人力量, 打破歸一乎? 各在當人之持心公正, 勿入於指目, 則幾矣。

23.

明湖 權雲煥
(1853~1918)

心說論爭 資料

3-23-1

「외필변소차猥筆辨小箚」(『明湖文集』卷9)

해제

1) 서지사항

권운환이 간재 전우의 「외필변」에 대해 조목을 나누어 비판한 글. 『명호문집(明湖文集)』에 실려 있다.

2) 저자

권운환(權雲煥, 1853~1918), 호는 명호(明湖), 노사(蘆沙) 기정진(奇正鎭)의 제자이다.

3) 내용

「외필변」은 기정진이 지은 「외필」에 대해 전우가 비판한 글이다. 기정진의 제자인 권운환(權雲煥, 1853~1918)은 「외필변소차」를 지어 전우의 「외필변」을 다시 조목조목 비판하였다. 주된 내용은 "(음양의 動靜은) 기틀이 저절로 그러한 것이다[機自爾]"와 "(動靜하도록) 시키는 존재가 있는 것이 아니다[非有使之]"에 대한 논변이다.

전우는 리는 무위(無爲)인데 동정(動靜)은 조작에 속하므로, 율곡은 동정을 '기자이(機自爾)'로 설명한 것이라 하였다. 이에 대해 권운환은 동정을 곧바로 '작용'으로 간주해서 리를 배제하고 '기자이(機自爾)'라 해서는 안 되며, 동정은 '리가 저절로 그러한 것'으로 보아야 한다고 하였다.

전우는 동정은 기의 작용이고, 리는 동하고 정하는 까닭[所以]일 뿐이라고 분별한 다음, '기의 동정은 리가 그렇게 시키는 것'으로 보는 것은 잘못이라고 보았다. '그렇게 시킴[使之]'은 조작(造作)에 속하는바, 리는 무위이므로 조작할 수 없다는 것, 리는 다만 기가 동정하는 까닭일 뿐이라는 것이 전우의 지론이었다. 이에 대해 권운환은 '리의 시킴[使之]'은 '구체적 작용이 없는 시킴'이라고 설명하고, '기의 동정은 기틀이 저절로 그러할 뿐'이라 하여, 진짜로 '시키는 존재가 없다'고 여긴다면, '기는 근본하는 바가 없다'는 주장이 되며, '리가 추뉴근거가 된다'는 주장도 헛말이 되고 만다고 비판하였다.

권운환은 율곡의 말 가운데 "누가 그 기틀을 주장하는가? 오호라, 태극이다!" "성(性)이 발하여

정(情)이 된다." "온갖 정(情) 가운데 무엇이 리에서 발한 것이 아니겠는가?"라는 내용을 매우 중시하였다. 권운환은 율곡의 이러한 말에 비추어 볼 때, 율곡의 "기틀이 저절로 그러하다" "시켜서 그런 것이 아니다[非使之]"와 같은 발언은 '한 때의 실수'에 불과하다고까지 주장하였다. 그런데 후학들이 '율곡이 실수로 한 말까지 억지로 해석하여 후세에 전하는 것'은 선현에 대한 존경의 태도가 아니며, 실질을 속이는 일이라고 주장했다.

전우가 "도체는 무위이다"라고 강조한 것에 대해, 전운환은 여기에서의 '무위'는 다만 '작위가 없다'는 뜻이며, '무위로 하는 묘(妙)'와 '무위로 하는 실제'까지 없다는 말이 아니라고 비판하며, 천명의 유행, 실리, 성(誠)은 모두 도가 행하는 일이라고 강조하였다.

「외필변소차」의 마지막에서 권운환은 "전우의 「외필변」은 전우가 지은 것이 아니라, 그 후학들이 스승을 빙자해서 지은 것이 아닌가 의심스럽다"고 주장하였다. "그렇지 않다면, 어찌 한 시대의 우러름을 받고 백세의 공론을 판정하는 사람으로서 이토록 문리와 사정에 가깝지 않은 곳이 많을 수 있겠는가? 이뿐만이 아니다. 증거를 끌어올 때에 말을 축약하고 급하게 응수하기에 급급한 곳 또한 많아서, 애초에 오척동자의 눈을 속이기에도 부족한데, 하물며 한 시대의 눈과 귀를 가릴 수 있겠는가? 지견이 이미 다르면 각자 자기의 의견으로 전현의 말씀을 잘못 이해하더라도 간혹 그 책임을 면하기 어려운데, 왕왕 결코 실정에 가깝지 않은 것으로 억지로 죄안을 만드니, 간재공(艮齋公)이 과연 이렇게 하겠는가?"

3-23-1「猥筆辨小劄」(『明湖文集』卷9)

朱子雅言: "理無造作。" 動靜者, 造作也, 故曰"機自爾"。朱子又言: "纔有作用, 便是形而下者。" 動靜者, 作用也, 故"機自爾"也。"

　　動靜卽是理之不容已處, 自然而然者。以自然而然言, 則固可曰"機自爾"也。今以動靜, 直做作用看, 而曰"機自爾", 則"自爾"字, 與"作用"字, 其意不相反也歟? 氣之作用, 其所以然則理也。"自爾"自字, 若以"機自機"看, 則是"理自理"之對說的。理自理, 機自機, 則理與氣, 都不相關, 何處見其所以然之實? "所以"二字, 亦非栗谷之所雅言者乎?

孔子分明說"天之生物, 栽者培之, 傾者覆之", 而朱子卻言"此非有物使之然"。孟子分明說"天之生物, 使之一本", 而朱子卻言"自然之理, 若天使之然也"。伊尹分明說"天之生民, 使先知覺後知", 而朱子卻言"天理當然, 若使之也"。此何以故? 恐人錯認"使"字爲作用之意, 故另下"若"字、"恰似"字云云。

　　孔子、孟子、伊尹之言, 有"若有物使之然", 故朱子恐人錯認"使"字爲作用之意, 另下"若"字、"恰似"字、"非有物使之然"字, 以見其無作用之使也。今直云"機自動靜而原無使之者", 則無乃與朱子之意不同乎? 恐栗谷之意, 祇是形容"動極而靜, 靜極復動, 是自然而然", 故至有"非使"字, 而後之執言迷旨者, 遂以爲氣之動靜, 眞無使之者, 則氣無所本而理無先具, 理之爲樞紐根柢, 乃虛語也。此「猥筆」所以作, 而謂"末弊之至斯, 容有未之細思者也"。

且如人能弘道, 機自爾也; 非道弘人, 非有使之也, 云云。

　　"人能弘道, 非道弘人", 乃君子致曲體道上說。自源頭生成上說, 亦可曰"人能使天, 非天生人"乎? 亦可曰"物不遺道, 非道體物"乎? 且"弘"是用力的字, 豈是與"自爾"相近, 而乃以此言之? 殊未可曉也。心自是道理主於身之總體者, 故有曰"具此生理, 自然有覺"。然則心亦豈可外道理而言?

朱子嘗言"一氣流行, 萬物自生自長, 自形自色, 豈是逐一糚點得如此?", 卽栗翁"非有使之”之謂云云。

　　“一氣流行”, 第攷朱子本文首尾, 豈非“理自如此”之謂也。蓋理是無極之極, 無爲之爲, 至虛而實, 至闊而簡者也。主張萬物, 而亦非逐物去做。非逐物去做, 而其主張之妙, 亦未嘗不充周萬物, 此之謂理也。如人以口噴水, 飛散交滴, 其出紛然, 千百其狀, 雖非一一費商量要做其如此, 而其能如此, 豈不是人口之噴之爲耶?

“動之靜之者, 理”, 與栗翁“發之者, 氣”, 同一語勢, 則豈不歸於認氣爲理乎? 云云。
　　“動者靜者, 氣也; 動之靜之者, 理也”, 卽是誦栗谷之言, 以明“非使之”語, 非栗谷之定見也。今欲主彼而廢此, 乃歸於認氣爲理之科, 恐不思之甚也。

朱子所謂理有動靜, 謂理有此氣動靜之理, 非謂理先自有動靜也。如語默, 性爲語默之理, 而口舌從而語默, 未聞此性自會語默也。朱子「答胡季隨」有“自心自省”語, 其能省之者心而非性云云。
　　氣之動靜, 卽是理之動靜已然處, 固非有兩個動靜。然若謂理不會動靜, 則雖曰“理有此氣動靜之理”, 恐無處見其相關之實。曰“至靜之時, 有能知能覺”, 此非以性言者歟? 其能知能覺, 亦非會動靜會語默會底義乎? “自心自省”, 是以敬言, 如云“敬非心外別有底, 心之自省處是已”, 初非對性而言者, 今乃云云, 殊不可曉。

人皆有太極, 而氣稟旣異, 則欲動情勝、利害相攻之患, 往往而有。是時所謂元來乘馬之主人, 旣有操縱之力, 而亦非無適莫, 奈何有此東西惟馬之失也? 云云。
　　曰“志壹氣隨”, 此非主之所向, 僕無不往乎? 曰“天君泰然, 百體從令”, 此非主之所向, 僕無不往乎? 此必以人能弘道當之。然程子曰: “在天爲命, 在物爲理, 在人爲性, 主於身爲心, 其實一也。” 是知心非性命外別物, 卽是性命之主於身而知覺底。朱子解「西銘」“天地之帥, 吾其性”, 而曰“乾健坤順, 此天地之志爲氣之帥, 而人物之所得以爲性者”, 然則志亦可知矣。或曰: “性命之主於身爲心, 則心卽道也, 而曰‘人心有覺, 道體無爲’, 有若道體與人心判爲二物者然, 何也?” 曰: “人心有覺, 非以主宰常定者言歟? 道體無爲, 非以散在事物者言歟? 是之謂‘人能弘道, 非道弘人’。” 聖人之言此, 要人常須提撕警覺, 發揮此道理, 而不爲形氣所使也。蓋人有此形氣, 易爲物所誘, 易爲欲所昏, 聖賢千言萬語, 何莫非以形氣之易決而爲之防也? 如形氣之不循軌, 則不曰悖子亂孫乎? 不曰畔臣逆徒乎? 雖使戰兢臨履, 毫釐必察, 跬步必謹, 猶懼其或差, 而今欲以氣機爲主, 於理氣主僕之常分, 反加譏切之語, 然則所謂"道心爲主, 人心聽命"者, 亦非耶? 栗谷曰"節制人心, 使形色各循其則", 此所謂"節制", 非"操縱"之謂乎? 蓋理雖匪有操縱之力, 自有無爲之爲, 其操縱之準則, 實不能無也。故理有覺之之妙, 氣欲致矯揉變化之功, 所以聖賢教人, 必使之主理而御氣, 奈何以氣爲主, 欲蝕人本然之知覺? 憂道之君子, 其言如此乎!

栗翁亦嘗言"孰尸其機? 嗚呼, 太極!", 又言"性發爲情", 則「猥筆」云云, 栗翁已見之昭陵也。但其以理發爲非者, 卻有曲折, 云云。

曰: "理者, 氣之主宰也; 氣者, 理之所乘也。" 曰: "參差不齊者, 亦是理當如此, 非理不如此, 而氣獨如此也。" 曰: "理通氣局。" 曰: "一動一靜者, 氣也; 動之靜之者, 理也。" 曰: "發之者, 氣也; 所以發者, 理也。" 曰: "心者, 未發已發之總名。" 凡此皆我栗谷先生之洞見大源頭, 而爲東方百世眞正眼目處也。概數之已如此, 豈獨"孰尸其機? 嗚呼, 太極!"、"性發爲情"兩語而已? 又"萬般之情, 夫孰非發於理?", 此句語最是簡要的確, 爲洛、閩以來抽關啓鍵者也。據此諸說, 則可知"自爾"、"非使之"語, 不過一時偶未細思一語之差失也。夫一語之差失, 雖濂、洛、關、閩, 亦不能無也。今之人, 於其所尊, 則雖差失之語, 必曲解而傳述之, 不惟不得爲尊之, 反誣其實而亂其眞也, 大矣。故蘆沙先生, 嘗以萬情發理之語, 指示門人以喩之曰: "此眞的確定論, 惟是後儒尋常遺卻之。特據此, 不能無疑者, 而出氣力主張之, 輾轉差謬, 則弊不可言。此「猥筆」所以不得不作也。" 「猥筆」中凡論後儒與今人處, 直以栗谷當之者, 文理果如是乎? 曾謂公心論理者, 亦有是乎?

「猥筆」所舉"一陰一陽之道, 太極生兩儀"兩句, 誰曰不然, 但"人能弘道, 非道弘人", 獨非孔子之言乎? 恐不必執一而棄一也。竊嘗思之, 自鄕人而至於爲聖爲賢, 豈非奪天地之造化者乎? 其功夫雖存乎心, 而其本源一出於性, 然則謂之"道能弘人", 亦何不可而聖人之言如此? 此宜深思其故。夫道是至尊之實而爲萬物之主者, 乃降而與有作用者同科焉, 則道器上下之分亂, 而無以杜此心覬覦之萌云云。

道是人生日用, 萬事當然之則也。究其所以然, 卽命也。而人得之以生者, 其體, 則謂之性; 其用, 則謂之情; 統性情, 則謂之心, 人與道不可作彼此對頭看也。故曰"道不可須臾離也, 可離非道也", 又曰"仁也者, 人也". 人與道渾然一體, 而但人有形氣, 不能無蔽障, 則人與道始貳而爲二矣. 惟得於天之本心, 自有權度準則, 而自能主宰, 故能開廓而擴充之耳. 是所謂"弘"也, "弘"非一分加益之謂也. 自人而言, 則得此道以爲心, 自有本然之知覺, 而可以隨事省撿, 故曰"人能弘道". 自道而言, 則日用萬事之則, 渾具於一心, 而其主宰之妙已立於人, 初無"弘之"之可言, 故曰"非道弘人". 上下句, 其所主皆"道"也, 初非對頭說也. 若是對頭說, 則當曰"人能弘道, 道不能弘人", 而曰"人能弘道, 非道弘人", 則其語勢, 豈非爲直下來合一底說也? 且"自爾"、"非使之"語, 決非以氣使道之謂, 而猶或有氣自獨擅之慮, 則恐不能無弊也. 今直以"弘道"作"使道"看, 以證栗翁之說, 栗翁之意果如是乎? 栗翁所謂"充廣道心, 節制人心, 使形色各循其則", 此非"弘道"之意乎? 竊恐與今所論, 絶不近似耳. 蓋人得此道以爲心, 以此心弘此道, 正如臣之於君, 得君命以爲柄, 以此柄布君命也. 心旣敬尊德性, 義扶世敎, 鑄凡作聖, 豎人參天, 則心之能事果盡矣. 然以氣機當心體, 而曰如是, 則是氣得專制, 而天下萬法, 皆從氣而生, 可乎?

程子曰: "無獨, 必有對." 朱子曰: "太極便與陰陽相對." 「猥筆」第五段, 正論此義云 "把氣與理對擧, 此非聖人之言"云云, "辭氣之間, 陵轢過越, 大損尊畏聖賢之體"云云.

惟道無對, 以形而上下論之, 則未嘗不有對也, 獨非程、朱之說乎? 「猥筆」之說, 正主此義, 故旣曰"無對", 其下又曰"上下乃敵對也". 曰有對、曰無對, 各有其意, 今偏主有對之說, 挾程、朱陰做罪案, 此果公正心法乎? 還恐後生少年, 或窺其中也.

"此道之爲"四字, 恐合商量. 朱子於『論語集註』, 旣云"道體無爲"云云.

道體無爲, 固是無作爲之爲也, 亦可謂"無爲之"之妙、"無爲之"之實耶? 孟子曰: "莫之爲而爲者, 天也." 『中庸』不誠無物『章句』曰: "天下之物, 皆實理之所爲也." 張子曰: "昊天曰明, 及爾出往. 昊天曰旦, 及爾游衍, 無一物之不體也." 朱子曰: "旣不爲老子之無爲, 又非有所作爲, 則此便是天命流行、鳶飛魚躍之全體." 此皆非流行發見變化昭著, 莫非此道之爲之意耶? 先哲於道妙上, 下爲字處, 不爲不多矣. 今觀所論, 卻似才得一說, 祇守一說, 更不思參衆說而比並較量者, 謂之讀天下之書、窮天下之理, 而乃如是耶? 誠甚可疑.

此所謂「猥筆辨」者, 以愚見疑, 非艮公之爲, 或是時輩之贋作也。不然, 豈以負一時之重望, 斷百世之公論者, 而多有此不近文理、不近事情處耶? 不惟此也。其於援證之際, 有若迫於語縮, 祇從急地酬應然者亦多, 初不足以瞞五尺之童觀, 況可以塗一世之耳目乎? 夫知見旣異, 則各以己意, 錯看前言, 容或難免, 往往勒做罪案於萬不近情之地, 艮公而果如是乎? 爲欲一質其門下, 各於條下, 略爲標識以俟之云爾。

주자는 평소에 "리는 조작함이 없다."고 말하였다. 동정(動靜)은 조작하는 것이므로, (율곡은) "기틀이 저절로 그러하다"고 말한 것이다. 주자가 또 "조금이라도 작용이 있으면 이는 곧 형이하자(形而下者)이다."라고 말하였다. 동정은 작용이므로, (율곡은) "기틀이 저절로 그러하다"라고 말한 것이다.

　동정은 리가 그칠 수 없는 곳으로 자연히 그러한 것이다. 자연히 그러한 것으로 말하자면, 참으로 "기틀이 저절로 그러하다"고 해도 좋을 것이다. (그런데) 이제 동정을 곧바로 작용으로 간주해서 "기틀이 저절로 그러하다"고 한다면, "저절로 그러함"과 "작용"은 그 뜻이 상반되지 않겠는가? 기가 작용함에 그 소이연은 리이다. "저절로 그러하다[自爾]"라 할 때의 "저절로[自]"를 "기틀은 저절로(스스로) 기틀이다"라 본다면 이는 "리는 저절로(스스로) 리이다"와 상대가 되는 말이다. 리는 그대로 리이고, 기틀은 그대로 기틀이어서, 리와 기가 전혀 상관이 없다고 한다면, 어디에서 그 소이연의 실제를 볼 수 있겠는가? "소이(所以)"라는 두 글자는 또한 율곡이 평소에 말하던 바가 아니던가?

공자는 분명히 "하늘이 만물을 낳음에, 자라는 것은 북돋고 기울어진 것은 엎어 버린다."라고 말씀했는데, 주자는 도리어 "이것은 어떤 존재가 있어서 그렇게 시키는 것이 아니다."라 했다. 맹자는 분명히 "하늘이 만물을 낳음에 근본을 하나로 한다."라 하였는데, 주자는 도리어 "저절로 그러한 이치는 마치 하늘이 시켜서 그런 것 같다."고 말했다. 이윤은 분명히 "하늘이 백성을 낳음에, 먼저 아는 사람으로 하여금 뒤에 알게 될 사람을 깨우치게 했다."고 했는데, 주자는 도리어 "천리의 당연함이 마치 그렇게 시킨 것과 같다."고 말했다. 이것은 무슨 까닭인가? 다만 사람들이 '사(使)'를 '작용'의 뜻으로 오해할까 염려했기 때문이다. 그러므로 별도로 '같다[若]', '흡사하다[恰似]' 등의 말을 붙인 것이다. 운운.

　공자, 맹자, 이윤의 말은 "어떤 물건이 그렇게 시킨 것"처럼 되어 있다. 그래서 주자는 사람들이 '시킴[使]'자를 작용의 뜻으로 오해할까봐 별도로 "같다[若]", "흡사하다[恰似]", "어떤 존재가 그렇게 시킨 것이 아니다[非有物使之然]" 등의 말을 붙여서, 구체적 작용이 없는 "시킴"이라고 밝힌 것이다. (그런데) 이제 곧바로 "기틀이 저절로 움직이고 고요하여, 원래 시키는 존재가 없다"고 한다면 주자의 뜻과 다르지 않겠는가? 아마도 율곡의 뜻은 단지 "움직임이 극에 달하면 고요해지고, 고요함이 극에 달하면 다시 움직이는 것이 자연히 그러하다"고 형용하려 했기에, 그래서 "시키는 것이 아니다[非使]"라는 말을 두게 된 것이다. 그런데 후세에 말과 뜻에 집착하는 자들이 드디어 기의 동정에 진짜로 시키는 존재가 없다고 여겨, 기가 근본하는 바가 없으며 리가 미리 갖춰있지 않다고 여기니, 리가 추뉴근거가 됨이 헛말이 되고 말았다. 이것이 「외필」 지어진 이유이며, "말폐가 여기에 이를 것은 미처 세세하게 생각지 못했다"고 말한 이유이다.

또 "사람이 도를 넓힐 수 있음[人能弘道]"은 "기틀이 저절로 그러할 뿐"에 해당하며, "도가 사람을 넓히는 것이 아님[非道弘人]"은 "그렇게 시키는 존재가 있는 것이 아님"에 해당한다.

　　"사람이 도를 넓히지, 도가 사람을 넓히는 것이 아니다"라는 말은 군자가 곡진하게 도를 체득하는 차원에서 말한 것이다. 원두처의 생성하는 차원에서 말한다면, "사람이 하늘을 시킬 수 있는 것이지, 하늘이 사람을 낳는 것이 아니다"라고 할 수 있겠는가? 또 "만물이 도를 빠뜨리지 않는 것이지, 도가 만물의 체가 되는 것이 아니다"라 할 수 있겠는가? 또한 "넓힌다[弘]"는 "힘을 쓴다"는 말이니, 어떻게 "저절로 그러하다"와 서로 가깝게 여겨 이로써 말한단 말인가? 도무지 알 수가 없다. 심은 본래 도리가 몸을 주재하는 전체이니, 그러므로 "이 생리를 갖추고 있으며, 자연히 지각이 있다"고 말하는 것이다. 그렇다면 심 역시 어찌 도리를 벗어나서 말할 수 있겠는가?

주자는 일찍이 "일기(一氣)가 유행하여, 만물이 저절로 생겨나고 자라나며, 저절로 형색을 갖춘다. 이것이 어찌 하나하나 단장하여 이렇게 되겠는가?"라고 말했는데, (이는) 곧 율곡이 "그렇게 시키는 존재가 있는 것이 아니다."라는 말과 같다. 운운.

　　"일기(一氣)가 유행한다"는 주자의 본문 앞뒤를 살펴보면, 어찌 "리가 저절로 이와 같다"는 말이 아니겠는가? 리는 끝이 없는 끝이고, 함이 없는 함이며, 지극히 비었으면서도 충실하고, 지극히 넓으면서도 간략한 것이다. 만물을 주관하면서도 사물을 쫓아가서 해주는 것이 아니다. 사물을 쫓아가서 해주는 것이 아니지만, 그 주관하는 묘함은 만물에 두루 충만하지 않음이 없으니, 이것을 리라고 한다. 마치 사람이 입으로 물을 뿜으면 허공에 흩어져 내림에, 분연히 천태만상으로 나온다. 비록 일일이 신경을 써서 이렇게 만들어 이렇게 할 수 있다고 계획한 것이 아니지만, 그 능히 이렇게 된 것은 어찌 사람의 입에서 뿜어져 나와서 만들어진 것이 아니겠는가?

"동하게 하고 정하게 하는 것이 리이다."[1]라고 말한 것이 또 율곡이 "발하는 것은 기이다."라고 말한 것과 어세가 같으니, 어찌 '기를 리로 인식하는 데로 귀결되지 않겠는가? 운운.

---

1) '動之靜之者, 理'는 보통 '동하게 하고 정하게 하는 것이 리이다'라고 해석하지만, 이렇게 해석하면 非有使之와 양립할 수 없게 된다. 이 구절을 非有使之와 일관되게 해석하려면, '動하고 靜하는 까닭은 理이다'라고 해석하면 될 것이다. 그런데 권운환은 이 구절을 '동하게 하고 정하게 하는 것이 리이다'라고 해석하고, 따라서 "非有使之가 율곡의 定論이 아니라"고 주장하는 것이다.

"동(動)하고 정(靜)하는 것이 기이며, 동하게 하고 정하게 하는 것이 리이다."라고 한 구절은 율곡의 말을 인용하여 "그렇게 시키는 것이 아니다[非使之]"라는 말이 율곡의 확정된 견해가 아님을 밝힌 것이다. 이제 저것을 중심으로 채택하고 이것은 없애려고 하면서, 기를 리로 여기는 오류에 빠진다고 주장하니, 심히 생각이 부족한 일일 것이다.

주자가 "리에는 동정(動靜)이 있다"고 한 것은 리에는 이 기가 동정하는 이치가 있음을 말한 것이지, 리가 먼저 스스로 동정함이 있다는 말이 아니다. 예컨대 말하고 침묵함에 있어서, 성(性)은 말하고 침묵하는 이치가 되고, 입이나 혀는 그에 따라 말하거나 침묵하는 것이니, "성(性)이 스스로 말하거나 침묵한다."는 말은 들어보지 못했다. 주자가 호계수에게 답한 서신에 "자심자성(自心自省)"[2]이라는 말이 있는데, 능히 성찰하는 것은 심이고 성이 아니다. 운운.

기의 동정은 바로 리의 동정이 이미 그러한 곳이니, 참으로 두 개의 동정이 있는 것이 아니다. 그러나 만약 리는 동정할 수 없다고 한다면, 비록 "리에는 이 기가 동정하는 이치가 있다"라 말하더라도, 그 상관되는 실상을 볼 수 있는 곳이 없을 것이다. "지극이 고요한 때에 지각할 수 있다"고 한다면, 이것은 성으로써 말하는 것이 아니겠는가? 그 지각할 수 있다는 것은 또한 동정하고 말하고 침묵할 수 있다는 뜻이 아니겠는가? "마음이 스스로 살핀다"는 것은 "경(敬)"으로써 말한 것이니, "경은 마음 밖에 별도로 있는 것이 아니라, 마음이 스스로 성찰하는 것일 뿐"이라는 말과 같은 것으로서, 애초에 성(性)과 상대해서 말한 것이 아니다. 이제 여러 말 하는 것들을 도무지 이해할 수가 없다.

사람들은 모두 태극을 지니고 있지만 기품이 이미 다르니, 욕심이 움직이고 감정이 넘치며, 이해(利害)가 서로 공박하는 근심이 종종 발생한다. 이러한 때에 이른바 '원래부터 말에 타고 있는 주인'이 이미 '조종(操縱)하는 힘'이 있고 또한 '수긍하거나 거부함[適莫]'이 없지 않다면, 어떻게 동쪽으로 가거나 서쪽으로 가는 것이 오직 말에 달려있는 잘못이 생기겠는가? 운운.

"뜻이 전일하면 기가 이를 따른다"고 하였는데, 이는 '주인이 향하는 곳에 하인이 가지 않음이 없다'는 말이 아닌가? "천군[마음]이 태연하면, 몸의 여러 기관들이 그 명령을 따른다"고 하였는데, 이는 '주인이 향하는 곳에 하인이 가지 않음이 없다'는 말이 아닌가? 이는 반드시 "사람이 도를 넓힌다"는 차원에 해당시켜야 할 것이다. 그런데 정자는 "하늘에 있어서는 명이 되고, 사물에 있어서는 리가 되고, 사람에 있어서는 성이 되고, 몸을 주관하는 것은 심이 되니, 그 실제는 하나이다"라 하였다. 이로써 심이 성명에서 벗어난 별도의 것이 아님을 알 수 있으니, 곧 성명이

---

2) 이 말은 주희가 호계수(胡季隨)의 경(敬)에 대한 질문에 답한 내용이다. 『朱子全書』卷2「學2」

몸을 주관하여 지각하는 것이다.

주자가 「서명」을 풀이하면서, "천지를 이끄는 것은 나의 성이다"라 하고, "건은 꿋꿋하고, 곤은 순종하는 것은 천지의 뜻이 기(氣)를 이끄는 장수가 되는 것이니, 사람과 사물이 이것을 얻어 성(性)으로 삼는다"라 하였으니, 그렇다면 뜻[志]에 대해서도 알 수 있다. 어떤 이가 "성명이 몸을 주관하는 것이 심이라면, 심이 곧 도입니다. 그런데 '사람의 마음에는 지각이 있고, 도체는 무위하다'고 하니, 도체와 사람의 마음이 둘로 갈라지는 것 같습니다. 어떻습니까?"라고 묻자, (주자가) "사람이 마음에 지각이 있다는 것은 주재가 항상 일정한 것으로 밀하는 것 아닌가? 도체가 무위하다는 것은 사물에 흩어져 있는 것으로 말하는 것 아닌가? 이것을 '사람이 도를 넓히는 것이지, 도가 사람을 넓히는 것이 아니다'라고 한다."라고 답하였다.

성인이 이런 말을 한 것은 사람들이 각성하도록 일깨워서 이러한 도리를 발휘하라고 한 것이지, 형기에 부림을 받으라고 한 것이 아니다. 사람은 형기가 있기 때문에 쉽사리 외물에 유혹을 받고, 쉽사리 마음이 어두워진다. 성현의 수많은 말씀이 어찌 형기로 인해 쉽게 결딴나는 것을 방지하기 위함이 아니겠는가? 형기가 궤도를 따르지 않는다면, 패덕한 자손이라 아니하겠으며, 패역한 무리라 하지 않겠는가? 비록 전전긍긍하여 털끝만큼도 살피고, 반걸음도 조심할지라도 오히려 간혹 어긋날까 두려운 것이다. 그런데 이제 기의 기틀을 주인으로 삼아, 리기가 주인과 하인으로 분별되는 상도에 대해 도리어 힐난하는 말을 더한다면, "도심은 주인이 되고, 인심은 명령을 듣는다"라는 말 역시 틀린 것인가?

율곡이 "인심을 절제하여 형색으로 하여금 각기 그 법칙을 따르도록 한다"고 하였는데, 여기서 말한 "절제"는 "조종(操縱)"을 말하는 것이 아닌가? 리가 비록 조종하는 물리적 힘이 있는 것은 아니지만, 스스로 '함이 없는 함[無爲之爲]'이 있으니, 그 조종의 준칙은 실제로 없을 수 없다. 그러므로 리에는 지각하게 하는 묘함이 있고, 기욕에는 바로잡아 변화하는 공이 있다. 이것이 성인이 사람들을 가르칠 때, 반드시 리를 주로 삼아 기를 제어하도록 한 것이니, 어찌 기를 주로 삼아 사람 본연의 지각을 손상하도록 한 것이겠는가? 도를 근심하는 군자라면 그 말이 이와 같겠는가!

율곡 역시 일찍이 "누가 그 기틀을 주장하는가? 오호라, 태극이다!"라고 말했고, 또 "성(性)이 발하여 정(情)이 된다"라고 말했으니, 「외필」에서 말한 것들은 율곡도 이미 훤히 알고 있는 것이었다. 다만 '리발(理發)'을 잘못이라고 여긴 것은 또한 곡절이 있다. 운운.

"리는 기의 주재이고, 기는 리가 타는 바이다." "들쭉날쭉 가지런하지 않은 것 역시 리가 마땅히 이와 같으니, 리가 이와 같지 않은데 기가 홀로 이와 같은 것이 아니다." "리는 통하고 기는 국한된다." "한 번 움직이고 한 번 고요한 것은 기이고, 움직이게 하고 고요하게 하는 것은 리이다."

"발하는 것은 기이고, 발하게 하는 것은 리이다." "심은 미발과 이발을 아우르는 전체 명칭이다." 이는 모두 우리 율곡 선생이 큰 근원처를 통철하게 본 것으로서, 동방에 백세토록 진정한 안목이 되는 것이다. 대략 헤아려도 이미 이와 같으니, 어찌 유독 "누가 그 기틀을 주장하는가? 오호라, 태극이다!" "성이 발하여 정이 된다" 두 말씀뿐이겠는가?

또 "온갖 정 가운데 무엇이 리에서 발한 것이 아니겠는가?"라 하였는데, 이 구절은 정·주(程朱) 이래로 가장 간요하고 적확하게 빗장을 뽑아 자물쇠를 연 것이다. 이 몇 가지 말씀에 의거하면 "저절로 그러하다" "시켜서 그런 것이 아니다"는 말은 한 때 우연히 세밀하게 생각지 못해서 나온 한 마디 실수에 불과함을 알 수 있다. 한 마디 실수는 염계, 이정자, 장재, 주자라 할지라도 없을 수 없는 일이다. 요즘 사람들이 그 존경하는 분들에 대해서, 실수한 말들조차 반드시 곡해 (曲解)하여 전하는데, 이는 존경이 되지 않을 뿐 아니라 도리어 실질을 속여서 크게 진실을 어지 럽히는 일이다.

그러므로 노사선생이 일찍이 "온갖 정이 리에서 발한다"는 말씀으로써 문인들에게 보이면서, "이것은 참으로 확고한 의론인데, 후세 유학자들이 주목하지 않고 내버렸다. 특히 이에 근거하여 의심이 없을 수 없는 것을 기를 쓰고 주장하니, 이리저리 왜곡되는 바람에 그 폐단을 다 말할 수 없이 되었다. 이것이 「외필」을 부득이 짓게 된 까닭이다."라고 깨우치셨다. 「외필」가운데 후세 의 유학자와 오늘날 사람들을 넓게 논의한 부분을 (「외필」을 비판하는 자들이) 곧바로 율곡에 해당시키는데, 문리가 과연 이와 같은가? 일찍이 공정한 마음으로 이치를 논하는 자가 또한 이러 함이 있던가?

「외필」에서 "한 번 음이 되고 한 번 양이 되는 것을 도(道)라고 말한다.", "태극이 양의[陰陽]를 생한 다."는 두 구절을 거론한 것은 누가 "그렇지 않다"고 하겠는가? 그러나 오직 "사람이 도를 넓힐 수 있고, 도가 사람을 넓히는 것이 아니다."라는 것은 공자의 말씀이 아닌가? 아마도 하나에 집착하여 다른 하나를 버릴 필요는 없을 것이다. 내가 일찍이 생각해보니, 향인(鄕人)으로부터 성인(聖人)이 되고 현인(賢人)이 되는 것은 어찌 천지의 조화(造化)를 빼앗은 것이 아니겠는가? 그 공부는 비록 마음에 달려있는 것이라도, 그 근원은 한결같이 성(性)에서 비롯되니, 그렇다면 '도가 사람을 넓힐 수 있다'고 말하더라도 어찌 안 되겠는가마는 성인의 말씀이 이와 같으니, 이에 대해서는 그 까닭을 깊이 생각해야만 한다. 무릇 도는 지극히 존귀한 실체로서 만물의 주인이 된다. 만약 그것을 강등시켜 내려와 '작용이 있는 것'과 같게 한다면, 도(道)와 기(器), 상(上)과 하(下)의 구분이 문란하게 되어, 마음이 야심을 드러내는 싹을 저지할 수 없게 된다. 운운.

도는 사람이 살아가는 일상에 있어서 만사의 당연한 법칙이며, 그 소이연을 궁구하면 곧 명이다. 사람이 그것을 얻어서 태어남에 그 체를 성이라 하고, 그 작용을 정이라 하며, 성정을 통괄하여 심이라 하니, 사람과 도는 피차 대립되는 것으로 볼 수가 없다. 그러므로 "도는 떠날 수가 없으니, 떠날 수 있다면 도가 아니다"라 하고, 또 "인(仁)이란 사람다움이다."라고 하는 것이다. 사람과 도는 혼연히 일체인데, 다만 사람은 형기가 있어서 가리고 막힘이 없을 수 없으니, 사람과 도가 비로소 나뉘어 둘이 된 것이다. 오직 하늘에서 얻은 본심은 스스로 권도(權度)와 준칙(準則)을 지니고 있어서 스스로 주재할 수 있으니, 그러므로 능히 열어 넓혀 확충할 수 있는 것이다. 이것이 이른바 "넓힘[弘]"이니, "넓힘[弘]"은 조금 더 보탠다는 말이 아니다. 사람의 입장에서 말하면, 이 도를 얻어 심으로 삼으니, 자연히 본연의 지각이 있어 일에 따라 실필 수 있는 것이나. 그러므로 "사람이 도를 넓힐 수 있다"고 하였다. 도의 입장에서 말하면, 일상 만사의 법칙이 혼연히 일심에 갖추어져 있는데, 그 주재하는 묘는 이미 사람에게 세워져 있으니, 애초에 "넓힌다[弘之]" 고 할 것이 없다. 그러므로 "도가 사람을 넓히는 것이 아니다"라 하였다. 위와 아래 두 구절에서 그 주가 되는 것은 모두 "도"이니, 애초에 대립시켜 말한 것이 아니다. 만약 대립시켜 말한 것이라면, 마땅히 "사람이 도를 넓힐 수 있고, 도는 사람을 넓힐 수 없다"라 했을 것이다. 그러나 "사람이 도를 넓히는 것이지, 도가 사람을 넓히는 것이 아니다"라 하였으니, 그 어세가 어찌 곧바로 내려와 합일시킨 말이 아니겠는가? 또한 "저절로 그러하다" "시키는 것이 아니다"라는 말은 결코 기로써 도를 부린다는 말이 아니지만, 오히려 간혹 기가 제멋대로 하는 염려가 있으니, 아마도 폐해가 없을 수 없다. 이제 곧바로 "도를 넓힌다"를 "도를 부린다"로 간주하여 율곡의 설을 증명하려 한다면, 율곡의 뜻이 과연 이러하겠는가? 율곡의 "도심을 확충하고, 인심을 절제하며, 형색으로 하여금 그 법칙을 따르게 한다"는 말씀이 이 "도를 넓힌다"는 뜻이 아니겠는가? 가만히 생각해 보면 요즘 세상에서 논의하는 바와는 결코 가깝지 않을 것이다. 사람이 이 도를 얻어 심으로 삼아, 이 마음으로써 이 도를 넓히는 것은 바로 신하가 임금에 대해서 임금의 명령으로써 자루[權柄]를 삼고, 이 자루로 임금을 명령을 펼치는 것과 같다. 마음이 이미 경(敬)으로 덕성을 높이고, 의(義)로 세상의 교화를 지탱하여, 평범한 사람을 성인으로 만들어, 사람을 하늘의 일에 참여하게 하면, 마음이 해야 할 일을 과연 다 한 것이다. 그런데 기기(氣機)를 심체에 해당시켜 이와 같이 말한다면, 이는 기(氣)가 전제(專制)하는 것이요, 천하의 모든 법이 다 기로부터 나오는 것이니, 옳겠는가?

정자는 "(천지만물의 리는) 홀로인 것이 없고, 반드시 상대가 있다."고 말하였고, 주자는 "태극은 음양과 서로 상대한다."고 말하였다. 「외필」의 다섯 번째 단락에서는 바로 이러한 뜻을 논하면서 "기와 리를 짝지어 거론하는데, 이는 성인의 말씀이 아니다." 운운하였는데, "그 말을 함에 있어서 업신여기는 기운이 도를 지나쳐 성현을 높이고 외경하는 체모(體貌)를 크게 해쳤다." 운운.

"오직 도만이 상대가 없으나, 형이상하로 논하면 상대가 없을 수 없다."는 것은 오직 정자와 주자의 학설이 아닌가? 「외필」의 학설은 바로 이 뜻을 주장한 것이다. 그러므로 이미 "상대가 없다"라 하고, 그 아래에서 또 "상과 하는 맞상대[敵對]가 된다"고 하였다. "상대가 있다" "상대가 없다"는 말은 각기 그 뜻이 있거니와, 이제 편벽되게 "상대가 있다"는 설을 주장하면서, 정자와 주자를 끼고 몰래 죄안을 만드니, 이것이 과연 공정한 심법인가? 후배 젊은이들이 그 심중을 엿볼까 두렵다.

"이 도가 하는 일"이라는 말은 자세히 따져보아야 한다. 주자는 『논어집주』에서 이미 "도체는 작위가 없다."고 말했다. 운운.

　　"도체는 무위이다"란 말은 참으로 "작위가 없다"는 말이지만, 또한 무위로 하는 묘와 무위로 하는 실제까지를 말하는 것인가? 맹자는 "행함이 없이 행하는 것은 하늘이다"라 하였고, "성(誠)이 아니면 사물이 없다"에 대해 『중용장구』에서는 "천하의 사물은 모두 실리가 하는 바이다"라 하였으며, 장자는 "하늘이 밝으시어 네가 어디에 가든 함께 하시고, 하늘이 밝으시어 네가 놀러 다닐 때에도 지켜보시니, 한 가지 사물에도 체(體)가 되지 않음이 없다."하였다. 주자는 "이미 노자의 무위가 아니고, 또 작위하는 바가 있는 것도 아니니, 이는 바로 천명이 유행하는 것으로 소리개가 하늘에서 날고 물고기가 못에서 뛰는 전체의 모습이다."라 하였다. 이것은 모두 유행하고, 발현하고, 변화하여 드러나는 것이 모두 이 도가 행하는 것이라는 뜻 아닌가? 옛 현인이 '도의 묘함'을 설명하면서 '위(爲)'자를 둔 곳이 제법 많다. 이제 논한 바를 보면 도리어 겨우 한 가지 설을 얻어 한 가지 설을 굳게 잡고서, 다시 여러 설들을 참고해 비교하지 않으니, 온 세상의 책을 읽고, 온 세상의 이치를 궁구한다고 말하면서 이와 같이 하는가? 참으로 매우 의심스러운 일이다.

이 「외필변」이라는 글은 내가 보기에 간재공(艮齋公)이 지은 것이 아니라 요새 무리들이 빙자해서 지은 것이 아닌가 의심스럽다. 그렇지 않다면, 어찌 한 시대의 우러름을 받고 백세의 공론을 판정하는 사람으로서 이토록 문리와 사정에 가깝지 않은 곳이 많을 수 있겠는가? 이뿐만이 아니다. 증거를 끌어 올 때에 말을 축약하고 급하게 응수하기에 급급한 곳 또한 많아서, 애초에 오척동자의 눈을 속이기에도 부족한데, 하물며 한 시대의 눈과 귀를 가릴 수 있겠는가? 지견이 이미 다르면 각자 자기의 의견으로 전현의 말씀을 잘못 이해하더라도 간혹 그 책임을 면하기 어려운데, 왕왕 결코 실정에 가깝지 않은 것으로 억지로 죄안을 만드니, 간재공이 과연 이렇게 하겠는가? 그 문하에 질문하고자 각 조목 아래에 대략 기록하여 기다릴 뿐이다.

朱子雅言: "理無造作。" 動靜者, 造作也, 故曰'機自爾'。朱子又言: "纔有作用, 便是形而下者。" 動靜者, 作用也, 故'機自爾'也。

　　動靜卽是理之不容已處, 自然而然者。以自然而然言, 則固可曰"機自爾"也。今以動靜, 直做作用看, 而曰"機自爾", 則"自爾"字, 與"作用"字, 其意不相反也歟? 氣之作用, 其所以然則理也。"自爾"自字, 若以"機自機"看, 則是"理自理"之對說的。理自理, 機自機, 則理與氣, 都不相關, 何處見其所以然之實? "所以"二字, 亦非栗谷之所雅言者乎?

孔子分明說"天之生物, 栽者培之, 傾者覆之", 而朱子卻言"此非有物使之然"。孟子分明說"天之生物, 使之一本", 而朱子卻言"自然之理, 若天使之然也"。伊尹分明說"天之生民, 使先知覺後知", 而朱子卻言"天理當然, 若使之也"。此何以故? 恐人錯認"使"字爲作用之意, 故另下"若"字、"恰似"字云云。

　　孔子、孟子、伊尹之言, 有"若有物使之然", 故朱子恐人錯認"使"字爲作用之意, 另下"若"字、"恰似"字、"非有物使之然"字, 以見其無作用之使也。今直云"機自動靜而原無使之者", 則無乃與朱子之意不同乎? 恐栗谷之意, 祇是形容"動極而靜, 靜極復動, 是自然而然", 故至有"非使"字, 而後之執言迷旨者, 遂以爲氣之動靜, 眞無使之者, 則氣無所本而理無先具, 理之爲樞紐根柢, 乃虛語也。此「猥筆」所以作, 而謂"末弊之至斯, 容有未之細思者也"。

且如人能弘道, 機自爾也; 非道弘人, 非有使之也, 云云。

　　"人能弘道, 非道弘人", 乃君子致曲體道上說。自源頭生成上說, 亦可曰"人能使天, 非天生人"乎? 亦可曰"物不遺道, 非道體物"乎? 且"弘"是用力的字, 豈是與"自爾"相近, 而乃以此言之? 殊未可曉也。心自是道理主於身之總體者, 故有曰"具此生理, 自然有覺"。然則心亦豈可外道理而言?

朱子嘗言"一氣流行, 萬物自生自長, 自形自色, 豈是逐一糚點得如此?", 卽栗翁"非有使之"之謂云云。

　　"一氣流行", 第攷朱子本文首尾, 豈非"理自如此"之謂也。蓋理是無極之極, 無爲之爲, 至虛而實, 至闊而簡者也。主張萬物, 而亦非逐物去做。非逐物去做, 而其主張之妙, 亦未嘗不充周萬物, 此之謂理也。如人以口噴水, 飛散交滴, 其出紛然, 千百其狀, 雖非一一費商量要做其如此, 而其能如此, 豈不是人口之噴之爲耶?

"動之靜之者, 理", 與栗翁"發之者, 氣", 同一語勢, 則豈不歸於認氣爲理乎? 云云。

　　"動者靜者, 氣也; 動之靜之者, 理也", 卽是誦栗谷之言, 以明"非使之"語, 非栗谷之定見也。今欲主彼而廢此, 乃歸於認氣爲理之科, 恐不思之甚也。

朱子所謂理有動靜, 謂理有此氣動靜之理, 非謂理先自有動靜也。如語默, 性爲語默之理, 而口舌從而語默, 未聞此性自會語默也。朱子「答胡季隨」有"自心自省"語, 其能省之者心而非性云云。

氣之動靜, 卽是理之動靜已然處, 固非有兩個動靜。然若謂理不會動靜, 則雖曰"理有此氣動靜之理", 恐無處見其相關之實。曰"至靜之時, 有能知能覺", 此非以性言者歟? 其能知能覺, 亦非會動靜會語默會底義乎? "自心自省", 是以敬言, 如云"敬非心外別有底, 心之自省處是已", 初非對性而言者, 今乃云云, 殊不可曉。

人皆有太極, 而氣稟旣異, 則欲動情勝、利害相攻之患, 往往而有。是時所謂元來乘馬之主人, 旣有操縱之力, 而亦非無適莫, 奈何有此東西惟馬之失也? 云云。

曰"志壹氣隨", 此非主之所向, 僕無不往乎? 曰"天君泰然, 百體從令", 此非主之所向, 僕無不往乎? 此必以人能弘道當之。然程子曰: "在天爲命, 在物爲理, 在人爲性, 主於身爲心, 其實一也。"是知心非性命外別物, 卽是性命之主於身而知覺底。朱子解「西銘」"天地之帥, 吾其性", 而曰"乾健坤順, 此天地之志爲氣之帥, 而人物之所得以爲性者", 然則志亦可知矣。或曰: "性命之主於身爲心, 則心卽道也, 而曰'人心有覺, 道體無爲', 有若道體與人心判爲二物者然, 何也?" 曰: "人心有覺, 非以主宰常定者言歟? 道體無爲, 非以散在事物者言歟? 是之謂'人能弘道, 非道弘人'。" 聖人之言此, 要人常須提撕警覺, 發揮此道理, 而不爲形氣所使也。蓋人有此形氣, 易爲物所誘, 易爲欲所昏, 聖賢千言萬語, 何莫非以形氣之易決而爲之防也? 如形氣之不循軌, 則不曰悖子亂孫乎? 不曰畔臣逆徒乎? 雖使戰兢臨履, 毫釐必察, 跬步必謹, 猶懼其或差, 而今欲以氣機爲主, 於理氣主僕之常分, 反加譏切之語, 然則所謂"道心爲主, 人心聽命"者, 亦非耶? 栗谷曰"節制人心, 使形色各循其則", 此所謂"節制", 非"操縱"之謂乎? 蓋理雖匪有操縱之力, 自有無爲之爲, 其操縱之準則, 實不能無也。故理有覺之之妙, 氣欲致矯揉變化之功, 所以聖賢教人, 必使之主理而御氣, 奈何以氣爲主, 欲蝕人本然之知覺? 憂道之君子, 其言如此乎!

栗翁亦嘗言"孰尸其機? 嗚呼, 太極!", 又言"性發爲情", 則「猥筆」云云, 栗翁已見之昭陵也。但其以理發爲非者, 卻有曲折, 云云。

曰: "理者, 氣之主宰也; 氣者, 理之所乘也。" 曰: "參差不齊者, 亦是理當如此, 非理不如此, 而氣獨如此也。" 曰: "理通氣局。" 曰: "一動一靜者, 氣也; 動之靜之者, 理也。" 曰: "發之者, 氣也; 所以發者, 理也。" 曰: "心者, 未發已發之總名。" 凡此皆我栗谷先生之洞見大源頭, 而爲東方百世眞正眼目處也。槪數之已如此, 豈獨"孰尸其機? 嗚呼, 太極!"、"性發爲情"兩語而已? 又"萬般之情, 夫孰非發於理?", 此句語最是簡要的確, 爲洛、閩以來抽關啓鍵者也。據此諸說, 則可知"自爾"、"非使之"語, 不過一時偶未細思一語之差失也。夫一語之差失, 雖濂、洛、關、閩, 亦不能無也。今之人, 於其所尊, 則雖差失之語, 必曲解而傳述之, 不惟不得爲尊之, 反誣其實而亂其眞也, 大矣。故蘆沙先生, 嘗以萬情發理之語, 指示門人以喩之曰: "此眞的確定論, 惟是後儒尋常遺卻之。特據此, 不能無疑者, 而出氣力主張之, 輾轉差謬, 則弊不可言。此「猥筆」所以不得不作也。"「猥筆」中凡論後儒與今人處, 直以栗谷當之者, 文理果如是乎? 曾謂公心論理者, 亦有是乎?

「猥筆」所擧"一陰一陽之道, 太極生兩儀"兩句, 誰曰不然, 但"人能弘道, 非道弘人", 獨非孔子之言乎? 恐不必執一而棄一也。竊嘗思之, 自鄕人而至於爲聖爲賢, 豈非奪天地之造化者乎? 其功夫雖存乎心, 而其本源一出於性, 然則謂之"道能弘人", 亦何不可, 而聖人之言如此, 此宜深思其故。夫道是至尊之實而爲萬物之主者, 乃降而與有作用者同科焉, 則道器上下之分亂, 而無以杜此心覬覦之萌云云。

道是人生日用, 萬事當然之則也。究其所以然, 卽命也。而人得之以生者, 其體, 則謂之性; 其用, 則謂之情; 統性情, 則謂之心, 人與道不可作彼此對頭看也。故曰"道不可須臾離也, 可離非道也", 又曰"仁也者, 人也"。人與道渾然一體, 而但人有形氣, 不能無蔽障, 則人與道始貳而爲二矣。惟得於天之本心, 自有權度準則, 而自能主宰, 故能開廓而擴充之耳。是所謂"弘"也, "弘"非一分加益之謂也。自人而言, 則得此道以爲心, 自有本然之知覺, 而可以隨事省撿, 故曰"人能弘道"。自道而言, 則日用萬事之則, 渾具於一心, 而其主宰之妙已立於人, 初無"弘之"之可言, 故曰"非道弘人"。上下句, 其所主皆"道"也, 初非對頭說也。若是對頭說, 則當曰"人能弘道, 道不能弘人", 而曰"人能弘道, 非道弘人", 則其語勢, 豈非爲直下來合一底說也? 且"自爾"、"非使之"語, 決非以氣使道之謂, 而猶或有氣自獨擅之慮, 則恐不能無弊。今直以"弘道"作"使道"看, 以證栗翁之說, 栗翁之意果如是乎? 栗翁所謂"充廣道心, 節制人心, 使形色各循其則", 此非"弘道"之意乎? 竊恐與今所論, 絶不近似耳。蓋人得此道以爲心, 以此心弘此道, 正如臣之於君, 得君命以爲柄, 以此柄布君命也。心旣敬尊德性, 義扶世教, 鑄凡作聖, 豎人參天, 則心之能事果盡矣。然以氣機當心體, 而曰如是, 則是氣得專制, 而天下萬法, 皆從氣而生, 可乎?

程子曰: "無獨, 必有對。" 朱子曰: "太極便與陰陽相對。"「猥筆」第五段, 正論此義云"把氣與理對擧, 此非聖人之言"云云, "辭氣之間, 陵轢過越, 大損尊畏聖賢之體"云云。

惟道無對, 以形而上下論之, 則未嘗不有對也, 獨非程、朱之說乎?「猥筆」之說, 正主此義, 故旣曰"無對", 其下又曰"上下乃敵對也"。曰有對、曰無對, 各有其意, 今偏主有對之說, 挾程、朱陰做罪案, 此果公正心法乎? 還恐後生少年, 或窺其中也。

"此道之爲"四字, 恐合商量。朱子於『論語集註』, 旣云"道體無爲"云云。

道體無爲, 固是無作爲之爲也, 亦可謂"無爲之"之妙、"無爲之"之實耶? 孟子曰: "莫之爲而爲者,天也。"『中庸』不誠無物『章句』曰: "天下之物, 皆實理之所爲也。" 張子曰: "昊天曰明, 及爾出往。昊天曰旦, 及爾游衍, 無一物之不體也。" 朱子曰: "旣不爲老子之無爲, 又非有所作爲, 則此便是天命流行、鳶飛魚躍之全體。" 此皆非流行發見變化昭著, 莫非此道之爲之意耶? 先哲於道妙上, 下爲字處, 不爲不多矣。今觀所論, 卻似才得一說, 祇守一說, 更不思參衆說而比並較量者, 謂之讀天下之書、窮天下之理, 而乃如是耶? 誠甚可疑。

此所謂「猥筆辨」者, 以愚見疑, 非艮公之爲, 或是時輩之贗作也。不然, 豈以負一時之重望, 斷百世之公論者, 而多有此不近文理、不近事情處耶? 不惟此也。其於援證之際, 有若迫於語縮, 祇從急地酬應然者亦多, 初不足以瞞五尺之童觀, 況可以塗一世之耳目乎? 夫知見旣異, 則各以己意, 錯看前言, 容或難免, 往往勒做罪案於萬不近情之地, 艮公而果如是乎? 爲欲一質其門下, 各於條下, 略爲標識以俟之云爾。

「납량사의기의소차納涼私議記疑小劄」(『明湖文集』卷9)

1) 서지사항

권운환이 전우의 「납량사의기의(納涼私議記疑)」를 조목별로 비판한 글.『명호문집(明湖文集)』에 실려 있다.

2) 저자

권운환(權雲煥, 1853~1918), 호는 명호(明湖), 노사(蘆沙) 기정진(奇正鎭)의 제자이다.

3) 내용

기정진의 「납량사의」를 비판한 전우의 「납량사의의목(納涼私議疑目)」을 권운환이 재비판한 글이다. 먼저 「납량사의의목」의 각 조목에서 논의의 대상이 되는 부분을 발췌하고, 그에 대해 반론하는 방식을 취하였다. 전체 12개 조목으로 구성되어 있다. 주요 주제는 인물성 동이문제에 있어서 리(理)의 분(分)과 편(偏)에 대한 견해의 차이이다. 전우는 기정진이 제시한 리(理)와 분(分)의 상함적 관계는 수용하지만, 편은 기의 온전함에 상대하는 성이라고 보아 분과 편은 맥락이 서로 다른 것으로 구별한다. 전우는 편전은 기의 문제이지 성의 문제가 아니며, 기질이 다르다고 해서 천명지성에 편전이 있는 것이 아니라는 입장을 취한다. 이에 대해 권운환은 분은 편의 의미를 겸해서 지니고 있으며, 물성의 편(偏) 역시 선(善) 일변으로 본연의 성이라고 주장한다. 편 역시 기가 아닌 리의 문제임을 분명히 함으로써 기정진의 설을 변론하였다. 기정진 문하의 여러 학자들이 「납량사의의목」에 대해 비판한 바와 같이, 권운환 역시 주리론적 입장을 바탕으로, 인물성의 동이를 본연지성의 편전으로 설명하였다.

3-23-2 「納凉私議記疑小劄」(『明湖文集』卷9)

偏之與分, 元非一串。分如一身中耳目手足, 偏如一耳獨聽, 半身偏邃。云云。

    "偏之與分, 若非一串", 何以曰"分如一身中耳目手足"也? 如耳專於聽而不能視, 目專於視而不能聽, 手專於持而不能行, 足專於行而不能持, 此非爲偏而分之所自有者歟? 竊以爲不外此, 而偏之與分爲一串, 不可誣也。

未審, 蘆沙以象數未形其理已具, 爲人物所稟偏全之源乎? 竊意, 此句指意, 恐是父子君臣未生之前, 慈孝禮忠之理已具; 事物微細未有之先, 事物微細之理已具云爾。非謂聖人衆人未生之前, 已有分殊之全理未全理; 鳥獸枯槁未生之前, 已有偏塞之理。云云。

    曰"事物微細未有之先, 事物微細之理已具", 鳥獸枯槁之類, 此獨非物之微細者歟? 曰象數、曰形器, 則凡天地間有形有象者, 舉無不盡, 人與物非象數形器上大等分乎? 以若大等分, 安有無一理中本有之分? 人則雖其所稟, 千百不同, 其性無不全, 其象一也。乃以聖人以下氣質之有許多層等, 一與物混同說, 恐非言有物之道。

洛家若指性中發出來底忠孝仁讓, 而曰"此分之殊, 非本然之性也", 則分外有理, 而性爲無用之物矣。但謂萬衆之性, 其體本全, 而自學知以下, 至於翔走枯槁之發見, 各隨所稟之氣, 而自爲一性, 其品有萬不齊, 是安可皆謂本然之性乎?

    一性中忠孝仁讓有本然之分而異類之, 人與物獨無本然之分乎? 若如所論, 物性之偏, 是爲氣質而非本然之分, 則彼萬殊之類, 得其本分時, 當作何樣? 其必一與人同其全, 而無大小貴賤多寡之殊歟? 然則理祗是一塊物, 而都無萬化之妙, 若是其梗然無能, 而凡先儒之論理者, 必曰妙萬物、必曰萬化之源者, 皆何謂也? 竊以爲天地閒化化生生, 自有人物萬殊之分, 分也者, 乃理之不得不然之妙。是知人物萬殊, 皆理之所必然, 而其分則先具也。

朱子曰: "非有偏全。" 此洛家之所本也。云云。

    其有偏全處, 亦可曰"非有偏全, 以其同得五常之理也"。蓋非全獨有五常, 偏不有五常, 所謂非有偏全也。同一五常, 而於人如此, 於物如彼, 是其分也。其分也, 初非如有形者之有此疆彼界也, 祇是此個理而但有如此如彼, 不容已之妙而已。有偏全而非有偏全, 非有偏全而自有偏全, 朱子論此不啻多矣。各有指意, 不可以一例看也。

偏全, 皆指善一邊, 則蜂虎果然之仁義, 堯、舜、周、孔之仁義, 毫無殊別乎? 然則朱子何以言"仁義禮智之粹然者, 人與物異"乎?

以物性之偏而不全, 不欲作善一邊看, 然則所謂繼之者善, 成之者性, 是祇言人而非物之所得與乎? 蓋彼物性之偏, 其發見於運動蠢然之閒, 而絶不近似於善邊者固多矣, 其各有自然而然者, 莫非天理中事也。是不可謂之善一邊歟? 仁義禮智之人與物異, 其不曰如白雪之白、白馬之白、白玉之白, 同一白也, 而有不同云爾歟?

堯、舜、孔子之全, 固當爲本然。至於夷、惠之偏於淸、和, 顏、閔之具體而微, 游、夏之僅有一體, 豈非由於氣質乎? 人猶如此, 況於微物乎? 云云。

此段所論, 語意所歸, 鈍滯莫曉。姑就句語上言之, 則雖九分善, 一分未善, 不可不謂之兼善惡, 以其本分不如此也。物則雖祇有一點子明, 不可謂之兼善惡, 以其本分如此也。顏、閔、夷、惠、游、夏分上, 似不可以惡言, 然其氣質才有些子未盡化者, 便不周爲未善也。所謂顏子之有不善, 正在此閒者也。顏子猶然, 況非顏子者乎? 但其所謂不善者, 非若他人身上之失, 有迹有蠢耳。

橫渠言: "(有)[由]³⁾通蔽開塞, 所以有人物之別; 由蔽有厚薄, 故有知愚之別。" 今以上一(股)[段]⁴⁾爲偏全, 而屬於本然; 下一(股)[段]⁵⁾爲氣質, 而降爲不性之科, 恐非文義事理。云云。

張子所言"由通蔽開塞, 所以有人物之別; 由蔽有厚薄, 故有知愚之別", 於人物下

---

3) (有)[由]: 저본에는 '有'로 되어 있으나, 오기로 보이며 「納凉私議疑目」【壬寅】(『艮齋集』前篇 卷14)에도 '由'로 되어 있어 '由'로 수정하였다.

4) (股)[段]: 저본에는 '股'로 되어 있으나, 오기로 보이며 『毅菴集』 권34 「納凉私議疑目講辨」에도 '段'으로 되어 있어 '段'으로 수정하였다.

5) (股)[段]: 저본에는 '股'로 되어 있으나, 오기로 보이며 『毅菴集』 권34 「納凉私議疑目講辨」에도 '段'으로 되어 있어 '段'으로 수정하였다.

所以字, 於知愚下故字, 無乃有斟酌也歟? 竊以爲所以字, 是究其源之辭, 較深; 故字, 是承上說下之辭, 較淺。上一(股)[段]6), 是就通蔽開塞, 而原夫是性莫不有之分, 故下所以字。下一(股)[段]7), 因上文通蔽開塞, 而提出蔽字, 分厚薄而以起知愚之分, 故下故字。

天命之性, 雖十分大全, 十分至善, 無奈所賦形氣有異, 莫能遂其本然? 雖是性體而氣用, 亦是理弱而氣强, 故不能無蔽也。若以分殊, 專歸之理, 則理果號令乎氣, 氣果隨順於理。云云。

天命之性, 果是無人物之別, 而一是皆十分大全, 十分至善, 而無奈於所賦形氣有異, 莫遂其本然也歟? 然則天命遂其本然之時, 祇是生出聖人之時, 而其生出許多人物時, 卻無奈於游氣之紛擾而不得遂他本然乎? 惟聖人方是十分大全, 而聖人之生, 不可正五百年, 則萬古以來, 於穆不已之天命, 奈何絶少其遂他本然之時耶? 然則所謂乾道變化、萬物受命, 未免爲虛語。且形氣之異, 亦豈氣自異也? 『中庸』首章『章句』曰"天以陰陽五行, 云云", 然則此亦非天之所以之者耶? 曰"性體之氣用", 則體用爲二物, 而體不爲用之體, 用不爲體之用也歟? 若自源頭上說下來, 則氣亦非理外事, 乃此理流行之手腳, 以此而言, 則固可謂之性體而氣用也。若就成形上說, 則亦自有而上而下之分, 恐不可以發用於事物之閒者, 一屬之氣也。理弱氣强, 以一時事言之, 則理隱微而無能然之力, 氣騰倒而有作爲, 似或如此說。然畢竟理無不伸, 理無不復, 果謂之弱乎? 且以分殊云云言之, 禮樂刑政, 非因分殊而作乎? 禮樂刑政之行, 國不得以不治, 人不得以爲惡。以此言之, 雖謂之號令乎氣, 氣隨順於理, 有何不可?

『大學或問』"以理言之, 則【止】偏且塞者爲物", 上一節, 言一性之中, 含具萬理。下一節, 卻祇專言氣稟事。蓋此二十一字, 無一點一畫可指理之實處。云云。

大抵一事上曲折相錯處, 不可以一口並說, 所以有不得不互說以明之者, 祇觀其語

6) (股)[段]: 저본에는 '股'로 되어 있으나, 오기로 보이며 『毅菴集』 권34 「納凉私議疑目講辨」에도 '段'으로 되어 있어 '段'으로 수정하였다.
7) (股)[段]: 저본에는 '股'로 되어 있으나, 오기로 보이며 『毅菴集』 권34 「納凉私議疑目講辨」에도 '段'으로 되어 있어 '段'으로 수정하였다.

勢之如何耳。『大學或問』此條, 其語勢, 非互說也歟? 上一節雖曰以理言, 而是就氣上定分說, 不待下一節, 而可知下一節之意已在其中。下一節雖曰以氣言, 而是就理上各定說, 不待上一節, 而上一節之意已在其中。且曰萬物一源, 則是自萬物實體上, 推本統體說, 雖無分殊字, 而可知一源處分殊已具。曰固無人物貴賤之殊, 則亦可知其分殊處, 理一無彼此之間也。若初不因分殊, 何以言一源與否? 若人物初非一理, 又何以言貴賤之殊不殊? 是知下一節乃上一節之印下點定處。蓋理無一而無萬之理, 氣無外理自殊之氣, 豈可以上一節專屬於理, 下一節專屬於氣? 此等處, 愚亦曰: "文義、事理, 俱不如此。"

氣質者, 清濁(粹駁)[純雜]8), 有萬不齊; 心者, 虛靈神妙, 有一無二。南塘乃認兩者爲無辨之物。今不指其光明之無優劣, 祇擧心具性聖同凡者以辨之, 其不被南塘之哂者, 鮮矣。況心之具性, 微物亦然。云云。

心之虛靈神妙, 祇是個氣之所爲, 而無所以然而不可易、所當然而不容已之實體乎? 苟無實體而惟氣而已, 則其所聚之虛靈神妙, 雖曰一而無二, 其照發也, 安得不隨氣質而有淸濁粹駁之異也? 若不究其所以然, 祇欲較其光明之分殊, 是求明於無油之燈, 可乎? 蓋心之所以不局於氣質者, 以其具天敍、天秩、天令、天討之實, 爲性情體用之大頭段總會也耳。主此而言, 乃可曰聖凡同心也。且心之具性, 微物固然, 奈其性終不猶人之性何, 其心終不猶人之心何? 栗谷不曰"萬物則性不能稟全德, 心不能通衆理"乎?

理一分殊, 何嘗以之論性。云云。任鹿門祖述羅氏。云云。

理一分殊四字, 與孔子之言太極、周子之言無極, 同一揆也。豈作尋常講解看? 所引鹿門之語, 祇取其言之有合於命性道一貫之旨而已。言苟理到, 雖其主意相反, 如水火之不相入, 古人亦有取之者。

余旣爲此, 或曰: "後輩之疑先進, 得不爲罪?" 余曰: 溫公嘗疑孟, 而公休、元城, 尊孟。云云。

---

8) (粹駁)[純雜]: 저본에는 '粹駁'으로 되어있으나 『艮齋先生文集』, 「納凉私議疑目」에 의거하여 '純雜'으로 수정하였다.

大抵道理精微, 決非褊心局見所可講也, 所可究也。嗚呼, 朱、張尙矣。苟能以公休、元城之心法爲心法, 則何往而不公平正大, 何往而不眞實該遍? 然吾道之分裂久矣。雖或有言則如是, 而實則有不然者, 蓋非惟爲褊心也, 亦局見故也。若以道自任, 負當世儒宗之望者, 豈可如是? 吾知言處, 便是實處, 雖各隨其見解之不同, 而言或有異, 苟無立彼我爭勝負之心則可耳。或謂其所記疑, 都無虛己參訂之意, 而祇務吹索, 未見其有公休、元城之心, 且乘時論紛紛之時, 爲此傳播四出未必非助瀾。愚則以爲有不然者, 兩家主見旣異, 則當曰不相爲謀而猶爲此以求相訂, 安知非破藩籬之意乎? 若使彼紛紛者, 見此而自反焉, 則庶可回瀾息浪, 而未聞有一人如此者, 可慨也已。

「納凉私議記疑追錄小劄」
若使洛家謂太極而無元亨利貞, 性而無仁義禮智, 則當曰理爲無分之物矣。今旣不然, 則安有理自理、分自分之患乎云云。

　元亨利貞, 固太極之分也, 而元亨利貞之於人如此, 犬牛人之異, 其在性歟氣歟? 又答余方叔枯槁無理之問, 而曰"若如所疑, 則是天下乃有無性之物, 而理之在天下, 乃有空闕不滿之處也。又以附子熱、大黃寒謂之本然, 枯槁之性, 猶是本然, 況非枯槁者乎?" 又曰"鳥獸草木, 僅得形氣之偏, 而其知覺運動, 榮悴開落, 亦皆循其性, 而各有自然之理, 自然而然矣", 則亦可得以痿痺癱瘓言之乎? 雖分之又分, 偏之又偏, 箇箇圓滿, 莫非本然, 分偏之爲相準, 於此亦可領悟矣。

「답족질군오이치선강목答族姪君五李致先講目」(『明湖文集』卷9)

1) 서지사항

권운환이 문인 과재(果齋) 이교우(李敎宇, 1881~1950)에게 답한 편지. 『명호문집(明湖文集)』권9에 실려 있다.

2) 저자

권운환(權雲煥, 1853~1918), 호는 명호(明湖), 노사(蘆沙) 기정진(奇正鎭)의 제자이다.

3) 내용

이 문편의 초점은 명덕을 겸리기(兼理氣)로 볼 것인가, 리로 볼 것인가에 대한 논쟁이라 하겠다. 이치선은 명덕에 대해 "통상적으로 리기를 겸하는 것과는 같지 않다"고 한다. 이에 대해 권운환은 어떤 의미에서든 명덕은 리기를 '겸한 것'으로 볼 수 없다는 입장을 취한다. '겸'자는 이것과 저것이 서로 간섭한다는 뜻이 되는데, 명덕은 비록 기에 나아가 말하는 것이지만, 그 주되는 것은 리의 실체묘용이기 때문에 리기를 겸한다고 할 수 없다고 주장한다. 이치선은 명덕에 대해 "성(性)이라 해도 되지만, 반드시 사람의 몸이 그것을 싣고 있음을 알아야 하며, 심이라 해도 되지만, 반드시 천명의 본심임을 알아야 한다"고 한다. 권운환은 이를 다음과 같이 고쳐 말한다. "성이라 해도 되지만, 반드시 '기'가 그것을 싣는 지반이 되고, 심이라 해도 되지만, 반드시 천명의 전체가 주가 된다." 더 나아가 그는 명명덕을 곧바로 성(性)으로 바꿔 부를 수 있다고 본다. 그는 이렇게 반문한다. "명명덕을 곧바로 '성'이라 부를 수 없고 사람의 몸이 이것을 싣고 있다고 말한다면, 성은 몸에 붙어 있는 것이 아니란 말인가?" 성이란 개념 자체가 이미 몸을 전제한 개념이므로, 명명덕을 성으로 부를 수 있다는 뜻이겠다.

3-23-3 「答族姪君五李致先講目」(『明湖文集』卷9)

朱子於智字, 無有如仁義字之解, 終不能無疑。蓋仁義是四德之大綱, 而皆有一面可爲之事, 則固可以有的解也。智則無事可爲, 但分別其爲是爲非, 故無的解耶? 嘗見『南塘集』朱子語句爲智之解, 曰"心之貞, 別之理", 未知如何? 致先所謂"光明純粹底一箇天理"云云, 光明字, 恐不可於舍氣專言理處說。理本無聲臭形象, 何以言光明? 蓋理在於氣, 而氣爲之資助, 故乃能光明。雖就氣上說, 而其所以光明, 理也。君五言性而曰: "雖有該載之地盤, 而氣未用事, 無乃語未明耶? 性卽理也, 是挑出而共公言者也。而曰'氣未用事', 則有若就氣而言, 可乎?" 蘆翁曰: "明德是天命之全體, 在人者也。" 謂之在人, 則可知其不離氣而言, 豈可與性之挑出者, 同看也? 君五言"明德不可與泛言兼理氣者, 同之也", 亦恐語涉低回。蓋兼字本旨, 仍彼此相攝之謂, 而明德則是就氣上主其理之名, 雖就氣上說, 而其所主, 則理爲之實體妙用, 是果兼理氣乎? 如儲水之器謂之器兼水、水兼器, 可乎? 君五前此, 言明德而曰: "謂之性亦得, 而須知人身之爲該載; 謂之心亦得, 而須知天命之本心。" 吾欲改之曰: "謂之性亦得, 而須知氣爲其該載之地盤; 謂之心亦得, 而須知天命之全體爲主。" 如此說, 方可見"謂之性, 而不可直喚做性; 謂之心, 而亦非該眞妄底心"。方明明德之不可直喚做性, 而謂之人身之爲該載, 則性獨非貼身說乎?

「답이치선答李致先」【辛丑】(『明湖文集』卷8)

1) 서지사항

권운환이 문인 과재(果齋) 이교우(李敎宇, 1881~1950)에게 답한 편지.『명호문집(明湖文集)』권8에 실려 있다.

2) 저자

권운환(權雲煥, 1853~1918), 호는 명호(明湖), 노사(蘆沙) 기정진(奇正鎭)의 제자이다.

3) 내용

권운환이 문인 과재(果齋) 이교우(李敎宇, 1881~1950, 字는 致先)에게 답한 편지이다. 글의 내용을 살펴보면, 이교우가 물천(勿川) 김진호(金鎭祜. 1845~1908)와 편지로 논쟁한 내용을 권운환에게 보내고, 한 번 살펴달라고 요청한 것으로 보인다. 이교우는 일찍부터 김진호에게 배웠고, 스승의 행장까지 지었는데, 36세 연장인 스승과 논쟁을 벌였다는 것이 이채롭다. 편지에 등장한 주요한 논쟁의 주제는 인물성의 편전과 관련하여 리의 편전(偏全)을 어떻게 이해할 것인가이다. 권운환은 서로의 생각을 정밀하게 살핀다면 실상 쌍방의 입장이 회통할 수 있는 것이라 하면서, 이교우의 표현방식이 오해를 불러일으킬 수 있음을 지적한다. 김진호의 핵심주장은 다음에서 볼 수 있다.

"혼연한 가운데 분명하게 가닥이 나뉘어 있고, 만수(萬殊) 가운데에도 일실(一實)이 각기 바르니, 편전(偏全)은 비록 분수(分殊) 이후에 드러나지만, 실은 리일(理一) 가운데 근본한 것이다." "편(偏)과 전(全)이 이 리가 아님이 없으니, 분수(分殊)의 묘는 편(偏) 역시 하나의 태극이며, 전(全) 역시 하나의 태극이다. 어찌 기(氣)의 표면에 나아가 거칠게 분수를 말하여서 (인물성의) 동이(同異)를 다투겠는가?"

권운환은 이렇게 말한다. 이교우는 "리일 가운데 분수(分殊)가 각기 준칙이 있다[理一中分殊各有準]"로 하였는데, 이러한 서술은 김진호의 관점에서 보면 '대원을 쪼개어 각각의 경계를 만들어 놓은 형국'으로 인식될 수 있다는 것이다. 권운환은 리일의 일원처에서는 "단지 상수의 오묘함만 있을 뿐, 아직 상수의 조짐은 없는 것"이라 한다.

다른 하나의 쟁점은 김진호가 이교우를 향해 인물성의 편전은 리에서 정해지며, 기로 인해 정해지는 것이 아니라고 비판한다는 점이다. 이에 대해 권운환은 만약 이교우가 "사람과 동물이 모두 그 온전함을 받지만, 기로 인해 비로소 달라진다[人物同受其全, 因氣始異之說]"라고 할 때, 그 편전이 리의 분수지묘(分殊之妙)를 바탕으로 함을 전제로 하는 차원에서 말하는 것이라면 수용할 수 있겠다는 의견을 제시한다. 편전(偏全)은 기에서 비로소 드러나지만, 그것은 이미 리일(理一) 가운데의 일이어서 기가 스스로 행하는 것이 아니라 한다. 권운환은 비유하자면 '철을 가지고 칼이나 도끼를 만들 수 있지만, 철이 화로에 들어가기도 전에 칼인지 도끼인지가 정해져 있다고 할 수는 없지 않은가'라는 사례를 들어, 양자의 입장이 결국 소통할 수 있는 것임을 설명한다.

3-23-4 「答李致先」[辛丑](『明湖文集』卷8)

所寄與勿川往復書, 僅得一覽耳。素來精神淺短, 意思齷荒, 近又重之以眼霧, 其於長牋累牘、精微肯綮語, 如何能一覽盡了? 再櫛亦心力所不及, 姑以其大概領得者言之。君之辭氣, 或有太快處, 講道理之地, 固當隨見直言, 而少者與尊者言, 亦不可一例, 若是所可察也。惟其見解, 似已得大意, 如有形跡底。易知易見者, 言之又言, 易於差失。今君於人物性偏全同異, 精微曲折, 怳惚難明處, 橫竪屢詰而無甚有差, 豈徒尙口耳者, 所可能也? 使有眼者觀之, 未知以爲如何? 然但因此, 而益加體驗玩索之工, 親切得意味, 則適道乎可庶幾耳。勿川所謂“吾鄕斯文之運, 屬望有人”者, 實非面諛輕許之辭。一此而進, 則豈惟吾鄕而已? 眞使人欣欣不能寐也。然觀世之人, 早悟者, 未必能大成, 其故何哉? 此君之所當惕念者也。所論君與勿川, 似不爭多, 而尙未歸一, 何也? 猶未盡虛心相求、實情相確而然耶? 以吾觀之, 恐君祗是說自家說而已, 勿川亦祗是說自家說而已。若執據其要害處, 覰破其窩藏處, 到底推勘, 反覆窮覈, 又徐徐以思之, 則豈無爛漫同歸之理乎? “理偏故氣亦偏”之語, 果似穿鑿了。所引朱子“氣之偏者, 祗是得理之偏”一段, 似可以爲證。然朱子是因氣而的指說。從理而言者, 與因氣而言者, 語意廻別, 雖合偏全而曰“理有偏全”, 其於冲漠一原上, 猶不無名言之嫌, 況單擧偏而曰“理偏”, 可乎? 蓋偏全是此理分殊之妙, 分殊是此理之必然而不可易者。必然而不可易者, 其非準則之一定也乎? 今才言準則, 疑其有形象之可撮; 才言分殊, 疑其有墻壁之各立, 殊不知是理也, 至無而至有, 至虛而至實耳。且理之爲妙也, 一而涵萬, 隨處圓滿, 非在彼偏而不足也, 在此全而有餘也。故曰言著仁, 都在仁上; 言著誠, 都在誠上; 言著忠恕, 都在忠恕上。然則可知偏全是人物對待說。若自物而觀之, 則偏亦全, 此一而殊, 殊而一之實也。“氣亦無不善”之說, 非是如以惡歸氣處, 爲氣發明者, 或有其說, 然當如朱子所言氣之“其初, 何嘗有不善者”, 然後可也。若對性善而曰“氣亦無不善”, 則是氣善、性善, 有兩本, 可乎? 又於氣而言發、未發, 尤有所不可, 發、未發是大本、達道也。大本、達道, 亦可言於氣乎? 幸須並入商量。

別紙
書成後, 更取勿川說, 細櫛之。其曰: “渾然中有燦然之條分, 萬殊中亦有一實之各正,則偏全雖形於分殊之後, 實本於理一之中。” 其曰: “其偏其全, 罔非此理分殊之妙, 則偏亦一太極, 全亦一太極也。何可以就氣皮面, 粗說分殊, 致有同異之爭?” 此數段語, 以吾觀之, 可謂的確正見, 無可疑貳。其餘諸說, 亦未必非此意, 何致先有此紛紜, 無乃兩家各有所未相悉者耶? 姑以勿川觀之, 其於致先所謂“理一中分殊各有準則、理偏故氣亦偏、偏亦是四德”之語, 有未相契也。蓋理之一原處, 沖漠渾然而已, 祇有象數之妙, 未有象數之兆眹, 謂之各有準則, 則慮其分裂大原, 各有方位之占據, 故致有多說。然以朱子所謂“渾然中識得箇意思情狀, 似有界限, 而實亦非有牆壁遮攔分別處”之語, 徐究之, 則庶可相通矣。“理偏”之云, 果穿鑿無容更說。“偏亦四德”之云, 探源溯本, 夫孰曰不然? 而但就目下觀之, 未見其有彷彿。此處極難言。然『中庸章句』不曰“人物之生, 因各得所賦之理, 以爲健順五常之德”乎? 蓋理祇是此箇理而已, 在天地在人物, 初無欠剩, 此所謂各具一太極者也。朱子論物性之偏曰: “雖若不復可論仁義禮智之彷彿, 然亦不可謂無此性也。” 以此說及『中庸章句』語觀之, 則兩家亦可以相通矣。至若“人物同受其全, 因氣始異”之說, 雖似理無同中之異, 而在氣始異, 然旣知其全其偏, 罔非此理分殊之妙, 則如此說, 亦可也。蓋此理分殊之實, 始著於氣也。一源之初, 雖涵分殊, 其分也非是各片, 可謂之同受其全, 旣非各片而於氣各定, 可謂之因氣始異。但知其因氣各定, 卽是理一中事, 非氣自爲也, 則可矣。銅鐵斧劍之喩, 銅鐵上已知其可爲劍、可爲斧, 此非爲劍、爲斧, 已定於未入爐之前乎? 此外亦有可商論者, 而姑未及。若得一處相通, 則諸說之小少未相契者, 次第可凍解冰釋, 此所望於兩家者也。

「답정응선答鄭應善」【甲寅十月】(『明湖文集』卷8)

1) 서지사항

권운환이 정봉기에게 답한 편지. 『명호문집(明湖文集)』권8에 실려 있다.

2) 저자

권운환(權雲煥, 1853~1918), 호는 명호(明湖), 노사(蘆沙) 기정진(奇正鎭)의 제자이다.

3) 내용

기정진의 제자인 권운환(權雲煥, 1853~1918)이 응선(應善) 정봉기(鄭鳳基, 1861~1915)에게 답한 편지이다. 권운환은 정재규를 사사하고, 조성가(처삼촌)에게도 출입하다가 27세에 기정진을 대면하게 된다. 정봉기는 하동출신으로, 연재(淵齋) 송병선(宋秉璿, 1836~1905)과 면암(勉庵) 최익현(崔益鉉, 1833~1906)의 학통을 계승한 인물이다. 정봉기가 보낸 편지의 정확한 내용은 알 수 없으나, 「답정응선」의 내용으로 보아, 정봉기의 입장은 리는 무위여서, 氣를 빼놓고 발(發)을 말할 수 없다는 의미에서 "發者氣, 發之者理"를 주장하고, 권운환은 "發者理, 發之者氣"를 주장한 것으로 보인다. 권운환은 정봉기의 논리를 역으로 활용하는 방법으로 자신의 주장을 관철하고자 한다. 정봉기의 논리를 따라가 보면, 기(氣)의 역할이 없이는 발(發)이 가능하지 않다는 뜻이 되므로 '발지자기(發之者氣)'의 논리도 성립 가능하다는 것이다.

3-23-5 「答鄭應善」【甲寅十月】(『明湖文集』卷6)

曩時兩宵聯枕, 其慰離索多矣, 而又此惠書名理以及之, 使之發蒙, 尤何感如之? "發者理, 發之者氣"之說, 與"發者氣, 發之者理"之說, 雖若相戾, 然理無作爲, 而其作爲在氣, 以此而言, 則曰"發之者氣", 恐亦無不可。不曰"非氣, 不能發; 非理, 無所發"乎? 觀此, 亦不能無"發之者氣"之意。不審, 兄以爲如何?

24.

普山 奇宇承
(1853~1918)

心說論爭 資料

「박외필문목변駁猥筆問目辨」(『普山遺稿』卷1)

1) 서지사항

기우승이 「猥筆問目(외필문목)」을 반박한 글. 『보산유고(普山遺稿』, 권1에 실려 있다.

2) 저자

기우승(奇宇承, 1858~1907)으로, 자는 효술(孝述)이고 호는 보산(普山)이다.

3) 내용

이 글은 영남과 충청 지역의 기호학계에서 기정진의 「외필」이 논란의 대상이 되었을 당시, 기우승이 명호(明湖) 권운환(權雲煥, 1853~1918)이 지은 「외필문목」을 일부 발췌하여 반박한 글이다. 「외필문목」은 일신재(日新齋) 정의림(鄭義林, 1845~1910)에게 보내는 편지에서도 그 존재를 확인할 수 있으나, 현전하지 않는다. "음양의 동정은 저절로 작용하는 것이 아니라 천명이 그렇게 시키는 것"이라는 주장에 대해, 권운환은 "동정의 기틀은 인력이 범할 수 없는 것이요, 그렇게 시키는 존재가 별도로 존재하는 것도 아니며, 다만 그렇게 된 까닭[所以然]이 존재하는 것"이라고 비판하였다. 이에 대해 기우승은 "그렇게 되는 까닭으로서의 리가 '시키는 존재'가 아니라면, 이는 리가 죽고 없는 것이 된다"고 반박하였다. 권운환은 '그렇게 시킨다[使之然]'는 말과 '그렇게 되는 까닭[所以然]'이라는 말은 의미가 다르다고 보았지만, 기우승은 "태극에 동정이 있으니 이는 천명의 유행이다"라는 주자의 말에 입각하여 그렇게 시키는[使之然] 것이 곧 그렇게 된 까닭[所以然]의 내용이라고 보았다. 기우승은 이항로도 소이연(所以然)의 이(以)자를 '작용'이라고 하였고, 이는 『주역(周易)』「대상전(大象傳)」의 "군자이(君子以)"의 용법과 같다고 하였다. 그는 권운환이 "리와 기는 떠날 수도 없고 섞일 수도 없으니, 하나이면서 둘이고 둘이면서 하나이다."라는 주장을 반복하지만, '기를 동정하도록 시키는 존재가 없다'는 그의 주장은 오히려 '떠날 수 없고 섞일 수 없는 묘함'이 전적으로 기기(氣機)에 속한다는 주장이며, 율곡의 종지(宗旨)를 잘 계승한 것도 아니라고 비판하였다. 기우승에 의하면, "리에 동정이 있으므로 기에 동정이 있다. 만약 리에 동정이 없다면 기가 어찌 저절로 동정이 있겠는가?"라는 주자의 말에서 리와 기가 떠날 수도 없고 섞일 수도 없는 묘함이 다 밝혀졌고, 그렇게 시키는 것[使之然]의 내력이 분명해진 것이다. 원래 리 외에 기가 없고 기 외에 리가 없으나, 리가 마땅히 기를 제어하고 리는 기를 통솔하며 기는 이 리를 받들어 유행변화하며 명령을 듣지 않음이 없다. 은미하게 말하면 이것이 곧 그렇게 된 까닭[所以然]이고, 드러내 말하면 이것이 곧 그렇게 시키는 것[使之然]이다.

권운환은 "'하늘이 시킨다'고 하는 것은 실리(實理)의 자연이니, '시키는 것 같은 것'이다", "천명(天命)이라고 말하는 것이 어찌 '참으로 시키는 것이 있다'는 것인가?"라는 주자의 말을 가지고 '시키는 것이 없다'는 근거로 삼고자 했지만, 기우승은 이 또한 정밀한 해석이 아니라고 하였다. 기우승에 의하면, 주자의 이 두 해설이 바로 '그렇게 시키는 것'에 부합한다는 것이다. "어찌 참으로 시키는 것이 있다는 것인가?"라는 말은 그것이 형체도 없고 일삼는 바가 없다는 것을 의미할 뿐이니, 이것이 바로 '그렇게 시킨다'는 것을 의미한다는 것이다.

기우승에게 "그렇게 시키는 것"은 곧 '리의 주재'를 의미하는 것이었다. 그는 기정진이 율곡이 분명하게 드러내지 못한 바를 밝힌 것이며, 공자와 주자, 그리고 송시열의 정법안장(正法眼藏)을 잇는 글로는 기정진의 「외필」과 「납량사의」가 있을 뿐이라고 주장하였다. 그는 「외필문목」의 비판 논점이 일목요연하지 않고, "「외필」에서 비판한 것은 모두 율곡선생이 싫어하여 심하게 배척한 것"이라고 언급한 것도 논박이라는 글의 취지에 어긋난다고 지적하였다. 기정진은 권운환의 논박 내용뿐만 아니라 논박태도 또한 겉으로는 선생을 높이면서 안으로는 시훼(猜毁)하려고 하는 흉험한 것이라고 비판하였다.

3-24-1 「駁猥筆問目辨」(『普山遺稿』卷1)

【駁】動靜之機, 不犯人力, 而非別有一箇物, 使之動靜也。

謹按: 陽動陰靜, 以「圖說」推之, 則是天地之大原頭, 交感化生以前事, 決知於此人、物字不容說。【按朱子解此節, 最初引"誠者, 聖人之本, 物之終始", 推明天命流行之道, 而自此以下, 都不曾更下人物一箇字說去, 則可見。】且使容說"動靜之機, 不犯人力, 非別有一箇物使之"者, 何待言而後知之耶? 然則今所云爾者, 於解"自爾、非使"二句, 似密矣, 而顧非近於無事中生事乎? 愚竊以爲固"不犯人力"矣, 固"非別有物"矣, 上面實有一箇"使之然"者, 卽所謂天命是已。苟不有天命之使之, 而任機而已, 則動靜安得以無端乎? 陰陽安得以無始乎? 吾懼夫陰靜陽動之機, 便自此而有闊殺了時節矣。

謹按: 『語類』答周貴卿問曰: "機是關捩子, 踏著動底機, 便挑撥那靜底; 踏著靜底機, 便挑撥那動底。"其"踏著動底機、踏著靜底機"者, 非太極而誰乎? "便挑撥那靜底、挑撥那動底"者, 非使之然而何耶? 故曰"不犯人力, 非別有物也", 此面元有使之者, 卽天命是已. 尤齋老先生嘗曰"法朱子, 可謂至矣", 豈欺我哉?

此雖非有一箇物, 使之動靜, 而其所以然之故, 則理也。

駁者旣以理不作有物看, 而獨作死殺看, 曷故哉? 謂所以然非使之然, 則此非死殺看而何?

以此旣說, 果自謂正得栗翁之旨乎? 吾見其卑淺殊甚, 適足爲遁辭, 而請更思之。栗翁之意, 眞如此否乎? 未敢知也。

"使之"二字, 與"所以然"三字, 面目不同。

面目不同, 而實相表裏者, 固有之。如說"仁安宅也"、"義正路也", 仁義之於宅路,面目果同乎?「圖解」曰: "太極之有動靜, 是天命之流行也." 信太極, 而疑天命, 固不得. 且是動靜, 而非流行, 則奚可哉? 若夫"使之"與"所以然"字, 面雖不同, 以實體求之, 則"使之然", 卽"所以然"之面目也.

謹按: 『語類』郭兄問"所以然之故", 曰"所以然之故, 卽是更上面一層", 其下仍說"父子恩愛, 自有不期然而然者", 而直曰"其它大倫皆然, 皆天理使之如此". 是非朱子丁寧以"使之如此"斷言"所以然之故"乎? 曰"吾有所受之也".

昔者竊聞之, 華西李先生嘗以"所以然"之"以"字, 作"用"字看, 如『易』「大象」所謂"君子以"之意, 而謂理之大原使之然. 蓋亦深得朱子之旨, 而與吾先師, 不約而合者也.

遜志洪公在龜, 金重菴高弟, 其言曰"所以然三字, 只作曲折終由看, 則失之遠也", 亦有所受可知. 豈以近世而忽乎?

"使之"云者, 以此使彼, 以上使下之謂也.

謂之無其形、無其事, 則可也; 謂之無是理、無是妙, 則不可. 上天之載, 本無聲臭, 爲之樞紐根柢者, 以其有使之如此底實體妙用也. 如曰不然, 則吾見其有死樞紐無活根柢也.

謹按: 朱子嘗曰"天之所以爲天者, 理而已, 天非有此道理, 不能爲天. 故蒼蒼者, 卽此道理之天, 故曰'其體卽謂之天, 其主宰卽謂之帝' 如'父子有親, 君臣有義', 雖是理如此, 亦須上面有箇道理教如此始得. 但非如道家說, 眞有箇'三淸大帝'著衣冠, 如此坐耳." 夫所謂主宰者, 卽理之大原, 萬古如此, 無物不有, 無事不然. "若天、非如", 亦不能爲天, 至於陰陽動靜, 獨無上面教如此而得乎? 吾故曰"謂之無其形、無其事, 則可; 謂之無是理、無是妙, 則不可", 亦豈"眞有箇'三淸大帝'著衣冠, 如此坐"之謂哉?

"所以然"云者, 非有上下、彼此之可言, 而不可分開之中, 自有"所以然之故"耳。

"使之然", 卽是"所以然"之正釋也, 而必欲同其面目, 舍其正釋, 而不過還它"所以然"解之, 眞是以水濟水, 其於訓義, 不亦難乎?

又按: "所以然之故, 卽是更上面一層"者, 蓋郭幷與其"所當然之則"者爲問, 故朱子答之如此。蓋"所以然", 理也; "所當然", 事也。於其"所當然之則", 而指其"所以然之故", 則不得無道器上下之分故也, 亦不可分開處分開底說話。然則"所以然"三字專屬理, 原雜一毫氣不得, 固無內外、無精粗、無本末、無先後、無巨細多寡, 何但上下彼此而已哉? 今言"不可分開之中, 自有所以然之故"云爾, 則是其不可分開之中, 已理與氣合, 所謂"所以然之故"者, 是甚麽耶? 理耶? 氣耶? 一"所以然"之內, 吾見其雜甚矣, 恐不得復言"更上面一層"矣。

理與氣, 不離不雜, 一而二, 二而一者也。

謹按: 朱子論"不離不雜"之妙, 莫詳於「圖解」, 所主而言者, 太極乎? 陰陽乎? 的是所主, 非陰陽, 乃太極, 則不離不雜之妙, 理常爲主, 而不可專指氣機而言也, 明矣。夫讀書講義, 當分主客, 而必辨之早, 擇之精, 然後可以免以客乘主之弊矣。況理之於氣, 實猶主之於僕、帥之於卒也, 豈可毫髮僭差哉? 其言"一而二, 二而一"處, 亦然。今也方且解說"陰靜陽動, 自爾非使"之句, 而終始以"不離不雜, 一而二, 二而一"者, 張皇反覆, 則是有似乎"不離不雜之妙, 專屬氣機", 未知其與「圖解」之旨何如也。不揣其本, 而欲齊其末, 可乎? 又按答鄭子上之問曰" 理有動靜, 故氣有動靜, 若理無動靜, 則氣何自而有動靜乎?" 此乃朱子丁寧手筆, 垂之『大全』, 昭如日星, 其見"不離不雜之妙", 方爲明盡, 而"使之然"之來歷, 尤躍如矣。卽又繼之曰"以目前論之, 仁便是動, 義便是靜, 此又何關於氣乎?" 較上兩句語意, 確然尤爲嚴明。駁者見之, 無亦謂"分開太甚"乎? 無亦謂"判然爲二, 不復可謂一物"乎? 蓋惟不離也, 故"具乎陰, 行乎陽", 而"動靜實爲所乘之機"。生者爲父而所生爲子, 乘者爲主而所乘爲僕, 其本不可易也; 父以命子, 主以御僕, 其分不可亂也。故謂"理之動靜, 無關於氣", 固也, 如或謂"氣之動靜, 無關於理", 則是子可以專父, 僕可以擅主。駁者亦必否, 否於斯言也。今徒知以"不離不雜, 一而二, 二而一"者爲大匜頭, 而樂言之, 而初不察夫生與所生、乘與所乘者之大分, 有不可混也, 亦獨何哉?

又按:「答蔡季通書」曰"孟子雖言夜氣, 而其所欲存者, 乃在乎仁義之心, 非直以此夜氣爲主也。雖言養氣, 而其所用力, 乃在乎集義, 非直就此氣中擇其無過不及者而養之也", 而責"其主張氣字太過", 可謂"聖謨洋洋, 嘉言孔彰"。觀此訓, 則先聖賢宗旨, 斷斷可尋。

一而二, 故曰"所以然", 二而一, 故曰"非有使者"。

此說或詞勝則有矣, 未知於理爲勝也。謂"使之然", 果非"所以然"之面目, 則"所以然"果是何樣耶? 願聞其釋。竊謂"一而二, 二而一"者, 正所以明不離不雜之妙也, 非可以言所以然也, 尤非可以言非有使也。蓋元無理外之氣, 又無氣外之理, 然當理以御氣, 理以率氣, 而氣能承載此理, 以之流行變化, 無不關聽。微言之, 則此乃所以然也; 顯言之, 則所謂使之然也。若徒有承載之名, 而初無御率之妙, 則枯木耳, 寒灰耳, 何理之足云? 何足以爲造化之樞紐乎? 何足以爲品彙之根柢乎?

上下兩句, 宛轉成文, 盛水得住, 此先生所以傳不傳之秘者也。

謹按: 程子嘗有"心指已發"之論, 而朱子斷謂"一時言語, 不免小差", 亦嘗自"以其體謂之易"之"體"字, 只作"形體"看後, 乃更張以"實"字解之。竊意先生此語, 便是如此, 而但未及更張者耳。子夏氏之言曰: "大德不踰閑, 小德出入, 可也。" 蓋宗旨, 大德也; 語句, 小德也。此於先生何嘗大家虧損, 而必欲曲爲解說, 斷以此語, 謂"傳不傳之秘"? 遂使先生之宗旨, 眞若主張氣字之歸, 其於尊先生也, 果安乎?

謹按: 先生所傳之秘, 固非淺薄所敢容議。然以宗旨求之, 則固別有在處, 恐不在此段, 能有說乎? 竊嘗讀浦渚趙相公辨誣先生疏, 反覆援引累數千言, 未嘗一語及於此段。但所表章, 則乃在四七所論及夫理通氣局等訓, 以爲發先賢所未發, 是可謂深得宗旨之有在處矣, 亦可謂眞知所以尊賢者矣。吾先師亦嘗於此, 發揮而尊信之, 尙何疑焉?

以陰靜陽動, 謂"天命使之", 而以先生所謂"所以然"者, 謂於"所以"之上, 架出一箇"所以然", 斥之以爲"兩箇本領"云云。

蓋因主氣者, 錯認一時語句, 力濟其私見。故就而極言之, 以明栗翁之旨, 決不如{此}[1], 何謂斥之? 此一字, 何處傳法? 可駭也已。

竊嘗觀朱子論橫渠"心小性大"之說而曰"心性則一, 豈有小大? 橫渠却自說'心統性情', 不知怎生却恁地說"。此正泛論橫渠說也。若使當時有或力主"心小性大"之說, 而遺却"心統性情"之正論者, 則闢之必不如此但已矣。以此推之, 則吾先師居無事之時, 而討論栗翁說, 則亦當曰"氣命於理", 曷言"非使"? 栗翁却自說理通氣局, 萬情發理, 四七非兩情, 理氣無互發。"不知怎生却恁地說"末段, 所謂"先賢此語, 發之太快"八字, 正是此意, 正是論栗翁語耳。此外皆所深闢主氣迷旨者之害也。故曰: "就而極言之, 以明栗翁決不如此。"

以陰靜陽動, 謂天命使然者, 古人亦有此說。

謹按: 朱子曰: "『大傳』旣曰'形而上者謂之道'矣, 而又曰'一陰一陽之謂道', 此豈直以陰陽爲形而上者哉? 正所以見一陰一陽, 雖屬形器, 然其所以一陰而一陽者, 是乃道體之所爲也。" 是知道體卽太極也, 太極卽天命也。其曰"道體之所爲也"者, 非卽天命使然之的源正脈乎?

又按: 『語類』或問"一陰一陽之謂道", 曰"以一日言之, 則晝陽而夜陰; 以一月言之, 則望前爲陽, 望後爲陰; 以一歲言之, 則春夏爲陽, 秋冬爲陰。從古至今, 恁地衮將去, 只是這箇陰陽, 是孰使之然哉? 乃道也。" "此氣之動, 爲人爲物, 渾是一箇道理。"

---

1) {此}: 저본에는 없으나, 문맥을 살펴 '此'자를 보충하였다.

所謂道也者, 非天命乎? 天命非道則已, 謂之道也, 則以陰靜陽動, 謂天命使然者, 非朱子乎? 駁者所指之古人, 固未知其何人, 而吾所尊之至信之篤, 則自孔子後, 但知有朱子而已。得朱子之正法眼藏, 繼千載既絶之緖者, 自宋子來, 吾知有先師「猥筆」、「納凉議」而已。詆先師此論者, 卽叛朱子此訓也, 於畔朱子者, 又何難焉?

然其謂命者, 何嘗別有一物, 獨立於冥漠之間, 以此而使彼, 以上而使下, 色可否而頤指揮者乎?

孰謂如此而駁說如彼耶? 雖然所云"此之使彼, 上之使下, 色之可否, 頤之指揮", 物則有然者, 要之, 是亦理而已。若合下無此理, 則何從而有此乎? 但理無形象無造作, 使之然, 乃天命之自然也, 固如此說不得。然如此說, 猶爲不失主宰之意, 天下寧有不由天命, 自作主宰之氣乎? 如有之, 則率天下而禍仁義, 至於毀先王服, 祝父母髮, 北虜之西洋之, 而又從而倒戈自攻, 厮殺道學, 如恐不及者, 必此氣也, 哀哉!

故朱子曰: "天使云者, 實理自然, 若使之也。" 又曰: "天命云者, 豈眞有使之者哉?"

欲以此兩訓, 援作"非有使之"證案乎? 亦見其疎矣。以愚見之, 則此兩訓, 正是"使之然"之合符也。何以言之? 謹按, "若使之也"者, 言有是理、有是妙也; "豈眞有使之哉"者, 言無其形、無其事也。"使之然"云者, 其意正猶是已矣。況此兩訓上面, 皆有實理、天命字說下來, 與"氣機"上說話, 語意頓殊, 援作證案, 可乎?

是何嘗以命自爲一物, 陰陽自爲一物, 以此一物, 使此一物乎?

伊尹聖之任者也, 其言曰"天之生斯民也, 使先知覺後知, 使先覺覺後覺"。先覺覺後, 明是人事, 而謂之天使, 則況乎陰陽乃天命流行之使也, 謂非天使, 可乎? 終始以此使彼, 以上使下, 而呶呶不已, 則孟子曰"舜有天下, 天與之與也", 獨非以此與彼、左授右捧之謂乎? 伊尹旣妄, 孟子亦誤矣。朱子嘗有"太極自是太極, 陰陽自是陰陽"之訓, 果不可謂此爲一物、彼爲一物乎?

誠如是也, 是理氣似判爲二物, 一在彼, 一在此, 一出言, 一受命。上下相形, 東西相懸, 不復可謂一物矣, 惡乎可哉?

駁之至此, 伊尹誠妄矣, 孟子誠誤矣, 朱子誠不可信矣, 可駁孰甚焉?

謹按: 善之與性, 俱是形上, 而不可謂二物, 明矣。然以繼、成之各屬於變化、稟受而言, 則尙有二者之辨。【"繼之者善", 以陰陽變化而言也, 陽之動也; "成之者性", 以人物稟受而言也, 陰之靜也。】況是天命陰陽, 截斷得上下分明, 雖不至如駁說之醜差, 夫安得硬做一物乎? 朱子曰"理與氣決是二物。"

一而二也, 故非有使者, 而實有所以然; 二而一也, 故實有所以然, 而非眞有使之者。

終始是大廠頭說, 是以聖人惡夫佞者, 雖然此言果是, 則所以然終非死物乎? 朱夫子丁寧以"使之", 如此答作所以然之故, 果以爲誤而不之信耶? 詖辭知其所蔽, 於駁者見之。

嗚呼! 非達於理氣之妙者, 孰能與此哉?

"達理氣之妙", 正在別處期▨[2]知其不在, 此句上段已辨之矣。雖以此得罪於時輩, 實不願爲栗門佞臣。

宜乎! 「猥筆」之所張皇而攻破也。

盆見口氣轉猾, 發明先賢宗旨之確筆正論, 謂之攻破, 是何處士橫議之悖習? 大是吾儒所未有之法門。

羅整菴之徒云云, 愚請繼之曰: "非有使之中, 尤見其所以然; 所以然之中, 尤見其非有

---

2) ▨: 저본의 상태가 불분명하여 판독이 불가한 글자이다.

使也。"

竊謂"所以然", 譬則本經也; "使之然", 譬則註脚也。吾非無所受之私言也, 不信朱子, 而肆騁利口如此, 何不自下一句語, 痛解"所以然"本旨如何, 而自始至終, 硬作鶻崙吞棗之說耶? 是所謂"信太極而疑天命"者也, 是所謂"是動靜而非流行"者也, 於理得乎?

蓋"不離不雜", 自是兩項事, 而妙在其中, 故亦作兩項說, 而愈見其妙, 乃若所以然, 則貫動靜、通離合、一體用、徹顯微, 亘古亘今, 始萬物終萬物底不得不然之故也。夫旣言"不得不然", 則其有"使之然"可知。如曰"非有使之"者, 則是無主宰也。無主宰, 則然亦得, 不然亦得, 而不得不然者, 於是乎不復有矣。欲然而然, 不欲然而不然, 一動一靜, 一聽機之所自, 則太極本然之妙, 已淪於空寂矣, 復有何所以然乎? 然則說"非有使"時, 說"所以然"不得, 說"所以然"時, 說"非有使"不得。此理甚明, 奈何硬着如此無稽之說, 無難背馳朱子不易之訓乎?

夫太極無象, 而陰陽有氣, 故理爲所然, 氣爲能然, 而有形而上下之分焉。是則理之於氣, 元來自有使之然之妙, 而但使非絲毫犯氣力字。故曰"志, 氣之帥也。" 故曰"氣爲志之卒徒也。" 故曰"實理自然, 若使之也。" 故曰"一陰而陽者, 是乃道體之所爲也。" 故曰"若理無動靜, 氣何自而有動靜乎?" 此皆足以見"使之然"之苗脉來歷矣, 而至於『語類』答"所以然"及"一陰一陽謂道"之問, 不啻的的確確, 而更無餘蘊矣。敢恃莫捫其舌, 而能復喧豗乎?

駁目自此以下, 轉益絶悖, 强聒無理, 故不復條擧其目。

蓋「猥筆」之作, 豈得已者哉? 孔門諸子, 親學聖人, 尙有久而失其眞者矣。況此一時語句, 後之名尊栗翁者, 執迷不已, 浸以生禍, 幷與其有在之宗旨, 埋没乃爾, 失其眞也, 不待遠慮, 而已目見之矣。是以不得不爲之辨析焉, 不如是, 則「猥筆」必不作矣。蓋是雖先賢語句, 而以其執迷者, 今人也; 生禍者, 今人也。是以必下"今日"二字以別之, 而憫其執迷也深, 故辨之不得不明; 懼其生禍也大, 故戒之不得不切。

自"今日"以下, 言"今人"者凡四, 言"近世"與"今日"者各一, 而皆指目見而言, 未嘗毫涉先賢分上矣。及其篇終始, 乃說到"先賢", 而首言"干犯語句, 極知不韙", 此乃所以爲猥也。

旣而又言頭戴者之難以"瑣力矯救", 旣而又言"竊意此語發之太快, 末弊之至斯, 容有未之細思", 卽又繼之曰"前賢若在, 實有奉質之願", 其條理精明, 段落峻潔。粗辨句讀者, 初不難識, 而惟其末後數節, 尤見其一切慮患。反復丁寧之言, 皆爲頭戴者而發, 以深救其末弊, 而又復深致"奉質之願", 而不能不"爲之曠然一欷", 則其上不負先賢, 中不誤自己, 下不迷後學者, 灼然無可疑。今駁之言曰"其曰'我東方', 曰'近世', 曰'今人'者, 莫非指斥栗谷, 而其法實出於朱子論司馬公、范忠宣之非", 而曰"近世名卿大儒耳", 噫! 何巧也? 今人果指栗翁, 則先賢更指何賢乎? 今人自是今人, 先賢自是先賢, 抑何心腸, 必欲歸栗翁於近世, 必欲降栗翁於今人, 而乃引朱子論范、馬之例, 以實之耶? "名卿大儒", 固可以論范、馬也, 顧栗翁獨可以今人論者哉? 愚意"先賢"二字, 正法朱子, 此論駁者, 硬執左見, 乃爾至此, 是則渠自不以先賢處栗翁矣。非惟此也。又復都將那慮末弊、戒今人底說話, 來甘心移冒於栗翁身上, 轉而納諸"詖滛邪遁、眞倒昌披"之域而後已。是雖藉口「猥筆」, 直自手犯之耳, 顧何異於內謀不軌而外以除君側之惡爲聲者乎? 正與田子明自見其師之不是處, 乃假金重菴祭文, 而件件指的, 兼及於前輩疵累, 恰是一般伎倆, 凶險哉! 若輩簡侮手滑, 不知自陷於反爾之科, 可哀也哉!

金重菴先生嘗讀「猥筆」, 而心悅之, 乃爲之跋, 其結語曰: "此與華翁獨立不懼一揆, 我東知尊栗翁者, 莫如我奇、李二先生。此可與知者道, 難與不知者道。" 誠哉, 是言! 若輩何足以知之?

謹按: 『語類』曰: "太極猶人, 動靜猶馬, 馬所以載人, 人所以乘馬, 馬之一出一入, 人亦與之一出一入。蓋一動一靜, 而太極之妙未嘗不在焉。" 此以所乘之機, 明本然之妙者也。其曰"馬所以載人, 人所以乘馬"者, 此理之元來如此也。元來如此, 故知馬之出入, 非空爾、非自爾, 而與之出入者, 必是人也。故曰"馬之一出一入, 人亦與之一出一入", 非謂人初不能自會出入而專聽馬之出入也。蓋以易見之事,喻其難明之故, 語勢則然耳。其實馬之一出一入, 未始不繫乎元來所乘載之人也。故曰"一動一靜, 而太極之妙未嘗不在焉", 不然, 太極何足爲妙乎? 妙是主宰、運用之意, 吾實聞諸<u>晦菴夫子</u>。

<u>龍西柳丈</u>嘗論此條甚詳。其言曰: "太極猶人, 動靜猶馬, 馬固非死馬, 人亦非死人, 馬能有動靜, 而人獨無動靜乎? 人乘馬載而有行也, 馬動則人亦動, 馬靜則人亦靜, 固也, 而馬旣爲是人所乘之機, 而初非脫駕橫走之班馬, 則其動其靜, 果眞自爾而非有使之者乎? 動焉靜焉者, 馬也; 動之靜之者, 人也。太極之於陽動陰靜, 正亦猶是。故曰'太極者, 本然之妙也; 動靜者, 所乘之機也。' 今之力主'太極無動靜'之說, 而遂以氣機, 認爲自會動靜, 無所不能之物者, 乃<u>吳臨川</u>誤解人馬譬喻之邪說餘波, 殊非<u>朱夫子</u>當初立言之本意也。" 孰聞此丈篤守<u>華</u>、重<u>心</u>法, 不少移奪於滔滔下喬之流, 信矣!

謹按: <u>朱子</u>說理氣處, 固多對擧。然對擧之中, 自有無對之尊, 粲然不可掩也。「易序」, 『或問』, 莫不皆然, 曷嘗有一處如今人之必作敵偶看也? 橫竪峯嶺, 傲然坐大, 安足與議於而上而下形字冒頭底妙契乎? 但見方寸之木, 可使高於岑樓, 則又奚以知說本原之義乎? 蓋吾先師一生血誠所在直▨[3], 遠而祖述<u>孔</u>、<u>孟</u>, 近而憲章<u>程</u>、<u>朱</u>, 又近而講明<u>靜</u>、<u>退</u>、<u>栗</u>、<u>尤</u>諸先生之淵源宗旨, 以爲斯道不明, 夷可以變夏, 獸可以食人, 而乾坤息矣。乾坤息, 則人類滅矣。是以惓惓乎其憂世之志, 汲汲乎其任道之責, 思之而不得, 弗措也, 辨之而不明, 弗措也。不屑屑於論說之異同, 而自不違於傳統之妙旨, 則實惟先聖賢之所願望, 亦何傷於尊畏之義乎? 若<u>任鹿門</u>一段語, 雖得之寂寥碎紙中, 而於本原宗旨, 說得精實, 故表而出之, 惟恐不傳於世, 乃闡幽至公之一事, 亦足以見其淵源之正也。奈何強聒不舍, 爲此洗垢索瘢之異言乎?

"「猥筆」所譏, 皆先生之所惡而甚斥"者, 駁中何以有此言乎? 先生所惡惡之, 先生所斥斥之, 「猥筆」之尊先生也, 大矣。知其如此而駁之, 何也? 其故可知耳。知其如此者, 良心之未泯也, 知其如此而駁之者, 外雖陽尊先生, 而內實甘心於猜毀「猥

---

3) ▨: 저본의 상태가 불분명하여 판독이 불가한 글자이다.

筆」。故彼未泯之良心, 終不能勝其凶險之積耳。

凡駁目不一, 變怪百出, 然其包藏最在“天命使然”一句, 而爲說巧近, 有足以眩人。故略引朱訓, 姑明其宗旨來歷如右。

末附云云, 何不考諸『春秋』“賊不討、讎不復, 而不書葬, 則服不除”也? 寢苫枕戈, 無時而終事矣。胡先生已大書特書于鍾巫之傳矣, 賊終不得討, 讎終不得復, 此義不可忘也。戴白只是不忘此大義而已, 吾自不能守耳, 從而非之者, 決知其人之無此義也。

駁者優能知白▨4), 而乃變管作灌, 換寧做嬰, 何也? 外雖藏頭換面, 在內之肺肝, 已盡露於此矣。駁「猥筆」, 則眞可謂“於渠何誅”, 吾實爲栗翁不願爲此輩所辱也。雖然此猶爲一唱之雄, 和之者無慮百雌, 天下雖不欲爲目今世界, 而可得乎? 固無足以掛牙。然其惡足以爲戒, 故特論之, 旣以內省, 又以愧天下後世之爲儒名而夷行者也。

3-24-2

「기질지성군자유불성론氣質之性君子有弗性論」(『普山遺稿』卷2)

해제

1) 서지사항

기우승의 글. 『보산유고(普山遺稿)』, 권2에 실려 있다.

2) 저자

기우승(奇宇承, 1858~1907)으로, 자는 효술(孝述)이고 호는 보산(普山)이다.

3) 내용

이 글은 기우승이 장횡거의 "기질의 성[氣質之性]은 군자가 성이라고 여기지 않는다"는 명제의 해설을 통해, 편전의 성[偏全之性]은 본연지성(本然之性)이 아니라는 주기론의 주장을 논박한 것이다. 기정진은 「납량사의(納凉私議)」에서 "기질의 성은 군자가 성이라고 여기지 않는다"고 하지만 사람과 사물의 편전의 성을 군자가 성으로 여기지 않는 것은 아니라고 하였다. 이에 대해 전우(田愚)는 편전의 성을 기질의 성과 동일하게 보고 군자가 성으로 여기지 않는 것이라고 반박한 바 있다. 기우승은 '기질지성(氣質之性)'은 기를 주로 해서 말한 것이며, 기질을 따라 실로 구애되는 것이 없을 수 없으므로, 본래 군자가 성이라고 여기는 '천명지성(天命之性)'과는 다른 것이라고 하였다. 그에 의하면, 기질지성에 관한 학설의 의미는 "기질에 비록 불선(不善)이 있더라도, 군자가 용감하게 다스리고 성찰하며 근면하게 행하면 그것을 변화시킬 수 있으며 천지의 성이 회복된다"는 공부론(工夫論)에 있다. 그는 정이천, 장횡거, 주회암 등의 이론이 당대 주기론을 타파하기에 충분한데도 불구하고, 주기론자들이 오히려 오상(五常)을 '기질에 기인한 성[因氣質之性]'이라고 여기며, 명덕을 낮추어 보아 반드시 기에 속하는 것으로 규정한다고 비판하였다.

3-24-2「氣質之性君子有弗性論」(『普山遺稿』卷2)

論曰性固人之所受於天, 而各正者也, 其有弗性者, 何也? 性有不同乎? 此主氣質而言也。蓋氣雖理之所生, 而迭運騰倒, 不能無淸濁粹雜。故質之氣以成者, 不得不有昏明之異焉, 則性墮在氣質之中者, 隨其氣質, 而固亦不能無拘焉。此所謂"氣質之性", 而此性字正程先生所謂"止訓所禀受"者, 而非天命之性之爲性之理者也。惟弗性之性字, 卽就天命上, 指性之理爲言也。性不可以一槪論者, 非此之謂乎?天命固君子之所性, 而其流行則氣耳。性卽理也, 理常爲主, 而氣必聽命焉。故氣質雖有不善, 而君子勇下克治之功, 省察以致其知, 矯揉以勉其行, 則能變化其氣質, 而天地之性復矣。是以人之爲學, 只是要變化此氣質, 而聖賢之言, 無非此意。但不說出氣質字, 而程、張始言之, 弗性之訓, 又橫渠夫子之所特書以示人也。其"極有功於聖門, 深有補於後學", 晦菴先生豈偶然而已哉? 此亦足以打破近世主氣之邪說, 而猶不知戢, 至以五常爲因氣之性, 而低視明德, 必欲屬氣而後已, 可駭孰甚焉?

25.

栗溪 鄭琦

(1878~1950)

心說論爭 資料

「외필후변변猥筆後辨辨」(『栗溪文集』卷11)

해제

1) 서지사항

정기가 전우의 「외필후변(猥筆後辨)」을 조목별로 비판한 글이다. 『율계문집』 권11에 실려 있다. (『한국근대문집선간』 9)

2) 저자

정기(鄭琦, 1878~1950)로, 자는 경회(景晦), 호는 율계(栗溪)이다.

3) 내용

전우가 쓴 「외필후변」을 비판한 정기의 글로, 1936년 음력 9월 9일에 탈고되었다. 서문에서 정기는 이 글이 전우의 「외필후변」에 대한 비판이며, 스승 정재규(鄭載圭, 1843~1911)가 쓴 「외필변변」의 체제를 이어받았다고 밝히고 있다. 전우는 1902년에 기정진의 「외필」을 비판한 「외필변」을 지었고, 1904년에 「외필후변」을 지었다. 이에 정기의 스승 정재규가 「외필변변」을 지어 반박했고, 전우 역시 1914년에 이를 재비판하여 「관정백헌집외필변변」을 지었다. 따라서 이 글은 전우의 두 비판문에 대한 기정진 계열의 반박을 완료하는 것이자 스승 정재규의 작업을 완성하는 것이며, 1914년에 전우가 한 반론에 대한 재반박의 의미도 아울러 가진다고 할 수 있다. 정재규의 「외필변변」이 축조비판의 형식을 띠고 있는 것처럼, 정기의 이 글 역시 축조비판의 형식을 띠고 있는데, 총 조목수는 20개에 이르고, 핵심 주제는 "리(理)의 동정(動靜)"이다. 그는 리가 주체로서 기를 주재하지, 기를 따르는 것이 아니라고 본다. 또한 "동정(動靜)"과 "조작(造作)"의 의미가 다르다고 보아 두 표현을 구분해야 한다고 주장하고 있다. 정기가 리(理)에 근거한 실제적 도덕 주체를 확립하고자 하고 있음을 보여준다고 할 것이다. 정기는 전우의 견해를 "기를 리로 아는[認氣爲理]" 것으로서 리의 주체이자 주재자인 모습을 왜곡하는 것이라고 본다. 전우의 리는 기에 종속된 것이고, 이러한 견해는 "이치를 해치고 참됨을 어지럽힌다[害理亂眞]"는 것이, 정기의 입장이었다.

3-25-1 「猥筆後辨辨」(『栗溪文集』卷11)

昔余在溪上, 得見田艮齋所著「猥筆辨」者, 蓋其所論, 骋機吹洗, 以「猥筆」中所論今人之弊者, 一切歸之於栗谷, 又或歸之於朱子, 譏斥殆甚。先師爲之逐條置辨, 今已刊行于世矣。近又得其所謂「後辨」者而觀之, 其所論說, 乃前辨之驢跡, 而其輕肆口氣, 呵罵凌轢, 又加幾層, 直斥之曰彼, 曰奇氏, 曰上慢、中誤、下迷之罪, 肆然自處以聲討者然, 誠不滿一笑。然其可辨者, 先師已盡之矣。但據其先師未及見者, 條辨如左。

朱子『楚辭集註』有曰: "一動一靜, 一晦一朔, 皆陰陽之所爲, 非有爲之者。" 此與栗翁 "機自爾, 非有使之", (旨)[指]1)有毫髮差爽乎? 又『陳北溪錄』有云: "屈伸往來是二氣, 自然能如此。" 此陰陽動靜機自爾之左契也。夫"自爾"者, 自然之謂也。今曰: "由己不由他。" 又曰: "自行自止, 不由天命, 看文字何其矗疏也"云云。

　　朱、李兩先生此論, 特就流行邊, 指其運用而言也。其定論則朱子曰: "一陰一陽, 雖屬形器, 然其所以一陰一陽者, 是乃道體之所爲也。" 又曰: "物之生, 雖曰自長自消, 而其自長自消, 究是理自如此。" 又曰: "一物之中, 自始至終, 皆實理之所爲也。" 又曰: "凡天下之事, 雖若人之所爲, 其所以爲之者, 莫非天地之所爲也。" 又曰: "往者過, 來者續, 道體之本然。" 栗翁亦曰: "參差不齊者, 雖曰氣之所爲, 而必有理爲之主宰, 則其所以參差不齊者, 亦是理當如此。非理不如此, 而氣獨如此也。" 此皆本末兼擧, 上下俱盡, 顚撲不破之論也。世之儒者, 遺此而不講, 專主"機自爾, 非有使之"之說, 轉輾差謬, 自歸於主氣之科而不知返。故蘆沙反復辨論, 以爲先賢之言, 發之太快, 而末弊之至斯, 容有未之細思也, 正所謂"良工心獨苦"者也。今乃不察其定論之旨, 深深覓得『楚辭集註』流行一邊說, 以爲己援之資, 不亦勞乎? 其前辨曰: "動靜者, 造作也, 故曰'機自爾也'; 動靜者, 作用也, 故曰'機自爾也'"。今却曰: "自爾者, 自然之謂也。" 忽變其見, 而譏人矗疏, 何也? 蓋動靜是自然而然, 非有絲毫犯氣力底字; 造作是有情意營爲, 而煞費氣力底字, 乃以動靜直喚做造作, 而曰"機自爾"也。果非由己不由他, 自行自止, 不由天命者耶? 今既變其說曰"自

---

1) (旨)[指]: 저본에 '旨'로 되어 있으나, 『艮齋集』「猥筆後辨」에 의거하여 '指'로 수정하였다.

爾者, 自然之謂”, 則固亦庶幾焉, 而卒不遵聖賢定論, 則未知何故。

栗翁對策, 固有“動之靜之者理也”之語。然其上文, 又有“自然之氣”云者, 則與“機自爾”者, 初不相妨。如騎而主者雖是人, 而其四蹄之一前一却, 自屬馬事。使彼於栗翁之指, 無少差互, 則何不擧而爲(說)[證]2), 乃若不聞也者, 而只將自爾、非使兩語以譏罵之也。夫動之靜之之云一也, 而栗翁只是根柢自然之意, 而彼則却是操縱做事之說也云云。

    “騎而主者雖是人, 而四蹄之一前一却, 自屬馬事。”非曰不然, 而却是倒說, 擧主而僕從, 擧帥而卒隨, 故聖賢皆就重處爲言, 如上所謂“物之自長自消, 而究是理自如此”, “參差不齊者, 雖氣之所爲, 而亦是理當如此者”是也。以此準之, 則此亦當曰“四蹄之一前一却, 自是馬事, 而所以操縱者人也”。「猥筆」之只將自爾、非使兩語, 以辨論者, 特以世儒之遺却定論, 頭戴此句而張大之故也。故曰: “動之靜之, 非使之然而何?” 讀此者, 自當知之譏罵之云過矣。道理公物, 論理者先要心公, 惡人異己, 遽加罪案, 無亦不公不平耶? 操縱做事, 「猥筆」中何嘗有這般意, 以其“末又非有操縱之力”一句而云歟? “非有”, 言本無也, 其意蓋謂有其妙, 而無其力耳。曷嘗直謂之操縱做事乎?

『語類』董叔重錄曰: “太極, 理也; 動靜, 氣也。” 此可謂毫分縷(柝)[析]3), 而從{分}4)金稱上稱出來,【凡朱子說中, 言“天命流行”, “道體發見”, “理有動靜”, “理有知識”, “理詣其極”, “理之發”, “此理光明燦爛”之類, 皆要如此辨認。】若不如此精覈, 其不爲指(理)[氣]5)爲(氣)[理]6)者幾希云云。

    問: “動靜是太極動靜? 是陰陽動靜?” 朱子曰: “是理動靜。” 問: “如此則太極有模樣?” 曰: “無。” 又曰: “若理無動靜, 氣何自而有動靜? 以目前論之, 仁便是動, 義便是靜。又(問)[何]7)關於氣乎?” 此類甚多。更將如何辨認? 抑歸之於指氣爲理之科歟? 夫動者靜者, 氣也; 動之靜之者, 理也。故自知理者言之, 曰“理動靜”亦得, 曰

────────────

  2) (說)[證]: 저본에 ‘說’로 되어 있으나, 『艮齋集』「猥筆後辨」에 의거하여 ‘證’으로 수정하였다.

  3) (柝)[析]: 저본에 ‘柝’으로 되어 있으나, 『艮齋集』「猥筆後辨」에 의거하여 ‘析’으로 수정하였다.

  4) {分}: 『艮齋集』「猥筆後辨」에 의거하여 ‘分’을 보충하였다.

  5) (理)[氣]: 저본에 ‘理’로 되어 있으나, 『艮齋集』「猥筆後辨」에 의거하여 ‘氣’로 수정하였다.

  6) (氣)[理]: 저본에 ‘氣’로 되어 있으나, 『艮齋集』「猥筆後辨」에 의거하여 ‘理’로 수정하였다.

  7) (問)[何]: 저본에 ‘問’으로 되어 있으나, 『晦庵集』「答鄭子上」에 의거하여 ‘何’로 수정하였다.

"氣動靜"亦得。若專做氣動靜，而曰"天命流行，氣流行; 道體發見，氣發見; 理有動靜，氣動靜; 理有知識，氣知識; 理詣其極，氣詣極; 理之發，氣發; 此理光明，氣光明"，則是果成說乎? "天命流行，道體發見"之云，有何窒礙，而曲爲附鑿，必欲畫蛇添足也? 可異也!

栗翁言"太極尸機"，而不曾奉以周旋，却將命者爲主一句，認做自家獨擅之辭，何也? 無乃其心先有輕視先賢之根苗，故不及細察其指趣，而妄肆其譏誚歟? 有志求道者，最要先正心術而後，可以講辨乎理氣之說云云。

栗翁分明言"孰尸其機? 嗚呼，太極!" 又分明言"非理不如此而氣獨如此。" 今却不奉以周旋，專主"機自爾"一語爲禦人之話柄，於凡天下之造化生成，發見昭著，以一氣字爲大戴頭，使所謂理者，不過爲楚國佯尊之義帝，何也? 命者爲主，乃太極尸機之說，而今乃曰"不曾奉以周旋"，又何也? 所謂"有志求道者，最要先正心術。" 旨哉，其言之也! 但余愚昧，不能辨心術之何者爲正，何者爲不正，請問之可乎? 以所論今人之弊者，移之於先賢，勒加以輕視妄誚之律，是心術之正歟? 不正歟? 以知見之異己，斥之以告、釋、陸、王，而爲劃地埋殺之計者，是心術之正歟? 不正歟? 雖聖賢之言，合於己則取以爲證，不合則置之。非惟置之，截斷首尾，單摘一句，以爲己援，或曲爲註解，迎合己見，是心術之正歟? 不正歟? 願世之公心者，有以裁誨焉。

「猥筆」言: "到過不及處，不得已而有說氣時，蹶者趨者氣也是也。蓋過不及，雖亦本於理，而末流害於理，則不可無區別。" {此亦}[8]非曰不然，而又有不盡然處。孟子雖說蹶趨之氣，未嘗不言浩然之氣，此何嘗因過不及而不得已而言者耶? 且末流之害理者，固不可無區別而謂之氣，然其本體浩然而配義與道者，亦何可混淪而直喚做理? 畢竟不得不謂之氣耳。

朱子曰: "孟子本只是答公孫丑不動心，纏來纏去，說出許多養氣、知言、集義，其實只是個不動心。" 蓋告子言: "不得於言，勿求於心; 不得於心，勿求於氣。" 故曰: "志至焉，氣次焉。" 又曰: "持其志，無暴其氣。" 又提出浩然之氣，配義與道者，言其所以養之之道，亦何嘗非因過不及而不得已而言者耶? 若或以此而謂孟子特表

---

8) {此亦}: 『艮齋集』「猥筆後辨」에 의거하여 '此亦'을 보충하였다.

出浩然之氣, 與理作對, 則誤耳。故朱子曰: "孟子雖言夜氣, 其所欲存者, 乃在於仁義之心; 雖言養氣, 其所用力, 乃在於集義。" 蓋浩然之氣, 是集義所生, 未須說本來有底。故朱子亦曰: "孟子只說'其爲氣也, 至大至剛, 以直養而無害'。又說'是集義所生', 自不必添頭上一截說。" 又曰: "'配義與道'者, 大抵以坤配乾, 必以乾爲主; 以妻配夫, 必以夫爲主。配作隨底意思, 以氣配道義, 必竟以道義爲主而氣隨之, 是氣常隨著道義。" 今人以發揮運用做得事者, 藉乎此氣, 遂認理爲隨氣之物, 可異也!

「猥筆」言: "近世說理, 概以無適、莫爲理。" 吾聞適爲專主, 莫爲不肯。故君子之心, 於天下之事, 無此二病, 而惟義理之是從也云云。

　　『論語』無適、無莫, 猶云"無可"、"無不可"。今適爲專主, 莫爲不肯, 做二病看, 則不敢唯唯。蓋此適、莫, 言此理必然之妙也。故先師嘗辨釋之曰: "適、莫, 借人事有情意底字, 以明天理無聲臭之妙也。" 角者常角, 鬣者常鬣, 此是適處; 冬不衣葛, 夏不衣裘, 此是莫處, 皆必然而不可易者。

「猥筆」言: "理發二字, 爲今日學士家一大禁避語。" 今日學士家, 未知爲誰, 若是指栗翁, 則其言之悖慢無禮云云。

　　蘆沙之於栗翁之世, 已隔三百年, 何可謂"今日學士家"乎? 此婦孺所與知, 而今曰"是指栗翁", 曰"悖慢無禮", 期欲罪之, 以快其私心, 是豈法理之所當乎? 蓋"理發字禁避"云者, 特以今之儒者, 只據氣發一語, 而若有言理發者, 則以爲貳於栗翁, 輒加攻斥, 俾不敢發口故也。

有人擧有段落、行變化、成條理者, 問於栗翁曰: "此無所主張者?" 必將曰: "太極爲之主矣。" 此何等明白? 而彼乃自爲答語曰: "機自爾, 非有使之者。" 是直驅先賢之言, 使不成道理, 而必欲見屈於自家, 這是甚麼心腸?

　　「猥筆」曰: "今日學士家, 纔見有段落、行變化、成條理者, 則曰'氣也'。問'孰主張是', 則曰'其機自爾, 非有使之者'。" 今乃巧幻其說, 另著"問於栗翁曰"五字, "彼乃自爲答語曰"七字。一切以所論今日學士之失, 歸之於栗翁, 是果甚麼心腸?

所謂"太極是元來乘氣"者, 則將有做得事底氣力矣。審如是也, 曩所謂"末流害理之氣",

又何不到底檢束, 而乃使之至此哉? 楚人有誇其盾之堅者曰: "物莫能陷。" 又譽其矛之利曰: "物無不陷。" 或曰: "以子之矛, 陷子之盾, 何如?" 其人無以應。今「猥筆」文之不相副, 正如是矣。

太極非元來乘氣, 則寄寓於何處? 孰謂太極有做得事底氣力? 但有做得事之妙矣。末流害理, 氣數之變也, 所謂"理弱氣强, 管攝他不得"者是也。如馬之不循軌, 有時橫走而不受箝制也。以其變而詰其常, 可乎? 以此而謂「猥筆」上下文之矛盾, 吾不知其何說也。蓋嘗聞之, 氣數雖變, 而知天道之有常; 氣質雖異, 而知人性之本同; 氣機雖危, 而知此理之爲主。則可以據常而應變, 反本而捄末, 主理而帥氣, 此君子之所以戒愼恐懼, 不敢須臾忽者也。

今雖以元來所乘者言之, 所謂道者, 從來是無爲底, 如何檢攝得氣? 故栗翁之前, 朱子已有氣强理弱、氣麤理微之論而曰: "譬如子不肖, 則父也管他不得; 君所欲行, 臣下沮格, 君亦不能一一督責。" 今有人擧以問於奇氏曰: "以「猥筆」觀之, 朱子也未免啓子奪父位、臣行君權、萬世亂賊之禍矣。" 此宜如何排闢, 彼將如何爲對?

氣强理弱、氣麤理微, 氣數之變者也。至於子奪父位、臣行君權、亂賊之禍, 變之極也。以氣數之變, 而詰其天道之常; 擧末流之弊, 而疑其道體之本然, 是豈知道之言哉? 所謂"如何排闢, 如何爲對", 恰似夢中荒讕, 誠難與言也。蓋變亂雖極, 末弊雖甚, 善者其終也必遂, 惡者其終也必不遂, 此非理之攸主者耶? 但理有能然必然之妙, 而無作爲運用之力, 故往往有氣不順之弊。此君子之所以主理而帥氣, 以嚴上下主僕之辨者也。蓋以此爲防, 猶有相攻之患, 況以主宰妙用, 權勢號令, 一切委之於氣, 而理無與焉, 則其終也, 果將如何也?

孟子之性命, 周子之眞精, 明道之性氣, 伊川之理象, 朱子之心性, 虞帝之論心而曰人道, 孔子之論學而曰人道、論『易』而曰人器, 皆理氣之對擧者也。【止】朱子說中, 如言"纔有天命, 便有氣質, 有是理, 便有是氣"者, 是非纔見理字, 覔氣做對之見乎? 然則雙本領之履霜, 朱子可以當之, 又推其本, 則舜、孔、孟、程皆不得免, 而至栗翁則可謂堅冰矣。

理與氣無對有對, 先師於田氏前辨, 已極辨之, 不必更提。今彼引朱子說, 同歸覔氣做對之見而曰: "雙本領之履霜, 朱子可以當之。" 又推及於舜、孔、孟、程, 此非惟識見之麤, 其用心之包藏, 可懼也。"纔有天命, 便有氣質; 有是理, 便有是氣", 是乃一名爲理, 便有所乘之機之謂也。如有君便有臣, 有父便有子, 有主便有僕, 以此而謂雙本領之履霜, 不其妄乎? 且曷嘗如今人之必覔氣對理, 理之流行一大事, 壹皆歸之於氣機者耶? 舜、孔以下諸聖賢, 壹是主理而御氣, 曷嘗如今人之把氣對理, 一處對峙者耶?【如以所云虞帝之論心而曰人道者言之, 其曰人道惟危, 道心惟微, 惟精惟一, 允執厥中。是乃道心爲主, 人心聽命之謂也。豈把人道一處對峙, 爲雙本領者耶? 諸聖賢之言, 在在皆如是。】每見其說不去處, 動引諸聖賢之說字面彷彿者, 以壓倒人, 勒做背聖之罪, 君子之用心, 固當如是歟?

吾聞一邊人推尊奇氏爲我東五百年來第一大賢, 而僅有一李華西與之同德(同){相}[9]符, 則靜、退以下諸先生, 原不足數, 而其言乃與大舜、孔子一切與之相貳, 抑何理也? 吾則寧被主氣之斥, 不欲負四千年以來諸聖賢, 以假冒主理之名也。

傳聞之說, 有所過當, 則付之一笑可也。乃勃然激怒, 奮筆特書, 以至竝其實而滅之, 搆其虛而誣之, 不其涉於矗淺歟? 且譏之以學聖人而不及, 則尙可矣; 斥之以與聖人而相貳, 則不其誣乎? 吾亦聞一種之人推尊田氏爲東方五百年結局, 聖人聞此, 當肆然自喜耶! 吾故曰: "傳聞之說, 付之一笑可也。" 但未知主理而帥氣, 明理而檢氣者, 與聖人相貳歟? 主氣而後理, 明氣而昏理者, 與聖人相貳歟? 主氣明氣, 不負四千年以來諸聖賢, 愚未敢信也。四千年以來諸聖賢, 都只主理明理而已也。

「猥筆」言: "聖人的見流行發見, 變化昭著, 莫非此道之爲。" 愚謂奇氏眞謂此道自能流行發見, 變化昭著, 如論太極動靜之見耶? 朱子旣以太極爲理, 動靜爲氣, 則凡言天命流行, 道體呈露, 天理發見昭著, 道理光明燦爛之類, 皆是上面是理, 下面是氣也。吾聖門宗旨, 以道體爲無爲, 而凡有爲者, 屬乎氣也。【止】若泛指天地造化、聖賢行能, 皆謂之理, 則將使學者有錯認神通妙用, 直做性體, 而匍匐於佛子之門矣。是其害理亂眞, 爲如何哉?

旣曰"上面是理, 下面是氣也", 則上者爲主乎? 下者爲主乎? 知此則頗可領會矣。而必欲尊尙氣字, 推之專擅之地, 而以理無使之然之妙, 何也? 蓋道體未嘗非乘氣流行, 而擧其主, 則僕固從之。故直曰"天命流行", 不曰"氣流行"; 曰"道體呈露",

---

9) (同){相}: 저본에 '同'으로 되어 있으나, 『艮齋集』「猥筆後辨」에 의거하여 '相'으로 수정하였다.

不曰"氣呈露"; 曰"天理發見", 不曰"氣發見"; 曰"道體光明", 不曰"氣光明"。『中庸章句』曰: "上下昭著, 莫非此理之用。"『論語集註』亦曰: "往者過, 來者續, 道體之本然也。" 此非聖門宗旨耶? 若以道體爲無爲, 而凡有爲者專屬乎氣, 則所謂"變化、流行", 乃氣變化, 氣流行, 是乃氣通也, 非理通也。則正蘆翁所謂"奪通歸理, 以局命氣, 爲氣者, 不亦冤乎"者也。栗翁理通氣局之訓, 將廢而不講歟? 動者偏於動, 靜者偏於靜者, 物也。物也者, 氣之爲也, 是所謂局也。動而未嘗無靜, 靜而未嘗無動者, 神也。神也者, 理之妙也, 是所謂通也。人能於此領悟, 則彼前辨、後辨紛紛之說, 可自定矣。佛氏之所謂性, 乃吾儒所謂氣也, 固已害理亂眞之甚, 而吾儒中倡言主氣者, 亦或不歸於害理亂眞之科歟? 未可知也。

「猥筆」言: "今人驅道理於冥漠, 纔有發見昭著, 一屬之氣。如此者爲識理氣, 不如此者爲不識理氣。若是則天下更無詖淫邪遁矣, 顚倒昌披, 何事不有?" 近日諸公多謂此指栗翁。愚近檢『全書』「答安應休書」言: "理何以流行乎? 氣之流行, 理乘其機故也。理本無爲, 而乘氣流行, 變化萬端, 雖流行變化, 而其無爲之體, 固自若也。吾友見此理之流行變化, 乃以理爲有動有爲, 此所以不知理氣也。" 今以「猥筆」準此, 則其所謂"驅道理於冥漠"者, 豈或指"理本無爲, 無爲之體, 固自若"等語耶? 其所謂"纔有發見昭著, 一屬之氣"者, 豈或指"理何以流行, 乘氣而流行"之云耶? 其所謂"不如此者, 不識理氣", 卽是指"吾友不知理氣"而云也。此旣如是, 則詖淫邪遁, 顚倒昌披, 將何所歸? 雖有善辯, 殆難爲之出脫矣云云。

安氏見理之流行變化, 認理爲有動有爲作用之物, 故栗翁答之曰: "理何以流行乎? 氣之流行, 理乘其機故也。" 又曰: "雖流行變化, 而其無爲之體, 固自若也。" 若所謂"理本無爲, 而乘氣流行, 變化萬端", 則變化萬端者, 乃理之無爲之爲也。譬如這燭火得這脂膏, 便生許多光焰。光焰之生, 雖脂膏之力, 其許多光焰, 乃火也非油也。然則與今人一屬氣之見, 烏可同日而語哉? 乃不領悟於此, 而反自努力强排, 以此爲斥人之話欛曰: "某指某, 某指某。" 移今人二字於三百年前先賢, 勒成罪案, 如點吏之檢人, 鍛鍊成獄而曰: "雖有善辯, 殆難爲之出脫。" 正先師所謂"獨不畏今與後之窺其中者乎"者也。

主之所向, 僕無有不往, 理之所專主, 氣焉有不從? 理之所不肯, 氣何敢自行? 果如奇論,而天地間誠有此理此氣, 則栗翁亦必生於此理此氣, 何緣有此妄發? 後人亦必生於此理此氣, 何緣誤信栗翁? 且奇氏之言, 亦自亭亭當當, 直立不倒於天地之間, 而千人萬人自不敢與之爭衡矣。何者? 栗翁之發之太快而流弊後世者, 亦氣也; 後人之頭戴前賢而聲討奇氏者, 亦氣也。如使所謂理者, 果能管攝乎氣; 所謂氣者, 果不能違悖乎理, 則何以有此流弊聲討之變哉? 以此究勘彼說之無理, 如視諸掌矣。世之尊奇氏者, 請置辨。

此段出於戲耶? 出於詬罵耶? 區區不省, 其何以也? 夫理之所在, 氣固從之, 常也, 本然也。氣不循理, 有時橫逆, 變也, 末弊也。如諸聖賢之言福善而禍淫, 積善餘慶, 積不善餘殃, 栽培而傾覆, 大德必得祿位壽, 天道之常也。堯之世而有洪水, 湯之世而有大旱, 文幽於羑里, 孔厄於陳、蔡, 顏子而殀, 孟子而不遇, 氣數之變也。然以末弊之變, 而不信夫本然之常, 衆人之見也。如此則諸聖賢之言, 亦將不之信矣乎! 若夫世之治亂盛衰, 人事之得失隆替, 固氣之爲, 而其終也, 必遂必不遂, 莫非理之所以操縱者也。若曰"理無爲而氣獨能", 則上天失主宰之心, 造化若風花之轉。所謂理者, 果非有之無所補, 無之靡所闕, 只爲寄寓可憐之物耶? 從古聖賢, 的見造化發見, 莫非此道之所爲, 故曰"太極生兩儀", 曰"乾道變化, 各正性命", 曰"仁者見之謂之仁, 智者見之謂之知", 曰"誠者, 物之終始", 曰"太極動而生陽, 靜而生陰", 曰"天命流行", 曰"此理之用", 曰"道體之所爲"。此類指不勝屈, 而不言氣機者, 非遺却氣機也, 正所謂"主之所向, 僕豈有不往"者也。斯理也, 章章明矣, 而猶不能反省, 乃舉氣數之變, 末流之弊, 紛紛戲侮, 却請置辨。噫! 過矣! 昔余幼少時, 隨衆觀劇於夜市。及其卒也, 有一大人出, 繩趨矩步, 威儀肅然, 人無不却立仰視。其言也, 尖尖炎炎, 喃喃嘈嘈, 忽北邊迷, 南邊出, 東邊藏, 西邊見。乃言曰: "觀者能辨我之爲麼?" 滿場皆局局。今看此論, 亦不覺噴飯。

以愚觀於奇氏, 其八十年內抱耿耿者, 不過見理之誤也。其不發口明言者, 猶有畏義之象也。今其後人, 大書深刻, 以暴揚於天地間者, 豈非近於無忌憚耶? 於是乎氣之有時乎違理, 理之不能管攝乎氣者, 亦可驗矣。雖然, 其當日銳意寫出之心, 卽今日放膽印布之源也。惜乎! 其祖孫師生, 生平謾說太極自有適莫, 陰陽莫敢誰何, 以不曾自檢其心, 自制其氣, 以致上謾祖師, 中誤自己, 而下迷後進之罪云云。

倡主理之學, 闡明萬化之樞紐者, 是見理之誤耶? 只守理無爲之訓, 而主宰妙用專輸了一氣字者, 是見理之誤耶? 鋟布其祖師明理文字, 以悟後學, 是氣之違理耶?

惡其有違於先賢之偶失照管者, 直欲焚滅其書者, 是氣之違理耶? 恐恐於語句之干犯先賢, 念念於後學之執言迷旨者, 是銳意放膽耶? 輕前輩而詬罵, 斥異己以異端者, 是銳意放膽耶? 尊畏先賢而講明義理, 嘉惠後進, 是上謾、中誤、下迷之罪耶? 頭戴先賢而要伸己見, 驅率後人, 是上謾、中誤、下迷之罪耶? 世之公心者, 自當辨之。夫尊畏、講明二者, 并行而不相悖。故朱子曰: "觀聖賢議論, 雖未嘗不推尊前輩, 而其是是非非之際, 亦未嘗有毫髮假借之私。" 若孟子之論伊尹、夷、惠, 抑揚其辭, 不一而足, 亦可見矣。退陶先生亦曰: "非議前輩, 固後學之不敢輕也。然至於析理論道, 則一毫不可苟也, 故晦菴與東萊訂定五峯「知言」之醇疵也, 南軒亦與焉。以弟子而議師門之書, 不以爲嫌者, 豈不以義理天下之公也? 何先何後, 何師何弟, 何彼何此, 何取何舍? 一於至當而不可易耳。" 二先生豈無所見而云云哉? 蘆翁有見於此, 故特就先賢之偶失照管者, 反覆辨論, 以救今人主氣之末弊, 而恨不得奉質於先賢。志在明理, 言之不得不切也。今乃以斥今人之失, 移之於先賢, 勒定罪目, 竭心攻斥, 不遺餘力, 其亦異乎聖賢之心法矣。農巖先生四七說有違於栗翁, 而還從退陶, 其刊集之日, 遂菴力主刪去之論, 見漏於原集。其後年譜之追刊也, 渼湖撮其要而附之, 吳老洲深歎其終不如全文之完備。蓋以遂菴、渼湖之賢, 而以違於栗翁, 力主刪去, 又不用全文, 以其時議之忮克也。此時猶然, 況今士益苟、俗益偷之時乎! 然則「猥筆」之見斥, 宜哉! 噫!

吾儒之於心, 豈可自聖? 其於氣, 又豈可一刻不加檢束之功乎? 其於太極性命之妙, 尤何可輕易立論? 其於孝弟恭遜之道, 尤何可不盡心力以體乎?

　　此段極好極好! 然竊有可疑而難解者, 立論如彼, 而夷考其發於心, 著於事, 則專擅自用, 少無顧忌, 有違於己見, 則斥之以陸、王、老、佛而不休。遊其門者亦多堂堂自大, 難與爲仁, 是誠悟道故歟? 未可知也。

觀金監役「猥筆」跋語, 已譏其尊畏先正者, 爲暴揚其過失於天下後世。此指沙、尤以下羣賢之祖述栗翁者言也。又曰: "知此則尊先正者, 莫如我奇、李兩先生。" 此指蘆沙、華西之自立門戶, 而一反栗翁定論者言也云云。

　　重菴跋略曰: "我國之先正大賢, 實程、朱嫡統之所在也。其於大義, 豈得以容喙也? 是乃先正平日之所望, 豈宜并與其可諱者, 張皇於世, 使人不得開口乎? 是則所謂

'尊畏先輩'者, 乃所以暴揚過失於天下後世也。知此則知近世之欲尊先正, 莫如奇、李兩先生也。"蓋此文段落分明, 粗生文理者, 皆可易曉。而今乃譏斥曰: "'尊畏先正, 暴揚其過失', 指沙、尤以下羣賢之祖述栗翁者; '尊先正莫如奇、李兩先生', 指蘆沙、華西之自立門戶, 一反栗翁定論者。" 吁! 此何說也? 夫"機自爾, 非有使之", 栗翁之偶失照管者也。"動者靜者, 氣也; 動之靜之者, 理也", 栗翁之定論也。沙溪先生祖述之,「答金嶷書」曰: "陰陽之動靜, 卽太極之動靜也。動靜者氣, 所以動靜者理。理無動靜, 則氣亦無動靜也。公所引朱子說太極動時便是陽之太極, 靜時便是陰之太極云。朱子之意, 動靜乃太極之所爲云也。"【沙翁此言, 足爲艮公破的, 且將如何曲解, 以合己意也?】尤齋先生又祖述之曰: "一動一靜者, 氣也, 而動之靜之者, 理也。一陰一陽者, 氣也, 而使陰使陽者, 理也。" 又答沈明仲使動使靜之問曰: "使是自然之使, 不如陰陽五行之運用造作。此陰陽五行之所以能運用造作者, 豈非理乎?" 又曰: "天以陰陽五行, 化生萬物, 所謂天者, 理而已矣。以之而化生者, 非使之然者乎?" 沙、尤諸賢之祖述栗翁者, 蓋如是。此與世儒之頭戴其偶失照管者, 而使人不得開口者, 奚翅朔南之判哉? 今乃以暴揚過失, 歸之於沙、尤諸賢而譏斥之, 可異也。蘆沙所謂"動者靜者, 氣也, 動之靜之者, 理也, 動之靜之, 非使之然而何", 華西所謂"太極無動靜而動靜專仰於氣機, 則太極淪於空寂而不足爲氣機之本源, 氣機疑於專擅而反作太極之主宰", 亦皆祖述栗翁定論者也。此與世儒之太極無動靜, 而專主機自爾, 非有使之之語者, 豈可同年而語哉? 此所以尊栗翁, 莫如奇、李兩先生者也。今乃以自立門戶, 一反定論斥之, 尤可異也。不審少失照管者, 諱之不宣; 吻合聖旨者, 守之不貳者, 是反定論乎? 舍本旨而取偶失, 要伸己見, 强釋先賢之訓者, 是反定論乎? 百世在後, 必有公心具眼者正之。

往年蘆碑之出, 私與同志語云: "勉台謾入'華山同德'一句, 而使之竝受人疑, 使金【重菴】、柳【省齋】而在者, 必厚誚勉台。"【止】愚曾因金語而有"新學方熾, 栗翁見疑"之云。金不以自當, 乃奉以納諸華西, 而大張雄辯矣。由今觀之, 豈不爲掩耳盜鐘之歸也耶?

所謂往年, 乃辛丑也。前此十數年, 彼已譏斥華西以索隱行怪。其後又駁華西辨吳臨川太極說曰: "朱子曰'太極非動靜', 草廬曰'太極無動靜', 栗翁曰'有動有靜者, 氣也; 在動在靜者, 理也', 尤翁曰'理之無情意造作, 無間於體與用也'。華西之直斥爲害理尙氣之源者, 雖單舉草廬, 而使天下學者篤信其說, 則朱子、栗、尤諸聖賢,自不得不歸於害理尙氣之科"云云。【余別爲置辨於「山房隨劄」。】今於攻蘆之日, 乃若右祖華西者然, 爲憂其竝受人之疑, 何也? 然旣知見同矣, 德亦同矣, 竝受疑忌, 何怪之有? 且此非勉菴之私意, 實出於公議。其所謂"金、柳而在者, 必厚誚", 亦一恐動人之言也。因此又有可疑, 艮公曾娼疾重菴, 百方誣捏, 竟逐祭其師鼓山翁之文, 又告其師几筵曰: "新學大熾, 栗翁見疑, 曰予小子, 綿力難勝。" 其娼疾如是, 而今却謂"尙在, 必厚誚", 又何也? 掩耳盜鐘, 無乃自道者歟?

彼之「猥筆」, 固足以亂人知思, 故余爲之條析而略其辭者, 蓋猶有爲之相惜者矣。乃得金監役題跋, 其尊尙奇氏之意已甚, 譏侮栗翁之辭更極, 其意將使後來之秀, 無不篤信彼說, 而『栗谷全書』, 則欲束之高閣而不復宣露於世。是其爲害斯文, 豈止於陸、王二氏而已哉? 余故不得已而再加辨斥, 此正朱夫子所謂"彼之惑愈深, 而此之辨愈力"者也。然是亦理之所當然, 而不敢肆其客氣, 騁其浮辯, 則又何損於持心之平、裁義之中乎云云。

　義理, 天下之公, 非人之所得以私也。今以尊畏先賢而析理論道, 未嘗有假借之私, 謂之"亂人知思", 又以謂"先正大賢之千言萬語間, 容有一二照管之失, 無怪其然"者, 謂之"譏侮先賢", 吁! 可異也。"『栗谷全書』, 束之高閣"之云, 尤甚無謂。朱子論周子文字, 直曰"其言似老、莊", 程子『易傳』則辨難其差處, 而別立『本義』, 元亨利貞, 孔子「文言」明言四德, 而『本義』不從, 特做兩言, 解張子書, 則直曰"有還原反本之病", 又曰"近釋氏", 又曰"其說聚散屈伸處, 却是大輪回", 又曰: "『正蒙』多差處, 不是他命辭有差, 是見得差。" 若如今所云, 則周子書、程子『易傳』、孔子「文言」及張子書, 亦皆束之高閣歟? 噫! 古之聖賢, 志在明理, 不問先後彼此, 不爲苟同苟異, 一於至當而不可易耳。今人見一言之異於前賢, 輒奮筆肆罵, 勒定罪案, 斥之以陸、王, 至欲焚滅其書, 製通以激勸之,【田氏曾爲湖儒製通文, 而斥蘆翁謂異端之尤者。】是誠何心乎? 肆客氣, 騁浮辯, 至此之甚, 而猶曰"我不敢", 又曰"不損持心之平、裁義之中", 無或近於醉客之詬辱人, 而曰"我無失也"; 悍吏之橫暴人, 而曰"我執法之正者"歟? 至曰"是亦理之所當然", 尤可笑也。向也以天命流行、太極動靜、人心主宰, 專屬之氣矣。今也以知見之異, 挾忿懟之心, 勃勃然攻斥之, 無少忌憚而曰: "是亦理之所當然。" 向也謂栗翁之發之太快, 氣也; 後人之聲討奇氏, 亦氣也。今也自家所爲, 則曰"是亦理之所當然", 是理何理也? 無乃陸、王之認氣爲理者歟? 不然, 自家所謂"以子之矛, 陷子之盾"者歟? 未可知也。丙子重陽日, 鄭琦書。

「변전간재관정백헌집외필변변辨田艮齋觀鄭柏軒集猥筆辨辨」
(『栗溪文集』卷11)

1) 서지사항

정기가 전우가 1914년에 쓴 「관정백헌집외필변변(觀鄭柏軒集猥筆辨辨)」을 비판한 글.『율계문집』
권11에 실려 있다.(『한국근대문집선간』 9)

2) 저자

정기(鄭琦, 1878~1950)로, 자는 경회(景晦), 호는 율계(栗溪)이다.

3) 내용

기정진의 「외필」에 대해 전우가 「외필변」을 지어 비판한 바 있다. 이에 대해 기정진의 제자 정재규
가 「외필변변」을 지어 반론하자, 전우가 이를 다시 반론하였는데, 이 글은 이에 대해 정재규의
제자 정기가 재차 반박한 것이다. 그래서 제목이 "간재 전우의 「정백헌의 문집에 있는 「외필변변」
을 보고」에 대한 변론"이다. 기정진의 「외필」에 대한 전우의 비판과 이에 대한 정재규의 변론, 다
시 이 정재규의 변론에 대한 전우의 반론과 정기의 재반론인 것이다. 「외필」을 둘러싼 양 진영의
오랜 학문적 다툼을 보여주는 글인 것이다. 논의는 결국 리(理)의 관점에서 본심(本心)을 파악하여
동정(動靜)을 말하는 기정진의 학설에 대한 전우의 비판과 이에 대한 재비판이며, 이에 전우가
노사 문하의 입론을 한주 문하의 입론과 비교한 것에 대한 변론 등이 더해져 있다. 주목할 것은
정기가 자신들의 입론을 강조하거나 한주 문하의 입론과 다르다는 것을 논증하기보다, 전우의 비
판 자체가 한주나 자신들의 주장에 대한 충분한 이해 없이 이루어진 것임을 강조한다는 점이다.
이는 정기의 전우에 대한 비판의 핵심으로서, 거의 모든 글에 걸쳐 드러나는 것이기도 하다. 정기
는 전우가 비판 대상에 대한 충분한 이해 없이 전거를 왜곡하거나 악의적인 논리를 구사하고 있다
고 보고 있으며, 이를 입증하기 위해 주자나 기정진, 정재규는 물론 이진상의 글까지 모두 검토하
고 있다. 이 글은 1939년(기묘) 음력 2월 그믐에 작성되었다.

3-25-2 「辨田艮齋觀鄭柏軒集猥筆辨辨」(『栗溪文集』卷11)

鬼神造化、聖人作用, 皆自然而然, 非有絲毫犯氣力底字。鄭氏將此等作用, 一切叫做形而上之理乎?

　　彼「猥筆前辨」[10]曰: "朱子雅言'理無造作', 動靜者造作也, 故曰'機自爾也'。【今其刊行本, 則去此三句, 其意可測認。】朱子又言'纔有作用, 便是形而下者', 動靜者作用也, 故曰'機自爾也'。"【其意以自爾爲獨自之義。】先師辨之曰: "動靜是自然而然, 非有絲毫犯氣力底字。造作是有情意、營爲, 而煞費氣力底字, 以動靜直喚做造作, 未知何如也。"又曰: "動靜固以氣, 而亦可言之於理。非若'造作'、'作用'等字之專做氣邊也。"田氏於是, 變其說曰: "自爾者, 自然之謂也。"遂復以"鬼神造化、聖人作用"詰之, 可見其不求明理, 而以勝人爲主也。然氣依傍這理行, 則造化之準則, 已具於理矣, 作用之節制, 自在於理也。以其迹而廢其妙, 可乎?

自爾之機, 非雜糅之氣, 乃神靈之氣也。「鄭辨」第三條云: "'弘道', 豈此心所乘之機所能爾乎?"此全不察栗翁之意而云爾也。栗翁「答牛溪」[11]書曰: "陰靜陽動, 機自爾也。朱子云'心之虛靈知覺一而已矣', 先下一'心'字在前, 則心是氣也。或原、或生, 無非心之發, 則豈非氣發乎?"然則"氣發"之"氣", 卽"人能弘道"之"人", 曷嘗有異乎? 只被鄭氏既誤認心爲理, 則纔遇"氣"字, 便指爲氣質。故於弘道之人、自爾之機, 不能會通云。

　　苟如是說, 則氣能弘道、氣能使理者也。吾聞氣配道義, 未聞氣弘道; 吾聞理爲氣主, 未聞氣使理。究其病源, 認心卽氣, 而無與於理之故也。心也者, 統性情, 該體用, 爲一身之主、萬事之綱者, 而今專以神靈之氣當之, 以爲弘道之物, 栗翁之意果如是耶? 蓋以朱子、退陶燭火脂膏之喩觀之, "神靈"字, 亦非氣獨能然, 理與氣合, 便能神靈。朱子「答汪長孺」書曰: "'道無方體, 性有神靈', 此語略有意思。但'神靈'二字, 非所以言性。"【止此。】"神靈"固非所以言性, 而謂之"略有意思", 則非單屬氣, 亦可知已。

---

10) 전우는 「猥筆辨」과 「猥筆後辨」을 남겼는데, 정기는 앞의 「猥筆辨」을 「猥筆前辨」이라 한 것이다.

11) 「答牛溪」:『栗谷全書』에는 「答成浩原」으로 되어있다. 牛溪 成渾(1535~1598)의 자가 浩原이다.

動靜是陰陽, 而亦屬之太極者, 以其乘氣流行而言, 非謂當體不待陰陽而自能動靜也。朱子曰"心之理是太極", 則心之非太極, 明矣; 又曰"心之動靜是陰陽", 則動靜之屬氣, 亦明矣。

　　此段, 驟看似然而未也。蓋其意終有氣爲主之意也。特言"乘氣流行"、"不待陰陽"等語, 非有所主而云耶? 然沙溪曰: "陰陽之動靜卽太極之動靜也。理無動靜, 則氣亦無動靜。朱子說'太極動便是陽, 靜便是陰', 動靜乃太極之所爲云也。" 尤菴曰: "一動一靜者, 氣也, 而動之靜之者, 理也。一陰一陽者, 氣也, 而使陰使陽者, 理也。" 此與栗谷"動者靜者, 氣也, 動之靜之者, 理也", 無毫髮差爽, 而壹是主理而言也。苟領悟於此, 則紛紛話說, 不待辨而定矣。心之理是太極, 乃指心中所具之性而言, 是乃心之本體也。今離性而言心、尊性而卑心, 以釋氏之所謂心者爲心, 殊可異也。朱子所謂"釋氏雖自言'惟明一心', 實不識心體, 而心外有法, 不足以立天下之大本"者, 不幸而近之矣。

朱子言: "動亦太極之動, 靜亦太極之靜。" 此專指氣上之太極而言。今如言"發亦性之發, 未發亦性之未發", 亦是此意。太極涵動靜, 有動靜, 性亦如此說, 毫無所礙。但一邊認太極爲有爲, 而性爲無爲, 則自錯看了也。

　　此段亦上段意。"太極動靜", 自是平坦語, 何須特言"專指氣上"四字, 然後足耶? 龍之興, 雲固從之; 虎之出, 風固從之。主之所向, 僕豈不往? 認太極爲有爲, 指誰而言? 太極非有作爲, 而實爲有爲之主, 則不可誣也。

朱子指『通書』之言"神"而曰: "此言形而上之理也。" 鄭氏徒知此, 而不知"神亦形而下"之說乎? 假如言"形色, 天性", 謂其理之載在氣上者。然若正論"形色"本相, 豈復可以形上言乎?

　　先師所辨, 亦不曰"以氣言神處, 固亦多矣"乎? 若以理言神處, 歷擧「易大傳」以至周、程、張、朱十數條, 而今却曰"徒知此, 而不知'神亦形而下'之說", 何也? 聖哲之言曰"神妙萬物", 又曰"神之爲物自是超然於形氣之表, 貫動靜而言, 其體常如是矣", 是可以"形色"同科而言之乎?

朱子曰: "言理之動靜"云云。鄭氏眞以爲理有能動、能靜, 則吾又有一轉語云。言性之動靜, 則"靜中有動, 動中有靜, 其體也; 靜而能動, 動而能靜, 其用也", 此與前語同一意致, 但一邊認理有爲而性爲無爲, 則必不肯點頭矣. 蓋性與太極一也, 性與理亦一也, 一邊却將心與太極、心與理喚做一, 而太極與性、理與性不喚做一, 其故何也? 以太極有爲, 而性則無爲也; 以心可以獨當太極, 而性則不可獨當太極也.【性不可獨當太極, 李氏有此說, 與蘆沙迥別, 而鄭氏却附李氏, 未知何故.】

先師眞以爲理有動、有靜【祖述周、朱以下諸賢.】, 而非謂"不待氣機, 而自能動靜", 何譏之之甚也? 太極、性、理, 統而言之, 性卽理, 理卽太極, 固無毫別; 而分而言之, 太極涵動靜, 性主靜, 恐不可一例說去. 若又以此而謂"有有爲、無爲之分", 則不是. "性不可獨當太極", 吾雖未考『寒洲集』, 必不如此醜差. 俛宇在世時, 余以書質之, 其答曰: "洲翁說未嘗如此莽撞. 蓋嘗謂: '心爲太極, 而性是太極渾然之體, 情是太極粲然之用, 所謂心統性情者如此. 若偏執性爲太極一語, 而不容指心、指情, 則是太極靜有, 而動無也. 朱子所謂'一不正尖邪'底太極, 不幸近之矣. 其意大概如此, 而艮公却勒脅而抉摘之也."【止此.】觀此, 則吾之素料, 非妄矣. "附李"之云, 大非君子口氣. 道理公物, 仁智異見, 取舍各殊, 雖先哲之言, 亦有從違; 雖異端之言, 亦有所取. 參諸古今, 無不皆然, 而譏之以"附人", 可乎? 況"性不可獨當太極", 先師集中, 何篇何句, 有這般意思, 而今曰云云也? 怪甚怪甚.

鄭氏所引"道體之所爲"數語, 不過如愚辨"莫非此道爲之根柢、樞紐"之意, 豈眞以爲有能爲者哉! 昔楊龜山議王介甫"天使我有是之謂命"云: "'使我'正所謂'使然'也. 使然者, 可以爲命乎?" 朱子於『或問』, 以爲王氏之云: "猶曰上帝降衷云爾. 豈眞以爲有或使之然者哉?" 鄭氏亦云: "其曰道體之所爲者, 亦豈作爲之謂乎? 以其所以然之妙與夫所當然之則也." 此亦與"根柢"、"樞紐"之云者, 正相似也, 今乃指鄙說, 爲烏有先生, 此似"同浴而譏裸裎", 正如朱子所論龜山之失也.

「猥筆」曰: "聖人的見流行發見, 變化昭著, 莫非此道之爲." 彼「辨」曰: "'此道之爲'四字, 恐合商量." 遂引『論語』註"道體無爲"以駁之. 又曰: "若添數字, 云'莫非此道爲之根柢', 則似更詳明." 先師引朱子"道體之所爲"數條, 而辨之曰: "膠守'無爲'字, 凡說著'爲'字處, 一切歸之於'造作', 則道體淪於空寂. 不幾於『老子』之'無爲'乎? 然則所謂'根柢'、'樞紐'者, 畢竟爲烏有先生矣."【止此.】此果與彼「辨」正相似乎? 苟相似, 則初何不領悟於"此道之爲"之意, 而乃引"無爲"之訓而駁之? 蘆沙曰

"此道之爲", 則斥之以"害理亂眞", 【「猥筆後辨」中語。】 朱子曰"道體之爲", 則曰"不過如愚「辨」之意", 正所謂隨其人而攻之者也。 彼「後辨」曰: "使彼未考乎此, 而有所云云, 固未免於譾寡之失矣, 如知有此等定論, 而故爾云云, 直是呵佛罵祖之習。" 抑無乃自道者歟?

所論尤翁理之體用皆無爲之說, 似說不說, 欲辨未明。 而其曰"體則無爲; 用則有爲"者, 終不免落在尤翁所駁之中矣。 栗翁「答安應休」書云: "吾友見此理之乘氣流行變化, 而乃以理爲有動、有爲, 此所以不知理氣也。"【尤翁說實本於此, 而非如蘆沙師生之見矣。】 不知鄭氏於此, 何以自處, 使人代悶。

　先師「辨」曰: "體無造作者, 所謂'靜亦靜'; 用無造作者, 所謂'動亦靜'。 靜而體立, 靜非塊然, 所謂'動中有物'; 動而用行, 動非蠢然, 所謂'動以天'。" 此一段語, 乃說得尤翁本意, 何謂"似說不說, 欲辨未明"? 又曰: "朱子兩下立說曰'道體無爲', 又曰'道體之所爲', 不知者, 必疑其有似乎'左右佩劍', 知之者, 必謂'體則無爲, 用則有爲'", 而乃若'尤翁之意則不然'云, 則'體無爲, 用有爲', 就汎知上說, 而乃斥之, 以終不免尤翁所駁之中, 何也? 孟子以孔子之爲無禮而行, 眞以爲深知孔子者耶? 栗翁「答安應休」書只論理氣流行【余嘗辨之於「猥筆後辨辨」。】, 尤翁則專論體用一源之意, 何謂"尤翁說實本於此"乎? 且尤翁明明言"'體用一源'自是不可易之道理", 其於理體氣用之見, 大相遠矣。 不知田氏於此, 果何以自處。 誠可代悶。

性體氣用, 豈不見朱子「答呂子約」書"形而上下, 此體彼用"之訓乎? "體同用異, 亦只於理體氣用", "太極是體; 二五是用", "道是體; 器是用"等語可見, 而鄭氏都不檢考, 一筆句斷, 如何與之上下其論乎?

　朱子說, 固有如此處、如彼處。 然今曰"性體氣用", 則性爲有體無用之長物, 亦所謂一個情字, 都無下落者也。 朱子「答呂」書曰: "以形而上者言之, 則沖漠者, 固爲體, 而其發於事物之間者, 爲之用; 若以形而下者言之, 則事物又爲體, 而其理之發見者, 爲之用。" 形上、形下, 皆以理之發見爲用。 此與性體氣用, 異矣。 又曰: "本然而未發者, 實理之體; 善應而不測者, 實理之用。" 此與體同用異, 亦異矣。 『中庸章句』又分明言: "一體一用, 雖有動靜之殊, 必其體立而後, 用有以行, 則亦非有兩事也。"【『語類』, "問'道之體用', 曰: '如耳便是體, 聽便是用; 目是體, 見是用'", 此類甚多。】 體用初非兩事，理氣決是二物，而今坼體用，而一屬理一屬氣，則此以體用爲兩事矣。今彼集中，"性體氣用"、"性體心用"等語，層見疊出，十百不休，若體用一源之旨，一不擧焉，彼所謂"都不檢考，只一筆句斷"，正自道者也。果孰與之上下其論乎？己卯二月晦日，鄭琦書。

「관전간재집觀田艮齋集」【己卯】(『栗溪文集』卷11)

1) 서지사항

정기가 전우의 문집을 읽고 전우의 사상에 대해 비판한 글. 『율계문집』 권11에 실려 있다.(『한국근대문집선간』 9)

2) 저자

정기(鄭琦, 1878~1950)로, 자는 경회(景晦), 호는 율계(栗溪)이다.

3) 내용

이 글은 정기가 전우의 주장을 전반적으로 반박하기 위하여 전우의 문집을 전반적으로 훑어가며 문제가 되는 부분들을 비판한 것이다. 1939년에 쓰였다. 이 글에서 정기는 전우의 주된 주장이 "본성을 배움[學性]"과 "기운에 대해 밝힘[明氣]"이라고 이해하고, 이것이 성현의 가르침에 없는 것임을 밝히고자 하였다. 이는 리(理)를 기준으로 심성(心性)을 이해하는 관점에서 전우의 학설을 본 것이자, "심시기(心是氣)"라는 율곡학의 전제에서 "성사심제(性師心弟)"를 주장하는 전우에 대한 반대를 분명히 하는 것이기도 하다. 정기는 전우의 글에 논리 비약과 악의적인 의도가 있다고 보고, 서두에서 전우가 자기 스승 정재규의 반론을 겸허히 받아들이지 않았음을 비판하였다. 이후 전우가 낙론의 종주로서 세교(世教)를 자임하며 기정진이나 이항로 등의 주장을 이단으로 몰아간 것을 하나하나 따져, 논거의 문제, 논리의 비약 등을 문제 삼고 있다. 이 과정에서 검토된 『간재집』의 서목은 다음과 같다. 「외필변(猥筆辨)」, 「성사심제변변(性師心弟辨辨)」, 「관이조이설(觀李趙二說)」, 「독논어(讀論語)」, 「시오학섭·전용기(示吳鶴燮、田庸淇)」, 「자경(自警; 贈黃鳳立. 壬寅)」, 「명명설(明命說; 示諸君. 丙辰)」, 「독맹자(讀孟子)」, 「수현재우기(守玄齋偶記)」, 「진심설전후본(盡心說前後本)」, 「유문심신철판정본(儒門心神鐵板定本)」, 「천인무이(天人無二)」, 「신수구교(薪叟求教)」, 「쇄묵(瑣墨)」, 「분언(忿言)」, 「해상만필(海上散筆)」, 「독장자기심엄사장(讀張子己心嚴師章)」, 「양가심성존비설(兩家心性尊卑說)」, 「주자대전표의(朱子大全標疑)」, 「화도만록(華島漫錄)」, 「답김봉

수(答金鳳峀)」,「답송동옥(答宋東玉)」,「답김학로(答金鶴老)」,「답송회경(答宋晦卿)」,「답임자명 (答林子明)」,「시김락구(示金洛九)」,「답하성락(答河聖洛)」,「논영남제씨척명기문답설(論嶺南諸氏 斥明氣答問說)」,「답김준영(答金駿榮)」,「답정인창(答鄭寅昌)」,「여김택술(與金澤述)」,「양명심리 설변(陽明心理說辨)」,「제정씨외필변변(題鄭氏猥筆辨辨)」,「여오영선(與柳永善)」. 대체로 이학(理 學)에 관한 논쟁이 주류를 이루지만,「답김준영」에 대한 검토에서는 한 세대 건넌 후대로 대를 잇는[間後爲代] 문제에 관한 기정진의 답변을 문제 삼은 전우의 답변을 다시 비판한 경우도 있어, 단순한 이학 논쟁이라기보다는 도학(道學) 논쟁으로 보는 것이 옳을 것이다. 그러나 정기는 전우 의 심술(心術)을 문제 삼은 경우도 많다. 정기는 전우가 기정진 등에게 쓴 "사람 걱정시킨다[令人 代悶]"는 표현 등을 그대로 전우에게 적용하기도 했으며, "망령되다[妄矣]", "지나치다[過矣]" 등 의 영탄을 마지막에 달기도 하였다.

「猥筆辨」第三條, 有曰: 其曰"動之靜之者理", 與栗翁"發之者氣", 同一語勢, 則豈不歸
於認氣爲理乎?

　　先師辨之曰: "'動者靜者, 氣也; 動之靜之者, 理也', 乃誦栗翁之語.【見「天道」及「易數
　　策」.】蓋'發之者氣', 指所發之機而言也, '發之者'上頭, 已自有所以發者, '其曰動之
　　靜之者', 卽所以動靜之謂也. 卽氣而言理, 則曰'發之者氣也'; 本理而言氣, 則曰
　　'動之靜之者理也.' 二說, 但有橫、竪之分, 而實互相發也, 惡得謂認氣爲理乎?" 田
　　氏觀此, 自知其理屈, 而又犯還斥栗翁之科, 就自「辨」中, 削去"其曰'動之靜之'"一
　　段語.

「辨」又曰: 朱子所謂"理有動靜, 故氣有動靜", 謂理有此氣動靜之理, 非謂理先自有動
靜也. 此句前後, 讀者多不察而領會也. 上下兩"動靜", 皆指氣言, 非一屬理一屬氣, 而
有兩個動靜.

　　先師辨之曰: "朱子本語, 只有此句而已, 則如此曲爲註解, 猶或可欺, 而却有下數
　　句, 語曰'若理無動靜, 則氣何自而有動靜乎? 且以目前論之, 仁便是動, 義便是靜,
　　又何關於氣乎?' 是果非理自有動靜者乎? 陳北溪問: '先有這動之理、靜之理, 旣生
　　陰陽, 則理又在陰靜陽動之中?' 朱子是之. 是亦歸於認氣爲理之科乎?" 田氏觀此,
　　亦自知理屈, 而削去此一段. 然於此削去, 而他尙依舊, 少無來新之意, 可欺!

「性師心弟辨辨」曰: "'心性一物'是佛、禪、陸、王之傳, 而非孔、孟、程、朱之敎也." 又
曰: "爲'心性一物'之說, 而欲避陸、王之名, 是不惟爲朱、栗之罪人, 亦陸、王之罪人."
　　按: 孔子曰: "心不踰矩." "心不違仁."【潘端叔, 以心不違仁, 猶有以此合彼氣象, 朱子答曰:
　　"以此合彼, 恐說得心與仁成二物了." 又曰: "仁卽是心; 心卽是仁."】孟子曰: "仁義之心." 程子
　　曰: "心也、性也、天也, 一理也." 朱子曰: "心性一物, 知則皆知." 又曰: "心性只是
　　一個物事." 又曰: "非性是一個地頭, 心是一個地頭." 栗谷曰: "今之學者, 分心性
　　爲二歧, 大差." 蓋諸聖賢之訓, 如印一板, 昭如日星, 而田氏之言如此, 令人瑟縮.
　　朱子「答劉仲升」書曰: "但據一時自己偏見, 便自主張, 以爲只有此理更無別法, 只

有自己更無他人, 只有剛猛剖決更無溫厚和平, 一向自以爲是更不聽人說話, 此固未論其所說之是非, 而其粗厲激發, 已全不似聖賢氣象。" 朱子此書, 恰似爲田氏準備語。

「觀李趙二說」曰: 陸氏信心, 朱子學性,【『語類』, 譏象山不喜人說性, 曰: "學而不論性, 不知所學者何事。"】後人却把心與性爲一物, 而罵性師心弟之說, 不知其何所見也。

　　按: 田集中"性尊心卑"、"性師心弟"之說, 不翅十見百出, 而自許以發前人所未發, 區區末學, 何敢容喙? 然旣自謂"獨剙"、"獨契", 而至於手舞足蹈之境, 則自信自大, 私相傳習, 猶之可也, 援引古聖賢依俙彷彿的語, 文飾己言, 以爲古聖賢如此, 以之號令一世, 見人之有達者, 則斥之以禪、佛、陸、王, 而以孟子之闢楊 墨、程 朱之斥佛 禪自處, 噫! 過矣! 蓋"學性"二字, 非但朱子書所無, 千古諸聖賢所不道者, 而今乃以"學而不論性"之語證之, 曰"朱子學性", 不亦妄率矣乎? 夫學人所學, 乃忠、孝、仁、讓等事, 忠、孝、仁、讓固性中事, 而乃此心之所敷施發用者也, 以是而謂"心學性", 可乎? 且性乃心之體, 情乃心之用, 心是統性情者也。故曰"心性一物", 又曰"性情之外, 更別無心", 而今乃坼而分之, 一尊之一卑之, 勒定師弟之分, 非惟聖門所不道, 禪佛、陸、王亦不至如是之舛。

「讀論語」曰: "『論語』第一字是指學性言。" 又曰: "近世諸家不知心與良知是學性、知性者。"

　　按: 田氏一生所主"學性"、"明氣"二義而已。然聖門千古論心、論性, 無慮千百, 而未嘗有"學性"、"明氣"之語。今以『論語』註言之, 只曰"學之爲言效也"、"後覺者必效先覺之所爲", 曷嘗曰"學性"乎? 先學之所爲, 固存心養性之事, 而直以是爲{學}[12])性, 則豈成說乎?

「示吳鶴變說」曰: "道之所乘者氣也, 氣不明而道明, 萬無是理。故欲明道者, 必明夫氣也。明氣, 所以明道也。"

　　按: 田集明氣之說, 不止重三複四, 而實爲蘆沙明氣之譏而攻之者也。然從古聖賢

---

12) {學}: 문맥이 曷嘗曰"學性"乎?에 이어지므로, '學'자를 보충하였다.

有曰“帥氣”、“御氣”、“檢氣”、“勝氣”, 曷嘗曰“明氣”? 有曰“明理”、“明道”、“明心”、“明德”, 曷嘗曰“明氣”? “明氣所以明道”, 恐難免媚竈之弊耳。曰: “孟子不曰‘夜氣’、‘浩氣’乎?” 曰: “朱子「答蔡季通」書曰: ‘孟子雖言夜氣, 而其所欲存者, 乃在乎仁義之心, 非直以此夜氣爲主也; 雖言養氣, 而其所用力, 乃在乎集義, 非直就此氣中, 擇其無過不及者而養之也。來諭主張氣字太過, 故於此有不察。’【止此。】觀此, 可瞭然矣。彼必夙講, 而一向棄之, 何也?”

「讀論語」曰: 近見嶺儒文集, 有曰: “從氣所欲, 豈能不踰矩乎?” 此指指心與氣質無辨之湖說則可, 若指以氣之虛靈、精英、神識、知覺者爲心之洛說則不詞矣。

　　按: 此正蘆沙所謂“與南塘辨者, 不言其所重之有在, 區區較其光明之分數”者也。先師於「凉議記疑辨」, 辨之詳矣, 不必再提, 而虛靈知覺專屬乎氣, 恐終未安。問: “‘虛靈不昧’是氣?” 朱子曰: “不是氣。” 問: “知覺是心之靈, 固如此, 抑氣之爲耶?” 曰: “不專是氣, 是先有知覺之理。理未知覺, 氣聚成形, 理與氣合, 便能知覺。如這燭火, 得這脂膏, 便有許多光焰。” 此訓豈不昭然明白乎? 而乃專指爲氣, 而理無與焉, 正所謂“一向自主張太過, 更無道理挽得他回頭來”者也,【田集中語。】可異。

「自警」曰: “仁者, 天地生物之心, 而人得以爲心。神明主宰, 亦無天人之辨。”

　　按: 此語, 孰不曰“不然”? 田氏之意, 乃以神明主宰, 專屬乎氣, 其集中重言複言不一言, 而於此云云, 則恐和仁作氣, 究厥病源, 則認心性爲二物故也。

「明命說」曰: “明命”、“明德”, 只是一個物事。今明德, 分明是有知識、情意, 能運用、造作底, 指此爲理, 則與告、釋、陸、王, 無些辨別。

　　按: 朱子答“明德主於心”之問曰: “這個道理, 在心裏, 光明照徹。” 又曰: “‘明命’、‘明德’, 只是一個道理。” 栗谷「答成牛溪」[13]書曰: “明德之體, 卽至善之體, 而未發之中也; 明德之用, 卽至善之用, 而已發之中也。明明德者, 卽立大本、行達道者也。” 此兩先生之言, 非指理言而何? 且陶菴「答李道三」書曰: “今之言明德者, 欲舍理而主氣, 豈不大悖於聖人之指耶?” 然則田說, 不亦未安乎? 蓋“明命”、“明德”, 固是一

---

13) 「答成牛溪」: 『栗谷全書』에는 「答成浩原」으로 되어있다. 牛溪 成渾(1535~1598)의 자가 浩原이다.

個物事, "明德"卽天之所以與我而爲德者, 則以性看似矣,【『語類』: "問: ‘明德是仁義禮智之性否?’ 曰: ‘便是。’"】而性是在中之體, 不若以本心看之爲體用該備也。【此當與「山房隨劄」第十七條參看。】

「讀孟子」曰: 四端只是合理之心, 非卽是理。

按: 曰"合理", 則是氣爲主而合乎理者也。仁義禮智之發, 而猶不得謂理, 則理爲有體無用之物耶? 蓋心固有指理言時, 指氣言時。然若四端、道心、本心、良心、仁義之心, 皆以理言者也, 恐不可懲創於心卽理之說, 而自墮於偏見也。且程子曰: "惻隱之心, 人之生道也。" 朱子以"滿腔惻隱"爲"此理充塞", 其「答陳潛室」書又以惻隱、羞惡爲皆是道理, 『中庸或問』以呂氏"惻隱、羞惡、辭讓、是非皆道也"一節爲甚精密。如此處甚多, 將何以區處?

「守玄齋偶記」曰: 『孟子』所謂"本心"、『大學』所謂"明德", 皆是有知覺、有運用之物。故雖是一而不二、爲主而不爲客、命物而不命於物者, 然語其屬則氣也, 而金【指重菴。】直以此爲理, 豈非認氣爲理之見乎? 云云。

按: 一而不二、爲主而不爲客、命物而不命於物者是氣, 則二而不一、爲客而不爲主、命於物而不命物者是理乎? 抑一上又有一、主上又有主、命上又有命者是理耶? 朱子之意, 決不如是。彼每謂以心對性, 則心是氣, 至謂"本心、道心、四端、明德皆是氣"云, 則本心、道心、四端、明德果對性之物耶? 朱子"惟心無對"之訓, 歸之妄耶? 其曰"惟心無對"者, 性是體、情是用, 心外無性、性外無心, 爲一身之主、萬事之綱故云耳。彼既以性理、心氣爲"鐵板定本",【此四字, 田集中語。】則"無對"之訓, 自可廢矣。且既以本、道、端、德等, 亦謂之氣, 則朱子所訓"理之發"是贅言, 又以太極謂無動靜, 則朱子所訓"理之用", 亦是漫說。且彼動以理爲無知, 理果無知, 則朱子何以曰"理未知覺,【"未"字, 與"無"字, 意絶不同。】理與氣合, 便能知覺", 至有燭膏之譬耶? 如燭火不得脂膏, 則不能光明, 然光明者火也, 脂膏乃其資助者也。今徒知非脂膏則火不能明, 而遂謂"火無光明", 認脂膏爲光明, 可乎? 非惟燭膏爲然。凡天下萬物、萬事, 如君臣、父子、帥役人馬, 以至鳶飛魚躍、花開葉落, 無不皆然。然則認氣爲理之見, 誰可當之? 必有辨之者。

「盡心說前後本」說曰: 僕于心學家文字, 頗有辨難之說, 比再思之, 彼有一言, 此之所辨數十, 彼有一篇, 此之所詰不啻倍蓰矣。與其多言而理不加明, 不若用一枝勁兵入都擒王之法。故遂閣筆掩卷, 而但請心學諸公, 且置許多說話, 只就「盡心說前本、改本」上, 立得辨語云云。

　　按:「盡心說前後本」之云, 攷諸『大全』, 無所據, 愚於「山房隨劄」第二十條, 已詳辨之矣。此老必因『語類』陳淳問"先生「盡心說」"之語, 有此巧論。然陳之問, 恐謂先生所論盡心之說, 有如此時如彼時云。不然, 『大全』全書及文集, 何都無證也? 且『大全』「盡心說」乃是合作一處說, 與答陳問"合一處, 須有別"之訓, 有何差別, 而曰"改本"乎?【今其集中"盡心說改本"之云甚多, 未知何據。】且如田說, 而認陳之問爲初本, 則"心者, 天理在人之全體; 性者, 天理之全體", 合爲內、外句矣, 是果成文乎? 且何謂"分說時, 且恁地"? 恐是急於禦人, 而疎率如此耳。"一枝勁兵入都擒王"之語, 又發一笑。一戰勝齊, 遂有南陽, 猶服善戰之刑, 況輕自跳踉, 如遇王師征之, 乃如之何?

「儒門心神鐵板定本」曰: 徐寓錄云: "直卿云: '神本不專說氣, 可就理上說, 先生只就形而下者說。' 曰: '某所以就形而下者說, 畢竟就氣處, 發出光彩便是神。'" 此條在辛亥, 豈不可謂之最晚定論乎? 蘗、寒諸家之認心神與理爲一, 而枉引先生爲據者, 可以改轍矣。此爲儒門心神鐵板定本, 可以省得多少氣力, 息却多少爭競。

　　按: 徐寓所錄只此而已, 則或可如是苟解。又有以理言一條, 曰: "寓問: '所謂神者, 是天地之造化否?' 曰: '神卽此理也。'"【端蒙錄, 亦曰: "理則神而莫測。"】"蓋神是理之乘氣而出入者也。"【朱子「答杜仁仲」書語。】故有指理時, 有指氣時, 今獨以指氣者, 爲鐵板定本, 未知其得。況同是一人所錄, 同是一歲所聞, 而一揮之一取之, 一筆句斷, 曰"此最晚年定論", 可乎? 如是而望其省得多少氣力, 息却多少爭競, 妄矣!

「天人無二說」曰: 今聞, 蘆門人見余「猥筆辨」曰: "吾師言天道, 而辨者何爲據人道以難之?"云云。

　　按: "蘆門人", 其誰而聞於何人? 傳聞不可信, 自古云爾, 不近之談, 置之何妨? 且天人一也, 其誰不知, 而奮筆張皇, 滔滔累數百言而不休? 自若得間者, 然祇見其多事也。

「薪叟求敎」云云。

按: 此段其輕肆口氣, 與「猥筆後辨」同一伎倆, 不足多辨。但見人言理之常, 却將氣之變者以詰之, 正所謂"見人說晝, 却將夜底說以反之"者也。

「瑣墨」曰: 鄧禹常歎曰: "吾將百萬之衆, 未嘗妄殺一人, 後世必有興者。" 余亦曰: "儒者著書數十卷, 不可用曲筆寃枉古今一人, 可謂'接承天地好生之心', 後世應得賢子孫。" 昔人言"今之論人, 有竝跡而誣之, 那能論心?" 此天譴鬼責所係, 愼之。

按: 此段所言, 誠然誠然。然竊有可疑者。言行一致, 固古君子之所難, 而心迹之判大相遠, 則恐不可與論於君子之道。今以田集言之, 其上下數十篇, 便是攻討案。彼必曰"攻討異端, 不得不爾", 然性理難窮, 仁知異見, 安知其得爲在己, 失爲在人, 而肆然以孟、朱自處? 凡有異己見者, 一向斥之以禪、佛、陸、王, 也寃枉一人, 固可畏天鬼之譴責, 而況歷擧國中諸家,【自湖論家至華、蘆、寒諸淵源。】一一網打, 有惟我獨尊之意? 噫! 過矣!

「怑言」曰: "天以陰陽五行, 化生萬物, 氣以成形, 而理亦賦焉。猶命令也。" 此處"天"字, 以爲形, 則形何以能用氣生物也? 以爲氣, 則陰陽五行是氣, 謂氣以氣生物, 可乎? 以爲理, 則"以"字, 似下不得也。以爲帝, 則帝是天之神, 神上以本於理, 下以運夫氣, 而成夫形焉, 猶命令也。

按: 認天爲帝, 主宰之意也; 認帝爲神, 妙用之意也。以此看, 不曰不然, 而田氏本意, 以帝爲氣合理, 以神專屬氣, 以爲神靈之氣, 上以本於理, 而下以運夫氣質, 而成形焉, 其果有契於聖賢之旨否? 若以天命之天, 不欲純理看, 則所謂"本天"之學, 何所指也? 尤翁「答沈明仲」"使動、使靜"之問, 引"天以陰陽五行, 化生萬物"之說, 而曰"所謂天者, 理而已矣", 以之而化生者, 非使之然者乎? 此語亦將不之信矣乎? 所謂"爲理, 則'以'字, 似下不得", 恐亦未察。以之云者, 乃使之然之謂也。胡乃膠守"非有使之"之語, 而不能圓活無礙於大本大源之地也? 若"帝"字, 朱子不曰"天下莫尊於理, 故以帝名之"耶? "神"字, 則朱子亦不曰"理之妙用"乎? 是蓋以在人之心專屬氣,【心固氣之精爽, 而心字本旨, 合性情體用而言, 豈可專屬氣乎?】故在天之帝與神, 亦不欲屬理,【帝是主宰意。所主宰者, 卽此理也。神固就氣上發出光彩, 而以妙用言, 則亦此理也。是皆朱子已屢言之。】令人代悶。

又曰: "天道流行", "天道", 理也; "流行", 氣也。"天理發見"、"太極動靜"、"性發"、"理明"之屬, 皆倣此。

按: 似此見解, 非但聖門所未聞, 亦異端之所無也。苟如其見, 則"一陰一陽之謂道", "道"亦謂之氣耶? 且如人乘馬而出, 則謂之馬出耶, 人出耶? 謂之馬出者, 市童之見也, 謂之人出者, 舉其主而言也。故直曰"天道流行"、"天理發見"也。此不難知, 而膠擾至此, 未知何故。愚於「辨示諸生說」, 已詳之, 第又有可疑者。田氏於凡流行發見處, 壹屬之氣, 如彼確然, 而乃於性師心弟之說, 却引『孟子集註』"性分之內, 萬理皆備, 隨處發見,【指事親、敬長之間。】無不可師"之語, 以爲性師之證, 何也? 以"'天道', 理也; '流行', 氣也"之云準之, 則此當曰"'性分之內, 萬理皆備', 理也; '隨處發見', 氣也。" 然則氣爲師耳, 惡在其性爲師乎?

「海上散筆」曰: 能弘道之人是達德, 其所弘之道是達道, 道不可離是達道, 戒愼之君子是達德, 人與君子, 皆以心【氣】言。愚之所受敎於孔子、子思、朱子者如此, 吾儒宜世守之。

按: 此語驟看, 固似然, 而其意, 則"'達德', 氣也; '達道', 理也", 乃氣能弘理之說。然『中庸章句』曰"達德者, 天下古今所同得之理也", 而今乃屬之氣, 則不其相戾矣乎? 『中庸』以喜怒哀樂之發皆中節謂之和, 和也者天下之達道也, 則以理看, 固當矣, 而今乃曰"四端, 非理",【田曰: "四端只是合理之心, 非卽是理。"】則不亦相戾矣乎? 抑"所弘之道是達道"者, 『中庸』所謂"達道"之外, 別有所指者耶? 見解如彼, 而猶曰"吾受敎於孔子、子思、朱子", 則愚不知其何說也。況又欲使人世守之乎?

又曰: 士之用心, 自尊自師, 以爲天下莫己若也, 其視性命, 若無有也。此其人自視無患, 有眼者從傍冷看, 匕首已陷其胷腹, 猛獸已攫其腰膂, 死亡無日矣。

按: 此條指彼所謂心理家而言。然"自尊自師, 視性命之若無有", 恐勒脅之甚也。以心爲理, 以其合性情、體用而言, 曷嘗以動靜之機, 爲此心乘載運用者, 而幷謂之理哉? 離心而求性, 則性爲懸空之物, 離性而言心, 則心乃血肉之塊, 豈有"自尊自師, 視性若無"之理耶? "匕首"、"猛獸"之云, 發之粗暴, 非有道者口氣。惡之欲其死, 聖人謂何?

又曰: "上帝與心君, 皆無一毫邪僞偏私, 而人心有時乎自爲不善。" 又曰: "心本雖善,而末或未善, 本雖正, 而末或未正矣, 必曰‘心君’, 然後方見得是理爲主, 而得與帝之理爲主者, 無不同矣。”【『語類』“帝是理爲主”, “理爲主”三字, 便見得帝與心君, 非直是理上名目。】

按: 帝與心, 非理上名目, 則謂之氣上名目, 乃爲恔乎? 然則, 朱子曰: “天下莫尊於理。故以帝名之”, 此訓固將廢歟? 且所謂“心君雖尊, 對性則卑”, 自許以“聖人復起, 必許吾言矣”, 則愚昧不敢容喙。然“理爲主”、“莫尊於理”, 兩“理”字, 抑性下之物耶? “惟心無對”、“心性非二歧”等訓, 亦皆廢歟? 諸家之以心爲理, 亦以“無偏私”、“無邪僞”之本體而言, 孰敢以“末未善”、“末未正”者謂之理也? 又孰敢以“心尊性卑”立議乎? 而獨以有違己見, 指無爲有, 而勒成罪案, 至曰“近世心理家, 捽拽性而下之庭, 其爲性命之厄, 大矣”。噫! 過矣!

又曰: 鄭厚允之於蘆沙, 棄其“心是陰陽”、“明德非理”之說, 而趨附於李門, 以博斯文幸甚之襃, 殆於不仁、不敬, 而用智失義, 亦難免矣。

按: 蘆翁“心是陰陽”, 乃朱子“氣之精爽”之說, 而又明明言“精爽亦是皮殼說話, 須合性情、體用而說, 方是骨子, 方是心字本旨。” 此與“心卽氣”之見, 大相遠矣。故柏翁每道“心統性情, 而性其本體也。以其本體而言, 則謂‘心卽理’可也, 而心主乎身而得名 則卸却‘氣’字不得。”【此與寒洲主理之旨大同, 而其立言, 則有別。】以此觀之, 有何差爽, 而乃謂“棄師說”也? “明德非理”, 蘆翁無是言也, 田氏何據而爲此言? 蘆翁答柏翁“‘天之明命’, 卽‘明德’之註脚”之問曰: “‘天之明命’, 非理耶? 明德者, 天命之全體在乎人者, 是之謂‘得於天之本心’, 心性非二歧。”【止此。】柏翁一生祖述而發揮之者, 以此也。今謂“棄之”, 又斥之以“不仁、不敬”、“用智失義”之科, 曲筆枉人, 若是其甚乎?【“曲筆”、“枉人”, 摘田氏語, 見上。】且“趨附”之云, 是小人樂勢耽名之習, 非論理立言者之爲, 胡乃妄加於人而不憚複疊也?【見於其集, 凡十餘處。】抑自家之動引栗、尤者, 有些意思, 故推以度人歟? 然寒洲一個草野寒士, 固無趨附之可論。

○ 又曰: “道心”, “道”是性命; “心”是氣之虛靈知覺。

按: 此與“‘天道流行’, ‘天道’, 理也; ‘流行’, 氣也”, 同一話頭。然古今恐無如此破碎之論。且栗翁「人道心說」曰: “道心純是天理。故有善而無惡。” 此爲定論。虛靈知覺專屬氣, 固以氣言心之的由, 然恐不可恁地硬定。以朱子所論言之, 或以理言, 或以氣言, 或合理氣言, 『語類』、『大全』, 俱可攷, 奈何執一而盡廢其餘? 正所謂“執德不弘"者也。

又曰: 朱子之論道心, 不曰"靈覺自爲本源", 而必曰"原於性命"云云。
　　按: 苟以"原於"二字, 爲氣原於理之證, 則楊止菴【時喬】「孔子像碑」曰"道原於天命
　　之性", 田氏以楊與陽明學, 相背表而稱之, 何也? "原於"二字, 有何異議, 而一屬
　　理、一屬氣, 若是迥別?

又曰: 朱子以母子譬性心, 以君臣父子譬理氣矣, 獨不可以師生譬性心乎? 心苟恥爲性
之弟子, 則心之爲性之子, 獨可安乎?
　　按: 上三十三板有曰: "嶺南有曺兢燮者, 爲某也有'性父、心子'之說而辨之, 古今如
　　何有指無爲有, 而爲之說者之衆耶?" 今乃以朱子之言爲確據, 前後舛矣。然"性母
　　心子"之譬, 未知見於朱子何書, 俟當更考。

又曰: 聖人之敎, 敎以性、命、道、敎; 學者之學, 學以性、命、道、敎而已。云云。
　　按: 此言誠然。然"聖人以心言"、"學者以心言", 集中重言複言不一言, 而以學者之
　　學以性、道, 爲心學性之證, 則聖人之敎以性、道, 非心敎性者耶? 若曰"聖人以性、
　　道, 敎于學者云爾", 則學者, 非以性、道, 學于先生者耶? 惡在其性爲師而心爲弟乎?

又曰: "心爲主宰"、"心爲嚴師", 皆以心之師性而言, 如不師性而自用, 則心猿耳, 形役
耳, 何以爲主宰, 何以爲嚴師乎?
　　按: 以愚見言之, 則"心爲主宰"、"心爲嚴師", 皆以心之主理【卽性體。】而言, 如不主
　　理, 而卽氣而已, 則心猿耳, 形役耳。朱子何以謂"一身之主宰", 張子何以謂"以己
　　心爲嚴師"?

讀張子"正心之始, 當以己心爲嚴師", 註曰: "心不本於性, 則形役耳, 禽獸耳, 可以爲師
乎? 師且不可, 爲況嚴師乎?" 又曰: "請世之'心性一物'、'心不師性'之說者, 勿復開口泚
筆, 以自誤而誤人。誤人之害, 至於天下亂, 而不可救矣。" 云云。
　　按: 旣思欲以性師心弟之說, 易天下矣, 則張子此說, 棄而外之可矣。奈何大書特
　　書, 强爲註解, 而要伸己說也? 苟如其註, 而問曰"心本於性, 則非形役耳, 非禽獸

耳, 獨不可以爲師乎?" 彼必曰"然." 然則師之名, 非心而何? 張子曰"心爲師", 而我則曰"性爲師", 遂以心爲弟子, 而猶欲曲解前言, 以爲己見之助, 令人大惑. 心之體卽性, 聖門單傳之不可誣者, 而今乃分而二之, 强加以師弟之號, 使人勿開口, 直是可笑.

「兩家心性尊卑說」曰: "心如聖人在君師之位; 性如億兆之民", "心是上面主宰; 性是下面條理", "心之大理具性之小理", "心獨當太極, 而性不可獨當太極", 以上他家本心之說. 云云.

按: 此指蘗門及寒洲而言也. 其集中擧此政斥, 不啻數十處. 但"君師"、"億兆"及"大理"、"小理"之語, 『華西雅言』及『重菴稿』未之見, 不敢必其有無. 然"心是主宰"、"性是條理", 果在『雅言』, 而"上面"、"下面"四字, 田氏所添. 添此四字, 是鍛鍊手段, 頗可笑也. "性不可獨當太極", 亦『寒洲集』中所無之說,【曾因俛宇書知之.】由此觀之, 上二條亦非勒成之言耶? 且"心性尊卑"是何題目? "性尊心卑", 固自家所創, "心尊性卑", 誰有此語? 若指二家依俙之言, 以之勒脅, 則二家肯服否?

「大全標疑」曰: 廣仲以乾道九年卒, 年三十八, 時先生四十四歲也. 此書【「答胡廣仲」書】又在其前, 則以知覺爲智之事, 大抵先生舊說也. 「中庸序」則屬之心矣, 及至戊午以後, 又指氣之虛靈, 見『語類』偶錄, 此乃爲定論也.

按: 知覺智之事, 只有此「答廣仲」書而已, 則如此解去, 無或怪矣. 凡見於『大全』、『語類』, 曰"智之事"、曰"智之周"、曰"智有知覺"、曰"以智知", 此類甚多, 而皆六十歲以後語, 一向歸之未定之論, 則不已未安乎? 「中庸序」之屬心, 偶錄之"氣之虛靈"底, 本不相礙. 蓋知覺, 固以心言, 而心之知覺, 初非外智者也. 以有智之理, 故有此知覺. 故知覺屬心而言, 亦得; 曰"智之事", 亦得. 且理未知覺, 理與氣合, 便能知覺. 故曰"氣之虛靈"底, 亦可; 曰"智之用", 亦可. 田氏判心性爲兩歧, 故有此謬解.

「華島漫錄」曰: 王介甫主指新法, 謂"天變不足畏, 祖宗不足法, 人言不足恤", 可謂不動心矣, 今某人傳受心學, "天命不足畏, 德性不足尊, 性善不足師", 其亦可謂不動心者歟?

按: "某人", 指誰而言? "心學"二字, 遠有來歷, 而田氏懲佛、陸之信心, 將"心學"二字爲一大禁避語, 所謂"惡人說河, 而自甘渴死"者, 不幸而近之矣。且孰爲心學, 而天命不足畏, 德性不足尊也? 噫, 過矣! 若有人, 亦依其語而足之, 曰"艮公粉性師心弟之學, 上帝不足尊,【彼以上帝爲非理上名目。】聖言不足法,【性師心弟自謂獨粉獨契。】諸家不足恤,【斥諸家以佛、陸。】其亦可謂不動心者歟"云爾, 則如之何?

又曰: "四端七情, 皆是此心發之, 恐無此性發之之一塗。" 又曰: "神發知矣, 無理又發知一事也; 心發情矣, 無性又發情一路也。"

按: 愚聞性發爲情, 未聞心發爲情。此公以心爲氣, 故凡於心之妙處, 皆作氣看。又以理無爲、氣有爲爲立言之欛柄。故四七, 皆謂之"心【氣。】發"。然"四端理之發"、"情是性之發",【此類甚多。】朱子此訓, 亦皆廢歟? 栗翁亦曰: "萬般之情, 孰非發於理?" 又曰: "四七皆出於本然。" 此非理發而何? 如樹木出於根, 則謂根之發, 可也; 禾菽出於種子, 則謂種子之發, 可也。蓋理雖無爲, 而才合於氣, 便能發用, 如燭火得脂膏, 便有許多光焰。故朱子曰: "道理固自有用。" 又曰: "有理而後有氣。雖是一時都有, 畢竟是以理爲主。" 今乃徒守"理無爲"之一語, 而不知其"自有用", 又不察其"理爲主", 遂以四端七情皆爲心【氣】發, 而非關於性, 可乎?

又曰: 理無知能, 凡世界之有亂、庸常之爲惡, 理莫能救之。賢而夭死, 弱而含怨, 理莫能伸之。學而思未通、勉未至者, 理不曾露出頭面, 亦不能借助氣力, 而使之達焉。豈理有慳惜, 而不肯施其仁也歟? 理之靡所知能, 不難見也。云云。

按: 理雖無思慮、造作, 而其有知能之妙, 則審矣。故農巖謂: "理雖曰'無情意, 無造作', 然其必然、能然、當然、自然, 有如陳北溪之說, 則亦未嘗漫無主宰。" 蓋理無知能, 則天地易位, 四時舛序, 李可桃花, 馬可牛角, 天下之變, 罔有紀極, 何理之云哉? 若世亂、賢夭之類, 氣數之變也, 所謂"理弱氣强", 管攝他不得者, 是也。亂者, 其終也必治; 善者, 其終也必遷, 理之常也。所謂福善禍淫者, 是也。舉其變而詰其常, 豈論理之言乎? 理無知能, 而淪於空寂, 則此老氏之無爲也; 理無知能, 而强尊之爲主, 則此曹瞞之挾獻帝也。無乃居一於是歟?

又曰: 理爲氣主, 而有爲氣所掩之時。蓋性理微妙, 而心氣粗强。故心氣往往不循軌轍,而橫逸奔放矣。性理既無覺察之明, 又無操縱之力, 不奈何他? 然變極而復常, 則蠹之不循軌轍者, 必敗而不能自立矣。

按: 此固然矣。既知此, 而每每擧其變, 而詰其常, 何也? 然變極而復常, 是乃理之有知覺處。若曰“氣機之自爾”, 則烏在其理爲主乎? 理雖無操縱之力, 其有操縱之妙, 則不可誣也。且性妙心粗, 對作雙關, 終是尊性卑心之說, 不足多辨。然竊嘗聞之, 心之該眞妄善惡, 乃其末失也。揆其初而言之, 心者, 天之明命, 人之所得以爲明德者, 所謂“得於天”之本心也。故程子曰: “在天爲命, 在人爲性, 主於身爲心”, 其實一也。又曰: “心本善, 發於思慮, 則有善有不善”, 而凡前哲之言本心處, 何嘗雜眞妄善惡而言之哉? 苟言其末失, 則不但心爲然, 惟性亦然。周子所謂“剛善、剛惡、柔善、柔惡”, 程子所謂“惡亦不可不謂之性”, 皆是也。此所謂“氣質之性”, 氣質之性, 亦非外本然之性而別爲一性也, 只是此性, 爲形氣所拘而然耳。心之有妄、有惡, 亦非爲形氣所拘而然者耶? 論性, 則必欲極本窮源, 論心, 則只擧末失, 而必欲歸之於氣而卑賤之, 此非大家更商者耶?

又曰: 近日心宗一派, 直指衆人之心, 以爲理、以爲性、以爲道、以爲太極, 而不問其合與不合、中與不中、蹈與不蹈, 而任自主張, 正王門所謂“滿街都是聖人也”。豈非異學家喜渾淪、惡剖析之謬見也乎? 所可憎者, 誘引後進少輩, 與之同歸於邪見坑中, 而終身不返也。云云。

按: 心宗一派, 未知指誰家也。田氏每每於心說之異己者, 輒斥之以禪、佛、陸、王, 而言必稱“心宗家”、“心理家”、“心學”、“心派”, 又曰“嶺氏”、“嶺派”, 胡亂呵罵而不休。佛氏之猖狂自恣、陸氏之大拍頭胡叫喚, 無或近之歟? 蓋心之得名, 以主乎身而言也。其當體, 則氣之精爽, 而屬於火臟, 精神、魂魄, 爲其運用, 非若性之可以挑出而名者。然言其得於天之本體、妙用, 則性情之外, 更別無心。近世諸家之說, 亦嘗聞其大略矣。蓋以心之本體、妙用爲理耳, 至於動靜之機爲此心乘載運用者, 則曷嘗并謂之理哉? 今乃譏之, 謂“直指衆人之心, 以爲理與性與道與太極, 不問合不合、中不中、蹈不蹈, 而任自主張, 歸之於陽明之學”, 則不其誣乎? 非但誣也, 直一法吏之勒脅手段。手段已熟, 觸處皆然。如譏蘆沙之“理有操縱做事”、華西之“心是上面主宰; 性是下面條理”、老柏之“棄師說附他論”, 壹皆勒誣之說, 而彼集中十見百出, 使觀者眩惑其是非, 此豈論理者心法? 周最、樓緩之徒之所不爲也。且曰"誘引後輩"、曰"趨附某門", 亦何口氣麤矣? 不足道也。

又曰: 近日嶺南 李、鄭二家, 力主"心卽理"之說云云。

按: "二家", 指寒洲、老柏而言。柏翁之言曰: "心從氣言, 則固陰陽動靜之機也, 若統言, 則必須合性情之全體大用, 而爲一身之主宰, 萬事之綱領者言之, 方是心字本旨。" 又曰: "人之魂魄, 是陰陽之靈, 而爲心之當體互機也; 性情, 是無極之眞, 而爲心之實體妙用也。眞爲之主, 而靈爲之資。"【止此。】是故, 對心卽理者言, 謂"擧本而遺末", 使學者不察乎危微之幾, 而弊或至於認賊爲子矣; 對心卽氣者言, 謂"擧末而遺本", 使學者不知有天命之尊, 而勢將至於主僕無分矣。以此而謂"力主心卽理", 則不知柏翁者也。不知其詳, 而遽加譏貶, 可乎? 然柏翁之論, 與尊性卑心、性師心弟之見, 不啻朔南之判, 而直薰蕕、冰炭之不相入耳。

又曰: 吾儒之敎, 專要檢心以守禮。如是則風俗安得不厚也? 彼鄭厚允、趙成汝諸人, 自棄其師之言, 以附於他論, 每主心爲極尊之說, 而遇檢心、尊性之論, 輒急罵而不遺餘力, 士習安得不狂妄, 風俗安得不輕薄? 於是二人者, 爲之倀鬼也。

按: 此老之輕率無憚, 一至此哉? 議論不同, 則辨而明之, 可也, 峻辭斥之, 猶可也。豈可以常言肉談, 詬之乎? 曰"趨附", 曰"誘引", 曰"倀鬼", 曰"匕首陷其胷腹"、"猛獸攫其腰膂"、"死亡無日"等語, 是果儒者口氣耶? 多見其"輕薄", 而自恣也, "棄師言"之云, 誣也, 已辨於上。又於彼「示諸生說」, 詳辨之, 有眼者自當知彼之勒脅也。且念, 道理無窮, 而是非至公, 父不得以强其子, 子不得以私其父。師弟亦然, 必反復講辨, 惟求其是。雖有違於父師之論, 何罪之有? 若以是罪之, 則宋朝諸賢, 以至我東諸儒, 無或免矣。況於無有違者, 勒加以"不仁不敬、用智失義"【此八字, 彼斥老柏 "棄師言"之罪目。見上。】之罪, 可乎? 檢心守禮者, 果如是乎? 檢心尊性, 孰不爲檢心, 孰不爲尊性, 而有甚急罵之不遺也? 彼一生血誠立言, 只"卑心尊性"四字, 而於此忽變"卑"爲"檢", 何也? 古今論心性者, 不啻累千萬言, 而"卑心尊性", 則未之聞焉。朱子論橫渠"心小, 性大"之說而曰: "心性則一, 豈有小大?" 小大猶謂不是, 況可以尊卑乎? 苟如是立言, 則人安得不非之? 以人之非之, 而不爲更加細研, 反攻斥之詬辱之不休, 士習之狂妄、風俗之輕薄, 孰爲之"倀鬼"? 識者觀之, 自有當之者矣。

「答金鳳峀」書曰: 心統性情, 恐無上統下之意, 明儒薛蕙譏橫渠云: "性, 太極也。太極之上, 不當復有物而統之。" 是其爲說, 與華老異, 而誤看"統"字則同也。愚嘗謂"與其卑性而爲華西, 寧尊性而爲薛蕙也"。

　　按: 華老曷嘗卑性? 華西之言曰: "孔子曰: '形而上者謂之道, 形而下者謂之器', 朱子最喜橫渠'心統性情'之語, 若認心爲氣而已, 則氣反統攝乎理矣。所謂上下之分, 果安施也哉?" 觀此, 則性之爲上, 固自在矣, 如何謂之"卑性"? 見人之與自家卑心之見不同, 而遂勒誣以卑性之科, 重言複言以斥之, 不亦異乎?

「答宋東玉」書曰: 「猥筆」末段"先賢"正指栗翁, "今人"偏指栗翁後群賢,【按: 今人指當時權信元之流。】何以知其然也? 蓋旣引朱子爲重, 則不應幷與朱子而犯之。又謂"前賢發之太快", 此的指栗翁, 如必以朱子當之, 未知蘆沙謂朱子何語爲太快而有流弊乎? 況其上段, 又曰: "究厥端由, 原於'乘'字, 失其本旨。" 執此以觀之, 崇辨所謂"彼以'車馬騶從'譏失註'乘'字"者, 似合商量。【又曰: "蘆沙旣曰: '朱子爲後世慮, 周矣', 遂引'所乘之機'以爲證, 則恐非譏貶之辭。"】蓋儒門秉筆論人, 正如法家勘律, 纔有些子過分, 豈不寃枉也? 此須喫緊思量, 蓋懼誤致人性命也。

　　按: 此書辭意, 似出於公正, 而所謂「猥筆後辨」, 則極意肆罵, 直欲劖地埋殺, 何也? 昨也謂"今人偏指栗翁後群賢",【此亦誣也。孰指百年以前前輩, 而謂之"今人"乎?】而今則曰"是指栗翁", 移「猥筆」所論今人之弊, 一切歸之於栗翁; 昨也謂"不應幷與朱子而犯之", 今則謂"直犯朱子, 而舜、孔、孟、程皆不得免"; 昨也謂"'乘'字失其本旨, 非譏貶朱子", 而今則推之於朱子, 至謂"未免啓萬世亂賊之禍矣"; 昨也謂"秉筆論人如勘律, 纔有些子過分, 誤致人性命", 今則鍛鍊之、勒脅之, 期欲殄滅之, 乃已, 是果何心? 至觀其「答金鶴老」書然後知其心腸也。其書末段曰"愚於昨夏, 略有辨析「猥筆」者, 而頗有相惜之意矣。今見金跋, 則其熾張之勢, 非極言峻論, 難可止遏, 近方更草一篇"云云。蓋田氏於重菴, 蓄憾積怨, 指斥姓名, 不遺餘力, 久矣。今見其跋, 胷中之積憾忽發, 不知自裁, 而乘此孤危, 奮筆大罵, 以及於蘆沙, 而無所惜焉, 怒甲移乙, 正此之謂也。不然, 豈有南現北出兩艮齋者耶? 雖然, 此當以心術論, 其議論得失, 猶屬第二。

「與柳穉程」書曰: 有一知舊見謂心理之說, 陸、王以還, 諸賢辨之詳矣。蘗溪一派已成家計, 今何必往復紛紛? 愚意却有不然者, 蓋"心卽理"之云, 則與二氏同, 而其所以立論之意, 則實有不盡同者, 又其爲學以讀書窮理爲先, 以省察克治爲要矣, 則與二氏之任氣質、致良知, 有大不同者矣, 今若直以二氏相處而不爲之謀焉, 則恐爲不盡人言之失, 亦爲不盡吾心之過也。云云。

　　按: 此書係戊寅, 田氏時年三十八。此書辭意甚公平, 無復改評, 而觀其癸卯以後議論, 則斷然斥蘗派以陸、王,【非惟蘗門, 凡以理言心者, 皆斥以異端。】不使開口, 何其舛也? 抑主理之家, 其終也, 廢讀書、窮理之工, 又棄省察、克治之要, 與陸、王之任心自肆同故歟? 然未聞諸家之有是也。無乃群起衆擊, 望風乘勢, 肆然以孟、朱之闢異端自處者耶? 未可知已。

又曰: 性爲心宰云云。

　　按: 心者, 一身之主宰, 而性乃其條理準則也。此何嘗有闕義, 而必加之以"性爲心宰"? 程、朱所無之說也。方寸之內, 兩個主宰, 迭相運用, 可乎? 旣認心爲氣, 而氣獨主宰, 則恐有欠於千聖主理之旨, 故別爲性宰之論, 而彌縫之耶?

又曰: 在天之帝, 卽在人之心君也。然人有血氣, 天無情欲, 故帝之所爲, 無時而不得其正; 人之所爲, 有時而或失其正。故帝與心, 雖同一名位, 然泛言之, 則謂"帝是理爲主", 則可, 謂"心是理爲主", 則未可也。

　　按: 人之所爲或失其正, 心之末弊, 非心之本然也。以其末失而疑其本源, 則不可。夫心字本旨, 須合性情體用而言。未發而具此性, 已發而行此情, 性其體也, 情其用也。苟無此性情體用, 則只是空洞血肉, 而無所謂心也。故朱子曰: "心者, 天理在人之全體。" 但心之爲物, 主乎身而得名, 卸却氣字不得, 非若性之可以挑出而言。故泛言之, 則心是理爲主而氣爲資者也。今乃專屬之氣, 而曰"理爲主", 則未可, 可乎?

「答宋晦卿」書曰: 嶺 李心理之說, 初欲辨破, 亦有所論著者, 後看渠旣張皇爲說, 又把『語類』諸說, 手分現化, 見得心術不正, 不必一一立辨。云云。

　　按: "手分現化, 見得心術不正", 恰似自家自道。其截去首尾、孤行隻句、驅率前言, 以伸己說、勒脅人言, 鍛鍊成罪者, 其心術果何如也?

「答林子明」書曰: 喩及心宗之害道, 正所當憂也。今有一法可設, 而彼道自熄者, 如虞廷之言心。今曰"人理惟危, 道理惟微", 自不成說云云。

　　按: 似此話頭, 祇見其說得太齷, 令人捧腹猶不自止。集中每每提起此話, 眞所謂"徒知有己口, 而不知人亦有口也。" 吾亦有一法可設, 非他, 求反其辭, 問曰"'人氣惟危, 道氣惟微', 是果成說乎?", 則彼將如何爲答? 夫自虞廷始言心, 而爲萬世心學之淵源, 所以諸聖賢皆就心上說,【朱子曰: "自古聖賢, 只是理會一個心。"】今認心爲氣, 不關理字, 見有以理言者, 執禁斥之, 目之以"心宗"、"心派"、"心學", 如陸、王之異學, 噫! 過矣! 若然則所謂"仁義之心"、"道心"、"本心"之類, 皆歸於陸、王之窠臼歟? 是必不然矣。究厥病源, 其於"虛靈知覺"四字, 失其本旨。夫心者, 主於身而得名也; 身者, 氣以成形者也。有此身, 則凝此氣; 有此氣, 則具此理。氣聚理具, 則妙用之行, 精英之發, 即所謂"虛靈"也, 即所謂"知覺"也。故曰"理與氣合, 所以虛靈", "理與氣合, 便能知覺", 決非理無虛靈知覺而氣獨能虛靈知覺。故心有屬理言處, 有屬氣言處, 非汎皆指心爲理也。

「示金洛九」說曰: 嶺儒鄭艾山, 對某也問: "子之師, '尊性'云耶?" 蓋譏之也。鄭之師蘆沙, 論天地之心性云: "太極, 性也; 陰陽, 心也"。今以尊太極者, 爲可笑, 則將使人尊陰陽耶?

　　按: 卑心故譏之。若尊性, 千古聖門相傳旨訣, 誰可違之, 誰敢譏之? 傳聞不可信, 而筆之書以傳後, 恐非智者之事。且就此思之, 則竊有疑焉。先師若果有是問, 則必曰"子之師, '尊性卑心'云耶?" 而今除去'卑心'二字, 何也? 無乃故故誣人以不尊性之科, 使覽者眩惑歟?

○ 又「答河聖洛」書曰: 昔年鄭艾山, 對田璣鎭, 問: "子之師, '尊性'云耶?" 愚心竊非之, 云: "尊性是異學, 則主心爲聖傳耶?" 近年以來, 又有指尊華爲迂見者, 則內夷爲正論, 天下無不對也。

　　按: 尊性非異學, 卑心是異學。不知心之體卽是性, 而別討個性字於心之外, 把心性尊卑之, 一比於師弟, 再比於父子, 三比於君臣, 今又比之於華夷, 末又比之於人獸歟? 卑心如此, 其用心之險, 無怪已。

○「論嶺南諸氏斥明氣答問說」曰: 其所謂“氣上無工夫”及“明氣”之說, 可怕者, 其源出於蘆、寒, 而爲欺學者, 於變化氣質, 一著都不理會, 而任其作用矣。此非朱子所譏“一種學問, 雖說心與理一, 而不察氣稟、物欲之私, 故其發亦不合理, 却與釋氏同然”者耶?

按: 朱子曰: “氣上有何工夫?” 此亦歸之“爲欺學者, 都不理會氣質, 而任其作用”之科歟? 其或“不察氣質、物欲之私, 其發亦不合理”, 故曰“檢氣”、“帥氣”、“禦氣”、“勝氣”, 曷嘗謂“明氣”? “明”, 明之也。如鏡之埋塵, 出而拭之, 磨之又磨, 使復其本明之體, 是明之之謂也。故曰“明道”、“明理”、“明心”、“明德”, 曷嘗謂“明氣”? 蓋氣是原來顯著底, 有何明之之工? 若氣或有昏暗之時, 理不帥氣故也。苟明其理, 則氣隨而明, 主之所向, 僕已從之者, 是已。若欲明其氣, 則是舍本而趨末。故朱子曰: “纔有意於養氣, 此心便走在氣上。” 又曰: “雖言‘養氣’, 而其所用力, 乃在乎集義。”

「答柳聖欽」書曰: 近世柳持平, 更定其師心理之論, 可謂“儒門大功”, 而始也金監役極力攻斥, 至有“陷師射父”之說矣, 何圖金氏後來於心性物則之分, 與柳氏爛漫, 而無復參差? 云云。

按: 均之不從師說, 而【若省齋則不但不從, 卽更定於師沒之後。】不合於己, 則斥之以“某門叛卒”, 而歸之老、佛、陸、王; 有同於己, 則贊之以“儒門大功”, 又稱之以“明且勇”, 【彼「答李種郁」書中語。】非但他心之不公不平, 其所自處, 非大聖則大愚耳。“金氏與柳氏同歸”之云, 誣也。『重菴集』, 雖未得閱, 其狀譜及墓表,【勉菴所撰。】可詳其顚末矣。蓋省齋變改華西心說, 重菴大駁, 逐條辨之。省齋取華西心兼理氣說, 以爲「心說正案」, 以進之, 重菴遂可之, 省齋後乃復如前, 重菴痛歎曰“省齋只是面瞞”, 仍作詩, 寓意以自悲, 詩凡九篇。省齋又於臨終, 竟收其「正案」, 使其從姪毅菴麟錫, 告其由於重菴靈筵, 此其“爛漫而無復參差”者耶? 彼豈不知此事? 而故故聲言“重菴同歸”者, 欲以瞞遠方少輩, 以之鼓張聲勢歟? 雖然重菴、省齋卒於辛卯、癸巳, 田氏「答柳」書係庚申, 其聞恰滿三十年, 而其說之傳播國中久矣, 何得以瞞人? 又有竊疑者, 重菴果與省齋同歸, 則“儒門大功”之贊, 奚止於省齋? 而田氏之極力攻斥, 至死不休, 乃在重菴一身, 何也? 公理輕, 私憾重歟?

「答金駿榮」書曰: 栗谷先生非我東方大宗師乎? 而蘆沙豈非栗谷之後學乎? 以後學而放言斥師, 若是率爾, 則弟奪師位, 猶屬歇后, 豈非三變之前, 又一大變也? 云云。

按: 苟如放言指斥, 則何以曰"猥筆", 又何以曰"凡此所言, 或干犯先賢語句, 極涉不韙", 又何以曰"前賢之論, 發之太快, 末弊之至, 斯容有未之細思也"耶? 後學之於先賢, 尊信其道, 講明其學, 自是道理。周、程、張子, 非朱子之所宗師者乎?『易傳』, 辨破程子差處甚多, 而別立『本義』, 論周子文字, 則直曰"其言似老、莊", 張子則直曰"有還原反本之病", 又曰"近釋氏", 又曰"其說聚散屈伸處, 却是大輪回", 以此而謂"朱子放斥周、程、張子", 而罪之以"弟奪師位之大變", 可乎? 請世之公心者, 一言以正之。

又曰: 蘆沙許人間代爲後者, 爲數四矣。余謂, 無子而有孫, 無孫而有曾、玄以下, 無父而有祖, 無祖而有曾、玄以上, 皆爲亂父子之倫, 而天理之所必無, 人心之所不安也。是安忍敎人爲之乎? 夫言者, 心之聲也, 德之符也。德厚者, 其言合義而近情, 德薄者, 其論乖義而遠情云云。

按: 間代爲後之非, 非惟田氏爲然。『老柏軒集』, 亦辨說, 此義甚詳, 可考也。然謂, 蘆沙"許人間代爲後", 『蘆沙集』中, 未之見焉, 而今曰"數四"何也? 無乃指「答忠孝里金氏」書而云耶? 若是則, 恐亦勒脅之言也。「答金」書曰: "譜議之持貳, 無乃以間代立後, 終礙面目故耶? 第以臆見言之, 越昭穆而立後, 乃是聖朝閔忠繼絶曠蕩之恩典, 不可以立後之常格論也。君子名之, 必可言也, 豈有以奉祀則許之, 以譜牒則不許之理乎? 忠壯公祀孫, 直以後孫載錄於忠壯公之下, 然後名正言順。"【止此。】既以"間代立後, 終礙面目"爲辭, 又謂"不可以立後之常格論"云, 則間代立後之爲非, 的然可覩, 而田氏却以"許人間代爲後"六字, 鍛鍊而攻斥之, 是爲"合義近情"之"德厚者"耶, "乖義遠情"之"德薄者"耶? 盖亦自反矣乎!『通典』, 何琦曰: "別宗無後, 宗緒不可絶。魏之宗聖遠繼宣尼, 荀顗無子, 以兄孫爲嗣, 此成比也。" 庾蔚之曰: "間代取後, 禮未之聞。宗聖時王所命, 以尊先聖, 本不計數, 恐不得引而比也。" 蘆沙之言, 與此暗合。盖金氏事, 固非正禮, 而朝家旣以閔忠繼絶曠蕩之恩典, 特許以奉祀, 則是爲忠壯公之奉祀孫, 而譜牒却不許載錄, 則豈非名實不相稱乎?『通典』所謂"時王所命, 本不計數"者, 是已, 豈可以立後之常格論耶? 然則蘆沙此書, 只答其載譜一事, 朝家禮之得失, 未及論也。田氏却於李忠簡公家事, 敎以祝辭稱以"族先祖"、"族後孫", 旣承君命, 奉不祧廟主祀, 而却稱"族", 未知於義如何。

「答鄭寅昌」書曰:『語類』燾錄"物稟得少, 人稟得全"兩句, 誠若難通。然上文, 旣曰"若非人物, 同此一原, 則人自人之性, 物自物之性, 如何盡得?"云爾, 則人物之無二性, 豈不章章矣乎! 其下却言"物稟得來少, 不似人稟得來全", 此乃兼形氣盡發用而言云云。

　　按: 人物之無二性, 以一原言也; 偏全之不同, 以分殊言也, 正所謂"異中有同, 同中有異"者也。此其本分然也, 非指氣質之美惡、發用之全缺者也。若果兼形氣、盡發用而言, 則何可謂之稟得也? 若謂"人、物之性, 無隨形各賦之實, 而混同無偏全之分", 則朱子何以曰"仁義禮智, 物豈不有? 但偏而不全", 又何以曰"氣之偏者, 只是得理之偏也"? 且田氏每於人物性偏全, 却攙入聖衆一例說去, 不其近於不知類者歟?『大學或問』已區別言之, 而今日云云, 則犬、牛之性, 果猶人之性歟? 恐終可疑。

「與金澤述」書曰: "仁義禮智之稟, 豈物之所得而全哉?" 此兩句指意, 非物不稟全之謂, 乃物不得全之之謂也。觀得全之間下一"而"字, 可見矣。湖論諸賢, 認做物不全稟之義。云云。【止。】蘆沙亦主本然、偏全, 而其引『孟』註, 却云"只言'物豈得全?', 不言'物莫得與', 則此亦人、物同五常之說也。其看得文字, 亦正矣。但其所擧『或問』, "不能通"、"無以充"兩語, 非"物莫得與"之謂, 乃"物豈得全?"之意, 乃以之爲五常異稟之證, 盡以是反隅於『孟』註之釋也?

　　按:『孟』註與『或問』, 不可異看。「凉議」曰: "此爲區分人、物處。然而秖曰'物豈得全?', 不曰'物莫得與', 則此亦人、物同五常之說也。" 觀"然而秖"三字, "此亦"二字, 可見五常之稟, 非物莫得與, 但偏而不全。雖偏而不全, 其爲同五常【一原】, 則固爾然, 則與田氏之意遠甚, 而乃許以"看文字亦正", 可謂未盡人言之意者也。『或問』所論"本體"、"全體", 卽性分中理一處, "無以充"、"不能通貫", 卽性分中分殊處, 是乃"異而同, 同而異"者也。蓋物則得其偏矣, 徹頭徹尾做得偏, 而終無以做得全。雖在堯、舜雍熙之世, 不能如人之變化氣質, 雖擧天下、閱萬古, 而終無可通、可充之日, 則其異稟之偏, 非本分而何?

「陽明心理說辨」曰: "心之本體卽是天理", 此若以性當之, 卽是聖門議論。

　　按: 若知心之本體卽是性, 則何以心專屬氣也, 而至以本心、道心、義理之心之類, 一竝皆謂之氣也? 且見人之合性情體用爲心字本旨, 則斥之以心理家、心宗家, 歸之於老 佛、陸 王之科, 何也? 且觀「鼓山行狀」[14], 有曰"心之本體, 卽靈昭活化、妙萬物之神也。"【<u>田氏</u>以神專屬氣。】云云, 則烏在其以性當之? 恐終可疑。若果知性爲心之本體, 則豈可就一心中, 坼體、用, 爲一師、一弟乎? 又可疑也。

「題<u>鄭氏</u>猥筆辨辨」曰: 本集二十九卷四板「辨」云: "今截去首尾, 摘取句語"。然則何不觀於『<u>栗谷</u>集』"機自爾也, 非有使之"上文有曰"無爲而爲有爲者之主者, 理也", 下文有曰"陰靜陽動, 其機自爾, 而其所以陰靜陽動者, 理也"之云乎? 此與<u>鄭</u>「辨」所擧<u>朱子</u>"天秪是"與"秪是大原中流出"者, 語意相符, 而<u>蘆沙</u>何爲截去首尾, 摘取句語, 以爲"自行、自止, 不由天命"之病也? 未知此爲看得疏脫耶? 抑欲伸己見, 而驅率前言耶? 如<u>鄭氏</u>可謂明察千里, 而不見眉睫者云云。

　　按: <u>蘆翁</u>憫世儒主氣之論, 專主"機自爾, 非有使之"之說, 以爲己援。故疑先賢之言發之太快, 而末弊之至斯, 容有未之細思也。逡就世儒所頭戴語, 反復辨論, 以正今人之失。今以是爲"截去、摘取"之病, 則亦非勒脅者耶? 乃若<u>田</u>辨, 則引<u>朱子</u>"天秪是一氣流行, 萬物自生、自長、自形、自色, 豈是逐一粧點得如此?"、"秪是大原、大本中流出"之說, 而却去"天秪是"三字, 又去"秪是大原、大本中流出"一句, 以爲理不使氣之證, 此非"截去首尾、摘取句語", 欲伸己見, 而驅率前言而何? 去"天秪是"三字與"大原、大本中流出"一句, 乃與世之專主"機自爾, 非有使之"一句者, 同一伎倆, 何不自察於此, 而譏人之不見眉睫也?

又曰: 同卷十三板辨云: "分明言'今日學士家', 而今反移之於<u>栗翁</u>", 廿四板辨云: "又得其所謂「猥筆辨」者而觀之, 「猥筆」所言'今人之弊', 一切歸之<u>栗翁</u>與<u>朱子</u>。" 蓋此「辨」是<u>心石</u>文, 而<u>鄭氏</u>佯若不知, 而曰"又得其所謂「猥筆辨」", 使見者, 知爲其吾之所述, 是其心卽理【心卽理, 非<u>老柏</u>宗旨。】之學乎? 直是世俗炎凉之習也。其立心、處物如此, 則其懸想性命、揣摩心靈之見, 如何得正當耶?

　　按 : 此段, 恰似醉客之詬辱人, 而醒後曰"我無是"者也。「猥筆」曰: "'理發'二字, 爲今日學士家一大禁避語"云云, 而<u>田氏</u>辨之曰: "<u>栗翁</u>亦嘗言'孰尸其機? 嗚呼, 太極!' 此何嘗以氣爲萬事本領乎? 又言'性發爲情', 則「猥筆」云云, <u>栗翁</u>已見之<u>昭陵</u>也", 此非以"今日學士家", 移之於<u>栗翁</u>者耶? 「猥筆」又曰: "今人纔見'理'字, 必覓

---

14)「鼓山行狀」:『간재집』에는「敬書苟菴所撰全齋先生行狀後」으로 되어 있다.

氣來作對偶"云云, 而田氏辨之曰: "有問於朱子曰'太極便對甚?', 曰'太極便與陰陽相對', 「猥筆」第五段, 正論此義,【"正論此義"四字, 卽殺人手段。】云'把氣與理對擧, 此非聖人之言.' 朱子何嘗非聖人, 何嘗非一本領而把陰陽太極做對? 此亦謂奪却'理之流行一大事', 以與'氣'字, 而爲'雙本領之履霜', 而受蘆沙'悲夫!'之嘆者耶?" 此非以"今人"歸之於朱子者而何? 彼之「猥筆後辨」, 則直曰"今日學士家, 未知爲誰, 若是指栗翁, 則其言之悖慢無禮", 遂詬斥滋甚, 此又何故也? 彼旣以「猥筆前、後辨」, 崇載其集, 印布於世, 而今乃歸之心石文, 而謂"非吾之所述", 譏人以"炎凉之習", 又何也? 其所謂"立言、處物如此, 則其懸想性命、揣摩心靈之見, 如何得正當"者, 無乃自道歟!

又曰: 又有一怪事。『蘆集』有人問天地之心性, 答曰"太極性也, 陰陽心也", 此深得朱子之意, 而後賢不易之論也。今鄭氏以其高弟, 棄其師說, 附於心宗, 而至得斯文幸甚之褒, 已令人代慚, 況又以"心是氣"爲"主氣", 而斥之, 不遺餘力, 無乃以夫子之道, 反害夫子者? 云云。

　　按: 蘆說性太極、心陰陽之云, 以心、性界至而言也。故蘆沙「答人」[15]書曰: "以心謂氣, 姑以論心、性界至, 則有何不可? 若欲解釋'心'字本旨, 則心有具衆理、應萬事之體、用, 豈一'氣'字所能了乎?" 又曰: "必'氣'字下, 著'精爽'字, 方說入'心'字境界。然'精爽'亦皮殼說, 須合性 情、體 用而言, 方是'心'字本旨"。此固不易之正論, 而先師之一生祖述, 集中斑斑可考, 以此目之以"棄師說", 可乎? 所論"以'心是氣'爲'主氣', 而斥之"者, 如以界至爲氣者, 固無不可, 以此心之統性 情、該體 用, 爲一身之主宰、萬事之綱領者, 專屬之氣, 如田氏之見, 則大本舛矣, 安得不斥之? 此乃祖述蘆沙所謂"豈一'氣'字所能了"之意也, 何得謂之"反害夫子"?

金駿榮問: "柳某以朱子'燭脂'之說爲宗旨, 而曰'火譬則理, 脂譬則氣', 近檢『語類』本文, 則問'知覺是心之靈如此, 抑氣之爲?', 曰'不專是氣, 是先有知覺之理。理未知覺, 氣聚成形, 理與氣合, 便能知覺, 譬如這燭火, 是因得這脂膏, 便有許多光焰.' 竊詳文義, 似以知覺, 主氣而兼理說, 則無乃以燭火譬氣, 脂膏譬理歟?" 答曰: "來諭所釋, 得之。"

---

15)「答人」:『노사집』에는 「答李參判」으로 되어 있다.

按: 甚矣, 田氏師生之謬也! 當初以"理無知"、"知覺專氣"爲宗旨, 故有此謬解也。苟理無知也, 朱子何以曰"理未知"?【"未"字與"無"字迥別。】知覺專氣也, 又何以曰"理與氣合, 便能知覺"? 且燭是氣而脂是理也, 何不曰"氣與理合", 而曰"理與氣合"? 蓋田氏之意, 火是光明燦爛, 有似乎氣之運用, 脂是凝定不遷, 有似乎理之無爲。故作此見解, 然殊不知理也者, 圓通無礙, 無物不體, 無事不有; 氣也者, 局定有限, 動而無靜, 靜而無動者也。究厥病源, 則錯認知覺主氣而然也。然曰"燭與脂合, 便有光焰", 則燭爲主可知, 曰"理與氣合, 便能知覺", 則理爲主可知。故朱子曰"知覺, 智之事", 又曰"智之用", 此類甚多, 而田氏一切歸之於中年未定之論。然『語類』此條, 陳北溪於先生六十一歲、七十歲所聞, 則亦難歸之未定論, 故謬欲曲解以通之歟?

「與柳永善」書曰: 道心是心之知覺, 原於性命者, 故曰"天命、率性, 道心之謂也"; 達德是性分上帶來者, 故曰"天下古今所同得之理也"。然此皆推原說, 非直指之辭。若不察, 而認二者皆謂之理, 未免泥於言詮也。昔栗翁以道心爲本然之氣, 僕於達德亦云。

按: 栗翁以道心爲本然之氣, 不省何由而有此言, 以爲今日主氣家之藉口。然栗翁「人心道心說」曰: "道心純是天理, 故有善而無惡。" 此非百世不易之正論乎? 朱子曰: "天命、率性, 則道心之謂也。" 若是本然之氣, 則必不下如此說, 明矣。"達德", 朱子分明言"天下古今所同得之理也", 而今却謂"本然之氣", 則不亦未安乎?

3-25-4

「산방수차山房隨劄」【丙子】(『栗溪文集』卷11)

1) 서지사항

정기가 전우의 주장들을 비판한 글. 『율계문집』 권11에 실려 있다.(『한국근대문집선간』 9)

2) 저자

정기(鄭琦, 1878~1950)로, 자는 경회(景晦), 호는 율계(栗溪)이다.

3) 내용

정기가 1936년에 작성한, 전우가 기정진이나 이항로의 리(理) 위주 심성론(心性論)을 비판한 것에 대해 반박한 글이다. "수차(隨劄)"라는 표현대로 일정한 순서나 체계를 두고 작성한 것은 아니지만, 전체 논의가 '모든 현상의 주재자(主宰者)는 리(理) 또는 태극(太極)이며, 심(心)과 리(理)가 본연(本然)에서 하나임'을 밝히는 데 초점이 맞추어져 있다. 이 글에서 정기는, 전우가 자신의 논리를 정당화하기 위해 든 여러 전거들을 다시 검토하여, 전우의 전거가 정확한 독해에 근거한 것이 아니라고 주장하고, 이에 상반되는 전거 또한 분명히 제시하여, 전우가 '주자―율곡―우암'으로 이어지는 정통적 계보의 계승자라는 주장이 허구임을 드러내고자 하였다.

특이한 점은, 많은 부분이 이항로 등의 주장에 대한 전우의 비판에 대한 반론으로 이루어져 있다는 것이다. 전우는 이항로나 이진상 등의 학설을 일률적으로 기(氣)를 고려하지 않고 리(理)만 가지고 심성(心性)을 운위하는 학설로서 양명좌파와 같은 종류라고 보았다. 그러므로 기정진의 학설까지 일괄하여 이단(異端)으로 규정하고 비판하였는데, 정기는 일단 리 위주의 심성론이 이단이 아니라는 점을 먼저 밝히고, 전우의 비판 자체가 논리적으로 문제 있음 또한 밝히고자 하여[16] 이항로 등에 대한 전우의 비판 또한 아울러 가져와 반론한 것으로 보인다.

---

16) 정기는 전우가 선유(先儒)의 학설을 제대로 이해하지도 못하고 선입견을 가지고 편의적으로 없는 말까지 지어냈다고 보았고, 전우가 제시하는 전거들이 부정확하다며 불순한 의도를 가진 것으로 보았다. 정기는 "전우의 심술(心術)이 바르지 않다"고 하고 있다.

3-25-4 「山房隨劄」【丙子】(『栗溪文集』卷11)

蘆翁曰: "今人看'所乘'字, 若太極, 漫無主張, 忽見馬匹當前, 趫捷而騰上樣。然則是馬也, 終是塞翁之得, 非自家元來所乘。騰上後事, 又可知矣, 勢必之東之西, 惟馬首是瞻。嗚呼, 危哉!" 艮齋駁之曰: "旣是元來所乘, 則千古萬古, 無一霎時東西, 惟馬之失耶? 且如堯水、湯旱, 文羑、孔匡之類, 豈或塞翁之得而然歟?"

　按: 旣果非元來所乘, 則理本掛搭於何處? 理氣二者, 雖不相雜, 而其瞬息暑刻之不相離, 則較然矣。故曰"一名爲理, 便有所乘。" 雖是元來所乘, 其流行之際, 或氣數太强, 如馬之不循軌而橫逸, 水旱、羑匡之變, 往往有之, 況太極漫無主張, 忽見馬匹而騰上, 其行、其止, 一隨馬之所爲, 則東走荒原, 西蹂人田, 安可得免? 又安得不危哉?

華西辨吳臨川說曰: "太極者, 一動一靜之道也; 氣機者, 一動一靜之機也。今曰'太極無動靜, 而動靜專仰於氣機', 然則太極淪於空寂, 而不足爲氣機之本源矣。氣機疑於專擅, 而反作太極之主宰矣。太極旣無動靜, 則動靜之主宰者, 專歸於氣機, 固也。百家害理尙氣之說, 無所不備, 苟求其所差之源, 則臨川'太極無動靜'之說, 未必不爲之兆。" 艮齋駁之曰: "朱子曰'太極非動靜', 草廬曰'太極無動靜', 栗翁曰'有動、有靜者, 氣也; 在動、在靜者, 理也', 尤翁曰'理之無情意、造作, 無間於體與用也。' 今華西之直斥爲害理尙氣之源者, 雖單擧草廬, 而使天下學者, 篤信其說, 則朱子、栗、尤諸聖賢, 自不得不歸於害理尙氣之科矣。是果無捱逼之嫌乎? 使人皇恐。"

　按: 太極非不待氣機而自能動靜, 亦非理無動靜而氣自動靜。 故謂之"太極非動靜", 則可; 謂之"太極無動靜", 則不可。朱子曰: "有這動之理, 便能動而生陽; 有這靜之理, 便能靜而生陰。有此理爲氣之主, 氣便如此。" 又曰: "有此理, 便會動而生陽, 靜而生陰。" 又曰: "動亦太極之動, 靜亦太極之靜。但動靜非太極耳。" 又曰: "理無動靜, 氣何自而有動靜?" 此類不一, 而何嘗謂"太極無動靜"? 栗翁曰: "有動有靜者, 氣也; 在動在靜者, 理也。" 又曰: "動者靜者, 氣也; 動之靜之者, 理也。" 亦何嘗謂"理無動靜"? 尤翁曰: "理無情意、造作", 亦何嘗謂"理無動靜"? 今乃以華西之斥吳氏者, 推之於朱子、栗、尤諸聖賢而罪之, 此與蘆沙「猥筆」中"今人末弊"等語, 推之於栗翁, 而斥之以異端者, 同一伎倆。其心術隱微之際, 無或有皰皰然者乎? 殊可疑也。

艮齋又謂: 草廬所謂“氣動則太極亦動”數句, 皆出於朱子, 恐不可譏。況又自言“太極是主宰此氣者”, 則華西所譏“主宰歸於氣機”之云, 恐屬衍語。

按: “氣動, 則太極亦動”, 朱子何嘗有這般說話, 而今乃謂“皆出於朱子”? 朱子說見於『語類』者,【如上引諸條。】有目可覩, 將何以瞞之? 且“則”、“亦”二字, 帥、役倒置, 大本已舛矣, 而猶曰“太極是主宰此氣者”, 乃拘於名位, 而强尊之說也。不其近於漢獻帝之徒擁虛號歟? 恨未及一晉奉質於在世之日也。

蘆翁曰: “動者靜者, 氣也; 動之靜之者, 理也。”【栗翁「格物」、「天道」兩策, 及尤翁「科」義, 亦云。】
艮齋斥之曰: “‘動之’、‘靜之’, 一也, 而栗、尤二先生之言, 只是自然爲主之意。「猥筆」之云, 却是操縱適莫之意, 是豈非言同而指異者歟? 栗翁每言‘氣之有爲’, 而蘆沙諷譏其‘氣奪理位’, 卽此一語, 可見其所認以爲理者, 卽栗翁所言之氣也。今夫指有爲之氣, 而當無爲之理, 則何以自別於異學之見?” 云云。

按: “動之”、“靜之”, 兩“之”字, 是不使之使、無爲之爲, 如『中庸』所謂“使天下之人”, 『孟子』所謂“使先知、先覺”, 朱子所謂“皆天理使之然”及“道體之所爲”, 是也。然則前後諸聖賢之言, 如一板印來, 何謂“言同而指異”? 蓋言同而指異者, 非曰無之, 而“動者靜者, 氣也; 動之靜之者, 理也”, 此十三字, 旣坼開理與氣, 雖欲異看, 不可得矣, 非如“尊德性”、“先立乎其大者”、“生之謂性”、“良知”、“體用”、“顯微”等之各隨其意而言者也。今乃在此, 則謂“自然爲主”, 在彼則斥之以“操縱適莫”、“認理爲氣”之科, 與告子、象山、陽明、淸源之流, 并數之, 歸之於異學。吁! 何其甚哉? 且所謂“氣奪理位”, 本譏其今人之失, 而輒推之於栗翁而罪之, 君子用心, 恐不如此。

艮齋曰: 今言國君擧動, 豈是妄語? 第君上爲擧動之主, 而奉以動之者, 興衛之士也。君雖不自動, 而依舊是主, 士雖奉以動之, 依舊是役, 若曰“國君自動”, 則豈有此理?

按: 此段說甚是。但孰謂“動駕回鑾, 國君自爲”乎? 恐涉慢罵。君雖不自動, 而依舊是主, 士雖奉以動之, 依舊是役。故曰“國君擧動”, 不曰“興衛擧動”。旣知如此, 而見人“太極動靜”之言, 輒奮筆肆罵, 何也? 周子曰“太極動而生陽, 靜而生陰”, 亦可歸之於"國君自動"之科歟?

艮齋「性尊心卑的據」略曰: 爲心者, 奉理而行, 則性尊而心卑, 不其明乎? 爲心者, 嚴憚
夫天賦之性, 則性尊而心卑, 不其明乎? 爲心者, 師性之理, 則性尊而心卑, 不其明乎?
【此類凡八條。】況所謂"學道"、"學禮"、"學仁"、"學義"之類, 又定爲性師心弟者, 有目皆睹
云云。

按: 未論其他, 心性果有師弟、尊卑懸殊之分, 則方寸之內, 兩個物, 自當各占一位
也。此與諸聖賢所謂"道心"、"本心"、"良心"、"仁義之心"、"惻隱、羞惡、辭讓、是非
之心"、"心也, 性也, 一理也"、"心爲太極"、"心者, 天理在人之全體"、"心之主宰卽
理"、"心外無性; 性外無心"、"心, 性、情之統名"、"心之體, 卽是性"、"心、性, 非兩
歧、非二物"之訓, 不啻如朔南之分、氷炭之異也。若是而自命明道而覺世, 則不亦
悖謬之甚乎? 有目者, 自當辨之。

艮齋解朱子"惟心無對, 心爲太極"之言曰: 統論心之大用, 則性固在其中, 故得太極之
名, 而爲無對之物矣; 若以之對性, 則心實屬氣, 而性却爲太極。

按: 往古聖賢論心性許多, 而以心對性, 未及聞。曰"動靜"、曰"陰陽"、曰"體用", 皆
對待而名者也。若心, 則兼動靜、陰陽、體用, 而專言之也, 則心之體卽是性, 性外
更別無心。今截其半, 做個理, 却喚心, 做他對, 可乎? 若外性而言, 則是乃血肉之
心, 烏可爲一身之主, 應天下之萬事哉? 記昔胡五峯有此語, 朱子已辨之曰: "舊看
五峯說, 只將心對性說, 一個情字, 都無下落。後來看得橫渠'心統性情'之說, 乃知
此話大有功, 始尋得個情字著落, 與孟子說一般。孟子言'惻隱之心, 仁之端也', 仁,
性也, 惻隱, 情也, 此是情上見得心。又曰'仁義禮智根于心', 此是性上見得心。蓋
心便是包得那性情, 性是體; 情是用。心字只一個字母, 故性、情字, 皆從心。" 又
「答張欽夫」書曰: "不言心貫性情之意, 以性對心, 與孟子'仁, 人心也', 許多說話,
似若相戾。" 蓋朱子之訓, 昭如日星, 彼必講貫, 有棄而乃硬做對性看, 至曰"性尊心
卑"、"性師心弟", 做出千古聖賢門中所無之言, 何也?

『論語集註』云: "人心有覺, 道體無爲。" 艮公一生持守此八字, 開口便道, 重言複言, 至
死不休, 以至特書於自著壙銘, 其篤信聖賢, 固善矣。然"道理, 固自有用", 獨非朱子之

言乎? "所以一陰一陽者, 是乃道體之所爲; 一物之中, 自始至終, 皆實理之所爲", "凡天下之事, 雖若人之所爲, 其所以爲, 莫非天地之所爲", 亦皆非朱子之言乎? 無爲、有爲, 似若左右佩劍, 而各有攸當, 不可易也。凡天地間, 造化生成, 發育流行, 上下昭著, 莫非此理之用, 而其曰"無爲"云者, 特釋其"人能弘道, 非道弘人"故也。蓋所謂"無爲"者, 無作爲之謂也。其所以爲之妙, 與夫所當爲之則, 固自在也。故理之無爲, 無爲而無不爲; 氣之有爲, 有爲而無所爲。今膠守"無爲"字, 而不知此理之固自有用, 凡說著"爲"字處, 一切歸之於造作, 則道理淪於空寂, 乃已, 不幾於老子之無爲乎? 故先師嘗駁之曰: "所謂無者, 特無其迹耳。恭己正南面, 無爲, 而九官十二牧, 則早已命之, 典禮、典樂、掌兵, 各有其人, 而禮樂征伐, 自天子出, 此所以爲至尊之實, 此所以爲萬物之主。若都沒主張, 而氣機是視, 則直是漢獻之徒擁虛號, 幾何不爲周平之下堂見侯乎?"【止此。】"人心有覺", 艮公每以陰陽動靜之機當之。然夫人之有是心也, 方其寂然, 而無一理之不備, 無一物之不該, 及感而通也, 無一事非是理之用, 無一物非是理之推, 是豈動靜之機之所能自爾乎? 蓋心之爲物, 合理與氣。理固無作爲, 而纏合於氣, 便能發用, 如燭火, 得脂膏, 便有許多光焰。故心之有覺, 不可全作氣看, 亦不可全作理看。但理必乘氣而發, 則理爲主而氣爲助。故先師亦曰: "心從氣言, 則固亦陰陽動靜之機也; 若統言, 則必須合性情之全體大用, 而爲一身之主宰、萬事之綱領者言之, 方是心字本旨。"【止此。】若如艮說, 則氣爲大本, 而理爲死物, 理不帥氣, 而氣及運理。嗚呼, 危哉!

華西曰: "心, 合理氣而立名者也。單指理一邊, 曰'本心'。" 艮齋詰之曰: "本心是有覺, 無覺? 有爲, 無爲?"

　　按: 此認本心爲氣。故以是相難。然程子曰: "在天爲命, 在人爲性, 主於身爲心, 其實一也。" 如今所言, 則當曰"心, 氣之本也; 性, 乃其理也。" 而謂之"其實一", 何也? 又曰: "惻隱之心, 人之生道也", 不曰"生氣", 而曰"生道", 何也? 朱子於「中庸序」謂"道心原於性命。" 是以, 道心爲以理言也。其說「烝民」之詩, 以聰明之德、慈孝之心, 釋"物則"之"則", 『中庸』, 既以實理言誠, 而誠自成章句曰: "誠, 以心言, 本也", 『大學或問』, 以孟子仁義之心, 列之於劉子"天地之中"以下七者之目, 不應六目皆說理, 而此一目獨說氣也。先哲之訓, 此類甚多, 其將何說以盡扈之? 試觀, 其此等處說不去, 則每以性在其中當之。然則本心是得於天之本然者也, 而何離了性而屬之氣也? 本心既不得屬理, 則何心能得太極之名而爲無對之物?【"得太極"以下十一字,艮說, 見上。】恐終可疑。且觀其「答人」[17]書, 有曰: "無覺、無爲, 性之所以爲道體。" 其意, 眞若以性爲冥然無覺、頹然無爲, 如枯木、死物者。然是必有爲而言也, 然性之所以爲道體, 以其有條理、準則也。今以無覺、無爲, 爲性之所以爲道體, 則是果言有物之道乎? 性雖無覺、無爲, 而實爲有覺、有爲之妙。故朱子曰: "仁, 未嘗不覺", 又曰: "未發而知覺不昧", 又曰: "所以一陰一陽, 乃道體之所爲", 又曰: "一物之中, 自始至終, 皆實理之所爲。" 苟知此, 則其有覺無覺、有爲無爲之相難, 尤覺無謂。

華西曰: "聖賢所言心, 蓋多指理。" 艮齋駁之曰: "試以聖賢所言相準, 則以此洗心曰'洗理', 以禮制心曰'制理', 小心翼翼曰'小理'。他如'理不踰矩'、'理不違仁'、'理義悅理'、'釋氏本理'之類, 頭頭不合, 曲曲相戾。"

按: 心, 理與氣合, 而理爲主、氣爲資者也。故聖賢言心, 有以理言處, 有以氣言處, 非若艮公之專做氣看也。艮公每以栗、尤二先生之言爲證, 然栗翁亦曰: "性是心之體, 情是心之用。心是未發、已發之總名。故曰'心統性情。'", 又曰: "今之學者, 分心、性爲二歧, 大差。", 尤翁亦曰: "心有以理言者, 有以氣言者。", 又曰: "以天地言, 則道爲道, 而陰陽爲陰陽; 以人言, 則心爲道, 而事物爲陰陽。" 若果以心專做氣, 則曷謂"心、性非二歧"? 亦何謂"有以理言", 而又謂"心爲道"? 且如其言洗心曰"洗氣"、制心曰"制氣"、小心曰"小氣"、"氣不踰矩"、"氣不違仁"、"理義悅氣"、"釋氏本氣"云, 則果頭頭相合, 曲曲不相戾耶? 惜乎! 人未及問質也。

艮齋以心專做氣看, 故以虛靈知覺、神明等, 皆屬氣, 而理無與焉, 恐過矣。夫心之虛靈知覺、神明, 皆理與氣合而然。故朱子有以理言、以氣言, 各隨其地頭而不同。其以氣言處, 艮公一一執證, 而其以理言者, 一切諱而棄之, 不得已略擧數條, 以明之。「太極圖說」"得其秀而最靈", 朱子解之曰: "純粹至善之性。"『通書』「理性命章」"匪靈弗瑩", 亦釋之曰: "此言理也。陽明陰晦, 非人心、太極之至靈, 孰能明之?" 問: "虛靈不昧是氣?" 曰: "不是氣。" 又曰: "知覺, 智之事。" 又曰: "以智知。" 陳淳問: "知覺是心之靈, 固如此, 抑氣之爲耶?" 曰: "不專是氣, 是先有知覺之理。

17) 해당 내용은 『艮齋集』前編 卷4, 書,「答鄭平彦」에 보인다.

理未知覺, 氣聚成形, 理與氣合, 便能知覺。譬如這燭火, 是因得這脂膏, 便有許多光焰。” 李繼善問: “『大學或問』中論心處, 每言‘虛’、‘靈’、‘虛明’、‘神明’,『孟子』註‘人之神明’, 此等專指心之本體而言。『孟子』存亡出入註‘神明不測’, 兼言心之體用。夫其本體之通靈如此, 而其變態之神妙, 又如此, 則所以爲是物者, 必不囿於形體, 而非粗淺血氣之爲。” 答曰: “理固如此。” 觀此, 則不可專屬之氣也, 明矣。蓋“靈”是虛字, 不可硬定說。故以理言亦得, 以氣言亦得, 知覺亦然。然心之知覺, 初非外智而別有一個物事。以有智之理, 故有此知覺。若智無與於心之知覺, 則智之所以知是知非, 所知者甚個? 智之德, 專一心, 故心之知覺, 能主乎一身。若離性而求心, 離智而求知覺, 則此乃所謂“精神魂魄, 閃爍地光景”, 爲其資助運用耳, 豈其裏面實相也哉? 故朱子「答胡廣仲」曰: “孟子之言知覺, 謂知此事覺此理, 乃學之至而知之盡也; 上蔡之言知覺, 謂識痛痒能酬酢者, 乃心之用而知之端也。二者亦不同矣, 然其大體, 皆智之事。” 且“知覺, 智之事”, 乃「仁說」中之言。「仁說」以宋朝四大文之一稱之者, 而艮公乃謂“先生中年未定說”, 揮而不取, 不亦異乎? 大抵合於己則取之, 不合則棄之, 且或截去首尾, 摘擧隻句, 以證己說, 是艮公論理之縱衡手段, 誰能禦之?

柳省齋曰: “世方以神全作氣看, 而先生【華西】則苦心推明其爲理之妙用。” 艮齋斥之曰: “氣之精英者爲神, 知覺便是神, 神亦形而下。氣發出(先)[光][18]彩, 便是神, 神是氣之精妙處。此皆朱子之所公誦於門人知舊者, 而柳敢以‘世方以神全作氣’立目, 而謂其師爲不世之大功, 此又決與朱子角立, 而自成一家者。吁, 亦異矣!”

按: 解周子“動而無動, 靜而無靜, 神也”, “神妙萬物”曰: “此形而上之理也。理則神而不測, 神自是超然於形氣之表。”, “善應而不測, 實理之用。神者卽理也。” 解程子“妙用謂之神”曰: “妙用, 言其理”, “妙用, 是無迹底”, “却將‘神’字全作氣看, 則誤耳。” 此亦皆非朱子之所公誦於門人知舊者耶? 然則角立朱子, 而自成一家者, 果誰也? 噫! 見人之遺却資助, 則斥之以“角立朱子”, 己之遺却主本, 則自處以正見, 何也? 在他人, 則謂“該文借用禪語”, 而逐之; 在己, 則乃借贊羅漢語“水流花開”,

---

18) (先)[光]: 저본에 ‘先’으로 되어 있으나,『艮齋集』前編 卷13, 雜著,「心說正案辨(壬寅)」에 의거하여 ‘光’으로 수정하였다.

而用之。其見理如此, 故著之行事, 亦如此歟? 且"氣之精英者爲神"下, 直曰: "金木水火土, 非神; 所以爲金木水火土者, 是神。在人, 則仁義禮智信, 是也。" 此以理言神之的論也。苟不合於己意, 勿取, 猶之可也, 今乃截去下文, 單擧一句, 立證己見, 何也? 蓋神之屬理、屬氣, 各有攸當, 而恐不可全作理, 亦不可全作氣。故朱子曰: "謂神卽是理, 却恐未然。" 又曰: "却將'神'字全作氣看, 則又誤耳。" 然則朱子答杜仁仲問五行之神曰: "神是理之發用, 而乘氣以出入者"之云, 恐最爲周盡。未知如何。

艮齋又曰: 先賢有以神爲理之用處, 其意非謂神卽是理, 而有妙用。特謂其於理爲之用, 此與言"氣爲理用", 同一語致。

按: 非神卽是理, 而有妙用, 則何以曰"善應而不測, 實理之用"? 神者, 卽理也, 又何以曰"妙用謂之神"? "妙用, 言其理也", 且"於理爲之用"是果成說乎? 多見其言不從, 理不順也。理體氣用, 是艮公之篤論。然天下無有體無用之物。理是何物, 而有體而無用, 特借氣以爲用也? 大抵認理爲死底, 則何用之有? 然理非隨人言而有無, 固自有體而有用。故程子曰: "體用一源", 朱子曰: "化育流行, 上下昭著, 莫非理之用", 又曰: "理自有用"。今曰"理體而氣用", 則何可曰"體用一源"? 又何可曰: "理之用"、曰: "理自有用"? 且尤翁之言曰: "'體用一源', 自是不可易之道。理豈有其體則無情意造作, 而其用則有情意造作也?" 此尤可見"理體氣用"之無據矣。

華西曰: "心者, 理氣妙合, 而自能神明者也。" 艮齋斥之曰: "昔鄭窮村誤有'理與氣合, 而生虛靈'之說, 尤菴先生斥之以釋氏之見。華丈此說, 又與尤翁懸別, 可異也。"

按: 窮村說, 未見其本文源委, 想有見斥之實。然理與氣合, 便能知覺, 非朱子之言乎? 理與氣合, 便能知覺, 則理與氣合, 自能神明, 何病之有哉?

艮齋曰: 以氣之至靈至神, 妙夫無覺無爲之理云云。

按: 理雖無覺無爲, 而實有有覺有爲之妙; 氣雖靈神, 而其爲至靈至神之主, 則理也。今言理, 則無覺無爲, 而推之於冥漠不可知之地; 言氣, 則曰: "至靈至神", 而歸之於專擅自恣之勢。然而猶曰"我不主氣", 則誰其信之? 且曰"氣妙理、氣弘道", 則妙之者爲主, 弘之者爲主。"氣爲理主、氣爲道主", 聖賢所不道。氣之至靈至神, 無過於浩氣, 而猶曰"配助乎道義", 不敢曰"妙之、弘之"也。 其曰"妙理"者, 心之神明, 所以妙夫發出不同之性及天下事物之理。 是果一氣之所能爾乎? 其曰"弘道"者, 此心本然之權度準則, 隨其端緒之發, 而宰制而擴充之, 極其盡則至於參天地、贊化育, 亦豈一氣之所能爾乎?

艮齋又曰: 寒洲以妙與主宰屬於理, 運用屬於氣。 此果得朱子之意, 而服群儒之心乎?
　　按: 妙與主宰, 并屬於氣, 則果得朱子之意耶? 周子曰: "神妙萬物。" 朱子曰: "此形而上之理。" 程子曰: "妙用, 謂之神。" 朱子曰: "妙用, 言其理也。" 其論主宰, 則曰"心之主宰, 卽理"; 又曰: "所以主宰者, 卽此理"。 此妙與主宰屬於理之明證也。 朱子之說, 若是明白, 而乃曰"非朱子之意", 何也? 若不合於己見, 則直曰"朱子雖有云云, 不敢苟從", 猶爲白直。 乃若不見也者, 而斥人以違背朱子之意, 直一迷藏之戲, 是果服群儒之心乎? 柳省齋以主宰屬形而下, 或質之曰: "心者, 在人之主宰, 故謂之天君; 上帝, 在天之主宰也。 所以主宰者, 得非理乎? 今以心專屬之氣, 則天君、上帝, 亦皆氣也。 吾儒所謂'上帝', 以理言之; 西洋所謂'天主', 以氣言之也, 曰'天君'、曰'上帝'、曰'天主', 混淪無分, 則得非未安乎?" 省齋幡然曰: "萬化主宰, 至尊無對之地, 下得形而下, 號名殊不相稱。" 若以此更質于艮公, 則又未知如何云也。 恨其未也。

艮齋動以心神、知覺、妙用之以理言者, 斥之以陸、王之異學。 然則更將朱子置何地也? 且陸、王所謂'心理', 乃認氣爲理者也。 詹阜民安坐瞑目、用力操存半月, 一日下樓, 忽覺此心澄瑩。 象山見之曰: "此理已顯也。" 陽明有言曰: "若見得自性明白時, 氣卽是性、性卽是氣, 原無性氣之可分也。" 「答蕭惠」曰: "所謂汝心, 却是能視聽言動的, 這便是性, 這便是天理。" 又「答陸原靜」曰: "佛氏本來面目, 卽吾聖門所謂良知。" 觀此數段, 其認氣爲理也明矣。 朱子所謂"吾以心與理爲一, 而彼以心與理爲二"者, 爲是也。 豈可與吾儒所論, 同年而語哉? 蓋陽明以良知爲天理者, 不過假孟子說爲重, 而以知覺運動爲性, 更不理會仁義禮智之實理、事物散殊之當然, 而曰"事事物物上求至善, 却是義外", 遂廢格致之功。 是以, 恃心自恣, 陷於猖狂, 而爲聖門之罪人耳。 不然良知是人心之妙用, 而朱子分明說"妙用言其理", 則以良知爲理者, 有何不可? 且人之能視聽言動, 便是性與天理。 朱子亦曰: "視聽思慮動作, 皆是天理。 順發發出來, 無非當然之理, 卽所謂眞。 其妄者, 却是反乎天理者也。” 彼則不分眞妄, 而槪謂之天理, 任心恣行, 此所以爲異端邪說也。若視聽言動, 禽獸亦有之, 奚特人乎哉? 故吾儒之曰性、曰理, 人之所以異乎禽獸者也; 陽明之曰性、曰理, 人之所以同於禽獸者也。亦豈同年而語哉?

艮齋「明氣問答」有曰: “明德非理, 烏據諸?” 曰“據朱子。” “何謂‘據朱子’?” 曰“‘虛靈’是氣之明處, ‘具衆理、應萬事’是虛靈之能處。吾故曰‘據朱子’。”

按: 朱子此說, 就虛靈上論其情狀、實事, 非爲釋明德而言也, 而若朱子說只此而已, 則似或牽引爲據。然『語類』: “或問‘明德是仁義禮智之性否?’ 曰‘便是。’” “或問‘所謂仁義禮智是性; 明德是主於心而言。’ 曰‘這個道理, 在心裏, 光明照徹, 無一毫不光明。’” 又曰: “自人受之, 喚做明德; 自天言之, 喚做明命。” 又曰: “人之明德, 卽天之明命。” “問‘虛靈不昧是氣?’ 曰‘不是氣觀。’” 此數條, 明德之屬理而非氣也, 章章明矣, 烏得謂之“據朱子”? 若明德是全氣, 則何以曰“便是性”、曰“這個道理, 在心裏光明”、曰“虛靈不昧不是氣也”? 且『書集傳』雖出於蔡氏, 而實引用師說, 不復識別, 則凡干緊要去處, 不可以蔡說而輒加携貳也。其釋「太甲」篇曰: “明命者, 上天顯然之理, 而命之我者, 在天爲明命, 在人爲明德。” 此尤較然矣。今舍却諸般明訓, 覓擧論虛靈依俙彷彿者, 而聲言曰“吾據朱子”, 不亦異乎? 且栗谷「答成牛溪」書曰: “明德之體, 卽至善之體, 而未發之中; 明德之用, 卽至善之用, 而已發之中也。” 此亦以理言也, 明矣。艮公自處以栗翁正脈, 而其言之相背如彼, 尤可異也。

『語類』: “或問: ‘德者, 己之所自得, 何也?’ 曰: ‘若爲父子而得夫仁, 爲君臣而得夫義者, 是也。’” 謝氏謂: “使其輝光, 何害其爲形而上者?”, 先生曰: “夫形而上者, 乃名理之辭, 而非指其地位之稱也。” 艮齋特註之曰: “謝氏以德爲理, 故先生非之。”

按: 朱子謂: “形而上者, 非指其地位之稱。” 曷嘗以德爲氣也? 夫德, 得也。行道而得於心, 則心與理爲一, 斯可謂之德矣。故『論語集註』曰: “德, 謂義理之得於己者。” 德若不屬理, 則所得者, 何物? 艮公, 以明德爲全氣。故凡“德”字, 皆不欲屬理。然“人物各得其所賦之理, 以爲健順五常之德”, 五常之德, 亦非理歟? 知、仁、勇, “謂之達德者, 天下古今所同得之理也”, 達德, 亦非理歟? 庸德, 謂“卽是子、臣、弟、友之道”, 庸德, 亦非理歟? 仁者, 謂“心之德”, 此亦非理歟? 凡小德、大德、一德、九德、峻德、盛德, 亦皆屬氣, 則其進德、崇德、積德、成德, 只成就得一個氣歟? 其亦異乎古人明理、循理之學矣。

柳省齋曰: "指氣言心者, 依本分, 辨位、正名之辭也; 指理言心者, 就上面, 推明、發揮
之辭也。" 艮齋駁之曰: "此爲糢糊、支離之說也。如'辨位、正名', 則議政是人臣也, 就
議政上面, 推明、發揮, 則亦可指議政爲人君乎? 無是理矣。若曰'辨位、正名, 則議政固
是臣, 而其承用, 實君命也', 則庶矣。"

　　按: 心、性雖非二物, 而性是天命之全體, 故性可挑出而謂之"卽理", 心是主於身而
　　名者, 不可卸却人身而求之, 須就五氣精爽之所聚而言之。故朱子曰: "心者, 氣之
　　精爽。" 然若論心字本旨, 則性情之外, 更別無心,【朱子曰: "未發而知覺不昧者, 心之主乎性
　　者也; 已發而品節不差者, 心之主乎情者也。"】須合性情、體用而言之, 乃爲周盡。故朱子
　　曰: "論心, 必兼性情, 然後語意完備。" 省齋所云"依本分, 辨位、正名"七字, 已涉過
　　當, 而"就上面, 推明、發揮"之云, 尤爲糢糊, 艮公之駁之, 不曰"不然", 而但其"辨
　　位、正名, 則議政固是人臣, 而其承用, 則實君命"之諭, 是認性爲君、心爲臣, 而乃
　　性師心弟之餘論, 已辨於上, 不必更贅, 而所可疑者, 艮公每討"心"字於性情之外,
　　直以陰陽所乘之機當之, 與性爲對, 判爲君臣、師弟、尊卑之縣別, 而曰"性無爲, 心
　　有覺", 法制、敎令, 一切歸之於臣與弟, 而猶曰"承用君師之命", 可乎? 當其師國事
　　當言之日, 而獨排論以止之, 猶以爲"吾用吾師之命也"歟? 噫!

艮齋曰: "心者, 天理在人之全體。" 此爲朱子「盡心說」初本, 而後來棄之此見。『大全』
「盡心說」, 其改本, 則曰"心則具是理者也。"

　　按: "心者, 天理在人之全體", 見於『語類』陳淳庚戌己未所錄。是時先生年已六十
　　一及七十歲, 不可以未定之論而遽揮也。今乃謂"「盡心說」初本, 而朱子棄之", 未
　　知何所據而云? 陳淳問: "先生「盡心說」曰: '心者, 天理在人之全體', 又曰: '性者,
　　天理之全體', 此何以別?" 答曰: "分說時, 且恁地。若將心與性合作一處說, 須有
　　別", 無乃據此耶? 然此恐泛謂先生所論盡心之說, 有如此時, 有如彼時, 非必指『大
　　全』所載「盡心說」一篇而云也。若此篇, 則是合作一處說, 何得謂之"分說時"乎? 覽
　　者詳之。

艮齋曰: 氣必待澄而後明, 則氣之當治, 的矣; 心必待操而存, 則心之非理, 明矣。若如

『蘆集』而謂"氣是原來顯著底, 不必用明氣之功", 則性之發見也, 吾懼夫有時拘於强弱之勢, 而道體不得明矣。

按: 既知"氣之當治, 的矣", 而乃於天地造化、人心動靜, 一切以氣爲主, 何也? 以"心必待操而存, 謂心之非理, 明矣" 則亦可以性必待養而復, 謂"性之非理"歟? 蓋心之以理言者, 以其本體而言也; 待操而存者, 就人心運用處而言也。心固合理氣者, 而屬理、屬氣, 各隨其所言之地頭而別。今槪曰"心, 非理也", 則心豈性外之物乎? 聖人之"從心所欲"是從氣所欲之謂乎? 明氣之云, 尤合人聽瑩, 正所謂"千古異學, 雖多, 明氣之學, 未聞者也。" 從上聖賢壹是主理而御氣性之發見, 猶懼夫有時拘於强弱之勢, 而道體有不得明之患。況主氣而用明氣之功, 則其歸也果何如哉? 此有朱子說直可以破之者。曰"氣上有何工夫? 纔有意於養氣, 此心便走在氣上。呂與叔謂: '養氣可以爲養心之助', 程子直曰: '不是'。" 朱子嘗疑呂氏說亦自無妨, 後來覺得曰: "才養氣, 其心便在氣上了, 所以爲不可。" 及論「夜氣章」曰: "說者謂'氣有存亡, 而欲致養於氣', 誤矣。" 蓋浩氣、夜氣, 豈氣上用功之謂乎? 其工夫全在集義及持守, 其良心處義集而心存, 則氣自在所養。若有心於養氣, 則心爲氣役耳。養氣猶然, 況明氣之謂歟? 退溪先生「與朴澤之」書曰: "主於踐理者, 養氣在其中, 聖賢是也. 偏於養氣者, 必至於賊性, 老莊是也。" 此說又眞切痛快, 正爲主氣者之龜鑑也。

「변간재시제생설辨艮齋示諸生說」(『栗溪文集』卷11)

1) 서지사항

정기(鄭琦)가 전우(田愚)의 「시제생(示諸生)」에 대해 변론한 글.『율계문집』 권11에 실려 있다.(『한국근대문집선간』 9)

2) 저자

정기(鄭琦, 1878~1950)로, 자는 경회(景晦), 호는 율계(栗溪)이다.

3) 내용

전우가 기정진의 문인 애산(艾山) 정재규(鄭載圭, 1843~1911)의 문집을 보고 1914년에 쓴 「제생들에게 보임[示諸生]」에 대해, 정재규의 제자 정기가 반론한 글이다. 전우의 글에는 "마침 정애산의 문집을 가져온 사람이 있어, 이 글을 작성하였다[時有以鄭艾山集來者, 因有此說]"라는 주석이 붙어있다. 전우는 정재규의 주장을 "심(心)과 리(理)는 하나다." "리(理)는 동정(動靜)할 수 있다"로 요약하고, 이 말이 정재규의 스승 기정진의 입장과도 상충한다고 하면서, 불교나 육왕학 등 이단의 학설과 같다고 결론지었다. 정기는 이러한 전우의 주장에 대해, 전우가 정재규의 주장을 제대로 이해하지도 않고 자신의 필요에 따라 악의적으로 인용하고 있다고 비판하면서, "리(理)가 무위(無爲)한 줄만 알고, 리(理)에 유위(有爲)의 묘용(妙用)이 있음은 알지 못한다"고 반박하였다.

3-25-5 「辨艮齋示諸生說」【自注曰: “時有以鄭艾山集來者, 因有此說。”】(『栗溪文集』卷11)

鄭氏所主, “心理爲一”、“理能動靜”二義而已, 而此賴蘆沙兩言以破的, 不待他人辨明也。蘆沙論天地之心、性, 以爲“太極, 性也; 陰陽, 心也。”【理氣是一物乎? 『蘆集』明德、道心, 皆不肯直謂之理。】又論“太極動而生陽, 靜而生陰”云: “以動靜, 推本於太極。故其言云然。”【理能自動靜乎? 鄭氏所引許多前言, 蘆沙豈都不曾見而有此誤判乎?】今使我們問於鄭氏曰“天地之心是陰陽, 而非太極, 則在人之心, 何獨爲太極, 而非陰陽也”, 將何以置對? 又問曰“公每斥‘理無爲, 爲主氣’, 我何嘗說‘雖推本言之, 性與太極, 終不可言動靜發見’乎? 吾見如此, 而公一向立異, 以自歸於‘作用是性’、‘知覺謂性’之佛、告, 又自同於‘陰陽是道’、‘視聽是性’之陸、王, 何也?” 云云。

儒釋之異, 正以吾以心與理爲一, 彼以心與理爲二。“太極動而生陽, 靜而生陰”, 閩、濂兩夫子之明訓, 而後學之所講守而不失者也。今乃譏之以告、佛、陸、王, 何也? 先師集中, 謂“心性非兩歧”, 曷嘗謂理氣是一物乎? 謂“太極會動靜”, 曷嘗謂理能有氣力自動靜乎? 彼所引“太極, 性也; 陰陽, 心也”, 無乃指蘆沙「答羅致文」“性猶太極、心猶陰陽”之問, 曰“其實, 則性卽太極, 心卽陰陽”云耶? 愚嘗聞之, 太極、陰陽, 對待說, 則太極是理, 陰陽是氣。若“性猶太極、心猶陰陽”, 是借「太極圖」, 而次第言之也。“性猶太極”, 指第一圈之挑出者也; “心猶陰陽”, 指第二圈之“動而陽、靜而陰”, 而中其本體也。「圖解」以“易有太極”爲一圖之總結, 而擧第二圈陽動、陰靜者, 而曰“易有太極, 此之謂也”, 陽之動也, 太極之用行; 陰之靜也, 太極之體立。此“心猶陰陽”, 乃爲太極者也; “性猶太極”, 指其本體者也。心統性情, 而性其本體也。蘆翁所論, 是言天之心性, 故曰“卽太極”、“卽陰陽”; 朱子所論, 是言人之心性, 故曰“猶太極”、“猶陰陽”, 皆次第專言之, 非對待說也。不可因此而謂“心卽氣也”, 明矣。且蘆翁「答李參判【應辰】」書曰: “以心謂氣, 姑以論心性界至, 則有何不可? 若欲解釋心字本旨, 則心乃氣之靈處, 有具衆理應萬事之體用, 豈一氣字所能了乎?”

又「答朴瑩壽」曰: "必'氣'字下, 著'精爽'字, 方說入'心'字境界。然'精爽'亦是皮殼說話, 須合性情體用而說, 方是骨子, 方是'心'字本旨。" 此亦與"心卽氣"之見, 相去遠甚。且所引太極動靜, 問者曰: "'動而生陽', 動在陽生之前; '靜而生陰', 靜在陰生之前否?" 蘆翁答曰: "以動靜推本於太極。故其言云然。" 蓋其意, 太極非動而後方生陽, 靜而後方生陰。自陰陽而推本言, 故直曰: "太極動而生陽, 靜而生陰。" 夫自陰陽而言其所從來, 則先有動靜之理而後生陰陽; 自太極而言其流行, 則才動便是陽, 才靜便是陰。言各有當, 此亦與理無動靜而氣自能動靜之見, 不亦遠甚乎? 明德、道心之云, 蘆沙卽曰: "明德乃本心也。若以明德屬氣, 則'明明德', 乃明氣之義耶? 修養家鍊氣之學, 卽嘗聞之矣, 明氣之學, 未之聞也。" 又曰: "譬之食器, 一圓鉢盂, 滿載玉食者, 是明德也。見鉢盂之本出於鍮銅也, 而呼滿載玉食者曰鍮銅, 可乎?" 又曰: "明德者, 天命之全體在乎人者。是之謂'得於天之本心', 心性本非二歧。" 又曰: "四端, 當以道心看。" 此皆以理言, 而不屬乎氣也者, 明矣。奈何以太極動靜氣也、本心氣也、明德氣也、道心氣也之見, 乃取蘆翁說立證, 而又何以破的乎『老柏集』也? 且彼「答宋東玉」書, 旣曰"栗翁指道心爲本然之氣, 而明德亦不直名爲理, 而蘆、華二說, 則分明與此不同"云云, 而今乃謂"『蘆集』明德、道心不謂之理", 何也? 且向也, 斥「猥筆」以陸、王之學, 今乃曰: "鄭氏所引許多先言, 蘆沙豈都不曾見而有此誤判乎?" 有若右袒蘆沙者然, 眞所謂怳惚萬端, 令人莫測。又有所可疑者, 艮公之於華西、重菴也, 曾以"索隱行怪"、"新學大熾"等語, 斥之不遺, 却於攻蘆沙之時, 憂華西之竝受人疑, 嘆重菴之不在世, 今於攻老柏之日, 乃舉蘆沙說以斥之, 此果何心? 昔栗翁謂: "整菴之失, 在名目上; 退溪之失, 在性理上。" 今當曰"艮公之失, 在心術上。"

但知理無爲, 而不知理有有爲之妙, 動靜發見, 專屬之氣, 此非主氣而何? 動靜發見, 皆氣也, 而推本然後, 始可言性與太極, 則聖賢何以直曰"太極動靜, 道體發見"? 朱子於『中庸或問』, 明明言: "道之流行, 發見於天地之間, 無所不在。在上, 則'鳶之飛而戾于天'者, 此也; 在下, 則'魚之躍而出于淵'者, 此也。其在人, 則日用之間, 人倫之際, '夫婦之所知、所能, 而聖人之所不知、不能者', 亦此也。此其流行發見於上下之間者, 可謂著矣"。學者於此, 默而識之, 則爲有以洞見道體之妙而無疑。又訓門人曰: "看經書, 無一句一字一點一畫, 不是此理之流行; 見天下事, 無大無小，無一名一件，不是此理之發見。如此，方見得這個道理，渾淪周遍，不偏枯，方見得所謂'天命之謂性'底全體。" 是果皆推本而云歟？此有蘆翁說一言以蔽之者，曰: "聖人眼中，盈天地，都是理；衆人眼中，盈天地，都是氣。"

3-25-5 「변간재시제생설辨艮齋示諸生說」【自注曰: "時有以鄭艾山集來, 因有 此說。"】(『栗溪文集』卷11)

선역

정씨가 주장하는 바는 "심(心)과 리(理)는 하나이다", "리(理)는 동정(動靜)할 수 있다"는 두 가지뿐이다. 그런데 이러한 주장은 노사의 두 마디 말로 논파할 수 있으니, 누가 변론하여 분명히 해주길 기다릴 것도 없다. 노사는 천지의 심(心)과 성(性)을 논하여 "태극(太極)은 성이고, 음양(陰陽)은 심이다"라고 하였다.【리와 기가 하나인가? 『노사집』에서는 명덕(明德)이든 도심(道心)이든 곧바로 리(理)라고 하려 하지 않았다.】 또한, "태극이 움직여 양(陽)을 낳고, 고요하여 음(陰)을 낳는다"를 논하여 "움직임과 고요함을 태극까지 근원으로 미루어 간 것이다. 그러므로 그 말이 그렇다."라고 하였다.【리가 스스로 동정할 수 있는가? 정씨가 인용한 많은 앞 시대의 말을, 노사인들 어찌 모두 본 적이 없어서 이처럼 잘못 판단하였겠는가?】 이제 우리가 정씨에게 "천지의 심(心)이 음양이지 태극이 아니라면, 사람의 심만 어찌 홀로 태극이요 음양이 아닌가?"라고 묻는다면, 어떻게 대답할 것인가? 또 "그대는 언제나 '리는 작위가 없으나 기를 주재한다'는 말을 배척하는데, 내가 언제 '근본을 미루어 말하여도 성(性)과 태극(太極)이 끝끝내 동정으로 발현한다고 말할 수 없다'고 말하였던가? 나의 견해는 이와 같은데, 그대는 한결같이 다른 의견을 세워, 스스로 '작용하는 것이 성(性)'이라거나 '지각을 성(性)이라 한다'는 불교나 고자의 견해로 귀착하거나 '음양이 도(道)'라거나 '보고 듣는 것이 성(性)'이라는 육상산이나 왕양명과 같아지는 것은 어째서인가?" 운운(云云).

유교와 불교의 차이는 바로 우리는 심(心)과 리(理)를 하나로 여기고 저들은 심과 리를 둘로 여기는 것이다. "태극이 움직여 양을 낳고 고요하여 음을 낳는다"는 것은 주자와 주렴계 두 선생의 밝은 가르침이요, 후학들이 강론하여 지키고 잃지 말아야 할 것이거늘, 이제 고자나 불교, 육상산이나 왕양명이라고 비판하는 것은 무슨 까닭인가? 선사의 문집에 "심과 성은 두 갈래가 아니다"라고 했지, 언제 "리와 기가 하나"라고 했는가? "태극이 동정할 수 있다"고 했지, 언제 "리가 기력(氣力)이 있어 스스로 동정한다"고 했는가? 저가 인용한 "태극은 성이요, 음양은 심"이라는 것은 노사가 「답나치문(答羅致文)」에서 "성은 태극과 같고, 심은 음양과 같다"는 질문에 "사실 성이 곧 태극이고 심은 곧 음양"이라고 한 것을 가리킨 것 아닌가? 나는 듣건대, 태극과 음양을 대대(待對)로 말하면 태극은 리이고 음양은 기이다. "성은 태극과 같고, 심은 음양과 같다"는 「태극도」를 빌려 순서를 말한 것이다. "성은 태극과 같고"는 첫 번째 동그라미를 떼어낸 것을 가리키고, "심은 음양과 같다"는 두 번째 동그라미의 "움직여 양이 된다·고요하여 음이 된다"를 가리키는데 그 본체에 해당한다. 「태극도설해」에서 "역

(易)에 태극이 있다"는 말로 「태극도」 전체를 모두 귀결시켰으면서도, 두 번째 동그라미의 '양이 움직임'과 '음이 고요함'을 들고 "역에 태극이 있음은 이를 말한 것"이라고 했으니, 양이 움직인 것은 태극의 용(用)이 행해진 것이고 음이 고요한 것은 태극의 체(體)가 선 것이다. 이 "심은 음양과 같다"가 바로 태극이 되는 것이고, "성은 태극과 같고"는 그 본체를 가리킨 것이다. 마음은 성과 정을 통솔19)하는데[心統性情], 성이 그 본체이다. 노옹(蘆翁)께서 논하신 것은 하늘의 심과 성이었으므로 "곧 태극", "곧 음양"이라고 하셨고, 주자께서 논하신 것은 사람의 심과 성이었으므로 "태극과 같다", "음양과 같다"라고 하신 것이니, 다 순서대로 오로지 말한 것이지 대대(待對)로 말한 것이 아니다. 이를 가지고 "심은 곧 기(氣)"라고 말해서는 안 됨이 분명할 것이다. 또한, 노옹은 「답이참판(응진)(答李參判[應辰])」에서 "심을 기라고 하는 것은 임시로 심과 성의 계지(界至)20)를 논하는 것이라면 어찌 안 될 것이 있겠는가? 그러나 심이란 글자의 본지를 해석하고자 한다면 심은 바로 기의 영명한 곳이요, 뭇 이치를 갖추어 모든 일에 응하는 체(體)와 용(用)이 있으니, 어찌 기 한 글자로 이해할 수 있는 것이겠는가?"라고 하였다. 「답박영수(答朴瑩壽)」에서도 "반드시 '기(氣)'자 아래에 '정상(精爽)'자를 붙여야 말이 '심'자의 영역에 들어간다. 그러나 '정상' 역시 껍데기를 말한 것이니, 모름지기 성정(性情)과 체용(體用)을 함께 말해야 골자가 되고, '심'자의 본뜻이 된다."라고 하였으니, 이 또한 "심이 곧 기"라는 견해와는 거리가 멀다. 또한, 인용한 태극의 동정에 관한 문답에서, "'움직여 양을 낳는다'는 움직임이 양이 생기기 전에 있고, '고요하여 음이 생긴다'는 고요함이 음이 생기기 전에 있다는 것입니까?"라고 질문한 데 대해, 노옹이 "움직임과 고요함을 태극까지 근원으로 미루어 간 것이다. 그러므로 그 말이 그렇다."라고 답하셨으니, 그 뜻은 태극이 움직인 뒤에야 양을 낳고 고요한 뒤에야 음을 낳는 것이 아니라는 것이다. 음양으로부터 근원으로 미루어 말하므로, 그대로 "태극이 움직여 양을 낳고 고요하여 음을 낳는다"라고 한다. 음양부터 그것이 온 바를 말한다면 '먼저 동정의 이치[理]가 있은 뒤에 음양을 낳는다'고 하고, 태극부터 그 유행을 말한다면 '움직이면 바로 양이고 고요하면 바로 음이다'라고 해야, 말이 각각 마땅하다. 이 역시 '리에는 동정이 없으나 기는 스스로 동정할 수 있다'는 견해와 아주 멀지 않은가? 명덕(明德)과 도심(道心)을 이르면서, 노사는 "명덕이 바로 본심(本心)이다. 만약 명덕을 기에 붙인다면 '명명덕(明明德)'은 명기(明氣)라는 뜻인가? 수양가들의 연기(鍊氣)의 학문이라는 것을 들어본 적은 있어도, 명기(明氣)의 학문이라는 것은 들어본 적이 없다."라고 하였다. 또한 "밥그릇으로 비유하면, 둥근 사발에 흰밥이 가득한 것이 명덕이다. 사발이 원래 황동에서 나왔다고 가득 담긴 흰밥을 황동이라고 하면 되겠는가?"라고 하였으며, 또 "명덕은 하늘이 명령한 전체(全體)가 사람에게 있는

---

19) 통솔: 심통성정(心統性情)의 통(統)에 대한 해석은 "통합"과 "통솔" 두 가지가 있는데, 저자가 율곡학 계열이고 논의 주제가 주재(主宰)의 문제이므로 "통솔"로 옮겼다.

20) 계지(界至): 계지는 원래 경계선이나 경계 표지 등을 가리킨다. 여기서는 일단 영역 혹은 범주와 비슷하게 쓰였는데, 때로 본체와 작용처럼 실체에 대비하여 쓰이기도 하므로 원래의 용어 그대로 옮긴다.

것이다. 이를 '하늘에서 얻은 본심'이라고 이르니, 심과 성이 본디 두 갈래가 아니다."라고 하였다. 또한 "사단은 도심으로 봐야 한다"라고 하였다. 이들이 다 리로 말한 것이니, 기에 붙이지 않은 것임이 분명하다. 어찌 태극의 동정도 기이고, 본심도 기이며, 도심도 기라는 생각을 가지고 노옹의 말씀을 가져와 입증하겠으며, 또 무엇으로 『노백집』을 논파하겠는가? 또한, 저 「답송동옥(答宋東玉)」에서 "율옹(栗翁)은 도심을 가리켜 본연의 기라고 하였고, 명덕 역시 그대로 리라고 하지 않았건만, 노사나 화서 둘의 말은 분명히 이와 같지 않다 ……."고 했었으면서도, 이제 와서 "『노사집』에서는 명덕이든 도심이든 리라고 하지 않았다."라고 하는 것은 무슨 까닭인가? 또한, 앞서 「외필」을 육상산이나 왕양명의 학문이라고 배척해놓고서는 이제 와서 "정씨가 인용한 많은 앞 시대의 말을, 노사인들 어찌 죄다 본 적이 없어서 이처럼 잘못 판단하였겠는가?"라고 하여, 마치 노사를 거드는 것처럼 하니, 참으로 황당하여 헤아릴 길이 없다. 더욱이 의심스러운 것은 간공(艮公)이 화서나 중암에 대해서 "숨겨진 것을 찾고 이상한 짓을 한다[索隱行怪]"느니 "새 학문이 크게 번성한다[新學大熾]"느니 하는 말로 남김없이 배척해놓고, 노사를 공격할 때는 되레 화서도 아울러 남들의 의심을 받을까 걱정하고 중암이 세상에 없다고 한탄하더니, 이제 노백헌을 공격하는 날에는 노사의 말을 가지고 배척하니, 이게 과연 무슨 마음인가? 옛적에 율옹(栗翁)이 "나정암의 잘못은 명목에 있지만, 퇴계의 잘못은 성리(性理)에 있다"라고 하였는데, 이제는 "간공의 잘못은 심술(心術)에 있다"라고 해야 할 것이다.

리에 작위가 없는 것만 알고 리에도 유위(有爲)의 오묘함이 있는 줄은 몰라서, 동정이 드러나는 것을 전적으로 기에 붙이니, 이것이 기를 주로 하는 것 아닌가? 동정으로 드러나는 것은 다 기이고, 근원까지 미루어본 뒤에야 성이니 태극이니 할 수 있는 것이라면, 성현께서는 어째서 곧바로 "태극이 동정하는 것은 도체(道體)가 드러난 것"이라고 말씀하셨는가? 주자는 『중용혹문』에서 "도(道)의 유행이 천지 사이에 드러나 있지 않은 곳이 없다. 위로는 '솔개가 날아 하늘에 이른다'는 것이 이것이고, 아래로는 '물고기가 연못에서 뛰논다'는 것이 이것이다. 사람으로는 일상의 인륜(人倫) 생활은 '보통의 부부라도 알고 할 수 있는 것이지만, 성인이라도 알지 못하고 할 수 없는 것이 있다'는 것이 또한 이것이다. 이는 그 유행이 위아래 사이에 드러난 것이니, '드러났다[著]'라고 이를 수 있다."라고 분명하게 말씀하셨다. 학자들이 여기서 묵묵히 알아낸다면 도체의 오묘함을 확실히 알아 의심이 없게 될 것이다. 또한 문인들에게 가르치시기를 "경서를 보면 한 글귀, 한 글자, 한 점, 한 획이라도 이 리의 유행 아님이 없고, 세상일을 보면 크건 작건 어느 하나 이 리가 드러난 것 아님이 없다. 이래야 이 도리가 전체로 두루 유행하여 치우침이 없음을 알 수 있고, 이른바 '하늘이 명한 것을 성이라 한다'는 전체를 알 수 있다."라고 하였다. 이것이 과연 모두 근원을 미루어 말한 것인가? 이에 대해 노옹이 한 마디로 통틀어 말씀한 것이 있으니, "성인의 눈에는 세상 가득한 것이 다 리이고, 보통 사람들 눈엔 세상 가득한 것이 다 기이다."라는 것이다.

鄭氏所主, "心理爲一"、"理能動靜"二義而已, 而此賴蘆沙兩言以破的, 不待他人辨明也。蘆沙論天地之心、性, 以爲"太極, 性也; 陰陽, 心也。"【理氣是一物乎? 『蘆集』明德、道心, 皆不肯直謂之理。】又論"太極動而生陽, 靜而生陰"云: "以動靜, 推本於太極。故其言云然。"【理能自動靜乎? 鄭氏所引許多前言, 蘆沙豈都不曾見而有此誤判乎?】今使我們問於鄭氏曰"天地之心是陰陽, 而非太極, 則在人之心, 何獨爲太極, 而非陰陽也", 將何以置對? 又問曰"公每斥'理無爲, 爲主宰', 我何嘗說'雖推本言之, 性與太極, 終不可言動靜發見'乎? 吾見如此, 而公一向立異, 以自歸於'作用是性'、'知覺謂性'之佛、告, 又自同於'陰陽是道'、'視聽是性'之陸、王, 何也?" 云云。

儒釋之異, 正以吾以心與理爲一, 彼以心與理爲二。"太極動而生陽, 靜而生陰", 閩、濂兩夫子之明訓, 而後學之所講守而不失者也。今乃譏之以告佛、陸王, 何也? 先師集中, 謂"心性非兩歧", 曷嘗謂理氣是一物乎? 謂"太極會動靜", 曷嘗謂理能有氣力自動靜乎? 彼所引"太極, 性也; 陰陽, 心也", 無乃指蘆沙「答羅致文」"性猶太極、心猶陰陽"之問, 曰"其實, 則性卽太極, 心卽陰陽"云耶? 愚嘗聞之, 太極、陰陽, 對待說, 則太極是理, 陰陽是氣。若"性猶太極、心猶陰陽", 是借「太極圖」, 而次第言之也。"性猶太極", 指第一圈之挑出者也; "心猶陰陽", 指第二圈之"動而陽、靜而陰", 而中其本體也。「圖解」以"易有太極"爲一圖之總結, 而擧第二圈陽動、陰靜者, 而曰"易有太極, 此之謂也", 陽之動也, 太極之用行; 陰之靜也, 太極之體立。此"心猶陰陽", 乃爲太極者也; "性猶太極", 指其本體者也。心統性情, 而性其本體也。蘆翁所論, 是言天之心性, 故曰"卽太極"、"卽陰陽"; 朱子所論, 是言人之心性, 故曰"猶太極"、"猶陰陽", 皆次第專言之, 非對待說也。不可因此而謂"心卽氣也", 明矣。且蘆翁「答李參判【應辰】」書曰: "以心謂氣, 姑以論心性界至, 則有何不可? 若欲解釋心字本旨, 則心乃氣之靈處, 有具衆理應萬事之體用, 豈一氣字所能了乎?" 又「答朴瑩壽」曰: "必'氣'字下, 著'精爽'字, 方說入'心'字境界。然'精爽'亦是皮殼說話, 須合性情體用而說, 方是骨子, 方是'心'字本旨。" 此亦與"心卽氣"之見, 相去遠甚。且所引太極動靜, 問者曰: "'動而生陽', 動在陽生之前; '靜而生陰', 靜在陰生之前否?" 蘆翁答曰: "以動靜推本於太極。故其言云然。" 蓋其意, 太極非動而後方生陽, 靜而後方生陰。自陰陽而推本言, 故直曰: "太極動而生陽, 靜而生陰。" 夫自陰陽而言其所從來, 則先有動靜之理而後生陰陽; 自太極而言其流行, 則才動便是陽, 才靜便是陰。言各有當, 此亦與理無動靜而氣自能動靜之見, 不亦遠甚乎? 明德、道心之云, 蘆沙卽曰: "明德乃本心也。若以明德屬氣, 則'明明德', 乃明氣之義耶? 修養家鍊氣之學, 卽嘗聞之矣, 明氣之學, 未之聞也。" 又曰: "譬之食器, 一圓鉢盂, 滿載玉食者, 是明德也。見鉢盂之本出於鎔銅也, 而呼滿載玉食者曰鎔銅, 可乎?" 又曰: "明德者, 天命之全體在乎人者。是之謂'得於天之本心', 心性本非二歧。" 又曰: "四端, 當以道心看。" 此皆以理言, 而不屬乎氣也者, 明矣。奈何以太極動靜氣也、本心氣也、明德氣也、道心氣也之見, 乃取蘆翁說立證, 而又何以破的乎『老柏集』也? 且彼「答宋東玉」書, 旣曰"栗翁指道心爲本然之氣, 而明德亦不直名爲理, 而蘆、華二說, 則分明與此不同"云云, 而今乃謂"『蘆集』明德、道心不謂之理", 何也? 且向也, 斥「猥筆」以陸、王之學, 今乃曰: "鄭氏所引許多前言, 蘆沙豈都不曾見而有此誤判乎?" 有若右袒蘆沙者然, 眞所謂悅惚萬端, 令人莫測。 又有所可疑者, 艮公之於華西、重菴也, 曾以"索隱行怪"、"新學大熾"等語, 斥之不遺, 却於攻蘆沙之時, 憂華西之竝受人疑, 嘆重菴之不在世, 今於攻老柏之日, 乃擧蘆沙說以斥之, 此果何心? 昔栗翁謂: "整菴之失, 在名目上; 退溪之失, 在性理上。" 今當曰"艮公之失, 在心術上。"

但知理無爲, 而不知理有有爲之妙, 動靜發見, 專屬之氣, 此非主氣而何? 動靜發見, 皆氣也, 而推本然後, 始可言性與太極, 則聖賢何以直曰"太極動靜, 道體發見"? 朱子於『中庸或問』, 明明言: "道之流行, 發見於天地之間, 無所不在。 在上, 則'鳶之飛而戾于天'者, 此也; 在下, 則'魚之躍而出于淵'者, 此也。 其在人, 則日用之間, 人倫之際, '夫婦之所知、所能, 而聖人之所不知、不能者', 亦此也。 此其流行發見於上下之間者, 可謂著矣"。 學者於此, 默而識之, 則爲有以洞見道體之妙而無疑。 又訓門人曰: "看經書, 無一句一字一點一畫, 不是此理之流行; 見天下事, 無大無小, 無一名一件, 不是此理之發見。 如此, 方見得這個道理, 渾淪周遍, 不偏枯, 方見得所謂'天命之謂性'底全體。" 是果皆推本而云歟? 此有蘆翁說一言以蔽之者, 曰: "聖人眼中, 盈天地, 都是理; 衆人眼中, 盈天地, 都是氣。"

「누하쇄언樓下瑣言」(『栗溪文集』卷9)

1) 서지사항

정기가 자신의 도학(道學)적 입장을 피력한 글이다. 『율계문집』권9에 실려 있다.(『한국근대문집선간』 9)

2) 저자

정기(鄭琦, 1878~1950)로, 자는 경회(景晦), 호는 율계(栗溪)이다.

3) 내용

정기가 자신의 도학(道學)적 견해를 정리한, 1924년과 1929년의 글을 모은 것이다. 전반적인 체계는 『근사록』을 본떴으나, 완전하지는 않아서 철학적 단상을 모은 『독서록』의 형태가 혼용되어 있다. "다락 밑에서 쓴 자잘한 말"이라는 제목은 이런 점을 반영한 겸사이다. 1924년의 글은 이학(理學)에 관한 견해를 먼저 서술하고 도학(道學)의 심법(心法)과 명절(名節), 화이론(華夷論)에 근거한 출처의리(出處義理) 등을 논하고 있다. 정기는 이학이나 출처 등에 관한 판단에서, 우암이나 율곡의 견해보다 퇴계의 견해에 동조하는 모습을 보이는데, 이는 정기가 리(理)의 본원성과 현실성을 동시에 주장하여 일체의 현실을 리의 관점에서 설명하려고 하기 때문이다. 정기는 특히, 기(氣)와의 관계에 유의하여 "리가 기를 이끈다"거나 "거느린다"는 의미에서 "솔기(帥氣)"라는 표현을 쓰고 있다. 또한 간재학파의 견해를 "한 쪽으로 치우친 논리[一邊之論]", "기가 도리어 리를 움직이는[氣反運理]" 입장이라고 보아 이에 맞서는 태도를 보이는데, 그는 "세상 모든 것이 실제 리, 즉 실리(實理)의 결과[天下之物, 皆實理之所爲也]"라는 주자의 말로 자신의 입장을 정리하고 있다. 1929년의 글 역시 리학에 관한 논의로 시작하지만, 1924년의 글과 달리 심법(心法)이나 경계(境界)에 관한 논설이 주를 이루고 있다. 1929년의 글은 특히, 기를 강조하거나 출처에 의심이 가는 선유(先儒)들을 거론하여 "벽이단(闢異端)"이라는 도학적 역사의식을 표출하고 있다. 글 전편에서 송대부터 최근세까지의 한국과 중국의 리학자들을 고루 언급하고 있고, 각각의 사상가에 대한 견

해와 심학 수행 또는 출처의리에 대한 비평까지 담아 송대 이후 리학사에 대한 자신의 견해를
드러내고 있으나, 일관된 체계를 견지한 것은 아니어서 각 글, 특히 1929년 글의 말미는 대체로
『독서록』 혹은 단상 모음의 형태를 보이고 있다.

非陰陽, 無以爲天; 非仁義, 無以爲聖人。故天以陰陽, 生萬物, 成萬物; 聖人以仁義, 育萬物, 正萬民。天者何? 理而已矣。聖者何? 天而已矣。【以下甲子。】

天地之高厚、鬼神之幽顯、江河山嶽之大、昆蟲草木之細, 無一非太極之本色; 君臣父子之倫、起止語默之宜、過廟之敬、臨喪之哀, 無一非性之實事。

曰"理無爲", 曰"道體無爲", 以其無造作運用而言也。一邊之論, 看無爲字太深, 直認理爲無妙無用, 凡有發見昭著, 專屬之氣。於是乎氣爲大本, 而理爲寄寓, 理不帥氣, 而氣反運理。嗚呼危哉! 蓋雖無爲, 而纔乘其氣, 便能發用, 如燭火得脂膏, 便有許多光焰。故朱子曰: "道理固自有用。" 又曰: "化育流行, 上下昭著, 莫非此理之用。" 又曰: "天下之物, 皆實理之所爲也。"

退溪曰: "理之體, 雖無情意造作, 而其用之妙, 則發見而無不到。" 尤菴駁之曰: "體用一原, 自是不可易之道理, 豈有其體則無情意造作, 而其用則有情意造作(者)[也]21)?"
　　愚按: 妙用與運用, 字不同, 情意造作, 乃運用之謂也。退溪謂"妙用之能顯行", 曷嘗謂能運用造作耶? 體用一原, 果是不可易之道理, 而近世理體氣用之說盛行, 可嘆已。

理至微, 而爲象之體; 象至著, 而爲理之用, 此所以爲一原也。朱子所謂"此是體"者, 卽此爲彼之體也; "彼(爲)[是]22)用"者, 卽彼爲此之用者也。

朱子曰: "自形而上者言之, 冲漠者固爲體, 而其發於事物之間者爲之用; 自形而下者言之, 事物爲體, 而其理之發見者爲之用。" 蓋理本無形, 故以無形者爲體, 而有形者爲用;

---

21) (者)[也]: 저본에 '者'로 되어 있으나, 『宋子大全』「答金仲固」에 의거하여 '也'로 수정하였다.

22) (爲)[是]: 저본에 '爲'로 되어 있으나, 『御纂朱子全書』卷46「性理」5에 의거하여 '是'로 수정하였다.

氣本有形, 故以有形者爲體, 而無形者爲用。所動靜者, 理也; 能動靜者, 氣也, 非理則無所動靜, 非氣則不能動靜。

論理甚難, 毫忽易差。由近世而觀之, 往往爲救人見之偏, 而不自知其說之蹉了。姑以動靜二字言之, 甲邊則懼人之說理自動靜, 而反復辨論, 至曰: "理無動靜, 而氣自能動靜。" 乙邊則懼人之說氣自動靜, 而反復辨論, 至曰: "太極之有動靜, 乃太極之自動靜。" 此皆矯偏之過。理無動靜而氣自能動靜, 則是人無主張而之東之西, 惟馬首是(瞻)[瞻]²³⁾者也; 不待氣機而太極自動自靜, 則是國君擧動, 動駕回鑾, 皆國君所自爲, 不待興衛之士也。

艮齋曰:【見「三家太極說辨」。】"『性理大全』小註云'有此理, 便會動而生陽, 靜而生陰'。會動之會字, 卽氣便能之能字, 而前後讀者, 多直做太極之會說了, 所以生無限葛藤。蓋其意以爲旣有此理, 氣便會動而靜而也。朱子說只此而已, 則若是曲解, 猶或可欺。朱子又不曰'太極便會動靜'乎? 又不曰'性便是會恁地做底理'乎? 艮公必深深覔來『性理大全』小註者, 豈以'理便會'上有'有此'二字, 可以曲解將去者耶? 然朱子三說, 皆同一義, 此蓋有目可睹, 曲解何益? 若理不會動靜, 則氣何自而有動靜乎?"

寒洲曰: "混沌之未開, 氣不用事, 則惟理而已。已屈之氣, 不復爲方生之氣, 則氣之始生處, 果非理之自動{時}²⁴⁾乎"云云。此恐推之太過, 前天地之氣將屈, 此天地之氣便生, 少無休歇時。氣若休歇, 則理搭於何處? 理之動, 便是陽; 理之靜, 便是陰, 如太極動而生陽, 則其未動之前, 固已嘗靜矣。靜極復動, 則已靜之後, 固必有動矣。【如字以下, 朱子說。】焉有無那氣而理自動時節耶?

朱子曰: "本只是一太極, 而萬物各有稟受, 又各全具一太極。" 以人物對看, 則人之性必全, 物之性必偏; 統萬物而言, 則人亦全具一太極, 物亦全具一太極。艮公每以物性之偏, 爲半身偏遂、一耳獨聽。若觀朱子此說, 更將何說作解, 以伸己見也?

---

23) (瞻)[瞻]: 저본에 '瞻'으로 되어 있으나, 문맥을 살펴 '瞻'으로 수정하였다.
24) {時}: 『寒洲集』「與郭鳴遠」에 의거하여 '時'를 보충하였다.

近世論心, 一則曰"卽氣", 一則曰"卽理", 互相排擯, 視之如異端而甚焉。然原其立言, 各有所據, 考其末弊, 胥失之矣。曷謂各有所據？往哲論心, 有以理言者, 有以氣言者。今曰理曰氣, 豈各無據乎？曷謂胥失？曰"卽理"者, 主心性一理之訓, 懲"卽氣"之論, 苦口發明, 賤氣太甚, 有治璞棄石之譬, 而心於是乎有若離氣而別立。曰"卽氣"者, 主猶陰陽之訓, 懲"卽理"之論, 主氣太過, 以至判心性爲二物, 而性尊心卑, 性師心弟之說出, 而莫之救矣。然則心是甚個？曰"心是統性情、合理氣, 而理爲主、氣爲資者也"。學者知理爲主, 而存養之; 知氣爲資, 而恐或橫逸而省察之, 則庶幾乎！

今人每以心對性, 爲性理、心氣之論, 惑之甚矣。夫對待者, 彼此各立, 彼不爲此, 此不爲彼者也。如東不能爲西, 西不能爲東, 此東西爲對; 吉不能爲凶, 凶不能爲吉, 此吉凶爲對; 是自是, 非自非, 此是非爲對; 善自善, 惡自惡, 此善惡爲對。動靜、體用亦如之, 推之天下, 無物不然, 無事不然。若心則乃性情之總名, 性是心之靜而爲體者也, 情是心之動而爲用者也。故曰"心外無性, 性外無心"。今就一個心, 截其半做個性, 却喚心做他對, 可乎？均是心也, 而人、道爲對; 均是情也, 而四、七爲對者, 何也？曰: "此就發後橫對者也。" 人、道之苗脈各異, 或原於性命, 或生於形氣, 故人心自人心, 道心自道心, 不其爲對乎？四、七之面貌不同, 或發於理, 或發於氣, 故四端自四端, 七情自七情, 不亦爲對乎？惟心也者, 統性情、兼體用、貫動靜者也。故曰"惟心無對"。

或曰: "心之統性情, 如七情之包四端。統言則心性一理, 四七非兩情; 對言則性是理而心是氣, 四是發於理而七是發於氣。" 曰: "惡！是不然。四七非兩情, 竪看說也; 發於理、發於氣, 橫看說也。若心性, 不可以橫竪論也, 比而擬之可乎？蓋四七對言, 則四端乃七情中剔撥出者也。旣剔撥出四端, 則七情之純於理者, 四端已管領去了, 外此七情, 不得不歸於氣之發也。所謂氣發者, 乃善之流於惡也。若謂心亦如之, 則是性外有心, 正醫家所謂血肉之心, 非吾儒所謂義理之心; 正釋氏所謂閃閃爍爍光景, 非吾儒所謂神明不測者也。烏得謂之天君？烏得謂之一身之主乎？"

何叔京以心之存亡出入, 皆爲物誘所致; 呂子約幷其出而亡者, 不分眞妄, 皆爲神明不測之妙。朱子辨之曰: "入而存者, 卽是眞心。今以存亡出入, 皆爲物誘, 則所存之外, 別有眞心。蓋心之體用、始終, 雖有眞妄、邪正之分, 其實莫非神明不測之妙, 而其眞妄、邪正, 又不可不分。”

　　按: 此當以分合看, 眞妄、邪正, 莫非神明不測之妙, 合而言之者也, 下一段, 分而言
　　之者也。呂氏但知其合, 而不知其分, 故朱子駁之。程子所謂“善惡皆天理”之說,
　　亦當如此看。善者, 其本然也; 惡者, 乃其流之差者也。合而言之, 則兩皆莫非天
　　理;【清濁皆是水。】分而言之, 則本然者在善而不在惡。

吳老洲曰: “吾儒法門, 雖貴理賤氣, 氣亦不可低看了。發揮運用, 做得事者, 全藉此氣,
須將孟子‘養氣’之旨, 反復體認, 乃可見也。”

　　按: 道理易微, 氣機易危, 故從上聖賢千言萬語, 秪使人主理而御氣而已。以此防
　　之, 猶且往往主氣太過, 有侵奪理位之弊, 低看氣之慮恐過也。發揮運用固是氣,
　　而所以主張者在。主之所向, 僕豈不從? 若曰“運用全藉此氣”, 而或尊奉之, 與理
　　無別, 則無有雙本領之嫌耶? 朱子曰“孟子雖言‘夜氣’, 其所欲存者, 乃在於仁義之
　　心; 雖言‘養氣’, 其所用力, 乃在於集義”, 此可見矣。

近有敬字帶氣之說紛紛, 然此當分地頭看。自學者存心而言, 則敬是工夫, 是人做底;
自心之體用而言, 則敬是道理, 是天生底。若以人做底工夫, 而謂是帶氣, 則猶有可說,
若汎言敬是帶氣, 則是乃近世心卽氣之說也, 何足爲辨?

先賢有曰: “聖人千言萬語, 只使人檢束其氣, 使復其氣之本然而已。”愚則曰: “聖人千
言萬語, 只使人檢制其氣, 使復其性之本然而已。”

吾東說理氣太張王, 雖童行初學, 開卷便騰口, 至微焉了了, 至著焉昧昧, 多己而少人,
與同而紐異, 東之門、西之戶, 戈戟紛紛, 儒者之學, 豈至於是已? 風潮忽盪, 翻天動地,
和此更無了然。自心身至天下事物, 無無至理者, 開卷皆此事也。故學未有不窮致而能
進者。由前而懲焉, 則惡河而甘渴; 由後而廢焉, 則抛甜而巡醋, 不可不念也。

『許后山集』[25]中有駁蘆沙說者曰: “心不能盡性, 則盡性是甚物事? 甚矣, 心說之難也!

_____

25)『許后山集』:『后山集』의 著者가 許愈이다.

差毫繆千, 可不懼哉?” 蓋蘆翁概謂之‘心不能盡性’, 則宜有后山之駁之矣。今則不然, 方辨湖、洛家聖凡心之同異說, 故曰: “心具性, 吾之心與聖人之心同; 心不能盡性, 吾之心與聖人之心異。” 又曰: “體段則同, 而作用則異者, 緣氣稟之美惡, 用事於其間”云云。此雖粗生文理者, 可能覰得, 而今乃截去上下, 單摘隻句, 遽加差毫繆千之譏, 使人好笑。若有奉質於后山曰“聖人之心旣能盡性, 衆人之心亦能盡性云乎”, 則必不曰“唯唯”。然則此恐偶未之察者, 而後人刊傳於世, 亦校文諸公之失也。

尊畏先賢, 講明義理, 吾儒家傳來心法。而近世則不然, 黨異則斥前輩以異端, 而時論快之, 黨同則議其一言之失, 而衆拳四至, 是何錮弊之甚也? 朱子曰: “觀聖賢議論, 雖未嘗不推尊前輩, 而其是是非非之際, 亦未嘗有毫髮假借之私。若孟子之論伊尹、夷、惠, 抑揚其辭, 不一而足, 亦可見矣。以前輩之故, 一例推尊, 禁不得復議其失, 是孔子不當論臧文仲之不仁不智, 且當{直}26)許子文、文子以仁, 然後爲可也。” 然則輕視前輩, 妄加脣吻者, 固不足責, 而不別是非, 不論得失, 一例推尊者, 亦不足與議也。

心活物, 操之甚難, 一瞬之放, 千里其奔; 一念之差, 萬仞其塹。以朱子之明美而曰: “在同安, 夜聞鍾皷聲, 一聲未絶, 而此心已自走作。因此警懼。” 以退陶之眞純而曰: “嘗爲議政府舍人, 聲妓滿前, 便覺有一端喜悅之心, 其機則生死路頭, 可不懼哉?” 況下於此者, 苟不能百倍加省, 時時喚惺, 則千里之奔, 萬仞之塹, 可得免諸? 故學問之道, 操心爲要; 操心之方, 居敬爲大。

氣機濫而道喪, 臣僕橫而主滅, 夷狄行而華夏紐, 羽毛肆而冠裳亡, 天下之大亂極矣。如欲亟治, 其必反經乎!

大丈夫立志, 必須高出事物之表, 爲學常須不離事物之中, 事與理涵, 體與用該, 庶幾無愧士之名乎!

“天地之生萬物, 聖人之應萬事, 直而已矣。” 蓋人之生理本直, 不直則罔。人之所以爲

---

26) {直}: 『晦庵集』「答李深卿【泳】」에 의거하여 ‘直’을 보충하였다.

人, 亦曰"直而已矣"。直之, 當奈何? 亦曰"敬而已矣"。敬者, 又若何而用力也? 朱子曰 "惟畏近之", 曾子所謂"戰戰兢兢, 如臨深淵, 如履薄冰", 是也。所謂"深淵薄冰", 不離 乎衽席几案之間, 一動靜一語默, 戰兢少忽, 則便蹉跌萬仞坑塹, 其可畏之甚乎! 斯義 也, 吾聞之溪上矣。

南冥之言曰: "學者須壁立萬仞, 頭分支解, 不爲世俗所移, 做成吉人。" 每誦之, 令人警省。

學貴窮理, 窮理貴乎自得。今人擧是祇記前人成說, 依樣說出, 求其自心自得, 則鮮有 焉。以愚親見苦心積慮, 洞微極精, 能體認而心造, 毫分而縷析, 未有如溪上先生者也。

學貴乎思, 不思則罔焉已。斯理也, 吾於爐上炭火驗之矣。時時挑撥, 炭紅而火然, 久 而忘置, 則炭頑而火熄矣。故學問之道, 以致思爲要。

人之量貴洪, 而洪有清濁。濁而洪者非眞洪, 實愚而荏。

古者道學、名節一, 今也分而爲二, 視名節以下乘; 古者道學、文章一, 今也分而爲二, 崇文章爲上第。

曷謂道學? 堯、舜、孔、孟所以傳授者是已。自孟子没千四百年, 無人識聖人道者, 程、 朱諸先生始倡明之, 當時目之以道學, 而己亦不辭。道學之名自宋始。

經濟、道學, 是一事而相爲體用。吾邦不然, 分而二之。儒者而說經濟, 則必大驚小怪, 衆唇譁然。故吾邦之道學兼經濟, 有若栗谷先生者, 而"養兵說"出, 時宰沮之, 卒致壬 丙之禍。後有柳磻溪、丁茶山之倫, 專門經濟, 著書極多, 卒不得售, 爲國可知。是故一 以儒名, 必不分禾稗, 不辨醜妍, 不達事情, 不識時義, 然後謂眞學者, 不然非儒也。故 能言性命, 而不知灑掃, 有如江左之淸言, 是果聖人之道之學哉? 然或外道學而專經濟, 則畢竟道義輕, 形器重, 機巧變幻, 日不足而月益至, 駸駸然驅一世於奔馳波盪之中, 而 莫之救矣, 亦不可不察。

國之隆替, 由於士趨之邪正, 亦惟在於朝廷成法。國朝二百年來, 專尙時文。父師責子弟, 時文已; 朝廷選賢能, 時文已。然猶知崇道學、重山林, 推程、朱配孔子, 而無或惑焉。一朝國敝法壞, 人各自由, 衆喙朋興, 道學不之禁而自禁, 往往至不數程而斥朱, 直欲滅息之不已。循是而往, 其能知有孔聖者幾希。吁, 甚慘矣! 由是觀之, 天下不可以一日無君, 而君不可以不先正其法, 彼海外共治之論, 胡爲紛紛於境內? 可慨已。

末俗多變, 士習難一, 非堅操透識, 難免逐流低昂。卽以近日觀, 往者科擧之行也, 學者至老死, 但知天下有此一路。此路忽廢, 人皆知有古人之學, 而好之矣。忽又一轉而尙文辭, 爭高競麗, 靡然而不可禁。吾聖人不絶如綫之傳, 誰復能講之者? 噫!

文, 譯言者也。非此無以宣己曉人而傳諸後世, 何乃古聖賢之一不道也? 非惟不道, 周子曰"陋矣", 程子曰"喪志", 朱子曰"如淫聲美色, 一識其趣, 便不能忘"。夫爲文, 非有天才過人, 未易有成。故世之從事其間者, 祇是多讀古書, 剽竊句法, 倣摹畫葫, 其於體法妙氣, 難與言矣。而一入其門, 焦思硏精, 用力於起承轉合之序, 役神於擒縱呑吐之變, 終身敝敝然不休。其幸少成乎, 則便自高大, 矜己傲人, 宜有三先生之訓也。然則文可廢歟? 曰否。孔子曰: "辭達而已矣。" 斯言盡之矣。

聖人之學, 旣有道德之蘊, 和順之積, 而發之言, 自然成章, 文與道一。文人不然, 不知爲道, 而祇欲緣文入道。於是道自道, 文自文, 而卒亦遠乎道矣。近日金文人之言曰: "程、朱諸公, 卓然成文章, 然後入於道。" 言甚愚妄, 令人失笑。若曰"早業詩文, 卒乃覺悟, 而反乎道", 則猶或近之, 今曰"成文章, 然後入於道", 則不其誣乎? 且程子豈渠所謂文章者耶? 是不過援引前哲, 以迷少輩, 如楊、墨之援儒而伸己。昔余從師廢功令文, 鄉有老功令者規之曰: "功令乃著述門戶, 尊師亦由此門入道, 子何廢之甚?" 余時笑而不辨。今文人之言, 亦同一老功令脣吻。

華夷之分, 自是『春秋』大義, 炳如日星。至宋 朱夫子身値戎虜之厄, 目見和議之非, 特爲張大發揮其義, 發之書牘、疏章, 累數千言。我東華陽先生繼而述焉, 發之書牘、疏章, 又累數千言。自是學者能知, 不作第二義看。近日一種之人, 非惟不講, 見人說此, 輒掩耳而不願聞也。其弊也, 窄袖也不關, 淨頭也不關, 是必疾視華陽而幷其大義而去之。甚矣，黨論之壞人心術也！

旅軒當丙亂，秉節召募，聞下城，卽徒步就道，門生子弟從而後曰：“日已暮矣，去將安之?” 曰：“遲遲吾行也。” 寄宿道傍空舍。翌日入立巖，終年不出門以終。嗚呼！先生眞善終矣。此一著足以風勵百世，而江左之士前後無甚闡明其心法者，斯亦有所爲而然歟？可嘆！

華夷之分，重於君臣；道亡之憂，甚於國亡。

或曰：“吾東士習之弊，國家有事，儒士通文上疏，干涉朝政，犯分甚矣。昔明廟時，嶺南儒生相率詣闕，請誅普雨，退溪先生止之曰：‘通文上疏，非儒者所當爲也。’ 此可爲法。” 曰：“此不可以一槪論，第觀事之大小而處焉可也。朱子曰：‘國繫存亡，韋布亦出言。’ 退溪亦曰：‘韋布之士，本無言責，若事關宗社之存亡、吾道之盛衰，則亦可上章論列。’ 蓋道貴乎中，而中無定體，隨時而在。若曰‘我儒士，國之存亡，道之盛衰，無與於我’，則是豈國家養士之本意？亦豈學者衛闢之道哉？況吾東士族，自有中州世祿之義者耶！”

退溪曰：“許魯齋若獨善其身而果於忘世，則天理誰明？民彝誰正？天下終爲左衽，而莫之救矣。” 栗谷曰：“魯齋仕元，此乃失身，非失節也。” 尤菴則斥之不遺，請黜文廟。自是東方學士家，一尊之，一黜之，遂爲黨議之一事而莫之歸一。吁，可怪已！
　　按：魯齋，河內人。生於宋寧宗十六年嘉定庚午，【是時，金之大安二年。】至理宗三十一年乙卯，蒙古忽必烈徵爲京兆提學，時年四十六。元世祖至元十八年卒，時年七十二，時宋亡才二年。據此則魯齋父祖，固已淪於夷狄，而宋猶存於江南，中華之典章、文物猶且未泯，何忍遽忘宋室而濡裳於鐵木之塵哉？栗谷所謂“失身，非失節”，恐終可疑，安有失其身而能不失其節者乎？但當是時，無魯齋一人，則天理、民彝，果將絶滅殆盡，而莫之救矣。退陶之云，祗擧其功而言之也。尤菴則目見神州陸沉，懍懍於華夷之防，而直據大義而斥之也。二說雖殊，各有攸宜，正如一管仲而孔子、孟子之褒貶不同者也。後人不察乎此，每欲據一而廢一，惑之甚矣。然爲國而學管仲，則詐力行而仁義之道廢矣；爲士而學魯齋，則流於猖狂而華夷之大防壞矣。

吳臨川曰: “張文成身事漢, 而心在報韓; 狄文惠身事周, 而心在復唐。常人莫能測知, 卒克遂其志, 故邵子稱其忠且智焉。” 味其語, 恰是道自家心事也。吁, 其戚矣! 雖然, 吳之世與張、狄, 絕不同。蓋漢 高祖, 天下之眞主也, 旣不能隻手自擧, 則借其力而報其仇, 孰如其忠? 周 則天雖大惡大逆, 而猶曾母后也, 則彌縫其間, 竟辦取日之功, 孰如其智? 若胡元則仇讐耳, 戎狄耳, 以堂堂禮邦庠臣, 委質於仇讐之戎狄, 而猶曰: “吾志, 常人莫能測知乎哉?” 枉其尺而直其尋, 君子猶不爲, 況其所枉, 已非尺者耶?

栗谷曰: “眞西山事理宗, 謂之事不當事之君則可也, 豈可謂之失節乎?” 退溪曰: “西山, 東宮之賓師, 豈濟王之臣乎? 如此事, 非吾之所能知。” 又曰: “西山諫濟王失德, 而不見省乃去。及後立朝, 極陳濟王之冤, 主行贈典之說, 旋以此爲羣小挑擊而去朝, 則其所以明天理, 盡己職, 扶綱常, 捄世道者, 亦可謂至矣。”

按『宋史』, 皇子竑與史彌遠有隙, 西山時兼宮敎, 諫竑以敬大臣而不聽。及寧宗崩, 彌遠脅楊后立理宗, 廢皇子爲濟王, 以西山直學士院。蓋西山當日之跡, 有似汲汲, 所以來後賢之譏也。然若曰“事不當事之君”, 則正退陶所謂“非吾之所能知”者, 且安有事不當事之君, 而能不失節者耶? 恐當以退陶說爲正。

明欽天監進元所置水晶刻漏, 中設二木偶, 能按時自擊鉦鼓, 太祖命碎之。我莊憲王設玉漏機輪, 鼓人、鍾人、司晨、玉女, 自擊自行, 準日度漏, 刻不毫差, 極爲精巧, 旋毀不傳。以今觀之, 豈不愛惜? 然機器設則機心生, 機心生則巧思興, 巧思興則變詐出, 變詐出則亂政起, 而國不國矣。且此等有無所補, 無靡所闕, 明祖所謂“作無益, 害有益”者, 以是也。

吾邦不用車, 何? 曰: “嚴邑不可用。” 曰: “非也。車不用, 故道不治。車行道, 何患不治?” 是實爲政者, 疎於經濟之故。自我通商外國, 此一事獨爲前古未行之行, 而猶未廣拓。

吾邦政治, 必推世宗。世宗眞不世出之聖主也, 聰睿慈仁, 崇儒愛民, 其所纂述、制作, 斑斑可放。當時大臣, 皆稱名相, 而實無聞道者, 不能恢張三代之治, 心竊惜焉。如使靜菴、栗谷當之, 煞有大段擧措、大段事業。

齊 桓公用鮑叔計, 請管夷吾於魯。魯謀臣施伯告其君曰: "此非欲戮之也, 欲用其政也。管子, 天下之才也, 所在之國則必得志於天下。令彼在齊, 則必長爲魯國憂矣。請殺而以其屍授之。" 蓋施伯能知齊之用夷吾, 可謂智矣。然而其罪有二, 旣知其賢, 而不能薦於其君, 使之致敬盡禮而授之以政, 罪一也。我旣不用, 而懼人之用, 卽欲殺之, 罪二也。或曰: "魯欲用之, 而管仲不欲, 則如之何?" 曰: "當是時也, 子糾敗死, 召忽死之, 仲獨存而無所於歸。雖有天下之才, 無所施焉, 魯果能致禮授政, 則安得不用於魯也?"

"張浚嘗與趙鼎論人才, 浚亟稱秦檜之善。鼎曰: '此人得志, 吾輩無所措足矣。' 及鼎再相, 檜在樞密, 一惟鼎言是從。鼎由是深信之, 言'檜可大任於帝', 而不知爲檜所賣也。" 正所謂"人固未易知, 知人亦未易"者也。

黨議一出, 三百年國亡, 而猶未亡者, 於古聞之乎? 黨起於朝廷, 而草茅講學之士, 奮臂扼腕, 把作性命, 互相傾軋者, 於古亦有之乎? 忠逆以黨, 賢否以黨, 譽毀以黨, 卑顯以黨, 故天下無公言; 黨以講學, 黨以議禮, 黨以立言, 黨以問交, 故山林無眞儒。惟平平蕩蕩, 恢恢乎東西南北之間, 而直趨先民之程者, 其蘆沙先生乎!

栗谷論晦齋曰: "乙巳之難, 不能直言抗節, 乃至屢作推官, 參錄僞勳。雖竟得罪, 纇亦泚矣。" 西崖辨之曰: "事雖可言, 而有時不敢盡, 以存隨時之義。雖非事君之常道, 亦理勢之所不得已也。" 靑野輯覆辨曰: "極言竭論, 反有害無益, 則獨不奉身而退乎? 安有身爲大臣, 目見兩王子、三大臣及一時忠賢, 騈首就戮, 而黽勉詭隨, 竟參僞勳, 而猶曰'以存隨時之義'乎?" 白沙筵啓則曰: "退陶目睹先生處變之道, 至作行狀曰'斥奸邪, 定危疑, 直前無畏, 雖賁、育, 莫之奪也', 以退陶邃學, 而稱揚若是, 後人安知六十年前事, 而莫信退陶之尊崇乎?" 蓋處變實難得中, 論人亦難公平。當時事, 然疑多端, 況六十年間乎? 六十年猶然, 況數百載乎? 然乙巳推官, 亦先生之不幸也。

『宋史』「黃幹傳」有曰: "朱子病革, 以深衣幷所著書授幹, 手書與訣曰: '吾道之託在此' 云云。" 竊料深衣之授, 無甚意味, 而循是而後, 學士家視作一副傳授之證, 尋常疑之。今按『朱子年譜』, 有洪、李二本, 而皆無深衣之云, 蔡九峰『夢奠記』、黃勉齋狀行文, 亦皆無之。但卒前一日, 與勉齋書中, 有"所示告文、規約皆佳, 更宜加勉力。吾道之託在此"云云而已。然則此是後人暗用禪家衣鉢之說, 以傅會之者也。<u>清</u>儒<u>王白田懋竑</u>所著『年譜考異』可據也。

<u>曾國藩</u>「聖哲畫像記」有曰: "<u>乾隆</u>中, 閎儒輩起, 訓詁博辨, 度越昔賢, 號曰<u>漢學</u>, 擯有宋五子之術。篤信五子者, 亦屏棄<u>漢學</u>, 以爲害道。吾觀五子立言, 其大者多合於<u>洙</u>、<u>泗</u>, 其訓釋諸經, 小有不當。【止】二者亦俱譏焉。" 觀此則<u>曾</u>立於兩間, 自以爲執中, 而其實恐無眞知見。其曰"大者多合"云, 則小者已不合, 而大者亦有不合者矣。若然則曷稱五子以上接<u>孔</u>、<u>孟</u>之傳哉? 諸經訓釋, 何者爲不當? 此旣不當, 則何足以立言哉? 且所謂<u>漢學</u>, 是夷狄禽獸之前茅, 固宜擯五子之術, 而<u>曾</u>乃謂"度越昔賢", 則<u>曾</u>之學術, 果何如哉? 蓋<u>中州</u>之學, 自<u>明</u>及<u>清</u>, 染於<u>陸</u>、<u>王</u>, 輕視五子者多矣, <u>曾</u>亦其倫也歟? 抑役於文章功業之末, 不曾實學, 視人低昂, 而信筆吐辭也歟? 未可知也。

禮勝則離, 樂勝則流。觀於近世, 世風尤驗已。甲邊明乎蹊逕, 而或失之薄; 乙邊則務用和厚, 而蹊逕或昧如也。蓋薄之之甚, 見一言不合, 便斥之以異端; 厚之之甚, 雖喪其大節, 而推之於天上。噫, 弊也均矣乎!

<u>徐花潭</u>曰: "理不先於氣, 氣無始, 理固無始。若曰'理先於氣', 則是氣有始也。"
　　愚按: <u>孔子</u>明言: "易有太極, 是生兩儀。" <u>周子</u>明言: "太極動而生陽, 靜而生陰。" <u>朱子</u>明言: "雖未有物, 而已有物之理。" 又言: "未有此氣, 先有此性。" 今曰"理不先於氣", 則與三聖賢說, 非相戾耶? <u>退溪</u>所謂"<u>花潭</u>一生用力於此事, 自謂窮深極妙, 而終見得理字不透"者, 爲是故歟? <u>程子</u>亦云"動靜無端, 陰陽無始", 而獨於<u>花潭</u>疑之, 何也? 曰否。不然。只就氣上說, 則固有端有始矣。自一動一靜、一陰一陽者言之, 則是所謂道者也, 道何嘗有所謂端始者耶? 故<u>程子</u>却謂: "非知道者, 孰能識之?" "知道"道字, 所以無端始者也。【以下, 己巳。】

<u>朱子</u>曰: "人與物, 氣同而理異。" 又曰: "理同氣異。" 二說雖若相反, 而各有所指, 非爲相戾。此當以<u>朱子</u>說證之。其曰: "知覺運動之氣, 人與物同; 仁義禮智之理, 物固有之, 而不能全。" 此氣同而理異之說也。其曰: "凡有血氣之類, 皆具五常, 但不知充而已。" 此理同而氣異之說也, 正所謂"同中有異, 異中有同"者也。後之儒者, 往往主一而廢一, 可訝。

節齋蔡氏曰: “主太極而言, 則太極在陰陽之先; 主陰陽而言, 則太極在陰陽之內.” 前儒以“不知理氣之本無先後”譏之. 然理不先於氣, 則氣何自而生? 蔡氏又謂: “(陽動陰)[陰靜陽動]27), 靜者常偏居, 動者常去來.” 此却不然. 動根於靜, 靜根於動, 動靜常循環不已. 今曰“靜常偏居, 動常去來”, 則不其戻於互爲其根之意耶?

朱子分明言: “天命之性之命, 純乎理言之; 死生有命之命, 是帶氣言之.” 先儒却以天命之命, 作氣字看, 謂性亦兼理氣, 殊可疑也.

心得其正, 卽天理也. 謂心卽是理, 不可; 謂心外別有個理, 亦不可.

讀書爲身上用, 而人以爲紙上用; 窮理爲事上行, 而人以爲口頭行. 是故學者, 能繹千古, 能言道理, 能說性命, 而及處事接人, 便多窒礙, 涉於詭遇, 流於壟斷, 而不知恥. 故曰“空言上達則易, 實行下學則難”.

王陽明之言曰: “眞志旣立, 則一日十二時, 打成一片. 志旣打成一片, 則事事盡分, 皆眞志所率由, 豈見有工夫? ‘工夫’二字, 起於後世佛、老之徒. 蓋自倫常日用之外, 另有一事, 故說是工夫. 若主敬之學, 先立體以爲致用之本; 窮理之學, 先推極知識以爲遇事之用, 亦是另有一事, 可說是工夫.” 嗚乎! 萬世心學, 始自虞廷, 而其曰“惟精惟一”, 非工夫而何? 今乃謂“工夫二字, 起於後世佛、老之徒”, 何其舛也? 且主敬、窮理, 乃惟精惟一之節目也, 實事也. 今謂之“亦是另有一事”, 抑又何也? 彼旣以頓悟爲究竟法, 則無怪其廢却工夫, 與吾聖人異其道, 而別爲一端也. 且“事事盡分”, 自非生知之聖, 烏可廢工夫而能如是哉? 其曰“皆眞志所率由”, 卽亦彼所謂“滿街皆聖人”之說. 嗚呼危哉!

張仲誠謂: “立志、存養、窮理、力行, 層層工夫, 卽性也.” 又謂: “性善是工夫也.” 此乃佛氏之作用是性, 告子湍水之喩之見也. 不必多辨, 而所可怪者, 張本染於陽明之學者, 陽明禁不下工夫二字, 而張則認爲工夫, 何其異也! 然語雖有異, 而其爲大差於孔、孟、

27) (陽動陰)[陰靜陽動]: 저본에 ‘陽動陰’으로 되어 있으나, 『三魚堂賸言』에 의거하여 ‘陰靜陽動’으로 수정하였다.

程、朱之旨則均矣。

朱子嘗說: "看文字, 須似法家深刻, 方窮究得盡。" 此正讀書要法。

人於道理上見得眞, 貧賤患難無所動。貧賤患難無所動, 亦於道理上守之愈固。

謝上蔡云: "去卻不合做的事, 則於用敬有功。" 閤懷庭補其意云: "存得常不散的心, 則於集義得力。" 愚亦足之曰: "棄卻虛無用的辯, 則於進道有補。" 許氏謂: "千萬人中, 常知有己。" 到此境界甚難。朱子曰: "方其靜時, 動之理已在。及動時, 又只是這靜底。" 程子所謂 "動亦定, 靜亦定; 內亦定, 外亦定", 是也。見人方其靜時規模條理, 似有可言, 而却被外事驀地撞著, 便沸膽掉, 手忙足亂, 喘喘然不知所爲。此非但動未定, 靜亦未定故也。愚嘗與某公同行, 某公以凝重長者稱於人者, 方緩步徐行, 閒說話相酬答, 獵砲聲忽起於田隴下十步許不見之地, 某公驚動欲倒, 幾喪精神。余笑曰: "無乃動靜工夫, 猶未能做成一片之故歟?" 某公嘆且久之。

王仲淹曰: "聞謗而怒者, 讒之囮也; 見譽而喜者, 佞之媒也。" 此眞名言。故君子怒當觀理, 喜當顧實。

韓子詩曰: "躋攀分寸不可上, 失勢一落千丈强。" 語甚警切, 一操舍之間, 而善惡之分, 每每如此。學者當斯須不敢忘也。

事務雜沓, 思慮紛擾, 只提一敬字, 便覺身心凝然如山, 瑩然如鏡。

君子, 可言也, 不可行; 弗言可行也, 不可言弗行。故終日言, 言其所當言; 終日行, 行其所無事。如此, 方是言顧行, 行顧言。

特立獨行, 表表於人, 賢知之過; 同流合汙, 汶汶於身, 愚不肖之過。此君子所以貴乎中也。

自處以高大不可, 未始不可以自重其身; 自許以賢知不可, 未始不可以自任其責。半塗而廢, 前後爲兩截, 人不自重、不自任之故。

前儒有謂「誠意章」如鐵門關, ‘主一’二字是玉鑰匙”; 有謂“‘愼獨’是玉鑰匙”。 愚則曰 “‘毋自欺’三字, 是誠意關玉鑰匙”。

語人之短, 不曰直; 濟人之惡, 不曰義。

譽有益於名, 無益於實; 毀有損於名, 無損於實。 故君子, 不貴名而務實, 苟屑屑於毀譽 之間, 餘不足與議。

毀我百端而稱文章之美則悅者, 文人之癖也; 異己則惡, 同己則喜者, 論理者之弊也。 欲醫其癖, 祛華而務實; 欲捄其弊, 公心而精思。

直固善矣, 而有愚直、狂直之差; 中固美矣, 而有執中、循中之弊。 不識義理, 不度事勢, 口不擇發, 而無所隱諱, 謂之愚直; 不顧時義, 不數禍福, 有觸於中, 衝口直發, 謂之狂 直, 君子不由也。 執此一定之中, 而無推移之權度, 擧一廢百而至於賊道, 子莫之執中 是也。 緣督以爲經, 不大爲善以近名, 不大爲惡以近刑, 依阿兩間, 爲全身避患之計, 而 不知爲賊德之尤者, 莊生之循中是也, 君子不道也。

節嗜慾所以養氣, 養氣所以養德。

“悠泛等待”四字, 斷送了古來多少人才。“總角聞道, 白首無成”, 此四字爲之(崇)[崈]28) 也。 如貓之捕鼠, 四足據地, 首尾一直, 目睛不瞬, 心無他念, 惟其不動, 鼠無所逃, 如此 方有所得力處。

時有衰旺, 道乃晦明, 時未有衰而不旺, 道未有晦而不明。 孟子, 亞聖也, 司馬光疑之以 爲辯勝人, 李泰伯駁之以仁義亂天下, 鄭藝圃斥之以市販婦兒之態。 非程、朱子後先辨

---

28) (崇)[崈]: 저본에 ‘崇’으로 되어 있으나, 문맥을 살펴 ‘崈’로 수정하였다.

明, 眞李氏所謂天下無孟子矣。朱子後孔子也, 金谿、姚江之倫斥之以洪水猛獸。非中州諸儒、我東先正相繼祖述之, 天下幾不識朱子矣。然道之實存, 畢竟揜晦不得, 大霾不能, 況太陽長夜, 可以期平朝。學者須見得此義的確, 可免出没風濤。

人心非槁木、死灰, 百慮千思, 層生鱗起, 而究竟義利兩端而已。苟不精審"出入"二字之間, 則終是爲利所勝。白黑之混, 黑必掩白; 薰蕕之和, 蕕必掩薰。故周子極力說"幾"字, 儘有警發人處。

朱子詩曰: "深源定自閒中得, 妙用元從樂處生。" 夫閒中所得之深源, 樂處所生之妙用, 豈一朝一夕襲而取之哉? 必須喫辛耐苦, 積日累月, 久久多後, 方見所得所生之深且妙焉。故朱子訓門人曰: "辛苦做得不快活底工夫, 乃是好消息。"

古之君子, 道常而不語變; 今之學者, 動言變通。變通是權宜之事, 非有見理明徹制事之權度者, 不能也。故橫渠先生曰: "學未至而好語變者, 必知終有患。" 蓋變不可輕議, 若驟語變, 則知操術已不正。

『張瑤山集』云: "居茅屋中, 每從搜覽之暇, 默坐觀心, 焚香一炷, 雖本體照徹, 不得遽信, 覺山空人靜, 諸緣屛退, 點塵不到, 精神收拾, 透理[29]快然。" 槪想其氣象, 豈不是高明, 豈不是好話? 其入頭處, 自禪門來, 便從空寂去了。故學者初入頭, 最當審擇, 入頭一差, 墮落坑塹而不自知也。噫!

黃山谷居喪, 不作詩, 洪玉父貶之; 歐陽叔弼、季默居喪, 不作詩, 蘇軾譏之, 蓋以其心不哀而餙外也。雖未知三人者之心之哀與不哀, 其譏貶之妄悖, 令人驚怪。禮有大防, 不可犯也, 則其心之哀不哀, 奚暇論也? 余西南來, 見土風尙聲, 病喪人, 赴會吟咏, 恬同平人, 或群聚喪人家, 打酒賦詩, 長聲高唱, 少不爲異, 心竊鄙之。近得見鄉中一高人文集, 有勸人喪中作詩之書曰: "世俗於執喪之道, 百無一稱, 飲酒吃肉, 產男育女, 沛然無所不犯。而但守株外貌, 以不作詩爲大防, 則所謂'緦功之察', 何足貴也?" 噫! 此乃

---

29) 理: 『三魚堂賸言』에는 '裏'로 되어 있다.

祖述蘇、洪輩之論, 而鄉俗之陋, 亦此爲之倡也。飮酒吃肉, 産男育女, 旣知其悖, 而乃藉此以勸人作詩, 則其非助桀爲虐耶? 且如以餙外譏之, 則必脫纓去絰, 食夫稻, 衣夫錦, 必如原壤之登木高歌、阮籍之飮酒圍碁, 快於心耶? 誠未可知也。

明儒張簣山論: "學問、經濟, 雖不是兩個, 畢竟經濟有從學問來者, 亦有不從學問來者。{從學問來者},[30] 學顏子之學, 卽志伊尹之志。不從學問來者, 則爲驕吝, 爲器小, 爲執拗, 甚至爲奸險。非不自謂有猷有爲, 而其實毒蒼生而誤國事者, 卽此自命爲經濟之人。" 此論甚明快。近世一前輩, 敎其門人曰: "近日之列國史誌, 及政律、公法、兵制、農務、工藝、氣化等書, 皆購看而料理之, 以資來頭之實用, 不宜安常狃故, 一向支離於玄虛, 沒把捉去處而已也。" 蓋爲此說者, 固爲學者之昧於經濟而設, 然所謂'安常狃故, 一向支離於玄虛', 未審指何而言也。三事之利用厚生, 六藝之射御書數, 八政之食貨空寇, 先聖王所以制治導民之法, 纖悉畢備。苟能講明其理, 更張其規, 正德以將之, 六行以先之, 五極以訓之, 足以爲政於國與天下而有裕矣。豈可一向歸之於安常狃故, 必待外夷之所謂政律、公法、工藝、氣化等, 而以資實用耶? 且夫人情, 厭常久而樂新巧, 自西術之來, 鮮有不歆歆然褰裳從之者, 而乃復以此助瀾, 無怪其門下之聰明英達者, 奔走西波, 髡髮易服, 收拾康、梁之糟粕而不知返也。如以張簣山此論, 擧賞於在世之日, 則更不以爲迂濶也否? 噫!

『家語』孔子曰: "季孫之賜我粟千鍾也而交益親, 自南宮敬叔之乘我車也而道加行。故道雖貴, 必有時而{後}[31]重, 有勢而後行, 微二子之貺財, 則某之道, 殆將廢矣。"
　　按: 此決非聖人之言, 後人之傅會者也。聖人之道, 窮居不損, 大行不加, 飯疏飮水, 菜色陳、蔡, 道固自若也。豈必待季孫之粟、南宮之車而後不廢耶? 清儒辨之曰: "此一條必有爲言之也, 猶孟子所謂'雖有知慧, 不如乘勢; 雖有鎡基, 不如待時'云爾。" 此亦不然。孟子之言, 專論其時勢之合宜者, 故如是云云。今乃比而同之, 可乎? 聖人之言, 萬世無弊。若孔子實有是言, 則後世志穀之徒, 藉爲口實而弊將無所不至。愚故曰: "此非聖人之言, 後人之傅會者也。"

---

30) {從學問來者}: 『三魚堂賸言』에 의거하여 '從學問來者'를 보충하였다.
31) {後}: 『孔子家語』에 의거하여 '後'를 보충하였다.

涉世極難, 人非盡賢智, 盛時爲難, 況末世淆薄乎? 我旣不能過化存神, 又未能磨不磷、涅不緇, 而與之相爲謀, 危矣! 非爲所誘而不知, 則日角勝而不已, 其必不妄高下人物, 不妄身質言語, 自反而縮而已乎!

朱子記尹和靖事曰: “和靖在從班時, 朝士迎天竺觀音於郊外, 和靖與往。有問: ‘何以迎觀音?’ 曰: ‘衆人皆迎, 某安敢違衆?’ ‘然則拜乎?’ 曰: ‘固將拜也。’ 問者曰: ‘不得已而拜歟? 抑誠拜也?’ 曰: ‘彼亦賢者也。見賢斯誠敬而拜之矣。’”

按朱子記此而無論斷語, 未敢質言。然此恐未見伊川時事。不然, 以若其持守簡嚴, 豈有此事此言乎? 以伊川之不輕許人, 而曰: “我死而不失其正者, 惟尹氏子。” 且和靖「辭召表」曰: “臣師程某, 今來亦不過守師之訓, 變所守, 又何取?” 此可以見和靖之爲人矣。後之儒者, 若藉彼以爲口實, 則謬矣! 謬矣!

歐陽公嘗得罪於呂文靖, 坐黨人遠貶三峽累年。後公爲潁州, 時呂公子公著爲通判, 有賢行, 而深自晦默, 時人未甚知公。及還朝, 力薦之, 由是擢用。陳恭公執中素憎公, 其知陳州, 公過之, 陳拒而不見。公後作學士, 陳爲首相, 公遂不造其門。已而陳見出, 尋還使相, 換觀文。公當草制, 陳自謂必不得好詞。及制出, 有云: “杜門卻掃, 善避權勢以遠嫌; 處事執心, 不爲毀譽而更守。” 陳大驚喜曰: “吾恨不早識此人。” 此可見公之爲忠厚寬平, 而深有得於聖人以直報怨之旨, 亦可爲後人柯則。

漢宦者張讓, 權傾天下, 父死歸葬潁川, 名士無往弔者, 陳大丘寔獨弔焉。後誅黨人, 讓以寔故, 多所全宥。朱子以“獻身安衆, 弔堅全邦, 炯然方寸, 秋月寒江”稱之。黃勉齋却曰: “士君子行己立身, 有義有命, 豈宜以此爲法?” 蓋以聖人無可無不可之意推之, 弔一堅以全邦, 豈非盛事? 然我非聖人, 則其同流合汙, 墮損清名, 豈不可惜? 此當以勉齋所論爲正。

生日稱觴, 漢、晉以前, 未聞有此禮。有之自齊、梁間始, 後又自朱夫子壽母有詩, 天下効之, 習已成俗。此固人子之情所不容已者。然以當人言, 則吾生之日, 父母不在, 何喜而置酒宴賓, 醉飽以爲樂哉? 此先哲之所戒, 而中州士大夫之鄙而不爲者。吾邦近日則恬以爲常, 心竊恥之。余値伊日, 亦禁不得家人之爲, 先自出遊於閒亭、蕭寺間, 以度其日，人或譏之以過情而不顧也。

吳老洲曰："農巖四七說，遂菴以其參差於栗谷，力主刪去之論，見漏於原集。其後年譜之追刊也，渼湖雖撮其要而附見，終不如全文之完。" 噫！以遂菴、渼湖之賢，而以其參差於栗翁，力主刪去，終不用全文，無乃拘於時議之忌克歟？此時猶然，況末世益苟益偷之時乎？然則蘆沙「凉」、「猥」二篇，宜其見斥於時議也。老柏翁之欲其停刊，以俟後日之論，亦同一遂菴之意也。夫雖然，尊畏先賢，講明義理，兩行而不相悖，自是吾儒家旨訣。是故朱子之於周、程、張，其尊畏何如？而一言之差，一行之過，未嘗掩諱，而輒加辨析。栗谷之於退溪亦然，蓋以義理公物，所見既異，則不敢苟同故也。故退溪「答黃錦溪論朴松堂白鹿洞規集解」[32]書曰："非議前輩，固後學之不敢輕也。然至於析理論道，則一毫不可苟也，故晦菴與東萊，訂定五峯「知言」之醇疵也，南軒亦與焉。以弟子而議師門之書，不以爲嫌者，豈不以義理天下之公也？何先何後，何師何弟，何彼何此，何取何舍？一於至當而不可易耳。" 以退陶之忠厚寬平，而其言之斷截如此。

胡文定曰："稱先生有二義，一則後進之於先達，或年齒居長，或聲望早著，心高仰之，若韓之於盧仝、歐陽之於孫明復是也。一則如子弟之於父兄，居則侍立，出則杖屨，服勤至死，心喪三年，若呂與叔、潘康仲之於橫渠是也。" 近世則先生之稱太雜，而湖南尤甚，雖山村學究，動稱先生，是豈古人高仰之意哉？近見中國人語言及書牘，皆必以是相呼，至農村鹽戶、市井販夫，亦皆如之。噫，弊也陋矣！

辭受出處，甚難輕斷。昔年某人與富而有志者，入北滿閒地，廣占山野，驅貧民，延賢士，務農講武，設教化民，將爲恢復疆土之計，使人齎五百金要余曰："願一顧也。" 余始若歆然，終而辭之。其人怒曰："平生讀書，舍此何用？" 余正色曰："古之君子，量而後入。且不見其人而許同驅馳，豈士之道乎？且士之不見諸侯，孟子云何？士而不如是士乎哉？非士而求之，且將何爲？" 其人動容而去。至今思之，未嘗不懍惕。

---

32)「答黃錦溪論朴松堂白鹿洞規集解」:『退溪集』에는「答黃仲擧論白鹿洞規集解」로 되어 있다. 黃俊良(1517~1563)의 호는 錦溪이고 자는 仲擧이다.

余自少轉徙他鄉, 每見風土人心, 固有厚薄之殊。然其應濟之方, 在我而已。夫人必自侮, 然後人侮之, 我自不侮, 人安敢侮之哉? 設有之, 則不過悖妄之人耳, 於我何有? 余每歸鄉, 鄉人問: "厥土人心, 何如?" 余答曰: "不問他人, 旋察子之心比前何如也。" 其人則服。孔子曰: "言忠信, 行篤敬, 雖蠻貊之邦, 行矣。" 每一念之, 不覺警省。

明之儒賢, 當以薛文清爲第一。觀其『讀書錄』, 則其篤志力行, 上可以繼先聖賢之統緒, 下可以爲來學者之模範。然其出身於永樂卽位之後, 且以許魯齋出處, 擬之於大聖, 則亦可謂失身而妄言矣。尤翁所謂"其識見反不及於丘文莊"者, 恐非過語。

四皓出處, 或稱無害於義, 或稱眞處士。此說若行, 則流弊不可救矣。此有退陶說明辨者曰: "四皓但知溲溺之辱爲可避, 不知虐后、橫戚之請爲可恥。輕出爲客, 隨入侍宴, 至於高帝怪問而後, 乃知其爲四皓焉, 則雖有定國本之功, 其爲枉尋直尺, 亦已甚矣。況初旣染迹如此, 後若產、祿之計得成, 而四人不死, 則杜牧所謂'四皓安劉是滅劉'者, 安所逃其鈇鉞哉?" 未知世之君子, 得覽此說, 更將如何辨之。

退溪曰: "金梅月別是一種異人, 近於索隱行怪之徒, 而所値之世適然, 遂成其高節耳。觀其「與柳襄陽」書、「金鰲新話」之類, 恐不可太以高見遠識許之也。" 栗谷則不但許以高見遠識, 特立傳以表之, 垂示後世。蓋二先生之褒貶迥殊, 而各有攸主, 學者於此等處, 正好一番思量。

趙苞事, 程子非之而引徐庶爲案。先師嘗論之曰: "趙苞之卽日決戰, 果失於急遽, 而若以身降之, 則所受之君命, 將不足恤歟? 徐庶事最所大疑, 有母命而不知其僞書, 則往之可也, 往之而母已死矣, 則殺母者誰歟? 雖不能報仇, 忍以身置仇敵之幕而終身不去耶?" 竊恐此論甚當。然程子之意, 乃責趙苞之卽日決戰, 不非其身不降也。引徐庶爲案, 但取其有母命而卽往之義, 不取其終身不去之事也。雖然, 愚竊思之, 此不可以一例責二人也。苞也求其全母而不可得, 則當嚴飭僚佐, 堅守其城, 匹馬單身, 跑出陣外, 而向賊曰: "汝之爲此, 以我故也。我請自盡, 以快汝心。" 賊目所覩, 一劍自刎, 則賊安得不感動而釋其母乎? 以庶也言之, 則其非知母者也。苟明知其母於平時, 則今日之畏死招我, 可知其出於奸雄之詐計, 而我之遽進適, 足以促其母之死矣。當熟講而徐圖之,以求其全母之方, 不可率爾輕投, 自致其終天之痛也。

黃錦溪【俊良】事, 常抱未決之案。蓋錦溪從師退陶先生, 先生期待之甚重, 往復頻蕃, 推獎不已。及其卒也, 甚痛惜之, 侑觴至再, 又撰行狀以表之。吁, 其至矣! 近見沙溪先生「答金巘問目」曰: "黃俊良, 不吉之人。附託乙巳權奸, 爲四館時, 士類異議之人, 稱以逆黨, 多數停擧。其人如此, 退溪先生不知而取之。其所作跋文, 不可廁於朱子書中, 當削去也。" 嗚呼! 一錦溪而兩先正之所好惡如此, 此何故也? 竊嘗思之, 黃公, 豐基人也, 與禮安未遠, 且此是李聾巖之孫壻也。故行狀之末有曰: "某初識公於聾巖先生之門, 相與遊從, 最久且密。愚陋無聞, 得公以警發者多。" 若果有附託權奸之事, 則退陶豈可不知而取之, 而至有得公警發之語耶? 雖然, 吹毫洗垢, 而覓人之疵, 索人之瘢, 鄉黨自修者, 恥爲之, 況沙溪先生而妄貶人至此哉? 此抱疑而未敢決者也。倻相「斥晦、退疏」有曰: "李滉論植與運一節之異端之, 而至於趨時附勢, 嗜利無恥, 終始爲權奸之門客、淸議之所棄。如李楨、黃俊良等若干輩, 或許以道學, 或期以聖賢, 往復書牘, 積成卷軸。寧有頭出頭沒, 老於名利場中者, 一朝可望以道學工程、聖賢事業者乎" 云云。蓋此疏出於一時忮克之心, 固不足以據信, 而抑或毀言一興, 流久不止, 眩惑聽聞而然歟? 未可知也。近聞嶺左人所傳, 附乙巳權奸, 以攻士類者, 實北道黃俊良, 而沙溪誤聞而有是言也。亦未知果否, 姑錄此以俟知者質焉。

"季武子之喪, 曾點倚門而歌。" 出於「檀弓」, 而未敢信也。按『春秋』昭公七年冬十有一月, 季孫宿卒。【傳季武子。】是時孔子年十七, 子路年九歲。曾點次於子路, 則必七八歲左右。七八歲童子, 何敢歌之於大夫之門乎? 設有之, 何責於童子而以是譏其廢禮歟? 蓋「檀弓」傅會之如此類者多矣。但『孟子集註』取而書之, 抑未及考而然歟!

文中子曰: "易樂者必多哀, 輕施者必好奪。" 余足之曰: "足恭者必多詐, 吝己者必慢人。"

『大學』首節小註: "朱子曰'只虛靈不昧四字, 說明德意已足'" 云云。考諸『大全』及『語類』諸書, 未見有此語, 可疑。或謂此是北溪陳氏語, 當考。

晦齋曰: "『文公家禮』, 忌日止設一位; 程氏祭禮, 配祭考妣, 二家之禮不同。" 按此程氏是<u>眉山程氏</u>, 非<u>二程子</u>也。『二程全書』, 惟止祀一位而已。『輯覽』及『增解』俱未及考而疑之也。

"斬衰袵前掩其後, 齊衰袵後掩其前。"『備要』及『增解』俱係以喪服疏, 而今考諸喪服疏, 都不見此語, 可疑。

<u>李雪堅</u>遺事有曰: "公爲<u>文崒陽景虎</u>伸救, 竄<u>白翎島</u>。" 論者謂: "觀此則<u>文崒陽</u>之晚節, 可知其完矣。" 然愚未詳其原委, 不能無疑於心也。今按『國朝實錄』則曰: "初, 前郡守<u>李大期</u>, 以救<u>鄭蘊</u>而攻館儒<u>鄭潔</u>等, 爲通諭道內。二月,【庚申十二年。】掌令<u>蔡謙吉</u>, 自以爲其時掌議, 屢被詬辱辭職。於是三司俱發請罪, 乃竄<u>大期</u>于<u>白翎島</u>。"【止此。】昔者之疑, 今始釋然。玆表錄以示世之如余疑者。

余嘗過一友人家, 壁上揭『朱子家訓』一通。余所未曾見, 輒長跽一讀訖, 顧左右曰: "此文, 格言至訓, 誠治家要訣。但'見色而起淫心, 報在妻妾'一句, 恐涉魘俚; '得意不宜再往'一句, 又涉於計功謀利, 恐非聖賢之言。君子之行, 只視其義與不義. 苟義也, 雖百往何害? 且騈儷之文, 無韻必有簾, 此則無韻又無簾, <u>朱子</u>之作, 決不如此。" 左右皆默然。後考『大全別集』, 亦載此文, 而註之以疑語而已。今觀書肆發行全本, 註曰: "<u>朱晦菴</u>孫<u>柏廬</u>, 承其祖訓而編此。" 余疇昔之疑, 於是釋然矣。但<u>柏廬</u>爲之, 而直曰"『朱子家訓』", 亦誤也。玆識之以示世之讀是訓者。

「계상수록溪上隨錄」(『栗溪文集』卷9)

해제

1) 서지사항

정기(鄭琦)가 스승 정재규(鄭載圭, 1843~1911)와의 일화(逸話)를 연도순으로 기록한 글이다. 『율계문집(栗溪文集)』 권9에 실려 있다.

2) 저자

정기(鄭琦, 1878~1950), 자는 경회(景晦), 호는 율계(栗溪), 초명은 정재혁(鄭在赫)이다. 노백헌(老柏軒) 정재규(鄭載圭)의 제자이다.

3) 내용

정기가 스승 정재규를 처음 만나 제자가 된 일에서 시작하여 오행(五行), 성정(性情), 태극(太極), 리기(理氣), 심성(心性) 등 성리학과 유교 경전 전반에 걸친 주제 및 문인들과의 교유와 제자들과의 일화를 다루고 있다. 정재규의 자는 영오(英五)·후윤(厚允), 호는 노백헌(老柏軒)·애산(艾山)·회송(晦松)이다. 노사(蘆沙) 기정진(奇正鎭, 1798~1879)의 제자이다. 이 글은 정기가 1898년(고종 35, 광무(光武) 2) 10월에 21세의 나이로 의령(宜寧)의 무이계(武夷溪)에서 스승 정재규를 만난 처음 입문한 일에서 시작하여 1911년 2월 13일에 노백서사(老柏書舍)에서 돌아가신 일까지 기록하고 있다. 중간에는 제자들과의 유람하면서 강의한 일과 허유(許愈)·곽종석(郭鍾錫) 등과의 교유를 기록하고 있다. 정재규는 특히 『대학』을 중시하였으며, 『주역(周易)』에 정통하였다고 하였다. 1899년에는 허유(許愈)와 뇌룡정(雷龍亭)에서 만나 정자(程子)의 「호학론(好學論)」을 강하였다. 1900년에는 단성(丹城)의 신안정사(新安精舍)에서 피서(避暑)하면서 문인들과 『대학』을 회강하고, 또 『노사집(蘆沙集)』의 중간(重刊)을 완성하였다. 1903년에는 간재(艮齋) 전우(田愚)의 「양의(涼議)」와 「외필(猥筆)」에 대해 기정진이 주리론(主理論)의 입장에서 이이(李珥)를 계승 보완하였음을 밝혔다. 1905년(고종 42, 광무(光武) 9) 10월에는 을사조약(乙巳條約)의 소식을 듣고서는 침식을 폐하고 영호남의 동지들에게 포고하고, 최익현과 상의하여 노성(魯城)의 궐리사(闕里祠)에 모여 거의

할 것을 도모하였으나 회중의 의견이 일치하지 않아 성사되지 못하다. 끝으로 1911년 2월 12일 새벽에 정기에게 『주자어류(朱子語類)』를 절략(節略)하라는 유언을 남긴 일화를 기록하고 있다. 정재규는 『주자어류(朱子語類)』를 주자의 강학(講學) 요지(要旨)라고 하여 중시하였다. 후에 정기는 이 글을 바탕으로 정재규의 연보(年譜)를 작성하였는데, 『노백헌집(老柏軒集)』 부록 권1, 2에 실려 있다.

3-25-7 「溪上隨錄」(『栗溪文集』卷9)

戊戌冬十月, 始納拜溪上。先生問年幾何。對曰: "二十一。" 又問所以來。對曰: "粗疏
愚頑, 學不知方, 將置身於門墻, 願受至誨。" 曰: "讀書幾多?" 對曰: "自幼業公車,『通
鑑』及『七書』, 十六歲前業已了讀, 而秖要記誦, 尋摘奧旨未究也。自甲午罷科, 所學無
所用, 遂悠泛謔浪, 百惡無所不爲。今秋偶閱『擊蒙訣』, 見'人生斯世, 非學問無以爲人',
忽大驚悟。於是謝絶舊好, 閉戶算念, 至二十九日, 始開卷出聲。今所讀在『小學』書。"
先生莞爾曰: "釋氏所謂阿彌一呼, 萬惡消除, 非子之謂耶? 然一時好意思, 苦難接續,
時時警省也。陽氣發處, 金石亦透, 況此事非金石無孔穴之比也耶?" 仍命講一書。斂
身起, 跪講『西銘』, 略質文義。先生歔欷曰: "子亦有才矣。吾不喜有才者。" 時門下有
才有望, 如權三山、姜汝明輩四五人, 次第物故故。

十一月, 聞先生與南黎許丈約會於雷龍亭, 卽往從之。時士友來者十數人, 講論程子
「好學論」。黎丈稱先生曰: "見得透, 說得精, 常出於人一等。"

南黎曰: "何謂五行之秀?" 先生曰: "五行之氣, 有正通偏塞之異, 正通者乃其秀者也。
蓋原其初而言, 則氣乃太極動靜之所生, 亦無不善, 而旣分爲陰陽二氣, 則二氣之運, 有
屈伸往來之不齊, 而有五行之殊。陰陽五行經緯錯綜, 生出萬殊之氣, 此所謂遊氣也。
是氣也, 騰倒紛擾, 有正通偏塞之異, 此人物之所得以生者。"

先生曰: "旣曰'其本也眞而靜', 而又曰'未發也, 五性具焉', 是泛言性之本體, 渾然眞靜,
而未發時五性就那渾然中, 分別其粲然有條者。"

南黎曰: "'觸其形而動其中',『論語』註作'動於中', '於'與'其'無分別否?" 先生曰: "曰'於'
則動是中之自動也, 曰'其'則動是外物動那中也, 所指微有別, 而言其所動之物事, 則皆
性也, 未始不同也。但以上下文勢觀之, 則'其'字尤穩, 而『論語』作'於', 未知何以。"

南黎曰: "七情, 葉註云云, 於貌狀固然, 而若論七情之標本, 則李華西分配健順五常之

說, 恐無不可, 如何?” 先生曰: “葉氏所論, 就衆人上看, 則情狀固似然矣, 而非所以論情之本實。性發爲情, 苗脈各異, 面貌不同, 莫非天然自有之中, 而其不中者, 乃熾蕩以後之事, 何用苦苦分合言之? 華西說, 遡苗脈而究其標本, 果似得之, 而七情非若四端之來歷眞的而不可增減者也。蓋四端, 單指理之發而言也; 七情, 兼理氣而普說之也。”
農山曰: “情旣熾而益蕩以上, 何必言兼氣之情?” 曰: “其中之動也, 有從道理而直出者, 有從形氣而旁出者, 把直出者, 雜氣看, 固不可也; 指旁出者, 做理看, 亦不可也。其本則一, 而纔發則其苗脈面貌, 亦自有二者之不同也。‘不明’、‘不備’, 正此之謂也。”

南黎曰: “朱子言‘七情於四端橫貫過了’, 愚故曰‘四端乘經氣而直發底, 七情是乘緯氣而橫發底’, 未知如何?” 先生曰: “氣之有經緯, 天地之大分, 雖存乎人者, 豈無是也? 如此說, 恐亦得之。但朱子此言七情, 恐與「好學論」所言者微別, 而似就「禮運」所言者而言耳。若「好學論」則包四端在其中。”

先生曰: “‘先明諸心, 知所以養’, 養字恐是板誤, 當以『論語』註爲正。”

南黎曰: “「好學論」之中言誠, 別有意耶?” 先生曰: “誠, 實理, 聖人之本, 未發而五性具焉, 誠之復也; 其中動而七情出焉, 誠之通也。知所往, 以求至明善、誠身, 學而至乎聖人之道也。論顏子之學聖人, 而不言誠, 則是無頭腦、無骨子底文字。”

『大學』誠意章章句“皆務決去, 而求必得之”, 南黎從退溪說, 以爲“惡則皆務決去, 善則求必得之”。先生曰: “不然。去是棄去之意, 惡惡而有一分不惡者, 挽之於中, 則非誠也; 好善而有一分不好者, 拒之於內, 則非誠也。惡惡則決去其不惡者, 而必得其惡者; 好善則決去不好者, 而必得其好者。” 以此相詰, 竟夕不合而罷。翌朝黎丈起而言曰: “夜來思之, 艾山說似有理。吾當更商。”

先生曰: “志動氣, 是不持志之病; 氣動志, 是不養氣之病。不持志之病常多, 故曰什九; 不養氣之病較少, 故曰什一。志動氣, 亦不可以善邊看, 故程、朱以‘淫辟’、‘源頭濁’等語解之。” 南黎曰: “‘淫辟’、‘源頭濁’等語, 引不善物事, 言志動、氣動之爲兩件事也, 非以志動氣、氣動志爲不善邊事也。今見孺子入井, 必要往救, 自然汲汲趨走, 是志動氣也,苟或往未及井而顚躓, 旋覺其失步, 是氣動志也。然汲汲往救, 常也, 而失步顚躓, 偶也, 故言什九、什一。" 曰: "志動氣、氣動志爲兩事, 有甚難解, 而必欲努力言之, 强把不善邊事, 以明善邊事? 此豈言有物之道耶? 適足以滋後人之惑也。且志壹氣隨, 做善邊事看, 乃在別處說, 非此節之本義也。"

是月晦間, 在爀往留門下, 請讀『論語』。先生曰: "『小學』才畢, 而躐讀『論語』可乎? 且子自功令中來, 所讀必鹵莽, 斷自今日, 自處以初上學樣, 字字鑽硏, 須有一卷書得力, 乃可前進。『大學』是入德門戶, 進道程曆, 非惟爲爲學之次第, 讀書得力, 莫此爲要。" 遂受讀『大學』。

時留學者二十五人, 次第請業。不論敏鈍, 苦口詳說, 字字剖釋, 必令解悟而後止, 自晨竟夕, 少無閒隙, 而無倦疲之色。若有片隙, 則輒讀『周易』, 定數成誦。每鷄三唱, 則微聞誦聲。

謂在爀曰: "君才敏有餘, 而思索不足, 敏底人須用鈍底工夫。" 遂令劄記所疑所聞。或先自發問, 而使之貢對, 對若合理, 則喜形于色, 否則必極口說與, 使之爛熟。然每有疑問, 不憤悱, 則不答。

在爀每夜早睡早起, 或鷄未唱而起。先生責之曰: "勤讀雖善, 必須愛養精力, 早起甚害精, 吾未見徹夜長燈而能成就者。夜必鷄三唱, 然後起之。"

常曰: "心不可一刻閒, 亦不可一刻忙。天命常流行於吾一身之中, 日用間居處恭、執事敬, 便是對越在天。如有一刻閒忙, 便與天隔絶。"

先生嘗手定學規七條, 曰立志、曰檢身、曰主忠信、曰厲名節、曰正趨向、曰闢異端、曰立課程。

令諸生每朝俟師席起盥櫛訖, 以齒序立, 恭行揖禮, 因東西分立相揖, 一人立於堂中, 亢聲讀學規一遍, 然後各就坐。夕後又使一人或二人誦「敬齋箴」與「夙興夜寐箴」訖, 諸生東西相揖, 因各誦所讀書。又拈『詩』之有義旨、有風韻, 可以感發興起人者【如衛「栢舟」、鄭「東門」、小雅「鹿鳴」、「小宛」之類。】, 每夕間歌之。

歲暮, 諸生告師。先生命前曰: "歸家, 切宜勿忘齋中之習, 日用之間, 正要體驗所學。若入齋修飭, 出便放倒, 則眞所謂'末如之何者'矣。" 又曰: "有極辛苦, 方有極快活; 有大疑晦, 方有大通透。魯莽厭煩, 決無有成之理。" 又曰: "人物有貴賤同異之分, 人之一身志氣, 亦有貴賤大小之分; 人之中有華夷貴賤之分, 人之一心理欲, 亦有華夷貴賤之分。此須一一辨別取舍乃可。" 遂著說以示諸生。

庚子正月七日, 往拜之。先生喜曰: "今日, 人日, 景晦至。" 時崔梧坡、炳祜在座。農山翁亦來, 拈韻賦詩。先生謂梧坡曰: "十年東華客, 回頭向寂寞濱, 意象何如?" 梧坡笑曰: "今日始脫洪流而返眞源。" 曰: "雙冀之學, 誤了千古人才。"

先生謂在㶅曰: "子讀『大學』, 意思何如?" 對曰: "前日讀之, 秖爲試券用, 務令成誦, 全不省意味。今奉誨細讀, 如得路脈, 不知天下更有他書, 始覺前日之枉用工矣。" 曰: "此書功深則用博, 看來看去, 俟見大指, 更去看『或問』, 不憚歲月, 必以純熟爲期。"

在㶅以所著文字請點改。先生覽之曰: "全是科文套習, 若脫不得此套, 難以進步。時文是門內之賊, 如垢膩著衣, 非一澣濯可了, 須頻頻點檢, 猛斷根株可也。" 余顙然發汗而退。自後凡時文之會, 絶不與焉。

三月, 往雷龍亭。先生與南黎丈當座, 揭紙榜於屛風, 掛「神明舍圖」於其後, 行釋菜禮訖, 設講席。黎丈曰: "或謂「神明舍圖」'國君死社稷'五字當刪, 此說何如?" 先生曰: "君無殉社之心, 不足以保其國; 學者無殉道之志, 不足以保其心。流俗之言, 何足道哉?" 黎丈曰: "誠然。"

時會者比前減三之二, 盛服者亦少。先生出席正色曰: "立約講學, 豈徇名爽實, 以求觀聽之美哉? 無故不參, 規約云何? 會集之日, 必盛服, 自是前賢成規, 今服道袍深衣者無幾。折柳樊圃, 狂夫猶瞿。今名掛儒籍, 援引聖賢成法, 打成一片, 以爲畫一規矩, 而弁髦之, 土梗之, 若是之甚耶?" 遂作文一通, 以警告之。

四月, 丹城士林以新安精舍之重修告成, 將飲講以落之, 禮延先生。先生將行, 招在㦖曰: "盛禮, 可往觀。" 在㦖與數三友陪從之。既至, 設鄉飲酒禮, 權石愚【載斗】爲主, 先生爲賓。初筵秩秩有可觀, 次第行去, 諸執事多不嫺無序。禮訖, 先生向權奎曰: "君五在而有如是耶? 凡事皆圖終于始, 況盛禮乎?" 蓋責其不使諸執事豫習也。

在㦖問: "明德, 或曰'惟理而已', 何如? 既曰'虛靈', 則虛靈是理與氣合。又曰'具衆理, 應萬事', 則豈可無氣而具應乎? 且氣是盛貯是理, 理與氣不可相離。" 先生曰: "明德之是理是氣, 且休勿說, 但以本心看可也。所謂本心, 卽得於天之明命, 其體是性, 其用是情者也。天下無無氣獨立之理, 若以其盛貯者氣, 而遂合而名之, 則性卽理也。程先生此語, 亦爲不備矣。雖不可離氣而言, 乃其得名之實, 則在理而不在氣也。"

問: "仁義禮智信五者, 皆有體用, 則於應事時, 何者爲體? 何者爲用?" 先生曰: "仁義禮智相爲體用, 而亦各自有體用, 以相爲者言, 則義智爲體而仁禮爲用, 以自有者言, 則仁爲體而惻隱爲用, 義爲體而羞惡爲用, 禮智亦然。"

在㦖受讀『大學』恰滿九朔, 請要讀『論語』。先生曰: "既讀『大學』, 第讀『論語』不妨。然間間通讀『大學』爲佳, 日知其所亡, 月毋忘其所能, 此爲學通法。"

在㦖問: "多年不學, 一朝立志, 未嘗無挾泰山超北海底氣象。然方從事於收斂工夫, 便覺有間斷時, 奈何?" 先生曰: "收斂工夫, 苦難接續, 但旋旋却顧猛省, 則久當有效。若一朝奮發, 便無間斷, 則一蹴可到不違仁地位, 焉有是哉?"

問: "『大學』, 敬也, 而「序」言性; 『中庸』, 誠也, 而「序」言心, 何也?" 先生曰: "敬以存誠, 心能統性。似此問難, 令人頭撞。"

十一月, 在㦖爲本郡校貳之任。先生聞之曰: "閨中處女舉風可乎? 校宮固一鄉首善之地, 而近來習俗一壞, 駸駸爲功利之場, 是豈學者所跡涉者耶?" 因手書一絶詩以戒之曰: "世上光華無足多, 雲間明月葉中花。惟有一端無上事, 十年堅坐做吾家。"

又曰: "人之一生, 吉凶禍福, 莫不有命焉。不知有命, 則爲外物所搖奪, 念慮所發, 耳目所見聞, 妄意踰分, 無所不到, 終焉誤身而不悟也。故孔子曰: '不知命, 無以爲君子。'"

又曰: "學者須先立志, 志不可徒立也, 在乎窮理以致其知。苟能眞知是理之所當爲, 則爲之, 自不容已, 志於是乎立。若立志不高, 則所學皆常人之事。故顔子曰: '舜何人? 予何人? 有爲者亦若是。' 孟子道性善, 必稱堯、舜以實之曰'人皆可以爲堯、舜', 豈欺我哉!"

辛丑三月, 在嶸約一二友携書入姜氏 白雲亭, 鄕隣冠童從之者二十餘人。先生聞之, 以書戒之曰: "未知與之遊者, 有勝己者否乎? 若公無資於人, 而人資於公, 則在公有'賜也日損'之慮, 在人有由己誤他之慮, 寧非可憂乎? 且日間起居動作, 尤宜加愼, 爲傍人之視效, 然後乃可自立而立人。公之擔負, 不亦重乎?"

五月, 先生與奇松沙、崔溪南、趙南洲諸丈會于新安精舍, 議重刊『蘆沙集』。議定, 定再會日于六月, 任事諸員亦擇定鄙名。在直日先生以是招之。及期, 往溪上。因陪從至新安, 會者百餘人, 而數萬金大役, 無以猝辦。國俗每有斯文大事, 則必排錢于各道各郡, 而勒捧折閱, 爲弊不一。先生懲是, 宣言於會中曰: "慕賢出於好懿常性, 强人之所不肯, 非士子所當爲, 勿效俗規, 聽各隨力出義可也。" 會中咸曰: "唯唯。" 先生先錄三百金。會者次第殫力, 未及會者亦皆聞風從之。於是物有裕而事底速成, 時人嘆其有經濟之手矣。

七月, 先生以新安刊所書役煩劇, 招在嶸。承命往視之, 刊規甚嚴, 務要節儉, 食料粗惡, 人不能堪, 往往有潛避者, 而先生處之晏如也。事役浩煩, 凡百酬應, 先生無不句當, 而常閒閒如也。蓋擇人任事, 隨其材而用之, 措畫一定, 無有差錯, 時稱作相之器。

在嶸以貧窮妨奪, 業不專一爲憂。先生曰: "此自志不立者言之, 不曰不然? 而孟子所謂'凡民也'。'士尙志', 而猶云云, 則何足與議哉? 苟爲貧窮所奪, 獨不爲富貴所奪? 志帥不立, 則無往不見奪, 奈何奈何?"

諸生有以才氣極鈍, 學不逮人爲憂者。先生曰: "假如人能舉百斤, 則爲有力人; 不能勝一斤, 則爲無力人, 有無豈不相懸? 百者一之積也, 一斤而又一斤, 則雖僅能一斤者, 百斤可舉。夫力不可强而至者, 而善用之, 則一斤者可能百斤。況心之虛靈, 不拘於稟受, 可以變愚爲智, 變不肖爲賢, 是在自强之如何耳。"

壬寅正月, 承先生命, 趨往溪上。則先生已命駕于刊所矣。

遂追踵之時, 以奇松沙、鄭日新有約不來爲悶, 以集中一二篇文字, 有可商量者也。蓋一二篇, 當初活印時, 先生與金大谷, 皆以松丈之汲汲刊布爲慮。至是先生更申前意, 及松丈至, 決意登刊。

四月, 刊役告成, 行飮禮以落之。時湖、嶺士友會者, 無慮七八百人。先生命在爀主客。辭曰: "主客事煩, 非粗疏可擔, 且無暇觀禮, 請改之。" 先生曰: "不可。此亦學問中一事, 開卷了了, 臨事昧昧, 是誠何學? 聊以試君耳, 祗母忽加愼也。"

時有忮克輩, 以「猥筆」爲攻斥栗谷, 飛文構捏, 將爲破板之擧。先生曰: "噫! 此世變也。天地有盛衰之運, 聖賢有屈伸之會。以栗谷之大賢, 而尙遭誣賢之律, 有已已黜享之變, 況於今日罔極之時乎? 然則此非我師門一時之厄會, 又非我諸子容力之地, 祗得靜以竢之百世之公論而已。"

運送刊板于長城。先生與諸士友, 餞于河東之蟾津, 在爀奉杖以從。臨別, 南立巖廷瑀、權松山奎諸友, 請余作雙溪 七佛之遊。欣然諾之, 請于先生。先生許之, 因曰: "吾自有山水之趣, 方有山水之樂。不然, 彼自汪汪崒崒, 而吾乃依舊是淺狹汚下, 何遊觀之有哉?"

五月, 崔勉菴先生南下, 先生迎見于新安社。時一種人斥蘆翁者, 發通道會, 爻象可畏。先生具言其由。勉菴曰: "屈伸有數, 假使彼乘勢壞板, 亦何足深憂也? 自古聖賢皆有屈伸。" 仍號一律曰: "藥水、蘆山鎭我東, 尊賢彝性古今同。難將些少粗豪氣, 釀出尋常侮慢風。衛道講疑豈曰誣? 因時救病亦云功。吾儕相食令人愧, 逆旅無眠坐夜中。" 先生和之曰: "椵稷遊魂復返東, 摘言詆誣古今同。天下固多生別事, 人間已久死淳風。栗辨陶差何足病？朱評程誤反爲功。公論不待百年定，三復淸詩激我中。”

先生與勉翁遊觀於山水間，登頭流絶頂，轉入紅流 海印，至南原之泉隱寺而別。時晉州 李相敦者飛文各處，詬辱勉翁，罔有紀極。江右士林忿憤發文，將爲道會聲討之擧，以質於先生。先生曰：“‘犯而不較’，‘不報無道’，聖門相傳心法，而吾儒之當世守者。此事自主世道者言之，固不容捨置，而自吾輩言之，當以勉丈之心爲心，置之不足道可也。”時有譏先生自處以聖人者，而亦不數焉。

在爀曰：“今之學者，開口便說理說氣，立赤幟、較勝負，有若對壘相攻者然，是果何學？直欲杜門閉口而不與之交也。”先生曰：“時學之弊，誠如君言。然懲此而欲杜門閉口，則却恐惡人說河而自甘渴死也。但以錦綱立心，而務欲實得於己，則其所疑所得，不得不與師友講討，蓋以不敢自是，不敢自足也。”

癸卯，是先生回甲年也，元朝，次『蘆沙集』中韻，以寓莪蒿之感。

正月，往拜之。先生命留門下，俾敎童輩曰：“君之乍往乍來，不能久留，以資糧之難繼也。吾念此事，兩相不妨，暫試之也。”在爀曰：“蘆翁以敎兒受米，爲不素餐，何如？”曰：“道理則然。然衣食不俯仰於人，方可自運吾身。若繫著於人而脫不得學究之名，則有何足觀？”

在爀曰：“受讀『論語』已三歲矣，而終多窒礙，且未嘗不知其好之，而未敢與論於舞蹈之地，奈何？”先生曰：“讀書有窒礙，是會思者也。‘思之思之，又重思之，鬼神其通之’，此豈無其理而先哲屢言之耶？知而好之，雖不如樂之者，然好之不已，則亦將有樂之之日。所謂手舞足蹈，豈希覬強探之所可得乎？”

先生於凡往復應酬文字，必使在爀倩寫，或呼未終而先寫，間有訛誤。先生頓曰：“終涉氣輕。”

余別置冊子, 抄先生日用文字。先生見之曰: "抄此何爲? 毋徒勞也。惟經義答說, 是吾精力攸在, 可不棄也。近世儒者, 能說經義者, 吾見鮮矣。"

先生曰: "變化氣質, 自古稱呂東萊, 以今言之, 周允近之矣。周允少時性愎, 少不愜意, 便暴怒, 雖於長者, 必勝乃已, 至論文義, 固執己見, 不數人言。弱冠以後, 漸就坦平。今則似消融了。" 周允, 農山翁字也。

或問色目之說。先生曰: "士之難, 不在於學之不博、言之不工, 惟自拔於流俗, 最爲難事。苟欲學道, 則道是公物, 學非私說, 惟善是取, 何彼此之足問? 又何世守之足云哉? 先師嘗言: '今士大夫之東西南北, 果何名目也?' 欲學古人, 古人無色目。" 是以遊其門者, 無色目之說。

三月, 先生往德山, 哭曺復菴, 因入中山。中山, 趙月皐僑居也。月皐有詩曰: "閉口休談蠻、蜀鬪, 平心祇看洛、閩書。" 先生和之曰: "慙負初心成白首, 幸逢同志讀朱書。" 轉到碧溪菴, 留數日而歸。

是年夏, 無麥, 人民嗷嗷, 淸冷蔬粥, 非衰老可堪, 而先生朝夕對之, 少無厭色。或憂之, 則曰: "存活得過, 則已泰通矣。吾輩無死節, 處雖固窮, 餓死亦節也, 何憂之有?"

時輩攻蘆沙而連及先生, 晉州道會專爲罪狀先生云。先生聞之, 笑曰: "區區賤名驕於擧國之口, 老去光華多矣。"

時彼輩會於宜寧、晉州、尙州、開寧之間, 將爲叫閽之擧, 禍福若將朝夕至。平日從之遊者, 或絶戚姻而去, 或有改頭換面, 更名他師者。先生曰: "一貧一富, 交情乃見, 何足道哉? 吾師之道, 天也, 彼焉能殄滅得哉? 吾輩之可懼可憂者, 惟不能盡力於傳習, 未得展拓而推明之也。若其毀集與未, 猶屬第二耳。"

丹城 李道復者, 出入門下數十年, 書疏必稱小子, 至是致書先生, 小子變爲敎生, 敎生變爲下生。前後書皆諭之以引過勿屬, 不然, 又增一層罪案云。先生答之曰: "罪案之說可笑。此事於賢者却是外事, 盍於自家心身最切近處勉勉哉?" 或爲道復分疏, 因請先生恕容而勿絶。先生曰: "絶不絶在彼, 我何與焉? 渠本自粗率無見處, 怵於禍福宜哉?"

艮齋田氏適於是時, 特辨「涼議」、「猥筆」, 傳播四出, 以助波瀾。先生曰: "彼咆哮之輩, 不足道也。此則自以爲明道者也, 自以爲發揮先賢者也, 而乃遺却先賢宗旨, 頭戴其偶失照管者, 張皇敷演, 使先賢眞面掩翳而不章。至以「猥筆」中所論今人之弊者, 一切謂'正指栗翁', 又或謂'正指朱子', 費盡心機, 自以爲捉得眞臟。所謂「涼議辨」者, 亦如之。此而不辨, 奈東方道術何? 此而不辨, 後生少年之知見未的者, 其幾何不見蝕乎?" 遂逐條論辨, 使後學不迷於所擇。又作「辨誣文」一通, 以示諸同志。

艮辨每援引古語, 截去首尾, 單摘一句, 以證己說, 見人論議之與己相違者, 則亦舍其原委, 巧舉其可瞞人者, 以爲'正指朱子', 肆罵人、抑勒人, 無所不用其極。先生每曰: "使此人執朝政, 善坑殺人。"

權校理鳳熙靈車過山外, 先生聞之, 歔欷曰: "生平舊交乃至是耶?" 因口號一絶曰: "童遊相識到紛如, 嶺海當年走一書。交情隨手成翻覆, 雲雨都忘却憶初。" 或曰: "是曾冒危敢言者, 胡乃於結裹之年, 釀成忮克之風也?" 曰: "渠本無見處, 被人所動了。"

十月, 朝廷以儒臣筵薦, 除肇慶廟參奉。先生曰: "匪據不就。"

俛宇郭丈自京下, 以書來曰: "朝廷方三遞而三還付本職, 以待上來。" 又曰: "出身事主, 由此權輿, 不可以不一出以答上意。" 先生復之曰: "草莽賤名, 上誤詿纊, 庸非罪歟? 示諭何不相悉之甚也? 某也雖愚, 豈不聞不仕之爲無義? 且祠官一命, 初不係於出處之重輕, 但'出身事主, 由此權輿', 則豈可不自量而入乎?"

勑旨三度下來, 奉以告家廟, 略曰: "朝廷眷注, 匪夷所思, 此豈不肖所能致? 然實是餘慶攸及, 相時度才, 雖不敢從任, 仰念慈廔, 亦不敢不告"云云。

書疏封面往往有稱徵士者, 先生非之曰: "徵士, 自上有敦諭下降, 方可稱。是一命郎啣,烏可當之哉?"

十一月十一日, 先生初度日也, 遠近士友滿堂, 胤子鉉春欲擧觴。先生止之曰: "'孤露哽愴', 昔賢不云乎?" 命朝飯與農山翁兼槃, 勿異常時。

李正言宅煥、鄭青松圭錫諸公, 營豎尤菴所撰南冥神道碑, 而序中"東溪"一段爲未穩, 請點化於先生。先生答之曰: "此是誤看也。蓋百世師, 聖人也, 以稱於聖人者擬先生, 則有所不敢也。然朱子旣用之於東溪, 則於先生亦何不敢之有? 但以稱之於東溪擬先生, 亦未知如何云爾。其斟酌致意, 反不重於泛稱百世師者耶? 且已成之文, 誰敢犯手?"

甲辰正月, 余往拜。時鉉春與其從弟鉉昺作咸安唁行, 仍爲遊觀馬山之計。先生命在爀偕之曰: "誦讀之暇, 遊觀發舒, 亦學問中一事也。但'言忠信, 行篤敬', 聖人云何? 時時警省也。"

二月, 坊中人要行里約, 請于先生。先生手定節目以與之。蓋勸善、懲惡、力本、救患, 四條也。勸善: 曰修身謹行者, 曰孝弟于父兄者, 曰親睦于宗族者, 曰和於隣比者, 曰信於交遊者, 曰恪守本業者, 曰富而能廣施惠者, 曰貧而能守廉介者, 曰能畏公法者, 曰能早完國課者, 曰能受人寄託者, 曰能救人患難者, 曰能導人爲善者, 曰能爲人謀忠者, 曰能爲衆集事者, 曰能解人鬪爭者。懲惡: 曰酗酒喧競者, 曰雜技賭財者, 曰少故爭鬪者, 曰非理好訟者, 曰少而慢長者, 曰常人而侮兩斑者, 曰富而吞貧者, 曰强而凌弱者, 曰與人共患而自拔而陷人者, 曰與人共事而欲專利者, 曰與人要約而退却背違者, 曰受人寄託而欺負者, 曰造爲言端而熒惑衆聽者, 曰誣人過惡者, 曰發揚人之私隱者, 曰喜談人之舊惡者, 曰交結左道及無賴者, 曰怠惰浪遊者, 曰任事廢忘者, 曰假貸而白賴不償者, 曰用度不節者, 曰吉凶闕慶弔者。力本: 曰耕耘耔雇無至失時, 曰守望相助以防草竊, 曰疾病相救, 曰有無相資, 曰起懶防遊, 曰互檢勤惰。救患: 曰救水火, 曰防盜賦, 曰恤孤弱, 曰辨誣枉, 曰賑貧乏。先生勉之曰: "凡事圖終于始, 若有始而無終, 則反不爲局外人所笑乎? 欽哉欽哉!"

先生曰: "昔侍沙上間, 席與金大谷諸友有講論文字事, 著衣束帶, 三晝夜不寐。大谷才過一夜, 便困倒了, 此其精魄少, 所以不壽也歟!"

嘗曰: "天地之氣至剛, 故能透過金石; 人之志至剛, 故能不屈於慾, 而常伸於萬物之上。"

又曰: "道義問學, 常思勝於己者; 居處飲食, 常思不如己者。"

諸生或有几席不修飭者, 先生責之曰: "几席整齊, 亦正心之一事, 程子所謂灑掃莫更快活爲是也。且『大學』之誠正修齊, 亦自灑掃中來。"

余問: "今世繼絕之路太輕, 出繼, 罷繼, 有同兒戲。此非不待朝廷禮斜, 而兩家父私相與受之故也歟?" 先生曰: "然。" 因說: "吾鄉有權信甫氏者, 曾爲其叔父後而服三年, 後以未有啓下, 罷繼還歸。 此據尤菴所論'正得昨非今是之義'而然也, 然鄉里多有議之者。昔某侍沙上, 以此質之。則曰: '此人有所據也, 誰敢議之?' 然尤翁若在今日, 則未知又如何也。但今世繼絕之路, 甚廣且太輕, 極爲寒心。某嘗緣此而反復思之。蓋無啓下, 則不得爲繼子, 禮律然矣。然父命亦重, 兩家父相議成文, 而與之者, 固嘗以出后子視之矣; 受之者, 亦嘗以繼后子視之矣。己之爲之也亦然矣, 一朝遽然罷繼於兩家父俱歿之后, 則己涉重難, 而且亦嘗書籍, 則固已告君矣, 載之王府矣。今世士夫家已成俗例, 而朝家未有禁令, 則昨之私相與受, 固非矣, 今亦未知其必是矣。蘆翁之言, 或以是耶?"

先生曾於乙亥居憂時, 因李寒洲『四禮策題』中條問, 逐一置辨, 名以『或問』。至是更加修整, 命在爀繕寫, 因曰: "禮也者, 有家日用之常體。於此生疎, 則無以爲學。"

問: "父母有朞以上喪, 而行子之冠禮, 何如?" 先生曰: "父母有朞以上喪, 而行冠禮, 大違『家禮』。古者冠昏異時, 今俗因昏而冠。昏禮旣據前輩草土中行子女昏嫁而行之, 則寧可不冠而昏乎? 然筮賓行禮, 恐終不可。"

問: "今俗喪人執杖, 哭靈位前, 終三年, 何如?" 曰: "祔杖不升堂, 況靈座前乎? 俗弊不足言。"

問: "禮無出入杖, 今俗別用小杖。" 曰: "禮, 喪人無出入, 何論杖之有無? 但爲喪事及不得已之故, 則從俗亦不妨。吾亦前喪出入時, 仍用苴杖, 後喪力不能堪大, 別用小杖。"

問: "爲人之後妻者, 夫死無子, 而當其前妻之忌日, 則紙榜何題? 若有神主, 則不可以夫死改題。推此則直書'亡室孺人', 何如?" 曰: "若有神主則固然矣。然今自書紙榜, 則夫已死而用夫生時例不是, 當曰'顯辟亡室孺人'可也。若有服內之親, 則服親當主之, 紙榜亦隨其屬而書之。"

問: "'顯辟'辟字, 何義?" 曰: "辟, 妻所法式也, 註說如此。"

問: "朱子曰: '五臟之心, 非心也, 乃心之神明升降之舍也。' 勉齋乃以應萬物之心爲神明之舍。" 曰: "大殿, 非君也, 乃君所居之宮也, 此分辨而言之者也。若泛言君, 則只曰大殿, 亦可也, 此勉齋之說也。若勉齋說不善看, 則恐以心專做界至看, 卽朱子所謂血肉之心, 君子不心焉。"

問艮齋性尊心卑之說。曰: "此蓋以心單做氣字看故也。若是則'心統性情', 張子說得不好, '心主性情', 朱子亦非正見, 心與理爲二者, 反爲聖人矣, 豈不可駭乎?"

或曰: "丙丁以後, 士君子不當出身, 出則便害於義。" 先生曰: "似此議論, 甚正大高偉。然以之自律可也, 律之於先賢, 則恐有說不去處。"

先生曰: "所謂南臺者, 朝家之禮待, 固異於科第出身者。然其爲南臺者, 苟不欲臣於朝, 則凡除拜告身, 當不受恩例俸賜, 皆當一切辭之。今不然而坐餉朝家之厚禮, 至於君有失德、國有變亂, 則以曾子之處於沈猶氏者處之, 未知其何義也。"

四月, 先生聞南黎丈病甚, 致書, 遣鉉春問之。還言其不可爲, 則先生卽躬往, 半塗承實, 遂令農山翁及柳晦岡稚均往視飯斂, 歸而爲位哭之甚慟。以是月二十七日, 爲文往祭之, 欲服一條麻以表心, 而國服在身, 不可得以表之。每於月朔爲位哭之, 終三個月而止。

農翁自德村喪所歸, 言其襲用緇布冠。先生變色曰: "何不禁爲此? 不但有違於古禮'死者不冠'之文, 其於嵬磊難用, 何哉?” 農翁曰: “其門下人據許氏『士儀』而用之, 人言不自入。” 曰: “歷考禮書, 無襲用冠之文, 而許氏特因『綱目』‘吳 張昭卒, 遺令幅巾素冠, 斂以時服’之文而用之, 其取舍之意, 不可知也。許氏每好用古禮, 而於此却不從, 亦何也? 旣非古禮, 又非『家禮』, 又非俗制, 而隻見創制, 恐非周公之德之盛不敢爲也。且黎翁平日不甚取許『儀』, 眞所謂二三子者也。”

問: “許『儀』曰: ‘『論語』曰喪與其易也寧戚, 此必爲易而不戚者發耳。苟得之爲有財, 戚而且易, 則於人心得無恔乎?’ 此說何如?” 先生曰: “易則過於文, 戚則不及而質, 二者皆非中也。故本文於易字上必著與其字, 戚字上必著寧字。蓋易則必不戚, 戚則必不易, 必須致哀而不至於戚, 以禮而不至於易, 合乎情文, 無過不及, 而止於先王大中之制, 然後於心恔矣, 於禮得矣。『集註』之意, 蓋亦如此, 而許氏以戚易爲篇名, 而其言如此, 恐非聖人‘與其’、‘寧’三字之意。子曰: ‘與其史也, 寧野。’ 史而且野, 則可謂文質彬彬然乎? 又曰: ‘與其不遜也, 寧固。’ 不遜而且固, 則可謂中和之道乎?”

五月晦日, 先生親忌也。李剛齋來訪, 以方致齊不見。翌朝始見之, 相敍數十載阻懷, 娓娓款討不止。

先生每於致齊之日, 早起櫛髮沐浴, 遂下山歸本第, 不以風雨寒暑而或廢, 不以衰病疲癃而少弛。

先生嘗於親病思瓜, 以非其時而不得進, 自是終身不食瓜。

七月, 天鼓聲忽起東方, 自丑時至巳時而止。未幾日, 大風大雨, 山野震蕩, 漂家溺人, 不可勝計。先生嘆曰: “天之降不祥如此, 而畢竟無事者, 未之有也。今豺狼縱橫邑村, 束手被掠。人於是時, 必須猛著精采, 自作主宰, 不爲逐波浮苴, 乃可以自濟也。”

八月, 先生遷兩親墓於文谷, 營買山地, 附棺治壙, 殫竭心力, 罔有攸憾。

先生自奉甚儉約, 衣麤食惡, 人所不堪, 而常晏如也。至若奉先儀物, 必盡力焉。

趙月皐訃書至, 先生爲位哭之曰: "先進亡矣, 後死誰因?" 九月, 先生往赴。月皐葬於德山之中山。余陪從之, 路中問: "在爇於月翁, 雖無面謁, 而景仰則深矣。要呈挽語一二句於几筵, 何如?" 曰: "何妨?"

十月, 至權明湖廬次, 其母祥之翌日也, 待客設酒肴。先生曰: "明湖而有是哉!"

湖丈執喪甚嚴, 不食蔬菜, 毀瘠頗甚。先生嘗以書戒之曰: "舜卿讀四十年書, 而乃不識活孝之義耶? 古之孝子, 固曰自盡, 固曰謹禮, 而於衛身之節, 亦不可看作第二義, 況五十以上許以酒肉資助乎? 不進蔬菜, 曷嘗爲衰老設? 近世以來, 喪禮毀敗, 習俗恬不爲異。故每於少年朋友, 不敢作循例慰語, 未嘗不致意於謹禮致哀之意, 而今於舜卿乎? 獨勸以酒肉開胃者, 豈無以乎?"

先生勉權奎曰: "學貴有體有用, 於天下事物之變, 一一把來, 次第入思議, 若身親當之, 以覈其是非得失之歸, 然後可以展拓開廣, 而事理相涵, 知行一致。"

時象日非, 剃緇之變, 若在朝夕。時丹、晉之間, 項髮輕重之說, 紛紛然起, 採其言根, 皆歸之郭俛宇。先生聞之曰: "俛宇豈有是言哉?" 其說久而不止, 則先生始疑之。因書試及俛宇曰: "項髮輕重之說, 兄亦聞之否? 誠若說者之言, 則如紹興三士昧於輕重之分, 而不免傷勇者也。蓋士有以道殉身時, 亦有以身殉道時。今之時, 果何時? 願下一言, 以開時人之惑也。" 及俛令答書來, 都不說義理輕重, 但云 "卽今天下, 不剃髡者, 印度與我國。聖人之道, 必不殄滅乃已。子思所謂 '舟車所至, 人力所通, 天之所覆, 地之所載, 日月所照, 霜露所墜, 凡有血氣者, 莫不尊親' 者, 可執契以俟" 云。先生見之, 心甚不快。

十一月, 世子妃閔氏薨。上哀其無子而殀, 令國中大小民人皆服之如坤殿之例。諸士友紛紛質問, 先生曰: "今番國服不必言, 時王之令, 誰敢從違也哉!"

余每苦離索, 且就學無資, 始乃搬家于勿溪亭之傍。先生憂之曰: "朝夕相從, 豈不是喜事? 但世間隆替, 未可測度, 匪喜伊憂。" 遂使其族黨稍贍者, 爲之典接焉。

時留門請業者, 三四十人, 臨歲各告歸。先生爲賦「志帥」六章以示之曰: "今世路板蕩, 人化爲獸, 邪敎縱橫, 聖學將亡。苟不立萬折必東、百鍊彌剛之志, 難乎免矣, 念哉!"

是冬靑魚極貴, 一尾可百錢。金周鉉家歲饌有靑魚二尾, 而經蒸熟者。先生以不得薦廟, 不嘗焉。

乙巳四月, 先生與農翁及李是菴、權明湖登闇堀山, 從之者四十餘人。是夜宿于白蓮菴, 菴甚靜寂, 風淸月朗。先生命諸生各誦『詩』、『書』一章, 終之以朱夫子「招隱操」, 又各賦五言一絶、七言一絶、律詩一首。仍命南廷瑀及在爀記其事。在爀未就焉。

歸路入龍溪, 鄭聖擧丈進一笏石於先生, 長二尺强、廣三寸弱、厚寸, 端直平正。先生愛玩不已, 命諸生持歸。趺而植之, 置之中庭, 仍作銘以表之。

每値月夕, 曳杖于庭除, 令諸生各誦一章, 因自誦「(衛)[鄘]33)風·柏舟」之詩, 聲音琅然, 氣節慷慨, 聞者聳動。

或有送酒者, 雖少, 每招諸生列坐, 令少飲之。或有分外飲者, 輒呵禁之, 因微吟康節 "(愛)[飮]34)酒愛微醺"之詩。

先生說『易』却云: "今人說到那天下至微之理, 便人人說出口頭了了, 却到天下至著之象, 便恁地暗昧, 此甚麼學問?"

在爀問: "『孟子』'怨慕', 『集註』謂'怨己之不得其親而思慕也', 竊恐非。孟子本意, 若但'怨己'而已云, 則萬章何以更問曰'父母惡之, 勞而不怨。然則舜怨乎'云爾乎? '「小弁」, 小人之詩', 『集註』乃曰'舜猶怨慕, 「小弁」之怨, 不爲不孝也', 無乃與此相左乎? 朱子又曰: '親之過大, 則傷天地之大和, 戾父子之至愛。若此而不怨焉, 是坐視其親之陷于大

---

33) (衛)[鄘]: 저본에 '衛'로 되어있으나, 문맥을 살펴 '鄘'으로 수정하였다.

34) (愛)[飮]: 저본에 '愛'로 되어있으나, 『朱子語類』에 의거하여 '飮'으로 수정하였다.

惡, 恝然不少動其心, 而父子之情益薄矣.' 然則此恐直做怨親看, 如何?" 先生曰: "見得是, 然吾所抱疑而未敢言者. 此當留作商量, 切勿筆之於書, 輕犯先哲句語也."

問: "李華西謂情之有喜怒哀樂愛惡欲, 猶性之有健順仁義禮智信, 因以喜屬陽, 怒屬陰, 愛屬仁, 惡屬義, 樂屬禮, 哀屬智, 欲屬信. 此說何如?" 先生曰: "此與蘆沙先生'從外面歷數, 偶然滿七'之說不同, 必各有見, 正合商量. 以我所見, 欲之屬信, 與「禮運」本旨似不同. 「禮運」言七情, 而下文以欲惡對擧, 爲情之大端. 今惡以屬義, 則欲當屬仁. 且哀之屬智, 其情狀意思, 殊未炯別. 哀是愛之發而惡之極也, 特配於智, 未知其宜. 蓋喜樂愛欲一類, 而四言之; 怒惡一類, 而兩言之. 以此例之, 則哀之類有悲, 懼之類有憂, 而不言之, 何也? 然則此不可與四端之來歷分明, 增不得、減不得者, 比而同之也. 且又七情以男女、飲食、死亡、貧苦、攻取之欲言之, 非若四端之根於性命, 而各有脈絡界分, 粲然有條也."

先生曰: "敬字, 用力之方, 程門諸公之說備矣, 而謝氏'惺惺'之云, 最難下手. 纔有意惺惺, 則便爲此意所汩亂, 又無意則便昏昧. 有意、無意之間, 必有一要妙之方, 可得聞歟?" 在爀對曰: "惺惺, 非主靜, 難識. 如小子心常汩亂, 豈能有驗得此要妙之方? 竊以常字意推之, 則常常警惺, 少無休歇時方是. 如整齊嚴肅, 主一無適, 便是惺惺要妙之方, 舍此恐更無別方." 先生曰: "然. 向所謂有意而無意, 乃其節度."

或以牽汩俗宂, 恒多妨工爲憂. 先生曰: "此志不立之病也. 志比則帥也, 帥不立則勇卒無用; 志比則元氣也, 元氣脫則神藥無功. 學者誰不欲立志? 志鮮克立, 習俗沮之也. 有植木於此, 其材可以干霄, 一爲藤蘿之纏繞, 荊棘之蒙蔽, 則不屈曲而癱腫者幾希."

余新寓他鄉, 家務無人管攝, 日事眈歜, 涉旬不對案. 先生責之曰: "事有大人小人之分, 駿駿然眈歜而止, 則築底處落在何方?" 余赧然槇汗, 遂發憤對案, 咿唔不絶. 隣人告余以水田乾涸已數日矣. 先生聞之, 又責之曰: "仰事俯育, 將賴于誰而全然不顧也? 事理相涵, 體用該備, 方是爲學."

五月, 聞讐虜脅我君上, 有五條約之議, 嘆曰: "國君在讐圍之中, 爲臣民者, 豈忍居食如常時?" 遂含痛入山, 不受妻子支養, 使諸生炊爨, 如粥飯僧貌樣。

國事日棘, 八域有志之士萃于京城, 號曰"儒約所", 將與讐虜爲談辦計, 齋通遣人問質於先生。先生痛下辭辨, 勉其施措, 寄詩一絶曰: "童踦曾不殤, 臺僧亦表章。寄語東方士, 及時須自强。"

八月, 奇松沙來訪, 相與道吾道之衰敗, 時事之顚倒, 一言一涕。及其別也, 遠將于數十里外, 歔欷相揖曰: "此將闊別。" 悵然久之。

九月, 余與金翼夫作湖南之行, 進曰: "一遊湖南, 營之久矣。時象日急, 不可以延, 敢請。" 先生頷之曰: "觀山、觀水、觀人、觀世, 合觀者甚多, 而惟在觀者之如何。子其識之。" 因致書于日新、松沙諸公, 惓惓以勿孤其遠來之意及之。

十月, 郭俛宇承召將西上, 以萬億齊聲與彼虜談辦之意, 致書于先生。先生復之曰: "見危授命, 人臣常法。令兄此行, 斷當以文山 燕獄爲稅駕之地。此志旣立, 隨機應變, 或不無一線可通之路矣。示諭萬億齊聲, 在今時義。惟此一事, 實爲轉移之機。" 因陳數條, 勉其鞠躬盡力。

二十一日之變報至, 先生愕然大驚, 惻然下淚曰: "國果亡耶?" 遂憂憤成疾, 幾廢寢食。

時嶺右儒士皆注視先生動靜, 日來塡門。先生揚言曰: "吾東人士, 雖草野閒散, 五百年受國恩澤, 有中州世祿之義。今賊臣賣國, 宗社將墟矣, 圖籍將輸矣。吾君之爲靑城、五國, 迫在呼吸, 乃曰'我無責矣', 悗也永嘆而已, 則是於道理事體, 何如也? 且疆土人民盡入讐虜之統監, 吾輩皆將爲俘虜矣, 不死何爲? 死耳, 聲義而死。然驅市擧旗, 是自送死。惟萬億齊聲, 徒手闊袍, 奔走西上, 一邊叫閽, 使上心有所憑依, 一邊控于各國公館, 以明公法之不然。又與彼虜談辦, 以著士氣之不屈。彼雖欲殄滅之, 萬國公法猶有顧忌, 庶可有望於萬分有一之中矣。且方聖上之拒絶虜約也, 內自大小廷臣, 外及儒賢, 以至紳士人民, 悉數而備言之, 其丁寧惻怛之意, 溢於辭外, 這便是龍灣哀痛之詔也。哀我人士, 將何以報答聖意?" 遂馳文遍告湖、嶺諸同志。

十一月, 先生慨然發西行, 門生知舊數十人從之, 遠近人士聞風而起者亦數百。余欲陪從, 而空手躕躇。先生謂晚松及諸公曰: "此行必多文字事, 景晦多年在傍, 隨呼應寫已熟, 此行不可無此人。" 諸公以風詠契物, 辦資斧以與之。

過故縣, 遠近士友來餞者以百計。有權命熙者請見, 權是攻斥『蘆沙集』而發通者也。先生以胡、越同舟之義許見, 而接語則未也。權憮然而退, 先向沃川去云。

行至居昌之高梯, 咸陽 鄭承旨【承鉉】修書, 遣其子淳中, 以質冒哀赴闕上疏之義。先生答之曰: "冒哀琅玕, 昔賢有行之者, 據而爲說, 亦可矣。欲爲奔赴之行, 則恐未然。自上有起復召命, 非有已亂之才, 不當出, 蓋以所在致死之義, 不敢不盡也。"

至沃川, 先遣鄭國道、金翼夫探京奇。翌日, 至錦山界, 翼夫還報曰: "俄見俛宇令於沃川。" 仍進俛書, 略曰: "大議已決, 新約已頒下, 天下事無可爲者矣。彼人嚴訊, 疏儒一齊拘囚。兄輩雖進, 無下手之地, 不如痛泣而歸。弟承卽爲入來之教, 而在道治疏, 以陳其不可進之狀, 浩然長歸, 待命于本郡公館"云云。先生覽訖, 慨然曰: "東方士氣, 殺之盡矣。人之處地各異, 此人在今日, 可如是而已乎?" 遂答其書, 略曰: "旣承卽爲入來之教, 則不宜浩然長歸, 其無終南之戀耶? 且旣在途治疏, 則恐當待命, 更以爲進退可矣。卽爲拂袖還鄉, 待命本郡, 於義未知如何? 兄之處地, 非吾輩之比, 勿以'無可奈何'四字, 自做目的"云云。農翁曰: "今番此擧, 雖創自京儒, 吾嶺則此令實倡之。而此令旣下, 則前者隨之, 後者亦壞矣。獨進奚爲? 眞不如痛哭而歸。" 先生曰: "唯唯否否。旣已半途矣, 不可遽然罷歸。聞勉菴在家, 就彼更商之爲宜。"

至定山, 使人納刺。勉菴蹶然迎謂曰: "方病漸盡, 得見艾山, 頓覺蘇惺。" 先生曰: "今日何日而大監尙在家也?" 勉翁曰: "聞變倉皇, 卽爲治疏, 請斬五賊。繼而略有經營, 而事不入手, 以至于今。祇願速死, 而不得其所, 奈何?" 先生曰: "某亦爲死於道路之計, 轉輾至此。" 因與之密密商度, 以圖義擧。遂排定儒生, 布告全邦, 以來月十五日, 約會于魯城之闕里祠。

先生命余以布告嶺南。勉翁又託余以專訪淵齋、俛宇兩所面達。事機臨發, 請曰: "卽欲入京, 察京中動靜, 要投一疏。" 先生哂之。再三固請。先生曰: "毋! 一疏何補於事? 且方捉囚疏儒, 子有老母在堂, 何乃遽爾?"

及會魯城, 衆議喧騰, 事竟不諧。先生與勉翁慷慨嘆息, 留後約而別。送諸公歸鄕, 使閔致德擔裝, 取路長城, 痛哭于蘆沙先生之墓, 爲文祭之。

丙午正月, 余與鉉春及李弘榮踰雲峰, 至松沙丈之光州寓舍, 先生送歲于此矣。坐, 余歔欷曰: "無一事做得, 徒喫風雪, 良苦良苦。" 居一二日, 送鉉春、弘榮及致德歸, 獨留余焉。

淵齋山丈爲奔問之行, 被俘虜所紿, 憤然致命于石南舊第。先生聞之曰: "淵(齊)[齋]35) 所就, 固可謂殉國。而以'子在, 何敢死'之義推之, 其門下諸公宜有何敢不死之擧, 而未之聞, 可嘆。"

松丈每巾櫛時不視鏡, 先生曰: "於父母遺形, 若是㤼乎?" 松丈嘆服曰: "此雖戱言, 警我實大。"

先生與松丈晝宵商度, 收議于諸同志, 積二旬, 約會于谷城之梧枝。會者五六十人, 數日頡頏, 有以事未必成極沮之者, 衆皆意沮。先生悵然而起, 不得已踰嶺。茂長 鄭時海從之。

二月望間, 始還山栽, 書送鄭時海于勉菴所, 杜門自廢, 取孟子、朱子之語, 名其室曰修俟, 稱其寮曰將付。遠近書疏, 非有關於世敎與時事者, 一切停廢。凡文字之求, 幷皆牢辭曰: "吾豈生世人? 又吾輩在今日, 豈做文字時節耶?"

伊藤博文入統監府。先生聞之大息, 曰: "時機當更加一層痛矣。吾輩以誦法聖賢之徒, 一朝爲禽獸不若之讐虜僕隸, 何忍生爲?"

---

35) (齊)[齋]: 저본에 '齊'로 되어있으나, 문맥을 살펴 '齋'로 수정하였다.

先生謂諸生曰: "以今時象, 六籍舉將入咸陽之灰。士生斯世, 當以伏生自期, 寧可以世故而遽自隕穫乎?" 遂令門下人各誦一秩, 藏于腹中, 命余誦『周易』。余問: "以『傳』乎? 以『本義』乎?" 曰: "『傳』論道理詳密, 『本義』論象數簡精。學者分上, 『傳』頗勝似『本義』。"

三月, 李剛齋以昨冬投疏事, 滯囚于達府獄。先生遣鄭性圭致書以候之。

四月, 出弔崔溪南。昨臘魯城聞溪南喪逝, 至是爲文往祭之, 以 "求師甚博, 而惟道是就; 求道甚勤, 而惟理是主", 深致意焉。

與李是菴、崔松窩轉遊統營, 浮海至閑山島之制勝堂, 郡之人士冠帶從之者數十人。先生作「同遊記」。

五月, 撰鳳山碣銘曰: "曾有松沙之託, 而不敢承, 不敢辭矣。今將朝暮於世, 不可以復待也。"

聞勉菴將擧義於湖南, 先生喜曰: "此翁若起, 吾不可坐也。" 未幾, 淳昌敗報至, 喟然歎曰: "此翁已作死人, 從此吾無死地矣。" 又曰: "朝擧幡而夕被執, 宜爲時之所謂開化輩竊笑。然一番義聲, 亦可以扶得一分陽脈, 成敗不須論也。" 及聞馬島之行曰: "憤辱極矣, 而亦東國之幸也。五百年小華之邦, 比及究竟無一人文山 燕獄之行, 則將何辭於天下後世耶? 然則大耋幽囚, 匪辱伊榮。" 遂遣鄭性圭致慰其胤子雲齋公。

世變日深, 新學大起, 邑邑村村, 次第設置。先生嘆曰: "此爲夷爲獸之前茅也, 綱常倫理斷絕無餘, 而五千年聖賢之道, 講之無地。人無有不死, 國無有不亡, 惟是聖道滅絕, 使來世無種子, 是無疆大憂也。" 又曰: "方驅一世才俊, 納之禽獸之籍, 而不知避。老成名位爲後生具瞻者, 亦模糊其說, 不思所以禁遏之, 此最大變。"

六月, 咸陽 鄭忠察【泰鉉】欲投疏論時政, 致書請點化疏本。蓋其疏意, 非眞守舊, 非眞開化, 依違兩間。先生以主意不契却之, 遂復其書, 略曰: "所謂開化者, 開於利利之途, 化於商商之術。利利則忘義, 商商則滅道, 所以毀父母全生之形, 而曾不持難; 逆君上莫尊之令, 而都無忌憚。所歆艷誇張者, 祇是外人之測算精明, 工藝發達, 商務興旺而已。三事之利用厚生, 六藝之射御書數, 八政之食貨空寇, 先聖王所以制治導民之法, 纖悉畢備, 而何待於外人哉? 雖然苟無正德以將之, 六行以先之, 五極以訓之, 則亦不足恃以爲治, 況今之所謂算藝、商利乎? 雖化得極巧, 直不過爲釀蜜之蜂, 結網之蛛耳。然則爲今日計者, 只得擧先王之法, 而更張規模, 修明條約, 以振起其頹惰之習, 則孟子所謂五年、七年爲政於天下者, 亦可期也"云云。

或謂: "天下之大勢已倒, 雖十勉菴, 無如之何。義聲一挫, 徒殺人命, 有甚扶得一線?" 先生曰: "否否。今日是臣殉國、士殉道時節, 不可以成敗論其得失, 一番起義, 亦可以扶得一分。若縮頸袖手, 八域寥寥, 則可以扶得一線歟? 勉台雖朝建義而夕被逮, 其心不亦安於牖下之死歟? 人人皆此老, 處處皆此老, 則天下之事猶可爲也。而滔滔是甘心於下喬, 忘義於戰野, 此所以致今日之變也。或者動引自靖之說, 而指證金華, 然殊不知彼此之異時也。彼則有慕華之心, 文用漢文, 法用漢法, 人用漢人, 知聖賢之可尊、儒術之可重, 故仁山、白雲得以潔身自保。今則渠自尊大, 貶降中國, 而且色動於波蘭之易種, 手熟於安南之移民, 不爲其僕役者, 雖百金華, 無可容之地。到此地頭, 求死而已, 但求死, 而無其路, 此最鬱悒。"

十一月, 聞勉翁卒于對馬島, 與門生知舊爲位痛哭之曰: "此老雖在海外, 吾東陽脈猶有所寄。今焉已矣, 碩果亦見食耶? 誰復爲七日之基? 痛哉痛哉!" 又曰: "以眇然一身, 與運氣相戰, 獨能爲五百年結局, 在此老無所憾焉。哀我餘生, 將何死得?" 卽日命駕, 迎喪車於苞山之客館, 爲文祭之。

十二月, 聞松沙逮京狴, 嘆曰: "坐者亦被逮耶? 國賊不兩立。其勢則宜遣鄭性圭慰之。"

鄭司果在鎬自洪州敗歸, 壹聽先生指揮, 更圖擧于天嶺之間, 事未集而被逮。湖南人士, 亦將擧事于南原, 請先生親臨。及期, 先生啓行, 至山陰, 先遣鄭鈜洙探之, 亦未諧也。歸路口號一絶曰: "求死靡由獨抱憂, 人間無地讀『春秋』。經營幾度歸虛算, 從此山人萬念休。"

丁未正月, 柳西岡遠重自定山喪所歸, 言: "勉門諸公將欲聲討讐虜, 布告列國, 而抄成文字, 請先生修潤之." 先生曰: "此正得子如不幸則何敢不死之義. 縱不能往斧其項, 亦足以誅其心而奪之氣矣, 亦足以吹起八域已灰之人心矣." 遂樂爲之, 更整文字而與之.

三月, 余赴定山葬所. 先生作挽語數絶、祭文一度, 俾余讀其靈筵.

崔主事永高妄改勉翁所撰蘆沙先生大碑中頭腦處, 託余傳達于溪上. 余勃然却之曰: "當初謁文於勉菴先生, 非請於崔主事也. 且先生之魂堂未冷, 妄自犯手於已刊之文, 是甚道理?" 以此怒氣相加, 大故爭辨, 歸告其事於先生. 先生曰: "妄矣妄矣! 頃於苞山渠略有立談, 而希輿向傳雲齋, 獨牢執不隨人, 俯仰竟乃爾耶? '多見其不知量也'."

四月, 校我先祖『龜潭遺稿』, 訖曰: "居兄弟之聯, 而執朝野之望, 搢紳儒士顚倒奔趨. 使公少降其志, 則亨衢在前, 而乃超然遠避, 自甘窮約, 增口於時輩而不悔, 其淸風高節, 凜然於百載之後." 遂撰其墓銘.

五月, 校崔溪南集, 撰其行狀以歸之曰: "見道理的確, 其文又有規矱, 自成一家, 近世文集鮮與倫比者."

七月, 許珏丈謁其先大人黎翁墓誌. 先生曰: '以吾之作而那邊人肯用之否耶? 然用不用在彼, 非我與焉. 且吾後死於先丈, 而無一文字, 可乎?" 遂撰其誌銘, 以無黨無陂、公平正大爲頭腦焉.

八月, 余往光州, 謁先稿序於松沙. 松翁方營義擧, 士友塡門, 無片墨之暇, 爲余冒險遠來, 手寫而口應, 賓客寫畢, 未暇一省, 卽卷而與之曰: "告尊師改撰, 塡我姓名." 歸而告之故. 先生覽訖曰: "好矣, 無用改爲. 此公才敏, 人所不及, 古所謂倚馬可待, 恐不踰此. 但人家萬年之役, 必須詳審, 而此公每每不然, 或恐其謬誤耳."

是歲上禪位于太子, 改元隆熙. 先生聞之, 嘆曰: "此蓋出於讐虜之巧詐, 賊臣之作俑也. 向時勒約之日, 矢以殉社, 拒之不從. 彼虜懲之, 所以致今日之事也."

戊申五月, 鄭元永適見先生飯麥, 私謂余曰: “衰老筋力, 何以堪此?” 卽歸其家, 輸呈白米一石。先生不受, 還送之。元永因余固請。先生以書戒之曰: “朋友有通財之義, 況我之於汝乎? 汝若有餘而饋, 則何辭之有? 吾於麥飱七十年, 習於口, 習之久而口自安之, 不必憫慮也。蓋用財之道, 不節則濫, 濫則失業, 故用度不節, 於鄉約在犯義之過而有罰。吾祖宗世業, 傳至於汝, 幾於頹敗, 汝有何過? 只是用之不節。必須節縮裁省, 勤勤收拾, 庶可以不失舊物, 可不戰兢憂懼乎?”

常曰: “辭受出處, 是立身大節, 於此一錯, 他無足觀。大丈夫心事, 當如靑天白日, 不可有一毫幽暗邪曲之氣, 藏在傍邊。如此方辨得‘行一不義, 得天下, 不爲’底胷襟。”

鎭南許相痛其先世之冒系, 與其族人議以正之, 自修家乘, 謁弁文於先生。先生序之曰: “此是昭倫正俗之一端, 上不欺天, 內不欺心, 外不欺人, 以洗誣先之辱, 以裕貽後之謨, 不亦善夫!”

明湖曾問: “郭崇韜之後孫有賢者, 則代雖浸遠, 亦可追正歟?” 曰: “冒系追正, 何必待賢者而能之? 雖鄉黨之自好者, 稍知天倫之不可誣, 則皆可能之, 然今鮮能之, 噫噫!”

十月, 有一莊士者來問: “今之所謂學校新學, 擧世奔趨, 惟恐不及, 其旨趣何如?” 先生曰: “夷狄之前茅, 禽獸之先路, 正路晦蝕而人心僻違, 降華而用夷, 背義而趨利, 樂於從彼, 所謂不善變之尤者也。” 曰: “當此時局, 有志於時務者, 亦不可不爲。今之所謂儒者, 只是空言, 有甚實用?” 曰: “方異說如谷騰霧, 一世湎洞, 縱不能遏, 忍助之乎? 使五千年吾聖賢之道, 不得有一線之傳者, 必此言也。假使今之儒者, 皆無實用。‘爾愛其羊, 我愛其禮’, 羊存則禮或有可擧之日。今之空言, 安知不爲異日之伏生、安國耶?” 莊士者稍變其說曰: “吾於彼旣無如之何, 則但借彼學校之名, 別爲吾家實用之學, 豈今之朝入學而暮剃髮, 甘爲夷奴者之爲也?” 曰: “‘名不正則言不順, 事不成’。若假彼之名而爲吾學, 則名之不正, 甚矣。可望其事之有成乎? 五伯之所假者, 仁義也, 以其先詐力, 而五尺之童猶羞稱之。況假彼夷狄之法, 而加之先王之敎之上, 其爲詐也何如矣? 儒者立心, 行一不義而得天下, 有所不爲。籍使有爲, 不可冒爲, 況萬萬無可爲之理乎?”

余念卽今老成有名位者, 或以不妨言之, 後輩中稱莊士者又如彼, 禍將滔天, 作答客說一通以進之. 先生書其後, 略曰: "此皆吾曩日發端, 而未竟之說也, 無復可言. 而彼所謂空言無用者, 抑有却顧而大家懲創者. 大抵今之所謂學者, 口聖而身愚, 說舜而心跖, 三綱五常, 不過爲假面粧點之具; 天人性命, 不過爲騰煩爭競之資. 若是而謂儒, 則果非所謂無用之空言耶? 孟子曰: '君子反經而已. 經正, 斯無邪慝.' 今吾輩之零星收拾, 欲强此而艱彼者, 盍亦反經矣乎? 反經之道無他, 以實心行實事, 所讀聖賢之言, 必欲心悟而身體之, 獨善兼善, 隨遇隨行而已."

十一月, 山清 閔正言【致亮】抱其伯父晦亭公遺稿, 來留一月. 先生爲之校其文, 狀其行而歸之.

先生表出李文節公'喚起截斷'四字, 使明湖大書之, 以示諸生曰: "此四字, 爲今日學者之元符."

余問: "某丈以爲中行之士, 不死一節, 何如?" 曰: "此則在可以死·可以無死之地者然矣. 若人獸機關, 走避無路處, 亦用此語乎? 槪以此語, 律一世之人, 則傷風敗教, 莫此爲甚."

嘗曰: "偏心害道, 吾東所謂世守之論, 皆偏心爲崇也. 人非聖人, 固不能事事而是, 言言而當. 一有不合, 互相讐視, 此何道理?"

己酉二月, 看『語類』曰: "此是朱門講學旨訣, 而卷帙浩漫, 窮鄕措大每患難得, 又不便於老人精力. 乃要删其重複, 節其煩支, 以爲節略之計." 因命農山·明湖·柳遠重·南廷瑀·權奎·李教宇及在爀, 分任其幾叴, 各自付標, 以爲對同合勘之資.

七月, 余作鎭南之遊. 先生曰: "蟄伏之餘, 一遊山海, 若不相妨. 然觀山而無壁立之志, 觀海而無涵泓之量, 則可謂觀乎? 昔胡叔器曰'遊學固好, 恐隨人轉', 朱先生曰'若隨人轉, 不如屋裏孤陋寡聞'. 此言亦當深思也."

八月, 伊藤解統監任, 自以旣得韓, 可以進圖中國, 陽託遊覽, 往滿洲, 與英吉利·俄羅斯二國大臣相約, 會談於哈爾濱之港。平安壯士安重根射殺之, 大呼大韓萬歲。先生聞之, 聳然而喜曰: "一重根, 足以報二千萬同胞之大讐。" 賦詩曰: "聞說完亮死, 天回祚宋心。天心何以答? 一德又還今。" 讐虜囚重根于獄, 誘脅萬端, 前後二百餘日, 終始不屈。死之日, 脫西裝, 改著韓衣服, 笑語以就刑。先生賦悼詩二絶, 有曰: "若把古人論次第, 沙中倡起可同年。毀形易服不須說, 炭漆刑人同一心。"

十一月, 序『晦軒先生實紀』。

庚戌正月, 老柏書舍成。先是, 余與鄭鉉洙恨先生之無藏修一室, 謀於同硏, 諸公各出銅若干, 拮据五六年, 始經紀之。先生止之曰: "國破君亡, 何用屋子爲?" 農翁從傍善辭曰: "三間矮屋, 何妨於義?" 再三固請, 然後默然。

二月, 入處書舍, 留學者數十人。

校『鷦鷯堂實紀』, 撰弁卷。其附錄北巖書院諸詠, 有我先君子詩一首, 而有一二字未穩處。先生命余曰: "父子一體也, 君其點化之。"

三月, 鄭寢郞演祈以其大人海山公回卺之辰, 問儀節於先生。曰: "禮無其文, 國俗有重行醮禮者, 先賢議之, 而猶以爲人子之情, 不可昧然, 許以會集上壽。當於是日略倣『家禮』所著溫公賀正至之禮, 肆筵正堂, 東西分坐, 子孫婦女以長幼列於東西序北向, 旅拜以次, 起而獻壽。壽畢而餕, 旣餕而退。又倣冠笄禮禮賓之節, 以致歡樂可也。"

問『家禮』俗節條無秋夕。曰: "俗節, 凡鄉俗所尙者。秋夕節, 東俗通行, 則不可以『家禮』之不載而不行也。清明以下五節, 卽今鄉俗, 或有尙之者, 或有不尙之者, 各因其鄉俗所尙而行之, 恐不可以『家禮』所載而一一行之也。今畿俗寒食上墓, 而嶺俗用十月。此等節在畿則從畿俗, 在嶺則從嶺俗, 恐無不可。"

問追造神主告辭。曰: "將題時, 設紙榜, 告曰'維歲云云。葬未造主, 權奉紙榜, 追擧典禮。今將新題, 謹以'云云。題畢, 奉置于紙榜前, 設祭而安之, 祝曰'維歲云云。神主未成, 權奉紙榜, 典禮有闕, 夙夜靡寧, 諏吉追造, 聿冀依憑, 遵禮追遠, 昊天罔極, 謹以'云云。"

四月, 明湖及權奎、南廷瑀、李敎宇偕至。先生命合席, 看『語類』節錄之。至七月, 始斷手。先生喜曰: "此吾幾年耿耿者, 而賴諸君共力, 得至於此, 於心爽然矣。"

節錄之際, 使敎宇及余互相遞讀, 讀之如流。傍觀者或眼力不及, 無味而退, 暑蒸雨霪, 或困疲坐睡。先生堅坐不動, 少無倦色, 雖休息時, 未見委臥, 隨讀看下, 一一領略, 終三個月如一日。

七月, 無國之報至, 先生嗒然若無聞焉。久而後謂諸子曰: "固知有今日久矣, 而不交一刃, 宛轉納國, 古今天下有此變乎? 吾輩不死則俘矣, 苟且偸生, 一日爲恥。平生讀書, 所講者, 何事? 今於結局之日, 若爲羞鬼而止, 則上天昭臨, 是豈敢忍?" 又曰: "死期已迫, 非若從前講論可已, 須勵志壯烈, 如韓淮陰背水陣格, 不容一步退足乃可耳。如今坐此堂, 便視此堂, 以臨殺時, 勿以閒地看也。彼從此必多有新擧措矣, 相見亦從此無期, 惟各自戒謹, 盡心於崇安之誦也。"

國中有志之士、失業之民, 皆逃遁于西、北間島, 風聲日聞。南素窩廷燮來謂余曰: "安坐得全, 萬無其路。吾輩自靖, 秖間島一路而已。吾大小家物, 可支十家幾年之養。子其潛槖于間席, 以窺其意。" 余如其言白之。先生哂之。翌日農翁微諷之曰: "若使程、朱而當今日, 必不坐待其死。" 先生亦哂之。晚松丈自外來, 盛言今日之計, 惟有間島一著, 請先生決意。曰: "吾朝暮於世者, 此堂足以從容, 于何去之?" 晚松微激之曰: "兄主則然矣, 大小家數十口, 勢將顚乎溝壑, 豈忍視諸?" 先生正色曰: "苟能固窮守道, 雖至餓死, 亦死於節耳, 何憾之有?" 自是人不復敢言。

九月, 驟雨乍至乍晴, 忽有彩虹立于中庭, 橫亘半空, 光氣玲瓏。先生視之曰: "昔我先妣夢虹而生我, 心竊怪之。"

十月, 余以母命挈家還鄉。先生曰: "嗟夫! 相見之餘日幾何? 子姑留于我傍。" 對曰:
"謹奉教。"

憲兵所下人進一封書, 先生命余坼視之, 乃彼所謂恩賜金通知書也。此蓋以金爵優域
中之儒紳耆舊, 彼所謂大定後恩需也。先生曰: "恩金之名, 名亦痛惡。" 卽使余還付其
書于下人。下人怒而不受, 反請答狀, 言甚悖慢。余知先生之定志, 無所憂懼, 卽猛叱
以投之。其人勃勃而去曰: "墨洞其將屠戮乎!"

未幾, 日憲兵所長來, 貌甚恪恭, 拜必稽首, 坐必跪言, 必稱先生。先言: "來此郡已久,
而始來見之, 失禮失禮。" 臨去時, 始言賜金事。先生正色曰: "我韓人也, 豈可受日本之
賜乎?" 彼曰: "自上有指揮, 故敢此通知耳, 非敢督受也。" 又曰: "始來謁見, 而發此言,
大段失禮"云。

又未幾, 日所謂郡長者, 來詰其不受之義。先生正色以折之。郡長旣去, 因捉去鉉春,
誘脅百端曰: "父則雖然, 爲子之道, 脫禍爲宜。某日是出金期日, 卽爲入來受去"云。

先生謂左右曰: "事有大小, 理無大小, 此金其終殺我乎!" 遂作書一通, 以彼所謂期日,
送洞任抵于憲兵所。彼等見書訖, 誘洞任受之。洞任拒之。早朝而入, 至日昃而詰, 竟
威脅之。洞任畏怵而受。先生憤懣, 命余執筆口呼曰: "士可殺, 不可以勒降也。要盟,
非盟。況勒之於中間使价之人, 自以爲受降乎? 所謂賜金, 雖百送, 當百還而不受。不
必如此煩惱, 只將一刀, 卽斷吾頭以去。" 傍人大驚失色。農翁止余筆曰: "義直而言順
可也。奚必太峭直, 以速禍也?" 先生厲聲曰: "到此地頭, 猶怵於禍乎?" 促余書之, 並
封金紙, 使堂直卽投于憲兵所。彼輩相對垂舌云。

題書舍壁一詩及告先聖先師與先世祠板文, 作于此時, 而啓手後, 出於布匣中, 詞旨正
大, 意象從容, 有若束裝以俟者然。

十一月, 手定『朱節』凡例, 因識節略之意于其後。或夜起沉吟, 或呼燈考閱, 其有未盡
者, 更整之曰: "不讀『語類』, 無以入朱子肚裏。"

十二月, 日新鄭公訃至, 先生爲位慟哭之曰: "旣有四同, 而返眞一著, 胡先於我也?"

綾州 黃澈源來, 先生命余相見曰: "吾則不可久於世固已矣。崇安之誦, 君輩之責也, 盍相綢繆?"

歲除日, 余將歸鄉, 先生曰: "出門便是萬仞坑塹, 誰與惠好? 吾餘日無多, 相見能幾?" 遂有悵然之色。

辛亥正月, 往拜之。先生曰: "風雪飄零, 堂甚寂寞。君其留此毋往! 且『朱節』已成, 更爲繕寫一秩, 未死之前, 一遍摩挲, 則吾無恨矣。君其與諸公圖之。" 對曰: "謹依教。"

二月十一日, 權石愚來訪。是夜山月甚明, 先生呼余傾酒, 謂石愚曰: "此生何日更酬此酒?" 因逍遙庭除, 痛言時事之罔極, 吾道之衰敗, 慷慨歔欷。

十二日曉, 鉉春蹴余睡。余驚起, 進至臥內, 先生疾已革而口訥。余問: "何爲?" 鉉春曰: "病猝, 莫知其由。" 卽迎醫士來診之, 退曰: "脈絶, 無及矣。" 試藥四五貼, 無效也。日中忽開眼顧余曰: "『語類』節略。" 痰塞不能言, 還復闔眼。是夜明燈經夜。夫人朴氏請歸本第。搖手曰: "吾死於此。" 因揮而出之。已而村鷄鳴, 病益篤。農翁請曰: "無所欲言者乎?" 曰: "吾無可言者。但彼虜作事, 漸而不驟, 故淪胥而人不自覺, 愼之!" "後事將何以處之?" 曰: "殯於此可矣。" 又問: "此固先賢已事, 而葬後返主, 則以祠堂所在爲正, 恐合情理。" 遂無答, 恬然而逝, 實十三日寅時也。是日白雪紛紛, 震雷大作, 哲人之萎, 固有驗歟? 昨秋中庭之虹, 於是乎亦可驗矣。嗚呼痛哉!

訃出, 門人知舊次第哭臨。農翁曰: "治喪務從儉約, 不負先生本志。" 諸公曰: "不然。以先生則固有然者, 然此是門生事, 豈可不盡心乎?" 於是凡附身之物, 專用生熟紬, 不用布屬, 斂絞亦用生紬, 深衣製用先生所定。凡物色玄用墨, 纁用丹木, 不用外國物。

明湖、西岡各製襚衣一件, 湖丈則熟紬深衣也, 西丈則生紬上下單衣也。棺斂時, 用敷于上, 遂挋衾。

以襲具未備, 十四日始襲, 十五日小斂, 十六日棺斂, 十七日成服。儀節遵『家禮』及『備要』及先生所定禮, 或而參用之。

銘旌表題, 議論紛紜不一。農翁折之曰: "銘旌, 門生事也, 依平時所稱, 題'老栢軒先生草溪鄭公之柩'。祠板則子孫事也, 題'顯考將任郎肇慶廟參奉府君神主'可也。" 因朝奠以告靈筵, 衆議遂定。

成服後未十日, 憲兵捉鉉春去, 脅受所謂賜金。鉉春正色曰: "父所不受, 子何敢受?" 彼輩誘之脅之, 日昃而未已。鉉春終無他語, 但曰: "死不敢受, 死不敢受。" 彼輩亦無奈何, 夜深乃令出去。

四月初十日, 葬于舊勿溪之阡。門生故舊加麻者一百三十餘人, 奠誄者以千數, 遠近致賻者不可數計, 而本郡商務社, 亦厚賻而護葬之。向於初終時亦然。

是日返魂于本第, 仍終三年。

翌日僉議峻發, 遺文刊議大定。是夏, 對同校勘, 以物力未贍, 去三之二焉, 實四十九卷。八月二十日, 設道會扶成, 遵『蘆沙集』刊時例, 各隨力出義, 一日之內, 已四千七百餘金。其後出願者, 又二倍而有餘。九月十五日, 始開役。十二月念間, 告成。吁! 其速矣, 人之力歟? 天之佑歟? 先生之德之感人深, 可知已。

「상노백헌정선생上老柏軒鄭先生」[庚子](『栗溪文集』卷3)

1) 서지사항

정기(鄭琦)가 정재규(鄭載圭, 1843~1911)에게 올린 글. 『율계문집(栗溪文集)』 권3에 실려 있다.

2) 저자

정기(鄭琦, 1878~1950), 자는 경회(景晦), 호는 율계(栗溪), 초명은 재혁(在赫)이다. 노백헌(老柏軒) 정재규(鄭載圭)의 제자이다.

3) 내용

정기가 정재규에게 1900년(고종 37, 광무(光武) 4)에 올린 글이다. 정재규의 자는 영오(英五)·후윤(厚允), 호는 노백헌(老柏軒)·애산(艾山)·회송(晦松)이다. 노사(蘆沙) 기정진(奇正鎭, 1798~1879)의 제자이다. 이 글에서 정기는 조선 유학의 연원을 대략 기술한 뒤에, 과거 시험을 위한 문장이 성행하고 사교(邪敎)가 유행하던 당시에 유학의 정통을 기정진(奇正鎭)이 주리설(主理說)로 계승하였고, 이를 스승 정재규가 계승하였으며, 자신이 스승을 만나 바른 학문에 길을 걷고 있음을 율곡(栗谷)이 퇴계(退溪)를 만난 것에 비유하였다. 또 『대학(大學)』을 통해 경(敬)의 요점은 파악했으나, 수렴(收斂)하는 공부가 부족하다고 하였다.

3-25-8 「上老柏軒鄭先生」【庚子】(『栗溪文集』卷3)

在爀嘗竊以國朝敦尙文教數百年, 儒賢豪傑之士, 後先迭作, 倡述斯學, 能使孔、孟、程、朱之道, 煥然如日中天。雖窮鄉愚賤, 猶知聖賢之可尊、道學之可崇, 出言作事, 惟恐其萬有一或違也, 視夫中州之雜行陸、王, 較量勝負者, 特爲盛焉。逮夫黨論鬨而戈戟尋, 時文盛而奔競起, 邪教行而鬼侲縱橫, 孔、孟、程、朱之學, 假焉而已。于斯時也而蘆沙奇先生出, 倡主理之學, 任闢邪之功, 掃除黨議, 正路始闢。先生首先及門, 張大其緒, 兢兢乎理欲之辨, 凜凜乎尊攘之義, 使兩南人士知有所趨, 其殆天意在耳。苟有天良, 孰不嚮風引領以歸之? 而在爀之愚, 則有甚焉者。在爀早業時文, 出沒聲利場中, 思拾靑紫, 如摘頷髭, 去歲之跡涉校宮, 亦爲之筏耳。幸蒙先生不棄, 納之門墻之列, 而雲月葉花之詩, 敏鈍思索之書, 戒誨諄至, 深喻私衷。時一奉讀, 脫然如大寐得醒。向微先生至教, 其竟誤此生也必矣, 鏤恩啣德, 宜以何喻? 第念栗谷先生之早歲泛濫, 而自見退溪先生, 遂自回車改轍, 卒爲大賢。苟使栗谷而終無成就者, 退溪努力, 日親之什, "益以遠大自期" 之書, 直爲一時語而止耳。每念及此, 不覺汗流竟趾。伏乞隨事警勵, 終始其惠。『大學』謹遵教, 晝繹暮誦, 踰半年始畢, 其門路階級, 漸且瞭然心目間。幼時非不誦讀此書, 而祇作時文用, 今覺意味與曩時別。大抵古今人才何限? 而路脈一差, 流而爲老、爲佛、爲陸、爲王、爲文章小技、爲功名榮利。總究其由, 壹是不善讀『大學』之致。反躬以省, 不覺凜然竦然。竊復思之, 『大學』一書, 段段是敬也, 近而治心修身, 非敬不能; 遠而國與天下, 非敬則否。夫敬也者, 一心之主宰, 萬事之本根, 聖學之所以徹上徹下、成始成終者也。自堯欽舜一、禹祗湯栗、文翼武極、周愓孔樂、顔復曾省、思誠孟浩, 至程子、朱子特又表章之, 以揭萬世聖學之正法眼藏。學者循是而進, 必無天飛淵淪、上山下水之患, 而求諸己、驗諸行。收斂工夫, 苦難接續, 奈何奈何? 用是除有事讀書外, 謹將朱夫子「敬齋箴」反覆詠誦, 稍覺有感發者, 遂妄以己意續爲之箴。敢庸仰質, 辨誨之伏望。惟祝道體益康, 以慰瞻仰。

선역

저 정재혁(鄭在爀)36)은 일찍이 삼가 생각하건대, 국조(國朝)에서 문교(文敎)를 숭상하여 수백 년 동안 유현(儒賢)과 호걸(豪傑)의 선비가 앞서거니 뒤서거니 번갈아 배출되어 사학(斯學)을 앞장서서 밝혀 공자(孔子)와 맹자(孟子), 정자(程子)와 주자(朱子)의 도(道)를 마치 해가 중천에 뜬 것처럼 빛나게 하였습니다. [그 결과] 비록 궁벽한 시골에 사는 어리석고 천한 사람일지라도 오히려 성현을 높여야 하고 도학(道學)을 숭상해야 한다는 것을 알아서 말을 하고 일을 할 때에 오직 만에 하나라도 혹 위배될 것만을 염려하였으니, 중국에서 육상산(陸象山)과 왕양명(王陽明)의 학문이 뒤섞여 횡행하여 서로 승부를 따지고 있었던 것에 비교하면 특별히 융성하였습니다.

그러다가 당론(黨論)이 싸우면서 서로 창을 겨누고, 시문(時文)37)이 성행하여 분경(奔競)38)이 일어나고, 사교(邪敎)가 유행하여 창귀(倀鬼)39)가 횡행함에 미쳐서는 공자와 맹자, 정자와 주자의 학문을 가탁(假託)할 뿐이었습니다. 이러한 때에 노사(蘆沙) 기정진(奇正鎭) 선생이 나와 주리(主理)의 학문을 주창(主唱)하고 사교(邪敎)를 물리치는 일을 자임(自任)하여 당의(黨議)를 쓸어버리시니 바른 길이 비로소 열렸습니다.

[노백헌 정재규] 선생께서는 제일 먼저 노사 선생의 문하에서 수학하여 그 서업(緖業)을 크게 넓혀 리(理)와 욕(欲)의 분변에 전전긍긍하고 존화양이(尊華攘夷)의 의리에 당당하여 호남과 영남의 인사(人士)들로 하여금 나아갈 방향이 있음을 알게 하였으니, 아마도 하늘의 뜻이 있는 것입니다. 진실로 타고난 양심이 있다면 누가 선생의 덕풍(德風)을 향해 고개를 빼고서 귀의하지 않겠습니까마는, 어리석은 저 재혁은 더욱 심한 것이 있습니다.

저는 일찍이 시문(時文)에 종사하여 명성과 이곳의 마당 가운데에 출몰하면서 마치 턱에 난 수염을 뽑듯이 높은 관직40)을 주을 생각을 하였으니, 지난해에 교궁(校宮)41)을 밟은 것도 이를 위한 수단이었

---

36) 정재혁(鄭在爀): 정기(鄭琦)의 이명(異名)이다.

37) 시문(時文): 과거 시험에 사용하던 문체로, 소위 팔고문(八股文)으로 불리던 문체를 말한다.

38) 분경(奔競): 분추경리(奔趨競利)의 줄임말로, 벼슬을 얻기 위하여 권세 있는 집을 분주하게 찾아다니는 것, 즉 엽관 운동(獵官運動)과 같은 것을 말한다. 당시 법에 따르면 분경을 한 자는 장(杖) 100대를 치고 3천 리 밖으로 유형(流刑)에 처하였다.《大典通編 刑典 禁制》

39) 창귀(倀鬼): 범에게 물려 죽은 사람의 혼(魂). 다른 곳으로 가지 못하고 범의 부림을 받아 범이 먹을 것을 구하러 다닐 때 앞장서서 먹이를 찾아 준다고 한다. 남을 못된 짓을 하도록 인도하는 사람을 비유하기도 한다.

40) 높은 관직: 원문은 '청자(靑紫)'로 되어 있는데, 한(漢)나라 제도에 공후(公侯)는 자색의 인끈을 사용하고 구경

을 뿐입니다.

다행히 선생께서 버리지 않고 문하의 열에 받아들여주심에 힘입어 구름과 달, 잎과 꽃을 읊은 시(詩)와 민첩하고 둔하며 사색하는 글로 자상하게 훈계하고 가르치어 제 마음을 깊이 깨우쳐주셨습니다. 때때로 한 번 받들어 읽어보매 마치 깊은 잠에서 깨어난 것처럼 번쩍 깨달았습니다. 앞서 선생의 지극한 가르침이 없었다면 끝내 이 생을 그르쳤을 것이 확실하니, 깊이 새기고 간직한 은덕을 의당 무엇으로 비유하겠습니까.

다만 생각건대, 율곡(栗谷) 선생께서 어릴 때에는 학문이 이리저리 넘치다가 스스로 퇴계(退溪) 선생을 뵙고서 마침내 스스로 뜻을 바꾸어 마침내 대현(大賢)이 되었습니다. 만약 율곡으로서 끝내 성취한 것이 없었다면, 퇴계가 노력하여 날마다 열배로 친근히 대했더라도 "더욱더 원대(遠大)한 뜻을 스스로 기약하라[42]"는 편지는 단지 일시적인 말이 되고 말았을 것입니다. 매번 생각이 여기에 미치면 저도 모르게 땀이 발꿈치까지 흐릅니다. 삼가 바라건대, 매사를 깨우쳐주고 권면하시어 그 은혜를 시종 내려주십시오.

『대학(大學)』은 삼가 가르침을 따라 낮에는 탐구하고 밤에는 암송하여 반년을 지나 비로소 마쳤는데, 그 문로(門路)와 계급(階級)이 점차 심목(心目) 사이에 분명하게 떠올랐습니다. 어렸을 때에도 이 책을 소리 내어 읽지 않았던 것은 아니지만 단지 시문(時文) 용도로 삼았을 뿐이었는데, 지금은 의미가 지난날과 다름을 깨달았습니다. 대저 고금의 인재가 얼마나 많았습니까마는, 맥락이 한번 어긋나면 흘러가 노·불(老佛)이 되고, 육·왕(陸王)이 되며, 문장의 작은 기예가 되고, 공명(功名)과 영리(榮利)의 수단이 됩니다. 그런데 종합해서 그 이유를 따져보면 한결같이 『대학』을 제대로 읽지 않은 탓이니, 스스로 반성하여 살펴보면 저도 모르게 엄숙해지고 움츠러듭니다.

가만히 다시 생각해 보니, 『대학』 한 책은 단락마다 경(敬)에 대한 말입니다. 가깝게는 마음을 다스리고 몸을 닦는 데에는 경이 아니며 할 수 없고, 멀리는 나라와 천하가 경이 아니면 안 됩니다. 무릇 경이란 것은 한 마음의 주재(主宰)요 만사의 근본으로, 성학(聖學)이 위로 통하고 아래로 통하며 시종을 이루는 까닭입니다. 요(堯)임금의 공경과 순(舜)임금의 정일(精一), 우(禹)임금의 공경과 탕(湯)임금의 두려움, 문왕(文王)의 조심함과 무왕(武王)의 법도, 주공(周公)의 조심과 공자(孔子)의 즐거움, 안자(顔子)의 복례(復禮)와 증자(曾子)의 삼성(三省), 자사(子思)의 성(誠)과 맹자의 호연지기(浩然之氣)로부터 정자(程子)와 주자가 특별히 또다시 드러내 밝혀 만세 성학의 정법안장(正法眼藏)[43]으로

(九卿)은 청색의 인끈을 사용한 데에서 연유한 말이다. 대관(大官)의 복장에 청색과 자색이 있었으므로 전하여 높은 관직을 이른다.

41) 교궁(校宮): 교궁은 각 지방의 향교에 있는 문묘(文廟)를 말한다.

42) 더욱더 …… 기약하라. 『율곡전서(栗谷全書)』 권35 부록(附錄) 3에 나온다.

43) 정법안장(正法眼藏): 학문의 핵심이자 정수(精髓)라는 의미이다. 원래 불교의 말로 석가가 깨달은 최고의 묘

게시하기에 이르렀습니다. 배우는 자가 이를 따라서 나아가면 반드시 하늘을 날고 연못에 빠지며 산을 오르고 물에 내려가는[44] 근심이 없으며 자신에게 구하고 행사에 증험할 수 있습니다. 그런데 수렴(收斂)하는 공부는 계속해서 이어나가기가 괴롭고 어려운데 어쩌면 좋겠습니까?

이로써 독서를 일삼는 외에 삼가 주 부자(朱夫子)의 「경재잠(敬齋箴)」을 가지고 반복해서 소리 내어 읊다가 차츰 감동하여 움직이는 것이 있음을 깨닫고 마침내 제멋대로 저의 뜻으로 이어서 잠(箴)을 지었습니다. 감히 우러러 여쭈니 논변해주시기를 삼가 바랍니다. 오직 도체(道體)가 더욱 강건하여 우러르는 마음을 위로해 주시기를 빕니다.

在㷼嘗竊以國朝敦尙文敎數百年, 儒賢豪傑之士, 後先迭作, 倡述斯學, 能使孔, 孟, 程, 朱之道, 煥然如日中天。 雖窮鄕愚賤, 猶知聖賢之可尊、道學之可崇, 出言作事, 惟恐其萬有一或違也, 視夫中州之雜行陸、王, 較量勝負者, 特爲盛焉。 逮夫黨論鬨而戈戟尋, 時文盛而奔競起, 邪敎行而鬼侫縱橫, 孔、孟、程、朱之學, 假焉而已。 于斯時也而蘆沙奇先生出, 倡主理之學, 任闢邪之功, 掃除黨議, 正路始闢。 先生首先及門, 張大其緖, 兢兢乎理欲之辨, 凜凜乎尊攘之義, 使兩南人士知有所趨, 其殆天意在耳。 苟有天良, 孰不嚮風引領以歸之? 而在㷼之愚, 則有甚焉者。 在㷼早業時文, 出沒聲利場中, 思拾靑紫, 如摘頷髭, 去歲之跡涉校宮, 亦爲之筏耳。 幸蒙先生不棄, 納之門墻之列, 而雲月葉花之詩, 敏鈍思索之書, 戒誨諄至, 深喩私衷。 時一奉讀, 脫然如大寐得醒。 向微先生至敎, 其竟誤此生也必矣, 鏤恩啣德, 宜以何喩? 第念栗谷先生之早歲泛濫, 而自見退溪先生, 遂自回車改轍, 卒爲大賢。 苟使栗谷而終無成就者, 退溪努力, 日親之什, "益以遠大自期"之書, 直爲一時語而止耳。 每念及此, 不覺汗流竟趾。 伏乞隨事警勵, 終始其惠。 『大學』謹遵敎, 晝繹暮誦, 踰半年始畢, 其門路階級, 漸且瞭然心目間。 幼時非不誦讀此書, 而祇作時文用, 今覺意味與曩時別。 大抵古今人才何限? 而路脈一差, 流而爲老、爲佛、爲陸、爲王、爲文章小技、爲功名榮利。 總究其由, 壹是不善讀『大學』之致。 反躬以省, 不覺凜然竦然。 竊復思之, 『大學』一書, 段段是敬也, 近而治心修身, 非敬不能; 遠而國與天下, 非敬則否。 夫敬也者, 一心之主宰, 萬事之本根, 聖學之所以徹上徹下、成始成終者也。 自堯欽舜一、禹祇湯栗、文翼武極、周惕孔樂、顔復曾省、思誠孟浩, 至程子、朱子特又表章之, 以揭萬世聖學之正法眼藏。 學者循是而進, 必無天飛淵淪、上山下水之患, 而求諸己、驗諸行。 收斂工夫, 苦難接續, 奈何奈何? 用是除有事讀書外, 謹將朱夫子「敬齋箴」反覆詠誦, 稍覺有感發者, 遂妄以己意續爲之箴。 敢庸仰質, 辨誨之伏望。 惟祝道體益康, 以慰瞻仰。

리를 가리킨다. 우주를 밝게 비추는 것을 안(眼), 모든 덕을 포함하는 것을 장(藏)이라 하며, 정법(正法)은 이 안과 장을 구비하는 것이다.

44) 하늘을 날고 …… 내려가는: 사람의 마음은 종잡을 수가 없음을 말한 것이다.

「상노백헌선생별지上老柏軒先生別紙」(『栗溪文集』卷3)

1) 서지사항

정기(鄭琦)가 정재규(鄭載圭, 1843~1911)에게 올린 별지(別紙). 『율계문집(栗溪文集)』권3에 실려 있다.

2) 저자

정기(鄭琦, 1878~1950), 자는 경회(景晦), 호는 율계(栗溪), 초명은 재혁(在赫)이다. 노백헌(老柏軒) 정재규(鄭載圭)의 제자이다.

3) 내용

정기가 정재규에게 올린 별지이다. 정재규의 자는 영오(英五)·후윤(厚允), 호는 노백헌(老柏軒) ·애산(艾山)·회송(晦松)이다. 노사(蘆沙) 기정진(奇正鎭, 1798~1879)의 제자이다. 이 글에서 정기 는, 간재(艮齋) 전우(田愚)가 「공림지(空林識)」에서 기자위(氣自爲)를 강조한 데 대해, 먼저 리(理) 는 조작(造作)하거나 스스로 움직이는 사물이 아니지만 기수(氣數)의 변화는 리(理)가 주재하는 것이라고 주장하였다.

3-25-9 「上老柏軒先生別紙」(『栗溪文集』卷3)

近見田艮齋「空林識」,專爲譏斥「猥筆」而作,其言有曰:"如唐、殷之水旱,孔、孟之賤貧,與夫夷、惠之偏於清和,顏、冉之未及仁道,此等處所謂理者,却去何處?句當甚事?而乃若無適莫、沒操縱,而一任其氣之所自爲者然"云云。蓋唐、殷之水旱,孔、孟之賤貧,氣數之變,理不得其常者,此乃蘆沙所謂無能然之力處。夫理非造作自蠢動之物,其所資以爲造化者,陰陽二氣是已。二氣騰倒,自然有許多變,變亦是常度中一事。自天道之定體而言,則健順剛柔,亘古亘今,一定不易,自流行而言,則屈伸消長,互運而相遁,其隨時變易之際,自有無限參差,事變之不可窮者。然則氣數之變,不可謂理之所無,而卒亦變者正,危者安,善者必邃,不善者必不邃,斯皆莫非理爲之主宰者,何嘗有"無適莫、沒操縱,而一任其氣之所自爲者"哉?但理有操縱之妙,而無其力焉爾。若夷、惠之偏於清和,顏、冉之未及仁道,同水旱、賤貧一例說去,則恐不成說。偏與未及在人,水旱、賤貧在天。在人者,可勉而能之,在天者,亦可用力而及之乎?此等話柄,亦與彼之論人物性偏全而攙入聖凡賢愚之說者,同一伎倆。且其所以「猥筆辨」,以「猥筆」中所論今人主氣之弊者,一切歸之於栗谷,又或歸之於朱子,勒做罪案,奮筆張皇,其講說之參差,仁知異見,無足怪者。若其抑勒人、譏罵人,不遺餘力,是豈高明俊傑自命有道者之所可爲耶?或其腳下爲之,亦未可知也。

3-5-9 「상노백헌선생별지上老柏軒先生別紙」(『栗溪文集』卷3)

최근에 간재(艮齋) 전우(田愚)의 「공림지(空林識)」를 보니, 오로지 「외필(猥筆)」45)을 비판하고 배척하기 위해서 지은 것이었습니다. 그 말에 "예컨대, 당(唐)나라와 은(殷)나라의 수재(水災)와 한재(旱災), 공자와 맹자의 빈천과 백이(伯夷)가 청(淸)에 치우치고 유하혜(柳下惠)가 화(和)에 치우친 것, 안연(顔淵)과 염유(冉有)가 인도(仁道)에 미치지 못한 것, 이러한 곳에서 이른바 리(理)라는 것은 어디에 갔으며, 무슨 일을 주관하는가? 반드시 하려는 것도 없고 하지 않으려는 것도 없으며 조종(操縱)하는 것도 없고, 기(氣)가 스스로 하는 것이 그러한 데에 일임한다는 것으로 말하면 ……"라고 하였습니다. 대개 당(唐)나라와 은(殷)나라의 수재(水災)와 한재(旱災), 공자와 맹자의 빈천은 기수(氣數)의 변화로 리(理)가 그 상도(常道)를 얻지 못한 것입니다. 이것이 바로 노사(蘆沙)가 이른바 능연(能然)의 힘은 없다고 한 곳입니다.

무릇 리(理)는 조작(造作)하거나 스스로 움직이는 사물이 아닙니다. 그것에 의지하여 조화(造化)를 만드는 것은 음양(陰陽) 이기(二氣)일 뿐입니다. 이기(二氣)가 뛰어오르거나 뒤집히면서 자연히 허다한 변화가 있으니, 변화 역시 상도(常度) 중에 한 가지 일입니다. 천도(天道)의 정체(定體)로부터 말하면 건순(健順)과 강유(剛柔)는 예로부터 지금까지 일정하여 바꿀 수 없으며, 유행(流行)으로부터 말하면 굴신(屈伸)과 소장(消長)이 번갈아 운행하고 서로 따르는데, 그것이 때에 따라서 변하는 즈음에 스스로 한정 없이 들쑥날쑥하여 끝없는 사변(事變)이 있습니다. 그렇다면 기수(氣數)의 변화가 리(理)에 없는 바라고 말할 수 없습니다. 끝내 또한 변한 것이 바르게 되고 위태로운 것이 편안하게 되고 선(善)한 자는 반드시 뜻을 이루고 불선(不善)한 자는 반드시 뜻을 이루지 못하는 것이 모두 리(理)가 주재가 된 것이 아님이 없으니, 어찌 일찍이 "반드시 하려는 것도 없고 하지 않으려는 것도 없으며 조종(操縱)하는 것도 없고 기(氣)가 스스로 하는 데에 일임하는 것"이 있겠습니까. 다만 리(理)에는 조종(操縱)의 묘리(妙理)는 있으나 그 힘이 없을 뿐입니다.

백이(伯夷)가 청(淸)에 치우치고 유하혜(柳下惠)가 화(和)에 치우치며, 안연(顔淵)과 염유(冉有)가 인도(仁道)에 미치지 못한 것을 수재와 한재 및 빈천과 일례(一例)로 말해 간 것으로 말하면, 말이 되지 않는 듯합니다. 치우치고 미치지 못하는 것은 사람에게 달려 있고, 수재와 한재 및 빈천은 하늘에게 달려 있습니다. 사람에게 달려 있는 것은 힘써서 능할 수 있겠지만, 하늘에 달려 있는 것도 힘을 써서 미칠 수 있겠습니까? 이러한 이야깃거리는 또한 저 전우가 인성(人性)과 물성(物性)의 편전(偏全 치

---

45) 「외필(猥筆)」: 기정진이 지은 글로 율곡의 이기론을 비판하였다.

우침과 온전함)에 대해 논하면서 성인과 범인, 현인과 우인(愚人)에 대한 말에 끼워 넣은 것과 동일한 기량(伎倆)입니다.

게다가 [전우(田愚)가] 「외필변(猥筆辨)」에서 [기정진(奇正鎭)이] 「외필(猥筆)」 중에서 논했던 지금 사람들이 주기(主氣)를 주장하는 폐단을 일체 율곡(栗谷)에게 돌리고, 또 간혹 주자에게 돌려 억지로 죄안(罪案)을 만들어 장황하게 붓을 휘둘렀는데, 그 강설이 들쑥날쑥하여 인(仁)과 지(知)에 대해 견해를 달리하는 것은 괴이할 것이 없습니다. 그가 사람들을 억누르고 꾸짖기에 여념이 없었던 것으로 말하면, 이것이 어찌 고명(高明)과 준걸(俊傑)로 스스로 도(道)가 있다고 명명한 자들이 할 만한 것입니까. 혹시 발아래에서 하더라도 또한 알 수 없습니다.

<u>近見田艮齋</u>「空林識」, 專爲譏斥「猥筆」而作, 其言有曰: "如<u>唐</u>、<u>殷</u>之水旱, <u>孔</u>、<u>孟</u>之賤貧, 與夫<u>夷</u>、<u>惠</u>之偏於淸和, <u>顔</u>、<u>冉</u>之未及仁道, 此等處所謂理者, 却去何處? 却當甚事? 而乃若無適莫、沒操縱, 而一任其氣之所自爲者然"云云。 蓋<u>唐</u>、<u>殷</u>之水旱, <u>孔</u>、<u>孟</u>之賤貧, 氣數之變, 理不得其常者, 此乃蘆沙所謂無能然之力處。 夫理非造作自蠢動之物, 其所資以爲造化者, 陰陽二氣是已。 二氣騰倒, 自然有許多變, 變亦是常度中一事。 自天道之定體而言, 則健順剛柔, 亘古亘今, 一定不易, 自流行而言, 則屈伸消長, 互運而相遇, 其隨時變易之際, 自有無限參差, 事變之不可窮者。 然則氣數之變, 不可謂理之所無, 而卒亦變者正, 危者安, 善者必遂, 不善者必不遂, 斯皆莫非理爲之主宰者, 何嘗有"無適莫、沒操縱, 而一任其氣之所自爲者"哉? 但理有操縱之妙, 而無其力焉爾。 若<u>夷</u>、<u>惠</u>之偏於淸和, <u>顔</u>、<u>冉</u>之未及仁道, 同水旱、賤貧一例說去, 則恐不成說。 偏與未及在人, 水旱、賤貧在天。 在人者, 可勉而能之, 在天者, 亦可用力而及之乎? 此等話柄, 亦與彼之論人物性偏全而攙入聖凡賢愚之說者, 同一伎倆。 且其所以「猥筆辨」, 以「猥筆」中所論今人主氣之弊者, 一切歸之於<u>栗谷</u>, 又或歸之於<u>朱子</u>, 勒做罪案, 奮筆張皇, 其講說之參差, 仁知異見, 無足怪者。 若其抑勒人、譏罵人, 不遺餘力, 是豈高明俊傑自命有道者之所可爲耶? 或其脚下爲之, 亦未可知也。

「상노백헌선생차의上老柏軒先生箚疑」【甲辰】(『栗溪文集』卷3)

> [!NOTE] 해제

1) 서지사항

정기(鄭琦)가 정재규(鄭載圭, 1843~1911)에게 올린 차의(箚疑). 『율계문집(栗溪文集)』 권3에 실려 있다.

2) 저자

정기(鄭琦, 1878~1950), 자는 경회(景晦), 호는 율계(栗溪), 초명은 정재혁(鄭在赫)이다. 노백헌(老柏軒) 정재규(鄭載圭)의 제자이다.

3) 내용

정기가 정재규에게 1904년(고종 41, 광무(光武) 8)에 올린 글이다. 정재규의 자는 영오(英五)·후윤(厚允), 호는 노백헌(老柏軒)·애산(艾山)·회송(晦松)이다. 노사(蘆沙) 기정진(奇正鎭, 1798~1879)의 제자이다. 이 글에서 정기는, 혹자가 "태극(太極)에 동정(動靜)이 있는 것은 바로 태극이 스스로 동정하는 것이다."라고 한 데 대해, 태극에는 동정하는 묘리(妙理)가 있으며 기(氣)가 동정하는 것으로, 이 리(理)가 기(氣)의 주재(主宰)가 되며 리(理)가 스스로 동정한 적은 없다고 주장하였다.

或曰: "太極之有動靜, 乃太極之自動靜也。混沌之未開, 氣不用事, 則惟理而已。已屈之氣, 不復爲方生之氣, 則氣之始生處, 果非理之自動(靜)[時]46)乎?"

竊按: 太極有動靜之妙, 而氣爲之動靜也。氣之始生處, 乃是氣之始動處, 非理之自蠢動而生氣也。蓋動靜是氣, 有此理爲氣之主, 氣便能如此, 何嘗不待氣機, 而理自動靜耶? 若太極自動自靜, 則朱子何不曰"自動靜", 而只曰"有動靜"也? 『語類』曰"動而生陽, 靜而生陰", 非是動而後有陽, 靜而後有陰, 截然爲兩段, 先有此而後有彼也, 只太極之動便是陽, 靜便是陰。若曰"氣之始生處, 是理之自動", 則是理動靜而後始有陰陽, 動靜、陰陽, 有先有後, 截然爲兩段矣, 恐亦不可不察。

---

46) (靜)[時]: 저본에 '靜'으로 되어있으나, 『寒洲集』에 의거하여 '時'로 수정하였다.

선역

어떤 사람이 말하기를, "태극(太極)에 동정(動靜)이 있는 것은 바로 태극이 스스로 동정하는 것이다. 혼돈(混沌) 상태가 유지되고 개벽되지 않았을 때에는 기(氣)가 작용하지 않았던 만큼, 오직 리(理)뿐이었다. 이미 굽혀진 기는 다시 바야흐로 생하는 기가 될 수 없으니, 기(氣)가 처음 생하는 곳이 과연 리(理)가 스스로 움직인 때가 아니겠는가."라고 하였습니다.

저는 이렇게 생각합니다. 태극에 동정(動靜)하는 묘리(妙理)가 있어서, 기(氣)가 동정하는 것입니다. 기가 처음 생한 곳은 바로 기가 처음 동한 곳이요, 리(理)가 스스로 꿈틀거리며 움직여서 기를 생한 것은 아닙니다. 대개 동정(動靜)하는 것은 바로 기인데, 이 리(理)가 있어 기(氣)의 주재(主宰)가 됩니다. 기가 바로 능히 이러한 것이니, 언제 기(氣)의 기틀을 기다리지 않고 리(理)가 스스로 동정한 적이 있겠습니까.

만약 태극이 스스로 동(動)하고 스스로 정(靜)한다면, 주자(朱子)가 어찌 "스스로 동정한다"고 말하지 않고 단지 "동정이 있다"고 말했겠습니까? 『주자어류(朱子語類)』에 "동하여 양(陽)을 낳고 정하여 음(陰)을 낳는다"고 말한 것은, 동(動)한 뒤에 양(陽)이 있고, 정(靜)한 뒤에 음(陰)이 있어 딱 잘라서 두 단락이 되어 먼저 이것이 있은 뒤에 저것이 있다는 것이 아니라, 단지 태극의 동이 바로 양이고, 정이 바로 음이라는 것입니다. 만약 "기(氣)가 처음 생한 곳이 바로 리(理)가 스스로 움직인 것"이라고 한다면, 리(理)가 동정한 뒤에 비로소 음양이 있어 동정과 음양에 선후(先後)가 있어서 딱 잘라서 두 단락이 될 것이니, 또한 살피지 않을 수 없을 듯합니다.

或曰: "太極之有動靜, 乃太極之自動靜也。混沌之未開, 氣不用事, 則惟理而已。已屈之氣, 不復爲方生之氣, 則氣之始生處, 果非理之自動(靜)[時]⁴⁷⁾乎?"

竊按: 太極有動靜之妙, 而氣爲之動靜也。氣之始生處, 乃是氣之始動處, 非理之自蠢動而生氣也。蓋動靜是氣, 有此理爲氣之主, 氣便能如此, 何嘗不待氣機, 而理自動靜耶? 若太極自動自靜, 則朱子何不曰"自動靜", 而只曰"有動靜"也? 『語類』曰"動而生陽, 靜而生陰", 非是動而後有陽, 靜而後有陰, 截然爲兩段, 先有此而後有彼也, 只太極之動便是陽, 靜便是陰。若曰"氣之始生處, 是理之自動", 則是理動靜而後始有陰陽, 動靜、陰陽, 有先有後, 截然爲兩段矣, 恐亦不可不察。

---

47) (靜)[時]: 저본에 '靜'으로 되어있으나, 『寒洲集』에 의거하여 '時'로 수정하였다.

「상노백헌선생대학발문대목上老柏軒先生大學發問對目」
【戊申】(『栗溪文集』卷3)

해제

1) 서지사항

정기(鄭琦)가 정재규(鄭載圭, 1843~1911)가 『대학』에 대해 질문한 데 대해 답하고, 다시 정재규가 논평한 글. 『율계문집(栗溪文集)』 권3에 실려 있다.

2) 저자

정기(鄭琦, 1878~1950), 자는 경회(景晦), 호는 율계(栗溪), 초명은 정재혁(鄭在赫)이다. 노백헌(老柏軒) 정재규(鄭載圭)의 제자이다.

3) 내용

정기가 정재규에게 1908년(순종 1, 융희(隆熙) 2)에 올린 글이다. 정재규의 자는 영오(英五)·후윤(厚允), 호는 노백헌(老柏軒)·애산(艾山)·회송(晦松)이다. 노사(蘆沙) 기정진(奇正鎭, 1798~1879)의 제자이다. 이 글은 『대학』에 대한 스승 정재규의 질문[發問]과 정기의 대답[對目] 및 정재규의 평으로 구성되어 있는데, 대략 30개의 문단으로 나뉘어 있다. 대략의 내용은 다음과 같다. 정재규가 성(性)은 선(善)하지 않음이 없는데 기(氣)는 부제(不齊)한 까닭을 묻자, 기정진이 리(理)에는 필연(必然)의 묘리(妙理)가 있으나 능연(能然)의 힘이 있다고 한 말을 인용하여, 기가 부제하다고 리가 주재(主宰)임을 의심해서는 안 된다고 답하였다. 『대학』은 복성(復性)에 대한 책인데 성(性) 자를 전혀 노출하지 않은 이유를 묻자, 경전에서 성 자를 말하지 않아도 모두 성의 이면(裏面)과 실사(實事)라고 답하였다. "궁행심득(躬行心得)"에서 행(行)을 먼저 말하고 지(知)를 뒤에 말한 까닭을 묻자, 주자(朱子)의 "도를 행하여 마음에 얻음이 있다"는 말과 같다고 하였다. 『대학』 첫머리에 세 '재(在)' 자의 뜻은 『장구(章句)』에서 말한 '당(當)'의 뜻과 같다고 답하였다. "명덕(明德)"은 마음이 지극히 허령(虛靈)하며 광명정대(光明正大)함을 표현한 말이라고 하였다. "극명덕(克明德)"의 극(克)은 명덕이 어려운 일이기 때문에 극이라고 한 것이라고 하였다. "개자명(皆自明)"은 "위인유기(爲仁由己)"의 뜻이라고 하였다. 『대학』에서 먼저 오악취(惡惡臭)를 말한 뒤에 호호색(好好色)을 말한 것은 공부에서는 오악이 간절하기 때문이라고 하였다. 효(孝)·제(弟)·자(慈)를 수신장(修身章)에서 말하지 않고 제가장(齊家章)에서 말한 까닭은, 이 세 가지가 수신의 실사(實事)이지만 사람과 내가 대립(對立)하는 곳이기 때문이라고 하였다. "혈구(絜矩)"는 "곱자로 잰다[絜之以矩]"로 풀이한 것이 정의(正義)라고 하였다. 주자가 심(心)과 리(理)에 각각 체용이 있다고 한 데대해, 심과 리가 상수(相須)하는 뜻을 모르는 것이라고 하면서 "리의 용은 심의 체가 되고, 심의체는 리의 용이 된다[理之用, 爲心之體; 心之體, 爲理之用]"고 하였다.

3-25-11 「上老柏軒先生大學發問對目」【戊申】(『栗溪文集』卷3)

先生發問曰: 「序」小註雲峯胡氏以爲朱子於智字未有明釋, 取其意以補之曰: "智則心之神明, 所以妙衆理而宰萬物者也." 其所補之言, 乃引『或問』所論"致知"知字之說. 則知覺之知與禮智之智, 果無分別歟? 且於『或問』本語之外, 添"所以"二字, 何歟?

 謹按: 智, 性也; 知覺, 心也. 胡氏引知釋智, 近於認心爲性, 故先輩多非之, 然心、性亦非二物. 蓋心是萬理總會, 一身主宰底, 性乃其實體之有條理間架者也. 所指而言者, 雖有微別, 非心外別有性. 智與知覺亦然, 蓋以有智之理, 故有此知覺, 知覺只是知此理、覺此事也. 然則知此、覺此, 乃智之用也. 故朱子曰: "知覺, 智之事." 又曰: "以智知." 今但認知覺爲心而智無與焉, 則所謂智之所以知是知非, 所知者甚物? 胡氏引釋, 恐無可疑. 但智與知覺未嘗無體用之分, 故本語之外, 更添"所以"二字, 其意尤精.

批: 知覺不可離智而言, 然智之爲知, 眞而無妄. 氣之靈, 亦自有知覺, 而都無準則, 易妄而難眞, 亦不容無辨. 若所謂"妙衆理而宰萬物", 則乃智之德, 專一心而成終始者也, 不可以氣之靈論也.

發問曰: 性莫不善, 而氣有不齊. 天之賦人也, 必善其性而不齊其氣者, 何歟? 蓋吾聞之, 理也者, 萬化之主宰而品彙之根柢也. 氣是甚樣物事, 而乃能不順乎理而一於善, 自能不齊歟? 假使氣之伎倆, 自有此樣, 所謂理者, 不能裁制而一任其所爲, 使天下之物, 偏者多而全者少, 古今之人, 賢者寡而不肖者衆, 惡在其理之爲主宰歟?

 張子曰: "游氣紛擾, 合而成質者, 生人物之萬殊; 陰陽兩端, 循環不已者, 立天地之大義." 蓋上說以流行而言也, 下說以定體而言也. 自定體而言, 則健順剛柔常對立, 而萬古不易. 自流行而言, 則游氣紛擾, 感遇聚結, 爲人爲物, 自有偏正、通塞、清濁、純駁之不一, 而偏者多, 全者少, 賢者寡, 惡者衆, 此是氣數之所變而理勢之所必然者也. 蓋理非有造作自蠢動, 乘氣而動之靜之. 氣自有如彼許多不齊, 故流行變易之際, 亦自有無限參差, 或相制勝, 或相違背, 或相攻奪, 千變萬化而有不可窮者矣. 正蘆沙所謂"理有必然之妙, 而無能然之力"者是也. 然以其氣之不齊, 而疑其理爲主宰者, 則恐惑之甚矣.

朱子曰: "合而成質者, 各正性命也; 循環不已者, 乾道變化也。" 今以游氣成質爲流行, 陰陽循環爲定體可乎? 蓋陰陽流行, 循環不已, 自然生出萬殊之氣, 各有凝聚, 以成萬殊之形, 有是形, 必具是性, 所謂"乾道變化, 各正性命"者也。氣之始也, 乾道爲之主; 氣之成也, 性命以之定。物雖有偏全, 而各是本分也, 是分也乃一定而不可易者也。至若賢不肖氣質之不齊, 乃感遇凝聚之際, 所値之有淸濁美惡也。

發問曰: "治而敎之, 以復其性"云云。『大學』一部, 段段是復性之事, 而篇內無一處表出性字, 何歟? 一篇都無露出性字處, 而特於好惡之拂於人處却說出者, 又何歟?

　　陶菴曰: "『大學』一書, 性字始見於此, 而人多以帶來過去說, 作歇后看。此大不然。止於此特言之, 以明其好惡爲人本然之性也。" 竊恐此說似有條理。然經傳中, 雖不言性字, 而何段何句, 非性之裏面實事者乎? "拂人性", 性字非特言, 只是語勢反覆處, 自然露出, 何嘗有意於說性而言之也?

以其性本如此, 故自然露出。謂欲以明性而特言之, 則非傳者之意; 謂是帶來說而歇后看, 則亦讀者之疎。

發問曰: "躬行心得。" 躬行, 行也; 心得, 知也。凡言知行, 必先知而後行, 此云爾者, 何歟?

　　以工夫而言, 則先知而後行也。以成德而言, 則知行一致, 無先後之可言。"躬行心得", 猶言"行道而有得於心"者也。陶菴以"躬行心得", 屬於明德; "日用彝倫", 屬於新民。如此看恐不妨。

以"躬行心得"爲"行道而有得於心", 則然矣。以陶菴分屬於明、新, 謂不妨, 則恐不然。"躬行心得", 敎之本也; "日用彝倫", 敎之實也, 皆主敎法而言。敎者, 新民也; 其所以爲敎, 則明德也。

發問曰: 篇首三言之三"在"字, 恐非尋常無筋骨字, 而『章句』及『或問』都無明釋, 何歟?

　　竊嘗承敎, 『章句』"當因"、"又當"、"皆當"三"當"字, 是三"在"字之解也。

經指示其所在, 此是吾所當爲之地, 『章句』勉人之意。

發問曰: "明德", 先儒說甚衆, 固難容易折衷, 然亦豈可不入思議耶? 未知公看得如何?

朱子曰: "虛靈不昧便是心。" 又曰: "心者, 人之神明, 所以具衆理而應萬事者也。"
以是推之, 則蘆翁所謂"明德, 本心之異名", 說得甚切。蓋心有多般, 氣拘物蔽之
心, 亦心也; 邪僻僞妄之心, 亦心也。須以此心無邪無妄, 不犯氣、不犯物之眞體看
方是。朱子於『中庸』論心而曰"虛靈知覺", 於此變"知覺"爲"不昧"者, 正解"明德"
之明字。"所得乎天"之得字, 正解德字。蓋心之爲物, 至虛至靈, 無微不通, 無事不
照, 光明正大, 故曰明德。

大概得之, 又須知不犯氣、不犯物之眞體是甚麼。

發問曰: 小註玉溪盧氏曰: "虛者, 心之寂; 靈者, 心之感。" 又曰: "惟(化)[虛]48)故具衆
理, 惟靈故應萬事。" 虛、靈之分屬寂、感, 具、應之分屬虛、靈, 果無疑耶?

"虛靈"二字, 皆兼體用, 未發而炯然不昧者, 虛靈之體, 存乎中也; 已發而燦然有條
者, 虛靈之用, 著乎外也。盧氏之分虛、靈屬已發、未發, 恐終可疑, 具、應之分屬虛、
靈, 亦是偏了。"應萬事"者, 亦非虛乎? "具衆理"者, 亦非靈乎?

寂未嘗不靈, 感未嘗不虛。具者, 應之隱; 應者, 具之著。

發問曰: 朱子曰: "定、靜、安、慮、得五者, 是功效次第。纔知止, 自然相因而見。" 又曰:
"'安而后能慮, 慮而后能得', 最是難進, 多是至安處住了。'安而后能慮', 非顔子不能。"

"纔知止, 自然相因", 則安便能慮矣, 亦何難進之有? 若曰"視定、靜、安三者較難"云爾,
則又何待於顔子而後能之耶?

定、靜、安三者, 自然相因, 其間都無層節。慮則事至物來之時, 更須別般研幾審處
始得, 所以難進。蓋以功效次第言之, 則五者相因而見, 固無等級之懸; 以地位言
之, 則慮字便是"不違仁"之地, 所以"非顔子不能"也。

"研幾"二字, 概得之。子曰: "知幾其神乎! 顔氏之子, 其殆庶幾乎!" 以顔子而猶曰"其
殆庶幾", 則慮、得之爲難進可見矣。恐是泛論進德地頭, 非正解此節功效之次第也。

發問曰: 『章句』曰"使天下之人皆有以明其明德", 則是人人皆自明其德也。『或問』所論,
則却以體用之全言之, 有若"明吾之明德於天下"者。是以後儒之論說甚多, 何如?

---

48) (化)[虛]: 저본에 '化'로 되어있으나, 『大學章句』에 의거하여 '虛'로 수정하였다.

“明明德”者, 明己之德, 體也; “明明德於天下”者, 新天下之民, 使之皆有以自明其明德, 用也, 此所謂“體用之全”也。蓋自明其德, 推而新民, 則民雖自新, 而其實卽我明明德之效也, 雖曰“明吾之明德於天下”, 恐無不可。然則『章句』、『或問』雖若相異, 而實則一也。

新民亦明德中事, “明命赫然, 罔有內外。德崇業廣, 乃復其初”, 使之自明, 乃所以明吾之德也。

發問曰: “物格”格字, 先儒以爲“理到極處”。理固已十分極至, 何待於人功而後到? 且理非運用底, 又何以能自到耶?

　　栗谷先生曰: “譬如暗室中, 冊在架上, 衣在桁上, 緣黑暗不能見, 及人取燈以照見, 則方見冊衣各在其處分明, 乃可謂之冊在架, 衣在桁。理本在極處, 非待格物始到。理非自解到, 吾之知有明暗, 故理有至未至也。” 此語何如?

“吾之知有明暗, 故理有至未至”, 則所謂物格在知至之後, 不亦異於物格而后知至之意耶? 譬之於冊, 則讀過一冊, 冊自至極而無餘, 冊已極而無餘, 則一冊之書, 吾盡知, 所謂知(知)[之]49)至也。

發問曰: “克明德”克字, 朱子曰“此克字, 雖訓能, 比能有力”云。克字之有力, 言之甚易, 而知之甚難, 此所謂“惟嘗實用力者, 乃能有以識之”者耶! 克與不克, 是生死、人獸路頭, 未知賢者嘗實用力於此, 而眞有以知其說歟?

　　克, 勝也。凡勝任者, 是能也; 不勝任者, 是不能也, 故訓克以能。然明其德, 大是難事, 故不曰能, 而曰克。克是實用力十分盡底意, 言之果是甚易, 而用力無一分實底, 此非未眞知之過歟? 今承下敎, 不覺大發汗。伏乞始終指迷。

果能大發汗, 則此克之之消息也, 佳甚佳甚! 昔者上蔡先生一汗之後, 便脫去舊習而反身自省, 從性褊難克處克將去。苟欲自明, 則須用上蔡法。

發問曰: “顧, 常目在之也。” 天之明命, 有甚形狀, 可以常目在之耶? 佛說有曰“常見德性”, 此不其近之歟?

---

49) (知)[之]: 저본에 ‘知’로 되어있으나, 『大學章句』補亡章에 의거하여 ‘之’로 수정하였다.

明命, 非有形狀之可見, 只須見之於日用行事之間, 如見孺子入井, 則惻隱之心闔
然發見, 就他驗察却好。苟能驗察, 則恰似目見相似, 又能常常顧得, 如寶物在此,
恐人偷去, 兩眼常常覷在方是。若佛氏之見性, 自謂眞有光閃一物現然於目前, 何
足與語於此哉?

"常目在之", 猶言念念在此也。念念在此, 而無斯須之或忘, 則日用之間, 隨事發見矣。
佛氏所謂德性, 乃指精爽之影子矣, 非天命之性也。

發問曰: "皆自明"自字, 恐不可尋常看過, 深味之, 則似當有惕然感歎處。

　　陶菴曰: "明明德, 明己之德也; 新民, 新民之德也。此自字對民字而看。" 妄謂此語
　　非不是, 而恐似歇後。"自明"是"爲仁由己, 而由人乎哉"之意, 果令人警省。所引
　　『書』釋"明明德"之意已足矣, 而又特以"皆自明"三字結之, 此記傳者之致意處。
陶說是傳之本意, 而在學者分上看得, 如喩認爲己任, 則甚善甚善!

發問曰: 凡言情者, 必言好惡, 而此章必先言"惡惡臭"而後言"好好色"者, 有微意歟? 抑
偶爾歟? 苟能思索得味, 則恐於自己實用工處有助。

　　善者, 天命之本然也; 惡者, 物欲之末弊也。故凡言善惡, 皆先善而後惡, 以工夫而
　　言, 則惡惡尤切, 惡惡深, 然後眞能好善也。故言爲仁先須克己, 如治水先止其濁,
　　清便自如; 磨鏡先去其垢, 明便自在。
來諭良是, "末弊"二字, 改以"所生"則好矣。

發問曰: 陰惡陽善, 是小人之無狀者。此不能謹之於獨, 以禁止其自欺之萌, 而淪陷至
此耳。世或有獨處靜坐之時, 稍欲自修, 而對外人, 則不敢自立, 而故作同流合汚之態
者。此則陰善陽惡, 或不害爲君子歟? 有志於此, 學者不可不知也。

　　陰善陽惡, 比於陰惡陽善, 雖若稍勝, 而隨物移遷, 漸流於惡, 則其歸一也。此皆由
　　見理之不明, 立志之不篤, 用力之不實也。每念"千萬人中常知有己"之語, 不覺惕
　　然感歎。
且更自檢。

發問曰: 此章兩言"愼其獨", 抑有所指之異耶? 若曰不異, 則一說重複, 惡在古文之簡

奧歟？程子曰: “天德、王道, 其要只在謹獨。” “謹獨”二字, 正宜深念而屢省者也。

　　陳氏以“上獨字, 指念頭初萌動而言; 下獨字, 指身所獨居而言”。此說可疑, 兩言只
　　是一義, 而皆兼心身看恐當。蓋上言誠意之義已足, 而更翻說不愼獨之弊, 末又以
　　“必愼其獨”結之, 一義而重言之者, 只是丁寧之意。

兩皆兼心身看, 看得好。謹獨是正說誠意之要, 不謹獨, 則誠意工夫, 無下手之地。已
足、翻說之云, 說得不好。

發問曰: “富潤屋”一句, 別無意味, 有似衍語, 傳之必以此立文, 何歟？抑讀者看得淺,
故無味, 而實有懇切之意耶？

　　先生昔年答鄭淳中問云: “平天下章以財德對言者, 照應於此。” 或曰: “德之潤身,
　　人所難知, 而富之潤屋, 人所易知者, 故先言此, 以起下句之意。” 此言恐亦似然。

或說固好。『大學』文字, 如貫珠相似, 步步回顧, 上下照管。此富德對擧, 在此節爲起下
之興, 而亦未必非利義總結之張本也。

發問曰: 有心、無心, 只是一病歟？二病歟？

　　有心、無心, 恐非兩項病。如有所忿懥、恐懼等, 則此心專爲繫著那上, 自不在於視
　　聽上, 所謂“仰面貪看鳥, 回頭錯應人”者是也。

只是一病, 固善看, 而又須知一病而兩言之意。

發問曰: 上章四有, 註曰“或不能不失其正”; 此四辟, 註曰“必陷於一偏”, 或、必之間, 似
有微旨。

　　上章“或”字, 透了二關之君子, 豈有每動必失者乎？故下“或”字。以此章言, 則誠正
　　之君子, 亦豈有是病哉？惟衆人有是病, 而不加察焉, 則便爲淪陷, 故下“必”(者)
　　[字]50)。蓋衆人恒病, 亦君子之所當察, 而不可以少忽之也。

前儒之論, 亦多如尊喩。而愚意此或字, 因上文“所不能無者”而下得輕輕, 與「序文」“或
不能齊”或字, 文勢相似。氣稟千萬不齊, 而云或者, 因上文“莫不與之”而然也。

---

50) (者)[字]: 저본에 ‘者’로 되어 있으나, 문맥을 살펴 ‘字’로 수정하였다.

發問曰: 孝弟慈, 是君子修身之實事, 而不言於上章, 而必言之於此者, 何也?

　　孝弟慈, 雖是修身之實事, 而行之之地, 乃是人己對立處, 故於齊治始言之。且修
　　身章, 雖不露出此三字, 然其意則自在。曰"親愛", 則愛莫大於愛親; 曰"畏敬", 則
　　敬莫大於敬兄。又曰"莫知其子之惡", 則是屬慈。

修身以上, 皆爲此實事之要法, 而至此乃言之。其文法如止至善傳, 先言有止、知止, 而
後言仁敬孝慈信五者之事也。

發問曰: "如保赤子"云云, 此段以章句看之, 則以"明立敎之本", 而單擧慈幼一事者, 何也?

　　孝弟是道理之重者, 然能保守而不失者鮮矣。惟慈則不假强爲, 罕有失者, 此因其
　　所易曉者以示訓。且治國之事, 使衆爲多, 故特言慈。兩義相須, 恐得備。

然。

發問曰: "絜矩"二字, 或以爲絜而矩之, 或以爲絜之以矩。"絜之以矩"云者, 有合於<u>朱子</u>
"矩者心"之說也; "絜而矩之"云者, 有合於<u>朱子</u>"度物而得其方"之說也, 畢竟何者爲定
論乎?

　　"絜矩"二字, 章句之意, 已含兩義。曰"因其所同, 推(而)[以]⁵¹度物", 其所同者, 何
　　也? 心也, 卽矩也。以人之所同者推之, 此"絜之以矩"之意也。"推以度物"者, 絜之
　　謂也; "上下四方, 均齊方正"者, 矩之謂也, 此"絜而矩之"意也。然絜矩是行恕之異
　　名, "絜之以矩", 恐是傳文正義。

章句已含兩意, 看得甚細。終以"絜之以矩", 爲正義者, 亦得之。

發問曰: 治平, 自修身而推之, 則此所謂"矩"者, 必自修身上得之, 而正心、修身章, 都無
一言及之, 而至(致)[治]⁵²平章, 突然標立名目, 其義可得聞歟?

　　此矩非惟自修身上得之, 已根於格致誠正。窮理、致知, 是知得此矩者也; 誠意、正
　　心, 是立得此矩者也。至於修身, 便是守此矩者也; 齊家以下, 則便是行此矩者也。
　　然則雖不言矩字, 而意實包在, 只是一串貫來。但於此標立名目者, 特以治國平天

---

51) (而)[以]: 저본에 '而'로 되어있으나, 『大學章句』 註에 의거하여 '以'로 수정하였다.

52) (致)[治]: 저본에 '致'로 되어있으나, 『大學章句』에 의거하여 '治'로 수정하였다.

下, 所推者廣故也。且全篇之意, 於此章總括盡了。

極是極是。齊家五辟, 亦絜矩之張本。

發問曰: "發己自盡(謂)[爲]53)忠, 循物無違(爲)[謂]54)信", 明道語也, 此語謂尙晦; "盡己之謂忠, 以實之謂信", 伊川語也, 此語謂穩當。而却不取穩當之語, 而取尙晦之語, 何也?

二程之言, 皆所以釋曾子三省語。曾子所言, 就交際上說, 故伊川就事而言, 比明道之只說忠信體段爲緊。至於此節, 則發己循物, 槪當於推己度物之意, 故捨彼而取此。

汎說忠、信字義, 則伊川說爲正釋, 就交際上說, 則明道說爲緊, 故於此章用明道說。

發問曰: 敬者, 聖學之所以成始而成終者也。如某者旣闕其始, 而其病不止七年之久矣, 竊欲求三年之艾, 而又不能以自力, 則身心日益顚倒, 誠無望於來頭之補矣。若賢者年尙富, 不可謂過時矣, 且從前從事於『小學』者, 必不如某之蔑如此, 其所以求放心、養德性者, 應有日用間工夫節度。願一聞之。

在爇早業時文, 不得聞『小學』之方, 自從事於門下, 始獲聞君子之道。竊思補其前闕, 而立志不固, 用力不實, 以至今日, 無毫髮少補。若是而有甚工夫節度之可言? 伏乞指示焉。

寒暄先生常著草笠, 自稱小學童子, 其卑牧何如也? 謙恭何如也? 如欲補闕, 當以寒暄爲法。若有一毫自大之意, 則末如之何也已。

發問曰: 尹氏所謂"其心收斂, 不容一物"者, "收斂"、"不容一物", 皆工夫耶? 抑"收斂"是其工夫, 而"不容一物"其功效耶?

"收斂"、"不容一物", 皆工夫。收斂、不容之間, 語勢直下無少層節。若以"不容一物", 做功效言, 則必不如此說下。

"不容一物", 收斂得至密處。

---

53) (謂)[爲]: 저본에 '謂'로 되어있으나, 『大學章句』에 의거하여 '爲'로 수정하였다.
54) (爲)[謂]: 저본에 '爲'로 되어있으나, 『大學章句』에 의거하여 '謂'로 수정하였다.

發問曰: 盤銘之釋, 章句已詳矣, 非若他章之有未盡釋者, 而『或問』又加詳焉, 乃不過推說章句, 而不免磨驢之踏者, 何也? 且所因伊尹、武王之說, 非能於此節所論之義, 別有所發明也, 而支蔓引說者, 何也?

此章言自新而新天下之民也。苟能於己有一毫不新, 天下之民皆有不新, 故特引苟新、日新, 重言複言之盤銘文。是以朱子於『章句』既詳釋, 而猶恐人之不曉, 於『或問』又加詳焉。然猶不足, 復引伊尹、武王之說以實之, 使願治之君、志學之士, 皆得以取法焉, 是示人丁寧之意也。

"自新而新天下之"云, 非是。此所謂"良工心獨苦"處, 聖賢爲人之意, 苦且切矣, 而學者類作一場說話, 此最痛嘆處。

發問曰: "心雖主乎一身, 而其體之虛靈, 足以管乎天下之理; 理雖(主乎)[散在]55)萬物, 而其用之微妙, 實不外乎一人之心"。心以體言之, 而理以用言之, 何也? 抑理無體而以心爲體, 心無用而以理爲用歟?

心自有體有用, 理自有用有體, 曷嘗有理無體而以心爲體, 心無用而以理爲用之理哉? 以此段言, 則心言體, 理言用, 以有所主, 語勢不得不然。

理之用, 爲心之體; 心之體, 爲理之用。來喩心理各自有體用, 可謂全不識心與理相須之義。

發問曰: 大抵『大學』一篇, 聖賢相傳, 敎人爲學次第者, 至爲纖悉, 程子所謂"由是而學焉, 則庶乎不差"者, 允矣。然竊謂最初一事, 猶有闕而不論者, 何哉? 孔子曰"十有五而志于學", 志之一字, 豈非最初立定者耶? 固知賢者志乎此學久矣, 然但未知所謂志者何如而可名爲志。若朝悔暮然, 乍此乍彼者, 其亦可謂志乎? 志字恐有大段筋骨, 大段擔著, 幸爲我言之。

篇中雖不露出志字, 然"知止而后有定"定字, 非志字義耶? 章句所謂"志有定向", 是立志云也。且"欲明明德"以下諸欲字, 亦有此意。如小子者, 亦未嘗不知爲善以去惡, 而所行不能實用其力, 究其病, 則志不篤故也。"大段筋骨, 大段擔著"八字, 便爲回春之良劑, 敢不服哉?

55) (主乎)[散在]: 저본에 '主乎'로 되어있으나, 『大學或問』에 의거하여 '散在'로 수정하였다.

不說志之爲如何, 而但以“‘大段筋骨, 大段擔著’八字, 便爲回春之良劑”, 果能一服打疊否? 且看『論語』志學集註。

發問曰: 前乎程、朱而世之學者, 各以其意之所便者爲學, 故路脈易差矣。後乎程、朱, 則學者孰不以『大學』爲入德之門乎? 然而不能無路脈差者, 其故何在?

路脈之差者, 或有以己意參涉乎聖賢之言, 而不免互相背馳者, 是於格致工夫有所未精也; 或有苟焉循外而不務其實者, 是於誠正工夫有所欠闕也; 或有潔身自高而果於忘世者, 是以治平之道認作身外事也。所謂差者, 大槪如斯, 而其故皆在於知不明而行不力也。路脈之差, 不可數計, 須究其病源何在。蓋以書看書, 不看作自己所當爲之事, 雖指示如掌, 何與於我哉?

26.

重軒 黃澈源
(1878~1932)

心說論爭 資料

「외필변변猥筆辨辨」(『重軒文集』卷7)

1) 서지사항

황철원이, 전우가 기정진의 「외필(猥筆)」을 읽고 지은 「외필변(猥筆辨)」에 대해 변론한 글.『중헌문집』권7에 실려 있다.

2) 저자

황철원(黃澈源, 1878~1932)으로, 자는 경함(景涵), 호는 중헌(重軒) 또는 은구재(隱求齋)이다.

3) 내용

이 글은 황철원이 간재(艮齋) 전우(田愚, 1841~1922)의 「외필변(猥筆辨)」을 읽고 이에 대해 변론한 글이다. 전우는 노사(蘆沙) 기정진(奇正鎭, 1798~1879)의 「외필(猥筆)」을 읽고 「외필변(猥筆辨)」을 지었다. 글의 구성에 있어 전반부는 전우의 「외필변」을 인용한 뒤 본인의 논변을 수록하였고, 후반부는 황철원이 전우의 「공림소지(空林小識)」와 전우가 다른 사람에게 보낸 2통의 편지를 입수하여 읽고 이에 대한 각각의 논평을 실었다. 기정진은 이이가 말한 "동(動)하고 정(靜)하는 것은 기(氣)이고, 동하게 하고 정하게 하는 것은 리(理)이다.[動者靜者, 氣也, 靜之動之, 理也.]"라는 문장에 대해 "동하게 하고 정하게 하는 것이 그렇게 시키는 것이 아니고 무엇이겠는가?"라고 하고, 사지(使之)를 리의 주재로 해석하여 기에 대한 리의 철저한 주재 관계를 분명히 하였다. 이에 대해 전우는 기정진이 말한 "동하게 하고 정하게 하는 것은 리이다."는 것이 율곡의 "발하게 하는 것은 기이다.[發之者, 氣也.]"는 것과 동일한 어세라면 리를 기로 여기는 것으로 귀착한다고 하였으며, "'리가 시킨다[理使]'는 것은 단지 '근본이 됨[根柢]'을 말하는 것으로 '기에 정의(情意)가 있음'과는 다르다."고 하고, 그렇기 때문에 "우암(尤庵) 송시열(宋時烈, 1607~1689)도 '동(動)하게 하고 정(靜)하게 한다'는 것이 어떻게 조작(造作)이 없다는 의미가 되느냐?"는 명중(明仲) 심정희(沈廷熙, 1656~1714)의 질문에 "그것은 자연(自然)에 불과할 따름이니, 음양과 오행의 운용과는 다르다."고 말한 것이라고 하였다. 전우는 리의 주재를 자연 또는 근원의 의미로 해석하고 사지(使之)와 같은 직접적 명령에 따른 주재의 의미로 해석하지 않았다. 따라서 리에 주재가 있지만 현실에서 운동하는 것은 오로지 기에만 한정된 것이며, 리는 기가 운동하는 추뉴(樞紐)와 근저(根柢)가 되는 의미라고만 본 것이다. 이에 대해 황철원은 "리가 다만 '근저'라고만 한다면 이는 도의 본체가 한갓 '무위(無爲)'인 줄만 알고 순환하여 운동해서 '그렇게 하도록 하는[使之]' 도가 필연의 리임을 모르는 것"이라고 하였다. 이것은 이른바 근저의 참뜻을 모르는 것이니 곧 실상이 없는 허명이며 주재할 수 없는 것이라고 주장하여 전우가 말하는 무위와 근저가 잘못임을 지적하였다. 이러한 논리 구조가 바로 리가 소이연(所以然)의 법칙으로서 기에 대한 적극적인 주재성을 갖는 것이라고 주장한 노사학파의 기본 골격이다. 노사학파의 주리적 심성론에 기반한 황철원의 학맥은 기정진의 직전 제자인 일신재(日新齋) 정의림(鄭義林, 1845~1910)과 노백헌(老柏軒) 정재규(鄭載圭, 1843~1911)에게 수학한 데서 비롯하였다. 기정진의 학설이 전우로부터 비판을 받자 정의림과 정재규는 가장 적극적으로 나서서 기정진의 설을 옹호하였고 전우의 비판을 반박하였는데 이런 과정을 20대의 황철원이 목도하였을 뿐만 아니라, 정재규는 그에게 권유하여 전우의 비판을 반박하도록 독려하였다. 그 글이 바로 「납량사의기의변(納凉私議記疑辨)」, 「납량사의기의추록변(納凉私議記疑追錄辨)」, 「외필변변(猥筆辨辨)」이다.

3-26-1 「猥筆辨辨」(『重軒文集』卷7)

栗翁嘗言"陰陽動靜, 機自爾也, 非有使之也", 蘆沙「猥筆」深駁之。然以愚觀之, 朱子雅言"理無造作", 動靜者, 造作也, 故曰"機自爾也"。朱子雅言"纔有作用, 便是形而下者", 動靜者, 作用也, 故曰"機自爾也"。孔子分明說"天之生物, 栽者培之, 傾者覆之", 而朱子卻言"此非有物使之然. 但物之生時, 自長將去, 恰似有物扶持; 及其衰也, 自消磨去, 恰似箇物推倒它, 理自如此". 孟子分明說"天之生物, 使之一本", 而朱子卻言"自然之理, 若天使之然也"。伊尹分明說"天之生民, 使先知覺後知", 而朱子卻言"天理當然, 若使之也"。此何以故? 只是恐人錯認使字爲作用之意, 則害道大矣。故另下"若"字、"恰似"字、"非有物使之然"字, 以見其"無作用之使"也。故曰"非有使之也"。栗翁豈無所受而妄言之哉? 且如"人能弘道", "機自爾也"; "非道弘人", "非有使之也"。蓋"人心有覺"是"陰陽動靜之機也", "道體無爲"是"太極自然之妙也。" 朱子於『集註』載張子語, 而未聞後賢以"性不知檢其心"爲天命已息, "心能盡性"爲天命之外一本領, 而奮筆肆罵也。若論理爲氣主, 性爲心本, 則栗翁又嘗言"氣之所爲, 必有理爲之主宰。" 又曰: "無爲而爲有爲之主者, 理也。" 又曰: "孰尸其機? 嗚呼! 太極。" 此類不一而足矣。人苟有見於此, 雖曰"機自爾也", 而其自爾之所以然, 則依舊是理也。雖曰"非有使之," 而其不使之使, 則依舊是理也。何曾有魏延、楊儀同府乖張之變, 如「猥筆」之謂乎?

朱子言"理無造作", 而曷嘗言理非有使之然之妙乎? 朱子言"纔有作用, 便是形而下者", 而曷嘗言纔有使之然之妙, 便是形而下者乎? 且造作雖氣, 而氣之所以若是造作者, 以其理妙用之神爲之主宰故也; 作用雖氣, 而氣之所以作用者, 以其理有準則爲之節制故也。蓋氣只是此理流行運用之手脚, 則其意豈不躍如乎? 以若造作作用之有氣力、有情意、有謀劃者, 猶有理爲主宰之妙者如此, 況動靜自然而然者, 非理而何? 然則動靜字與造作作用等字, 迥有分數, 而今乃强取而比況耶? 陽動陰靜, 雖似自動自靜, 而一是天命使之然之實體也。非此, 則天命無可言之地矣。今以動靜爲自造作、自作用, 而別立天命於空蕩蕩地, 非空無一法之尊稱歟? 蓋太極、陰陽, 對待說去, 則不得不曰太極是理, 陰陽是氣, 然猶是皮面過去說。乃若言其裏面之實體, 則陰陽動靜, 是太極動靜之貌象, 實不相雜, 而亦實不相離。命者爲主, 而受命爲僕, 故朱子以理言動靜處, 頗多有曰: "以本體言, 則太極涵動靜; 以流行言, 則太極有動靜。" 又曰: "以目前言之, 仁便是動, 義便是靜。" 旣曰"涵", 又曰"有", 又曰"便是", 此果機自爾者乎? 此亦以造作、作用識之乎? 且以「太極圖」言之, 蓋從造化流行邊說去, 故挑出其不可挑出者, 以爲公共一箇本領。陰陽動靜, 卽其本色實體。「圖解」指第一圈之挑出者, 曰"非有以離乎陰陽也", 卽陰陽而指其本體不雜乎陰陽 而爲言耳。指第二圈, 曰"動而陽, 靜而陰, 中其本體也"。又以"易有太極"爲一圖之摠結, 則自"動而生陽, 靜而生陰"以下, 至終篇, 皆是太極圈內事也。此果以太極、陰陽對待說去, 而各占一位, 層級橫生, 理在懸空, 氣自作用, 如今人之見乎? 問者, 以裁培傾覆, 疑其別有一物, 有愛憎之私、取舍之力, 而忘却天理報施之必然。故朱子曰"非有物使之然", 非以理爲無使之然之妙, 如今人之見也。且物之自長自消者, 雖若物之自爾, 而實是理之使然。故合兩自字, 而曰"理自如此"。自消自長之自, 卽理自如此之自, 非別有物之自。又別有上一層理之自, 如今人之說也。若曰"物之自消自長", 是物自爾, 非有使之然之理, 而特有懸空理自如此之理云爾, 則其去朱子之意, 不啻氷炭也。蓋聖人眼中無非道, 故以物之自消自長, 直謂理自如此而無疑; 今人眼中無非氣, 故以物之自長自消, 硬作物之自爾, 而挑出理自如此之位於冥漠之間。孟子明言"天之生物, 使之一本", 而朱子又明言"自然之理, 若天使之然", 何曾說氣之自爾, 非有使之然乎? 伊尹明言"天之生民, 使先知覺後知", 而朱子又分明說"天理當然若使之也", 何曾外此, 而別立所以然於冥漠耶? 旣曰"自然之理", 非氣自爾也, 明矣。又言"天理當然", 則安可謂非有使之也乎? 朱子言恰似字及若字者, 或恐後人直以理爲作用看故也。又欲借有形之扶持, 以形容此理之裁培; 借有形之使, 以明此理無形之使, 其言不得不爾。蓋一名爲理, 必有使之然之妙, 朱子所謂"天理使之如此"者是矣, 則使非絲毫犯氣力字, 而今人才見使字, 只認作强使之使, 決非朱子之意也。使字有兩樣, 以理言, 則主宰之妙; 以氣言, 則作用之形也。

或曰: 所謂"非有使之"者, 非謂理無使之也, 只是謂非有强使之物, 如朱子"非有物使之"之語, 而今以朱子說爲好, 以"非有使之"之語爲大不然, 何也?
曰: 朱子言理處, 雖不雜氣言, 而觀理處, 便不離乎氣。故以物之自長自消, 直謂理自而不隱, 蓋旣曰"非物之使", 則可見其理之使然也明矣。至如陰陽動靜, 是於物上進一步、深一層, 極精處、極妙處, 天命使之然之妙, 於是乎在焉。艮齋乃以太極、陰陽, 對敵說去, 一理一氣, 各立窩位, 挑出太極於玄茫, 尊陰陽以自爾, 則其所謂非有使之者, 正是非有理使之之謂, 而與朱子"非有物使之"之語矛盾矣。且以心硬作形而下一邊看, 而其主宰一身爲萬事之綱領者, 專仰於形而下之自爾。以孔子所謂"人能弘道", 爲機自爾; 朱子所謂"人心有覺", 爲陰陽動靜之機, 而曰"非有使之", 其所以竊取聖賢之語, 穿鑿以就己見以尊己言者, 爲大可怪也。噫! 心雖氣分事, 而其眞體妙用, 至神而不測者, 乃此理主宰之實。故曰"人能弘道", 曰"人心有覺", 此果機自爾, 此果陰陽之自動自靜乎? 在天言造化邊, 則曰氣之流行, 性爲之主, 是則陽動陰靜, 決非自爾, 而在人言酬酢萬變者, 則性之流行, 心爲之主, 故曰"非道弘人", 曰"道體無爲"。蓋性者, 心之體也; 情者, 心之用也, 心統性情而主宰者也。精神也, 魂魄也, 精爽也, 是心之地盤界至, 言其主宰之本旨, 則乃理之妙用, 而非氣底事也明矣。今以人字謂氣, 弘字謂使, 則孔子之言, 只是謂氣能使理, 非理能使氣者乎! 苟如是, 則理非氣之主, 氣乃理之主, 可乎不可乎? 有見乎此, 則張子所謂"心能盡性"一段語, 所以明此理主宰之妙者, 至爲明甚。

曰: 朱子曰"性猶太極, 心猶陰陽", 艮齋以心爲"陰陽動靜之機"爲"機自爾"者, 正內乎此, 而今子非之, 何也?

曰: 心之有動靜, 猶太極之有動靜也。自其體用動靜悉具乎其中而言, 則曰"心爲太極"; 自其體之靜而爲陰之妙【妙謂神也, 神是理之用。】用之行而爲陽之妙處言之, 則曰"心猶陰陽"。太極之一動一靜, 卽陰陽不測之神。神也者, 理之妙也, 不離於氣, 而不囿於氣者也, 卽所謂第二圈動而陽、靜而陰而中其本體者也。心猶陰陽, 正指其本體, 卽太極也。陽之動也, 而太極之用行; 陰之靜也, 而太極之體立。心統性情, 而性其本體, 故就其中舉一半, 言其至靜之中, 萬理畢具者。曰"性猶太極", 此心之所以爲性情之總名也, 此心之所以猶陰陽也。一寂一感, 孰非此理妙用之神乎? 如是故能弘道。今以心只作"陰陽動靜之機", 而謂"機自爾", 可乎? 人心有覺, 卽心猶陰陽者; 道體無爲, 卽性猶太極者。朱子所謂"元亨利貞, 天地生物之心, 而人得之爲心, 未發而四德具, 已發而四端著"。又「答張敬夫」書, 論性情之德、中和之妙, 而以心爲主。又謂"以仁愛, 以義惡, 以禮讓, 以智知者, 心也", 此莫非以心爲理而明其能弘道之實者也。盍於此仔細思量乎?「猥筆」所以救世儒之弊, 而明栗谷之意者, 曷嘗以"氣之所爲, 必有理爲之主宰"及"無爲而爲有爲之主者, 理"及"孰尸其機？嗚呼！太極。”等語, 亦爲可疑耶？且此等語, 出於栗翁之口, 固爲可信, 而艮齋引用之意, 則還多可疑者矣。艮齋論“陽動陰靜, 專主‘機自爾’, 專主‘非有使之’”, 而昧其實體, 猶自託曰“氣之所爲, 必有理爲之主宰”, 則氣之所爲, 是自爾也, 自爾之上, 復有何主宰之理乎？雖或有之, 所謂自爾者, 肯讓頭歸尊乎？曰“無爲而爲有爲之主者”, 固然, 而艮齋既以有爲者, 爲陰陽之自動自靜非有使之之理, 則非有使之之上, 復有何無爲之主耶？豈非無實事而得虛名歟？專主機自爾, 專主非有使之之語, 而昧其實體, 猶自託曰“孰尸其機？嗚呼！太極。”, 所謂尸者, 果何事？又曰“自爾之所以然, 則依舊是理”, 又曰“非有使之, 而其不使之使, 則依舊是理”, 皆莫非頭邊安頭, 必有乖張之變, 欲免延、儀之同府, 得乎？

物之生, 雖曰自長自消, 而其自長自消, 究是理自如此; 陰陽之機, 雖曰自動自靜, 而其自動自靜, 亦是理當如此, 此豈難曉之理乎？或言: “朱子於‘自長自消’下, 繼以‘理自如此’, 而栗翁無一轉語, 所以來蘆沙之疑。” 此又不然。朱子嘗言: “一氣流行, 萬物自生自長, 自形自色, 豈是逐一糚點得如此？” “豈是逐一糚點得如此”, 卽栗翁“非有使之”之謂, 而更無“理自如此”云云。此亦將以“自行自止, 不關由天命”罵之乎？亦將以“吾懼夫氣奪理位, 而爲萬事本領”斥之乎？

朱子曰: “言理與氣, 則氣專是形而下; 言物, 則包理與氣, 不可專以形而下言。” 然則物之生, 自長自消, 而其自長自消, 理自如此者, 非謂物外有箇理也, 明矣。陰陽之機, 自動自靜, 亦是理當如此云者, 果如是看, 則正朱子所謂“易有太極, 則是太極乃在陰陽之中, 而非在陰陽之外。若以乾坤未判、大衍未分之時論之, 則非也”云云者, 栗谷所謂“理氣可以相離, 則程子所謂‘陰陽無始’, 爲虛語”云云者也。栗谷之言如此處不一, 可謂十分完全矣。若“氣, 機自爾, 非有使之”一段善觀, 則不害爲流行邊說話, 而今人乃執言迷旨, 却就自爾之上, 別求所以然, 則大義乖當, 而不得不求自如此之理於自消自長之外, 正朱子謂“老子乃謂‘道生一, 而後乃生二’, 則其察理亦不精”云者。故「猥筆」特言之, 以救末弊, 而致耿耿奉質之意者也。大抵所謂“一氣流行”一段, 朱子本語果止如此而已, 則固爲可欺之方, 難明之狀, 既以天字爲冒頭, 而曰“天只是一氣流行”云云, 則自生自長, 莫非天之所主宰處。又結之曰: “聖人只是一箇大本大原裏出。” 又曰: “許多道理, 只是這箇一便貫將去。” 此蓋以聖人一貫, 明天理一貫, 則萬物之自形自色, 莫非天理一貫處也。豈可外此而更求

別天爲耶? "粧點"云云, 只是謂不似攤工倕之雕刻, 而一是上天主宰之妙。蓋以聖
人之不務博, 比天理之不勉强, 雖不勉强, 而其必然之妙、能然之則, 實有使之於不
使之中、爲之於無爲之裏者, 豈可以萬物生長形色, 謂無所關由而自爾耶?

"動者、靜者, 氣也; 動之、靜之者, 理也。動之、靜之, 非使之然而何?" 竊謂"理使"云者,
只是根柢之謂, 非如氣之有情意者。故尤翁於沈明仲"使動使靜, 豈無造作?"之問, 曰:
"此不過曰自然而已, 不似二五之運用也。" 今蘆沙之見, 正與沈氏同, 而其曰"動之、靜
之者, 理", 又與栗谷"發之者, 氣", 同一語勢, 則豈不歸於認氣爲理乎? 大抵理雖曰"主
宰", 而實則自在; 氣雖曰"動靜", 而實本於理。此前天地後天地, 千古萬古, 不易之定
理, 故栗翁既曰: "無形無爲, 而爲有形有爲之主者, 理也; 有形有爲, 而爲無形無爲之器
者, 氣也。" 又曰: "有形有爲而有動有靜者, 氣也; 無形無爲而在動在靜者, 理也。" 此可
謂本末兼盡, 體用無漏, 非洞見道體者, 其孰能與於此哉? 不能如是看破, 如是體得, 卻
只主主宰一義而幾於理有操縱, 不復撿束此氣, 以循乎理之本然, 則其工夫豈非有所疎
漏處乎? 且如其說, 則語者、默者, 口也; 語之、默之者, 性也。吾聞性爲語默之理而口
舌從而語默, 此朱子所謂理有動靜,【謂理有此氣動靜之理, 非謂理先自有動靜也。 此句前後讀者,
多不察而領會也。】未聞此性自會語默也。是故告子、釋氏之"知覺、作用是性", 陽明之
"(那)[良]¹⁾能、視聽言動便是天理", 皆歸於認氣爲理, 而與吾聖人異矣。朱子「答胡季
隨」書, 有"自心自省"語, 豈不知省之之理出於性, 而其能省之者心而非性? 故立語如
此, 詞理俱到, 無些子疵類, 而後人有習聞「猥筆」之說者, 誤以"自行自止, 不由性命",
"兩箇本領, 各自樞紐"等說, 奉疑於朱子, 則竊意蘆沙有靈, 亦應矉頞於泉下也。

　　"動之、靜之者, 理", 古聖賢語, 蓋多此意。『易』「大傳」曰: "一陰一陽之謂道。" 朱子
曰: "陰陽是氣, 一陰一陽, 則是所以循環者, 乃道也。" 然則動之、靜之, 卽所以循環
者也。朱子又曰: "春夏爲陽, 秋冬爲陰, 從古至今, 恁地衮將去, 只是這箇陰陽, 是
孰使之然哉? 乃道也。" 又曰: "父子本同一氣, 其恩愛相屬, 自有不期然而然者。其
他大倫皆然, 皆天理使之如此, 豈容强爲哉?" 「猥筆」所謂"動之、靜之, 非使之然而
何"云者, 一是朱子意也。一陰一陽之謂使之然, 動之、靜之之謂使之然, 有何差別
乎? 況直以人之恩愛, 謂天理使之如此者乎? 朱子說亦果以"理有操縱, 不復檢束

　　1) (那)[良]: 저본에 '那'로 되어 있으나 『艮齋集』 「猥筆辨」에 의거하여 '良'으로 수정하였다.

此氣"責之乎?「大傳」曰: "生之之謂易。" 朱子曰: "理自然如此。" 是則生生者, 氣也; 生生之者, 理也。「大傳」曰: "成象之謂「乾」, 效法之謂「坤」。" 朱子曰: "理自如此, 本無相待。" 是則象者、法者, 陰陽也; 成之、效之者, 理也。朱子又曰: "且如四時, 亦只是自然迭運, 皆是理之所必然者耳。" 以此看, 尤爲分明, 今不知此, 而但曰 "理只是根柢"云, 則是但知道之體本無爲, 而不知循環迭運處有使之然之道、所必然之理。所謂根柢者, 乃無實之虛名, 而不得爲主宰矣。理之使動使靜, 卽是理自然如此者, 而沈明仲以使字作造作看, 故尤翁答之以自然, 卽朱子所謂"使之然"者也。今乃以使字, 硬作造作看, 則是復墮沈氏之科, 而斥栗翁, 背朱子者也。"發之者, 氣; 所以發者, 理", 固栗翁語也。"發者, 氣; 所以發者, 理", 亦栗翁語也。一則有"之"字, 一則無"之"(者)[字]2), 則栗翁於'之'字, 不甚留意而用之可知也。於其無'之'字處, 又將何辭而辨駁「猥筆」乎? 蓋自流行上, 推言其本源, 則不妨說"發之者, 氣; 所以發者, 理"。自實體上, 的指其使之然之理, 則正是"動者、靜者, 氣; 動之、靜之者, 理", 動之、靜之卽所以也, 卽栗翁"所以發者"也。且"動者、靜者, 氣也; 動之、靜之者, 理也", 是本栗翁語,【見「易數」及「天道策」。】而今加譏斥, 何也耶? 眞所謂 "視其人之所在而攻之耳", 何嘗有定論者也? 動靜就陰陽裏面言, 其迹精; 語默就人身動止言, 其迹粗, 而却取而駁之, 正栗翁所謂"於其精底, 必抑而卑之, 使爲粗; 於其粗底, 必引而高之, 使爲精, 則豈是平正底道理"者也。然理無精粗而皆在, 則亦有說得行者矣。理者, 自然也, 而有必然、當然、能然之不可易、不容已。故必語必默, 當語當默, 則便能語、能默, 說得如此時, 不妨說"語者、默者, 口也; 語之、默之者, 理也"。語之、默之, 謂其使之然之妙、不得不然之故, 非謂有造作也。朱子曰 "道未嘗離乎器, 道只是器之理。這人身是器, 語言動作便是人之理", 此亦將以爲認氣謂理乎? 朱子曰"理有動靜, 故氣有動靜", 却又反其語曰"理無動靜, 則氣何自而有動靜乎"云云, 則上動靜, 主乎理, 下動靜, 主乎氣, 雖非有兩箇動靜, 而自有主僕之分, 理之動靜, 卽使之然也。孔子曰"太極生兩儀", 所謂生者, 理之動靜也。濂溪祖述此意, 直言"太極動而生陽, 靜而生陰"。朱子釋之曰"太極便會動靜", 其義已躍如矣。奈何曲生見解, 以爲理無動靜, 而動靜專仰於氣? 然則氣反作理之主宰矣。如此, 而自謂獨察而領會, 誠可好笑。指知覺作用之生於形氣者爲性, 則可目

之以認氣爲性, 若言其知覺中良知, 作用中良能。及智之發而爲是非之心者, 及動作以禮者, 亦不可以性言乎? 非禮而視聽言動者, 可目之以認氣爲性, 能復其禮而視聽言動者, 亦不可以性言乎? 朱子曰"視自然明, 聽自然聰, 色自然溫, 貌自然恭, 從大本中流出", 從大本中流出者, 非性乎? 朱子又曰"私勝, 則動容周旋, 無不中禮, 而日用之間, 莫非天理之流行", 天理流行者, 非性乎? "自心自省, 當體便是"云者, 朱子曷嘗爲氣自爾而發耶? 朱子曰"只爲將此敬字, 別作一物, 而又以一心守之, 故有此病, 若能自心自省"云云, 此言敬卽心也, 非心外有敬也。孟子曰"恭敬之心, 禮也", 禮非性乎? 張子曰"心統性情", 朱子曰"心也者妙性情之德也, 天理之主宰也", 是果以氣能自省言之乎? 心是主宰, 性是條理, 性之流行, 心爲之主, 心與性, 果二物乎? 心之地盤是精爽, 而其主宰, 則理也。以理言, 則心猶太極之統四德, 性猶利貞, 情猶元亨, 此理之全體, 而心與性渾然無彼此內外之殊, 恨無以此義得聞於艮齋, 以醫其妄疑前輩之痼者也。

"理一而已矣, 而乘於氣, 則其分萬殊", 此栗翁說也。曰: "豈一之時, 初無所乘, 至萬之時, 始上著機歟?" 曰: "不然。今單言機上之太極, 則曰理一而已, 兼擧四時之氣, 而言元亨利貞, 則曰乘於氣而其分萬殊云耳, 豈昔日徒行, 而今日跨馬之謂乎?" 今「猥筆」乃曰: "此若太極謾無主張, 忽見馬匹當前, 趦捷而騰上者然," 此決非栗翁之本意也。又曰: "是馬也, 爲塞翁之得, 非元來所乘, 此後勢必之東之西, 惟馬首是瞻", 此亦須消詳, 未可草草打過。蓋人皆有太極而氣稟既異, 則欲動情勝, 利害相攻之患, 往往而有。是時所謂元來乘馬之主人, 既有操縱之力, 而亦非無適莫, 奈何有此東西惟馬之失也? 此宜明核而勘破。不然, 則其曰"主之所向, 僕焉有不往者", 人將不之信矣, 嗚呼殆哉!

「猥筆」分明言"今人看'所乘'字, 有若太極漫無主張", 又曰"或干犯先賢語句, 極知不韙"云, 則稍知文義者, 尙辨今人之非栗翁, 而艮齋言"今人處輒頭戴栗翁", 以栗翁言駁之, 何? 人不辱其父, 而爲子者, 自做辱說, 以歸其父, 可乎? 理一, 而乘氣則萬殊者, 正是『蘆沙集』中, 所謂"善觀者, 知其爲流行邊說話"者也。【「答人問第二」條。】今曰"理一, 而兼擧四時之氣, 言元亨利貞, 則乘於氣, 而其分萬殊"云, 則決非栗翁之意。『中庸或問』言"天命之元亨利貞, 而四時五行、庶類萬化, 莫不由是"者, 爲虛語, 而人全物偏, 專仰於氣, 理爲無分之一, 而其所稱太極中所見元亨利貞, 畢竟爲死物, 正是『蘆沙集』中所謂"若迷厥旨, 以爲理本無準則, 東西南北, 惟氣之從, 是理不爲氣之主, 反聽命焉”者也.【亦見「答人問」第二條.】然則艮齋雖自謂非“昔日徒行, 今日跨馬”, 吾不信也, “覂駕之馬, 亦在御之而已”則御之者爲常, 而覂駕者爲變, 常謂本然也, 變其末弊也. 古今無不可絡首之馬, 無不可乘之馬, 常者必伸, 而變者必屈矣. 知羈的之作, 在乎人, 而不知羈的之生, 由於馬, 可乎? 人與馬, 二物也, 猶不爲切譬. 乃若天地之化, 本然之性, 則無所不在, 無不爲主. 如桀, 紂爲惡, 似若無理, 然爲惡則必亡, 非天理之常乎? 若爲惡而不亡, 則惡在其爲天理乎? 方其爲惡之時, 則變也, 主常而治變, 變豈有不可治之理乎? 雖曰欲動情勝, 而敬以直之, 則此心常存; 容有利害相攻, 而約其情, 則能合於中, 無非存天理之本然, 守人道之當然也. 主之所向, 僕豈有不聽命者乎? 朱子論陰陽不測之神【此神字, 理之妙用, 不可以氣言.】曰: “便是這一箇物事, 走來走去, 無處不在.” 既曰“物事”, 又曰“走來走去”者, 蓋極形容其不測也, 非謂眞有形狀之物, 如馬之走來走去也. 然則適莫, 操縱等字, 亦只是借可見者, 而形容其不可見. 如孟子取人事上合有底仁義等字, 以言性之名也, 不諒立言之意, 而輒加譏斥, 可乎? “爲善者, 天報之以福; 爲惡者, 天報之以禍”, “天眷西土”, “天誅造攻”, “上帝降衷”, “帝乃震怒”, 非操縱之妙乎? 以木葉觀之, 缺者常缺, 圓者常圓, 脩者常脩, 短者常短, 無一毫差錯者, 適也. 種豆得豆, 無得苽之理; 桃生桃花, 無生李花之理者, 莫也. 孔子所謂“無適莫”者, 謂無謀劃也; 此所謂“有適莫”者, 謂有其妙也. 朱子曰: “無眹之中, 而無窮之數已具, 不待安排, 而其勢有不容已者.” 既曰“不待安排”而猶云“勢不容已”, 則雖無適莫之事, 而有適莫之妙, 有何不可乎? 若曰無是妙, 則正栗翁所謂“道理既如此, 而又有如彼者, 則是甘亦可喚做苦, 白亦可喚做黑”者也. “初既無使之然之妙, 末又非有操縱之力”, 果是「猥筆」中語. 「猥筆」之意, 蓋曰理之當初面目, 的有使之然之妙者也, 其末, 則又非有操縱之力者也. 理之實事, 本如是也. 若如今人之主氣, 則是當初有使之然之妙者, 既無矣, 其末來實事, 又非有操縱之力者, 依舊是非有矣. 當初有者既無, 素來非有者又非有, 則豈非寄寓者乎? 此「猥筆」立言之本意也, 非以理爲初有操縱之力. 既曰“初既無”, 又曰“末又非有”, 則“又”字, “非有”字, 其意豈不明白乎? 而强生疑難, 殊不可曉也.

理發二字, 爲今日一大禁避語, 而纔見行變化成條理者, 則曰“氣也”. 問“孰主張是”, 則曰“其機自爾, 非有使之者”; 問“所謂理者落在何處方”, 則曰“乘之矣”. 初既無使之然之妙, 末又非有操縱之力, 寄寓來乘, 做得甚事? 有之無所補, 無之靡所闕, 嗚呼! 可憐矣。究其端由, 原於乘字失其本旨, 駸駸致得理輕氣重, 直至氣奪理位, 爲萬事本領而後已。一字之失, 其禍乃至此乎! 愚按: 栗翁亦嘗言"孰尸其機? 嗚呼! 太極。" 此何嘗以氣爲萬事本領乎? 又言"性發爲情", 則「猥筆」云云, 栗翁已見之昭陵也。但其以理發爲非者, 卻有曲折, 實由理氣互發而云爾。蓋從理爲根柢上說, 則氣爲理之用, 故雖氣發, 亦可謂之理發。如行者雖馬, 而主者是人, 故統而言之, 曰人行也。若據氣能作用上說, 則理實無情意, 故雖善情, 但可謂之氣發。如乘者雖人, 而行者是馬, 故辨而明之曰馬行也。若都欲以理爲主, 而至於用事處, 亦禁不下氣發字, 非其情實也。譬如臣行君令, 所行固出於君, 亦其行之, 畢竟是臣而非君。如必以所行是君命, 指臣行爲君行, 則名不正而言不順矣。況遽指臣行二字, 爲臣奪君位而誅之, 則豈法理之所當出乎?

所謂"以理發爲非, 實由理氣互發云"者, 得栗翁之意矣。蓋自流行上看, 則不妨說氣發而理乘。雖曰氣發, 而理實乘焉, 則乘者爲主也。『蘆沙集』中, 或問"乘氣流行之說, 可廢乎", 曰"否。就流行上, 善觀可也"者是矣。今乃不善觀而迷其旨, 以理只作過去之根柢、冥漠之虛物, 而纔見行變化成條理者, 則便做氣之自擅看, 遂以爲理無用, 而借氣爲用。「猥筆」雖欲無作, 得乎? 既曰"今日學士家", 則非前日栗翁家, 決矣。既曰"一大禁避語", 則分明謂今日學士家誤看前日栗翁家之快論, 而纔見有言理發二字之人, 便謂攜貳栗翁而使之禁避也。禁避, 謂頭戴栗翁, 而以理發作"一大禁避"。若以今人作栗翁看, 則所禁避者, 避何賢耶? 栗翁所謂"性發爲情"及"萬般之情, 夫孰非發於理"者, 皆理發之實事也。所謂"氣順本然之理者, 氣聽命於理, 故以主理言"者, 卽「猥筆」所言"氣之發與行, 實受命於理, 命者爲主, 而受命爲僕"者也; 所謂"氣變乎本然之理, 則固是源於理, 而以主氣言"者, 卽「猥筆」所言"到過不及處, 不得已而有說氣時"者也。「猥筆」實所以明栗翁之道, 而所斥者今人耳。且若直指臣行爲君行, 則名果不順, 然猶是皮殼說, 蓋以他人在傍見之, 則如是也。若直就臣身上言, 則於其行時, 其心未嘗一刻忘君命也。一刻忘, 則便是自行自止, 不關由君命, 然則行者是臣, 而行之者非君命乎? 然君與臣有二身, 猶難得以逼, 譬栗翁所謂"以有形比無形, 可以活看, 不可泥著"者也。乃若理與氣, 一而二, 二而一, 氣之順理而發者, 氣發卽理發也; 順理而行者, 氣行卽理行也。只於其間, 截斷得"動者靜者"、"動之靜之"而已。

「猥筆」所舉“一陰一陽之謂道”、“太極生兩儀”兩句, 誰曰不然? 但“人能弘道, 非道弘人”, 獨非孔子之言乎? 恐不必執一而棄一也。竊嘗思之, 自鄉人而至於爲聖爲賢, 豈非奪天地之造化者乎? 其功夫雖存乎心, 而其本源一出於性, 然則謂之道能弘人, 亦何不可? 而聖人之言如此, 此宜深思其故。夫道是至尊之實, 而爲萬物之主者, 乃降而與有作用者同科焉, 則道器、上下之分亂, 而無以杜此心覬覦之萌矣。嗚呼! 聖人之指微矣哉!【以此防心, 後世猶有此心自稱大理具小理者。】抑又思之, 心之能事, 至於敬尊德性, 義扶世敎, 鑄凡作聖, 豎人參天, 其有功於人, 何如哉? 雖假以形上之名, 宜無可惜者, 而聖人之於心, 乃不肯與道齊頭幷腳, 是又何故? 釋氏不知理之爲道, 而“天上天下, 惟我獨尊”, 我是心自我。心雖磨鍊得極精細, 比之沖漠無眹之道, 畢竟微有跡。蓋靈之與眞, 原自有辨而然也。聖人不欲指心以爲道, 其謹嚴之意, 豈不以是歟? 此是吾儒第一義理, 亦第一防閑。欲以奉質於曩哲, 而旣未可得, 亦願幷世與後來之賢者, 與之是正。

孔子所謂“人能弘道”, 此人字與“人者, 天地之心”人字同, 可以主乎理而看, 不可主乎氣而看, 氣能弘道, 聖賢果有是語耶? 弘, 廓而大之也, 卽主宰也; 氣, 能廓而大之, 則氣爲主也。氣爲道之主, 聖賢亦有是語耶? 在天言其主宰, 則曰帝; 在人言其主宰, 則曰心。【朱子曰: “人字似天字, 心字似帝字。”】心是此理主宰之妙, 而指之爲氣, 則帝亦可名之以氣, 而上帝降衷, 乃氣能降衷者耶? 乾是性情, 而主宰者, 帝也; 道是性, 而弘之者, 心也。張子曰: “性之流行, 心爲之主。” 以“爲之主”者, 而檢“此流行”者, 所謂“能弘”也。以若浩然之正氣, 而孟子只曰“配義與道”, 配, 合而有助之意, 與弘字遠矣。且“配義與道”之義字, 是人心裁制, 而氣但配之, 則心不可以一氣字當之, 明矣。今乃以氣機冒之, 作弘道之物, 則其本體主宰之妙滅矣, 而一者反二, 客反爲主, 命於物者, 反命物【朱子曰: “心者, 人之所主乎身者也, 一而不二者也, 爲主而不爲客者也, 命物而不命於物者也。”】上下之分亂, 而覬覦之禍極矣。如此而猶以尊道爲名, 相瞬而嘿默, 曰“道體無爲, 至高至尊, 無或窮省, 恐其作用”云, 則義帝之稱雖貴, 其實不用命也, 可乎? 道是物我公共自然之理, 故曰“無爲”。蓋言“無其迹”, 豈曰“無其妙”耶? 道體之固有者, 若無爲之之妙, 則此心之妙用, 所能弘者, 何事耶? 張子曰: “氣之流行, 性爲之主。” 此道體之妙也。大抵心包形氣、神理者也, 形氣, 其地盤也、當體也; 神理, 其主宰也、妙用也。然地盤、當體是心之皮殼說, 故從古聖賢言心, 莫不以主宰、妙用爲主。主宰謂主宰此性情也。張子曰: “心統性情。” 朱子曰: “性者, 心之理; 情者, 心之用; 心者, 性情之主。” 又曰: “性是靜, 情是動, 心兼動靜而言。統, 如統兵之統, 心有以主宰之也。動靜皆主宰, 非是靜時無所主, 及至動時方有主宰也。” 又曰: “心者, 性情之總3)名。” 此莫非心之實理也。聖賢非不知圓外竅中爲心之形體, 亦非不知精神魂魄爲資助運用。 然其妙用之神, 則乃理之主宰, 心之得名, 其所重在乎理, 而不在乎氣也。神字有兩樣, 以氣言, 則氣機動靜是也; 以理言, 則理之妙用是也。其實非判然二物, 只就其中, 從理看, 則理之妙用; 從氣看, 則氣之精爽。上下主僕之分, 有判然不可亂者, 今乃以神字, 硬作氣字看, 執其資助, 掩却實體, 自以爲得聖人之微旨, 何其謬也? 釋氏之師心, 只見其影子, 不見許多道理, 在內以運水搬柴, 便作神通妙用, 弄得怳惚, 自謂“心無所住”, 則已失心之體, 而心外有理者也。外理而獨尊, 畢竟成箇甚? 吾儒則不然, 旣知心理之一, 戒懼謹獨, 氣不使拘蔽, 可以立大本、行達道矣。外理獨尊固爲釋氏之非, 而執氣當心, 自以爲獨見者, 其弊亦有不可勝言者矣。靈之一字, 亦宜深思。蓋以氣而言其體段, 則精爽之湊也; 以理而言其主宰, 則妙用之著也。以精爽言, 則謂之微有迹可也; 以主宰言, 則此是天理全體之在我者, 卽所謂眞原也。性情體用, 爲心字本旨, 不是心外別有箇理, 理非眞原乎? 惟人也, 得其秀而最靈, 卽人極也, 此猶非眞原乎? 若以精神魂魄資助之機, 而並謂之理, 固不可; 若以此理之全體妙用主宰而言, 則理也。言其德, 則曰“具衆理”; 言其神, 則曰“妙衆理”, 能具能妙, 心之實可見矣。朱子曰: “理雖散在萬物, 而其用之微妙, 不外乎一人之心, 理雖在物, 而用實在心。”【止。】所謂用者, 卽理之用, “用實在心”, 故能弘道。此用字, 亦可以氣看耶? 程子曰: “心如穀種, 生之性便是仁, 陽氣發處乃情也。” 蓋才曰“心如穀種”, 則已含生生之性, 不獨以虛殼爲穀種也。就其中分別條件而挑出言之, 故曰“生之性”。雖挑出言之, 而穀種之本體, 含此生理之妙, 則自如也。“大理具小理”之云, 無乃譏斥蘗溪者耶? 請擧蘗溪論以明之。蘗溪曰: “心以理言, 則性情之主, 寂感之會; 以氣言, 則陰陽之精, 動靜之機。” 又曰: “心固理也, 而所乘者, 氣也。故聖賢說心, 說理則又必說氣, 說氣則又必說理, 未4)嘗闕一之中, 又必明一上一下、一尊一卑之實。” 又曰: “心, 以主本全體言; 理, 以發用零碎言, 『中庸』所謂‘大本、達道, 大德、小德’, 皆指此也。故‘言心遺理, 非善言也’。” 又曰: “明德者, 就方寸中, 指言其天

---

3) 總: 『주자어류』 권98에 ‘統’으로 되어 있다.
4) 『華西集』에 ‘未’ 앞에 ‘未嘗闕一’이 더 있다.

命之全體。由其神明虛靈主宰統攝而言, 則謂之心; 由其名目條理零碎界破而言, 則謂之理。言心而遺理, 則如秤之無星、尺之無寸, 渾淪儱侗, 不足以盡其心。言理而遺心, 則如網之無之綱、舟之無柁, 鹵莽滅裂, 不能以全其理。” 請把此說平心降氣, 以涵泳也。

程子曰: “天地萬物之理, 無獨, 必有對。” 有問於朱子曰: “太極便對甚底?” 曰: “太極便與陰陽相對。”「猥筆」第五段, 正論此義云: “把氣與理對擧, 此非聖人之言。今人纔見理字, 必覓氣來作對偶。於是理之流行一大事, 盡被氣字帶去作家計, 所餘者, 只混淪也, 沖漠也。此雙本領之履霜也, 悲夫!” 愚按: 蘆沙意欲尊理, 而有此云云。然辭氣之間, 陵轢過越, 大損尊畏聖賢之體, 此豈非氣之失理處乎? 況朱子何嘗非聖人? 何嘗非一本領? 然而把陰陽太極做對, 此亦謂奪卻理之流行一大事, 以與氣字, 而爲雙本領之履霜, 而受蘆沙悲夫之歎者耶。

嘗見栗翁之言曰: “聖賢之言, 或橫或竪, 各有所指, 欲以竪準橫, 以橫合竪, 則失其指矣。” 今以是而觀程、朱之言, 則益見其不我欺也。程子所謂“無獨有對”, 朱子所謂“太極便與陰陽對”, 直是橫看, 而與孔子形而上、下之對擧言者同。朱子曰: “道固無對。” 又論「圖說」曰: “中間虛者, 便是太極, 他兩邊生者, 卽是陰根陽、陽根陰, 這箇有對, 從中出者, 無對。” 此以竪看, 而明其尊卑帥役之分也。橫看, 而界至甚明; 竪看, 而名位甚嚴, 栗翁所謂“各有所指”者, 以是也。今乃見人言竪處以橫合之, 見人言橫處以竪準之, 正栗翁所謂“失其指”者也。朱子只論一太極陰陽, 而一曰與對, 一曰無對。然則擧朱子一說, 以斥朱子一說, 可乎?「猥筆」先從竪說, 以明名位之截嚴, 故曰“理之尊, 無對”, 又曰“其濁無對”。無中亦不無橫對, 故明其界至, 以形而上、下爲的對, 謂“千萬世開分別道、器之門戶”。一則朱子所謂“從中出者無對”之說也, 一則朱子所謂“太極與陰陽對”之說也。橫、竪兼盡, 方無遺漏, 又必據竪而看橫, 方不成分片, 此朱子之意, 栗翁之訓, 而「猥筆」立言之序, 一出於此者也。今特取朱子言有對處, 以斥無對, 曰“正論此義”, 其竊取聖人之言, 以作口給爲應當人之術, 而且以“何嘗不是聖人”爲言, 而擬悲夫之歎於紫陽, 甚矣, 用心之巧險也! 就其用心, 而觀其諸條所引朱子之言, 則朱子所言, 一經其口, 已失本旨, 謂非朱子之言可也。朱子曰“天只是一氣流行, 萬物自生”云云, 而艮齋去“天只是”三字, 而看作氣自流行, 則必非朱子之言也。朱子曰“性之在氣質者, 其品不一”云者, 是謂衆人之性本全, 只是拘於氣而發, 不直邃者, 而艮齋便移之於人物所禀偏全本然之性, 則亦必非朱子之言也。不寧惟是, "動者、靜者, 氣; 動之、靜之者, 理" 一段是栗翁之言, 而反譏斥之, 不遺餘力, 則自謂頭戴栗翁者, 皆執言迷旨, 必非栗翁之道也。以此義理, 亦以爲第一防閑, 而欲奉質於曩哲, 可笑。

"聖人的見流行發見, 變化昭著, 莫非此道之爲"云云。按"此道之爲"四字, 恐合商量。朱子於『論語集註』, 旣云"道體無爲"。尤翁之「答人」書, 又云"非此理其體無情意造作, 而至於用則有情意造作也。" 二先生豈不知道之流行發見, 而其言如此耶? 此宜再入思議看也。【莫非此道之爲, 若添數字云, 莫非此道爲之根柢樞紐, 則似更詳明。】

聖賢垂敎之意, 至矣盡矣, 恐人以道作作用看, 如佛氏之爲, 故曰無爲;【此爲字, 謂無其迹也。】又恐人以道爲沒主張, 如老子之無爲看, 故謂有爲處又多。【此爲字, 謂主宰妙用。】此豈可執一而疑其二耶? 道體無爲, 果是『論語集註』"天下之物, 皆實理之所爲", 獨非『中庸章句』耶? 朱子又曰: "有是理則有是物, 徹頭徹尾, 皆實理之所爲。" 又曰: "聖人有不能爲天之所爲處。" 又曰: "天下之事, 雖若人之所爲, 而其所以爲之者, 莫非天地之所爲。" 又曰: "變化之道, 莫非神之所爲。" 又曰: "一物之中, 自始至終, 皆實理之所爲。" 如此處不可殫記。此亦恐合商量, 再入思議, 添得數字, 然後始得詳明耶?【先儒說曰: "仁之油然生意不可遏, 禮之粲然明盛不可亂, 健之爲也; 義不拂乎可否之宜, 智不外乎是非之別, 順之爲也。" 古人文法, 蓋多如此。】理者, 至虛而至實, 至無爲而至有爲者也。故自『大易』無許多文字時已發明, 極其兩端, 有曰"無思也, 無爲也", 無爲言其無作爲也; 有曰"知變化之道者, 其知神之所爲乎", 此言理有主宰之妙也。今乃只主無爲一途, 埋却主宰之實, 則所謂無爲者, 是老子之無爲, 非聖人之無爲, 而所謂根柢樞紐, 乃空無一法之尊稱, 誠可怪也。蓋寂然之中, 天機常動, 無爲而實有爲者然也; 感應之際, 本原常靜, 有爲而實無爲者然也。此正本末兼盡, 無有疏漏。竊觀尤翁之言, 亦非謂理眞無爲只言其無造作, 其意蓋曰此理非但其體無情意造作, 至於用亦無情意造作云爾。以艮齋性體氣用之說推之, 似只以體謂無情意造作, 而用則便謂有情意造作, 果如是, 則決非尤翁之意矣。

近得田艮齋所著「凉議記疑」及「猥筆辨」而讀之, 其生平學問築底處可槪矣, 何幸何幸! 但「記疑」辭旨謙遜, 有若實心講討者然, 此猶可也, 至若「辨」言加以客氣, 奮筆張皇, 以

「猥筆」所言"今人之弊", 直屬之栗翁, 又屬之朱子, 交互遷就, 求有過於無過之地, 實非區區平日之所望也。固當置之不言, 而其說一出, 四方靡然從之, 顧余從遊之士, 或不免爲風聲所動, 昧其本來所聞之正法眼藏, 則其害不細。故不揆空疏, 逐條與辨, 以爲屋下商確之資。若其下語之太煩, 證引之或剩, 則有不暇顧焉, 覽者只取其大意, 幸甚。艮齋又有空林小識及與人書二度, 大概是已辨之語, 而亦於其間, 有不得不辨者, 玆又錄在下方。甲辰孟冬上休, 黃澈源書于雲谷書室。

小識曰: 蘆沙奇丈欲尊理字, 不覺反有貶降。竊意凡有所爲, 必有所以爲之理, 然後乃有是事。只如此於"理爲氣主"已有裕, 今曰"有適莫、操縱之力", 又曰"做得事", 則爲有爲之物, 明矣。設如其說, 如唐、殷水旱, 孔、孟貧賤, 所謂理者, 却去何處, 句當甚事, 而乃若無適莫、沒主張, 一任氣自爲, 可怪。顏子之心, 方且以性爲主而日勉焉, 明道稱其"和氣自然"。雖吾夫子, 苟原其心之所發, 則本於理, 未嘗自用, 而朱子却謂其從心所欲, 而自然不踰矩, 註『楚辭』「天問」曰: "一動一靜, 一晦一朔, 皆陰陽之所爲, 非有爲之者。" 解『陰符經』"人心機也"之語, 直云: "人心自然而然者, 機也。" 程、朱豈不知氣字、心字以上, 更有所以然之理, 而謂之"自然"哉? 且聖人稱顏子, 不曰"仁使心不違", 但曰"其心不違仁", 無乃不違之所以然, 雖出於性, 其不違之機, 却只在心故歟? 若如蘆沙說, 其有違時, 此理又何爲使之如此, 又其覺違而依仁也? 謂自心自覺而自依之, 可乎? 抑謂理者, 於此心依仁之間, 有適莫、操縱, 如是云爾, 可乎? 反復推究, 見其不能無失。

所論"凡有所爲, 必有所以爲之理"云者, 是矣。泛論若此時, 艮齋之見, 似無可疑。但未知不離有所爲者, 而卽有爲之之理存焉耶。抑所謂理只是過去之根柢, 而凡有所爲處, 氣獨主張, 恐理之或貶降, 故尊其所以爲之理, 於有所爲之外耶? 以吾所見, 卽此有爲者, 便是所以爲之迹也, 艮齋之意, 則與吾異矣。蓋以辨中理無"動之、靜之"之說觀之, 謂有所以爲之理者, 明在於有所爲之外矣。假尊如此, 不免隨驥之蠅, 其所以尊之者, 適所以貶之也。適莫、操縱之說, 不須踏磨驢, 而至若做得事, 則亦不難知也。理雖無做得事之迹, 而有做得事之妙, 只此做得事中, 便可見其妙, 非謂做得事之上, 更別有一層做得事之妙也, 此所謂"上天之載"也。九年之水, 是天下猶未平者, 而天生聖人, 堯憂擧舜, 使禹治之, 天之主宰在此矣。七年之旱, 桀之餘烈, 而湯禱得雨, 天之福善禍淫如此, 其主宰之義何如也? 孔、孟窮而在下, 而但能致中和於一身, 則天下雖亂, 而吾身之天地萬物, 不害爲安泰, 其宗廟之美、百官之富、大道之行、正位之立, 垂敎於萬世者, 何等富貴也? 語變而不語常, 猶謂大亂之道, 況執變而埋常, 以堯、舜、禹、湯、孔、孟之事, 一任於氣自爲, 此何爲而然也? 孔子之“不踰矩”, 蓋以其“心卽體, 欲卽用, 體卽道, 用卽義”, 心謂本心, 本心便是理, 非心之外, 別有箇理也。艮齋以此心字, 專作氣看, 而以“從心所欲”爲“氣機自爾”, 所見之差, 如此之甚耶! 所引『楚辭』「天問」註一段, 語益可見, 此理主宰之實。蓋只言動靜晦朔, 則動靜晦朔, 不可謂道, 今曰“一動一靜, 一晦一朔”, 則是所以循環者, 乃道也。然則陰陽之所爲, 便是道之所爲, 非陰陽之上, 別有一層所以然之理, 故曰“非有所爲”。朱子曰“若只言陰陽之謂道, 則陰陽是道”, 今曰“一陰一陽, 則是所以循環者, 乃道也”, 一闔一闢謂之變, 亦然。以朱子此一段一飜看, 則『楚辭』註不其犁然乎? 蓋已分明言“一動一靜, 則乃道也”, 而皆不出陰陽之所爲者也。朱子曰“一陰一陽之謂道”, 陰陽何以謂之道? 當離合看者此也。朱子說如此詳密, 而猶不省耶? 心之所乘者, 動靜之機也, 故就其所乘處而言之, 曰“人心, 機也”。然是動、是靜, 決非氣自作用, 必有“動之、靜之”之理, 爲之主宰, 故朱子又發揮其旨曰 “人心自然而然者, 機也”。卽此機上, 便可見其自然之主宰, 則心字以上, 更有何所以然之理也? 不曰機自然, 而曰自然者, 機則機, 非自然者之所乘耶? 今乃以心作單指氣, 以寂感、動靜, 作機自爾, 而遂以虛名過去說, 立所本之理於七聖皆迷之地, 五尺之黠, 猶辨其差, 多爲之辨, 還覺其贅也。聖人稱顏子曰: “其心三月不違仁。” 旣曰心, 又曰仁, 而三月不違四字, 又在其間, 以不知者看之, 果似以此邊一箇心不違、那邊一箇仁, 乃若聖人之意, 則不然。心與仁本一, 不違與否, 初不必言, 而惟是私欲間之, 則心與仁爲二, 無私欲, 則依本分爲一, 故就其昔日一者, 反二處以明, 今日二者還一之義, 其語勢不得不爾。仁卽心, 心卽仁, 更無分別。故朱子曰“仁者, 心之德”, 可見心之本仁, 非心字以上別有箇仁也。又曰“不違”者, 無私欲而有其德, 其德之其字, 心也。無私欲, 則固有之德自存, 非謂無私欲而後, 又別求一德來存於其心也。蓋心之裏面骨子, 理也, 卽仁也, 卽本心也, 言其所乘則氣機也。氣或自用而不循軌, 則有私欲間之之弊, 乃忘却其裏面骨子, 主張其氣機, 以心是氣三字爲命脈, 奚可哉? 小註朱子曰“心與仁本是一物, 被私欲一隔, 心便違仁去, 却爲二物”, 若私欲旣無, 則心與仁, 便不相違, 合成一物。心猶鏡, 仁猶鏡之明, 鏡本來明, 被塵垢一蔽, 遂不明, 塵垢去, 則鏡明矣。此一段, 豈不明的乎? 奈之何不見其本爲一物, 而只見其却爲二物處, 以自立論譏斥他人, 無乃被私意之隔而然耶? 才說心猶鏡, 則明便在鏡中, 鏡而無明, 則何以鏡爲? 今乃執鏡, 而不見其明, 欲討一箇明於鏡之外, 不幾乎窺鏡而忘其面乎? 竊嘗思之, 天之所以與乎我, 我之所以受於天, 仁義禮智之外無他。由此四者, 言其名目條理, 則謂之性; 由此四者, 言其主宰全體, 則謂之心, 非二物也, 無二岐也。心是性之全體, 而仁又心之全德。及其私欲間之也, 覺其違者, 是非之心, 智之發而仁之交際也。覺其違, 卽便不相違, 就其便不相違中, 言其戒謹恐懼, 則恭敬之心, 禮之發而仁之著也; 言其截然斷制, 則羞惡之心, 義之發而仁之立也。覺其違而戒懼者, 自覺自依, 當體便是敬之所以自作主宰者然也。知是非而恭敬焉, 宰制焉, 則不妨說有適有莫有操有縱, 所謂有者, 豈謂有其事耶? 亦豈謂有其力耶? 特言有是妙也。有是妙, 故有是事。若曰無是妙, 則天下寧有無主之僕, 無君之臣也? 捨此心而求其仁, 執此事而昧其妙, 大抵認心爲氣一邊之病, 信如是, 則一身之主宰, 萬事之綱領, 皆氣之爲也, 危哉!

與人第一書曰: 孔子只說仁, 而孟子又說夜氣、浩然, 程子又說君子莫大乎正其氣, 張子又說爲學大益在自求變化氣質, 而朱子謂極有功於聖門, 有補於後學。由此論之, 性之本善, 固不系氣之昏翳, 而性之直遂, 却有由氣之淸明。此四夫子發揮聖門言外之旨, 而栗翁又直言"聖賢千言萬語, 只要人檢束其氣, 使復其氣之本然而已"。夫氣復其本, 則性不待復而自復矣。此豈栗翁白空撰出乎? 若如蘆沙之見, 其將幷四夫子, 驅之爲氣奪理位, 自行自止, 不關由天命者歟! 大可駭也。

　仁卽心之德, 非心外別有仁, 而今曰"心, 氣也, 心不違仁, 是氣不違仁云爾", 則非孔子之所謂仁矣。孟子以仁義之心存焉, 今曰"心, 氣也", 則夜氣之所存者, 何物耶? 抑是以氣存氣耶? 浩氣配義與道, 配合而助之者, 則道義爲主, 浩氣爲輔。今曰"人能弘道, 只是氣能弘道", 則是氣爲主矣。如是而欲正其氣, 如是而欲變化氣質, 則非張子之所謂"正其氣", 所謂"變化氣質"也。況以物性之偏得於本性爲不性, 又以學知以下, 善端發見之偏, 爲非本然, 而欲正之, 欲變化之, 則物在性外, 致曲必不至誠, 尤不可曉矣。曰"性體而氣用", 曰"體同而用異", 曰"性不會語默", 曰"動之、靜之者, 非理", 曰"人心自然, 只是(氣)[機]⁵⁾自爾, 而非理如是", 而別立性之

---

5)　(氣)[機]: 저본에 '氣'로 되어 있으나, 문맥을 살펴 '機'로 수정하였다.

本善於其外, 別求性之直遂於其上, 自以爲得栗翁檢束其氣之眞詮, 則栗翁之旨益昧矣。而性無可復之日, 如是故曰"氣奪理位", 如是 故曰"自行自止, 不關由天命", 悲夫之嘆、苦痛之意, 決知其爲此等處發也。到此地位, 枉欲靠傍四夫子, 以爲確證, 朱子所謂"只是這靠傍的意思, 便是不同"云者, 不幸而近之矣。

與人第二書曰: 栗谷先生謂"心屬氣而性爲理, 理無爲而氣有爲", 使學者治心以循理, 檢氣以復性, 此正以禮制心, 養氣配道之傳神, 數百年來, 群賢莫之有改, 奈何近世忽有尊心爲道, 認惺惺活體爲太極, 指理爲有知覺之論也?

朱子曰: "心者, 氣之精爽。" 蓋就動靜之機爲心之資助地盤者而言。栗翁"心是氣"之說, 亦是此義, 而至於統論心之全體妙用, 則何嘗以心專作氣也? 栗翁曰: "未發則性, 已發則情也。心爲性情之主, 故未發已發, 皆可謂之心。" 又曰: "性是心之體, 情是心之用, 心是未發已發之總名。" 又以心性二岐之病爲非而曰: "性則心中之理。" 又以仁爲本心之全體, 此等諸條, 莫非合性情體用而言其本旨者也。此亦可以近世之忽有者譏之耶? 且其所謂指理爲有知覺之譏, 亦有可辨者, 果如所譏, 則知覺只是氣一邊而已耶? 知者、覺者, 氣也; 知之、覺之, 心也; 所知、所覺, 性也。氣是心之所乘, 心是理之主宰常定者, 性是理之發出不同者。以主宰常定, 知覺那發出不同者, 有何疑乎? 是以朱子或就其所乘者, 而以知覺謂之氣, 其論張子所謂"合性與知覺, 有心之名", 曰"知覺是那氣之虛處"是也。或就理之主宰常定言, 或以理之發出不同言。朱子「答潘謙之」書曰: "性只是理, 情是流出運用處, 心之知覺, 卽所以具此理、行此情者也。以智言之, 所以知是非之理則智也, 性也; 所以知是非而是非之者, 情也; 具此理而覺其爲是非者, 心也。" 旣曰知是非之理, 則惡可謂性無知覺乎? 此所謂發出不同者也。具知覺之理, 而知覺得此爲是彼爲非者, 以知覺之統智之體用而言也。統智之體用, 非此心主宰常定之理乎? 孟子曰"是非之心, 智也", 張子曰"心統性情", 其言約而盡矣。

「납량사의기의변納凉私議記疑辨」(『重軒文集』卷7)

1) 서지사항

황철원이, 전우가 기정진의 「납량사의」를 읽고 지은 「납량사의기의(納凉私議記疑)」에 대해 변론한 글. 『중헌문집』 권7에 실려 있다.

2) 저자

황철원(黃澈源, 1878~1932)으로, 자는 경함(景涵), 호는 중헌(重軒) 또는 은구재(隱求齋)이다.

3) 내용

이 글은 황철원이 간재(艮齋) 전우(田愚, 1841~1922)의 「납량사의기의」를 읽고 이에 대해 변론한 글이다. 전우는 노사(蘆沙) 기정진(奇正鎭, 1798~1879)의 「납량사의」를 읽고 「납량사의기의」를 지었다. 「납량사의기의」는 「납량사의의목(納凉私議疑目)」이라고도 한다. 황철원은 기정진의 제자인 일신재(日新齋) 정의림(鄭義林, 1845~1910)과 노백헌(老柏軒) 정재규(鄭載圭, 1843~1911)에게 수학하였다. 기정진의 학설이 전우로부터 비판을 받자 정재규와 정의림은 가장 적극적으로 나서서 기정진의 설을 옹호하였고 전우의 비판을 반박하였는데 이런 과정을 20대의 황철원이 목도하였을 뿐만 아니라, 정재규는 그에게 권유하여 전우의 비판을 반박하도록 독려하였다. 이러한 과정에서 나온 글이 「납량사의기의변(納凉私議記疑辨)」, 「납량사의기의추록변(納凉私議記疑追錄辨)」, 「외필변변(猥筆辨辨)」이다. 글의 구성은 먼저 기정진의 「납량사의」을 발췌하고, '○'로 구분하여 전우의 「납량사의기의」를 인용한 뒤, 줄을 바꾸어 본인의 논변을 수록하였다. 전체 14항목이다. 제1항은 편전(偏全)의 입장차를 다루고 있으며, 이는 이 글 전체의 논지이기도 하다. 낙론(洛論)은 편전이 본연이 아니라고 하였으며, 기정진은 편전이 본연지성이라고 반론하였는데, 낙론의 설에 의문을 제기한 기정진에 대해 전우가 비판한 것을 황철원이 이에 대응하여 논변하였다. 전우는 편(偏)을 분(分)과 구분하여 분은 일신 가운데 귀, 눈, 손, 발과 같이 하나의 완전함을 의미하는 것이고, 편은 한 귀만 들리고 반신(半身)이 편수(偏邃)하는 것과 같이 현상계에서 기가 온전하게 드러나지 않은 것이라고 했다. 분은 완전한 것을 가리키는 반면, 편은 현상계에서 빚어지는 병리(病理) 현상이라는 것이다. 따라서 편과 분은 하나의 계통이 아니라고 주장하였다[偏之與分, 元非一串]. 이에 대해 황철원은 분이 없다면 사람과 사물이 어디에서 얻어 편전이 있겠느냐고 반문하며 편과 분은 하나로 관통한 것이어서 편전이 없다면 본성도 없고 분도 없는 것이라고 하여 편전이 본성임을 주장하였다. 리일(理一) 가운데 분수(分殊)가 있는 것이어서 만물에 나아가 그 각각의 갖춘 것을 말하면 물성(物性)의 치우침에도 각각 하나의 태극이 있지 않음이 없다고 하였다. 비록 그 치우침을 얻었다 하더라도 온전한 본체 이닌 것이 없다고 하였다. 진실로 치우침을 본언지성이 아니라고 한다면 범과 이리, 벌과 개미는 어디에서 빌려와 이러한 인의(仁義)가 있는 것이냐고 하였다. 제2항에서 황철원은 물성의 치우침은 본연지리가 정해져 있어서 바꿀 수 없는 것이라고 하였다. 정해진 이치는 옮길 수 없으니, 사람의 온전함과 사물의 치우침은 하늘과 땅의 큰 나뉨이며 본연의 실제 증거로서 물성의 치우침을 견책하여 사람처럼 온전하게 할 수 있는 것이 아니라고 하였다. 제3항에서 황철원은, 사람은 본연지성의 온전함이고, 사물은 본연지성의 치우침이라고 하였다. 범과 이리에게 나타나는 부자관계는 똑같이 인효(仁孝)의 이치인데 본연이 아니라 하고, 벌과 개미에게 나타나는 군신관계는 똑같이 예충(禮忠)의 이치인데 기질이라고 하는 것은 잘못이라고 하였다. 만물의 기가 아직 형성되기 전이라도 만물의 이치는 이미 갖추어져 있어 이미 사람이 되고 사물이 되는 이치를 온전하게 갖추었다고 하였다. 제4항에서 황철원은 천명지성에 편전의 차이가 없다고 한 주자(朱子)의 말은 일월의 빛이 본래 크고 작음이 없으나, 확 트인 곳에서는 완전하게 보이지만 어두운 집안에서는 가려지고 막혀서 보이기도 하고 보이지 않기도 하는 것과 같음을 들어 본래 일월에 차이가 있는 것이 아니라고 설명하였다. 제5항에서 황철원은 "리는 본래 하나이나, 그 사이에 곡절이 많다"고 한 주자의 말을 들어, 그 곡절을 잊고 다만 리일(理一)을 주로 하여 치우쳐서 온전하지 않은 것을 보고 곧 본래 본연이 아니라고 지적하여 배척하고 동오상(同五常) 위에 따로 동오상을 세워서 인물이 하나의 근원이라고 한다면 벌과 범의 인의는 요·순·주공의 인의와 과연 조금도 다름이 없다는 말이냐고 어조를 높였다. 이러한 논조가 6항과 7항으로 이어진다. 황철원은, 편전은 사람과 사물을 크게 구분하는 것으로 하늘과 땅의 저절로 그러한 이치이며 바꿀 수 없는 것이라고 강조하였다. 제8항에서 황철원은 리일(理一)의 일(一)은 이미 분수(分殊)가 포함되어 있다고 주장하였다. 리일 가운데 원래 사람과 사물의 나뉨이 없고 기를 타고 유행해야 비로소 다름이 있는 것으로 생각하는 것은 잘못이라고 하였다. 틈새로 비치는 햇빛에 크고 작음이 있는 것은 분수이며, 크고 작은 틈새에 햇빛 아님이 없는 것은 리일이라고 하였다. 제9항에서 황철원은 오상의 덕에 대한 사람과 사물의 같은 점과 다른 점은 결국 어디에서 결정되는가를 제기하고 사물과 내가 오상을 균등하게 지니고 있음을 아는 것이 이치의 하나 됨이며 오상에 치우침과 온전함이 있는 것이 하나 가운데 나뉨이라고 하였다. 통체일태극(統體一太極)으로 리일과 분수는 원만하게 조화를 이뤄 간극이 없기 때문에 선각자들이 본성을 논하면서 리가 같다고 말하는 사람도 있고 리가 같지 않다고 말하는 사람도 있는데 이 말은 서로 어긋나는 것이 아니라고 하였다. 리에서 오묘함을 논하면 도출하여 말한 것이고 참된 것으로써 그 본체를 가리키면 기에 나아가서 밝힌 것이니, 도출하면 이치는 본래 하나이기 때문에 리일이 주체가 되고 만수는 그 가운데 포함되어 있다는 것이다. 기에 나아가면 기가 이미 나누어져 있기 때문에 분수가 주체가 되고, 리일은 그 사이에 보존되어 있다. 사물과 내가 오상을 균등하게 지닌 것은 이치의 하나됨이고, 오상에 편전이 있는 것은 하나 가운데 나뉨이다. 편전은 인물의 큰 부분이며 성의 본연이다. 기품이 혹 다르고 지나침과 미치지 못함이 있는 것은 기질이 작용하여 본성으로 여기지 않는 것이 있는 것이다. 10항에서 13항까지 황철원은 인물의 본성에 편전이 있는 것은 태극권(太極圈) 가운데 본연이 완전하게 갖추어진 나뉨이니 이른바 리일분수(理一分殊)가 그러하다는 논지로 편전이 본연지성임을 다양하게 설명하였다. 제14항에서 황철원은 기정진의 주장과 전우의 비판도 결국은 유학의 도를 밝히려는 데 있음을 주지하였으며, 본인 같은 보잘 것 없는 사람이지만 한 번 찾아가 직접 묻지 못하는 사정을 넌지시 말하여 예모(禮貌)를 보이면서도 자신이 주장하는 바를 상기시켜 이상에서 피력한 논지를 관철하였다. 전우는 「납량사의의목」에서 주로 낙론에 대한 비판을 반박하는 방식으로 글을 전개하였고, 황철원은 이 글에서 기정진의 주장을 계승하여 전우의 주장을 비판하였다. 대의는 편전이 본연지성이라는 주장이다.

3-26-2「納涼私議記疑辨」(『重軒文集』卷7)

分也者, 理一中細條理, 理分不容有層節。分非理之對, 分殊二字, 乃對一者也。○ 此語驟看, 則無可疑者。但<u>蘆沙</u>「答奇景道」書, 論偏全云: “在天原無此分, 則人物何處得來而有此偏全?” 然則此言分者細條理, 將爲異日人物所得偏本然、全本然之源。愚意偏之與分, 元非一串。分如一身中耳目手足, 偏如一耳獨聽, 半身偏遂也。分是一中本有之理, 偏是氣上對全之性, 恐難做一樣說也。

在天原無此分, 則人物何處得來而有此偏全? 只此一節, 已洞見一原, 碎盡近世論性之病。分與偏是一串貫來, 而其得名之所從起, 各有攸當。故聖賢論理, 必自一而言分, 因分而言偏全。然則不可以分與偏爲判然兩段矣。蓋在天原有此分, 故人物所稟, 有此偏全。無此偏全, 則無此性。旣無此分, 又無此偏全, 則又安有此人物乎? 是知分者, 自道理之森具, 而言其眞面; 偏全者, 自形迹之可見, 而自下推上名其本體。卽此形迹推名之本體, 便是道理森具之眞面。是則在天之分, 卽在物之偏全, 挑出而究其妙, 則曰“在天原有此分”; 卽氣而名其實, 則曰“在人物有此偏全”。然物有終始, 故有在天、在物之可言, 而言其裏面事, 則理無成壞, 實非有在彼、在此之可名。此語人必大笑, 然請以實事言之, 自形迹之可見者推之, 虎狼之父子, 蜂蟻之君臣, 豺獺之報本, 雎鳩之有別, 各有所能, 而不能相兼。然自天命本然初無間隔者言之, 卽此蜂虎之偏於仁、偏於義, 實是一性中仁義之分, 此可見一太極之本色, 非有以離乎形氣, 而其不雜乎形氣者然也; 此可見分與偏, 元非判然兩段, 而融通無間者然也。合萬物而言其統體, 則人亦萬物中一物, 而人性之全, 謂之萬分中一分可也。就萬物而言其各具, 則物性之偏, 莫不各有一太極, 雖得其偏, 而亦無非全體者也。大如天地, 而亦可以言偏, 『中庸章句』所謂“覆載生成之偏”是也。苟以偏爲非本然, 則虎狼、蜂蟻, 何處貸來而有此仁義耶? 旣有一中本有之仁義, 又有氣上對全之仁義, 則是各有窟宅, 各有窩穴。理氣相猜, 分偏相仇, 畢竟氣爲主張, 而理爲假尊一中本有之理, 有之何益? “理自理分自分, 性命橫決”者, 非以此歟? 夫對之爲言, 彼此相對之謂也。乃若論性, 則偏是全中之一, 偏者, 全之分; 全者, 偏之總。以全視偏, 偏者出於全; 以偏視全, 全者亦是偏箇箇融會, 頭頭相貫。外全而言偏, 外偏而求全, 皆不知性者也夫! 何對之有哉? 今把本一者, 作對敵看, 於是偏全相妬, 理分相攘, 宜乎其愈思而愈窒也。究厥心病, 起於分偏相隔, 呻於偏全相對, 痼於偏全相妬。遂以偏爲一耳獨聽、半身偏逐, 分爲一身中耳目手足, 其苟且苦勞之狀, 亦極矣。分如一身中耳目手足, 固然。然一耳獨聽, 半身偏逐, 偏則偏矣, 而是乃帶病之偏, 如禽折羽, 獸折足, 而非本然之性之偏也。耳能聽而不能視, 目能視而不能聽, 各有所司者, 是所謂"分之所具"也, 是所謂"偏之有別"也。然同是人之一身, 而耳目相須, 視聽相資, 是果相對而相妬者乎? 層級橫生, 同異之論, 紛然而起者, 正以此也。蜂蟻、豺鳩之仁義禮智, 是物性之偏, 『中庸或問』明言天命本然, 則凡論性, 皆就形氣各正處, 言其所賦之理也。氣上對全, 以此看則似矣, 而乃以獨聽偏逐比之, 則其於『或問』之意遠矣。朱子曰: "理不可以偏正通塞論, 而氣稟旣殊, 則氣之偏者, 只是得理之偏。" 所謂"不可以偏正通塞論"者, 以理一爲主者也; 所謂"氣之偏者, 只是得理之偏"者, 以分殊爲主者也。雖話有兩層, 然其實理一中有分殊, 分殊上更無理一, 非如諸家離形氣, 而求理一, 墮形氣而局分殊者也。旣曰"得理之偏", 則此非本分原有者乎? 旣是本分之原有, 則分與偏, 非一串乎? 天理本自如此, 而今曰"難做一樣說", 可疑。

朱子曰: "太極者, 象數未形, 而其理已具之稱; 形器已具, 而其理無眹之目。" 夫象數未形, 則未破之一矣, 而其理已具, 則非分之已涵乎? 形器已具, 則旣定之分矣, 而其理無眹, 則非一之自在乎? ○ 未審蘆沙以其理已具, 爲人物所稟偏全之源乎? 竊意此句指意, 恐是父子君臣未生之前, 慈孝禮忠之理已具; 事物微細未有之先, 事物微細之理已具云爾。非謂聖人未生之前, 已有理一中分殊之全理; 賢人衆人未生之前, 已有幾分未全之理; 下愚大憝未生之前, 已有十分不移、十分乖戾之理; 鳥獸枯槁未生之前, 已有偏塞之理, 而各爲萬衆所得之源也。然則似與蘆沙所謂"在天原無此分, 則人物何處得來而有此偏全"云者, 判然殊別矣, 可疑。下段所引"沖漠萬象"亦然。

信如是說, 則太極中元無爲人、爲物之理, 而人物之分全在於一氣字手段。氣命之爲人, 則理亦隨以寓人, 而爲全之性; 氣命之爲物, 則理亦隨以寓物, 而爲偏之性。一人生生, 則一理隨以生生; 一物消滅, 則一理隨以消滅。於是太極爲寄寓可憐之物, 而其生死存亡, 懸於氣之愛憎取舍。然則天下只有一箇氣字足矣, 尙何待於太極也哉? 然而聖賢明言"太極生兩儀", 明言"誠者物之終始", 明言"性爲之主, 而陰陽五行爲之經緯錯綜", 明言"象數未形, 而其理已具", 終不敢道他。不然, 故或宛轉費辭，委曲假借，以作懸空之虛位；或註解勒定，漫漶比況，以附己說之註誤。遂以“其理已具”之具字，謂只是父子、君臣之理，事物微細之理，而人物偏全之分，專仰於氣之處分，烏乎可哉？“象數未形”之象數，“形器已具”之形器，統天地間萬物而言。朱子何嘗但言父子君臣、事物微細耶？徒知父子君臣、事物微細之理，已具於未形之中，而不知為人、為物之理，已具於其中，可乎？為人之理已具，故人稟之，而為人之性；為物之理已具，故物稟之，而為物之性。人之性，固本然也；物之性，亦本然也。此正即“形器而其理無眹”者也。且艮齋此言，實有滋惑，天地間萬物雖多，統而言之，則不過人物二字。既無為人、為物之理，則無所謂“君臣父子”矣，又無所謂“事物微細”矣。然則“偏全非本然”之說，不幾乎？窺鏡而忘面，步月而疑影乎？大抵理無不全，而物則偏塞，不能充其全體，故艮齋疑之以為非本然耶？此則不難辨也。夫形氣間隔者，氣之局也；道體融通者，理之妙也。自形氣間隔者觀之，虎狼只有仁，而不能如人之兼義；蜂蟻只有義，而不能如人之兼仁，若非本然者。然自道體之融通者言之，則在虎狼，虎狼之仁却是一原；在蜂蟻，蜂蟻之義却是一原；在人，人之仁義却是一原，在在融通，箇箇圓足，其實又非有此疆你界之可言。如月照萬川，溝渠所受者小，江河所受者大，若相間隔。然溝渠所受之月，即是江河所受之月，豈以所受有大小之形，而並以所照者罔非月光，謂非本然耶？執形氣之間隔，欲廢道體之融通，幾何不以己之盲，欲廢天下之視耶？或曰：“朱子論物性之偏，有曰‘謂之全亦可，謂之偏亦可’。所謂‘全亦可’者，是非超乎物之性，而別立一箇一原以為全者耶？所謂‘偏亦可’者，是非的指物性之偏，而謂非本然者耶？”曰：“不然。朱子之意，蓋曰‘虎只有仁，蜂只有義，謂之偏有’，何不可？然而即此‘只有仁’者，蓋莫非一原之融通，而就此‘只有仁’中，看得仔細，則亦包仁義禮智四者。虎狼之能遂其仁者，義也；愛其父子而不愛其他，自有限節者，禮也；知其可仁而仁之者，智也；實有是仁者，信也，此之謂‘全亦可’者也。”朱子所謂“理舉著，都無欠闕。言著仁，都在仁上；言著忠恕，都在忠恕上；言著誠，都在誠上”，此類之謂也。是知以偏言之，則無不偏；以全言之，則無不全。偏全一串底亦一時事，初非有上一層別立一原，以為本然之全，而下一層又有一性，以為非本然之偏也。異中有同，偏中有全，到此全處，又將何辭以為非本然之一證案耶？朱子論四德曰：“穀之生萌芽是元，苗是亨，遂是利，成實是貞，穀之實，又復能生，循環無窮。”又曰：“梅蘂初生為元，開花為亨，結子為利，成熟為貞。”止物性之本然，於此可見。物性雖偏，而偏中有全, 尤可信矣。即『中庸或問』"以草木開落, 爲天命本然"者也。若以物性爲氣質之性, 則四德、天命, 亦皆不性焉者耶? 問: "四德之元, 猶五常之仁, 偏言則一事, 專言則包四者。" 朱子曰: "元是初發生出來, 此偏言也。然發生中已具許多道理, 此專言也。" 以此看, 則偏亦莫非天命之全體, 尤可知也。曰: "人之有聖凡智愚, 德之有淺深廣狹, 亦如物性之各有所偏。"

既以物性之偏謂本然, 則凡人之未至於聖, 及下愚之自暴自棄, 不能全其所稟之性, 亦皆一以本然言之耶? 曰: "二氣、五行、男女、萬物之各一其性, 玆乃一太極之本色者。" 濂溪「圖說」已開示無餘蘊矣。若以此各一其性爲非本然, 則所謂"萬物生生, 變化無窮", 皆虛語也。且聖人能盡物之性, 何不驅鳥獸草木, 使得爲聖人, 而只曰"萬物育焉", 只曰"遂萬物之宜", 只曰"草木蕃"耶? 且物性之偏, 是本然之理, 一定而不可易者也。理之一定, 天地鬼神, 亦不能遷, 就以其本來已然, 而非後之所能增減者也。人性本同, 無有不全。堯、舜、桀、跖, 無多寡增減之可言, 而不免有聖凡之分者, 是氣稟之美惡, 用事於其間。然聖人常主其美, 而治其惡, 不以氣稟作一大事。故曰"人皆可以爲堯、舜", 曰"有爲者, 亦若是", 曰"變化其氣質", 曰"雖愚必明, 雖柔必强", 至於物性之偏, 亦果有以變化氣質之說責之者耶? 是知人物偏全之性, 是天地之大分, 本然之實體。物之性, 無有不偏; 人之性, 無有不全, 而人有不能盡其性, 正如馬不正馳而踶嚙, 牛不安耕而躪躅也。聖人修敎, 防其踶嚙而絡其首, 制其躪躅而穿其鼻。此皆因天地自然之理, 而遂其財成輔相之功者, 曷嘗見責其物性之偏, 而使全之如人耶? 其階級分明, 地位亭當, 而今乃取譬不切, 擬倫不類, 執滯如此, 未知其何以也。今以物性之偏, 執責於物, 而以人之聖凡比之, 幷以凡人之所爲, 一切歸之於非本然之科, 恐有所未審也。聖凡其性本全, 而其有聖凡者, 固緣氣稟之美惡。然凡人之二三分已全, 七八分未全, 卽此二三分已全者, 是本然中事, 不可以七八分未全者, 而幷與其二三分已全者, 爲非本然也。至於下愚, 是脫不得氣稟之至駁, 而自棄其性之全, 固不足論, 而"旣曰下愚, 其能革面"者, 亦可見理之至善, 無乎不在, 而知其非性之罪也。

性同者, 吾不曰"不然", 而以偏全之性爲非本然, 則是分外有理也, 遂主同而廢異, 則性爲有體無用之物矣。○ 洛家若指性中發出來底忠孝仁讓, 而曰此分之殊, 非本然之性也, 則分外有理, 而性爲無用之物矣。但謂萬衆之性, 其體本全, 而自學知以下至於翔走枯槁之發見, 各隨所稟之氣, 而自爲一性, 由未達一間至一點子, 由"相近"至"絕不同", 由"天縱之聖"至"下愚不移", 其品有萬不齊, 是安可皆謂本然之性乎?

"指性中發出來底忠孝仁讓, 而謂之本然", 此言的當, 誰曰不可? 但曰"自學知以下, 至於翔走枯槁之發見, 各隨所稟之氣, 而自爲一性"云爾, 則即此"自爲一性"者, 便是氣質之性之正釋, 而有似乎萬古千今, 惟堯、舜、周、孔, 獨得本然之性, 而以下群賢, 皆不得與焉。又其下段不旋踵而有曰: "由天縱之聖, 至下愚不移, 其品有萬不齊, 安可皆謂本然之性?" 有似乎聖人身上, 亦不肯快許本然之性。信斯義也, 本然之性, 永作無用之長物, 懸在冥漠之中, 而上天下地, 無有一物能得其本然之性者矣。然則向者所謂"性中發出來底忠孝仁讓", 是誰得之而有此發出來底耶? 其誤見處, 正在於"萬衆之性, 其體本全"一段, 其意以爲萬衆之性, 只是一箇理, 儱侗無分之物, 而初無使之然之妙, 又無所以然, 而不容已者, 而不容已者, 而中間被一氣字所驅, 隨氣變化, 旋旋生出, 而有爲人、爲物之分。自各一其性以下, 臺是目之以非本然。然而於聖人, 終不敢言其非本然, 故不得已, 自學知以下目之。然而其意思終不歸安, 故其任意喚出處, 曰"由天縱之聖至下愚, 安可皆謂本然之性", 於是其情之不可隱者可見矣。但以其體本全一節觀之, 蓋謂"繼善"以上, 本有一箇高懸之全體, 而"成性"以下, 便是隨氣質而自爲一性, 更無本體之全。然則聖人有何幻化之術, 而能駕天勒地, 奪取得一箇本然於"繼善"之上, 而更不受形放於"成性"以下者耶? 其受病之源, 不難知也。當初觀理掩於形器之粗迹, 未見道理之融通, 以虎之偏於仁, 蜂之偏於義, 皆看作局於形器, 不能相貫之物, 無怪其本者自本, 今者自今, 體用二原, 顯微有間, 更無一原無間之妙也; 無怪其成性以下, 皆爲氣質之性, 而非復本然之妙也; 無怪其由天縱之聖, 皆不爲本然之性, 而天下無一物能性其本然之性也。轉眄之頃, 一箇本然, 却無可言之地, 恐人以此詰之也。便立一箇本然於本然之上, 高高懸出, 置在玄玄, 惟恐其或墜降而不離於形器。又見人以分外有理, 有體無用詰之, 則便以性中發出來底忠孝仁讓言之, 所謂理一分殊, 定體藏用之妙, 僅見尊號虛位之不替矣。大抵洛家以"各正"以下, 皆目爲氣質之性, 故以偏全謂非本然, 以其隨於形器故也。忠孝仁讓之發出來, 亦是觸形乘氣者, 而猶謂本然, 以變其說, 何也? 理之本來面目如此, 欲諱而不得諱故然耶? 仁義禮智, 因人立名者, 而聖賢一萬物而貫之; 君臣父子, 亦因人名者, 而一虎狼蜂蟻而貫之, 未聞後世以此謂同人道於庶類也。今此忠孝仁讓以理論, 則物之一點子明, 莫不各有忠孝仁讓之理, 即所謂本然也。主忠孝仁讓, 而言其發之之心, 則人能備此忠孝仁讓之德。此人性之全, 所以爲貴也。以忠孝仁讓爲本然, 而猶不欲以全爲本然, 何異乎以一人有名有字, 而看作二人歟? 虎狼父子, 同是仁孝之理, 而爲非本然; 蜂蟻之君臣, 同是禮忠之理, 而目爲氣質, 并自學知以下忠孝仁讓之德, 謂非本然中發出來。又曰"由天縱之聖", 皆不可謂本然, 然則所謂"性中發出來"者, 是必有一塊無形無影之物, 自發自止也。吁, 亦異矣! "萬衆之性, 其體本全", 善觀之, 本非不好語。蓋未有萬象之氣, 而已有萬象之理。是言雖無人物之形, 而人物之理已具, 所謂森然也。非此一邊是爲人之理, 彼一邊是爲物之理, 則渾然所謂其體本全也。本全者, 謂本來已全具爲人、爲物之理也。及其生出萬象, 依舊成就得一箇本相, 故曰"萬物之一原", 曰"萬物一太極", 非本體之外, 添一料假一毫, 而安排得來也。是則萬物之所得以爲性者, 各得其本相, 而爲人、爲物, 有偏有全者, 莫非統體一極。理分圓融而無間者, 絜之則應, 呼之則諾, 如一箇活物, 內自五臟, 外至四肢, 百體一毛一髮, 痛痒溫涼, 無不相關, 無不切己。自其偏之爲全中之一而觀之, 則同五常也。自其全之爲偏之統者而言之, 則偏全皆本然也。不以形體而有相害, 不以人物而有別, 天實不外乎形器, 而實不局乎形器者, 不妨其就形器而觀之也。苟以偏全爲氣質, 而別立人物同五常之一位, 則所謂同者, 是混同、無分之同, 而非"物我同春"之同也。大抵所謂人物同五常者, 豈必虎亦有仁義禮智, 蜂亦有仁義禮智, 每每如人, 然後方謂之同也? 特以虎之仁, 亦此性中仁; 蜂之義, 亦此性中義。苟無此性, 則蜂虎無仁義, 是非同乎? 虎之仁、蜂之義, 皆一性中分殊, 苟以此爲非本然, 則理果無分之一, 分果因氣而有可乎? 自形器之局定者看, 則偏全各有定體; 自道體之圓融者觀, 則偏全初無墻壁。以其初無墻壁, 故謂之理一; 以其各有定體, 故謂之分殊, 其實又非有先後彼此之異也。

曰: 子言人物之性似矣。但朱子曰: "論萬物之一原, 則理同而氣異; 觀萬物之異體, 則氣猶相近, 而理絕不同。理不同, 如蜂蟻之君臣, 只是他義上有一點子明; 虎狼之父子, 只是他仁上有一點子明, 其他更推不去。" 此洛說所本也。旣謂不同, 則是受變於氣, 而非復一原之同也, 安可以物性爲本然, 旣非本然, 則獨不可以氣質目之耶?

　曰: 不然。蓋聞理也者, 一實萬分, 愈異而愈同, 同而異, 非眞異。異而同, 乃眞同, 則所謂理不同者, 乃言其眞同也。就形器上面, 指其不雜者, 而言其妙, 則所主者在乎理一, 故曰"理同而氣異"。所謂同者, 非混同; 所謂異者, 非自異。 指其不離者而言其實, 則所主者在乎分殊, 故曰"氣猶相近, 而理絶不同"。所謂相近者, 是載理之器, 而所謂不同者, 是成性之分也。其實一時事, 非不同之上, 更別有同之一位, 而人無兩口, 不可以雙下幷說。故以天命稟受一原異體, 先後言之也。然則朱子此說, 正所以明夫同而異、異而同之眞面而說者, 不察强證己見, 不亦怪哉?

曰: 子論同異之分似矣。但偏全二字, 似通人物而言, 非判人物言者, 而今子乃以艮齋幷聖凡、知愚言之者爲非, 何歟?

曰: 偏全, 人物之大分, 而天地自然之理可見。理之本來面目如此, 非假借添補而後成也。偏全之偏, 的是對人言者, 而或有言"偏於人者, 是從人心乘氣發後得名者"也。對人言者, 是天命稟受上說, 本然也; 從發後得名者, 是氣稟用事上說, 非本然也。是故『大學或問』以正通偏塞, 言其大分, 以爲人與物之條件, 而自形而後, 氣稟之淸濁粹駁、物欲之淺深厚薄觀之, 所謂全者, 或不能皆知其所有而全之也。此之謂全中之偏, 然而其全之本體, 未嘗不在也, 非如物之本得其偏也。於其發見循道處觀之, 所謂偏者, 卽是一點子明, 此之謂偏。然偏之中, 亦自有全底理, 如上段所引"穀之萌芽"、"梅之花實"是也。人全物偏, 此人字非專指聖人, 乃統兼衆人而言, 其所受之性皆全也。如"立人之道", "惟人也得其秀"之人字, 亦皆非單指聖人也。知此, 則自不容以氣質之性, 從發後得名者, 參雜於大本上說也。

天下之性, 不全則偏, 固未有不全又不偏之性也。偏全皆非本然, 則天下無一物能性其本然之性者, 而本然之性, 永爲懸空之虛位, 則將安用彼性矣? 所貴乎正通者, 以其得本然之全也。若與偏塞者均之爲非其本然, 則何正通之足貴乎? 蓋以無分爲一, 其弊必至於此, 其以各定[6]之性爲落分殊犯形氣, 不足以爲一原, 與甲邊之議, 恐無異同。○問: "氣質不同, 則天命之性, 有偏全否?" 朱子曰: "非有偏全。" 此洛家之所本也。今

---

6) 『蘆沙集』「納涼私議疑目」에는 定이 正으로 되어있다.

若譏之曰"天下之性, 旣無偏又無全, 則不過爲虛位云爾", 則是得爲盡人之言者耶? 此不待多般而明矣. 所貴乎正通者, 以其{得}[7]本然之全. 然則偏塞者, 其所得只是本然偏矣, 無乃與天命之性非有偏全者相戾矣乎? 若改之曰所貴乎正通者, 以其能全本然之性, 則似無可議矣.

　　"天命之性, 非有偏全", 此果洛說之所本也. 朱子說分明如此, 則夫孰敢非之哉? 但細考朱子本語與艮齋所說, 其旨意迥別. 問: "氣質不同, 則天命之性, 亦有偏全否?" 朱子曰: "亦非有偏全. 如日月之光, 在露地, 則盡見之; 若在蔀屋之下, 則有見有不見"云云. 蓋自上順下來, 則天命之性, 非有偏全, 如日月之光本無大小也. 雖無偏全, 而元有無偏全而皆在之理; 雖無大小, 而已有無大小而皆照之理. 此之謂理先具也, 此之謂原有之分也, 所謂"非有偏全"者, 以此也. 自下推上進一步而言之, 則偏全莫非本然, 如大小之隙所照, 莫非日月之光, 不可只以大處所照爲日月之光, 而小處所照謂非日月之光. 所謂"無偏全而皆在, 無大小而皆照"者, 於是乎可見, 而所謂"非有偏全"者, 於是乎在矣. 物也者, 有終始、有成壞, 故有順下推上之可言, 而理也者, 無先後、無盈朒, 不可以上下間隔也. "非有偏全"云者, 如"理無精粗, 道無大小"之謂. 天下無性外之物, 天命之性, 非有偏全, 則人物何自而有偏全也? 然則偏全非本然之說, 何異指黑爲白, 躐地爲天乎? 若曰"露地盡見者, 是日月之光, 而蔀屋之下小照者, 非日月之光"云爾, 則凡天下之有耳者, 豈不捧腹而絶纓耶? 然則朱子說, 正所以明偏全本然之義, 而今反取之, 以爲非本然之一證案, 何歟? 蓋嘗聞之, 有謂本然有偏全, 則不可; 有謂偏全非本然, 亦不可. 此說以不知者觀之, 有若左右佩劍、兩邊獐鹿者, 苟能卽此而深思焉, 則其論偏全之眞面, 無有滲漏. "本然不可謂偏全"者, 正如自上順下之說也; "偏全非本然則不可"云者, 正如自下推上之說也. 若淺言之, 則天命之性非有偏全者, 謂非有碨磊之偏全也; 深言之, 則謂無偏全而皆在, 非有偏全之間隔也. 爲知者言, 謂天命之性有偏全, 亦得; 爲不知者言, 謂天命之性非有偏全, 何益矣? 偏全莫非本然, 故主乎偏全而言, 則全固本然之全, 偏亦本然之偏, 非今始然之偏, 推可知矣. 若曰以其得本然之全, 則是天命稟賦時元來所受者也, 卽『中庸章句』所謂"各得其所賦之理"者也. 若改之曰"以其能全本然之性", 則是別有懸空之本然, 而於其氣自主張處, 有幸而能全

---

7) {得}: 저본에 없으나 『蘆沙集』「納涼私議疑目」에 의거하여 보충하였다.

之者, 有不幸而不能全之者。然則非本然之所稟, 乃今始然之性, 宜其於全之之聖, 亦謂不得爲本然之全也, 正所謂"天下無一物能性其本然之性"者也, 烏在其爲萬物之一原也? 或曰: "一原之說, 以朱子所謂'萬理同出一原', 眞西山所謂'人物之性, 自此流出, 如百川之同一原'觀之, 則似是氣以成形以前, 別有一原之位, 而理亦賦焉以後, 不可皆謂之一原也。然則人物未生之前, 別有無偏全之一位, 而各定以後, 犯形氣落分殊, 便有偏全之別, 不可概謂天命之性也。" 曰: "偏全之上, 不可別立同五常之一位者, 已辨之於前矣。且以朱子偏全之說看之, 問者旣以氣質不同言之, 則是就氣質上言其不雜乎氣質者。而曰天命之性, 朱子旣以露地蔀屋之光答之, 則是就露地蔀屋上, 單言其理之妙也。且'生之謂性', '人生而靜以上不容說', 則天命之性是就天以化生萬物, 理亦賦焉處, 挑出而言其所賦之理也, 是果別有一位於人物之前耶? 一原之不可別立一位者, 亦不難知也。「涼議」不云乎? 乃'若論性, 則恰是人物未挑出時, 在我則我底却是一原, 在你則你底却是一原, 何故必擺脫分殊而後爲萬物之一原乎?' 然則西山之說, 昔人以爲可疑者是矣。乃若朱子之說, 是以『大學』格致而指其物理之散在者, 而言其統體一太極, 故曰同出。蓋主乎人心之格致, 自分殊上工夫而至理一處者, 自有等級, 非理有層節上下也。"

偏全, 指善一邊。如孔隙雖有大小, 而月光自若; 盤盂雖有方圓, 而水性無恙, 豈不是本然? ○信斯言也, 蜂虎果然之仁義, 堯、舜、周、孔之仁義, 毫無殊別矣。然則朱子何以言"仁義禮智之粹然者, 人與物異"乎?

才說仁義禮智, 便皆粹然者, 又豈有不粹然底仁義禮智也? 朱子本語, 若但有"仁義禮智之粹然"一段, 都無上文, 則或可以遷就說, 今旣不然, 此一段之上, 即接有"知覺運動之蠢然"一段, 則"粹然"云者, 正與"蠢然"二字對言也。非謂就仁義禮智中, 分別其粹然與不粹然者, 坼其粹然者, 而與人; 坼其不粹然者, 而與物也。若然 則性只是和泥土、雜沙石之物可乎? 才說仁義禮智, 則便是粹然者, 不須贅言, 而猶曰"仁義禮智之粹然"云者, 緣告子執氣當性。凡指知覺運動之蠢然者, 人與物同, 而謂之性。羽玉之白, 都無區別, 故以仁義禮智之粹然, 人與物異者, 折之。蓋就形而上, 分別偏全之本體, 故曰人與物異也。同一粹然, 而人則全, 物則偏, 人物之分, 於此已明白矣。蜂虎之仁義, 果無別於堯、舜、周、孔之仁義, 則何以曰人全而物偏乎? 若以偏於仁、偏於義者, 謂非本然, 則『中庸或問』所謂虎狼之父子、蜂蟻之君臣、豺獺之報本、雎鳩之有別, 又有以存其義理之所得, 尤可以見天命之本然, 而道未嘗不在是者, 爲虛語耳。如是, 故曰指善一邊也。偏者是偏, 全者是全, 則非無分也, 卽所謂異也; 偏亦本然, 全亦本然, 則一原也, 卽所謂同也。同中有異, 異中有同, 此理之所以爲妙也。朱子曰: "理固是一理, 然其間曲折甚多。" 今乃忘其曲折, 只主理一, 見偏而不全者, 便指斥爲非本然, 別立同五常之一位於同五常之上, 以爲人物一原, 則蜂虎之仁義, 果無毫殊於堯、舜、周、孔之仁義, 人物之理, 已具於未形之中者, 果安在哉?

氣質是兼善惡, 如和泥之水, 稠淸百層; 隔窓之月, 明暗多般。以偏全爲氣質, 豈不低陷了偏全? ○堯、舜、孔子之全, 固當爲本然。至於夷、惠之偏於淸、和, 顏、閔之具體而微, 游、夏之僅有一體, 則豈非由於氣質乎?【此類, 不可謂兼善惡也。】人猶如此, 況於微物乎? 今不欲以偏全爲氣質, 恐終可疑。

偏全, 人物之大分, 是天地自然之理, 而不可易者也。人有知愚之別, 固緣氣稟之美惡, 而當變惡以復其美。不把氣稟作一定不可易之理者, 固已辨之於前矣。今必欲以物性之偏, 硬作氣質之性, 而賺及於人, 何哉? 夷之淸, 卽便是聖之淸, 而非氣質之性之淸也; 惠之和, 卽便是聖之和, 而非氣質之性之和也, 故曰"百世之師"。以百世之師爲不性之科, 所師者, 何人也? 顏子之具體, 是具聖人之全體也; 有一體者, 是有聖人之一體也。無聖人, 則此體, 何體也? 以是爲非本然, 而不欲性焉, 則後學之所體者, 何物也? 以本然之性爲懸空之一位, 則是以性空爲眞理也。以物性爲非本然, 而群聖賢爲不性, 則是正認氣掩性也。夷之淸而少和底氣象, 惠之和而少淸底氣象, 不得如堯、舜、孔子之全容有氣稟之可言而亦出於本然之體, 故以一事言之。各能無一毫人欲之私, 無一毫勉强之意, 純乎天理, 而十分盡到所以稱聖淸聖和也。顏之具體, 而微微者, 容有氣稟之可言, 而其體者非本然耶? 有一體, 而不能具體者, 固有氣稟之可言, 而有一體者, 非本然耶? 三月不違仁, 則三月無氣質之性; 日月至焉, 則日月無氣質之性。其有違有不至處, 是緣氣稟用事, 而不把氣稟, 作大事看, 故曰"假之以年, 則不日而化", 曰"聖可學"。曷嘗如今, 以物性之偏爲非本然, 而幷以群聖賢貶抑之爲不性之科耶? 衆人有一事之善, 亦皆從本然中流出, 況數子之善亞於聖人, 猶不可謂本然之性乎? 物有偏之性, 而偏亦本然。人無不全之性, 而有不能知其全, 而全之者, 氣稟學力之有不及也。以是爲其性不全,可乎？朱子曰: “物物各具此理, 物物各異其用, 然莫非一理之流行。” 如排數器, 水相似, 這盂也是這樣水, 那盂也是這樣水。各各滿足, 不待求假於外。然打破放裏也, 只是這箇水, 此所以可推而無不通也。蓋其所謂這盂、那盂, 雖有彼此方圓之不同, 而水只是這箇水, 非二水也。人性、物性, 雖有偏全之不同, 而性只是這箇性, 則同是一性, 同是善一邊, 有何疑乎？旣局於這盂、那盂之不同, 而以這盂水謂非本然, 則畢竟那盂水亦不得爲本然, 以其一箇水故也。蓋以偏爲非本然, 則畢竟不免以全局於氣質矣, 可乎？“偏全指善一邊”, 此善字, 純粹至善之善。純粹至善, 故曰“本然。” “氣質之性, 兼善惡”, 此善字, 是和泥水之百層, 隔牕月之多般。旣曰和泥, 則已失本來之清, 謂之濁可也, 而就濁中有少清者耳。旣曰隔牕, 則已失本來之明, 謂之暗可也, 而就暗中有少明者耳。然則兼善惡之善, 非至善, 而猶曰“善正如南方之强, 非君子之强, 而亦以南方爲君子之强也”。此所謂兼善惡也。夷、惠之清、和, 顏、閔之具體, 游、夏之一體, 各是其十分至善者, 豈可以兼善惡目之耶？朱子以夷、惠之清、和, 不言於南北之强, 而言於强哉矯者此也。【問: “和而不流, 中立而不倚, 夷、惠正是如此!” 朱子曰: “是。”】且所謂由於氣質者, 以清和及具體、一體, 由於氣質之清粹乎？由於氣質之濁駁乎？由於濁駁, 則氣變乎本然之理, 謂之非本然可也; 旣由乎清粹, 則正是氣順乎本然之理, 謂之非本然不可也。以氣質言, 則雖堯、舜、孔子之全, 亦由乎氣質之極清極粹, 故能全其本然之全體。下此, 則不能如此, 故各有本然發見之偏, 忘其性之本然, 而目偏全爲氣質, 可乎？

氣質之性, 君子有不性者焉; 人物偏全之性, 君子亦有不性焉者乎？○ “氣質之性, 君子有不性者焉”, 本橫渠先生語。先生又嘗言: “凡物莫不有是性, 由通蔽開塞, 所以有人物之別; 由蔽有厚薄, 故有知愚之別。” 今以上一(股)[段][8]爲偏全, 而屬於本然之性; 下一(股)[段][9]爲氣質而降爲不性之科, 恐文義事理俱難, 如蘆沙之言矣。問: “氣質不同, 則天命之性有偏全否？” 朱子曰: “非有偏全。” 偏全之性, 豈非朱子之所不性焉者乎？據此, 則南塘、蘆沙兩說, 似當更加商確, 恐未可認爲千聖不易之論也。

　　張子“凡物莫不有是性”一段, 正與『庸』『學或問』互相發明。“凡物莫不有是性”一

---

8) (股)[段]: 저본에 ‘股’로 되어 있으나, 문맥을 살펴 ‘段’으로 수정하였다.

9) (股)[段]: 저본에 ‘股’로 되어 있으나, 문맥을 살펴 ‘段’으로 수정하였다.

句, 卽挑出而言其妙, 理一爲主者, 『大學或問』“以理言之, 則萬物一原, 固無人物貴賤之殊”, 『中庸或問』“性者, 無一物之不得”者是也。“由通蔽開塞, 所以有人物之別”一句, 卽卽氣而指其實, 分殊爲主者, 『大學或問』“以氣言之, 則得其正且通者爲人, 得其偏且塞者爲物”, 『中庸或問』“鳥獸草木之生, 僅得形氣之偏, 人得形氣之正”者是也。“由蔽有厚薄, 故有知愚之別”, 卽所謂“心具性”, 吾之心與聖人之心同; “心不能盡性”, 吾之心與聖人之心異。其體段則同, 而作用則異, 緣氣稟之美惡, 用事於其間者。『大學或問』“其通也, 或不能無淸濁之異; 其正也, 或不能無美惡之殊”, 『中庸或問』“淸濁厚薄之分, 亦有不能不異者”是也。偏全, 人物之大分, 理之一定者, 故曰“塞者牢不可開”。雖欲不性焉, 得乎氣稟之用事, 不作大事看, 故曰“厚者可以開, 而開之也難, 薄者開之也易, 開則達於天道與聖人一”。此正所謂“氣質之性, 君子有不性者焉, 善反之, 則天地之性存焉”者也。合一處固合一, 而分開處, 不可不分開看。以上一股爲偏全之性, 下一股爲氣質之性, 是不得不分開者, 而與『庸』『學或問』一致也。『大學或問』曰:【格致章。】“但其氣質有淸濁偏正之殊, 物欲有淺深厚薄之異。是以人之與物, 賢之與愚, 相與懸絶而不能同耳。” 小註, 朱子曰: “‘氣質淸濁’云云, 本『正蒙』中語, 亦是將人物賢不肖、知愚, 相對而分言之。人淸而物濁, 人正而物偏, 物欲淺深厚薄, 乃純爲衆人而言耳。” 以此看, 則橫渠作『正蒙』, 業已以人物大分爲一股, 又以衆人爲一股矣。物無化人之理, 則人性全、物性偏者, 本然也。“衆人亦皆可以爲堯、舜, 而變化其氣質, 則物欲之淺深”云云, 卽不性焉者也。然則通蔽開塞, 以本然而言; 蔽有厚薄, 以氣質而言, 有何疑乎? 今以凡物莫不有是性爲懸空之一原, 通蔽開塞以下, 便爲不性之科, 則必人消物盡, 然後本然者得矣。且夫蔽有厚薄者, 固爲不性之科, 而九分厚而一分不厚者, 非本然乎? 惟薄亦然, 所謂“因其所發而遂明之, 因其所知而擴充”者也。苟不知此, 則所謂“忘其同者, 主張其異”者。以聖凡異心說爲法門者, 無乃不幸而近之乎? 問: “人物旣曰‘各具太極之全體’, 而又曰‘有偏全’, 何也?” 蘗溪曰: “君不觀夫「河圖」乎? 一六居北, 水也; 二七居南, 火也; 三八居東, 木也; 四九居西, 金也; 五十居中, 土也。合此五者, 「河圖」之全也。及其流行也, 水爲主, 則偏於北而中與三邊應焉; 木爲主, 則偏於東而中與三邊配焉。火、金、土亦然, 何嘗見闕一而成偏者乎?” 此眞名言也。今以一六、二七、三八、四九之各居四方者, 謂分片、謂窟穴, 貶之以非本然, 而譴竄於不性之科。然則「河圖」之全數, 將於何見得乎? 宜其別立虛位之一本然,各正以下, 無有得其本然者, 奈何奈何? 或曰: "蘗溪論偏全曰'單指其理, 則無不全; 兼指其氣, 則無不偏', 其曰單指理, 則有懸空之一原也; 其曰兼指氣, 則各正以後便非本然也, 明矣." 曰此蓋出於朱子'以理言之, 則無不全; 以氣言之, 則無不偏'之說也. 自形迹之可見而進一步, 名其本體, 則有偏全之說, 正是卽氣而指其實者也. 自統體一太極而言, 則偏者, 莫非統體中事, 而理學著都無欠闕, 所謂"單指其理, 正是挑出而言其妙"者也. 一時事而先後言之, 有何可疑之端者此也. 南塘以五常作因氣之物, 而猶復以五常之偏全爲本然, 奚可哉? 引此而譏「凉議」則末矣.

理既云萬事本領, 氣是甚樣物事, 乃獨爾一我殊背馳去? 近世諸先生坼開理分, 大抵皆爾一我殊之論. 其蔽也氣無聽命於理, 理反取裁於氣, 天命之性, 徒爲虛語耳. ○理一分殊, 固是理中事. 然分殊, 先賢直就氣異處說者極多. 今且以隙日譬之, 隙之長短大小, 自是不同, 然却只是此日.【見『語類』.】只是此日, 理一也; 隙自不同, 分殊也.【朱子「答余方叔」, 歷擧人獸、草木、枯槁而曰: "雖其分之殊, 而其理則未嘗不同." 此亦以理氣區屬於理一分殊, 此類甚多, 不可枚引.】此與前一義, 可竝行而不相礙也. 至若天命之性, 雖十分大全, 十分至善, 無奈所賦形氣有異, 莫能遂其本然? 雖是性體而氣用, 亦是理弱而氣强, 故不能無蔽也. 若以分殊專歸之理, 則理果號令乎氣, 氣果隨順於理, 更無不治之國, 更無爲惡之人也乎? 恐難如此立語.

理一之一, 已含分殊在焉. 無此分殊, 則是儱侗混淪, 無首無尾, 安有所謂理一乎? 如曰"一人", 則已具耳目口鼻手足, 捨此則無所謂一人. 曰"理一分殊", 曰"分之所以一定而不移"者是也. 然理無形可見, 無聲可聞, 故曰"微"曰"隱", 曰"無極而太極", 曰"非見聞所及", 而分殊之早涵於理一, 終難使人曉得. 雖或强使之曉, 又恐人疑其如蜂房、榴核之各有遮欄, 所謂理一者, 反成分片矣. 惟萬化之氣, 由分殊而生, 氣亦理中事, 乃此理流行之手脚, 而爲載理之器者, 有形狀可模, 有聲色可語. 指此而的言之, 其言不爲無實, 便於學者省力. 故言分殊者, 多指氣之流行處說焉. 易以道陰陽, 而不害其爲易道, 不可曰"道無其妙, 貸陰陽而始有也". 孟子言性, 就發處言之, 不可曰"性中元無此分, 而乘氣發處, 始有此分也". 『庸』『學或問』言人物之別, 以氣之正通、偏塞言之, 不可曰"在理元無此分, 而隨氣變化, 始生此分也". 此蓋聖人喫緊, 爲人苦心極力處, 善觀者不妨卽其氣之流行, 而推其原頭事. 夫何世之論性, 往往以流行邊, 勒滅原頭, 以爲理一中元無人物之分, 而乘氣流行, 始有此殊。你一我殊, 互相背馳, 理分永隔, 偏全冒氣質之稱, 烏乎可哉! 且以隙之長短大小爲分殊, 而只是此日爲理一, 則還他是分殊以氣言, 而非理一中事也。理一中分殊有之, 何用矣? 以愚言之, 就氣異處說者, 正是卽氣而指理之實, 非有兩分殊也。照隙之日光, 有大小者, 分殊也; 大小之隙, 罔非日光者, 理一也。在日元無照大小之理, 則隙之大小, 何自而有大小之光? 朱子之意, 蓋不出此。若言隙之長短大小, 而不以日光爲主, 則所言長短大小, 皆不過虛殼子, 何以爲只是此日乎? 所引朱子「答余方叔」書, 果止如此而已, 則容可以主同而廢異? 今却不然。"其理則未嘗不同"之下, 繼曰"以其分之殊, 則其理之在是者, 不能不異", 此豈非十分明白乎? 所謂"分之殊, 而理未嘗不同"者, 言其分殊之不害於理一; 所謂"分之殊, 則理不能異"者, 言其理一之不外乎分殊。其分其理, 莫非卽氣而指理之實者, 所謂本然也, 同而異, 異而同, 理之眞面, 可見於此。今乃隻取同一邊, 而欲棄異一邊, 何也? 性體氣用四字, 於朱子說, 或有依俙可據處耶? 『中庸章句』"天以陰陽五行, 化生萬物, 氣以成形, 而理亦賦焉", 所以釋"天命之性"一句。『中庸或問』以"四時五行, 萬物萬事及鳥獸草木, 虎狼蜂蟻"爲言者, 亦皆釋天命之性之義; 『大學或問』以"陰陽五行, 正通偏塞"爲言者, 皆是發明天道流行之義。此可見人物偏全之性, 莫非天命之實, 而無此偏全, 則無所謂天命之性者矣。其以"陰陽五行及人物"爲言, 雖若帶氣之理, 而氣所以承載此理, 而爲之地盤, 故卽此而的言之, 以明森具之分也。今乃忘却其大頭腦, 而擧其地盤, 作對偶之雙脚, 謂性只有體, 而氣自有用, 必以氣加味添材。所謂理者, 乘之變化, 然後方成萬理, 方有人物之別, 遂以偏全爲不性之科, 不幾乎誣天命乎? 各一其性, 則渾然太極之全體, 無不各具於一物之中, 是果性體而氣用乎? 誠者, 物之終始, 是果性體而氣用乎? 冲漠無眹, 而萬象已具。朱子釋之曰"卽體而用在其中", 是果性體而氣用乎? 自其微者而言之, 則體用一原, 何嘗坼體用而二之, 以爲性體而氣用乎? 性者, 情之體; 情者, 性之用, 此用何用也? 仁對義爲體用, 仁又自有仁之體用, 義又自有義之體用。以陰陽言之, 則義體而仁用; 以存心制事言之, 則仁體而義用。此等用字, 皆是氣用乎? 纔有發見昭著, 有段落, 有條理, 有變化, 一屬之氣, 而別立無用之體, 如楚國之佯尊義帝, 新市、平林諸將之奉更始, 其無眞實妙用自如也。然則其所謂"性中發出來底忠孝仁讓", 亦只是氣用。雖有百千雄辯, 脫不得分外有理, 而性爲有體無用之科矣。理弱氣强之說, 雖本於朱子之言, 亦不能深究朱子之意也。以理之常而言其本然, 則理本生氣, 理主宰他氣, 氣聽命於理, 主僕之勢, 尊卑之分, 已判然矣。以理之變而言其末弊, 則氣之擾扛運用之過不及, 或有害理處, 於是有理弱氣强之說, 蓋言其不當弱而弱也, 不當强而强也。然而過不及, 亦只是中之有過不及, 非別有一種子也。無此理, 豈有此事乎? 旣曰有此理, 則亦是理勢之不得不然者, 而理無不在, 於此可見。然謂理之本然, 則不可, 故區別於氣, 而氣執其咎也。今乃執其末弊, 而疑其本然, 擧其變而詰其常, 遂以人物偏全之性, 局於不性之科, 曰理弱而氣强, 故不能無弊, 吁! 亦非矣。分殊, 莫非理一中事, 而氣爲地盤, 故謂“氣爲分處”, 亦有之言“氣乃所以明理”也。非上一半理一中分殊, 下一半氣異處分殊, 各有窩穴旋旋出來也。理氣之分, 有尊卑上下之等, 有主宰隨順之義, 有貴賤主客之別, 有善惡邪正之殊。在國, 則君臣之分是也, 國之法制敎令, 君主宰他臣, 臣聽命於君, 則國治矣。在人, 則天理人欲之分是也, 不徇人欲而能循天理之公, 則善矣。天之物物, 無非理中物; 人之事事, 無非理中事。學者, 明此也; 道者, 行此也。如此, 方是善觀理。今以理驅逐於虛空之中, 而凡有段落發見處, 皆爲氣之權柄。至以人物之性爲非本然而作氣之用, 則正是氣無聽命於理, 理反取裁於氣, 天命之性, 徒爲虛語者也。

五常人物性同異, 畢竟惡乎定? 曰: 定於先覺之言。朱子之論此固多矣, 其見於『四子註』說者, 則手筆稱停, 非記錄書疏之比。其言人物五常, 凡有三處, 曰“人物之生, 必得是理, 然後有以爲健順仁義禮智之性”者, 『大學或問』也; “人物之生, 各得所賦之理, 以爲健順五常之德”者, 『中庸章句』也。此皆不區分人物, 一例說去, 粗通文理者, 初不難辨。且得以爲性、得以爲德之云, 皆屬成性以下, 而非繼善以上事, 則朱子之意, 明以人物之性爲同五常矣。 獨於『孟子』生之謂性章『集註』“以理言之, 則仁義禮智之粹然者, 豈物之所得以全哉?” 此爲區分人物處。【愚按: 此註亦不專於區分人物, 何以言之? 上文旣言性形而上者, 人物之生, 莫不有是性, 是性何性? 卽所謂仁義禮智之性也。是亦與『章句』、『或問』之說同矣。如以“物豈得全”爲區分人物之斷案, 則『章句』下文, 豈不曰“氣稟或異, 故不能無過不及之差”; 『或問』下文, 豈不曰“彼賤而爲物者, 梏於形氣, 而無以充其全矣”乎? 此二條又皆與『孟註』之云, 無些子異意。愚竊謂三處俱是同體異用之說也。】然而只曰“物豈得全”, 不曰“物莫得與”, 則此亦人物同五常之說也云云。朱子之爲此說, 豈喜爲刱新之論, 以同人道於庶類哉? 蓋此理之外, 更無佗理。是以直以從上聖賢四破人性的字, 一萬物而貫之, 不以爲嫌也。【按: 以上所論, 無不與洛家同。】雖然, 一而無分, 非吾所謂一也。故『庸』『學或問』卽言: “鳥獸草木之生, 僅得形氣之偏,而不能有以通貫乎全體; 彼賤而爲物者, 梏於形氣之偏塞, 而無以充其本體之全。” 此言人物之性, 雖同此一理, 而理中之分限不能無也。氣所以承載此理, 故雖不離形氣而言分, 而一之未嘗無分, 於此因可見矣。合此上下文義而觀之, 其與“生之謂性”『集註』, 亦非有異意也。後人各占一半, 就生軒輊, 此豈朱子之所能豫料哉? 是知物我均五常者, 理之一也; 五常有偏全者, 一中之分也。蓋自統體一極, 理分圓融而無間, 故其成性於萬物者, 又如此。是故先覺論性, 有言理同者, 有言理不同者, 然非相戾也。公共以論其妙, 則挑出而言之; 眞的以指其體, 則卽氣而明之。挑出則理本一, 故理一爲主, 而萬殊涵於其中;【按: 以偏而不全者爲萬殊, 殊不可曉。】卽氣則氣已分, 故分殊爲主, 而理一存乎其間。自是話有兩般, 何曾性有多層? 諸家緣理分一體處, 未甚著眼, 說異則欲獨擅五常, 說同則乃低視偏全, “差之毫釐, 繆以千里”, 豈不信哉? ○『庸』『學或問』, 若單言微物, 而不竝舉衆人, 則猶或可如蘆沙之言矣。今其文, 明明言知愚賢否氣稟之異, 而曰“於其所謂性者, 有所昏雜, 而無以全其所受之正”, 又曰“其所謂明德者, 已不能無蔽, 而失其全矣”。此與微物之不能通、無以充者, 語意一致, 類例無二。而以不能通、無以充, 歸之本然之性; 無以全、失其全, 歸之氣質之性, 則無亦有失其平之嫌乎? 如有人質於蘆沙曰“聖、凡均德性{者}10), 理之一也; 德性有偏、全者, 一之分也”, 則將應之曰然乎否乎?

　　『中庸或問』“不能有以通貫乎全體”一段, 是言天命率性之義; “有所昏雜而無以全其所受之正”一段, 是言修道之敎之義; 『大學或問』“無以充其本體之全”一段, 是言學者明其明德之義。一以言天命之定體不可易者, 而雖萬物散殊之無窮, 皆本分中事,【謂兩書上一段。】一以言衆人氣稟物欲之累, 當變化而復其性者。【謂兩書下一段。】其名位之不可紊, 段落之不可亂, 文義之不可混, 主意之不可掩, 雖五尺初上學者, 亦甚易曉也。今以物性爲失其本分, 而欲同人氣質有蔽之科, 故所論回互賺連, 無一定段落。蓋性中有仁義禮智者, 非分殊乎? 仁義禮智, 總爲一性者, 非理一乎? 虎之仁, 卽此性之仁; 蜂之義, 卽此性之義, 非旣有懸空之仁義, 又有蜂、虎之仁義也。以其同此一性而言, 則理一也; 以其各有所偏而言, 則分殊也。此所以物我均五常, 爲理之一; 五常有偏全, 爲一中之分也。自五常有偏全者而統言之, 則曰物我均五常; 自物我同五常而分言之, 則曰五常有偏全, 非旣有上一層均五常之一位, 又有

---

10) {者}: 저본에 없으나, 『艮齋集』「納凉私議疑目」에 의거하여 보충하였다.

下一層偏全之一位也。此乃命之所以不息，而誠之所以不遺，非以人力有所加損者也。至若人爲形氣作用，而不能知其所固有者，則是人之罪也，非如物性之本然而然也。曰"其所謂性者，有所昏雜，而無以全其所受之正"，則可見其元受其正，而自無以全；曰"其所謂明德者，已不能無蔽，而失其全"，則可見其元得其全，而自乃失之。然而其所得之正且全者，有未嘗滅者，特人自不知，而有所蔽，此非人之罪歟？曰"鳥獸草木，僅得形氣之偏"，則可見其本來僅得而其不能有以通貫者，理之分殊，然也，非如人之昏雜也。曰"彼賤而爲物者，梏於形氣之偏塞"，則可見其本來偏塞而無以充者，理之分殊，然也，非如人之蔽失也。此果物之罪歟？此果不性之科而責之以善反之工者歟？物我同五常者，理之一；五常有偏全者，一中之分，是乃"統體一極，理分圓融而無間"。其本來面目如此也，却以聖凡均德性，爲理之一；德性有偏全，爲一中之分，詰之，是果事理乎？

以生之謂性章『集註』，謂不專於區分人物云者，泛論上下文似然矣。然『孟子』本文分別犬之性、牛之性、人之性，則『集註』大意，正在於區分人物也。平心細讀之，不難知也。艮齋所謂區分，非吾之所謂區分也。蓋其以人物之生莫不有性，作懸空之一原，而立人物同五常之位以仁義禮智之稟，豈物之所得以全，謂非一原之性，而硬做不性之科？所謂同者，是混淪之同，而非同異相涵之同也；所謂區分者，是各立窟穴之區分，而非森然已具之區分也。以吾之見，"人物之生莫不有是性" 是挑出而言其理一之妙。物豈得全？是直就而指其分殊之實者也。所謂"話有兩般，非性有多層"者此也。且"人物之生"此生字，已屬成性以下，則可見蜂、虎之仁義，莫不得其本然也。雖欲懸空，得乎？雖欲以物性之偏，謂非本然，得乎？且擧『中庸章句』"氣稟或異，故不能無過不及之差"一段，爲區分人物云者，最不可曉。蓋氣稟之有過不及，是非言修道之敎所由生耶？ 今若以此爲區分人物偏全之性，則物性之本然，亦果可修而敎之，使祛其偏而襲其全，可以爲堯、舜，可以爲周、孔歟？然則聖賢何不言幻物爲人之術、貴物鑄聖之事，而只曰"愛物"，只曰"盡物之性"，又只以"草木零落，然後斧斤入山林"等事，爲修道之敎耶？鄙意以爲氣稟之過不及，是言人之剛柔善惡，及馬之當馳，而或奔逸；牛之當耕，而或蹢躅也。此非區分人物，乃區分善惡也，與『或問』賤而爲物，梏於形氣之義，逈然不侔。是故聖賢修而敎之，以爲法於天下也。偏全之性，本然也，本然亦有修之者耶？然則六經何以只言"盡性"、

“養性”、“尊德性”，而不言“修性”耶？若有言“修性”者，則是性也，必氣質之性之謂也。此所以揚雄言“修性”，而得罪於萬世也。然則『章句』人物偏全之分，將於何見得？曰旣，曰化生萬物，則是統言人與鳥獸草木也；曰成形理賦，則是人與鳥獸草木，莫不賦其偏全之本然也；曰以爲健順五常之德，則還他是理一之不外分殊也；曰各循其性之自然，則可見人之仁義，及虎之仁、蜂之義，莫非天命本然，初無間隔者。而『或問』以四端五典及鳥獸草木之生，僅得形氣之偏，及蜂、虎之仁、義，釋天命、率性二句可見也。然則人物性道異也，『章句』何以言“性道同”耶？曰分殊之早涵於理一，其妙如此，同而異，非眞異；異而同，乃眞同。此同異之不相礙也。其實體當求之心，未易以口舌，明也。蓋嘗思之『章句』與『或問』，其語意次第，無有毫殊。『章句』所謂“天以陰陽五行，化生萬物，氣以成形，而理亦賦焉”。所謂“人物之生，各得其所賦之理”者，卽『或問』“天之所以賦與萬物”云云，及“吾之所得乎是命以生”云云，及“鳥獸草木之生，僅得形氣之偏，而不能有以貫通乎全體”者是也。【『大學或問』“賤而爲物，梏於形氣”者，與此“僅得”一段同。】所謂“人物各循其性之自然”云云，卽『或問』“循其仁之性，循其義之性”云云，及“知覺運動，榮悴開落，亦皆循其性”云云，及“虎狼父子”云云是也。所謂“氣稟或異”云云，卽『或問』“淸濁厚薄之稟，有不能不異”，及“賢知之過，不肖之不及”云云，及“昏蔽錯雜”是也。『章句』統言而竪且約，『或問』分言人物而橫且悉，蓋『或問』乃註脚也。雖有詳略之不同，其實一也。然則人物偏全，果在於氣稟或異之中耶？偏全，人物之大分，而性之本然也。氣稟或異，而有過不及者，是氣質用事，而有不性焉者也。今乃以性之本然，歸之不性之科，何異於躐冠而作履乎？且未知同體異用之說。蓋如「涼議」所謂“理[11]圓而語滯，理[12]濶而語窄，勢不可以當句竭盡兩端，乃取理一分殊，常常雙關說去，或以理氣分雙關，或以天命稟受分雙關，或以一原異體分雙關，每同一邊，屬之上一段；異一邊，屬之下一段”云云者乎！若是，則善觀者知其爲流行邊說話，不妨於體用一原之義。若如艮齋之意，則同爲無分之同，異爲各窟之異，體爲無用之體，用爲自作之用。人物生成，摠在別天，而理無眞實、妙用可乎？其以人物之生，莫不有是性爲同體者。蓋欲於偏全之上，別立同五常之一位也，徒知理一，而忘却其萬殊之涵於其

---

11) 『蘆沙集』「納涼私議」에는 ‘理’가 ‘意’로 되어있다.

12) 『蘆沙集』「納涼私議」에는 ‘理’가 ‘意’로 되어있다.

中。是一也, 何一也? 非無分之同乎? 非無用之體乎? 物豈得全爲異用者? 蓋欲以氣質掩偏全也, 徒知其散殊, 而忘却其理一存乎其間。是分也, 何分也? 非各窟之異乎? 非自作之用乎? 其所以論『章句』、『或問』之說, 亦同一伎倆, 煩不殫述同體異用之說。大抵局於形氣, 而不見道理之妙, 坼體用而二之, 判同異而隔之, 限理一於離形氣之地, 局分殊於墮形氣之後, 理自理、分自分, 而性命橫決者此也。

謂"以上所論, 無不與洛家同"者, 誠然矣。而但以偏全之性, 爲非本然, 則畢竟不免別立同五常一位於離形氣之地。然則「涼議」說與洛家之意, 句句相反, 字字不同, 此將若之何哉? 所謂"一萬物而貫之, 不以爲嫌"者, 蓋虎、狼之仁, 亦本然也, 蜂、蟻之義, 亦本然也, 箇箇圓足, 無有此疆你界故也。今以虎仁蜂義爲氣質, 則是各有墻壁、遮欄也, 惡在其"一萬物而貫之"乎? 所謂此理之外, 更無他理云者, 蓋以虎之仁, 亦此一原之理, 蜂之義, 亦此一原之理, 非添一料, 而方有此分, 亦非超一步, 而方有一原也。今乃別立同五常一位於偏全之上, 而以偏全之性爲不性焉, 則此理之外, 更不知有幾萬層理也, 烏可也哉?

以偏而不全者爲萬殊, 謂"殊不可曉", 其意未可知也。蓋偏者, 卽指分殊而言, 非偏之上別有分殊也。如一人而觀手足, 手之持、足之行, 非一人中分殊乎? 自手足觀一人, 手能持而不能行, 足能行而不能持, 各有所偏, 而自是一人, 原有之分殊也。偏與分殊, 果是兩物乎? 奈之何才見本然字, 便疑其有木強一塊之物, 原無人物偏全之分, 原無各具各正之妙, 原無散殊融通之理? 聞有萬物一原之說, 便立一箇虛位於人物偏全之上、各正散殊之外, 才有偏全, 才有各正, 才有散殊, 便譴逐於本然之外, 不知偏全之相涵、各正之相貫、散殊之融通, 的是一原也。差之毫釐, 所繆奚止千里哉?

曰"本體"而云"無以充", 本體爲性分耶? 至無以充三字, 始爲性分耶? 全體而云不能通貫, 全體爲性分耶? 至不能通貫四字, 始爲性分耶? 曰本體全體, 卽性分中理一處; 無以充不能通貫者, 卽性分中分殊處。兩項事理, 有則俱有, 今必欲二而論之謬矣。○ 無以充、不能{通}13)貫, 分明是形氣偏塞之病。今必以爲性之分殊, 使人聽瑩, 且以『大學』論之"天降生民, 莫不與性", 性分中理一處; "氣稟不齊, 不能皆全", 性分中分殊處; "虛靈具應”, 德分中理一處; “拘蔽或昏”, 德分中分殊處。如此說亦得否? 請觀者爲下一轉語。

嘗聞栗翁之言, 曰“理通氣局”, 此於理氣情狀, 可謂括盡矣。局是氣之本職, 不是不好底。理不通, 則無以統下而爲命物之主; 氣不局, 則無以承上而爲載理之器。理不通, 則無以爲萬物之一原; 氣不局, 則無以成萬物之異體, 一通一局, 不可以廢一也。如君統百官, 臣任一職, 吏部之職, 亦君之所命也, 鴻臚之職, 亦君之所命也, 此所謂通也。吏部之官, 必盡吏部之職, 鴻臚之卿, 必盡鴻臚之職, 此所謂局也。若使吏部而得行兵部, 鴻臚而欲兼光祿, 是侵職也, 犯義也。然則鴻臚、吏部之各有所任, 是乃君之政令自有條理也。形氣之局而各有所偏者, 是乃性之分殊, 見於各正也。此是本然之分、不容已之妙, 而受順乎天命者也。以此而爲受病之物, 此寃何時可雪? 栗翁所謂“理通氣局”, 卽朱子所言“理同氣異”也。不知者見之, 每以同爲混淪之同, 而謂理之異亦由乎氣之異。此言非不酷似矣, 亦是皮面說。若言其皮裏事, 則理同之中, 自涵其異, 不待氣之異而始異也。冲漠無眹, 而萬象森然已具, 此是同中含異, 何待氣局而始異耶? 然而每以氣局爲異者, 蓋欲就其局處, 觀其所載便有的據, 而不入怳惚, 是果理爲主耶? 氣爲主耶? 氣之局也, 而不害於理之通; 理之通也, 而不外乎氣之局, 只是一時事, 而相承言之, 非別有上一層理通之本然, 下一層氣局之病痛也。『或問』之意只如此, 故以本體爲性分中理一處, 以形氣之偏塞無以充不能貫者, 爲性分中分殊處, 從容潛玩, 可以見之矣。以上文單言微物, 則可云云者看之, 庶可悟理中之分限不妨, 卽形氣而得之, 而却又如此說, 何也? 形氣偏塞, 果是病也, 則朱子大賢, 豈不知此, 而乃以受病之物, 釋天命率性之義耶? 旣以物性之偏爲帶病之物, 則宜其幷人氣稟不齊, 拘蔽或昏, 而一例言之也。夫人物之性有偏有全, 卽太極圈中, 本然完具之分, 所謂“已具無眹”, 所謂“統體一極”, 所謂“萬象森然”, 所謂“理一分殊”者然也。此可見造化本原自然如此, 而爲天命之實體也。乃若氣稟物欲之有不齊有拘蔽, 是單就人而言之, 聖凡形同矣, 德同矣, 性同矣, 而其有不同者, 蓋自觸形而感、乘氣而發處言。其變化氣質, 希賢希聖之功也。回顧造化本源、天命實體,【偏全之性。】隔幾重關, 幾層級耶? 物若本受其全, 而今自失之, 則可以爲病矣。賦其原有之分而各循其自然者, 豈可與人得其全, 而有蔽乎氣稟物欲者, 類例執責耶? 究厥端, 由皆誤看一原之一字、同五常之同字而

---

13) {通}: 저본에 없으나, 『艮齋集』「納涼私議疑目」에 의거하여 보충하였다.

然。「涼議」曰: "自其一之不外乎分, 而謂之同五常可也; 自其分之不害於一, 而謂之偏全之性亦可也。" 此可以俟百而無疑也。物性之偏, 果是病也, 則從古聖賢, 何不於物下其救病之藥, 而只於人之拘蔽處, 下變化之工也? 且氣稟不齊, 不能知其所有與其拘蔽或昏者, 固失其本分, 而其有一分之知、一時之明者, 亦莫非本分中事, 學者推其所知而致其極, 因其所明, 而復其初也。一則天地自然之理, 一則人心用工之說, 豈可合而疑之哉? 嫌物性之偏而不全, 別立一箇一原於偏全之上, 是則引而上而流於虛遠也。以物性爲失其本分, 而幷人氣稟物欲之蔽而言之, 是則況而下而入於淺近也, 不意所見一差轉輾, 況引至於此也。

"以理言之, 則萬物一原, 固無人物貴賤之殊", 此一節所謂"挑出以言其妙", 理一爲主者也。"以氣言之, 則得其正且通者爲人, 得其偏且塞者爲物", 此一節所謂"卽氣以指其實", 分殊爲主者也。○上一節, 言一性之中, 含具萬理。一性, 理一也; 萬理, 分殊也, 人物同此一原也。【雖言分殊, 不害其無人物貴賤之殊, 據此可見分偏之不可以相準, 此一著最可領悟。】下一節, 却只專言氣稟事。蓋此二十一字, 無一點一劃可指理之實處, 而蘆沙之言如此, 可疑。

今夫器之貯水, 以水之性味言, 則萬器一水, 固無方圓大小之分; 以器之形體言, 則得器之方者水亦方, 得器之圓者水亦圓。然無方圓大小之分者, 謂無其事也, 豈可以無其事而遂謂之無其理耶? 若曰無其理, 則器何處得來而有此方圓之水也? 若言器而不以水爲主, 則所言器者, 只是蛻去之空殼, 方圓有無, 無可論之地。『或問』之意, 若是而已。故就陰陽五行, 而不雜言之, 以爲無貴賤之一原; 就陰陽五行, 而不離言之, 以爲有偏全之分殊。物有終始, 故話有兩般, 而理無成壞, 故一原、偏全, 非兩物也。只以一時事而先後言之, 如一器水而上下言之也。然則所謂無其殊者, 謂無其形也。若以無其形而遂曰無其分, 則人物何自而有偏全, 是知一原者偏全之統體也? 偏全者, 一原之早涵也。非一原之下, 始生偏全, 偏全之上, 別有一原也。【據此, 可見分、偏非兩物。】今乃昧却其一貫, 而割其上下一半, 以生層節, 以爲一原中別有本然之分殊, 而人物之分, 因氣而始有。於是偏全之性, 爲無根自生之物; 一原之性, 有佯尊虛位之號矣, 可乎? 揆以愚見, 天下萬理, 雖有許多名目, 而統而言之, 偏全之性、人物之分而已。所謂"慈孝禮忠之理", 所謂"事物微細之理", 所謂"一性中含具萬理", 莫非偏全之理, 人物分事, 而必欲擺脫之懸出之軀, 入於冥漠

不可思議之地者, 抑何意歟? 偏全之性是形而上, 則是不雜而言之者, 「涼議」所謂
"旣未嘗不分, 又不局於分, 理一正在此處"者也。 若就此不雜者, 而又欲別立一層
不雜者, 則是果何道也? 「涼議」所謂"分之隨形氣而各正"者, 挑出而言之, 容可擺
脫。 分之早涵於理一, 終無可擺脫之理, 挑出亦何益者也?【艮齋之外偏全之性, 而別立一
原之分殊者, 有此病。】天下物物, 莫非此理之所寓, 而眼中但見形氣, 更不見形氣上面
有一段事, 則宜乎其以此二十一字謂"無一點一劃可指理之實處"也。 此若非理之
實, 則朱子以此爲天道流行中事, 何歟? 竊嘗聞之, 聖賢眼中無非道, 雖事物粗迹,
雲行雨施, 鳶飛魚躍, 才說著時, 便所以明道。 若如艮齋說, 則鳶飛魚躍, 無一點一
劃可以指道之費處, 而『中庸』何以言道之費? 雲行雨施, 無一點一劃可以指道之流
行處, 而『大易』何以明道之流行耶? 於此深思而有悟焉, 則前日之疑, 亦可以如披
雲覩靑矣。

心雖氣分事, 而乃所具則性也。 心具性, 聖凡同; 心不能盡性, 聖凡異。 其同、其異, 皆
所重在性也。 南塘乃忘却其同者, 主張其異者, 以聖凡異心爲法門, 其亦矛盾乎聖人之
意矣。 與南塘辨者, 亦不言其所重之有在, 區區較其光明之分數, 欲以此爲同聖凡之心,
未爲箚著痛處。 ○ 氣質者, 淸濁粹駁, 有萬不齊; 心者, 虛靈神妙, 有一無二。 南塘乃認
兩者爲無分之物, 今不指其光明之無優劣、分數, 只擧"心具性, 聖凡同"者以辨之, 其不
被南塘之哂者鮮矣。

心者, 理與氣妙合而自能神明者也。 以心謂氣, 只是心性界至, 而心靈於氣一層,
血之靈爲精, 氣之靈爲神者是也。 然說得如此時 只是心之地盤、心之當體, 而猶未
說盡其裏面事, 必於其中見得其該載象理, 方是心字本旨, 方是心之本體, 而靈之
所以若是瀅澈, 若是不測, 以其載理爲體, 而有妙用之流行也。 是故單言一氣字,
則其於心不知隔幾重膜子, 言靈字, 方是心之當體, 而須就此言, 其妙用之神、主宰
之理, 爲其所載之本體, 便無滲漏矣。 氣者, 形而下, 局而不通, 有萬不同; 理者, 形
而上, 通而不局, 公共一體。 靈則精英【氣】之發見者, 而妙用【理】之流行處也。 就一
靈字, 而以理言, 則聖凡之心一也; 以氣言, 則天下之心有萬不同。 雖有萬不同, 而
其本體, 則未嘗不同。 故聖人之敎, 每主其同者, 以治其不同者焉。 今南塘只見其
形而下之有萬不同, 而不知所載之本體無有不同, 遂以聖凡異心說爲法門, 而以心
卽氣三字, 爲話欛辨之者, 若擧其形而上之聖凡一者, 而的指其靈中所載之本體,

則庶或見聽, 雖或不聽, 固不失爲言之正也。 今却不然, 只較其光明之優劣分數, 而忘却其所載之本體。 旣忘其所載之本體, 則所謂光明者, 只是形而下者也, 旣是形而下, 則豈可謂無分數, 豈可謂聖凡同耶? 光明無分數, 則緣何有聖人愚人耶? 且艮齋旣以心爲氣, 則所謂虛靈神妙者, 外淸濁美惡之所聚, 而指正通本然之氣以當之也。 然非朱子之意矣。 朱子曰: "其通也不能無淸濁之異, 其正也不能無美惡之殊。" 旣曰"不能無", 則淸者美者, 固依是本然, 濁者惡者, 豈可遂謂其本然而有一無二耶? 今乃以其有分數者, 而謂之無分數, 以聖凡異者, 而爲聖凡同宜乎? 不醫其病, 而反助其證也。 此「涼議」之所以作, 而爲百世不易之論也。 蓋論心而不言其載理爲體者, 則所言光明, 不過一箇空殼, 何足以爲聖凡同異乎? 艮齋以淸濁粹駁, 虛靈神妙, 分別言之, 以明其聖凡同。 然卽其言而究其意, 亦與南塘說同一伎倆, 其所以詰之者, 適所以和之也, 何者? 艮齋以心專作形而下,【艮齋云: "心之有功於人, 雖假以形上之名, 宜無可惜者, 而聖人之於心, 乃不肯與道齊頭幷脚, 蓋自有辨而然"云云。 見下。】則其所謂靈者, 不過爲形而下矣。 形而下者, 非氣質乎? 氣也者, 人身之陽也; 質也者, 人身之陰也。 陰陽粹而無雜, 淸而無濁, 則其精英之發, 必到底瀅澈, 駁濁者反是, 是謂聖凡之所異也。 若曰於氣質之外, 別有心之氣質, 則亦惑矣。 且同一神字, 而所主而言者, 有不同。 血之靈曰精, 氣之靈曰神, 卽心之地盤也。 然則精神之神, 是以氣分言也。 就那地盤而剔發出言其理之妙用, 則曰神也。 所謂神也者, 妙萬物而爲言, 所謂妙用謂之神。【「大傳」及程子統言天道。】朱子曰: "金木水火土, 非神, 所以爲金木水火土者是神, 在人則仁義禮智信是也。" 此爲益明矣。 今槪以神妙硬作形而下之地盤, 雖欲其有一無二不可得也, 以此而區區與南塘辨亦末矣。 至若以聖凡同心而疑之, 以微物亦然, 是未達乎能、 所之分也。 夫所具者, 性也。 以性言之, 則性者, 一原之理, 初不可以內外分, 故曰"人物同"。【偏亦本然, 全亦本然, 非同乎?】能具者, 心也。 以心言之, 則惟人也, 得其秀而最靈, 妙用之行, 主宰之實, 於此可見。 故曰"聖凡同心, 而不可槪謂心具性"。 微物亦然也。 方論能具何事, 而以所具者詰之, 不亦誤乎? 且人全物偏, 本然之性, 自有分殊, 而人則無所不知, 物則只一點子明。 此是人物之本分有不同者, 而今曰"微物亦然"。 眞以人獸爲無別也, 況艮齋以一原之性爲懸空之物, 不犯人物分事而自各具以下, 便謂氣質之科, 則其所謂"心具性, 微物亦然", 此性字反爲君子不性之物, 而非吾之所謂性也。 其意與南塘"以各定之性爲落分殊、 犯形氣, 不足爲一原"者同科矣。

碎紙中得鹿門任氏一段議論: "苟言異, 則非但性異, 命亦異也; 苟言同, 則非但性同, 道亦同也。" 此言驟看外面, 殆若鹿邊者獐, 獐邊者鹿, 而其實說得道理源頭, 無有滲漏。伊川理一分殊四字, 賴此公而一脈不墜於東方歟! 恨不得其全書而攷閱也。○ 理一分殊, 伊川何嘗以之論性? 只因「西銘」, 使人推理而知其一, 存義而立其分而已。楊、李、朱子所論, 亦皆如此。至羅整菴, 始揭此四字, 以爲"性命之妙, 無出於此"。其言曰: "受氣之初, 其理惟一; 成形之後, 其分則殊。" 此與蘆沙之意遠矣。羅氏又曰: "以理一分殊論性, 則自不須立天命、氣質之兩名。" 則其說更乖矣。又其認理氣爲一物, 而深病乎朱子理氣二物之訓, 則愈不可說矣。我東任鹿門, 又祖述羅氏四字之旨, 而其言曰: "「乾」之健, 卽太極而健之中有元亨利貞;「坤」之順, 卽太極而順之中有元亨利貞。元亨利貞, 卽陰陽五行也。然「乾」之元亨利貞, 依舊是健;「坤」之元亨利貞, 依舊是順。然則「乾」、「坤」之{於}14)太極, 自不害其不同也。" 又作「人物性圖」, 人圈具書太極五常, 物圈只書太極, 而不書五常。又論朱子"渾然太極, 各具一物"之說云: "此謂卽此各一處, 天理完全無所虧欠耳, 非謂一物各具萬理也。" 此皆看得分殊之過, 而至於如此。又論人性之善曰: "此乃氣質之善耳, 非氣質之外, 別有善底性也。" 此尤不可曉矣。使蘆沙復起見此, 不覺蹙頞而長太息也。老洲吳先生嘗有論羅、任兩家者極多, 今擧三段, 附見于下, 使蘆門諸公看詳焉。『老洲集』「雜識」曰: "整菴、鹿門均爲理氣一物之論。然整菴於理一看得重, 鹿門於分殊看得重。看理一重, 則自然理爲(重)[主]15); 看分殊重, 則畢竟氣爲主。以此較論得失, 整菴殆其小疵矣乎。" 又曰: "整菴、鹿門, 皆從氣推理, 看得合一之妙者, 驟看非不高妙, 然其究也, 皆歸於主氣。而整菴則猶有每每提掇此理之意, 鹿門直以一氣字, 盡冒天下之理, 更不求理之所以爲理。蓋鹿門之見, 實本於整菴, 而其主張氣字, 則殆過之耳。" 又曰: "整菴以理一分殊爲說理氣底稱子。其曰'性以命同, 道以形異'者, 極是。'性以命同', 則未發而指理一也; '道以形異', 則已發而指分殊也。鹿門之祖述其理一分殊, 而獨深斥此語, 何也? 終是拘於人物之偏全, 不能疏觀性道雖有體用之異, 不害其一原之同也。"

天地間只有此道理, 人之所得於天, 亦此道理而已, 此理之外, 更無他理。故伊川曰"理一而分殊"。朱子曰: "理與氣, 伊川說得好 曰'理一分殊'。讀「西銘」而不以性

---

14) {於}: 저본에 없으나, 『艮齋集』「納涼私議疑目」에 의거하여 보충하였다.
15) (重)[主]: 저본에는 重으로 되어 있으나, 『艮齋集』「納涼私議疑目」에 의거하여 수정하였다.

爲主, 則只是背燈逐影, 何益之有?” 故朱子論「西銘」無不以性爲主。其論“天地之帥, 吾其性”一段曰: “「乾」健、「坤」順, 此天地之志, 爲氣之帥, 而人物之所得以爲性者也。” 其論“民吾同胞, 物吾與也”一段, 略曰: “人物所得以爲性者, 皆天地之帥也。然體有偏正之殊, 故其於性也, 不無明暗之異。惟人也得其形氣之正, 有以通乎性命之全體; 物則得夫形氣之偏, 而不能通乎性命之全。然原其性體之所, 自是亦本之天地而未嘗不同。” 其論“潁封人”一段, 略曰: “性者, 萬物之一原, 非有我之得私”云云。此莫非以一與分殊而論性之理者。今曰“伊川何嘗以之論性”云爾, 則其所謂“理一”之理字, 果何理也? 只“因「西銘」”云爾, 則「西銘」所言性者, 果何性也? 楊、李二子, 以仁義爲理一分殊者, 亦可謂不論性乎? 朱子解「通書」曰: “一實萬分, 萬、一各正, 便是理一分殊。” 此亦可謂不論性乎? “涼議”所引任氏說, 偶然不得其全書攷閱, 而其一段說有合, 故引而稱賞之”, 其所言之意, 則未可究也。今艮齋詳示以全書中許多說, 又示以辨析之言, 亦厚矣。然奇先生晚年因答問之際, 已覺任氏主見之誤,【問: “鹿門云云, 其言則是, 其所言之意則恐與先生本旨迥異, 而終不出湖、洛之見也。鹿門有曰‘盈天地間都是氣, 無一席可以安頓理字處, 就氣之自然能然處, 而強名之曰理’, 若是則其所論命與性之同異, 乃就氣之同異處而言。” 奇先生曰: “第其語意, 果脫不得湖、洛窠臼”云云。】而未及改正於「涼議」之書矣。第觀羅、任兩氏之說, 不無更商確者。其曰“受氣之初, 其理惟一, 成形之後, 其分則殊”者, 先生已辨破, 其意無餘蘊矣。【或問: “理本一, 因氣不齊, 始生萬理, 信乎?” 先生曰: “子言似矣。但未知所謂一者何如耳。人一也, 筋骸髮膚, 各各具足, 方成一人; 木一也, 根幹枝葉, 各各具足, 方成一木。彼形氣猶然, 況萬有之本領乎? 故曰‘冲漠無眹, 萬象森然已具’。及其生出萬象, 依舊成就一箇本相, 故曰‘萬物一太極’, 妙矣乎!”】蓋羅氏以其理、其分, 作對偶之雙脚, 則理、分是相礙之物, 而理爲懸空無分之一, 分爲因氣自生之物。諸賢以各一之性爲落分殊、犯形氣, 不足爲一原者, 卽成形之後, 其分則殊者也。不得不別立一原, 則是分外有理, 而爲有體無用之物, 卽受氣之初, 其理惟一者也。其曰“以理一分殊論性, 則自不須立天命氣質之兩名”者, 可謂乖矣。而諸賢以偏全之性爲失其本然, 則是以分殊爲氣質者也。必欲挑出一層一原, 則是別討理一於理一之外, 而爲天命本然者也。但知羅氏認理氣爲一物之病, 而不知其以各正之性爲氣質者, 亦是認爲一物, 可乎? 旣認爲一物, 而朱子分明有二物之訓, 遂挑出一原於一原之上, 尤迂遠矣。“「乾」之健”云云, 亦有更思議者。蓋「乾」之健, 卽元亨利貞之統言者; 「坤」之順, 亦然, 理一之不外乎分殊者也。健中有元亨利貞, 惟順亦然, 分殊之早涵於理一者也。健非無順, 而所重在健, 故曰健; 順非無健, 而所重在順, 故曰順。道體圓融, 偏中有全者然也。此可見各具之太極, 不害爲統體也。如此看, 則其於道理, 原頭無有滲漏, 而便以元亨利貞, 硬作陰陽五行, 則果已不免理氣一物之病。至如"依舊是健, 依舊是順"之說, 便是道體間隔, 偏全相攘, 不知健中有順, 順中有健, 這元亨利貞, 便是那元亨利貞也。然以任氏之話欄, 究今人之意, 亦有似之者。今人之意, 蓋曰"人之全, 卽性而全之中有仁義禮智;【今人只以此爲本然, 不知偏亦全中之一。】物之偏, 卽性而偏之中有仁義禮智。【今人以虎之仁、蜂之義、獺之禮、鳩之智, 偏而不全, 故爲失其本分, 遂坼偏全而二之, 以爲偏之仁義禮智, 非全之仁義禮智, 何異乎任氏以乾坤各有元亨利貞也?】仁義禮智, 卽因氣各正而非一原也。【今人以偏全之性爲犯形氣爲非本然, 而別立一原, 則以全爲本然者, 不過伴尊, 宜乎其弊也。以本然之性爲非明德之所具也, 何異乎任氏以乾坤之元亨利貞爲陰陽五行之說也?】然全之仁義禮智, 依舊是全; 偏之仁義禮智, 依舊是偏。"【今人以各一之性爲落分殊、犯形氣, 不足爲一原, 則宜其不知偏全融通之妙, 而以爲各有窟穴, 全者依舊有全之窟, 偏者依舊有偏之穴, 如任氏"依舊是健, 依舊是順"之說也。】以此觀之, 可見其司一語意也。【任氏以天地言, 今人以人物言, 其主意語格的是一套。】任氏之人圈具書太極五常, 物圈只書太極者, 固誤矣。而以人之兼仁義禮智爲五常, 而物之偏爲形氣偏塞之病, 何異乎任氏之許五常於人, 而不許五常於物也?【今人於偏全之上, 別立同五常之一位者, 的是懸空無實之物, 無之靡闕, 有且何補?】任氏論朱子渾然各具之說者, 固誤矣。而今人旣以各一之性爲氣質, 則於其渾然各具處, 雖不欲如任氏之言, 更無他計。故別立無實一原於冥漠虛空之地, 理自理、分自分, 性命橫決, 同異相攘, 惡在其渾然各具耶? 任氏以人性之善爲氣質之善, 固誤矣。然今曰"各一其性", 則旣不雜乎氣質, 而復欲就其上面別立一層不雜者, 則是以無名爲道, 而以各一之性爲非本然。然則人性之善, 畢竟是氣質之善, 可乎? 所謂"整菴看理一重, 則自然理爲主; 鹿門看分殊重, 則畢竟氣爲主"者然矣。然整菴、鹿門均爲理氣一物之病, 而不知其不相離、不相雜之妙, 則其所謂理一者, 無乃懸空之虛名, 而今人之挑出一原於一原之上者歟? 其所謂分殊者, 無乃因氣始生, 而今人之以偏全爲非本然, 以人物之分爲專在於氣者歟? 是則今人之見, 無不與羅、任說同焉。"性以命同, 道以形異, 爲極是"者, 亦有不可曉者。蓋以各正之性爲各有窟宅, 不能相通, 而揀出一原命同之性, 是同也, 非混淪無分之同耶? 五常之隨物而偏全, 乃此理之本分, 所謂"體用一原, 顯微無間, 同中有異, 異中有同"者然也。今謂形氣之各定, 道以形異者, 而非本分云爾, 則層級橫生, 各占一位, 所謂"理分隔斷", "體用二原, 顯微有間", "同者自同, 異者自異", 終無會通之期者也。『中庸章句』分明言"各得其所賦之理", 則是異也, 而合而言之曰"健順五常之德", 則是同也。分明言"各循其性之自然, 各有當行之路", 則是異也, 而終而言之曰"性道同", 則是同也。同而不害於異, 異而不害於同, 其妙蓋如是也。同異相涵, 惟命亦然, 惟性亦然, 惟道亦然, 何必言命之同而始同, 何必待形之異而乃異耶? 今乃立層節, 以爲同異, 夫豈子思、朱子之意耶? 偏全之性, 的是一原, 而乃以偏全之不同爲失其本分, 別立一原以爲疏觀, 則亦終是拘於人物之偏全, 脫離不得者也。緣此而遂以『中庸章句』"氣稟或異"爲偏全之分, 挑出性道於偏全之上, 尤不可曉矣。【鹿門之深斥整菴說以爲: "苟言異, 則非但性異, 命亦異也; 苟言同, 則非但性同, 道亦同也。" 此說若出於識理者之口, 則便是體用一原、同異圓融者, 奇先生之取引者, 以是。然鹿門直以一氣字, 盡冒天下之理, 則其言同異者, 乃氣也。奇先生終以"脫不得湖、洛窠臼"者此也。】其曰"雖有體用之異, 不害其一原之同"者, 亦覺可疑。蓋萬物同此一原者, 正以其以一視五, 五者同一; 以五相視, 分於是存。雖散殊之無窮, 皆本分中事者然也。今乃擺脫分殊而別立一層一原, 以爲體之同, 是體也, 何體也? 非無手脚沒著落者耶? 才有偏全, 才有各正, 便目之以氣質之科, 以爲用之異, 是用, 何用也? 非無根自生之物耶? 所謂性體氣用之說, 正坐此病, 其事理之不通, 愚已辨之矣。以性以命同爲未發之理一, 道以形異爲已發之分殊者, 亦同一伎倆, 甚覺不好。未發而渾然在中者, 非無分也。自有條理, 自有間架, 而亦非墻壁遮欄之謂也。已發而燦然有條者, 非因氣始排也, 可見其已含之分殊然也。理分圓融, 不以發未發而有間隔, 中和一理, 況可以發未發而分屬理氣乎?【艮齋以中爲理, 和爲氣, 故幷及之。】

余既爲此, 或告余曰: "後輩之疑先進, 得不爲罪?" 余曰: "昔溫公平生不喜『孟子』, 至謂之僞書, 而公休、元城, 皆尊『孟子』。朱、呂爲「知言疑義」, 而南軒與焉。然未聞後世斥公休不孝, 劉、張背師者。余于蘆沙, 非親子弟比, 不尤有間乎? 況其爲言, 但舉所未徹, 以爲問而已, 更無一毫輕肆意象, 縱遇褊心, 決不見怒。抑余之爲此, 正欲蘆門諸公, 看詳而平議之, 庶幾得聞解惑之言, 子毋以流俗視諸公也。

楊誠齋有言曰: "君子之道, 于其心, 不于其迹。心同迹異, 君子不以迹間心; 心異迹同, 君子不以心混迹。" 此誠至論也。竊觀湖、洛諸賢, 其心則皆所以明人物之性, 而其迹則不免有曰同、曰異之異, 迹之異, 將以爲心之同, 曷嘗有一毫私意於其間哉? 厥後群儒, 各立門庭, 各執一邊, 見跡之異, 而不見心之同, 同其迹者喜之, 異其迹者惡之, 垢毛洗吹, 蠻蜀角立, 人謂其心無私, 吾不信也。「涼議」之作, 蓋爲是懼集二家說而折衷之, 以明體用一原、顯微無間、同異相涵、萬一圓融之妙, 上以合程、朱之意, 下以開來學之路。其迹雖異乎二家, 而以明斯道爲心則同也。但恨人心不如我心, 執其異而昧其同, 群譁輩誚, 釀成爭端。若使公心者立於其側, 必思有以曉喩呵叱, 鎮定蕩平之不暇, 而反著此「記疑」, 播傳四方世儒滔滔之瀾, 因此而湧其百層, 則雖曰其心公, 猶未知如何也。及讀此段, 其措辭下語, 公平縝密, 事理完備, 以商確爲主而不以勝負爲事, 以謙牧爲先而不以詆斥爲急, 思欲互相提撕, 與之同歸之意, 隱然自見於辭表, 視諸流俗之肆。然競起徒尙攻斥, 可謂逈出一等矣。所論司馬、劉、張之事, 亦可謂自處以公矣。自處以公, 則其處人也, 獨不以公乎? 竊惟艮丈, 望重一國, 經生學子, 輻輳門下, 以若鯫生之無似, 未嘗不欲一進拜床以償宿願, 兼以參側於難疑之際, 而奉老窮谷, 非遠遊之日。加以敏愼無資, 就正莫辦, 因仍踜蟄, 拕至于此。今因轉風, 得此諸條而反復焉, 殆不下置席間, 聽其娓娓, 其爲慰幸, 倘復如何? 鯫生於蘆沙奇先生, 雖未及親受業於門下, 而願託於私淑家流則久矣。見此携貳之論, 自不覺大驚小怪, 玆忘學疏, 逐條置辨, 而所疑者深, 故所說不得不長, 所說者長, 故或不能無縱橫軒輊之端, 未知覽者不以爲工訶乎哉? 竊欲躬造艮丈, 細細奉質, 而艮丈門下, 不必皆艮丈。若以是而反生一層激怒, 互袒左右, 則不惟無益於我, 亦恐有損於艮丈。摩挲徘徊, 仍置巾笥, 俟與公心人, 與之一場爛確, 以聽可否云爾。

「납량사의기의추록변納凉私議記疑追錄辨」(『重軒文集』卷7)

해제

1) 서지사항

황철원이, 전우가 기정진의 「납량사의(納凉私議)」를 읽고 지은 논변문인 「납량사의기의추록(納凉私議記疑追錄)」에 대해 변론한 글.『중헌문집』권7에 실려 있다.

2) 저자

황철원(黃澈源, 1878~1932)으로, 자는 경함(景涵), 호는 중헌(重軒) 또는 은구재(隱求齋)이다.

3) 내용

이 글은 황철원이 간재(艮齋) 전우(田愚, 1841~1922)의 「납량사의기의추록(納凉私議記疑追錄)」을 읽고 이에 대해 변론한 글이다. 전우는 노사(蘆沙) 기정진(奇正鎭, 1798~1879)의 「납량사의」를 읽고 「납량사의기의(納凉私議記疑)」를 지었는데, 여기에 6개 항목을 추가한 글이 「납량사의기의추록」이며, 이를 황철원이 논변한 글이 「납량사의기의추록변」이다. 따라서 글의 구성도 먼저 기정진의 「납량사의추록」을 발췌하고, 'O'로 구분하여 전우의 「납량사의기의추록변」를 인용한 뒤, 줄을 바꾸어 본인의 논변을 수록하였다. 제1항에서, 기정진이 "인물(人物)의 성(性)을 논하는 여러 학자들은 한결같이 리일(理一)을 형기와 격리된 곳에 한정시키고 분수(分殊)를 형기에 떨어진 뒤에 생겨나는 것으로 국한한다. 이에 리(理)는 리대로 분(分)은 분대로 각각이 되어 성(性)과 명(命)이 단절된다."고 한 주장에 대해 전우는 "원형이정(元亨利貞)이 기로 인하여 비로소 있게 되고 인의예지가 기를 기다려 비로소 생겨나는 것이니만큼 당연히 분(分)은 기(氣)로 인하여 생긴다고 말할 수 있으니 리는 리대로 분은 분대로 각각이 되는 근심이 있을 수 없다."고 하여 기를 위주로 논박하였다. 황철원은, 주자(朱子)가 "이미 정해진 형체와 이미 이루어진 형세는 본래 이미 혼연한 가운데 갖추어졌다."라고 말한 데 근거하여 사람과 사물이 되는 분수는 이미 혼연한 태극 안에 갖추어 있는 것임을 밝혔다. 원형이정은 태극이 나뉘어 전(全)과 편(偏)의 근원이 되고, 인의예지는 성이 나뉘어 전과 편의 분수가 됨을 알 수 있다고 하여 본연지성에 이미 편전이 있음을 역설하였다. 제2항에서 황철원은 "천지는 만물의 부모이니 가볍고 맑으며 무겁고 탁함이 본래 나뉨의 용광로 아닌 것이 없으며, 건도(乾道)로 남자가 되고 곤도(坤道)로 여자가 되니 양강함과 음유함도 본래 나뉨의 용광로 아님이 없다. 기가 리를 따르는 것은 곧 리가 본래 그러해서이니 말[馬]이 사람의 의도를 알아서 궤도를 따라 나아가는 것과 같다. 이는 바로 사람이 나아가는 것이니 굳이 사람의 다리가 가는 것이라고 한 뒤에야 사람이 나아가는 것이라고 할 필요는 없다."라고 하여 율곡이 "기가 한 것이라 해도 반드시 리가 주재함이 있으니 들쭉날쭉하여 가지런하지 않은 이유는 리가 당연히 이와 같아서이지 리가 이와 같지 않은데 기가 홀로 이와 같은 것은 아니다."라고 한 주장을 뒷받침하였다. 이러한 논지는 제3항, 제4항, 제5항, 제6항 등에서도 엿보인다. 따라서 노사학파의 논리 중심은 곧 율곡의 주장에서 그 연원을 찾을 수 있음을 강조한 것이다. 노사학파의 주리적 심성론에 기반한 황철원의 학맥은 기정진의 직전 제자인 일신재(日新齋) 정의림(鄭義林, 1845~1910)과 노백헌(老柏軒) 정재규(鄭載圭, 1843~1911)에게 수학한 데서 비롯하였다. 기정진의 학설이 전우로부터 비판을 받자 정의림과 정재규는 가장 적극적으로 나서서 기정진의 설을 옹호하였고 전우의 비판을 반박하였는데 이런 과정을 황철원이 목도하였을 뿐만 아니라, 정재규는 그에게 권유하여 전우의 비판을 반박하도록 독려하였다. 그 글이 바로 「납량사의기의변(納凉私議記疑辨)」, 「납량사의기의추록변(納凉私議記疑追錄辨)」, 「외필변변(猥筆辨辨)」이다.

3-26-3 「納涼私議記疑追錄辨」(『重軒文集』卷7)

諸家言人物之性, 一是皆以理爲無分之物, 分爲因氣而有, 限理一於離形氣之地, 局分殊於墮形氣之後。於是理自理、分自分, 而性命橫決矣。○ 若使洛家謂太極而無元亨利貞, 性而無仁義禮智, 則當曰理爲無分之物矣; 若謂元亨利貞因氣而始有, 仁義禮智待氣而始生, 則當曰分爲因氣而有矣。今旣不然, 則安有理自理、分自分之患乎?

天地之所以生人生物, 元亨利貞而已, 則雖無爲人爲物之形, 而爲

人爲物之分殊, 已具於渾然太極之中。【朱子所謂"已定之形、已成之勢, 固已具於渾然之中"者。】人物之所以爲全爲偏, 仁義禮智而已, 則雖有生人生物之殊, 而生人生物之理, 則非有間隔於所性之中。【朱子以牛耕、馬馳爲自然之性, 以附子熱、大黃寒爲本然之性者。】然則元亨利貞, 太極之分而爲人物偏全之原; 仁義禮智, 性之分, 而爲人物偏全之殊可知矣。太極外, 更無人物之理; 五常外, 更無人物之性。今以元亨利貞爲太極之分固矣, 而却以生人生物所以然之故, 歸之於別天, 是所謂"理自理"也。以仁義禮智爲性之分固矣, 而却以人全物偏所當然之則, 目之以氣質, 是所謂"分自分"也。萬物之性各具, 而五常之外, 無他焉, 故草木之榮悴開落, 莫非天命之本然,【『庸或』】枯槁之物, 莫不有本然之性,【朱子語。】況蜂、虎於仁義上直有一點子明者乎? 五常之隨物而偏全, 乃此理之本分, 奈之何別立同五常一位於偏全之上也? 栗谷曰: "天地人物, 雖各有其理, 而萬物之理, 卽吾人之理。" 其云各有其理者, 非偏全乎? 其云"萬物之理, 卽吾人之理", 則還他是偏全同五常之一原者也。以"各有其理"理字, "萬物吾人之理"理字, 分兩層可乎? 元亨利貞, 太極之分也, 而無人物已具之分殊, 則元亨利貞, 何所賦與? 仁義禮智, 性之分也, 而無人物各正之偏全, 則仁義禮智, 何所尋覓也? 若曰"太極中所有元亨利貞, 性中所有仁義禮智, 獨許於堯、舜、孔子之全云爾", 則天下多性外之物, 而學知以下至於微物, 皆不得與於斯性, 所謂"盡人之性", "盡物之性", 皆虛語耳。『中庸或問』明言"以命言之, 則曰元亨利貞, 而四時五行, 庶類萬化, 莫不由是而出"云, 則庶類萬化, 卽生人生物之分。而今則不信, 曰"元亨利貞, 只是太極之分", 而生人生物, 原無此分。又明言"以性言之, 則曰仁義禮智, 而四端五典, 萬事萬物之理, 無不統於其間"云, 則萬物之理, 卽人全物偏之性。而今則不信, 曰"仁義禮智, 只是性之分" 而人全物偏, 非本然之性, 是果言有物之

義歟? 且仁義禮智四字本旨, 本就人性上立名, 而朱子因以就物性上, 一以貫之, 則物性之偏於仁義, 亦同此一原, 而莫非性中所具之仁義禮智也。今以人物偏全之仁義禮智, 謂非本然, 謂因氣始生, 而別立性中之仁義禮智, 其於聖人之意遠矣。

今有一塊銅鐵, 是一太極, 可以爲盤盂, 可以爲刀劍, 是分殊之涵於一。所謂粲然者, 非東邊可爲盤盂, 西邊可爲刀劍, 則渾然, 及其入盤盂爐而爲盤盂, 入刀劍爐而爲刀劍, 各得其本分之一。○假如有人言, "入輕淸爐而爲天, 入重濁爐而爲地; 入淸粹爐而爲上知, 入濁駁爐而爲下愚; 入陽剛爐而爲男, 入陰柔爐而爲女", 是各得其本分之一云爾, 則將如何辨破?

天地者, 萬物父母, 輕淸重濁, 莫非本分之爐; 乾道成男, 坤道成女, 陽剛陰柔, 亦莫非本分之爐。蓋氣之順理者, 卽理之本然, 如馬之曉解人意, 循軌而出者。卽是人出, 不必以人脚行然後謂之人出也。栗谷所謂"雖曰氣之所爲, 必有理爲之主宰, 則其參差不齊者, 亦是理當如此, 非理不如此, 而氣獨如此"者是也。然則入正通爐而爲人, 入偏塞爐而爲物者, 亦莫非本分之已具者也。栗谷又曰: "天地得氣之至正至通者, 故有定性而無變焉; 萬物得氣之偏且塞者, 故亦有定性而無變焉。" 這定性, 卽那定性, 豈以上一股之定性爲本然, 下一股之定性爲非本然乎? 人有上知、下愚者, 蓋同入正通爐, 同得本然之全, 而知愚若是異者, 却緣鎔鑄之有緊歇緩急, 然性無不同, 理爲主宰, 故及其成功一也。豈可以此而並疑人物本分之爐乎? 且天地男女, 本分也; 下愚之反知, 非本分也。今以非本分者, 纏入於天地之下、男女之上, 分段倒置, 名位乖當, 何哉?

既以分爲因氣而有, 則無怪其以人物同五常爲本然之性, 而偏全之性爲非本然, 有人物性同之論。○偏全、通塞, 與分殊之分, 殺有不同。分雖具於天地人物未生之前, 而偏全、通塞, 卻繫於所賦之氣。且偏全非可單言於人物, 亦可并言於聖凡。故朱子言"學知以下, 氣之淸濁有多寡, 而理之全缺繫焉"。今以聖凡同五常爲本然之性, 而理之全缺者爲非本然, 有何窒礙乎? 知此則人物之性, 可以三隅反也耶!

所謂分者, 非仁義禮智乎? 所謂偏者, 非偏於仁、偏於義、偏於禮、偏於智者乎? 此五常便是那五常, 故此偏便是那分。分已具於人物未生之前, 而實行於人物已生之後者然也。如此, 故謂體用一原; 如此, 故謂顯微無間。然則挑出而言其妙, 眞的而指其體者, 只是話有兩般, 而其實非性有多層也。但分與一相襯, 故言分於一; 偏與全相襯, 故言偏於全, 字雖不同, 理無二也。若曰分只具於人物未生之前, 而偏全始有於人物已生之後, 則所謂分, 是儱侗無分之分, 而分果因氣而有矣。"同五常"之同字, 果是帶病了。果是分外有理, 如此而立人物性同之論, 何益矣? 竊嘗聞之, 分非理之名, 亦非氣之稱, 偏全亦然。自其涵於一者而言, 則至微之理; 自其定於各者而言, 則氣爲地盤。『庸』『學或問』言"物性之偏, 必以形氣言"者此也。然其實乃所以明此理之分, 故有曰: "人物氣稟有異, 不可道物無此理。只爲氣稟遮蔽, 故所通有偏正, 然隨他性之所通, 道亦無不在。" 有曰: "理之異者, 偏全之異。" 有曰 "仁義禮智, 物豈不有? 但偏而不全。"【朱子說。】觀此諸條, 已無可疑, 而猶欲以地盤埋却實體正, 程子所謂"如此分明說破, 猶自人不解悟"者也。若朱子所言"學知以下, 氣稟之偏全", 此乃形而後氣稟用事時生者也。然聖凡同得性之本然, 故缺者無可言, 而不缺者, 猶有時發見, 『中庸章句』所謂"必自其善端發見之偏, 而悉推致之, 以各造其極"者也。此偏字, 亦本然也, 氣稟用事時一端, 本然之天有掩, 不得推而廣之, 與至誠同歸。況人全物偏已具於本分者, 安可以氣質目之乎?

五常之隨物而偏全, 乃此理之本分, 何可同也? 偏全不同, 而猶謂之同者, 如盤盂、刀劍, 爲銅鐵則同之同, 非以混同無盤盂刀劍而謂之同也。偏全之性非本然, 離盤盂、刀劍而求銅鐵之說也。○人物一原之中有此五常, 此爲理之本分。今以五常之隨氣而發見有全缺者, 謂之理之本分, 而喚做性之本然。此與朱子性之在氣質者, 其品不一。所謂氣質之性, 與"以氣質論, 則凡言性不同者, 皆冰釋"之訓, 無或相戾乎!

『中庸章句』"人物各得"、"各循", 皆五常之隨物而偏全, 隨氣而發見者也。此皆天命之性、率性之道中事, 卽此是盤盂、刀劍爲銅鐵則同, 卽此是本然, 卽此是一原。一原恰似太極, 未挑出時, 在我則我底却是一原, 在你則你底却是一原。若此一原之上, 復求一原, 則便是離盤盂、刀劍, 而求銅鐵者也。『章句』又云: "氣稟或異, 故不能無過不及之差。" 此便是氣質之性, 故有修道之敎, 修而敎, 則本然者在矣。然此則幷人物而言, 朱子所言"其品不一", 單指人而言也。人雖爲氣質所拘, 而本然則有在, 故充其無欲害人之心, 而仁不可勝用; 充其無穿窬之心, 而義不可勝用。其名位段落, 豈不十分明白乎? 物性旣偏, 似不得爲一原, 此近世議論之所由起也。然偏於仁者, 亦此五常之仁; 偏於義者, 亦此五常之義, 非一原而何? 就此偏中, 亦可見天命之全體, 箇箇圓足, 無有欠缺。朱子曰: “各正性命, 摠只是一箇理, 處處相渾淪, 如一粒粟生爲苗, 結實成粟, 還復本形。一穗有百粒, 箇箇完全。物物各有理, 摠只是一箇理。” 朱子又論「乾」之四德曰: “一粒之粟, 方其發一萌芽之始是物之元, 抽枝長葉是亨, 欲熟未熟是利, 旣實而堅是貞。” 以此處元亨利貞, 亦可目之, 以非本然之物, 而別立太極中所具之一原乎? 然則「乾」之四德, 只說得氣質一邊耶?

以一視五, 五者同一; 以五相視, 分於是存。雖散殊之無窮, 皆本分中事, 欲低視偏全, 可乎? ○ 以一身視四肢, 四肢同一身; 以四肢相視, 則分於是存, 此固然矣。然豈可以四肢與分殊, 分偏全乎? 愚故曰“分與偏全不同”。如欲言偏, 當曰“四肢或有痿痺不仁, 癱瘓不遂”, 然後方可謂之偏爾, 雖欲不低看, 得乎?

統萬物而看之, 則萬物統體一太極; 分萬物而言之, 則萬物各具一太極。只此統體之太極, 卽各具之太極, 只在橫竪看如何耳, 非有二太極也。統一身而看之, 則四肢之偏全, 渾爲一身; 就四肢而言之, 則其偏其全, 箇箇融通, 不害自爲一身。無間之微, 莫非全體, 誠之所以不遺者然也。【如手欲持, 則目爲之視, 耳爲之聽, 足爲之行, 心爲之應, 耳目手足, 各有匡郭, 而其理相涵, 卽所謂擧著無欠闕者。】然理無形者也, 四肢百體有形者也, 譬辭安得逼肖? 惟在觀者善觀耳。不仁不遂, 與獨聽偏逐, 同一話欛, 不必更踏。已踏之蹊, 但有一條明白易辨處。朱子曰: “天下之物, 洪纖巨細, 飛潛動植, 莫不各得其性命之正以生, 而未嘗有一毫之差, 此天理之所以爲實而不妄者。” 亦可謂非本然, 而率以驅之於不仁不遂之地耶?

『庸』『學或問』, 旣從陰陽五行說來, 言其綱理之一般, 繼以陰陽五行之偏全, 言其條件之不同。一時事而先後言之, 有何可疑之端乎? ○ 陰陽五行{之偏全}[16], 自屬氣質; 健順五常之條件, 自屬分殊。何可直指分殊爲偏全乎? 若如此則手足之異名, 而可謂之偏全, 恐不成言。

易以道陰陽, 而其實乃所以明易之理, 以此而謂“易只是陰陽”, 可乎? 「太極圖」明太極之實事, 而以兩儀五氣言之, 以此謂太極是帶氣, 可乎? 『中庸』天命之性『章句』曰“天以陰陽五行, 化生萬物, 氣以成形, 而理亦賦焉”, 以此謂天命兼氣質, 可

---

16) {之偏全}: 『艮齋集』전편 권14 「納凉私議疑目」【初本六條追錄】에 의거하여 보충하였다.

乎?『庸』『學或問』言"天命賦與", "天道流行, 而以陰陽五行", 及陰陽五行之偏全, 言健順五常之綱理, 明健順五常之條件, 正以天下無離氣獨立之理。陰陽五行之順此健順五常而流行化生者, 卽健順五常之流行化生也。故就其地盤著迹, 而明其綱理之一般, 明其條件之不同, 其實莫非天命賦與、天道流行中事, 何處見其氣質之自主張乎? 健順五常之分殊, 是偏全之已具者, 故各定於陰陽五行之偏全者如此。有一氣便有五氣, 有一理便有五理。故成性於萬物, 或偏或全之各具者, 又莫不各有健順五常, 箇箇圓足, 無有欠缺, 依舊成就一箇本相者然也。蜂虎之仁義, 非性中之分殊乎? 手足, 非一身中分殊乎? 一身卽綱理之一般, 手足是條件之不同也。物雖偏於仁, 偏於義, 而仁中有義禮智, 義中有仁禮智。以此看, 則手足亦不妨言其各自爲一身。然手足局於形者也, 安得以形容此"統體一極, 理分圓融, 而無間"者乎?

3-26-3 「납량사의기의추록변納凉私議記疑追錄辨」(『重軒文集』卷7)

선역

사람과 사물의 성(性)을 말하는 여러 학자들은 한결같이 모두 리(理)를 나눔[分]이 없는 물건이라 여기고 나눔은 기(氣)로 인하여 생긴다고 여겨서, 리일(理一)을 형기와 격리된 곳에 한정시키고 분수(分殊)를 형기에 떨어진 뒤에 생겨나는 것으로 국한한다. 이에 리는 리대로 분은 분대로 각각이 되어 성(性)과 명(命)이 단절된다. ○ 가령 낙론학자들이 태극에 원형이정(元亨利貞)이 없고 성(性)에 인의예지(仁義禮智)가 없다고 하였다면 당연히 리(理)는 나눔이 없는 물건이 되겠지만, 원형이정이 기로 인하여 비로소 있게 되고 인의예지가 기를 기다려 비로소 생겨난다고 한 경우는 당연히 나눔은 기(氣)로 인하여 생긴다고 말할 수 있다. 지금 이미 전자와 같지 않다고 하였는데 어찌 리는 리대로 분은 분대로 각각이 되는 근심이 있겠는가?

천지(天地)가 사람과 사물을 내는 소이는 원형이정에 있을 뿐이니 사람과 사물이 되는 형체가 없더라도 사람과 사물이 되는 분수는 이미 혼연한 태극 안에 갖추어 있는 것이다.[주자(朱子)의 이른바 "이미 정해진 형체와 이미 이루어진 형세는 본래 이미 혼연한 가운데 갖추어졌다."는 것이다.] 사람이 온전한 존재이고 사물이 치우친 존재인 소이는 인의예지에 있을 뿐이니 사람과 사물이 생겨남에 다름이 있을 지라도 사람과 사물이 생겨나는 이치는 타고난 성(性) 안에 격차가 있는 것이 아니다.[주자가 소가 밭을 잘 갈거나 말이 잘 달리는 것을 '타고난 성[自然之性]'으로 여기고, 부자(附子)가 더운 성질이거나 대황(大黃)이 찬 성질인 것을 '본연의 성'으로 여긴 것이 이 경우에 해당한다.] 그렇다면 원형이정은 태극이 나뉘어 '사람의 온전함'과 '사물의 치우침'의 근원이 되고, 인의예지는 성이 나뉘어 '사람의 온전함'과 '사물의 치우침'의 분수가 됨을 알 수 있다. 태극의 밖에 달리 사람과 사물이 생기는 리(理)가 없고 오상의 밖에 달리 사람과 사물이 되는 성(性)이 없다. 지금 원형이정을 태극의 분수로 여기는 것이 확고한데도 도리어 사람과 사물이 생겨나는 소이연의 연고를 별도의 천(天)에 귀속시키니, 이것이 이른바 "리는 리대로"라는 것이다. 인의예지를 성의 분수로 여기는 것이 확고한데도 도리어 사람이 온전하고 사물이 치우친 소당연의 법칙을 기질로 지목하니, 이것이 이른바 "분은 분대로"라는 것이다. 만물의 성이 각각 갖추어 있어 오상의 밖에 다른 것이 없기 때문에 초목이 꽃피고 시드는 것이 천명이 본래 그러한 것 아님이 없고,[『중용혹문』에 보인다.] 물건이 메마르는 것도 본래 그러한 성 아님이 없는 것이다.[주자(朱子)의 말이다.] 더구나 인의에 있어서 단지 조금 밝음이 있는 벌과 호랑이는 어떻겠는가? 오상(五常)이 사물에 따라 치우치거나[偏] 온전한 것[全]이 바로 이 리의 본분이니 어찌 별도로 편전(偏全)의 위에 "사람과 사물이 동일하게 오상을 지님[同五常]"의 자리를 세울 수 있는가? 율곡이 "천지의 사람과 사물은 각각 그 리를 갖추고 있지만 만물의 리가 곧 사람의 리다."라고 하였다. 여기에서 "각각 그 리를 갖추고 있다"는 것이 편전이 아닌가? 여기에서 "만물의 리가 곧 사람의 리다."라고 하였으니 도리어 그것은 편전이 "동오상"을 이루는 하나의 근원인 것이다. "각각 그 리를 갖추고 있다"의 리와 "만물의 리가 곧 사람의 리다"의 리를 두 개의 층으로 나눌 수 있는가? 원형이정은 태극의 분수이지만 사람과 사물에게 이미 갖춰진 분수가 없다면 원형이정을 어디에서 부여받을까? 인의예지는 성의 분수이지만 사람과 사물에게 각각 정해진 편전이 없다면 인의예지를 어디에서 찾을 수 있을까? 만일 태극 안에 있는 원형이정과 성 안에 있는 인의예지를 갖춘 사람으로 오직 온전한 성을 갖추고 있는 요순과 공자만을 허여할 뿐이라고 한다면 천하의 만물은 대부분 성 밖의 물건이 될 것이고, "배워서 아는 자"이하로부터 미물에 이르기까지 모두 이 성에 관여할 수 없을 것이니, 이른바 "사람의 성을 다한다."와 "사물의 성을 다한다."는 모두 빈말일 뿐이다. 『중용혹문』에서 "명(命)으로 말하면 원형이정이라 하는데 사시와 오행이 유행하여 온갖 물상이 만 가지로 변화하는 것이 이로 말미암아 나오지 않음이 없다."라고 분명히 말했으니 온갖 물상이 만 가지로 변화하는 것이 곧 사람과 사물이 생겨나는 분수이다. 그런데 지금 믿지 않고서 "원형이정은 다만 태극의 분수이다."라고 하니 사람과 사물이 생겨남에 원래 이런 나뉨이 없다. 또 "성으로 말하면 인의예지라고 하는데 사단과 오전(五典) 및 만사 만물의 이치가 그 사이를 통괄하지 않음이 없다."라고 분명히 말했으니 만물의 이치는 곧 사람의 온전한 성과 사물의 치우친 성이다. 그런데 지금 믿지 못하고 "인의예지는 다만 성의 나뉨이니 사람의 성이 온전하고 사물의 성이 치우친 것은 본연의 성이 아니다"라고 하니 이것이 과연 만물이 있게 되는 뜻이라고 말하겠는가? 또 "인의예지"의 본지는 본래 사람의 본성을 가지고 이름 붙였으나, "사물의 본성에 나아가도 하나의 이치가 관통한 것"으로 여긴 주자의 주장에 따르면 사물의 본성 중에 인의에 치우친 것도 이와 똑같이 하나의 근원이어서 성 안에 갖추어진 인의예지 아님이 없는 것이다. 지금 사람의 온전한 본성과 사물의 치우친 본성에서의 인의예지를 본연의 성이 아니라고 한다거나 기로 인하여 비로소 생겨난다고 하여 별도로 성(性) 안의 인의예지를 세우니 그런 주장은 성인의 뜻과 거리가 멀다.

여기 한 덩어리의 구리쇠는 하나의 태극에 해당하므로 사발을 만들 수도 있고 칼을 만들 수도 있으니, 이는 분수가 하나에 포함되는 것이다. 이른 바 찬란하다는 것은 동쪽은 사발을 만들 수 있고 서쪽은 칼날을 만들 수 있는 것이 아니라, 섞인 채 사발의 용광로에 들어가면 사발이 되고 칼의 용광로에 들어가면 칼이 되는 것이니 각각 그 본분(本分)의 하나를 얻는 것이다. ○ 가령 어떤 사람이 말하기를 "가볍고 맑은 용광로에 들어가면 하늘이 되고 무겁고 탁한 용광로에 들어가면 땅이 되며, 맑고 순수한 용광로에 들어가면 상등인이 되고 탁하고 잡박한 용광로에 들어가면 하등인이 되며, 양강(陽剛)한 용광로에 들어가면 남자가 되고 음유(陰柔)한 용광로에 들어가면 여자가 되니, 이는 각각 그 본분(本

分)의 하나를 얻은 것이다."라고 한다면, 이것을 어떻게 논파할 것인가?

천지(天地)는 만물의 부모이니 가볍고 맑으며 무겁고 탁함이 본래 나뉨의 용광로 아닌 것이 없으며, 건도로 남자가 되고 곤도로 여자가 되니 양강함과 음유함도 본래 나뉨의 용광로 아님이 없다. 기가 리를 따르는 것은 곧 리가 본래 그러해서이니 말이 사람의 의도를 알아서 궤도를 따라 나아가는 것과 같다. 이는 바로 사람이 나아가는 것이니 굳이 사람의 다리가 가는 것이라고 한 뒤에야 사람이 나아가는 것이라고 할 필요는 없다. 율곡이 말한 "기가 한 것이라 해도 반드시 리가 주재함이 있으니 들쭉날쭉하여 가지런하지 않은 이유는 리가 당연히 이와 같아서이지 리가 이와 같지 않은데 기가 홀로 이와 같은 것은 아니다."라는 것이 이것이다. 그렇다면 바르고 통하는 용광로에 들어가면 사람이 되고 치우치고 막힌 용광로에 들어가면 사물이 되는 것도 본래 나뉨이 이미 갖추어진 것 아님이 없는 것이다. 율곡이 또 말하기를 "천지는 지극히 바르고 통한 기를 받았으므로 정해진 성이 있어 변함이 없고, 만물은 편벽되고 막힌 기를 받았으므로 또한 정해진 성이 있어 변함이 없다."라고 하였다. 이쪽의 정해진 성이 곧 저쪽의 정해진 성이니 어찌 위[上知]의 한 가닥 정해진 성은 본래 그런 것이라고 여기고, 아래[下愚]의 한 가닥 정해진 성은 본래 그런 것이 아니라고 여기겠는가? 사람에게 상지(上知)와 하우(下愚)가 있는 것은 똑같이 바르고 통하는 용광로에 들어가 똑같이 본연의 온전함을 얻어서이니, 상지와 하우가 있어 이처럼 다른 것은 용광로에 긴박한 것과 헐렁한 것, 느린 것과 급한 것이 있어서이다. 그러나 성은 같지 않음이 없고 리가 주재하기 때문에 결과를 이루는 것은 한 가지이다. 어찌 이런 이유로 사람과 만물에게 본래 나뉨의 용광로가 있는 것을 아울러 의심할 수 있겠는가? 또 천지에서 남녀가 정해지는 것은 본래 나뉨이지만 하우가 도리어 지혜롭게 되는 것은 본래 나뉨이 아니다. 지금 본래 나뉨이 아닌 것으로 잠깐 천지의 아래 남녀의 위에 끼어 넣어 나뉘는 부분을 도치시키고 이름과 자리를 어그러뜨리는 것은 왜일까?

이미 나뉨을 기로 인하여 있는 것이라고 한다면 사람과 사물이 똑같이 오상(五常)을 갖추고 있는 것을 본연의 성이라 하고 치우침과 온전함의 성(性)을 본연의 성이 아니하고 할 것이니, 이렇게 되면 사람과 사물의 본성이 같은가의 논의가 생기는 것도 이상할 것이 없다. ○ 치우침과 온전함, 통함과 막힘은 분수의 분[나뉨]과 매우 같지 않다. 나뉨은 천지의 사람과 사물이 생겨나기 전에 갖추어진 것이지만 치우침과 온전함, 통함과 막힘은 오히려 부여받은 기에 관계되어 있다. 그리고 치우침과 온전함은 사람과 사물에 대해서만 단독으로 말할 수 있는 것이 아니라, 성인과 범인에 대해서도 아울러 말할 수 있는 것이다. 그러므로 주자가 "'배워서 아는 자'이하는 기의 맑음과 탁함이 많기도 하고 적기도 하니 리를 온전히 지키는 것과 흠결이 있게 되는 것이 여기에 달려있다."라고 하였다. 이제 성인과 범인이 갖추고 있는 똑같은 오상을 본연의 성으로 여긴다면 리의 온전함과 이지러짐이 본연의 성이 아니라고 하는 것이 무슨 문제될 것이 있는가? 이것을 안다면 사람과 사물의 성에 대해 한 모서리를 들어주면 세 모서리를 유추할 수 있는 것처럼 잘 알 수 있을 것이다.

이른바 나눔이라는 것은 인의예지(仁義禮智)가 아닌가? 이른바 치우침[偏]이라는 것은 인(仁)에 치우치고 의(義)에 치우치며 예(禮)에 치우치고 지(智)에 치우친다는 것이 아닌가? 여기의 오상(五常)은 바로 저기의 오상이기 때문에 여기의 치우침은 곧 저기의 나눔이다. 나눔은 이미 사람과 사물이 생겨나기 전에 갖추어져서 실제로 사람과 사물이 이미 생겨난 뒤에 행하는 것이 그런 것이다. 이와 같기 때문에 "본체와 작용은 하나의 근원이다."라고 이르고, 이와 같기 때문에 "드러남과 은미함에 간격이 없다."라고 이른다. 그렇다면 도출시켜 그 신묘함을 말하고 참되고 분명하게 그 본체를 가리키는 것이 단지 말함에 두 부분이 있는듯하나 그 실상은 성에 여러 층이 있는 것이 아니다. 다만 나눔[分]과 하나[一: 理]가 서로 친밀하기 때문에 하나에서 나눔을 말하였고, 치우침[偏]과 온전함[全]이 서로 친밀하기 때문에 온전함에서 치우침을 말하였으니, 말이 같지 않더라도 리는 둘이 아니다. 만약 "나눔은 단지 사람과 사물이 생겨나기 전에 갖춰있고 치우침과 온전함은 사람과 사물이 이미 생겨난 뒤에 비로소 있다."고 말한다면 이른바 나눔은 애매모호하게 섞여 '구분'이 없다고 할 때의 '구분'이니 나눔은 결과적으로 기로 인하여 있게 된 것이다. "사람과 사물이 똑같이 오상을 지니고 있다.[同五常]"에서의 "똑같다"는 말은 과연 문제를 안고 있다. 과연 나눔 밖에 리가 있다면 이와 같으면서 사람과 사물의 성이 같다는 의론을 세우는 것에 무슨 유익함이 있는가? 삼가 일찍이 듣건대 나눔은 리(理)의 이름이 아니고, 기(氣)의 칭호도 아니라고 하니, 치우침과 온전함의 경우도 그러하다. 일(一)을 함유하고 있는 것으로 말하면 지극히 은미한 리이고, 각각 정함이 있는 것으로 말하면 기가 리의 기반이 된다. 『중용혹문』[17]에서 "물성의 치우침은 반드시 형기로 말한 것이다."라고 말한 것이 이것이다. 그러나 그 실상은 곧 이 리의 분(分)을 밝히려는 것이기 때문에 "사람과 사물의 기품이 다르지만 사물에 이러한 이치가 없다고 말해서는 안 된다. 다만 기품에 의해서 가려지기 때문에 통하는 것에도 치우침과 바름의 다름이 있다. 그러나 본성의 통한 것에 따르면 도는 또한 있지 않은 곳이 없다."[18]라고 한 말이 있고, "사람과 사물의 리가 다른 이유는 치우침과 온전함의 차이가 있어서이다."라고 한 말이 있으며, "인의예지를 사물이 어찌 가지고 있지 않겠는가? 다만 치우쳐서 온전하지 않을 뿐이다."라고 한 말이 있다.【주자의 말이다.】 이 몇 가지 조목을 살펴보면 이미 의심의 여지가 없으나 오히려 기반을 가지고 바른 실체를 묻어버리려 하니 정자가 말한 "이와 같이 분명히

---

17) 『중용혹문』: 원문에는 '庸學或問'으로 되어있으나, 『중용혹문』에만 해당하는 인용문이다.

18) 『朱子語類』「中庸一」, 曰: "…… 循性之所有, 其許多分派條理卽道也. '性'字通人物而言. 但人物氣稟有異, 不可道物無此理. 程子曰: '循性者, 牛則爲牛之性, 又不做馬底性; 馬則爲馬底性, 又不做牛底性.' 物物各有 這理, 只爲氣稟遮蔽, 故所通有偏正不同. 然隨他性之所通, 道亦無所不在也." 銖.

설파해도 오히려 사람이 스스로 깨닫지 못한다."[19]라는 것이다. 주자가 말한 "'배워서 아는 자'이 하는 기품에 치우침과 온전함이 있다"는 것, 이는 바로 형체가 있고 나서 기품이 용사할 때 생겨 나는 것이다. 그러나 성인과 범인이 똑같이 성의 본연을 얻었기 때문에 흠결된 것은 말할 만한 가치가 없으나, 흠결되지 않은 것은 오히려 발현되는 때가 있으니, 『중용장구』에서 말한 "반드시 선(善)한 단서가 발현(發見)되는 한쪽[偏]으로부터 모두 미루어 지극히 하여, 각각 그 지극함에 나아가는 것이다."[20]라는 것이 이에 해당한다. 여기서의 "한쪽[偏]"이라는 말도 또한 본연으로 기품이 용사할 때의 한 단서이니 본연의 천성이 가림이 있게 되면 미루어 넓혀 지극한 정성에 함께 돌아가지 못한다. 하물며 사람의 온전함과 사물의 치우침이 이미 본분에 갖춰진 것을 어찌 기질로 지목할 수 있겠는가?

오상(五常)이 사물에 따라 치우침과 온전함이 있는 것이 리의 본분(本分)인데 어찌 같을 수 있겠는가? 치우침과 온전함은 같지 않은데도 오히려 같다고 하는 것은 예컨대 사발과 칼이 구리쇠로 만들어진 것이 같다고 하는 의미의 같음이지 혼동하여 사발과 칼의 구분이 없어 같다고 이르는 것은 아니다. 치우침과 온전함의 성이 본연이 아님은 사발과 칼을 벗어나 구리쇠를 찾는 주장이다. ○ 사람과 사물 의 하나의 근원 안에 오상이 있는 것 이것이 본래 리의 본분인데, 지금은 오상이 기를 따라 발현된 것에 온전함이나 흠결이 있는 것을 두고 리의 본분이라고 하여 성의 본연으로 간주한다. 이는 주자가 성이 기질에 있다고 한 것과 그 품등이 같지 않다. 이른바 기질의 성은 "기질을 가지고 논하면 성이 같지 않다고 말한 모든 것이 모두 얼음 녹듯 풀린다."[21]라는 가르침과 혹 서로 어긋남이 없을 것이다.

　　『중용장구』에 "사람과 사물이 각각 부여된 이치를 얻는다."고 한 것과 "각각 성의 자연을 따른 다."고 한 것은 모두 오상이 사물에 따라 치우치거나 온전하여 기에 따라 발현됨을 말한 것이다. 이것은 모두 "천명의 성"과 "성을 따르는 도"에서의 일이며, 바로 이것은 사발과 칼이 구리쇠로 만들었다는 점에서 같은 것이고, 바로 이것은 본연이며, 바로 이것은 하나의 근원인 것이다. 하나 의 근원은 태극과 흡사하여 태극이 도출하기 전에는 나에게 있으면 내가 도리어 하나의 근원이 고, 너에게 있으면 네가 도리어 하나의 근원이다. 만일 이 하나의 근원 위에 다시 하나의 근원을 구하면 바로 사발과 칼을 떠나 구리쇠를 찾는 격이다. 『중용장구』에 또 "기품이 다르기도 하기 때문에 지나치거나 미치지 못하는 차이가 없을 수 없다."라고 하였다. 이것이 바로 기질의 성이

---

19) 『二程外書』卷十二, 伊川曰: "如此分明說破　猶自人不解悟."

20) 『中庸章句』23장, "其次, 則必自其善端發見之偏, 而悉推致之, 以各造其極也. 曲無不致, 則德無不實, 而形 著動變之功, 自不能已, 積而至於能化, 則其至誠之妙, 亦不異於聖人矣."

21) 『朱子語類』「性理一」, "程子論性所以有功於名敎者, 以其發明氣質之性也. 以氣質論, 則凡言性不同者, 皆 冰釋矣."

기 때문에 도를 닦는 가르침이 있어서 닦아 가르치면 본연이 있게 된다. 그러나 이것은 사람과 사물을 아울러 말한 것이니 주자가 말한 "그 품등이 같지 않다"는 것은 단독으로 사람만을 가리켜 말한 것이다. 사람은 비록 기질에 의해 구속되지만 본연의 성이 존재하고 있기 때문에 남을 해치고자 함이 없는 마음을 채운다면 인(仁)을 이루 다 쓰지 못할 것이며, 남의 집 담을 뚫거나 넘어가서 도둑질하고자 함이 없는 마음을 채운다면 의(義)를 이루 다 쓰지 못할 것이다.[22] 그 이름과 자리의 단락이 어찌 매우 명백하지 아니한가? 사물의 성이 이미 치우치면 하나의 근원이 될 수 없을 듯하니 근세의 의론이 이로 말미암아 일어난 것이다. 그러나 인에 치우친 것도 오상의 인이고, 의에 치우친 것도 오상의 의이니 근원이 하나가 아니고 무엇이란 말인가? 이 치우친 가운데 나아가서도 천명의 전체(全體)가 하나하나 원만하고 만족하여 흠결이 없는 것을 볼 수 있다. 주자가 말하기를 "'각각 성(性)과 명(命)을 바르게 한다'는 것은 총괄하면 단지 하나의 리일 뿐이니 곳곳마다 서로 섞여있어서 마치 한 톨의 낱알이 생겨나 싹이 되고 열매 맺어 낱알이 되어 다시 본래의 모양으로 돌아오는 것과 같다. 하나의 이삭에는 백개의 낱알이 있는데 하나하나 완전하다. 사물마다 각각 이치가 있으나, 총괄하면 단지 하나의 이치일 뿐이다."[23]라고 하였다. 또 주자가 건괘(乾卦)의 4덕(원형이정)에 대하여 논하기를 "한 알의 곡식이 있으면 바야흐로 그것이 싹을 틔우기 시작하는 것이 사물의 원(元)이며, 가지와 잎으로 커가는 것이 형(亨)이고, 익으려 하나 아직 익지 않은 것이 리(利)이며, 열매를 맺어 견실해 지는 것이 정(貞)이다."[24]라고 하였다. 이렇게 원형이정에 처하는 것도 지목할 수 있는데 본연의 사물이 아닌 것으로 태극 안에 갖추어진 하나의 근원을 별도로 세울 수 있는가? 그렇다면 건괘의 4덕을 단지 한쪽의 기질만으로 말할 수 있는가?

하나[一: 理]를 다섯[五: 五常]에 견줘 보면 다섯은 똑같이 하나이고, 다섯을 서로 견줘보면 나뉨이 여기에 존재한다. 비록 끝없이 흩어져 달라질지라도 모두 본분 안의 일이니 치우침과 온전함을 낮춰 보려 하는 것이 옳은가? ○ 한 몸을 사지에 견줘보면 사지는 똑같이 한 몸이고, 사지를 서로 견줘보면 분(分)이 여기에 존재한다는 것은 참으로 그러하다. 그러나 어찌 사지를 분수처럼 치우침과 온전함으로 나눌 수 있겠는가? 그러므로 나는 "분과 편전은 등위가 같지 않다"고 생각한다. 만일 치우침을

---

22) 『맹자』「진심하」에 보인다.
23) 『朱子語類』「周子之書」, "所謂'乾道變化, 各正性命', 然總又只是一箇理. 此理處處皆渾淪, 如一粒粟生爲苗, 苗便生花, 花便結實, 又成粟, 還復本形. 一穗有百粒, 每粒箇箇完全; 又將這百粒去種, 又各成百粒. 生生只管不已, 初間只是這一粒分去. 物物各有理, 總只是一箇理."
24) 『朱子語類』「易四」, "如一粒之穀, 外面有箇殼以裹之. 方其發一萌芽之始, 是物之元也; 及其抽枝長葉, 只是物之亨; 到得生實欲熟未熟之際, 此便是利; 及其旣實而堅, 此便是貞矣."

말하고자 하면 당연히 "사지가 간혹 마비되어 움직이지 않다거나 중풍으로 몸을 가누지 못한다"고 한 뒤라야 치우쳤다고 말할 수 있는 것이니, 비록 낮춰보려 하지 않으려한들 그렇게 할 수 있겠는가?

만물을 통체(統體)로 보면 만물의 통체가 하나의 태극이고, 만물을 나누어 말하면 만물이 각각 하나의 태극을 갖추고 있다. 단지 이 통체의 태극이 곧 각각 갖추고 있는 태극이니 단지 횡간과 수간이 어떠냐에 달려 있을 뿐이지 두 태극이 있는 것이 아니다. 한 몸을 통체로 보면 사지의 치우침과 온전함이 혼연히 한 몸이 되고, 사지에 나아가 말하면 치우침과 온전함이 하나하나 융통하여 스스로 한 몸이 되는 데 방해될 것이 없다. 간격이 없는 은미함이 전체 아닌 것이 없으니 성(誠)이 빠뜨리지 않는다는 것이 그런 것이다.【예컨대 손으로 잡고자 하면 눈이 그를 위해 보고 귀가 그를 위해 들으며 발이 그를 위해 가고 마음이 그를 위해 호응하여 이목과 수족이 각각 테두리가 있어서 그 리가 서로 머금고 있으니 곧 이른바 "하나하나 들어 보면 흠결이 없는 것"이다.】 그러나 리는 형체가 없는 것이고 사지와 백체는 형체가 있는 것이니 비유하는 말로 어찌 핍진하게 묘사할 수 있겠는가? 오직 보는 자가 잘 보는 데에 달렸을 따름이다. 마비되거나 몸을 가누지 못하는 것은 홀로 들리거나 몸의 한쪽만 가눈다는 것과 동일한 어투이니 굳이 다시 답습할 필요는 없다. 이미 지나온 길이니 다만 한 가닥 명백하고 쉽게 분별되는 것만 있을 뿐이다. 주자가 말하기를 "천하의 사물은 큰 것이든 작은 것이든 나는 것이든 헤엄치는 것이든 동물이든 식물이든 저마다 그 올바른 성명(性命)을 얻어 태어나지 않은 것이 없어 한 치의 어긋남도 있은 적이 없다. 이것이 천리가 진실하여 거짓이 없는 것이 된 까닭이다."[25]라고 하였으니 본연이 아니라고 하여 모두 마비되거나 몸을 가누지 못하는 자리로 몰아갈 수 있겠는가?

『중용혹문』[26]에서 먼저 음양오행을 따라 설명하여 그 벼리가 되는 리가 똑같음을 말하고, 이어 음양오행의 치우침과 온전함으로 애초의 조건이 같지 않음을 말하였다. 같은 때의 일을 앞뒤로 말한 것이니 어찌 의심할 만한 단서가 있겠는가? ○ 음양오행의 치우침과 온전함[27]은 그 자체로 기질에 속하고 건순오상(健順五常)의 조건은 그 자체로 분수에 속한다. 어찌 치우침과 온전함을 곧바로 분수라고 할 수 있겠는가? 만일 이와 같다면 손과 발이 이름을 달리하는 것을 치우침과 온전함으로 말할 수 있을 것이니 말이 되지 않을 듯하다.

『역(易)』은 음양을 말하였으나, 그 실상은 곧 역(易)의 이치를 밝히려는 것인데 이를 가지고 "『역』은 단지 음양일 뿐"이라고 이르는 것이 옳은가? 「태극도」는 태극의 실제 일을 밝히고자 양의

---

25) 『大學衍義』 卷12에 보인다.

26) 『중용혹문』: 원문에는 '庸學或問'으로 되어있으나, 『중용혹문』에만 해당한다.

27) 저본에는 '陰陽五行'로 되어 있으나, 『艮齋集』전편 권14 「納凉私議疑目」【初本六條追錄】에 의거하여 '之偏全' 3자를 보충하여 번역하였다.

(兩儀)와 오기(五氣)로 설명하였는데 이를 가지고 태극이 기를 띠고 있다고 이르는 것이 옳은가? 『중용장구』에 "천명지성(天命之性)"에 대해서 "하늘이 음양오행으로 만물을 화생함에 기로써 형체를 이루고 리도 부여했다."라고 하였는데 이를 가지고 천명이 기질을 겸하고 있다고 이르는 것이 옳은가? 『중용혹문』에서 "하늘이 명하여 부여했다."[28]라고 하고 『대학혹문』에서 "천도가 유행하기를 음양오행으로써 한다."[29]라고 하여 음양오행의 치우침과 온전함을 언급하고 건순오상의 벼리가 되는 리를 말하여 건순오상의 조건을 밝혔으니, 이는 천하에 기를 떠나 홀로 서는 리는 없다고 바로잡은 것이다. 음양오행이 이 건순오상을 따라 유행하고 화생하는 것이 바로 건순오상이 유행하고 화생하는 것이다. 그러므로 그 기반과 드러난 행적에 나아가 벼리가 되는 리가 한 가지임을 밝히고 조건이 같지 않음을 밝혔다. 그 실상은 천명이 부여하고 천도가 유행하는 가운데 일어나는 일 아님이 없으니, 기질이 스스로 주장함을 어디에서 볼 수 있겠는가? 건순오상의 분수는 치우침과 온전함이 이미 갖추어진 것이기 때문에 음양오행에 각각 정해진 치우침과 온전함이 이와 같다. 하나의 기가 있으면 곧 다섯의 기가 있고, 하나의 리가 있으면 곧 다섯의 리가 있다. 그러므로 성이 만물에 이루어짐에 혹은 치우치고 혹은 온전하게 각각 갖추고 있는 것에 또 건순오상이 하나하나 원만하고 만족하게 흠결없이 그대로 하나의 모습을 이루어내는 것이다. 벌과 호랑이의 인의(仁義)는 성 가운데 분수가 아닌가? 손과 발은 한 몸 안의 분수가 아닌가? 한 몸은 곧 벼리가 되는 리와 한 가지이지만, 손과 발은 조건이 같지 않은 것이다. 사물이 비록 인에 치우치고 의에 치우친다 해도 인(仁) 안에 의예지(義禮智)가 있고 의(義) 안에 인예지(仁禮智)가 있다. 이로써 본다면 손과 발도 그것이 각각 스스로 한 몸이 된다고 말해도 문제되지 않는다. 그러나 손과 발은 형체에 국한된 것이니 어찌 "통체(統體)가 하나의 태극이니 리(理)와 분(分)이 원융하여 사이가 없는"[30] 것으로 형용할 수 있겠는가?

諸家言人物之性, 一是皆以理爲無分之物, 分爲因氣而有, 限理一於離形氣之地, 局分殊於墮形氣之後。於是理自理、分自分, 而性命橫決矣。○ 若使洛家謂太極而無元亨利貞, 性而無仁義禮智, 則當曰理爲

---

28) 『中庸或問』, "天命之謂性言天之所以命乎人者是, 則人之所以爲性也. 蓋天之所以賦與萬物而不能自己者命也. 吾之得乎是命以生而莫非全體者性也."

29) 『大學或問』, "天道流行, 發育萬物, 其所以爲造化者, 陰陽五行而已. 而所謂陰陽五行者, 又必有是理而後有是氣, 及其生物, 則又必因是氣之聚而後有是形."

30) 주희는 〈태극도설(太極圖說)〉의 주(註)에서 "합하여 말하면 만물 전체가 하나의 태극이고, 나누어 말하면 하나의 사물마다 각각 하나의 태극을 가진다.[合而言之, 萬物統體一太極也; 分而言之, 一物各具一太極也.]"라고 하였다.

無分之物矣; 若謂元亨利貞因氣而始有, 仁義禮智待氣而始生, 則當曰分爲因氣而有矣。今既不然, 則安有理自理、分自分之患乎?

天地之所以生人生物, 元亨利貞而已, 則雖無爲人爲物之形, 而爲

人爲物之分殊, 已具於渾然太極之中。【朱子所謂"已定之形、已成之勢, 固已具於渾然之中"者。】人物之所以爲全爲偏, 仁義禮智而已, 則雖有生人生物之殊, 而生人生物之理, 則非有間隔於所性之中。【朱子以牛耕、馬馳爲自然之性, 以附子熱、大黃寒爲本然之性者。】然則元亨利貞, 太極之分而爲人物偏全之原; 仁義禮智, 性之分, 而爲人物偏全之殊可知矣。太極外, 更無人物之理; 五常外, 更無人物之性。今以元亨利貞爲太極之分固矣, 而却以生人生物所以然之故, 歸之於別天, 是所謂"理自理"也。以仁義禮智爲性之分固矣, 而却以人全物偏所當然之則, 目之以氣質, 是所謂"分自分"也。萬物之性各具, 而五常之外, 無他焉, 故草木之榮悴開落, 莫非天命之本然,【『庸或』】枯槁之物, 莫不有本然之性,【朱子語。】況蜂、虎於仁義上直有一點子明者乎? 五常之隨物而偏全, 乃此理之本分, 奈之何別立同五常一位於偏全之上也? 栗谷曰: "天地人物, 雖各有其理, 而萬物之理, 卽吾人之理。" 其云各有其理者, 非偏全乎? 其云"萬物之理, 卽吾人之理", 則還他是偏全同五常之一原者也。以"各有其理"理字, "萬物吾人之理"理字, 分兩層可乎? 元亨利貞, 太極之分也, 而無人物已具之分殊, 則元亨利貞, 何所賦與? 仁義禮智, 性之分也, 而無人物各正之偏全, 則仁義禮智, 何所尋覓也? 若曰"太極中所有元亨利貞, 性中所有仁義禮智, 獨許於堯、舜、孔子之全云爾", 則天下多性外之物, 而學知以下至於微物, 皆不得與於斯性, 所謂"盡人之性", "盡物之性", 皆虛語耳。『中庸或問』明言"以命言之, 則曰元亨利貞, 而四時五行, 庶類萬化, 莫不由是而出"云, 則庶類萬化, 卽生人生物之分。而今則不信, 曰"元亨利貞, 只是太極之分", 而生人生物, 原無此分。又明言"以性言之, 則曰仁義禮智, 而四端五典, 萬事萬物之理, 無不統於其間"云, 則萬物之理, 卽人全物偏之性。而今則不信, 曰"仁義禮智, 只是性之分" 而人全物偏, 非本然之性, 是果言有物之義歟? 且仁義禮智四字本旨, 本就人性上立名, 而朱子因以就物性上, 一以貫之, 則物性之偏於仁義, 亦同此一原, 而莫非性中所具之仁義禮智也。今以人物偏全之仁義禮智, 謂非本然, 謂因氣始生, 而別立性中之仁義禮智, 其於聖人之意遠矣。

今有一塊銅鐵, 是一太極, 可以爲盤盂, 可以爲刀劍, 是分殊之涵於一。所謂粲然者, 非東邊可爲盤盂, 西邊可爲刀劍, 則渾然, 及其入盤盂爐而爲盤盂, 入刀劍爐而爲刀劍, 各得其本分之一。○假如有人言, "入輕淸爐而爲天, 入重濁爐而爲地; 入淸粹爐而爲上知, 入濁駁爐而爲下愚; 入陽剛爐而爲男, 入陰柔爐而爲女", 是各得其本分之一云爾, 則將如何辨破?

天地者, 萬物父母, 輕淸重濁, 莫非本分之爐; 乾道成男, 坤道成女, 陽剛陰柔, 亦莫非本分之爐。蓋氣之順理者, 卽理之本然, 如馬之曉解人意, 循軌而出者。卽是人出, 不必以人脚行然後謂之人

出也。栗谷所謂"雖曰氣之所爲, 必有理爲之主宰, 則其參差不齊者, 亦是理當如此, 非理不如此, 而氣獨如此"者是也。然則入正通爐而爲人, 入偏塞爐而爲物者, 亦莫非本分之已具者也。栗谷又曰: "天地得氣之至正至通者, 故有定性而無變焉; 萬物得氣之偏且塞者, 故亦有定性而無變焉。" 這定性, 卽那定性, 豈以上一股之定性爲本然, 下一股之定性爲非本然乎? 人有上知、下愚者, 蓋同入正通爐, 同得本然之全, 而知愚若是異者, 却緣鎔鑄之有繁歇緩急, 然性無不同, 理爲主宰, 故及其成功一也。豈可以此而並疑人物本分之爐乎? 且天地男女, 本分也; 下愚之反知, 非本分也。今以非本分者, 纔入於天地之下、男女之上, 分段倒置, 名位乖當, 何哉?

旣以分爲因氣而有, 則無怪其以人物同五常爲本然之性, 而偏全之性爲非本然, 有人物性同之論。○偏全、通塞, 與分殊之分, 殺有不同。分雖具於天地人物未生之前, 而偏全、通塞, 却繫於所賦之氣。且偏全非可單言於人物, 亦可幷言於聖凡。故朱子言"學知以下, 氣之淸濁有多寡, 而理之全缺繫焉"。今以聖凡同五常爲本然之性, 而理之全缺者爲非本然, 有何窒礙乎? 知此則人物之性, 可以三隅反也耶!

所謂分者, 非仁義禮智乎? 所謂偏者, 非偏於仁、偏於義、偏於禮、偏於智者乎? 此五常便是那五常, 故此偏便是那分。分已具於人物未生之前, 而實行於人物已生之後者然也。如此, 故謂體用一原; 如此, 故謂顯微無間。然則挑出而言其妙, 眞的而指其體者, 只是話有兩般, 而其實非性有多層也。但分與一相襯, 故言分於一; 偏與全相襯, 故言偏於全, 字雖不同, 理無二也。若曰分只具於人物未生之前, 而偏全始有於人物已生之後, 則所謂分, 是儱侗無分之分, 而分果因氣而有矣。"同五常"之同字, 果是帶病了。果是分外有理, 如此而立人物性同之論, 何益矣? 竊嘗聞之, 分非理之名, 亦非氣之稱, 偏全亦然。自其涵於一者而言, 則至微之理; 自其定於各者而言, 則氣爲地盤。『庸』『學或問』言"物性之偏, 必以形氣言"者此也。然其實乃所以明此理之分, 故有曰: "人物氣稟有異, 不可道物無此理。只爲氣稟遮蔽, 故所通有偏正, 然隨他性之所通, 道亦無不在。" 有曰: "理之異者, 偏全之異。" 有曰 "仁義禮智, 物豈不有? 但偏而不全。"【朱子說。】觀此諸條, 已無可疑, 而猶欲以地盤埋却實體正, 程子所謂"如此分明說破, 猶自人不解悟"者也。若朱子所言"學知以下, 氣稟之偏全", 此乃形而後氣稟用事時生者也。然聖凡同得性之本然, 故缺者無可言, 而不缺者, 猶有時發見, 『中庸章句』所謂"必自其善端發見之偏, 而悉推致之, 以各造其極"者也。此偏字, 亦本然也, 氣稟用事時一端, 本然之天有掩, 不得推而廣之, 與至誠同歸。況人全物偏已具於本分者, 安可以氣質目之乎?

五常之隨物而偏全, 乃此理之本分, 何可同也? 偏全不同, 而猶謂之同者, 如盤盂、刀劍, 爲銅鐵則同之同, 非以混同無盤盂刀劍而謂之同也。偏全之性非本然, 離盤盂、刀劍而求銅鐵之說也。○人物一原之中有此五常, 此爲理之本分。今以五常之隨氣而發見有全缺者, 謂之理之本分, 而喚做性之本然。此與朱子性之在氣質者, 其品不一。所謂氣質之性, 與“以氣質論, 則凡言性不同者, 皆冰釋”之訓, 無或相戾乎!

　　『中庸章句』“人物各得”、“各循”, 皆五常之隨物而偏全, 隨氣而發見者也。此皆天命之性、率性之道中事, 卽此是盤盂、刀劍爲銅鐵則同, 卽此是本然, 卽此是一原。一原恰似太極, 未挑出時, 在我則我底却是一原, 在你則你底却是一原。若此一原之上, 復求一原, 則便是離盤盂、刀劍, 而求銅鐵者也。『章句』又云: “氣稟或異, 故不能無過不及之差。” 此便是氣質之性, 故有修道之敎, 修而敎, 則本然者在矣。然此則幷人物而言, 朱子所言“其品不一”, 單指人而言也。人雖爲氣質所拘, 而本然則有在, 故充其無欲害人之心, 而仁不可勝用; 充其無穿窬之心, 而義不可勝用。其名位段落, 豈不十分明白乎? 物性旣偏, 似不得爲一原, 此近世議論之所由起也。然偏於仁者, 亦此五常之仁; 偏於義者, 亦此五常之義, 非一原而何? 就此偏中, 亦可見天命之全體, 箇箇圓足, 無有欠缺。朱子曰: “各正性命, 摠只是一箇理, 處處相渾淪, 如一粒粟生爲苗, 結實成粟, 還復本形。一穗有百粒, 箇箇完全。物物各有理, 總只是一箇理。” 朱子又論「乾」之四德曰: “一粒之粟, 方其發一萌芽之始是物之元, 抽枝長葉是亨, 欲熟未熟是利, 旣實而堅是貞。” 以此處元亨利貞, 亦可目之, 以非本然之物, 而別立太極中所具之一原乎? 然則「乾」之四德, 只說得氣質一邊耶?

以一視五, 五者同一; 以五相視, 分於是存。雖散殊之無窮, 皆本分中事, 欲低視偏全, 可乎? ○以一身視四肢, 四肢同一身; 以四肢相視, 則分於是存, 此固然矣。然豈可以四肢與分殊, 分偏全乎? 愚故曰“分與偏全不同”。如欲言偏, 當曰“四肢或有痿痺不仁, 癱瘓不遂”, 然後方可謂之偏爾, 雖欲不低看, 得乎? 統萬物而看之, 則萬物統體一太極; 分萬物而言之, 則萬物各具一太極。只此統體之太極, 卽各具之太極, 只在橫竪看如何耳, 非有二太極也。統一身而看之, 則四肢之偏全, 渾爲一身; 就四肢而言之, 則其偏其全, 箇箇融通, 不害自爲一身。無間之微, 莫非全體, 誠之所以不遺者然也。【如手欲持, 則目爲之視, 耳爲之聽, 足爲之行, 心爲之應, 耳目手足, 各有匡郭, 而其理相涵, 卽所謂擧著無欠闕者。】然理無形者也, 四肢百體有形者也, 譬辭安得逼肖? 惟在觀者善觀耳。不仁不遂, 與獨聽偏遂, 同一話樋, 不必更踏。已踏之蹊, 但有一條明白易辨處。朱子曰: “天下之物, 洪纖巨細, 飛潛動植, 莫不各得其性命之正以生, 而未嘗有一毫之差, 此天理之所以爲實而不妄者。” 亦可謂非本然, 而率以驅之於不仁不遂之地耶?

『庸』『學或問』, 旣從陰陽五行說來, 言其綱理之一般, 繼以陰陽五行之偏全, 言其條件之不同。一時事而先後言之, 有何可疑之端乎? ○陰陽五行{之偏全}[31], 自屬氣質; 健順五常之條件, 自屬分殊。何可

---

31) {之偏全}: 『艮齋集』전편 권14「納凉私議疑目」【初本六條追錄】에 의거하여 보충하였다.

直指分殊爲偏全乎? 若如此則手足之異名, 而可謂之偏全, 恐不成言。

　易以道陰陽, 而其實乃所以明易之理, 以此而謂"易只是陰陽", 可乎?「太極圖」明太極之實事, 而以兩儀五氣言之, 以此謂太極是帶氣, 可乎?『中庸』天命之性『章句』曰"天以陰陽五行, 化生萬物, 氣以成形, 而理亦賦焉", 以此謂天命兼氣質, 可乎?『庸』『學或問』言"天命賦與", "天道流行, 而以陰陽五行", 及陰陽五行之偏全, 言健順五常之綱理, 明健順五常之條件, 正以天下無離氣獨立之理。陰陽五行之順此健順五常而流行化生者, 卽健順五常之流行化生也。故就其地盤著迹, 而明其綱理之一般, 明其條件之不同, 其實莫非天命賦與、天道流行中事, 何處見其氣質之自主張乎? 健順五常之分殊, 是偏全之已具者, 故各定於陰陽五行之偏全者如此。有一氣便有五氣, 有一理便有五理。故成性於萬物, 或偏或全之各具者, 又莫不各有健順五常, 箇箇圓足, 無有欠缺, 依舊成就一箇本相者然也。蜂虎之仁義, 非性中之分殊乎? 手足, 非一身中分殊乎? 一身卽綱理之一般, 手足是條件之不同也。物雖偏於仁, 偏於義, 而仁中有義禮智, 義中有仁禮智。以此看, 則手足亦不妨言其各自爲一身。然手足局於形者也, 安得以形容此"統體一極, 理分圓融, 而無間"者乎?

「변성사심제설시동연제공辨性師心弟說示同研諸公」(『重軒文集』卷8)

1) 서지사항

황철원이 전우(田愚, 1841~1922)의 성사심제설(性師心弟說)에 대해 비판한 글. 『중헌문집』 권8에 실려 있다.

2) 저자

황철원(黃澈源, 1878~1932)으로, 자는 경함(景涵), 호는 중헌(重軒) 또는 은구재(隱求齋)이다.

3) 내용

황철원은 노사(蘆沙) 기정진(奇正鎭, 1798~1879)의 직전 문인인 일신재(日新齋) 정의림(鄭義林, 1845~1910)과 노백헌(老栢軒) 정재규(鄭載圭, 1843~1911)에게 노사의 학문을 접했다. 이 글에서는 "심과 성은 비록 명목상으로는 두 개이지만, 애초에 별개가 아니다. 이 리의 실체와 준칙으로 말할 때엔 성이라 하고, 이 리의 주재와 묘용으로 말할 때엔 심이라 한다."고 하였다. 그런데 성사심제설은 이 심 위에 별도로 성사(性師)의 자리를 세운 것이며, 또한 심을 오로지 기로 보아 심제(心弟)라는 이름을 붙여 억지로 성사에게 배우게 하자는 것이므로, 전혀 수긍할 수 없다는 것이다. 요컨대 심의 본체는 리의 묘용(妙用)이며, 심의 자조(資助)는 기의 정상(精爽)인 바, 그 자조에 집착하여 그 본체를 무시하는 것은 잘못이라는 것이다.

3-26-4 「辨性師心弟說示同研諸公」(『重軒文集』卷8)

『孟子』曰: "歸而求之, 有餘師。" 朱子釋之曰: "性分之內, 萬理皆備, 隨處發見, 無不可師。" "萬理皆備", 性也; "隨處發見", 情也。具此性而發此情者, 心也, 卽所謂 "心統性情、心主性情" 者也。蓋心性雖有二名, 而初無二岐, 以此理之實體、準則言, 則性也; 以此理之主宰、妙用言, 則心也。今日性師心弟之說盛行, 頭戴孟、朱, 而昧却其義, 別立性師一位於此心之上, 已不可曉。而又以心專作氣一邊, 創立心弟之名, 而勒首受學於性師, 尤不可曉也。夫心, 言其本體, 則理之妙用也; 言其資助, 則氣之精爽也。執其資助而昧其本體, 可乎? 如釋氏之師心, 只管信心爲理, 而不復理會性道之實, 陷於猖狂自恣, 而不知悟其所謂心者, 非吾所謂心也。【見以理言心, 每以釋氏之師心譏之, 故及之。】

旣以性爲理, 而又以心爲理, 則所謂心具性, 有若以目視目, 故疑之耶? 只是一理, 而有以實體、準則言者, 有以主宰、妙用言者, 只觀其所主何如耳。所謂 "具衆理" 之具, 是涵具、森具之義,【如一身中具百體, 一木中具萬枝。】非謂具貯、具載之義也。【非如以盂貯飯, 以器載水。】人於此處, 多不理會。

或曰: "朱子只曰 '性分之內', 而未嘗言心, 何也?" 曰: "渾淪說, 則心之主宰、妙用, 同是性分中事。故讖曰性, 是太極之全體, 不待假借而自足也。就其中分開說, 則其主宰、妙用還他是心, 而實體、準則則還他是性, 此義宜細究。"

或曰: "旣以心爲嚴師, 而學之者又是心, 則是有二心乎?" 曰: "心誰使之? 程子曰: '以心使心'。朱子曰: '只是一箇心, 自作主宰。' 此二段最可另會。"【若於此未易曉得, 則姑取道心爲一身之主而人心每聽命一段, 深下思量, 則可自得也。】

「기의記疑」(『重軒文集』卷8)

해제

1) 서지사항

황철원이 심성론의 여러 논점들에 대해, 당시 여러 학자들의 견해를 비판하면서 자신의 견해를
제시한 글. 『중헌문집』 권8에 실려 있다.

2) 저자

황철원(黃澈源, 1878~1932)으로, 자는 경함(景涵), 호는 중헌(重軒) 또는 은구재(隱求齋)이다.

3) 내용

황철원은 노사(蘆沙) 기정진(奇正鎭, 1798~1879)의 직전 문인인 일신재(日新齋) 정의림(鄭義林,
1845~1910)과 노백헌(老栢軒) 정재규(鄭載圭, 1843~1911)에게 노사의 학문을 접했다. 이 글에서는
먼저 심성이 같은 이치[心性一理]이며 한 때의 일[一時事]이라고 전제한 다음, "성(性)은 준칙과
실체의 관점에서 말하는 것이요, 심(心)은 주재와 묘용의 관점에서 말하는 것으로서, 주재 가운데
준칙이 있고, 실체는 묘용을 벗어나지 않는다."고 설명하고, 따라서 전우(田愚, 1841~1922)의 성사
심제설(性師心弟說)은 납득할 수 없는 주장이라고 비판했다. 또한 심은 명목으로 말하면 기(氣)로
서 사물에 속하나, 심의 진면목은 신(神)이요 리(理)로서, 심의 주재적 역할은 바로 리에 속하는
것이라 하였다. 또한 『태극도해(太極圖解)』의 성(性) 자는 태극의 리를 가리킨 것으로 준칙·실체
·주재·묘용이 다 갖추어져 있다고 설명한다. 또한 심의 허령지각은 리와 기를 합치고 미발과 이발
을 통틀어 말하는 것으로서, 기는 지반(地盤)이 되고 리는 주재자가 되며, 미발(未發)은 리의 체이
고 이발(已發)은 리의 용이라 하였다. 본심은 기의 담일정상(湛一精爽)으로 그 주재를 가리키며
담일은 기의 근본이라고 할 수 있으나 본심이라 할 수 없다고 한다. 또한 "심은 기의 정상[心者
氣之精爽]"이라는 말은 심의 명위(名位)와 자훈(字訓)을 설명한 것이요, "심은 리의 주재[心者 理
之主宰]"라는 말은 심의 본체(本體)와 묘용(妙用)을 설명한 것으로서, 각각의 맥락을 혼동하면 안
된다고 하였다.

3-26-5「記疑」(『重軒文集』卷8)

心性可以橫說, 不可以竪說。蓋心性一理也, 一時事也, 而性以準則與實體言也; 心以主宰與妙用言也。準則在主宰中, 實體不在妙用外。但曰準則、曰實體, 則條理之森具者爲主; 曰主宰、曰妙用, 則全體之包括者爲主。有此實體, 則有此妙用, 而能主宰其準則, 如百體聚而爲人, 人却運用百體, 非百體之外別有一箇人也。心之主性,【朱子曰: "性情爲體用, 而心之道則主乎性情。"】其義正如此耳。今人每將心性作竪說看, 以爲心本於性, 以爲性師心弟, 以爲性爲心主, 以爲性爲形上、心爲形下, 以爲心受命于性, 如臣子受命于君父, 皆所不可曉者也。

心, 語其迹, 則氣也; 語其眞面, 則是理之主宰、妙用也。心以理言者, 非言其準則、實體, 正指其主宰、妙用, 則性爲理、心爲理, 各有所發明, 不相爲病, 可知也。如釋、王、陸、禪, 只信心爲理, 守其昭昭靈靈之氣, 不復理會其實體中自有妙用而主宰其準則, 所以終於猖狂而得罪于儒門也。今人只見心之迹, 而昧却其眞面, 所以有心學性之論也, 所以見人以理言心, 輒以王、陸、禪譏之也。

聖賢明言心爲主宰, 終不可道他不是, 故完轉遷就, 爲之立說曰: "身與心對, 心爲主; 心與性對, 性爲主。" 果如此則朱子所謂"心之道, 主乎性情"者, 將如何處之也? 不曰心之器, 而曰心之道; 不曰主乎身, 而主乎性情, 其文義不亦明白易見乎?

"性爲心主", 見於何書? 『太極圖解』有"性爲之主"之語, 故云然耶? 此性字對陰陽五行而言, 指太極之理也。專言則準則、實體、主宰、妙用, 皆備舉焉。就此討得主宰、妙用還他是心, 則心却統性情而爲之主宰, 莫非一太極中事耳。若引"性爲之主"一句, 而以心只作具此性之一物, 則烏在其爲"心爲太極"者乎?

"道爲太極", "心爲太極", 『啓蒙』以此二句釋太極焉。"心爲太極"之心字與"道爲太極"之道字, 的是一箇物事, 不可指道爲理、指心爲氣, 明矣。竊見以心爲氣者, 動引兩儀, 又爲太極之語, 及滿山靑黃碧綠無非太極之語, 以淆亂心爲太極之義, 而獨不及於道爲太極, 亦見其心勞而日拙也。心爲太極, 朱子特舉以釋"易有太極, 是生兩儀"之太極, 不可以私意遷就移易, 以附己說也。蓋太極者, 象數未形, 而其理已具, 爲兩儀、四象、萬物之宗祖, 彼青黃碧綠, 無非其本相也。

說者曰: "性是具於明德, 而爲本體之理; 明德是具此性, 而爲妙用之心。" 愚駁之曰: "所謂具者, 是以氣載理, 如以器貯飯耶? 抑謂一理中森具萬理耶? 明德是在人爲統體之太極者也, 性其條件也, 具衆理是也。然則明德卽此心之本體, 包括四德者。而今乃別立一性字於上面, 作本體之理, 則明德不過形而下之一物, 而妙用爲氣, 與朱子'妙用言其理'之說, 大故不同矣。"

知覺, 言其資助, 則氣也, 所謂"精神魂魄, 有知有覺之物"是也; 言其骨子, 則理也, 所謂"知覺, 智之事"是也。蓋所謂"知覺以理言"者, 以主宰言, 而非謂其準則; 以妙用言, 而非謂其實體。所謂"能妙理、能弘道"者, 正指此理之妙用, 能主宰此實體、準則也。今乃以知覺運用之氣當之, 謂氣能妙理、氣能弘道, 不亦異乎?

說者曰: "明德若直指其本色, 則是虛靈光明, 以具理應事之心, 非可與冲漠無眹、自然無爲底性體, 一例看也。" 愚謂以心爲理, 非欲與性體一例看也。一箇是準則而一箇是主宰, 一箇是實體而一箇是妙用。"心統性情", 心爲性情之主, 此處正好玩究。

心, 以名目言, 則氣也, 物也; 其眞面骨子, 則神也, 理也。若言其妙理、弘道, 則神理爲主也。以理妙理, 以理弘道, 默而思之可見, 不可徒事強辨求勝也。

謂知覺是氣之說者, 剽竊「中庸序」, 而自爲立言曰: "心之知覺, 原於性命。" 噫! 此果朱子立言之本意乎? 心之虛靈智覺, 合理氣, 統未發已發而言, 氣爲地盤、理爲主宰。未發是理之體, 而所載者氣也; 發是理之用, 而所乘者氣也。知覺則一, 而爲知覺者不同, 以其或原於性命, 或生於形氣耳。今乃棄中間許多語脈, 而孤行首末隻句, 以就己說, 聽者果皆唯唯乎?

說者曰: "心也、性也、天也, 只是一原底物。故程子謂之'一理', 其實不可互換看。若可以互換看, 則亦可曰盡其性者, 知其心, 又可曰存性養天, 所以事心, 而坦然無阻礙乎?"
愚謂心之爲理, 以主宰與妙用言; 性之爲理, 以準則與實體言, 合而言之則命也。一理
之中, 自有條件。以一理言, 而未嘗遺却其條件; 以條件言, 而未嘗抛却其一理。所謂
"盡心、知性", 所謂"存心、養性、以事天", 言各有當, 而不害其爲一理也, 豈可取給於
口, 以互換看詰之乎?

釋氏之本心, 王氏之致良知, 只認他湛一精爽者爲主宰、妙用, 而更不知其裏面有妙用
之本體, 涵具實體、準則, 而爲之主宰。吾儒之以心爲理, 以言其主宰、妙用而包括性之
四德, 無時不照管。使夫實體、準則, 流行發出於日用云爲之間, 而形氣之私無不聽命。
此豈可同年而語乎? 孟子言"仁義之良心", 指心之本體也; "夜氣", 其湛一精爽者也。
人以湛一精爽爲本體之心, 而曰心靈於氣一層, 其亦矛盾乎聖賢之旨矣。"心者氣之精
爽", 是心之名位、字訓也; "心者理之主宰", 是心之本體、妙用也。二說并行不悖也。

心之主宰之妙, 初不在性分之外。以禮字言之, 偏言則是性之一目, 而爲恭敬、撙節底
道理; 專言則包乎四者, 還他是心之職。『大易』所謂"非禮不履", 夫子所謂"克己復禮",
是也。至若『書』所謂"以禮制心", 以之而制之者, 亦見其爲心之本體, 而心之職, 正是以
心使心, 正是自作主宰者也。豈可執此爲性師心弟之證乎?

『孟子』曰: "歸而求之, 自有餘師。" 朱子釋之曰: "性分之內, 萬理皆備, 隨處發見, 無不
可師。" 於此尤可見心之主宰、妙用, 初不在性分之外也。由其有條理者言, 則性也; 由
其爲統領者言, 則心也。心不外性, 性不外心, 此處正好玩究, 豈可以此爲性師心弟之
確證乎?

心性概言其界至, 則心氣也。若就性中, 消詳玩究, 則性之全體, 還他是心之職也, 主宰
妙用是也。性爲條件, 卽所謂"實體、準則"者也。於此可見心氣性理及心性一理之說,
各有發明, 不相妨碍也。具理者, 全體也; 所具者, 條件也。氣則其地盤也。天下無離氣
獨立之理, 心是何物, 獨能懸空耶?

以心爲氣, 以性爲理, 則心其界至, 而主宰、妙用, 同是性分中事, 此一說也。若就性中

分開說, 則實體、準則, 其性也; 主宰、妙用, 其心也。以心爲理, 正指此主宰、妙用之本體也, 非幷指其界至也, 此一說也。兩說初不相妨, 豈可以一說攻一說乎?

性之爲理, 是仁義禮智也; 心之爲理, 亦仁義禮智也。若有兩箇理, 然只就此一箇仁義禮智, 主大德言, 則心之理也; 主小德言, 則性之理也。仁是性之一目, 而專言則是心之全德, 主性情、宰萬事者, 亦是此性之仁也。義是性之一目, 而專言則是心之全德, 酬酢萬物而處其宜者, 亦只是此性之義也。禮、智亦然。

所謂"本心"者, 卽夫氣之湛一精爽, 而指其主宰者。『孟子』註"神明", 『大學』註"虛靈"是也。氣之湛一時, 循此理主宰之妙而無所違, 故氣得其本而無所昏, 豈可忘其主宰之理, 而直以湛一爲本心乎? 湛一謂氣之本則可, 謂本心則不可。

「간천잡록澗川雜録」(『重軒文集』卷8)

1) 서지사항

황철원이 귀신(鬼神)의 양능(良能) 등에 대하여 논한 글.『중헌문집』권8에 실려 있다.

2) 저자

황철원(黃澈源, 1878~1932)으로, 자는 경함(景涵), 호는 중헌(重軒) 또는 은구재(隱求齋)이다.

3) 내용

황철원은 노사(蘆沙) 기정진(奇正鎭, 1798~1879)의 직전 문인인 일신재(日新齋) 정의림(鄭義林, 1845~1910)과 노백헌(老栢軒) 정재규(鄭載圭, 1843~1911)에게 노사의 학문을 접했다. 장자(張子)의 "귀신은 두 기의 양능[鬼神者二氣之良能]"이라는 말에 대하여, 이 글에서는 양능은 리의 능사(能事)이고 기의 일이 아니며, 리는 본래 기와 분리되지 않고[不相離] 기와 섞이지 않으므로[不相雜] 기를 떠나 독립하는 리가 없으며, 리는 기의 주인이요 기의 법칙이며, 기는 리의 자취라고 풀이하였다. 또한『시경』의 "유물유칙(有物有則)"과『역경』의 "일음일양지위도(一陰一陽之謂道)"와『중용』의 "귀신(鬼神)"은 모두 "기에 나아가 리를 밝힌 것"이라고 설명하였다. 간재(艮齋) 전우(田愚, 1841~1922)가 신(神)을 오로지 기로 보아 그의『구산잡저』에서 "헤아릴 수 없는 신과 만물을 묘하게 하는 신을 기로 봄에 의심이 없다"라고 한 것에 대하여, 주자의 "리는 곧 신으로서 헤아릴 수 없는 것이다[理則神而不測]" 등을 인용하여 잘못됨을 지적하고 있다. 이어서 심과 성은 하나의 이치이나, 심은 전체이고 성은 조리이며, 심은 묘용이고 성은 준칙이므로, 심은 성을 통솔할 수 있으나 성은 심을 통솔할 수 없고, 심은 성을 알 수 있으나 성은 심을 알 수 없다고 하였다. 세유(世儒)들이 소강절(邵康節)의 "심은 성의 부곽이다[心者性之郛郭]"라는 말을 심즉기의 증거로 삼은 것에 대하여, 주자의 "부곽은 장횡거(張橫渠)의 심통성정(心統性情)과 같은 뜻"이라는 말을 인용하여, 부곽은 곧바로 주재로 보아도 잘못은 아니나, 소강절은 그 계분(界分)을 형용한 것이라고 하였다.『맹자』의 "개와 소, 사람의 본성이 다르다"에 대하여 이는 편전(偏全)이 있는 성을 말하며, 편전의 성은 바로 본연(本然)이고 일원(一原)이라고 하였다.

3-26-6 「澗川雜録」(『重軒文集』卷8)

張子曰: "鬼神者, 二氣之良能。" "良能", 余初以氣分事看, 以朱子所謂"屈伸往來, 是二氣自然能如此"一段爲證左矣。後更思之, "良能"是就其中, 指言其理之自然不離乎氣而不雜乎氣者, 則"良能"分明是理之能事, 而非氣分事也, 正朱子所謂"良能是說往來屈伸, 乃理之自然"者。乃若所謂"二氣自然能如此"云者, 是不離乎二氣, 而眞的言此理自然之能, 故其言如此。才曰自然、曰能, 皆理之主宰, 而非氣之自爲, 氣其輿衛而已。然則不曰理之良能, 而曰"二氣之良能", 何也? 曰: 理無離氣獨立之理, 理者氣之主也, 氣之則也; 氣者理之役也, 理之迹也。據役而明其主, 按迹而指其則, 豈非言有物、教有法之道乎? 『詩』曰"有物有則", 言物而則益明; 『易』曰"一陰一陽之謂道", 言陰陽而道益著; 『中庸』言"鬼神", 而明道之費隱, 則非明鬼神之氣也, 乃所以卽氣而明其理也。聖賢之明此道, 雖不雜氣言而亦不離氣言者, 其意豈不較然耶? 余之持此說久矣。後見勿溪先師答人問"以良能爲是理, 不是氣"。因以擧證于從遊之間, 則大爲不可, 曰"旣以二氣冒之上頭, 則良能只是氣分事, 良能之所以然乃理也"。余辨其不然, 卒不得歸一。後見重菴金先生之論, 昭然與溪訓合, 自不勝神悅而心醉也。其論曰: "良能是其妙用也, 實然之理也。所謂體物而不可遺也, 所謂微之顯, 誠之不可掩也。" 又曰: "凡曰理者, 皆卽氣而言, 理氣一而二, 二而一者也。故天之曰理, 卽夫蒼蒼者而言也; 鳶魚之曰理, 卽夫飛躍者而言也; 鬼神之曰理, 卽夫良能者而言也, 豈必別有離氣獨立者, 然後可名爲理乎?"【重菴說止此。】然則二氣之良能, 本是平坦語, 爲觀理之正眼, 豈可泥於二氣字, 以良能屬氣分事耶?

良能乃妙用之別號, 非有兩事也。程子曰: "以功用謂之鬼神, 以妙用謂之神。" 朱子曰: "功用言其氣, 妙用言其理。" 蓋妙用, 良能者也。神雖舍氣不得, 然言其眞體妙用, 則理之爲也。如功用之鬼神、魂魄之神, 是以氣言; 如陰陽不測之神、妙萬物之神, 以理言神。非有兩物, 而言其著, 言其微, 有此分別。若以良能爲氣, 則是以妙用爲氣也, 無乃戾乎朱子之意乎?

朱子「答杜仁仲」書曰: "神是理之發用, 而乘氣而出入者, 故『易』曰'神也者, 妙萬物而爲言者也’。今却將神字, 專作氣看則誤。" 蓋既曰“理之發用", 則理非神之體, 而神非理之用乎? 既曰“乘氣而出入", 則氣是神之僕役地盤, 非別有兀然獨立之神, 可知也。華西李先生所謂“理體而神用, 形而上之道也"者, 以是耳。二氣是所乘之氣, 而良能言其乘氣而出入者, 豈非理之發用乎, 豈非形而上之道乎?

近日艮齋田公以神專作氣字看, 其所謂『臼山雜著』一篇, 斷以不測之神、妙萬物之神, 作氣不疑。朱子所謂“理則神而不測", 所謂“神之爲物, 自是超然於形氣之表, 貫動靜而言, 其體常如是", 所謂“善應而不測, 實理之用"。神者卽理者, 田公其皆未之得見耶? 抑見之而急於立己說, 有所未暇顧耶? 蓋神者理之妙用, 在人則人之神明是也。田公既以神爲氣字之所獨, 則一氣字足以冒盡萬事萬物。而心之神明, 爲一身之主宰、萬事之綱領者, 脫不得氣字科臼, 逐以心專作形下一邊, 或恐其假以形上之名,【田公之言曰: “心之能事, 至於敬尊德性、義扶世教、鑄凡作聖、堅人參天, 其有功於人, 何如哉? 雖假以形上之名, 宜無可惜者, 而聖人之於心, 不指以爲道, 其謹嚴如此。"】何其謬哉?

心以名目、界至言, 則形也,【醫書所謂“七竅、五竅、未敷蓮花", 『語類』所謂“鷄心猪心切開"之類。】氣也;【朱子所謂“氣之精爽"之類。】以本體、妙用言, 則神也,【『孟子』盡心章『集註』“人之神明"及他所謂“知覺不昧"之類。】理也。【孟子以仁義禮智爲心, 程子曰: “心也、性也、天也, 一理也。"】當隨其地頭看之, 而形上、形下之分, 亦甚段落矣。然心之得名, 以主乎身而言, 則其眞面骨子在神、理, 而不在形、氣也。身者, 形氣之總名。才曰身, 則七竅五竅之形、湛一精爽之氣, 皆包在矣, 非別有心之氣質兀立於一身之外, 如東儒之說也。【東儒有以心之氣、形氣之氣, 判爲二物, 曰“人身氣質, 何能賢愚人? 蓋其意以爲人身氣質、血肉之塊, 別有心之氣質, 乃賢愚所關"。】然則心之主乎身者, 非神理之主乎形氣者耶? 『孟子集註』人之神明在心者之下, 可見其倂人而言心, 然其所指之本旨, 則在乎神明也。人卽身也, 神明乃主宰, 此形氣者也, 人外無神明, 神明非離人而獨立。“人之神明"人字, 非所謂“神明之舍"之舍字耶? 以此言之, 神明豈可以一氣字目之耶? 若以神明爲氣, 而又有所舍之氣, 則的是有一箇心之氣, 以形氣之氣爲舍也, 可乎哉? 重菴先生曰: “神有以氣看處, 有以理看處, 隨其立言地頭, 不可執一。" 又曰: “虛靈以名目言, 則氣之精爽; 以主宰言, 則理之全部。" 如此說, 方可得聖賢立言之意, 今以神明、虛靈專屬之氣者, 未知何以也。

『語類』曰: "虛靈, 理氣之合。"【北溪錄。】須於理氣合處看, 得理主氣役方好。蓋虛靈, 以界至言, 則舍氣不得, 然其本體, 則理之妙用也, 故有以氣言者, 有以理言者。勿溪先師所謂"靈是氣分事", 然本非有形質確定底字, 亦可以狀理之妙,【周子『圖說』始言"無極之眞", 至於"人極"則言"最靈", 朱子以爲"純粹至善之性也", 『通書』言"非靈不瑩", 朱子以爲"此言理也, 非人心、太極之至靈, 孰能明之?"】是也。『語類』問"虛靈不昧是氣?" 朱子曰: "不是氣。"世儒見此, 猶不信焉, 則宜其後賢之言無所補也。

以虛靈之全部言, 則所謂"只此靈也, 便能主宰, 便能妙用, 便能具衆理, 便應萬事", 靈爲心之本旨, 心之骨子者, 豈不是明白, 豈不是渾圓, 豈不是朱子之意? 但以靈專作氣之精爽, 以主宰爲氣所參涉, 以妙用不專屬於理, 則所謂"具衆理、應萬事"者, 畢竟不免歸重於氣。或易貽艮齋之弊, 遂宛轉挑出所以虛靈之理於虛靈之上, 以性爲原頭主宰, 而以心之靈爲當體主宰, 方寸之間, 不勝其淆雜, 而虛靈爲不光鮮之物。此勿溪先師所以極力辨明, 不少回避者也。

心也、性也, 一理也, 心外無性, 性外無心。然心全體也, 性其條理也; 心妙用也, 性其準則也; 心大德也, 性其小德也, 朱子所謂"性可逐事言, 心則擧全體"者也。以全體言, 而條理不外焉; 以妙用言, 而準則不外焉; 以大德言, 而小德不外焉。故心能統性, 而性不能統心; 心能主宰此性, 而性不能主宰此心; 心能知性, 而性不能知心; 心能盡性, 而性不能盡心。此蘗翁、重翁及我先師之苦口講明者也。今欲以性別立原頭主宰, 則非所謂"無位眞人"者耶? 若或引性爲之主, 而陰陽五行爲之經緯錯綜者言, 則是乃天地邊說, 非人心上說也。然性爲之主者, 亦指其陰陽不測之神、妙萬物之神, 在人則人之神明是也。天人豈有二致哉?

或問: 朱子曰"性是太極渾然之體", 而今云"性是條理"者, 何也? 曰"此義也, 重翁已言之詳矣。重翁曰: '就此性之全體, 討出主宰妙用, 還他是心, 則與性相對, 見心全而性分, 心綱而性目。' 此非重翁之創新立異, 於『孟子』可考也。『孟子』曰: '惻隱之心, 仁也; 羞惡之心, 義也; 辭讓之心, 禮也; 是非之心, 智也。' 心, 一心也, 而其目有曰仁、曰義、曰禮、曰智之分。以仁惻隱, 以義羞惡, 以禮辭讓, 以智是非者, 非心之主宰、妙用乎? 此可見心全性分之義也。『集註』又以心統性情釋之, 則尤明白矣。重翁又曰: '就性體討得主宰、妙用者, 是如何? 程子不曰仁專言則包四者乎? 仁是心之全德, 包四者在其中。故仲尼只說一箇仁, 而性之全體悉擧而無遺, 此非性之四德其主宰、妙用還在於仁乎?' 重菴此說, 『孟子』又可考也。『孟子』曰: '惻隱之心, 仁。' 此則程子所謂'偏言則一事'者, 非性爲目者乎? 『孟子』旣統而言之曰'人皆有不忍人之心'。此則程子所謂'專言則包四'者(者)[32], 正所謂'性之四德, 其主宰、妙用還在仁'者也。重翁之言, 可謂質諸聖賢而無疑也。"

邵子曰: "心者, 性之郛郭。" 世之以心爲氣者, 皆以此爲的證確案。然以余料之, 郛郭不可全作匡郭地盤看。『語類』謂"心者性之郛郭, 與張子心統性情同義"云, 則心統性情之心, 是以理言, 非以氣言, 郛郭只言其統之之義。蓋心統性情, 是心主宰性情者也。朱子旣云"郛郭與統性情同"云, 則直作主宰看, 亦非過也。嘗擧質于先師, 答曰: "郛郭是說心之地盤。" 愚亦尋常看得如此。昔年與郭俛宇論此, 俛宇說與今日景涵之見相似, 愚切笑之, 是在二十年前。而數年前反復思之, 則郛郭亦不可做匡郭看, 下句"性者道之形體, 性何嘗有形體?" 而以其條理確實、發見昭著而謂之形體, 蓋借而論之也。郛郭寧獨不然乎? 特以涵具衆理而名之耳, 直以爲主宰之意, 則亦非康節之意, 康節但形容其界分。往在庚戌冬, 進拜勿溪, 語及于此。余問曰: "直以郛郭作主宰而已, 則信非康節意。然以朱子所謂'心統性情同義'之意看之, 兼主宰義在其中。" 先師曰: "是。" 及歸, 更取先師所嘗答書, 而深思之, 則先師旣云"以條理確實、發見昭著謂形體", 則以全體大綱、主宰妙用爲郛郭者, 無疑也。所謂"涵具衆理"者, 非謂以匡郭地盤, 而具此理如一器上貯一水也, 正如『大學』註"虛靈之具衆理", 『孟子』註"神明之具衆理"具字同。蓋言其以一理涵萬理之名, 重翁所謂"身具百體, 手具五指"者是也。虛靈神明衆理之具字, 是言其主宰、妙用之實, 郛郭寧獨無其義乎?

余初以聰明睿知, 作聖人之資質氣質看, 問於人, 亦多然之, 考諸東儒講說, 亦多有如此者。後更思之, 自覺未安。朱子釋"有物有則"曰: "有耳目則有聰明之德。" 聰明之德, 可以氣質言乎? 朱子又曰: "有父子則有慈孝之心。" 慈孝之心, 卽則也、睿知也, 可以氣質言乎? 『中庸章句』又以聰明睿知, 并仁義禮智爲五者之德, 尤無可疑者, 遂以是爲歸

宿矣。及觀重翁說, 發明此義, 極其消詳, 曷不慰悅? 重翁又曰: "朱子曰'在心喚做理', 此見心是物、性是則也。然此言其大概耳。若就中細看, 則心之睿知, 已是心之則也, 性既心之則, 而睿知又爲心之則, 一心若有二則。然混淪說, 則心之睿知, 亦性分中事, 而同謂之則。分開說, 則性是實體, 而睿知其妙用也; 性是準則, 而睿知其主宰也。『中庸章句』幷睿知與性爲五德, 小註饒氏謂'就五者而論, 則睿知又是小德之大德', 此可見心性分屬大德小德也。" 此等語非近世之隻見耶? 或問: "『中庸章句』分明言'聰明睿知, (生之質)[生知之質]'[33], 質非資質氣質乎?" 曰: "先師曰: '聰明睿知, 固以資禀言之, 然所貴乎資禀, 以其德之全也。生知亦非資禀上說耶? 生知者氣禀淸明, 而義理昭著。無它義理昭著一段事, 則奚貴乎生知? 然則以聰明睿知謂之德, 有何不可? 於此一段可了了矣。' 金三淵以虛靈不昧爲明德, 而以性情爲明德之所包, 重翁辨之曰: '若是, 則明德爲性情之外面皮殼', 是也。" 大抵包之爲言, 如『易』所謂"以杞包瓜", 杞自杞, 瓜自瓜, 特包其外面而已。此意一轉, 其不以明德爲形而下者幾希。殆哉殆哉! 任全齋以明德形而下之說爲一生命脈, 其論「大學補傳」云: "吾心、衆物, 是形而下; 全體大用、表裏精粗, 是形而上。" 爲此語者, 蓋欲證明德之爲氣也。重翁譏之曰: "華翁謂這二句, '以氣看時, 字字是氣, 以理看時, 字字是理', 此則以物外更討表裏精粗不得, 心外更討全體大用不得也。" 大抵心之界至氣也, 而本體則理也; 物之名目氣也, 而本體則理也; 物之名目氣也, 而其則則理也。華翁所謂以氣看云云, 蓋言其大概, 而欲人就此大概, 求其本體, 求其準則。所謂以理看者, 其本旨也。至若重翁所謂"更討不得"者, 則可爲全齋對證之藥爾。嘗聞先師之言曰: "衆物之表裏精粗, 猶言衆物之理表裏精粗也。" 經傳中凡言"物"者, 皆物理也; "明乎庶物", 明乎庶物之理也; 言"有物", 言有實理也。"格物、物格"皆然, 以此訓觀之, 尤豈有難曉哉?

朱子曰: "天命之謂性, 則通天下一性, 何相近之有? 言相近者, 是指氣質之性而言。『孟子』所謂'犬牛人性之殊'者, 亦指此而言也。" 今按犬牛人性, 是言人物偏全之性, 偏全之性, 卽本然, 卽一原也。蘆沙先生曰: "『大學或問』'以理言之, 則萬物一原, 固無人物貴賤之殊'一節, 所謂'挑出而言其妙, 理一爲主'者也。'以氣言之, 則得其正且通者爲人, 得其偏且塞者爲物'一節, 所謂'卽氣以指其實, 分殊爲主'者也。" 又曰: "挑出則理本

33) (生之質)[生知之質]: 저본에는 '生之質'로 되어있으나 『中庸章句』에 근거하여 '生知之質'로 수정하였다.

一, 故理一爲主, 而萬殊含於其中。卽氣則氣已分, 故分殊爲主, 而理一存乎其間, 自是話有兩般, 何曾性有多層?” 又曰: “道是形而上者, 聖人不離形氣而言之, 『或問』之意, 初如是。故旣從陰陽五行說來, 言其綱理之一般, 繼以陰陽五行之偏全, 言其條件之不同。一時事而先後言之, 有何可疑之端乎?” 以此訓觀之, 則偏全爲本然, 無疑矣。而朱子說如此, 蓋嘗有疑于心, 而質于先師, 答曰: “以犬牛人之性有言氣質, 性者就一原上分別, 其截然不同之說也, 與程、張所言之本意不同。若排空而欲其相通, 未知其可也。” 遂以此訓服膺者久矣。今看重翁說, 乃曰: “就氣質上單指理, 則本然之性也; 兼指氣, 則氣質之性也。人之性善, 指本然而言; 犬牛人性不同, 指氣質而言也。語本然, 則人之與物、聖之與愚, 無所不同; 語氣質, 則通蔽、開塞、偏全、厚薄, 無所不異也。” 重翁此說, 恐更當細細商量。『孟子』所謂“犬牛人之性”此人字, 卽人之性善之人也, 豈是兩人乎? 以偏全之性爲氣質, 而別求一原本然之性者, 湖、洛家痼瘼, 而重翁之說如此, 何也? 張子所謂“凡物莫不有是性”性字, 天命之性也, 由通蔽、開塞, 所以有人物之別。是就“凡物莫不有”上, 言人物之大分, 如『大學或問』所言正通偏塞也。蘆翁所謂“所言乎氣”者, 乃所指則在乎理之偏全者也。由蔽有厚薄, 故有知愚之別。是就人物大分上, 言知愚生禀之異也, 性雖無不同, 而發用有此不同, 則固緣氣禀之美惡用事耳。是以有善反之功也。『中庸章句』“氣禀或異, 故不能無過不及之差”者是也。其條理次第, 不其瞭然乎? 重翁以通蔽、開塞爲氣質之性, 而別討人、物、聖、愚所同本然之性於本然之上, 同者自同, 異終無會同之期, 豈非可疑者耶? 恨吾一生索居, 未得就質於易簀之前也。

佳川國席『日誌錄』曰: “魏龍奎曰: ‘昔聞李南坡與蘆沙先生論夫婦有別, 南坡以一夫婦居內居外之義言之。先生曰: 非也。此是人人夫婦各有定偶而不亂之義也。是以有曰夫婦有別, 然後父子親。又曰: 禽獸知有母而不知有父, 以其無別。’ 余從來亦如南坡之見, 摳衣之日未及聞, 至山頹後十年, 始聞先師定論。”【止】蘆沙先生所論, 正是『詩』「關雎」集傳所謂“生有定偶而不相亂, 偶常幷遊而不相狎, 故『毛傳』以爲‘摯而有別’”者也。國席偶未之曾入思量, 故特著而誌感也。

「영호유록강의변嶺湖遊錄講疑辨」(『重軒文集』卷8)

해제

1) 서지사항

황철원이 영호유록강(嶺湖遊錄講)에서 의심나는 것에 대해 변론한 글. 『중헌문집』 권8에 실려 있다.

2) 저자

황철원(黃澈源, 1878~1932)으로, 자는 경함(景涵), 호는 중헌(重軒) 또는 은구재(隱求齋)이다.

3) 내용

황철원은 노사(蘆沙) 기정진(奇正鎭, 1798~1879)의 직전 문인인 일신재(日新齋) 정의림(鄭義林, 1845~1910)과 노백헌(老栢軒) 정재규(鄭載圭, 1843~1911)에게 노사의 학문을 접했다. 이 글은 경전의 여러 구절들과 성리학의 여러 논점들에 대해 황철원이 다른 사람들의 견해를 비판하면서 자신의 견해를 제시하는 형식으로, 총 13개 조목으로 구성되어 있다. 그 중에 몇 조목의 내용을 소개하면 다음과 같다. 우선 "물리의 극처에 이르지 않음이 없다[物理之極處無不到]"의 도(到)를 리가 이르는 것으로 본 것에는 동의하나, "리가 본래 사물에 있으므로 궁구하여 극처에 이른다"라는 해석은 활연관통(豁然貫通)의 묘(妙)에 부족하다고 지적하였다. 또한 "인심의 조존극복(操存克復)은 천리의 주재처이며, 천리는 바로 인심의 본체이다"라고 설명한 다음, "조(操)는 공부이며 기이고, 이를 통해 보존하는 것은 리이다"라는 주장에 대하여 "조(操)는 리의 주재이며, 이를 통해 보존하는 것은 리의 준칙이니, 이 리의 주재로 리의 준칙을 보존하는 것이니 무슨 의심이 있겠는가?"라고 설명하였다. 또한 "능히 지각하는 것은 기의 허령함이며, 지각되는 것은 마음의 이치이다[能覺者氣之靈, 所覺者心之理]"라는 말에 대해 능동과 수동의 관점에서 설명하면서 능각(能覺)과 소각(所覺)에 대한 여러 학자들의 설명을 비판적으로 검토하였다. 또한 『대학』의 "혈구(絜矩)"에 대하여, 혈구는 서(恕)를 행하는 다른 명칭이고 "곱자를 가지고 헤아린다"는 것은 『대학』 전문(傳文)의 정확한 뜻임을 강조하고 있다. 또한 간재의 "심이 비록 기에 속하나 기질과는 정밀한 것과 거친 것의 구분이 있고, 비록 리와 간격이 없으나 태극과는 참된 것과 허령한 것의 구분이 있다"는 말에 대하여 계장(溪丈)이 "간재의 뜻은 심을 기에 돌리고자 하면서 혹 마음에 불안함이 있어 논리가 일정하지 않다"고 평했거니와, 이에 대해 황철원은 "간재는 심을 기로 여기면서, 천성(千聖)의 가르침을 홀로 깨달은 것처럼 자처하고 있다"고 비판하였다. 또한 주자가 항상 성(性)을 논할 때 복초(復初)를 주장한 반면 부동심장(不動心章)에서는 기(氣)를 논하면서 복초를 말한 것에 대해, "성(性)은 성범(聖凡)이 같으나, 기는 부여받은 것이 천차만별이다. 중인(衆人)이 호연지기를 온전히 얻었겠는가? 그러나 이미 복초라고 말했으니, 같지 않은 가운데 모두 호연지기가 있는 것이다. 간재가 본연지기와 기질지기를 말한 것은 여기에서 연유한 것이다. 기의 복초는 지언(知言)과 집의(集義)에서 말미암는 것이요, 성의 복초는 변화기질(變化氣質)에서 말미암는 것이니, 그 이치는 애초에 다르지 않다. 그런데 어찌 '성에도 하나의 본연이 있고, 기에도 하나의 본연이 있어서, 두 개의 본연이 각각 별도로 말미암는다'고 말할 수 있겠는가?"라고 비판하였다. 요컨대 "성인의 학문은 변화기질을 궁극의 법으로 삼아서 다른 것을 변화시켜 같은 것으로 되돌리는 것"인데, 간재는 같은 것을 잊어버리고 다른 것을 주장하여 성의 본연 외에 기의 본연을 별도로 세움으로써 "두 개의 본령을 만들었다"는 비판이다.

3-26-7 「嶺湖遊錄講疑辨」(『重軒文集』卷8)

"物理之極處, 無不到"到字, 盛論以理到言, 固是。但未知到者是物理之到于此心耶？ 尤翁所謂"物之理已盡, 而更無可格"云者耶？以吾之見, 物之理、吾心之理, 只是一貫, 心理, 全體也; 物理, 條件也。所謂到者, 固非心之到於物, 亦非物理之到於心也。只是心無內外, 物我一理, 事物之理, 本具吾心。昔爲氣所昏, 有所不透, 今乃豁然貫通, 卽此而在。所謂到, 如精到之到、懇到之到, 非眞有彼此來到之勢, 而從外襲而入也。朱子所謂"無不到"、"無不明", 只是豁然貫通中事, 非到自彼而明於此也。然則所謂"物之理已盡", 是吾心之理已盡也, 只爲一事, 而但有主乎零碎、主乎全體之不同耳。金莊仲所謂"今日格一理, 明日格一理, 及其極, 而一朝怳然貫通焉, 則心與理爲一, 而如到來眼前"之說, 最好看。盛論所謂"理本在事物, 而窮究至十分極處"者, 終未盡乎豁然貫通之妙。所謂"以『章句』'窮至'與'欲其'之意看之, 則使之到者是心"云者, 是在今日格、明日格之工夫, 而非"無不到"到字意也。所引"心向到物"之說, 亦然。

"心統性情", 崔雲擧引『語類』"如將統卒"之句, 誠得朱子之意。大抵統字, 亦是統合也, 統合, 便是主宰也。松山嘗有書曰: "'心統性情'統字, 是統合之意。朱子以此統字謂統合之意者多矣。" 因此而考『語類』, 有曰: "陳淳問'心是郛郭, 便包了性否？' 先生首肯曰'是也。如橫渠心統性情一句, 乃不易之論'。" 觀此則統非統合之義耶？所謂包字, 非以殼包子也, 只是涵具之義, 卽所謂統也。涵具與統, 旣無異義, 則涵具中亦有主宰, 不其明甚耶？"'心統性情', 不若'心者性情之統名'", 是蔡西山說, 而朱子稱誦於門人者也。盛論直以艾山曰冠之, 恐未考也。且朱子之意, 蓋欲極口發明"心統性情"一句, 而有此言, 以明心外無性情也。盛論駁雲擧引"如將統卒"之句曰: "統非統率之統", 未知何以也。

雲擧曰: "四端亦有不中節時。" 此說如何看之？盛論曰: "四端七情之善一邊, 豈有四端之不中節乎？" 栗溪說曰: "四端卽道心之條目, 道心卽四端之總名, 道心無過不及, 四端豈有過不及乎？" 二說皆得正義, 然則朱子所謂"四端亦有不善"之說, 可廢乎？蓋聞四端發之始也, 始無不善, 而流而或爲不善, 就他不善上, 究其苗脈, 則卽是四端之發, 朱子之云恐以此也。四七雖非兩情, 而自發後分別言之, 則面貌不同, 苗脈各異。四端雖流而不善, 其發之初則四端也; 七情雖順而爲善, 其發之初則七情也, 不可以末梢之善不善, 換却其所發之苗脈也。其所發之理則一, 而其發之之機則不同故也。此又不可不知也。

太極圖圈, 不可以象求之, 而但因象而以意會之, 識其妙可也。故曰"位虛理實", 四字足以盡之。五層圈子, 皆一味白淡淡底, 圓足無欠缺底, 而未嘗實有層等確定, 故不可以實理埋却虛位, 亦不可以虛位揜却實理也。今觀金橘隱【瀏】所著『太極圖說』, 正不勝其可疑者也。其論上面一圈子爲一箇圓樣之物之意曰: "太極之理圓, 故天地之體圓, 天地之體圓, 故萬物之形圓。在天則日月之輪、星辰之象, 在在皆圓; 在地則草木之果、魚鳥之卵, 箇箇亦圓, 此皆本於太極而各具一極者也。"云。其所以劈頭言"太極之理圓"五字, 見於何書耶? "理圓而語滯"云者, 只對滯而言故也; "圓足無欠缺"云者, 只形容其無欠缺之意也, 非眞有一箇圓樣理也。此乃權上里所謂"太極之理, 圓通不拘, 可如此, 又可如彼"者也。"太極之理, 似圓通而實方嚴, 如此者必如此, 如彼者必如彼", 非蘆山之明訓耶? 一線墨子圓, 圓而畫之者, 只欲明其未形已具、已具無眹之義, 作圖之勢, 不得不爾。位甚虛而理甚實, 不離乎圓而方者藏焉, 不離乎方而圓者蘊焉。長短、廣狹、尖斜、曲直之理, 無不完備, 不可以一線墨子而分其內外也、小大也。橘隱以一泉墨子圓, 畫之粗形, 把作太極之理, 欲冒之天地萬物之上, 豈可得耶? 天圓而地方, 天地亦有未盡圓者。天地之間, 林叢、藝職, 不圓者有萬, 只以輪、象、果、卵冒之, 未足以償其九分之不圓也, 豈爲名實相稱耶? 周子以二氣五行、男女萬物, 莫非太極之實相, 故畫出五圈字, 以明其一原無間之理, 而總而爲說曰"『太極圖說』", 此爲亘萬古不易之論也。橘隱只以上一圈子作太極, 別作說而名之曰"『太極圖說』", 此吾之最所未曉者也。統體者, 各具之全也; 各具者, 統體之分也。今只以一箇形體之圓, 而曰"本於太極而各具一性", 則各具上別有一箇懸空底太極耶? 以挑出在上者爲太極之圈, 而第二圈爲陰陽圈, 亦異乎吾所聞矣。蓋第一圈是挑出者, 而第二圈是太極之實相, 圖解以"易有太極"爲一圖之總結, 而曰"易有太極", 此之謂也, 豈可以第一圈爲太極圈, 第二圈爲陰陽圈乎? 究其爲說, 的爲主氣之學耳, 初不必多辨, 而盛論反深服其說, 何也?

盛論頭戴橘隱"太極圈子爲一箇圓樣"之義, 而推明之, 略曰: "取諸人則心爲太極, 而未敷蓮花之象, 亦一圈子之圓也。" 此段大可疑也。七竅五竅、未敷蓮花, 是周身氣質爲血肉之塊者也, 心之地盤也。心爲太極, 言其總會主宰之本體也。昭然一體, 而上下主資之分, 有不可毫忽紊者, 而今乃欲躐冠作屨, 何也? 此是大本領、大頭腦處, 不意高明之偶失照管如此也。

盛論曰: "人身四肢百體、大小曲直之不同, 而皆統於頭顱之下; 草木枝條葉芽、長短廣狹之不同, 而皆生於種子之下。頭顱之圓、種子之圓, 亦莫非太極圈子之圓而一本萬殊之理也。故曰太極者, 萬有之種子。" 此段亦屬可疑。大抵"頭顱"、"種子", 何莫非太極之理? 但只以圈子之圓, 而爲一本萬殊之理而已, 則正不脫於數一二辨黑白之眼目, 而去理之本面遠矣。陰陽互藏、方圓相涵, 不以人力而聚成, 故萬化之氣, 由此而生。有頭顱便與足方對, 至如頭顱有平廣者、長狹者, 耳目口鼻具於頭顱, 而耳輪圍而曲, 目睫尖而殺, 口脣橫而露, 鼻柱堅而長。種子之結果, 生於長枝方葉, 而種子有圓轉者、有短尖者、橫博者、欹斜者、判向者, 形形色色, 莫非理之等差也, 此皆一圈子之形, 圓而後變, 變而後成看耶?【圓而後變, 變而後成, 八字, 橘隱說。】此等辨論, 甚粗淺支離, 終日言之, 不滿一蛤殼, 還自呵呵。

"氣之順理而行, 氣行卽理行也, 主之所向, 僕無不往, 而僕任其勞, 主居其功。故言乾道變化, 未嘗言乘氣變化; 言逝者如斯, 未嘗言乘氣如斯。氣只是此理流行之手脚也。" 此蘆山苦心發明處也。在天如此, 在人寧獨不然乎? 人心之操存克復, 卽天理之主宰者也, 天理卽人心之本體也。景晦曰: "此是工夫上說, 無理氣之別, 無已則兼理氣可也。功夫上用力氣也, 而其所以然者理也。"云, 兼之一字, 已昧主僕之分, 而駕出所以然, 恐遠矣。卽此操存克復, 便是理之主宰處, 命者理, 而用力者不過僕任其勞而已。言乾道變化, 曷嘗言用力者氣, 曷嘗言所以然者理乎? 若曰"人心主宰之妙, 是卽乾道變化者, 而操存克復, 不可一例看"云, 則是人心主宰之外, 別有操存克復也。朱子以"心之神明不測"言於操存, 何也? 盛論曰: "操是用功, 是氣也, 而其存者則理也。" 此段亦屬可疑。蓋操者理之主宰也, 其存者則理之準則也, 以此理之主宰, 存此準則, 有何疑乎? 氣則乃僕任其勞者也。溪丈以景晦說及盛論皆爲未當者, 甚是甚是。溪丈曰: "以操與克爲氣, 則是以心爲氣之說也。程子曰'其操之也, 敬以直內而已', 朱子曰'克去己私', 則操與克其皆非心乎? 若以操與克爲氣, 則是以氣而操心克私也, 果成說乎?" 此說正覺分明, 無可疑, 而(而)[34]盛辨"曰非、曰不是, 而於氣亦太恕, 又曰奚獨離氣而理自爲耶?"

蓋緣溪丈未及言僕任其勞一段事, 所以致盛辨之疑也.

問: "知覺, 是心之靈固如此, 抑氣之爲耶?" 朱子曰: "不專是氣, 先有知覺之理. 理未知覺, 氣聚成形, 理與氣合, 便能知覺." 俛宇曰: "未字可見. 故朱子曰'氣之精英者爲神, 水火金木土非神, 所以爲水火金木土是神. 在人則爲理, 仁義禮智是也. 神卽理也, 靈卽神也'." 此說與勿溪說符合. 勿溪曰: "'理未知覺'未字, 是下句'便能知覺'能字之對也." 未是將然之辭, 與無字、不字不同. 所謂"便能知覺"者, 以其有將然而未然者故耳. 知覺之未發, 是智; 智之已發, 是知覺, 故朱子曰'知覺乃智之事', 此不其分曉耶?

能覺者, 氣之靈; 所覺者, 心之理. 俛宇曰: "此所字, 若以所以看, 則朱子當初下一以字. 今無以字, 而添入二字意看, 則決非文法."云. 此所字, 往年, 余看作能所之所, 而見許於先師者也. 俛論如是, 益可信也. 抑有一說焉. 重庵曰: "所覺所字, 指所以能知、能覺也, 與能所之所不同. 心之理, 指心之妙處而言也. 若以此所字爲能所之所, 以此理字泛作事物當然之則, 而以此知覺偏屬之氣, 則失之矣. 知覺固氣之靈也, 而其所以能知覺, 則乃理之妙處也. 朱子又曰'知覺, 智之事', 此又太煞分明." 先師與重庵之論, 無不相符, 而此所字獨異, 何也? 蓋作所以知覺看, 則是主乎本有之理, 而爲知覺之體者也; 作所知覺看, 則主乎事物之理, 而爲知覺之用者也. 重庵以心之妙處言者, 非主乎知覺之體耶? 與世人挑出一層所以於本體之上, 大不同也. 然則二先生言所字不同, 而其理則似未始不同也, 亦不害爲仁、知之異見也. 昔年, 余嘗有書于景晦曰: "性是理之實體、準則, 心是理之主宰、妙用. 所覺之所字, 以主宰看, 謂之所以如重庵之論, 有何害乎? 蓋性爲太極, 以實體、準則言; 心爲太極, 以主宰、妙用言. 所覺以心爲太極看, 則雖作所以, 亦似可矣, 亦非世儒以性爲主宰之說也." 景晦答曰: "如重庵之論, 果似無害云. 第未知他人見之果如何也." 大抵重庵說, 恐亦自爲一說而不相害也, 其於朱子立文之本意, 未知爲如何也. 能覺者, 氣之靈之能, 及便能知覺之能, 正是理之主宰, 而氣特其資助也. 盛論曰"靈是理之妙用", 而俛宇曰"然者", 此也. 世人以能爲氣者, 曷足以知此哉? 蓋聞能何必硬做氣邊看, 理自有神, 便是能處. 『中庸或問』曰: "未發之中, 但有能知覺者, 而未有所知覺." 「答陳安卿」書, 又以能然、所以然, 皆爲理,

---

34) (而): 연문으로 처리하였다.

可見也。溪丈曰: "詳究文義, 則既曰'理未知覺', 而此曰'理與氣合便能知覺', 此以理爲主而言也。然則能字屬之理也。能覺者不曰氣, 而曰氣之靈, 則靈是能之主也。以靈爲氣, 則能是氣也, 而以靈爲理, 則能之爲理, 其不分明乎?" 此說甚覺分明。盛辨曰: "理主氣資, 故以靈爲理之妙用, 而爲能之主。"云者, 正是這意。

『大學』絜矩二字, 『諺解』有倒句之嫌。盛論曰: "絜호되矩로, 則是由體而達用說; 絜하야矩케, 則是由用而推體說。" 溪丈曰: "未詳其意。蓋絜호되矩로, 則是度物以矩之意也; 絜하야矩케, 則是度物而得其方之意也。度物, 用也; 矩, 體也。是由用而見其體, 度物而得其方, 皆用也。是言用而不言體。"云。第以鄙見, 則兩說各有所主, 不相妨也。盛論主其理而釋其文, 故曰"由用而見其體", 言用而不言體, 其意也切。且聞『章句』中, 已含"絜而矩之"及"絜之以矩"之兩義, 曰: "因其所同, 推而度物", 其所同者心也, 卽矩也。以人己之所同者推之, 此絜之以矩之意也, 卽朱子所謂"矩者心"之說也。推以度物者, 絜之謂也; 上下四方均齊方正者, 矩之謂也。此絜而矩之意也, 卽所謂"度物而得其方"之說也。然絜矩, 是行恕之異名; 絜之以矩, 是傳文正意也。今不講正意之所在, 而徒以體用相左右袒者, 何也?

"文王作興"興字, 鄧林退庵曰: "作是起在西伯之位, 興是奮然感發意。" 又曰: "聞文王作爲西伯, 於是奮然興。鄭愚伏使上國看唐板, 亦以興屬下句。" 陶庵曰: "作之一字已足, 不須更下興字。" 若以興起之義屬諸伯夷、太公, 則頗覺有味。朱子所謂'作興皆起'云者, 固已屬於文王及二老, 而意者先說縷縷如此, 可知柳眞一齋崇祖所著『諺解』讀屬上句之誤也。盛論曰: "作是方百里起之時也, 興是三分天下有其二之時也。作、興俱是文王事, 溪丈以爲近於穿鑿者是矣。"
艮齋曰: "心雖涉乎氣分, 與氣質有精粗之分; 雖與理無間, 而與太極有眞靈之辨。" 溪丈辨之曰: "心者合理氣而得名, 以理言處以理看, 以氣言處以氣看, 方是不偏。曰'涉於氣分', 則涉非專是氣; 曰'與理無間', 則無間非專是理。天下之物無出於理氣之外, 心是何物, 而不爲氣而只涉於氣, 不爲理而只與理無間耶? 蓋其意正欲歸心於氣, 而容有不安於心者, 故有倒東倒西之論也。盛論所謂'辨駁痛快'者誠是矣。" 而以余觀之, 則"正欲歸心於氣"一段, 正得艮說之意。但"容有不安於心"一段, 似未盡識艮齋也。艮齋以心爲氣, 自以爲得千聖獨得之妙, 自以爲獨契, 刊布其說而播之四方, 有何不安, 有何倒東倒西乎? 非謂溪丈不識心, 正謂未盡識艮齋也。其謂"與氣質有精粗之分"者, 正欲以本然之氣當本心也。天下無兩本然。理也者, 氣之本也。若就氣上別討箇本然之氣, 指以爲心之本體, 其動靜運用, 不關由於理之本然, 而自爲一身之主、萬事之綱, 則是天下有二本也。吾之所聞如此而已。其所謂"有眞靈之辨"者, 亦以靈專作氣, 而爲心是氣之證也。靈與眞固亦有辨。朱子曰: "氣中自有箇靈底物事。" 蓋形氣凝聚, 便有精神、魂魄, 爲此心之運用, 卽所謂"靈底物事"。大抵靈是氣分事, 然本非形質確定底字, 亦可以狀理之妙用。故周子『圖說』始言"無極之眞", 至於"人極"則言"最靈", 朱子以爲"純粹至善之性也"。『通書』又言: "非靈不瑩。" 朱子又以爲"此言理也, 非人心太極之至靈, 孰能明之?" 又有問: "虛靈不昧是氣?" 曰: "不是氣處則言理處, 亦使靈字亦不可硬做氣邊看。" 吾之所聞如此而已。且"心合理氣"合者, 若以爲心者性情之總名。而苟無是氣, 則靜無所搭, 動無所乘, 儲載、運用, 未始相離, 故曰合, 則吾儒之合也。若以爲心者本然之氣湛一精爽者也, 以其本然之氣, 具那性、運那情, 故合則氣之能具、能運者爲主, 而性情之爲他所具、所應者, 爲塊然寄寓之物, 艮齋之所謂合也。吾之所聞如此而已。

朱子每於性上言復初, 而獨於不動心章, 就氣上言之。性則聖凡無異, 而氣則所稟不齊, 浩然之氣, 豈衆人之所得全哉? 然旣曰復初, 則不齊之中, 亦皆有浩然之氣也。艮齋言"本然之氣、氣質之氣", 緣是也。吾之所聞則不如是。復初二字, 理實而名虛, 初非性上說, 亦非氣上說, 只是反其本體之名。然氣之復初, 由於"知言"、"集義"; 性之復初, 由於"變化氣質", 則其理又初不異也, 豈可謂性自有一本然, 氣自有一本然, 兩箇本然, 各自關由乎? 浩氣, 是義積于中, 而自然發生, 朱子所謂"根於理而日生"者也。然則『孟子』"集義所生"生字之發生于中, 非氣之本體在中發生也, 亦非謂體雖餒, 而氣之本體未嘗息而存乎中, 因集義而發生也。自乏而餒者言之, 謂之始生, 亦得。旣餒矣, 則是氣已屈矣。旣屈之氣, 豈有輪回而爲方伸之氣? 惟理無間, 故氣雖乏, 而理之根於心者, 未嘗息。所行事事合理, 則義積于中, 而是氣乃生。自養而浩然者言之, 謂之復初, 亦得。謂還他有生所稟之厥初也, 以其體段之盛大流行, 無所虧欠也。孟子只言氣本來體段, 而未說到稟受有淸濁昏明之殊。若言聖凡稟受不同, 則且當別處說。然浩然之氣, 亦非外氣質而別自有一氣浩然也。驗之吾身, 凡呼吸、榮衛、升降、周流, 無一刻停息, 此是氣之本來體段也, 人孰無這箇? 但昇降、周流者, 自有分差, 是所稟之不齊耳。聖賢之學, 必以變化氣質爲究竟法, 變其異所以反其同也。如此看方是正當。艮齋忘其同, 而主張其異, 不知理之根於心者, 未嘗息而存乎中, 遂別立氣之本然於本然之外, 爲雙本領。以『孟子』此章爲頭戴, 以張子"湛一氣之本"爲確據, 遂以本然之氣爲論心之宗旨。烏乎可哉！東儒有以本然之氣謂心, 而以浩然者當之, 俱屬可疑者也。松山所謂"能善養則浩氣便生"一句, 果有語病, 溪丈駁之是矣。"非長在不泯"一段, 正是見得大意, 致先所謂"氣魄是心之本來體段"一句, 不免有病。果如此, 則氣之本然, 正是爲本心者也。盛論曰: "浩然之氣, 別求於氣質之外", 則不可。曰浩然, 就天人一理上說; 淸濁之氣, 專指人身稟受不齊處說。盛什曰: "稟受不齊, 濁與淸, 就中浩氣得初生", 皆見得是, 但不言"集義所生"之生字, "根於理"之根字, 爲其一本然者, 爲欠耳。

「우기1偶記一」(『重軒文集』卷8)

1) 서지사항

황철원이 예지지지(睿知之知)에 대해 논한 글.『중헌문집』권8에 실려 있다.

2) 저자

황철원(黃澈源, 1878~1932)으로, 자는 경함(景涵), 호는 중헌(重軒) 또는 은구재(隱求齋)이다.

3) 내용

이 글은 황철원이 예지지지(睿知之知)에 대해 논한 글이다. 그는 노사(蘆沙) 기정진(奇正鎭, 1798~1879)의 직전 문인인 일신재(日新齋) 정의림(鄭義林, 1845~1910)과 노백헌(老栢軒) 정재규(鄭載圭, 1843~1911)에게 노사의 학문을 접했다. 먼저 예지(禮智)의 지(智)와 예지(睿知)의 지(知)를 구별하여 설명하고, 호운봉(胡雲峯)이 지(智)를 "심의 신명(神明)함으로써, 중리(衆理)를 묘용하여 만물을 주재하는 것"이라고 해석한 것에 대해 "성의 덕에 나아가서 심의 묘용을 밝힌 것으로서, 설명이 완벽하다"고 수긍한 다음, 따라서 농암의 "심을 성으로 오인한 것"이라는 비판은 끝내 의심스럽다고 논평했다.

3-26-8 「偶記一」(『重軒文集』卷8)

禮智之智, 卽睿知之知, 性之德而心之妙也。禮智之智, 主言性之德, 而心之妙在中; 睿知之知, 主言心之妙, 而性之德不外焉。智, 以性言, 則只是知之理, 以心言, 則專一心【寂然不動時。】而妙衆理【感而遂通時。】, 知惻隱, 知羞惡, 知辭讓, 知是非, 故曰"聰明睿知, 能盡其性", 其地盤則氣也。以心而妙性, 若有兩截矣。然理聚則神會, 而神却妙理, 如百體聚而爲人, 而人却運用百體也。胡氏以"心之神明, 所以妙衆理而宰萬物"釋之者, 蓋就性之德, 而發明心之妙, 無餘蘊。農巖之謂"認心爲性"者, 恐終可疑。

3-26-8 「우기1偶記一」(『重軒文集』卷8)

선역

예지(禮智)의 지(智)는 바로 예지(睿知)의 지(知)로서, 성의 덕이면서 심의 묘용이다. 예지(禮智)의 지(智)는 성의 덕을 위주로 말한 것으로 심의 묘용이 그 안에 있고, 예지(睿知)의 지(知)는 심의 묘용을 위주로 말한 것으로 심의 덕은 이것을 벗어나지 않는다. 지(智)는 성으로 말하면 다만 앎의 이치이나, 심으로 말하면 전일한 마음으로서[적연부동한 때이다.] 온갖 이치를 묘용하여[감이수통한 때이다.], 측은하게 여길 줄 알고, 부끄러워하고 미워할 줄 알고, 사양할 줄 알고, 옳고 그름을 안다. 그러므로 "총명예지(聰明睿知)하여 그 성을 다할 수 있다"고 하는 것인데, 그 지반은 기(氣)이다. 심으로서 성을 묘용하니, 두 개의 사물이 있는 듯하다. 그러나 이치(理)가 모이면 신(神)이 모이되, 신이 도리어 이치를 묘용하는 것이니, 마치 백체(百體)가 모여 사람이 되나 사람이 도리어 백체를 운용하는 것과 같다. 호운봉(胡雲峯)이 지(智)를 "심의 신명(神明)함으로써, 중리(衆理)를 묘용하여 만물을 주재하는 것"이라고 해석한 것은 대개 성의 덕에 나아가서 심의 묘용을 밝힌 것으로서, 설명이 완벽하다. 따라서 농암의 "심을 성으로 오인한 것[認心爲性]"이라는 비판은 끝내 의심스럽다.

禮智之智, 卽睿知之知, 性之德而心之妙也。禮智之智, 主言性之德, 而心之妙在中; 睿知之知, 主言心之妙, 而性之德不外焉。智, 以性言, 則只是知之理, 以心言, 則專一心【寂然不動時。】而妙衆理【感而遂通時。】, 知惻隱, 知羞惡, 知辭讓, 知是非, 故曰"聰明睿知, 能盡其性", 其地盤則氣也。以心而妙性, 若有兩截矣。然理聚則神會, 而神却妙理, 如百體聚而爲人, 而人却運用百體也。胡氏以"心之神明, 所以妙衆理而宰萬物"釋之者, 蓋就性之德, 而發明心之妙, 無餘蘊。農巖之謂"認心爲性"者, 恐終可疑。

「우기2偶記二」(『重軒文集』卷8)

해제

1) 서지사항

황철원이 심(心)의 허령불매(虛靈不昧)에 대해 논한 글. 『중헌문집』 권8에 실려 있다.

2) 저자

황철원(黃澈源, 1878~1932)으로, 자는 경함(景涵), 호는 중헌(重軒) 또는 은구재(隱求齋)이다.

3) 내용

이 글은 황철원이 심(心)의 허령불매(虛靈不昧)에 대해 논한 것이다. 그는 노사(蘆沙) 기정진(奇正鎭, 1798~1879)의 직전 문인인 일신재(日新齋) 정의림(鄭義林, 1845~1910)과 노백헌(老栢軒) 정재규(鄭載圭, 1843~1911)에게 노사의 학문을 접했다. 당시 사람들이 심의 허령불매를 기(氣)라 하여 명덕(明德)을 형이하(形而下)에 소속시킨 것에 대해, 노사와 중암·주자·맹자의 말을 인용하여 명덕은 사람에게 있어서 통체(統體)의 태극(太極)에 해당하며, 명덕은 본심(本心)이고 심은 태극이라고 설명하였다. 요컨대 "허령불매는 그 본체(本體)를 말하면 순수한 리여서 기와 섞일 수가 없으나, 그 지반(地盤)은 기"라는 것이다.

3-26-9 「偶記二」(『重軒文集』卷8)

世皆以虛靈不昧爲氣, 因以明德屬形而下看。若有言虛靈不昧是理者, 則便詰之曰"虛靈旣是理。所謂'具衆理'者, 是以理具理耶?" 人却無以答。余嘗擧以質之先師, 曰: "具是涵具, 蓋言一理中涵具萬理。" 又看重菴說曰: "如身具百體、手具五指之類, 與以器儲水不同。" 於心始似無疑, 而猶未釋然。及讀朱子說有曰: "太極者, 象數未形, 而其理已具之稱。" 又曰: "沖漠無眹, 而動靜陰陽之理, 悉具於其中。" 於是始覺先師及重菴之論, 有所自來也。所謂"具衆理"者, 非所謂"已具、悉具"者乎? 明德是在人爲統體之太極者, 天人一也, 在天旣如此, 則在人奚獨不然乎? 以理具理, 又何嫌乎? 明德是本心, 而心爲太極。『孟子』註"心者, 人之神明, 所以具衆理"之具字, 亦一般也。神明卽虛靈之別稱, 實非有兩樣也。蓋虛靈不昧, 言其本體, 則純是理, 挾雜氣不得, 其地盤則氣也。

3-26-9 「우기2偶記二」(『重軒文集』卷8)

세 사람들은 모두 허령불매(虛靈不昧)를 기(氣)라 하고, 그로 인해 명덕(明德)을 형이하에 소속시킨다. 만약 허령불매가 리(理)라고 말하는 사람이 있으면, 바로 "허령이 원래 리이면, 이른바 구중리(具衆理)는 리로써 리를 갖춘 것인가?"라고 힐난하니, 사람들이 도리어 대답을 하지 못한다.

내가 전에 이 문제를 가지고 선사께 질문하니, 선사께서 "구(具)는 함구(涵具)니, 대체로 하나의 리 속에 만리를 함구함을 말하는 것이다."라고 말씀하였다. 또 중암의 "몸에 백체(百體)가 갖추어져 있고 손에 다섯 개의 손가락이 갖추어진 것과 같으니, 그릇에 물을 담는 것과 같지 않다."고 말한 것을 보고 내 마음에 비로소 의문이 없어졌으나, 그래도 석연치가 않았다. 마침내 주자의 "태극(太極)은 상수(象數)가 드러나지 않았으나 이치는 이미 갖추어진 것을 말한다"는 말씀과 "충막하여 조짐이 없으나[沖漠無眹] 동정과 음양의 이치는 모두 그 안에 갖추어져 있다."는 말씀을 읽고 나서야 비로소 선사와 중암(重菴)의 논의가 연원이 있음을 알았다. 이른바 "구중리"는 이른바 "이미 갖추어진 것"·"모두 갖추어진 것"이 아니겠는가? 명덕이 사람에게 있어서 통체(統體)의 태극이 되는 것은 하늘과 사람이 같다. 하늘에 있어서 이미 이와 같다면, 사람에게 있어서 어찌 유독 그러하지 않겠는가? "리로써 리를 갖춘다"는 것이 또 무슨 혐의가 있겠는가? 명덕은 본심이고, 심은 태극이다. 『맹자』 주에 "심은 사람의 신명이니, 모든 이치를 구비하였다"의 '구(具)'도 이와 같다. 신명은 바로 허령의 별칭으로, 실제로는 두 개의 모양이 있는 것이 아니다. 대개 허령불매는 그 본체(本體)를 말하면 순수한 리여서 기와 섞일 수가 없으나, 그 지반(地盤)은 기이다.

世皆以虛靈不昧爲氣, 因以明德屬形而下看。 若有言虛靈不昧是理者, 則便詰之曰"虛靈旣是理。 所謂 '具衆理'者, 是以理具理耶?" 人却無以答。 余嘗擧以質之先師, 曰: "具是涵具, 蓋言一理中涵具萬理。" 又看重菴說曰: "如身具百體、手具五指之類, 與以器儲水不同。" 於心始似無疑, 而猶未釋然。 及讀朱子說有曰: "太極者, 象數未形, 而其理已具之稱。" 又曰: "沖漠無眹, 而動靜陰陽之理, 悉具於其中。" 於是始覺先師及重菴之論, 有所自來也。 所謂"具衆理"者, 非所謂"已具、悉具"者乎? 明德是在人爲統體之太極者, 天人一也, 在天旣如此, 則在人奚獨不然乎? 以理具理, 又何嫌乎? 明德是本心, 而心爲太極。 『孟子』註"心者, 人之神明, 所以具衆理"之具字, 亦一般也。 神明卽虛靈之別稱, 實非有兩樣也。 蓋虛靈不昧, 言其本體, 則純是理, 挾雜氣不得, 其地盤則氣也。

「우기3偶記三」(『重軒文集』卷8)

해제

1) 서지사항

황철원이 공자의 "인능홍도(人能弘道)"와 장횡거의 "심능검성(心能檢性)"에 대해 논한 글. 『중헌문집』 권8에 실려 있다.

2) 저자

황철원(黃澈源, 1878~1932)으로, 자는 경함(景涵), 호는 중헌(重軒) 또는 은구재(隱求齋)이다.

3) 내용

이 글에서 황철원은 공자의 "인능홍도(人能弘道)"와 장횡거의 "심능검성(心能檢性)"에 대해 모두 리의 주재를 설명한 것이라고 역설했다. 그는 노사(蘆沙) 기정진(奇正鎭, 1798~1879)의 직전 문인인 일신재(日新齋) 정의림(鄭義林, 1845~1910)과 노백헌(老栢軒) 정재규(鄭載圭, 1843~1911)에게 노사의 학문을 접했다. 주자와 노사의 말을 인용하여 세유(世儒)들이 심을 기라하여 형이하에 국한하고 리의 묘용(妙用)을 기로 보는 것에 대하여 주자의 뜻이 아니라고 주장했다. 오늘날의 학자들은 다만 사람의 형체가 기(氣)인 것만 보고 운용처는 도리어 리인 것을 보지 못하여, "인능홍도"의 인(人)과 "심능검성"의 심(心)을 "기가 도를 크게 하고, 기가 성을 검속한다."는 것으로 생각하는데, 이는 잘못된 해석이라는 것이다. 요컨대 "심의 신명(神明)은 바로 리의 주재이니, 기라 할 수 없다."는 것이다.

孔子曰: "人能弘道。" 張子曰: "心能檢性。" 此與"心統性情"同, 正是理之主宰者也。余以"人能弘道"之人字, 專作理之主宰看者已久, 而人或詰之, 以爲"豈可以人字作理看?" 乃遂苦口發明, 其人終不服。後考朱子說, 有曰: "邵子曰'一動一靜者, 天地之妙也', 蓋天只是動, 地只是靜, 到得人便兼動靜, 人者天地之心是也。論人之形體, 雖是氣, 言其運用處, 却是道理。" 而言此可見人爲天地之心也。『集註』"人心有覺", 的是此義。蘆沙先生答人"性猶太極, 心猶陰陽, 太極生兩儀, 而心却統性情"之問, 曰: "混同說, 則造化本原在理, 故歸重於理, 而曰太極生兩儀; 自人身上說, 則動作運用爲主, 故歸重於心, 而曰心統性情。" 其所云"動作運用"者, 亦指却是道理者也。先師"以情比天, 以性比地, 以人比心", 亦與朱子此段合矣。世儒以心謂氣, 局之於形而下, 神是理之妙用, 而却作氣看, 未知何以也。指神爲氣處, 固有之, 而心之神明, 正是理之主宰, 不可哽喚做氣者。今乃只見人之形體爲氣處, 而不見運用處却是道理, 至以"人能弘道"之人、"心能檢性"之心, 作氣弘道、氣檢性。吁! 亦非朱子之意矣。孟子論"浩氣", 猶曰"配道", 況幷指萬般不齊、淆雜不光鮮之氣, 奪主宰性情之權, 可乎? 朱子又曰: "元亨利貞, 性也; 生長收藏, 情也。以元生、以亨長、以利收、以貞藏者, 心也。" 此言天地之心所以爲主宰萬化也。曰: "仁、義、禮、智, 性也; 惻隱、羞惡、辭讓、是非, 情也; 以仁愛、以義惡、以禮讓、以智知者, 心也。" 此言人之心所以主宰萬事也。惟其有主宰之實體、妙用, 故乃能弘道, 乃能檢性。此義分明, 人所易曉, 而今人誤於先入, 不察他言, 不惟他言, 幷朱子不信, 先入之誤, 何其至斯之甚也?

선역

공는 "사람이 도를 크게 할 수 있다[人能弘道]" 하였고, 장자(張子)는 "심은 성을 검속할 수 있다[心能檢性]" 하였다. 이는 심통성정(心統性情)과 같은 말로서, 바로 리가 주재하는 것이다. 나는 '인능홍도(人能弘道)'의 '인(人)'을 오로지 '리의 주재'로 본 것이 오래되었다. 그런데 간혹 사람들이 "어찌 '인(人)'을 리로 볼 수 있는가?"라고 힐난하기에, 입이 아프도록 설명해주었으나, 그들은 끝내 수긍하지 않았다. 그 후에 주자의 말을 상고해보니, "소자(邵子)는 '한 번 동하고 한 번 정하는 것은[一動一靜] 천지의 묘리이다'라고 했다. 대체로 하늘은 움직이기만 하고 땅은 고요하기만 하나, 사람은 동정을 겸하니, 사람이 천지의 마음이라는 것이 이것이다. 사람의 형체를 논하면 비록 기이나, 그 운용처를 말하면 도리어 도리이다."라는 말씀이 있었다. 이는 사람을 '천지의 마음'으로 볼 수 있음을 말한 것이다. 『집주』에 "사람의 마음에는 지각이 있다[人心有覺]"고 한 것은 분명 이 뜻이다.

어떤 사람의 "성은 태극과 같고 심은 음양과 같은데, 태극이 양의를 낳습니다. 그런데 심이 도리어 성과 정을 통솔합니까?"라는 질문에, 노사(蘆沙) 선생은 "하나로 섞어서 말하면 조화(造化)의 본원(本原)이 리에 있기 때문에 중점을 리에 두어 '태극이 양의를 낳는다'고 하며, 인신(人身)상에서 말하면 동작(動作)과 운용(運用)이 주가 되기 때문에 중점을 마음에 두어 '심이 성과 정을 통솔한다'고 한다"라고 답변하셨다. 노사가 말씀한 '동작과 운용'은 도리어 이 도리를 가리키는 것이다. 선사께서 정(情)을 하늘에 견주시고 성(性)을 땅에 견주시고 사람을 심에 견주셨으니, 주자의 이 단락과 부합된다. 세유(世儒)들이 심을 기라하여 형이하에 국한시키고, 신(神)은 리의 묘용인데 도리어 기로 보는 것은 무엇 때문인지 알지 못하겠다. 신(神)을 기라 하는 곳이 진실로 있으나, 심의 신명은 바로 리의 주재이니 기라 할 수 없다. 오늘날의 학자들은 다만 사람의 형체가 기(氣)인 것만 보고 운용처는 도리어 도리인 것을 보지 못하여, 인능홍도(人能弘道)의 인(人)과 심능검성(心能檢性)의 심(心)을 '기가 도를 크게 하고, 기가 성을 검속한다'는 것으로 생각하게 된 것이다. 아! 이것은 주자의 뜻이 아니다.

맹자는 호연지기(浩然之氣)를 논하여 "도에 배합한다[配道]"고 하였거늘, 하물며 모든 고르지 못한 것과 뒤섞여 광채가 나지 않는 기(氣)를 가리켜 성정을 주재하는 권한을 빼앗았다고 하면, 말이 되겠는가? 주자는 또 "원형이정(元亨利貞)은 성(性)이고, 생장수장(生長收藏)은 정(情)이다. 원으로 낳고, 형으로 자라게 하고, 이로 거두어들이고, 정으로 감추는 것은 심(心)이다"라고 하였으니, 이것은 천지의 마음이 만화(萬化)를 주재하는 내용을 말한 것이다. 또 "인·의·예·지(仁義禮智)는 성이고, 측은(惻隱)·수오(羞惡)·사양(辭讓)·시비(是非)는 정이며, 인으로 사랑하고 의로 미워하고 예로 사양하고 지(智)로 아는 것은 심이다"라고 하였으니, 이것은 사람의 마음이 만사(萬事)를 주재하는 내용을 말한 것이다. 오직 주재하는 실체와 묘용이 있기 때문에, 도를 크게 할 수 있고, 성을 검속할 수 있는 것이다. 이는 뜻이 분명하여 사람들이 쉽게 알 수 있는 것이다. 그러나 오늘날 사람들은 잘못된 선입견 때문에 다른 말은 살피지도 않고, 다른 말은 생각하지도 않으며, 아울러 주자의 말씀까지도 믿지 않는다. 선입견의 잘못됨이 어찌 이처럼 심한 데까지 이르렀는가?

孔子曰: "人能弘道。" 張子曰: "心能檢性。" 此與"心統性情"同, 正是理之主宰者也。余以"人能弘道"之人字, 專作理之主宰看者已久, 而人或詰之, 以爲"豈可以人字作理看?" 乃遂苦口發明, 其人終不服。後考朱子說, 有曰: "邵子曰'一動一靜者, 天地之妙也', 蓋天只是動, 地只是靜, 到得人便兼動靜, 人者天地之心是也。論人之形體, 雖是氣, 言其運用處, 却是道理。" 而言此可見人爲天地之心也。『集註』"人心有覺", 的是此義。蘆沙先生答人"性猶太極, 心猶陰陽, 太極生兩儀, 而心却統性情"之問, 曰: "混同說, 則造化本原在理, 故歸重於理, 而曰太極生兩儀; 自人身上說, 則動作運用爲主, 故歸重於心, 而曰心統性情。" 其所云"動作運用"者, 亦指却是道理者也。先師"以情比天, 以性比地, 以人比心", 亦與朱子此段合矣。世儒以心謂氣, 局之於形而下, 神是理之妙用, 而却作氣看, 未知何以也。指神爲氣處, 固有之, 而心之神明, 正是理之主宰, 不可哽喚做氣者。今乃只見人之形體爲氣處, 而不見運用處却是道理, 至以"人能弘道"之人、"心能檢性"之心, 作氣弘道、氣檢性。吁! 亦非朱子之意矣。孟子論"浩氣", 猶曰"配道", 況幷指萬般不齊、淆雜不光鮮之氣, 奪主宰性情之權, 可乎? 朱子又曰: "元亨利貞, 性也; 生長收藏, 情也。以元生、以亨長、以利收、以貞藏者, 心也。" 此言天地之心所以爲主宰萬化也。曰: "仁、義、禮、智, 性也; 惻隱、羞惡、辭讓、是非, 情也; 以仁愛、以義惡、以禮讓、以智知者, 心也。" 此言人之心所以主宰萬事也。惟其有主宰之實體、妙用, 故乃能弘道, 乃能檢性。此義分明, 人所易曉, 而今人誤於先入, 不察他言, 不惟他言, 幷朱子不信, 先入之誤, 何其至斯之甚也?

「인능홍도변人能弘道辨」(『重軒文集』卷8)

해제

1) 서지사항

　황철원이 공자의 "인능홍도(人能弘道)"에 대하여 변론한 글.『중헌문집』권8에 실려 있다.

2) 저자

　황철원(黃澈源, 1878~1932)으로, 자는 경함(景涵), 호는 중헌(重軒) 또는 은구재(隱求齋)이다.

3) 내용

　황철원은 노사(蘆沙) 기정진(奇正鎭, 1798~1879)의 직전 문인인 일신재(日新齋) 정의림(鄭義林, 1845~1910)과 노백헌(老栢軒) 정재규(鄭載圭, 1843~1911)에게 노사의 학문을 접했다. 이 글에서는 먼저 "도(道)는 리의 준칙이고, 사람이 도를 크게 넓히는 것은 리의 묘용으로서, 인능홍도(人能弘道)란 리의 묘용으로 리의 준칙을 크게 넓히는 것"이라고 설명했다. 요컨대 "도를 넓힌다[弘道]"는 것은 다만 "이 마음의 본체에 갖추어진 권도(權度)와 준칙(準則)으로 그 마음의 단서(端緒)가 발하는 것에 따라 재제(宰制)하고 확충시키는 것"으로서, 이는 결코 기기(氣機)가 수행할 수 있는 역할이 아니라는 것이다. 따라서 만약 인(人) 자를 기(氣) 자로 보고, 홍(弘) 자를 사(使) 자로 보아 "기가 능히 리를 부리는 것이요, 리가 기를 부리는 것이 아니다.[氣能使理, 非理使氣.]"라고 풀이한다면, 이는 어불성설이라는 것이다.

3-26-11 「人能弘道辨」(『重軒文集』卷8)

或問: "道體本大, 何以又言弘也?" 曰: "道者, 此理之準則也; 人能弘之者, 此理之妙用也。以此理之妙用, 弘此理之準則, 有何疑乎? 如道本亘萬里, 故人從以行萬里; 戶本通出入, 故人從以有出入; 道體本大, 故心能從以廓而大之者, 亦一類也。" 曰: "陶庵所謂'道體未嘗不大, 被氣昏暗, 便自局小, 廓而大之'者, 只在求於心。又格物致知, 則明德始著, 而應事接物, 各當其理, 無少欠闕"之說, 如何? 曰: "此必因問者不善問, 而其答亦轉轉至此, 以鄙見, 則恐不免偏礙也。蓋此人字, 兼聖凡之心, 而統言生知安行、學(如)[知]³⁵⁾利行也。性是萬理之森具, 而心能統而檢之, 非弘乎? 看得如是, 則所謂'求放心', 所謂'致格', 皆心之能事, 若必待道體之爲氣昏、爲局小而始弘云, 則是偏言學知以下之事, 而亦非孔子所言之本意也。道者, 當行之路也; 戶者, 當出之地也。路必荊棘榛蕪, 然後始開之, 戶必墻壁遮隔, 然後始闢之云爾, 則是末流救弊之一端, 而非統言該備之論明矣。" 曰: "孔子以人言, 而張子以心言, 今子又以理言心, 無乃不可乎?" 曰: "人者, 天地之心也。天地之心, 非理之妙用, 則妙用者, 何物也? 嘗記我勿溪先師之論曰: '若以人字作氣字, 弘字作使字, 曰氣能使理, 非理使氣, 則是果成說乎?' 心從氣而言, 則人心有覺, 固亦陰陽動靜之機也。若統言心, 則必須合性情之全體大用, 而爲一身之主宰、萬事之綱領者言之, 方是心字本旨, 是豈一氣字所能了當者乎? 所謂弘道者, 只是以此心本體之權度準則, 隨其端緒之發而宰制而擴充之, 極其盛, 則至於參天地、贊化育, 是豈此心所乘之機所能自爾乎? 此非顚撲不破之論乎?" 李君希遠剳疑中, 問及於此, 而行間留白, 不能以說得盡, 故別爲問答, 以待相訂焉。

---

35) (如)[知]: 저본에는 '如'로 되어있으나 『중용장구』 제20장에 근거하여 '知'로 수정하였다.

3-26-12

「상일신재정선생上日新齋鄭先生」【庚戌】(『重軒文集』卷2)

해제

1) 서지사항

황철원이 정의림에게 보낸 서간문. 『중헌문집』 권2에 실려 있다.

2) 저자

황철원(黃澈源, 1878~1932)으로, 자는 경함(景涵), 호는 중헌(重軒) 또는 은구재(隱求齋)이다.

3) 내용

1910년에 황철원이 정의림(鄭義林, 1845~1910)에게 보낸 편지이다. 정의림은 자가 계방(季方), 호는 일신(日新)으로, 기정진의 3대 제자 중 1인이며, 황철원이 수학한 바 있다. 황철원은 서두에서 정의림의 근황을 들어 건강을 염려하는 등 안부를 물은 뒤, 자신이 지인들과 순강(旬講)을 시작하였음을 먼저 고하였다. 이후 낙론의 심설이 심(心)을 기(氣)로 보면서도 이를 일반 기(氣)와 구별하여 본연지심(本然之心)으로 보려 하는데, 이 방식이 호론에서 성(性)을 세 층으로 구분하는 것과 같은 방식이며, 이는 성(性)이 일원(一原)임을 모르는 것이며, 심(心)의 실체에 어두운 것이라고 개탄한 뒤, 「납량사의」, 「삼가서」, 「가동서」 등에 대해 질의하고 있다.

3-26-12 「上日新齋鄭先生」【庚戌】(『重軒文集』卷2)

日故山堨來, 路入楊子江頭, 未得紓進門下, 以質多少疑晦, 至今爲恨. 轉伏聞, 日間輿疾, 作白巖行, 行加冠之禮, 衰年筋力, 升降俯仰之煩, 何以堪爲? 回駕與未? 今果奠居? 伏慕難任. 小子近與村裏舊要, 結旬講之約, 今才行得二次, 而未知其克終否也. 湖、洛諸賢, 創說"本然之心"、"氣質之心". 其意, 蓋以氣聚而理具者, 皆屬"氣質之心", 與五常, 因氣而有, 非本然之性, 遂挑出一層本然於本然之上, 同一技能耳. 於是, 以聖、凡異心, 爲一生命脉, 而未發有淑慝種子. 又云"非未發之中之謂", 此皆以主乎一身神明知覺者, 爲"氣質之心", 而別立一箇神明知覺於神明知覺之上, 以爲"本然之心", 殊不知論性是人物稟受上言其一原. 故可分"本然"、"氣質". 若論心, 則心是主乎身者也, 只可分人、道心, 及眞妄邪正, 苦苦說"本然"、"氣質", 枉生層節, 可乎? 心雖氣分事, 其實體則性也. 心之具此性, 不以堯、桀而有增減, 此時有何氣質? 其有堯、桀者, 雖緣氣稟美惡, 人皆可爲堯, 愚必明, 柔必剛, 能回氣質而得其美, 此時有何別立"氣質之心"之緣由乎? 旣昧性之一原, 又亂心之實體, 未知其何以也. 「納涼私議」論心亦然. 一段正是說破此義, 極其明快, 每讀之, 不覺神醒, 向見門下「答文子惺」"本然心、氣質心"之問, 以爲"心是氣之精爽, 而虛靈知覺, 其當體也, 本旨也, 豈別有心之氣質乎?" 此言非不明白, 而終不言所重之有在, 無或近於「私議」所云"區區較其光明之分數, 未爲剖著痛處"者歟? 近伏承三嘉書, 其論心性, 與門下, 有若合符節處, 亦有少未契處. 書末有曰"餘外, 說已悉於佳洞書中", 下示之伏望. 城郭不完、兵甲不多, 孟子以爲非國之災, 田野不闢、貨材不聚, 以爲非國之害. "災"、"害"二字, 分於彼此者, 蓋以"城郭"、"兵甲", 捍外者也, "災", 自外入者, 故言之於此; "不闢"、"不聚", 國乃內空, "害", 自內出底意多, 故言之於此. "害"字, 專言則非自內出也, 對"災"言, 有那箇意. 古人用字, 固多互文, 而此處如此看, 則於義恐似親切. 向者南憲擧此以問, 先生答之以互文, 敢此更稟耳. 曩修一書未納者, 玆竝納, 雖極昏, 撓幸望一一下敎, 以開迷惑, 伏惟下燭.

「상일신재정선생上日新齋鄭先生」(『重軒文集』卷2)

1) 서지사항

　황철원이 정의림에게 보낸 서간문. 『중헌문집』 권2에 실려 있다.

2) 저자

　황철원(黃澈源, 1878~1932)으로, 자는 경함(景涵), 호는 중헌(重軒) 또는 은구재(隱求齋)이다.

3) 내용

　황철원이 정의림에게 보낸 편지이다. 불리부잡(不離不雜)을 "형기(形氣)에 나아가 도리(道理)를 말한 것"이라는 맥락에서 "사물이 있으면 법칙이 있다[有物有則]"거나 "한 번 음(陰)하고 한 번 양(陽)하는 것을 일러 도(道)라 한다"의 의미로 보아야 하는데, 호론이나 낙론의 학자들은 이를 제대로 이해하지 못하여 「태극도」의 첫 권역을 별도의 권역으로 이해하고 있다고 비판하고, 「납량사의」 등의 내용이 이에 대한 적확한 해석이라고 보았다. 그러면서 정의림이 「태극도」의 이 부분에 대한 해석에서 "리로 기를 대하든 기로 리를 대하든, 리는 리고 기는 기임에 문제될 것이 없다"라고 한 말이 타당하지 않다고 보았다. 또한 "형기에서 떼어내어 말한다면 서로 떠나지 않는 가운데 서로 섞이지 않는 오묘함이 있으므로 '태극은 리만을 가리킨다'고 할 수 있지만, 조화에서 근원으로 말해오면 서로 섞이지 않는 가운데 서로 떠나지 않는 오묘함이 있으므로 '음양은 기만을 가리킨다'고 말할 수 없다"고 하면서 "마음은 음양과 같다[心猶陰陽]"는 말을 "기만을 가리키는 것[單指氣]"이라고 해석한 것에 대해 해명해줄 것을 요청하고 있다.

3-26-13 「上日新齋鄭先生」(『重軒文集』卷2)

不相離、不相雜, 蓋自形氣上, 言其道理處, 最爲親切。『詩』云"有物有則", 『易』言"一陰一陽之謂道", 皆是也。乃若「太極圖」, 就陰陽五行萬物散殊中, 挑出其不可挑出者, 以爲公共一個本領, 以下諸圈, 卽其本色實體, 非謂"第一圈, 與諸圈, 有差別也"。<u>湖</u>、<u>洛</u>家不知此義, 遂以第一圈, 當第一層本然, 二五以下諸圈, 當第二層, 層級橫生, 各占一位。「納涼議」中, 已發明無遺。「答(其)36)權上里」云: "'太極單指理', 固然, '陰陽單指氣', 是果成說?"者, 此也。今下敎論太極陰陽而曰"以理對氣, 以氣對理, 不害爲理自理、氣自氣", 恐有未妥。"性猶太極, 心猶陰陽", 正指「太極圖」言者, 而下敎以'心猶陰陽', 爲單指氣。然則「圖解」"○, 此之動而陽靜而陰也37)。○者, 其本體也。" 云云, "本體"二字, 何謂也? 此果單指氣乎? 小子敢自謂, "自形氣上挑出言之, 則不相離之中, 有不相雜之妙, 故曰'太極單指理', 固然; 自造化原頭說下來, 則不相雜之中, 有不相離之妙, 故曰'陰陽單指氣', 不成說"。如何如何? 此非欲才得一說終身不改, 竊願快受細敎, 以祛先見之惑也。

---

36) (其): 문장을 살펴 연문으로 수정하였다.

37) ○, 此之動而陽靜而陰也:「태극도설해」원문에는 '此○之動而陽靜而陰也'로 되어 있다.

「상일신재정선생上日新齋鄭先生」(『重軒文集』卷2)

1) 서지사항

황철원이 정의림에게 보낸 서간문. 『중헌문집』 권2에 실려 있다.

2) 저자

황철원(黃澈源, 1878~1932)으로, 자는 경함(景涵), 호는 중헌(重軒) 또는 은구재(隱求齋)이다.

3) 내용

황철원이 정의림에게 보낸 편지이다. 앞서의 편지에 대한 정의림의 답변을 듣고 질책을 달게 받고 다른 생각을 하지 않겠다고 하면서도, 납득하기 어려우니 가르침을 달라고 하고 있다. 황철원이 제기한 질문은, 정의림이 불리부잡(不離不雜)을 "원래 떠나지 않고, 원래 섞이지 않는다"라고 하여 두 번이나 "원래 ~하지 않는다"는 표현을 씀으로써 이원론적으로 읽힌다는 것과 "성은 태극과 같고 심은 음양과 같다[性猶太極, 心猶陰陽]"는 말은 "하나이면서 둘이고, 둘이면서 하나"라는 관점에서 보아야 하는데, 정의림 문하와 묵동(墨洞) 문하가 어느 한쪽만을 주장하고 있는 것 아니냐는 것이다. 그러면서 이런 식으로 보기 때문에 「태극도」에 대한 이해에 차이가 있는 것 같다고 하면서, 이 두 관점이 횡간(橫看)과 수간(竪看)에 해당하니 양자를 아울러야 완전한 설명이 되겠다는 등의 입장을 피력하고 있다. 황철원은 자신이 이처럼 논쟁을 하는 이유를 다음과 같이 설명하고 있다. "이 부분에서 합치되지 못하면 동문 사이의 의론이 끝내 어긋나 하나로 귀결될 수 없겠기에 … 이에 소자가 다급해서 갖은 말을 다하는 것이지 감히 털끝만큼이라도 제 생각이 옳다는 마음을 가진 것이 아닙니다."

滿幅下敎, 重言複言, 或正或巽, 千計萬方, 庶幾望於回悟, 可謂"一字一藥, 一言一劑"。人苟自處於膏盲, 不思有以自祛, 則已如有一半分自身之謀, 則安得不取其劑、服其藥, 以爲瞑眩厥瘳之地耶? 從今以往, 斷當奉明誨, 以爲走趁蹊徑, 不欲復作前日支離回互、穿鑿巧曲之念, 而新知難開、先見易萌, 此最兢懼者也。伏祝終始眷愛, 提撕警策, 俾無橫走之弊。如何如何? "不相離、不相雜"云云, 界至分明, 段落精詳, 小子平日承誨, 非不聞其大概如是, 而一書再書, 益聞所不聞, 始知固執鬱塞之久、講質强聒之後, 得其方向者, 方是眞方向也。感佩之極, 直欲書紳, 朝夕諷誦也。但於其間, 或有不無未悉小子之意者, 旣知其如此, 而不盡言稟質, 則又非實心向服之義, 玆陳所見, 以俟可否焉。下敎旣曰"元不相離", 又曰"元不相雜", 以兩"元不", 對峙說去者, 恐涉太分開, 而不離、不雜, 恰似元有二物, 有東邊不離一道, 有西邊不雜一道也。小子妄欲改之曰"元不相離之中, 亦有不相雜之可言; 元不相雜之中, 亦有不相離之可指", 須要如此說, 可以見其形而上、下之妙。上言"元"字, 則下不可不以"亦"字言之, 其義自是分明。今此亦曰"元", 彼亦曰"元", 則豈非二"元"耶? "'性猶太極, 心猶陰陽', 自是平坦語, 何其支離牽引?"云云, 下敎正當不覺憮然, 爲間始知前日枉勞許多思慮, 空費無限辭說也。感服感服。因竊深思, 朱子此段本意, 覺得墨洞所論及門下所論, 實乃互相羽翼, 不可偏廢也。蓋朱子旣曰"性猶太極, 心猶陰陽", 不旋踵而直繼之曰"心與性, 一而二, 二而一", 此非可決之公案耶? 門下以一而二者爲主, 故曰"'性猶太極', 單指理, '心猶陰陽', 單指氣", 其段落界至, 可謂分明直截矣。墨洞以二而一者爲主, 故曰"'心猶陰陽', 不可單指氣, 正如「太極」第一圈挑出而言其理。第二圈中小圈子, 「圖解」以'太極之本體'言之者也", 下敎以"不相離, 亦不相雜"言之者, 正是此意。下敎又以爲"若以「太極圖」言之, 則除了上一圈, 只以陰陽圈觀之, 亦不無不相離、不相雜之可言, 豈謂此一圈, 更無不相雜之妙, 而只有不相離者, 爲之局定乎?" 云云者, 亦正是此意也。大抵橫看, 而挑出心所具之性, 曰"性猶太極", 則心是氣分事, 故"心猶陰陽", 謂之"單指氣", 無妨, 正朱子所謂"一而二"者也; 竪看, 則雖挑出"性猶太極", 而亦是挑出其不可挑出者, 以爲公共一原, "心猶陰陽", 其本色也、當體也, 謂之"不可單指氣", 亦可, 正朱子所謂"二而一"者也。二說相須, 其義始圓全, 無欠缺矣。竊念, 此處若有不合, 則同門之內, 議論終乖, 莫能歸一, 所謂“七十子未没, 大義或不無乖”, 當之。慮者, 此小子所以汲汲竭論, 不置餘力, 而非敢有毫髮自是之意也。下敎所謂: “陰陽二字之著於經傳者不一, 何必以‘性猶太極, 心猶陰陽’, 謂‘同於「太極圖」’乎?”云云, 此則不可曉者。太極一太極, 陰陽一陰陽, 著於經傳者雖多, 而其實皆「太極圖」中太極、陰陽。若如下敎之意, 則除「太極圖」中太極、陰陽之外, 別有何太極、陰陽耶? 抑只謂此段文義, 與「太極圖」文義, 不同云耶? 此又恐不然也。「太極圖說」“得其秀而最靈”一段, 正是說此義。蓋“靈”是心, 而當「圖」之陰陽圈, 其中所具之性, 是太極也。此非“性猶太極, 心猶陰陽”之義耶? 此恐草草說下, 或失照管也。坦心公觀, 快示明訓, 伏望伏望。

「상일신재정선생上日新齋鄭先生」(『重軒文集』卷2)

1) 서지사항

황철원이 정의림에게 보낸 서간문. 『중헌문집』 권2에 실려 있다.

2) 저자

황철원(黃澈源, 1878~1932)으로, 자는 경함(景涵), 호는 중헌(重軒) 또는 은구재(隱求齋)이다.

3) 내용

황철원이 정의림에게 월파(月波)의 심설(心說)에 대한 비평을 부탁한 편지가 있은 뒤에 정의림의 답변을 받지 못하여 다시금 자신의 소견을 피력한 글이다. 정의림은 이에 대해 논의하고 싶지 않았던 것으로 보이는데, 황철원은 일단 문제를 제기한 이상 끝낼 수 없다고 하면서 월파의 심설에 대해 "월파는 심(心)을 성(性), 즉 리(理)를 담는 기(氣)로 보는데, 이는 기정진이나 정자가 지적했던 잘못을 범하는 것이다. 심은 '리가 주재하는 것'이자 '기의 정상(精爽)'으로서, 심에는 허령(虛靈)과 신명(神明)이라는 덕(德)과 실(實)이 있는데, 월파처럼 보게 되면 실체(實體)와 계지(界至)를 섞어 혼동시키고 있는 것 아니겠는가?" 하고 묻는다. 황철원이 문제 삼은 월파의 주장은 "마음이 갖추고 있는 리가 성이고, 그 움직이는 곳을 말하면 기라고 하지 않을 수 없는데, 발현되어 나오는 것은 성이므로, 발현되어 나오는 성을 위주로 리라고 한다"이다. 황철원은 이렇게 문제를 제기하면서 심을 구중리(具衆理), 응만사(應萬事)의 체(體)와 용(用), 즉 명덕(明德)으로 부연하고, 이를 미발과 이발을 아우르는 개념으로 이해하고 있다.

3-26-15「上日新齋鄭先生」(『重軒文集』卷2)

向稟月波丈心說, 尙未見答, 旋用惶恐。然疑旣有問, 不可但已。兹更擬議於其間, 以俟得失焉。妄竊以爲, 心者, 理之主宰, 氣之精爽。狀其德則曰"虛靈", 指其實則曰"神明"。未發而有具衆理之體, 已發而有應萬事之用。主宰, 其骨子、實體; 精爽, 其界至、地盤, 貫動靜、通寂感者也。今曰: "心所具之理, 性也, 而其發處言之, 則不得不曰'氣', 而所發者性也, 故主所發之性而曰'理'", 是恰似蘆翁所謂'駸駸然流入說性去'者也, 又恰似近世先輩之說'心只是具理之一物', 又恰似程子所棄'心是已發之名'也。蓋精爽是界至, 固貫動靜, 爲具載之器, 而必欲以發處言之, 則發者氣也, 發之者心也, 所發者性也。今曰: "以本心言之, 則理也, 而就所發處言之, 故曰'心氣之精爽'", 上一半, 恰似以實體, 埋却界至; 下一半, 恰似以界至, 掩却實體也。未知如何? 伏望有以敎之。

「상일신재정선생上日新齋鄭先生」(『重軒文集』卷2)

1) 서지사항

황철원이 정의림에게 보낸 서간문.『중헌문집』 권2에 실려 있다.

2) 저자

황철원(黃澈源, 1878~1932)으로, 자는 경함(景涵), 호는 중헌(重軒) 또는 은구재(隱求齋)이다.

3) 내용

앞서 황철원이 보낸 편지에 대한 정의림의 답변에 있는 "정상(精爽)과 허령(虛靈)이 본디 둘이 아닌데, 신명(神明)과 주재(主宰)가 어찌 둘이겠는가?"라는 말에 황철원이 반론한 것이다. 황철원은 정상과 허령을 주자의 명덕에 대한 주석에 대입하여, 이 둘을 서로 섞어 쓸 수 없다고 설명하고, 허령과 신명을 정상과 주재로 연결하는 것 또한 옳지 않다고 말하고 있다. 또한 앞선 편지에서 "발자(發者)", "발지자(發之者)", "소발자(所發者)"의 셋으로 심(心), 성(性), 리(理)를 구분하여 설명한 방식에 문제 있다는 것을 인정하면서도, 이를 수정하게 되면 월파(月波)의 논리에 대한 변론이 문제되므로, 일단 그대로 두겠다고 말하고 있다.

3-26-16 「上日新齋鄭先生」(『重軒文集』卷2)

向敎心說, 明白簡當, 如金鎞刮瞙, 一回讀, 一回感。但曰"精爽、虛靈, 固非二物, 神明、主宰, 亦豈兩件?"一段, 爲少疑耳。精爽、虛靈, 果無毫殊, 則謂"明德者, 人之所得乎天, 而精爽不昧, 以具衆理", 亦無不可乎?"心雖主乎一身, 而其體之精爽, 足以貫天下之理", 亦得乎? 虛靈、神明, 有何分別, 一屬之精爽, 一屬之主宰? 此皆思之不得, 故更稟。向以"發者"、"發之者"、"所發者", 作三頭說, 下敎以爲未穩者, 果然, 刪去一句之敎, 亦當矣。然若仍本語, 而只換置之曰"發之者心也, 而發者氣, 所發者性"云爾, 則於心合理氣, 主宰其骨子, 精爽其地盤之義, 似可益明矣。刪去一句, 於義雖無害, 於辨<u>波丈</u>論爲未備, 故姑存之, 更敎伏望。

「상노백헌정선생上老柏軒鄭先生」【庚子】(『重軒文集』卷2)

1) 서지사항

황철원이 정재규에게 보낸 서간문.『중헌문집』권2에 실려 있다.

2) 저자

황철원(黃澈源, 1878~1932)으로, 자는 경함(景涵), 호는 중헌(重軒) 또는 은구재(隱求齋)이다.

3) 내용

1900년에 황철원이 정재규에게 보낸 편지이다. 정재규의 건강을 묻고 자신의 근황을 전한 다음, 명덕(明德)에 관한 낙론의 이해를 개탄하며 자신의 명덕에 대한 이해가 옳은지 질정해줄 것을 요청하고 있다. 명덕을 기로 보는 세간의 견해를 비판하고, 자신의 주장을 피력하고 있다는 점에서, 황철원이 세교(世敎)의 차원에서 올린 질의서라고 볼 수 있다. 황철원은 특히 "명덕(明德)은 본심(本心)의 다른 이름"이라고 한 기정진의 주장을 정론으로 꼽으며, 기정진의 평소 입론과『예기』,「안자소호하학론(顔子所好何學論)」등을 검토하고서 다음과 같이 말하고 있다. "그러나 이 형기가 발하는 것이 어쩌다 맑고 순수하면 리의 중절함을 얻게 됩니다. 리의 중절함을 얻은 것을 바로 리라고 할 수는 없어도, 오로지 '공격하여 빼앗으려는 욕망[攻取之欲]'이라고만 해서도 안 될 것입니다. '공격하여 빼앗으려는 욕망'이 오로지 불선한 쪽을 가리킨다는 것은『근사록』의 '담일한 것은 기의 본모습[湛一氣之本]' 조항을 보면 알 수 있는데, 선생께서 가천께 답한 편지를 보았더니「예운」편의 칠정(七情)을 오로지 '공격하여 빼앗으려는 욕망'이라고만 하고 있었습니다. 혹 너무 과감하신 것 아닌가 하오니, 자세히 가르쳐 주시길 바랍니다." 정재규의 칠정에 대한 해석에 문제가 있다고 여겨, 질의 형식으로 문제를 제기하고 있음을 알 수 있다.

3-26-17「上老柏軒鄭先生」[庚子](『重軒文集』卷2)

一念仰慕, 若飢孩索乳, 而經歲未得承候, 尤何望其操几請誨哉。伏問, 朱夏, 道體候萬康? 小子近入雙山, 爲過數月計, 梁丈處中, 與之同硏, 良幸。世人以明德爲氣者, 蓋以心爲氣, 以明德爲心, 仍以一"氣"字當之, 遂擧"虛靈不昧"四字, 作主氣之證左, 殊不知朱子欲詳釋竭論, 使後人易知, 故就"人生而靜"以下, 提出"虛靈不昧"一段, 以發明"德"字得名之由, "德之爲言得也", 得於心、得於己之義也。據"德"字以詳解, 豈不可卽地盤而指其實乎? 須知就此, 見得其"人生而靜"上面, 實有"太極動而陽, 靜而陰"之本體, 明德猶太極也, 而不離乎動靜而有太極, 不外乎虛靈而求明德, 動靜是太極中事, 虛靈是明德中事。世人不知此義, 泛以心之該眞妄、邪正者, 當之, 奚可也哉? 蘆沙先生所謂"明德是本心之異名"者, 可謂昭垂萬世而無弊, 又其雅素之言曰"「傳」所引'天之明命', 正是'明德'本旨之註釋"云者, 可謂達聖賢之奧矣。未知如此說, 果不錯否。「禮運」"七情", 是對"十義", 而以"飲食男女之欲、貧苦死亡之惡"言之, 固與『中庸』及「好學論」不同, 正是專從形氣而發者也。然只此形氣之發, 偶然淸粹者, 亦有得理之中節。得理之中節者, 雖不可遽謂之理, 而亦恐不可專歸"攻取之欲"也。"攻取之欲", 專指不善邊, 觀『近思錄』"湛一, 氣之本"條可見。曾看先生「答佳川」書, 以「禮運」"七情", 專謂"攻取之欲"。無或近於太快否? 伏願詳細指敎焉。

「상노백헌정선생上老柏軒鄭先生」【辛丑】(『重軒文集』卷2)

해제

1) 서지사항

황철원이 정재규에게 보낸 서간문.『중헌문집』권2에 실려 있다.

2) 저자

황철원(黃澈源, 1878~1932)으로, 자는 경함(景涵), 호는 중헌(重軒) 또는 은구재(隱求齋)이다.

3) 내용

이 편지는 황철원이 정재규의 심학(心學), 특히 경(敬) 공부와 심성론에 대한 견해를 검토하여 질의한 것이다. 먼저 황철원은 마음의 동(動)과 정(靜)이 서로 떨어질 수 없는 관계인데, 정재규가 이를 각각의 경우로 설명하여, 심학공부의 초기에 양쪽을 동시에 힘쓰게 되면 양자가 서로 떠난 적이 없었다는 사실을 망각할 수 있다고 지적하였다. 그러면서도 경이직내(敬以直內)와 주일무적(主一無適)을 대비하는 경우가 많은데, 이 경우에 각각 정 공부와 동 공부로 구분할 수 있다고 하였다. 황철원의 이러한 주장은 경 공부에 대한 노사학파 내부의 논의를 보여주는 것이다. 황철원이 다음으로 주목한 것은 심합리기(心合理氣)에 대한 잘못된 이해의 지적이다. 황철원은 이때의 합(合) 자가 리(理)와 기(氣)를 대비하여 말하는 것으로서 심(心)을 리(理)의 주재(主宰)로 설명하는 것이 본지(本旨)이며 기(氣)의 정상(精爽)으로 설명하는 것은 계지(界至)로 설명하는 것이라고 보았다. 이 관점에서 볼 때, 후학들이 양자를 혼동하여 기의 정상을 리의 절대로 보는 것은 문제가 있다고 하였다. 이는 간재학파의 견해를 지적한 것이라고 할 수 있을 것이다. 이와 아울러 황철원은 성(性)과 지각(知覺)에 대한 장재의 견해를 비판한『주자어류』의 기록을 정재규가 불신한 것이 지나치다고 보고, 오희상의 사례를 들며『어류』의 문구를 특별한 경우에 맞춰진 언설로 보는 것이 좋겠다는 의견을 개진하였다. 마지막으로 황철원은, 「안자소호하학론」의 칠정과『예기』「예운」편의 칠정을 구분하면서 「안자소호하학론」의 칠정이 도심을 포괄한다는 정재규의 견해를 비판하였다. 황철원이 보기에 사단이든 도심이든 모두 이발(已發)의 순수한 지선(至善)이었다. 황철원의 이 견해는 기본적으로 이이의 「인심도심설」에 근거한 것이라고 볼 수 있다.

伏讀下書, 反復丁寧, 剖柝毫釐, 諄諄然極其善誘, 雖親炙門下, 得承耳提面命, 亦何以過之? 珍重耽玩, 愈久愈難忘。所敎主一、動靜之工, 明白痛快, 無容更質。但以動靜二者, 判作兩脚說下, 各言其做工夫處。學者之初, 遽欲以動靜兩段一齊用力, 則恐知見未逮, 心力未及, 動時懼或其靜, 靜時懼或其動, 動靜相妒, 而不知動時未嘗不靜, 靜時未始無動也。古人所謂"寂然之中, 天機常動, 感通之際, 本原常靜, 如洪鐘在簴, 叩與不叩, 鳴未嘗息, 寶鑑在手, 照與不照, 明未嘗已"者, 其論動靜未始相離之義, 甚是明快, 未知如何? 主一工夫, 實貫動靜, 固然矣。但古人以直內、主一對言者甚多, 若對言則直內是靜時敬也, 主一是動時敬也。此所謂主一, 必也單指當事而存, 靡他其適言, 未知然否。心者, 性情之總名, 苟無是氣, 則靜無所搭, 動無所乘, 儲載運用, 未始相離, 故謂之合理氣。下敎所云甚分曉, 敢不服膺。蓋合理氣, 何物不然, 何獨心爲然乎? 且氣者, 只是理之地盤, 有理則不患其無氣矣, 何必曰"合理氣"也? 把氣與理對擧, 喚作理氣, 蘆沙先生以爲非聖人之言, 況又加合字於其上乎? 要之, 朱子所謂"心者, 理之主宰"、所謂"心者, 氣之精爽"云者, 甚是平穩, 一以本旨言, 一以界至言。汪佑編『朱近思錄』38), 擧"氣之精爽"一段, 而其下繼以"惟心無對", 後之看者, 以"精爽"或作"無對之心"。蘗溪李先生以爲未安者, 果得矣。"合性與知覺, 有心之名", 下敎以此知覺謂之氣, 其義甚明快, 而亦有合於虛與氣之文義。洲丈思未至此, 而至於移改本文, 益覺未安。詳看下敎之意, 以『語類』非朱子手筆, 遂不信"恰似性外別有知覺"之語, 此恐可疑。古人之言, 因人而不同, 朱子亦安知不爲外性而別尋一知覺者言之, 以救其病敗耶? 『語類』所言, 當以別一說看, 如何如何? "「好學論」七情, 統人心、道心言;「禮運」七情, 專以人心言", 此說無害否? 四端、道心, 皆指其方發而言, 乃純粹至善者也。豈有過不及之可言乎? 至於應物之處, 乃始有過不及之可言, 未知然否。前賢有言曰: "讀他文, 如喫草根、木實, 或有異味, 或有毒, 不可信口恣食。至於『六經』說話, 如菽粟、魚肉, 無可揀別, 喫便受益。" 小子在今日, 每得見先生說, 亦如此云爾, 或復開示一言否? 梁丈處中, 今春亦似同席, 將以秋間, 同入門下, 留幾月計, 丁寧有約, 已爲年所, 未知或無挪揄否?

---

38)『朱近思錄』:『近思錄』의 대표저자가 朱子임을 드러낸 표기이다.

「상노백헌정선생上老柏軒鄭先生」【甲辰】(『重軒文集』卷2)

1) 서지사항

황철원이 정재규에게 보낸 서간문.『중헌문집』권2에 실려 있다.

2) 저자

황철원(黃澈源, 1878~1932)으로, 자는 경함(景涵), 호는 중헌(重軒) 또는 은구재(隱求齋)이다.

3) 내용

황철원이 정재규에게 자신의 심성론에 대한 이해를 질정한 것이다. 여러 주제를 다루지만, 기본적으로 능동적 주체로서의 심(心)을 어떻게 본원 혹은 리(理)의 차원에서 확립할 것인가를 논의하고 있다. 서두에서 황철원은 령(靈)과 신(神)을 구분하여 재료와 주재로 파악할 수 있다는 견해를 보였고, 다음으로 "심(心)이 성(性)의 곽부(郭郛)"라는 말과 "심(心)이 성정(性情)을 통합한다"는 말을 같은 지평에서 이해하여, 곽부를 주재(主宰)의 의미로 파악하고자 하였다. 또한 "기질지성 또한 혼연히 그 안에 있다"는 말을 "기질지성이 본연지성이 된다"는 말로 해석해서는 안 된다는 자신의 견해를 질정해달라고 부탁하고 있으며, 마지막으로 심(心)을 음양(陰陽)으로 설명한 주자의 말을, 『주역』의 "일음일양지위도(一陰一陽之謂道)"를 끌어와 단순한 기(氣)인양 해석해서는 안 된다고 하고 있다. 황철원은 여기서 주자의 "지각할 수 있는 것은 기(氣)의 령(靈)이고, 지각되는 것은 심(心)의 리(理)"라는 말을 가지고 오고 있는데, 이는 황철원이 서두에서 말한 령(靈)이 단순한 인식주체가 아니라 리(理)를 인식할 수 있는 주재자라는 것과 이 주재가 실제 현실에서 벗어나지 않는다는 입장에서 곽부를 주재로 보았음을 시사하고 있다. "이기불리"의 전제 속에서 본연의 주재를 확보하고자 하는 황철원의 지향성이 잘 드러나고 있는 편지라고 할 수 있다.

3-26-19「上老柏軒鄭先生」【甲辰】(『重軒文集』卷2)

方丈山中, 數旬陪從, 獲償平生宿願。而萍海人事, 多有未穩, 不得前進門下, 以蒙終始之澤, 此恨耿耿有不容喩。而積歲阻信, 嶺雲漠然, 山仰之懷, 謂當如何? 新翁以爲"靈之一字, 是心之本旨也。只此靈也, 便能主宰, 便能妙用"云云。澈源以爲"具衆理、應萬事, 是心之本旨, 而靈是資助也。能主宰、能妙用者, 是神也"。蓋專言靈, 則神固在中, 而就靈中分別得神字, 而與靈對言, 則神是主宰妙用, 而靈是資助地盤, 如專言七情, 則固兼四端, 而就那中剔發出四端, 則七情畢竟是惡一邊也, 未知如何? 程子曰: "人生氣稟, 理有善惡, 至自幼而善, 自幼而惡。" 新翁以上"善惡"爲未發時氣質看, 以下"善"、"惡"爲發用時節看。澈源以爲上下善惡, 皆是一意, 而指發用上說, 不可分層節, 如何如何? 康節所言"心者, 性之郛郭", 澈源以爲郛郭有主宰之義,【朱子曰: "'心者, 性之郛郭', 與心統性情同義。"】心是主宰性情者也。新翁以爲"郛郭只是地盤粗迹說, 以心具性情言也", 如何? 朱子曰: "喜怒哀樂未發之時, 只是渾然, 所謂氣質之性, 亦皆在其中。" 又曰: "性只是理, 氣質之性, 亦只是這裏出。若不從這裏出, 有甚歸著"云云。澈源以爲"所謂"在其中"者, 非齊頭幷立也, 正如「凉議」所云"天下不容有兩種子, 雖慝亦根於淑而生"之意", 以朱子下段所言, 亦可見。會洛以爲"所謂'渾然在其中'者, 蓋言渾化而爲本然之性", 毫差繆千, 正在於此。新翁以澈源說爲是, 未知如何? 朱子曰: "太極, 性也; 陰陽, 心也; 四時, 情也。" 蓋一陰一陽之謂道, 心只以陰陽言, 而理之妙用, 卽此而在也, 不可以此而專作氣看。俛宇以朱子"心猶陰陽"說爲記錄之誤, 恐過論也。朱子曰: "能覺者氣之靈, 所覺者心之理。" 其意蓋曰: "能覺者靈也, 而所取而覺者何物? 乃心之理也。" 如能喫者口也, 而所喫者何物? 曰飯也。以上數條, 皆中心有疑, 不敢强住。伏願先生涵容包納, 親切提喩, 則當暗誦默思, 以爲究竟計耳。

3-26-19 「상노백헌정선생上老柏軒鄭先生」【甲辰】(『重軒文集』卷2)

방장산에서 수십일 모시면서 평소의 숙원을 풀 수 있었습니다. 떠도는 신세에 편치 않은 일이 많아 문하에 나아가 시종 은혜를 입지 못하고 있으니, 이것이 마음에 걸려 무어라 표현하지 못하는 것이 아쉽습니다. 여러 해 소식이 끊긴 터에 산봉우리 구름이 아득하니, 산을 우러르는 마음이 어떻다 하겠습니까?

신옹(新翁)은 "'영(靈)' 한 글자가 마음의 본지(本旨)이니, 이 영(靈)만이 바로 주재할 수 있고 묘용할 수 있다."라고 했습니다. 제 생각에, 뭇 이치를 갖추어 온갖 일에 응하는 것이 마음의 본지(本旨)이고, 영(靈)은 돕는 것이며, 주재하고 묘용할 수 있는 것은 신(神)입니다. 영(靈)을 오로지 말하면 신(神)이 참으로 그 안에 있는데, 영(靈)에 나아가 신(神)을 분별해 내어 영(靈)과 상대하여 말하면, 신(神)은 주재하고 묘용하는 것이요, 영(靈)은 돕는 기반이 되는 것입니다. 예컨대 칠정(七情)을 오로지 말하면 진실로 사단(四端)을 겸하는 것이지만, 그 속에서 사단(四端)을 발라내면 칠정(七情)은 필경 악한 부분이 되는 것과 같습니다. 이 생각이 어떠한지 모르겠습니다. 정자(程子)는 "사람이 태어나면서 기(氣)를 품부받기에 이치상 선악이 있으니, 어릴 때부터 선한 경우도 있고 어릴 때부터 나쁜 경우도 있다."라고 말씀했는데, 신옹(新翁)은 위에서 말한 선악(善惡)은 미발시 기질로 보고 아래에서 말한 선악(善惡)은 발용하는 때로 보았습니다. 제 생각에, 위와 아래의 선악이 모두 한 가지 뜻으로서 발용을 가리켜 말한 것이니, 층절을 나눌 수 없는 것입니다. 어떠한지 모르겠습니다. 소강절(邵康節)은 "마음은 성(性)의 부곽(郛郭)"이라고 말했는데, 제 생각에 부곽에는 주재의 뜻이 있으니【주자(朱子)는 "마음은 성의 부곽이라는 것은 심통성정(心統性情)과 뜻이 같다."고 하였다.】 마음은 성정을 주재하는 것입니다. 신옹(新翁)이 "부곽은 단지 지반(地盤)의 거친 자취를 말한 것이니, 마음이 성정을 갖추고 있음을 말한다."고 한 것은 어떠합니까? 주자(朱子)는 "희노애락이 발하기 전에는 단지 혼연할 뿐이니, 이른바 기질지성(氣質之性) 또한 모두 그 안에 있다."고 하고, 또 "성(性)은 단지 이(理)일 뿐이니, 기질지성(氣質之性)도 단지 여기에서 나오는 것이다. 만일 여기에서 나오지 않는다면 어디에 귀착(歸著)할 것인가?"라고 하였습니다. 제 생각에, '그 안에 있다'는 것은 '머리를 나란히 하여 함께 서 있다'는 것이 아니요, 바로 「납량사의(納凉私議)」에서 "천하에 두 가지 종자가 있을 수 없으니, 악할지라도 또한 선에 뿌리를 두고 생겨난 것이다."라고 말한 것과 같은 뜻입니다. 이는 주자가 아랫단에서 말한 것에서도 알 수 있습니다. 회락(會洛)이 "'혼연히 그 안에 있다'는 것은 완전히 변화하여 본연의 성이 됨을 말한다"고 했는데, 이는 바로 '작은 오차가 결국 크게 어긋남을 초래한다'는 것입니다. 신옹(新翁)은 저의 설명이 옳다고 하였는데, 어떻게 생각하십니까? 주자(朱子)는 "태극(太極)은 성(性)이고, 음양(陰陽)

은 심(心)이고, 사시(四時)는 정(情)이다."라고 말했습니다. 대개 일음일양(一陰一陽)을 도(道)라고 하니, 심(心)을 단지 음양(陰陽)이라고 하더라도, 이(理)의 묘용이 여기에 있으니, 이것을 오로지 기(氣)로 보아서는 안 됩니다. 면우(俛宇)는 주자(朱子)의 "심(心)은 음양(陰陽)과 같다"는 말씀에 대해 '기록이 잘못된 것'이라고 하였는데, 지나친 논의인 듯합니다. 주자(朱子)는 "깨달을 수 있는 주체는 기(氣)의 영(靈)이고, 깨닫는 내용은 심(心)의 이(理)이다."라고 했습니다. 그 뜻은 "깨달을 수 있는 주체는 영(靈)이지만, 깨달음의 대상이 되는 것은 어떤 물건인가? 바로 심(心)의 이(理)이다."라는 것입니다. 이는 "먹을 수 있는 주체는 입인데, 먹는 대상은 무엇인가? 밥이다."라고 하는 것과 같습니다. 위의 몇 가지 조항은 모두 마음속에 의심이 있던 것으로, 억지로 묻어 둘 수가 없었습니다. 삼가 바라건대, 선생님께서 너그러이 용납하시어 친절하게 일깨워주신다면, 가만히 외고 묵묵히 생각하여 구경(究竟)의 계책으로 삼겠습니다.

方丈山中, 數旬陪從, 獲償平生宿願。而萍海人事, 多有未穩, 不得前進門下, 以蒙終始之澤, 此恨耿耿有不容喩。而積歲阻信, 嶺雲漠然, 山仰之懷, 謂當如何? 新翁以爲"靈之一字, 是心之本旨也。只此靈也, 便能主宰, 便能妙用"云云。澈源以爲"具衆理、應萬事, 是心之本旨, 而靈是資助也。能主宰、能妙用者, 是神也"。蓋專言靈, 則神固在中, 而就靈中分別得神字, 而與靈對言, 則神是主宰妙用, 而靈是資助地盤, 如專言七情, 則固兼四端, 而就那中剔發出四端, 則七情畢竟是惡一邊也, 未知如何? 程子曰: "人生氣稟, 理有善惡, 至自幼而善, 自幼而惡。" 新翁以上"善惡"爲未發時氣質看, 以下"善"、"惡"爲發用時節看。澈源以爲上下善惡, 皆是一意, 而指發用上說, 不可分層節, 如何如何? 康節所言"心者, 性之郛郭", 澈源以爲郛郭有主宰之義,【朱子曰: "'心者, 性之郛郭', 與心統性情同義。"】心是主宰性情者也。新翁以爲"郛郭只是地盤粗迹說, 以心具性情言也", 如何? 朱子曰: "喜怒哀樂未發之時, 只是渾然, 所謂氣質之性, 亦皆在其中。" 又曰: "性只是理, 氣質之性, 亦只是這裏出。若不從這裏出, 有甚歸著"云云。澈源以爲"所謂"在其中"者, 非齊頭幷立也, 正如「凉議」所云"天下不容有兩種子, 雖愿亦根於淑而生"之意", 以朱子下段所言, 亦可見。會洛以爲"所謂'渾然在其中'者, 蓋言渾化而爲本然之性", 毫差繆千, 正在於此。新翁以澈源說爲是, 未知如何? 朱子曰: "太極, 性也; 陰陽, 心也; 四時, 情也。" 蓋一陰一陽之謂道, 心只以陰陽言, 而理之妙用, 卽此而在也, 不可以此而專作氣看。俛宇以朱子"心猶陰陽"說爲記錄之誤, 恐過論也。朱子曰: "能覺者氣之靈, 所覺者心之理。" 其意蓋曰: "能覺者靈也, 而所取而覺者何物? 乃心之理也。" 如能喫者口也, 而所喫者何物? 曰飯也。以上數條, 皆中心有疑, 不敢强住。伏願先生涵容包納, 親切提喩, 則當暗誦默思, 以爲究竟計耳。

「상노백헌정선생上老柏軒鄭先生」【庚戌】(『重軒文集』卷2)

1) 서지사항

황철원이 정재규에게 올린 글.『중헌문집(重軒文集)』권2에 실려 있다.

2) 저자

황철원(黃澈源, 1878~1932)으로, 자는 경함(景涵), 호는 중헌(重軒) 또는 은구재(隱求齋)이다.

3) 내용

황철원이 1910년 정재규(鄭載圭, 1850~1903)에게 올린 글이다. 황철원은 정재규의 제자이다. 정재
규의 자는 영오(英五)·후윤(厚允), 호는 노백헌(老柏軒)·애산(艾山)이다. 그는 노사(蘆沙) 기정진
(奇正鎭, 1798~1879)의 제자이다. 황철원은 별지(別紙) 첫째 단락에서는, 삼산(三山) 권기덕(權基
德, 1856~1898)이 인심(人心)과 도심(道心)을 리발(理發)과 기발(氣發)로 나누어 본 데 대해, 기발
(氣發) 또한 리(理)에 명을 받으므로 리(理)는 주인[主]이고 기(氣)는 종[僕]으로 리발일도(理發一
塗)로 보았다. 둘째 단락에서는, 삼산이 인심은 형기(形氣)가 생한 바이고, 도심(道心)은 성명(性
命)에 근본한 바이니 두 개의 마음인 듯 하다고 한 데 대해, 인심이 형기에서 생한 바라고 하면
형기가 주인이 되고, 도심이 성명에 근본한다고 하면 성명이 도심에 근본하게 되는 만큼 형기에서
생기고 성명에서 근본한다고 하는 것이 옳다고 하였다. 또한 주자(朱子)의 성인은 인심이 바로
도심이라고 한 말을 인용한 데 대해, 인심은 도심에 명을 들어야 한다고 하였다. 셋째 단락에서는,
『중용장구(中庸章句)』제1장 "천명지위성(天命之謂性)"에 대해 주자가 "기로써 형(形)을 이루고
리 또한 부여하였다.[氣以成形, 理亦賦焉.]"라고 주석한 것은, 기가 먼저이고 리가 뒤인 듯 오해할
우려가 있다고 하면서, 천하의 시종은 리가 그렇게 한 것이니, 리가 없으면 만물도 없다고 하였다.
또『대학장구(大學章句)』에서 "명덕(明德)"에 대한 해석에서 주자가 "허령불매(虛靈不昧)하여 중
리(衆理)를 갖추고 있고 만사(萬事)에 응하는 것이다"라고 한 것에 대해 "허령불매"는 명(明) 자를,
"중리(衆理)를 갖추고 있고 만사(萬事)에 응한다."는 것은 덕(德) 자를 해석한 것으로 나누어 본

것을 잘못된 견해로 보고 명덕(明德)은 한 가지 뜻이라고 하였다. 넷째 단락에서는, 천리(天理)와 인욕(人欲)은 동행이정(同行異情)이라고 한 데 대해 한주(寒洲) 이진상(李震相, 1818~1886)은 한 사람에 대한 것으로 보았는데, 인심과 도심은 호발(互發)하므로 동행이정도 한 사람에 대한 것으로 봐도 무방하나, 일에 나아가 횡설(橫說)하면 한 사람에 대한 것으로 보아서는 안 되고, 마음에 나아가 수설(竪說)하면 한 사람에 대한 것으로 볼 수 있다고 하였다. 다섯째 단락에서는 삼산이 성(性)이 불선(不善)하고 심(心)이 부정(不正)한 까닭은 정(情)의 죄인가 물은 데 대해, 성정(性情)의 성은 본연지성(本然之性)으로 불선을 말할 수 없다고 하였다.

3-26-20「上老柏軒鄭先生」[庚戌](『重軒文集』卷2)

伏問秋抄道體候無大損攝否? 妄竊自惟天下宗之, 而西山可登; 諸侯共尊, 而東海可蹈。今忽無山矣, 無海矣, 以坐處爲西山、東海外, 無他方法。昔魯之兩生, 旣不自就硎谷坑中, 猶自絃誦, 直至于叔孫招士之日, 欲其興禮樂於積德百年之後, 亦不可謂秦無人焉。況先生斯道如線之脈, 切不可以洌泉悲淚, 過致隕穫, 以絶其垂也。區區下祝無已。小子作圈中豕已久, 所負者塗, 所曳者泥。今則圈中一片地, 亦無可安頓之望, 悲矣! 何達? 惟是平日所欲質者百, 不歸正其一, 而遽坐此極, 容猶可以已乎? 艮齋所著「涼猥辨辨」, 置歲積, 自量留覬, 更長一分實見, 而後就正門下未晚矣。今思之, 却覺不可緩, 敢以呈納。想多紕繆, 反覆垂誨伏望。權三山遺集, 曾於客中乍見, 其與門下疑難者, 詳悉明白, 而間有所未達, 劄以擧質, 垂答如何? 昔與詠亭諸生, 定一旬一講之規例。蒙佳川答訓, 都爲一冊欲請冠篇一語, 以爲警省計, 伏望不孤焉。佳川患候, 奄奄日甚, 私切悚惶。老先生易名事, 伏想其所處置者, 極其稱停矣。咸平徐雅方以其先考文字事, 專進誠力, 可尙。雖在放黜, 筆硯之日, 强副其遠程跋涉之意, 如何? 權君五、鄭景晦, 今在門下耶? 近年所就, 想益卓卓矣。自餘十萬都縮, 伏乞下鑑。

別紙

三山問: "人心、道心, 以理言, 則皆是理之發; 以氣言, 則皆是氣之發。" 答訓曰: "'皆是理之發', 鄙人之說也; '皆是氣之發', 栗谷之說也。今子厚合二說而一之耶?"【止】"皆是理之發"一句, 與蘆沙先生之意脗合。蘆沙先生曰: "氣之順理而發者, (其)[氣]39)發卽理發。其發, 明是氣爲, 而謂之理發者, 氣之發, 實受命於理。命者爲主, 而受命爲僕"云云。造化旣如此, 則人之心獨不如是乎? 若曰氣之發, 則正是主明是氣爲處言之, 而覽者迷旨, 以僕揜主也必矣。蓋氣是心之地盤, 而心之主宰則理。情雖萬般不同, 一是發於理, 理是所乘之主, 氣特其所乘耳。莫非理之發, 而自其發後, 言其所重而各分別, 則此理之發, 不爲氣所拘者, 謂理發; 此理之發, 或爲氣所拘, 則不得不名之曰氣發。原其初, 則理發一塗而已, 不可執其發後而揜却其發之初也。蘆沙先生自其粗處而露其實

---

39) (其)[氣]: 저본에는 '其'로 되어 있으나, 『蘆沙集』 권16 「猥筆」에 의거하여 '氣'로 수정하였다.

受命者, 故以氣順理起語, 蓋據其所發之機而指其實也。世人每只據氣字, 以理之屈伸勝負, 專係於氣之順不順, 則氣反爲所乘之主矣。未知此說不悖否?

三山問: "人心是形氣之所生, 道心是性命之所原, 則恐是兩個心, 而朱子云'聖人分上人心便是道心'。" 答訓曰: "人心便是道心, 就道心主宰處言, 然論其苗脈, 則人心自是人心。"【止】蓋"人心便是道心"云者, 謂人心聽命於道心, 非謂人心便化爲道心, 則答訓最是切當。但三山所謂"形氣之所生"、"性命之所原"二句, 名位甚是倒置, 答訓不辨, 何歟? 蓋曰"生於形氣", 則心爲主, 形氣爲客; 今曰"形氣之所生", 則形氣爲主矣。曰"原於性命", 則爲道心之本旨; 曰"性命之所原", 則恰是性命原於道心, 此非見不到, 只是語不精, 而語不精亦或貽害, 如何?

"氣以成形, 理亦賦焉", "氣以成形", 是天命中事, 莫非天命使之然之妙, 才言"氣已成形", 理已爲主宰, 不須更言理, 而就其中分而上而下, 使人穎悟, 故曰"理亦賦焉", 非氣以成形之後, 別有理來賦也。如言"有物", 則物字中已具則, 而使人分別其則, 故又別言"有則"也。蓋曰"天以陰陽五行"云云, 則天爲始, 而使之成形, 又曰"理亦賦焉", 則理爲終。天下之終始, 莫非理之使然, 無此理, 則無此物矣。後人不知此意, 才見流行變化成條理, 目以氣, 以"機自爾"爲主張, 言理則但見其乘之之尊虛號, 遂以爲"氣以成形", 氣之自爲, 而理則賦焉, 而已未知賦焉之前, 落在何方。此今時之大弊也。及見三山論, 說破此弊無餘蘊矣。三山曰: "'虛靈不昧', 雖氣分事, 而言其所以虛靈則理也。此理, 非所具之衆理耶? '應萬事', 亦是此理之應也, 豈有此理之外, 復有衆理之來具乎? 若以'以'字看, 果似有層節, 然'以'字當以所謂'氣以成形'以字同看。" 答訓曰: "甚是甚是。"【止】三山此論, 甚有功於斯文。蓋世人以明德爲形而下者, 正是局於虛靈, 而不見虛靈之眞體便是"具衆理"者, 別欲尋討得衆理於虛靈之外, 故目明德以單氣, 此固不足言。黃氏以爲"'虛靈不昧', 釋明字; '具衆理、應萬事', 釋德字", 其言似詳, 然終是分疏前人見成說話。蓋不離乎虛靈, 而卽便自有具、應之眞體, 豈可坼明德而二之, 一釋其明, 一釋其德耶? 明德, 一義也, 決不可坼開分片, 各立區域。未知此語無過誤否?

『鍾山講錄』: 農丈問: "寒洲李丈之言'同行異情', 恐對一人身上看, 如何?" 溪丈曰: "天理、人欲, 豈有齊頭幷發者乎? 一事而或有以天理做底時, 或有以人欲做底時。若是則一人便成兩人。” 三山曰: “一路也, 而堯、桀行之, 堯有堯之情, 桀有桀之情。‘同行異情’, 亦猶是也, 不可以一人身上看。” 函丈曰: “洲丈說, 頗涉未穩。”【止】此一段, 令後學開迷不淺, 亦有一說焉。蓋以正義言, 則不可以一人身上看; 若以傍義言, 則容有可以一人身上看者。朱子所謂“順理而公於天下者, 聖人之所以盡其性; 縱欲而私於一己者, 衆人之所以滅其天”, 此‘同行異情’之本旨也。其下曰: “孟子因時君之問, 而剖析於幾微之際, 皆所以遏人欲、存天理。” “幾微之際”, 是吾一心上思慮方萌地頭, 生死路所關, 或遏、存, 又或不能遏、存, 是亦非“同行異情”之一義耶? 蘗溪曰: “人心、道心, 不妨說互發。心, 一也, 有爲道理發時, 有爲形氣發時, 非互發耶?” 旣曰不妨云, 則便是自成一說者。以此例之, 則“同行異情”, 亦不妨對一人身上看。人, 一也; 忠孝, 同行也。有爲忠孝之良心而爲之, 瞥然間爲要名干譽而爲之, 是亦非異情耶? 同行, 事也; 異情, 德也。卽事而橫說, 不可以一人身上看; 卽心而豎說, 亦容以一人身上看矣。如何?

『鍾山講錄』: 三山誦眞西山“性之所以不善, 心之所以不正, 爲情所累”之語, 而因問: “心、性之不正、不善, 果是情之罪歟?” 日新曰: “此以情熾性鑿之說同看。情本善, 發不中節, 乃流於熾而反害心性矣。以其不善、不正, 謂爲情所累則可, 謂情之罪, 則不可。” 函丈曰: “情本非受責於人之物。”【止】氣質之性, 從發後得名, 西山旣以性對情言, 則是謂本然之性也。本然之性, 豈可緣其情所累, 而遽加以不善之名乎? 古人言情所累處, 有曰其性鑿, 有曰喪性, 有曰頹其綱, 未有以不善目之以本然之性。蓋曰鑿、曰喪、曰頹, 則是不過斧斤伐、牛羊牧之自外至者矣。幸玆秉彝, 則極天而罔墜也。若曰性之所不善云爾, 則是本體皆不善也。立言之間, 毫差繆千之弊生焉, 危哉! 抑西山之意, 蓋曰性之所以不能直遂其本善, 爲情所累云耶? 然則非責性語耶? 情猶云“本非受責於人之物”, 況性而可受耶?

「답종질성백발문대목答從姪性伯發問對目」(『重軒文集』卷6)

해제

1) 서지사항

황철원이 조카인 황채오에게 보낸 서간문. 『중헌문집』 권6에 실려 있다.

2) 저자

황철원(黃澈源, 1878~1932)으로, 자는 경함(景涵), 호는 중헌(重軒) 또는 은구재(隱求齋)이다.

3) 내용

황철원이 조카 황채오에게 심성론에 관한 문제를 낸 뒤, 이에 답한 황채오의 답변 내용을 평가한 것이다. 평가는 "맞다[得之]", "또한 옳다[也是]", "매우 그러하다[甚然]", "그러하다[然]", "옳다 [是]", "변론한 것이 매우 옳다[所卞甚是]" 등으로 부정적인 평가가 없으며, 말미에서 황채오가 남들의 말을 그저 답습한 것이 아니라 스스로 사색해낸 것임을 인정하고, 대원(大原)에 대한 견해가 정밀한 것을 칭찬하였다. 또한 장차 분발하여 큰 성취를 이룰 것이라는 기대를 피력하고 있다. 이를 통해 황철원의 질문이 조카의 학문이 친절유미한 자득의 학문인지, 그 조예는 어느 정도인지를 확인하고자 하였음을 알 수 있다. 질문의 핵심은 "심(心)의 본연적 주재(主宰)"를 얼마나 정확히 이해했느냐 하는 것인데, 총 8개 조이며, 「중용장구서」가 중심 텍스트이다. 질문의 말미에서 황철원은 사서(四書)에 대한 정합적인 이해를 시험하고, 간재학파의 주장을 황채오가 어떻게 비판하는지 확인하였다. 이를 보면 황철원은 자신의 심득(心得)과 도학적 문제의식을 황채오에게 계승시키고자 하였음을 알 수 있다.

3-26-21 「答從姪性伯發問對目」(『重軒文集』卷6)

發問曰: "或生於形氣之私"之時, 所謂"性命之正", 自在而未發歟?

采五謹按: "生於形氣", "原於性命", 固有時節不同, 而心之知覺則一而已。因其時節不同, 而疑有兩知覺, 則抑末也。若其從私發時, 正者自在, 從正發時, 私者自在, 則是乃一心之中, 原有私、正之分, 而齊頭并出也。蓋從形氣發時, 其所發之理, 亦非性命乎? 從性命發時, 所乘載者, 亦非形氣乎?

　得之。

發問曰: 知覺兼理之妙與氣之靈, 如何而謂理之妙, 如何而謂氣之靈?

謹按: 以其主宰妙用言, 則理之妙也; 以其乘載運用言, 則乃氣之靈也。

　也是。

發問曰: 心性一理, 而曰"心主性", 有主之者, 有所主者, 烏可謂一乎?

謹按: 只此一理, 而以實體準則言, 則性也; 以主宰妙用言, 則心也。非兩物相對, 而以此主彼, 以彼主此, 觀於(枰)[稱]40)之有星、尺之有寸, 可見。

　甚然。

發問曰: 偏言則性, 專言則心, 此說何如?

謹按: 此說恐爲的確底正論。蓋論其當體, 則心固是氣分事, 若論其實體, 則仁義禮智之外, 更別無心, 而以仁愛、以義惡、以禮讓、以智知者, 卽心也。以此言之, 則性偏、心專之說, 可謂眞觀其心性一理之實而說出來者也。

　然。

發問曰: 蓋聞性命之外無物, 人心何物, 獨生於形氣, 不原於性命耶?

謹按: 人心之所從而生者, 則雖形氣, 其所由而生者, 只此一心之知覺也。心之知覺, 卽

---

40) (枰)[稱]: 저본에 '枰'으로 되어 있으나, 문맥을 살펴 '稱'으로 수정하였다.

是性命之主宰處。

　　是。

發問曰:『孟子』註"心者, 人之神明",『大學』註"虛靈不昧",「中庸序」"虛靈知覺",『中庸』經文"聰明睿智"。其同其異, 可以言歟?

謹按: "神明", 以心之妙用言; "虛靈不昧", 以心之本體言; "虛靈知覺", 以心之主宰處言; "聰明睿智", 以心之全德言, 其實一理也。

　　得之。

發問曰: 神明知覺, 世儒專以氣言, 將何以明其不然也?

謹按: 神明知覺四字, 說盡一心之主宰妙用, 而今以一氣字言之, 則不過氣爲萬善之綱領、萬事之根柢, 而理不免爲虛位眞人。嗚呼可哉?

　　得之。

發問曰: 近世有性爲心宰之說頗盛, 願爲之一卞也。

謹按: 心是主宰也, 妙用也; 性其實體也, 準則也。有是實體、準則, 故能主宰、妙用; 有是主宰、妙用, 故能管攝他實體、準則。纔著眼於心性一理之義, 則心全而性分, 心綱而性目, 心巨而性細, 瞭然可識。世之認心爲氣者, 若謂心主性, 則是乃以氣主理也。故曰"性爲心本", 曰"性尊心卑", 曰"性師心弟"。有此創說, 竊爲之不取也。

　　所卞甚是。

第觀諸條所論, 皆從親切思索中出來, 非蹈襲他人之言之流, 不意近日見得大原, 若是之密也。從此而益加切密之功, 不以已得而自足焉, 則於造極也何有? 實不勝其厚企也。

3-26-21 「답종질성백발문대목答從姪性伯發問對目」(『重軒文集』卷6)

질문하기를, "어떤 것이 형기(形氣)의 사(私)에서 생겼을 때, 이른바 '성명(性命)의 바름'이란 것이 그대로 존재하는데 아직 발현되지 않은 것인가?"

제가 삼가 살펴보니, 형기(形氣)에서 생겨나는 것과 성명(性命)에 근원하는 것은 본디 시절(時節)은 같지 않지만 마음의 지각은 하나입니다. 그 시절이 같지 않음으로 인하여 지각이 둘이 있다고 의심한다면, 또한 지엽적입니다. 만일 사(私)를 따라 발현될 때 바른 것이 그대로 있고, 바른 것을 따라 발현될 때 사(私)가 그대로 있다면, 이는 바로 한 마음 안에 원래 사(私)와 정(正)의 구분이 있어서 머리를 나란히 하여 함께 나오는 것입니다. 형기(形氣)를 따라 발현될 때, 그 발현되는 이(理)는 또한 성명(性命)이 아닙니까? 성명(性命)을 따라 발현될 때, 그 타고 싣는 것은 또한 형기(形氣)가 아닙니까?

"옳다."

질문하기를, "지각은 이(理)의 묘(妙)와 기(氣)의 영(靈)을 겸하는 것이다. 어떠하여야 이(理)의 묘(妙)라고 하고, 어떠하여야 기(氣)의 영(靈)이라고 하는가?"

삼가 살펴보니, 그 주재묘용(主宰妙用)으로 말하면 이(理)의 묘(妙)이고, 승재운용(乘載運用)으로 말하면 바로 기(氣)의 영(靈)입니다.

"또한 옳다."

질문하기를, "심(心)과 성(性)은 하나의 이(理)인데, '심(心)이 성(性)을 주재하니, 주재하는 주체가 있고, 주재받는 대상이 있다.'고 하니, 어찌 하나라고 할 수 있는가?"

삼가 살펴보니, 단지 이것은 하나의 이(理)일 뿐인데, 실체와 준칙으로 말하면 성(性)이고, 주재와 묘용으로 말하면 심(心)입니다. 두 물건이 서로 대립하여, 이것으로 저것을 주재하고 저것으로 이것을 주재하는 것이 아닙니다. 저울에 눈금이 있고 자에 마디가 있는 것을 살펴보면 알 수 있습니다.

"매우 옳다."

질문하기를, "치우치게 말하면 성(性)이고, 전일하게 말하면 심(心)이다. 이 설명은 어떠한가?"

삼가 살펴보니, 이 설은 적확한 정론(正論)이 될 듯합니다. 그 당체(當體)를 논하면 심(心)은 본디 기(氣)의 부분이나, 그 실체(實體)를 논하면 인의예지(仁義禮智) 외에 따로 다른 심(心)은 없습니다. 인(仁)으로 사랑하고, 의(義)로 미워하고, 예(禮)로 사양하고, 지(智)로 아는 것이 바로 심(心)입니다. 이것으로 말하면 성편심전(性偏心專)의 설은 참으로 그 심성일리(心性一理)의 실제를 보고서 말한 것임을 알 수 있습니다.

"그렇다."

질문하기를, "성명(性命) 외에 다른 물건이 없다고 들었다. 인심(人心)은 어떤 물건이기에, 홀로 형기(形氣)에서 생겨나서 성명(性命)에 근원하지 않는 것인가?"

삼가 살펴보니, 인심(人心)이 따라 생겨난 것이 비록 형기(形氣)일지라도, 그것이 말미암아 생겨난 것은 단지 이 일심(一心)의 지각일 뿐입니다. 심(心)의 지각은 바로 성명(性命)이 주재하는 곳입니다.

"옳다."

질문하기를, "『맹자』의 주에 '심(心)은 사람의 신명(神明)이다.'라고 하였고, 『대학』의 주에 '허령불매(虛靈不昧)'라고 하였고, 『중용』의 서문에 '허령지각(虛靈知覺)'이라고 하였고, 『중용』의 경문에 '총명예지(聰明睿智)'라고 하였다. 그 같고 다른 것을 말할 수 있는가?"

삼가 살펴보니, 신명(神明)은 심(心)의 묘용(妙用)으로 말한 것이고, 허령불매(虛靈不昧)는 심(心)의 본체로 말한 것이고, 허령지각(虛靈知覺)은 심(心)의 주재처로 말한 것이고, 총명예지(聰明睿智)는 심(心)의 온전한 덕으로 말한 것이니, 그 실제는 하나의 이(理)입니다.

"맞다."

질문하기를, "신명지각(神明知覺)을 세상의 유학자들은 오로지 기(氣)로써 말하는데, 장차 어떻게 그것이 그렇지 않음을 밝히겠는가?"

삼가 살펴보니, 신명지각(神明知覺) 네 글자는 일심(一心)의 주재묘용(主宰妙用)을 극진하게 말한 것입니다. 그런데 지금 하나의 기(氣) 자로 말하니, 기(氣)가 온갖 선(善)의 강령이자 온갖 일의 근본이 됨에 불과하고, 이(理)는 허위진인(虛位眞人)이 됨을 면하지 못합니다. 아, 옳겠습니까?

"맞다."

질문하기를, "근래에 '성(性)은 심(心)의 주재자'라는 학설이 자못 파다하니, 한 번 분별해보겠는가?"

삼가 살펴보니, 심(心)은 주재(主宰)이자 묘용(妙用)이요, 성(性)은 그 실체(實體)이자 준칙(準則)

입니다. 이 실체와 준칙이 있기 때문에 능히 주재하고 묘용할 수 있고, 이 주재와 묘용이 있기 때문에 다른 실체와 준칙을 관섭할 수 있습니다. 심(心)과 성(性)이 하나의 이(理)라는 뜻에 착안하기만 하면, 심(心)은 온전하고 성(性)은 나누어져 있으며, 심(心)은 벼리이고 성(性)은 조목이며, 심(心)은 크고 성(性)은 세밀하다는 것을 분명히 알 수 있습니다. 세상에 심(心)을 기(氣)라고 인식하는 자가 '심(心)이 성(性)을 주재한다'고 말한다면, 이는 바로 '기(氣)가 이(理)를 주재한다'는 것입니다. 그러므로 '성(性)이 심(心)의 근본이다.'라고 하고, '성(性)은 높고 심(心)은 낮다.'라고 하고, '성(性)은 스승이고 심(心)은 제자이다.'라고 하는 것입니다. 이러한 새로운 학설을 저는 취하지 못하겠습니다.

"분별한 것이 매우 옳다."

여러 조목에서 논한 것을 살펴보니, 모두 친절하게 사색하는 중에 나온 것으로, 다른 사람의 말을 답습한 부류가 아니다. 뜻밖에 근래 큰 근원을 본 것이 이처럼 치밀하니, 이것을 따라 더욱 절실하고 치밀한 공부를 하여, 이미 터득한 것으로 스스로 만족하지 않는다면, 지극한 경지에 이르는 데 무슨 어려움이 있겠는가? 실로 큰 기대를 금치 못하겠다.

發問曰: "或生於形氣之私"之時, 所謂"性命之正", 自在而未發歟?

采五謹按: "生於形氣", "原於性命", 固有時節不同, 而心之知覺則一而已。 因其時節不同, 而疑有兩知覺, 則抑末也。 若其從私發時, 正者自在, 從正發時, 私者自在, 則是乃一心之中, 原有私、正之分, 而齊頭幷出也。 蓋從形氣發時, 其所發之理, 亦非性命乎? 從性命發時, 所乘載者, 亦非形氣乎?

得之。

發問曰: 知覺兼理之妙與氣之靈, 如何而謂理之妙, 如何而謂氣之靈?

謹按: 以其主宰妙用言, 則理之妙也; 以其乘載運用言, 則乃氣之靈也。

也是。

發問曰: 心性一理, 而曰"心主性", 有主之者, 有所主者, 烏可謂一乎?

謹按: 只此一理, 而以實體準則言, 則性也; 以主宰妙用言, 則心也。 非兩物相對, 而以此主彼, 以彼主此, 觀於(枰)[稱]⁴¹⁾之有星、尺之有寸, 可見。

　　甚然。

發問曰: 偏言則性, 專言則心, 此說何如?

謹按: 此說恐爲的確底正論。蓋論其當體, 則心固是氣分事, 若論其實體, 則仁義禮智之外, 更別無心, 而以仁愛、以義惡、以禮讓、以智知者, 卽心也。以此言之, 則性偏、心專之說, 可謂眞觀其心性一理之實而說出來者也。

　　然。

發問曰: 蓋聞性命之外無物, 人心何物, 獨生於形氣, 不原於性命耶?

謹按: 人心之所從而生者, 則雖形氣, 其所由而生者, 只此一心之知覺也。心之知覺, 卽是性命之主宰處。

　　是。

發問曰: 『孟子』註"心者, 人之神明", 『大學』註"虛靈不昧", 「中庸序」"虛靈知覺", 『中庸』經文"聰明睿智"。其同其異, 可以言歟?

謹按: "神明", 以心之妙用言; "虛靈不昧", 以心之本體言; "虛靈知覺", 以心之主宰處言; "聰明睿智", 以心之全德言, 其實一理也。

　　得之。

發問曰: 神明知覺, 世儒專以氣言, 將何以明其不然也?

謹按: 神明知覺四字, 說盡一心之主宰妙用, 而今以一氣字言之, 則不過氣爲萬善之綱領、萬事之根柢, 而理不免爲虛位眞人。嗚呼可哉?

　　得之。

發問曰: 近世有性爲心宰之說頗盛, 願爲之一卞也。

謹按: 心是主宰也, 妙用也; 性其實體也, 準則也。有是實體、準則, 故能主宰、妙用; 有是主宰、妙用, 故能管攝他實體、準則。纔著眼於心性一理之義, 則心全而性分, 心綱而性目, 心巨而性細, 瞭然可識。世之認心爲氣者, 若謂心主性, 則是乃以氣主理也。故曰"性爲心本", 曰"性尊心卑", 曰"性師心弟"。

---

41) (枰)[稱]: 저본에 '枰'으로 되어 있으나, 문맥을 살펴 '稱'으로 수정하였다.

有此創說, 竊爲之不取也。

　　所卜甚是。

第觀諸條所論, 皆從親切思索中出來, 非蹈襲他人之言之流, 不意近日見得大原, 若是之密也。從此而
益加切密之功, 不以已得而自足焉, 則於造極也何有? 實不勝其厚企也。

「**답김춘장**答金春章」【仁植○己未】(『重軒文集』卷6)

1) 서지사항

황철원이 김춘장에게 보낸 서간문.『중헌문집』권6에 실려 있다.

2) 저자

황철원(黃澈源, 1878~1932)으로, 자는 경함(景涵), 호는 중헌(重軒) 또는 은구재(隱求齋)이다.

3) 내용

김춘장이 황철원에게 질의한 것에 대해, 황철원이 답한 편지이다. 황철원의 답서로 보아 김춘장의 질의는 도학자로서의 출처 혹은 의리에 관한 것과 이학(理學)에 관한 것이었으며, 이학에 관한 내용은 협지(夾紙)에 기재되어 있었음을 알 수 있다. 출처의리에 관한 질문이 "유행(儒行)"과 "선왕의 법복"에 대한 것이라는 점에서는 일반적인 도학 실천에 관한 것으로 보이지만, "머리카락"을 특히 거론하고 있다는 점에서 김춘장은 단발령 시행을 두고 어떻게 대처해야 할지를 물었던 것으로 보인다. 아마 김춘장은 적극적인 행동의 필요성을 피력하였던 것으로 보이는데, 황철원은 이 문제가 금수와 인간의 갈림이라고 보는 등, 김춘장의 취지에는 동의하지만 실제 실천 문제에 대해서는 신중할 것을 요구하고 있다. 이학에 관한 질문은 「태극도」에 대한 이해와 심기(心氣)에 관한 것이었는데, 황철원은 "이기불리"의 관점에서 「태극도」에 관한 질의에 답하고, 심기(心氣)에 대한 질문에서는 심과 기를 구별하려는 태도를 경계하면서 심성 본체에 대한 이해를 촉구하고 있다. 전체적으로 볼 때, 깊이 있는 학술토론이라기 보다는 현실에서 어떻게 도학을 실천할 것인가 하는 문제의식 속에서 이학 등의 문제를 아울러 고민하는 김춘장에게 학문적 방향을 제시하고자 작성된 편지라고 할 수 있다.

3-26-22 「答金春章」【仁植○己未】(『重軒文集』卷6)

久別則問尼父所以論儒行也, 而賢公能行此事, 實不可禫耶? 但此事合施於合志同方、營道同術之地, 而反施諸此滯陋庸散之物, 則受其施者, 其面安得不發騂耶? 感感愧愧, 莫知所以貢謝也。得良友講做人樣子書, 所謂"知不務多, 必審其所知; 行不務多, 必審其所由"者, 非此耶? 蓋做人之人, 對禽獸而言也。在今日尤不可不明究此書, 就中非先王之法服不敢服一節, 尤不可不高著眼、猛著思, 如何如何? 且有一事合問者, 孔子之言"受之父母, 不敢毀傷"處, 旣言身體則足矣, 而又特言髮, 何也? 願賢公之有以敎之也。夾紙所詢, 可見近日思索之精, 甚善甚善。四端, 情之始而在心; 七情, 情之遂而著於事一段, 是就那對擧處言, 故如此。蓋專言七情, 則四端包在其中, 若就此七情中, 剔拔出四端, 而與七情對言, 則四端是初頭說, 故曰情之始。旣以四端爲初頭說, 則七情非情之遂而著於事者耶? 『太極圖』云云, 第一圈是挑出者, 第二圈正指其實體者, 而世人以第一圈爲太極圈, 第二圈爲陰陽圈, 先師甚非之耳。心之氣較精, 形氣之氣較粗云云, 恐不成說。蓋才言形, 則心之方寸血肉, 莫非形也; 才言氣, 則心之湛一精爽, 莫非氣也。然則旣言一身百體之形氣, 則所謂"方寸血肉", 所謂"湛一精爽", 若粗若精, 皆無不包之理, 外此而別求心之氣, 無乃不可乎? 所謂"心是主宰", 所謂"心統性情", 所謂"性是心之條理", 此等心性字, 正指心性純善之本體也。却欲以氣質之心, 淆雜言之者, 何也? 此恐非賢公平日之見也, 抑或再數廊柱而然耶? 忽忽貢愚, 想多錯處, 幸細櫛更示也。

선역

오랜 이별 뒤에 공자(孔子)가 유행(儒行)을 논한 것을 묻습니다. 현공(賢公)은 이 일을 능히 행하시니 실로 귀하게 여길만하지 않습니까? 다만 이 일은 뜻을 같이하여 방향을 같이하고 도(道)를 경영하여 방법을 같이하는 곳에 시행하기 적합합니다. 그런데 도리어 이 고루하고 용렬한 자에게 베푸시니, 그 베풂을 받는 자가 얼굴이 어찌 붉어지지 않을 수 있겠습니까? 감사하고 부끄러워 사례 드릴 바를 모르겠습니다. 벗이 강론한 '사람을 만드는 책'을 얻었으니, 이른바 "아는 것은 많이 알기를 힘쓰지 말고 반드시 그 아는 것을 자세히 하며, 행동은 많이 할 것을 힘쓰지 말고 반드시 말미암는 바를 자세히 하라"는 말은 이것이 아니겠습니까? 대개 '사람을 만듦'에서의 '사람'은 '금수'와 대비하여 말한 것이니, 오늘날 이 책을 더욱 밝게 강구하지 않을 수 없습니다. 그 중에 '선왕의 법도에 맞는 옷이 아니면 감히 입지 않는다'는 한 구절은 더욱 안목을 높이 두고 맹렬히 생각하지 않으면 안 되니, 어떠합니까? 또 여쭈어야 할 한 가지 일이 있으니, 공자(孔子)가 "부모에게 받은 것은 감히 훼손해선 안 된다."라고 말한 곳은 이미 '신체'라고 말한 것으로 충분한데, 또 특별히 '머리카락'을 말한 것은 무슨 까닭입니까? 부디 현공께서 가르쳐주시기 바랍니다. 협지(夾紙)에 말씀하신 것은 최근 사색한 것이 정밀함을 알 수 있으니, 매우 좋습니다. "사단(四端)은 정(情)의 시작으로서 마음에 있고, 칠정(七情)은 정(情)이 완수된 것으로서 일에 드러난다"는 한 단락은 저 대거(對擧)한 곳에 나아가 말한 것이기 때문에 이와 같은 것입니다. 대개 칠정(七情)을 오로지 말하면 사단(四端)이 그 안에 포함되는 것입니다. 만약 이 칠정(七情) 중에 나아가 사단(四端)을 발라내어 칠정(七情)과 대립시켜 말한다면, 사단(四端)은 초두(初頭)를 말하는 것이니 '정(情)의 시작'이라고 말하는 것입니다. 이미 사단(四端)을 초두라고 말했다면, 칠정(七情)은 정(情)이 완수된 것으로서 일에 드러난 것이 아니겠습니까? 『태극도』운운한 것은, 첫째 권(圈)은 도출해낸 것이고, 둘째 권(圈)은 바로 그 실체를 가리킨 것입니다. 세상 사람들이 첫째 권을 태극권(太極圈)이라 하고 둘째 권을 음양권(陰陽圈)이라 하는데, 선사께서 매우 그르게 여겼습니다. "심(心)의 기(氣)는 비교적 정밀하고, 형기(形氣)의 기는 비교적 거칠다"고 말씀한 것은 말이 되지 않는 듯합니다. 대개 '형(形)'이라고 말하였으면 심(心)의 방촌(方寸)과 혈육(血肉)이 모두 형(形) 아닌 것이 없으며, '기(氣)'라고 말하였으면 심(心)의 담일(湛一)하고 정상(精爽)한 것이 모두 기(氣) 아닌 것이 없습니다. 그렇다면 이미 '일신백체(一身百體)의 형기(形氣)'라고 말했으면, 이른바 '방촌혈육(方寸血肉)'과 '담일정상(湛一精爽)'이 거칠거나 정밀하거나 모두 포함되지 않을 이치가 없습니다. 이것을 도외시하고 따로 심(心)의 기(氣)를 구하는 것은 잘못이 아니겠습니까? 이른바 "심(心)

이 주재자이다"라는 것과 "심통성정(心統性情)"과 "성(性)은 심(心)의 조리이다"라는 말에서의 심성(心性)이라는 글자는 바로 심성(心性)의 순선(純善)한 본체를 가리키는 것입니다. 그런데 도리어 기질(氣質)의 심(心)을 섞어 말하는 것은 무슨 까닭입니까? 이는 현공의 평소의 견해가 아닌 듯합니다. 그렇지 않으면, 복도의 기둥을 다시 세려고 그러는 것입니까? 바쁘게 어리석은 생각을 올리느라 생각에 잘못된 곳이 많을 것입니다. 부디 자세히 살펴 다시 보여주시기 바랍니다.

久別則問尼父所以論儒行也, 而賢公能行此事, 實不可禩耶? 但此事合施於合志同方、營道同術之地, 而反施諸此滯陋庸散之物, 則受其施者, 其面安得不發騂耶? 感感愧愧, 莫知所以貢謝也。得良友講做人樣子書, 所謂"知不務多, 必審其所知; 行不務多, 必審其所由"者, 非此耶? 蓋做人之人, 對禽獸而言也。在今日尤不可不明究此書。就中非先王之法服不敢服一節, 尤不可不高著眼、猛著思, 如何如何? 且有一事合問者, 孔子之言"受之父母, 不敢毀傷"處, 旣言身體則足矣, 而又特言髮, 何也? 願賢公之有以敎之也。夾紙所詢, 可見近日思索之精, 甚善甚善。四端, 情之始而在心; 七情, 情之遂而著於事一段, 是就那對擧處言, 故如此。蓋專言七情, 則四端包在其中, 若就此七情中, 剔拔出四端, 而與七情對言, 則四端是初頭說, 故曰情之始。旣以四端爲初頭說, 則七情非情之遂而著於事者耶? 『太極圖』云云, 第一圈是挑出者, 第二圈正指其實體者, 而世人以第一圈爲太極圈, 第二圈爲陰陽圈, 先師甚非之耳。心之氣較精, 形氣之氣較粗云云, 恐不成說。蓋才言形, 則心之方寸血肉, 莫非形也; 才言氣, 則心之湛一精爽, 莫非氣也。然則旣言一身百體之形氣, 則所謂"方寸血肉", 所謂"湛一精爽", 若粗若精, 皆無不包之理, 外此而別求心之氣, 無乃不可乎? 所謂"心是主宰", 所謂"心統性情", 所謂"性是心之條理", 此等心性字, 正指心性純善之本體也。却欲以氣質之心, 淆雜言之者, 何也? 此恐非賢公平日之見也, 抑或再數廊柱而然耶? 忽忽貢愚, 想多錯處, 幸細櫛更示也。

「답김춘장중용발문대목答金春章中庸發問對目」(『重軒文集』卷6)

1) 서지사항

황철원이 김춘장에게 보낸 서간문.『중헌문집』권6에 실려 있다.

2) 저자

황철원(黃澈源, 1878~1932)으로, 자는 경함(景涵), 호는 중헌(重軒) 또는 은구재(隱求齋)이다.

3) 내용

황철원이 심성에 관한 문제를 낸 뒤, 이에 대한 김춘장의 답변을 평가한 것이다. "질문―답변―평가" 순으로 기재되어 있으며, 총 17개 문항이다. "말이 옳다[說得是]", "말이 아주 옳다[說得極是]", "맞다[得之]" 등의 평가는 3개항에 불과하고, 부분적으로 "말이 매우 옳다[說得甚是]"는 평가를 받은 항목이 1개 있다. 질문 자체가 출처의리나 심법 등에 관한 것은 없으며, 이학 가운데서도 특히 심성에 관한 내용이 주를 이루고 있다. 질문 가운데 "심(心)을 리(理)라고 하면 선(禪)이나 육왕학이라고 여겨 끝내는 이단으로 지목하기도 하는데 장차 어찌 변론할 것인가?"하는 항목이 있다. 황철원은 김춘장의 답변이 충분치 않다고 여기고, 유불(儒佛)의 차이를 들어 이에 대한 변론 원칙을 밝히고 있는데, 이 대목은 노사학파에 대한 당시의 평가나 내부의 문제의식을 대변하고 있다는 점에서 주목할 만한 부분이라고 하겠다.

3-26-23 「答金春章中庸發問對目」(『重軒文集』卷6)

發問曰: 有謂虛靈爲體, 知覺爲用, 有謂虛靈知覺皆兼體用, 試詳言之。

謹按: 朱子曰"虛靈自是心之本體", 以此觀之, 則虛靈爲體, 知覺爲用之說, 似得。

以虛靈爲體, 知覺爲用者, 槪以其大分言也。若專言虛靈, 則虛靈也亦有用, 所謂應萬事者也; 知覺也亦有體, 卽心之未發而此知不昧者也。

發問曰: 知覺兼理之妙與氣之靈, 如何而謂理之妙, 如何而謂氣之靈?

謹按: 其光明洞澈, 發揮萬變者, 乃理之妙也; 其所乘而光明洞澈, 發揮萬變者, 乃氣之靈也。

曰知覺, 智之事, 曰以智知, 是理之妙也; 曰知覺運動, 曰合性與知覺, 是氣之靈也。

發問曰: 虛靈, 以理言, 則虛當何訓? 靈當何訓? 以氣言, 則虛當何訓? 靈當何訓?

謹按: 虛是此理之無形也, 靈是此理之至妙也。以氣訓, 則二五之精, 動靜之機。

以此理之至明曰虛, 卽所謂神明之明也; 以此理之至妙曰靈, 卽所謂神明之神也。言其至明至妙之資助, 則氣也。

發問曰: 心之虛靈知覺, 一而已矣。虛靈知覺中, 性命之正, 形氣之私, 皆兼言耶?

謹按: 將言性命之正, 形氣之私, 先言虛靈知覺之一而非二也。蓋恐人之有二心之嫌, 故豫此而明之也。烏可謂兼言也?

心者, 氣之精爽, 理之主宰, 虛靈知覺是也。總而觀之, 形氣、性命, 爲心之全體。方寸其形也, 精英其氣也, 實體其性也, 主宰其命也。故這知覺, 由性命而發, 則爲道心, 道字指性, 心字指命; 由形氣而發, 則爲人心, 人字指形, 心字指氣。由者不同, 而由之者一而已。所聞如此, 聊以誦告。

發問曰: 偏言則性, 專言則心, 此說何如?

謹按: 此說却難曉, 不若改之曰"分言則心性情, 而合言則只一心(已而)[而已]42)也", 如何?

專言性之全體, 則心之主宰妙用, 皆性分中事, 故以性爲太極渾然之體,【朱子說。】心爲氣之精爽。【朱子說。】若於其全體中, 指其主宰妙用爲心之本體, 則心還他是全體, 性只是其條理。

發問曰: 上知之人心, 無不中節, 便可謂之道心歟?
謹按: 不特上知之人心之無不中節爲然, 雖衆人之人心, 苟能無不中節, 則便可曰"卽是道心也"。然合而一之, 不分彼此大小輕重之分, 則恐不明。

　　雖上知之人, 其知覺旣從形氣而去, 則其中節者, 只是得理而中節, 不可便謂之理。如『通書解』, 以中字謂得性之正, 而不直曰本然。得之一字, 最可玩味。

發問曰: 蓋聞性命之外無物, 人心何物, 獨生於形氣, 不原於性命耶?
謹按: 蓋亦非性命之外之物也, 而但道心是直出者也, 人心是橫出者也。

　　豎說則性命之外無物, 若人心道心, 橫說而言其所發之苗脈也。然道心爲主, 故曰"原於性命之正"。原於性命之正, 正字如木之有直幹; 形氣之私, 私字如木之有傍榮也。盛諭橫出者得之。

發問曰: 心與性, 一而二、二而一者, 其義何如?
謹按: 一而二者, 言其不相離而亦不相雜者也; 二而一者, 言其不相雜而亦不相離者也。此姑言心性界至者也。

　　"姑言心性界至"云者, 恐未精當。蓋性是此理之實體也, 準則也; 心是此理之主宰也, 妙用也。言乎其主宰而實體在其中, 言乎其妙用而準則不能外, 如言綱而目在其中, 言目而綱不外焉。心貫動靜而主宰焉, 故曰"心猶陰陽"。性只就此心中言其實理, 故曰"性猶太極"。是卽所謂"一而二, 二而一"者也。

發問曰: 聖人分上, 道心亦微眇而難見否?
謹按: 以堯之所以授舜, 舜之所以授禹之言觀之, 則聖人似亦微妙難見。然聖人之心,

---

42) (已而)[而已]: 저본에 '已而'로 되어 있으나, 문맥을 살펴 '而已'로 수정하였다.

虛明廣大，天理呈露，炳若日星，烏可言微妙耶？但其心常如將失之，故有此相告戒之
語矣。

微妙是道心之本狀也，統言聖凡也。聖人則能使微者著，學者學此也。

發問曰：以心爲理者，謂近於禪、陸，遂目之以異端，亦將何以自卞？
謹按：以心爲理，蓋是就方寸之間，精爽之氣，討得上面主宰，爲性情之總腦者，以爲言
矣。豈禪、陸之虛覺夫理，專認此心爲理，而誕妄者，所可同年而語者哉？

知心爲理，而能全其實體，日用之間，循其準則者，儒者也；信心爲理，而昧却其實
體，日用之間，都無準則者，禪、陸也。比而同之，則誤矣。

發問曰：仁義禮智，以心言則何如？以性言則何如？
謹按：以心言則仁爲一心之全德，而爲酬酢萬變之主；義爲一心之權度，而爲裁制萬事
之主；禮之德曰敬，而爲一心之主；智之德曰知，而爲一心之妙。以性言則仁只是愛之
理，義只是惡之理，禮只是恭之理，智只是別之理，初非有兩樣也。

此一段，可謂十分明白說出，人不能說出者也。但未知此自下說耶？抑稱述先賢語
耶？此與藥山、重翁之論不殊，而合於我先師之旨，甚幸甚幸！

發問曰：智之德，專一心，專一心之義，可詳聞歟？
謹按：陳北溪之說已備矣，小子無敢更衍。

北溪所謂“是是非非之懇惻，則知之仁”云云者，但言其智之德。推此義而就五行之
性，各自專言，則仁之德，專一心。禮也、義也、信也，亦然。

發問曰：堯、舜之於人心之發，亦有“惟危”之戒否？有則烏可曰“不思、不勉”？
謹按：以相告戒之辭考之，固亦有惟危之戒矣云云。

危者，人心之本色也。能使危者安者，聖人也。雖曰“不勉、不思”，而兢兢業業，則
未嘗弛也，故有“罔念”之戒。

發問曰: 人、道心, 精一之地, 是學者切實用心處。小而一事, 大而天下得失治亂由焉。聖人千言萬語, 無非這義。若於『大學』、『論』、『孟』中求之, 則何者是人心? 何者是道心歟? 謹請概舉而言之。『大學』曰"好善如好好色"。"好善", 是道心也; "好好色", 是人心也; "好善如好好色", 是人心之聽命於道心者。『論語』曰"無求生以害仁, 有殺身以成仁"。"求生而害仁", 是人心也; "殺身而成仁", 是道心也; "無求生以害仁, 有殺身以成仁", 是以人心聽命於道心也。『孟子』曰"何必曰利? 仁義而已矣"。"利", 人心也; "仁義", 道心也; "何必曰利, 仁義而已矣", 以人心聽命於道心也。

　　說得是。又須知一字一句, 莫不有這箇義。

發問曰: 性之德而具於心, 心而具性, 非心是氣乎? 若以心為理, 則所謂"具於心"者, 有以理具理之嫌, 奈何?

謹按: 以心具性, 是以理具理, 則身具百體, 亦是以身具身耶? 手具五指, 亦是以手具手耶? 綱而具目, 亦是以綱具綱耶?

　　說得極是。

發問曰: 二氣之良能, 良能是氣歟?

謹按: 良能, 未可便謂之理也。蓋是氣之靈處也。

　　理不離氣, 卽夫良能而可見其理也。"未可便謂之理", 說得甚是。

發問曰: 聰明叡智, 心也; 其下四者, 性也。於此可見心統性、心主性之義。其義可詳聞歟?

謹按: "聰明叡智"此一句, 包說下四者。其下四者, 乃聰明叡智中, 細破分條理者也。於此可見心性一理。而統性者, 非以氣統也; 主性, 非以氣主也。

　　得之, 更仔細。

「답혹인答或人」(『重軒文集』卷8)

해제

1) 서지사항

황철원이 어떤 사람의 물음에 답한 글. 『중헌문집』 권8에 실려 있다.

2) 저자

황철원(黃澈源, 1878~1932)으로, 자는 경함(景涵), 호는 중헌(重軒) 또는 은구재(隱求齋)이다.

3) 내용

황철원은 노사(蘆沙) 기정진(奇正鎭, 1798~1879)의 직전 문인인 일신재(日新齋) 정의림(鄭義林, 1845~1910)과 노백헌(老栢軒) 정재규(鄭載圭, 1843~1911)에게 노사의 학문을 접했다. 이 글은 기질지성(氣質之性)과 본연지성(本然之性)에 대하여 설명한 것으로서, 천리가 밝게 드러나고 순수지선(純粹至善)한 것이 본연지성이고, 형기(形氣)가 용사(用事)해서 선악이 같지 않은 것은 기질지성이라고 했다. 성에는 본연과 기질이 있고, 정에는 사단과 칠정이 있으며, 심에는 인심과 도심이 있다고 했다. 그리고 노사와 화서(華西)의 칠정에 대한 설명을 비교한 다음, 노사의 설명이 보다 타당한 까닭을 해명하고 있다.

氣質之性, 得名於發後者也。蓋聞人性本善, 方其未發, 渾然天理, 及其發也, 天理昭著。
純粹至善者, 本然之性也; 形氣用事, 有善惡不齊者, 氣質之性也。所謂善者, 未必至善,
雖或氣循理而得其中節, 乃形氣之偶然淸粹者, 不可直謂理之發, 以其所感而發者, 專
爲形氣也。如人心雖聽命於道心, 不可遽作道心看也, 此氣質性之正釋也。所謂"氣質
之性, 二氣交運而生"云云者, 卽五行之性之謂也, 正是各一其性也。此則統論稟性者
也, 此便是本然之性也。聖人耳目口鼻之間, 循軌合則處, 雖若不可以氣質之性言, 然
其所觸感者在氣質, 則雖是義理邊事, 而不得不以氣質言也。『通書』"善惡中"之中字,
<u>周子</u>以聖人之事言之, 而<u>朱子</u>以氣稟釋之者是也。須先究得其正釋, 立其本領, 而後凡
他統論稟性及不得不以氣質言之義, 皆有著落, 不生葛藤也。如七情本旨, 「禮運」之從
形氣而發者, 是正釋。而『中庸』及「好學論」, 却自本原豎看, 而統說將來者也。從形氣
而發者, 是感於形氣者, 則不可以理言, 而當屬之氣, 卽與道心爲對之人心也。人心亦
上知之所不能無, 亦自有善惡, 卽所謂"不得不以氣質言"者也。自本原豎看處, 以善爲
本然之理, 則惡者拘於所乘之氣也, 乃善之流於惡也。性有本然、氣質, 情有四、七, 心
有人、道, 皆一一究得, 瞭然於心目, 方可以說得不差也。

<u>蘆翁</u>以七情謂"記禮者偶然指出"、"滿五加二"云者, 以七情本旨言也; <u>華翁</u>以七情"配
陰陽五行"者, 以本原豎看處說也。各有所主, 各爲一說, 不害爲仁、知之異見。而但細
究其分屬條例, 以「禮運」本旨準之, 則與四端之來歷分明, 增減不得者, 不可比而同之。
故先師於<u>華</u>說, 始喜從, 而終不敢信也。【先師說在<u>朴景立</u>問目中。】

27.

正齋 梁會甲
(1884~1961)

心說論爭 資料

「변외필후변辨猥筆後辨」(『正齋先生文集』卷6)

1) 서지사항

양회갑이 전우(田愚, 1841~1922)의 「외필후변(猥筆後辨)」을 비판하면서 노사(蘆沙) 기정진(奇正鎭, 1798~1879)의 「외필(猥筆)」을 옹호하는 글. 『정재집』 권6에 실려 있다.

2) 저자

양회갑(梁會甲, 1884~1961)으로, 자는 원숙(元淑), 호는 정재(正齋)이다.

3) 내용

기정진의 「외필」은 율곡의 성리설을 주기론(主氣論)으로 규정하여 비판한 글인데, 전우는 이에 대해 1902년에 「외필변(猥筆辨)」을 지어 반박하였고, 1904년에 다시 「외필후변(猥筆後辨)」을 지어서 또 반박한 바 있다. 양회갑의 이 글은 전우의 「외필후변」에 대해 비판하면서 기정진의 「외필」을 옹호하는 글로서 총 18개 조목으로 구성되어 있는데, 그 중 몇 조목의 내용을 소개하면 다음과 같다. 전우가 "율곡의 '기자이(幾自爾)'와 '비유사지자(非有使之者)'는 주자의 '일동일정과 일회일삭은 모두 음양이 하는 일로서, 그렇게 하도록 하는 자가 있는 것이 아니다'라는 주장과 정확히 부합한다"고 주장한 것에 대해, 양회갑은 율곡의 "들쭉날쭉하여 가지런하지 않은 것은 비록 기가 그렇게 한 것이라 하더라도, 반드시 리가 주재함이 있으니, 들쭉날쭉 가지런하지 않은 소이(所以)는 역시 리가 마땅히 그러한 것이요, 리가 그렇지 않은데 기만 홀로 그러한 것은 아니다"라는 말을 인용한 다음 "노사가 도리어 율곡의 본지를 잘 발휘했다"고 강조했다. 또한 전우가 "자이(自爾)는 자연(自然)이다"라고 말한 것은 "자신이 먼저 지은 「외필변(猥筆辨)」의 오류를 깨닫고 말을 조금 바꾼 것"이라고 보았다. 기정진이 「외필」에서 "주인이 향하는 곳을 종이 어찌 따라가지 않겠으며, 리가 오로지 주재하는 바를 기가 어찌 따르지 않겠는가? 리가 수긍하지 않는 바를 기가 어찌 감히 행하겠는가?"라고 한 것에 대해, 전우가 "만약 기정진의 주장처럼 기는 반드시 리를 따르는 것이라면, 세상 사람들이 잘못된 주장을 펴면서 기정진의 주장을 비판하는 일도 없어야 할 것"이라고 비판한 것에 대해, 양회갑은 "「외필」에서는 분명 기가 리를 따라서 발하는 것은 기발(氣發)이 곧 리발(理發)이며, 기가 리를 따라서 한 것은 기행(氣行)이 곧 리행(理行)이라 하였다. 기가 발하고 가는 것은 사실 리로부터 명령을 받은 것이니, 명령하는 자가 주인이 되고, 명령을 받는 자가 종이 되는 것이므로, 「외필」에서는 '주인이 향하는 곳을 종이 어찌 따라가지 않겠으며, 리가 오로지 주재하는 바를 기가 어찌 따르지 않겠는가?'라고 말한 것이다."라고 하여, 기정진의 주장이 여전히 타당하다고 옹호했다. 전우가 "우리 유학자들은 어찌 자신의 마음에 대해 스스로 성인(聖人)이라고 자처할 수 있겠으며, 기에 대해 어찌 잠시라도 검속하는 노력을 하지 않을 수 있겠으며, 태극과 성명(性命)의 오묘함에 대해 어찌 경솔하게 입론(立論)할 수 있겠으며, 효제와 공손의 도리에 대해 어찌 최선을 다해 실천하지 않을 수 있겠는가?"라고 설파한 것에 대해, 양회갑은 "전우가 말만 이렇게 했을 뿐, 실제의 행실은 이와 반대되어, 그의 마음이 매우 오만하고, 함부로 잘못된 학설을 세워 고집을 부리고, 선배 학자들을 함부로 비난하는 등 잘못된 행실을 일삼고 있다"고 비판했다. 전우가 「외필」은 사람의 생각을 어지럽히고, 노사 문인들이 율곡을 기롱하여 사문(斯文)에 해가 되기 때문에 부득이 두 번 변석한다"고 말한 것에 대하여, 양회갑은 "이러한 말은 자창자화하는 육상산이나 왕양명도 하지 않는 것"이라고 비판했다.

3-27-1 「辨猥筆後辨」(『正齋先生文集』卷6)

田辨曰: "朱子『楚辭集註』曰: '一動一靜, 一晦一朔, 皆陰陽之所爲, 非有爲之者.' 此與栗翁'機自爾, 非有使之'之旨, 有毫髮差爽乎? 又「陳北溪錄」有云: '屈伸往來, 是二氣自然能如此.' 陰陽動靜, 機自爾之左契也. 夫自爾者, 自然之謂也. 今曰'由己不由他', 又'自行自止, 不由天命', 看文字何其齟疏也!"

栗翁"機自爾, 非有使之"者, 不待『楚辭集註』、「北溪」, 以流行邊說言之, 而非鐵定定論也. 栗翁曰: "孰尸其機? 嗚呼, 太極!" 曰: "參差不齊者, 雖曰氣之所爲, 而必有理爲之主宰, 則其所{以}¹⁾參差不齊者, 亦是理當如此, 非理不如此而氣獨如此也." 此不是定論原頭說乎? 今以朱子言觀之, 有曰: "一陰一陽, 雖屬形器, 然其所以一陰一陽者, 是乃道體之所爲也." 曰: "物之生, 雖曰自長自消, 而其自長自消, 究是理自如此." 曰: "一物之中, 自始至終, 皆實理之所爲也." 曰: "天下之事, 雖若人之所爲, 其所以爲之者, 莫非天地之所爲也." 曰: "往者過, 來者續, 道體之本然." 此皆是見於經傳註釋, 手筆稱停, 非若『楚辭』、「陳錄」之比, 獨不爲理爲主、氣爲資之左契乎? 然則後之學者, 幷觀其流行者爲運用, 原頭者爲本而推極言之可也. 見其外而不見其內, 知其末而不知其本者, 果皆齟疎, 反以是加於蘆翁乎? 其謬妄甚矣. 栗翁之「答牛溪」, 必有以流行邊說, 故不明言流行, 然後人眼目不及, 則恐不知此, 故蘆翁特發揮栗翁本旨, 其意深矣. 然頭戴前賢者, 必曰"栗翁所不言也, 牛溪所不反詰者也". 後賢言之, 而世若不信, 則其義終晦而不明, 故下語不得不切. 其曰"語猶虛{到}²⁾", 曰"語意牢確", 曰"由己不由他", 曰"自行自止, 不由天命", 其下諸般說有如此者, 故恐干犯先賢語句, 極猥濫之辭, 而曰"猥筆". 權、崔之咆哮, 固不足道. 爲儒首者, 乃踵其餘論, 而無忌憚, 何也? 前辨"以動靜爲造作、爲作用", 動靜豈造作、作用乎? 今日自知其非, 故小變其說, 而曰"自爾者, 自然也". 如此者, 豈可以齟疎譏人哉? 其不能改其謬見而長敖, 遂非皆齟疎之習也? 可憫.

---

1) {以}:『栗谷全書』卷10,「答成浩原」에 근거하여 '以'를 보충하였다.
2) {到}:『蘆沙先生文集』卷16,「猥筆」에 근거하여 '到'를 보충하였다.

栗翁「對策」，固有"動之靜之者理也"之語，然其上文，又有"自然之氣"云者，則與"機自爾"者，切不相妨。如騎而主者，雖是人，而其四蹄之一前一却，自屬馬事。使彼於栗翁之指，無少差互，則何不擧而爲說，乃若不聞也者，而只將"自爾、非使"兩語，以譏罵之也？夫"動之靜之"之云一也，而栗翁只是"根柢自然"之意，而彼則却是"操縱做事"之說也。

"動之靜之"者以理看，"機自爾"以自爾看，可也。不然，則互看而明其義，可也，何必合而爲不相妨耶？其曰"固有"，又曰"又有語勢自有輕重"，而以"自然之氣"欲援而爲主氣，何也？栗翁嘗以人乘馬，喩人心、道心，曰："人則性也，馬則氣質也。或有馬從人意而出者，或有人信馬足而出者。馬從人意而出者，屬之人，乃道心也；人信馬足而出者，屬之馬，乃人心也"。"四蹄之一前一却"，以馬從人意而屬之人，可乎；以人信馬足而屬之馬，可乎？"何不擧此爲說，而乃若不聞也"者，而只將四蹄之說而屬之馬事，而譏罵之乎？此一語可謂"出乎爾反乎爾"也。蘆翁只論"自爾、非使"兩語，果是譏罵耶？乃因其本文而辨，彼遺却正論頭戴此語者，使之有以自省也。故曰"動之靜之，非使之然而何？"然則使讀之者，觀於此而猛着眼目，通下文"太極者本然之妙，動靜者所乘之機，陰陽動靜其機自爾，而其所以然者理也"之語，而益究之可也。如是則"根柢自然"之意可知，而非若"操縱做事"之說也。

『語類』「董叔重錄」"太極，理也；動靜，氣也。"此可謂毫分鏤析，而從金秤上秤出來。凡朱子說中言"天命流行"、"道體發見"、"理有動靜"、"理有知識"、"理詣其極"、"理之發"、"此理光明燦爛"之類，皆要如此辨認。若不如此精覈，其不爲(指理爲氣)[指氣爲理][3]者，幾希。

動靜，氣也；所以動靜者，理。理，使之；氣，行之也。朱子曰："太極者，本然之妙也；動靜者，所乘之機也。"同是朱子說，而此語豈不尤詳明於"動靜氣也"矣乎？(指理爲氣)[指氣爲理][4]，在此乎，在彼乎？朱子"天命流行"以下諸說，欲孤行"動靜，氣也"單句，而

---

3) (指理爲氣)[指氣爲理]：저본에는'指理爲氣'로 되어있으나『艮齋集』前編 卷13,「猥筆後辨」에 근거하여 '指氣爲理'로 수정하였다.

4) (指理爲氣)[指氣爲理]：저본에는'指理爲氣'로 되어있으나『艮齋集』前編 卷13,「猥筆後辨」에 근거하여 '指氣爲理'로 수정하였다.

(指理爲氣)[指氣爲理]5)耶? 聖賢眼中, 都是理; 衆人眼中, 都是氣. 以衆人眼目, 欲驅率聖賢之言也耶?

"栗翁言'太極尸機', 而不曾奉以周旋, 却將'命者爲主'"一句, 認做自家獨擅之辭, 何也? 無乃其心先有輕視先賢之根苗, 故不及細察其指趣, 而妄肆其譏誚歟? 有志求道者, 最要先正心術, 而後可以講辨乎理氣之說.

"太極尸機"之說, 奉以周旋, 故曰"命者爲主", 是栗翁"非理不如此而氣獨如此"之說也. 蘆翁平生奉以周旋"尸機"之旨, 故其言皆以此爲宗主, 可覿而知也. "有志求道, 先正心術"之云, 其言善矣, 其決摘命者一語, 爲"獨擅之辭"云者, 可謂"先正心術"乎? "輕視先賢之根苗", 是自家之說也, 講辨理氣者, 不可如是矣.

「猥筆」言: "到過不及處, 不得已而有說氣時, '蹶者、趍者, {氣也}6)', 是也. 蓋過不及, 雖亦本於理, 而末流害於理, 則不可無區別." 非曰不然, 而又有不盡然處. 孟子雖說蹶、趍之氣, 未嘗不言浩然之氣, 此何嘗因過不及而不得已而言者耶? "末流之害理"者, 固不可無區別而謂之氣, 然其本體浩然而配義與道者, 亦何可混淪而直喚做理? 畢竟不得不謂之氣耳.

栗翁曰: "氣之本然者, 浩然之氣也. 浩然之氣, 充塞天地, 則本善之理, 無少掩蔽. 此孟子養氣之論, 有功於聖門也." 蓋浩然之氣, 本體盛大流行, 而配義與道, 則無過不及, 而非蹶、趍之比也. 蹶、趍之反動其心, 過也; 不能以志帥氣, 不及也. "末流之害於理", 過不及之甚者也. "到過不及處", 不得已而說出蹶、趍, 以區別之, 非幷與"浩然之配道義"者, 謂不得已而說之也, 亦非將浩氣之順理者, 直喚做理也.

「猥筆」言: "理發二字, 爲今日學士家一{大}7)禁避語." 今日學士家, 未知爲誰. 若是指栗翁, 則其言之悖慢無理云云.

---

5) (指理爲氣)[指氣爲理]: 저본에는 '指理爲氣'로 되어있으나 『艮齋集』 前編 卷13, 「猥筆後辨」에 근거하여 '指氣爲理'로 수정하였다.

6) {氣也}: 『艮齋集』 前編 卷13, 「猥筆後辨」에 근거하여 '氣也'를 보충하였다.

7) {大}: 『艮齋集』 前編 卷13, 「猥筆後辨」에 근거하여 '大'를 보충하였다.

栗翁言: “理氣無互發, 萬情發於氣。” 蘆翁言: “今世學士, 專主氣發, 而以理發謂非栗翁之意, 而爲禁避語。”云爾。以今之世與栗翁之世, 世道益降, 爲此以歎惜之也。以今學士疑指古栗翁, 而譏“悖慢無理”, 當不當, 世必有辨誣者矣。

有人擧有段落行變化成條理者, 問於栗翁曰: “此無所主張者, 必將曰太極爲之主矣。”此何等明白, 而彼乃自爲答語, 曰“機自爾, 非有使之者”, 是直驅先賢之言, 使不成道理, 而必欲見屈於自家, 這是甚麼心腸?

「猥筆」曰: “今日學士家, 纔見有段落行變化成條理者, 則曰氣也, 問孰主張是, 則曰‘其機自爾, 非有使之者’。” 是頭戴先賢之偶失照管, 而不知太極爲之主也。栗翁曰: “言之雖無病, 見者以私意橫在胸中, 而驅之牽合, 未嘗不爲大病。故錯認聖賢之言, 以誤後學者”, 非此類耶? 此「猥筆」之所以作也, 今自作問答語, 甚麼心腸? 或言心術, 或言心腸, 同一口氣, 竊恐私意橫在胸中, 驅之牽合, 同歸誤後學, 其病爲無藥可效。

太極是元來乘氣者, 則將有做得事底氣力矣。審如是也, 曩所謂“末流害理”之氣, 又何不到底檢束, 而乃使之至此哉? 楚人有誇其盾之堅者曰“物莫能陷”, 又譽其矛之利曰“物無不陷”。或曰“以子之矛, 陷子之盾, 何如?” 其人無以應。今「猥筆」文之不相副, 正如是矣。

栗翁曰: “陰陽動靜, 而太極乘之。” 又曰: “理者, 氣之主宰也; 氣者, 理之所乘也, 非理則氣無所根柢, 非氣則理無所依著。” 觀此則太極, 理也, 而爲氣之根柢也。以太極謂氣之根柢, 則可; 直謂元來乘氣而有氣力, 則不可。以乘氣者, 又添得力字, 欲以太極爲帶氣耶? 太極有做得事之妙理, 非有做得事之氣力也。以“末流害理”者, 比幷根柢, 而以“不到底檢束, 使之至此”, 欲歸咎於誰也? 所謂“理弱氣強, 管攝他不得”, 乃天地間氣數之變也。「猥筆」文有何不相副, 而以楚人之矛盾陷之耶? 審如是也, 有問者曰“做得事之氣力, 楚人之矛也; 到底檢束, 楚人之盾也。以子之矛, 陷子之盾, 何如?” 必無以應之矣。今辨文之不相副, 正如是矣。

今雖以元來所乘者言之, 所謂道者, 從來是無爲底, 如何檢攝得氣? 故栗翁之前, 朱子已有“氣強理弱、氣麤理微”之論, 而曰: “譬如子不肖, 則父也管他不得, 君所欲行, 臣下沮格, 君亦不能一一督責。” 今有人擧以問於奇氏曰: “以「猥筆」觀之, 朱子也未免啓子奪父位、臣行君權, 萬世亂賊之禍矣。" 此宜如何排闢? 彼將如何爲對?

「猥筆」中"子奪父位"一條, 特言末世主氣之弊如是爾, 何據而有此"朱子啓之"云耶? 余
欲排闢對之。"(陰凝於陽)[陰疑於陽]8), 必戰, 其血玄黃", 此非朱子之前已有"氣强理
弱、氣麤理微"之大者耶? "臣弑其君, 子弑其父", 非特"管他不得", "不能一一督責"之
比也。孟子言: "無父無君, 人將相食。" 若謂"朱子未免啓萬世亂賊之禍", 則孔子"愼
漸", 孟子"能言", 彼將如何爲對? 朱子"人人得以誅之", "不必攻討者", "爲亂賊之黨"
之訓, 又當置之何邊? 嗚呼! 莫捫其舌言之無憚, 乃至於此乎? 使人心寒骨冷, 惶懍戰
栗也。噫嘻悲夫! 聖上丙寅洋亂, 蘆沙、華西上疏, 極言懲毖之策, 聖上優批嘉納, 故臣
下不敢沮格, 而得十年無警, 及丙子主和招寇之禍, 豈非朝廷之上, 理弱氣强、氣麤理
微, 駸駸然臣行君權, 終至屋社耶? 蘆翁之言, 誰謂先見何不可哉? 國家若信之以蓍龜,
則可以當一治之數也。辛巳諸臣斥和, 莫非『春秋』"尊攘"、「文言」"愼漸"、『孟子』"能言"
之義也。蓋子弑父, 臣弑君, 是氣數之大變, 當主理御氣, 使麤强者退聽, 正理行乎其間,
聖人之補世敎然也。補世不此之講, 引管他不得之說, 以爲"道者從來是無爲底", 如何
檢攝得氣? 又以氣强氣麤爲當然底, 欲助亂賊之氣勢, 却又與於不仁之甚者也。

孟子之"性、命", 周子之"眞、(靜)[精]9)", 明道之"性、氣", 伊川之"理、象", 朱子之"心、
性", 虞帝之論心而曰"人、道", 孔子之論學而曰"人、道", 論『易』而曰"人、器", 皆理氣
之對擧者也。【止】朱子說中如言"纔有天命, 便有氣質, 有是理, 便有是氣"者, 是非"纔見
理字, 覓氣做對"之見乎? 然則雙本領之"履霜", 朱子可以當之, 又推其本, 則舜、孔、孟、
程, 皆不得免, 而至栗翁, 則可謂"堅氷"矣。

雙本領"履霜", 乃言今人纔見理字覓氣做對者爾, 非古聖賢明道器之謂也, 何必擧古欲
一一推求, 爲禦人欛柄耶? 聖賢或對言處, 固有如是者, 單言處亦多, 堯之"允執厥中",
舜之"人之有道", 湯之"降衷", 孔子之"性與天道", 孟子之"性善", 皆理氣之對擧耶? 栗
翁曰: "理氣爲天地之父母, 天地又爲人物之父母。" 「西銘」曰: "天地之塞, 吾其體; 天地
之帥, 吾其性。" 生於兩間, 豈有離氣獨立之理乎? 然聖人不言理氣, 後賢見人心道心,
見形上形下, 而發揮以發之也, 然後常對擧互言者, 乃天然相對者耳。"有物有則"之類,

---

8) (陰凝於陽)[陰疑於陽]: 저본에는 '陰凝於陽'로 되어있으나 『주역』 坤卦 「文言」에 근거하여 '陰疑於陽'으로
수정하였다.

9) (靜)[精]: 저본에는 '靜'으로 되어 있으나 『太極圖說』'無極之眞 二五之精'에 근거하여 '精'으로 수정하였다.

乃單言者, 今不可一一條陳。『孟子』性命章註, 朱子曰: "各就其重處言之, 以伸此而抑彼。" 張子曰: "道則責成於己, 養則付命於天。" 此可見輕重取舍之別, 豈朱子"雙本領之可當"者也? 從上聖賢之言, 皆猶是。朱子言天命, 便言氣質處雖多, 亦有不盡然者。『孟子』性善章註, 不言氣質, 『中庸』首章註曰"性卽理也"。又曰"所謂性也", 其上但曰"氣以成形", 而此無氣質字。其下雖言"氣稟之異", 又其下言"天命謂性", 則外鑠者非性。張子曰: "氣質之性, 君子有不性焉。" 程子曰: "性卽理也。" 又曰: "性者, 自然全具。" 朱子又曰: "天命之性, 不可形容。" 又曰: "論性要須先識得性是箇甚麽樣物事。所謂性卽理, 理, 仁義禮智而已。" 如此處不可勝言。程子"器亦道, 道亦器", 言不相離也, 今人遂爲一物; 朱子"理氣決是二物", 言不相夾雜, 而今人謂有先後。栗翁蓋兩病焉。今覓對者兼之矣, 自家立雙本領之履霜, 而謂朱子當之, 欲雙本領之堅氷, 而推本舜、孔、程之不免, 而以至栗翁, 是果脫不得今人主氣之弊耳。

吾聞一邊人, 推尊奇氏爲我東五百年來第一大賢, 而僅有李華西與之同德同符, 則靜、退以下諸先生, 原不足數, 而其言乃與大舜、孔子, 一切與之相貳, 抑何理也? 吾則寧被主氣之斥, 不欲負四千年以來諸聖賢, 以假冒主理之名也。
止謗莫如無辨。然其言逼於先正大賢以下諸先生, 而謂"與大舜、孔子, 一切相貳", 則不容無辨, 請略言之。其「與房煥永」書, 自白"大闢異端寒、蘗、蘆, 大東千載性師翁"之非其詩曰: "聖人自言好學, 心之師性, 自是聖門旨訣。" 又曰: "性師雖始於孟、朱, 其源出於先聖, 後學何敢自謂性師翁, 況海東千載云, 則尤僭妄之甚, 何許痴漢乃爾乎?" 又引金平集氏謂"必非田之爲也"之語, 而曰"此爲心本於性, 善端發處, 最要認取而擴充之"。然則一般人推尊云云者, 如金氏語, 而擴充善端, 如其所言則善矣, 何爲執其言而張皇誣構乎? 勉菴所撰大碑銘, 果有"同德華山"之句, 然此以當時言, 豈與先正而言耶? 大舜、孔子相貳者, 何事? 舜之誅四凶, 孔子之討亂賊, 正爲臣子之奪君父位, 主理而御氣也。蘆翁主理, 皆祖述大舜、孔子, 有繼開之功而不貳也。其「與李鍾(益)[翼]10)」書曰: "蘆沙雖以'機自爾'携貳於栗翁, 而其心屬氣之見, 何可謂異端乎? 鄙雖昏愚, 亦何爲自闢其同於己見者乎? 諸家乃復公誦於世, 欲(欲)11)報師怨, 而借力於兩門, 以益其橫擊

---

10) (益)[翼]: 저본에는 '益'으로 되어있으나, 『艮齋集』 後編 卷7에 근거하여 '翼'으로 수정하였다.

11) (欲): 衍文으로 처리하였다.

之勢歟?"【止】其辨文斥以告、陸異端, 不止一再, 今何以第一大賢公誦於世也? 或抑或揚, 舞文技倆, 甚可畏也。以蘆翁謂心屬氣, 同於己見, 亦非。是彼自謂"寧被主氣之責, 而不欲假冒主理之名"者, 又欲援主理之蘆翁, 而謂同於主氣之己見, 可爲成說乎? 此條所言不可曉者甚多, 略舉其誣陷一端, 而他不暇及焉。

「猥筆」言: "聖人的見流行(著見, 發見)[發見, 變化]12)昭著, 莫非此道之(謂)[爲]13)。" 愚謂奇氏眞謂此道自能'流行發見, 變化昭著', 如論太極動靜之見耶? 朱子旣以'太極爲理, 動靜爲氣', 則凡言'天命流行'、'道體呈露'、'天理發見昭著'、'道理光明燦爛'之類, 皆是上面是理, 下面是氣也。吾聖門宗旨, 以道體爲無爲, 而凡有爲者屬乎氣也。【止】若泛指天地造化、聖賢行能, 皆謂之理, 則將使學者有錯認神通妙用, 直做性體, 而匍匐於佛子之(文)[門]14)矣。是其害理亂眞爲何如哉?

"莫非此道"道字, 是形而上者, 豈非陰靜陽動, 壹是天命使之然之妙耶? 故"上面是理, 下面是氣也"。聖門宗旨, 以道體爲"無爲而爲有爲之主", 故曰"上面是理"。凡有爲者屬乎氣, 而天命使之然, 故曰"下面是氣也"。然上下非有隔絶, 理氣非各有窟穴。見上面有理, 則知下面有氣; 見下面有氣, 則知上面有理。凡屬乎氣上, 已有所乘之理, 然則天地造化, 聖賢行能, 孰謂之皆氣乎? 只是氣上看理而已。學者知此, 則必無佛子前匍匐之慮, 有何流行? 曰呈露, 曰發見昭著, 曰光明燦爛, 著于下面, 故曰"變化"也。鳶之飛, 魚之躍, 莫非此理之用; 往者過, 來者續, 皆道體之本然。此聖門宗旨, 此所謂"一本萬殊"也。遺却一本而以散在萬殊者, 一切屬之氣, 而理爲無爲、無與, 則惡在其爲主乎? 是"作用是性"之餘論, 非吾儒傳來宗旨, 神通妙用錯認者, 誰歟? 以此爲主守而勿失, 則將不暇學者橫走, 而自家先自裂裳裹足, 歸于天竺矣, 何可譏人哉?

「猥筆」言: "今人驅道理於冥漠, 纔有發見昭著, 一屬之氣, 如此者爲識理氣, 不如此者爲不識理氣。若是則天下更無詖淫邪遁, 顚倒昌披, 何事不有?" 近日諸公, 多謂此指栗翁。愚近檢『全書』「答安應休」書, 言: "理何以流行乎? 氣之流行, 理乘其機故也。理本

---

12) (著見發見)[發見變化]: 저본에는 '著見發見'으로 되어있으나, 『蘆沙集』卷16, 「猥筆」에 근거하여 '發見變化'로 수정하였다.

13) (謂)[爲]: 저본에는 '謂'로 되어있으나, 『蘆沙集』卷16, 「猥筆」에 근거하여 '爲'로 수정하였다.

14) (文)[門]: 저본에는 '文'으로 되어있으나, 『艮齋集』前編 卷13, 「猥筆後辨」에 근거하여 '門'으로 수정하였다.

無爲, 而乘氣流行, 變化萬端。雖流行變化, 而其無爲之體, 固自若也。吾友見此理之流行變化, 乃以理爲有動有爲, 此所以不知理氣也。” 今以「猥筆」準此, 則其所謂“驅道理於冥漠”者, 豈或指“理本無爲”、“無爲之體固自若”等語耶? 其所謂“纔有發見昭著, 一屬之氣”者, 豈或指“理何以流行, 乘氣而流行”之云耶? 其所謂“不如此者, 不識理氣”, 卽是指“吾友不知理氣”之云也。此旣如此, 則“詖淫邪遁, 顚倒昌披”, 將何所歸? 雖有善辨, 殆難爲之出脫云云。

栗翁「答安應休」書言: “理有體用。夫一本之理, 理之體也; 萬殊之理, 理之用也, 理何爲有萬殊? 氣有不齊, 故乘氣流行, 乃有萬殊也。” 妄疑安氏問“理有體用”, 而不知一本萬殊之爲體用, 故以理之流行變化爲有爲有動, 則栗翁答之如此。蘆翁言“今人驅道理於冥漠”, 豈指“理本無爲, 無爲之體固自若”耶? 體固自若, 則非冥漠也。“發見昭著屬之氣”, 豈指“理何以流行, 爲乘氣流行”之云耶? 今人若知乘氣流行, 則必不譏之也。所以今人者, 一切主氣, 而驅道理于冥漠, 如無寸之尺、無星之秤。“發見昭著, 一屬之氣”, 如馬不從人意, 之東之西, 而自謂識理氣, “不如此謂不識理氣”, 故有詖淫邪遁, 顚倒昌披, 爲必有之勢, 則蘆翁欲有以捄拔之也。以“此謂栗翁”者, 其非告、陸之徒耶? 孟子爲主理, 告子爲主氣, 則主理之栗翁爲孟子矣; 朱子爲主理, 陸氏爲主氣, 則主理之栗翁爲朱子矣。此先哲明言也。然則今人爲主氣, 蘆翁爲主理, 則主理之蘆翁爲栗翁矣。蘆翁爲主理之栗翁, 則踵主氣之今人, 而自處主氣者, 不欲爲告、陸, 得乎? “雖有善辨, 安得以脫出”云者, 恐爲楚人之矛盾也。蘆翁之意, 欲捄冥漠之歸, 反于渾瀜圓通, 而與光明燦爛不有間隔也。

主之所向, (僕無有不往)[僕焉有不往]15), 理之所專主, 氣焉有不從? 理之所不肯, 氣何敢自行? 果如奇論, 而天地間, 誠有此理此氣, 則栗翁亦必生於此理此氣, 何緣有此妄發? 後人亦生於此理此氣, 何緣誤信栗翁? 且奇氏之言, 亦自亭亭當當, 直立不倒於天地之間, 而千人萬人, 自不敢與之爭衡矣, 何者? 栗翁爲發之太快, 而流弊後世者, 亦氣也; 後人之頭戴前賢, 而聲討奇氏者, 亦氣也。如使所謂理者, 果能管攝乎氣, 所謂氣者, 果不能違悖乎理, 則何以有此流弊聲討之變哉? 以此究勘, 彼說之無理, 如視諸掌矣。

---

15) (僕無有不往)[僕焉有不往]: 저본에는 ‘僕無有不往’로 되어있으나 『艮齋集』前編 卷13,「猥筆後辨」에 근거하여 ‘僕焉有不往’로 수정하였다.

世之尊奇氏者, 請置辨!

「猥筆」明言: "氣之順理之發者, 氣發卽理發也; 循理而行者, 氣行卽理行也。理非有造作, 自蠢動, 其發其行, 明是氣爲, 而謂之理發理行, 何歟? 氣之發與行, 實受命於理, 命者爲主, 而受命者爲僕。僕任其勞而主居其功, 天之經, 地之義。" 故曰"主之所向, 僕豈有不往者乎?" 如是則理所專主, 氣焉有不從? 理所不肯, 氣何敢自行乎? 栗翁與後人, 生於此理此氣, "妄發誤信"四字, 何其言之無嚴也? "偶失照管"云爾, 何敢謂妄發? "頭戴前賢"云爾, 何可謂誤信乎? 栗翁正論, 後人當信之如金石, 而偶失照管者, 當反覆詳訂而得其義也。亭亭至不敢與之爭衡, 辨者自做而譏人之話欛也, 多見其不知量矣。發之太快, 末弊未思, 果有其言余未知。蘆翁亦發之太快, 而末弊如田氏之至斯, 蘆翁亦未之細思也。蘆翁答人問曰: "善之不直遂, 有或掩閉、激盪、震撼者矣, 天物之以掩閉、激盪、震撼而夭閼者, 亦多矣。上天無心, 因其材而篤焉, 故此理無有不直遂者。人事不然, 以一己之私, 增減天物, 於是理不直遂者, 始多矣。" 觀此則田氏亦生於此理此氣, 而以一己之私欲, 增減天物, 栗翁之流弊後世, 後人之頭戴前賢, 抉摘句語, 添演增益, 敢作聲討之說, 而一切歸于氣。惟恐天理之直遂, 而使理不能管攝, 使氣果能違悖, 究勘無理, 未知歸於何處。自視其掌, 而請置辨! 夫理有必然之妙, 故可直遂, 聖人主於必然, 則理之本然者得矣。于時不辨而明矣。尊田氏者, 請竢之也。

以愚觀於奇氏, 其八十年內抱耿耿者, 不過見理之誤也。其不{敢}[16]發口明言者, (獨)[猶][17]有(畀)[畏][18]義之象也。今其後人, 大書深刻, 以暴揚於天地間者, 豈非近於無忌憚乎? 氣之有時乎違理, 理之不能管攝乎氣者, 亦可驗矣。雖然, 其當日銳意寫出之心, 卽今日放膽印布之源也。惜乎! 其祖孫師生, 生平謾說"太極自有適莫, 陰陽莫敢誰何", 以不曾自檢其心, 自(製)[制][19]其氣, 以致上(慢)[謾][20]祖師, 中誤自己, 而下迷後進之罪云云。

"以愚觀"之其觀愚矣。孔子讀『易』, 韋編三絶, 猶曰"假我數年, 卒以學易, 庶無大過",

---

16) {敢}: 『艮齋集』前編 卷13,「猥筆後辨」에 근거하여 보충하였다.

17) (獨)[猶]: 저본에는 '獨'으로 되어있으나 『艮齋集』前編 卷13,「猥筆後辨」에 근거하여 '猶'로 수정하였다.

18) (畀)[畏]: 저본에는 '畀'로 되어있으나 『艮齋集』前編 卷13,「猥筆後辨」에 근거하여 '畏'로 수정하였다.

19) (製)[制]: 저본에는 '製'로 되어있으나 『艮齋集』前編 卷13,「猥筆後辨」에 근거하여 '制'로 수정하였다.

20) (慢)[謾]: 저본에는 '慢'으로 되어있으나 『艮齋集』前編 卷13,「猥筆後辨」에 근거하여 '謾'로 수정하였다.

聖人豈有過而云乎哉? 朱子於『中庸』, 蚤歲受學, 沈潛有年, 於『大學』, 用平生精力, 然後悅然會衆說而折衷, 一朝豁然貫通, 皆內抱耿耿也. 孟子答"知言"曰"難言", 豈畏義耶? 世無"知言", 則不得已發詖、淫之論. 蘆沙以世無知言者, 故不得已救告、陸之弊, 而用孟、朱之言也. 識者謂論學之文曰"中州諸賢, 莫能過之, 欲播中國", 豈無以哉? 其文絫天地之化, 而爲正氣所萃, 置之天地間宜矣. 氣正則理正, 今日邪氣, 必見管攝矣. 當日寫出, 非銳意, 實耿耿之發也; 刊布之源, 非放膽, 乃篤信發揮也. 今說理家, 槪以無適莫爲理, 故艾山曰: "適莫, 借人事有情底字, 以明天理無聲、無臭之妙也." 田氏前以適爲專主, 莫爲不肯, 君子無此二者; 今以適莫驅之太極, 而欲誣天命. 是果自檢其心, 自(製)[制][21]其氣者耶? 欲驅祖孫師生, 以致上(慢)[謾][22]、中誤、下迷之罪, 何其深文也? 勿咎人銳意寫出, 還撿自家銳意寫出; 勿謂人放膽印布, 反省自家放膽流布, 獨非氣有違理, 理不管攝乎? 觀其生平謾說主氣違理而不管攝, 實爲謾賢、誤己、下迷者甚矣. 退陶"四七理發氣隨"之說, 栗翁謂"微有理氣先後之病", 又云"此言心知其非, 未敢問難歸一爲痛恨", 而今載『全書』. 且聞農巖四七說, 不從栗翁, 還從退溪. 故遂菴刪去, 不入原集, 渼湖撮其要, 附之年譜. 吳老洲歎其終不如全文之完備. 夫農巖之於退、栗, 尊慕無異, 而議論有時不同. 遂菴、渼湖、老洲之於農巖, 尊慕無異, 而知見有時不同, 而爲先正後學, 無有不同. 爲今後學者, 合退、栗、農三先生說而觀, 則隨其學力之淺深, 而知其言互相發明, 有功先賢矣. 蘆翁之於栗翁, 奚獨不然也? 方蘆集之刊也, 應不無如遂菴、渼湖、老洲之論者矣, 然一刊再刊, 國內士林無有言者, 壬寅設役, 有一二忮克者, 向隅於爬任之不與, 而煽動四境, 以致投通太學及石潭嗣孫. 舘儒置之不問, 嗣孫曰"以議論不同謂攻斥, 則吾祖猶不免攻斥退陶"云, 而其事遂寢. 今之儒名者, 吹火爐滅之後, 一辨再辨, 意不在明理, 假托以侵斥, 其意竟難尋. 嗚呼, 可憐!

吾儒之於心, (豈)[其][23]可自聖? 其於氣, 又豈可一刻不加撿束之功乎? 其於太極、性命之妙, 尤何可輕易立論? 其於孝弟、恭遜之道, 尤何不盡心力以體乎?
右四言者, 非不善矣, 究其實, 則非矣. 古者言之不出, 恥躬之不逮也. 曰"豈可自聖", 而常抱傲然自聖之心; 言必稱"撿束其氣", 而恒有使氣凌人之習; 謂"何可輕易立論",

---

21) (製)[制]: 저본에는 '製'로 되어있으나 『艮齋集』 前編 卷13, 「猥筆後辨」에 근거하여 '制'로 수정하였다.

22) (慢)[謾]: 저본에는 '慢'로 되어있으나 『艮齋集』 前編 卷13, 「猥筆後辨」에 근거하여 '謾'로 수정하였다.

23) (豈)[其]: 저본에는 '豈'로 되어있으나 『艮齋集』 前編 卷13, 「猥筆後辨」에 근거하여 '其'로 수정하였다.

而舞文弄筆, 陷先輩於不測之地; 言"孝弟、恭遜, 盡心力以體", 而誣人祖師, 鬪鬩同室。異己者, 斥之以陸、王、老、佛, 自居以程、朱之功, 吾夫子"聽言觀行"者, 非是歟? "論篤是與, 君子者乎? 色莊者乎?"

觀金監役「猥筆」跋語, "已譏其尊畏先正者, 爲暴揚其過失於天下後世", 此指沙、尤以下群賢之祖述栗翁者言也。又曰"知此則尊先正者, 莫如我奇、李兩先生", 此指蘆沙、華西之自立門戶, 而一反栗翁正論者言也。

"動者靜者, 氣也; 動之靜之者, 理也", 此栗翁正論也。沙溪先生祖述此論, 故「答金巘」書曰: "陰陽之動靜, 卽太極之動靜也。動靜者, 氣; 所以動靜者, 理, 理無動靜, 則氣何以動靜也?" 公所引朱子說"太極動時, 便是陽之太極; 靜時, 便是陰之太極"云, 朱子之意"動靜乃太極之所爲"云也。尤菴先生又祖述之曰: "一動一靜者, 氣也; 動之靜之者, 理也。一陰一陽者, 氣也, 而使陰使陽者, 理也。"「答沈明仲」使動使靜之問曰: "使是自然之使, 不如陰陽五行之運用造作。此陰陽五行之所以能運用造作者, 豈非理乎?" 又曰: "天以陰陽五行化生萬物, 所謂天者, 理而已矣。以之而使之化生者, 非使之然者乎?" 沙、尤諸先正, 祖述栗翁, 如靑天白日, 而其論亦有不盡從者。此重菴所謂"諱之而不宣也"。重菴曰: "我國先正大賢, 實程、朱嫡統, 而以程、朱之亞聖, 初晩之不同, 與講說時說話, 折衷後定論, 當知所擇。先正大賢千言萬語間, 容有一二照管之失, 無恠其然矣。後學於此, 少失照管者, 則諱之而不宣, 脗合聖旨者, 則守之而不貳, 是乃先正之所望, 豈宜幷與其可諱者, 而張皇於世, 使人不得開口? 是所謂尊畏者, 乃所以暴過失於天下後世也。知此則知近世之欲尊先正, 莫如奇、李兩先生也。" 是何謂指沙、尤以下群賢祖述栗翁者耶? 蘆翁"動者靜者, 氣; 動之靜之者, 理。動之靜之, 非使之然而何?" 華翁"太極無動靜, 而動靜專仰於氣機, 太極淪於空寂, 而不足爲氣機之本源, 氣機疑於專擅, 而又作太極之主宰"。此兩說祖述沙、尤先正, 而有補於栗翁宗旨, 何謂"自立門戶"云云乎? 重菴所不言之沙、尤諸賢, 彼欲扳援而張皇, 何也? 若夫"機自爾, 非有使之者", 是流行邊說, 非定論而偶失照管, 故蘆翁之前, 觀於尤翁"使陰使陽, 使是自然之使"二句, 已皦然矣。曰"使是自然之使", 則非有使之, 亦所不從也。曰"不如陰陽五行之運用造作", 則發明"非有"二字之義, 亦有微意存焉。嘗觀宋子「年譜」, 以栗谷外、別兩集, 可商量處甚多, 不可遽以示人, 別加校正爲定本而藏之, 切不許人印出, 此尊畏而恐或有過失也。若夫"折衷後定論", 世或不知所擇, 以太極無動靜, 而專主"機自爾, 非有使之"之語, 有甚於沙、尤之世。故後人之見, 駸駸然入於"太極失主宰之理, 造化若風花之轉, 若齊政悉歸田氏, 楚國陽尊義帝", 故蘆、華兩翁, 不謀同辭, 見人所不見, 言人所不言, 開示後學, 其言不得不切。雖爲世儒藉口, 實爲尊栗翁之莫如也。【宋子語見「年譜」丙寅「與金公永叔」書。又令栗谷從曾孫東魯不改, 則碎板。】

往年蘆碑之出, 私與同志語云: "勉台謾入'華山同德'一句, 而使之幷受人疑, 使金【重菴】、柳【省齋】而在者, 必厚誚勉台。"【止】愚曾因金語而有"新學方熾, 栗翁見疑"之云。金不以自當, 乃奉以納諸華西, 而大張雄辯。由今觀之, 豈不爲掩耳盜鍾之歸也耶?
"幷受人疑", 謂華西耻其同德耶? 既斥華西以陸、王以索隱行怪, 今乃爲華西云云耶?
"同德", 非勉台私言, 採公議也。省齋吾不知其說有無何如, 重菴於蘆、華, 尊慕無異, 豈有厚誚? 如果有之, 勉台不知而云然哉。重菴謂"侵斥華西先師, 其來已久, 非但祭文創新"云云。又曰"今此祭文, 創出新奇一端, 以前日話頭照之, 明是指斥華翁之說也"。此其"因金語而有"云云, 乃以"奉納華西", 其言何其相戾也? 重菴辨之詳矣。余不復論。
但聞華西尊信栗翁亞於朱子, 如"理通氣局, 無形無爲, 爲有形有理之主, 理也; 有形有爲, 爲無形無爲之器, 氣也"之說, 謹守不貳, 未知見疑者何說。以栗、尤直接程、朱之統, 而曰祖襲陸、王, 譏斥栗、尤, 指何也? 既斥蘆翁祖師門人, 又斥華西、重菴, 援引古聖賢, 假手於人而陷之者, 可見掩耳盜鍾耳。

彼之「猥筆」, 固足以亂人知思, 故余爲之條析, 而略其辭者, 猶有爲之相惜者矣。(乃)[及]24)得金監役題跋, 其尊尙奇氏之意已甚, 譏侮栗翁之辭更極, 其意將後來之秀, 無不篤信彼說, 而『栗谷全書』, 則欲束之高閣, 而不復宣露於世, 是其爲害斯文, 豈止於陸、王二氏而已哉? 余故不得已而再加辨斥, 此正朱夫子所謂"彼之惑愈深, 而此之辨愈力"者也。然是亦理之所當然, 而不敢肆其(容)[客]25)氣, (聘)[騁]26)其浮辯, 則又何損於持心之平, 裁(罪)[義]27)之中乎云云。
「猥筆」明天理動靜之妙, 言氣機所乘之理, 固足以開人知思矣。重菴題跋, 前條略言之,

---

24) (乃)[及]: 저본에는 '乃'으로 되어있으나 『艮齋集』 前編 卷13, 「猥筆後辨」에 근거하여 '及'으로 수정하였다.
25) (容)[客]: 저본에는 '容'으로 되어있으나 『艮齋集』 前編 卷13, 「猥筆後辨」에 근거하여 '客'으로 수정하였다.
26) (聘)[騁]: 저본에는 '聘'으로 되어있으나 『艮齋集』 前編 卷13, 「猥筆後辨」에 근거하여 '騁'으로 수정하였다.
27) (罪)[義]: 저본에는 '罪'으로 되어있으나 『艮齋集』 前編 卷13, 「猥筆後辨」에 근거하여 '義'으로 수정하였다.

不待多言, 而知者知矣。大抵義理, 天地間公共物事, 在我却是我底, 在爾却是爾底。栗翁必不以爲吾私有, 故重菴以後學之學問思辨, 爲先正平日所望。蘆翁, 亦不敢以爲私有, 故曰: "吾所疑者, 妄則幸矣, 不妄則奈東方理氣何?" 爲後學者, 合栗、蘆、重三賢之言, 反復探究其旨義, 有疑則考質先知, 否則以心爲嚴師, 師古以推得。其或千言萬語間, 容有照管之失, 無怪其然, 則勿遽立論; 平心徐察, 實知失照管, 則諱之不宣; 其脗合聖旨者, 則守之不貳焉, 則昔日氷炭, 必有渙釋, 昔日葛藤, 必見爛熳, 眼目圓滑, 意思高明, 如數一二分黑白矣。何可瞥見影象, 謂亂人知思, 而猶爲相惜乎哉?『栗谷全書』誰敢束閣乎? 陸、王亦束閣聖賢書乎? 自唱自和, 陸、王所不爲也。朱子論周子曰: "其言似莊、老",『程傳』差誤處, 辨難立『本義』。然而『圖說』、『通書』、『程傳』、『二程全書』, 亦廢之乎? 元亨利貞, 孔子謂四德, 而『本義』做兩言以解之。張子"形潰反原"近釋氏, "聚散屈伸"却是大輪回。『正蒙』多差處, 不是他命辭有差, 是見得差, 文言尙矣。張子雖被辨駁, "氣質之性"、"心統性情"、"心爲嚴師", 皆爲千萬世道學正統, 何也? 田氏"心統於性"、"性師心弟"之說行, 而張子之書, 亦可束閣乎? 如是則無可說矣。

重菴曰: "凡言語文字, 截去首尾, 孤行一句, 以造謗爲能事, 則雖聖經賢傳, 豈有一句完語乎?" 又曰: "夫以華西師生爲異端, 則朱子'心爲太極', 尤翁'心有以理言之'之說, 實華門傳守之根柢也。渠欲幷朱子而斥之爲異端耶? 若曰朱、宋爲此言, 則不失爲聖賢, 華門有此言, 乃可(異爲端)[謂異端]28), 則是後世炎凉之習, 何足與議於性道之源乎?" 又曰: "見今洋鬼外蝕, 邦域內潰, 正是將恐將懼, 維予與汝之秋, 而喙喙爭鳴, 欲爲仇敵, 以待卞莊子之來, 是亦不仁也, 甚於作俑者矣。" 金志山答朴聖直問"桂海往復之相續", 曰: "朱子之於陸氏, 斥之以告子, 譏眞胡種子, 而見今歐西風潮, 擧天下湏洞, 不免胥溺。雖淵源各異, 議論不合, 何必自相攻擊, 益增孤危於强此艱彼之地耶? 其精微之辨論, 留竢風靜浪息之日。" 田氏謂"未嫁女子, 不當論夫家得失", 與漆室釐婦, 相去遠矣, 至於同尊朱子之地, 何其刻地埋殺也? 吾黨先進, 攻斥殆盡, 滔天洪水, 懷襄六洲, 則桂海一隅, 獨不爲魚乎?

---

28) (異爲端)[謂異端]: 저본에는 '異爲端'으로 되어있으나『重菴別集』卷2,「答沈景珪別紙」에 근거하여 '謂異端'으로 수정하였다.

余自蚤歲, 見其前辨, 非不欲爲一說, 而無學問, 無心力, 寧固守堅壁, 不爲私說所搖則幸耳。嘗有人請松沙先生置辨, 答曰: “此門人事, 吾則道屈與屈, 道伸與伸。” 及見老柏軒兩辨曰: “斯已盡矣。余亦不敢更有意于斯矣。” 其後『艮集』之出, 要山陽人一見, 其人以他辭辭之, 秘不見。余非欲立辨, 欲一見其文而不得。友人鄭栗溪琦嘗勸余著文以辨駁之, 趙韋堂章燮氏亦如之, 余固不敢矣。今見『栗溪集』後辨, 辨田氏之肆意侵斥, 不遺餘力, 其門人之諱不見人以是耶? 余始乃不勝公憤, 略言之如右。然非欲與當世專門者, 爭衡以生葛藤, 亦不以待知罪於人, 聊以平心定氣, 尋義理至當之歸而已。

以其所謂“性師心弟”言之, “歸而求之, 有餘師”, 不必如此爲解也。孝弟乃性分中事, 謂出於性則可, 直謂之性則不可。程子曰: “孝弟是行仁之本, 非是仁之本。”【止】所謂求之者, 以心求之乎? 以性求之乎? 朱子曰: “能盡其性者, 天必命之, 爲億兆之君師。” 盡其性, 以心知, 以心盡, 故能爲億兆之君師。只以性爲師, 則億兆性中, 皆有師, 何以盡其性者爲師乎? 若曰億兆雖有性, 氣拘物蔽, 不自得師, 則今性師之云, 以明性、復性言耶? 曹交非知明性、復性者, 孟子何言求之性師乎? 盡其心者, 知性知天, 此所以心師也。先知覺後知, 先覺覺後覺, 後者覺必效先覺之所爲。知覺乃心之事, 豈性之謂? 子學仁學禮道, 故曰心弟, 何也? 心統性情, 心主性情, 爲仁爲禮道之心, 非學而能之也。性情字, 皆從心, 心爲子母, 心也、性也、天也, 一也, 何區分師弟乎? 心以性爲師, 則情亦學於性乎? 不學而能, 發而中節不中節乎? 天命之性, 是天命之師乎? 率性之道, 是師道乎? 修道之敎, 是師敎乎? 天命之性具於心, 率性、修道, 皆心之爲也。道者性之德而具於心, 存養省察, 以此心用於大本達道, 而至位天育物。吾心正則天地心亦正, 而心也能統天命、本然之性, 使體立用行而通萬物之情, 其爲師也大矣, 惡可謂性尊心卑乎?

其言曰 “聖人自言好學, 此爲心之師性, 而舍仁義無所學也。心之師性, 自是聖門旨訣, 性師, 雖始於孟、朱, 其源出於先聖, 疑之殆未之思也。” 其徒又謂性君心臣, 性將心卒, 性父心子。如是則田氏爲性師, 其徒爲心弟, 思易天下, 而莫敢誰何, 天下之君臣將卒父子, 皆爲性師心弟之所主也耶?

「대학차록大學劄錄」(『正齋先生文集』卷6)

1) 서지사항

양회갑이 『대학』의 어려운 부분을 가려서 선현들의 말을 인용하여 해석하고, 자신의 의견을 더하여 설명한 글. 『정재집』 권6에 실려 있다.

2) 저자

양회갑(梁會甲, 1884~1961)으로, 자는 원숙(元淑), 호는 정재(正齋)이다.

3) 내용

이 글은 『대학』의 여러 구절들 및 그에 대한 여러 학자들의 해석에 대해 검토하면서 자신의 견해를 제시하는 형식으로 약 20개 조목으로 구성되어 있으며, 말미에는 『대학』과 관련이 없는 내용 몇 조목이 함께 붙어 있다. 그 중에 『대학』에 관계된 몇 조목의 내용을 소개하면 다음과 같다. 주자가 "하늘에서 얻어 광명정대(光明正大)한 것을 명덕이라 한다"고 설명한 것은 허령을 심의 본체로 간주한 것이요, 운봉호씨가 "『장구(章句)』에서 명덕을 심으로 해석한 것은 '명덕은 하늘에서 얻은 명명(明命)으로서, 내가 덕으로 삼는 것'임을 말한 것이다."라고 설명했는데, 이는 모두 "심은 체와 용을 모두 갖추고 있음"을 설명한 것으로서, "허령불매는 체에 해당하고 만사에 대응함은 용에 해당한다"는 것이다. 또한 『대학』과 『중용』을 비교하여 "『대학』은 심(心)을 주로 하여 설명하는 것이므로 성의(誠意)를 말하고, 『중용』은 성(性)을 주로 하여 설명하는 것이므로 중화(中和)를 말한 것이다. 명덕을 밝히는 것은 정일(精一) 공부이며, 중(中)을 이루는 것은 복성(復性) 공부이다." 라고 설명하기도 했다. 정심장(正心章)과 수신장(修身章)에서 마음이 바르지 못함의 폐단과 몸이 닦이지 않음의 폐단을 언급하면서 그 폐단을 치유할 수 있는 방법은 제시하지 않은 것에 대해서는 요씨(饒氏)의 "그 방법이 이미 성의장(誠意章)에 갖추어져 있다"는 말을 소개하고, "성의는 자신을 닦는 시작이니, 그러므로 노사(蘆沙)는 성의가 정심·수신·제가의 총령관건(總領關鍵)이라고 말씀한 것"이라고 해설했다. 또한 『대학』과 『소학』의 관계에 대해서, 『소학』은 사친(事親)과 사장(事長)

등 인륜을 실천하는 구체적인 방법을 제시한 것이요, 『대학』에서는 인륜의 본질을 탐구하는 것이므로, 학자들은 먼저 『소학』을 읽어 방심(放心)을 구하고 덕성을 함양한 다음 『대학』의 명명덕(明明德)·신민(新民)·지어지선(止於至善) 공부로 진입해야 한다고 설명했다.

3-27-2 「大學劄錄」(『正齋先生文集』卷6)

朱子曰: "得於天而光明正大者, 謂之明德。" 以虛靈爲心之本體。雲峯胡氏曰: "『章句』釋明德以心, 言明德所以得於天之明命, 而我之所以爲德。" 故皆以明言心該體用, 虛靈, 體也; 應萬事, 用也。明之者, 心也, 何分屬性情乎? 陳北溪 "理與氣合" 四字, 儱侗不分明。玉溪盧氏 "靈者心之感" 五字, 亦些有病。

不曰 "平天下", 而曰 "明明德於天下" 者, 明德爲開卷第一義, 爲平天下之綱領, 爲其本而所先也。治國爲平天下之先, 齊家爲治國之先, 推本而說, 語勢如此。或曰 "直曰平天下, 則綱與條不相連續, 使天下之人皆明其德, 則天下自平", 其語勢經重自別。不言 "新民" 者, 言齊、治、平, 新民之義自在矣。若 "明明德", 則格、致、誠、正, 雖皆明明德事, 而明德爲綱領中綱領也。"至善" 在明、新中, 而亦行於八條中。蓋 "欲明明德於天下, 則先治其國", 而治國不能至善, 則何以及於天下乎? "欲治其國, 則先齊其家", 而齊家不能至善, 則何以及於國乎? 是故傳三章, 引文王 "止至善" 之目, 而曰 "止於孝、止於慈", 齊家而止至善也; 其曰 "止於信", 治國而止至善也; 其曰 "止於仁、止於敬", 明明德而止於至善也。是故復引「淇澳」詩而詠歎之, 發明其所以求之之方與其得之之驗。言講學曰 "如切如瑳", 言修身曰 "如琢如磨"。嚴敬之存於中, 則曰 "恂慄"; 輝光之著於外, 則曰 "威儀", 而卒之以(以)[29] "盛德至善, 民不可忘", 又引「烈文」詩而重言之也。

初學下手之方, 無如『大學或問』, 而『或問』首先以『小』『大學』言。『小學』爲學, 事親、事長也。『大學』就上面, 講究委曲事親事長是如何也。是故先讀『小學』, 收放心, 養德性。所謂 "放心" 者, 如心之邪思忘念, 耳目之姦聲亂色, 手足之動以非禮, 皆截斷不續也。所謂 "養德性" 者, 如仁義禮智信, 本皆在心全備者, 使之持守堅定也。是故小學工夫, 爲大學之基本, 而進以察夫義理, 措諸事業也。然則幼而學夫灑掃應對之節, 長而進乎明德、新民、止於(止)[至][30]善, 是『大學』之基本, 『小學』之成功也。雖初學之士, 觀此則

---

29) (以): 衍文으로 처리하였다.

30) (止)[至]: 저본에는 '止'로 되어있으나 『大學』에 근거하여 '至'로 수정하였다.

可以知下手之方矣, 然小學之法 不傳, 而初學之士, 漠然無下手之方。故伊川始補一敬字, 以“主一無適”、“整齊嚴肅”, 言用力之方, 發明格物之道, 而小學之敎, 尙無以及焉者。朱子採古法之宜於今者爲書, 而曰: “不幸過時而後學者, 由乎敬而涵養本源, 以盡小學之工, 開發進修而致夫大學之道, 何詎不倍有其功乎?” 此學者所當服膺體行也。

朱子以敬爲聖學成始成終者, 須是心專一而不以他念雜之, 卽“主一無適”, 而外而許多義理, 皆爲我有矣。主一者, 不二不三; 無適者, 不東不西、不南不北, 此也。程子“心便一, 無非僻”, 謝氏“惺惺法”, 尹氏“其心收歛, 不容一物”, 莫非發明其義, 而一心之主, 萬事之本, 此也。由是格致, 盡事物之理, 尊德性, 道問學, 所謂涵養窮格而開發聰明, 誠意正心, 以至修身齊家治國, 以及平天下, 所謂“修己而安百姓, 篤恭而天下平”者, 未始一日離乎敬, 而小學之賴此而始, 大學之賴此而終, 此也。然則方其未知也, 敬以知之; 知之也, 敬以守之, 可知心爲一身之主宰而百體從其所令, 敬爲一心之主宰, 而千聖所傳之學, 皆不外是矣。天道流行, 發育萬物者, 陰陽五行而已, 人物之所以生者, 理氣而已。一原之理, 人物皆同; 偏全之性, 人物各不同。同者, 天命賦與之初, 只是一般故爾; 不同者, 二五之氣, 淸濁粹駁, 各自有異故爾。健順仁義禮智之性, 稟其理; 魂魄五臟百骸之身, 得其氣, 人得正通而爲最貴, 物得偏塞而爲至微。然知寒覺煖, 好生惡死, 趨利避害, 其氣有同。此二五者, 而有同五常之理, 人以其最貴, 故推仁義禮智之性, 而事親以孝, 事君以忠, 賓主賢否, 皆有以知之。物以其至微, 故虎狼之父子, 只是他仁上一點子明; 蜂蟻之君臣, 只是他義上一點子明, 其餘更不能推去。

其得於天而本體自明, 終有不可得以昧者, 其用之發於外, 則惟人得其秀而最靈, 方寸之間, 虛靈洞澈, 萬理咸備, 是所謂“明德”, 以萬事無不貫, 而無一理不行於其事之中。然惟聖賢, 乃能全其體, 而無所不明, 下此者, 雖得其正通, 而淸濁各異, 美惡相殊, 智愚賢不肖, 如孟子所謂“或相千萬”。而氣質有蔽於心, 物欲有交於外, 聲色臭味, 計較利害之私, 爲其德之害者, 內外交攻于日用之間, 則其所得於天者, 失其本明, 而違禽獸不遠矣。夫性如水, 心如盛水之器, 明德如一顆明珠之在器中。苟能潔其器, 淸其水, 揩拭明珠, 則本體之未嘗息者, 如塵去而鏡明矣, 是所謂“復其初”, 故加一明字而曰“明明德”, 上明字, 是學者用工夫處。格、致, 因所發而啓其明之之端也; 誠、正、修, 因其已明之端而反之於身, 以致其明之之實也。是知明德爲性分中事, 而其明之之工, 乃心內事也。朱子曰: "天下雖大, 而吾心之體, 無不該; 事物雖多, 而吾心之用, 無不貫。" 陳氏曰: "體具於方寸之間, 萬理無所不備, 而無一物出乎是理之外; 用發於方寸之間, 萬事無不貫, 而無一理不行於其事之中, 此心之所以爲妙也。" 首章小註, 朱子答"明德是心是性"問, 曰: "心與性自有分別。" 以心統性情爲精密, 此以明德爲心也。『孟子』盡心章『集註』曰: "心者, 人之神明, 所以具衆理應萬事。" 此可爲一證矣。

周衰, 大學之道不明, 如管仲之徒, 自謂能明其德, 而不屑於新民; 如佛、老, 略知明、新, 而不求止於至善。如王通, 於自己分上修飾其論, 爲治本末亦有條理, 甚有志斯世, 而規模淺窄, 不曾就本源上, 着工不徹, 皆朱子所歎。然孔子誦傳, 曾子、孟子, 雖明於身, 而三聖人已不能行于世。程、朱倡明, 猶是明新道理, 廓然于下, 而治平之策, 不講于上, 雖有道德之士, 擯斥而不用, 用之而不聽其言, 言之而不究其義, 雖政教法度以爲新民, 如管仲者, 無由以見。於是爲學之士類, 不免詞章家懸空文具而已。雖以韓子豪傑之士, 引『大學』爲「原道」語, 而遺却格致之目; 以蘇氏文章之盛, 擧『中庸』不獲於上, 而不說明善、誠身之要, 世安有"無所不用其極"之君子乎?

上節以明德爲本, 下節以修身爲本, 綱目之本, 各有所主, 然明德、修身爲大學之本。饒氏以前兩端爲詳說, 此一段爲反說約是已。

朱子曰"意者, 心之所發", 不曰心發而爲意; 又言"情是發出恁地", 不言性發而爲情。直曰心發、性發, 則似乎心性互有作用。然意能運情, 情不能運意; 心能檢性, 性不知檢其心, 故曰"心統性情", "包性情", "主性情"。然性無不善, 而由氣質而不善; 明德本明, 而由氣稟而不明。虛靈不昧, 非性之體; 渾然全具, 非心之妙。情是發出, 而有中節、不中節; 德之本明, 而有明、不明。復性之善, 明德之復, 皆心之爲, 故曰主、曰包, 言其統也。

『大學』主心而言, 故言"誠意"; 『中庸』主性而言, 故言"中和"。明明德, 精一工夫也; 致中, 復性工夫也。

朱子於經文之下曰: "經一章, 蓋孔子之言。" 自曾子以上, 非孔子無人誦傳, 然此不見於經, 故曰"蓋", 蓋, 疑辭也。"傳十章, 卽曾子之意", 卽, 決辭也。何以知曾子之意也?

傳六章, “曾子曰”三字, 是其眼目, 他非曾子語可知, 非曾子言, 則門人記其意可知。

明德、新民、止至善, 必引聖人實事以徵之, 傳者之意深矣。又結之以“無所不用其極”, 引起“止至善”而關鎖, 得十分盡頭處。然生知、安行者, 無蹟可見, 衛武之學問自修, 是學者易見得其蹊逕處, 故引以發之。但其盛德至善, 武公未必能盡, 於是特因上文聖人實事而明之也。

“間嘗竊取程子之意”, 觀『大學大全』, 難知曲折, 及見『或問』, 方知之矣。溫公曰: “格猶捍禦, 能捍禦外物, 而後能知至道。” 孔周翰推其說曰: “捍去外物之誘, 而本然之性自明。” 朱子辨之以物則之道, 未嘗相離。如是則絕父子、君臣而後可以知孝慈、仁敬也。外物之誘, 莫甚於飲食男女之欲, 推其本, 則人之所當有而不能無也。不卽物窮原, 徒惡物誘, 欲一切去之, 則閉口枵腹, 滅絕種類, 然後可以得飲食之正、全夫婦之別。雖裔戎無君、無父之敎, 不能克其說, 況聖人大中至正之道, 而以此亂之哉? 陸象山不取伊川格物之說, 以爲“隨事討論, 精神易弊, 不若但求之心, 心明則無不照。” 朱子以近世佛學詖淫邪遁之尤者, 斥其欲移之以亂古人明德、新民之實學, 其亦誤矣。夫程夫子斥二家之非, 推明『大學』, 接夫先聖之統者, 固不在於明格致、主敬之論, 而表章『大學』之功, 此其一端也耶?

正心、修身二章, 言心不正、身不修之病, 不言治病之藥。饒氏謂“已具於誠意章”, 蓋誠意爲自修之首也。蘆翁所謂“正、修、齊之總領關鍵”, 非指誠意也耶?

心爲一身之主, 而湛然虛明, 體也; 隨感而應, 用也。所感有不正, 則所發有偏。然動之微, 機也; 發而有計較商量, 則意也。故誠意者, 必審其幾, 於此不審, 則必不免有忿懥四者之失。四者, 情也, 而曰心之用, 蘆翁謂“緊綴正心之心字”是也。

心不在視聽, 則不見不聞, 敬以直之, 此心常存, 爲主於一身也。然身不修, 在心不正, 故言“修身在正其心”而結之。下章二“莫知”, 乃身不修而家不齊, 故反言而言“身不修, 不可以齊其家”而結之。身與家稍有分殊, 故翻文以警切之。

誠意是修身之本, 意誠, 心正, 則引衆人之事, 而捄其偏, 然後可以齊家, 故言五者之病。
然則親愛、畏敬、哀矜, 好之而辟; 賤惡、敖惰, 惡之而辟。一家之親, 亦有好惡, 則何可
齊之乎? "天下鮮矣", 泛言天下人皆多如此。故君子必謹乎此, 而先之以齊家。

孝、弟、慈, 是修身之實, 格致以知之, 誠正以行之, 方可以修身而齊家, "成敎於國"者,
具於身, 可推之天下而絜矩矣。"如保赤子", 又以慈言使衆之道也。赤子未能自言欲、
惡, 而母能不學而中之不遠。故孟子言爲政曰"所欲與之聚, 所惡勿施爾"。

文王之化, 及於南國, "虞、芮質厥成", 仁、讓之興也; "鹿臺之財、鉅橋之粟", 不能以禮
爲國也; "我生不有命在天", 一言僨事也; "萬邦有罪, 在予一人", 一人定國也。

此章主自治而言, 下章以及人而言, 又有言以忠恕爲首尾, 此"有諸己", 重在首; 下章
"無以使下", 重在尾。首尾相接, 其意相須。

"故, 治國在齊其家", 齊家爲治國之本, 故曰"故", 以結上起下。三引詩, 又結之曰"此謂
治國在齊其家"。蓋家人離, 必起於婦人, 恩不能終, 易失於兄弟, 而旣宜之, 則四國正
矣。"可以敎國人", "民法之"以上一句, 皆齊家之事, "其儀不忒", 最爲家國之法, 而下
"足"字。

庚午在澹對軒, 晝檢書夜講論。栗溪曰: "神字或以氣看, 或以理看。請各下一轉語。"
余曰: "神者理之妙用, 而氣之爲資焉者也。" 果齋曰: "「小學題辭」集註'藹然, 謂衆盛
貌', 恐未爲親貼。如何下說, 可得當也?" 余曰: "藹然, 油然發生之意, 四端, 各隨所感
而發, 故曰衆盛貌, 何不親貼乎?" 隱求曰: "湛然虛明是甚底?" 余曰: "湛然虛明, 只是
此心本體昭著者。" 果齋曰: "有問惺惺義於許南黎者, 答曰'晨起試看滿天星月'。" 吾輩
各下一言, 滿堂皆以此例言。余曰: "惺惺, 只是此心之不昧。若以星明之瑩然者言, 若
晴景、沐浴、日昇等語, 皆心之不到處, 以此時爲惺惺, 則雨時、暮時, 更何如也? 常惺
惺, 喚起無時不然也。" 余曰: "'愛之, 欲其生, 惡之, 欲其死', 例以二人看, 旣欲其生, 又
欲其死, 以一人看, 上句是泛論, 下句言其反覆無常, 是惑之甚也。上言不達於命, 下言
愛惡無定。" 松山曰: "然。"

余曰: “葬前不曰神帛而{曰}[31]魂帛, 葬後不曰魂主而曰神主, 何也? 人死則魂升魄降, 未葬體魄在殯, 故對魄而曰魂帛; 旣葬魄已葬矣, 屈中有伸, 有洋洋感格底意, 故曰神主。傍題奉祀, 所以明此而示永世勿替。” 隱求曰: “然。”

隱求見嶺友相長, 謂余曰: “吾輩從此朝暮講解, 收桑榆之景。” 余曰: “余有此心久矣。以君過謙爲恨, 今見脗然未一年, 旅死歸葬, 惜哉!”

余在數十年亂離中, 可謂生於憂患, 而未嘗一日生怠惰之心。以淵翁訓大人語“日用之間, 戰兢做去, 常常顧省, 而不敢忘”。此可爲吾家訓矣。

『風泉錄』三卷, 署以家藏; 『聖學源流』十卷, 署以家傳, 皆以此時編成, 不敢視人以取濫分之譏也。

或疑“退陶作『聖學十圖』, 石潭編『聖學輯要』爲進御, 皆爲大賢之事, 後生末學, 何敢爲『聖學源流』也?” 聞甚惶恐不安。然武夷熊氏以「堯典」爲聖學源流, 旣以「堯典」爲首, 故以此篇題, 或不爲罪否?

竊意吾子孫有知文者出而觀之, 『聖學源流』中, 可知學問之本, 『風泉錄』中, 可見節義之事, 有以知其所以奮發, 而庶可興起做工夫也。是以坐此朝人夕獸、草薙禽獮、血雨膏火之日用, 三餘之工, 手鈔十年 乃成。竊欲與高明者, 定取舍之分而後, 如可有取, 痛加洗櫛, 而以吾則心力不逮, 而老且病矣, 以人則山河間之, 而無與商矣, 奈何? 然敝箒千金, 自手滅棄, 亦所不忍。嗚呼! 日暮道遠, 至痛在心, 別有大於此者多, 何可盡言哉?

---

31) {曰}: 저본에는 ‘曰’이 없으나 바로 뒤에 ‘曰神主’라는 것에 근거하여 보충하였다.

인명사전

범례

1. 이 인명사전은 『자료집명』에 나오는 한국 및 중국 등의 인명을 대상으로 한다.
2. 한국과 중국 등의 인명은 표제어에 현재의 해당 국적을 다음과 같은 약호로 표시한다.

    ex. 한국 → 韓, 중국 → (中), 몽골 → (蒙), 이탈리아 → (伊)
3. 한국 인명의 경우, 시대를 따로 구분하여 표기하지 않았다.
4. 중국 인명의 경우, 시대를 구분하였다.
5. 중국 송나라의 경우 북송과 남송을 구분하였으나 생몰 연도나 출사 여부 등이 불분명하여 판정하기 어려운 경우 송대로 표시하였다.
6. 표제는 한자를 병기하되, 공식 본명과 생몰 연도를 기준으로 하였다.
7. 기본 소개는 한국의 경우 자, 호, 시호를 우선 기재하였고, 중국의 경우 시대, 분류, 자, 호, 시호 순으로 기재하였다. 저작은 문집을 위주로 대표적인 것들만 들었다.
8. 인물에 대한 소개는 특징적인 사실을 위주로 최대한 간략히 기술하는 것을 원칙으로 하였다.
9. 중국 인명의 경우 학자, 관리, 사상가, 정치가 등으로 분류하였으나, 본문에 인물에 대한 분명한 평가를 담고 있는 경우, 본문을 고려하여 설명을 부가하였다.
10. 본문의 표현이 같아도 다른 사람인 경우가 있으므로, 사전 내에 "☞" 표시를 넣고 본문에 사용된 다른 지칭들을 아울러 기재하였다.
11. 인명인 것은 분명하나 본명이나 생몰 연도 등이 불명확한 경우에도 최대한 다른 경우에 맞추어 기술하였다.
12. 전혀 확인할 수 없는 인명의 경우 "미상"으로만 기재하였다.
13. 지칭에 해당하는 사람이 여러 명 있는 경우, 본문의 내용과 각 인물의 생몰 연대 등을 참고하여 가장 확실하다고 판단되는 사람을 기재하였다.

성명	생몰년도	국적	자료집 표기
가의(賈誼)	BCE 200~168	中	
가표(賈彪)	미상	中	賈
공빈(孔斌)	미상	中	子順
공안국(孔安國)	BCE 156~74	中	安國
공종한(孔宗翰)	1029~1088	中	孔周翰
공포(孔襃)	미상	中	
곽박(郭璞)	276~324	中	
곽우인(郭友仁)	미상	中	郭兄
곽종석(郭鍾錫)	1846~1919	韓	鳴遠, 郭俛宇, 俛宇, 俛宇郭丈, 俛令
구양수(歐陽脩)	1007~1072	中	歐陽公
구준(丘濬)	1420~1495	中	丘文莊
권기덕(權基德)	1856~1898	韓	權三山, 三山.
권명희(權命熙)	미상	韓	權
권봉희(權鳳熙)	1837~1902	韓	權校理鳳熙
권상하(權尙夏)	1641~1721	韓	遂庵, 遂菴
권우인(權宇仁)	미상	韓	權信元, 信元, 權.
권운환(權雲煥)	1853~1918	韓	明湖, 權舜卿, 舜卿, 權明湖, 湖丈.
권재규(權載奎)	1870~1952	韓	君五, 權友君五, 權松山奎, 松山, 權君五.
권재두(權載斗)	1851~1913	韓	權石愚, 石愚.
권춘식(權春植)	미상	韓	權範晦
기대승(奇大升)	1527~1572	韓	高峯
기양연(奇陽衍)	1825~1895	韓	柏翁
기우기(奇宇夔)	1839~1867	韓	章一
기우만(奇宇萬)	1846~1916	韓	松沙, 松翁, 奇松沙, 松丈, 松沙丈, 松沙先生.
기우승(奇宇承)	1853~1918	韓	普山
기재(奇宰)	1854~1921	韓	植齋
기정진(奇正鎭)	1798~1879	韓	蘆沙, 蘆翁, 蘆沙先生, 奇氏, 蘆沙奇先生, 奇李, 蘆寒, 蘆, 蘆沙奇丈, 蘆, 寒蘗蘆
기홍연(奇弘衍)	1828~1898	韓	龍山老, 奇景道
김굉필(金宏弼)	1454~1504	韓	寒暄, 寒暄先生
김낙현(金洛鉉)	1817~1892	韓	金溪雲, 溪雲金丈
김녹휴(金祿休)	1827~1899	韓	

성명	생몰년도	국적	자료집 표기
김덕희(金德熙)	미상	韓	金而修
김류(金瀏)	1814~1884	韓	金橘隱, 橘隱
김병창(金炳昌)	미상	韓	金鳳峀
김복한(金福漢)	1860~1924	韓	金志山
김석구(金錫龜)	1835~1885	韓	景範, 錫龜, 大谷, 金錫龜景範, 金大谷
김용재(金龍在)	미상	韓	金叔見, 叔見
김원행(金元行)	1702~1772	韓	渼湖金先生, 渼湖
김유(金濡)	1832~?	韓	
김이권(金以權)	1843~?	韓	
김이상(金履祥)	1232~1303	中	仁山
김이수(金頤壽)	미상	韓	金鶴老
김인식(金仁植)	미상	韓	金春章
김장생(金長生)	1548~1631	韓	沙溪, 文元公, 沙尤
김종화(金鍾和)	미상	韓	金莊仲
김주현(金周鉉)	미상	韓	金士文
김준식(金俊植)	미상	韓	彦卿, 金彦卿
김준영(金駿榮)	1842~1907	韓	
김진호(金鎭祜)	1845~1908	韓	勿川
김집(金集)	1574~1656	韓	愼獨齋
김창협(金昌協)	1651~1708	韓	農巖, 農翁, 農巖先生, 退栗農
김창흡(金昌翕)	1653~1722	韓	三淵, 金三淵, 淵翁
김택술(金澤述)	1884~?	韓	金澤述
김택주(金澤柱)	1855~?	韓	金平集, 金氏
김평묵(金平默)	1819~1891	韓	金重庵, 重菴, 重菴金公, 金重菴, 金重菴先生, 華重, 金監役, 金柳, 重菴金先生, 重菴先生, 重翁. 重庵
김학식(金鶴植)	미상	韓	鶴植
김한기(金漢驥)	미상	韓	
김한섭(金漢燮)	1838~1894	韓	漢燮, 燮
김현옥(金顯玉)	1844~1910	韓	顯玉, 山石
나도규(羅燾圭)	1826~1885	韓	羅致文
나흠순(羅欽順)	1465~1547	中	羅整菴, 羅氏, 羅任, 整菴
남정섭(南廷燮)	1863~?	韓	南素窩廷燮

성명	생몰년도	국적	자료집 표기
남정우(南廷瑀)	1869~1947	韓	南立巖廷瑀
남창희(南昌熙)	1870~?	韓	南明重
노동(盧仝)	795?~835	中	
노효표(盧孝標)	1186~1257	中	玉溪盧氏, 玉溪, 盧氏, 盧玉溪
도잠(陶潛)	365~427	中	淵明
동수(董銖)	1152~1214	中	董叔重
동중서(董仲舒)	BCE 179~104	中	董子
두예(杜預)	222~285	中	元凱
두지인(杜知仁)	미상	中	杜仁仲
등림(鄧林)	미상	中	鄧林退庵
등우(鄧禹)	2~58	中	
마원(馬援)	BCE 49~14	中	
마융(馬融)	79~166	中	馬鄭
만인걸(萬人傑)	미상	中	萬正淳, 正淳
문경호(文景虎)	?~1620	韓	文嶧陽景虎, 文嶧陽
문형(文炯)	미상	韓	文子煟
민기용(閔璣容)	1824~?	韓	
민의행(閔誼行)	미상	韓	
민재남(閔在南)	1802~1873	韓	晦亭公
민주현(閔胄顯)	1808~1882	韓	閔沙崖
민치량(閔致亮)	1844~1932	韓	閔正言
민치완(閔致完)	1838~1911	韓	
박노술(朴魯述)	1851~1917	韓	石陰
박몽채(朴蒙采)	미상	韓	朴聖直
박세채(朴世采)	1631~1695	韓	玄石
박윤원(朴胤源)	1734~1799	韓	朴近齋, 近翁
박중수(朴中秀)	1830~1886	韓	朴景立
박철현(朴喆炫)	1831~1888	韓	遠齋
박해량(朴海量)	1850~1886	韓	聿修
반우단(潘友端)	미상	中	潘端叔
방덕공(龐德公)	미상	中	龐公
방봉진(方逢辰)	1221~1291	中	方氏, 方

성명	생몰년도	국적	자료집 표기
범순인(范純仁)	1027~1101	中	范忠宣, 堯夫, 范馬
복생(伏生)	BCE 260~161	中	
사량좌(謝良佐)	1050~1130	中	謝氏, 上蔡, 上蔡先生, 謝上蔡
사마강(司馬康)	1050~1090	中	公休
사마광(司馬光)	1019~1086	中	司馬溫公, 溫公, 范馬, 司馬公
사마상여(司馬相如)	BCE 179?~117	中	相如
사마소(司馬昭)	211~265	中	
서경덕(徐敬德)	1489~1546	韓	徐花潭, 花潭
서소연(徐昭然)	미상	中	徐子融, 徐
서우(徐寓)	미상	中	
설혜(薛慧)	190~1539	中	
섭채(葉采)	미상	中	葉氏, 葉
성혼(成渾)	1535~1598	韓	牛溪, 栗牛, 成牛溪
소백온(邵伯溫)	1057~1134	中	伯溫
소식(蘇軾)	1036~1101	中	東坡, 蘇氏
소옹(邵雍)	1011~1077	中	康節, 邵子, 堯夫
손복(孫復)	992~1057	中	孫明復
송명흠(宋明欽)	1705~1768	韓	櫟泉
송병선(宋秉璿)	1836~1905	韓	淵齋山丈, 淵齋
송병순(宋秉珣)	1839~1912	韓	宋東玉, 心石
송병탁(宋秉鐸)	미상	韓	宋聖集
송병화(宋炳華)	1852~1916	韓	宋晦卿
송시열(宋時烈)	1607~1689	韓	尤翁, 尤菴, 尤, 栗尤, 尤齋老先生, 尤齋先生, 沙尤, 華陽先生, 華陽, 尤庵, 宋子
송시일(宋時一)	1827~1902	韓	
송영순(宋榮淳)	1841~1916	韓	
송인모(宋麟模)	1860~1898	韓	宋敬夫, 乾明
송재락(宋在洛)	1860~?	韓	宋德中, 德中
송치규(宋稚圭)	1759~1838	韓	
송한종(宋漢宗)	미상	韓	宋海士
송흠(宋欽)	1459~1547	韓	知止堂
신석휴(申錫休)	미상	韓	申國範

성명	생몰년도	국적	자료집 표기
신재철(愼在哲)	1803~1873	韓	娥林愼在哲
신제모(申濟模)	1816~1873	韓	屛湖申丈
신종구(申鍾求)	미상	韓	申
심귀보(沈貴珤)	미상	中	番易沈氏
심상복(沈相福)	1876~1951	韓	沈景晦, 景晦
신석휴(申錫休)	미상	韓	申國範
심정희(沈廷熙)	1656~1714	韓	沈明仲, 沈氏
안달삼(安達三)	1837~1886	韓	
안정회(安貞晦)	1830~1898	韓	義敬
안천서(安天瑞)	미상	韓	安應休, 安氏
양만리(楊萬里)	1127~1206	中	楊省齋
양상형(梁相衡)	미상	韓	梁丈
양시(楊時)	1053~1135	中	龜山, 楊龜山
양시교(楊時喬)	1531~1609	中	楊止菴
양웅(楊雄)	BCE 53~18	中	揚雄, 子雲
양의(楊儀)	?~235	中	
양회갑(梁會甲)	1884~1961	韓	正齋
양회락(梁會洛)	1862~?	韓	處中, 梁處中
엄세문(嚴世文)	미상	中	嚴時亨
여공저(呂公著)	1018~1089	中	公著
여대림(呂大臨)	1042~1090	中	呂與叔, 呂芸閣, 呂子約, 呂氏
여대유(余大猷)	미상	中	余方叔
여봉섭(呂鳳燮)	1834~?	韓	
여이간(呂夷簡)	978~1044	中	呂文靖, 呂公
여조겸(呂祖謙)	1137~1181	中	東萊, 呂東萊, 朱呂
염순관(閻循觀)	1724~1768	中	閻懷庭
염종열(廉鍾烈)	미상	韓	廉子善
오계수(吳繼洙)	1843~1915	韓	難窩
오규환(吳圭煥)	1880~?	韓	東溪
오준선(吳駿善)	1851~1931	韓	後石
오징(吳澄)	1249~1333	中	吳臨川, 草廬, 臨川, 吳氏
오희상(吳熙常)	1763~1833	韓	老洲吳先生, 洲翁, 吳老洲

성명	생몰년도	국적	자료집 표기
완적(阮籍)	210~263	中	
왕규(王珪)	571~639	中	
왕망(王莽)	BCE 45~23	中	莽操
왕무횡(王懋竑)	1668~1741	中	王白田懋竑
왕수인(王守仁)	1472~1528	中	陽明, 陸王, 王陽明, 王伯安, 姚江, 王氏
왕안석(王安石)	1021~1086	中	王荊公, 王介甫, 王氏
왕우(汪佑)	미상	中	
왕장유(汪長孺)	미상	中	
왕통(王通)	584~617	中	文中子, 王仲淹
요덕명(廖德明)	미상	中	廖子晦, 子晦
요로(饒魯)	1193~1264	中	饒氏
우기주(禹琪疇)	미상	韓	禹乃範
우승유(牛僧孺)	779~847	中	牛李, 僧孺,
웅화(熊禾)	1253~1312	中	武夷熊氏
원안(袁安)	미상	中	
위연(魏延)	?~234	中	
위용규(魏龍奎)	미상	韓	魏斯文稒雲龍奎, 稒雲
위징(魏徵)	580~643	中	
위형량(魏衡良)	미상	韓	
유기일(柳基一)	1845~1904	韓	
유낙호(柳樂浩)	1839~?	韓	
유성룡(柳成龍)	1542~1607	韓	西崖
유숭조(柳崇祖)	1452~1512	韓	柳眞一齋崇祖
유안세(劉安世)	1048~1125	中	劉元城, 元城
유안절(劉安節)	1068~1116	中	劉元承
유영선(柳永善)	1893~1961	韓	
유울지(庾蔚之)	미상	中	
유원수(柳遠洙)	1893~?	韓	柳聖欽, 柳持平, 柳氏
유원중(柳遠重)	1861~1943	韓	柳西岡遠重, 西岡
유인석(柳麟錫)	1842~1915	韓	毅菴麟錫
유자한(柳自漢)	미상	韓	柳襄陽
유작(游酢)	1053~1123	中	游氏

성명	생몰년도	국적	자료집 표기
유적(劉狄)	미상	中	劉子
유종원(柳鍾源)	1838~1916	韓	柳可浩
유중교(柳重敎)	1832~1893	韓	省齋, 柳稚程, 柳省齋, 柳持平, 柳氏, 柳某
유직(柳櫻)	1602~1662	韓	櫻
유치균(柳稚均)	1862~?	韓	柳晦岡稚均
유한신(柳漢新)	1816~?	韓	
유협(劉協)	181~234	中	漢獻
유형원(柳馨遠)	1622~1673	韓	柳磻溪
육가(陸賈)	미상	中	陸生
육구연(陸九淵)	1139~1193	中	象山, 陸王, 陸氏, 陸子靜, 陸象山, 金谿
윤돈(尹焞)	1071~1142	中	尹和靖, 和靖, 尹氏
윤종의(尹宗儀)	1805~1886	韓	
윤태헌(尹泰憲)		韓	
이간(李柬)	1677~1727	韓	巍巖
이교문(李敎文)	1846~1914	韓	
이교우(李敎宇)	1881~1950	韓	敎宇, 果齋, 致先, 李致先
이교훈(李敎勳)	미상	韓	李聖尹
이대기(李大期)	1551~1628	韓	李雪壑
이덕수(李德壽)	1673~1744	韓	蘗溪先生, 蘗溪, 蘗寒, 蘗, 蘗溪李先生, 寒蘗蘆
이덕유(李德裕)	787~849	中	牛李, 德裕
이도복(李道復)	1862~1935	韓	道復
이동(李侗)	1093~1163	中	延平
이만송(李晩松)	1805~1875	韓	晩松, 晩松丈
이봉섭(李鳳燮)	1814~?	韓	
이승복(李承福)	1886~?	韓	李德受
이승엽(李承燁)	미상	韓	光述
이승희(李承熙)	1847~1916	韓	李剛齋
이언적(李彦迪)	1491~1553	韓	晦齋
이영현(李永鉉)	미상	韓	永鉉
이응규(李膺圭)	1830~?	韓	
이응진(李應辰)	1817~1887	韓	李參判
이의조(李宜朝)	미상	韓	李鏡湖, 李氏

성명	생몰년도	국적	자료집 표기
이이(李珥)	1536~1584	韓	栗谷, 石潭翁, 石潭, 栗谷先生, 栗翁, 退栗, 栗尤, 栗牛, 退栗農
이인귀(李寅龜)	1809~1896	韓	莞爾丈
이재(李縡)	1680~1746	韓	陶庵, 寒泉先生, 陶菴, 陶翁
이종사(李宗思)	미상	中	李伯諫, 伯諫
이종욱(李種郁)	미상	韓	
이종호(李宗浩)	미상	韓	
이직현(李直鉉)	1850~1928	韓	直鉉, 李是菴
이진상(李震相)	1818~1886	韓	寒洲李丈, 寒洲, 李寒洲, 蘖寒, 蘆寒, 寒丈, 洲丈, 寒, 寒蘖蘆
이최선(李最善)	1825~1883	韓	石田耕人
이치훈(李致勳)	미상	韓	李君希遠
이태로(李泰魯)	1844~?	韓	
이택환(李宅煥)	1854~1924	韓	李正言宅煥
이한서(李漢瑞)	미상	韓	一叟, 叟
이항로(李恒老)	1792~1868	韓	華翁, 蘖山, 華西先生, 華西李先生, 華重, 李華西, 李氏, 奇李, 華老, 華丈, 華山, 華西先師, 華西, 華
이현보(李賢輔)	1467~1555	韓	李聾巖, 聾巖先生
이홍영(李弘榮)	1888~?	韓	弘榮
이황(李滉)	1501~1570	韓	退溪, 退翁, 退栗, 退陶, 靜退, 退陶先生, 退栗農
이희석(李僖錫)	1804~1889	韓	南坡李丈, 南坡, 李南坡
이희조(李喜朝)	1655~1724	韓	芝村
임성주(任聖周)	1711~1788	韓	鹿門, 鹿門任氏, 任鹿門, 羅任
임지(林至)	미상	中	林德久
임태주(任泰柱)	미상	韓	任宇卿, 宇卿
임헌회(任憲晦)	1811~1876	韓	任鼓山, 鼓山先生, 任丈, 任全齋, 鼓, 鼓山翁
임황식(林晃植)	미상	韓	林子明
잠질(岑晊)	미상	中	
장검(張儉)	115~198	中	
장구성(張九成)	1092~1159	中	張子韶
장목(張沐)	미상	中	張仲誠, 張
장식(張栻)	1133~1180	中	南軒, 張欽夫, 張敬夫
장재(張載)	1020~1077	中	張, 張子, 橫渠, 橫渠張先生, 橫渠先生, 程張, 橫渠夫子
장정생(張貞生)	1623~1675	中	張簣山

성명	생몰년도	국적	자료집 표기
장준(張浚)	1097~1164	中	浚
장현광(張顯光)	1554~1637	韓	旅軒
전기진(田璣鎭)	1889~1963	韓	
전우(田愚)	1841~1922	韓	田艮齋, 田子明, 艮公, 田, 田氏, 艮, 艮齋田氏, 艮齋田公, 田公
전주찬(田周燦)	1873~?	韓	田生
정가학(鄭可學)	1152~1212	中	鄭子上
정경세(鄭經世)	1563~1633	韓	鄭愚伏
정규석(鄭圭錫)	미상	韓	鄭青松圭錫
정기(鄭琦)	1878~1950	韓	溪上先生, 栗溪, 在爀, 溪丈, 鄭景晦, 鄭栗溪琦, 老柏軒
정단몽(程端蒙)	1143~1191	中	程正思, 端蒙
정면규(鄭冕圭)	1850~1916	韓	周允, 冕, 農山, 農山翁
정방엽(鄭邦燁)	1886~?	韓	鄭晦夫
정복심(程復心)	1257~1340	中	程林隱
정봉기(鄭鳳基)	미상	韓	鄭應善
정사초(鄭思肖)	1241~1318	中	鄭所南
정성규(鄭性圭)	미상	韓	
정순(程洵)	미상	中	程允夫
정순중(鄭淳中)	1881~?	韓	淳中
정순진(鄭淳珍)	미상	韓	鄭士玉, 士玉
정시림(鄭時林)	1833~1912	韓	伯彦, 時林, 月波丈
정시해(鄭時海)	1874~1906	韓	
정약용(丁若鏞)	1762~1836	韓	丁茶山
정연기(鄭演祈)	미상	韓	鄭寢郎演祈
정엽(鄭曄)	1563~1625	韓	守夢, 草溪
정원영(鄭元永)	1832~1899	韓	元永
정의림(鄭義林)	1845~1910	韓	季方, 義林, 鄭日新, 日新, 日新鄭公, 日新齋鄭先生, 新翁
정이(程頤)	1033~1107	中	伊川, 程子, 程, 程先生, 子程子, 程張, 周程, 程夫子
정인홍(鄭仁弘)	1536~1623	韓	仦相
정재규(鄭載圭)	1843~1911	韓	載圭, 艾山, 艾兄, 鄭厚允, 厚允, 老柏軒, 艾丈, 鄭柏軒, 艾山先生, 柏軒, 老柏軒先生, 鄭艾山, 鄭氏, 鄭, 老栢軒先生草溪鄭公

성명	생몰년도	국적	자료집 표기
정재필(鄭在弼)	미상	韓	
정재호(鄭在鎬)	1891~1944	韓	鄭司果在鎬
정찬규(鄭贊圭)	미상	韓	鄭蓍卿
정찬휘(鄭纘輝)	1652~1723	韓	鄭窮村, 窮村
정태현(鄭泰鉉)	1858~1919	韓	鄭忠察
정하원(鄭河源)	1827~1902	韓	小蠹
정현(鄭玄)	127~200	中	馬鄭, 鄭氏, 鄭
정현수(鄭鉉洙)	1875~?	韓	
정현채(鄭現采)	미상	韓	鄭元實
정현춘(鄭鉉春)	1879~?	韓	鉉春
정호(程顥)	1032~1085	中	明道, 程子, 程伯子, 明道先生, 二程子
정홍규(鄭洪圭)	1877~?	韓	鄭疇仲, 疇仲
정후(鄭厚)	1100~1160	中	鄭藝圃
정희원(鄭禧源)	1894~1956	韓	
제갈량(諸葛亮)	181~234	中	諸葛孔明, 孔明
조광조(趙光祖)	1482~1519	韓	靜菴, 羅整庵, 靜退
조광한(趙廣漢)	?~BCE 65	中	廣漢
조긍섭(曺兢燮)	1873~1933	韓	仲謹
조사하(趙師夏)	미상	中	趙致道
조성가(趙性家)	1824~1904	韓	趙直敎, 直敎, 趙月皐, 月皐
조성주(趙性宙)	1841~1919	韓	趙南洲
조식(曺植)	1501~1572	韓	南冥
조원순(曺垣淳)	1850~1903	韓	曺衡七, 曺復菴
조장섭(趙章燮)	미상	韓	趙成汝, 趙韋堂章燮氏
조정(趙鼎)	1085~1147	中	鼎
조정구(趙鼎九)	1862~1926	韓	月波居士, 月波, 月波丈
조조(曹操)	154~220	中	莽操
주돈이(周敦頤)	1017~1073	中	周子, 濂溪, 周先生, 無極翁, 周程
주량(周良)	미상	中	周貴卿
주세붕(周世鵬)	1495~1554	韓	愼齋
주송(朱松)	1097~1143	中	韋齋先生
주용순(朱用純)	1627~1698	中	柏廬

성명	생몰년도	국적	자료집 표기
주희(朱熹)	1130~1200	中	朱子, 朱先生, 晦翁, 朱夫子, 晦庵夫子, 朱呂, 紫陽, 晦菴夫子, 考亭, 朱晦菴
증국번(曾國藩)	1811~1872	中	
진공(陳鞏)	미상	中	陳衛道
진관(陳瓘)	1057~1124	中	陳了翁, 了翁
진덕수(眞德秀)	1178~1235	中	西山眞氏, 眞氏, 西山先生, 眞西山, 西山
진순(陳淳)	1159~1223	中	陳北溪, 陳安卿, 陳
진식(陳埴)	미상	中	陳器之, 陳氏, 潛室陳氏, 陳鼉室
진집중(陳執中)	990~1059	中	陳恭公執中, 陳
진항(陳恒)	미상	中	
진헌장(陳獻章)	1428~1500	中	陳白沙, 陳公甫
진회(秦檜)	1090~1155	中	秦氏, 秦
채연(蔡淵)	1156~1236	中	蔡節齋, 節齋蔡氏, 蔡氏
채원정(蔡元定)	1135~1198	中	蔡西山, 蔡季通, 蔡氏, 蔡, 西山
채청(蔡淸)	1453~1508	中	虛齋
채침(蔡沈)	1167~1230	中	蔡九峯
첨부민(詹阜民)	미상	中	
최국환(崔國煥)	1873~?	韓	崔忠彦, 忠彦
최병호(崔炳祜)	미상	韓	崔梧坡, 梧坡
최석(崔祏)	미상	韓	崔叔固, 叔固
최숙민(崔琡民)	1837~1905	韓	溪南, 元則, 琡, 崔溪南
최영설(崔永卨)	1863~?	韓	崔主事永卨, 崔主事
최운환(權雲煥)	미상	韓	舜卿
최유윤(崔惟允)	1809~1877	韓	
최익한(崔益翰)	미상	韓	崔雲擧, 雲擧
최익현(崔益鉉)	1833~1906	韓	勉菴丈, 勉台, 崔勉菴先生, 勉菴, 勉翁, 勉丈
최제태(崔濟泰)	1850~1907	韓	崔松窩
하기(何琦)	BCE 292~373	中	
하락(河洛)	1530~1592	韓	喚醒齋, 河喚醒, 喚醒
하봉수(河鳳壽)	1867~1939	韓	采五
하우식(河祐植)	1875~1943	韓	河聖洛
하호(何鎬)	1128~1175	中	何叔京

성명	생몰년도	국적	자료집 표기
한원진(韓元震)	1682~1751	韓	元震, 塘, 南塘, 韓南塘
한유(韓愈)	768~824	中	韓昌黎, 退之, 韓子
허규(許珪)	1860~?	韓	許珪丈
허유(許愈)	1833~1904	韓	許退而, 許后山, 后山, 南黎許丈, 黎丈, 南黎, 南黎丈, 黎翁, 許南黎
허전(許傳)	1797~1886	韓	許氏, 許
허형(許衡)	1209~1281	中	衡, 許魯齋, 魯齋
현재승(玄在昇)	미상	韓	玄士明
혜강(嵇康)	224~263	中	
호굉(胡宏)	1106~1161	中	五峯, 五峯胡子, 胡先生, 胡五峯
호대시(胡大時)	미상	中	胡季隨
호병문(胡炳文)	1250~1333	中	胡雲峯, 雲峯, 胡氏, 雲峯胡氏
호실(胡實)	1136~1173	中	胡廣仲, 廣仲
홍귀서(洪龜瑞)	1726~17793	韓	勿溪先師, 勿溪
홍대심(洪大心)	1837~1877	韓	洪汝章
홍재구(洪在龜)	1845~1898	韓	遜志洪公在龜
홍직필(洪直弼)	1776~1852	韓	鷺湖, 鷺湖丈, 梅翁
황간(黃榦)	1152~1221	中	黃勉齋, 勉齋, 直卿
황석진(黃錫進)	1799~1865	韓	黃聖儀
황원직(黃元直)	1889~?	韓	子敬
황정견(黃庭堅)	1045~1105	中	黃山谷
황준량(黃俊良)	1517~1563	韓	黃錦溪, 錦溪, 黃公
황철원(黃澈源)	1878~1932	韓	景涵, 黃景涵, 黃生, 澈源, 黃氏, 隱求
황호(黃灝)	미상	中	黃商伯
후중량(侯仲良)	미상	中	侯氏, 侯師聖

가의(賈誼, BCE 200~168)(中)

중국 서한(西漢)의 대신·정치가·문인. 낙양(洛陽) 사람. 정삭(正朔)과 복색(服色)을 고치고, 법도(法度)를 마련하고, 예악(禮樂)을 제정했을 뿐 아니라 정치 개혁에 관한 여러 가지 소(疏)를 올렸다. 33세의 젊은 나이에 세상을 떠났다. 저서로는 『신서(新書)』·『가장사집(賈長沙集)』이 있고, 「치안책(治安策)」·「과진론(過秦論)」이 가장 유명하다.

가표(賈彪, ?~?)(中)

중국 후한(後漢) 환제(桓帝) 때 충신(忠臣)이다. 자는 위절(偉節)이다. 그의 형제 세 사람이 모두 고명(高名)하였으므로 당시 사람들은 그들을 가씨 삼호(賈氏三虎)라 불렀다.　　　　☞ 賈

공빈(孔斌, ?~?)(中)

중국 전국시대 때 위(魏)나라 재상. 초명은 겸(謙), 자는 자순(子順)이다. 공자의 7세손이다.　　☞ 子順

공안국(孔安國, BCE 156~74)(中)

중국 한(漢)대의 곡부(曲阜) 사람으로, 공자의 12대 손자이다. 시(詩)를 신공(申公), 『상서(尙書)』를 복생(伏生)에게서 배워 공자의 옛 집에서 나온 과두문자(蝌蚪文字)로 된 『상서(尙書)』와 『논어(論語)』 등을 금문(今文)으로 판독하여 일가(一家)를 이루었는데 이를 '고문상서(古文尙書)'라 한다.　　☞ 安國

공종한(孔宗翰, 1029~1088)(中)

중국 북송(北宋) 때 사람. 자는 주한(周翰)이다. 공자의 46세손이고, 명신(名臣) 공도보(孔道輔)의 아들이다. 편저로 『공씨종보(孔氏宗譜)』, 『궐리세계(闕里世系)』가 있다.　　☞ 孔周翰

공포(孔褒, ?~?)(中)

중국 노나라 사람이다. 공융(孔融)의 형이다. 장검(張儉)과 친분이 있었다.

곽박(郭璞, 276~324)(中)

중국 동진(東晉)의 학자이다. 자는 경순(景純)이다. 『진사(晉史)』 편수에 참여하였고, 『이아(爾雅)』, 『산해경(山海經)』 등의 주석서를 저술하였다.

곽우인(郭友仁, ?~?)(中)

중국 남송(南宋) 때 학자. 자는 덕원(德元)이다. 주희(朱熹)의 문인이다.　　☞ 郭兄

곽종석(郭鍾錫, 1846~1919)(韓)

본관은 현풍(玄風), 자는 명원(鳴遠), 호는 면우(俛宇)이다. 이진상(李震相)의 문인이다. 음보(蔭補)로 출사하였고, 1905년 을사늑약이 체결되자 조약의 폐기와 매국노의 처단을 요구하였다. 1910년 국권 침탈 후 은거하다가 1919년 3·1운동이 일어나자 전국 유림의 궐기를 호소하고, 김창숙 등과 파리 장서 사건을 주도하였다. 문집으로 『면우집(俛宇集)』이 있다. 1963년 건국훈장 독립장이 추서되었다.

☞ 鳴遠, 郭俛宇, 俛宇, 俛宇郭丈, 俛翁

구양수(歐陽脩, 1007~1072)(中)
중국 북송(北宋)의 문인이자 정치가. 자는 영숙(永叔), 호는 취옹(醉翁), 시호는 문충(文忠)이다. 한유(韓愈)의 영향을 받아 시문 혁신론을 주장하고, 범중엄(范仲淹), 한기(韓琦) 등과 관료사회 일신에 기여하였으며, 붕당론(朋黨論)을 주장하였다. 1067년 왕안석(王安石)의 신법(信法)에 반대하여 관직에서 물러났다. 문집으로 『구양문충공집(歐陽文忠公集)』이 있다.

☞ 歐陽公

구준(丘濬, 1420~1495)(中)
중국 명나라 초기의 유학자. 자는 중심(仲深), 호는 경산(瓊山), 시호는 문장(文莊)이다. 경세(經世)에 밝고 시폐(時弊)를 직언하여 황제를 잘 보좌하였다. 저서로 송나라 진덕수(眞德秀)의 『대학연의(大學衍義)』를 보충한 『대학연의보(大學衍義補)』와 『문공가례의절(文公家禮儀節)』 등이 있다.

☞ 丘文莊

권기덕(權基德, 1856~1898)(韓)
본관은 안동(安東), 자는 자후(子厚), 호는 삼산(三山)이다. 정재규(鄭載圭)의 제자이다. 문집으로 『삼산집(三山集)』이 있다.

☞ 權三山, 三山

권명희(權命熙, ?~?)(韓)
본관은 안동(安東), 자는 공립(公立), 호는 삼외재(三畏齋)이다. 송병선(宋秉璿)의 문인이다. 송병순(宋秉珣), 허유(許愈) 등과 교유했다. 문집으로 『삼외재집(三畏齋集)』이 있다.

☞ 權

권봉희(權鳳熙, 1837~1902)(韓)
본관은 안동(安東), 자는 성강(聖岡), 호는 석오(石梧)이다. 1893년 시폐에 대해 상소한 후 유배되었다. 최익현(崔益鉉), 정재규(鄭載圭), 전우(田愚) 등과 교유하였다.

☞ 權校理鳳熙

권상하(權尙夏, 1641~1721)(韓)
본관은 안동(安東), 자는 치도(致道), 호는 수암(遂庵)·한수재(寒水齋), 시호는 문순(文純)이다. 송시열, 송준길의 문인이다. 송시열의 임종을 지키고, 유명에 따라 괴산 화양동에 만동묘(萬東廟)와 대보단(大報壇)을 세웠다. 문하에서 강문8학사가 배출되었는데, 이중 한원진(韓元震)과 이간(李柬) 사이에서 인성(人性)과 물성(物性)을 두고 논변이 벌어지자 한원진의 논리에 동조하였다. 저서로 『삼서집의(三書輯疑)』 등이 있고, 문집으로 『한수재집(寒水齋集)』이 있다.

☞ 遂庵, 遂菴

권우인(權宇仁, ?~?)(韓)

본관은 안동(安東), 자는 신원(信元)이다.『노사집(蘆沙集)』권16에 실린「이통설(理通說)」은 권신원의 이통(理通)에 대한 해석을 비판한 글로 유명하다. ☞ 權信元, 信元, 權

권운환(權雲煥, 1853~1918)(韓)

본관은 안동(安東), 자는 순경(舜卿), 호는 명호(明湖)이다. 정재규(鄭載圭)의 문인이다. 문집으로『명호집(明湖集)』이 있다. ☞ 明湖, 權舜卿, 舜卿, 權明湖, 湖丈

권재규(權載奎, 1870~1952)(韓)

본관은 안동(安東)이고, 자는 군오(君五), 호는 송산(松山)이다. 정재규(鄭載圭)의 문인이다. ☞ 君五, 權友君五, 權松山奎, 松山, 權君五

권재두(權載斗, 1851~1913)(韓)

본관은 안동(安東), 자는 군칠(君七), 호는 석우(石愚)이다. 기정진(奇正鎭)의 제자이다. ☞ 權石愚, 石愚

권춘식(權春植, ?~?)(韓)

자는 범회(範晦)이다. 조병만(曺秉萬)의 문인이다. ☞ 權範晦

기대승(奇大升, 1527~1572)(韓)

본관은 행주(幸州), 자는 명언(明彦), 호는 고봉(高峯) 또는 존재(存齋), 시호는 문헌(文憲)이다. 1558년 문과에 응시하기 위하여 서울로 가던 중 김인후(金麟厚)·이항(李恒) 등을 만나 태극설을 이야기 하고, 1559년 이황(李滉)이 수정한 정지운(鄭之雲)의「천명도설(天命圖說)」을 보고 이견을 제시해, 1566년까지 사단칠정(四端七情)에 관해 서신 토론하였다. 저서로『논사록(論思錄)』,『주자문록(朱子文錄)』등이 있고, 문집으로『고봉집(高峯集)』이 있다. ☞ 高峯

기양연(奇陽衍, 1825~1895)(韓)

본관은 행주(幸州), 자는 자민(子敏), 호는 백석(柏石)·백석헌(柏石軒)이다. 기윤진(奇允鎭)의 아들이다. 기정진(奇正鎭)의 문인이다. 문집으로『백석헌유집(柏石軒遺集)』이 있다. ☞ 柏翁

기우기(奇宇夔, 1839~1867)(韓)

본관은 행주(幸州), 자는 장일(章一)이다. 기정진(奇正鎭)의 장손(長孫)이자 기만연(奇晩衍)의 아들이다. 29세로 요절하였다. ☞ 章一

기우만(奇宇萬, 1846~1916)(韓)

본관은 행주(幸州), 자는 회일(會一), 호는 송사(松沙)이다. 기정진(奇正鎭)의 손자로 그 학업을 이어받아

문유(文儒)로 추앙받았다.   ☞ 松沙, 松翁, 奇松沙, 松丈, 松沙丈, 松沙先生

기우승(奇宇承, 1853~1918)(韓)

본관은 행주(幸州), 자는 효술(孝述), 호는 보산(普山)이다. 기양연(奇陽衍)의 아들이다. 문집으로『보산유고(普山遺稿)』가 있다.   ☞ 普山

기재(奇宰, ?~?)(1854~1921)(韓)

본관은 행주(幸州), 자는 입부(立夫), 호는 식재(植齋)이다. 기우만(奇宇萬)의 족제(族弟)이다.   ☞ 植齋

기정진(奇正鎭, 1798~1879)(韓)

본관은 행주(幸州), 자는 대중(大中), 호는 노사(蘆沙), 시호는 문간(文簡)이다. 1862년 「임술의책(壬戌擬策)」에서 삼정(三政)의 폐단을 지적하고 이를 바로잡을 방책을 제시하려 하였고, 1866년에는 서양세력의 침략을 염려하여 「병인소(丙寅疏)」를 올렸다. 철학적으로는 리(理) 중심의 독창적 이론 체계를 구축한 것으로 평가받는다. 「납량사의(納凉私議)」와 「외필(猥筆)」을 저술하였고, 문집으로『노사집(蘆沙集)』이 있다.   ☞ 蘆沙, 蘆翁, 蘆沙先生, 奇氏, 蘆沙奇先生, 奇李, 蘆寒, 蘆, 蘆沙奇丈, 蘆, 寒藥蘆

기홍연(奇弘衍, 1828~1898)(韓)

본관은 행주(幸州), 자는 경도(景道), 호는 용산(龍山)이다. 부친은 중진(重鎭)이다. 기정진(奇正鎭)의 문인이다.『주서표기(朱書標記)』등을 만들어 실천하고, 좌우명으로 삼았다. 문집으로『용산유고(龍山遺稿)』가 있다.   ☞ 龍山老, 奇景道

김굉필(金宏弼, 1454~1504)(韓)

본관은 서흥(瑞興), 자는 대유(大猷), 호는 사옹(蓑翁) 또는 한훤당(寒暄堂), 시호는 문경(文敬)이다. 김종직에게서 배웠으며, 스스로 '소학동자'라고 하였다. 1498년 무오사화(戊午史禍)로 평안도 희천에 유배되었으며, 조광조(趙光祖)를 만나 학문을 전수하였다. 1504년 갑자사화 때 처형되었다. 1610년 문묘에 배향되었다. 문집으로『한훤당집(寒暄堂集)』이 있다.   ☞ 寒暄, 寒暄先生

김낙현(金洛鉉, 1817~1892)(韓)

본관은 광주(光州), 자는 정여(定汝), 호는 계운(溪雲), 시호는 문경(文敬)이다. 김장생(金長生)의 후손이다. 유신환(兪莘煥)의 문인이다. 문집으로『계운유고(溪雲遺稿)』가 있다.   ☞ 金溪雲, 溪雲金丈

김녹휴(金祿休, 1827~1899)(韓)

본관은 울산(蔚山), 자는 치경(稚敬), 호는 신호(莘湖)이다. 하서(河西) 김인후(金麟厚)의 후손이다. 기정진의 문인으로 조성가(趙性家)·이응진(李應辰)·김평묵(金平黙) 등과 교유하였다. 문집으로 『신호집(莘湖集)』이 있다.

김덕희(金德熙, ?~?)(韓)

자는 이수(而修)이다.
☞ 金而修

김류(金瀏, 1814~1884)(韓)

본관은 경주(慶州), 자는 사량(士亮), 호는 귤은(橘隱)이다. 높은 학문을 지니고 있었으나 벼슬에 나아가지는 않았으며, 거문도(巨文島)에서 낙영재(樂英齋)를 짓고 후학을 양성하는데 힘을 쏟았다. 기정진(奇正鎭)의 문인이다. 실학자(實學者)로 이름이 높았다. 문집으로 『귤은재집(橘隱齋集)』이 있다.
☞ 金橘隱, 橘隱

김병창(金炳昌, ?~?)(韓)

본관은 안동(安東), 자는 염조(念祖), 호는 미산(薇山)이다. 김창흡(金昌翕)의 후손이다. 스승 조병덕(趙秉悳)의 문인이다.
☞ 金鳳凷

김복한(金福漢, 1860~1924)(韓)

본관은 안동(安東), 자는 원오(元吾), 호는 지산(志山)이다. 1894년 우부승지에 올랐는데, 갑오변란 후 낙향하고, 1895년 홍주에서 을미의병을 일으켰다. 1905년에도 을사늑약에 반대하는 상소를 올리고 의병을 일으켰다. 1919년 파리 장서 사건을 주도하고, 석방 이후 인도공의소를 설립하는 등 유교 윤리 부식 활동을 하였다. 1963년 건국훈장 독립장이 추서되었다.
☞ 金志山

김석구(金錫龜, 1835~1885)(韓)

본관은 김해(金海), 자는 경범(景範), 호는 대곡(大谷)이다. 기정진(奇正鎭)의 문인이다. 『맹자(孟子)』에 통달하여 '김맹자(金孟子)'로 불렸다. 문집으로 『대곡유고(大谷遺稿)』가 있다.
☞ 景範, 錫龜, 大谷, 金錫龜景範, 金大谷

김용재(金龍在, ?~?)(韓)

자는 숙견(叔見)이다.
☞ 金叔見, 叔見

김원행(金元行, 1702~1772)(韓)

본관은 안동(安東), 자는 백춘(伯春), 호는 미호(渼湖) 또는 운루(雲樓), 시호는 문경(文敬)이다. 이재(李縡)의 문인이다. 신임사화(辛壬士禍)를 계기로 벼슬에 나서지 않고, 낙론(洛論)의 종장(宗匠)으로 활동하여, 많은 문인을 배출했다. 문집으로 『미호집(渼湖集)』이 있다.
☞ 渼湖金先生, 渼湖

김유(金濡, 1832~?)(韓)
본관은 원주(原州), 자는 중호(仲浩), 호는 송호(松湖)이다. 기정진(奇正鎭)의 문인이다.

김이권(金以權, 1843~?)(韓)
본관은 청도(淸道), 자는 국형(國衡), 호는 정계(鼎溪)이다. 기정진(奇正鎭)의 문인이다.

김이상(金履祥, 1232~1303)(中)
중국 송말(宋末) 원초(元初)의 학자. 자는 길보(吉父), 호는 차농(次農), 시호는 문안(文安)이다. 원나라에 벼슬하지 않고 인산(仁山)에 은거하여 인산선생이라 불렸으며, 하기, 왕백에게 배우고 허겸에게 전하여 금화 4선생으로 일컬어졌다. 문집으로 『인산집』이 있다.   ☞ 仁山

김이수(金頤壽, ?~?)(韓)
본관은 김해(金海), 자는 학로(鶴老), 호는 담재(澹齋)이다.   ☞ 金鶴老

김인식(金仁植, ?~?)(韓)
본관은 김해(金海), 자는 춘장(春章)이다.   ☞ 金春章

김장생(金長生, 1548~1631)(韓)
본관은 광산(光山), 자는 희원(希元), 호는 사계(沙溪), 시호는 문원(文元)이다. 송익필(宋翼弼)과 이이(李珥)의 문인이다. 예학(禮學)에 밝아 『상례비요(喪禮備要)』, 『가례집람(家禮輯覽)』 등을 지었다. 1688년 문묘에 배향되었다. 문집으로 『사계유고(沙溪遺稿)』가 있다.   ☞ 沙溪, 文元公, 沙尤

김종화(金鍾和, ?~?)(韓)
자는 장중(莊仲)이다.   ☞ 金莊仲

김주현(金周鉉, ?~?)(韓)
본관은 광산(光山), 자는 사문(士文)이다.   ☞ 金士文

김준식(金俊植, ?~?)(韓)
자는 언경(彦卿)이다. 기우만(奇宇萬)의 친구이다.   ☞ 彦卿, 金彦卿

김준영(金駿榮, 1842~1907)(韓)
본관은 의성(義城), 자는 덕경(德卿), 호는 병암(炳菴)이다. 전우(田愚)의 문인이다. 임헌회(任憲晦)·신응조(申應朝)·송병선(宋秉璿)·박운창(朴芸牕)·김계운(金溪雲) 등 당시 학자들에게 모두 허통(許通) 받았으며 성리학을 더욱 공부하기 위하여 한 살 연상인 전우에게 3번씩이나 찾아가 사제(師弟)관계를 맺었다. 문집으로 『병암집(炳菴集)』이 있다.

김진호(金鎭祜, 1845~1908)(韓)
본관은 상산(商山), 자는 치수(致受), 호는 약천(約泉)·물천(勿川)이다. 만성(晩醒) 박치복(朴致馥)·성재(性齋) 허전(許傳)·한주(寒洲) 이진상(李震相,)의 문인이다. 1889년 『성재집(性齋集)』 간행과 『남명집(南冥集)』 교정을 맡았으며, 1902년 용문정사(龍門精舍)를 지어 후학을 지도하여 많은 문하생을 배출하였다. 문집으로 『물천집(勿川集)』이 있다.　　　　　　　　　　　　　　　　　　　　　　　　☞ 勿川

김집(金集, 1574~1656)(韓)
본관은 광산(光山), 자는 사강(士剛), 호는 신독재(愼獨齋), 시호는 문경(文敬)이다. 위로 이이(李珥)의 학문을 계승하고 예학(禮學)을 일으킨 김장생(金長生)을 이어받아 그 학문을 송시열(宋時烈)에게 전해 주어 기호학파를 형성, 이황(李滉)을 이어받은 영남학파와 더불어 조선 유학계의 쌍벽을 이루었다. 문묘와 효종묘에 배향되었다. 저서로 『의례문해속(疑禮問解續)』 등이 있고, 문집으로 『신독재집(愼獨齋集)』이 있다.　　　　　　　　　　　　　　　　　　　　　　　　　　　　　　　　　　☞ 愼獨齋

김창협(金昌協, 1651~1708)(韓)
본관은 안동(安東), 자는 중화(仲和), 호는 농암(農巖) 또는 삼주(三洲), 시호는 문간(文簡)이다. 김상헌(金尙憲)의 증손, 김수항(金壽恒)의 아들이며, 김창집(金昌集)의 아우이다. 1682년 출사하였고, 왕명으로 『주자대전차의(朱子大全箚疑)』를 교정하였다. 기사환국 이후 은거하였다. 낙론(洛論)의 선구적 위치에 있으며, 문장과 시에 모두 능했다. 문집으로 『농암집(農巖集)』이 있다.　☞ 農巖, 農翁, 農巖先生, 退栗農

김창흡(金昌翕, 1653~1722)(韓)
본관은 안동(安東), 자는 자익(子益), 호는 삼연(三淵), 시호는 문강(文康)이다. 김상헌(金尙憲)의 증손이고 김수항(金壽恒)의 아들이며, 김창집(金昌集)과 김창협(金昌協)의 아우이다. 기사환국 이후 포천에 은거하였다. 도가와 불교 서적을 읽고 『사기(史記)』를 좋아했으며 시문에 힘쓰다 주자의 글을 읽고 깨달은 바가 있어 유학에 전념하였다.　　　　　　　　　　　　　　　　　　　　　　☞ 三淵, 金三淵, 淵翁

김택술(金澤述, 1884~?)(韓)
본관은 부안(扶安), 자는 종현(鍾賢), 호는 후창(後滄)이다. 전우(田愚)의 문인이다. 문집으로 『후창집(後滄集)』이 있다.　　　　　　　　　　　　　　　　　　　　　　　　　　　　　　　　　　　☞ 金澤述

김택주(金澤柱, 1855~?)(韓)
본관은 경주(慶州), 자는 평집(平集), 호는 연사(蓮沙)이다. 곽종석(郭鍾錫)의 문인이다. ☞ 金平集, 金氏

김평묵(金平默, 1819~1891)(韓)

본관은 청풍(淸風), 자는 치장(稚章), 호는 중암(重菴), 시호는 문의(文懿)이다. 이항로(李恒老)의 문인이다. 홍직필(洪直弼)과 이항로를 같이 사사했으나 홍직필이 죽은 뒤로는 이항로의 학설을 따랐다. 같은 문하의 유중교와 명덕(明德)을 이(理)로 보느냐, 기(氣)로 보느냐를 두고 논쟁하였다. 1874년에『화서아언(華西雅言)』을 편집, 간행하였고, 1881년 위정척사를 주장하여 섬에 유배되었다. 문집으로『중암집(重菴集)』및 별집,『중암고(重菴稿)』등이 있다.

☞ 金重庵, 重菴, 重菴金公, 金重菴, 金重菴先生, 華重, 金監役, 金柳, 重菴金先生, 重菴先生, 重翁重庵

김학식(金鶴植, ?~?)(韓)

본관은 영광(靈光). 김한섭(金漢燮)의 아들이다.   ☞ 鶴植

김한기(金漢驥, ?~?)(韓)

본관은 언양(彦陽), 자는 낙삼(樂三), 호는 신재(新齋)이다.

김한섭(金漢燮, 1838~1894)(韓)

본관은 영광(靈光), 자는 치용(致容), 호는 오남(吾南)이다. 이항로(李恒老), 임헌회(任憲晦), 기정진(奇正鎭)에게 차례로 배웠다. 고향인 장흥과 금릉 대명동에 서당을 열고 후진교육에 힘썼다. 1894년 동학농민운동 당시 변을 당해 사망했다. 문집으로『오남집(吾南集)』이 있다.   ☞ 漢燮, 燮

김현옥(金顯玉, 1844~1910)(韓)

본관은 김해(金海), 자는 풍오(豐五), 호는 산석(山石)이다. 기정진(奇正鎭)의 문인이다. 문집으로『산석집(山石集)』이 있다.   ☞ 顯玉, 山石

나도규(羅燾圭, 1826~1885)(韓)

본관은 나주(羅州), 자는 치문(致文), 호는 덕암(德巖)이다. 기정진의 문인이다. 문집으로『덕암만록(德巖漫錄)』이 있다.   ☞ 羅致文

나흠순(羅欽順, 1465~1547)(中)

중국 명대의 사상가. 자는 윤승(允升), 호는 정암(整菴), 시호는 문장(文莊)이다. 왕수인(王守仁)에 맞서 주자학을 옹호하였으나, 이기일원(理氣一元)의 입장에서 보주귀일(補朱歸一)을 주장하여 비정통 기(氣) 철학자로 분류된다. 저서로『곤지기(困知記)』, 문집으로『나정암집(羅整菴集)』이 있다.   ☞ 羅整菴, 羅氏, 羅任, 整菴

남정섭(南廷燮, 1863~?)(韓)

본관은 의령(宜寧), 자는 장헌(章憲), 호는 소와(素窩)이다. 정재규(鄭載圭)의 제자이다. 문집으로『소와집

(素窩集)』이 있다.   ☞ 南素窩廷燮

남정우(南廷瑀, 1869~1947)(韓)
본관은 의령(宜寧), 자는 사형(士珩), 호는 입암(立巖)이다. 정재규(鄭載圭)의 문인이다. 문집으로 『입암집
(立巖集)』이 있다.   ☞ 南立巖廷瑀

남창희(南昌熙, 1870~?)(韓)
본관은 의령(宜寧), 자는 명중(明重), 호는 동천(東川)이다. 정재규(鄭載圭)의 문인이다.   ☞ 南明重

노동(盧仝, 795?~835)(中)
중국 당(唐) 나라 시인. 소실산(少室山)에 은거하며 스스로 옥천자(玉川子)라 불렀다. 간의대부(諫議大夫)
로 부름을 받았으나 나가지 않았다. 일찍이 월식시(月蝕詩)를 지어 원화(元和)의 역당(逆黨)들을 풍자했
다. 한유도 노동의 시를 모방하여 월식시를 지었음. 저서로 『다보(茶譜)』, 『옥천자시집(玉川子詩集)』 등이
있다.

노효표(盧孝標, 1186~1257)(中)
중국 남송(南宋)의 유학자. 노표(盧標)라고도 한다. 자는 효손(孝孫), 호는 옥계(玉溪). 아버지 진민부마
노공(盧恭)을 위해 시묘 3년을 하였고, 벼슬이 한림박사에 이르렀다. 강술당(講述堂)을 만들고 강학하여
옥계선생으로 불렸다. 저서에 『사서강의(四書講義)』, 『경사술요(經史述要)』, 『성리발몽(性理發蒙)』이 있
고, 문집으로 『옥계문집(玉溪文集)』이 있다.   ☞ 玉溪盧氏, 玉溪, 盧氏, 盧玉溪

도잠(陶潛, 365~427)(中)
중국 동진(東晉)의 시인. 호는 연명(淵明), 시호는 정절(靖節)이다. 팽택 현령(彭澤縣令)을 지내다가 「귀거
래사(歸去來辭)」를 부르며 관직 생활을 청산하고 고향에 돌아가 전원생활로 일관했다. 문집으로 『도연명
집(陶淵明集)』이 있다.   ☞ 淵明

동수(董銖, 1152~1214)(中)
중국 남송(南宋)의 학자. 자는 숙중(叔重)이고, 호는 반간(盤澗)이다. 주희의 문인이다. 영종 경원연간에
주희가 귀향하여 강연할 때 그 일을 관장했다. 저서로 『역서주(易書注)』, 『성리주해(性理注解)』가 있다.
                                                                                                                   ☞ 董叔重

동중서(董仲舒, BCE 179~104)(中)
중국 서한(西漢)의 유학자. 춘추 공양학을 전공하고 대일통(大一統)의 논리와 삼강(三綱)의 윤리를 제시
하였으며, 천인상감론(天人相感論)을 주창하여 고대 전제왕권과 유교 국교화의 길을 열었다.   ☞ 董子

두예(杜預, 222~285)(中)

중국 진(晉)나라 무제(武帝) 때 학자이자 정치가. 자는 원개(元凱), 시호는 성(成)이다. 저서로『춘추좌씨경전집해(春秋左氏經傳集解)』,『회맹도(會盟圖)』,『춘추석례(春秋釋例)』 등이 있다.   ☞ 元凱

두지인(杜知仁, ?~?)(中)

중국 남송(南宋)의 학자. 자는 인중(仁仲), 호는 방산(方山)이다. 주희의 문인이다. 어려서부터 과문에 특출했고 특히 시에 힘썼으나 배울만한 것이 아니라는 깨달음에 육경을 공부하고 당시 학자들의 글을 살피다가 주희의 글을 보고 "길이 여기에 있다. 이치를 궁구하고 인을 구하는 것이, 내 머물 곳임을 알았다." 하였다. 논술이 많았으나 엮지 못하고 죽었다.   ☞ 杜仁仲

등림(鄧林, ?~?)(中)

중국 명대의 관리, 학자. 자는 사제(士齊), 호는 퇴암(退庵)이다. 영락대전(永樂大全) 편수에 참여하였다.   ☞ 鄧林退庵

등우(鄧禹, 2~58)(中)

중국 후한(後漢) 광무제(光武帝) 때의 명신이다. 13세 때 장안(長安)에 유학할 당시 광무제를 만나 서로 친하게 지냈다. 뒤에 광무제를 도와 천하를 평정하는 데 큰 공을 세워 고밀후(高密侯)에 봉해지고, 명제(明帝) 때에는 태부(太傅)가 되었다

마원(馬援, BCE 49~14)(中)

중국 후한(後漢)의 명장이다. 왕망(王莽)이 세운 신(新)나라에서 벼슬을 했으나, 왕망의 정책에 반대하는 반란이 전국 각지에서 일어나자, 왕망의 정적(政敵)들과 손잡고 결국에는 광무제(光武帝)를 도와, 후한을 세운 신하가 되었다.

마융(馬融, 79~166)(中)

후한(後漢)의 유학자. 자는 계장(季長)이다. 유학에 정통하여 노식(盧植), 정현(鄭玄) 등을 가르쳤다. 저서로『삼전이동설(三傳異同說)』가 있고,『효경』·『삼례』·『상서』 등을 주석하였다.   ☞ 馬鄭

만인걸(萬人傑, ?~?)(中)

중국 남송(南宋)의 학자. 자는 정순(正淳) 또는 정순(正純), 호는 지재(止齋)이다. 처음에 육구령(陸九齡)에게 배우다가 나중에 육구연(陸九淵)의 제자가 되었고, 그 뒤에 남강(南康)에 가서 주희(朱熹)를 만난 뒤로 그의 제자가 되었다.   ☞ 萬正淳, 正淳

문경호(文景虎, ?~1620)(韓)

본관은 남평(南平), 자는 군변(君變), 호는 역양(嶧陽)이다. 대북파(大北派)의 영수인 정인홍(鄭仁弘)의 문

인이다. 문집으로 『역양집(嶧陽集)』이 있다. ☞ 文嶧陽景虎, 文嶧陽

문형(文炯, ?~?)(韓)
자는 자성(子惺)이다. ☞ 文子惺

민기용(閔璣容, 1824~?)(韓)
본관은 여흥(驪興), 자는 중호(仲浩), 호는 봉리(鳳里)이다. 기정진(奇正鎭)의 문인이다.

민의행(閔誼行, ?~?)(韓)
자는 극중(克中)이다. 기정진(奇正鎭)의 제자이다.

민재남(閔在南, 1802~1873)(韓)
본관은 여흥(驪興), 자는 겸오(謙吾), 호는 청천(聽天)·자소옹(自笑翁)·회정(晦亭)이다. 문집으로 『회정집(晦亭集)』이 있다. ☞ 晦亭公

민주현(閔胄顯, 1808~1882)(韓)
본관은 여흥(驪興), 자는 치교(穉敎), 호는 사애(沙崖)이다. 송치규(宋穉圭)·안수록(安壽祿)·장헌주(張憲周)·기정진(奇正鎭)·홍직필(洪直弼) 등을 두루 사사하였다. 문집으로 『사애집(沙厓集)』이 있다. ☞ 閔沙崖

민치량(閔致亮, 1844~1932)(韓)
본관은 여흥(驪興), 자는 주현(周賢), 호는 계초(稽樵)이다. 7세에 백부(伯父)인 민재남(閔在南)에게 수학하였으며, 기정진(奇正鎭)의 문인이다. 조성가(趙性家)·정재규(鄭載圭) 등과 서로 교유하면서 경전과 성리학에 전념하였다. ☞ 閔正言

민치완(閔致完, 1838~1911)(韓)
본관은 여흥(驪興), 자는 군현(君賢), 호는 지강(芝岡)이다. 민재규(閔在圭)의 아들이다. 기정진(奇正鎭)의 문인이다. 만년에는 지강정사(芝岡亭舍)를 짓고 후진 교육에 힘썼다. 문집으로 『지강문집(芝岡文集)』이 있다.

박노술(朴魯述, 1851~1917)(韓)
본관은 순천(順天), 호는 석음(石陰)이다. 박제방(朴濟邦)의 손자이자 박양동(朴陽東)의 아들이다. 기정진(奇正鎭)의 문인이다. 문집으로 『석음유고(石陰遺稿)』가 있다. ☞ 石陰

박몽채(朴蒙采, ?~?)(韓)

자는 성직(聖直)이다. ☞ 朴聖直

박세채(朴世采, 1631~1695)(韓)

본관은 반남(潘南), 자는 화숙(和叔), 호는 현석(玄石) 또는 남계(南溪), 시호는 문순(文純)이다. 김상헌(金尙憲)의 문인이다. 송시열, 송준길 등과 교유하고 1차 예송에서 서인을 지지하였다. 1683년 서인이 갈리자 소론의 영수가 되었다. 숙종 후반 붕당 간 조제보합을 말하는 황극탕평설을 주장하였다. 1764년 문묘에 종사되었다. 저서로 『육례의집(六禮疑輯)』, 『동유사우록(東儒師友錄)』 등이 있고, 문집으로 『남계집(南溪集)』이 있다. ☞ 玄石

박윤원(朴胤源, 1734~1799)(韓)

본관은 반남(潘南), 자는 영숙(永叔), 호는 근재(近齋), 시호는 문헌(文獻)이다. 김원행(金元行)의 문인이다. 벼슬을 하지 않았지만 명성이 높았다. 문하에서 홍직필(洪直弼)이 배출되었다. 문집으로 『근재집(近齋集)』이 있다. ☞ 朴近齋, 近翁

박중수(朴中秀, 1830~1886)(韓)

본관은 무안(務安), 자는 경립(景立), 호는 인와(忍窩)이다. ☞ 朴景立

박철현(朴喆炫, 1831~1888)(韓)

본관은 진원(珍原), 자는 원식(元式), 호는 원재(遠齋)이다. 『노사선생연원록(蘆沙先生淵源錄)』에는 철현(喆鉉)으로 되어 있다. 기정진(奇正鎭)의 문인이다. 문집으로 『원재유고(遠齋遺稿)』가 있다. ☞ 遠齋

박해량(朴海量, 1850~1886)(韓)

본관은 순천(順天), 자는 도겸(道謙), 호는 율수재(聿修齋)이다. 임헌회(任憲晦), 김평묵(金平默), 최익현(崔益鉉), 기정진(奇正鎭) 등에게서 수학하였다. 문집으로 『율수재유고(聿修齋遺稿)』이 있다. ☞ 聿修

반우단(潘友端, ?~?)(中)

중국 남송의 학자. 자는 단숙(端叔)이다. 장식과 주희의 문인이다. 반우공의 형이다. 저서로 『사서변의(四書辨義)』, 『주자문답(朱子問答)』 등이 있다. ☞ 潘端叔

방덕공(龐德公, ?~?)(中)

중국 후한(後漢) 때 은자(隱者). 방공(龐公) 또는 방거사(龐居士)라고 부르기도 한다. ☞ 龐公

방봉진(方逢辰, 1221~1291)(中)

중국 송말(宋末) 원초(元初)의 학자, 관리. 원이름은 몽괴(夢魁), 자는 군석(君錫) 또는 성석(聖錫), 호는 교봉(蛟峰)이다. 석협서원을 비롯한 다수의 서원과 서당을 세웠다. 저서로 『효경해(孝經解)』, 『역외전(易外傳)』, 『상서석전(尙書釋疑)』, 『학용주석(學庸注釋)』, 『격물입문(格物入門)』 등이 있고, 문집으로 『교봉집(蛟峰集)』이 있다.   ☞ 方氏, 方

범순인(范純仁, 1027~1101)(中)

중국 북송(北宋)의 정치가. 자는 요부(堯夫), 시호는 충선(忠宣)이다. 범중엄(范仲淹)의 둘째 아들이다. 호원(胡瑗), 손복(孫復) 등에게서 수학하였다. 석개(石介), 호단(胡旦) 등과 교유하였다. '포의재상(布衣宰相)'으로 불렸다. 허국공(許國公)에 봉해졌다. 문집으로 『범충선공집(范忠宣公集)』이 있다.   ☞ 范忠宣, 堯夫, 范馬

복생(伏生, BCE 260~161)(中)

중국 진한(秦漢) 교체기의 경학자. 이름은 승(勝), 자는 자천(子賤)이다. 진(秦)나라 때 박사로 『상서(尙書)』에 정통하였다. 진시황(秦始皇)이 책을 모아 불태우자, 『서경(書經)』을 벽 속에다 감추어 두었다가 한나라가 흥기한 뒤에 제(齊)나라와 노(魯)나라 학자들에게 가르쳐 후세에 전한 인물이다.

사량좌(謝良佐, 1050~1130)(中)

중국 북송(北宋)의 사상가. 자는 현도(顯道), 호는 상채(上蔡), 시호는 문숙(文肅)이다. 이정(二程)의 문인이다. 상채학파의 비조이다. 저서로 『상채어록(上蔡語錄)』과 『논어설(論語說)』이 있다.   ☞ 謝氏, 上蔡, 上蔡先生, 謝上蔡.

사마강(司馬康, 1050~1090)(中)

중국 북송(北宋)의 관리, 학자. 자는 공휴(公休)이다. 사마광(司馬光)의 형 사마단(司馬旦)의 아들로 사마광의 두 아들이 죽자 사마광의 대를 이었다. 사마광의 『자치통감(資治通鑑)』 편수 작업에 참여하고, 후에 『신종실록(神宗實錄)』의 검토관이 되었다.   ☞ 公休

사마광(司馬光, 1019~1086)(中)

중국 북송(北宋)의 정치가, 역사가, 학자. 자는 군실(君實), 호는 우부(迂夫) 또는 우수(迂叟), 시호는 문정공(文正公)이다. 죽은 뒤에 온국공(溫國公)에 봉해졌으므로 사마온공(司馬溫公)이라고도 한다. 왕안석(王安石)의 신법(新法)에 반대하였다. 양웅(揚雄)을 사숙하여 『태현경(太玄經)』과 『법언(法言)』을 주석하고, 『잠허(潛虛)』를 지었으며, 『자치통감(資治通鑑)』을 편찬하였다.   ☞ 司馬溫公, 溫公, 范馬, 司馬公

사마상여(司馬相如, BC E179?~117)(中)

중국 전한(前漢)의 문인. 자는 장경(長卿)이다. 경제(景帝) 때 「자허부(子虛賦)」를 지어 명성을 떨쳤다.   ☞ 相如

사마소(司馬昭, 211~265)(中)

중국 삼국시대 위(魏)나라의 장군. 서진(西晉)에서 문황제(文皇帝)로 추증되었다. 묘호는 진(晉) 태조(太祖)이다. 권신 사마의(司馬懿)의 둘째 아들로 서진의 초대 황제 무제 사마염(司馬炎)의 아버지이다.

서경덕(徐敬德, 1489~1546)(韓)

본관은 당성(唐城), 자는 가구(可久), 호는 복재(復齋), 화담(花潭), 시호 문강(文康)이다. 독자적인 기일원론(氣一元論)을 제창하고, 일기장존설(一氣長存說)을 주장하였다. 퇴계와 율곡으로부터 "기(氣)를 리(理)인 줄 안다"는 비판을 받았다. 문집으로 『화담집(花潭集)』이 있다. ☞ 徐花潭, 花潭

서소연(徐昭然, ?~?)(中)

중국 남송(南宋)의 학자. 자는 자융(子融)이다. 『주자대전』 권59의 「답진재경(答陳才卿)」 14번째 편지에 "정숙과 자융이 함께 모여서 매일 강론하였다."는 말이 있다. 『주자대전』 권58에 서소연에게 답하는 4통의 편지가 있다. ☞ 徐子融, 徐

서우(徐寓, ?~?)(中)

중국 남송(南宋)의 학자. 자는 거보(居父)·거보(居甫), 호는 반주수(盤州叟)이다. 주희의 문인이다. 『주자어류(朱子語類)』에 서우가 기록한 300여 조목의 어록이 있고, 『주자대전(朱子大全)』 권58에 주희의 답서 2통이 있다.

설혜(薛蕙, 1490~1539)(中)

중국 명(明)나라 대신. 자는 군채(君采), 호는 서원선생(西原先生)이다. 저서로 『오경잡록(五經雜錄)』, 『노자집해(老子集解)』, 『장자주(莊子注)』가 있고, 문집으로 『서원집(西原集)』이 있다.

섭채(葉采, ?~?)(中)

중국 송(宋)나라 사람이다. 자는 중규(仲圭)이고 호는 평암(平巖)이다. 섭미도(葉味道)의 아들이다. 처음에는 채연(蔡淵)에게 배우다가 뒤에는 진순(陳淳)에게 배웠다. 1248년에 『근사록집해(近思錄集解)』를 지었다. ☞ 葉氏, 葉

성혼(成渾, 1535~1598)(韓)

본관은 창녕(昌寧), 자는 호원(浩源), 호는 우계(牛溪) 또는 묵암(默庵), 시호는 문간(文簡)이다. 성수침(成守琛)의 아들로 이이(李珥)와 친했다. 기축옥사에서 최영경의 죽음에 대한 책임이 있다는 북인의 비난을 받았다. 임진왜란 시기 세자의 부름을 받고 출사하였고, 유성룡과 함께 주화론을 주장하였다. 사위 윤황으로 이어지는 서인 소론 계보를 형성한다. 1681년 문묘에 배향되었으며, 문집으로 『우계집(牛溪集)』이 있다. ☞ 牛溪, 栗牛, 成牛溪

소백온(邵伯溫, 1057~1134)(中)

중국 북송(北宋)의 관리, 학자. 자는 자문(子文)이다. 소옹(邵雍)의 아들이다. 사마광(司馬光)의 문인으로, 이정(二程) 및 여공저(呂公著) 등과 친했다. 부친의 상수학(象數學)을 계승하여 역학(易學)에 뛰어났다. 저서로『역변혹(易辨惑)』,『황극계술(皇極系述)』,『관물내외편해(觀物內外篇解)』,『하남소씨견문록(河南邵氏見聞錄)』,『하남집(河南集)』 등이 있다.　　　　　　　　　　　　　　　　　　☞ 伯溫

소식(蘇軾, 1036~1101)(中)

중국 북송(北宋)의 문인, 정치가. 자는 자첨(子瞻) 또는 화중(和仲), 호는 동파(東坡), 시호는 문충(文忠)이다. 시서(詩書)에 모두 뛰어나 아버지 소순(蘇洵), 동생 소철(蘇轍)과 함께 '삼소(三蘇)'라고 불리며, 당송 8대가의 한 명으로 일컬어진다. 구법당(舊法黨)의 중심이었으며, 황정견과 함께 소황(蘇黃)으로 병칭된다. 문집으로『동파전집(東坡全集)』이 있다.　　　　　　　　　　　　　　　　　☞ 東坡, 蘇氏

소옹(邵雍, 1011~1077)(中)

중국 북송(北宋)의 유학자. 자는 요부(堯夫) , 시호는 강절(康節)이다. 이지재로부터 역학(易學)을 배우고, 이정(二程) 형제와 가까웠다. 후에 선천역학을 완성하여 주희에게 영향을 주었다. 저서로『황극경세서(皇極經世書)』,『이천격양집(伊川擊壤集)』 등이 있다.　　　　　　　　　☞ 康節, 邵子, 堯夫

손복(孫復, 992~1057)(中)

중국 송대(宋代)의 학자. 자는 명복(明復), 호는 수양자(睢陽子)이다. 저서로『역설(易說)』,『춘추총론(春秋總論)』 등이 있고, 문집으로『손명복집(孫明復集)』이 있다.　　　　　　　　☞ 孫明復

송명흠(宋明欽, 1705~1768)(韓)

본관은 은진(恩津), 자는 회가(晦可), 호는 역천(櫟泉), 시호는 문원(文元)이다. 송준길(宋浚吉)의 현손이며, 이재(李縡)의 문인이다. 문집으로『역천집(櫟泉集)』이 있다.　　　　　　　　　　　☞ 櫟泉

송병선(宋秉璿, 1836~1905)(韓)

본관은 은진(恩津), 자는 화옥(華玉), 호는 연재(淵齋), 시호는 문충(文忠)이다. 송시열(宋時烈)의 9세손으로 큰아버지 송달수(宋達洙)에게서 성리학과 예학을 배웠다. 출사하지 않고 시무, 척사 상소를 올렸다. 을사늑약이 체결되자 황제와 국민과 유생들에게 드리는 유서를 남기고 자결하였다. 저서로『근사속록(近思續錄)』,『패동연원록(浿東淵源錄)』,『동감강목(東鑑綱目)』 등이 있고, 문집으로『연재집(淵齋集)』이 있다. 1962년 건국훈장 독립장이 추서되었다.　　　　　　　　　　　　　☞ 淵齋山丈, 淵齋

송병순(宋秉珣, 1839~1912)(韓)

본관은 은진(恩津), 자는 동옥(東玉), 호는 심석재(心石齋)이다. 송시열의 9세손이고 송병선의 아우로 함께 공부했다. 출사하지 않고 후진을 양성하였다. 1910년 경술국치에 투신 자결하려 했으나 실패하고, 1912년 유서를 남기고 음독 자결하였다. 1977년 건국훈장 독립장이 추서되었다. 저서로『독서만집(讀書漫錄)』, 『학문삼요(學問三要)』, 『사례축식(四禮祝式)』, 『용학보의(庸學補疑)』, 『주서선류(朱書選類)』 등이 있고, 문집으로『심석재집(心石齋集)』이 있다.   ☞ 宋東玉, 心石

송병탁(宋秉鐸, ?~?)(韓)
본관은 청송(靑松), 자는 성집(聖集)이다. 기정진(奇正鎭)의 문인이다.   ☞ 宋聖集

송병화(宋炳華, 1852~1916)(韓)
본관은 은진(恩津), 자는 회경(晦卿) 또는 영중(英仲)이고, 호는 난곡(蘭谷) 또는 약재(約齋)이다. 임헌회(任憲晦)의 문인이다. 1885년 증광시에 합격하고 학행으로 추천되어 침랑, 정릉참봉을 지냈다. 이후 경연관에 임명되었으나 나가지 않았고, 일제에 나라가 망한 후 후진양성에 힘썼다. 문집으로『난곡집(蘭谷集)』이 있다.   ☞ 宋晦卿

송시열(宋時烈, 1607~1689)(韓)
본관은 은진(恩津), 자는 영보(英甫), 호는 우암(尤庵) 또는 화양동주(華陽洞主), 시호는 문정(文正)이다. 김장생(金長生), 김집(金集)의 문인이다. 1635년 봉림대군의 사부가 되고, 효종 즉위 후 북벌계획을 담당하였다. 1659년과 1674년의 자의대비 복상문제에서 기년설(朞年說)과 대공설(大功說)을 주장하였고, 제자 윤증(尹拯)과 대립하여 1683년 노소 분당이 이루어졌다. 1756년 문묘에 배향되었다. 문집으로『송자대전(宋子大全)』이 있다.
☞ 尤翁, 尤菴, 尤, 栗尤, 尤齋老先生, 尤齋先生, 沙尤, 華陽先生, 華陽, 尤庵, 宋子

송시일(宋時一, 1827~1902)(韓)
본관은 남양(南陽), 자는 중평(中平), 호는 희암(希庵)·삼연재(三淵齋)이다. 송내희(宋來熙)의 문인이다. 예서(禮書)에 밝았다. 문집으로『희암집(希庵集)』이 있다.

송영순(宋榮淳, 1841~1916)(韓)
본관은 진천(鎭川), 자는 성택(聖澤), 호는 석송(石松)이다. 기정진(奇正鎭)의 문인이다.

송인모(宋麟模, 1860~1898)(韓)
본관은 은진(恩津), 초명은 건명(乾明), 자는 경부(敬夫), 호는 도천(陶川)이다.   ☞ 宋敬夫, 乾明

송재락(宋在洛, 1860~?)(韓)
본관은 은진(恩津), 자는 덕중(德中)이다. 정재규(鄭載圭)의 문인이다.   ☞ 宋德中, 德中

송치규(宋稚圭, 1759~1838)(韓)

본관은 은진(恩津), 자는 기옥(奇玉), 호는 강재(剛齋)이다. 김두묵(金斗默)의 문인이다. 이이(李珥)와 김장생(金長生)·성혼(成渾)의 학문을 계승하여 이기일도설(理氣一途說)을 지지하여 이(理)와 기(氣)의 일원론(一元論)을 주장했다. 문집으로 『강재집(剛齋集)』이 있다.

송한종(宋漢宗, ?~?)(韓)

자는 해사(海士)   ☞ 宋海士

송흠(宋欽, 1459~1547)(韓)

본관은 신평(新平), 자는 흠지(欽之), 호는 지지당(知止堂)·관수정(觀水亭), 시호는 효헌(孝憲)이다.

                                                                 ☞ 知止堂

신석휴(申錫休, ?~?)(韓)

본관은 평산(平山), 자는 국범(國範)이다.   ☞ 申國範

신재철(愼在哲, 1803~1873)(韓)

본관은 거창(居昌), 자는 명오(明吾), 호는 송암(松庵)이다. 신희남(愼喜男)의 후손이다. 송래희(宋來熙)·기정진(奇正鎭)의 문인이다. 문집으로 『송암유고(松菴遺稿)』가 있다.   ☞ 娥林愼在哲

신제모(申濟模, 1816~1873)(韓)

본관은 고령(高靈), 자는 사즙(士楫), 호는 병호(屛湖)이다. 매산(梅山) 홍직필(洪直弼)의 문인이다.

                                                                 ☞ 屛湖申丈

신종구(申鍾求, ?~?)(韓)

                                                                 ☞ 申

심귀보(沈貴珤, ?~?)(中)

중국 원(元)나라의 학자. 이명은 여려(汝礪), 자는 성숙(誠叔), 호는 의재(毅齋)이다. 동몽정(董夢程)의 수제자로, 호방평(胡方平)에게 주희의 역학(易學)을 전했다. 저서로 『정몽의해(正蒙疑解)』 등이 있다.

                                                                 ☞ 番易沈氏

심상복(沈相福, 1876~1951)(韓)

본관은 청송(靑松), 자는 경회(景晦), 호는 치당(恥堂)이다. 심완(沈浣)의 아들이다. 문집으로 『치당집(恥堂集)』이 있다.

                                                                 ☞ 沈景晦, 景晦

신석휴(申錫休, ?~?)(韓)

본관은 평산(平山), 자는 국범(國範)이다.   ☞ 申國範

심정희(沈廷熙, 1656~1714)(韓)

본관은 청송(靑松), 자는 명중, 호는 고송재(孤松齋)이다.   ☞ 沈明仲, 沈氏

안달삼(安達三, 1837~1886)

본관은 죽산(竹山), 자는 행오(行五), 호는 소백(小柏)이다. 제주(濟州)에 거주하였다. 기정진(奇正鎭)의 문인이다.

안정회(安貞晦, 1830~1898)(韓)

본관은 순흥(順興), 자는 의경(義敬), 호는 관산(管山)이다. 안향(安珦)의 후손이다. 기정진(奇正鎭)의 문인이다. 문집으로『관산유고(管山遺稿)』가 있다.   ☞ 義敬

안천서(安天瑞, ?~?)(韓)

자는 응휴(應休)이다. 이이(李珥)의 문인이다. 성혼(成渾)과 시문을 주고받으며 교유하였다.
                                      ☞ 安應休, 安氏

양만리(楊萬里, 1127~1206)(中)

중국 남송(南宋)의 학자. 자는 정수(廷秀), 호는 성재(省齋), 시호는 문절(文節)이다. 성품이 강직하여 위험을 무릅쓰고 간쟁하였으며 한탁주(韓侂胄)가 정권을 잡자 벼슬에서 물러나와 울분 속에 죽었다. 저서에『성재역전(誠齋易傳)』,『용언(庸言)』등이 있고, 문집으로『성재집(省齋集)』이 있다.   ☞ 楊省齋

양상형(梁相衡, ?~?)(韓)

자는 백하(柏下), 호는 초사(草史)이다.   ☞ 梁丈

양시(楊時, 1053~1135)(中)

중국 북송(北宋)의 관리, 사상가. 자는 중립(中立), 호는 귀산(龜山), 시호는 문정(文靖)이다. 이정(二程)의 문인이다. 도남학파(道南學派)의 비조로서, 민(閩) 지역에 이정의 학문을 전파하였다. 저술에『이정수언(二程粹言)』이 있고, 문집으로『귀산집(龜山集)』이 있다.   ☞ 龜山, 楊龜山

양시교(楊時喬, 1531~1609)(中)

중국 명(明)나라의 관리, 학자. 자는 의천(宜遷), 호는 지암(止菴), 시호는 단결(端潔)이다. 저서로『양절남관각사서』,『주역고금문전서(周易古今文全書)』,『마정기(馬政記)』등이 있고, 문집으로『단결집(端潔

集)』이 있다. ☞ 楊止菴

양웅(楊雄, BCE 53~18)(中)
중국 전한(前漢)의 유학자. 자는 자운(子雲)이다. 『법언』과 『태현』을 지었다. 사부(詞賦)에도 능했다.
☞ 揚雄, 子雲

양의(楊儀, ?~235)(中)
중국 후한(後漢)의 관리. 제갈량(諸葛亮)의 북벌을 돕고, 제갈량이 사후 위연(魏延)의 반란을 막았음에도 중용되지 않는다고 불평하다 쫓겨났다.

양회갑(梁會甲, 1884~1961)(韓)
본관은 제주(濟州). 자는 원숙(元淑), 호는 정재(正齋)이다. 기우만(奇宇萬)의 문인이다. 문집으로 『정재집(正齋集)』이 있다. ☞ 正齋

양회락(梁會洛, 1862~?)(韓)
본관은 제주(濟州), 자는 처중(處中)이다. 정재규(鄭載圭)의 문인이다. ☞ 處中, 梁處中

엄세문(嚴世文, ?~?)(中)
중국 남송(南宋)의 학자. 자는 시형(時亨) 또는 형보(亨父)이다. 주희의 문인이다. 저서로 「의의문답왕복서첩(疑義問答往復書帖)」이 있다. ☞ 嚴時亨

여공저(呂公著, 1018~1089)(中)
중국 송나라 관료. 자는 회숙(晦叔), 시호는 정헌(正獻)이다. 여이간(呂夷簡)의 아들이다. 사마광(司馬光)과 함께 왕안석(王安石)의 신법 폐지를 주장하였다. 저서로 『정헌공집(正獻公集)』이 있다.
☞ 公著

여대림(呂大臨, 1042~1090)(中)
중국 북송(北宋)의 사상가. 자는 여숙(與叔)이다. 장재(張載)에게 배우고 정이(程頤)에게서 배워 '정문 사선생(程門四先生)'으로 불렸다. 형제 네 명이 모두 학문으로 이름이 있어 '남전 사려(藍田四呂)'로 불렸다. 저술에 『고고도(考古圖)』, 『역장구(易章句)』, 『예기해(禮記解)』가 있고, 문집으로 『옥계집(玉溪集)』이 있다. ☞ 呂與叔, 呂芸閣, 呂子約, 呂氏

여대유(余大猷, ?~?)(中)
중국 남송(南宋)의 학자. 자는 방숙(方叔)이다. 주희의 문인이다. 『주자어류』에 60여 조목의 문답이 있고,

1293

『주자대전』권59에 그에게 답하는 1통의 편지가 있다.   ☞ 余方叔

여봉섭(呂鳳燮, 1834~?)(韓)
본관은 함양(咸陽)이고, 자는 이현(而見), 호는 석천(石泉)이다. 기정진(奇正鎭)의 문인이다.

여이간(呂夷簡, 978~1044)(中)
중국 송(宋)나라 명재상(名宰相)이다. 자(字)는 탄부(坦夫), 시호는 문정(文靖)이다. 여공저(呂公著)의 아버지이다. 허국공(許國公)에 봉해졌다.   ☞ 呂文靖, 呂公

여조겸(呂祖謙, 1137~1181)(中)
중국 남송(南宋)의 철학가, 문학가이다. 자는 백공(伯恭), 호는 동래선생(東萊先生)이다. 임지기(林之奇), 왕응신(汪應辰) 등에게 수학하였으며, 주희·장식(張栻)과 매우 친하여 사람들이 '동남 삼현(東南三賢)'이라 불렸다. 아호지회(鵝湖之會)를 개최하여 주자와 육구연(陸九淵)의 학술을 조화시키려 하였다. 저서로 『동래박의(東萊博議)』, 『여씨가숙독지기(呂氏家塾讀持記)』 등이 있고, 주희와 함께 『근사록(近思錄)』을 편집하였다. 문집으로 『동래집(東萊集)』이 있다.   ☞ 東萊, 呂東萊, 朱呂

염순관(閻循觀,1724~1768)(中)
중국 청(淸)나라 이학가(理學家). 자는 회정(懷庭), 호는 이숭(伊嵩)이다. 처음에는 불교를 좋아했는데, 송유(宋儒)들의 책을 읽은 뒤부터 주자학을 독실하게 신봉했다. 저서로 『상서독기(尙書讀記)』, 『춘추일득(春秋一得)』, 『모시독기(毛詩讀記)』, 『상서춘추설(尙書春秋說)』, 『명인소전(名人小傳)』, 『곤면재사기(困勉齋私記)』 등이 있다.   ☞ 閻懷庭

염종열(廉鍾烈, ?~?)(韓)
자는 자선(子善)   ☞ 廉子善

오계수(吳繼洙, 1843~1915)(韓)
본관은 나주(羅州), 자는 중함(重涵), 호는 난와(難窩)이다. 기정진(奇正鎭)의 문인이다. 문집으로 『난와유고(難窩遺稿)』가 있다.   ☞ 難窩

오규환(吳圭煥, 1880~?)(韓)
본관은 평해(平海), 자는 명선(明善)이고, 호는 동계(東溪)이다. 문집으로 『동계문고(東溪文稿)』가 있다.   ☞ 東溪

오준선(吳駿善, 1851~1931)(韓)
본관은 나주(羅州), 자는 덕행(德行), 호는 후석(後石)이다. 기정진의 문인이다. 임헌회(任憲晦)·송근수(宋

近洙)·최익현(崔益鉉)·송병선(宋秉璿)·송병순(宋秉珣) 등 기호학파(畿湖學派)를 중심으로 거유(巨儒)들과 폭 넓게 종유(從遊)하였다. 문집으로 『후석유고(後石遺稿)』가 있다.   ☞ 後石

오징(吳澄, 1249~1333)(中)

중국 원(元)나라 유학자. 자는 유청(幼淸) 또는 백청(伯淸), 시호는 문정(文正). 남송이 멸망하자 은거하여 초가집에 살았기 때문에 초려선생(草廬先生)으로 불렸다. 원 세조 이후 여러 번 조정의 부름을 받고 출사하였다. 원나라에 유학을 전파하고 발전시키는데 크게 기여하여, 허형과 함께 '남오북허(南吳北許)'라고 일컬어졌다. 임천군공(臨川郡公)에 봉해졌다. 문집으로 『吳文正集』이 있다.

☞ 吳臨川, 草廬, 臨川, 吳氏

오희상(吳熙常, 1763~1833)(韓)

본관은 해주(海州), 자는 사경(士敬), 호는 노주(老洲), 시호는 문원(文元)이다. 형 오윤상(吳允常)에게 수학하였다. 1800년에 출사하였고, 1818년 징악산(徵嶽山)에 은거하였다. 저서로 『독서수기(讀書隨記)』, 문집으로 『노주집(老洲集)』이 있다.   ☞ 老洲吳先生, 洲翁, 吳老洲.

완적(阮籍, 210~263)(中)

중국 삼국 시대 위(魏)나라의 사상가. 자는 사종(嗣宗)이다. 죽림칠현(竹林七賢)의 한 사람으로, 노장(老莊)의 학문을 연구하였으며, 술과 청담(淸談)으로 세월을 보냈다. 저서로 『달장론(達莊論)』 등이 있고, 문집으로 『완적집(阮籍集)』이 있다.

왕규(王珪, 571~639)(中)

중국 당(唐)나라의 명신. 자는 숙개(叔玠), 시호는 의(懿)이다. 당나라 개국공신이자 태종(太宗)을 도와 정관(貞觀)의 치(治)라는 태평시대를 열었다. 벼슬은 예부 상서(禮部尙書)에 이르렀다.

왕망(王莽, BCE 45~23)(中)

중국 전한(前漢) 말기 정치가이며 '신(新)'의 건국자. 자는 거군(巨君). 정전법(井田法)을 모방한 토지개혁을 단행하고, 농민들에게 저리 융자를 해주었으며, 노비 매매를 금지시켰으나, 모두 실패하여 농민호족 반란이 잇달았다. 부하에게 찔려 죽음으로써 건국한 지 15년에 멸망하고, 유수(劉隨)가 후한(後漢)을 건국했다.   ☞ 莽操

왕무횡(王懋竑, 1668~1741)(中)

중국 청(淸)나라 학자. 자는 여중(予中)·여중(予中), 호는 백전(白田)이다. 주희의 학문을 신봉하여 연구에 매진하였다. 저서로 『백전초당존고(白田草堂存稿)』, 『주자연보(朱子年譜)』, 『주자문집주(朱子文集注)』, 『주자어록주(朱子語錄注)』, 『백전잡저(白田雜著)』 등이 있다.   ☞ 王白田懋竑

왕수인(王守仁, 1472~1528)(中)

중국 명대의 사상가. 자는 백안(伯安), 호는 양명(陽明), 시호는 문성(文成)이다. 환관 유근에 맞서다 귀양 간 용장에서 깨달음을 얻어 심즉리(心卽理), 지행합일(知行合一), 치양지(致良知) 등을 주장하였다. 문집 으로 『왕문성공전집(王文成公全集)』이 있다.　　　　　　　☞ 陽明, 陸王, 王陽明, 王伯安, 姚江, 王氏

왕안석(王安石, 1021~1086)(中)

중국 북송(北宋)의 문인이자 정치가. 자는 개보(介甫), 호는 반산(半山), 봉호(封號)는 형공(荊公)이다. 당 송 8대가의 한 명이며, 20여년에 걸친 지방관 임기 동안 관개 사업과 재정 관리에서 역량을 보였다. 신종 즉위 후 신법(新法)을 입안하고 추진하였으나, 보수파의 반발과 1074년의 기근으로 실패하였다. 죽은 뒤 형국공에 봉해졌다.　　　　　　　　　　　　　　　　　　☞ 王荊公, 王介甫, 王氏

왕우(汪佑, ?~?)(中)

중국 명말 청초(明末淸初)의 학자. 자는 계아(啓我), 호는 성계(星溪)이다. 이학(理學)을 연구하고,『소학』 과 『근사록』을 매우 좋아하였다. 저서로 『오자근사록(五子近思錄)』,『시전천요(詩傳闡要)』,『역전천요(易 傳闡要)』,『예기문답(禮記問答)』,『명유통고(明儒通考)』 등이 있다.

왕장유(汪長孺, ?~?)(中)

중국 남송(南宋)의 학자. 자는 덕보(德輔)이다. 주희(朱熹)의 문인이다.

왕통(王通, 584~617)(中)

중국 수(隋)나라의 학자. 자는 중엄(仲淹), 사시(私諡)는 문중자(文中子)이다. 오경(五經)을 깊이 연구하여 『속서(續書)』,『속시(續詩)』,『원경(元經)』,『예론(禮論)』,『악경(樂經)』,『찬역(易贊)』 등과 『문중자(文中 子)』 등이 있었으나 모두 없어졌다. 문하에서 위징(魏徵), 방현령(房玄齡) 등이 배출되었다. 자식과 제자들 이 『논어』를 모방하여 『중설(中說)』을 편찬했다.　　　　　　　　　　☞ 文中子, 王仲淹.

요덕명(廖德明, ?~?)(中)

중국 남송(南宋)의 학자. 자는 자회(子晦), 호는 사계(槎溪)이다. 주희의 문인이다. 어릴 때 불교를 공부하 다 양시(楊時)의 책을 읽고 깨우침이 있어 주희를 따랐다. 『가례(家禮)』와 이정(二程)의 여러 책들을 출간 했다. 『주자어류』에 요덕명이 1173년 이후에 기록한 300여 조목이 있고, 『주자대전』 권45에 주희의 답서 18통이 있다.　　　　　　　　　　　　　　　　　　　　　　　　☞ 廖子晦, 子晦

요로(饒魯, 1193~1264)(中)

중국 남송(南宋)의 학자. 자는 백여(伯興) 또는 중원(仲元), 호는 쌍봉(雙峰)이다. 황간(黃幹)과 이번(李燔) 의 문인이다. 예장서원, 동호서원 등에서 유학하고 붕래관(朋來館), 석동서원 등을 세워 후진을 양성하였다. 저서로『오경강의(五經講義)』,『춘추절전(春秋節傳)』,『학용찬술(學庸纂述)』,『근사록주(近思錄注)』, 『어맹기문(語孟紀聞)』,『서명도(西銘圖)』 등이 있다.　　　　　　　　　　　　　　☞ 饒氏

우기주(禹琪疇, ?~?)(韓)
본관은 단양(丹陽), 자는 내범(乃範)이다. 기정진(奇正鎭)의 제자이다.　　　　　　☞ 禹乃範

우승유(牛僧孺, 779~847)
중국 당(唐)나라 문종 때의 재상. 자는 사암(思黯)이다. 이종민(李宗閔)과 붕당을 결성하고 천하에 위세를 떨쳤으며, 이길보(李吉甫)·이덕유(李德裕) 부자와 대립하였는데, 이를 역사적으로 우이당쟁(牛李黨爭)이라고 칭한다. 저서로『현괴록(玄怪錄)』이 있다.　　　　　　　　　　　☞ 牛李, 僧孺

웅화(熊禾, 1253~1312)(中)
중국 남송(南宋) 건녕(建寧) 건양(建陽) 사람으로, 이름은 이고, 자는 거비(去非), 호는 물헌(勿軒) 또는 퇴재(退齋)이다. 주희의 문인 보광(輔廣)의 제자로 무이산(武夷山)에 들어가 오봉서당(鰲峯書堂)을 짓고 제자들을 가르쳤다. 저서로『삼례고이(三禮考異)』,『춘추논고(春秋論考)』가 있고, 문집으로『물헌집(勿軒集)』이 있다.　　　　　　　　　　　　　　　　　　　　　　　　　　☞ 武夷熊氏

원안(袁安, ?~?)(中)
중국 후한(後漢)의 명재상이다. 여양(汝陽) 사람으로, 자는 소공(邵公)이다.

위연(魏延, ?~234)(中)
중국 후한(後漢)의 장군. 자는 문장(文長)이다. 유표 휘하에 있다 유비에게 항복하고 촉한의 무장이 되어 공적을 쌓았으나 자부심이 강하고 오만하였다. 제갈량 사후에 양의와 서로 반역을 했다고 표를 올리며 대립하였는데, 장완과 동윤이 모두 양의를 보증하였다. 234년 양의가 마대를 보내 위연의 목을 베고, 삼족을 멸했다.

위용규(魏龍奎, ?~?)(韓)
자는 치운(穉雲)이다.　　　　　　　　　　　　　　　　☞ 魏斯文穉雲龍奎, 穉雲

위징(魏徵, 580~643)(中)
중국 당(唐)나라의 명신. 자는 현성(玄成), 시호는 문정(文正)이다. 당나라 개국공신이자 태종(太宗)을 도와 정관(貞觀)의 치(治)라는 태평시대를 열었다. 벼슬은 좌광록대부(左光祿大夫), 태자태사(太子太師)를 지내고 정국공(鄭國公)에 봉해졌다. 저서로『유례(類禮)』,『군서치요(群書治要)』 등이 있다.

위형량(魏衡良, ?~?)(韓)
자는 관일(貫一)이다. 김평묵(金平默)의 문인이다.

유기일(柳基一, 1845~1904)(韓)
본관은 문화(文化), 자는 성존(聖存), 호는 용계(龍溪) 또는 용서(龍西)이다. 이항로(李恒老)의 문인으로, 이항로의 사후에는 김평묵(金平默)을 스승으로 섬겼다. 1876년 화서학파 48인과 함께 개항 반대상소를 올렸다. 이후 일제 침략으로 나라가 어지러워지자 향적산(香積山) 아래에 은거하면서 『척양록(斥洋錄)』과 『능언(能言)』 등의 저술과 문인을 양성하는 데 힘썼다. 문집 114권이 간행되지 않은 채 한국학중앙연구원 하성문고에 소장되어 있다.　　　　　　　　　　　　　　　　　　　☞ 龍西柳丈

유낙호(柳樂浩, 1839~?)(韓)
본관은 문화(文化), 자는 천여(天汝), 호는 경재(敬齋)이다. 기정진(奇正鎭)의 문인이다.

유성룡(柳成龍, 1542~1607)(韓)
본관은 풍산(豐山), 자는 이현(而見), 호는 서애(西崖), 시호는 문충(文忠)이다. 이황의 문인이다. 저서로 『징비록(懲毖錄)』, 『신종록(愼終錄)』, 『영모록(永慕錄)』, 『관화록(觀化錄)』, 『운암잡기(雲巖雜記)』, 『난후잡록(亂後雜錄)』, 『상례고증(喪禮考證)』 등이 있고, 문집으로 『서애집(西厓集)』이 있다.　　☞ 西崖

유숭조(柳崇祖, 1452~1512)(韓)
본관은 전주(全州), 자는 종효(宗孝), 호는 진일재(眞一齋)·석헌(石軒)이다. 역학(易學)에 뛰어났으며, 사서삼경에 구결(口訣) 또는 토(吐)를 달아 놓은 『칠서언해(七書諺解)』를 남겼다. 저서로 『대학강목잠(大學綱目箴)』, 『성리연원촬요(性理淵源撮要)』 등이 있고, 문집으로 『진일재집(眞一齋集)』이 있다.　　　　　　　　　　　　　　　　　　　☞ 柳眞一齋崇祖

유안세(劉安世, 1048~1125)(中)
중국 북송(北宋)의 관리, 학자. 자는 기지(器之), 호는 원성(元城) 또는 독역노인(讀易老人)이다. 사마광(司馬光)의 문인이다. 직간을 잘하여 전상호(殿上虎)로 불렸다. 저서로 『진언집(盡言集)』, 『원성선생어록(元城先生語錄)』 등이 있다.　　　　　　　　　　　　　　　　　　　　☞ 劉元城, 元城

유안절(劉安節, 1068~1116)(中)
중국 북송(北宋)의 유학자. 자는 원승(元承). 아우 유안상(劉安上)과 함께 정이(程頤)에게서 배워 '이유(二劉)'로 일컬어졌다. 『이천어록(伊川語錄)』을 편찬하였다. 문집으로 『유좌사집(劉左史集)』이 있다.　　　　　　　　　　　　　　　　　　　　　　　　　　　☞ 劉元承

유영선(柳永善, 1893~1961)(韓)

본관은 고흥(高興), 자는 희경(禧卿), 호는 현곡(玄谷)이다. 아버지는 유기춘(柳基春)이다. 전우(田愚)의 문인이다. 편저로 『담화연원록(潭華淵源錄)』, 『구산풍아(臼山風雅)』, 『오륜시편(五倫詩編)』, 『규범요감(閨範要鑑)』 등이 있으며, 문집으로 『현곡집(玄谷集)』이 있다.

유울지(庾蔚之, ?~?)(中)

중국 남조(南朝) 송(宋)나라의 경학가(經學家). 자는 계수(季隨)이다. 원가(元嘉) 연간에 사학이 설립되었을 때, 주응지(朱膺之)와 함께 유학(儒學)에서 제생(諸生)을 교육했다. 예론(禮論)에 밝아서 예에 관한 주석을 많이 내어 『상복세요(喪服世要)』, 『예문답(禮問答)』, 『예론초(禮論鈔)』 등의 저서가 있었으나 모두 일실되었다.

유원수(柳遠洙, 1893~?)(韓)

본관은 진주(晉州), 자는 성흠(聖欽)이다. 정재규(鄭載圭)의 문인이다.　　　☞ 柳聖欽, 柳持平, 柳氏.

유원중(柳遠重, 1861~1943)(韓)

본관은 진주(晉州), 자는 희여(希興), 호는 우헌(愚軒)·서강(西岡)이다. 최익현(崔益鉉)·정재규(鄭載奎)의 문인이다. 『근사록(近思錄)』을 연구하고 강록(講錄)을 썼다. 문집으로 『서강집(西岡集)』이 있다.

☞ 柳西岡遠重, 西岡.

유인석(柳麟錫, 1842~1915)(韓)

본관은 고흥(高興), 자는 여성(汝聖), 호는 의암(毅菴). 유중교의 종질. 이항로의 문인으로, 이항로의 사후에는 김평묵, 유중교에게 배웠다. 을미사변 후 단양에서 의병을 일으켜 의병장에 추대되었으나 제천에서 패전하고 만주로 망명하였다. 1897년 일시 귀국하였으나 1898년 다시 만주로 망명하였다. 1909년 블라디보스토크로 망명하여, 13도의군 도총재에 추대되었다. 1915년 포시에트에서 병사하였다. 1962년 건국훈장 대통령장이 추서되었으며, 문집으로 『의암집』이 있다.　　　☞ 毅菴麟錫

유자한(柳自漢, ?~?)(韓)

본관은 진주(晉州)이며 부친은 참판 유양식(柳陽植)이다. 1504년 갑자사화에 연루되어 유배되었다가 배소에서 죽었다. 생육신의 한 사람인 김시습(金時習)과 가까웠다.　　　☞ 柳襄陽

유작(游酢, 1053~1123)(中)

중국 북송(北宋)의 학자, 관리. 자는 정부(定夫) 또는 자통(子通), 호는 녹산(鹿山) 또는 광평(廣平), 시호는 문숙(文肅)이다. 이정(二程)의 문인이다. 1083년 출사하여 태학박사, 감찰어사 등을 지냈다. '정문사선생(程門四先生)'으로 불린다. 저서로 『역설(易說)』, 『중용의(中庸義)』, 『논어맹자잡해(論語孟子雜解)』, 『시이남

의(詩二南義)』 등이 있었지만 모두 없어졌고, 문집으로 『녹산문집』(鹿山文集)이 남아있다.　　　☞ 游氏

유적(劉狄, ?~?)(中)
중국 주(周)나라의 대신이자 유국(劉國)의 공후였던 유문공(劉文公)이다. 이름은 적(狄) 또는 권(卷)이라고 한다.　　　☞ 劉子

유종원(柳鍾源, 1838~1916)(韓)
자는 가호(可浩), 호는 경승재(敬勝齋)이다. 임헌회(任憲晦)의 문인이다. 일찍이 과업을 포기하고 천문, 지리 등을 학문을 익혔으며, 세도정치 현실을 보고 중국으로 가려다가 돌아왔다. 이후 잡서를 불태우고 주자학에 전념하며, 강학하였다. 문집으로 『경승재집(敬勝齋集)』이 있다.　　　☞ 柳可浩

유중교(柳重教, 1832~1893)(韓)
본관은 고흥(高興), 자는 치정(穉程), 호는 성재(省齋)이다. 이항로(李恒老)와 김평묵(金平默)의 문인이다. 1886년 이항로의 심설(心說)에 대해 김평묵에게 「논조보화서선생심설(論調補華西先生心說)」을 보냄으로써 사칠논쟁(四七論爭)이나 호락논쟁(湖洛論爭)에 버금가는 대논쟁이 일어나게 되었다. 즉 이항로의 심즉리(心卽理)에 대해 유중교는 심(心)을 기(氣)로 규정하여 정면충돌하게 되었다. 1888년에는 두 설을 절충해 「화서선생심설정안(華西先生心說正案)」을 김평묵에게 보냄으로써 잠정적으로 심설 논쟁은 중단되었다. 그러나 유중교의 임종 직전에 문인들에게 정안(正案)의 문자(文字)는 '다시 생각해보니 사실과 도리에 모두 맞지 않는다.'라고 하여 거두어들일 것을 명함으로써 결국 두 설은 합일을 보지 못한 과제로 남게 되었다. 문집으로 『성재집(省齋集)』이 있다.
　　　☞ 省齋, 柳穉程, 柳省齋, 柳持平, 柳氏, 柳某

유직(柳櫻, 1602~1662)(韓)
본관은 전주(全州), 자는 정견(庭堅), 호는 백졸암(百拙庵)이다. 일찍이 환로에 관심을 끊고 학문에 전념하였다. 문집으로 『백졸암집(百拙庵集)』이 있다.　　　☞ 櫻

유치균(柳稚均, 1862~?)(韓)
본관은 문화(文化), 자중(子中)이다. 정재규(鄭載圭)의 문인이다.　　　☞ 柳晦岡稚均

유한신(柳漢新, 1816~?)(韓)
본관은 문화(文化), 자는 덕린(德鄰), 호는 면암(俛庵)이다. 기정진(奇正鎭)의 문인이다.

유협(劉協, 181~234)(中)
중국 동한(東漢)의 마지막 황제. 자는 백화(伯和). 동탁(董卓)에 의해 9세 때 진류왕(陳留王)에 봉해졌다.

뒤에 조조(曹操)의 옹립을 받았지만, 220년 조조의 아들 조비(曹丕)에게 양위했다.   ☞ 漢獻

유형원(柳馨遠, 1622~1673)(韓)

본관은 문화(文化), 자는 덕부(德夫), 호는 반계(磻溪)이다. 관직에 나아가지 않고 야인(野人)으로 지내면서 저술과 학문 연구에 전심했다. 특히 토지개혁을 실시하여 자영농민(自營農民)을 육성하고 조세(租稅)·과거(科擧)·관료(官僚)·군사(軍士) 등 전반적인 면의 혁신을 실현하려 했다. 저서로『반계수록(磻溪隨錄)』,『정음지남(正音指南)』 등이 있다.   ☞ 柳磻溪

육가(陸賈, ?~?)(中)

중국 전한(前漢)의 학자, 정치가. 유방(劉邦)의 중국통일에 공헌하였다. 시서(詩書)를 좋아하고, 문무병용를 주장하였다. 저서로『신어(新語)』가 있다.   ☞ 陸生

육구연(陸九淵, 1139~1193)(中)

중국 남송(南宋)의 사상가. 자는 자정(子靜), 호는 상산(象山) 또는 존재(存齋), 시호는 문안(文安)이다. 정강의 변에 분개해 국세 회복책을 건의했으나 받아들여지지 않자 상산에 은거하며 강학하였다. 1190년 형문군을 맡아 치적이 있었으나 재임 중 병사했다. 상산학의 창시자로서 명대 왕수인과 함께 육왕(陸王)으로 일컬어진다.   ☞ 象山, 陸王, 陸氏, 陸子靜, 陸象山, 金谿

윤돈(尹焞, 1071~1142)(中)

중국 북송(北宋)의 학자. 자는 언명(彦明), 또는 덕충(德充)이다. 이정(二程)의 문인이다. 화정처사(和靖處士)라는 호가 내려졌다. 저서로『논어맹자해(論語孟子解)』가 있고, 문집으로『화정집(和靖集)』이 있다.   ☞ 尹和靖, 和靖, 尹氏,

윤종의(尹宗儀, 1805~1886)(韓)

본관은 파평(坡平), 자는 사연(士淵), 호는 연재(淵齋), 시호는 효정(孝貞)이다. 제자백가에 정통하고 경학, 예학, 농사, 천문 등에 밝았다. 저서로『방례고증(邦禮考證)』,『예기사문록(禮記思問錄)』,『상례분류(喪禮分類)』 등이 있다.

윤태헌(尹泰憲)(韓)

자는 사현(士賢)이다. 기정진(奇正鎭)의 문인이다.

이간(李柬, 1677~1727)(韓)

본관은 예안(禮安), 자는 공거(公擧), 호는 외암(巍巖) 또는 추월헌(秋月軒), 시호는 문정(文正)이다. 권상하(權尙夏)의 문인이다. 한원진(韓元震)과 호락논쟁(湖洛論爭)을 일으켜, 낙론(洛論)을 이끌었다. 문집으

로『외암유고(巍巖遺稿)』가 있다.   ☞ 巍巖

이교문(李敎文, 1846~1914)(韓)
본관은 성주(星州), 자는 예백(禮伯), 호는 일봉(日峯)이다. 기정진(奇正鎭)의 문인이다.

이교우(李敎宇, 1881~1950)(韓)
본관은 전의(全義), 자는 치선(致善), 호는 과재(果齋)이다. 정재규(鄭載圭)의 제자이다. 문집으로『과재집(果齋集)』이 있다.   ☞ 敎宇, 果齋.

이교우(李敎宇, 1881~1950)(韓)
본관은 전의(全義), 자는 치선(致先)이다. 정재규(鄭載圭)의 문인이다.   ☞ 致先, 李致先.

이교훈(李敎勳, ?~?)(韓)
자는 성윤(聖尹)   ☞ 李聖尹

이대기(李大期, 1551~1628)(韓)
본관은 전의(全義), 자는 임중(任重), 호가 설학(雪壑)이다. 조식(曺植)의 문인이다. 저서로『백령지(白翎志)』,『설학소문(雪壑謏聞)』이 있다.   ☞ 李雪壑

이덕수(李德壽, 1673~1744)(韓)
본관은 전의(全義), 자는 인로(仁老). 호는 벽계(蘗溪)·서당(西堂), 시호는 문정(文貞)이다. 박세당(朴世堂), 김창흡(金昌翕)의 문인이다. 문집으로『서당집(西堂集)』,『서당사재(西堂私載)』등이 있다.   ☞ 蘗溪先生

이덕수(李德壽, 1673년~1744)(韓)
본관은 전의(全義), 자는 인로(仁老), 호는 벽계(蘗溪)·서당(西堂), 시호는 문정(文貞)이다. 박세당(朴世堂)·김창흡(金昌翕)의 문인이다. 문집으로『서당집(西堂集)』·『서당사재(西堂私載)』등이 있다.   ☞ 蘗溪先生, 蘗溪, 蘗寒, 蘗, 蘗溪李先生, 寒蘗蘆

이덕유(李德裕, 787~849)(中)
중국 당(唐)나라 무종(武宗) 때의 명재상, 인. 자는 문요(文饒)이다. 명재상 이길보(李吉甫)의 아들로 6년을 정승으로 있으면서 번진(藩鎭)의 화를 예방한 치적을 이루었다. 반대당 이종민(李宗閔)에 의하여 검남(劍南)으로 좌천되어 가서 소요를 진정시켰다. 선종(宣宗) 즉위 후 참소를 받아 애주사호참군사(崖州司戶參軍事)로 폄척되어 그곳에서 죽었다.   ☞ 牛李, 德裕

이도복(李道復, 1862~1935)(韓)

본관은 성주(星州), 자는 양래(陽來), 호는 후산(厚山)이다. 최익현(崔益鉉)의 문인이며, 한유(韓愈)·정재규(鄭載圭)·전우(田愚) 등과 교류하였다. 『연재집(淵齋集)』,『면암집(勉菴集)』을 교정하고,『치종록(致宗錄)』,『기정종감(紀政宗鑑)』 등을 편집하였다. 문집으로 『후산집(厚山集)』이 있다.   ☞ 道復

이동(李侗, 1093~1163)(中)

중국 남송(南宋)의 학자. 자는 원중(願中), 호는 연평(延平), 시호는 문정(文靖)이다. 나종언(羅從彦)에게 배웠다. 주희의 아버지 주송(朱松)과 동문이며, 주희의 스승이다. 주희에게 정좌(靜坐)를 지도하고, 감정이 생기기 이전의 마음 상태를 직접 깨닫도록 가르쳤다. 저서로 『소산독서담(蕭山讀書談)』,『논어연구(論語研究)』가 있고, 문집으로 주희가 편찬한 『이연평집(李延平集)』이 있다.   ☞ 延平

이만송(李晩松, 1805~1875)(韓)

본관은 진성, 자는 공무(公茂), 호는 계서(溪西)이다. 벼슬을 버리고 향리로 돌아와 강학과 후진 양성에 전념하였다.   ☞ 晩松, 晩松丈

이봉섭(李鳳燮, 1814~?)(韓)

본관은 전주(全州), 자는 우서(羽瑞), 호는 청재(淸齋)이다. 홍직필(洪直弼)의 문인이다. 기정진(奇正鎭)에게 「태극도설(太極圖說)」의 "성인정지(聖人定之)" 구절에서 '정(定)' 자의 의미를 질문하였다. 기정진은 여러 차례 편지로 설명해 주었으나 이봉섭이 잘 알아듣지 못하자 48세에 특별히 「정자설(定字說)」을 지었다. 『매산집(梅山集)』 권25에 1844년에 보낸 「답이봉섭(答李鳳燮)」 1통이 실려 있다.

이승복(李承福, 1886~?)(韓)

본관은 광산(光山), 자는 덕수(德受)이다. 곽종석(郭鍾錫)의 문인이다.   ☞ 李德受

이승엽(李承燁, ?~?)(韓)

본관은 광산(光山), 자는 광술(光述)이다. 기우만(奇宇萬)의 제자이다.   ☞ 光述

이승희(李承熙, 1847~1916)(韓)

본관은 성산(星山), 자는 계도(啓道), 호는 대계(大溪)·강재(剛齋)·한계(韓溪)이다. 일명은 대하(大夏)이다. 이진상(李震相)의 아들이다. 1905년에 을사늑약이 체결되자 을사오적의 처형과 조약의 파기를 요청하는 상소를 올려, 그해 12월 대구 경찰서에 구금되었다가 이듬해 4월 석방되었다. 1908년에 블라디보스토크로 망명하여 이상설(李相卨)·유인석(柳麟錫) 등과 함께 독립운동을 전개했다. 저서로 『한계유고(韓溪遺稿)』가 있고, 문집으로 『대계집(大溪集)』이 있다.   ☞ 李剛齋

이언적(李彦迪, 1491~1553)(韓)

본관은 여주(驪州), 자는 복고(復古)이고, 호는 회재(晦齋)·자계옹(紫溪翁)이다. 원래 이름은 적(迪)이었으나 중종의 명령으로 언적(彦迪)으로 고쳤다. 저서에 『구인록(求仁錄)』, 『대학장구보유(大學章句補遺)』, 『중용구경연의(中庸九經衍義)』, 『봉선잡의(奉先雜儀)』 등이 있다. 문집으로 『회재집(晦齋集)』이 있다.

☞ 晦齋

이영현(李永鉉, ?~?)(韓)

본관은 강양(江陽). 이직현(李直鉉)의 팔촌 동생이다.

☞ 永鉉

이응규(李膺圭, 1830~?)(韓)

본관은 광주(廣州), 자는 원례(元禮)이다.

이응진(李應辰, 1817~1887)(韓)

본관은 전주(全州), 자는 공오(拱五), 호는 소산(素山), 시호는 문헌(文憲)이다. 봉서(鳳棲) 유신환(兪莘煥)과 매산(梅山) 홍직필(洪直弼)의 문인이다. 1885년에는 『봉산군여지지(鳳山郡輿地誌)』를 새로 편차(編次)했다. 문집에는 『소산문집초고(素山文集草稿)』가 있다.

☞ 李參判

이의조(李宜朝, ?~?)(韓)

본관은 연안(延安)이고, 자는 맹종(孟宗), 호는 경호(鏡湖)이다. 이재(李縡)와 송능상(宋能相)의 문인이다. 벼슬에 뜻을 두지 않고 학문에 전념하고, 후진양성에 일생을 보냈다. 저서에는 『가례증해(家禮增解)』가 있다.

☞ 李鏡湖, 李氏

이이(李珥, 1536~1584)(韓)

본관은 덕수(德水), 자는 숙헌(叔獻), 호는 율곡(栗谷)·석담(石潭)·우재(愚齋), 시호는 문성(文成)이다. 1548년 진사시에 합격했으나 1554년 금강산에 들어가 불교를 공부했다. 1555년 다시 유학에 전념하여 「자경문(自警文)」을 지었고, 1558년부터 출사하였다. 1569년 「동호문답(東湖問答)」, 1574년 「만언봉사(萬言封事)」, 1575년 『성학집요(聖學輯要)』를 올렸고, 1577년 『격몽요결(擊蒙要訣)』을 편찬했다. 해주 석담에 은병정사(隱屏精舍)를 세우고, 후진을 양성하였다. 1681년 문묘에 배향되었다. 문집으로 『율곡전서(栗谷全書)』가 있다. ☞ 栗谷, 石潭翁, 石潭, 栗谷先生, 栗翁, 退栗, 栗尤, 栗牛, 退栗農.

이인귀(李寅龜, 1809~1896)(韓)

본관은 전주(全州), 자는 장여(長汝), 호는 완이(莞爾)이다. 이항로와 홍직필(洪直弼)의 문인이다. 문집으로 『완이만록(莞爾漫錄)』이 있다.

☞ 莞爾丈

이재(李縡, 1680~1746)(韓)

본관은 우봉(牛峰), 자는 희경(熙卿), 호는 도암(陶庵) 또는 한천(寒泉), 시호는 문정(文正). 중부(仲父) 만성(晩成)에게 학문을 배웠다. 1716년 『가례원류』 시비 이후 노론의 중심인물로서 대명의리론과 신임의리론을 내세우고, 영조의 탕평책을 강력히 반대하였다. 낙론(洛論) 계열의 대표적 인물로서 1727년 정미환국으로 문외출송(門外黜送)된 이후 용인의 한천에 살면서 임성주(任聖周)·김원행(金元行) 등을 배출했다. 저서로 『사례편람(四禮便覽)』, 『어류초절(語類抄節)』 등이 있고, 문집으로 『도암집(陶菴集)』이 있다.

☞ 陶庵, 寒泉先生, 陶菴, 陶翁

이종사(李宗思, ?~?)(中)

중국 남송(南宋)의 학자. 자는 백간(伯諫)이다. 주희의 문인이다. 저서로 『예범(禮範)』, 『존유의훈(尊幼儀訓)』이 있다.

☞ 李伯諫, 伯諫.

이종욱(李種郁, ?~?)(韓)

본관은 덕수(德水)이다. 전우(田愚)의 문인이다.

이종호(李宗浩, ?~?)(韓)

자는 성헌(聖憲)이다. 기정진(奇正鎭)의 문인이다.

이직현(李直鉉, 1850~1928)(韓)

본관은 강양(江陽), 자는 필서(弼瑞), 호는 시암(是庵)이다. 기정진(奇正鎭)의 문인이다. 문집에 『시암집(是菴集)』이 있다.

☞ 直鉉, 李是菴.

이진상(李震相, 1818~1886)(韓)

본관은 성산(星山), 자는 여뢰(汝雷), 호는 한주(寒洲)이다. 가학을 이었다. 1866년 국가제도의 개혁안을 제시한 『묘충록』을 저술하였다. 1871년 서원철폐령을 반대하였고, 1876년 운양호 사건 때는 의병을 일으키려 하였다. 개화, 통상에 반대하였고, 심즉리설을 제창하여 학계의 논쟁을 초래했다. 곽종석, 허유 등의 문인을 배출하였다. 저서로 『이학종요(理學綜要)』, 『사례집요(四禮輯要)』, 『춘추집전(春秋集傳)』, 『직자심결(直字心訣)』 등이 있고, 문집으로 『한주집(寒洲集)』이 있다.

☞ 寒洲李丈, 寒洲, 李寒洲, 蘗寒, 蘆寒, 寒丈, 洲丈, 寒, 寒蘗蘆.

이최선(李最善, 1825~1883)(韓)

본관은 전주(全州), 자는 낙유(樂裕), 호는 석전경인(石田耕人)이다. 기정진(奇正鎭)의 문인이다. 그의 사상은 성리학적으로는 기정진의 주리설(主理說)을 계승, 발전시키고자 하였다. 이를 위해 그는 기정진의 사상이 담긴 「외필(猥筆)」의 정신을 더욱 발전시키고자 「독외필(讀猥筆)」을 써서 인간 본성 속의 이(理)

를 절대적 가치로 해야 한다고 주장하였다. 또한 외세를 철저하게 배격해 척사위정의 정신에 투철하였으며, 삼정의 문란을 바로잡아야 한다는 상소문을 올려 국가의 기강을 확립할 것을 건의하였다. 문집으로 『석전집(石田集)』이 있다.　　　　　　　　　　　　　　　　　　　　　　　　　　☞ 石田耕人

이치훈(李致勳, ?~?)(韓)
자가 희원(希遠)이다.　　　　　　　　　　　　　　　　　　　　　　　　　　　　　☞ 李君希遠

이태로(李泰魯, 1844~?)(韓)
본관은 전의(全義), 자는 백첨(伯詹)이다.

이택환(李宅煥, 1854~1924)(韓)
본관은 성주(星州). 자는 형락(亨洛), 호는 회산(晦山)이다. 정재규(鄭載圭)의 문인이다. 문집으로 『회산집(晦山集)』 12권이 있다.　　　　　　　　　　　　　　　　　　　　　　　　☞ 李正言宅煥

이한서(李漢瑞, ?~?)(韓)
호는 일수(一叟)이다.　　　　　　　　　　　　　　　　　　　　　　　　　　　☞ 一叟, 叟

이항로(李恒老, 1792~1868)(韓)
본관은 벽진(碧珍), 초명은 광로(光老), 자는 이술(而述), 호는 화서(華西), 시호는 문경(文敬)이다. 리(理)를 강조한 한말 유학의 대가로서, 최익현, 김평묵, 유중교 등의 문인을 배출하였다. 1866년 병인양요에 주전론을 건의하고, 대원군을 비정을 비판하였으며, 만동묘 재건을 요청하였다. 저술로 『화동사합편강목((華東史合編綱目))』, 『주자대전차의집보(朱子大全箚疑輯補)』가 있고, 문집으로 『화서집(華西集)』, 어록으로 『화서아언(華西雅言)』이 있다.
☞ 華翁, 蘗山, 華西先生, 華西李先生, 華重, 李華西, 李氏, 奇李, 華老, 華丈, 華山, 華西先師, 華西, 華

이현보(李賢輔, 1467~1555)(韓)
본관은 영천(永川), 자는 비중(棐仲), 호는 농암(聾巖)·설빈옹(雪鬢翁), 시호는 효절(孝節)이다. 문집으로 『농암집(聾巖集)』 등이 있다.　　　　　　　　　　　　　　　　　　　☞ 李聾巖, 聾巖先生

이홍영(李弘榮, 1888~?)(韓)
본관은 강양(江陽), 자는 회이(晦而)이다. 정재규(鄭載圭)의 문인이다.　　　　　　　☞ 弘榮

이황(李滉, 1501~1570)(韓)
본관은 진성(眞城), 자는 경호(景浩), 호는 퇴계(退溪)·도옹(陶翁)·도수(陶叟)·퇴도(退陶)·청량산인(淸

凉山人), 시호는 문순(文純)이다. 1534년 출사하여 1549년 이후 은퇴하였다. 1551년 이후 도산서당(陶山書堂)을 세우고 후진을 양성하였다. 1567년 선조 즉위로 잠시 경연을 맡고 명종실록(明宗實錄) 편찬에 참여하였으며, 1568년 「성학십도(聖學十圖)」와 「무진육조소(戊辰六條疏)」를 제진하였다. 1610년 문묘에 배향되었다. 문집으로 『퇴계전서』가 있다.　　　　　　　☞ 退溪, 退翁, 退栗, 退陶, 靜退, 退陶先生, 退栗農.

이효술(李孝述, ?~?)(中)
중국 송(宋)나라 학자이다. 자는 계선(繼善)이다. 주희의 문인이다. 『주자대전』 권63에 그에게 보낸 편지 4통이 실려 있다.　　　　　　　　　　　　　　　　　　　　☞ 李繼善

이희석(李僖錫, 1804~1889)(韓)
본관은 인천(仁川), 자는 효일(孝一), 호는 남파(南坡)이다. 기정진(奇正鎭)의 문인이다. 문집으로 『남파집(南坡集)』이 있다.　　　　　　　　　　　　　　　　　☞ 南坡李丈, 南坡, 李南坡

이희조(李喜朝, 1655~1724)(韓)
본관은 연안(延安), 자는 동보(同甫), 호는 지촌(芝村), 시호는 문간(文簡)이다. 부제학 이단상(李端相)의 아들이며, 송시열(宋時烈)의 문인이다. 721년(경종1) 신임사화로 김창집(金昌集) 등 노론 사대신이 유배당할 때 영암으로 유배되었고, 철산으로 이배 도중 죽었다. 문집으로 『지촌집(芝村集)』이 있다.
　　　　　　　　　　　　　　　　　　　　　　　　　　　　　　☞ 芝村

임성주(任聖周, 1711~1788)(韓)
본관은 장수(長水), 자는 중사(仲思), 호는 녹문(鹿門), 시호는 문경(文敬)이다. 이재(李縡)의 문인이다. 1750년 세자익위사 세마가 되었으나 곧 사직하고, 1758년 공주의 녹문에 은거하였다. 처음에는 스승을 따라 낙론(洛論)의 입장에 동조하다 후에 기일원론적인 주장을 수립하였다. 문집으로 『녹문집(鹿門集)』이 있다.　　　　　　　　　　　　　　　　　　　　　　☞ 鹿門, 鹿門任氏, 任鹿門, 羅任

임지(林至?~?)(中)
중국 송(宋)나라 사람. 자는 덕구(德久)이이다. 주희(朱熹)의 제자이다. 저서로 『역패전(易稗傳)』이 있다.
　　　　　　　　　　　　　　　　　　　　　　　　　　　　　　☞ 林德久

임태주(任泰柱, ?~?)(韓)
자는 우경(宇卿)이다.　　　　　　　　　　　　　　　　　☞ 任宇卿, 宇卿.

임헌회(任憲晦, 1811~1876)(韓)
본관은 풍천(豐川), 자는 명로(明老), 호는 고산(鼓山)·전재(全齋)·희양재(希陽齋), 시호는 문경(文敬)이다. 송치규·홍직필 등의 문인으로서 낙론(洛論) 계열의 인물이다. 1865년 호조참의로 만동묘의 제향을 폐지하라는 왕명의 부당함을 상소하였고, 천주교를 극력 배척하였다. 문집으로『고산집(鼓山集)』이 있다.

☞ 任鼓山, 鼓山先生, 任丈, 任全齋, 鼓, 鼓山翁

임황식(林晃植, ?~?)(韓)
자는 자명(子明), 호는 위태(韋馱)이다.

☞ 林子明

잠질(岑晊, ?~?)(中)
중국 후한(後漢) 때 사람이다. 자는 공효(公孝)이다. 당고(黨錮)의 화가 일어나자 도피하여 향리에 은거하였다.

장검(張儉, 115~198)(中)
중국 후한(後漢) 환제(桓帝) 때 사람이다. 산양(山陽) 고평(高平) 출신으로, 자는 원절(元節)이다.

장구성(張九成, 1092~1159)(中)
중국 송나라 학자. 자는 자소(子韶), 호는 횡포거사(橫浦居士)·무구거사(無垢居士)이다. 양시(楊時)의 제자로 경학을 깊이 연구하여 훈해(訓解)한 것이 많다. 저서로9『횡포집(橫浦集)』,『맹자전(孟子傳)』이 있다.

☞ 張子韶

장목(張沐, ?~?)(中)
청나라 하남(河南) 상채(上蔡) 사람. 자는 중성(仲誠)이고, 호는 기암(起庵) 또는 상채부자(上蔡夫子)다. 손기봉(孫奇逢), 탕빈(湯斌)과 함께 리학(理學)에 대해 강론했으며, 등봉서원(登封書院)과 우주서원(禹州書院) 등의 주강(主講)을 지냈다. 만년에 백구포(白龜圃)를 짓고 학생들을 가르쳤다. 처음에는 왕양명(王陽明)의 『주자만년정론(朱子晚年定論)』을 연구하여 정주학(程朱學)과 육왕학(王學)을 융합한『도일록(道一錄)』을 저술했다. 저서로『주역소략(周易疏略)』과『서경소략(書經疏略)』,『시경소략(詩經疏略)』,『예기소략(禮記疏略)』,『춘추소략(春秋疏略)』,『논어소략(論語疏略)』,『맹자소략(孟子疏略)』 등이 있다.

☞ 張仲誠, 張

장식(張栻, 1133~1180)(中)
중국 남송(南宋)의 학자. 자는 경부(敬夫) 또는 낙재(樂齋), 호는 남헌(南軒), 시호는 선(宣)이다. 승상이었던 위국공(魏國公) 장준(張俊)의 아들로서 호굉(胡宏)에게 배워 호상학파의 정통을 이었다. 악록서원에서 많은 학생들을 배출했다. 저서로 인(仁)에 관한 논설이『희안록(希顏綠)』,『남헌역설(南軒易說)』,『수사언인(洙泗言仁)』,『논어설(論語說)』,『맹자설(孟子說)』 등이 있으며, 문집으로『남헌집(南軒集)』이 있다.

☞ 南軒, 張欽夫, 張敬夫

장재(張載, 1020~1077)(中)

중국 북송(北宋)의 유학자. 자는 자후(子厚), 호는 횡거(橫渠), 시호는 헌(獻)이다. 도학을 개창한 다섯 선생의 한 명으로 일컬어지며, 예학과 역학에 밝았고 후대 기철학에 영향을 주었다. 문집으로『장자전서(張子全書)』가 있다.　　　　　　　　　☞ 張, 張子, 橫渠, 橫渠張先生, 橫渠先生, 程張, 橫渠夫子

장정생(張貞生, 1623~1675)(中)

중국 청(淸)나라 사람. 자는 간신(幹臣)이고, 호는 궤산(簣山)이다. 이학(理學)을 전공해 처음에는 왕수인(王守仁)의 양지설(良知說)을 신봉했지만, 위민과(魏敏果)·웅문단(熊文端) 등과 강학하면서 주희(朱熹)의 학문을 종주로 삼았다. 저서로『용언(庸書)』,『성문계율조(聖門戒律條)』,『궤산어록(簣山語錄)』등이 있다.　　　　　　　　　☞ 張簣山

장준(張浚, 1097~1164)(中)

중국 남송(南宋)의 문신이자 학자이다. 자는 덕원(德遠)이고, 호는 자암(紫巖), 시호는 충헌(忠獻)이다. 정이(程頤)의 제자 천수의 문하에서 수학하였다. 금(金)나라의 침입을 막기 위해 애썼으나, 화친론(和親論)을 주장하던 실권자 진회(秦檜)에 의해 배척을 당해 지방으로 좌천되기도 하였다. 후에 위국공(魏國公)에 봉해졌다. 아들 장식(張栻)은 주희(朱熹)의 학문적 외우(畏友)였다. 저서로『자암역전(紫巖易傳)』,『주역해(周易解)』등이 있다.　　　　　　　　　☞ 浚

장현광(張顯光, 1554~1637)(韓)

본관은 인동(仁同), 자는 덕회(德晦), 호는 여헌(旅軒), 시호는 문강(文康)이다. 누차 조정의 부름을 받았으나 줄곧 사양하고 산림에서 학문에 정진하였다.저서로『성리설(性理說)』,『용사일기(龍蛇日記)』등이 있고, 문집으로『여헌집』이 있다.　　　　　　　　　☞ 旅軒

전기진(田璣鎭, 1889~1963)(韓)

본관은 의령(宜寧), 자는 순형(舜衡), 호는 비천(飛泉)이다. 전우(田愚)의 문인이다. 문집으로『비천집(飛泉集)』이 있다.

전우(田愚, 1841~1922)(韓)

본관은 담양(潭陽), 자는 자명(子明), 호는 구산(臼山)·추담(秋潭)·간재(艮齋)이다. 임헌회(任憲晦)의 문인이다. 고종의 부름을 받았으나 나아가지 않고 자정(自靖)을 결의하고 일체의 의병이나 파리장서운동 등에 참여하지 않았으며, 1908년 이후 부안·군산 등의 섬을 옮겨 다니다 1912년 계화도에 정착해서는 죽을 때까지 저술과 제자 양성에 힘썼다. 문집으로『간재집(艮齋集)』이 있다.

　　　　　　　☞ 田艮齋, 田子明, 艮公, 田, 田氏, 艮, 艮齋田氏, 艮齋田公, 田公

전주찬(田周燦, 1873~?)(韓)

본관은 담양(潭陽), 초명은 용환(龍煥), 자는 견경(見卿)이다. 정재규(鄭載圭)의 둘째 사위이자 문인이다.

☞ 田生

정가학(鄭可學, 1152~1212)(中)

중국 남송(南宋)의 학자. 자는 자상(子上), 호는 지재(持齋)이다. 주희의 문인이다. 성질이 급하여 징분(懲忿) 공부를 하였다. 주희가 『대학집주』를 산정할 때 함께 했다. 저서로 『춘추박의(春秋博議)』, 『삼조북맹거요(三朝北盟擧要)』, 『사설(師說)』 등이 있다.

☞ 鄭子上

정경세(鄭經世, 1563~1633)(韓)

본관은 진주(晉州), 자는 경임(景任), 호는 하거(河渠)·승성자(乘成子)·우복(愚伏) 등이다. 유성룡(柳成龍)의 문인으로, 예학에 밝은 대표적 남인(南人) 학자이다. 시호는 문장(文莊)이다. 저서로 『주문작해(朱文酌海)』 등이 있고, 문집으로 『우복집(愚伏集)』이 있다.

☞ 鄭愚伏

정규석(鄭圭錫, ?~?)(韓)

호는 청송(靑松)이다.

☞ 鄭靑松圭錫

정기(鄭琦, 1878~1950)(韓)

본관은 서산(瑞山), 초명은 재혁(在爀), 자는 경회(景晦)이고, 호는 율계(栗溪)이다. 정재규(鄭載圭)의 문인이다. 1905년에 을사조약(乙巳條約)이 체결되자, 최익현(崔益鉉)을 도와서 동지를 규합하였다. 1914년에 합천 무산(武山)에 정사(精舍)를 짓고 학문에 몰두하였으며, 제자들에게 학규십조(學規十條)를 지어서 훈계였다. 구례군(求禮郡)에 오원재(五爰齋)와 덕천정(德川亭)을 짓고 후진을 양성하였다. 문집으로 『율계집(栗溪集)』이 있다.

☞ 溪上先生, 栗溪, 在爀, 溪丈, 鄭景晦, 鄭栗溪琦, 老柏軒

정단몽(程端蒙, 1143~1191)(中)

중국 남송(南宋)의 학자. 자는 정사(正思), 호는 몽재(蒙齋)이다. 주희의 문인이다. 주희의 『사서장구집주』에 근거하여 명(命), 성(性), 심(心) 등 30개 범주의 성리학 개념을 정리한 『성리자훈(性理字訓)』을 저술했다.

☞ 程正思, 端蒙

정면규(鄭冕圭, 1850~1916)(韓)

본관은 초계(草溪), 자는 주윤(周允), 호는 농산(農山)이다. 기정진(奇正鎭)과 사촌형 정재규(鄭載圭)의 문인이다. 권운환(權雲煥)과 교유하면서 도의를 강론하였다. 문집으로 『농산집(農山集)』이 있다.

☞ 周允, 冕, 農山, 農山翁

정방엽(鄭邦燁, 1886~?)(韓)

본관은 초계(草溪), 자는 회부(晦夫)이다. 정재규(鄭載圭)의 문인이다.   ☞ 鄭晦夫

정복심(程復心, 1257~1340)(中)

중국 원(元)나라 학자. 자는 자견(子見), 호는 임은(林隱)이다. 저서로 『사서장도(四書章圖)』와 『사서찬석(四書纂釋)』이 있다.   ☞ 程林隱

정봉기(鄭鳳基, ?~?)(韓)

본관은 연일(延日), 자는 응선(應善)이다.   ☞ 鄭應善

정사초(鄭思肖, 1241~1318)(中)

중국 송말(宋末) 원초(元初)의 은사(隱士). 초명은 지인(之因), 자는 소남(所南), 호는 억옹(憶翁)·삼외야인(三外野人)이다. 강개하고 지조가 있어 송나라가 망하자 '사초'라고 이름을 고쳤으니 조실(趙室)을 잊지 않는다는 것을 드러낸 것이다. 소남이란 자는 다른 성씨에게 북면(北面)하지 않는다는 것을 보여주려는 의도라고 한다. 저서로는 『철함심사(鐵函心史)』가 있고, 문집으로 『정소남선생문집(鄭所南先生文集)』이 있다.   ☞ 鄭所南

정성규(鄭性圭, ?~?)(韓)

자는 자윤(子允)이다.

정순(程洵, ?~?)(中)

중국 남송(南宋)의 유학자. 자는 윤부(允夫), 호는 극재(克齋)이다. 주희의 처남이자 문인으로 주희의 학문을 선양하는 데 힘썼다. 문집으로 『극재집(克齋集)』이 있다.   ☞ 程允夫

정순중(鄭淳中, 1881~?)(韓)

본관은 하동(河東), 자는 자정(子正)이다. 정재규(鄭載圭)의 제자이다.   ☞ 淳中

정순진(鄭淳珍, ?~?)(韓)

본관은 하동(河東)이고, 자는 사옥(士玉)이다.   ☞ 鄭士玉, 士玉

정시림(鄭時林, 1833~1912)(韓)

본관은 광산(光山), 자는 백언(伯彦), 호는 월파(月波)이다. 기정진(奇正鎭)의 문인이다.

    ☞ 伯彦, 時林, 月波丈

정시해(鄭時海, 1874~1906)(韓)

본관은 진주(晉州), 자는 낙언(樂彦), 호는 일광(一狂)이다. 기우만(奇宇萬)과 최익현(崔益鉉)의 문인이다.

정약용(丁若鏞, 1762~1836)(韓)

본관은 나주(羅州), 자는 미용(美鏞), 호는 다산(茶山)·사암(俟菴)·여유당(與猶堂)·자하도인(紫霞道人)이다. 유형원(柳馨遠), 이익(李瀷)의 학문과 사상을 계승하여 조선 후기 실학을 집대성했다. 신유사옥 때 유배되어 18년의 유배 기간 동안 독서와 저술에 힘을 기울여 그의 학문 체계를 완성했다. 저서로는『목민심서(牧民心書)』,『흠흠신서(欽欽新書)』,『경세유표(經世遺表)』,『여유당전서(與猶堂全書)』등이 있다.

☞ 丁茶山

정연기(鄭演祈, ?~?)(韓)

자는 가함(可諴)이다. 기우만(奇宇萬)의 제자이다.　　　　　　　　　　☞ 鄭寢郎演祈

정엽(鄭曄, 1563~1625)(韓)

본관은 초계(草溪), 자는 시회(時晦), 호는 수몽(守夢)이다. 송익필(宋翼弼), 성혼(成渾), 이이(李珥)의 문인이다. 저서로『근사록석의(近思錄釋疑)』가 있고, 문집으로『수몽집(守夢集)』이 있다.

☞ 守夢, 草溪

정원영(鄭元永, 1832~1899)(韓)

본관은 영일(迎日), 자는 인여(仁汝), 호는 우산(愚山)이다.

☞ 元永

정의림(鄭義林, 1845~1910)(韓)

본관은 광주(光州), 자는 계방(季方), 호는 일신재(日新齋)이다. 기정진(奇正鎭)의 문인이다. 전우(田愚)가 기정진의「외필(猥筆)」과「납량사의(納凉私議)」를 비판하자, 반박하는 논설을 남겨 스승의 학설을 옹호하였다. 문집으로『일신재집(日新齋集)』이 있다.

☞ 季方, 義林, 鄭日新, 日新, 日新鄭公, 日新齋鄭先生, 新翁

정이(程頤, 1033~1107)(中)

중국 북송(北宋)의 사상가. 자는 정숙(正叔), 호는 이천(伊川), 시호는 정공(正公)이다. 형 정호(程顥)와 함께 주돈이에게 배우고 도학의 기초를 놓아 북송 다섯 선생의 한 명으로 꼽히며, 특히 형과 함께 '이정(二程)'으로 일컬어진다.「안자소호하학론(顔子所好何學論)」과『역전(易傳)』등이 유명하고, 문집으로『이정전서(二程全書)』가 있다.　　☞ 伊川, 程子, 程, 程先生, 子程子, 程張, 周程, 程夫子

정인홍(鄭仁弘, 1536~1623)(韓)

본관은 서산(瑞山), 자는 덕원(德遠), 호는 내암(來庵)이다. 조식(曺植)의 수제자로 경상우도의 남명학파를 대표하였다. 광해군 때 대북의 영수가 되었다. 이언적과 이황의 문묘종사를 저지하려다 청금록에서 삭제되었고, 인조반정으로 참형되었다. 문집으로 『내암집(來庵集)』이 있다.　　☞ 儞相

정재규(鄭載圭, 1843~1911)(韓)

본관은 초계(草溪), 자는 영오(英五)·후윤(厚允), 호는 애산(艾山)·노백헌(老柏軒)이다. 정방훈(鄭邦勳)의 아들이다. 기정진(奇正鎭)의 문인이다. 제자로는 정면규(鄭冕圭)·권운환(權雲煥) 등이 있다. 척사위정론을 주장하였다. 을사늑약이 체결되자 노성(魯城) 궐리사(闕里祠)에서 최익현과 거의하기로 하였으나 이루지 못하였다. 1903년 「납량사의기의변(納凉私議記疑辨)」·「외필변변(猥筆辨辨)」 등을 지어 전우의 기정진 비판을 반박하였다. 문집으로 『노백헌집(老柏軒集)』이 있다.　☞ 載圭, 艾山, 艾兄, 鄭厚允, 厚允, 老柏軒, 艾丈, 鄭柏軒, 艾山先生, 柏軒, 老柏軒先生, 鄭艾山, 鄭氏, 鄭, 老栢軒先生草溪鄭公

정재필(鄭在弼, ?~?)(韓)

자는 국언(國彦), 호는 미재(薇齋)이다. 임헌회(任憲晦)의 문인이다. 문집으로 『薇齋集』이 있다.

정재호(鄭在鎬, 1891~1944)(韓)

본관은 초계(草溪), 자는 여견(汝見)이다. 사과(司果) 벼슬을 하였다.　　☞ 鄭司果在鎬

정찬규(鄭贊圭, ?~?)(韓)

본관은 초계(草溪), 자는 시경(蓍卿)이다. 정재규(鄭載圭)의 문인이다.　　☞ 鄭蓍卿

정찬휘(鄭纘輝, 1652~1723)(韓)

본관은 영일(迎日), 자는 경유(景由), 호는 궁촌(窮村)이다. 송시열(宋時烈)의 문인이다. 1681년 송시열과 민정중의 천거로 출사하여 현감을 역임하였다. 송시열 유배 후 유성에 복거하였다.　☞ 鄭窮村, 窮村

정태현(鄭泰鉉, 1858~1919)(韓)

본관은 하동(河東), 자는 여칠(汝七), 호는 죽헌(竹軒)이다. 정여창(鄭汝昌)의 후손이다. 문집으로 『죽헌집(竹軒集)』이 있다.　　☞ 鄭忠察

정하원(鄭河源, 1827~1902)(韓)

본관은 진주(晉州), 자는 희청(希淸), 호는 소두(小蠹)이다. 기정진(奇正鎭)의 문인이다. 문집으로 『소두집(小蠹集)』이 있다.　　☞ 小蠹

정현(鄭玄, 127~200)(中)

중국 후한(後漢)의 학자. 자는 강성(康成)이다. 마융(馬融)의 문인이다. 한대 경학을 대표한다. 44세 때 환관들이 반대당을 금고한 '당고(黨錮)의 화'를 입어 두문불출하며 연구와 저술에 몰두하였다. 금고문에 모두 정통하여 대부분의 경서를 주석하였고, 특히 하휴(何休)의 공양전(公羊傳) 해석을 비판하여 승복하게 하였다.　　　　　　　　　　　　　　　　　　　　　　　☞ 馬鄭, 鄭氏, 鄭.

정현수(鄭鉉洙, 1875~?)(韓)

본관은 초계(草溪), 자는 도원(道源)이다. 정재규(鄭載圭)의 제자이다.

정현채(鄭現采, ?~?)(韓)

자는 원실(元實)이다.　　　　　　　　　　　　　　　　　　　　　　　　　　☞ 鄭元實

정현춘(鄭鉉春, 1879~?)(韓)

본관은 초계(草溪), 자는 원경(元卿)이다 정재규(鄭載圭)의 장남이자 문인이다. 『노백헌집(老柏軒集)』부록(附錄) 5권 2책을 간행하였다.　　　　　　　　　　　　　　　　　　　☞ 鉉春

정호(程顥, 1032~1085)(中)

중국 북송(北宋)의 사상가. 자는 백순(伯淳), 호는 명도(明道), 시호는 순공(純公)이다. 동생 정이(程頤)와 함께 주돈이(周敦頤)에게 배우고 도학의 기초를 놓아 북송 다섯 선생의 한 명으로 꼽히며, 특히 동생과 함께 '이정(二程)'으로 일컬어진다. 「정성서(定性書)」, 「식인편(識仁篇)」 등이 유명하고, 문집으로 『이정전서(二程全書)』가 있다.　　　　　　　　　　　☞ 明道, 程子, 程伯子, 明道先生, 二程子.

정홍규(鄭洪圭, 1877~?)(韓)

본관은 초계(草溪), 자는 주중(疇仲)이다.　　　　　　　　　　　　　　☞ 鄭疇仲, 疇仲

정후(鄭厚, 1100~1160)(中)

중국 송(宋)나라 사람이다. 자는 경위(景韋)·숙우(叔友)이며, 호는 상향선생(湘鄕先生)·계동(溪東)이다. 정초(鄭樵)의 종형이다. 『예포절충(藝圃折衷)』을 지어 맹자를 헐뜯었다.　　　　　　　☞ 鄭藝圃

정희원(鄭禧源, 1894~1956)(韓)

본관은 영일(迎日), 자는 대수(大受), 호는 지서처사(芝西處士).

제갈량(諸葛亮, 181~234)(中)

중국 촉한(蜀漢)의 명재상. 자는 공명(孔明), 시호는 충무후(忠武侯)이다. 남양(南陽)에서 밭을 갈면서 지

내다가 유비(劉備)를 보필하여 촉한의 부흥에 힘썼다.　　　　　　　　　☞ 諸葛孔明, 孔明

조광조(趙光祖, 1482~1519)(韓)
본관은 한양(漢陽), 자는 효직(孝直), 호는 정암(靜庵), 시호는 문정(文正)이다. 김굉필(金宏弼)에게 수학하였다. 1515년 출사하여 도학정치를 실현하고자 하였다. 정몽주의 문묘종사, 김굉필, 정여창의 추증 등을 요청하고, 『여씨향약(呂氏鄕約)』을 반포하였으며, 현량과를 실시하고, 소격서를 없앴다. 1519년 위훈을 삭제하였고, 기묘사화로 유배되었다가 사사되었다. 1610년 문묘에 종사되었다. 문집으로 『정암집(靜庵集)』이 있다.　　　　　　　　　　　　　　　　　　　　　　　　☞ 靜菴, 羅整庵, 靜退

조광한(趙廣漢, ?~BCE 65)(中)
중국 전한(前漢) 때 사람. 자는 자도(子都)이다. 선제(宣帝) 때 경조윤(京兆尹)이 되어 농간을 캐내고 부정을 적발하는 데 귀신처럼 밝았다고 한다.　　　　　　　　　　　　　☞ 廣漢

조긍섭(曺兢燮, 1873~1933)(韓)
본관은 창녕(昌寧), 자는 중근(仲謹), 호는 심재(深齋)이다. 곽종석(郭鍾錫)과 토론하고, 이진상(李震相)과 전우(田愚)의 학설을 비판하였다. 1910년 국권침탈 이후 두문불출하면서 『곤언(困言)』을 저술하고, 「거빈해(居貧解)」, 「성존심비변(性尊心卑辨)」 등의 논문을 썼다. 성리학적 저술로는 20세 때에 이진상(李震相)의 「심즉리설(心卽理說)」을 17조목으로 분석하고 비판한 「독심즉리설(讀心卽理說)」, 심합이기설(心合理氣說)을 인정하면서도 '심'은 곧 마음으로 보아야 한다고 주장한 「심문(心問)」, 전우(田愚)의 견해를 비판한 「성존심비변(性尊心卑辨)」, 「성존심비적거변(性尊心卑的據辨)」 등이 있다. 저서로 『암서집(巖棲集)』, 『조명록(措明錄)』 등이 있고, 문집으로 『심재집(深齋集)』이 있다.　　　　　　　☞ 仲謹

조사하(趙師夏, ?~?)(中)
중국 남송(南宋)의 학자. 자는 치도(致道), 호는 원암(遠庵)이다. 주희의 문인이다. 『성기선악도(誠幾善惡圖)』를 제작했다.　　　　　　　　　　　　　　　　　　　☞ 趙致道

조성가(趙性家, 1824~1904)(韓)
본관은 함안(咸安), 자는 직교(直敎), 호는 월고(月皐)이다. 노사(蘆沙) 기정진(奇正鎭)의 문인이다. 월봉산(月峰山) 밑에 취수정사(取水精舍)를 짓고 후진교육에 전념하면서 최익현(崔益鉉)·정재규(鄭載圭)·기우만(奇宇萬) 등과 교유하였다. 장성의 고산서원(高山書院)에 배향되었다. 문집으로 『월고집(月皐集)』이 있다.　　　　　　　　　　　　　　　　　　☞ 趙直敎, 直敎, 趙月皐, 月皐

조성주(趙性宙, 1841~1919)(韓)
본관은 함안(咸安), 자는 계호(季豪), 호는 남주(南洲)·월산(月山)이다. 기정진(奇正鎭)의 문인이다. 정재규(鄭載圭)·최익현(崔益鉉)·기우만(奇宇萬)·하조헌(河祖憲)·하응로(河應魯) 등과 도의(道義)로 상교(相交)하였다. 문집으로 『월산유고(月山遺稿)』가 있다.   ☞ 趙南洲

조식(曺植, 1501~1572)(韓)

본관은 창녕(昌寧), 자는 건중(楗仲, 健中), 호는 남명(南冥), 시호는 문정(文貞)이다. 이황(李滉)과 함께 영남 유학의 거두로서 평생 처사로 살면서, 학문과 후학 양성에 진력하여 김우옹, 오건, 정구, 곽재우 등을 배출했다. 정인홍을 비롯한 북인정권 다수가 조식의 문인이었던 관계로 북인 정권 몰락 후 학문 계승이 이루어지지 않았다. 저서로 『남명학기유편(南冥學記類編)』, 『신명사도(神明舍圖)』, 『파한잡기(破閑雜記)』 등이 있고, 문집으로 『남명집(南冥集)』이 있으나, 후대에 산삭이 심하게 이루어져 원형이 많이 훼손되었다.   ☞ 南冥

조원순(曺垣淳, 1850~1903)(韓)

본관은 창녕(昌寧), 자는 형칠(衡七), 호는 복암(復菴)이다. 조식(曺植)의 10세손이다. 허전(許傳)과 이진상(李震相)의 문인이다. 문집으로 『복암집(復庵集)』이 있다.

   ☞ 曺衡七, 曺復菴.

조장섭(趙章燮, ?~?)(韓)

자는 성여(成汝), 호는 위당(韋堂)이다. 송병선(宋秉璿)의 문인이다. 「성사심제변(性師心弟辨辨)」을 지어 전우(田愚)를 비판했다.   ☞ 趙成汝, 趙韋堂章燮氏.

조정(趙鼎, 1085~1147)(中)

중국 송(宋)나라 때의 문신. 자는 원진(元鎭), 호는 득전거사(得全居士), 시호는 충간(忠簡)이다. 소옹(邵雍)의 아들 소백온(邵伯溫)의 문하에서 수학하였다. 저서로 『득전집(得全集)』이 있고, 문집으로 『충정덕문집(忠正德文集)』이 있다.   ☞ 鼎

조정구(趙鼎九, 1862~1926)(韓)

본관은 풍양(豐壤), 초명은 석구(晳九), 자는 미경(米卿), 호는 월파거사(月波居士)이다. 흥선대원군의 둘째 사위이다. 주로 궁내부의 요직을 지내며 왕실의 의례를 담당하였다. 국권피탈 때 일제가 주는 은사금 및 남작의 칭호를 거절하고 합방조서(合邦詔書)와 고유문(告諭文)을 찢고 두 차례나 자결을 기도하였으나 실패하였다. 그 뒤 금강산에 숨어 지내다 고종의 인산을 치르고 중국에서 망명생활을 하던 중 둘째 아들의 사망소식을 듣고 귀국, 봉선사(奉先寺)에서 지냈다.   ☞ 月波居士, 月波, 月波丈.

조조(曹操, 154~220)(中)

중국 후한(後漢) 말기의 정치가로 위나라 건국의 기초를 닦았다. 자는 맹덕(孟德), 소자(小字)는 아만(阿

瞞), 일명 길리(吉利)이다. 권모에 능한 사람으로 헌제(獻帝) 때 승상(丞相)이 되어 정권(政權)을 전단(專斷)하고 위왕(魏王)에 봉해졌다. 그의 아들 조비(曹丕)가 후한을 찬탈하고 제(帝)라 칭하며 아비를 추존하여 무제(武帝)라 하였다. 묘호(廟號)는 태조(太祖)이다.　　　　　　　　　　☞ 莽操

주돈이(周敦頤, 1017~1073)(中)

중국 북송(北宋)의 사상가. 자는 무숙(茂叔), 시호는 원공(元公)이다. 염계선생(濂溪先生)으로 불렸다. 송대 신유학을 연 인물로서, 북송오자(北宋五子)로 불린 사람들 가운데 한 명이다. 복건성 남안에서 관직 생활을 하던 중 이정(二程)을 가르쳤다. 문집으로 『주원공집(周元公集)』이 있다.

☞ 周子, 濂溪, 周先生, 無極翁, 周程

주량(周良, ?~?)(中)

중국 남송(南宋) 때 학자. 자는 귀경(貴卿)이다. 주희(朱熹)의 문인이다.　　　　　☞ 周貴卿

주세붕(周世鵬, 1495~1554)(韓)

본관은 상주(尙州), 자는 경유(景遊), 호는 신재(愼齋), 시호는 문민(文敏)이다. 1522년 출사하고 1541년 풍기 군수로 나가 1542년 백운동에 회헌사를 세워 안향(安珦)을 모시고, 1543년에 백운동서원을 세웠다. 1551년 해주에 수양서원을 세워 최충을 제향하였다. 저서로 『무릉잡고(武陵雜稿)』, 편서로 『죽계지(竹溪誌)』, 『동국명신언행록(海東名臣言行錄)』, 『심도이훈(心圖彝訓)』 등이 있다.　　　　　☞ 愼齋

주송(朱松, 1097~1143)(中)

중국 송(宋)나라의 관리. 자는 교년(喬年), 호는 위재(韋齋), 시호는 헌정(獻靖)이다. 주희(朱熹)의 아버지이다. 문집으로 『위재집(韋齋集)』이 있다.　　　　　☞ 韋齋先生

주용순(朱用純, 1627~1698)(中)

명말(明末) 청초(淸初)의 학자. 자는 치일(致一)이고, 호는 백려(柏廬)이다. 부친 주집황은 명나라 말기의 학자였다. 정주(程朱) 이학(理學) 연구에 매진하여 성리학을 위주로 지행합일(知行合一)을 주장하였다. 서방(徐枋)·양무구(楊無咎)와 더불어 '오중삼고사(吳中三高士)'로 불렸다. 저서로 『치가격언(治家格言)』,『대학중용강의(大學中庸講義)』, 『산보역경몽인(刪補易經蒙引)』, 『사서강의(四書講義)』, 『주자가훈(朱子家訓)』 등이 있다.　　　　　☞ 柏廬

주희(朱熹, 1130~1200)(中)

중국 남송(南宋)의 대표 유학자. 주자학의 비조. 자는 원회(元晦) , 또는 중회(仲晦), 호는 회암(晦庵) 또는 회옹(晦翁), 시호는 문공(文公). 이동(李侗)에게 수학하고 장식(張栻)의 사상에 영향 받았으나, 40세 이후로 중화신설(中和新說)로 대표되는 자기 철학을 수립하였다. 구휼사업과 교육 사업에서 탁월한 업적을 보였고, 많은 주석과 저술로 송대 신유학을 대표한다. 주자(朱子)로 존칭되며, 문집으로『주자대전』이 있다.　　　　☞ 朱子, 朱先生, 晦翁, 朱夫子, 晦庵夫子, 朱呂, 紫陽, 晦菴夫子, 考亭, 朱晦菴.

증국번(曾國藩, 1811~1872)(中)
중국 청(淸)나라 학자. 초명은 자성(子城), 자는 백함(伯涵), 호는 척생(滌生), 시호는 문정(文正)이다. 한학(漢學)과 송학(宋學)의 겸용을 주장하고, 또한 사맹학파(思孟學派)와 육왕(陸王)의 심학(心學)을 아울러 수용하여 청말 공학사상(孔學思想)의 대표적 인물이었다. 문집으로『증문정공전집(曾文正公全集)』이 있다.

진공(陳鞏, ?~?)(中)
중국 남송(南宋)의 학자.『주자대전』에 주희와 선불교에 대한 의견을 주고받은 편지가 있다.
　　　　　　　　　　　　　　　　　　　　　　　　　　　　　　☞ 陳衛道9

진관(陳瓘, 1057~1124)(中)
중국 북송(北宋)의 관리, 학자, 서예가. 자는 영중(瑩中), 호는 요옹(了翁)·요재(了齋)·요당(了堂)이며, 시호는 충숙(忠肅)이다.『주역』에 정통하고, 글씨를 잘 썼으며, 꼿꼿한 간원으로 유명하였다. 저서로『요재역설(了齋易說)』,『논육서(論六書)』 등이 있고, 문집으로『요재집(了齋集)』이 있다.　　☞ 陳了翁, 了翁.

진덕수(眞德秀, 1178~1235)(中)
중국 남송(南宋)의 유학자. 자는 경원(景元), 호는 서산(西山), 시호는 문충(文忠). 첨체인의 문인이다. 경원당금 이후 주자학 부흥에 공헌하였다. 저서로『대학연의(大學衍義)』,『독서기(讀書記)』 등이 있고, 문집으로『서산집(西山集)』이 있다.　　　　☞ 西山眞氏, 眞氏, 西山先生, 眞西山, 西山.

진순(陳淳, 1159~1223)(中)
중국 남송(南宋)의 학자. 자는 안경(安卿), 호는 북계(北溪), 시호는 문안(文安)이다. 주희의 문인으로서 네 명의 고제 중 한 명으로 꼽힌다. 상산학과 사공학을 배척했다. 저서로『북계자의(北溪字義)』가 있고, 문집으로『북계집(北溪集)』이 있다.　　　　☞ 陳北溪, 陳安卿, 陳.

진식(陳埴, ?~?)(中)
중국 남송(南宋)의 유학자. 자는 기지(器之), 호는 목종(木鍾)·잠실선생(潛室先生)이다. 어려서 섭적(葉適)에게 배웠으나 후에 주희를 좇았다. 명도서원(明道書院)의 산장(山長)을 지냈다. 저서로『우공변(禹貢辯)』,『홍범해(洪範解)』,『왕제장구(王制章句)』 등이 있다.　　　　☞ 陳器之, 陳氏, 潛室陳氏, 陳蠶室.

진집중(陳執中, 990~1059)(中)
중국 북송(北宋) 때 대신. 자는 소예(昭譽)이다. 청렴하고 사사로움을 따르지 않는다는 명망이 있었으나

그의 첩이 세 차례나 계집종을 죽인 일로 탄핵을 당했다.　　　　　☞ 陳恭公執中, 陳

진항(陳恒, ?~?)(中)
중국 춘추 시대 제(齊)나라 대부. 진성자(陳成子) 또는 전성자(田成子), 전상(田常)으로도 불린다. 임금 간공(簡公)을 시해하였다.

진헌장(陳獻章, 1428~1500)(中)
중국 명(明)나라 사상가. 자는 공보(公甫), 호는 백사(白沙) 또는 석재(石齋), 시호는 문공(文恭)이다. 오여필(吳與弼)의 문인이다. 과거를 준비했으나 오여필을 만나 과거를 단념하고, 정좌(靜坐)하며 천리를 직접 느껴보는 공부를 주장했다. 명대 심학(心學)의 선구자이다. 저서로 『백사시교해(白沙詩敎解)』, 문집으로 『백사집(白沙集)』이 있다.　　　　　☞ 陳白沙, 陳公甫

진회(秦檜, 1090~1155)(中)
중국 남송(南宋)의 정치가. 자는 회지(會之)이다. 1115년 출사하여 1131년부터 24년간 재상으로 있었다. 주화(主和)를 주장하며, 금(金)과 국경을 나누고, 금에 신하의 예와 세폐(歲幣)를 바쳤다. 정권 유지를 위해 '문자의 옥'을 일으켜 반대파를 억압하고, 악비(岳飛)를 옥사시켰다. 중국의 대표적인 간신이다.　☞ 秦氏, 秦

채연(蔡淵, 1156~1236)(中)
중국 남송(南宋)의 학자. 자는 백정(伯靜) , 호는 절재(節齋)이다. 채원정(蔡元定)의 아들이다. 주희의 문인이다. 저서로 『역상의언(易象意言)』, 『주역훈해(周易訓解)』 등이 있다.　　　☞ 蔡節齋, 節齋蔡氏, 蔡氏

채원정(蔡元定, 1135~1198)(中)
중국 남송(南宋)의 학자. 자는 계통(季通), 호는 서산(西山), 시호는 문절(文節)이다. 벼슬에 나가지 않고 학문과 강학에 몰두했다. 가학을 이은 뒤 주희의 문인이 되었다. 심계조 등이 주희를 공격할 때 연루되어 도주로 귀양 갔다. 악률(樂律)에 조예가 깊어 18악률을 개발했다. 저서로 『황극경세지요(皇極經世指要)』, 『홍범해(洪範解)』, 『대연상설(大衍詳說)』, 『팔진도설(八陣圖說)』, 『율려신서(律呂新書)』 등이 있고, 문집으로 『서산공집(西山公集)』이 있다.　　　☞ 蔡西山, 蔡季通, 蔡氏, 蔡, 西山

채청(蔡淸, 1453~1508)(中)
중국 명(明)나라 관리이자 학자. 자는 개부(介夫), 호는 허재(虛齋), 시호는 문장(文莊)이다. 임비(林玭)의 문인이다. 1481년 출사하여 강서제학부사에 이르렀지만, 주신호(朱宸濠)에게 미움 받아 벼슬을 그만 두었다. 『주역』과 『중용』에 정통했고, 주허(主虛)를 중시했다. 저서로 『사서몽인(四書蒙引)』, 『역경몽인(易經蒙引)』, 『간하도낙서설(看河圖洛書說)』, 『어요(語要)』, 『성신법(省身法)』 등이 있고, 문집으로 『허재집(虛齋集)』이 있다.　　　　　☞ 虛齋

채침(蔡沈, 1167~1230)(中)

중국 남송(南宋)의 유학자. 자는 중묵(仲默), 호는 구봉(九峯), 시호는 문정(文正). 채원정의 둘째 아들이다. 어려서 가학을 익히고, 백록동서원에서 주희에게 배웠다. 1196년 경원당금으로 채원정이 유배될 때, 모시고 가서 독서, 강학했으며, 부친 사망 후 시신을 모시고 돌아왔다. 구봉에 은거하면서 『서집전(書集傳)』을 완성했다. 저서로 『홍범황극(洪範皇極)』, 『채구봉서법(蔡九峰筮法)』 등이 있다.　　　☞ 蔡九峯

첨부민(詹阜民, ?~?)(中)

중국 남송(南宋)의 관리, 학자. 자는 자남(子南), 호는 묵신(默信)이다. 육구연(陸九淵)의 문인이다. 나정암(羅整庵)의 『곤지기(困知記)』 권하(卷下)에 정좌하여 조존(操存) 공부에 힘쓴 지 반 개월에 어느 날 누대를 내려오다가 홀연 마음을 깨우쳤다는 내용이 보인다.

최국환(崔國煥, 1873~?)(韓)

본관은 경주(慶州), 자는 충언(忠彦)이다. 정재규(鄭載圭)의 문인이다.　　　☞ 崔忠彦, 忠彦

최병호(崔炳祜, ?~?)(韓)

자는 효중(孝仲), 호는 오파(梧坡)이다. 정재규(鄭載圭)의 문인이다.　　　☞ 崔梧坡, 梧坡

최석(崔祏, ?~?)(韓)

자는 숙고(叔固)이다. 이재(李縡)의 문인이다. 낙론(洛論)의 입장에서 호락논쟁(湖洛論爭)에 깊이 관여한 인물 중 하나이다. 저서로 『사백록(俟百錄)』이 있다.　　　☞ 崔叔固, 叔固

최숙민(崔琡民, 1837~1905)(韓)

본관은 전주(全州), 자는 원칙(元則), 호는 계남(溪南)·존와(存窩)이다. 기정진(奇正鎭)의 제자이다. 동문인 조성가(趙性家)와 정재규(鄭載圭)와 함께 경상우도 삼가·단성·옥종 등지에 기정진의 학문을 전파시킨 주요 인물 가운데 한 사람이다. 문집으로 『계남집(溪南集)』이 있다.　　☞ 溪南, 元則, 琡, 崔溪南

최영설(崔永卨, 1863~?)(韓)

본관은 경주(慶州), 자는 순명(舜命)이다. 최익현(崔益鉉)의 조카이다.　　　☞ 崔主事永卨, 崔主事

최운환(權雲煥, ?~?)(韓)

본관은 안동(安東), 자는 순경(舜卿)이다. 기정진(奇正鎭)의 문인이다.　　　☞ 舜卿

최유윤(崔惟允, 1809~1877)(韓)

본관은 경주(慶州), 자는 성진(誠進), 호는 몽관(夢關)이다. 기정진(奇正鎭)의 문인이다. 정재규(鄭載圭)가 남긴 『노백헌문집(老柏軒文集)』의 「서(書)」에 기정진을 비롯해 최유윤(崔惟允)·이진상(李震相)·최익현(崔益鉉) 등과 주고받은 편지가 실려 있다. 문집으로 『몽관집(夢關集)』이 있다.

최익한(崔益翰, ?~?)(韓)

자는 운거(雲擧)이다.

☞ 崔雲擧, 雲擧

최익현(崔益鉉, 1833~1906)(韓)

본관은 경주(慶州), 자는 찬겸(贊謙), 호는 면암(勉菴)이다. 이항로(李恒老)의 문인이다. 1868년과 1873년에 상소를 올려 대원군을 비판하여 고종이 친정토록 했다. 민씨 일족의 문제를 지적하여 제주도로 유배되고, 병자수호조약 반대 상소로 흑산도로 유배되었다. 을미사변, 을사늑약에 항일척사 상소를 올렸고, 1906년 태인에서 의병을 일으켰다가 체포되어 대마도에서 순국하였다. 1962년 건국훈장 대한민국장이 추서되었다. 문집으로 『면암집(勉菴集)』이 있다.

☞ 勉菴丈, 勉台, 崔勉菴先生, 勉菴, 勉翁, 勉丈

최제태(崔濟泰, 1850~1907)(韓)

본관은 전주(全州), 자는 이앙(而仰), 호는 송와(松窩)이다. 최제학(崔濟學)의 형이다. 기정진(奇正鎭)의 문인이다.

☞ 崔松窩

하기(何琦, BCE 292~373)(中)

중국 동진(東晉) 사람이다. 자는 만륜(萬倫)이다. 하충(何充)의 종형이다. 박학하여 여러 경전에 능통하였다. 저서로 『삼국평론(三國評論)』이 있다.

하락(河洛, 1530~1592)(韓)

본관은 진양(晉陽), 자는 도원(道源), 호가 환성재(喚醒齋)이다. 조식(曹植)의 문인이다. 이이(李珥), 성혼(成渾) 등이 무고를 받아 조정을 떠나자 물러나서 상주에 있던 중 왜적을 만나 순절하였다.

☞ 喚醒齋, 河喚醒, 喚醒

하봉수(河鳳壽, 1867~1939)(韓)

본관은 진양(晉陽), 자는 채오(采五), 호는 백촌(柏村)이다. 하달규(河達圭)의 아들이고, 곽종석(郭鍾錫)의 문인이다. 권명호(權明湖), 하여해(河汝海) 등과 성리학을 토론하였고, 선유들의 경전 가운데 주석이 잘못된 것을 고증학적으로 변론하였다. 문집으로 『백촌집(柏村集)』이 있다.

☞ 采五

하우식(河祐植, 1875~1943)(韓)

본관은 진주(晉州), 자는 성락(聖洛), 호는 담산(澹山) 또는 목재(木齋)이다. 송병선(宋秉璿)의 문인이다. 문집으로 『담산집(澹山集)』이 있다.

☞ 河聖洛

하호(何鎬, 1128~1175)(中)

중국 남송(南宋)의 학자. 자는 숙경(叔京), 호는 태계(台溪)이다. 주희와 교유했다. 저서로 『역학설어(易學說語)』가 있고, 문집으로 『태계집(台溪集)』이 있다.　　　　　　　　　　　☞ 何叔京

한원진(韓元震, 1682~1751)(韓)

본관은 청주(淸州), 자는 덕소(德昭), 호는 남당(南塘), 시호는 문순(文純). 권상하의 문인이다. 이간과 대립하여 성삼층설(性三層說), 미발심체유선악설(未發心體有善惡說), 인물성이론(人物性異論)을 주장함으로써 호락논변을 야기하였다. 저서로 『경의기문록』, 『주자언론동이고(朱子言論同異攷)』가 있고, 문집으로 『남당집(南塘集)』이 있다.　　　　　　　　　☞ 元震, 塘, 南塘, 韓南塘

한유(韓愈, 768~824)(中)

중국 당(唐)나라의 문인. 자는 퇴지(退之), 호는 창려(昌黎), 시호는 문공(文公)이다. 고문 운동을 벌여 산문체의 변혁을 일으켰으며, 불교와 도교를 배척하고 유교를 높여 송대 성리학의 선구로 평가된다. 문집으로 『창려집(昌黎集)』이 있다.　　　　　　　　　　　　　☞ 韓昌黎, 退之, 韓

허규(許珪, 1860~?)(韓)

본관은 양천(陽川), 자는 성삼(聖三)이다. 허유(許愈)의 아들이다.
　　　　　　　　　　　　　　　　　　　　　　　　☞ 許珪丈

허유(許愈, 1833~1904)(韓)

본관은 김해(金海), 자는 퇴이(退而), 호는 남려(南黎)·후산(后山)이다. 이진상(李震相)의 문인으로 영남 한주학파(寒洲學派)의 이론 확립에 기여하였다. 저서로 『성학십도집설(聖學十圖集說)』, 『신명사도명혹문(神明舍圖銘或問)』 등이 있고, 문집으로 『후산집(后山集)』이 있다.
　　　　　　☞ 許退而, 許后山, 后山, 南黎許丈, 黎丈, 南黎, 南黎丈, 黎翁, 許南黎

허전(許傳, 1797~1886)(韓)

본관은 양천(陽川), 자는 이로(以老), 호는 성재(性齋)이다. 유치명(柳致明)과 명성을 나란히 하였다. 저서로 『종요록(宗堯錄)』, 『철명편(哲命編)』, 『사의(士儀)』 등이 있고, 문집으로 『성재집(性齋集)』이 있다.
　　　　　　　　　　　　　　　　　　　　　　　☞ 許氏, 許

허형(許衡, 1209~1281)(中)

중국 원(元)나라 학자. 자는 중평(仲平) 혹은 평중(平仲), 호는 노재(魯齋), 시호는 문정(文正)이다. 요추와 두묵에게서 주자학을 배워 원나라 주자학의 기초를 닦았다. 위국공(魏國公)에 봉해졌다. 저서로 『독역사언(讀易私言)』이 있고, 문집으로 『허형집(許衡集)』이 있다.　　　　　　☞ 衡, 許魯齋, 魯齋

현재승(玄在昇, ?~?)(韓)

자는 사명(士明)이다. ☞ 玄士明

혜강(嵇康, 224~263)(中)

중국 삼국 시대 위(魏)나라의 관리이자 문학가. 자는 숙야(叔夜)이다. 죽림칠현(竹林七賢)의 한 사람이다. 종회(鍾會)가 문제(文帝)에게 참소하여 죽임을 당했다. 저서로 「양생론(養生論)」이 있다.

호굉(胡宏, 1106~1161)(中)

중국 남송(南宋)의 학자. 호는 오봉(五峯), 자는 인중(仁仲)이다. 호안국(胡安國)의 아들로서, 가학을 이었다. 금(金)과의 화의를 배척했으므로, 벼슬하지 않고 후진을 양성했다. 호상학파(湖湘學派)의 영수이고, 형 호인(胡寅)과 학문적으로 달랐다. 저서로 『지언(知言)』 등이 있고, 문집으로 『오봉집(五峯集)』이 있다.

☞ 五峯, 五峯胡子, 胡先生, 胡五峯

호대시(胡大時, ?~?)(中)

중국 남송(南宋)의 학자. 자는 계수(季隨), 호는 반곡(盤谷)이다. 장식(張栻)의 문인이다. 장식 사후 진부량(陳傅良)과 육구연(陸九淵)에게 배우고, 주희(朱熹)와 교유했다. 호안국(胡安國)의 손자이고 호굉(胡宏)의 아들이며 장식(張栻)의 사위로서 호상학파(湖湘學派) 대표했다. 저서로는 『호남답문(湖南答問)』 등이 있다. ☞ 胡季隨

호병문(胡炳文, 1250~1333)(中)

중국 원(元)나라 학자. 자는 중호(仲虎), 호는 운봉(雲峰)이다. 주희의 종손으로부터 『주역』과 『서경』을 배웠다. 도일서원의 산장을 지내고, 명경서원을 창건하였다. 저서로 『사서통(四書通)』, 『주역본의통석(周易本義通釋)』 등이 있고, 문집으로 『운봉집(雲峰集)』이 있다. ☞ 胡雲峯, 雲峯, 胡氏, 雲峯胡氏

호실(胡實, 1136~1173)(中)

중국 남송(南宋)의 학자. 자는 광중(廣仲)이다. 호굉(胡宏)의 종제(從弟)이고, 호안국(胡安國)의 조카이다. 처음에는 사예(辭藝)에게 배우다가 호굉을 따라 공부했다. 주희, 장식 등과 변론하였으나 억지로 영합하려 하지 않았다. ☞ 胡廣仲, 廣仲

홍귀서(洪龜瑞, 1726~17793)(韓)

본관은 부계(缶溪), 자는 경오(景五)이고, 호는 물계(勿溪)다. 문집으로 『물계집(勿溪集)』이 있다.

☞ 勿溪先師, 勿溪

홍대심(洪大心, 1837~1877)(韓)

초명은 대유(大猷) 또는 대헌(大憲), 자는 여장(汝章), 호는 확재(確齋)이다. 이항로(李恒老)의 문인이다.

☞ 洪汝章

홍재구(洪在龜, 1845~1898)(韓)

본관은 남양(南陽), 자는 사백(思伯), 호는 손지(遜志)이다. 이항로의 문인이자 김평묵의 사위이다. 이항로 사후 김평묵을 스승으로 섬겼다. 1876년 유인석(柳麟錫), 윤정구(尹貞求), 유기일(柳基一) 등 화서학파 48인과 함께 개항 반대 상소를 올렸다. 1881년에는 「관동유소(關東儒疏)」를 집필하는 등 화서학파 위정척사 운동의 전면에서 활동한 핵심인물 가운데 한 사람이다. 1886년 이항로의 심설(心說)을 둘러싸고 화서학파 내에 김평묵과 유중교(柳重教) 양인을 정점으로 격렬한 논쟁이 일어났을 때 홍재구는 유기일(柳基一) 등과 함께 김평묵의 입장을 지지함으로써 유인석 등 유중교 계열의 인물들과는 극단적인 대립관계를 노정하게 되었다. 화서학파의 두 파 가운데 한 파인 중암 문파를 대표하는 인물이었다.

☞ 遜志洪公在龜

홍직필(洪直弼, 1776~1852)(韓)

본관은 남양(南陽), 초명은 긍필(兢弼), 자는 백응(伯應)·백림(伯臨), 호는 매산(梅山), 시호는 문경(文敬)이다. 박윤원(朴胤源)의 문인이다. 성리학에서 정자(程子)의 심본설(心本說)을 극력 지지하고, 한원진(韓元震)의 심선악설(心善惡說)을 반대하였다. 임성주(任聖周)의 "성선(性善)은 곧 기질(氣質)이다."고 한 주장에도 반대하였다. 문집으로 『매산집(梅山集)』이 있다.   ☞ 鷺湖, 鷺湖丈, 梅翁

황간(黃榦, 1152~1221)(中)

중국 남송(南宋)의 학자. 자는 직경(直卿), 호는 면재(勉齋), 시호는 문숙(文肅)이다. 처음 유청지에게 배우고자 했으나 재주가 남다름을 보고 주희에게 배우도록 하였다. 주희의 네 고제의 한명이면서 사위이다. 주희를 이어 『의례경전통해(儀禮經傳通解)』를 편찬하였고, 주희의 행장(行狀)을 지었다. 문집으로 『면재집(勉齋集)』이 있다.   ☞ 黃勉齋, 勉齋, 直卿

황석진(黃錫進, 1799~1865)(韓)

본관은 우주(紆州), 자는 성의(聖儀), 호는 정재(靜齋)이다. 구암(龜巖) 황이정(黃履正)의 증손자이다. 송치규(宋稚圭)에게 『격몽요결(擊蒙要訣)』을 배웠고, 홍직필(洪直弼)에게 『중용』 수장(首章)을 강의 받았다.
☞ 黃聖儀

황원직(黃元直, 1889~?)(韓)

본관은 회산(檜山), 자는 자경(子敬)이다. 정재규(鄭載圭)의 문인이다.   ☞ 子敬

황정견(黃庭堅, 1045~1105)(中)

중국 북송(北宋)의 시인이자 서예가, 정치가. 자는 노직(魯直), 호는 산곡도인(山谷道人)·부옹(涪翁)·청풍각(清風閣)·부파(涪皤)·검안거사(黔安居士)·팔계노인(八桂老人), 시호는 문절(文節)이다. 소식의 문인으로 나란히 소황(蘇黃)으로 불렸다. 문집으로 『산곡집(山谷集)』이 있다.   ☞ 黃山谷

황준량(黃俊良, 1517~1563)(韓)

본관은 평해(平海), 자는 중거(仲擧), 호는 금계(錦溪)이다. 이황의 문인이고, 이현보(李賢輔)의 손서(孫壻)이다. 문과에 급제, 내외의 관직을 두루 거쳐 1560년(명종15) 성주 목사를 지내다가 1563년 병으로 사직하고 돌아오는 도중 예천(醴泉)에서 죽었다. 문집으로 『금계집(錦溪集)』이 있다.

☞ 黃錦溪, 錦溪, 黃公.

황철원(黃澈源, 1878~1932)(韓)

본관은 장수(長水), 자는 경함(景涵), 호는 중헌(重軒)·은구재(隱求齋)이다. 정의림(鄭義林)과 정재규(鄭載圭)의 문인이다. 스승 정재규의 권유로 「외필변변(猥筆辨辨)」, 「납량사의기의변(納凉私議記疑辨)」, 「납량사의기의추록변(納凉私議記疑追錄辨)」을 지어 전우(田愚)의 성리설(性理說)을 논박하였다. 문집으로 『중헌집(重軒集)』이 있다.

☞ 景涵, 黃景涵, 黃生, 澈源, 黃氏, 隱求.

황호(黃灝, ?~?)(中)

중국 남송(南宋)의 학자. 자는 상백(商伯), 호는 서파(西坡), 시호는 문간(文簡)이다. 주희(朱熹)의 문인이다. 융흥부(隆興府)에 주돈이(周敦頤)의 사당을 세워 주희가 「융흥부학렴계선생사기(隆興府學濂溪先生祠記)」를 써주었고, 『면재집(勉齋集)』에는 『서파문집(西坡文集)』의 서문이 있다. 『어맹요의(語孟要義)』를 융흥부 학교에서 판각하였다. 『요후록(饒後錄)』에 황호가 기록한 3조목의 어록이 있고, 『주자대전(朱子大全)』에 주희의 답서 6통이 있다.

☞ 黃商伯

후중량(侯仲良, ?~?)(中)

중국 남송(南宋) 때의 학자. 자는 사성(師聖)·희성(希聖), 호는 형문(荊門)이다. 정이(程頤), 주돈이(周敦頤), 호안국(胡安國)에게 배웠다. 저서로는 『논어설(論語說)』과 『후자아언(侯子雅言)』 등이 있다.

☞ 侯氏, 侯師聖

心說論爭 자료집 편찬 연구진

연구책임자 최영성_한국전통문화대 교수

전임연구원 김병애_한국전통문화대

　　　　　김방울_한국전통문화대

　　　　　이선경_한국전통문화대

　　　　　유지웅_전북대

　　　　　이난수_한국전통문화대

　　　　　김윤경_성균관대

　　　　　안유경_경북대

　　　　　주용성_성균관대

공동연구원 김낙진_진주교대

　　　　　이상익_부산교대

　　　　　이형성_전남대

　　　　　배제성_성균관대

　　　　　김현우_한국효문화진흥원

　　　　　이미림_안양대

　　　　　이남옥_한국국학진흥원

　　　　　정경훈_원광대

心說論爭 아카이브 구축 자료집 총서 03

조선후기 심설논쟁

노사학파 표점·해제·선역

초판 인쇄   2024년 4월 3일
초판 발행   2024년 4월 15일

엮 은 이 ㅣ 한국전통문화대학교 한국철학연구소
펴 낸 이 ㅣ 하운근
펴 낸 곳 ㅣ 學古房

주   소 ㅣ 경기도 고양시 덕양구 통일로 140 삼송테크노밸리 A동 B224
전   화 ㅣ (02)353-9908 편집부 (02)356-9903
팩   스 ㅣ (02)6959-8234
홈페이지 ㅣ www.hakgobang.co.kr
전자우편 ㅣ hakgobang@naver.com, hakgobang@chol.com
등록번호 ㅣ 제311-1994-000001호

ISBN 979-11-6995-487-7 94150
      979-11-6586-089-9 (세트)

값 : 145,000원

픽윅 클럽 여행기

Charles Dickens

The Pickwick Papers

픽윅 클럽 여행기

찰스 디킨스 | 허진 옮김

시공사

일러두기

1 이 책은 찰스 디킨스의 장편소설 《픽윅 클럽 여행기 The Pickwick Papers》를 우리말로 옮긴 것이다. 연재 형식으로 발표되었던 《픽윅 클럽 여행기》는 1837년 단행본으로 출간되었다.
2 한국어판 번역은 《The Pickwick Papers》1999, Penguin Classics를 대본으로 삼았다.
3 본문의 주는 모두 옮긴이의 주이다.

▎차 례

런던 지도

A 바델 부인 하숙집
B 화이트 하트 여관
C 민사회관
D 벨 새비지
E 그레이즈인 법학원
F 콘힐 프리먼스 코트
G 맥파이 앤드 스텀프 여관
H 마셜시 감옥

I 불 여관
J 조지 앤드 벌처 여관
K 래들 부인 저택
L 링커스인 올드 스퀘어
M 리든홀 시장의 블루 보어
N 유나이티드 그랜드 정션 에버
니저 금주 협회 브릭 레인 지부
O 길드홀

P 화이트 호스 셀러 여관
Q 콜먼 스트리트 벨 앨리의 냄비 저택
R 플리트 감옥
S 지불 불능 채무자를 위한 법원
T 스패니어즈
U 몬터규 플레이스
V 오스본 호텔
W 중앙은행

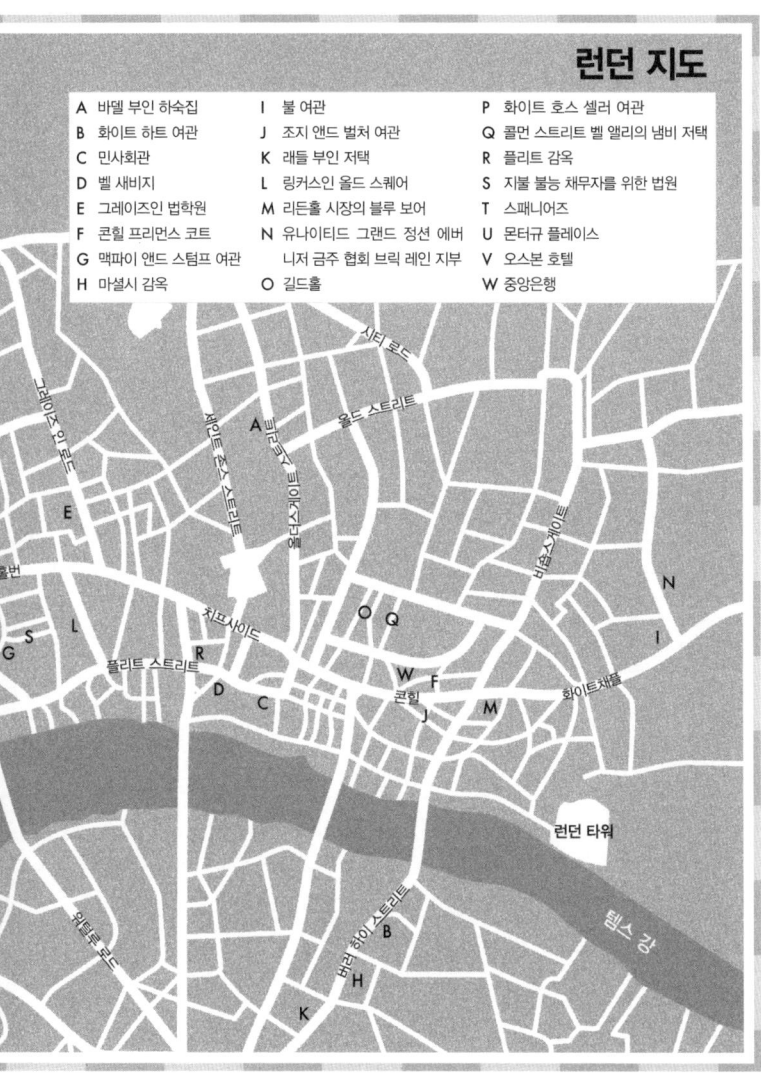

저자 서문

이 작품에서 작가의 목표는 독자들에게 인물과 사건을 끊임없이 제공하면서 능력이 닿는 한 생생하게 색칠하는 동시에 살아 있는 듯하고 유쾌한 모습으로 만드는 것이었다.

이 일을 처음 시작할 때 다른 이들은 클럽이라는 장치가 그러한 목적에 가장 적합한 방식이라고 판단했고, 작가는 그들의 의견에 따랐다. 그러나 곧 클럽이라는 설정이 오히려 곤란하다는 사실을 깨달았고, 그러한 설정에 서사를 엄격히 맞추는 것이 크게 중요하지 않다고 생각했기 때문에 클럽이라는 설정을 점차적으로 버렸다.

이 책은 매달 32쪽짜리 연재물로 출판되었으므로 가장 중요한 목표는 각기 다른 사건들이 강한 관심사로 연결되어 전혀 연관성이 없거나 믿기 어려워 보이지 않게 하면서, 전체적인 구성은 20개월에 걸쳐 제각각 발표되는 출판 형식에 의해 손상되지 않도록 최대한 단순하게 만드는 것이었다. 간단히 말해서 각 권이 그 자체로 어느 정도 완결되면서도 스무 권 전체를 모았을 때 하나의 조화로운 이야기를 이루도록 모험이 완만하고 자연스럽게 이어져야 했다. 적어도 작가가 생각하기에는 그랬다.

이러한 생각으로 출판된 작품에서 교묘하게 뒤얽히거나 독창적일 만큼 복잡한 플롯을 기대하기는 물론 어렵다. 작가는 이 어려운 과제를 성공적으로 완수했기를 바라는 바이다. 《픽윅 클럽 여행기》는 일련의 모험을 단순히 나열한 것에 지나지 않으며 장면이 계속 변하고 실제 세상에서 우리가 만나는 사람들처럼 여러 인물이 등장했다가 사라질 뿐이라고 비판하는 사람이 있다면 그것이 바로 핵심이라고, 가장 위대한 영어 소설가들의 작품도 똑같은 비판을 받았다고 대답할 수 있을 것이다.

이 책의 내용은 정기적으로 띄엄띄엄 쓰였다. 대부분 소중한 젊은 친구와 교류하며 썼기 때문에 작가의 마음속에서 이 책은 일생에서 가장 행복했던 시기와, 또 가장 슬프고 가장 힘든 고통과 관련이 있다.

각 권의 원고를 쓰고 나서 인쇄되기까지 시간이 무척 짧았기 때문에 본문에 딸린 삽화의 대부분은 작가가 어떤 내용을 쓸 것인지 말로 설명하는 것을 듣고 그린 것이다.

작가는 대중이 이 책에 보여준 전례가 없을 정도의 호의와 지지를 항상 고마운 마음으로 즐겁게 회상할 것이다. 또한 이 책에 등장하는 어떤 사건이나 표현도 섬세한 이의 얼굴을 붉히게 하거나 예민한 이의 감정을 상하게 하지 않으리라 믿는다. 정독하면 재미를 느낄 수 있는 이 불완전한 글을 읽고 단 한 사람의 독자라도 같은 인간을 다시 생각하거나 인간 본성의 더욱 밝고 다정한 면을 바라보게 된다면 작가는 더없이 자랑스럽고 행복할 것이다.

1837년 찰스 디킨스

1장

픽윅 클럽 회원들

어둠을 밝히고 아직 잘 알려지지 않은 픽윅 클럽의 초창기 경력을 눈부시게 비춘 최초의 빛은 픽윅 클럽 회보 중 다음과 같은 기록에서 나왔으니, 이 회보를 편집한 담당자는 주의 깊은 관심과 지칠 줄 모르는 근면함, 뛰어난 안목으로 자신에게 맡겨진 다종다양한 문서를 열심히 살펴보았다는 증거를 독자 앞에 내놓게 되어 더할 나위 없이 기쁠 따름이다.

1827년 5월 12일, 픽윅 클럽 종신 부회장 조지프 스미거스 귀하의 사회로 다음과 같은 결의가 만장일치로 채택되었다.

*

본 회의는 픽윅 클럽의 회장 새뮤얼 픽윅 귀하가 제출한 논문 〈햄프스테드 연못 수원에 대한 고찰 및 큰가시고기 이론에 대한 소견〉의 낭독을 순수한 만족감과 무조건적인 찬동 속에서 경청한 바이며, 이에 새뮤얼 픽윅 귀하에게 따뜻한 감사의 마음을 전한다.

본 회의는 방금 언급한 논문뿐 아니라 픽윅 클럽 회장 새뮤얼 픽윅 귀하가 혼지, 하이게이트, 브릭스턴, 캠버웰에서 줄기차게 계속해온 연구가 과학에 얼마나 크게 기여할 것인지 깊이 인식하고 있다. 또한 이 학자가 더 많은 분야를 고찰하고 더 많은 곳을 여행하여 더 많은 영역을 탐구한다면 분명 지식의 진보와 학문 보급에 가늠할 수 없을 만큼 큰 이익을 가져다줄 것임을 생생하게 실감하지 않을 수 없다.

이에 따라 본 회의는 픽윅 연합 클럽에 픽윅 클럽 통신회라는 새로운 소모임을 신설하자는 픽윅 클럽 회장 새뮤얼 픽윅 귀하 및 이하 언급할 회원 3인의 제안을 진지하게 고려하였다. 본 회의는 상기의 제안을 재가하고 승인하였기에 이에 따라 픽윅 클럽 통신회를 구성하는 바이다.

회장 겸 회원 새뮤얼 픽윅 귀하, 회원 트레이시 터프먼 귀하, 회원 오거스터스 스노드그래스 귀하, 회원 너새니얼 윙클 귀하를 통신회 회원으로 추천 및 임명한다. 상기 4인은 그들이 관찰한 분위기와 관습, 여행 전체에 대한 설명을 런던에 위치한 픽윅 클럽 본부에 제출해야 한다.

본 회의는 통신회 회원들이 모든 여행 비용을 직접 부담한다는 원칙에 적극 찬성하며, 같은 조건으로 해당 회원이 원하는 만큼 오랜 기간 동안 탐구하는 것에 반대하지 않는다.

통신회 회원들은 우편료와 화물 운송료 역시 본인들이 부담하겠다고 제안하였기에 본 회의가 심리한 바, 이는 제안한 자들의 됨됨이와 잘 어울리는 넉넉한 마음씨가 아닐 수 없으며, 본 회의는 이 제안을 승인한다.

*

다음 이야기는 비서의 비망록에 따른 것인데, 만일 지나가던 외부인이 회의 광경을 보았다면 위의 결의문을 낭독하는 그(비서)의 얼굴을 열심히 바라보던 둥근 안경을 쓴 대머리 남자에게서 그 어떤 특이한 점도 알아보지 못했을 것이다. 그러나 그 대머리 속에서 픽윅의 거대한 두뇌가 돌아가고 있음을, 둥근 안경 뒤에서 픽윅의 빛나는 눈이 반짝이고 있음을 아는 사람에게는 실로 흥미로운 광경이었다. 거대한 햄프스테드 연못의 수원까지 쫓아간 남자, 큰가시고기 이론으로 과학계를 뒤흔든 남자가 얼어붙을 듯한 날씨의 깊은 호수처럼, 흙 단지 가장 깊숙이 숨은 외로운 큰가시고기처럼, 꼼짝도 없이 차분하게 앉아 있었다. 동료 회원들이 '픽윅'을 동시에 연호하자 이 걸출한 남자는 활기를 되찾고 지금까지 앉아 있던 나무 의자에 천천히 올라서서 본인이 설립한 클럽 회원들을 향해 연설을 시작했고, 이제 더욱 흥미로운 광경이 펼쳐졌다. 이 열띤 광경을 화가가 보았다면 좋은 습작이 되었을 것이다! 달변가 픽윅 씨는 한 손을 상의 뒷자락에 우아하게 감추고 한 손은 공중에서 흔들며 열정적인 웅변을 거들었다. 의자에 올라선 탓에 딱 붙는 바지와 각반이 드러났는데, 평범한 사람이 입었다면 눈에 띄지도 않았겠지만 픽윅 씨가 입으니—이러한 표현을 써도 된다면—경의와 탄성이 저절로 새어 나왔다. 그는 여행의 위험을 함께 나누겠다고 자원한 사람들, 영광스러운 발견을 함께하도록 운명 지어진 사람들에게 둘러싸여 있었다. 오른쪽에는 트레이시 터프먼 씨, 감수성이 너무나 예민한 터프먼 씨가 앉아 있었다. 그는 인간의 약점 중 무엇보다도 흥미롭고 용서할 수밖에 없는 것—사랑—에 대해서 성숙한 어른의 지혜와 경험뿐 아니라, 소년의 열정과 열의까지 가지고 있었다. 한때 낭만적이었던 그의 모습은 시간과 양식糧食 덕분에 부풀어 올랐다. 검정색 비단 조끼는 점점 커졌고 조끼 아래 금시곗줄은 터프먼 씨의 시야에서 1인치씩 사라졌으며 널찍한 턱은 흰 크라바트의 경계를 서서히 침범했지만 그의 영혼은 변화를 몰랐으니, 그의 가장 큰 열정은 여전히 여성을 향한 찬양이었다. 위대한 수장 픽윅 씨의 왼쪽에는 시인 스노드그래스가, 또 그 근처에는 스포츠를 좋아하는 윙클이 앉아 있었는데, 전자는 개가죽 옷깃이 달린 신비로운 파란 망토에 시적으로 감싸여 있었고 후자는 새로 마련한 초록색 사냥복과 격자무늬 네커치프, 딱 붙는 반바지에 광채를 더하고 있었다.

픽윅 씨가 한 연설은 곧바로 이어진 토론과 함께 클럽 회보에 기록되었다. 연설과 토론 모두 다른 유명 클럽들에서 벌어진 논의와 무척 비슷했고, 위인들의 행동에서 유사성을 찾는 것은 언제나 흥미로운 일이므로, 우리는 회보의 기록을 여기에 싣기로 한다.

(비서의 기록에 따르면) 픽윅 씨는 이렇게 말했다. "명성은 누

구에게나 소중합니다. 시적 명성은 저의 친우 스노드그래스에게 소중하고, 정복의 명성은 저의 친우 터프먼에게 똑같이 소중하며, 육지와 공중, 수중 스포츠에서 명성을 얻고자 하는 갈망은 저의 친우 윙클의 가슴속에서 으뜸입니다. 제 자신도 인간의 열정과 인간의 감정(환호)에 — 그리고 아마도 인간의 약점에("아니오"라는 큰 외침) — 영향을 받는다는 사실을 부인하지 않겠지만, 만약 제 마음속에 자만의 불꽃이 피어오른다 해도 인류의 이익을 우선하고 싶다는 마음이 그 불을 효과적으로 꺼뜨릴 것이라는 말만큼은 분명히 드릴 수 있습니다. 인류의 칭찬이 저의 위험 요소라면 인류에 대한 사랑은 저의 보험입니다. (열렬한 환호.) 저는 큰가시고기 이론을 세상에 내놓으며 자부심을 느꼈다고 솔직히 인정합니다. 적들이 이 말을 이용해도 어쩔 수 없습니다. 큰가시고기 이론은 칭송받을 수도 있고 그렇지 않을 수도 있지요. ("칭송받고 있소"라고 외치는 소리와 이어진 크나큰 환호.) 방금 칭송받고 있다고 소리치신 명예로운 픽윅 클럽 회원의 주장을 받아들이겠습니다. 제 이론은 칭송받았습니다. 그러나 이 논문의 명성이 세상 끝까지 퍼진다 해도 지금껏 살아오면서 가장 자랑스러운 이 순간, 제가 주변을 둘러보며 느끼는 자부심과 비교하면 아무것도 아닐 것입니다. (환호.) 저는 보잘것없는 사람입니다. ("아니, 아니오.") 그러나 여러분이 무척 영광스럽지만 어느 정도 위험이 따르는 일을 맡기기 위해 저를 선택했다고 느끼지 않을 수가 없군요. 여행은 무척 어수선한 일이며, 마부들의 마음은 불안정합니다. 사방을 둘러보세요, 주변에서 벌어지는 일들을 생각해보세요. 사방에서 역마차가 뒤집어지고, 말들이 도 망치고, 배가 뒤집히고, 보일러가 폭발하고 있습니다. (환호, 그리고 "아니오"라고 외치는 한 목소리.) 아니라고요! (환호.) "아니오"라고 크게 소리치신 명예로운 회원께서 앞으로 나와 제 말을 부인할 수 있다면 그렇게 해보시죠. (환호.) "아니오"라고 외치신 분이 누구십니까? (열정적인 환호.) 혹시 제 연구에 쏟아진, 어쩌면 걸맞지 않은 찬사를 질투하고 경쟁자에게 힘없이 맞섰다가 심한 비난만 쌓여서 상심한 허영심 많은 사람—잡상인이라고는 하지 않겠습니다만(크나큰 환호)—인가요, 그래서 이렇게 사악하고 중상모략적인 방법으로……."

(앨드게이트의) 블로튼 씨가 일어나서 항의했다. "명예로운 회원 픽윅 씨가 지금 그게 저라고 넌지시 비추는 겁니까?" ("정숙", "의장", "그렇소", "아니오", "계속하시오", "그만두시오" 등등의 외침.)

픽윅 씨는 이런 소란에도 굴하지 않았다. "명예로운 신사 블로튼 씨를 암시한 것이 맞습니다." (크나큰 흥분.)

그러자 블로튼 씨는 크게 경멸할 일이라고, 명예로운 신사 픽윅 씨의 상스럽고 잘못된 비난에 항의한다고 말했다. (크나큰 환호.) 그리고 명예로운 신사 픽윅 씨는 사기꾼이라고 덧붙였다. (어마어마한 혼란, "의장", "정숙"이라는 커다란 외침.)

그때 스노드그래스 씨가 일어나서 항의했다. 그는 의자 위로 올라갔다. ("옳소.") 스노드그래스 씨는 두 회원이 치욕스러운 다툼을 계속하도록 허용해야 하는지 물었다. ("옳소, 옳소.")

의장은 명예로운 회원 블로튼 씨가 방금 사용한 표현을 철회해야 한다고 말했다.

블로튼 씨는 의장의 뜻을 백분 존중하지만 철회할 수 없다고 말했다.

의장은 명예로운 신사 블로튼 씨가 방금 내뱉은 말을 일반적인 의미로 사용한 것인지 물었다.

블로튼 씨는 주저 없이 그렇지 않다고, 픽윅 클럽에서 쓰는 의미로 사용했다고 말했다. ("옳소, 옳소.") 그는 개인적으로 명예로운 신사 픽윅 씨를 더없이 존중하며 자랑스럽게 생각하지만, 픽윅 클럽의 입장에서 보았을 때 그렇게 생각할 뿐이라고 말했다. ("옳소, 옳소.")

픽윅 씨는 이 명예로운 친우의 공정하고 솔직하며 충실한 설명에 만족했다. 그는 자신이 한 말도 픽윅 클럽 내에서의 의미로 해석하도록 했던 것뿐임을 이해해 달라고 했다. (환호.)

기록은 여기서 끝난다. 우리는 무척 흡족하고 확실히 이해할 수 있는 지점에 다다른 논쟁 역시 여기서 끝났으리라 생각하는 바이다. 독자들이 다음 장에서 읽을 내용은 공식 기록은 없지만 서신과 믿을 만한 원고를 주의 깊게 대조하여 작성한 의심의 여지없는 진실이며, 연재 형식으로 이야기를 전달하더라도 사실이 손상되지는 않을 것이다.

2장
첫 날의 여행과 첫 밤의 모험,
그리고 그 결과

1827년 5월 13일 아침, 시간을 엄수하며 모든 일을 관장하는 하인 태양이 막 떠올라 빛을 비추자 새뮤얼 픽윅 씨는 또 하나의 태양처럼 잠자리에서 벌떡 일어나 창문을 열고 아래에 펼쳐진 세상을 내다보았다. 고스웰 스트리트가 그의 발밑에 있었다. 오른편도 고스웰 스트리트였으며, 왼편도 눈이 닿는 한 고스웰 스트리트였고, 그 맞은편은 길 건너였다. 픽윅 씨는 생각했다. '자기 앞에 놓인 것들을 살피는 데 만족하고 그 뒤에 숨은 진실을 보려 하지 않는 것이야말로 철학자들의 좁은 시야지. 나도 평생 고스웰 스트리트만 보면서 만족할 수도 있었어. 이 거리를 둘러싸고 있는 숨겨진 곳들을 꿰뚫어 보려는 노력 한 번 없이 말이야.' 멋진 반성을 끝낸 픽윅 씨는 옷을 입은 다음 가죽 트렁크에 옷을 챙겨 넣었다. 이 위인은 자기 옷을 지나칠 만큼 꼼꼼하게 정리하는 법이 없었다. 면도, 매무새 가다듬기, 커피 들이켜기도 곧 끝이 났다. 한 시간 뒤 픽윅 씨는 가죽 트렁크를 손에 들고, 망원경을 외투 주머니에 넣고, 공책을 조끼에 넣고, 기록할 가치가 있는 어떤 발견이든 받아들일 태세를 갖춘 다음 세인트 마틴스 르 그랑 역에 도착했다.

"마차!" 픽윅 씨가 말했다.

"네, 네." 삼베 상의에 같은 직물로 만든 앞치마를 두른 인류의 기묘한 표본이 외쳤는데, 목에 숫자가 적힌 놋쇠 표찰을 두르고 있어서 마치 진귀한 수집품 목록에 올라 있을 것만 같았다. 마차 역에서 말에게 물을 먹이는 워터맨이었다.

"여기 있습니다. 첫 마차입니다!" 워터맨이 그날 첫 담배를 피우던 선술집에서 첫 마차가 끌려 나왔고, 픽윅 씨는 가죽 트렁크와 함께 마차 안으로 던져졌다.

"골든 크로스로 갑시다." 픽윅 씨가 말했다.

"겨우 1실링짜리잖아, 토미." 마부가 마차를 출발시키면서 부루퉁한 목소리로 워터맨에게 소리쳤다.

"이 말은 몇 살이오?" 픽윅 씨가 요금으로 준비한 동전으로 코를 문지르며 물었다.

"마흔두 살입니다." 마부가 미심쩍은 눈으로 그를 보며 대답했다.

"뭐요?" 픽윅 씨가 공책을 꺼내며 내뱉었다. 마부는 앞서 한 말을 되풀이했다. 픽윅 씨가 남자의 얼굴을 뚫어져라 쳐다보았지만, 그의 이목구비에 전혀 변화가 없었기 때문에 그 사실을 즉시 공책에 적었다.

"한 번 나오면 일을 얼마나 시키시오?" 픽윅 씨가 더 많은 정보를 얻으려고 물었다.

"2~3주요." 남자가 대답했다.

"그렇게 오래요!" 픽윅 씨가 깜짝 놀라서 말했고, 공책을 다시 꺼냈다.

"집은 펜톤빌이죠." 마부가 아무렇지도 않게 말했다. "몸이 약해서 집에는 거의 안 데리고 가요."

"몸이 약해서라고요." 당혹한 픽윅 씨가 되풀이했다.

"마차에서 풀어주면 꼭 쓰러지거든요." 마부가 말을 이었다. "마차에 맬 때는 높이 들어서 고삐를 짧게 매니까 넘어지지도 않고 엄청나게 큰 바퀴도 두 개나 있지요. 말이 움직이면 뒤에서 바퀴가 움직이니 이 녀석은 계속 앞으로 나갈 수밖에 없어요, 어쩔 수가 없지요."

픽윅 씨는 괴로운 환경에서 끈질기게 살아가는 말의 삶을 보여주는 보기 드문 사례를 클럽에서 발표해야겠다는 생각이 들어서 마부의 말을 한 마디도 빠짐없이 공책에 적었다. 기록이 거의 다 끝났을 때 마차가 골든 크로스에 도착했다. 마부가 뛰어내렸고 픽윅 씨가 밖으로 나왔다. 걸출한 수장이 도착하기를 초조하게 기다리던 터프먼 씨, 스노드그래스 씨, 윙클 씨가 북적북적 모여들어 그를 환영했다.

"요금 여기 있소." 픽윅 씨가 마부에게 1실링을 건네며 말했다.

그때 속을 알 수 없는 마부가 돈을 바닥에 내던지더니 요금을 받는 대신 픽윅 씨와 한판 붙고 싶다고 빙 돌려 말하자 이 학자가 얼마나 놀랐던지!

"미쳤군요." 스노드그래스 씨가 말했다.

"아니면 취했거나." 윙클 씨가 말했다.

"아니면 둘 다거나." 터프먼 씨가 말했다.

"자, 덤벼요!" 마부가 태엽 장치처럼 팔과 주먹을 쭉쭉 뻗으며 말했다. "덤벼, 네 명 다 덤비라고!"

"재미있는 일이 터졌어!" 전세 마차를 모는 마부 여섯 명이 소리쳤다. "한판 붙어, 샘!" 그들이 무척 즐거워하며 빙 둘러쌌다.

"이게 무슨 소동인가, 샘?" 검정색 캘리코 소매의 노신사가 물었다.

"소동이라뇨!" 마부가 대답했다. "이 사람이 뭐 때문에 내 마차 번호가 필요하겠어요?"

"당신 번호 필요 없소!" 깜짝 놀란 픽윅 씨가 말했다.

"그러면 왜 적었어요?" 마부가 물었다.

"안 적었소!" 픽윅 씨가 노하여 말했다.

"말이 됩니까?" 마부가 모여든 사람들에게 호소했다. "꼬나풀이 남의 마차에 타서 번호뿐만 아니라 내가 한 말까지 모조리 적다니, 말이 되냐고요!" (그제서야 픽윅 씨는 문득 깨달았다. 공책 때문이었다.)

"이 사람이 그랬다고?" 다른 마부가 물었다.

"그래, 그랬다니까. 약을 살살 올려서 자기한테 덤벼들게 만들고서는, 증인으로 내세울 사람을 셋이나 불러놨다고. 6개월을 감옥에서 썩는 한이 있어도 한 대 치고 말 거야. 덤벼!"

마부는 자기 물건임에도 아랑곳없이 모자를 땅바닥에 내팽개친 다음 픽윅 씨의 안경을 쳐서 떨어뜨렸고, 연달아서 픽윅 씨의 코를 한 방 날린 후 가슴을 한 대 때리고, 세 번째로는 스노드그래스 씨의 눈을 치고, 네 번째로는 변화를 주어 터프먼 씨의 조끼를 때렸다. 마부가 춤을 추듯 도로에 내려섰다가 보도로 다시 올라와 마지막으로 윙클 씨에게 달려들자 윙클 씨는 잠시나마 숨을 전혀 쉴 수 없었다. 이 모든 일이 6초 만에 일어났다.

"경찰은 어디 있는 거야?" 스노드그래스 씨가 말했다.

"펌프 밑으로 던져." 파이 장수가 제안했다.

"이 일을 후회하게 될 거요." 픽윅 씨가 헉헉대며 말했다.

"끄나풀!" 사람들이 소리쳤다.

"덤벼!" 마부가 쉬지도 않고 주먹을 쭉쭉 뻗으며 외쳤다.

픽윅 클럽 회원들이 끄나풀이라는 말이 퍼지자 그때까지 수동적이던 구경꾼들은 파이 장수의 제안을 실행하는 것이 적절한지 아닌지 활발하게 토론하기 시작했다. 새로운 인물이 끼어들면서 난투가 예상치 못하게 끝나지 않았더라면 그들이 어떤 공격을 감행했을지 장담할 수 없다.

"뭐가 그렇게 재밌습니까?" 녹색 상의 차림의 크고 날씬한 청년이 마차 대기소에서 갑자기 나타나 물었다.

"끄나풀이오!" 사람들이 다시 외쳤다.

"아닙니다!" 픽윅 씨가 고함을 쳤는데, 감정에 좌우되지 않는 사람이라면 충분히 설득당할 만한 어조였다.

"아니군요, 그렇죠?" 청년이 픽윅 씨에게 말을 걸더니 사람들의 얼굴을 팔꿈치로 툭툭 치면서 군중을 헤치고 다가왔다.

픽윅 씨가 몇 마디 말로 사건의 진상을 황급히 설명했다.

"저를 따라오세요." 녹색 상의의 남자가 우격다짐으로 픽윅 씨를 질질 끌고 가며 말했다. 그는 걸어가는 내내 말을 멈추지 않았다. "자, 924번, 요금 받고 꺼져버려―존경할 만한 신사요―내가 잘 아는 사람이지―말도 안 되는 소리―이쪽입니다―친구분들은 어디 있죠?―네, 전부 오해군요―신경 쓰지 마세요―사고는 항상 일어나죠―제대로 된 집안도 예외는 아닙니다―지기 싫어하니까요―운이 나빴던 겁니다―저런 놈은 혼쭐을 내야죠―잘 생각해 보라죠―깨달을 겁니다―나쁜 놈들." 낯선 청년은 툭툭 끊어진 문장을 비범할 만큼 유창하게 줄줄이 늘어놓으며 여행자 대기소로 안내했고, 픽윅 씨와 추종자들이 바로 뒤를 따랐다.

"여기, 급사!" 낯선 남자가 어마어마한 힘으로 종을 울리며 외쳤다. "모두에게 잔을 돌려요―물 탄 브랜디를 뜨겁고 진하고 달콤하게 주시오―눈을 다치셨습니까?―급사, 이분 눈에 붙일 소고기를 줘요―멍 든 데는 익히지 않은 소고기만 한 게 없죠―차가운 가로등 기둥도 좋지만 불편하니까요―대로의 가로등에 30분만 눈을 붙이고 서 있어도 아주 이상해 보일 겁니다―어, 아주 좋아요―하하!" 낯선 이가 말을 잠깐 멈추고 김이 모락모락 피어오르는 물 탄 브랜디 반 파인트를 단숨에 마시더니 아무 일도 없었다는 듯 아주 편안하게 의자에 몸을 내맡겼다.

세 친구가 새로운 지인에게 분주히 감사 인사를 하는 동안 픽윅 씨는 그의 옷과 외모를 여유롭게 살펴보았다.

청년은 몸매가 날씬하고 다리가 길어서 실제보다 훨씬 커 보였다. 녹색 상의는 연미복이 유행하던 시절에는 멋진 옷이었겠지만 더럽고 해진 소매가 손목에 거의 닿지도 않는 것을 보니 그 시절에는 이 낯선 청년보다 훨씬 더 작은 남자를 치장했던 것이 분명했다. 단추가 목 끝까지 채워져 있고 등이 금방이라도 터질 듯했다. 옷깃은 흔적도 없고 낡은 스톡타이가 목을 장식하고 있었다. 여기저기 번들거리는 것을 보니 오래 입은 것이 틀림없는 꼭 끼는 검정색 바지는 덧대어 꿰매고 수선한 신발 위에 더러운 흰색 양말을 숨기려는 것처럼 딱 맞게 조여져 있었지만, 그럼에도 불구하고 양말이 눈에 잘 띄었다. 테두리가 살짝 올라간 낡은 모자 양쪽 아래로 길고 검은 머리카락이 자연스럽게 물결치며 비어져 나왔다. 장갑 끝과 상의 소맷단 사이로 손목의 맨살이 언뜻언뜻 보였다. 얼굴은 가늘고 초췌했지만 전체적으로 뭐라 설명할 수 없는 유쾌한 뻔뻔함과 완벽한 침착함이 엿보였다.

픽윅 씨가 (다행히도 무사히 되찾은) 안경을 통해서 관찰한 사람은 바로 이런 남자였다. 친구들이 감사의 말을 끝내자 픽윅 씨는 엄선한 말로 조금 전의 도움에 대해 따뜻한 감사의 마음을 전했다.

"신경 쓰지 마세요." 낯선 이가 말을 잘랐다. "이미 충분합니다—이제 됐어요—그 마부가 영리한 놈이더군요, 주먹이 아주 빨랐죠—하지만 제가 초록색 사냥복을 입은 당신 친구였다면 그놈 머리를 때려줬을 겁니다—진짜로요—파이 장수도 마찬가지예요—허튼소리가 아닙니다."

로체스터행 마차의 마부가 들어오더니 낯선 남자의 말을 끊으며 코머도어가 곧 출발한다고 알렸다.

"코머도어!" 낯선 이가 벌떡 일어나 말했다. "제가 탈 마차군요—좌석을 예약했죠—실외 좌석이에요—술값은 여러분께 맡기죠, 5파운드 지폐뿐 잔돈이 없어서—은화는 못 믿으니까요—위조 은화 때문에 안 돼요—안 그렇습니까?" 남자가 다 안다는 듯 고개를 절레절레 흔들었다.

마침 픽윅 씨와 세 친구의 첫 번째 목적지 역시 로체스터였다. 일행은 새로운 지인에게 행선지가 같다고 말했고, 마차 뒷좌석에 다 같이 앉아서 가기로 했다.

"자, 올라가시죠." 낯선 남자가 이렇게 말하며 지붕으로 오르는 픽윅 씨를 도왔는데, 어찌나 허둥거리는지 진중해 보이던 인상이 크게 달라졌다.

"맡기실 화물 있습니까?" 마부가 물었다.

"누구, 나요? 이 갈색 종이 꾸러미 하나뿐입니다—다른 짐은 선박으로 보냈어요—수송용 상자에 넣어서 못도 박고—집채만 하죠—무거워요, 무거워, 아주 무겁죠." 낯선 이가 갈색 종이 꾸러미를 주머니에 열심히 쑤셔 넣으면서 대답했는데, 그 속에는 셔츠 한 장과 손수건 한 장밖에 없는 듯했다.

"머리요, 머리. 머리 조심하세요." 마차 대기소 입구의 낮은 아치 통로를 지날 때 수다스러운 남자가 외쳤다. "끔찍한 곳이에요—위험한 일이죠—저번에 애 다섯을 데리고 탄 부인을 봤어요—키 큰 부인인데 샌드위치를 먹고 있었죠—그런데 아치를 깜빡하는 바람에 쿵 부딪친 거예요—애들은 주변을 둘러보고, 엄마는 머리가 날아가고—샌드위치는 손에 있는데 그걸 넣을 입이 없어졌죠—가족의 우두머리가 날아간 거예요—충격적인 일이죠. 화이트홀을 보세요—좋은 곳이죠—창문도 작아요—거기서도 누군가의 머리가 날아갔잖아요?[1]—그 사람도 조심하지를 않았으니까요."

"아, 저는 생각을 좀 하고 있었습니다." 픽윅 씨가 말했다. "인간사가 얼마나 쉽게 변하는지에 대해서요."

"맞아요—하루는 궁전 문으로 들어갔다가 다음 날에는 창문으로 나오죠. 철학자시군요?"

"인간 본성을 탐구하는 사람입니다." 픽윅 씨가 말했다.

"아, 저도 그렇습니다. 할 일은 없고 수입이 더욱 적을 때면 누구나 그렇게 되지요. 시도 쓰십니까?"

"제 친구인 스노드그래스 씨가 시적 성향이 강하지요." 픽윅 씨가 말했다.

"저도요." 낯선 남자가 말했다. "1만 행짜리 서사시를 썼지요—7월 혁명 때였는데 즉석에서 지었어요—낮에는 마르스, 밤에는 아폴로인 셈이죠—야포를 쏘다가 리라를 튕기니까요."

---

1   1649년에 찰스 1세가 참수당했다.

"영광스러운 현장에 계셨군요?" 스노드그래스 씨가 물었다.

"현장에 있었냐고요! 그랬다고 생각하세요—머스킷 총을 쏘며 시상도 떠올렸지요—술집으로 달려가서 시를 적어놓고 돌아와서 다시 탕탕 쏘는 겁니다—다른 시상이 떠오르면 다시 술집으로 가서 펜을 잡았다가—돌아오면 다시 베고 자르고—대단한 시절이었지요. 스포츠를 하십니까?" 그가 갑자기 윙클 씨를 보며 물었다.

"약간요." 윙클 씨가 대답했다.

"좋은 취미, 좋은 취미예요. 개는요?"

"지금은 없습니다." 윙클 씨가 말했다.

"아! 개는 꼭 키우세요. 좋은 동물, 똑똑한 짐승이죠—예전에 포인터라는 품종을 키웠는데 깜짝 놀랄 만한 본능을 가진 놈이었어요—어느 날 사냥을 나갔다가 사유지에 들어가서 휘파람을 불었는데 이 녀석이 딱 멈추는 겁니다—다시 휘파람을 불고 '폰토' 하고 불러도 꼼짝도 안 해요—제가 '폰토, 폰토' 불러도 딱 굳어서 표지판만 보는 겁니다—고개를 들어보니 '이 사유지에서 발견된 개는 사냥터 관리인이 사살함'이라고 적혀 있더군요—그 옆으로는 지나가지도 않으려고 했죠—아주 놀라운 개, 귀중한 개였어요—정말로."

"그거 참 특이하군요." 픽윅 씨가 말했다. "이야기를 좀 적어도 되겠습니까?"

"그럼요, 물론이지요. 개에 대한 일화라면 백 가지는 더 있지요. 아, 아름다운 여자군요." (이것은 픽윅 클럽 회원답지 않게 길가의 젊은 여성에게 시선을 보내던 트레이시 터프먼 씨를 향한 말이다.)

"정말 그렇습니다!" 터프먼 씨가 말했다.

"영국 여자는 스페인 여자만큼 예쁘진 않죠—얼마나 고귀한 지—그 칠흑 같은 머리카락과 눈, 사랑스러운 몸매! 게다가 또 어찌나 상냥한지—아름답죠."

"스페인에 가보셨습니까?" 트레이시 터프먼 씨가 말했다.

"거기 살았죠, 한참 동안."

"정복도 많이 했겠군요?" 터프먼 씨가 물었다.

"정복이라고요! 그야 수천 번은 되지요—스페인 대공작 돈 볼라로 피즈기그와 그의 외동딸 도나 크리스티나가 생각나는군 요—정말 멋진 여자였는데, 저를 미친 듯이 사랑했어요—질투 심 많은 아버지와 고매한 딸, 잘생긴 영국 남자가 얽히고—절망 한 도나 크리스티나는 청산가리를 삼킵니다—마침 제 가죽 트 렁크에 위 세척기가 있어서 처치를 하자 볼라로가 크게 기뻐하 며 우리의 결혼을 허락했죠—손을 맞잡고서 홍수 같은 눈물을 어찌나 흘리던지, 낭만적인 이야기죠—정말로."

"그분은 지금 영국에 계십니까?" 매력적인 도나 크리스티나에 게 깊은 인상을 받은 터프먼 씨가 물었다.

"죽었습니다, 죽었어요." 낯선 남자가 너무 낡아서 얼마 남지 도 않은 얇고 흰 아마포 손수건을 오른쪽 눈에 가져다 대며 말 했다. "위를 세척했지만 회복하지 못하고, 몸이 약해져서 결국 희 생되고 말았지요."

"아버지는요?" 시적인 스노드그래스가 물었다.

"후회와 비통함뿐이었지요." 낯선 남자가 대답했다. "어느 날 갑자기 증발해 버렸어요—온 도시에 소문이 퍼지고, 사방을 수색했지만 감감무소식—그러던 어느 날 대광장 분수가 갑자기 멈추더니 몇 주가 지나도록 물이 나오지 않았습니다—인부를 고용해서 물을 다 뺐더니, 세상에나—중앙 파이프에 머리가 낀 장인이 발견된 겁니다—오른쪽 신발 안에 모든 일을 고백한 쪽지가 들어 있었지요—그렇게 해서 분수는 다시 나오게 되었습니다."

"제가 그 사랑 이야기를 기록해도 될까요?" 크게 감명받은 스노드그래스 씨가 말했다.

"그럼요, 그럼요. 듣고 싶으시다면 이야기가 50가지는 더 있습니다—제 인생이 참 기구해서 진기한 경험이 많죠—비범하지는 않아도 특이해요."

중간중간 마차의 말을 교환할 때 에일 맥주도 마셔가면서 낯선 남자의 이야기는 계속되었고, 그의 모험담을 골라서 적던 픽윅 씨와 스노드그래스 씨의 공책이 전부 다 찼을 때쯤 드디어 로체스터에 도착했다.

"장엄한 폐허군요!" 아름다운 고성이 보이자 오거스터스 스노드그래스 씨가 특유의 시적 열정을 담아 말했다.

"고고학자에게는 정말 대단한 연구 대상이겠군." 망원경을 눈으로 가져가는 픽윅 씨의 입에서 나온 말이었다.

"아! 멋진 곳이죠." 낯선 이가 말했다. "눈부신 대건축물이에요—위압적인 성벽, 쓰러질 듯한 아치, 어둑한 구석, 무너져 내리는 계단, 오래된 대성당, 세속적인 분위기를 보세요—순례자들의 발걸음에 닳아버린 낡은 계단, 색슨 양식의 작은 문들, 극장 요금 상자 같은 고해실들도 있죠—수사는 참 묘한 사람들이죠—교황이니 재무상이니 크고 빨간 얼굴에 코가 비뚤어진 온갖 늙은이들이 매일 찾아오고—담황색 가죽조끼를 입은 군인들도 있어요—화승총과 석관도 있지요—좋은 곳입니다—오랜 전설들, 기묘한 이야기들도 많아요—대단하지요." 낯선 이는 혼잣말을 계속했고, 드디어 마차가 번화가에 위치한 불 여관 앞에 멈추었다.

"여기서 묵으십니까?" 너새니얼 윙클 씨가 물었다.

"저는 아닙니다만, 여러분은 묵으시는 게 좋습니다—좋은 건물, 훌륭한 침대, 바로 옆은 값비싼 라이트 여관이에요—아주 비싸지요—급사를 보기만 해도 반 크라운짜리 계산서를 들이밀어요—친구의 방에서 식사를 하면 카페에서 식사를 할 때보다 돈을 더 많이 받죠—이상한 놈들입니다—정말로."

윙클 씨가 픽윅 씨를 보며 뭐라고 중얼거리자 픽윅 씨가 스노드그래스 씨에게, 스노드그래스 씨가 터프먼 씨에게 속삭임을 전달했고, 다들 찬성의 끄덕임을 교환했다. 픽윅 씨가 낯선 이에게 말했다.

"오늘 아침 저희에게 아주 큰 도움을 주셨지요. 감사한 마음을 조금이라도 표현하고자 식사에 초대하고 싶은데, 어떠십니까?"

"이렇게 기쁠 수가!—강요하는 것은 아니지만 구운 닭고기와 버섯이 정말 맛있지요!—몇 시에?"

"자, 가만 봅시다." 픽윅 씨가 손목시계를 보며 대답했다. "이제 3시가 거의 다 됐군요. 5시로 할까요?"

"저는 딱입니다." 낯선 이가 말했다. "5시 정각에 뵙지요—그럼 그때까지 안녕히." 남자는 테가 굽은 모자를 약간 들어서 인사한 다음 아무렇게나 비뚜름하게 다시 쓰고서 갈색 종이 꾸러미가 주머니에서 반쯤 비어져 나온 채로 안뜰을 재빨리 가로질러 번화가로 사라졌다.

"여러 나라를 돌아다니면서 사람과 사물을 면밀히 관찰하는 사람이 분명하군." 픽윅 씨가 말했다.

"저 사람 시를 보고 싶네요." 스노드그래스 씨가 말했다.

"그 개를 좀 봤으면 좋았을 텐데 말입니다." 윙클 씨가 말했다.

터프먼 씨는 아무 말도 하지 않았지만 도나 크리스티나와 위세척과 분수를 떠올렸고, 그러자 눈물이 차올랐다.

일행은 개인 응접실을 예약하고 침실을 살펴보고 식사를 미리 주문한 다음, 로체스터와 인근 동네를 구경하러 나갔다.

우리는 스트라우드, 로체스터, 채텀, 브롬턴에 대한 픽윅 씨의 메모를 신중하게 숙독했지만 그가 이 지역에서 받은 인상은 같은 지역에 다녀온 다른 사람들이 받은 인상과 크게 다른 점이 없었다. 전체적인 설명은 아래와 같이 쉽게 요약할 수 있다.

픽윅 씨는 이렇게 말한다. "이 지역의 특산물은 군인, 해병, 유대인, 석회석, 새우, 장교, 조선소 직원인 듯하다. 주로 길거리에 내놓고 파는 상품으로는 해산물, 아몬드 토피, 사과, 넙치, 굴이 있다. 거리는 생생하고 활기찬데 주로 흥겨운 군인들 때문이다. 과도한 생기와 열정적인 기운²의 영향으로 비틀비틀 걸어 다니는 용맹한 남자들을 보는 것은 박애주의자에게 정말 기쁜 일이다. 특히 군인들을 쫓아다니면서 놀려대는 것이 남자아이들에게 천진하고 순수한 놀이라는 점을 생각하면 더욱 그렇다. 군인들의 명랑함은 그 무엇도 따라갈 수 없다. 내가 도착하기 딱 하루 전에 군인 한 명이 어느 선술집에서 큰 모욕을 당했다고 한다. 술집 여급이 술을 더 이상 안 팔겠다고 단호히 거절하자 군인은 (그저 장난삼아) 총검을 꺼냈다가 여급의 어깨에 부상을 입혔다. 다음 날 아침 선술집에 제일 먼저 나타난 사람은 바로 이 군인이었는데, 그는 사건을 눈감아주고 무슨 일이 있었는지 잊어줄 용의가 있다고 말했다!

이 지역은 담배 소비율이 무척 높은 것이 틀림없다. 거리 전체에 스며든 담배 냄새가 끽연가들에게는 너무나 달콤할 것이다. 피상적인 여행자라면 이 지역의 큰 특징인 먼지를 싫어할지도 모르지만 그것이야말로 교통이 발달하고 상업적으로 번영했다는 표시라고 생각하는 사람에게는 실로 만족스러운 곳이다."

5시 정각이 되자 낯선 이가 찾아왔고, 잠시 후 식사가 나왔다. 갈색 종이 꾸러미는 사라졌지만 나머지 복장은 그대로였다. 남자는, 그것이 가능한 일이라면, 어느 때보다 더욱 수다스러웠다.

---

2   '기운 spirits'에는 술이라는 뜻도 있다.

"그건 뭐지?" 급사가 뚜껑을 하나 열자 남자가 물었다.

"서대기입니다."

"서대기라 ― 아, 멋진 생선이죠 ― 전부 런던에서 가져와
요 ― 역마차 주인들은 식사 메뉴를 정할 때도 전략적이라 서대
기를 싣고 오죠 ― 수십 바구니씩 말입니다! ― 약삭빠르기도 하
죠 ― 와인 드시겠어요?"

"좋지요." 픽윅 씨가 말했다. 낯선 이는 픽윅 씨와 첫 잔, 스노
드그래스 씨와 그다음 잔, 터프먼 씨와도 한 잔, 윙클 씨와도 한
잔, 그런 다음 일동 모두와 한 잔 마셨는데, 말이 빠른 것처럼 술
마시는 속도도 빨랐다.

"계단이 난리법석이던데, 급사." 낯선 이가 말했다. "긴 의자
들이 올라가고, 목수들이 내려오고 ― 램프에, 유리잔에, 하프
에 ― 이게 다 무슨 일이지?"

"무도회입니다." 급사가 말했다.

"사교 모임이군, 그렇지?"

"아니요, 사교 모임은 아니고요. 자선 단체 모금을 위한 무도
회입니다."

"이 마을에 예쁜 여자들이 많은지 혹시 아십니까?" 터프먼 씨
가 큰 관심을 드러내며 물었다.

"엄청나지요 ― 켄트 주잖아요, 켄트 주를 모르는 사람은 없지
요 ― 사과, 체리, 호프, 여자 ― 와인을 더 드시겠습니까?"

"아주 좋지요." 터프먼 씨가 대답했다. 낯선 이가 잔을 채웠다
가 다시 비웠다.

"저도 정말 가고 싶군요." 터프먼 씨가 다시 무도회 이야기를 꺼내며 말했다. "정말로요."

"표는 여관 술집에서 판매합니다." 급사가 끼어들었다. "한 사람당 반 기니죠."

터프먼 씨가 행사에 참가하고 싶다고 다시 진지하게 말했지만 스노드그래스 씨의 어두워진 눈에도, 픽윅 씨의 멍한 시선에도 아무 반응이 없었기 때문에 그는 이제 막 식탁에 올라온 디저트와 포트와인을 열심히 먹었다. 저녁 식사가 끝나자 일행들끼리 편안하게 즐기도록 급사가 물러갔다.

"실례합니다." 낯선 이가 말했다. "병이 아직 있으니 한 잔씩 하시죠—해가 움직이는 왼쪽으로 돕시다—한 방울도 남김없이 단번에 마셔요." 남자가 겨우 2분 전에 채운 잔을 비우더니 익숙한 듯 한 잔 더 따랐다.

와인병이 한 바퀴 돌고 나서 새로 한 병이 추가됐다. 손님이 말하고 픽윅 클럽 회원들은 귀를 기울였다. 터프먼 씨는 시간이 지날수록 무도회에 가고 싶었다. 픽윅 씨의 얼굴이 보편적인 인류애로 빛났고 윙클 씨와 스노드그래스 씨는 금세 잠들었다.

"위층에서 시작하네요." 낯선 이가 말했다. "사람들 소리가 들려요—바이올린을 조율하고 이제는 하프까지—시작하네요." 아래층으로 전해진 갖가지 소리가 첫 번째 카드리유[3]의 시작을 알렸다.

---

3   네 쌍이 네모꼴로 추는 프랑스 춤.

"정말 가고 싶은데……." 터프먼 씨가 다시 말했다.

"저도요." 낯선 이가 말했다. "괘씸한 화물—무거운 종범선이라서요—입고 갈 옷도 없다니—참 이상하지요?"

자선을 널리 베푸는 것이야말로 픽윅 클럽의 주된 규칙이었고, 트레이시 터프먼 씨보다 그 고귀한 규칙을 눈에 띄게 열정적으로 지키는 회원은 없었다. 클럽 회보에 따르면 이 훌륭한 신사가 자선을 베풀어 다른 회원들의 집으로 남는 옷가지를 보내거나 금전적으로 도운 횟수가 얼마나 많은지 믿기 힘들 정도이다.

"갈아입을 옷을 빌려드리고 싶군요." 트레이시 터프먼 씨가 말했다. "하지만 당신은 날씬한 편이고 저는……."

"좀 뚱뚱하지요—덩치를 키운 바쿠스—나뭇잎을 자르고 전차에서 떨어져서 직물 바지를 입었군요?—이중 증류가 아니라 이중 가공⁴이네요, 하하! 와인 좀 이쪽으로."

터프먼 씨가 분개한 것이 낯선 남자가 계속해서 위압적인 말투로 술을 달라고 했기 때문인지, 아니면 픽윅 클럽의 유력한 회원인 그를 굴욕적이게도 전차에서 떨어진 바쿠스에 빗대었기 때문인지 정확히 확인되지 않았다. 터프먼 씨는 와인을 건넨 다음 기침을 두 번 하고서 몇 초 동안 엄정하고 강렬한 시선으로 낯선 남자를 바라보았다. 그러나 남자는 탐색하는 시선을 받으면서도 더없이 태연하고 침착해 보였으므로 터프먼 씨 역시 긴장을 서서히 풀고 무도회라는 주제로 돌아갔다.

---

4   로마의 주신酒神 바쿠스는 머리에 나뭇잎으로 만든 관을 쓰고 표범이 끄는 전차를 탄다. 터프먼이 뚱뚱한 체형 때문에 이중으로 직조한 옷을 입어야 했다는 뜻이다.

"제 생각에는 말입니다." 터프먼 씨가 말했다. "제 옷은 너무 크겠지만 제 친구 윙클 씨의 옷은 잘 맞을 것 같군요."

낯선 남자가 윙클 씨를 보며 체격을 가늠하더니 만족스럽게 얼굴을 빛내며 말했다. "딱이네요!"

터프먼 씨가 주변을 둘러보았다. 스노드그래스 씨와 윙클 씨를 잠에 빠뜨린 와인은 이미 픽윅 씨의 감각까지 빼앗았다. 그는 저녁 식사 때문에 꾸벅꾸벅 졸기 전까지 여러 단계와 그 결과를 이미 차례로 거친 후였다. 픽윅 씨는 더없이 유쾌한 상태에서 깊은 절망으로 떨어졌다가 깊은 절망에서 더없이 유쾌한 상태로 올라가는, 누구나 겪는 변화를 거쳤다. 그는 파이프에 바람이 들어간 길거리의 가스등처럼 잠깐 부자연스러울 만큼 번쩍 빛나다가 거의 알아볼 수 없을 정도로 깊이 가라앉았고, 잠시 후 다시 확 타오르면서 주변을 밝게 비추더니 불안정하게 흔들리는 빛처럼 깜빡거리다가 결국에는 꺼져버렸다. 머리가 가슴께로 툭 떨어졌고, 이제 이 위인의 존재를 알리는 것은 끊임없는 코골이 소리와 가끔 숨이 막히는 소리밖에 없었다.

터프먼 씨에게는 무도회에 참석해서 켄트 여인들의 아름다움을 처음으로 보고 싶다는 유혹이 너무나 컸다. 낯선 남자와 함께 가고 싶다는 유혹도 마찬가지로 컸다. 그는 이 지역과 이곳에 사는 사람들을 전혀 몰랐지만 낯선 남자는 둘 다 아주 잘 아는 듯했다. 윙클 씨는 자고 있었는데, 터프먼 씨는 충분한 경험에 따라 그가 설핏 깨자마자 본능적으로 침대 안으로 들어가리라는 사실을 잘 알았다. 터프먼 씨는 결정을 내리지 못했다. "잔을 채우고 와인을 이리 주시죠." 지칠 줄 모르는 손님이 말했다.

터프먼 씨는 시키는 대로 했고, 마지막 한 잔의 기운이 더해지자 결심을 굳혔다.

"윙클 씨 침실은 내 침실 안쪽입니다." 터프먼 씨가 말했다. "지금 윙클 씨를 깨워도 제 부탁을 이해하지 못하겠지요. 하지만 양탄자 천으로 만든 그의 여행 가방에 야회복이 있습니다. 당신이 그 옷을 입고 무도회에 갔다 와서 벗어놓으면 제가 다시 넣어두면 되니 윙클 씨를 귀찮게 할 필요가 없지요."

"멋집니다." 낯선 이가 말했다. "훌륭한 계획이에요—정말 이상한 상황이지요—운송 상자에 상의가 열네 벌이나 있는데 다른 사람의 옷을 입어야 한다니—하지만 아주 좋은 생각입니다—정말로."

"표를 사야 해요." 터프먼 씨가 말했다.

"1기니를 나눠서 내는 것은 귀찮은 일이죠." 낯선 이가 말했다. "동전 던지기로 한 사람이 두 장을 삽시다—제가 정할 테니 당신이 던져요—저는 여자로, 매력적인 여자로 하겠습니다." 그런 다음 1파운드 금화를 던지자 (완곡하게 여자라고 부르는) 용이 나왔다.

터프먼 씨가 종을 울려 표를 사고 객실용 촛대를 가져다 달라고 부탁했다. 15분 뒤, 낯선 남자는 너새니얼 윙클 씨의 야회복으로 갈아입고 완벽하게 다른 사람으로 변신했다.

"새로 만든 상의지요." 낯선 이가 흡족한 얼굴로 전신 거울을 들여다보자 터프먼 씨가 말했다. "우리 클럽의 단추를 달아서 만든 첫 야회복입니다." 그가 정중앙에는 픽윅 씨의 흉상이, 그 양쪽에는 'P. C.'라는 글자가 새겨진 커다란 도금 단추를 가리키며 말했다.

"P. C.라……" 낯선 남자가 말했다. "특이하군요—노신사의 초상과 P. C.라니—P. C.가 무슨 뜻이지요?—특이한 상의[5]라는 뜻인가?" 터프먼 씨는 분노가 끓어올랐지만 위엄을 지키며 이 상징적인 단추에 대해 설명했다.

"길이가 좀 짧은 것 같은데, 그렇죠?" 낯선 남자가 거울 앞에서 몸을 비틀어 등의 절반 정도까지 올라온 허리 단추를 비춰 보며 말했다. "우편배달부의 상의 같군요—참 특이한 옷이죠—계약 생산이라 치수도 안 재고 만들어요—하늘의 신비로운 섭리예요—작은 사람들은 하나같이 긴 상의를, 큰 사람들은 하나같이 짧은 상의를 지급받으니 말입니다." 터프먼 씨의 새로운 친구는 이야기를 늘어놓으면서 자기 옷을, 아니 윙클 씨의 옷을 가다듬은 다음 터프먼 씨와 함께 계단을 올랐다.

"성함이 어떻게 되시죠?" 문 앞에 선 남자가 말했다. 트레이시 터프먼 씨가 한발 나서서 신분을 밝히려 하자 낯선 남자가 그를 막았다.

"이름은 없소." 그런 다음 그가 터프먼 씨에게 속삭였다. "본명은 안 됩니다—유명한 이름도 아니고—뭐, 나름 좋은 이름이지만 그렇다고 대단한 이름은 아니죠—작은 파티에서는 멋진 이

---

5   '특이한 상의peculiar coat'의 머리글자 역시 P. C.이다.

름이지만 대규모 모임에서는 별 인상도 못 줘요—익명이 좋겠
어요—런던에서 온 신사, 기품 있는 이방인, 뭐든 좋습니다." 문
이 활짝 열리고 트레이시 터프먼 씨와 낯선 남자가 무도회장으
로 들어갔다.

무도회장은 길쭉한 방으로, 심홍색 천을 씌운 긴 의자들과 양
초를 꽂은 유리 샹들리에가 있었다. 악사들은 높은 자리에 안전
하게 들어가 있고 두세 쌍이 카드리유를 깔끔하게 추고 있었다.
바로 옆방에는 카드 테이블이 두 개 놓여 있고 노부인 두 쌍과
동수의 뚱뚱한 신사들이 휘스트⁶ 게임을 하고 있었다.

마지막 악장이 끝나자 춤추던 사람들이 무도회장을 돌아다니
기 시작했고 터프먼 씨 일행은 한쪽 구석으로 가서 사람들을 지
켜보았다.

"매력적인 여성들이군요." 터프먼 씨가 말했다.

"잠시만요." 낯선 남자가 말했다. "재미는 지금부터예요—거
물은 아직 안 왔어요—기묘한 곳이죠. 조선소의 상류층은 조선
소의 하류층을 상대하지 않고, 조선소 하류층은 하찮은 신사들
을 상대하지 않고, 신사들은 상인을 상대하지 않고, 조선소장은
아무도 상대하지 않아요."

"저기 옅은 색 머리카락에 눈가가 빨갛고 멋진 야회복을 입은
사람은 누굽니까?" 터프먼 씨가 물었다.

"제발 조용히 해요!—눈가가 빨갛고 멋진 야회복 차림의 사

---

6   보통 네 명이 둘씩 편을 짜고 하는 카드놀이.

람이라—제97연대의 윌모트 스나이프 각하예요—대단한 집
안이죠."

"토머스 클러버 경과 클러버 부인, 클러버 양 두 분 입장하십니
다!" 문 앞의 남자가 아주 커다란 목소리로 외쳤다. 반짝이는 단
추가 달린 푸른 상의를 입은 키 큰 신사, 푸른 공단 차림의 덩치
큰 귀부인, 키가 비슷하고 유행에 따라 만든 같은 색의 드레스를
입은 숙녀 두 명이 들어오자 무도회장 전체가 술렁거렸다.

"조선소의 우두머리 소장입니다—대단한 사람, 아주 대단한
사람이죠." 낯선 남자가 터프먼 씨의 귀에 이렇게 속삭일 때 자
선 위원회는 토머스 클러버 경 가족을 무도회장의 상석으로 안
내했다. 윌모트 스나이프 각하와 그 밖의 이름난 신사들이 두 명
의 클러버 양에게 인사를 하러 모여들었고, 토머스 클러버 경은
똑바로 서서 검정색 네커치프 너머로 모여든 사람들을 당당하게
바라보았다.

"스미시 씨와 스미시 부인, 스미시 양 입장하십니다." 다음 안
내가 울려 퍼졌다.

"스미시 씨는 누굽니까?" 트레이시 터프먼 씨가 물었다.

"조선소의 중요 인물이에요." 낯선 남자가 대답했다. 스미시
씨가 토머스 클러버 경을 향해 공손하게 고개 숙여 인사하자 클
러버 경이 인사를 받았다. 클러버 부인은 안경을 통해 스미시 부
인 가족을 멀찍이 보았고, 그러자 스미시 부인은 조선소에서 일
하지 않는 남자의 부인을 보았다.

"벌더 대령과 벌더 대령 부인, 벌더 양 입장하십니다." 다음 일

행이 도착했다.

"수비대 대장입니다." 터프먼 씨가 묻는 듯한 표정을 짓자 낯선 이가 대답했다.

벌더 양은 두 명의 클러버 양으로부터 따스한 환영을 받았고, 벌더 대령 부인과 클러버 부인이 나누는 인사는 무척 친근했다. 서로 코담배를 권하는 벌더 대령과 토머스 클러버 경은 '그들이 조사한 모든 것의 군주' 알렉산더 셀커크 한 쌍 같았다.[7]

귀족들이 무도회장의 가장 안쪽에서 위엄을 지키는 동안 다른 계층 사람들은 다른 곳에서 그들을 흉내 내고 있었다. 제97연대에서 귀족과 가장 거리가 먼 장교들은 별로 대단치 않은 조선소 직원의 가족들에게 집중했다. 또 다른 계층의 우두머리는 변호사의 아내들과 포도주 상인의 아내였고 (양조장 주인의 아내는 벌더 가문 사람들과 이야기 중이었다) 우체국장 톰린슨 부인은 상인 계급의 지도자로 뽑힌 듯했다.

자기 계층 내에서 제일 인기가 많은 유명인 중 하나는 키가 작고 뚱뚱한 남자였는데, 바로 검은 직모로 빙 둘러싸인 정수리에 대머리 평원이 넓게 펼쳐져 있는 제97연대의 외과 의사 슬래머 박사였다. 박사는 모두와 코담배를 흡입하고, 모두와 잡담을 나누고, 웃고, 춤추고, 농담하고, 휘스트 게임을 하고, 어디에나 있었고 모든 것을 했다. 이것만으로도 충분히 다채로웠지만 이 왜

---

7 알렉산더 셀커크는 1704년부터 1709년까지 후안페르난데스 제도에 고립되었던 스코틀랜드 선원으로, 《로빈슨 크루소》의 모델이 되었다. 윌리엄 쿠퍼의 시 〈알렉산더 셀커크의 고독〉의 첫 행은 "나는 내가 조사한 모든 것의 군주"이다.

소한 박사는 더욱 중요한 것을 하나 더 했는데, 바로 나이 많은 과부에게 헌신적인 관심을 지칠 줄도 모르고 쏟는 것이었다. 과부의 풍성한 드레스와 수많은 장신구는 그녀야말로 수입이 한정적인 남자에게 가장 바람직한 상대임을 알려주고 있었다.

터프먼 씨와 낯선 남자가 의사와 과부를 한참 동안 바라보고 있을 때 낯선 남자가 침묵을 깨뜨렸다.

"큰 재산과 노부인—당당한 의사라—얼토당토않은 생각은 아니죠—재밌군요." 터프먼 씨가 궁금하다는 듯한 표정으로 남자의 얼굴을 바라보았다.

"제가 저 과부와 춤을 추겠습니다." 낯선 남자가 말했다.

"저 사람이 누군데요?" 터프먼 씨가 물었다.

"모르죠, 평생 처음 본 얼굴인걸요—의사를 떨궈낼 거예요—갑니다!" 낯선 이가 지체 없이 무도회장을 가로지르더니 벽난로 선반에 기대어 서서 존경심과 구슬픈 찬탄이 섞인 분위기로 자그마한 노부인의 통통한 얼굴을 물끄러미 바라보기 시작했다. 터프먼 씨는 깜짝 놀라 말없이 지켜보았다. 낯선 남자의 접근은 재빨랐다. 키 작은 의사는 다른 여인과 춤을 추는 중이었는데, 과부가 부채를 떨어뜨리자 낯선 남자가 그것을 주워주며 미소를 지었고, 고개를 숙이는 남자의 공손한 인사와 무릎과 상체를 굽히는 여자의 인사가 오가더니 몇 마디 대화를 나누었다. 낯선 남자가 파티 진행자에게 용감하게 다가가더니 그와 함께 돌아왔고, 서로를 소개하는 짤막한 무언극이 끝나자 낯선 남자와 버저 부인은 카드리유 춤에 참가했다.

이렇게 간단하게 일이 진행되는 것을 보고 터프먼 씨도 무척 놀랐지만, 의사의 놀라움은 헤아릴 수 없을 만큼 컸다. 낯선 남자는 젊었기 때문에 과부는 우쭐했다. 그녀는 의사의 호의를 신경 쓰지 않았고, 쉽게 동요하지 않는 경쟁자는 의사의 분노를 전혀 알아차리지 못했다. 박사는 그 자리에서 굳어버렸다. 제97연대의 군의관인 슬래머 박사가 아무도 본 적 없는 남자, 지금까지 누구도 알지 못했던 남자에게 순식간에 압도당하다니! 슬래머 박사가, 제97연대의 슬래머 박사가 거절당하다니! 도저히 있을 수 없는 일이다! 그럴 리가 없다! 하지만 그렇게 되었고, 두 사람이 바로 저기에 있었다. 아니! 저 남자의 친구까지 소개하고 있다! 자신의 눈을 믿어도 되는 걸까? 다시 시선을 돌린 의사는 고통스럽지만 자기 시력이 정확하다는 사실을 인정해야만 했다. 이제 버저 부인은 트레이시 터프먼 씨와 춤을 추고 있었다. 과부는 그의 눈앞에서 평소와 다른 활기를 내뿜으며 이리저리 몸을 흔들었고, 트레이시 터프먼 씨는 엄숙한 표정으로 폴짝폴짝 뛰면서 (많은 사람들이 그런 것처럼) 카드리유는 비웃을 만한 춤이 아니라 불굴의 의지가 필요한 혹독한 감정의 시련이라는 듯이 춤을 추고 있었다.

그런 다음 니거스[8]가 한차례 돌고, 유리잔을 찾고, 비스킷을 가지러 가고, 교태를 부리는 동안 의사는 말없이 인내심을 발휘하며 이 모든 상황을 참아냈다. 그러나 낯선 남자가 버저 부인을

---

[8]   강화 와인에 뜨거운 물을 섞고 설탕과 향미를 더한 술.

마차까지 모셔다 주느라 사라진 뒤 몇 초가 지나자 지금까지 억눌렀던 분노를 얼굴 전체에 드러내고 격노의 땀을 흘리며 재빨리 무도회장을 가로질렀다.

낯선 남자는 무도회장으로 돌아오는 길이었고 터프먼 씨가 그 옆에 있었다. 남자가 낮은 목소리로 말하면서 웃었다. 키 작은 군의관은 저 남자의 목숨을 빼앗고 싶어서 어쩔 줄 몰랐다. 저 남자가 기뻐하고 있다. 저자가 이겼다.

"실례합니다!" 의사가 복도 한쪽 구석으로 물러서서 명함을 꺼내며 무시무시한 목소리로 말했다. "내 이름은 슬래머요, 슬래머 박사라고 합니다. 제97연대 채텀 병영. 여기 제 명함입니다." 그는 몇 마디 덧붙이고 싶었지만 분노로 목이 막혔다.

"아!" 낯선 남자가 뻔뻔하게 대답했다. "슬래머라, 고마워요―정중하시군요―지금은 안 아픈데―하지만 아프면 당신을 찾아가죠."

"당신은 사기꾼이군." 화가 치민 의사가 헐떡이며 말했다. "겁쟁이, 비겁자, 거짓말쟁이. 그리고, 그리고 무슨 일이 있어도 명함을 줄 생각이 없군."

"아, 알겠네요." 낯선 남자가 몸을 반쯤 돌리고 말했다. "여기 니거스가 너무 진하더군요―주인이 참 후하기도 하지―참 어리석군요, 정말로―레모네이드가 훨씬 나은데요―방도 덥고―나이 많은 신사들이라 아침에 고생할 텐데―너무하네요, 너무해." 그런 다음 낯선 남자가 한두 걸음 옮겼다.

"이 여관에 묵고 계신가 보군요." 키 작은 남자가 분노하며 말했다. "지금은 취하신 것 같으니 아침에 연락을 드리지요. 내가 찾아낼 겁니다. 찾아내고말고요."

"그렇다면 내가 집으로 돌아가기 전에 찾아내는 게 좋을 겁니다." 낯선 남자가 꿈쩍 않고 대꾸했다.

모자를 난폭하게 쓴 슬래머 박사는 형언할 수 없을 만큼 격노한 듯했고, 낯선 남자와 터프먼 씨는 빌려 입은 옷을 의식이 없는 윙클에게 돌려주기 위해 터프먼 씨의 침실로 올라갔다.

윙클 씨가 깊이 잠든 사이 옷은 금방 반납되었다. 낯선 남자는 무척 익살맞았고, 와인과 니거스, 불빛, 숙녀들 때문에 어리둥절했던 트레이시 터프먼 씨는 이 모든 일이 멋진 장난이라고 생각했다. 새 친구가 떠나자 트레이시 터프먼 씨는 나이트캡의 입구를 찾지 못해서 애를 쓰다가 촛대를 엎었지만 복잡한 과정을 거쳐 겨우 침대에 들어갔고 곧 깊은 잠에 빠졌다.

다음 날, 7시를 알리는 시계 소리가 끝나기도 전에 누가 큰 소리로 방문을 두드리는 바람에 잠에 빠져 무의식 상태였던 픽윅 씨의 관대한 정신이 깨어났다.

"누구요?" 픽윅 씨가 침대에서 일어나며 말했다.

"여관 구두닦이입니다."

"무슨 일이요?"

"일행분 중에서 도금 단추에 P. C.가 새겨진 밝은 파란색 야회복을 입은 분이 누군지 알려주시겠어요?"

'옷 손질을 맡겼나 보군.' 픽윅 씨가 생각했다. 구두닦이가 옷 주인이 누구인지 잊어버린 것이었다. 픽윅 씨가 소리쳤다. "윙클 씨요. 오른쪽 두 번째 방이오."

구두닦이가 오른쪽 두 번째 방문을 두드렸다.

"무슨 일이오?" 방문을 두드리는 소리에 깊은 망각의 잠에서 깬 터프먼 씨가 외쳤다.

"윙클 씨에게 얘기 좀 할 수 있을까요?" 구두닦이가 바깥에서 대답했다.

"윙클, 윙클!" 터프먼 씨가 안쪽 방을 향해 외쳤다.

"네……." 침대 시트 안에서 희미한 목소리가 대답했다.

"자넬 찾는군. 누가 문 앞으로 찾아왔네." 트레이시 터프먼 씨는 더 정확히 말해주려 했지만 돌아누워서 다시 깊은 잠에 빠졌다.

"날 찾는다고?" 윙클 씨가 침대에서 서둘러 뛰어내려 옷을 걸쳤다. "나를 찾는다니! 런던에서 이렇게 멀리 떨어진 곳에서 도대체 누가 날 찾는다는 거지?"

"어떤 신사분이 카페에서 기다리십니다." 윙클 씨가 문을 열고 나가자 구두닦이가 말했다. "용건이 오래 걸리지는 않겠지만 거절은 받아들이지 않으시겠답니다."

"정말 이상하군!" 윙클 씨가 말했다. "바로 내려가겠소."

그는 서둘러 여행용 숄을 두르고 가운을 걸친 다음 아래층으로 내려갔다. 노부인과 급사 두 명이 청소를 하고 있고, 약식 군복 차림의 장교가 창밖을 내다보고 있었다. 윙클 씨가 안으로 들어가자 장교가 돌아서서 뻣뻣하게 고개를 까딱했다. 그가 하인들에게 자리를 비켜달라고 하더니 문을 아주 조심스럽게 닫고 나서 말했다. "윙클 씨 되십니까?"

"제 이름이 윙클입니다만."

"제가 제97연대 군의관 슬래머 박사를 대신해서 찾아왔다고 말씀드려도 놀라지 않으시겠지요."

"슬래머 박사라고요?" 윙클 씨가 말했다.

"슬래머 박사요. 어젯밤 당신의 행동은 그 어떤 신사도 참을 수 없는 것이라 생각한다고 분명히 밝혀달라더군요. 그리고 신사라면 누구라도 다른 신사에게 할 수 없는 행동이었다고요."

윙클 씨가 진심으로 놀랐다는 사실이 너무나 명백했기 때문에 슬래머 박사의 친구도 알아차리지 않을 수 없었고, 따라서 이렇게 말했다. "슬래머 박사는 이렇게 덧붙여 달라고 했습니다. 당신은 어제 저녁 내내 취한 상태였다고, 아마도 스스로 얼마나 큰 모욕을 주었는지 알지 못할 것이 분명하다고 말입니다. 당신의 행동이 술 때문이라고 변명할 경우 제가 부르는 대로 사과문을 작성하면 받아들이겠다고 했습니다."

"사과문이라고요!" 윙클 씨가 정말로 놀라서 강한 어조로 따라 말했다.

"거절하면 어떻게 될지 잘 아시겠지요." 손님이 침착하게 대답했다.

"나에게, 내 이름 앞으로 전하는 말이 맞습니까?" 이 어이없는 대화에 정신이 너무나도 혼란스러워진 윙클 씨가 물었다.

"저는 그 자리에 없었습니다." 손님이 대답했다. "그리고 당신이 명함을 주지 않으려 했기 때문에 제 친구 슬래머 박사는 아주 보기 드문 의상을 입은 신사를 찾아서 확인해 달라고 부탁했습니다. 도금 단추에 흉상과 P. C.가 새겨진 밝은 파란색 야회복이지요."

윙클 씨는 자신의 옷을 너무나 자세히 설명하는 말을 듣고 소스라치게 놀라서 다리를 휘청거렸다. 슬래머 박사의 친구가 말을 이었다.

"조금 전 술집에 물어보니 문제의 상의를 소유한 분이 세 명의 신사와 함께 어제 오후에 여기 도착했다더군요. 그래서 일행의 우두머리 같았다던 신사분께 즉시 사람을 올려 보내서 묻자 당신이라고 알려주었습니다."

사정을 들은 윙클 씨가 얼마나 소스라치게 놀랐는지, 로체스터 성의 중심 탑이 갑자기 주춧돌에서 걸어 내려와 카페 창문 건너편에 자리를 잡았다 해도 이보다 놀랍지는 않았을 것이다. 맨 처음 윙클 씨는 옷을 도둑맞았다고 생각했다. "잠시 기다려주시겠소?"

"물론이죠." 반갑지 않은 손님이 대답했다.

윙클 씨는 서둘러 위층으로 올라가서 떨리는 손으로 가방을 열었다. 상의는 원래 자리에 그대로 있었지만 자세히 살펴보니 분명 전날 밤에 입은 표시가 났다.

"그렇게 된 거였군." 윙클 씨가 들고 있던 상의를 떨어뜨리며 말했다. "저녁 식사 후에 와인을 너무 많이 마셨어. 그 뒤에 거리를 걸어 다니면서 시가를 피운 기억이 아주 희미하게 떠오르는군. 내가 진짜 많이 취했던 거야. 옷을 갈아입고 어딘가에 가서 누군가를 모욕한 게 분명해. 그 결과로 끔찍한 전언을 받게 된 거지." 윙클 씨는 중얼거리면서 카페를 향해 걸음을 되돌렸고, 침울하고 두렵지만 슬래머 박사의 결투를 받아들인 다음, 최악의 결과가 나온다 해도 그 역시 받아들이겠다고 결심했다.

이 결심은 여러 가지를 고려한 결과였는데, 그중 첫 번째는 바로 클럽 내의 명성이었다. 윙클 씨는 공격적이든 방어적이든 취미나 손재주와 관련된 모든 분야에서 항상 최고 권위자로서 추앙받아 왔다. 처음으로 시험에 든 윙클 씨가 클럽 수장의 눈앞에서 겁을 먹고 회피한다면 그의 명성과 지위는 영영 끝장이었다. 그는 결투 입회인들의 상호 양해에 따라 대부분 권총에 탄환을 장전하지 않는다는, 결투를 잘 모르는 사람들이 짐작으로 하는 말이 떠올랐다. 게다가 친구인 스노드그래스 씨를 입회인으로 세우고 결투라는 것이 얼마나 위험한지 생생하게 설명하면 스노드그래스 씨가 픽윅 씨에게 사실을 알릴 테고, 그러면 픽윅 씨는 자기 추종자가 죽임을 당하거나 불구가 되지 않도록 지역 당국에 당장 신고하리라 생각했다.

윙클 씨는 카페로 돌아와 슬래머 박사의 결투 신청을 받아들이겠다는 의향을 비추었다.

"시간과 장소를 정하도록 사람을 보내주시겠습니까?" 장교가 말했다.

"그럴 필요 없습니다." 윙클 씨가 대답했다. "저에게 시간과 장소를 알려주시면 입회인으로 세울 친구는 제가 나중에 알아보도록 하지요."

"그럼 오늘 해 질 무렵으로 할까요?" 장교가 무심한 말투로 물었다.

"아주 좋습니다." 윙클 씨가 속으로 아주 나쁘다고 생각하면서 대답했다.

"피트 요새를 아십니까?"

"네. 어제 봤습니다."

"참호와 맞닿은 들판으로 들어가서 요새에 도착하면 왼쪽의 작은 길을 따라오십시오. 제가 보일 때까지 곧장 오시면 됩니다. 제가 외딴 장소로 안내하지요. 그곳에서 방해받을 걱정 없이 일을 처리할 수 있습니다."

'방해받을 걱정이라니!' 윙클 씨가 생각했다.

"이제 다 정해진 듯하군요." 장교가 말했다.

"제 생각에도 그렇습니다." 윙클 씨가 대답했다. "안녕히 가십시오."

"안녕히 계십시오." 장교는 경쾌하게 휘파람을 불며 성큼성큼 걸어갔다.

그날 아침 식사는 무거운 분위기 속에서 흘러갔다. 터프먼 씨는 지난밤 오랜만에 폭음을 한 탓에 일어날 상태가 아니었다. 스노드그래스 씨는 시적 침울함에 빠져서 괴로워하는 듯했다. 픽윅 씨조차 드물게 소다수를 마시며 침묵을 지켰다. 윙클 씨는 기회를 열심히 엿보았다. 오래 걸리지는 않았다. 스노드그래스 씨가 성에 가보자고 제안했는데, 일행 중에서 산책할 의향이 있는 사람은 윙클 씨밖에 없었으므로 두 사람이 같이 밖으로 나갔다.

"스노드그래스." 대로를 벗어났을 때 윙클 씨가 말했다. "스노드그래스, 내 친애하는 벗이여. 내가 비밀을 털어놓으면 지켜주겠나?" 그는 이렇게 말하면서도 친구가 비밀을 지켜주지 않기를 아주 경건하고 진지하게 소망했다.

"물론이네. 지키겠다고 맹세하네." 스노드그래스 씨가 대답했다.

"아니, 아닐세." 친구가 이야기를 발설하지 않겠다고 부지불식간에 맹세해버릴까 봐 겁에 질린 윙클 씨가 얼른 말을 잘랐다. "맹세는 하지 말게, 아니야. 그럴 필요는 없네."

스노드그래스 씨는 시적 영감에 취해서 하늘에 호소하듯 구름을 향해 들어 올렸던 손을 내리고 집중하는 태도를 취했다.

"친애하는 벗이여, 결투 때문에 자네의 도움이 필요하네." 윙클 씨가 말했다.

"당연히 도와야지." 스노드그래스 씨가 친구의 손을 잡으며 대답했다.

"상대는 의사, 제97연대의 슬래머 박사라네." 윙클 씨가 최대한 엄숙하게 들리기를 바라며 입을 열었다. "오늘 저녁 피트 요새 뒤쪽 외딴 들판에서 결투를 하게 되었네."

"내가 자네의 입회인이 되겠네." 스노드그래스 씨가 말했다.

그는 깜짝 놀랐지만 절대 당황하지 않았다. 이런 경우 당사자만 제외하면 누구든 얼마나 냉정한 태도를 취할 수 있는지, 정말 놀라운 일이다. 윙클 씨는 이 사실을 잊고 있었다. 그는 자기감정을 근거로 친구의 감정을 판단했다.

"끔찍한 결과가 나올지도 몰라." 윙클 씨가 말했다.

"그렇게 되지는 않았으면 좋겠군." 스노드그래스 씨가 말했다.

"그 의사는 사격 솜씨가 아주 뛰어나겠지." 윙클 씨가 말했다.

"군인들은 대부분 그렇지." 스노드그래스 씨가 침착하게 말했다. "하지만 자네도 뛰어나잖아, 안 그런가?"

윙클 씨는 맞다고 대답한 다음, 친구가 별로 놀라지 않았음을 깨닫고 화제를 바꾸었다.

"스노드그래스." 윙클 씨가 감정이 가득 실려 떨리는 목소리로 말했다. "만약 내가 쓰러지면 조금 이따 자네 손에 맡길 꾸러미에 내, 내 부친께 전할 편지가 있을 걸세."

이 공격도 실패였다. 스노드그래스 씨는 감동했지만 마치 우편배달부처럼 편지 전달이라는 임무를 기꺼이 받아들였다.

"내가 쓰러지거나 그 의사가 쓰러지면 친애하는 벗인 자네가 종범으로 재판을 받겠지." 윙클 씨가 말을 이었다. "내가 친구를 멀리 유형 보내다니…… 어쩌면 평생 돌아오지 못할지도 모르는데!"

스노드그래스 씨가 이 말에 약간 움찔했지만, 그의 영웅적인 용기는 흔들리지 않았다. "우정을 위해서라면 모든 위험을 무릅쓰겠네." 그가 열렬하게 외쳤다.

두 사람이 각자 생각에 잠긴 채 말없이 나란히 걷는 몇 분 동안 윙클 씨가 친구의 헌신적인 우정을 마음속으로 얼마나 저주했는지! 아침이 거의 끝나가고 있었고, 그는 점점 더 절박해졌다.

"스노드그래스." 윙클 씨가 갑자기 걸음을 멈추고 말했다. "나를 말리지 말게. 지역 당국에 알리지도 말고, 치안관의 도움을 받지도 말고, 현재 채텀 병영에서 숙영 중인 제97연대의 슬래머 박사나 나를 구류시켜서 이 결투를 막지도 말아주게."

스노드그래스 씨가 친구의 손을 따뜻하게 잡고 열정적으로 대답했다. "무슨 일이 있어도 그러지 않겠네!"

친구의 공포심을 노려도 가망이 없다는 확신, 자신은 움직이는 과녁이 될 운명이라는 확신이 강하게 들자 윙클 씨는 온몸이 오싹해졌다.

스노드그래스 씨에게 사정을 정식으로 설명한 다음 두 친구는 로체스터의 공장에서 결투에 쓸 권총과 화약, 탄환, 뇌관 등 충분한 부속물을 빌려서 여관으로 돌아왔다. 윙클 씨는 다가오는 결투 때문에 생각에 잠겼고, 스노드그래스 씨는 무기를 바로 쓸 수 있도록 점검하고 준비했다.

음산하고 흐린 저녁이 되자 두 사람은 이 위험한 용건을 위해 다시 밖으로 나갔다. 윙클 씨는 사람들의 눈에 띄지 않도록 커다란 망토를 뒤집어썼고 스노드그래스 씨는 자기 망토 속에 무기를 숨겼다.

"잊은 물건은 없나?" 윙클 씨가 불안정한 목소리로 말했다.

"다 챙겼네. 총알이 발사되지 않을 경우에 대비해서 탄약도 많이 가져왔지. 통에 화약 4분의 1파운드가 들어 있고, 장전할 때 쓸 신문도 주머니에 두 부 넣어 왔다네."

이는 누구든 당연히 고맙게 여길 만한 진정한 우정의 증거였다. 윙클 씨는 아무 말 없이 아주 느릿느릿 걸었지만, 아마도 형언할 수 없을 만큼 고마웠기 때문일 것이다.

"시간도 딱 맞아." 두 사람이 첫 번째 들판의 울타리를 넘을 때 스노드그래스 씨가 말했다. "이제 해가 지기 시작하는군." 윙클 씨는 기우는 태양을 올려다보면서 머지않아 자신이 기울 가능성을 고통스럽게 떠올렸다.

"저기 장교가 있군." 몇 분 더 걸었을 때 윙클 씨가 외쳤다.

"어디?" 스노드그래스 씨가 말했다.

"저기, 푸른 망토를 입은 신사 말일세." 윙클 씨의 검지가 가리킨 방향으로 스노드그래스 씨가 시선을 돌리자 친구의 설명처럼 망토를 뒤집어쓴 형체가 보였다. 장교는 손을 살짝 흔들어 알은척을 했다. 장교가 걷기 시작하자 두 친구는 약간 떨어져서 따라갔다.

저녁은 시시각각 어두워졌고, 인적 없는 들판에 부는 음울한 바람이 저 멀리서 개를 부르는 거인의 휘파람 같은 소리를 냈다. 이 울적한 광경 때문에 윙클 씨는 더욱 암담한 기분에 물들었다. 참호 모퉁이를 돌 때 그것이 거대한 무덤처럼 보여서 윙클 씨는 깜짝 놀랐다.

장교가 갑자기 길을 벗어나더니 말뚝 울타리를 기어오르고 산울타리를 넘어서 외딴 벌판에 도착했다. 그곳에서 두 신사가 기다리고 있었는데, 한 명은 검은 머리의 작고 뚱뚱한 남자였고, 또 한 명―끈으로 장식된 프록코트 차림의 당당한 인물―은 접이식 의자에 아주 침착하게 앉아 있었다.

"다른 일행과 의사인 모양이군. 브랜디를 한 모금 마시게." 스노그래스 씨가 말했다. 윙클 씨는 친구가 건넨 고리버들 병을 쥐고 기분을 들뜨게 해주는 액체를 길게 한 모금 마셨다.

"제 친구 스노드그래스 씨입니다." 장교가 다가오자 윙클 씨가 말했다. 슬래머 박사의 친구가 고개를 숙여 인사하더니 스노드그래스 씨가 가져온 것과 비슷한 상자를 꺼냈다.

"우리로서는 더 이상 할 말이 없을 것 같군요." 그가 상자를 열며 차갑게 말했다. "사과는 단호히 거부하셨으니까요."

"네, 더 이상 할 말은 없습니다." 스노드그래스 씨는 이렇게 말했지만 점차 기분이 나빠지기 시작했다.

"앞으로 나오시겠습니까?" 장교가 말했다.

"물론이지요." 스노드그래스 씨가 대답했다. 결투장을 측정하고 결투 준비가 시작되었다.

"이게 당신 것보다 나을 겁니다." 상대방의 입회인이 자기 권총을 꺼내며 말했다. "제가 장전하는 것을 보셨지요. 이 총을 사용하는 것에 이견 있으십니까?"

"물론 없습니다." 스노드그래스 씨가 대답했다. 그는 이 제안 덕분에 곤란함을 상당히 덜었는데, 그가 생각하는 권총 장전 방법은 상당히 모호하고 막연했기 때문이었다.

"그렇다면 결투 당사자들을 불러야겠군요." 장교는 마치 결투 당사자들은 체스의 말이고 입회인들이 체스 선수라도 되는 것처럼 아주 무심한 말투로 말했다.

"그렇게 하죠." 스노드그래스 씨는 이런 일에 대해서 아무것도 몰랐기 때문에 어떤 제안이라도 동의했을 것이다. 장교가 슬래머 박사에게 다가갔고 스노드그래스 씨는 윙클 씨에게 갔다.

"준비가 다 끝났네." 그가 권총을 내밀며 말했다. "망토를 나에게 주게."

"내가 맡긴 꾸러미는 가지고 있겠지, 친구." 가련한 윙클이 말했다.

"물론이지." 스노드그래스 씨가 말했다. "침착하게, 저 사람을 날려버려."

윙클 씨는 친구의 조언이 길거리에서 싸움이 벌어졌을 때 구경꾼들이 제일 작은 소년에게 입을 모아 던지는 조언, 즉 "가서 이겨"라는 말과 아주 비슷하다는 생각이 들었다. 그것은 어떻게 하면 가서 이길 수 있는지 그 방법을 아는 사람에게나 그럴싸한 조언이었다. 그러나 윙클 씨는 말없이 망토를 벗고—이 망토를 벗을 때는 항상 시간이 많이 걸렸다—권총을 받아 들었다. 입회인들이 물러서고 접이식 의자에 앉은 신사도 그렇게 하자, 대결 상대가 서로에게 다가갔다.

윙클 씨의 눈에 띄는 특징은 늘 인정이 많다는 점이었다. 결정적인 지점에 도착했을 때 그가 눈을 감은 것은 인간을 고의로 해치고 싶지 않았기 때문이었을 텐데, 눈을 감고 있었기 때문에 슬래머 박사의 아주 기이하고 뭐라 설명할 수 없는 태도를 알아차리지 못했다. 슬래머 박사는 윙클 씨를 향해 다가오다가 그를 빤히 보더니 물러서서 눈을 비비고 다시 빤히 보았다. 그리고 마침내 "중지, 중지!"라고 외쳤다.

"이게 다 무슨 일인가?" 자신의 친구와 스노드그래스 씨가 달려오자 슬래머 박사가 말했다. "이 사람이 아니야!"

"아니라고!" 슬래머 박사의 입회인이 말했다.

"아니라고!" 스노드그래스 씨가 말했다.

"아니라고!" 접이식 의자를 든 신사가 말했다.

"절대 아닐세." 키 작은 의사가 대답했다. "이 사람은 어젯밤에 나를 모욕한 사람이 아니네."

"말도 안 되는 소리!" 장교가 외쳤다.

"정말 그렇군." 접이식 의자를 든 신사가 말했다. "유일한 문제는 상대편 신사가 결투장에 왔다는 사실 자체만으로 형식상 우리 친구를 모욕한 사람으로 봐야 하느냐는 것이지. 실제로 그 사람이든 아니든 말일세." 접이식 의자를 든 남자가 이렇게 제안한 다음 무척 현명하고 수수께끼 같은 분위기를 풍기면서 코담배를 크게 한 번 집더니, 이런 일의 권위자라도 되는 것처럼 심각하게 주변을 둘러보았다.

윙클 씨는 상대방이 결투 중지를 외치는 소리에 눈을 뜨고 귀도 열었다. 그런 다음 상대방의 말을 듣고 착오가 있었음을 깨닫자, 자신이 이곳에 나온 진짜 이유를 밝히지 않으면 틀림없이 명성이 높아지리라는 사실을 바로 예측했고, 따라서 용감하게 나섰다.

"제가 아니지요. 저도 알고 있습니다."

"그렇다면 이 역시 슬래머 박사에 대한 모욕이니 즉시 결투를 시작할 이유로 충분하군요." 접이식 의자를 든 남자가 말했다.

"제발 조용히 좀 하게, 페인." 의사의 입회인이 말했다. "왜 오

63

늘 아침에 사실을 밝히지 않았습니까?"

"그러니까 말이야." 접이식 의자를 든 남자가 분개하며 말했다.

"제발 조용히 해주게, 페인." 다른 남자가 말했다. "질문을 한 번 더 말할까요?"

"그 이유는 말입니다." 그사이 대답을 생각할 틈이 생긴 윙클 씨가 말했다. "술에 취해 비신사적으로 행동했다는 그 사람이 제가 입고 다닐 뿐 아니라 제작하는 영광까지 누렸던 상의를 입고 있었다고 말씀하셨기 때문이지요. 바로 런던 픽윅 클럽의 제복으로 삼기로 한 옷입니다. 저는 그 제복의 명예를 지켜야 한다고 생각했고, 그래서 아무것도 묻지 않고 당신이 제안한 결투를 받아들였습니다."

"선생님," 싹싹한 의사가 손을 내밀고 다가오며 말했다. "당신의 용맹함을 존경합니다. 당신의 행동에 정말 감탄하며, 이런 의미도 없는 결투로 불편함을 끼쳐드려서 정말 유감스럽다는 말씀을 드리고 싶군요."

"그런 말씀은 마십시오." 윙클 씨가 말했다.

"당신을 알게 되어 정말 자랑스럽습니다." 자그마한 의사가 말했다.

"저 역시 당신을 알게 되어서 정말 기쁘군요." 윙클 씨가 대답했다. 곧 윙클 씨는 의사와 악수를 했고, 차례대로 의사의 입회인인 태플턴 중위, 접이식 의자에 앉아 있던 신사, 그리고 마지막으로 스노드그래스 씨와 악수를 했다. 스노드그래스 씨는 영웅 같은 친구의 고귀한 행동에 경탄을 금치 못했다.

"이제 헤어져야겠군요." 태플턴 중위가 말했다.

"물론이지." 의사가 덧붙였다.

"다만 윙클 씨가 이 결투 신청 때문에 마음이 상하지 않았다면 말입니다. 만약 마음이 상하셨다면 명예를 회복할 권리가 있지요." 접이식 의자를 든 남자가 끼어들었다.

윙클 씨는 엄청난 극기심을 발휘하면서 명예는 이미 충분히 회복되었다고 말했다.

"아니면 혹시 아까 제가 한 발언 때문에 당신 입회인이 마음 상했을지도 모르지요. 그렇다면 저는 그분이 명예를 회복할 기회를 당장 드리겠습니다." 접이식 의자를 든 남자가 말했다.

스노드그래스 씨는 관대한 제안에 무척 감사하지만 이 모든 절차에 아무 불만도 없기 때문에 거절할 수밖에 없다고 얼른 말했다. 두 입회인이 절차를 마무리했고, 모두들 올 때보다 훨씬 쾌활한 분위기로 그곳을 떠났다.

"여기 오래 머무실 계획입니까?" 우호적인 분위기 속에서 슬래머 박사가 윙클 씨에게 물었다.

"모레에는 떠날 것 같습니다"라는 대답이 들려왔다.

"이런 난처한 실수를 저질렀으니 당신과 친구분을 저희 집으로 초대해서 즐거운 저녁 시간을 보내고 싶은데요." 키 작은 의사가 말했다. "오늘 저녁에 다른 일정이 있습니까?"

"이곳에 친구가 몇 명 있습니다." 윙클 씨가 대답했다. "오늘은 그 친구들과 보내고 싶군요. 당신이 친구분과 함께 불 여관으로 오시는 건 어떠십니까?"

"아주 좋지요." 키 작은 의사가 말했다. "10시쯤 가면 너무 늦을까요?"

"오, 아닙니다." 윙클 씨가 말했다. "제 친구인 픽윅 씨와 터프먼 씨에게 당신을 소개할 수 있다면 정말 기쁘겠군요."

"저 역시 아주 기쁠 겁니다." 터프먼 씨가 누구인지 전혀 모르는 슬래머 박사가 대답했다.

"확실히 오실 거지요?" 스노드그래스 씨가 말했다.

"아, 물론이지요."

이제 일행은 대로에 도착했다. 진심 어린 작별 인사가 오간 뒤 각자 흩어졌다. 슬래머 박사와 친구들은 병영을 향했고, 윙클 씨는 친구 스노드그래스 씨와 함께 숙소로 돌아갔다.

3장

새로운 지인, 순회공연자 이야기,
불쾌한 방해와 언짢은 만남

평소와 달리 두 친구가 보이지 않자 픽윅 씨는 걱정이 되었고, 두 사람이 오전 내내 보였던 이상한 행동을 떠올리자 걱정은 더욱 커져만 갔다. 따라서 두 사람이 여관으로 들어오자 픽윅 씨는 자리에서 일어나 평소보다 훨씬 반갑게 그들을 맞이했고, 무슨 일로 자리를 비웠는지 평소보다 훨씬 관심을 보이며 물었다. 스노드그래스 씨가 이 질문에 대한 대답으로 앞 장에 상세히 기록된 이야기를 차근차근 설명하려 했지만, 터프먼 씨와 어제 역마차를 같이 타고 오며 사귄 친구뿐만 아니라 그와 마찬가지로 독특한 생김새를 가진 낯선 사람이 한 명 더 있음을 알아차리고 말을 뚝 멈추었다. 낯선 이는 지치고 초췌해 보였다. 아무렇게나 헝클어진 검은 직모가 얼굴을 반쯤 가리고 있는 데다가 누렇게 뜬 얼굴과 푹 꺼진 눈까지 더해져서 더욱 충격적인 인상을 주었다. 부자연스러울 정도로 반짝이는 눈은 사람을 꿰뚫어 보는 듯했고, 광대뼈가 높이 솟아 있었으며, 턱이 어찌나 가늘고 긴지 근육이 수축되어서 잠시 얼굴 살이 안쪽으로 몰린 게 아닐까 싶을 정도였지만 반쯤 열린 입과 움직임 없는 표정은 이것이 평소 모습임을 알려주었다. 남자는 목에 녹색 숄을 두르고 있었는데 펄럭거리는 양쪽 끝부분이 가슴까지 내려와서 낡은 조끼의 해진 단춧구멍 너머로 가끔 보였다. 상의는 길고 검은 프록코트, 하의는 통 넓은 반바지였고, 무척 초라하고 커다란 장화를 신고 있었다.

윙클 씨의 시선이 이 투박해 보이는 남자에게 멈추자 픽윅 씨가 그를 향해 손을 뻗으며 말했다. "우리 새로운 친구의 친구라네. 오늘 아침에 들어보니, 여기 우리 친구가 로체스터의 극장과도 관련이 있다더군. 널리 알리고 싶지는 않다지만 말이야. 이분은 같은 직종에 종사하는 분일세. 마침 극장 일과 관련된 작은 일화를 들려주시려던 참에 자네들이 들어왔지."

"수많은 일화가 있죠." 전날 알게 된 녹색 상의의 낯선 남자가 윙클 씨에게 다가와서 작고 은밀한 목소리로 말했다. "별난 친구예요―힘든 일을 하는데 배우는 아니고, 이상한 사람이죠―온갖 고생을 했어요―우리는 극장에서 '음침한 재미'라고 불러요." 윙클 씨와 스노드그래스 씨는 '음침한 재미'라는 우아한 별명을 가진 신사에게 예의 바른 환영의 인사를 건네고 물 탄 브랜디를 주문한 다음 일행들처럼 자리에 앉았다.

"자, 하시려던 이야기를 계속해주시죠." 픽윅 씨가 말했다.

음침한 사나이가 주머니에서 돌돌 말린 더러운 종이 뭉치를 꺼내더니 막 공책을 꺼낸 스노드그래스 씨를 향해 외모와 너무나 잘 어울리는 힘없는 목소리로 말했다. "당신이 시인입니까?"

"저는, 저는 약간 그런 쪽이죠." 스노드그래스가 갑작스러운 질문에 놀라며 대답했다.

"아! 우리 인생에 있어 시란 무대에 있어 조명과 음악이나 마찬가지지요. 인생에서 거짓 장식을 벗겨내면, 무대에서 환상을 벗겨내면, 계속 살아가거나 소중히 여길 만한 진실한 것이 어디 있겠습니까?"

"정말 그렇습니다." 스노드그래스 씨가 대답했다.

"각광을 받으며 무대에 선다는 것은 찬란한 궁전극을 감상하면서 화려한 관객들의 비단 드레스에 감탄하는 것과 같습니다." 음침한 사나이가 말을 이었다. "각광 뒤에서 일한다는 것은 그 화려한 옷을 만드는 사람이 되는 것과 같지요. 신경 쓰거나 알아주는 사람 하나 없이 헤엄을 치든 가라앉든, 굶어 죽든 살아가든, 운명을 따르도록 버려지는 것이지요."

"그렇고말고요." 스노드그래스 씨가 말했다. 음침한 남자의 푹 꺼진 눈이 그를 향했기 때문에 뭔가 말해야겠다는 생각이 들어서였다.

"계속해, 제미." 스페인 여행자가 말했다. "검은 눈의 수잔[9]처럼 착 가라앉았군. 침울한 소리는 이제 그만해. 얘기해봐, 어서 힘을

---

9   시인이자 극작가인 존 게이가 만든 노래 〈검은 눈의 수잔에게 보내는 다정한 윌리엄의 작별 인사〉는 "착 가라앉은 분위기 속에 함대가 정박해 있네"라는 가사로 시작한다.

내라고."

"시작하기 전에 한 잔 더 하시겠소?" 픽윅 씨가 말했다.

음침한 남자는 픽윅 씨의 권유에 따라 물 탄 브랜디를 한 잔 받아서 천천히 반 잔 마신 다음, 둘둘 말린 종이를 펴고서 때로는 읽고 때로는 설명하며 이야기를 들려주었다. 우리는 픽윅 클럽 회보에서 '순회공연자 이야기'라는 제목으로 다음과 같은 기록을 발견했다.

*

제가 하려는 이야기에 멋진 부분은 하나도 없습니다. 심지어 흔치 않은 부분도 없지요. 인생의 여러 계층에서 빈곤과 질병은 너무나 흔하기 때문에 평범한 인간의 부침과 마찬가지로 특별한 관심을 기울일 필요도 없습니다. 제가 그동안 적어두었던 얼마 안 되는 메모를 하나로 모은 것은 오래도록 너무나 잘 알았던 사람의 이야기이기 때문입니다. 저는 그가 추락하는 모습을 추적했는데, 결국 너무나 가난해진 그는 두 번 다시 일어서지 못했습니다.

제 이야기의 주인공은 저속한 무언극 배우로, 같은 계층의 수많은 사람들과 마찬가지로 상습적인 주정뱅이였습니다. 방탕한 생활 때문에 쇠약해지고 질병 때문에 야위기 전 건강했던 시절에는 월급도 괜찮았죠. 신중하고 분별 있는 사람이었다면 그 정도 월급을 몇 년쯤 더 받았겠지만 오래가지는 않았을 겁니다. 그런 사람들은 단명하거나 유일한 생계 수단인 육체를 비정상적으로 혹사해서 일찌감치 체력을 잃기 때문입니다. 그러나 끊임없이 따라다니던 죄가 그를 너무나 빨리 따라잡았기 때문에 극장에 필요할 때 그를 고용할 수 없었습니다. 그에게는 선술집이 저항할 수 없는 유혹이었습니다. 그가 계속 그 길을 걷는다면 방치된 질병과 절망적인 가난은 죽음만큼이나 확실한 자기의 몫이었습니다. 그러나 그는 계속해서 그 길을 걸었고, 결과는 추측할 수 있겠지요. 그는 일자리도 얻을 수 없었고 빵도 없었습니다.

극장 사정을 조금이라도 아는 사람이라면 큰 무대 주변에서 서성이는 초라하고 가난에 찌든 사람이 얼마나 많은지 잘 압니다. 그들은 정식으로 고용된 배우가 아니라 발레 댄서, 행렬의 일원, 곡예사 등등으로 무언극이나 부활절 작품을 상연할 때 잠시 고용되었다가, 대규모 장면을 연출하기 위해 다시 필요해질 때까지 일자리를 잃습니다. 이 남자도 그런 삶을 영위할 수밖에 없었지만 어느 수준 낮은 극장의 우두머리가 되어 매일 밤 연기를 지도하면서 일주일에 몇 실링 더 벌게 되었고, 따라서 오랜 습벽을 만족시킬 수 있었습니다. 그러나 곧 이런 수입도 올릴 수 없게 되었지요. 그는 성실하지 않았기 때문에 한심할 정도로 적은 수입마저 올릴 수 없었고, 실제로 굶어 죽을 지경이 되어 가끔 옛 동료에게 약간 빌리거나 소극장에서 가장 흔한 역할을 맡아서 푼돈을 벌었지만 돈이 조금이라도 들어오면 옛날처럼 모두 써버렸습니다.

그즈음, 그가 1년이 넘도록 어떻게 살고 있는지 아무도 몰랐을 때, 강 건너 어느 극장에서 잠깐 일하게 된 저는 한동안 보지 못했던 이 남자를 만났습니다. 그때까지 저는 지방에서 순회공연을 다녔고 그는 런던 뒷골목에서 숨어 살았기 때문에 서로 볼 수 없었지요. 제가 옷을 갈아입은 다음 극장에서 나가려고 무대를 가로지르는데 그가 제 어깨를 톡톡 두드렸습니다. 저는 그때 돌아서서 본 그 역겨운 광경을 절대 잊지 못할 겁니다. 그는 무언극 때문에 기괴한 광대 의상을 입고 있었습니다. 죽음의 무도에 나오는 유령들, 가장 뛰어난 화가가 캔버스에 그린 가장 무시무시한 형체들조차 그의 모습에 비하면 절반도 무섭지 않았습니다. 부풀어 오른 몸과 오그라든 다리—기상천외한 의상 때문에 기형적인 몸매가 백배는 더 강조되었지요—얼굴에 덕지덕지 칠한 흰 물감과 무서울 만큼 대조를 이루는 흐리멍덩한 눈, 기괴한 장식을 달고서 중풍 때문에 덜덜 떨리는 머리, 흰 분필을 문질러 칠한 길고 마른 손, 이 모든 것이 그를 추악하고 부자연스럽게 만들었는데 어떻게 설명해도 그 모습을 적절히 표현하거나 전할 수 없지만 저는 지금까지도 그때를 떠올리면 몸서리가 쳐집니다. 그는 저를 한쪽 옆으로 데려가서 힘없고 떨리는 목소리로 자신이 얼마나 아프고 궁핍한지 더듬더듬 늘어놓더니, 언제나처럼 얼마 안 되는 돈을 급히 빌려달라는 말로 이야기를 끝맺었습니다. 저는 그의 손에 몇 실링 쥐여주었고, 그가 무대에 올라가서 한 번 구르자마자 관객들의 웃음소리가 터져 나왔습니다.

몇 밤 뒤 어떤 소년이 제 손에 더러운 종잇조각을 하나 건네주었는데, 연필로 몇 자 휘갈겨 적혀 있었습니다. 그 남자가 위독하니 공연이 끝나고 극장에서 그리 멀지 않은 거리—그 거리의 이름은 잊었습니다—의 셋방으로 와달라고 간청하는 내용이었지요. 저는 시간이 생기는 즉시 찾아가겠다고 약속했고, 막이 내리자마자 이 우울한 볼일을 보러 급히 나갔습니다.

제가 출연하는 작품은 마지막 상연이었기 때문에 늦은 시각이었고, 마침 자선 공연의 밤이어서 상연이 평소보다 길어졌습니다. 차갑고 축축한 바람이 불어 비가 창문과 집을 세차게 두드리는 춥고 어두운 밤이었지요. 좁고 인적이 드문 거리에 웅덩이가 고였고, 드문드문 선 석유등은 대부분 거센 바람에 꺼졌기 때문에 걷기 불편할 뿐만 아니라 주변을 제대로 확인할 수도 없었습니다. 그러나 저는 운 좋게도 길을 제대로 들어서 약간의 고생 끝에 목적지를 찾아냈습니다. 석탄 창고에 한 층을 더 올린 집이었는데, 2층 뒷방에 제가 찾는 사람이 누워 있었지요.

불쌍해 보이는 남자의 아내가 계단에서 저를 맞이하더니 남편이 조금 전에 잠들었다고 말한 다음 안으로 조용히 안내했고, 침대 옆에 의자를 놓아주었습니다. 병든 남자는 벽을 바라보며 누워 있었는데 제가 왔다는 사실을 아직 알아차리지 못했기 때문에 방을 살펴볼 시간이 있었습니다.

그는 접이식 낡은 침대에 누워 있었습니다. 바람을 막으려고 침대 머리 쪽에 너덜너덜한 체크무늬 커튼을 쳐두었지만 바람은 갈라진 문의 수많은 틈새를 통해 비집고 들어와 황량한 방을 잠시도 쉬지 않고 뒤흔들었습니다. 녹슬고 헐거운 난로 받침쇠에 타다 남은 재가 있었고, 난로 앞 낡고 얼룩덜룩한 삼각 탁자에는 약병 몇 개와 깨진 유리잔 하나, 그리고 몇 가지 가재도구가 놓여 있었습니다. 어린아이가 바닥에 대충 마련한 이부자리에서 자고 있었고 여자는 그 옆 의자에 앉아 있었습니다. 두 개의 선반에는 접시와 잔, 잔 받침이 몇 개 있었고 그 밑에 무대용 신발 한 켤레와 펜싱용 검 한 쌍이 걸려 있었지요. 방 한구석에 아무렇게나던져놓은 누더기와 보따리 더미만 빼면 집 안의 물건은 그것이 전부였습니다.

남자가 저의 존재를 알아차린 것은 이렇게 사소한 부분까지 전부 살펴보고 나서, 그가 힘겹게 숨을 쉬며 열 때문에 흠칫거리는 모습까지 본 후였습니다. 남자가 머리를 편히 둘 곳을 찾아서 몸을 뒤척이다가 손을 뻗었는데 바로 제 손에 닿았지요. 그러자 남자가 일어나 앉아서 제 얼굴을 유심히 보았습니다.

"허틀리 씨예요, 존." 그의 아내가 말했습니다. "오늘 밤 허틀리 씨를 모셔 오라고 사람을 보냈잖아요."

"아!" 병자가 손으로 이마를 훔치며 말했습니다. "허틀리, 허틀리, 어디 보자." 그가 몇 초 동안 생각을 그러모으려고 애쓰는 듯하더니 제 손목을 꽉 잡고 말했습니다. "여기 있어주게. 자네, 나를 두고 가면 안 돼. 저 여자가 날 죽일 거야, 난 알아."

"계속 이런 상태였습니까?" 제가 훌쩍이는 그의 아내에게 물었지요.

"어젯밤부터 그래요." 그녀가 말했습니다. "존, 나 모르겠어요?"

"저 여자가 가까이 오지 못하게 해!" 아내가 그를 향해 몸을 숙이자 남자가 몸서리치며 말했습니다. "멀리 내쫓아줘, 저 여자가 곁에 있는 걸 못 견디겠어." 남자가 정말 무섭다는 표정으로 여자를 미친 듯이 노려보더니 제 귀에 속삭였습니다. "내가 저 여자를 때렸어, 젬. 어제도 때렸고, 그전에도 수없이 때렸다고. 저여자를 굶기고 아들도 굶겼지. 이제 나는 힘도 없고 몸도 못 움직인다네. 그러니 저 여자가 날 죽일 거야, 내가 알아. 자네도 저여자가 우는 모습을 봤다면 알았을 거야. 저 여자를 멀리 내쫓아주게." 그가 잡고 있던 손을 풀더니 진이 빠져서 베개 위로 털썩 누웠습니다.

이 모든 것이 무슨 의미인지 저는 너무나 잘 알았습니다. 잠시나마 의심이 들었다 해도 여자의 창백한 얼굴과 쇠약한 몸을 흘깃 보면 사정을 충분히 파악했을 것입니다. "부인은 잠시 자리를 비키는 게 좋겠군요." 제가 불쌍한 여인에게 말했습니다. "남편에게 아무 도움이 안 돼요. 부인이 보이지 않으면 좀 차분해질지도 모릅니다." 여자는 남자의 시선이 닿지 않는 곳으로 물러났습니다. 잠시 후 남자가 눈을 뜨고 초조하게 주변을 둘러봤지요.

"갔나?" 그가 열심히 물었습니다.

"그래, 그래." 제가 말했지요. "이제 자네를 해치지 못할 거야."

"뭐 하나 말해줄까, 젬." 남자가 낮은 목소리로 말했습니다. "저 여자가 정말로 나를 해치고 있어. 그 눈에 내 마음속의 끔찍한 두려움을 일깨우는 뭔가가 있어서 미칠 것 같아. 어제는 밤새도록 내 얼굴 바로 옆에 붙어서 그 큰 눈과 창백한 얼굴로 내가 어디를 보든 같은 곳을 보는 거야. 그리고 자다가 갑자기 깨면 항상 침대 맡에서 나를 보고 있더라니까." 남자가 저를 잡고 끌어당기더니 경계하는 목소리로 낮게 속삭였습니다. "젬, 저 여자는 악령이 분명해, 악마 말이야! 쉿, 나는 알고 있어. 진짜 여자였다면 벌써 오래전에 죽었을 거야. 저 여자가 겪은 일을 견뎌낼 수 있는 여자는 이 세상에 없어."

저는 그가 이런 생각을 할 정도라니, 얼마나 오랫동안 부인을 학대하고 방치했을까 싶어서 속이 좋지 않았습니다. 아무 대답도 할 수 없었어요. 제 앞에 누워 있는 이 비열한 자에게 희망이나 위로를 줄 수 있는 사람이 어디 있겠습니까?

제가 두 시간이 넘도록 자리를 지키는 동안 그는 몸을 뒤척이면서 아프다고 짜증을 내며 중얼거렸고, 잠시도 쉬지 않고 팔을 휘두르며 끊임없이 몸부림쳤습니다. 결국 그는 어중간한 무의식 상태에 빠져서 마음이 이 장면에서 저 장면으로, 이곳에서 저곳으로 불안하게 돌아다녔는데, 이성을 통제할 수 없었을 뿐 아니라 설명할 수 없는 현재의 고통에서 벗어날 수도 없었습니다. 저는 앞뒤가 맞지 않는 헛소리를 들으면서 그의 상태를 깨달았고, 당장 열이 심해질 가능성이 없다는 것을 알았기 때문에 그의 불쌍한 아내에게 다음 날 저녁에 다시 오겠다고, 그리고 필요하다면 환자의 곁을 밤새 지키겠다고 약속한 다음 밖으로 나왔습니다.

저는 약속을 지켰습니다. 하루 동안 무시무시한 변화가 일어났지요. 그는 눈이 푹 꺼지고 슬퍼 보였지만 광채가 번득여서 보기도 무시무시했습니다. 입술은 바싹 말라서 여기저기 갈라져 있었지요. 건조하고 딱딱한 피부는 타는 듯한 열기 때문에 붉었고 얼굴에 드러난 이 세상 것 같지 않은 거칠고 불안한 분위기는 병이 더욱 기승을 부리고 있음을 보여주었습니다. 열은 더없이 높았지요.

저는 전날 밤과 같은 자리에 앉아서 정말 무딘 사람의 가슴도 깊이 후려칠 소리, 죽어가는 남자의 헛소리에 몇 시간이고 귀를 기울였습니다. 제가 전해 들은 의사의 소견에 따르면 그는 가망이 없었습니다. 저는 침대 맡에 앉아서 그의 임종을 지키고 있었지요. 몇 시간 전만 해도 떠들썩한 관객을 즐겁게 해주려고 배배 꼬이던 쇠약해진 팔다리가 타는 듯한 열병의 고통으로 몸부림치는 것을 보았고, 광대의 새된 웃음소리가 섞인 죽어가는 남자의 낮은 중얼거림을 들었습니다.

육체는 나약하고 무력하게 누워 있으면서도 정신만은 평소의 직업에 대해서, 건강을 추구하는 것에 대해서 이야기하는 모습을 보면 무척 감동적입니다. 그러나 그 직업이라는 것이 우리가 중요하거나 엄숙하다고 여기는 모든 것과 정반대되는 일이라면 더욱 강렬한 인상을 받게 되지요. 이 불쌍한 남자는 주로 연극과 극장에 대해서 헛소리를 했습니다. 그는 지금이 밤이라고, 맡은 배역이 있는데 늦었다며 당장 나가야 한다고 생각했습니다. 왜 자기를 붙잡느냐고, 왜 못 가게 하느냐고, 이러다가 돈을 못 받게 된다면서 가야 한다고 했지요. 하지만 사람들이 그를 놓아주지 않습니다. 그는 타는 듯 뜨거운 양손에 얼굴을 파묻고 힘이 없다고, 자신을 괴롭히는 자들이 너무 잔인하다고 가냘프게 한탄했습니다. 그러다가 잠시 멈추더니 조잡한 말을, 그가 마지막으로 외운 대사를 외쳤습니다. 남자가 침대에서 일어나 쇠약해진 팔다리를 추스르고 어색한 자세로 몸을 굴렀습니다. 연기를 하고 있었어요. 그는 극장에 있었습니다. 잠시 침묵이 흐르더니 이번에는 떠들썩한 노래의 후렴을 중얼거렸지요. 마침내 예전에 다니던 극장에 도착했는데, 무척 더웠던 겁니다. 그는 큰 병을 앓았지만 이제 건강을 되찾고 행복해졌습니다. 남자가 자기 잔을 채웠습니다. 그런데 입술에 닿으려는 찰나 잔을 홱 빼앗은 자는 누구였을까요? 예전에 그를 따라다니며 괴롭히던 바로 그자였습니다. 남자는 베개에 다시 쓰러져 큰 소리로 신음했습니다. 잠시 망각에 빠진 후, 그는 이제 아치가 낮은 방들이 연결된 장황한 미로를 헤매고 있었습니다. 때로는 아치가 너무 낮아서 두 팔과 두 다리로 기어야 했지요. 미로는 갑갑하고 어두웠고, 어느 쪽으로 가든 장애물 때문에 앞으로 나아갈 수 없었습니다. 땅을 기어 다니는 소름 끼치는 벌레들이 그를 빤히 바라보면서 주변의 허공을 가득 채웠고, 수많은 눈들이 짙은 어둠 속에서 무시무시하게 반짝거렸지요. 벌레들 때문에 벽과 천장이 살아 있는 듯했고, 둥근 천장이 어마어마하게 커지더니 무시무시한 형체들이 이리저리 날아다녔습니다. 형체들 사이에서 그가 아는 얼굴들이 투덜거리고 조롱하며 그를 바라보았습니다. 그들은 뜨겁게 달군 쇠로 그에게 낙인을 찍었고, 여러 개의 끈으로 그의 머리를 피가 날 정도로 세게 묶었습니다. 그는 살기 위해서 미친 듯이 발버둥 쳤지요.

마침내 발작이 끝나고 제가 애써 침대에 눕히자 그는 깊은 잠에 빠져 잠잠해지는 듯했습니다. 그를 줄곧 지켜보고 말리느라 맥이 빠져서 몇 분 정도 눈을 감고 있는데, 누군가 제 어깨를 난폭하게 잡는 손길이 느껴졌습니다. 저는 바로 일어났지요. 남자가 혼자 일어나 침대에 앉아 있었습니다. 그의 얼굴은 무서울 만큼 변했지만, 저를 확실히 알아보는 것을 보니 의식이 돌아온 듯했습니다. 남자의 헛소리 때문에 한참 전부터 잠을 설치던 아이가 작은 침대에서 일어나더니 소리를 지르며 자기 아빠에게 달려갔습니다. 남편이 미쳐서 폭력을 휘두르다가 아이를 해칠까 봐 부인이 얼른 아이를 품에 안았지만, 남편의 변한 얼굴을 보고 겁에 질려 침대 옆에 못 박힌 듯 서 있었습니다. 남자가 경련을 일으켜 한 손으로는 제 어깨를 잡고 한 손으로는 자기 가슴을 치면서 필사적으로 무슨 말을 하려고 했습니다. 그러나 소용없었지요. 남자는 팔을 쭉 뻗고 다시 한번 사납게 몸부림을 쳤습니다. 목을 꾸르륵거리고 눈을 번득이다가 잠시 숨이 넘어갈 듯 신음하더니 쓰러졌어요. 죽은 겁니다!

*

이 이야기에 대한 픽윅 씨의 의견을 여기에 기록할 수 있다면 우리는 더없이 기쁠 것이다. 바로 그때 정말로 불행한 사건만 일어나지 않았어도 분명 픽윅 씨의 생각을 독자에게 전할 수 있었을 것이다.

픽윅 씨가 위 이야기의 마지막 부분을 듣는 동안 손에 들고 있던 잔을 탁자에 내려놓고 무슨 말인가 하려는 순간—스노드그래스 씨의 공책에 기록된 바에 따르면 픽윅 씨는 실제로 입을 열었다고 한다—급사가 들어와서 말했다.

"신사분들이 찾아오셨습니다."

픽윅 씨가 템스 강을 밝히지는 않더라도 적어도 세상을 계몽할 만한 이야기를 하려는 찰나에 방해를 받은 것이다. 그는 급사의 표정을 엄하게 바라보고 나서 새로 온 손님이 누구인지 정보를 탐색하듯 일행 전체를 둘러보았다.

"아!" 윙클 씨가 자리에서 일어나며 말했다. "제 친구들입니다. 안으로 모시게. 아주 유쾌한 친구들이죠." 급사가 물러난 후 윙클 씨가 덧붙였다. "제97사단 장교들인데, 좀 기이한 사정으로 오늘 아침에 알게 되었습니다. 여러분들도 좋아하실 겁니다."

픽윅 씨는 곧 차분함을 되찾았다. 급사가 신사 세 명을 방으로 안내했다.

"이쪽은 태플턴 중위입니다." 윙클 씨가 말했다. "태플턴 중위, 이쪽은 픽윅 씨입니다. 페인 박사님, 이쪽은 픽윅 씨입니다. 스노드그래스 씨는 아까 만났지요. 터프먼 씨, 페인 박사입니다. 슬래머 박사, 픽윅 씨입니다. 터프먼 씨, 이쪽은 슬래머 박사……."

이때 터프먼 씨와 슬래머 박사의 얼굴에 강렬한 감정이 드러났기 때문에 윙클 씨가 말을 뚝 멈추었다.

"저는 이분을 뵌 적이 있는데요." 슬래머 박사가 무척 강조하며 말했다.

"그러시군요!" 윙클 씨가 말했다.

"그리고 저 사람도요. 제가 착각한 게 아니라면 말입니다." 의사가 녹색 상의를 입은 낯선 이를 빤히 보면서 말했다. "어젯밤에 제가 저분을 아주 간곡하게 초대했는데 저분은 거절하는 것이 좋겠다고 생각하시는 듯했습니다." 박사는 이렇게 말하면서 관대하게도 낯선 남자를 노려보기만 하다가 태플턴 중위에게 뭐라고 속삭였다.

"설마." 속삭임이 끝나자 태플턴 중위가 말했다.

"정말이네." 슬래머 박사가 대답했다.

"그 자리에서 발로 걷어찼어야지." 접이식 의자의 주인이 아주 엄숙하게 중얼거렸다.

"조용히 좀 하게, 페인." 중위가 끼어들었다. "한 가지 여쭐 것이 있습니다만." 손님들의 무례한 언행에 어리둥절한 픽윅 씨에게 중위가 말했다. "저 사람도 일행인가요?"

"아닙니다." 픽윅 씨가 대답했다. "저희 손님입니다."

"저 사람도 같은 클럽의 회원이지요? 제가 잘못 알았습니까?" 중위가 미심쩍은 듯이 말했다.

"절대 아닙니다." 픽윅 씨가 대답했다.

"그렇다면 클럽 단추도 달고 다니지 않고요?" 중위가 말했다.

"아닙니다, 절대 아니죠!" 깜짝 놀란 픽윅 씨가 대답했다.

태플턴 중위가 슬래머 박사를 향해 돌아서더니 친구의 기억이 정확한지 의심스럽다는 듯 알아보기 힘들 정도로 살짝 어깨를 으쓱했다. 키 작은 의사는 분개하면서도 어리둥절한 듯했다. 페인 씨는 아무것도 모르는 픽윅 씨의 명랑한 표정을 사납게 바라보았다.

"당신," 의사가 갑자기 터프먼 씨를 향했고 그의 날카로운 말투에 터프먼 씨는 핀으로 장딴지라도 찔린 것처럼 깜짝 놀랐다.

"어젯밤 이곳에서 열린 무도회에 참석하셨지요?"

터프먼 씨가 숨을 헐떡이며 작게 그렇다고 답했고, 그러는 내내 픽윅 씨를 뚫어지게 바라보았다.

"저 사람과 같이 오셨었지요." 의사가 여전히 꼼짝도 않는 낯선 남자를 가리키며 말했다.

터프먼 씨가 그렇다고 인정했다.

"자, 신사분들이 계시는 자리에서 다시 한번 묻겠습니다. 제게 명함을 주시고 신사 대접을 받으시겠습니까, 아니면 제가 이 자리에서 당신을 혼내줄 수밖에 없게 만드시겠습니까?" 의사가 낯선 남자에게 말했다.

"잠깐만요!" 픽윅 씨가 말했다. "저는 아무 설명도 없이 일이 이렇게 흘러가도록 두고 볼 수가 없습니다. 터프먼, 상황을 설명하게."

근엄한 명령을 받은 터프먼 씨가 몇 마디로 상황을 설명했다. 그는 상의를 빌렸음을 살짝 언급하고, 저녁 식사가 끝난 후의 일이었다는 말을 장황하게 늘어놓고, 약간의 반성을 드러내며 끝을 맺었다. 이제 낯선 남자가 최선을 다해 변명할 차례였다.

낯선 남자가 뭔가 말을 하려고 하자, 그를 무척 호기심 어린 눈으로 지켜보던 태플턴 중위가 경멸이 담긴 어조로 말했다. "극장에서 당신을 본 것 같은데요?"

"맞습니다." 낯선 남자가 태연하게 대답했다.

"이자는 순회공연 배우입니다." 중위가 업신여기듯 말하더니 슬래머 박사를 향해서 말했다. "내일 밤 제52사단 장교들이 로

체스터 극장에서 볼 연극에 출연한다네. 이 일을 계속 진행할 순 없네, 슬래머. 불가능해!"

"과연 그렇군!" 페인이 위엄 있게 말했다.

"불쾌한 상황에 처하게 해드려 죄송합니다." 태플턴 중위가 픽윅 씨에게 말했다. "앞으로 이처럼 불쾌한 장면이 다시 연출되지 않게 하시려면 친구를 가려 사귀시는 게 좋겠군요. 안녕히 계십시오!" 말을 마친 중위가 방에서 나갔다.

"저도 드릴 말씀이 있습니다." 성질 급한 페인 박사가 말했다. "제가 태플턴이나 슬래머였다면 당신 코를 꼬집었을 겁니다. 당신들 모두의 코를 꼬집었을 거요. 암요, 전부 다 말입니다. 제 이름은 페인입니다, 제43사단의 페인 박사죠. 안녕히 계십시오." 연설을 마친 그가 높은 목소리로 마지막 인사를 한 다음 당당하고 유유한 걸음으로 친구를 따라갔고, 슬래머 박사가 그 뒤를 바짝 쫓았다. 그는 아무 말 없이 매서운 표정을 지어 픽윅 씨 일행을 무안하게 만드는 것으로 만족했다.

픽윅 씨는 이렇게 공공연히 경멸을 당하는 내내 속이 부글부글 끓었고 너무나 당황한 나머지 고귀한 가슴이 부풀어 올라 조끼가 거의 터질 지경이었다. 그는 못 박힌 듯 자리에 서서 허공을 물끄러미 바라보다가, 문이 닫히자 마침내 정신을 차렸다. 픽윅 씨는 얼굴에 분노를, 눈에 불을 담고 달려갔다. 그의 손이 문고리에 닿았고, 스노드그래스 씨가 존경하는 수장의 뒷자락을 잡아 끌지만 않았다면 곧 제43사단 소속 페인 박사의 목에 닿았을 것이다.

"말려요!" 스노드그래스 씨가 외쳤다. "이런 일로 픽윅 씨의 고귀한 목숨을 위태롭게 해서는 안 됩니다!"

"놓아주게." 픽윅 씨가 말했다.

"꽉 잡아요!" 스노드그래스 씨가 외치자 일행이 합심하여 픽윅 씨를 안락의자에 억지로 앉혔다.

"이제 놓으시죠." 녹색 상의의 이방인이 말했다. "물 탄 브랜디를 좀—참 멋진 노신사군요, 엄청난 용기예요—이걸 삼키세요—아, 아주 괜찮죠." 음침한 남자가 잔이 넘치도록 물과 브랜디를 섞자 낯선 남자가 맛본 다음 픽윅 씨의 입에 가져다 댔고, 남은 술은 순식간에 사라졌다.

짧은 정적이 흐른 뒤 물 탄 브랜디가 효과를 나타냈다. 픽윅 씨의 상냥한 얼굴이 평소와 같은 표정을 빠르게 되찾았다.

"저 사람들은 신경 쓰실 가치도 없습니다." 음침한 남자가 말했다.

"당신 말이 맞습니다." 픽윅 씨가 대답했다. "그럴 가치가 없지요. 이렇게 흥분한 모습을 보여드려 부끄럽군요. 의자를 가까이 당겨 앉으시지요."

음침한 남자는 픽윅 씨가 시키는 대로 했고, 사람들이 탁자에 둘러앉자 분위기가 다시 평화로워졌다. 상의를 잠시나마 빼앗겼던 것 때문에 윙클 씨의 가슴에 남아 있었을지 모를 짜증도 가라앉은 듯했다. 물론 그토록 사소한 일이 픽윅 클럽 회원의 가슴에 분노를 일으킬 수 있었으리라 생각하는 것은 이치에 맞지 않을 것이다. 이러한 예외만 빼면 일행의 유쾌한 분위기는 완전히 회복되었고, 저녁 시간은 처음 시작할 때처럼 밝은 분위기에서 마무리되었다.

4장

열병식과 야영, 새로운 친구들과
시골로의 초대

여러 가지 귀한 정보를 얻는 출처를 인정하기 꺼리는 작가들이 많은데 이는 우매할 뿐 아니라 진정으로 불성실한 생각이다. 우리는 그럴 생각이 없으며 편집이라는 마땅한 의무를 다하기 위해 정직하게 애쓸 뿐이다. 다른 상황에서라면 이 모험담을 우리가 썼다고 주장하고 싶은 야심을 느꼈을지도 모르지만, 우리는 진실을 존중하므로 신중한 구성과 공정한 서술 이상의 공적을 주장하지 않는 바이다. 픽윅 클럽 회보가 뉴 리버 헤드의 수원이라면 우리는 그 수원을 이용해서 상수를 공급하는 수도 회사 뉴리버 컴퍼니와 같다. 다른 이들의 노동이 중요한 사실들의 거대한 저수지를 만들어주었고, 우리는 그 저수지에 의존하여 픽윅 클럽의 지식을 갈구하는 세상에 이야기들을 전달하는 깨끗하고 조용한 시냇물인 것이다.

이러한 정신에 따라서, 또 우리가 참조한 공신력 있는 출처에 감사하는 마음을 분명히 밝히겠다는 굳은 결심에 따라서, 우리는 이 장과 다음 장에 기록된 상세한 내용이 스노드그래스 씨의 공책에서 나왔음을 솔직히 밝히는 바이다. 이제 양심의 빚을 내려놓았으니 더 이상의 언급 없이 그 상세한 내용을 기술하고자 한다.

다음 날 아침 일찍, 로체스터와 인근 마을의 모든 주민들은 흥분하여 분주히 침대에서 일어났다. 채텀 막사 옆 연병장에서 대대적인 사열식이 거행될 참이었다. 사령관이 여섯 연대의 기동작전을 매의 눈으로 점검할 예정이었다. 임시 요새가 세워졌고, 곧 병사들이 성채를 공격하여 함락하고 지뢰를 터뜨릴 것이었다.

우리가 간략하게 발췌한 픽윅 씨의 채텀에 대한 설명을 읽고 독자들은 이미 짐작했을지도 모르지만 픽윅 씨는 열정적인 군대 예찬론자였다. 그러므로 그에게 사열식보다 더 큰 기쁨을 주는 광경은 없었을 것이고, 픽윅 씨 일행 각자의 독특한 취향이 이토록 완벽한 조화를 이루는 행사도 없었다. 따라서 네 사람은 온갖 지역 사람들이 이미 몰려가고 있는 현장을 향해 걸었다.

연병장의 모든 면면은 다가올 의식이 더없이 장엄하고 중요하다는 사실을 알려주었다. 부대가 정렬할 땅을 확보하기 위해 보초병이 서 있었고, 포병중대 소속 하인들은 숙녀들을 위해 자리를 맡았으며, 중사들은 송아지 가죽을 씌운 책을 겨드랑이에 끼고 이리저리 뛰어다녔고, 군복을 완벽하게 차려입은 벌더 대령은 말을 타고 이쪽으로 뛰어갔다가 다시 저쪽으로 뛰어다니면서 사람들 틈에서 말을 후퇴시켰다가 껑충껑충 뛰게 했다가 앞다리를 들었다가 그것이 땅에 닿기 전에 뒷다리를 펴고 뛰어오르게 했고 뚜렷한 원인이나 이유도 없이 쉰 목소리와 시뻘게진 얼굴로 다급하게 고함을 쳤다. 장교들이 이리저리 뛰어다니면서 벌더 대령과 이야기를 나눈 다음 중사들에게 명령을 내렸고, 다시 멀리 달려갔다. 사병들조차 반질반질한 총대 뒤에서 묘하게 엄숙한 분위기로 시선을 던지고 있었는데, 이것만 봐도 이 행사가 얼마나 특별한지 충분히 알 수 있었다.

픽윅 씨와 세 친구는 앞줄에 자리를 잡고 행사가 시작하기를 끈기 있게 기다렸다. 군중은 매 순간 점차 늘어났고, 그들은 그 뒤 두 시간 동안 맡은 자리를 지키느라 다른 일에 정신을 팔 수 없었다. 한 번은 뒤에서 누가 갑자기 밀치는 바람에 픽윅 씨가 평소의 장중한 품행과 전혀 어울리지 않는 속도와 탄성으로 몇 미터 앞까지 튕겨져 나갔다. 또 한 번은 앞에서 물러서라고 요청하더니 말을 확실히 전달하려고 머스킷 총 개머리판 끝으로 픽윅 씨의 발가락을 쳤는지, 확실히 물러서게 만들려고 그의 가슴을 밀쳤는지 했다. 그때 왼쪽에 있던 경박한 신사들이 하나가 되어 마구 밀면서 스노드그래스 씨의 몸을 압착하여 극도의 고문과도 같은 고통을 주더니 "사람을 어디로 미는 겁니까?"라고 물었고, 이 까닭 없는 공격을 목격한 윙클 씨가 분노를 드러내자 뒤에서 누군가가 윙클 씨의 모자를 치면서 "머리를 주머니에 좀 넣으면 안 되겠소?" 하고 말했다. 짓궂은 장난이 이어졌고, 터프먼 씨마저 아무 설명도 없이 사라지는 바람에(갑자기 사라지더니 어디에서도 찾을 수 없었다) 일행은 흥겹거나 기대에 부풀기보다는 불편해졌다.

마침내 군중 사이에서 수많은 목소리들이 낮게 고함을 쳤는데, 이는 보통 기다리던 것이 드디어 도착했음을 알리는 소리였다. 모든 시선이 출격문 쪽으로 향했다. 열렬한 기대의 순간이 지나자 하늘에서 깃발들이 화려하게 펄럭이고 햇살 속에서 무기가 밝게 빛나더니 줄지어 선 군인들이 연병장으로 들어왔다. 군대가 걸음을 멈추고 정렬했다. 명령이 쩌렁쩌렁하게 울려 퍼졌고, 받들어총을 하자 머스킷 총이 일제히 철컹 소리를 냈다. 이제 사령관이 벌더 대령과 수많은 장교들을 거느리고 느릿느릿 앞으로 나섰다. 군악대가 일제히 연주를 시작했다. 말들은 앞발을 들고 느릿느릿 뒷걸음질을 치면서 꼬리를 사방으로 휙휙 움직였다. 개들이 짖고 군중이 소리를 지르고 군사들이 무기를 내렸다. 어디를 보아도 길게 늘어서서 꼼짝도 하지 않는 붉은 상의와 흰 바지들밖에 보이지 않았다.

픽윅 씨는 사람들에게 휘둘리면서 말들의 다리 사이에 얽혀 들어가지 않으려고 애를 쓰느라 우리가 방금 묘사한 상황이 될 때까지 눈앞의 장관을 관찰할 여유가 없었다. 그러나 마침내 두 다리로 든든히 버티고 선 그는 억누를 수 없는 희열과 기쁨을 느꼈다.

"이보다 더 좋은 일이, 이보다 더 즐거운 일이 어디 있겠나?"
그가 윙클 씨에게 물었다.

"없지요." 방금 전까지 키 작은 남자에게 양쪽 발을 밟히고 있던 윙클 씨가 대답했다.

"정말 장대하고 눈부신 광경이군요." 불꽃같은 시가 빠르게 터져 나오는 가슴을 안고 스노드그래스 씨가 말했다. "조국을 지키는 용맹한 수호자들이 평화를 사랑하는 시민들 앞에서 찬란한 대열을 이루고 서 있다니 말입니다. 이들의 얼굴은 호전적인 잔혹함이 아니라 문명의 온화함으로 빛나고, 그 눈은 거친 약탈이나 복수의 불꽃이 아니라 온화한 인간성과 지성의 빛으로 반짝이는군요."

픽윅 씨 역시 이러한 찬사에 충분히 동조했지만 스노드그래스 씨의 말에 완전히 동의할 수는 없었다. '바로'라는 명령이 떨어지자 병사들의 눈에서 반짝이는 온화한 지성의 빛이 미약해졌기 때문이었다. 모든 구경꾼들의 눈에 들어온 것은 어떤 감정도 드러내지 않은 채 정면을 똑바로 응시하는 몇천 쌍의 눈이었다.

"지금 우리는 정말 대단한 현장에 있네." 픽윅 씨가 주변을 둘러보며 말했다. 군중이 차츰 흩어져서 이제 거의 픽윅 씨 일행밖에 남지 않았다.

"대단하지요!" 스노드그래스 씨와 윙클 씨가 따라서 말했다.

"군인들이 지금 뭘 하고 있나?" 픽윅 씨가 안경을 고쳐 쓰며 물었다.

"제, 제 생각에는 발포하려는 것 같은데요." 낯빛이 변한 윙클 씨가 말했다.

"말도 안 되는 소리!" 픽윅 씨가 황급히 말했다.

"제 생각에도 정말 그런 것 같습니다." 깜짝 놀란 스노드그래스 씨가 말했다.

"그럴 리가 없네." 픽윅 씨가 대답했다. 그러나 그가 말을 마치기도 전에 여섯 개 연대 전체가 하나의 목표밖에 없다는 듯 머스킷 총을 들었는데, 그 목표는 바로 픽윅 클럽 회원들이었다. 군인들이 끔찍하고 무시무시한 소리를 내며 총을 발사하자 땅이 중심까지 흔들렸고 노신사 하나가 중심을 잃고 쓰러졌다.

공포탄의 불꽃에 노출되고 맞은편에서 새로운 부대가 정렬을 시작하면서 군사작전에 휘말리게 된 이 힘든 상황에서 픽윅 씨는 위인의 필수적인 부분이라 할 수 있는 완벽한 냉정함과 침착함을 발휘했다. 픽윅 씨는 윙클 씨와 스노드그래스 씨 사이에 서서 윙클 씨의 팔을 붙잡았다. 그러고는 공포탄을 쏜다 해도 소음때문에 귀가 멀 가능성을 제외하면 그 어떤 당장의 위험도 없음을 잊지 말라고 진지하게 말했다.

"하지만, 하지만, 몇 명이 실수로 실탄을 장전했으면 어쩝니까!" 윙클 씨가 스스로 떠올린 가정에 창백해진 얼굴로 불만스럽게 말했다. "방금 뭔가 핑 소리 같은 것을 들었다고요. 아주 날카로운 소리가 귓가에서 들렸습니다."

"엎드리는 게 낫지 않을까요?" 스노드그래스 씨가 말했다.

"아니, 아닐세. 이제 끝났네." 이렇게 말하는 픽윅 씨의 입술이 떨리고 뺨이 창백해졌을지언정 그 어떤 두려움이나 걱정의 말도 입 밖으로 나오지 않았다.

픽윅 씨가 옳았다. 발포가 멈추었다. 그러나 픽윅 씨의 생각이 옳았음을 축하할 시간도 없이 대열이 재빨리 움직였다. 거친 목소리의 명령이 울렸고, 픽윅 씨 일행 중 누군가가 새로운 기동작전이 무엇인지 미처 추측하기도 전에 총검을 장착한 여섯 연대 전체가 픽윅 씨 일행이 서 있는 곳을 향해 돌진했다.

인간은 불멸의 존재가 아니며, 인간의 용기가 넘어서지 못하는 어떤 지점이 존재한다. 픽윅 씨는 안경 너머로 다가오는 군인들을 잠시 보더니 곧장 등을 돌려—달아났다는 말은 첫째로 비열한 표현이고, 둘째로 픽윅 씨의 체형은 그러한 후퇴 방법에 결코 적합하지 않았으므로 우리는 달아났다는 표현은 쓰지 않을 것이다—그의 다리가 낼 수 있는 최대한의 속도로 총총거리며 멀어졌다. 그러나 그 속도가 너무 빨랐기 때문에 픽윅 씨가 얼마나 난처한 상황에 처했는지 정확히 깨달았을 때는 이미 너무 늦었다.

몇 초 전 픽윅 씨를 당혹하게 만들었던 맞은편 부대가 성채를 포위한 부대의 모의 공격을 무찌르기 위해 다시 정렬했고, 따라서 픽윅 씨와 두 친구는 갑자기 어마어마한 길이로 정렬한 두 부대 사이에 갇혀버렸다. 한 부대는 빠른 속도로 다가오고 있었고 한 부대는 충돌에 단단히 대비하여 전투 대형을 갖추고 있었다.

"어이!" 전진하던 부대의 장교들이 외쳤다.

"길을 비켜요!" 멈춰 있는 부대의 장교들이 소리쳤다.

"어디로 가란 말입니까?" 흥분한 픽윅 클럽 회원들이 외쳤다.

"어이, 어이, 어이." 이것이 그 대답이었다. 극도의 당혹함, 묵직한 발소리, 난폭한 진동이 지나가고 억눌린 웃음소리가 들렸다.

여섯 개 연대는 500야드 멀리 떨어져 있었고, 픽윅 씨의 신발 밑 창이 공중으로 번쩍 들렸다.

스노드그래스 씨와 윙클 씨는 각각 놀라운 유연성으로 재주 넘기를 했고, 땅에 주저앉아 코에서 흘러나오는 생명의 정수를 노란 비단 손수건으로 막고 있던 윙클 씨의 시선이 제일 처음 닿 은 곳은 약간 떨어진 곳에서 장난스럽게 까불며 굴러가는 모자 를 쫓아 달리는 그들의 존경스러운 수장이었다.

인생에서 자기 모자를 쫓아갈 때보다 더 우스꽝스러우면서도 곤란한 경우는 없다. 타인의 자비와 동정을 사지 못하는 경우도 마찬가지다. 모자를 잡으려면 상당한 냉정함과 뛰어난 판단력이 필요하다. 너무 허둥대면 모자를 밟아버리고, 반대로 너무 느릿 느릿 쫓으면 아예 놓쳐버리기 때문이다. 가장 좋은 방법은 조용 히 모자를 따라잡으면서 주의를 게을리 하지 않고 기회를 보다 가 조금씩 앞지른 다음, 재빨리 몸을 던져 윗부분을 낚아채서 머 리에 단단히 쓰는 것이다. 중요한 것은 이렇게 하는 내내 본인도 다른 사람들처럼 아주 재미있다는 듯이 유쾌한 미소를 잃지 말 아야 한다.

부드러운 바람이 살짝 불었고, 픽윅 씨의 모자가 바람을 맞으 며 까불까불 굴러갔다. 바람이 휙 불자 픽윅 씨도 푹 한숨을 쉬 었고, 모자는 거센 파도를 맞은 활기찬 돌고래처럼 즐겁게 구르 고 또 굴렀다. 픽윅 씨가 운명에 체념하려는 찰나, 천우신조로 앞 길이 가로막히지 않았더라면 모자는 픽윅 씨가 영영 잡지 못할 만큼 멀리 굴러갔을 것이다.

픽윅 씨가 완전히 지쳐서 포기하려는 순간 그가 달리던 방향에 다른 마차 여섯 대와 나란히 서 있던 어느 마차 바퀴에 모자가 세게 날아가 부딪쳤다. 픽윅 씨는 자신의 유리함을 깨닫고 기운차게 뛰어가서 모자를 꽉 잡아 머리에 단단히 눌러쓴 다음 멈춰 서서 숨을 돌렸다. 그가 멈춰 선 지 30초도 되지 않아서 픽윅 씨의 이름을 열심히 부르는 목소리가 들렸고, 그것이 터프먼 씨의 목소리임을 깨닫고 고개를 들어보니 놀랍고도 유쾌한 광경이 시야 가득 들어왔다.

붐비는 장소에 맞춰서 말을 떼어내고 덮개를 젖힌 4인승 사륜마차에 타고 있는 사람들은 반짝이는 단추가 달린 푸른 상의와 코듀로이 반바지, 가죽 장식 장화 차림의 뚱뚱한 노신사 한 명, 스카프와 깃털로 꾸민 젊은 숙녀 두 명, 젊은 숙녀 중 한 명에게 반한 것이 분명한 젊은 신사 한 명, 나이를 가늠하기 어렵지만 아마도 숙녀들의 고모쯤 되어 보이는 귀부인 한 명, 태어날 때부터 이 가족의 일원이었던 것처럼 느긋하고 태연한 터프먼 씨였다. 마차 뒤쪽에는 넉넉한 크기의 바구니—분별 있는 사람이라면 차가운 닭 요리와 혀 요리, 와인을 연상하지 않을 수 없는—가 달려 있었고 마부석에는 뚱뚱하고 얼굴이 벌건 소년이 앉아서 졸고 있었는데, 조금만 생각하면 앞서 말한 바구니의 내용물을 먹고 마실 때가 되었을 때 바로 이 소년이 시중들 것임을 금방 알아차릴 수 있었다.

픽윅 씨가 이 흥미로운 사람들을 흘깃 보자 그의 충실한 추종자가 다시 말을 건넸다.

"픽윅 씨, 픽윅 씨." 터프먼 씨가 말했다. "이리 올라오시죠, 얼른요."

"어서 오십시오. 자, 올라와요." 뚱뚱한 신사가 말했다. "조! 빌어먹을, 또 자고 있군. 조, 계단을 내려라." 뚱뚱한 소년이 느릿느릿 계단을 내리더니 마차에 오르라고 초대하듯이 문을 잡아주었다. 그때 스노드그래스 씨와 윙클 씨가 다가왔다.

"다들 올라오셔도 자리는 넉넉합니다." 뚱뚱한 신사가 말했다. "두 명은 안에, 한 명은 바깥에 앉으면 되지요. 조, 마부석에 자리를 내드려라. 자, 어서 오십시오." 뚱뚱한 신사가 팔을 내밀어서 먼저 픽윅 씨를, 그다음 스노드그래스 씨를 마차 안으로 힘껏 끌어당겼다. 윙클 씨가 마부석에 오르자 뚱뚱한 소년도 어기적거리며 올라가 앉더니 순식간에 다시 잠들었다.

"자, 여러분." 뚱뚱한 신사가 말했다. "만나서 정말 반갑소. 여러분은 저를 기억하지 못하시겠지만 저는 여러분을 아주 잘 알지요. 픽윅 클럽 모임에 몇 번 참석했거든요. 오늘 아침 친애하는 터프먼 씨를 우연히 만나서 정말 반가웠습니다. 그동안 어떻게 지내셨소? 아주 좋아 보이는군요."

픽윅 씨가 가죽 장식 부츠를 신은 뚱뚱한 신사와 인사를 나누며 친근하게 악수했다.

"어떻게 지내셨습니까?" 뚱뚱한 신사가 아들을 염려하는 아버지 같은 말투로 스노드그래스 씨에게 인사를 건넸다. "잘 지내셨다고요? 음, 그렇군요, 그래요. 윙클 씨, 어떻게 지내셨습니까? 아, 잘 지내신다는 말을 들으니 기쁘군요. 정말로 기쁘오. 이쪽은 제 딸들입니다. 그리고 이쪽은 제 여동생 레이철 워들 양이오. 네, 미혼입니다. 하지만 아가씨는 아니죠. 하하!" 뚱뚱한 신사가 팔 꿈치로 픽윅 씨의 갈비뼈를 장난스럽게 찌른 다음 호쾌하게 웃 었다.

"어머, 오라버니도 참." 워들 양이 나무라는 듯한 미소를 지으 며 말했다.

"그렇고말고요, 네." 뚱뚱한 신사가 말했다. "아무도 부인할 수 없지요. 여러분, 이쪽은 트런들 씨라고 합니다. 이제 통성명을 다 했으니 편안하게 즐기면서 구경합시다." 이렇게 해서 뚱뚱한 신 사는 안경을 썼고, 픽윅 씨는 망원경을 꺼냈으며, 다들 마차 위 에 일어서서 다른 사람들의 어깨 너머로 군대의 기동훈련을 구 경했다.

정말 놀라운 장면이었다. 한 부대가 다른 부대의 머리 위로 총 을 쏘고 달려가면 다음 부대가 또 다른 부대의 머리 위로 총을 쏘고 달려갔다. 그런 다음 장교들을 중심으로 방진을 만들더니 참호 한쪽에 공성 사다리를 걸치고 내려갔다가 같은 방법을 써 서 반대편으로 올라와 바구니로 만든 바리케이드를 더할 나위 없이 용맹하게 무너뜨렸다. 그다음에는 커다란 대걸레처럼 생긴 도구로 포대의 커다란 대포를 장전했다. 아주 복잡한 준비 끝에 대포를 쏘자 어마어마한 소음 때문에 귀부인들이 공기가 울릴 정도로 비명을 질렀다. 젊은 워들 양 두 명이 너무나 겁에 질렸기 때문에 트런들 씨가 한 명을 붙잡아야 했고, 스노드그래스 씨가 다른 한 명을 부축했다. 워들 씨의 여동생이 크게 놀라서 불안에 떨었기 때문에 그녀가 쓰러지지 않도록 터프먼 씨가 허리에 팔을 두르지 않을 수 없었다. 모두들 흥분했지만 단 한 명, 뚱뚱한 소년만은 대포의 굉음이 평소에 듣는 자장가라도 되는 것처럼 쌕쌕 자고 있었다.

"조, 조!" 성채가 함락되고 포위한 자들과 포위당한 자들 모두 식사를 하려고 자리에 앉자 뚱뚱한 신사가 말했다. "빌어먹을 녀석, 또 잠들었네. 그 녀석 좀 꼬집어주시겠소? 다리를 꼬집어야지, 다른 데는 꼬집어도 안 일어납니다. 고맙군요. 바구니를 가져오너라, 조."

뚱뚱한 소년은 윙클 씨의 엄지와 검지가 그의 다리에 가한 적절한 압박 덕분에 잠에서 깨 마부석에서 굴러 내려가더니 조금 전의 무기력한 모습에서는 예상할 수 없었던 기민함으로 바구니를 풀었다.

"자, 붙어 앉아야겠군요." 뚱뚱한 신사가 말했다. 여자들의 손목을 꽉 잡을 수밖에 없다는 농담이 오가고, 남자들의 무릎에 앉으면 어떻겠냐는 장난스러운 제안에 여자들이 얼굴을 붉힌 끝에 일행이 마차에 모여 앉았다. 뚱뚱한 신사는 마차 뒤쪽에 올라선 뚱보 소년이 건네주는 음식을 받았다.

"조, 나이프와 포크도 다오." 나이프와 포크가 전달되었고, 마차 안에 탄 사람들과 마부석에 앉은 윙클 씨 모두 식사 도구를 갖추었다.

"접시를 다오, 조, 접시를." 도기 역시 비슷한 절차에 따라 분배되었다.

"조, 닭 요리를 다오. 빌어먹을 녀석, 또 잠들었군. 조! 조!" 주인이 막대기로 머리를 몇 번 두드리자 뚱뚱한 소년이 힘들게 잠에서 깼다. "자, 음식을 다오."

음식이라는 말의 울림에는 기름기가 번질번질한 이 소년을 일깨우는 무언가가 있었다. 소년이 벌떡 일어나더니 바구니에서 음식을 꺼내면서 거대한 뺨에 파묻힌 둔한 눈을 반짝였다.

"자, 서둘러라." 워들 씨가 말했다. 뚱보 소년이 도저히 손에서 떼어놓지 못하겠다는 듯 닭 요리를 사랑스럽게 만지작거렸기 때문이었다. 소년이 깊은 한숨을 내쉬고 통통한 고기를 열렬한 눈빛으로 바라보더니 마지못해 주인에게 넘겼다.

"옳지, 조심해야지. 혀 요리도, 비둘기 파이도 다오. 송아지 고기와 햄도 조심하고. 바닷가재도 잊지 말고. 천으로 덮어둔 샐러드를 꺼내거라. 드레싱을 다오." 워들 씨는 황급한 명령을 쏟아내면서 음식들을 건네받았고 모두의 손과 모두의 무릎에 끝없이 늘어놓았다.

"자, 정말 대단하지 않습니까?" 파괴 작업이 시작되자 쾌활한 노신사가 물었다.

"정말 대단합니다!" 마부석에서 닭고기를 발라 먹던 윙클 씨가 말했다.

"와인 드릴까요?"

"그거 좋지요."

"그쪽에 한 병을 놓고 드시는 게 좋겠소, 그렇지요?"

"정말 친절하시군요."

"조!"

"네, 주인님."(소년은 다진 송아지 고기를 슬쩍하는 데 성공했기 때문에 이번에는 자고 있지 않았다.)

"마부석의 신사분께 드릴 와인을 한 병 다오. 만나서 정말 반갑습니다."

"감사합니다." 윙클 씨가 잔을 비운 다음 와인병을 마부석에 놓았다.

"제가 한 잔 따라드려도 괜찮을까요?" 트런들 씨가 윙클 씨에게 말했다.

"좋지요." 윙클 씨가 대답했다. 두 신사는 와인을 마신 다음 숙녀들을 포함한 모두에게 와인을 따라주었다.

"귀여운 에밀리가 낯선 신사와 시시덕거리고 있어요." 노처녀 고모가 시샘하는 투로 워들 씨에게 속삭였다.

"아, 글쎄다." 쾌활한 노신사가 말했다. "아주 자연스러운걸. 딱히 이상한 부분은 없어 보이는구나. 픽윅 씨, 와인 좀 드시겠소?" 비둘기 파이의 안쪽을 열심히 탐구하던 픽윅 씨가 흔쾌히 좋다고 말했다.

"에밀리, 그렇게 큰 목소리를 내면 안 되지." 노처녀 고모가 걱정하는 척 말했다.

"어머, 고모님!"

"고모님이랑 저 자그마한 노신사가 이 자리를 독차지하고 싶은가 봐." 이저벨라 워들 양이 여동생 에밀리에게 속삭였다. 젊은 숙녀들이 기분 좋게 웃었고, 나이 많은 숙녀는 상냥한 표정을 지으려 했지만 실패했다.

"젊은 아이들은 참 기운도 좋다니까요." 워들 양이 약간 불쌍하다는 듯 터프먼 씨에게 말했는데, 마치 넘치는 기운이 밀수품이고 그것을 허락 없이 소지하는 것은 중대 범죄이자 부정한 행위라도 된다는 듯한 말투였다.

"아, 그렇지요." 터프먼 씨가 대답했는데, 정확히 워들 양이 기대한 대답은 아니었다. "정말 즐겁군요."

"으음." 워들 양이 수상쩍게 말했다.

"제가 따라드려도 괜찮을까요?" 터프먼 씨가 한 손으로 매혹적인 레이철의 손목을 살짝 건드리더니, 다른 한 손으로 병을 부드럽게 들고서 온화하게 말했다. "그래도 괜찮을까요?"

"어머!" 터프먼 씨는 더없이 엄숙했고, 레이철은 대포를 또 쏠지도 모른다는 두려움을 드러냈다. 물론 그럴 경우 다시 부축해 줄 사람이 필요할 것이다.

"제 사랑스러운 조카들이 예쁘다고 생각하세요?" 조카들을 깊이 사랑하는 고모가 터프먼에게 속삭였다.

"조카분들의 고모님이 여기 안 계셨다면 그렇게 생각했을 겁니다." 기민한 픽윅 클럽 회원이 상대에게 열정적인 시선을 보내며 대답했다.

"어머, 농담도 잘하셔라. 하지만 정말이지, 저 애들 얼굴빛이 조금만 더 나았다면…… 촛불 속에서 보면 예쁠 것 같지 않으세요?"

"네, 그럴 것 같습니다." 터프먼 씨가 무심한 척 말했다.

"아, 정말 짓궂으시네요. 무슨 말을 하시려는지 다 알아요."

"뭐죠?" 딱히 무슨 말을 할 생각이 아직 없었던 터프먼 씨가 물었다.

"이저벨라의 자세가 구부정하다는 말씀을 하시려고 했잖아요, 다 알아요. 남자들은 정말 보는 눈이 날카롭다니까요. 이저벨라가 그렇긴 하죠, 부인할 수는 없어요. 무엇보다도 아가씨를 흉해 보이게 만드는 게 있다면 바로 구부정한 자세죠. 저는 이저벨라에게 나이가 조금 더 들면 정말 꼴사나울 거라고 자주 이야기한답니다. 정말 짓궂은 분이라니까!"

터프먼 씨는 이렇게 쉽게 명성을 얻는 것에 아무런 이의도 없었기 때문에 다 안다는 듯한 표정을 지으며 모호하게 웃었다.

"정말 신랄한 미소군요." 레이철이 감탄하며 말했다. "이젠 당신이 정말 무서워졌어요."

"제가 무섭다고요!"

"아, 제 눈은 못 속이세요. 그 미소가 무슨 뜻인지 알아요, 아주 잘 알죠."

"뭐죠?" 스스로는 전혀 알 수 없었던 터프먼 씨가 말했다.

"그런 뜻이잖아요." 상냥한 고모가 목소리를 더욱 낮추며 말했다. "이저벨라의 구부정한 자세보다 에밀리의 뻔뻔함이 더 나쁘다고요. 그래요, 뻔뻔한 건 사실이죠! 가끔 사랑하는 오라버니가 너무 착하고 너무 순진해서 그 사실을 절대 알아차리지 못한다는 생각이 들 때면 얼마나 마음이 아픈지 상상도 못하실 거예요. 저는 그럴 때면 정말이지 몇 시간씩 운답니다. 만약 오라버니가 아신다면 분명 가슴이 찢어지겠죠. 겉보기에만 그런 것이라면 얼마나 좋을까요. 저는 부디 그러기만을 바란답니다." 조카를 사랑하는 고모는 깊은 한숨을 쉬고 절망으로 고개를 저었다.

"고모님이 우리 이야기를 하시는 게 틀림없어." 에밀리 워들 양이 자매에게 속삭였다. "분명해, 저 심술궂은 표정 좀 봐."

"그래?" 이저벨라가 대답했다. "음, 고모님!"

"그래, 귀여운 조카야."

"고모님이 감기에 걸리실까 봐 너무 걱정돼요. 실크 손수건이라도 머리에 두르세요. 몸조심하셔야죠. 나이를 생각하세요!"

아무리 앙갚음이 당연한 상황이었어도 이것은 불순한 의도를 갖고 한 말이었다. 워들 씨가 조를 단호하게 불러서 무의식적으로 화제를 바꾸지 않았다면 고모가 어떤 대답으로 분노를 표출했을지 우리는 전혀 추측할 수 없다.

"빌어먹을 녀석." 노신사가 말했다. "또 자는군."

"정말 놀라운 아이로군요." 픽윅 씨가 말했다. "항상 이렇게 잡니까?"

"그렇소!" 노신사가 말했다. "항상 자고 있소. 심부름을 가면서 자고, 식탁에서 시중을 들면서 코를 골지요!"

"정말 신기하군요!" 픽윅 씨가 말했다.

"아! 신기하고말고요." 노신사가 대꾸했다. "저는 저 아이가 자랑스러워요. 무슨 일이 있어도 놓치지 않을 생각이오. 정말 자연의 신비라니까요! 조, 조, 이것들을 좀 치우고 와인을 한 병 더 따다오. 내 말 들었느냐?"

뚱보 소년이 잠에서 깨 눈을 뜨더니 잠들기 전에 씹고 있던 커다란 파이 조각을 삼킨 다음, 천천히 주인의 명령에 따랐다. 그는 접시를 거둬 바구니에 넣으면서 남아 있는 성찬을 나른하고 흡족한 시선으로 바라보았다. 새 와인이 나왔지만 금방 비었고, 바구니는 원래 자리로 돌아가 꽉 묶였다. 뚱보 소년이 다시 마부석에 오르자—각자 안경과 휴대용 망원경을 조정한 뒤—군대의 기동훈련이 재개되었다. 대포의 꿍음과 숙녀들의 비명이 동시에 울리고 뒤따라 지뢰가 작열하자 다들 기뻐했다. 지뢰가 전부 터지고 나자 군대도, 모여든 사람들도 뒤이어 자취를 감추었다.

"자, 모두 내일 봅시다." 행사가 마무리되는 동안 노신사가 드문드문 나누던 대화를 끝내며 픽윅 씨와 악수했다.

"물론이지요." 픽윅 씨가 대답했다.

"주소는 아시지요?"

"딩리 델의 매너 농장이라고 적혀 있군요." 픽윅 씨가 메모장을 보며 말했다.

"맞습니다." 노신사가 말했다. "적어도 일주일은 놓아드리지 않을 겁니다. 봐야 할 것은 전부 보여드리지요. 전원생활을 하고 싶어서 떠나셨다면 저희 집에 오셔야지요. 제가 잔뜩 맛보여드리리다. 조, 저 망할 것, 또 자는군. 조, 톰을 도와서 마차에 말을 매야지."

마차에 말을 매고, 마부가 마부석에 오르고, 뚱보 소년이 그 옆자리에 기어오르고, 작별 인사를 나눈 다음 마차가 덜컹거리며 멀어졌다. 픽윅 클럽 회원들이 마차를 마지막으로 한 번 더 보려고 돌아서니 석양이 초대자들의 얼굴에 풍성한 빛을 드리우고 뚱뚱한 소년의 모습을 비추었다. 소년이 고개를 가슴께로 떨어뜨리더니 그대로 깊이 잠들었다.

5장

픽윅 씨가 마차를 몰고
윙클 씨가 말을 타게 된 사연을
설명하는 짤막한 장

픽윅 씨가 로체스터 다리 난간 너머로 몸을 내밀고 자연을 주의
깊게 관찰하며 아침 식사를 기다리고 있을 무렵, 하늘은 맑고 화
창했고 공기는 부드럽고 시원했으며 주변 모든 것이 아름다웠
다. 픽윅 씨보다 훨씬 덜 사색적인 사람마저도 매혹시킬 만한 광
경이었다.

　관찰자 픽윅 씨의 왼쪽에 군데군데 무너져 폐허가 된 성벽이
있었는데, 무너져 내린 성벽이 좁은 해안가 위로 허름하고 묵직
한 덩어리처럼 걸려 있는 곳도 몇 군데 있었다. 울퉁불퉁하고 뾰
족한 바위들에 해초가 거대한 매듭처럼 걸려서 바람이 숨을 쉴
때마다 떨렸고, 초록색 담쟁이덩굴이 어둡고 황폐한 흙벽을 음
산하게 뒤덮고 있었다. 그 뒤로 솟은 고성은 탑 지붕이 날아가고

거대한 성벽이 무너져 내리고 있었지만 700년 전 그곳에서 전투 부대가 충돌하는 소리가 울릴 때, 혹은 연회와 향연의 소음이 메아리칠 때와 마찬가지로 오래된 힘과 세력을 자랑하고 있었다. 군데군데 풍차나 멀리 보이는 교회가 서 있고 옥수수 밭과 초원으로 뒤덮인 메드웨이 둑이 시선이 닿는 곳까지 끝없이 펼쳐져 풍성하고 다양한 풍경을 보여주었는데, 아침 햇살 속에서 가느다랗게 형체를 이루다 만 구름이 빠르게 흘러가면서 드리운 변화무쌍한 그림자가 들판을 빠르게 가로질러 더욱 아름다웠다. 하늘의 청명한 푸른빛을 반사하는 강은 소리 없이 흐르며 반짝반짝 빛났다. 강물을 따라 무겁지만 그림같이 아름다운 배가 천천히 나아갔고 어부들의 노가 맑고 찰랑찰랑한 소리를 내며 물 속에 담겼다.

픽윅 씨는 깊은 한숨과 어깨에 닿는 감촉 때문에 눈앞에 풍경이 주는 기분 좋은 환상에서 깨어났다. 뒤를 돌아보니 며칠 전에 만났던 음침한 남자가 옆에 서 있었다.

"풍경을 감상 중이십니까?" 음침한 남자가 물었다.

"그렇소." 픽윅 씨가 말했다.

"이렇게 일찍 일어나신 것을 기뻐하면서 말이지요?" 픽윅 씨가 그렇다는 뜻으로 고개를 끄덕였다.

"아! 웅대하게 빛나는 태양을 보려면 일찍 일어나야 하지요. 그 웅대한 광채가 온종일 지속되는 일은 거의 없으니 말입니다. 하루의 아침과 삶의 아침은 너무나 비슷해요."

"정말 그렇습니다." 픽윅 씨가 말했다.

"'아침은 너무나 아름답기 때문에 오래가지 못한다'라는 말은 널리 알려져 있지요." 음침한 남자가 말을 이었다. "이 말이 매일 매일의 우리 존재에도 잘 들어맞는지 모릅니다. 신이시여! 제 어린 시절을 되찾으려면, 혹은 영원히 잊으려면 무엇을 포기해야 할까요!"

"고생을 많이 하셨군요." 픽윅 씨가 안쓰럽다는 듯이 말했다.

"그랬습니다," 음침한 남자가 황급히 말했다. "그랬지요. 지금의 저를 보는 사람들이 가능하다고 생각하는 것 이상으로 말입니다." 그가 잠시 말을 멈추었다가 다시 불쑥 말했다.

"오늘 같은 아침에 익사하면 평화롭고 행복하겠다는 생각이 든 적 있습니까?"

"세상에, 한 번도 없소!" 픽윅 씨는 음침한 남자가 자신을 실험 삼아 밀어버릴지도 모른다는 생각이 강하게 떠올라서 뒤로 약간 물러났다.

"저는 그런 생각을 했습니다, 자주 했지요." 음침한 남자가 픽윅 씨의 움직임을 알아차리지 못한 채 말했다. "저에게는 고요하고 서늘한 물이 이제 그만 쉬라고 웅얼웅얼 초대하는 것처럼 들립니다. 뛰어들어서 풍덩 빠지면 잠깐 발버둥을 치겠지요. 잠시 소용돌이가 생기겠지만 서서히 잔물결로 잦아들 겁니다. 머리 위로 물이 닫히고, 제 비참함과 불운 위로 세상이 영영 닫히겠지요." 이렇게 말하는 음침한 남자의 푹 꺼진 눈이 밝게 번득였지만 순간적인 흥분은 재빨리 가라앉았다. 그가 차분히 돌아서며 말했다.

"자, 이런 이야기는 그만 됐습니다. 다른 이야기를 나누고 싶군요. 이틀 전 밤에 제게 회보를 낭독해 달라고 하시고 열심히 들으셨지요."

"그랬소." 픽윅 씨가 대답했다. "제 생각에는 확실히……."

"저는 의견을 묻지 않았습니다." 음침한 남자가 끼어들었다. "의견이 필요하지도 않고요. 당신은 재미와 교훈을 찾아서 여행을 하고 계시죠. 제가 호기심을 끄는 원고를 드린다고 해봅시다. 말이 안 되거나 사실 같지 않아서가 아니라 실제 삶의 단편이기 때문에 호기심을 끄는 원고 말입니다. 그렇다면 그토록 자주 말씀하셨던 클럽에서 발표하시겠습니까?"

"물론이오." 픽윅 씨가 대답했다. "당신이 원한다면요. 회보에 기록될 거요."

"그렇다면 드려야겠군요." 음침한 남자가 대답했다. "주소를 알려주시죠." 픽윅 씨가 어디로 갈지 알려주자 음침한 남자가 기름얼룩이 묻은 메모장에 주의 깊게 적었고, 픽윅 씨의 간곡한 아침 식사 초대를 극구 사양하더니 숙소 앞에서 그와 헤어져 천천히 멀어졌다.

픽윅 씨가 여관으로 들어가니 세 동료는 벌써 일어나서 픽윅 씨를 기다리고 있고 이미 먹음직스러운 식사가 차려져 있었다. 네 사람은 자리에 앉아서 식사를 시작했다. 삶은 햄, 달걀, 차, 커피가 요리의 훌륭함과 먹는 자들의 식욕을 잘 보여주듯 급속한 속도로 사라지기 시작했다.

"자, 매너 농장 말일세." 픽윅 씨가 말했다. "어떻게 가는 것이 좋겠나?"

"급사에게 물어보는 게 좋겠군요." 터프먼 씨가 말했고, 곧장 급사가 불려 왔다.

"딩리 델 말씀이시군요. 여기서 15마일 떨어져 있지요. 교차로를 지나야 합니다. 마차를 타면 어떨까요?"

"마차에는 두 명밖에 못 타네." 픽윅 씨가 말했다.

"그렇지요, 손님. 아주 좋은 사륜마차가 있어요. 두 분이 뒷좌석에 타고 한 분이 앞에 타서 마차를 몰면 됩니다. 아, 죄송합니다. 그러면 세 분밖에 못 타겠군요."

"어떻게 하는 게 좋겠소?" 스노드그래스 씨가 말했다.

"한 분은 말을 타면 어떨까요?" 급사가 윙클 씨를 보며 제안했다. "아주 좋은 승용마가 있습니다. 워들 씨의 하인 중 아무나 로체스터로 올 때 돌려주면 되지요."

"그게 좋겠군." 픽윅 씨가 말했다. "윙클, 자네가 말을 타고 가겠나?"

윙클 씨는 자신의 승마 실력이 상당히 불안했지만 무슨 일이 있어도 친구들의 의심을 사고 싶지 않았기 때문에 무모하게도 곧장 대답했다. "물론이지요. 저는 승마를 무엇보다도 좋아합니다."

윙클 씨는 자신의 운명에 돌격하고 있었지만 다른 방법이 없었다. "11시까지 문 앞에 준비해 주시오." 픽윅 씨가 말했다.

"알겠습니다." 급사가 대답했다.

급사가 물러나고 아침 식사가 끝났다. 여행자들은 각자의 방으로 올라가서 딩리 델에 가져갈 옷을 챙겼다.

픽윅 씨가 준비를 마치고 카페 블라인드 너머로 거리의 사람들을 내다보고 있는데, 급사가 들어와서 마차가 준비되었다고 알렸다.

신기하고 작은 초록색 좌석이 달린 사륜마차는 뒤쪽에 두 명이 탈 수 있는 와인 상자처럼 낮은 좌석이 있고, 앞쪽에는 높은 마부석이 있었으며 골격이 완벽한 대칭을 이루는 거대한 갈색 말이 매어져 있었다. 여관에서 말을 돌보는 마부가 윙클 씨가 탈 수 있도록 안장을 올린 또 다른 거대한 말—마차 끄는 말의 가까운 친척이 분명했다—의 굴레를 잡고 근처에 서 있었다.

"아니, 이런!" 일행이 짐을 마차에 싣고 있을 때 픽윅 씨가 말했다. "세상에나! 누가 마차를 몰지? 그 생각을 못 했군."

"아! 당연히 픽윅 씨가 몰아야지요." 터프먼 씨가 말했다.

"물론입니다." 스노드그래스 씨가 말했다.

"내가 말인가?" 픽윅 씨가 외쳤다.

"무서울 것 전혀 없습니다." 마부가 끼어들었다. "아주 조용한 녀석이에요, 제가 보장하죠. 이 녀석이라면 갓난아기도 몰 수 있을 겁니다."

"뒷걸음질을 치지는 않겠지요?" 픽윅 씨가 물었다.

"뒷걸음질이라고요? 꼬리에 불붙은 원숭이를 가득 실은 짐마차를 만나도 뒷걸음질은 치지 않을 겁니다."

반박할 수 없는 말이었다. 터프먼 씨와 스노드그래스 씨가 좌석에 타고 픽윅 씨는 마부석에 올라 깔개가 깔린 발판에 발을 올렸다.

"자, 반짝이 윌리엄." 마부가 조수에게 말했다. "저분께 고삐를 드려라." 그러자 반짝이 윌리엄—아마도 매끈한 머리카락과 번들거리는 얼굴 때문에 그렇게 불리는 듯했다—이 픽윅 씨의 왼손에 고삐를, 마부가 오른손에 채찍을 들려 주었다.

"워워!" 거대한 네발짐승이 카페 창문 쪽으로 돌아가려하자 픽윅 씨가 말했다.

"워어." 뒷좌석에서 터프먼 씨와 스노드그래스 씨도 똑같이 말했다.

"그냥 장난치는 겁니다." 마부가 픽윅 씨를 응원하며 말했다. "윌리엄, 말을 단단히 잡아." 조수가 성급한 말을 붙잡았고 마부는 말에 오르는 윙클 씨를 도우러 달려갔다.

"그쪽이 아니라 반대로 타셔야 합니다."

"세상에, 저 사람 말을 반대쪽에서 타려고 하잖아." 조수가 씩 웃으며 흥미롭게 지켜보고 있는 급사에게 속삭였다.

윙클 씨는 마침내 마부가 가르쳐준 대로 안장에 올랐는데, 초대형 군함 뱃전에 오르는 사람처럼 힘들어 보였다.

"괜찮은가?" 모든 것이 잘못되었다는 불길한 예감에 휩싸인 픽윅 씨가 물었다.

"괜찮습니다." 윙클 씨가 머뭇거리며 대답했다.

"말을 잘 잡으세요." 마부가 외쳤다. 그러자 픽윅 씨가 마부석을 차지한 마차와 윙클 씨가 올라탄 말이 출발했고, 여관 마당에 있던 모든 사람들이 기뻐하며 만족했다.

"자네 말이 왜 옆 걸음질을 치지?" 좌석에 탄 스노드그래스 씨가 안장에 앉은 윙클 씨에게 물었다.

"나도 모르겠네." 윙클 씨가 대답했다. 그가 탄 말은 옆구리를 앞으로 향하고 머리는 길의 한쪽 끝을, 꼬리는 그 반대쪽 끝을 향한 채 정말 기괴한 모양으로 길을 가고 있었다.

픽윅 씨는 마차에 매달린 동물을 조종하는 데 자신의 모든 기능을 집중하느라 윙클 씨의 사정도, 다른 어떤 사정도 관찰할 여유가 없었다. 말은 구경꾼에게는 아주 재미있겠지만 그 뒤에 앉은 사람에게는 결코 재미있지 않은 온갖 별난 행동을 보이고 있었다. 계속해서 고개를 홱홱 들었고, 픽윅 씨가 잡기 힘들 정도로 고삐를 끌어당겼을 뿐 아니라 가끔 길가로 갑자기 달려갔다가 딱 멈추고, 그런 다음 몇 분 동안 도저히 통제할 수 없는 속도로 질주했다.

"왜 이러는 걸까요?" 말이 스무 번째로 이런 행동을 보이자 스노드그래스 씨가 물었다.

"모르겠네." 터프먼 씨가 대답했다. "뒷걸음질 치는 것과 아주 비슷해 보이는데, 안 그런가?" 스노드그래스 씨가 대답하려는 찰나 픽윅 씨의 고함이 끼어들었다.

"워워! 이런, 채찍을 떨어뜨렸네."

"윙클!" 모자를 깊이 눌러쓰고 높다란 말을 탄 윙클 씨가 격심한 운동 때문에 몸이 산산조각 날 것처럼 덜덜 떨면서 다가오자 스노드그래스 씨가 외쳤다. "채찍을 좀 주워주게."

윙클 씨가 키 큰 말의 굴레를 얼굴이 새까매질 정도로 힘껏 잡아당겼다. 결국 말을 성공적으로 멈추고 말 등에서 내려 채찍을 픽윅 씨에게 건넸고, 이제 고삐를 잡고 다시 말에 오를 준비를 했다.

키 큰 말이 타고난 장난기를 발휘해서 윙클 씨와 순진무구하게 놀고 싶었던 것인지, 아니면 등에 사람을 태우지 않아도 누군가를 태웠을 때처럼 즐겁게 달릴 수 있다는 생각이 떠오른 것인지 우리는 물론 뚜렷하게 말할 수 없다. 어떤 이유 때문인지는 몰라도 윙클 씨가 고삐를 잡자마자 말이 머리 위로 고삐를 넘기고 그것이 팽팽하게 당겨질 때까지 재빨리 뒷걸음질을 친 것만은 분명한 사실이다.

"불쌍한 것." 윙클 씨가 말을 달래며 말했다. "불쌍한 것, 아이고 착하다." 그러나 '불쌍한 것'은 아첨에 넘어가지 않았다. 윙클 씨가 다가갈수록 말은 더 멀어졌다. 온갖 말로 구슬리고 꾀었음에도 불구하고 윙클 씨와 말은 10분 동안 서로 빙빙 돌다가 결국 처음과 똑같은 거리를 두고 서 있었다. 어디서라도 불만스러운 상황이겠지만, 어떤 도움도 구할 수 없는 외딴길에서는 특히 그랬다.

"어떻게 하지요?" 이 같은 상황이 상당히 지속된 뒤에 윙클 씨가 외쳤다. "어떻게 할까요? 말에 탈 수가 없어요!"

"요금소까지 말을 끌고 가는 게 좋겠네." 픽윅 씨가 마차에서 대답했다.

"하지만 가려고 하질 않아요." 윙클 씨가 고함쳤다. "이리 와서 말 좀 잡아주세요."

픽윅 씨는 친절과 인정의 화신이었다. 그는 고삐를 말 등에 내던지고 마부석에서 내린 다음, 다른 말이나 마차가 올 때를 대비해서 마차를 산울타리 근처로 조심스레 끌어다 놓았다. 그러고 나서 터프먼 씨와 스노드그래스 씨를 마차에 남겨놓고 곤궁에 처한 동료를 도우러 갔다.

말이 채찍을 손에 들고 다가오는 픽윅 씨를 보자마자 지금까지 즐기던 빙빙 도는 동작 대신 너무나 단호하게 뒷걸음질을 치기 시작했기 때문에 굴레 끝을 잡고 있던 윙클 씨는 지금까지 왔던 방향으로 속보보다 약간 빠르게 끌려가기 시작했다. 픽윅 씨가 윙클 씨를 도우러 달려갔지만 그가 빨리 달릴수록 말도 빨리 뒷걸음질 쳤다. 다들 발을 질질 끌며 먼지를 일으켰고, 결국 팔이 빠질 지경이 된 윙클 씨가 굴레를 놓아버렸다. 말이 걸음을 멈추고 그들을 빤히 보더니 고개를 젓고 돌아서서 로체스터의 집을 향해 조용히 총총 돌아갔고, 남겨진 윙클 씨와 픽윅 씨는 당황한 표정으로 서로를 멍하니 바라보았다. 약간 떨어진 곳에서 덜컹거리는 소음이 그들의 주의를 끌었다. 두 사람이 고개를 들었다.

"어이구!" 픽윅 씨가 괴로워하며 외쳤다. "다른 말이 달아나고 있군!"

과연 그랬다. 말은 소음에 깜짝 놀랐고 고삐가 자기 등에 놓여 있었다. 그 결과는 추측할 수 있을 것이다. 말은 터프먼 씨와 스노드그래스 씨가 탄 사륜마차를 매단 채 무서운 속도로 내달렸다. 경주는 오래가지 않았다. 터프먼 씨가 산울타리로 몸을 던지자 스노드그래스 씨도 그 뒤를 따랐고, 말이 사륜마차를 끌고 목조 다리에 정면으로 달려드는 바람에 바퀴가 떨어져 나가고 마침내 마부석도 떨어져 나갔다. 결국 그 자리에 멈춰 선 말이 스스로 만든 폐허를 바라보았다.

마차에서 떨어지지 않은 두 친구가 제일 먼저 취한 조치는 산사나무 덤불에서 불운한 동료들을 끌어내는 것이었다. 옷이 여기저기 뜯어지고 검은딸기 가시 때문에 찢어졌을 뿐 다친 곳이 없다는 사실을 깨닫자 그들은 말할 수 없는 만족감을 느꼈다. 다음으로 할 일은 마구를 벗기는 것이었다. 이 복잡한 과정을 끝낸 일행은 마차를 버리고 말을 끌며 천천히 걸어갔다.

여행자들은 한 시간 동안 걸어서 앞쪽에 느릅나무 두 그루, 말여물통, 간판이 있는 작은 선술집에 도착했다. 건물 뒤에는 일그러진 건초더미 한두 개, 옆에는 채소밭이 있었고 주변에 더러운 헛간들과 무너져가는 화장실들이 뒤죽박죽으로 흩어져 있었다. 빨강 머리 남자가 채소밭에서 일을 하고 있었기에 픽윅 씨가 그를 힘차게 불렀다. "안녕하십니까!"

빨강 머리 남자가 허리를 펴고 눈가에 손차양을 만들더니 픽윅 씨와 동료들을 한참 동안 차갑게 바라보았다.

"안녕하십니까!" 픽윅 씨가 다시 말했다.

"안녕하시오!" 빨강 머리 남자가 대답했다.

"딩리 델까지 거리가 얼마나 됩니까?"

"7마일은 넘을 겁니다."

"길은 괜찮습니까?"

"아뇨." 빨강 머리 남자가 짧게 대답한 다음 한 번 더 유심히 보더니 만족한 듯 일을 다시 시작했다.

"여기에 말을 좀 매어두고 싶은데요." 픽윅 씨가 말했다. "그래도 되겠지요? 안 될까요?"

"여기에 말을 매어두고 싶다고요?" 빨강 머리 남자가 삽에 몸을 기대며 한 번 더 말했다.

"그렇습니다." 이제 손에 말고삐를 쥐고 채소밭 울타리까지 다가선 픽윅 씨가 대답했다.

"여보, 여보!" 빨강 머리 남자가 밭에서 나와 말을 열심히 보면서 고함쳤다.

허리가 겨드랑이 바로 밑에서 시작하는 파란색 거칠거칠한 외투 차림의 키 크고 마른 여자가 밖으로 나왔다.

"여기 말을 좀 매어두어도 괜찮을까요, 부인?" 터프먼 씨가 다가서며 가장 유혹적인 목소리로 말했다. 여자는 일행을 물끄러미 보았다. 빨강 머리 남자가 그녀의 귀에 뭐라고 속삭였다.

"안 돼요." 여자가 잠시 생각한 다음 대답했다. "죄송하지만 무서워서요."

"무섭다고요!" 픽윅 씨가 외쳤다. "여자들은 별걸 다 무서워하는군요!"

"지난번에 곤란한 일이 있었거든요." 여자가 돌아서서 집으로 들어가며 말했다. "별로 말하고 싶지는 않지만요."

"난생처음 듣는 놀라운 말이군." 깜짝 놀란 픽윅 씨가 말했다.

"저는…… 제 생각에는 말입니다." 친구들이 모여들자 윙클 씨가 속삭였다. "우리가 부정한 방법으로 이 말을 손에 넣었다고 생각하는 것 같습니다."

"뭐라고!" 픽윅 씨가 폭풍같이 분개하며 외쳤다. 윙클 씨가 자기 생각을 한 번 더 얌전하게 피력했다.

"여보시오, 당신!" 분노한 픽윅 씨가 말했다. "우리가 이 말을 훔쳤다고 생각하는 거요?"

"분명 그랬겠지요." 빨강 머리 남자가 한쪽 귀에서 반대쪽 귀까지 표정을 일그러뜨리고 웃으며 대답했다. 그런 다음 돌아서서 집으로 들어가더니 문을 쾅 닫았다.

"꿈을 꾸는 것 같군." 픽윅 씨가 내뱉었다. "소름 끼치는 꿈이야. 이 끔찍한 말을 끌고 온종일 걸어야 한다니!" 풀 죽은 회원들은 울적하게 돌아섰고, 모두가 너무나도 혐오하는 키 큰 네발짐승이 그 뒤를 따랐다.

네 친구와 네발짐승이 매너 농장으로 이어지는 길에 접어들었을 때는 늦은 오후였다. 목적지가 무척 가까워졌지만 자신들이 얼마나 이상해 보일지, 이 상황이 얼마나 어이없는지 생각하자 다른 상황이었다면 분명히 느끼고도 남았을 기쁨이 상당히 가라앉았다. 찢어진 옷, 상처 난 얼굴, 더러워진 신발, 지친 표정, 그리고 무엇보다도 말까지. 아아, 픽윅 씨가 그 말을 얼마나 저주했는지. 그는 가끔 증오와 복수심이 고스란히 드러난 표정으로 이 고귀한 동물을 흘깃거렸고, 말의 목을 베면 얼마를 물어줘야 할지 계산해 본 것도 한 번 이상이었다. 이제 말을 죽이고 싶은 욕망, 또는 이 세상에 풀어주고 싶은 욕망이 열 배나 강렬하게 밀려왔다. 픽윅 씨가 이처럼 무시무시한 상상에서 깨어난 것은 길모퉁이를 돌았을 때 갑자기 두 형체가 나타났기 때문이다. 워들 씨와 충직한 하인 뚱보 소년이었다.

"아니, 어디 계셨습니까?" 인정 많은 노신사가 말했다. "종일 여러분을 기다렸소. 음, 아주 피곤해 보이시는군. 아니! 긁혔군요! 다친 건 아니겠지요? 신경 쓰지 마시오. 이 근방에서는 흔한 일이지요. 조! 빌어먹을, 또 잠들었군. 조, 말을 받아서 마구간으로 데려가거라."

뚱보 소년이 말을 끌고 터덜터덜 걸어갔다. 일행은 그날의 모험 중 말해도 괜찮다 싶은 부분만 이야기했고, 노신사는 흔한 말로 손님들을 위로하며 부엌으로 안내했다.

"여기서 옷차림을 가다듬으시죠." 노신사가 말했다. "그런 다음 응접실에 모인 사람들에게 소개하겠소. 에마, 체리브랜디를 내오거라. 제인, 여기 바늘이랑 실 좀 가져와. 메리, 수건이랑 물도 가져오고. 어서, 서둘러."

팔팔한 하녀 서너 명이 각종 물건들을 찾아 재빨리 흩어졌고, 그사이 머리가 크고 얼굴이 동그란 하인 두 명이 한쪽 구석의 벽난로 앞에서 일어나 (5월 저녁이었지만 장작불에 대한 그들의 애착은 크리스마스 때만큼 강렬해 보였다) 컴컴한 구석으로 달려가서 구두약 한 병과 솔 대여섯 개를 얼른 가져왔다.

"서두르게." 노신사가 다시 말했지만 재촉은 필요 없었다. 하녀 하나가 체리브랜디를 따르고, 또 다른 하녀가 수건을 가져오고, 하인 하나가 갑자기 픽윅 씨를 당장이라도 넘어뜨릴 듯한 기세로 그의 다리를 잡더니 발에 난 티눈이 뜨거워질 정도로 장화를 박박 닦았다. 또 다른 하인은 마부가 말의 털을 빗길 때처럼 쓱쓱 소리를 내며 묵직한 옷솔로 윙클 씨 옷의 먼지를 털었다.

몸단장을 끝낸 스노드그래스 씨는 난롯불을 등지고 서서 흡족하게 체리브랜디를 홀짝이며 부엌을 살펴보았다. 그의 설명에 따르면 붉은 벽돌 바닥에 커다란 굴뚝을 갖춘 널찍한 부엌이었고, 천장에는 햄, 옆구리 살 베이컨, 한 줄로 엮은 양파가 장식처럼 걸려 있었다. 벽은 사냥용 채찍 여러 개, 굴레 두세 개, 안장 하나, 낡고 녹슨 나팔총 하나로 꾸며져 있었는데 나팔총 아래 적힌 바에 따르면 총은 장전되어 있었고 적어도 50년 동안 그 상태였다. 장엄하고 차분해 보이는 낡은 8일 시계[10]가 한쪽 구석에서 엄숙하게 째깍거렸고, 마찬가지로 오래된 은시계 하나가 찬장을 장식하는 수많은 고리 중 하나에 매달려 있었다.

"준비됐소?" 손님들이 씻고, 옷매무새를 가다듬고, 솔질을 하고, 브랜디를 다 마시자 노신사가 물었다.

"다 됐습니다." 픽윅 씨가 대답했다.

"그럼 따라오시죠." 일행은 컴컴한 복도를 여러 개 지났고, 에마에게 입 맞추기 위해 미적거리다가 여러 번 밀쳐지고 긁힌 터프먼 씨가 뒤늦게 합류하여 다 같이 응접실 문 앞에 다다랐다.

"잘 오셨소." 인심 좋은 집주인이 문을 활짝 열고 손님들의 도착을 알리러 들어가며 말했다. "신사 여러분, 매너 농장에 오신 것을 환영합니다."

---

10   8일에 한 번씩 태엽을 감는 시계.

6장

고풍스러운 카드 파티, 목사의 시,
죄수의 귀환 이야기

응접실에 모여 있던 손님들이 자리에서 일어나 픽윅 씨 일행과 인사를 나누었다. 형식을 갖추어 소개를 주고받는 동안 픽윅 씨는 사람들의 겉모습을 관찰하면서 성격과 직업을 추측할 여유가 있었는데, 이는 여러 위인들과 마찬가지로 픽윅 씨 역시 무척 즐기는 습관이었다.

높다란 모자와 색이 바랜 실크 가운 차림의 나이가 아주 많은 여성—워들 씨의 어머니가 틀림없었다—이 벽난로 선반 오른쪽 구석의 상석을 차지하고 있었고, 그녀가 어려서는 마땅히 따를 길을 배웠고[11] 나이가 들어서도 그 길에서 벗어나지 않았다는

11   잠언 22장 6절을 인용했다.

각종 증거가 예전 날짜와 함께 수놓아진 자수 견본들, 마찬가지로 오래된 소모사 풍경화, 좀 더 이후에 만든 심홍색 실크 찻주전자 받침의 형태로 벽을 장식하고 있었다. 고모와 젊은 숙녀 둘, 워들 씨가 노부인에게 열렬하고 끈질긴 관심을 경쟁적으로 드러내며 그녀의 안락의자 주변으로 모여들었는데, 한 명은 나팔형 보청기, 한 명은 오렌지, 한 명은 정신을 들게 하는 약병을 들고 있었고, 남은 한 명은 노부인이 기댈 쿠션들을 토닥토닥 두드리느라 바빴다. 맞은편에 앉아 있던 명랑하고 인자한 얼굴의 대머리 노신사는 딩리 델의 목사였다. 옆에 앉은 뚱뚱하고 혈색 좋은 노부인은 그의 아내로, 사람들의 마음에 딱 드는 코디얼[12] 담는 솜씨가 뛰어날 뿐 아니라 가끔 본인도 그 술을 즐기는 듯했다. 한쪽 구석에서는 약간 완고해 보이고 얼굴이 립스톤 피핀[13] 같은 남자가 뚱뚱한 노신사와 대화를 나누고 있었다. 그 외에 노신사 두세 명과 노부인 두세 명이 의자에 미동도 없이 꼿꼿하게 앉아서 픽윅 씨와 동료들을 빤히 바라보았다.

"픽윅 씨입니다, 어머니." 워들 씨가 목소리를 한껏 높여 말했다.

"안 들린다." 노부인이 고개를 저으며 말했다.

"픽윅 씨예요, 할머님!" 두 아가씨가 같이 소리쳤다.

"아!" 노부인이 외쳤다. "음, 아무래도 상관없어. 나 같은 늙은 이한테는 관심 없으실 거야."

"아닙니다, 부인." 픽윅 씨가 노부인의 손을 잡고서 인자한 얼

12   증류주에 설탕, 과일, 향신료 등을 넣어 만든 음료.
13   새빨간 색으로 유명한 디저트 사과.

굴이 심홍색으로 물들 만큼 큰 소리로 말했다. "저로서는 부인께서 이토록 젊고 건강하신 모습으로 훌륭한 가정을 이끄는 모습을 보는 것보다 더 기쁜 일은 없습니다."

"아!" 잠시 정적이 흐르고 노부인이 말했다. "분명히 아주 좋은 이야기겠지만, 이분 말씀이 안 들리는구나."

"할머님이 요즘 좀 갈팡질팡하세요." 이저벨라 워들 양이 낮은 목소리로 말했다. "하지만 곧 픽윅 씨에게 말을 거실 거예요."

픽윅 씨는 고개를 끄덕여 노령의 결함을 이해한다는 뜻을 나타낸 다음 클럽 회원들과 대화를 나누기 시작했다.

"정말 기분 좋군." 픽윅 씨가 말했다.

"기분 좋고말고요!" 스노드그래스 씨, 터프먼 씨, 윙클 씨가 픽윅 씨의 말을 그대로 되풀이했다.

"음, 그런 것 같소." 워들 씨가 말했다.

"켄트 전역에서 여기보다 더 좋은 곳은 없지요." 피핀 사과 같은 얼굴의 완고한 남자가 말했다. "정말 없습니다. 절대로 없지요." 완고한 남자는 누군가의 심한 반박을 끝끝내 꺾기라도 한 것처럼 의기양양하게 주변을 둘러보았다.

"켄트 전역에서 여기보다 좋은 곳은 없고말고요." 잠시 정적이 흐르고 완고한 남자가 다시 말했다.

"멀린스 초원만 빼고요." 뚱뚱한 남자가 진지하게 말했다.

"멀린스 초원이라고요!" 다른 남자가 깊은 경멸을 드러내며 외쳤다.

"아, 멀린스 초원이죠." 뚱뚱한 남자가 다시 한번 말했다.

"아주 좋은 땅이지요." 또 다른 뚱뚱한 남자가 끼어들었다.

"정말 그렇습니다." 세 번째 뚱뚱한 남자가 말했다.

"그건 누구나 알지요." 뚱뚱한 집주인이 말했다.

완고한 남자가 미심쩍게 주변을 둘러보았지만 자신이 소수임을 깨닫고는 더 이상 말을 꺼내지 않았다.

"무슨 이야기들을 하고 있는 거냐?" 노부인이 손녀들 중 한 명에게 똑똑히 들리는 목소리로 물었다. 귀가 들리지 않는 사람들이 대부분 그렇듯 그녀는 자신의 혼잣말이 다른 사람들에게 들릴 가능성을 절대 계산하지 못하는 듯했다.

"땅 이야기예요, 할머님."

"땅이 뭐 어쨌는데? 무슨 문제가 있는 건 아니지?"

"아니에요, 밀러 씨가 우리 땅이 멀린스 초원보다 더 좋다고 말씀하고 계셨어요."

"그걸 밀러가 어떻게 안다는 거냐?" 노부인이 화를 내며 물었다. "거들먹거리면서 멋이나 부리고 다니는 주제에. 내가 그렇게 말하더라고 그 사람한테 전해도 된다." 노부인은 자신이 큰 목소리로 말했다는 사실을 모른 채, 허리를 펴고 고기 써는 칼처럼 날카로운 눈빛으로 완고한 죄인을 노려보았다.

"자, 자." 분주한 집주인이 당연히 화제를 바꾸고 싶어서 안달하며 말했다. "러버 게임[14] 한판 어떠시오, 픽윅 씨?"

"제일 좋아하는 게임입니다." 픽윅 씨가 대답했다. "하지만 저

14   3판 2선승제의 휘스트 게임.

때문에 일부러 하실 필요는 없습니다."

"아, 어머니가 러버 게임을 아주 좋아하시거든요." 워들 씨가 말했다. "그렇죠, 어머니?"

카드놀이에 대해서라면 누구보다도 잘 듣는 노부인이 그렇다고 대답했다.

"조, 조!" 노신사가 말했다. "조, 빌어먹을. 아, 여기 있군. 카드 테이블을 내오거라."

게으른 소년이 잠에서 깨지도 않고 카드 테이블 두 개를 차렸다. 하나는 포프 존[15], 하나는 휘스트용이었다. 픽윅 부인과 노부인, 밀러 씨와 뚱뚱한 신사가 휘스트 게임을, 나머지는 포프 존을 했다.

침묵이라는 뜻을 가진 휘스트에 걸맞게 러버 게임을 하는 사람들의 태도는 엄숙했고 행동은 차분했다. '게임'이라는 명칭이 부적절하고 굴욕적일 정도로 엄숙한 의식이었다. 반대로 포프 존 테이블은 어찌나 활기가 넘치고 와자지껄한지 밀러 씨의 생각을 방해할 정도였다. 게임에 집중하지 못한 밀러 씨가 크고 작은 실수를 저지르는 바람에 뚱뚱한 신사는 상당히 화가 났고 노부인은 적당히 기분이 좋아졌다.

"자!" 카드가 한 번 돌고 나서 죄인 밀러가 열세 번째 카드를 가져가며 의기양양하게 말했다. "송구스럽지만 이보다 더 좋은 수는 없지요. 다른 카드는 가져갈 수가 없어요!"

---

15   세 명 이상이 다이아몬드 8을 뗀 트럼프로 하는 카드놀이.

"밀러는 으뜸패를 내서 다이아몬드를 땄어야지. 안 그래요?" 노부인이 말했다.

픽윅 씨가 동의하며 고개를 끄덕였다.

"정말 그렇습니까?" 운 나쁜 밀러가 미심쩍은 눈으로 자기 파트너를 바라보며 말했다.

"그렇소." 뚱뚱한 신사가 무서운 목소리로 말했다.

"정말 죄송합니다." 의기소침해진 밀러가 말했다.

"이제 와서 무슨." 뚱뚱한 신사가 투덜거리며 말했다.

"으뜸패로 2점이 됐으니 우리는 총 8점이군요." 픽윅 씨가 말했다.

카트가 다시 한 바퀴 돌았다. "점수를 낼 수 있겠어요?" 노부인이 물었다.

"할 수 있습니다." 픽윅 씨가 대답했다. "더블, 싱글, 이겼군요."

"이렇게 운이 좋다니." 밀러 씨가 말했다.

"이렇게 패가 좋다니 말입니다." 뚱뚱한 신사가 말했다.

엄숙한 침묵이 흘렀다. 픽윅 씨는 유쾌했고 노부인은 진지했고 뚱뚱한 신사는 심술이 났고 밀러 씨는 소심해졌다.

"또 더블이군." 노부인이 촛대 아래에 6펜스 동전 하나와 반 페니짜리 동전 하나를 놓아 의기양양하게 상황을 기록했다.

"더블입니다." 픽윅 씨가 말했다.

"잘 알고 있습니다." 뚱뚱한 신사가 날카롭게 대답했다.

한 판을 더 했지만 비슷한 결과가 나왔고, 운 나쁜 밀러 씨는 이번에도 엉뚱한 패를 냈다. 그러자 뚱뚱한 신사가 몹시 흥분하더니 게임이 끝날 때까지도 흥분을 가라앉히지 못했고, 게임이 끝나자 한쪽 구석에 틀어박혀서 무려 한 시간 하고도 27분 동안 한 마디도 하지 않았다. 그런 다음 돌아온 그는 아직 상처가 아물지 않았지만 기독교인답게 용서해 주기로 결심한 듯 픽윅 씨에게 코담배를 권했다. 노부인은 귀가 확실히 더 잘 들렸고, 운 나쁜 밀러 씨는 초소에 갇힌 돌고래처럼 좌불안석이었다.

한편 포프 존은 왁자지껄하게 진행되었다. 이저벨라 워들과 트런들 씨가 짝을 지었고 에밀리 워들과 스노드그래스 씨가 짝이 되었다. 터프먼 씨와 노처녀 고모는 공동으로 칩을 관리하며 서로 칭찬을 늘어놓았다. 노신사 워들 씨는 무척 흥겨웠다. 그는 게임을 무척 재미있게 진행했고 노부인들은 이기고 싶어서 혈안이 되어 있었기 때문에 테이블 전체에 유쾌한 분위기와 웃음이 넘쳐흘렀다. 어느 노부인은 게임을 할 때마다 거의 매번 칩을 내야 하는 카드를 대여섯 장씩 받았기 때문에 모두의 웃음을 샀다. 칩을 또 내게 된 노부인이 샐쭉한 표정을 짓자 사람들은 더욱 크게 웃었고, 그러자 그녀의 얼굴이 점차 밝아지더니 결국 누구보다도 더 크게 웃었다. 노처녀 고모에게 부부[16] 패가 들어오자 젊은 아가씨들이 웃음을 터뜨리는 바람에 고모가 뿌루퉁해지려 했지만 터프먼 씨가 테이블 아래로 손을 꼭 쥐자 그녀 역시 얼굴이 환해졌고, 몇몇 사람들의 생각과 달리 실제로 부부가 될 일이 멀지 않다는 듯한 표정을 지었기 때문에 모두들 다시 웃음을 터

16   트럼프의 킹 카드와 퀸 카드

뜨렸다. 그 어떤 청년보다도 농담을 즐기는 노신사 워들 씨가 특히 크게 웃었다. 스노드그래스 씨는 파트너의 귓가에 카드놀이의 파트너와 인생의 파트너에 대한 시적 감상만 속삭였고, 이를 본 노신사가 익살스러운 장난기를 발동시켜 눈을 찡긋거리거나 킥킥거리며 몇 마디 보태자 같이 카드놀이를 하던 사람들, 특히 그의 아내가 무척이나 즐거워했다. 윙클 씨가 런던에서 무척 유명한 우스갯소리를 들려주자 모두가 진심으로 웃으면서 아주 재미있다고 말했기 때문에 그는 스스로가 자랑스러웠다. 인자한 목사는 이 광경을 즐겁게 지켜보았다. 테이블을 둘러싼 행복한 얼굴들을 보자 이 착한 노인 역시 행복해졌기 때문이었다. 명랑함은 좀 떠들썩하지만 입이 아니라 마음에서 나오는 것이었다. 이는 어쨌거나 바람직한 명랑함이었다.

그날 저녁은 이처럼 즐거운 놀이를 하며 빠르게 흘러갔다. 가정적이지만 충실한 저녁 식사가 순식간에 끝나고 사람들이 난롯가로 모여들자 픽윅 씨는 평생 이렇게 행복했던 적이, 지나가는 순간을 이렇게 진심으로 즐기며 만끽한 적이 없다는 생각이 들었다.

"자아," 노부인의 안락의자 옆에 당당히 앉아서 그녀의 손을 잡고 있던 인심 좋은 집주인이 말했다. "나는 이때가 참 좋소. 이 오래된 난롯가에서 내 인생에서 가장 행복한 순간들을 보냈지요. 난롯가에 대한 애착이 어쩌나 큰지, 너무 더워서 견디지 못할 때까지 매일 저녁 불을 피웁니다. 제 애처로운 어머니도 어린 시절 불가의 저 작은 의자에 앉아 계시곤 했소. 그렇지요, 어머니?"

옛 시절이 갑자기 떠오르자 노부인의 눈가에 고인 눈물이 얼굴을 타고 흘러내렸고, 그녀는 울적한 미소를 지으며 고개를 끄덕였다.

"내가 집에 대해 이야기하는 것을 이해해 주기 바라오, 픽윅 씨." 잠시 정적이 흐른 뒤 집주인이 말을 이었다. "나는 이곳을 정말 사랑하고, 다른 곳은 알지 못하니까요. 이 낡은 집과 들판이 나에게는 살아 있는 친구와 같다오. 담쟁이덩굴로 뒤덮인 작은 교회도 마찬가지요. 말이 나왔으니 말인데, 저기 앉아 있는 우리의 멋진 친구가 처음 여기 왔을 때 교회에 대한 시를 한 편 썼지요. 스노드그래스 씨, 잔이 채워져 있소?"

"아직 많습니다, 감사합니다." 환대자의 마지막 말에 시적 호기심이 크게 발동한 스노드그래스 씨가 대답했다. "죄송하지만, 담쟁이덩굴 시에 대해서 말씀 중이셨는데요."

"그건 맞은편에 앉은 우리 친구에게 물으셔야지요." 집주인이 고갯짓으로 목사를 가리키며 말했다.

"시를 암송해 주십사 부탁드려도 될까요?" 스노드그래스 씨가 말했다.

"아이고," 목사가 대답했다. "정말 별거 아닙니다. 핑계를 대자면 당시 제가 아주 젊었다는 것뿐이지요. 하지만 원하신다면 들어보시죠."

궁금하다는 스노드그래스 씨의 중얼거림이 들리자 노신사는 여러 대목에서 아내의 도움을 받으며 시를 암송했다. "제목은 〈푸른 환희〉입니다."

아, 푸른 담쟁이덩굴은 고상한 식물,
낡은 폐허를 타고 오르는도다!
그는 외롭고 차가운 독방에서
제대로 된 음식만을 먹으리라.
그의 고상한 변덕을 맞추기 위해서
벽은 가루가 되고 돌은 붕괴되어야 하리.
세월이 무너뜨린 먼지가
그에게는 즐거운 식사가 되리.
어떤 생명도 보이지 않는 곳에서 뻗어 가는
드물고도 나이 많은 식물은 바로 담쟁이덩굴.

그는 날개도 없지만 빠른 속도로 몰래 다가오고,
그의 심장은 견고하도다.
그의 친구인 거대한 오크나무에
얼마나 단단히 감겨들고 얼마나 빈틈없이 들러붙는지!
교활하게 땅을 타고 뻗으며
덩굴 잎을 부드럽게 흔들고
죽은 자들 무덤의 기름진 흙을
기쁘게 껴안고서 또 뻗어 가는도다.
무시무시한 죽음이 있는 곳에서 뻗어 가는
드물고도 나이 많은 식물은 바로 담쟁이덩굴.

모든 시대가 달아나고 시대의 걸작이 붕괴하고

모든 국가가 흩어졌어도
원기왕성하고 튼튼한 푸른색의
강건하고 나이 많은 담쟁이덩굴만은 시들지 않으리.
외로운 시대의 용감하고 오랜 식물은
과거를 먹으며 살찌리라.
인간이 세울 수 있는 가장 당당한 건물조차도
결국엔 담쟁이덩굴의 식량일 뿐이므로.
시간이 있는 곳에서 계속 뻗어 가는
드물고도 나이 많은 식물은 바로 담쟁이덩굴.

스노드그래스 씨가 받아 적을 수 있도록 노신사가 시를 한 번 더 암송하는 동안 픽윅 씨는 아주 흥미로운 표정으로 그의 얼굴을 관찰했다. 노신사가 암송을 끝내고 스노드그래스 씨가 공책을 주머니에 다시 넣자 픽윅 씨가 말했다.

"안면을 익힌 지 얼마 되지도 않아서 이런 말씀을 드려 죄송하지만 목사님 같은 분이시라면 분명 복음을 전파하는 성직자로서 각종 경험을 하면서 기록할 가치가 있는 장면과 사건을 수없이 목격하셨을 것 같군요."

"어느 정도는 목격했지요." 노신사가 대답했다. "하지만 제 행동반경은 무척 한정적이기 때문에 제가 겪은 사건과 인물은 전부 소박하고 평범하답니다."

"존 에드먼즈의 이야기를 기록하셨던 것 같은데, 아닙니까?" 워들 씨가 물었다. 그는 새로운 손님들의 견문을 넓히기 위해 친구가 이야기를 털어놓기를 바라는 듯했다.

노신사가 그렇다는 뜻으로 고개를 살짝 끄덕인 다음 화제를 바꾸려고 하자 픽윅 씨가 말했다.

"감히 여쭤봐도 될지 모르겠지만 존 에드먼즈가 누구지요?"

"저도 묻고 싶었습니다." 스노드그래스 씨가 열심히 거들었다.

"피해 갈 수가 없겠군요." 쾌활한 집주인이 말했다. "언젠가는 이분들의 호기심을 충족시켜 드려야 할 것 같은데요. 지금 기회가 좋으니 바로 이야기하는 게 나을 것 같소."

노신사가 사람 좋은 미소를 지으며 의자를 가까이 끌어당기자 다른 사람들도 가까이 모여 앉았는데, 말소리가 잘 들리지 않았는지 터프먼 씨와 노처녀 고모가 특히 가까이 앉았다. 노부인은 보청기를 적절히 조정했고 (시를 암송하는 동안 잠든) 밀러 씨는 카드놀이 파트너였던 엄숙하고 뚱뚱한 남자가 탁자 밑으로 경고하듯 꼬집는 바람에 잠에서 깼다. 노신사는 서론도 없이 이야기를 시작했고 우리가 다음과 같은 제목을 임의로 붙였다.

죄수의 귀환

지금으로부터 25년 전, 제가 이 마을에 처음 정착했을 때 교구민들 중에서 가장 악명 높은 사람은 이 근처의 작은 농장을 빌려서 살고 있던 에드먼즈였습니다. 그는 성미가 까다롭고 성정이 포악한 악인이었지요. 습관은 게으르고 방종했고, 기질은 잔인하고 사나웠습니다. 밭에서 같이 일하거나 술집에서 진탕 마시는 게으르고 무모한 떠돌이 몇 명을 빼면 친구나 지인도 하나 없었지요. 많은 이가 두려워하고 모두가 싫어하는 남자에게 일부러 말을 거는 사람은 아무도 없었습니다. 다들 에드먼즈를 꺼렸어요.

그에게는 아내와 아들이 있었는데, 제가 여기 처음 왔을 때 그 아들이 열두 살 정도였습니다. 그의 아내가 얼마나 심한 고통을 겪었는지, 얼마나 온화하고 참을성 있게 견뎠는지, 외롭게 아이를 키우는 것이 얼마나 힘들었는지 아무도 알 수 없지요. 제 생각이 너무 무자비할지도 모르지만 저는 남자가 여러 해 동안 일부러 애를 써서 아내의 마음을 아프게 했다고 영혼 깊이 믿습니다. 하지만 아내는 아이를 위해서 모든 것을 견뎠습니다. 사람들 눈에 이상하게 보일지 모르지만 이는 아이 아버지를 위한 것이기도 했습니다. 그는 광포했고 아내를 잔인하게 대했지만 한때 그녀가 사랑했던 남자였습니다. 예전에 그가 자신에게 어떤 사람이었는지 떠올리면 마음속의 고통 밑에서 신의 모든 피조물 중 오로지 여인만이 아는 용서와 순종의 감정이 깨어났습니다.

그들은 가난했습니다. 남자가 그렇게 살고 있으니 당연했지요. 그러나 여자가 이르나 늦으나, 낮이나 밤이나, 끊임없이 지치지 않고 노력해서 곤궁함을 겨우 면했습니다. 하지만 노력의 대가는 형편없었습니다. 저녁에—가끔은 늦은 밤에—그 집 앞을 지나가던 사람들은 여자가 고통에 신음하며 흐느끼는 소리와 매 맞는 소리를 들었다고 했습니다. 자정이 지난 시각에 술 취한 아버지의 잔혹한 분노를 피해 이웃집으로 보내진 아들이 이웃의 문을 살며시 두드린 적도 여러 번 있었습니다.

이 불쌍한 여인은 학대와 폭력의 흔적을 완전히 감추지 못한 채 변함없이 우리의 작은 교회에 나왔지요. 일요일마다 그녀는 아침부터 낮까지 아들과 함께 항상 같은 자리에 앉아 있었습니다. 두 사람 모두 옷차림이 변변찮았지만—더 가난한 이웃들 대부분보다도 훨씬 변변치 않았지요—항상 단정하고 깨끗했습니다. 모두들 가여운 에드먼즈 부인에게 친근하게 고개를 끄덕이거나 친절한 인사를 건넸어요. 가끔 예배가 끝난 뒤 그녀가 교회 앞에 한 줄로 늘어선 느릅나무들 사이에서 이웃과 이야기를 몇 마디 나눌 때나, 건강한 아들이 친구들과 노는 동안 뒤에서 서성이며 뿌듯하면서도 사랑스럽다는 듯 그 모습을 바라볼 때면 걱정으로 초췌한 얼굴이 환해지면서 진심으로 감사하는 표정이 떠오르곤 했습니다. 쾌활하고 행복하지는 않더라도 적어도 평온하고 만족스러워 보였지요.

그렇게 5~6년이 지났습니다. 아들은 건강한 청년으로 잘 자랐지요. 아이의 가느다란 뼈대를 튼튼하게 만들고 허약한 팔다리에 남자다운 힘을 불어넣은 시간은 어머니의 등을 굽게 하고 걸음을 약하게 만들었습니다. 그러나 그녀를 지탱했어야 할 팔은 더 이상 그녀와 팔짱을 끼지 않았고, 그녀에게 기운을 주었어야 할 얼굴은 더 이상 그녀의 얼굴을 올려다보지 않았습니다. 여인은 예전과 같은 자리에 앉았지만 옆자리는 비어 있었지요. 늘 그랬던 것처럼 성경을 소중히 간직하면서 예전처럼 똑같은 구절을 찾아서 접었지만 그것을 함께 읽을 사람은 없었습니다. 굵은 눈물이 성경에 후드득 떨어져 글자가 흐릿해졌지요. 이웃은 예전과 다름없이 친절했지만 여인은 고개를 숙여 인사를 피했습니다. 예전처럼 느릅나무 사이에서 서성이지도 않았고 힘을 주는 행복에 대한 기대도 더 이상 남아 있지 않았습니다. 고독한 여인은 보닛을 푹 눌러쓰고 황급히 걸음을 옮겼지요.

이 청년이 기억과 의식이 닿는 한 가장 먼 어린 시절까지 돌아보면서 모든 순간을 회상했을 때, 어머니가 자신을 위해 자발적으로 겪었던 기나긴 궁핍과 학대, 모욕, 폭력, 그를 위해 감내했던 그 모든 것과 어떤 식으로든 연결되지 않는 것은 하나도 없었습니다. 그런 청년이 무모하게도 어머니의 마음이 부서지는 것은 생각도 하지 않고, 퉁명스럽게도 어머니가 자신을 위해 했던 모든 일을 일부러 기억에서 지우고, 타락하고 버림받은 사람들과 어울리면서 정신이 나간 것처럼 자신에게는 죽음을, 어머니에게는 수치를 초래할 분별없는 행동만 하고 다녔다는 이야기를 제가 여러분께 해야 할까요? 아아, 인간의 본성이란! 사람들은 이미 오래전부터 이런 결과를 예상하고 있었습니다.

불행한 여인의 고통과 불운은 이제 한계에 달하려는 참이었습니다. 동네에서 수많은 비행이 일어났는데, 범인은 밝혀지지 않았고 수법은 더욱 대담해졌습니다. 잠을 잊은 추적과 엄밀한 수색이 실시되었지요. 범인들은 이러한 반응을 미처 계산하지 못했습니다. 결국 젊은 에드먼즈와 세 공범의 혐의가 밝혀졌고, 에드먼즈는 사형을 선고받았습니다.

사형 선고가 내려졌을 때 법정에 울려 퍼졌던 여인의 귀청을 찢는 비명이 지금도 제 귓가에 선명하게 울립니다. 그 비명은 재판도, 유죄 판결도, 죽음이 다가온다는 사실조차도 일깨우지 못했던 공포를 죄인의 마음에 일깨웠습니다. 내내 완고하고 무뚝뚝하게 꾹 다물려 있던 입술이 떨리다가 저도 모르게 열렸습니다. 모든 땀구멍에서 식은땀이 흐르고 얼굴은 잿빛으로 변했지요. 강건한 팔다리가 후들거리는 바람에 중죄인은 피고석에서 휘청거렸습니다.

고통에 찬 어머니는 정신적 괴로움으로 넋을 잃고서 제 발치에 무릎을 꿇더니 지금까지 온갖 고난 속에서도 그녀를 지지해 주었던 전능하신 주님을 향해 비탄과 고난의 세계에서 해방시켜 달라고, 외아들의 목숨을 살려달라고 열렬히 애원했습니다. 그리고 두 번 다시 볼 일이 없기만을 바랄 만큼 슬픈 울음과 격렬한 몸부림이 이어졌습니다. 저는 그 순간부터 여인의 마음이 무너지고 있음을 알았지만 그녀의 입술 밖으로 불평이나 중얼거림이 새어 나오는 것은 단 한 번도 듣지 못했습니다.

좀처럼 회개하지 않는 아들의 무정한 마음을 누그러뜨리려고 매일같이 감옥으로 찾아가서 애정의 힘으로 열심히 간청하는 여인의 모습은 정말 애처로웠습니다. 하지만 소용없었지요. 아들은 변함없이 언짢았고, 완고했고, 끄덕도 하지 않았습니다. 사형에서 유배형으로 예기치 못하게 감형되었지만 샐쭉해져서 고집을 부리는 태도는 조금도 유연해지지 않았습니다.

그러나 여인을 그토록 오랫동안 떠받치던 복종과 인내의 정신도 쇠약해진 육신에 맞서 싸우지 못했습니다. 여인은 병들었지요. 그녀는 아들을 한 번만 더 보기 위해 비틀거리는 팔다리를 이끌고 침대에서 내려왔지만 힘없이 바닥으로 쓰러졌습니다.

이제 청년이 그토록 자랑스러워하던 냉정함과 무관심이 진정한 시험에 들었지요. 청년을 강타한 무거운 응보 때문에 그는 거의 미칠 지경이었습니다. 하루가 지났지만 어머니는 오지 않았고, 또 하루가 흘러도 어머니는 그의 곁에 없었습니다. 세 번째 저녁이 왔는데도 그는 어머니를 보지 못했습니다. 이제 그가 어머니와 헤어져야 할 시간이 스물네 시간도 채 남지 않았고, 어쩌면 영영 이별일지도 몰랐습니다. 아! 비좁은 감옥 마당에서—마치 그가 서두를수록 소식이 빨리 도착한다는 듯이—거의 달리다시피 서성이던 청년의 마음속에 오랫동안 잊고 있던 옛 기억이 얼마나 세차게 몰려들었는지, 진실을 알게 되었을 때 무력감과 쓸쓸함이 얼마나 씁쓸하게 밀려들었는지요! 청년의 어머니, 그가 알던 유일한 부모는 그가 서 있는 자리에서 1마일도 떨어지지 않은 곳에 몸져누워 있었습니다. 어쩌면 죽어가고 있었을지도 몰랐지요. 그가 구속되지 않은 자유의 몸이었다면 단 몇 분 만에 어머니의 곁으로 갈 수 있었을 것입니다. 그는 감옥 정문으로 달려가 절망의 힘으로 철제 난간을 잡고 그것이 울릴 때까지 흔들었습니다. 그런 다음 돌벽을 뚫어서 통로를 내려는 듯이 두꺼운 담장에 몸을 던졌지요. 그러나 강력한 건물은 그의 나약한 노력을 비웃었고, 청년은 두 손을 맞부딪치며 아이처럼 울었습니다.

저는 감옥에 갇힌 아들에게 어머니의 용서와 축복을 전했고, 회개하겠다는 그의 진지한 약속과 용서를 구하는 열렬한 탄원을 어머니의 병상에 전달했지요. 저는 회개한 청년이 유배에서 돌아와 어머니를 편안하게 부양하겠다며 세우는 수천 가지 작은 계획들을 연민과 동정의 마음으로 들었습니다. 그러나 저는 청년이 유배지에 도착하기 수개월 전에 이미 그의 어머니가 이 세상에 존재하지 않으리란 사실을 알았지요.

그는 밤에 유배지로 떠났습니다. 몇 주 후, 불쌍한 여인의 영혼이 하늘로 올라갔지요. 저는 그녀가 영원한 행복과 휴식의 나라로 갔기를 바라며 정말 그랬다고 믿습니다. 제가 그녀의 장례를 치러주었습니다. 그녀는 작은 교회 마당에 누워 있어요. 그녀의 무덤가에는 비석이 없지요. 그 여인의 슬픔은 인간이 알고 그녀의 미덕은 신이 아십니다.

유배지로 떠나기 전, 죄수 아들은 편지를 써도 된다는 허가를 받자마자 어머니에게 편지를 써서 제 앞으로 부치겠다고 했습니다. 그의 아버지는 아들이 체포된 순간부터 절대 보지 않겠다고 했지요. 아들이 죽든 살든 아버지에게는 관심 밖의 일이었습니다. 청년의 소식을 듣지 못한 채 수년이 흘렀습니다. 저는 유배기간이 반 이상 지날 때까지 편지를 받지 못했기 때문에 그가 죽었다는 결론을 내렸습니다.

에드먼즈는 식민지에 도착하자마자 무척 외딴 시골로 보내졌습니다. 아마 그래서 편지를 여러 통 부쳤지만 제 손에는 하나도 들어오지 않았던 것 같습니다. 그는 유배 기간 내내 같은 곳에서 지냈습니다. 형기가 만료되자 그는 예전에 결심했던 것처럼, 또 어머니에게 굳게 약속했던 것처럼 셀 수 없는 고난을 겪으며 영국으로 귀환했고, 걸어서 고향으로 돌아왔습니다.

8월의 어느 화창한 일요일 저녁, 존 에드먼즈는 17년 전 수치와 불명예를 안고 떠났던 마을에 발을 들였습니다. 가장 가까운 길은 교회 마당을 가로지르는 것이었지요. 목책 계단을 넘는 그의 마음이 부풀어 올랐습니다. 예전 그대로인 키 큰 느릅나무 가지 사이로 지는 해가 그늘진 길 여기저기에 풍성한 빛을 비추었고 그러자 아주 어린 시절의 기억이 떠올랐습니다. 그는 어머니의 손에 매달려 교회로 평화롭게 걸어가던 자신을 그려보았습니다. 가끔 어머니의 창백한 얼굴을 올려다보았던 것이, 그러면 그의 얼굴을 물끄러미 바라보는 어머니의 눈에 눈물이 차올랐던 것이 떠올랐습니다. 어머니가 몸을 숙여 그에게 입을 맞출 때 뜨거운 눈물이 그의 이마에 떨어졌고, 그는 어머니의 눈물이 얼마나 비통한 것인지 알지 못했지만 같이 울었습니다. 그는 꼬마 친구들과 신나게 달려가면서도 어머니의 미소를 보거나 부드러운 목소리를 들으려고 뒤를 돌아보고 또 돌아보았던 때가 얼마나 많았는지 생각했습니다. 그때 기억에 드리워진 베일이 걷히더니 대답하지 않았던 상냥한 말들, 경멸했던 경고들, 지키지 못한 약속들의 기억이 밀려들어 마음이 부서지는 듯했고 그는 더 이상 견딜 수 없었습니다.

그는 교회로 들어갔습니다. 저녁 예배가 끝났고 신자들은 흩어졌지만 교회 문은 아직 열려 있었습니다. 낮은 건물에서 발소리가 공허하게 울렸고, 그는 혼자라는 것이 두려울 지경이었습니다. 너무나 고요하고 조용했지요. 그가 주변을 둘러보았습니다. 전부 그대로였어요. 교회는 예전보다 작게 느껴졌지만 어린 아이다운 경외감으로 천 번은 바라보았던 오래된 동상들, 쿠션 색이 바랜 작은 설교단, 그 앞에 서서 어렸을 때는 숭배했고 어른이 되어서는 잊었던 계명을 그토록 자주 외던 제대는 그대로였습니다. 그는 예전에 앉던 자리로 다가갔습니다. 차갑고 황량해 보였지요. 쿠션은 사라졌고 성경도 없었습니다. 이제 어머니가 더 안 좋은 자리에 앉거나 몸이 너무 약해져 혼자서 교회에 오지 못하는 것일지도 몰랐지요. 그는 너무나 두려운 생각을 차마 떠올릴 수 없었습니다. 차가운 느낌이 스멀스멀 올라왔기 때문에 그는 몸을 세차게 떨며 돌아섰습니다.

그가 포치로 나왔을 때 어떤 노인이 막 들어섰습니다. 에드먼즈는 그를 잘 알았기 때문에 깜짝 놀라 물러섰지요. 노인이 교회 마당에서 무덤 파는 모습을 많이 보았으니까요. 돌아온 죄인에게 노인은 무슨 말을 할까요? 하지만 노인은 낯선 이의 얼굴을 보고 "안녕하십니까"라고 말하더니 천천히 걸어갔습니다. 그를 잊은 것이지요.

에드먼즈는 언덕을 걸어 내려가 마을을 가로질렀습니다. 날씨는 따뜻했고 마을 사람들은 자기 집 문 앞에 앉거나 작은 정원을 서성이며 저녁의 고요함을, 노동 후의 휴식을 즐기고 있었습니다. 많은 사람들이 그를 보았기 때문에 에드먼즈는 자신을 알아보고 피하는 사람이 없나 싶어서 양쪽을 여러 차례 흘깃거렸습니다. 거의 집집마다 낯선 얼굴들이 있었고, 어떤 집들에서는 학교 친구—마지막으로 보았을 때는 소년이었던 친구—가 건장해진 모습으로 명랑한 아이들에게 둘러싸여 있었지요. 어떤 집들에서는 원기왕성하고 건강한 일꾼이었던 사람이 연약하고 허약한 노인이 되어 문 앞의 안락의자에 앉아 있었습니다. 하지만 모두들 에드먼즈를 잊었고, 그는 알아보는 이 하나 없이 지나쳤습니다.

　지는 해의 부드러운 마지막 빛이 땅에 떨어지면서 노란 곡식 다발에 풍성한 빛이 드리워지고 과수원 나무들의 그림자가 길어질 무렵 그는 낡은 집 앞에 섰습니다. 어린 시절에 살던 집, 길고 고된 속박과 슬픔의 세월 내내 설명할 수도 없을 정도의 강렬한 애정으로 그리워하던 곳이었습니다. 말뚝 울타리는 낮았지만 그것이 높다란 벽처럼 느껴졌던 때가 생생하게 떠올랐습니다. 그는 오래된 정원을 바라보았습니다. 전보다 더 많은 씨앗과 더 화려한 꽃들이 있었지만 예전의 나무들도 그대로 있었습니다. 볕에서 놀다 지쳤을 때 수천 번이나 바로 저 나무 아래 누워서 행복한 소년 시절의 부드럽고 온화한 잠이 슬며시 다가오는 것을 느꼈었지요. 집 안에서 목소리들이 흘러나왔습니다. 그는 귀를 기울였지만 그의 귀에는 낯설기만 했죠. 모르는 목소리였습니다. 그들 역시 명랑했습니다. 그는 자신이 멀리 있는데 불쌍하신 어머니가 즐겁게 지낼 수 없다는 사실을 잘 알았습니다. 문이 열리더니 한 무리의 아이들이 소리를 지르고 까불까불 뛰면서 밖으로 나왔습니다. 작은 남자아이를 품에 안은 아버지가 문가에 모습을 드러내자 아이들이 모여들어 작은 손으로 박수를 치면서 같이 놀자며 아버지를 끌고 나왔습니다. 죄인은 바로 그 자리에서 자기 아버지를 보고 수없이 도망쳤던 때를 기억했습니다. 침대보 밑에 떨리는 머리를 묻고 사나운 말을, 거세게 때리는 소리를, 어머니의 울부짖음을 얼마나 많이 들었는지 기억했습니다. 남자는 그 자리를 떠나며 마음의 고통 때문에 소리 내어 흐느꼈지만 이를 악물고 주먹을 꽉 쥐었지요.

길고 힘든 세월 내내 그가 그토록 바라던 귀환, 그토록 수많은 고통을 겪으며 이루어낸 귀환은 고작 이런 것이었습니다! 환영하는 얼굴도, 용서하는 표정도, 받아줄 집도, 도와줄 손도 없었지요. 그의 고향인데 말입니다. 이에 비하면 사람 하나 보이지 않는 빽빽한 원시림에서 겪은 외로움은 아무것도 아니었습니다!

그는 머나먼 굴종과 오욕의 땅에서 고향을 떠올릴 때, 자신이 떠나던 날 모습 그대로 기억하고 있었다는 것을 깨달았습니다. 17년이 흐른 지금이 아니라요.

슬픈 현실이 그의 심장을 차갑게 때렸고, 영혼이 깊이 가라앉았습니다. 그는 여기저기 수소문할 용기도, 아마도 친절과 동정으로 그를 받아줄 유일한 사람 앞에 모습을 드러낼 용기도 없었습니다. 그는 천천히 걸어서 죄 지은 사람처럼 큰길을 피해 또렷이 기억나는 초원으로 갔습니다. 그런 다음 양손으로 얼굴을 가리고 풀숲에 몸을 던졌습니다.

그는 둑 위에 다른 남자가 누워 있는 것을 보지 못했습니다. 남자가 새로 온 사람을 슬쩍 보려고 몸을 돌리자 옷자락이 부스럭거렸고, 에드먼즈가 고개를 들었습니다.

남자가 몸을 움직여 앉은 자세를 취했습니다. 그의 몸은 많이 굽었고 얼굴은 노랗고 주름졌습니다. 옷을 보니 빈민 수용소 사람이었지요. 남자는 무척 늙어 보였지만 세월보다는 생활환경이나 질병의 탓인 듯했습니다. 남자는 낯선 이를 빤히 바라보았는데 처음에는 눈이 탁하고 생기가 없었지만 에드먼즈를 잠시 뚫어져라 본 뒤에는 깜짝 놀란 듯 부자연스럽게 번득였고, 마침내는 눈이 튀어나올 것만 같았지요. 에드먼즈가 서서히 일어나 무릎을 꿇고 앉아서 노인의 얼굴을 진지하게 바라보았습니다. 두 사람은 침묵 속에서 서로를 빤히 보았습니다.

노인은 송장처럼 창백했습니다. 그가 몸서리를 치더니 비틀비틀 일어섰습니다. 에드먼즈도 벌떡 일어섰지요. 남자가 몇 발짝 물러났습니다. 에드먼즈가 다가갔지요.

"목소리를 들려주십시오." 죄인이 두껍고 갈라진 목소리로 말했습니다.

"비켜!" 노인이 지독한 악담을 퍼부으며 외쳤습니다. 죄인은 더 가까이 다가갔습니다.

"물러서라니까!" 노인이 비명을 질렀습니다. 공포에 질려 사나워진 그가 지팡이를 들어 에드먼즈의 얼굴을 세게 쳤습니다.

"아버지, 당신은 악마야." 죄인이 꽉 다문 잇새로 중얼거렸습니다. 에드먼즈가 노인에게 사납게 달려들어 목을 꽉 잡았지만 어쨌거나 그는 자신의 아버지였습니다. 청년의 팔이 힘없이 떨어졌습니다.

노인의 고함 소리가 악령의 노호처럼 황량한 들판에 울려 퍼졌습니다. 그의 얼굴이 검게 변하더니 입과 코에서 피가 쏟아져

풀을 짙은 암적색으로 물들였고 결국 비틀거리다 쓰러졌습니다. 혈관이 파열된 것이었지요. 아들이 끈적하고 고요한 피 웅덩이에서 노인을 일으켰을 때 그는 이미 죽은 사람이었습니다.

*

잠시 침묵이 흐른 다음 노신사가 말했다. "제가 아까 말했던 교회 마당에는 그 사건 이후 3년 동안 고용했던 남자가 묻혀 있습니다. 그는 진정으로 회개했고, 참회했고, 겸허했지요. 그 남자가 살아 있을 때 그가 누구인지, 어디에서 왔는지 아는 사람은 저밖에 없었습니다. 바로 돌아온 죄수 존 에드먼즈였지요."

7장

윙클 씨가 비둘기를 쏘고 까마귀를 죽이는 대신
까마귀를 쏘고 비둘기에게 상처를 입히다,
딩리 델 클럽과 머글턴 클럽이 시합을 벌이고
머글턴 클럽이 딩리 델 클럽에게 저녁 식사를 대접받다,
그 밖의 흥미롭고 교훈적인 이야기들

그날의 피곤한 모험 때문인지, 목사가 들려준 이야기가 지루했기 때문인지, 픽윅 씨는 졸음이 쏟아져서 편안한 침실로 안내를 받은 뒤 5분도 안 돼 꿈도 없는 깊은 잠에 빠졌고, 아침 해가 나무라듯 그의 방에 밝은 햇살을 쏟아부을 때가 되어서야 잠에서 깼다. 픽윅 씨는 게으름뱅이가 아니었으므로 정열적인 전사처럼 막사에서—아니 침대에서—벌떡 일어났다.

"유쾌하고도 유쾌한 시골이군." 열정 넘치는 신사가 격자창을 열며 한숨을 쉬었다. "이런 풍경을 느껴본 사람이 어찌 매일같이 벽돌과 슬레이트만 보면서 살 수 있을까? 굴뚝 갓이라면 모를까 암소도 없고, 목양신은커녕 고작 둥근 기와밖에 없고, 곡물 비슷한 것이라고는 돌나물밖에 찾아볼 수 없는 곳에서 누가 계속 살

수 있을까?[17] 어떻게 그런 곳에서 지겨운 삶을 이어가면서 견딜 수 있을까? 누구에게 그런 삶을 견디라고 할 수 있지?" 그런 다음 가장 정평이 난 선례들을 떠올리며 상당히 긴 시간 동안 고독에 대해 곰곰이 생각한 픽윅 씨는 격자창 밖으로 고개를 내밀고 주변을 둘러보았다.

건초 더미의 풍성하고 달콤한 향기가 그의 창가로 피어올랐다. 저 아래 작은 꽃밭에서 풍기는 수백 가지 향기들이 주변 공기를 향긋하게 만들었다. 부드러운 바람에 흔들리는 나뭇잎마다 반짝이는 아침 이슬 때문에 짙은 초록색 초원이 반짝였다. 새들이 반짝이는 이슬 하나하나가 전부 영감의 샘이라는 듯 노래했고, 픽윅 씨는 황홀하고 향긋한 기쁨에 푹 빠졌다.

"안녕하십니까!" 어디선가 들려오는 인사말이 그를 깨웠다.

픽윅 씨가 오른쪽을 보았지만 아무도 보이지 않았다. 그의 시선이 왼쪽을 헤매면서 저 멀리까지 향했으나 그를 찾는 이는 없었다. 픽윅 씨는 보통 사람이라면 소리가 들리자마자 보았을 곳, 즉 정원을 마지막으로 보았고 워들 씨를 발견했다.

"어떠십니까?" 명랑한 워들 씨가 즐거운 기대로 숨을 내쉬며 말했다. "아름다운 아침 아닙니까? 이렇게 일찍 일어나신 것을 보니 기쁘군요. 어서 이리 내려오세요. 여기서 기다리지요."

픽윅 씨에게 한 번 더 권할 필요는 없었다. 몸단장은 10분이면 충분했고, 그 시간이 다 됐을 때 그는 이미 노신사의 곁에 서 있

---

17 굴뚝 갓cow과 암소cow, 목양신pan과 둥근 기와pantile, 곡물crop과 돌나물stonecrop 모두 철자가 같거나 비슷하다.

었다.

"안녕하십니까!" 이번에는 픽윅 씨가 말했다. 그의 친구는 총을 들고 있었고 풀밭에 총이 한 자루 더 놓여 있었다. "뭘 하시려고요?"

"음, 아침 식사를 하기 전에 친구분과 함께 떼까마귀 사냥을 가기로 했소." 집주인이 대답했다. "친구분 실력이 상당하지요, 안 그렇습니까?"

"스스로 명사수라고 말하는 것을 들은 적은 있습니다." 픽윅 씨가 대답했다. "하지만 뭔가 겨냥하는 모습을 본 적은 없군요."

"음, 빨리 오면 좋겠는데. 조, 조!" 집주인이 말했다.

흥분으로 가득한 분위기 때문에 4분의 1 이상은 깨어 있는 듯한 뚱보 소년이 집에서 나왔다.

"신사분께 떼까마귀 서식지로 오면 나와 픽윅 씨가 있을 거라고 전하거라. 길도 안내해 드리고. 내 말 들었느냐?"

소년은 임무를 수행하러 갔고 집주인은 제2의 로빈슨 크루소처럼 총을 두 자루 들고 정원을 나섰다.

"여깁니다." 몇 분 정도 걸어간 다음 가로수 길에 멈춘 노신사가 말했다. 그렇게 말할 필요도 없이, 두 사람을 알아채지 못한 떼까마귀들이 끊임없이 까악거리는 소리로 자신들의 위치를 충분히 알려주었다.

노신사가 총을 한 자루 땅에 내려놓고 한 자루는 장전했다.

"저기 옵니다." 픽윅 씨가 말했고, 그때 저 멀리서 터프먼 씨와 스노드그래스 씨, 윙클 씨가 나타났다. 어느 신사를 불러오라는 말인지 정확히 몰랐던 뚱보 소년이 특유의 기민함을 발휘해서, 그리고 실수할 가능성을 막기 위해서 모두를 불러온 것이었다.

"이쪽입니다." 노신사가 윙클 씨에게 외쳤다. "워낙 예리한 명사수시니 이처럼 별것 아닌 사냥일지라도 벌써 일어나 계셨겠지요."

윙클 씨는 억지 미소로 답하고 남은 총을 집어 들었지만 그의 얼굴에 떠오른 것은 형이상학적인 떼까마귀가 이제부터 다가올 폭력적인 죽음을 예감하고 지을 법한 표정이었다. 예리한 표정이었을지도 모르지만 비참한 표정과 놀라울 만큼 닮아 있었다.

노신사가 고개를 끄덕였다. 꼬맹이 램버트[18]의 지시에 따라 나란히 서 있던 누더기 차림의 두 소년이 곧장 나무 두 그루를 타고 오르기 시작했다.

"저 아이들은 뭡니까?" 픽윅 씨가 놀라서 물었다. 흉작 때문에 농촌의 어린 소년들이 미숙한 사냥꾼들을 위한 과녁 노릇을 하며 위태롭고 모험적인 생계를 꾸려나갈 수밖에 없는 것은 아닐까 싶었기 때문이다.

"사냥을 시작하는 것뿐입니다." 워들 씨가 웃으며 대답했다.

"뭘 한다고요?" 픽윅 씨가 물었다.

"음, 쉬운 말로 하자면 떼까마귀를 놀라게 하는 거죠."

"아! 그것뿐입니까?"

"이제 아시겠소?"

---

18   300킬로그램 넘는 거구로 유명했던 대니얼 램버트. 뚱보 소년을 가리킨다.

"잘 알았습니다."

"좋습니다. 제가 시작할까요?"

"괜찮다면 그렇게 하시지요." 윙클 씨가 짧은 유예나마 기뻐하며 말했다.

"그럼 비켜서시지요, 갑니다."

소년이 고함을 지르면서 둥지가 놓인 가지를 흔들었다. 어린 떼까마귀 여섯 마리가 흥분해서 무슨 일이냐고 묻듯이 날아올랐다. 노신사가 대답하듯 총을 쏘았다. 한 마리가 떨어지고 나머지는 날아갔다.

"가서 가져오너라, 조." 노신사가 말했다.

까마귀를 주우러 가는 소년의 얼굴에 미소가 피어올랐다. 본능적으로 머릿속에 떼까마귀 파이가 떠올랐다. 소년은 새를 들고 돌아오며 웃었다. 포동포동한 새였다.

"자, 윙클 씨." 집주인이 총을 재장전하며 말했다. "쏘시죠."

윙클 씨가 앞으로 나서서 총을 겨누었다. 픽윅 씨와 친구들은 당연히 윙클 씨가 치명적인 총을 발사하는 순간 떼까마귀가 우르르 쏟아질 줄 알고 몸을 움츠렸다. 엄숙한 침묵이 흐르고 고함 소리, 퍼덕거리는 날갯짓, 희미한 찰칵 소리가 났다.

"어이!" 노신사가 말했다.

"발사가 안 됐나?" 픽윅 씨가 물었다.

"불발이었습니다." 실망해서인지 얼굴이 하얗게 질린 윙클 씨가 말했다.

"이상하군." 노신사가 총을 받으며 말했다. "불발된 적은 한 번도 없었는데. 음, 뇌관이 안 보이는군요."

"아이고, 이런." 윙클 씨가 말했다. "제가 뇌관을 깜빡했네요!"

작은 실수는 금방 바로잡혔다. 픽윅 씨가 다시 몸을 움츠렸다. 윙클 씨가 결연하고 확고한 태도로 한발 나섰고, 터프먼 씨는 나무 뒤에 숨어서 내다보았다. 소년이 고함을 지르자 떼까마귀 네 마리가 날아올랐다. 윙클 씨가 총을 쏘았다. 누군가—떼까마귀는 아니었다—육신의 고통 때문에 지르는 비명이 들렸다. 터프먼 씨가 왼쪽 팔에 화약의 일부를 맞음으로써 수없이 많은 죄 없는 새들의 목숨을 구했다.

그 뒤에 이어진 혼돈은 우리가 도저히 설명할 수 없는 것이었다. 픽윅 씨는 격해진 감정 때문에 넋을 잃고서 윙클 씨를 향해 "비열한 놈!"이라고 외쳤고, 터프먼 씨는 땅바닥에 엎드렸고, 윙클 씨는 공포에 질려 그 옆에 무릎을 꿇었고, 터프먼 씨는 정신 나간 사람처럼 어느 여인의 세례명을 부르면서 양쪽 눈을 번갈아 뜨다가 다시 쓰러져 두 눈을 꼭 감았는데, 이 모든 과정을 자세히 설명하기란 무척 어려운 일이다. 불운한 터프먼 씨의 팔에 손수건을 감고 나서 그가 서서히 정신을 차리고 염려 가득한 친구들의 부축을 받으며 천천히 돌아온 과정 역시 마찬가지이다.

일행이 집으로 다가갔다. 여인들이 정원 대문 앞에서 그들이 오기를, 그리고 아침 식사를 기다리고 있었다. 노처녀 고모가 모습을 드러내고 미소를 짓더니 더 빨리 걸어오라고 손짓했다. 어떤 참사가 벌어졌는지 전혀 모르는 것이 분명했다. 얼마나 가련한지! 때로는 무지가 진정한 축복이다.

일행이 더 가까워졌다.

"아니, 저 작은 노신사분께서 어떻게 되신 거죠?" 이저벨라 워들이 말했다. 노처녀 고모는 픽윅 씨 이야기인 줄 알고 말을 귀담아 듣지 않았다. 그녀의 눈에 트레이시 터프먼은 청년이었다. 축소경을 통해서 그를 보았던 것이다.

"겁먹을 거 없다." 나이 많은 집주인이 딸들을 놀라게 하지 않으려고 소리쳤다. 일행이 터프먼 씨를 완전히 둘러싸고 있었기 때문에 여자들은 어떤 사고인지 뚜렷이 알아볼 수 없었다.

"겁먹을 거 없어." 집주인이 말했다.

"무슨 일인데요?" 여인들이 외쳤다.

"터프먼 씨가 작은 사고를 당했다, 그뿐이야."

노처녀 고모가 날카로운 비명을 지르더니 신경질적인 웃음을 터뜨리며 조카들의 품으로 쓰러졌다.

"차가운 물을 좀 뿌려줘라." 노신사가 말했다.

"아니, 아니야." 노처녀 고모가 중얼거렸다. "이제 괜찮아. 벨라, 에밀리, 의사를 불러! 그분이 다치셨니? 돌아가셨어? 그분이…… 하하하!" 다시 발작을 일으킨 노처녀 고모가 중간중간 비명을 지르며 신경질적으로 웃었다.

"진정하세요." 터프먼 씨가 말했다. 그는 노처녀 고모가 자신의 고통에 이렇게까지 공감해 주자 눈물을 글썽일 만큼 감동했다. "친애하는 분, 부디 진정하세요."

"그분 목소리야!" 노처녀 고모가 외쳤다. 그리고 곧 세 번째 발작의 강한 징조가 드러났다.

"제발 흥분하지 마세요. 부탁드립니다, 친절하신 분." 터프먼 씨가 진정시키듯 말했다. "아주 약간 다친 것뿐입니다. 제가 장담하죠."

"돌아가신 건 아니군요!" 신경질적인 귀부인이 소리 질렀다. "아, 돌아가시지 않았다고 말씀해 주세요!"

"바보같이 굴지 마라, 레이철." 워들 씨가 끼어들어 이 시적인 광경에 비해 다소 거칠게 말했다. "죽지 않았다고 말하는 게 도대체 뭐가 중요하다는 거냐?"

"아니, 아니, 안 죽었습니다." 터프먼 씨가 말했다. "제게 필요한 것은 당신의 도움밖에 없습니다. 당신 어깨를 빌려주십시오." 그런 다음 그가 속삭였다. "오, 레이철 양!" 흥분한 여인이 다가와 어깨를 빌려주었다. 두 사람은 아침 식사를 하는 식당으로 들어갔다. 트레이시 터프먼 씨가 여인의 손에 부드럽게 입 맞춘 후 소파에 무너지듯 쓰러졌다.

"어지러우세요?" 근심 가득한 레이철이 물었다.

"아닙니다." 터프먼 씨가 말했다. "아무것도 아니에요. 금방 괜찮아질 겁니다." 그가 눈을 감았다.

"잠들었나 봐." 노처녀 고모가 중얼거렸다. (그의 시각기관이 감긴 지 거의 20초가 지났다.) "아아, 친애하는 터프먼 씨."

터프먼 씨가 벌떡 일어났다. "아, 다시 말해주십시오!" 그가 외쳤다.

숙녀는 깜짝 놀랐다. "제 말을 들으신 건 아니겠지요!" 그녀가 수줍어하며 말했다.

"아, 들었고말고요!" 터프먼 씨가 대답했다. "다시 말해주세요, 제가 낫길 바라신다면 한 번 더 말씀해 주세요."

"쉿!" 숙녀가 말했다. "오라버니가 와요."

트레이시 터프먼 씨는 조금 전의 자세로 돌아갔고, 워들 씨가 의사와 함께 들어왔다.

의사가 팔을 진찰하고, 상처에 붕대를 감고, 아주 가벼운 부상이라고 선언했다. 그러자 일행은 만족했고, 명랑함을 되찾은 표정으로 식욕을 충족시키러 떠났다. 픽윅 씨만이 말없고 조심스러운 태도였다. 그의 표정에 의심과 불신이 드러났다. 아침의 일로 인해 윙클 씨에 대한 그의 믿음이 흔들렸다. 그것도 크게 흔들렸다.

"크리켓 하시오?" 워들 씨가 명사수에게 물었다.

다른 때였다면 윙클 씨는 그렇다고 대답했을 것이다. 그러나 지금은 미묘한 상황에 처했음을 느끼고 겸손하게 아니라고 대답했다.

"워들 씨는요?" 스노드그래스 씨가 물었다.

"한때 했었지요." 집주인이 대답했다. "지금은 포기했지만요. 클럽에 등록되어 있지만 경기는 하지 않습니다."

"오늘 큰 경기가 있을 텐데요." 픽윅 씨가 말했다.

"맞습니다." 집주인이 대답했다. "분명 보고 싶으시겠지요."

"그렇습니다." 픽윅 씨가 대답했다. "안전하게 즐길 수 있는 스포츠, 미숙한 자들의 무능함이 사람의 목숨을 위험에 빠뜨리지 않는 스포츠라면 전 무엇이든 즐겨 보지요." 픽윅 씨가 말을 멈추고 윙클 씨를 빤히 보았고, 윙클 씨는 수장의 날카로운 시선 아래 움츠러들었다. 위대한 픽윅 씨가 몇 분 뒤 시선을 돌리고 덧붙였다. "부상당한 우리 친구를 숙녀분들께 맡기고 가도 괜찮을까요?"

"저를 이보다 더 잘 돌봐줄 사람은 없을 겁니다." 터프먼 씨가 말했다.

"정말 그렇습니다." 스노드그래스 씨가 말했다.

따라서 터프먼 씨는 집에 남아 여인들의 보살핌을 받기로 하고 나머지 손님들은 워들 씨의 안내에 따라 시합이 열리는 경기장에 가기로 했다. 머글턴 전체를 무력함에서 깨우고 딩리 델을 흥분의 열기로 고취시킨 시합이었다.

그들이 걸어야 할 길은 2마일이 넘지 않는데다 주로 그늘진 도로와 외딴 오솔길이었다. 대화 주제도 사방에서 그들을 둘러싼 기분 좋은 풍경에 대한 것이었기 때문에 픽윅 씨가 이 짧은 길을 아쉬워할 무렵 일행은 이미 머글턴 중심가에 도착했다.

지리학에 밝은 사람이라면 누구나 잘 알겠지만 머글턴은 시장, 시의원, 시민이 존재하는 자치도시이다. 또 시장이 시민에게, 시민이 시장에게, 시장과 시민이 시 지자체에, 혹은 시장과 시민과 지자체가 영국 의회에 했던 말을 찾아본 사람이라면 누구나 그들이 예전부터 알았어야 하는 것, 즉 머글턴은 오래되고 충성심이 강한 지역이며 기독교 원칙을 열렬히 옹호하는 동시에 상업적 권리를 헌신적으로 지켜왔다는 사실을 알게 될 것이다. 이를 증명하듯 머글턴 시장과 지자체, 주민들은 여러 번에 걸쳐서 해외의 흑인 노예제도 존속에 반대하는 청원서를 최소 1,420통 제출했고, 국내 공장 제도에 대한 간섭을 반대하는 청원서의 수 역시 비슷했다. 교회 성직록 판매를 허가하자는 청원서는 68통, 일요일에 거리의 판매 행위를 폐지하자는 청원서는 86통이었다.

픽윅 씨는 이 유명한 도시의 중심가에 서서 흥미가 섞이지 않았다고 할 수 없는 호기심 가득한 태도로 주변 사물들을 물끄러미 보았다. 시장이 서는 광장이 하나 있고 광장 한가운데 간판을 내건 커다란 여관이 있었는데, 예술 작품에서는 아주 흔하지만 실제로는 거의 만날 수 없는 대상이 그려진 간판이었다. 그것은 바로 구부러진 세 다리를 공중에 띄우고 네 번째 다리의 가운데 발톱 끝으로 균형을 잡고 선 파란 사자였다. 경매장, 화재보험 사무소, 곡물 매매소, 직물상, 마구상, 증류주 양조장, 식료품상, 제화점이 보였는데 마지막으로 언급한 가게는 모자, 보닛, 의복, 양산뿐 아니라 유용한 지식도 보급했다. 자갈 깔린 작은 마당이 딸린 붉은 벽돌집이 변호사 사무소임을 누구나 알 수 있었다. 베네치아식 블라인드가 달린 붉은 벽돌집이 하나 더 있었는데, 커다란 청동 현판에 '의사의 집'이라고 무척 읽기 쉽게 적혀 있었다. 몇몇 소년이 크리켓 경기장을 향해 걸어가고 있었다. 상점 주인 두세 명 역시 같은 곳에 가고 싶다는 표정으로 가게 앞에 서 있었는데, 가게를 비운다고 해도 손님을 많이 놓칠 일은 없을 듯했다. 픽윅 씨는 잠시 멈춰서 주변을 관찰한 다음 좀 더 편할 때 공책에 적기로 하고 이미 중심가를 벗어나 전장이 보이는 곳으로 들어선 친구들과 합류했다.

위킷[19] 두 개가 세워져 있었고, 선수들이 휴식을 취하고 간단한 음식을 먹을 수 있는 대형 천막도 두 개 있었다. 경기는 아직 시작하지 않았다. 딩리 델러 선수 두세 명과 올머글턴 선수들이 서로 아무렇게나 공을 던지며 당당하게 즐기고 있었다. 이들과 똑같은 밀짚모자와 플란넬 재킷, 흰 바지 차림—아마추어 석공과 아주 비슷해 보이는 복장—의 신사 여러 명이 천막 근처에 흩어져 있었고, 워들 씨가 한 천막으로 일행을 안내했다.

노신사가 도착하자 수십 명이 "어떻게 지내십니까?"라고 인사를 건넸다. 그가 픽윅 씨 일행을 런던에서 오신 손님이라고 소개하며 분명 즐거운 경기가 될 오늘 경기가 무척 궁금해서 보러 왔다고 말하자, 다들 플란넬 재킷 차림으로 밀짚모자를 들어 올리고 허리를 굽혀 인사했다.

"천막으로 들어가는 게 좋겠습니다." 아주 뚱뚱한 신사가 말했다. 다리는 부풀린 베개 두 개와 같고 몸통은 그 위에 얹은 거대한 반 롤짜리 플란넬 같았다.

"천막 안이 훨씬 상쾌할 겁니다." 또 다른 뚱뚱한 신사가 권했는데, 그는 앞서 말한 플란넬 롤의 나머지 반 같았다.

"정말 친절하시군요." 픽윅 씨가 말했다.

"이쪽입니다." 말을 먼저 꺼낸 신사가 말했다. "여기서 점수를 매기지요. 경기장에서 제일 좋은 자리입니다." 그런 다음 이 선수가 숨을 헐떡이며 앞장서서 일동을 천막 안으로 안내했다.

---

19   나무 장대 셋을 엮어 공이 사이를 통과하지 못하도록 만든 기둥 문.

"대단한 경기 — 멋진 스포츠 — 좋은 운동입니다, 정말로." 픽윅 씨가 천막 안으로 들어가자 어디선가 이런 말이 들려왔다. 제일 먼저 눈에 띈 사람은 바로 로체스터행 마차에서 만난 녹색 상의를 입은 친구였는데, 장황한 이야기로 올머글턴 선수들을 즐겁게 해주고 있었다. 복장은 예전보다 약간 나았고 장화를 신고 있었지만 틀림없이 그 남자였다.

낯선 이가 친구들을 바로 알아보고 달려 나오더니 픽윅 씨의 손을 잡고 언제나처럼 급하게 끌어다 앉히면서 전부 자신의 특별한 후원과 지시에 따라 준비된 것인 양 말했다.

"이쪽으로, 이쪽으로 오시죠 — 정말 재미있군요 — 맥주도 많아요, 큰 통으로 여러 통 있지요 — 소고기 사태도 있어요, 송아지 고기랑 머스터드도요 — 짐마차 몇 대분은 될 겁니다 — 대단한 날이죠 — 편안하게 앉으세요 — 만나서 반갑습니다 — 정말로."

픽윅 씨는 시키는 대로 자리에 앉았고 윙클 씨와 스노드그래스 씨 역시 수수께끼 같은 친구의 지시에 따랐다. 워들 씨는 말없이 감탄하며 바라보았다.

"제 친구 워들 씨입니다." 픽윅 씨가 말했다.

"친구분이시군요! 안녕하십니까, 제 친구의 친구이니 악수를 나누시죠." 그런 다음 낯선 이가 여러 해 동안 무척 가깝게 지낸 사람처럼 워들 씨의 손을 아주 열렬하게 붙잡고서 얼굴을 제대로 보려는 듯 한두 걸음 물러서더니, 그것이 가능한 일이라면, 조금 전보다 더욱 따스하게 다시 악수를 했다.

"음, 여기에는 어떻게 오셨습니까?" 픽윅 씨가 친절과 경악이 싸우는 듯한 미소를 지으며 말했다.

"네, 왔습니다." 낯선 이가 대답했다. "머글턴의 크라운 여관에 묵었는데, 이 사람들을 만났지요—플란넬 재킷과 흰 바지 차림—안초비 샌드위치와 맛있는 콩팥 요리가 있었죠—멋진 친구들입니다—대단해요."

픽윅 씨는 속기하듯 말하는 낯선 이의 말투에 익숙했기 때문에 이처럼 지리멸렬하고 빠른 설명만 듣고도 그가 어떻게 해서 올머글턴을 알게 되어 특유의 방법으로 친밀한 관계를 발전시키고 초대까지 받았는지 추측할 수 있었다. 호기심이 충족되자 픽윅 씨는 이제 막 시작하는 경기를 보기 위해 안경을 고쳐 쓰고 준비했다.

올머글턴의 선공이었다. 이 유명한 팀 중에서도 가장 이름난 두 선수 덤킨스 씨와 포더 씨가 배트를 들고 각각 위킷으로 걸어가자 경기는 무척 흥미로워졌다. 강력한 적수 덤킨스에게 공을 던질 선수는 딩리 델 클럽의 꽃 러피 씨였고, 지금까지 무적이었던 포더에게 공을 던질 선수로는 스트러글스 씨가 뽑혔다. 경기장 여기저기 자리 잡은 선수들은 양 무릎에 양손을 얹고서 등 넘기를 처음 하는 사람에게 등을 빌려주는 것처럼 몸을 잔뜩 숙이는 적절한 자세를 취하고 수비를 보았다. 선수들 모두가 그렇게 했는데, 다른 자세로는 제대로 수비를 볼 수 없다는 것이 일반적인 생각이었다.

심판들이 위킷 뒤에 서고 기록원들이 점수를 기록할 준비를 끝내자 숨 막히는 침묵이 이어졌다. 러피 씨는 소극적인 포더의 위킷 뒤로 몇 발짝 물러나서 몇 초 동안 공을 오른쪽 눈 앞에 대고 있었다. 덤킨스는 러피의 움직임에 시선을 고정한 채 공이 날아오기를 자신 있게 기다렸다.

"시작!" 투수가 갑자기 외쳤다. 그의 손을 떠난 공이 직선을 그리며 위킷의 중앙 기둥을 향해 빠르게 날아갔다. 빈틈없는 덤킨스는 경계를 늦추지 않았다. 공이 배트 꼭대기 부분에 맞고 땅에 한 번 튕기더니 몸을 잔뜩 숙인 선수들의 머리 위로 날아갔다.

"달려, 달려!—한 번 더!—자, 공을 던져—던지라고!—거기 멈춰—한 번 더—안 돼—그렇지—안 돼!—공을 던져, 던져!" 공을 때리자 고함 소리가 이어졌고, 결국 올머글턴이 2점을 기록했다. 포더 역시 자신과 머글턴을 장식할 영예를 얻는 데 뒤처짐이 없었다. 그는 애매한 공을 막고, 나쁜 공은 보내고 좋은 공은 때렸으며, 경기장 구석구석으로 공을 날려 보냈다. 선수들은 덥고 지쳤다. 교체된 투수가 팔이 아플 때까지 공을 던졌지만 덤킨스와 포더는 정복당하지 않았다. 어느 노신사가 공을 막으려 했지만 다리 사이로 굴러가거나 손가락 틈으로 빠져나갔다. 어느 날씬한 신사도 공을 잡으려 했지만 공이 그의 코를 때리더니 더 세차고 경쾌하게 통통 튀었고, 날씬한 신사는 눈에 눈물이 고인 채 고통으로 몸을 비틀었다. 위킷을 향해서 공을 던지면 덤킨스가 공보다 빨리 위킷에 도착했다. 간략히 말해서 덤킨스가 잡히고 위킷을 넘어뜨려 포더가 아웃당했을 때 올머글턴은 54점을 기록했고, 딩리 델러의 점수판은 그들의 표정만큼이나 텅 비어 있었다. 따라잡기에는 너무 큰 점수였다. 진지한 러피와 열정적인 스트러글스는 딩리 델이 잃은 점수를 만회하기 위해서 자신들의 기술과 경험에 따라 할 수 있는 모든 것을 했지만 헛수고였다. 시합이 시작된 지 얼마 되지 않아 딩리 델은 승부를 포기하고 올머글턴의 승리를 인정했다.

한편 낯선 이는 끊임없이 먹고 마시며 이야기를 늘어놓았다. 그는 좋은 타격이 나올 때마다 거만하게 잘난 척하며 선수에 대한 흡족함과 호의를 표현했고, 그러면 주변 사람들은 하나같이 크게 만족했다. 반대로 공을 놓치거나 막지 못할 때면 "아, 아! 멍청하긴", "손가락에 버터를 발랐나!", "실책이군.", "사기꾼!"과 같은 비난으로 열심히 뛰는 선수를 향해 불쾌한 기분을 발산했다. 낯선 남자가 갑작스럽게 고함을 칠수록 주변 모든 사람들은 그가 크리켓이라는 고귀한 경기의 모든 기술과 비법에 정통한 뛰어난 심판이라고 생각하는 듯했다.

"대단한 경기네요—잘했어요—감탄할 만한 타격도 있었고." 시합이 끝나고 양 팀이 천막 안으로 북적북적 들어오자 낯선 남자가 말했다.

"크리켓을 하신 적이 있소?" 그의 다변에 흥미가 생긴 워들 씨가 물었다.

"한 적 있냐고요!—했지요—그것도 수천 번은 했어요—여기서는 아니지만—서인도 제도였죠—신나는 경기였어요—더웠어요—정말로."

"그런 기후에서 하면 확실히 좀 훈훈하겠군요." 픽윅 씨가 말했다.

"훈훈하다니요! — 시뻘겋게 달아올라 활활 타지요 — 한번은 제 친구 대령인 토머스 블레이조 경과 경기를 했어요 — 위킷 하나로 누가 점수를 더 많이 내는지 내기했죠 — 제가 동전 던지기에서 이겨서 선공이었지요 — 아침 7시였는데, 수비수로는 원주민 여섯 명이 들어갔습니다 — 제가 계속 공을 치다 보니 뜨거운 열기 때문에 원주민들은 모두 기절해서 실려 나가고 — 새로 여섯 명이 들어왔지만 역시 기절했지요 — 블레이조는 원주민 두 명의 부축을 받으면서 공을 던졌지만 저를 아웃시키지 못하고 역시 기절했죠 — 대위는 실려 갔지만 충실한 하인 콴코 삼바가 마지막으로 남아서 공을 던졌습니다 — 뜨거운 태양, 배트를 계속 잡느라 생긴 물집, 갈색으로 타버린 공 — 점수는 570점이었어요 — 콴코가 남은 힘을 그러모으자 상당히 지친 저는 아웃당하고, 목욕을 한 다음 저녁을 먹으러 나갔지요."

"그래서, 그 이름이 뭐더라…… 아무튼 그 사람은 어떻게 되었소?" 노신사가 물었다.

"블레이조요?"

"아니, 다른 사람 말이오."

"콴코 삼바요?"

"네."

"불쌍한 콴코는 회복하지 못했죠 — 저를 위해 공을 계속 던지다가 자신은 아웃 — 죽었습니다." 여기서 낯선 이가 갈색 술잔에 얼굴을 묻었는데, 감정을 숨기기 위해서였는지 잔에 든 내용물을 마시기 위해서였는지는 확실히 말할 수 없다. 우리가 아는 것은 그가 갑자기 행동을 멈추고 심호흡을 하더니 픽윅 씨에게 다가오는 딩리 델 클럽의 중요 선수 두 명을 초조하게 보았다는 것뿐이다. 두 사람이 픽윅 씨에게 말했다.

"블루 라이온 여관에서 간단히 저녁 식사를 하려는데 여러분도 함께하시지요."

"물론이오." 워들 씨가 말했다. "이분도 우리 친구요, 성함이?" 그가 낯선 이를 보았다.

"징글." 다재다능한 신사가 무슨 뜻인지 곧장 알아차리고 말했다. "징글입니다, 앨프리드 징글―노웨어 노 홀[20]의 징글 귀하지요."

"함께한다면 저도 아주 좋습니다." 픽윅 씨가 말했다.

"저도요." 앨프리드 징글 씨가 픽윅 씨와 워들 씨에게 한쪽씩 팔짱을 끼며 말했다. 그가 픽윅 씨에게 남몰래 속삭였다.

"대단히 맛있을 겁니다―차갑지만 훌륭해요―오늘 아침에 몰래 봤죠―닭고기, 파이, 온갖 요리가 있어요―참 유쾌한 친구들이군요―예의도 바르고요―정말로."

더는 결정해야 할 사항도 없었기 때문에 일행은 두세 명씩 무리를 지어 중심가로 걸어갔고, 15분 뒤 머글턴 블루 라이온 여관의 대연회장에 모두 모여 앉았다. 덤킨스 씨가 술자리의 좌장, 러피 씨가 부좌장 역할이었다.

수많은 대화가 오가고 나이프와 포크, 접시가 달그락거렸다.

20　보통 사람을 소개할 때 지명과 저택 이름을 말하는데, 징글 씨는 고향도 없고 저택도 없다는 뜻으로 농담처럼 말하고 있다.

머리가 큰 급사 세 명이 바쁘게 움직였고 식탁에 넉넉하게 차려진 요리는 빠르게 사라졌는데, 익살스러운 징글 씨는 모든 음식을 적어도 보통 사람 여섯 명의 양만큼 먹었다. 모두들 양껏 먹은 다음 식탁이 치워지고 병과 물 잔, 디저트가 차려졌다. 급사들은 정리를 하러, 다시 말해서 남은 식사와 술을 손에 넣을 수 있는 만큼 먹고 마시기 위해서 물러났다.

떠들썩한 웃음과 대화가 이어지는 가운데 "말 걸지 마시오, 아니면 내가 바로 반박해 드리지"라는 분위기를 풍기는 작고 통통한 남자가 있었는데 무척 조용했다. 가끔 대화가 드문드문해지면 남자는 지극히 중요한 문제를 꺼낼지 말지 고민하는 것처럼 주변을 둘러보았다. 그리고 이따금 형언할 수 없을 만큼 위엄 있게 짧은 기침을 했다. 마침내 좌중이 다소 조용해지자 작은 남자가 무척 크고 거드름 피우는 목소리로 외쳤다.

"러피 씨."

모두가 입을 다물자 잠시 침묵이 흘렀고, 이름을 불린 자가 대답했다.

"네."

"모두에게 잔을 채우라고 해주시죠. 제가 러피 씨에게 몇 마디하고 싶군요."

징글 씨가 거만하게 "찬성, 찬성"이라고 말했고 나머지도 그의 말에 호응했다. 모두의 잔이 채워지자 부좌장 러피는 다들 얼마나 집중하고 있는지 잘 안다는 듯이 이렇게 말했다.

"스테이플 씨."

"네." 작은 남자가 일어서며 말했다. "나는 우리의 뛰어난 좌장이 아닌 당신에게 말하고 싶습니다. 우리의 뛰어난 좌장은 어느 정도…… 아니, 상당히…… 내가 말하려는, 아니면 어, 어……."

"고하려는." 징글 씨가 제안했다.

"네, 제가 지금부터 고하려는 이야기에 포함되기 때문입니다." 작은 남자가 말했다. "이 훌륭한 친구의—제가 그렇게 불러도 된다면(네 명이 찬성한다고 말했는데, 그중 하나는 분명 징글 씨였다)—제안에 감사드리고 싶군요. 저는 델 사람, 딩리 델러 팀원입니다. (환호.) 제가 영예로운 머글턴의 일원이라고 주장할 수도 없고, 솔직히 말하자면 그런 영예를 탐내지도 않습니다. 그 이유를 말씀드리지요. ('찬성'이라고 외치는 소리.) 머글턴은 당연히 스스로의 명예와 우수함을 주장할 수 있고, 저는 그것을 기꺼이 인정합니다. 머글턴의 명예롭고 우수한 점들이 너무나 많고 너무나 유명하기 때문에 제가 여기서 다시 말하거나 덧붙일 필요조차 없지요. 그러나 머글턴이 덤킨스와 포더 같은 인물을 낳았음을 기억하는 동시에 딩리 델에는 자랑스러운 러피와 스트러글스 같은 인물이 있음을 잊지 맙시다. (떠들썩한 환호.) 제가 덤킨스와 포더의 가치를 깎아내리려 한다고는 생각하지 말아주십시오. 두 분이 지금 얼마나 흡족한 기분을 만끽하고 계실지 생각하면 저는 부러울 따름입니다. (환호.) 제 이야기를 듣고 계시는 여러분 모두 나무통에서—일반적인 표현을 쓰자면—살던 사람이 알렉산드로스 대왕에게 뭐라고 대답했는지 잘 아실 것입니다. '내가 디오게네스가 아니었다면 알렉산드로스가 되고 싶었을 것이다'라고 했지요.[21] 저는 이분들이 '내가 덤킨스가 아니었다면 러피가 되고 싶었을 것이다, 포더가 아니었다면 스트러글스가 되고 싶었을 것이다'라고 말하는 모습을 쉽게 상상할 수 있습니다. (열광.) 그러나 머글턴 여러분, 여러분 마을이 탁월한 분야가 어디 크리켓뿐이었습니까? 덤킨스의 확고한 결의에 대해서 못 들어보셨습니까? 포더와 소유권을 연관 지어 생각하도록 배우지 않으셨습니까? (크나큰 갈채.) 여러분의 권리, 여러분의 자유, 여러분의 특권을 위해 싸울 때 의혹과 절망에 빠진 적이 단 한 번도 없습니까? 그렇게 의기소침했을 때 덤킨스라는 이름이 여러분의 가슴에 방금 막 꺼진 불을 새롭게 지피지 않았습니까? 그리고 바로 덤킨스의 단 한 마디 말이 그 불을 한 번도 꺼진 적 없는 것처럼 활활 태우지 않았습니까? (크나큰 환호.) 여러분, 열광적인 갈채로 덤킨스와 포더라는 이름에 풍성한 후광을 드리우자고 제안하는 바입니다."

자그마한 남자가 여기서 말을 멈추자 사람들이 목소리를 높이며 탁자를 쿵쿵 치기 시작했고, 남은 저녁 시간 내내 소란이 끊이지 않았다. 다른 건배사들은 모두 술에 취한 말이었다. 러피 씨와 스트러글스 씨, 픽윅 씨와 징글 씨가 차례로 무조건적인 찬사를 받았다. 그리고 마땅한 순서에 따라 각각 그러한 영예에 감사

---

21 실제 이야기는 약간 다르다. 모든 향락을 거부하고 나무통에서 최소한의 물질만으로 생활하던 그리스 철학자 디오게네스는 현자가 있다는 소문을 듣고 찾아온 알렉산드로스 대왕이 소원이 무엇이냐고 묻자 햇볕을 가리고 있으니 비켜달라고 대답했다. 그러자 알렉산드로스 대왕은 "내가 알렉산드로스가 아니었다면 디오게네스가 되고 싶다"고 말했다고 한다.

를 표했다.

우리는 헌신적인 노력을 기울여 숭고한 업적을 기록하는 일에 열의를 다하고 있는 이상, 열렬한 독자들에게 이 연설들의 아주 희미한 윤곽이나마 제공할 수 있다면 형언할 수 없는 자부심을 느낄 수 있을 것이고, 지금은 사라지고 없는 픽윅 클럽이 불후의 명성을 얻도록 기여했다는 의식을 가질 수 있을 것이다. 언제나처럼 스노드그래스 씨는 많은 메모를 남겼는데, 그것은 분명히 무척 유용하고 귀중한 정보를 제공했을 것이다. 열정적인 웅변 또는 강력한 와인의 영향 때문에 글씨를 판독하거나 문체를 알아보지 못할 만큼 그의 손이 극도로 불안정하지만 않았다면 말이다. 우리는 끈질긴 탐구 끝에 연사의 이름과 아주 약간 비슷한 몇몇 글자를 판독할 수 있었다. 또한 (징글 씨가 부른 것으로 추정되는) 노래도 알아볼 수 있었는데 '투구', '반짝반짝 빛나는', '루비', '환한', '와인'이라는 단어가 짧은 간격으로 자주 반복되는 노래였다. 또 확실하지는 않지만 맨 마지막 부분에 '구운 갈비'가 언급된 것으로 추정되며, 바로 뒤에 '차가운'과 '없는'이라는 단어가 나온다. 그러나 우리가 이 단어를 바탕으로 세울 수 있는 가정은 전부 억측일 수밖에 없으므로 여기서는 이 단어들에서 연상되는 그 어떠한 추정도 삼가고자 한다.

그러므로 다시 터프먼 씨에게 돌아가기로 하자. 다만 그날 밤 12시가 넘도록 딩리 델과 머글턴의 명사들이 전 국민이 다 아는 아름답고 감동적인 노래를 다음과 같이 부르는 소리가 들렸다는 점만은 덧붙여두기로 한다.

우리는 아침까지 집에 돌아가지 않으리,
우리는 아침까지 집에 돌아가지 않으리,
우리는 아침까지 집에 돌아가지 않으리,
아침 햇살이 모습을 드러낼 때까지는.

8장

진실한 사랑은 철도처럼 순탄한 길을 가지 못한다

고요하고 인적 없는 딩리 델에서 수많은 여인들과 함께 남아 여인들의 염려와 걱정을 한 몸에 받고 있으니, 자연이 트레이시 터프먼 씨의 가슴 깊이 심어놓은 부드러운 감정이 한껏 자라났고, 이제 그 감정이 딱 하나의 사랑스러운 대상에게 집중되려 했다. 젊은 아가씨들은 아름다웠고 태도는 매력적이었으며 기질 역시 나무랄 데 없었다. 그러나 노처녀 고모는 위엄 있는 태도와 건드리지 말라고 말하는 듯한 걸음걸이, 위풍당당한 눈빛을 가지고 있었다. 이는 젊은 여인들에게서는 찾아볼 수 없는 것이었고, 따라서 그녀는 터프먼 씨가 지금까지 본 어떤 여성과도 달랐다. 두 사람의 본성이 어딘가 비슷하고, 영혼이 어딘가 잘 맞고, 가슴에 동질적인 무언가가 존재하는 것이 분명했다. 부상당한 터프먼 씨가 풀밭에 쓰러졌을 때 그 입술에 제일 먼저 떠오른 것은 그녀의 이름이었고, 부축을 받으며 집으로 돌아왔을 때 그 귀에 가장 먼저 닿은 것은 그녀의 신경질적인 웃음소리였다. 그러나 그녀가 동요한 것은 상대가 누구였든 똑같이 억누를 수 없었을 상냥하고 여성적인 감수성 때문이었을까, 아니면 살아 있는 모든 남자들 중에서 오직 그만이 일으킬 수 있는 더욱 열렬하고 열정적인 감정 때문이었을까? 소파에 길게 드러누운 그의 머리를 어지럽히는 것은 바로 이러한 의문들이었고, 터프먼 씨는 당장 이러한 의문들을 영구적으로 해결하리라 마음먹었다.

저녁이었다. 이저벨라와 에밀리는 트런들 씨와 함께 산책을 나갔고 귀가 들리지 않는 노부인은 안락의자에서 잠들었다. 멀리 떨어진 부엌에서 뚱보 소년이 코 고는 소리가 단조롭고 낮게 들려왔고 활기찬 하인들은 옆문 근처에서 빈둥거리며 농장의 느릿느릿한 동물들과 장난치는 즐거움과 이 시간의 쾌적함을 만끽하고 있었다. 그리고 흥미로운 한 쌍의 남녀가 누구의 관심도 받지 않고 누구에게도 관심을 주지 않은 채 오로지 자신들에 대한 꿈을 꾸며 앉아 있었다. 간단히 말해서 두 사람은 조심스럽게 개어둔 한 켤레의 가죽 장갑처럼 서로에게 열중했다.

"꽃을 잊고 있었네요." 노처녀 고모가 말했다.

"지금 물을 주시죠." 터프먼 씨가 설득하듯 말했다.

"저녁 공기가 차가워서 감기에 걸리실 거예요." 노처녀 고모가 따뜻하게 주의를 주었다.

"아니, 아닙니다." 터프먼 씨가 자리에서 일어나며 말했다. "몸에 좋겠지요. 제가 같이 가겠습니다."

숙녀가 잠시 멈추고 청년의 왼팔을 감싼 헝겊을 가다듬더니 그의 오른팔을 잡고 정원으로 이끌었다.

정원의 제일 안쪽에 인동과 재스민, 덩굴식물이 자라는 정자가 있었는데 마음씨 좋은 사람들이 거미들을 위해서 지은 기분 좋은 은신처였다.

노처녀 고모가 정자 한쪽 구석에 놓인 커다란 물뿌리개를 들고 밖으로 나가려 하자 터프먼 씨가 그녀를 붙들어 자기 옆자리로 끌어당겼다.

"워들 양!" 그가 말했다.

노처녀 고모가 몸을 떨었기 때문에 어쩌다 물뿌리개에 들어간 자갈 몇 개가 흔들리며 딸랑이 같은 소리를 냈다.

"워들 양!" 터프먼 씨가 말했다. "당신은 천사예요."

"터프먼 씨!" 레이철이 물뿌리개처럼 얼굴을 새빨갛게 붉히며 외쳤다.

"아닙니다." 픽윅 클럽의 달변가가 말했다. "그건 이미 너무나 잘 알고 있습니다."

"모든 여자는 천사라고들 하잖아요." 숙녀가 장난스럽게 중얼거렸다.

"그러면 당신은 무엇일까요? 아니, 정말이지 당신을 무엇에 비견할 수 있을까요?" 터프먼 씨가 대답했다. "당신을 닮은 여인이 어디 있을까요? 아름다움과 미덕의 이토록 드문 조합을 제가 달리 어디서 또 찾을 수 있을까요? 어디서 찾을 수가, 아!" 터프먼 씨가 말을 멈추고 물뿌리개 손잡이를 쥔 손을 꼭 잡았다.

숙녀가 고개를 돌렸다. "남자들은 거짓말쟁이예요." 그녀가 부드럽게 속삭였다.

"그럼요, 그렇고말고요." 터프먼 씨가 소리쳤다. "하지만 모든 남자가 거짓말쟁이는 아닙니다. 절대 변할 수 없는 남자―당신의 행복을 위해 자신의 온 존재를 바치는 것으로 만족할 남자―당신 눈 속에서만 살고 당신의 미소로만 숨을 쉬고 오직 당신만을 위해 삶이라는 무거운 짐을 짊어질 남자가 적어도 한 명은 있어요."

"제가 그런 남자를 찾을 수……." 숙녀가 말했다.

"찾을 수 있고말고요." 정열적인 터프먼 씨가 끼어들었다. "이미 찾으셨습니다. 그 사람이 바로 여기 있습니다, 워들 양." 터프먼 씨는 숙녀가 그의 의도를 미처 알아차리기도 전에 그녀의 발치에 무릎을 꿇었다.

"터프먼 씨, 일어나세요." 레이철이 말했다.

"절대 안 됩니다!" 그가 용감하게 대답했다. "오, 레이철!" 터프먼이 저항하지 않는 숙녀의 손을 잡고 자신의 입술에 갖다 대자 물뿌리개가 땅으로 떨어졌다. "오, 레이철! 사랑한다고 말해 줘요."

"터프먼 씨," 노처녀 고모가 고개를 돌리고 말했다. "저는 그 말을 할 수 없어요. 하지만, 하지만, 당신이 제게 완전히 무관심한 대상은 아니에요."

터프먼 씨는 고백을 듣자마자 열정적인 감정이 재촉하는 행동(이렇게 말하는 것은 우리가 이런 일에 있어 문외한에 가깝기 때문이다), 아마도 이러한 상황에 처한 사람들이 항상 하는 행동을 실행에 옮겼다. 그는 벌떡 일어나서 한 팔로 노처녀 고모의 목을 끌어안고 그녀의 입술에 수없이 입맞춤을 퍼부었다. 그녀는 몸부림치고 저항하는 듯했지만 잠시 후 아주 소극적으로 입맞춤을 받아들였으므로 그녀가 진심으로 놀라 공포에 질린 목소리로 다음과 같이 외치지 않았다면 터프먼 씨가 입맞춤을 얼마나 더 많이 했을지 알 수 없다.

"터프먼 씨, 누가 보고 있어요! 들켰다고요!"

터프먼 씨가 주변을 둘러보았다. 뚱보 소년이 크고 둥근 눈으로 미동도 없이 정자 안을 보고 있었지만, 얼굴이 어쩌나 무표정한지 아무리 숙련된 관상가라 해도 놀라움이나 호기심, 그 밖에 인간의 마음을 동요시키는 감정과 연관시킬 수 있는 어떤 표정도 찾지 못했을 것이다. 터프먼 씨가 뚱보 소년을 보았고, 뚱보 소년이 그를 바라보았다. 터프먼 씨가 뚱보 소년의 얼굴에 드러난 완벽한 공허함을 살피면 살필수록 이 소년이 무슨 일이 벌어지고 있는지 몰랐거나 이해하지 못했다는 확신이 더욱 강해졌다. 터프먼 씨가 이런 생각을 하면서 또렷하게 물었다.

"무슨 용건이라도?"

"저녁 식사가 준비되었습니다." 바로 튀어나온 대답이었다.

"여기 이제 막 왔나?" 터프먼 씨가 맹렬한 눈빛을 쏘며 물었다.

"방금 왔습니다." 뚱보 소년이 대답했다.

터프먼 씨가 다시 소년을 빤히 바라보았지만 소년은 눈도 깜빡이지 않았고 표정의 변화도 없었다.

터프먼 씨가 노처녀 고모의 팔을 잡고 집을 향해 걸었고 뚱보 소년이 그 뒤를 따랐다.

"저 아이는 무슨 일이 있었는지 아무것도 모릅니다." 터프먼 씨가 속삭였다.

"아무것도 모르는군요." 노처녀 고모가 말했다.

뒤에서 억누르지 못한 웃음 비슷한 소리가 들려왔다. 터프먼 씨가 날카롭게 돌아보았다. 아니, 뚱보 소년이 웃을 리가 없었다. 소년의 얼굴 어디에도 즐거운 기색은 없었다. 먹을 생각 외에는 아무것도 없었다.

"틀림없이 졸았나 봅니다." 터프먼 씨가 속삭였다.

"분명히 그럴 거예요." 노처녀 고모가 대답했다.

두 사람은 진심으로 웃었다.

그러나 터프먼 씨가 틀렸다. 하필 이번만큼은 졸지 않았다. 그는 깨어서―또렷하게 깨어서―무슨 일이 벌어졌는지 전부 다 보았다.

저녁 식사는 대화 없이 흘러갔다. 노부인은 침실로 물러갔고 이저벨라 워들은 트런들 씨에게만 열중했으며 노처녀 고모는 터프먼 씨에게만 관심을 쏟았고 에밀리는 뭔가 아련한 생각에 빠져 있는 듯했는데, 아마도 자리를 비운 스노드그래스 씨를 떠올리는 중이었을 것이다.

새벽 1시가 되었지만 사람들은 돌아오지 않았다. 모두의 얼굴에 경악의 빛이 떠올랐다. 강도에게 습격당한 것은 아닐까? 사람들을 보내서 찾아야 할까? 아니면…… 아, 그들이 마침내 돌아왔다. 무슨 일로 이렇게 늦었을까? 게다가 낯선 목소리도 들렸다! 대체 누구의 목소리일까? 일동은 모두 모여 있는 부엌으로 달려갔고, 어떻게 된 일인지 한눈에 파악했다.

양손을 주머니에 넣고 왼쪽 눈을 가릴 만큼 모자를 푹 눌러쓴 픽윅 씨가 찬장에 기대어 서서 고개를 양옆으로 흔들면서 아무 이유도 없이 온화하고 상냥한 미소를 끊임없이 짓고 있었다. 노신사 워들 씨는 새빨개진 얼굴로 낯선 신사의 손을 잡고 영원한 우정을 주절주절 맹세했다. 8일 시계에 몸을 기댄 윙클 씨는 집안 사람들 중에서 누군가가 이제 그만 자러 가는 것이 좋겠다는 말을 꺼내기만 하면 그 사람의 머리를 향해 힘없이 달려들었다. 스노드그래스 씨는 의자에 푹 주저앉아서 표현력 뛰어난 이목구비 전체로 인간이 상상할 수 있는 가장 굴욕적이고 절망적인 표정을 짓고 있었다.

"무슨 일 있었어요?" 세 명의 숙녀가 물었다.

"아무 일도 없었습니다." 픽윅 씨가 대답했다. "우리는, 우리는 괜찮습니다. 워들, 우리는 괜찮다고 했소, 맞지요?"

"그럼요." 거나하게 취한 집주인이 대답했다. "얘들아, 이분은 내 친구 징글 씨란다. 픽윅 씨의 친구 징글 씨가 잠깐 들르셨다."

"스노드그래스 씨에게 무슨 일이라도 있었나요?" 에밀리가 무척 걱정하며 물었다.

"아무 일도 없었습니다." 낯선 남자가 대답했다. "크리켓 시합의 만찬―멋진 모임―좋은 노래들―숙성된 포트와인―클라레[22] —맛있지요, 아주 맛있어요. 와인 말입니다, 와인이요."

"와인 때문이 아닙니다." 스노드그래스 씨가 갈라진 목소리로 중얼거렸다. "연어 때문이지요." (어쨌거나 이런 경우 절대 와인 때문은 아니다.)

"다들 침실로 가시는 게 낫지 않을까요, 아가씨?" 에마가 물었다. "하인들이 신사분들을 위층으로 모실 거예요."

"저는 침실로 가지 않겠습니다." 윙클 씨가 단호하게 말했다.

"살아 있는 그 어떤 하인도 나를 옮기지 못할 겁니다." 픽윅 씨가 완강하게 말하더니 아까처럼 계속 미소를 지었다.

"만세!" 윙클 씨가 희미하게 내뱉었다.

"만세!" 픽윅 씨가 따라하면서 모자를 바닥에 내동댕이치더니, 정신 나간 사람처럼 부엌 한가운데로 안경을 집어던졌다. 그런 다음 이 우스꽝스러운 업적을 보며 웃음을 터뜨렸다.

"한 병 더 마십시다!" 윙클 씨가 이렇게 외쳤는데, 아주 큰 목소리로 시작했지만 끝에 가서는 희미해졌다. 그가 가슴 쪽으로 고개를 푹 숙이더니 절대 침실로 가지 않겠다는 불굴의 의지를, 그리고 아침에 터프먼을 해치워버릴걸 그랬다는 험악한 후회를 중얼거리다가 곧 잠들었다. 뚱보 소년의 지휘하에 젊은 거인 두 명이 윙클 씨를 그 상태 그대로 방으로 옮겼고, 잠시 후 스노드그래스 씨 역시 뚱보 소년의 보호와 보살핌에 자신을 맡겼다. 픽윅 씨는 터프먼 씨가 내민 팔을 붙잡더니 그 어느 때보다도 환한

---

22   프랑스 보르도 지방에서 나는 와인을 영국에서 일컫는 말.

미소를 지으며 소리 없이 사라졌고, 워들 씨는 즉각 수행 명령을 받은 사람처럼 가족 모두에게 애정 어린 작별 인사를 고한 다음 자신을 위층으로 옮기는 영예를 트런들 씨에게 맡기고서 더없이 엄숙하고 당당해 보이려는 아주 헛된 시도와 함께 물러났다.

"정말 충격적인 광경이에요!" 노처녀 고모가 말했다.

"역겨워요!" 두 아가씨가 외쳤다.

"끔찍하지요—끔찍합니다." 징글이 아주 엄숙한 표정으로 말했다. 그는 다른 일행보다 한 병 반 정도 더 마셨다. "무시무시한 광경이지요—정말로."

"정말 괜찮은 분이네요." 노처녀 고모가 터프먼 씨에게 속삭였다.

"게다가 잘생겼어요!" 에밀리 워들이 속삭였다.

"오, 그건 확실히 그렇지." 노처녀 고모가 말했다.

터프먼 씨는 로체스터의 과부가 떠올라 마음이 아팠다. 그 뒤 30분간 이어진 대화도 그의 괴로운 영혼을 진정시킬 만한 것은 아니었다. 새 손님은 무척 말이 많았고, 그가 아는 일화보다 더 방대한 것은 그의 예의범절뿐이었다. 징글의 인기가 높아질수록 터프먼 씨는 그림자 속으로 더욱 멀리 물러나는 느낌이었다. 그는 억지로 웃으며 명랑한 척했다. 결국 터프먼 씨는 쿡쿡 쑤시는 관자놀이 위로 이불을 덮으면서 지금 이 깃털 침대와 매트리스 사이에 징글의 머리가 끼어 있으면 얼마나 좋을까 생각하며 무시무시한 기쁨을 느꼈다.

지칠 줄 모르는 낯선 이는 다음 날 아침 일찍 일어났고, 친구들이 지난밤의 폭음 탓에 맥을 못 추고 누워 있는 사이 아침 식탁을 더욱 유쾌하게 만들려고 열심히 노력했으며, 그 결과는 성공적이었다. 어찌나 성공적이었는지 귀 먹은 노부인조차 보청기를 통해서 그의 재미있는 이야기를 한두 가지 듣겠다고 고집을 부렸다. 그런 다음 노처녀 고모에게 그(징글을 뜻했다)가 '뻔뻔한 젊은이'라고 말했는데, 그 자리에 있던 가족 모두가 완전히 동의했다.

노부인은 날씨 좋은 여름날 아침이면 터프먼 씨가 이미 자신의 존재감을 뽐냈던 정자에 가는 습관이 있었는데, 반드시 다음과 같은 형식을 거쳤다. 우선 뚱보 소년이 노부인 침실 문 뒤의 못에 걸린 꼭 맞는 검정색 새틴 보닛과 따뜻한 면 숄, 커다란 손잡이 달린 두꺼운 지팡이를 가져온다. 그러면 노부인은 보닛을 쓰고 숄을 걸친 다음 한 손은 지팡이, 한 손은 뚱보 소년의 어깨에 얹고서 정자로 천천히 걸어갔고, 그곳에 도착하면 노부인이 신선한 공기를 즐기는 동안 뚱보 소년이 자리를 피했다가 30분쯤 뒤에 다시 돌아와서 집으로 모셨다.

노부인은 무척 정확하고 아주 꼼꼼했다. 그녀는 3년 연속으로 여름마다 단 하루의 예외도 없이 이 의식을 지켰으므로 이날 아침에 뚱보 소년이 정자에서 나가는 대신 몇 걸음 물러서서 주변을 주의 깊게 살핀 다음 아주 은밀하게, 수수께끼 같은 분위기로 돌아오자 적잖이 놀랐다.

노부인은 겁이 많았으므로—대부분의 노부인이 그렇다—이 비대한 아이가 푼돈을 빼앗으려고 자신을 크게 해치려 한다는 생각이 제일 처음 떠올랐다. 소리를 질러 도움을 청할 수도 있겠지만 고령과 질병이 비명 지를 힘을 앗아 간 지 이미 오래되었다. 따라서 노부인은 극도의 두려움을 느끼며 소년의 움직임을 지켜보았고, 그가 가까이 다가와서 흥분한 말투로(그녀가 듣기에는 위협적인 말투로) 귓가에 큰 소리로 외쳤을 때에도 두려움은 전혀 사그라지지 않았다.

"마님!"

마침 징글 씨가 정자 근처 정원을 산책 중이었다. 그 역시 소리를 듣고 멈춰 서서 귀를 기울였다. 그가 이렇게 한 데에는 세 가지 이유가 있었는데, 우선 그는 한가했고 호기심이 생겼다. 둘째로 그는 양심이 전혀 없었다. 마지막으로 꽃 핀 관목에 가려져서 두 사람에게는 그의 모습이 보이지 않았다. 그래서 징글 씨는 그 자리에 서서 귀를 기울였다.

"마님!" 뚱보 소년이 소리쳤다.

"그래, 조." 노부인이 벌벌 떨며 말했다. "그동안 내가 너에게 좋은 주인이었을 거다. 한결같이 아주 친절하게 대해주지 않았느냐. 일을 너무 많이 시킨 적은 한 번도 없고 먹을 것도 충분히 주었지."

마지막 말은 뚱보 소년이 가장 민감한 부분에 대한 호소였다. 그는 깊은 감동을 받은 듯 강조하며 대답했다.

"그야 아주 잘 알고 있지요."

"그러면 내게 뭘 바라는 거냐?" 노부인이 용기를 얻어 말했다.

"소름 돋는 말씀을 드리려고요." 소년이 대답했다.

이는 감사의 표현과는 거리가 멀었고, 노부인은 이 대답이 도 대체 어떤 과정을 거쳐서 나왔는지 정확히 이해하지 못했기 때문에 조금 전의 공포가 다시 찾아왔다.

"제가 어젯밤에 이 정자에서 뭘 봤을까요?" 소년이 물었다.

"세상에! 도대체 뭐냐?" 노부인이 뚱뚱한 소년의 진지한 태도에 놀라 소리쳤다.

"낯선 신사분이, 팔을 다치신 분 말입니다. 끌어안고 입을 맞추고……."

"누구한테 말이냐, 누구한테? 하녀는 아니어야 할 텐데."

"그보다 더 나빠요!" 뚱보 소년이 노부인의 귀에 대고 크게 소리 질렀다.

"손녀들 중 하나는 아니겠지?"

"그보다 더 나빠요."

"그보다 나쁘다니, 조!" 그보다 더 심한 일은 불가능하다고 생각했던 노부인이 말했다. "누구였느냐? 당장 알아야겠다."

뚱뚱한 소년이 조심스레 주변을 둘러보며 탐색을 마친 다음 노부인의 귀에 대고 말했다.

"레이철 양이요."

"뭐라고!" 노부인이 새된 목소리로 말했다. "더 크게 말해봐라."

"레이철 양이요!" 뚱보 소년이 크게 소리 질렀다.

"내 딸이라고!"

뚱보 소년이 연신 고개를 끄덕이자 통통한 뺨이 푸딩처럼 떨렸다.

"내 딸이 그런 짓을 당했다고!" 노부인이 외쳤다.

뚱보 소년이 살며시 웃음을 지으며 대답했다.

"레이철 양이 그분께 입 맞추시는 것도 봤지요."

노부인이 이 말을 듣고 떠올린 표정을 관목에 숨어 있던 징글 씨가 봤다면 아마 웃음을 터뜨리는 바람에 들키고 말았을 것이다. 징글 씨는 주의 깊게 귀를 기울였다. "내 허락도 없이!", "그 나이에", "나처럼 늙고 불행한 여자", "내가 죽을 때까지 기다리든지" 등등 분노에 찬 말이 드문드문 그의 귀에 닿았다. 잠시 후 뚱보 소년이 노부인을 혼자 두고 물러나면서 그의 장화 뒷굽이 자박자박 자갈 밟는 소리가 들렸다.

아마도 놀라운 우연이겠지만 지난밤 징글 씨가 매너 농장에 들어온 지 5분도 안 돼서 당장 노처녀 고모의 마음을 사로잡아야겠다고 결심한 것은 엄연한 사실이었다. 그는 아름다운 공략 대상이 자신의 스스럼없는 태도를 절대 불쾌하게 여기지 않는다는 사실을 알아차릴 정도의 관찰력은 있었고, 그녀가 모든 필수 조건 중 가장 바람직한 것, 즉 자그마한 수입을 가지고 있다는 강한 의심이 들었다. 어떤 방법을 쓰든 빨리 경쟁자를 물리쳐야 한다는 생각이 즉시 떠올랐기 때문에 징글 씨는 그 목표를 달성하기 위한 과정을 지체 없이 시작하기로 마음먹었다. 필딩은 우리에게 남자는 불이요 여자는 삼 부스러기라고, 어둠의 왕이 그들에게 불을 붙인다고 말했다.[23] 징글 씨는 노처녀 고모와 젊은

23   토머스 필딩의 세계 속담 모음집에 나오는 말.

남성이 화약과 불붙은 가스나 마찬가지임을 알았고, 폭발 효과를 즉시 시험해보기로 결심했다.

이 중요한 생각으로 머리가 가득 찬 그는 은신처에서 빠져나와 앞서 말한 관목에 몸을 숨긴 채 집으로 돌아갔다. 운명의 여신이 그를 돕기로 작정한 것처럼 터프먼 씨와 신사들이 옆문을 통해 정원을 나서는 모습이 보였다. 징글 씨는 젊은 숙녀들이 아침 식사를 끝내자마자 산책하러 갔다는 사실을 알고 있었으므로 들킬 위험은 없었다.

아침 식사를 하는 응접실 문이 약간 열려 있었다. 징글 씨가 안을 들여다보았다. 노처녀 고모가 뜨개질을 하고 있었다. 남자가 헛기침을 하자 그녀가 그를 올려다보며 미소를 지었다. 앨프리드 징글 씨를 구성하는 것들 중에 망설임은 없었다. 그는 손가락을 입술에 대고 신비스러운 분위기를 풍기며 안으로 들어가서 문을 닫았다.

"워들 양," 징글 씨가 짐짓 진지하게 말했다. "침입을 용서하세요―짧은 친분이지만―격식을 차릴 시간이 없습니다―다 들켰습니다."

"어머!" 예상치 못한 갑작스러운 등장에 다소 놀란 노처녀 고모는 징글 씨가 제정신인지 약간 의심하며 말했다.

"쉿!" 징글 씨가 낮은 목소리로 들으란 듯이 혼잣말을 했다. "덩치 큰 소년―푸딩 같은 얼굴―동그란 눈―나쁜 놈!" 여기서 그가 의미심장하게 고개를 흔들자 노처녀 고모가 깜짝 놀라 몸을 떨었다.

"조지프 말씀이신가요?" 숙녀가 침착해 보이려 애쓰며 말했다.

"네, 빌어먹을 조!―주인을 배신하는 개―노부인께 일러바쳤어요―노부인의 분노가 어마어마합니다, 대노하셨어요―정자―터프먼―포옹과 입맞춤―그 행각이 전부 발각됐습니다―어떻게 하시겠어요?"

"징글 씨," 노처녀 고모가 말했다. "만약 저를 모욕하러 오신 것이라면⋯⋯."

"말도 안 되는 소리―절대 아닙니다." 징글 씨가 태연하게 대답했다. "우연히 엿듣고 위험을 알리러 왔습니다―도움이 되어드리고 소동을 막으려고요―괜찮습니다―모욕이라 여기신다면 나가겠습니다." 징글 씨가 이 위협을 실행에 옮기려는 듯이 돌아섰다.

"제가 어떻게 해야 할까요?" 가련한 노처녀 고모가 눈물을 터뜨리며 말했다. "오라버니가 크게 화를 내실 거예요!"

"당연한 말씀," 징글 씨가 잠깐 멈췄다가 다시 입을 열었다. "대노하시겠지요."

"오, 징글 씨. 제가 뭐라고 해야 할까요!" 노처녀 고모가 다시 한번 밀려오는 절망을 느끼며 외쳤다.

"조가 꿈을 꾼 거라고 하세요." 징글 씨가 뻔뻔하게 대답했다.

이 제안을 듣자 노처녀 고모의 마음에 한 줄기 위안이 스쳤다. 징글 씨가 그것을 알아차리고 얼른 기회를 잡았다.

"후후! 간단하지요―미천한 하인과 사랑스러운 여인―뚱보 하인에게는 채찍질을, 숙녀에게는 신뢰를 ─ 그걸로 끝이죠 ─ 모두 편안해요."

때 이른 발각의 여파로부터 벗어날 가능성에 기분이 좋아졌는지, 아니면 자신을 '사랑스러운 여인'이라고 부르는 것을 듣고 슬픔이 누그러졌는지 우리는 알 수 없지만 노처녀 고모는 얼굴을 약간 붉히고 감사하는 표정으로 징글 씨를 바라보았다.

환심을 사려고 비위를 맞추던 신사가 깊은 한숨을 쉬고 몇 분 동안 노처녀 고모의 얼굴을 물끄러미 바라보다가 이내 신파조로 깜짝 놀라며 급히 시선을 거두었다.

"슬퍼 보이시네요, 징글 씨." 숙녀가 구슬픈 목소리로 말했다. "제 일에 친절하게 관여해 주신 것에 대한 답례로 그 이유를 물어도 될까요? 가능하다면 슬픔을 없애드리고 싶어요."

"하!" 징글 씨가 한 번 더 깜짝 놀라며 외쳤다. "없애주신다고요! 제 슬픔을 없애려면 그것이 얼마나 축복인지도 모르는 남자에게 쏟는 사랑을 거둬주시지요 ─ 지금도 당신 조카의 애정을 얻을 계획에 골몰하는 ─ 아닙니다, 그는 제 친구이니 저는 그의 악행을 폭로하지 않겠습니다 ─ 워들 양, 안녕히!" 징글 씨는 우리가 아는 한 그가 지금까지 한 말 중에서 가장 긴 말을 끝내고 전에 언급했던 손수건 자투리를 눈가에 대면서 문을 향해 돌아섰다.

"잠깐만요, 징글 씨!" 노처녀 고모가 단호하게 말했다. "터프먼 씨 이야기를 꺼내셨죠. 설명해 주세요."

"절대 안 됩니다!" 징글 씨가 전문가답게(즉 연극적으로) 외쳤다. "절대로요!" 그런 다음 더 이상 심문받고 싶지 않다는 표시로 의자를 끌어당겨 노처녀 고모의 옆에 앉았다.

"징글 씨," 고모가 말했다. "간청할게요. 애원하겠어요. 터프먼 씨가 숨기는 끔찍한 진실이 있다면 알려주세요."

징글 씨가 고모의 얼굴에 시선을 고정한 채 말했다. "제가 어찌 보고 있겠습니까—사랑스러운 사람이 매정한 탐욕의 신전에 제물로 바쳐지는 것을요!" 그는 몇 초 동안 상충되는 감정들과 싸우는 듯하더니 낮고 굵은 목소리로 말했다. "터프먼은 당신의 돈을 노리는 것뿐입니다."

"이런 비열한 사람!" 고모가 크게 분개하며 외쳤다. (징글 씨의 의문은 해소되었다. 그녀는 분명 돈이 있었다.)

"게다가 말입니다." 징글이 말했다. "다른 사람을 사랑하지요."

"다른 사람을!" 고모가 소리쳤다. "누구죠?"

"키 작은 여자—검은 눈—당신의 조카 에밀리입니다."

정적이 흘렀다.

노처녀 고모가 지독하고 뿌리 깊은 질투를 느끼는 대상이 이 세상에 딱 하나 있다면 그것은 바로 에밀리였다. 그녀는 얼굴과 목을 벌겋게 물들이더니 형언할 수 없을 만큼 경멸스럽다는 듯 말없이 고개를 젖혔다. 마침내 그녀가 얇은 입술을 깨물고 고개를 쳐들며 말했다.

"그럴 리가 없어요. 전 믿지 않아요."

"두 사람을 보세요." 징글이 말했다.

"그럴 거예요." 고모가 말했다.

"그의 표정을 봐요."

"그럴게요."

"그의 귓속말을."

"그럴게요."

"그는 식탁에서 에밀리의 옆자리에 앉을 겁니다."

"그러라고 하세요."

"에밀리를 칭찬할 거예요."

"그러라지요."

"에밀리에게 모든 관심을 쏟을 겁니다."

"그러든지요."

"당신을 무시할 거예요."

"날 무시한다고요?" 노처녀 고모가 외쳤다. "그가 날 무시하다니!" 그런 다음 분노와 실망으로 몸을 떨었다.

"그러면 납득하시겠습니까?" 징글이 말했다.

"그럴게요."

"분명한 태도를 보여주실 겁니까?"

"그럼요."

"나중에라도 그를 다시 받아들이지 않으실 거지요?"

"절대로요."

"다른 사람을 받아들이시겠습니까?"

"네."

"그렇게 될 겁니다."

그런 다음 징글 씨는 무릎을 꿇었고 5분 뒤에는 노처녀 고모

184

의 정식 연인으로서 일어섰지만, 터프먼의 거짓이 명명백백히 밝혀질 경우라는 조건이 붙었다.

증명의 책임은 앨프리드 징글 씨에게 있었다. 그는 바로 그날 저녁 식사 시간에 증거를 제시했다. 노처녀 고모는 자기 눈을 믿을 수가 없었다. 트레이시 터프먼 씨가 에밀리의 옆에 앉아서 스노드그래스 씨와 경쟁하며 추파를 던지고 귓속말을 하고 미소를 지었다. 지난밤만 해도 그의 마음속 자랑이었던 고모에게는 말 한 마디, 표정 한 번, 시선 한 번도 보내지 않았다.

'빌어먹을 뚱보 같으니!' 어머니에게 자초지종을 전해 들은 노신사 워들 씨가 속으로 생각했다. '그 빌어먹을 놈! 틀림없이 또 깜빡 좋았군. 다 상상이었어.'

'배신자!' 노처녀 고모가 속으로 생각했다. '다정한 징글 씨가 날 속인 게 아니었어. 아! 비열한 사람, 어떻게 그럴 수가!'

다음에 소개하는 대화는 얼핏 설명할 수 없어 보이는 트레이시 터프먼 씨의 태도 변화가 어쩐된 영문인지 우리 독자들에게 알려줄 것이다.

때는 저녁, 장소는 정원이었다. 두 형체가 옆길을 걷고 있었다. 하나는 키가 다소 작고 통통했고 하나는 키가 다소 크고 날씬했다. 다름 아닌 터프먼 씨와 징글 씨였다. 살찐 형체가 대화를 시작했다.

"제가 왜 그랬을까요?" 그가 물었다.

"대단합니다—멋져요—저라도 그 이상의 연기는 못했을 겁니다—내일도 같은 역할을 해야 해요—다른 언질이 있을 때까지 매일 저녁."

"레이철이 아직도 그걸 바랍니까?"

"물론이지요―그녀도 탐탁지는 않지만 그래야 합니다―의심을 피하려면요―오라버니를 무서워해요―어쩔 수 없다더군요―며칠만 더―노인들의 눈이 어두워지면―당신의 행복이 완성될 겁니다."

"전언은요?"

"사랑―최고의 사랑을―안부를―변하지 않는 애정을 전한답니다―전할 말이 있습니까?"

"친애하는 친구여," 터프먼 씨가 한 치의 의심도 없이 친구의 손을 열렬히 붙잡고 대답했다. "내 최고의 사랑을 전해줘요. 이런 식으로 짐짓 꾸미는 것이 나는 너무나 힘들다고 말해주시오. 뭐든 상냥한 말을 해줘요. 하지만 레이철이 당신을 통해서 제안한 것처럼 이래야만 한다는 사실도 잘 알고 있다고 덧붙여주시오. 그녀의 지혜에 갈채를 보내고 그녀의 신중함에 감탄하고 있다고 말입니다."

"그러지요―할 말이 더 있습니까?"

"그거면 됐습니다. 그녀를 내 사람이라고 부를 수 있을 때, 이 모든 연극이 필요 없어질 때를 내가 얼마나 열렬히 갈망하는지만 전해줘요."

"암요, 암요. 또 있습니까?"

"오, 친구여!" 불쌍한 터프먼 씨가 다시 옆 사람의 손을 잡고 말했다. "이렇게 사심 없이 친절을 베풀다니 정말로 고맙소. 입

밖에 내지는 않았지만 당신이 방해할지도 모른다고 생각했던 나를 용서하시오. 다정한 친구여, 내가 이 은혜를 어떻게 갚을 수 있겠소?"

"당치도 않습니다." 징글 씨는 무슨 생각이 떠오른 것처럼 갑자기 말을 멈췄다가 다시 입을 열었다. "그런데 말입니다—혹시 10파운드만 빌릴 수 있을까요?—특별한 일이 있어서—사흘 안으로 갚겠습니다."

"그럼요, 빌려드리지요." 터프먼 씨가 감격하며 대답했다. "사흘이라고요?"

"딱 사흘이면 다 끝납니다—모든 문제가 끝나요."

집을 향해 걸어가면서 터프먼 씨가 돈을 하나씩 세며 동행인의 손에 넘겨주었고 징글이 주머니에 받아 넣었다.

"조심하세요." 징글 씨가 말했다. "단 한 번의 시선도 절대 안 됩니다."

"눈도 깜빡이지 않겠습니다." 터프먼 씨가 말했다.

"한 마디도 안 됩니다."

"귓속말도 하지 않겠소."

"조카에게만 관심을 보이세요—고모에게는 평소보다 무례하게—그래야만 노인들을 속일 수 있어요."

"주의하지요." 터프먼 씨가 큰소리로 말했다.

'나야말로 주의하지.' 징글 씨가 속으로 말했다. 그런 다음 두 사람은 집으로 들어갔다.

그날 오후와 같은 광경이 그날 저녁에도 되풀이되었고, 그 후

사흘 내내 마찬가지였다. 나흘째 되던 날, 집주인은 터프먼 씨에 대한 비난에 아무 근거가 없다고 확신했기 때문에 무척 기분이 좋았다. 징글 씨로부터 자신의 연애가 곧 중대한 국면에 접어들 것이라는 말을 전해 들은 터프먼 씨도 마찬가지였다. 기분이 좋지 않을 때가 별로 없었던 픽윅 씨 역시 기분이 좋았다. 스노드그래스 씨는 터프먼 씨를 점점 질투하게 되었기 때문에 기분이 썩 좋지 않았다. 노부인은 휘스트에서 계속 이겼기 때문에 기분이 좋았다. 징글 씨와 워들 양 역시 기분이 좋았는데 그 이유는 이 파란만장한 이야기에서 무척 중요하므로 다음 장에서 설명하기로 하자.

9장
발각과 추격

저녁 식사가 차려지고 식탁 둘레에 의자가 놓이고 식기대에 술병과 물병과 잔이 정렬되어 하루 중 가장 즐거운 시간이 다가오고 있음을 알렸다.

"레이철은 어디 있지?" 워들 씨가 말했다.

"이런, 징글은?" 픽윅 씨가 덧붙였다.

"세상에," 집주인이 말했다. "지금까지 징글 씨가 안 보인 적은 없었던 것 같은데. 징글 씨의 목소리가 안 들린 지 적어도 두 시간은 된 것 같소. 에밀리, 얘야, 종을 울려라."

종이 울리자 뚱보 소년이 나타났다.

"레이철은 어디 있느냐?" 소년은 대답하지 못했다.

"그러면 징글 씨는 어디 있지?" 소년은 알지 못했다.

모두 깜짝 놀란 듯했다. 벌써 11시가 넘은 늦은 시각이었다. 터프먼 씨가 소매로 입을 가리고 웃었다. 두 사람은 어딘가에서 어슬렁거리며 그의 이야기를 하고 있을 것이다.

"신경 쓰지 마십시다." 잠시 정적이 흐르고 워들 씨가 말했다. "곧 나타나겠지요. 저는 그 누구를 위해서도 저녁 식사를 늦추지 않습니다."

"멋진 규칙이군요." 픽윅 씨가 말했다. "대단하십니다."

"앉으시지요." 집주인이 말했다.

"그럽시다." 픽윅 씨가 이렇게 말했고 모두 자리에 앉았다.

식탁에는 거대하고 차가운 소고기 사태가 올라와 있었고 픽윅 씨는 그중 큰 부분을 받았다. 그가 포크를 입술로 가져가 입을 벌리는 순간 부엌에서 수많은 목소리가 웅성거리기 시작했다. 픽윅 씨가 잠시 행동을 멈추고 포크를 내려놓았다. 워들 씨 역시 행동을 멈추더니 나이프를 저도 모르게 놓는 바람에 칼이 고기에 그대로 꽂혔다. 그가 픽윅 씨를 보았다. 픽윅 씨도 워들 씨를 보았다.

복도에서 묵직한 발소리가 들렸다. 응접실 문이 벌컥 열리더니 첫날 픽윅 씨의 장화를 닦아주었던 남자가 황급히 들어왔고 뚱보 소년과 나머지 하인들도 모두 뒤따라 들어왔다.

"도대체 무슨 일인가?" 집주인이 소리쳤다.

"부엌 굴뚝에 불이 안 붙는 게로군, 그렇지 에마?" 노부인이 물었다.

"어머, 할머님! 아니에요." 젊은 숙녀 두 명이 동시에 외쳤다.

"무슨 일이지?" 집안의 주인이 포효했다.

남자가 숨을 헐떡이면서 힘없이 외쳤다.

"사라졌습니다, 주인님! 깨끗하게 사라졌어요!"(바로 이때 터프먼 씨가 창백해진 얼굴로 나이프와 포크를 내려놓았다.)

"누가 사라졌단 말이냐?" 워들 씨가 사납게 말했다.

"징글 씨와 레이철 양이 블루 라이온 여관에서 우편 마차를 타고 떠났습니다. 제가 거기 있었지만 말리지 못했어요. 그래서 알려드리려고 달려왔습니다."

"내가 빌려준 돈이군!" 터프먼 씨가 정신 나간 사람처럼 벌떡 일어나며 말했다. "내 돈 10파운드를 가져갔어요! 잡아야 합니다! 그자가 날 속여서 돈을 빼앗았어요! 가만있지 않을 겁니다! 바로잡겠어요, 픽윅 씨! 두고 보지 않을 겁니다!" 이 불쌍한 신사는 두서없이 외치더니 너무나 분노한 나머지 넋을 잃고 응접실을 뱅뱅 돌았다.

"이거 큰일이군!" 겁에 질리고 깜짝 놀란 픽윅 씨가 친구의 이상한 행동을 곁눈질하면서 외쳤다. "머리가 이상해진 것 같아! 어떡하지?"

"어떡하다니요!" 나이 많고 뚱뚱한 집주인이 픽윅 씨의 마지막 말만 듣고 말했다. "마차에 말을 매라! 블루 라이온 여관에 가서 역마차를 타고 두 사람을 따라가야겠다." 하인이 달려 나가자 집주인이 다시 외쳤다. "조, 이 나쁜 놈은 어디 갔어?"

"여기 있습니다. 하지만 나쁜 놈은 아닌데요." 어떤 목소리가 대답했다. 뚱보 소년이었다.

"픽윅 씨, 말리지 마시오!" 워들 씨가 팔자 사나운 청년에게 달려들며 외쳤다. "이놈이 징글이라는 악당에게 매수당해서 딴사람으로 착각하게 만들었소. 내 여동생과 당신 친구 터프먼 씨에 대해 말도 안 되는 얘기를 했다고!" (이때 터프먼 씨가 의자에 털썩 주저앉았다.) "말리지 마시오!"

"말리세요!" 여자들이 비명을 질렀고 뚱보 하인이 그보다 더 큰 소리로 엉엉 울었다.

"아무도 못 말린다!" 노인이 외쳤다. "윙클 씨, 놓으시오! 픽윅 씨, 놔요!"

이러한 소동과 혼란 속에서 집주인의 광활한 허리를 두 팔로 꽉 붙든 픽윅 씨는 격렬한 울화를 억누르느라 얼굴이 약간 붉어지긴 했지만 그 표정이 어찌나 차분하고 철학적이었는지, 정말 아름다운 광경이었다. 그동안 여자들이 전부 모여들어서 뚱보 소년을 할퀴고 당기고 밀어서 밖으로 내보냈다. 하인이 들어와서 마차가 준비되었다고 알리자마자 픽윅 씨가 집주인을 놓아주었다.

"혼자 보내면 안 돼요!" 여자들이 외쳤다. "누굴 죽일 거예요!"

"제가 같이 가겠습니다." 픽윅 씨가 말했다.

"당신은 정말 좋은 사람이오, 픽윅." 집주인이 그의 손을 잡으며 말했다. "에마, 픽윅 씨가 목에 두르실 숄을 하나 드려라, 서둘러. 애들아, 할머니를 잘 보살펴드려라. 이런, 기절하셨구나. 픽윅 씨, 준비되셨소?"

픽윅 씨는 서둘러 커다란 숄로 입과 턱을 감싸고, 모자를 쓰고, 두꺼운 외투를 팔에 꿴 다음 그렇다고 대답했다.

두 사람이 마차에 올랐다. "전속력으로, 톰!" 집주인이 외치자 마차는 좁은 길을 따라 내달렸고, 길에 패인 바퀴 자국 때문에 덜컹거려 양쪽에 늘어선 관목과 부딪칠 때마다 산산조각 날 것만 같았다.

"두 사람이 떠난 지 얼마나 됐소?" 마차가 블루 라이온 여관 앞에 도착하자 워들 씨가 외쳤다. 늦은 시간이라 여관 주변에는 사람이 많지 않았다.

"45분 좀 안 됩니다." 모두가 대답했다.

"마차와 말 네 마리를 곧장 준비해 주시오! 당장 꺼내 와요! 타고 온 마차는 나중에 정리해 주시고."

"자, 다들 서둘러!" 여관 주인이 외쳤다. "마차랑 말 네 마리를 꺼내, 얼른! 거기, 정신 차려!"

마부와 조수들이 달려갔다. 희미하게 빛나는 제등 불빛 속에서 남자들이 이리저리 뛰어다녔다. 울퉁불퉁한 마당 포장 위로 말발굽이 달각거리고 마차가 차고에서 덜컹덜컹 끌려 나왔다. 사방이 시끄럽고 어수선했다.

"오늘 밤 안으로 준비되기는 하는 거요?" 워들 씨가 소리쳤다.

"지금 마당으로 나오고 있습니다." 마부가 대답했다.

마차가 밖으로 나오고, 사람들이 말을 매고, 조수들이 올라타고 손님들도 탔다.

"자, 30분 내에 7마일을 달려야 합니다!" 워들 씨가 외쳤다.

"출발합니다!"

조수들이 박차를 가하며 채찍질을 하자 급사들이 소리를 쳤고, 마차는 여관 마부들의 응원을 받으며 신속하고 맹렬하게 출발했다.

'참 대단한 상황이군.' 잠깐 틈이 생기자 픽윅 씨가 생각했다. '픽윅 클럽 회장으로서는 참 대단한 상황이야. 축축한 마차에, 묘한 말들에, 한 시간에 15마일을 달리다니. 그것도 밤 12시에!'

처음 3~4마일을 달리는 동안 두 신사 모두 한 마디도 하지 않았는데 둘 다 생각에 깊이 빠져서 동행인에게 어떤 이야기도 할 수 없었기 때문이었다. 그러나 시간이 지나 몸이 훈훈해진 말들이 순조롭게 달리기 시작하자 픽윅 씨는 빠른 속도감에 너무나 유쾌해져서 더 이상 침묵을 지킬 수 없었다.

"곧 따라잡을 수 있을 것 같군요." 그가 말했다.

"그러면 좋겠소." 동행인이 대답했다.

"맑은 밤이네요." 픽윅 씨가 밝게 빛나는 달을 올려다보며 말했다.

"그래서 더 나쁘지만 말입니다." 워들 씨가 대답했다. "그들이 밝은 달빛을 이용해서 기선을 제압하면 따라잡지 못할 겁니다. 한 시간 후에는 달이 질 거요."

"어둠 속에서 이렇게 빨리 달리면 별로 유쾌하지는 않겠지요?" 픽윅 씨가 물었다.

"그렇겠지요." 그의 친구가 건조하게 대답했다.

픽윅 씨는 얼떨결에 시작한 이 모험의 불편과 위험에 대해서 생각하기 시작했고 그러자 일시적인 흥분이 약간 가라앉았다.

그러다가 앞자리의 마부 조수가 크게 외치는 소리에 정신을 차렸다.

"요— 요— 요— 요— 요오!" 첫 번째 소년이 외쳤다.

"요— 요— 요— 요오!" 두 번째 소년이 외쳤다.

"요— 요— 요— 요오!" 노신사 워들 씨가 차창 밖으로 머리와 몸을 절반쯤 내밀고 우렁차게 외쳤다.

"요— 요— 요— 요오!" 픽윅 씨는 무엇 때문에 외치는지 전혀 몰랐지만 같이 거들었다. 네 명이 소리를 치며 한참을 달리다가 마차가 갑자기 멈췄다.

"무슨 일이지요?" 픽윅 씨가 물었다.

"여기 요금소가 있습니다." 노신사 워들 씨가 대답했다. "도망자들 소식을 들을 수 있을 겁니다."

5분 동안 요금소를 끊임없이 두드리며 소리를 지른 끝에 셔츠와 바지 차림의 노인이 나와서 문을 열었다.

"우편 마차가 지나간 지 얼마나 됐습니까?" 워들 씨가 물었다.

"음, 잘 모르겠는데요. 오래되지는 않았지만 얼마 안 되지도 않았어요. 그 사이겠지요."

"마차가 지나가긴 했습니까?"

"아, 그럼요, 마차가 지나갔죠."

"얼마나 됐습니까?" 픽윅 씨가 끼어들었다. "한 시간?"

"아, 그럴지도 모릅니다." 남자가 대답했다.

"아니면 두 시간입니까?" 왼편 뒤쪽 말에 탄 소년이 물었다.

"그런 것 같기도 하고." 노인이 애매하게 대답했다.

"자, 그만 가지." 화가 난 노신사가 외쳤다. "이 멍청한 늙은이 한테 더 이상 시간을 낭비하지 말자고!"

"멍청하다니!" 노인이 씩 웃으며 외쳤다. 그는 관문을 반쯤 닫고 길 한복판에 서서 점점 멀어지면서 급속히 작아지는 마차를 보았다. "아니, 말도 안 되는 소리지. 네놈들은 아무 소득도 없이 여기서 10분이나 허비했잖아. 뇌물을 받은 파수꾼이 전부 내 반만큼만 해도 성 미카엘 축일 전에는 못 따라잡을걸." 노인은 다시 한번 느긋하게 웃으면서 문을 닫고 들어가 빗장을 질렀다.

한편 마차는 단 한 번도 속도를 줄이지 않고 다음 역을 향해 달렸다. 워들 씨가 예고한 대로 달이 빠른 속도로 지고 있었고 얼마 전부터 하늘에 넓게 퍼지던 짙고 묵직한 구름이 이제 머리 위에서 뭉쳐 하나의 검은 물체가 되었다. 이따금 차창을 두드리는 굵직한 빗방울은 여행자들에게 폭풍우 치는 밤이 빠르게 다가오고 있음을 경고하는 듯했다. 맞바람이 좁은 도로를 맹렬하게 휩쓸면서 길 양쪽에 늘어선 나무들 사이에서 음산하게 아우성쳤다. 픽윅 씨는 외투를 여민 다음 마차 구석에서 더욱 아늑하게 몸을 말고서 깊은 잠에 빠졌고, 마차가 멈추고 마부의 종소리와 "다음 말을 곧장 매!"라는 큰소리가 들릴 때가 되어서야 깼다.

그러나 마차는 다시 지체되었다. 조수들이 희한하게도 깊이 잠드는 바람에 한 명을 깨우는 데 적어도 5분은 걸렸다. 게다가 어째선지 마부가 마구간 열쇠를 엉뚱한 데 두었고, 열쇠를 찾은 후에도 잠에 취한 조수들이 엉뚱한 말에 엉뚱한 마구를 씌우는 바람에 일을 처음부터 다시 해야 했다. 픽윅 씨 혼자였다면 온갖 장애물 때문에 그 자리에서 추적을 포기했겠지만 노신사 워들 씨는 쉽게 기가 꺾이지 않았다. 그가 아주 열정적으로 사방을 휘젓고 돌아다니며 이 사람을 때리고 저 사람을 밀고 여기서 마구를 조이고 저기서 말을 연결했기 때문에 이렇게 난관이 많은 상황에서도 합리적으로 예상할 수 있는 것보다 훨씬 더 빨리 마차가 준비되었다.

그들은 다시 길을 떠났다. 전망은 결코 고무적이지 않았다. 다음 역까지는 15마일이었고 밤은 어둡고 바람이 거셌으며 비가 억수같이 쏟아졌다. 이렇게 수많은 장애 속에서 먼 길을 가기는 어려웠다. 이제 1시가 거의 다 되었고, 다음 역까지 거의 두 시간이 걸렸다. 그러나 다음 역에서 희망에 다시 불을 지피고 활기를 불어넣는 일이 일어났다.

"마차가 언제 들어왔소?" 노신사 워들 씨가 마차에서 뛰어내려 진흙으로 뒤덮인 채 마당에 세워진 마차를 가리키며 외쳤다.

"15분도 안 됐습니다." 질문을 받은 마부가 대답했다.

"숙녀와 신사가 있었나?" 초조해진 워들 씨가 거의 숨도 쉬지 않고 물었다.

"네."

"신사는 키가 크고 모닝코트 차림에, 다리가 길고 날씬하던가?"

"네."

"숙녀는 나이가 좀 있고 가느다란 얼굴에, 말랐나?"

"네."

"세상에, 그들이요, 픽웍!" 노신사가 외쳤다.

"더 일찍 도착할 수도 있었습니다." 마부가 말했다. "말을 매는 봇줄이 끊어지는 바람에 늦었지요."

"그들이군." 워들 씨가 말했다. "맞아! 마차와 말 네 마리를 즉시 준비해 주게. 다음 역에 도착하기 전에 따라잡아야지. 자, 한 사람당 1기니씩 주겠소. 거기, 얼른! 서두르게, 그렇지!"

노신사는 마당을 분주하게 뛰어다니며 사람들을 재촉했고 그의 흥분 상태가 픽웍 씨에게도 전해졌다. 분위기에 취한 픽웍 씨는 정말 놀랍게도 복잡하게 얽힌 마구에 손을 대거나 말과 마차 바퀴 사이로 들어갔고, 자기 덕분에 여정을 재개할 준비가 상당히 빨라지고 있다고 굳게 믿었다.

"올라타요, 올라타!" 노신사 워들 씨가 이렇게 외치며 마차에 올라 계단을 접고 문을 쾅 닫았다. "어서, 서둘러요." 픽웍 씨는 워들 씨가 무엇을 하고 있는지 파악하기도 전에 노신사의 손에 끌어당겨지고 마부에게 떠밀리며 반대편 문을 통해 마차에 올랐고, 그들은 다시 출발했다.

"아! 드디어 출발이군." 노신사가 무척 기뻐하며 말했다. 마차가 정말 움직이고 있었다. 픽웍 씨는 마차의 딱딱한 목조 부분이나 동행자의 몸에 계속 부딪쳤기 때문에 그 사실을 충분히 알 수 있었다.

"꽉 잡아요!" 픽웍 씨가 워들 씨의 넉넉한 조끼에 머리를 부딪치자 뚱뚱한 노신사 워들 씨가 말했다.

"이렇게 심하게 흔들리는 마차는 평생 처음 타보는군요." 픽웍 씨가 말했다.

"걱정 말아요." 동행인이 대답했다. "곧 끝날 겁니다. 버텨요, 버텨."

픽윅 씨는 마차 구석에서 최대한 몸을 고정시켰고, 마차는 어느 때보다도 빠르게 질주했다.

이런 식으로 3마일 정도 달렸을 때 창밖으로 고개를 내밀고 2~3분 정도 내다보던 워들 씨가 갑자기 물이 잔뜩 튄 얼굴을 마차 안으로 넣고 숨 가쁘게 외쳤다.

"저기 있다!"

픽윅 씨가 창밖으로 고개를 내밀었다. 그랬다. 말 네 필이 끄는 마차가 바로 앞에서 전속력으로 달리고 있었다.

"달려, 달려!" 노신사가 비명을 지르듯 외쳤다. "한 명당 2기니씩 주겠다! 놓치지 마, 따라잡아! 따라잡아!"

앞선 마차의 말들이 최대 속도를 내기 시작했고 그 뒤에서 워들 씨의 말들이 맹렬하게 뛰었다.

"그자의 머리가 보이는군." 쉽게 흥분하는 노인이 외쳤다. "빌어먹을, 머리가 보여!"

"저도 보입니다." 픽윅 씨가 말했다. "그 사람이군요."

픽윅 씨의 착각이 아니었다. 바퀴에서 튄 진흙으로 뒤덮인 징글 씨의 얼굴이 차창 너머로 확실히 보였다. 그는 속도를 높이라는 뜻으로 왼쪽 선두의 말에 탄 마부를 향해 팔을 거칠게 흔들고 있었다.

정말 흥미진진했다. 마차가 워낙 빨리 달렸기 때문에 들판과 나무, 관목이 회오리바람처럼 빠르게 지나갔다. 그들이 앞서가는 마차 옆으로 접근했다. 바퀴 소리가 시끄러운데도 마부들을 다그치는 징글의 목소리가 또렷이 들렸다. 노신사 워들 씨는 크게 분노하며 흥분했다. 그는 악당이니 건달이니 계속 고함을 치면서 분노의 대상을 향해 꽉 쥔 주먹을 의미심장하게 흔들었다. 그러나 징글 씨는 경멸 어린 미소로 답할 뿐이었고 말들이 쏟아지는 채찍질과 박차에 더욱 속력을 내서 추적자들을 따돌리자 승리의 고함으로 워들의 협박에 대답했다.

픽윅 씨가 막 마차 안으로 고개를 집어넣었고 고함을 지르다 지친 워들 씨도 그렇게 했을 때, 마차가 크게 흔들리고 두 사람의 몸이 앞쪽으로 쏠렸다. 갑자기 마차가 굉음을 내며 어딘가에 쿵 부딪치더니 바퀴가 하나 빠지고 마차가 뒤집혔다.

말이 고꾸라지고 유리가 깨졌다는 사실 외에는 아무것도 파악할 수 없었던 당황스럽고 혼란스러운 순간이 지나고 누군가가 픽윅 씨를 망가진 마차에서 거칠게 끌어냈다. 그가 두 발을 딛고 일어나 외투 자락에서 고개를 들자 재난의 현장이 눈에 들어왔다.

노신사 워들 씨가 모자도 없이 옷이 여기저기 찢어진 채 옆에 서 있었고 마차의 파편들이 두 사람의 발치에 흩어져 있었다. 봇줄을 끊는 데 성공한 조수들은 진흙을 뒤집어쓰고 엉망진창이 된 모습으로 말들의 머리 쪽에 서 있었다. 충돌 소리를 듣고 앞마차가 100야드 정도 앞에서 말을 세웠다. 안장에 앉은 기수들은 얼굴이 꿈틀거릴 정도로 환하게 웃으며 이쪽 기수들을 바라보았고, 징글 씨는 차창 안에서 무척 흡족한 얼굴로 부서진 마차를 바라보았다. 날이 밝아왔기 때문에 여명 속에서 충돌 현장이 아주 잘 보였다.

"이런!" 파렴치한 징글이 외쳤다. "다친 분은 없습니까?—나이도 많으신데 가벼운 몸은 아니지요—이런 짓은 위험해요, 정말로."

"이 악당 같으니!" 워들 씨가 고함을 쳤다.

"하하!" 징글이 웃음으로 대답하더니 다 안다는 듯 눈을 찡긋하고 엄지로 마차 안을 가리키며 덧붙였다. "여기 숙녀분은 괜찮습니다—안부를 전해달라는군요—걱정하지 말랍니다—터피에게 사랑을 전해달라네요—뒤에 타시겠습니까?—우린 그만 가지."

기수들이 다시 자세를 잡더니 마차가 덜컹덜컹 멀어졌고 징글 씨가 비웃음을 흘리며 차창에서 흰 손수건을 흔들었다.

이번 모험의 시작부터 끝까지 그 어떤 일도, 심지어는 마차가 뒤집힌 것마저도 픽윅 씨의 침착하고 온화한 성품을 건드리지 못했다. 그러나 징글 씨가 처음에는 픽윅 씨를 충실히 따르는 친구의 돈을 빌리더니 이제 극악무도하게도 그를 터피라고 부르자 더 이상 견딜 수가 없었다. 그가 숨을 깊이 들이마시고 안경을 쓴 얼굴 전체를 빨갛게 물들이더니 천천히, 단호하게 말했다.

"저자를 다시 만나기만 하면……."

"맞소." 워들 씨가 끼어들었다. "당연히 그래야지요. 하지만 우리가 여기에서 우물쭈물 하는 사이에 두 사람은 런던에서 허가를 받아 결혼하고 말 거요."

픽윅 씨는 말을 멈추고 복수심을 병에 넣은 다음 코르크로 막았다.

"다음 역까지 얼마나 남았지?" 워들 씨가 조수들 중 한 명에게 물었다.

"6마일입니다. 그렇지, 톰?"

"그보다는 더 되지."

"6마일이 넘습니다."

"어쩔 수 없군." 워들 씨가 말했다. "걸어가야겠소, 픽윅."

"어쩔 수 없지요." 진정한 위인 픽윅 씨가 대답했다.

그리하여 새 마차와 말들을 준비하기 위해서 조수 한 명은 말을 타고 먼저 가고, 나머지 조수들은 부서진 마차를 처리하도록 남고, 픽윅 씨와 워들 씨는 용감하게 걷기 시작했다. 두 사람은 잠시 멈췄다가 다시 억수같이 쏟아지기 시작한 비를 최대한 피하기 위해서 목에 숄을 둘러 묶고 모자를 최대한 눌러썼다.

10장

징글 씨에 대한 의혹을 밝히다

런던에는 오래된 여관이 여럿 있는데 마차 여행이 지금보다 더 위엄 있고 엄숙하던 시절에는 유명한 우편 마차 본부였지만 지금은 시골 짐마차가 머물거나 예약을 받는 곳 정도로 퇴락했다. 독자 여러분이 골든 크로스 여관이나 불 앤드 마우스 여관처럼 근대적인 런던 거리에 당당하게 서 있는 여관들 사이에서 옛날 여관을 찾으려 한다면 헛수고일 것이다. 오래된 여관을 우연히 발견하려면 런던 안에서도 별로 유명하지 않은 지역으로 발길을 돌려야 한다. 그러면 어느 외진 구석에서 현대적인 건물들에 둘러싸인 채 음침하지만 견고하게 서 있는 여관을 여럿 발견할 수 있을 것이다.

특히 버로 지구에는 오래된 여관이 아직 여섯 곳 남아 있는데 외관의 특징이 잘 보존되어 있고 공공시설 개량이라는 유행과 사적 투기의 침입을 용케 피했다. 크고 구불구불하고 기이한 이 여관들은 아주 넓고 낡은 회랑과 복도, 층계참을 갖추고 있기 때문에 세월이 흐르고 흘러 낡은 런던 다리나 서리 인근 지역과 관련된 수많은 전설이 사라진다고 해도 이 여관들을 배경으로 유령 이야기를 수백 개는 지어낼 수 있을 것이다.

앞 장에서 이야기했던 각종 사건이 벌어진 다음 날 아침 일찍, 바로 그러한 여관—'화이트 하트'라는 이름의 유명한 여관—마당에서 어떤 남자가 분주하게 장화를 닦고 있었다. 남자는 검정색 사라사 소매와 파란색 유리 단추가 달린 거친 줄무늬 조끼에 반바지와 각반 차림이었다. 목에는 밝은 빨간색 손수건을 자연스럽고 느슨하게 감았고, 머리에는 낡은 흰색 모자를 비스듬히 쓰고 있었다. 그의 앞에는 여러 켤레의 장화가 두 줄로 놓여 있었는데 한 줄은 이미 닦은 것, 한 줄은 아직 닦지 않은 것이었다. 그는 깨끗한 줄에 한 켤레를 더할 때마다 잠시 일손을 멈추고 결과물을 만족스럽게 응시했다.

대규모 우편 마차 여관의 일반적인 특징과 달리 이곳은 전혀 부산스럽거나 활기차지 않았다. 마당 한쪽 끝 높다란 지붕 아래에는 보통 집 3층 창문 높이의 넉넉한 덮개 밑에 목재를 가득 실은 짐마차 서너 대가 대어져 있고, 또 한 대는 아침에 길을 떠날 예정인지 열린 공간에 나와 있었다. 어지러운 마당 양쪽에 낡고 조악한 난간이 달린 객실이 두 층으로 늘어서 있었고 각 방에 달린 종은 술집과 카페로 이어지는 문 위쪽의 경사진 작은 지붕 덕분에 비바람을 맞지 않았다. 2인용 마차와 경마차 두세 대가 작은 차고와 차양 아래 따로따로 들어가 있었고, 이따금 마당 반대쪽 끝에서 짐마차를 끄는 말의 무거운 발소리나 철컹거리는 사슬 소리가 들려와 마구간이 그쪽에 있음을 알려주었다. 여기에다가 작업복 차림의 남자 몇 명이 짚더미 위에 흩어진 묵직한 꾸러미나 양모 부대 등등 위에 누워서 자고 있었다는 사실까지 덧붙이면 버로 지구 번화가에 위치한 화이트 하트 여관 마당의 전반적인 모습을 충분히 설명한 셈이다.

어느 객실의 종이 큰소리로 울리자 2층 침실 복도에서 기민한 객실 담당 하녀가 등장하더니 객실 문을 두드리고 손님의 요청을 들은 다음 난간 너머로 외쳤다.

"샘! 22호실에서 장화 달래."

"지금 필요한지 아니면 다 닦을 때까지 기다릴 건지 물어봐." 흰 모자를 쓴 남자가 대답했다.

"왜 그래, 샘. 바보 같은 소리 하지 말고." 여자가 샘을 구슬리며 말했다. "당장 달래."

"음, 당신은 음악회에 데려가도 될 만큼 좋은 여자지만 말이야." 구두닦이가 말했다. "여기 장화들 좀 봐. 열한 켤레나 돼. 의족을 하신 6호실 손님 구두도 한 짝 있다고. 열한 켤레는 8시 반까지, 구두는 9시까지 닦아야 돼. 자기 신발부터 닦아달라니 22호실 손님이 도대체 누구야? 순서를 지켜야 돼. 잭 케치[24]가 사람들

---

24   17세기의 악명 높은 교수형 집행인.

을 매달 때 했던 말처럼. 손님, 기다리시게 해서 죄송하지만 곧 해 드릴게요."

흰 모자를 쓴 남자는 말을 마치자 가죽 장식이 달린 장화를 더욱 열심히 닦기 시작했다.

다시 한번 종이 우렁차게 울리더니 화이트 하트 여관의 나이 많고 부산스러운 여주인이 반대쪽 회랑에서 나타났다.

"샘!" 여주인이 소리쳤다. "어디 간 거야, 이 게으르고 한심 한…… 아, 거기 있었네. 왜 대답을 안 해?"

"부인 말이 끝나기 전에 대답하는 건 품위 없는 짓이니까요." 샘이 퉁명스럽게 대답했다.

"17호실 손님 구두를 지금 바로 닦아서 개인 응접실 5호실로 가져다 드려."

여주인이 여성용 구두를 마당으로 내던지고 부산스럽게 들어 갔다.

"5호실이라……." 샘이 구두를 주워 들고 주머니에서 분필을 꺼내 구두창에 목적지를 적으며 말했다. "여성용 구두와 개인 응 접실이란 말이지! 설마 짐마차를 타고 온 건 아니겠지."

"오늘 아침 일찍 들어왔어." 아직까지 회랑 난간에 기대어 서 있던 하녀가 소리쳤다. "웬 신사랑 전세 마차를 타고 말이야. 그 신사도 자기 장화를 달라고 하니까 빨리 닦는 게 좋을 거야."

"진작 말해주지!" 샘이 크게 화를 내더니 앞에 쌓여 있는 신발 더미에서 문제의 장화를 골라내며 말했다. "싸구려 손님인 줄 알 았잖아. 개인 응접실이라니! 게다가 숙녀분도 계시고! 만약 진짜

신사라면 심부름비를 별도로 하루에 1실링은 줄 거야."

새뮤얼 씨는 이 고무적인 생각에 자극받아 성심성의껏 구두를 닦았고 몇 분 뒤 장화와 구두는 상냥한 워런 씨(화이트 하트에서는 데이 앤드 마틴 구두약을 사용했다)[25]의 영혼마저 부러워할 만큼 반짝반짝 빛나는 상태로 5호실 앞에 도착했다.

"들어와요." 샘이 문을 두드리자 남자 목소리가 말했다.

샘은 최대한 공손하게 허리를 굽혀 인사한 다음 아침 식사 중인 숙녀와 신사의 방으로 들어갔다. 그는 거들먹거리며 장화와 구두를 각자 주인 앞에 놓고 문가로 물러났다.

"구두닦이군." 신사가 말했다.

"네." 문을 닫으려던 샘이 문고리에 한 손을 올린 채 말했다.

"자네, 그, 뭐더라―민사회관[26]이 어디 있는지 아나?"

"그럼요."

"어디지?"

"세인트 폴 대성당 앞에 있지요. 낮은 마차용 아치길인데 한쪽 모퉁이에는 서점, 한쪽 모퉁이에는 호텔이 있고 가운데에 허가증 호객꾼인 문지기가 두 명 있습니다."

"허가증 호객꾼?" 신사가 말했다.

"허가증 호객꾼이죠." 샘이 대답했다. "흰 앞치마를 두른 녀석들인데 안으로 들어가면 그놈들이 모자를 만지면서 '허가증 필요하십니까, 선생님?' 하고 묻습니다. 참 묘한 녀석들이죠. 그 녀

---

25 데이와 마틴, 워런은 구두약 상표이다.
26 1857년까지 유언, 결혼, 이혼 등을 다루던 런던의 변호사회.

석들 주인은 올드 베일리[27] 변호사들이 틀림없습니다."

"그자들이 하는 일이 뭔가?" 신사가 물었다.

"하는 일이 뭐냐니요! 당신 같은 분을 노리지요! 그뿐만이 아닙니다. 그놈들은 노인의 머릿속에 꿈도 꾼 적 없는 생각을 불어넣지요. 제 아버지는 마부였습니다. 홀아비였고 아주 뚱뚱했지요, 특출나게 뚱뚱했어요. 어머니가 돌아가시면서 400파운드를 남겼지요. 아버지는 돈을 찾으려고 민사회관으로 갔어요. 아주 말쑥하게 차려입고서요. 가죽 장식이 달린 장화를 신고 단춧구멍에 꽃다발을 꽂고 챙 넓은 실크해트에 초록색 숄을 둘렀습니다. 아주 신사다워 보였지요. 돈을 어디에 투자할까 생각하면서 아치길로 들어가는데 호객꾼이 다가와서 모자에 손을 올리고 말했습니다. '허가증 필요하세요?' 아버지가 말했지요. '그게 뭡니까?' 그가 말했죠. '허가증 말입니다.' 아버지가 말했어요. '무슨 허가증이요?' 호객꾼이 말했죠. '결혼 허가증 말입니다.' 아버지가 말했지요. '이런, 그런 건 생각해 본 적도 없소.' 호객꾼이 말합니다. '하나 필요하실 것 같은데요.' 아버지가 걸음을 멈추고 잠깐 생각한 다음 말했지요. '아니요. 제길, 나는 나이도 많고 너무 뚱뚱하다고.' 호객꾼이 말합니다. '당치도 않습니다.' 아버지가 말했지요. '내가 뚱뚱하지 않다고?' 그 남자가 말했어요. '그럼요. 지난 월요일에 몸집이 두 배는 되는 사람도 저희한테 허가증을 받아서 결혼했는데요.' 아버지가 묻습니다. '정말이오?' 호객꾼이 대답했어요. '물론이지요. 그 사람에 비하면 선생님은 아기나 마찬가집니다. 자, 이쪽으로 가시죠, 이쪽입니다!' 그렇게 해서 아버지는 풍금 소리를 따라가는 길든 원숭이처럼 호객꾼을 따라서 자그마한 뒷방 사무실로 들어갔고, 어떤 남자가 먼지 쌓인 서류와 양철 상자들 사이에 앉아 바쁜 척하고 있었지요. 변호사가 말했어요. '제가 진술서를 작성하는 동안 잠시 앉으시죠.' 아버지는 고맙다고 말한 다음 자리에 앉아서 눈을 크게 뜨고 입을 떡 벌린 채 상자에 적힌 이름들을 봤습니다. 변호사가 말했어요. '성함이 어떻게 되시죠?' 아버지가 대답했지요. '토니 웰러요.' 변호사가 말합니다. '어느 교구죠?' 아버지가 말했지요. '벨 새비지요.' 마차를 몰고 오면 벨 새비지 여관에 묵으셨는데 교구는 어딘지 몰랐거든요. 변호사가 말합니다 '여성분 성함은요?' 아버지가 깜짝 놀라서 말했지요. '내가 어떻게 알겠소?' 그랬더니 변호사가 말했지요. '모른다고요?' 아버지가 말했습니다. '당신만큼이나 모릅니다. 나중에 써넣으면 안 됩니까?' 변호사가 말했어요. '절대 안 됩니다!' 그래서 아버지가 잠시 생각한 다음 말했지요. '좋소. 클라크 부인이라고 써주시오.' 변호사가 잉크에 펜을 담그며 말했습니다. '이름은요?' 아버지가 말했지요 '도킹의 마키스 오브 그랜비 여관의 수전 클라크요. 아마 내가 청혼을 하면 승낙할 겁니다. 말도 한 번 걸어본 적 없지만 분명히 받아줄 거요.' 그렇게 해서 허가증을 작성했고, 그 여자가 정말로 청혼을 받아들여서 지금까지 같이 살고 있다니까요. 불행히도 400파운드를 저는 구경도 못 했지만요." 샘이 이야기를 끝냈다. "실례했습니다, 아버지에 대한 불만을 말하기 시작하면 새 바퀴에 기름칠을 한 손수레처럼 내달리거든요." 샘이 잠시 멈추고 손님이 더 원하는 것이 없는지 살핀 다음 밖으로 나갔다.

"9시 반―시간이 됐군요―바로 가야겠어요." 신사가 이렇게 말했는데 그가 바로 징글 씨였다는 사실은 우리가 굳이 밝힐 필요도 없을 것이다.

"시간이라니, 무슨 시간요?" 노처녀 고모가 교태를 부리며 말했다.

"결혼 허가증 말이에요, 사랑스러운 천사―교회에 미리 알리고―내일이면 당신은 제 사람입니다." 징글 씨가 노처녀 고모의 손을 꼭 잡았다.

"결혼 허가증이라니!" 레이철이 얼굴을 붉히며 말했다.

"결혼 허가증입니다." 징글 씨가 다시 한번 말했다. "서두르자, 얼른 결혼 허가증을, 서두르자, 나는 부지런히 돌아가리."[28]

"너무 서두르시네요." 레이철이 말했다.

"서둘러요―우리가 하나가 되면 몇 시간도, 며칠도, 몇 주도, 몇 달도, 몇 년도 아무것도 아닙니다―서둘러요, 시간은 쏜살같이 흘러요―번개처럼 사라지죠―증기 기관처럼 몇천 마력으로 달려요―그에 비하면 아무것도 아니죠."

"하지만 내일 아침보다 더 일찍 결혼할 수 없을까요?" 레이철이 물었다.

---

28 아일랜드 작곡가 케인 오하라가 각색한 희가극 〈엄지손가락 톰〉에 등장하는 노래의 시작 부분.

"불가능합니다—안 돼요—교회에 미리 알려야 해요—오늘 결혼 허가증을 내고—예식은 내일로."

"오라버니에게 들킬까 봐 너무 무서워요!" 레이철이 말했다.

"들키다니, 말도 안 되는 소리—마차가 뒤집혀서 크게 놀랐을 터—그뿐만 아니라 극도로 주의했어요—우편 마차를 포기하고 걸어서 전세 마차를 타고 버로까지 왔잖아요—여기는 절대로 못 찾을 겁니다—하하!—좋은 생각이었어요—정말로."

"빨리 오셔야 해요." 징글 씨가 모자를 눌러쓰자 노처녀 고모가 애정을 듬뿍 담아 말했다.

"당신을 두고 오래 걸리겠어요? 매정한 귀염둥이." 그런 다음 징글 씨가 장난스럽게 노처녀 고모에게 다가가서 정숙하게 입을 맞춘 다음 춤을 추며 밖으로 나갔다.

"사랑스럽기도 하지!" 그의 뒤로 문이 닫히자 노처녀 고모가 말했다.

"별난 노파 같으니." 징글 씨가 복도를 따라 걸어가며 말했다.

인간의 배신에 대해 생각하는 것은 고통스러운 일이다. 그러므로 우리는 징글 씨가 민사회관으로 천천히 걸어가면서 무슨 생각을 했는지 추적하지 않기로 한다. 징글 씨가 마법의 땅 입구를 지키는 흰 앞치마 두른 용들의 유혹을 피해 총대리 주교 사무실에 무사히 도착했고, "충실하고 사랑스러운 앨프리드 징글과 레이철 워들에게"라는 캔터베리 대주교의 기분 좋은 인사가 적힌 양피지 문서를 받아 주머니에 조심스럽게 넣고 버로 지구로 당당하게 돌아갔다고 말하는 것으로도 충분할 것이다.

징글 씨가 화이트 하트 여관을 향하고 있을 때 통통한 신사 두 명과 날씬한 신사 한 명이 여관 마당으로 들어와 몇 가지 물어볼 만한 사람을 찾아 주변을 둘러보았다. 때마침 새뮤얼 웰러가 색깔 있는 가죽 장식 장화에 광을 내는 중이었는데, 장화의 주인인 농부는 점심으로 차가운 소고기 2~3파운드와 포터 맥주 두세 잔을 들면서 버로 시장에 다녀온 피곤함을 풀고 있었다. 날씬한 신사가 새뮤얼 웰러에게 곧장 다가갔다.

"이봐요, 친구." 날씬한 신사가 말했다.

'이 사람도 공짜 정보를 찾고 있군.' 샘이 생각했다. '그게 아니라면 뜬금없이 이렇게 친근하게 말을 걸 리가 없지.' 그러나 그는 모른 척 대답했다. "네, 손님."

"이봐요." 날씬한 신사가 달래듯 헛기침을 하며 말했다. "지금 여기 묵는 손님이 많은가 보죠? 꽤 바쁘시군요."

샘이 남자를 흘깃 보았다. 그는 물기가 하나도 없어 보이는 자그마한 남자로 안색이 어둡고 찌그러진 얼굴과 작고 쉼 없이 움직이는 까만 눈을 가지고 있었는데, 그 눈은 작고 캐기 좋아하는 코와 끝없는 숨바꼭질이라도 하는 것처럼 콧대 양옆에서 끊임없이 깜빡이며 반짝였다. 그는 검정색 상하의에 자기 눈만큼이나 반짝이는 장화, 짧은 흰색 목도리, 프릴 달린 깨끗한 셔츠 차림이었다. 바지에 달린 시계 주머니에는 금시곗줄과 도장 몇 개가 늘어져 있었다. 그는 검은 가죽 장갑을 벗어서 손에 들고 있었다. 그리고 늘 어려운 문제를 내는 사람처럼 양손을 뒷자락에 넣은 채 말했다.

"꽤 바쁘시군요?" 작은 남자가 말했다.

"아, 뭐 괜찮습니다." 샘이 대답했다. "파산할 정도는 아니지만 큰돈을 벌 정도도 아니죠. 케이퍼 없이 삶은 양고기를 먹지만 소고기를 먹을 수 있을 때 고추냉이를 먹지는 않죠."

"아, 농담을 잘하시는군요." 작은 남자가 말했다.

"저희 큰형님이 그것 때문에 고생했죠." 샘이 말했다. "예전에 형님이랑 같은 방에서 자다가 옮았나 봅니다."

"여긴 정말 낡고 진기한 곳이군요." 작은 남자가 주변을 둘러보며 말했다.

"기별을 미리 주셨으면 고쳐놨을 텐데 말입니다." 쉽사리 흔들리지 않는 샘이 대꾸했다.

작은 남자는 퉁명스러운 말대꾸에 약간 당황한 듯하더니 퉁퉁한 두 신사와 짤막하게 의논했다. 의논이 끝나고 작은 남자가 직사각형 은제 케이스에서 코담배를 꺼내며 대화를 다시 시작하려는 순간 퉁퉁한 두 신사 중 인자한 얼굴에 안경을 쓰고 검정 각반을 찬 사람이 끼어들었다.

"사실은 말입니다." 인자한 신사가 말했다. "한두 가지 질문에 대답해 주면 여기 제 친구(다른 퉁퉁한 신사를 가리켰다)가 반 기니를 드리려고 하는데……."

"잠시만요, 잠시만요." 작은 남자가 말했다. "제가 하겠습니다. 이런 상황에서 반드시 지켜야 하는 첫 번째 원칙이 있어요. 전문가에게 문제를 맡겼을 때는 그 일을 진행하는 과정에 절대 끼어들면 안 됩니다. 그 사람을 전적으로 믿어야지요. 정말이지, (그가 다른 뚱뚱한 신사를 향해서 말했다) 제가 친구분 성함을 잊었군요."

"픽윅이오." 워들 씨가 말했다. 이 유쾌한 신사가 바로 그 사람이었기 때문이다.

"아, 픽윅 씨. 정말이지, 실례지만 말입니다. 저는 법정 조언자로서 당신이 어떤 제안을 하시든 기꺼이 받아들이겠지만 환심을 사려고 반 기니를 제안하면서 이런 식으로 제 일에 끼어드는 것이 얼마나 부적절한지 아셔야 합니다. 정말이지, 픽윅 씨." 그런 다음 작은 남자가 아주 심각한 표정으로 논쟁을 시작하려는 듯 코담배를 들이마셨다.

"나는 이 불쾌한 문제를 최대한 빨리 해결하고 싶을 뿐이오." 픽윅 씨가 말했다.

"그럼요, 그럼요." 작은 남자가 말했다.

"그래서 사람들을 상대한 경험을 통해 배운 대로 어떤 상황에서든 성공 가능성이 가장 높은 방법을 쓴 것뿐이오." 픽윅 씨가 말했다.

"네, 네." 작은 남자가 말했다. "아주 좋습니다, 정말이지 아주 좋아요. 하지만 저에게 제안하셨어야지요. 픽윅 씨, 전문가를 어디까지 믿어야 하는지 모르지 않으실 줄로 압니다. 이 문제에 대한 전거가 필요하시다면 그 유명한 반웰[29]과……."

29   변호사는 R. 반웰의 판례집을 인용하려고 하지만 샘은 조지 릴로의 희곡 〈런던 상인〉에 등장하는 조지 반웰을 이야기하고 있다. 부유한 상인의 도제인 조지 반웰은 창녀 밀우드의 유혹에 빠져 주인의 돈을 훔치고 자기 삼촌을 죽여 교수형을 당한다.

"조지 반웰 얘기는 설명할 필요도 없어요." 두 사람 사이에 오가는 짧은 대화를 신기하다는 듯 듣고 있던 샘이 끼어들었다. "그 사건을 모르는 사람이 어디 있습니까? 저는 남자보다 그 여자야말로 목 매달릴 만하다고 항상 생각했지만요. 어쨌든 그건 상관없습니다. 반 기니를 준다는 거죠? 좋아요, 그렇게 하지요. 이 정도로 말하면 확실하죠? (픽윅 씨가 미소를 지었다.) 그렇다면 다음 문제는 도대체 저에게 뭘 원하시느냐는 거죠. 어떤 남자가 유령을 봤을 때 했던 말처럼요."

"궁금한 것이 있는데." 워들 씨가 말했다.

"잠시만요, 잠시만." 촐싹거리는 자그마한 남자가 끼어들었다. 워들 씨가 어깨를 으쓱하고 입을 다물었다.

"우리가 궁금한 것은 말입니다." 작은 남자가 엄숙하게 말했다. "안에서 공연히 소동을 일으키지 않도록 당신한테 살짝 물어보고 싶은데요. 지금 이 여관에 누가 있는지 알고 싶습니다."

"누가 있냐고요?" 샘이 말했다. 그의 머릿속에서 손님이란 항상 자신에게 맡겨지는 신발과 동격이었다. "6호실은 나무 의족, 13호실은 헤센 장화 한 켤레, 외판원들 방에는 반장화 두 켤레, 아늑한 술집에는 여기 이 염색한 가죽 장식 장화, 카페에는 가죽 장식 장화 다섯 켤레지요."

"그게 전부입니까?" 작은 남자가 말했다.

"잠시만요." 갑자기 기억이 떠오른 샘이 대답했다. "아, 낡은 웰링턴 한 켤레랑 여성용 구두 한 켤레가 있네요, 5호실에."

"어떤 구두인가?" 독특한 손님 명단을 들으며 픽윅 씨와 마찬가지로 당황해서 어쩔 줄 모르던 워들 씨가 황급히 물었다.

"시골에서 만든 구두였어요." 샘이 대답했다.

"제화점 이름이?"

"브라운."

"어느 지역인가?"

"머글턴."

"두 사람이군." 워들 씨가 외쳤다. "아아, 찾았어!"

"쉿!" 샘이 말했다. "웰링턴은 민사회관에 갔는데요."

"설마." 작은 남자가 말했다.

"맞아요, 허가증을 받으려고."

"아직 늦지 않았군." 워들 씨가 외쳤다. "그 방으로 안내해 주게, 조금도 지체할 수 없겠어."

"제발요." 작은 남자가 말했다. "조심하세요, 정말." 그가 주머니에서 빨간색 실크 지갑을 꺼내더니 샘을 빤히 보며 1파운드 금화를 꺼냈다.

샘이 활짝 웃었다.

"우리가 왔다는 사실을 알리지 않고 당장 그 방으로 안내하면 돈을 드리죠." 작은 남자가 말했다.

샘이 염색한 가죽 장식 장화를 한쪽 구석에 내려놓고 세 사람을 안내하며 어두운 복도를 지나 넓은 층계를 올라갔다. 그가 두 번째 복도 끝에서 멈추더니 손을 내밀었다.

"여기군요." 변호사가 안내자의 손에 돈을 쥐여주며 속삭였다.

샘이 몇 걸음 앞으로 나아갔고, 두 친구와 그들의 법적 조언자가 뒤를 따랐다. 그가 어느 문 앞에 멈췄다.

"이 방입니까?" 작은 신사가 중얼거렸다.

샘이 고개를 끄덕였다.

노신사 워들 씨가 문을 열었고 세 사람이 안으로 들어가자 이제 막 돌아온 징글 씨가 노처녀 고모에게 허가증을 꺼내 보이고 있었다.

노처녀가 큰 소리로 비명을 지르더니 의자에 몸을 던지고 양손으로 얼굴을 황급히 가렸다. 징글 씨는 허가증을 구겨서 외투 주머니에 쑤셔 넣었다. 환영받지 못한 손님들이 방 한가운데로 걸어갔다.

"자네는 정말 지독한 악당이군!" 워들 씨가 흥분해서 숨을 헐떡이며 외쳤다.

"워들 씨, 워들 씨." 자그마한 남자가 탁자에 모자를 내려놓으며 말했다. "제발 자중하세요, 제발요. 명예 훼손으로 피해 보상 소송을 당할 수 있어요. 진정하세요, 부디……."

"감히 내 집에서 내 여동생을 데리고 도망을 쳐?" 노인이 분노하여 소리쳤다.

"네네, 아주 좋습니다." 작은 신사가 말했다. "그건 물어봐도 됩니다. 어떻게 감히 그랬지요? 네?"

"당신은 도대체 누구야?" 징글 씨가 물었는데, 그 목소리가 어찌나 날카롭고 사납던지 작은 신사는 저도 모르게 한두 발짝 물러섰다.

"누구긴 누구야, 이 무뢰한 같으니!" 워들 씨가 끼어들었다. "내 변호사인 그레이즈인 법학원[30]의 퍼커 씨다. 퍼커, 이 자식을 고소하겠소, 고발하겠소. 내가, 내가, 제길! 이 자식을 파멸시키겠소. 그리고 너!" 워들 씨가 별안간 여동생을 향해 돌아서서 말을 이었다. "충분히 사리분별을 할 나이에 떠돌이와 도망쳐서 가족에게 수치를 안기고 스스로를 비참하게 만들다니 도대체 무슨 짓이냐. 보닛을 써라, 돌아가자. 당장 전세 마차를 부르고 이 숙녀분의 청구서를 가져다주게. 아무도 없나, 아무도 없어?"

"여기 있습니다!" 워들 씨가 난폭하게 종을 울리자 샘이 재빠르게 대답했는데, 이들이 대면하는 내내 샘이 열쇠 구멍을 통해 안을 들여다보고 있었다는 사실을 모르는 사람에게는 놀랄 정도의 민첩함이었다.

"보닛을 써라." 워들 씨가 다시 말했다.

"쓰지 말아요." 징글이 말했다. "이 방에서 나가주시죠. 이 숙녀분은 원하는 대로 할 자유가 있어요. 스물한 살이 넘었으니까요."

"스물한 살이 넘었다고?" 워들 씨가 경멸하듯 외쳤다. "마흔한 살도 넘었지!"

"아니에요!" 노처녀 고모가 말했다. 그녀는 너무 화가 나서 기절해야겠다는 결심마저 잊었다.

"맞아." 워들 씨가 대답했다. "한 시간 뒤면 오십이지."

그제야 노처녀 고모가 큰 소리로 비명을 지르더니 정신을 잃었다.

---

30   런던 변호사 및 판사 협회 중 한 곳. 그 밖에 링컨즈인, 이너 템플, 미들 템플이 있다.

"물 한 잔 주시오." 인정 많은 픽윅 씨가 여주인을 불러 말했다.

"한 잔은 무슨!" 잔뜩 화가 난 워들 씨가 말했다. "한 양동이 가져다가 끼얹으시오. 그러면 정신을 차리겠지. 물을 맞아도 싸."

"어머, 너무하시네요! 불쌍하기도 해라." 마음씨 고운 여주인이 외쳤다. 그런 다음 "자, 옳지. 이걸 좀 마셔요. 좀 나을 거예요. 그렇게 쓰러지면 안 돼요, 옳지." 여주인이 객실 담당 하녀의 도움을 받아 노처녀 고모의 이마에 식초를 바르고, 손을 탁탁 치고, 코를 간질이고, 코르셋을 푸는 등 인정 많은 여자들이 흥분으로 히스테리를 일으키는 숙녀들을 깨울 때 쓰는 갖가지 방법을 시도했다.

"마차가 준비됐습니다." 샘이 문간에 모습을 드러내고 말했다.

"갑시다." 워들 씨가 외쳤다. "내가 레이철을 업고 계단을 내려가지."

그가 이렇게 말하자 히스테리가 두 배로 심해졌다.

여주인이 워들 씨에게 신이라도 되는 줄 아느냐고 화를 내면서 거세게 항의하려고 할 때 징글 씨가 끼어들었다.

"구두닦이." 그가 말했다. "경찰을 불러주시오."

"자, 자." 자그마한 퍼커 씨가 말했다. "잘 생각하세요, 잘 생각해요."

"안 할 겁니다." 징글이 대답했다. "그녀는 자유로운 몸—누가 감히 끌고 갈 수 있겠습니까—본인이 원하지 않는 이상 말입니다."

"저는 가지 않겠어요." 노처녀 고모가 중얼거렸다. "가고 싶지 않아요." (그런 다음 또다시 무시무시한 히스테리를 일으켰다.)

"여러분." 작은 남자가 워들 씨와 픽윅 씨를 따로 불러서 낮은 목소리로 말했다. "우리는 지금 아주 곤란한 상황에 처했습니다. 정말 괴로운 상황이에요. 이렇게 괴로운 사건은 처음입니다. 하지만 우리는 이 숙녀분의 행동을 통제할 수 없어요. 제가 미리 경고했었지요. 타협 말고는 아무것도 기대할 수 없다고 말입니다."

짧은 정적이 흘렀다.

"어떤 타협안을 추천하겠소?" 픽윅 씨가 물었다.

"저 친구는 곤란한 입장입니다, 무척이나 곤란하죠. 우리는 금전적인 손해를 다소 감수해야 합니다."

"이런 굴욕을 당하고 바보 같은 여동생이 평생 비참하게 살게 만드느니 어떤 손해라도 감수하겠소." 워들 씨가 말했다.

"해결할 수 있을 겁니다." 자그마한 남자가 분주히 움직이며 말했다. "징글 씨, 잠시 저희와 옆방으로 가실까요?"

징글이 찬성하자 네 사람은 비어 있는 옆방으로 갔다.

"자." 작은 남자가 문을 조심스레 닫으며 말했다. "이 문제를 조정할 방법이 없을까요? 잠시 이쪽으로 오시죠. 여기 창가에서 잠시 단둘이 말씀을 나누시죠. 네, 앉으세요. 자, 우리끼리 있으니 하는 말인데 당신이 돈 때문에 저 숙녀분과 도망쳤다는 사실을 우리는 잘 알고 있습니다. 얼굴 찌푸리지 마세요, 그럴 필요 없습니다. 우리끼리 이야기라고 말씀드렸잖아요. 우리는, 당신과 저는 잘 알아요. 우리 둘 다 세상 물정을 잘 알지만 저기 있는 우리 친구들은 그렇지 않지요. 안 그렇습니까?"

징글 씨의 얼굴이 서서히 펴졌고, 왼쪽 눈이 아주 살짝 윙크를 하듯 떨렸다.

"좋습니다, 아주 좋아요." 작은 남자가 그의 표정을 살피며 말했다. "사실대로 말하자면 어머니가 돌아가시기 전까지 숙녀분의 재산은 몇백 파운드에 불과합니다. 그리고 노부인은 무척 건강하시지요."

"하지만 노부인이죠." 징글 씨가 짧지만 강하게 말했다.

"뭐, 맞습니다." 변호사가 살짝 헛기침을 하며 말했다. "맞아요, 노부인은 나이가 좀 있으시지요. 하지만 그분은 유구한 가문 출신이랍니다, 모든 의미에서요. 그 집안을 처음 세운 분은 율리우스 카이사르가 브리튼을 침략할 때 켄트로 왔는데, 그 가문에서 지금까지 여든다섯 살을 넘기지 못한 사람은 딱 한 명밖에 없었어요. 헨리 몇 세 때인가 참수형을 당하셨지요. 노부인은 아직 일흔셋밖에 안 됐습니다." 작은 남자가 말을 멈추고 코담배를 꺼냈다.

"글쎄요." 징글 씨가 외쳤다.

"글쎄요, 코담배 안 하십니까? 아! 훨씬 낫네요. 값비싼 취미죠. 음, 당신은 아주 훌륭한 청년입니다. 세상 물정을 잘 알지요. 자금만 있으면 운명을 개척할 수 있잖아요, 그렇죠?"

"글쎄요." 징글 씨가 다시 말했다.

"제 말 이해하시겠습니까?"

"잘 모르겠군요."

"그런 생각 안 드십니까? 자, 확실하게 말씀드리지요. 워들 양과 유산을 갖기보다는 50파운드와 자유를 갖는 것이 낫지 않겠어요?"

"그걸로는 안 됩니다. 그 두 배도 모자라요!" 징글이 벌떡 일어서며 말했다.

"아니, 아니에요." 작은 변호사가 징글의 단추를 잡고 타이르며 말했다. "상당한 금액이에요. 당신 같은 사람이라면 금세 3배로 불릴 수 있겠지요. 50파운드면 괜찮은 거래예요."

"150파운드면 더 많은 일을 할 수 있겠지요." 징글 씨가 뻔뻔하게 대답했다.

"글쎄요, 사소한 일로 으르렁거리면서 시간을 낭비하지는 맙시다." 작은 남자가 다시 말했다. "그러면, 그러면 70파운드는 어떻습니까?"

"안 됩니다." 징글 씨가 말했다.

"잠시만요, 가지 마세요. 제발 서두르지 마세요." 작은 남자가 말했다. "80파운드로 하죠. 수표를 바로 써드리겠습니다."

"안 됩니다." 징글 씨가 말했다.

"음," 작은 남자가 그를 계속 붙잡으며 말했다. "그럼 얼마면 될지 말해보세요."

"돈이 드는 일이죠." 징글 씨가 말했다. "내가 쓴 돈도 있고 — 역마차 9파운드에 허가증 3파운드를 더하면 12파운드에 — 보상금 100파운드면 112파운드 — 약속 위반, 숙녀를 포기하는 대가 —"

"네네, 알겠습니다." 작은 남자가 다 안다는 표정으로 말했다.

"마지막 두 가지는 신경 쓸 것 없습니다. 그러면 112파운드군요. 100파운드로 합시다."

"20파운드 더." 징글 씨가 말했다.

"자, 자, 수표를 써드리지요." 작은 남자가 이렇게 말한 다음 수표를 쓰려고 탁자 앞에 앉았다. "모레 찾을 수 있게 하겠습니다." 작은 남자가 워들 씨를 흘깃 보며 말했다. "그 사이에 저희가 숙녀분을 모시고 가도록 하지요." 워들 씨가 무뚝뚝하게 고개를 끄덕여 동의했다. "100파운드지요." 작은 남자가 말했다.

"120이죠." 징글 씨가 말했다.

"이보세요." 작은 남자가 이의를 제기했다.

"줘버리게." 워들 씨가 끼어들었다. "그리고 보내버려."

작은 신사가 수표를 쓰자 징글 씨가 그것을 주머니에 넣었다.

"여기서 당장 나가!" 워들 씨가 일어서며 말했다.

"워들 씨." 작은 남자가 말했다.

"그리고 잊지 말게." 워들 씨가 말했다. "자네 주머니에 돈이 들어가는 순간 그 돈이 없을 때보다 더 빨리 파멸할 거야. 내가 그 사실을 몰랐다면 무슨 일이 있어도, 내 가족을 위해서라 해도 절대 이런 타협은 하지 않았을 거네."

"워들 씨." 작은 남자가 다시 말했다.

"조용하게, 퍼커." 워들 씨가 다시 말했다. "이제 나가주시지."

"바로 가지요." 징글이 태연하게 말했다. "안녕히, 픽윅."

후반부의 대화가 오가는 동안 아무 선입견도 없는 구경꾼이 이 책 제목을 장식한 이름을 가진 위대한 남자의 얼굴을 보았다면 그의 눈에서 번득이는 분노의 불꽃에 안경알이 녹지 않은 것을 신기하게 여겼을 것이다. 픽윅 씨의 분노는 그 정도로 어마어마했다. 악당이 그의 이름을 부르는 순간 콧구멍이 팽창하고 주먹이 저절로 꽉 쥐어졌다. 그러나 픽윅 씨는 자제력을 되찾고 징글을 가루로 만드는 일을 겨우 면할 수 있었다.

"자요." 무정한 배신자가 픽윅 씨 발치에 허가증을 던지며 말했다. "이름을 바꿔 쓰시든지—저 여인은 데려가고—그건 터피가 쓰면 되겠군요."

픽윅 씨는 철학자였지만 철학자란 결국 갑옷을 입은 남자일 뿐이었다. 날아온 창이 그를 맞추더니 철학이라는 갑옷을 꿰뚫고 심장까지 닿았다. 광폭한 분노에 휩싸인 픽윅 씨는 정신 나간 사람처럼 잉크스탠드를 던진 다음 자기 몸까지 내던졌지만 징글 씨는 이미 사라졌고 정신을 차려보니 샘의 품 안이었다.

"안녕하십니까." 엉뚱한 샘이 말했다. "그쪽 동네는 가구가 싼가 보군요. 여기 이 제멋대로 움직이는 잉크가 벽에 선생님의 자국을 남겼네요. 가만히 계세요. 지금쯤이면 버로 지구 너머까지 도망갔을 텐데 뒤쫓아봐야 무슨 소용입니까."

진정으로 위대한 사람이 그렇듯이 픽윅 씨의 마음은 설득에 열려 있었다. 그는 판단이 바르고 빨랐기 때문에 잠깐의 생각만으로도 자신의 분노가 얼마나 무력한지 충분히 이해할 수 있었다. 분노는 빠르게 인 것처럼 빠르게 가라앉았다. 픽윅 씨는 숨을 헐떡이며 주변 친구들을 온화하게 둘러보았다.

워들 양이 불성실한 징글에게 버려졌음을 깨닫고 얼마나 한탄했는지 우리가 이야기할 필요가 있을까? 픽윅 씨가 훌륭하게 묘사한 그 가슴 아픈 장면을 우리가 굳이 발췌해야 할까? 동정심 넘치고 인간적인 눈물로 넘치는 얼룩진 그의 공책이 지금 우리 앞에 펼쳐져 있다. 한 마디만 하면 이것은 곧 인쇄공의 손에 넘어갈 것이다. 하지만 그만두자! 우리의 결심은 확고하다! 이토록 고통스러운 묘사로 사람들의 가슴을 쥐어짜지는 않을 것이다!

다음 날 두 친구와 버려진 여인은 머글턴으로 가는 묵직한 마차를 타고 슬픔에 잠긴 채 천천히 돌아왔다. 딩리 델로 돌아온 일행이 매너 농장으로 들어갔을 때에는 주변 모든 것에 여름밤의 음산한 그림자가 희미하고 캄캄하게 드리워져 있었다.

11장

또 다른 여행과 고고학적 발견,
선거를 지켜보겠다는 픽윅 씨의 결심과
노목사의 원고

픽윅 씨는 딩리 델의 깊은 정적 속에서 조용하고 한적한 밤을 보내고 다음 날 아침 신선하고 향기로운 공기를 한 시간 동안 맡은 다음 육신의 피로와 마음의 번뇌에서 완전히 회복했다. 친구이자 추종자들과 꼬박 이틀이나 떨어져 있었던 이 걸출한 남자가 이른 아침 산책에서 돌아오는 길에 윙클 씨와 스노드그래스 씨를 마주쳤을 때 얼마나 기쁘고 즐거운 마음으로 다가갔는지 평범한 사람은 짐작조차 할 수 없을 것이다. 기뻐하는 것은 상대방도 마찬가지였다. 얼굴을 빛내는 픽윅 씨를 보면서 기뻐하지 않을 사람이 어디 있을까? 그러나 친구들의 머리 위에는 아직도 구름이 걸려 있는 듯했고, 위인은 그 사실을 알아차릴 수밖에 없었지만 이유는 전혀 알지 못했다. 두 사람 모두에게 걱정스러울 뿐 아니라 평소와 다른 알 수 없는 분위기가 풍겼다.

픽윅 씨가 추종자들의 손을 붙잡고 따뜻한 환영의 인사를 나누며 말했다.

"터프먼은 좀 어떤가?"

질문을 받은 윙클 씨는 대답이 없었다. 그는 고개를 돌리더니 우울한 생각에 빠진 듯했다.

"스노드그래스." 픽윅 씨가 진지하게 말했다. "우리 친구는 어떤가, 아픈 건 아니겠지?"

"아닙니다." 이렇게 대답하는 스노드그래스의 감상적인 눈꺼풀에서 창틀에 고인 빗방울 같은 눈물이 흔들렸다. "아니, 아프지 않습니다."

픽윅 씨가 말을 멈추고 두 친구를 번갈아 바라보았다.

"윙클, 스노드그래스." 픽윅 씨가 말했다. "이게 무슨 뜻인가? 우리 친구는 어디 있지? 무슨 일이 있었던 건가? 말해보게, 애원하고 간청하겠네. 아니, 명령일세. 당장 말하게."

픽윅 씨의 태도에는 젊은 청년들이 거역할 수 없는 장엄함이 있었다.

"사라졌습니다." 스노드그래스 씨가 말했다.

"사라지다니!" 픽윅 씨가 외쳤다. "사라지다니!"

"사라졌어요." 스노드그래스 씨가 다시 말했다.

"어디로 말인가?" 픽윅 씨가 내뱉었다.

"이 편지를 보고 추측할 뿐입니다." 스노드그래스 씨가 주머니에서 편지를 꺼내 친구의 손에 쥐여주었다. "어제 아침, 여동생과 함께 돌아오겠다는 워들 씨의 편지가 도착하자 그 전날 내내 우리 친구에게 드리워져 있던 우울한 분위기가 더욱 심해지는 듯했습니다. 얼마 안 돼서 바로 사라졌어요. 온종일 보이지 않더니 저녁때 머글턴의 크라운 여관 마부가 이 편지를 가져왔습니다. 반드시 날이 저문 뒤에 전해달라고 신신당부를 하면서 맡겼다고 합니다."

픽윅 씨가 편지를 열었다. 친구의 필체였고 내용은 다음과 같았다.

친애하는 픽윅 씨,

나의 친구여, 당신은 평범한 사람이 극복할 수 없는 인간의 수많은 나약함이나 약점과는 한없이 거리가 먼 사람입니다. 사랑스럽고 매력적인 여인에게 버림받는 것이, 우정이라는 가면 아래 교활한 웃음을 숨긴 악당의 농간에 놀아나는 것이 어떤 경험인지 당신은 알지 못하지요. 앞으로도 절대 모르길 바랍니다.

켄트 주 코범의 레더 보틀에 편지를 보내면 제가 받을 것입니다. 아직 살아 있다면요. 저는 이제 너무나 혐오스러워진 이 세상을 더 이상 보지 않으려 서둘러 떠납니다. 아예 이 세상을 서둘러 등진다면 아아, 용서하십시오. 친애하는 픽윅 씨, 삶이 저에게는 견딜 수 없는 것이 되었습니다. 우리 안에서 타오르는 영혼은 세상 근심과 고통이라는 무거운 짐을 지탱하는 짐꾼의 끈이며, 영혼이 꺾이면 그 짐은 너무 무거워서 질 수 없게 됩니다. 우리는 그 무게 때문에 쓰러지고 말 것입니다. 레이철에게 안부를 전해주십시오. 아, 그 이름!

트레이시 터프먼

"당장 이곳을 떠나야 하네." 픽윅 씨가 쪽지를 다시 접으며 말했다. "이런 일이 벌어졌으니 어떤 상황이든 여기에 계속 머무는 것은 온당하지 않아. 우리 친구를 찾아서 뒤쫓아야 하네." 그는 이렇게 말하며 친구들을 이끌고 집으로 갔다.

픽윅 씨의 의사는 빠르게 전달되었다. 사람들이 가지 말라고 간절하게 애원했지만 픽윅 씨는 뜻을 굽히지 않았다.

노목사가 그 자리에 있었다.

"정말 가시는 건 아니겠지요?" 그가 픽윅 씨에게 다가와서 와서 말했다.

픽윅 씨가 앞선 결심을 되풀이해 말했다.

"그렇다면 여기." 노목사가 말했다. "짧은 글입니다. 제가 직접 읽어드리고 싶었는데 아쉽군요. 정신병원에서 일했던 제 친구가 세상을 뜬 다음 여러 가지 서류 사이에서 발견했는데, 보관할지 말지 선택해야 했습니다. 저는 이 글이 사실인지 믿기 힘들지만 제 친구의 필체는 분명 아닙니다. 하지만 정말로 미치광이의 글인지 그저 어느 불행한 사람의 헛소리인지는 직접 읽고 판단하시지요. 저는 후자가 더 그럴듯하다고 생각합니다만."

픽윅 씨는 원고를 받아들고 호의와 존경을 수없이 표현한 다음 인자한 노목사와 헤어졌다.

일행에게 너무나도 많은 후의와 친절을 베푼 매너 농장 사람들과 헤어지는 것은 더욱 어려웠다. 픽윅 씨는 젊은 숙녀들에게 입을 맞추고—'자기 딸들에게 하듯이'라고 표현하고 싶지만 그보다는 조금 더 열의가 담겨 있었을지도 모르기 때문에 이 비유는 적절하지 않을 것이다—노부인과 아들처럼 진심 어린 포옹을 나누고 하녀들에게는 한 명 한 명의 손에 더욱 실질적인 감사의 표시를 슬쩍 쥐여주면서 가장다운 태도로 그들의 장밋빛 뺨을 톡톡 두드렸다. 사람 좋은 집주인 노신사와 트런들 씨와의 작별 인사는 더욱 진심 어리고 길었다. 스노드그래스 씨는 몇 번이나 부른 뒤에야 어두운 복도에서 모습을 드러냈고 곧이어 에밀리(반짝이는 눈이 평소와 달리 침울해 보였다)가 따라 나왔으며, 세 친구는 그제야 친절하게 환대해 준 사람들과 헤어질 수 있었다. 일행은 천천히 걸어가면서 매너 농장을 수없이 돌아보았고 스노드그래스 씨는 위층 창가에서 흔들리는 숙녀의 손수건 비슷한 것을 보며 수많은 입맞춤을 보냈다. 마침내 길이 꺾이면서 오랜 저택이 더 이상 보이지 않았다.

머글턴에 도착한 일행은 마차를 타고 로체스터로 갔다. 로체스터에 도착했을 때에는 크나큰 슬픔이 충분히 가라앉았기에 이른 정찬을 근사하게 즐길 수 있었다. 세 친구는 목적지에 대한 정보를 입수한 다음, 오후가 되자 코범을 향해 다시 걸어가기 시작했다.

참으로 즐거운 산책이었다. 기분 좋은 6월 오후인 데다가 울창하고 그늘진 숲길이라 무성한 나뭇잎을 살짝 흔드는 가벼운 바람이 시원했고 나뭇가지에 앉은 새들의 노래가 활기를 더했다. 나이 많은 나무에 담쟁이덩굴과 이끼가 잔뜩 뒤덮여 있었고 땅에는 부드러운 초록색 잔디가 비단 깔개처럼 펼쳐져 있었다. 그들은 고풍스럽고 그림 같은 엘리자베스 여왕 시대 건축 양식의 낡은 홀이 있는 탁 트인 공원에 도착했다. 사방에 당당한 오크나무와 느릅나무 들이 길게 늘어서 있었다. 사슴 떼가 신선한 풀을 뜯어먹고 있었고, 가끔 여름의 숨결처럼 햇빛 찬란한 풍경을 쓸고 지나가는 가벼운 구름의 빠른 그림자에 깜짝 놀란 산토끼가 재빨리 뛰어갔다.

픽윅 씨가 주변을 둘러보며 말했다. "우리 친구와 똑같은 문제로 괴로워하는 사람들이 모두 이곳에 온다면 세상에 대한 애정을 금방 되찾겠군."

"제 생각도 그렇습니다." 윙클 씨가 말했다.

30분 동안 걸어서 마을에 도착했을 때 픽윅 씨가 덧붙였다. "정말이지, 사람을 싫어하는 자가 선택한 마을치고는 너무나 아름답고 바람직한 곳이군. 지금까지 가본 곳 중에서 말일세."

윙클 씨와 스노드그래스 씨도 이 생각에 동의했다. 세 여행자는 깨끗하고 넓고 편리한 맥줏집 레더 보틀에 도착하자 안으로 들어가서 곧장 터프먼이라는 신사의 행방을 물었다.

"이분들을 응접실로 안내해 드려라, 톰." 여주인이 말했다.

뚱뚱한 시골 청년이 복도 끝 문을 열자 세 친구는 길쭉하고 천장이 낮은 방으로 들어갔다. 등받이가 높고 가죽 쿠션이 대어진 멋진 모양의 의자들이 무척 많았고 여러 가지 옛날 초상화와 거칠게 채색된 낡은 복제화들로 꾸며져 있었다. 가장 안쪽 끝 흰 식탁보가 깔린 식탁에는 구운 닭고기, 베이컨, 에일 맥주 등이 잔뜩 차려져 있었고, 바로 그 식탁 앞에 앉아 있는 사람은 절대 세상을 등진 사람처럼 보이지 않는 터프먼 씨였다.

친구들이 들어오자 터프먼 씨가 나이프와 포크를 내려놓고 울적한 분위기로 친구들을 맞이했다.

"여기까지 오실 줄은 몰랐습니다." 터프먼 씨가 픽윅 씨의 손을 잡으며 말했다. "정말 다정하시군요."

"아!" 픽윅 씨가 의자에 앉아 걸어오느라 흘린 이마의 땀을 닦으며 말했다. "식사를 마저 하게. 그런 다음 나와 산책을 좀 하지. 단둘이 대화하고 싶군."

터프먼 씨는 시키는 대로 했고, 에일 맥주를 넉넉하게 마시며 기운을 차린 픽윅 씨는 친구가 식사를 마칠 때까지 기다렸다. 식사는 빠르게 끝났고 두 사람은 같이 밖으로 나갔다.

30분 동안 교회 마당을 서성이는 두 형체를 볼 수 있었는데 픽윅 씨는 동료의 결심을 꺾으려고 애쓰고 있었다. 그의 주장을 여기서 되풀이하는 것은 무의미하리라. 그 주장을 생각해 낸 자의 태도가 전달하는 에너지와 힘을 어떤 언어로 표현할 수 있을까? 터프먼 씨가 칩거에 이미 지쳤는지 아니면 달변에 저항할 수 없었는지는 중요하지 않다. 그는 결국 저항을 포기했다.

"앞으로 남은 비참한 나날을 어디에서 질질 끌든지 저에게는 별로 중요하지 않습니다." 터프먼 씨가 말했다. "친구가 보잘것

없는 저의 동행을 이토록 강하게 주장하니 기꺼이 모험을 함께 하겠습니다."

마침내 픽윅 씨가 미소를 지었고 두 사람은 악수를 나눈 다음 다른 친구들과 합류하기 위해 돌아갔다.

바로 그 순간 픽윅 씨는 친구들에게는 자랑이자 긍지가 되고 영국을 비롯한 여러 나라의 모든 고고학자에게는 질투의 대상이 될 불멸의 발견을 했다. 두 사람은 여관 문을 그대로 지나쳐 조금 걸어가다가 여관의 정확한 위치를 뒤늦게 생각해 냈다. 그들이 뒤를 돌아보았을 때 픽윅 씨의 시선이 어느 오두막집 문 앞에 흙으로 일부 덮여 있는 돌에 닿았다. 그가 걸음을 멈추었다.

"정말 이상하군." 픽윅 씨가 말했다.

"뭐가 이상합니까?" 터프먼 씨가 막상 봐야 할 것만 빼고 주변의 모든 사물을 열심히 보면서 말했다. "세상에, 이게 무슨 일이지요?"

마지막 말은 너무 놀라서 내뱉은 탄성이었는데, 픽윅 씨가 발견에 대한 열의로 작은 돌 앞에 무릎을 꿇고 손수건으로 흙을 털어내기 시작했기 때문이다.

"여기 뭔가 새겨져 있어." 픽윅 씨가 말했다.

"그럴 수가!" 터프먼 씨가 말했다.

"보이는군." 픽윅 씨가 온 힘을 다해 돌을 문지르고 나서 안경 너머로 열심히 들여다보며 말했다. "십자가와 B, 그리고 T가 보이는군. 중요한 물건이야." 픽윅 씨가 자리에서 일어나며 말을 이었다. "아주 오래된 비석일세. 이 마을의 빈민 구호소들보다 더 오래됐겠군. 놓칠 수 없지."

그가 오두막 문을 두드리자 어느 일꾼이 문을 열었다.

"물을 말이 있소. 이 돌이 어쩌다가 여기 놓이게 되었는지 아시오?" 인자한 픽윅 씨가 물었다.

"아니요, 모르겠는데요." 남자가 정중하게 대답했다. "제가 태어나기 전부터, 아니, 동네 사람들이 태어나기 훨씬 전부터 있었습니다."

픽윅 씨가 당당한 눈빛으로 동행인을 흘끔 보았다.

"당신은 이 돌에 특별한 애착이 없는 듯하군요." 픽윅 씨가 초조함으로 전율하며 말했다. "지금 당장 팔지 않겠소?"

"아, 누가 그걸 사겠습니까?" 남자가 약삭빠른 표정을 떠올리려 애쓰며 물었다.

"제가 10실링을 드리지요." 픽윅 씨가 말했다. "저걸 캐주신다면요."

(삽질 한 번으로 돌을 캐낸 뒤) 픽윅 씨가 낑낑거리며 그것을 직접 들고 여관으로 돌아가서 조심스럽게 씻은 다음 탁자에 올려놓았을 때 마을 사람들 모두가 얼마나 놀랐을지 쉽게 상상할 수 있을 것이다.

인내와 노력을 발휘하여 정성스레 씻고 문지른 끝에 마침내 돌에 적힌 글씨가 드러나자 픽윅 클럽 회원들은 더없는 환희와 기쁨을 느꼈다. 돌은 울퉁불퉁 깨지고 문자는 여기저기 불규칙하게 흩어져 있었지만 다음과 같은 비문의 단편을 확실히 읽을 수 있었다.

†

BILST

UM

PSHI

S. M.

ARK

의자에 앉아 자신이 발견한 보물을 홀린 듯 바라보는 픽윅 씨의 눈이 기쁨으로 반짝였다. 그는 가장 큰 야망을 이루었다. 고대 유물이 많다고 알려진 시골에서, 옛 시대의 기념물이 아직 남아 있는 마을에서, 바로 그가─픽윅 클럽 회장인 그가─앞서 이 마을을 찾았던 수많은 학자들이 놓쳐버린 것을, 고대의 것이 분명한 이상하고 신기한 비문을 발견한 것이다. 그는 자신의 뛰어난 감각을 알려주는 이 증거를 믿기 힘들었다.

"이걸로 결심이 섰네. 내일 런던으로 돌아가세." 그가 말했다.

"내일요!" 그를 존경하는 추종자들이 외쳤다.

"내일일세." 픽윅 씨가 말했다. "이 보물을 철저히 조사하고 제대로 이해할 수 있는 곳으로 즉시 가져가야 하네. 런던으로 돌아가야 하는 이유가 하나 더 있네. 며칠 뒤 이턴스윌에서 선거가 열리는데 최근에 알게 된 퍼커 씨가 어느 후보의 선거 책임자라는군. 모든 영국인에게 너무나도 흥미로운 현장을 직접 보고 자세히 연구하세나."

"그렇게 합시다." 세 명의 목소리가 활기차게 외쳤다.

픽윅 씨가 주변을 둘러보았다. 추종자들의 애정과 열의가 그의 내면에 존재하는 열정의 불을 지폈다. 그는 그들의 수장이었고, 그 사실을 실감할 수 있었다.

"즐거운 축배로 이 행복한 모임을 축하하세." 픽윅 씨가 말했다. 이 제안은 다른 모든 제안과 마찬가지로 만장일치의 갈채를 받았다. 그는 여주인에게서 특별히 구입한 작은 나무 상자에 중요한 돌을 직접 넣은 다음 상석의 안락의자에 앉았고, 일행은 저녁 내내 즐거운 대화를 나누었다.

픽윅 씨가 침실로 물러났을 때는 11시가 넘은 시각—코범이라는 작은 시골 마을에서는 무척 늦은 시각—이었다. 그는 격자창을 열고 탁자 위 불을 켠 다음 이틀 동안 벌어진 어수선한 사건들에 대해 꼬리에 꼬리를 무는 생각에 빠졌다.

깊은 생각에 빠지기 좋은 시간과 장소였다. 교회 종이 12시를 알리자 픽윅 씨는 생각에서 깨어났다. 시간을 알리는 첫 번째 종소리가 그의 귀에 장엄하게 울렸지만 종이 그치자 정적을 참을 수가 없었다. 마치 친구를 잃은 듯한 기분이었다. 픽윅 씨는 초조하고 흥분해서 황급히 옷을 벗고 불을 난로에 넣은 다음 침대에 들었다.

누구나 피로한 육신이 불면과 헛되이 싸우는 불쾌한 상태를 겪어본 적이 있을 것이다. 바로 이때 픽윅 씨의 상태가 그러했다. 그는 이리저리 몸을 뒤척였고 스스로를 달래 선잠을 재우려는 것처럼 끈질기게 눈을 감고 있었다. 그러나 소용없었다. 진력을 쓰는 익숙지 않은 일을 해서인지, 더워서인지, 물 탄 브랜디 때문인지, 낯선 침대 때문인지 모르지만 상념이 자꾸 아래층의 음울한 그림들로, 저녁에 그 그림들을 보면서 떠오른 옛날이야기로 돌아가서 불편했다. 픽윅 씨는 30분 동안 뒤척이다가 결국 애를 써도 잠들 수 없다는 불만스러운 결론에 다다랐다. 그래서 그는 자리에서 일어나 옷을 걸쳤다. 무엇을 하든 침대에 누워서 온갖 무서운 이야기를 떠올리는 것보다는 나을 듯했다. 창밖을 내다보니 무척 어두웠다. 그는 방 안을 서성였다. 외로움이 사무치게 다가왔다.

픽윅 씨가 문에서 창문까지, 또 창문에서 문까지 몇 번이나 왕복했을 때 노목사가 준 원고가 떠올랐다. 좋은 생각이었다. 재미가 없으면 잠이라도 들 것이었다. 그는 외투 주머니에서 원고를 꺼내고 작은 탁자를 침대 옆으로 끌어당긴 다음 불을 조절하고, 안경을 쓰고, 자세를 잡고서 읽기 시작했다. 필체는 이상했고 종이는 무척 더럽고 얼룩덜룩했다. 제목 역시 그를 깜짝 놀라게 했다. 픽윅 씨는 수심에 잠긴 눈으로 방을 둘러보지 않을 수 없었다. 그러나 그는 이런 느낌에 굴복하는 것은 너무나 어리석다는 생각에 불을 다시 조절하고 다음과 같은 글을 읽었다.

미치광이의 원고

그렇다! 미치광이의 글이다! 몇 년 전이었다면 내가 미치광이라는 말에 어떤 느낌을 받았을까! 그 말은 이따금 나를 덮치던 공포심을 다시 일으켜 혈관 속의 피가 부글부글 따끔거리고, 피부에 차가운 공포의 이슬이 맺히고, 두려움에 무릎이 후들거렸을 것이다! 하지만 지금은 그 말이 좋다. 좋은 이름이다. 화가 나서 찌푸린 왕의 얼굴보다 미치광이의 번득이는 눈이 두렵고, 형을 집행하는 밧줄과 도끼보다 꽉 붙잡는 미치광이의 손이 더 강력하지 않은가. 하하! 미쳤다는 것은 굉장한 일이다! 쇠창살 사이로 야생 사자를 보는 듯한 시선을 받고, 길고 고요한 밤 내내 즐겁게 철컹거리는 사슬 소리에 맞춰 이를 갈며 노호하고, 그 용감한 음악에 취해 지푸라기 위에서 몸을 구르며 배배 꼬는 것은 정말 굉장한 일이다. 정신병원 만세! 아, 이 얼마나 보기 드문 곳인지!

내가 미치는 것을 두려워하던 시절, 잠에서 벌떡 깨 무릎을 꿇고서 우리 집안의 저주로부터 지켜달라고 기도하던 때가, 즐겁고 행복한 모습을 보면 달아나 외로이 숨어서 뇌를 갉아먹는 열병이 점점 심해지는 것을 지켜보던 힘든 시절이 생각난다. 나는 광기가 내 피와 골수에 섞여 있음을, 한 세대를 건너뛴 이 역병이 내 안에서 제일 먼저 되살아날 것임을 알았다. 그렇게 될 수밖에 없으며 항상 그랬고 앞으로도 그럴 것임을 알았다. 내가 북적거리는 방 한구석에 눈에 띄지 않게 움츠리고 앉아 있는데 사람들이 귓속말을 하고 손가락질하며 나에게 시선을 돌리면 나는 그들이 저주받은 미치광이에 대해서 이야기하고 있음을 알았기 때문에 다시 달아나 고독하게 틀어박혔다.

나는 몇 년이나 그렇게 살았다. 길고 긴 세월이었다. 이곳의 밤은 때때로 길다. 아주 길다. 그러나 그 시절의 초조한 밤들과 무시무시한 꿈들에 비하면 아무것도 아니다. 그 시절을 기억하면 선뜩하다. 크고 어슴푸레한 형체들이 교활하고 비아냥거리는 표정으로 방 구석구석에 웅크리고 있다가 밤이 되면 침대 위로 몸을 숙여 광기에 굴복하라며 나를 유혹했다. 그들은 내 아버지의 아버지가 미쳐 날뛰며 자기 손으로 낸 자신의 피로 옛 저택의 바닥을 물들였다고 속삭였다. 나는 손가락으로 귀를 막았지만 그들은 방이 쩌렁쩌렁 울릴 때까지 내 머릿속에 대고 소리쳤다. 할아버지의 아버지 세대에서는 광기가 잠잠했지만, 할아버지의 할아버지는 스스로를 찢어발기지 않도록 손을 땅에 고정시킨 채로 몇 년이나 살았다고 말이다. 나는 그들의 말이 사실임을 알았다. 너무나 잘 알았다. 모두들 그 사실을 숨기려 했지만 나는 이미 몇 년 전에 알아냈다. 하하! 그들은 내가 미쳤다고 생각했지만 내가 그들보다 더 교활했다.

마침내 내게 광기가 찾아왔지만 이것을 왜 그토록 두려워했을까? 이제 나는 세상으로 나갈 수 있고 무엇보다도 웃고 소리칠 수 있다. 나는 내가 미쳤음을 알았지만 사람들은 의심조차 하지 않았다. 아직 미치지 않았을 때, 언젠가 미칠까 봐 두려워만 하던 때에 그토록 흘겨보며 손가락질하던 사람들을 내가 얼마나 감쪽같이 속이고 있는지 생각하면 너무나 기뻐서 나 자신을 꼭 끌어안곤 했다. 혼자일 때면 내가 비밀을 얼마나 잘 지키고 있는지, 친절한 친구들이 사실을 알면 얼마나 재빠르게 나를 멀리할지 생각하면서 기뻐서 깔깔 웃곤 했다. 기분 좋게 떠들어대는 친구와 단둘이 식사를 할 때면 바로 옆에 앉아 반짝반짝 빛나는 나이프를 뾰족하게 닦고 있는 사랑하는 친구가 그것을 그의 심장에 꽂을 힘이 충분하고 그럴 생각도 없지는 않은 미치광이라는 사실을 알면 얼마나 창백해질까, 얼마나 재빨리 달아날까 생각하며 나는 무아지경으로 소리도 지를 수 있을 만큼 재미있었다. 아, 얼마나 즐거웠는지!

부가 내 것이 되고 재산이 쏟아져 들어오자 나는 혼자만의 비밀을 생각하면 천배로 커지는 즐거움 속에서 날뛰었다. 나는 영지를 물려받았다. 매의 눈을 가진 법률조차도 나에게 속아서 분쟁에 휩싸인 수천 파운드를 미치광이의 손에 넘겨주었다. 건전한 정신과 날카로운 눈매를 가진 사람들의 현명함은 어디로 갔을까? 흠을 찾으려 혈안이 된 변호사들의 능숙함은 어디 갔을까? 미치광이의 교활함이 그 모든 것을 넘어섰다.

나는 돈이 있었다. 사람들이 얼마나 내 비위를 맞췄는지! 나는 돈을 마구 썼다. 사람들이 얼마나 찬사를 보냈는지! 거만하고 고압적인 삼 형제가 내 앞에서는 자신을 낮추었다! 백발이 성성한 그들의 늙은 아버지도 마찬가지였다. 대단한 존경—대단한 경의—헌신적인 우정이었다. 그가 나를 숭배하는 이유가 있었다. 노인에게는 딸이, 즉 청년들의 누이가 있었는데, 다섯 명 모두 가난했다. 나는 부자였다. 내가 그 여자와 결혼했을 때 그녀의 욕심 많은 가족이 치밀한 계략과 멋진 보상을 생각하며 얼굴에 떠올리던 당당한 미소를 나는 보았다. 미소를 지을 사람은 나였다. 미소라니! 껄껄 웃으면서 머리카락을 쥐어뜯고 즐거운 비명을 지르며 바닥을 데굴데굴 구를 일이었다. 그들은 자기 피붙이를 미치광이와 결혼시켰다고는 꿈에도 생각하지 못했다.

잠깐, 만약 사실을 알았다면 그들이 여자를 구해주었을까? 여동생의 행복과 그 남편의 재산이라니, 공기 중에 날리는 가벼운 깃털과 내 몸을 장식한 값비싼 사슬의 무게를 비교하는 것과 마찬가지다!

딱 하나, 교활한 나조차 속은 것이 있다. 내가 미치지만 않았다면—우리 같은 미치광이는 빈틈이 없지만 가끔 갈피를 잡지 못할 때도 있기 때문이다—그 여자가 내 신부가 되어 사람들의 부러움을 사며 부유하고 으리으리한 내 집으로 들어오느니 차갑고 딱딱한 몸이 되어 음산한 납빛 관에 들어가기 원했음을 알아차렸을 것이다. 나는 아내가 잠을 설치며 한숨처럼 내뱉을 때 이름을 딱 한 번 들은 적 있는 검은 눈의 남자에게 마음을 빼앗겼음을, 백발노인과 오만한 오빠들의 가난을 덜기 위한 희생양으로 나에게 왔음을 알아챘어야 했다.

지금은 그녀의 얼굴과 형체가 기억나지 않지만 나는 그 여자가 아름다웠음을 안다. 달빛이 밝은 밤, 사방이 고요할 때 잠에서 깨면 이 감방 구석에 미동도 없이 서 있는 호리호리하고 쇠약한 형체가 보이기 때문이다. 등 뒤로 흘러내린 길고 검은 머리카락은 지상의 바람에 절대 흔들리지 않고, 그 시선은 나에게 고정되어 있다. 쉿! 이렇게 쓰고 있으려니 내 심장의 피가 식는다. 형체는 바로 그 여자다. 얼굴은 아주 창백하고 눈은 생기 없이 반짝인다. 나는 그 눈을 잘 안다. 형체는 절대 움직이지 않는다. 가끔 이곳을 채우는 다른 형체들과 달리 얼굴을 찌푸리지도, 입을 달싹이지도 않지만 수년 전 나를 유혹하던 유령들보다도 더 무섭다. 그녀는 무덤에서 갓 나왔기 때문에 죽음 그 자체 같다.

당시 거의 1년 동안 나는 아내의 얼굴이 점점 창백해지는 것을 지켜보았다. 매일같이 구슬픈 뺨에 흘러내리는 눈물을 보았지만 그 이유를 알지 못했다. 하지만 마침내 알아냈다. 나를 오래 속일 수는 없었다. 그녀는 나를 좋아한 적 없었고, 나는 그녀가 나를 좋아하리라 생각한 적 없었다. 그녀는 나의 부를 경멸했고 자기 삶을 둘러싼 사치를 싫어했는데, 나는 그럴 줄은 몰랐다. 그녀는 다른 남자를 사랑했다. 내가 절대 생각지도 못한 일이었다. 기묘한 감정이 나를 덮쳤고, 알 수 없는 힘이 내게 억지로 집어넣은 생각들이 머릿속을 휘젓고 또 휘저었다. 나는 그 여자를 증오하지 않았지만 그녀가 아직도 눈물을 흘리며 그리워하는 남자는 증오했다. 나는 차갑고 이기적인 가족이 그녀를 밀어 넣은 그 불행한 삶을 동정했다. 그렇다, 동정했다. 나는 그녀가 오래 살지 못하리라는 것을 알았다. 하지만 그녀가 죽기 전에 후손에게 광기를 물려줄 운명을 가진 불행한 자식을 낳을지도 모른다는 생각이 나를 결심하게 만들었다. 나는 그녀를 죽이기로 결심했다.

나는 몇 주 동안이나 독살과 익사와 화재에 대해서 생각했다. 웅장한 저택이 화염에 휩싸이고 미치광이의 아내가 새까맣게 타서 재가 되는 광경은 정말 대단할 것이다. 게다가 그 보상으로 얼마나 웃긴 일이 생길 것인가, 미치광이의 교활함 때문에 어느 멀쩡한 사람이 스스로 저지르지도 않은 일로 목매달려 바람에 휘날릴 테니 말이다! 나는 이런 생각을 자주 했지만 결국 포기했다. 아! 매일매일 면도칼을 갈며 날카로운 칼날을 느끼고 그 얇고 반짝이는 칼끝을 휘둘러서 상처를 내는 상상을 하는 것은 얼마나 즐거운 일인지!

마침내 예전에 나를 너무나 자주 찾아오던 오랜 유령들이 이제 때가 됐다고 속삭이며 면도칼을 쥐여주었다. 나는 칼을 단단히 잡고 침대에서 얌전히 일어나 잠든 아내 위로 몸을 숙였다. 그녀는 양손에 얼굴을 파묻고 있었다. 내가 그녀의 손을 살짝 치우자 양손이 가슴으로 떨어졌다. 울었는지 눈물 자국 때문에 뺨이 아직도 축축했다. 그녀의 얼굴은 차분하고 평온했다. 그 얼굴을 바라보고 있자니 그녀의 얼굴에 고요한 미소가 떠올라 창백한 이목구비를 환하게 밝혔다. 내가 그녀의 어깨에 가만히 손을 올렸다. 그녀는 깜짝 놀랐지만 지나가는 꿈 때문이었다. 내가 다시 몸을 숙였다. 그녀가 비명을 지르며 깨어났다.

내가 손을 한 번만 움직이면 그녀는 두 번 다시 비명을 지르지도 소리를 내지도 못할 것이었다. 그러나 나는 깜짝 놀라서 몸을 뒤로 뺐다. 그녀의 시선이 내 눈에 고정되어 있었다. 왠지 모르지만 나는 그녀의 시선에 겁을 먹고 무서워졌고 그 시선 아래 움츠러들었다. 그녀가 나를 뚫어져라 쳐다보면서 침대에서 일어났다. 나는 몸을 떨었다. 손에 칼이 쥐어져 있었지만 움직일 수 없었다. 그녀가 문을 향해 걸어갔다. 문이 가까워지자 그녀가 돌아서면서 내 얼굴에서 시선을 뗐다. 그러자 주문이 깨졌다. 나는 튀어

나가 그녀의 팔을 잡았다. 그녀가 계속 비명을 지르며 바닥에 주저앉았다.

이제 나는 아무 저항 없이 그녀를 죽일 수 있었지만 집 안 전체가 놀라서 깼다. 계단을 올라오는 발소리가 들렸다. 나는 면도칼을 서랍에 다시 넣은 다음 문을 열고 큰소리로 도움을 청했다.

사람들이 와서 그녀를 일으켜 침대에 누였다. 그녀는 몇 시간 동안 꼼짝도 없이 누워 있었고 생기와 표정, 목소리를 되찾았을 때는 이성을 잃고 미친 듯이 날뛰며 고함을 질러댔다.

의사들이 불려 왔다. 좋은 말과 화려한 하인들을 대동하고서 안락한 마차를 타고 내 집까지 찾아온 대단한 의사들이었다. 그들이 몇 주 동안이나 그녀의 침대 곁을 지켰다. 의사들은 다른 방에서 거창한 회의를 열어 낮고 엄숙한 목소리로 상의했다. 그 중에서 가장 똑똑하고 저명한 의사가 나를 따로 불러 최악의 사태를 준비하라며 나에게—미치광이인 나에게!—아내가 미쳤다고 말했다. 그는 열린 창문 앞에서 내 옆에 붙어 서서 나를 보며 내 팔에 손을 얹고 있었다. 단번에 그를 저 밑으로 집어던질 수도 있었다. 그랬다면 정말 즐거웠겠지만 내 비밀이 달려 있었기 때문에 나는 그를 그냥 보냈다. 며칠 뒤, 의사들은 그녀를 가두어야 한다고 말했다. 내가 감시인을 붙여야 한다고 말이다. 바로 내가! 나는 들을 사람이 없는 넓은 들판으로 가서 고함 소리가 쩌렁쩌렁 울릴 때까지 실컷 웃었다.

그녀는 다음 날 죽었다. 백발노인이 무덤까지 따라갔고 살아생전 그녀의 고통을 냉혹하게 바라만 보던 오만방자한 오빠들은 감각을 잃은 그녀의 시체에 눈물을 떨구었다. 이 모든 것은 내 비밀스러운 기쁨의 양식이었기에 나는 집으로 돌아오는 길에 흰 손수건으로 얼굴을 가리고 눈물이 흐를 때까지 웃었다.

그러나 그녀를 죽이겠다는 목적을 달성했음에도 불구하고 나는 불안하고 초조했다. 곧 내 비밀이 들통나고 말리라는 느낌이 들었다. 내 안에서 들끓어 오르며 집에 혼자 있을 때 방방 뛰고 손뼉을 치고 빙글빙글 돌며 춤을 추고 큰 소리로 울부짖게 만드는 그 미친 듯한 기쁨과 환희를 숨길 수가 없었다. 밖으로 나가서 거리를 분주히 오가는 사람들을 보거나 극장에 가서 음악 소리를 듣거나 춤추는 사람들을 보면 나는 너무 기분이 좋아서 사람들 사이로 뛰어들어 그들의 사지를 갈기갈기 찢어버리고 무아지경으로 울부짖을 수도 있을 것 같았다. 그러나 나는 이를 갈면서 바닥에 발을 딱 붙이고 서서 손바닥에 날카로운 손톱을 박아 넣었다. 나는 충동을 억눌렀고, 내가 미치광이임을 아직 아무도 몰랐다.

마지막 기억 중 하나가 떠오른다. 이제 현실과 꿈이 뒤죽박죽으로 섞였지만 이곳은 할 일이 너무 많고 항상 바쁘기 때문에 그 두 가지를 분리할 시간이 없다. 그러나 마침내 광기를 드러냈던 때를 기억한다. 하하! 지금도 사람들의 겁먹은 표정이 보이는 듯하다. 내가 너무나도 쉽게 사람들을 내던지고 하얀 얼굴에 주먹을 날리고 소리치고 울부짖는 사람들을 남겨두고 바람처럼 도망치던 느낌이 느껴지는 듯하다. 그 생각을 하면 거인처럼 힘이 솟는다. 자, 내 사나운 손아귀 힘에 이 철창이 얼마나 쉽게 구부러지는지 보라. 철창 따위는 나뭇가지처럼 부러뜨릴 수 있지만 이곳에는 기나긴 복도와 문이 너무 많아서 길을 찾지 못할 것이다. 설사 길을 찾는다 해도 철문을 잠그고 빗장을 질러놓았음을 잘 안다. 이들은 내가 얼마나 똑똑한 미치광이였는지 알기 때문에 나를 여기에 가둔 것을 자랑스럽게 여기며 선전한다.

가만있자. 그래, 그때 나는 외출을 했다. 밤늦게 집에 도착하니 오만한 삼 형제 중에서도 가장 오만한 자가 나를 기다리고 있었다. 급한 일이라고 했다. 아주 또렷하게 기억난다. 나는 온 광기를 다해 그를 증오했다. 내 손가락이 그를 찢어버리고 싶을 때가 수도 없이 많았다. 그가 와 있다고 하인들이 알려주었다. 나는 재빨리 계단을 올라갔다. 그는 할 말이 있다고 했다. 내가 하인들을 물렸다. 늦은 시각이었고 우리 둘밖에 없었다. 처음으로.

처음에는 조심스럽게 그의 시선을 계속 피했다. 그는 생각도 못했겠지만 내 눈에서 광기의 불빛이 타오르듯 번득인다는 사실을 잘 알았기 때문이다. 그 사실을 안다는 것이 자랑스러웠다. 우리는 몇 분 동안 말없이 앉아 있었다. 그가 마침내 입을 열었다. 여동생이 죽은 지 얼마 되지도 않았는데 최근 내가 방탕하게 살며 기이한 말을 하는 것은 그녀의 기억에 대한 모독이라고 했다. 그는 자신이 처음에 미처 알아차리지 못했던 수많은 정황까지 생각하면 내가 그녀를 제대로 대우하지 않은 것 같다고 말했다. 내가 그녀의 기억을 치욕스럽게 만들고 그녀의 가족에게 무례를 끼치려는 것 같다는 결론을 내렸는데, 정말 그런 것이냐고 물었다. 그가 입고 있는 제복을 생각하면 이렇게 설명을 요구하는 것도 당연한 일이라고 했다.

남자는 육군 장교였다. 바로 내 돈과 자기 누이의 불행을 대가로 산 계급이었다. 이자는 덫을 놓아 내 재산을 갈취할 계획을 꾸민 주모자였다. 또한 여동생의 마음이 그 힘없는 남자에게 있는 것을 알면서도 나와 억지로 결혼시킨 앞잡이였다. 제복을 입고 있으니 당연하다니! 그의 몰락을 보여주는 제복인데! 나는 시선을 돌려 그를 보았지만―그러지 않을 수 없었다―한 마디도 하지 않았다.

내 시선을 받은 그가 갑작스럽게 변하는 것이 눈에 보였다. 그는 용맹한 남자였으나 얼굴이 창백해지더니 의자를 뒤로 물렸다. 나는 그를 향해 의자를 끌어당겨 앉고 웃으면서―그때 나는 무척 유쾌했다―몸서리치는 그를 보았다. 내 안에서 꿈틀거리는 광기가 느껴졌다. 그는 나를 두려워했다.

"당신은 여동생을 아주 좋아했지. 그 여자가 살아 있을 때 말이야." 내가 말했다. "아주 좋아했어."

그는 불안하게 주변을 둘러보았고, 의자 등받이를 붙잡는 그의 손이 보였다. 그러나 그는 아무 말도 하지 않았다.

"이 악당 같으니." 내가 말했다. "네가 어떤 놈인지 잘 알아. 네가 나를 망치려고 꾸민 가증할 계략을 알아냈지. 여동생의 마음이 다른 사람에게 가 있다는 것을 잘 알면서도 결혼을 강요했어. 나는 알아, 다 안다고."

남자가 벌떡 일어나더니 의자를 휘두르며 물러나라고 말했다. 내가 계속 그에게 다가갔기 때문이었다.

혈관에서 소용돌이치는 미친 듯한 격정을, 예전부터 쫓아다니던 악령들이 그의 심장을 찢어버리라고 속삭이며 부추기는 것을 느꼈기 때문에 나는 말을 한다기보다 고함을 지르고 있었다.

"빌어먹을 놈!" 내가 그에게 달려들며 말했다. "그 여자를 죽인 건 나야. 나는 미치광이다. 너도 해치워주지. 피를, 피를, 피를 보고야 말겠어!"

나는 그가 겁에 질려 던진 의자를 단번에 물리치고 성큼 다가가 덤벼들었고 우리는 한 덩어리가 되어 바닥을 굴렀다.

대단한 싸움이었다. 키 크고 강한 남자는 목숨을 걸고 싸웠고 힘센 미치광이인 나는 그를 너무나도 죽이고 싶었기 때문이다. 나는 누구도 나에게 대적할 수 없음을 알았고, 내 생각이 옳았다. 나는 미치광이였지만 이번에도 역시 옳았다! 그의 저항이 점차 희미해졌다. 나는 그의 가슴에 올라타 두 손으로 건장한 목을 꽉 졸랐다. 그의 얼굴이 보랏빛으로 변하고 눈이 튀어나오고 나를 놀리는 것처럼 혀가 비죽 나왔다. 나는 더 세게 목을 졸랐다.

갑자기 큰 소리와 함께 문이 벌컥 열리더니 사람들이 미치광이를 잡으라고 소리를 지르며 달려들었다.

내 비밀이 탄로 났기 때문에 나는 이제 오로지 자유를 위해 싸웠다. 잡히기 전에 얼른 일어나 덤벼드는 자들을 향해 몸을 던졌고, 도끼를 든 사람처럼 힘센 팔을 휘둘러 사람들을 쓰러뜨리며 길을 만들었다. 나는 문을 나가서 난간 너머로 뛰어내려 순식간에 밖으로 나갔다.

나는 곧장 잽싸게 달렸다. 아무도 감히 나를 막지 않았다. 뒤에서 발소리가 들리자 나는 속도를 두 배로 높였다. 소리가 점차 멀고 희미해지더니 아예 사라졌다. 그러나 나는 미친 듯이 소리를 지르며 늪과 시내를 건너고 울타리와 담을 넘어 계속 달렸고, 사방에서 나를 향해 모여든 이상한 존재들이 나를 따라 소리를 지르자 점점 더 커진 비명이 정적을 꿰뚫었다. 나는 악마들의 품에 안겨 있었고, 악마는 바람을 타고 날면서 둑과 산울타리를 지나 나를 빙글빙글 돌렸기에 그 부스럭거리는 소리와 빠른 속도 때문에 머리가 어지러웠다. 결국 나는 악마들에게 난폭하게 내던져져 땅에 쿵 떨어졌다. 정신을 차려보니 햇볕은 거의 들지 않고 슬쩍 비추는 달빛이 내 주변의 검은 그림자만을, 그리고 늘 그렇듯 구석에 말없이 서 있는 형체만을 보여주는 이 멋진 감방이었다. 눈을 뜬 채 누워 있으면 가끔 이 커다란 병원 저 멀리 어딘가에서 기이한 비명과 외침이 들린다. 나는 그것이 무슨 소리인지 알지 못하지만 저 창백한 형체가 내는 소리도 아니고 저 형체는 그 소리를 신경 쓰지도 않는다. 저 형체는 황혼이 첫 그림자를 드리울 때부터 아침의 첫 햇살이 비칠 때까지 같은 자리에 꼼짝 않고 서서 쇠사슬의 노랫소리를 들으며 짚으로 만든 침대에서 신나게 날뛰는 나를 가만히 지켜본다.

원고 끝에는 다른 사람의 필체로 이러한 주석이 붙어 있었다.

위의 기록은 어느 불행한 남자의 헛소리로, 유년기에 길을 잘못 든 에너지의 유해한 결과와 난폭함이 길게 지속되면서 결국 어떻게도 할 수 없게 된 우울증 사례이다. 경솔한 방종, 무절제, 젊은 시절의 난봉이 흥분과 섬망을 불러왔다. 섬망의 첫 번째 결과는 자기 집안에 유전적인 광기가 존재한다는 기이한 망상인데 그 바탕은 강한 찬반이 존재하는 유명한 의학 이론이다. 이러한 망상이 만성적인 우울증으로 이어졌고 시간이 지나면서 병적인 정신착란으로 발전했으며 결국 심한 광기가 되었다. 이 남자가 자세히 설명하는 사건들은 병적인 공상으로 뒤틀리긴 했으나 실제 사건이라고 믿을 근거가 충분하다. 이 남자가 젊은 시절에 저지른 악행을 잘 아는 사람들은 이성으로 제어하지 못하게 된 격정에 휩쓸려 훨씬 더 무시무시한 비행을 저지르지 않은 것을 오히려 놀라워했다.

*

픽윅 씨가 원고를 다 읽었을 때 촛대의 촛불이 훅 꺼졌다. 경고의 깜빡임도 없이 불이 갑자기 꺼지자 흥분한 그가 크게 놀라 움찔거렸다. 픽윅 씨는 불편한 침대에서 나올 때 걸쳤던 옷을 황급히 벗어 던지고 두려움에 찬 눈으로 주변을 두리번거리며 이불 안으로 황급히 들어갔고 곧 잠들었다.

픽윅 씨가 잠에서 깼을 때는 태양이 방을 환히 비추고 있었고 이른 아침이 훌쩍 지난 후였다. 지난밤 그를 짓누르던 우울함은 주변 광경을 뒤덮었던 어두운 그림자와 함께 사라졌고 그의 생각과 감정은 아침처럼 가볍고 유쾌했다. 네 명의 신사는 든든한 식사를 마친 후 그레이브센드를 향해 다시 힘차게 출발했고 돌이 든 나무 상자를 진 남자가 뒤를 따랐다. 일행은 1시쯤 그레이브센드에 도착했고 (짐은 로체스터에서 런던으로 곧장 보냈다) 운 좋게 마차 바깥 좌석을 잡아서 건강한 몸과 마음으로 그날 오후 런던에 도착했다.

그 뒤 사나흘은 이턴스월에 갈 준비로 바빴다. 이처럼 중요한 일을 조금이라도 설명하려면 별도의 장이 필요하므로 이 장의 남은 부분에서는 골동품 발견과 관련된 사연을 아주 간단하게 설명하겠다.

당시 픽윅 클럽 회의록을 보면 픽윅 씨는 런던에 도착한 다음 날 밤에 소집된 클럽 전체 회의에서 발견에 대한 강연을 하고 돌에 새겨진 비문의 의미에 대한 다양한 독창적이고 학구적인 고찰에 들어갔다고 한다. 또한 솜씨 좋은 화가가 돌에 새겨진 진기한 문구를 충실히 그려 왕실 고고학 협회를 비롯한 여러 학술 기관에 제출했고—무수한 불만과 질투로 인해 이 주제에 대한 논의가 경쟁적으로 발표되었고—픽윅 씨는 아주 작은 활자로 인쇄된 97쪽의 본문과 스물일곱 가지 비문 해석이 포함된 팸플릿을 직접 썼다. 세 명의 노신사는 이 돌이 정말 오래된 것인지 의심한다는 이유로 각자의 장남에게 1실링만 주고 연을 끊었고, 어느 열정적인 사람은 비문의 의미를 알 수 없다는 사실에 절망하여 때 이르게 목숨을 끊었다. 픽윅 씨는 이 발견으로 국내외 열일곱 개 학회의 명예 회원으로 선출되었는데, 그중 어느 곳도 비문에 대해 알아내지 못했지만 대단한 발견이라는 점만은 모두 동의했다.

블로튼 씨는—그의 이름은 신비하고 숭고한 것을 연구하는 모든 사람들로부터 끝없는 경멸을 사게 되었다ー뻔뻔하게도 야비한 사람 특유의 의심과 트집 잡기로 우스꽝스럽고도 저급한 관점에서 이 사건을 기술한 것으로 보인다. 블로튼 씨는 픽윅이라는 불멸의 이름을 더럽히겠다는 비열한 욕망 때문에 코범에 직접 다녀온 후, 픽윅 클럽의 연설에서 그 돌을 판매한 남자를 만났으며 그는 돌이 오래되었다고 생각하지만 새겨진 문구가 오래되었다는 것은 진심으로 부인했다고ー본인이 한가할 때 새긴 것으로, 비문은 단순히 '빌 스텀프스의 표시'라는 뜻이라고 설명했다ー스텀프스 씨는 글을 잘 쓰지 않아서 정확한 철자법보다는 소리 나는 대로 쓰는 것에 익숙했기 때문에 자기 이름의 마지막 'L'을 빼먹었을 뿐이라고 빈정거리며 발표했다.

픽윅 클럽은ー그토록 현명한 협회에 당연히 기대할 수 있듯이ー블로튼 씨의 발표를 무척 경멸했고 투표를 통해 건방지고 성질 못된 블로튼을 클럽에서 쫓아낸 다음 신뢰와 승인의 표시로 픽윅 씨에게 금테 안경을 수여하기로 결정했다. 그 보답으로 픽윅 씨는 자신의 초상화를 그려 클럽 회관에 걸도록 했다.

블로튼 씨는 클럽에서 쫓겨난 뒤에도 굴하지 않았다. 그 역시 열일곱 개 학술 단체 앞으로 팸플릿을 써서 이전의 주장을 반복하면서 열일곱 개 학술 단체 모두 사기꾼이라는 의견을 강하게 암시했다. 그 결과 열일곱 개 학술 단체는 크게 분노했고 팸플릿 여러 권이 새로 나왔다. 외국 학술 단체는 국내 학술 단체와 서신을 교환했고, 국내 학술 단체는 외국 학술 단체의 팸플릿을 영어로 번역했으며, 외국 학술 단체는 국내 학술 단체의 팸플릿을 온갖 언어로 번역했다. 이렇게 해서 모든 사람들에게 픽윅 논란으로 너무나 잘 알려진 과학적 토론이 시작되었다.

그러나 픽윅 씨의 명성을 해치려는 이 비열한 시도는 도리어 그를 중상하는 자에게 돌아갔다. 열일곱 개 학술 단체는 투표를 통해서 건방진 블로튼이 무식하고 쓸데없이 간섭하는 사람이라는 만장일치의 결론을 내렸고 이전보다 더욱 많은 논문 작업에 당장 착수했다. 그 돌은 픽윅 씨의 위대함을 보여주는 독해 불가능한 기념물이자 적들의 좁은 도량을 보여주는 영원한 기념품으로 지금까지 남아 있다.

12장

픽윅 씨의 삶에서 획기적인 사건이 된
중요한 행위를 설명하다

고스웰 스트리트에 위치한 픽윅 씨의 집은 규모는 작지만 아주 깔끔하고 편안했을 뿐 아니라 천재적이고 관찰력 뛰어난 사람이 살기에 특히 적합했다. 거실은 2층 전면, 침실은 3층 전면에 있었기 때문에 픽윅 씨는 응접실 책상 앞에 앉든 침실 거울 앞에 서든 사람이 많지 않은 고스웰 스트리트에서 각종 연령의 사람들이 드러내는 인간 본성을 고찰할 수 있었다. 집주인 바델 부인 — 세상을 떠난 세관 직원의 과부이자 유일한 유언집행자 — 은 분주한 몸가짐과 괜찮은 외모를 가진 매혹적인 여성이었고, 꾸준한 연구와 연습을 통해 타고난 요리 소질을 완벽한 재능으로 발전시켰다. 아이들도 하인도 닭도 없었다. 이 집에 사는 다른 사람이라고는 덩치 큰 남자와 덩치 작은 소년뿐이었는데 덩치 큰 남

254

자는 하숙인, 덩치 작은 소년은 바델 부인의 소생이었다. 덩치 큰 남자는 늘 정확히 밤 10시에 귀가해서 뒷방의 유달리 작은 프랑스식 침대에 비집고 들어갔다. 바델 군은 집 근처 보도와 도랑에서만 어린애다운 놀이와 운동을 즐겼다. 집 전체가 깨끗하고 조용했고, 그 안에서는 픽윅 씨의 뜻이 곧 법이었다.

이 집이 어떻게 관리되는지, 또 픽윅 씨가 얼마나 규칙적인지 잘 아는 사람에게 이턴스월로 떠나기 전날 오전 픽윅 씨의 모습과 행동은 더할 나위 없이 수수께끼 같고 영문을 알 수 없는 것이었으리라. 그는 허둥지둥 서성이면서 약 3분 간격으로 머리를 창밖으로 내밀고 끊임없이 시계를 보고 초조함을 드러내는 온갖 행동을 했는데 그에게는 무척 드문 일이었다. 아주 중요한 일이 있는 것이 분명했지만 무슨 일인지는 바델 부인조차 알 수 없었다.

"바델 부인." 상냥한 그녀가 먼지를 떠는 기나긴 작업을 거의 끝냈을 때 픽윅 씨가 말했다.

"네." 바델 부인이 말했다.

"아드님이 나간 지 한참 되었군요."

"버로까지는 아주 멀잖아요." 바델 부인이 항변했다.

"아, 그렇지요. 맞습니다." 픽윅 씨가 말했다.

픽윅 씨는 다시 침묵에 빠졌고 바델 부인은 다시 먼지를 떨기 시작했다.

"바델 부인." 몇 분 뒤 픽윅 씨가 말했다.

"네." 바델 부인이 다시 말했다.

"만약에 두 사람이 같이 살면 혼자 살 때보다 돈이 훨씬 많이 들까요?"

"어머, 픽윅 씨!" 바델 부인은 하숙인의 눈에서 결혼 의도를 나타내는 반짝임을 보았다는 생각에 모자 경계까지 얼굴을 붉히며 말했다. "픽윅 씨, 그게 무슨 질문인가요!"

"음, 더 많이 들까요?" 픽윅 씨가 물었다.

"경우에 따라 다르지요." 바델 부인이 탁자 위에 꼼짝도 않고 놓인 픽윅 씨의 팔꿈치 바로 옆으로 총채를 가져가며 말했다. "아시겠지만 사람에 따라 무척 다르답니다, 픽윅 씨. 신중하고 근검절약하는 사람인지 아닌지에 따라서요."

"과연 그렇지요." 픽윅 씨가 말했다. "하지만 제가 생각하는 사람(여기서 그는 바델 부인을 뚫어져라 바라보았다)은 그런 성품이고 게다가 세상에 대한 예리한 지식이 상당히 많은 것 같습니다, 바델 부인. 그것이 저에게는 큰 도움이 되겠지요."

"어머, 픽윅 씨." 바델 부인이 말했다. 다시 모자 끝까지 홍조가 피어올랐다.

"저는 그렇게 생각합니다." 픽윅 씨가 흥미로운 주제에 대해 말할 때 늘 그렇듯 점점 더 강경한 어조로 말했다. "정말 그렇게 생각합니다. 사실대로 말씀드리자면 바델 부인, 저는 이미 결심했습니다."

"어머, 픽윅 씨!" 바델 부인이 소리쳤다.

"이상하다고 생각하시겠지요." 상냥한 픽윅 씨가 옆 사람을 명랑하게 흘깃 보며 말했다. "부인과 이 일에 대해서 전혀 상의하지 않았고, 오늘 아침 바델 군에게 심부름을 보낼 때까지 한 번도 언급하지 않았으니 말입니다. 그렇지요?"

바델 부인은 표정으로 대답할 수밖에 없었다. 그녀는 오랫동안 픽윅 씨를 숭배해 왔는데, 터무니없고 얼토당토않은 상상 속에서도 감히 꿈꾸지 못했던 일이 갑자기 일어나려 하고 있었다. 픽윅 씨가 청혼을 하다니, 일부러 계획했다니! 바델 부인의 아들이 방해가 되지 않도록 버로에 심부름까지 보내다니! 얼마나 사려 깊은지, 얼마나 신중한지!

"음," 픽윅 씨가 말했다. "어떻게 생각하십니까?"

"아, 픽윅 씨." 바델 부인이 흥분으로 몸을 떨며 말했다. "정말 상냥하시군요."

"그러면 부인의 수고도 상당히 덜 수 있을 겁니다. 그렇지요?" 픽윅 씨가 말했다.

"오, 저는 수고라고 생각한 적 없어요." 바델 부인이 대답했다. "그리고 물론, 그렇게 된다면 픽윅 씨를 기쁘게 해드리기 위해서 그 어느 때보다도 더욱 힘을 써야지요. 픽윅 씨, 제가 외로울까 봐 이렇게까지 생각해 주시다니 너무 상냥하세요."

"아, 확실히 그 생각은 못했군요. 제가 런던에 있는 한 항상 누군가가 부인의 곁을 지킬 겁니다. 반드시 그렇게 될 겁니다." 픽윅 씨가 말했다.

"그럼 저는 분명 아주 행복한 여인이 될 거예요." 바델 부인이 말했다.

"아드님도 말입니다……." 픽윅 씨가 말했다.

"아아, 불쌍한 것." 바델 부인이 어머니답게 흐느끼며 끼어들었다.

"바델 군도 친구가 생기겠지요." 픽윅 씨가 다시 말을 시작했다. "활기도 넘치고, 딱 일주일 만에 바델 군이 1년 동안 배운 것보다 더 많은 놀이를 가르쳐줄 겁니다." 그런 다음 픽윅 씨가 평온한 미소를 지었다.

"어머, 사랑스러운 분! 정말 친절하고 마음씨 좋고 재미있는 분이시군요." 바델 부인이 이렇게 말하더니 더 이상의 말없이 의자에서 일어나 픽윅 씨의 목을 끌어안고 눈물을 뚝뚝 흘리며 흐느꼈다.

"이런!" 깜짝 놀란 픽윅 씨가 외쳤다. "바델 부인, 세상에! 이게 무슨 일입니까. 착하지요, 제발 생각 좀 하세요. 바델 부인, 이러지 말아요, 누가 오기라도 하면……."

"아, 누가 오든 상관없어요!" 바델 부인이 흥분하여 소리쳤다. "당신을 절대 놓지 않을 거예요. 아아, 사랑스럽고 상냥하고 친절하신 분." 그녀는 이렇게 말하면서 더욱 찰싹 달라붙었다.

"아이고, 깜짝이야!" 픽윅 씨가 격하게 몸부림치며 말했다. "누군가 올라오는 발소리가 들립니다. 이러지 마세요, 그만하세요. 부인, 이러지 마세요." 그러나 아무리 타이르고 간청해도 소용없었다. 바델 부인이 픽윅 씨의 품에서 기절했기 때문이었다. 픽윅 씨가 바델 부인을 의자에 다시 앉힐 틈도 없이 바델 군이 터프먼 씨와 윙클 씨, 스노드그래스 씨를 안내하며 방으로 들어왔다.

깜짝 놀란 픽윅 씨는 꼼짝도, 아무 말도 할 수 없었다. 그는 사랑스러운 짐을 품에 안고 서서 인사도 설명도 없이 친구들의 표정을 멍하니 바라보았다. 친구들도 그를 바라보았고, 바델 군은 모두를 빤히 보았다.

픽윅 클럽 회원들은 너무나 놀랐고 픽윅 씨는 너무나 당혹했기 때문에 바델 군이 어머니에 대한 애정을 더없이 아름답고 감동적으로 표현하지 않았더라면 네 사람은 바델 부인이 활기를 되찾을 때까지 똑같은 자세를 유지했을 것이다. 커다란 황동 단추가 반짝이는 딱 달라붙는 코듀로이 정장 차림의 소년은 영문을 모른 채 깜짝 놀라 문간에 가만히 서 있었다. 그러나 아직 다 자라지 못한 마음에 어머니가 어딘가 다친 것이 틀림없다는 생각이 점차 떠오르자, 픽윅 씨가 어머니를 공격했다고 직감하고 이 세상 것 같지 않은 무시무시한 소리를 지르며 달려들었다. 바델 군은 난폭한 흥분 상태로 팔의 온 힘을 실어 꼬집고 때리며 위대한 신사의 등과 다리를 공격했다.

"이 꼬맹이 좀 떼어주게." 픽윅 씨가 괴로워하며 말했다. "정신이 나갔군."

"대체 무슨 일입니까?" 놀라서 말을 잃었던 픽윅 클럽 회원 세 명이 말했다.

"나도 모르겠네." 픽윅 씨가 샐쭉하게 대답했다. "이 꼬맹이 좀! (윙클 씨가 소리를 지르고 몸부림치는 아이를 방 저쪽 끝으로 떼어 놓았다.) 자, 이제 다 같이 부인을 아래층으로 옮기도록 하지."

"아, 전 이제 괜찮아요." 바델 부인이 가냘프게 말했다.

"제가 아래층으로 모셔다드리지요." 늘 정중한 터프먼 씨가 말했다.

"감사합니다. 감사드려요." 여전히 흥분 상태인 바델 부인이 외쳤다. 그렇게 해서 바델 부인은 부축을 받으며 애정 넘치는 아들과 함께 아래층으로 내려갔다.

"도저히 알 수가 없군." 친구가 돌아오자 픽윅 씨가 말했다. "저 부인이 어떻게 된 건지 도저히 알 수가 없어. 나는 그저 하인을 하나 쓸까 한다고 말했을 뿐인데 갑자기 발작을 일으켜서 자네들이 도착했을 때 본 상태가 된 걸세. 정말 이상한 일이야."

"정말 그렇군요." 세 친구가 말했다.

"그래서 정말 어색한 상황이 되었지." 픽윅 씨가 말을 이었다.

"정말 그렇습니다." 그의 추종자들은 헛기침을 하며 의심스러운 눈길을 주고받았다.

픽윅 씨도 그러한 행동을 놓치지 않았다. 그는 친구들의 의심을 알아차렸다. 세 사람은 분명 픽윅 씨를 의심하고 있었다.

"복도에 사람이 있는데요." 터프먼 씨가 말했다.

"내가 얘기했던 그 사람일세." 픽윅 씨가 말했다. "오늘 아침 버로에 사람을 보내서 불러왔지. 들어오라고 해주겠나, 스노드그래스."

스노드그래스 씨가 픽윅 씨의 말대로 하자 새뮤얼 웰러 씨가 모습을 드러냈다.

"나를 기억하는가?" 픽윅 씨가 말했다.

"그럼요." 샘이 거드름을 피우듯 한쪽 눈을 깜빡이며 대답했다. "참 묘한 시작이었지만 그 사람이 선생님보다 한 수 위였지요, 안 그렇습니까? 호락호락한 상대가 아니었지요."

"이제 그 일은 상관없네." 픽윅 씨가 얼른 말했다. "다른 문제에 대해서 이야기하고 싶은데. 앉게나."

"감사합니다." 샘이 말했다. 그는 흰 모자를 문 앞 층계참에 두고 돌아와 자리에 앉았다. "저게 보기에는 썩 좋지 않지요." 샘이 말했다. "하지만 써보면 아주 대단합니다. 챙이 떨어지기 전에는 아주 멋진 모자였지요. 하지만 챙이 떨어져서 더 가벼워졌어요, 그리고 구멍으로 공기가 들어와서 좋지요. 저는 통풍 모자라고 부른답니다." 웰러 씨는 말을 마치고 한자리에 모인 픽윅 클럽 회원들을 보며 기분 좋은 미소를 지었다.

"자, 여기 있는 신사분들의 동의하에 내가 자네를 불러온 이유를 말해주겠네." 픽윅 씨가 말했다.

"그게 중요한 점이지요." 샘이 끼어들었다. "시원하게 내뱉으세요. 아들이 1파딩[31]짜리 동전을 삼켰을 때 그 아버지가 했던 말처럼요."

"우선 자네가 현재의 일에 만족하지 못하는 부분이 있는지 알고 싶네."

"여러분, 그 말에 대답하기 전에 우선 저에게 더 좋은 일을 주시려는 생각인지 알고 싶습니다." 웰러 씨가 대답했다.

"자네를 고용하려고 거의 결심을 굳혔다네." 픽윅 씨가 이렇게 말했을 때 평온하고 너그러운 햇살이 그의 얼굴을 비추었다.

---

31   영국의 옛 화폐로, 4분의 1페니에 해당한다.

"그러셨습니까?" 샘이 말했다.

픽윅 씨가 그렇다는 뜻으로 고개를 끄덕였다.

"보수는요?" 샘이 물었다.

"1년에 12파운드." 픽윅 씨가 대답했다.

"제복은요?"

"두 벌."

"일은요?"

"내 시중을 드는 걸세. 그리고 나를 포함해서 이 신사들과 함께 여행을 다니고."

"계약서를 쓰시죠." 샘이 단호하게 말했다. "시중들 주인은 한 분이고 조건은 동의합니다."

"일자리를 받아들이겠나?" 픽윅 씨가 물었다.

"그럼요." 샘이 대답했다. "제복은 좀 안 맞아도 괜찮습니다."

"추천장을 받아 올 수 있나?" 픽윅 씨가 말했다.

"그 문제는 화이트 하트 여관 주인에게 물어보시지요." 샘이 대답했다.

"오늘 저녁에 올 수 있겠나?"

"여기 제복이 있었다면 당장이라도 입었을 겁니다." 샘이 시원시원하게 말했다.

"저녁 8시에 오게." 픽윅 씨가 말했다. "자네에 대해서 알아보고 만족스러우면 제복을 주겠네."

웰러 씨의 품행을 알아보니 어느 견습 하녀와 관련된 사랑스럽고 무분별한 사건만 제외하면 나무랄 데가 없었으므로 픽윅 씨는 그날 밤 계약을 마무리하는 것이 지당하다고 생각했다. 위대한 픽윅 씨는 공적인 일뿐 아니라 사적인 일을 진행할 때에도 특유의 신속함과 활기를 발휘했기 때문에, 신품과 중고품을 모두 취급해서 치수를 재는 귀찮고 불편한 절차를 피할 수 있는 크고 편리한 신사복 가게로 새 하인을 데려갔다. 밤이 되기 전에 웰러 씨는 P. C.라고 새겨진 단추가 달린 회색 외투, 모표 달린 검은 모자, 분홍색 줄무늬 조끼, 가벼운 반바지와 각반, 그 밖에 너무나 많아서 일일이 설명할 수 없는 필수품들을 갖추었다.

다음 날 아침, 환골탈태한 웰러가 이턴스윌행 마차 바깥 자리에 앉으면서 말했다. "내가 하인인지 마부인지 사냥터 관리인인지 씨 뿌리는 사람인지 모르겠군. 넷을 다 합친 것 같잖아. 뭐 어때, 기분 전환도 되고 볼 것도 많고 할 일은 거의 없으니까. 이래서야 불평할 것도 없지. 픽윅 가문 만만세다!"

13장

이턴스월과 그곳의 당파,
역사가 깊고 충성스러우며 애국적인
이턴스월 의원 선거에 대한 설명

우리는 픽윅 클럽의 방대한 문서에 몰두하기 전까지 이턴스월에 대해 한 번도 들어본 적이 없었음을 솔직히 인정하는 바이다. 또한 현재 이턴스월이 정말로 존재한다는 증거를 찾으려 했지만 발견하지 못했다는 사실 역시 솔직하게 인정한다. 우리는 픽윅 씨의 모든 기록과 진술을 굳게 믿어야 한다는 사실을 알고 있고, 기록으로 남아 있는 위대한 픽윅 씨의 진술에 대해 감히 반박할 생각은 없으므로 이 문제에 대해서 문의할 수 있는 모든 기관에 문의했다. 우리는 선거구에서 빠진 지역을 모두 찾아보았지만 이턴스월이라는 이름을 발견하지 못했고, 영국의 유명한 출판사들이 발행한 휴대용 행정구역 지도를 구석구석 조사했으나 같은 결과가 나왔다. 그러므로 우리는 픽윅 씨가 누구의 기분도 상하게 하지 않으려는 간절한 바람과 그의 지인이라면 누구나 잘 아는 섬세함 때문에 지역의 실명을 일부러 가상의 지명으로 바꾸었다고 생각하게 되었다. 그 자체로는 사소하고 대수롭지 않지만 이러한 관점에서 보았을 때에는 눈치채지 않을 수 없는 몇몇 정황에 따라 우리는 확신을 얻었다. 픽웍 씨의 공책에는 그와 친구들이 노리치 마차 회사를 통해 좌석을 예약했다는 기록이 있었지만 해당 선거구의 방향조차 숨기려는 듯 줄을 그어 지운 흔적이 있었다. 그러므로 우리는 섣부른 추측을 그만두고 이야기를 바로 시작하면서 여기 등장하는 인물이 제공해 준 자료만으로 만족하기로 한다.

이턴스윌 주민들은 다른 수많은 작은 마을의 주민들과 마찬가지로 스스로 중요한 존재라고 생각했고, 이턴스윌의 모든 사람들은 자기 행동의 무게를 충분히 의식하면서 이 도시를 나누는 두 거대 정당—블루파와 버프파—중 한쪽과 몸도 마음도 하나가 되어야 한다고 생각한 것으로 보인다. 블루파는 버프파에 대항할 기회를 절대 놓치지 않았고, 버프파는 블루파에 대항할 기회를 하나도 놓치지 않았다. 그 결과 공청회나 시청, 박람회, 시장에서 버프와 블루가 만날 때마다 고성과 언쟁이 오갔다. 이턴스윌의 모든 문제가 정파 싸움이 되었다는 것은 말할 필요도 없을 것이다. 버프파가 시장에 새로운 천창을 내자고 제안하면 블루파는 공청회를 열어서 비난했다. 블루파가 번화가에 펌프를 추가로 설치하자고 제안하면 버프파는 하나가 되어 일어나 너무 무모하다며 대경실색했다. 블루 상점과 버프 상점, 블루 여관과 버프 여관이 있었고 교회에서도 블루 신자석과 버프 신자석이 나뉘었다.

물론 강력한 두 당파는 각자 선출한 기관과 대표를 가질 수밖에 없었다. 이에 따라 이턴스월에는 신문사도 두 곳—〈이턴스월 거제트〉와 〈이턴스월 인디펜던트〉—이 있었는데, 전자는 블루파의 신조를 옹호했고 후자는 버프파의 논리에 따라 행동했다. 둘 다 좋은 신문이었다. 사설이 얼마나 대단한지, 공격은 또 얼마나 활발한지! "우리의 아무 짝에도 쓸모없는 동시대 신문 〈거제트〉", "수치스럽고 비열한 신문 〈인디펜던트〉", "거짓말뿐인 비열한 간행물 〈인디펜던트〉", "사악하고 중상을 일삼는 사기꾼 〈거제트〉", 이 밖에도 영혼을 휘젓는 비난들이 각 신문의 칼럼마다 넉넉하게 흩뿌려져 마을 사람들의 가슴에 강렬한 즐거움과 분노를 불러일으켰다.

픽윅 씨는 늘 그렇듯이 선견지명과 명민함으로 특히 바람직한 순간을 골라 이턴스월을 방문했다. 이처럼 대단한 싸움은 일찍이 없었다. 슬럼키 저택의 새뮤얼 슬럼키 각하는 블루 당 후보였고 이턴스월 근처 피즈킨 저택의 허레이쇼 피즈킨 귀하는 버프 당을 위해 나서라는 친구들의 설득에 굴복했다. 〈거제트〉는 이턴스월의 유권자들에게 영국뿐 아니라 문명화된 세계 전체의 눈이 그들을 보고 있다고 경고했고, 〈인디펜던트〉는 이턴스월 선거구 주민이 스스로 항상 생각했던 것과 같은 위인인지, 아니면 영국인이라는 이름과 자유라는 축복에 걸맞지 않는 상스럽고 미천한 도구일 뿐인지 엄중하게 물었다.

픽윅 씨와 동료들이 샘의 도움을 받아 이턴스윌행 마차 지붕에서 내리자 이미 늦은 저녁이었다. 타운 암스 여관 창문에서 파란색의 큰 비단 깃발들이 나부꼈고, 거대한 글자로 새뮤얼 슬럼키 각하의 위원회가 매일 그곳에 모인다고 위협하는 포스터가 창틀마다 붙어 있었다. 거리에 모인 한가한 사람들이 발코니에서 쉰 목소리로 말하는 남자를 보고 있었고 그는 벌게진 얼굴로 슬럼키 씨에 대해서 이야기하는 중이었다. 그러나 피즈킨 씨의 위원회가 모퉁이에서 큰북 네 개를 계속 치고 있었기 때문에 연설의 힘과 요점이 잘 전달되지 않았다. 하지만 그 옆에서 바쁘게 움직이는 키 작은 남자가 일정 간격을 두고 모자를 벗어 환호를 보내라는 신호를 하면 사람들은 규칙적으로 크게 열광하며 환성을 질렀다. 얼굴이 벌건 신사가 얼굴을 더욱 새빨갛게 물들이며 계속 이야기하는 모습을 보면 마치 사람들이 그의 이야기에 귀를 기울이기라도 하는 것 같았다.

픽윅 클럽 회원들은 마차에서 내리자마자 정직하고 독립적인 일부 군중에게 둘러싸였다. 이들이 귀청이 떨어져 나갈 만큼 큰 소리로 환성을 세 번 지르자 다른 군중이 화답하면서 (군중이란 원래 자기들이 무엇을 위해 환성을 지르는지 전혀 알 필요 없다) 우렁차고 의기양양한 환성으로 부풀어 올랐고 그로 인해 발코니에 서 있던 얼굴이 벌건 남자까지 말을 멈추었다.

"만세!" 군중이 마지막으로 소리쳤다.

"환성 한 번 더!" 발코니의 자그마한 키 작은 지도자가 외치자 군중이 다시 소리를 질렀는데 강철로 만든 튼튼한 폐를 가진 것처럼 우렁찬 소리였다.

"슬럼키 만세!" 정직하고 독립적인 시민들이 소리 질렀다.

"슬럼키 만세!" 픽윅 씨가 모자를 벗으며 따라했다.

"피즈킨은 안 돼!" 군중이 소리쳤다.

"절대 안 돼!" 픽윅 씨가 외쳤다.

"만세!" 그런 다음 다시 환성이 일었는데 마치 코끼리가 차가운 고기를 달라고 종을 울릴 때 동물원 전체에 울려 퍼지는 소리 같았다.

"슬럼키가 누굽니까?" 터프먼 씨가 속삭였다.

"나도 모르네." 픽윅 씨가 속삭이며 대답했다. "쉿, 아무것도 묻지 말게. 이럴 때는 군중이 하는 대로 따라하는 게 제일 좋아."

"하지만 군중이 두 무리면 어떡하죠?" 스노드그래스 씨가 물었다.

"더 큰 군중의 말을 따라 외치면 된다네." 픽윅 씨가 대답했다.

아무리 많은 책도 더 이상은 말해주지 못했을 것이다.

일행이 여관으로 들어가자 사람들이 양쪽으로 갈라져 길을 내주며 떠들썩한 환성을 질렀다. 가장 먼저 생각할 일은 그날 밤 묵을 방을 확보하는 것이었다.

"방을 구할 수 있겠나?" 픽윅 씨가 급사를 불러 물었다.

"잘 모르겠습니다, 손님." 남자가 대답했다. "방이 다 찼을 것 같은데요, 한번 물어보겠습니다." 급사가 방을 알아보러 갔다가 금세 돌아오더니 픽윅 씨 일행이 블루파인지 물었다.

픽윅 씨도 친구들도 두 후보의 입장에 큰 관심은 없었기 때문에 대답하기 어려운 질문이었다. 이 곤란한 상황에서 픽윅 씨는 새로운 친구 퍼커 씨를 생각해 냈다.

"퍼커라는 신사를 아시오?" 픽윅 씨가 물었다.

"물론입니다. 새뮤얼 슬럼키 각하의 선거 책임자죠."

"그 사람은 블루파겠지요?"

"아, 그렇습니다."

"그렇다면 우리도 블루파요." 픽윅 씨가 말했다. 그러나 이 융통성 있는 대답에 급사가 의심스러운 표정을 짓자 픽윅 씨가 명함을 주면서 이 여관에 퍼커 씨가 있으면 당장 전해달라고 부탁했다. 급사가 물러났다가 바로 돌아와서 픽윅 씨에게 따라오라고 말한 다음 2층의 큰 방으로 안내했다. 안으로 들어가니 책과 종이로 뒤덮인 긴 책상 앞에 퍼커 씨가 앉아 있었다.

"아, 오셨군요!" 키 작은 남자가 다가와서 인사하며 말했다. "만나서 정말 반갑습니다, 정말로요. 앉으시지요. 결심을 정말로 실천하셨군요. 선거를 보러 오셨지요?"

픽윅 씨가 그렇다고 대답했다.

"혈기왕성한 경쟁이지요." 키 작은 남자가 말했다.

"그 말을 들으니 기쁘군요." 픽윅 씨가 손을 문지르며 말했다. "어느 쪽이든 확고한 애국심을 보는 것은 즐거운 일이지요. 혈기왕성한 경쟁이라고 하셨나요?"

"아, 그럼요." 키 작은 남자가 말했다. "그렇고말고요. 이턴스월의 선술집은 전부 우리가 열었기 때문에 저쪽에는 맥줏집밖에 남지 않았어요. 대단한 책략 아닙니까?" 작은 남자가 만족스러운 미소를 짓더니 코담배를 넉넉하게 들이마셨다.

"선거 결과는 어떻게 보십니까?" 픽윅 씨가 물었다.

"확실하지 않아요. 아직은 불확실하죠." 키 작은 남자가 대답했다. "피즈킨 쪽에서는 화이트 하트 여관의 마차 보관소에 유권자 서른세 명을 데리고 있으니까요."

"마차 보관소라고요!" 픽윅 씨가 두 번째 책략에 상당히 놀라며 말했다.

"원할 때까지 거기 가둬둘 겁니다." 작은 남자가 말을 이었다. "아시겠지만 우리의 접근을 막으려는 의도죠. 접근할 수 있다 해도 소용없을 겁니다. 일부러 유권자들을 취하게 만드니까요. 피즈킨의 선거 책임자는 아주 영리한 친구예요, 정말 영리하죠."

픽윅 씨는 물끄러미 바라볼 뿐 아무 말도 하지 않았다.

"하지만 우리는 자신 있습니다." 퍼커 씨가 거의 속삭이듯 목소리를 낮춰 말했다. "어젯밤에 여기서 작은 티파티를 열었지요. 여자 마흔다섯 명이 모였는데 끝나고 나서 모두에게 초록색 양산을 주었습니다."

"양산이라고요!" 픽윅 씨가 말했다.

"그렇습니다, 맞아요. 초록색 양산 마흔다섯 개, 하나당 7실링 6펜스죠. 여자들은 모두 아름다운 물건을 좋아하니까 효과는 엄청납니다. 어제 참석한 여자들의 남편들 전부, 그리고 형제들 중의 반은 확보한 셈이지요. 스타킹이나 수건처럼 실속 없는 물건보다 나아요. 전적으로 제 생각이었지요. 싸라기눈이 오든 비가 오든 해가 나든 길에 나갔다 하면 6야드도 안 가서 초록색 양산이 여섯 개는 보일 겁니다."

작은 남자는 이렇게 말하면서 끓어오르는 기쁨을 만끽하다가 다른 사람이 들어온 다음에야 마음을 가라앉혔다.

새로 들어온 사람은 키가 크고 날씬한 남자로 엷은 갈색 머리는 벗어지고 있었고 얼굴에는 근엄한 관록과 헤아릴 수 없는 심오함이 뒤섞여 있었다. 그는 긴 갈색 프록코트에 검정색 조끼와 반바지 차림이었다. 조끼에는 안경이 달랑달랑 매달려 있고, 챙이 넓고 아주 낮은 모자를 쓰고 있었다. 픽윅 씨가 소개받은 바에 따르면 그는 〈이턴스윌 거제트〉의 편집장 포트 씨였다. 가벼운 이야기를 몇 마디 나눈 뒤 포트 씨가 픽윅 씨를 향해 돌아서서 진지하게 말했다.

"이번 선거가 런던에서도 큰 관심을 일으키고 있겠지요?"

"그런 것 같습니다." 픽윅 씨가 말했다.

"저도 알고 있습니다." 포트가 확인하듯 퍼커 씨를 보면서 말했다. "지난 토요일에 제가 쓴 사설이 어느 정도 기여했다는 사실은 저도 알고 있지요."

"확실히 그렇습니다." 키 작은 남자가 말했다.

"언론은 강력한 기관입니다." 포트가 말했다.

픽윅 씨가 이 말에 크게 동의했다.

"하지만 저는 제가 휘두르는 크나큰 힘을 한 번도 남용한 적 없다고 생각합니다. 제 손에 쥐어진 이 고귀한 도구를 사생활이라는 신성한 가슴을 향해서, 개인의 명성이라는 연약한 가슴을 향해서 겨눠본 적이 없습니다. 제가 힘을 쏟는 부분은―변변치 않을지도 모르지만, 아니 분명 변변치 않지만—사람들에게 원칙을 일깨우는 것인데요, 그것은……."

〈이턴스윌 거제트〉 편집장이 중언부언하자 픽윅 씨가 한 마디 거들었다.

"물론이지요."

"한 가지 묻고 싶습니다." 포터가 말했다. "저희와 〈인디펜던트〉의 싸움에 대해서 런던의 대중은 어떤 입장인지 당신의 공평무사한 의견을 듣고 싶군요."

"무척 흥분했지요, 분명히." 아마도 분명 우연이겠지만 퍼커 씨가 교활한 표정으로 끼어들었다.

"싸움은 계속될 겁니다." 포트가 말했다. "저의 건강과 힘, 그리고 제게 주어진 재능이 사라지지 않는 한 말입니다. 이 싸움 때문에 마음이 불안해지고 감정이 고조되어 평범한 삶의 일상적인 의무를 이행하지 못하게 된다 해도 저는 〈이턴스윌 인디펜던트〉를 짓밟을 때까지 절대 움츠러들지 않을 겁니다. 런던 사람들이, 이 나라의 모든 사람들이 저를 믿어도 된다는 것을 알았으면 좋겠군요. 제가 그들을 버리지 않으리란 것을, 마지막까지 그들의 곁에 서 있기로 결심했다는 것을 말입니다."

"정말 고귀한 행동이로군요." 픽윅 씨가 이렇게 말하며 배포가 큰 포트의 손을 꼭 쥐었다.

"분별과 재능이 뛰어난 분이시군요." 포트 씨가 애국심을 너무 열렬히 피력하느라 숨을 몰아쉬며 말했다. "당신 같은 분을 알게 되어서 정말로 기쁩니다."

"저 역시 훌륭한 생각을 들려주셔서 정말 영광입니다. 저와 함께 여행하는 동료들도 소개하겠습니다. 제가 설립한 자랑스러운 클럽의 회원들이지요."

"영광입니다." 포트 씨가 말했다.

픽윅 씨가 세 친구의 곁으로 돌아가서 〈이턴스윌 거제트〉 편집장에게 그들을 소개했다.

"포트 씨, 문제는 우리 친구들을 어디에 재우느냐입니다." 키 작은 퍼커 씨가 말했다.

"이 여관에 묵을 수 있을 것 같은데요." 픽윅 씨가 말했다.

"하지만 남는 침대가 없습니다. 하나도 없어요."

"그거 참 곤란하군요." 픽윅 씨가 말했다.

"정말 그렇습니다." 그의 친구들이 말했다.

"저한테 한 가지 생각이 있어요." 포트 씨가 말했다. "그렇게 하면 아주 괜찮을 것 같군요. 피콕 여관에 침대가 두 개 있습니다. 제 아내는 기꺼이 픽윅 씨와 친구 한 분을 우리 집으로 모실 것입니다. 다른 두 분과 하인이 피콕 여관으로 옮기는 것에 반대하지 않으신다면요."

포트 씨가 몇 번이나 강권하고 상냥한 포트 부인에게 폐를 끼치다니 절대 그럴 수 없다고 픽윅 씨가 몇 번이나 거절한 끝에 결국 지금으로서는 이 방법밖에 없다는 결론이 내려졌다. 그렇게 해서 일행은 타운 암스 여관에서 같이 식사한 다음 각자 헤어져서 터프먼 씨와 스노드그래스 씨는 피콕 여관으로, 픽윅 씨와 윙클 씨는 포트 씨의 저택으로 향했다. 그들은 다음 날 아침 타운 암스 여관에 다시 모여서 후보자 지명 장소로 향하는 새뮤얼 슬럼키 각하의 행렬에 동참하기로 약속했다.

포트 씨 가족은 포트 씨와 아내가 전부였다. 굉장한 재능 덕분에 자랑스러운 지위에 오른 남자는 보통 전체적인 성격과 대조되어서 더욱 눈에 띄는 작은 결점을 가지고 있다. 포트 씨에게 결점이 있다면 바로 아내의 통제와 지배에 지나치게 굽실거리는 것이었다. 그러나 우리는 이 사실을 굳이 강조하는 것이 온당하지 않다고 생각한다. 이번에는 포트 부인이 매력적인 태도를 발휘하여 두 신사를 맞이했기 때문이다.

"여보, 런던에서 오신 픽윅 씨예요." 포트 씨가 말했다.

픽윅 씨가 아버지처럼 손을 내밀자 포트 부인이 매력적이고 상냥하게 그 손을 잡았다. 아직 소개되지 않은 윙클 씨가 슬쩍 다가와 허리 숙여 인사했지만 어둑한 구석에 있었기 때문에 보이지 않았다.

"여보?" 포트 부인이 말했다.

"그래요, 여보." 포트 씨가 말했다.

"다른 신사분도 소개해야지요."

"이것 참 실례했군." 포트 씨가 말했다. "이쪽은 제 아내인 포트 부인이고, 이쪽은……."

"윙클입니다." 픽윅 씨가 말했다.

"윙클 씨예요." 포트 씨가 따라서 말하자 소개가 다 끝났다.

"정말로 죄송합니다, 부인." 픽윅 씨가 말했다. "이렇게 갑작스럽게 집으로 찾아와 불편을 끼치다니 말입니다."

"그런 말씀은 하지 마세요." 포트 부인이 쾌활하게 말했다. "새로운 분을 뵙는 것이 저에게는 정말 큰 즐거움이랍니다. 며칠이고 몇 주고 이렇게 지루한 곳에서 지내면서 아무도 만나지 못하니까요."

"아무도라니!" 포트 씨가 익살맞게 외쳤다.

"당신 빼고요." 포트 부인이 퉁명하게 쏘아붙였다.

"아시겠지요, 픽윅 씨." 집주인이 아내의 한탄에 대해 설명했다. "우리 부부는 다른 처지였다면 즐길 수 있었을 수많은 즐거움이나 오락으로부터 어느 정도 거리를 두고 있답니다. 〈이턴스월 거제트〉 편집장이라는 저의 공적 지위, 우리 신문이 영국에서 차지하는 위치, 제가 항상 정치의 소용돌이에 말려드는……."

"여보." 포트 부인이 끼어들었다.

"그래요, 여보." 편집장이 말했다.

"손님들이 흥미를 가질 만한 화제를 찾아보는 게 좋을 것 같아요."

"픽윅 씨는 이런 문제에 관심이 있다오." 포트 씨가 무척 겸손하게 말했다.

"그렇다면 다행이네요." 포트 부인이 강조하며 말했다. "저는 당신의 정치니, 〈인디펜던트〉와의 싸움이니, 그런 말도 안 되는 이야기들이 정말 지겹거든요. 자신의 어리석음을 그렇게 자랑스럽게 과시하다니 당신한테 정말 놀랐어요."

"하지만 여보……." 포트 씨가 말했다.

"오, 또 말도 안 되는 소리를 꺼내려고. 나한테는 하지 말아요."

포트 부인이 말했다. "에카르테 카드놀이 할 줄 아세요?"

"부인께서 가르쳐주신다면 기꺼이 배우고 싶군요." 윙클 씨가 대답했다.

"그럼 저 작은 탁자를 여기 창가로 옮겨주세요. 지루한 정치 이야기가 들리지 않게 말이에요."

"제인," 초를 가지고 들어온 하녀에게 포트 씨가 말했다. "사무실에 가서 1828년 〈거제트〉 파일 좀 가져다줘." 포트 씨가 픽윅 씨를 보며 덧붙였다. "이턴스월 요금소에 새로운 요금 징수원을 임명하자는 버프파의 제안에 대해서 제가 썼던 사설을 몇 편 읽어드리지요. 재미있을 겁니다."

"정말 듣고 싶군요." 픽윅 씨가 말했다.

파일이 도착했고, 편집장이 픽윅 씨의 옆에 앉았다.

우리는 그 아름다운 글의 대략적인 개요를 발견하기 바라며 픽윅 씨의 공책을 숙독했지만 헛수고였다. 우리에게는 픽윅 씨가 활기차고 신선한 문체에 황홀해서 어쩔 줄 몰랐다고 생각할 충분한 근거가 있다. 실제로 윙클 씨는 그 사설 몇 편을 정독하는 내내 픽윅 씨가 너무나 기쁜 듯 눈을 감고 있었다고 기록한 바 있다.

식사가 준비되었다는 소식에 에카르테 게임도, 〈이턴스월 거제트〉의 명문을 요약하는 것도 모두 중단되었다. 포트 부인은 무척 기분이 좋았고 아주 싹싹했다. 윙클 씨는 이미 포트 부인에게 상당한 호감을 샀고, 그녀는 픽윅 씨를 '기분 좋은 노신사'라고 윙클 씨에게만 살짝 말했다. 위대한 정신을 가진 픽윅 씨와 친하게 지내는 사람이라도 감히 하지 못할 표현이었다. 그럼에도 불구하고 우리가 이 말을 기록하는 것은 사회 여러 계층의 사람들이 픽윅 씨를 어떻게 생각했는지, 픽윅 씨가 사람들의 마음과 감정을 얼마나 쉽게 사로잡았는지 보여주는 감동적이고 유력한 증거이기 때문이다.

두 신사가 물러난 것은 밤늦은 시각—터프먼 씨와 스노드그래스 씨가 피콕 여관 제일 안쪽 방에서 이미 잠든 지 한참 지난 시각—이었다. 윙클 씨는 졸음에 감각을 빼앗겼지만 감정이 고조되었고 경탄이 넘쳤다. 그가 잠으로 인해 이 세상의 모든 것에 무감각해진 이후로도 몇 시간 동안 그의 공상 속에 싹싹한 포트 부인의 얼굴과 형체가 몇 번이나 다시 등장했다.

아침을 알리는 소리와 활기는 이 세상에서 가장 낭만적인 몽상가의 마음에서 점차 다가오는 선거와 직접적으로 관련된 것들을 제외한 모든 생각을 쫓아버리기에 충분했다. 이른 새벽부터 거리에서 북소리, 나팔소리, 고함 소리, 말들이 쿵쿵대는 소리가 계속해서 울렸다. 또한 두 정당의 말썽꾼들이 가끔 일으키는 싸움으로 선거 준비는 더욱 활기를 띠었고 두 정당에 기분 좋은 다채로움을 선사했다.

"샘, 오늘은 모두 활기가 넘치는군?" 샘이 침실 문 앞으로 찾아왔을 때 막 몸단장을 마친 픽윅 씨가 말했다.

"그럼요." 웰러 씨가 대답했다. "타운 암스 여관에 우리 편 사람들이 다 모여서 벌써 목소리가 쉬도록 소리를 치고 있어요."

"그 사람들이 자기 당에 충성하는 것 같은가?" 픽윅 씨가 말했다.

"제 평생 그런 충성심은 처음 봅니다."

"힘도 넘치고?"

"보기 드물 정도지요." 샘이 대답했다. "그렇게 많이 먹고 많이 마시는 사람들은 생전 처음 봅니다. 배가 터질까 봐 걱정도 안 되나 싶어요."

"그건 이곳 신사들의 잘못된 친절 때문이라네." 픽윅 씨가 말했다.

"그렇군요." 샘이 간단하게 대답했다.

"착하고 기운차고 마음씨 좋은 사람들 같군." 픽윅 씨가 창가에서 흘깃 보며 말했다.

"기운이 넘치지요." 샘이 대답했다. "저랑 피콕 여관 급사 두 명이 그 여관에서 식사했던 유권자들한테 펌프로 물을 퍼부었으니까요."

"유권자들한테 물을 퍼부었다고?" 픽윅 씨가 소리쳤다.

"네." 하인이 말했다. "다들 쓰러진 자리에서 그대로 잠들었거든요. 우리가 오늘 아침에 한 명씩 끌고 나와서 펌프 아래 눕히고 물을 퍼부었더니 이제 다들 멀쩡합니다. 위원회에서 한 사람당 1실링씩 받았지요."

"그래도 되는 건가?" 깜짝 놀란 픽윅 씨가 외쳤다.

"그럼요." 샘이 말했다. "사제를 대신해서 세례도 주는데 뭐 어때요? 그런 건 아무 문제도 아니에요, 아무것도 아니지요."

"아무것도 아니라고?" 픽윅 씨가 말했다.

"그럼요." 하인이 대답했다. "지난번 선거일 전날 밤에는 상대 정당이 타운 암스 여관 술집 여종업원을 매수해서 유권자 열네 명에게 물 탄 브랜디에 마취제를 넣어 내놨지요."

"마취제를 넣다니 그게 무슨 뜻인가?" 픽윅 씨가 물었다.

"아편을 넣었다고요." 샘이 대답했다. "선거가 끝나고 열두 시간이 지날 때까지 푹 잠들었지 뭡니까. 시험 삼아서 푹 잠든 사람 하나를 수레에 실어서 투표소로 끌고 가봤지만 소용없었지요. 투표소에 들여보내주질 않아서 다시 데려와 침대에 넣었다더 군요."

"그것 참 이상한 수법이군." 픽윅 씨가 말했다. 반은 혼잣말, 반은 샘에게 하는 말이었다.

"바로 이 마을에서 어느 선거 때 저희 아버지가 겪은 일에 비하면 하나도 이상할 것 없지요." 샘이 대답했다.

"무슨 일이었지?" 픽윅 씨가 물었다.

"예전에 아버지가 여기서 마차를 몰았거든요." 샘이 말했다. "선거철이라서 아버지는 런던에서 유권자를 태워 오기로 어느 당이랑 약속을 했지요. 그런데 아버지가 런던으로 가기 전날 밤에 상대 당 위원회가 몰래 사람을 보내 불렀어요. 심부름꾼의 안내를 받아서 안으로 들어가니 큰 방에 신사들이 잔뜩 있었답니다. 서류 더미니 펜이니 잉크니 다 있고요. 의자에 앉은 신사가 말했지요. '아, 웰러 씨, 만나서 반갑습니다. 잘 지내십니까?' 아버지가 말했어요. '잘 지냅니다, 고맙소. 당신도 그럭저럭 괜찮으시면 좋겠군요.' 신사가 말했죠. '좋습니다, 고맙군요. 앉으시지요,

279

웰러 씨. 앉으세요.' 그래서 아버지가 자리에 앉았고 두 사람은
서로 뚫어지게 바라보았습니다. 신사가 말했지요. '저 기억 안 나
십니까?' 아버지가 말했습니다. '잘 모르겠는데요.' 신사가 말했
지요. '아, 저는 아는데요. 당신이 어렸을 때 만났지요.' 아버지가
말했습니다. '음, 기억이 안 나는데요.' 신사가 말했지요. '참 이상
하군요.' 아버지가 말했어요. '정말 그렇군요.' 신사가 다시 말했
죠. '기억력이 안 좋으신가 봅니다, 웰러 씨.' 아버지가 말했지요.
'뭐, 별로 안 좋습니다만.' 신사가 말했어요. '그런 것 같습니다.'
그런 다음 사람들이 아버지에게 와인을 한 잔 따라주고 마차를
모는 일에 대해서 시답잖은 이야기를 늘어놓으면서 아버지를 기
분 좋게 만들더니 마지막으로 20파운드 지폐를 쥐여주었지요.
신사가 말했어요. '여기서 런던까지는 도로 상태가 아주 나쁘지
요.' 아버지가 말했지요. '여기도 거기도 길이 아주 험하죠.' 신사
가 말했습니다. '운하 근처가 특히 그렇지요.' 아버지가 말했지요.
'거긴 좀 고약하죠.' 신사가 말했어요. '웰러 씨, 당신이 아주 뛰어
난 마부라서 말을 원하는 대로 다룰 수 있다는 것을 우리는 잘
알고 있습니다. 우리 모두 당신을 아주 좋아하지요. 혹시나 런던
에서 유권자들을 데리고 올 때 사고가 나서 승객들이 운하에 빠
지지만 다치지는 않는 일이 생긴다면 이 돈은 당신 겁니다.' 아버
지가 말했지요. '정말 친절하시군요. 당신 건강을 위해서 한 잔
더 마시겠습니다.' 아버지는 와인을 한 잔 더 마시고 돈을 주머니
에 넣고 단추를 잠근 다음 허리 숙여 인사를 하고 나왔지요." 샘
이 이루 말할 수 없을 만큼 뻔뻔한 표정으로 주인을 보며 말을

이었다. "못 믿으시겠지만 아버지가 유권자들을 태우고 오던 그날, 마차가 바로 그 장소에서 뒤집혀서 사람들이 전부 운하에 빠졌지 뭡니까."

"다들 나왔겠지?" 픽윅 씨가 얼른 물었다.

"글쎄요." 샘이 아주 느긋하게 대답했다. "노신사 한 명은 실종됐던 것 같은데요. 모자가 발견됐다는 얘기는 들었는데 그 안에 머리가 있었는지 없었는지는 잘 모르겠습니다. 하지만 제가 말씀드리는 건, 그 신사가 그런 말을 한 다음에 아버지의 마차가 바로 그날, 바로 그 장소에서 뒤집히다니 정말 얼마나 놀라운 우연이냐 이거예요!"

"확실히 보통 일은 아니군." 픽윅 씨가 말했다. "샘, 얼른 내 모자를 털어주게. 윙클 씨가 아침 식사를 하러 오라고 부르는 소리가 들리는군."

픽윅 씨가 응접실로 내려가니 아침 식사가 차려져 있고 이미 사람들이 모여 있었다. 그들은 식사를 급히 마쳤다. 신사들의 모자에는 포트 부인이 섬세한 손으로 직접 만든 커다란 파란색 배지가 달려 있었다. 윙클 씨는 연단 근처 지붕으로 포트 부인을 안내했고, 픽윅 씨와 포트 씨는 타운 암스 여관으로 갔다. 여관 뒤쪽 창가에서 슬럼키 씨의 위원 중 한 명이 소년 여섯 명과 소녀 한 명을 상대로 연설 중이었는데, 그는 한 문장을 마칠 때마다 "이턴스윌의 여러분"이라는 거창한 말로 아이들을 불렀고 그러면 여섯 명의 소년이 크게 환호했다.

마구간 앞마당은 이턴스윌 블루파의 힘과 영광을 확실하게 보여주고 있었다. 사람들이 들고 있는 푸른 깃발에는 4피트 크기의 비율이 좋은 금색 글씨로 표어가 적혀 있었다. 트럼펫, 바순, 북으로 구성된 커다란 악단이 사열 종대로 늘어서서 각자 돈을 벌었는데, 근육질의 북 치는 사람이 특히 많은 돈을 받았다. 파란 봉을 든 순경들, 푸른 목도리를 두른 위원 스무 명, 파란 모표를 단 유권자들이 있었다. 말에 탄 유권자도 있고 서 있는 유권자도 있었다. 새뮤얼 슬럼키 각하가 탈 덮개 없는 사두마차 한 대와 그의 친구들과 지지자들이 탈 이두마차 네 대가 준비되어 있었다. 깃발이 부스럭거리고 밴드가 음악을 연주했고, 순경들은 욕을 퍼붓고 위원 스무 명은 말다툼을 했으며, 군중은 소리를 지르고 말들은 뒷걸음질을 치고 마부들은 진땀을 흘리고 있었다. 그때 그곳에 모인 모든 사람과 모든 사물은 영국 하원에서 이턴스월 선거구를 대표할 후보 중 하나인 슬럼키 저택의 새뮤얼 슬럼키 각하에게 특별히 도움이 되기 위해서, 그의 이익과 명예와 명성을 위해 존재했다.

떠들썩한 환호성이 길게 울리고 '언론의 자유'라고 적힌 파란 깃발 하나가 유난히 부스럭거릴 때 바깥의 군중이 창가에 선 포트 씨의 엷은 갈색 머리를 알아보았다. 가죽 장식 부츠와 파란 네커치프 차림의 새뮤얼 슬럼키 각하가 포트에게 다가가서 그의 손을 잡고서 군중을 겨냥한 통속적인 몸짓으로 〈이턴스월 거제트〉에 대한 잊을 수 없는 감사의 마음을 드러내자 어마어마한 열광이 터져 나왔다.

"준비는 다 되었는가?" 새뮤얼 슬럼키 각하가 퍼커 씨에게 물었다.

"다 되었습니다, 각하." 작은 남자가 대답했다.

"빠진 건 하나도 없고?" 새뮤얼 슬럼키 각하가 말했다.

"뭐든 간에 빠뜨린 것은 하나도 없습니다, 각하. 길가의 문 앞에 각하께서 악수하실 남자 스무 명이 깨끗이 씻고 대기 중입니다. 각하께서 머리를 쓰다듬고 나이를 물어볼 아이들 여섯 명이 엄마 품에 안겨 있고요. 아이들을 상대할 때는 특히 신경 쓰셔야 합니다. 항상 효과가 크거든요."

"신경 쓰도록 하겠네." 새뮤얼 슬럼키 각하가 말했다.

"그리고 혹시 말입니다." 작은 남자가 조심스럽게 말했다. "혹시…… 꼭 그렇게 해야 한다는 뜻은 아니지만 한 아이에게 입맞춤을 하시면 사람들에게 아주 큰 인상을 줄 겁니다."

"추천인이나 후원자가 해도 효과가 똑같지 않겠나?" 새뮤얼 슬럼키 각하가 말했다.

"음, 유감스럽지만 그렇지 않을 겁니다." 선거 책임자가 대답했다. "각하께서 직접 하시면 인기가 높이 치솟을 겁니다."

"알겠네." 새뮤얼 슬럼키 각하가 어쩔 수 없다는 듯이 말했다. "그럼 그렇게 해야지."

"행렬 준비!" 스무 명의 의원이 외쳤다.

모여든 군중의 환호 속에서 악단, 순경, 위원, 유권자, 마부, 마차가 제각각 자리를 찾아갔다. 이두마차에 최대한 많은 신사들이 빽빽하게 올랐고 퍼커 씨에게 배정된 마차에는 픽윅 씨, 터프먼 씨, 스노드그래스 씨를 비롯해서 위원 여섯 명이 탔다.

새뮤얼 슬럼키 각하가 마차에 오르기를 기다리는 동안 어색하고 불안한 순간이 흘렀다. 갑자기 군중이 큰 소리로 환호하기 시작했다.

"나왔군요!" 키 작은 퍼커 씨가 무척 흥분하여 말했다. 무슨 일이 벌어지고 있는지 보이지 않았기 때문에 더욱 흥분했다.

또다시 훨씬 큰 환호가 들려왔다.

"남자들과 악수를 한 겁니다." 자그마한 선거 책임자가 말했다.

훨씬 더 격렬한 환호가 이어졌다.

"아이들 머리를 쓰다듬었습니다." 퍼커 씨가 불안으로 떨면서 말했다.

이번에는 대기를 꿰뚫는 우레와 같은 박수 소리가 울려 퍼졌다.

"아기한테 입맞춤을 했어요!" 작은 남자가 기쁨에 넘쳐 외쳤다.

두 번째 우레와 같은 소리.

"또 다른 아기한테 입을 맞췄습니다." 신이 난 책임자가 숨을 헐떡이며 말했다.

세 번째 우레와 같은 소리.

"아기들한테 전부 입맞춤을 하고 있어요!" 열정적인 남자가 외쳤다. 귀청을 꿰뚫는 수많은 사람들의 환호 속에서 행렬이 움직였다.

우리는 어떻게 행렬이 다른 행렬과 섞였는지, 또 어떻게 해서 그 후 이어진 혼란에서 빠져나왔는지는 설명할 수 없다. 행진 초반에 픽윅 씨의 모자가 버프파의 깃대에 맞아 푹 씌워지는 바람에 눈, 코, 입까지 다 가려버렸기 때문이다. 픽윅 씨의 설명에 따르면 주변을 얼핏 보니 화가 나고 흉포한 표정의 얼굴들과 또 거대한 먼지구름, 빽빽하게 서서 싸우는 사람들이 사방에서 둘러싸고 있었다. 픽윅 씨는 보이지 않는 힘 때문에 마차에서 끌려 내려왔고 몸싸움에 휘말렸다고 한다. 그러나 상대가 누구인지, 어쩌다 그렇게 되었는지, 왜 그랬는지는 본인도 전혀 말할 수 없다. 그런 다음 픽윅 씨는 뒷사람들이 자신을 나무 계단으로 밀어 올리는 것을 느꼈고, 모자를 벗으니 유세단 왼쪽 맨 앞에서 친구들에게 둘러싸여 있었다. 오른쪽은 버프 당의 자리였고, 가운데는 시장과 수행원들의 자리였다. 그중 한 명─이턴스윌의 뚱뚱한 포고꾼─이 조용히 하라고 거대한 종을 울리고 있었고, 허레이쇼 피즈킨 씨와 새뮤얼 슬럼키 각하는 온화한 태도로 가슴에 손을 얹고 앞쪽의 탁 트인 공간에 머리들이 범람하는 거친 바다를 향해 고개 숙여 인사하고 있었으며, 그 범람하는 바다에서 신음, 고함, 고성, 야유가 쏟아져 나왔는데 어찌나 맹렬한지 지진에도 지지 않을 정도였다.

"윙클이 저기 있네요." 터프먼 씨가 친구의 소매를 잡아당기며 말했다.

"어디 말인가?" 픽윅 씨가 다행히도 주머니에 들어 있던 안경을 쓰며 말했다.

"저기, 저 집 지붕에요." 터프먼 씨가 말했다.

확실히 기와지붕의 납빛 배수구에 윙클 씨와 포트 부인이 의자에 편안히 앉아서 이쪽을 알아보았다는 표시로 손수건을 흔들고 있었기에 픽웍 씨는 부인을 향해 손으로 입맞춤을 날려 대답했다. 행사는 아직 시작되지 않았고 보통 할 일 없는 군중은 장난을 치는 경향이 있는데, 이처럼 순진한 픽웍 씨의 행동은 군중의 경박함을 일깨우기에 충분했다.

"속이 시커먼 노인이군." 어떤 목소리가 외쳤다. "여자 꽁무니나 쫓고 있어?"

"늙어빠진 죄인 같으니." 또 다른 목소리가 외쳤다.

"이미 결혼한 여자를 보려고 안경을 쓰다니!" 세 번째 목소리가 말했다.

"저 사악하고 늙어빠진 눈으로 윙크도 하던데." 네 번째 목소리가 외쳤다.

"부인 단속 잘하라고, 포트." 다섯 번째 목소리가 외쳤고, 우레와 같은 웃음이 터져 나왔다.

픽웍 씨와 나이 많은 숫양을 비교하는 조롱이 오갔고, 비슷한 뜻의 여러 가지 우스갯소리도 오갔다. 게다가 군중이 죄 없는 여인의 정조에 대해서 가타부타 비난하려고 들자 픽웍 씨는 어마어마하게 화가 났다. 그러나 그 순간 조용히 하라는 소리가 들렸기 때문에 그는 안됐다는 표정으로 군중에게 악담을 퍼붓는 것으로 만족했고 그러자 사람들은 더욱 떠들썩하게 웃었다.

"정숙!" 시장의 수행원들이 고함쳤다.

"휘핀, 조용히 시키게." 시장이 높은 지위에 어울리는 과시적인 분위기를 풍기며 말했다. 이 명령에 따라 포고꾼이 다시 종을 울리자 군중 속에서 어떤 신사가 "머핀"이라고 외쳤고 또다시 웃음이 터졌다.

"신사 여러분." 시장이 최대한 목소리를 높이며 말했다. "신사 여러분, 이턴스월 선거구의 유권자 여러분. 오늘 우리가 여기 모인 것은 대표를 선출하여 고인이 된⋯⋯."

그때 군중 속의 어떤 목소리가 끼어들었다.

"시장 만세!" 그 목소리가 외쳤다. "시장에게 돈을 벌어주었던 못과 소스팬 사업을 절대 버리지 않기를!"

연설자의 직업이 언급되자 사람들은 환호하며 즐거워했고, 여기에 종소리까지 더해져서 시장의 나머지 연설은 마지막 문장밖에 들리지 않았다. 시장은 마지막으로 지금까지 참을성 있게 관심을 기울여줘서 고맙다고 인사했는데, 그러자 또다시 즐거움의 환호가 터져 나와 15분 동안 계속되었다.

다음으로 키가 크고 날씬한 신사가 빳빳한 흰색 네커치프를 하고 나와서 이턴스월 주민을 대표할 적절한 사람을 임명해 달라고 호소했다. 목소리를 베개 밑에 놓고 온 게 아닌지 집으로 사람을 보내보라는 군중의 반복적인 요구를 받으면서도 주민을 대표할 사람은 바로 이턴스월 근처 피즈킨 저택의 허레이쇼 피즈킨 귀하라고 말하자, 피즈킨의 추종자들이 갈채를 보냈고 슬럼키의 추종자들은 너무나 시끄럽고 긴 신음을 냈기 때문에 연설자와 후원자가 연설이 아니라 웃긴 노래를 불렀어도 아무도 몰랐을 것이다.

허레이쇼 피즈킨 귀하의 친구들 차례가 끝나자 쉽게 흥분하는 분홍색 얼굴의 남자가 등장하여 의회에서 이턴스월 유권자를 대표할 적절한 다른 사람을 추천했다. 분홍 얼굴의 남자가 군중의 농담을 충분히 즐길 줄 알았다면 연설은 순조로웠을 것이다. 그러나 분홍 얼굴의 신사는 은유적인 웅변을 고작 몇 문장 늘어놓은 다음 자기 연설을 방해하는 일부 군중을 비난하더니 급기야 연단에 서 있던 신사들과 격한 논쟁을 벌였고, 그러자 큰 소란이 일어나 그는 진지한 몸짓으로 자신의 감정을 표현할 수밖에 없었으며, 다음 후원자에게 무대를 맡기고 내려갔다. 후원자는 원고를 보며 30분 동안 연설을 한 다음에도 멈추려 하지 않았는데, 그가 원고를 〈이턴스월 거제트〉에 전부 보냈고 〈이턴스월 거제트〉는 한 글자도 빼지 않고 실었기 때문이었다.

그런 다음 이턴스월 근처 피즈킨 저택의 허레이쇼 피즈킨 귀하가 등장했다. 그가 연설을 시작하자마자 새뮤얼 슬럼키 각하가 고용한 악단은 아침에 보여준 연주와는 비교도 되지 않을 만큼 힘차게 연주를 시작했다. 버프파 군중이 블루파 군중의 머리와 어깨를 공격하자, 다들 버둥거리면서 서로 밀고 싸우기 시작했고 시장이 그렇듯 우리 역시 이 광경을 묘사할 수 없다. 시장은 주동자를 붙잡으라고 순경 열두 명에게 엄한 명령을 내렸지만 주동자의 수는 250명쯤 되었다. 이러한 소동 가운데 피즈킨 저택의 허레이쇼 피즈킨 귀하와 친구들은 크게 분노했고, 결국 피즈킨 저택의 허레이쇼는 상대 후보 슬럼키 저택의 새뮤얼 슬럼키 각하에게 악단이 음악을 연주하는 것이 그의 뜻이었는지 물었다. 새뮤얼 슬럼키 각하가 대답을 거부하자 피즈킨 저택의 허레이쇼 피즈킨 귀하가 슬럼키 저택의 새뮤얼 슬럼키 각하의 얼굴에 주먹을 휘둘렀다. 그러자 피가 끓어오른 새뮤얼 슬럼키 각하는 허레이쇼 피즈킨 각하에게 결투를 신청했다. 모든 규칙과 선례에 어긋나는 이러한 행동을 보고 시장은 다시 종을 울리라고 명령한 다음 피즈킨 저택의 허레이쇼 피즈킨 귀하와 슬럼키 저택의 새뮤얼 슬럼키 각하를 모두 불러서 질서를 지키겠다는 약속을 받아내겠다고 선언했다. 이렇게 엄포를 놓자 두 후보의 지지자들이 중재를 시작하여 각 당 사람들이 짝을 지어 45분 동안 논의한 끝에 허레이쇼 피즈킨 귀하는 새뮤얼 슬럼키 각하를 보며 모자를 살짝 건드렸고 새뮤얼 슬럼키 각하는 허레이쇼 피즈킨 귀하를 보며 모자를 살짝 만졌다. 악단은 연주를 멈추었고 군중은 일부나마 조용해졌으며 허레이쇼 피즈킨 귀하는 연설을 계속해도 좋다고 허락받았다.

두 후보의 연설은 다른 모든 면에서 달랐지만 이턴스월 유권자들의 공로와 뛰어난 가치에 똑같이 아름다운 찬사를 보냈다. 두 사람 모두 자신에게 표를 던지겠다고 약속한 유권자들보다 더 독립적이고, 깨어 있고, 공명심이 강하고, 마음이 고귀하고, 사심 없는 사람은 지구상에 존재한 적이 없다고 말했다. 또 상대 후보를 지지하는 유권자들은 야비하고 제정신이 아니므로 중요한 의무를 다하기에 부적절한 것은 아닌가라는 의심을 어렴풋이 드러냈다. 피즈킨은 자신을 필요로 하는 일이라면 무엇이든 할 준비가 되어 있다고 말했고, 슬럼키는 자신에게 요구되는 것은 아무것도 하지 않겠다는 결심을 피력했다. 두 사람 모두 이턴스월의 상업과 제조업, 교류, 번영을 다른 어떤 세속적인 목적보다

가장 소중히 여기고 있다고 말했고, 결국 선출될 사람은 본인이라고 자신 있게 말했다.

거수가 시작되었다. 시장은 슬럼키 저택의 새뮤얼 슬럼키 각하의 편을 들었다. 피즈킨 저택의 허레이쇼 피즈킨 귀하의 요청에 따라 투표를 실시하기로 결정했다.[32] 그런 다음 감사 연설에서 의장으로서 시장의 유능한 처신에 감사의 말이 전해지자 시장은 답례 연설에서 자신의 유능한 처신을 보여줄 의자가 있었다면 (그는 선거 내내 서 있었다) 정말 좋았겠다고 말했다. 행렬이 다시 모였고 군중 사이로 마차들이 천천히 굴러갔으며 사람들은 마차를 향해서 소리를 지르며 기분 내키는 대로 변덕스러운 말을 외쳤다.

투표 기간 내내 마을은 끝없는 흥분의 열기에 휩싸였다. 모든 일이 자유롭고 유쾌하게 진행되었다. 모든 선술집에서 물건들을 무척 싸게 팔았고, 스프링 달린 짐마차가 거리를 돌아다니며 잠시 현기증이 나는 유권자들을 태웠다. 현기증은 선거 때 유권자들 사이에서 놀라울 정도로 유행하는 병으로, 감각이 없는 상태로 보도에 드러누운 사람들도 자주 보였다. 일부 유권자들은 마지막 날까지도 투표를 하지 않았다. 그런 사람들은 고민에 빠져서 이런저런 계산을 하면서 아직 어느 당의 주장에도 확신을 갖지 못한 채 양쪽 당과 종종 이야기를 나누었다. 투표 마감 한 시간 전에 퍼커 씨가 이토록 지적이고 고귀하며 애국적인 유권자

---

32 당시 선거에서는 연단에서 의원 후보를 지명한 다음 후보가 연설을 한 후 유권자의 거수로 의원을 선출했고, 결과가 정확하지 않을 경우 투표를 실시했다.

들과 개인 면담을 요청하여 허락받았다. 퍼커 씨의 주장은 짧지만 만족스러웠다. 유권자들은 다 같이 투표를 하러 갔고, 그들이 돌아왔을 때 슬럼키 저택의 새뮤얼 슬럼키 각하 역시 선출되었다.[33]

14장
피콕 여관에 모인 사람들에 대한
짤막한 설명과 외판원 이야기

정치적인 시기와 소란을 뒤로하고 개인적인 삶의 평화로운 정적으로 시선을 돌리는 것은 기분 좋은 일이다. 앞 장에 나온 설명은 픽윅 씨의 비망록을 취합한 것으로 픽윅 씨는 실제로 어느 한쪽을 크게 지지하지 않았지만 포트 씨와 같이 열정을 불태우며 선거 절차에 모든 시간과 관심을 기울였다. 픽윅 씨가 이러한 일에 몰두하는 동안 윙클 씨도 한가하게 지내지는 않았다. 그는 포트 부인과 함께 유쾌한 산책을 하거나 시골로 잠깐 소풍을 나가는 일에 모든 시간을 바쳤는데, 포트 부인은 기회가 생길 때마다 그녀가 끊임없이 불평하는 지루하고 단조로운 삶으로부터의 짤막한 해방을 추구했다. 이렇게 두 신사가 편집장의 집에 완전히 적응하는 동안 터프먼 씨와 스노드그래스 씨는 자력으로 해나갈 수밖에 없었다. 그들은 공적인 일에 별로 관심이 없었기 때문에 주로 피콕 여관이 제공하는 오락거리로 시간을 보냈는데, 그 오락거리란 2층의 당구대와 뒤뜰에 격리된 스키틀스[34] 구장밖에 없었다. 두 사람은 일반 사람들의 생각보다 훨씬 난해한 두 오락의 과학과 정밀성에 대해서 웰러 씨로부터 비법을 조금씩 전수받았는데, 웰러 씨는 오락에 대해서라면 모르는 것이 없었다. 그러므로 두 사람은 픽윅 씨와 함께하는 장점과 편안함을 상당히 빼앗겼음에도 불구하고 어떻게든 시간을 보내며 무료함을 방지할 수 있었다.

그러나 두 사람이 약간 지루하지만 재능이 뛰어난 포트 씨의 초대마저 거절할 만큼 매력을 느낀 것은 피콕 여관에서 보내는 밤이었다. 밤이 되면 외판원 숙박실에 사람들이 모여들었는데 그렇게 북적거리며 어울리는 사람들을 관찰하는 것은 터프먼 씨의 큰 즐거움이었고 그들의 말과 행동을 적는 것은 스노드그래스 씨의 습관이었다.

피콕 여관의 숙박실은 일반적인 숙박실의 특징에서 크게 벗어나지 않는 크고 텅 빈 방이었다. 여관을 갓 지었을 때는 훨씬 더 좋았을 가구가 갖춰져 있었는데 중앙에는 널찍한 탁자가, 구석에는 작은 탁자들이 여러 개 있었다. 다양한 형태의 의자가 무척 많고 낡은 터키 양탄자가 깔려 있었는데, 방이 경비 초소 바닥만 하다면 양탄자는 숙녀용 손수건만 했다. 벽에는 커다란 지도

---

34 공을 굴려 쓰러뜨리는 볼링과 비슷한 경기.

가 한두 장 걸려 있고, 한쪽 구석에 길게 일렬로 박힌 못에는 복잡한 케이프와 비바람에 낡은 커다란 외투가 여러 벌 걸려 있었다. 벽난로 선반에는 펜 동강이 하나와 봉인지[35] 반 장이 담긴 목재 잉크스탠드, 도로 지도책과 인명록, 표지가 사라진 역사책, 유리관에 담긴 송어 사체가 장식되어 있었다. 담배 냄새가 났고 담배 연기로 방 전체가 약간 음침한 분위기를 냈는데, 창문을 가린 먼지 낀 붉은 커튼 때문에 더욱 그랬다. 찬장에는 갖가지 잡동사니가 모여 있었는데 가장 눈에 띄는 것은 무척 탁한 생선 소스에 절인 콩, 마부석에 놓는 소지품 상자 몇 개, 채찍 두세 개, 비슷한 개수의 여행용 숄, 포크와 나이프가 담긴 쟁반, 머스터드였다.

선거가 끝난 날 저녁, 터프먼 씨와 스노드그래스 씨는 바로 이곳에 앉아서 여관의 임시 숙박객들과 함께 술을 마시며 담배를 피우고 있었다.

"여러분." 마흔 살 정도 되어 보이고 눈이 한쪽밖에 없는 뚱뚱하고 원기 왕성한 남자가 말했다. 남은 한쪽 눈은 아주 선명한 검정색으로, 장난기와 유쾌함이 짓궂게 반짝거렸다. "고귀한 우리 자신을 위해서 건배합시다. 저는 늘 사람들에게 이런 건배사를 제안하고 제 자신은 메리를 위해 건배하지요. 어때, 메리?"

"허튼소리 좀 작작 해요." 하녀가 이렇게 말했지만 칭찬에 기분이 상한 것은 아니었다.

"가지 마요, 메리." 검은 눈의 남자가 말했다.

---

35   밀가루, 아교, 색소를 섞어 만든 것으로 편지를 봉인할 때 썼다.

"뻔뻔스럽긴! 날 좀 내버려둬요." 젊은 여인이 말했다.

"신경 쓰지 마요." 애꾸눈 남자가 방에서 나가는 여자를 부르며 말했다. "나도 곧 나갈게, 메리. 실망하지 말아요." 남자가 자리에 모인 사람들에게 하나밖에 없는 눈을 별로 어렵지 않게 찡긋거리자 지저분한 얼굴에 사기 파이프를 물고 있는 어느 노인이 무척 즐거워했다.

"여자는 정말 별난 생물이라니까." 잠시 정적 후 지저분한 얼굴의 남자가 말했다.

"아, 그렇고말고요." 얼굴이 벌건 남자가 시가를 문 채 말했다. 이 짤막한 인생관을 입 밖에 낸 뒤 다시 정적이 흘렀다.

"하지만 이 세상에는 여자보다 더 별난 것들도 있지요." 검은 눈의 사내가 담배 넣는 부분이 무척 큰 커다란 네덜란드식 파이프를 천천히 채우며 말했다.

"결혼했습니까?" 지저분한 얼굴의 남자가 물었다.

"그렇다고 할 수는 없지요."

"그럴 것 같았소." 지저분한 얼굴의 남자가 자신의 대구에 지나치게 즐거워하며 웃었고, 밋밋한 목소리에 차분한 표정을 가진 남자도 같이 웃었다. 항상 누구에게든 맞장구를 치는 사람이었다.

"여러분, 여성은 어쨌든 우리 존재의 크나큰 지주이자 위안이지요." 열정적인 스노드그래스 씨가 말했다.

"그렇지요." 차분한 신사가 말했다.

"기분이 좋을 때는 그렇겠지." 지저분한 얼굴의 남자가 끼어들었다.

"그렇고말고요." 차분한 남자가 말했다.

"저는 그 조건을 거부하겠습니다." 스노드그래스 씨가 금세 에밀리 워들을 떠올리며 말했다. "경멸과 분노를 담아 그 말을 거부하겠어요. 저는 여성에 대해서 나쁜 말을 하는 남자가 있다면 그런 사람은 남자가 아니라고 용감하게 선언하겠습니다." 그가 입에서 시가를 빼고 탁자를 주먹으로 쾅 쳤다.

"정말 훌륭하고 적절한 말씀이군요." 차분한 남자가 말했다.

"저는 반대하지만요." 지저분한 얼굴의 남자가 끼어들었다.

"확실히 당신 말도 상당히 옳지요." 차분한 신사가 말했다.

"당신의 건강을 위하여." 외눈의 외판원이 스노드그래스 씨를 보고 인정하듯 고개를 끄덕이며 말했다.

스노드그래스 씨가 칭찬에 감사 인사를 했다.

"좋은 토론을 들으면 언제든 즐겁지요." 외판원이 말을 이었다. "지금처럼 날카로운 토론 말입니다. 아주 유익해요. 하지만 여성에 대한 이 짤막한 토론을 들으니 제 숙부님께서 해주신 이야기가 떠오르네요. 방금도 그 이야기가 떠올라서 가끔은 이 세상에 여자보다 별난 것들도 있다고 말한 겁니다."

"그 이야기를 듣고 싶군요." 붉은 얼굴의 사내가 시가를 물고 말했다.

"그래요? 외판원은 이렇게 대답할 뿐, 시가만 계속 피웠다.

"저도 듣고 싶습니다." 터프먼 씨가 처음으로 입을 열어 말했다. 그는 항상 경험을 쌓고 싶어 했다.

"그래요? 그렇다면 좋습니다 이야기하지요. 아니, 안 하는 게 낫겠습니다. 아무도 안 믿을 거예요." 짓궂은 눈을 가진 남자가 그 어느 때보다 짓궂은 눈빛으로 말했다.

"진실이라고 하신다면 저는 믿겠습니다." 터프먼 씨가 말했다.

"음, 그렇다면 이야기하도록 하지요." 외판원이 대답했다. "빌슨 앤드 슬럼이라는 커다란 외판원 숙소에 대해서 들어봤습니까? 뭐, 그건 중요하지는 않지요, 벌써 오래전에 문을 닫았으니까. 80년 전의 일입니다. 그곳에서 묵었던 어떤 여행자가 겪은 일이지요. 그 사람은 제 숙부의 각별한 친구였어요. 저는 숙부님께 이야기를 전해 들었습니다. 좀 이상하긴 하지만 숙부님은 '외판원 이야기'라고 부르면서 이야기해 주시곤 했습니다."

외판원 이야기

어느 겨울 저녁, 이제 막 어두워지기 시작하는 5시 경에 이륜마차에 탄 남자가 말버러 구릉을 지나 브리스틀로 이어지는 길을 따라서 지친 말을 몰고 가는 모습이 보였을 겁니다. 보였을 거라고 말은 했지만 그 길을 우연히 지나던 사람이 장님이 아니었다면 똑똑히 봤겠지요. 하지만 날씨가 너무 나빴고 축축하고 추운 밤이었기 때문에 내리는 비 외에는 지나다니는 사람이 아무도 없었고, 따라서 여행자는 외롭고 쓸쓸하게 길 한가운데를 달렸지요. 붉은 바퀴가 달린 진흙색 마차와 푸줏간 집 말과 싸구려 우체국 조랑말의 잡종인 듯한, 심술궂고 성격 나쁘고 발이 빠른 밤색 암말이었는데 어떤 외판원이든 이 작고 필사적인 마차를 보았다면 마차를 모는 사람이 다름 아니라 런던 케이티턴 거리 빌슨 앤드 슬럼의 톰 스마트일 수밖에 없음을 바로 알았을 겁니다. 그러나 그를 목격한 외판원이 하나도 없었기 때문에 이 일에 대해서는 누구도, 아무것도 알지 못합니다. 그래서 톰 스마트와 붉은 바퀴가 달린 진흙색 마차, 걸음이 빠른 심술궂은 암말은 아무도 모르게 자기들끼리 달렸습니다.

황량한 세상이지만 바람이 심할 때의 말버러보다 쾌적한 곳은 많습니다. 게다가 음산한 겨울 저녁과 미끄러운 진창길, 심하게 퍼붓는 비까지 내리면 어떤지 시험 삼아 직접 겪어보시면 이 말이 무슨 뜻인지 잘 알게 될 겁니다.

바람이 길을 따라 부는 것도 아니고 맞바람이 치는 것도 아니라—그래도 충분히 나쁘겠지만—옆에서 불기 때문에 학교에서 쓰는 연습장에 아이들이 한쪽으로 기울어진 글씨를 잘 쓸 수 있도록 그어놓는 선처럼 비가 사선으로 오지요. 빗줄기가 잠시 약해지면 여행자는 맹렬하게 내리다 지친 비가 이제 조용히 쉬려나 보다 생각하며 스스로를 속이려 하겠지만, 갑자기 저 멀리서 으르렁거리고 쉿쉿대는 소리가 들리고 비가 평지를 단숨에 쓸고 언덕 꼭대기로 몰려오며 점점 더 시끄럽고 거세어지다가 마침내 거친 돌풍이 말과 사람을 덮치면 따가운 빗방울이 귀를 때리고 차고 습한 바람의 숨결이 뼛속까지 스밉니다. 바람은 그들을 지나쳐 나약함을 비웃으며 자신의 힘과 권세에 의기양양한 것처럼 아연할 정도로 포효하며 멀리 저 멀리 달려가지요.

.

밤색 암말은 귀에서 물을 뚝뚝 흘리고 진흙과 물웅덩이를 첨 벙첨벙 지나면서 가끔 자연의 야비한 행위가 역겹다는 듯 고개를 젖히지만 그래도 괜찮은 속도를 유지합니다. 그러다가 지금까지 그들을 덮쳤던 그 어떤 바람보다 더욱 맹렬한 돌풍이 한줄기 불자 갑자기 걸음을 멈추고 바람에 날려가지 않으려고 땅에 네 발을 단단히 딛고 버팁니다. 암말이 이렇게 한 것은 정말 다행이에요. 심술궂은 암말은 너무 가볍고 마차와 톰 스마트 역시 너무 가볍기 때문에 암말이 바람에 날아갔다면 전부 한 덩어리가 되어 지구 끝까지, 아니면 바람이 멈출 때까지 구르고 또 굴렀을 테니까요. 어쨌든 심술궂은 암말도, 붉은 바퀴가 달린 진흙색 마차도, 톰 스마트도 두 번 다시 일하지 못할 몸이 되었을 겁니다.

"이런, 빌어먹을 가죽끈이랑 구레나룻 같으니." 톰 스마트가 말합니다. (톰은 가끔 욕을 하는 불쾌한 버릇이 있습니다.) "정말 기분 나쁘군. 내 말이 틀렸다면 한 대 맞아도 좋아."

여러분은 묻겠지요, 이미 바람을 상당히 맞은 톰 스마트가 왜 또 맞고 싶다고 말하느냐고 말입니다. 저는 모릅니다—제가 아는 것은 톰 스마트가 그렇게 말했다는 것밖에 없지요—적어도 그가 제 숙부에게 항상 했던 이야기로는 그렇습니다. 결국 같은 말이지요.

"제기랄." 톰 스마트가 말합니다. 그러자 암말이 정확히 같은 생각이라는 듯 히힝거렸지요.

"조금만 더 힘내." 톰이 채찍 끝으로 밤색 암말의 목을 톡톡 치며 말했습니다. "이런 밤에는 밀어붙여 봐야 소용없지. 여관이 눈에 띄자마자 들어갈 거니까 빨리 달릴수록 빨리 끝나는 거야. 자, 자, 천천히, 천천히."

심술궂은 암말이 톰의 말투에 익숙해서 그 뜻을 이해했는지, 아니면 움직이는 것보다 서 있는 게 더 춥다고 생각했는지, 물론 저는 모릅니다. 다만 톰이 말을 끝내자마자 암말이 귀를 쫑긋 세우더니 진흙색 마차가 너무 심하게 흔들려서 붉은 바퀏살이 전부 다 말버러 구릉의 잔디 위로 날아가지 않을까 싶을 만큼 빠른 속도로 달리기 시작했다는 말씀은 드릴 수 있습니다. 톰은 무척 능숙한 마부였지만 암말의 속도를 늦추거나 세울 수 없었고, 마침내 말은 구릉이 끝나는 곳까지 8분의 1마일쯤 남은 곳에서 도로 오른쪽에 서 있는 여관 앞에 알아서 멈췄습니다.

톰은 여관 위층을 흘깃 보면서 여관 마부에게 고삐를 넘기고 상자에 채찍을 넣었습니다. 세공한 지붕널과 대들보로 지은 기묘하고 낡은 여관이었지요. 복도 위로 박공 달린 창문들이 완전히 드러나 있고 낮은 문에는 컴컴한 포치가 달려 있어서 여관 안으로 들어가려면 요즘처럼 낮은 계단을 여섯 개쯤 올라가는 것이 아니라 가파른 계단 두어 개를 내려가야 했습니다. 하지만 안락해 보였지요. 술집 창문의 밝고 기분 좋은 불빛이 도로까지 비쳤을 뿐 아니라 맞은편 덤불까지 환하게 밝히고 있었거든요. 맞은편 창문에서는 붉은 불빛이 깜빡거렸는데 겨우 알아볼 정도인가 싶었다가 드리워진 커튼 뒤에서도 환히 빛나는 것을 보니 난롯불이 이글이글 타오르는 듯했습니다. 경험 많은 여행자의 눈으로 이러한 표시들을 눈여겨본 톰은 반쯤 언 팔다리로 최대한 유연하게 말에서 내려 안으로 들어갔습니다.

5분도 안 되어서 톰은 술집 맞은편 방—난롯불이 타오르고 있다고 생각했던 바로 그 방—에서 활활 타오르는 진짜 불 앞에 앉아 있었지요. 8갤런이 조금 안 되는 석탄과 구스베리 덤불 열두 개를 합친 정도의 땔감이 굴뚝까지 반 정도 쌓여 있고, 누구든 듣기만 해도 마음을 따뜻해질 듯한 탁탁 소리를 내며 타올랐습니다. 이곳은 편안했지만 그뿐만이 아니었지요. 반짝이는 눈과 산뜻한 발목을 가진 말쑥한 차림의 소녀가 식탁에 아주 깨끗하고 흰 천을 깔고 있었습니다. 톰이 슬리퍼 신은 발을 난로망에 올리고 앉아서 열린 문을 등지고 있으려니 벽난로 선반 위 유리에 술집의 멋진 광경이 비쳤습니다. 보기 좋게 늘어선 금색 딱지의 초록색 병들과 피클과 설탕절임 단지들, 치즈와 삶은 햄, 소고기 사태가 유혹적이고 맛있어 보이도록 배치되어 있었지요. 음, 이 역시 안락했습니다. 그러나 이것도 전부는 아니었으니 더할 나위 없이 밝은 자그마한 불가에 가까이 더할 나위 없이 예쁜 작은 탁자에 찻잔을 놓고 앉아 있는 것은 마흔여덟 살 정도 되는 활기찬 과부였습니다. 얼굴이 술집만큼이나 편안해 보이는 것을 보니 여관의 주인이자 기분 좋은 모든 물건들의 지배자가 분명했습니다. 이 아름다운 그림에서 단 하나의 결함은 바로 밝은색의 고리버들 세공 문양 단추가 달린 갈색 상의를 입고 곱슬거리는 검은 머리에 검은 수염을 기른 키 큰 남자—키가 아주 큰 남자—였는데 그는 찻잔 앞에 과부와 함께 앉아 있었지요. 대단한 통찰력이 없어도 그가 여주인에게 남은 생애 동안 술집에 같이 앉아 있을 특권을 달라고 설득할 가능성이 아주 높다는 사실을 알 수 있었지요.

톰 스마트는 절대 질투를 하거나 성급하게 구는 성격은 아니었지만 어째선지 반짝이는 고리버들 세공 문양 단추가 달린 갈색 상의를 입은 키 큰 남자 때문에 기질에 별로 맞지도 않는 증오를 느끼며 무척 화가 났습니다. 거울 앞에 앉은 그의 자리에서 키 큰 남자와 과부 사이에 사소하지만 애정 어린 친근한 몸짓이 오가는 모습이 보일 때면 더욱 그랬는데, 둘 사이의 분위기를 보니 남자는 자기 키만큼이나 큰 호감을 사고 있다는 것이 분명했습니다. 톰은 따뜻한 펀치를 좋아했기 때문에—저는 그가 뜨거운 펀치를 정말로 좋아했다고 감히 말씀드릴 수 있습니다—심술궂은 암말에게 먹이를 듬뿍 주고 짚을 잘 깔아주었는지 확인하고 과부가 직접 만든 소박하고 맛있고 따뜻한 식사를 남김없이 먹은 다음 따뜻한 펀치를 한 잔 주문했습니다. 모든 집안일 중에서 이 과부가 다른 사람들보다 특히 잘하는 것이 하나 있다면 그것은 바로 따뜻한 펀치를 만드는 것이었지요. 톰 스마트는 따뜻한 펀치가 아주 맛있고 입맛에 잘 맞았기 때문에 한 잔을 다 마시자마자 두 번째 잔을 주문했습니다. 여러분, 따뜻한 펀치는 정말 좋은 음료—어떤 상황에서든 아주 기분 좋은 음료—지요. 바깥에서 부는 바람은 이 낡은 여관의 목재가 하나도 남김없이 끼익 소리를 낼 만큼 세찼지만 아늑한 응접실의 활활 타오르는 불가에 앉아 있는 톰 스마트에게는 따뜻한 펀치가 정말 완벽할 만큼 맛이 좋았습니다. 그는 펀치를 한 잔 더, 또 한 잔 더 주문했고─그 뒤에 한 잔을 더 주문했는지는 모르겠습니다─따뜻한 펀치를 마실수록 키 큰 남자가 자꾸 생각났지요.

톰 스마트가 속으로 생각했습니다. '뻔뻔한 자식, 도대체 무슨 일로 이 아늑한 술집에 앉아 있는 거야? 저렇게 못생긴 악당이라니! 저 과부한테 보는 눈이 있다면 분명 더 나은 남자를 고르겠지.' 이제 톰의 시선은 벽난로 거울에서 탁자 위 거울로 옮겨갔고, 그는 점차 감상적인 기분을 느끼며 네 잔째 따뜻한 펀치를 비우고 다섯 번째 잔을 주문했습니다.

여러분, 톰 스마트는 늘 사람들 앞에 나서는 것을 무척 좋아했습니다. 녹색 상의에 무릎까지 오는 코듀로이 바지, 가죽 장식 장화 차림으로 자기 술집에 서 있는 것이 그의 오랜 야망이었습니다. 그는 기분 좋은 만찬 자리에서 사회를 맡고 싶었고 언변이라는 면에서 자기 소유의 식당에서 주인 역할을 얼마나 잘 해낼지, 또 음주라는 면에서 고객들에게 얼마나 좋은 본보기가 될지 종종 생각했지요. 따뜻한 펀치를 마시며 활활 타오르는 불가에 앉아 있자니 이런 생각들이 그의 머리를 빠르게 스치고 지나갔고, 키 큰 남자는 이렇게 좋은 여관을 차지할 승산이 아주 높은데 자신은 늘 그렇듯 그런 것과 거리가 멀다고 생각하니 화가 나는 것이 당연하고 정당하게 느껴졌습니다. 그래서 톰 스마트는 마지막으로 펀치 두 잔을 마시며 활기찬 과부의 호감을 사려고 했다는 이유만으로 키 큰 남자에게 싸움을 거는 것이 옳은 행동이 아닌가 곰곰이 생각한 끝에 결국 자신은 무척 박해받고 학대당하고 있으며, 그만 잠자리에 드는 것이 좋겠다는 흡족한 결론을 내렸습니다.

널찍하고 낡은 계단을 오르자 말쑥한 소녀가 초를 손으로 가리며 앞장서서 톰을 안내했습니다. 이렇게 구불구불하고 낡은 여관에는 바람이 까불거릴 공간이 아주 많기 때문에 초가 꺼지지 않도록 손으로 가린 것이었지만 어쨌든 촛불은 꺼지고 말았습니다. 그래서 톰에게 적대적이었던 사람들은 바람이 아니라 톰이 촛불을 껐다고, 그는 입김을 불어 촛불을 다시 켜는 척하면서 소녀에게 입을 맞추었다고 주장할 좋은 기회가 생겼지요. 어쨌든 촛불을 다시 구했고, 톰은 미로 같은 방들과 미궁 같은 복도들을 지나서 묵을 방에 도착했고, 하녀는 잘 자라고 인사한 다음 그를 남겨두고 떠났습니다.

큼지막한 옷장이 있는 크고 좋은 방이었고 침대는 기숙학교 학생들이 전부 누워도 될 만큼 넓었을 뿐만 아니라, 소규모 군대의 짐을 다 넣을 수 있을 정도로 큰 오크 벽장들까지 있었습니다. 그러나 톰을 가장 놀라게 한 것은 근사한 조각이 새겨져 신기하고 엄숙해 보이는, 등받이가 높은 의자였지요. 쿠션은 꽃무늬 다마스크 천이었고 의자 다리 아래쪽의 둥근 발은 발가락에 통풍이 걸린 것 마냥 빨간 천으로 조심스럽게 묶여 있었습니다. 다른 의자였다면 아무리 별나도 그냥 지나치고 말았을 겁니다. 그러나 이 의자에는 콕 집어서 말할 수 없지만 뭔가 특별한 것이 있었지요. 지금까지 본 가구와 너무나 달랐기 때문에 톰을 매료시키는 것 같았습니다. 그는 난롯가에 앉아서 30분이 넘도록 의자를 바라보았지요. 그 빌어먹을 의자는 너무나 이상하고 낡아서 톰은 시선을 뗄 수가 없었습니다.

"음," 톰이 침대 옆에 신비하게 서 있는 의자에서 시선을 떼지 않은 채 천천히 옷을 벗으며 말했습니다. "이렇게 별난 물건은 난생처음 보는군. 정말 이상해." 따뜻한 펀치 탓에 생각이 많아진 톰이 말했지요. "정말로 이상해." 톰은 아주 해박한 현자처럼 고개를 저으며 다시 의자를 보았습니다. 하지만 이유를 알 수 없었기 때문에 침대로 들어가서 이불을 따뜻하게 덮고 잠들었지요.

약 30분 뒤 톰은 키 큰 남자들과 펀치가 잔뜩 나오는 혼란스러운 꿈을 꾸다가 깜짝 놀라 잠에서 깼습니다. 꿈에서 깼을 때 가장 먼저 눈에 들어온 것은 그 기묘한 의자였지요.

"이제 저 의자를 보지 말아야지." 톰은 혼잣말을 하며 눈을 감고 다시 잠들려 애썼습니다. 하지만 소용없었지요. 바로 그 기묘한 의자들이 그의 눈앞에서 발길질을 하고 서로 뛰어넘으며 춤을 추는가 싶더니 온갖 괴상한 짓을 해댔습니다.

"진짜도 아닌 의자를 여러 개 보느니 진짜 의자를 하나 보는 게 낫겠어." 톰은 이렇게 말하며 이불 속에서 머리를 내밀었습니다. 그러자 도발적인 느낌의 의자가 난로의 불빛을 받아 또렷하게 보였습니다.

톰이 의자를 바라보고 있는데 갑자기 정말 이상한 변화가 일어났습니다. 등받이에 새겨진 조각이 점차 늙고 쭈글쭈글한 얼굴과도 같은 이목구비와 표정으로 변했습니다. 다마스크 쿠션은 구식의 긴 남성용 조끼가, 둥근 의자 발은 붉은 천 슬리퍼를 신은 한 쌍의 발이 되었지요. 의자는 허리에 두 손을 올린 아주 추하고 늙은 한 세기 전의 남자 같았습니다. 톰은 침대에 일어나 앉아서 헛것을 쫓으려고 눈을 비볐습니다. 하지만 그렇습니다, 의자는 늙고 추한 신사였습니다. 게다가 그는 톰 스마트에게 한 쪽 눈을 찡긋거리고 있었지요.

톰은 타고나길 경솔하고 부주의한 사내였고 게다가 따뜻한 펀치를 다섯 잔이나 마셨습니다. 그러므로 처음에는 약간 놀랐지만 노신사가 뻔뻔하게 한쪽 눈을 찡긋거리며 흘겨보자 점차 화가 나기 시작했지요. 결국 톰은 참지 않기로 했습니다. 늙은 얼굴이 빠른 속도로 눈을 계속 찡긋거리자 톰이 무척 화난 목소리로 말했습니다.

"도대체 왜 나한테 눈을 찡긋대는 겁니까?"

"그러고 싶으니까, 톰 스마트." 의자가, 또는 노신사가 말했습니다. 어느 쪽이든 원하는 이름으로 불러도 좋습니다. 노인은 윙크를 멈추고 나이 많은 원숭이처럼 싱긋거리기 시작했지요.

"호두까기 인형처럼 생긴 늙은이 주제에 내 이름은 어떻게 알았어요?" 톰이 겉으로는 아무렇지 않은 척했지만 속으로는 움찔 놀라며 물었습니다.

"이봐, 톰." 노신사가 말했습니다. "튼튼한 스페인식 마호가니 가구한테 그런 식으로 말하면 안 되지. 제길, 내가 아무리 합판으로 만든 가구라 해도 그런 식으로 취급하면 안 돼!" 노신사의 표정이 너무 험악했기 때문에 톰은 점점 겁이 났지요.

"무시하려는 건 아니었습니다." 톰이 말했습니다. 처음보다 훨씬 겸손한 말투였지요.

"음, 글쎄." 노인이 말했지요. "아니었을 수도 있지. 난 자네에 대해서 전부 안다네, 전부 다. 아주 가여운 톰이지."

"확실히 그렇지요." 톰 스마트가 말했다. "하지만 그걸 어떻게 알죠?"

"그건 신경 쓰지 마." 노신사가 말했습니다. "자네는 펀치를 너무 좋아해."

톰 스마트는 지난 생일 이후 펀치를 한 모금도 입에 대지 않았다고 항변하려 했지만, 전부 다 알고 있다는 노신사의 눈빛을 보고 얼굴을 붉힌 채 아무 말도 하지 않았습니다.

"톰." 노신사가 말했습니다. "이 집 과부는 좋은 여자일세, 정말로 좋은 여자야. 안 그런가?" 여기서 노인이 눈을 깜빡거리면서 쇠약하고 작은 다리를 하나 들어 불쾌할 만큼 요염한 자세를 취했기 때문에 톰은 그 경망스러운 행동에 구역질이 났습니다. 나이도 있는데 말이지요!

"나는 과부의 수호자일세." 노신사가 말했습니다.

"그래요?" 톰 스마트가 물었지요.

"나는 과부의 모친을 알았다네." 노인이 말했습니다. "과부의 조모는 나를 아주 좋아했어, 이 조끼도 만들어줬고."

"그랬군요." 톰 스마트가 말했지요.

"그리고 이 신발도." 노인이 붉은 천으로 만든 커버를 들어 올리며 말했습니다. "하지만 어디 가서 그런 얘기는 하지 말게. 그녀가 나한테 집착했다는 사실을 알리고 싶진 않으니까. 이 집안에 곤란한 일이 생길지도 모르고 말이야." 이렇게 말하는 못된 노인이 어찌나 뻔뻔해 보였는지, 톰 스마트는 나중에 큰소리쳤던 것처럼 그를 깔고 앉아도 아무런 가책도 느끼지 않을 것 같았습니다.

"호시절에는 나도 여자들에게 인기가 많았지." 방탕하고 타락한 노인이 말했지요. "몇백 명이나 되는 아름다운 여인들이 내 무릎에 몇 시간이고 앉아 있었지. 어떤가?" 노신사는 젊은 시절에 잘나가던 이야기를 계속하려 했지만 갑자기 심하게 삐걱거리는 바람에 더 이상 할 수 없었습니다.

'꼴좋군, 노친네.' 톰 스마트는 이렇게 생각했지만 입 밖에 내지는 않았습니다.

"아!" 노인이 말했습니다. "요즘 나는 고민이 있다네. 톰, 나는 점점 나이를 먹고 있고 가로대도 거의 다 빠졌네. 수술도 받았어, 등에 작은 조각을 넣었지. 정말 힘든 시련이었다네."

"그랬겠군요." 톰 스마트가 말했습니다.

"내가 하려는 말은 그게 아니야." 노신사가 말했지요. "나는 자네가 과부와 결혼을 했으면 하네."

"제가요?" 톰이 말했습니다.

"그래, 자네가." 노신사가 말했습니다.

"저를 받아주지 않을 겁니다." 톰은 아까 술집에서 본 광경을 생각하며 저도 모르게 한숨을 쉬었습니다.

"받아주지 않는다고?" 노신사가 단호하게 말했지요.

"암요, 그럼요." 톰이 말했습니다. "다른 사람이 있어요. 검은 수염에 키가 큰 남자, 터무니없이 큰 남자죠."

"톰," 노신사가 말했습니다. "그녀는 절대 그를 받아주지 않을 걸세."

"뭐라고요?" 톰이 말했지요. "어르신, 당신 자리가 술집이었다면 다른 말을 하셨을 걸요."

"후후." 노신사가 말했습니다. "나는 전부 알고 있다네."

"뭘 말입니까?" 톰이 말했지요.

"문 뒤에 숨어서 나누는 입맞춤 같은 것 말일세." 노신사가 이렇게 말하면서 또다시 뻔뻔한 표정을 지었기 때문에 톰은 무척 화가 났습니다. 다들 아시겠지만 분별 있어야 할 나이 많은 사람에게 그런 이야기를 듣는 것은 아주 불쾌한 일이니까요. 그보다 더 불쾌한 것은 없지요.

"나는 다 알고 있다네." 노신사가 말했습니다. "내가 한창때는 그런 광경을 정말 자주 봤지. 하지만 그 사람들에 대해서 말하고 싶지는 않군. 어쨌든 결국에는 아무런 결실도 없었지."

"이상한 광경을 많이 보신 모양이군요." 톰이 호기심 어린 표정으로 말했지요.

"그렇다고 할 수 있지." 노인이 아주 알쏭달쏭하게 눈을 찡긋하며 대답했습니다. "우리 일가족 중에서 이제 나만 남았다네." 노신사가 침울하게 한숨을 쉬며 말했습니다.

"대가족이었습니까?" 톰 스마트가 물었지요.

"열둘이었지." 노신사가 말했습니다. "자네도 만나봤다면 좋았을 텐데. 등이 똑바르고 근사하고 멋진 의자들이었어. 요즘처럼 되다 만 의자들이랑은 전혀 달랐지. 전부 팔걸이도 제대로 달려 있고 광도 내고, 내 입으로 말하기는 좀 그렇지만 보기만 해도 기분이 좋을 정도였다네."

"나머지는 어떻게 되었습니까?" 톰 스마트가 물었습니다.

노신사가 팔꿈치로 눈가를 닦으며 대답했습니다. "죽었다네, 톰, 죽어버렸어. 우리 일은 아주 힘들어. 우리 가족이 전부 나처럼 체격이 좋지는 않았지. 팔다리에 류머티즘이 생겨서 부엌이나 병원으로 보내졌다네. 오랫동안 힘들게 일했던 한 의자는 정신이 아예 나가버렸지. 완전히 미쳐서 태울 수밖에 없었어. 정말 충격이었다네."

"끔찍하군요!" 톰 스마트가 말했습니다.

노인은 치밀어 오르는 감정과 싸우는지 몇 분 동안 말이 없다가 다시 입을 열었습니다.

"내가 하려던 이야기는 그게 아닐세. 키 큰 남자는 파렴치한 투기꾼일세. 과부와 결혼하자마자 가구를 전부 팔아치우고 달아날 거야. 그러면 어떻게 되겠나? 과부는 버림받아서 엉망이 될 테고 나는 어느 고물상에서 감기에 걸려 죽겠지."

"네, 하지만⋯⋯."

"말 끊지 말게." 노신사가 말했습니다. "자네에 대한 생각은 전혀 다르다네. 자네는 선술집에 한번 자리를 잡으면 그 안에 마실 것이 있는 한 절대 떠나지 않을 사람이야. 나는 다 알아."

"그렇게 생각해 주셔서 정말 감사합니다." 톰 스마트가 말했습니다.

노신사가 명령조로 다시 말했지요. "그러니까 자네가 그녀와 결혼해야 하네. 그 남자는 안 돼."

"두 사람을 어떻게 막죠?" 톰 스마트가 열심히 말했습니다.

"그 남자가 이미 결혼한 몸이라고 폭로하는 걸세." 노신사가 말했지요.

"제가 그걸 어떻게 증명해요?" 톰이 침대에서 반쯤 내려오며 물었습니다.

노신사가 허리에 얹은 손을 풀고 오크 벽장 하나를 가리키더니 다시 원래 자세로 돌아갔습니다.

"그 남자는 잊고 있지." 노신사가 말했습니다. "저 벽장 속 바지 오른쪽 주머니에 편지를 넣어놓고 잊었다네. 잘 듣게, 톰. 수심에 잠긴 아내가 아직 어린 여섯 아이에게 돌아오라고 간청하는 내용이지."

노신사가 엄숙하게 말하는 동안 그의 이목구비가 점점 흐릿해지고 형체가 어렴풋해졌습니다. 톰 스마트의 눈도 덩달아 흐릿해졌지요. 노인이 서서히 의자와 섞이는 듯하더니 다마스크 조끼는 쿠션으로 변하고 붉은 슬리퍼는 자그마한 빨간색 커버로 줄어들었습니다. 불빛이 살며시 꺼지고 톰 스마트는 베개 위로 다시 쓰러져 잠들었습니다.

아침이 되자 톰은 나른한 잠에서 깼습니다. 지난밤의 일을 떠올리려고 몇 분 동안 애를 썼지만 허사였지요. 그러다가 갑자기 기억이 몰려들었습니다. 톰이 의자를 보니 분명 멋지고 엄숙해 보이는 가구였지만, 노인과 비슷하다고 생각했다니, 정말로 독창적이고 기발한 상상이 분명했습니다.

"괜찮으십니까, 어르신?" 톰이 말했습니다. 날이 밝았기 때문에 그는 더 용감해졌지요. 남자들이 대부분 그렇지만 말입니다.

의자는 꼼짝도 하지 않았고 아무 말도 없었습니다.

"괴로운 아침이군요." 톰이 말했지만 의자는 대화에 끌려들지 않았습니다.

"어느 벽장을 가리키신 겁니까? 그 정도는 말해주실 수 있겠지요." 톰이 말했습니다. 하지만 여러분, 의자는 한 마디도 하지 않았지요.

"어쨌든 벽장을 열어보는 게 크게 힘든 일도 아니니까, 뭐." 톰이 침대에서 조심스럽게 내려오며 말했습니다. 그가 어느 벽장 앞으로 가보니 열쇠가 꽂혀 있었지요. 톰이 열쇠를 돌려 벽장문을 열었습니다. 바지가 한 벌 들어 있었어요. 주머니에 손을 넣은 톰은 노신사가 말했던 바로 그 편지를 꺼냈습니다!

"정말 묘한 일이군." 톰 스마트가 이렇게 말하며 처음에는 의자를, 그다음에는 벽장을, 또 편지를, 그리고 다시 의자를 보았습니다. "정말 묘해." 톰이 말했습니다. 그러나 그 어디에도 이 묘한 일을 설명해 줄 것이 없었기 때문에 그는 이 괴로움을 끝내려면 옷을 입고 키 큰 남자 일을 즉시 마무리하는 것이 좋겠다고 생각했습니다.

톰은 아래층으로 내려가는 길에 꼼꼼한 주인의 눈으로 방들을 살펴보며 머잖아 이 방들과 그 안에 든 것들이 자기 소유가 되는 일이 불가능한 것은 아니라고 생각했지요. 키 큰 남자는 작고 안락한 술집에서 뒷짐을 지고 아주 편안하게 서 있었습니다.

그가 톰에게 아무 의미 없는 웃음을 지어 보였습니다. 지나가던 사람이 우연히 봤다면 흰 이를 자랑하려는 웃음이라고 생각했을 겁니다. 그러나 톰 스마트는 키 큰 남자의 마음이 있었던 곳에 승리감이 스쳐 지나갔다고 생각했습니다. 그에게 마음이라는 것이 있었다면 말이지만요. 톰이 웃음을 지으며 여주인을 불렀습니다.

"안녕하십니까, 부인." 과부가 작은 응접실로 들어오자 톰이 문을 닫으며 말했습니다.

"안녕하세요." 과부가 말했습니다. "아침 식사는 뭘로 하시겠어요?"

톰은 어떻게 말을 꺼낼지 생각하느라 대답하지 않았습니다.

"아주 맛있는 햄이 있답니다." 과부가 말했습니다. "돼지비계를 발라서 구운 닭고기도 있고요. 그렇게 드릴까요?"

이 말에 톰이 정신을 차렸습니다. 그는 과부의 말을 들을수록 그녀가 더욱 좋아졌습니다. 정말 사려 깊기도 하지! 요리도 참 잘하는군!

"저 신사는 누구죠, 부인?" 톰이 물었습니다.

"진킨스 씨예요." 과부가 얼굴을 살짝 붉히며 말했습니다.

"키가 크더군요." 톰이 말했지요.

"아주 좋은 분이에요." 과부가 대답했습니다. "아주 친절하시고요."

"아!" 톰이 말했습니다.

"또 필요하신 게 있나요?" 과부가 톰의 태도에 약간 곤혹스러워하며 물었습니다.

"그럼요, 있습니다." 톰이 말했지요. "부인, 잠시만 앉아주시겠습니까?"

과부는 많이 놀란 듯했지만 자리에 앉았고, 톰 역시 그녀의 바로 옆에 앉았습니다. 여러분, 어쩌다 그렇게 되었는지 저는 모릅니다만—사실 숙부님의 말씀에 따르면 톰 스마트 본인도 어떻게 된 일인지 모르겠다고 했다더군요—어느새 과부의 손등에 톰의 손바닥이 얹혀 있었고, 톰이 이야기를 했습니다.

"친애하는 부인." 톰 스마트가 말했습니다. 그는 상대방에게 상냥하게 대하는 것을 항상 중요하게 여겼지요. "부인, 당신은 아주 훌륭한 남편을 얻을 자격이 있습니다. 정말 그래요."

"어머나!" 과부가 말했습니다. 그럴 만도 했지요. 톰이 그녀를 본 것은 지난밤이 처음이라는 점을 생각하면 그가 이야기를 꺼내는 방식이 놀라울 것까지는 없더라도 무척 특이했으니까요.

"친애하는 부인, 저는 아부를 정말 싫어합니다." 톰 스마트가 말했습니다. "하지만 부인은 훌륭한 남편을 가질 자격이 있고, 당신 남편이 될 사람이 누구든 아주 운이 좋은 남자입니다." 톰은 이렇게 말하면서 저도 모르게 과부의 얼굴에서 주변 시설로 시선을 옮겼지요.

과부는 곤혹스러운 표정을 지으며 자리에서 일어나려 했습니다. 그러자 톰이 그녀를 붙잡으려는 듯 손을 부드럽게 눌렀고, 그녀는 일어나지 않았습니다. 여러분, 제 숙부님이 즐겨 말씀하셨듯이 과부는 보통 겁이 없지요.

"그렇게 생각해 주시니 정말 감사해요." 활기찬 여주인이 살짝 웃으며 말했습니다. "만약 제가 다시 결혼을 한다면……"

"만약이라고요?" 톰 스마트가 왼쪽 눈으로 오른쪽을 날카롭게 곁눈질하며 말했습니다. "만약이란 말이지요."

"글쎄요." 과부가 이번에는 활짝 웃으며 말했습니다. "제가 결혼한다면 손님이 말씀하신 만큼 좋은 사람과 했으면 좋겠네요."

"진킨스 말이지요." 톰이 말했습니다.

"어머나!" 과부가 외쳤습니다.

"아, 아무 말씀 마세요." 톰이 말했지요. "저는 그 사람을 잘 압니다."

"그분을 아는 사람이라면 누구든 그분을 나쁘게 생각하지 않을 거예요." 과부가 톰의 수수께끼 같은 말투에 화내며 말했다.

"으흠." 톰 스마트가 말했습니다.

이제 울 때가 됐다고 생각한 과부가 손수건을 꺼내더니 모욕을 주고 싶은 것이냐, 등 뒤에서 다른 신사의 흉을 보는 것이 신사가 할 짓이냐, 할 말이 있으면 불쌍하고 연약한 여자를 위협할 것이 아니라 왜 남자답게 직접 말하지 못하냐, 등등의 말을 퍼부었지요.

"그 남자에게도 곧 말할 겁니다." 톰이 말했습니다. "다만 부인께 먼저 말씀드리고 싶었습니다."

"도대체 무슨 일인데요?" 과부가 톰의 표정을 열심히 살피며 물었지요.

"놀라실 겁니다." 톰이 주머니에 손을 넣으며 말했습니다.

"저분이 돈을 원한다는 얘기라면 저도 이미 알고 있어요." 과부가 말했습니다. "굳이 알려주실 필요 없어요."

"후, 말도 안 됩니다. 그건 아무것도 아니에요." 톰 스마트가 말했지요. "돈이야 저도 좋죠. 그게 문제가 아닙니다."

"그렇다면 뭐가 문제죠?" 가련한 과부가 외쳤습니다.

"놀라지 마십시오." 톰 스마트가 이렇게 말하며 천천히 편지를 꺼내서 펼쳤습니다. "소리 지르지 않으실 거지요?" 톰이 의심스러운 듯 말했습니다.

"안 지를게요." 과부가 대답했습니다. "보여주세요."

"기절을 한다든지 뭐 그런 짓도 하지 않으실 거지요?" 톰이 말했습니다.

"안 그럴게요." 과부가 다급하게 대답했습니다.

"달려 나가서 때리지도 마세요." 톰이 말했습니다. "그건 제가 대신 해드릴 테니까요. 부인은 가만히 계시는 게 좋겠어요."

"알았어요, 알았어요." 과부가 말했습니다. "어서 보여주세요."

"그러지요." 톰 스마트가 편지를 과부에게 건넸습니다.

여러분, 제가 숙부님께 들은 바에 따르면 톰 스마트는 비밀을 알게 된 순간 과부가 내뱉은 탄식이 돌맹이의 심장도 꿰뚫었을 것이라고 말했습니다. 톰은 확실히 마음이 약했지만, 그녀의 탄식은 그의 마음을 정통으로 꿰뚫었지요. 과부는 몸을 앞뒤로 흔들며 두 손을 쥐어짰습니다.

"아, 사기꾼에다가 악당 같으니!" 과부가 말했습니다.

"끔찍하지요, 부인. 진정하세요." 톰 스마트가 말했습니다.

"아, 못 해요." 과부가 소리 질렀습니다. "이런 사람을 두 번 다시 찾지 못할 거예요!"

"아, 당연히 찾을 수 있어요, 부인." 불행한 과부가 너무 불쌍해서 톰 스마트가 굵은 눈물을 뚝뚝 흘리며 말했습니다. 톰 스마트는 과부가 너무 불쌍한 나머지 그녀의 허리를 끌어안았고 과부는 너무 슬픈 나머지 톰의 손을 꽉 쥐었습니다. 그녀가 톰의 얼굴을 올려다보며 눈물 사이로 미소를 지었습니다. 톰 역시 그녀의 얼굴을 내려다보며 눈물 사이로 미소를 지었지요.

여러분, 그 순간 톰이 과부에게 입을 맞추었는지 아닌지 저는 알아내지 못했습니다. 제 숙부에게는 입을 맞추지 않았다고 말했다지만 저는 의심스럽군요. 우리끼리 하는 말이지만 저는 그가 입을 맞추었다고 생각합니다.

아무튼 톰은 키 큰 남자를 문밖으로 내쫓았고 한 달 뒤 과부와 결혼했습니다. 그는 발이 빠르고 심술궂은 말이 끄는 붉은 바퀴의 진흙빛 마차를 타고 시골길을 달리곤 했지요. 오랜 세월이 지난 후 톰 스마트는 사업을 그만두고 아내와 함께 프랑스로 갔고, 오래된 여관은 문을 닫았습니다.

*

"한 가지 물어봐도 되겠습니까?" 캐묻기 좋아하는 노신사가 말했다. "의자는 어떻게 됐소?"

"글쎄요." 애꾸눈 외판원이 대답했다. "결혼식 날 의자가 무척 삐걱거렸다고 합니다. 기뻐서였는지 약해져서였는지 톰 스마트도 정확히 알 수 없었지요. 하지만 후자 때문이라고 생각했답니다. 의자는 그 뒤로 두 번 다시 말을 하지 않았으니까요."

"모두 이 이야기를 믿었군요?" 지저분한 얼굴의 남자가 파이프를 다시 채우며 말했다.

"톰을 적대시하는 사람들만 빼고요." 외판원이 대답했다. "몇몇은 톰이 지어낸 이야기라고 했지요. 몇몇은 톰이 취해서 공상에 빠졌다가 잠자리에 들 때 실수로 다른 사람의 바지를 가져간 것이라고 했습니다. 하지만 그 사람들이 무슨 말을 하든 아무도 신경 쓰지 않았지요."

"톰 스마트는 전부 사실이라고 했습니까?"

"한 마디도 빠짐없이요."

"당신 숙부님은요?"

"한 글자도 빠짐없이요."

"두 사람 모두 좋은 분이셨겠군요." 지저분한 얼굴의 남자가 말했다.

"네, 정말 좋은 분들이었지요!" 외판원이 대답했다.

15장

두 유명인과 그들의 집에서 열린
공개 조찬회에 대한 정확한 설명,
공개 조찬회에서 옛 지인을 알아보다,
또 다른 장의 시작

선거가 끝나고 사흘째 되던 날 아침, 피콕 여관에 친구들을 방치
한 것이 마음에 걸렸던 픽윅 씨가 그들을 만나러 나가려는 차에
충실한 하인이 다음과 같이 적힌 명함을 전해주었다.

리오 헌터 부인
이턴스윌, 덴.

"누가 기다립니다." 샘이 수수께끼처럼 말했다.
"나를 만나고 싶다던가?" 픽윅 씨가 물었다.
"그 남자분은 특히 주인님을 만나고 싶다고 하십니다. 다른
사람은 안 된답니다. 악마의 비서가 파우스투스 박사를 데려가

려고 왔을 때 했던 말처럼요." 웰러 씨가 대답했다.

"그 남자분이라, 신사분인가?" 픽윅 씨가 말했다.

"그렇지 않다면 정말 감쪽같이 분장한 셈이겠지요." 웰러 씨가 대답했다.

"하지만 이건 부인의 명함인데." 픽윅 씨가 말했다.

"하지만 신사분이 주셨습니다." 샘이 대답했다. "응접실에서 기다리고 계십니다. 주인님을 만날 수 있다면 종일이라도 기다리겠다고 하시더군요."

픽윅 씨가 이토록 굳은 결의를 듣고 응접실로 내려가자 엄숙한 남자가 깜짝 놀라 일어나서 깊은 존경심을 드러냈다.

"픽윅 씨 되십니까?"

"그렇습니다."

"손을 잡는 영광을 허락해 주시지요. 악수를 청해도 될까요?" 엄숙한 남자가 말했다.

"물론입니다." 픽윅 씨가 말했다.

그가 손을 내밀자 낯선 남자가 그 손을 잡고 흔든 다음 말을 이었다.

"명성은 익히 들었습니다. 당신의 고고학 논문을 둘러싼 소동이 제 아내인 리오 헌터 부인의 귀에까지 닿았지요. 제가 리오 헌터입니다." 낯선 남자는 픽윅 씨가 이 말에 깜짝 놀라기를 기대하는 것처럼 잠시 말을 멈추었지만 그가 침착함을 잃지 않자 말을 계속했다.

"제 아내, 그러니까 리오 헌터 부인은 본인의 업적과 재능으로 유명해진 모든 사람들과 알고 지내는 것을 자랑스럽게 여기고 있습니다. 픽윅 씨의 성함과 당신 이름을 딴 클럽 회원들의 이름 역시 리오 헌터 부인의 지인 목록에서 가장 눈에 띄는 부분에 올릴 수 있도록 허락해 주십시오."

"부인과 알고 지낸다면 나 역시 정말로 기쁠 겁니다." 픽윅 씨가 대답했다.

"그렇게 될 겁니다." 엄숙한 남자가 말했다. "내일 아침에 본인의 업적과 재능으로 유명해진 수많은 분들을 위해 공개 조찬회가ㅡ원유회가ㅡ열릴 예정입니다. 리오 헌터 부인에게 덴에서 당신을 만나는 기쁨을 허락해 주시겠습니까?"

"물론입니다." 픽윅 씨가 대답했다.

"리오 헌터 부인은 조찬회를 자주 열지요." 새로운 지인이 다시 말을 이었다. "리오 헌터 부인에게 조찬회에 대한 소네트를 써 주었던 사람이 다정하고도 독창적으로 표현했듯이 '이성의 축제이자 영혼의 흐름'이지요."

"그 사람도 자신의 업적과 재능으로 유명했습니까?" 픽윅 씨가 물었다.

"그랬습니다." 엄숙한 남자가 대답했다. "리오 헌터 부인의 지인은 모두 그렇지요. 그런 사람들만 지인으로 삼고 싶은 것이 그녀의 야망입니다."

"아주 고귀한 야망이군요." 픽윅 씨가 말했다.

"픽윅 씨가 그렇게 말씀하셨다는 것을 들으면 리오 헌터 부인은 정말 자랑스러워할 겁니다." 엄숙한 남자가 말했다. "일행 중에 아름다운 시를 쓰는 분이 계시지요?"

"제 친구 스노드그래스 씨가 시를 상당히 좋아하지요." 픽윅 씨가 대답했다.

"리오 헌터 부인도 그렇답니다. 시를 무척 사랑하지요. 정말 좋아한답니다. 그녀의 온 영혼과 마음이 시와 얽혀 있다고 말할 수 있을 정도지요. 아름다운 시 몇 편을 직접 쓰기도 했습니다. 어쩌면 〈마지막 숨을 내쉬는 개구리에게 바치는 송가〉를 읽어보셨을지도 모르겠군요."

"읽어보지 못한 것 같습니다." 픽윅 씨가 말했다.

"그것 참 놀랍군요." 리오 헌터 씨가 말했다. "상당한 이야깃거리였답니다. 시인의 이름을 'L'과 여덟 개의 별표로 썼는데, 여성 잡지에 처음 실렸지요. 이렇게 시작합니다."

숨을 헐떡이며 누워 있는 너를
한숨 없이 볼 수 있을까,
통나무에서 죽어가는 너를 보고
마음이 흔들리지 않을 수 있을까,
마지막 숨을 내쉬는 개구리여!

"아름답군요!" 픽윅 씨가 말했다.

"꽤 괜찮지요." 리오 헌터 씨가 말했다. "아주 단순하고 말입니다."

"정말 그렇군요." 픽윅 씨가 말했다.

"다음 구절은 더욱 감동적이랍니다. 암송해 볼까요?"

"부탁드립니다." 픽윅 씨가 말했다.

"이렇게 이어집니다." 엄숙한 남자가 더욱더 엄숙하게 말했다.

아아, 소년의 모습을 한 악마들이

거친 고함과 잔인한 소음을 드높이며

습지에서 즐거이 노는 너를 쫓아

개를 이끌고 사냥했구나,

마지막 숨을 내쉬는 개구리여!

"훌륭한 표현이군요." 픽윅 씨가 말했다.

"바로 그겁니다, 맞아요." 리오 헌터 씨가 말했다. "하지만 리오 헌터 부인이 암송하는 것을 직접 들어보셔야 합니다. 그녀야말로 이 시를 제대로 암송할 수 있지요. 내일 아침에 딱 맞는 분장을 하고 암송할 겁니다."

"분장이라고요!"

"미네르바죠. 아, 제가 깜빡했군요. 내일 모임은 가장 조찬회입니다."

"이런," 픽윅 씨가 자기 모습을 슬쩍 보며 말했다. "저는 도저히……."

"안 됩니다, 안 돼요!" 리오 헌터 씨가 외쳤다. "유대인 솔로몬 루카스가 운영하는 번화가 상점에 가시면 의상이 수천 벌은 있습니다. 생각해 보세요, 픽윅 씨에게 딱 맞는 역할이 얼마나 많습니까. 플라톤, 제논, 에피쿠로스, 피타고라스! 전부 클럽의 설립자죠."

"알고 있습니다만 저는 그런 위인들에게 상대도 안 되니 그런 차림을 할 수는 없습니다." 픽윅 씨가 말했다.

엄숙한 남자가 잠시 곰곰이 생각하더니 이렇게 말했다.

"생각해 보니 리오 헌터 부인은 당신처럼 유명한 신사를 가장 의상이 아니라 본인의 옷차림 그대로 손님들에게 소개하는 것이 더 기쁠지도 모르겠군요. 픽윅 씨만은 예외로 해드리지요. 제가 리오 헌터 부인을 대신해서 약속하겠습니다."

"그렇다면 기꺼이 참석하겠습니다." 픽윅 씨가 말했다.

"제가 시간을 너무 많이 빼앗았군요." 엄숙한 남자가 갑자기 생각난 것처럼 말했다. "당신께 시간이 얼마나 귀중한지 잘 알고 있습니다. 더 이상 붙잡지 않도록 하지요. 리오 헌터 부인에게 당신과 훌륭한 친구분들의 참석을 기대해도 좋다고 말해도 되겠지요? 그럼 안녕히 계십시오. 이토록 탁월한 분을 만나 뵙게 되어서 정말 자랑스럽군요. 아니, 나오지 마세요, 한 마디도 안 하셔도 됩니다." 리오 헌터 씨는 픽윅 씨가 항의하거나 부인할 틈도 주지 않고 엄숙하게 성큼성큼 가버렸다.

픽윅 씨가 모자를 들고 피콕 여관으로 갔더니 윙클 씨가 이미 가장 조찬회 소식을 전한 뒤였다.

"포트 부인도 참석해요." 윙클 씨가 그들의 수장을 보자마자 한 말이었다.

"그런가?" 픽윅 씨가 말했다.

"아폴로 분장으로요." 윙클 씨가 대답했다. "하지만 튜닉 복장은 포트가 반대했지요."

"그래야지. 그렇고말고." 픽윅 씨가 강하게 말했다.

"그래서 금색 스팽글이 달린 흰색 새틴 가운을 입는다는군요."

"그러면 누구의 복장인지 사람들이 못 알아볼 텐데, 안 그런가?" 스노드그래스 씨가 물었다.

"당연히 알아보겠지!" 윙클 씨가 화를 내며 대답했다. "부인이든 리라는 알아볼 테니까!"

"그렇지. 그걸 잊고 있었군." 스노드그래스 씨가 말했다.

"저는 산적 분장을 할 겁니다." 터프먼 씨가 끼어들었다.

"뭐라고!" 픽윅 씨가 깜짝 놀라 말했다.

"산적이요." 터프먼 씨가 온화하게 되풀이했다.

"설마." 픽윅 씨가 진지하고 엄격한 눈빛으로 친구를 물끄러미 바라보며 말했다. "터프먼, 2인치짜리 뒷자락이 달린 초록색 벨벳 재킷을 입겠다는 말은 아니겠지?"

"맞습니다." 터프먼 씨가 열심히 대답했다. "왜 안 되죠?"

"왜냐면 나이가 너무 많으니까!" 픽윅 씨가 상당히 흥분하여 말했다.

"나이가 많다고요!" 터프먼 씨가 외쳤다.

"반대하는 이유가 더 필요하다면 말해주지." 픽윅 씨가 말했다. "자네는 너무 뚱뚱하네."

"픽윅 씨." 터프먼 씨가 온 얼굴을 빨갛게 빛내며 말했다. "이건 모욕입니다."

"터프먼 씨." 픽윅 씨가 똑같은 어조로 대답했다. "내가 참석하는 자리에 자네가 2인치짜리 뒷자락이 달린 초록색 벨벳 재킷을 입고 나타나는 것이 두 배는 더 모욕일세."

"픽윅 씨." 터프먼 씨가 말했다. "당신은 막돼먹은 사람입니다."

"터프먼 씨." 픽윅 씨가 말했다. "자네도 마찬가질세!"

터프먼 씨가 한두 걸음 나서더니 픽윅 씨를 노려보았다. 픽윅 씨도 안경을 통해 초점을 맞추고 같이 노려보면서 용감하게 저항했다. 스노드그래스 씨와 윙클 씨는 두 사람의 소동에 딱딱하게 굳어서 지켜보고 있었다.

"픽윅 씨." 잠시 정적이 흐른 뒤 터프먼 씨가 낮고 깊은 목소리로 말했다. "저더러 나이가 많다고 하셨지요."

"그랬네." 픽윅 씨가 말했다.

"그리고 뚱뚱하다고요."

"한 번 더 말할 수도 있네."

"그리고 막돼먹은 사람이라고요."

"자네도 그랬지 않나!"

무시무시한 정적이 흘렀다.

"픽윅 씨에 대한 저의 애정은 큽니다." 터프먼 씨가 소매 끝을 잡아당기며 감정이 가득 실려 떨리는 목소리로 말했다. "아주 크지요. 하지만 바로 그 사람에게 즉석에서 복수하지 않을 수가 없군요."

"그렇다면 덤비게나." 픽윅 씨가 대답했다. 이런 대화를 나누며 감정이 격해진 영웅적인 인물 픽윅 씨는 실제로 중풍 환자 같은 자세를 취했는데, 옆에 서서 지켜보던 두 친구는 방어 자세를 취한 것이라고 굳게 믿었다.

"뭐라고요!" 너무 놀라서 말문이 막혔다가 갑자기 말을 되찾은 스노드그래스 씨가 두 사람에게 관자놀이를 얻어맞을지도 모르는 위험을 무릅쓰고 두 사람 사이로 달려들었다. "픽윅 씨, 온 세상이 당신을 지켜보고 있습니다! 터프먼 씨! 저희와 마찬가지로 픽윅 씨라는 불멸의 이름에서 후광을 얻고 있지 않습니까! 둘 다 부끄러운 줄 아세요, 정말 부끄럽습니다."

젊은 친구가 이렇게 말하자 일시적인 격정이 픽윅 씨의 깨끗하고 넓은 이마에 그린 주름이 인도산 지우개로 검은 납 연필 자국을 부드럽게 문지를 때처럼 서서히 사라졌다. 말을 끝맺기도 전에 그의 얼굴에 평소처럼 온화한 표정이 다시 떠올랐다.

"내가 성급했네." 픽윅 씨가 말했다. "너무 성급했어. 터프먼, 손을 주게."

친구의 손을 따뜻하게 잡는 터프먼 씨의 얼굴에서 검은 그림자가 물러났다.

"저 역시 성급했습니다." 그가 말했다.

"아닐세, 아니야." 픽윅 씨가 끼어들었다. "내 잘못일세. 초록색 벨벳 재킷을 입겠나?"

"아니, 아닙니다." 터프먼 씨가 대답했다.

"부탁이니 입어주게." 픽윅 씨가 다시 말했다.

"알겠습니다, 그렇게 하지요." 터프먼 씨가 말했다.

따라서 터프먼 씨, 윙클 씨, 스노드그래스 씨 모두 가장을 하기로 했다. 이렇게 해서 픽윅 씨는 따뜻하고 즐거운 감정에 휩싸여 냉정하게 판단했다면 주저했을 일에 찬성하게 되었는데, 이 책에 기록된 모든 사건이 전부 상상이라 해도 이 놀라운 사건만큼 그의 상냥한 성격을 잘 보여주는 일화는 상상도 할 수 없을 것이다.

솔로몬 루카스 씨가 취급하는 상품에 대한 리오 헌터 씨의 말은 과장이 아니었다. 그의 의상은 방대했고—무척 방대했고—엄밀히 말해서 고전적이지도 않고 딱히 새 옷도 아니었으며 어느 시대의 패션을 정확하게 따라서 만든 옷은 하나도 없었지만 거의 모든 의상에 스팽글이 달려 있었다. 스팽글보다 더 예쁜 것이 어디 있을까? 스팽글이 낮에는 적합하지 않다고 반대하는 사람이 있을지도 모르지만 불빛만 있으면 반짝인다는 사실은 누구나 안다. 게다가 낮에 가장무도회를 열면 밤의 가장무도회만큼 의상이 눈에 띄지 않는 것은 당연한 일이므로 가장무도회를 여는 사람의 잘못이지 스팽글의 잘못은 절대 아니다. 이것이 솔로몬 루카스 씨의 설득력 있는 논리였고, 이 주장에 따라 터프먼 씨와 윙클 씨, 스노드그래스 씨는 솔로몬 씨가 취향과 경험에 따라 무도회에 딱 맞는다고 추천한 의상을 입기로 했다.

픽윅 클럽 회원들은 타운 암스 여관에서 마차를 빌렸고, 포트 부부를 리오 헌터 부인의 정원까지 태워 갈 경마차도 같은 곳에 부탁했다. 포트 씨는 초대에 대한 은근한 감사의 표시로 〈이턴스윌 거제트〉에 가장 무도회 소식을 실었다. 그는 "리오 헌터 부인의 정원은 다양하고 우아한 매력을 풍기는 광경—당혹스러울 만큼 반짝이는 아름다움과 재능—화려하고 아낌없는 환대—무엇보다도 세련된 취향으로 한층 부드러워진 호화로움, 완벽한 조화와 더없이 조심스러운 절제로 세련된 장식을 보여줄 것이다. 이에 비하면 동양의 요정 나라 이야기에 등장하는 화려함은 까다롭고 남자답지 못한 자의 마음처럼 어둡고 칙칙한 색을 몇 겹이나 두른 것처럼 보일 텐데, 바로 그러한 자들이 고결하고 빼어난 부인이 준비하는 모임을 질투라는 독으로 주제넘게 더럽히려 하고 있다. 이 보잘것없는 경탄과 찬사를 그녀의 신전에 바치는 바이다"라고 자신 있게 예측했다. 마지막 부분은 〈인디펜던트〉를 신랄하게 비꼰 것이었는데, 초대받지 못한 〈인디펜던트〉 측이 제일 큰 서체에다가 모든 형용사를 대문자로 쓴 기사를 4회에 걸쳐 실으며 행사 자체를 짐짓 비웃었기 때문이었다.

마침내 그날 아침이 왔다. 산적 차림을 한 터프먼 씨의 모습은 유쾌했다. 꽉 끼는 재킷이 핀 쿠션처럼 등과 어깨에 자리 잡았고 다리 윗부분은 벨벳 반바지가, 아랫부분은 모든 산적이 특히나 좋아하는 복잡한 붕대가 감싸고 있었다. 수염을 붙이고 분장을 한 얼굴을 열린 셔츠 깃 위로 내밀고 주변을 둘러보는 솔직하고 악의 없는 표정과 색색의 리본으로 장식한 원뿔 모자를 보는 것은 즐거웠다. 그 모자를 쓴 상태로는 지붕 달린 그 어떤 탈것에도 오를 수 없었기 때문에 터프먼 씨는 모자를 무릎에 얹어야 했다. 파란색 새틴 바지와 망토, 흰 실크 타이츠와 신발, 그리스 헬멧 차림의 스노드그래스 씨의 모습도 똑같이 재미있고 유쾌했는데, 누구나 알겠지만 (누구나 알지 못한다 해도 솔로몬 루카스 씨는 알았다) 이는 음유시인이 처음 등장했을 때부터 지구상에서 마지막으로 사라질 때까지 매일 평범하게 입는 정통 복장이었다. 이 모든 것이 유쾌했지만 픽윅 씨 일행의 마차가 포트 씨의 경마차 뒤에 멈추고, 포트 씨의 경마차가 포트 씨의 현관문 앞에 멈추고, 문이 열리고, 러시아 사법관으로 차려입은 위대한 포트 씨가 손에 거대한 채찍을 들고—〈이턴스윌 거제트〉의 엄격하고 강대한 힘과 그것이 공공을 해치는 범죄자에게 퍼붓는 무시무시한 채찍질을 고상하게 나타낸 복장이었다—등장했을 때 사람들이 지른 환호성에 비하면 아무것도 아니었다.

"브라보!" 터프먼 씨와 스노드그래스 씨가 걸어 다니는 알레고리를 보고 복도에서 소리쳤다.

"브라보!" 복도에서 픽윅 씨의 외침이 들렸다.

"포트 만세!" 사람들이 외쳤다. 이러한 환호 속에서 포트 씨는 온화한 위엄을 드러내는 미소를 지으며 마차에 올랐는데, 자신의 힘을 충분히 느끼고 있고 그 힘을 행사하는 방법도 잘 알고 있음을 보여주는 미소였다.

다음으로 가운만 없었다면 아폴로와 정말 비슷해 보였을 포트 부인이 밝은 빨간색 상의를 입은 윙클 씨의 안내를 받으며 밖으로 나왔다. 윙클 씨는 사냥꾼이 아닌 다른 것으로 절대 착각할 수 없는 복장이었지만 금색 끈이 달린 진홍색 연미복을 입는 우편배달부와도 매우 비슷했다. 마지막으로 픽윅 씨가 나오자 소년들이 누구보다도 크게 박수를 보냈는데, 아마도 그의 타이츠와 각반이 암흑시대의 유물처럼 보였기 때문일 것이다. 두 대의 마차는 리오 헌터 부인의 집을 향해 출발했고, (급사들의 일을 돕기로 한) 웰러 씨는 주인이 탄 마차의 마부석에 앉아 있었다.

픽윅 씨가 양쪽에 산적과 음유시인의 팔짱을 끼고 입구를 향해 엄숙하게 걸어가자 가장 의상을 차려입은 손님들을 보려고 모여든 남자와 여자, 소년과 소녀, 어린이들까지 모두 즐거워하며 흥겹게 소리를 질렀다. 멋진 모습으로 정원에 등장하기 위해 머리에 원뿔 모자를 고정시키려고 애쓰던 터프먼 씨는 지금껏 한 번도 들어본 적 없는 환호를 받았다.

조찬회는 더없이 즐거운 규모로 준비되어 있었다. 동양의 요정 나라보다 호사스러울 것이라는 포트의 예언을 완벽하게 실현하는 동시에 비열한 〈인디펜던트〉의 악의에 찬 기사를 반박하기 충분할 정도였다. 파티장은 1과 4분의 1에이커가 넘었고 사람들로 가득했다! 아름다움과 패션, 문학이 이토록 반짝반짝 빛나는 곳은 없었다. 〈이턴스윌 거제트〉에서 시를 담당하는 젊은 숙녀는 술탄의 왕비처럼 차려입고 비평 부문 담당이자 어울리게도—장화만 빼면—육군 원수처럼 차려입은 젊은 신사의 팔에 기댔다. 이처럼 비범한 재능을 가진 사람들이 잔뜩 있었기 때문에 이성적인 사람이라면 누구나 이들을 만나는 것만으로도 영광으로 여겼을 것이다. 그뿐만이 아니라 런던에서 온 유명인—책을 써서 출판한 진짜 작가—도 여섯 명이나 있었는데, 여기서는 이 유명인사들이 평범한 사람처럼 걸어 다니면서 미소를 짓고 이야기하는 모습을—주변의 보통 사람들이 이해하기 쉽게 굴자는 인자한 생각에 터무니없는 이야기를 하는 모습도—볼 수 있었다. 판지로 만든 모자를 쓴 악단도 있었는데 다른 지역 출신의 가수 네 명은 각자 자기 지역 복장이었고, 이번 파티를 위해 고용한 급사 열두 명도 각자 자기 지역의 복장—아주 더럽기도 한 복장—이 었다. 그중에서도 이토록 저명한 사람들을 한자리에 모았다는 생각에 자부심과 기쁨이 넘치는, 미네르바 분장의 리오 헌터 부 인이 사람들을 맞이하고 있었다.

"픽윅 씨입니다, 부인." 하인이 이렇게 알리자 픽윅 씨가 손에 모자를 벗어들고 산적과 음유시인을 양옆에 대동하고서 이 모임 을 주최한 여신에게 다가갔다.

"뭐라고? 어디에!" 리오 헌터 부인이 깜짝 놀라고 기뻐하며 이 렇게 외쳤다.

"여깁니다." 픽윅 씨가 말했다.

"픽윅 씨를 직접 뵙다니, 이렇게 큰 기쁨이 정말 가능한 일인가 요!" 리오 헌터 부인이 소리쳤다.

"제가 바로 픽윅입니다, 부인." 픽윅 씨가 허리 숙여 인사하며 대답했다. "제 친구들을 소개하지요. 터프먼 씨, 윙클 씨, 스노드 그래스 씨, 이 부인은 〈마지막 숨을 내쉬는 개구리에게 바치는 송가〉를 쓰신 분입니다."

입는 사람과 의복의 상대적 크기를 전혀 고려하지 않고 억지 로 맞춘 꼭 끼는 초록색 벨벳 바지, 딱 붙는 재킷, 높다란 모자 차림으로, 또는 파란 새틴 바지와 흰 실크 타이츠 차림으로, 또 는 무릎까지 오는 코듀로이 바지와 가죽 장식 부츠 차림으로 인 사를 해본 적 없는 사람이라면 그것이 얼마나 어려운 일인지 모를 것이다. 터프먼 씨는 편안하고 우아해 보이려고 애쓰느라 그의 몸을 심하게 비틀었고 가장 의상을 입은 친구들 역시 아주 기발한 자세를 취했다.

"픽윅 씨, 종일 제 옆에서 붙어 계시겠다는 약속을 꼭 받아야겠어요. 꼭 소개해드릴 사람들이 수백 명은 되거든요." 리오 헌터 부인이 말했다.

"정말 친절하시군요, 부인." 픽윅 씨가 말했다.

"우선 제 딸들이랍니다. 잊을 뻔했네요." 미네르바가 성숙한 젊은 숙녀 두 명을 대충 가리키며 말했는데 한 명은 스무 살 정도 되어 보였고, 한 명은 그보다 한두 살 많아 보였다. 두 사람 모두 무척 어린애 같은 복장이었는데, 픽윅 씨는 숙녀들이 어려 보이기 위한 것인지 그 어머니가 어려 보이기 위한 것인지 우리에게 정확히 설명하지 않았다.

"두 분 다 무척 아름답군요." 두 딸이 소개를 마친 후 멀어질 때 픽윅 씨가 말했다.

"어머니를 무척 많이 닮았네요." 포트 씨가 당당하게 말했다.

"어머, 짓궂기도 하셔라." 리오 헌터 부인이 부채(부채를 든 미네르바라니!)로 편집장의 팔을 장난스럽게 톡톡 치며 외쳤다.

"아아, 헌터 부인." 평소 덴에서 나팔수 역할을 하던 포트 씨가 말했다. "작년에 왕립미술원에 부인의 초상화가 전시되었을 때 다들 부인인지 막내딸인지 물어보지 않았습니까. 두 사람이 어찌나 닮았는지 다른 점을 찾을 수가 없었지요."

"어머, 그렇긴 하지만 왜 모르는 분들 앞에서 그 이야기를 또 꺼내세요?" 리오 헌터 부인이 〈이턴스윌 거제트〉의 잠자는 사자를 다시 톡톡 치며 말했다.

"백작님, 백작님!" 수염을 멋지게 기르고 외국 제복을 입은 남자가 지나가자 리오 헌터 부인이 소리쳤다.

"아! 부르셨습니까?" 백작이 돌아서며 말했다.

"똑똑하신 두 분을 서로 소개해 드리고 싶어서요." 리오 헌터 부인이 말했다. "픽윅 씨, 스몰토크 백작님께 당신을 소개하다니 정말 기뻐요." 그런 다음 얼른 픽윅 씨에게 속삭였다. "유명한 외국인이에요, 영국에 대한 대작을 쓰려고 자료를 모으고 있죠. 스몰토크 백작님, 이쪽은 픽윅 씨랍니다."

픽윅 씨는 이토록 지위가 높은 사람에게 마땅한 존경을 드러내며 백작에게 인사했고, 백작은 메모장을 꺼냈다.

"뭐라고 하셨지요, 헌트 부인?" 흐뭇해하는 리오 헌터 부인에게 백작이 정중한 미소를 지으며 물었다. "픽 빅이었나, 빅 빅이었나, 뭐라고 하셨지요? 아, 변호사라고요? 아, 그렇군요. 빅빅이군요." 백작이 메모장에 픽윅 씨를 자기 직업에서 이름을 따온 긴 예복 차림의 신사라고 적고 있는데[36] 리오 헌터 부인이 끼어들었다.

"아니, 아니에요, 백작님." 부인이 말했다. "픽윅이랍니다."

"아, 그렇군요." 백작이 대답했다. "피크가 이름, 위크스가 성이라……. 좋습니다, 아주 좋아요. 피크 위크스. 안녕하십니까, 위

36　'빅 빅big vig'과 '큰 가발big wig'의 발음이 비슷하기 때문에 여기서 백작은 가발을 쓰는 변호사를 연상하고 있다.

크스 씨?"

"네, 잘 지냅니다. 감사합니다." 픽윅 씨가 늘 그렇듯 아주 온화하게 대답했다. "영국에 오신 지 오래되셨습니까?"

"오래됐어요, 아주 오래됐지요. 2주는 넘었을 겁니다."

"얼마나 더 머무실 건가요?"

"일주일입니다."

"일주일 내에 필요한 자료를 전부 모으려면 할 일이 무척 많겠군요." 픽윅 씨가 미소를 지으며 말했다.

"아, 이미 모았습니다." 백작이 말했다.

"과연!" 픽윅 씨가 말했다.

"여기 있지요." 백작이 자기 이마를 의미심장하게 두드리며 덧붙였다. "집에 큰 책이 있어요. 메모로 가득하지요. 음악, 그림, 과학, 시, 정치, 모든 것에 대해서 말입니다."

"정치라는 단어 자체에 상당한 규모의 어려운 학문이라는 뜻이 들어 있지요." 픽윅 씨가 말했다.

"아!" 백작이 메모장을 다시 꺼냈다. "아주 좋아요. 한 장을 시작하기 좋은 말이군요. 제47장, 정치. 정치라는 단어 자체에 상당한 경악의……." 이렇게 해서 스몰토크 백작의 왕성한 상상력 또는 불완전한 언어 실력에 의해 뜻이 바뀌고 덧붙여진 픽윅 씨의 말이 백작의 메모장에 적혔다.

"백작님." 리오 헌터 부인이 말했다.

"헌트 부인." 백작이 대답했다.

"이분은 스노드그래스 씨예요. 픽윅 씨의 친구이자 시인이죠."

"잠깐만요." 백작이 다시 메모장을 꺼내며 외쳤다. "항목은 시, 장 제목은 문학적 친구. 이름, 스노그래스, 됐습니다. 스노그래스를 소개받다. 피크 위크스의 친구이자 위대한 시인. 소개자는 역시 멋진 시를 쓴 헌트 부인. 제목이 뭐였죠? 개구리…… 마지막 땀을 흘리는 개구리. 됐습니다, 다 됐어요." 백작은 메모장을 넣고 여러 번 고개 숙여 고맙다고 인사한 다음, 메모장에 정말 중요하고 귀중한 내용을 추가한 것을 무척 흡족해하며 걸어갔다.

"스몰토크 백작님은 멋진 분이시죠." 리오 헌터 부인이 말했다.

"대단한 철학자군요." 포트가 말했다.

"두뇌가 명석하고 심지가 강한 사람이네요." 스노드그래스 씨가 덧붙였다.

옆에서 구경하던 사람들이 입을 모아 스몰토크 백작에게 찬사를 보냈고, 다 안다는 듯 고개를 저으며 입을 모아 "정말 그렇다니까!"라고 외쳤다.

스몰토크 백작을 향한 환호가 열기를 더하면서 파티가 끝날 때까지 칭송이 계속될 수도 있었지만, 그때 다른 지역 출신의 가수 네 명이 작은 사과나무 앞에 멋지게 정렬하더니 자기들 나라의 노래를 부르기 시작했다. 노래는 절대 어려워 보이지 않았지만 그것이 큰 비밀이라도 되는지 가수 세 명은 끙끙거렸고 나머지 한 명은 울부짖었다. 모든 사람들의 열렬한 갈채 속에서 이 흥미로운 공연이 끝나자마자 소년이 나와서 의자 가로대에 몸을 얽더니 의자를 뛰어넘거나 그 밑으로 기어 들어가기도 하고, 의자와 같이 넘어지는 등 의자에 앉는 것만 빼고 온갖 동작을 시작했고, 자기 다리가 넥타이라도 되는 것처럼 목에 두르기도 하고 인간이 얼마나 쉽게 확대한 두꺼비처럼 보일 수 있는지 보여주기도 했는데 자리에 모인 구경꾼들은 이 모든 곡예를 보면서 무척 기뻐하고 만족했다. 그런 다음 포트 부인이 가느다란 목소리로 짹짹거리며 예의 바르게 말하자면 노래라고 할 수 있는 것을 부르기 시작했고 이 고전적인 노래는 분장과 무척 잘 어울렸다. 아폴로는 작곡가였는데 작곡가는 자기 음악이건 남의 음악이건 노래를 부를 줄 아는 경우가 거의 없었기 때문이다. 그런 다음 리오 헌터 부인이 마지막 숨을 내쉬는 개구리에게 바치는 유명한 송가를 암송했고, 앙코르 요청이 들어오자 한 번 더 암송했다. 앙코르 암송을 한 번 더 할 수도 있었지만 손님들 대부분은 이제 뭘 좀 먹어야겠다고 생각했기 때문에 헌터 부인의 사람 좋은 성격을 이용하는 것은 정말 부끄러운 일이라고 말했다. 리오 헌터 부인은 기꺼이 송가를 한 번 더 암송할 수 있다고 말했지만 상냥하고 사려 깊은 친구들은 절대 들으려 하지 않았고, 식당 문이 열리자 조찬회에 와보았던 사람들은 모두 황급히 몰려 들어갔다. 보통 리오 헌터 부인은 100명에게 초대장을 보내고 50명분의 식사만 준비했는데, 말하자면 특별한 사자[37]들에게만 먹이를 주고 작은 동물들은 알아서 찾아 먹도록 놔두었던 것이다.

"포트 씨는 어디 있지요?" 리오 헌터 부인이 앞서 말한 사자들을 자기 주변에 앉히며 말했다.

37　'사자lion'에는 인기 작가, 유명인이라는 뜻도 있다.

"여기 있습니다." 편집장이 식당 저쪽 끝에서 말했다. 여주인이 어떻게 해주지 않으면 음식에 손을 대는 것을 꿈도 꿀 수 없을 만큼 먼 자리였다.

"이쪽으로 오시겠어요?"

"어머, 저 사람은 신경 쓰지 마세요." 포트 부인이 더없이 예의 바른 목소리로 말했다. "정말 쓸데없는 수고를 하시는 거예요. 당신, 거기서도 괜찮죠?"

"물론이에요, 여보." 침울한 포트가 음산한 미소를 지으며 대답했다. 아아, 그 채찍! 그토록 엄청난 힘으로 공인에게 채찍을 휘두르던 그의 소심한 팔은 도도한 포트 부인의 시선 아래에서 굳어버렸다.

리오 헌터 부인이 의기양양하게 주변을 둘러보았다. 스몰토크 백작은 접시에 무엇이 담겨 있는지 메모장에 적느라 바빴다. 터프먼 씨는 지금까지 어떤 산적에게서도 볼 수 없었던 우아한 태도로 암사자들에게 바닷가재 샐러드를 덜어주었다. 스노드그래스 씨는 〈이턴스윌 거제트〉에서 책을 깎아내리는 젊은 신사를 제치고 시를 담당하는 젊은 숙녀와 열띤 논쟁 중이었다. 픽윅 씨는 모두를 상냥하게 대했다. 이렇게 엄선된 일행은 무엇 하나 부족함 없이 완전해 보였지만 리오 헌터 씨—지금 그가 맡은 역할은 문 근처에 서서 덜 중요한 사람들과 대화를 나누는 것이었다—가 갑자기 소리쳤다.

"이런, 찰스 피츠 마셜 씨가 오셨군."

"어머나!" 리오 헌터 부인이 말했다. "계속 기다리고 있었는데.

자, 피츠 마셜 씨가 지나가도록 길을 좀 만들어주세요. 여보, 피츠 마셜 씨에게 당장 저한테 오라고 해요. 이렇게 늦다니 한마디 해드려야겠어요."

"가고 있습니다, 부인." 어떤 목소리가 외쳤다. "최대한 빨리 ─사람이 많기도 하지 ─방이 꽉 찼네 ─쉽지 않네요 ─정말로."

그때 픽윅 씨가 손에 들고 있던 나이프와 포크를 떨어뜨렸다. 그는 식탁 맞은편에 앉은 터프먼 씨를 보았고, 역시 나이프와 포크를 떨어뜨린 터프먼 씨는 아무 말 없이 땅으로 푹 꺼질 듯한 표정이었다.

"아!" 그 목소리가 이렇게 외쳤고, 목소리의 주인공이 식탁을 마지막으로 가로막고 있는 터키인과 장교, 기사, 찰스 2세 스물다섯 명을 헤치며 다가왔다. "주름 펴는 기계가 정말 대단하네요 ─베이커의 특허 기계요 ─이렇게 떠밀리며 왔는데 상의에 주름 하나 없다니 ─여기까지 오면서 복장이 단정해졌을지도요 ─하하! ─나쁜 생각은 아니군요 ─옷을 입은 채로 주름을 펴는 건 좀 묘하지만요 ─힘든 방법이군요 ─정말로."

해군 장교처럼 차려입은 청년이 뚝뚝 끊어지는 문장으로 말하며 식탁으로 다가오더니 깜짝 놀란 픽윅 클럽 회원들 앞에 앨프리드 징글 씨와 똑같은 이목구비와 체형을 드러냈다.

이 범죄자는 리오 헌터 부인이 내민 손을 잡기도 전에 픽윅 씨의 분노한 눈과 시선이 마주쳤다.

"이런!" 징글이 말했다. "깜빡했네요, 마부한테 지시를 안 내렸어요 ─빨리 지시를 내려야 하는데 ─금방 오겠습니다."

"하인이나 헌터 씨가 알아서 할 거예요, 피츠 마셜 씨." 리오 헌터 부인이 말했다.

"아니, 아닙니다―제가 하죠―금방입니다―곧 올게요." 징글이 대답했다. 그는 이 말을 남기고 사람들 사이로 사라졌다.

"부인, 한 가지 여쭤봐도 될까요?" 흥분한 픽윅 씨가 자리에서 일어나며 말했다. "저 청년은 누구이고 어디에 사십니까?"

"부유한 신사분이세요, 픽윅 씨." 리오 헌터 부인이 말했다. "당신에게 소개해 드리고 싶네요. 백작님도 아주 좋아하실 거예요."

"네, 그렇군요." 픽윅 씨가 황급히 말했다. "그럼 주소는……."

"지금은 베리의 에인절 여관이에요."

"베리요?"

"베리 세인트 에드먼즈라고 여기서 몇 마일 안 된답니다. 픽윅 씨, 우리를 두고 가시려는 건 아니겠지요? 이렇게 빨리 가시다니 절대 안 돼요."

그러나 리오 헌터 부인이 말을 마치기도 전에 픽윅 씨는 벌써 사람들 틈으로 뛰어들어 정원으로 나갔고, 친구를 바로 뒤따라 나온 터프먼 씨도 곧 합류했다.

"소용없습니다." 터프먼 씨가 말했다. "가버렸어요."

"알고 있네." 픽윅 씨가 말했다. "따라가야겠어."

"따라가다니, 어디로요?" 터프먼 씨가 물었다.

"베리의 에인절 여관으로." 픽윅 씨가 빠르게 대답했다. "거기서 누굴 속이고 있는지 어떻게 알겠나? 저 사람은 예전에도 좋은 사람들을 속였고, 우리는 죄가 없지만 원인이 되었네. 할 수만 있다면 그가 두 번 다시 그런 짓을 못하게 막아야 하네. 내가 그의 정체를 폭로할 걸세. 샘! 내 하인이 어디로 갔지?"

"여기 있습니다, 주인님." 웰러 씨가 외딴 곳에서 등장하며 말했다. 그는 한두 시간 전에 아침 식탁에서 빼낸 마데이라 백포도주 한 병에 대해서 논의하던 참이었다. "하인 대령했습니다. 제 칭호가 자랑스럽군요. 괴짜 쇼에서 살아 있는 해골이 등장할 때 했던 말처럼요."

"바로 날 따라오게." 픽윅 씨가 말했다. "터프먼, 베리에 숙소를 정하면 편지를 쓸 테니 자네도 뒤따라오게. 그럼 그때 보세나."

항변은 소용없었다. 픽윅 씨는 격노했고, 이미 결심했다. 터프먼 씨는 일행에게 돌아갔고 한 시간 뒤에는 샴페인 한 병을 마시고 신나는 카드리유를 추느라 앨프리드 징글 씨, 혹은 찰스 피츠마셜 씨에 대한 지금까지의 기억은 전부 잊었다. 바로 그때 픽윅 씨와 샘 웰러는 역마차 실외 자리에 앉아서 매 순간 베리 세인트 에드먼즈라는 아름답고 오래된 마을과의 거리를 점점 좁히고 있었다.

16장

간단하게 설명하기에는 너무나 많은 모험

1년 중 8월만큼 아름다운 자연의 모습을 보여주는 달은 없다. 봄은 여러 가지 아름다움을 가지고 있고 5월은 상쾌하고 꽃이 피는 달이지만, 이맘때의 매력은 겨울과 대조되기 때문에 더욱 크게 느껴진다. 그러나 8월은 그런 유리함이 없다. 8월은 우리의 기억에 맑은 하늘, 푸른 들판, 달콤한 꽃향기만 남아 있을 때—눈과 얼음, 황량한 바람이 이 땅에서 사라진 것처럼 그 기억들도 우리 마음에서 완전히 사라졌을 때—오지만 정말 기분 좋은 시절이다. 과수원과 옥수수 밭에서 일꾼들의 콧노래가 울리고, 나무는 풍성한 과실들 때문에 가지를 축 늘어뜨린 채 허리를 굽히고, 옥수수는 우아하게 다발로 묶이거나 바람이 살짝 불면 낫에게 구애하듯 흔들리며 풍경을 금빛으로 물들인다. 말랑한 부드러움이 온 세상을 뒤덮은 듯하고, 계절이 짐마차에까지 영향을 미치는지 추수를 끝낸 들판을 느릿느릿 가로지르는 짐마차는 눈에만 보일 뿐 듣기 싫은 소리는 나지 않는다.

마차가 길가의 들판과 과수원을 재빨리 지나갈 때면 소쿠리에 과일을 쌓아 올리거나 흩어진 옥수수를 모으던 여자와 아이들이 잠시 일손을 멈추고 볕에 탄 얼굴에 더 짙은 갈색 손으로 차양을 만들어 호기심 어린 눈으로 승객들을 물끄러미 바라보고, 너무 어려서 일은 못하지만 말썽이 심해서 집에 두고 올 수 없는 조그마한 어린이들은 다칠까 봐 어른들이 넣어놓은 바구니 안에서 기어올라 기뻐서 발길질을 하며 소리를 지른다. 추수하는 농부들은 잠시 일을 멈추고 팔짱을 낀 채 쏜살같이 달리는 마차를 바라본다. 짐마차를 끄는 거친 말들은 역마차를 끄는 세련된 말들을 졸린 눈으로 바라보는데, 말의 눈치고는 아주 분명히 이렇게 말하고 있다. "먼지투성이 도로에서 열심히 달리는 게 보기에는 근사할지 몰라도 질퍽거리는 밭에서 천천히 걸어 다니는 게 낫지." 모퉁이를 돌면서 뒤를 돌아보면 여자와 아이들은 일을 다시 시작했고, 추수하는 농부는 허리를 굽혀 하던 일을 하고, 짐마차의 말들도 걸어가고, 모두 다시 움직이고 있다.

이러한 광경은 픽윅 씨의 흔들림 없는 마음에도 영향을 끼치지 않을 수 없었다. 그는 사악한 징글이 어디에서 사기를 치려고 하는지 모르겠지만 그의 정체를 폭로하겠다는 결의로 충만해서 처음에는 말없이 생각에 잠긴 채 자신의 목적을 달성할 가장 좋은 방법을 고민했다. 그러나 점차 주변에 관심을 빼앗기다가 결국에는 세상에서 제일 기분 좋은 이유로 길을 떠난 사람처럼 이 여행을 즐겼다.

"기분 좋은 경치로군, 샘." 픽윅 씨가 말했다.

"굴뚝 꼭대기의 통풍관보다는 낫네요." 웰러 씨가 모자를 살짝 만지며 대답했다.

"자네는 평생 굴뚝 통풍관과 벽돌과 모르타르만 보면서 살았겠군." 픽윅 씨가 미소를 지으며 말했다.

"제가 늘 구두닦이였던 건 아닙니다." 웰러 씨가 고개를 저으며 말했다. "한때는 짐마차를 끄는 마부의 조수였지요."

"그게 언제인가?" 픽윅 씨가 물었다.

"처음으로 세상에 고개를 내밀고 나와서 풍파와 싸울 때였죠." 샘이 대답했다. "처음에는 신문 배달부 조수로 일하다가 짐마차 마부 조수, 마구간 조수를 거쳐서 구두닦이가 됐습니다. 지금은 신사를 모시는 하인이지요. 언젠가는 입에 파이프를 물고 뒷마당에 정자까지 갖춘 신사가 될지도 모를 일입니다. 누가 알겠어요? 적어도 저는 놀라지 않을 겁니다."

"자네는 상당한 철학자로군." 픽윅 씨가 말했다.

"저희 집안이 좀 그렇습니다." 웰러 씨가 대답했다. "이제는 아버지도 그렇게 되었지요. 계모가 바가지를 긁어도 아버지는 휘파람만 불어요. 계모가 화를 내면서 파이프를 부러뜨리면 아버지는 나가서 하나 더 사오지요. 계모가 고래고래 소리를 지르고 신경질을 부리면 아버지는 계모가 진정할 때까지 편안하게 담배만 태웁니다. 그게 바로 철학 아니겠습니까?"

"어쨌든 좋은 대체물이라고 할 수 있겠지." 픽윅 씨가 껄껄 웃으며 대답했다. "파란만장한 인생 역정에서 그런 성격이 상당한 도움이 되었겠군."

"도움이 되지요." 샘이 외쳤다. "맞습니다. 저는 신문 배달부 밑에서 도망쳐 나와 짐마차 조수로 일할 때까지 2주 동안 가구 없는 숙소에서 지냈지요."

"가구가 없는 숙소라고?" 픽윅 씨가 말했다.

"네, 워털루 다리 아치 밑의 마른 땅 말입니다. 괜찮은 잠자리예요. 어느 관공서든 10분만 걸어가면 있죠. 단점이 하나 있다면 바람이 너무 잘 통한다는 거예요. 거기서 신기한 광경을 봤습니다."

"아아, 그랬겠군." 픽윅 씨가 상당히 흥미롭다는 듯 말했다.

"그건 말입니다." 웰러 씨가 말을 이었다. "주인님의 인정 많은 마음을 완전히 관통할 만한 광경들이지요. 거기에 멀쩡한 부랑자들은 없어요. 그 사람들은 멍청하지 않으니까요. 남녀 불문하고 아직 구걸이 익숙하지 않은 젊은 거지들도 가끔 있지만 그 외롭고 침침한 구석에서 굴러다니는 사람들은 보통 남루하고 쫄쫄 굶은 노숙자들이죠. 2페니짜리 밧줄도 못 구하는 불쌍한 사람들이에요."

"2페니짜리 밧줄이 뭔가?" 픽윅 씨가 물었다.

"2페니짜리 밧줄은 값싼 숙소예요." 웰러 씨가 대답했다. "하룻밤에 침대 하나 쓰는 데 2페니죠."

"왜 침대를 밧줄이라고 부르지?" 픽윅 씨가 말했다.

"주인님은 정말 아무것도 모르시네요." 샘이 대답했다. "호텔을 운영하는 사람이 처음 사업을 시작할 때는 바닥에 침대를 놨어요. 하지만 그러면 문제가 생겨요. 투숙객이 2페니어치만 자고 가는 게 아니라 반나절은 누워 있거든요. 그래서 요즘은 방에다가 바닥에서 3피트 높이에 6피트 간격으로 밧줄 두 개를 매놓지요. 그 밧줄 위에 굵은 마직물을 둘러놓은 게 침대예요."

"그렇군." 픽윅 씨가 말했다.

"그렇죠." 웰러 씨가 말했다. "이 방법은 장점이 분명하지요. 매일 아침 6시에 밧줄 한 쪽 끝을 풀면 투숙객이 전부 바닥으로 떨어지거든요. 그러면 잠이 완전히 깬 손님들이 조용히 일어나서 나가는 거죠!" 샘이 수다스럽게 늘어놓던 말을 갑자기 멈추었다. "잠깐만요, 여기가 베리 세인트 에드먼즈인가요?"

"맞아." 픽윅 씨가 대답했다.

마차가 깔끔하고 번성해 보이는 작고 아름다운 마을의 포장도로로 덜걱거리며 들어서더니 넓고 탁 트인 거리로 접어들어 오래된 대수도원을 거의 마주보는 커다란 여관 앞에 멈췄다.

"여기가 에인절 여관이군." 픽윅 씨가 위쪽을 보며 말했다. "우리는 여기서 내려야 하네, 샘. 조심해야 돼. 개인실을 요청하고 내이름은 밝히지 말게. 알겠나?"

"잘 알겠습니다." 웰러 씨가 눈을 찡긋하며 대답했다. 그는 마차를 타면서 급히 던져 넣은 픽윅 씨의 가죽 트렁크를 마차 뒤쪽 짐칸에서 꺼내 온 다음 심부름을 하러 사라졌다. 개인실은 금방 구해졌고, 픽윅 씨는 지체 없이 그곳으로 안내받았다.

"자, 샘." 픽윅 씨가 말했다. "제일 먼저 할 일은……."

"식사 주문이지요." 웰러 씨가 끼어들었다. "시간이 무척 늦었습니다."

"아, 그렇지." 픽윅 씨가 시계를 보며 말했다. "과연 그렇군."

"제가 한 말씀 조언을 드려도 된다면 말입니다." 웰러 씨가 덧붙였다. "저라면 식사를 마치고 하룻밤 푹 쉬고 내일 아침부터 물어보고 다니겠습니다. 숙면만큼 심신을 상쾌하게 만들어주는 것은 없지요. 어떤 하녀가 아편제를 에그컵 하나 가득 마시면서 말했던 것처럼요."

"맞는 말 같군, 샘." 픽윅 씨가 말했다. "하지만 먼저 그자가 여기 있는지, 어디로 가버릴 기미는 없는지 확인해야겠어."

"저한테 맡기시죠." 샘이 말했다. "주인님께서 드실 조촐한 식사를 주문하고 준비되는 동안 아래층에서 물어보고 다니겠습니다. 5분만 주시면 구두닦이가 가슴속에 품고 있는 어떤 비밀이든 캐낼 수 있어요."

"그렇게 해주게." 픽윅 씨가 이렇게 말하자 웰러 씨가 바로 물러갔다.

30분 뒤 픽윅 씨는 아주 흡족하게 저녁 식탁 앞에 앉아 있었고, 45분 뒤 샘 웰러 씨가 돌아와서 찰스 피츠 마셜 씨가 다른 지시를 내릴 때까지 자기 개인실을 그대로 두라고 말했다는 정보를 전했다. 피츠 마셜 씨는 근처의 다른 사람의 집에서 저녁 시간을 보낼 계획이었기 때문에 여관 구두닦이에게 자신이 돌아올 때까지 깨어 있으라고 지시한 다음 하인을 데리고 나갔다.

"주인님." 웰러 씨가 보고를 마친 다음 말했다. "내일 아침에 제가 그자의 하인한테 말을 걸면 주인 이야기를 전부 털어놓을 겁니다."

"어떻게 알지?" 픽윅 씨가 물었다.

"아이고, 주인님. 하인은 다 그러는 법입니다." 웰러 씨가 대답했다.

"아, 잊고 있었네." 픽윅 씨가 말했다. "그렇군."

"그런 다음에 주인님이 제일 좋은 방법을 결정하시고, 저희는 그에 따라 행동하면 됩니다."

이것이 제일 좋은 계획 같았으므로 두 사람은 그렇게 하기로 했다. 웰러 씨는 주인의 허락을 받고 물러나 자기 나름대로 저녁 시간을 보내러 갔다. 여관 술집으로 간 그는 만장일치로 술자리를 주도하는 좌장에 뽑혔고, 이 영예로운 역할을 맡은 샘은 단골 손님들이 무척 흡족할 만큼 자기 역할을 훌륭하게 해냈기 때문에 사람들의 커다란 웃음소리가 픽윅 씨의 침실까지 퍼져 그의 휴식 시간이 적어도 세 시간은 줄어들었다.

다음 날 아침 일찍, 웰러 씨가 반 페니짜리 샤워(마구간에서 일하는 청년에게 반 페니를 주고 기운을 완전히 되찾을 때까지 자기 머리와 얼굴에 펌프로 물을 끼얹어 달라고 했다)를 하면서 전날 밤 술자리의 남은 열기를 떨치고 있을 때, 자주색 제복 차림의 청년이 눈에 띄었다. 그는 마당 벤치에 앉아서 성가집 같은 책을 읽으며 깊은 생각에 잠긴 듯했지만, 펌프 밑에 서 있는 남자의 행동에 다소 관심이 간다는 듯 가끔 흘깃거렸다.

'참 묘하게 생긴 남자군.' 자주색 제복 차림에 크고 누르스름하고 못생긴 얼굴을 가진 낯선 남자와 처음 눈이 마주쳤을 때 웰러 씨는 이렇게 생각했다. 눈은 움푹 꺼졌고, 거대한 머리에서 곧은 검정색 머리가 늘어져 있었다. '묘한 남자야.' 웰러 씨는 이렇게 생각했지만 샤워를 계속할 뿐 더 이상 그 남자에 대해 생각하지 않았다.

남자는 말을 걸고 싶은 듯 성가집과 샘을 번갈아가며 흘깃거렸다. 결국 샘이 그에게 기회를 주는 셈치고 친근하게 고개를 끄덕이며 말했다.

"안녕하십니까."

"네, 저는 아주 좋습니다." 남자가 책을 덮으며 아주 조심스럽게 말했다. "당신도 안녕하시지요?"

"음, 걸어 다니는 브랜디 병이 된 느낌이 이제 좀 덜하네요. 오늘 아침에는 비틀거리면 안 되거든요." 샘이 대답했다. "이 여관에 묵고 계십니까?"

자주색 남자가 그렇다고 대답했다.

"어젯밤에 술자리에서는 못 봤는데, 무슨 일이 있었나 보죠?" 샘이 수건으로 얼굴을 닦으며 물었다. "재미있으신 분 같은데…… 라임 바구니 안에 든 살아 있는 두꺼비만큼이나 쾌활하신 것 같은데 말입니다." 웰러 씨가 낮은 목소리로 덧붙였다.

"어젯밤에는 주인님과 외출했습니다." 낯선 이가 대답했다.

"주인 이름이 어떻게 되죠?" 웰러 씨가 갑자기 흥분한 목소리로, 수건으로 문질러서 벌게진 얼굴을 한 채 물었다.

"피츠 마셜입니다." 자주색 남자가 말했다.

"악수나 할까요." 웰러 씨가 다가서며 말했다. "서로 알고 지내면 좋겠군요. 당신 용모가 마음에 듭니다."

"그것 참 신기하네요." 자주색 남자가 무척 꾸밈없는 태도로 말했다. "펌프 아래 서 있는 당신을 처음 봤을 때부터 마음에 들어서 이야기를 나누고 싶었습니다."

"정말요?"

"그럼요. 참 신기하지 않습니까?"

"정말 기묘하네요." 샘은 낯선 남자가 잘 속아서 다행이라고 속으로 생각하며 말했다. "이름이 어떻게 되십니까?"

"잡입니다."

"아주 좋은 이름이군요. 별명이 붙지 않는 유일한 이름이네요. 성은 뭐죠?"

"트로터라고 합니다." 낯선 이가 말했다. "당신은요?"

샘은 주인의 경고를 명심하며 대답했다.

"제 이름은 워커고, 주인 이름은 윌킨스죠. 같이 뭐라도 한 잔 마실까요, 트로터 씨?"

트로터 씨는 이 우호적인 제안을 받아들여 책을 상의 주머니에 넣고 웰러 씨와 함께 여관 술집으로 향했다. 거기서 두 사람은 백랍 잔에 영국산 진과 향기로운 정향 진액을 섞어서 만든 술을 즐겼다.

"일은 어때요?" 샘이 일행의 잔을 두 번째로 채우며 물었다.

"아, 좋지 않아요." 잡이 입술을 핥으며 말했다. "매우 좋지 않아요."

"설마." 샘이 말했다.

"아니, 정말이에요. 더 나쁜 건 주인이 곧 결혼을 한다는 거예요."

"그럴 리가요."

"맞아요. 하지만 그보다 더 나쁜 게 뭔지 압니까? 우리 주인이 기숙학교에 다니는 돈이 어마어마하게 많은 상속녀와 도망칠 계획이라는 거죠."

"그거 참 나쁜 사람이군요." 샘이 일행의 잔을 다시 채우며 말했다. "기숙학교가 이 마을에 있나 보죠?"

샘은 최대한 아무렇지도 않은 말투로 질문을 던졌지만 잡 트로터 씨의 몸짓을 보니 새로 사귄 친구가 대답을 듣고 싶어서 안달하고 있음을 알아차린 것이 분명했다. 트로터 씨가 잔을 비우고 알 수 없는 표정으로 일행을 보더니 작은 두 눈을 번갈아 깜빡였고, 마침내 공상 속에서 펌프질을 하는 것처럼 한쪽 팔을 휘둘렀다. 그(트로터 씨)가 새뮤얼 웰러 씨에게 펌프질을 당하고 있다는 느낌을 그대로 보여주는 행동이었다.

"아니, 안 돼요." 결국 트로터 씨가 말했다. "아무한테나 말하면 안 되지요. 비밀이거든요. 아주 큰 비밀이에요, 워커 씨."

자주색 남자는 이렇게 말하면서 잔을 뒤집어 갈증을 달랠 술이 떨어졌음을 일행에게 알렸다. 샘이 무슨 뜻인지 눈치채고 백랍 잔을 다시 채워달라고 주문하자 자주색 남자가 작은 눈을 번득였다.

"비밀이군요." 샘이 말했다.

"뭐, 그렇죠." 자주색 남자가 흐뭇한 얼굴로 술을 홀짝이며 말했다.

"주인이 큰 부자인가 봅니다." 샘이 말했다.

트로터 씨가 왼손으로 잔을 들고 미소를 지으며 오른손으로 자주색 바지 주머니를 네 번 두드렸는데, 자기 주인이 똑같은 행동을 해도 돈이 쩔그렁거리는 소리에 사람들이 놀라지 않을 것이라는 뜻 같았다.

"아." 샘이 말했다. "그게 수법이군요?"

자주색 남자가 진지하게 고개를 끄덕였다.

"그렇군요." 웰러 씨가 항변했다. "주인이 젊은 여성을 끌어들이게 그냥 놔두면 당신도 지독한 악당이 된다는 생각은 안 들어요?"

"알아요." 잡 트로터가 깊이 뉘우치는 표정으로 일행을 보면서 작게 신음했다. "잘 알아요, 그래서 마음이 괴롭습니다. 하지만 내가 어쩌겠어요?"

"어쩌긴요!" 샘이 말했다. "여자분께 사실을 폭로하고 주인을 떠나야지요."

"누가 내 말을 믿겠어요?" 잡 트로터가 대답했다. "사람들은 그 젊은 여성이 순수함과 분별 그 자체라고 생각해요. 그분이 제 말을 부인할 테고, 제 주인도 그럴 테지요. 누가 믿겠습니까? 저는 일자리를 잃고 공모나 뭐 그런 죄목으로 기소되겠지요. 제가 나서서 얻는 것이라고는 그 정도밖에 없어요."

"그 말도 일리가 있군요." 샘이 깊은 생각에 잠겨 말했다. "일리가 있어요."

"이 일을 문제 삼아줄 훌륭한 신사분을 제가 안다면 두 사람이 도망치는 것을 막을 수도 있겠지요." 트로터 씨가 말을 이었다. "하지만 그것도 어려워요. 똑같이 어렵지요. 이 낯선 지역에 아는 신사도 없고, 만에 하나 있어도 과연 내 말을 믿겠어요?"

"같이 가죠." 샘이 벌떡 일어나서 자주색 남자의 팔을 잡으며 말했다. "내 주인이 바로 당신한테 필요한 사람이에요." 잡 트로터는 약간 저항했지만, 결국 샘은 새로 사귄 친구를 픽윅 씨의 방으로 데리고 가서 트로터 씨를 소개한 다음 위의 대화를 간략히 요약했다.

"주인을 배신하다니, 마음이 참 안 좋아요." 잡 트로터가 3인치 정도 간격의 분홍색 체크무늬 손수건을 눈에 가져다 대며 말했다.

"그렇게 생각하는 것만으로도 훌륭하네." 픽윅 씨가 대답했다. "하지만 이것이 자네의 의무일세."

"의무라는 것은 압니다." 잡이 무척 슬프게 대답했다. "우리는 모두 의무를 다하기 위해서 노력해야 하고, 저는 제 의무를 다하려고 겸허하게 노력하지요. 하지만 주인의 옷을 입고 주인의 빵을 먹으면서 주인을 배신하다니 너무 고통스럽군요. 주인이 아무리 무뢰한이라고 해도 말입니다."

"자네는 아주 좋은 사람이군." 픽윅 씨가 감명을 받아 말했다. "정직한 사람이야."

"자, 자," 트로터 씨의 눈물을 초조하게 지켜보던 샘이 끼어들었다. "살수차처럼 눈물을 짜는 건 그만두죠. 그래서 좋을 게 없어요."

"샘," 픽윅 씨가 꾸짖었다. "이 젊은 친구의 감정을 별로 존중하지 않는다니 유감스럽군."

"이 친구의 감정이야 아주 대단하죠," 웰러 씨가 대답했다. "아주 훌륭하기 때문에 여기서 써버리기는 아까워요. 그런 감정을 뜨거운 물처럼 증발시키느니 자기 가슴에 담아놓는 게 좋잖아요. 아무 도움이 되지 않는다면 더더욱 말입니다. 눈물은 시계태엽을 감지도 못하고 증기기관을 움직이지도 못해요. 다음번에 흡연 모임에 가면 이 문제를 파이프에 채워서 잘 생각해 보고 지금은 분홍색 체크 손수건을 주머니에 넣는 게 좋겠군. 아름다운 물건도 아니고 외줄타기를 하는 사람처럼 그렇게 계속 흔들 필요도 없으니까."

"이 사람 말이 맞네," 픽윅 씨가 잡에게 말했다. "생각을 표현하는 방식이 좀 거칠고 가끔 이해하기 힘들지만 맞는 말이야."

"네, 정말 맞는 말이지요," 트로터 씨가 말했다. "이제 안 울겠습니다."

"좋아," 픽윅 씨가 말했다. "자, 그 기숙학교가 어디지?"

"마을 외곽에 있는 크고 오래된 붉은 벽돌 건물입니다." 잡 트로터가 대답했다.

"언제인가?" 픽윅 씨가 말했다. "언제 그 사악한 계획을 실행하기로, 언제 도망치기로 했나?"

"오늘 밤입니다." 잡이 대답했다.

"오늘 밤이라고!" 픽윅 씨가 외쳤다.

"바로 오늘 밤이지요." 잡 트로터가 대답했다. "그래서 이렇게 걱정인 겁니다."

"즉시 조치를 취해야겠군." 픽윅 씨가 말했다. "기숙학교를 관리하는 부인을 당장 만나야겠어."

"죄송하지만 그런 방법으로는 절대 막을 수 없을 겁니다." 잡이 말했다.

"왜 안 되지?" 픽윅 씨가 물었다.

"제 주인은 아주 교활한 사람입니다."

"나도 알고 있네." 픽윅 씨가 말했다.

"제 주인은 그 노부인의 마음을 완전히 사로잡았어요." 잡이 말을 이었다. "아무리 맨다리로 무릎을 꿇고 맹세하셔도 믿지 않을 겁니다. 게다가 증거라고는 하인인 제 말뿐이니 더욱 그렇겠지요. 노부인은 ─제 주인이 분명 그렇게 말할 겁니다─ 제가 뭔가 잘못을 저지르고 쫓겨나서 이런 식으로 복수를 한다고 생각할 겁니다."

"그렇다면 어떻게 하는 것이 좋겠나?" 픽윅 씨가 말했다.

"도망치는 제 주인을 현장에서 붙잡아야만 노부인이 확실하게 믿을 겁니다." 잡이 대답했다.

"도망치려는 노력은 수포로 돌아가겠군." 웰러 씨가 덧붙여 말했다.

"하지만 현장에서 붙잡는 것은 아주 어려운 일이라 걱정이군."

픽윅 씨가 말했다.

"글쎄요." 트로터 씨가 잠시 생각한 다음 말했다. "아주 쉽게 할 수 있을 것 같은데요."

"어떻게?" 픽윅 씨가 물었다.

"저희는 하인 두 명과 짜고서 10시면 부엌에 숨어 있을 겁니다. 사람들이 다들 물러가면 우리는 부엌에서, 아가씨는 자기 방에서 나오기로 했어요. 그런 다음 기다리던 사륜마차를 타고 떠나는 거지요." 트로터 씨가 대답했다.

"음." 픽윅 씨가 말했다.

"제 생각에는 선생님이 뒷마당에서 혼자 기다리시다가……."

"혼자라." 픽윅 씨가 말했다. "왜 혼자여야 하지?"

"저는 당연하다고 생각했습니다." 잡이 대답했다. "노부인의 입장에서는 이 불쾌한 일이 발각될 때 되도록 사람들이 적은 편이 좋으실 테니까요. 아가씨 입장도 마찬가지죠. 그분의 감정을 생각해 보세요."

"그 말이 맞군." 픽윅 씨가 말했다. "그렇게까지 배려하다니 마음이 정말 섬세하군. 계속해 보게, 자네 말이 맞아."

"선생님이 혼자 뒷마당에서 기다리고 계시다가 제가 정확히 11시 30분에 복도 끝 문을 열어드리면 안으로 들어오시는 게 어떨까요? 그러면 시간에 딱 맞춰서 제가 이 악당의 계획을 망치도록 도와주실 수 있을 겁니다. 불쌍한 저에게 덫을 놓은 이 악당의 계획을 말입니다." 여기서 트로터 씨가 깊은 한숨을 내쉬었다.

"이제 그만 괴로워하게나." 픽윅 씨가 말했다. "자네가 지위는 낮을지 모르지만 그 남자에게 자네처럼 섬세한 감정이 한 톨만 있어도 나는 희망을 가질 걸세."

잡 트로터가 고개를 깊이 숙였고 아까 웰러 씨의 충고에도 불구하고 그의 눈에 눈물이 차올랐다.

"이런 사람은 처음 봐요." 샘이 말했다. "이 친구 머리에는 항상 틀어져 있는 수도꼭지가 들어 있는 게 분명해요."

"샘, 말조심하게." 픽윅 씨가 아주 엄하게 말했다.

"알겠습니다." 웰러 씨가 대답했다.

"이 계획이 별로 마음에 들지 않는군." 픽윅 씨가 심사숙고 끝에 말했다. "내가 그 아가씨의 친구들에게 연락을 하면 안 될 건 뭐지?"

"친구들이 100마일은 떨어진 곳에 살고 있으니까요." 잡 트로터가 대답했다.

"그럼 어쩔 수 없군." 웰러 씨가 혼잣말을 했다.

"그 뒷마당 말일세." 픽윅 씨가 말을 이었다. "거기에는 어떻게 들어가지?"

"담이 아주 낮으니까 하인의 도움을 받으면 될 겁니다."

"하인의 도움이라……" 픽윅 씨가 무의식적으로 따라 말했다. "자네가 아까 말한 문 바로 앞에 확실히 있을 테지?"

"착각하실 일은 없을 겁니다. 마당으로 이어지는 문은 하나뿐이거든요. 시간을 알리는 시계 소리가 들리면 문을 두드리세요, 제가 바로 열어드릴게요."

"아무래도 계획이 마음에 안 들어." 픽윅 씨가 말했다. "하지만 다른 방법이 없고, 이 아가씨의 일생의 행복이 달려 있으니 어쩔 수 없군."

이렇게 해서 픽윅 씨는 타고난 착한 성격 때문에 절대 끼어들고 싶지 않은 계획에 벌써 두 번째 스스로 말려들었다.

"학교 이름이 뭐지?" 픽윅 씨가 물었다.

"웨스트게이트 학교입니다. 마을 끝에서 오른쪽으로 방향을 틀면 큰길에서 약간 떨어진 곳에 따로 서 있고, 대문의 놋쇠 문패에 이름이 있습니다."

"알고 있네." 픽윅 씨가 말했다. "예전에 이 마을에 왔을 때 봤지. 믿어도 되네."

트로터 씨가 다시 고개 숙여 인사한 다음 나가려고 돌아섰을 때 픽윅 씨가 그의 손에 1기니를 쥐여주었다.

"자네는 좋은 사람이야." 픽윅 씨가 말했다. "그 따뜻한 마음에 경의를 표하네. 인사는 필요 없다네. 잊지 말게, 11시네."

"제가 잊을 염려는 없습니다." 잡 트로터가 대답했다. 그가 밖으로 나가자 샘이 뒤따라 나갔다.

"울어서 나쁠 것도 없군요." 샘이 말했다. "이렇게 좋은 조건이라면 나라도 큰 비가 내릴 때 빗물 빠지는 홈통처럼 울겠어요. 어떻게 하는 겁니까?"

"마음에서 우러나는 겁니다, 워커 씨." 잡이 엄숙하게 대답했다. "그럼, 안녕히 계세요."

'참 쉬운 녀석이야. 어쨌든 이야기는 다 캐냈으니까.' 멀어지는 잡을 보며 웰러 씨가 생각했다.

우리는 이때 트로터 씨의 마음에 어떤 생각들이 스쳤는지 알지 못하므로 그가 정확히 무슨 생각을 했는지 말할 수 없다.

낮이 지나고 저녁이 왔고, 10시 조금 전에 샘 웰러가 와서 징글 씨와 잡이 같이 나갔다고, 짐도 전부 꾸리고 마차도 구해놓았다고 보고했다. 트로터 씨의 말처럼 계획을 실행하는 것이 분명했다. 10시 반이 되자 이제 픽윅 씨가 자신의 조심스러운 일을 처리할 때였다. 샘이 두꺼운 외투를 준비했지만 픽윅 씨는 담을 넘을 때 거추장스러울까 봐 거절했다. 픽윅 씨가 앞장서고 그의 하인이 뒤따랐다.

밝은 달이 떴지만 구름이 달을 가렸다. 기분 좋고 비도 오지 않는 밤이었지만 몹시 드물 정도로 어두웠다. 길, 산울타리, 들판, 집, 나무 모두 하나의 깊은 그림자 안에 폭 싸였다. 공기는 뜨겁고 무더웠고, 모든 것을 감싼 짙고 흐릿한 어둠 속에서 유일하게 변하는 것은 저 멀리 지평선에서 희미하게 떨리는 여름 번개뿐이었다. 어느 집에서 키우는지 지칠 줄 모르는 개가 멀리서 짖는 소리를 빼면 아무 소리도 들리지 않았다.

두 사람은 기숙학교를 찾아서 놋쇠 문패를 확인한 다음 담장을 따라 걷다가 담이 뒷마당 가장 안쪽과 그들을 갈라놓는 부분에서 멈췄다.

"샘, 나를 넘겨준 다음 여관으로 돌아가게." 픽윅 씨가 말했다.

"알겠습니다."

"내가 돌아갈 때까지 잠들지 말고 기다려야 해."

"물론이죠."

"일단 다리를 잡고 있다가 내가 넘겨달라고 하면 조심히 들어 올리게."

"알겠습니다."

픽윅 씨는 이렇게 미리 정한 다음 담장 꼭대기를 붙잡은 채 넘겨달라고 말했고, 샘은 명령을 그대로 따랐다. 픽윅 씨의 몸이 그의 마음의 유연성을 어느 정도 나누어 가져서인지, 혹은 살살 들어 올린다는 것에 대한 웰러 씨의 개념이 픽윅 씨의 개념보다 좀 거칠어서인지, 아무튼 샘이 픽윅 씨를 거들자마자 불멸의 신사 픽윅 씨는 담장을 완전히 넘어가서 반대편의 구스베리 덤불 세 개와 장미 덤불 하나를 뭉갠 후 마침내 땅에 안착했다.

"주인님, 혹시 다치신 건 아니겠지요." 샘은 주인이 이상하게도 금방 모습을 감추는 바람에 깜짝 놀라서 정신을 차리자마자 속삭였다.

"확실히 스스로 다치지는 않았네, 샘." 담장 너머에서 픽윅 씨가 대답했다. "하지만 자네가 나를 다치게 한 것 같군."

"그런 게 아니면 좋겠네요." 샘이 말했다.

"신경 쓰지 말게." 픽윅 씨가 일어서며 말했다. "좀 긁힌 것뿐이야. 이제 그만 가보게, 누가 우리 목소리를 들을지도 몰라."

"알겠습니다."

"잘 가게."

샘은 픽윅 씨를 정원에 홀로 남겨두고 살금살금 걸어갔다. 학교 안에서 사람들이 각자 방으로 물러가는지 불빛이 서로 다른 창문에서 가끔 나타나기도 하고 층계참에서 새어 나오기도 했다. 픽윅 씨는 약속한 시간 전까지는 문에 너무 가까이 가기가 꺼려져서 담장 모퉁이에서 몸을 웅크리고 정해진 시간이 오기를 기다렸다.

많은 사람들에게는 기가 꺾이고도 남을 상황이었다. 그러나 픽윅 씨는 기가 꺾이지도 걱정하지도 않았다. 그는 자기 목적이 대체로 선하다는 것을 알았고 고결한 잡을 절대적으로 믿었다. 쓸쓸하지는 않을지라도 지루한 것은 분명했지만 관조적인 사람은 언제든지 명상에 잠길 수 있다. 픽윅 씨는 명상에 깊이 잠긴 나머지 꾸벅꾸벅 졸다가 시간을 알리는 교회 종소리에 흠칫 깼다. 11시 30분이었다.

'시간이 됐군.' 픽윅 씨가 이렇게 생각하며 조심스럽게 일어섰다. 그는 기숙학교를 올려다보았다. 빛은 사라지고 덧창이 닫혔다. 모두 잠자리에 든 것이 분명했다. 픽윅 씨는 발뒤꿈치를 들고 문으로 걸어가서 살짝 두드렸다. 몇 분이 지났지만 아무 반응이 없었고, 픽윅 씨는 조금 더 세게 다시 두드린 다음 다시 더 세게 두드렸다.

마침내 계단에서 발소리가 들리더니 열쇠 구멍으로 촛불이 보였다. 한참 동안 사슬과 빗장을 풀더니 문이 천천히 열렸다.

바깥쪽으로 열리는 문이라서 점점 넓게 열릴수록 문 뒤의 픽윅 씨는 점점 뒷걸음질을 쳤다. 픽윅 씨가 조심스럽게 문 뒤를 빼꼼 보았을 때 문을 연 사람이 잡 트로터가 아니라 초를 든 하녀임을 알고 얼마나 깜짝 놀랐는지! 픽윅 씨는 얼른 고개를 다시 집어넣었는데 그 속도가 어찌나 빨랐는지 양철 오르골을 들고 멍청한 코미디언을 기다리며 누워 있는 그 대단한 꼭두각시 펀치[38] 같았다.

"고양이였나 봐, 세라." 하녀가 집 안의 누군가에게 말했다. "야옹, 야옹, 야옹, 쯧, 쯧, 쯧."

그러나 아무리 불러도 어떤 동물도 나오지 않았고, 하녀는 벽에 바짝 붙어 선 픽윅 씨를 남겨둔 채 천천히 문을 닫고 다시 잠갔다.

"정말 이상하군." 픽윅 씨가 생각했다. "평소와는 다르게 늦게까지 깨어 있잖아. 하고 많은 날 중에서 하필이면 오늘 밤을 도망칠 날로 잡다니 진짜 운이 없군, 정말 운이 없어." 픽윅 씨는 이렇게 생각하면서 조금 전까지 숨어 있던 담장 모퉁이로 조심스럽게 물러나 다시 신호를 보내도 안전하겠다고 확실할 때까지 기다렸다.

5분도 채 지나기 전에 저 멀리서 생생한 번갯불이 번쩍이더니 엄청나게 시끄러운 천둥이 우르릉 꽝 울렸고, 더 환한 번개가 치고 더 시끄러운 천둥이 울렸다. 그러더니 성난 비가 앞을 가로막는 모든 것을 쓸어버릴 듯한 기세로 쏟아졌다.

픽윅 씨는 폭풍우가 칠 때 나무가 무척 위험한 이웃임을 아주 잘 알았다. 그의 오른쪽에도 나무, 왼쪽에도 나무, 앞에도 나무, 뒤에도 나무가 서 있었다. 픽윅 씨가 자리를 지키면 사고를 당할지도 몰랐지만 정원 한가운데에 모습을 드러내면 경찰에 넘겨질

---

38 유명한 꼭두각시극 〈펀치와 주디〉의 주인공.

지도 몰랐다. 그는 담을 넘으려고 한두 번 시도해 보았지만 이번에는 자연이 그에게 준 두 다리밖에 없었기 때문에 아무리 애를 써도 무릎뼈와 정강이뼈가 기분 나쁘게 삐걱거릴 뿐이었고 결국 어마어마한 양의 땀만 흘렸다.

"정말 끔찍하군." 애를 쓰던 픽윅 씨가 잠시 멈춰 눈썹을 훔치며 말했다. 저택을 올려다보니 전부 깜깜했다. 이제 다들 잠자리에 든 것이 분명했다. 픽윅 씨는 다시 신호를 보내기로 했다.

그가 발뒤꿈치를 들고 축축한 자갈길을 지나 문을 두드렸다. 숨을 참고 열쇠 구멍에 귀를 기울여 보았지만 대답이 없었다. 정말 이상했다. 다시 똑똑. 그런 다음 다시 귀를 기울였다. 안에서 낮게 속삭이는 소리가 들리더니 어떤 목소리가 외쳤다.

"누구세요?"

'잠이 아니잖아!' 픽윅 씨가 황급히 벽에 붙으며 생각했다. '여자야!'

그가 미처 생각을 다 정리하기도 전에 층계참 창문이 활짝 열리더니 여자 서너 명의 목소리가 같은 질문을 반복했다. "누구세요?"

픽윅 씨는 감히 손발을 움직일 수 없었다. 저택 안 사람들이 전부 깬 것이 분명했다. 그는 소란이 가라앉을 때까지 그 자리에서 꼼짝도 하지 않고 기다렸다가 중간에 죽는 한이 있어도 초인적인 노력을 다해서 담장을 넘기로 결심했다.

픽윅 씨의 모든 결심이 그렇듯 이 역시 현재 상황에서 최선의 결심이었다. 그러나 불행히도 사람들이 위험을 무릅쓰고 문을 다시 열지 않으리라는 가정을 바탕으로 했다. 사슬과 빗장을 푸는 소리가 들리고 천천히, 점점 더 활짝 열리는 문을 보았을 때 픽윅 씨가 얼마나 당황했던지! 그가 한 발 한 발 구석으로 물러섰지만 픽윅 씨의 몸이 가로막고 있었기 때문에 문이 끝까지 열리지 않았다.

"누구세요?" 저택 안 계단에서 여러 사람의 높은 목소리가 합창하듯 소리쳤다. 노처녀 여교장, 교사 셋, 하녀 다섯, 학생 서른 명이었는데 옷도 제대로 걸치지 않고 다들 컬페이퍼로 머리를 말고 있었다.

당연히 픽윅 씨가 정체를 밝히지 않자 합창의 후렴이 바뀌었다. "어머! 너무 무서워."

"요리사!" 일부러 계단 맨 위에 서 있던 여교장이 말했다. "정원에 좀 나가봐요."

"제발요, 교장 선생님. 싫어요." 요리사가 대답했다.

"어머, 너무 바보 같아!" 서른 명의 학생이 말했다.

"요리사," 여교장이 무척 위엄 있게 말했다. "말대꾸하지 말고 당장 정원에 가봐요."

그러자 요리사가 울기 시작했고, 하녀는 "너무해!"라고 말했다가 편을 들었다는 이유로 즉석에서 1개월 뒤 해고라는 통보를 받았다.

"내 말 들려요?" 여교장이 초조하게 발을 구르며 말했다.

"교장 선생님 말 안 들려요, 요리사?" 세 명의 교사가 말했다.

"저 요리사 정말 뻔뻔하잖아!" 서른 명의 학생이 말했다.

불쌍한 요리사는 심한 재촉을 받으며 한두 걸음 밖으로 나오더니 아무것도 없다고, 바람 소리가 분명하다고 말했다. 그런 다음 문이 닫히려는 순간 경첩 틈으로 밖을 내다보던 호기심 많은 학생이 겁에 질려 비명을 질렀고, 흩어지던 요리사와 하녀, 용감한 여자들이 즉시 돌아왔다.

"무슨 일인가요, 스미더스 양?" 스미더스 양이 여자 네 명분의 히스테리를 일으키자 교장이 말했다.

"왜 그래, 스미더스!" 나머지 스물아홉 명의 학생이 말했다.

"아, 남자가…… 남자가…… 문 뒤에 있어요!" 스미더스 양이 소리 질렀다.

여교장은 이 무시무시한 비명을 듣자마자 방으로 돌아가서 문을 이중으로 잠그고 편안하게 기절했다. 학생과 교사, 하녀 모두 서로 밀치면서 계단을 올라갔다. 어찌나 요란하게 비명을 지르고 정신을 잃고 허둥거리는지 생전 처음 보는 광경이었다. 이러한 혼돈 속에서 픽윅 씨가 나와서 모습을 드러냈다.

"숙녀 여러분, 친애하는 숙녀 여러분." 픽윅 씨가 말했다.

"어머, 친애한대요." 제일 나이 많고 못생긴 교사가 외쳤다. "이런 철면피 같으니."

"숙녀 여러분." 위험한 상황에 빠져 절박해진 픽윅 씨가 고함을 쳤다. "제 말을 좀 들어주십시오. 저는 도둑이 아닙니다. 제가 원하는 건 교장 선생님입니다."

"아, 포악한 괴물 같으니!" 다른 교사가 소리쳤다. "톰킨스 선생님을 원한대요."

그러자 모두가 소리를 질렀다.

"비상벨을 울려요!" 열두 명쯤 되는 목소리가 외쳤다.

"아니, 그러지 마세요." 픽윅 씨가 외쳤다. "저를 보세요. 제가 도둑처럼 보입니까? 친애하는 숙녀 여러분, 원하신다면 제 손발을 묶고 옷장에 가둬도 괜찮습니다. 제 말만 좀 들어주세요, 제 말만요."

"정원에 어떻게 들어왔죠?" 하녀가 더듬더듬 말했다.

"교장 선생님을 불러주세요, 그분께 전부 말씀드리겠습니다. 전부 다요." 픽윅 씨가 폐를 힘껏 부풀리며 말했다. "교장 선생님을 불러주세요. 소리 지르지 마시고 불러만 주십시오. 그러면 자초지종을 다 들으실 수 있습니다."

픽윅 씨의 외모 때문인지, 그의 태도 때문인지, 아니면 수수께끼에 싸인 전말을 들을 수 있다는—여성으로서는 너무나 저항하기 힘든—유혹 때문인지, 개중 합리적인 사람들(네 명 정도)은 비교적 조용해졌다. 조용해진 사람들이 픽윅 씨의 말이 정말인지 곧장 가둬보자고 제안했고, 그는 통학하는 학생들이 보닛과 점심 가방을 걸어놓는 벽장 안에 들어가서 교장인 톰킨스 양과 이야기를 나누겠다고 동의하자마자 제 발로 벽장 안으로 걸어 들어가 문을 잠갔다. 그러자 다른 사람들도 활기를 되찾았고, 기절했다가 깨어난 톰킨스 양을 데려와서 자리에 앉히자 대화가 시작되었다.

"우리 정원에서 뭘 하고 있었지요?" 톰킨스 양이 가냘픈 목소리로 말했다.

"저는 이 학교 아가씨들 중 한 명이 오늘 밤에 도망친다고 경고하러 왔습니다." 픽윅 씨가 벽장 안에서 대답했다.

"도망친다고요?" 톰킨스 양과 세 명의 교사, 서른 명의 학생, 다섯 명의 하녀가 외쳤다. "누구랑요?"

"당신의 친구인 찰스 피츠 마셜 씨와요."

"내 친구라니요! 난 그런 사람 몰라요."

"음, 그러면 징글 씨일지도요."

"그런 이름은 난생처음 들어요."

"그렇다면 제가 속았나 봅니다." 픽윅 씨가 말했다. "저는 음모의 희생자입니다. 비열하고 저열한 음모의 희생자예요. 제 말을 못 믿으시겠다면 에인절 여관으로 사람을 보내세요. 에인절 여관으로 사람을 보내서 픽윅 씨의 하인을 불러주십시오. 부탁드립니다."

"훌륭한 분인가 봐요, 하인을 두고 있다잖아요." 톰킨스 양이 작문과 연산을 가르치는 교사에게 말했다.

"톰킨스 선생님." 작문과 연산 담당 교사가 말했다. "제 생각에는 하인이 이 사람을 두고 있는 것 같은데요. 정신이 이상한 사람 같아요. 하인이 이 사람을 관리하나 봐요."

"그 말이 맞는 것 같군요, 그윈 선생님." 톰킨스 양이 대답했다. "하인 두 명을 에인절 여관으로 보내고 나머지는 여기를 지키도록 하죠."

그렇게 해서 하인 두 명이 새뮤얼 웰러 씨를 찾아 에인절 여관으로 갔고 나머지 세 명은 학교에 남아서 톰킨스 양, 세 명의 교사, 서른 명의 학생을 지켰다. 픽윅 씨는 벽장 안 점심 가방들 밑에 앉아서 자신에게 도움이 될 모든 철학과 인내심을 떠올리면서 하인들이 돌아오기를 기다렸다.

하인들은 한 시간 반이 지난 후에야 돌아왔다. 픽윅 씨는 새뮤얼 웰러 씨의 목소리 외에도 다른 두 명의 목소리를 알아들었는데, 익숙했지만 누구인지 전혀 생각나지 않았다.

짧은 대화가 오가더니 잠긴 문이 열렸다. 픽윅 씨가 밖으로 나가보니 웨스트게이트 학교의 전원과 새뮤얼 웰러 씨, 그리고 노신사 워들 씨와 그의 사위가 될 트런들 씨까지 있었다!

"아, 친구여!" 픽윅 씨가 달려 나와 워들의 손을 잡으며 말했다. "부디, 제발, 이 숙녀분께 내가 얼마나 운 나쁘고 끔찍한 상황에 처했는지 설명해 주시오. 제 하인에게 들었겠지요. 나는 절대 도둑도 미치광이도 아니라고 꼭 말해줘요."

"그렇게 말했습니다, 친구여. 이미 말했어요." 워들 씨가 대답했다. 그는 픽윅 씨의 오른손을, 트런들 씨는 그의 왼손을 잡고 흔들었다.

"그리고 누가 주인님에 대해서 뭐라고 했든, 뭐라고 하든, 그건 사실이 아닙니다." 웰러 씨가 한발 나서며 끼어들었다. "진실과 거리가 멀어요. 오히려 그 반대지요. 지금 이 저택에서 그렇게 말하는 남자가 있다면 저는 바로 이 방에서 그 사람들이 착각했다는 아주 확실한 증거를 기꺼이 제시하겠습니다. 이 집의 훌륭하신 숙녀분들이 이 방에서 나가셔서 그런 사람들을 하나씩 불러주신다면 말입니다." 웰러 씨는 아주 유창하게 항변한 다음 주먹 쥔 손으로 반대편 손바닥을 세게 치고 톰킨스 양을 향해 기분 좋게 눈을 찡긋거렸는데, 웨스트게이트 기숙학교에 남자가 몇 명 있을지도 모른다는 그의 가정을 듣고 그녀가 얼마나 겁에 질렸는지는 설명할 수 없을 정도였다.

픽윅 씨의 사정은 이미 어느 정도 설명했기 때문에 곧 결론이 났다. 그러나 픽윅 씨는 친구들과 함께 여관으로 걸어올 때에도, 또 여관에 도착해서 활활 타오르는 난롯가에 간절히 필요했던 식사를 앞에 두고 앉았을 때에도, 단 한 마디도 하지 않았다. 그는 무척 놀라고 당혹한 듯했다. 픽윅 씨가 워들 씨를 향해 고개를 돌리고 한 마디, 딱 한 마디를 했다.

"어떻게 여기까지 오셨습니까까?"

"트런들과 나는 사냥을 즐기러 왔습니다." 워들 씨가 대답했다. "오늘 밤에 도착했는데 당신 하인으로부터 픽윅 씨도 여기 있다는 말을 듣고 깜짝 놀랐지요. 하지만 여기서 만나니 기쁘군요." 명랑하고 나이 많은 친구가 픽윅 씨의 등을 두드리며 말했다. "만나서 기뻐요. 첫날은 우선 즐기고 윙클에게도 기회를 한 번 더 줍시다. 어때요?"

픽윅 씨는 대답하지 않았다. 그는 심지어 딩리 델의 친구들이 어떻게 지내는지 안부를 묻지도 않았고 곧 방으로 물러가면서 샘에게 종을 울리면 촛불을 가져오라고 말했다.

당연히 종이 울렸고 웰러 씨가 나타났다.

"샘." 픽윅 씨가 이불 속에서 내다보며 말했다.

"주인님." 웰러 씨가 말했다.

픽윅 씨가 말을 잠시 멈췄고, 웰러 씨가 촛불 심지를 잘랐다.

"샘." 픽윅 씨가 필사적으로 애를 쓰는 것처럼 다시 말했다.

"네." 웰러 씨가 다시 한번 말했다.

"트로터라는 자는 어디 있나?"

"잡 말씀이십니까?"

"그래."

"사라졌습니다."

"주인과 함께겠지?"

"친구인지 주인인지, 아무튼 그 사람도 같이 사라졌습니다."
웰러 씨가 대답했다. "둘이 한패였습니다."

"징글이 나를 의심해서 그놈을 자네한테 붙였군. 이야기를 꾸
며내서 말일세. 그렇지?" 픽윅 씨가 반쯤 목멘 소리로 말했다.

"바로 그런 것 같습니다." 웰러 씨가 대답했다.

"물론 전부 거짓말이었겠지?"

"전부 다요." 웰러 씨가 대답했다. "대단한 사기였어요, 교묘한
속임수죠."

"다음에는 이렇게 쉽게 빠져나가지 못할 거야, 그렇지" 픽윅
씨가 말했다.

"물론입니다."

"언제든 징글을 다시 만나면, 그게 언제든 간에 말일세." 픽윅
씨가 침대에서 몸을 일으키더니 어마어마한 힘으로 주먹을 날리
자 베개가 푹 꺼졌다. "당연히 정체를 폭로할 뿐만 아니라 내가
직접 벌을 줄 걸세. 꼭 그럴 거야. 아니면 내 성을 갈지."

"저도 언제든 훌쩍거리는 검은 머리를 잡으면 말입니다." 샘이 말했다. "그때만큼은 그놈 눈에서 진짜 눈물을 쏙 빼줄 겁니다. 아니면 제 성을 갈 거예요. 안녕히 주무세요."

17장
때로는 류머티즘 발병이 천재성을 촉진한다

픽윅 씨의 몸은 상당히 힘든 일이나 피로를 견딜 수 있었지만 앞 장에 기록된 잊지 못할 밤의 연이은 수난을 견딜 정도는 아니었다. 한밤중에 비를 맞아 푹 젖고 갑갑한 옷장에서 몸을 말리는 것은 특이할 뿐 아니라 위험한 일이었다. 픽윅 씨는 류머티즘의 공격을 받고 앓아누웠다.

그러나 이 위인의 육체적 힘은 약해졌을지 몰라도 정신적 에너지는 그대로였다. 그의 정신은 유연했기에 곧 명랑함을 회복했다. 마지막 모험에서 겪은 낭패조차 마음속에서 사라졌기 때문에 워들 씨가 그 일을 언급하면서 활달한 웃음을 터뜨리면 픽윅 씨는 화를 내거나 곤혹스러워하지 않고 함께 웃을 수 있었다. 아니, 워들 씨보다 더 크게 웃었다. 픽윅 씨가 침대에 꼼짝 없이 누워 있던 이틀 동안 샘이 쉬지 않고 시중을 들었다. 첫날에 샘은 이야기와 대화로 주인을 즐겁게 해주려고 무척 애썼다. 이튿날에는 픽윅 씨가 책상과 펜, 잉크를 요청하더니 온종일 무언가에 몰두했다. 사흘째 날에 침실 의자에 앉을 수 있게 되자 픽윅 씨는 워들 씨와 트런들 씨에게 하인을 보내서 밤에 자기 방에서 같이 와인을 마시면 좋겠다고 전했다. 두 사람은 기꺼이 초대를 받아들였다. 그날 밤 셋이 모여 와인을 마실 때, 픽윅 씨는 얼굴을 붉히면서 잠시 앓아누운 사이에 웰러 씨가 들려준 단순한 이야기를 적은 메모를 바탕으로 자신이 편집한 이야기를 들려주었는데 제목은 다음과 같았다.

교구 총무의 진정한 사랑 이야기

옛날 옛적, 런던에서 상당히 떨어진 아주 작은 시골 마을에 너새니얼 피프킨이라는 작은 남자가 살았는데 그는 이 마을의 교구 총무였고, 작은 교회에서 도보 10분 거리에 위치한 자그마한 번화가의 자그마한 집에 살았습니다. 매일 9시부터 4시까지 자그마한 소년들에게 자그마한 가르침을 주는 그 남자를 볼 수 있었지요. 너새니얼 피프킨은 순진하고 무해하며 착한 사람으로, 들창코와 약간 휜 안짱다리에 약간 사시였고 다리를 절룩거렸습니다. 그는 시간을 쪼개 교회 일과 학교 일을 돌보면서 이 지구상에 자기 교회 부목사만큼 똑똑한 사람은 없다고, 자기 교회 제의실처럼 으리으리한 방은 없다고, 자기 학교만큼 질서정연한 학교는 없다고 진심으로 믿었지요. 너새니얼 피프킨은 평생 딱한 번 주교를 본 적이 있었는데, 주교복을 입고 머리에 가발을쓴 진짜 주교였습니다. 피프킨은 주교님이 걷는 모습을 보았고견진성사를 주며 말하는 것을 들었는데, 이 중대한 행사에서 주교가 너새니얼 피프킨의 머리에 손을 얹자 그는 존경심과 경외심에 압도당해서 기절하는 바람에 밖으로 실려 나갔습니다.

지금부터 이야기하는 것은 너새니얼 피프킨의 일생에서 크나큰 사건이자, 어마어마한 시절이었고, 매끄러운 물결 같은 그의조용한 존재에 파도를 일으킨 거의 유일한 사건이었습니다. 날씨 좋은 어느 오후, 말썽쟁이 아이에게 내줄 어려운 제등수 덧셈문제를 만드느라 골몰하던 그가 석판에서 고개를 들었을 때 갑자기 마구 제조인 롭스 노인의 외동딸 마리아 롭스의 꽃이 피는듯한 얼굴이 눈에 들어왔던 것입니다. 피프킨 씨는 그전에도 교회나 다른 곳에서 마리아 롭스의 예쁜 얼굴을 여러 번 보았습니다. 그러나 마리아 롭스의 눈이 이렇게 반짝거린 적은, 마리아 롭스의 빰이 이렇게 발그스름한 적은 한 번도 없었습니다. 그때 너새니얼 피프킨이 롭스 양의 얼굴에서 시선을 떼지 못한 것도 무리는 아니었습니다. 또 청년의 눈길을 알아차린 롭스 양이 창문안으로 고개를 다시 집어넣더니 여닫이창을 닫고 블라인드를 내린 것도 무리는 아니었지요. 그 직후에 너새니얼 피프킨이 말썽을 피운 아이에게 달려들어서 실컷 두드려 팬 것도 무리는 아니었습니다. 이 모든 일은 당연했고 무리는 하나도 없었습니다.

그러나 이날 이후로 소극적이고 소심하며 특히 수입도 얼마 안 되는 너새니얼 피프킨 씨가 감히 불같은 성미를 가진 롭스 노인에게 하나밖에 없는 외동딸의 손과 마음을 간절히 바란 것은 놀라운 일이었습니다. 롭스 노인은 커다란 마구 가게 주인으로 서명 한 번으로 마을 전체를 사들인다 해도 대단한 지출이 아니었고, 장이 서는 제일 가까운 읍의 은행에 산더미처럼 많은 돈을 투자했다는 것은 누구나 아는 사실이었으며, 그 집 뒷방 벽난로 선반 위의 큰 열쇠 구멍이 달린 자그마한 강철 금고에 셀 수도 없고 다 쓸 수도 없을 만큼 많은 보물을 모아두었다고 알려져 있었고, 축제 때는 식탁을 진짜 은으로 만든 찻주전자와 크림 단지, 설탕 통으로 장식하는 것으로 유명했는데 딸이 마음에 드는 남자를 만나면 전부 물려줄 것이라고 자랑스럽게 말하곤 했습니다. 다시 한번 말씀드리지만, 너새니얼 피프킨이 무모하게도 이쪽을 흘끔거린 것은 정말 놀랍고도 경악할 만한 일이었습니다. 그러나 사랑은 앞을 보지 못하고 너새니얼은 사팔뜨기였지요. 아마도 이 두 가지 이유 때문에 그는 상황을 제대로 보지 못했을 겁니다.

자, 롭스 노인이 너새니얼 피프킨의 연정을 희미하게나마 아주 막연하게나마 알았다면 학교를 폭삭 무너뜨리거나, 그 학교의 선생을 지구상에서 완전히 없애버리거나, 아무튼 크게 화를 내며 그와 비슷한 포악하고 난폭한 짓을 저질렀을 것입니다. 롭스는 자존심에 상처를 입거나 피가 끓어오를 때면 무시무시해지는 노인이었으니까요. 욕은 안 하냐고요? 가끔 다리가 가늘고 빼빼 마른 가게 견습생이 게으름을 피운다고 혼낼 때면 노인의 입에서 무시무시한 욕이 끝도 없이 흘러나왔으니, 그 말을 들었다면 너새니얼 피프킨은 무서워서 벌벌 떨었을 것이고 그가 가르치는 학생들은 겁에 질려서 머리카락이 쭈뼛 섰을 것입니다.

매일 학교가 끝나고 학생들이 집으로 돌아가면 너새니얼 피프킨은 거리가 내다보이는 창가에 앉아서 책을 읽는 척하면서 마리아 롭스의 반짝이는 눈을 찾아 길 건너편을 흘깃거렸습니다. 그렇게 며칠이 지났을 때, 위층 창가에 역시 책을 열심히 읽는 듯한 그녀의 반짝이는 눈이 나타났습니다. 너새니얼 피프킨에게는 무척 즐겁고 기분 좋은 일이었지요. 그 자리에 몇 시간이고 앉아서 그녀의 시선이 아래쪽을 향할 때 그 예쁜 얼굴을 올려다보는 것은 참으로 즐거운 일이었습니다. 그리고 마리아 롭스가 책에서 시선을 떼고 너새니얼 피프킨이 있는 방향으로 눈빛을 보낼 때면 그의 기쁨과 감탄은 정말 끝이 없었습니다. 마침내 어느 날, 너새니얼 피프킨은 롭스 노인이 외출하고 없다는 사실을 알고 무모하게도 마리아 롭스에게 입맞춤을 날렸습니다. 마리아 롭스는 창문을 닫고 블라인드를 내리는 대신 역시 그에게 입맞춤을 날리고 미소를 지었지요. 그러자 너새니얼 피프킨은 무슨 일이 있어도 자기 마음을 지체 없이 밝혀야겠다고 결심했습니다.

마구 가게 노인의 딸 마리아 롭스의 발보다 예쁜 발이, 그녀의 마음보다 더 쾌활한 마음이, 그녀의 얼굴보다 보조개가 더 깊이 팬 얼굴이, 그녀의 몸매보다 더 멋진 몸매가 이 땅 위에서 그토록 가볍게 뛰어다닌 적은 없었습니다. 그녀는 이 세상을 한층 더 빛나게 만들었지요. 그녀의 눈에서 반짝이는 짓궂은 광채는 너새니얼 피프킨보다 훨씬 더 단단한 가슴일지라도 파고들었을 겁니다. 또 기쁨이 넘치는 그녀의 명랑한 웃음소리는 사람을 아무리 싫어하는 자라도 미소 짓게 만들었을 겁니다. 롭스 노인 역시 머리끝까지 화가 났을 때에도 예쁜 딸이 달래면 저항하지 못했습니다. 그리고 마리아 롭스와 사촌 케이트—장난기 많고 뻔뻔스러우며 매혹적이고 작은 여자—가 같이 롭스 노인에게 필사적으로 조르면, 사실 자주 그랬는데요, 노인은 그 무엇도 거절할 수 없었습니다. 빛을 피해서 강철 금고에 숨겨둔 셸 수도 없고 다 쓸 수도 없는 보물의 일부를 요구해도 마찬가지였을 것입니다.

어느 여름날 저녁, 너새니얼 피프킨은 마리아 롭스의 아름다움에 대해서 생각하며 몇 번이나 밤이 될 때까지 걸어 다녔던 바로 그 들판에서 겨우 몇백 야드 떨어진 곳에 서 있는 매력적인 두 사람을 발견했고, 그러자 가슴 속에서 심장이 세차게 뛰었습니다. 그는 마리아 롭스를 만날 수만 있다면 당장 다가가서 자기 마음을 털어놓겠다고 자주 생각했지만 막상 그녀가 자기 앞에 모습을 드러내자 온몸의 피가 얼굴로 몰려드는 것 같았고, 그때문에 다리에 힘이 빠져서 평소와 다르게 벌벌 떨렸습니다. 두 여자가 산울타리의 꽃을 꺾거나 새 소리를 들으려고 걸음을 멈추자 너새니얼 피프킨 역시 생각에 잠긴 척 걸음을 멈추었는데, 사실은 정말 생각에 잠겨 있었습니다. 잠시 후면 두 사람이 돌아설 수밖에 없었는데, 그들이 돌아서서 자신을 발견하면 대체 어떻게 해야 할까 생각하고 있었으니까요. 너새니얼 피프킨은 두 사람에게 다가가기 두려웠지만 그렇다고 해서 놓칠 수는 없었습니다. 그래서 두 사람의 걸음이 빨라지면 그의 걸음도 빨라졌고, 두 사람이 머뭇거리면 그도 머뭇거렸으며, 두 사람이 걸음을 멈추면 그도 걸음을 멈췄습니다. 어두워져서 앞이 보이지 않을 때까지 이렇게 계속될 수도 있었지만, 갑자기 케이트가 몰래 뒤를 돌아보면서 격려를 하듯 너새니얼에게 다가오라고 손짓했습니다. 케이트의 태도에는 왠지 저항할 수 없는 분위기가 있었기 때문에 너새니얼 피프킨은 시키는 대로 했습니다. 너새니얼은 얼굴을 잔뜩 붉혔고 짓궂은 사촌은 지나치다 싶을 만큼 웃었지요. 그런 다음 너새니얼 피프킨이 이슬 맺힌 풀밭에 무릎을 꿇고서 마리아 롭스의 연인으로서 인정받지 못한다면 영원히 일어나지 않겠다는 결심을 선언했습니다. 그러자 마리아 롭스의 즐거운 웃음소리가 차분한 저녁 공기에 울려 퍼졌고—하지만 무척 듣기 좋은 소리였기 때문에 그것을 어지럽히지는 않았습니다—짓궂은 사촌은 아까보다 지나치다 싶을 만큼 웃었으며, 너새니얼 피프킨은 더욱 얼굴을 붉혔습니다. 결국 사랑에 지친 작은 남자가 더욱 필사적으로 재촉하자 마리아 롭스가 고개를 돌리고 사촌에게 말하라고 속삭였습니다. 케이트는 마리아가 피프킨 씨의 고백을 무척 고맙게 생각하지만 그녀의 손과 마음은 아버지의 의지를 따라야 한다고, 하지만 누구도 피프킨 씨의 가치를 알지 못할 수는 없을 것이라고 말했습니다. 이 모든 말은 무척 엄숙했기 때문에, 또 너새니얼 피프킨은 마리아 롭스와 함께 집까지 걸어왔고 헤어질 때 입맞춤을 받으려고 애썼기 때문에, 그는 행복

하게 잠자리에 들었고 밤새도록 롭스 노인의 마음을 누그러뜨
리고 그의 금고를 열고 마리아와 결혼하는 꿈을 꾸었습니다.

다음 날, 너새니얼 피프킨은 롭스 노인이 나이 많은 회색 조랑
말을 타고 나가는 모습을 보았습니다. 짓궂은 사촌이 창가에서
온갖 신호를 보냈지만 그는 그 목적과 뜻을 절대 이해할 수 없
었고, 결국 빼빼 마르고 다리가 가느다란 견습생이 찾아와서 주
인은 밤새 돌아오지 않을 것이며 아가씨들은 6시 정각에 피프킨
씨가 차를 마시러 오기를 기다린다고 전했습니다. 너새니얼 피
프킨도 그의 학생들도 그날 하루 수업이 어떻게 지나갔는지 여
러분만큼이나 몰랐습니다. 그러나 어쨌든 수업을 하기는 했고
학생들이 집으로 돌아간 다음 너새니얼 피프킨은 마음에 차도
록 옷을 차려입는 데 남은 시간을 모두 써야 했습니다. 그가 입
을 옷에 대해서는 선택의 여지가 없었으므로 옷을 고르는 데 오
랜 시간이 걸린 것은 아니었습니다. 그러나 그 옷을 최대한 멋있
어 보이게 입고 미리 손질하는 것은 어렵고 중요한 일이었지요.

마리아 롭스와 사촌 케이트, 장난기 많고 명랑하며 장밋빛 뺨
을 가진 여자 서너 명이 모여서 조촐하고 아늑한 파티를 열었습
니다. 너새니얼 피프킨은 롭스 노인의 보물에 대한 소문이 전혀
과장이 아니었음을 두 눈으로 똑똑히 확인했습니다. 식탁에 진
짜 순은 찻주전자, 크림 단지, 설탕 그릇, 차를 저을 진짜 은 스
푼, 차를 마실 진짜 도자기 찻잔, 케이크와 토스트를 담을 진짜
도자기 접시가 차려져 있었습니다. 여기서 유일하게 눈에 거슬리
는 사람은 바로 케이트의 오빠이자 마리아 롭스가 헨리라고 부

르는 또 다른 사촌이었는데, 그는 식탁 한구석에 앉아서 마리아 롭스를 독차지하고 있는 듯했습니다. 친척들 간의 애정은 보기 좋은 것이지만 어딘가 지나친 면이 있었습니다. 너새니얼 피프킨은 마리아 롭스가 이 사촌 오빠에게 하는 것처럼 친척 모두에게 똑같은 관심을 기울인다면 사이가 정말 좋은 가족이라고 생각했을 것입니다. 차를 다 마시고 나자 짓궂은 사촌이 까막잡기를 하자고 했고 어째서인지 너새니얼 피프킨이 거의 계속 술래가 되었는데, 그의 손이 마리아의 사촌 오빠에게 닿을 때마다 그 근처에 반드시 마리아 롭스도 있었습니다. 짓궂은 사촌과 다른 아가씨들은 너새니얼을 꼬집고 머리카락을 잡아당기고 의자로 밀고 오만 짓을 했지만 마리아 롭스는 아예 그의 근처에도 오지 않는 듯했습니다. 그리고 한 번—딱 한 번—너새니얼 피프킨은 입맞춤 소리와 마리아 롭스가 희미하게 투덜대는 소리, 친구들이 소리 죽여 웃는 소리를 들었다고 맹세할 수도 있었습니다. 이 모든 것이 이상했습니다, 아주 이상했지요. 너새니얼 피프킨의 생각이 갑자기 다른 쪽으로 흐르지 않았다면 그가 무슨 행동을 했을지, 혹은 하지 않았을지, 알 수 없는 일이었습니다.

생각의 방향을 바꾼 것은 거리로 난 문을 크게 두드리는 소리였는데, 문을 두드린 사람은 다름 아닌 롭스 노인이었습니다. 예기치 않게 돌아오게 된 롭스 노인은 관 짜는 사람처럼 문을 쾅쾅 두드렸지요. 빨리 저녁 식사를 하고 싶었기 때문이었습니다. 다리가 가느다란 견습공이 이 무서운 소식을 전하자마자 여자들은 계단을 올라 마리아 롭스의 침실로 갔고, 남자 사촌과 너새니얼 피프킨은 더 나은 은신처가 없었기 때문에 거실 벽장으로 떠밀려 들어갔습니다. 마리아 롭스와 짓궂은 사촌은 그들을 벽장으로 밀어 넣고 거실을 정리한 다음, 문을 열어서 한 순간도 쉬지 않고 문을 두드리던 롭스 노인을 맞이했지요.

불행히도 롭스 노인은 무척 배가 고팠기 때문에 괴물처럼 심술이 났습니다. 노인이 목에 염증이 난 늙은 마스티프처럼 으르렁거리는 소리가 너새니얼 피프킨에게 들렸습니다. 다리가 가느다란 불쌍한 견습공이 방에 들어올 때마다 롭스 노인은 거칠고 맹렬하게 욕을 퍼부었지만 가슴에 넘쳐흐르는 욕지거리를 내뱉어 속을 후련하게 비우는 것 외에는 어떤 목적도 없었습니다. 마침내 식사를 데워 식탁에 차리자 롭스 노인은 언제나처럼 식사에 몰두했고, 순식간에 먹어치운 다음 딸에게 입을 맞추더니 파이프를 달라고 했습니다.

조물주는 너새니얼 피프킨의 양쪽 무릎이 무척 가까이 위치하도록 만들었습니다마는, 롭스 노인이 파이프를 찾는 소리가 들리자 그의 무릎이 서로를 가루로 만들어버리려는 것처럼 심하게 부딪혔습니다. 바로 그가 서 있는 벽장 안의 고리에 설대가 갈색이고 담배통이 은으로 된 커다란 파이프, 지난 5년 동안 낮과 저녁마다 롭스 노인이 입에 물고 있는 것을 직접 본 적 있는 바로 그 파이프가 걸려 있었기 때문입니다. 두 아가씨는 파이프가 어디 있는지 알았지만 아래층으로 내려갔다 위층으로 올라갔다 하면서 파이프가 있는 벽장만 빼고 사방을 뒤졌고, 그동안 롭스 노인은 정말 무섭게 분통을 터뜨렸습니다. 마침내 벽장을 생각해 낸 노인이 그 앞으로 걸어왔습니다. 롭스 노인처럼 크고 힘센 사람이 문을 당기자 너새니얼 피프킨처럼 작은 사람이 반대로 당기는 것은 아무 소용이 없었습니다. 롭스 노인이 한 번 잡아당기자 벽장 문이 활짝 열리고 너무 무서워서 똑바로 선 채 머리끝부터 발끝까지 덜덜 떠는 너새니얼 피프킨의 모습이 드러났습니다. 이런! 롭스 노인은 정말로 무시무시한 표정을 지으며 피프킨의 목덜미를 잡고 밖으로 끌어내더니 손을 떼지 않은 채 팔 하나만큼의 거리를 두고 섰습니다.

"도대체 여기 무슨 일로 왔지?" 롭스 노인이 무시무시한 목소리로 말했습니다.

너새니얼 피프킨이 아무 대답도 하지 못하자 롭스 노인이 정신을 차리게 하려고 2~3분 정도 그를 잡고 흔들었습니다.

"무슨 일로 왔지?" 롭스 노인이 고함쳤습니다. "내 딸을 노리고 왔나 보군."

롭스 노인은 조롱 삼아 이렇게 말한 것뿐이었습니다. 너새니얼 피프킨이 그 정도로 뻔뻔하다고는 생각하지 않았으니까요. 그러니 이 불쌍한 청년이 다음과 같이 대답했을 때 그가 얼마나 분노했을까요.

"네, 그렇습니다. 따님 때문에 왔습니다. 따님을 사랑합니다, 롭스 씨."

"우거지상을 하고 울먹거리는 주제에 뭐라고?" 롭스 노인은 이 지독한 자백에 아연해서 숨을 헐떡였습니다. "내 면전에다 대고 뭐라고? 제기랄, 목 졸라 죽여버리겠어!"

그때 정말 생각도 못한 사람이, 즉 마리아의 사촌 오빠가 등장하는 바람에 팔에서 힘이 빠지지 않았다면 노인이 너무 화가 난 나머지 이 협박을 실행에 옮기는 일이 절대 없었을 것이라고 장담할 수는 없습니다. 사촌이 숨어 있던 벽장에서 나와 롭스 노인에게 다가가서 말했습니다.

"여자애들이 장난으로 초대한 이 순진한 사람이 고결하게도 바로 저의 잘못―그게 잘못이라면 말입니다―을 뒤집어쓰도록 놔둘 수는 없습니다. 저는 솔직히 인정할 준비가 되었어요. 따님을 사랑합니다. 저는 따님을 만나러 여기 왔습니다."

이 말에 롭스 노인의 눈이 휘둥그레졌지만 너새니얼 피프킨의 눈보다 휘둥그렇지는 않았습니다.

"그래?" 겨우 말을 할 수 있게 된 롭스 노인이 말했습니다.

"그렇습니다."

"내가 오래전부터 이 집에 오지 말라고 했을 텐데."

"맞습니다. 그렇지 않다면 제가 오늘 몰래 오지 않았겠지요."

롭스 노인에 대해서 이렇게 기록하는 것은 유감스럽지만 어여쁜 딸이 반짝이는 눈에 눈물을 가득 담고서 팔에 매달리지 않았더라면 저는 노인이 자기 조카를 때렸을 것이라고 장담합니다.

"말리지 말아요, 마리아." 청년이 말했습니다. "나를 때리고 싶다면 때리게 돼요. 이 세상 보물을 다 준다고 해도 나는 당신 아버지의 회색 머리카락을 한 올도 건드리지 않을 겁니다."

이렇게 책망하는 말에 노인이 시선을 내리자 딸과 눈이 마주쳤습니다. 제가 이미 한두 번 말씀드렸던 것처럼 그녀의 눈은 무

척 반짝거렸고, 지금은 눈물이 고여 있었지만 그 영향력은 조금
도 줄어들지 않았지요. 딸의 반짝이는 눈에 넘어가지 않으려고
롭스 노인이 고개를 돌리자 운 좋게도 짓궂은 사촌의 얼굴이 보
였습니다. 사촌은 반쯤은 오빠 때문에 겁에 질려서, 또 반쯤은 너
새니얼 피프킨을 비웃느라 약간 장난스러우면서도 무척 매력적
인 표정을 짓고 있었는데 나이가 많든 적든 남자라면 계속 바라
보고 싶어지는 표정이었지요. 그녀가 노인을 달래듯 그의 팔에
팔짱을 끼고 그의 귀에 뭐라고 속삭였습니다. 롭스 노인은 미소
를 떠올리지 않을 수 없었고 동시에 뺨을 타고 눈물 한 줄기가
흘러내렸습니다.

5분 뒤, 침실로 올라갔던 아가씨들이 킥킥 웃으며 얌전히 내려
왔습니다. 젊은 사람들이 행복한 시간을 만끽하는 동안 롭스 노
인은 파이프를 꺼내 담배를 피웠습니다. 그것이 그가 지금까지
피웠던 중에 가장 기분을 진정시켜 주는 즐거운 한 대였다는 것
은, 이 파이프에 있어서 가장 주목할 만한 점이었습니다.

너새니얼 피프킨은 잠자코 있는 것이 좋겠다고 생각했고, 그
렇게 함으로써 점차 롭스 노인의 호감을 사서 나중에는 담배 피
우는 법까지 배우게 되었습니다. 그 뒤 여러 해 동안 날씨가 좋은
저녁이면 두 사람은 같이 정원에 앉아서 담배를 피우고 술을 마
시며 좋은 시간을 보냈지요. 너새니얼은 곧 사랑의 열병에서 회
복되었습니다. 교구 기록에서 우리는 마리아 롭스와 사촌의 결
혼식 증인으로 그의 이름이 올라 있는 것을 발견했으니 말입니
다. 다른 기록에 따르면 결혼식 날 밤에 너새니얼 피프킨은 만취

상태로 길거리에서 각종 난폭한 짓을 저질러서 유치장에 갇혔
는데, 그가 난폭한 짓을 저지를 때 삐삐 마르고 다리가 가느다란
견습공이 바로 옆에서 도왔다고 합니다.

18장
히스테리의 힘과 환경의 영향력에 대한 짤막한 설명

헌터 부인의 조찬회 이후 이틀 동안 픽윅 클럽 회원들은 이턴스
월에 남아서 존경하는 수장으로부터 연락이 오기를 애타게 기다
렸다. 터프먼 씨와 스노드그래스 씨는 다시 한번 자기들끼리 즐
거운 시간을 보냈는데, 윙클 씨는 간곡한 초대에 따라 포트 씨
의 집에 계속 머물면서 상냥한 부인의 말동무 노릇을 하느라 바
빴기 때문이었다. 가끔 포트 씨와 만나는 것도 이 즐거움을 완성
시키는 데에 부족함이 없었다. 이 대단한 남자는 공공복지와 〈인
디펜던트〉 파괴라는 문제에 푹 빠져 있었기 때문에 높은 정신에
서 보통 사람의 수준으로 좀처럼 내려오지 않는 사람이었다. 그
러나 이번만큼은 픽윅 씨의 추종자에게 일부러 찬사를 보내기라
도 하는 것처럼 마음을 풀고 느긋하게 높은 자리에서 내려와 땅

위를 걸어 다니면서 대중이 이해할 수 있도록 부드럽게 말했기 때문에 정신적으로는 그렇지 않다 해도 겉보기에는 대중의 일원 같았다.

그동안 저명한 공인 포트 씨는 윙클 씨를 이런 자세로 대했으므로, 어느 날 윙클 씨가 혼자 식당에 앉아 있는데 문이 황급히 활짝 열렸다 닫히더니 포트 씨가 당당하게 걸어와서 윙클 씨가 내민 손을 홱 치웠을 때 윙클 씨가 얼마나 놀란 표정이었는지 쉽게 상상할 수 있을 것이다. 포트 씨는 이제부터 하려는 말을 더 날카롭게 가다듬기라도 하는 것처럼 이를 갈더니 톱날 같은 목소리로 외쳤다.

"벌레 같은 놈!"

"포트 씨!" 윙클 씨가 의자에서 일어나며 외쳤다.

"벌레 같은 놈!" 포트 씨가 큰 소리로 한 번 더 말하고서 목소리를 낮췄다. "벌레 같은 놈이라고 했습니다. 잘 생각해 보시죠."

자, 당신이 새벽 2시에 어떤 사람과 사이좋은 분위기로 헤어졌는데 그 사람이 다음 날 아침 9시 반에 만나자마자 당신을 벌레 같은 놈이라고 부른다면, 그사이 모종의 불쾌한 일이 일어났다는 결론을 내리는 것이 합리적일 것이다. 윙클 씨는 그렇게 생각했다. 그는 포트 씨의 냉혹한 시선을 똑같이 마주보면서 그 요청대로 벌레라는 단어에 대해서 최선을 다해 잘 생각해 보았다. 그러나 아무것도 떠오르지 않았다. 몇 분의 깊은 침묵 끝에 윙클 씨가 말했다.

"벌레 같은 놈이라니요! 벌레 같다니요, 포트 씨! 무슨 뜻입니까? 농담입니까?"

"농담이냐고요!" 포트가 손짓으로 브리타니아 합금 찻주전자를 손님의 머리에 던지고 싶다는 강렬한 욕망을 드러내며 외쳤다. "농담이냐고요! 아니, 제가 진정하겠습니다. 진정할 겁니다." 그런 다음 그는 진정했다는 증거로 의자에 털썩 앉아서 입에 거품을 물었다.

"친애하는 포트 씨." 윙클 씨가 끼어들었다.

"친애한다고요!" 포트가 대답했다. "어떻게 감히 저에게 그런 말을 할 수 있습니까? 어떻게 감히 제 얼굴을 보면서 그런 말을 해요?"

"글쎄요, 그 부분을 따지고 싶으시다면." 윙클 씨가 대답했다. "당신이야말로 어떻게 감히 제 얼굴을 보면서 벌레 같은 놈이라고 할 수 있지요?"

"그게 사실이니까요." 포트 씨가 대답했다.

"증명해 보시죠." 윙클 씨가 흥분하며 말했다. "증명해 봐요."

편집장의 심오한 얼굴에 악의 넘치는 험악한 표정이 스치더니 그가 주머니에서 그날 아침 〈인디펜던트〉를 꺼내 한 부분을 손가락으로 가리키며 식탁 위로 윙클 씨를 향해 던졌다.

윙클 씨가 신문을 집어 들어 읽기 시작했다.

"추잡하고 이름 없는 우리의 동시대 일간지는 최근 우리 선거구에서 실시된 선거에 대한 역겨운 소견을 밝히는 기사에서 신성한 사생활의 존엄성을 짓밟고 뻔뻔하게도 우리의 전 후보자—그렇다, 비참하게 패배했지만 우리는 장래의 의원이라고 덧붙이겠다—피즈킨 씨의 개인사를 절대 오해할 수 없을 만큼 분명하게 언급했다. 이 비겁한 일간지는 무엇을 노리는 것일까? 우리가 그와 똑같이 사회생활의 예의범절을 무시하고 세간의 혐오뿐 아니라 사람들의 비웃음까지 운 좋게 감추고 있는 커튼을 들춰 그 자신의 사생활을 폭로한다면 이 불한당은 뭐라고 할까? 두더지 같은 시력을 가진 한 사람만 빼고 모두가 목격한 악명이 자자한 사실과 정황을 우리가 지적하고 논평한다면, 이 기사를 쓰기 시작했을 때 재능이 넘치는 동료 시민이자 투고자로부터 받은 솔직한 글을 우리 신문에 싣는다면 말이다. '놋쇠 포트에 부쳐 / 오, 포트여! 그녀가 얼마나 불성실해질지 / 결혼식 종소리가 울릴 때 / 그대가 미리 알았더라면, / 내 맹세컨대, 만약 그랬더라면 / 그대는 어쩔 수 없이 / 그녀를 W○○○○○에게 넘겼을 테지.'"

"악당 같으니." 포트 씨가 엄숙하게 말했다. "W○○○○○이 누구를 가리키는 말이겠소?"

"W로 시작하는 이름이 뭐냐고요?" 포트 부인이 말했다. 그녀가 들어오는 바람에 윙클 씨는 아무 대답도 할 수 없었다. "음, 아마 윙클이겠죠." 포트 부인은 이렇게 말하면서 심란한 픽윅 클럽 회원을 향해 매혹적인 미소를 지으며 손을 내밀었다. 포트가 분개하며 끼어들지 않았다면 동요한 윙클 씨는 영문도 모른 채 그 손을 잡았을 것이다.

"물러서요, 여보! 물러서라고!" 편집장이 말했다. "내 면전에서 그의 손을 잡다니!"

"여보!" 깜짝 놀란 부인이 말했다.

"불쌍한 여자 같으니, 여기를 봐요." 남편이 소리쳤다. "이걸 봐요. '놋쇠 포트에 부쳐'라니! '놋쇠 포트'가 바로 나요. '그녀가 얼마나 불성실해질지'에서 '그녀'가 당신이에요, 여보. 당신이라고!" 포트 씨는 아내의 얼굴에 떠오른 표정을 보고 화가 치솟아 몸을 덜덜 떨면서 신문을 그녀의 발치에 던졌다.

"절대 아니에요!" 깜짝 놀란 포트 부인이 몸을 숙여 신문을 집어 들며 말했다. "절대 아니에요." 아내의 경멸 어린 시선에 포트 씨가 움찔했다. 그는 용기를 그러모으려고 무진 애를 썼지만 순식간에 흩어져버렸다.

'절대 아니에요'라는 이 짧은 문장을 글로 읽으면 전혀 무서울 것이 없어 보이지만, 이 말을 하는 어조와 이 말을 할 때의 표정은 조금 뒤 포트 씨에게 퍼부어질 앙갚음을 내비치는 듯했기 때문에 그에게 아주 큰 효과가 있었다. 정말 눈치 없는 사람이라도 그의 곤란한 표정을, 지금 이 순간 그를 대신하겠다면 누구에게든 자기 웰링턴 부츠를 기꺼이 내주리라는 것을 알아차릴 수 있었다.

포트 부인이 신문 기사를 읽고 크게 비명을 지르더니 온 힘을 다해 난로 앞 깔개에 몸을 던져 구두 뒤꿈치로 깔개를 탁탁 쳤다. 지금 그녀가 느끼는 감정이 정당함을 분명히 보여주는 태도였다.

"여보." 겁에 질린 포트가 말했다. "내가 이 말을 믿는다는 건 아니었어요. 나는⋯⋯." 그러나 불쌍한 남자의 목소리는 아내의 비명에 묻혀버렸다.

"포트 부인, 부디 진정하세요." 윙클 씨가 말했지만 비명과 구두로 탁탁 치는 소리는 더욱 크고 잦아졌다.

"여보," 포트 씨가 말했다. "정말 미안해요. 당신 건강을 생각해요, 아니면 나라도 생각해 줘요. 사람들이 몰려올 거예요." 그러나 포트 씨가 간곡하게 애원할수록 비명은 더 격해졌다.

그러나 천만다행으로 포트 부인에게는 수행원이 하나 있었는데 명목상으로는 그녀의 몸단장을 돕는 아가씨였지만 실제로는 다양한 역할을 했다. 특히 불만스러운 포트가 원하는 것과는 정반대 방향으로 여주인을 끊임없이 돕고 부추기는 것도 그중 하나였다. 비명 소리는 당연히 이 아가씨의 귀에 들어갔고, 그녀는 세심하게 손질한 곱슬머리와 모자가 흐트러질 정도로 재빨리 달려왔다.

"아, 부인!" 수행원이 바닥에 엎드린 포트 부인 옆에 정신 나간 사람처럼 무릎을 꿇고 외쳤다. "오, 부인, 무슨 일인가요?"

"네 주인이, 네 잔인한 주인이……" 불쌍한 희생자가 중얼거렸다.

포트 씨는 확실히 밀리고 있었다.

"정말 너무하시네요!" 수행원이 꾸짖듯 말했다. "저는 주인님이 부인에게 치명적일 줄 알았어요. 가엾기도 해라."

포트씨가 더욱 밀렸다. 상대방이 다음 공격을 시작했다.

"아, 가지 마…… 날 두고 가지 마, 굿윈……" 포트 부인이 신경질적으로 몸을 일으켜 굿윈의 손목을 꽉 잡으며 중얼거렸다.

"나한테 잘해주는 사람은 너밖에 없어, 굿윈."

이 애정 어린 호소에 굿윈은 엄청난 눈물을 흘리며 가정을 무대로 한 작은 비극 작품을 연기하기 시작했다.

"절대 안 갈게요, 부인 절대로요." 굿윈이 말했다. "아, 포트 씨, 조심하셔야 해요. 정말로 조심하세요. 당신이 부인을 얼마나 힘들게 하는지 본인은 몰라요. 언젠가는 후회하실 거예요. 전 알아요, 제가 항상 그렇게 말했잖아요."

불쌍한 포트 씨는 소심하게 바라볼 뿐 아무 말도 하지 않았다.

"굿윈." 포트 부인이 작은 목소리로 말했다.

"부인." 굿윈이 말했다.

"내가 저 남자를 얼마나 사랑했는지 네가 안다면……."

"그런 기억으로 자신을 괴롭히지 마세요, 부인." 수행원이 말했다.

포트 씨는 무척 겁에 질린 표정이었다. 이제 결정타를 날릴 시간이었다.

"그런데 이제 와서 결국 이런 취급을 당하다니." 포트 부인이 흐느꼈다. "다른 사람 앞에서, 남이나 다름없는 사람 앞에서 이렇게 책망하고 모욕을 주다니. 하지만 난 굴하지 않을 거야." 포트 부인이 하녀의 품에 안겨 몸을 일으키며 말을 이었다. "육군 중위인 오라버니께서 도와주실 거야. 그이와 별거하겠어."

"주인님은 그런 일을 당해도 싸요." 굿윈이 말했다.

별거하겠다는 위협에 포트 씨가 어떤 생각을 떠올렸는지 모르지만 그는 꾹 참으며 자기 생각을 입 밖에 내지 않았고 무척 굴욕적으로 이렇게 말할 뿐이었다.

"여보, 내 말을 좀 들어주겠소?"

대답은 다시금 흐느끼는 소리뿐이었고, 포트 부인은 더욱 신경질을 부리며 자신이 왜 태어났는지 말해달라거나 그와 비슷한 갖가지 질문을 던질 뿐이었다.

"여보." 포트 씨가 타이르며 말했다. "예민한 감정에 휩쓸리지 말아요. 내가 저것을 근거 있는 기사라고 생각한 건 절대 아니에요, 여보. 절대로 아니에요. 난 감히 저런 기사를 게재해서 화가 났을 뿐이에요. 아니, 분노했다는 말이 어울리겠군. 그뿐이에요." 그런 다음 포트 씨는 벌레 같은 놈이라고 불렸다는 말은 하지 말아달라고 간청하듯이 애원하는 눈빛으로 이 소동의 원인이 된 죄 없는 인물을 바라보았다.

"어떤 절차를 통해서 기사를 바로잡으실 생각입니까?" 어쩔 줄 몰라 하는 포트 씨를 보고 용기를 얻은 윙클 씨가 물었다.

"오, 굿윈." 포트 부인이 말했다. "내 남편이 〈인디펜던트〉 편집장을 채찍으로 때릴 생각일까? 그런 걸까?"

"쉿, 부디 아무 말씀도 하지 마세요." 수행원이 대답했다. "부인이 바라신다면 주인님은 그렇게 하실 거예요."

"물론이오." 아내가 다시 기절하려는 뚜렷한 조짐이 보이자 포트 씨가 말했다. "당연히 그래야지."

"그게 언제일까, 굿윈?" 기절할지 말지 아직 결정하지 못한 포트 부인이 말했다.

"당연히 당장 해야지." 포트 씨가 말했다. "오늘 날이 저물기 전에.”

"오, 굿윈." 포트 부인이 다시 말했다. "중상모략에 맞서서 내 명예를 회복하는 방법은 그것밖에 없어.”

"그럼요, 부인." 굿윈이 대답했다. "그것을 거부한다면 남자도 아니죠.”

히스테리 발작이 아직 완전히 가시지 않았기 때문에 포트 씨는 반드시 그렇게 하겠다고 다시 한번 말했지만, 포트 부인은 잠시나마 의심을 샀다는 생각만으로도 너무나 슬퍼서 여섯 번쯤 발작을 일으킬 뻔했다. 정성스러운 굿윈의 부단한 노력과 패배한 포트 씨의 끊임없는 애원이 없었다면 포트 부인은 분명 다시 발작을 일으켰을 것이다. 마침내 포트 부인은 불쌍한 포트 씨에게 겁을 주고 차갑게 대하여 적당히 기를 꺾은 다음에야 회복되었고, 그들은 아침 식사를 했다.

"이 비열한 신문의 중상모략 때문에 빨리 떠나시려는 건 아니지요, 윙클 씨?" 포트 부인이 눈물 자국이 남은 얼굴로 미소를 지으며 말했다.

"그런 것은 아니었으면 좋겠군요." 포트 씨가 말했는데 그러면서도 속으로는 윙클 씨가 지금 입으로 가져가는 저 뻑뻑한 토스트 조각에 질식하면 좋겠다고 생각했다.

"정말 친절하시군요." 윙클 씨가 말했다. "하지만 픽윅 씨에게서 편지가 왔는데, 오늘 베리에서 만나자고 하시네요. 아침에 터프먼 씨가 제 방으로 쪽지를 보내서 알려주었습니다. 저희는 정오에 마차를 타고 떠날 예정입니다.”

"하지만 돌아오실 거죠?" 포트 부인이 말했다.

"아, 물론입니다." 윙클 씨가 대답했다.

"정말로요?" 포트 부인이 다정한 눈으로 손님을 슬쩍 보며 말했다.

"그럴 겁니다." 윙클 씨가 대답했다.

각자 나름대로의 불만에 대해서 골똘히 생각하고 있었기 때문에 아침 식사는 침묵 속에서 끝났다. 포트 부인은 남자 친구를 잃게 되어 아쉬웠고, 포트 씨는 〈인디펜던트〉 편집장에게 채찍질을 하겠다는 경솔한 약속을 후회하고 있었으며, 윙클 씨는 이렇게 난처한 입장에 처한 것이 유감스러웠다. 정오가 다가오자 윙클 씨는 작별 인사와 함께 다시 오겠다는 약속을 수없이 반복한 끝에 겨우 집을 나섰다.

'저자가 돌아오면 독살하고 말겠어.' 포트 씨가 돌아서서 벼락같은 기사를 준비하는 뒤편의 작은 사무실로 가며 생각했다.

'내가 이 사람들과 다시 어울리면 채찍질을 당해도 싸지, 암.' 윙클 씨가 피콕 여관을 향하며 생각했다.

윙클 씨와 친구들은 준비를 마쳤고 마차도 준비가 거의 끝났다. 30분 뒤 그들은 얼마 전 픽윅 씨와 샘이 지나간 길을 따라 여행을 시작했는데, 이미 이 길에 대해 어느 정도 이야기했으니 스노드그래스 씨의 시적이고 아름다운 묘사를 인용할 필요는 없을 것이다.

그들을 맞이할 준비를 마친 웰러 씨가 에인절 여관 문 앞에 서 있었고, 그의 안내를 받아 픽윅 씨의 방으로 갔더니 노신사 워들 씨와 트런들이 있었기 때문에 윙클 씨와 스노드그래스 씨는 무척 놀랐고 터프먼 씨는 무척 당황했다.

"잘 지내셨습니까?" 노신사가 터프먼 씨의 손을 잡고 말했다. "그때 일로 망설이거나 슬퍼하지는 말아요. 어쩔 수 없는 일이었소. 내 누이를 위해서는 당신이 레이철과 잘되면 좋았겠지만, 당신을 위해서는 그렇게 되지 않아 무척 다행이라고 생각합니다. 아직 젊으니까 금방 더 좋은 사람을 만날 수 있을 겁니다. 안 그래요?" 노신사 워들 씨는 터프먼 씨를 이렇게 위로하며 그의 등을 탁 치고 진심으로 웃었다.

"음, 잘 지내셨습니까, 친구들?" 노신사가 윙클 씨와 스노드그래스 씨의 손을 동시에 잡으며 말했다. "마침 크리스마스 때 여러분을 모두 초대해야 한다는 이야기를 픽윅 씨에게 하고 있던 참이오. 결혼식을 올릴 예정입니다, 이번에는 진짜 결혼식이지요."

"결혼식이라고요?" 스노드그래스 씨가 창백해지며 외쳤다.

"네, 결혼식입니다. 하지만 걱정 마세요." 명랑한 노신사가 말했다. "트런들과 벨라의 결혼식입니다."

"아, 그래요?" 스노드그래스 씨가 가슴을 무겁게 짓누르던 고통스러운 의혹에서 벗어나며 말했다. "축하드립니다. 조는 잘 지냅니까?"

"아주 잘 지냅니다." 노신사가 대답했다. "늘 그렇듯 꾸벅꾸벅 졸지만요."

"어머님과 목사님, 그리고 다른 분들도 잘 지내시지요?"

"잘 지냅니다."

"어디에……" 터프먼 씨가 어렵게 말했다. "그분은 어디에 계십니까?" 그런 다음 고개를 돌리고 손으로 눈을 가렸다.

"그 애 말이군요!" 노신사가 다 안다는 듯 고개를 저으며 말했다. "제 하나뿐인 여동생 말씀이시겠지요?"

터프먼 씨가 고개를 한 번 끄덕여 상심한 레이철에 대한 질문임을 시인했다.

"지금은 집에 없습니다." 노신사가 말했다. "친척 집에서 지내고 있어요. 충분히 먼 곳이지요. 레이철이 차마 내 딸들을 보지 못해서 제가 보냈습니다. 이리 오시지요, 식사가 준비되어 있습니다. 마차를 타고 왔으니 무척 시장하시겠지요. 저는 마차를 타지 않았는데도 시장하군요. 그러니 다 같이 식사나 합시다."

다들 식사를 마음껏 즐겼다. 식사를 마치고 모두가 탁자에 둘러앉자 픽윅 씨는 자신이 겪은 모험과 악마 같은 징글의 비열한 계략이 성공을 거둔 이야기를 들려주었고 그의 추종자들은 무척 불쾌해하며 분노했다.

"그리고 그 정원에서 류머티즘이 생기는 바람에 지금 다리를 절룩거리고 있다네." 픽윅 씨가 마지막으로 말했다.

"저도 비슷한 모험을 겪었습니다." 윙클 씨가 미소를 지으며 이렇게 말했고, 픽윅 씨의 요청에 따라 〈이턴스월 인디펜던트〉의 악의적인 모략과 그로 인해 그들의 친구인 편집장이 얼마나 흥분했는지 자세히 들려주었다.

이야기를 듣는 픽윅 씨의 미간이 흐려졌다. 친구들이 그 표정을 알아차렸고 윙클 씨가 이야기를 마치자 깊은 침묵이 흘렀다.

픽윅 씨가 주먹으로 탁자를 단호히 내려치고 말했다.

"우리가 어느 집에 가든 그 주인에게 폐를 끼칠 운명이라니 정말 대단하지 않은가?" 픽윅 씨가 말했다. "묻고 싶네. 나를 따르는 이들이 어떤 지붕 밑에 들어가든 사람을 쉽게 믿는 순진한 여성의 평온한 마음을 어지럽히고 행복을 방해한다는 것은 그들의 경솔함을, 아니 더욱 나쁘게도 그들의 시커먼 마음—그래, 시커먼 마음일세!—을 보여주는 것 아닌가? 내 분명히 말하지만 그것은……"

샘이 편지를 들고 와서 유창한 말을 끊지 않았다면 픽윅 씨는 아마도 한참 동안 설교를 늘어놓았을 것이다. 픽윅 씨는 손수건으로 이마를 훔치더니 안경을 벗어서 닦고 다시 썼다. 그런 다음 평상시의 부드러운 어조로 돌아가 이렇게 말했다.

"그게 뭔가, 샘?"

"방금 우체국에 갔다가 찾아 왔습니다. 이틀 전에 왔다는군요." 웰러 씨가 대답했다. "봉인되어 있고 둥근 필체네요."

"모르는 필체인데." 픽윅 씨가 편지를 열며 말했다. "이런! 이게 뭐지? 장난이 분명하군. 이건, 그럴 리가 없어."

"무슨 일입니까?" 사람들이 물었다.

"누가 죽은 건 아니겠지요?" 픽윅 씨의 얼굴에 떠오른 공포를 보고 깜짝 놀란 워들 씨가 말했다.

픽윅 씨는 아무 대답 없이 편지를 탁자에 올려서 밀더니 터프먼 씨에게 소리 내어 읽어달라고 부탁한 다음, 보기 놀라울 만큼 경악하고 멍한 표정으로 의자에 털썩 앉았다.

터프먼 씨가 떨리는 목소리로 편지를 읽었는데 다음과 같은 내용이었다.

콘힐 프리먼스 코트
1827년 8월 28일
바델 대 픽윅

마사 바델 부인의 의뢰에 따라 혼약 파기 소송이 시작되었음을 알려드리는 바입니다. 고소인이 요구하는 손해배상금은 1,500파운드이며, 본 소송에 따라 민사법원이 귀하에게 영장을 발부하였습니다. 본 소송을 담당할 런던 소재 변호사 성함을 답신으로 알려주시기 바랍니다.

도슨과 포그 배상

다들 말없이 놀라서 옆 사람을 흘끔거리며 픽윅 씨를 바라보는 분위기가 너무 엄숙했기 때문에 감히 말을 꺼낼 사람이 없는 듯했다. 마침내 침묵을 깨뜨린 사람은 터프먼 씨였다.

"도슨과 포그라……." 그가 기계적으로 되풀이했다.

"바델 대 픽윅이라니……." 스노드그래스 씨가 생각에 잠겨 말했다.

"사람을 쉽게 믿는 너무나도 순진한 여성의 평온한 마음과 행복이라……." 윙클 씨가 멍하니 중얼거렸다.

"음모일세." 마침내 말문이 트인 픽윅 씨가 말했다. "도슨과 포

399

그라는 탐욕스런 변호사가 꾸민 저열한 음모일세. 바델 부인은 절대 이런 짓을 하지 않을 거야. 그럴 배짱이 없는 사람이네. 그럴 만한 이유가 없어. 말도 안 되는 일이야, 말도 안 돼."

"그 부인의 마음에 대해서는 분명 당신이 제일 좋은 판사겠지요." 워들 씨가 미소를 지으며 말했다. "기를 꺾고 싶은 것은 아니지만 그 이유에 대해서는 도슨과 포그가 우리 중 누구보다도 훨씬 나은 판사라고 말할 수밖에 없군요."

"돈을 갈취하려는 비열한 시도요!" 픽윅 씨가 말했다.

"그랬으면 좋겠군요." 워들 씨가 마른기침을 짧게 하며 말했다.

"내가 바델 부인에게 집주인을 대하는 하숙인이 아닌 다른 방식으로 말하는 것을 들어본 사람 있나?" 픽윅 씨가 무척 흥분하며 말했다. "내가 바델 부인과 같이 있는 것을 본 사람 있나? 여기 내 친구들조차⋯⋯."

"딱 한 번만 빼고 말이지요." 터프먼 씨가 말했다.

픽윅 씨의 안색이 변했다.

"아, 중요한 부분입니다. 의심스러운 점은 하나도 없었겠지요?" 워들 씨가 말했다.

터프먼 씨가 수장을 소심하게 흘끔거리며 말했다. "의심스러운 점은 하나도 없었습니다만, 어쩌다 그렇게 됐는지는 저도 모릅니다. 하지만 바델 부인이 픽윅 씨 품에 기대고 있었지요."

"이럴 수가!" 문제의 장면이 강렬하게 떠올라 픽윅 씨가 외쳤다. "상황의 힘이 얼마나 무서운지 잘 보여주는 예로군! 확실히 부인이 내 품에 기댔지, 그랬어."

"그리고 우리의 친구는 바델 부인의 괴로움을 달래주고 있었지요." 윙클 씨가 다소 심술궂게 말했다.

"그랬네." 픽윅 씨가 말했다. "부인하지 않겠네. 내가 그랬어."

"이런!" 워들 씨가 말했다. "의심스러운 점이 하나도 없는 사건치고는 좀 이상하군요, 픽윅. 안 그래요? 아, 음흉한 친구로군!" 그가 식기대에 올려둔 유리잔들이 울릴 정도로 크게 웃었다.

"겉으로 보는 모습이 얽혀서 끔찍한 장면이 되었군!" 픽윅 씨가 양손에 턱을 올리며 외쳤다. "윙클, 터프먼, 내가 아까 한 말은 미안하네. 우리 모두 상황의 희생자일세. 그중에서도 내가 가장 큰 희생자로군." 픽윅 씨는 사과하며 양손에 머리를 묻더니 생각에 잠겼고, 워들은 나머지 일행을 둘러보며 고개를 끄덕이고 눈을 찡긋거렸다.

"하지만 다 해명하겠습니다!" 픽윅 씨가 고개를 들고 탁자를 쾅 치며 말했다. "도슨과 포그라는 자들을 만나겠어요. 내일 런던으로 가겠습니다."

"내일은 안 되지." 워들 씨가 말했다. "아직 다리를 절룩거리잖소."

"그렇다면 모레 가지요."

"모레는 9월 1일인데, 제프리 매닝 경의 영지에 가서 사냥은 하지 않아도 점심은 같이하기로 했잖소."

"그렇다면 그다음 날 가지요." 픽윅 씨가 말했다.

"샘, 목요일 아침 런던행 마차 외부 좌석을 두 개 예약해 주게. 자네와 내가 탈 자리야."

"알겠습니다." 웰러 씨가 대답했다.

방을 나간 웰러 씨는 주머니에 손을 넣고 땅에 시선을 고정시킨 채 심부름을 하러 천천히 떠났다.

"주인님은 참 이상한 사람이군." 웰러 씨가 거리를 천천히 걸으며 말했다. "바델 부인에게 접근하다니, 아들도 있는데 말이야! 얼핏 견실해 보이는 노인들이 항상 그렇긴 하지. 하지만 주인님이 그랬을 것 같지는 않아. 아닐 거야." 새뮤얼 웰러 씨는 생각에 잠긴 채 마차 예약처로 향했다.

19장

유쾌한 날, 불쾌한 결말

새들은 마음의 평안과 위안을 위해서는 다행스럽게도 자신들을 놀라게 할 계획을 까맣게 모른 채 이 계절의 가장 기분 좋은 날들 중 하나로 9월 1일을 환영했다. 어린 새답게 까다롭게 몸단장을 하고서 그루터기 사이를 뽐내며 걷는 수많은 자고새도, 경험 많고 현명한 새 특유의 경멸하는 듯한 분위기를 풍기며 작고 둥근 눈으로 그러한 경망스러움을 지켜보는 나이 지긋한 수많은 자고새도, 모두 다가오는 비운을 알지 못한 채 신선한 아침 공기 속에서 활발하고 명랑하게 햇볕을 쬐고 있었지만 몇 시간 후에는 땅 위로 쓰러졌다. 그러나 너무 감상적인 방향으로 흘러가고 있으니 다시 이야기를 진행시키도록 하자.

평범하고 흔한 어느 날씨 좋은 아침이었다. 날씨가 어찌나 좋았는지 몇 달 되지 않는 영국의 짧은 여름이 이미 지났다는 사실을 믿기 힘들 정도였다. 산울타리, 들판, 나무, 언덕과 황야의 짙고 풍성한 초록색은 색조가 끊임없이 변했다. 아직 나뭇잎 하나 떨어지지 않았고 여름의 색에 누르스름한 빛도 섞이지 않았기 때문에 이미 가을이 시작되었음을 알려주는 것은 아무것도 없었다. 하늘에는 구름 한 점 없었고 태양이 밝고 따뜻하게 빛났다. 새들의 노랫소리와 수많은 여름 벌레들이 윙윙거리는 소리가 대기를 채웠고, 자그마한 집들의 정원은 묵직한 이슬 속에 빽빽하게 핀 풍성하고 아름다운 온갖 색의 꽃들 때문에 번쩍이는 보석밭처럼 빛났다. 모든 것이 여름의 기색을 띠고 있었고 아름다운 색채는 아직 하나도 바래지 않았다.

그런 날 아침, 픽윅 클럽 회원 세 명(스노드그래스 씨는 집에 남겠다고 했다)과 워들 씨, 트런들 씨를 안에 태우고 샘 웰러를 마부석 옆자리에 태운 무개 마차가 길가의 대문에 멈춰 섰다. 대문 앞에는 키 크고 앙상한 사냥터 관리인과 반장화에 꼭 끼는 가죽 바지를 입은 소년이 서 있었는데, 상당히 큰 가방을 멘 두 사람은 포인터 한 쌍과 함께였다.

"저기, 저 두 사람 말인데요. 우리가 저 가방을 가득 채울 만큼 많이 잡을 거라고 생각하지는 않겠지요?" 윙클 씨가 계단을 내려가며 워들 씨에게 속삭였다.

"채워야지요!" 노신사 워들 씨가 외쳤다. "암, 그렇지요! 우리가 하나씩 채워야죠. 가방이 다 차면 입고 있는 재킷 주머니에 넣으면 됩니다."

윙클 씨는 아무 대답 없이 마차에서 내렸지만 속으로는 자기가 가방 하나를 채울 때까지 아무도 돌아가지 못하면 아마 다들 심한 열감기에 걸리겠다고 생각했다.

"안녕, 주노, 잘 있었냐. 내려가, 대프, 내려가." 위들 씨가 개들을 어루만지며 말했다. "제프리 경은 아직 스코틀랜드에 있겠지, 마틴?"

키 큰 사냥터 관리인이 그렇다고 대답하고 약간 놀란 얼굴로 윙클 씨와 터프먼 씨를 번갈아 바라보았다. 윙클 씨는 상의 주머니가 방아쇠를 대신 당겨주기를 바라는 것처럼 총을 들고 있었고 터프먼 씨는 무서운 듯이―총이 무서웠던 것이 분명하다―총을 들고 있었다.

"내 친구들은 사냥이 아직 익숙하지 않다네." 위들 씨가 그의 표정을 알아차리고 말했다. "살면서 배우는 거지. 언젠가는 잘 쏘게 될 거야. 아, 윙클 씨는 사과드려야겠군, 사냥을 좀 해보셨거든."

파란 네커치프를 두른 윙클 씨가 칭찬에 대한 감사의 표시로 흐릿한 미소를 지었는데, 당황해서 총을 이상하게 잡는 바람에 장전된 총이었다면 그 자리에서 자기 총에 맞아 죽었을 것이다.

"장전한 총은 그렇게 들면 안 됩니다." 키 큰 사냥터 관리인이 퉁명스럽게 말했다. "그랬다간 누군가는 시체가 되어버릴걸요."

한 소리를 들은 윙클 씨가 갑자기 총을 바꿔 들다가 총열로 웰러 씨의 머리를 꽤 아프게 때리고 말았다.

"이런!" 샘이 떨어진 모자를 줍더니 관자놀이를 문지르며 말했다. "이런 식이면 단 한 방에 저 가방을 채우고도 남겠습니다."

그러자 가죽 바지를 입은 소년이 호쾌하게 웃음을 터뜨렸다가 애써 다른 사람 때문에 웃은 척했고, 그러자 윙클 씨가 얼굴을 잔뜩 찌푸렸다.

"하인에게 식사를 어디로 가져오라고 했나, 마틴?" 워들 씨가 물었다.

"12시에 나무가 한 그루 있는 언덕 옆으로 오라고 했습니다."

"거긴 제프리 경의 땅이 아니지 않나?"

"네, 하지만 그 근처예요. 볼드위그 대위의 땅이지만 방해할 사람도 없고 잔디가 아주 좋습니다."

"좋아." 노신사 워들 씨가 말했다. "빨리 출발하는 게 좋겠군. 그럼 12시에 만날까요, 픽윅 씨?"

픽윅 씨는 사냥을 보고 싶었는데, 윙클 씨의 팔다리와 목숨이 약간 걱정돼서 더욱 그랬다. 이렇게 유혹적인 아침을 즐기는 친구들만 두고 돌아서는 것은 무척 애가 타는 일이기도 했다. 그래서 픽윅 씨가 무척 침울하게 대답했다.

"음, 그래야겠지요."

"저분은 같이 사냥 안 하십니까?" 키다리 사냥터 관리인이 물었다.

"안 하네." 워들 씨가 대답했다. "다리가 아프기도 하고."

"저도 정말 가고 싶습니다." 픽윅 씨가 말했다. "정말로요."

잠시 동정 어린 침묵이 흘렀다.

"산울타리 너머에 손수레가 하나 있어요." 소년이 말했다. "거기 타시고 하인이 밀어주면 같이 가실 수 있지요. 목책 계단 같은 데서는 저희가 손수레를 들어 넘기면 되고요."

"그러면 되겠군요!" 사냥을 무척 보고 싶었던 웰러 씨가 말했다. "말 한번 잘했다, 꼬마야. 금방 가져오겠습니다."

그러나 여기서 문제가 하나 생겼다. 신사를 손수레에 태워 사냥터에 데려가는 것은 기존의 모든 규칙과 선례를 엄중하게 위반하는 일이라며 키 큰 사냥터 관리인이 단호하게 반대했던 것이다.

심한 반대였지만 극복할 수 없는 것은 아니었다. 사냥터 관리인을 어르면서 돈을 좀 쥐여주고, 손수레를 이용하자고 제안한 기발한 소년의 머리를 한 대 쳐서 관리인의 마음을 달랜 후 일행은 픽윅 씨를 손수레에 태우고 출발했다. 워들과 키다리 사냥터 관리인이 앞장섰고, 픽윅 씨가 샘이 미는 손수레를 타고 맨 뒤에서 따라갔다.

"멈추게, 샘." 일행이 첫 번째 들판을 반쯤 가로질렀을 때 픽윅 씨가 말했다.

"무슨 일이지?" 워들 씨가 말했다.

"윙클이 총을 고쳐 들지 않으면 나는 이 수레 위에서 한 발짝도 움직이지 않겠네." 픽윅 씨가 단호하게 말했다.

"어떻게 들란 말입니까?" 불쌍한 윙클이 말했다.

"총구를 땅으로 향해서 들게." 픽윅 씨가 대답했다.

"그건 사냥꾼답지 못하잖아요." 윙클이 따졌다.

"사냥꾼답든 아니든 상관없네." 픽윅 씨가 대답했다. "손수레에 탄 채 총을 맞고 싶지는 않군."

"저분은 도착하기도 전에 누군가의 몸에 총알을 박아 넣을 겁니다." 키다리 관리인이 투덜거렸다.

"네, 네, 상관없습니다." 가련한 윙클 씨가 개머리판을 위로 향해서 들며 말했다. "됐지요?"

"평온한 삶을 위해서는 뭐든 할 수 있죠." 웰러 씨가 이렇게 말했고 일행은 계속 전진했다.

"잠깐!" 몇 야드 더 갔을 때 픽윅 씨가 말했다.

"또 뭡니까?" 워들 씨가 말했다.

"터프먼의 총이 안전하지 않군." 픽윅 씨가 말했다.

"네? 안전하지 않다고요?" 터프먼 씨가 무척 놀란 목소리로 말했다.

"그렇게 들면 안전하지 않지." 픽윅 씨가 말했다. "또 뭐라고 해서 미안하네만, 윙클과 같은 자세로 총을 들지 않으면 더 이상 가지 않겠네."

"그렇게 하는 게 좋겠습니다." 키다리 사냥터 관리인이 말했다. "그대로 가다간 다른 사람뿐만 아니라 본인한테 총을 쏘게 생겼어요."

터프먼 씨는 시키는 대로 황급히 총을 바꾸어 들었고 일행은 다시 출발했다. 두 명의 아마추어 사냥꾼은 왕족의 장례식에 참석한 이등병처럼 무기를 거꾸로 들고 행진했다.

개들이 갑자기 걸음을 멈추자 일행은 조심스럽게 한 걸음 나아간 다음 멈추었다.

"어떻게 된 거죠?" 윙클 씨가 속삭였다. "개들이 아주 이상하게 서 있군요."

"쉿, 조용히 해요." 워들 씨가 조용히 말했다. "몰라요? 표시를 하는 겁니다."

"표시라니요!" 윙클 씨가 주위를 둘러보며 말했다. 주변 풍경을 잘 보면 이 똑똑한 짐승이 알려주는 특별한 아름다움이 보이리라 기대하는 것 같았다. "무슨 표시를 하는 겁니까?"

"잘 봐요." 흥분한 워들 씨가 윙클 씨의 질문에는 아랑곳하지 않고 말했다. "자!"

윙윙거리는 소리가 똑똑히 들려서 윙클 씨는 총에 맞은 것처럼 깜짝 놀랐다. 탕, 탕, 총성이 두 번 울렸고 들판 위로 연기가 휙 퍼지더니 구불구불 피어올랐다.

"어디 있죠?" 크게 흥분한 윙클 씨가 사방을 둘러보며 말했다. "어딥니까? 언제 총을 쏠지 알려주세요. 어디 있습니까, 어디예요?"

"어디냐니요!" 개들이 그의 발치에 내려놓은 새 한 쌍을 집어들며 워들 씨가 말했다. "어디냐니요! 자, 여기 있습니다."

"아니, 아니. 다른 사냥감 말입니다." 당황한 윙클이 말했다.

"벌써 멀리 달아났지요." 워들 씨가 냉정하게 총을 재장전하며 대답했다.

"5분만 지나면 다른 새 떼를 만날 겁니다." 키다리 관리인이 말했다. "지금부터 총을 쏘시면 새들이 날아오를 때 딱 맞춰서 총알이 발사될지도 모르죠."

"하하하!" 웰러 씨가 큰소리로 웃었다.

"이보게, 샘." 픽윅 씨가 추종자의 혼란과 당황을 불쌍히 여기며 말했다.

"네, 주인님."

"웃지 말게."

"물론이지요." 그 대신 웰러 씨가 손수레 뒤에서 가죽 바지를 입은 소년에게만 보이도록 얼굴을 찌푸리자 소년이 떠들썩하게 웃음을 터뜨렸다. 그러자 웃음을 숨기기 위해 뒤를 돌아볼 핑계가 필요했던 키다리 사냥터 관리인이 소년을 찰싹 때렸다.

"잘했소, 친구!" 워들 씨가 터프먼 씨에게 말했다. "어쨌든 총을 쏘긴 쐈군."

"아, 네." 터프먼 씨가 자랑스럽게 대답했다. "발사했지요."

"잘했소. 눈을 크게 뜨고 잘 보면 다음번에는 맞출 수 있을 거요. 아주 쉽지, 안 그래요?"

"네, 아주 쉽네요." 터프먼 씨가 말했다. "어깨가 아프긴 하지만요. 뒤로 나뒹굴 뻔했습니다. 작은 총인데 반동이 이렇게 클 줄은 몰랐네요."

"아," 노신사가 미소를 지으며 말했다. "곧 익숙해질 거요. 자, 다들 준비하시고, 거기 손수레는 괜찮소?"

"괜찮습니다." 웰러 씨가 대답했다.

"그럼 따라와요."

"꽉 잡으세요." 샘이 손수레를 밀며 말했다.

"알겠네, 알겠어." 픽윅 씨가 대답했고, 일행은 빠른 속도로 전진했다.

"이제 손수레는 멈추게." 손수레를 목책 계단 너머 다음 들판으로 옮긴 다음 픽윅 씨가 다시 탔을 때 워들 씨가 외쳤다.

"알겠습니다." 웰러 씨가 멈춰 서서 대답했다.

"자, 윙클." 노신사가 말했다. "조용히 따라오게. 이번에는 빨리 쏴야 하네."

"염려 놓으시죠." 윙클 씨가 말했다. "개들이 사냥감을 가리키고 있나요?"

"아니, 아직 아닐세. 자, 조용히, 조용히." 그들은 천천히 움직였다. 윙클 씨가 총을 아주 복잡하게 조작하다가 중대한 순간에 뜻하지 않게 소년의 머리 위로 —소년이 아니라 키 큰 남자였다면 뇌가 있었을 바로 그 위치에 —총알을 발사하지만 않았더라면 그들은 아주 조용히 전진했을 것이었다.

"아니, 도대체 왜 쏜 건가?" 새들이 무사히 날아가버리자 노신사 워들 씨가 말했다.

"이런 총은 처음 봅니다." 가련한 윙클이 그렇게 하면 어떻게든 된다는 듯이 안전장치를 보면서 대답했다. "총알이 제멋대로 나가요. 또 그럴 겁니다."

"또 그럴 거라니!" 워들 씨가 약간 짜증난다는 듯 되풀이했다. "제멋대로 뭘 죽이기까지 하면 좋겠군."

"곧 그렇게 될 겁니다." 키 큰 남자가 낮은 목소리로 예언하듯 말했다.

"무슨 뜻입니까?" 윙클 씨가 화를 내며 물었다.

"신경 쓰지 마세요." 키다리 관리인이 대답했다. "저는 가족도 없고, 애가 여기서 죽으면 제프리 경이 이 애 엄마에게 후한 보상을 해주실 겁니다. 다시 장전하시죠."

"총을 빼앗게!" 키다리 관리인의 음울한 암시를 듣고 겁에 질린 픽윅 씨가 손수레에서 외쳤다. "총을 빼앗으라고, 내 말 안 들리나?"

그러나 아무도 그 말을 들으려 하지 않았고 윙클 씨는 반항적인 눈빛으로 픽윅 씨를 쏘아본 다음 총을 다시 장전하고 다른 사람들과 함께 앞으로 나아갔다.

우리는 픽윅 씨의 기록에 따라 터프먼 씨가 윙클 씨보다 훨씬 더 신중하고 침착하게 전진했다고 기술하는 바이다. 하지만 그렇다고 해서 사냥과 관련된 모든 문제에 있어서 윙클 씨의 권위를 폄훼하는 것은 아니다. 픽윅 씨가 멋지게 표현했듯이 먼 옛날부터 이론적으로는 과학의 완벽한 빛이었던 가장 뛰어나고 유능한 수많은 철학자들이 실행 면에서는 완전히 무력한 경우가 있었기 때문이다.

가장 위대한 발견이 대부분 그렇듯이 터프먼 씨의 방식은 무척 단순했다. 그는 머리 좋은 사람 특유의 기민함과 통찰력으로 첫째는 스스로 부상을 입지 않도록 총을 쏘고 둘째는 주변 사람을 위험에 처하지 않게 하는 것이 가장 중요하다는 사실을 바로 파악했는데, 발사라는 어려움을 극복한 다음 가장 좋은 방법은 눈을 꼭 감고 하늘을 향해 총을 쏘는 것이었다. 한번은 터프먼 씨가 이 방법에 따라 총을 쏜 다음 눈을 떴더니 총에 맞아서 땅으로 떨어지는 포동포동한 자고새가 보였다. 그가 워들씨의 연이은 성공을 축하하려는데 워들 씨가 그에게 다가와서 따뜻하게 손을 잡았다.

"터프먼, 저 새를 겨냥해서 쏘았군?" 노신사가 말했다.

"아니요." 터프먼 씨가 말했다. "아닙니다."

"맞네." 워들 씨가 말했다. "내가 봤어, 자네가 저놈을 고르는 걸 봤지. 총을 들어서 겨냥하는 걸 똑똑히 봤다네. 분명히 말하지만 최고의 사수도 이보다 더 아름답게 해내지는 못했을 걸세. 자네는 생각보다 노련하군, 터프먼. 사냥을 해본 솜씨야."

터프먼 씨가 초연한 미소를 지으며 그렇지 않다고 항변해도 소용없었다. 그의 미소는 긍정의 증거로 받아들여졌고, 그때부터 터프먼 씨의 명성은 확고해졌다. 쉽게 얻어진 것은 명성만이 아니고, 이와 같은 운이 자고새 사냥에서만 따르는 것도 아니다.

한편, 윙클 씨는 총도 쏘고 연기도 피어올랐지만 기록할 만한 실제적인 결과는 없었다. 가끔은 허공에 탄환을 낭비했고, 가끔은 개 두 마리의 목숨을 위협하며 탄환이 땅을 스쳤다. 화려한 사격으로 보면 무척 다양하고 신기했지만 정확한 목표물을 겨냥한 사격으로 보면 전체적으로 실패라고 할 수 있었다. "모든 총알은 자기 자리가 있다"는 말은 자명한 이치이다. 이 말이 사격에도 똑같이 적용된다면 윙클 씨의 총알은 자연권을 빼앗긴 채 세상에 풀려나 제자리를 찾지 못하는 불쌍한 고아였다.

"음." 워들 씨가 손수레 옆으로 걸어오더니 신이 나서 벌건 얼굴에 흘러내리는 땀을 닦으며 말했다. "땀 나는 날이군요, 안 그

413

렸소?"

"정말 그렇군요." 픽윅 씨가 대답했다. "가만히 있는데도 태양이 무척 뜨겁습니다. 그러니 워들 씨는 오죽하겠습니까."

"음." 노신사가 말했다. "아주 덥군. 12시가 넘었어요. 저기 초록색 언덕 보입니까?"

"물론이지요."

"저기서 점심을 먹을 겁니다. 이런, 하인이 벌써 왔네요. 시계처럼 정확하지요."

"그렇군요." 픽윅 씨가 얼굴을 환히 밝히며 말했다. "훌륭한 하인이네요. 당장 1실링을 줘야겠습니다. 샘, 수레를 밀게."

"꽉 잡으세요." 요기를 할 생각에 기운이 샘솟은 웰러 씨가 말했다. "비켜라, 거기 가죽 바지 입은 꼬마야. 내 목숨을 소중히 여긴다면 날 놀래지 말라고. 어느 신사가 타이번[39]으로 실려 갈 때 마부한테 했던 말처럼." 웰러 씨는 거의 뛰다시피 걸어서 주인이 탄 손수레를 경쾌하게 밀며 푸른 언덕으로 가서 바구니 바로 옆에 주인을 솜씨 좋게 내려놓은 다음, 바구니에 든 것을 얼른 꺼냈다.

"송아지 고기 파이군." 웰러 씨가 풀밭에 음식을 차리며 혼잣말을 했다. "아주 좋지. 파이를 만든 여자를 잘 알고, 새끼 고양이가 아니라는 것만 확실하다면 말이야. 뭐, 어차피 파이를 만든 사람도 차이를 모를 정도로 새끼 고양이 고기랑 송아지 고기가 비

---

39 런던에 있었던 사형 집행장.

숫하면 상관없지."

"파이를 만드는 사람도 그 차이를 모르나, 샘?" 픽윅 씨가 말했다.

"그럼요." 웰러 씨가 모자를 살짝 만지며 대답했다. "파이 장수랑 한집에 산 적이 있는데 아주 좋은 사람이었지요. 아주 똑똑하기도 했고요. 무엇이든 파이로 만들었지요. 친해졌을 때 제가 물어봤어요. '고양이를 정말 많이 키우시네요, 브룩스 씨.' 그가 말했습니다. '아, 맞아요, 많지요.' 제가 말했습니다. '고양이를 무척 좋아하시나 봅니다.' 그가 눈을 찡긋거리며 말했어요. '사람들이 고양이를 좋아하죠. 하지만 겨울이 제철이지, 지금은 아니에요.' 제가 말했습니다. '지금은 아니라고요?' 그가 말했죠. '아니지요. 지금은 과일이 제철이고 고양이는 아니에요.' 제가 말했습니다. '그게 무슨 뜻입니까?' 그가 말했죠. '무슨 뜻이냐고요? 고깃값 때문에 푸줏간이랑 한통속이 되지는 않겠다는 거죠.' 그 사람이 제 손을 꼭 잡으면서 속삭였어요. '웰러 씨, 어디 가서 말하면 안 됩니다. 중요한 건 양념이에요. 파이는 전부 이 고귀한 짐승으로 만드는 겁니다.' 그 남자가 아주 작고 귀여운 얼룩무늬 고양이 새끼를 가리키며 말했지요. '주문에 따라 양념을 달리 하면 소고기 스테이크, 송아지 고기, 간이 되지요. 그뿐만이 아닙니다. 시장 변화나 취향에 따라서 미리만 말해주면 송아지 고기로 소고기 스테이크를 만들 수도 있고, 소고기 스테이크로 간을 만들 수도 있고, 무슨 고기든 양고기로 만들 수 있어요!'"

"아주 독창적인 청년이었나 보군." 픽윅 씨가 살짝 몸서리치며 말했다.

"그랬지요." 웰러 씨가 바구니 속의 음식을 꺼내며 대답했다. "파이가 정말 맛있었어요. 이건 혀 고기네요. 여자의 혀만 아니라면 아주 맛있지요. 빵, 햄 한 덩이, 아주 아름다워요. 얇게 저민 차가운 소고기도 맛있지요. 저 병에 든 건 뭔가, 성급한 청년?"

"한 병은 맥주입니다." 하인이 가죽끈으로 묶어서 어깨에 메고 있던 커다란 돌로 된 병 두 개를 내려놓으며 대답했다. "나머지 하나는 차가운 펀치고요."

"전체적으로 아주 근사한 점심이군." 웰러 씨가 자신이 차린 음식을 흡족하게 바라보며 말했다.

"자, 여러분, '쓰러지'시죠. 영국인이 총검을 꽂고 프랑스인에게 했던 말처럼요."

샘이 한 번 더 부를 필요도 없이 일행은 식사를 즐기러 모였다. 웰러 씨와 키다리 사냥터 관리인, 하인 두 명은 재촉할 필요도 없이 약간 떨어진 풀밭에 자리를 잡고 앉아서 상당한 양의 음식을 먹었다. 늙은 떡갈나무가 기분 좋은 안식처를 제공했고, 드문드문 무성한 산울타리가 가로지르고 풍성한 숲이 장식된 비옥한 경작지와 목초지가 저 아래 펼쳐져 있었다.

"즐겁군요, 정말 즐겁습니다." 픽윅 씨가 말했다. 표정이 풍부한 얼굴이 햇볕을 받아서 피부가 벗어지고 있었다.

"그렇지요, 정말 그렇군요." 워들 씨가 웃으며 대답했다. "자, 한잔합시다."

"그거 좋지요." 픽윅 씨가 말했다. 펀치를 마신 뒤 얼굴에 떠오른 만족스러운 표정은 좋다는 대답이 얼마나 진심이었는지 보여주었다.

"맛이 좋군요." 픽윅 씨가 입술을 핥으며 말했다. "아주 맛있어요. 한 잔 더 하겠습니다. 정말 시원합니다." 픽윅 씨가 여전히 병을 든 채 말을 이었다. "자, 여러분, 건배합시다. 딩리 델의 친구들을 위하여!"

다들 박수를 치며 술잔을 비웠다.

"사냥을 잘하려면 이렇게 해야겠어요." 윙클 씨가 휴대용 나이프로 빵과 햄을 먹으며 말했다. "장대 끝에 박제한 자고새를 매달아 놓고 짧은 거리부터 시작해서 거리를 점점 늘려가며 연습하는 겁니다. 좋은 연습이 될 거예요."

"제가 아는 사람도 그 방법으로 연습했지요." 웰러 씨가 말했다. "2야드부터 시작했지만 두 번 다시는 그렇게 하지 않았습니다. 첫 번째 연습에서 새를 날려버렸거든요. 그 뒤로는 깃털 하나 묻은 것도 못 봤지요."

"샘." 픽윅 씨가 말했다.

"네." 웰러 씨가 대답했다.

"우리가 들려달라고 하지 않는 한 그런 이야기는 혼자만 알고 있게."

"알겠습니다."

여기서 웰러 씨가 맥주잔에 가려지지 않은 한쪽 눈을 너무나 우스꽝스럽게 껌뻑였기 때문에 두 하인은 발작적으로 웃음을 터뜨렸고 키다리 관리인마저 미소를 짓고 말았다.

"음, 확실히 정말 맛있는 펀치군요." 픽윅 씨가 돌 병을 지긋이 보며 말했다. "날이 정말 덥군. 터프먼, 한 잔 하겠나?"

"좋지요." 터프먼이 이렇게 대답하고 펀치를 마셨다. 오렌지 껍질이 항상 입에 맞지 않았던 픽윅 씨는 혹시 펀치에 오렌지 껍질이 들어 있지 않은지 확인하려고 한 잔 더 마셨다. 들어 있지 않다는 사실을 확인한 픽윅 씨는 이 자리에 없는 친구들의 건강을 위해 한 잔 마셨고, 누군지는 모르지만 이 펀치를 만든 사람을 위해 한 잔 마시자고 해야 할 것 같아서 그렇게 했다.

이런 식으로 끊임없이 마신 펀치가 픽윅 씨에게 상당한 힘을 발휘했다. 그는 환한 미소로 얼굴을 빛냈고 입가에서 웃음이 떠나지 않았으며 눈에서 유쾌한 즐거움이 반짝거렸다. 흥분성 음료의 영향에다 더위까지 더해져서 픽윅 씨는 아기 때 들은 노래를 생각해 내겠다는 강한 열망을 드러냈고, 마음대로 되지 않자 펀치를 몇 잔 더 마셔 기억을 자극하려 했지만 결과는 그 반대인 듯했다. 처음에는 노래 가사가 기억나지 않았지만 이제 단어를 발음하는 법 자체가 기억나지 않았기 때문이었다. 결국 유창한 연설을 하기 위해 자리에서 일어선 픽윅 씨는 손수레로 쓰러져 곧장 잠들었다.

음식 바구니를 다시 싼 다음 픽윅 씨를 절대 깨울 수 없다는 사실이 분명해지자 그를 태운 손수레를 밀고 가는 것이 좋을지, 돌아갈 시간이 될 때까지 그대로 두는 게 좋을지 토론이 벌어졌다. 결국 후자로 결정되었다. 한 시간도 안 돼서 돌아갈 예정이었고, 웰러 씨도 사냥터에 같이 가고 싶다고 간청했기 때문에 잠든 픽웍 씨를 손수레에 그대로 두고 돌아가는 길에 데리러 오기로 했다. 그렇게 해서 일행은 그늘에서 편안하게 코를 고는 픽웍 씨를 두고 떠났다.

픽웍 씨가 아무런 방해도 받지 않는다면 친구들이 돌아올 때까지, 또는 주변에 밤 그림자가 내릴 때까지 그늘에서 코를 골며 숙면을 취할 것이라는 사실을 의심할 합리적인 이유는 없었지만 그를 방해하는 것이 있었다.

볼드위그 대위는 뻣뻣한 검정 네커치프에 파란색 프록코트 차림의 작고 사나운 남자였고, 몸소 영지를 둘러볼 때는 놋쇠 물미가 달린 두꺼운 라탄 지팡이를 들고 온순한 얼굴의 정원사와 정원사 조수를 대동했는데, 대위는 그들(지팡이가 아닌 정원사들)에게 무척 위엄 있고 엄하게 명령을 내렸다. 볼드위그 대위 부인의 여동생은 후작과 결혼했고 대위의 집은 대저택이며 그의 땅은 영지였으며 무척 높고, 거대하고, 대단했기 때문이었다.

픽웍 씨가 잠든 지 30분도 지나지 않아서 볼드위그 대위가 정원사 둘을 거느리고 체격과 중대한 지위가 허락하는 한 빠른 속도로 성큼성큼 걸어왔다. 오크나무에 가까워지자 볼드위그 대위가 걸음을 멈추고 숨을 크게 들이마신 다음 자신이 눈여겨보다니 풍경이 크게 감사해야 한다는 듯한 태도로 주변을 보았다. 그런 다음 지팡이로 땅을 단호하게 내려친 다음 정원사를 불렀다.

"헌트." 볼드위그 대위가 말했다.

"네, 대위님." 정원사가 말했다.

"내일 아침 롤러로 여기 땅을 고르게. 알아들었나?"

"네, 대위님."

"신경 써서 잘 관리하게. 알아듣겠나, 헌트?"

"네, 대위님."

"그리고 일반인이 침입하지 못하도록 경고판과 용수철, 총을 전부 설치하라고 내게 상기시켜 주고. 알아들었나? 다 알아들었어?"

"잊지 않겠습니다, 대위님."

"죄송합니다만, 대위님." 다른 정원사가 모자를 손에 들고 한 발 나서며 말했다.

"월킨스, 무슨 일인가?" 볼드윅 대위가 말했다.

"죄송합니다만 오늘 누가 여기에 들어온 것 같습니다."

"하!" 대위가 얼굴을 찌푸렸다.

"여기서 식사를 한 것 같습니다."

"그것 참 뻔뻔하군." 풀밭에 흩어진 부스러기와 조각들이 눈에 들어오자 볼드윅그 대위가 말했다. "여기서 음식을 게걸스럽게 먹어치웠어. 그 무례한 자들이 여기 있었으면 좋겠군!" 대위가 두꺼운 지팡이를 꽉 쥐며 말했다. "그 무례한 자들이 여기 있었으면 좋겠어." 대위가 분연히 말했다.

"죄송합니다만 주인님." 월킨스가 말했다. "여기……."

"여기 뭐? 어?" 대위가 고함치면서 월킨스의 소심한 눈길을 따라가자 손수레와 픽윅 씨가 보였다.

"자네는 누군가, 이 불한당 같으니!" 대위가 두꺼운 지팡이로 픽윅 씨를 몇 번 찌르며 말했다. "이름이 뭐지?"

"시원한 펀치." 픽윅 씨가 다시 잠에 빠져들며 중얼거렸다.

"뭐라고?" 볼드위그 대위가 물었다.

대답이 없었다.

"이자 이름이 뭐라고 말했지?" 대위가 물었다.

"펀치라고 한 것 같습니다." 월킨스가 대답했다.

"부끄러운 줄 모르는군. 괘씸하고 뻔뻔한 놈이야." 볼드윅 대위가 말했다. "자는 척하는 게 분명해!" 대위가 크게 화를 내며 말했다. "취했군. 술에 취한 평민이야. 월킨스, 이 손수레를 밀고 가게. 당장 치워."

"어디로 치울까요?" 월킨스가 소심하게 물었다.

"악마[40]에게 데려가." 볼드윅 대위가 대답했다.

"잘 알겠습니다." 월킨스가 말했다.

"잠깐." 대위가 말했다.

월킨스가 그의 말에 따라 멈추었다.

"공설 우리로 데려가." 대위가 말했다. "제정신이 들어도 자기 이름이 펀치라고 하는지 보자고. 나를 놀릴 순 없지. 손수레 밀고 가게."

고압적인 명령에 따라 픽윅 씨는 실려 갔고, 잔뜩 화가 난 위대한 볼드위그 대위는 산책을 계속했다.

일행이 사냥을 마치고 돌아왔을 때 픽윅 씨가 손수레와 함께 모습을 감춘 것을 보고 얼마나 놀랐는지 형언할 수 없을 정도였

---

40   인형극 〈펀치와 주디〉에 등장하는 펀치의 상대역.

다. 이렇게 수수께끼 같고 설명할 수 없는 일은 처음이었다. 다리를 저는 사람이 말도 없이 혼자 일어나 걸어갔다는 것도 정말 놀라운 일이었겠지만 재미 삼아 묵직한 손수레를 밀고 갔다는 것은 기적 그 자체였다. 일행은 다 같이, 또 각자 흩어져서 주변을 샅샅이 뒤졌다. 소리를 지르고, 휘파람을 불고, 웃음소리를 내고, 이름을 불렀지만 결과는 똑같았다. 픽윅 씨를 찾을 수 없었다. 몇 시간 동안의 헛된 수색 끝에 일행은 픽윅 씨 없이 돌아가야 한다는 달갑지 않은 결론에 도달했다.

한편 픽윅 씨는 손수레에 실려 공설 우리 안에 무사히 들어간 뒤에도 깊이 잠들어 있었기 때문에 마을의 모든 남자아이들뿐만 아니라 주민 대부분은 무척 즐겁고 재미있어했고, 그가 잠에서 깨기를 기대하며 모여들었다. 픽윅 씨가 손수레에 실려 들어오는 것을 보면서 그토록 즐거웠으니, 그가 희미하게 "샘!"이라고 몇 번 부르더니 손수레에 일어나 앉아 자기 앞에 모여든 사람들의 얼굴을 보면서 설명할 수 없을 만큼 깜짝 놀란 표정을 지었을 때는 얼마나 즐거웠을까.

픽윅 씨가 깨자 사람들은 소리를 질렀고, 그가 저도 모르게 "무슨 일입니까?"라고 묻자 사람들은 처음보다 더 크게 소리를 질렀다.

"정말 재미있군." 사람들이 외쳤다.

"여기가 어딥니까?" 픽윅 씨가 외쳤다.

"공설 우리요." 군중이 대답했다.

"내가 왜 여기 들어와 있는 겁니까? 내가 뭘 하고 있었지요?

어디서 여기로 데려온 겁니까?"

"대위님, 볼드위그 대위님"이라는 대답밖에 들리지 않았다.

"날 꺼내주시오!" 픽윅 씨가 소리쳤다. "내 하인은 어디 있소? 친구들은 어디 있소?"

"당신 친구는 없어요. 만세!" 그러더니 순무, 감자, 달걀을 비롯해서 군중의 장난스러운 기분을 드러내는 작은 증거들이 차례로 날아왔다.

그때 빠른 속도로 달려온 마차가 멈추고 노신사 워들 씨와 샘 웰러가 내리지 않았다면 이 소동이 얼마나 계속되었을지, 픽윅 씨가 얼마나 고난을 겪었을지 아무도 알 수 없다. 워들은 이 부분을 쓰는, 아니 읽는 시간보다 더 짧은 시간 안에 픽윅 씨에게 달려가 그를 마차에 태웠고 샘 웰러는 마을 교구 직원과 일대일로 붙어서 세 번째이자 마지막 라운드를 끝냈다.

"치안판사에게 가자." 꽤 많은 목소리가 외쳤다.

"아, 얼른 가시지." 웰러 씨가 마부석으로 뛰어오르며 말했다. "치안판사한테 안부를, 웰러 씨의 안부를 전하고 내가 교구 직원을 결딴냈다고, 새로운 직원을 임명하면 내일 다시 와서 결딴내겠다고 전하쇼. 자, 이제 출발합시다."

"런던에 도착하자마자 그 대위라는 사람을 불법 감금으로 고소하겠소." 마차가 마을을 벗어나자마자 픽윅 씨가 말했다.

"우리가 불법 침입을 한 것 같습니다." 워들 씨가 말했다.

"상관없어요." 픽윅 씨가 말했다. "고소할 겁니다."

"아니, 안 돼요." 워들 씨가 말했다.

"고소할 거요!" 그러나 워들 씨가 우습다는 표정을 지었기 때문에 픽윅 씨가 잠시 멈추었다가 말했다. "왜 안 되지요?"

"왜냐면 말입니다." 노신사 워들 씨가 반쯤 웃음을 터뜨리며 말했다. "저쪽에서 우리 탓으로 돌리면서 시원한 펀치를 너무 많이 마셨다고 할 테니까요."

그러자 픽윅 씨의 얼굴에 미소가 떠오르더니 웃음으로 번졌고 웃음은 이내 폭소로 바뀌었다. 다들 폭소를 터뜨렸다. 그들은 유쾌한 기분을 유지하기 위해서 제일 처음 눈에 띈 길가 술집에 들러서 물 탄 브랜디를 한 잔씩 주문했고, 새뮤얼 웰러 씨에게는 특히 센 술을 큰 병으로 주문해 주었다.

20장

도슨과 포그는 수완가, 변호사 서기는 난봉꾼임이 밝혀지다, 웰러 씨가 아버지와 감동적인 대화를 나누다, 맥파이 앤드 스텀프 여관에 모인 사람들, 다음 장이 얼마나 중요한 장이 될지 알리다

콘힐 프리먼스 코트 가장 안쪽에 자리한 초라한 집 1층에 웨스트민스터 왕좌법원과 민사법원, 대법관법원[41]의 변호사인 도슨과 포그의 서기 네 사람이 앉아 있었다. 서기들이 낮에 일하는 동안 하늘의 빛과 태양을 볼 기회는 상당히 깊은 우물에 빠진 사람이 햇빛을 볼 기회나 마찬가지였고, 우물에 빠진 사람과 달리 낮에 별을 볼 기회도 없었다.[42]

도슨과 포그의 서기 사무실은 어둡고 퀴퀴하고 세속적인 분

---

41 1837년과 1875년 사법권 법안에 따라 개편되기 전까지 왕좌법원Court of King's Bench은 형사 사건, 민사법원Court of Common Pleas은 민사 사건, 대법관법원Court of Chancery은 유산 및 신탁 분쟁을 다루었다.

42 '별을 본다see stars'는 눈앞이 캄캄하다는 뜻도 된다.

위기를 자아냈다. 사람들의 시선을 차단하는 높은 널빤지 칸막이, 나무 의자 두 개, 큰 소리로 째깍거리는 시계, 연감, 우산꽂이, 모자걸이 한 줄, 선반 몇 개가 있었고 선반에는 딱지가 붙은 낡은 종이 뭉치 여러 개와 종이 라벨이 붙은 낡은 나무 상자 몇 개, 다양한 모양과 크기의 낡은 석재 잉크병이 놓여 있었다. 사무실의 유리문은 골목 입구인 복도로 이어졌다. 앞 장에서 자세히 설명한 사건이 지나고 다음 금요일 아침, 픽윅 씨가 이 유리문 앞에 모습을 드러냈고 샘 웰러가 그 뒤를 바짝 따랐다.

"들어오세요." 픽윅 씨가 문을 가볍게 두드리자 칸막이 뒤의 목소리가 외쳤다. 그 말에 따라 픽윅 씨와 샘이 안으로 들어갔다.

"도슨 씨와 포그 씨 계십니까?" 픽윅 씨가 모자를 손에 들고 칸막이 쪽으로 살며시 다가가며 물었다.

"도슨 씨는 안 계시고 포그 씨는 바쁘신데요." 목소리가 이렇게 대답하는 동시에 목소리의 주인공이 귀 뒤에 펜을 꽂은 채 칸막이 너머로 픽윅 씨를 보았다.

텁수룩한 머리였다. 한쪽으로 가르마를 타고 얌전히 빗어 포마드로 가라앉힌 엷은 갈색 머리카락은 끝이 작은 반원 모양으로 곱슬거렸고, 작은 눈 한 쌍이 장식된 밋밋한 얼굴에 무척 더러운 옷깃과 빛바랜 스톡타이가 곁들여져 있었다.

"도슨 씨는 안 계시고 포그 씨는 바쁘십니다." 머리의 주인이 말했다.

"도슨 씨는 언제 돌아오지요?" 픽윅 씨가 물었다.

"확실히 말씀드리기는 어렵네요."

"포그 씨의 용무는 오래 걸릴까요?"

"모르겠습니다."

그런 다음 남자가 무척 신중하게 펜을 가다듬었고 책상 밑에 숨어서 소화제 가루를 타던 다른 서기가 만족스러운 듯 웃었다.

"그럼 기다려야겠군요." 픽윅 씨가 말했다. 대답이 없었기 때문에 픽윅 씨는 자리에 앉아 크게 째깍거리는 시계 소리와 서기들이 중얼거리는 대화에 귀를 기울였다.

"정말 재밌었지?" 놋쇠 단추가 달린 갈색 상의와 새까만 반바지를 입고 블루처 단화를 신은 서기가 알아들을 수 없는 지난밤의 모험 이야기를 끝맺으며 말했다.

"굉장히 좋았지, 굉장히 좋았어." 소화제 가루를 타던 남자가 말했다.

"톰 커민스가 주도했지." 갈색 상의의 남자가 말했다. "서머스 타운에 도착했을 때가 4시 반이었는데, 열쇠 구멍을 못 찾을 만큼 취해서 문지기까지 깨웠다니까. 포그가 알면 뭐라고 할지 모르겠어. 아마 잘리겠지?"

이 재미있는 생각에 서기들이 전부 웃음을 터뜨렸다.

"오늘 아침에 포그한테 진짜 재밌는 일이 있었잖아." 갈색 상의의 남자가 말했다. "잭은 위층에서 서류를 분류 중이었고 자네들 둘은 인지국에 가고 없었지. 포그가 여기서 편지를 뜯어보고 있는데 우리가 영장을 발급받은 캠버웰 사람 있잖아, 그놈이 들어오는 거야. 이름이 뭐더라?"

"램지." 픽윅 씨를 응대했던 서기가 말했다.

"그래, 램지. 정말 허름한 녀석이지. 포그가 그 녀석을 뚫어져라 보면서—어떤 식인지 알잖아—물었어. '아, 합의하러 오셨습니까?' 램지가 호주머니에 손을 넣어서 돈을 꺼내면서 말했어. '네, 맞습니다. 빚이 2파운드 10실링이고 소송비용이 3파운드 5실링이죠, 여기 있습니다.' 그러고서는 크게 한숨을 쉬면서 압지에 싼 돈을 억지로 꺼내더라고. 포그가 돈을 보고 그 녀석을 보더니 특유의 기침 소리를 내길래 뭔가 벌어지겠구나, 했지. 포그가 말했어. '청구서가 접수되면 소송비용이 상당히 올라간다는 사실을 모르시는군요?' 램지가 깜짝 놀라서 말했지. '설마요, 기간은 어젯밤까지였는데요.' 포그가 말했어. '하지만 그렇게 됐습니다. 저희 서기가 방금 접수하러 나갔거든요. 윅스 씨, 잭슨이 불먼과 램지 사건 청구서를 접수하러 가지 않았나?' 나는 당연히 그렇다고 대답했고, 포그가 다시 기침을 하더니 램지를 봤지. 램지가 말했어. '세상에! 이 돈을 긁어모으느라 미칠 뻔했는데 헛수고라니요.' 포그가 차갑게 말했지. '그렇습니다. 돈을 조금 더 긁어모아서 기간 내에 가져오는 게 좋겠군요.' 램지가 주먹으로 책상으로 치면서 말했어. '더는 못 구해요!' 포그가 일부러 화를 내며 말했지. '절 협박하지 마세요.' 램지가 말했어. '그런 게 아닙니다.' 포그가 말했지. '그러고 있잖아요. 나가요. 나가서 어떤 태도를 취해야 할지 깨달으면 그때 다시 오세요.' 램지는 뭐라고 말을 하려고 했지만 포그가 듣지 않아서 호주머니에 돈을 넣고 슬그머니 나갔어. 문이 채 닫히기도 전에 포그가 달콤한 미소를 띠고 나를 돌아보더니 외투 주머니에서 청구서를 꺼내면서 말했지.

'자, 윅스. 마차를 타고 최대한 빨리 템플[43]로 가서 접수하게. 소송비용은 걱정 없어. 대가족을 거느린 견실한 사람인 데다가 주급이 5파운드 20실링이거든. 우리한테 소송 위임장을 주면, 결국 그렇게 되겠지만, 회사에서 램지가 비용을 지불하게 만들 거야. 그러니 짜낼 수 있는 만큼 짜내야지. 윅스 씨, 우리는 자비를 베푸는 거야. 가족은 많고 수입은 적으니 빚을 지는 게 어떤 건지 한 수 배우는 게 저 사람한테도 좋잖아, 안 그런가?' 그런 다음 어찌나 사람 좋은 미소를 지으면서 나가던지 내 기분이 좋아질 지경이더라니까. 정말 대단한 수완가야." 윅스가 무척 감탄하며 말했다. "대단하지 않은가?"

나머지 세 명은 그의 생각에 진심으로 찬동했고 이 일화에 흡족해했다.

"대단한 사람들이네요." 웰러 씨가 주인에게 속삭였다. "재미가 뭔지 안다니까요."

픽윅 씨가 그렇다고 고개를 끄덕인 다음 칸막이 뒤 젊은이들의 주의를 끌기 위해서 기침을 했고, 자기들끼리 이야기를 나누며 한숨 돌린 서기들은 친히 낯선 이를 아는 척했다.

"포그 씨가 이제 일을 마치셨을까?" 잭슨이 말했다.

"알아볼게." 윅스가 의자에서 느긋하게 내려오며 말했다. "포그 씨에게 누구시라고 전해드릴까요?"

"픽윅입니다." 우리의 걸출한 주인공이 대답했다.

---

43   네 개의 법학원 중 하나.

잭슨 씨는 계단을 올라갔다가 바로 돌아와서 포그 씨가 5분 뒤에 픽윅 씨를 만나겠다는 말을 전한 다음 자기 자리로 돌아갔다.

"이름이 뭐라고 했더라?" 윅스가 속삭였다.

"픽윅." 잭슨이 대답했다. "바델 대 픽윅 소송의 피고야."

칸막이 뒤에서 갑자기 발을 끄는 소리와 웃음을 참는 소리가 섞여서 들려왔다.

"주인님이 누군지 아는 모양인데요." 웰러 씨가 속삭였다.

"날 안다니, 그게 무슨 뜻인가?" 픽윅 씨가 물었다.

웰러 씨가 이 말에 대한 대답으로 엄지를 들어 어깨 너머를 가리켰다. 위를 올려다본 픽윅 씨는 서기 네 명이 더없이 즐거운 표정으로 칸막이 위로 고개를 내밀고는 여자의 마음을 가지고 놀며 여자의 행복을 방해한다는 남자의 모습과 전체적인 외모를 세밀하게 살펴보고 있다는 흥미로운 사실을 깨달았다. 그러나 픽윅 씨가 고개를 드는 순간 줄지어 늘어선 머리들이 갑자기 사라졌고, 곧 펜이 맹렬한 속도로 종이 위를 가로지르는 소리가 이어졌다.

사무실의 종이 갑자기 울려 잭슨 씨가 포그의 방으로 올라갔고, 사무실로 돌아온 그는 픽윅 씨에게 포그가 만날 준비가 되었으니 위층으로 올라가자고 말했다.

픽윅 씨는 샘 웰러를 아래층에 남겨두고 위층으로 올라갔다. 2층 안쪽 방문에 '포그'라는 이름이 눈에 띄게 새겨져 있었다. 잭슨이 문을 두드렸고, 들어오라는 소리가 들리자 픽윅 씨를 안으로 안내했다.

"도슨 씨 있나?" 포그 씨가 물었다.

"방금 오셨습니다." 잭슨이 대답했다.

"여기로 좀 오라고 전해주게."

"네." 잭슨이 나갔다.

"앉으시지요." 포그가 말했다. "자, 이쪽이 서류입니다. 제 파트너가 바로 올 테니 같이 이 문제에 대해서 이야기를 나누도록 하지요."

픽윅 씨가 자리에 앉아 서류를 받았지만 그것을 읽지는 않고 수완가를 흘끔거리며 자세히 관찰했다. 그는 여드름투성이 얼굴에 채식을 할 듯한 노인이었다. 검정색 상의와 짙은 색의 혼방 바지, 작고 검은 각반 차림이었는데 그가 뭔가를 쓰고 있는 책상의 일부 같았고, 책상만큼 생각이나 감정도 없어 보였다.

몇 분 간 침묵이 흐르자 포동포동하고 당당하고 엄해 보이며 목소리가 큰 도슨 씨가 나타났고 대화가 시작되었다.

"이쪽은 픽윅 씨일세." 포그가 말했다.

"아, 바델 대 픽윅 소송의 피고인이시군요?" 도슨이 흥미롭다는 표정으로 말했다.

"그렇습니다." 픽윅 씨가 대답했다.

"음, 선생님." 도슨이 말했다. "어떤 제안을 하시겠습니까?"

"아!" 포그가 바지 주머니에 손을 찔러 넣고 의자에 털썩 앉으며 말했다. "어떤 제안을 하시겠습니까, 픽윅 씨?"

"쉿, 포그." 도슨이 말했다. "내가 픽윅 씨 이야기를 좀 들어보겠네."

"제가 여기 온 것은 말입니다." 픽윅 씨가 두 파트너를 차분하게 보면서 대답했다. "지난번에 두 분의 편지를 받고 얼마나 놀랐는지 말씀드리고 어떤 근거로 저를 고소하는지 여쭙기 위해서입니다."

"고소의 근거는……." 포그가 여기까지 말했을 때 도슨이 말을 막았다.

"포그 씨," 도슨이 말했다. "내가 말하겠네."

"실례했군, 도슨 씨." 포그가 말했다.

"고소의 근거는 본인의 양심과 본인의 감정에 물어보시지요." 도슨이 무척 도덕적인 척하며 말했다. "픽윅 씨, 저희는 의뢰인의 진술을 전적으로 따를 뿐입니다. 의뢰인의 진술은 사실일 수도 있지만 거짓일 수도 있고 믿을 만할 수도 있지만 그렇지 않을 수도 있습니다. 그러나 그것이 사실이고 믿을 만하다면 우리의 고소 근거가 흔들림 없이 견고하다고 주저 없이 말씀드릴 수 있지요. 당신은 운이 나쁜 것일 수도 있고 교활한 것일 수도 있지만 만약 제가 배심원으로서 선서를 하고 당신의 행동에 대한 의견을 말해야 한다면 단 한 가지 의견밖에 없을 것이라고 말씀드릴 것입니다." 여기서 도슨은 불의를 참지 못하는 사람처럼 자리에서 일어나 포그를 보았고, 포그가 손을 주머니에 더욱 깊이 찔러넣고 다 안다는 듯 고개를 끄덕이자 완전히 합의가 되었다는 듯이 말했다. "아주 확실하게요."

"음, 도슨 씨." 픽윅 씨가 무척 고통스러운 표정으로 말했다.

"이 사건에 관한 한 저는 정말로 운이 나쁜 사람이라고 분명히 말씀드리고 싶군요."

"그렇다면 좋겠군요." 도슨이 대답했다. "아마도 그러실 것이라 믿습니다. 고소당한 죄목에 대해서 정말 무죄라면 이 세상 누구보다도 운이 나쁜 사람이군요. 어떤가, 포그 씨?"

"자네 생각과 같네." 포그가 믿지 못하겠다는 듯 미소를 지으며 대답했다.

"소송 개시 영장은 규칙에 따라 발부됩니다." 도슨이 말을 이었다. "포그 씨, 소송 개시 영장 장부가 어디 있지?"

"여기 있네." 포그가 양피지 장정의 네모난 책을 건넸다.

"여기 있군요." 도슨이 다시 입을 열었다. "'미들섹스, 과부 캐피어스 마사 바델 대 새뮤얼 픽윅, 손해배상금 1,500파운드, 원고 대리인 도슨과 포그, 1827년 8월 28일.' 규칙에 어긋남이 전혀 없군요. 완벽해요." 도슨이 마른기침을 하더니 포그를 보았고, 포그 역시 완벽하다고 말했다. 그런 다음 두 사람이 픽윅 씨를 보았다.

"그렇다면 두 분은 정말 이 소송을 진행하실 생각이시군요?" 픽윅 씨가 말했다.

"그럼요! 당연합니다." 도슨은 위엄이 깎이지 않는 한도 내에서 미소에 가까운 표정을 지으며 말했다.

"손해배상금은 1,500파운드고요?" 픽윅 씨가 말했다.

"그 문제에 대해서 확실히 말씀드리겠습니다. 우리가 의뢰인을 설득할 수 있었다면 배상금이 지금의 3배는 되었을 겁니다."

도슨이 대답했다.

"하지만 바델 부인은 분명히 말했습니다." 포그가 도슨을 흘끔거리며 말했다. "거기서 한 푼도 타협하지 않겠다고 말입니다."

"당연합니다." 도슨이 엄중하게 대답했다. 소송은 이제 시작이었으므로 만약 픽윅 씨가 타협하고 싶다 해도 지금은 타협할 수 없었다.

"어떤 제안도 하지 않으시니 말씀드리는데요." 도슨이 오른손에 든 양피지를 보여주고 왼손으로 그 복사본을 픽윅 씨의 손에 살며시 쥐여주며 말했다. "영장 사본을 드려야겠군요. 이쪽은 원본입니다."

"좋습니다, 좋아요." 분노한 픽윅 씨가 자리에서 일어나며 말했다. "제 변호사가 연락할 겁니다."

"그렇게 하시죠." 포그가 양손을 비비며 말했다.

"그럽시다." 도슨이 문을 열며 말했다.

"가기 전에 한 마디 하겠소." 흥분한 픽윅 씨가 층계참에서 돌아보며 말했다. "정말 수치스럽고 파렴치한 수법 중에서도……."

"잠깐만요, 픽윅 씨, 잠깐만요." 도슨이 예의 바르게 끼어들었다. "잭슨 씨, 윅스 씨."

"네." 서기 두 명이 층계 밑에서 모습을 드러내며 대답했다.

"이분 말씀을 잘 듣게." 도슨이 말했다. "자, 계속하시지요. 수치스럽고 파렴치한 수법이라고 하신 것 같은데요."

"그랬습니다." 완전히 흥분한 픽윅 씨가 말했다. "제 말은 수치스럽고 파렴치한 수법 중에서도 이게 최악이라는 겁니다. 한 번 더 말할 수도 있어요."

"들었나, 윅스 씨?" 도슨이 말했다.

"정확한 표현을 잊지 않았겠지, 잭슨 씨?" 포그가 말했다.

"우리를 사기꾼이라 부르고 싶으실 테지요." 도슨이 말했다.
"원한다면 그렇게 하세요. 사기꾼이라고 부르시지요."

"맞소." 픽윅 씨가 말했다. "당신들은 사기꾼이오."

"아주 좋습니다." 도슨이 말했다. "거기 아래서도 들리겠지, 윅
스 씨."

"네, 들립니다." 윅스가 말했다.

"안 들리면 한두 단 올라오는 게 좋겠어." 포그 씨가 덧붙였다.

"계속하시지요. 저희에게 도둑이라고 하셔도 됩니다. 아니면
저희 두 사람 중 누구에게든 달려들고 싶으시겠지요. 그렇게 하
세요. 저희는 절대 저항하지 않겠습니다. 어떻습니까? 달려드시
지요."

포그가 주먹이 닿는 곳까지 아주 유혹적으로 다가오자 픽윅
씨는 분명 그의 진심 어린 간청에 따르려고 했지만, 소란을 들은
샘이 달려와 주인의 팔을 잡고 끼어들었다.

"그냥 가요." 웰러 씨가 말했다. "배틀도어[44]는 멋진 게임이죠,
주인님이 셔틀콕이고 두 변호사가 배틀도어 채만 아니라면요.
그렇게 되면 너무 흥분해서 재미가 없어져요. 갑시다, 주인님. 분
풀이로 누굴 때리고 싶으시면 골목으로 나가서 저를 치세요. 여

---

44 배드민턴과 비슷한 경기.

기서는 누굴 때리면 대가가 너무 커요."

웰러 씨는 인사도 없이 주인을 데리고 내려와 골목으로 나갔고, 주인을 콘힐까지 안전하게 모신 다음 어디든 주인이 이끄는 곳으로 따라가려고 약간 물러섰다.

픽윅 씨는 멍하니 걸어가다가 맨션 하우스[45]에서 길을 건너 치프사이드 쪽으로 발길을 돌렸다. 샘이 목적지를 궁금하게 여기기 시작했을 때 픽윅 씨가 돌아서서 말했다.

"샘, 당장 퍼커 씨한테 가야겠어."

"어젯밤에 가셨어야 하는 곳이죠." 웰러 씨가 대답했다.

"그런 것 같군." 픽윅 씨가 말했다.

"그렇다니까요." 웰러 씨가 말했다.

"그래," 픽윅 씨가 대답했다. "당장 퍼커 씨에게 가겠네. 하지만 신경이 좀 곤두섰으니 물 탄 브랜디를 따뜻하게 데워서 마시고 싶군. 어디 가면 마실 수 있겠나?"

웰러 씨는 런던에 대한 지식이 방대하고 구체적이었다. 그가 생각해 보지도 않고 바로 대답했다.

"오른쪽 두 번째 골목, 길을 건너지 않고 끝에서 두 번째 가게예요. 첫 번째 난로 앞 칸막이석에 앉으세요. 그 자리는 탁자 가운데 다리가 없거든요. 다른 탁자는 전부 가운데 다리가 있어서 불편하죠."

픽윅 씨는 하인이 알려준 길을 그대로 따라갔다. 그가 알려준

---

45 런던 시장의 관저.

술집으로 들어갔고, 따뜻한 물 탄 브랜디가 금방 차려졌다. 웰러 씨는 주인과 같은 탁자에 적당한 거리를 두고 앉아서 포터 맥주 1파인트를 마셨다.

술집은 무척 소박했고 역마차 마부들이 단골 같았다. 그 박식한 직업을 가진 듯한 신사들이 각자 다른 자리에 앉아서 술을 마시며 담배를 피우고 있었기 때문이었다. 맞은편 자리에 앉은 뚱뚱하고 얼굴이 벌겋고 나이 많은 남자가 픽윅 씨의 주의를 끌었다. 뚱뚱한 남자는 담배를 열심히 피우고 있었는데, 연기를 여섯 번쯤 내뿜고 나면 파이프를 내려놓고 웰러 씨와 픽윅 씨를 번갈아 보았다. 그런 다음 1쿼트짜리 병을 들고 그 크기만큼 얼굴을 가리며 술을 마시고 다시 샘과 픽윅 씨를 보았다. 남자는 생각에 깊이 잠겨서 연기를 다시 여섯 번 내뿜고 다시 두 사람을 보았다. 결국 뚱뚱한 남자가 좌석에 다리를 올리고 등을 벽에 기대더니 새로 들어온 두 사람을 실컷 보기로 작정한 것처럼 파이프 담배를 연달아 피우면서 연기 너머로 픽윅 씨와 샘을 빤히 보았다.

처음에 웰러 씨는 뚱뚱한 남자의 행동을 알아차리지 못했지만 픽윅 씨가 가끔 그 남자에게 시선을 향하자 같은 방향으로 고개를 돌렸다. 그는 눈앞의 대상이 눈에 익어서 그 정체를 확인하고 싶은 사람처럼 눈가로 손을 올려 손차양을 만들었다. 샘의 의구심은 금방 사라졌다. 뚱뚱한 남자가 파이프에서 짙은 연기를 내뿜더니 목과 가슴을 감싼 넉넉한 숄 밑에서 복화술을 하는 듯한 거친 목소리가 천천히 말했다. "이런, 새미."

"누군가, 샘?" 픽윅 씨가 물었다.

"이런, 믿을 수가 없네요." 웰러 씨가 깜짝 놀란 눈으로 대답했다. "노친네예요."

"노친네라니?" 픽윅 씨가 말했다.

"저희 아버지요." 웰러 씨가 대답했다. "잘 지내셨어요, 아버지?" 웰러 씨가 자식다운 애정을 드러내며 뚱뚱한 남자에게 자기 옆자리를 내주자 남자가 입에 파이프를 물고 손에 병을 들고서 인사하러 왔다.

"이런, 새미!" 아버지가 말했다. "2년 만에 보는구나."

"정말 그러네요, 아버지." 아들이 대답했다. "새어머니는 잘 지내세요?"

"내 말 좀 들어봐라." 아버지 웰러 씨가 아주 엄숙한 태도로 말했다. "내 두 번째 모험 상대로 과부만큼 괜찮은 여자가 없었단다. 정말 상냥한 사람이었지. 지금 네 새엄마에 대해서는…… 과부일 때는 보기 드물 정도로 좋은 사람이었는데, 신분이 바뀐 것이 너무나 안타깝다는 것밖에 할 말이 없구나. 아내 자리에는 안 맞는 여자야."

"그래요?" 아들 웰러 씨가 물었다.

아버지 웰러 씨가 고개를 흔들고 한숨을 쉬며 대답했다. "내가 결혼을 한 번 덜 했어야 했어. 아들아, 너는 아버지를 본보기 삼아서 평생 과부를 조심해라. 선술집을 하는 여자는 특히 더 조심해야 된다." 아버지 웰러 씨는 부모로서 무척 비통한 충고를 해 준 다음, 양철 상자를 꺼내 파이프를 다시 채우고 재를 이용해서 새 담배에 불을 붙이고 급하게 담배를 피우기 시작했다.

"실례합니다." 한참 침묵이 흐른 다음 그가 화제를 바꿔 픽윅 씨에게 말했다. "이런 말씀을 드려도 될지 모르겠지만 선생님도 절대 과부는 맞이하지 마세요."

"그러지요." 픽윅 씨가 웃으며 대답했고, 그사이 샘 웰러가 아버지에게 귓속말을 하며 자신이 이 신사와 무슨 관계인지 알려 주었다.

"이거 참 실례했습니다." 아버지 웰러 씨가 모자를 벗으며 말했다. "새미한테 부족한 점이 없으면 좋겠습니다만."

"전혀 없습니다." 픽윅 씨가 말했다.

"그렇다니 정말 기쁘군요." 노인이 대답했다. "이 녀석 교육시키느라 고생이 많았지요. 아주 어렸을 때부터 거리에 풀어놓고 알아서 하게 했거든요. 사내아이를 똑똑하게 키우려면 그 방법밖에 없습니다."

"다소 위험한 방법 같군요." 픽윅 씨가 미소를 지으며 말했다.

"확실한 방법도 아니고요." 웰러 씨가 덧붙였다. "얼마 전에 심한 꼴을 당했거든요."

"설마!" 아버지가 말했다.

"정말이에요." 아들은 어쩌다가 잡 트로터의 계략에 속았는지 최대한 간략하게 설명했다.

아버지 웰러 씨는 무척 집중하며 이야기를 듣더니 아들의 말이 끝나자 이렇게 물었다.

"둘 중 한 명이 날씬하고 키 크고 머리가 길고 말을 띄엄띄엄하는 사람 아니냐?"

픽윅 씨는 마지막 말을 이해하지 못했지만 앞부분을 알아듣고는 그렇다고 말했다.

"같이 다니는 사람은 자주색 제복 차림에다가 머리가 아주 크고 머리카락은 까맣고?"

"맞습니다, 맞아요." 픽윅 씨와 샘이 고개를 끄덕이며 아주 진지하게 말했다.

"그렇다면 어디 있는지 압니다." 웰러 씨가 말했다. "둘 다 입스위치에 아주 잘 있지요."

"설마!" 픽윅 씨가 말했다.

"사실입니다." 웰러 씨가 말했다. "제가 어떻게 아는지 말씀드리죠. 친구 때문에 가끔 입스위치행 마차를 몰거든요. 선생님이 류머티즘에 걸린 바로 다음 날에도 일을 했는데 첼름스퍼드의 블랙 보이 여관─바로 그 녀석들이 있던 곳이죠─에서 두 사람을 태워서 입스위치로 갔습니다. 자주색 옷을 입은 놈 말로는 오래 묵을 거라더군요."

"뒤를 쫓아야겠어." 픽윅 씨가 말했다. "입스위치로 가보는 게 좋겠군. 쫓아가야겠어."

"아버지, 정말 그 사람들이 확실해요?" 아들 웰러 씨가 물었다.

"확실하고말고, 새미. 확실해." 아버지가 대답했다. "생김새가 아주 특이했거든. 게다가 주인이 하인이랑 너무 비슷하게 생겨서 신기했지. 그뿐만이 아니야. 그 둘이 마부석 바로 뒤 앞좌석에 앉았는데 웃으면서 불꽃놀이 노인[46]을 해치웠다고 말하는 걸 들었어."

"무슨 노인이라고요?" 픽윅 씨가 말했다.

"불꽃놀이 노인이요. 아마 당신을 가리키는 말이었나 봅니다."

'불꽃놀이 노인'이라는 칭호 자체에는 사악하거나 지독한 면이 전혀 없었지만 그렇다고 해서 정중하거나 기분 좋은 명칭은 아니었다. 웰러 씨가 말을 시작하는 순간 픽윅 씨는 징글에게 당한 온갖 부당한 대접이 머리에 떠올랐다. 깃털 하나만 더 얹으면 저울이 기울 상태였는데 그 깃털이 바로 불꽃놀이 노인이었다.

"당장 쫓아가야겠어!" 픽윅 씨가 탁자를 쾅 내리치며 말했다.

"제가 모레 입스위치행 마차를 몰기로 돼 있어요." 아버지 웰러 씨가 말했다. "화이트채플의 불 여관에서 출발하지요. 정말 가실 생각이면 저랑 같이 가시죠."

"그렇군요." 픽윅 씨가 말했다. "옳은 말씀입니다. 베리로 편지를 보내서 입스위치에서 만나자고 해야겠군. 같이 가겠습니다. 하지만 웰러 씨, 천천히 가셔도 됩니다. 한잔하시겠습니까?"

"정말 친절하시군요." 웰러 씨가 발을 멈추고 말했다. "그럼 선생님의 건강과 새미의 성공을 기원하면서 작은 잔으로 브랜디를 한 잔 마실까요? 그래도 괜찮겠지요?"

"물론입니다." 픽윅 씨가 대답했다. "여기 브랜디 한 잔 갖다주시오."

46　'불꽃놀이fireworks'는 픽윅과 발음이 비슷하다.

브랜디가 나왔다. 웰러 씨는 픽윅 씨를 보며 자기 머리카락을 잡아당기고 샘에게 고개를 끄덕여 보인 다음, 브랜디가 작은 골무 하나를 채울 양밖에 되지 않는다는 듯 두꺼운 목으로 단번에 넘겼다.

"멋져요, 아버지." 샘이 말했다. "몸조심하세요, 통풍이 재발할지도 몰라요."

"특효약을 찾았단다, 새미." 웰러 씨가 잔을 내려놓으며 대답했다.

"통풍의 특효약이라니, 그게 뭡니까?" 픽윅 씨가 서둘러 공책을 꺼내며 물었다.

"통풍은 너무 편하고 안락해서 생기는 병이죠." 웰러 씨가 대답했다. "통풍에 걸리면 목소리가 크고 그 목소리를 잘 쓰는 과부와 결혼하세요. 그러면 두 번 다시 안 걸릴 겁니다. 효과가 정말 좋아요, 저는 항상 이 처방을 쓰지요. 너무 즐거워서 생기는 병은 뭐든지 쫓아냅니다. 제가 보증하지요." 웰러 씨는 이 귀중한 비밀을 털어놓은 다음, 술을 한 잔 더 비우고 부자연스럽게 눈을 찡긋하더니 깊은 한숨을 쉬고 천천히 물러갔다.

"음, 아버지 말씀을 어떻게 생각하나, 샘?" 픽윅 씨가 미소를 지으며 물었다.

"뭐, 제 생각에 아버지는 결혼 생활의 피해자예요. 푸른 수염을 묻을 때 목사가 연민의 눈물을 흘리며 했던 말처럼요." 웰러 씨가 대답했다.

픽윅 씨는 이렇게 딱 맞는 결론에 아무 대꾸도 할 수 없었기 때문에 술값을 낸 다음 다시 그레이즈인 법학원으로 걸어갔다. 그가 그레이즈인의 외딴 숲에 도착했을 때 시계가 8시를 알렸고, 우중충한 하이로[47], 더러워진 흰색 모자, 빛바랜 옷차림의 신사들이 각기 다른 출구에서 끊임없이 쏟아져 나오며 픽윅 씨에게 대부분의 사무실이 하루 일을 마감했음을 알렸다.

픽윅 씨가 더러운 계단을 두 층 올라가니 그의 예상이 옳았다. 퍼커 씨 사무실의 바깥쪽 문이 닫혀 있었다. 웰러 씨가 문을 몇 번 발로 찼지만 적막한 침묵만이 흐르며 밤이 되어 직원들이 일을 마쳤음을 알려주었다.

"정말 곤란하게 됐군." 픽윅 씨가 말했다. "한시라도 빨리 그를 만나야 하는데 말이야. 이 일을 전문가에게 털어놓았다는 만족감이 없으면 나는 한숨도 못 잘 걸세."

"노파가 계단을 올라오네요." 웰러 씨가 대답했다. "어딜 가야 만날 수 있는지 저 여자가 알지도 몰라요. 저, 부인, 퍼커 씨 사무실 직원들은 어디 있습니까?"

"퍼커 씨 직원들이요?" 마르고 불쌍해 보이는 노파가 계단을 올라와 잠깐 발을 멈추고 숨을 고르며 말했다. "다들 집으로 돌아갔어요. 제가 이제 사무실 청소를 할 건데요."

"퍼커 씨의 하인 되십니까?" 픽윅 씨가 물었다.

"퍼커 씨 세탁부예요." 노파가 대답했다.

"아," 픽윅 씨가 샘을 반쯤 돌아보며 말했다. "참 신기한 일이

47　끈이 달려 있고 발목까지 올라오는 신발.

군, 샘. 이쪽에서는 노파를 전부 세탁부라고 부르니 말이야. 왜 그런지 모르겠어."

"씻는 걸 지독히 싫어하니까 그렇겠지요, 주인님." 웰러 씨가 대답했다.

"그런가 보군." 픽윅 씨가 노파를 보며 말했다. 노파의 생김새도 그녀가 문을 연 사무실의 상태도 비누와 물에 대한 뿌리 깊은 반감을 보여주었다. "어디 가면 퍼커 씨를 찾을 수 있는지 아십니까?"

"몰라요." 노파가 퉁명스럽게 대답했다. "런던에 없어요."

"안타깝군요." 픽윅 씨가 말했다. "퍼커 씨의 서기는 어디 있는지 아세요?"

"네, 알아요. 하지만 당신한테 알려주면 그 사람이 나한테 고마워하지 않을 텐데요." 세탁부가 대답했다.

"꼭 얘기해야 할 일이 있습니다." 픽윅 씨가 말했다.

"아침에 하면 안 돼요?" 여자가 말했다.

"그건 좀 곤란해서요." 픽윅 씨가 대답했다.

"꼭 할 얘기가 있다면 알려줘야겠지요. 어디 있는지 말해도 나쁠 건 없겠지. 맥파이 앤드 스텀프 여관 술집에 가서 로텐 씨를 찾으면 안내해 줄 거예요. 그 사람이 퍼커 씨 서기예요."

픽윅 씨와 샘은 노파의 안내를 받고 여관이 골목에 있다는 정보까지 입수한 다음 클레어 마켓 근처일 뿐 아니라 뉴인 뒤쪽과 가깝다는 두 가지 이점에 크게 기뻐했다. 그러고는 삐걱거리는 계단을 무사히 내려가서 맥파이 앤드 스텀프 여관을 찾아 출발했다.

　로텐 씨와 친구들이 저녁 시간을 흥청망청 보내는 이 위치 좋은 술집은 보통 사람이라면 대중 선술집이라고 부를 만한 곳이었다. 술집 창문 밑에 1인용 마차와 비슷한 작은 칸막이를 놓아 구두 수선공에게 임대했다는 것은 주인이 돈 벌 줄 안다는 사실을 잘 알려주었고, 출입구 앞 계단에서 파이 장수가 맛있는 파이를 걱정 없이 팔도록 보호해 준다는 것은 그가 인정이 많다는 것을 증명했다. 사프란색 커튼이 달린 낮은 창에는 데번셔 지역의 사과주와 단치히 맥주[48]의 광고 포스터가 두세 장 걸려 있었고 커다란 흑판에 적힌 흰 글자는 점포 지하 저장실에 더블 스타우트 50만 통이 있음을 알려주었는데, 이것은 그 커다란 지하 동굴이 지구의 배 속에서 정확히 어느 방향으로 확장되고 있을까, 하는 썩 나쁘지 않은 의문과 애매함을 남겼다. 비바람 때문에 낡은 간판에는 반쯤 지워진 까치 같은 형체가 갈색 페인트로 그은 구부러진 선을 지그시 보고 있었는데, 이 동네 사람들은 어렸을 때부터 그 선이 그루터기라고 배웠다.[49] 이제 이 건물의 외관에 대해서 우리가 해야 할 말은 다한 셈이다.

　픽윅 씨가 술집으로 들어가자 나이 많은 여자가 가림막 뒤에서 나와 그의 앞에 섰다.

　"로텐 씨 계십니까?" 픽윅 씨가 물었다.

　"네, 계세요." 여주인이 대답했다. "찰리, 이분을 로텐 씨에게 안

48　검은가문비나무 싹으로 만드는 유명한 맥주.

49　'맥파이 앤드 스텀프magpie and stump'는 까마귀와 그루터기라는 뜻이다.

내해 드려라."

"지금은 안 돼요." 빨강 머리 급사가 우물쭈물 말했다. "로텐 씨가 웃긴 노래를 하고 계신데 지금 들어가면 쫓아낼 거예요. 금방 끝날 겁니다, 손님."

빨강 머리 급사가 말을 채 마치기도 전에 일사불란하게 탁자를 내리치는 소리와 술잔이 쨍 부딪치는 소리가 들려와 노래가 끝났음을 알렸고, 픽윅 씨는 샘에게 술을 한 잔 마시고 있으라고 말한 다음 로텐 씨가 있는 곳으로 안내받았다.

급사가 "누가 찾아오셨습니다"라고 알리자 가장 상석에 앉아 있던 얼굴이 오동통한 젊은이가 약간 놀라며 목소리의 방향을 보았고, 한 번도 본 적 없는 사람에게 시선이 닿자 놀라움은 전혀 줄어들지 않은 것 같았다.

"실례합니다." 픽윅 씨가 말했다. "여러분을 방해해서 죄송합니다만 아주 특별한 일이 있어서 왔습니다. 여기 구석에서 5분만 얘기를 나누도록 허락해 주시면 정말 고맙겠습니다."

그러자 얼굴이 오동통한 청년이 자리에서 일어나 어둑한 방구석의 픽윅 씨 가까이로 의자를 끌고 온 다음 그의 신세한탄을 열심히 들었다.

"아." 픽윅 씨가 이야기를 마치자 청년이 말했다. "도슨과 포그는 사업을 교활하게 하죠. 대단한 수완가들이에요."

픽윅 씨가 도슨과 포그는 정말 수상쩍다고 말하자 로텐이 다시 입을 열었다.

"퍼커 씨는 지금 런던에 안 계십니다. 다음 주말은 돼야 돌아오실 거예요. 소송 변호를 맡기고 싶으시면 저한테 서류를 주시죠. 퍼커 씨가 돌아오실 때까지 제가 필요한 조치를 취할 수 있습니다."

"그러려고 여기까지 온 겁니다." 픽윅 씨가 서류를 넘겨주며 말했다. "무슨 일이 생기면 입스위치 우체국으로 연락하시면 됩니다."

"좋습니다." 퍼커 씨의 서기가 이렇게 대답하더니 픽윅 씨의 호기심 어린 눈이 탁자 쪽을 헤매는 것을 보고 덧붙였다. "저희와 어울리시겠어요? 오늘 참 대단한 친구들이 모였거든요. 샘킨 앤드 그린 사무소의 서기장, 스미더스 앤드 프라이스 사무소의 재무 담당, 핌킨 앤드 토머스 사무소의 외근 담당—노래를 근사하게 부르는 친구지요—등등 아주 많습니다. 당신은 시골에 다녀오신 것 같군요. 저희와 함께하실래요?"

픽윅 씨는 인간 본성을 탐구할 이 유혹적인 기회를 마다할 수 없었다. 서기가 픽윅 씨를 탁자 쪽으로 이끌어 좌중에게 정식으로 소개했고, 픽윅 씨는 상석 근처에 앉아 제일 좋아하는 술을 시켰다.

픽윅 씨의 기대와 달리 깊은 침묵이 이어졌다.

"이것 때문에 불쾌해진 않으시지요?" 그의 오른쪽에 앉은 오르몰루[50] 장식 단추가 달린 체크 셔츠 차림의 남자가 입에 시가를 물고 말했다.

---

50 구리와 아연의 합금으로 저렴한 장신구에 쓰인다.

"전혀 아닙니다." 픽윅 씨가 대답했다. "아주 좋아합니다. 담배를 피우지는 않지만요."

"제가 담배를 피우지 않았다면 정말 아쉬웠을 겁니다." 맞은편에 앉은 또 다른 신사가 끼어들었다. "저에게 담배는 숙식을 제공하는 하숙집 같은 겁니다."

픽윅 씨가 신사의 얼굴을 흘깃 보고는 세탁까지 제공한다면 더 좋겠다고 생각했다.

또다시 정적이 흘렀다. 픽윅 씨 혼자 낯선 이였기에 그가 와서 김이 샌 것이 분명했다.

"그런디 씨가 노래를 불러주실 겁니다." 좌장이 말했다.

"아닌데요." 그런디 씨가 말했다.

"왜요?" 좌장이 말했다.

"노래를 할 수가 없으니까요." 그런디 씨가 말했다.

"부르기 싫다고 말하는 게 나을 겁니다." 좌장이 대답했다.

"그렇다면 부르기 싫습니다." 그런디 씨가 대꾸했다. 그가 좌중을 즐겁게 해주지 않겠다고 너무나 단호히 거절하자 다시 침묵이 흘렀다.

"이런, 누가 분위기를 좀 띄우지 않겠어요?" 좌장이 실망하여 말했다.

"당신이 분위기를 띄우는 건 어때요, 좌장?" 테이블 제일 끝에서 더러운 옷깃을 풀고 앉아 있던 구레나룻을 기른 사팔뜨기 청년이 말했다.

"찬성! 찬성!" 오르몰루 장식 단추를 하고 담배를 피우는 신사가 말했다.

"나는 노래를 한 곡밖에 모르는데 이미 불렀잖아요. 하룻밤에 두 번 불러도 괜찮은 건 〈잔을 돌려라〉밖에 없죠." 좌장이 대답했다.

반박할 수 없는 말이었기에 다시 한번 침묵이 흘렀다.

"신사 여러분, 저는 오늘 밤 여러분 모두가 분명히 잘 아는 곳에 다녀왔습니다." 픽윅 씨가 좌중이 모두 참여할 수 있는 화제이기를 바라며 말했다. "하지만 저는 몇 년 동안 가 본 적도 없고 거의 알지도 못하는 곳이지요. 그레이즈인 법학원 말입니다. 런던같이 큰 도시에서 이 오래된 법학원들은 무척 신기하고 작은 곳이더군요."

"이런." 좌장이 탁자 맞은편에 앉은 픽윅 씨에게 속삭였다. "적어도 한 사람은 끝없이 이야기를 늘어놓을 만한 화제를 꺼내셨군요. 잭 뱀버 노인이 분명히 말을 꺼낼 겁니다. 그분은 법학원 이야기밖에 안 해요. 정신이 반쯤 나갈 때까지 법학원에 혼자 살았거든요."

로텐이 말한 사람은 작고 노랗고 어깨가 높은 남자로, 말을 하지 않을 때면 몸을 구부리는 버릇 때문에 픽윅 씨는 그의 얼굴을 자세히 보지 못했다. 그러나 노인이 쭈글쭈글한 얼굴을 들고 무척 호기심 어린 표정을 지으며 반짝이는 회색 눈으로 자신을 보자 픽윅 씨는 이토록 인상적인 얼굴을 왜 지금까지 알아차리지 못했을까 의아하게 생각했다. 얼굴에는 기분 나쁜 미소가 서려 있었고 길고 빼빼 마른 손에 턱을 얹고 있었는데 손톱이 보기 드물게 길었다. 고개를 한쪽으로 기울여 텁수룩한 회색 눈썹 아래에서 날카롭게 바라보는 그의 눈에는 무척 역겨운 낯설고 맹렬한 교활함이 있었다.

그가 앞으로 나서더니 억수 같은 말을 줄줄이 쏟아냈다. 그러나 이번 장이 너무 길어진 데다가 이 노인도 범상치 않았으니, 우리에게도 편리하고 노인에게도 제대로 경의를 표하기 위해 노인의 이야기는 새로운 장에서 듣기로 하자.

21장

노인이 괴상한 의뢰인 이야기를 들려주다

"아하!" 앞 장 끝부분에서 태도와 외모를 간략하게 설명한 바 있는 노인이 말했다. "누가 법학원 얘기를 꺼냈지?"

"접니다." 픽윅 씨가 대답했다. "정말 오래되고 독특한 곳이라고 했지요."

"당신이군!" 노인이 경멸하듯 말했다. "청년들이 외로운 방에 틀어박혀서 몇 시간이고 몇 밤이고 책을 읽고, 한밤중에 공부를 하느라 머리가 이상해지고, 정신력이 쇠하고, 아침 햇살을 받아도 상쾌하거나 건강해지지 않고, 부자연스럽게도 낡고 메마른 책에 젊음의 정력을 바치다가 결국 쓰러지고 말던 시절에 대해서 당신이 뭘 아시오? 똑같은 방에서 폐결핵으로 점차 쇠약해지고 열병으로 순식간에 허약해진 — 생명과 방탕의 중대한 결과요—사람들에 대해서, 뒤늦게 전혀 다른 시대에 태어난 당신이 뭘 안단 말이오? 자비를 구했지만 얻지 못하고 변호사 사무소에서 돌아서서 템스 강에서 안식처를 찾거나 감옥으로 몸을 피한 사람들이 얼마나 많았을 것 같소? 거긴 평범한 곳이 아닙니다. 법학원의 벽판들은 기억하고 말할 능력만 있다면 전부 벽에서 떨어져 나와 무시무시한 이야기를—삶의 이야기를, 아시겠습니까, 삶의 이야기를 말입니다—들려줄 것이오. 지금은 평범해 보이겠지요. 분명히 말하지만 법학원은 오래되고 기묘한 곳입니다. 낡은 법학원의 역사를 듣는 것보다 무시무시한 이름이 붙어 있는 전설을 듣는 게 차라리 나을 겁니다."

이 노인의 갑작스러운 활력과 그 활력을 불러일으킨 화제가 너무나 기묘했기 때문에 픽윅 씨는 대답할 준비가 되어 있지 않았다. 노인이 급한 성미를 억누르자 흥분해서 사라졌던 그 심술 궂은 눈초리가 돌아왔다.

"다른 각도에서 한번 보시오. 평범하고 전혀 낭만적이지 않은 면을 말입니다. 서서히 고문하기 정말 좋은 곳이지요. 빵 한 덩이 주지 않는 직업을 갖겠다고 전 재산을 탕진하고 거지가 돼서 친구에게 돈을 우려내는 가난한 사람을 생각해 보시오. 그 기다림, 희망, 실망, 두려움, 비참함, 가난, 희망에 드리워지는 먹구름과 경력의 종말! 자살로 끝나거나 좀 나으면 초라하고 단정치 못한 술주정뱅이로 끝나지요. 내 말이 틀렸소?" 노인은 두 손을 비비며 자신이 좋아하는 화제에 대해 다른 관점에서 이야기할 수 있어서 기쁘다는 듯 곁눈질을 했다.

픽윅 씨는 크나큰 호기심을 느끼며 노인을 보았고, 다른 사람들은 미소를 지으며 침묵 속에 바라보았다.

"독일 대학 이야기 따위야 뭐." 자그마한 노인이 말했다. "흥! 여기도 이야깃거리는 충분하다오, 반 마일도 갈 필요 없지. 사람들이 생각하지 못할 뿐."

"확실히 제가 이 방면에 대해서 생각해 본 적은 한 번도 없군요." 픽윅 씨가 웃으며 말했다.

"분명히 그랬겠지요." 작은 노인이 말했다. "그랬을 겁니다. 내 친구가 즐겨 말하곤 했소. '법학원에 특별한 것이 있을까?' 내가 말했지요. '묘하고 낡은 곳이야.' 친구가 말했습니다. '말도 안 되는 소리.' 내가 말했습니다. '외로운 곳이지.' 친구가 말했지요. '절대 아니야.' 그 친구는 어느 날 아침, 바깥문을 열러 나가다가 뇌출혈로 죽었소. 우편함에 머리를 박고 쓰러져서 무려 18개월 동안 그대로 누워 있었지요. 다들 그 친구가 런던을 떠났다고 생각했소."

"어떻게 발견되었습니까?" 픽윅 씨가 물었다.

"그 친구가 2년 동안 집세를 내지 않자 법학원 평의원들이 방문을 부수기로 결정했지요. 잠금장치를 억지로 열었더니 파란 상의에 무릎까지 오는 검정색 반바지, 비단 법복 차림의 먼지 자욱한 백골이 인부의 품으로 쓰러졌소. 정말 괴상하지요, 아주 괴상해. 안 그렇습니까?" 작은 노인은 머리를 한쪽으로 기울이고 이루 말할 수 없이 즐거워하며 양손을 비볐다.

"또 다른 사건도 알고 있습니다." 킥킥거리는 웃음이 어느 정도 가라앉자 작은 노인이 말했다. "클리퍼즈인[51]에서 일어난 사건이지요. 꼭대기 층에 살던 남자—나쁜 사람이었지요—가 침실 벽장에 틀어박혀서 비소를 먹었소. 관리인은 그가 도망친 줄 알고 방문을 연 다음 광고를 냈지. 다른 남자가 그 방에 세 들어서 가구를 갖추고 살았소. 그런데 어째선지 잠을 잘 수가 없었지요, 항상 초조하고 불편했습니다. 그가 말했지요. '이상하군. 다른 방을 침실로 쓰고 여긴 거실로 써야겠어.' 방을 바꾸자 잠을 푹 잤지만, 왠지 저녁에 공부가 안 됐소. 초조하고 불편해서 계속 양초 심지를 자르고 주변을 둘러보았지. 어느 날 그가 연극을 보고 돌아와서 뒤에 누가 있다는 느낌이 들지 않게끔 벽을 등진 채 그로그주[52]를 차갑게 마시다가 말했소. '알 수가 없군. 알 수가 없어.' 바로 그때 항상 잠겨 있던 작은 벽장이 눈에 들어왔고, 머리끝부터 발끝까지 몸서리를 쳤지. 그가 말했소. '예전에도 이런 느낌을 받은 적이 있는데. 저 벽장이 뭔가 잘못됐다는 생각을 떨칠 수가 없군.' 그는 억지로 용기를 그러모아서 부지깽이로 자물쇠를 한두 번 내리쳐 벽장을 열었소. 아니나 다를까, 먼저 세 들어 살던 사람이 작은 병을 꼭 쥐고 죽음의 고통 때문에 납빛으로 변한 얼굴을 하고서 한쪽 구석에 똑바로 서 있었지." 자그마한 노인은 이야기를 마치고 무시무시한 기쁨의 미소를 지으며 놀란 청중의 열중한 얼굴을 둘러보았다.

---

51   영국 법학원 부속 건물인 법학생 숙사Inns of Chancery 중에서 남아 있는 가장 오래된 건물.

52   럼과 같은 독주에 물을 섞은 술.

"정말 기묘한 이야기군요." 픽윅 씨가 안경을 통해 노인의 얼굴을 세밀하게 살피며 말했다.

"기묘하다고!" 자그마한 노인이 말했다. "당신은 아무것도 모르니까 기묘하다고 생각하는 거요. 우습긴 하지만 별로 드문 이야기도 아니지."

"우습다고요!" 픽윅 씨가 저도 모르게 외쳤다.

"그래요, 우습지. 안 그렇소?" 자그마한 노인이 사악하게 곁눈질하며 말했다. 그런 다음 대답을 기다리지도 않고 말을 이었다.

"내가 아는 사람이 또 하나 있었는데 가만 보자, 40년 전 일이군. 그는 아주 오래된 법학원의 오래되고 축축하고 더러운 방을 빌렸소. 몇 년 동안이나 비어 있었지. 그 방에 얽힌 노파들에 대한 이야기가 많았고 확실히 기분 좋은 곳은 아니었지만, 그는 가난했고 방값이 쌌기 때문에 열 배는 더 나쁜 방이라도 빌렸을 거요. 그 방에 남아 있는 다 망가져 가는 물건들도 사야 했는데, 그중에 크고 흉물스러운 목제 종이 압착기가 있었소. 커다란 유리문이 달려 있고 안에 초록색 커튼이 쳐져 있었는데, 그에게는 무용지물이었지. 거기에 넣을 종이도 없었을 뿐더러 옷도 몸에 걸친 것 한 벌밖에 없으니 손보고 말고 할 것도 없었소. 아무튼 그는 자기 가구를 전부 가져와서—손수레 하나도 채우지 못했지—방 여기저기에 놓았고, 의자 네 개를 최대한 여섯 개처럼 보이게 꾸몄소. 밤에 난롯가에 앉아서 외상으로 주문한 2갤런짜리 위스키의 첫 잔을 마시면서 술값을 갚을 수나 있을까, 몇 년이나 걸릴까 생각하고 있는데 압착기의 유리문이 눈에 들어왔지. 그

455

가 말했소. '아! 중개인이 부르는 값을 주고 저 보기 흉한 물건을 살 수밖에 없었지만, 그러지 않았다면 그 돈으로 뭔가 기분 좋은 것을 살 수 있었겠지. 내가 뭐 하나 말해줄까?' 달리 말을 걸 대상이 없었기 때문에 그가 압착기를 향해 소리 내서 말했소. '네 시체를 조각내는 비용이 네 가치보다 비싸지 않았다면 당장이라도 널 장작으로 썼을 거다.' 그가 말을 채 마치기도 전에 상자 안에서 희미한 신음 비슷한 소리가 나는 것 같았지. 그는 처음에 깜짝 놀랐지만 잠깐 생각해 보니 식사를 하러 나갔던 옆방 청년일 것 같아서 난로망에 발을 올리고 불을 피우려고 부지깽이를 들어 재를 쑤석거렸소. 그 순간 똑같은 소리가 다시 나더니 유리문이 천천히 열리고 압착기 안에 낡고 더러운 옷차림으로 서 있는 창백하고 야윈 형체가 드러났지. 크고 마른 몸이었고 얼굴에는 걱정과 근심이 드러나 있었소. 게다가 피부색이나 전체적으로 수척하고 이 세상 것 같지 않은 모습을 보면 절대 살아 있는 존재일 수가 없었지. 새하얗게 질린 새로운 세입자가 부지깽이를 들고 형체의 얼굴을 노리며 말했소. '당신은 뭐요?' 그러자 형체가 대답했지. '던지지 마세요. 아무리 정확하게 겨냥해서 던져도 부지깽이가 나를 그대로 통과해서 뒤의 나무판에 맞을 겁니다. 나는 망령입니다.' 세입자가 더듬더듬 말했소. '도대체 뭘 원하는 거요?' 망령이 대답했지. '나는 이 방에서 파멸을 맞이했고, 나와 내 자식들은 거지가 되었습니다. 이 압착기에는 몇 년에 걸친 길고 긴 소송과 관련된 서류가 들어 있었지요. 아무리 기다려도 이루어지지 않는 소망과 슬픔 때문에 이 방에서 죽었을 때,

비참한 일생 내내 되찾으려고 싸웠지만 결국 불쌍한 자식들에게 한 푼도 남기지 못했던 내 재산을 탐욕스럽고 교활한 자 둘이서 나누어 가졌습니다. 나는 그들에게 겁을 주어 이곳에서 쫓아냈고 그때 이후 밤이 되면―제가 이 땅에 돌아올 수 있는 유일한 시간이지요―내가 오랫동안 고생했던 곳들을 헤매고 다녔습니다. 이 집은 내 것이니 돌려주시오.' 유령이 지루한 이야기를 늘어놓는 동안 정신을 차린 세입자가 말했소. '당신이 이 집에 계속 나타나겠다면 나는 기꺼이 소유권을 포기하겠습니다. 하지만 딱 하나만 묻고 싶은데요.' 망령이 엄하게 말했지. '말해보시오.' 세입자가 말했소. '음, 제가 들어본 망령들은 대부분 마찬가지였으니, 당신만 가리켜서 하는 말은 아닙니다. 하지만 당신은 세상에서 제일 좋은 곳에도 갈 수 있을 텐데―당신에게는 공간의 제약이 없을 테니까요―제일 비참했던 곳으로 돌아오다니 제 생각에는 이치에 맞지 않는 것 같군요.' 유령이 말했지. '제기랄, 맞는 말이군요. 그 생각은 미처 못 했습니다.' 세입자가 말을 이었소. '보세요, 여긴 아주 불편해요. 압착기의 꼴을 보니 빈대가 한 마리도 없다고는 할 수 없겠군요. 당신이라면 훨씬 더 편한 곳을 찾을 수 있을 거예요. 게다가 런던은 날씨도 참 불쾌하죠.' 유령이 공손하게 말했지. '정말 옳은 말씀입니다. 지금까지는 미처 생각을 못했네요. 당장 기분 전환을 해보지요.' 그는 말을 마치기도 전에 사라지기 시작했소. 다리는 이제 거의 사라지고 없었지. 세입자가 유령에게 말했소. '혹시 낡은 빈집에 출몰하는 다른 신사 숙녀 분들께도 다른 곳이 더 편안하다고 말씀해 주시면 우리

457

사회에 아주 큰 도움이 될 겁니다.' 유령이 대답했지. '그러겠습니다. 우린 정말 멍청했어요. 어떻게 그렇게 멍청할 수 있었는지 상상도 못하겠군요.' 망령은 이 말을 남기고 사라졌소." 노인이 빈틈없이 좌중을 둘러보며 덧붙였다. "그리고 놀랍게도 두 번 다시 돌아오지 않았지."

"만약 사실이라면 아주 좋은 얘기군요." 오르몰루 장식 단추를 단 남자가 새로운 시가에 불을 붙이며 말했다.

"만약이라니!" 노인이 경멸하듯 외쳤다. 그가 로텐을 향해 고개를 돌리며 덧붙였다. "다음에는 내가 변호사 사무소에서 일할 때 만났던 괴상한 의뢰인 이야기까지 사실이 아니라고 말할 기세군. 그러고도 남겠어."

"그 이야기를 아직 듣지 못했으니 뭐라 말을 못하겠군요." 오르몰루 장식 단추의 주인이 말했다.

"한 번 더 들려주시지요." 픽윅 씨가 말했다.

"아, 그렇게 하시죠." 로텐이 말했다. "그 이야기는 저밖에 못 들었는데, 저도 거의 잊었습니다."

노인이 좌중을 둘러보더니 모두의 얼굴에 드러난 관심 어린 표정에 의기양양해져서 그 어느 때보다도 더 무서운 눈빛을 번뜩였다. 그가 손으로 턱을 문지르고 기억을 떠올리듯 천장을 올려다보더니 다음과 같은 이야기를 시작했다.

*

내가 이 간단한 이야기를 어디서 어떻게 들었는지는 중요하지 않소. 내가 들은 순서대로 이야기를 하려면 중간부터 시작해서 결말에 도달한 다음 처음으로 돌아가야 합니다. 이야기의 일부는 바로 내 눈앞에서 벌어진 일이라고 말하는 것으로 충분하겠지요. 나머지 부분은 실제로 일어났음을 내가 알고, 또 그 일을 잘 기억하는 사람이 아직 몇 명 살아 있습니다.

많은 사람들이 알고 있듯이 세인트 조지 성당 근처 버로 하이스트리트에 채무자 감옥 중에서 제일 작은 마셜시 감옥이 있습니다. 한때 더럽고 지저분한 쓰레기터였던 그곳은 나중에 전혀 다른 곳이 되었지만, 개선된 상태도 낭비자들에게 별로 매력적이지 않고 절약을 모르는 자들에게 위안이 되지도 않습니다. 뉴게이트 감옥에 갇힌 흉악 범죄자들도 마셜시에 갇힌 채무자와 똑같이 정원에 나가서 바깥공기를 마시고 운동을 할 수 있지요.

상상 때문일지도 모르고 그곳을 옛 기억과 떼어놓지 못하기 때문일지도 모르지만, 나는 그 지역을 견딜 수가 없소. 거리는 넓고, 점포는 널찍하고, 지나가는 마차 소리와 끊임없는 인파의 발소리—분주히 왕래하는 소리—가 아침부터 한밤중까지 울리지만 주변 거리는 좁고 초라합니다. 붐비는 뒷골목에 가난과 방탕이 들끓고, 좁은 감옥에 곤궁과 불운이 갇혀 있지요. 적어도 나에게 그곳은 음울하고 황량한 분위기 때문에 누추하고 메스꺼운 느낌입니다.

낡은 마셜시 감옥 정문을 처음 들어설 때, 벌써 오래전 무덤에서 감긴 수많은 눈들은 이 광경을 아주 가볍게 둘러보았습니다. 불행의 첫 일격이 절망과 함께 찾아오는 일은 드물기 때문입니다. 사람들은 아직 부탁해 보지 않은 친구들을 믿고, 아직 신세질 필요가 없었을 때 관대한 친구들이 언제든지 신세져도 좋다고 했던 말을 기억합니다. 그들에게는 희망이—미경험이라는 행복한 희망—있고 최초의 일격이 아무리 충격적일지라도 희망이 샘솟아 잠시나마 가슴을 가득 채우지만 실망과 무시라는 어두운 구름 아래에서 곧 생기를 잃습니다. 얼마 지나지 않아 유폐된 탓에 혈색이 나빠지고 굶은 탓에 쇠약해진 얼굴에서 푹 꺼진 눈들이 번득였지요. 채무자는 석방의 희망도 자유의 가망도 없이 감옥에서 썩는다는 말이 비유가 아니던 시절이었습니다. 이제 채무자 감옥의 잔인무도함이 그 정도로 심하지 않지만, 가슴 아픈 사건을 일으킬 정도로는 남아 있지요.

20년 전, 감옥 앞 보도는 어느 모자의 발걸음에 닳았습니다. 그들은 매일 아침이 찾아오듯이 하루가 멀다 하고 감옥 정문을 찾아왔지요. 초조한 불행과 불안한 생각이 가득한 밤을 보내고 한 시간이나 일찍 도착할 때도 자주 있었는데, 그럴 때면 젊은 어머니는 힘없이 돌아서서 아이와 함께 낡은 다리에 올랐습니다. 그녀는 아들을 들어 올려서 태양빛에 물들어 반짝이는 강을 보여주었고, 강물이 이렇게 이른 아침부터 그날의 일과 즐거움을 바쁘게 준비하며 흐르는 모습으로 아이를 즐겁게 해주려 애썼습니다. 그러나 곧 아이를 내려놓고 얼굴을 숄에 파묻어 앞이 보이지 않을 정도로 눈물을 흘리곤 했습니다. 홀쭉하고 병색이 짙은 아이의 얼굴에 흥미롭거나 재미있다는 표정이 전혀 떠오르지 않았기 때문입니다. 아이의 얼마 안 되는 기억은 딱 한 가지 종류였고, 전부 부모의 가난과 불행에 관한 것이었습니다. 아들은 어머니의 무릎에 몇 시간이고 앉아서 어머니를 가여워하며 어머니의 얼굴에 흘러내리는 눈물을 바라보았고, 어두컴컴한 구석으로 조용히 기어가서 울다가 잠들었습니다. 아이는 철들기 시작할 때부터 세상의 가혹한 현실과 수많은 결핍—굶주림과 목마름, 추위와 곤궁함—에 너무나도 익숙했기 때문에 겉모습은 아이였지만 어린 시절 특유의 가벼운 마음과 즐거운 웃음, 반짝이는 눈빛이 없었습니다.

아버지와 어머니는 아이를 보고, 서로 마주 보면서 고통스러운 생각을 떠올렸지만 감히 입 밖에 내지는 못했습니다. 남자는 아무리 힘든 일의 피로도 견딜 수 있을 만큼 건강하고 건장했지만 붐비는 감옥에서 나쁜 공기를 마시며 좁은 공간에 유폐된 탓에 몸이 약해지고 있었습니다. 호리호리하고 가냘픈 여자는 몸과 마음의 병이 동시에 덮쳐 죽어가고 있었지요. 아이의 어린 마음은 부서지고 있었습니다.

겨울이 왔고 몇 주 동안이나 차가운 장대비가 내렸습니다. 불쌍한 여자는 남편이 갇힌 감옥 근처의 형편없는 집으로 이사했는데, 점점 더 가난해졌기 때문에 어쩔 수 없는 일이었지만 남편과 가까워졌기 때문에 행복했습니다. 두 달 동안 그녀와 아들은 평소처럼 감옥 문이 열리는 것을 지켜보았습니다. 그러던 어느 날, 여자가 처음으로 감옥에 찾아오지 않았고 다음 날 아침에는 혼자 찾아왔습니다. 아이가 죽은 것입니다.

이 불쌍한 남자가 아들을 잃은 것을 두고, 떠난 아이는 고통에서 해방되어 행복하고 남은 부모는 이제 돈이 들지 않아 다행이라고 차갑게 말하는 사람이 있다면 그는 아무것도 모르는 사람입니다. 그는 이런 식으로 아이를 잃는 고통이 무엇인지 모릅니다. 다른 사람들이 모두 차갑게 시선을 돌릴 때 말없이 바라봐주는 애정과 관심 어린 표정은—다른 사람들이 전부 우리를 버렸어도 동정과 애정이 남아 있다는 인식은—가장 깊은 고통 속에서 하나의 발판, 하나의 버팀목, 하나의 위안이며 돈으로도 살수 없고 권력으로도 얻을 수 없는 것입니다. 아이는 부모의 발치에 앉아서 작은 손을 포갠 채 홀쭉하고 파리한 얼굴을 들어 몇 시간이고 참을성 있게 그들을 바라보곤 했습니다. 부모는 아이가 하루하루 수척해지는 것을 보았습니다. 아이의 짧은 생은 기쁨이 없는 삶이었고 이제 아이는 이 세상에서 한 번도 겪어보지못한 평화와 휴식이 있는 곳으로 갔지만, 두 사람은 부모였기 때문에 아이를 잃은 슬픔이 그들의 영혼 깊이 새겨졌습니다.

아이 엄마의 변한 얼굴을 보면 죽음이 곧 그녀의 고난과 시련을 끝내주리라는 사실을 누구나 알 수 있었습니다. 남편의 동료 수감자들은 그의 슬픔과 불행에 주제넘게 나서지 않았고, 세 명이 함께 쓰던 작은 방을 그에게 내주었습니다. 아내가 남편과 함께 그 방을 썼지요. 그리고 고통 없이, 그러나 희망도 없이 미적거리던 그녀의 생명이 서서히 기울었습니다.

어느 날 밤, 아내가 그의 품에서 기절하자 남편은 바람을 쏘여 아내를 깨우려고 열린 창가로 데려갔습니다. 밝게 비추는 달빛이 아내의 변한 얼굴을 비추자 남편은 아내를 지탱하느라 무력한 갓난아기처럼 비틀거렸습니다.

"내려줘, 조지." 아내가 힘없이 말했습니다. 남편은 아내가 시키는 대로 한 다음 곁에 앉아서 양손으로 얼굴을 가리고 눈물을 터뜨렸습니다.

"당신을 두고 떠나는 건 정말 힘들어." 아내가 말했습니다. "하지만 그게 하느님의 뜻이고, 당신은 나를 위해 견뎌야 해. 아! 하느님께서 우리 아들을 데려가가셔서 얼마나 다행인지! 그렇지 않았으면 엄마도 없이 어떻게 살았을까! 그 애는 천국에서 행복할 거야."

"죽으면 안 돼, 메리, 죽으면 안 돼!" 남편이 깜짝 놀라 말했습니다. 그는 빠른 걸음으로 서성이면서 주먹 쥔 두 손으로 자기 머리를 때렸고, 다시 아내의 곁에 앉아서 그녀를 품에 안고 더욱 차분하게 덧붙였습니다. "정신 차려, 여보. 제발, 제발! 다시 괜찮아질 거야."

"이젠 안 돼, 조지. 절대 안 돼." 빈사의 여인이 말했습니다. "지금은 우리 불쌍한 아들 옆에 날 묻어줘. 하지만 당신이 이 끔찍한 곳을 빠져나가서 부자가 되면 어느 조용한 시골 교회 묘지로 우리를 옮기겠다고 약속해. 아주 멀리, 우리가 평화롭게 쉴 수 있는 먼 곳이어야 해. 그러겠다고 약속해."

"알았어, 약속할게." 남편이 아내 앞에서 격정적으로 무릎을 꿇으며 말했지요. "한 마디만 더 해줘, 메리. 날 한 번만 봐줘, 딱 한 번만……."

남자가 말을 멈췄습니다. 그의 목에 걸쳐진 팔이 뻣뻣하고 묵직해졌기 때문입니다. 그의 앞에 놓인 쇠약한 형체에서 깊은 한

숨이 흘러나왔습니다. 입술이 움직였고 얼굴에 미소가 떠올랐지만, 곧 입술이 파르스름해지고 미소가 점차 사라지더니 뻣뻣하고 송장 같은 눈빛만 남았습니다. 그는 이제 혼자였습니다.

그날 밤, 비참한 방의 정적과 황폐함 속에서 불행한 남자는 아내의 시신 곁에 무릎을 꿇고 하느님께 무시무시한 맹세의 증인이 되어달라고 부탁했습니다. 이 순간부터 아내와 아이의 죽음에 복수하기 위해서 평생을 바치겠다고, 지금부터 삶의 마지막 순간까지 그 한 가지에만 모든 정력을 쏟겠다고, 길고 무시무시한 복수를 하겠다고, 그의 증오는 지치지도 죽지도 않을 것이라고, 전 세계를 뒤져서라도 복수의 대상을 쫓겠다고 말입니다.

깊디깊은 절망과 무자비한 격정이 하룻밤 만에 그의 얼굴과 모습을 완전히 바꾸어놓았기 때문에 남자가 지나가면 동료 수감자들은 무서워서 주춤거리며 피했습니다. 눈에는 핏발이 서고 부어올랐고 얼굴은 시체처럼 창백해졌으며 등은 노인처럼 굽었습니다. 극심한 정신적 고통으로 아랫입술을 다 물어뜯는 바람에 상처에서 흘러내린 피가 턱을 따라 뚝뚝 떨어져서 상의와 네커치프를 물들였지요. 그는 눈물을 흘리지도 않고 불평하지도 않았지만 불안한 표정과 마당을 서성이는 정신없고 급한 발걸음이 가슴속에서 타오르는 열병을 보여주었습니다.

아내의 시신은 지체 없이 감옥에서 내보내야 했습니다. 남자는 통보를 침착하게 받아들였고 그 타당함을 인정했습니다. 거의 모든 수감자들이 모여들어 시신이 실려 나가는 것을 지켜보다가 아내를 잃은 남자가 나타나자 양쪽으로 갈라졌습니다. 남자는 서둘러 걸어가더니 정문 근처 울타리 쳐진 작은 구역에 홀로 섰고, 사람들은 본능적인 감각에 따라 멀찍이 떨어졌습니다. 남자들이 어깨에 조잡한 관을 지고 천천히 나아갔습니다. 군중 사이에 절대적인 침묵이 퍼졌고, 여자들의 한탄과 돌로 포장된 길을 느릿느릿 걸어가는 운구 행렬의 발소리만이 그 침묵을 깨뜨렸습니다. 마침내 운구 행렬이 아내를 잃은 남편이 서 있는 곳에 도착하자 걸음을 멈추었습니다. 남편이 관에 한 손을 얹고 덮개를 무의식적으로 가다듬더니 계속 가라고 손짓했습니다. 관이 감옥 현관을 지날 때 간수들이 모자를 벗었고 잠시 후 묵직한 대문이 닫혔습니다. 남자는 사람들을 멍하니 보다가 털썩 쓰러졌습니다.

몇 주 동안 그는 밤낮으로 감시를 당하며 펄펄 끓는 열 속에서 미친 듯이 헛소리를 했지만 아내와 자식을 잃었다는 의식과 하느님께 했던 맹세는 단 한순간도 잊지 않았습니다. 일시적인 착란상태에 빠진 그의 눈앞에서 여러 장소와 여러 사건이 주마등처럼 지나갔지만 전부 어떤 식으로든 그의 크나큰 목표와 관련이 있었습니다. 남자가 피처럼 붉은 하늘 아래 끝없이 펼쳐진 바다에서 배를 타고 가는데 사방에서 성난 파도가 소용돌이치며 밀려왔습니다. 그의 앞에는 또 다른 배가 으르렁거리는 태풍 속에서 애를 쓰며 전진하고 있었습니다. 돛이 갈가리 찢겨 돛대에 묶인 리본처럼 펄럭거렸고 갑판 뱃전에 사람들이 몰려들었는데, 그 위로 어마어마한 파도가 끊임없이 치면서 불운한 몇몇 사람들을 거품 가득한 바다로 쓸어 갔습니다. 남자가 탄 배는 으

465

르렁거리는 거대한 바다 한가운데에서 그 무엇도 방해할 수 없는 속도와 힘으로 계속 나아갔고, 용골이 앞서 가던 배의 고물에 부딪쳐 망가뜨렸습니다. 난파선이 가라앉으며 만든 어마어마한 소용돌이에서 크고 날카로운 비명이 — 물에 빠진 불쌍한 수백 명의 단말마가 하나로 합쳐진 맹렬한 비명이 — 솟아오르더니 자연의 함성보다 훨씬 크게 울리고 또 울려 공기와 하늘, 바다를 꿰뚫는 듯했습니다. 하지만 저게 뭘까요, 한 노인의 회색 머리가 수면 위로 올라와 고통스러운 표정으로 도와달라고 외치며 파도와 싸웠습니다! 이를 본 남자는 뱃전에서 뛰어내려 필사적으로 팔을 저으며 회색 머리를 향해 헤엄쳐 갔습니다. 드디어 다다랐습니다, 가까워졌습니다. 바로 그 사람의 얼굴이었습니다. 노인은 다가오는 남자를 보고 그의 손아귀에서 빠져나가려고 발버둥 쳤지만 소용없었습니다. 남자는 노인을 꽉 잡고 수면 아래로 끌고 들어갔습니다. 자신과 함께 아래로, 아래로, 50패덤[53] 깊이로 말입니다. 노인의 저항이 점점 약해지더니 마침내 완전히 멈추었습니다. 그는 죽었습니다. 남자는 그를 죽여 자신의 맹세를 지켰습니다.

남자는 홀로 거대한 사막의 타는 듯한 모래 위를 맨발로 걷고 있었습니다. 모래가 숨을 막고 눈을 가렸고, 미세한 모래 알갱이들이 땀구멍이란 땀구멍에는 전부 파고들어 거의 미칠 지경이 될 때까지 괴롭혔습니다. 저 멀리서 모래가 바람에 날려 거대한 형

---

53 깊이의 단위로 주로 바다의 깊이를 재는 데 사용한다. 1패덤은 약 1.83미터에 해당한다.

체를 이루었고 타는 듯한 태양 빛을 그대로 통과시켜 살아 있는 불기둥처럼 움직였습니다. 그의 발치에는 이 황량한 벌판에서 죽은 사람들의 뼈가 흩어져 있었고, 무시무시한 빛이 사방 모든 것을 비추었습니다. 눈길이 닿는 한 무시무시하고 끔찍한 것들밖에 보이지 않았지요. 두려움에 소리를 지르려고 했지만 혀가 입안에 달라붙어 소용없었고 그는 미친 듯이 앞으로 나아갔습니다. 남자는 초자연적인 힘으로 모래를 헤치며 나아갔고 결국 피로와 갈증에 지쳐 아무 감각도 없이 땅에 쓰러졌습니다. 그의 정신을 되찾아준 이 향기로운 시원함은 무엇이었을까요, 졸졸거리는 소리는 무엇이었을까요? 물이었습니다! 우물이 있었고, 맑고 상쾌한 물이 그의 발치에 흐르고 있었습니다. 그는 물을 실컷마신 다음 아픈 팔다리를 쫙 펴고 기슭에 누워서 달콤한 무아지경에 빠져들었습니다. 그때 다가오는 발소리가 그를 일으켰습니다. 회색 머리의 노인이 타는 듯한 갈증을 채우기 위해 터덜터덜 걸어왔습니다. 역시 그 사람이었습니다. 남자는 노인의 몸에 팔을 감아서 뒤로 끌어당겼습니다. 노인은 극심한 경련을 일으키며 물을 달라고 소리를 질렀습니다. 단 한 방울만 있으면 그의 목숨을 구할 수 있었지요. 그러나 남자는 노인을 단단히 붙잡고 탐욕스러운 눈으로 그의 고통을 지켜보았고, 생명이 떠난 노인의 머리가 그의 품에 툭 떨어지자 시체를 발로 차서 멀리 굴렸습니다.

열이 내리고 의식을 되찾은 남자가 깨어나 보니 그는 부유한 자유인이 되어 있었습니다. 남자가 감옥에서 죽도록 내버려

두려 했던—그뿐만 아니라 남자의 목숨보다 더 소중한 이들이 약으로도 고칠 수 없는 마음의 병과 가난으로 죽게 내버려두었던—남자의 아버지가 솜털 침대 위에서 죽은 채 발견되었던 것입니다. 그는 아들을 거지로 만들 생각이었지만 자신의 건강과 힘을 자만한 나머지 때를 놓칠 때까지 실행을 미루었고, 이제 저세상에서 자신의 태만함 때문에 아들에게 간 재산을 생각하며 이를 갈고 있을 터였습니다. 눈을 뜬 남자가 알게 된 사실은 이뿐만이 아니었습니다. 그는 삶의 목적을 생각해 냈고, 자신의 원수가 바로 아내의 아버지임을 기억해 냈습니다. 남자를 감옥에 처넣은 사람, 그리고 그의 발치에서 자비를 베풀어달라고 간청하는 자기 딸과 손자를 문 밖으로 쫓아낸 사람이었습니다. 아, 그는 몸이 약해져서 당장 일어나 복수 계획을 실행에 옮기지 못하는 자신을 얼마나 저주했는지요!

남자는 사랑하는 이들을 잃었던 곳을 떠나 바닷가의 조용한 집으로 옮겼습니다. 이미 영영 사라진 마음의 평화나 행복을 되찾고 싶어서가 아니라 바닥난 정력을 회복하고 염원하는 목표를 심사숙고하기 위해서였습니다. 이때 어떤 악령이 최초의 기회를, 더없이 무서운 복수의 기회를 그에게 주었습니다.

때는 여름이었습니다. 이른 저녁이면 남자는 절망적인 생각에 휩싸인 채 고독한 숙소를 나와 절벽 아래 좁은 오솔길을 산책하다가 그가 좋아하는 황량하고 외로운 장소로 가서 무너진 바위에 앉아 양손에 얼굴을 묻고 몇 시간이나 보내곤 했습니다. 때로는 밤이 완전히 내려 위압적인 절벽의 긴 그림자가 주변 모든 것에 짙은 어둠을 드리울 때까지 그곳을 떠나지 않았습니다.

어느 고요한 저녁, 남자는 언제나와 마찬가지로 같은 자리에 앉아서 가끔씩 고개를 들어 날아가는 갈매기를 보거나, 바다 한가운데에서 시작해 태양이 지는 저 끝까지 이어지는 듯한 화려한 진홍색 길을 바라보고 있었습니다. 그때 도움을 청하는 큰 목소리가 깊은 정적을 깨뜨렸습니다. 그가 제대로 들은 것이 맞는지 의심하며 귀를 기울이자 더 격렬한 외침이 다시 들렸고, 남자는 자리에서 일어나 소리가 난 쪽으로 서둘러 갔습니다.

무슨 일인지 금방 밝혀졌습니다. 해변에 옷가지가 흩어져 있고 해안에서 약간 떨어진 바다의 파도 위로 어떤 사람의 머리가 약간 보였으며, 어떤 노인이 고통에 손을 쥐어짜고 이리저리 뛰어다니며 도와달라고 소리치고 있었습니다. 이제 기력을 충분히 회복한 병자는 바다로 뛰어들어 물에 빠진 남자를 끌고 나올 생각으로 상의를 벗어던지고 바다를 향해 달려갔습니다.

"빨리요, 부탁드립니다! 도와주세요, 도와주세요! 부탁드립니다. 제 아들입니다, 외아들이에요!" 노인이 남자를 향해 다가오며 미친 사람처럼 말했습니다. "제 외아들이 아비의 눈앞에서 죽어가고 있어요."

노인이 첫 마디를 꺼내는 순간, 남자는 딱 멈추더니 팔짱을 끼고 서서 꼼짝도 하지 않았습니다.

"세상에!" 노인이 뒷걸음질 치며 외쳤습니다. "헤일링!"

남자는 미소를 지을 뿐 말이 없었습니다.

"헤일링!" 노인이 미친 듯이 말했습니다. "내 아들이, 헤일링, 내

아들이, 저길 좀 보게!" 비참한 아버지가 숨을 헐떡거리며 젊은 남자가 목숨을 걸고 발버둥 치는 곳을 가리켰습니다.

"들어보게!" 노인이 말했습니다. "또 소리를 쳤어. 아직 살아 있네. 헤일링, 저 애를 구해주게, 제발 살려주게!"

남자는 다시 미소를 짓더니 동상처럼 꼼짝도 않고 서 있었습니다.

"내가 잘못했네." 노인이 무릎을 털썩 꿇고 양손을 맞잡으며 소리쳤습니다. "내게 복수를 하게. 내 전 재산을, 내 목숨을 가져가게. 나를 물에 빠뜨려도 좋네. 발버둥 치는 것을 참을 수만 있다면 꼼짝도 하지 않고 죽겠네. 그렇게 하게, 헤일링, 그렇게 하게. 제발 내 아들만 살려주게. 저 애는 아직 젊어, 헤일링. 죽기에는 너무 젊어!"

"이보세요." 남자가 노인의 손목을 맹렬하게 붙잡으며 말했습니다. "목숨 빚은 목숨으로 받을 생각인데, 저기 목숨이 하나 있네요. 내 아이는 아비가 보는 앞에서 죽었습니다. 자기 누나를 모욕한 저 어린 청년이 맞이하고 있는 것보다 훨씬 괴롭고 고통스러운 죽음이었습니다. 당신은 웃었어요. 이미 죽음이 찾아온 당신 딸의 면전에서 웃었지요. 우리의 고통을 비웃었어요. 기분이 어때요? 저길 봐요, 저길 봐!"

남자가 이렇게 말하며 바다를 가리켰습니다. 힘없는 비명이 잦아들었고, 죽어가는 남자가 마지막으로 강렬하게 저항하면서 몇 초간 파문을 일으켰습니다. 그가 가라앉은 때 이른 무덤은 주변 바다와 다를 것이 없었습니다.

그 후 3년 뒤, 상당히 모진 수법으로 당시 유명했던 런던 변호사의 사무소 앞에 개인 마차가 멈추더니 어느 신사가 내려 중요한 일로 개인 면담을 하고 싶다고 요청했습니다. 삶의 한창때가 지나지 않은 것은 분명했지만 창백하고 수척하고 풀이 죽은 얼굴이었습니다. 날카로운 눈을 가진 변호사가 아니더라도 질병이나 고뇌 때문에 두 배의 세월을 거친 것보다 더 크게 변했다는 사실을 한눈에 알아볼 수 있었습니다.

"법률 문제를 맡기고 싶습니다." 낯선 남자가 말했지요.

변호사가 굽실굽실 허리를 굽히며 신사의 손에 들린 커다란 꾸러미를 흘깃 보았습니다. 의뢰인이 변호사의 얼굴을 살피더니 말을 이었습니다.

"평범한 일이 아닙니다. 이 서류가 제 손에 들어오기까지 오랜 수고와 큰 비용이 들었지요."

변호사가 걱정스러운 표정으로 꾸러미를 보자 의뢰인이 끈을 풀고 약속어음과 증서 사본과 기타 서류를 잔뜩 꺼냈습니다.

"아시겠지만 여기 적혀 있는 이 남자는 몇 년 전에 이 서류를 바탕으로 큰돈을 모았습니다. 이 남자와 원래 이 서류를 작성한 사람들—하나둘씩 전부 다 모으던 저에게 액면가의 두세 배를 받고 판 사람들이지요—사이에는 정해진 기한이 될 때까지 대출을 갱신한다는 잠정적인 합의가 있었어요. 하지만 어디에도 명시되어 있지는 않습니다. 그는 최근에 손해를 많이 봤기 때문에 채무가 한꺼번에 닥치면 곤두박질치고 말 겁니다."

"총액이 몇천 파운드 정도 되는데요." 변호사가 서류를 보며 말했습니다.

"그렇습니다." 의뢰인이 말했지요.

"어떻게 할까요?" 변호사가 물었습니다.

"어떻게 하다니요!" 의뢰인이 갑자기 맹렬하게 대답했습니다. "모든 법률적인 수단, 창의적으로 생각해서 파렴치하게 실행할 수 있는 모든 수법, 공정한 수단과 부정한 수단, 음험한 법률가가 생각해 낼 수 있는 온갖 방법을 총동원해서 대대적으로 법적 압박을 가해주십시오. 고통스럽고 질질 끄는 죽음을 선사하고 싶습니다. 그를 파멸시키고, 땅과 재산을 압류하여 팔고, 자기 집에서 내쫓고, 그를 끌어내 늙은 거지로 만들고, 감옥에서 죽게 하십시오."

"하지만 비용이, 이 모든 일의 비용 말입니다." 잠시 놀랐던 변호사가 정신을 차리고 설득했습니다. "피고가 무일푼이라면 누가 비용을 지불하지요?"

"얼마인지 말만 하세요." 낯선 남자가 말했습니다. 흥분으로 손이 어찌나 떨리던지 펜을 제대로 잡지도 못했습니다. "얼마든 내겠습니다. 사양 말고 말씀하세요. 제 목표만 이루어주신다면 하나도 아깝지 않습니다."

변호사는 실패할 가능성에 대비해 필요한 선금으로 큰 금액을 아무렇게나 불렀습니다. 의뢰인이 요구에 응하리라는 생각보다 그가 얼마나 많이 낼 생각인지 확인하겠다는 생각이 컸지요. 낯선 남자는 전액에 해당하는 수표를 쓰고 떠났습니다.

수표가 정식으로 인출되자 변호사는 낯선 의뢰인을 믿어도 된다는 사실을 깨닫고 본격적으로 일에 착수했습니다. 2년이 넘는 시간 동안 헤일링 씨는 온종일 변호사 사무소에 같이 앉아서 그들이 모은 서류를 검토했습니다. 연이은 소송과 절차가 이어지면서 쏟아져 들어오는 진정서와 기한을 조금만 늦춰달라는 탄원서, 피고가 파멸에 휘말렸다는 확실한 증거를 읽고 또 읽으며 눈을 빛냈습니다. 지급을 조금만 유예해 달라는 모든 탄원에 대한 대답은 돈을 지불해야 한다는 것 하나밖에 없었습니다. 수많은 강제집행으로 땅과 집, 가구가 차례차례 넘어갔고, 감시하는 경찰을 피해 달아나지만 않았다면 노인은 감옥에 갇혔을 것입니다.

노인을 이렇게까지 괴롭혀도 헤일링의 적개심은 전혀 사그라질 줄 몰랐고, 그를 파멸로 몰고 갈수록 몇백 배로 커졌습니다. 노인이 달아났다는 소식을 듣자 그의 분노는 한없이 부풀어 올랐습니다. 그는 분개하여 이를 갈면서 머리카락을 쥐어뜯었고 영장을 집행한 사람들에게 끔찍한 저주를 퍼부었습니다. 도망자는 분명히 잡힐 것이라고 몇 번이나 안심시키고 나서야 그는 비교적 차분한 상태로 돌아왔습니다. 도망자를 찾아 대리인들을 사방으로 파견했고 피난처를 발견하기 위해 생각할 수 있는 모든 책략을 동원했지만 모두 헛수고였습니다. 반년이 지나도 도망자를 찾지 못했습니다.

마침내 어느 늦은 밤, 몇 주 전부터 모습을 드러내지 않았던 헤일링이 변호사의 집으로 찾아와서 당장 만나고 싶다는 말을 전했습니다. 계단 위에서 그의 목소리를 알아들은 변호사가 하인에게 그를 들여보내라고 명령하기도 전에 헤일링이 급히 계단을 올라 창백한 얼굴로 숨을 헐떡이며 거실로 들어왔습니다. 그는 누가 엿듣지 못하도록 문을 닫고 의자에 털썩 앉더니 낮은 목소리로 말했습니다.

"쉿! 마침내 그 사람을 찾았습니다."

"설마! 잘하셨습니다. 아주 잘하셨어요."

"캠든 타운의 비참한 하숙집에 숨어 있더군요." 헤일링이 말했지요. "그를 놓친 것이 잘된 일인지도 모릅니다. 굴욕적이고 비참한 상태로 혼자 살고 있었으니까요. 그는 아주 가난합니다."

"잘됐군요." 변호사가 말했습니다. "당연히 내일 체포해야겠지요?"

"그렇소." 헤일링이 대답했습니다. "잠깐! 그다음 날로 하죠. 체포를 미뤄서 놀라셨겠지요." 그가 오싹한 미소를 지으며 덧붙였습니다. "잊고 있었군요. 모레가 그의 일생일대의 기념일이거든요. 그때 체포하도록 하지요."

"좋습니다." 변호사가 말했지요. "경찰에게 보낼 의뢰서를 쓰시겠습니까?"

"아닙니다. 저녁 8시에 여기서 만나자고 하세요. 제가 직접 동행하겠습니다."

그들은 정해진 날 밤에 만나서 전세 마차를 불렀고, 마부에게 교구의 빈민 수용시설이 있는 팬크래스 도로 끝에 마차를 세우라고 했습니다. 그들이 마차에서 내렸을 때는 무척 어두웠습니다. 그들은 동물 병원 앞 창문 없는 벽을 따라 걸어서 '리틀 칼리

지 스트리트'라고 불리는, 혹은 당시 그렇게 불리던 작은 뒷골목
으로 들어갔습니다. 지금은 어떤지 몰라도 당시에는 온통 들판
과 도랑으로 둘러싸인 아주 황폐한 곳이었지요.

여행 모자를 푹 눌러써 얼굴을 반쯤 가리고 망토로 몸을 감싼
헤일링은 그 거리에서 가장 변변찮아 보이는 집 앞에 멈춰 조용
히 문을 두드렸습니다. 곧 어떤 여자가 문을 열더니 무릎을 약간
굽혀 인사했고, 헤일링은 경찰에게 밑에서 기다리라고 속삭인 다
음 계단을 조용히 올라가서 앞방 문을 열고 들어갔습니다.

그가 찾던 사람, 그의 흔들림 없는 적개심의 대상이 이제 늙어
빠진 노인이 되어서 아무것도 덮지 않은 탁자 앞에 앉아 있었고
탁자 위에는 볼품없는 초가 놓여 있었습니다. 낯선 남자가 들어
오자 노인이 움찔하더니 힘없이 일어섰습니다.

"이번에는 또 뭔가?" 노인이 말했습니다. "이건 또 무슨 새로
운 불행인가? 뭘 원하나?"

"잠깐 이야기를 나누고 싶습니다." 헤일링이 대답했습니다. 그
는 이렇게 말하면서 맞은편 자리에 앉아서 외투와 모자를 벗고
얼굴을 드러냈습니다.

그러자 노인은 말할 힘을 잃은 듯했습니다. 그는 의자에 털썩
쓰러져서 양손을 맞잡고 증오와 두려움이 뒤섞인 표정으로 이
유령을 멍하니 보았습니다.

헤일링이 말했습니다. "6년 전 오늘, 나는 당신에게서 내 아들
의 목숨 빚을 받았습니다. 숨을 거둔 당신 딸의 시체 옆에서 나
는 복수에 인생을 바치겠다고 맹세했습니다. 그때부터 단 한 순

간도 목표에서 벗어난 적이 없지요. 만에 하나 벗어난 적이 있었어도 쓰러진 아내가 불평도 없이 괴로워하던 표정을, 죄 없는 우리 아들의 굶주린 얼굴을 한 번만 떠올리면 복수를 계속할 힘이 생겼을 겁니다. 저의 첫 번째 복수를 잘 기억하시겠지요. 이것이 내 마지막 복수입니다."

노인이 몸을 떨면서 양손을 힘없이 늘어뜨렸습니다.

"나는 내일 영국을 떠납니다." 잠시 정적이 흐르고 헤일링이 말했지요. "오늘 밤 당신이 자기 딸을 내몰았던 죽음과 다름없는 삶으로, 절망의 감옥으로 당신을 보낸 다음……."

그가 시선을 들어 노인의 얼굴을 보더니 말을 멈추었습니다. 촛대를 들어 노인의 얼굴을 비춰 보더니 조용히 내려놓고 방을 나왔습니다.

"노인에게 가보는 게 좋겠습니다." 그가 문을 열면서 여자에게 말했고, 경찰에게 따라오라고 손짓하더니 거리로 나갔습니다. "노인이 아픈 것 같습니다." 황급히 계단을 올라간 여자는 죽은 노인을 발견했습니다. 그는 발작을 일으켜 죽었습니다.

켄트 주의 평화롭고 외딴 교회 묘지에, 야생화와 풀이 어우러져 있고 온화한 주변 풍경 덕분에 영국에서 가장 아름다운 정원의 수수한 비석 아래에, 젊은 어머니와 온순한 아이의 뼈가 묻혀 있습니다. 하지만 아버지의 재는 섞이지 않았고 그날 밤 이후 변호사는 괴상한 의뢰인이 어떻게 되었는지 어떤 단서도 찾지 못했습니다.

*

476

노인은 이야기를 마친 다음 한쪽 구석으로 가더니 못에 걸려 있던 모자와 외투를 내려서 조심스럽게 입었다. 그러고서 한 마디 말도 없이 천천히 밖으로 나갔다. 오르몰루 장식 단추를 단 신사가 잠들자 다들 장난삼아 그가 마시던 브랜디에 고기 기름을 섞느라 정신이 팔려 있었으므로, 픽윅 씨는 사람들의 이목을 끌지 않고 자신과 웰러 씨의 몫을 계산한 다음 맥파이 앤드 스텀프의 정문을 빠져나왔다.

22장

픽윅 씨가 노란 컬페이퍼를 만
중년 여인과 낭만적인 사건을 겪다

"새미, 네 주인의 짐이냐?" 사랑하는 아들 웰러 씨가 양탄자 천
으로 만든 여행 가방과 작은 가죽 트렁크를 들고 화이트채플의
불 여관 마당으로 들어서자 아버지 웰러 씨가 물었다.

"뭐 그렇지요, 아버지." 젊은 웰러 씨가 마당에 짐을 내려놓고
그 위에 앉으며 대답했다. "주인님은 곧 오실 거예요."

"합승 마차를 타고 오겠지?" 아버지가 말했다.

"네, 8펜스를 내고 2마일 거리를 위험하게 오는 거죠." 아들이
대답했다. "새어머니는 좀 어때요?"

"이상하다, 새미, 이상해." 아버지 웰러 씨가 무척 진지하게 대
답했다. "네 어머니는 요즘 감리교에 빠졌단다. 아주 독실하지.
나한테는 아까운 여자야. 나한테는 너무 과분해."

"아, 아버지." 새뮤얼 씨가 말했다. "너무 겸손하신데요."

"그렇지." 그의 아버지가 한숨을 쉬며 대답했다. "다 큰 사람이 다시 태어난다는 황당한 소리에 빠졌단다. 갱생이라고 부르는 것 같더구나. 정말 그렇게 되는 걸 보고 싶구나. 네 계모가 다시 태어나는 걸 정말 보고 싶어. 그러면 유모한테 맡겨야지!" 잠시 정적이 흐르는 동안 웰러 씨가 생각에 잠긴 듯 검지로 코 옆면을 여섯 번 정도 톡톡 두드리더니 말을 이었다. "그 여자들이 지난번에 뭘 했는지 아냐?"

"몰라요." 샘이 대답했다. "뭘 했는데요?"

"목자라는 사람한테 호사스러운 티파티를 열어줬단다." 웰러 씨가 말했다. "우리 집 근처에 있는 그림 가게 안을 들여다보니 작은 전단이 붙어 있더구나. '입장권 반 크라운. 위원회에 문의하세요. 간사 웰러 부인.' 집에 돌아갔더니 뒷방에서 위원회가 열리고 있지 뭐냐, 여자 열네 명이 모여서 말이다. 그 사람들이 무슨 소리를 하는지 네가 들었어야 하는 건데. 안건도 내고 투표를 해서 지출도 정하고 뭐 그러더라고. 음, 네 어머니가 같이 가자고 귀찮게 졸라대기에 신기한 구경이라도 할까 싶어서 나도 입장권에 이름을 적었지. 금요일 저녁 6시에 말쑥하게 차려입고 위층으로 올라갔더니 차를 마시는 도구가 서른 명분이나 차려져 있고 여자들이 속닥거리면서 나를 보더구나. 쉰여덟 살 먹은 뚱뚱한 남자를 처음 보는 사람들처럼 말이다. 조금 이따 아래층이 웅성거리더니 딸기코에다가 흰 목도리를 두른 빼빼 마른 사람이 급히 올라와서 '목자가 신실한 양떼를 보러 왔습니다'라고 크게 외치니까 검은 옷에다가 크고 허연 얼굴로 태엽 장치처럼 미소를 짓는 뚱뚱한 남자가 들어오지 뭐냐. 진짜 이상하더라고. 목자가 '평화의 입맞춤을!' 하고 말하더니 여자들에게 돌아가면서 입맞춤을 했고 그런 다음 딸기코 남자도 똑같이 했지. 나도 하는 게 좋을까 생각하는데─내 옆에 아주 예쁜 여자가 앉아 있었거든─아래층에서 물을 끓이던 네 엄마가 차를 가지고 들어왔어. 다들 엄청난 기세로 달려들더구나. 차가 우러나는 동안 아주 큰 소리로 성가를 부르더니 식전 기도를 드린 다음 어마어마하게 먹고 마셨지. 햄과 머핀을 게걸스럽게 먹는 목자를 봤으면 좋았을 텐데. 그렇게 먹는 사람은 난생처음 봤지 뭐냐. 딸기코 남자는 돈 받고 음식을 팔고 싶은 사람이 절대 아니었지만 목자에 비하면 아무것도 아니었어. 차를 다 마신 다음 성가를 한 곡 더 부르고 목자가 설교를 시작했지. 그 배 속에 머핀이 얼마나 많이 들어 있었는지 생각하면 그런 것치고는 잘했어. 그런데 갑자기 설교를 멈추고 큰 소리로 외치는 거야. '죄인은 어디 있는가, 불쌍한 죄인은 어디 있는가?' 그러더니 여자들이 전부 나를 보면서 죽어가는 사람처럼 신음을 하더라고. 참 이상하다고 생각했지만 아무 말도 안 했지. 그랬더니 목자가 다시 설교를 멈추고 나를 뚫어져라 보면서 말하는 거야. '죄인은 어디 있는가, 불쌍한 죄인은 어디 있는가!' 여자들이 아까보다 열 배는 더 크게 신음했어. 나도 좀 화가 나서 한두 발짝 나서서 말했지. '이봐요, 나한테 하는 말입니까?' 다른 사람 같으면 미안하다고 했겠지만 목자는 아까보다 더 심한 소리를 하는 거야. 새미, 나더러 그릇이라고─진노의 그릇[54]이라고 — 하더니 오만소리를 늘어놓지 뭐냐. 그러니까 나도 피가 끓어올라서 목자한테 두세 방을 먹이고 딸기코한테도 두세 방 먹인 다음 나와버렸지. 여자들이 식탁 밑에 쓰러진 목자를 일으키면서 어찌나 비명을 지르던지, 너도 들었어야 하는데 말이야. 아, 네 주인이 왔다."

웰러 씨가 이렇게 말할 때 픽윅 씨가 합승 마차에서 내려 마당으로 들어왔다.

"안녕하십니까." 아버지 웰러 씨가 말했다.

"좋은 아침이군요." 픽윅 씨가 대답했다.

"정말 좋은 아침입니다." 픽윅 씨와 동시에 합승 마차에서 내린 남자가 되풀이했다. 그는 빨강 머리에 코는 꼬치꼬치 캐묻기 좋아할 것처럼 생겼고 파란 안경을 쓰고 있었다. "입스위치에 가십니까?"

"그렇습니다." 픽윅 씨가 대답했다.

"이런 우연을 봤나! 저도 그렇습니다."

픽윅 씨가 고개를 숙였다.

"실외 좌석이요?" 빨강 머리 남자가 말했다.

픽윅 씨가 다시 고개를 숙였다.

"세상에, 이렇게 놀라울 데가! 저도 실외 좌석입니다." 빨강 머리 남자가 말했다. "같이 타고 가겠군요." 그는 코끝이 뾰족하고

---

54   로마인들에게 보낸 편지 9장 22절. "하느님께서는 당신의 진노와 권능을 나타내시기를 원하시면서도 당장 부수어버려야 할 진노의 그릇을 부수지 않으시고 오랫동안 참아주셨습니다."

애매하게 말하며 점잔을 빼는 남자로, 무슨 말을 할 때마다 새처럼 고개를 홱 움직이는 버릇이 있었다. 빨강 머리 남자가 인간의 지식 가운데 가장 진기한 발견이라도 한 것처럼 미소를 지었다.

"같이 가게 되어서 반갑습니다." 픽윅 씨가 말했다.

"아," 남자가 말했다. "우리 두 사람 모두에게 잘된 일이 아닙니까? 아시겠지만 길동무는, 길동무는…… 그러니까, 혼자 가는 것과는 전혀 다르니까요. 안 그렇습니까?"

"그렇고말고요." 웰러 씨가 붙임성 있는 미소를 지으며 끼어들었다. "저는 그것을 자명한 말이라고 부르지요. 하녀가 개 먹이 장수한테 신사가 아니라고 하자 그 남자가 했던 말처럼요."

"아," 빨강 머리 남자가 거만한 표정으로 웰러 씨를 머리끝에서 발끝까지 훑어보며 말했다. "친구분 되십니까?"

"정확히 말해서 친구는 아니지만요." 픽윅 씨가 낮은 목소리로 대답했다. "사실은 제 하인인데 상당한 재량권을 주고 있습니다. 우리끼리 얘기지만 아주 독창적이라 정말 자랑스러워서요."

"아," 빨강 머리 남자가 말했다. "그건 취향의 문제지요. 저는 독창적인 것을 별로 좋아하지 않습니다. 싫어해요. 그게 왜 필요한지 모르겠습니다. 성함이 어떻게 되시는지?"

"제 명함입니다." 픽윅 씨가 갑작스러운 질문과 낯선 남자의 독특한 태도에 흥미를 느끼며 대답했다.

"아," 빨강 머리 남자가 명함을 지갑에 넣으며 말했다. "픽윅 씨 군요. 아주 좋습니다. 저는 사람들 이름을 아는 게 좋아요. 그러면 수고를 크게 덜 수 있거든요. 이건 제 명함입니다. 매그너스입니다. 제 생각에는 좋은 이름 같은데 안 그렇습니까?"

"아주 좋은 이름이군요." 픽윅 씨가 미소를 억누르지 못하고 말했다.

"네, 제 생각도 그렇습니다." 매그너스 씨가 다시 말했다. "그 앞에도 좋은 이름이 보이지요. 실례지만 명함을 약간 기울여서 이런 식으로 잡으면 위쪽으로 그은 필치에 빛이 닿아요. 피터 매그너스. 듣기 좋은 이름이죠."

"정말 그렇군요." 픽윅 씨가 말했다.

"머리글자는 좀 묘하지요." 매그너스 씨가 말했다. "아시겠지만 P. M.은 오후라는 뜻이니까요. 친한 사람에게 급한 쪽지를 보낼 때면 가끔 '오후'라고 서명하지요. 친구들이 아주 재미있어한답니다."

"친구들을 재밌게 해주려고 궁리하셨나 봅니다." 매그너스 씨의 친구들이 쉽게 즐거워하는 것을 다소 부러워하며 픽윅 씨가 말했다.

"자, 여러분." 마부가 말했다. "마차가 준비되었습니다."

"내 짐은 다 실었나?" 매그너스 씨가 물었다.

"실었습니다."

"빨간 가방도 실었소?"

"실었습니다."

"줄무늬 가방도?"

"앞쪽 짐칸에 있습니다."

"갈색 꾸러미도?"

"좌석 밑에 있습니다."

"가죽 상자도?"

"다 실었습니다."

"자, 이제 탈까요?" 픽윅 씨가 말했다.

"실례합니다." 매그너스 씨가 바퀴 위에 서서 대답했다. "실례합니다, 픽윅 씨. 이렇게 불확실한 상태로는 못 타겠군요. 저 사람의 태도를 보아하니 가죽 상자를 싣지 않은 것이 분명합니다."

마부가 진심으로 항변했지만 소용없었다. 결국 짐칸 깊숙이 들어 있던 가죽 상자를 끄집어내서 무사히 실었음을 확인시켜 주어야 했다. 하지만 이제는 빨간 가방을 잘못 실었으리라는 강한 예감이 들었고, 그다음에는 줄무늬 가방을 도둑맞았다는, 또 갈색 종이 꾸러미의 끈이 풀렸다는 예감이 들었다. 결국 그는 이 모든 의심이 근거가 없다는 시각적 증거를 확인한 다음에야 마차 지붕 좌석으로 올라갔고, 이제 마음의 짐을 전부 덜어서 편안하고 만족스러웠다.

"걱정이 좀 많으시군요?" 마부석에 오른 아버지 웰러 씨가 미심쩍은 눈으로 낯선 남자를 흘끔거리며 물었다.

"그렇습니다. 지금처럼 사소한 일에 대해서는 좀 그런 편이지요." 낯선 남자가 말했다. "하지만 이제 됐소, 다 됐어요."

"음, 다행이네요." 아버지 웰러 씨가 말했다. "새미, 주인님이 마차에 오르시는 걸 도와드려라. 반대쪽 다리로요, 네, 됐습니다. 손을 주시죠. 올라오세요. 어렸을 때는 더 가벼우셨겠지요."

"그렇고말고요, 웰러 씨." 숨을 헐떡거리는 픽윅 씨가 그의 옆

좌석에 앉으면서 유쾌하게 말했다.

"앞쪽에 올라타라, 새미." 웰러 씨가 말했다. "자, 윌리엄, 바깥으로 몰고 가. 아치를 조심하십시오, 여러분. 파이 장수의 말처럼 '머리'[55] 말입니다. 됐어, 윌리엄. 이제 말을 놔." 마차가 화이트채플을 달리기 시작하자 인구가 꽤 많은 이 지역의 모든 주민들이 감탄했다.

"썩 좋은 동네는 아니지요." 샘이 주인과 대화를 시작하기 전에 항상 그러듯 모자를 살짝 건드리며 말했다.

"확실히 그렇군, 샘." 마차가 달리는 번잡하고 더러운 거리를 자세히 보며 픽윅 씨가 대답했다.

"가난과 굴이 항상 같이 다니는 건 정말 신기해요." 샘이 말했다.

"무슨 말인지 모르겠군." 픽윅 씨가 말했다.

"무슨 뜻이냐 하면 말입니다." 샘이 말했다. "가난한 지역일수록 굴을 찾는 수요가 더 큰 것 같다는 거예요. 여기 보시면 가게 여섯 개 중 하나는 꼭 굴을 파는 가게잖아요. 거리에 굴 가게가 즐비하다니까요. 사람이 아주 가난해지면 하숙집에서 달려 나와서 무턱대고 굴을 먹게 되어 있나 봅니다."

"확실히 그렇지요." 아버지 웰러 씨가 말했다. "연어 절임도 마찬가지고요!"

"둘 다 정말 놀라운 사실이군, 나는 한 번도 생각을 못 했는데."

55　당시 런던에서는 파이 장수가 가게 앞에서 파이를 팔면서 돈을 받는 대신 손님들과 동전 던지기를 하기도 했다. '머리'는 동전의 앞면을 가리킨다.

픽윅 씨가 말했다. "마차가 서자마자 적어야겠어."

이제 그들은 마일 엔드의 도로 요금소에 도착했다. 깊은 침묵이 흘렀고, 2~3마일 더 갔을 때 아버지 웰러 씨가 픽윅 씨를 보며 불쑥 말했다.

"징수원의 삶은 참 기이하지요."

"네?" 픽윅 씨가 말했다.

"징수원 말입니다."

"징수원이라니요?" 피터 매그너스 씨가 물었다.

"도로 요금 징수원을 말씀하시는 거예요." 아들 웰러 씨가 설명했다.

"아." 픽윅 씨가 말했다. "그렇군요. 맞아요, 아주 신기한 삶이지요. 정말 불편하고."

"전부 인생에서 실망을 겪은 사람들이죠." 아버지 웰러 씨가 말했다.

"아, 그런가요?" 픽윅 씨가 말했다.

"네. 그래서 세상을 버리고 도로 요금소에 틀어박힌 겁니다. 혼자 있으려고, 또 요금을 거둬서 인간에게 복수를 하려고요."

"이런." 픽윅 씨가 말했다. "그건 미처 몰랐군요."

"사실이죠." 웰러 씨가 말했다. "저 사람들이 신사였다면 인간 혐오자라고 부르겠지만 썩 대단한 사람은 아니니까 통행 요금을 받는 일을 하는 겁니다."

재미와 교훈을 적당히 섞는 헤아릴 수 없을 만큼 귀중한 매력을 가진 웰러 씨는 거의 온종일 이런 이야기를 하면서 지루한 여행을 즐겁게 해주었다. 화제는 결코 부족하지 않았다. 웰러 씨의 이야기가 바닥났을 때에도 동료 여행자들의 개인사를 전부 알고 싶어 하는 매그너스 씨의 호기심과 역에 멈출 때마다 가방 두 개, 가죽 상자, 갈색 종이 꾸러미의 안전과 안위를 걱정하는 모습이 충분한 화제를 제공했기 때문이다.

시청 앞의 탁 트인 곳을 지나면 입스위치 번화가 왼쪽에 '그레이트 화이트 호스'라는 이름으로 널리 알려진 여관이 있는데, 현관문 위에 서 있는 난폭한 동물 석상 때문에 더욱 눈에 띄었다. 갈기와 꼬리를 휘날리는 이 동물은 정신 나간 짐마차 말과도 아주 약간 닮은 듯했다. 이 근방에서 그레이트 화이트 호스 여관은 박람회에서 입상한 황소나 카운티 문서에 기록된 순무, 또는 다루기 힘든 돼지와 비슷하게 유명했는데, 바로 그 거대한 크기 때문이었다. 양탄자가 깔리지 않은 복도, 곰팡내 나고 채광이 좋지 않은 방들, 식사를 하거나 잠을 자기 위한 엄청나게 많은 누추한 방들이 한 지붕 밑에 미로처럼 얽혀 있는 곳은 입스위치의 그레이트 화이트 호스밖에 없었다.

런던에서 출발한 마차는 매일 저녁 같은 시간에 이 지나치게 큰 여관 앞에 섰다. 우리가 이 장에서 얘기하는 바로 그날 저녁, 픽윅 씨와 샘 웰러, 피터 매그너스 씨는 런던발 마차에서 내렸다.

"여기 묵으십니까?" 줄무늬 가방, 빨간 가방, 갈색 종이 꾸러미, 가죽 상자를 전부 복도에 내렸을 때 피터 매그너스 씨가 물었다. "여기서 묵으세요?"

"그렇습니다." 픽윅 씨가 말했다.

"이런." 매그너스 씨가 말했다. "이렇게 놀라운 우연은 정말이지 처음 들어보네요. 저도 여기에 묵습니다. 식사를 같이하실까요?"

"좋지요." 픽윅 씨가 대답했다. "그런데 제 친구들이 왔는지 모르겠습니다. 이보게, 급사. 여기 터프먼이라는 신사분 계신가?"

적어도 2주는 빨지 않은 냅킨을 겨드랑이에 끼고 비슷하게 오래된 스타킹을 신은 뚱뚱한 남자가 아래 거리를 내려다보다가 픽윅 씨의 질문에 천천히 고개를 돌렸고, 모자 꼭대기부터 각반 제일 아래 단추까지 세밀하게 살핀 다음 강한 어조로 대답했다.

"없습니다."

"스노드그래스라는 신사도 없고?" 픽윅 씨가 물었다.

"없습니다!"

"윙클은?"

"없습니다."

"제 친구들이 아직 오지 않았군요." 픽윅 씨가 말했다. "그러면 우리끼리 식사를 합시다. 급사, 개인실로 안내해 주게."

그러자 뚱뚱한 남자가 구두닦이에게 두 신사의 짐을 옮기라고 시킨 다음 앞장서서 길고 어두운 복도를 지나 크고 가구가 형편없는 방으로 안내했다. 작은 불이 지저분한 벽난로 안에서 유쾌한 분위기를 내려고 애쓰고 있었지만, 의기소침하게 만드는 방 분위기에 압도당해 빠르게 꺼져가고 있었다. 한 시간 뒤 여행자들에게 생선과 스테이크가 제공되었고 식사가 끝나고 식기가 치워지자 픽윅 씨와 피터 매그너스 씨는 난롯가로 의자를 옮겼다. 그들은 여관의 이윤을 고려해서 비싸지만 엄청나게 맛없는 포트와인을 주문한 다음 물 탄 브랜디를 마셨다.

피터 매그너스 씨는 본래 이야기하는 것을 무척 좋아하는 성격인 데다가, 물 탄 브랜디가 큰 효과를 발휘해서 그의 가슴속 가장 깊이 숨겨진 비밀까지도 생생하게 쏟아져 나왔다. 피터 매그너스 씨는 자기 자신, 가족, 지인, 친구, 즐겨하는 농담, 일, 형제들(수다스러운 사람들은 대부분 자기 형제들에 대해 할 말이 무척 많다)에 대해 갖가지 이야기를 늘어놓은 다음 색안경 너머로 파랗게 보이는 픽윅 씨를 몇 분 동안 지긋이 보다가 조심스럽게 말했다.

"어떻게 생각하십니까? 그러니까, 제가 무슨 일로 여기 왔다고 생각하십니까?"

"전혀 모르겠습니다." 픽윅 씨가 말했다. "저는 도저히 짐작이 안 가는군요. 일 때문인가요?"

"부분적으로는 맞습니다." 피터 매그너스 씨가 대답했다. "하지만 부분적으로는 틀렸어요. 다시 맞춰보세요, 픽윅 씨."

"당신의 처분에 맡길 수밖에 없군요." 픽윅 씨가 말했다. "저에게 말씀하실지 안 하실지 원하는 대로 결정하시지요. 저는 밤을 새도 맞추지 못할 테니까요."

"음, 그렇다면, 헤헤헤!" 피터 매그너스 씨가 부끄러운 듯 소리 죽여 웃으며 말했다. "제가 청혼을 하기 위해서 여기 왔다고 하면 어떻게 생각하시겠습니까? 헤헤!"

"어떻게 생각하냐고요? 성공할 가능성이 아주 높다고 생각합니다." 픽윅 씨가 환한 미소로 얼굴을 빛내며 대답했다.

"아!" 매그너스 씨가 말했다. "정말 그렇게 생각하십니까, 픽윅 씨? 정말로요?"

"물론입니다." 픽윅 씨가 말했다.

"설마, 농담이겠지요."

"절대 아닙니다."

"아, 그렇다면야." 매그너스 씨가 말했다. "작은 비밀을 알려드리자면 사실은 저도 그렇게 생각합니다. 저는 원래 질투가 무척 심하지만—끔찍하지요—당신에게는 말해도 될 것 같군요, 사실 그 여인이 지금 이 여관에 있답니다." 여기서 매그너스 씨가 안경을 벗고 한쪽 눈을 깜빡인 다음 다시 썼다.

"식사를 하기 전에 자꾸 나갔다 오신 이유가 거기 있었군요." 픽윅 씨가 짓궂게 말했다.

"네, 맞습니다, 그래요. 하지만 그 여인을 만날 정도로 바보는 아닙니다."

"안 만났다고요!"

"그렇습니다. 이제 막 마차에서 내렸으니 안 될 말이지요. 내일까지 기다리면 가능성이 두 배로 커져요. 픽윅 씨, 아까 보신 가방과 상자에는 제 옷과 모자가 들어 있습니다. 그 복장이 내일 어떤 효과를 낼지 생각하면 저에게는 둘 다 더없이 소중하지요."

"그렇군요!" 픽윅 씨가 말했다.

"네. 오늘 제가 짐을 얼마나 걱정하는지 보셨지요. 그런 옷과 모자는 돈을 주고도 다시 살 수 없을 겁니다."

픽윅 씨는 매력적인 복장을 운 좋게 손에 넣은 매그너스 씨를 축하했고, 피터 매그너스 씨는 잠시 생각에 푹 빠졌다.

"정말 훌륭한 여성입니다." 매그너스 씨가 말했다.

"그래요?" 픽윅 씨가 말했다.

"정말로 그렇습니다." 매그너스 씨가 말했다. "그녀는 여기서 20마일 정도 떨어진 곳에 살아요. 저는 그녀가 오늘 밤 여기에 와서 내일 오전까지 머문다는 소식을 듣고 기회를 잡으러 왔지요. 여관은 미혼 여성에게 청혼하기 아주 좋은 곳이에요. 타지를 여행할 때는 집에 있을 때보다 외로움을 느낄 가능성이 더 크니까요. 어떻게 생각하십니까, 픽윅 씨?"

"무척 그럴듯하군요." 픽윅 씨가 대답했다.

"실례합니다만, 픽윅 씨." 피터 매그너스 씨가 말했다. "제가 원래 호기심이 좀 많거든요. 당신은 여기에 무슨 일로 오셨는지 여쭤봐도 될까요?"

"훨씬 유쾌하지 않은 일로 왔습니다." 픽윅 씨가 대답했고, 기억을 떠올리니 얼굴이 붉게 물들었다. "제가 여기에 온 것은 진실하고 고귀하다고 전적으로 믿었던 사람의 배신과 기만을 폭로하기 위해서입니다."

"이런." 피터 매그너스 씨가 말했다. "정말 불쾌한 일이군요. 여성분이시겠지요? 네? 아! 픽윅 씨도 참 음흉하시군요. 음, 저는 절대 당신의 감정을 캐지 않겠습니다. 그런 이야기는 가슴 아프지요, 정말 가슴 아파요. 하지만 감정을 털어놓고 싶다면 저도 괜찮습니다. 버림받는 게 어떤 것인지 저도 잘 안답니다. 저 역시 그런 일을 서너 번 당했지요."

"제가 우울한 이유를 짐작해서 동정해 주시니 정말 감사합니다." 픽윅 씨가 시계의 태엽을 감아 탁자에 올려놓으며 말했다. "하지만……."

"아니, 아닙니다." 피터 매그너스 씨가 말했다. "더 이상 한 마디도 하지 마세요. 정말 가슴 아픈 이야기지요, 압니다. 지금 몇 신가요?"

"12시가 지났습니다."

"이런, 잠자리에 들 시간이군요. 여기 계속 앉아 있다간 큰일 납니다. 내일 안색이 나쁠 거예요."

피터 매그너스 씨는 그 끔찍한 사태를 살짝 떠올리자마자 종을 울려 여관 하녀를 불러서 줄무늬 가방, 빨간 가방, 가죽 상자, 갈색 종이 꾸러미를 침실로 모두 옮기게 한 다음 옻칠한 촛대를 들고 여관 한쪽으로 물러갔다. 픽윅 씨 역시 옻칠 촛대를 들고 꼬불꼬불한 복도를 한참 지나서 다른 쪽으로 물러갔다.

"여기가 묵으실 방입니다." 여관 하녀가 말했다.

"알겠소." 픽윅 씨가 주변을 둘러보며 대답했다. 침대 두 개와 벽난로가 갖춰진 그럭저럭 큰 방이었다. 전체적으로 픽윅 씨가 그레이트 화이트 호스 여관에서 잠시 시간을 보내면서 예상했던 것보다는 더 편안해 보였다.

"저쪽 침대에서 잘 사람은 물론 없겠지요." 픽윅 씨가 말했다.

"아, 없습니다."

"알겠소. 내 하인에게 내일 아침 8시 반에 뜨거운 물을 가져다

달라고 하고, 오늘 밤은 그만 쉬어도 좋다고 전해주시오."

"네." 하려는 픽윅 씨에게 잘 자라는 인사를 한 다음 그를 남겨 두고 떠났다.

픽윅 씨는 난롯가 의자에 앉아서 두서없는 생각에 빠졌다. 처음에는 친구들을 떠올리며 언제쯤 올까 생각했지만 곧 생각이 마사 바델 부인을 향했다가 자연스럽게 도슨과 포그의 음침한 집무실로 옮겨갔다. 픽윅 씨의 생각이 곡선을 그리며 기괴한 의뢰인 이야기를 향했다가 입스위치의 그레이트 화이트 호스로 돌아오자 이제 확실히 잠들 수 있을 것 같았다. 그렇게 해서 픽윅 씨는 자리에서 일어나 옷을 벗기 시작했는데, 그때 아래층 식탁에 시계를 놓고 왔음을 깨달았다.

그 시계는 픽윅 씨가 무척 아끼는 물건으로 그의 조끼 안에 숨어 우리가 여기서 말할 필요도 없을 만큼 오랜 세월을 그와 함께했다. 픽윅 씨는 그 시계가 베개 밑이나 머리맡 시계 주머니에서 조용히 째깍거리지 않는 이상 잠든다는 것을 생각조차 할 수 없었다. 너무 늦은 시각이었고 밤늦게 종을 울리고 싶지 않았기 때문에 픽윅 씨는 방금 벗은 상의를 다시 입고 옻칠 촛대를 들고 아래층으로 조용히 내려갔다.

픽윅 씨가 아래로 내려갈수록 내려가야 할 계단이 더 많아지는 듯했고, 좁은 복도로 들어서서 1층에 도착했다고 기뻐할 때마다 깜짝 놀란 그의 눈앞에 또 다른 계단이 나타났다. 그러다가 마침내 여관에 들어올 때 본 기억이 있는 석조 홀에 도착했다. 픽윅 씨는 복도를 차례차례 살피며 돌아다녔다. 결국 절망에 빠진 픽윅 씨가 탐색을 포기하기 직전에 어떤 문을 열었더니 저녁 시간을 보낸 바로 그 방이 나왔고 식탁 위에 잃어버린 물건이 놓여 있었다.

픽윅 씨는 당당하게 시계를 들고 나와 자기 방으로 돌아가는 길을 되짚었다. 아래층으로 내려오는 길이 어렵고 불확실했다면 방으로 돌아가는 여정은 훨씬 더 당황스러웠다. 사방에서 방문들이 일렬로 갈라져 나갔고, 그 앞에 온갖 모양과 상표와 크기의 신발이 장식처럼 놓여 있었다. 그가 자기 방과 비슷해 보이는 방의 문손잡이를 조용히 돌렸다가 안에서 우락부락한 목소리가 "누구요?"라든지 "무슨 일이요?"라고 외치는 바람에 발뒤꿈치를 들고 민첩하게 빠져나오는 일이 열두 번쯤 반복되었다. 픽윅 씨가 좌절하기 직전, 열려 있는 문이 그의 관심을 끌었다. 드디어 찾았다! 침대 두 개는 그가 완벽하게 기억하는 위치에 놓여 있었고, 난롯불이 아직 타오르고 있었다. 픽윅 씨가 방으로 들어가는 순간 바람이 불어 처음 받았을 때부터 별로 길지 않았던 초가 깜빡거리더니, 방으로 들어가 문을 닫자 꺼져버렸다. "괜찮아." 픽윅 씨가 말했다. "난로 불빛이 있으니 옷을 벗을 수 있어."

두 침대는 방문 양옆에 자리했고, 각 침대 안쪽의 좁은 통로 끝에는 골풀을 깔아 푹신푹신한 의자가 있었으며, 그쪽으로 침대에 들어가거나 나올 수 있을 만큼 폭이 충분했다. 픽윅 씨는 자신이 잘 침대의 커튼을 조심스럽게 치고 의자에 앉아서 신발과 각반을 느긋하게 벗었다. 그런 다음 상의, 조끼, 목도리를 벗어서 개어놓고 술 달린 나이트캡을 천천히 쓰고서 나이트캡에 항상 달려 있는 끈을 턱 밑으로 묶어 단단히 고정시켰다. 그러자 방금 전까지 당황해서 어쩔 줄 몰랐던 것이 정말 바보 같다는 생각이 들었다. 픽윅 씨는 의자에 다시 몸을 던지고 실컷 웃었다. 제대로 된 사람이라면 누구든 나이트캡 밑에서 그의 상냥한 얼굴에 번지는 빛나는 미소를 보고 무척 기뻐했을 것이다.

픽윅 씨가 나이트캡의 끈이 거의 끊어지도록 미소를 지으며 혼잣말을 했다. "여기서 길을 잃고 온갖 계단을 헤매다니 정말 웃긴 일이야. 우스워, 아주 우스워." 픽윅 씨는 아까보다 더 활짝 미소를 지으면서 유쾌한 기분으로 옷을 마저 벗으려다가 생각지도 못한 방해를 받고 그대로 멈추었다. 누군가 촛불을 들고 방으로 들어오더니 문을 잠그고 화장대로 가서 초를 내려놓았던 것이다.

픽윅 씨의 얼굴에 떠올랐던 미소가 순식간에 사라지고 한없이 놀라고 의아한 표정으로 바뀌었다. 누군지 모르지만 너무나 갑작스럽게, 거의 소리도 내지 않고 들어왔기 때문에 픽윅 씨가 말을 하거나 항의할 틈도 없었다. 도대체 누구일까? 도둑인가? 어느 사악한 사람이 멋진 시계를 들고 계단을 오르는 픽윅 씨를 보았을지도 몰랐다. 이제 어떻게 해야 할까!

픽윅 씨가 자기 모습을 들킬 위험은 최소화하면서 이 수수께끼 같은 손님을 볼 수 있는 방법은 침대로 살금살금 올라가서 반대쪽 커튼 틈으로 내다보는 것밖에 없었다. 그래서 그는 그렇게 했다. 픽윅 씨는 얼굴과 나이트캡 이상은 드러나지 않도록 커튼이 열리지 않게 손으로 꽉 붙들고 안경을 쓴 다음 용기를 그러모아서 바깥을 내다보았다.

픽윅 씨는 공포와 경악으로 기절할 뻔했다. 화장대 거울 앞에 서 있는 사람은 노란색 컬페이퍼를 머리에 말고 여인들이 뒷머리라고 부르는 것을 분주히 빗는 중년 여성이었다. 아무것도 모르는 이 여인이 어떻게 이 방에 들어왔는지는 몰라도 골풀 촛대에 갓을 씌워서 가져온 것을 보니 여기서 밤을 보낼 생각이 분명했다. 여인은 갸륵하게도 만에 하나 불이 나지 않도록 바닥에 있던 대아에 촛대를 놓았고, 촛대는 아주 작은 바다를 비추는 거대한 등대처럼 깜빡깜빡 빛났다.

'이런.' 픽윅 씨가 생각했다. '정말 끔찍하군!'

"흠!" 여인이 소리를 내자 픽윅 씨의 머리가 자동인형처럼 재빨리 커튼 안으로 들어갔다.

'이렇게 끔찍한 일은 처음이군.' 가련한 픽윅 씨가 생각했다. 나이트캡 속에서 식은땀이 흐르기 시작했다. '한 번도 없었어. 정말 무서운 일이야.'

지금 무슨 일이 일어나고 있는지 보고 싶다는 다급한 욕구에 저항하기란 불가능했다. 그래서 픽윅 씨의 머리가 다시 밖으로 나갔다. 눈앞에 보이는 광경은 아까보다 나빴다. 중년 여인은 머리 손질을 마치고 테두리에 주름이 살짝 잡힌 모슬린 나이트캡으로 머리를 조심스럽게 감싼 다음 생각에 잠겨 난롯불을 바라보고 있었다.

'점점 더 곤란해지는군.' 픽윅 씨가 생각했다. '이렇게 놔둘 순 없지. 저 여인이 저렇게 침착한 것을 보니 내가 방을 잘못 찾은 게 틀림없어. 내가 소리를 내면 저 여자가 여관 사람들을 다 깨우겠지만 그렇다고 해서 내가 여기 그대로 있으면 훨씬 더 끔찍한 결과가 생길 거야.'

말할 필요도 없이 픽윅 씨는 정말 품위 있고 섬세한 사람이었다. 나이트캡을 쓴 채 여성 앞에 모습을 드러낼 생각을 하니 너무 당황스러웠지만 괘씸한 끈을 매듭으로 묶어버린 탓에 벗을 수가 없었다. 모습을 드러내야 한다. 그렇게 할 방법은 하나밖에 없었다. 픽윅 씨는 커튼 뒤에 몸을 웅크리고 무척 큰 소리로 외쳤다.

"흐흠."

여인이 촛대 갓에 부딪친 것을 보면 이 예상치 못한 소리에 깜짝 놀란 것이 분명했지만 그 소리를 상상의 산물이라고 납득한 것도 똑같이 분명해 보였다. 여인이 겁에 질려 죽은 듯이 기절한 게 아닐까 싶어 픽윅 씨가 용기를 내서 다시 내다보니 아까처럼 생각에 잠겨 불을 멍하니 보고 있었기 때문이다.

'정말 대단한 여인이군.' 픽윅 씨가 고개를 다시 넣으며 생각했다. "흐흠."

전설에 등장하는 흉포한 거인 블런더보어[56]가 식사 준비를 시킬 때 늘 내던 소리와 너무나 비슷한 마지막 소리는 상상이 만들어낸 착각이라기에는 너무나 또렷하게 들렸다.

"세상에!" 중년 여인이 말했다. "저게 뭐지?"

"그건, 그건, 어느 신사일 뿐입니다, 부인." 픽윅 씨가 커튼 뒤에

---

56   영국 민화 〈거인을 죽인 잭〉에 나오는 거인.

서 말했다.

"신사라고요!" 여인이 소리를 질렀다.

'끝장이군.' 픽윅 씨가 생각했다.

"맙소사!" 여인이 비명을 질렀다. 잠시 후면 여관 전체가 깰 것이었다. 여인이 서둘러 방문으로 달려가는지 옷이 바스락거렸다.

"부인!" 픽윅 씨가 완전히 자포자기하여 고개를 내밀었다.

픽윅 씨는 어떤 구체적인 목적도 없이 고개를 내밀었지만 그 효과는 즉각적이었다. 우리가 이미 말했듯이 여인은 문 가까이에 있었다. 계단으로 가려면 문을 나가야 했는데 나이트캡을 쓴 픽윅 씨가 갑자기 나타나는 바람에 그녀가 뒷걸음질 쳐서 방의 가장 안쪽 구석으로 들어가지 않았다면 지금쯤 벌써 나갔을 것이었다. 여인은 가만히 서서 픽윅 씨를 맹렬하게 바라보았고 픽윅 씨도 여인을 맹렬히 바라보았다.

"철면피 같으니라고." 여인이 손으로 눈을 가리며 말했다. "여기에 무슨 볼일이지요?"

"아무것도요, 부인. 아무 볼일도 없습니다." 픽윅 씨가 진심으로 말했다.

"아무것도 없다고요!" 여인이 고개를 들며 말했다.

"아무것도 없습니다, 부인. 맹세합니다." 픽윅 씨가 무척 격렬하게 고개를 끄덕였기 때문에 나이트캡의 술이 다시 춤을 췄다. "나이트캡을 쓴 채 숙녀분께 말을 걸다니(여기서 여인은 자기 나이트캡을 급히 낚아채듯 벗었다) 너무 당황스러워서 쓰러지기 직전이지만 도저히 벗겨지지가 않습니다, 부인. (여기서 픽윅 씨는 자기 말을 증명하듯이 나이트캡을 세게 잡아당겼다.) 제가 방을 착각한 것 같습니다. 제가 들어온 지 5분도 안 돼서 부인이 들어오셨어요."

"그 말도 안 되는 이야기가 정말이라면 당장 나가세요." 여인이 심하게 흐느끼며 말했다.

"아주 기꺼이 그렇게 하겠습니다." 픽윅 씨가 대답했다.

"당장!" 여인이 말했다.

"물론입니다, 부인." 픽윅 씨가 재빨리 끼어들었다. "물론입니다. 저는, 저는…… 죄송합니다, 부인." 픽윅 씨가 침대 발치 쪽에서 모습을 드러내며 말했다. "나쁜 의도는 절대 아니었지만 놀라고 당황스럽게 해드려서 정말 죄송합니다, 부인."

여인이 문을 가리켰다. 이렇게 괴로운 상황에서도 픽윅 씨의 성격 중에서 정말 뛰어난 점 하나가 무척 아름답게 드러났다. 픽윅 씨는 야경꾼처럼 나이트캡 위에 급히 모자를 썼지만, 또 신발과 각반을 손에 들고 외투와 조끼를 팔에 걸쳤지만, 그래도 타고난 예의범절은 줄어들지 않았다.

"정말 죄송합니다, 부인." 픽윅 씨가 고개를 숙이며 말했다.

"정말 죄송하다면 당장 방에서 나가주세요." 여인이 말했다.

"당장 나갑니다, 부인." 픽윅 씨가 이렇게 말하면서 문을 열다가 쿵 소리를 내며 신발을 양쪽 다 떨어뜨렸다.

"부인." 픽윅 씨가 신발을 줍고 몸을 돌려 다시 고개 숙여 인사하면서 말했다. "부인, 저의 깨끗한 평판과 제가 여성에게 품고 있는 깊은 존경심이 이 사건에 대한 아주 작은 변명이 되리라고······." 그러나 픽윅 씨가 말을 끝맺기도 전에 여인이 그를 복도로 밀어내고 문을 잠근 다음 빗장을 질렀다.

골치 아픈 상황을 이렇게 조용히 벗어난 것은 자축할 만한 일이었을지 모르지만 픽윅 씨의 현재 입장은 절대 부러워할 만한 것이 아니었다. 그는 한밤중에 옷을 반쯤 벗은 채 낯선 여관의 탁 트인 복도에 혼자 서 있었고, 촛불을 들고서도 찾지 못했던 방을 깜깜한 어둠 속에서 찾으리라 기대할 수는 없었다. 게다가 그가 방을 찾으려고 헛된 노력을 하다가 약간이라도 소리를 내면 깨어 있던 여행자의 총을 맞고 어쩌면 죽기까지 할 가능성이 컸다. 그는 날이 밝을 때까지 그 자리에 가만히 있을 수밖에 없었다. 그래서 픽윅 씨는 복도를 따라 더듬더듬 몇 걸음 내려가서, 가는 길에 장화 여러 켤레에 걸려 넘어져서 깜짝 놀라면서, 벽 쪽에 쑥 들어간 작은 공간에 쭈그리고 앉아 최대한 달관한 마음으로 아침이 오기를 기다렸다.

그러나 그는 또다시 인내심을 시험당할 운명이었다. 픽윅 씨가 은신처에 숨은 지 얼마 되지 않았을 때 불빛을 든 남자가 복도 끝에서 모습을 드러내 그에게 형언할 수 없는 공포심을 안겨주었기 때문이었다. 그러나 충실한 하인의 모습을 알아보자 공포는 갑자기 기쁨으로 바뀌었다. 남자는 과연 구두닦이와 대화를 나누느라 늦게까지 깨어 있던 새뮤얼 웰러 씨였다. 우편물을 기다리느라 늦게까지 깨어 있던 구두닦이가 이제 그만 쉬러 물러갔던 것이다.

"샘!" 픽윅 씨가 웰러 씨 앞에 불쑥 모습을 드러내며 말했다.

"샘, 내 방이 어디지?"

웰러 씨는 소스라치게 놀라 주인을 바라보았고 픽윅 씨가 같은 질문을 세 번 더 반복한 다음에야 돌아서서 그가 오랫동안 찾아 헤매던 방으로 안내했다.

"오늘 밤에 정말 어이없는 실수를 저질렀네." 픽윅 씨가 침대로 올라가며 말했다.

"아무리 봐도 그런 것 같습니다." 웰러 씨가 무뚝뚝하게 대꾸했다.

"이런 결심을 했다네." 픽윅 씨가 말했다. "내가 이 여관에 6개월 동안 묵더라도 절대 혼자 다니지 않겠다고 말이야."

"그거 아주 분별 있는 결심이네요." 웰러 씨가 대답했다. "주인님의 판단력이 외출했을 때는 돌봐줄 사람이 필요하지요."

"그게 무슨 뜻인가?" 픽윅 씨가 말했다. 그가 침대에 일어나 앉아서 무슨 말인가 더 하려는 듯 손을 뻗었지만 갑자기 자신을 억누르고 돌아누워서 하인에게 잘 자라고 인사했다.

"안녕히 주무십시오." 웰러 씨가 대답했다. 문 밖으로 나간 그는 잠시 멈추었다가 고개를 젓고 계속 걸어가다가, 다시 멈춰서 촛불을 불어서 끄고, 다시 고개를 저은 다음 마침내 깊은 생각에 푹 빠져 천천히 자기 방으로 갔다.

23장

새뮤얼 웰러 씨가 트로터 씨와의
설욕전에 정력을 쏟다

노란 컬페이퍼를 만 중년 여인과 픽윅 씨 사이에 사건이 일어난 다음 날 아침 일찍, 아버지 웰러 씨는 마구간 근처의 작은 방에 앉아서 런던으로 돌아갈 준비를 하고 있었다. 그는 초상화를 그리기에 더없이 좋은 자세로 앉아 있었다.

웰러 씨가 젊었을 때에는 옆모습이 뚜렷하고 단호한 선을 그렸을지도 모른다. 그러나 풍족한 삶과 쉽게 단념하는 성향 때문에 얼굴이 팽창했고, 얼굴살의 뚜렷한 곡선이 원래 주어진 경계 너머까지 확장되었기 때문에 정면에서 보지 않으면 무척 빨간 코끝밖에 알아볼 수 없었다. 같은 이유로 그의 턱은 보통 그의 미심장한 부분에 '이중'이라는 말을 붙여 설명하는 장엄하고 인상적인 형태를 갖추게 되었고, 안색은 그와 같은 직업을 가진 사람들과 설익은 로스트비프에서만 볼 수 있는 특유의 얼룩덜룩한 색이었다. 그는 목에 진홍색 여행용 숄을 두르고 있었는데, 색이 분간하기 힘들 만큼 점차적으로 변해서 그의 턱과 하나가 되었기 때문에 숄의 주름과 턱의 주름을 구별하기 어려웠다. 여기에다가 널찍한 분홍색 줄무늬의 긴 조끼를 걸쳤고 그 위에 옷자락이 넓고 큰 놋쇠 단추가 달린 녹색 상의를 입었는데, 허리 부분의 장식 단추 두 개가 서로 어찌나 멀리 떨어져 있었던지 누구도 단추 두 개를 동시에 보지 못했다. 높이가 짧은 갈색 모자의 낙낙한 테두리 아래로 짧고 반들반들하고 검은 머리카락이 살짝 보였다. 다리는 무릎 끈이 달린 반바지와 색을 칠한 가죽 장식 장화에 감싸여 있었다. 그리고 허리 부분의 넉넉한 띠에 느슨하게 매달린 구리 시곗줄 끝에는 도장 하나와 역시 구리로 된 열쇠 하나가 달려 있었다.

우리는 웰러 씨가 런던으로 돌아갈 준비를 하고 있었다고 말했지만 사실 그는 음식을 먹고 있는 중이었다. 그의 탁자 앞에는 에일 한 잔, 차가운 소고기 사태, 그리고 상당히 커 보이는 빵 한 덩이가 놓여 있었고 웰러 씨는 지극히 공평무사한 태도로 각각의 음식에 애정을 고루 나누어주었다. 그가 빵을 큼직하게 한 조각 잘랐을 때 발소리가 나서 고개를 들자 사랑하는 아들이 보였다.

"좋은 아침이구나, 새미." 아버지가 말했다.

아들이 에일 잔이 있는 곳까지 걸어오더니 아버지에게 의미심장하게 고개를 끄덕여 보인 다음 대답 삼아 에일을 길게 한 모금 마셨다.

"빨아들이는 힘이 아주 좋구나." 장남이 반쯤 빈 잔을 탁자에 내려놓자 아버지 웰러 씨가 안을 들여다보며 말했다. "네가 사람이 아니라 굴로 태어났으면 보기 드물게 훌륭한 굴이었을 거야."

"네, 아마 아주 잘 살았을 거예요." 샘이 차가운 소고기를 상당히 열심히 먹으며 대답했다.

"정말 안타깝구나, 새미." 아버지 웰러 씨가 잔으로 작은 원을 그려 에일을 흔들며 말했다. "자주색 옷을 입은 남자한테 속았다는 얘기를 네 입으로 듣다니 정말 안타까워. 사흘 전까지만 해도 나는 웰러라는 이름과 사기는 절대 어울리지 않는다고 항상 생각했다. 절대로 어울리지 않는다고 말이야."

"물론 과부는 빼고 말이겠지요." 샘이 말했다.

"과부는 모든 규칙의 예외지. 속임수를 쓰려고 할 때 과부 한 명이 보통 여자 몇 명과 맞먹는지 들은 적이 있어. 스물다섯 명이라고 했던 것 같은데, 그 이상은 아니라고 단언할 수는 없구나." 얼굴색이 약간 변한 웰러 씨가 대답했다.

"뭐, 그렇겠네요." 샘이 말했다.

"게다가 말이다." 샘이 끼어든 것을 알아차리지 못한 채 웰러 씨가 말했다. "그건 아주 다른 문제야. 기분이 좋을 때마다 부지깽이로 아내를 때린 신사를 옹호하면서 변호사가 뭐라고 했는지 알지. '재판장님, 어쨌거나 그것은 좋은 마음에서 비롯된 결함이지요.' 나는 과부에 대해서도 그렇게 말하겠다, 새미. 너도 나만큼 나이가 들면 그렇게 말할 거야."

"내가 그렇게 멍청하게 굴어서는 안 되는 거였죠, 나도 알아
요." 샘이 말했다.

"멍청하게 굴어서는 안 됐다고!" 웰러 씨가 주먹으로 탁자를
쾅 치며 되풀이했다. "멍청하게 굴어서는 안 됐다고! 음, 너의 반,
아니 4분의 1만큼의 교육도 받지 못하고, 시장 바닥에서 제대로
굴러본 적도 없는…… 그래, 시장에서 6개월도 지낸 적 없는 청
년이라도 그런 식으로 당하면 부끄러워하겠지. 부끄러워할 거
야, 새미." 웰러 씨는 이 괴로운 생각에 너무 흥분해서 종을 울려
에일 1파인트를 더 주문했다.

"이제 와서 그런 얘기를 해봐야 아무 소용 없어요." 샘이 말했
다. "이미 끝난 일이라 어쩔 수 없다는 것이 그나마 위안이죠. 터
키에서 엉뚱한 사람의 머리를 잘랐을 때 항상 말하는 것처럼요.
이제 제 차례예요, 아버지. 그 트로터라는 놈을 잡기만 하면 제대
로 혼내줄 거예요."

"그러면 좋겠구나, 새미. 그랬으면 좋겠어." 웰러 씨가 말했다.
"자, 네 건강을 위해서. 그리고 네가 우리 가문에 끼친 수치를 빨
리 해결하기를 기원하며." 그는 건배를 하며 새로 나온 에일을 절
반이 넘게 쭉 들이켠 다음 나머지는 아들에게 주었고, 샘은 그것
을 받자마자 단숨에 마셨다.

"자, 새미." 웰러 씨가 구리 시곗줄 끝에 매달린 이중 케이스의
커다란 은시계를 보며 말했다. "이제 승객 명단을 받으러 사무실
에 올라갔다가 마차에 짐 싣는 것을 지켜볼 시간이다. 마차는 총

505

이랑 같아. 쏘기 전에 아주 신중하게 실어야 하거든."[57]

아버지가 자기 직업에 대해 농담을 하자 아들 웰러 씨는 자식다운 미소를 지었다. 존경받는 아버지가 엄숙한 어조로 말을 이었다.

"내 아들 새뮤얼, 나는 그만 가보마. 언제 다시 만날 수 있을지 모르겠구나. 다음번에 네가 벨 세비지의 유명한 웰러 씨 소식을 들을 때까지 네 계모가 나한테는 너무 부담스러워질지도 모르고 수천 가지 일이 일어날 수도 있겠지. 우리 가문의 이름은 새뮤얼 너에게 달려 있다. 네가 우리 가문의 이름을 걸고 올바른 일을 하기만을 바라마. 사람이 갖춰야 할 교양의 모든 면에서 너를 나 자신처럼 믿을 수 있다는 것은 잘 알고 있다. 그러니 내가 너에게 해줄 충고는 이것 하나밖에 없구나. 네가 쉰 살이 넘어서 누군가와 결혼하고 싶어지면—그게 누구든 상관없다—네 방이 있으면 거기 틀어박혀서 곧장 독을 마셔라. 목을 매는 것은 저속하니까 그럴 생각은 하지 말고. 내 아들 새뮤얼, 독을 마셔라. 그러면 나중에 잘했다고 생각하게 될 거다." 웰러 씨는 이와 같은 애정 어린 말을 남기고 아들을 지그시 바라본 다음 천천히 발걸음을 돌려 사라졌다.

이 말을 듣고 생각에 잠긴 새뮤얼 웰러 씨는 아버지가 떠난 뒤 그레이트 화이트 호스 여관을 나와서 세인트 클레멘트 교회 쪽으로 발걸음을 돌려 이 오래된 동네를 어슬렁거리며 우울함을

57　'짐을 싣다load'는 탄환을 장전하다는 의미도 있다.

떨치려 했다. 어느 정도 어슬렁거리다보니 어느 새 외딴곳 — 고색창연한 안마당 — 에 도착했는데, 다른 출구가 없었기 때문에 들어온 길로 돌아갈 수밖에 없었다. 그가 돌아서려는 순간 누가 불쑥 등장하는 바람에 샘은 그 자리에 딱 멈추었다. 이제부터 그 사람이 어떤 방식으로 등장했는지 설명하도록 하자.

멍하니 생각에 잠긴 새뮤얼 웰러 씨는 낡은 적벽돌집을 이따금 올려다보며 블라인드를 걷거나 침실 창문을 여는 건강해 보이는 하녀에게 눈을 찡긋거리고 있었는데, 바로 그때 정원의 녹색 대문이 열리고 어떤 남자가 등장하더니 대문을 아주 조심스럽게 닫고서 웰러 씨가 서 있는 곳을 향해 부지런히 걸어왔다.

부대 상황을 제쳐두고 이 사실만 놓고 보면 특이할 것이 없다. 전 세계 수많은 곳에서 사람들이 정원에서 나오고, 녹색 문을 닫고 심지어는 부지런히 걸어가지만 특별히 어떤 관심도 끌지 않는다. 그러므로 이 사람이나 그의 태도에, 혹은 두 가지 모두에 웰러 씨의 특별한 관심을 끄는 무언가가 있었음이 분명하다. 무언가가 있었는지 없었는지에 대한 판단은 독자에게 맡기도록 하고 우리는 문제의 남자가 어떤 행동을 했는지 충실히 서술하고자 한다.

남자는 녹색 문을 닫고 우리가 앞서 두 번이나 말했듯이 부지런히 걸어갔다. 그러나 그는 웰러 씨를 보자마자 비틀거리다가 어느 쪽으로 가야 할지 모르겠다는 듯 걸음을 멈췄다. 그러나 뒤쪽의 녹색 문은 닫혔고 출구는 앞쪽에 하나밖에 없었으므로 남자는 여기서 나가려면 새뮤얼 웰러 씨 앞을 지나쳐야 한다는 사실을 깨달았다. 따라서 그는 정면을 보면서 다시 부지런히 걸었다. 이 남자의 가장 놀라운 점은 얼굴을 찌푸려서 한 번도 본 적 없는 무시무시한 우거지상을 짓고 있었다는 것이다. 창조주의 그 어떤 작품도 이 남자가 자기 얼굴에 덧씌운 터무니없고 인공적인 조각으로 순식간에 모습을 바꿀 수는 없을 것이다.

"음." 남자가 다가오자 웰러 씨가 혼잣말을 했다. "정말 이상하군. 그 사람이라고 맹세할 수도 있는데 말이야."

남자가 다가왔고, 거리가 가까워질수록 그의 얼굴은 더 무섭게 뒤틀렸다.

"저 검은 머리와 자주색 옷에 대고 맹세할 수도 있어." 웰러 씨가 말했다. "저런 얼굴은 한 번도 본 적이 없지만."

웰러 씨가 이렇게 말하자 남자의 얼굴에 정말 소름 끼치는 이 세상 것 같지 않은 고통이 드러났다. 그러나 남자는 샘의 바로 옆을 지나야 했고, 꼼꼼한 눈으로 샅샅이 살피던 샘은 이 무시무시하게 찡그러진 얼굴 속에서 착각이라고 하기에는 잡 트로터의 작은 눈과 너무나 똑같은 것을 찾아냈다.

"안녕하십니까!" 샘이 사납게 외쳤다.

낯선 남자가 뚝 멈췄다.

"안녕하신가!" 샘이 더욱 퉁명스럽게 반복했다.

끔찍한 얼굴을 가진 남자가 소스라치게 놀라며 안뜰 위쪽과 아래쪽을, 저택 창문들을—샘 웰러만 빼고 모든 것을—살핀 다음 한걸음 더 나아갔지만 또 다른 소리 때문에 다시 멈췄다.

"안녕하십니까, 거기!" 샘이 세 번째로 말했다.

이제 목소리가 어디서 들려오는지 더 이상 모른 척할 수 없었기 때문에 낯선 남자는 드디어 샘 웰러를 정면으로 바라보았다.

"소용없어, 잡 트로터!" 샘이 말했다. "장난은 그쯤 해두지. 넌 멋진 표정을 포기해도 될 만큼 잘생기지도 않았다고. 눈을 원래처럼 제대로 뜨지 않으면 머리를 걷어차서 눈알을 빼주겠어! 내 말 들려?"

웰러 씨가 이 말을 실천에 옮기려고 하자 트로터 씨가 서서히 자연스러운 표정을 되찾더니, 깜짝 놀란 동시에 기뻐하며 외쳤다. "이게 누구야? 워커 씨!"

"아!" 샘이 대답했다. "날 만나서 아주 기쁜 모양이군?"

"기쁘고말고요!" 잡 트로터가 외쳤다. "아, 워커 씨, 제가 이 만남을 얼마나 기대했는지 아십니까! 정말 너무 힘들어요, 워커 씨, 견딜 수가 없습니다. 견딜 수 없고말고요." 트로터 씨는 하염없이 울면서도 기뻐서 어쩔 줄 몰라 하며 웰러 씨에게 팔을 두르고 꽉 끌어안았다.

"떨어져!" 이 행동에 무척 화가 난 샘이 이렇게 외치며 열정 넘치는 지인의 품에서 벗어나려고 애를 썼지만 헛수고였다. "당장 떨어지라고 했어! 뭐 때문에 날 보고 우는 거야, 이 증기기관 같은 놈아!"

"너무 반가우니까요." 웰러 씨가 처음에 보였던 호전적인 태도가 사라지자 잡 트로터가 웰러 씨를 서서히 놓으며 말했다. "아, 워커 씨, 정말 견딜 수가 없어요."

"견딜 수 없다고?" 샘이 따라서 말했다. "정말 견딜 수가 없군.

자, 나한테 할 말 없어?"

트로터 씨는 아무 대답도 하지 않았다. 예의 자그마한 분홍색 손수건이 그 위력을 발휘하고 있었기 때문이다.

"머리를 걷어차이기 전에 나한테 할 말 없나?" 웰러 씨가 위협적인 어조로 말했다.

"아!" 트로터 씨가 진심으로 놀란 표정을 지으며 말했다.

"나한테 할 말 없냐고 물었어."

"제가요, 워커 씨?"

"워커라고 부르지 마, 내 이름은 웰러야. 당신도 잘 알 텐데. 나한테 할 말 없어?"

"이런, 워커 씨. 아니, 웰러 씨. 할 말이야 많지요. 편하게 이야기할 수 있는 곳으로 자리만 옮기면 말입니다. 제가 당신을 얼마나 찾았는지 모르지요, 웰러 씨……."

"정말 열심히 찾았겠지?" 샘이 무미건조하게 말했다.

"정말, 정말 그랬습니다." 트로터 씨가 얼굴 근육 하나 깜짝 하지 않고 대답했다. "악수부터 합시다, 웰러 씨."

샘은 상대방을 몇 초 정도 바라본 다음 갑작스러운 충동이라도 생겼는지 그의 요청에 따랐다.

"존경스럽고 상냥하신 당신 주인은 어떻게 지내십니까? 아, 그분은 정말 훌륭한 신사지요. 그 끔찍한 날 밤에 감기에 걸리신 건 아닌지 모르겠군요." 두 사람이 걸음을 옮기면서 잡 트로터가 말했다.

그때 잡 트로터의 눈에 짙은 교활함이 순간적으로 번득였는데, 웰러 씨는 그의 갈비뼈를 한 대 치고 싶다는 욕망에 타올랐고 꽉 쥔 주먹에 전율이 흘렀다. 그러나 샘은 마음을 억누르며 주인 은 아주 잘 지낸다고 대답했다.

"아, 정말 다행이군요." 트로터 씨가 대답했다. "혹시 여기 계십 니까?"

"당신 주인은 여기 있나?" 샘이 대답 대신 물었다.

"아, 네, 여기 있지요. 이런 말을 하는 것도 슬프지만, 웰러 씨, 그 사람은 그 어느 때보다도 나빠요."

"아, 그래?" 샘이 말했다.

"아, 충격적이에요. 끔찍하지요."

"기숙학교인가?" 샘이 말했다.

"아니, 기숙학교는 아닙니다." 샘이 아까 본 것과 똑같은 교활 한 표정으로 잡 트로터가 대답했다. "기숙학교는 아니에요."

"아니면 저 녹색 대문 저택?" 샘이 동행자를 면밀하게 흘끔거 리며 물었다.

"아니, 아니에요. 오, 거긴 아니지요." 잡이 그로서는 드물게도 재빨리 대답했다. "저기는 아닙니다."

"당신은 여기서 대체 뭐 하는 거지?" 샘이 날카롭게 쏘아보며 물었다. "우연히 저 대문 안으로 들어갔나 보지?"

"아, 웰러 씨." 잡이 대답했다. "저의 작은 비밀을 당신에게 말 하는 건 괜찮아요. 우리 처음 만났을 때 서로 아주 마음에 들었 잖아요. 그날 아침에 얼마나 좋았는지 기억나죠?"

"아, 그럼." 샘이 초조하게 말했다. "아주 잘 기억하지."

"음." 잡이 아주 정확하게, 중요한 비밀을 말하는 사람처럼 낮은 목소리로 대답했다. "웰러 씨, 저 녹색 대문 저택에는 하인이 아주 많아요."

"딱 봐도 그럴 것 같군." 샘이 끼어들었다.

"네." 트로터 씨가 말을 이었다. "그중에 요리사도 하나 있는데 돈을 좀 모아놨대요. 기반이 잡히면 잡화상 거리에 작은 가게를 하나 열고 싶다는군요."

"그래?"

"그래요. 음, 제가 다니던 교회―이 동네에 있는 아주 깔끔하고 작은 교회인데요, 4번 성가집을 써요. 제가 평상시에 가지고 다니는 성가집인데 제가 들고 있는 모습을 보셨을지도 모르겠군요―에서 그 여자를 만나서 조금 친해졌습니다. 그러다가 좀더 알게 되었고, 감히 말씀드리자면 제가 잡화상 주인이 될 것 같군요."

"아, 당신은 아주 상냥한 잡화상이 되겠지." 샘이 격렬히 증오하는 눈빛으로 잡을 흘끔거리며 대답했다.

"아주 큰 장점은 말입니다, 웰러 씨." 말을 잇는 잡의 눈에 눈물이 차올랐다. "제가 이 악한을 모시는 치욕에서 벗어나 더 견실하고 나은 삶에 헌신할 수 있다는 거예요. 그게 제가 자란 방식에 더 어울린답니다."

"아주 좋은 교육을 받았겠지, 분명." 샘이 말했다.

"아, 정말 그렇습니다, 웰러 씨, 정말로요." 잡이 대답했다. 트로터 씨는 순수했던 어린 시절을 떠올리며 분홍색 손수건을 꺼내서 엉엉 울었다.

"학교 친구로서는 보기 힘들 만큼 좋은 아이였겠지." 샘이 말했다.

"그랬습니다." 잡이 깊은 한숨을 쉬며 말했다. "저는 학교에서 우상이었어요."

"아." 샘이 말했다. "그럴 것 같군. 복도 많은 어머니가 당신한테서 얼마나 큰 위안을 얻으셨을까."

잡 트로터 씨는 이 말을 듣고 분홍색 손수건 끝으로 양쪽 눈꼬리를 차례차례 닦더니 엉엉 울기 시작했다.

"당신은 도대체 어떻게 된 거야?" 샘이 화를 내며 말했다. "첼시 정수장[58]도 당신에 비하면 아무것도 아니겠군. 왜 또 울지? 죄의식 때문인가?"

"감정을 억누를 수가 없어요, 웰러 씨." 잠시 정적이 흐른 뒤에 잡이 말했다. "그때를 생각하면 말입니다. 내가 당신 주인과 대화를 나눈 것을 우리 주인이 의심해서 나를 역마차에 태워 끌고 갔어요. 그런 다음 그 사랑스러운 아가씨를 설득해서 자기를 전혀 모른다고 말하게 만들고, 학교 교장에게도 뇌물을 먹였어요. 그리고 더 나은 여자를 찾아서 그녀를 버렸어요. 오! 웰러 씨, 정말 몸서리가 쳐집니다."

"아, 그렇게 된 거였군." 웰러 씨가 말했다.

"그럼요." 잡이 대답했다.

---

[58] 런던에 수도를 공급하는 가장 크고 유명한 정수장.

"음." 두 사람이 호텔 근처에 도착하자 샘이 말했다. "당신과 이야기를 좀 나누고 싶군. 다른 일이 없으면 오늘 밤 그레이트 화이트 호스 여관에서 만나지. 8시쯤에."

"꼭 가겠습니다." 잡이 말했다.

"그래, 오는 게 좋을 거야." 샘이 무척 의미심장한 표정으로 대답했다. "아니면 녹색 대문 저택으로 가서 당신이 어디 있는지 수소문해서 앞지를 테니까 말이야."

"꼭 만나러 가겠습니다." 트로터 씨가 이렇게 말한 다음 샘의 손을 열렬하게 꼭 쥐고 나서 떠났다.

"조심해, 잡 트로터. 조심하라고." 샘이 트로터를 보면서 말했다. "이번에는 내가 한 수 위일 테니까." 웰러 씨는 이렇게 혼잣말을 하고 잡이 더 이상 보이지 않을 때까지 지켜보다가 서둘러 주인의 침실로 갔다.

"주인님, 이제 다 됐습니다." 샘이 말했다.

"뭐가 다 됐다는 건가?" 픽윅 씨가 물었다.

"찾아냈습니다." 샘이 말했다.

"누구를 찾아내?"

"그 괴상한 남자랑 걸핏하면 우는 검은 머리 녀석 말입니다."

"정말인가!" 픽윅 씨가 열렬하게 말했다. "어디 있나, 샘? 그 사람들 어디 있어?"

"쉬, 쉬!" 웰러가 대답했다. 그는 옷을 입는 픽윅 씨의 시중을 들면서 자신이 생각한 계획을 자세히 말했다.

"하지만 언제 실행에 옮기지?" 픽윅 씨가 물었다.

"곧 때가 될 겁니다." 샘이 말했다.

곧 때가 됐는지 아닌지는 이제부터 살펴보기로 하자.

24장
피터 매그너스 씨가 질투하고,
중년 여인은 걱정하고,
픽윅 클럽 회원들이 법률의 통제를 받다

픽윅 씨가 지난밤 피터 매그너스 씨와 시간을 보냈던 방으로 내려가니 매그너스 씨는 가방 두 개, 가죽 상자, 갈색 종이 꾸러미에 들어 있던 대부분의 복장을 최대한 돋보이게 차려입고서 극도로 흥분하고 초조한 상태로 방을 서성이고 있었다.

"안녕하십니까." 피터 매그너스 씨가 말했다. "어떻습니까?"

"효과가 정말 대단하군요." 픽윅 씨가 너그러운 미소를 띠고 피터 매그너스 씨의 복장을 자세히 살피며 대답했다.

"네, 이 정도면 될 것 같습니다." 매그너스 씨가 말했다. "픽윅 씨, 제가 명함을 올려 보냈습니다."

"그러셨습니까?" 픽윅 씨가 말했다.

"네. 급사가 답을 가지고 돌아왔는데, 11시에 저를 만나겠다는군요. 11시입니다. 이제 15분밖에 안 남았어요."

"정말 얼마 안 남았군요." 픽윅 씨가 말했다.

"네, 얼마 안 남았지요." 매그너스 씨가 대답했다. "기분이 썩 좋지 않을 정도로 얼마 안 남았어요. 안 그렇습니까, 픽윅 씨?"

"이런 일에서는 자신감이 중요합니다." 픽윅 씨가 말했다.

"그렇겠지요." 피터 매그너스 씨가 말했다. "저는 자신감이 넘칩니다. 정말이지 저는 남자들이 이런 일을 왜 그렇게 두려워하는지 모르겠어요. 왜 그럴까요? 부끄러울 것 없잖아요. 그저 쌍방의 조화 문제일 뿐입니다. 한쪽은 남편, 한쪽은 아내지요. 저는 이 문제를 그렇게 봅니다."

"아주 철학적이군요." 픽윅 씨가 대답했다. "하지만 아침 식사가 기다리고 있습니다, 매그너스 씨. 드시지요."

두 사람은 아침 식사를 하려고 자리에 앉았지만 피터 매그너스 씨는 호언장담에도 불구하고 상당한 초조함 때문에 고군분투하는 것이 분명했고, 주된 증상은 식욕 상실, 다기 엎기, 우스운 농담을 하려는 다양한 시도, 1초마다 시계를 확인하려는 저항할 수 없는 충동이었다.

"헤헤헤." 매그너스 씨가 짐짓 유쾌한 척 킥킥 웃으며 너무 초조한 나머지 숨을 헐떡거렸다. "2분밖에 안 남았습니다. 제 얼굴이 창백한가요?"

"별로 안 그렇습니다." 픽윅 씨가 대답했다.

짧은 정적이 흘렀다.

"실례지만 픽윅 씨, 예전에 이와 비슷한 일을 하신 적 있습니까?" 매그너스 씨가 말했다.

"청혼 말입니까?" 픽윅 씨가 말했다.

"네."

"한 번도 없습니다." 픽윅 씨가 강조하며 말했다. "단 한 번도 없었지요."

"그렇다면 어떻게 시작하는 게 좋을지 전혀 모르시겠군요?" 매그너스 씨가 말했다.

"음." 픽윅 씨가 말했다. "그 문제에 대해서라면 몇 가지 생각을 정리해 두었지만, 실전에서 시험해 본 적은 없으니 제 생각에 따라서 방법을 정하시는 것은 안 될 말이지요."

"뭐든 충고를 해주시면 정말 감사하겠습니다." 매그너스 씨가 시계를 한 번 더 보며 말했다. 시곗바늘은 11시 5분에 가까워지고 있었다.

"글쎄요." 픽윅 씨가 무척 엄숙하게 말했다. 이 위대한 인물은 자신이 원할 때면 엄숙한 말투로 무척 인상적인 말을 할 수 있었다. "저라면 여성분의 아름다움과 뛰어난 성품을 먼저 언급한 다음 제가 얼마나 하찮은지 말하겠습니다."

"아주 좋군요." 매그너스 씨가 말했다.

"여기서 주의해야 할 것은 여성분에 비해서 하찮다는 것입니다." 픽윅 씨가 말을 이었다. "제가 전적으로 하찮은 사람은 아님을 보여주기 위해서 제 과거의 삶과 현재의 상태에 대해서 짧게 이야기할 겁니다. 그리고 유추를 통해서 다른 누구에게든 제가 무척 바람직한 사람이라고 해야지요. 그런 다음 제 사랑이 얼마나 열정적인지, 제 헌신이 얼마나 깊은지 자세히 설명할 겁니다. 그러고 나면 여인의 손을 잡고 싶어질지도 모르지요."

"아, 알겠습니다." 매그너스 씨가 말했다. "아주 중요한 대목이군요."

"그런 다음에는 말입니다." 이 화제가 눈앞에서 점점 더 반짝이는 색채를 띠었기 때문에 픽윅 씨는 더욱 열정적으로 말을 이었다. "그런 다음에는 '저를 남편으로 받아주시겠습니까?'라는 솔직하고 단순한 질문을 던질 겁니다. 이렇게 말하면 여인이 고개를 돌릴 것이라고 생각해도 되겠지요."

"당연히 그럴 것이라고 생각해도 될까요?" 매그너스 씨가 말했다. "왜냐면 여인이 딱 그 순간에 고개를 돌리지 않으면 곤란해질 테니까요."

"아마 고개를 돌릴 겁니다." 픽윅 씨가 말했다. "그러면 저는 여인의 손을 꽉 잡고 아마도—어디까지나 가정입니다, 매그너스 씨—손을 잡은 다음, 여성분이 거절하지 않는다면 손수건을 부드럽게 치울 겁니다. 인간 본성에 관한 저의 보잘것없는 지식에 따르면 이때쯤 여인은 손수건으로 눈물을 닦고 있을 테니까요. 그런 다음 점잖은 입맞춤을 살짝 할 겁니다. 저는 입을 맞춰야 한다고 생각합니다, 매그너스 씨. 바로 그 순간, 만약 그녀가 저를 남편으로 받아들일 생각이 있다면, 수줍어하면서 제 귀에 승낙의 말을 속삭이겠지요. 분명합니다."

매그너스 씨가 깜짝 놀라더니 말없이 픽윅 씨의 지적인 얼굴을 물끄러미 본 다음 (시곗바늘이 11시 10분을 가리켰다) 훈훈

한 악수를 나누고 황급히 밖으로 나갔다.

픽윅 씨는 성큼성큼 앞뒤로 서성였고, 그의 행동을 반쯤 따라서 앞으로만 나아가던 작은 시곗바늘이 30분에 도착했을 때 문이 벌컥 열렸다. 픽윅 씨가 피터 매그너스 씨를 맞이하려고 돌아섰지만 그가 마주친 것은 터프먼 씨의 기뻐하는 얼굴, 윙클 씨의 고요한 표정, 스노드그래스 씨의 지적인 이목구비였다.

픽윅 씨가 친구들과 인사를 나누고 있을 때 피터 매그너스 씨가 방으로 들어왔다.

"여러분, 내가 방금 이야기했던 매그너스 씨일세." 픽윅 씨가 말했다.

"잘 부탁드립니다, 여러분." 무척 흥분한 것이 분명한 매그너스 씨가 말했다. "픽윅 씨, 잠시 이야기를 나눌 수 있을까요?"

매그너스 씨가 픽윅 씨의 단춧구멍에 검지를 넣고 움푹 들어간 창가로 끌고 가서 말했다.

"축하해 주십시오. 당신의 충고를 그대로 따랐습니다."

"일이 잘 진행되었군요, 그렇지요?" 픽윅 씨가 물었다.

"그렇습니다, 그보다 더 매끄러울 수는 없지요." 매그너스 씨가 대답했다. "픽윅 씨, 그녀는 이제 제 사람입니다."

"진심으로 축하드립니다." 픽윅 씨가 새 친구의 손을 따뜻하게 잡고 흔들며 대답했다.

"당신도 그녀를 만나보셔야 합니다." 매그너스 씨가 말했다. "자, 이쪽입니다. 신사 여러분, 잠시 실례하겠습니다." 그런 다음 그는 픽윅 씨를 서둘러 밖으로 이끌었다. 피터 매그너스 씨가 같은 복도의 옆 방 앞에서 잠깐 멈추더니 가볍게 문을 두드렸다.

"들어오세요." 여자 목소리가 말했다. 그래서 두 사람은 안으로 들어갔다.

"위더필드 양." 매그너스 씨가 말했다. "저의 각별한 친구를 소개해 드리지요, 픽윅 씨입니다. 픽윅 씨, 위더필드 양과 인사하시지요."

여성은 방 안쪽 끝에 있었다. 픽윅 씨는 고개 숙여 인사하면서 조끼 주머니에서 안경을 꺼내 썼는데 이 행동이 끝나자마자 깜짝 놀라서 소리를 지르더니 몇 걸음 뒤로 물러났고, 여인은 비명을 반쯤 억누르며 양손으로 얼굴을 가린 채 의자에 털썩 주저앉았다. 그러자 피터 매그너스 씨는 그 자리에서 얼어붙어 극도의 공포와 경악이 드러난 표정으로 두 사람을 번갈아 보았다.

이것은 아무리 봐도 분명 설명할 수 없는 행동이었지만 픽윅 씨는 안경을 쓰자마자 장차 매그너스 부인이 될 사람에게서 그가 어젯밤 변명의 여지없이 실수로 침입한 방의 주인을 보았던 것이었다. 픽윅 씨의 콧잔등에 안경이 걸리자마자 여인 역시 나이트캡을 쓴 채 공포에 질려서 바라보았던 바로 그 얼굴을 즉시 알아보았다. 여인은 비명을 질렀고 픽윅 씨는 깜짝 놀랐다.

"픽윅 씨!" 매그너스 씨가 너무 놀라서 어쩔 줄 모른 채 외쳤다. "이게 무슨 일입니까? 이게 무슨 뜻이지요?" 매그너스 씨가 위협적이고 더 큰 목소리로 한 번 더 말했다.

"매그너스 씨." 피터 매그너스 씨가 갑자기 위압적인 태도를 취하자 픽윅 씨가 약간 분개하며 말했다. "그 질문에 대한 대답은 거부하겠습니다."

"거부한다고요?" 매그너스 씨가 말했다.

"거부합니다." 픽윅 씨가 대답했다. "이 숙녀분의 동의와 허락
이 없는 한 저는 이분의 명예를 훼손시킬 만한 말을 하거나 그녀
의 가슴에 불쾌한 기억을 일깨우지 않겠습니다."

"위더필드 양." 피터 매그너스 씨가 말했다. "이 사람을 아십니
까?"

"알다니요!" 중년의 숙녀가 머뭇거리며 그의 말을 되풀이했다.

"네, 아십니까? 아시냐고 물었습니다." 매그너스 씨가 사납게
되물었다.

"본 적은 있어요." 중년의 숙녀가 대답했다.

"어디서요?" 매그너스 씨가 물었다. "어디서 말입니까?"

"그건……" 중년의 숙녀가 자리에서 일어나 고개를 돌리며 말
했다. "그건 절대 말씀드릴 수 없어요."

"이해합니다, 부인." 픽윅 씨가 말했다. "당신의 섬세함을 존중
합니다. 저는 절대 발설하지 않겠습니다, 믿으셔도 됩니다."

"세상에, 위더필드 양!" 매그너스 씨가 말했다. "당신과 저의 현
재 상황을 고려했을 때, 너무 냉정하게 이 일을 넘기시는군요. 아
주 냉정하게 말입니다."

"매그너스 씨 너무 잔인하세요." 중년의 숙녀가 이렇게 말하더
니 큰 소리로 엉엉 울기 시작했다.

"저한테 말씀하시지요." 픽윅 씨가 끼어들었다. "잘못을 탓할
사람이 있다면 오로지 저뿐입니다."

"아! 당신 잘못이군요, 네?" 매그너스 씨가 말했다. "나는, 나는…… 무슨 일인지 잘 알겠습니다. 이제 당신의 결심을 후회하시나 보군요, 아닙니까?"

"제 결심이라니요!" 픽윅 씨가 말했다.

"당신 결심 말입니다. 아! 노려보지 마세요." 매그너스 씨가 말했다. "어젯밤에 하신 말씀을 기억하고 있습니다. 진실하고 고귀하다고 전적으로 믿었던 사람의 배신과 기만을 폭로하러 여기 왔다고 하셨지요?" 여기서 피터 매그너스 씨는 한참 동안 비웃으며 쓰고 있던 녹색 안경을 벗고—질투에 휩싸인 지금은 색안경이 과하다고 생각했을지도 모른다[59]—작은 눈을 무시무시하게 굴렸다.

"네?" 매그너스 씨가 이렇게 말하고 더욱 크게 비웃었다. "하지만 대답하셔야 합니다."

"무슨 대답을 하란 말입니까?" 픽윅 씨가 말했다.

"됐습니다." 매그너스 씨가 성큼성큼 서성이며 대답했다. "신경 쓰지 마세요."

'신경 쓰지 말라'는 말은 확실히 무척 포괄적이다. 길거리나 극장, 라운지, 어디서든 말다툼이 생기면 전투적인 질문에 꼭 이렇게 대답한다는 사실은 우리 모두 알고 있다. "그러고도 당신이 신사요?", "신경 쓰지 마시죠.", "제가 저 젊은 여자분에게 무슨 말이라도 했습니까?", "신경 쓰지 마시죠.", "당신 머리를 저 벽에

---

59   '녹색green'은 질투하는 모습을 묘사할 때 쓰는 표현이다.

다가 박아줄까?", "신경 쓰지 마시지." 또한 어디에서나 쓰이는 이 말에는 조롱이 숨겨져 있어서 듣는 사람의 가슴에 제일 심한 욕보다도 더욱 큰 분노를 일으킨다는 사실도 알 수 있다.

우리는 보통 사람의 가슴에 확실히 분노를 일으켰을 이 말이 픽윅 씨를 분개하게 만들었다고 단언하려는 것이 아니다. 다만 픽윅 씨가 방문을 열고 "터프먼, 이리 오게"라고 불쑥 외쳤다는 사실만 기록해 두기로 하자.

터프먼 씨가 무척 놀란 얼굴로 즉시 나타났다.

"터프먼." 픽윅 씨가 말했다. "저 여성분과 관련된 모종의 민감한 비밀이 여기 이 신사분과 내 다툼의 원인일세. 나는 자네 앞에서 그 일이 저 신사와 아무 상관 없고 그의 연애와도 아무 관련 없다고 맹세하겠네. 저분이 이 일을 계속 문제 삼는다면 그것은 내 정직성을 의심하는 것이며, 그것이 나에게는 무척 큰 모욕이라는 사실을 자네도 알겠지." 픽윅 씨는 이렇게 말하면서 피터 매그너스 씨에게 백과사전처럼 엄숙한 시선을 보냈다.

이성적인 사람이라면 누구나 픽윅 씨의 올곧고 고결한 태도와 그의 크나큰 특징인 강력하고 믿음직한 말에 분명히 설득당했을 것이다. 그러나 불행히도 바로 이 순간 피터 매그너스 씨의 정신은 전혀 이성적이지 않았다. 따라서 매그너스 씨는 픽윅 씨의 설명을 받아들이는 대신 화르륵 불타올라 자기 기분을 드러내는 온갖 말을 퍼부었고, 방 안을 성큼성큼 서성이면서 머리카락을 쥐어뜯거나 가끔 픽윅 씨의 너그러운 얼굴 앞에다 주먹을 흔들어 열변을 더욱 강조했다.

픽윅 씨는 또 픽윅 씨대로 스스로 결백하고 옳다는 사실을 아는 데다가, 이토록 불쾌한 일로 중년 여성과 공교롭게 얽힌 것에 짜증이 났기 때문에 평소처럼 차분하지 못했다. 그래서 거친 말과 더 거친 목소리가 오간 끝에 매그너스 씨는 픽윅 씨에게 곧 연락을 하겠다고 말했고, 픽윅 씨는 칭찬받아 마땅할 만큼 정중한 태도로 빠를수록 좋겠다고 대답했다. 그러자 중년 여인은 겁에 질려 황급히 방을 나갔고, 터프먼 씨 역시 픽윅 씨를 끌고 나가자 생각에 잠긴 피터 매그너스 씨만 홀로 남겨졌다.

이 중년 여인이 바쁜 세상과 자주 어울렸다면, 혹은 법을 만들고 유행을 정하는 사람들의 태도와 관습을 잘 알았다면 이처럼 광포한 행동이 사실은 무해하다는 것을 알았겠지만 그녀는 거의 평생 시골에서 살았고 의회 토론을 한 번도 읽어본 적이 없었기에 문명사회의 세련된 측면을 잘 몰랐다. 따라서 그녀가 자기 방으로 돌아가 빗장을 지르고 방금 목격한 소동에 대해 생각하자 너무나도 끔찍한 살육과 파괴의 그림이 상상 속에 떠올랐는데, 그중에서 제일 약한 것은 왼쪽 옆구리에 한 통 분량의 총알을 다 맞고 네 명의 손에 들려 집으로 돌아온 피터 매그너스 씨의 전신 초상이었다. 중년 여인은 생각하면 할수록 더욱 겁에 질렸고 결국 입스위치 수석 치안판사의 집으로 가서 즉시 픽윅 씨와 터프먼 씨를 잡아 가둬달라고 요청하기로 결심했다.

중년 여인은 여러 가지 생각 끝에 이러한 결심에 다다랐는데, 이 행동이 피터 매그너스 씨에 대한 그녀의 헌신적인 애정과 그의 안전에 대한 염려를 잘 보여주는 부정할 수 없는 증거라는 이유가 가장 컸다. 그녀는 매그너스 씨의 질투심을 너무나 잘 알았기 때문에 픽웍 씨를 보고 동요했던 진짜 이유를 감히 조금도 비출 수 없었다. 또한 자신이 이 남자에게 갖는 영향력과 설득력을 믿었기 때문에 픽웍 씨가 사라지고 새로운 다툼이 생기지만 않으면 그의 거친 질투심을 가라앉힐 수 있다고 생각했다. 이러한 생각으로 가득한 중년 여인은 보닛과 숄을 걸치고 곧장 시장의 관저로 향했다.

입스위치의 수석 치안판사 조지 넙킨스 귀하는 발이 제일 빠른 사람이 6월 21일 해가 뜰 때부터 해가 질 때까지 돌아다닌다고 했을 때, 그가 만났을 사람들 중에서 가장 당당한 인물이었다. 천문력에 따르면 6월 21일은 한 해 중 낮이 가장 긴 날이므로 돌아다니는 시간 역시 가장 긴데도 말이다. 이날 아침, 넙킨스 씨는 마을에서 일어난 폭동 때문에 극도로 흥분하고 짜증이 난 상태였다. 제일 큰 주간학교의 전교생이 공모하여 추악한 사과 장수의 가게 창문을 깨뜨리고 교구 직원에게 야유를 보내고 경찰을 공격했다. 공격당한 경찰은 소동을 진압하기 위해서 불려 갔던 장식 가죽 장화를 신은 노신사로, 소년 시절부터 성인이 된 이후까지 최소 50년 동안 치안경찰 생활을 한 사람이었다. 넙킨스 씨가 안락의자에 앉아서 위풍당당하게 얼굴을 찌푸린 채 분노로 부글부글 끓고 있을 때 어느 여인이 다급하고 개인적이고 특수한 일로 찾아왔다는 보고가 올라왔다. 넙킨스 씨는 침착하고 엄중한 표정으로 여인을 들여보내라고 말했고, 이 명령은 모든 황제와 치안판사와 이 세상의 위대한 권세가들의 명령이 그

렇듯 즉시 실행되었다. 흥미로울 정도로 동요한 위더필드 양이
안내를 받고 들어왔다.

"머즐." 치안판사가 말했다.

머즐은 몸통이 길고 다리가 짧고 키가 작은 하인이었다.

"머즐!"

"네, 각하."

"의자를 하나 가져다 놓고 여기서 나가게."

"네, 각하."

"자, 부인, 무슨 일인지 말씀해 주시겠습니까?" 치안판사가 물
었다.

"정말 가슴 아픈 일이랍니다." 위더필드 양이 말했다.

"그렇겠지요. 일단 마음을 좀 가라앉히세요." 이 말을 하는 넙
킨스 씨는 자비로운 표정이었다. "그런 다음 어떤 문제로 오셨는
지 말씀해 주시지요." 이렇게 말할 때는 치안판사라는 지위가 인
간 넙킨스를 압도하여 다시 엄한 표정이 되었다.

"이런 제보를 하는 것이 저에게는 무척 괴로운 일입니다." 위더
필드 양이 말했다. "하지만 여기서 결투가 일어날 것 같아요."

"어디 말씀이십니까, 부인?" 치안판사가 말했다.

"입스위치요."

"입스위치라고요? 입스위치에서 결투라니!" 치안판사가 대경
실색하며 말했다. "그럴 리가요, 우리 마을에서는 생각도 할 수
없는 일입니다. 우리 마을에서 치안판사가 어떤 활동을 하는지
알고 계십니까? 지난 5월 4일에 제가 특수 경관 예순 명만 대동

한 채 프로 복싱장으로 달려가서 격앙된 군중의 분노에 찬 격정의 희생양이 될 위험을 무릅쓰고 미들섹스 덤플링과 서포크 밴텀의 권투 시합을 금지시켰다는 이야기를 혹시 들어보신 적 있습니까? 입스위치에서 결투라니요, 부인! 아닙니다, 아니에요." 치안판사가 스스로를 설득하듯 말했다. "평화를 깨뜨리는 계획을 세울 만큼 무모한 사람은 이 마을에 없을 겁니다."

"하지만 불행히도 저의 제보는 정확하답니다." 중년 여인이 말했다. "제가 말다툼 현장에 있었어요."

"정말 놀라운 일이군요." 깜짝 놀란 수석 치안판사가 말했다. "머즐!"

"네, 각하."

"징크스 씨를 바로 들여보내게, 당장."

"네, 각하."

머즐이 물러간 뒤에 창백한 안색에 뾰족한 코, 영양불량에다가 낡은 옷차림을 한 중년 서기가 방으로 들어왔다.

"징크스 씨." 치안판사가 말했다.

"네." 징크스 씨가 말했다.

"징크스 씨, 이 숙녀분이 우리 마을에서 결투가 있을 거라고 제보하셨네."

징크스 씨는 정확히 뭘 해야 할지 몰라서 방어적인 미소를 지었다.

"뭐가 그렇게 즐거운가?" 치안판사가 말했다.

징크스 씨는 곧장 심각한 표정을 지었다.

"징크스 씨." 치안판사가 말했다. "자네는 바보로군."

징크스 씨는 이 위대한 남자를 겸손하게 바라보며 펜 꼭대기를 깨물었다.

"자네한테는 이 정보가 무척 우스꽝스럽게 보일지도 모르지만 분명히 말하는데 웃을 만한 부분은 전혀 없네." 치안판사가 말했다.

굶주려 보이는 징크스 씨는 즐거워 할 일이 전혀 없다는 사실을 갑자기 깨달은 사람처럼 한숨을 쉬었고, 여인의 이야기를 적으라는 명령이 떨어지자 휘청휘청 자리에 앉아서 받아 적기 시작했다.

"픽윅 씨라는 사람이 주도자로군요." 진술이 끝나자 치안판사가 말했다.

"네." 중년 여인이 말했다.

"그리고 또 다른 폭도는…… 이름이 뭐지, 징크스 씨?"

"터프먼입니다."

"터프먼이 입회인이고요?"

"네."

"또 다른 주도자는 종적을 감췄다고요, 부인?"

"네." 워더필드 부인이 짤막하게 기침을 하며 대답했다.

"아주 좋습니다." 치안판사가 말했다. "이 두 사람은 런던 출신의 자객으로, 수도에서 이렇게 멀리 떨어진 곳에서는 법률의 권세가 약하고 무기력하다는 생각에 국왕 폐하의 백성을 죽이러 여기에 왔다. 두 사람을 본보기로 처벌해야 할 것이다. 영장을 발부하게, 징크스 씨. 머즐!"

"네, 각하."

"그러머는 아래층에 있나?"

"네, 각하."

"올려 보내게."

굽실거리는 머즐이 물러갔다가 곧 돌아와서 가죽 장식 장화를 신은 노신사를 안내했다. 주먹코와 걸걸한 목소리, 까만 상의, 이리저리 헤매는 눈이 범상치 않은 남자였다.

"그러머." 치안판사가 말했다.

"네, 각하."

"지금 마을은 조용한가?"

"그렇습니다, 각하." 그러머가 대답했다. "아이들이 크리켓을 하러 흩어지자 어느 정도 진정되었습니다."

"이런 시기에는 강력한 조치만이 최선일세, 그러머." 치안판사가 결연하게 말했다. "국왕 폐하를 위해 일하는 관리의 권위가 무시당하면 우리는 소요단속법[60]을 읽어줘야 하네. 민간의 힘이 이러한 창문들을 보호하지 못한다면 군대가 민간의 힘과 창문까지 보호해야 하네. 이것이 헌법의 금언 아니었나, 징크스 씨?"

"그렇습니다." 징크스가 말했다.

"아주 좋아." 치안판사가 영장에 서명하며 말했다. "그러머, 이 사람들을 오후에 내 앞에 대령시키게. 그레이트 화이트 호스에

---

60   1715년에 공포된 법률. 12인 이상이 불법 집회를 할 경우 지방 당국의 경관 등이 해당 법령을 읽어준 후 해산시킬 수 있었고 이에 응하지 않으면 처벌했다.

있을 거야. 미들섹스 덤플링과 서포크 밴텀 사건 기억하나?"

그러며 씨는 옛 기억에 잠겨 고개를 흔들며 절대 잊지 않았음을 암시했는데, 사실 매일 그 일을 이야기하기 때문에 잊을 것 같지도 않았다.

"이 일은 그 사건보다 더욱 헌법에 위배되네." 치안판사가 말했다. "중대한 치안 방해이며 폐하의 권능에 대한 더욱 큰 침해일세. 결투는 폐하의 가장 명백한 권능이 아닌가, 징크스 씨?"

"마그나 카르타[61]에 뚜렷하게 명시되어 있지요." 징크스 씨가 말했다.

"봉건영주 정치 연합이 국왕에게서 빼앗은, 영국의 왕관에서 가장 밝게 빛나는 보석이 아닌가, 징크스 씨?" 치안판사가 물었다.

"그렇습니다." 징크스 씨가 대답했다.

"아주 좋아." 치안판사가 허리를 똑바로 펴며 말했다. "폐하의 영지 중에서도 바로 이 지역에서 그것이 침해당해서는 안 되지. 그러며, 지원을 확보한 다음 최대한 지체 없이 영장을 집행하게. 머즐은 부인을 밖으로 안내하고."

"네, 각하."

위더필드 양은 치안판사의 학식과 연구에 깊은 감명을 받은 채 물러갔다. 넙킨스 씨는 점심을 먹으러 갔고, 징크스 씨는 자기 내면으로 물러갔으며 — 낮에는 여주인 가족이 차지하는 작은 응접실의 소파 겸 침대를 제외하면 그가 물러갈 곳은 거기밖에

---

61   영국 헌법의 근거가 된 최초의 문서. 권리청원, 권리장전과 더불어 영국 입헌제의 기초
가 되었다.

없었다—그러머 씨는 눈앞의 임무를 이행함으로써 오전에 자신과 폐하의 다른 대리인—교구 직원—이 뒤집어쓴 모욕을 씻어내려 물러갔다.

국왕 폐하의 치안을 지키기 위해서 이처럼 단호하고 결연한 준비가 진행되는 동안 얼마나 큰 사건이 일어나고 있는지 전혀 모르는 픽윅 씨와 친구들은 식사를 하려고 차분하게 모여 앉았다. 다들 무척 말이 많고 서글서글했다. 픽윅 씨가 지난밤의 모험을 설명하자 그의 추종자들, 특히 터프먼 씨가 무척 재미있어했는데 바로 그때 문이 열리고 약간 소름 끼치는 얼굴이 방을 빼꼼히 들여다보았다. 소름 끼치는 얼굴에 달린 눈이 몇 초 동안 픽윅 씨를 진지하게 바라보았고 어느 모로 보나 탐색에 만족한 듯했다. 그 소름 끼치는 얼굴에 달린 몸이 천천히 방 안으로 들어와서 가죽 장식 장화를 신은 노인의 형체를 드러냈기 때문이다. 독자들이 더 이상 궁금하지 않도록 짧게 말하자면, 그 눈은 바로 그러머 씨의 방황하는 눈이었고 몸 역시 같은 신사의 것이었다.

그러머는 전문적이면서도 특이한 방식으로 일을 처리했다. 그가 맨 처음 한 행동은 안에서 문에 빗장을 지르는 것이었고, 두 번째 행동은 면 손수건으로 머리와 얼굴을 아주 조심스럽게 닦는 것이었으며, 세 번째 행동은 모자에 면 손수건을 넣은 다음 제일 가까운 의자에 올려놓는 것이었고, 네 번째 행동은 상의 가슴 주머니에서 끝에 놋쇠가 씌워진 짧은 경찰봉을 꺼내는 것이었다. 그는 무척 엄숙하고 유령 같은 분위기로 곤봉을 흔들어 픽윅 씨를 불렀다.

경악의 침묵을 제일 처음 깨뜨린 사람은 스노드그래스 씨였다. 그는 잠시 그러머 씨를 뚫어지게 바라보더니 강한 어조로 말했다. "여기는 개인실입니다."

그러머 씨가 고개를 젓고 대답했다. "폐하 앞에서는 그 어떤 방도 개인실이 아닙니다. 그게 법입니다. 영국인의 집은 성이라고 주장하는 사람들도 있지만 허튼소리지요."

픽윅 클럽 회원들은 영문을 모르겠다는 눈빛으로 서로를 쳐다보았다.

"터프먼 씨가 누굽니까?" 그러머 씨가 물었다. 그는 픽윅 씨를 본능적으로 인식하여 바로 알아보았다.

"제 이름이 터프먼입니다." 어느 신사가 말했다.

"내 이름은 법률이오." 그러머 씨가 말했다.

"뭐라고요?" 터프먼 씨가 말했다.

"법률." 그러머 씨가 대답했다. "법률, 민간 권력, 행정부. 그것이 내 이름이오. 여기 허가증이 있소. 모 픽윅, 모 터프먼. 우리의 주권자인 국왕 폐하의 치안을 방해하였으니 이러한 사건에 대해서 제정, 제공된 법령에 따라 픽윅과 터프먼을 체포한다."

"이게 무슨 오만한 태도입니까?" 터프먼 씨가 벌떡 일어섰다. "나가시오, 나가요."

"더블리!" 그러머 씨가 신속하게 문 쪽으로 물러나더니 문을 열며 말했다.

"네." 복도에서 낮은 목소리가 말했다.

"어서 들어오게." 그러머 씨가 말했다.

6피트가 넘는 키에 뚱뚱하고 얼굴이 지저분한 남자가 얼굴을 새빨갛게 물들이며 반쯤 열린 문으로 비집고 들어왔다.

"다른 특수 경관들은 밖에 있나?" 그러머 씨가 물었다.

과묵한 남자 더블리 씨가 그렇다는 뜻으로 고개를 끄덕였다.

"들어오라고 명령하게." 그러머 씨가 말했다.

더블리가 시키는 대로 하자 놋쇠가 달린 짤막한 경찰봉을 든 여섯 명이 안으로 들어왔다. 그러머 씨가 자기 경찰봉을 주머니에 넣은 다음 더블리 씨를 보았고, 더블리 씨도 자기 경찰봉을 주머니에 넣고 분대원들을 보았다. 그러자 분대원들은 각자의 경찰봉을 주머니에 넣고 터프먼 씨와 픽윅 씨를 보았다.

픽윅 씨와 추종자들이 한사람처럼 일제히 일어섰다.

"개인실에 이렇게 극악무도하게 침입하다니, 무슨 짓입니까?" 픽윅 씨가 말했다.

"누가 감히 나를 체포한다는 겁니까?" 터프먼 씨가 말했다.

"악당들 같으니, 여기 무슨 볼일이요?" 스노드그래스 씨가 말했다.

윙클 씨는 아무 말 없이 그러머를 빤히 보았는데 그러머 씨에게 감정이 있다면 그의 뇌를 꿰뚫고 반대쪽으로 나올 법한 시선이었다. 그러나 그러머에게는 아무런 영향이 없었다.

경찰은 픽윅 씨와 친구들이 법률의 권위에 저항하려 한다는 사실을 깨닫자 우선 쓰러뜨린 다음 잡아들이는 것이 당연한 직업적 행동이라는 듯 의미심장하게 상의 소매를 걷어 올렸다. 이러한 과시적인 행동은 픽윅 씨에게 영향이 없지 않았다. 그는 터프먼 씨와 잠깐 의논한 다음 시장 관저로 가겠다는 뜻을 나타냈고, 다만 자유의 몸이 되자마자 영국인으로서의 권리를 이토록 부조리하게 침해당한 원한을 반드시 풀고 말겠다는 뜻을 알아달라고 그곳에 모인 사람들에게 간청했다. 그러자 그러며 씨만 빼고 모두가 진심으로 깔깔대며 웃었다. 그러며 씨는 치안판사의 신성한 권한에 대한 모욕은 일종의 신성모독이며 묵인해서는 안 된다고 생각했다.

그러나 픽윅 씨가 조국의 법률에 따르겠다는 의지를 드러냈을 때, 또 그의 강경한 태도가 위협받아서 재미있는 소동이 벌어질 것을 기대했던 급사와 마부와 여관 하녀와 마부 조수가 실망하여 돌아서기 시작했을 때, 예기치 못한 난제가 하나 생겼다. 픽윅 씨는 법률에 따른 당국의 권위를 존중하지만 보통의 죄수처럼 공개적인 거리에서 경찰에게 둘러싸여 호위를 받는 모습을 보이지는 않겠다고 결연하게 항의했다. 그러나 대중이 동요한 상태였으므로(반휴일인데다가 소년들이 아직 집에 돌아가지 않았다) 그러며 씨는 픽윅 씨 일행과 길을 사이에 두고 떨어져 가는 것에 마찬가지로 결연하게 반대했고, 치안판사에게 곧장 가겠다는 픽윅 씨의 말을 받아들이려 하지 않았다. 또한 지금 확보할 수 있는 괜찮은 운송 수단은 우편 마차밖에 없었지만 픽윅 씨와 터프먼 씨 모두 요금을 내지 않겠다고 필사적으로 거부했다. 논쟁이 달아올랐고 문제는 한참이나 해결되지 않았다. 경찰대가 치안판사 관저까지 걸어가지 않겠다는 픽윅 씨의 항의를 무시하고 늘 하던 대로 끌고 가려는 찰나, 누군가 여관 마당에 낡은 가마가 있다는 사실을 기억해 냈다. 원래 통풍을 앓는 공채 투자 자산을 가진 신사를 위해 만든 것으로, 적어도 요즘의 역마차만큼 편리하게 픽윅 씨와 터프먼 씨를 수용할 수 있을 것이었다. 그래서 가마를 빌려서 복도로 가져왔고 픽윅 씨와 터프먼 씨는 가마 안으로 비집고 들어가서 블라인드를 내렸다. 가마꾼 몇 명을 급히 구한 다음 행렬은 웅장하게 차례차례 출발했다. 특수 경관이 가마를 둘러쌌고, 그러머 씨와 더블리 씨가 맨 앞에서 당당하게 행진했으며, 스노드그래스 씨와 윙클 씨는 그 뒤에서 팔짱을 끼고 걸었고, 지저분한 입스위치 사람들이 맨 뒤를 따랐다.

상인들은 어떤 범죄인지 잘 몰랐지만 이 광경에 무척 흥분하고 기뻐하지 않을 수 없었다. 법률이라는 믿음직스러운 팔이 금박 만드는 사람 스무 명을 합친 힘으로 런던에서 온 두 범죄자를 덮쳤는데, 이 강력한 기관을 지도하는 이는 바로 그들의 치안판사였고 이 기관을 움직이는 이들은 바로 그들의 경찰이었다. 그들이 힘을 합쳐서 두 범죄자를 하나의 가마라는 좁은 공간에 안전하게 가두었다. 경찰봉을 손에 든 그러머 씨가 행렬의 선두에서 행진하자 그를 맞이하는 수많은 사람들의 얼굴에 감사와 경탄이 떠올랐고 지저분한 입스위치 주민들의 함성은 크고 길었다. 이처럼 한목소리로 칭찬하는 사람들 사이에서 행렬이 천천히, 당당하게 나아갔다.

검정색 캘리코 소매가 달린 모닝 재킷 차림의 웰러 씨는 수수께끼 같은 녹색 대문 저택을 조사했지만 아무 성과도 없어서 약간 풀이 죽어 돌아오는 길이었는데, 시선을 들자 가마와 무척 비슷한 물체를 둘러싸고 거리로 쏟아져 나오는 군중이 보였다. 계획에 실패했다는 생각에서 잠시 벗어나고 싶었던 그는 지나가는 군중을 보려고 한 발 옆으로 물러섰고, 사람들이 무척 즐거워하며 환호하고 있음을 깨닫자마자 (단지 기운을 내려고) 혼신의 힘을 다해 환호하기 시작했다.

샘은 그러머 씨가 지나가고, 더블리 씨가 지나가고, 가마가 지나가고, 호위하는 특수 경관이 지나갈 때까지도 군중의 열정적인 환호에 응하여 더없이 즐겁다는 듯 모자를 들고 흔들다가 (물론 그는 무슨 일인지 전혀 몰랐다) 윙클 씨와 스노드그래스 씨가 예기치 않게 등장하는 바람에 뚝 멈추었다.

"이게 무슨 소란이에요?" 샘이 외쳤다. "저기 상중인 경비 초소 같은 상자에 누가 들어 있습니까?"

두 신사가 동시에 대답했지만 소란에 휘말려 들리지 않았다.

"누구라고요?" 샘이 다시 고함쳤다.

다시 한번 두 사람의 대답이 돌아왔다. 소리는 들리지 않았지만 샘은 '픽윅'이라는 마법의 단어를 발음하는 두 사람의 입 모양을 알아보았다.

그것으로 충분했다. 웰러 씨는 즉시 군중을 헤치고 나아가 가마꾼을 멈추고 당당한 그러머 씨 앞을 막았다.

"안녕하십니까." 샘이 말했다. "저 안에 누가 들어 있습니까?"

"물러서라." 그러머 씨가 말했다. 그의 위엄은 다른 수많은 사람들의 위엄과 마찬가지로 얼마 안 되는 인기에 따라 놀라울 만큼 부풀려졌다.

"물러서지 않으면 쓰러뜨리세요." 더블리 씨가 말했다.

"이거 참 고맙습니다." 샘이 대답했다. "제 편의를 이렇게 봐주시니 말입니다. 거인의 대상 무리에서 막 도망쳐 나온 것처럼 생긴 저 신사분은 아주 멋진 제안을 해주셨으니 더욱 고맙군요. 하지만 이러나저러나 똑같다면 제 질문에 대답해 주시는 게 저는 더 좋은데요. 괜찮으세요, 주인님?" 마지막 말은 앞쪽 창문을 빼꼼 내다보는 픽윅 씨를 걱정하며 한 말이었다.

화가 치밀어 올라 할 말을 잃은 그러머 씨가 주머니에서 놋쇠 달린 경찰봉을 꺼내 샘의 눈앞에서 휘둘렀다.

"아." 샘이 말했다. "아주 예쁘네요, 특히 꼭대기 부분이 말입니다. 진짜 경찰봉이랑 똑같이 생겼네요."

"물러서라." 분노한 그러머 씨가 말했다. 그는 명령에 더욱 힘을 싣기 위해서 한 손으로는 왕의 권위를 나타내는 놋쇠 부분을 샘의 목도리에 찔러 넣고 한 손으로는 샘의 멱살을 잡았고, 샘은 이 인사에 대한 대답으로 그의 손을 뿌리치고 넘어뜨렸는데, 크나큰 배려심으로 그의 깔개 노릇을 할 가마꾼을 미리 쓰러뜨린 뒤였다.

윙클 씨가 위험하다는 느낌에서 비롯된 광기에 순간적으로 사로잡혔는지, 웰러 씨의 용맹함을 보고 기운을 얻었는지는 확실하지 않다. 그러나 그러머 씨가 쓰러지는 모습을 보자마자 옆에서 있던 작은 소년에게 무시무시하게 덤벼든 것은 확실하다. 그러자 스노드그래스 씨는 진정한 기독교인 정신과 모두에게 알려야 한다는 의무감으로 아주 큰 목소리로 이제부터 시작하겠다고 외친 다음 신중하게 상의를 벗기 시작했다. 그러나 즉시 사람들에게 둘러싸여 잡혔다. 스노드그래스 씨와 윙클 씨는 본인들과 웰러 씨를 구하려는 시도를 전혀 하지 않았다고 말하는 것이 정당할 것이다. 웰러 씨는 격렬한 저항 끝에 수적 약세에 밀려 붙잡혔다. 행렬이 재정비되고 가마꾼들이 제자리로 돌아가 행진이 다시 시작되었다.

이 소동이 벌어지는 내내 픽윅 씨의 분노는 한없이 커져갔다. 샘이 사방으로 날아다니며 특수 경관들을 물리치는 모습이 보였지만, 가마 문이 열리지 않고 블라인드도 올라가려 하지 않았기 때문에 그것밖에 보지 못했다. 결국 픽윅 씨는 터프먼 씨의 도움을 받아 지붕을 밀어서 열 수 있었고, 그의 어깨에 올라타서 사람들을 향해 자신이 얼마나 부당한 취급을 당했는지 이야기하고 자기 하인이 먼저 공격당했음을 알아달라고 말했다. 이렇게 해서 빠른 걸음으로 총총 걸어가는 가마꾼들, 뒤를 따르는 죄수들, 연설하는 픽윅 씨, 고함을 지르는 군중의 순서로 치안판사 관저에 도착했다.

25장
너프킨 씨가 당당하고 공명정대하게 행동하고,
웰러 씨가 잡 트로터 씨의 강한 일격을
똑같이 받아치다

웰러 씨는 질질 끌려가면서 격렬하게 화를 냈고, 그러머 씨와 동료들의 외모와 행동을 수없이 언급했으며, 자신을 둘러싼 여섯 명의 신사에게 용맹하게 저항하면서 불만을 쏟아냈다. 스노드그래스 씨와 윙클 씨는 울적한 와중에도 존경심을 가지고 그들의 수장이 가마에서 격심하게 쏟아내는 웅변에 귀를 기울였는데, 터프먼 씨가 가마 지붕을 닫자고 아무리 간청해도 급류 같은 웅변은 단 한 순간도 멈추지 않았다. 그러나 도망자 잡 트로터를 마주쳤던 바로 그 저택의 안뜰로 행렬이 접어들자 웰러 씨의 분노는 곧 호기심으로 바뀌었고, 지독히 거드름을 피우는 그러머 씨가 가마꾼들에게 멈추라고 명령하고서 당당하고 으스대는 발걸음으로 잡 트로터가 나왔던 바로 그 녹색 대문을 향해 걸어가 초인종 손잡이를 세게 잡아당기자 호기심은 더할 나위 없이 놀라운 기쁨으로 바뀌었다. 종소리를 듣고 나온 사람은 무척 말쑥하고 예쁘게 생긴 하녀였는데, 그녀는 죄수들의 반항적인 모습과 픽윅 씨의 열띤 연설에 깜짝 놀라 양손을 들더니 곧 머즐 씨를 불러왔다. 머즐 씨가 마차용 출입문을 반쯤 열어 가마와 잡혀온 사람들, 특수 경관을 들여보내고 군중의 면전에서 문을 쾅 닫자 사람들은 무슨 일이 벌어질지 알고 싶어 안달이 나서 그 뒤로도 한두 시간 동안 대문을 발로 차고 초인종을 울리며 분풀이를 했다. 다들 차례로 분풀이를 하며 즐기는 가운데, 대문에서 창살을 발견한 운 좋은 서너 명은 경마차에 치인 술주정뱅이가 약제상 뒷방에서 수술을 받을 때 가게 유리에 코를 납작 붙이고 들여다보는 사람들처럼 아무것도 보이지 않는 안쪽을 불굴의 의지로 들여다보았다.

가마는 용설란이 심어진 녹색 화분이 양쪽을 지키는 현관문 앞 계단 발치에 멈추었고 픽윅 씨와 친구들은 복도로 안내받아 들어갔다. 머즐이 이들의 도착을 알리자 넙킨스 씨가 들여보내라고 명령했고, 픽윅 씨 일행은 명예롭고 공명심 강한 치안판사 앞으로 인도되었다.

그곳은 무척 인상적인 장소였다. 죄인들의 마음에 공포를 심어주고 법률의 엄격한 위엄을 제대로 알려주도록 잘 꾸며져 있었다. 넙킨스 씨는 커다란 책장 앞의 큰 의자에 앉아 있었고 그의 앞에는 커다란 책이 놓인 큰 탁자가 있었는데, 이렇게 큰 것들만 모여 있는데도 넙킨스 씨는 그것들보다 훨씬 거대해 보였다. 탁자에는 종이 뭉치들이 장식되어 있었고 탁자 저쪽 끝에는 징크스 씨의 머리와 어깨가 드러나 있었는데, 그는 최대한 분주해 보이느라 분주했다. 모두 들어오자 머즐이 조심스럽게 문을 닫고 주인의 의자 뒤에 서서 그의 명령을 기다렸고, 넙킨스 씨는 소름 끼칠 만큼 엄숙하게 의자에 기대어 앉아서 마지못해 끌려온 손님들의 얼굴을 유심히 관찰했다.

"그러며, 저 사람은 누군가?" 넙킨스 씨가 픽윅 씨를 가리키자 픽윅 씨는 친구들의 대변인으로서 모자를 손에 들고 예의 바르고 정중하게 고개를 숙여 인사했다.

"픽윅입니다, 각하." 그러머가 말했다.

"됐어요, 부싯돌같이 느려터진 친구." 웰러 씨가 팔꿈치로 사람들을 밀치고 맨 앞줄로 나가며 끼어들었다. "실례합니다만 이 노란 가죽 장식 장화를 신은 당신 부하는 어딜 가도 의전관으로 먹고살기는 힘들겠네요." 웰러 씨가 그러머를 옆으로 밀어내더니 유쾌하고 친밀한 말투로 치안판사에게 말했다. "이분은 새뮤얼 픽윅 귀하이고, 이분은 터프먼 씨, 저분은 스노드그래스 씨, 그 옆의 분은 윙클 씨입니다. 모두 판사님께서 알고 지내시면 무척 흡족할 만큼 훌륭한 신사분들이시죠. 그러니 판사님이 관리들을 트레드밀[62] 한두 달 형에 빨리 선고하실수록 우리는 유쾌하게 서로를 이해하게 될 겁니다. 즐기는 건 나중이고 일이 먼저죠. 리처드 3세가 런던탑에서 아이들을 질식사시키기 전에 다른 왕을

---

[62] 발로 밟아 바퀴를 돌리는 형벌.

먼저 죽이면서 말했던 것처럼요."

웰러 씨는 말을 끝내면서 오른쪽 팔꿈치로 자기 모자를 쓸더니 징크스를 향해 유순하게 고개를 끄덕였고, 징크스는 그의 이야기를 들으며 형언할 수 없을 만큼 탄복했다.

"이 사람은 누군가, 그러머?" 치안판사가 말했다.

"아주 지독한 사람입니다, 각하." 그러머가 대답했다. "죄수들의 구출을 시도하고 관리들을 공격했습니다. 그래서 붙잡아 여기 대령시켰지요."

"잘했군." 치안판사가 대답했다. "확실히 지독한 깡패 같아."

"제 하인입니다." 픽윅 씨가 화를 내며 말했다.

"아, 당신 하인이로군요?" 넙킨스 씨가 말했다. "법의 궁극적 목적을 방해하고 관리를 살해하려는 음모. 픽윅의 하인. 그대로 적게, 징크스 씨."

징크스 씨는 시키는 대로 했다.

"자네는 이름이 뭔가?" 넙킨스 씨가 우레같이 고함쳤다.

"웰러입니다." 샘이 대답했다.

《뉴게이트 요람》[63]에 올리기 아주 좋은 이름이군." 넙킨스 씨가 말했다.

이 말은 농담이었기 때문에 징크스, 그러머, 더블리, 모든 특수 경관, 머즐이 5분 동안 발작하듯 웃었다.

"이자의 이름을 적게, 징크스." 치안판사가 말했다.

---

63   감옥에 갇힌 유명 범죄자들의 삶을 자세히 기록한 책.

"L이 두 개입니다." 샘이 말했다.

이 말에 운 나쁜 특수 경관 한 명이 다시 웃었고, 그러자 치안 판사는 즉시 처벌하겠다고 위협했다. 이런 상황에서 엉뚱한 사람의 말에 웃는 것은 위험한 일이다.

"어디에 살지?" 치안판사가 말했다.

"살 수 있는 곳이라면 어디든지요." 샘이 대답했다.

"이것도 적게, 징크스." 금세 화가 치민 치안판사가 말했다.

"밑줄도 긋고." 샘이 말했다.

"부랑자로군." 치안판사가 말했다. "부랑자라고 자기 입으로 말했어. 그렇지 않은가, 징크스?"

"맞습니다."

"그렇다면 체포하도록 하지. 부랑자로 체포하겠네." 넙킨스 씨가 말했다.

"이 나라는 아주 공명정대하니까요." 샘이 말했다. "치안판사가 다른 사람을 잡아 가두다 보면 그 두 배로 비난을 사지요."[64]

이 반격에 또 다른 특수 경관이 웃음을 터뜨렸다가 지나치게 진지한 표정을 지으려고 애썼는데 치안판사가 금방 찾아냈다.

"그러머!" 화가 나서 얼굴이 벌게진 넙킨스 씨가 말했다. "어떻게 이처럼 무능하고 형편없는 사람을 감히 특수 경관으로 뽑을 수 있지? 자네가 어떻게 감히?"

"정말 죄송합니다, 각하." 그러머가 더듬더듬 대답했다.

---

64 '비난을 사다commit'와 '잡아 가두다'가 같은 동사임을 이용한 말장난.

"정말 죄송하다고?" 분노한 치안판사가 말했다. "직무 태만을 뉘우치게 될 거야. 자네를 본보기로 삼아야겠어. 저 친구의 경찰봉을 빼앗게. 저자는 취했어. 이봐, 자네 취했군."

"취하지 않았습니다, 각하." 남자가 말했다.

"확실히 취했어." 치안판사가 대꾸했다. "내가 취했다는데 자네가 어떻게 감히 취하지 않았다고 말할 수 있지? 그러면, 저자한테서 술 냄새가 나지 않나?"

"지독합니다, 각하." 어딘가에서 럼 냄새가 살짝 나는 것 같아서 그러머가 이렇게 대답했다.

"그럴 줄 알았어." 넙킨스 씨가 말했다. "이 방에 처음 들어왔을 때부터 흥분한 눈을 보고 취했다는 걸 알았지. 자네도 흥분한 눈을 봤나, 징크스?"

"봤습니다."

"저는 술에 손도 대지 않았습니다." 정신이 충분히 말짱했던 남자가 말했다.

"감히 나에게 거짓을 고하는 건가?" 넙킨스 씨가 말했다. "저자가 지금 취하지 않았나, 징크스?"

"취했습니다." 징크스가 대답했다.

"징크스." 치안판사가 말했다. "저자를 모욕죄로 체포해야겠네. 서류를 작성하게."

특수 경관은 체포당할 뻔했지만 시골 변호사 사무실에서 3년 동안 법률 공부를 했던 치안판사의 고문 징크스가 판사에게 안 될 것 같다고 속삭였다. 그러자 치안판사는 특수 경관의 가족을 생각해서 견책과 해고에 그치겠다고 말했고, 따라서 특수 경관을 15분 동안 심하게 질책한 후 내보냈다. 그러머, 더블리, 머즐, 나머지 특수 경관들은 넙킨스 씨가 무척 아량이 넓다며 중얼중얼 감탄했다.

"자, 징크스." 치안판사가 말했다. "그러머에게 선서를 시키게."

그러머는 바로 선서했지만 중언부언하기 시작했고 넙킨스 씨는 식사 준비가 거의 끝났기 때문에 유도신문으로 그러머에게서 거의 긍정의 대답만 끌어내서 재빨리 마무리 지었다. 신문은 무척 매끄럽고 편안하게 끝났다. 웰러 씨의 폭행 두 건, 윙클 씨의 협박 한 건, 스노드그래스 씨의 떠밀기 한 건이 증명되었다. 모든 일이 치안판사의 마음에 흡족하게 끝나자 그는 징크스와 귓속말로 의논했다.

의논은 10분 정도 걸렸고, 징크스 씨는 원래 앉아 있던 탁자의 끝자리로 물러났으며, 치안판사가 기침을 한 다음 의자에 똑바로 앉아서 말을 시작하려고 할 때 픽윅 씨가 끼어들었다.

"끼어들어서 죄송합니다." 픽윅 씨가 말했다. "하지만 지금 여기서 들으신 진술을 바탕으로 판결을 내리고 그에 따라 실행하시기 전에 제가 직접적으로 관련된 일인 만큼 진술할 권리를 주장해야겠습니다."

"말을 멈추시오." 치안판사가 단호하게 말했다.

"분부대로 해야겠지요." 픽윅 씨가 말했다.

"말을 멈추시오." 치안판사가 말했다. "아니면 경관을 시켜 쫓아내겠소."

"무엇이든 원하시는 대로 명령하셔도 좋습니다, 판사님." 픽윅 씨가 말했다. "지금까지 관리들이 복종하는 태도를 보아하니 판사님께서 무슨 명령을 내리시든지 이들은 그대로 따르겠지요. 그러나 판사님, 저는 무력으로 쫓겨날 때까지 저의 진술권을 자유롭게 주장하겠습니다."

"픽윅 씨가 원리 원칙을 들고 나왔어!" 웰러 씨가 다른 사람에게 들릴 정도로 크게 말했다.

"샘, 조용히 하게." 픽윅 씨가 말했다.

"구멍 뚫린 북처럼 입을 다물지요." 샘이 대답했다.

픽윅 씨가 좀처럼 보기 힘들 만큼 무모하게 나오자 넙킨스 씨가 무척 놀란 눈빛으로 그를 보면서 무척 분노에 찬 대답을 하려는 듯했는데, 그때 징크스 씨가 판사의 소매를 잡아당기더니 귀에 뭐라고 속삭였다. 그러자 치안판사 역시 속삭이며 대답했고, 몇 차례 속삭임이 계속되었다. 징크스는 분명히 이의를 제기하고 있었다.

결국 치안판사는 더 이상 아무 말도 듣고 싶지 않다는 마음을 마지못해 꾹꾹 누르면서 픽윅 씨를 향해 몸을 돌리고 날카롭게 말했다. "무슨 말을 하고 싶은가?"

"우선," 픽윅 씨가 안경 너머로 시선을 보내자 넙킨스 씨가 움츠러들었다. "우선 저와 제 친구가 무슨 이유로 끌려왔는지 알고 싶습니다."

"말해야 하나?" 치안판사가 징크스에게 속삭였다.

"말해주는 것이 좋을 듯합니다." 징크스가 치안판사에게 속삭였다.

"제보가 있었소." 치안판사가 말했다. "당신이 결투를 벌일 것이 우려된다고, 그리고 저 터프먼이라는 사람이 결투의 입회인이자 선동자라고 했소. 따라서…… 그렇지, 징크스 씨?"

"그렇습니다."

"따라서 내가 당신들 둘을 소환해서…… 이 순서가 맞지, 징크스?"

"그렇습니다."

"소환해서, 소환해서…… 그다음이 뭐지, 징크스?" 치안판사가 뚱하게 말했다.

"보석 보증인입니다."

"그래, 따라서 내가 당신들 둘을 소환해서—서기가 끼어들기 전에 내가 말하려고 했던 것처럼—보석 보증인 찾기를 지시하는 바요."

"좋은 보석 보증인을요." 징크스 씨가 속삭였다.

"좋은 보석 보증인이 필요하다." 치안판사가 말했다.

"우리 도시 시민이요." 징크스가 속삭였다.

"우리 도시의 시민이어야 한다." 치안판사가 말했다.

"각각 50파운드입니다." 징크스 씨가 속삭였다. "그리고 물론 가장이어야 하고요."

"두 사람은 각각 50파운드의 보증금을 내야 한다." 치안판사가 큰소리로 무척 위엄 있게 말했다. "물론 보증인은 가장이어야 한다."

"하지만 판사님." 터프먼 씨와 함께 소스라치게 놀라고 분개한 픽윅 씨가 말했다. "저희는 이 도시에 처음 왔습니다. 저는 누구와도 결투를 할 의도가 없고 마찬가지로 이 도시의 어떤 가장도 모릅니다."

"아마 그렇겠지요." 치안판사가 대답했다. "아마 그렇겠지, 안 그런가 징크스?"

"그렇습니다."

"할 말이 더 있습니까?" 치안판사가 물었다.

픽윅 씨는 물론 할 말이 무척 많았고, 판사가 말을 멈춘 순간 웰러 씨가 소매를 잡아당기지 않았다면 분명히 그렇게 함으로써 자신도 불리해지고 치안판사도 불만스럽게 만들었을 것이다. 픽윅 씨는 즉시 웰러 씨와 대화를 나누었는데 어찌나 진지했는지 치안판사의 질문을 듣지도 못했다. 넙킨스 씨는 같은 질문을 두 번 하는 사람이 아니었다. 따라서 또다시 기침을 먼저 한 다음 경관들의 존경과 탄복 가득한 침묵 속에서 판결을 발표했다.

그는 웰러에게 첫 번째 폭행에 대한 벌금 2파운드, 두 번째 폭행에 대한 벌금 3파운드를 부과했다. 윙클에게는 2파운드, 스노드그래스에게는 1파운드의 벌금을 부과했고, 국왕 폐하의 모든 신하들, 특히 국왕의 충성스러운 종복 대니얼 그러머에 대해 치안을 어지럽히지 않겠다는 서약서를 쓰라고 요구했다. 픽윅과 터프먼은 보석을 내도록 이미 결정되었다.

치안판사가 말을 마치자마자 픽윅 씨가 다시 명랑해진 얼굴을 미소로 물들이며 앞으로 나섰다.

"판사님, 실례합니다만 몇 분만 단둘이 이야기를 나눌 수 있을까요? 판사님께 무척 중요한 일입니다."

"뭐라고요!" 치안판사가 말했다.

픽윅 씨가 요청을 되풀이했다.

"정말 놀랍군." 치안판사가 말했다. "개별 면담이라니!"

"개별 면담입니다." 픽윅 씨가 단호하게 대답했다. "다만 제가 알려드리고 싶은 정보의 일부는 제 하인이 가져온 것이므로 그역시 동석하면 좋겠습니다."

치안판사는 징크스 씨를 보았고 징크스 씨는 치안판사를 보았으며, 경관들은 놀라서 서로를 바라보았다. 넙킨스 씨의 얼굴이 갑자기 창백해졌다. 웰러라는 사람이 회한에 휩싸여 판사를 암살하겠다는 비밀 계획을 털어놓은 것은 아닐까? 끔찍한 생각이었다. 그는 공인이었다. 율리우스 카이사르와 퍼시벌 씨[65]를 떠올리자 그의 얼굴은 더욱 창백해졌다.

치안판사가 픽윅 씨를 다시 보더니 징크스 씨를 손짓하여 불렀다.

"이 요청에 대해 어떻게 생각하나, 징크스?" 넙킨스 씨가 중얼거렸다.

별생각이 없는 데다가 판사의 기분을 상하게 할까 봐 두려웠던 징크스 씨는 모호하고 흐릿한 미소를 짓더니 양쪽 입꼬리를 일그러뜨리면서 천천히 고개를 저었다.

65　스펜서 퍼시벌 총리는 1812년 하원에서 존 벨링엄에게 암살되었다.

"징크스." 치안판사가 엄숙하게 말했다. "자네는 바보로군."

이 사소한 의견 표명에 징크스 씨는 다시 미소를 짓더니—아까보다 더 흐릿한 미소였다—조금씩 물러나 구석 자리로 돌아갔다.

넙킨스 씨는 몇 초 동안 생각하더니 의자에서 일어나 픽윅 씨와 샘에게 따라오라고 말한 다음 재판관실로 이어지는 작은 방으로 갔다. 그는 픽윅 씨가 조금이라도 적의를 드러낼 경우 즉시 도망칠 수 있도록 반쯤 닫힌 문에 손을 얹은 채 무슨 이야기든 들을 준비가 되었다고 말했다.

"곧장 요점으로 들어가겠습니다." 픽윅 씨가 말했다. "판사님의 신용에 상당한 영향을 끼칠 만한 일입니다. 아무리 생각해도 판사님께서 형편없는 사기꾼에게 숙소를 제공하고 계신 것 같습니다."

"두 명이죠." 샘이 끼어들었다. "눈물과 악행에 관해서라면 인간 같지도 않은 자주색 사내도 있어요."

"샘." 픽윅 씨가 말했다. "판사님께 사실을 알려드려야 하니 감정을 좀 통제하게."

"정말 죄송합니다." 웰러 씨가 대답했다. "하지만 잡이 여기 있다고 생각하니 조금이라도 속을 털어놓지 않고서는 견딜 수가 없어요."

"판사님." 픽윅 씨가 말했다. "간단히 말해서 제 하인은 피츠마셜 대위라는 사람이 이곳을 자주 방문하는 것이 아닌지 의심하고 있습니다." 넙킨스 씨가 크게 화를 내며 끼어들려 하자 픽윅 씨가 덧붙였다. "왜냐하면, 만약 그렇다면, 제가 알기로 그 사람은……."

"쉬, 쉬." 넙킨스 씨가 문을 닫으며 말했다. "당신이 알기로 그 사람은 뭡니까?"

"그 사람은 파렴치한 투기꾼에다 명예를 모르는 인물입니다. 사회를 속이는 남자이며 쉽게 속는 사람들을 자신의 희생양으로, 어리석고 멍청하고 불쌍한 희생양으로 삼습니다." 흥분한 픽윅 씨가 말했다.

"이런!" 넙킨스 씨가 얼굴을 새빨갛게 붉히고 태도를 완전히 바꾸어 말했다. "이런, 당신……."

"픽윅입니다." 샘이 말했다.

"픽윅 씨." 치안판사가 말했다. "이런, 픽윅 씨, 앉으시지요. 진심은 아니겠지요? 피츠 마셜 대위가!"

"대위라고 부르지도 마세요." 샘이 말했다. "피츠 마셜이라고 부르지도 말고요. 둘 다 아닙니다. 그 사람은 떠돌이 배우예요, 이름은 징글이지요. 그리고 자주색 제복을 입은 늑대도 있었다면 그게 바로 잡 트로터입니다."

"사실입니다, 판사님." 픽윅 씨가 깜짝 놀란 치안판사의 표정을 보며 대답했다. "제가 이 마을에 온 유일한 목적은 지금 이야기하는 그 사람의 정체를 밝히기 위해서입니다."

그런 다음 픽윅 씨는 공포에 질린 넙킨스 씨의 귀에 징글 씨의 모든 악행에 대한 간략한 설명을 쏟아부었다. 그는 징글을 어떻게 처음 만났는지, 어떻게 워들 양과 달아났는지, 또 어떻게 해서 금전적인 이유 때문에 그 여인을 선뜻 버렸는지, 어떻게 해서 자신을 한밤중에 기숙학교에 가두었는지, 또 어떻게 해서 그가 현재 사용하고 있는 거짓 이름과 계급을 폭로하는 것이 자신의 의무라고 느끼게 되었는지 말했다.

　이야기가 진행됨에 따라 넙킨스 씨 몸속에서 흐르는 따뜻한 피가 모조리 귀 끝으로 몰려들어 따끔거렸다. 그는 근처 경마장에서 대위를 알게 되었다. 넙킨스 부인과 넙킨스 양은 대위가 알고 지낸다는 수많은 귀족들과 그의 광범위한 여행 경험과 상류층 같은 품행에 매료되어 사람들에게 피츠 마셜 대위를 과시했고, 피츠 마셜 대위의 말을 인용했으며, 몇몇 헌신적인 지인들의 면전에 피츠 마셜 대위를 내밀었고, 따라서 어린 시절부터 친하게 지냈던 포케넘 부인과 포케넘 자녀들, 시드니 포케넘 씨는 질투와 절망으로 가슴이 터질 지경이었다. 그런데 이제 와서 그가 욕심 많은 투기꾼, 떠돌이 배우, 게다가 사기꾼이거나 그와 분간이 안 될 만큼 비슷한 인간이라는 말을 듣다니! 세상에! 포케넘가 사람들이 뭐라고 할까! 시드니 포케넘이 고작 이런 경쟁자 때문에 자신의 예의 바른 태도가 무시당했다는 사실을 알면 얼마나 의기양양할 것인가! 다음 분기 법원[66]에서 포케넘의 눈을 어떻게 마주 본단 말인가! 또 이 이야기가 세간에 퍼진다면 치안판사의 반대파에게 얼마나 좋은 구실이 되겠는가!

　"하지만 결국 당신의 말뿐이잖소." 긴 정적 끝에 넙킨스 씨가

66　1년에 4회 개정되어 형사 및 민사 사건을 다루던 법정.

잠시 기운을 되찾고 말했다. "피츠 마셜 대위는 무척 매력적인 사람이니 분명 적도 많겠지요. 당신 말이 전부 사실이라는 증거가 어디 있습니까?"

"저를 그와 대면시켜 주십시오." 픽윅 씨가 말했다. "제가 요청하는 것은, 제게 필요한 것은 그것뿐입니다. 그를 저와, 그리고 여기 있는 제 친구들과 대면시켜 주십시오. 그 이상의 증거는 필요 없을 것입니다."

"음." 넙킨스 씨가 말했다. "그건 쉽습니다. 오늘 밤에 만나기로 되어 있으니까요. 그러면 이 문제를 공론화할 필요도 없지요. 그저, 그저, 그 청년을 위해서 말입니다. 나는 먼저 이 방법이 적절한지 부인과 상의하고 싶군요. 아무튼 픽윅 씨, 먼저 법률적인 문제를 정리해야만 합니다. 옆방으로 다시 가시지요."

그들은 옆방으로 갔다.

"그러머." 치안판사가 무시무시한 목소리로 말했다.

"각하." 그러머가 총신 특유의 미소를 지으며 대답했다.

"자, 자." 치안판사가 엄하게 말했다. "그런 경망스러운 모습은 보이지 말게. 이 상황에 전혀 어울리지 않는 데다가 지금 웃을 만한 일은 하나도 없으니까. 방금 자네가 한 진술이 전부 엄밀한 진실인가? 신중하게 말하게."

"각하." 그러머가 더듬거렸다. "저는⋯⋯."

"혼란스러운가 보군." 치안판사가 말했다. "징크스, 그러머가 혼란스러워하는 모습을 자네도 봤나?"

"봤습니다." 징크스가 대답했다.

"그렇다면 다시 진술하게, 그러머." 치안판사가 말했다. "다시 한번 경고하지만 신중하게 진술해야 하네. 징크스, 그러머의 말을 적도록."

가련한 그러머는 고발 내용을 다시 진술했지만, 징크스 씨가 받아 적고 치안판사가 반론을 제기하자 장황하게 말하는 타고난 성향과 극도의 혼란 때문에 3분도 채 지나지 않아서 엉망진창으로 얽히고 모순되었고, 그러자 넙킨스 씨는 즉시 그의 말을 믿을 수 없다고 선언했다. 그렇게 해서 벌금은 취소되었고, 징크스 씨는 보석 보증인 두 명을 금방 찾아냈다. 엄숙한 절차가 모두 만족스럽게 마무리되자 그러머 씨는 굴욕적이게도 나가라는 명령을 받았다. 인간의 위대함이 얼마나 불안정한지, 위대한 인간의 총애가 지속되는 기간이 얼마나 불확실한지 보여주는 좋은 예였다.

넙킨스 부인은 파란색 가제 터번과 밝은 갈색 가발을 쓴 당당한 여성이었다. 넙킨스 양은 터번을 쓰지 않았지만 어머니와 똑같이 도도했고, 가발을 쓰지 않았지만 어머니와 똑같이 심술궂었다. 그리고 종종 그렇듯 이 두 가지 사랑스러운 성격 때문에 모녀는 불쾌한 난관에 부딪치면 합심하여 모든 것을 넙킨스 씨의 탓으로 돌렸다. 따라서 넙킨스 씨가 아내를 찾아서 픽윅 씨의 이야기를 상세히 들려주자 넙킨스 부인은 이와 비슷한 일이 일어나리라고 항상 예상했고, 그렇게 되리라 항상 말했고, 하지만 남편이 그녀의 충고를 듣지 않았고, 넙킨스 씨가 도대체 자신을 뭐라고 생각하는지 정말 모르겠다고 생각해 왔다는 것이 갑자기 떠올랐다.

"생각해 보세요!" 넙킨스 양이 빠듯한 눈물을 짜내며 말했다. "제가 그런 바보 취급을 받는다고 생각해 보시라고요!"

"아, 그건 전부 네 아버지 덕분이란다, 내 딸아." 넙킨스 부인이 말했다. "내가 그렇게 대위의 가족 관계를 좀 물어보시라고 얼마나 간청하고 애원했는데, 단호한 조치를 취하시라고 그렇게나 탄원하며 졸랐는데! 아무도 안 믿을 거야, 아무도."

"하지만 여보." 넙킨스 씨가 말했다.

"나한테 아무 말도 하지 마세요, 사태를 악화시킬 뿐이에요." 넙킨스 부인이 말했다.

"여보," 넙킨스 씨가 말했다. "당신도 피츠 마셜 대위가 정말 마음에 든다고 했잖소. 항상 집으로 초대하고 기회만 있으면 어디든 소개하고 다녔잖소."

"내가 말했지, 헨리에타?" 넙킨스 부인이 크게 상처 입은 여자처럼 딸에게 호소했다. "네 아버지가 분명 내 탓만 하실 거라고 했지? 맞지?" 넙킨스 부인이 흐느꼈다.

"오, 아빠!" 넙킨스 양이 항의하더니 역시 흐느끼기 시작했다.

"우리를 이렇게 수치스러운 웃음거리로 만들어놓고 전부 나 때문이라고 조롱하다니 너무하지 않니?" 넙킨스 부인이 외쳤다.

"이제 어떻게 사교계에 나가요!" 넙킨스 양이 말했다.

"포케넘 씨 가족을 어떻게 봐요!" 넙킨스 부인이 말했다.

"그리그즈 가족도 그렇고!" 넙킨스 양이 말했다.

"슬러민토큰 가족은요!" 넙킨스 부인이 말했다. "하지만 네 아버지가 무슨 상관이겠니? 자기야 아무 문제도 없겠지!" 넙킨스 부인은 이 끔찍한 생각에 너무나 괴로워하며 울었고, 넙킨스 양도 마찬가지였다.

넙킨스 부인은 엄청난 속도로 눈물을 쏟다가 잠시 생각하더니, 픽윅 씨와 친구들에게 대위가 올 때까지 남아달라고 요청한 다음 픽윅 씨에게 그가 찾던 기회를 주는 것이 제일 좋겠다고 마음속으로 결론을 내렸다. 픽윅 씨의 말이 사실인 것 같으면 이 문제를 세간에 알리지 않은 채 대위를 쫓아내고, 포케넘 가족에게는 대위가 궁정 연줄을 통해서 시에라리온이나 인도 사가르 같은, 유럽 사람들이 너무 좋아해서 한 번 가면 절대 돌아오지 않는 기후가 좋은 어딘가의 총독으로 임명되었다고 설명하면 그만이었다.

넙킨스 부인이 눈물을 닦자 넙킨스 양도 눈물을 닦았고 넙킨스 씨는 부인의 제안대로 문제를 마무리했다. 그렇게 해서 픽윅 씨와 친구들은 조금 전의 만남이 남긴 흔적은 모두 씻어 보내고 숙녀들을 소개받았으며 곧 식사를 대접받았다. 웰러 씨가 더없이 좋은 사람이라는 사실을 특유의 기민함으로 30분 만에 알아차린 치안판사는 머즐 씨에게 그의 안내와 보호를 맡겼고, 머즐 씨는 특별 명령에 따라 극진히 대접하기 위해 웰러 씨를 아래층으로 데리고 내려갔다.

"어떠십니까?" 머즐 씨가 웰러 씨를 아래층 부엌으로 안내하며 말했다.

"음, 조금 전 아까 그 방에서 당신이 주인의 의자 뒤에 우두커니 서 있는 모습을 본 이후로 제 몸 상태에 큰 변화는 없습니다만." 샘이 대답했다.

"아까는 조금 더 신경 쓰지 못해서 죄송합니다." 머즐 씨가 말했다. "주인님이 우리를 소개해 주지 않으셔요. 세상에, 주인님은 당신이 정말 마음에 든 것 같더군요, 웰러 씨. 확실합니다!"

"정말 유쾌한 분이더군요." 샘이 말했다.

"그렇지요?" 머즐 씨가 대답했다.

"정말 익살스럽기도 하고요." 샘이 말했다.

"말도 참 잘하시지요." 머즐 씨가 말했다. "생각이 아주 물 흐르듯 흘러요, 그렇지 않습니까?"

"대단하지요." 샘이 대답했다. "생각이 막 쏟아져 나오다가 서로 머리를 꽝 부딪쳐서 기절하는 것 같다니까요. 무슨 말을 하려는 건지 잘 모르겠잖아요, 안 그래요?"

"그것이 그분이 말하는 방식의 크나큰 장점이지요." 머즐 씨가 대답했다. "마지막 계단 조심하세요, 웰러 씨. 여자분들과 만나기 전에 손부터 씻으실래요? 여기 개수대도 있고 물도 있어요, 문 뒤에 깨끗한 수건도 있고."

"아, 좀 씻는 게 좋겠군요." 웰러 씨가 이렇게 대답하고 노란 비누를 수건에 잔뜩 묻혀서 얼굴이 다시 반짝거릴 때까지 문질렀다. "여자분이 몇 명이나 있습니까?"

"부엌에는 두 명뿐입니다." 머즐 씨가 말했다. "요리사와 하녀지요. 궂은일을 맡아서 하는 남자애랑 여자애도 있지만 두 사람은 세탁실에서 먹어요."

"아, 세탁실에서 먹는군요?" 웰러 씨가 말했다.

"네." 머즐 씨가 대답했다. "처음 왔을 때는 같은 식탁에서 먹였는데 안 되겠더군요. 여자애는 행동이 너무 상스럽고 남자애는 먹을 때 숨을 너무 헐떡거려서 도저히 같은 식탁에 앉을 수가 없어요."

"돌고래같이 숨소리가 거친 아이군요!" 웰러 씨가 말했다.

"끔찍하지요." 머즐 씨가 대답했다. "시골에서 일하면 이게 제일 안 좋아요. 어린것들이 너무 미개하지요. 자, 이쪽입니다. 이쪽으로."

머즐 씨가 앞장서서 공손하게 웰러 씨를 부엌으로 안내했다.

"메리," 머즐 씨가 예쁜 하녀에게 말했다. "이쪽은 웰러 씨다. 주인님이 최대한 편안하게 대접하라고 하셨어."

"당신 주인은 뭘 좀 아는 분이시네요. 저를 딱 맞는 곳으로 보내셨으니 말입니다." 웰러 씨가 메리를 찬탄의 눈으로 바라보며 말했다. "제가 이 집 주인이라면 항상 메리가 있는 곳에서 위안거리를 찾을 겁니다."

"어머, 웰러 씨." 메리가 얼굴을 붉히며 말했다.

"참 나! 기가 막히네요." 요리사가 소리쳤다.

"이런, 요리사를 잊고 있었군." 머즐 씨가 말했다. "웰러 씨, 소개해 드리지요."

"안녕하십니까, 부인." 웰러 씨가 말했다. "만나서 정말로 반갑습니다. 오래 알고 지내면 좋겠군요. 어느 신사가 5파운드짜리 지폐한테 했던 말처럼요."

소개가 끝나자 요리사와 메리는 부엌 뒤쪽으로 가서 10분 동안 킥킥거리며 웃었고, 얼굴을 붉힌 채 깔깔거리며 돌아와 식탁에 앉았다.

웰러 씨의 스스럼없는 태도와 말솜씨가 새로운 친구들을 완전히 매료시켰기 때문에 그들은 식사가 반도 끝나기 전에 완전히 친해졌고, 모두들 잡 트로터의 범죄를 알게 되었다.

"그 잡이라는 사람을 정말 견딜 수가 없어요." 메리가 말했다.

"이제 더 이상 견딜 필요 없어요." 웰러 씨가 대답했다.

"왜죠?" 메리가 물었다.

"추한 속임수는 절대 우아한 미덕과 어울리면 안 되니까요." 웰러 씨가 대답했다. "안 그렇습니까, 머즐 씨?"

"절대 안 되지요." 머즐 씨가 대답했다.

그러자 메리가 웃음을 터뜨리더니 요리사 때문에 웃었다고 말했고, 요리사 역시 웃음을 터뜨리더니 그렇지 않다고 말했다.

"제 잔이 없네요." 메리가 말했다.

"나랑 같이 마셔요." 웰러 씨가 말했다. "당신이 이 잔에 입술을 대면 제가 당신에게 간접적으로 입 맞출 수 있지요."

"부끄러운 줄 아세요, 웰러 씨."

"뭐가 부끄럽습니까?"

"그런 식으로 말하는 거요."

"말도 안 됩니다, 아무런 해도 없잖아요. 자연스러운 일이지요. 안 그렇습니까, 요리사?"

"뻔뻔스럽긴, 나한테 묻지 말아요." 요리사가 즐거워하며 대답했다. 그런 다음 요리사와 메리가 다시 웃음을 터뜨렸고, 메리는 맥주를 마시면서 냉육을 먹다가 웃음을 터뜨리는 바람에 숨이 막힐 뻔했지만 새뮤얼 웰러 씨가 세심하게 등을 여러 번 두드려 주고 보살핀 덕에 급한 위기를 넘길 수 있었다.

이렇게 즐겁고 화기애애한 분위기가 흐르고 있을 때 정원 대문 쪽에서 초인종이 크게 울려서 세탁실에서 식사를 하던 남자아이가 바로 나갔다. 웰러 씨는 예쁜 하녀에게 모든 관심을 기울이고 머즐 씨는 식탁의 주인 역할을 하고 요리사는 커다란 음식 조각을 입으로 가져가다가 잠시 멈춰서 깔깔 웃고 있는데, 부엌 문이 열리더니 잡 트로터 씨가 들어왔다.

여기서 잡 트로터 씨가 부엌으로 들어왔다고 말했지만 이 표현은 엄밀한 사실만 고수하는 우리의 평소 자세에 어긋난다. 문이 열렸고 트로터 씨가 나타났다. 그는 부엌으로 들어오려 했고 실제로 그렇게 하는 중이었지만, 웰러 씨를 보고 자기도 모르게 한두 걸음 물러서서 너무 놀라고 겁에 질려 꼼짝도 못한 채 눈앞에 펼쳐진 예상치 못한 광경을 바라보고 서 있었다.

"드디어 오셨군." 샘이 무척 즐거워하며 일어서서 말했다. "마침 당신 이야기를 하던 참인데. 어떻게 지내시나? 아니, 어떻게 지내셨나? 들어오시지."

그런 다음 웰러 씨는 전혀 저항하지 않는 잡의 자주색 옷깃을 붙잡아서 부엌으로 끌고 들어와 문을 잠그고 열쇠를 머즐 씨에게 넘겼고, 머즐 씨는 아주 침착하게 열쇠를 주머니에 넣고 단추를 잠갔다.

"이런, 정말 재미있군." 샘이 외쳤다. "위층에서는 당신 주인이 내 주인을 만나서 얼마나 기쁠지, 아래층에서는 내가 당신을 만나서 얼마나 즐거운지 생각해 보라고. 어때? 잡화점은 어떻게 될 것 같은가? 음, 만나서 정말 반갑군. 당신을 봐서 정말 기쁘다고. 안 그렇습니까, 머즐 씨?"

"그럼요." 머즐 씨가 말했다.

"이 사람은 정말 유쾌하군요." 샘이 말했다.

"의기양양하고요." 머즐이 말했다.

"그리고 우리를 만나서 정말 반갑기도 할 거고. 그러니 훨씬 더 편안하겠군요." 샘이 말했다. "앉아요, 앉아."

트로터가 난롯가 의자에 억지로 앉혀졌다. 그는 작은 눈으로 먼저 웰러 씨를 본 다음 머즐 씨를 보았지만 아무 말도 하지 않았다.

"자!" 샘이 말했다. "이 여성분들 앞에서, 말하자면 호기심 때문에 묻고 싶은 게 있는데 말이야. 네가 분홍색 체크무늬 손수건과 찬송가 4번을 가지고 다니는 특출나게 멋지고 처신도 바른 청년이라도 되는 것 같아?"

"그리고 요리사와 결혼한다고 했지요." 요리사가 분개하며 말했다. "이 악당 같으니!"

"그리고 나쁜 짓을 그만두고 잡화점을 차리려고 했어요." 하녀가 말했다.

"자, 내가 하나 말해주지, 젊은이." 머즐 씨가 두 사람의 말에 분노하여 엄숙하게 말했다. "여기 이 여자(요리사를 가리켰다)는 항상 나와 함께야. 당신은 이 여자랑 잡화점을 하겠다는 둥 주제 넘은 말을 하면서 남자 대 남자로서 가장 예민한 부분에 상처를 준 거라고. 무슨 말인지 알겠나?"

주인과 마찬가지로 자신의 웅변에 의기양양해진 머즐 씨가 여기서 말을 멈추고 대답을 기다렸다.

그러나 트로터 씨는 대답하지 않았고 머즐 씨가 엄숙하게 말을 이었다.

"아마 당분간은 위층에서 당신을 찾지 않을 거야. 우리 주인님이 당신 주인을 찍소리 못하게 처리하고 계실 테니까. 그러니까 당신이랑 내가 개인적인 이야기를 나눌 시간은 아주 많지. 무슨 말인지 알겠어?"

머즐 씨는 다시 한번 말을 멈추고 대답을 기다렸고, 트로터 씨는 다시 한번 그를 실망시켰다.

"정 그렇다면야." 머즐 씨가 말했다. "여성분들 앞에서 이런 이야기를 하게 되어서 무척 유감이지만 긴급한 문제이니 만큼 어쩔 수 없군. 부엌 뒤쪽이 비어 있으니 거기로 가자고. 웰러 씨가 공정하게 심판을 봐주실 테니 종이 울릴 때까지 실컷 붙자고. 따라오시지."

머즐 씨는 문을 향해 한두 발짝 걸어가면서 시간을 아끼려고 동시에 상의를 벗기 시작했다.

요리사는 이 무모한 도전의 말이 끝나기도 전에 머즐 씨가 실행에 옮기려는 모습을 보자마자 크고 새된 비명을 지르면서 잡 트로터 씨에게 달려들었고, 바로 의자에서 일어나는 그의 크고 밋밋한 얼굴을 흥분한 여성 특유의 힘으로 할퀴고 때리더니 길고 검은 머리카락을 양손으로 움켜쥐고 아주 큰 사이즈의 추도 반지[67]를 50~60개는 만들 만큼 뜯었다. 요리사는 머즐 씨에 대한 헌신적인 사랑이 빚어낸 열정의 힘으로 이러한 공적을 세운 다음 비틀비틀 물러났고, 무척 쉽게 흥분하면서도 섬세한 감정을 가진 여인은 찬장 밑으로 곧장 쓰러져 기절했다.

그 순간 종이 울렸다.

"자네를 찾는군, 잡 트로터." 샘이 말했다. 트로터 씨가 항변이나 대답을 하기도 전에—제정신이 아닌 여성에게 입은 상처의 피를 지혈할 시간도 없이—샘이 한 팔을, 머즐 씨가 한 팔을 잡고 한 명이 앞에서 끌고 한 명이 뒤에서 밀면서 그를 위층 응접실로 데려갔다.

무척 인상적인 그림이었다. 피츠 마셜 대위라는 가명을 쓰는 앨프리드 징글 귀하는 손에 모자를 들고 미소를 띤 채 자신이 처한 무척 불쾌한 상황에 전혀 동요하지 않고 문 근처에 서 있었다. 그 앞에 픽윅 씨가 서 있었는데 고매하고 도덕적인 연설을 하고 있었던 것이 분명했다. 인상적인 연설을 할 때 늘 그렇듯이 왼손은 상의 뒷자락 안에, 오른손은 공중에 뻗고 있었기 때문이다. 약간 떨어진 곳에는 분개한 표정의 터프먼 씨가 서 있고 그보다 젊은 두 친구가 그를 조심스레 말리고 있었다. 그리고 제일 안쪽에는 넙킨스 씨, 넙킨스 부인, 넙킨스 양이 침울하지만 당당하게

---

67   죽은 사람을 추모하기 위해 끼는 반지로, 죽은 사람의 머리카락을 넣기도 했다.

잔뜩 화를 내며 서 있었다.

잡을 끌고 들어갔을 때는 넙킨스 씨가 치안판사다운 위엄을 드러내며 말하는 중이었다. "두 사람을 악당이자 사기꾼으로 잡아넣지 않는 이유가 뭐냐고? 어리석은 자비심 때문이지. 아니면 뭐 때문이겠어?"

"자존심이지요, 자존심." 징글이 무척 편안하게 대답했다. "안되지―그럴 순 없지―대위를 체포하다니요, 네? 하하! 아주 좋아요―딸의 남편감이라고 소개했으니 혹 떼러 갔다가 혹 붙이는 격이죠―세간에 공표하다니 절대 안 될 말이에요―멍청해 보이겠지요―정말로!"

"이 철면피 같으니!" 넙킨스 부인이 말했다. "그렇게 비열한 말을 하다니 경멸스럽군요."

"난 저 사람이 항상 싫었어요." 헨리에타가 덧붙였다.

"아, 물론이죠." 징글이 말했다. "키가 큰 옛 연인 시드니 포케넘은 부유하고 좋은 사람이죠―하지만 대위만큼 부자는 아니지요―그를 거절하고 쫓아내고서 대위를 위해선 뭐든지 했죠―세상에 대위 같은 사람은 없으니까―여자는 전부 제정신이 아니니까―응?―안 그런가, 잡?"

징글 씨가 호쾌하게 웃자 잡은 기뻐서 손을 문지르며 이 집에 들어온 후 처음으로 소리를 냈다. 낮고 조용한 웃음소리였다. 마치 자신의 웃음이 너무 좋아서 소리로 빠져나가게 하기 싫은 것 같았다.

"넙킨스 씨." 두 여인 중 나이가 많은 쪽이 말했다. "하인들이 엿들어도 좋은 대화가 아니에요. 이 악당들을 그만 물리도록 하시죠."

"그래요, 여보." 넙킨스 씨가 말했다. "머즐."

"각하."

"문을 열어라."

"네, 각하."

"이 집에서 나가게." 넙킨스 씨가 손을 강하게 흔들며 말했다. 징글은 미소를 지으며 문을 향해 움직였다.

"잠깐!" 픽윅 씨가 말했다.

징글이 멈췄다.

"내가 당신에게, 또 여기 있는 위선적인 당신 친구에게 어떤 취급을 당했는지 생각하면 더 큰 복수를 하는 것이 당연하오." 픽윅 씨가 말했다.

그러자 잡 트로터가 공손하게 고개 숙여 인사한 다음 가슴에 손을 얹었다.

"더 큰 복수를 하는 것이 당연하다고 했소." 픽윅 씨가 점점 더 화를 내며 말했다. "하지만 우리 사회에 대한 나의 의무에 따라서 당신의 정체를 폭로한 것으로 만족하겠소. 내가 자비를 베푸는 것이니 꼭 기억하기 바라겠소."

픽윅 씨가 여기까지 말하자 잡 트로터가 짐짓 진지한 척하면서 그의 말을 한 마디도 놓치기 싫다는 듯이 우스꽝스럽게 귀에 손을 댔다.

이제 화가 머리끝까지 치밀어 오른 픽윅 씨가 말했다. "한 가지 덧붙일 말은, 내가 당신을 불한당! 악당! 그리고, 그리고 내가 지금까지 보거나 들은 누구보다도 더 나쁜 사람이라고 생각한다는 거요. 아주 경건하고 독실한 신자인 체하는 자주색 제복을 입은 무뢰한만 빼고!"

"하하!" 징글이 말했다. "픽윅 씨는 좋은 친구죠—상냥한 마음씨를 가진 뚱뚱한 노인—하지만 화를 내면 안 돼요—그건 나빠요—정말로. 안녕히—언젠가 다시 봅시다—정신 바짝 차리세요. 잡, 가자!"

징글 씨는 이 말을 남기고 늘 같은 방식으로 모자를 쓴 다음 성큼성큼 나갔다. 잡 트로터는 잠시 멈춰서 주변을 둘러보고 미소를 짓더니, 말로 표현할 수 없을 만큼 뻔뻔하고 교활하게 짐짓 엄숙한 척 픽윅 씨에게 고개를 숙여 인사하고 웰러 씨에게 눈을 찡긋한 후 전도유망한 주인을 따라 나갔다.

"샘." 뒤따라 나가려는 웰러 씨에게 픽윅 씨가 말했다.

"주인님."

"여기 있게."

웰러 씨는 망설이는 듯했다.

"여기 있게." 픽윅 씨가 다시 한번 말했다.

"정원에서 잡을 해치우면 안 될까요?" 웰러 씨가 말했다.

"절대 안 되네." 픽윅 씨가 대답했다.

"발로 걷어차서 밖으로 날려버리면 안 됩니까?" 웰러 씨가 물었다.

"무슨 일이 있어도 안 돼." 그의 주인이 대답했다.

잠깐이지만 웰러 씨는 이 일을 시작한 뒤 처음으로 불만스럽고 불쾌해 보였다. 그러나 잔꾀가 많은 머즐 씨가 정문 뒤에 몸을 숨기고 있다가 정확한 순간 난폭하게 문을 열고 나가서 민첩한 몸놀림으로 징글 씨와 하인을 계단 아래로 넘어뜨려 저 아래 용설란 화분에 처박자 샘의 표정이 바로 밝아졌다.

"저는 임무를 다했으니 친구들과 함께 이만 작별을 고하겠습니다." 픽윅 씨가 넙킨스 씨에게 말했다. "저희를 이토록 환대해 주신 것에 감사드리며, 우리가 강한 책임감을 느끼지 않았더라면 이러한 환대를 받아들이거나 이런 식으로 문제를 해결하는 것에 찬성하지 않았을 것임을 친구들과 함께 분명히 말씀드리고 싶습니다. 저희는 내일 런던으로 돌아갑니다. 당신의 비밀은 안전할 테니 걱정 마십시오."

픽윅 씨는 일행이 오전에 당한 부당한 취급에 대한 항의의 뜻을 전달한 다음 숙녀들에게 고개 숙여 인사했고, 이들 가족의 간청을 뿌리치고 친구들과 함께 방을 나섰다.

"모자를 챙기게, 샘." 픽윅 씨가 말했다.

"아래층에 있습니다." 샘이 모자를 찾아서 아래층으로 달려 내려갔다.

이제 부엌에는 예쁜 하녀밖에 없었다. 샘이 모자를 찾는 동안 예쁜 하녀가 촛불을 비춰주었다. 두 사람은 모자를 찾아서 사방을 살폈고, 예쁜 하녀는 모자를 찾아야 한다는 조바심 때문에 무릎을 꿇고 구석에 쌓여 있는 물건을 다 뒤졌다. 모자는 엉뚱한 구석에 있었다. 문을 먼저 닫아야만 손이 닿았다.

"여기 있어요!" 예쁜 하녀가 말했다. "이거 맞죠?"

"어디 봅시다." 샘이 말했다.

예쁜 하녀는 초를 바닥에 내려놓았고 샘 역시 흐릿한 불빛 속에서 자기 것이 맞는지 확인하기 위해 무릎을 꿇어야 했다. 그곳은 놀랄 만큼 좁은 구석이었기 때문에 ― 집을 지은 사람의 잘못일 뿐, 다른 누구의 잘못도 아니었다 ― 샘과 예쁜 하녀는 서로 아주 가까울 수밖에 없었다.

"네, 맞네요." 샘이 말했다. "잘 있어요."

"잘 가요." 예쁜 하녀가 말했다.

"안녕히." 샘이 이렇게 말하면서 그토록 고생해서 찾은 모자를 떨어뜨렸다.

"당신은 정말 서툴군요." 예쁜 하녀가 말했다. "조심하지 않으면 또 잃어버릴 거예요."

그녀는 단지 샘이 모자를 다시 잃어버리지 않게 하기 위해서 모자를 씌워주었다.

샘을 향해 들어 올린 예쁜 하녀의 얼굴이 유난히 더 예뻐 보였기 때문이었는지, 아니면 두 사람 사이의 거리가 너무 가깝다는 사실의 우발적인 결과였는지 지금까지도 확실하지 않지만 샘은 그녀에게 입을 맞추었다.

"일부러 그랬다고 말하려는 건 아니겠지요." 예쁜 하녀가 얼굴을 붉히며 말했다.

"아니, 아까는 아니었어요. 하지만 지금은 맞아요."

그렇게 해서 샘은 그녀에게 다시 입을 맞췄다.

"샘!" 픽윅 씨가 난간 너머로 불렀다.

"갑니다!" 샘이 계단을 달려 올라가며 대답했다.

"왜 이렇게 오래 걸렸나?" 픽윅 씨가 말했다.

"문 뒤에 뭐가 있어서요, 그래서 한참 동안 문을 열 수가 없었습니다." 샘이 대답했다.

이것이 샘의 첫사랑의 첫 번째 장이었다.

26장

바델 대 픽윅 사건에 대한 간략한 설명

징글의 정체를 폭로함으로써 이번 여행의 주요 목적이자 목표를 완수한 픽윅 씨는 그동안 도슨 씨와 포그 씨가 제기한 소송의 진척 상황을 알아야겠다는 생각에 즉시 런던으로 돌아가기로 마음먹었다. 그는 특유의 성격에 따라 모든 정력과 결단력을 다해 이 결심을 실행에 옮겨서 첫 마차의 뒷좌석에 올랐고, 마차는 앞의 두 장에서 길고 자세히 설명한 기억에 남을 만한 사건이 끝난 다음 날 아침 입스위치를 떠났다. 세 친구와 새뮤얼 웰러 씨를 대동한 픽윅 씨는 그날 저녁 건강하고 안전한 모습으로 런던에 도착했다.

　여기서 친구들은 잠시 헤어졌다. 터프먼 씨, 윙클 씨, 스노드그래스 씨는 딩리 델 방문을 앞두고 꼭 필요한 준비를 하기 위해서 각자의 집으로 갔다. 픽윅 씨와 샘은 아주 훌륭하고 예스럽고 편안한 곳, 즉 롬바드 스트리트 조지 야드의 술집 겸 호텔인 조지 앤드 벌처에 머물게 되었다.

픽윅 씨는 식사를 하고 포트와인을 두 잔째 비운 후 머리에 비단 손수건을 쓰고 난로망에 발을 얹고 안락의자에 편안히 기대어 앉아 있다가, 웰러 씨가 여행 가방을 가지고 들어오자 고요한 명상에서 깨어났다.

"샘." 픽윅 씨가 말했다.

"네." 웰러 씨가 대답했다.

"지금 생각하고 있었는데 말이야." 픽윅 씨가 말했다. "바델 부인 댁에 물건을 많이 놓고 왔는데, 런던을 다시 떠나기 전에 가져와야 하지 않을까 싶군."

"좋은 생각입니다." 웰러 씨가 대답했다.

"당분간 터프먼 씨에게 맡길 수 있을 거야." 픽윅 씨가 말했다. "하지만 우리가 짐을 빼려면 먼저 물건을 찾아서 모아야 하네. 고스웰 스트리트로 가서 준비를 좀 해주게."

"당장이요?" 웰러 씨가 물었다.

"당장." 픽윅 씨가 대답했다. "잠깐, 샘." 픽윅 씨가 지갑을 꺼내며 덧붙였다. "내야 할 집세가 있네. 크리스마스까지니까 아직 기한이 좀 남았지만 지금 끝내는 게 좋겠군. 한 달 전에 고지를 하면 임대가 끝나거든. 자, 바델 부인에게 이걸 드리고 아무 때나 원하실 때 광고를 내시라고 하게."

"알겠습니다." 웰러 씨가 대답했다. "또 시키실 일 있습니까?"

"이제 됐네, 샘."

웰러 씨가 뭔가를 더 기대하는 사람처럼 천천히 문으로 가서 천천히 문을 열고 천천히 밖으로 나가 몇 인치만 남기고 천천히 문을 닫으려는데 픽윅 씨가 그를 불렀다.

"샘."

"네." 웰러 씨가 재빨리 들어와 문을 닫으며 말했다.

"혹시 바델 부인이 어떤 마음인지, 이 지독하고 근거 없는 소송이 정말 극단까지 갈 것 같은지 확인해 보고 싶다면 말리지는 않겠네. 자네가 그러고 싶을 경우에 내가 반대하지는 않는다는 말이야." 픽윅 씨가 말했다.

샘은 알겠다는 뜻으로 고개를 살짝 끄덕인 다음 방에서 나갔다. 픽윅 씨가 다시 비단 손수건을 머리에 쓰고 낮잠 잘 준비를 했다. 웰러 씨는 임무를 수행하러 곧장 걸어갔다.

그가 고스웰 스트리트에 도착했을 때는 9시가 거의 다 된 시각이었다. 작은 응접실에 초가 두 개 밝혀져 있고 창가 블라인드에 모자 두 개가 비쳤다. 바델 부인을 찾아온 손님들이 있었다.

웰러 씨가 문을 두드리자 꽤 긴 시간이 흐르고 나서—그동안 바깥에 있는 사람은 휘파람을 불었고 안에 있는 사람은 말을 안 듣는 납작한 초에 불을 붙이느라 애를 먹었다—작은 장화 한 쌍이 바닥 깔개 위를 타다닥 걸어오더니 바델 군이 나왔다.

"안녕, 장난꾸러기." 샘이 말했다. "어머니는 잘 지내시나?"

"잘 지내세요." 바델 군이 대답했다. "저도 그렇고요."

"그거 잘 됐군." 샘이 말했다. "어머니께 내가 이야기를 나누고 싫어 한다고 전해줘."

바델 군이 말 안 듣는 납작한 초를 계단 맨 아랫단에 내려놓고 말을 전하러 응접실로 사라졌다.

창가 블라인드에 비친 모자 두 개는 바델 부인과 가장 각별한 지인 두 명이 쓰고 있는 것이었는데, 그들은 조용히 차를 마시면서 족발과 구운 치즈로 소박하고 따뜻한 저녁 식사를 하러 들른 참이었다. 치즈는 자그마한 더치 오븐에서 만족스럽게 지글지글 소리를 내며 갈색으로 익어갔고, 족발은 벽난로의 작은 양철 소스팬에서 맛있게 끓고 있었다. 바델 부인과 두 친구 역시 조용히 담소를 나누며 달궈지고 있었는데, 현관에 나갔던 바델 군이 돌아와서 새뮤얼 웰러 씨가 부탁한 말을 전했다.

"픽윅 씨의 하인이!" 얼굴이 창백해진 바델 부인이 말했다.

"이런!" 클러핀스 부인이 말했다.

"내가 마침 이 자리에 있지 않았다면 정말이지 못 믿었을 거예요!" 샌더스 부인이 말했다.

클러핀스 부인은 작고 팔팔하며 분주해 보이는 여자였고, 샌더스 부인은 덩치가 크고 뚱뚱하며 얼굴에 생기가 없는 사람으로, 둘은 친구 사이였다.

바델 부인은 동요해야 한다는 느낌이 들었다. 아무도 현재 상황에서 도슨과 포그를 통하지 않고 픽윅 씨의 하인과 대화를 나누어도 되는지 몰랐기 때문에 세 사람 모두 어찌할 바를 몰랐다. 이렇게 불확실한 상태에서 가장 먼저 해야 할 일은 분명 현관에서 웰러 씨를 발견한 소년을 때리는 것이었다. 그래서 어머니가 아이를 때렸고 아이는 듣기 좋은 울음소리를 냈다.

"조용히 해, 조용히! 이 못된 것." 바델 부인이 말했다.

"불쌍한 네 엄마 속 좀 썩이지 마." 샌더스 부인이 말했다.

"네가 아니어도 속 썩을 일이 많단 말이야, 토미." 클러핀스 부인이 같이 화를 내며 말했다.

"아! 운도 없지, 불쌍하기도 해라." 샌더스 부인이 말했다.

설교를 들은 바델 군이 더욱 크게 울부짖었다.

"자, 이제 어떻게 해야 할까요?" 바델 부인이 클러핀스 부인에게 말했다.

"제 생각에는 만나야 할 것 같아요." 클러핀스 부인이 대답했다. "하지만 목격자 없이는 절대 안 돼요."

"제 생각에 목격자가 둘이면 법적으로 더 옳을 것 같군요." 다른 친구와 마찬가지로 호기심에 터질 듯한 샌더스 부인이 거들었다.

"그러면 들어오라고 하는 게 낫겠네요." 바델 부인이 말했다.

"물론이죠." 클러핀스 부인이 생각을 열심히 붙잡고 늘어지며 대답했다. "데리고 들어오렴, 토미. 그리고 거리 쪽으로 난 문은 꼭 닫아야 한다."

웰러 씨는 즉시 낌새를 알아차리고 응접실로 들어와 바델 부인에게 무슨 용건인지 설명했다.

"불편을 드려서 정말 죄송합니다, 부인. 강도가 노부인의 집에 침입해서 그녀를 불에 던져 넣으면서 했던 말처럼요. 하지만 주인님은 이제 막 런던으로 돌아오신 데다가 바로 다시 떠나셔야 해서 부인을 만나실 수가 없습니다."

"물론 주인의 잘못을 하인이 어떻게 할 수는 없지요." 웰러 씨의 외모와 화술에 큰 감명을 받은 클러핀스 부인이 말했다.

"그렇고말고요." 샌더스 부인이 장단을 맞췄다. 그녀는 작은 양철 소스팬을 흘끔거리는 것으로 보아 샘에게 저녁을 권할 경우 자기 몫의 족발이 얼마나 될지 머릿속으로 열심히 계산하는 듯했다.

"제 용건은 이것뿐입니다." 말이 끊긴 것을 무시하며 샘이 말했다. "우선 주인님의 계약 해지 통지서를 전달하는 것인데요, 여기 있습니다. 둘째는 집세를 내는 것인데 그것도 여기 있어요. 셋째는 사람을 보낼 테니 주인님의 물건을 전부 챙겨서 전달해 주세요. 마지막으로 언제든 원하실 때 주인님이 쓰시던 방을 세놓으셔도 됩니다. 이게 전부예요."

"무슨 일이 있었든 저는 픽윅 씨가 딱 한 면만 제외한 모든 면에서 품행이 완벽한 신사였다고 항상 말했고, 앞으로도 그럴 거예요." 바델 부인이 말했다. "픽윅 씨의 돈은 늘 은행만큼이나 믿음직했지요. 항상 말이에요."

바델 부인은 이렇게 말하면서 손수건으로 눈가를 훔치고 영수증을 가지러 나갔다.

샘은 조용히 있어야 한다는 사실을 너무나 잘 알았고 여자들이 무슨 말이든 할 것이 분명했기 때문에 깊은 침묵 속에서 양철 소스팬과 구운 치즈, 벽, 천장을 번갈아 바라보았다.

"불쌍하기도 하지!" 클러핀스 부인이 말했다.

"아, 불쌍해라!" 샌더스 부인이 대답했다.

샘은 아무 말도 하지 않았지만 두 여인이 무슨 이야기를 하려는지 알 것 같았다.

"정말 가만히 있을 수가 없어요." 클러핀스 부인이 말했다. "그 거짓말을 생각하면 말이에요. 젊은이, 당신을 불편하게 만들 말은 하고 싶지 않지만 당신 주인은 짐승 같은 늙은이에요. 이 말을 해줄 수 있게 그 사람이 여기 있으면 얼마나 좋을까!"

"얼마나 좋을까요." 샘이 말했다.

"바델 부인이 얼마나 힘들어하는지, 정말 충격적이에요. 완전히 풀이 죽어서는 동정심 많은 친구들이 찾아와서 곁에 앉아 편안하게 해줄 때만 빼면 무슨 일을 해도 즐겁지 않대요." 클러핀스 부인이 소스팬과 더치 오븐을 흘끔거리며 다시 말했다.

"정말 잔혹하죠." 샌더스 부인이 말했다.

"젊은이, 당신 주인은 부인의 지출 따위는 아무렇지도 않을 만큼 돈이 많잖아요." 클러핀스 부인이 유창하게 말을 이었다. "정말이지, 그 사람의 행동에는 변명의 여지가 없어요. 왜 바델 부인과 결혼하지 않는 거죠?"

"아." 샘이 말했다. "정말이지, 그게 문제죠."

"문제고말고요." 클러핀스 부인이 응수했다. "바델 부인이 나처럼 용감했다면 이 문제로 그 사람을 추궁했을 거예요. 하지만 여자들을 위한 법이 있죠. 남자들은 기회만 있으면 우리를 비참한 지경으로 만들지만요. 젊은이, 당신 주인도 6개월도 안 돼서 그 사실을 깨닫게 될 거예요."

클러핀스 부인은 이 생각에 위안을 얻으며 턱을 들고 샌더스 부인을 향해 미소를 지었고, 샌더스 부인도 같이 미소 지었다.

'소송은 확실히 진행 중이군.' 바델 부인이 영수증을 들고 다시 들어오자 샘은 생각했다.

"영수증 여기 있어요, 웰러 씨." 바델 부인이 말했다. "이건 잔돈 이에요. 몸을 녹이도록 뭐라도 한 모금 드시고 가세요. 옛정을 생 각해서랍니다."

샘은 여기서 무엇을 얻을 수 있을지 생각해 보더니 얼른 그러 겠다고 말했고, 그러자 바델 부인이 작은 찬장에서 검은 병과 와 인 잔을 꺼냈다. 그녀는 마음 깊은 곳의 괴로움 때문에 너무 멍해 서 웰러 씨의 잔을 채운 다음 와인 잔을 세 개 더 꺼내서 모두 채 웠다.

"어머, 바델 부인!" 클러핀스 부인이 말했다. "지금 뭐 하시는 거예요?"

"뭐, 이것도 괜찮죠!" 샌더스 부인이 외쳤다.

"아, 머리가 이상해졌나 봐요!" 바델 부인이 희미한 미소를 지 으며 말했다.

샘은 물론 이 상황을 이해했기 때문에 누구든 한 명이 같이 마 시지 않는 한 자신도 저녁 식사 전에 술을 절대 마실 수 없다고 말했다. 그러자 큰 웃음이 터졌고, 샌더스 부인이 샘의 말대로 어 울려주겠다며 나서서 와인을 살짝 마셨다. 샘이 다 같이 마셔야 한다고 말하자 다들 잔을 들어 한 모금씩 마셨다. 자그마한 클 러핀스 부인이 "바델 대 픽윅 소송의 승리를 위하여!"라며 건배를 제안했고, 세 부인은 이 말에 동의하며 잔을 비우더니 곧장 말이 많아졌다.

"지금 무슨 일이 진행 중인지 들으셨겠지요, 웰러 씨." 바델 부인이 말했다.

"어느 정도는 들었습니다." 샘이 대답했다.

"그런 식으로 사람들 앞에서 질질 끄는 건 끔찍한 일이에요. 하지만 그럴 수밖에 없다는 것을 이제 알겠네요. 제 변호사인 도슨 씨와 포그 씨는 증거가 있으니까 반드시 성공할 거라고 했어요. 그렇지 않으면 저는 이제 어떻게 해야 할지 도저히 모르겠어요." 바델 부인이 말했다.

샌더스 부인은 바델 부인이 소송에서 진다는 생각만 해도 너무 마음이 아파서 잔을 다시 채우고 다시 비울 수밖에 없었다. 샌더스 부인이 나중에 말했듯이, 정신을 차리고 그렇게 하지 않았다면 쓰러지고 말았을 것이다.

"재판이 언제죠?" 샘이 물었다.

"2월이나 3월이에요." 바델 부인이 대답했다.

"증인은 많이 있겠지요?" 클러핀스 부인이 말했다.

"아, 있겠지요!" 샌더스 부인이 대답했다.

"원고가 증인을 내놓지 못하면 도슨 씨와 포그 씨가 화를 내겠죠?" 클러핀스 부인이 덧붙였다. "전부 추측으로 일을 진행하고 있으니까요!"

"아! 그렇겠지요!" 샌더스 부인이 말했다.

"하지만 원고가 증인을 세워야 해요." 클러핀스 부인이 다시 말했다.

"그렇게 되면 좋겠는데 말이에요." 바델 부인이 말했다.

"아, 그건 확실히 그렇죠." 샌더스 부인이 다시 말을 보탰다.

"그럼." 샘이 자리에서 일어나 잔을 내려놓으며 말했다. "증인을 꼭 찾으시기 바란다는 말밖에 드릴 말씀이 없군요."

"고마워요, 웰러 씨." 바델 부인이 열렬하게 말했다.

"그리고 추측만으로 이런 일을 진행하는 도슨과 포그 말인데요." 웰러 씨가 말을 이었다. "아무 대가도 없이 공짜로 사람들 사이에 다툼을 일으키고 서기들을 시켜 이웃과 지인들 사이에 작은 분쟁을 찾아내 소송을 통해 해결하게 만드는 ─ 다른 친절하고 후한 변호사들도 마찬가지지만요 ─ 그런 사람들에 대해서 할 수 있는 말은, 제가 주고 싶은 대가를 그들이 받으면 좋겠다는 것뿐입니다."

"아, 친절하고 후한 사람이라면 누구든 그 사람들에게 주고 싶은 대가를 그분들이 받을 수 있으면 좋겠어요." 바델 부인이 만족스럽게 말했다.

"그대로 이루어지면 좋겠네요." 샘이 대답했다. "그래 그 사람들이 실속 있고 행복한 삶을 누리면 좋겠군요. 안녕히 계세요, 여러분."

샌더스 부인으로서는 무척 마음이 놓이게도 샘은 집주인이 족발과 구운 치즈에 대해서 말을 꺼내기도 전에 떠났다. 세 부인은 바델 군과 함께 족발과 구운 치즈를 실컷 즐겼고, 그들의 막대한 노력 앞에서 음식은 금방 사라졌다.

웰러 씨는 조지 앤드 벌처로 돌아와 바델 부인의 집에서 들은 그대로 도슨과 포그가 부정한 방식을 쓰는 것 같다고 충실히 보고했다. 다음 날 퍼커 씨와의 면담은 웰러 씨의 말을 확인해 주고도 남았다. 픽윅 씨는 즐거운 마음으로 크리스마스 때 딩리 델에 방문할 준비를 하면서 두세 달 후에 민사법원에서 공개적으로 진행될 혼약 파기 손해배상 소송을 즐겁게 기대했다. 사실 원고는 정황에서뿐만 아니라 도슨과 포그의 교활한 방식에서 얻을 수 있는 이점까지 모두 가지고 있었다.

27장
새뮤얼 웰러가 계모를 만나러 가다

픽윅 클럽 회원들이 딩리 델을 향해 출발하기로 약속한 날까지 아직 이틀이 남아 있었기 때문에 웰러 씨는 이른 식사를 마친 후 조지 앤드 벌처 뒷방에 앉아서 시간을 보낼 가장 좋은 방법을 궁리했다. 보기 드물게 날씨가 좋았고 그는 10분도 채 고민하기 전에 갑자기 애정이 넘치는 기분이 되어서 아버지와 계모를 만나 자식으로서 의무를 다해야겠다고 생각했다. 이 생각이 어찌나 강렬했는지 지금까지 그 도덕적 의무를 한 번도 생각하지 못한 자신의 태만함에 깜짝 놀라 어쩔 줄 모를 정도였다. 한시바삐 과거의 태만을 속죄하고 싶어 안달이 난 샘은 곧장 위층의 픽윅 씨를 찾아가서 칭찬받아 마땅한 목적을 위한 휴가를 요청했다.

"당연하지, 샘, 당연해." 하인이 이처럼 선량한 감정을 드러내자 픽웍 씨가 기뻐서 눈을 번득이며 말했다. "당연히 그래야지."

웰러 씨가 고개를 숙여 감사 인사를 했다.

"자네가 아들의 의무를 그토록 중요시하는 모습을 보니 아주 기쁘군." 픽웍 씨가 말했다.

"저는 항상 그랬습니다." 웰러 씨가 대답했다.

"정말 장한 생각이네, 샘." 픽웍 씨가 만족스러운 듯이 말했다.

"그렇지요." 웰러 씨가 대답했다. "저는 아버지에게 원하는 것이 있으면 항상 감사한 마음으로 공손하게 부탁했습니다. 혹시 아버지가 주지 않으면 제가 그것을 갖지 못해서 나쁜 짓을 하게 될까 봐 알아서 가져갔지요. 그런 식으로 아버지의 수고를 크게 덜어드렸죠."

"내 말은 정확히 그런 뜻은 아니네만." 픽웍 씨가 옅은 미소를 띠고 고개를 저으며 말했다.

"전부 선량한 마음입니다. 더없이 좋은 의도지요. 어느 신사가 함께 사는 아내가 불행해 보여서 도망치며 말했던 것처럼요." 샘 웰러가 대답했다.

"다녀와도 좋네, 샘." 픽웍 씨가 말했다.

"감사합니다." 웰러 씨가 대답했다. 샘은 정중하게 고개 숙여 인사하고 제일 좋은 옷을 입은 다음 어린들행 마차 지붕에 올라 도킹으로 향했다.

웰러 부인이 살던 시대에 마키스 오브 그랜비 여관은 비교적 괜찮은 수준의 전형적인 도로 옆 선술집으로, 편리할 만큼은 크고 아늑할 만큼은 작았다. 길 건너편에는 높은 장대에 커다란 간판이 걸려 있었는데, 짙은 파란색 금장이 달린 빨간색 상의 차림에 얼굴이 불그레한 신사의 머리와 어깨가 그려져 있고 삼각 모자 위로는 똑같이 짙이 파란색을 칠해 하늘을 나타냈다. 그 위로는 깃발 한 쌍이 있고 상의 맨 아래 단추 밑에는 대포가 두 대 있었는데, 전체적으로 빛나는 역사를 가진 그랜비 후작을 잘 보여주는 그림이었다. 술집 창가에는 엄선한 제라늄 화분들과 먼지 없이 깨끗한 작은 술병들이 일렬로 늘어서 있었다. 열린 덧문에는 좋은 잠자리와 맛있는 와인을 칭송하는 각종 금색 글자가 새겨져 있었고, 마구간 문과 여물통 근처에서 어슬렁거리는 이 고장 주민들과 여관 마부들은 안에서 뛰어난 품질의 에일과 술을 판다는 추정의 근거를 제공했다. 마차에서 내린 샘 웰러는 잠시 멈춰서 숙련된 여행자의 눈으로 사업이 잘되고 있다는 이 작은 표시들을 눈여겨본 다음, 모든 관찰 결과에 크게 만족하여 곧장 안으로 들어갔다.

"뭐 찾아요, 젊은이?" 샘이 문 안으로 고개를 들이미는 순간 새된 여자 목소리가 말했다.

샘은 목소리가 들린 방향으로 고개를 돌렸다. 편안한 외모의 다소 뚱뚱한 목소리의 주인은 술집 난롯가에 앉아서 주전자의 찻물을 끓이려고 불을 피우는 중이었다. 그 옆에는 닳아빠진 검정색 옷차림에 의자처럼 길고 뻣뻣한 허리를 가진 남자가 난로 반대쪽 옆 등받이가 높은 의자에 허리를 꼿꼿이 세우고 앉아 있었다. 그는 즉시 샘의 특별한 관심을 사로잡았다.

남자는 얼굴이 단정하고 코가 빨갰고, 가늘고 길쭉한 얼굴에 약간 방울뱀 같은 눈—다소 날카롭지만 반드시 나쁘지만은 않은 눈—을 가지고 있었다. 그는 매우 짧은 바지와 검정색 면 스타킹을 신고 있었는데, 그가 입고 있는 다른 복장과 마찬가지로 무척 빛이 바랬다. 표정은 풀을 먹인 듯 딱딱했지만 흰 네커치프는 그렇지 않아서 길고 축 늘어진 양끝이 단추를 꼭 채운 조끼 위로 꼴사납고 보기 싫게 헝클어져 있었다. 그의 옆 의자에는 낡고 닳은 비버 장갑, 챙 넓은 모자, 꼭대기에 손잡이가 없는 것을 보완하려는 듯 맨 아래쪽에 고래수염 대가 잔뜩 비어져 나온 색바랜 녹색 우산이 놓여 있었다. 아주 깔끔하고 신경 써서 정리해 놓은 것으로 보아 이 딸기코 남자가 누군지는 모르지만 어디든 서둘러 갈 생각은 없는 듯했다.

딸기코 남자에 대해 사실대로 말하자면 만약 그가 일어나서 어디론가 갈 생각이었다면 전혀 현명하지 않다고 하겠다. 여기보다 더 편안한 곳이 있다면 이 남자에게는 더할 나위 없이 좋은 지인들이 무척 많은 것이 틀림없었다. 난롯불은 풀무 덕분에 환하게 타오르고 주전자는 불과 풀무 덕분에 즐겁게 노래하고 있었다. 탁자 위 작은 쟁반에는 각종 다구가 놓여 있고, 버터 바른 뜨거운 토스트 한 접시가 불 앞에서 지글지글 소리를 냈으며, 딸기코 남자는 기다란 놋쇠 토스트 포크를 이용해서 커다란 빵 조각을 먹기 좋게 굽느라 분주했다. 그의 옆에는 김이 모락모락 나는 뜨거운 파인애플 럼과 물을 섞은 잔에 레몬 조각이 곁들여져 있었고, 딸기코 남자는 빵을 눈가로 가져와 잘 익고 있는지 확인할 때마다 뜨거운 파인애플 럼을 한두 모금 마시고 불을 피우는 통통한 여성에게 미소를 지었다.

샘은 이 평화로운 장면을 지긋이 보느라 뚱뚱한 여인의 첫 번째 질문을 무시했다. 매번 더 새된 목소리로 질문이 두 번 더 반복된 다음에야 샘은 자기 행동이 부적절했음을 깨달았다.

"주인장 계십니까?" 질문에 대한 대답으로 샘이 물었다.

"아니, 없어요." 웰러 부인이 대답했다. 뚱뚱한 여인은 다름 아닌 고인이 된 클라크 씨의 과부이자 유일한 유언집행자였다. "돌아오지도 않을 거예요."

"마차를 몰고 런던에 가셨나 보지요?" 샘이 말했다.

"그럴지도 모르고 아닐지도 모르죠." 딸기코 남자가 막 구운 토스트에 웰러 부인이 버터를 바르며 대답했다. "난 모르고 신경도 안 써요. 스티긴스 씨, 기도를 올려주세요."

딸기코 남자는 그녀가 시키는 대로 하더니 곧 엄청난 식욕으로 토스트를 먹기 시작했다.

샘은 딸기코 남자를 처음 봤을 때 아버지가 말했던 존경해 마땅한 부목자가 아닌가 적잖은 의심이 들었다. 그가 먹는 모습을 보는 순간 의구심은 모두 사라졌고 저 남자가 일시적으로 점거하고 있는 자리를 차지하려면 즉시 발판을 마련해야 한다는 사실을 깨달았다. 그러므로 샘은 위아래로 나뉜 술집 문에 팔을 올려 아무렇지도 않게 빗장을 풀고 여유롭게 걸어 들어가는 것으로 그 과정을 시작했다.

"새어머니, 잘 지내셨어요?" 샘이 말했다.

"아, 웰러로군." 웰러 부인이 시선을 들어 샘의 얼굴을 보면서 썩 흡족하지 않은 표정으로 말했다.

"그럴걸요." 쉽사리 동요하지 않는 샘이 말했다. "제가 어머니 남편인 웰러였다면 좋겠다고 말해도 목사님께서 기분이 상하지 않으셨으면 좋겠네요."

이것은 이중의 칭찬이었으니, 웰러 부인이 매력적인 여자라는 뜻과 스티긴스 씨가 성직자 같은 생겼다는 뜻을 함축했다. 이 말은 즉시 가시적인 효과를 나타냈고 샘은 유리한 기세를 몰아 계모에게 입을 맞추었다.

"허튼짓하지 마." 웰러 부인이 그를 밀어내며 말했다.

"망측하군, 젊은이." 딸기코 신사가 말했다.

"기분 나쁘게 하려는 의도는 없었습니다." 샘이 대답했다. "하지만 맞아요. 젊고 예쁜 새어머니한테 해서는 안 되는 행동이지요, 안 그렇습니까?"

"세상만사 헛되도다."[68] 스티긴스 씨가 말했다.

"아, 맞아요." 웰러 부인이 모자를 고쳐 쓰며 말했다.

샘 역시 그렇다고 생각했지만 잠자코 있었다.

부목자는 샘의 방문을 크게 기뻐하는 것 같지 않았고, 첫 인사의 흥분이 가라앉자 웰러 부인마저 샘이 있어도 전혀 불편하지 않은 것처럼 보였다. 그러나 샘을 적당히 쫓아낼 수 없었기 때문에 세 명이 같이 차를 마시려고 자리에 앉았다.

"아버지는 어떠세요?" 샘이 말했다.

---

68 전도서 1장 2절을 인용했다.

그러자 웰러 부인은 너무 고통스러워 말할 수도 없다는 듯 양손을 들고 눈을 위로 향했다.

스티긴스 씨가 신음했다.

"이분은 무슨 문제라도 있나요?" 샘이 물었다.

"네 아버지 때문에 충격을 받으셨지." 웰러 부인이 대답했다.

"아, 그렇군요." 샘이 말했다.

"그럴 만도 해." 웰러 부인이 심각하게 덧붙였다.

스티긴스 씨가 토스트를 한 조각 들고 깊은 신음을 냈다.

"네 아버지는 끔찍한 무뢰한이야." 웰러 부인이 말했다.

"성미가 사납지요!"[69] 스티긴스 씨가 이렇게 외치더니 토스트를 반원 모양으로 크게 베어 물고 다시 신음했다.

샘은 스티긴스 씨를 크게 신음하게 만들고 싶다는 강렬한 욕구를 느꼈지만 꾹 참고 이렇게만 물었다. "아버지가 뭘 어쩌셨길래요?"

"어쩌긴, 정말로!" 웰러 부인이 말했다. "그 사람은 심장이 굳었어. 매일 밤 이 훌륭한 신사분께서 — 얼굴 찌푸리지 마세요, 스티긴스 씨, 당신이 훌륭한 신사분이라는 뜻이니까 — 찾아오셔서 몇 시간씩 같이 있어도 그 사람은 아무런 영향도 받지 않는다니까."

"음, 이상하네요." 샘이 말했다. "제가 아버지 입장이라면 아주 상당한 영향을 받았을 것 같은데요, 틀림없이."

---

69   잠언 19장 19절을 인용했다.

"사실은 이렇다네, 젊은 친구." 스티긴스 씨가 엄숙하게 말했다. "그는 냉혹한 마음을 가졌다네. 아, 서인도 제도의 흑인 아이들에게 플란넬 조끼와 교훈 손수건을 보내는 고귀한 모임에 들어오라고 권하는 아름다운 우리 자매님들 열여섯 명의 간청을 무시할 수 있는 사람이 또 어디 있겠나?"

"교훈 손수건이 뭐죠?" 샘이 말했다. "그런 물건은 들어본 적도 없는데요."

"재미와 가르침을 합친 것이라네, 젊은이." 스티긴스 씨가 대답했다. "선별한 이야기와 목판화를 섞었지."

"아, 알겠어요." 샘이 말했다. "포목점에 걸려 있는, 걸인들의 간청이나 뭐 그런 시가 찍힌 손수건 말이지요?"

스티긴스 씨가 토스트를 세 개째 먹으면서 그렇다고 고개를 끄덕였다.

"하지만 아버지는 여자분들의 설득에 넘어가지 않았군요, 그렇죠?" 샘이 말했다.

"앉아서 파이프 담배만 피우면서 흑인 아이들은…… 그 애들이 어떻다고 말했었죠?" 웰러 부인이 말했다.

"꼬맹이 사기꾼이라고요." 스티긴스 씨가 무척 감정을 실어 말했다.

"꼬맹이 사기꾼이라고 말했어." 웰러 부인이 다시 말했다. 두 사람 모두 아버지 웰러 씨의 극악무도한 행동을 떠올리며 신음했다.

이와 비슷한 수많은 악행이 폭로될 참이었지만 토스트도 다

먹고 차도 무척 연해진 데다가 샘이 일어날 기색도 없었기 때문에 스티긴스 씨는 갑자기 목자와 급한 약속이 있다는 사실을 기억해 내고 자리를 떴다.

다구를 치우고 벽난로의 재를 쓸기도 전에 아버지 웰러 씨가 런던발 마차를 타고 여관 문 앞에 내린 다음 술집으로 터벅터벅 들어왔다.

"아니, 새미!" 아버지가 외쳤다.

"아니, 아버지!" 아들이 외쳤다. 두 사람은 진심 어린 악수를 나누었다.

"널 보니 정말 반갑구나, 새미." 아버지 웰러 씨가 말했다. "네 계모를 어떻게 구워삶았는지 전혀 모르겠지만 말이다. 그 비결을 좀 적어다오."

"쉿!" 샘이 말했다. "어머니가 여기 있어요, 아버지."

"안 들릴 거야." 웰러 씨가 대답했다. "차를 마시고 나면 항상 아래층에서 몇 시간 동안 분통을 터뜨리니 말이다. 우리는 한잔 하자, 새미."

웰러 씨는 이렇게 말한 다음 술과 물을 섞어 두 잔을 만들고 파이프를 두 개 꺼냈다. 부자는 마주 보고 앉았는데 샘은 난롯가의 등받이가 높은 의자에, 아버지 웰러 씨는 맞은편 안락의자에 앉아서 무척 진지하게 둘만의 시간을 즐겼다.

"여기 누가 왔었냐, 새미?" 긴 침묵 끝에 아버지 웰러 씨가 무뚝뚝하게 물었다.

샘이 그렇다는 뜻으로 고개를 끄덕였다.

"코 빨간 녀석?" 웰러 씨가 물었다.

샘이 다시 고개를 끄덕였다.

"붙임성 있는 사람이지." 웰러 씨가 맹렬하게 담배를 피우며 말했다.

"그런 것 같아요." 샘이 말했다.

"셈에 밝아." 웰러 씨가 말했다.

"그래요?" 샘이 말했다.

"월요일에 18페니를 빌리고 화요일에는 1실링을 더 빌려서 반 크라운으로 만들지. 수요일에는 반 크라운 더 빌려서 5실링으로 만들고 그런 식으로 계속 두 배로 불려 나가다가 금세 5파운드 지폐로 만든다니까. 말편자의 못을 계산하는 산수책의 문제처럼 말이다, 새미."

샘은 아버지가 말하는 문제를 떠올리며 고개를 끄덕였다.

"플란넬 조끼 기부 안 할 거죠?" 잠시 담배를 피운 다음 샘이 물었다.

"절대 안 하지." 웰러 씨가 대답했다. "다른 나라의 검은 꼬맹이들한테 플란넬 조끼가 무슨 소용이냐? 하지만 너한테는 사실대로 말하마." 웰러 씨가 목소리를 낮추고 난롯가로 몸을 숙이며 말했다. "우리나라의 몇몇 사람들에게 입힐 구속복이라면 큰돈이라도 내겠다."

웰러 씨는 이렇게 말하면서 천천히 원래 자세로 돌아가 심오한 태도로 아들에게 눈을 찡긋 했다.

"손수건을 쓸 줄도 모르는 사람들한테 옷을 보낸다는 게 확실히 괴상하긴 하네요." 샘이 말했다.

"그 사람들은 항상 그런 식으로 허튼짓을 한다니까." 아버지가 대답했다. "지난 일요일에는 길을 가다가 교회 문 앞에서 파란색 스프 접시를 들고 있는 사람을 봤는데, 바로 네 계모지 뭐냐. 그 접시에 반 페니짜리 동전이 2소브린은 있었을 거다. 사람들이 교회에서 나오면서 접시에 짤랑짤랑 동전을 넣는데 지금까지 구워진 어떤 접시도 못 견디겠더라니까. 그 돈을 다 뭐 때문에 모으는 줄 아냐?"

"차 모임을 한 번 더 하나 보죠." 샘이 말했다.

"전혀 아니야." 아버지가 대답했다. "목자의 수도세 때문이란다, 새미."

"목자의 수도세라고요?" 샘이 말했다.

"그래!" 웰러 씨가 대답했다. "수도세가 3분기나 밀려 있었는데 목자가 한 푼도 안 냈대. 아마 목자에게는 물이 별 소용이 없어서겠지. 목자가 그 물을 마시는 일은 거의 없었을 테니까 말이다. 마시려면 얼마든지 방편이 있으니까. 하지만 요금을 내지 않으니 수도를 끊어버린 거야. 그랬더니 목자가 곧장 교회로 가서 자신은 박해받는 성자라고, 수도를 끊어버린 사람의 마음이 온화해져서 바른길로 들어서면 좋겠다고, 자신은 힘든 일을 겪을 운명이 분명하다고 말한 거야. 그랬더니 여자들이 즉시 모임을 열어서 찬송가를 부르고 투표로 네 계모를 의장 자리에 앉히더니 다음 주일에 자발적으로 돈을 모아서 전부 목자에게 넘겨주었지. 새미, 그 목자는 이제 평생 수도 요금 걱정은 안 해도 될 거다." 웰러 씨가 마지막으로 이렇게 덧붙였다. "내 장담하지. 장담하고말고."

웰러 씨가 몇 분 동안 침묵 속에서 담배를 피우더니 말을 계속했다.

"아들아, 이 교회 목자들의 가장 나쁜 점은 말이다. 젊은 여자들의 머리를 이상하게 만들어버린다는 거야. 그 여자들에게 주님의 은총이 있기를! 그 여자들은 아무것도 모르지만 속임수의 피해자야, 새뮤얼. 속임수의 피해자라고."

"그런 것 같네요." 샘이 말했다.

"그렇지." 웰러 씨가 엄숙하게 고개를 저으며 말했다. "새뮤얼, 내가 더욱 화가 나는 건 말이다. 구리색 사람들을 위해서 필요하지도 않은 옷을 짓는 데 시간과 노동력을 낭비하면서 정작 옷이 필요한 흰색 기독교인들은 본체만체한다는 거야. 내 방식대로 한다면 말이다, 새뮤얼. 나는 이 게으른 목자들이 온종일 손수레를 밀면서 너비 14인치짜리 판지 위를 왔다 갔다 하게 만들 거다. 그러면 정신 나간 생각을 좀 떨쳐버리겠지."

웰러 씨는 고개를 끄덕이고 눈에 경련을 일으키면서 이 너그러운 처방을 강조한 다음, 단숨에 잔을 비우고 타고난 위엄으로 파이프 재를 떨었다.

그때 복도에서 새된 목소리가 들렸다.

"네 사랑스러운 가족이 왔구나, 새미." 웰러 씨가 말했고, 웰러 부인이 황급히 들어왔다.

"아, 돌아왔군요!" 웰러 부인이 말했다.

"그래요, 여보." 웰러 씨가 파이프를 새로 채우며 대답했다.

"스티긴스 씨가 다시 왔어요?" 웰러 부인이 말했다.

"아니, 안 왔어요." 웰러 씨가 집게로 파이프 담배통을 들고 바로 옆 난로의 뜨거운 석탄에 가져다 대는 독특한 방식으로 담뱃불을 붙이며 대답했다. "여보, 나는 그 사람이 아예 안 돌아와도 괜찮을 거 같은데."

"어휴, 이 한심한 인간." 웰러 부인이 말했다.

"고맙소, 부인." 웰러 씨가 말했다.

"자, 자, 아버지." 샘이 말했다. "남들 앞에서 그런 사랑싸움은 그만두세요. 저기 목사님이 오시네요."

이 말에 웰러 부인이 짜내던 눈물을 서둘러 닦았고 웰러 씨는 시무룩해져서 난롯가로 의자를 당겨 앉았다.

스티긴스 씨는 아무렇지도 않게 들어와서 뜨거운 파인애플 럼에 물을 타서 한 잔, 두 잔, 세 잔 마신 다음 가벼운 식사를 하고 다시 술을 마셨다. 그는 아버지 웰러 씨와 같은 쪽에 앉아 있었고, 웰러 씨는 부인이 보지 못할 때 부목자의 머리 위로 주먹을 흔들며 가슴속에 숨겨진 감정을 아들에게 보여주었는데, 그의 아들은 이 광경에—특히 스티긴스 씨가 무슨 일이 벌어지고 있는지 전혀 모른 채 물 탄 뜨거운 파인애플 럼을 조용히 마시고 있을 때는 더욱—더없이 순수한 기쁨과 만족감을 느꼈다.

대화는 주로 웰러 부인과 스티긴스 목사 사이에 오갔다. 주된 화제는 목자의 덕행, 신도들의 훌륭함, 그 외 다른 모든 사람들의 중대한 범죄와 나쁜 행실이었는데, 아버지 웰러 씨는 반쯤 무시당하면서도 워커라는 신사[70]에 대한 이야기와 그 비슷한 유를 수시로 꺼내 대화를 방해했다.

결국 스티긴스 씨가 물 탄 파인애플 럼을 잔뜩 마셨다는 명백한 징후를 드러내며 모자를 쓰고 떠나자마자 아버지가 샘을 방으로 안내했다. 이 존경할 만한 노신사는 손을 격렬하게 쥐어짜면서 아들에게 몇 가지 이야기를 하고 싶은 듯했지만, 웰러 부인이 다가오자 생각을 접고 갑자기 아들에게 잘 자라고 인사했다.

샘은 다음 날 일찍 일어났고 허둥지둥 아침을 먹은 다음 런던으로 돌아갈 준비를 했다. 그가 여관 밖으로 나가자마자 아버지가 나타났다.

"가는 거냐, 새미?" 웰러 씨가 물었다.

"바로 갈 거예요." 샘이 대답했다.

"네가 스티긴스의 입을 막고 같이 데려가면 얼마나 좋겠냐." 웰러 씨가 말했다.

"아버지가 부끄러워요." 샘이 비난하듯 말했다. "애초에 그 딸기코 놈을 왜 여관에 들이세요?"

아버지 웰러 씨가 진지한 표정으로 아들을 뚫어지게 바라보며 대답했다. "왜냐면 난 결혼한 몸이니까. 결혼을 했으니까 말이다. 새뮤얼, 너도 결혼하면 지금은 이해가 안 가는 수많은 것들을 이해하게 될 거다. 하지만 그 별것도 아닌 가르침을 얻으려고 그렇게 수고할 가치가 있느냐 하는 건 취향의 문제지. 자선학교 학생

<hr />

70 '워커'와 '후키 워커'라는 표현은 믿을 수 없다는 뜻으로 흔히 쓰이는 단어다.

이 알파벳을 다 배웠을 때 말한 것처럼 말이다. 내 생각에는 그럴 가치가 없는 것 같구나."

"그럼 안녕히 계세요." 샘이 말했다.

"잘 가라, 새미." 아버지가 대답했다.

"이 말만은 해야겠어요." 샘이 걸음을 멈추고 말했다. "제가 이 여관의 주인이라면, 그리고 스티긴스라는 사람이 와서 내 술집에서 토스트를 굽는다면, 저는……."

"뭐?" 웰러 씨가 크게 역정을 내며 말을 끊었다. "뭐라고?"

"그 사람 술에 독을 타겠어요." 샘이 말했다.

"무슨 소리냐!" 웰러 씨가 아들의 손을 열렬히 흔들며 말했다. "정말이냐, 새미? 진짜 그럴 거야?"

"그럴 거예요." 샘이 말했다. "처음부터 그렇게 심한 짓은 하지 않겠지요. 우선 그 사람을 빗물 받는 통에 빠뜨린 다음 뚜껑을 덮을 거예요. 그래도 고마운 줄 모르면 다른 방법을 생각해 봐야죠."

아버지 웰러 씨는 형언할 수 없을 만큼 깊은 존경의 눈빛을 보내더니 아들의 손을 한 번 더 꽉 잡고 나서 천천히 멀어졌다. 그의 마음속에서는 방금 전 아들의 충고가 일으킨 수많은 생각이 맴돌았다.

샘은 아버지가 모퉁이를 돌아 사라질 때까지 바라본 다음 런던으로 발걸음을 옮겼다. 처음에는 자신의 충고가 가져올지도 모를 결과를, 아버지가 자신의 제안을 받아들일 확률과 받아들이지 않을 확률을 생각했다. 그러나 곧 시간만이 말해주리라는

생각으로 위안을 삼으며 그 생각을 쫓아버렸다. 우리는 독자들
도 그렇게 생각해 주기를 바라는 바이다.

28장

유쾌한 크리스마스와 결혼식,
그리고 결혼만큼이나 어엿한 관습임에도
요즘처럼 통탄스러운 시대에는 확실히
지켜지지 않는 또 다른 놀이들

이 책에 충실하게 기록된 모험을 시작하여 많은 업적을 이루었던 영광스러운 해의 12월 22일 아침, 픽윅 클럽 회원 네 명은 요정처럼 가볍지는 아니더라도 꿀벌처럼 부산하게 모였다. 크리스마스가 화통하고 떠들썩하게 코앞으로 다가왔다. 크리스마스는 환대와 왁자지껄함, 관대함의 계절이었고 묵은해는 고대의 철학자처럼 친구들을 불러 흥청망청 잔치를 벌이며 떠들썩함 속에서 평온하고 조용히 세상을 떠날 준비를 하고 있었다. 때는 즐겁고 쾌활했고, 크리스마스의 도래를 기뻐하는 수많은 사람들 중 적어도 네 사람은 즐겁고 쾌활했다.

　수많은 사람들에게 크리스마스는 짧지만 행복하고 즐거운 계절이다. 멀리 흩어져 끝없이 허덕이며 살던 얼마나 많은 가족들이 다시 한자리에 모여 동지애와 서로의 온정을 느끼며 행복한 시간을 보내는지! 크리스마스는 이토록 순수하고 완전한 기쁨의 원천이며, 세상의 슬픔이나 걱정과는 양립할 수 없다. 그렇기 때문에 고도로 문명화된 국가의 종교적 믿음에서든 미개한 야만인들의 조야한 전통에서든 하나같이 행복하고 축복받은 사람들이 앞으로 느낄 기쁨들 중에서 크리스마스를 으뜸으로 꼽는 것이다. 크리스마스가 일깨우는 옛 기억이, 잠들어 있던 연민이 얼마나 많은가!

지금 우리는 크리스마스마다 친구들과 기쁘고 즐거운 시간을 보내던 곳에서 멀리 떨어져 이 글을 쓰고 있다. 그때 너무나도 기쁘게 뛰던 수많은 심장이 이제 더 이상 뛰지 않고, 그때 그토록 밝게 빛나던 수많은 얼굴이 이제 빛을 잃었다. 우리가 잡았던 손들은 차가워졌고 우리가 찾던 시선은 무덤 속에 그 광채를 숨겼다. 그러나 크리스마스 계절이 돌아올 때마다 옛 집, 그 방, 경쾌한 목소리와 미소 짓는 얼굴, 농담, 그때 그 행복한 만남과 관련된 가장 사소하고 별것 아닌 일은 마지막 만남이 바로 어제 일이었던 것처럼 우리의 마음을 가득 채운다. 행복하고도 행복한 크리스마스 덕분에 우리는 어린 시절의 망상을 다시 불러오기도 하고, 노인이 젊은 시절의 즐거움을 떠올리기도 하고, 수천 마일 떨어진 타지의 선원과 여행자가 조용한 고향 집의 난롯가로 돌아오기도 하는 것이다!

그러나 우리는 옛 시절의 대지주와도 같은 성스러운 크리스마스의 장점에 지나치게 몰두한 나머지 픽윅 씨와 친구들을 머글턴 역마차 바깥의 추위 속에서 기다리게 하고 있다. 그들은 외투와 숄, 털실로 짠 긴 목도리로 몸을 감싸고 이제 막 도착했다. 마차에 가죽 트렁크와 여행 가방이 차곡차곡 실렸고, 웰러 씨와 차장이 그보다 몇 배는 크고 길쭉한 갈색 바구니에 아늑하게 담아서 짚을 한 층 덮은 거대한 대구를 마차 앞쪽 짐칸에 밀어 넣고 있다. 짐칸 바닥부터 차곡차곡 넣은 런던 특산 굴 여섯 통 위에 안전하게 넣기 위해서 대구를 마지막까지 남겨둔 것이었는데, 굴과 대구 모두 픽윅 씨의 것이다. 픽윅 씨가 강렬한 표정으로 지켜보는 가운데 웰러 씨와 차장이 대구를 머리부터 넣었다가, 꼬리부터 넣었다가, 윗면을 위로 했다가, 아랫면을 위로 했다가, 세로로 넣었다가, 가로로 넣었다가 하면서 짐칸에 밀어 넣으려고 애쓰지만 냉혹한 대구는 모든 책략을 완고하게 거부한다. 결국 차장이 바구니 한가운데를 우연히 치자 대구가 짐칸 속으로 갑자기 모습을 감추고, 대구의 수동적인 저항이 이렇게 갑작스럽게 멈추리라 계산하지 못했던 차장은 어깨와 머리에 예상치 못한 충격을 받는다. 모든 짐꾼과 구경꾼들이 이 광경을 보며 기쁨을 감추지 못한다. 픽윅 씨는 유쾌한 미소를 지으며 조끼 주머니에서 1실링을 꺼내 짐칸에서 빠져나온 차장에게 주면서 물 탄 브랜디라도 따뜻하게 한 잔 사 마시라고 청하고, 그러자 차장도 미소를 짓고 스노드그래스 씨, 윙클 씨, 터프먼 씨 모두 다 같이 미소를 짓는다. 차장과 웰러 씨는 5분 동안 자리를 비웠는데, 돌아왔을 때 술 냄새가 강하게 난 것으로 보아 물 탄 브랜디를 마시고 온 것이 분명하다. 이제 마부가 마부석에 오른 다음 웰러 씨가 뒤따라 뛰어오르고, 픽윅 클럽 회원들은 외투로 다리를 감싸고 숄로 코를 덮는다. 조수들이 말 덮개를 벗기자 마부가 경쾌하게 "좋아"라고 외친 다음 마차를 출발시킨다.

그들은 거리를 덜컹덜컹 달리고 돌길을 비틀비틀 지나서 마침내 넓고 탁 트인 시골로 나온다. 마차 바퀴는 서리가 앉은 단단한 땅을 스치듯 달리고, 거센 채찍질에 질주하기 시작한 말들은 뒤에 매달린 마차와 승객들, 대구, 굴을 비롯한 모든 짐이 깃털에 불과하다는 듯 길을 따라 나아간다. 마차는 완만한 경사를 내려가 2마일 정도 길이의 단단한 대리석처럼 옹골차고 메마른 평지에 들어선다. 채찍을 한 번 더 휘두르자 말들이 껑충거리며 속도를 내기 시작하더니 빠른 속도에 활기가 샘솟는 것처럼 고개를 들고 마구를 덜컹거리며 달리고, 채찍과 고삐를 한 손에 쥔 마부는 나머지 한 손으로 모자를 벗어서 무릎에 놓고 손수건을 꺼내 이마를 닦는다. 반쯤은 습관 때문에 반쯤은 자신이 얼마나 냉철한지, 또 자기처럼 숙련되면 사두마차를 모는 것이 얼마나 쉬운지 승객들에게 과시하기 위해서이다. 그는 이마를 아주 여유롭게 (그렇지 않으면 그 효과가 상당히 줄어들 것이다) 닦은 후 손수건을 다시 넣고, 모자를 쓰고, 장갑을 고쳐 끼고, 팔꿈치를 직각으로 구부려 다시 채찍질을 하고, 마차는 더욱 경쾌하게 속도를 낸다.

도로 양쪽에 흩어진 작은 집 몇 채는 이제 어느 읍내나 마을로 들어간다는 표시이다. 차장이 부는 나팔의 경쾌한 소리가 차갑고 맑은 공기 속에서 진동하며 마차 안의 노신사를 깨우자 그가 창틀을 조심스레 반쯤 내리고 보초병처럼 바깥을 잠깐 내다본 다음, 창틀을 다시 조심스럽게 올리더니 마차 안의 다른 승객에게 곧 말을 교체할 것이라고 알린다. 그러자 다른 승객이 잠에서 깨 다음 선잠은 말을 교체한 뒤로 미루기로 한다. 나팔이 다시 힘차게 울려 작은 집의 어머니와 아이들을 깨우자 그들이 문밖으로 고개를 내밀고 마차가 모퉁이를 돌 때까지 지켜보더니 다시 활활 타는 난롯가에 웅크리고 앉아서 아버지가 돌아올 시간에 맞춰 통나무 하나를 더 넣는다. 1마일 떨어져 있던 아버지는 마부와 친근하게 고개를 끄덕여 인사한 다음 돌아서서 질주하는 마차를 오래도록 바라본다.

이제 나팔이 경쾌한 소리를 내자 마차가 시골 읍내의 울퉁불퉁한 거리를 덜컹덜컹 달린다. 마부는 고삐를 연결하는 버클을 풀어 마차가 멈추자마자 내던질 준비를 한다. 픽윅 씨가 외투 옷깃 위로 고개를 내밀고 무척 궁금한 표정으로 주변을 둘러보자, 이를 알아차린 마부가 픽윅 씨에게 마을 이름을 알려주면서 어제가 장날이었다고 말한다. 픽윅 씨가 두 가지 정보를 동료 승객들에게 알리자 다른 사람들도 외투 옷깃에서 고개를 내밀고 주변을 둘러본다. 마차가 치즈 가게 앞의 크게 꺾이는 모퉁이를 돌아 시장으로 들어서자, 제일 끝자리에 앉아서 한쪽 다리를 허공에 덜렁거리던 윙클 씨가 내동댕이쳐질 뻔한다. 옆자리의 스노드그래스 씨가 깜짝 놀란 마음을 진정시키기도 전에 마차는 덮개 씌운 말들이 벌써부터 기다리는 여관 마당에 멈춰 선다. 마부가 고삐를 내던진 다음 마부석에서 내리자 다시 올라탈 자신이 없

는 사람들을 제외한 바깥 좌석 승객들이 마차에서 내린다. 자신
이 없는 사람들은 자리에 그대로 앉아서 몸을 덥히려고 발을 쿵
쿵 구르며 코가 빨개진 채 여관 술집의 밝은 불과 창가를 장식
하는 붉은 열매 달린 감탕나무 가지를 간절한 눈으로 바라본다.

그러나 차장은 가죽끈으로 어깨에 메고 있던 작은 주머니에
서 갈색 종이 꾸러미를 꺼내 곡물상에게 전달하고, 말을 마차에
조심스레 매다는 것을 지켜보고, 런던에서부터 마차 지붕에 실
어온 안장을 보도에 던지고, 지난 화요일에 오른쪽 앞다리를 다
친 회색 암말에 대해 이야기를 나누는 마차 마부와 여관 마부를
거든 다음에야 웰러 씨와 함께 마차 뒤쪽에 올라탄다. 마부가 마
차 앞쪽에 올라타고, 이러는 내내 마차의 차창을 2인치쯤 내리
고 있던 노신사가 창문을 다시 닫고, 말에 씌운 덮개가 벗겨진
다. 출발 준비가 다 끝났지만 뚱뚱한 신사 두 명이 보이지 않기
때문에 마부가 인내심을 발휘하며 그들의 행방을 묻는다. 마부,
차장, 샘 웰러, 윙클 씨, 스노드그래스 씨, 여관의 모든 마부들, 이
들을 전부 합친 것보다 더 많은 할 일 없는 사람들이 사라진 신
사들을 찾아서 최대한 크게 고함을 친다. 여관 마당 멀리서 대답
이 들리더니 픽윅 씨와 터프먼 씨가 숨을 헐떡이며 달려온다. 에
일을 한 잔씩 마셨는데 픽윅 씨의 손가락이 추위에 굳어서 술값
6페니를 찾는 데 5분이나 걸렸기 때문이다. 마부가 "자 그럼, 출
발합니다"라고 알리고 차장이 같은 말을 반복한다. 마차 안의
노신사는 시간이 없다는 것을 알면서도 마차에서 내리다니, 사
람들은 참 이상하다고 생각한다. 픽윅 씨와 터프먼 씨가 양쪽에

서 힘들게 마차에 오르고 윙클 씨가 "됐습니다"라고 외치자 마차가 출발한다. 다들 숄을 끌어올리고, 외투 옷깃을 정리하고, 포장도로가 끝나고, 집들이 모습을 감춘다. 마차가 다시 탁 트인 도로를 빠르게 달리자 신선하고 깨끗한 공기가 그들의 얼굴을 쓸면서 마음을 기쁘게 해준다.

이렇게 해서 픽윅 씨와 친구들은 머글턴 텔레그래프의 마차를 타고 딩리 델로 향했고 같은 날 오후 3시에 모두 무사히, 안전하고 건강하게, 원기왕성하고 활발하게 블루 라이언 여관 계단에 서 있었다. 오는 길에 에일과 브랜디를 충분히 마셨기 때문에 서리가 강철 같은 차꼬로 땅을 옭아매고 나무와 산울타리에 아름다운 망을 짜넣었지만 견딜 수 있었다. 픽윅 씨가 굴이 담긴 통의 개수를 분주하게 헤아리고 대구의 발굴을 감독하는데 누가 외투 자락을 부드럽게 잡아당겼다. 뒤를 돌아보니 그의 주의를 끈 이는 다름 아닌 워들 씨가 가장 아끼는 하인, 이 진솔한 기록의 독자들에게는 뚱보 소년이라는 명칭으로 더 잘 알려진 바로 그 사람이었다.

"아하!" 픽윅 씨가 말했다.

"아하!" 뚱보 소년이 말했다.

소년은 대구와 굴이 담긴 통을 흘끔거리더니 기쁜 듯이 킥킥거렸다. 그는 어느 때보다도 더 뚱뚱했다.

"혈색이 아주 좋아 보이는군." 픽윅 씨가 말했다.

"여관 술집의 난롯가에서 잤거든요." 한 시간 동안 낮잠을 자면서 몸을 어찌나 따뜻하게 데웠는지 새로 설치한 굴뚝 통풍관

색으로 변한 뚱보 소년이 대답했다. "주인님이 짐을 실어 오라고 경마차를 보내셨습니다. 안장 얹은 말도 몇 마리 보내셨지만 날이 추우니 걸어오시는 것이 좋겠다고 하셨어요."

"그래, 그래." 픽윅 씨가 지난번에 비슷한 방법으로 이동하다가 어떻게 되었는지 떠올리며 황급히 말했다. "그렇지, 우린 걸어가는 게 좋겠군. 자, 샘."

"네." 웰러 씨가 말했다.

"워들 씨의 하인을 도와서 마차에 짐을 싣고 같이 타고 오도록 하게. 우리는 지금 바로 출발할 테니."

샘에게 지시를 내리고 마부에게 값을 치른 픽윅 씨와 세 친구는 들판을 가로지르는 작은 길로 들어서서 바쁘게 걸어가기 시작했고, 남겨진 웰러 씨와 뚱보 소년은 처음으로 대면했다. 샘은 정말 깜짝 놀라서 뚱보 소년을 보았지만 이내 말없이 얼른 마차에 짐을 싣기 시작했고, 뚱보 소년은 그 옆에 조용히 서 있었다. 웰러 씨 혼자 일하는 모습을 지켜보는 것이 아주 재미있는 일이라고 생각하는 듯했다.

"자." 샘이 마지막 여행 가방을 실으며 말했다. "끝났어."

"네." 뚱보 소년이 무척 만족스러운 말투로 말했다. "끝났군요."

"음, 20스톤[71]쯤 되어 보이는군." 샘이 말했다. "박람회에서 우승하기 딱 좋겠어."

---

71 체중을 나타낼 때 쓰는 무게 단위. 20스톤은 약 127킬로그램이다.

"감사합니다." 뚱보 소년이 말했다.

"마음속에 걱정이라고는 하나도 없을 것 같군, 안 그래?" 샘이 물었다.

"제가 아는 바로는 없지요." 소년이 대답했다.

"모르고 봤으면 어떤 아가씨를 짝사랑하느라 괴로워하고 있는 줄 알았을 거야."

뚱보 소년이 고개를 저었다.

"음." 샘이 말했다. "그렇다니 다행이군. 뭐 좀 마시는 건 좋아하나?"

"먹는 걸 더 좋아합니다." 소년이 대답했다.

"아." 샘이 말했다. "그거야 그렇겠지. 내 말은 몸을 데울 뭔가를 좀 마시겠냐는 거야. 탄력적인 부착물이 그렇게 많으니 절대 춥지는 않겠군, 안 그래?"

"가끔은 추워요." 소년이 대답했다. "그리고 맛만 좋으면 뭘 좀 마시는 것도 좋지요."

"아, 좋아하는군?" 샘이 말했다. "그럼 이리 와."

그들은 블루 라이언 여관의 술집으로 들어갔고 뚱보 소년은 눈도 깜빡 하지 않고 술을 마셨는데 이 대단한 모습은 그에 대한 웰러 씨의 호의를 상당히 증폭시켰다. 웰러 씨도 술을 한 잔 마신 다음 두 사람은 마차에 올랐다.

"마차 몰 줄 알아요?" 뚱보 소년이 말했다.

"그런 것 같은데." 샘이 대답했다.

"그럼, 여기." 뚱보 소년이 샘의 손에 고삐를 쥐여주고 길을 가리키며 말했다. "똑바로만 가면 돼요. 길을 잘못 들 일은 없을 거예요."

이렇게 말한 다음 뚱보 소년은 대구 옆에 몸을 누이고 굴 통을 베개 삼아 머리 밑에 깔고 곧장 잠들었다.

"지금까지 본 뻔뻔한 사람들 중에서도 제일 뻔뻔한 젊은이잖아? 이봐, 일어나, 잠꾸러기 군."

그러나 잠꾸러기 군은 생기를 되찾을 기미가 전혀 없었기 때문에 샘 웰러는 마차 앞자리에 앉아서 고삐를 흔들어 늙은 말을 출발시켰고, 매너 농장을 향해 착실하게 나아갔다.

한편 걸어가느라 혈액순환이 활발해진 픽윅 씨와 친구들은 경쾌하게 걸음을 계속했다. 길은 험했고 풀은 서리가 내려 파삭파삭했으며 공기는 기분 좋고 건조하면서 상쾌할 만큼 차가웠다. 회색빛(서리가 내린 날씨에는 슬레이트 빛깔이라는 말이 더 어울릴 것이다) 황혼이 빠른 속도로 다가오고 있었기 때문에 일행은 후한 환대자의 집에서 그들을 기다리고 있을 안락함을 무척 기쁘게 고대했다. 외진 들판에서 노신사 몇 명이 외투를 벗고 아주 가벼운 마음으로 기뻐하며 등 넘기를 하게 만들 만한 오후였으므로 우리는 그때 터프먼 씨가 등을 내놓겠다고 제안했다면 픽윅 씨가 욕심을 내며 제안을 받아들였으리라 굳게 믿는다.

그러나 터프먼 씨는 그런 제안을 하지 않았고 친구들은 흥겹게 대화를 나누며 계속 걸었다. 그들이 건너야 할 좁은 길에 다다랐을 때 갑자기 수많은 목소리가 들렸고, 누구의 목소리인지 추측할 시간도 없이 이들의 도착을 기다리던 사람들과 정면으로 맞닥뜨렸다. 픽윅 클럽 회원들은 그들이 시야에 들어오자마자 워들 씨의 입에서 튀어나온 커다란 "만세" 소리를 듣고서야 어떻게 된 일인지 알아차렸다.

먼저—그것이 가능하다면—어느 때보다 더 기분 좋은 워들 씨가 있었고 벨라와 그녀의 충실한 연인 트런들, 마지막으로 에밀리와 여덟 명에서 열 명 정도의 아가씨들이 있었다. 모두 다음 날 거행될 결혼식에 참석하러 온 사람들로 이렇게 중대한 행사가 있을 때 젊은 여인들이 보통 그렇듯 더없이 행복했고 더없이 으스댔다. 아가씨들의 웃음과 장난 때문에 저 먼 들판과 좁은 길까지 깜짝 놀라는 듯했다.

상황이 상황인 만큼 서로를 소개하는 의식은 빠르게 진행되었다. 혹은, 아무 의식도 없이 소개가 금방 끝났다고 말해야 할 것이다. 2분 뒤 픽윅 씨는 그가 보는 앞에서 밭 사이 목책 계단을 넘지 않으려는 젊은 여인들, 혹은 무서워서 움직일 수 없다며 예쁜 발과 나무랄 데 없는 발목으로 목책 제일 윗단에 5분 정도 서 있으려는 젊은 여인들에게 평생 알고 지낸 사이처럼 편안하고 허물없이 농담을 하고 있었다. 또한 목책 계단을 너무 무서워하는 (높이가 3피트였고 디딤돌이 두어 개밖에 없긴 했지만) 에밀리에게 스노드그래스 씨가 필요 이상의 도움을 제공했다는 사실을 언급할 가치가 있다. 윗부분에 모피가 달린 아주 좋은 장화를 신은 검은 눈의 아가씨가 아주 큰 소리로 비명을 지르자 윙클 씨가 도와주겠다고 나섰다.

이 모든 일이 무척 편안하고 즐거웠다. 마침내 목책 계단이라는 난관을 넘어서 탁 트인 들판에 다시 들어섰을 때 노신사 워들 씨는 젊은 부부가 크리스마스 연휴 뒤에 들어가 살 집의 가구와 설비를 보러 다 같이 다녀왔다고 픽윅 씨에게 말했고, 그러자 벨라와 트런들은 여관 술집에서 불을 쬔 뚱보 소년만큼이나 발갛게 얼굴을 붉혔다. 모피 달린 장화를 신은 검은 눈의 아가씨가 에밀리의 귀에 뭐라고 속삭인 다음 스노드그래스 씨를 짓궂게 흘끔거렸고, 그러자 에밀리는 바보 같다고 대답했지만 그럼에도 불구하고 얼굴을 새빨갛게 붉혔다. 위대한 천재가 모두 그렇듯 겸손한 스노드그래스 씨는 정수리까지 홍조가 올라오는 것을 느꼈고, 눈이 검고 모피 달린 장화를 신은 짓궂은 아가씨를 근처 시골로 보내버릴 수만 있으면 얼마나 좋을까 마음속 깊이 생각했다.

저택 바깥에서 일행이 사교적이고 즐거운 시간을 보냈다고 한다면 저택에 도착했을 때 받은 따뜻하고 진심 어린 환영은 무슨 말로 표현할 수 있을까! 하인들은 픽윅 씨를 보자 즐거워하며 싱긋 웃었고 에마는 터프먼 씨를 보고 반쯤은 새치름하고 반쯤은 뻔뻔하게 예쁜 표정을 지으며 알은척을 했는데, 어찌나 예쁘던지 복도에 서 있는 보나파르트 동상이 팔을 벌려 그녀를 끌어안을 수도 있을 것 같았다.

노부인은 언제나와 같이 앞쪽 응접실에 앉아 있었지만 약간 기분이 상했고 따라서 귀가 유난히 안 들렸다. 노부인은 집 밖으로 절대 나가지 않았지만 비슷한 성격의 노부인들이 대부분 그렇듯이 자신이 못하는 일을 다른 가족이 하면 배신행위로 생각하는 경향이 있었다. 그러므로 불쌍하게도 노부인은 안락의자에 최대한 꼿꼿하게 앉아서 최대한 불쾌한 표정을 짓고 있었지만 결국은 친절을 베푸는 셈이었다.

"어머니." 워들 씨가 말했다. "픽윅 씨가 오셨습니다. 기억하시지요."

"신경 쓰지 말거라." 노부인이 무척 위엄 있게 대답했다. "나 같은 늙은이 때문에 픽윅 씨를 귀찮게 할 것 없다. 이제 아무도 나한테 신경을 안 쓰지만 그러는 것도 아주 당연하지." 여기서 노부인은 고개를 휙 돌리고 떨리는 손으로 라벤더색 실크 원피스의 매무새를 가다듬었다.

"왜 이러십니까, 부인." 픽윅 씨가 말했다. "이런 식으로 옛 친구를 모른 척하시면 안 되지요. 저는 부인과 긴 이야기를 나누고 러버 게임을 하려고 일부러 여기까지 왔습니다. 그리고 이 젊은 남녀가 나이를 이틀 더 먹기 전에 미뉴에트 추는 법도 보여줘야지요."

노부인은 급속도로 기분이 누그러졌지만 바로 꺾이고 싶지는 않았기 때문에 이렇게만 말했다. "아, 무슨 말씀이신지 안 들리는구나."

"말도 안 돼요, 어머니." 워들 씨가 말했다. "자, 자, 화내지 마세요. 벨라를 생각하세요. 불쌍한 우리 벨라를 침울하게 만들지 말자고요."

아들이 이렇게 말하는 동안 마음씨 착한 노부인의 입술이 떨리는 것을 보니 알아들은 것이 분명했다. 그러나 나이가 들면 성미가 까다로워지기 마련이라 노부인은 금방 마음을 돌리지 않았다. 노부인은 라벤더색 원피스의 매무새를 다시 한번 가다듬고 픽윅 씨를 향해 고개를 돌려 말했다. "아, 픽윅 씨, 제가 젊었을 때는 지금 젊은이들과 무척 달랐답니다."

"물론이지요, 부인." 픽윅 씨가 말했다. "그래서 저는 오랜 전통을 지키려고 노력하는 사람을 무척 존경한답니다." 그는 이렇게 말하면서 벨라를 살짝 끌어당겨 이마에 입을 맞추고는 조모의 발치에 놓인 등받이 없는 작은 의자에 앉으라고 말했다. 노부인의 얼굴을 올려다보는 그녀의 표정이 옛 시절을 떠올리게 했는지, 아니면 픽윅 씨의 애정 어린 싹싹함에 감동했는지 무슨 이유로든 그녀의 마음이 상당히 누그러졌다. 그래서 노부인은 손녀의 목을 끌어안았고 말 없는 눈물 속에서 불편했던 마음은 증발해 버렸다.

그날 밤, 일동은 무척 행복했다. 픽윅 씨와 노부인이 한 팀이 되어 차분하고 엄숙하게 러버 게임을 했고, 원탁을 둘러싼 사람들의 웃음은 떠들썩했다. 여자들이 물러나고 한참 뒤까지 브랜디와 향료를 섞은 따뜻한 딱총나무주가 돌고, 돌고, 또 돌았다. 다들 깊은 잠에 빠졌고 꿈은 유쾌했다. 스노드그래스 씨의 꿈에 에밀리 워들이 끊임없이 등장한 것은, 그리고 윙클 씨 꿈의 주요 등장인물이 눈에 띄게 좋은 모피 달린 장화를 신고 짓궂은 미소를 짓는 검은 눈의 아가씨였다는 것은 놀라운 사실이다.

픽윅 씨는 뚱보 소년도 깊은 잠에서 깨울 만큼 크게 웅웅거리는 목소리와 타닥거리는 발소리에 아침 일찍 잠에서 깼다. 그는 침대에 일어나 앉아 귀를 기울였다. 하녀와 여자 손님들이 끊임없이 이리저리 뛰어다니고 있었고, 따뜻한 물을 달라는 수많은 요구, 바늘과 실이 필요하다는 반복된 외침, "와서 좀 묶어줘, 옳지"라는 반쯤 숨죽인 수많은 간청 때문에 뭔가 끔찍한 일이 일어난 것이 분명하다는 생각이 들기 시작했지만, 잠이 조금 더 깨자 오늘 결혼식이 열린다는 사실이 떠올랐다. 아주 중요한 행사였으므로 픽윅 씨는 특히 주의를 기울여 옷을 차려입고 식당으로 내려갔다.

하녀들은 모두 새 제복인 분홍색 모슬린 가운과 흰 리본 달린 모자를 차려입고 초조하고 흥분한 상태로 집 안을 뛰어다녔다. 노부인은 20년 동안 상자 안에서 틈새로 새어 들어오는 빛밖에 보지 못하던 양단 가운을 꺼내 입었다. 트런들 씨는 기운이 팔팔하면서도 약간 긴장했다. 마음씨 따뜻한 집주인은 무척 명랑하고 아무 근심도 없어 보이려 애썼지만 전혀 효과가 없었다. 여자들은 전부 흰색 모슬린 옷을 입고 눈물을 흘렸지만 위층에서 신부와 신부 들러리들을 만나도록 선택받은 두세 명은 예외였다. 픽윅 클럽 회원들 역시 모두 멋지게 치장했다. 집 앞 잔디밭에서는 모든 남자들, 소년들, 농장에 소속된 청년들이 엄청난 소란을 피우고 있었는데 모두 단춧구멍에 흰 리본을 달았고 다들 전력을 다해 환호하고 있었다. 이들을 자극하고 격려하며 앞장선 사람은 다름 아닌 새뮤얼 웰러 씨였는데, 그는 벌써 무척 인기가 많았고 이곳 토박이처럼 편안해 보였다.

결혼식은 농담이 공공연히 허락된 행사지만 결혼식 자체는 대단한 농담거리가 아니다. 우리는 다만 결혼식 그 자체에 대해서 이야기하고 있을 뿐이며, 결혼 생활에 대한 은근한 야유를 즐기는 것은 결코 아님을 분명히 이해해 주길 바란다. 결혼식의 기쁨과 뒤섞여 있는 것은 집을 떠나는 크나큰 슬픔, 헤어지는 부모 자식의 눈물, 일생 중 가장 행복한 때에 사귀었던 사랑스럽고 다정한 친구들을 떠나 아직 겪어보지도, 잘 알지도 못하는 사람들과 함께 인생의 고통과 고민을 함께한다는 생각이다. 이는 당연한 감정이며 우리는 그러한 감정을 설명함으로써 이 장을 구슬프게 만들지는 않을 것이고, 그것을 비웃을 생각은 더더욱 없다.

그러므로 우리는 결혼식이 딩리 델의 교구 교회에서 노목사에 의해 거행되었고, 교회 제의실에 아직까지 보존되어 있는 등록부에 픽윅 씨의 이름이 올랐으며, 검은 눈의 아가씨는 무척 불안하게 떨면서 서명을 했고, 또 다른 신부 들러리인 에밀리의 서명이 거의 알아보기 힘들었다는 정도로만 간략하게 설명하고자 한다. 결혼식은 무척 근사하게 진행되었고, 아가씨들은 대부분 생각만큼 충격을 받지 않았으며, 검은 눈과 짓궂은 미소를 가진 아가씨는 윙클 씨에게 자신은 이렇게 무서운 일을 절대 감수할 수 없을 것이라고 말했지만 우리에게는 그녀가 착각했다고 생각할 만한 이유가 있다. 여기에 덧붙이고 싶은 것은, 다름 아닌 픽윅 씨가 신부에게 제일 먼저 인사를 하면서 그녀의 목에 보석상 외에는 누구도 보지 못했던 금시계와 사슬을 걸어주었다는 사실이다. 그런 다음 오래된 교회의 종이 기쁘게 울렸고 일동은 모두 아침 식사를 하러 집으로 돌아갔다.

"민스파이는 어디에 놓아야 하나, 아편쟁이 청년?" 웰러 씨가 전날 밤에 제대로 차리지 못한 음식 정리를 도우면서 뚱보 소년에게 물었다.

뚱보 소년이 파이 놓을 자리를 가리켰다.

"아주 좋아." 샘이 말했다. "파이에 크리스마스 장식 가지를 꽂아야지. 맞은편에 놓인 접시에도. 됐다, 이제 간단하고 편안해 보이는군. 아버지가 아들의 사팔뜨기를 고치려고 머리를 싹둑 자르면서 했던 말처럼 말이지."

웰러 씨는 이러한 비유를 들면서 가지 장식의 효과를 전체적으로 감상하려고 한두 걸음 물러났고 준비된 상황을 만족스럽게 살펴보았다.

"워들." 모두가 자리에 앉자마자 픽윅 씨가 말했다. "이 행복한 결혼식을 기념하며 와인을 한 잔 듭시다!"

"물론 그래야지요." 워들 씨가 말했다. "조, 빌어먹을 녀석, 자러 갔군."

"아닙니다, 주인님." 뚱보 소년이 저 먼 구석에서 벌떡 일어나며 대답했는데, 그는 뚱보 소년들의 수호 성인─불멸의 호너[72]─처럼 크리스마스 파이를 허겁지겁 먹어치우고 있었지만 호너와 달리 침착하고 꼼꼼하지는 않았다.

"픽윅 씨의 잔을 채워드려라."

"네."

---

[72] 전승 동요에 등장하는 꼬마 잭 호너. "꼬마 잭 호너는 구석에 앉아서 크리스마스 파이를 먹었네"로 시작한다.

뚱보 소년이 픽윅 씨의 잔을 채운 다음 주인의 의자 뒤로 물러서서 바쁘게 움직이는 나이프와 포크, 사람들이 여러 가지 요리 중에서 선택한 음식을 입으로 가져가는 과정을 어둡고 음울하게 지켜보는 모습은 무척 인상적이었다.

"신의 축복이 함께 하기를 빕니다." 픽윅 씨가 말했다.

"당신도요." 워들 씨가 대답했다. 그들은 진심으로 서로를 위해 건배했다.

"워들 부인." 픽윅 씨가 말했다. "이 즐거운 행사를 기념해서 나이 많은 사람들끼리 와인을 한 잔 들죠."

양단 가운 차림으로 이제 막 결혼한 손녀와 픽윅 씨를 양옆에 두고 상석에 앉아서 고기를 잘라 나눠 주는 노부인은 더없이 당당해 보였다. 픽윅 씨의 목소리가 아주 크지는 않았지만 노부인은 그의 말을 바로 알아듣고 픽윅 씨의 장수와 행복을 빌며 와인을 한 잔 가득 마셨다. 그런 다음 이 훌륭한 노부인은 자기 결혼식을 아주 자세히 설명하기 시작하더니 곧 굽 높은 구두를 신는 패션에 대해서 논했고, 지금은 고인이 된 아름다운 톨림글로워 부인의 삶과 모험에 대한 구체적인 이야기를 몇 가지 들려주면서 진심으로 즐겁게 웃었다. 그러자 할머니가 도대체 무슨 이야기를 하고 있는지 자기들끼리 어리둥절해하던 젊은 아가씨들도 따라 웃었다. 아가씨들이 웃자 노부인은 열 배는 더 쾌활하게 웃으면서 사람들이 항상 멋진 이야기라 했다고 말했고, 그러자 사람들이 다시 웃음을 터뜨려서 노부인을 기쁘게 했다. 사람들은 식탁에 둘러앉아 케이크를 잘라 나누어 먹었고, 아가씨들은 베개 밑에 넣고 자면서 미래의 남편 꿈을 꾸려고 케이크를 일부 남겼다. 모두들 얼굴을 붉히고 즐거워했다.

"밀러 씨." 픽윅 씨가 오랜 지인인 완고한 신사에게 말했다. "와인 한 잔 드시겠소?"

"물론이죠, 픽윅 씨." 완고한 노신사가 엄숙하게 대답했다.

"저도 끼워주시겠습니까?" 인자한 노목사가 말했다.

"저도요." 그의 아내가 끼어들었다.

"저도요, 저도요." 실컷 먹고 마시고 무슨 말에든 웃음을 터뜨리던 말석의 가난한 친척 두 명이 말했다.

사람들이 동참할 때마다 픽윅 씨는 진심 어린 기쁨을 드러냈고 그의 눈은 유쾌하고 쾌활하게 반짝였다.

"신사 숙녀 여러분." 픽윅 씨가 갑자기 일어나 말했다.

"찬성, 찬성! 찬성, 찬성! 찬성, 찬성!" 웰러 씨가 흥분해서 소리쳤다.

"하인을 모두 불러주게." 노신사 워들 씨가 외쳤다. 그렇지 않았다면 웰러 씨는 분명히 주인에게 한 소리를 들었을 것이었다.

"다 같이 건배하도록 와인을 한 잔씩 주지. 자, 픽윅 씨."

일동은 침묵했고, 하녀들은 속삭이고 하인들은 당황해하는 가운데 픽윅 씨가 말을 이었다.

"신사 숙녀 여러분, 아니, 저는 여러분을 신사 숙녀 여러분이 아니라 저의 친구들, 저의 사랑스러운 친구들이라고 부르겠습니다. 저의 방자함을 숙녀분들께서 용서해 주신다면 말입니다."

그러자 여자들이 박수를 치기 시작하더니 곧 남자들까지 동참하면서 어마어마한 박수 소리 때문에 픽윅 씨의 말이 끊겼고, 그때 검은 눈의 여인이 친애하는 픽윅 씨에게는 입맞춤도 할 수 있다고 말하는 소리가 똑똑히 들렸다. 그러자 윙클 씨는 용감하게도 대리인이 하면 안 되겠느냐고 물었고, 검은 눈의 아가씨는 "바보 같은 소리 하지 마세요"라고 대답했지만 그녀의 표정은 분명히 "할 수 있으면 해봐요"라고 말하고 있었다.

"사랑하는 친구 여러분." 픽윅 씨가 말을 다시 시작했다. "신랑과 신부의 건강을 기원하고 싶군요. 두 사람에게 하나님의 축복이 있기를. (환호와 눈물.) 저는 제 젊은 친구 트런들이 아주 뛰어나고 남자답다고 믿습니다. 그리고 제가 알기로 그의 부인은 무척 상냥하고 사랑스러운 여성이며, 그녀가 아버지의 집에서 20년 동안 흩뿌리던 행복을 다른 곳으로 옮겨 갈 자격이 충분합니다. (여기서 뚱보 소년이 큰 소리로 엉엉 울기 시작했기 때문에 웰러 씨가 그의 옷깃을 붙잡고 끌고 나갔다.) 제가 그녀 여동생의 남편이 될 수 있을 만큼 젊으면 좋겠지요. (환호.) 하지만 그렇지 않으므로 저는 그녀의 아버지뻘 나이인 것이 행복합니다. 제가 두 사람 모두를 존경하고 자랑스럽게 여기고 사랑한다고 말해도 숨은 의도가 있다고 의심받지 않을 테니까요. (환호와 흐느낌.) 신부의 아버지, 여기 있는 우리의 훌륭한 친구는 고귀한 사람이며 저는 그를 알게 되어 자랑스럽습니다. (크나큰 환성.) 그는 친절하고, 뛰어나고, 독립 정신이 강하고, 마음씨가 좋고, 후하고, 배포가 큰 사람입니다. (가난한 친척들이 모든 형용사에 대해, 특히 마지막 두 형용사에 대해서 열정적으로 환호했다.) 아버지로

서 그 역시 자기 딸이 세상 모든 행복을 누리기를 바랄 것입니다. 워들 씨가 딸의 행복을 보면서 그가 당연히 누릴 자격이 있는 마음의 만족과 평안을 즐기는 것이 우리 모두의 희망이라고 저는 확신합니다. 자, 이들의 건강을 기원하며 건배를 합시다. 그리고 장수와 모든 축복을 빌어줍시다."

우레와 같은 갈채 속에서 픽윅 씨가 말을 마쳤고, 웰러 씨의 지휘에 따라 하인들이 다시 한번 열심히 소리를 질렀다. 워들 씨가 픽윅 씨의 건강을 위해 건배했고, 픽윅 씨는 노부인의 건강을 위해 건배했다. 스노드그래스 씨가 워들 씨의 건강을 위해 건배했고, 워들 씨는 스노드그래스 씨의 건강을 위해 건배했다. 가난한 친척들 중 하나가 터프먼 씨의 건강을 위해 건배했고, 또 다른 친척은 윙클 씨의 건강을 위해 건배했다. 이렇게 다들 행복하고 흥겨운 시간을 보내다가 가난한 친척 두 명이 기이하게도 식탁 아래로 모습을 감추면서 사람들에게 이제 흩어질 시간임을 알렸다.

그들은 저녁 식사 시간에 다시 모였다. 남자들은 워들의 권고에 따라 아침에 마신 와인의 술기운을 깨려고 25마일 거리의 산책을 다녀왔고, 가난한 친척들은 아침과 똑같이 행복한 만찬을 꿈꾸며 온종일 침대에 누워 있었지만 기대대로 되지는 않았다. 웰러 씨는 집 안을 끊임없이 유쾌한 분위기로 만들었고, 뚱보 소년은 자기 시간을 촘촘히 나누어 먹는 것과 자는 데에 썼다.

저녁 식사는 아침 식사만큼이나 활발했고 똑같이 소란스러웠지만 눈물을 흘리는 사람은 없었다. 그런 다음 디저트와 추가 토스트에 이어 차와 커피가 나왔고 무도회가 시작되었다.

매너 농장에서 제일 좋은 응접실은 검은 패널을 댄 길고 멋진 공간으로, 벽난로 선반이 높고 벽난로 굴뚝은 새로 나온 특허 마차도 바퀴째 들어갈 만큼 넉넉했다. 제일 안쪽 끝 감탕나무와 상록수 그늘에는 머글턴에서 제일 뛰어난 바이올린 연주자 두 명과 유일한 하프 연주자 한 명이 앉아 있었다. 으슥한 곳과 선반마다 가지가 네 개 달린 거대하고 고풍스러운 은촛대가 서 있었다. 양탄자는 젖혀지고 초는 환하게 밝혀졌으며 난롯불이 탁탁 소리를 내며 타올랐다. 활발한 목소리와 명랑한 웃음이 응접실 전체에 울렸다. 만약 옛 영국의 소지주들이 죽어서 요정이 되었다면 이곳은 그들이 주연을 벌일 법한 곳이었다.

이 기분 좋은 광경을 더욱 즐겁게 만드는 것이 있었다면 바로 픽윅 씨가 오랜 친구들이 기억하는 한 처음으로 각반 없이 등장했다는 놀라운 사실이었을 것이다.

"춤을 추시려고요?" 워들 씨가 말했다.

"물론이죠." 픽윅 씨가 대답했다. "춤을 추려고 차려입은 것을 모르겠습니까?" 픽윅 씨가 점박이 무늬의 실크 스타킹과 끈을 깔끔하게 묶은 무도용 신을 내보였다.

"픽윅 씨가 실크 스타킹을 신다니!" 터프먼 씨가 익살맞게 외쳤다.

"안 될 게 뭐가 있나?" 픽윅 씨가 고개를 돌리고 진지하게 물었다.

"아, 물론 안 될 이유는 없지요." 터프먼 씨가 대답했다.

"그렇지, 그렇고말고." 픽윅 씨가 무척 단호하게 말했다.

터프먼 씨는 웃으려고 했지만 진지한 문제임을 깨닫고 심각한 표정으로 무늬가 아주 예쁘다고 말했다.

"그렇다면 다행이군." 픽윅 씨가 친구를 지긋이 보며 말했다. "내 스타킹에 스타킹으로써 이상한 점은 아무것도 없겠지?"

"물론입니다, 없고말고요." 터프먼 씨가 이렇게 대답한 다음 멀어졌고, 픽윅 씨의 얼굴에 평소와 같은 인자한 표정이 다시 떠올랐다.

"우리 모두 준비가 된 것 같군요." 픽윅 씨가 말했다. 춤추는 대열 맨 앞에 노부인과 함께 자리를 잡은 그는 의욕이 지나쳐서 벌써 네 번이나 스텝을 먼저 시작하려 했다.

"그럼 바로 시작하지요." 워들 씨가 말했다.

바이올린 두 대와 하프 한 대가 연주를 시작하고 픽윅 씨가 팔짱을 끼었지만 곧 모두가 손뼉을 치면서 "그만, 그만"이라고 외치는 소리가 들렸다.

"무슨 일입니까!" 픽윅 씨가 말했다. 그는 바이올린과 하프가 멈추는 바람에 춤을 멈추었는데 그렇지 않았다면 이 세상의 그 어떤 힘도, 집에 불이 났다 해도 그를 멈출 수 없었을 것이다.

"애러벨라 앨런이 어디 갔죠?" 열두 명쯤 되는 사람들이 입을 모아 말했다.

"그리고 윙클은 어디 갔죠?" 터프먼 씨가 덧붙였다.

"여기 있습니다!" 윙클 씨가 구석에서 아름다운 파트너와 함께 모습을 드러내며 외쳤는데, 그때 윙클 씨와 검은 눈의 아가씨 중 누구의 얼굴이 더 붉었는지는 말하기 힘들었을 것이다.

"정말 어이없군, 윙클." 픽윅 씨가 약간 토라져서 말했다. "미리 자리를 잡지 않다니 말일세."

"별로 어이없는 일은 아닙니다." 윙클 씨가 말했다.

"음." 픽윅 씨가 애러벨라에게 시선을 고정한 채 무척 의미심장한 미소를 지으며 말했다. "나도 썩 어이없는 일이었다고 생각하지는 않네만."

바이올린과 하프 연주가 다시 시작되었기 때문에 이 문제에 대해서 더 이상 가타부타할 시간이 없었다. 픽윅 씨가 출발하여―팔짱을 끼고 방 한가운데를 지나서 난로까지 반쯤 다가갔다가 다시 문 쪽으로 돌아왔고―사방에서 파트너끼리 손을 잡고 춤을 추고―발을 쿵쿵 굴렀으며―다음 커플 차례가 되자―다시 출발했고―다시 한번 조금 전과 같은 대형을 만들었다가―박자를 맞추기 위해 다시 한번 발을 구르고―다음 커플, 다음 커플, 또 다음 커플이 출발했다. 일찍이 보지 못한 춤이었다. 마침내 춤이 다 끝나자 노부인을 비롯한 열네 커플이 지쳐서 물러가고 노목사의 부인이 노부인의 자리를 대신했다. 픽윅 씨는 누가 시키지 않았는데도 자기 자리에서 계속 춤을 추었고, 음악과 박자를 맞추어서 무어라 말할 수 없이 온화한 태도로 파트너에게 미소를 지었다.

신혼부부는 픽윅 씨가 춤에 질리기 훨씬 전에 방으로 물러갔다. 그러나 아래층에서는 유쾌한 식사가 벌어졌고 그 뒤에도 사람들이 한참 동안 자리를 지켰다. 다음 날 아침, 잠에서 깬 픽윅 씨는 마흔다섯 명쯤 되는 사람들에게 런던에 오면 꼭 조지 앤드 벌처 여관에서 자신과 저녁 식사를 해야 한다고 여러 번이나 자신만만하게 초대했던 혼란스러운 기억이 떠올랐다. 픽윅 씨는 이것이 전날 밤에 자신이 춤을 추는 것 외에도 무언가를 했다는 확실한 증거라고 생각했는데, 그의 생각이 맞았다.

"오늘 밤에 온 식구가 부엌에 모여서 다 같이 즐거운 시간을 보낸다고요?" 샘이 에마에게 물었다.

"네, 웰러 씨." 에마가 대답했다. "크리스마스이브에는 항상 그래요. 주인님은 무슨 일이 있어도 그 전통을 꼭 지키죠."

"당신 주인은 뭐든 꼭 지키는 분이시죠." 웰러 씨가 말했다. "나는 그렇게 분별 있고 철저한 사람을 본 적이 없어요."

"아, 그럼요!" 뚱보 소년이 대화에 끼어들며 말했다. "훌륭한 돼지를 키우시니까요!" 그런 다음 뚱보 소년은 구운 다리와 그레이비소스를 생각하면서 웰러 씨에게 반쯤 식인종 같은 시선을 보냈다.

"아, 드디어 일어났군!" 샘이 말했다.

뚱보 소년이 고개를 끄덕였다.

"하나 가르쳐줄까, 왕뱀 군?" 웰러 씨가 인상 깊게 말했다. "잠을 줄이고 몸을 조금 더 움직이지 않으면 어른이 되었을 때 어느 변발의 노신사처럼 불편한 일을 겪게 될 거야."

"그 신사가 어떻게 됐는데요?" 뚱보 소년이 떨리는 목소리로 물었다.

"말해주지." 웰러 씨가 대답했다. "그 사람은 지금까지 본 적이 없을 만큼 덩치가 컸어. 어찌나 뚱뚱했는지 45년 동안 자기 신발을 한 번도 못 봤지."

"어머!" 에마가 소리쳤다.

"그래요, 한 번도 본 적이 없다니까요." 웰러 씨가 말했다. "그 남자는 자기 다리랑 똑같은 모형을 눈앞의 탁자에 올려놔도 못 알아봤을 거야. 그 사람은 항상 1.5피트 정도 되는 아주 멋진 금시곗줄을 늘어뜨리고 값이 얼마나 나가는지 짐작도 가지 않지만 아무튼 시계 중에서 제일 좋은 금시계를 바지 주머니에 넣고 사무실까지 걸어 다녔지. 크고 무겁고 둥근 시계였어. 그 남자가 사람치고는 뚱뚱한 것처럼 그것도 시계치고는 뚱뚱했고 비율에 맞게 문자반도 컸어. 노신사의 친구들이 말했지. '자네 그 시계를 안 가지고 다니는 게 좋겠어. 도둑맞을 거야.' 노신사가 말했지. '그런가?' 친구들이 말했어. '그럼, 그럴걸세.' 노신사가 말했지. '음, 이 시계를 꺼낼 수 있는 도둑이 있다면 한번 보고 싶군, 나도 절대 못 꺼내니까 말이야. 너무 꽉 껴. 몇 시인지 알고 싶으면 빵집 안을 들여다봐야 한다니까.' 그런 다음 몸이 부서질 것처럼 웃더니 머리에 가루를 뿌린 다음 변발을 하고 다시 밖으로 나갔어. 시곗줄을 평소보다 더 길게 늘어뜨리고 크고 둥그런 회중시계는 회색 모직 바지에 터져 나갈 듯이 넣은 채 스트랜드 스트리트를 굴러갔지. 런던 소매치기란 소매치기는 전부 그 시곗줄을 당겨 보았지만 소용이 없었기 때문에 이 무거운 노신사를 질질 끌고 가다가 지쳐버렸고, 노신사는 집으로 돌아가서 변발이 독일 시계의 시계추처럼 흔들릴 때까지 껄껄 웃었지. 어느 날 노신사가 거리를 굴러가다가 언젠가 본 적이 있는 소매치기가 머리가 엄청 큰 남자아이와 팔짱을 끼고 다가오는 것을 봤어. 노신사가 생각했지. '웃긴 녀석이군. 한 번 더 도전하려나 본데, 어림도 없을 걸.' 노신사가 기분 좋게 껄껄 웃고 있는데 갑자기 남자애가 소매치기의 팔을 놓고 노신사의 배를 향해 머리부터 달려들었고, 노신사는 너무 아픈 나머지 순간적으로 몸을 반으로 접었지. 노신사가 외쳤어. '살인이다!' 소매치기가 노신사의 귀에 대고 속삭였지. '괜찮아요, 어르신.' 그가 몸을 다시 펴보니 시계와 시곗줄은 사라졌고, 그보다 더 나쁜 건 그 뒤로 죽는 날까지 소화가 잘 안 됐다는 거야. 그러니 조심하도록 해, 젊은 친구. 너무 뚱뚱해지면 안 된다고."

웰러 씨가 뚱보 소년을 크게 감화시킨 듯한 교훈적인 이야기를 끝내자 세 사람은 커다란 부엌으로 갔다. 노신사 워들 씨의 선조들이 기억할 수 없을 정도로 오래전부터 지켜왔던 크리스마스이브의 전통에 따라 온 가족이 부엌에 모여 있었다.

노신사 워들 씨가 부엌 천장 한가운데 커다란 겨우살이 가지를 직접 걸었고, 이 가지 때문에 모두가 즐겁게 옥신각신, 갈팡질팡했다. 이러한 소동 가운데 픽윅 씨는 톨림글로워 부인의 후손에게도 명예가 될 정도의 용맹함을 발휘하여 노부인의 손을 잡고 이 상징적인 가지 아래로 이끈 다음 그녀의 손에 무척 예의 바르고 정중하게 입을 맞추었다. 노부인은 이 정중한 행동을 중요하고 엄숙한 의식에 어울릴 만큼 위엄 있게 받아들였지만, 미신적인 관습을 존중하는 마음이 그리 크지 않거나 입맞춤을 쉽게

624

허락하지 않아야 그 가치가 올라간다고 생각한 젊은 여인들은 비명을 지르며 몸부림을 치고, 구석으로 달아나고, 위협하며 항의하는 등 부엌에서 나가는 것만 빼고 뭐든지 했다. 마침내 비교적 덜 대담한 신사들이 그만두기 직전에 여인들은 더 이상 저항해 봐야 소용없다는 사실을 갑자기 깨닫고 기분 좋게 입맞춤을 받아들였다. 윙클 씨는 검은 눈의 아가씨에게 입을 맞췄고, 스노드그래스 씨는 에밀리에게 입을 맞췄다. 겨우살이 아래에 서야 한다는 형식에 별로 신경 쓰지 않는 웰러 씨는 에마와 하녀들이 잡히는 대로 입을 맞추었다. 가난한 친척들은 모두에게 입을 맞추면서 손님들 중에서 못생긴 아가씨들도 빠뜨리지 않았고, 그러자 그 아가씨들은 너무나 당황해서 저도 모르게 천장에 걸린 겨우살이 밑으로 도망치고 말았다! 워들 씨는 난로를 등지고 서서 아주 만족스럽게 이 광경을 지켜보았고, 뚱보 소년은 이 기회를 틈타 누군가를 위해 일부러 따로 놓아둔 특히 맛있는 민스파이를 그 자리에서 먹어치웠다.

비명이 가라앉고 모두 머리카락이 흐트러진 채 얼굴을 반짝였다. 픽윅 씨는 앞서 말한 것처럼 노부인에게 입을 맞춘 후 겨우살이 아래에 서서 아주 기쁜 표정으로 주변에서 일어나는 일을 바라보고 있었다. 그때 검은 눈의 아가씨가 다른 아가씨들과 뭐라고 속삭이더니 갑자기 달려와서 픽윅 씨의 목에 팔을 두르고 애정을 담아 왼쪽 뺨에 입을 맞추었다. 곧 픽윅 씨는 정확히 무슨 일이 벌어지고 있는지 깨닫기도 전에 모두에게 둘러싸여 모두에게 입맞춤을 받았다.

가운데 서서 이리저리 당겨지면서 처음에는 턱에, 그다음에는 코에, 그다음에는 안경에 입맞춤을 받는 픽윅 씨를 보고 사방에서 터져 나온 웃음소리를 듣는 것은 무척 즐거운 일이었다. 그러나 잠시 후 비단 손수건으로 눈을 가린 픽윅 씨가 벽에 부딪치고 구석으로 힘들게 나아가면서 까막잡기를 만끽하는 모습은 더욱 보기 좋았다. 결국 가난한 친척 중 한 명을 잡은 픽윅 씨는 이제 술래를 피해 다녀야 했는데 어찌나 날렵하고 유연하게 피하는지 지켜보던 사람들 모두가 감탄하며 박수를 쳤다. 가난한 친척들은 잡히는 것을 좋아할 듯한 사람들만 잡았고 놀이가 시들해지자 자기들끼리 서로를 잡았다. 모두 까막잡기에 지쳤을 때 스냅드래건 게임[73]이 시작되었고, 여러 사람들이 손가락을 데고 건포도가 다 사라지자 모두 장작이 활활 타는 커다란 난롯가에 앉아서 든든한 식사를 하면서 커다란 사발에 든 와셀주[74]를 마셨다. 세탁실에서 쓰는 구리 대야보다 작은 사발 속에서 뜨거운 사과가 저항할 수 없을 만큼 먹음직스러운 모습으로 즐거운 소리를 내며 부글거렸다.

"정말 즐겁군요." 픽윅 씨가 주변을 둘러보며 말했다.

"우리의 변함없는 관습이지요." 워들 씨가 대답했다. "지금 보고 계신 것처럼 크리스마스이브에는 하인이든 귀족이든 다 같이 한자리에 앉습니다. 크리스마스를 기다리며 시계가 12시를 칠

73 건포도를 담은 접시에 브랜디를 붓고 불을 붙인 다음 건포도를 집어내는 크리스마스 놀이.

74 에일이나 사과주에 향신료와 사과 등을 넣고 만드는 크리스마스 전통 음료.

때까지 여기서 벌칙 게임을 하거나 옛날이야기를 하면서 시간을 보내지요. 트런들, 불을 더 지펴주게."

장작을 들쑤시자 수많은 불티가 피어올랐고 불꽃의 짙고 풍성한 빨간빛이 부엌 저 끝까지 꿰뚫으며 모두의 얼굴에 쾌활한 빛을 더했다.

"자, 노래를! 크리스마스 노래를 부릅시다." 워들 씨가 말했다. "더 좋은 노래가 없다면 제가 먼저 한 곡 하지요."

"좋습니다." 픽윅 씨가 말했다.

"잔을 채워요." 워들 씨가 외쳤다. "두 시간은 지나야 짙고 풍성한 와셀주 아래 사발 바닥이 비칠 겁니다. 다들 잔을 채워요. 이제 노래를 합시다."

기분이 좋아진 노신사는 이렇게 말한 다음 낭랑하고 힘 있는 목소리로 지체 없이 노래를 시작했다.

나는 봄을 좋아하지 않는다네. 변덕스러운 날개에 실려
꽃과 봉오리가 사라져도 상관없네.
봄은 변덕스러운 비로 꽃과 봉오리에게 열심히 구애하고
아침이 오기도 전에 다 흩어버리지.
변덕스러운 요정은 자신을 모르고
쉽게 변하는 마음을 단 한 시간도 모르지.
봄은 당신 앞에서 미소를 짓다가 얼굴을 찌푸리며
어린 꽃을 말라 죽게 만들지.

여름 태양이 환한 자기 집으로 달려가도 상관없네,
내가 여름 태양을 찾는 일은 절대 없을 테니.
구름이 태양을 가리면 나는 소리 내어 웃고,
여름 태양이 부루퉁해져도 나는 상관없네.
여름이 낳은 사랑스러운 아이는 거친 광기,
맹렬한 열기 속에서 뛰노네.
많은 이들이 고통 속에서 깨달았듯,
사랑이 너무 강렬하면 오래가지 못한다네.

얌전하고 온순한 달이 고요한 빛을 비추는
평온한 추수의 밤은
얼굴 붉힐 줄 모르는 환한 대낮보다
훨씬 더 아름다운 광채를 가지고 있다네.
그러나 나무 밑에 누워 있는 잎사귀 하나하나가
내 슬픔을 일깨운다네.
그러니 가을 공기가 아무리 상쾌해도
나에게는 맞지 않다네.

그러나 크리스마스를 위해서라면 낭랑하게 노래하리.
진심으로, 진실하게, 용감하게.
가득한 잔을 힘껏 마시고
오랜 크리스마스를 위해 세 번 건배하리.
즐겁게 소란을 피우며 크리스마스를 맞이하여

기쁨 가득한 크리스마스의 마음을 더욱 기쁘게 하고
식사와 간식으로 그를 대접하고
사이좋게 그와 작별하리.

그는 정직하고 당당한 자신감으로
혹독한 날씨가 준 작은 상처를 숨기지 않네.
가장 용맹한 선원의 뺨에도 똑같은 상처가 있으니
그것은 불명예가 아니라네.
그러므로 나는 다시 노래하리, 지붕이 울릴 때까지.
벽에서 벽으로 그 소리가 메아리칠 때까지.
사계절의 왕이신 용맹한 노인 크리스마스를 위해
오늘 밤 기쁨의 환영가를 부르리.

청중은 대부분 친구와 가족과 하인들이었기 때문에 그들은
위들 씨의 노래에 우레와 같은 갈채를 보냈다. 가난한 친척들은
특히 크나큰 환희에 완전히 빠졌다. 불이 지펴지고 와셀주가 돌
았다.

"눈이 옵니다!" 누군가가 낮은 목소리로 말했다.

"눈이 온다고?" 위들 씨가 말했다.

"춥고 힘든 밤이군요." 남자가 대답했다. "바람까지 불어서 들
판에서 눈이 희고 두터운 구름처럼 날리는군요."

"젬이 뭐라고 하는 거냐?" 노부인이 물었다. "무슨 일이 있는
건 아니지?"

629

"아니에요, 아니에요, 어머니." 워들 씨가 대답했다. "눈보라가 치고 지독하게 차가운 바람이 분다고 했어요. 굴뚝을 울리는 바람 소리를 들으니 확실히 그러네요."

"아!" 노부인이 말했다. "여러 해 전에 꼭 이렇게 바람이 불고 꼭 이렇게 눈이 내렸지. 네 불쌍한 아버지가 돌아가시기 5년 전에 말이다. 그때도 크리스마스이브였어. 바로 그날 밤 네 아버지가 게이브리얼 그럽을 데려간 고블린 이야기를 해주셨지."

"무슨 이야기라고요?" 픽윅 씨가 말했다.

"아, 아무것도 아닙니다." 워들 씨가 대답했다. "나이 많은 교회 지기 이야기인데, 우리 마을 사람들은 고블린이 데려갔다고 생각하죠."

"생각한다니!" 노부인이 소리쳤다. "그 이야기를 믿지 않을 만큼 완고한 사람이 어디 있니? 생각한다니! 고블린이 그 사람을 데려갔다고 어렸을 때부터 듣지 않았니, 진짜라는 걸 몰라?"

"알았어요, 어머니. 어머니가 바라신다면 그렇다고 치죠." 워들 씨가 웃으며 말했다. "고블린이 그 사람을 데려갔소, 픽윅. 그뿐이오."

"아니, 아니." 픽윅 씨가 말했다. "분명히 말하지만 그뿐이 아닙니다. 어째서 그런 일이 일어났는지 내가 전부 들어야겠소."

모두가 이야기를 들으려고 고개를 숙이자 워들 씨가 미소를 짓더니 와셀주를 듬뿍 채우고 픽윅 씨의 건강을 위해 건배한 다음 이야기를 시작했다.

그러나 우리 편집자들로서는 놀랍게도 이 장이 너무 길어져버렸다! 장엄하게 선언하건데 우리는 장이라는 하찮은 제한을 완전히 잊어버렸다. 그러므로 고블린은 새로운 장에서 멋지게 시작하도록 해주자. 고블린을 우대하려는 것은 아니지만 신사 숙녀 여러분께서 괜찮다면 깨끗한 무대에서 다시 시작하도록 하자.

29장
교회지기를 훔쳐 간 고블린 이야기

아주 오래전—아주 오래전 일로 우리 선조들이 그 이야기를 절
대적으로 믿었으니 사실이 분명합니다—우리나라의 이 부근 어
딘가 오래된 대수도원이 있는 마을에서 게이브리얼 그럽이라는
사람이 교회지기이자 교회 부속 묘지의 무덤을 파는 잡부로 일
하고 있었습니다. 어떤 사람이 교회지기로서 죽음의 상징에 끊
임없이 둘러싸여 있다고 해서 당연히 시무룩하고 우울해질 수
밖에 없는 것은 아닙니다. 장의사는 세상에서 제일 유쾌한 사람
입니다. 저는 예전에 조문객을 직업으로 하는 사람과 친하게 지
낸 적이 있었는데 아주 웃기고 장난기 많은 친구였지요. 일을 하
지 않을 때는 명랑한 노래를 불렀고 기억력에 문제가 있거나 숨
을 멈추고 독한 그로그주를 단번에 마시지도 않았습니다. 그러

632

나 이와 같은 반례에도 불구하고 게이브리얼 그럽은 부루퉁하고 근성이 비뚤어지고 퉁명스러운 사람이자 시무룩하고 외로운 남자였고, 자기 자신과 크고 깊은 조끼 주머니에 든 낡은 고리버들 술병을 제외하면 누구와도 어울리지 않았습니다. 그는 즐거워 보이는 얼굴을 마주칠 때마다 악의와 불쾌함을 느끼며 얼굴을 잔뜩 찌푸렸고, 누구라도 그를 만나면 당연히 기분이 나빠졌습니다.

어느 크리스마스이브, 게이브리얼은 해가 저물기 직전에 어깨에 삽을 지고 초롱에 불을 붙여 오래된 교회 부속 묘지로 향했습니다. 다음 날 아침까지 무덤 하나를 다 파야 했거든요. 그는 기분이 무척 저조했기 때문에 일을 하면 기분이 좀 나아질지도 모른다고 생각했습니다. 게이브리얼은 오래된 거리를 따라 걸어가다가 낡은 여닫이창 틈으로 활활 타오르는 난롯불의 경쾌한 빛을 보았고 불가에 모인 사람들의 커다란 웃음소리와 명랑한 외침을 들었습니다. 다음 날의 성찬을 위해 부산하게 준비하는 소리도 들었고 부엌 창문에서 구름처럼 흘러나오는 갖가지 요리의 군침 도는 냄새도 맡았지요. 이 모든 것이 게이브리얼 그럽의 마음에는 소태와 독약[75]이었습니다. 집 밖으로 뛰어나온 아이들이 길을 건너서 맞은편 집 문을 두드리기도 전에 저녁 시간 동안 크리스마스 놀이를 하려고 계단에 모여 있던 머리카락이 곱슬곱슬한 장난꾸러기들과 만나자 게이브리얼은 섬뜩하게 미소를 짓더

75　애가 3장 19절. '통한'이라는 뜻으로 쓰인다.

니 홍역, 성홍열, 아구창, 백일해, 그 밖에 여러 가지 위안이 되는 것들을 떠올리며 삽자루를 더욱 꼭 잡았지요.

게이브리얼은 이렇게 행복한 마음으로 성큼성큼 걸어가면서 이따금 스쳐 지나가는 이웃이 싹싹하게 인사를 건네면 언짢은 듯 짤막하게 으르렁거리는 소리로 대답했고 마침내 교회 부속 묘지로 이어지는 어두운 길로 접어들었습니다. 게이브리얼은 이 어두운 길에 도착하기를 고대하고 있었는데 마을 사람들은 보통 해가 빛나는 벌건 대낮이 아니면 별로 가고 싶어 하지 않는 근사하고 어두컴컴하고 음산한 곳이었기 때문입니다. 그랬기 때문에 옛날 대수도원이 있던 시절, 머리를 빡빡 민 수도사들이 있던 시절부터 줄곧 '관의 길'이라고 불린 이 신성한 곳에서 개구쟁이 꼬마가 즐거운 크리스마스에 대한 흥겨운 노래를 고래고래 부르는 소리를 들었을 때 그는 여간 화가 난 것이 아니었습니다. 게이브리얼이 걸어갈수록 목소리는 점점 가까워졌고 알고 보니 오래된 거리에 모인 아이들을 만나러 서둘러 걸어가는 작은 소년의 목소리였습니다. 어느 정도는 혼자라는 외로움을 달래려고, 또 어느 정도는 크리스마스를 준비 삼아서 목청껏 노래를 부르고 있었지요. 그래서 게이브리얼은 소년이 다가올 때까지 기다렸다가 구석으로 아이를 몰아 목소리를 낮추는 법을 가르쳐주려고 초롱으로 머리를 대여섯 번 때렸습니다. 아이는 손으로 머리를 가리고 이전과는 전혀 다른 소리를 내며 서둘러 떠났고, 게이브리얼 그럽은 호쾌하게 웃으면서 교회 부속 묘지로 들어가 문을 잠갔습니다.

그는 외투를 벗고 초롱을 내려놓은 다음 파다 만 무덤으로 들어가서 한 시간 정도 열심히 일했습니다. 그러나 서리가 내려서 단단해진 땅을 깨뜨려 삽으로 퍼내는 것은 쉽지 않았지요. 게다가 달이 뜨긴 했지만 아직 덜 찬 달이라 무덤을 거의 비추지 못했고 무덤은 교회 그림자에 가려져 있었습니다. 다른 때였다면 게이브리얼 그럽은 무척 시무룩하고 비참해졌겠지만 이날만큼은 노래하는 꼬마 아이의 입을 막은 것이 너무 기뻐서 일이 잘 진척되지 않아도 별로 신경 쓰지 않았습니다. 그가 일을 마치고 섬뜩한 만족감을 드러내며 무덤을 내려다보더니, 물건을 챙기며 중얼거렸습니다.

멋진 숙소지, 멋진 숙소야,
생이 끝났을 때 몇 피트 아래의 차가운 땅.
머리맡에 돌 하나, 발치에 돌 하나,
벌레들에게는 풍요롭고 즙이 많은 식사지.
머리 위에는 우거진 풀, 주변에는 축축한 진흙,
성스러운 땅속의 멋진 숙소야.

"하하!" 게이브리얼 그럽은 평소에 즐겨 쉬던 평평한 비석에 앉아서 웃으며 버리고들 술병을 꺼냈습니다. "크리스마스에 관이라, 크리스마스 선물 상자군. 하하하!"

"하하하!" 가까이에서 어떤 목소리가 따라 웃었습니다.

게이브리얼은 깜짝 놀라서 입으로 가져가던 술병을 멈추고 주변을 둘러보았지요. 근처의 가장 오래된 무덤은 창백한 달빛 속에서 교회 부속 묘지만큼이나 고요하고 조용했습니다. 희고 차가운 서리가 비석에서 번득이고 낡은 교회 석상에서 줄줄이 늘어선 보석처럼 반짝였습니다. 눈이 땅 위에 파삭파삭하고 단단하게 내렸고 두텁게 뿌린 흙 위에도 너무나 희고 매끄러운 덮개처럼 퍼져 있었기 때문에 마치 거기 시체가 누워 있고 수의만 한 겹 덮어놓은 것 같았습니다. 이 장엄한 풍경의 깊은 적막을 깨뜨리는 아주 희미한 부스럭거림도 없었지요. 소리도 얼어붙은 것처럼 사방은 너무나 춥고 고요했습니다.

"메아리였어." 게이브리얼 그럽이 술병을 다시 입으로 가져가며 말했습니다.

"아닌데." 굵은 목소리가 말했습니다.

게이브리얼이 깜짝 놀라 벌떡 일어서더니 공포와 경악에 질려 그 자리에 뿌리박힌 듯 섰습니다. 어떤 형체에 시선이 닿자 피가 차갑게 식었기 때문이지요.

게이브리얼 근처 똑바로 세워진 비석에 앉아 있는 것은 기이하고 이 세상 것 같지 않은 형체였는데, 게이브리얼은 본능적으로 그것이 이 세상 존재가 아님을 바로 느꼈습니다. 땅에 닿을 듯 길고 괴상한 다리는 구불구불 휘어져서 진기하고 괴상한 모양으로 꼬여 있었습니다. 실팍한 팔은 맨살을 드러내고 있었고 손은 무릎에 놓여 있었지요. 그 형체는 짧고 둥그런 몸에 여기저기 조금씩 터지고 꽉 끼는 옷을 입고 있었습니다. 등 뒤로는 짧은 망토가 늘어뜨려져 있고, 옷깃은 신기하게도 뾰족뾰족해서 고블린에게는 러프[76]나 네커치프를 대신했습니다. 길고 뾰족한 신발 코는 말려 올라가 있었습니다. 머리에 쓴 챙 넓은 원뿔 모자에는 깃털이 하나 꽂혀 있었지요. 모자에는 흰 서리가 덮여 있고, 고블린은 바로 그 비석에 몇백 년 동안 편안하게 앉아 있었던 듯한 모습이었습니다. 그는 꼼짝도 없이 앉아서 조롱하듯 혀를 내밀고 있었고, 고블린만이 지을 수 있는 웃음으로 게이브리얼 그럽을 보며 싱글거렸습니다.

"메아리 아니었는데." 고블린이 말했습니다.

게이브리얼 그럽은 그대로 굳어버려서 대답할 수가 없었지요.

"크리스마스이브에 여기서 뭐 하는 거야?" 고블린이 엄하게 물었습니다.

"무덤을 파러 왔는데요." 게이브리얼 그럽이 더듬더듬 말했습니다.

"도대체 이런 날 밤에 무덤 사이를 어슬렁거리는 사람이 누구지?" 고블린이 말했습니다.

"게이브리얼 그럽! 게이브리얼 그럽!" 교회 부속 묘지를 가득 채우는 거친 목소리들이 합창하듯 외쳤습니다. 게이브리얼이 겁에 질려 주변을 둘러보았지만 아무것도 보이지 않았지요.

"그 병에는 뭐가 들었지?" 고블린이 말했습니다.

"네덜란드 진입니다." 교회지기가 그 어느 때보다도 덜덜 떨면서 대답했습니다. 밀수꾼에게서 샀는데 어쩌면 이 심문자가 고블린 세무국에서 나왔을지도 모른다고 생각했기 때문이었지요.

"도대체 이런 날 밤에 교회 부속 묘지에서 혼자 네덜란드 진을 마시는 사람이 누구야?" 고블린이 말했습니다.

"게이브리얼 그럽! 게이브리얼 그럽!" 거친 목소리들이 다시 외쳤지요.

고블린이 겁에 질린 교회지기를 심술궂게 바라보더니 목소리를 높여 외쳤습니다.

"그렇다면 우리가 받아야 할 정당하고 합법적인 보상은 누굴까?"

이 질문에 보이지 않는 합창단은 낡은 교회 오르간의 점점 커지는 소리에 맞춰 노래하는 수많은 성가대원들처럼 대답했습니다. 가벼운 바람에 실려 교회지기의 귓가로 다가왔다가 스쳐 가는 부드러운 숨결처럼 사그라지는 음조였지만 그 대답의 무게는 같았지요. "게이브리얼 그럽! 게이브리얼 그럽!"

고블린이 그 어느 때보다도 활짝 웃으며 말했습니다. "그렇다면 게이브리얼, 뭐라고 할 테야?"

교회지가가 숨을 헉 들이마셨습니다.

"어떻게 생각해, 게이브리얼?" 고블린이 허공으로 발을 차면서 마치 본드 거리에서 제일 유행하는 웰링턴 부츠를 보듯이 말려 올라간 신발 끝을 만족스럽게 보며 말했습니다.

"그건, 그건, 참 신기하군요." 교회지기가 공포에 질려서 반쯤 무감각해진 채 대답했지요. "아주 신기하고 아주 아름답지만 저는 가서 일을 마칠까 합니다. 괜찮으시다면요."

"일이라니!" 고블린이 말했습니다. "무슨 일?"

"무덤 말입니다, 무덤 파는 일이요." 교회지기가 더듬더듬 말했습니다.

"아, 무덤 말이지?" 고블린이 말했습니다. "다른 사람들은 모두 흥겨운 시간을 보내며 즐거워할 때 무덤을 파는 게 누구지?"

다시 한번 신비한 목소리들이 대답했지요. "게이브리얼 그럽! 게이브리얼 그럽!"

"안됐지만 내 친구들이 널 원하는 것 같군, 게이브리얼." 고블린이 혀를 더욱 쭉 빼며 말했습니다. 정말 놀라운 혀였지요. "안됐지만 내 친구들이 널 원하는 것 같아, 게이브리얼." 고블린이 다시 말했습니다.

"이렇게 말하면 실례가 되겠지만 그럴 리가 없는데요." 겁에 질린 교회지기가 대답했습니다. "저를 모르잖아요. 저분들은 저를 본 적도 없을 겁니다."

"아, 물론 봤지." 고블린이 대답했습니다. "우리는 부루퉁한 얼굴을 음산하게 찌푸린 사람을, 오늘 밤 거리를 걸으면서 아이들에게 험악한 표정을 지은 사람을 알지. 마음속의 사악한 시샘 때문에 아이를 때린 남자를 알아. 그 애는 신이 났는데 자기는 그럴 수가 없어서 말이야. 우린 그 남자를 알아, 안다고!"

이제 고블린이 큰 소리로 소름 끼치게 웃었고, 그 소리는 스무 배로 큰 메아리가 되어 돌아왔습니다. 고블린이 허공으로 다리를 차올리더니 비석의 좁은 모서리에 머리를, 아니 원뿔 모자 꼭대기를 대고 거꾸로 섰고 놀라울 만큼 유연하게 공중제비를 넘

어 교회지기 바로 앞에 착지해서 갑판에 앉은 선원처럼 거기에
섰습니다.

"저는 이제 그만 가야겠습니다." 교회지기가 움직이려 애쓰며
말했지요.

"간다고!" 고블린이 말했습니다. "게이브리얼 그럽이 우리를
두고 간다니. 하하하!"

교회지기는 고블린이 웃을 때 교회 건물 전체에 불이 켜진 것
처럼 창문 안에서 환한 불빛이 잠깐 빛나는 것을 보았습니다. 빛
이 곧 사라지고 오르간이 경쾌하게 울리더니 처음 봤던 고블린
과 무척 비슷한 고블린 한 떼가 교회 부속 묘지로 쏟아져 나와
비석을 넘으며 뛰어다녔지요. 고블린들은 잠시 멈춰서 숨을 돌
리지도 않고 제일 높은 비석들을 정말 놀랄 만큼 능숙하게 차례
차례 뛰어넘었습니다. 그중에서도 처음 봤던 고블린이 제일 잘
뛰었고 다른 고블린들은 그 근처도 가지 못했기 때문에 교회지
기는 공포에 질린 와중에도 다른 고블린들은 보통 크기의 비석
을 넘는 것에 만족하는 반면, 처음 본 고블린은 가족묘와 철제
난간 전체를 길거리의 말뚝이나 되는 것처럼 손쉽게 뛰어넘고 있
음을 알아차리지 않을 수 없었습니다.

마침내 비석 뛰어넘기 놀이가 최고조에 달하자 오르간 연주가
점점 더 빨라졌고, 고블린들은 몸을 동그랗게 말아 땅 위로 공중
제비를 넘고 축구공처럼 비석 위로 통통 튀면서 점점 더 빨리 뛰
어넘었습니다. 고블린들이 눈앞에서 날아다니자 교회지기는 그
재빠른 움직임을 보느라 머리가 어지럽고 다리가 휘청거렸지요.

바로 그때 고블린의 왕이 갑자기 게이브리얼에게 돌진하더니 손으로 그의 옷깃을 잡고 함께 땅속으로 꺼졌습니다.

게이브리얼 그럽이 급속도로 떨어지면서 잠시 멈추었던 숨을 되찾고 보니 커다란 동굴 같은 곳이었고, 못생기고 기분 나쁜 고블린 떼가 사방을 둘러싸고 있었습니다. 방 한가운데 약간 높은 자리에 교회 부속 묘지에서 만난 그의 친구가 있었습니다. 움직일 힘도 없는 게이브리얼 그럽은 그의 바로 옆에 서 있었지요.

"오늘 밤은 춥군." 고블린의 왕이 말했습니다. "아주 추워. 따뜻한 걸 가져와."

이렇게 명령하자 아첨꾼으로 보이는, 얼굴에 끊임없이 미소를 띠고 굽실거리는 고블린 여섯 마리가 허둥지둥 사라졌다가 곧장 액체 불이 든 잔을 들고 나타나 왕에게 바쳤습니다.

"아!" 고블린이 말했습니다. 불꽃을 삼키자 뺨과 목이 투명하게 비쳤지요. "정말 따뜻해지는군. 그럽 씨에게도 같은 것을 한 잔 가져다 드려."

불쌍한 교회지기가 자기는 밤에 따뜻한 것을 마시지 않는다고 항의했지만 소용없었습니다. 한 고블린이 교회지기를 붙잡고 다른 고블린이 타오르는 액체를 그의 목구멍에 부었습니다. 게이브리얼은 모여든 고블린들이 새된 소리로 깔깔 웃는 가운데 타오르는 음료를 삼킨 다음 기침을 하고 숨을 컥컥거리면서 두 눈 가득 차오른 눈물을 닦았지요.

"자, 그럼." 고블린의 왕이 원뿔 모자의 가느다란 끝부분으로 교회지기의 눈을 쿡쿡 찌르며 말했고, 교회지기는 날카로운 아품을 느꼈습니다. "이 우울하고 비참한 사람에게 우리의 멋진 저 장소에 있는 그림을 몇 점 보여줘."

고블린이 이렇게 말하자 동굴 끝을 자욱하게 가리고 있던 두 터운 구름이 서서히 흩어지더니 저 멀리 작고 가구도 별로 없지 만 깔끔하고 깨끗한 집이 모습을 드러냈습니다. 자그마한 아이 들이 환한 불가에 모여서 엄마의 옷에 매달리고 엄마가 앉은 의 자 주변에서 장난을 치고 있었지요. 어머니는 가끔 자리에서 일 어나 뭔가 기다리는 것처럼 창가의 커튼을 젖혔습니다. 식탁 위 에 소박한 식사가 차려져 있고 난로 가까이 안락의자가 놓여 있 었지요. 문 두드리는 소리가 났습니다. 어머니가 문을 열었고 아 이들이 엄마 주변으로 모여들어서 기뻐하며 손뼉을 쳤습니다. 아 버지가 들어왔기 때문이지요. 지치고 푹 젖은 아버지는 옷에 내 려앉은 눈을 털어냈고, 아이들은 아버지 주변으로 모여들어 그 의 망토와 모자, 지팡이, 장갑을 열심히 들고서 방에서 달려 나갔 습니다. 그런 다음 아버지가 차려진 식사를 하려고 난롯가 자리 에 앉았고, 아이들은 아버지의 무릎으로 기어올랐으며, 어머니는 아버지 옆에 앉았습니다. 모두가 행복하고 편안해 보였지요.

그러나 어느새 광경이 바뀌었습니다. 이제 작은 침실이 보였 고 그곳에서 너무나 예쁘고 너무나 어린 아이가 누워서 죽어가 고 있었습니다. 뺨의 장밋빛은 사라지고 눈의 반짝임도 사라졌 습니다. 교회지기가 일찍이 느낀 적도 없고 알지도 못했던 흥미 를 가지고 바라보는 가운데 아이가 죽었습니다. 아이의 어린 형 제자매들이 작은 침대를 둘러싸고 모여들어 너무나 차갑고 무

거운 아이의 자그마한 손을 잡았지만, 그 촉감에 놀라서 물러서
더니 깜짝 놀란 얼굴로 아기의 얼굴을 보았습니다. 아이의 얼굴
은 고요하고 평온했습니다. 아이는 잠들어 편히 쉬는 듯했으므
로 어린 형제자매들은 아기가 죽었음을 알았습니다. 밝고 행복
한 천국에서 형제자매들을 내려다보며 축복하는 천사가 되었다
는 것을 알았지요.

그림 앞으로 옅은 구름이 다시 지나가더니 주제가 다시 바뀌
었습니다. 이제 어머니와 아버지는 늙고 무력했고 주변의 자식들
은 반으로 줄어 있었습니다. 그러나 다들 명랑하고 불만 없는 얼
굴이었고, 모두 난롯가에 둘러앉아 눈을 반짝이면서 이미 지나
가 버린 옛날이야기를 하거나 들었습니다. 천천히 평화롭게 아
버지가 무덤 속으로 내려졌고, 곧이어 그의 모든 걱정과 고난을
함께 했던 부인 역시 그를 따라서 평화와 안식이 있는 곳으로 들
어갔습니다. 부모보다 오래 살아남은 몇 안 되는 자식들이 무덤
앞에 무릎을 꿇고 눈물로 무덤 위 잔디에 물을 주었습니다. 그런
다음 자리에서 일어나 슬프게 추모하며 돌아섰지만 비통하게 울
거나 한탄하지는 않았습니다. 언젠가 다시 만날 것을 알고 있었
기 때문이지요. 자식들은 다시 한번 바쁜 세상으로 섞여 들어갔
고, 다시 한번 불만 없이 명랑해졌습니다. 구름이 그림 앞에 자리
를 잡고 교회지기의 시야를 가렸습니다.

"어떻게 생각하지?" 고블린이 커다란 얼굴을 게이브리얼 그럽
에게 향하며 말했습니다.

게이브리얼은 아주 아름답다고 중얼거렸고 고블린이 맹렬한

643

눈빛을 보내자 어딘지 창피해 보였습니다.

"이 불쌍한 인간아!" 고블린이 경멸 넘치는 목소리로 말했습니다. "네!" 고블린은 뭐라고 더 말하려는 것 같았지만 분노로 말이 막힌 듯했습니다. 대신 목표물을 정확히 겨냥하여 유연한 다리 한 짝을 머리 위로 번쩍 들더니 게이브리얼 그럽을 세게 걷어찼습니다. 그러자 기다리고 있던 고블린들이 불쌍한 교회지기 주변으로 북적거리며 모여들더니 그를 가차 없이 걷어찼습니다. 아첨꾼은 왕이 걷어차는 사람을 걷어차고 왕이 끌어안는 사람을 끌어안는 것은 이 세상의 한결같은 관습이지요.

"좀 더 보여줘." 고블린의 왕이 말했습니다.

이 말에 구름이 다시 흩어지더니 풍성하고 아름다운 풍경이 드러났습니다. 그것은 오래된 대수도원 마을에서 반 마일도 떨어지지 않은 곳의 현재 모습이었지요. 맑고 푸른 하늘에서 태양이 밝게 빛나고, 그 빛 아래에서 물이 반짝거리고, 기운을 북돋는 태양 아래에서 나무는 더 푸르고 꽃은 더 화려해 보였습니다. 물은 듣기 좋은 소리를 내며 잔물결을 일으켰고, 나무는 잎사귀 사이에서 속삭이는 가벼운 바람을 맞으며 부스럭거렸고, 새들은 나뭇가지에서 노래하고, 종다리는 높은 곳에서 아침을 반갑게 맞이하면서 지저귀었지요. 네, 그것은 아침, 환하고 온화한 여름 아침이었습니다. 가장 가녀린 이파리도 가장 작은 풀잎도 생기로 가득했습니다. 개미가 하루를 시작하러 기어갔고 나비가 날개를 펄럭이며 따뜻한 햇볕을 듬뿍 쐬었습니다. 수많은 벌레가 투명한 날개를 펼치고 짧지만 행복한 삶을 즐기고 있었습니다.

이 광경을 보고 기분이 좋아진 사람이 앞을 향해 걸어갔고 모든 것이 밝고 찬란했습니다.

"이 불쌍한 인간아!" 고블린의 왕이 아까보다 더욱 경멸 어린 목소리로 말했습니다. 그러고서는 다리를 다시 번쩍 들어 올려 교회지기의 어깨를 내리쳤습니다. 고블린 신하들도 다시 왕의 본보기를 따랐지요.

구름이 수없이 모여들었다가 흩어지면서 게이브리얼 그럽에게 수많은 교훈을 주었고, 게이브리얼 그럽은 고블린의 발에 수없이 걷어차여 어깨가 쑤시고 아팠지만 무슨 일이 있어도 줄어들지 않는 관심을 가지고 지켜보았습니다. 그는 힘들게 일하는 사람들, 노동을 해서 얼마 안 되는 빵을 사는 사람들이 유쾌하고 행복해하는 모습을 보았고, 자연의 사랑스러운 얼굴이 가장 무지한 자에게도 끝없는 기쁨과 경쾌함을 주는 것을 보았습니다. 상냥하게 길러지고 친절하게 가르침 받은 사람들은 궁핍한 가운데에서도 명랑하고 성미가 더 강한 사람들조차 무너뜨릴 만한 고난에도 굴하지 않는 것을 보았는데, 그들은 마음속에 행복과 만족, 평화의 원료를 가지고 있기 때문이었습니다. 그는 또한 신의 창조물 중에서 제일 부드럽고 가장 연약한 여자들이 슬픔과 역경, 고뇌에 가장 굴하지 않는 것을 보았는데, 그들의 가슴속에 애정과 헌신이 부단 없이 솟아오르는 샘을 가지고 있기 때문이었습니다. 무엇보다도 그는 자신과 마찬가지로 다른 사람들의 즐거움과 기쁨을 보고 으르렁거리는 자들이 이 지구의 아름다운 표면에서 가장 역겨운 잡초임을 보았습니다. 그는 세상의 모든 선한 것들과 사악한 것들을 대조해 본 결과 어쨌거나 이 세상은 아주 좋고 훌륭하다는 결론에 도달했습니다. 그가 이렇게 생각하자마자 마지막 그림을 가리고 있던 구름이 그의 감각에 내려앉아 그를 평온하게 재우는 듯했습니다. 고블린들이 그의 시야에서 한 마리씩 사라졌고 마지막 고블린이 사라졌을 때 그는 깊이 잠들었습니다.

날이 밝아 잠에서 깼을 때, 게이브리얼 그럽은 교회 부속 묘지의 평평한 비석 위에 똑바로 누워 있었습니다. 그의 옆에 고리버들 술병이 텅 빈 채 놓여 있었고 외투, 삽, 초롱이 밤사이 하얗게 서리를 맞은 채 땅에 흩어져 있었습니다. 앉아 있는 고블린을 처음 발견했던 비석이 그의 앞에 꼿꼿하게 서 있었고 어젯밤에 파던 무덤도 멀지 않은 곳에 있었습니다. 처음에 게이브리얼 그럽은 자신의 모험이 진짜였을까 의심하기 시작했지만, 자리 일어나려고 할 때 어깨가 극심하게 아픈 것을 보니 고블린들에게 걷어차인 것은 분명 상상이 아니었습니다. 그는 고블린들이 비석 뛰어넘기를 하며 놀았던 눈 위에 발자국이 하나도 없는 것을 보고 다시 비틀거렸지만, 귀신인 고블린은 눈에 보이는 흔적을 남기지 않는다는 사실을 기억해 내고 상황을 재빨리 이해했습니다. 게이브리얼 그럽은 등이 너무 아파서 힘을 끌어모아 겨우 일어선 다음 서리를 털어낸 외투를 입고 마을을 향해 고개를 돌렸습니다.

그는 이제 다른 사람이 되었지만 자신의 참회가 비웃음을 사고 감화가 의심을 살 곳으로 돌아간다고 생각하니 견딜 수가 없었지요. 그는 잠시 망설이다가 돌아서서 일자리를 찾을 수 있는 다른 곳으로 떠났습니다.

그날 교회 부속 묘지에서 초롱과 삽, 고리버들 술병이 발견되었습니다. 교회지기가 어떻게 되었는지 수많은 추측이 돌았지만 곧 고블린한테 잡혀갔다는 결론이 내려졌고, 그가 사자의 뒷다리와 곰 꼬리를 가진 외눈박이 밤색 말을 타고 가는 것을 분명히 보았다는 아주 믿을 만한 증인들도 모자라지 않았습니다. 결국 다들 그 이야기를 진심으로 믿었지요. 새로 온 교회지기는 앞서 말한 그 말이 하늘을 날아가다가 실수로 차서 떨어뜨린 교회 풍향기 조각을 자신이 1~2년 뒤 부속 묘지에서 직접 발견했다며 호기심 많은 사람들에게 푼돈을 받고 구경시켜 주었습니다.

그러나 10년 쯤 뒤에 류머티즘을 앓고 있지만 만족스러운 얼굴의 노인이 된 게이브리얼 그럽이 누더기를 걸치고서 뜻하지 않게 다시 나타나면서 그 이야기의 신빙성이 흔들렸지요. 그는 목사와 시장에게 자신이 겪은 일을 이야기했고, 시간이 지나면서 그의 이야기는 사실로 받아들여져 지금까지 전해 내려오게 되었습니다. 풍향기 이야기의 신봉자들은 한번 잘못된 믿음을 갖게 되자 그 이야기를 쉽게 포기하려 하지 않았기 때문에, 최대한 다 안다는 표정으로 어깨를 으쓱하고 이마를 만지면서 게이브리얼 그럽이 네덜란드 진을 전부 다 마시고 납작한 비석에서 곯아떨어졌다고 중얼거렸습니다. 그들은 게이브리얼 그럽이 고블린의 동굴에서 목격했다는 것은 그가 세상을 보고 더 현명해진 다음에 하는 말이라고 설명하려 했습니다. 그러나 풍향기 이야기는 당시에도 절대 널리 퍼지지 않았고 그 뒤로 서서히 사라졌습니다. 어쨌든 게이브리얼 그럽은 죽는 날까지 류머티즘으로 고생했으므로 이 이야기에는 적어도 교훈이 하나는 있습니다. 누군가가 크리스마스에 샐쭉해져서 혼자 술을 마신다면 아무리 좋은 술이라 해도, 게이브리얼 그럽이 고블린 동굴에서 본 것처럼 귀신은 절대 증명할 수 없다 해도[77] 좋은 결말을 기대해서는 안 된다는 것입니다.

---

77 '술spirits'과 '귀신'이 같은 단어임을 이용한 말장난.

30장

픽윅 클럽 회원들이 젊은이 두 명과 친해지고,
얼음 위에서 즐거운 시간을 보내고,
딩리 델 방문을 마치다

크리스마스 날 아침, 총애하는 하인이 따뜻한 물을 가지고 침실로 들어오자 픽윅 씨가 말했다. "샘, 날이 아직 추운가?"

"세숫대야의 물에 살얼음이 끼었습니다." 샘이 대답했다.

"가혹한 날씨군." 픽윅 씨가 말했다.

"든든하게 감싼 이들에게는 좋을 때지요. 북극곰이 스케이트 연습을 하면서 말했던 것처럼요." 웰러 씨가 대답했다.

"15분 내로 내려가겠네, 샘." 픽윅 씨가 나이트캡의 끈을 풀며 말했다.

"네." 샘이 대답했다. "아래층에 소본즈가 둘 있습니다."

"뭐가 둘이라고?" 픽윅 씨가 침대에 일어나 앉으며 말했다.

"소본즈 둘이요." 샘이 말했다.

"소본즈가 뭐지?" 그것이 살아 있는 동물인지 먹을 것인지 잘 몰라서 픽윅 씨가 물었다.

"소본즈가 뭔지 모르십니까?" 웰러 씨가 물었다. "소본즈가 외과 의사라는 건 누구나 안다고 생각했는데요."

"아, 외과 의사 말인가?" 픽윅 씨가 미소를 지으며 말했다.

"네." 샘이 대답했다. "하지만 아래층에 있는 사람들이 정식 외과 의사는 아닙니다. 수련 중이지요."

"다시 말하자면 의대생이라는 뜻이군?" 픽윅 씨가 말했다.

샘 웰러가 그렇다는 뜻으로 고개를 끄덕였다.

"기쁘군." 픽윅 씨가 나이트캡을 침대보에 힘차게 던지며 말했다. "대단한 친구들이야. 관찰과 숙고로 판단력을 기르고 독서와 연구로 취향을 갈고닦았겠지. 아주 기뻐."

"부엌 난롯가에서 시가를 피우고 있습니다." 샘이 말했다.

"아!" 픽윅 씨가 손을 문지르며 말했다. "그렇다면 상냥한 기분과 생생한 원기가 넘치겠군. 바로 내가 보고 싶은 모습이지!"

"그중 한 명은 말입니다." 주인이 끼어들었다는 사실도 알아차리지 못한 채 샘이 말했다. "탁자에 다리를 올리고 물도 타지 않은 브랜디를 마시고 있고 또 한 명은―안경 쓴 사람인데요―무릎 사이에 굴 통을 끼고 앉아서 굴을 바로 까먹으면서 굴 껍데기로 난롯가에서 쿨쿨 자는 뚱보 소년을 맞추고 있어요."

"천재의 기행일세, 샘." 픽윅 씨가 말했다. "물러가도 좋네."

샘은 주인의 말에 따라 물러갔고, 픽윅 씨는 15분 뒤 아침 식사를 하러 아래층으로 내려갔다.

"드디어 오셨군." 노신사 워들 씨가 말했다. "픽윅, 이쪽은 앨런 양의 오라버니인 벤저민 앨런 씨라네. 우리는 벤이라고 부르니 자네도 그렇게 하게. 이쪽 신사분은 벤의 아주 각별한 친구로, 이름이……."

"밥 소여입니다." 벤저민 앨런 씨가 끼어들었고, 그러자 밥 소여 씨와 벤저민 앨런 씨가 같이 웃음을 터뜨렸다.

픽윅 씨가 밥 소여 씨에게 고개 숙여 인사했고, 밥 소여 씨도 픽윅 씨에게 고개 숙여 인사했다. 그러고 나서 밥과 그의 각별한 친구가 눈앞에 차려진 음식을 열심히 먹었기 때문에 픽윅 씨는 두 사람을 흘끔흘끔 관찰할 수 있었다.

벤저민 앨런 씨는 거칠고 뚱뚱하고 땅딸막한 남자로, 검은 머리를 다소 짧게 잘랐고 흰 얼굴은 약간 길었다. 그는 안경을 쓰고 흰 네커치프를 두르고 있었다. 턱까지 단추를 채운 검정색 싱글브레스트 프록코트 아래로 얼룩덜룩한 다리 두 개가 보였고 그 끝에는 제대로 닦지 않은 장화가 있었다. 상의 소매가 짧았지만 셔츠 소매 끝은 흔적도 보이지 않았고, 얼굴에도 셔츠 옷깃이 침범할 공간이 많았지만 그런 것은 전혀 보이지 않았다. 전체적으로 그는 흰곰팡이 같은 외모였고 향기로운 쿠바 시가 냄새를 풍겼다.

외투도 프록코트도 아니면서 두 옷의 특성과 특질을 어느 정도 갖춘, 거칠거칠한 파란색 상의를 입은 밥 소여 씨는 단정치 못한 멋이 있고 으스대며 걸었다. 낮에는 길거리에서 담배를 피우고 밤에는 바로 그 길거리에서 고래고래 소리를 지르거나 급사

651

를 이름으로 부르는 등 갖가지 경박한 행동거지를 가진 젊은 신사 특유의 걸음걸이였다. 그는 체크무늬 바지와 크고 거친 더블브레스트 조끼 차림이었고 바깥에서는 손잡이가 크고 두꺼운 지팡이를 들고 다녔다. 그는 장갑을 끼지 않았는데 전체적으로 방탕한 로빈슨 크루소 같아 보였다.

픽윅 씨가 크리스마스 날 아침 식사를 하려고 자리에 앉았을 때 소개받은 훌륭한 인물 두 사람은 바로 이러한 모습이었다.

"멋진 아침입니다, 여러분." 픽윅 씨가 말했다.

밥 소여 씨가 동의한다는 뜻으로 고개를 살짝 끄덕이더니 벤저민 앨런 씨에게 머스터드를 건네달라고 했다.

"멀리서 오셨습니까?" 픽윅 씨가 물었다.

"머글턴의 블루 라이언 여관에서요." 앨런 씨가 짤막하게 대답했다.

"어젯밤에 오셨어야 하는 건데요." 픽윅 씨가 말했다.

"그러게요." 밥 소여 씨가 대답했다. "하지만 서둘러 떠나기에는 브랜디가 너무 괜찮았거든요. 안 그런가, 벤?"

"확실히 그랬지." 벤저민 앨런 씨가 말했다. "시가도 나쁘지 않았고 폭찹도 그랬어. 안 그런가, 밥?"

"정말 그랬어." 밥이 말했다. 각별한 두 친구는 지난 밤 저녁 식사를 떠올리자 식욕이 샘솟는 듯 아침 식사를 더욱 왕성하게 공략하기 시작했다.

"얼른 먹게, 밥." 앨런 씨가 친구에게 격려하듯 말했다.

"그러고 있네." 밥 소여 씨가 대답했다. 정말로 그러고 있었다.

"해부만큼 식욕을 북돋는 것도 없지." 밥 소여 씨가 식탁을 둘러보며 말했다.

픽윅 씨가 살짝 몸서리를 쳤다.

"그 다리는 벌써 끝냈나?" 앨런 씨가 물었다.

"거의." 소여가 닭 반 마리를 먹어치우며 대답했다. "어린애 다리치고는 아주 근육질이야."

"그래?" 앨런 씨가 무심하게 물었다.

"무척이나." 밥 소여 씨가 입안 가득 음식을 머금은 채 말했다.

"학교에서 팔 해부에 지원했어." 앨런 씨가 말했다. "비용을 모아서 해부용 사체를 구하기로 하고 사람을 거의 다 모았는데 머리가 필요하다는 학생이 없군. 자네가 하면 좋겠는데."

"안 돼." 밥 소여 씨가 대답했다. "사치를 부릴 여유는 없어."

"말도 안 돼!" 앨런이 말했다.

"진짜 안 된다니까." 밥 소여 씨가 대답했다. "뇌라면 괜찮지만 머리 전체는 안 돼."

"쉿, 여러분." 픽윅 씨가 말했다. "여성분들이 오는 소리가 들리는군요."

픽윅 씨의 말이 끝나자 여자들이 스노드그래스 씨, 윙클 씨, 터프먼 씨의 정중한 에스코트를 받으며 이른 아침 산책에서 돌아왔다.

"어머, 오빠!" 애러벨라가 오빠를 보더니 기쁨보다 놀라움이 더 큰 목소리로 말했다.

"너를 집으로 데려가려고 왔다." 벤저민 씨가 말하자 윙클 씨

653

의 얼굴이 창백해졌다.

"밥 소여는 안 보이니, 애러벨라?" 벤저민 앨런 씨가 약간 꾸짖듯이 물었다. 애러벨라는 오빠의 친구를 알아보고 우아하게 손을 내밀었다. 그가 애러벨라의 손을 눈에 띄게 꽉 잡자 윙클 씨의 가슴이 증오로 전율했다.

"오빠, 윙클 씨랑 인사는 했어?" 애러벨라가 얼굴을 붉히며 말했다.

"아니, 하지만 인사하고 싶구나, 애러벨라." 앨런 씨가 엄숙하게 대답한 후 윙클 씨에게 딱딱하게 고개 숙여 인사했고, 윙클 씨와 밥 소여 씨는 불신의 눈길로 서로를 흘끔거렸다.

새로운 손님 두 명이 도착해서 윙클 씨와 모피 달린 장화를 신은 아가씨를 방해함으로써 일동의 유쾌한 분위기가 자칫 중단될 수도 있었지만, 모두의 행복을 위해서 픽윅 씨는 경쾌한 태도를 취했고 집주인은 싹싹함을 최대한으로 발휘했다. 윙클 씨는 서서히 벤저민 앨런 씨의 환심을 샀고 심지어는 밥 소여 씨와 친밀한 대화까지 나누었다. 브랜디와 아침 식사, 그리고 대화 덕분에 쾌활해진 밥 소여 씨는 점차 익살맞아져서 굴 까는 나이프와 4파운드짜리 빵 반 조각으로 어느 신사의 머리에서 종양을 제거했던 재미있는 일화를 신나게 들려주었다. 그런 다음 다 같이 교회에 갔다. 그곳에서 벤저민 앨런 씨는 잠에 빠졌고 밥 소여 씨는 신자석에 4인치 길이의 통통한 글자로 자기 이름을 새기는 기발한 방법으로 세상사를 잊었다.

"자." 도수 높은 맥주와 체리브랜디를 곁들인 든든한 점심 식사를 충분히 즐긴 다음 워들 씨가 말했다. "한 시간 정도 스케이트를 타는 것이 어떻겠소? 시간은 충분하니까요."

"그거 좋군요!" 벤저민 앨런 씨가 말했다.

"좋습니다!" 밥 소여 씨가 외쳤다.

"윙클, 스케이트는 당연히 탈 줄 알겠지?" 워들 씨가 말했다.

"아, 네. 아, 그럼요." 윙클 씨가 대답했다. "요즘은 별로 연습을 못했지만요……."

"스케이트 타요, 윙클 씨!" 애러벨라가 말했다. "정말 보고 싶어요."

"아, 너무 근사해요." 또 다른 아가씨가 말했다.

세 번째 아가씨가 스케이트는 우아하다고 말했고 네 번째 아가씨는 백조 같다는 의견을 내놓았다.

"정말 타고 싶군요, 정말로요." 얼굴이 빨개진 윙클 씨가 말했다. "하지만 스케이트가 없어서요."

이 항변은 즉시 기각되었다. 트런들에게 스케이트가 두 켤레 있었고, 뚱보 소년이 아래층에 여섯 켤레나 있다고 말하자 윙클 씨는 더없이 기뻐했지만 더없이 불편해 보였다.

노신사 워들 씨가 꽤 큰 얼음판으로 길을 안내했다. 뚱보 소년과 웰러 씨가 밤사이 얼음판에 내린 눈을 삽으로 퍼내고 비로 쓸어내자 밥 소여 씨가 윙클 씨의 눈에 한없이 놀라워 보이는 능숙한 솜씨로 스케이트를 신더니 왼쪽 다리로 원을 그린 다음 팔자를 그렸다. 그런 다음 단 한 번 멈춰서 숨 돌리는 일도 없이 얼음 위에 갖가지 기분 좋고 놀라운 그림을 그렸기 때문에 픽윅 씨와 터프먼 씨, 그리고 아가씨들이 무척 흡족해했다. 노신사 워들 씨와 벤저민 앨런 씨가 앞서 말한 밥 소여 씨의 도움을 받아 '릴'이라고 불리는 신기한 모양의 원을 그리자 이들의 흡족함은 열광으로 변했다.

그러는 내내 추위로 얼굴과 손이 파랗게 질린 윙클 씨는 밑창에 나사송곳을 억지로 박은 다음 스케이트의 앞부분이 뒤로 가도록 거꾸로 신고서 인도인보다도 스케이트에 대해서 아는 것이 없는 스노드그래스 씨의 도움을 받아 끈을 아주 복잡하게 묶었다. 윙클 씨는 결국 웰러 씨의 도움을 받아 스케이트를 단단히 신고 끈을 묶은 다음 일어섰다.

"자, 그럼." 샘이 격려하듯 말했다. "가세요, 스케이트를 얼마나 잘 타시는지 사람들한테 보여줘요."

"잠깐, 샘, 잠깐!" 윙클 씨가 격렬하게 몸을 떨면서 물에 빠진 사람처럼 샘의 팔을 꽉 붙들고 말했다. "너무 미끄럽군!"

"얼음 위에서는 드문 일도 아니죠." 웰러 씨가 대답했다. "넘어지지 마세요."

웰러 씨가 마지막 말을 한 것은 그 순간 윙클 씨가 양발을 공중으로 들어 올리고 뒷머리를 얼음에 찧고 싶다는 미칠 듯한 욕망을 드러냈기 때문이다.

"이건…… 이건…… 정말 이상한 스케이트군, 안 그런가, 샘?" 윙클 씨가 비틀거리며 물었다.

"이상한 건 그 안에 든 신사 같은데요." 샘이 대답했다.

"자, 윙클!" 무슨 문제가 있는지 전혀 모르는 픽윅 씨가 소리쳤다. "이리 오게, 아가씨들이 모두 기다리고 있다네."

"네, 네." 윙클 씨가 창백한 미소를 지으며 대답했다. "갑니다."

"이제 시작하시면 됩니다." 샘이 윙클 씨에게서 벗어나려고 애를 쓰며 말했다. "자, 출발하세요."

"잠깐만, 샘!" 윙클 씨가 웰러 씨에게 더욱 애정 넘치게 달라붙으며 숨을 헉 들이마셨다. "집에 상의가 두 벌 있는데 나는 필요 없다네. 자네가 갖게."

"감사합니다." 웰러 씨가 대답했다.

"인사를 하려고 모자에 손을 올릴 필요는 없네." 윙클 씨가 황급히 말했다. "손을 뗄 필요는 없단 말일세. 오늘 아침에 크리스마스 선물로 자네에게 5실링을 주려고 했는데 오후에 주겠네."

"정말 친절하시군요." 웰러 씨가 대답했다.

"우선 나를 좀 잡고 있게." 윙클 씨가 말했다. "그래, 그렇지. 곧 출발할 거야. 아니, 너무 빠르게는 말고. 너무 빠르게는 안 돼."

얼음 위에서 몸을 앞으로 구부려 반으로 접은 윙클 씨가 무척 특이하고 전혀 백조 같지 않은 자세로 웰러 씨의 부축을 받고 있는데, 아무것도 모르는 픽윅 씨가 반대편 둑에서 소리쳤다.

"샘!"

"네?" 웰러 씨가 말했다.

"이리 오게. 자네가 필요해."

"놔주세요." 샘이 말했다. "주인님이 부르시는 소리 안 들리세요? 놔주세요."

웰러 씨는 괴로워하는 픽윅 클럽 회원의 손아귀에서 맹렬하게 애를 써서 벗어났고, 그 과정에서 불쌍한 윙클 씨에게 상당한 반동이 가해졌다. 이 불쌍한 신사는 어떤 능숙함이나 연습으로도 얻지 못할 정도의 정확도로 사람들이 그리는 릴의 정중앙으로 빠르게 나아갔고, 바로 그때 밥 소여 씨는 비견할 바 없이 아름다운 동작을 선보이는 중이었다. 윙클 씨가 밥 소여 씨와 거칠게 부딪쳤고 커다란 쾅 소리와 함께 두 사람 모두 세게 넘어졌다. 픽윅 씨가 달려왔다. 밥 소여 씨는 곧 일어섰지만 스케이트를 신은 윙클 씨는 현명하게도 일어서지 않았다. 그는 얼음 위에 앉은 채 경련을 일으키듯 미소를 지으려 애썼고 곧 끔찍한 고통이 이 목구비 전체에 드러났다.

"다쳤습니까?" 벤저민 앨런 씨가 크게 걱정하며 물었다.

"별일 아닙니다." 윙클 씨가 등을 세게 문지르며 말했다.

"제가 피를 뽑아드리죠." 벤저민 씨가 크나큰 열의를 드러내며 말했다.

"고맙지만 괜찮습니다." 윙클 씨가 황급히 말했다.

"피를 뽑는 게 좋을 것 같은데요." 앨런이 말했다.

"감사하지만 별로 그러고 싶지 않군요." 윙클 씨가 대답했다.

"어떻게 생각하세요, 픽윅 씨?" 밥 소여 씨가 물었다.

픽윅 씨는 무척 화가 났다. 그가 웰러 씨를 불러서 엄격한 목소리로 말했다. "윙클의 스케이트를 벗기게."

"아닙니다, 아직 시작도 안 했는데요." 윙클 씨가 항의했다.

"당장 윙클의 스케이트를 벗기게." 픽윅 씨가 단호하게 다시 말했다.

저항할 수 없는 명령이었다. 윙클 씨는 침묵으로 샘이 명령을 따르게 두었다.

"일으키게." 픽윅 씨가 말했고 샘이 윙클 씨를 부축하여 일으켰다.

픽윅 씨는 구경꾼들로부터 몇 걸음 떨어진 곳으로 친구를 부른 다음 그에게 탐색하는 눈길을 고정시키고 낮지만 또렷하고 강한 어조로 이렇게 말했다.

"자네는 사기꾼일세."

"뭐라고요!" 윙클 씨가 깜짝 놀라 말했다.

"사기꾼이라고. 원한다면 더 분명하게 말해주지. 자네는 협잡꾼이야."

픽윅 씨는 이렇게 말한 다음 천천히 돌아서서 친구들과 합류했다.

위에 기록된 것처럼 픽윅 씨가 윙클 씨에게 자기 생각을 전하는 동안 웰러 씨와 뚱보 소년은 힘을 합쳐 활주장을 만든 다음 그 위에서 무척 능숙하고 훌륭하게 스케이트를 타고 있었다. 특히 샘 웰러는 요즘 말로 '구두 수선집 문 두드리기'라고 부르는 멋진 슬라이드를 아름답게 펼쳐 보였는데, 바로 한 발로 얼음 위를 활주하면서 다른 발로 가끔 우편배달부처럼 얼음을 톡톡 두드리는 것이었다. 길고 멋진 활주였고 가만히 서 있느라 몸이 차가워진 픽윅 씨가 샘을 내지 않을 수 없는 움직임이었다.

"몸이 따뜻해질 듯한 운동이군, 안 그렇소?" 픽윅 씨가 워들에게 물었다. 워들 씨는 양다리를 각도기처럼 만들어서 얼음에 복잡한 문제를 열심히 그리느라 무척 숨이 찼다.

"아, 정말 그렇군요." 워들 씨가 말했다. "안 타십니까?"

"예전에는 탔었지요. 어렸을 때 도랑에서 말입니다." 픽윅 씨가 대답했다.

"지금 한번 타보시죠." 워들 씨가 말했다.

"제발 타보세요, 픽윅 씨." 아가씨들이 입을 모아 외쳤다.

"여러분을 즐겁게 해드릴 수 있다면 정말 기쁘겠지요." 픽윅 씨가 대답했다. "하지만 안 탄 지 30년은 돼서요."

"흥, 말도 안 되는 소리!" 워들 씨가 특유의 성급한 움직임으로 스케이트를 끌며 말했다. "자, 내가 같이 타겠소. 따라오시지요." 그런 다음 싹싹한 노신사는 웰러 씨와 거의 비슷하고 뚱보 소년 과는 비교도 안 될 정도의 속도로 얼음판 위를 달렸다.

픽윅 씨는 잠시 멈춰서 고민하더니 장갑을 벗어서 모자에 끼워 넣고 두세 번 짧게 달리면서 자꾸 주저하다가 마침내 한 번 더 달렸고, 기뻐하는 구경꾼들의 응원을 받으며 두 발을 1.25야 드 정도 벌린 채 진지하게 활주장으로 들어섰다.

"계속 그렇게만 타세요." 샘이 외쳤고, 워들 씨가 다시 스케이트를 타고 활주했다. 그의 뒤로 픽윅 씨, 샘, 윙클 씨, 밥 소여 씨, 뚱보 소년, 스노드그래스 씨가 일렬로 스케이트를 탔다. 그들은 앞으로의 인생이 스케이트를 타는 속도에 달린 것처럼 열심히 서로를 쫓았다.

이 의식에서 픽윅 씨가 어떻게 자기 몫을 하는지 지켜보는 것 은 정말 재미있었다. 금방이라도 그를 넘어뜨릴 것처럼 다가오는 뒷사람을 볼 때면 고뇌와 고통이 얼굴에 그대로 드러났고, 처음 시작할 때 어렵게 짜낸 힘이 서서히 떨어지자 천천히 돌아서서 출발 지점을 바라보았다. 또 어느 정도의 거리를 타고 났을 때는 얼굴에 장난스러운 미소가 떠올랐고 힘을 내서 돌아서더니 앞서 가는 사람을 열심히 쫓았다. 흰 눈 속에서 그의 검정색 각반이 보기 좋게 움직였고 안경 너머로 그의 눈이 유쾌하게 기쁜 듯 반짝였다. 또 얼음 위에서 넘어졌을 때 (세 바퀴에 한 번은 넘어졌다) 반짝이는 얼굴로 모자와 장갑을 주워서 절대 사그라지지 않는 열의와 열정을 다해 자기 자리로 돌아가는 모습은 정말로 기분 좋아지는 광경이었다.

스케이트가 최고조에 달해서 속도가 더없이 빨라지고 웃음소리가 더없이 커졌을 때 얼음 깨지는 소리가 크고 날카롭게 울렸다. 다들 둑을 향해 재빨리 달려갔고, 여자들은 무척 흥분하여 비명을 질렀으며, 터프먼 씨가 소리를 질렀다. 얼음판 한 부분이 큼지막하게 사라진 자리에 물이 차올랐고 픽윅 씨의 모자와 장갑이 둥둥 떠 있었지만 픽윅 씨의 모습은 보이지 않았다.

모두의 얼굴에 경악과 비통의 표정이 떠올랐다. 남자들은 얼굴이 창백해졌고 여자들은 기절했다. 스노드그래스 씨와 윙클 씨는 손을 맞잡고 그들의 수장이 가라앉은 곳을 미친 듯이 바라보았다. 터프먼 씨는 누구보다도 빨리 도움이 되고 싶어서, 또 소리가 들리는 거리 안에 있는 사람들에게 이 무시무시한 재난을 최대한 확실하게 알리기 위해서 전속력으로 들판을 달리며 온 힘을 다해 "불이야!"라고 외쳤다.

노신사 워들 씨와 샘 웰러가 조심스럽게 얼음 구멍으로 다가
가고 벤저민 앨런 씨는 의사로서 도움이 되기 위해 여기 있는 모
든 사람들의 피를 뽑는 것이 적절할지 밥 소여 씨와 황급히 의논
하고 있던 바로 그때, 물에서 얼굴과 머리와 어깨가 솟아오르더
니 픽윅 씨의 이목구비와 안경이 보였다.

"조금만 더 힘을 내세요, 아주 조금만요." 스노드그래스 씨가
고함쳤다.

"그래요, 부탁드립니다. 저를 위해서라도요." 깊이 감동한 윙클
씨가 외쳤다. 이러한 간청은 사실 필요가 없었는데, 픽윅 씨는 다
른 누군가를 위해 힘을 내기 싫더라도 자신을 위해 힘을 내는 것
이 좋겠다고 생각할 만한 상황이었기 때문이다.

"바닥이 느껴지시오?" 워들 씨가 말했다.

"네, 확실히 느껴집니다." 픽윅 씨가 머리와 얼굴의 물을 훔치
고 숨을 헐떡거리며 대답했다. "뒤로 넘어지는 바람에 처음에는
똑바로 설 수가 없었어요."

픽윅 씨의 외투에 잔뜩 묻은 진흙은 그의 말이 정확하다는 것
을 증명했다. 그리고 뚱보 소년이 여기는 어느 지점이든 깊이가
5피트를 넘지 않는다는 사실을 갑자기 기억해 내자 구경꾼들은
더욱 걱정을 덜었고, 픽윅 씨를 꺼내기 위해서 놀라울 정도의 용
맹함을 발휘했다. 한참 동안 물을 튀기고 얼음을 깨뜨리고 악전
고투한 끝에 픽윅 씨는 드디어 불편한 위치에서 벗어나 마른 땅
에 다시 발을 딛고 섰다.

"아, 지독한 감기에 걸리시겠어요." 에밀리가 말했다.

"불쌍하기도 해라!" 애러벨라가 말했다. "이 숄을 둘러드릴게요, 픽윅 씨."

"그게 좋겠군." 워들 씨가 말했다. "숄을 두르고 다리 힘이 닿는 대로 최대한 빨리 집으로 달려가서 곧장 침대로 들어가시오."

순식간에 숄이 열두 개 쯤 모였고 픽윅 씨는 가장 두꺼운 숄 서너 장을 골라 몸을 감싼 다음 웰러 씨의 인도를 받으며 집으로 향했다. 노신사가 물을 뚝뚝 흘리면서 모자도 쓰지 않고 양팔을 옆구리에 딱 붙인 채 뚜렷한 목적도 없이 한 시간 당 6마일은 족히 되는 속도로 내달리는 것은 보기 드문 장면이었다.

그러나 이렇게 극단적인 상황에서 픽윅 씨는 겉모습을 신경 쓰지 않았고 하인의 재촉을 받으며 최대 속도로 달려서 매너 농장 대문에 도착했다. 5분 먼저 도착한 터프먼 씨가 노부인에게 부엌 굴뚝에 불이 붙었다는 확실한 인상을 주는 바람에 그녀는 심장이 떨릴 만큼 깜짝 놀랐다. 주변 누군가가 조금이라도 흥분하면 노부인의 마음에는 항상 불붙은 부엌이 가장 생생하게 떠올랐기 때문이다.

픽윅 씨는 잠시도 멈추지 않고 곧장 침대로 들어가 안락하게 누웠다. 샘 웰러가 방에 불을 피우고 저녁을 가져다주었고, 그런 다음 펀치가 한 그릇 올라왔으며, 그의 안전을 기원하는 성대한 잔치가 열렸다. 노신사 워들 씨가 픽윅 씨를 자리에서 일어나지 못하게 했기 때문에 그들은 침대를 좌장의 자리로 삼았고 픽윅 씨가 술자리의 좌장이 되었다. 펀치가 두 번째, 세 번째로 올라왔고 다음 날 아침 픽윅 씨가 잠에서 깼을 때는 류머티즘 증상이 전혀 없었다. 이럴 때는 뜨거운 펀치만한 것이 없다고, 뜨거운 펀치를 마셨는데도 몸이 괜찮아지지 않는다면 펀치를 충분히 마시지 않았기 때문이라는 밥 소여 씨의 말 그대로였다.

쾌활한 모임은 다음 날 아침 해산했다. 학창 시절에는 해산이 무척 좋은 일이지만 그 뒤에는 무척 고통스러운 일이다. 죽음과 이기심, 운명의 변화가 매일 수많은 행복한 이들을 해산시켜 멀리 흩어지게 만들고 그렇게 흩어진 남녀는 절대 다시 돌아오지 않는다. 여기 모인 이들 역시 그런 경우라고 말하려는 것은 아니다. 우리가 독자에게 알리고 싶은 것은 그 자리에 있던 사람들이 각자 집으로 돌아갔다는 사실이다. 픽윅 씨와 친구들은 머글턴 마차 지붕 좌석에 다시 올랐고, 애러벨라 앨런은 오빠 벤저민과 그의 가장 친하고 각별한 친구 밥 소여 씨의 보살핌과 안내를 받으며 어디인지 모르지만 그녀의 목적지 ─ 윙클 씨는 알았겠지만 고백컨대 우리는 알지 못한다 ─ 로 돌아갔다.

그러나 헤어지기 전에 밥 소여 씨와 벤저민 앨런 씨가 약간 수수께끼 같은 분위기를 풍기며 픽윅 씨를 잠시 불렀다. 밥 소여 씨가 검지로 픽윅 씨의 갈비뼈 사이를 찔러 타고난 장난기와 해부학적 지식을 동시에 드러내며 물었다.

"지금 어디서 지내십니까?"

픽윅 씨는 현재 조지 앤드 벌처 여관에서 지내고 있다고 대답했다.

"저를 한번 찾아와주시면 좋겠군요." 밥 소여 씨가 말했다.

"그보다 더 기쁜 일은 없지요." 픽윅 씨가 대답했다.

"여기가 제 하숙집입니다." 밥 소여 씨가 명함을 내밀며 말했다. "버로 지구 랜트 스트리트죠. 가이 병원과 가까워서 편리하거든요. 세인트조지 교회를 지나서 조금 더 간 다음 큰 거리에서 오른쪽으로 꺾으면 됩니다."

"잘 찾을 수 있을 겁니다." 픽윅 씨가 말했다.

"2주일 뒤 목요일에 오세요, 친구분들도 데려오시고요." 밥 소여 씨가 말했다. "제 친구들도 몇 명 올 겁니다."

픽윅 씨는 의대생들을 만나면 정말 기쁠 것이라고 말했다. 밥 소여 씨가 아주 편안한 분위기가 될 것이라고, 벤도 올 거라고 말한 다음 그들은 악수를 나누고 헤어졌다.

이 짧막한 대화를 나누는 동안 윙클 씨가 애러벨라 앨런 양에게 무슨 말인가 속삭였는지, 만약 그랬다면 뭐라고 했는지, 또 스노드그래스 씨가 에밀리 워들 양과 따로 대화를 나누었는지, 그랬다면 그는 또 뭐라고 했는지 독자들은 묻고 싶을 것이다. 우리의 대답은 그들이 무슨 말을 했든 28마일을 가는 동안 픽윅 씨나 터프먼 씨에게는 아무 말도 하지 않았고, 무척 자주 한숨을 쉬었으며, 에일과 브랜디도 거절했고, 우울해 보였다는 것이다. 관찰력이 뛰어난 우리 여성 독자들이 이러한 사실에서 만족스러운 추론을 도출할 수 있다면 부디 그렇게 하시기를 바라는 바이다.

31장

법률과 그것에 정통한 위대한 권위자들

템플의 은밀한 구석구석에는 어둡고 더러운 방들이 흩어져 있고 법정 휴정기에는 오전 내내―개정기에는 저녁의 반절 정도―겨드랑이에 서류뭉치를 끼우고 주머니에도 서류가 비어져 나온 변호사 서기들의 끊임없는 행렬이 발걸음을 재촉하며 드나드는 모습을 볼 수 있다. 변호사 서기에는 여러 계급이 있다. 우선 연기 계약 서기가 있는데 이들은 언젠가 변호사가 될 사람으로 사례금을 받고, 양복점에 외상을 달아놓고, 각종 파티에 초대받으며, 고워 스트리트와 태비스톡 스퀘어[78]에 아는 가족이 있고, 법정 여름휴가 때마다 런던을 떠나 아버지를 만나러 가며, 살

---

[78] 디킨스가 이 책을 쓸 당시 법조인들이 많이 살던 신개발 지구.

아 있는 말을 수도 없이 많이 키운다. 간단히 말해서 이들은 서기계의 귀족이다. 그다음에는 월급을 받는 서기—경우에 따라 사무실에서 근무하기도 하고 외근을 하기도 한다—가 있는데 이들은 주급 30실링 대부분을 자신의 오락이나 장식에 쓰고, 적어도 일주일에 세 번은 반값으로 아델피 극장에 가고,[79] 공연을 보고 나서 사과주 가게에서 멋지게 돈을 쓰고, 6개월 전 유행을 서툴게 모방했다. 다음으로는 대가족을 부양하고 항상 초라해 보이며 술에 취해 있을 때가 많은 중년의 필사 서기가 있다. 그리고 프록코트를 처음 입어보는 사무실 조수 소년들이 있는데 이들은 통학하는 또래 소년들을 당연한 듯이 경멸하고, 밤에 퇴근을 하면 클럽에 가서 훈제 돼지고기 소시지와 포터 맥주를 먹으면서 이렇게 즐거운 인생은 없다고 생각했다. 여기에서 간단히 요약하기에는 너무나도 많은 부류가 있지만 그 부류와 상관없이 특정 근무 시간에는 다들 우리가 방금 말한 장소에서 분주하게 우왕좌왕한다.

이렇게 외딴 구석에 자리를 잡은 법조계 전문직 관청에서 영장을 발부하고, 판결서에 서명을 하고, 청구서를 접수하고, 국왕 폐하의 충실한 신민들의 고통과 법조계 종사자의 안락함과 급여를 위한 그 밖의 수많은 정교한 장치가 움직인다. 사무실들은 대체로 지붕이 낮고 곰팡내가 났고, 지난 한 세기 동안 사람들 모르게 땀을 흘려 온 수많은 양피지 두루마리들이 기분 좋은 냄

---

79   공연이 시작하고 일정 시간이 지나면 반값으로 입장할 수 있었다.

새를 풍겼다. 이 냄새는 낮이면 마른 목재가 썩는 냄새와, 밤이면 축축한 망토, 썩은 우산, 조야한 수지 양초가 풍기는 다양한 방출물과 섞인다.

픽윅 씨와 친구들이 런던으로 돌아온 후 열흘인지 2주일 후 저녁 7시쯤 놋쇠 단추 달린 갈색 외투 차림의 남자가 이러한 사무실들 중 한 군데로 서둘러 들어갔다. 긴 머리카락은 닳아빠진 모자 테두리 주변에 말려 있고 더러워진 반바지는 블루처 단화 위로 너무 꽉 끼어서 무릎 부분이 금방이라도 터질 듯했다. 그는 상의 주머니에서 길고 좁은 양피지 두루마리를 꺼냈는데 거기에는 담당 공무원의 검은 도장이 알아볼 수 없게 찍혀 있었다. 그 다음 비슷한 크기의 종잇조각 네 장을 꺼냈는데 이름은 빈칸으로 남겨진 양피지를 인쇄한 복사본이었다. 그는 빈칸에 이름을 적은 뒤 서류를 모두 주머니에 넣고 서둘러 나갔다.

알 수 없는 서류를 주머니에 넣은 갈색 외투의 남자는 다름 아니라 우리가 알고 있는 콘힐 프리먼스 코트 도슨 앤드 포그 사무실의 잭슨 씨였다. 그러나 잭슨은 사무실로 돌아가는 것이 아니라 조지 야드 쪽으로 발길을 돌려 조지 앤드 벌처 여관으로 곧장 가더니 픽윅 씨라는 사람이 있는지 물었다.

"픽윅 씨의 하인을 불러, 톰." 조지 앤드 벌처의 여급이 말했다.

"그러실 필요 없습니다." 잭슨 씨가 말했다. "저는 일 때문에 왔어요. 픽윅 씨 방이 어디인지 가르쳐주시면 제가 직접 가지요."

"성함이 어떻게 되시죠?" 급사가 물었다.

"잭슨입니다." 서기가 대답했다.

급사가 계단을 올라가서 잭슨 씨가 왔다고 알리려 했지만 잭슨 씨가 급사를 바로 뒤쫓아 가서 그가 말을 하기도 전에 방으로 걸어 들어감으로써 급사의 수고를 덜어주었다.

픽윅 씨는 그날 세 친구를 저녁 식사에 초대했고, 네 사람이 다 같이 난롯가에 둘러앉아서 와인을 마시던 참이었다. 그때 위에서 말한 것처럼 잭슨 씨가 나타났다.

"안녕하십니까." 잭슨 씨가 픽윅 씨를 향해 고개를 끄덕이며 말했다.

픽윅 씨는 고개를 숙여 인사했지만 잭슨 씨의 얼굴을 기억하지 못했기 때문에 다소 놀란 표정이었다.

"도슨 앤드 포그 사무실에서 왔습니다." 잭슨 씨가 설명하듯 말했다.

픽윅 씨는 그 이름을 듣자 기억이 떠올랐다. "제 변호사에게 가보시죠, 그레이즈인의 퍼커 씨입니다. 급사, 이 신사분을 모시고 나가주게."

"죄송하지만, 픽윅 씨." 잭슨이 모자를 바닥에 조심스럽게 내려놓고 주머니에서 양피지를 꺼내며 말했다. "이런 사건에서 서기나 그 대리인이 하는 일이에요. 법률상의 형식일 뿐 전혀 경계하실 필요 없습니다."

그런 다음 잭슨 씨는 양피지를 보았고, 양손을 탁자에 올리고서 매력적이고 설득력 있는 미소를 지으며 주변을 둘러보고 말했다. "자, 자, 이런 사소한 문제로 가타부타 맙시다. 스노드그래스라는 이름을 가진 분이 누구시죠?"

이 질문에 스노드그래스 씨가 너무나도 명백하고 뚜렷하게 깜짝 놀랐기 때문에 대답은 필요 없었다.

"아, 그럴 줄 알았습니다." 잭슨 씨가 이전보다 더욱 상냥하게 말했다. "약간 성가시게 해드릴 일이 있습니다."

"나한테요?" 스노드그래스 씨가 외쳤다.

"바델 대 픽윅 사건 원고 측의 소환장일 뿐입니다." 잭슨이 서류들 중에 하나를 고르고 조끼 주머니에서 1실링을 꺼내며 말했다. "힐러리 개정기[80]에 진행될 텐데 우리는 2월 14일로 예상하고 있어요. 특별 배심원 사건으로 표시했고, 열 번째 줄에 있습니다. 이게 당신 겁니다, 스노드그래스 씨." 잭슨을 이렇게 말하면서 양피지를 스노드그래스 씨 눈 앞에 내밀더니 서류와 1실링을 그의 손에 쥐여주었다.

터프먼 씨가 말없이 놀라서 이 절차를 지켜보고 있는데 잭슨이 갑자기 그를 향해 돌아서더니 이렇게 말했다.

"터프먼 씨 되시지요?"

터프먼 씨는 픽윅 씨를 보았지만 크게 뜬 눈에 부인하라는 신호가 보이지 않았기 때문에 어쩔 수 없이 인정했다.

"네, 제가 터프먼입니다."

"그렇다면 옆의 신사분은 윙클 씨겠군요." 잭슨이 말했다.

윙클 씨가 머뭇거리며 그렇다고 대답했다. 곧 두 신사 모두 능숙한 잭슨 씨로부터 서류와 1실링씩을 받았다.

80　영국의 고등법원 개정기는 미클마스 개정기(10월~12월), 힐러리 개정기(1월~4월), 이스터 개정기(4월~5월), 트리니티 개정기(6월~7월)로 나뉜다.

"자." 잭슨이 말했다. "제가 좀 귀찮게 느껴지시겠지만 괜찮으시다면 또 다른 사람이 필요한데요. 여기 새뮤얼 웰러 씨의 이름이 있습니다. 픽윅 씨."

"내 하인을 들여보내게, 급사." 픽윅 씨가 말했다. 급사가 깜짝 놀라 물러갔고 픽윅 씨는 잭슨에게 자리에 앉으라고 손짓했다.

고통스러운 정적이 흘렀고 마침내 아무런 죄도 없는 피고인이 그 침묵을 깨뜨렸다.

"제 생각에는 말입니다." 픽윅 씨가 치솟는 분노를 참으며 말했다. "당신 고용주들은 내 친구들의 증언으로 나의 유죄를 증명하려는 것 같군요."

잭슨 씨가 검지로 코의 왼쪽 옆면을 몇 번 톡톡 치면서 비밀을 발설할 생각이 없음을 넌지시 알리고 장난스럽게 대답했다.

"글쎄요, 말할 수 없어요."

"그런 게 아니면 도대체 무슨 이유로 이 사람들에게 소환장을 보내겠소?" 픽윅 씨가 말했다.

"아주 좋은 책략이었습니다, 픽윅 씨." 잭슨이 천천히 고개를 저으며 대답했다. "하지만 안 넘어갑니다. 시도해서 안 될 거야 없지만 저한테서 아무것도 캐내실 수 없을 겁니다."

여기서 잭슨 씨는 일동을 향해 한 번 더 미소를 지었고 왼쪽 엄지를 코끝에 대고 오른손으로는 상상 속의 커피 그라인더를 돌리면서[81] (당시에는 무척 유행했지만 지금은 불행히도 거의 사

---

81   경멸을 나타내는 몸짓이다.

라진) 아주 우아한 손짓을 했다.

"아니, 아닙니다, 픽윅 씨." 잭슨이 마지막으로 말했다. "우리가 이 소환장을 발부한 이유는 퍼커 쪽 사람들이 알아내야지요. 알아내지 못할 경우에는 소송이 시작될 때까지 기다리면 알게 될 겁니다."

픽윅 씨는 반갑지 않은 손님에게 너무나 역겹다는 표정을 지어 보였고, 그 순간 샘이 들어와서 방해하지만 않았다면 도슨과 포그 씨에게 엄청난 저주를 퍼부었을 것이다.

"새뮤얼 웰러?" 잭슨 씨가 미심쩍은 듯이 말했다.

"여러 해 동안 당신이 한 말 중에 가장 진실한 말이네요." 샘이 침착하게 대답했다.

"여기 소환장입니다. 웰러 씨." 잭슨이 말했다.

"알아듣게 말씀해 주시죠." 샘이 말했다.

"이게 원본입니다." 잭슨이 필요한 설명을 생략한 채 말했다.

"어느 거요?" 샘이 말했다.

"이거요." 잭슨이 양피지를 흔들며 대답했다.

"아, 그게 원본이라고?" 샘이 말했다. "음, 원본을 보니 기분이 좋군요. 아주 만족스럽고 편안해지네요."

"여기 1실링입니다." 잭슨이 말했다. "도슨 앤드 포그 사무실에서 나왔지요."

"잘 알지도 못하는 사람한테 이런 선물을 주다니 도슨과 포그는 보기 드물게 후한 사람들이군요." 샘이 말했다. "아주 큰 선물을 받은 기분이네요. 가치가 있는 사람을 만났을 때 그 가치에 어떻게 보상하는지 알고 있으니 두 사람은 정말 훌륭해요. 그뿐만 아니라 너무 감동적이에요."

웰러 씨는 이렇게 말하면서 상의 소매로 오른쪽 눈꺼풀을 살짝 문질렀는데 그것은 배우들이 감상적인 가정극에서 하는 가장 정평 난 연기였다.

잭슨 씨는 샘의 행동에 상당히 곤혹스러운 듯했지만 소환장도 전달했고 더는 할 말도 없었기 때문에 멋있어 보이려고 항상 가지고 다니는 장갑을 끼는 척하더니 사무실로 돌아갔다.

그날 밤 픽윅 씨는 거의 잠을 이루지 못했는데 바델 부인의 소송을 상기하게 되어 무척이나 불쾌했기 때문이다. 그는 다음 날 아침 일찍 아침 식사를 하고 샘에게 따라오라고 말한 뒤 그레이즈인 광장을 향해 출발했다.

"샘!" 치프사이드가 끝나는 곳에 도착하자 픽윅 씨가 주변을 둘러보며 말했다.

"네?" 샘이 주인에게 다가서며 말했다.

"어느 쪽이지?"

"뉴게이트 스트리트 쪽입니다."

픽윅 씨는 곧바로 돌아서지 않고 샘의 얼굴을 몇 초 동안 멍하니 바라보더니 깊은 한숨을 내쉬었다.

"무슨 일이십니까?" 샘이 물었다.

"다음 달 14일에 소송이 열린다는군." 픽윅 씨가 말했다.

"정말 놀라운 우연이네요." 샘이 대답했다.

"뭐가 놀랍지?" 픽윅 씨가 물었다.

"성 밸런타인 축일이니까요." 샘이 대답했다. "혼약 파기 재판이 열리기에는 참 좋은 날이지요."

웰러 씨의 미소도 주인의 표정에 즐거운 빛을 밝히지 못했다. 픽윅 씨가 갑자기 돌아서더니 말없이 걸어가기 시작했다.

픽윅 씨는 깊은 생각에 잠겨서 앞에서 종종걸음을 치고 샘은 이 세상 무엇도 문제가 안 된다는 듯이 편안한 태도로 그 뒤를 따르며 어느 정도 걸었을 때, 혼자만 아는 정보를 항상 주인에게 알려주고 싶어 하는 샘이 걸음을 재촉하여 픽윅 씨의 바로 뒤까지 따라붙더니 두 사람이 지나치던 집을 가리키며 말했다.

"아주 좋은 돼지고기 가게지요."

"음, 그런 것 같군." 픽윅 씨가 말했다.

"유명한 소시지 공장이에요." 샘이 말했다.

"그런가?" 픽윅 씨가 말했다.

"그런가라니요!" 샘이 약간 흥분하며 다시 말했다. "유명했었지요. 음, 잘 모르시겠지만 훌륭한 상인이 수수께끼처럼 사라진 곳이에요. 4년 전에요."

"교살됐다는 말은 아니겠지?" 픽윅 씨가 황급히 주변을 둘러보며 말했다.

"아니, 아닙니다." 웰러 씨가 대답했다. "그런 말이면 좋겠지만요. 그보다 훨씬 나빠요. 이 가게의 주인은 절대 꺼지지 않는 소시지 기계를 발명해서 특허를 받았죠. 길에 깔린 포석도 기계에 너무 가까이 놓으면 부드러운 새끼 돼지처럼 소시지로 갈아버렸어요. 그 사람은 이 기계를 무척 자랑스러워했는데 그럴 만도 했

674

지요. 그가 지하실에 서서 작동 중인 기계를 바라보고 있으면 너무 기쁜 나머지 구슬퍼질 정도였어요. 이 기계와 귀여운 두 아이가 있었기 때문에 지독하게 못된 아내만 없었다면 정말로 행복한 남자였을 거예요. 아내는 항상 남편을 따라다니면서 남자가 더 이상 참을 수 없을 때까지 귀에다 대고 고함을 질렀지요. 어느 날 남편이 말했습니다. '한 가지 말해두지. 당신이 자꾸 이러면 미국으로 가버릴 거야. 그뿐이야.' 아내가 말했지요. '이 게으른 악당 같으니. 미국 사람들이 당신을 반겨주면 좋겠네.' 아내는 30분 동안 남편에게 욕을 퍼부었고 작은 가게 뒷방으로 달려가서 남편이 자기를 너무 싫어한다고 비명을 지르면서 세 시간은 족히 신경질을 부렸지요. 비명을 지르고 발길질을 하면서요. 다음 날, 남편이 사라졌습니다. 현금 상자에서 아무것도 꺼내 가지 않았고 외투도 가져가지 않았으니 미국에 가지 않은 것은 분명했지요. 남자는 다음 날에도, 다음 주에도 돌아오지 않았습니다. 부인은 남편이 돌아오면 모든 것을 용서하겠다는 광고를 냈고, (남편이 아무 짓도 하지 않았다는 사실을 생각하면 정말 관대한 처분이었지요) 운하를 뒤졌고, 그 뒤 두 달 동안 시체가 나오면 사람들이 소시지 가게로 곧장 옮겨 갔지요. 하지만 아무 소용이 없었기 때문에 사람들은 남자가 도망쳤다고 생각했고 부인은 가게를 계속했어요. 그러던 어느 토요일 밤에 작고 홀쭉한 노신사가 무척 흥분한 상태로 가게로 들어와 말했습니다. '당신이 이 가게 여주인입니까?' 아내가 말했지요. '네, 맞아요.' 남자가 말했죠. '이봐요, 부인. 저와 우리 가족은 아무 이유도 없이 질식

675

당해 죽고 싶지는 않다는 말을 하러 왔습니다. 그리고 이런 말씀을 드려도 될지 모르지만, 소시지를 만들 때 최상급 고기는 쓰지는 않더라도 소고기가 단추보다 비싸지는 않을 겁니다.' 여주인이 말했습니다. '단추라고요?' 작은 노신사가 종이를 펼쳐서 반쪽으로 부서진 단추 20~30개를 보여주며 말했습니다. '그래요, 단추요. 바지 단추가 소시지 양념으로는 아주 좋은가 보죠.' 과부는 '그건 제 남편의 단추예요'라고 말하고 기절하려 했습니다. 자그마한 노신사가 얼굴이 창백하게 질리며 말했습니다. '그게 무슨 소리요?' 과부가 말했지요. '이제 알겠어요. 남편이 잠시 정신이 나가서 무모하게도 스스로 소시지가 된 거예요!' 그렇게 된 겁니다." 웰러 씨가 픽윅 씨의 두려움에 질린 표정을 빤히 바라보며 말했다. "아니면 기계에 끌려 들어갔든지요. 어떻게 된 일이든 평생 소시지를 무척 좋아했던 그 자그마한 노신사는 정신 나간 것처럼 가게를 뛰쳐나갔고 그 뒤 아무 소식도 없었습니다!"

이 인상적인 이야기를 하는 사이 주인과 하인은 퍼커 씨의 사무실에 도착했다. 로텐이 반쯤 열린 문을 붙잡고 빛바랜 옷차림에 발가락 없는 장화를 신고 손가락 없는 장갑을 낀 불쌍해 보이는 남자와 대화를 나누고 있었다. 그의 마르고 초췌한 얼굴에 궁핍함과 고통의—거의 절망의—흔적이 있었고, 픽윅 씨가 다가가자 계단 아래 어두운 곳으로 뒷걸음질 치는 것을 보니 자신의 가난을 느끼고 있는 것이 분명했다.

"정말 유감이군요." 낯선 남자가 한숨을 쉬며 말했다.

"정말 그렇지요." 로텐이 펜으로 문설주에 자기 이름을 썼다가 깃털로 문질러 지우며 말했다. "메시지를 남기시겠어요?"

"언제 돌아오실까요?" 낯선 이가 물었다.

"잘 모르겠네요." 낯선 이가 땅을 바라보자 로텐이 픽윅 씨에게 눈을 찡긋하며 대답했다.

"제가 여기서 기다려도 소용이 없을까요?" 낯선 이가 사무실을 간절히 들여다보며 말했다.

"아, 전혀 소용없을 겁니다." 서기가 출입구 가운데로 약간 몸을 옮기며 대답했다. "이번 주에는 확실히 안 돌아오실 거고 다음 주도 확실치 않습니다. 퍼커 씨는 한번 런던을 떠나면 서둘러 돌아오지 않으시거든요."

"런던을 떠났다고?" 픽윅 씨가 말했다. "정말 유감스럽군!"

"잠시만요, 픽윅 씨." 로텐이 말했다. "드릴 편지가 있습니다." 낯선 이는 주저하다가 땅을 한 번 더 내려다보았고 서기는 아주 재미있다는 듯이 픽윅 씨를 보며 실없이 눈을 찡긋거렸다. 물론 무슨 일인지 픽윅 씨는 전혀 알지 못했다.

"들어가시죠, 픽윅 씨." 로텐이 말했다. "와티 씨, 메시지를 남기시겠어요, 아니면 다시 오시겠어요?"

"제 사건이 어떻게 되어가는지 부디 말씀 좀 달라고 전해주세요." 남자가 말했다. "제발 무시하지 말아주세요, 로텐 씨."

"물론이지요, 잊지 않겠습니다." 서기가 대답했다. "들어오시죠, 픽윅 씨. 안녕히 가십시오, 와티 씨. 걷기 좋은 날씨군요, 안 그렇습니까?" 그런 다음 그는 낯선 이가 여전히 서성이는 것을 보고 샘 웰러에게 주인을 따라 들어오라고 한 다음 낯선 남자의 면

전에서 문을 닫았다.

"이렇게 골치 아픈 파산자는 사상 처음일 겁니다, 분명히!" 로텐이 상처 입은 사람처럼 펜을 던지며 말했다. "저 사람 사건이 대법원에 간 지 4년밖에 안 됐는데 일주일에 두 번은 와서 귀찮게 한다니까요. 이쪽으로 오시죠. 퍼커 씨는 안에 계십니다. 만나주실 거예요. 그나저나 정말 춥네요." 그가 화를 내며 덧붙였다. "문간에 서서 저런 허름한 떠돌이랑 시간을 낭비하다니, 원 참."

서기는 유난히 작은 부지깽이로 유난히 큰 불을 열심히 들쑤신 다음 사장의 개인실로 길을 안내하고 픽윅 씨가 왔다고 알렸다.

"아, 오셨습니까." 자그마한 퍼커 씨가 의자에서 분주히 일어나며 말했다. "음, 무슨 일이라도 있었습니까? 프리먼스 코트의 우리 친구들에게 무슨 새로운 소식이라도? 그 사람들이 잠자고 있지는 않았을 테니까요. 그건 분명하죠. 아, 정말 똑똑한 친구들이에요. 아주 똑똑하죠."

작은 남자는 이렇게 말을 끝맺더니 도슨 씨와 포그 씨의 현명함을 존경한다는 표시로 코담배를 크게 한 번 집었다.

"대단한 사기꾼들입니다." 픽윅 씨가 말했다.

"네, 네." 작은 남자가 말했다. "단순한 의견 문제니까 표현에 대한 토론은 하지 맙시다. 물론 선생님은 이런 문제를 전문가의 눈으로 볼 수 없으니까요. 음, 우리는 필요한 일을 전부 했습니다. 상급 법정 변호사인 스너빈 씨를 고용했어요."

"좋은 사람입니까?" 픽윅 씨가 물었다.

"좋은 사람이냐고요?" 퍼커가 대답했다. "스너빈 변호사는 최고예요. 어떤 변호사보다도 일이 세 배는 많고 온갖 사건에 관여하지요. 밖에다 이야기하고 다니실 필요는 없지만 우리는―이 일에 종사하는 우리는―스너빈 변호사가 법정을 좌지우지한다고 말한답니다."

작은 남자가 코담배를 한 번 더 집더니 수수께끼처럼 픽윅 씨를 향해 고개를 끄덕였다.

"그들이 제 친구 세 명에게 소환장을 보냈습니다." 픽윅 씨가 말했다.

"아! 당연히 그랬겠지요." 퍼커가 대답했다. "중요한 증인이니까요. 미묘한 상황을 목격했지요."

"하지만 바델 부인은 혼자 기절한 겁니다." 픽윅 씨가 말했다. "제 품으로 달려들었다고요."

"그럴 가능성이 아주 높지요." 퍼커가 대답했다. "가능성이 아주 높고 아주 당연해요. 그렇고말고요. 하지만 누가 그걸 증명하겠습니까?"

"내 하인도 소환장을 받았습니다." 픽윅 씨는 퍼커 씨의 질문에 움찔하여 화제를 돌렸다.

"샘 말입니까?" 퍼커가 말했다.

픽윅 씨가 그렇다고 대답했다.

"물론이지요, 물론이에요. 그럴 줄 알았습니다. 그렇게 될 거라고 한 달 전부터 말씀드릴 수 있었어요. 픽윅 씨, 사건을 변호사에게 위임해 놓고 직접 처리하려고 하신다면 그 결과도 스스로 책임지셔야 합니다." 여기서 퍼커 씨는 의식적으로 위엄을 차리며 셔츠 프릴에 떨어진 코담배 가루를 털어냈다.

"샘에게 무슨 증언을 시키려는 걸까요?" 잠시 침묵이 흐른 후 픽윅 씨가 물었다.

"당신이 타협안을 제시하기 위해서 샘을 원고에게 보냈다는 증언이겠지요." 퍼커가 대답했다. "하지만 별일 아닙니다. 샘한테서 많은 것을 얻어낼 수 있는 변호사는 별로 없을 거예요."

"그렇겠지요." 픽윅 씨가 짜증이 나는 와중에도 증언대에 선 샘을 상상하며 미소를 지었다. "우리는 어떻게 해야 할까요?"

"우리에게는 한 가지 방법밖에 없습니다." 퍼커가 대답했다. "증인들에게 반대신문을 하고, 스너빈의 달변을 믿고, 재판관의 눈을 어둡게 만들고, 배심원에게 호소해야지요."

"저에게 불리한 판결이 나오면요?" 픽윅 씨가 말했다.

퍼커 씨가 미소를 짓더니 코담배를 잔뜩 집고, 불을 쑤시고, 어깨를 으쓱하고, 한참동안 의미심장한 침묵을 지켰다.

"그렇다면 제가 배상금을 지불해야 한다는 뜻입니까?" 이 간결한 대답을 무척 엄격한 눈으로 지켜보던 픽윅 씨가 말했다.

퍼커는 전혀 그럴 필요가 없는데도 불을 한 번 쑤시고 이렇게 말했다. "유감이지만 그렇지요."

"분명히 말씀드리지만 배상금을 내지 않겠다는 저의 결심은 절대 변하지 않습니다." 픽윅 씨가 강력하게 말했다. "절대 내지 않을 겁니다, 퍼커 씨. 내 돈 1파운드도, 단 1페니도 도슨과 포그의 주머니로 들어가지 않을 겁니다. 그것이 내가 신중한 숙고 끝에 내린 취소할 수 없는 결정입니다." 픽윅 씨는 자기 생각을 절대 돌이킬 수 없다는 뜻으로 옆에 있던 탁자를 세게 쿵 쳤다.

"좋습니다, 좋아요." 퍼커가 말했다. "물론 최선은 본인이 아시겠지요."

"당연하지요." 픽윅 씨가 얼른 대답했다. "스너빈 변호사는 어디 있소?"

"링컨스인 올드 스퀘어에 있습니다." 퍼커가 대답했다.

"만나야겠습니다." 픽윅 씨가 말했다.

"스너빈 변호사를 만난다고요?" 퍼커가 정말 깜짝 놀라 대답했다. "허허, 그건 불가능해요. 스너빈 변호사를 만나다니요! 아이고, 상담료를 미리 내지도 않고 상담 약속도 잡지 않고서 만난다는 말은 들어본 적도 없습니다. 그건 안 돼요, 안 되고말고요."

그러나 픽윅 씨는 그렇게 할 수 있을 뿐만 아니라 그렇게 해야 한다고 결심했다. 그 결과, 불가능하다는 장담을 들은 지 10분 뒤에 픽윅 씨는 변호사의 안내를 받아 위대한 스너빈 변호사의 바깥 사무실로 들어갔다.

그럭저럭 괜찮은 크기에 양탄자가 깔리지 않은 방이었고 난로 근처에 커다란 책상이 하나 놓여 있었다. 책상 위를 덮은 모직은 이미 오래전에 원래의 녹색을 잃고 먼지와 세월 때문에 차츰 회색으로 변했으며 잉크 자국이 원래 색의 흔적을 모조리 지웠다. 책상 위에는 빨간 테이프로 묶인 작은 종이 뭉치가 수없이 많았고 그 뒤에 나이 많은 서기가 앉아 있었는데, 그의 매끈한 외모와 묵직한 금시곗줄은 스너빈 변호사의 일이 얼마나 많고 수익이 좋은지 확실하게 보여주었다.

"변호사님 사무실에 계십니까, 맬러드 씨?" 퍼커가 공손한 태도로 코담배 상자를 내밀며 물었다.

"네, 계십니다." 맬러드 씨가 대답했다. "하지만 무척 바쁘시죠. 여기 보세요, 이 사건들에 대한 의견서도 아직 안 쓰셨어요. 전부 급행비를 받았는데 말입니다." 서기가 미소를 지으며 말하더니 정말 맛있다는 듯이 코담배를 흡입했는데 코담배에 대한 만족감과 급행비에 대한 만족감이 뒤섞인 듯했다.

"정말 대단하시네요." 퍼커가 말했다.

"네." 서기가 자기 담배 상자를 꺼내서 아주 공손하게 내밀며 말했다. "가장 대단한 것은, 저 말고는 변호사님의 글씨체를 알아보는 사람이 없기 때문에 변호사님이 의견서를 쓰신 후에도 제가 필사할 때까지 기다려야 한다는 것이요. 하하하!"

"그러면 변호사님 외에도 누구는 좋겠네요. 의뢰인에게서 조금 더 받을 수 있으니까요, 그렇죠? 하하하!" 퍼커가 말했다. 그러자 변호사 서기가 다시 웃었는데 떠들썩한 웃음이 아니라 속으로 조용히 킥킥거리는 웃음이었기 때문에 픽윅 씨는 그 소리가 듣기 싫었다. 사람이 속으로 피를 흘리면 자신에게 위험하지만 속으로 웃으면 다른 사람에게 위험한 법이다.

"요금 목록은 아직 안 만드셨지요?" 퍼커가 말했다.

"네, 아직입니다." 서기가 대답했다.

"만들어주시면 좋겠네요." 퍼커가 말했다. "목록을 주시면 수표를 보내드리지요. 하지만 현금을 챙기느라 바빠서 채무자까지 생각할 여력이 없으시겠지요? 하하하!" 이 익살스러운 말이 무척 기뻤는지 서기가 한 번 더 혼자 조용히 웃었다.

"하지만 맬러드 씨." 퍼커가 갑자기 진중함을 되찾더니 위대하고도 위대한 서기의 옷깃을 잡고 한쪽 구석으로 끌었다. "변호사님을 설득하셔서 여기 제 의뢰인을 만나도록 해주셔야 합니다."

"자, 자." 서기가 말했다. "그것도 나쁜 생각은 아닙니다만 변호사님을 만난다고요! 설마, 말도 안 돼요." 그러나 말도 안 되는 제안임에도 불구하고 서기는 픽윅 씨에게 말소리가 들리지 않는 곳으로 순순히 끌려갔다. 그러고 나서 귓속말로 짤막한 대화를 나눈 다음 작고 어두운 복도를 따라 조용히 걸어가더니 법조계 권위자의 사실로 사라졌고, 곧 발뒤꿈치를 들고 돌아와서 퍼커 씨와 픽윅 씨에게 변호사를 설득했다면서 그의 기존 규칙과 관습을 모두 어기고 즉시 들어오라 했다고 알렸다.

스너빈 변호사는 제등 같은 얼굴에 낯빛이 누르스름한 남자로, 마흔다섯 살이나—소설에서 흔히 말하듯이—쉰 살일지도 몰랐다. 그는 여러 해 동안 힘들고 어려운 공부를 한 사람들에게서 자주 보이는 흐리멍덩하고 취한 듯한 눈을 가지고 있었는데, 목에 검정색 리본으로 매달린 안경이 없었다 해도 그의 근시가 심하다는 것을 알려주기에 충분했다. 머리카락은 가늘고 약했는데 머리카락 관리에 많은 시간을 쏟지 않았기 때문이기도 하고 그의 옆 받침대에 걸려 있는 법정용 가발을 25년 동안 썼기 때문이기도 했다. 외투 옷깃에 남은 머리 분의 흔적과 목에 서툴게 감긴 더러운 흰색 네커치프는 그가 법정에서 나온 뒤 옷을 갈아입을 시간적 여유가 없었음을 보여주었고, 별로 단정치 못한 나머지 복장은 시간이 있었어도 그의 외모가 크게 나아지지 않았으리라는 추론을 가능하게 했다. 업무용 서적들, 서류 뭉치들, 뜯어본 편지들이 정리하려고 노력한 흔적도 없이 책상 위에 흩어져 있었다. 방 안의 가구들은 낡고 삐걱거렸고, 책장 문은 경첩 부분이 썩고 있었으며, 한 발짝 내디딜 때마다 양탄자에서 먼지가 작은 구름처럼 피어올랐다. 블라인드는 세월과 먼지로 누렇게 변했고, 이 방에 존재하는 모든 사물의 상태는 스너빈 변호사가 자기 일에 너무나 몰두한 나머지 개인적인 안위에는 전혀 신경 쓰지 않는다는 사실을 오해의 여지없이 분명하게 드러내고 있었다.

의뢰인들이 들어갔을 때 스너빈 변호사는 무언가를 쓰고 있었다. 변호사가 픽윅 씨를 소개하자 스너빈 씨는 멍하니 고개 숙여 인사한 다음 자리에 앉으라고 손짓했다. 그는 잉크스탠드에 펜을 조심스럽게 꽂은 뒤 왼쪽 다리를 끌어안고 상대방이 말하기를 기다렸다.

"픽윅 씨는 바델 대 픽윅 사건의 피고인입니다, 스너빈 변호사님." 퍼커가 말했다.

"내가 그 사건을 맡았군?" 상급 법정 변호사가 말했다.

"그렇습니다." 퍼커가 대답했다.

스너빈 변호사가 고개를 끄덕이고 다음 말을 기다렸다.

"픽윅 씨가 스너빈 변호사님을 뵙고 싶어 한 것은, 변호사님이 사건에 착수하시기 전에 이 소송에 어떤 근거도 까닭도 없음을 먼저 알리고 싶어서입니다." 퍼커가 말했다. "픽윅 씨는 결백한 마음으로 원고의 요구에 저항하는 것이 당연하다는 아주 양심적인 확신을 가지고 법정에 들어갈 것이고, 그렇지 못할 바에는 법정에 아예 가지 않을 생각입니다. 제가 똑바로 전달했지요, 픽윅 씨?" 작은 남자가 픽윅 씨를 돌아보며 말했다.

"맞습니다." 픽윅 씨가 대답했다.

스너빈 변호사가 안경을 펴서 눈가로 들어 올렸고 크나큰 호기심으로 픽윅 씨를 몇 초간 살폈다. 그러고는 퍼커 씨에게 시선을 돌리고 살짝 미소를 지으며 말했다.

"픽윅 씨의 주장은 논거가 확실한가?"

변호사는 어깨를 으쓱했다.

"증인을 부를 생각입니까?"

"아닙니다."

상급 법정 변호사의 얼굴에 어린 미소가 더욱 뚜렷해졌다. 그는 다리를 더욱 심하게 흔들었고 안락의자에 몸을 기대더니 괴상한 기침을 했다.

상급 법정 변호사는 사건에 대한 예감을 아주 미미하게 드러냈을 뿐이지만 픽윅 씨는 그것을 놓치지 않았다. 그는 안경을 콧잔등에 더욱 확고하게 자리 잡도록 고쳐 쓰고 변호사가 드러내는 감정을 주의 깊게 관찰하면서 퍼커 씨가 눈을 깜빡이고 얼굴을 찌푸리며 보내는 충고를 무시한 채 무척 열정적으로 말했다.

"이런 이유로 상급 법정 변호사를 만나려고 하다니 변호사님께는 아주 특이해 보이겠지요."

상급 법정 변호사는 진지한 표정으로 난롯불을 바라보려 했지만 다시 미소가 떠올랐다.

"당신과 같은 직업을 가진 신사들은 인간 본성의 가장 나쁜 면을 봅니다." 픽윅 씨가 말을 이었다. "온갖 분쟁과 온갖 악의와 적의가 당신 눈앞에 펼쳐지지요. 당신은 배심원들을 경험해 봤기 때문에 (당신이나 다른 배심원들을 비방하려는 것은 아닙니다) 그 효과에 얼마나 많은 것이 달려 있는지 알고 있습니다. 당신은 깨끗하고 어엿한 의도로, 의뢰인을 위해 최선을 다하려는 칭찬받아 마땅한 목적으로 여러 가지 도구를 언제나 이용하고, 그러한 도구의 성격과 가치를 잘 알고 있습니다. 그런데 다른 사람들은 똑같은 도구를 거짓과 자신의 이익을 위해서 이용하려 한다고 생각하시겠지요. 세간에 당신이 전체적으로 의심이 많고 사람을 잘 믿지 않고 지나치게 주의를 기울인다고 알려진 것은 바로 그러한 환경 때문이라고 저는 굳게 믿습니다. 저는 당신에게 이렇게 선언하는 것이 어떤 단점을 갖는지 잘 알고 있어요. 그럼에도 불구하고 제가 여기 온 것은, 제 친구 퍼커 씨가 말한 것처럼, 저에게 제기된 비난에 대해 제가 결백하다는 사실을 당신이 확실히 이해하기를 바라기 때문입니다. 당신의 도움이 이루 헤아릴 수 없을 만큼 소중하다는 것은 잘 알지만 당신이 저의 결백을 진심으로 믿지 않는다면 도움을 받기보다는 그 유리함을 포기하는 편을 택하겠다고 덧붙이고 싶군요."

픽윅 씨의 입에서 나온 말치고는 무척 산문적이었음을 우리도 인정하지 않을 수 없지만 상급 법정 변호사는 이 말이 끝나기 훨씬 전부터 멍하니 깊은 생각에 빠졌다. 그러나 그는 다시 펜을 들더니, 잠시 후 의뢰인의 존재를 다시 알아차린 것처럼 서류에서 고개를 들고 퉁명스럽게 말했다.

"이 사건의 공동 담당 변호사는 누구지?"

"펑키 씨입니다, 스너빈 씨." 변호사가 대답했다.

"펑키, 펑키라." 스너빈 변호사가 말했다. "처음 듣는 이름이군. 아주 젊은 사람인가 봅니다."

"네, 아주 젊습니다." 변호사가 대답했다. "변호사가 된 지 얼마 안 됐지요. 가만 보자, 아직 8년밖에 안 됐습니다."

"그럴 것 같았소." 스너빈 씨는 보통 사람들이 아주 어리고 무력한 아이에 대해서 말할 때처럼 안됐다는 듯한 말투로 말했다. "맬러드 씨, 그 사람을 불러오세요 그…… 그…….."

"펑키 씨입니다. 그레이즈인 홀번 코트의." 퍼커가 끼어들었다. (홀번 코트는 지금의 사우스 스퀘어다.) "펑키 씨죠. 지금 여기로 오면 좋겠군요, 잠시만요."

맬러드 씨가 이 명령에 따라 물러났고, 스너빈 변호사는 펑키 씨를 소개받을 때까지 다시 멍하니 생각에 빠졌다.

펑키 씨는 변호사로서는 신생아나 다름없었지만 다 자란 성인이었다. 그의 태도는 무척 초조했고 말을 할 때 고통스러울 만큼 머뭇거렸다. 타고난 결함이 아니라 재산, 이해관계, 인맥, 뻔뻔함, 그 어느 것도 충분하지 않아서 '출세를 못 한다'는 의식 때문에 소심해진 결과 같았다. 그는 상급 법정 변호사에게 압도당했고 그에게 무척이나 공손했다.

"지금까지 당신을 만나는 기쁨을 누리지 못했던 것 같군, 펑키 씨." 스너빈 씨가 오만하면서도 정중하게 말했다.

펑키 씨가 고개 숙여 인사했다. 그는 8년 3개월 동안 스너빈 씨를 보는 기쁨을, 그리고 가난한 자의 시기심으로 그를 질투하는 기쁨을 누려왔다.

"나와 함께 이 사건을 맡았다고?" 스너빈 씨가 말했다.

펑키 씨가 돈이 많았다면 즉시 서기에게 사람을 보내 사실을 알아보았을 것이고, 현명했다면 검지를 이마에 대고 수많은 업무 중에 이 사건이 있는지 떠올리려 애썼을 것이다. 그러나 그는 돈이 많지도 (아무튼 이런 의미에서는) 현명하지도 않았기 때문에 얼굴을 붉힌 채 고개를 숙였다.

"서류를 읽어보았나?" 스너빈 씨가 물었다.

여기서 다시 한번 펑키 씨는 이 사건 본안에 대해서 까맣게 잊었다고 말했어야 했다. 그러나 그동안 소송 진행 중에 자기 앞에 놓인 서류를 전부 읽었고, 상급 법정 변호사 스너빈 씨의 하급법원 변호사로 일한 2개월 동안 자나 깨나 항상 이 사건만 생각했기 때문에 그는 얼굴을 더욱 붉힌 채 한 번 더 고개를 숙였다.

"이쪽은 픽윅 씨네." 스너빈 씨가 픽윅 씨 쪽으로 펜을 휘두르며 말했다.

펑키 씨는 변호사가 첫 번째 의뢰인에게 느끼지 않을 수 없는 존경을 담아 픽윅 씨에게 고개 숙여 인사하고 다시 상사를 향해 고개를 돌렸다.

"픽윅 씨를 모시고 가게." 스너빈 씨가 말했다. "그리고 픽윅 씨가 하고 싶다는 말을 전부 듣게. 물론 그 뒤에 상담을 해야지." 점점 더 명해지던 스너빈 씨는 이미 충분히 오래 방해받았음을 암시하더니 잠시 안경을 눈앞에 대고 고개를 약간 숙여 인사한 다음, 다시 한번 자기 앞에 놓인 사건에 깊이 몰두했다. 100년쯤 전에 세상을 떠난 어떤 남자가 아무도 가지 않는 어느 장소에서 아무도 가지 않는 다른 장소로 이어지는 작은 길을 막아버린 사건에 대한, 지루할 정도로 길어진 소송이었다.

펑키 씨는 무슨 문이든 픽윅 씨와 그의 변호사가 먼저 나간 다음에야 나가려고 했고, 따라서 사우스 스퀘어에 도착하기까지 상당한 시간이 걸렸다. 사우스 스퀘어에 도착한 일행은 그곳을 서성이며 사건의 평결이 어떻게 나올지 예측하기 쉽지 않고, 어떤 소송이든 그 결과를 예측하기는 무척 어려우며, 상대방에게 스너빈 씨를 빼앗기지 않아서 다행이라는 이야기를 오랫동안 나누었고 이러한 경우 흔히 그렇듯이 의혹과 위로의 말이 오갔다.

웰러 씨는 한 시간 동안 달콤한 잠에 빠져 있다가 주인이 깨워서 일어났고, 두 사람은 로텐에게 작별을 고한 다음 런던으로 돌아왔다.

32장
밥 소여 씨가 하숙집에서 개최한
독신자 모임을 자세히 설명하다

버로의 랜트 스트리트에는 사람을 약간 우울하게 만드는 고요함이 있다. 세를 놓는 집들이 많은 데다가 큰길을 벗어난 곳이기도 해서 그 단조로움에 마음이 가라앉는다. 랜트 스트리트는 엄격한 의미에서 최상급 거처에 들지는 않지만 그럼에도 불구하고 살기에 가장 바람직한 곳이다. 세상을 멀리하고 싶거나 유혹이 닿지 않는 곳으로 사라지고 싶거나 창밖을 보고픈 생각이 전혀 들지 않는 곳으로 가고 싶다면 우리는 무슨 일이 있어도 랜트 스트리트로 가라고 권하는 바이다.

이 행복한 은신처에는 세탁하고 풀 먹이는 사람 몇 명, 얼마 안 되는 날품팔이 제책공 몇 명, 파산 법정 간수 한두 명, 조선소 소속의 가옥 관리인 여러 명, 여성복 재봉사 몇 명, 품삯으로 먹고사는 재봉사 몇 명이 모여 살고 있다. 주민 대다수는 가구가 갖춰진 아파트를 세놓는 일에 힘쓰거나 건강에 좋고 활기찬, 시트 주름 펴는 일에 헌신한다. 조용한 랜트 스트리트 생활의 주된 특징은 녹색 덧문, 하숙비 청구서, 놋쇠 문패, 종 손잡이라 할 수 있고 살아 있는 주요한 표본은 술집 급사, 머핀 배달부, 감자구이 상인이다. 주민들은 자주 이사를 다니는데 4분기 요금 청구일[82] 직전에, 주로 밤에 사라진다. 이 행복의 골짜기에서는 국왕 폐하의 수입인 세금이 걷히는 일이 드물고, 집세는 어떻게 될지 모르며, 수도는 종종 끊긴다.

픽윅 씨를 초대한 날 이른 저녁, 밥 소여 씨는 위층 응접실 난롯불의 한쪽 옆을, 벤 앨런 씨는 반대쪽 옆을 장식하고 있었다. 손님맞이 준비는 끝난 듯했다. 복도의 우산들은 뒷방 문 바깥쪽 작은 구석에 쌓아놓았고 난간에 걸려 있던 하숙집 여주인 하녀의 보닛과 숄도 치웠다. 현관문 앞 매트에는 나무 바닥을 댄 덧신 두 켤레밖에 없었고 심지가 긴 부엌 양초가 층계참 창가에서 경쾌하게 타올랐다. 밥 소여 씨는 번화가의 와인 가게에서 술을 산 다음 배달부가 엉뚱한 집에 배달하지 않도록 한발 앞서 집으로 돌아와 있었다. 붉은 팬에 펀치를 미리 만들어서 침실에 두었고, 카드놀이를 하기 위해 초록색 모직이 덮인 탁자를 객실에서 빌려 왔으며, 하숙집의 유리잔들은 이번 모임을 위해 선술집에서 빌려 온 다른 잔들과 함께 쟁반에 가지런히 담아 문 밖 층계참에

---

82 1년에 네 번 내는 집세나 기타 요금을 지불하는 날.

두었다.

이 모든 준비를 끝냈으니 무척 만족스러운 것이 당연했지만 불가에 앉은 밥 소여 씨의 얼굴에는 먹구름이 끼어 있었다. 석탄을 열심히 바라보는 벤 앨런 씨도 동정 어린 표정이었고 긴 침묵 끝에 입을 연 그의 목소리는 우울했다.

"음, 그 여자가 하필 지금 기분이 상하기로 하다니 정말 운이 나쁘군. 적어도 내일까지 기다려주었으면 좋았을 걸."

"그 여자가 못돼서 그래, 못돼서." 밥 소여 씨가 맹렬하게 대답했다. "파티를 열 여유가 있다면 얼마 안 되는 자기 돈을 줄 여유도 있지 않겠냐는 거야."

"얼마나 밀렸지?" 벤 앨런 씨가 물었다. 참고로 청구서는 인간의 천재성이 발명한 정말 대단한 기관차로, 절대 혼자서 멈추는 법이 없고 아무리 긴 일생이라도 계속 달린다.[83]

"4개월이 좀 넘었을 거야." 밥 소여 씨가 대답했다.

벤 앨런 씨가 절망적으로 기침을 하면서 스토브 맨 위쪽 가로대 두 개 사이를 탐색하듯 바라보았다.

"손님들이 있을 때 그 여자가 시끄럽게 떠들어대면 정말 불쾌해질 텐데, 안 그런가?" 마침내 벤 앨런 씨가 말했다.

"끔찍하지, 끔찍하고말고." 밥 소여 씨가 대답했다.

작게 방문을 두드리는 소리가 났다. 밥 소여 씨는 친구에게 의미심장한 눈길을 보낸 다음 들어오라고 말했다. 그러자 나이가

---

[83] '요금이 밀리다run'는 표현은 달린다는 뜻도 된다.

많아서 더 이상 일을 못 하는 극빈한 청소부의 방치된 딸이라고 해도 될 만큼 더럽고 누추한 옷차림에 검정색 면 스타킹을 신은 소녀가 고개를 내밀고 말했다.

"소여 씨, 래들 부인이 말씀 좀 나누고 싶으시대요."

밥 소여 씨가 뭐라고 대답하기도 전에 누가 뒤에서 홱 잡아당기기라도 한 것처럼 소녀가 사라졌고, 수수께끼 같은 퇴장에 뒤이어 누가 다시 문을 두드렸다. 매섭고 날이 선 그 소리는 "나 왔어, 들어간다"라고 말하는 듯했다.

밥 소여 씨가 절망적이고 겁에 질린 표정으로 친구를 보면서 다시 한번 들어오라고 외쳤다.

들어오라는 허락은 필요하지도 않았다. 밥 소여 씨가 말을 채 끝내기도 전에 작고 난폭한 여자가 격정에 몸을 떨면서 분노로 하얗게 질린 얼굴을 하고 방으로 튀어 들어왔기 때문이었다.

"자, 소여 씨." 작고 난폭한 여자가 침착해 보이려 애쓰며 말했다. "친절을 베풀어 저의 얼마 안 되는 청구서를 해결해 주시면 감사하겠군요. 저도 오늘 저녁에 집세를 내야 하는데 집주인이 지금 아래층에서 기다리고 있으니 말이에요." 여기서 작은 여자는 손을 문지르면서 밥 소여 씨 머리 뒤 벽을 빤히 바라보았다.

"불편을 끼쳐드려서 정말 죄송합니다, 래들 부인." 밥 소여 씨가 정중하게 말했다. "하지만……."

"아, 불편한 게 아니죠." 자그마한 여자가 날카롭게 킥킥거리며 대답했다. "오늘이 되기 전까지는 딱히 필요하지도 않았어요. 그 돈은 곧장 집주인에게 가야 하니까 저한테 있든 당신한테 있든 매한가지였죠. 오늘 오후에 준다고 약속하셨지요, 소여 씨. 여기 사셨던 신사분들은 항상 약속을 지켰어요. 스스로 신사라 부르는 사람이라면 누구나 당연히 그렇듯이 말이에요." 그런 다음 래들 부인이 고개를 쳐들고, 입술을 깨물고, 손을 더욱 세게 문지르고, 어느 때보다도 더 빤히 벽을 바라보았다. 나중에 밥 소여 씨가 동양의 알레고리를 이용하여 말했듯이 여주인은 분명 '김이 오르고' 있었다.

"정말 죄송합니다, 래들 부인. 사실은 오늘 런던에서 실망스러운 일이 있어서요." 런던은 정말 대단한 곳이다. 우리도 잘 알고 있지만, 놀라울 정도로 많은 사람들이 그곳에서 항상 실망을 겪는다.

"글쎄요, 소여 씨." 래들 부인이 키더민스터 양탄자에 그려진 자줏빛 콜리플라워에 굳건히 서서 말했다. "그게 저랑 무슨 상관이지요?"

"저는…… 저는 틀림없습니다, 래들 부인." 마지막 질문에 밥 소여 씨가 눈을 깜빡이며 말했다. "다음 주 중반이 되기 전에 청구서를 해결하고 그다음부터는 더 나은 체계를 갖출 수 있을 겁니다."

래들 부인이 원한 것은 이게 전부였다. 그녀는 화를 폭발시켜야겠다고 아주 굳게 결심하고 불쌍한 밥 소여 씨의 방으로 부지런히 올라왔기 때문에 오히려 소여가 돈을 냈다면 실망했을 것이다. 부엌에서 남편을 상대로 이미 몇 마디 주고받고 왔으므로 그녀는 기분을 전환할 만반의 준비가 되어 있었다.

"소여 씨." 래들 부인이 이웃에게 들리도록 목소리를 높여 말했다. "방세도 내지 않고 아침 식사로 사는 신선한 버터와 각설탕은 물론이고, 길가의 문으로 들여오는 우유 대금도 내려고 하지 않는 사람에게 제가 매일매일 방을 빌려줄 거라고 생각하세요? 이 거리에서 20년 동안 (길 건너에서 10년, 바로 이 집에서 9년 9개월) 살면서 부지런하고 열심히 일하는 여자가, 청구서를 지불할 수 있다면 무슨 일이든 기쁘게 해야 할 판에 맨날 담배나 피우고 술이나 마시면서 빈둥거리는 게으르고 나태한 남자들을 위해서 죽어라 일하는 것 말고는 할 일이 없는 것 같아요? 당신은……."

"아이고!" 벤저민 앨런 씨가 달래듯 끼어들었다.

"부탁이니 당신 생각은 혼자만 가지고 계세요." 래들 부인이 급류처럼 쏟아내던 말을 뚝 멈추더니 제삼자를 향해 인상적일 만큼 느릿하고 엄숙하게 말했다. "당신은 저한테 말할 권리가 없는 것 같군요. 이 아파트를 당신에게 빌려준 것도 아니니까요."

"네, 분명 그렇지요." 벤저민 앨런 씨가 말했다.

"아주 좋아요." 래들 부인이 거만하고 정중하게 말했다. "그럼 그쪽은 병원에서 불쌍한 사람들의 팔다리나 부러뜨리시고 쓸데없는 간섭은 거둬주시죠. 아니면 당신을 조용하게 만들 사람이 여기 몇 명 있을지도 모르니까요."

"당신은 정말로 비이성적인 여자네요." 벤저민 앨런 씨가 항의했다.

"실례지만 젊은 청년." 래들 부인이 화가 나서 식은땀을 흘리며 말했다. "다시 한번 말해볼래요?"

"화를 돋우려고 한 말은 아닙니다." 벤저민 앨런 씨가 신상의 위험을 느끼며 말했다.

"누굴 보고 여자라는 거죠? 저한테 하신 말씀인가요?" 래들 부인이 더 크고 위압적인 어조로 물었다.

"이런, 세상에!" 벤저민 앨런 씨가 말했다.

"저한테 하신 말씀이냐고 묻고 있는데요?" 래들 부인이 문을 활짝 열어젖히며 맹렬하게 끼어들었다.

"아아, 물론 그랬는데요." 벤저민 앨런 씨가 대답했다.

"네, 물론 그러셨겠죠." 래들 부인이 서서히 문 쪽으로 물러서면서 특히 부엌에 있는 래들 씨에게 들리도록 목소리를 최대한 높였다. "네, 물론 그러셨겠지요. 내 집에서 나를 모욕해도 남편은 아래층에서 꾸벅꾸벅 졸면서 길거리를 돌아다니는 개만큼도 신경 쓰지 않는다는 건 누구나 아는 사실이니까요. 그 사람은 부끄러운 줄 알아야 돼요(여기서 래들 부인이 흐느꼈다). 살아 있는 사람의 몸이나 자르고 베는 젊은이들한테, 하숙집을 수치스럽게 만드는(또다시 흐느꼈다) 청년들한테 아내가 이런 취급을 당하게 놔두다니, 아내가 온갖 괴롭힘을 당하게 내버려두다니. 이기적이고 소심한 겁쟁이 같으니! 위층으로 올라와서 깡패 같은 사람들이랑 맞서는 게 무서워서, 무서워서, 무서워서 올라오지도 않고!" 래들 부인은 말을 멈추고 이렇게 되풀이한 조롱을 듣고 남편을 몸을 일으켰는지 귀를 기울여보았지만 성공하지 못했음을 깨닫고 계속 흐느끼며 계단을 내려갔다. 그때 누군가 길가로 난 문을 크게 두 번 두드렸다. 그러자 래들 부인은 발작적으로 엉엉 울면서 우울하게 한탄했고, 이것은 문 두드리는 소리가 여섯 번 반복될 때까지 계속되었다. 그녀는 정신적인 고통을 참지 못하고 우산을 전부 내던지더니 뒷방으로 들어가서 문을 쾅 닫았다.

"소여 씨가 여기 사십니까?" 문이 열리자 픽윅 씨가 말했다.

"네." 소녀가 말했다. "2층이에요. 계단 끝까지 올라가셔서 바로 앞에 있는 방입니다." 사우스워크의 토박이들 사이에서 자란 하녀는 이렇게 대답한 다음, 자신이 해야 할 일을 전부 끝낸 것에 완벽하게 만족하며 아래층 부엌으로 사라졌다.

마지막으로 들어온 스노드그래스 씨가 여러 번의 노력 끝에 사슬을 걸어 문을 잠갔다. 친구들이 비틀비틀 계단을 오르자 밥 소여 씨가 그들을 맞이했다. 래들 부인이 불러 세울까 봐 무서워서 아래층으로 내려가지 못했던 것이다.

"안녕하십니까?" 당황한 의학생 소여 씨가 말했다. "만나서 반갑군요, 유리잔 조심하시고요." 이것은 쟁반에 모자를 올려놓은 픽윅 씨에게 주의를 주는 말이었다.

"이런, 죄송합니다." 픽윅 씨가 말했다.

"괜찮습니다, 괜찮아요." 밥 소여가 말했다. "방이 좀 비좁긴 하지만 혼자 사는 남자를 만나러 올 때 이 정도는 감수하셔야지요. 들어오시죠. 이 친구는 전에 만나셨죠?" 픽윅 씨가 벤저민 앨런 씨와 악수했고 그의 친구들도 똑같이 했다. 그들이 자리를 잡고 앉기도 전에 누가 다시 문을 두 번 두드렸다.

"잭 홉킨스였으면 좋겠군!" 밥 소여 씨가 말했다. "쉬, 맞네. 올라와, 잭! 올라오라고."

계단을 오르는 묵직한 발소리가 들리더니 잭 홉킨스 씨가 모습을 드러냈다. 그는 요란한 색깔의 단추가 달린 검정색 벨벳 조끼, 파란색 줄무늬 셔츠, 탈부착이 가능한 하얀 칼라 차림이었다.

"늦었군, 잭?" 벤저민 앨런 씨가 말했다.

"바살러뮤 병원에서 발이 묶이는 바람에 말이야." 홉킨스 씨가 대답했다.

"뭐 새로운 일 있나?"

"아니, 별일 없어. 흥미로운 사고로 환자가 응급실에 실려 왔던 것뿐이야."

"무슨 일이었습니까?" 픽윅 씨가 물었다.

"어떤 남자가 4층 창문에서 떨어졌어요. 하지만 아주 좋은 사건이지요. 좋은 사건이에요."

"환자가 곧 회복할 거라는 뜻인가요?" 픽윅 씨가 물었다.

"아니요." 홉킨스 씨가 경솔하게 대답했다. "그렇게는 안 될 것 같습니다. 하지만 분명히 내일 멋진 수술을 하겠죠. 슬래셔가 하면 정말 볼 만할 겁니다."

"슬래셔 씨가 실력 있는 의사라고 생각하십니까?" 픽윅 씨가 물었다.

"살아 있는 사람들 중에서 최고죠." 홉킨스가 대답했다. "지난주에는 어떤 소년의 고관절에서 다리를 분리했는데, 그 애가 사과 다섯 개랑 진저브레드 케이크를 하나 먹더니 여기 누워서 모두의 장난감이 되기는 싫다며 빨리 시작하지 않으면 어머니한테 이르겠다고 하지 뭡니까. 수술이 끝나고 정확히 2분이 지났는데 말입니다."

"세상에!" 픽윅 씨가 깜짝 놀라며 말했다.

"그건 아무것도 아니에요. 안 그래, 밥?" 잭 홉킨스씨가 말했다.

"아무것도 아니지." 밥 소여 씨가 대답했다.

"그런데, 밥." 주의 깊게 지켜보는 픽윅 씨의 얼굴을 홉킨스 씨가 거의 알아보지 못할 만큼 흘긋 보고 나서 말했다. "어젯밤에 정말 이상한 사고가 있었어. 아이가 실려 왔는데 목걸이를 삼켰다더군."

"뭘 삼켰다고요?" 픽윅 씨가 끼어들었다.

"목걸이요. 한꺼번에 삼킨 건 아니에요. 그건 너무하잖아요. 설령 아이는 삼켜도 픽윅 씨는 못 삼킬 걸요? 안 그렇습니까? 하하!" 자신의 농담에 무척 만족한 듯 홉킨스 씨가 말을 이었다. "어떻게 된 일인지 말씀드리지요. 아이의 부모는 뒷골목에 사는 가난한 사람들입니다. 아이의 큰누나가 목걸이를 샀는데 커다란 검정색 나무 구슬로 만든 평범한 목걸이였어요. 장난감을 좋아하는 아이가 목걸이를 슬쩍 훔쳐서 숨겨두었다가 나중에 가지고 놀면서 구슬을 하나 삼켰지요. 그게 너무 재미있어서 다음 날도 구슬을 삼켰습니다."

"세상에!" 픽윅 씨가 말했다. "정말 끔찍한 일이군요! 죄송합니다, 계속하시죠."

"다음 날은 구슬을 두 개 삼켰습니다. 그다음 날은 세 개를 삼켰고, 그런 식으로 계속해서 일주일 뒤에는 구슬 스물다섯 개를 다 삼켰지요. 부지런하고 장신구도 잘 안 사던 누나는 목걸이를 잃어버리고 눈이 빠지도록 울면서 오만 데를 다 찾아보았지만 못 찾았다는 말은 할 필요도 없겠지요. 며칠 뒤 가족들이 저녁을 먹고 있었습니다. 감자를 깔고 양고기를 올려 구운 것이었는데, 배가 고프지 않았던 아이는 방에서 놀고 있었지요. 그때 갑자기 우박이 내리는 것처럼 지독한 소리가 들렸습니다. 아버지가 말했지요. '하지 마라, 얘야.' 아이가 말했어요. '저 아무것도 안 했는데요.' 아버지가 말했습니다. '그래, 다시는 하지 마.' 짧은 침묵이 흐르고, 아까보다 더 큰 소음이 다시 났습니다. 아버지가 말했지요. '말 안 들으면 침대로 보내버린다, 돼지의 속삭임처럼 작은 소리도 안 돼.' 아버지가 아이를 혼내려고 잡고 흔들자 생전 들어보지도 못한 쿵쾅거리는 소리가 났습니다. 아버지가 말했지요. '이런, 제기랄! 애 배 속에 있어! 엉뚱한 데 크루프 병이 걸렸나 봐!' 아이가 '아니에요, 아빠'라고 말하더니 울기 시작했습니다. '목걸이예요. 제가 목걸이를 삼켰어요.' 아버지는 아이를 들쳐 업고 병원으로 달렸지요. 움직임 때문에 병원으로 가는 내내 배 속이 쿵쾅거렸고, 사람들은 이 이상한 소리가 어디에서 나나 싶어서 하늘을 올려다보고 지하실을 들여다봤습니다. 아이는 지금 병원에 있어요. 걸어 다닐 때마다 엄청난 소리가 나서 환자들을 깨울까 봐 경비원 상의를 입혀야 했다니까요!"

"지금까지 들어보지 못한 정말 놀라운 환자군요." 픽윅 씨가 탁자를 쾅 치며 말했다.

"아, 그건 아무것도 아니에요." 잭 홉킨스 씨가 말했다. "안 그런가, 밥?"

"그렇지." 밥 소여 씨가 대답했다.

"분명히 말씀드리지만, 이 일을 하다 보면 정말 특이한 일이 많답니다." 홉킨스 씨가 말했다.

"그럴 것 같군요." 픽윅 씨가 대답했다.

누가 다시 문을 두드리더니, 머리가 크고 검정색 가발을 쓴 청년이 기다란 스톡타이 차림에 괴혈병에 걸린 듯한 청년과 함께 들어왔다. 다음으로 온 사람은 분홍색 닻 모양 장식 셔츠를 입은 신사였고, 곧 이어 도금된 회중시계 사슬을 드리운 창백한 청년이 뒤따라 들어왔다. 깨끗한 셔츠와 직물 장화를 신은 깔끔한 사람이 도착하자 일동이 모두 모였다. 모직을 깐 작은 탁자를 내오고 흰 병에 담긴 펀치 첫 병이 나왔고, 일동은 세 시간 동안 12점에 6펜스를 내는 뱅팅[84]을 했는데, 괴혈병 청년과 분홍색 닻 장식 셔츠를 입은 신사가 잠깐 다투느라 딱 한 번 중지되었다. 괴혈병 청년은 희망의 상징[85]으로 장식한 신사의 코를 잡아당기겠다고 말했고, 이에 맞서 상대방은 괴혈병 걸린 얼굴의 성난 청년에게 머리를 장식처럼 달고 있는 다른 누구에게든 절대 이유 없이 건방진 소리를 듣지 않겠다고 말했다.

---

[84] 숫자 21을 넘지 않으면서 최대한 가까운 수를 만드는 카드놀이.

[85] 히브리서 6장 19절에 나오는 닻을 뜻한다.

마지막으로 내추럴[86]을 선언하고 지폐와 6펜스 동전을 모두가 만족하도록 정리하자 밥 소여 씨가 종을 울려 저녁 식사를 가져오라고 했고, 손님들은 식사가 준비되는 동안 구석으로 모여들었다.

몇몇 사람들의 생각과 달리 식사 준비는 금방 끝나지 않았다. 우선 부엌 식탁에 엎드려 잠든 소녀를 깨우느라 시간이 어느 정도 걸렸고, 소녀가 종소리를 들은 후에도 약간이나마 정신을 차리게 하는 데 15분이 걸렸다. 굴을 주문받은 사람이 까달라는 말을 듣지 못해서 그대로 보냈는데, 힘없는 칼이나 두 갈래 포크로 굴을 까기는 정말 어려웠고 그런 방법으로 깐 굴은 얼마 되지도 않았다. 소고기도 아직 요리되지 않았고 (길모퉁이에 있는 독일 소시지 가게에서 산) 햄도 비슷한 상태였다. 그러나 깡통에 담긴 포터 맥주는 아주 많았고 치즈도 향이 무척 강했기 때문에 큰 도움이 되었다. 이런 상황을 감안하면 전반적인 저녁 식사는 그럭저럭 괜찮았다.

저녁 식사가 끝난 뒤 펀치가 한 병 더 식탁에 올랐고 시가 한 꾸러미와 독한 술도 두 병 있었다. 이제 끔찍한 침묵이 흘렀다. 이런 자리에서 끔찍한 침묵이 흐르는 게 드문 일도 아니었지만 그럼에도 불구하고 무척 당황스러웠다.

사실 소녀는 자는 게 아니라 컵을 씻고 있었다. 이 하숙집이 자랑스레 갖추고 있는 컵은 네 개밖에 없었다. 컵이 부족하지 않

---

86   처음 받은 카드 두 장으로 숫자 21이 완성되는 것을 말한다.

은 하숙집은 절대 없으므로 래들 부인을 비방하기 위해서 이 사실을 기록하는 것은 아니다. 자는 게 아니라 컵은 작고 얇은 갈색 유리잔이었고, 선술집에서 빌린 잔들은 수종에 걸린 것처럼 커다랗게 부푼 모양으로 크고 불룩한 굽이 달려 있었다. 이것만 있으면 모두가 주연을 즐기기에 충분했지만, 하녀 아이는 신사들 중 누구도 이 일에 대해 오해하지 않도록 사람들이 맥주를 다 마시기도 전에 억지로 모두의 컵을 빼앗더니 밥 소여 씨가 눈을 찡긋거리고 말을 자르는 것도 아랑곳하지 않고 컵을 아래층으로 가지고 가서 얼른 씻어야 한다고 들으라는 듯 말했다.

그러나 모진 바람도 누군가에게는 이로운 법이다. 게임을 하는 내내 농담을 했지만 매번 실패했던, 직물 장화를 신은 깔끔한 남자가 이 기회를 잡았다. 그는 컵이 모두 사라진 순간 이름은 잊은 어떤 대단한 공인이 누구인지 기억이 안 나는 또 다른 저명하고 걸출한 인물에게 특히나 멋지게 대꾸했던 일에 대해 기나긴 이야기를 시작했다. 그는 이 이야기와 분명히 관계가 있는 몇 가지 부수적인 상황을 길고 세세하게 이야기했지만, 지난 10년 동안 항상 큰 갈채를 받았던 그 이야기가 하필이면 지금 떠오르지 않았다.

"이런." 직물 장화를 신은 깔끔한 남자가 말했다. "정말 이상한 상황이군요."

"잊었다니 유감이군요." 밥 소여 씨가 잔이 부딪치는 소리가 들렸다는 생각에 문을 열심히 흘끔거리며 말했다. "정말 유감입니다."

"저도 그렇습니다." 깔끔한 남자가 대답했다. "분명히 정말 재미있었을 테니까요. 신경 쓰지 마세요, 30분쯤 있으면 분명히 생각날 겁니다."

유리잔이 막 돌아왔을 때 깔끔한 남자가 여기까지 말한 참이었다. 내내 집중하고 있던 밥 소여 씨는 이야기의 결말을 꼭 듣고 싶다고, 들은 데까지만 치면 지금까지 들어본 이야기 중에서 최고라고 말했다.

잔이 다시 등장하자 밥 소여 씨는 여주인과 대화를 나눈 이후 내내 잃었던 평정을 되찾았다. 얼굴이 환해졌고 기분이 무척 좋아지기 시작했다.

"자, 벳시." 밥 소여 씨가 아주 온화하게, 소녀가 탁자 중앙에 모아둔 요란한 잔들을 나눠주며 말했다. "자, 벳시, 따뜻한 물을 가져와. 얼른, 착하지."

"따뜻한 물은 안 돼요." 벳시가 대답했다.

"따뜻한 물은 안 된다고?" 밥 소여 씨가 외쳤다.

"안 돼요." 소녀가 고개를 저으며 말했다. 소녀의 행동은 수많은 말도 전달하지 못할 만큼 단호한 부정을 드러냈다. "래들 부인이 따뜻한 물을 드리지 말랬어요."

손님들의 경악한 표정이 집주인에게 새로운 용기를 주었다.

"당장 따뜻한 물을 가지고 와, 당장!" 자포자기한 밥 소여 씨가 엄하게 말했다.

"안 돼요." 소녀가 대답했다. "래들 부인이 잠자리에 들기 전에 부엌 불을 갈퀴로 전부 긁어내고 주전자를 넣고 잠갔어요."

"아, 신경 쓰지 말아요. 그런 사소한 일로 신경 쓰지 맙시다."
밥 소여 씨의 갈등하는 표정을 보고 픽윅 씨가 말했다. "차가운
물로도 충분합니다."

"그렇고말고요!" 벤저민 앨런 씨가 말했다.

"하숙집 여주인이 약간 정신착란을 겪는 것 같아요." 밥 소여
씨가 무시무시한 미소를 지으며 말했다. "경고를 해야겠군요."

"아니, 하지 마." 벤 앨런 씨가 말했다.

"안됐지만 할 건 해야지." 밥이 영웅처럼 단호하게 말했다. "줄
돈은 주고 내일 아침에 경고를 해야겠어." 불쌍한 밥 소여! 그럴
수만 있으면 좋겠다고 얼마나 간절히 바랐을까!

최후의 일격을 맞고 어떻게든 힘을 내려고 애쓰는 밥 소여 씨
의 침통한 노력은 일동의 기를 꺾는 효과를 낳았고, 그러자 대부
분이 기운을 차리려고 차가운 물 탄 브랜디를 더욱 열심히 마셨
다. 그 결과 눈에 띄는 첫 번째 효과는 괴혈병 청년과 분홍색 셔
츠를 입은 신사의 적의가 더욱 새로워진 것이었다. 두 사람은 한
동안 다양하게 얼굴을 찌푸리고 코웃음을 치며 서로에 대한 경
멸을 드러냈고, 결국 이 일을 더욱 확실하게 알려야 할 필요성을
느낀 괴혈병 청년은 다음과 같이 확실히 이해시켰다.

"소여!" 괴혈병 청년이 큰 목소리로 말했다.

"그래, 노디." 밥 소여 씨가 대답했다.

"정말 미안하네." 노디 씨가 말했다. "친구의 식탁에서, 그것도
자네 식탁에서 이처럼 불쾌한 일을 일으키다니. 하지만 이 기회
에 건터 씨에게 신사가 아니라는 말을 꼭 해야겠어."

"소여, 나야말로 자네 동네에서 소란을 피워 정말 미안하네." 건터 씨가 말했다. "하지만 방금 말한 사람을 창밖으로 던져서 이웃들을 놀라게 하지 않을 수 없을 것 같네."

"그게 무슨 말입니까?" 노디 씨가 물었다.

"말한 그대로입니다." 건터 씨가 대답했다.

"그렇게 하는 모습을 꼭 보고 싶군요." 노디 씨가 말했다.

"잠시 후면 제가 그렇게 하는 것을 보실 수 있을 겁니다." 건터 씨가 대답했다.

"한 가지 부탁이 있는데, 제게 명함을 좀 주시지요." 노디 씨가 말했다.

"그렇게는 안 되겠는데요." 건터 씨가 말했다.

"왜 안 되지요?" 노디 씨가 물었다.

"당신이 제 명함을 난로 선반에 붙여놓고 손님들에게 신사가 당신을 만나러 왔었다는 잘못된 생각을 심어줄 테니까요." 건터 씨가 대답했다.

"제 친구가 내일 아침 당신 집으로 찾아갈 겁니다." 노디 씨가 말했다.

"경고해 주셔서 정말 감사하군요, 제 하인에게 숟가락을 전부 서랍 속에 넣고 잠가놓으라고 확실히 말해야겠습니다." 건터 씨가 대답했다.

이때 다른 손님들이 끼어들어 부적절한 행동이라고 두 사람을 타이르자 노디 씨는 자기 아버지가 건터 씨의 아버지만큼 존경할 만한 사람이라고 했고, 건터 씨는 자신의 아버지가 노디 씨의 아버지만큼이나 충분히 존경할 만한 사람이며, 자기 아버지의 아들은 언제든 노디 씨만큼이나 좋은 사람이라고 대답했다. 이 말이 싸움을 재개하는 전조 같았기 때문에 일동이 다시 끼어들었고, 온갖 말과 소동이 이어졌다. 그러면서 점차 감정이 북받친 노디 씨는 개인적으로 건터 씨에게 항상 헌신적인 애정을 느꼈다고 털어놓았다. 그러자 건터 씨는 자기 형제보다도 노디 씨가 좋다고 대답했고, 이 말을 들은 노디 씨는 관대하게도 자리에서 일어나 건터 씨에게 손을 내밀었다. 건터 씨는 그 손을 열렬하게 마주 잡았고, 다들 이 다툼은 당사자 쌍방에게 무척 명예로운 것이었다고 입을 모아 말했다.

"자." 잭 홉킨스 씨가 말했다. "밤, 다들 기운을 낼 수 있도록 내가 노래를 한 곡 부르겠네." 그렇게 해서 홉킨스 씨가 떠들썩한 박수를 받으며 〈신이여 왕을 축복하소서〉를 부르기 시작했지만, 곧 〈비스케이 만〉과 〈개구리에게〉가 뒤섞여 새로운 곡으로 변한 노래를 목청껏 부르고 있었다. 이 노래에서 가장 중요한 부분은 합창이었는데, 각자 제일 잘 아는 곡조에 맞춰서 노래를 불렀기 때문에 그 효과는 정말로 대단했다.

1절의 합창이 끝나자 픽윅 씨가 손을 올리고 귀를 기울였다. 주변이 조용해지자마자 픽윅 씨가 말했다.

"쉿! 죄송하지만 위층에서 누가 부르는 것 같은데요."

그러자 깊은 침묵이 이어졌고, 밥 소여 씨는 얼굴이 창백해졌다.

"지금 들리는 것 같습니다." 픽윅 씨가 말했다. "문을 좀 열어

주시지요."

문이 열리자마자 이 문제에 대한 모든 의구심이 사라졌다.

"소여 씨! 소여 씨!" 3층 층계참에서 누군가가 외쳤다.

"하숙집 여주인입니다." 밥 소여 씨가 크게 당황해서 주변을 둘러보며 말했다. "네, 래들 부인."

"이게 무슨 뜻이지요, 소여 씨?" 목소리의 주인이 무척 날카롭고 빠르게 말했다. "집세를 떼먹히고, 돈까지 빌려주고, 감히 스스로 남자라고 부르는 당신 친구들한테 모욕을 당한 것만으로도 충분하지 않은가요? 집을 뒤집어놓고 새벽 2시에 소방차를 불러도 될 만큼 시끄럽게 굴다니 무슨 짓이죠? 철면피 같은 친구들 좀 내쫓아요."

"당신들 부끄러운 줄 알아." 저 멀리 이불 밑에서 나오는 듯한 래들 씨의 목소리가 말했다.

"부끄러운 줄 알라니!" 래들 부인이 말했다. "가서 한 사람씩 계단 아래로 전부 밀어버리지 그래? 남자라면 그래야지."

"내가 남자 열두 명이라면 그렇게 하겠지." 래들 씨가 온화하게 대답했다. "하지만 저 사람들이 더 많잖아, 여보."

"어휴, 겁쟁이!" 래들 부인이 크게 경멸하며 대답했다. "그 철면피들 쫓아낼 거예요, 말 거예요, 소여 씨?"

"갑니다, 래들 부인! 지금 가요." 불쌍한 밥이 말했다. "여러분 이제 가셔야 할 것 같습니다. 여러분이 너무 시끄럽게 군다 싶더군요."

"정말 안타깝네요." 깔끔한 남자가 말했다. "이제 막 편해지려는 찰나였는데 말입니다!" 사실 깔끔한 남자는 잊어버린 이야기가 이제 막 떠오르는 참이었다. "참을 수가 없네요." 깔끔한 남자가 주변을 둘러보며 말했다. "참을 수가 없어요, 안 그래요?"

"참을 수 없지요." 잭 홉킨스 씨가 대답했다. "2절도 같이 부르지, 밥. 자, 부르자고."

"아니, 아니, 잭, 그러지 말게." 밥 소여 씨가 끼어들었다. "멋진 노래지만 부르지 않는 게 좋겠네. 이 집 사람들은 아주 난폭하다고."

"내가 위층으로 올라가서 집주인한테 한 소리 할까?" 홉킨스 씨가 물었다. "아니면 종을 계속 울리거나 층계참에서 계속 투덜거리는 건 어때? 말만 하게."

"자네의 우정과 선의는 정말 고맙네." 불쌍한 밥 소여 씨가 말했다. "하지만 더 이상의 싸움을 피할 제일 좋은 방법은 우리가 즉시 흩어지는 것 같군."

"소여 씨!" 래들 부인의 날카로운 목소리가 외쳤다. "그 망나니들이 가긴 가는 거예요?"

"다들 모자를 찾는 중입니다, 래들 부인." 밥이 말했다. "바로 갈 겁니다."

"간다고요!" 래들 부인이 계단 난간 위로 나이트캡을 불쑥 내밀며 말했다. 바로 그때 픽윅 씨와 터프먼 씨가 차례로 응접실에서 나오는 중이었다. "간다니! 애초에 왜 온 거죠?"

"부인." 픽윅 씨가 위를 올려다보며 항의했다.

"꺼져요, 비열한 늙은이!" 래들 부인이 나이트캡을 급히 거두며 대답했다. "할아버지뻘이나 돼서 뭐 하는 거야, 이 악당 같으니! 당신이 제일 나빠요."

픽윅 씨는 항변해 봐야 소용없음을 깨닫고 서둘러 아래층으로 내려가 거리로 나갔고, 터프먼 씨, 윙클 씨, 스노드그래스 씨가 바로 뒤를 따랐다. 독한 술과 소동 때문에 급격히 우울해진 벤 앨런 씨가 런던 다리까지 그들과 동행했고, 걸어가는 길에 특히나 비밀을 털어놓을 수 있을 만큼 굳게 믿는 윙클 씨에게 밥 소여 씨를 제외한 누구든 자기 여동생 애러벨라의 애정을 갈구한다면 그 사람의 목을 그어버릴 생각이라고 털어놓았다. 그는 오빠로서 이 고통스러운 의무를 다하겠다는 결의를 무척 확고하게 털어놓은 다음 눈물을 터뜨렸고, 모자를 푹 눌러쓰고는 최대한 서둘러 돌아갔으며, 새벽까지 버로 마켓 문을 두 번 두드렸다가 계단에서 토막잠 자기를 반복했다. 그곳이 자기 집인데 열쇠를 잃어버렸다고 착각했던 것이다.

래들 부인의 강압적인 요청에 따라서 손님들은 모두 흩어지고 운 나쁜 밥 소여 씨만 혼자 남아서 내일 일어날 일과 오늘 저녁의 즐거움에 대해서 생각에 잠겼다.

33장

아버지 웰러 씨가 문학에 대한
비판적인 의견을 이야기하고
아들 새뮤얼의 도움을 받아
딸기코 목사에게 작은 복수를 하다

이 믿을 수 있는 이야기의 독자들이 우리만큼이나 잘 알고 있듯이 2월 13일은 바델 부인 소송 재판을 하루 앞둔 날이었고, 새뮤얼 웰러 씨는 아침 9시부터 오후 2시까지 조지 앤드 벌처 여관과 퍼커 씨의 사무실을 오가느라 무척 바빴다. 상담은 이미 끝났고 어떤 절차를 밟을지도 결정했기 때문에 딱히 할 일이 있었던 것은 아니었지만, 극도의 흥분 상태였던 픽윅 씨가 변호사에게 끊임없이 쪽지를 보내겠다고 고집했기 때문이었다. 그가 보낸 쪽지에는 "퍼커 씨, 다 잘되고 있습니까?"라는 말밖에 없었고 퍼커 씨는 한결같이 "픽윅 씨, 잘되고 있습니다"라고 대답했다. 우리가 이미 암시했듯이 다음 날 아침 법정에 앉을 때까지 잘되고 말고할 것은 아무것도 없었다.

그러나 자발적으로든 강제적으로든 법정에 처음으로 가는 사람이 일시적인 초조함과 불안으로 괴로워하는 것은 당연한 일일 것이다. 샘은 인간의 약한 본성을 참작하여 차분하면서도 유쾌하고 냉정을 잃지 않는 조용한 태도로 주인의 끈질긴 명령을 실행에 옮겼다. 이러한 태도는 샘의 가장 놀랍고 호감 가는 특징 중 하나였다.

샘은 소박하지만 맛있는 정찬으로 스스로를 위로한 다음 여관 술집에서 따뜻한 술 한 잔을 기다리고 있었는데, 픽윅 씨가 아침에 걸어 다니느라 쌓인 피로를 풀기 위해 꼭 마시라고 당부한 술이었다. 그때 3피트 정도의 키에 언젠가 마부가 되겠다는 칭찬받아 마땅한 야심이 잘 드러나는 털모자와 멜빵바지 차림의 아이가 조지 앤드 벌처 여관 통로로 들어와서 누군가를 찾는 것처럼 처음에는 계단을, 그다음에는 복도를, 그런 다음 술집 안을 들여다보았다. 그러자 아이의 용건이 여관의 찻잎이나 숟가락일지도 모른다는 생각에 술집 여급이 소년에게 말을 붙였다.

"안녕, 꼬마야. 무슨 일이니?"

"여기 샘이라는 사람이 있나요?" 소년이 높고 큰 목소리로 물었다.

"성이 뭔데?" 샘 웰러가 주변을 둘러보며 말했다.

"제가 어떻게 알아요?" 소년이 북슬북슬한 모자 밑에서 재빨리 대답했다.

"영리하고 날카로운 아이로구나." 웰러 씨가 말했다. "하지만 내가 너라면 날을 드러내지 않을 거다. 다른 사람이 부러뜨릴지도 모르니까. 호텔에 와서 미개한 인도인처럼 공손하지 못한 태도로 샘이라는 사람을 찾다니, 도대체 무슨 일이냐?"

"노신사가 시켰으니까요." 소년이 대답했다.

"어떤 노신사가?" 샘이 깊은 경멸을 드러내며 물었다.

"입스위치 마차를 모는 사람인데, 우리 가게 손님이에요." 소년이 대답했다. "오늘 오후에 조지 앤드 벌처 여관에 가서 샘이라는 사람을 찾으라고 시켰어요."

"아, 우리 아버진데?" 웰러 씨가 설명하듯이 술집 여급을 보면서 말했다. "아버지가 내 성을 모를 리는 없지만 말이야. 음, 브로콜리 싹 군, 무슨 일이지?"

"오늘 6시에 가게로 오세요." 소년이 말했다. "그분이 만나고 싶으시대요. 리든홀 마켓의 블루 보어예요. 오신다고 할까요?"

"그렇게 말해보든지요." 샘이 대답했다. 이렇게 허락을 받은 소년은 풍성하고 큰 소리로 가축몰이꾼의 휘파람 소리를 아주 조심스럽고 정확하게 흉내 내어 조지 야드 사방에 메아리를 울리면서 멀어졌다.

픽윅 씨는 이미 지나친 흥분과 걱정 때문에 혼자 남는다고 기분이 더 나빠질 것도 없었으므로 웰러 씨는 외출 허락을 받고 약속 시간을 훨씬 앞서서 출발했다. 시간이 많았으므로 그는 맨션하우스까지 걸어갔고, 그곳에 잠시 멈춰서 수많은 합승 마차 차장들과 단거리 역마차 마부들을 아주 침착하고 냉철한 표정으로 응시했다. 유명한 번화가에 모여든 이들 때문에 근처에 사는 노부인들은 두렵고 혼란스러웠다. 웰러 씨는 30분 정도 근처를 방황하다 돌아서서 수많은 골목길과 뒷골목을 지나 리든홀 마켓을 향해 걸어가기 시작했다. 그는 여유롭게 어슬렁거리며 어딘가에 시선이 닿을 때마다 거의 항상 걸음을 멈추고 물끄러미 바라보았으므로, 샘이 작은 서점 겸 인쇄점 창가에 멈춰 선 것도 놀라운 일은 아니었다. 그러나 판매용으로 내놓은 그림 몇 점에 시선이 닿자마자 깜짝 놀라서 오른쪽 다리를 세게 때리더니 "이게 아니었다면 너무 늦을 때까지 완전히 까먹을 뻔했잖아!"라고 크게 소리친 것은, 더 이상의 설명이 없다면 놀랄 수밖에 없는 일이었다.

바로 이때 샘 웰러가 보고 있던 것은 화려한 색감의 그림으로, 인간의 심장 두 개가 한 화살에 꿰어진 채 기분 좋은 불가에서 지글지글 굽히고 있었고, 현대적인 복장의 남녀 식인종, 즉 푸른 상의와 흰 바지 차림의 남자와 짙은 빨간색 여성용 외투 차림에 같은 색의 파라솔을 든 여자가 불가로 이어지는 구불구불한 자갈길을 따라 굶주린 눈으로 걸어가고 있었다. 날개 한 쌍을 제외하면 아무것도 걸치지 않은 거칠어 보이는 젊은 남자가 요리를 지켜보고 있었고, 저 멀리 랭엄 플레이스의 교회 첨탑이 보였다. 이것은 바로 성 밸런타인 축일 카드였고, 창문에 새겨진 글이 밝히고 있듯이 가게 안에는 다양한 성 밸런타인 축일 카드가 있었다. 가게 주인은 한 장에 1실링 6펜스라는 할인된 가격으로 자기 동포들에게 모두 팔아치우겠다고 스스로에게 맹세했다.

"깜빡할 뻔했네, 깜빡할 뻔했어!" 샘이 말했다. 그는 서점으로 곧장 들어가서 금박을 두른 최고급 편지지와 잉크가 절대 새지 않도록 펜촉이 단단한 펜을 달라고 했다. 상품은 즉시 준비되었고, 샘은 조금 전의 느릿한 걸음과는 전혀 다른 잽싼 걸음으로 리든홀 시장으로 곧장 걸어갔다. 주변을 둘러보자 기다란 코 제일 끝에 매부리코가 달린 짙은 청색 코끼리와 아주 약간 닮은 무언가가 그려진 간판이 보였다. 이것이 블루 보어라고 옳게 추측한 샘은 안으로 들어가서 아버지에 대해서 물었다.

"45분은 지나야 오실 거예요." 블루 보어의 살림을 관리하는 젊은 여자가 말했다.

"좋아요." 샘이 대답했다. "미지근한 물을 탄 브랜디 9페니어치랑 잉크스탠드 좀 주시겠어요?"

미지근한 물을 탄 브랜디와 잉크스탠드가 작은 휴게실로 나왔다. 젊은 여인은 불이 너무 활활 타지 않도록 석탄을 골고루 퍼뜨린 다음 불을 쑤석이지 못하도록 부지깽이를 들고 나갔고, 샘 웰러는 블루 보어의 완전한 동의를 먼저 얻지 못한 채 불가의 상자에 앉아서 금테 둘린 편지지와 펜촉이 단단한 펜을 꺼냈다. 그런 다음 펜에 털이 묻지 않았는지 신중하게 살피고 편지지 밑에 빵 부스러기가 깔리지 않도록 탁자의 먼지를 털고 나서, 외투 소매를 걷어 올리고 팔꿈치를 반듯하게 내려놓고 글씨 쓰는 자세를 잡았다.

펜글씨를 열심히 연습하지 않는 신사 숙녀에게 편지 쓰기란 쉬운 일이 아니다. 그런 경우 글씨 쓰는 사람이 왼팔 위로 머리를 기울여서 최대한 눈을 종이와 수평이 되도록 하고 자신이 쓰는 글자를 곁눈으로 흘끔거리면서 혀로 그 글자를 따라 써야 한다고 여겨지기 때문이다. 이러한 동작은 편지 내용을 생각하는 것 자체에는 확실히 큰 도움이 되지만 쓰는 속도를 어느 정도 늦추기 때문에, 어느새 샘은 한 시간 반이 넘도록 작은 글씨로 편지를 쓰면서 틀린 글자를 새끼손가락으로 지우고 그 자국 위에 새로운 글자를 쓸 때는 잘 보이도록 여러 번 덧그리고 있었다. 그러다가 문이 열리고 아버지가 들어오는 바람에 정신을 차렸다.

"어어, 새미!" 아버지가 말했다.

"어어, 나의 프러시안블루."[87] 아들이 펜을 내려놓으며 대답했다. "새어머니에 대한 최신 속보는 뭐예요?"

"웰러 부인은 아주 좋은 밤을 보냈지만 오늘 아침에는 유난히 기분이 나쁘고 불쾌함. 사실임을 맹세하고 서명함. 토니 웰러 귀하. 이게 가장 최근 보고란다, 새미." 웰러 씨가 숄을 풀며 대답했다.

"아직도 안 좋아요?" 샘이 물었다.

"모든 조짐이 악화되었다." 웰러 씨가 고개를 저으며 말했다. "그런데 그건 뭐냐? 너 지금, 이 힘든 와중에도 학문을 추구하는 거냐?"

"이제 다 했어요." 샘이 약간 당황하며 말했다. "뭘 좀 쓰고 있었어요."

"그런 것 같구나." 웰러 씨가 대답했다. "젊은 여자한테 쓰는 게 아니면 좋겠지만."

---

87 '나의 충실한 지지자my true-blue'를 짙은 파란색 염료에 빗대어 표현한 애칭.

"아니라고 해봐야 소용없어요." 샘이 대답했다. "성 밸런타인 축일이잖아요."

"뭐라고!" 웰러 씨가 이 말에 깜짝 놀라 외쳤다.

"성 밸런타인 축일이라고요." 샘이 대답했다.

"새뮤얼, 새뮤얼." 웰러 씨가 꾸짖는 말투로 말했다. "네가 이럴 줄은 몰랐구나. 아버지의 몹쓸 성향을 다 보고, 내가 그렇게나 얘기를 했는데! 게다가 네 계모를 직접 보고 겪었으니 어떤 남자든 죽을 때까지 잊지 못할 교훈이 되었을 줄 알았다. 네가 이럴 줄은 몰랐다, 새미. 이럴 줄은 몰랐어." 이 생각이 아버지에게는 무척 견디기 힘든 것이었다. 그는 샘의 잔을 입으로 가져가 안에 든 술을 마셨다.

"또 왜 그러세요!" 샘이 말했다.

"신경 쓰지 마라." 웰러 씨가 대답했다. "늙은 나에게는 정말 힘든 시련이지만, 나는 질기니까 그것만이 위안이구나. 농부가 늙어빠진 칠면조를 도살해서 런던 시장에 내다 팔려고 했을 때 칠면조가 말했던 것처럼 말이다."

"무슨 시련이요?" 샘이 물었다.

"네가 결혼하는 모습을 지켜보는 것 말이다, 새미. 네가 속임수에 빠져 순진하게도 결혼이 아주 멋지다고 생각하는 모습을 보는 것 말이야." 웰러 씨가 대답했다. "아비에게는 끔찍한 시련이지."

"말도 안 되는 소리!" 새미가 말했다. "저 결혼 안 해요, 그런 일로 애태우지 마세요. 이런 문제는 아버지가 제일 잘 안다는 거 저도 알아요. 파이프나 가져다 달라고 하세요. 그러면 제가 편지를 읽어드릴게요. 여기요."

웰러 씨의 감정이 가라앉고 슬픔이 잠잠해진 것이 이제 파이프 담배를 피울 수 있다는 생각 때문인지, 결혼에 빠지는 치명적인 성향이 가문의 피에 흐르고 있으니 어쩔 수 없다는 위로가 되는 생각 때문인지 우리는 확실히 말할 수 없다. 웰러 씨는 낮은 목소리로 가문의 피가 그러니 어쩔 수 없다는 말을 반복하면서 동시에 종을 울려 파이프 담배를 주문했으니, 이 두 가지가 합쳐진 결과라고 말해야 할 것이다. 웰러 씨는 상의를 벗고 파이프에 불을 붙인 다음 온기를 만끽하기 위해 난로를 등지고 서서 벽난로 선반에 몸을 기대었고, 마음을 누그러뜨리는 담배의 효과 덕분에 마음이 크게 가라앉은 표정으로 시작하라고 말했다.

샘은 펜을 잉크에 담가서 고쳐 쓸 준비를 한 다음 무척 연극적인 말투로 편지를 읽기 시작했다.

"사랑스러운……."

"잠깐." 웰러 씨가 종을 울리며 말했다. "평소보다 두 배로 진하게 한 잔 가져다줘요."

"알겠습니다." 소녀가 대답했다. 그녀는 정말 재빨리 나타났다가 사라지더니, 다시 돌아왔다가 사라졌다.

"이 여관 사람들은 아버지의 평소 습관을 잘 아나 봐요." 샘이 말했다.

"그렇지." 아버지가 대답했다. "젊었을 때 온 적이 있으니까. 계속해라, 새미."

"사랑스러운 그대여……'" 샘이 다시 말했다.

"시는 아니지?" 아버지가 끼어들었다.

"아니에요, 아니에요." 샘이 대답했다.

"그렇다면 다행이구나." 웰러 씨가 말했다. "시는 부자연스러워. 크리스마스 때의 교구 직원[88]이나 워런 구두약이나 롤런드 머릿기름 광고, 일부 저급한 놈들만 빼고 시를 읊는 남자는 없지. 절대 시는 읊지 마라, 아들아. 다시 시작해."

웰러 씨는 무척 엄숙하게 파이프 담배를 다시 피웠고, 샘은 다시 편지를 읽기 시작했다.

"'사랑스러운 그대여, 나는 정말 불쾌하고……'"

"부적절해." 웰러 씨가 입에 문 파이프를 빼며 말했다.

"아니, '불쾌하고'가 아니에요." 샘이 편지를 들어 불빛에 비춰 보며 말했다. "'부끄럽고'네요. 지운 자국이 있어요. '저는 부끄럽고……'"

"아주 좋아." 웰러 씨가 말했다. "계속해."

"'저는 부끄럽고 정말 어……' 이 단어가 뭐였는지 까먹었어요." 샘이 말했다. 그는 펜으로 머리를 긁으며 기억해 내려 애썼지만 소용없었다.

"잘 보지 그러니?" 웰러 씨가 물었다.

"그래서 보고 있잖아요." 샘이 대답했다. "지운 자국이 있어서 잘 안 보여요. C랑 I, 그리고 D가 보이는데요."

---

88   1840년대 중반까지 교구 직원을 비롯한 공무원들은 크리스마스 다음 주 평일에 시를 읊어주고 크리스마스 선물을 요구하는 관습이 있었다.

"'함정에 빠졌다circumvented'가 아닐까?" 웰러 씨가 제안했다.

"그건 확실히 아니에요." 샘이 말했다. "아, '어쩔 줄 모르겠어요circumscribed'네요."

"그보다 함정에 빠졌다가 더 좋은 말이야, 새미." 웰러 씨가 진중하게 말했다.

"그래요?" 샘이 말했다.

"비교도 안 되지." 아버지가 대답했다.

"하지만 이 단어에 더 많은 뜻이 담겨 있다고 생각하지 않으세요?" 샘이 물었다.

"음, 어쩌면 더 부드러운 단어일지도 모르지." 웰러 씨가 잠시 생각한 다음 말했다. "계속해라, 새미."

"'저는 부끄럽고 정말 어쩔 줄 모르겠어요, 당신에게 편지를 쓴다는 것이요. 당신은 정말 좋은 여자 그 자체니까요.'"

"분위기가 아주 괜찮구나." 아버지 웰러 씨가 파이프를 빼고 말했다.

"네, 좋은 것 같아요." 우쭐해진 샘이 말했다.

"문체에서 내가 마음에 드는 부분은 말이다." 아버지 웰러 씨가 말했다. "이름을 안 부른다는 점이다. 비너스니 뭐니 하는 게 없어. 젊은 여자를 비너스니 천사니 불러서 좋을 게 어디 있냐?"

"아, 정말 그래요." 샘이 대답했다.

"여자를 그리핀이나 유니콘, 왕의 문장이라고 부르는 거랑 다를 게 뭐 있냐. 왕의 문장에는 전설에 나오는 온갖 동물을 모아 놓았으니 말이다." 웰러 씨가 덧붙였다.

"그렇고말고요." 샘이 대답했다.

"계속해라, 새미." 웰러 씨가 말했다.

샘은 요청에 따라서 편지를 계속 읽었고, 그의 아버지는 지혜와 자기만족이 뒤섞인 표정으로 계속해서 담배를 피웠는데, 무척 교훈을 주는 표정이었다.

"당신을 보기 전까지 여자란 전부 똑같다고 생각했습니다.'"

"똑같지." 아버지 웰러 씨가 덧붙여서 말했다.

"하지만 이제 제가 정말 멍청하고 의심 많은 바보였음을 깨달았습니다. 당신 같은 사람은 아무도 없으니까요. 하지만 저는 당신만을 좋아합니다.' 좀 강하게 쓰는 게 좋겠다 싶어서요."[89] 샘이 고개를 들며 말했다.

웰러 씨가 그렇다는 듯이 고개를 끄덕였고, 샘이 다시 읽기 시작했다.

"'친애하는 메리, 그래서 저는 이 날을 이용해서—곤경에 처한 신사가 일요일을 이용해서 외출하는 것처럼 말입니다[90]—말씀드리고 싶습니다. 당신을 처음이자 마지막으로 보았을 때 당신의 초상이, 실루엣 초상을 그리는 장치(친애하는 메리, 아마 이 기계에 대해서 들어본 적이 있겠지요)로 그린 초상보다 더 빠르게, 더 밝은 색으로 제 마음에 박혔다고요. 물론 기계가 초상화를 그리고 유리 액자에 넣은 다음 액자 고리를 벽에 거는 데 2분

---

89   '당신 같은 사람은 아무도 없다Nobody like you'는 '아무도 당신을 좋아하지 않는다Nobody likes you'와 비슷하다.

90   일요일에는 영장 집행이나 체포 등의 법적 절차가 유보되었다.

15초밖에 안 걸리지만 말입니다.'"

"점점 시적으로 흘러가는 것 같은데." 웰러 씨가 미심쩍다는 듯 말했다.

"아니에요." 샘은 이 문제로 옥신각신하기 싫어서 얼른 편지를 다시 읽었다.

"나를 당신의 연인으로 받아들여 주세요. 내 말을 꼭 생각해 봐요. 친애하는 메리, 이만 줄이겠습니다.' 이게 끝이에요." 샘이 말했다.

"좀 갑작스러운 결말이구나. 안 그러냐?" 웰러 씨가 물었다.

"전혀 안 그래요." 샘이 말했다. "여자는 조금 더 길면 좋겠다고 생각하겠지만 그게 편지를 쓸 때 중요한 기술이죠."

"일리가 있구나. 네 계모도 대화를 할 때 그 좋은 기술을 따르면 좋으련만. 서명 안 할 거냐?"

"그게 어려워요. 뭐라고 서명해야 할지 모르겠어요."

"웰러라고 서명해." 같은 이름의 연장자가 말했다.

"안 돼요. 성 밸런타인 축일 편지는 자기 이름으로 서명하는 게 아니에요."

"그럼 '픽윅'이라고 서명하려무나." 웰러 씨가 말했다. "좋은 이름이야, 쓰기도 쉽고."

"그럼 딱이네요." 샘이 말했다. "시로 마무리해도 되겠어요. 어때요?"

"나는 별로다, 샘." 웰러 씨가 대답했다. "딱 한 명만 빼면 제대로 된 마부가 시를 쓰는 건 본 적도 없다. 그 사람은 노상강도로 교수형을 당하기 전날 밤에 멋진 시를 썼지. 하지만 그 사람은 캠버웰 사람이었으니까 예외야."

그러나 샘은 머릿속에 떠오른 시상을 포기할 수 없었고, 결국 이렇게 서명했다.

　　당신을 애타게 그리워하는
　　픽윅으로부터"[91]

그런 다음 편지를 무척 복잡하게 접어서 한쪽 끄트머리에 아래로 점점 치우치는 글씨로 "서포크 입스위치 넙킨스 시장 댁 하녀 메리에게"라고 겨우 적은 다음, 언제든지 중앙 우체국에서 부칠 수 있도록 주머니에 넣었다. 이 중요한 일이 끝나자 아버지 웰러 씨가 아들을 부른 용건을 꺼냈다.

"첫 번째는 네 주인에 관한 것이다." 웰러 씨가 말했다. "내일 재판을 받는다고 했지?"

"네, 곧 재판이에요." 샘이 대답했다.

"그러면 그 사람 인품에 대해서 이야기하거나 알리바이를 증명할 증인을 몇 명 부르고 싶겠지. 내가 생각을 좀 해봤는데, 네 주인은 걱정하지 않아도 되겠다. 나한테 인품이든 알리바이든 이야기해 줄 친구가 몇 명 있거든. 하지만 나는 인품은 신경 쓰지 말고 알리바이만 고수하라고 충고하고 싶다. 알리바이만한 게

91　영어로는 'Your love-sick, Pickwick'으로 운이 맞는다.

없어. 없고말고." 웰러 씨는 이런 법률적인 의견을 전달하면서 아주 해박한 표정으로 컵에 코를 박고 깜짝 놀란 아들을 향해 눈을 찡긋거렸다.

"왜요, 무슨 뜻이에요?" 샘이 말했다. "주인님이 올드 베일리에서 재판받을 거라고 생각하는 건 아니죠?"

"그건 지금 생각할 문제가 아니다, 새미." 웰러 씨가 대답했다. "어디서 재판을 받든 벗어나려면 알리바이밖에 없어. 높으신 분들은 전부 톰 와일드스파크를 구할 방법이 없다고 했지만 우리는 알리바이로 그의 살인죄를 벗겨줬지. 새미, 내 생각에 네 주인이 알리바이를 증명하지 못하면 이탈리아에서 하는 말처럼 아주 당황스러울 것 같구나, 그뿐이다."

아버지 웰러 씨는 올드 베일리가 이 나라 최고법원이며, 그곳의 규칙과 형식이 다른 모든 법원의 관습을 규정하고 통제한다고 굳게 믿었기 때문에 아들이 알리바이는 허락되지 않는다고 아무리 말해도 무시했고, 픽윅 씨는 희생양이라고 강력하게 주장했다. 더 이상 얘기해 봤자 소용없음을 깨달은 샘은 화제를 바꾸어 존경하는 아버지가 아들과 의논하고 싶은 두 번째 용건이 무엇인지 물었다.

"우리 집안의 문제란다, 새미." 웰러 씨가 말했다. "스티긴스라는 놈이……."

"그 딸기코요?" 샘이 물었다.

"그래, 그 사람." 웰러 씨가 대답했다. "그 딸기코가 친절하게 굴면서 툭하면 네 계모를 찾아온단다. 완전히 우리 집안의 친구가 돼서 말이다. 우리랑 떨어져 있을 때에는 우리를 기억할 만한 물건을 가지고 있지 않으면 초조할 지경이라지 뭐냐."

"제가 아버지라면 10년은 기억을 잊게 만들어줄 거예요." 샘이 끼어들었다.

"잠깐만," 웰러 씨가 말했다. "내가 하려던 말이 뭐냐면, 요즘 그놈이 1.5파인트짜리 납작한 병을 가지고 와서 파인애플 럼을 채워 간다는 거야."

"그리고 다시 찾아오기 전에 비우겠지요." 샘이 말했다.

"깨끗하게 비우지!" 웰러 씨가 대답했다. "코르크랑 냄새밖에 안 남긴다니까. 항상 그런단다. 그런데 그놈이 오늘 밤에 유나이티드 그랜드 정션 에버니저 금주 협회 브릭 레인 지부 월례회를 연단 말이다. 네 계모도 갈 예정이었는데 류머티즘이 도져서 못 가게 됐어. 그래서 내가 표를 두 장 가져왔다." 웰러 씨가 무척 즐거워하며 끊임없이 눈을 찡긋거렸기 때문에 샘은 아버지의 오른쪽 눈꺼풀에 동통성 틱이 생긴 줄 알았다.

"그래서요?" 샘이 말했다.

"그래서 말이다." 그의 아버지가 아주 조심스럽게 주변을 둘러보며 말을 이었다. "너랑 내가 시간에 딱 맞춰 가는 거야. 부목자는 시간 맞춰서 안 올 거야, 새미. 안 올 거라고." 여기서 웰러 씨는 발작적으로 웃음을 터뜨렸다가 결국 견디기 힘들만큼 숨을 못 쉴 지경이 되었다.

"뚱보 아저씨, 뭐가 그렇게 웃겨요?" 샘이 마찰 때문에 등에 불이 붙을 만큼 아버지의 등을 세게 문지르며 외쳤다.

"쉿! 새미." 웰러 씨가 더욱 조심스럽게 주위를 둘러보며 속삭였다. "옥스퍼드 거리에서 일하면서 재미있는 일이면 어디든 끼어드는 친구가 두 명 있는데, 그 녀석들이 부목사를 안전하게 붙잡고 있어. 부목사가 에버니저 정선에 올 때쯤이면―분명히 올거다, 내 친구들이 문 앞까지 데려다주고 필요하다면 안으로 밀어 넣을 테니까―도킹의 마키스 오브 그랜비에서 그랬던 것처럼 물 탄 럼주에 완전히 취해 있을 거야. 여간한 일이 아니지." 웰러 씨는 이렇게 말하더니 다시 한번 끝도 없이 웃었고, 그래서 다시 한번 질식할 지경이 되었다.

딸기코 남자의 본성을 폭로하는 것만큼 샘 웰러의 기분에 딱맞는 일은 없었다. 회합 시간이 거의 다 되었기 때문에 웰러 부자는 즉시 브릭 레인으로 향했다. 가는 길에 샘은 잊지 않고 우체국에 들러 편지를 부쳤다.

유나이티드 그랜드 정선 에버니저 금주 협회 브릭 레인 지부 월례회는 안전하고 널찍한 사다리 맨 위에 위치한 쾌적하고 바람이 잘 통하는 큰 방에서 열렸다. 의장은 걸음걸이가 꼿꼿한 앤서니 험 씨였는데, 개종한 화부였지만 지금은 교장이 되었고 가끔 순회 설교사 일도 했다. 비서는 잡화상 주인 조너스 머지 씨로, 회원들에게 차를 파는 열정적이고 사리사욕 없는 사람이었다. 모임을 시작하기 전에 부인들은 긴 의자에 앉아서 적당하다고 생각될 때까지 차를 마셨다. 사무용 책상에 깔린 초록색 모직위에 커다란 헌금 상자가 눈에 잘 띄게 놓여 있었고, 비서가 그뒤에 서서 상자 안에 숨겨진 풍성한 구리 광맥에 헌금이 더해질 때마다 상냥한 미소로 인사했다.

이 모임의 여자들은 정말 깜짝 놀랄 만큼 차를 많이 마셨다. 아버지 웰러 씨는 크게 경악하여 샘이 쿡쿡 찔러도 전혀 아랑곳하지 않고 놀라움을 숨기지도 않은 채 사방을 빤히 보았다.

"새미." 웰러 씨가 속삭였다. "이 사람들 중 몇 명이 내일 아침 복수를 빼야 할 지경에 처하지 않으면 난 네 아버지가 아니다. 이런, 저 노부인은 찻잔에 빠져 죽겠다."

"조용히 좀 하세요!" 샘이 웅얼거렸다.

"샘." 잠시 후 웰러 씨가 무척 흥분한 말투로 속삭였다. "내 말을 잘 들어라, 아들아. 저 비서라는 놈은 5분만 더 먹으면 토스트랑 물 때문에 폭발해 버릴 거다."

"그러고 싶다면 그렇게 두세요." 샘이 대답했다. "아버지가 상관할 일이 아니잖아요."

"계속 이런 식이라면 말이다, 새미." 웰러 씨가 똑같이 낮은 목소리로 말했다. "나는 한 인간으로서 자리에서 일어나 갈채를 보내지 않을 수가 없겠다. 두 줄 건너 의자에 앉은 젊은 여자는 차를 큰 잔으로 여덟 잔 반이나 마시더니, 지금 바로 내 눈앞에서 몸이 점점 부푸는 게 눈에 보이잖냐."

정말 다행히도 받침잔을 치우는 큰 소리가 차 마시는 시간이 끝났음을 알리지 않았다면 웰러 씨가 이 인정 많은 결심을 즉시 실행했으리라는 사실에는 의심의 여지가 없다. 다기가 치워지고 초록색 모직이 덮인 탁자가 방 한가운데로 옮겨졌고, 대머리에 담갈색 반바지를 입은 기세 좋은 남자가 반바지에 감싸인 작은 두 다리를 부러뜨릴 뻔하면서 급하게 사다리를 올라와 다음과 같이 말하자 그날 저녁의 회합이 시작되었다.

"신사 숙녀 여러분, 우리의 훌륭한 형제님 앤서니 험 씨를 의장석으로 모시겠습니다."

이 제안에 여성들이 손수건을 흔들었고, 작고 성급한 남자는 험 씨의 어깨를 잡고 한때 마호가니 의자였던 마호가니 틀에 그를 밀쳐 험 씨를 말 그대로 의자에 앉혔다. 그러자 여성들이 다시 한번 손수건을 흔들었고, 호리호리하고 얼굴이 하얀 험 씨는 끝없이 땀을 흘리면서 경탄을 보내는 여성들에게 온순하게 고개 숙여 인사한 다음 자리에 앉았다. 그런 다음 담갈색 반바지 차림의 작은 남자가 좌중을 조용히 시키자 험 씨가 자리에서 일어나 이 자리에 모인 브릭 레인 지부 형제자매님들의 허락하에 비서가 브릭 레인 위원회 보고서를 읽겠다고 말했고 그러자 부인들이 다시 한번 손수건을 흔들었다.

비서는 무척 인상적인 재채기를 하고 뭔가 특별한 일이 일어나기 전 좌중을 사로잡을 때 항상 하는 기침을 한 뒤 문서를 읽기 시작했다.

"우리 위원회는 지난 한 달 동안 무척 감사한 노력을 다해 말로는 표현할 수 없을 만큼 기쁘게도 다음과 같은 추가 금주 전향 사례를 보고하게 되었습니다.

H. 워커, 재봉사, 아내와 자녀 둘. 형편이 나을 때는 에일과 맥주를 끊임없이 마셨다고 고백함. 20년 동안 '독스 노즈'를 주 2회는 마신 것 같다고 말함. 위원회의 조사 결과 '독스 노즈'는 따뜻

한 포터 맥주, 원당, 진, 육두구를 혼합한 것으로 밝혀짐(신음과 "그렇지!"라는 노부인의 외침). 현재 실업에 무일푼 상태인데 포터 맥주(환호) 때문이거나 오른손을 쓰지 못하게 된 탓이라고 생각함. 둘 중 무엇 때문인지 확실하지 않지만 그가 평생 물만 마셨다면 동료에게 녹슨 바늘로 찔릴 일도 없었을 것이고, 따라서 사고도 일어나지 않았으리라 생각함(크나큰 환호). 마실 것은 차가운 물밖에 없으며, 절대 목이 마르지 않다고 함(큰 갈채).

벳시 마틴, 과부, 자녀 하나, 애꾸눈. 낮에는 잡다한 남의 집 일과 세탁을 하러 다님. 태어날 때부터 애꾸눈이었으나 어머니가 병에 든 스타우트를 마셨으므로 그 때문이라고 생각함(어마어마한 환호). 항상 독한 술을 마시지 않았다면 지금쯤 두 눈이 보인다 해도 이상하지 않다고 생각함(크나큰 갈채). 어디에서 일하든 하루에 18펜스와 포터 맥주 1파인트, 독한 술 한 잔을 받았지만 브릭 레인 지부 회원이 된 후로는 항상 3파운드 6펜스를 요구함(이 흥미로운 사실을 발표하자 귀가 멀 정도의 열렬한 환호를 터져 나왔다).

헨리 벨러는 여러 해 동안 다양한 연회에서 사회자로 일했으며, 그동안 외국 와인을 많이 마심. 가끔 한두 병을 집으로 가져갔을지도 모름. 그것은 확실하지 않지만 만약 가져갔다면 병에 든 내용물을 마신 것은 확실함. 기분이 매우 저조하고 우울하고, 열이 무척 높으며, 끊임없는 갈증을 느끼는데 그동안 마셨던 와인 때문이라고 생각함(환호). 현재 실직 중이며 외국 와인을 한 방울도 마실 기회가 없음(어마어마한 박수).

토머스 버튼은 사장, 치안판사, 기타 시의회 의원들에게 고양이 먹이를 조달하는 업자임(이 신사의 이름을 발표하자 다들 큰 흥미를 느껴 숨을 죽였다). 한쪽 다리가 의족이며 돌 위를 걸어 다니므로 나무 의족이 비싸서 중고 나무 의족을 사용했고, 매일 밤 물 탄 뜨거운 진을 한 잔—때로는 두 잔(깊은 한숨들)—마심. 중고 의족은 금방 갈라지고 썩는다는 사실을 깨달았고, 의족이 물 탄 진 때문에 약해진다고 굳게 믿음(긴 환호). 지금은 신품 나무 의족을 샀으며 물과 연한 차만 마심. 신품 의족은 중고 의족에 비해 두 배는 오래가는데 이것은 오로지 금주 때문이라고 생각함(의기양양한 환호)."

이제 앤서니 험의 제안으로 다 같이 노래를 부르기 시작했다. 이성적이고 도덕적인 즐거움을 위해 모들린 형제는 〈유쾌하고 젊은 뱃사공을 모르는 자 누구인가〉의 가사를 찬송가 제100편의 곡에 맞춰서 편곡했고, 사람들에게 같이 부르자고 요청했다(크나큰 갈채). 그는 이 기회를 잡아서 〈뱃사공〉을 만든 고인 디브딘 씨가 자신이 예전 삶에서 저지른 잘못을 통해 금주의 장점을 보여주기 위해서 이 노래를 새로 썼다는 굳은 확신을 드러내면서 이것은 금주곡이라고 선언했다(우레와 같은 환호). 이 흥미로운 청년은 깔끔한 복장과 능숙하게 노를 젓는 솜씨와 부러운 마음 상태 덕분에, 시인의 아름다운 언어에 따르면, '아무것도 생각하지 않고 노를 젓는' 일이 가능했는데, 이는 그가 물을 마셨다는 증거가 분명했다(환호). 아, 이 얼마나 고결한 유쾌함인가!(환희에 넘치는 환호) 그래서 그 청년이 받은 보상은 무엇일까? 현대의 모든 젊은이들이 주목해야만 한다. 그것은 바로 '처녀들이 전부 기꺼이 그의 배 주위로 몰려들었네.' (여인들까지 합세하여 큰 환호.) 이 얼마나 찬란한 모범인가! 자매들, 처녀들이 젊은 뱃사공 주변에 모여들어 의무와 금주의 길을 따르라고 촉구한다. 그러나 뱃사공을 달래고 위로하고 지지한 사람이 미천한 삶을 사는 처녀들뿐이었을까? 아니다! '그는 항상 도시에서 제일가는 부인들의 첫 번째 뱃사공.' (어마어마한 환호.) 남자에 비해 더 약한 성별이 젊은 뱃사공 주변으로 모여들었고, 술을 마시는 이들에게는 역겨워하며 등을 돌렸다(환호). 브릭 레인 지부의 형제들은 바로 뱃사공들이다(환호와 웃음). 이 방이 바로 그들의 배이며, 청중은 처녀들이고, 그(앤서니 험 씨)는 아무리 어울리지 않을지라도 첫 번째 '뱃사공'이었다(끝없는 박수).

"더 약한 성별이 무슨 뜻이냐, 새미?" 웰러 씨가 아들에게 속삭이며 물었다.

"여자요." 샘이 같이 속삭이며 말했다.

"틀린 말도 아니구나." 웰러 씨가 대답했다. "당연히 약하지, 아주 약해. 저런 놈들한테 속을 정도라면 말이다."

노래가 시작되는 바람에 분노한 노신사의 생각은 더 이상 들을 수 없었다. 앤서니 험 씨는 청중들 중에서 이 전설에 익숙하지 않은 사람들을 위해 한 번에 두 줄씩 불러주었다. 노래를 부르는 동안 담갈색 반바지를 입은 작은 남자가 사라졌다가 노래가 끝나자마자 돌아와서 아주 심각한 얼굴로 앤서니 험 씨에게 뭐라고 속삭였다.

"친구 여러분." 험 씨가 한두 줄 뒤쳐진 뚱뚱한 노부인들에게 조용히 하라는 듯 손을 들며 말했다. "친구 여러분, 우리 협회의 도킹 지부 대표자인 스티긴스 형제가 아래층에 와 있습니다."

스티긴스 씨는 브릭 레인 지부 여성들 사이에서 엄청난 인기를 누리고 있었기 때문에 손수건이 그 어느 때보다도 열렬하게 흔들렸다.

"나오셔도 될 것 같군요." 험 씨가 얼른 미소를 띠고 주변을 둘러보며 말했다. "태저 형제, 그분이 앞으로 나와서 인사하도록 해주세요."

담갈색 반바지를 입은 작은 남자가 태저 형제라는 이름에 대답하더니 황급히 사다리를 내려갔고, 곧바로 스티긴스 목사와 함께 넘어지는 소리가 들렸다.

"온다, 새미." 웃음을 참느라 얼굴이 자줏빛으로 변한 웰러 씨가 속삭였다.

"저한테 아무 말도 마세요." 샘이 대답했다. "못 참겠으니까요. 문에 거의 다 왔어요. 윗가지랑 벽에 머리를 부딪치는 소리가 또 들려요."

샘 웰러가 이렇게 말하는 순간 작은 문이 활짝 열리더니 태저 형제가 나타났고 스티긴스 목사가 바로 뒤따라 들어왔다. 그가 들어오자마자 사람들이 우레와 같이 박수를 치고 발을 구르며 손수건을 흔들었다. 사람들이 이렇게 요란하게 기쁨을 드러냈지만 스티긴스 형제는 정신없는 눈빛과 판에 박힌 미소로 탁자 위에 놓인 초의 심지 꼭대기만 바라볼 뿐 아무 인사도 하지 않았고, 몸을 무척 불안정하고 불확실하게 앞뒤로 흔들었다.

"몸이 안 좋으십니까, 스티긴스 형제님?" 앤서니 험 씨가 속삭였다.

"저는 괜찮습니다." 스티긴스 씨가 포악하면서도 불분명한 말투로 대답했다.

"아, 알겠습니다." 앤서니 험 씨가 몇 발짝 물러서며 대답했다.

"여기 있는 사람들 중에서 감히 제가 괜찮지 않다고 말할 사람은 없을 겁니다." 스티긴스 씨가 말했다.

"아, 물론이지요." 험 씨가 말했다.

"그런 말은 하지 말라고 충고하고 싶군요. 하지 말라고요." 스티긴스 씨가 말했다.

이제 청중은 무척 조용해졌고 회합이 다시 시작되기를 초조하게 기다렸다.

"연설하시겠습니까, 형제님?" 험 씨가 유혹적인 미소를 지으며 말했다.

"아닙니다." 스티긴스 씨가 대답했다. "아닙니다. 나는 안 할 거예요."

사람들이 눈썹을 추켜올린 채 서로 바라보았고, 놀라서 웅얼거리는 소리가 방 전체에 울렸다.

"제 생각에는 말입니다." 스티긴스 씨가 상의 단추를 풀면서 아주 큰 소리로 말했다. "제 생각에 이 모임은 취한 것 같군요. 태저 형제님." 스티긴스 씨가 담갈색 반바지 차림의 작은 남자를 휙 돌아보며 더욱 포악하게 말했다. "당신은 취했어요." 스티긴스는 이 모임의 금주를 장려하고 어울리지 않는 사람들을 전부 몰아내고 싶다는 칭찬받아 마땅한 욕구로 태저 형제의 코끝을 아주 정확하게 치는 바람에 담갈색 반바지의 사내가 번개처럼 사라졌다. 태저 형제는 사다리에서 거꾸로 떨어졌다.

그러자 여자들이 크고 음침한 비명을 지르면서 몇 사람씩 각자 제일 좋아하는 형제들 앞으로 달려가 모였고, 위험으로부터 그를 보호하려고 꼭 끌어안았다. 이 사랑 넘치는 행동이 험 씨에게는 거의 치명적이었는데 그는 제일 인기가 많았기 때문에 수많은 여신도들이 목에 매달려 어루만지는 통에 숨이 막혀 죽을 뻔했던 것이다. 불이 거의 다 꺼지는 바람에 사방에 혼란과 소음밖에 없었다.

"자, 새미." 웰러 씨가 조심스럽게 외투를 벗으며 말했다. "나가서 야경꾼을 데려와라."

"그동안 아버지는 뭘 하실 건데요?" 샘이 물었다.

"나는 신경 쓰지 마라." 노신사가 대답했다. "나는 스티긴스 씨와 사소한 볼일이 있으니까." 샘이 말리기도 전에 그의 용맹한 아버지는 저 먼 구석까지 사람들을 헤치고 가서 능숙한 솜씨로 스티긴스 목사에게 달려들었다.

"안 돼요!" 샘이 말했다.

"덤벼!" 웰러 씨가 외쳤다. 그는 더 이상의 도발 없이 준비 운동 삼아 스티긴스 씨의 머리를 한 대 때렸고, 코르크처럼 통통 튀면서 그의 주변을 춤추듯 뛰기 시작했는데 그와 같은 나이의 노신사에게서는 보기 드물 정도로 놀라운 모습이었다.

아무리 타일러도 소용없음을 깨달은 샘은 모자를 꽉 눌러쓰고 아버지의 외투를 팔에 걸친 다음 아버지의 허리를 붙잡고 억지로 사다리를 끌고 내려와 거리로 나갔고, 모퉁이에 도착할 때까지 팔을 풀지도 않고 걸음을 멈추지도 않았다. 모퉁이에 다다르자 고함 소리가 들렸는데 스티긴스 씨가 그날 밤 유치장으로 끌려가는 모습을 지켜보는 사람들의 소리였고, 잠시 후 유나이티드 그랜드 정션 에버니저 금주 협회 회원들이 사방으로 흩어지는 소리도 들렸다.

34장
인상적인 바넬 대 픽윅 재판의
완전하고 충실한 보고

"누군지 모르지만 배심원 대표가 아침으로 뭘 먹었는지 궁금하
군요." 중대한 2월 14일 아침, 스노드그래스 씨가 대화를 이어가
기 위해 말했다.

"맛있는 아침을 먹고 왔으면 좋겠군요." 퍼커가 말했다.

"왜 그렇지요?" 픽윅 씨가 물었다.

"아주 중요합니다. 무척 중요하지요." 퍼커가 대답했다. "아침
을 든든히 먹어서 흡족하고 기분 좋은 배심원을 확보하는 것이
중요합니다. 불만스럽거나 배가 고픈 배심원은 항상 원고의 편
을 들지요."

"이런, 왜 그런답니까?" 픽윅 씨가 멍한 표정으로 물었다.

"왜인지는 저도 모릅니다." 작은 남자가 냉정하게 대답했다.

"시간을 줄이려고 그러겠지요. 정찬 시간 즈음이 되면 배심원단이 물러났을 때 배심원장이 시계를 꺼내고 이렇게 말하거든요. '이런! 여러분, 5시 10분 전입니다. 저는 5시에 정찬을 들거든요.' 그러면 두 명만 빼고 다들 '저도요'라고 말하지요. 빠진 두 명은 3시에 정찬을 들었고, 그래서 열심히 할 마음이 반 이상 있습니다. 배심원 대표가 미소를 지으면서 시계를 넣을 겁니다. '자, 신사분들, 어떻게 하시겠습니까? 원고와 피고, 어느 쪽이요? 저로 말씀드릴 것 같으면, 제 생각에는 말입니다. 제 말에 영향을 받으시면 안 되는데요. 저는 원고가 옳다고 생각이 드네요.' 그러면 두세 명은 분명히 자기도 그렇게 생각한다고 말합니다. 물론이지요. 그러면 배심원단은 만장일치로 편안하게 결정을 내리지요. 아, 9시 10분이네요!" 키 작은 남자가 시계를 보며 말했다. "출발할 시간입니다. 혼약 파기 재판은 보통 재판정이 꽉 차지요. 종을 울려서 마차를 잡는 게 좋겠습니다. 아니면 늦을 거예요."

픽윅 씨가 즉시 종을 울리자 마차가 준비되었고, 픽윅 클럽 회원 네 명과 퍼커 씨가 마차에 올라 길드홀[92]로 향했다. 샘 웰러, 로텐 씨, 파란 가방[93]은 합승 마차를 타고 뒤따랐다.

"로텐." 법정 외부 홀에 도착하자 퍼커가 말했다. "픽윅 씨의 친구분들을 학생석[94]으로 안내하게. 픽윅 씨는 내 옆에 앉는 게 좋

---

92 1873년까지 민사법원이 있었던 곳. 그 이후 웨스트민스터홀로 옮겼다가 다시 스트랜드의 왕립재판소로 옮겼다.

93 변호사들은 칙선 법정 변호사단으로부터 공로를 인정받아 심홍색 가방을 받기 전까지 파란색 가방을 들고 다닌다.

94 법대생들을 위한 좌석.

겠군. 이쪽입니다, 이쪽으로." 작은 남자가 픽윅 씨의 상의 소매를 잡고 칙선 변호사 책상 바로 아래 낮은 좌석으로 이끌었다. 변호사들의 편의를 위해 만든 자리로, 재판 진행 중 필요할 경우 그 자리에서 사건 수석 변호사의 귀에 속삭일 수 있다. 바닥보다 높은 자리의 법정 변호사나 참관인들보다 훨씬 낮았기 때문에 이 자리에 앉은 사람들은 참관인 대부분의 눈에 보이지 않았다. 물론 낮은 좌석에 앉은 사람들은 방청객과 법정 변호사를 등지고 판사를 바라보게 된다.

"증인석인가요?" 픽윅 씨가 왼쪽의 놋쇠 레일이 달린 설교단 같은 것을 가리키며 말했다.

"증인석입니다." 퍼커는 로텐이 방금 그의 발밑에 두고 간 파란 가방을 뒤적여 서류를 잔뜩 꺼내며 대답했다.

"그리고 저기 말입니다." 픽윅 씨가 오른쪽의 칸막이 쳐진 좌석 두 개를 가리키며 말했다. "저기는 배심원이 앉는 곳이지요, 맞습니까?"

"맞습니다." 퍼커가 코담배 상자 뚜껑을 톡톡 치며 대답했다.

픽윅 씨는 무척 흥분한 상태로 일어서서 법정을 둘러보았다. 벌써 복도 여기저기에 참관인들이 상당히 많았고 법정 변호사 석에는 가발을 쓴 신사의 무리가 여럿 있었는데, 다들 느낌이 좋고 다양한 코와 구레나룻을 드러내고 있었다. 영국 법정이 코와 구레나룻으로 유명한 것도 당연했다. 소송 사건 적요서를 든 신사들은 그것을 최대한 눈에 띄게 가지고 다녔고, 참관인들에게 더욱 분명히 보여주기 위해 가끔 그것으로 코를 긁기도 했다. 소송 사건 적요서가 없는 신사들은 뒷면에 빨간 라벨이 붙은 상당한 크기의 8절판 책을 겨드랑이에 끼고 있었는데, 전문 용어로는 '송아지 가죽 법전'이라고 부르는 덜 익은 파이 껍질 색깔의 책이었다. 그것마저 없는 사람들은 주머니에 손을 찌르고 최대한 현명한 표정을 짓고 있었고, 또 다른 사람들은 무척 분주하고 진지하게 오가면서 법정을 잘 모르는 풋내기 참관인들의 감탄과 놀라움을 자아내는 것으로 만족했다. 픽윅 씨로서는 정말 놀랍게도 모든 사람들이 작은 무리로 나뉘어서 이제 곧 열릴 재판이 없다는 듯이 냉담하게 그날의 소식에 대해 잡담하며 토론하고 있었다.

펑키 씨가 법정으로 들어와 칙선 변호사 지정 좌석 뒷줄에 앉으면서 인사하는 것을 보고 픽윅 씨가 같이 인사를 하기도 전에 스너빈 상급 법정 변호사가 모습을 드러냈다. 맬러드 씨가 뒤따라오더니 스너빈 씨가 반쯤 가려질 정도로 커다란 심홍색 가방을 그의 책상 위에 놓고 퍼커와 악수한 다음 물러갔다. 그런 다음 변호사 두세 명이 더 들어왔는데, 그들 중에서 몸이 뚱뚱하고 얼굴이 빨간 사람이 스너빈 변호사에게 무척 친근한 태도로 고개를 끄덕인 다음 좋은 아침이라고 말했다.

"우리 변호사한테 인사하고 고개를 끄덕인 저 얼굴 빨간 남자는 누굽니까?" 픽윅 씨가 속삭였다.

"버즈퍼즈 상급 법정 변호사입니다." 퍼커가 대답했다. "상대편이지요, 상대편 변호인단을 이끕니다. 그 뒤에 서 있는 신사는 스킴핀 씨라고, 버즈퍼즈의 하급 법정 변호사지요."

픽윅 씨가 그 냉혈한 사악함에 치를 떨면서 어떻게 상대측 변호사인 버즈퍼즈가 감히 자기 변호사인 스너빈 씨에게 좋은 아침이라고 말할 수 있는지 물어보려는 찰나, 법정 변호사들이 전부 자리에서 일어나고 법정 경위들이 큰 소리로 "정숙!"이라고 외치는 바람에 입을 다물었다. 판사가 입장했기 때문이었다.

스테어리 판사(가벼운 병으로 들어오지 못한 재판장의 대리였다)는 유난히 키가 작고 뚱뚱해서 얼굴과 조끼밖에 없는 것 같았다. 그는 짧고 휜 다리로 건들건들 걸어 들어와 변호사들을 향해 엄숙하게 고개를 숙여 인사했고, 변호사들도 엄숙하게 인사하자 자기 책상 아래 짧은 다리를 넣고 자그마한 삼각 모자를 책상에 놓았다. 스테어리 판사가 자리에 앉자 눈에 보이는 것이라고는 기이하고 작은 두 눈, 널찍한 분홍색 얼굴 하나, 크고 아주 우스꽝스러운 가발의 반 정도밖에 없었다.

판사가 자리에 앉자마자 법정 경위가 명령조로 "정숙!"이라고 외쳤고, 그러자 복도의 또 다른 경위가 화난 목소리로 "정숙!"이라고 외쳤으며, 수위 서너 명이 화를 내며 항의하는 목소리로 "정숙!"이라고 외쳤다. 이것이 모두 끝나자 판사 아래쪽에 앉아 있던 검정 옷의 신사가 앞으로 나와서 배심원들의 이름을 불렀고, 한참 동안 고함을 친 끝에 특별 배심원[95] 열 명만 출석했다는 사실이 밝혀졌다. 버즈퍼즈 변호사가 보결 배심원 보충[96]을 요구하자 검정 옷을 입은 신사가 보통 배심원 두 명을 특별 배심원단에

95 배심원 명단에 올라 있는 특정 지위의 사람들 중 선택한다.
96 일반인을 보통 배심원으로 선택하여 배심원단을 보충하는 것.

끼워 넣기로 하고 청과상과 약제사를 불러왔다.

"이름에 답하세요, 신사분들. 선서를 해야 합니다." 검정 옷의 신사가 말했다. "리처드 업위치."

"네." 청과상이 말했다.

"토머스 그로핀."

"네." 약제사가 말했다.

"성경을 드세요. 이 재판에 있어……."

"저, 법정에 부탁이 있습니다." 키가 크고 마르고 얼굴이 노란 약제사가 말했다. "저의 출석을 면제해 주시면 좋겠습니다."

"무슨 이유로 말입니까?" 스테어리 판사가 말했다.

"저는 조수가 없습니다, 재판장님." 약제사가 말했다.

"그건 어쩔 수 없군요." 스테어리 판사가 대답했다. "당신이 고용해야지요."

"그럴 형편이 안 됩니다, 재판장님." 약제사가 대답했다.

"그러면 형편이 되게 만들어야지요." 판사가 얼굴을 붉히며 말했다. 스테어리 판사는 성미가 급하고 반대를 견디지 못했다.

"당연히 장사가 잘되면 그래야 하겠지만 그렇지가 않습니다, 재판장님." 약제사가 대답했다.

"선서시키세요." 판사가 독단적으로 말했다.

"이 재판에 있어……."

"제가 꼭 선서를 해야 합니까, 재판장님?" 약제사가 다시 끼어들었다.

"물론입니다." 성깔 있는 작은 판사가 대답했다.

"알겠습니다, 재판장님." 약제사가 포기한 듯 대답했다. "재판이 끝나기 전에 살인 사건이 일어날 겁니다. 원하신다면 선서하겠습니다." 판사가 할 말을 찾기도 전에 약제사가 선서를 했다.

"제가 말씀드리고 싶었던 것은 이것뿐입니다, 재판장님." 약제사가 무척 신중하게 자리에 앉으며 말했다. "가게에 심부름꾼 아이만 하나 놓고 왔다고 말입니다. 아주 착한 아이지만 약에 대해서는 잘 모르지요. 그 애는 엡솜염이 옥살산이고 센나 시럽은 아편제인 줄 알아요.[97] 그뿐입니다." 키 큰 약제사는 이렇게 말한 다음 편안한 자세를 취하더니 기분 좋은 표정으로 최악의 사태를 대비하는 듯했다.

픽윅 씨가 무서움을 느끼며 약제사를 보고 있는데 법정이 잠시 소란스러워지더니 바델 부인이 클러핀스 부인의 부축을 받으며 들어와 픽윅 씨가 앉아 있는 좌석 반대쪽 끝에 축 늘어진 채 앉혀졌다. 그런 다음 도슨 씨가 무척 큰 우산을 건네고 포그 씨는 나무 바닥을 댄 덧신 한 켤레를 건넸는데, 두 사람 모두 재판을 위해서 더없이 동정적이고 우울한 표정을 준비해 왔다. 그런 다음 샌더스 부인이 바델 군을 데리고 등장했다. 바델 부인은 아들을 보고 깜짝 놀라 몸을 추스르더니 아들에게 미친 듯이 입을 맞춘 다음 멍하고 신경질적인 상태에 빠져 여기가 어디냐고 물었다. 그러자 클러핀스 부인과 샌더스 부인이 고개를 돌리고 울었고 도슨 씨와 포그 씨는 원고에게 마음을 가라앉히라고 애원

***

97   엡솜염과 센나 시럽은 설사약, 옥살산은 표백제, 아편제는 마취제로 쓰인다.

했다. 버즈퍼즈 변호사가 크고 하얀 손수건으로 눈을 세게 문지르더니 배심원들에게 호소하는 눈빛을 보냈고, 판사는 눈에 띄게 감명을 받았으며, 이를 지켜보던 여러 사람들이 기침을 하며 감정을 가라앉혔다.

"정말 좋은 생각이네요." 퍼커가 픽윅 씨에게 속삭였다. "도슨과 포그는 대단한 친구들이에요. 효과가 대단한 전략이에요."

퍼커가 이렇게 말하는 동안 바델 부인이 서서히 회복했고, 클러펀스 부인은 바델 군의 단추와 단춧구멍을 하나하나 신중하게 살핀 다음 어머니 앞으로 데려갔다. 판사와 배심원 모두의 동정과 연민을 일으키는 데 절대 실패가 없는 좋은 자리였다. 그러나 아이가 크게 저항하면서 계속 울었다. 판사가 빤히 노려보는 자리에 세운다는 것은 즉결 처형을 명령하거나 적어도 바다 너머 저 먼 곳으로 평생 유형을 보내기 위한 형식적인 준비 행위라는 잘못된 의혹을 떨칠 수가 없었기 때문이다.

"바델 대 픽윅." 검은 옷의 신사가 목록 맨 위에 적힌 사건명을 읽었다.

"제가 원고 측 변호사입니다, 재판장님." 버즈퍼즈 변호사가 말했다.

"누가 함께합니까, 버즈퍼즈 씨?" 판사가 말했다. 스킴핀 씨가 자신임을 알리기 위해 고개 숙여 인사했다.

"저는 피고 측 변호사입니다, 재판장님." 스너빈 변호사가 말했다.

"함께하는 사람이 있습니까, 스너빈 씨?" 판사가 물었다.

"펑키 씨입니다, 재판장님." 스너빈 씨가 대답했다.

"원고 측은 버즈퍼즈 상급 법정 변호사와 스킴핀 씨. 피고 측은 스너빈 상급 법정 변호사와 멍키 씨." 판사가 공책에 이름을 적으며 말했다.

"실례지만 재판장님, 펑키입니다."

"아, 그렇군요." 판사가 말했다. "처음 들어보는 이름이네요." 그러자 펑키 씨가 고개 숙여 인사한 다음 미소를 지었고, 판사도 고개 숙여 인사하고 미소를 지었다. 그러자 펑키 씨가 눈 흰자까지 새빨개져서는 모두가 자신을 보고 있다는 사실을 모르는 척하려고 애썼는데, 지금까지 누구도 성공한 적 없는 일이며 앞으로도 아마 절대 성공할 수 없을 것이다.

"계속하세요." 판사가 말했다.

수위들이 정숙하라고 외쳤고 스킴핀 씨가 소송을 여는 서두 진술을 하려고 나섰다. 그러나 그가 연 소송 안에는 거의 아무것도 없는 듯했다. 스킴핀 씨는 자신이 아는 구체적인 사실들은 혼자만 간직한 채 3분 후 자기 자리에 앉았고, 배심원들이 알게 된 사실은 정확히 아무것도 없었다.

이제 버즈퍼즈 변호사가 중대한 재판에 어울리는 위풍당당하고 엄숙한 태도로 일어나서 도슨에게 뭐라고 속삭이고 포그와 잠시 상의했고, 어깨에 법복을 걸치고 가발을 고쳐 쓰더니 배심원단을 향해 연설을 시작했다.

버즈퍼즈는 변호사로 살아온 경험 전체를 통틀어 단 한 번도—법률 공부와 업무를 처음 시작한 순간부터 지금까지 단 한 번도—이토록 깊은 감정을 가지고, 또는 이토록 무거운 책임감을 안고 사건에 접근한 적이 없다는 말로 연설을 시작했다. 이것은 진실과 정의가, 즉 크게 상처받고 억압당한 자기 의뢰인의 주장이 지금 그의 눈앞 배심원석에 앉은 총명하고 고매한 열두 명을 반드시 설득할 것이라는 굳은 확신, 아니 절대적인 필연이 그를 떠받치고 격려하지 않았다면 결코 유지할 수 없었을 책임감이었다.

변호사는 항상 이런 식으로 말을 시작하는데, 배심원단과 가장 우호적인 관계를 맺게 되고 자신이 무척 날카로운 사람이라는 인상을 주기 때문이다. 이 연설은 즉시 눈에 보이는 효과를 나타내 여러 배심원들이 열심히 방대한 메모를 시작했다.

"여러분께서 저의 박식한 친구로부터 들으셨겠지만," 버즈퍼즈는 배심원단이 박식한 친구로부터 아무것도 들은 바가 없다는 사실을 잘 알면서 이렇게 말을 이었다. "이것은 혼약 파기 소송이며, 배상금은 1500파운드입니다. 그러나 저의 박식한 친구가 말씀드릴 수 있는 분야가 아니기 때문에 여러분께서 아직 듣지 못하신 것은 이 사건의 사실과 정황입니다. 신사 여러분, 사실과 정황은 제가 자세히 말씀드릴 것이고, 제가 여러분 앞의 저 증인석에 세울 의심의 여지없는 여성이 증명할 것입니다."

여기서 버즈퍼즈가 '증인석'이라는 말을 엄청나게 강조하면서 자기 책상을 쾅 때리고 도슨과 포그를 흘끔거리자, 두 사람은 상급 법정 변호사에게 감탄하고, 피고에게 분개하며 고개를 연신 끄덕였다.

"신사 여러분, 원고는 과부입니다." 버즈퍼즈 변호사가 부드럽고 침울한 목소리로 말을 이었다. "그렇습니다, 여러분. 과부입니다. 고인이 된 바델 씨는 국왕 폐하의 세입을 지키는 수호자로서 여러 해 동안 국왕 폐하의 존중과 신임을 받다가 자신도 모르는 사이에 세관에서는 누릴 수 없었던 휴식과 평화를 찾아 다른 세상으로 떠났습니다."

선술집 지하실에서 1쿼트들이 주전자에 머리를 부딪쳐 죽은 바델 씨의 죽음을 비통하게 설명하는 박식한 변호사의 목소리가 떨렸고, 그는 무척 감정적으로 말을 이었다.

"세상을 떠나기 얼마 전, 바델 씨는 작은 소년에게 자신의 모습을 남겼습니다. 바델 부인은 세상을 떠난 소비세 징수원이 세상에 남긴 유일한 징표인 어린아이와 함께 세상을 피해 고요함을 찾아서 외진 고스웰 스트리트로 찾아갔습니다. 그런 다음 거리 쪽으로 난 거실 창문에 이런 벽보를 붙였지요. '독신 신사를 위한 가구 완비 아파트. 집 안으로 문의하세요.'" 버즈퍼즈는 여기에서 잠시 말을 멈추었고, 여러 배심원이 메모를 했다.

"정확한 날짜는 없지요, 맞습니까?" 한 배심원이 물었다.

"정확한 날짜는 없습니다." 버즈퍼즈 변호사가 대답했다. "하지만 3년 전 이맘때쯤 원고의 거실 창문에 붙였다고 합니다. 배심원 여러분, 이 벽보에 쓴 표현에 주목해 주시기 바랍니다. '독신 신사를 위한 가구 완비 아파트!' 신사 여러분, 다른 성별에 대해서 바델 부인이 갖게 된 생각은 세상을 떠난 남편의 헤아릴 수 없을 만큼 고귀한 성품을 오랫동안 지켜본 결과였습니다. 그녀는 두려움도, 불신도, 의심도 없었고, 신임과 신뢰뿐이었습니다. 과부인 바델 부인은 이렇게 말했습니다. '바델 씨는 명예로운 남자였습니다. 바델 씨는 자기 말을 지키는 남자였습니다. 바델 씨는 사기꾼이 아니었습니다. 바델 씨 역시 한때 독신 신사였습니다. 독신 신사에게 제가 기대하는 것은 보호이고, 도움이고, 위안이고, 위로예요. 저는 독신 신사를 보면 언제나 바델 씨가 젊었던 저의 순수한 애정을 처음 얻었을 때 어떤 사람이었는지 떠올릴 거예요. 그래서 제 하숙집을 독신 신사분들에게 드리는 거예요.' 이 아름답고 감동적인 충동 때문에—이것은 불완전한 인간의 성격 가운데에서 가장 훌륭한 충동 중의 하나입니다, 여러분—외롭고 고독한 과부는 눈물을 닦고, 위층에 가구를 갖추고, 어머니로서 순진한 아들을 가슴에 안고, 거실 창문에 광고를 붙였습니다. 광고가 오래 걸려 있었을까요? 아닙니다. 뱀은 끊임없이 지켜보고 있었고, 책략은 세워졌고, 지뢰가 준비되었고, 토목 공병과 지뢰 공병이 이미 활약 중이었습니다. 광고를 거실 창문에 붙인 지 사흘도 채 지나지 않아—배심원 여러분, 단 사흘입니다—어떤 존재가, 두 다리로 똑바로 설 수 있고 괴물이 아닌 사람과 똑같은 외양을 가진 존재가 바델 부인의 집 문을 두드렸습니다. 그는 안으로 들어가서 문의했고, 하숙을 하기로 했고, 바로 다음 날 하숙집으로 들어왔습니다. 이 남자가 바로 피고인 픽윅이었습니다."

유창한 열변을 쏟아내느라 얼굴이 완벽한 심홍색으로 물든 버즈퍼즈 변호사는 여기서 잠시 말을 멈추고 숨을 돌렸다. 침묵이 스테어리 판사를 깨우자 그는 곧장 잉크도 없는 펜으로 뭔가 적은 다음 아주 심각한 표정을 지었지만, 이는 항상 눈을 감고 있을 때 더욱 깊은 생각에 빠져 있다는 인상을 배심원들에게 심어 주기 위해서였다. 버즈퍼즈 변호사가 말을 이었다.

"픽윅이라는 자에 대해서는 길게 말하지 않겠습니다. 흥미로운 주제가 아니기 때문입니다. 배심원 여러분, 저도 여러분도 꺼림직한 냉혹함과 계획적인 악행을 생각하며 즐거워하는 사람이 아니니 말입니다."

그러자 한동안 말없이 몸을 뒤틀고 있던 픽윅 씨는 존엄한 판사와 법 앞에서 버즈퍼즈 변호사에게 덤벼들어야겠다는 생각이 어렴풋이 떠오른 것처럼 난폭하게 벌떡 일어났다. 퍼커가 나무라는 듯한 몸짓으로 그를 말렸고, 픽윅 씨는 클러핀스 부인과 샌더스 부인의 찬탄 어린 표정과는 전혀 다른 분개한 표정으로 박식한 변호사의 말에 귀를 기울였다.

"여러분, 제가 말하는 것은 계획적인 악행입니다." 버즈퍼즈 씨가 픽윅 씨를 보며 그를 향해서 말했다. "제가 말하는 계획적인 악행이라는 것은 말입니다. 만약 피고인 픽윅 씨가 이 법정에 있다면—제가 들은 바에 따르면 여기에 있다고 하는데요—그에게 꼭 말하고 싶습니다. 재판을 그만두는 것이 더욱 착실하고 어울리는 일, 더욱 분별 있고 올바른 일이라고 말입니다. 여러분, 저는 그에게 이렇게 말하고 싶습니다. 그 사람이 이 법정에서 아무리 동의하지 않고 찬성하지 않는다는 몸짓을 보여도 통하지 않을 것입니다. 여러분은 그러한 몸짓을 평가하는 법을, 꿰뚫어 보는 법을 아실 것입니다. 또 픽웍에게 말하고 싶은 것은, 재판장님께서 여러분께 말씀하시겠지만, 의뢰인에 대해 의무를 다하는 변호사를 위협하거나 협박하거나 억압해서는 안 된다는 사실입니다. 그중 무엇이든, 첫 번째든 마지막이든 시도한다면, 그것은 본인에게 그대로 돌아갈 것입니다. 그가 원고든 피고든, 이름이 픽웍이든, 노크스든, 스톡스든, 스타일스든, 브라운이든, 톰슨이든 말입니다."

주제에서 살짝 벗어난 이 이야기는 물론 모두의 눈을 픽웍 씨에게 향하게 만드는 의도했던 효과를 냈다. 도덕적으로 한껏 고조되었던 버즈퍼즈 변호사가 다시 내려와 말을 이었다.

"여러분, 저는 2년 동안 픽웍이 중단이나 휴식 없이 바델 부인의 집에 쭉 살았음을 보여드릴 것입니다. 저는 2년 내내 바델 부인이 그를 돌보고, 편안하게 지내도록 시중을 들고, 그가 먹을 식사를 요리하고, 셔츠를 외부의 세탁부에게 맡길 때는 직접 지켜보고, 그것이 집으로 돌아오면 꿰매고, 말리고, 입을 수 있도록 준비하고, 말하자면 그의 온전한 신뢰와 신임을 받았음을 보여드리겠습니다. 저는 그가 바델 부인의 아들에게 반 펜스씩, 또 어떤 때에는 6펜스씩 몇 번이나 주었음을 보여드릴 겁니다. 그리고 저는 증인을 통해서 그가 아이의 머리를 쓰다듬으며 최근에 설화석고 구슬이나 테라코타 구슬을 땄는지 물은 다음—제가 알기로는 둘 다 이 마을 아이들이 무척 소중하게 여기는 구슬입니다—'다른 아버지가 생기는 건 어떻겠니?'라는 놀라운 질문을 했음을 증명할 것입니다. 상대측의 우리 박식한 친구는 이 증언을 절대 약화하거나 반박할 수 없을 것입니다. 여러분, 저는 또한 1년쯤 전부터 픽윅이 갑자기 제 의뢰인과 서서히 거리를 두려는 것처럼 장시간 동안 집을 비우기 시작했음을 증명하겠습니다. 하지만 저는 당시 그의 결심이 충분히 강하지 않았음을, 또는 만약 그에게 양심이라는 것이 있다면 양심이 이겼음을, 또는 제 의뢰인의 매력과 소양이 그의 남자답지 못한 의도를 이겼음을 증명할 것입니다. 바로 언젠가 그가 시골에서 돌아왔을 때 분명한 말로 그녀에게 결혼을 제안했음을, 그러나 이 엄숙한 계약에 아무 증인이 없도록 미리 특별한 주의를 기울였음을 증명함으로써 말입니다. 저는 그의 세 친구들의 증언에 따라—여러분, 가장 마지못한 증인입니다—그날 아침 그가 원고를 품에 안고 애정 어린 말과 포옹으로 동요한 그녀를 달래는 모습이 발각되었음을 증언할 것입니다."

박식한 변호사의 연설 중에서 특히 이 부분이 참관인들에게 눈에 띄는 영향을 미쳤다. 그는 아주 작은 종잇조각을 두 장 꺼내며 말을 이었다.

"자, 여러분, 딱 한마디만 더 하겠습니다. 이 소송의 당사자들 사이에 두 통의 편지가 오갔는데, 피고의 필체임이 확인되었으며 실로 많은 것을 말해주고 있습니다. 이 편지들 역시 이 남자의 성품을 보여줍니다. 이것은 따뜻한 애정의 표현만을 속삭이는 공개적이고 열렬하고 유창한 서신이 아닙니다. 은밀하고 교활하고 비밀스러운 편지들이지만 다행히도 더없이 열렬한 언어와 더없이 시적인 이미지보다 훨씬 더 결정적입니다. 조심스럽고 의심

많은 눈으로 봐야 하는 편지, 분명 픽윅이 이것을 쓸 당시 편지를 손에 넣은 제삼자를 오도하고 속이려고 의도한 편지이니까요. 첫 번째 편지를 읽겠습니다. '개러웨이즈,[98] 12시 — 친애하는 B. 부인 — 두꺼운 토막고기와 토마토소스. 픽윅 올림.' 여러분, 이게 무슨 뜻이겠습니까? 두꺼운 토막고기라니요! 세상에! 그리고 토마토소스라니요! 여러분, 섬세하고 사람을 잘 믿는 여인의 행복을 이렇게 얄팍한 계략으로 우롱해서야 되겠습니까? 다음 편지는 날짜가 적혀 있지 않은데 그 자체로도 의심스럽습니다. '친애하는 B. 부인, 저는 내일이나 되어야 도착할 겁니다. 완행 마차입니다.' 그런 다음 아주 놀라운 표현이 나옵니다. '워밍팬[99]에 대해서는 걱정 마십시오.' 워밍팬이라니요! 여러분, 누가 워밍팬으로 걱정을 합니까? 그 자체로 무해하고, 유용하고, 한마디 덧붙이자면, 우리를 편안하게 해주는 가재도구 때문에 마음의 평화가 깨지는 남자나 여자가 어디 있습니까? 왜 바델 부인에게 워밍팬에 대해서는 걱정하지 말라고 이토록 진지하게 간청할까요? 이것이 — 의심의 여지가 없습니다 — 숨겨진 불꽃을 뜻하는 것이 아니라면 말입니다. 픽윅이 그녀를 버리기로 신중하게 계획한 다음 교묘하게 꾸며낸 표현, 제가 지금 여기서 설명할 수 없는 미리 정해둔 애정 어린 말이나 약속을 대신하는 표현이 아니라면 무엇이겠습니까? 이 완행 마차는 무엇을 암시할까요? 잘은 모르지만 픽윅 자신을 가리키는 말이겠지요. 이렇게 이야기

98   사업가들이 많이 다녔던 체인지 앨리의 카페.
99   손잡이가 길고 뚜껑이 달린 팬으로, 안에 숯을 넣어 침대를 데우는 데 쓰였다.

가 오가는 내내 픽윅은 분명 범죄의 면에서는 느린 마차였지만 이제 그 속도를 예상치 못하게 높일 것이고, 여러분, 픽윅이 큰 대가를 치루며 깨닫게 되겠지만, 여러분이 곧 그 바퀴에 기름을 칠하게 만들 것입니다!"[100]

여기서 버즈퍼즈 변호사는 잠시 말을 멈추고 배심원들이 자신의 농담에 미소를 짓는지 살폈지만 청과상 외에는 아무도 알아듣지 못했다. 아마도 청과상은 바로 그날 아침 이륜 짐마차에 기름을 쳤기 때문에 이해한 것 같았다. 그러자 이 박식한 변호사는 연설을 마치기 전에 우울한 분위기로 살짝 돌아가는 것이 좋겠다고 생각했다.

"하지만 이런 이야기는 충분합니다." 버즈퍼즈 변호사가 말했다. "가슴 아픈 상황에서 미소를 짓기는 힘드니까요. 깊은 동정심이 깨어났을 때 농담이나 하는 것은 좋은 태도가 아닙니다. 제 의뢰인의 희망과 기대는 산산조각 났고, 일마저 잃었다는 말은 은유가 아닙니다. 벽보는 내려졌고 이제 하숙인은 없습니다. 자격이 있는 독신 남성이 지나가고 또 지나가지만 그들에게 안으로, 또는 밖으로 문의하라는 초대는 없습니다. 집 안은 온통 침울하고 조용해졌고 아이의 목소리마저 작아졌습니다. 어머니가 울면 아이도 놀지 못합니다. 아이의 설화석고 구슬과 테라코타 구슬은 똑같이 방치되고 있습니다. 아이는 구슬치기를 할 때 '준비'라고 외치던 길고 익숙한 소리도 잊었고, 팁치즈[101]나 홀짝도

---

100 '바퀴에 기름을 칠한다grease the wheel'는 표현은 비용을 지불하다는 뜻으로 쓰인다.
101 원통 모양의 작은 나무 조각을 공중에 던져 세게 치는 놀이.

서툴러졌습니다. 그러나 픽윅은, 여러분, 고스웰 스트리트라는 사막에서 오아시스와도 같았던 이 가정을 무참히 파괴한 픽윅은, 우물을 말리고 풀밭에 재를 뿌린 픽윅은, 무정한 토마토소스와 워밍팬을 들고 오늘 여러분 앞에 선 픽윅은, 여전히 염치없이 얼굴도 붉히지 않고 고개를 뻣뻣이 들고 서서 자신이 만든 폐허를 한숨 한 번 쉬는 일 없이 바라보고 있습니다. 여러분, 고액의 배상금이야말로 여러분이 그에게 줄 수 있는 유일한 벌이며, 여러분이 제 의뢰인에게 줄 수 있는 유일한 보답입니다. 그 배상금을 위해서 제 의뢰인은 지금 현명하고, 고결하고, 올바르고, 양심적이고, 공평하고, 동정심 많고, 생각 깊으신 우리 교양 있는 배심원단 여러분께 호소하는 바입니다." 버즈퍼즈 변호사가 멋들어진 말로 연설을 끝내고 자리에 앉자 스테어리 판사가 잠에서 깼다.

"엘리자베스 클러핀스를 불러주십시오." 잠시 후 버즈퍼즈가 다시금 활기차게 일어나며 말했다.

버즈퍼즈의 요청에 그와 가장 가까이 있던 수위는 엘리자베스 터핀스를 큰 소리로 호명했고, 약간 떨어져 있던 수위는 엘리자베스 접킨스를 호명했으며, 세 번째 수위는 숨차게 킹 스트리트로 달려 나가 목이 쉴 때까지 엘리자베스 머핀스를 소리쳐 불렀다.

그사이 클러핀스 부인은 바델 부인, 샌더스 부인, 도슨 씨, 포그 씨의 도움을 받아 증인석으로 올라갔다. 그녀가 제일 위 단에 안전하게 자리를 잡았을 때 바델 부인은 제일 아랫단에 서서 한

손에는 손수건과 덧신, 한 손에는 스멜링솔트[102]가 든 4분의 1파
인트들이 유리병을 들고 돌발 상황에 대비 중이었다. 판사에게
시선을 고정시킨 샌더스 부인은 진지한 표정을 한 채 엄지로 스
프링을 꽉 누르고 있었다.

"클러핀스 부인." 버즈퍼즈가 말했다. "부디 진정하시죠, 부인."
물론 클러핀스 부인은 진정하라는 말을 듣자마자 더욱 격렬하
게 흐느꼈고, 금방이라도 기절할 것 같다거나 나중에 말했듯이
너무 많은 감정이 한꺼번에 몰려온다는 각종 걱정스러운 징후를
드러냈다.

"기억나십니까, 클러핀스 부인?" 버즈퍼즈 변호사가 별로 중
요하지 않은 질문을 몇 가지 한 다음 이렇게 말했다. "지난 7월의
어느 날 아침, 바델 부인이 픽윅 씨의 방을 청소할 때 당신이 2층
뒤쪽에 있었던 것을 기억하십니까?"

"네, 기억합니다." 클러핀스 부인이 대답했다.

"픽윅 씨의 거실은 2층 앞쪽이었지요?"

"네, 그랬습니다." 클러핀스 부인이 대답했다.

"당신은 뒷방에서 무엇을 하고 있었습니까?" 작은 판사가 물
었다.

"재판장님, 배심원님." 클러핀스 부인이 흥미롭게도 흥분하여
말했다. "저는 여러분을 속이지 않을 겁니다."

"속이지 않는 게 좋을 겁니다, 부인." 작은 판사가 말했다.

---

102   탄산암모늄에 향기를 입힌 것으로 기절한 사람에게 냄새를 맡게 해서 깨울 때 쓴다.

"제가 그곳에 있었던 것을 바델 부인은 모릅니다." 클러핀스 부인이 다시 말을 이었다. "저는 3파운드에 2.5펜스 하는 감자를 사려고 작은 바구니를 들고 나갔다가 바델 부인 집 문이 조금 열려 있는 것을 봤어요."

"어디 있다고요?" 작은 판사가 소리쳤다.

"살짝 열린 것 말입니다, 재판장님." 스너빈 변호사가 말했다.

"그렇게 말 안 했는데." 작은 판사가 간사한 표정으로 말했다.

"같은 뜻입니다, 재판장님." 스너빈 변호사가 말했다. 작은 판사는 미심쩍은 표정을 짓더니 이를 기록했다. 그러자 클러핀스 부인이 다시 말을 이었다.

"저는 그저 인사나 하려고 들어갔고 계단을 올라서 뒷방으로 갔습니다. 앞방에서 여러 목소리가 났어요, 그래서……."

"들으셨지요, 클러핀스 부인." 버즈퍼즈 변호사가 말했다. "죄송하지만 그건 잘못된 행동입니다."

"목소리가 아주 커서 저절로 귀에 들어왔어요." 클러핀스 부인이 당당하게 대답했다.

"음, 클러핀스 부인, 당신이 들은 것이 아니라 목소리가 들렸군요. 그중 하나는 픽윅 씨 목소리였습니까?"

"네, 그렇습니다."

클러핀스 부인은 픽윅 씨가 바델 부인에게 말을 걸었다고 진술한 다음 여러 번의 질문을 받은 끝에 우리 독자들이 이미 알고 있는 대화를 조금씩 밝혔다.

배심원들은 미심쩍은 표정을 지었고 버즈퍼즈 변호사는 미소를 지으며 자리에 앉았다. 스너빈 변호사가 그녀의 말 그대로이 며 픽윅 씨는 그 설명이 사실이라고 분명히 진술되기를 원하므로 반대신문을 하지 않겠다고 말하자 배심원들은 상당히 무서운 표정을 지었다.

클러핀스 부인은 말문이 트이자 잠깐 자기 집안 이야기를 하기 아주 좋은 기회라고 생각했다. 그래서 자신은 이 말을 하고 있는 현재 여덟 아이의 어머니이며 약 6개월 후에 클러핀스 씨에게 아홉 번째 아이를 낳아줄 것이 확실하다고 법정에 모인 사람들에게 이야기했다. 이 흥미로운 순간 작은 판사가 크게 화를 내며 끼어들었다. 그 결과 이 훌륭한 여인과 샌더스 부인 모두 더 이상의 협의 없이 잭슨 씨의 에스코트를 받으며 품위 있게 법정 밖으로 나갔다.

"너새니얼 윙클." 스킴핀 씨가 말했다.

"네!" 미약한 목소리가 대답했다. 윙클 씨가 증인석으로 올라가서 선서를 하고 판사를 향해 무척 정중하게 고개 숙여 인사했다.

"날 보지 마세요." 판사가 인사에 답하며 날카롭게 말했다. "배심원단을 봐요."

윙클 씨는 판사의 명령에 따라 그의 생각에 배심원단이 있을 가능성이 가장 높은 곳을 보았다. 당시 머리가 너무나 복잡했던 그에게 뭔가를 본다는 것은 전혀 불가능한 일이었기 때문이다.

윙클 씨는 스킴핀 씨에게 신문을 받았는데 마흔두세 살의 전도유망한 스킴핀 씨는 물론 상대방의 편이 분명한 증인을 혼란스럽게 만들고 싶어서 안달이었다.

"자, 증인." 스킴핀 씨가 말했다. "재판장님과 배심원단에게 이름을 알려주시겠습니까?" 그런 다음 스킴핀 씨는 대답을 똑똑히 들으려고 고개를 한쪽으로 기울였고, 그러면서 웡클 씨가 타고난 위증 성향 때문에 자신의 것이 아닌 이름을 댈 것이라고 예상한다는 듯이 배심원단을 흘끔거렸다.

"웡클입니다." 증인이 대답했다.

"세례명은 뭡니까?" 작은 판사가 화를 내며 물었다.

"너새니얼입니다."

"대니얼, 성은요?"

"너새니얼입니다, 선생님. 아니 재판장님."

"너새니얼 대니얼입니까, 대니얼 너새니얼입니까?"

"너새니얼만 맞습니다. 대니얼은 아니고요."

"그러면 왜 대니얼이라고 말했습니까?" 판사가 물었다.

"그렇게 말하지 않았습니다, 재판장님." 웡클 씨가 대답했다.

"말했습니다." 판사가 얼굴을 잔뜩 찌푸린 채 대답했다. "당신이 그렇게 말하지 않았다면 왜 내가 대니얼이라고 메모를 했겠어요?"

물론 이 주장에는 대답할 수 없었다.

"웡클 씨는 기억력이 별로 좋지 않습니다, 재판장님." 스킴핀 씨가 배심원단을 한 번 더 흘끔거리며 끼어들었다. "신문을 끝내기 전에 웡클 씨의 기억을 환기시킬 방법을 찾을 것입니다."

"조심하는 게 좋을 겁니다." 작은 판사가 사악한 표정으로 증인을 보며 말했다.

가련한 윙클 씨는 고개 숙여 인사한 다음 편안한 척하려고 애를 썼는데 너무 혼란스러운 상황이었기 때문에 오히려 당황한 소매치기 같은 분위기만 났다.

"자, 윙클 씨." 스킴핀 씨가 말했다. "제 말을 잘 들으세요. 그리고 당신을 위해서 충고하는데 조심하라는 재판장님의 권고를 잘 기억하십시오. 당신은 피고인 픽윅 씨의 특별한 친구지요, 맞습니까?"

"지금 기억으로 제가 픽윅 씨를 알게 된 지는 거의……."

"윙클 씨, 질문을 회피하지 마세요. 피고인의 특별한 친구가 맞습니까, 아닙니까?"

"제가 하려던 말은 바로……."

"제 질문에 대답을 할 겁니까, 안 할 겁니까?"

"질문에 대답하지 않으면 체포됩니다." 작은 판사가 공책을 내려다보며 끼어들었다.

"증인." 스킴핀 씨가 말했다. "네, 아니오로 대답하세요."

"네, 맞습니다." 윙클 씨가 대답했다.

"네, 그렇지요. 그런데 왜 그렇다고 바로 말 못했습니까? 어쩌면 원고와도 아는 사이일지 모르겠군요, 윙클 씨?"

"모릅니다. 본 적은 있습니다."

"아, 모르는데 본 적은 있다고요? 자, 그 말이 무슨 뜻인지 배심원단에게 설명해 주시지요."

"저 부인과 친하지는 않지만 고스웰 스트리트에 픽윅 씨를 찾아갔을 때 본 적이 있다는 뜻입니다."

"부인을 얼마나 자주 봤습니까?"

"얼마나 자주요?"

"네, 웡클 씨, 얼마나 자주 봤지요? 요청하신다면 질문을 열두 번이라도 반복해 드리겠습니다." 이 박식한 신사는 단호하고 변함없이 얼굴을 찡그린 채 허리에 양손을 얹고 의심스럽다는 듯 배심원을 향해 미소를 지었다.

이 질문에서 정보를 캐내기 위해 흔히 등장하는 위협이 등장했다. 우선, 웡클 씨는 바델 부인을 몇 번이나 보았는지 말할 수 없다고 대답했다. 바델 부인을 20번 봤냐는 질문에 그는 "물론입니다, 그보다 더 많이 봤습니다"라고 대답했다. 그런 다음 바델 부인을 100번은 보지 않았는지—50번 이상 보았다고 맹세할 수는 없는지—최소 75번은 봤다고 생각하지 않는지 등등의 질문이 이어졌고, 결국 여기서 도달한 만족스러운 결론은 조심해야 하며, 자기가 무엇을 하고 있는지 정신을 차리는 게 좋다는 것이었다. 이런 방식으로 증인은 완전히 초조하고 당혹스러운 지경에 몰렸고, 신문은 다음과 같이 계속되었다.

"웡클 씨, 지난 7월 어느 날에 피고인 픽윅 씨의 방을 찾아간 것을 기억하십니까?"

"네, 기억합니다."

"그때 터프먼 씨, 스노드그래스 씨와 동행했습니까?"

"네, 그랬습니다."

"그들이 여기에 있습니까?"

"네, 있습니다." 윙클 씨가 친구들이 있는 자리를 아주 열심히 바라보면서 대답했다.

"윙클 씨, 제 말을 잘 들으세요, 친구들은 신경 쓰지 마시고." 스킴핀 씨가 배심원들을 향해 또다시 의미심장한 표정을 지어 보이며 말했다. "친구들은 당신과 사전 협의 없이 자기들의 이야기를 진술해야 합니다. 이미 사전 협의를 하지 않았다면 말이지요(다시 한번 배심원들을 흘끔 보았다). 자, 배심원단 여러분께 그날 아침 피고인의 방에서 무엇을 봤는지 말씀하세요. 자, 털어놓으세요. 조만간 우리가 알아내고 말 겁니다."

"피고인 픽윅 씨는 원고를 안고 있었고, 손으로 그녀의 허리를 잡고 있었습니다." 윙클 씨가 당연히 주저하며 대답했다. "원고는 기절한 것 같았습니다."

"피고가 뭐라고 말했습니까?"

"바델 부인에게 착하다고 말하는 것을 들었고, 진정하라고, 이게 무슨 일이냐고, 누가 오기라도 하면 어쩌느냐, 뭐 그런 뜻의 말을 들었습니다."

"자, 윙클 씨, 당신께 드릴 질문은 이제 하나밖에 남지 않았는데, 판사님이 주신 주의를 잘 생각하시기 바랍니다. 당신은 피고인 픽윅이 그때 이렇게 말하지 않았다고 맹세합니까? '친애하는 바델 부인, 당신은 착한 여인이지요. 자, 마음을 단단히 먹으세요. 당신은 이렇게 될 수밖에 없으니까'와 비슷한 말을요."

"저는, 제가 이해하기로는 그런 말이 아니었습니다, 분명히." 윙클 씨는 자신이 들은 몇 마디 말을 이렇게 독창적으로 끼워 맞추는 것에 깜짝 놀라 말했다. "저는 층계참에 있었기 때문에 정확히 듣지는 못했지만 제가 받은 인상은……."

"배심원단이 원하는 것은 당신이 받은 인상이 아닙니다, 윙클 씨. 인상은 솔직하고 정직한 사람에게는 별로 도움이 되지 않을 것 같군요." 스킴핀 씨가 끼어들었다. "당신은 층계참에 있었고 정확히 듣지 못했습니다. 그렇다면 픽윅이 제가 인용한 것과 같은 표현을 쓰지 않았다고 맹세하지는 않는다는 말입니까? 그런 뜻인가요?"

"네, 맹세하지 않겠습니다." 윙클 씨가 대답했고 스킴핀 씨는 의기양양한 표정으로 자리에 앉았다.

여기까지 픽윅 씨의 사건은 별로 만족스럽게 진행되지 않았으므로 새로운 의혹이 제기될 수도 있었다. 그러나 가능하면 좀 더 나은 입장에서 의혹에 맞설 수도 있었기 때문에 펑키 씨는 윙클 씨의 반대신문에서 중요한 무언가를 끌어낼 목적으로 자리에서 일어섰다. 그가 중요한 사실을 끌어낼 수 있었는지는 곧 밝혀질 것이다.

"윙클 씨, 픽윅 씨는 젊은 남성이 아니지요?" 펑키 씨가 물었다.

"아, 아닙니다." 윙클 씨가 대답했다. "제 아버지뻘이지요."

"당신은 제 박식한 친구에게 픽윅 씨를 오랫동안 알았다고 말했습니다. 픽윅 씨가 결혼을 할 것이라고 추측하거나 믿을 만한 이유가 있었습니까?"

"오, 아닙니다. 절대 아니지요." 윙클 씨가 너무나 열심히 대답했기 때문에 펑키 씨는 그를 최대한 빨리 증언석에서 끌어내야

했다. 변호사들이 생각할 때 특히 나쁜 증인은 두 부류였는데, 하나는 주저하는 증인이고 또 하나는 지나치게 열심인 증인이다. 윙클 씨는 두 부류가 모두 될 운명이었다.

"조금 더 질문하겠습니다, 윙클 씨." 펑키 씨가 부드럽고 만족스러운 태도로 말을 이었다. "여성을 대하는 픽윅 씨의 태도나 행동에서 그가 말년의 결혼을 계획하고 있었다고 생각할 만한 점을 본 적 있습니까?"

"오, 아닙니다. 절대 아니에요." 윙클 씨가 대답했다.

"여성과 관련된 그의 태도를 보았을 때, 항상 인생의 상당한 시기를 거치고 자신의 직업과 즐거움에 만족하는 남자로서 오로지 딸을 대하는 아버지처럼 여성을 대했습니까?"

"추호도 의심의 여지가 없습니다." 윙클 씨가 진심으로 대답했다. "그건, 네, 네! 확실합니다."

"바델 부인을 비롯하여 모든 여성을 대하는 그의 행동에서 약간의 의심이라도 가는 점을 전혀 알지 못합니까?" 스너빈 변호사가 눈을 찡긋거렸으므로 펑키 씨가 자리에 앉을 준비를 하며 말했다.

"음, 음, 네." 윙클 씨가 대답했다. "아주 사소한 사건은 예외였지만요. 그것도 분명히 쉽게 설명할 수 있습니다."

자, 스너빈 변호사가 눈을 찡긋거렸을 때 불쌍한 펑키 씨가 자리에 앉았다면, 또는 버즈퍼즈 변호사가 애초에 이 이례적인 반대신문을 막았다면(그는 윙클 씨의 불안함을 보았고 그것이 자신에게 도움이 되는 일로 이어질 가능성이 높다는 사실을 너무나 잘 알았으므로 반대신문을 막을 정도로 바보가 아니었다), 이 불행한 고백은 나오지 않았을 것이다. 윙클 씨의 입술에서 이 말이 튀어나온 순간 펑키 씨는 자리에 앉았고, 스너빈 변호사가 그에게 증인석에서 내려와도 좋다고 황급히 말했다. 윙클 씨가 기꺼이 증인석에서 내려오려는 순간 버즈퍼즈 변호사가 그를 막았다.

"잠깐만요, 윙클 씨. 그대로 계세요." 버즈퍼즈 변호사가 말했다. "재판장님, 아버지뻘 되는 신사가 여성에게 의심스러운 행동을 했던 단 한 번의 사건이 무엇인지 물어도 될까요?"

"변호사의 말을 들으셨지요." 판사가 고뇌에 빠진 가련한 윙클 씨에게 말했다. "방금 말씀하신 상황을 설명하세요."

"재판장님." 윙클 씨가 불안으로 덜덜 떨며 말했다. "저는 안 하고 싶습니다."

"그렇겠지요." 작은 판사가 말했다. "하지만 해야 합니다."

법정 전체에 내려앉은 깊은 침묵 속에서 윙클 씨는 의심스러웠던 사소한 사건이란 픽윅 씨가 한밤중에 어느 여인의 숙소에서 발견된 것이었고, 그 사건은 여인에게 예정되어 있던 결혼이 깨지는 것으로 끝났으며, 그로 인해 일행 전원이 입스위치 치안판사인 조지 넙킨스 귀하 앞에 무력으로 끌려갔다고 더듬더듬 말했다!

"증인석에서 내려가도 좋습니다." 스너빈 변호사가 말했다. 윙클 씨는 과연 증인석에서 내려왔고, 정신 나간 사람처럼 서둘러 조지 앤드 벌처 여관으로 달려갔으며, 몇 시간 뒤 소파 쿠션 아래에 머리를 묻고 힘없고 음산한 모습으로 신음하고 있는 것을 급사가 발견했다.

트레이시 터프먼과 오거스터스 스노드그래스가 각각 증인석으로 불려갔다. 두 사람 모두 불운한 친구의 증언을 확증했고 너무나 난처해서 자포자기하기 직전까지 몰렸다.

그런 다음 수재너 샌더스가 증언대로 불려 올라가서 버즈퍼즈 변호사의 신문을 받은 후 스너빈 변호사의 반대신문을 받았다. 그녀는 픽윅 씨가 바델 부인과 결혼할 것이라고 항상 말했고 그렇게 믿었다. 7월의 기절 사건 이후 바델 부인과 픽윅 씨의 약혼이 그 동네의 주된 이야깃거리임을 알고 있었다. 시트 주름을 펴는 머드베리 부인과 풀을 먹이는 번킨 부인에게 그 이야기를 직접 들었지만 두 사람 다 법정에서는 보지 못했다. 픽윅 씨가 아이에게 다른 아버지가 생기면 어떻겠냐고 묻는 것을 들었다. 당시 바델 부인이 제빵사와 친하게 지내는 것은 알지 못했지만, 제빵사가 독신이었다는 것은 알았고 지금은 결혼했다. 바델 부인이 제빵사를 아주 좋아하지 않았다고 맹세할 수는 없지만, 제빵사가 바델 부인을 아주 좋아하지는 않았다고 생각했다. 그랬다면 다른 사람과 결혼하지 않았을 것이다. 바델 부인이 7월 아침에 기절한 것은 픽윅 씨가 결혼을 승낙해 달라고 요청했기 때문이라고 생각했고, 샌더스 씨가 결혼을 승낙해 달라고 요청했을 때 그녀(증인)가 죽은 듯이 기절했다는 사실을 알고 있었으며, 스스로 여인이라 부르는 사람이라면 누구나 비슷한 상황에서 그렇게 될 것이라고 생각했다. 픽윅 씨가 아이에게 구슬에 대해 묻는 것을 들었지만 맹세코 말하건대 설화석고 구슬과 테라코타 구슬의 차이는 전혀 몰랐다.

법정에 맹세컨대, 샌더스 씨와 친하게 지낼 당시 다른 여인들과 마찬가지로 연애편지를 받았다. 편지를 주고받을 때 샌더스 씨는 그녀를 '오리'라고는 종종 불렀지만 절대 '두꺼운 토막고기'나 '토마토소스'라고 부르지는 않았다. 샌더스 씨는 오리를 유난히 좋아했다. 어쩌면 그가 두꺼운 토막고기와 토마토소스를 좋아했다면 애칭으로 그렇게 불렀을지도 몰랐다.

이제 버즈퍼즈 변호사가—그것이 가능하다면—지금까지보다 더욱 근엄한 표정으로 일어나 "새뮤얼 웰러를 부르시오"라고 큰소리로 외쳤다.

새뮤얼 웰러를 부를 필요는 없었는데 그의 이름이 나오자마자 샘이 증인석으로 활기차게 들어섰기 때문이었다. 그는 모자를 바닥에 놓고 난간에 팔을 걸친 채 새처럼 높은 곳에서 법정을 조망하며 놀랄 만큼 쾌활하고 활달한 태도로 판사석을 꼼꼼히 살폈다.

"이름이 뭡니까?" 판사가 물었다.

"샘 웰러입니다, 재판장님." 그가 대답했다.

"철자가 어떻게 되지요?" 판사가 물었다.

"쓰는 사람의 취향과 기호에 따라 다르지요, 재판장님." 샘이 대답했다. "평생 이름을 한두 번밖에 안 써봤지만, V로 씁니다."

여기서 복도의 어떤 목소리가 크게 외쳤다. "맞다, 새뮤얼, 맞아. V로 기록해 주십시오, 재판장님."

"감히 법정에 말을 거는 사람이 누구지?" 작은 판사가 고개를 들며 말했다. "수위."

"네, 재판장님."

"즉시 저 사람을 데려와요."

"네, 재판장님."

그러나 수위가 그 사람을 찾지 못했기 때문에 데려오지 못했고, 한바탕 소동이 벌어진 후 범인을 찾으려고 일어섰던 사람들이 모두 다시 자리에 앉았다. 자그마한 판사는 말을 할 수 있을 만큼 분노가 가라앉자마자 증인을 향해 물었다.

"말한 사람이 누군지 압니까?"

"제 아버지가 아닐까 싶습니다, 재판장님." 샘이 대답했다.

"지금 여기서 당신 아버지가 보입니까?" 판사가 말했다.

"아니요, 안 보입니다, 재판장님." 샘이 법정 지붕의 제등을 빤히 보면서 대답했다.

"당신이 그 사람을 지목할 수 있었으면 당장 체포했을 겁니다." 판사가 말했다. 샘은 감사의 의미로 고개를 숙인 다음 아까와 똑같이 쾌활한 표정으로 버즈퍼즈 변호사를 보았다.

"자, 웰러 씨." 버즈퍼즈 변호사가 말했다.

"자, 변호사님." 샘이 대답했다.

"이 소송의 피고인 픽윅 씨를 모시고 있지요. 큰 소리로 대답해 주세요."

"큰 소리로 말할 겁니다." 샘이 대답했다. "저는 저 신사분을 모시고 있는데, 아주 좋은 일입니다."

"하는 일은 별로 없고 받는 돈은 많은가 보죠?" 버즈퍼즈 변호사가 익살맞게 말했다.

"아, 충분합니다. 어느 군인이 태형 350대를 선고받았을 때 말한 것처럼요." 샘이 대답했다.

"군인이나 다른 누군가가 무슨 말을 했는지 말해서는 안 됩니다, 증인." 판사가 끼어들었다. "그건 증언이 아니니까요."

"알겠습니다, 재판장님." 샘이 대답했다.

"피고인이 당신을 처음 고용한 날 아침에 있었던 일을 기억하십니까, 어, 웰러 씨?" 버즈퍼즈 변호사가 말했다.

"그렇습니다." 샘이 대답했다.

"무슨 일이 있었는지 배심원단에게 말씀해 주시죠."

"배심원님들, 저는 그날 아침 새로운 옷을 한 벌 받았습니다." 샘이 말했다. "당시 저에게는 아주 특별하고 드문 일이었지요."

여기서 사람들이 웃음을 터뜨렸고, 작은 판사는 화난 표정으로 책상 너머를 내려다보며 말했다. "조심하는 게 좋을 겁니다."

"그때 픽윅 씨도 그렇게 말씀하셨습니다, 재판장님." 샘이 대답했다. "그래서 저는 그 옷을 아주 조심해서 입었지요."

판사는 2분 내내 샘을 엄격한 눈으로 바라보았지만 샘의 표정이 너무나도 평온하고 침착했으므로 아무 말도 하지 않고 버즈퍼즈 변호사에게 계속하라고 손짓했다.

"당신이 하려는 말이 이겁니까, 웰러 씨?" 버즈퍼즈 변호사가 팔짱을 단단히 끼고 이제부터 증인을 괴롭히겠다고 말없이 장담하듯 배심원단을 향해 몸을 반쯤 돌리며 말했다. "지금까지 증인들의 설명처럼 원고가 피고의 품에서 기절한 모습을 전혀 못 봤다는 말씀이신가요?"

"확실히 못 봤지요." 샘이 대답했다. "저는 부르실 때까지 복도에 있었는데, 제가 올라갔을 때는 부인이 안 계셨습니다."

"자, 잘 들으세요, 웰러 씨." 버즈퍼즈 변호사가 샘의 대답을 적는 척해서 겁을 주려고 앞에 놓인 잉크스탠드에 커다란 펜을 담그며 말했다. "당신은 복도에 있었고 무슨 일이 벌어지는지 전혀 못 봤습니다. 두 눈이 있는 겁니까, 웰러 씨?"

"네, 두 눈은 있지만 그게 다입니다." 샘이 대답했다. "제 눈이 특허받은 2백만 배율 최고급 가스 현미경이었다면 계단과 나무문을 통과해서 볼 수 있었을지도 모르죠. 하지만 보시다시피 사람 눈일 뿐이라서 제 시야에는 한계가 있어요."

전혀 초조한 기색이 없는 이 대답에, 더없이 단순하고 침착한 태도에, 참관인들은 소리 죽여 킥킥 웃었고 작은 판사는 미소를 지었으며 버즈퍼즈 변호사는 특히나 멍청해 보였다. 이 박식한 변호사는 도슨, 포그와 짧게 논의한 다음 다시 샘을 향했고, 짜증을 숨기려고 힘들게 애쓰며 말했다. "자, 웰러 씨, 다른 질문을 드리겠습니다."

"원하는 대로 하시죠." 샘이 유쾌하게 대답했다.

"지난 11월에 바델 부인의 집에 갔던 것을 기억하십니까?"

"아, 네. 잘 기억합니다."

"아, 기억하시는군요, 웰러 씨." 버즈퍼즈 변호사가 원기를 되찾으며 말했다. "드디어 뭔가 나오는군요."

"저도 그렇게 생각합니다." 샘이 대답했고, 참관인들이 다시 킥킥거렸다.

"음, 이번 재판에 대해서 잠깐 이야기를 하러 가셨지요. 그렇죠, 웰러 씨?" 버즈퍼즈 변호사가 다 안다는 듯 배심원들을 보며 말했다.

"저는 집세를 내러 갔습니다. 하지만 재판에 대한 이야기도 했지요." 샘이 대답했다.

"아, 재판에 대한 이야기를 하셨군요." 버즈퍼즈 변호사가 중요한 발견에 대한 기대로 얼굴을 밝히며 말했다. "재판에 대해서 무슨 말이 오갔는지 말씀해 주시겠습니까?"

"기꺼이 말씀드려야지요." 샘이 대답했다. "오늘 여기서 신문을 받은 고결한 두 여인이 사소한 이야기를 몇 가지 했고, 도슨 씨와 포그 씨의 훌륭한 행동에 대해서 무척 감탄했습니다. 바로 변호사님 근처에 앉아 계신 두 신사분 말입니다." 그러자 당연히도 사람들의 관심이 도슨과 포그에게 쏠렸고 두 사람은 최대한 고결한 표정을 지었다.

"원고의 변호사들이지요." 버즈퍼즈 변호사가 말했다. "원고의 변호사인 도슨 씨와 포그 씨의 훌륭한 행동을 크게 칭찬했군요, 맞습니까?"

"네." 샘이 말했다. "요행을 바라며 이 사건을 맡아서 픽윅 씨에게 받아낼 돈 말고는 비용을 하나도 청구하지 않다니 정말 마음이 넓다고 했습니다."

전혀 예상치 못했던 대답에 참관인들이 다시 킥킥거렸고, 얼굴이 새빨개진 도슨과 포그는 버즈퍼즈 변호사를 향해 몸을 숙이고 서둘러 그의 귀에 뭐라고 속삭였다.

"여러분 말이 맞군요." 버즈퍼즈가 허세를 부리며 큰소리로 말했다. "재판장님, 이 증인은 너무나 둔감하고 아둔하기 때문에 증언을 받아내려고 애써도 전혀 소용이 없습니다. 증인에게 더 이상의 질문을 하여 법정을 괴롭히지 않겠습니다. 내려가세요."

"저한테 뭐 또 물어보실 분은 없나요?" 샘이 모자를 집어 들고 신중하게 주변을 둘러보며 말했다.

"저는 없습니다, 웰러 씨. 고맙군요." 스너빈 변호사가 웃으며 말했다.

"내려가셔도 좋습니다." 버즈퍼즈 변호사가 초조하게 손을 흔들며 말했다. 지금까지 계속 생각했던 목표처럼 도슨과 포그의 사건에 너무나도 손쉽게 해를 입히고 픽윅 씨에 대해서는 최대한 적은 말을 한 샘은 변호사의 말에 따라 증인석에서 내려갔다.

"이의 없습니다, 재판장님." 스너빈 변호사가 말했다. "이것으로 또 다른 증인의 신문을 생략할 수 있다면 말입니다. 픽윅 씨는 사업에서 은퇴했고, 일하지 않고도 살 수 있는 상당한 자산을 가진 신사임을 증언해 줄 증인입니다."

"좋습니다." 버즈퍼즈 변호사가 서기에게 편지를 제출하며 말했다. "제 변론은 이것으로 끝입니다, 판사님."

그런 다음 스너빈 변호사가 피고소인을 대신하여 배심원단에게 연설을 했다. 그는 무척 길고 단호한 연설에서 픽윅 씨의 품행과 성품에 대해서 더없는 찬사를 늘어놓았는데, 우리의 독자들은 픽윅 씨의 장점과 공적을 스너빈 변호사보다 훨씬 더 정확히 평가할 수 있을 테니 이 박식한 신사의 생각을 더 길게 설명하지 않아도 될 것이다. 스너빈 변호사는 증거로 제출된 편지는 단지 픽윅 씨의 저녁 식사에 관한 것이며, 시골에 갔다가 돌아올 때 그의 방을 준비해 두는 문제에 대해서 이야기하고 있을 뿐임을 증명하려고 했다. 전체적으로 스너빈 씨가 픽윅 씨를 위해 최선을 다했다고 덧붙이는 것으로 충분할 것이다. 그리고 옛날부터 전해져 오는 속담의 확실한 권위가 알려주듯이 최선은 최선일 뿐임은 누구나 안다.

스테어리 판사는 예전부터 확립된 가장 정평이 난 방법으로 재판을 요약했다. 그는 자신이 적은 메모 중에서 이 짧은 시간 내에 해독할 수 있는 만큼을 배심원단에게 읽어주고 자신이 검토한 증거를 간단히 설명했다. 바델 부인이 옳다면 픽윅 씨가 틀렸음이 분명하다. 배심원단이 생각하기에 클러핀스 부인의 증언이 신뢰할 만하다면 믿고, 그렇지 않다면 믿지 않는다. 혼약 파기라고 납득한다면 원고에게 적절하다고 여겨지는 배상을 결정하고, 반대로 결혼 약속을 한 적이 없다고 보인다면 피고에게 배상을 청구하지 않는다. 이제 배심원단이 의논을 하러 별실로 들어갔고, 판사는 자기 방으로 가서 두껍게 썬 양고기를 먹고 셰리주를 한 잔 마셨다.

15분이 초조하게 흐른 다음 배심원단이 돌아왔고 판사가 불려 나왔다. 픽윅 씨는 안경을 쓰고 초조한 표정과 빠르게 뛰는 심장으로 배심원장을 물끄러미 보았다.

"여러분." 검정 옷을 입은 사람이 말했다. "모두 평결에 동의하십니까?"

"그렇습니다." 배심원장이 대답했다.

"원고의 승소입니까, 피고의 승소입니까?"

"원고의 승소입니다."

"배상금은 얼마입니까?"

"750파운드입니다."

픽윅 씨는 안경을 벗고 조심스럽게 닦아서 안경집에 넣은 다음 그것을 다시 주머니에 넣었다. 그러고 나서 아주 꼼꼼하게 장갑을 꼈다. 그는 이렇게 하는 내내 배심원장을 물끄러미 바라보았고, 기계적으로 퍼커 씨와 파란 가방을 따라서 법정을 나섰다.

그들은 대기실에 잠깐 들렀고 퍼커가 법정 이용료를 지불했다. 픽윅 씨는 여기서 친구들과 합류했다. 만족스럽다는 표시로 손을 비비고 있는 도슨 씨와 포그 씨도 여기서 만났다.

"자, 두 분." 픽윅 씨가 말했다.

"네." 도슨이 파트너와 자신을 대표해서 말했다.

"두 분은 비용을 받을 수 있다고 생각하시겠지요?" 픽윅 씨가 물었다.

포그는 그럴 것 같다고 말했고, 도슨은 미소를 지으며 받도록 노력하겠다고 말했다.

"노력하고, 노력하고, 또 노력하시지요." 픽윅 씨가 맹렬하게 말했다. "하지만 내가 남은 평생을 채무자 감옥에서 보내는 한이 있어도 나한테서는 한 푼도 못 받을 겁니다."

"하하!" 도슨이 말했다. "다시 생각하시는 게 좋을 겁니다. 다음 분기가 되기 전에 말입니다, 픽윅 씨."

"헤헤헤! 두고 보면 곧 알겠지요, 픽윅 씨." 포그가 씩 웃었다.

너무 화가 나서 말문이 막힌 픽윅 씨는 변호사와 친구들의 손에 이끌려 법원 정문으로 갔고, 그들의 도움을 받아 전세 마차에 올랐다. 항상 용의주도한 샘 웰러가 불러온 마차였다.

샘이 계단을 올리고 마부석에 뛰어오르려고 할 때 누가 어깨를 살짝 두드리기에 돌아보니, 아버지가 서 있었다. 노신사는 슬픈 표정으로 진지하게 고개를 저으며 경고하듯이 말했다.

"오늘 이렇게 될 줄 알았다. 아, 새미, 새미! 왜 알리바이를 준비 안 한 거냐!"

35장
픽윅 씨가 바스에 가기로 결심하고
이를 행동에 옮기다

"하지만 정말이지, 픽윅 씨." 재판 다음 날 작은 퍼커가 픽윅 씨의
방 앞에 서서 말했다. "정말 진심은 아니겠지요. 화난 감정은 별
개로 하고, 정말 진지하게 소송비용과 배상금을 내지 않겠다는
건 아니겠지요?"

"반 페니도 안 됩니다." 픽윅 씨가 단호하게 말했다. "반 페니도
안 되고말고."

"그 방침은 만세예요. 대금업자가 청구서를 갱신해 주지 않으
면서 말했던 것처럼요." 아침 식사를 마친 그릇을 치우던 웰러 씨
가 말했다.

"샘." 픽윅 씨가 말했다. "아래층으로 내려가주겠나."

"물론이죠." 픽윅 씨의 상냥한 지시에 따라 샘이 물러갔다.

"아닙니다, 퍼커." 픽윅이 아주 진지한 태도로 말했다. "친구들이 여기 와서 내 결심을 돌리려고 노력했지만 소용없었습니다. 저쪽에서 법적으로 강제 집행을 실시할 수 있을 때까지 나는 평소처럼 지낼 겁니다. 저쪽이 정말로 법적 조치를 취해서 나를 체포시킬 만큼 야비하다면 나는 유쾌하고 불만 없이 굴복하겠습니다. 상대방이 언제 법적 조치를 취할 수 있지요?"

"다음 분기에 배상금과 세금에 대한 강제 집행을 실시할 수 있습니다." 퍼커가 대답했다. "지금부터 두 달 뒤지요."

"아주 좋습니다." 픽윅 씨가 말했다. "그때까지는 그 일에 대해서 더 이상 언급하지 말아주시오." 픽윅 씨가 명랑한 미소를 띠고 어떤 안경으로도 흐릿하게 만들거나 숨길 수 없을 만큼 눈을 반짝이며 주변 친구들을 둘러보고 말을 이었다. "유일한 문제는 우리의 다음 행선지라네."

터프먼 씨와 스노드그래스 씨는 친구의 영웅적인 용기에 너무나 감동해서 아무 대답도 하지 못했다. 윙클 씨는 법정에서 증언했던 기억에서 아직 완전히 회복하지 못해 어떤 문제에 대해서든 아무 말도 할 수 없었다. 그러므로 픽윅 씨가 말을 멈춘 것은 아무런 소용이 없었다.

"그렇다면 말이네." 픽윅 씨가 말했다. "나는 바스가 좋겠네. 우리들 중 아무도 바스에 가본 적이 없는 듯하군."

퍼커 씨는 이 제안을 열심히 지지했는데, 픽윅 씨가 약간의 변화를 겪고 즐거움을 맛보면 결심을 재고하고 채무자 감옥에 대한 생각이 바뀔 가능성이 아주 높다는 생각 때문이었다. 따라서 이 제안은 만장일치로 실행에 옮겨졌다. 즉시 샘을 화이트 호스 셀러 여관으로 보내서 다음 날 아침 7시 30분 마차 좌석 다섯 개를 예약했다.

마차 좌석은 실내석 두 자리, 실외석 세 자리밖에 없었기 때문에 샘 웰러가 다섯 자리를 모두 예약했고, 거스름돈에 섞여 있던 백랍 반 크라운 동전[103]에 대해서 예매소 직원과 몇 마디 주고받은 뒤 조지 앤드 벌처 여관으로 걸어 돌아왔다. 그는 잠자리에 들 때까지 분주히 일하며 옷과 셔츠를 최대한 작게 개거나 기계에 대한 천재성을 발휘하여 잠금장치도 경첩도 없는 상자의 뚜껑이 열리지 않게 하는 각종 기발한 방법을 생각해 냈다.

다음 날 아침은 여행을 떠나기에 무척 나쁜 날씨였다. 눅눅하고 축축하고 이슬비가 내렸다. 런던을 나가거나 들어오는 역마차의 말들이 내뿜는 김 때문에 실외석 승객들이 보이지 않을 정도였다. 신문팔이들은 축축해 보이고 곰팡내가 났고, 마차 창문으로 고개를 들이미는 오렌지 장수들의 모자에서 물기가 떨어져 마차 안 공기를 상쾌하게 희석시켰다. 칼날 50개짜리 펜나이프를 팔던 유대인들은 체념하며 칼을 접었고 지갑을 팔던 사람들도 들어가버렸다. 회중시계 사슬과 토스트용 포크 모두 할인 판매 중이었고 필통과 스펀지는 전혀 팔리지 않았다.

20분 일찍 도착한 픽윅 씨와 친구들은 마차가 멈추는 순간 짐 위로 거칠게 몸을 던지는 일고여덟 명의 짐꾼들로부터 짐을 지

---

103 위조 동전. 반 크라운 동전은 원래 은화다.

키도록 샘 웰러를 남겨두고 인간 절망의 마지막 원천인 여행자 대기소로 피신했다.

화이트 호스 셀러의 여행자 대기소는 물론 불편했지만 그렇지 않다면 여행자 대기소가 아니다. 그것은 오른쪽에 위치한 휴게실로, 꿈에 부푼 부엌 난로가 반항적인 부지깽이와 집게, 삽을 데리고 걸어 들어온 듯한 느낌이다. 여행자들이 각각 따로 모일 수 있도록 칸막이로 나뉘어져 있고 시계와 거울, 살아 있는 급사 하나가 갖춰져 있는데 급사는 방 한 구석의 컵을 씻기 위해 마련된 작은 하수구를 지키고 있다.

칸막이 하나를 차지한 사람은 엄한 눈매를 가진 마흔다섯 살 정도의 남자로, 반들반들한 이마 쪽에는 머리카락이 없고 양옆과 뒤쪽에는 검은 머리카락이 꽤 있었으며 검고 긴 구레나룻을 길렀다. 그는 갈색 상의 단추를 목까지 채우고 물개 가죽으로 만든 커다란 여행용 모자를 쓰고 있었고, 외투와 망토는 옆 좌석에 놓여 있었다. 픽윅 씨가 안으로 들어가자 아침 식사를 하던 그는 맹렬하고 위압적인 분위기를 풍기며 고개를 들었는데, 무척 위엄 있어 보였다. 그는 마음이 찰 때까지 픽윅 씨와 동행인들을 꼼꼼히 살핀 후 누군가 자신을 이용하고 싶어 하는 것 같지만 그렇게는 안 될 거라는 듯이 노래를 흥얼거렸다.

"급사." 구레나룻 신사가 말했다.

"네?" 더러운 얼굴에 똑같이 더러운 수건을 든 남자가 앞서 말한 하수구에서 모습을 드러내며 대답했다.

"토스트 추가."

"네, 손님."

"버터 바른 토스트야." 신사가 매섭게 말했다.

"곧 드리겠습니다, 손님." 급사가 대답했다.

구레나룻 신사는 아까와 같은 태도로 노래를 흥얼거렸고, 토스트가 나오기를 기다리는 동안 불가로 자리를 옮겨서 상의 뒷자락을 팔 밑에 끼우고 자기 신발을 보며 생각에 잠겼다.

"마차가 바스의 어디쯤으로 가는지 궁금하군." 픽윅 씨가 윙클 씨에게 부드럽게 말을 걸었다.

"흠, 뭐라고요?" 낯선 남자가 말했다.

"친구한테 이야기 중이었습니다." 언제든지 대화를 시작할 준비가 되어 있는 픽윅 씨가 대답했다. "바스행 마차가 어느 여관으로 가는지 궁금해하던 참입니다. 어쩌면 당신이 가르쳐주실 수 있을지도 모르겠군요."

"바스에 가십니까?" 낯선 남자가 말했다.

"네, 그렇습니다." 픽윅 씨가 대답했다.

"다른 신사분들도요?"

"저 사람들도 갑니다." 픽윅 씨가 말했다.

"실내석은 아니겠지요? 당신들이 실내석이면 큰일인데요." 낯선 남자가 말했다.

"전원은 아닙니다." 픽윅 씨가 말했다.

"네, 전원은 아니겠지요." 낯선 남자가 단호하게 말했다. "내가 두 자리를 샀으니까요. 만약 네 사람밖에 안 들어가는 지옥 같은 마차에 여섯 명을 욱여넣으려고 한다면 이 역마차를 상대로 소송을 걸 거요. 나는 요금을 냈습니다. 그렇게는 안 되지. 좌석을 살 때 직원한테 그렇게는 안 된다고 말했다고. 그렇게들 한다는 걸 압니다. 매일 그러는 건 알지만 난 한 번도 당한 적 없고 앞으로도 절대 안 당할 거요. 나를 잘 아는 사람들은 내 성격을 다 압니다. 이런 제길!" 맹렬한 신사가 무척 거칠게 종을 울리더니 급사를 향해 5초 안에 토스트를 가져오지 않으면 그 이유를 알게 될 거라고 협박했다.

"이보십시오." 픽윅 씨가 말했다. "그렇게 흥분할 필요가 전혀 없다고 말씀드려도 되겠습니까? 저는 실내석을 두 자리밖에 사지 않았습니다."

"그 말을 들으니 기쁘군요." 맹렬한 남자가 말했다. "제 말을 취소하지요. 사과드립니다. 여기 제 명함입니다. 서로 알고 지내십시다."

"물론이지요." 픽윅 씨가 대답했다. "같이 마차를 타고 갈 테니 서로 기분 좋은 사이가 되면 좋겠군요."

"그러길 바랍니다." 맹렬한 신사가 말했다. "그럴 거요. 당신 생김새가 마음에 드는군, 마음에 들어요. 여러분, 악수하고 이름을 알려주시죠."

정중한 말 이후 친밀한 인사가 오갔다. 맹렬한 신사는 계속해서 픽윅 씨의 친구들에게 똑같이 짧고 무뚝뚝하고 갑작스러운 문장으로 자신의 이름은 돌려이며 바스에 놀러 가는 길이라고, 원래 군대에 있었지만 지금은 사업을 시작해 그 수익으로 생활한다고, 또 하나의 좌석은 다름 아닌 바로 그의 아내를 위한 자리라고 말했다.

"좋은 여자죠." 돌러 씨가 말했다. "저는 아내가 자랑스럽습니다. 그럴 만도 하지요."

"저도 직접 뵙고 판단할 기회가 생기면 좋겠군요." 픽윅 씨가 미소를 지으며 말했다.

"그럴 겁니다." 돌러가 대답했다. "제 아내도 당신을 알고 당신을 존경하게 만들어야죠. 저는 특별한 상황에서 아내에게 청혼했습니다. 성급한 맹세로 그녀를 얻었지요. 그녀를 만났고 사랑에 빠졌고 청혼을 했는데 아내가 거절했지요. 다른 남자를 사랑하냐고 물었더니 그렇다고 하더군요. 내가 아는 사람이냐고 물었더니 그렇다고 하기에 그 남자의 가죽을 벗겨버리겠다고 했지요."

"세상에!" 픽윅 씨가 자기도 모르게 소리쳤다.

"그래서 그 신사의 가죽을 벗겼습니까?" 윙클 씨가 아주 창백해진 얼굴로 물었다.

"그 사람에게 쪽지를 썼습니다. 그것이 아주 고통스러운 일이라고 썼지요. 확실히 그랬죠."

"그렇고말고요." 윙클 씨가 끼어들었다.

"저는 신사로서 그의 가죽을 벗기겠다 맹세했다고 말했습니다. 제 평판이 달린 문제였지요. 대안이 없었습니다. 저는 국왕 폐하의 장교로서 그렇게 해야만 했습니다. 유감이었지만 해야만 했지요. 그는 설득을 받아들였습니다. 그 남자도 군대의 규칙은 피할 수 없다는 사실을 알았지요. 그는 달아났고, 나는 아내와 결혼했습니다. 마차가 왔군요. 저기 제 아내가 보입니다."

돌러 씨가 말을 끝맺으며 이제 막 들어온 마차를 가리켰다. 열린 창문으로 밝은 파란색 보닛을 쓴 예쁜 얼굴이 보도에 몰려든 인파를 살피고 있었는데 성급한 남자를 찾는 듯했다. 돌러 씨가 돈을 낸 다음 여행용 모자와 외투, 망토를 들고 서둘러 나갔다. 픽윅 씨와 친구들도 좌석을 확보하려고 그 뒤를 따랐다.

터프먼 씨와 스노드그래스 씨가 마차 뒤쪽에 앉았고 윙클 씨가 안에 탄 다음 픽윅 씨가 그를 따라 들어가려는데, 샘 웰러가 주인에게 다가와 평소와 달리 이상한 분위기로 할 말이 있다고 속삭였다.

"샘, 무슨 일인가?" 픽윅 씨가 말했다.

"좀 이상한 일이 있습니다." 샘이 대답했다.

"뭔가?" 픽윅 씨가 물었다.

"여기 말이에요." 샘이 대답했다. "이 마차 주인이 저희에게 뭔가 수작을 부리는 것 같습니다."

"어째서 그렇지, 샘?" 픽윅 씨가 말했다. "승객 명부에 우리 이름이 없었나?"

"이름이 승객 명부에 있을 뿐만 아니라 이름 하나가 마차 문에 페인트로 적혀 있어요." 샘이 이렇게 말하면서 보통 마차 주인의 이름을 적는 문 부분을 가리켰다. 분명히 상당한 크기의 금빛 글씨로 픽윅이라는 마법 같은 이름이 적혀 있었다!

"이런." 픽윅 씨가 우연에 놀라서 비틀거리며 외쳤다. "정말 이상한 일이군!"

"네, 그런데 이것만이 아닙니다." 샘이 다시 마차 문으로 주인의 시선을 끌며 말했다. "주인님 이름으로 모자라서 그 앞에 '모지스'라고 써놨어요. 사람을 때리고 모욕까지 하는 격이지요. 사람들이 앵무새를 원래 살던 곳에서 데려와 놓고 영어까지 하게 만들었을 때 앵무새가 했던 말처럼요."

"확실히 이상한 일이군, 샘." 픽윅 씨가 말했다. "하지만 여기 서서 이렇게 얘기하다가는 자리를 뺏기겠어."

"아니, 그러면 아무것도 안 한다는 말씀이세요?" 픽윅 씨가 아무렇지도 않게 안으로 들어가려고 하자 깜짝 놀란 샘이 외쳤다.

"뭘 할 수 있겠나?" 픽윅 씨가 말했다.

"이렇게 무례한 짓을 했는데 아무도 때리지 않는다고요?" 적어도 차장과 마부에게 덤벼서 즉석에서 권투라도 하라는 지시를 받을 줄 알았던 웰러 씨가 말했다.

"물론이지." 픽윅 씨가 열심히 대답했다. "절대 안 되네. 바로 올라타게."

"정말 걱정이군." 샘이 돌아서면서 혼잣말을 했다. "주인님이 좀 이상해지신 것 같아. 아니면 이렇게 조용히 넘어가지 않을 텐데. 재판 때문에 정신이 나가신 게 아니면 좋겠지만. 좋지 않아, 아주 좋지 않아." 웰러 씨가 엄숙하게 고개를 저었다. 샘이 이 일에 몹시 신경을 썼다는 증거로 마차가 켄싱턴 요금소에 도착할 때까지 그가 한 마디도 하지 않았음을 밝혀둘 필요가 있을 것이다. 샘이 말없이 앉아 있기에는 너무나 긴 시간이었고, 전례가 없는 일이었다.

바스까지 가는 동안 특별히 언급할 만한 일은 없었다. 돌러 씨는 여러 가지 이야기를 했는데, 전부 그의 용맹함과 무모함을 잘 보여주는 이야기들이었고, 매번 부인에게 맞는지 확인했다. 그러면 돌러 부인은 항상 돌러 씨가 잊어버리거나 어쩌면 겸손하게 구느라 빼놓은 놀라운 사실이나 상황을 덧붙였는데, 그 내용은 항상 돌러 씨가 겉으로 드러내는 모습보다 훨씬 더 멋진 사람임을 보여주는 것이었다. 픽윅 씨와 윙클 씨는 무척 감탄하며 귀를 기울였고 중간중간 돌러 부인과도 이야기를 나누었다. 그녀는 무척 상냥하고 매력적인 사람이었다. 그렇게 해서 돌러 씨가 갖가지 일화를 들려주고, 돌러 부인이 매력을 드러내고, 픽윅 씨가 명랑함을 발휘하고, 윙클 씨가 경청하는 가운데 마차 안의 분위기는 내내 화기애애했다.

마차 실외석은 언제나와 마찬가지였다. 어느 역에서든 출발 직후에는 무척 유쾌하고 말이 많았고, 중간에는 무척 우울하고 졸렸으며, 다음 역에 거의 도착했을 때는 다시 잠에서 깨어 무척 밝아졌다. 고무 망토를 입은 젊은 신사가 하나 있었는데, 그는 온종일 시가를 피웠다. 또 외투 비슷한 것을 입은 젊은 신사가 한 명 더 있었는데, 그 역시 시가에 계속 불을 붙였지만 두 번째 모금을 내뿜고 나면 안절부절못하다가 아무도 보지 않는다 싶을 때 시가를 던져버렸다. 마부석에 앉은 세 번째 청년은 가축에 대해서 공부하고 싶다고 했고, 뒤쪽에 앉은 나이 많은 사람은 농사일에 대해서 잘 알았다. 또 작업복이나 흰색 상의를 입은 사람들은 끊임없이 서로 이름을 부르며 친하게 굴었다. 이들은 마차 차장이 태워주겠다고 부른 사람들로, 도로 안팎의 말과 여관 마부를 전부 다 알았다. 시간 내에 먹을 수 있는 적당한 사람만 모이면 한 사람당 반 크라운이라는 싼값을 내고 먹을 수 있는 식사도 있었다. 저녁 7시에 픽윅 씨와 친구들, 돌러 씨와 아내는 바스 그랜드 펌프 룸[104] 맞은편 화이트 하트 호텔의 개인 응접실로 각자 물러났다. 이 호텔 급사들은 제복만 보면 웨스트민스터 학교 학생으로 착각할 수도 있었지만 훨씬 훌륭한 품행으로 그러한 착각을 깨뜨렸다.

다음 날 아침, 식사를 마치고 식기를 치우기도 전에 급사가 돌러 씨의 명함을 가지고 들어와서 친구를 소개하고 싶다는 그의 전언을 전했다. 명함을 전하자마자 돌러 씨가 친구와 함께 안으로 들어왔다.

그의 친구는 쉰 살이 넘지 않은 매력적인 사람으로, 화려한 단추가 달린 아주 밝은 파란색 상의, 검정색 바지, 얇고 잘 닦은 장화 차림이었다. 목에는 짧고 널찍한 검정 리본에 묶인 금테 안경이 걸려 있었고, 왼손으로는 금으로 만든 코담배 상자를 가볍게 쥐고 있었으며, 손가락에서 수많은 금반지가 번쩍거렸고, 셔츠 프릴에서는 금과 커다란 다이아몬드로 만든 핀이 반짝였다. 금 사슬에는 금시계와 커다란 금 인장이 몇 개 달려 있었고, 머리 부분을 묵직한 금으로 만든 유연한 흑단 지팡이를 들고 있었다. 리넨 셔츠는 더없이 하얗고, 더없이 멋지고, 더없이 빳빳했다. 그의

104 바스의 역사적 건물. 바스의 유명 온천 로만 바스 옆에 있으며 광천수나 가벼운 음식을 먹을 수 있다.

가발은 더없이 반들반들하고, 더없이 까맣고, 더없이 곱슬거렸다. 그의 코담배는 프린시즈 믹스처였고, 향수는 부케 뒤 로이였다.[105] 그의 얼굴에는 영원한 미소가 새겨져 있었고, 치아는 어찌나 가지런한지 약간만 떨어져서 봐도 진짜 치아와 의치를 구분하기 힘들었다.

"픽윅 씨." 돌러가 말했다. "제 친구인 앤젤로 사이러스 밴텀 귀하, 예식 담당관 밴텀입니다. 이쪽은 픽윅 씨. 인사하시죠."

"바스에 잘 오셨습니다. 정말 대단한 땅이지요. 바스에 오신 것을 정말 환영합니다. 오래됐군요. 정말 오래됐어요, 픽윅 씨. 당신이 이 광천수를 마신 지 말입니다. 아주 옛날 일 같군요, 픽윅 씨. 놀라워요!"

예식 담당관 앤젤로 사이러스 밴텀 귀하는 이렇게 말하며 픽윅 씨의 손을 잡았고, 그대로 손을 잡은 채 끊임없이 고개 숙여 인사하고 어깨를 으쓱거렸는데, 마치 이 손을 다시 놓는 것이 너무나 고통스러운 일이라서 좀처럼 결단을 내리지 못하는 사람 같았다.

"광천수를 마신 지 확실히 아주 오래되었지요." 픽윅 씨가 대답했다. "제가 알기로 저는 여기에 온 적이 없으니까요."

"바스에 온 적이 없다고요?" 예식 담당관이 깜짝 놀라 손을 놓으며 외쳤다. "바스에 온 적이 없다니! 헤헤, 익살이 뛰어나시군요. 나쁘지 않아요, 나쁘지 않아. 좋습니다, 아주 좋아요. 헤헤헤!

---

105 둘 다 왕 또는 군주라는 뜻이 들어 있다.

놀라워요!"

"부끄럽지만 저는 정말 진지하다고 말씀드려야겠군요." 픽윅 씨가 대답했다. "저는 정말로 여기에 와본 적이 없습니다."

"아, 그렇군요." 예식 담당관이 무척 기쁜 표정으로 외쳤다. "네 네, 좋아요, 좋아. 그게 더 나아요, 나아. 우리는 당신에 대해서 들어봤습니다. 네, 당신을 알지요, 픽윅 씨. 알아요."

'패씸한 신문에 재판 기사가 실렸나 보군. 사람들이 내 얘기를 전부 들은 거야.' 픽윅 씨가 생각했다.

"클래펌 그린에 사는 신사분이지요?" 밴텀이 말을 이었다. "포트와인을 마시고 나서 감기에 걸리는 바람에 팔다리를 못 쓰게 된 사람 말입니다. 통증이 너무 심해서 움직이지도 못했는데 킹즈 바스 온천의 물로 목욕을 한 다음 재채기를 한 번 하고 싹 나았지요. 정말 놀라워요!"

픽윅 씨는 이 추측에 칭찬이 담겨 있다는 사실은 알았지만 그래도 그렇지 않다고 부인할 정도의 자제력은 있었다. 예식 담당관이 잠시 말을 멈춘 틈을 타서 픽윅 씨가 친구 터프먼 씨, 윙클 씨, 스노드그래스 씨를 소개했고, 그러자 예식 담당관은 물론 너무나도 기쁘고 영광스럽게 여겼다.

"밴텀." 돌러 씨가 말했다. "픽윅 씨와 친구분들은 외지인이네. 이름을 적어야 해. 명부가 어디 있지?"

"바스를 찾아온 유명한 손님들의 이름을 적는 명부는 오늘 오후 2시에 펌프 룸에 있을 거야." 예식 담당관이 대답했다. "나중에 그 멋진 건물로 우리 친구들을 안내해서 내가 자필 서명을 받게 해주겠나?"

"그러지." 돌러가 대답했다. "너무 오래 머물렀군. 갈 시간이야. 한 시간 뒤에 다시 오겠습니다. 가세."

"오늘 밤에 무도회가 열립니다." 일어서던 예식 담당관이 다시 픽윅 씨의 손을 잡고 말했다. "바스의 무도회는 천국에서 훔쳐온 시간이지요. 음악, 아름다움, 우아함, 패션, 예의 때문에, 그리고, 그리고 무엇보다도 상인이 없기 때문에 무척 매혹적이랍니다. 상인은 천국과 어울리지 않지요. 게다가 길드홀에서 2주에 한 번씩 자기들끼리 모이는데 정말이지 참 놀라운 일입니다. 그럼 다들 안녕히 계세요, 안녕히!" 예식 담당관 앤젤로 사이러스 밴텀 귀하는 계단을 내려가는 내내 더없이 만족스럽고, 더없이 기쁘고, 더없이 감동적이고, 더없이 기분 좋다고 말한 다음 문 앞에서 기다리던 아주 우아한 사륜 경마차에 오르더니 덜컹거리며 멀어졌다.

약속한 시간이 되자 픽윅 씨와 친구들은 돌러의 안내를 받아 바스의 연회장인 어셈블리 룸으로 가서 명부에 이름을 적었다. 이 겸허한 행동에 앤젤로 밴텀은 이전보다 더욱 감동했다. 일행 전체가 그날 밤 무도회에 참석할 수 있는 입장권을 구해두기로 했지만 아직 준비가 되지 않았기 때문에 앤젤로 밴텀이 극구 반대했음에도 불구하고 픽윅 씨가 오후 4시에 샘물 퀸 스퀘어에 위치한 예식 담당관의 집으로 보내겠다고 했다. 일행은 바스 시내를 잠깐 산책하다가 파크 스트리트는 꿈에서나 나올 법한 절대 오르지 못할 가파른 거리와 무척 비슷하다는 만장일치의 결론을 내린 다음 화이트 하트 여관으로 돌아왔고, 픽윅 씨는 약속대로 샘에게 심부름을 시켰다.

샘 웰러는 아주 편안하고 우아하게 모자를 쓴 다음 조끼 주머니에 손을 찔러 넣고 퀸 스퀘어를 향해 느긋하게 걸어가며 휘파람을 불었다. 당시 가장 인기가 많았던 노래들을 사람의 입과 배라는 고귀한 악기를 위해 완전히 새롭게 편곡한 것이었다. 퀸 스퀘어의 정해진 번지에 도착한 샘은 휘파람을 멈추고 경쾌하게 문을 두드렸다. 그러자 멋진 제복 차림에 균형 잡힌 키, 머리에 가루를 뿌린 하인이 즉시 나왔다.

"여기가 밴텀 씨 댁입니까?" 샘 웰러가 멋진 제복을 차려입고 머리에 가루를 뿌린 하인의 화려한 모습에도 전혀 놀라지 않고 물었다.

"무슨 일이지요, 젊은이?" 머리 가루를 뿌린 하인이 거만하게 물었다.

"맞으면 밴텀 씨에게 이 명함을 드리고 웰러 씨가 기다린다고 전해주시죠. 부탁드립니다, 6피트 씨." 샘이 말했다. 그는 이렇게 말하면서 아주 침착하게 복도로 들어가 자리에 앉았다.

머리에 가루를 뿌린 하인이 문을 쾅 닫고 얼굴을 잔뜩 찌푸렸지만 샘은 둘 다 알아차리지 못한 채 상당히 마음에 든다는 표정으로 마호가니 우산꽂이를 바라보고 있었다.

주인이 명함을 받자 하인이 샘을 우호적으로 생각하게 된 것이 분명했다. 명함을 전달하고 돌아온 하인이 친절한 미소를 지으며 답장이 금방 준비될 것이라고 말했기 때문이다.

"아주 좋습니다." 샘이 말했다. "당신 주인님께 땀을 흘릴 필요는 없다고 전해주시죠. 서두를 것 없으니까요. 정찬도 벌써 들었거든요."

"정찬을 꽤 빨리 드시는군요." 머리에 가루를 뿌린 하인이 말했다.

"빨리 먹어야 그다음 식사가 더 맛있어서요." 샘이 대답했다.

"바스에 오신 지 오래되었습니까?" 머리에 가루를 뿌린 하인이 물었다. "처음 뵌 것 같은데요."

"여기서는 아직 사람들을 놀랠 만한 일을 하지 않았지요." 샘이 대답했다. "저도, 상류층 분들도 어제 저녁에야 도착했거든요."

"좋은 곳이지요." 머리에 가루를 뿌린 하인이 말했다.

"그런 것 같군요." 샘이 말했다.

"즐거운 사교계랍니다." 머리에 가루를 뿌린 하인이 말했다. "하인들도 상냥하고요."

"그런 것 같군요." 샘이 대답했다. "붙임성 좋고 꾸밈없고 누구에게도 아무 말도 하지 않는 사람들이네요."

"아, 정말 그렇답니다." 샘의 말을 큰 칭찬으로 받아들인 하인이 말했다. "정말 그렇지요. 이런 것도 좀 하십니까?" 키 큰 하인이 여우 머리가 그려진 자그마한 코담배 상자를 꺼내며 물었다.

"항상 재채기가 나서요." 샘이 대답했다.

"음, 확실히 어렵지요." 키 큰 하인이 말했다. "조금씩 하면 됩니다. 연습하기에는 커피가 제일 좋아요. 저는 오랫동안 커피를 가지고 다녔답니다. 래피[106]랑 아주 비슷해 보이죠."

이때 종이 날카롭게 울리는 바람에 머리에 가루를 뿌린 하인은 굴욕적이게도 여우 머리가 그려진 상자를 주머니에 넣고 겸손한 얼굴로 밴텀 씨의 서재로 서둘러 갈 수밖에 없었다. 덧붙여 말하자면, 절대 읽지도 쓰지도 않으면서 서재라 부르는 작은 뒷방을 가지고 있지 않은 사람을 우리는 본 적이 없다.

"답장입니다." 머리에 가루를 뿌린 하인이 말했다. "죄송하지만 커서 불편하겠군요."

"괜찮습니다." 샘이 작은 표가 동봉된 편지를 받으며 말했다. "지친 사람도 들고 갈 수 있겠는데요."

"또 만나면 좋겠군요." 머리에 가루를 뿌린 하인이 양손을 문지르며 문 앞 계단까지 샘을 따라 나와 말했다.

"정말 고맙습니다." 샘이 대답했다. "몸을 너무 혹사시키지 마세요, 정말 친절하시네요. 너무 열심히 일해서 몸을 다치지 않도록 하세요. 당신 동료들을 위해서도 최대한 느긋해지시고요. 당신이 없으면 얼마나 큰 손해일지만 생각하시라고요." 샘 웰러는 이렇게 감동적인 말을 남기고 떠났다.

"정말 특이한 청년이군." 머리에 가루를 뿌린 하인이 이렇게 말하며 웰러 씨의 뒷모습을 지켜보았는데, 그의 말을 전혀 이해하지 못했음을 여실히 보여주는 표정이었다.

샘은 아무 말도 하지 않았다. 그는 눈을 찡긋하고, 고개를 젓

---

106 더 진한 담뱃잎으로 만든 거친 코담배.

고, 미소를 짓고, 다시 눈을 찡긋했다. 그런 다음 무슨 생각이 떠올라 무척 즐거워하는 표정으로 활기차게 걸어갔다.

그날 밤 정확히 8시 20분 전에 예식 담당관 앤젤로 사이러스 밴텀 귀하가 똑같은 가발, 똑같은 치아, 똑같은 안경, 똑같은 시계와 인장, 똑같은 반지, 똑같은 셔츠 핀, 똑같은 지팡이와 함께 어셈블리 룸 문 앞에 선 마차에서 내렸다. 그의 모습에서 변한 부분이 있다면 흰색 실크 안감을 댄 더 밝은 파란색 상의에 검정 타이츠, 검정색 실크 양말, 펌프스, 흰 조끼 차림이라는 것과 향수 냄새가 약간 더 짙어졌다는 것이었다.

이렇게 차려입은 예식 담당관은 지극히 중요한 직업적 의무를 충실하게 다하기 위해 무도회장에 서서 손님들을 맞이했다.

바스에는 사람이 무척 많았기 때문에 손님들과 차값 6펜스가 쏟아져 들어왔다. 무도회장에서, 길쭉한 카드놀이 방에서, 팔 각형 카드놀이 방에서, 계단에서, 복도에서 수많은 목소리와 수많은 발소리가 울려서 정말 당혹스러울 정도였다. 드레스가 바스락거리고, 깃털이 흔들리고, 빛이 불타오르고, 보석이 반짝거렸다. 낮고 고요한 음악—아직 연주를 시작하지 않은 카드리유 관현악단의 음악이 아니라 작고 조용한 발소리와 이따금 들리는 맑고 명랑한 웃음소리—이 들렸는데, 바스에서든 어디에서든 여성의 목소리를 듣는 것은 무척 기분 좋은 일이었다. 사방에서 즐거운 기대로 반짝이는 눈들이 보였고, 어디로 시선을 돌리든 무척 아름다운 형체가 사람들 사이를 우아하게 누비다가 사라지자마자 똑같이 고상하고 매력적인 형체가 또다시 나타났다.

다실에 앉아 있거나 카드 테이블 주변을 맴도는 괴상한 노부인들과 노쇠한 신사들은 그날의 스캔들과 그 밖의 소소한 화제에 대해서 너무나도 맛깔스럽게 이야기를 나누었기 때문에 그들이 이 수다를 얼마나 즐기고 있는지 잘 알 수 있었다. 그리고 딸의 결혼 상대를 찾는 어머니 서너 명이 이들과 어울렸는데, 이들은 대화에 완전히 몰두하는 것처럼 보였지만 가끔 초조한 눈빛으로 딸들을 흘끔거리는 것을 잊지 않았다. 시간을 최대한 잘 활용하라는 어머니의 명령을 잊지 않은 딸들은 벌써 스카프를 엉뚱한 데 두거나, 장갑을 끼거나, 컵을 내려놓는 것을 시작으로 남자들과 노닥거렸다. 겉으로 보기에는 사소한 행동 같았지만 노련한 사람들은 깜짝 놀랄 정도로 잘 활용할 수 있는 도구였다.

문 근처나 제일 안쪽 구석에서 어슬렁거리는 것은 다양한 무리의 실없는 청년들이었는데, 젊은이 특유의 온갖 치기와 멍청함을 드러내고 있었다. 이들은 어리석은 생각과 자만심으로 주변의 분별 있는 사람들을 재미있게 해주면서 자신이 사람들의 찬탄을 자아내고 있다는 행복한 착각에 빠져 있었는데, 이것은 제대로 된 사람이라면 누구도 불평할 수 없는 현명하고 자비로운 신의 섭리였다.

마지막으로 뒤쪽 긴 의자에서는 육십 대를 넘긴 다양한 미혼 여성들이 저녁 시간 내내 지킬 자리를 벌써부터 잡고 앉아 있었다. 이들은 파트너가 없기 때문에 춤을 추지 않았고, 돌이킬 수 없는 독신녀로 낙인찍힐까 봐 카드놀이를 하지도 않았으며, 모두의 험담을 하면서도 자기 체면은 깎이지 않는 유리한 입장이었다. 간단히 말해서 모두가 이곳에 있었기 때문에 이 여자들은 모두의 험담을 할 수 있었다. 무도회는 유쾌함과 반짝임, 과시의 현장이었고 화려하게 차려입은 사람들, 멋진 거울들, 백악을 칠한 바닥들, 가지 달린 장식 촛대들, 밀랍 양초들이 있었다. 그리고 어느 한 장면에서도 빠지지 않고 소리 없이 미끄러지듯 이리저리 옮겨 다니면서 이쪽에 모인 사람들에게 아첨하듯 고개 숙여 인사하고, 저쪽에 모인 사람들에게 친밀하게 고개를 끄덕이고, 모두에게 자신만만한 미소를 짓는 사람은 바로 깔끔하게 차려입은 예식 담당관 앤젤로 사이러스 밴텀 귀하였다.

"다실로 갑시다. 다들 6펜스를 냈으니 그만큼 마셔야지요. 여기서는 따뜻한 광천수를 차라고 부릅니다. 드시죠." 돌러 씨가 큰 목소리로 픽윅 씨에게 지시하자 픽윅 씨는 돌러 부인과 팔짱을 끼고 일행을 이끌며 걸어갔다. 픽윅 씨가 다실로 들어가자 밴텀 씨가 그를 알아보고 사람들 사이를 요리조리 빠져나와 무척 기뻐하며 반겼다.

"정말 영광이군요. 바스의 명예입니다. 돌러 부인, 부인 덕분에 이곳이 훨씬 빛나는군요. 깃털 장식이 정말 아름답습니다. 놀라워요!"

"여기 누가 있나?" 돌러 씨가 의심스럽게 물었다.

"누가 있냐고! 바스의 최상류 사람들이지. 픽윅 씨, 저기 거즈 터번을 쓴 부인이 보이세요?"

"뚱뚱한 노부인 말입니까?" 픽윅 씨가 천진난만하게 물었다.

"쉿, 픽윅 씨, 바스에 뚱뚱하거나 늙은 사람은 없어요. 저분이 귀족 미망인 스너퍼너프 부인입니다."

"그래요?" 픽윅 씨가 말했다.

"바로 그분이죠, 확실합니다." 예식 담당관이 말했다. "쉿. 조금
더 가까이 오세요, 픽윅 씨. 이쪽으로 다가오는 호화로운 복장의
청년이 보이십니까?"

"머리가 길고 이마가 유난히 작은 사람 말입니까?" 픽윅 씨가
물었다.

"네, 바로 그 사람이요. 현재 바스에서 가장 부유한 청년이죠.
머튼헤드 경이랍니다."

"설마요." 픽윅 씨가 말했다.

"맞아요. 곧 목소리도 듣게 되실 겁니다, 픽윅 씨. 저에게 말을
걸 거예요. 그 옆에 빨간 속조끼에 검은 콧수염을 기른 신사분은
머튼헤드 경의 죽마고우인 크러시튼 각하죠. 여러분, 안녕하십니
까?"

"아주 덥군요, 밴텀." 경이 말했다.

"정말 따뜻하지요." 예식 담당관이 말했다.

"지독하네요." 크러시튼 각하가 동의했다.

"경의 우편 마차를 봤습니까, 밴텀?" 짧은 침묵이 흐른 뒤 크
러시튼 각하가 물었다. 침묵이 흐르는 동안 머튼헤드 경은 픽윅
씨가 당황할 정도로 그를 뚫어지게 바라보았고, 크러시튼 각하
는 무슨 화제를 꺼내야 머튼헤드 경이 말을 제일 잘할 수 있을지
고민했다.

"이런, 못 봤습니다." 예식 담당관이 대답했다. "우편 마차라고

요! 정말 좋은 생각이군요. 놀라워요!"

"세상에!" 경이 말했다. "내가 새로 마련한 우편 마차를 다들 봤을 줄 알았는데. 어디서도 보지 못했을 정도로 고상하고 아름답고 우아한 탈것이죠. 크림색과 붉은 색으로 칠했습니다."

"편지를 넣는 상자도 있고 전부 다 갖추었지요." 크러시튼 각하가 말했다.

"그리고 앞쪽에 작은 좌석이 있고, 마부를 위한 철제 손잡이도 있습니다." 경이 덧붙였다. "얼마 전 아침에 우체부처럼 진홍색 상의를 입고 브리스틀까지 몰고 갔지요, 하인 두 명이 뒤에서 말을 타고 따라왔고요. 세상에, 사람들이 다들 나를 보고 우체부가 아닌지 확인하려고 오두막에서 뛰쳐나오는 바람에 앞으로 나가지 못할 지경이었다니까요. 멋지지요, 정말 멋져요."

경이 이야기를 마친 다음 진심으로 웃었고, 물론 이야기를 듣는 사람들도 그랬다. 머튼헤드 경은 굽실거리는 크러시튼과 팔짱을 끼고 멀어졌다.

"유쾌한 젊은이지요." 예식 담당관이 말했다.

"그런 것 같군요." 픽윅 씨가 무미건조하게 대답했다.

춤이 시작되고, 사람들을 서로 소개하고, 모든 준비가 끝나자 앤젤로 밴텀이 픽윅 씨와 다시 합류하여 그를 카드놀이 방으로 이끌었다.

두 사람이 안으로 들어가자 스너퍼너프 부인과 나이 많고 휘스트를 좋아할 듯한 부인 두 명이 빈 카드 테이블 근처를 서성이고 있었다. 세 사람은 앤젤로 밴텀의 안내를 받으며 들어온 픽윅 씨를 보자마자 그야 말로 러버에 딱 맞는 사람이라는 것을 알고 서로 눈짓을 주고받았다.

"밴텀 씨." 스너퍼너프 부인이 구슬리듯 말했다. "이 테이블을 채울 좋은 사람 좀 찾아줘요. 여기 좋은 사람이 있네요." 마침 픽윅 씨는 그때 다른 쪽을 보고 있었기 때문에 스너퍼너프 부인이 고갯짓으로 픽윅 씨를 가리키며 의미심장하게 얼굴을 찡그렸다.

"부인, 제 친구인 픽윅 씨는 분명 아주 놀랄 만큼 기뻐할 겁니다." 예식 담당관이 눈치를 채고 말했다. "픽윅 씨, 이쪽은 스너퍼너프 부인, 웍스비 대령 부인, 볼로 양입니다."

픽윅 씨는 부인들에게 차례로 고개 숙여 인사한 다음 달아날 수 없음을 깨닫고 카드를 섞었다. 픽윅 씨와 볼로 양, 스너퍼너프 부인과 웍스비 대령 부인이 한 팀이 되었다.

두 번째로 카드를 나누고 승부가 시작되어 카드를 뒤집고 있을 때 젊은 여인 두 명이 황급히 들어오더니 웍스비 대령 부인의 양쪽에 자리를 잡고 게임이 끝날 때까지 참을성 있게 기다렸다.

"자, 제인." 웍스비 대령 부인이 두 아가씨 중 한 명을 돌아보며 말했다. "무슨 일이지?"

"엄마, 제일 어린 크롤리 씨랑 춤춰도 되는지 물어보러 왔어요." 둘 중 더 예쁘고 더 젊은 아가씨가 속삭였다.

"세상에, 제인, 어떻게 그런 생각을 할 수 있니!" 어머니가 화를 내며 대답했다. "그 사람 아버지는 연수입이 800파운드밖에 안 되는데! 그마저도 아버지가 돌아가시면 끝난다고 몇 번이나 말했잖니? 네가 부끄럽구나. 절대 안 돼."

"엄마." 여동생보다 훨씬 나이가 많고 생기도 없고 부자연스럽게 생긴 아가씨가 말했다. "머튼헤드 경을 소개받았는데, 제 생각에는 제가 약혼을 안 한 것 같다고 말했어요."

"정말 귀엽기도 하지, 우리 딸." 웍스비 대령 부인이 딸의 뺨을 부채로 톡톡 치며 대답했다. "늘 믿음직스럽다니까. 그 사람은 정말 큰 부자란다, 애야." 웍스비 대령 부인은 이렇게 말하며 큰딸에게 입을 맞추고 작은 딸에게는 경고하듯 얼굴을 찌푸린 다음 자기 패를 정리했다.

불쌍한 픽윅 씨! 그는 지금까지 이렇게 철저한 여자 셋과 카드놀이를 한 적이 없었다. 이들은 너무나도 날카로웠기 때문에 픽윅 씨는 겁을 먹었다. 픽윅 씨가 게임을 잘못하면 볼로 양이 매섭게 노려보았고, 어떤 카드가 좋을까 고민하느라 잠깐 멈추면 스너퍼너프 부인이 의자에 기대어 앉아서 미소를 지으며 초조함과 동정이 뒤섞인 눈으로 웍스비 대령 부인을 흘끔거렸으며, 그러면 웍스비 대령 부인은 어깨를 으쓱 한 다음 재촉하는 듯한 기침을 했다. 게다가 한 판이 끝날 때마다 볼로 양이 우울한 표정으로 나무라듯 한숨을 쉬면서 픽윅 씨에게 왜 다이아몬드로 응수하지 않았는지, 클로버를 첫 패로 내지 않았는지, 스페이드를 가져오지 않았는지, 하트로 피네스[107]를 하지 않았는지, 으뜸패로 꺾지 않았는지, 에이스를 내지 않았는지, 킹이 나올 때까지 계속하지 않았는지 등등을 물었다. 이쯤 되면 게임 내용을 전부 잊었기

---

107 점수가 높은 패를 두고 낮은 패로 판에 깔린 패를 따려고 하는 것.

때문에 픽윅 씨는 이 엄중한 문책에 대해 어떤 변명도 할 수 없었다. 게다가 사람들이 와서 지켜봤기 때문에 긴장됐고, 근처 자리에서 앤젤로 밴텀과 매틴터 자매가 나누는 대화도 게임을 방해했다. 미혼에다가 독특한 매틴터 자매는 이따금 일행을 놓친 파트너라도 소개받을 수 있을까 싶어서 예식 담당관의 비위를 맞추고 있었다. 이 모든 상황에다가 끊임없이 드나드는 사람들의 소음과 방해까지 더해져서 픽윅 씨는 카드놀이를 하면서 계속 헤맸다. 게다가 패도 좋지 않았기 때문에 11시 10분에 게임을 끝냈을 때 볼로 양은 상당히 마음이 상해서 자리에서 일어나더니 억수 같은 눈물을 흘리며 마차를 타고 곧장 집으로 돌아갔다.

픽윅 씨는 하나같이 이렇게 즐거운 저녁 시간은 처음이었다고 항변하는 친구들을 다시 만나 화이트 하트 여관으로 함께 돌아가서 뜨거운 음료를 마시며 기분을 달랜 다음 침대에 들어가자마자 잠들었다.

36장
블래더드 왕자 전설의 진실과
윙클 씨에게 닥친 재난

픽윅 씨는 바스에서 적어도 두 달은 머물 생각이었으므로 여관이 아니라 친구들과 함께 지낼 숙소를 구하는 것이 좋겠다고 생각했다. 괜찮은 조건에 로열 크레센트에 위치한 집을 빌릴 좋은 기회가 생겼는데, 일행에게 필요한 것보다 컸기 때문에 돌러 부부가 침실 하나와 응접실 하나를 쓰겠다고 제안했다. 이 제안은 즉시 수락되었고, 사흘 만에 다들 새로운 집에 자리를 잡았으며, 픽윅 씨는 광천수를 부지런히 마시기 시작했다. 그는 체계적으로 광천수를 마셨다. 픽윅 씨는 아침 식사 전에 광천수를 4분의 1파인트 마시고 언덕을 걸어 올라갔고, 아침 식사 후에 4분의 1파인트를 마시고 언덕을 걸어 내려갔다. 픽윅 씨가 엄숙하고 단호한 태도로 광천수 4분의 1파인트를 마실 때마다 몸이 훨씬 더 좋아졌다고 말하면 친구들은 무척 기뻐했지만, 사실 그전에 픽윅 씨에게 무슨 문제가 있었는지 전혀 알지 못했다.

그랜드 펌프 룸은 널찍한 홀로, 코린트식 기둥, 음악회장, 유명한 시계 제작자인 톰피언의 시계, 내시의 동상, 금으로 된 비문으로 장식되어 있었다. 비문은 훌륭한 자선사업에 대해 호소하는 것이었으므로 이곳에서 광천수를 마시는 사람들 모두 그것을 읽어야 했다. 커다란 바에 놓인 대리석 단지에서 펌프가 광천수를 퍼 올렸고 손님들은 그곳에 놓은 수많은 노란색 잔으로 광천수를 마셨다. 사람들이 얼마나 진지하고 끈질기게 광천수를 들이켜는지, 정말 흡족하고 깨달음을 주는 광경이었다. 일부 손님들은 근처의 목욕탕에서 목욕을 했고, 음악대가 입욕을 축하하는 음악을 연주했다. 또 다른 펌프 룸으로는 몸이 약한 신사 숙녀들이 정말 놀랄 만큼 다양한 의자와 이륜 경마차를 타고 들어갔기 때문에 발가락이 열 개인 모험심 강한 사람이 같이 들어갔다가는 발가락을 잃을지도 몰랐다. 그리고 펌프 룸이 하나 더 있었는데, 다른 방들보다 덜 시끄러웠기 때문에 조용한 사람들이 가는 곳이었다. 목발을 짚거나 짚지 않은 사람들, 지팡이를 들거나 들지 않은 사람들이 무수히 지나다녔고, 대화와 활기, 농담이 넘쳐흘렀다.

픽윅 씨를 포함해서 광천수를 규칙적으로 마시는 사람들은 매일 아침 펌프 룸에서 만나서 광천수를 4분의 1파인트 마시고 산책을 했다. 오후 행진 때는 머튼헤드 경, 크러시튼 각하, 스너퍼너프 부인, 웍스비 대령 부인을 비롯한 유명인들과 아침에 광천수를 마시는 사람들 모두가 어마어마한 규모로 모였다. 이 회합이 끝나면 사람들은 걷거나 마차를 타거나 바퀴 달린 의자를 타고 밖으로 나가서 다시 만났다. 그런 뒤에 신사들은 열람실로 가서 몇몇 사람들을 만난 다음 집으로 갔다. 연극 상연이 있는 밤이면 극장에서 만났고, 모임이 있는 날이면 연회장에서 만났고, 둘 다 없으면 다음 날 만났다. 약간 단조로운 느낌은 있지만 무척 기분 좋은 일과였다.

픽윅 씨가 이런 식으로 하루를 보내고 나서 친구들이 각자 침실로 물러간 다음 혼자 응접실에 앉아서 일지를 쓰고 있는데, 조용히 문 두드리는 소리가 들렸다.

"실례합니다." 집주인 크래덕 부인이 빼꼼히 들여다보며 말했다. "더 필요한 건 없으신가요?"

"없습니다, 부인." 픽윅 씨가 대답했다.

"제 딸은 자러 갔어요." 크래덕 부인이 말했다. "파티가 늦게 끝날 예정이라서 친절하게도 돌러 씨가 돌러 부인을 기다리시겠다고 하시네요. 그래서 더 필요한 게 없으시면 저도 이제 잠자리에 들려고요, 픽윅 씨."

"물론이지요, 부인." 픽윅 씨가 대답했다.

"안녕히 주무세요." 크래덕 부인이 말했다.

"안녕히 주무십시오, 부인." 픽윅 씨가 대답했다.

크래덕 부인이 문을 닫자 픽윅 씨는 다시 일지를 쓰기 시작했다.

30분 후 기록이 끝났다. 픽윅 씨는 흡묵지에 마지막 장을 조심스럽게 문지르고 일지를 덮은 다음, 상의 뒷자락 안쪽 끝부분으로 펜을 닦고 나서 조심스럽게 치워두려고 잉크스탠드 서랍을 열었다. 서랍에 꽤 빽빽하게 적힌 종이가 몇 장 들어 있었는데, 둥글고 멋진 글씨체로 쓴 제목이 잘 보이게 접혀 있었다. 사적인 문서는 분명 아니었고, 바스에 대한 이야기인 데다가 무척 짧았기 때문에 픽윅 씨는 종이를 펼친 다음 전부 읽었을 때쯤에는 잘 타오르기를 바라며 침실로 가져갈 초에 불을 붙였다. 그는 불가로 의자를 끌어당겨 글을 마저 읽기 시작했다.

블래더드 왕자 전설의 진실

지금으로부터 200년도 되지 않은 옛날, 어느 공중목욕탕에서 이 도시를 세운 유명한 위인 블래더드 왕자를 기리는 비문이 발견되었다. 지금 그 비문은 지워지고 없다.

그보다 수백 년 전, 시대에서 시대로 전해 내려오던 오래된 전설이 있었으니, 나병을 앓던 유명한 왕자가 고대 아테네에서 풍성한 지식을 수확하고 돌아와 부왕의 궁정을 피하고 농부들과 돼지들과 울적하게 어울렸다. (전설에 따르면) 돼지 떼 가운데 엄숙하고 진지한 표정의 돼지가 한 마리 있었는데, 왕자는—그 역시 현명했으므로—이 돼지에게 친밀감을 느꼈다. 행실이 사려 깊고 과묵한 돼지는 시끄럽게 꿀꿀거리고 매섭게 깨무는 동료 돼지들보다 뛰어난 짐승이었다. 젊은 왕자는 이 당당한 돼지의 표정을 보며 깊은 한숨을 쉬었다. 부왕을 생각하자 눈에 눈물이 맺혔다.

이 현명한 돼지는 풍성하고 축축한 진흙에서 목욕하기를 좋아했다. 요즘뿐만 아니라 그 먼 옛날에도 그랬던 것처럼 (이는 미약하나마 이미 문명의 빛이 서서히 비추기 시작했었다는 증거이다) 여름날 몸을 식히려고 목욕을 하는 보통 돼지들과 달리 이돼지는 춥고 매서운 겨울날에 목욕을 했다. 돼지의 피부가 너무나도 반들반들하고 표정이 맑았기에 왕자는 자기도 물이 갖고 있는 정화의 힘을 시도해 보기로 결심했다. 검은 진흙 아래에서 바스의 뜨거운 온천이 부글거렸다. 왕자는 몸을 씻었고 병이 나았다. 그는 서둘러 아버지의 궁정으로 가서 인사를 드린 후 재빨리 바스로 돌아와 이 도시와 그 유명한 목욕탕을 건설했다.

왕자는 옛 우정을 생각해서 열의를 다해 돼지를 찾았지만 아아! 바로 그 광천수가 돼지를 죽였다. 돼지는 경솔하게도 너무 뜨거운 물에 목욕을 했고, 이제 더 이상 자연 철학자가 아니었다! 플리니우스가 이 돼지의 뒤를 이어 역시 지식에 대한 목마름 때문에 목숨을 잃었다.[108]

이것이 전설이었다. 이제 진실을 들어보자.

지금으로부터 수 세기 전, 브리타니아의 유명하고 이름난 왕러드 허디브래스는 크나큰 번영을 누리고 있었다. 그는 강력한 군주였고, 걸어가면 땅이 흔들릴 정도로 아주 뚱뚱했다. 백성들은 그의 붉고 번쩍이는 얼굴이 내뿜는 빛을 쬐었다. 그는 실로

---

108   고대 로마의 자연 철학자이자 《박물지》의 저자 플리니우스는 유명한 베수비오 화산 폭
       발을 조사하다가 증기에 질식해서 죽었다.

한 치도 빠짐없는 왕이었다. 게다가 그를 치로 따지자면 어마어마했는데, 키는 그리 크지 않았지만 옆으로 크기가 무척 넓어서 모자라는 키를 벌충할 수 있을 정도였다. 현대의 쇠락한 군주들 중에서 어떤 식으로든 그에 비견할 만한 걸출한 권세가 있다면 나는 존엄한 콜 왕[109]이 바로 그 사람이라고 하겠다.

이 훌륭한 왕에게는 왕비가 있었고, 왕비는 18년 전에 블래더드라는 아들을 낳았다. 블래더드는 열 살까지 아버지 영토 안에 있는 예비 학교에 다녔고, 그다음에는 믿음직한 전령의 손에 맡겨져 학업을 끝내기 위해 아테네로 보내졌다. 방학 때 학교에 남아 있어도 추가 비용이 청구되지 않았고 학교를 그만두기 전에 미리 통지할 필요도 없었으므로 블래더드는 8년이라는 긴 세월을 아테네에서 보냈고, 그 기간이 지나자 부왕은 시종장을 아테네로 보내서 학비를 지불하고 아들을 집으로 데려오도록 했다. 시종장은 임무를 수행했고, 환호를 받으며 고국으로 돌아와 즉시 연금을 받게 되었다.

러드 왕은 훌륭한 청년으로 자란 아들을 보았고, 아들이 자식들을 낳아 러드 왕의 영광된 핏줄이 가장 먼 후대까지 영원히 이어질 수 있도록 그를 지체 없이 결혼시키는 것이 얼마나 중요한 일인지 즉시 깨달았다. 왕은 이를 위해서 일은 별로 없고 돈은 많이 버는 직업을 갖고 싶어 하는 훌륭한 귀족들로 특사를 꾸렸다. 그리고 곧장 이웃 나라의 왕에게 보내 그의 아름다운 딸을 자기

---

109 영국 동요에 등장하는 상상의 인물이다.

아들과 결혼시켜 달라고 요구했고, 자신은 형제이자 친구와도 같은 이웃 나라 왕과 애정 깊은 관계를 맺고 싶다고, 그러나 결혼에 대한 합의를 끌어내지 못하면 내키지는 않지만 왕국을 침략하여 왕의 눈을 뽑아버릴 수밖에 없다고 전했다. 그러자 이웃 나라 왕(더 약했다)은 친구이자 형제인 러드 왕의 친절과 아량에 크게 감사하면서 자신의 딸은 결혼할 준비가 되었으니 블래더드 왕자가 언제든지 와서 데려가도 된다고 대답했다.

이 대답이 브리타니아에 도착하자마자 온 나라가 기뻐 날뛰었다. 사방에서 흥청망청 축하연을 벌이는 소리밖에 들리지 않았고, 예외가 있다면 이 행복한 예식 비용을 부담하기 위해서 백성들이 왕실 재무부 징수원에게 짤랑짤랑 돈을 내는 소리뿐이었다. 바로 이때 모든 각료가 모인 자리에서 왕좌에 앉아 있던 러드 왕은 기쁨에 넘친 나머지 자리에서 일어나 대법원장에게 가장 귀한 와인과 궁정의 음유시인들을 불러오라고 명령했다. 이 자비로운 행동은 다음과 같은 유명한 시에 잘 드러나 있지만, 전통 역사가들의 무지로 인해서 콜 왕의 행동이라고 잘못 전해졌다.

> 파이프를 달라 하고, 술잔을 달라 하고,
> 바이올린 연주자를 불러들였네.

이와 같은 오류는 분명 러드 왕의 기억에 대한 침해이자 콜 왕의 미덕에 대한 거짓 칭송이라 할 것이다.

한편, 이처럼 떠들썩하게 환호하는 분위기 속에서 발포성 와인을 따라주어도 맛보지 않고 음유시인들이 노래를 해도 춤추지 않는 사람이 딱 하나 있었으니, 다름 아닌 블래더드 왕자였다. 바로 그 순간 모든 백성이 그의 행복을 축하하느라 목을 혹사하고 지갑 끈을 졸라매고 있었는데 말이다. 사실, 왕자는 나라를 대신하여 사랑에 빠지는 것이 외무상의 분명한 권리임을 잊고 지금까지의 모든 정책과 외교술을 어기면서 이미 혼자 아테네 귀족의 아름다운 딸과 사랑에 빠져 결혼을 내밀하게 약속했다.

여기서 우리는 문명과 세련의 갖가지 장점 중 하나의 놀라운 예를 볼 수 있다. 왕자가 훨씬 후대의 인물이었다면 아버지가 선택한 대상과 즉시 결혼한 다음 자신을 묵직하게 짓누르는 짐을 벗어던지기 위해 진지하게 노력할 수 있었을 것이다. 그는 아내를 지속적이고 체계적으로 모욕하고 방치하여 상심시키려고 노력했을 것이다. 또는 아내가 부당한 취급을 당하면서도 여성으로서의 기백과 수많은 잘못에 대한 자랑스러움으로 계속 버틴다면 목숨을 빼앗음으로써 그녀를 효과적으로 제거했을 것이다. 그러나 블래더드 왕자는 두 가지 해법 모두 떠오르지 않았기 때문에 아버지에게 단독 접견을 신청하고 사실을 털어놓았다.

왕들의 오랜 특권은 자신의 격정을 제외한 모든 것을 통제하는 것이다. 러드 왕은 불같이 화를 내면서 왕관을 천정으로 던졌다가 다시 받고—당시 왕들은 왕관을 탑에 넣지 않고 자기 머리에 썼다—발을 구르고, 이마를 두드리고, 자기 혈육이 왜 자신에게 반항하는지 생각하다가 마침내 파수병들을 불러 왕자를 높다란 탑에 당장 가두라고 명령했다. 옛날 왕들이 아들의 결혼 의향이 자신이 생각한 것과 다른 방향을 가리킬 때 보통 아들에게 내리던 처분을 따른 것이었다.

블래더드 왕자는 1년의 대부분을 높다란 탑에 갇혀 있었다. 육체의 눈에 보이는 것이라고는 돌벽뿐이었고 정신의 눈으로 보아도 기나긴 투옥 생활뿐, 더 나은 전망이 보이지 않았으므로 그는 자연스럽게 탈출 계획을 세우기 시작했다. 그는 여러 달에 걸친 준비 끝에 저녁 식사 때 나온 나이프로 간수의 심장을 찌르고 탈출에 성공했다. 이것은 불쌍한 간수(그에게는 가족이 있었다)가 탈옥 계획에 내통했다는 오해를 사서 분노한 왕에게 벌 받을 것을 우려한 사려 깊은 행동이었다.

군주는 아들을 잃고 미쳐 날뛰었다. 그는 누구에게 슬픔과 분노를 분출해야 할지 알지 못했지만 다행히도 왕자를 고국으로 데려온 시종장이 떠올라서 그의 연금과 목을 한꺼번에 날렸다.

그동안 젊은 왕자는 변장한 모습으로 아버지의 영토를 방랑했고, 온갖 고난을 겪으면서도 이 지루한 시련의 죄 없는 원인이었던 아테네 처녀를 달콤하게 떠올리며 기운을 얻었다. 그러던 어느 날, 휴식을 취하려고 시골 마을에 들른 왕자는 초록 들판에서 기쁨의 춤을 추는 사람들과 그의 곁을 지나다니는 기쁨 가득한 얼굴들을 보고 근처에서 흥청망청 술을 마시던 사람에게 무슨 일이 있는지 용기를 내서 물었다.

"아, 여행자여, 우리의 자비로운 왕께서 최근에 내리신 포고문을 모르는군요." 그가 대답했다.

"포고문라고요? 무슨 포고문이지요?" 왕자가 물었다. 그는 인적 드문 샛길로만 다녔기 때문에 큰길에서 어떤 일이 일어나는지 전혀 몰랐다.

"있잖습니까." 농부가 대답했다. "우리 왕자님이 결혼하겠다던 먼 이국의 여인이 자기 나라 귀족과 결혼했답니다. 그래서 왕께서 이 사실을 알리며 큰 축제를 열었어요. 이제 블래더드 왕자님이 돌아오셔서 왕이 고른 여인과 결혼하겠지요. 사람들 말로는 한낮의 태양처럼 아름다운 분이랍니다. 당신의 건강을 위해서 건배, 국왕 폐하 만세!"

왕자는 더 이상 아무 말도 듣지 않고 그 자리를 벗어나 근처 숲의 가장 깊은 곳으로 뛰어들었다. 그는 밤이고 낮이고, 작열하는 태양이 뜨나 차갑고 창백한 달이 뜨나, 낮의 메마른 열기와 밤의 축축한 추위를 헤치며, 아침의 회색빛과 저녁의 붉은빛 속에서 정처 없이 걸었다. 그는 오로지 아테네로 가야겠다는 생각밖에 없었지만 시간도 목적도 신경 쓰지 않았기 때문에 길을 크게 벗어나 바스에 도착했다.

당시에는 바스라는 이름도, 인간이 사는 흔적도, 휴양지라는 표식도 없었지만 장대한 시골, 넓게 펼쳐진 언덕과 골짜기, 저 먼 곳에서부터 흘러오는 아름다운 물은 지금과 똑같았다. 높다란 산들도 지금과 똑같았는데, 삶의 고난과 마찬가지로 반짝이는 아침 안개에 드문드문 가려진 모습을 멀리서 보면 울퉁불퉁하고 거친 면은 보이지 않고 무척 편안하고 부드러워 보였다. 이 풍경의 온화한 아름다움에 깊은 감명을 받은 왕자는 초록색 풀밭에 주저앉아서 부어오른 발을 눈물로 씻었다.

"아!" 불행한 블래더드가 손을 맞잡고 구슬프게 눈을 들어 하늘을 보며 말했다. "내 방랑이 여기에서 끝나면 얼마나 좋을까. 어긋난 희망과 멸시당한 사랑을 애도하며 내가 흘리는 이 반가운 눈물이 영원토록 평화롭게 흐르면 얼마나 좋을까!"

그때 이 소원을 누군가 들었다. 당시는 이단의 신들이 지배하는 시대였는데 그들은 가끔 인간의 말을 있는 그대로, 아주 신속하게, 몇몇 경우에는 정말 이상하게 받아들였다. 발밑에서 땅이 열리더니 왕자가 그 틈으로 빠지자마자 머리 위로 땅이 다시 닫혔고, 땅속에서 솟아오르는 그의 뜨거운 눈물만 남아서 그때 이후로 영원히 흘러나오고 있다.

매년 바스에서는 짝을 찾지 못한 나이 많은 신사 숙녀들과 짝을 찾으려고 안달이 난 젊은 신사 숙녀들이 비슷한 규모로 몰려와서 광천수를 마시며 많은 힘과 위안을 얻는 모습을 지금까지도 볼 수 있다. 이는 블래더드 왕자의 눈물의 효과에 경의를 표하는 좋은 방법이며 이 전설의 진실성을 강력하게 증명한다.

*

짧은 원고를 다 읽은 픽윅 씨는 하품을 여러 번 하고서 원고를 다시 조심스럽게 접어 잉크스탠드 서랍에 넣은 다음 무척 피곤한 얼굴로 초를 들고 위층 침실로 향했다.

그는 관습에 따라서 돌러 씨의 응접실 앞에 멈춰 문을 두드리고 잘 자라는 인사를 건넸다.

"아!" 돌러 씨가 말했다. "잠자리에 드십니까? 저도 그러고 싶네요. 음산한 밤입니다. 바람도 많이 불고요. 안 그렇습니까?"

"정말 그렇군요." 픽윅 씨가 말했다. "안녕히 주무십시오."

"안녕히 주무십시오."

픽윅 씨는 자기 침실로 갔고, 돌러 씨는 아내가 돌아올 때까지 기다리겠다는 경솔한 약속을 지키기 위해 난롯가 의자에 다시 앉았다.

자지 않고 누군가를 기다리는 것만큼 마음 졸이는 일은 없는데, 특히 그 누군가가 파티에 갔을 경우에는 더욱 그렇다. 당신에게는 느릿느릿 흘러가는 시간이 파티에 참석한 사람들에게는 얼마나 빨리 흘러가는지 생각하지 않을 수 없다. 이런 생각을 할수록 파티에 간 사람이 빨리 돌아오리라는 희망은 점점 사라진다. 혼자 깨어 있을 때는 시계 바늘 소리도 너무 크고 당신은 — 적어도 우리는 항상 그렇다 — 거미줄로 뒤덮인 느낌이다. 처음에는 뭔가가 오른쪽 무릎을 간질이다가 똑같은 감각이 왼쪽 무릎을 괴롭힌다. 그래서 당신이 자세를 바꾸자마자 간지러움은 팔로 옮겨 가고, 팔다리를 움직여서 온갖 기이한 자세를 취하다 보면 갑자기 코가 간지러워져서 코가 떨어져 나가라 문지른다(할 수만 있다면 분명 코를 떼어내 버릴 것이다). 눈도 불편한 신체 일부에 불과하고, 이쪽 초의 심지를 자르는 동안 저쪽 초의 심지가 1.5인치나 나온다. 그 밖에도 신경을 건드리는 사소한 일들이 너무나 많기 때문에 모두가 잠자리에 들고 나서 혼자 오랫동안 깨어 있는 것은 결코 유쾌하고 기분 좋은 일이 아니다.

돌러 씨가 난롯가에 앉아서 그를 잠 못 들게 하는 인정머리 없는 파티 참석자들 모두에게 정말로 화가 났을 때 딱 이런 느낌이었다. 그날 이른 저녁에 머리가 아프니 집에 남겠다고 스스로 결정했다는 사실을 떠올려보아도 기분이 쉽게 나아지지 않았다. 돌러 씨는 선잠이 들어 난로 창살 쪽으로 쓰러지다가 얼굴이 데지 않게 겨우 고개를 들기를 몇 번이나 반복한 끝에 결국 뒷방 침대에 누워서 생각을 하며 기다리기로 했다. 물론 자지는 않을 것이었다.

"난 깊게 자는 편이니 깨어 있어야 돼." 돌러 씨가 침대에 누우며 말했다. "여기서도 문 두드리는 소리가 들리겠지. 그래, 지금 야경꾼 소리도 들리잖아. 저기 가는군. 소리가 작아졌어. 더 작아졌네. 모퉁이를 돌고 있어." 생각이 여기에 이르자 돌러 씨 역시 그토록 오랫동안 주저하던 모퉁이를 돌아 깊은 잠에 빠졌다.

시계가 3시를 알렸을 때 작고 뚱뚱한 가마꾼과 크고 마른 가마꾼이 돌러 부인을 가마에 태우고 바람에 날리듯 초승달 모양 광장으로 들어섰다. 두 사람은 오는 내내 가마는 물론이고 자기 몸을 가누느라 야단법석이었는데, 높은 지대로 올라와 광장에 들어서니 바람이 포석을 깨뜨릴 듯 맹렬하게 빙빙 돌았다. 두 가마꾼은 기쁜 마음으로 가마를 내려놓고 길가로 난 현관문을 크게 두 번 두드렸다.

얼마간 기다렸지만 아무도 나오지 않았다.

"하인들이 모르페우스[110]의 품에서 푹 잠든 모양이야." 키 작은

110 꿈의 신.

가마꾼이 횃불 드는 소년의 불에 손을 녹이며 말했다.

"모르페우스가 하인들을 꽉 끌어안아서 깨우면 좋겠다." 키 큰 가마꾼이 말했다.

"다시 두드려보시겠어요?" 가마 안에서 돌러 부인이 외쳤다. "괜찮으시면 두세 번 두드려보세요."

키 작은 남자는 이 일을 최대한 빨리 끝내고 싶었기 때문에 계단에 서서 여덟 번에서 열 번 씩 총 네다섯 번 깜짝 놀랄 만큼 요란하게 문을 두드렸고, 키 큰 남자는 불이 켜져 있는지 확인하려고 길가로 나가서 창문을 올려다보았다.

아무도 나오지 않았다. 아까와 마찬가지로 어둡고 조용했다.

"이런!" 돌러 부인이 말했다. "다시 두드리셔야 할 것 같군요."

"초인종은 없습니까, 부인?" 키 작은 가마꾼이 말했다.

"있어요." 횃불 든 소년이 끼어들었다. "제가 계속 울리고 있었어요."

"손잡이밖에 없어요." 돌러 부인이 말했다. "끈이 망가졌어요."

"하인들 머리가 망가지면 좋겠군." 키 큰 남자가 으르렁거리며 말했다.

"죄송하지만 다시 해보시겠어요?" 돌러 부인이 예의 바르게 요청했다.

키 작은 남자가 다시 여러 번 문을 두드렸지만 전혀 효과가 없었다. 점점 더 초조해진 키 큰 남자가 키 작은 남자와 교대하더니 정신 나간 우체부처럼 큰 소리로 두 번씩 문 두드리기를 끝없이 반복했다.

결국 윙클 씨의 꿈속에서 클럽 모임에 참석한 회원들이 고집을 부리는 바람에 의장이 질서를 유지하기 위해 의사봉으로 탁자를 계속 내리치기 시작했다. 꿈은 이제 경매장에서 입찰자가 하나도 없어서 경매사가 모든 물건을 사들이는 혼란스러운 내용으로 바뀌었다. 결국 윙클 씨는 누가 현관문을 두드리는지도 모른다고 생각하기 시작했다. 그러나 확실해질 때까지 10분 정도 침대에 조용히 누워 귀를 기울였고, 서른두세 번까지 센 다음에야 무척 흡족한 마음으로 이렇게나 잠귀가 밝은 자신을 아주 높이 평가했다.

"똑똑, 똑똑, 토, 토, 토, 톡." 문 두드리는 소리가 들렸다.

윙클은 침대에서 뛰쳐나와 도대체 무슨 일일까 생각하면서 양말과 슬리퍼를 서둘러 신고 가운을 걸쳤고, 난로에서 타오르는 희미한 불로 낮은 초에 불을 붙인 다음 서둘러 계단을 내려갔다.

"드디어 누가 오네요, 부인." 키 작은 가마꾼이 말했다.

"내가 지금 송곳을 들고 저 사람 뒤에 서 있으면 좋겠어." 키 큰 가마꾼이 투덜거렸다.

"누구세요?" 윙클 씨가 체인을 풀며 외쳤다.

"꾸물대지 마, 철대가리 같으니." 키 큰 남자가 당연히 하인이 나온 줄 알고 진저리를 치며 대답했다. "빨리 문 열어!"

"이봐, 빨리하라고, 눈꺼풀 무거운 친구." 다른 가마꾼이 응원하듯 덧붙였다.

아직 잠이 덜 깬 윙클 씨는 명령에 따라 기계적으로 문을 살짝 열고 빼꼼히 내다보았다. 그의 눈에 제일 처음 들어온 것은 소년이 들고 있는 횃불의 이글거리는 빨간 불빛이었다. 윙클 씨가 집에 불이라도 났나 깜짝 놀라서 얼른 문을 활짝 열고 촛불을 머리 위로 높이 들고서 앞을 열심히 보았지만 그의 눈에 보이는 저것이 가마인지 아닌지 확신하지 못했다. 그 순간 바람이 세차게 불어 촛불이 꺼졌다. 윙클 씨는 자기도 모르게 계단으로 나왔고, 바람의 힘 때문에 문 역시 쾅 소리를 내며 닫혔다.

"이런, 사고를 치셨구만." 키 작은 가마꾼이 말했다.

가마 창문에 비친 부인의 얼굴을 본 윙클 씨는 얼른 뒤돌아서 온 힘을 다해 쇠고리를 두드리면서 가마를 다시 들고 가라고 미친 듯이 소리쳤다.

"들고 가요, 들고 가." 윙클 씨가 외쳤다. "누가 나오고 있잖아. 나 좀 가마에 태워줘요. 어떻게 좀 해줘요!"

윙클 씨는 이러는 내내 추위에 벌벌 떨었고, 그가 쇠고리에 손을 올릴 때마다 바람이 더할 나위 없이 흉하게 그의 가운을 휘날렸다.

"사람들이 광장을 따라 내려오고 있어요. 숙녀분들도 있잖아! 뭐든 좋으니 날 좀 가려줘요. 내 앞에 좀 서줘요." 윙클 씨가 포효했다. 그러나 가마꾼들은 깔깔대고 웃느라 지쳐서 윙클 씨를 전혀 도와줄 수 없었고, 숙녀들이 점점 더 가까이 다가왔다.

절망에 빠진 윙클 씨가 마지막으로 문을 두드렸다. 이제 숙녀들이 몇 집 떨어지지 않은 곳까지 다가왔다. 윙클 씨는 아직까지도 머리 위로 높이 들고 있던 꺼진 초를 내던지고 돌려 부인이 앉아 있는 가마로 박차고 들어갔다.

이때 크래덕 부인이 마침내 문 두드리는 소리와 목소리를 들었고, 나이트캡 대신 머리에 쓸 만한 것을 찾은 다음 이상한 사람들은 아닌지 확인하려고 거리 쪽으로 난 응접실로 내려가 창문을 열었다. 바로 그 순간 윙클 씨가 가마에 올라타고 있었다. 크래덕 부인은 밑에서 벌어지는 일을 보자마자 격렬하고 음산한 비명을 지르며 돌러 씨에게 빨리 일어나라고, 그의 아내가 다른 신사와 달아나고 있다고 외쳤다.

그러자 돌러 씨가 침대에서 고무공처럼 벌떡 일어나 응접실로 달려갔고, 그가 창문에 도착한 순간 픽윅 씨도 다른 창문을 열었는데, 두 사람의 시야에 제일 먼저 들어온 것은 윙클 씨가 가마로 박차고 들어가는 모습이었다.

"야경꾼!" 돌러 씨가 미친 듯이 날뛰며 외쳤다. "저놈 잡아! 저놈 잡으라고! 꽉 잡고 있어, 내가 내려갈 때까지 가둬놔. 목을 그어버리겠어! 칼 줘요! 귀에서 귀까지 그어주겠어요, 크래덕 부인. 암!" 분개한 남편은 비명을 지르는 여주인과 픽윅 씨를 뿌리치고 작은 식사용 나이프를 들고 거리로 뛰쳐나갔다.

그러나 윙클 씨는 그를 기다리지 않았다. 그는 용맹한 돌러의 끔찍한 위협을 듣자마자 들어갈 때만큼이나 재빨리 가마에서 내려 슬리퍼를 길바닥에 내던지고 광장을 따라 빙 돌며 달렸고, 돌러 씨와 야경꾼이 그 뒤를 맹렬하게 쫓았다. 앞서 달리던 윙클 씨는 광장을 두 바퀴째 돌 때 문이 열려 있었기 때문에 얼른 집 안으로 들어와서 돌러 씨의 면전에 문을 쾅 닫은 다음 침실로 올라가서 문을 잠갔다. 그는 세숫대야 받침대와 서랍장과 탁자로 문을 막고 나서 날이 밝자마자 도망치기 위해 필요한 물건을 몇 가지 챙겼다.

돌러가 침실 문 앞까지 쫓아 올라와서 열쇠 구멍을 통해 내일 윙클 씨의 목을 그어버리겠다고 변함없는 결심을 맹세했다. 그런 다음 응접실에서 여러 목소리들이 대혼란을 이루었는데, 사태를 중재하려 애쓰는 픽윅 씨의 목소리가 뚜렷하게 들렸다. 마침내 사람들이 각자의 침실로 흩어지고 사방이 다시 조용해졌다.

이 사건이 벌어지는 동안 웰러 씨는 어디 있었느냐는 질문이 나올 법도 하다. 그의 행방은 다음 장에서 설명하기로 하자.

37장

웰러 씨가 야회에 초대받다, 픽윅 씨가 까다롭고 중요한 비밀 임무를 웰러 씨에게 맡기다

"웰러 씨." 그 파란만장한 날 아침에 크래덕 부인이 말했다. "당신 앞으로 편지가 왔어요."

"정말 이상하네요." 샘이 말했다. "무슨 일이라도 생긴 건 아닌지 모르겠어요. 제가 아는 사람 중에는 편지를 쓸 만한 사람이 없는데."

"특별한 일이 생겼을지도 모르죠." 크래덕 부인이 말했다.

"누구든 내 친구가 편지를 쓸 정도라면 진짜 특별한 일이겠네요." 샘이 미심쩍다는 듯 고개를 흔들며 대답했다. "자연계에 대격변이라도 일어났나 봅니다. 어느 젊은 신사가 발작을 일으키면서 했던 말처럼요. 아버지가 쓰지는 않았을 거예요." 샘이 수취인 주소를 보며 말했다. "아버지는 늘 인쇄체로 쓰지요. 매표소의 커다란 벽보를 보면서 글씨를 배웠거든요. 도대체 누가 보냈을까, 참 이상한 일이네요."

샘은 이렇게 말하면서 많은 사람들이 편지를 보낸 사람이 누구인지 잘 모를 때 하는 행동을 했다. 즉 봉인을 보고, 앞면을 보고, 뒷면을 보고, 옆을 보고, 수취인 이름을 보았다. 그런 다음 마지막으로 안을 보면서 누가 보냈는지 알아봐야겠다는 생각이 들었다.

"테두리에 금박을 입혔네요." 샘이 편지를 펼치며 말했다. "구릿빛 왁스를 열쇠 머리로 눌러서 봉했어요. 이제 읽어볼게요." 웰러 씨가 무척 진지한 얼굴로 다음과 같은 내용을 읽었다.

> 최고의 바스 하인 모임에서 웰러 씨에게 인사를 전하며, 평범한 곁들임 음식과 삶은 양 다리 고기로 구성된 친목 야회에 참가하여 자리를 빛내주십사 부탁드립니다. 모임은 9시 30분 정각에 시작합니다.

그리고 또 하나의 쪽지가 동봉되어 있었다.

> 며칠 전 공동의 지인인 밴텀 씨의 집에서 웰러 씨를 만나는 기쁨을 누렸던 신사 존 스모커 씨가 웰러 씨에게 동봉한 초대장을 보냅니다. 9시에 존 스모커 씨를 찾아오면 존 스모커 씨가 기꺼이 웰러 씨를 소개할 것입니다.
>
> (서명) 존 스모커

봉투에는 "픽윅 씨 댁 모 웰러 씨 귀하에게"라고 적혀 있었고, 왼쪽 구석 괄호 안에 "지하 출입구 종"이라고 적혀 있었는데, 편지를 전달하는 사람에게 전하는 말이었다.

"음." 샘이 말했다. "이것 참 대단하네요. 삶은 양 다리 고기를 야회라고 부르는 건 처음 들어요. 구운 양 다리 고기는 뭐라고 부를까 궁금한데요."

그러나 샘은 이 문제에 대해 논할 새도 없이 즉시 픽윅 씨에게 가서 저녁 외출을 요청했고, 바로 허락받았다. 샘은 현관문 열쇠를 챙기고 약속한 시간보다 약간 일찍 집을 나서서 퀸 스퀘어를 향해 느긋하게 걸어갔고, 그곳에 도착하자마자 만족스럽게도 존 스모커 씨가 얼마 떨어지지 않은 가로등 기둥에 가루 뿌린 머리를 기대고 호박 파이프로 담배를 피우는 모습을 발견했다.

"안녕하십니까, 웰러 씨." 존 스모커 씨가 한 손으로 모자를 우아하게 들고 나머지 한 손을 흔들며 말했다. "잘 지내셨습니까?"

"음, 꽤 건강합니다." 샘이 대답했다. "당신은 어떠신가요?"

"그저 그렇습니다." 존 스모커 씨가 말했다.

"아, 일을 너무 열심히 했군요." 샘이 말했다. "그러지 않을까 걱정했죠. 아시겠지만 그건 좋지 않아요. 당신의 그 타협할 줄 모르는 정신에 굴복하면 안 돼요."

"그런 건 아닙니다, 웰러 씨." 존 스모커가 대답했다. "질 나쁜 와인 때문이지요. 과음한 게 아닌지 걱정입니다."

"아, 그렇군요. 그것 참 곤란한 일이지요."

"하지만 유혹이 너무 크니까요." 존 스모커 씨가 말했다.

"아, 확실히 그렇지요." 샘이 말했다.

"상류사회의 소용돌이에 던져졌으니까요. 아시겠지만, 웰러씨." 존 스모커가 한숨을 쉬며 말했다.

"정말 끔찍하지요!" 샘이 대답했다.

"항상 그런 식이죠." 존 스모커 씨가 말했다. "운명이 당신을 공적인 삶으로, 공적인 위치로 이끌면 다른 사람들은 느낄 필요 없는 유혹의 대상이 될 수밖에요."

"저희 삼촌이 공직 생활을 시작하셨을 때 정확히 그렇게 말했지요." 샘이 말했다. "삼촌 말씀이 맞았어요. 3개월도 안 돼서 술을 마시다가 돌아가셨거든요."

존 스모커는 세상을 떠난 신사와 자신을 비교한 것에 크게 화가 난 듯했지만 샘의 표정이 아무 변화 없이 너무나 침착했기 때문에 생각을 바꾸었고 표정이 다시 부드러워졌다.

"이제 출발하는 게 좋겠군요." 깊숙한 회중시계 주머니에 깊이 들어 있다가 반대쪽 끝에 구리 열쇠가 달린 검정 끈에 이끌려 바깥으로 나온 구리 시계를 보며 스모커 씨가 말했다.

"그게 좋겠지요." 샘이 대답했다. "아니면 야회를 지나치게 익힐 텐데, 그러면 끝장이니까요."

"광천수는 마셔봤습니까, 웰러 씨?" 두 사람이 번화가를 향해 걸어갈 때 샘의 동행자가 물었다.

"한 번 마셨습니다." 샘이 대답했다.

"어떻던가요?"

"아주 불쾌하더군요." 샘이 대답했다.

"아." 존 스모커 씨가 말했다. "철염이 별로였군요?"

"그건 잘 모르겠습니다." 샘이 말했다. "달군 쇠 맛이 아주 강하더군요."

"그게 철염입니다." 존 스모커 씨가 업신여기며 말했다.

"음, 그렇다면 뜻이 참 안 통하는 단어네요." 샘이 말했다. "아무튼 그럴지도 모르지만, 제가 화학 쪽을 잘 몰라서 뭐라 말할 수가 없군요." 이때 샘 웰러가 휘파람을 불기 시작했기 때문에 존 스모커 씨가 진저리를 쳤다.

"실례합니다, 웰러 씨." 존 스모커 씨가 너무나도 품위 없는 소리에 괴로워하며 말했다. "제 팔을 잡으시겠어요?"

"고맙습니다, 아주 친절하시네요. 하지만 당신 팔을 빼앗고 싶지는 않아서요." 샘이 대답했다. "괜찮으시면 저는 손을 주머니에 넣고 가는 게 더 좋습니다." 샘은 이 말을 행동에 옮겼고, 아까보다 더욱 큰 소리로 휘파람을 불었다.

"이쪽입니다." 샘의 새로운 친구는 샛길로 접어들자 크게 마음을 놓으며 말했다. "곧 도착할 겁니다."

"그래요?" 샘은 바스 최고의 하인들이 이토록 가까이 있다는 선언에도 별 감흥 없이 말했다.

"네. 놀라지 마세요, 웰러 씨." 존 스모커 씨가 말했다.

"아, 그럼요." 샘이 말했다.

"아주 근사한 제복들을 보게 될 겁니다." 존 스모커 씨가 말을 이었다. "처음에는 몇몇 분들이 거만하게 굴지도 모르지만 곧 괜찮아질 겁니다."

"정말 친절들 하시네요." 샘이 대답했다.

"아시겠지만 말입니다." 존 스모커 씨가 보호해주는 듯한 분위기로 말을 이었다. "당신은 낯선 사람이니 처음에는 좀 심하게 대할지도 모릅니다."

"아주 잔인하게 굴지는 않겠지요?" 샘이 물었다.

"아니, 아닙니다." 존 스모커가 여우 머리 코담배 상자를 꺼내서 신사답게 약간 흡입하며 말했다. "유쾌한 녀석들도 있어서 장난을 칠 겁니다. 하지만 신경 안 쓰셔도 됩니다."

"그렇다면 한번 견뎌보지요." 샘이 대답했다.

"그래요." 존 스모커 씨가 여우 머리를 치우고 자기 머리를 들며 말했다. "제가 곁에 있어드릴게요."

작은 청과상에 도착하자 존 스모커 씨가 안으로 들어가고 샘이 그 뒤를 따랐다. 샘은 스모커 씨의 뒤에 서자마자 연신 싱글싱글 웃었고, 부러울 만큼 즐거운 마음 상태를 다양한 방법으로 드러냈다.

두 사람이 가게를 가로질러 뒤쪽 작은 복도 계단에 모자를 걸고 작은 응접실로 들어가자 아주 화려한 장관이 웰러 씨의 눈앞에 펼쳐졌다.

응접실 한가운데에는 탁자 두 개를 붙여 놓았는데, 낡은 정도와 세탁 시기가 다양한 서너 장의 식탁보를 덮어서 최대한 하나처럼 보이게 했다. 그 위에는 여섯 명인지 여덟 명분의 나이프와 포크가 놓여 있었다. 나이프 몇 개는 손잡이가 초록색이고 몇 개는 빨간색이었으며, 노란색이 제일 많았다. 게다가 포크는 전부

검정색이라서 색의 조합이 지나치게 눈에 띄었다. 난로망 안에
서 손님 수에 맞는 접시들을 데우는 중이었고 손님들은 그 앞에
서 몸을 녹이고 있었다. 그중에서 가장 중요해 보이는 사람은 옷
자락이 긴 진홍색 상의와 선명한 빨간색 반바지 차림에 삼각모
를 쓴 약간 뚱뚱한 신사였는데, 난로를 등지고 선 그는 이제 막
들어온 듯했다. 삼각모를 아직 쓰고 있었을 뿐 아니라 그와 같은
직업을 가진 신사가 마차 지붕에 언제나 삐뚜름하게 올려놓는
큰 지팡이를 손에 들고 있었기 때문이었다.

"스모커, 이 친구! 손을 주게." 삼각모를 쓴 신사가 말했다.

스모커 씨는 오른쪽 새끼손가락 끝마디를 삼각모 신사의 새
끼손가락에 걸고 건강한 모습을 보니 반갑다고 말했다.

"음, 다들 아주 팔팔해 보인다고 하더군." 삼각모를 쓴 남자가
말했다. "놀라운 일이지. 지난 2주일 동안 노부인을 하루에 두 시
간씩 따라다니고 있거든. 그 지긋지긋한 라벤더색 낡은 가운의
후크를 등 뒤로 잠그는 부인의 모습을 끝도 없이 보면서 평생 동
안 풀이 죽을 만큼 기분이 나빠지지 않는 사람이 있다면 3개월
치 급료를 안 받아도 좋네."

이 말에 이곳에 모인 훌륭한 사람들이 호쾌하게 웃었고, 가장
자리에 마차 장식이 달린 노란 조끼 차림의 신사가 얇은 초록색
반바지를 입은 옆 사람에게 오늘 밤에는 터클이 기분 좋은 것 같
다고 속삭였다.

"그런데 말이야." 터클 씨가 말했다. "스모커 이 친구, 자네
는……." 나머지 말은 존 스모커 씨에게 귓속말로 전해졌다.

"아, 이런, 깜빡했습니다." 존 스모커가 말했다. "여러분, 이쪽은 제 친구 웰러 씨입니다."

"불가 자리를 못 내줘서 미안하네, 웰러." 터클 씨가 친숙하게 고개를 까딱이며 말했다. "춥지 않았으면 좋겠군."

"전혀 안 추워요, 화염 씨." 샘이 대답했다. "당신 앞에 서서도 추위를 느낀다면 뼛속까지 차가워진 사람이겠지요. 당신을 관청 대기실 난로망 안에 넣어두면 석탄을 절약할 수 있을 텐데 말입니다."

터클 씨의 진홍색 제복을 빗댄 대구 같았기 때문에 터클은 몇 초간 당당한 표정을 지었지만 불가에서 조금씩 떨어졌고, 억지 미소를 지으면서 나쁘지 않은 농담이라고 말했다.

"좋은 판정 감사합니다." 샘이 대답했다. "서로 조금씩 맞춰가는 거죠. 조만간 더 나은 것도 해보죠."

이때 주황색 플러시 제복 차림의 신사가 긴 양말에 자주색 옷을 입은 신사와 함께 도착하는 바람에 대화가 중단되었다. 먼저 온 사람들이 새로 온 두 사람을 환영했고, 터클 씨가 이제 저녁을 가져오라고 하면 어떻겠냐고 묻자 다들 좋다고 했다.

그러자 청과상과 그의 아내가 뜨겁게 삶은 양 다리 고기와 케이퍼 소스, 순무, 감자를 식탁에 차렸다. 터클 씨가 의자에 앉았고, 반대쪽 끝에는 주황색 플러시 제복 차림의 신사가 자리했다. 청과상이 염소가죽 장갑을 끼고 접시를 나눠준 다음 터클 씨의 의자 뒤에 섰다.

"해리스." 터클 씨가 명령조로 말했다.

"네." 청과상이 말했다.

"장갑은 꼈나?"

"네."

"그럼 덮개를 열지."

"네."

청과상이 무척 송구스럽다는 듯 지시를 따르고 나서 굽실대는 태도로 고기 자르는 나이프를 터클 씨에게 건네다가 자기도 모르게 하품을 했다.

"무슨 뜻이지?" 터클 씨가 무척 신랄하게 물었다.

"죄송합니다." 기가 죽은 청과상이 대답했다. "그러려던 게 아니었습니다. 어제 늦게 잠드는 바람에……."

"내가 당신을 어떻게 생각하는지 말해주지, 해리스." 터클 씨가 엄숙하게 말했다. "당신은 상스러운 짐승이야."

"여러분." 해리스가 말했다. "너무 엄격하게 대하지 말아주세요. 저는 단골로 거래해 주시고 추가 일손이 필요할 때마다 추천해 주시는 여러분에게 정말 감사하고 있습니다. 여러분께 만족을 드리고 싶습니다."

"아니, 전혀 만족스럽지 않네." 터클 씨가 말했다. "아주 거리가 멀어."

"주의력도 없는 한심한 놈이야." 주황색 플러시 제복의 신사가 말했다.

"저급한 도둑이지." 초록색 반바지를 입은 신사가 덧붙였다.

"손쓸 수 없는 악당이지." 자줏빛 옷의 신사가 덧붙였다.

사람들이 정말 하찮은 폭군 행세를 하며 각종 욕설을 쏟아붓는 동안 불쌍한 청과상은 아주 미천하게 고개를 숙였고, 모두 한마디씩 하면서 우월함을 과시하고 나자 터클 씨가 양고기를 잘라서 나눠주려고 했다.

이 중대한 일을 시작하자마자 문이 벌컥 열리더니 납 단추가 달린 연한 파란색 상하의 차림의 신사가 모습을 드러냈다.

"규칙 위반일세." 터클 씨가 말했다. "너무 늦었어, 늦었다고."

"아니, 아닙니다. 정말 어쩔 수가 없었어요." 파란 옷의 신사가 말했다. "간청드릴게요. 여성에게 예의를 다하기 위해서였어요. 극장에서 약속이 있었거든요."

"아, 그렇군." 주황색 플러시 제복의 신사가 말했다.

"제 명예를 걸고 진실만을 말씀드립니다." 파란 옷의 남자가 말했다. "10시 반에 막내 아가씨를 모시러 가기로 약속했거든요. 정말 드물게도 착한 여자라서 실망시킬 수가 없었습니다. 여기 모인 여러분께 악의는 없었지만, 여자는 말입니다. 여자는 어쩔 수 없으니까요."

"뭔가 있는 것 같은데." 새로 온 신사가 샘의 옆자리에 앉자 터클 씨가 말했다. "마차에 타거나 내릴 때 자네 어깨에 심하게 기대는 걸 한두 번 봤는데 말이야."

"아, 정말이지 터클 씨, 그렇게 말씀하시면 안 됩니다." 파란 옷의 남자가 말했다. "옳지 않아요. 제가 막내 아가씨는 정말 천사 같은 사람이라고, 한두 번인가 별 다른 이유도 없이 청혼을 거절하더라고 몇몇 친구한테 말했을지도 모르지만, 아니, 정말 아닙니다. 게다가 모르는 사람들도 있는데, 옳지 않아요. 그러시면 안 됩니다. 미묘한 문제니까요, 미묘하죠." 푸른 옷의 남자는 네커치프를 세우고 상의 소매를 가다듬은 다음, 뭔가가 있다고 말하려면 할 수도 있지만 체면상 참을 뿐이라는 듯 고개를 끄덕이고 얼굴을 찌푸렸다.

머리색이 연하고 목이 뻣뻣한 푸른 옷의 남자는 느긋하고 여유로운 하인으로, 활기 찬 얼굴로 거들먹거렸기 때문에 처음부터 웰러 씨의 관심을 끌었는데, 이런 식으로 나오자 그와 더욱 친해지고 싶었다. 그래서 다른 사람을 신경 쓰지 않는 특유의 태도로 곧장 그 남자에게 말을 걸었다.

"당신 건강을 위해 한 잔 하시죠." 샘이 말했다. "당신 이야기가 마음에 들었습니다. 정말 좋은 이야기군요."

그러자 푸른 옷의 남자는 익숙한 칭찬이라는 듯 미소 지었다. 그러나 동시에 마음에 든다는 듯이 샘을 보면서 친해지고 싶다고, 아부가 아니라 샘이 정말 좋은 사람 같다고, 자기 마음만을 따르는 그런 사람 같다고 말했다.

"감사합니다. 당신은 정말 운 좋은 사람이군요." 샘이 말했다.

"무슨 뜻이지요?" 푸른 옷의 신사가 물었다.

"그 아가씨 말입니다." 샘이 대답했다. "그분도 보는 눈이 있군요. 아, 제가 봐도 알겠으니, 뭐." 웰러 씨가 한쪽 눈을 찡긋하며 고개를 저었다. 파란 옷 신사의 허영심을 무척 흡족하게 만드는 태도였다.

"당신은 정말 빈틈없는 사람이군요, 웰러 씨." 파란 옷의 남자가 말했다.

"아니, 아닙니다." 샘이 말했다. "그건 당신에게 맡기기로 하지
요. 저보다는 당신 쪽이니까요. 미친 소가 달려올 때 안전한 정원
안으로 피신한 신사가 바깥으로 피신한 신사한테 말했던 것처
럼요."

"네, 네, 웰러 씨." 푸른 옷의 남자가 말했다. "아가씨가 제 태도
와 분위기를 알아봤나 봅니다."

"몰라볼 수가 없었겠지요." 샘이 말했다.

"당신도 그런 일이 좀 있습니까?" 인기 많은 푸른 옷의 남자
가 조끼 주머니에서 이쑤시개를 꺼내며 물었다.

"그렇지는 않아요." 샘이 말했다. "우리 주인님 댁에는 딸이 없
거든요. 있었으면 물론 제가 접근했겠지요. 사실 저는 최소 후작
정도는 돼야 상대할 것 같습니다. 작위는 없어도 돈 많고 젊은
여자가 열렬히 구애한다면 받아들일지도 모르지요. 하지만 그
외에는 안 되겠어요."

"물론이죠, 웰러 씨." 푸른 옷의 남자가 말했다. "굳이 그럴 필
요 없으니까요. 세상 물정에 밝은 우리는 잘 알지 않습니까, 멋진
제복이 언젠가는 여자의 마음을 사로잡는다는 것을요. 사실 우
리끼리 하는 말이지만 제복이 있으니까 이런 일을 하는 보람도
있는 것 아니겠습니까."

"바로 그겁니다." 샘이 말했다. "물론 그렇지요."

은밀한 대화가 여기까지 흘러갔을 때 유리잔이 차려졌고, 선
술집이 닫기 전에 각자 제일 좋아하는 술을 주문했다. 이 모임에

서 가장 멋지게 차려입은 파란 옷의 남자와 주황색 옷의 남자는 물을 섞은 차가운 슈럽[111]을 주문했지만 나머지는 진에 물과 달콤한 것을 탄 음료를 제일 좋아하는 듯했다. 샘은 청과상을 '한심한 악당'이라고 부른 다음 펀치를 큰 그릇으로 하나 주문했다. 바스 최고의 하인들은 이 두 가지 행동을 보고 샘을 무척 높이 평가하는 듯했다.

"여러분." 파란 옷의 남자가 멋들어지게 말했다. "제가 여자들을 소개해 드리죠. 자!"

"찬성, 찬성!" 샘이 말했다. "젊은 마님들로요."

그러자 누군가 "정숙"이라고 크게 외쳤다. 존 스모커 씨는 웰러 씨를 이 모임에 초대한 사람으로서 그가 방금 쓴 단어는 관행에 어긋난다고 알려주었다.

"무슨 단어 말입니까?" 샘이 물었다.

"마님 말입니다." 존 스모커가 크게 얼굴을 찌푸리며 대답했다. "우리는 그런 구분을 하지 않습니다."

"아, 그렇군요." 샘이 말했다. "그렇다면 화염 씨가 허락하신다면 '귀여운 여자'로 고치도록 하지요."

녹색 반바지의 신사는 이 모임의 좌장을 '화염 씨'라고 불러도 되는지 다소 의아하게 여기는 것 같았지만 사람들이 좌장에 대해서는 신경 쓰지 않는 듯했기 때문에 문제를 제기하지 않았다. 삼각모를 쓴 남자가 숨을 짧게 내쉬고 샘을 한참 동안 바라보았

---

111   오렌지 주스에 설탕과 럼 또는 브랜디를 섞어서 만든 음료.

지만 자기가 질까 봐 아무 말도 하지 않는 것이 좋겠다고 결론을 내린 듯했다.

짧은 침묵이 흘렀고, 수놓인 상의가 발뒤꿈치까지 오고 같은 천으로 만든 조끼가 다리의 절반은 덮는 복장의 신사가 물 탄 진을 열심히 젓다가 갑자기 벌떡 일어나 몇 마디 하고 싶다고 말했다. 그러자 삼각모를 쓴 남자가 그의 말이라면 모두 듣고 싶을 것이라고 말했다.

"여러분, 저는 이렇게 나서기가 무척 조심스럽습니다." 긴 상의를 입은 남자가 말했다. "안타깝게도 일개 마부에 지나지 않는 저는 이런 유쾌한 야회에 명예 회원으로 참석할 뿐이니까요. 하지만 가슴 아픈 일을 알게 되었기에 여러분께 알려야겠다는 의무감을 느꼈습니다. 이런 표현을 써도 된다면, 구석으로 몰렸다고나 할까요. 저도 매일 고민하는 일입니다. 여러분, 우리의 친구 위퍼스 씨가(모두가 주황색 옷의 남자를 보았다), 우리의 친구 위퍼스 씨가 사직하신답니다."

이야기를 듣던 전원이 일제히 깜짝 놀랐다. 다들 옆 사람의 얼굴을 본 다음 서 있는 마부에게 시선을 돌렸다.

"놀라실 만도 합니다." 마부가 말했다. "저는 하인 업계에 이 돌이킬 수 없는 손실을 끼친 원인이 무엇인지 감히 언급하지 않겠지만, 위퍼스 씨에게 직접 말씀해 주시기를 청하는 바입니다. 그를 존경하는 친구들의 교화와 모방을 위해서 말입니다."

사람들이 그의 제안에 큰 소리로 동의했고, 위퍼스 씨가 설명을 시작했다. 그는 이제 막 일을 그만두었지만 사실은 그 일을 계속 하고 싶었다. 제복은 비싸고 화려했고, 그가 모시는 여성들은 상냥했으며, 그가 맡은 일은 별로 힘들지 않았다. 그의 주된 업무는 역시 사직한 또 다른 하인과 함께 현관에 서서 창밖을 최대한 자주 내다보는 것이었다. 그가 겪은 괴롭고 역겨운 일을 모두에게 자세히 설명하고 싶은 생각은 없었지만 이제 설명을 요구받은 이상 용감하고 분명하게 말할 수밖에 없는데, 그는 차갑게 식은 고기를 먹어야만 했다.

그의 고백이 듣는 이들의 가슴에 어떤 역겨움을 불러일으켰는지 우리는 상상도 하기 힘들다. "너무하는군"이라는 커다란 외침이 신음과 야유와 섞여 소동이 적어도 15분은 지속되었다.

그런 다음 위퍼스 씨는 뭐든지 잘 참고 요구를 잘 들어주는 자신의 성향이 이 잔인무도한 일의 부분적인 원인이 아닐까 싶어 두렵다고 덧붙였다. 그는 딱 한 번이지만 짠 버터를 먹으라는 요구에 응했던 또렷한 기억이 있고, 더욱이 집 안에 갑자기 병자가 생겼을 때는 저도 모르게 석탄 통을 3층까지 운반했다. 그는 자신의 잘못을 이렇게 솔직하게 고백함으로써 친구들 사이에서 평판이 깎이는 일은 없으리라 믿었다. 또 만약 그랬다면 방금 이야기한 것처럼 마지막으로 지나친 처사를 당했을 때는 즉시 분노했으니 자신을 다시 높이 평가해 주기를 바랐다.

위퍼스 씨의 말이 끝나자 칭찬이 터져 나왔고, 일동은 이 흥미로운 순교자의 건강을 위해 열정적으로 건배했다. 그러자 순교자는 고맙다고 인사했고, 자신은 아직 친해지지 못했지만 존 스모커 씨의 친구라는 사실만으로도 어떤 신사들의 모임에든 들어갈 수 있는 충분한 추천서가 된다며 오늘의 손님 웰러 씨를 위해 건배하자고 제안했다. 그는 또한 일동이 와인을 마시고 있었다면 웰러 씨의 건강을 기원하며 한 잔을 비웠을 것이라고, 그러나 기분 전환 삼아 독한 술을 마시고 있으니 건배를 할 때마다 잔을 비울 수는 없지만 이러한 마음만은 알아달라고 말했다.

그의 말이 끝나자 일동은 샘을 위해서 술을 한 모금씩 마셨고, 샘은 사람들의 건배를 받으며 펀치를 두 잔 가득 마신 다음 깔끔한 연설로 감사를 전했다.

"정말 감사합니다, 여러분." 샘이 차분하게 국자로 펀치를 뜨며 말했다. "여기 모인 분들께 칭찬을 들으니 아주 감격스럽군요. 이 모임에 대한 이야기는 많이 들었지만 이렇게 드물 정도로 좋은 분들이실 줄은 몰랐습니다. 아무쪼록 모두 건강하시고, 위엄을 손상당하는 일이 없기만을 바랄 뿐입니다. 그것은 길을 걸어 다니다가 눈에 띄면 아주 재미있는 광경이지요. 저는 어렸을 때부터, 제 키가 무척 존경하는 화염 씨의 지팡이 반밖에 되지 않을 때부터 그런 장면을 보면 항상 기분이 무척 좋았습니다. 제가 억압의 피해자인 노란 옷의 신사분께 드릴 말씀은, 본인에게 어울리는 아주 좋은 일을 찾기 바란다는 것밖에 없군요. 그러면 두 번 다시 차가운 야회 때문에 곤란을 겪을 일은 없을 것입니다."

샘은 유쾌한 미소를 지으며 자리에 앉았고, 그의 연설은 떠들썩한 박수를 받았으며, 사람들은 이제 흩어졌다.

"아니, 벌써 가시는 건 아니지요?" 샘 웰러가 존 스모커 씨에게 물었다.

"가야 합니다." 스모커 씨가 대답했다. "밴텀에게 약속했어요."

"아, 그렇군요." 샘이 말했다. "그러면 또 문제가 다르지요. 당신이 밴텀을 실망시키면 밴텀이 사직할지도 모르니까요. 화염 씨도 가십니까?"

"네, 갑니다." 삼각모를 쓴 남자가 말했다.

"아니, 펀치가 4분의 3이나 남았는데 벌써 간다니요!" 샘이 말했다. "말도 안 되는 소리. 어서 앉으세요."

터클 씨는 샘의 초대에 저항할 수 없었다. 그는 집어 들었던 지팡이와 삼각모를 내려놓고 멋진 친구를 위해서 딱 한 잔만 마시겠다고 말했다.

푸른 옷의 신사도 터클 씨와 가는 방향이 같았으므로 설득당해 남기로 했다. 펀치를 반 정도 마셨을 때 샘이 청과상에게 굴을 주문했다. 세 사람 모두 펀치와 굴을 먹으며 크게 흥분한 나머지 터클 씨는 삼각모를 쓰고 지팡이를 들고서 굴 껍데기가 흩어진 식탁 위에 올라가 개구리 춤[112]을 추었고, 파란 옷의 신사는 머리카락과 컬페이퍼로 기발한 악기를 만들어서 반주를 넣었다. 마침내 펀치가 다 사라지고 밤도 거의 사라지자 그들은 서로를 집에 바래다주기 위해 출발했다. 터클 씨는 밖으로 나오자마자 연석에 눕고 싶다는 갑작스러운 욕망에 사로잡혔고, 샘은 반대하기는 미안하다 싶어서 그가 마음대로 하게 놔두었다. 삼각모를 그대로 두면 분명히 더러워질 것이었으므로 샘은 사려 깊게도

---

112   〈개구리가 청혼하러 가네〉라는 동요에 맞춰서 무릎을 구부리며 추는 우스운 춤.

푸른 옷 신사의 머리에 삼각모를 씌운 다음 커다란 지팡이를 그의 손에 쥐여주고 그의 집까지 부축하여 데려다주었고, 종을 울린 다음 조용히 집으로 걸어왔다.

다음 날, 픽윅 씨가 평소 기상 시간보다 훨씬 이른 시간에 옷을 완전히 갖춰 입고 계단을 내려와 종을 울렸다.

"샘, 문을 닫게." 웰러 씨가 모습을 드러내자 픽윅 씨가 말했다.

웰러 씨가 그렇게 했다.

"어제 이 집에서 아주 불행한 사건이 일어났다네." 픽윅 씨가 말했다. "그래서 윙클 씨는 돌러 씨에게 폭행을 당할까 봐 걱정할 만한 이유가 생겼지."

"아래층에서 여주인에게 들었습니다." 샘이 대답했다.

"이런 말을 하기는 참 유감스럽지만 말이야." 픽윅 씨가 더없이 당혹한 표정으로 말을 이었다. "윙클 씨가 폭력 사태를 걱정한 나머지 사라져버렸다네."

"사라지다니요!" 샘이 말했다.

"한 마디도 없이 아침 일찍 집을 떠났네." 픽윅 씨가 대답했다. "어디로 갔는지는 나도 모르고."

"남아서 싸웠어야지요." 샘이 경멸스럽다는 듯 말했다. "돌러라는 사람을 쓰러뜨리는 건 일도 아니었을 텐데요."

"글쎄, 샘." 픽윅 씨가 말했다. "나는 그의 용맹함과 과단성에 대해서 어느 정도 의구심을 가지고 있지. 어쨌든 윙클 씨가 사라졌어. 찾아야 하네, 찾아서 나한테 데려와야 해."

"돌아오려고 하지 않으면요?" 샘이 말했다.

"돌아오게 만들어야지." 픽윅 씨가 말했다.

"누가 그 일을 하지요?" 샘이 미소를 지으며 물었다.

"자네가." 픽윅 씨가 대답했다.

"좋습니다."

웰러 씨는 이 말을 남기고 방을 나섰고, 곧 현관문 닫히는 소리가 들렸다. 두 시간 뒤 샘은 평범한 전갈을 전달하고 온 사람처럼 아주 침착하게 돌아와서 어느 모로 보나 윙클 씨와 똑같은 인상착의를 가진 사람이 오늘 아침 로열 호텔에서 역마차를 타고 브리스톨로 떠났다는 소식을 전했다.

"샘." 픽윅 씨가 그의 손을 잡으며 말했다. "자네는 참 대단한 친구야. 더없이 소중한 친구지. 자네가 그를 따라가야겠네."

"물론이죠." 웰러 씨가 대답했다.

"윙클을 발견하는 즉시 나에게 편지를 쓰게." 픽윅 씨가 말했다. "자네를 피해서 달아나려고 하면 쓰러뜨려서 가둬도 좋아. 모든 권한을 주지."

"아주 조심하겠습니다." 샘이 대답했다.

"윙클에게 전하게." 픽윅 씨가 말했다. "그가 옳다고 생각하는 이 말도 안 되는 방법 때문에 내가 크게 흥분했고, 크게 불쾌하고, 당연히 크게 화가 났다고."

"알겠습니다." 샘이 대답했다.

"그에게 전하게." 픽윅 씨가 말했다. "자네와 함께 곧장 이 집으로 돌아오지 않으면 나와 함께 돌아오게 될 거라고. 내가 가서 데려올 테니까."

"그렇게 말하겠습니다." 샘이 대답했다.

"윙클을 찾을 수 있겠나?" 픽윅 씨가 그의 얼굴을 진지하게 바라보며 말했다.

"어디 있든 반드시 찾아내고 말 겁니다." 샘이 자신만만하게 대답했다.

"좋아." 픽윅 씨가 말했다. "빨리 출발할수록 더 좋겠군."

픽윅 씨는 지시를 끝낸 다음 충직한 하인의 손에 돈을 쥐어주고 즉시 도망자를 뒤쫓아 브리스톨로 출발하라고 명령했다.

샘은 여행 가방에 몇 가지 필요한 물건을 챙겨서 떠날 준비를 했다. 복도 끝에 다다른 그가 걸음을 멈추고 조용히 돌아오더니 응접실 문 사이로 고개를 내밀었다.

"주인님." 샘이 속삭였다.

"그래, 샘." 픽윅 씨가 말했다.

"제가 주인님 지시를 제대로 이해한 것 맞지요?" 샘이 물었다.

"그러길 바라네." 픽윅 씨가 말했다.

"쓰러뜨리라는 말씀도 제대로 이해한 것이겠지요?" 샘이 물었다.

"물론이지." 픽윅 씨가 대답했다. "당연하네. 자네 생각에 필요한 대로 하게. 자네는 내 명령을 따르는 것뿐이야."

샘은 알겠다며 고개를 끄덕이고 문틈에서 머리를 뺀 다음 가벼운 마음으로 길을 떠났다.

38장

윙클 씨가 프라이팬에서 뛰쳐나와
불 속으로 온화하고 편안하게 뛰어들다

앞서 설명한 방식과 형태로 로열 크레센트 주민들을 깜짝 놀라게 한 예외적인 소음과 소동의 불행한 원인이자 팔자 사나운 신사는 크나큰 혼란과 불안 속에서 밤을 보낸 뒤, 친구들이 아직 깊이 잠든 지붕 밑을 나서 자신도 어디인지 모르는 곳을 향해 출발했다. 윙클 씨가 이러한 방법을 택한 것은 아무리 높이 평가하고 따스하게 칭찬해도 부족할 만큼 훌륭하고 사려 깊은 감정 때문이었다. 윙클 씨는 스스로 이렇게 합리화했다. "돌러라는 사람이 폭력을 행사하겠다는 위협을 실행에 옮기려고 하면(분명히 그렇게 하겠지) 나는 결투를 신청할 수밖에 없어. 그런데 그 사람에게는 아내가 있잖아, 그를 사랑하고 그에게 의지하는 아내 말이야. 세상에! 내가 분노에 눈이 멀어서 그를 죽여버리고 나면 도대체 어떤 기분이 들겠어!" 인정 많은 청년은 괴로운 배려심에 압도되어 무릎이 덜덜 떨렸고 그 얼굴에 마음속 감정이 불안하게 드러났다. 이러한 생각 때문에 윙클 씨는 여행 가방을 손에 들고 남몰래 계단을 내려가 그 가증스러운 현관문을 최대한 조용히 닫고 걸어갔다. 그는 로열 호텔을 향하다가 막 출발하려는 브리스톨행 마차를 발견했다. 윙클 씨는 자기 목적을 생각하면 브리스톨이 다른 어느 곳이나 마찬가지로 괜찮다는 생각이 들어서 마부석에 올라탔고, 목적지인 브리스톨에는 하루에 두 번 이상 모든 역에 멈추며 왕복하는 말 두 마리가 도착할 만한 시간에 도착했다.

그는 부시 여관에 방을 잡았고, 픽윅 씨에게 편지를 보내는 것은 돌러 씨의 분노가 가라앉았겠다 싶을 때까지 미루기로 결정한 다음 도시를 구경하러 나갔는데, 지금까지 가본 어느 곳보다 약간 더 지저분해 보였다. 윙클 씨는 선박의 수리 시설과 선박을 살펴보고 성당을 구경한 다음 클리프턴으로 가는 길을 물었고, 설명을 들은 다음 안내받은 길로 향했다. 그러나 브리스톨의 보도가 세상에서 가장 넓거나 가장 깨끗한 것은 아니었고, 길이 가장 똑바르거나 가장 덜 복잡한 것도 아니었다. 윙클 씨는 여러 겹으로 구불구불 얽힌 길 때문에 무척 곤혹스러웠고, 주변에 길을 다시 물어볼 괜찮은 가게가 없는지 둘러보았다.

그의 시선이 최근에 칠을 새로 하고 가게와 가정집 중간쯤 되는 무언가로 바뀐 주택에 닿았다. 예전에는 앞쪽 응접실이었을 곳 창문 위 장식 널에 '외과'라는 금색 글씨가 새겨져 있지 않았어도 현관문 부채꼴 창문 위로 튀어나온 붉은 램프가 의사의 집이라는 사실을 충분히 알려주었을 것이다. 윙클 씨는 여기에서 길을 물어보면 되겠다는 생각에 금박 라벨이 붙은 서랍들과 약병들이 늘어선 작은 가게로 들어갔고, 아무도 없었기 때문에 뒤쪽 응접실에 있을지도 모를 누군가의 주의를 끌기 위해 반 크라운짜리 동전으로 카운터를 톡톡 두드렸다. 뒤쪽 응접실 문에는 반복을 피하기 위해서인지 흰색 글씨로 '외과'라는 단어가 적혀 있었으므로 윙클 씨는 건물 가장 안쪽에 자리 잡은 독특한 개인 사무실이라고 생각했다.

카운터를 처음으로 두드리자 부지깽이로 펜싱을 하는 듯한 소리가 뚝 멈추었고, 두 번째로 두드리자 녹색 안경을 쓴 면학적인 분위기의 젊은 신사가 아주 커다란 책을 들고 조용히 나와서 자리를 잡더니 무슨 일이냐고 물었다.

"귀찮게 해드려서 죄송합니다." 윙클 씨가 말했다. "길을 좀 알려주시겠어요? 제가 가려는 곳은……."

"하하하!" 면학적인 분위기의 젊은 신사가 커다란 책을 머리 위로 던졌다가 카운터에 놓인 병들이 박살나려는 순간 능숙하게 다시 잡으며 포효했다. "이렇게 놀랄 데가!"

확실히 놀라웠다. 윙클 씨는 의사의 기이한 행동에 무척 놀랐기 때문에 자기도 모르게 문 쪽으로 물러서서 이 기이한 접객을 무척 불안하게 바라보았다.

"아니, 저 모르세요?" 의사가 말했다.

윙클 씨는 아직 만나 뵐 기회가 없었다고 중얼중얼 대답했다.

"그렇다면 저에게도 아직 희망이 있네요." 의사가 말했다. "운이 좋으면 브리스톨 노부인의 절반은 제가 돌볼지도 모르죠. 저리 꺼져, 곰팡내 나고 늙은 악당 같으니, 꺼져." 의사는 커다란 책을 향해서 외치면서 아주 유연하게 가게 저쪽으로 걸어찬 다음 초록색 안경을 벗었고, 예전에 랜트 스트리트에 살면서 버로의 가이 병원에서 일하던 로버트 소여 씨와 똑같은 웃음을 싱긋 떠올렸다.

"저를 깔봐서 그런 게 아니라는 말씀인가요?" 밥 소여 씨가 윙클 씨의 손을 다정하고 따뜻하게 잡고 흔들며 말했다.

"절대 아닙니다." 윙클 씨가 손을 맞잡으며 대답했다.

"제 이름을 못 보셨군요." 밥 소여 씨가 바깥쪽 문을 가리키며 말했다. 똑같은 흰색 페인트로 "구舊 노크모프 현現 소여"라고 적혀 있었다.

"못 봤습니다." 윙클 씨가 대답했다.

"이런, 당신인 줄 알았으면 당장 달려 나와서 끌어안았을 텐데 말입니다." 밥 소여 씨가 말했다. "정말로 세금 징수원인 줄 알았지 뭡니까."

"그럴 리가요!" 윙클 씨가 말했다.

"정말 그랬다니까요." 밥 소여 씨가 대답했다. "나는 집에 없지만 메시지를 남기면 반드시 나한테 전해주겠다고 말하려던 참이었습니다. 세금 징수원은 저를 모르고, 가로등 및 포장 도로세 담당자도 저를 모르거든요. 교회 유지세 징수원은 제가 누군지 짐작하는 것 같고, 수도세 담당자는 저를 알죠. 여기 처음 왔을 때 그 사람의 이를 뽑아줬으니까요. 아무튼 들어와요, 들어와."
밥 소여 씨는 잡담을 늘어놓으며 윙클 씨를 뒷방으로 밀어 넣었
다. 그곳에 앉아서 뜨겁게 달귀진 부지깽이로 벽난로 선반에 작
고 둥근 구멍을 내며 심심풀이를 하는 사람은 다름 아닌 벤저민
앨런 씨였다.

"아니!" 윙클 씨가 말했다. "이건 정말 예상 못한 즐거움이군요.
정말 좋은 집을 얻으셨네요!"

"괜찮지요, 괜찮아." 밥 소여 씨가 대답했다. "지난번 모임 직후
에 시험을 통과했고, 친구들이 가게에 필요한 것들을 가져다주
었지요. 그래서 저는 최대한 엄숙해 보이려고 검정색 옷에 안경
을 쓰고 여기로 왔습니다."

"작지만 알찬 가게를 운영하고 계신가 보군요." 윙클 씨가 다
안다는 듯 말했다.

"무척 그렇지요." 밥 소여가 대답했다. "어찌나 알찬지, 몇 년만
있으면 이 가게 수익을 전부 와인 잔에 넣고 구스베리 잎으로 덮
을 수 있을 정도죠."

"진심은 아니시죠? 여기 재고품만 해도……."

"가짜랍니다." 밥 소여 씨가 말했다. "저 서랍들 중에서 반은
텅 비어 있고 반은 안 열리죠."

"그런 말도 안 되는 일이!" 윙클 씨가 말했다.

"맹세코 진실입니다!" 밥 소여 씨가 가게로 다시 나가서 가짜
서랍장의 자그마한 도금 손잡이를 여러 번 세게 잡아당겨 자기
말이 맞다는 것을 보여주었다. "이 가게에 진짜라고는 거머리밖

에 없는데 그것도 중고로 샀죠."

"저는 생각도 못했습니다!" 윙클 씨가 크게 놀라 소리쳤다.

"그래야지요. 그렇지 않으면 겉모습을 꾸미는 게 무슨 소용이 있겠습니까? 아무튼, 뭐라도 좀 마실래요? 우리랑 같은 걸로 할까요? 좋습니다. 벤, 찬장에서 특허받은 소화제 좀 꺼내주게."

벤저민 앨런 씨가 미소를 짓더니 자기 팔꿈치 쪽 찬장에서 브랜디가 반쯤 든 검정색 병을 꺼냈다.

"당연히 물은 안 탈 거죠?" 밥 소여 씨가 물었다.

"고맙습니다." 윙클 씨가 대답했다. "그런데 아직 시간이 너무 일러서요. 괜찮다면 좀 약하게 마시고 싶군요."

"그러고 싶으시면 뭐, 상관없습니다. 벤, 작은 병 좀 부탁해." 그는 독한 술 한 잔을 다 마셨다.

벤저민 앨런 씨가 같은 은신처에서 작은 놋쇠 병을 꺼내자 밥 소여 씨는 의사다워 보이는 소품이라서 특히 자랑스럽다고 말했다. 이 병 안의 물은 밥 소여 씨가 실용적인 창가 자리에서 석탄을 조금씩 꺼내 데운 것으로, '소다수'라는 라벨이 붙어 있었다. 윙클 씨가 이 물로 자기 브랜디를 희석했다. 대화의 주제가 점점 넓어지고 있을 때 금색 테두리 달린 모자와 수수한 회색 제복 차림의 소년이 뚜껑 달린 작은 바구니를 겨드랑이에 끼고 가게로 들어오는 바람에 대화가 중단되었다. 밥 소여 씨가 소년을 보고 말했다. "톰, 떠돌이 녀석, 이리 와."

소년이 순순히 방으로 들어왔다.

"브리스톨의 기둥이라는 기둥에는 다 들렀다 오는 거냐, 이 게으른 녀석아!" 밥 소여가 말했다.

"아니에요, 안 그랬어요." 소년이 대답했다.

"안 그러는 게 좋을 거다!" 밥 소여 씨가 위협적으로 말했다. "가게에서 일하는 애가 도랑에서 구슬치기나 하고 마차 도로에서 손 짚고 뛰어넘기나 하고 있으면 누가 그 주인을 쓰겠냐? 넌 직업의식도 없어? 약은 전부 놓고 온 거야?"

"네."

"새 가족이 이사 온 큰 집에는 어린이용 가루약을, 다리에 통풍 걸린 성질 나쁜 노신사에게는 하루에 네 번 먹는 알약을 준 거 맞지?"

"네."

"그러면 그 문 닫고 이제 가게 봐."

"소여 씨." 아이가 물러가자 윙클 씨가 말했다. "저에게 말씀하신 것만큼 상황이 나쁘지는 않네요. 배달할 약이 있잖아요."

밥 소여 씨는 누가 듣고 있지는 않은지 가게를 빼꼼 내다본 다음 윙클 씨 쪽으로 몸을 숙이고 낮은 목소리로 말했다.

"다 엉뚱한 집에 놓고 왔어요."

윙클 씨가 당혹한 표정을 짓자 친구들이 웃음을 터뜨렸다.

"모르시겠습니까?" 밥이 말했다. "저 애가 어떤 집에 가서 하인용 초인종을 울린 다음 받는 사람 이름이 적히지 않은 약 꾸러미를 하인의 손에 쥐여주고 옵니다. 그러면 하인이 약을 식당으로 가져가고, 주인이 열어보고 라벨을 읽지요 '취침 전 복용 물약 1회분—예전과 똑같은 알약—평소와 같은 세정제—가루약. 구 노크모프, 현 소여로부터. 의사의 처방전은 신중하게 작성함.' 그런 식으로 쓰는 거죠. 주인이 그것을 아내에게 보여주면 부인도 라벨을 읽어요. 그런 다음 하인들에게 약을 보내면 하인들도 읽지요. 다음 날 저 애가 찾아가서 말하는 겁니다. '정말 죄송합니다, 배달 실수였어요. 일이 너무 많아서요. 배달할 꾸러미가 너무 많거든요. 소여 씨가 인사를 전해드리랍니다. 예전에 노크모프 씨가 하던 병원이에요.' 이런 식으로 이름을 알리는 거죠, 그게 의사의 요령입니다. 어떤 광고보다 효과가 좋아요. 4온스짜리 약병 하나를 브리스틀에 있는 집 절반에 보냈지만 아직도 안 끝났어요."

"세상에, 그렇군요." 윙클 씨가 감탄했다. "정말 대단한 계획이네요!"

"아, 벤과 저는 이런 계획을 열두 가지쯤 생각해 놨지요." 밥 소여 씨가 무척 즐거워하며 대답했다. "가스등 점등부한테 일주일에 18펜스를 주고 이쪽으로 올 때마다 야간용 초인종을 10분 동안 누르게 합니다. 또 가게 보는 아이가 항상 찬송가를 부르기 직전에, 주변을 둘러보는 것 말고는 아무것도 할 일이 없는 시간에 교회로 달려 들어와서 겁에 질리고 당황한 얼굴로 저를 불러내죠. 그러면 모두가 이렇게 말해요. '저런, 누가 쓰러졌나 봐. 노크모프 의원 자리에 새로 들어온 소여한테 사람을 보냈군. 젊은 사람이 대단한데!'"

밥 소여 씨와 친구 벤 앨런은 이렇게 의학계의 비밀을 몇 가지 알려준 다음 각자의 자리에 다시 앉아서 웃었다. 그들이 농담을 실컷 즐기고 나자 이야기는 윙클 씨가 조금 더 관심이 있는 화제로 옮겨갔다.

벤저민 앨런 씨가 브랜디를 마시면 감상적으로 변한다는 사실은 이미 언급했을 것이다. 우리도 같은 고충을 겪는 사람을 가끔 만나봐서 잘 알지만 결코 드문 사례는 아니다. 그러나 이 당시 벤저민 앨런 씨는 지금까지 그런 적이 없을 정도로 걸핏하면 울곤 했는데, 그 원인은 간단히 설명할 수 있었다. 그가 밥 소여 씨와 함께 지낸 지 거의 3주일이 다 되었는데, 밥 소여 씨는 딱히 절제력이 뛰어나지 않았고 벤저민 앨런 씨도 고집이 그다지 세지 않았다. 따라서 그 3주일 동안 벤저민 앨런은 약간 취한 상태와 완전히 취한 상태를 오가고 있었던 것이다.

"윙클 씨." 밥 소여 씨가 중고 거머리를 파느라 잠시 카운터로 나간 틈을 타서 벤 앨런 씨가 말했다. "저는 정말 불행해요."

윙클 씨는 그 말을 들으니 정말 가슴이 아프다면서 고통받는 의학생 앨런의 슬픔을 덜기 위해 자신이 해줄 일이 없는지 알고 싶다고 간청했다.

"없어요, 하나도 없어요." 벤이 말했다. "애러벨라 기억하시지요, 제 여동생 애러벨라 말입니다. 워들 씨 댁에서 만났던 검은 눈의 작은 소녀를 기억하세요? 알아보신 적이 있는지 모르겠군요. 착하고 귀여운 아이죠. 제 얼굴을 보면 애러벨라가 어떻게 생겼는지 기억이 나시려나요?"

윙클 씨가 매력적인 애러벨라를 떠올리기 위해 필요한 것은 하나도 없었다. 이는 다행이었는데, 그녀의 오빠 벤저민의 얼굴은 윙클 씨의 기억을 뚜렷하게 만들어줄 만한 것이 아니었기 때문이다. 윙클 씨는 말씀하신 아가씨를 아주 잘 기억하고 있다고, 건강히 잘 지내고 계시리라 믿는다고 최대한 침착한 말투로 대답했다.

"우리 친구 밥은 아주 유쾌한 녀석이죠, 윙클." 벤 앨런 씨는 이렇게만 대답했다.

"무척 그렇지요." 두 사람의 이름이 이렇게 짧은 간격을 두고 언급되는 것조차 탐탁치 않아하며 윙클 씨가 말했다.

"저는 두 사람을 이어줄 생각이었습니다. 두 사람은 천생연분이에요. 서로를 위해서 이 세상에 태어났단 말입니다, 윙클." 벤 앨런 씨가 잔을 거칠게 내려놓으며 말했다. "특별한 운명입니다. 두 사람은 나이 차이도 다섯 살밖에 안 되고 생일도 둘 다 8월이에요."

윙클 씨는 무슨 이야기가 이어질지 너무 궁금했기 때문에 실제로 정말 놀라운 이 우연에 경탄을 표하지도 못했다. 그래서 벤 앨런 씨는 한두 번 훌쩍거린 다음 자신은 친구를 무척 자랑스러워하고 존경하고 숭배한다고, 하지만 이해할 수 없게도 애러벨라는 자기 말을 듣지 않고 밥에 대해 단호한 적대감을 드러냈다고 말했다.

"제 생각에는 말입니다." 마지막으로 벤 앨런 씨가 말했다. "좋아하는 사람이 있는 것 같습니다."

"그 사람이 혹시 누군지 아십니까?" 윙클 씨가 무척 동요하며 물었다.

벤 앨런 씨는 호전적인 태도로 부지깽이를 머리 위로 들고 휘둘러 상상 속 누군가의 두개골을 호되게 때리더니, 알 수만 있다면 얼마나 좋겠냐고 말할 뿐이었다.

"그 사람한테 내가 그를 어떻게 생각하는지 보여줄 겁니다." 벤 앨런 씨가 이렇게 말한 다음 부지깽이를 아까보다 더 맹렬하게 휘둘렀다.

물론 이 모든 사태가 윙클 씨로서는 무척 마음이 놓이는 것이었으므로 그는 몇 분 동안 아무 말도 하지 않았다. 그러다가 마침내 용기를 내서 앨런 양이 켄트에 있는지 물었다.

"아니, 아닙니다." 벤 앨런 씨가 부지깽이를 내려놓고 무척 교활한 표정으로 말했다. "위들 씨 댁이 고집 센 여자아이에게는 좋은 장소가 아닌 것 같아서요. 그래서 저는 돌아가신 부모님을 대신해 그 아이의 보호자이자 후견인으로서 고모님 댁에서 몇 달 지내도록 이쪽으로 데리고 왔습니다. 아주 훌륭하고 지루하고 갑갑한 곳이지요. 이제 동생도 정신을 차릴 겁니다. 그래도 안 되면 잠시 외국으로 데리고 나가서 어떻게 될지 지켜볼 생각이에요."

"아, 고모님 댁이 브리스톨이군요?" 윙클 씨가 더듬거리며 말했다.

"아닙니다. 브리스톨은 아니에요." 벤 앨런 씨가 엄지로 오른쪽 어깨 너머를 가리키며 말했다. "저쪽이에요, 저 아래쪽. 쉿! 밥이 오네요. 한 마디도 하지 마세요, 한 마디도."

윙클 씨는 이 짧은 대화로 무척 흥분하고 동요했다. 좋아하는 사람이 있다는 의심이 그의 마음을 괴롭혔다. 혹시 자기가 그 사람일까? 자기 때문에 아름다운 애러벨라가 쾌활한 밥 소여를 비웃으며 바라보았을까, 아니면 다른 경쟁자가 있는 것일까? 그는 무슨 대가를 치르더라도 그녀를 만나야겠다고 결심했다. 그러나 극복할 수 없는 장애가 있었으니, '저쪽' 그리고 '저 아래 쪽'이라는 벤 앨런의 말이 가리키는 거리가 3마일인지, 30마일 인지, 300마일인지 도저히 짐작할 수 없었다.

그러나 지금 윙클 씨는 사랑에 대해서 깊이 생각할 여유가 없었다. 밥 소여 씨가 돌아왔다는 것은 빵집에서 곧 미트파이가 도착한다는 뜻이었고, 소여는 윙클 씨도 남아서 같이 먹어야 한다고 고집했다. 밥 소여 씨의 가정부 역할을 겸하는 청소부가 식탁보를 깔았고, 회색 제복 소년의 어머니에게서 포크와 나이프를 한 벌 빌려 왔고(소여 씨는 가재도구가 얼마 없었다), 이제 세 사람이 식사를 하려고 자리에 앉았다. 소여 씨의 표현에 따르자면 '본연의 백랍 그릇'에 담긴 맥주가 나왔다.

정찬이 끝나자 밥 소여 씨는 가게에서 제일 큰 막자사발을 가져오라고 한 다음 무척 믿음직스럽고 약국 주인다운 태도로 막자를 이용해 재료를 섞고 혼합하더니 막자사발이 넘치도록 럼 펀치를 만들었다. 소여 씨는 독신이라서 집에 잔이 하나밖에 없었으므로 손님에 대한 예의로 그것을 윙클 씨에게 주었다. 벤 앨런 씨는 뾰족한 끝을 코르크로 막은 깔때기를 썼고 밥 소여는 약제사가 물약을 측정할 때 쓰는, 난해한 글자가 잔뜩 새겨져 있고 입구가 넓은 크리스털 용기로 만족했다. 준비가 끝나자 펀치를 맛보았고 다들 아주 맛있다고 말했다. 윙클 씨가 펀치를 한 잔 마실 때 밥 소여 씨와 벤 앨런 씨는 두 잔까지 마셔도 괜찮다고 정했고, 세 사람은 더없이 즐겁고 친밀한 분위기로 술을 마시기 시작했다.

노래는 부르지 않았는데 밥 소여 씨가 의사답지 못하다고 말했기 때문이었다. 그 대신 어찌나 왁자지껄하게 웃고 떠들었는지 거리 끝에서도 들릴 정도였고(아마 정말로 들렸을 것이다) 대화가 어찌나 흥겨웠는지 시간의 발걸음이 가벼워지고 가게에서 일하는 소년의 마음도 가벼워져서, 아이는 평소처럼 카운터에 자기 이름을 썼다가 문질러 지우는 대신 유리문을 통해 사무실 안을 들여다보며 귀를 기울였다.

밥 소여 씨의 유쾌함은 점점 무르익다 못해 맹렬해졌고, 벤 앨런 씨는 다시 감상적인 기분에 빠졌으며, 세 사람은 펀치를 거의 다 비웠다. 그때 소년이 급히 달려 들어와서 방금 젊은 여자가 찾아왔다고, 구 노크모프 의원의 소여 씨가 거리 몇 개 떨어진 곳으로 당장 가야 한다고 말했다. 이렇게 해서 모임이 끝났다. 밥 소여 씨는 이 말을 스무 번쯤 듣고 나서야 무슨 뜻인지 깨닫고 정신을 차리려고 물에 적신 천을 목에 둘렀고, 술이 약간 깨자 초록색 안경을 쓰고 나갔다. 윙클 씨는 소여 씨가 돌아올 때까지 기다리라는 만류에도 불구하고 벤 앨런 씨가 자신에게 무척 중요한 주제에 대해서, 혹은 다른 어떤 주제에 대해서도 제대로 된 대화를 나눌 상황이 아니라는 사실을 깨닫고 여관으로 돌아왔다.

괴로운 마음과 애러벨라가 일깨운 수많은 생각 때문에 윙클
씨가 마신 막자사발 펀치는 다른 상황이었다면 틀림없이 발휘
했을 효과를 미처 발휘하지 못했다. 그래서 윙클 씨는 여관 술집
에서 소다수를 탄 브랜디를 한 잔 마신 다음, 그날 저녁의 만남
으로 기분이 좋아지기는커녕 낙담한 채 카페로 갔다.

카페의 유일한 손님은 윙클 씨에게 등을 돌리고 난롯가 앉아
있었는데, 키가 약간 크고 외투를 입은 신사였다. 계절에 비해 쌀
쌀한 저녁이었으므로 신사는 새로 온 손님이 난로를 볼 수 있도
록 자기 의자를 약간 옆으로 옮겼다. 그러자 포악하고 앙심 깊은
돌러의 얼굴과 형체가 드러났으니, 그때 윙클 씨의 기분은 어땠
을까!

윙클 씨는 가장 가까운 종을 잡아당겨 울리고 싶은 충동이 제
일 먼저 들었지만 불행히도 종은 돌러 씨의 머리 바로 뒤에 있었
다. 윙클 씨는 종을 향해 한 발 다가가다가 멈추었다. 그러자 돌
러 씨가 황급히 뒤로 물러섰다.

"윙클 씨, 진정하세요! 때리지 마세요. 저는 못 견딜 겁니다. 얻
어맞다니! 절대 못 견답니다……." 이 맹렬한 신사는 윙클 씨가
예상했던 것보다 훨씬 더 패기 없는 표정으로 말했다.

"네?" 윙클 씨가 더듬거리며 말했다.

"진정하세요. 자리에 앉으시죠. 제 얘길 들어보세요." 돌러가
말했다.

"돌러 씨." 윙클 씨가 머리끝부터 발끝까지 벌벌 떨며 말했다.
"급사도 없는 가게에서 제가 당신 옆이나 맞은편에 앉기 전에 먼

저 확인부터 해야겠습니다. 당신은 어젯밤에 저를 위협했습니다. 끔찍한 위협이었지요." 여기서 윙클 씨는 정말 새하얗게 질려서 말을 뚝 멈추었다.

"그랬습니다." 돌러 씨가 윙클 씨만큼이나 하얗게 질린 얼굴로 말했다. "상황이 너무 의심스러워서요. 하지만 설명을 들었습니다. 당신의 용기를 존경합니다. 당신의 감정은 고결해요. 아주 결백하지요. 여기 제 손을 잡으시지요."

"정말이지, 참." 윙클 씨가 손을 잡을까 말까 망설이면서, 돌러 씨가 유리한 위치를 차지하려고 악수를 하자는 것은 아닌지 걱정하면서 말했다. "정말이지, 저는……."

"무슨 말씀이신지 압니다." 돌러가 끼어들었다. "감정이 상하셨겠지요. 아주 당연합니다. 저라도 그랬을 거예요. 제가 틀렸습니다. 용서해 주세요. 다시 친하게 지냅시다. 용서해 주시지요." 돌러는 이렇게 말하면서 거의 억지로 윙클 씨의 손을 잡고 아주 세게 흔들었고, 기백이 정말 대단하시다고, 그를 이전보다 더욱 높이 평가하게 되었다고 말했다.

"자." 돌러 씨가 말했다. "앉으세요. 전부 말씀해 주시죠. 저를 어떻게 찾았습니까? 언제부터 절 따라오셨지요? 솔직히 말해주세요."

"우연입니다." 윙클 씨가 예상치 못한 기이한 질문에 크게 당황하며 대답했다. "우연이에요."

"다행이군요." 돌러 씨가 말했다. "저는 오늘 아침에 잠에서 깼습니다. 위협은 잊었지요. 그 일을 웃어넘겼습니다. 친해진 기분이었어요. 그래서 그렇게 말했지요."

"누구에게요?" 웡클 씨가 물었다.

"아내에게요. 그랬더니 맹세를 하지 않았냐고 하기에 성급한 맹세였다고 말했죠. 당장 사과를 해야겠으니 그가 어딨냐고 물었답니다."

"그가 누굽니까?" 웡클 씨가 물었다.

"당신 말입니다." 돌러가 대답했다. "아래층으로 내려갔는데 당신이 없더군요. 픽윅 씨는 우울한 얼굴로 고개를 저었습니다. 폭력은 없었으면 좋겠다고 말했지요. 그때 전부 깨달았습니다. 당신은 모욕을 느꼈으니 아마도 친구를 찾으러 갔겠지요. 권총을 가지러 갔을지도 모르고요. 저는 대단한 용기라고, 정말 존경스럽다고 말했습니다."

웡클 씨는 기침을 했고, 상황을 서서히 깨달으면서 진지한 표정을 지었다.

"당신에게 쪽지를 남겼습니다." 돌러가 다시 말을 이었다. "죄송하다고 썼지요. 실제로 죄송했습니다. 그러다가 급한 일이 생겨서 여기로 온 겁니다. 그런데 당신은 쪽지로 만족하지 못했군요. 그래서 따라왔겠죠. 설명을 직접 듣고 싶어서요. 맞습니다, 이제 다 끝났어요. 제 일도 끝났죠. 저는 내일 돌아갑니다. 저와 같이 가시지요."

돌러가 설명하는 동안 웡클 씨의 표정은 점점 더 당당해졌다. 대화의 시작이 왜 그렇게 이상했는지 밝혀졌다. 돌러 씨는 웡클 씨처럼 결투에 반대하는 사람이었다. 간단히 말해서 큰소리를 떵떵 치는 이 무서운 사람은 사실 지독한 겁쟁이였고, 자신의 두려움을 통해서 윙클 씨의 부재를 해석했으며, 정확히 윙클 씨와 똑같은 방법을 택했다. 즉 모든 흥분이 가라앉을 때까지 신중하게 몸을 피한 것이다.

머릿속에서 사건의 진상이 서서히 밝혀지자 윙클 씨는 무척 엄한 표정으로 이제 충분히 만족한다고 말했다. 그러나 동시에 그가 만족하지 않았다면 무척 끔찍하고 파괴적인 사건이 일어났으리라 생각할 수밖에 없는 분위기를 풍겼다. 돌러 씨는 윙클 씨의 아량과 겸손에 감동한 듯했다. 두 명의 투사는 영원한 우정을 몇 번이고 맹세하면서 각자 침실로 들어갔다.

12시 반쯤, 윙클 씨는 호사스러운 잠을 20분 정도 즐기다가 누가 갑자기 큰 소리로 문을 두드리는 바람에 잠에서 깼다. 소리가 점점 커졌기 때문에 윙클 씨는 침대에서 일어나 누구냐고, 무슨 일이냐고 물었다.

"당장 손님을 뵈어야겠다는 청년이 있습니다." 하녀의 목소리가 대답했다.

"청년이라고!" 윙클 씨가 외쳤다.

"틀림없는 사실이지요." 다른 목소리가 열쇠 구멍을 통해 말했다. "이 흥미로운 청년을 당장 들여보내주지 않으면 그의 다리가 머리보다 먼저 들어갈지도 모릅니다." 청년은 이렇게 암시한 다음, 말에 힘을 실으려는 듯 문 아래쪽 패널을 하나 가볍게 툭 찼다.

"샘인가?" 윙클 씨가 침대에서 튀어나오며 물었다.

"누구든 직접 보지 않으면 신원을 분명히 확인할 수 없지요." 목소리가 고집스럽게 대답했다.

윙클 씨는 청년이 누구인지 대충 짐작하고 문을 열었다. 그러자 새뮤얼 웰러 씨가 황급히 들어오더니 안에서 문을 조심스럽게 잠근 다음 열쇠를 조끼 주머니에 신중하게 넣었다. 그리고 나서 윙클 씨를 머리끝에서 발끝까지 살피며 말했다.

"정말 재미있는 분이시네요."

"무슨 뜻이지, 샘?" 윙클 씨가 화를 내며 물었다. "당장 나가. 이게 무슨 짓인가?"

"무슨 뜻이냐면요." 샘이 받아쳤다. "이건 너무 지나쳐요. 어떤 아가씨가 지방만 들어 있는 돼지고기 파이를 샀다가 페이스트리 장수한테 항의하면서 말했던 것처럼요. 무슨 뜻이냐고요? 글쎄요, 나쁜 뜻은 아닙니다. 아니고말고요."

"이 방에서 당장 나가." 윙클 씨가 말했다.

"저는 정확하게 윙클 씨가 이 방에서 나갈 때 동시에 나갈 겁니다." 샘이 강압적으로 대답하더니 아주 근엄하게 자리에 앉았다. "둘러매고 나가야 할 상황이 되면 물론 당신보다 아주 약간 먼저 나가겠지만요. 저를 그렇게 극단적인 상황으로 내몰지는 말아주시면 좋겠네요. 이 말은 어느 귀족이 총알고등을 먹으려는데 핀으로는 아무리 찔러도 안 나와서 했던 말을 그대로 인용한 겁니다. 방문에 내던져서 껍데기를 깨야 하나 싶은 생각이 들기 시작했거든요." 웰러 씨는 그로서는 드물게도 긴 연설을 끝낸 다음 무릎에 손을 얹고 절대 흔들리지 않겠다는 굳은 의지를 드러내는 표정으로 윙클 씨의 얼굴을 정면으로 바라보았다.

"당신은 상냥한 청년입니다." 웰러 씨가 비난하는 어조로 말을 이었다. "우리 훌륭한 주인님이 모든 일을 원칙대로 참고 견디겠다고 결심한 지금, 설마 주인님한테 온갖 걱정을 끼칠 생각은 아니시겠지요? 당신은 도슨보다 더 나빠요. 당신에 비하면 포그는 천사나 마찬가지라고요!" 웰러 씨는 무릎을 세게 쳐서 마지막 말을 강조한 다음 정말 역겹다는 표정으로 팔짱을 끼고 죄인의 변명을 기다리는 사람처럼 의자에 다시 기대어 앉았다.

"이봐, 샘." 윙클 씨가 손을 내밀며 말했다. 그는 말하는 내내 이를 덜덜 떨었는데, 웰러 씨가 일장 연설을 늘어놓는 동안 잠옷 바람으로 서 있었기 때문이었다. "우리의 훌륭한 친구에 대한 자네의 애정을 존중하고, 심려를 끼친 것은 정말 미안하게 생각하네."

"그야 뭐." 샘이 샐쭉하게, 하지만 웰러 씨가 내민 손을 정중하게 잡고 흔들며 말했다. "그러셔야지요, 정신을 차리셨다니 저도 아주 기쁩니다. 저는 할 수만 있다면 절대 누구도 주인님께 폐를 끼치지 못하게 할 거니까요. 그뿐입니다."

"당연하지." 윙클 씨가 말했다. "자, 이제 침대로 가봐. 이 문제에 대해서는 아침에 다시 얘기하지."

"죄송하지만 저는 침대로 갈 수가 없습니다." 샘이 말했다.

"침대로 갈 수 없다니?" 윙클 씨가 되풀이했다.

"그럴 수가 없어요." 샘이 고개를 저으며 말했다.

"오늘 밤에 돌아간다는 말은 아니겠지?" 윙클 씨가 크게 놀라서 말했다.

"당신이 꼭 오늘 돌아가야겠다고만 안 하시면요." 샘이 대답했다. "어쨌든 저는 이 방에서 나갈 수가 없습니다. 주인님이 엄한 명령을 내리셨어요."

"말도 안 되는 소리군, 샘." 윙클 씨가 말했다. "나는 2~3일 정도 머물 계획이야. 게다가 자네도 여기 남아서 내가 어떤 아가씨를 만날 수 있도록 도와줘야 해. 앨런 양 말이야. 기억하지? 브리스톨을 떠나기 전에 앨런 양을 만나야 하고, 꼭 만날 거야."

이러한 입장에 대해서도 샘은 아주 엄격하게 고개를 저으며 그럴 수 없다고 강경하게 대답할 뿐이었다.

그러나 윙클 씨가 계속 설득하고 항변하고 돌러 씨와 나눈 대화를 전부 털어놓자 샘이 흔들리기 시작했다. 결국 다음과 같은 주요 조건으로 타협이 이뤄졌다.

샘은 바깥에서 문을 잠그고 열쇠를 가져가는 조건으로 윙클 씨가 혼자 쉴 수 있도록 물러간다. 단, 화재나 기타 위험한 우발 사태가 발생할 경우 즉시 문을 열어야 한다. 다음 날 아침 일찍 픽윅 씨 앞으로 전술한 목적을 위해 샘과 윙클이 브리스톨에 남는 것에 동의를 구하는 편지를 써서 돌러를 통해 전달하고, 다음 마차로 답장을 보내달라고 부탁한다. 픽윅 씨가 동의할 경우 앞서 말한 두 사람은 브리스톨에 남고 그렇지 않을 경우 답장을 받는 즉시 바스로 돌아간다. 마지막으로 그사이 윙클 씨는 창문이나 난로 또는 그 밖의 경로로 몰래 도망치지 않겠다고 맹세한다. 이러한 조건을 모두 정한 다음 샘이 문을 잠그고 떠났다.

아래층에 거의 도착했을 때 샘이 걸음을 멈추고 주머니에서 열쇠를 꺼냈다.

"쓰러뜨리는 것을 잊고 있었네." 샘이 몸을 반쯤 돌리고 말했다. "주인님이 꼭 쓰러뜨리라고 분명히 말씀하셨는데 말이야. 난 참 멍청하다니까." 그러나 곧 얼굴을 환하게 밝혔다. "괜찮아, 내일이라도 쉽게 쓰러뜨릴 수 있으니까."

마음이 놓인 웰러 씨는 열쇠를 주머니에 다시 넣고 양심의 거리낌 없이 남은 계단을 내려갔고, 여관의 다른 사람들과 마찬가지로 깊은 잠에 파묻혔다.

39장

새뮤얼 웰러 씨가 사랑의 임무를 맡아
실천에 옮기다,
어떤 성공을 거두었는지는
아래에 밝혀진다

다음 날 온종일 샘은 본부로부터 분명한 지시가 내려오지 않는한 잠시도 윙클 씨에게서 눈을 떼지 않기로 마음먹고 그를 절대시야에서 놓치지 않았다. 윙클 씨는 샘의 면밀한 감시와 부지런한 경계가 불쾌했지만 거세게 반항하다가 무력으로 끌려갈 위험을 무릅쓰느니 참는 것이 낫다고 생각했다. 웰러 씨가 만에 하나무슨 일이 생긴다면 강한 의무감 때문에 그렇게 할 수밖에 없을것이라고 한 번 이상 강하게 암시했기 때문이었다. 돌러가 전달하는 편지를 픽윅 씨가 즉시 읽고 그 사태를 막지 않았다면 샘은분명 윙클 씨의 손발을 묶어서 바스로 끌고가 양심의 가책을 재빨리 잠재웠을 것이다. 간단히 말해서 픽윅 씨가 그날 저녁 8시에 부시 여관 카페로 걸어 들어오더니 미소를 지으며 잘했다고,

이제 더 이상 보초를 서지 않아도 된다고 말했기 때문에 샘은 크게 마음을 놓았다.

"내가 직접 오는 게 낫겠다고 생각했네." 샘이 윙클 씨의 외투와 여행용 숄을 붙잡고 있던 손을 풀자 픽윅 씨가 윙클 씨에게 말했다. "샘을 이 일에 끼워넣어도 좋다고 허락하기 전에 이 아가씨에 대한 자네의 마음이 진지하고 진실한지 확인하기 위해서 말이야."

"진지하고 진실합니다. 제 영혼을 걸어도 좋아요!" 윙클 씨가 무척 강하게 대답했다.

"잊지 말게." 픽윅 씨가 눈을 빛내며 말했다. "우리는 아주 마음이 후하고 탁월한 친구의 집에서 그녀를 만났네, 윙클. 마땅한 심사숙고 없이 이 아가씨의 애정을 가볍게 건드린다면 은혜도 모르는 짓이 될 거야. 그런 일은 내가 절대 용납하지 않을 걸세. 절대 안 되네."

"그럴 의도는 전혀 없습니다." 윙클 씨가 열심히 외쳤다. "저는 이 일을 오랫동안 진지하게 고민했고, 제 행복이 그녀에게 달려 있다고 생각합니다."

"그걸 바로 작은 꾸러미로 묶는다고 하죠."[113] 웰러 씨가 유쾌한 미소를 지으며 끼어들었다.

그러자 윙클 씨가 다소 험악한 표정을 지었고, 픽윅 씨는 하인에게 우리 본성의 가장 고귀한 감정을 조롱하지 말라고 나무랐

---

[113] 결혼하다는 뜻을 가진 '매듭을 짓는다tie the knot'를 변형시킨 표현.

다. 그러자 샘은 이렇게 대답했다. "알았으면 안 했겠지요. 하지만 감정이라는 게 너무 많으니까 뭐가 제일 고귀한 건지 몰라서 그런 거예요."

윙클 씨는 애러벨라에 대해서 벤 앨런 씨와 어떤 대화를 나누었는지 이야기했고, 자신의 목적은 그 아가씨를 만나 자신의 애정을 정식으로 알리는 것이라고 말했다. 그런 다음 벤의 암울한 암시와 중얼거림을 근거로 애러벨라가 지금 어디에 갇혀 있든 분명 다운스[114] 근처일 거라고 확실하게 주장했다. 이 문제에 대해서 그가 가진 지식이나 의혹은 이것이 전부였다.

이 빈약한 단서를 가지고 웰러 씨가 다음 날 아침에 애러벨라를 찾아 떠나기로 정해졌다. 그동안 이런 일에 별로 자신이 없는 픽윅 씨와 윙클 씨는 마을을 돌아다니다가 밥 소여 씨의 가게에 우연히 들르기로 했다. 애러벨라의 소재에 대한 어떤 정보를 보거나 들을 수 있을지도 몰랐기 때문이다.

따라서 다음 날 아침 샘 웰러는 절망적인 전망에도 전혀 기죽지 않고 길을 나섰다. 샘은 어느 거리를 따라 올라갔다가 다음 거리를 따라 내려왔지만—우리는 어느 언덕을 올라갔다가 또 다른 언덕을 내려왔다고 말하려고 했지만 클리프턴은 전부 오르막밖에 없다—이 문제에 아주 조금이라도 빛을 비춰줄 만한 사람이나 사물은 하나도 없었다. 샘은 도로에서 말을 산책시키는 마부나 샛길에서 아이들을 산책시키는 보모와 수많은 대화

114　브리스톨의 클리프턴 다운Clifton Down과 더럼 다운Durdham Down을 합쳐서 이르는 말.

를 나눴지만 그가 조심스럽게 찾는 대상과 약간이라도 상관있는 이야기는 전혀 끌어낼 수 없었다. 수많은 집에 수많은 아가씨가 있었고, 그들 중 대부분은 누군가에게 깊은 애정을 가지고 있거나 기회만 있으면 그러려 한다고 하인들의 의심을 사고 있었다. 그런 아가씨들 중에서 애러벨라 앨런 양은 없었고, 따라서 샘은 새로 얻은 정보가 전혀 없었다.

샘은 거센 바람을 맞으며 다운스를 힘겹게 돌아다녔고, 여기서는 모자를 항상 양손으로 붙잡아야 하는 걸까 생각하면서 그늘진 외딴 지역에 도착했다. 근처에 작은 주택 몇 채가 드문드문 떨어져 조용히 서 있었다. 큰길에서 벗어난 기다란 샛길 끝 마구간 문 앞에서 평상복을 입은 마부가 삽과 외바퀴 손수레를 가지고 빈둥거리면서 본인은 일을 하는 중이라고 착각하고 있었다. 여기서 한 가지 밝혀두자면, 한가할 때 마구간 근처에서 시간을 보내면서 크든 작든 이런 독특한 착각에 빠지지 않는 마부를 우리는 본 적이 없다.

샘은 걸어 다니느라 무척 지친 데다가 손수레 건너편에 크고 괜찮은 바위가 하나 보였기 때문에 이 마부에게 말을 붙여보는 게 좋겠다고 생각했다. 그래서 샛길을 따라 어슬렁어슬렁 걸어가서 바위에 앉은 다음, 장기를 발휘하여 편안하고 스스럼없이 말을 걸었다.

"좋은 아침입니다." 샘이 말했다.

"낮이겠지요." 마부가 무뚝뚝하게 샘을 보며 대답했다.

"과연 그렇군요." 샘이 말했다. "좋은 낮이라는 뜻이었습니다.

잘 지내십니까?"

"뭐, 당신을 만나서 딱히 더 좋진 않군요." 성질 나쁜 마부가 대답했다.

"참 이상하네요." 샘이 말했다. "당신은 보기 드물 정도로 쾌활하고 너무 활기차서 보기만 해도 기분이 좋아지니까 말입니다."

무뚝뚝한 마부는 이 말에 더욱 무뚝뚝해졌지만 샘은 아무렇지도 않았기 때문에 곧장 무척 궁금한 표정으로 집주인 이름이 워커가 아니냐고 물었다.

"아닌데요." 마부가 말했다.

"브라운도 아니겠지요?" 샘이 말했다.

"아니에요."

"윌슨도 아니고요?"

"아닙니다. 셋 다 아니에요." 마부가 말했다.

"흐음." 샘이 대답했다. "그럼 내가 잘못 알았군요. 아는 사이인 줄 알았더니 아직 그 영광을 누리지 못한 사람이군요. 나한테 예의를 갖추느라 여기서 일부러 기다릴 건 없어요." 마부가 손수레를 끌고 들어가 대문을 닫으려고 할 때 샘이 말했다. "예절보다 편한 게 먼저죠. 봐드릴게요."

"누가 반 크라운만 줘도 당신 머리를 날려버릴 텐데." 무뚝뚝한 마부가 대문 한쪽을 닫으며 말했다.

"아니, 그 정도로는 안 되겠는데." 샘이 대꾸했다. "최소한 당신 평생 식비랑 숙박비 정도는 받아야지, 그것도 싼 거야. 안에 들어가면 내 안부나 전해줘. 정찬 때 기다릴 필요 없다고, 남겨놓을 필요도 없다고 전하라고. 내가 돌아왔을 때는 이미 다 식었을 테니까."

이에 대한 대답으로 마부는 분통을 터트리며 누군가의 머리를 부수고 싶다고 중얼거렸지만 실행에 옮기지는 않았다. 그는 화를 내며 문을 쾅 닫고 사라졌고, 머리카락 한 줌만 놓고 가라는 샘의 애정 어린 요청은 아예 못 들은 척했다.

샘은 커다란 바위에 앉아서 이제 어떻게 할까 생각하며 브리스톨에서 5마일 이내에 있는 모든 집 문을 두드려볼까, 애러벨라 양을 찾아서 하루에 150~200곳을 돌아다닐까 고민하고 있는데 바로 그때 우연한 사건이 일어나 그가 그 자리에 열두 달을 앉아 있어도 발견하지 못할 것을 던져주었다.

샘이 앉아 있는 샛길에는 서너 채의 집에 속한 서너 개의 정원 대문이 있었는데, 집들은 서로 떨어져 있었지만 그 사이를 나누는 것은 정원밖에 없었다. 정원은 전부 크고 길었고 나무가 많았기 때문에 집들이 서로 어느 정도 거리를 두고 떨어져 있었을 뿐 아니라 대부분 가려져서 보이지 않았다. 샘은 마부가 들어간 대문 바로 옆집 대문 앞 흙더미에 시선을 고정시키고 자신의 임무가 얼마나 어려운 일인지 깊이 생각하고 있었는데, 바로 그때 대문이 열리더니 어떤 하녀가 침대 옆에 까는 양탄자 몇 장을 들고 먼지를 털러 나왔다.

샘은 생각을 하느라 너무 바빴다. 따라서 하녀를 도와줄 사람이 없고 그녀 혼자 힘으로 털기에는 양탄자가 너무 무거워 보이는 것을 깨닫고 신사 정신이 크게 깨어나지 않았다면 깔끔하고 예쁜 하녀라고 생각하고 그쳤을지도 모른다. 웰러 씨는 나름대로 여성에게 무척 친절한 신사였기 때문에 상황을 깨닫자마자 커다란 바위에서 얼른 일어나 그녀에게 다가갔다.

"이보세요." 샘이 무척 공손한 태도로 다가가며 말했다. "혼자 양탄자를 털면 그 아름다운 모습이 망가질 거예요. 제가 도와드리죠."

샘이 이렇게 말하자 젊은 여자는 이렇게 가까이에 신사가 있는지 몰랐던 척하면서 전혀 모르는 사람의 제안을 거절하려고 (정말 그럴 생각이었다고 나중에 말했다) 돌아섰지만, 말을 하는 대신 깜짝 놀라 물러서며 반쯤 억눌린 비명을 질렀다. 샘도 못지않게 비틀거렸는데 아름다운 몸매를 가진 하녀의 얼굴에서 바로 자신의 밸런타인 축일의 연인을, 넙킨스 씨 댁의 아름다운 하녀를 보았기 때문이다.

"아니, 메리!" 샘이 말했다.

"어머나, 웰러 씨!" 메리가 말했다. "사람을 정말 놀라게 하는군요!"

이 불평에 샘은 말로 대답하지 않았고, 그가 어떻게 답했는지는 정확히 알 수 없다. 우리가 아는 것은 잠시 후 메리가 "어머, 안 돼요, 웰러 씨"라고 말했고 그보다 조금 전에 샘의 모자가 땅바닥에 떨어졌다는 사실밖에 없는데, 여기서 우리는 두 사람 사이에 한 번 또는 그 이상의 입맞춤이 오갔다고 추론할 수 있을 것이다.

"여긴 어떻게 왔어요?" 잠깐 끊겼던 대화가 다시 시작되자 메리가 말했다.

"당연히 당신을 찾아왔지요." 웰러 씨가 대답했다. 그는 이번 한 번만큼은 애정이 진실을 이기도록 허락했다.

"내가 여기 있는지 어떻게 알았어요?" 메리가 물었다. "내가 입스위치에서 다른 일을 찾았고 나중에 그 집안이 여기로 이사 왔다는 말을 도대체 누가 당신한테 한 거예요? 도대체 누가 그런 말을 했죠, 웰러 씨?"

"아, 물론 그게 문제죠." 샘이 교활한 표정으로 말했다. "누가 말했을까요?"

"머즐 씨는 아니죠?" 메리가 물었다.

"오, 아니에요." 샘이 엄숙하게 고개를 저으며 말했다. "머즐 씨는 아니었어요."

"그렇다면 요리사가 분명하군요." 메리가 말했다.

"당연히 그렇겠죠." 샘이 말했다.

"하지만 나는 아무 말도 못 들었는데요!" 메리가 소리쳤다.

"나도 그래요. 하지만 메리," 이때 그의 태도는 무척 애정이 넘쳤다. "지금 난 아주 급한 일이 있어요. 윙클 씨라고, 주인님 친구 분이 하나 있는데 기억하지요?"

"녹색 상의를 입으셨던 분이요?" 메리가 말했다. "네, 기억해요."

"그래요." 샘이 말했다. "그분이 지독한 사랑에 빠졌어요. 완전히 당해서 쓰러졌어요."

"어머!" 메리가 끼어들었다.

"그래요." 샘이 말했다. "하지만 그 아가씨만 찾아내면 아무 문제도 없죠." 여기서 샘은 잠시 주제에서 벗어나 메리가 얼마나 아름다운지, 그녀를 마지막으로 본 후 얼마나 형언할 수 없는 고통을 겪었는지 기나긴 이야기를 늘어놓은 다음 윙클 씨가 지금 처한 곤경을 충실하게 설명했다.

"아!" 메리가 말했다. "이런 얘기는 정말 처음 들어요!"

"당연하지요." 샘이 말했다. "아무도 들어본 적 없고, 앞으로도 들을 일이 없을 겁니다. 그래서 저는 방랑하는 유대인[115]처럼―시간과 겨루면서 절대 잠들지 않는 그 모험가에 대해서 당신도 들어봤겠죠, 메리―돌아다니고 있어요. 애러벨라 앨런이라는 아가씨를 찾아서 말이에요."

"누구라고요?" 메리가 크게 놀라며 말했다.

"애러벨라 앨런 양이요." 샘이 말했다.

"세상에나!" 메리가 조금 전 무뚝뚝한 마부가 들어가서 잠근 정원 대문을 가리키며 말했다. "바로 저 집이에요. 그분은 6주 전부터 여기 살아요. 어느 날 아침 집안사람들이 아직 일어나기 전에 부인을 담당하는 하녀장이 세탁실에서 전부 말해줬어요."

"아니, 바로 옆집이라고요?" 샘이 말했다.

"바로 옆집이에요!" 메리가 대답했다.

웰러 씨는 이 소식에 완전히 압도당한 나머지 이 아름다운 정

---

115 중세의 전설에 따르면 유대인 아하수에로가 갈보리로 가는 예수님을 모욕하자 예수님은 재림 때까지 기다리라고 대꾸했고, 그 후 아하수에로는 끊임없이 온 세상을 방황하고 있다고 한다.

보원에게 매달려 부축을 받지 않을 수가 없었고, 두 사람 사이에 온갖 사랑의 말이 오간 다음에야 냉정을 되찾고 하던 이야기로 돌아갈 수 있었다.

"자." 마침내 샘이 말했다. "정말이지 이렇게 재미있는 일이 또 있을까요? 만찬이 끝나고 장관이 런던 시장 부인의 건강을 위해서 건배하자 시장이 했던 말처럼요. 바로 옆집이라니! 아, 그 아가씨에게 전할 말이 있어요. 오늘 온종일 전달하려고 애를 썼죠."

"하지만 지금은 전할 수 없어요. 그 아가씨는 저녁에만 정원을 산책하는데, 그마저도 아주 짧아요. 게다가 노부인과 함께가 아니면 외출을 하지 않아요." 메리가 말했다.

샘은 잠시 궁리하다가 마침내 이런 계획을 내놓았다. 그가 해질 무렵—애러벨라가 항상 산책하는 시간—에 돌아와서 메리가 자기 집 대문을 열어주면 정원으로 들어가 사람들의 눈에 띄지 않게 가려줄 커다란 배나무의 늘어진 가지 밑에서 담장 위로 올라간다. 샘이 거기에서 애러벨라에게 말을 전하고, 가능하다면 다음 날 저녁 같은 시간에 윙클 씨와 만날 약속을 잡는다. 샘은 순식간에 계획을 세운 다음 메리를 도와서 한참이나 미뤄두었던 양탄자를 털었다.

작은 양탄자를 터는 것은 보기만큼 순수한 일이 아니다. 적어도 양탄자를 터는 것 자체는 별 문제가 없지만 다 털고 나서 접는 것은 절대로 방심할 수 없는 일이다. 양탄자를 터는 동안 두 사람은 양탄자 길이만큼 떨어져 있고, 따라서 더없이 순수하고 재미있다. 그러나 양탄자를 접기 시작하면 두 사람의 거리가 맨 처음의 반으로, 4분의 1로, 8분의 1로, 16분의 1로, 또 긴 양탄자의 경우에는 32분의 1로 점점 줄어들면서 점점 위험해진다. 우리는 이때 두 사람이 양탄자를 몇 개나 접었는지 자세히 알지 못하지만 샘이 예쁜 하녀에게 양탄자의 개수만큼 입을 맞추었다고 감히 말할 수 있다.

웰러 씨는 해가 질 때까지 가장 가까운 술집에서 적당히 축배를 들고 나서 큰길에서 벗어난 샛길로 돌아왔다. 메리의 도움으로 정원에 들어간 샘은 팔다리와 목의 안전에 관해서 각종 훈계를 들은 끝에 배나무로 올라가서 애러벨라가 보일 때까지 기다렸다.

샘은 한참이나 대기했지만 마음 졸이며 기다리는 일은 일어나지 않았고, 그래서 안 되려나 보다 생각하기 시작할 무렵 자갈 위로 가벼운 발소리가 들리더니 곧 생각에 잠겨 정원을 걷는 애러벨라가 보였다. 그녀가 나무 바로 밑에 거의 다다르자 샘은 자신의 존재를 살며시 드러내기 위해서 아주 어렸을 때부터 후두부 염증과 크루프와 백일해를 줄곧 앓아온 사람이 낼 법한 온갖 불쾌한 소리를 냈다.

그러자 아가씨는 허둥대면서 끔찍한 소리가 나는 쪽을 흘긋 보았고, 가지 사이로 한 남자가 보였기 때문에 조금 전에 느꼈던 공포는 전혀 줄어들지 않았다. 다행히도 공포심 때문에 움직일 힘이 빠지지 않았다면, 다행히도 바로 근처에 있던 정원 의자에 주저앉지 않았다면, 그녀는 분명 얼른 도망쳐서 온 집안을 놀라게 했을 것이었다.

"저러다 정신을 잃겠네." 샘이 크게 당황하여 혼잣말을 했다. "젊은 여자들은 꼭 기절하면 안 될 때 기절하려고 한단 말이야. 이봐요, 아가씨, 소본 양, 윙클 부인, 안 돼요!"

애러벨라가 정신을 차린 것이 윙클 씨라는 마법 같은 이름 때문이었는지, 야외의 시원한 공기 때문이었는지, 아니면 윌러 씨의 목소리에 대한 기억 때문이었는지는 중요하지 않다. 그녀가 고개를 들고 맥없이 물었다. "누구세요? 무슨 일이죠?"

"쉿." 샘이 담으로 내려와서 최대한 몸을 웅크리며 말했다. "저예요, 아가씨. 접니다."

"픽윅 씨의 하인이군요!" 애러벨라가 정색하며 말했다.

"맞습니다, 아가씨." 샘이 대답했다. "윙클 씨가 완전히 절망의 나락에 빠졌어요."

"아!" 애러벨라가 담장으로 다가오며 말했다.

"그렇다니까요." 샘이 말했다. "어젯밤에는 구속복이라도 입혀야 하나 했다고요. 온종일 헛소리를 하면서 내일 밤이 끝나기 전에 아가씨를 만나지 못하면 물에 빠져 죽는 게 낫겠다고 하더라고요."

"오, 안 돼요, 안 돼요, 윌러 씨." 애러벨라가 양손을 맞잡으며 말했다.

"그렇게 말했다니까요, 아가씨." 샘이 냉정하게 대답했다. "윙클 씨는 자기가 한 말을 지키는 남자예요. 제 생각에는 분명히 그렇게 하실 겁니다. 안경 쓴 소본한테서 아가씨 이야기를 전부 들으셨어요."

"제 오라버니한테서요!" 애러벨라가 샘의 어렴풋한 설명을 알아듣고 말했다.

"저는 어느 쪽이 아가씨의 오빠인지 몰라요." 샘이 대답했다. "둘 중에 더 지저분한 사람인가요?"

"맞아요, 계속하세요. 얼른요." 애러벨라가 대답했다.

"음, 아가씨." 샘이 말했다. "아가씨 이야기를 다 들으셨습니다. 저희 주인님 생각으로는 아가씨가 윙클 씨를 빨리 만나지 않으면 그 의사들이 그의 머리에다가 남는 납을 처넣어서 나중에 술에다가 다시 넣어도 소용없을 만큼 장기가 손상될 거예요."

"아, 제가 어떻게 하면 그 끔찍한 싸움을 막을 수 있을까요?" 애러벨라가 외쳤다.

"이 모든 일의 원인은 아가씨가 이미 좋아하는 사람이 있다고 의심을 산 거예요." 샘이 대답했다. "윙클 씨를 만나시는 게 좋을 겁니다, 아가씨."

"하지만 어떻게요? 어디서요?" 애러벨라가 외쳤다. "저는 이 집에서 혼자 나갈 수가 없어요. 제 오라버니는 너무나도 무정하고 너무나도 비이성적이에요. 웰러 씨, 당신한테 이런 말씀을 드리는 것이 얼마나 이상하게 보일지 알지만 저는 정말, 정말 불행하답니다." 그런 다음 불쌍한 애러벨라가 너무나도 비통하게 울었기 때문에 샘은 더욱 용감해졌다.

"저한테 이런 이야기를 하는 것이 정말 이상하게 느껴지실지도 몰라요." 샘이 무척 열심히 말했다. "하지만 제가 드릴 수 있는 말은, 저는 이 사태를 좋은 방향으로 이끌 준비가 되어 있을 뿐만 아니라 기꺼이 그렇게 하고 싶다는 겁니다. 의사 선생님 중 한 명을 창밖으로 던져서 문제가 해결된다면 그렇게 할 겁니다." 샘 웰러는 지금이라도 당장 그럴 생각이 있음을 보여주려고 소매를 걷어 올리다가 담장에서 떨어질 뻔했다.

애러벨라는 호의는 고맙지만 괜찮다고 단호하게 (샘이 생각하기에는 정말 이해할 수 없게도) 거절했다. 한동안 그녀는 샘이 윙클 씨를 만나달라고 아무리 간절하게 요청해도 완고하게 거절했지만, 결국 반갑지 않은 제삼자가 와서 대화가 중단될 위험에 처하자 고맙다는 인사를 수없이 되풀이하면서 내일 저녁 한시간 늦은 시각에 정원에 나올 수 있을지도 모른다고 말했다. 샘은 그녀의 말을 알아들었고, 애러벨라가 더없이 달콤한 미소를 지어준 후 우아하게 물러나자 그는 그녀의 육체적, 정신적 매력에 무척 감탄했다.

웰러 씨가 담장에서 무사히 내려와서 비슷한 종류의 자신의 볼일에도 잊지 않고 약간의 시간을 할애한 다음 황급히 부시 여관으로 돌아갔더니, 그의 부재가 길어진 탓에 수많은 추측과 약간의 걱정이 오가고 있었다.

"신중하게 행동해야 하네." 픽윅 씨가 샘의 이야기를 주의 깊게 듣고 나서 말했다. "우리를 위해서가 아니라 애러벨라 양을 위해서 말이야. 아주 조심해야 해."

"우리라고요?" 윙클 씨가 강조하며 물었다.

그의 말투에 픽윅 씨는 잠시 분개한 표정을 지었지만 곧 특유의 인자한 표정을 되찾고 이렇게 대답했다.

"우리지! 내가 동행하겠네."

"픽윅 씨가요?" 윙클 씨가 말했다.

"내가 같이 가겠네." 픽윅 씨가 온화하게 말했다. "이 아가씨는 자네를 만나기 위해서 당연하지만 무척 경솔한 방법을 택했네. 양쪽을 다 아는 친구이자 두 사람의 아버지뻘인 내가 그 자리에 동석하면 아무도 아가씨를 비방하지 못할 걸세."

픽윅 씨의 눈이 자신의 선견지명에 대한 순수한 기쁨으로 환해졌다. 윙클 씨는 픽윅 씨가 자기 친구의 피보호자 애러벨라를 이토록 세심하게 배려해 주는 것에 감동해서 숭배에 가까운 감정을 느끼며 픽윅 씨의 손을 잡았다.

"같이 가주시죠." 윙클 씨가 말했다.

"그럴 생각이네." 픽윅 씨가 말했다. "샘, 내 외투와 숄을 준비하고 내일 저녁에 예정보다 더 일찌감치 문 앞에 탈것을 대기시켜 놓게. 그래야 여유 있게 도착하지."

웰러 씨는 분부대로 하겠다는 뜻으로 모자를 살짝 건드린 다음 모험에 필요한 모든 준비를 마치기 위해 물러났다.

마차는 정해진 시간에 맞춰 도착했다. 웰러 씨는 픽윅 씨와 윙클 씨를 마차에 태운 후 마부 옆자리에 앉았다. 그들은 미리 합의한 대로 만남의 장소에서 4분의 1마일 떨어진 곳에서 내렸고, 마부에게 돌아올 때까지 기다리라고 한 다음 남은 거리를 걸어갔다.

이때 픽윅 씨가 계속 미소를 짓거나 그 밖에 여러 가지 방법으로 자기만족을 드러내면서 상의 주머니에서 이번 일을 위해 특별히 준비한 다크 랜턴[116]을 꺼냈다. 그는 걸어가면서 윙클 씨에게 이 랜턴의 뛰어난 기계적 아름다움을 설명했고, 길에서 일행을 잃고 헤매던 몇 안 되는 사람들이 랜턴 때문에 크게 놀랐다.

"지난번 밤에 정원에 갔을 때도 이런 게 있었다면 훨씬 더 나았을 텐데 말이야, 안 그런가?" 뒤에서 터벅터벅 걸어오는 하인을 명랑하게 돌아보며 픽윅 씨가 말했다.

"제대로만 쓰면 아주 멋진 물건이지요." 웰러 씨가 대답했다. "하지만 자기 모습을 들키고 싶지 않을 때는 촛불을 켜는 것보다 끄는 게 더 유용할 것 같은데요."

픽윅 씨가 샘의 말에 깜짝 놀라 랜턴을 다시 주머니에 넣었고, 그들은 말없이 걸었다.

"이쪽입니다." 샘이 말했다. "제가 앞장서죠. 여기가 그 샛길입니다."

그들은 샛길을 따라 걸었고, 사방은 충분히 어두웠다. 일행이 더듬더듬 걸어가는 동안 픽윅 씨가 한두 번 정도 랜턴을 꺼내서 앞쪽에 직경 1피트 정도의 환한 빛의 터널을 만들었다. 보기에는 무척 아름다웠지만 불빛을 비추기 전보다 주변 물체를 더 어둡게 만드는 효과가 있는 듯했다.

마침내 일행이 커다란 바위에 도착했고, 샘은 주변을 살피고 메리가 아직 기다리고 있는지 확인하고 올 테니 픽윅 씨와 윙클 씨는 여기 앉아 있는 게 좋겠다고 말했다.

---

116 꼭대기 부분을 돌려서 앞면을 열고 닫을 수 있는 등불. 안에 들어 있는 촛불을 끄지 않고도 빛을 차단할 수 있다.

샘은 5분인지 10분 정도 자리를 비웠다가 돌아와서 대문이 열렸다고, 다들 조용히 하라고 말했다. 픽윅 씨와 윙클 씨는 샘을 따라 살금살금 걸어서 곧 정원으로 들어갔다. 다들 몇 번이나 "쉿!"이라고 말했지만 이제부터 뭘 해야 할지 아무도 뚜렷한 생각이 없는 듯했다.

"앨런 양이 벌써 정원으로 나왔나, 메리?" 무척 동요한 윙클 씨가 물었다.

"모르겠어요." 예쁜 하녀가 대답했다. "웰러 씨가 윙클 씨를 나무 위로 올려주고 픽윅 씨는 샛길에서 누가 오지 않는지 망을 보는 게 좋겠어요. 그동안 저는 정원 반대쪽 끝에서 망을 볼게요. 세상에, 그게 뭐예요?"

"그 빌어먹을 랜턴 때문에 우리 다 죽겠어요!" 샘이 성마르게 외쳤다. "조심하세요, 주인님. 빛을 응접실 창문에 바로 비추고 있잖아요."

"이런!" 픽윅 씨가 황급히 돌아서며 말했다. "그러려던 건 아니네."

"이제는 옆집을 비추고 있는데요." 샘이 불만스럽게 말했다.

"세상에!" 픽윅 씨가 다시 돌아서며 말했다.

"이제 마구간이네요. 다들 불이라도 난 줄 알겠어요." 샘이 말했다. "제발 뚜껑 좀 닫으세요!"

"정말 이상한 랜턴이야!" 자기도 모르게 만들어내는 효과에 크게 당황한 픽윅 씨가 외쳤다. "이렇게 강력한 반사판은 처음 봤네."

"그런 식으로 계속 빛을 쏘면 우리한테는 너무 강력한 랜턴일 것 같은데요." 픽윅 씨가 여러 번의 실패 끝에 겨우 뚜껑을 닫자 샘이 말했다. "아가씨의 발소리가 들립니다. 자, 윙클 씨, 올라가세요."

"잠깐, 잠깐!" 픽윅 씨가 말했다. "내가 먼저 이야기를 나누겠네. 도와주게, 샘."

"천천히요." 샘이 담장에 머리를 대고 등을 내밀며 말했다. "저기 화분을 딛고 올라오세요. 자, 갑니다."

"자네가 다칠까 봐 걱정이군." 픽윅 씨가 말했다.

"저는 신경 쓰지 마세요." 샘이 대답했다. "윙클 씨, 픽윅 씨 손을 잡아주세요. 가만히, 가만히! 바로 그겁니다."

픽윅 씨는 그 나이와 그 몸무게의 신사로서는 거의 초자연적인 힘을 발휘해서 겨우겨우 샘의 등에 올라섰다. 샘이 서서히 몸을 일으켰고, 픽윅 씨가 담장 꼭대기를 꽉 잡자 윙클 씨가 그의 다리를 꽉 붙들었다. 겨우겨우 픽윅 씨의 안경이 갓돌 조금 위까지 올라갔다.

"애러벨라 양." 픽윅 씨가 담장 너머의 애러벨라를 보며 말했다. "놀라지 마세요. 접니다."

"아, 제발 가세요, 픽윅 씨." 애러벨라가 말했다. "다들 가라고 하세요. 저는 무서워 죽겠어요. 제발 픽윅 씨, 거기서 있지 마세요. 떨어져서 죽을 거예요. 분명히 죽을 거예요."

"제발 놀라지 말아요, 애러벨라 양." 픽윅 씨가 그녀를 달래며 말했다. "무서워할 거 하나도 없습니다. 똑바로 서게, 샘." 픽윅 씨가 아래를 내려다보며 말했다.

"전 괜찮습니다. 너무 오래 계시진 마세요, 주인님. 좀 무거우시네요." 웰러 씨가 말했다.

"잠깐이면 되네, 샘." 픽윅 씨가 애러벨라를 향해 말했다.

"애러벨라 양, 당신이 처한 상황 때문에 다른 방법이 불가능하지만 않았다면 나의 젊은 친구가 당신을 이렇게 비밀스럽게 만나도록 절대 허락하지 않았을 겁니다. 이 부적절한 방법 때문에 애러벨라 양이 불안하지 않도록 저도 이 자리에 함께 왔다는 사실을 알면 마음이 좀 놓일지도 모르겠습니다. 그뿐입니다, 애러벨라 양."

"픽윅 씨, 친절과 배려에 정말 감사드려요." 애러벨라가 손수건으로 눈물을 닦으며 대답했다. 픽윅 씨가 샘의 어깨를 잘못 딛는 바람에 갑자기 땅으로 떨어지면서 그의 머리가 급속도로 사라지지만 않았다면 그녀는 훨씬 더 많은 말을 했을 것이다. 픽윅 씨는 떨어지자마자 바로 일어났고, 윙클 씨에게 대화를 얼른 끝내라고 말한 다음 청년 같은 용기와 열정으로 샛길로 달려가서 망을 보았다. 감명받은 윙클 씨는 샘에게 주인을 잘 보라고 부탁하고 담장 위로 올라갔다.

"걱정 마세요. 제가 잘 돌보겠습니다." 샘이 말했다. "저한테 맡기세요."

"어디 계신가? 픽윅 씨는 어디서 뭘 하고 계시지?" 윙클 씨가 물었다.

"세상에!" 샘이 정원 대문 쪽을 보며 대답했다. "친절한 가이 포크스[117]처럼 랜턴을 들고 길가에서 보초를 서고 계시네요. 저렇게 훌륭한 분은 처음 봐요. 마음이 몸보다 적어도 25년은 늦게 태어나신 것 같다니까요!"

윙클 씨는 남아서 친구에 대한 찬사를 듣지 않았다. 그는 담장에서 애러벨라의 발치로 뛰어내렸고, 지금은 픽윅 씨 같은 유창한 언변으로 자신의 애정이 얼마나 진실한지 호소하고 있었다.

밖에서 이러한 일이 벌어지고 있을 때 두세 집 건너편 집에서는 과학적 조예가 깊은 노신사가 서재에 앉아 논문을 쓰면서 이따금 옆에 놓인 고급스러워 보이는 병에서 클라레를 한 잔 따라 자신의 몸과 정신을 촉촉하게 적셨다. 그는 작문의 고통 속에서 가끔 양탄자를, 가끔 천장을, 가끔 벽을 바라보았고 양탄자나 천장이나 벽이 필요한 영감을 주지 않으면 창밖을 내다보았다.

이런 식으로 창작을 잠깐 멈춘 어느 순간, 이 과학자는 바깥의 짙은 어둠을 멍하니 바라보다가 땅보다 아주 약간 높은 곳에서 더없이 밝은 빛줄기가 반짝이더니 곧장 사라지는 것을 보고 깜짝 놀랐다. 잠시 후, 같은 현상이 한두 번도 아니고 여러 번 반복되었다. 마침내 과학자는 펜을 내려놓고 무슨 자연현상 때문에 이러한 광경이 나타나는 것인지 생각에 잠겼다.

유성은 아니었다, 너무 낮았다. 반딧불이도 아니었다, 너무 높았다. 도깨비불도 아니고 불꽃놀이도 아니었다. 도대체 뭘까? 지

---

117 1605년 11월 5일에 의회 의사당을 폭파하여 왕과 대신들을 몰살하려고 했던 화약 음모 사건의 주모자. 화약통을 폭파시키려던 날 밤에 의사당 지하에서 기다리다가 발각되었다.

금까지 어떤 학자도 본 적 없는 기이하고 놀라운 자연현상, 다름 아닌 그가 발견하도록 남아 있던 것, 그가 후대를 위해 기록함으로써 불멸의 이름을 갖게 할 무엇이었다. 이러한 생각으로 가득 찬 과학자는 펜을 다시 잡고 현상이 관측된 날짜, 시간, 분, 정확한 초까지 적어가며 이 전대미문의 현상에 대해 다양한 메모를 했고, 이것은 위대한 연구와 깊은 학식으로 어디든 이 문명화된 지구에 살면서 대기 과학을 잘 아는 척하는 모든 이들을 놀라게 할 두툼한 논문의 자료가 될 것이었다.

그는 안락의자에 다시 기대앉아서 앞으로 자신이 얼마나 위대해질지 생각에 푹 빠졌다. 신비한 빛이 이전보다 더욱 밝게 나타나서 길을 따라서 위아래로 춤추듯 흔들리고 이쪽에서 저쪽으로 획획 움직이더니 혜성처럼 기이한 궤도를 그렸다.

과학자는 이 같은 사실을 알려서 깜짝 놀라게 할 아내가 없었기 때문에 종을 울려 하인을 불렀다.

"프러플!" 과학자가 말했다. "오늘 밤 대기에서 아주 이상한 것을 발견했네. 저것이 보이나?" 불빛이 다시 보이자 과학자가 창밖을 가리키며 말했다.

"네, 보입니다."

"어떻게 생각하나?"

"어떻게 생각하냐고요?"

"자네는 시골에서 자랐지 않은가. 저 불빛의 원인이 무엇일 것 같나?"

과학자는 미소를 지으며 프러플이 전혀 모르겠다고 대답하기를 기대했다. 프러플은 곰곰이 생각했다.

"도둑인 것 같습니다." 마침내 프러플이 말했다.

"자네는 바보로군. 그만 내려가도 좋네." 과학자가 말했다.

"감사합니다." 프러플이 이렇게 말하고 아래층으로 내려갔다.

그러나 과학자는 쓰려고 생각했던 독창적인 논문이 세상에 알려지지 않으리라는 생각에 너무나 초조했다. 독창적인 프러플 씨의 견해를 초장에 없애버리지 않으면 반드시 그렇게 될 수밖에 없었다. 그는 이 문제를 샅샅이 조사하기로 마음먹고 모자를 쓴 다음 얼른 정원으로 내려갔다.

과학자가 정원으로 나오기 직전, 픽윅 씨는 샛길에서 누가 오고 있다는 잘못된 경고를 전달하려고 최대한 빨리 달리면서 도랑에 빠지지 않으려고 가끔 랜턴 뚜껑을 열었다. 픽윅 씨가 경고를 전달하자마자 윙클 씨가 담장을 넘어 돌아왔고, 애러벨라는 집 안으로 달려 들어갔다. 정원 대문은 닫혔고, 세 명의 모험가는 샛길을 따라 더듬더듬 힘들게 걸어가다가 과학자가 정원 대문 걸쇠를 푸는 소리에 깜짝 놀랐다.

"기다려요." 당연히 선두에 서 있던 샘이 속삭였다. "딱 1초만 빛을 비춰보세요, 주인님."

픽윅 씨가 시키는 대로 했다. 반 야드도 떨어지지 않은 곳에서 조심스럽게 나오는 어떤 남자의 머리를 보고 샘이 주먹으로 때리자 머리가 대문에 부딪치면서 둔탁한 소리가 났다. 순식간에 능숙한 솜씨로 공훈을 세운 웰러 씨는 픽윅 씨를 들쳐 업고 윙클 씨를 따라 샛길을 달렸는데, 그가 지고 있는 짐을 생각하면 정말 놀라운 속도였다.

"이제 숨 좀 돌리셨습니까?" 길 끝에 다다르자 샘이 물었다.

"괜찮네, 이제 괜찮아." 픽윅 씨가 대답했다.

"그럼 따라오시죠." 샘이 주인을 내려놓으며 말했다. "우리 둘 사이에 서세요. 반 마일도 안 돼요, 달리세요. 우승컵이 걸려 있다고 생각해요. 자요."

픽윅 씨는 이러한 응원을 받으며 다리를 최대한으로 활용했고, 이 기억할 만한 사건 당시 픽윅 씨가 차고 있던 각반만큼 땅 위를 멋지게 달린 검은 각반은 없다고 자신 있게 말할 수 있을 것이다.

마차가 기다리고 있었고, 말들은 생생했으며, 길은 매끈했고, 마부는 의욕이 넘쳤다. 일행은 픽윅 씨가 숨을 돌리기도 전에 부시 여관에 안전하게 도착했다.

"곧장 방으로 가세요." 샘이 마차에서 내리는 주인을 부축하며 말했다. "운동은 충분히 했으니 잠시도 길거리에 서 있으면 안 돼요. 실례합니다." 윙클 씨가 마차에서 내리자 샘이 모자를 살짝 건드리며 말했다. "아가씨가 다른 사람을 먼저 좋아한 것이 아니면 좋겠네요."

윙클 씨가 미천한 친구의 손을 잡고 귓가에 속삭였다. "괜찮네, 샘. 다 괜찮아." 이 말에 웰러 씨는 잘 알겠다는 표시로 코를 세 번 두드리더니 미소를 짓고 눈을 찡긋한 다음 아주 만족스러운 표정으로 마차 계단을 올랐다. 한편, 과학자는 훌륭한 논문을 써서 그 놀라운 빛이 전기로 인해 생긴 것이라고 주장했고, 그가 대문 밖으로 머리를 내밀었을 때 눈앞에 불빛이 번쩍했고 그 뒤 15분은 기절할 만큼 강한 충격을 받았다는 자세한 설명으로 이 주장을 증명했다. 모든 과학 협회는 헤아릴 수 없을 만큼 기뻐했고, 이후로 그는 과학계의 빛으로 추앙받았다.

40장
픽윅 씨가 위대한 인생극에서
새롭고 흥미진진한 장면에 접어들다

그 후 픽윅 씨가 바스에서 보낸 기간은 특별한 사건 없이 흘러갔다. 고등법원 트리니티 개정기가 시작되었다. 개정기 첫 주가 끝났을 때 픽윅 씨와 친구들은 런던으로 돌아왔고, 픽윅 씨는 물론 샘과 함께 원래 묵었던 조지 앤드 벌처 여관으로 곧장 향했다.

런던에 도착하고 사흘째 되던 날 아침, 도시의 모든 시계가 제각각 9번을, 그리고 전체적으로 900번 정도 쳤을 때, 샘이 조지 야드에서 산책을 하고 있는데 페인트를 새로 칠한 괴상한 마차가 멈추더니 괴상한 신사가 옆자리에 앉은 뚱뚱한 남자에게 고삐를 던지고 유연하게 뛰어내렸다. 신사는 이 마차를 위해서, 마차는 이 신사를 위해서 만들어진 것 같았다.

마차는 정확히 말해서 긱도, 스탠호프도 아니었다. 요즘 말로

도그카트라고 부르는 것도, 택스 카트도, 셰이즈 카트도, 기요틴 캐브리얼레이[118]도 아니었지만 이 모든 마차의 특징을 전부 가지고 있었다. 칠은 밝은 노란색이고 축과 바퀴는 검정색이라서 눈에 잘 띄었다. 마부는 정통 스포츠 마차 방식에 따라 손잡이 위로 2피트 정도 쌓인 쿠션에 앉아 있었다. 밤색 말은 꽤 보기 좋았다. 그러나 어딘가 현란하고 난투를 벌일 듯한 분위기가 있었으므로 마차나 그 주인과 감탄이 나올 만큼 잘 어울렸다.

마차 주인은 검은 머리에다가 구레나룻을 꼼꼼하게 빗질한 마흔 살 정도 된 남자로, 특히 화려하게 차려입었고 보석을 주렁주렁 달고 있었으며—전부 신사들이 보통 착용하는 것들보다 세 배는 컸다—껄껄한 외투로 마무리했다. 그는 마차에서 내리자마자 왼손을 외투 한쪽 주머니에 넣고 오른손으로 반대쪽 주머니에서 아주 산뜻하고 번쩍거리는 비단 손수건을 꺼내 신발에 묻은 먼지 한두 톨을 털어낸 다음 손수건을 구겨 쥐고 거드름을 피우며 걸어갔다.

샘은 또한 이 남자가 마차에서 내릴 때 길 건너편에서 살금살금 걷고 있던 단추가 몇 개나 떨어진 갈색 외투 차림의 초라한 남자가 재빨리 길을 건너 근처에 가만히 서서 기다리는 것을 놓치지 않았다. 이 신사가 찾아온 이유에 대해 의심을 넘어 확신을 가진 샘은 그 남자보다 먼저 조지 앤드 벌처 여관으로 돌아가 문 앞에서 홱 뒤로 돌더니 한가운데 버티고 섰다.

118 모두 말 한 필이 끄는 이륜 경마차의 종류이다.

"어이, 이봐요." 껄껄한 외투를 입은 남자가 오만한 말투로 말하는 동시에 샘을 밀고 지나가려고 했다.

"네, 무슨 일이십니까?" 샘이 자신이 받은 것에 이자까지 쳐서 떠밀며 대답했다.

"이봐, 그만둬. 그래 봤자 나한테는 안 통해." 껄껄한 외투 주인이 새하얘진 얼굴로 목소리를 높이며 말했다. "어이, 스마우치!"

"네, 무슨 일이십니까?" 이 짧은 대화를 나누는 동안 살금살금 안뜰을 가로지른 갈색 외투의 남자가 으르렁거리며 말했다.

"이 젊은이가 좀 무례하게 구는군." 주인이 샘을 한 번 더 밀며 말했다.

"이봐, 허튼짓은 그만두시지." 스마우치가 샘을 더 세게 밀며 으르렁거렸다.

이 마지막 행동은 능숙한 스마우치가 의도했던 효과를 냈는데, 샘이 그의 인사를 그대로 돌려주고 싶어서 스마우치를 문설주로 밀어붙여 뭉개는 동안 주인이 그 틈으로 빠져나갔던 것이다. 남자는 술집으로 들어갔고 샘은 스마우치 씨와 욕설을 몇 마디 주고받은 다음 곧장 따라갔다.

"안녕하십니까." 주인이 보터니 만 방식으로 편안하고, 뉴사우스웨일스 방식으로 점잔을 빼며[119] 술집의 젊은 아가씨에게 말했다. "픽윅 씨 방이 어디죠?"

"안내해 드려요." 술집 여급이 이 멋쟁이를 거들떠보지도 않고

---

119 1842년까지 유죄를 선고받은 죄인들은 오스트레일리아 뉴사우스웨일스 보터니 만灣의 유형流刑 식민지로 보내졌다.

급사에게 말했다.

급사가 시키는 대로 계단을 올라가자 껄껄한 외투의 남자가 뒤를 따랐고, 샘이 그 뒤를 따라 올라가면서 온갖 몸짓으로 극도의 경멸과 반항을 드러냈기 때문에 하인들을 비롯한 구경꾼들이 형언할 수 없을 만큼 즐거워했다. 심한 기침에 시달리던 스마우치 씨는 아래층에 남아서 복도에서 기침하며 가래를 뱉었다.

이른 아침부터 찾아온 손님이 방으로 들어오고 샘이 뒤따라 들어왔을 때 픽윅 씨는 깊이 잠들어 있었다. 두 사람이 방으로 들어오는 소리에 픽윅 씨가 잠에서 깼다.

"면도할 물을 좀 주게, 샘." 픽윅 씨가 커튼 안에서 말했다.

"면도를 빨리 하시는 게 좋겠습니다, 픽윅 씨." 손님이 침대 머리 쪽에 드리워진 한쪽 커튼을 젖히며 말했다. "바델 소송 건으로 강제집행을 실시합니다. 여기 영장입니다. 민사소송이지요, 이건 제 명함입니다. 제 집으로 와주시죠." 사법 집행관이—그는 사법 집행관이었다—픽윅 씨의 어깨를 친근하게 두드리고 침대보에 명함을 던진 다음 조끼 주머니에서 금이쑤시개를 꺼냈다.

"저는 냄비라고 합니다." 사법 집행관이 말했고, 픽윅 씨가 베개 밑에서 안경을 꺼내서 쓰고 명함을 읽었다. "콜먼 스트리트 벨 앨리의 냄비죠."

이때 지금까지 냄비 씨의 반짝이는 수염에 시선을 고정시키고 있던 샘 웰러가 끼어들었다.

"퀘이커 교도신가요?" 샘이 말했다.

"당신을 끝장내기 전까지는 내가 누군지 꼭 가르쳐주지." 화가 난 집행관이 대답했다. "언젠가는 예의를 가르쳐주겠어."

"그것 참 고맙군." 샘이 말했다. "나도 가르쳐주지. 모자 벗어." 웰러 씨가 이렇게 말하면서 더없이 능숙하게 냄비 씨의 모자를 세게 쳐서 방 저쪽으로 날렸고, 그 바람에 냄비 씨는 금이쑤시개를 삼킬 뻔했다.

"이것 좀 보시죠, 픽윅 씨." 당황한 집행관이 숨을 헐떡이며 말했다. "업무 수행 중에 당신 방에서 당신 하인에게 공격을 받았습니다. 육체적 위험에 처했어요. 당신이 제 증인이 돼주셔야겠습니다."

"아무것도 보지 마세요, 주인님." 샘이 끼어들었다. "눈을 질끈 감으세요, 제가 창밖으로 던져버리겠습니다. 창살 때문에 멀리 날아가지는 않겠지만요."

"샘." 하인이 적의를 다양하게 드러내자 픽윅 씨가 화난 목소리로 말했다. "한 마디만 더 하거나 이분을 조금이라도 방해하면 즉시 해고하겠네."

"하지만 주인님!" 샘이 말했다.

"아무 말 말게." 픽윅 씨가 끼어들었다. "모자를 주워드려."

샘은 그것만큼은 강경하게 딱 잘라 거부했다. 주인이 그를 크게 혼내고 나자 서두르던 집행관이 샘에게 온갖 위험을 하며 직접 모자를 주웠고, 샘은 태연자약하게 그 말을 들으며 서서 다음 주말까지라도 냄비 씨가 모자를 다시 쓸 때마다 계속 쳐서 떨어뜨리겠다고 말할 뿐이었다. 냄비 씨는 그렇게 되면 불편하겠다고 생각했는지 더 이상 샘을 상대하지 않고 스마우치를 불렀다.

냄비는 죄인을 체포했으니 죄인이 옷을 입을 때까지 기다리라고 지시한 다음 거드름 피우며 밖으로 나가 마차를 타고 떠났다. 스마우치는 픽윅 씨에게 한창 바쁠 때니 최대한 서두르라고 무뚝뚝하게 요청한 다음, 의자를 문가로 끌고 가서 픽윅 씨가 옷을 다 입을 때까지 앉아 있었다. 그런 다음 샘이 나가서 전세 마차를 불러왔고, 세 사람은 마차를 타고 콜먼 스트리트로 갔다. 거리가 짧아서 다행이었는데, 스마우치 씨는 화술도 별로 뛰어나지 않았을 뿐 아니라 우리가 앞서 말한 신체적 결함 때문에 한정된 공간에서는 무척 불쾌한 동행이었다.

마차가 아주 좁고 어두운 거리로 들어서더니 창문마다 쇠창살이 달린 집 앞에 섰다. 문설주는 '런던 사법 집행관 냄비'라는 직책과 이름으로 장식되어 있었다. 스마우치 씨의 잃어버린 쌍둥이라고 해도 될 법한 남자가 커다란 열쇠로 안쪽 문을 열어주었고, 픽윅 씨는 카페로 안내받았다.

카페는 건물 앞쪽 응접실로, 새 모래와 퀴퀴한 담배 연기가 주된 특징이었다. 픽윅 씨는 안으로 들어가 자리에 앉아 있던 세 사람에게 고개 숙여 인사하고 퍼커를 데리러 샘을 보낸 다음 눈에 띄지 않는 구석으로 가서 호기심 어린 눈으로 새로운 일행들을 지켜보았다.

한 명은 열아홉이나 스무 살밖에 안 되어 보이는 청년으로, 아직 10시도 안 됐는데 물 탄 진을 마시며 시가를 피우고 있었다. 타는 듯이 달아오른 얼굴로 보아 지난 1~2년 동안 꾸준히 즐긴 듯했다. 그의 맞은편에서 오른쪽 발끝으로 불을 휘젓는 사람은 누르스름한 얼굴에 쉰 목소리를 가진 서른 살 정도의 거칠고 상스러운 청년으로, 선술집이나 당구대에서 얻을 수 있는 세상에 대한 지식과 매혹적일 만큼 자유로운 태도를 가지고 있었다. 세 번째는 매우 낡은 검정색 상하의 차림의 창백하고 초췌한 중년 남자로, 끊임없이 방을 서성였다. 그는 누군가를 기다리는 듯 이따금 걸음을 멈추고 무척 초조한 표정으로 창밖을 내다보다가 다시 서성였다.

"에어슬리 씨, 오늘은 제 면도칼을 빌려 쓰시는 게 좋을 텐데요." 불을 휘젓던 남자가 청년을 향해 눈을 찡긋하며 중년 남자에게 말했다.

"고맙지만 됐어요. 필요 없습니다. 한 시간 정도 있으면 나갈 거요." 상대방이 황급히 대답했다. 남자는 창가로 다시 걸어갔다가 또 한 번 실망하여 돌아오더니 깊은 한숨을 쉬고 방을 나갔다. 그러자 남은 두 사람이 크게 웃음을 터뜨렸다.

"아니, 저렇게 재미있는 사람은 처음 본다니까." 면도칼을 빌려주겠다고 한 사람이 말했는데, 이름이 프라이스인 듯했다. "정말 처음 봐!" 프라이스 씨가 이렇게 단언하면서 다시 웃었고, 물론 그의 친구인 청년(그는 자기 친구가 세상에서 제일 멋진 사람이라고 생각했다)도 따라 웃었다.

"정말 상상도 못하실 거예요!" 프라이스가 픽윅 씨를 향해서 말했다. "어제로 여기 온 지 일주일이나 되었는데 30분만 있으면 나갈 거라면서 면도 한 번을 안 했다니까요. 집에 가서 하면 된다면서요."

"불쌍하기도 하지!" 픽윅 씨가 말했다. "저 사람이 이 곤경에서 벗어날 가능성이 정말 그렇게 높습니까?"

"가능성은 무슨." 프라이스가 대답했다. "아무 가망도 없어요. 저 사람이 10년 뒤에 길거리를 걸어 다니고 있을 가능성은 요만큼도 안 될 걸요." 프라이스 씨는 이렇게 말하며 업신여기는 듯한 태도로 손가락을 딱 울리더니 종을 쳤다.

"종이 한 장 줘요, 크루키." 프라이스 씨가 점원에게 말했다. 점원은 입고 있는 옷이나 전반적인 생김새로 볼 때 파산 목축업자와 지불 불능 가축 상인의 중간쯤 되어 보였다. "물 탄 브랜디도 한 잔 주고요. 듣고 있어요? 아버지한테 편지를 쓸 거라서 기운을 북돋을 게 필요해요. 그래야 아버지한테 강속구를 날릴 수 있을 테니까." 이 장난스러운 말에 청년은 말할 필요도 없이 몸이 흔들릴 정도로 즐거워했다.

"그래." 프라이스 씨가 말했다. "기운 내야지. 정말 재미있잖아, 안 그래?"

"대단해!" 청년이 말했다.

"넌 기백이 있다니까." 프라이스가 말했다. "인생도 좀 알고 말이야."

"응, 그런 것 같아!" 청년이 대답했다. 그는 술집 문의 더러운 유리창을 통해 인생을 보았다.

이러한 대화와 두 청년의 태도나 말투에 적잖이 진저리가 난 픽윅 씨가 개인실이 있는지 물어보려고 할 때 품위 있어 보이는 사람이 두세 명 들어왔다. 그들을 본 청년이 시가를 난로에 던져 넣고 프라이스 씨에게 자기를 위해서 전부 해결하러 온 사람들이라고 속삭이더니 그들과 함께 제일 안쪽 자리에 앉았다.

그러나 아주 긴 대화가 이어지는 것으로 보아 전부 청년의 기대만큼 빠르게 해결되지는 않을 듯했고, 픽윅 씨는 방종한 행동과 반복된 용서에 대한 분노에 찬 대화 일부를 듣지 않을 수 없었다. 결국 일행 중 가장 나이 많은 신사가 화이트크로스 스트리트 감옥을 아주 분명하게 언급했고, 그러자 청년은 대담한 기백과 인생에 대한 지식을 가졌음에도 불구하고 탁자에 머리를 박고 비참하게 울부짖었다.

청년의 기가 꺾이고 목소리까지 낮아져서 무척 만족한 픽윅 씨는 종을 울려서 개인실을 요청했고, 양탄자와 탁자, 의자, 찬장과 소파가 갖춰져 있고 거울과 각종 낡은 복제화들로 장식된 방으로 안내받았다. 픽윅 씨는 여기서 아침 식사를 기다리면서 위층에서 냄비 부인이 연주하는 스퀘어 피아노[120] 소리까지 들을 수 있었다. 아침 식사가 나왔을 때 퍼커 씨도 함께 도착했다.

"아, 픽윅 씨." 자그마한 퍼커 씨가 말했다. "결국 체포되셨군요. 이런, 이런, 저는 전혀 안타깝지 않습니다. 픽윅 씨의 행동이 얼마나 말도 안 되는지 이제 깨달으셨을 테니까요. 카사[121]에 명시된 세금 포함 비용과 손해배상금을 적어두었습니다. 시간 낭비 없이 바로 정리하는 게 좋겠군요. 이제 곧 냄비가 돌아올 겁니다. 어떻게 하실래요? 제가 수표를 쓸까요, 아니면 직접 쓰시겠

---

120 그랜드피아노보다 건반이 더 짧은 직사각형 피아노.

121 원고가 요구한 배상금을 지불할 때까지 피고를 감금하도록 허락하는 체포 영장.

습니까?" 키 작은 퍼커 씨는 이렇게 말하면서 짐짓 경쾌한 척 손을 문질렀지만 픽윅 씨의 표정을 계속 흘끔거렸고, 동시에 샘 웰러를 향한 실망한 시선을 억누를 수 없었다.

"퍼커." 픽윅 씨가 말했다. "부탁이니 그 이야기는 더 이상 듣지 않게 해주시오. 여기 있어서 좋을 것이 없을 듯하니 오늘 밤에 감옥으로 가겠습니다."

"화이트크로스로 갈 수는 없습니다, 픽윅 씨." 퍼커가 말했다. "불가능해요! 감방 하나에 침대가 60개씩이나 되고 하루 중 열여섯 시간은 잠겨 있다고요."

"가능하다면 다른 감옥에 가고 싶지만요." 픽윅 씨가 말했다. "그게 안 되면 거기서 최선을 다해야지요."

"픽윅 씨, 꼭 가야겠다면 플리트 감옥에 갈 수는 있습니다." 퍼커가 말했다.

"그거면 됐습니다." 픽윅 씨가 말했다. "아침 식사를 마치자마자 플리트로 가겠소."

"잠깐, 잠깐만요. 다른 사람들은 나오려고 안달인 곳에 그렇게 성급하게 들어갈 일은 아니지요." 온화하고 키 작은 변호사가 말했다. "인신 보호 영장[122]을 받아야 합니다. 오늘 오후 4시까지는 판사실에 아무도 없을 거예요. 그때까지 기다려야 합니다."

"좋습니다." 픽윅 씨가 흔들림 없는 끈기를 발휘하며 말했다. "그렇다면 2시에 여기서 스테이크를 먹기로 하지요. 샘, 가능한

---

[122] 신체 구속에 대한 인신의 자유 확보를 위해 법원에 요청하는 영장.

지 알아보고 시간을 꼭 지키라고 전해주게."

퍼커가 아무리 항의하고 설득해도 픽윅 씨는 흔들림이 없었고, 당연한 순서를 따라 스테이크가 나왔다가 사라졌다. 이제 픽윅 씨는 사교계 만찬에 참석하느라 방해할 수 없었던 냄비 씨를 30분 정도 기다린 다음 전세 마차를 다시 불러서 챈서리 레인으로 갔다.

서전츠인[123]에는 판사가 두 명 있었다. 하나는 왕좌법원, 하나는 민사법원 판사로 서류 꾸러미를 들고 황급히 드나드는 변호사 서기들의 수가 뭔가를 증명한다면 두 사람이 수많은 사건을 처리하는 듯했다. 건물 입구의 낮은 아치에 도착했을 때 퍼커는 요금과 거스름돈을 두고 마부와 교섭하느라 잠시 지체했다. 픽윅 씨는 쏟아져 들어가거나 나오는 사람들의 물결을 피해 한쪽으로 물러서서 호기심 어린 눈으로 주변을 둘러보았다.

가장 관심을 끄는 사람들은 초라하지만 품위 있는 외모의 남자 서너 명이었는데, 그들은 지나가는 수많은 변호사에게 모자를 살짝 건드리며 인사했고, 무슨 일인가를 하는 듯했지만 픽윅 씨는 그 일의 성격을 추측할 수 없었다. 그들은 겉모습이 신기했다. 한 사람은 빛바랜 검정색 옷과 흰 네커치프 차림에 날씬하고 다리를 약간 절었고, 또 한 사람은 똑같은 복장에 뚱뚱하고 우람했으며, 또 한 사람은 얼굴이 여드름투성이에다가 키가 작고 쭈글쭈글하며 술에 취해 보였다. 그들은 똑같이 뒷짐을 지고 근

---

123   영국 최고위 법정 변호사 협회의 건물.

처를 어슬렁거렸고, 가끔 서류를 들고 서둘러 지나가는 몇몇 신사들의 귀에 불안한 표정으로 뭔가 속삭였다. 픽윅 씨는 예전에 가끔 이 근처를 지날 때 이런 사람들이 아치 아래에서 서성이는 것을 무척 자주 보았던 기억이 떠올랐고, 호기심이 발동해서 이 칙칙해 보이는 사람들이 도대체 어떤 종류의 일을 하는지 정말 궁금했다.

바로 옆에서 냄비가 새끼손가락에 낀 커다란 금반지를 입에 넣고 빨고 있었기 때문에 픽윅 씨가 그에게 저 사람들에 대해 물어보려는 찰나, 퍼커가 바쁘게 다가오더니 시간이 없다면서 안으로 향했다. 픽윅 씨가 퍼커를 따라가는데 절름발이 남자가 다가와서 공손하게 모자에 손을 얹은 다음 손으로 쓴 명함을 내밀었고, 픽윅 씨는 거절하면 그의 감정이 상할까 봐 공손하게 받아서 조끼 주머니에 넣었다.

"여깁니다, 픽윅 씨." 퍼커가 어떤 사무실로 들어가기 전에 일행이 따라 오는지 확인하려고 뒤를 돌아보며 말했다. "아, 안녕하세요, 무슨 일이신가요?"

마지막 질문은 절름발이 남자를 향한 것이었는데, 그는 픽윅 씨도 모르는 사이 어느새 일행이 되어 있었다. 이 말에 절름발이 남자는 더없이 공손하게 모자를 만지는 것으로 대답한 다음 픽윅 씨를 가리켰다.

"아니, 아닙니다." 퍼커가 미소를 지으며 말했다. "필요 없습니다, 필요 없어요."

"실례합니다." 절름발이 남자가 말했다. "이 신사분이 제 명함을 받으셨어요. 부디 저를 써주세요. 이분이 저에게 고개를 끄덕이셨습니다. 이분께서 직접 판단해 주시면 좋겠군요. 저에게 고개를 끄덕이셨지요?

"흥, 말도 안 되는 소리. 아무한테도 고개를 끄덕이지 않았지요, 픽윅 씨? 실수입니다, 실수예요." 퍼커가 말했다.

"저 신사가 나에게 명함을 줬습니다." 픽윅 씨가 조끼 주머니에서 명함을 꺼내며 말했다. "내가 받기를 바라는 것 같아서 받았지요. 사실, 호기심이 생겨서 시간이 나면 명함을 읽어보려고 했습니다. 나는……."

작은 변호사가 크게 웃음을 터뜨리더니 명함을 절름발이 남자에게 돌려주면서 실수였다고 말했고, 그 남자가 화를 내며 멀어지자 픽윅 씨에게 보석 보증인이라고 속삭였다.

"뭐라고요!" 픽윅 씨가 외쳤다.

"보석 보증인이요." 퍼커가 대답했다.

"보석 보증인이라고요!"

"그렇습니다, 여기 있는 사람들 중 절반은 보석 보증인이죠. 사건과 상관없이 반 크라운만 주면 보증을 서줘요. 참 신기한 장사죠, 안 그렇습니까?" 퍼커가 코담배를 한 번 흡입하며 말했다.

"뭐라고요? 범죄 한 건당 반 크라운을 받으면서, 판사 앞에서 위증을 하려고 여기서 기다리면서 생계를 꾸린단 말입니까!" 픽윅 씨가 크게 놀라서 외쳤다.

"음, 위증에 대해서는 정확히 모르겠습니다." 작은 신사가 대답했다. "그건 좀 심한 말이지요, 아주 심한 말이에요. 법적 허구일 뿐입니다. 그게 다예요." 변호사는 이렇게 말하며 어깨를 으쓱하더니 미소를 짓고, 코담배를 한 번 더 흡입하고, 판사 서기 사무실로 앞장서 들어갔다.

서기 사무실은 천장이 낮고 벽에 낡은 패널을 댄, 특히나 지저분한 방이었다. 게다가 채광도 너무 나빠서 밖은 대낮인데도 책상 위에서 커다란 초들이 활활 타고 있었다. 한쪽 끝에는 판사의 개인실로 이어지는 문이 있고 그 주변에 변호사들과 서기들이 모여 서서 정해진 순서에 따라 이름이 불리면 안으로 들어갔다. 한 사람을 내보내기 위해 문이 열릴 때마다 다음 사람이 난폭하게 밀고 들어갔다. 판사를 만나려고 기다리는 신사들 사이에 오가는 수많은 대화 외에도 판사를 이미 만나고 나온 사람들 대부분이 갖가지 일로 말다툼을 벌였기 때문에 이 좁은 공간에서 생길 수 있는 최대의 소음이 울렸다.

귓가에 울리는 것은 이러한 신사들 간의 대화만이 아니었다. 방 반대쪽 끝의 목재 난간 뒤 칸막이석에 서 있는 안경 쓴 서기가 선서 진술서를 받는 중이었고, 이따금 또 다른 서기가 판사의 서명을 받기 위해 커다란 진술서 다발을 판사실로 가지고 들어갔다. 선서를 하려고 기다리는 변호사 서기도 무척 많았는데, 한꺼번에 선서를 할 수는 없었으므로 안경 쓴 서기에게 다가가려는 이들은 국왕 폐하가 연극을 보러 행차했을 때 극장 문으로 다가가려고 애쓰는 사람들처럼 몸싸움을 했다. 가끔 다른 공무원이 판사의 서명을 받은 선서 진술서를 돌려주기 위해서 우렁찬 목소리로 선서를 끝낸 사람들의 이름을 불렀는데, 그러면 다시 약간의 몸싸움이 벌어졌다. 이 모든 일이 동시에 일어났기 때문에 정말 활동적이고 쉽게 흥분하는 사람이 보고 싶어 할 만한 소란이었다. 다른 부류의 사람들도 있었는데 이들은 고용주가 받은 소환장을 들고 와서 기다리는 사람들로, 상대편 변호사가 출석할지 말지는 선택 사항이었다. 이들의 일은 가끔 상대편 변호사의 이름을 외쳐서 자기들이 모르는 사이에 변호사가 출석하지 않았는지 확인하는 것이었다.

예를 들어보자. 픽윅 씨 자리 근처의 벽에 기대어 서 있는 사람은 고음의 목소리를 가진 열네 살짜리 사무실 심부름꾼이었고, 그 근처에는 저음의 목소리를 가진 보통법 서기가 서 있었다.

서기가 서류 뭉치를 들고 황급히 들어와서 주변을 둘러보았다.

"스니글과 블링크!" 고음이 외쳤다.

"포킨과 스노브." 저음이 으르렁거렸다.

"스텀피와 디콘." 새로 들어온 서기가 말했다.

아무도 대답하지 않았고, 다음으로 누군가 들어오자 세 사람이 크게 환영했다. 새로 들어온 사람은 자기 차례가 되자 또 다른 회사 이름을 불렀고, 그런 다음 누군가가 커다란 목소리로 또 다른 회사 이름을 불렀고, 그런 식으로 계속 되었다.

그러는 내내 안경 쓴 사람은 일을 척척하면서 서기에게 선서를 시켰는데, 하나같이 구두점을 무시하면서 선서를 했고 보통 다음과 같이 진행되었다.

"오른손으로 성경을 드세요 여기 당신 이름이랑 서명입니다

선서 진술서의 내용이 진실임을 맹세하세요 주님의 은총을 빕니다 1실링입니다 잔돈 준비하세요 저는 잔돈 없어요."

"샘, 인신 보호 영장을 준비하나 보군." 픽윅 씨가 말했다.

"네, 인신 보호 영장[124]이 나오면 좋겠어요. 계속 기다리게 하다니 정말 불쾌하네요. 저 같으면 지금쯤 여섯 개는 준비했겠어요."

샘 웰러가 인신 보호 영장을 얼마나 거추장스럽고 다루기 힘든 기계로 상상했는지는 알 수 없었다. 그 순간 퍼커가 다가와서 픽윅 씨를 데리고 갔기 때문이었다.

일반적인 형식을 거쳐서 새뮤얼 픽윅의 신병은 곧 관리자의 감독을 받게 되었고, 그에 의해 플리트 감옥의 교도관에게 넘겨져서 바델 대 픽윅 소송의 비용과 배상금을 전액 지불할 때까지 그곳에 갇힐 예정이었다.

"아주 오래 걸릴 겁니다." 픽윅 씨가 웃으며 말했다. "샘, 전세 마차를 불러주게. 퍼커, 잘 가요."

"제가 같이 가서 안전하게 들어가는 것을 확인하겠습니다." 퍼커가 말했다.

"사실은 샘과 단둘이 가고 싶습니다." 픽윅 씨가 대답했다. "안정 되는 대로 편지를 써서 알릴 테니 그때 와줘요. 잘 지내요."

픽윅 씨는 이렇게 말한 다음 도착한 마차에 올랐고, 관리자가 뒤따라 올랐다. 샘이 마부석에 오르자 마차가 출발했다.

---

124 인신 보호 영장은 'Habeas corpu'인데 여기서 샘은 'Have-His-Carcase(그의 시체를 가져가라는 뜻)'라고 발음하면서, 시신을 연상시키는 표현을 쓰고 있다.

"정말 놀라운 사람이야." 퍼커가 걸음을 멈추고 장갑을 끼며 말했다.

"파산하고 말 거예요." 근처에 서 있던 로텐이 말했다. "담당 사무관들을 얼마나 귀찮게 할까요! 심의에 회부한다고 하면 크게 저항할 거예요."

변호사가 아무 대답도 없이 걸어가는 모습을 보니 픽윅 씨의 성품에 대한 서기의 전문가다운 평가에 크게 기뻐하는 것 같지 않았다.

전세 마차가 보통 그렇듯이, 픽윅 씨가 탄 전세 마차는 플리트 거리를 따라 덜컹덜컹 달렸다. 마부는 말들이 앞에 뭔가가 있으면 더 잘 간다고 말했고(아무것도 없으면 분명 엄청난 속도로 갔을 것이다), 그래서 마차는 짐마차 뒤를 따라갔다. 짐마차가 멈추면 마차도 멈췄고, 짐마차가 출발하면 마차도 출발했다. 픽윅 씨는 관리자의 맞은편에 앉았고 관리자는 무릎 사이에 모자를 놓고 앉아서 휘파람을 불며 창밖을 내다보고 있었다.

시간은 기적을 일으킨다. 시간이라는 노신사의 강력한 도움을 받으면 전세 마차도 반 마일은 갈 수 있다. 마침내 마차가 멈추고 픽윅 씨가 플리트 정문 앞에 내렸다.

관리자는 어깨 너머를 흘깃 돌아보며 자기 죄수가 뒤따라오는지 확인한 다음 픽윅 씨보다 앞서서 감옥으로 들어갔다. 일행은 안으로 들어가서 왼쪽으로 꺾은 다음 열린 문을 통해 로비로 들어갔고, 열쇠를 손에 든 뚱뚱한 간수가 지키는 맞은편의 묵직한 대문을 지나면 감옥 내부였다.

일행은 걸음을 멈추었고 관리자가 서류를 전달했다. 픽윅 씨는 여기 남아서 신입들에게 '초상화 그리기'라고 알려진 의식을 거쳐야 한다는 통지를 받았다.

"초상화를 그리다니!" 픽윅 씨가 말했다.

"우리가 당신 얼굴을 그리는 겁니다." 뚱뚱한 간수가 말했다.

"우리는 초상화를 아주 잘 그려요. 순식간에 그리는데 늘 아주 똑같죠. 들어와서 편히 앉으세요."

픽윅 씨가 시키는 대로 의자에 앉았고, 그 뒤에 선 웰러 씨는 초상화 그리기란 간수들이 수감자와 방문자를 구분하기 위해서 새로 온 수감자의 얼굴을 샅샅이 뜯어보는 것을 뜻한다고 속삭였다.

"음, 샘." 픽윅 씨가 말했다. "그럴 거면 차라리 화가들이 오는 게 좋겠는데. 여긴 좀 공개적인 곳이라서."

"오래 걸리지 않을 겁니다." 샘이 대답했다. "저기 벽시계가 있네요."

"그래, 보이는군." 픽윅 씨가 말했다.

"새장도 있어요." 샘이 말했다. "감옥 안의 감옥이라니, 복잡하네요."

웰러 씨가 이렇게 철학적인 말을 할 때 픽윅 씨는 초상화 그리기가 시작되었음을 깨달았다. 다른 간수에게 자물쇠를 넘기고 교대한 뚱뚱한 간수가 자리에 앉더니 가끔 무관심하게 픽윅 씨를 보았고, 그와 교대한 길쭉하고 마른 남자는 상의 뒷자락에 손을 찔러 넣고 반대편에 서서 픽윅 씨를 오랫동안 지긋이 쳐다보았다. 약간 무뚝뚝한 표정의 세 번째 신사는 차를 마시다 왔는지 버터 바른 빵 마지막 조각을 입에 넣으며 들어와서 픽윅 씨 가까이에 자리를 잡고 허리에 손을 올린 채 주의 깊게 살펴보았다. 두 명이 더 들어와 섞이더니 무척 주의 깊고 생각에 잠긴 얼굴로 픽윅 씨의 이목구비를 샅샅이 관찰했다. 그러는 동안 픽윅 씨는 얼굴을 잔뜩 찌푸렸고 의자에 초조한 듯 앉아 있었다. 그러나 그는 내내 아무 말도 하지 않았다. 심지어 의자 등받이에 몸을 기대고 있는 샘에게조차 아무 말도 하지 않았는데, 샘은 주인이 처한 상황에 대해서, 또 여기 모인 모든 간수들을 차례차례 맹렬하게 두들겨 팰 수만 있다면 얼마나 기분이 좋을까 생각하고 있었다. 그것이 법에 어긋나는 일만 아니라면 말이다.

결국 초상화 그리기가 끝났고 픽윅 씨는 이제 감옥으로 들어가도 좋다고 통보받았다.

"저는 오늘 밤에 어디서 잡니까?" 픽윅 씨가 물었다.

"나도 모르겠소." 뚱뚱한 간수가 대답했다. "내일 같은 방을 쓸 사람이 정해지면 아늑하고 편안하게 지낼 수 있을 겁니다. 첫날은 보통 어수선하지만 내일이면 만반의 준비가 갖춰질 거예요."

얼마간의 논의 끝에 어느 간수가 돈을 받고 빌려주는 침대를 하나 쓸 수 있다고 말했다. 픽윅 씨는 기꺼이 그 침대를 빌리기로 했다.

"같이 가시면 당장 보여드리지요." 그 남자가 말했다. "크지는 않지만 푹 잠들기 딱 좋아요. 이쪽으로 오시죠."

일행은 안쪽 대문을 지나 짧은 층계를 내려갔다. 그들 뒤에서 문이 잠겼고, 픽윅 씨는 난생처음 감옥 안으로 들어갔다.

41장

플리트에서 채무자들과 보낸 첫날 밤

픽윅 씨와 함께 감옥으로 들어간 톰 로커 씨는 짧은 층계를 다 내려가자 오른쪽으로 꺾어서 열린 철문을 통해 길을 안내한 다음, 짧은 층계를 다시 올라 길고 좁은 복도로 들어갔다. 복도는 더럽고 천장이 낮았고, 돌이 깔려 있었으며, 저 멀리 양쪽 끝 창문으로 희미한 빛이 들어왔다.

"여기는 현관이 있는 층입니다." 남자가 주머니에 손을 찔러 넣고 어깨 너머로 픽윅 씨를 무심히 돌아보며 말했다.

"아." 픽윅 씨가 축축하고 음울한 석조 지하실로 이어지는 듯한 어둡고 더러운 층계를 내려다보며 대답했다. "저기는 수감자들이 소량의 석탄을 보관하는 작은 지하 창고인가 보군요. 저기로 내려가려면 불쾌하겠지만 아주 편리하겠어요."

"음, 편리하다 해도 이상할 건 없지요." 남자가 대답했다. "저기서 아주 아늑하게 지내는 사람들도 있으니까. 저기가 바로 페어[125]요."

"이봐요." 픽윅 씨가 말했다. "저 비참한 지하 감옥에 정말로 사람이 산다는 말은 아니겠지요?"

"왜 아닙니까?" 로커 씨가 깜짝 놀라 화를 내며 대답했다.

"정말로 저 밑에서 산단 말입니까!" 픽윅 씨가 소리쳤다.

"저 밑에서 살아요! 네, 저기서 죽는 일도 많지요!" 로커 씨가 대답했다. "그게 어때서요? 누가 안 된답니까? 저기서 삽니다! 살기 아주 좋은 곳이지요, 안 그래요?"

로커가 픽윅 씨에게 다소 사납게 쏘아붙이더니 흥분해서 자기 눈과 팔다리, 몸속을 순환하는 액체에 대해서 뭔가 불쾌한 말을 중얼거리자 픽윅 씨는 더 이상 대화를 하지 않는 것이 낫겠다고 생각했다. 이제 로커 씨는 방금 대화의 주제였던 곳으로 내려가는 계단만큼이나 지저분한 또 다른 계단을 올랐고, 픽윅 씨와 샘도 바짝 붙어서 올라갔다.

"저기요." 아래층 복도와 크기가 똑같은 다른 복도에 도착하자 로커 씨가 숨을 돌리며 말했다. "여기는 카페가 있는 층입니다. 위층이 3층이고 그 위가 꼭대기 층이죠. 당신이 오늘 밤에 지낼 곳은 교도관의 방으로, 이쪽입니다. 가시죠." 단숨에 모든 말을 마친 로커 씨가 계단을 한 층 더 올랐고 픽윅 씨와 샘 웰러가

---

[125] 플리트 감옥은 지하 1층과 지상 4층으로 이루어져 있었는데, 지하층을 '바살러뮤 페어'라고 불렸다.

바로 뒤를 따랐다.

바닥보다 약간 높은 창문을 통해서 들어오는 빛이 계단을 비추었고, 창밖으로 보이는 자갈 깔린 안마당은 꼭대기에 철책을 친 높다란 벽돌담에 둘러싸여 있었다. 로커 씨의 말에 따르면 창밖으로 보이는 안마당이 라켓 운동장인 듯했고, 역시 그의 말에 따르면 패링던 거리 쪽에는 '그림 운동장'이라고 불리는 더 작은 안마당이 있었는데, 예전에 여기 갇혔던 화가가 벽에 돛을 활짝 펼친 여러 군함과 기타 인공물의 그림을 그렸기 때문에 붙은 이름이었다.

간수는 픽윅 씨에게 뭔가를 알려주고 싶어서라기보다 마음속에 있는 중요한 사실들을 토해내기 위해서 이러한 정보를 알려준 다음 다른 층에 도착하자 작은 복도로 들어갔고, 어느 문을 열어서 절대 매력적으로 보이지 않는, 철제 침대가 여덟 개인가 아홉 개 놓인 방을 보여주었다.

"여깁니다." 로커 씨가 문을 잡고 픽윅 씨를 의기양양하게 바라보며 말했다. "여기가 방입니다!"

그러나 숙소를 본 픽윅 씨의 얼굴에 만족스러운 표정이 거의 떠오르지 않자 로커 씨는 새뮤얼 웰러 씨의 표정에서 그에 상응하는 감정을 찾으려 했다. 샘은 그때까지 엄숙한 침묵을 지키고 있었다.

"여기가 방이오, 젊은이." 로커 씨가 말했다.

"그렇군요." 샘이 차분하게 고개를 끄덕이며 대답했다.

"패링던 호텔에도 이런 방은 없을 겁니다, 안 그래요?" 로커 씨가 흐뭇한 미소를 지으며 말했다.

그러자 웰러 씨는 편안하고 자연스럽게 한쪽 눈을 감는 것으로 대답했는데, 보는 사람의 생각에 따라서 그렇다거나, 아니라거나, 아니면 아무 생각이 없다는 뜻이 될 수 있었다. 그런 다음 샘이 눈을 다시 뜨고 로커 씨가 푹 잠들기 딱 좋은 잠자리라고 설명한 침대가 어느 것인지 물었다.

"저겁니다." 로커 씨가 구석에 놓인 녹이 심한 침대를 가리키며 대답했다. "저기 누우면 원하든 원하지 않든 누구나 금방 잠들게 되죠."

"그렇겠군요." 샘이 무척 역겹다는 표정으로 문제의 가구를 보며 말했다. "여기 비하면 아편은 아무것도 아니겠네요."

"아무것도 아니죠." 로커 씨가 말했다.

"그리고 아마," 샘이 지금까지의 일 때문에 결심이 흔들린 낌새가 없는지 살피듯 주인을 곁눈질하며 말했다. "여기서 주무시는 분들은 신사라고 생각해도 되겠지요."

"절대 아닌데요." 로커 씨가 대답했다. "한 명은 하루에 맥주를 12파인트씩 마시고 식사를 할 때도 절대 담배를 손에서 놓지 않지요."

"틀림없이 일류군요." 샘이 말했다.

"일류죠." 로커 씨가 대답했다.

이런 이야기를 들었지만 픽윅 씨는 무엇도 겁나지 않았기에 미소를 지으며 오늘 밤 침대의 최면제 같은 힘을 시험해 보겠다는 결심을 밝혔다. 로커 씨는 아무 때나 원하는 시간에 간수에게 알리거나 형식을 갖출 필요 없이 쉬어도 된다고 알려준 다음, 복도에 서 있는 픽윅 씨와 샘을 남겨두고 떠났다.

날이 어두워지고 있었다. 따라서 가스등 몇 개가 바깥에 자리 잡은 저녁을 향해 인사를 하듯 불을 밝혔다. 따뜻한 편이었기 때문에 복도 양쪽에 늘어선 수많은 작은 방의 수감자들 몇몇은 문을 약간 열어두었다. 픽윅 씨는 복도를 지나가면서 큰 호기심과 관심을 안고 감방 안을 슬쩍 들여다보았다.

어떤 방에서는 구름 같은 담배 연기 너머로 겨우 보이는 거구 네다섯 명이 반쯤 빈 맥주잔들을 앞에 놓고 시끄럽고 소란스럽게 대화를 하거나, 기름으로 얼룩진 카드로 올포즈 게임을 하고 있었다. 옆방에서는 어느 수감자가 혼자 촛불의 흐릿한 불빛 속에서 먼지로 누레지고 너무 낡아 바스라지는 더럽고 너덜너덜한 종이 뭉치를 열심히 들여다보면서 자신의 불만을 아주 길게, 백 번째쯤 쓰고 있었는데, 이 편지를 받을 높은 사람은 이것을 읽지도 않고, 감정이 움직이지도 않을 것이었다. 세 번째 방에서는 아내와 수많은 자식들과 함께 지내는 남자가 어린 자식들이 밤을 보낼 좁은 잠자리를 만들고 있었다. 네 번째, 다섯 번째, 여섯 번째, 일곱 번째 방에서는 소음과 맥주, 담배 연기, 카드가 더욱 대단한 힘을 발휘하고 있었다.

각 층에서, 특히 층계에서 수많은 사람들이 서성였는데, 방에 아무도 없고 외로워서 나온 사람도 있고 방에 사람이 가득하고 더워서 나온 사람도 있었지만, 초조하고 불편하고 정확히 뭘 해야 할지 몰라서 나온 사람들이 가장 많았다. 여기에는 퍼스티언 재킷을 입은 노동자부터 파산한 신세에 어울리게도 팔꿈치가 찢어진 실내복 가운 차림의 방탕아까지 계층은 무척 다양했지만 분위기는 전부 비슷했다. 무심하고 상습적으로 감옥을 드나드는 경솔한 허세꾼이나 아무것도 겁나지 않는 부랑자 같은 분위기였는데, 말로는 절대 설명할 수 없지만 가장 가까운 채무자 감옥으로 가서 픽윅 씨와 똑같은 관심을 가지고 제일 처음 눈에 띄는 사람들을 관찰하면 누구나 바로 이해할 수 있었다.

"이런 생각이 드는군, 샘." 픽윅 씨가 계단 꼭대기에서 철제 난간 위로 몸을 내밀며 말했다. "채무로 감옥에 가둬봤자 전혀 처벌이 되지 않겠어."

"그런가요?" 웰러 씨가 물었다.

"보게, 다들 술을 마시고 담배를 피우고 소리를 치고 있잖아." 픽윅 씨가 대답했다. "전혀 신경을 쓰지 않아."

"아, 바로 그겁니다." 샘이 대답했다. "이 사람들은 신경 안 쓰죠. 포터 맥주나 마시고 스키틀스나 하고, 멋진 휴가예요. 이런 일로 타격을 받는 사람들은 따로 있어요. 맥주를 벌컥벌컥 마시지도 못하고 스키틀스도 못할 만큼 풀이 죽은 사람들, 할 수만 있었다면 돈을 갚았을 테고 감옥에 간히면 우울해지는 사람들이요. 뭐 하나 알려드릴까요? 맨날 선술집에서 빈둥거리는 사람들한테는 전혀 타격이 없고 가능하면 항상 일하는 사람들한테는 타격이 너무 커요. 균형이 안 맞아요. 그로그주를 마실 때 물과 술이 정확히 반씩 안 들어가면 저희 아버지가 말씀하시는 것처럼요. '균형이 안 맞아, 그게 문제야.'"

"그 말이 맞는 것 같군." 픽윅 씨가 잠시 생각한 다음 말했다. "맞는 말이야."

"어쩌면 가끔은 여기를 좋아하는 성실한 사람도 있을지 몰라 요." 웰러 씨가 생각에 잠긴 말투로 말했다. "하지만 들어본 기억 이 없네요, 얼굴이 더럽고 키가 작고 갈색 상의를 입은 남자만 빼 면요. 그 사람도 습관의 힘 때문이었지만요."

"그게 누구지?" 픽윅 씨가 물었다.

"음, 바로 그걸 아무도 몰라요." 샘이 대답했다.

"그 사람이 뭘 했는데?"

"음, 훨씬 더 많이 알려진 수많은 사람들이 예전에 했던 행동 을 했지요." 샘이 대답했다. "분수에 맞지 않게 살았지요."

"다시 말해서 빚을 졌다는 말인가?" 픽윅 씨가 말했다.

"바로 그겁니다." 샘이 대답했다. "시간이 흘러서 결국 여기로 오게 되었죠. 큰돈도 아니었어요. 9파운드 때문에 집행됐는데 비 용 때문에 다섯 배로 늘었지요. 그 사람은 여기서 17년을 살았어 요. 얼굴에 주름이 생겨도 먼지가 메꿨지요. 수감 생활이 끝났을 때 더러운 얼굴도 갈색 상의도 처음이랑 똑같았거든요. 아주 온 순하고 거슬리지 않는 사람이었고, 항상 누군가를 위해서 바쁘 게 돌아다녔고, 라켓을 치면서 항상 졌죠. 결국 간수들이 이 사 람을 좋아하게 돼서 그는 매일 밤 간수실에서 간수들이랑 수다 를 떨면서 이야기도 해주고 뭐 그렇게 지냈어요. 어느 날 밤에 그 사람이 평소처럼 오랜 친구인 간수랑 단둘이 있다가 갑자기 이 렇게 말했지요. '난 시장을 못 봤어, 빌. (당시 플리트 시장이 있었거든요.) 17년 동안 바깥 시장을 못 봤군.' 간수가 파이프 담배를 피우며 말했죠. '나도 알아.' 남자가 말했지요. '잠깐만 보고 싶어.' 간수가 담배를 열심히 피우면서, 이 자그마한 남자가 원하는 것을 절대 들어주지 않겠다고 생각하면서 말했어요. '아마 그렇겠지.' 작은 남자가 아까보다 더 갑작스럽게 말했지요. '빌, 그 생각이 머리에서 떠나질 않아. 죽기 전에 거리를 딱 한 번만 보여줘. 뇌졸중에 걸리지 않는 한 5분 안에 돌아올게.' 간수가 말했죠. '네가 뇌졸중에 걸리면 나는 어떻게 되는데?' 작은 남자가 말했어요. '음, 내 주머니에 명함이 있으니까 날 발견한 사람이 데려오겠지. 카페가 있는 층 20호라고 써 놨어.' 확실히 그랬죠, 남자는 새로 들어온 수감자와 안면을 트고 싶을 때면 그렇게 적은 작고 얇은 명함을 꺼냈으니까요. 생각해 보면, 그 남자는 항상 20번이라고 불렸지요. 간수가 남자를 빤히 보더니 마침내 엄숙하게 말했죠. '20번, 난 널 믿어. 넌 오랜 친구를 곤란하게 만들지 않을 거야.' 작은 남자가 말했어요. '당연하지, 친구. 난 이 안에 더 멋진 게 들어 있기를 바라니까.' 그는 이렇게 말하면서 입고 있던 조끼를 세게 쳤고, 양쪽 눈에서 눈물이 흐르기 시작했는데, 정말 놀라웠죠. 그 사람은 얼굴에 절대 물을 안 묻혔으니까요. 남자는 간수와 악수를 하고 나갔어요."

"그리고 다시는 돌아오지 않았군." 픽윅 씨가 말했다.

"이번에는 틀리셨네요." 웰러 씨가 대답했다. "약속한 시간이 되기 2분 전에 돌아왔거든요. 전세 마차에 치일 뻔했다고, 자기는 그런 것에 익숙하지 않다고 화를 내면서 펄펄 뛰었고, 런던 시장한테 편지를 꼭 보내야겠다고 했어요. 사람들이 남자를 달랬고, 그 뒤 5년 동안 그는 감옥 정문 밖을 내다보지도 않았지요."

"5년 뒤에 죽었나 보군." 픽윅 씨가 말했다.

"아닙니다." 샘이 대답했다. "그는 길 건너에 새로 생긴 선술집에 가서 맥주를 맛보고 싶어졌어요. 참 좋은 술집이었기 때문에 매일 가야겠다고 생각했고, 오랫동안 그렇게 했죠. 항상 감옥 문이 닫히기 15분 전에 돌아왔어요. 아주 편안하고 좋았지요. 그러다가 너무 즐거워서 시간이 어떻게 가는지도 모르거나 시간을 아예 신경 쓰지 않게 됐고, 그래서 점점 더 늦게 돌아오다가 어느 날은 친구가 문을 닫을 때—사실 열쇠를 넣고 이미 돌렸을 때—나타났어요. 남자가 말했어요. '잠깐 기다려, 빌.' 간수가 말했죠. '뭐야, 아직도 안 왔었어, 20번? 벌써 돌아온 줄 알았는데.' 작은 남자가 미소를 지으며 말했어요. '아니야, 지금 돌아왔네.' 간수가 문을 아주 천천히 열며 말했지요. '뭐 하나 말해줄까? 네가 요즘 나쁜 친구들을 사귀는 것 같아서 안타까워. 가혹하게 굴고 싶지는 않지만 제대로 된 친구들을 사귀고 제시간에 돌아오지 않으면 지금 서 있는 거기서 아예 안 들여보내줄 거야!' 작은 남자는 깜짝 놀라서 몸을 벌벌 떨었고, 그 뒤로는 절대 감옥에서 나가지 않았어요!"

샘이 이야기를 마치자 픽윅 씨는 다시 계단을 천천히 내려갔다. 생각에 잠긴 그는 이제 어두워져 사람이 거의 없는 그림 운동장에서 길을 몇 번 꺾은 다음 웰러 씨에게 이제 그만 가보는 게 좋겠다고 넌지시 비쳤고, 근처 선술집에서 잘 곳을 찾아보고 아침 일찍 조지 앤드 벌처 여관에 가서 자신의 옷가지를 챙겨 오라고 말했다. 새뮤얼 웰러 씨는 최대한 흔쾌한 척 주인의 말에 따르려고 했지만 주저하는 기색이 상당히 드러나고 말았다. 그는 심지어 그날 밤 자갈 운동장에서 자는 게 상책일 것 같다고 여러 번 암시하기까지 했지만, 픽윅 씨가 완고하게 들으려 하지 않자 마침내 물러갔다.

픽윅 씨가 무척 우울하고 불편했다는 사실을 숨길 수는 없다. 감옥에는 사람들이 무척 많았으니 어울릴 사람이 없어서는 아니었고, 와인 한 병이면 정식으로 소개할 것도 없이 몇몇 사람들의 지극한 우정을 즉시 살 수 있었을 것이다. 그러나 그는 거칠고 상스러운 사람들 틈에서 혼자였고, 풀려날 가망도 없이 갇혀 있다고 생각하자 당연히 기가 꺾이고 심장이 덜컥 내려앉았다. 하지만 교활한 도슨과 포그의 요청을 들어주고 감옥에서 나갈 생각은 전혀 없었다.

픽윅 씨는 카페가 있는 층으로 돌아가서 천천히 서성였다. 그곳은 참을 수 없을 만큼 더러웠고 담배 냄새 때문에 완전히 숨이 막혔다. 사람들이 들락날락하면서 문을 쾅 닫는 소리가 끊임없이 들렸고, 복도에서 목소리와 발소리가 끊임없이 울리고 또 울렸다. 쇠약하고 아파서 기어 다니지도 못할 듯한 아이를 품에 안은 젊은 여자는 방에 들어갈 공간이 없었기 때문에 남편과 함께 복도를 걸어 다니며 대화를 나누었다. 픽윅 씨는 그들이 지나갈 때 여자가 애통하게 흐느끼는 소리를 들었다. 격한 울음이 터져 나오자 여자는 쓰러지지 않기 위해서 벽에 몸을 기댔고, 옆에서 남편이 아이를 안고서 아내를 달래려고 애썼다.

마음이 너무 복잡했던 픽윅 씨는 이 광경을 견딜 수 없었기 때문에 위층 침실로 올라갔다.

교도관의 방은 무척 불편했고 장식과 편리함이라는 면에서 보면 주립 구치소의 가장 평범한 진료소보다 훨씬 열악했지만 지금은 픽윅 씨밖에 없다는 장점이 있었다. 그래서 픽윅 씨는 작은 철제 침대 발치에 앉아서 교도관이 이 더러운 방으로 1년에 얼마나 벌까 생각하기 시작했다. 그는 계산 끝에 이 방의 연간 가치가 런던 교외 작은 거리의 토지와 맞먹는다는 결론을 내렸다. 그러고 나서 자기 바지 위를 기어 다니는 저 더러운 파리는 바람이 잘 통하는 어디에든 갈 수 있는데 도대체 어떤 유혹 때문에 이 갑갑한 감옥에 들어왔을까 생각하기 시작했고, 깊이 생각한 끝에 파리가 정신이 나갔다는 저항할 수 없는 결론에 다다랐다. 이 문제까지 풀고 난 픽윅 씨는 서서히 졸리기 시작했다는 사실을 인식했다. 그래서 아침에 미리 주머니에 넣어두었던 나이트캡을 꺼내고 천천히 옷을 벗은 다음 침대로 들어가 잠들었다.

"브라보! 춤춰! 뛰어올랐다가 발을 끌고 해봐, 제피! 넌 진짜 오페라 하우스에 진출해야 돼. 계속해, 잘한다!" 더없이 떠들썩한 말과 시끄럽게 울리는 웃음소리 때문에 픽윅 씨는 깊은 잠에서 깼는데, 실제로는 30분밖에 되지 않았지만 잠에서 깬 사람에게는 3주나 한 달은 된 것 같았다.

목소리가 끊기자마자 방이 너무나 격렬하게 흔들려서 창틀에서 창문이 덜컹거리고 침대가 다시 흔들렸다. 벌떡 일어난 픽윅 씨는 눈앞의 광경에 너무 놀란 나머지 몇 분 동안 아무 말 없이 꼼짝도 하지 않았다.

옷자락이 넓은 녹색 상의에 무릎까지 오는 코듀로이 반바지, 회색 면 스타킹 차림의 남자가 바닥에서 우아함과 경쾌함을 저속하고 익살스럽게 표현하면서 개구리 춤 중에서 제일 인기 많은 스텝을 밟고 있었는데, 여기에 아주 어울리는 복장까지 더해져서 형언할 수 없을 만큼 터무니없었다. 또 다른 남자는 딱 봐도 만취한 데다가 아마 친구들이 침대에 밀어 넣은 듯했는데, 이불을 덮고 앉아서 더없이 감상적인 감정과 표정으로 우스꽝스러운 노래를 생각나는 대로 부르고 있었다. 세 번째 남자는 침대에 앉아서 마치 전문가처럼 두 사람의 춤과 노래에 박수를 보내며 이미 픽윅 씨를 잠에서 깨운 그 폭발적인 감정으로 그들을 응원했다.

마지막 남자는 이러한 장소에서만 그 완벽한 모습을 볼 수 있는 젠트리 계급의 감탄할 만한 표본이었다. 가끔 마구간 마당이나 선술집에서 완벽하지 않은 상태로 만날 수 있지만 이러한 온상에서만 온전히 피어났는데, 오로지 이런 사람들을 육성하겠다는 목적만으로 의회가 사려 깊게 제공하는 것이 아닐까 싶을 정도였다.

그는 큰 키와 올리브색 얼굴, 길고 검은 머리카락, 턱 아래에서 만나는 굵고 무성한 구레나룻을 가지고 있었다. 온종일 라켓을 쳤기 때문에 네커치프는 매지 않았고, 열린 셔츠 칼라는 그 화려함을 완연하게 드러냈다. 머리에는 화려한 술이 달랑거리는 흔한 18페니짜리 프랑스식 스컬캡[126]을 쓰고 있었는데, 평범한 퍼스티언 상의와 잘 어울렸다. 긴 다리는 힘이 없고 옥스퍼드 혼방 바지에 감싸여 있었는데, 두 다리의 완벽한 대칭을 보여주도록 만들어진 옷이었다. 그러나 대충 고정시킨 데다가 단추도 제대로 채우지 않았기 때문에 별로 우아하지 않은 형태로 여러 번 겹겹이 접히면서 신발 위로 거의 발뒤꿈치까지 내려와서 무척 더러운 흰색 스타킹을 드러내고 있었다. 전체적으로 세련된 방랑자 같은 멋과 자기 자랑밖에 모르는 악당 같은 느낌이 있었는데, 금광만큼 귀한 것이었다.

픽윅 씨가 보고 있다는 사실을 제일 먼저 깨달은 것은 바로 이 남자였다. 그러자 그는 제퍼에게 눈을 찡긋하더니 짐짓 엄중하게 신사분을 깨우지 말라고 부탁했다.

"이야, 이렇게 깜짝 놀랄 데가!" 제퍼가 뒤로 돌아서 대경실색한 척하며 말했다. "신사분이 이미 깨셨잖아. 으흠. 셰익스피어 씨, 안녕하십니까? 메리랑 세라는 어떤가요? 집에 계시는 노부인은요? 네? 그쪽으로 처음 보내는 소포에 제 안부도 좀 같이 전해주시겠어요? 그전에 보내려고 했는데 짐마차에서 깨질까봐 못 보냈다고도 말씀해주시고요."

"뭘 좀 마시고 싶으신 거 뻔히 알면서 괜한 예의나 차려서 난처하시게 만들지 말라고." 구레나룻을 기른 신사가 익살스럽게 말했다. "뭘 드실지나 물어보지 그래?"

126 테가 없고 작고 둥근 모자.

"이런, 깜빡했네." 상대방이 대답했다. "뭘 드시겠습니까? 포트 와인을 드시겠어요? 아니면 셰리주? 에일 맥주도 추천할 수 있는데요, 아니면 포터 맥주를 맛보고 싶으신가요? 나이트캡은 제가 걸어드릴게요."

그가 이렇게 말하면서 픽윅 씨의 머리에서 나이트캡을 잡아채 눈 깜짝할 새에 취한 남자의 머리에 씌웠고, 술 취한 남자는 자신이 수많은 사람들을 즐겁게 해주고 있다고 굳게 믿으면서 상상할 수 있는 가장 구슬픈 음조로 우스꽝스러운 노래를 계속 열심히 불렀다.

어떤 사람의 나이트캡을 폭력적인 방법으로 잡아채서 알지도 못하는 지저분한 신사의 머리에 씌우는 것이 그 자체로는 기발한 재치일지 몰라도 분명 짓궂은 장난에 들어가는 행동이다. 픽윅 씨는 이 사건을 정확히 그렇게 보았고, 뭘 하려는 건지 아무 경고도 없이 힘차게 침대에서 튀어나와서 제퍼의 가슴에 세게 한 방 날렸는데, 마치 인간에게 반드시 필요하며 그의 이름이기도 한 것[127]을 훅 빼앗으려는 것 같았다. 그런 다음 나이트캡을 다시 잡아채서 방어하는 자세로 용감하게 썼다.

"자." 픽윅 씨가 흥분해서라기보다는 힘을 너무 많이 쓴 탓에 헐떡거리며 말했다. "덤벼, 둘 다, 둘 다 덤벼!" 그는 이렇게 화통하게 도발하며 숙련된 기술을 과시하여 상대방을 놀라게 하려고 꽉 쥔 두 주먹을 빙빙 돌렸다.

---

[127] '제퍼'는 산들바람이라는 뜻이므로 여기서는 숨을 뜻한다.

픽윅 씨의 예상치 못한 용맹함 때문인지, 그가 침대에서 튀어나와서 개구리 춤을 추던 남자 위로 떨어진 복잡한 동작 때문인지 모르지만 아무튼 그의 적들은 큰 감명을 받았다. 크게 감동한 것이 분명했는데, 픽윅 씨가 생각했던 것처럼 그를 죽이려는 대신 딱 멈춰서 서로를 잠깐 보더니 웃음을 터뜨렸기 때문이다.

"음, 정말 대단하시네요. 그래서 더 마음에 들어요." 제퍼가 말했다. "이제 침대로 다시 뛰어 들어가세요. 안 그러면 류머티즘에 걸려요. 우리 서로 원한 없죠?" 남자가 가끔 장갑 가게 문에서 흔들리는 노란 손가락 덩어리만 한 손을 내밀며 말했다.

"물론입니다." 픽윅 씨가 시원시원하게 말했다. 이제 흥분이 가라앉아서 다리 쪽이 좀 추워지기 시작했기 때문이다.

"영광을 허락해 주시겠습니까?" 구레나룻을 기른 남자가 오른손을 내밀며 말했다.

"물론이지요." 픽윅 씨가 말했고, 아주 길고 장엄한 악수를 나눈 다음 침대 안으로 돌아갔다.

"제 이름은 스맹글입니다." 구레나룻을 기른 남자가 말했다.

"아." 픽윅 씨가 말했다.

"저는 미빈스예요." 스타킹을 신은 남자가 말했다.

"알려주셔서 감사합니다." 픽윅 씨가 말했다.

"흠." 스맹글 씨가 기침을 했다.

"뭐라고 하셨습니까?" 픽윅 씨가 말했다.

"아니, 아무 말도 안 했습니다." 스맹글 씨가 말했다.

"뭐라고 하신 줄 알았는데요." 픽윅 씨가 말했다.

이 모든 것이 품위 있고 유쾌했다. 그리고 더욱 편안하게도 스맹글 씨는 픽윅 씨에게 신사의 감정을 정말로 존중한다고 여러 번 확인해 주었는데, 사실 아무리 봐도 그것을 이해하는 것처럼 보이지 않았기 때문에 오히려 그에게 무한한 신뢰가 생겼다.

"법원에 가십니까?" 스맹글 씨가 물었다.

"뭐라고요?" 픽윅 씨가 말했다.

"법원이요, 포르투갈 거리 말입니다. 지불 불능 채무자를 위한…… 아시잖아요."

"아, 아닙니다." 픽윅 씨가 대답했다. "안 갑니다."

"그럼 나가시나요?" 미빈스가 물었다.

"아닐 겁니다." 픽윅 씨가 대답했다. "저는 배상금 지불을 거절해서 여기 들어왔습니다."

"아." 스맹글 씨가 말했다. "저는 종이 때문에 파멸했죠."

"서적상이신가요?" 픽윅 씨가 순진하게 말했다.

"서적상이냐고요! 아니, 아닙니다. 제기랄! 그렇게 저속한 사람은 아닙니다. 장사는 안 해요. 제가 말하는 종이는 청구서라는 뜻입니다."

"아, 그런 의미였군요. 알겠습니다." 픽윅 씨가 말했다.

"제길! 신사라면 불운을 예상해야 하는 법이죠." 스맹글 씨가 말했다. "그게 뭐 어때서요? 저는 지금 플리트 감옥에 있습니다. 뭐, 좋아요. 그래서 뭐요? 그렇다고 더 나빠질 것도 없잖아요, 안 그래요?"

"그럼, 나빠질 것 없지." 미빈스 씨가 대답했다. 그리고 그의 말이 옳았다. 스맹글 씨는 나빠지기는커녕 더 나아졌는데, 이곳에 들어오게 되면서 예전에 전당포에 맡겼던 보석을 무상으로 돌려받았기 때문이다.

"음, 하지만 생각해 봐." 스맹글 씨가 말했다. "이건 목이 마르는 일이야. 따뜻한 셰리주로 입을 헹구자고, 신입이 돈을 내고, 미빈스가 사 오고, 마시는 건 내가 돕지. 아주 공정하고 신사다운 분업이지, 어때, 제길!"

픽윅 씨는 다시 말다툼을 하기 싫었기 때문에 이 제안에 기꺼이 동의하고 미빈스 씨에게 돈을 주었고, 이제 11시가 다 되었기 때문에 미빈스 씨는 당장 카페로 갔다.

"있잖아요." 친구가 방에서 나가자마자 스맹글 씨가 속삭였다. "얼마 줬습니까?"

"반 파운드요." 픽윅 씨가 말했다.

"저 녀석은 정말로 유쾌하고 신사다운 놈이죠." 스맹글 씨가 말했다. "지독하게 유쾌해요. 더 유쾌한 사람은 본 적이 없다니까요. 하지만……." 여기서 스맹글 씨가 잠깐 말을 멈추고 의심스럽다는 듯 고개를 저었다.

"돈을 가로챌 거라고 생각하는 건 아니겠지요?" 픽윅 씨가 말했다.

"아, 아니에요. 그런 말은 아니죠. 분명히 말하지만 그는 정말로 신사다운 친구예요." 스맹글 씨가 말했다. "하지만 어쩌면 저 친구가 술 주전자에 입을 빠뜨리는 실수를 하지 않는지, 또 계단을 올라오다가 돈을 잃어버리는 엄청난 실수를 하지 않는지 누

918

가 좀 내려가서 지켜보면 그것도 괜찮을 거라는 뜻이죠. 자, 계단을 내려가서 저 사람을 좀 봐주세요!"

이 요청은 자그맣고 소심해 보이고 겁이 많은 남자를 향한 것이었는데, 그의 겉모습은 그가 얼마나 가난한지 말해주고 있었다. 이 남자는 분명 자신의 너무 희한한 처지에 망연자실해서 지금까지 계속 침대 안에서 웅크리고 있었다.

"카페가 어디 있는지는 알겠죠?" 스맹글 씨가 말했다. "가서 아까 그 사람한테 술 주전자 나르는 걸 도와주러 왔다고 말해요. 아니면 잠깐, 내가 말해드리지. 어떻게 할지 말해드리죠." 스맹글 씨가 교활한 표정으로 말했다.

"어떻게요?" 픽윅 씨가 말했다.

"잔돈으로 시가를 사라고 전하는 겁니다. 아주 좋은 생각이군. 가서 그렇게 말해요, 알겠어요?" 스맹글 씨가 픽윅 씨를 향해서 말을 이었다. "담배라면 쓸모가 있죠. 제가 피울 겁니다."

이 작전은 너무나도 기발했고 게다가, 너무나도 침착한 자세로 뻔뻔하게 진행되었기 때문에 픽윅 씨는 설사 말릴 힘이 있었다 해도 말리고 싶지 않았을 것이다. 곧 미빈스 씨가 셰리주를 사서 돌아왔고 스맹글 씨가 그것을 깨진 잔 두 개에 담았다. 그는 사려 깊게도 자신을 가리켜 신사라면 이런 상황에서 까다롭게 굴면 안 된다고, 주전자 채로 마시지 못할 만큼 오만하지 않다고 말했고, 이 말이 진심임을 보여주려고 모두를 위해 건배를 하고서 단번에 반 주전자를 비웠다.

이렇게 해서 서로를 아주 잘 이해하게 되었기 때문에 스맹글 씨는 자신이 가끔 겪었던 갖가지 낭만적인 모험 이야기로 사람들을 즐겁게 해주었는데, 여기에는 둘 다 무척 아름답고 이 나라의 귀족과 신사가 모두 무척 탐냈던 순종 말과 고결한 유대인 여자에 관한 여러 가지 흥미로운 일화들도 있었다.

미빈스 씨는 신사의 전기에서 발췌한 이처럼 우아한 이야기가 끝나기 훨씬 전부터 침대에 들어가서 코를 골았기 때문에 스맹글 씨의 경험담은 소심한 남자와 픽윅 씨 둘이서 실컷 누리게 되었다.

그러나 두 사람 역시 감동적인 이야기를 들으면서 많은 깨달음을 얻은 것은 아니었다. 픽윅 씨는 한동안 잠이 들었다가, 술취한 남자가 우스운 노래를 새로 시작하자 스맹글 씨가 물 주전자를 이용해서 청중이 음악을 썩 좋아하지 않는다는 사실을 상냥하게 알려주는 것을 어렴풋이 느꼈다. 그런 다음 픽윅 씨는 스맹글 씨가 아직도 긴 이야기를 하고 있음을 혼란스럽게 의식하며 다시 한번 잠들었는데, 특정한 어느 때에 그가 어느 신사를 속이는 동시에 청구서까지 해결했다는 것이 그 이야기의 주된 내용이었다.

42장

역경은 원치 않는 사람과도 친구가 되게
한다는 오랜 속담을 보여주다,
픽윅 씨가 새뮤얼 웰러 씨에게
깜짝 놀랄 통고를 하다

다음 날 아침 픽윅 씨가 눈을 떴을 때 제일 처음 시야에 들어온 것은 새뮤얼 웰러였는데, 그는 작은 검정색 가죽 트렁크에 앉아서 깊이 생각에 잠긴 채 팔팔한 스맹글 씨의 당당한 형체를 물끄러미 보고 있었다. 이미 옷을 약간 걸친 스맹글 씨는 자기 침대에 앉아서 무척 당황하면서 웰러 씨를 빤히 바라보려는 전혀 가망 없는 시도를 열심히 하는 중이었다. 우리가 전혀 가망 없다고 말한 것은, 샘이 스맹글 씨의 모자, 발, 머리, 얼굴, 다리, 구레나룻을 동시에 응시하는 광범위한 시선으로 강한 만족감을 그대로 드러내면서, 그러나 나무 동상이나 배에서 짚이 튀어나온 가이 포크스 인형을 바라볼 때처럼 스맹글 씨 개인의 감정에 대해서는 전혀 아랑곳하지 않고 계속 바라보았기 때문이다.

"음, 다음에 만나면 나 알아보겠어요?" 스맹글 씨가 얼굴을 찌푸리며 말했다.

"어디서 보든 맹세할 수 있을 정도로 확실히요." 샘이 경쾌하게 대답했다.

"신사에게 무례하게 굴지 마시죠." 스맹글 씨가 말했다.

"절대 안 그럽니다." 샘이 대답했다. "신사가 언제 일어나는지 알려주시면 최고로 예의 바르게 굴도록 하죠!" 당신은 신사가 아니라고 빙 둘러 암시하는 이 말이 스맹글 씨의 노여움에 불을 붙였다.

"미빈스!" 스맹글 씨가 격렬하게 말했다.

"무슨 일이야?" 그가 자기 침대에서 대답했다.

"이 친구는 도대체 누구야?"

"아이고." 미빈스 씨가 이불 밑에서 게으르게 바라보며 말했다. "내가 묻고 싶은 말이야. 여기 무슨 볼일이 있는 거 아닐까?"

"아니야." 스맹글 씨가 대답했다.

"그러면 계단에서 밀어버리고 내가 곧 걷어차러 갈 테니까 그때까지 일어날 생각도 하지 말라고 해." 미빈스 씨가 대답했다. 즉흥적인 조언을 던진 다음 이 대단한 신사는 다시 잠들었다.

대화가 점차 인신공격에 가까워지고 있었기 때문에 픽윅 씨는 지금이야말로 끼어들어야 할 때라고 생각했다.

"샘." 픽윅 씨가 말했다.

"네." 그가 대답했다.

"어젯밤 이후 뭐 새로운 일이 있었나?"

"딱히 없습니다." 샘이 스맹글 씨의 구레나룻을 흘끔거리며 대답했다. "요즘 공기가 꽉 막히고 갑갑해지면서 무시무시하고 야비한 잡초가 잘 자랐지요. 그것만 빼면 아주 고요합니다."

"그만 일어나야겠군." 픽윅 씨가 말했다. "깨끗한 옷 좀 주게."

스맹글 씨가 얼마나 적대적인 생각을 하고 있었는지 모르지만 가죽 트렁크를 풀자 그의 생각은 금방 다른 곳으로 옮겨갔다. 트렁크의 내용물 때문에 그는 픽윅 씨뿐만 아니라 샘에 대해서도 더없이 우호적인 생각을 갖게 된 듯했고, 일찌감치 기회를 잡아서 저 별난 샘이 들을 수 있을 정도로 큰 목소리로 샘이야말로 순수한 혈통의 괴짜라고, 따라서 자기 마음에 딱 맞는 사람이라고 선언했다. 또 픽윅 씨에 대해서는 스맹글이 그에게 느끼는 애정은 한계를 몰랐다.

"제가 뭐 해드릴 일이 있을까요?" 스맹글 씨가 말했다.

"제가 알기로는 없군요, 고맙습니다." 픽윅 씨가 대답했다.

"세탁부한테 보낼 속옷도 없습니까? 아주 싹싹한 외부 세탁부를 아는데 일주일에 두 번 제 세탁물을 가지러 오거든요. 그런데 세상에! 정말 운이 좋지 뭡니까! 오늘이 바로 그 여자가 오는 날이네요. 그 조그만 것들을 제 것과 같이 놓을까요? 수고 같은 말은 하지도 마세요. 제기랄! 수모를 당하는 신사가 같은 처지의 다른 신사를 도우려고 조금쯤 불편함을 참지 않는다면 인간이 도대체 뭐겠습니까?"

스맹글 씨는 이렇게 말하면서 최대한 가죽 트렁크 가까이 슬금슬금 다가가서 더없이 열렬하고 사심 없는 우정 어린 표정을 빛냈다.

"털어달라고 맡길 건 없어요?" 스맹글 씨가 다시 말했다.

"누구한테도 아무것도 안 맡깁니다." 샘이 대답을 가로채 말했다. "다른 사람 귀찮게 할 것 없이 여기서 한 명이 다른 한 명을 터는 게 모두한테 더 좋을 것 같은데요. 학생이 학교 집사한테 매질 당하기 싫다고 반대하자 교장이 말한 것처럼요."

"제 작은 상자에 넣어서 세탁부에게 보낼 것도 없을까요?" 스맹글 씨가 약간 당황한 듯 샘에게서 픽윅 씨에게로 고개를 돌리며 말했다.

"아무것도 없습니다." 샘이 쏘아붙였다. "작은 상자에 당신 것만 넣어도 꽉 차겠는데요."

샘은 이렇게 말하면서 스맹글 씨 옷 중에서 신사의 속옷을 빠는 세탁부의 솜씨를 일반적으로 시험할 때 보는 부분을 무척 의미심장한 표정으로 보았기 때문에 스맹글은 얼른 돌아섰고, 적어도 당장은 픽윅 씨의 지갑과 옷을 노리는 모든 계획을 포기했다. 그는 화를 내며 라켓 운동장으로 가서 가볍고 건강에 좋은 아침 식사로 전날 밤에 산 시가 두 대를 피웠다.

미빈스 씨는 담배를 피우지 않는 데다가 잡화점의 외상 목록이 한 면을 다 채우고 뒷면까지 넘어갔기 때문에 침대에 그대로 누워서—그의 표현에 따르면—잠으로 때웠다.

픽윅 씨는 카페 옆의 작은 사실에서 아침 식사를 했는데, '아늑한 방'이라는 인상적인 이름을 가지고 있으며 적은 추가금에 비해 모든 대화를 엿들을 수 있다는 형언할 수 없는 장점을 가진 곳이었다. 그런 다음 웰러 씨에게 필요한 심부름을 시키고 앞으로 지낼 숙소에 대해서 로커 씨와 상의하려고 간수실로 갔다.

"숙소 말이죠?" 그가 커다란 책을 찾아보며 말했다. "많습니다. 당신의 합숙표는 3층 27호예요."

"아." 픽윅 씨가 말했다. "무슨 표라고요?"

"합숙표요." 로커 씨가 대답했다. "그건 아시죠?"

"모릅니다." 픽윅 씨가 미소를 지으며 대답했다.

"아주 간단해요. 당신의 합숙표는 3층 27호고, 그 방에 있는 사람들이 같은 방을 쓰는 동료입니다." 로커 씨가 말했다.

"많은가요?" 픽윅 씨가 미심쩍게 물었다.

"세 명이에요." 로커 씨가 대답했다.

픽윅 씨가 기침을 했다.

"한 명은 목사죠." 로커 씨가 작은 종이에 뭐라고 쓰면서 말했다. "한 명은 푸주한이고."

"에?" 픽윅 씨가 외쳤다.

"푸주한이요." 로커 씨가 잘 나오지 않는 펜촉을 고치려고 책상에 톡톡 치며 다시 말했다. "그 친구는 정말 철저한 녀석이었죠! 네디, 톰 마틴 기억하지?" 로커 씨가 간수실에 있던 또 다른 남자에게 말했다. 그는 날이 스물다섯 개 달린 주머니칼로 신발에 묻은 진흙을 떼어내고 있었다.

"나는 그런 것 같은데." 상대방이 인칭대명사를 무척 강조하며 대답했다.

"세상에." 로커 씨가 고개를 천천히 저으면서 어린 시절의 평화로운 광경을 사랑스럽게 떠올리는 것처럼 눈앞의 격자 창문 밖을 멍하니 내다보며 말했다. "그가 폭스 언더 더 힐[128]에서 석탄 운반부를 두들겨 팬 것이 바로 어제 일 같군. 지금도 그가 순찰꾼 두 명 사이에 끼어서, 멍이 들어 술이 약간 깬 채로 오른쪽 눈꺼풀에 식초에 적신 갈색 종이를 붙이고 스트랜드 거리를 따라 걸어오던 모습이 보이는 것 같아. 나중에 그 녀석을 꼼짝 못하게 몰아댔던 귀여운 불도그가 바로 뒤를 따라오고 있었지. 시간은 참 묘하다니까. 안 그런가, 네디?"

로커가 말을 건 상대방은 말이 없고 신중한 유형으로 그저 질문을 따라서 말할 뿐이었고, 로커 씨는 잠시 빠져들었던 시적이고 우울한 일련의 생각을 떨쳐버리고 일상적인 업무로 돌아와 펜을 다시 놀렸다.

"나머지 한 명은 누군지 압니까?" 장차 같은 방을 쓸 동료에 대한 설명이 썩 탐탁지 않았던 픽윅 씨가 물었다.

"심슨이 뭐 하는 사람이었지, 네디?" 로커 씨가 동료를 보며 말했다.

"무슨 심슨?" 네디가 말했다.

"이 사람이 들어갈 3층 27호에 심슨이라고 있잖아."

"아, 그 사람!" 네디가 대답했다. "별 볼 일 없는 녀석이야. 사기꾼 말 장수였지. 지금은 도박 사기꾼이고."

"아, 그런 것 같았어." 로커 씨가 책을 덮고 작은 종이를 픽윅

---

128 근처에 정박한 배에서 일하던 석탄 운반부들이 자주 가던 강가의 술집 이름.

씨의 손에 쥐여주며 말했다. "이게 합숙표입니다."

신병이 이렇게 간단하게 처리되자 무척 당황한 픽윅 씨는 감옥으로 돌아가면서 이제부터 어떻게 해야 할지 속으로 생각했다. 그러나 뭘 어떻게 하기 전에 같은 방을 쓸 세 사람을 직접 보고 대화를 나누는 게 좋겠다는 생각이 들어서 최대한 서둘러 3층으로 올라갔다.

픽윅 씨는 한동안 더듬더듬 걸어가면서 어둑한 불빛 속에서 문에 적힌 숫자를 해독하려고 애를 쓰다가 오전 업무로 컵을 수거하던 급사에게 물었다.

"27호가 어딥니까?" 픽윅 씨가 말했다.

"문 다섯 개 지나면 돼요." 급사가 대답했다. "방문에 파이프 담배를 피우면서 교수형을 당하는 사람이 그려져 있어요."

픽윅 씨는 급사의 안내를 따라 천천히 걸어가다가 마침내 신사의 초상을 발견했고 검지를 구부려서 신사의 얼굴을 처음에는 약하게, 그다음에는 더욱 또렷이 들리도록 두드렸다. 이 과정을 여러 번 반복했지만 아무 일도 일어나지 않았고 결국 문을 열고 안을 들여다보았다.

방에는 한 사람밖에 없었는데, 그는 떨어지지 않는 한에서 최대한 창밖으로 몸을 내밀고 저 아래 광장에 서 있는 친구의 모자 정수리에 침을 뱉으려고 끈질기게 애쓰고 있었다. 픽윅 씨는 말을 걸고, 기침을 하고, 재채기를 하고, 벽을 두드려도 보았지만 주의를 끄는 일반적인 방법 중 그 어떤 것도 남자에게 방문자의 존재를 인식시키지 못했기 때문에 잠시 기다렸다가 창가로 다가

가서 남자의 상의 뒷자락을 가볍게 잡아당겼다. 그러자 남자는 머리와 어깨를 잽싸게 창 안으로 집어넣고 픽윅 씨를 머리끝부터 발끝까지 살펴보면서 퉁명스러운 말투로 도대체 무슨 일이냐고 물었다.

"제 생각에는 여기가 3층 27호 같은데요." 픽윅 씨가 자기 표를 보면서 말했다.

"그래서요?" 남자가 대답했다.

"이 쪽지를 받고 여기 왔습니다." 픽윅 씨가 대답했다.

"줘봐요." 남자가 말했다.

픽윅 씨가 그렇게 했다.

"로커가 당신을 다른 방에 배정할 수도 있었을 텐데." 무척 불만스러운 침묵이 흐른 뒤 심슨 씨(이 사람이 바로 도박 사기꾼이었다)가 말했다.

픽윅 씨도 그렇게 생각했지만 지금 상황에서는 아무 말도 하지 않는 것이 좋겠다고 판단했다.

심슨 씨는 잠깐 생각하더니 창밖으로 고개를 내밀고 날카롭게 휘파람을 불고 나서 무슨 말을 여러 번 되풀이했다. 픽윅 씨는 알아들을 수 없었지만 마틴 씨의 별명이 분명하다고 추측했다. 저 아래 광장에 있던 수많은 남자들이, 사회에 더없이 유익한 이 계급 사람들이 낮마다 감옥 안마당 난간 너머로 매일 자신의 존재를 알리는 바로 그 어조를 흉내 내서 즉시 "푸주한"이라고 외쳤기 때문이었다.

그다음에 일어난 일은 픽윅 씨의 생각이 옳았음을 확인시켜

주었다. 몇 초 만에 나이에 비해 상스러운, 파란색 데님 작업복에 앞코가 둥근 가죽 장식 장화 차림의 남자가 숨을 헐떡거리며 들어왔고 무척 낡은 검정색 옷에 물개 모피 모자를 쓴 남자가 바로 뒤따라 들어왔기 때문이었다. 핀과 단추로 상의를 턱까지 조인 뒷사람은 얼굴이 무척 거칠거칠하고 빨간 것이 술 취한 목사처럼 보였는데 실제로 술 취한 목사였다.

두 신사가 픽윅 씨의 표를 차례로 살핀 다음 한 명은 그것이 사기라는 의견을 내놓았고 또 한 명은 야단났다는 확신을 드러냈다. 이처럼 무척 알기 쉬운 말로 자신의 감정을 드러낸 두 사람은 어색한 침묵 속에서 픽윅 씨와 서로를 번갈아 보았다.

"잠자리를 아늑하게 다 꾸며놨는데 참 짜증 나는 일이군." 목사가 더러운 매트리스 세 개를 보며 말했다. 각각 담요로 싸서 낮에는 방 한구석에 놓아 두는 매트리스는 일종의 널빤지 역할을 했기 때문에 낡고 금이 간 대야, 물병, 파란색 꽃이 그려진 흔한 노란색 도기 비누 받침대를 그 위에 올려두었다.

마틴 씨도 다소 강한 표현으로 같은 의견을 드러냈다. 심슨 씨는 나머지 사람들이 마음대로 해석하도록 아무 의미 없는 부사구만 실컷 늘어놓더니 소매를 걷어붙이고 식사에 쓸 채소를 씻기 시작했다.

그동안 픽윅 씨는 방을 둘러보았는데 음산할 정도로 더럽고 참을 수 없을 만큼 갑갑한 냄새가 났다. 깔개나 커튼, 블라인드는 흔적도 없었다. 심지어는 벽장도 없었다. 벽장이 있다 해도 그 안에 넣을 물건이 거의 없었다. 그러나 게으른 세 사람이 앉아 있거나 잠을 자는 작은 방의 바닥에 남은 빵 덩어리, 치즈 조각, 축축한 수건, 고기 부스러기, 옷가지, 동강난 도기, 주둥이 없는 풀무, 뾰족한 갈퀴가 없는 토스트용 포크가 흩어져 있으면 아무리 수가 적거나 제각각은 적은 양이라고 해도 무척 불편해 보였다.

"어떻게든 되겠지." 꽤 긴 침묵이 흐른 뒤 푸주한이 말했다. "뭘 주면 나갈래요?"

"실례합니다만," 픽윅 씨가 대답했다. "뭐라고요? 이해가 안 되는데요."

"돈을 얼마나 주면 이 방에서 나가겠냐고요." 푸주한이 말했다. "보통 방세는 2실링 6펜스요. 3실링 받을래요?"

"거기에다가 6펜스 더." 목사 같은 사람이 말했다.

"음, 난 그것도 괜찮아. 한 사람당 2펜스씩만 더 내면 되니까." 마틴 씨가 말했다. "어쩌시겠소? 일주일에 3파운드 6펜스 드리겠소. 이봐요."

"그리고 밑에서 맥주를 1갤런 사드리지." 심슨 씨가 맞장구를 쳤다. "어때요?"

"그 자리에서 맥주를 마셔요." 목사가 말했다. "지금 당장."

"저는 이곳의 규칙을 하나도 모릅니다." 픽윅 씨가 대답했다. "그래서 아직 무슨 말인지 모르겠군요. 제가 다른 방에서 지내도 되는 겁니까? 안 되는 줄 알았는데요."

그러자 마틴 씨가 정말 놀란 표정으로 두 친구를 보았고, 그런 다음 세 사람이 오른쪽 손가락으로 자기 왼쪽 어깨 너머를 가리켰다. 이 행동을 불완전하나마 말로 설명하면 '그 반대'라는 아주 미약한 표현밖에 되지 않지만,[129] 일제히 똑같은 동작을 취하는 데 익숙한 여러 명이서 이 동작을 동시에 하면 무척 우아하고 경쾌한 효과가 있었다. 이것은 가볍고 장난스러운 빈정거림을 뜻했다.

"그래도 되냐고요?" 마틴 씨가 안됐다는 듯 미소를 지으며 되풀이했다.

"음, 내가 인생에 대해서 저렇게 아무것도 몰랐다면 모자를 먹고 버클을 삼켰을 거야."[130] 목사 같은 신사가 말했다.

"나도." 내기를 좋아하는 남자가 근엄하게 덧붙였다.

이와 같은 서론이 끝나자 세 사람은 플리트 안의 돈은 바깥의 돈과 똑같다고, 무엇을 원하든 거의 전부 당장에 구할 수 있다고 알려주었다. 돈이 있고 그것을 쓰기 싫은 것만 아니라면 혼자서 쓸 방을 갖고 싶다는 말을 꺼내자마자 30분 만에 가구까지 갖춰진 방을 손에 넣을 수 있다고 했다.

그런 다음 일동은 각자 아주 흡족한 기분으로 흩어졌다. 픽윅 씨는 다시 간수실로 갔고 세 친구는 카페로 자리를 옮겨서 목사 같은 신사가 놀랄 만한 세심함과 선견지명으로 픽윅 씨에게서 빌린 5실링을 쓰기로 했다.

"그럴 줄 알았지!" 픽윅 씨가 돌아온 이유를 말하자 로커 씨가 킥킥거리며 말했다. "내가 말했지, 네디?"

---

129 '왼쪽 어깨 너머를 가리키는 것over the left shoulder'은 지금까지 했던 말이 사실이 아니거나 그 반대의 의미라는 뜻이다.

130 무척 놀랐을 것이라는 표현이다.

만능 펜나이프를 가진 철학자가 으르렁거리며 그렇다고 말했다.

"독방을 원할 줄 알았다니까요, 세상에!" 로커 씨가 대답했다. "어디 보자. 가구도 필요할 거고. 나한테 빌릴 거죠? 원래 그렇게 하거든요."

"기꺼이 그렇게 하죠." 픽윅 씨가 대답했다.

"카페와 같은 층에 아주 좋은 방이 있어요, 대법원 죄수의 소유죠." 로커 씨가 말했다. "일주일에 1파운드 정도 들 겁니다. 괜찮겠지요?"

"아주 좋습니다." 픽윅 씨가 말했다.

"같이 가시죠." 로커가 모자를 집어 들며 시원시원하게 말했다. "5분이면 끝날 겁니다. 세상에! 돈을 아낌없이 쓸 생각이라고 왜 처음부터 말 안했어요?"

간수의 말처럼 금방 끝났다. 대법원 죄수는 친구와 재산, 집, 행복을 잃고 독방을 쓸 권리를 얻을 만큼 이곳에 오래 있었다. 그러나 그는 종종 빵 한 조각도 없을 만큼 형편이 어려워 고생하고 있었으므로 방을 빌리겠다는 픽윅 씨의 제안을 열심히 들었고, 계약을 맺어 일주일에 20실링을 받고 이 방의 단독 소유권을 그에게 양도하기로 했다. 또한 이 방에 새로운 수감자가 배정되면 그 20실링 중에서 일부 금액을 주고 내보내기로 계약했다.

픽윅 씨는 거래를 마무리하면서 무척 괴로운 심정으로 대법원 죄수를 관심 있게 살펴보았다. 그는 키가 크고 수척하고 시체 같은 남자로 낡은 외투와 슬리퍼 차림에, 빰은 푹 꺼지고 눈은 초조하고 진지했다. 입술에는 핏기가 없었고 뼈는 날카롭고 가늘었다. 가엾기도 해라! 감금과 궁핍이라는 강철 이빨이 20년 동안 그를 천천히 줄질하듯 깎아냈다.

"그동안 당신은 어디서 지내십니까?" 픽윅 씨가 흔들리는 탁자에 첫 주치 임대료를 내려놓으며 말했다.

남자는 떨리는 손으로 돈을 집어 들더니 아직 모르겠다고 대답했다. 그의 침대를 어디로 옮길 수 있을지 가서 찾아봐야 했다.

"그렇다면 안됐지만 시끄럽고 사람 많은 곳에서 지내셔야겠군요." 픽윅 씨가 남자의 팔에 자기 손을 부드럽게, 동정하듯 올리며 말했다. "자, 조용한 곳이 필요하거나 친구가 찾아올 때는 이 방을 당신 방이라고 생각해 주십시오."

"친구라고요!" 남자가 그릉그릉 울리는 목소리로 끼어들었다. "제가 죽어서 못을 단단히 박고 납땜질을 한 관 속에 누워 이 세상에서 제일 깊이 묻혀서 이 감옥 토대 아래 진흙투성이의 어둡고 더러운 도랑에서 썩고 있어도 지금보다 더 무시당하고 잊히지는 않았을 겁니다. 나는 죽은 사람이에요. 이 사회에서는 죽은 사람이고, 영혼의 심판을 받는 이들에게 사람들이 보내는 동정조차도 받지 못합니다. 나를 만나러 오는 친구라고요! 세상에! 저는 한창때에 여기에 들어와서 이제 노인이 되었고, 여기서 죽는다 해도 병상에 손을 올리고 '세상을 떠난 것이 오히려 다행이야'라고 말해줄 사람 하나 없습니다."

이렇게 말하는 동안 흥분으로 인해서 그의 얼굴에 평소와 다른 빛이 비쳤지만 그가 말을 끝내자 빛도 사라졌다. 남자는 말라

빠진 양손을 허둥지둥 황급하게 꽉 쥐면서 비틀비틀 밖으로 나갔다.

"발끈하네요." 로커 씨가 미소를 지으며 말했다. "아! 이런 사람들은 코끼리랑 똑같다니까요. 가끔 감정이 살아나서 거칠어지죠!"

로커는 이렇게 동정 어린 말을 한 다음 무척 재빠르게 일을 시작했고, 곧 일주일에 27실링 6펜스라는 아주 합리적인 가격에 양탄자, 의자 여섯 개, 탁자 하나, 소파 침대, 찻주전자, 그 밖에 작고 다양한 물건이 갖춰졌다.

"자, 또 필요한 것 있습니까?" 로커 씨가 무척 흡족한 얼굴로 주변을 둘러본 다음 첫 주 대여료를 손안에 넣고 신나게 짤랑거리며 물었다.

"아, 네." 잠시 깊은 생각에 잠겼던 픽윅 씨가 말했다. "여기 심부름을 해주는 사람이 있습니까?"

"바깥으로 말입니까?" 로커 씨가 물었다.

"네, 바깥으로 나갈 수 있는 사람 말입니다. 수감자 말고요."

"네, 있습니다." 로커가 말했다. "빈민동에 친구가 수감 중인 불쌍한 사람이 하나 있는데, 그런 일이라면 뭐든지 하죠. 지난 두 달 동안 여러 가지 자잘한 일을 하고 있죠. 그 사람을 불러드릴까요?"

"괜찮으시다면요." 픽윅 씨가 대답했다. "잠깐, 아닙니다. 빈민동이라고 하셨지요. 한번 보고 싶군요. 제가 직접 가겠습니다."

채무자 감옥의 빈민동은―그 이름이 알려주듯이―가장 불

934

행하고 비참한 계층의 채무자들이 지내는 곳이다. 빈민동에 배정된 수감자는 임대료나 방값을 내지 않는다. 감옥에 들어오거나 나갈 때의 비용도 삭감되고, 얼마 안 되는 식량을 받을 자격도 주어진다. 이러한 식량을 지원하기 위해서 몇몇 인정 많은 사람들이 가끔 유언장에 얼마 안 되는 유산을 남겼다. 우리의 독자 대부분은 몇 년 전까지만 해도 플리트 감옥 담장에 일종의 철창 우리가 있어서 배고파 보이는 사람들이 가끔 그 안에서 돈 통을 짤랑거리며 구슬픈 목소리로 "가난한 채무자를 기억해 주세요"라고 외치던 모습을 기억할 것이다. 바로 이 돈 통을 가난한 수감자들이 나누어 가졌고, 빈민동에서 지내는 사람들은 이 모멸적인 일을 교대로 했다.

이제 그 관습은 폐지되고 철창 우리는 널빤지로 막혔지만 불행한 사람들의 비참하고 황폐한 상황은 그대로였다. 그들은 이제 더 이상 감옥 대문에서 지나가는 사람들에게 자비와 동정을 호소할 수 없다. 그러나 건강한 중죄인에게는 음식과 옷을 지급하고 돈 한 푼 없는 채무자는 헐벗음과 굶주림으로 죽어가도록 놔두는 것이 정당하고 건전하다고 말하는 법률은 우리의 법전에서 지워지지 않았으며, 이는 분명 두고두고 감탄과 존경을 살 것이다. 이것은 허구가 아니다. 영국의 모든 채무자 감옥에는 동료 수감자들이 도와주지 않으면 느릿느릿한 가난의 고통 속에서 결국 목숨을 잃을 사람들이 존재하고 매주 그런 일이 일어난다.

픽윅 씨는 로커 씨가 데려다준 좁은 계단을 오르며 마음속으로 이런 생각을 하다가 분노가 치밀어 오르는 지경에 이르렀다.

그는 이 문제를 생각하다가 너무 흥분한 나머지 자신이 무슨 목적으로 어디에 왔는지 제대로 생각하지도 못한 채 로커 씨가 가르쳐준 문으로 불쑥 들어갔다.

픽윅 씨는 방의 전체적인 광경을 보자마자 정신이 들었지만, 칙칙한 불가에서 골똘히 생각에 잠긴 남자를 보자마자 쓰고 있던 모자를 떨어뜨리고 너무나 놀라서 꼼짝도 없이 가만히 서 있었다.

그랬다, 남자의 옷은 누더기였고 상의는 없었다. 그가 평소에 입던 캘리코 셔츠는 누런 넝마조각이 되었다. 머리카락이 얼굴 위로 흘러내렸고, 얼굴은 고난으로 인해 변하고 굶주림으로 인해 수척해졌다. 바로 거기에 앨프리드 징글 씨가 앉아 있었다. 손은 머리를 받치고 있었고, 눈은 불에 고정되어 있었으며, 전체적인 모습은 불행과 낙담을 드러내고 있었다!

그의 곁에서 힘없이 벽에 기대어 선 건장한 체격의 시골 남자는 낡은 사냥 채찍으로 오른발에 신은 가죽 장식 장화를 가볍게 치고 있었는데, 왼발은 낡은 슬리퍼를 신고 있었다. 말과 개, 술이 이 남자를 순식간에 이곳으로 데려왔다. 한 짝밖에 없는 장화에는 녹슨 박차가 달려 있었고, 그는 가끔 박차로 허공을 찌르는 동시에 발을 휙 날리면서 사냥꾼이 말들에게 기운을 북돋을 때 내는 소리를 중얼거렸다. 바로 이 순간 그는 상상 속에서 말을 타고 장애물 경주를 필사적으로 달리고 있었다. 불쌍한 사람! 그가 값비싼 종마를 타고 경주에 나갔을 때의 속도는 결국 플리트 감옥에서 끝나는 코스를 무턱대고 달리던 속도의 절반에도 미치지 못했다.

반대쪽에서는 나이 많은 남자가 더없이 심오하고 절망적인 표정으로 작은 나무 상자에 앉아서 바닥을 빤히 바라보고 있었다. 어린 소녀—그의 손녀—가 주변을 빙빙 돌면서 어린애다운 갖가지 방법으로 그의 주의를 끌려고 애썼지만 노인은 소녀를 보지도 않았고 그 목소리를 듣지도 않았다. 그에게는 음악과도 같았던 목소리와 빛과도 같았던 눈빛이 이제는 그의 감각을 일깨우지 못했다. 남자는 병 때문에 사지를 덜덜 떨었고 마음마저 마비되고 말았다.

이들 외에도 두세 명의 남자들이 자기들끼리 모여서 시끄럽게 떠드는 중이었다. 수척하고 여윈 여자—수감자의 아내—는 무척 근심 어린 표정으로 말라비틀어져 시든 식물의 비참한 그루터기에 물을 주고 있었는데, 딱 봐도 두 번 다시 초록 잎을 틔우지 못할 것이 뻔했다. 이것은 그녀의 미래가 어떻게 될지 너무나도 잘 보여주는 상징일지도 몰랐다.

픽윅 씨가 크게 놀라며 주변을 둘러보았을 때 시야에 들어온 것은 바로 이러한 광경이었다. 누가 방으로 급히 들어오는 소리에 픽윅 씨가 정신을 차렸다. 문 쪽으로 시선을 돌리니 새로 들어온 사람이 보였는데, 누더기 차림에 더럽고 비참한 모습이었지만 픽윅 씨는 잠 트로터 씨의 익숙한 용모를 알아보았다.

"픽윅 씨!" 잠이 크게 소리쳤다.

"뭐?" 징글이 자리에서 일어나며 말했다.

"픽윅 씨! 과연 그렇군—이상한 곳이야—묘한 일이군—나한테는 자업자득이지 — 정말로." 징글 씨는 이렇게 말하며 원래 바지 주머니가 있던 곳에 손을 찔러 넣고 턱을 가슴께로 떨어뜨린 다음 자리에 다시 앉았다.

픽윅 씨는 마음이 크게 흔들렸다. 두 남자는 너무나 불행해 보였다. 잡이 가지고 온 작고 익히지 않은 양고기 조각에 무의식적으로 날카롭게 향하는 징글의 시선을 보니 이들이 얼마나 전락했는지 두 시간 동안 설명을 들은 것보다 더 확실히 알 수 있었다. 픽윅 씨가 징글을 온화하게 바라보며 말했다.

"단둘이 이야기하고 싶군. 잠시 나오겠나?"

"그럼요." 징글이 얼른 일어나며 말했다. "멀리는 못 갑니다 — 여기서는 너무 많이 걸을 염려가 없죠 — 스파이크 공원 — 구내는 산뜻하죠 — 낭만적이지만 크지는 않아요 — 일반 사람도 들어올 수 있고 — 가족들도 다 있어요 — 관리인이 아주 조심성이 많죠 — 정말로."

"자네, 상의를 잊었군." 두 사람이 계단으로 나와서 문을 닫았을 때 픽윅 씨가 말했다.

"없어졌습니다 — 소중한 친척, 톰 삼촌[131] — 어쩔 수 없었어요 — 먹어야 하니까요 — 자연의 요구예요 — 그런 거죠."

"무슨 뜻인가?"

"없어졌습니다 — 마지막 상의였죠 — 어쩔 수 없어요 — 장화

---

131 '없어졌습니다spout'에는 전당포에서 물건을 창고로 옮기는 승강기라는 뜻이 있고, '삼촌uncle'은 전당포 주인이라는 뜻이 있으므로 전당포에 맡겼다는 말이지만 징글 씨 특유의 화법 때문에 픽윅 씨가 알아듣지 못하고 있다.

한 켤레로 살았지요—2주 내내요—상아 손잡이가 달린 비단 양산으로는 일주일을 버텼죠—사실입니다. 명예를 걸고요. 잡에게 물어보세요—잡이 알아요."

"장화 한 켤레와 상아 손잡이 달린 비단 양산을 먹으면서 3주를 버텼다는 건가?" 픽윅 씨가 외쳤다. 이런 이야기는 난파 사건이나 《콘스터블의 잡다한 이야기》[132]에나 나오는 것이었다.

"그렇습니다." 징글이 고개를 끄덕이며 말했다. "전당포에 맡겼죠—이게 전당표예요—적은 금액이죠. 얼마 안 돼요. 다들 악당이에요."

"알겠네. 옷을 전당포에 맡겼군." 픽윅 씨가 이 설명을 듣고 크게 마음을 놓으며 말했다.

"전부요—잡도 마찬가지죠—셔츠는 다 맡겼어요—신경 쓰지 마세요—안 빨아도 되잖아요—빨리 끝나지는 않을 겁니다—몸져눕겠죠—굶주림—죽음—검시—자그마한 납골당—가난한 수감자—필수품—모두 입을 다물겠죠. 배심원들—교도관이 뒤를 봐주는 상인—감출 겁니다—자연사—검시관이 명령을 내리고—빈민 수용 시설에서의 장례식—자업자득이죠. 전부 끝났어요. 막이 내리죠."

징글은 독특한 말투로 자신의 전망을 요약하며 미소를 짓는 척 얼굴을 다양하게 움찔거렸다. 픽윅 씨는 그가 무모한 척하는 것뿐임을 쉽게 간파했고, 그의 얼굴을 똑바로, 그러나 불친절하

---

132 아치볼드 콘스터블의 시리즈물로, 유명한 난파 사건이나 탈옥 사건을 다루었다.

지는 않은 시선으로 바라보면서 눈이 눈물로 촉촉하게 젖은 것을 알아차렸다.

"좋은 친구예요." 징글이 손을 꼭 누르고 고개를 돌리며 말했다. "저는 은혜도 모르는 개예요—우는 건 유치하죠—어쩔 수 없어요—열병이 심해서—몸이 약해요. 아파요—배가 고파요—당해도 싸지요—하지만 고생을 많이 했습니다—정말로."

이제 더 이상 아닌 척할 수도 없었고 어쩌면 애를 쓰느라 몸이 더 안 좋아졌기 때문에, 풀죽은 순회공연자는 계단에 앉아서 양손으로 얼굴을 가리고 아이처럼 울었다.

"자, 자." 픽윅 씨가 감정에 휩쓸리며 말했다. "일단 상황을 다 파악한 다음에 같이 무엇을 할 수 있을지 알아보세. 잡은 어디 있나?"

"여기 있습니다." 잡이 계단에 모습을 드러내며 대답했다. 우리는 앞서 그가 잘 지낼 때에도 눈이 푹 꺼졌다고 묘사한 바 있다. 이제 상황이 궁핍하고 힘들어지자 이목구비가 아예 어디론가 가버린 듯했다.

"여기 있습니다." 잡이 말했다.

"이리 오게." 픽윅 씨가 커다란 눈물 네 방울을 조끼로 뚝뚝 떨어뜨리면서, 매서운 표정을 지으려고 애쓰며 말했다. "이걸 받게."

무엇을 받으라는 것일까? 보통 이런 말을 하는 것은 한 대 날릴 때였다. 세상이 돌아가는 이치에 따르면 그것은 진심이 실린, 제대로 된 한 방이어야 했다. 픽윅 씨를 속이고 농락하고 중상했던 악당이 이제 곤궁한 추방자가 되어 완전히 그의 손아귀에 들어왔기 때문이다. 우리가 진실을 말해야 할까? 그것은 바로 픽윅 씨의 조끼에서 나왔고, 잡의 손에 짤랑거리며 떨어졌다. 그것을 주고 나자 서둘러 멀어지는 우리 탁월한 친구는 눈이 반짝이고 마음이 부풀어 올랐다.

픽윅 씨가 방으로 돌아가 보니 샘이 벌써 와서 더없이 엄격하면서도 만족스러운 분위기로 픽윅 씨가 편안히 지낼 수 있도록 준비된 방을 살피고 있었다. 픽윅 씨는 샘의 모습을 보니 무척 기분이 좋았다. 웰러 씨는 주인이 여기에 들어오는 것을 단호히 반대했으므로 어떤 행동이나 말, 암시, 제안에든 너무 기뻐하는 것처럼 보이지 않는 것이 중요한 도덕적 의무라고 여기는 듯했다.

"음, 샘." 픽윅 씨가 말했다.

"네." 웰러 씨가 대답했다.

"이제 꽤 안락하지?"

"꽤 괜찮네요." 샘이 깔보듯이 주변을 둘러보며 대답했다.

"터프먼 씨와 친구들은 만났는가?"

"네, 만났습니다. 내일 오신답니다. 그리고 오늘은 오지 말라는 말에 무척 놀라셨습니다." 샘이 대답했다.

"내가 말한 것들은 가지고 왔나?"

웰러 씨가 대답 대신 방구석에 최대한 깔끔하게 정리해 놓은 여러 가지 꾸러미를 가리켰다.

"잘했네." 픽윅 씨가 약간 주저하다가 말했다. "내 말을 잘 들게, 샘."

"물론이지요." 웰러 씨가 대답했다. "말씀하세요."

"나는 처음부터 그런 느낌이 들었네." 픽윅 씨가 무척 위엄 있게 입을 열었다. "여기는 젊은이를 데려올 곳이 아니라고 말이야."

"늙은이를 데려올 곳도 아니지요." 웰러 씨가 말했다.

"그 말이 맞아." 픽윅 씨가 말했다. "하지만 노인이 여기에 들어오는 것은 자신의 경솔함과 부주의 때문이고, 젊은이가 여기 들어오는 것은 자기가 모시는 사람의 이기심 때문이지. 어느 모로 보나 젊은이들은 여기 남지 않는 게 좋아. 내 말 알아듣겠나?"

"아니요, 모르겠습니다." 웰러 씨가 고집스럽게 대답했다.

"알아들으려고 애써보게." 픽윅 씨가 말했다.

"글쎄요." 샘이 잠시 후 말했다. "무슨 뜻이신지 알 것 같습니다. 그리고 만약 제가 생각하는 뜻이 맞다면 지나친 호들갑이라고 생각해요. 눈보라가 닥치자 우편 마차 마부가 눈보라한테 했던 말처럼요."

"내 말을 알아들었군, 샘." 픽윅 씨가 말했다. "나는 자네가 앞으로 몇 년 동안 이런 곳에서 빈둥거리지 않기를 바라지만, 또한 그것과는 별개로 플리트 감옥의 수감자가 하인의 시중을 받는 것은 말도 안 된다고 생각하네." 픽윅 씨가 말했다. "당분간 자네는 나를 떠나야 해."

"아, 당분간이군요?" 웰러 씨가 비꼬듯이 말했다.

"그래, 내가 여기서 지내는 동안." 픽윅 씨가 말했다. "급료는 계속 지급할 걸세. 나의 세 친구라면 나에 대한 존경심 때문이라도 자네를 기꺼이 받아줄 거야. 그리고 내가 여기서 나가면 말일세, 샘." 픽윅 씨가 짐짓 경쾌하게 덧붙였다. "그렇게 되면 자네를 즉시 다시 부르겠다고 맹세하네."

"제가 한 말씀 드릴까요?" 웰러 씨가 진지하고 엄숙한 목소리로 말했다. "그런 식으로 나오셔도 아무 소용없어요. 그러니까 그런 말은 안 들을 거예요."

"난 진지하네. 결심했어." 픽윅 씨가 말했다.

"그렇군요. 정말이죠?" 웰러 씨가 확고하게 물었다. "좋습니다. 그럼 저도 그렇게 하지요."

웰러 씨가 이렇게 말하더니 머리에 모자를 아주 세심하게 쓴 다음 불쑥 나가버렸다.

"샘." 픽윅 씨가 그를 불렀다. "샘, 이리 오게."

그러나 긴 복도에 더 이상 발소리가 울리지 않았다. 샘 웰러는 가버렸다.

43장

새뮤얼 웰러 씨가 곤경에 처하다

링컨스인 필즈의 포르투갈 스트리트에 위치한, 조명이 좋지 않고 통풍은 더욱 좋지 않은 높다란 방에는 상황에 따라서 가발 쓴 신사 한 명, 두 명, 세 명, 또는 네 명이 작은 책상을 앞에 놓고 1년 내내 앉아 있는데, 영국 판사들이 쓰는 것과 똑같이 니스를 바르지 않은 책상이다. 오른쪽에는 법정 변호사 좌석이, 왼쪽에는 지불 불능 채무자 자리가 있고, 정면의 사면에는 특히 지저분한 얼굴들이 늘어서 있다. 가발 쓴 신사들은 파산 법정의 사무관들이고 그들이 앉아 있는 곳은 바로 파산 법정이다.

아득한 옛날부터 지극히 가난하면서 허세를 부리는 모든 런던 사람들에게 만장일치로 만남의 장소이자 매일의 피난처로 여겨지는 것이 파산 법정의 진기한 운명이었고, 지금도 역시 그렇다. 파산 법정은 항상 만원이다. 맥주와 독주의 증기가 끊임없이 천장으로 올라갔다가 열기에 응축되어 비처럼 벽을 타고 흘러내린다. 이곳에서 한 번에 모이는 낡은 옷은 12개월 동안 하운즈디치[133] 전체에 상품으로 나오는 옷보다도 많고, 씻지 않은 피부와 반백의 수염은 해가 뜰 때부터 해가 질 때까지 타이번과 화이트채플 사이의 모든 펌프와 면도 가게에 모이는 것보다 훨씬 더 많다.

그 사람들이 지칠 줄 모르고 찾아오는 이곳에 아주 약간이라도 볼일이 있다거나 이곳과 조금이라도 관계가 있다고 생각해서는 안 된다. 그렇다면 놀랄 일도 아닐 것이고, 그 사실이 더 이상 특이하지도 않을 것이다. 이들 중 일부는 앉아 있는 거의 내내 잠을 자고, 또 일부는 손수건으로 싸거나 낡은 주머니에서 비어져 나온 간단한 도시락을 가지고 다니면서 재판 방청과 우적우적 먹는 것에 똑같은 관심을 기울인다. 그러나 이들 가운데서 재판 중인 사건과 약간이라도 개인적인 관계가 있는 사람은 없다. 그들은 무슨 일을 하든 처음부터 끝까지 자리를 지킨다. 비가 심하게 내리는 날에는 폭삭 젖어서 들어오는데, 그럴 때면 법정의 수증기는 버섯을 키우는 균 재배소의 수증기나 마찬가지이다.

우연히 들른 사람은 이곳이 더러움의 수호신에게 바쳐진 신전이라고 생각할 것이다. 법정에 소속된 전령이나 영장 송달관 중에서 자기에게 맞게 만들어진 상의를 입은 사람은 하나도 없다.

---

133 런던의 동쪽 지역으로, 19세기에는 중고 의류 가게들로 유명했다.

건물 전체에서 백발과 사과 같은 얼굴을 가진 키 작은 관리 한 명만 빼면 그럭저럭 생기 있거나 건강해 보이는 사람도 하나 없다. 이 관리조차도 브랜디에 절인 상태 나쁜 체리처럼 인공적으로 말려서 보관한 것처럼 보이는데, 그 역시 이 말에 항의할 수 없을 것이다. 법정 변호사의 가발조차 가루가 제대로 뿌려져 있지 않고 충분히 곱슬거리지 않는다.

그러나 누가 뭐래도 사무관들 자리 아래 크고 아무것도 없는 책상 앞에 앉은 변호사들이 제일 진기하다. 이들 중에서 돈이 좀 있는 자들의 직업적 도구는 파란 가방과 소년인데, 소년은 보통 유대교도이다. 이 사람들은 정해진 사무실이 없고 이들의 법률 사업은 선술집이나 감옥 마당에서 이뤄지는데, 그곳에 떼 지어 모여서 합승 마차 차장처럼 고객을 모집하고 다닌다. 이들의 외모는 기름이 번들거리고 흰곰팡이가 핀 듯하고, 이들에게 나쁜 버릇이 있다면 아마 음주와 속임수가 가장 눈에 띌 것이다. 이 사람들은 보통 룰즈[134] 외곽에, 세인트 조지 필즈 오벨리스크의 반경 1마일 이내에 산다. 이들의 겉모습은 매력적이지 않고 태도는 독특하다.

이 유식한 변호사들 중 하나인 솔로몬 펠은 뚱뚱하고 살이 늘어지고 창백한 남자로, 초록색으로 보였다가 갈색으로 보였다가 하는 프록코트에, 마찬가지로 카멜레온 같은 벨벳 칼라를 하고 있었다. 이마는 좁고 얼굴은 넓적했으며 머리는 크고 코는 한

---

134 플리트 감옥과 킹스벤치 감옥 등 일부 감옥 주변 지역으로, 보증인을 세운 죄수는 이 지역에서 살 수 있다.

쪽으로 치우쳐 있었는데, 마치 그가 태어났을 때 창조주가 그의 성격을 보고 너무 화가 나서 코를 꼬집은 이후 원래대로 돌아오지 않은 것 같았다. 그러나 그는 목이 짧고 천식이 있었기 때문에 주로 코를 통해서 숨을 쉬었다. 그러니 어쩌면 장식으로써 모자란 점을 그 기능이 채우는 것일지도 몰랐다.

"제가 확실히 빼낼 겁니다." 펠 씨가 말했다.

"정말이오?" 장담을 받은 남자가 대꾸했다.

"물론이지요." 펠이 대답했다. "하지만 그 사람이 이미 어중간한 변호사를 찾아갔다면 저는 그 결과를 책임 못 졌을 겁니다."

"아!" 상대방이 입을 벌리고 말했다.

"네, 그랬을 거예요." 펠 씨가 말했다. 그는 입술을 꾹 다물고 얼굴을 찌푸리고 수수께끼처럼 고개를 저었다.

이 대화가 오간 곳은 파산 법정 바로 맞은편의 선술집이었고, 이 대화를 하는 사람은 다름 아닌 샘의 아버지 웰러 씨였다. 그는 친구를 위로하러 왔는데, 법령에 따라 방면해 달라는 친구의 탄원을 이날 심리하게 되어 있었고 바로 그 친구의 변호사와 상담 중이었다.

"조지는 어디 있지요?" 노신사가 물었다.

펠 씨가 고갯짓으로 뒷방을 가리키자 웰러 씨는 곧장 그쪽으로 갔고, 그와 같은 직업을 가진 동료 대여섯 명이 무척 기뻐하며 따뜻하고 반갑게 그를 맞이했다. 파산한 신사는 장거리 역마차에 말을 붙이는 것을 투기적이고 무분별하게 좋아해서 현재와 같은 곤경에 처했지만 지금은 더없이 좋아 보였고 새우와 포터 맥주로 흥분을 달래고 있었다.

웰러 씨와 친구들은 오른쪽 손목을 젖히는 동시에 새끼손가락을 펴는 마부들끼리의 독특한 인사법으로 인사를 나누었다. 우리는 한때 유명한 쌍둥이 마부(불쌍한 이 친구들은 지금 세상을 떠나고 없다)를 알았는데, 두 사람은 서로 자연스럽고 헌신적인 애정을 나누었다. 그들은 24년 동안 매일 도버 도로에서 서로 지나치면서 항상 이 간단한 인사만 나누었다. 그런데도 한 명이 죽자 다른 한 명이 수척해지더니 곧 뒤따라 세상을 떠났다!

"어이, 조지. 나 왔네." 아버지 웰러 씨가 상의를 벗고 늘 그렇듯 묵직하게 자리에 앉으며 말했다. "좀 어때? 뒤는 괜찮고 안은 가득 찼나?"

"괜찮네, 친구." 곤경에 처한 신사가 대답했다.

"회색 암말은 이미 누군가한테 넘어갔고?" 웰러 씨가 걱정스럽게 물었다.

조지가 그렇다는 뜻으로 고개를 끄덕였다.

"잘됐군." 웰러 씨가 말했다. "마차를 돌봐줄 사람도 있겠지?"

"안전한 곳에 맡겼네." 조지가 새우 여섯 마리의 머리를 비틀어 떼고서 그대로 꿀꺽 삼키면서 대답했다.

"잘됐군, 잘됐어." 웰러 씨가 말했다. "내리막길을 내려갈 때는 장애물을 잘 봐야 하는 법이지. 승객 명부는 잘 정리해서 넘겼나?"

"일정표 말이군요." 펠이 웰러 씨의 말뜻을 짐작하며 말했다. "일정표는 아주 확실하고 충분합니다."

웰러 씨는 고개를 끄덕여 이 상황에 대한 흡족함을 표현했다.
그런 다음 친구 조지를 가리키며 펠 씨에게 말했다.

"천은 언제 벗깁니까?"[135]

"명단에 세 번째로 올라 있는데, 30분쯤 뒤에 차례가 올 것 같습니다. 서기한테 때가 되면 알려달라고 해뒀지요." 펠 씨가 대답했다.

웰러 씨는 무척 감탄하며 변호사를 머리끝부터 발끝까지 찬찬히 살핀 다음 강한 어조로 말했다.

"뭘로 하시겠소?"

"이런, 정말이지." 펠 씨가 대답했다. "당신은 정말로…… 제 명예를 걸고 분명히 말씀드리지만 저는 그런 습관은, 너무 이른 아침이고 사실 저는 거의…… 음, 럼 3페니어치 가져다줘요."

일 잘하는 여급이 주문을 받기도 전에 미리 예상하고 있다가 펠 씨 앞에 술잔을 놓고 물러갔다.

"여러분." 펠 씨가 주변 사람들을 둘러보며 말했다. "여러분 친구의 성공을 위해서 건배합시다. 제 자랑을 하고 싶지는 않습니다. 저는 그런 사람이 아니거든요. 하지만 이 말은 하지 않을 수가 없네요. 만약 여러분의 친구분께서 운 좋게도 저의…… 아니, 그 이상은 말하지 않겠습니다. 여러분을 위해 봉사하겠습니다." 펠 씨가 순식간에 잔을 비우고 입을 쩝쩝거리더니 모여 있는 마부들을 만족스럽게 둘러보았는데 그들은 분명 그를 신처럼 보

---

135 말을 출발시킬 때 덮어놓았던 천을 벗기는 것에 빗댄 표현으로, 언제 법정에 출석하나는 뜻이다.

고 있었다.

"가만 봅시다." 법률의 권위자가 말했다. "제가 무슨 말을 하던 중이었지요, 여러분?"

"동종 업계의 다른 사람도 괜찮다고 말하는 중이었던 것 같은 데요." 웰러 씨가 진지한 얼굴로 농담을 했다.

"하하!" 펠 씨가 웃었다. "나쁘지 않네요, 나쁘지 않아. 역시 전문가니까요! 이런 아침 시간에는 너무나…… 네, 저는 잘 모르겠네요. 괜찮으시면 한 번 더 하셔도 좋습니다. 에헴!"

마지막으로 낸 소리는 장엄하고 엄숙한 기침이었다. 펠 씨는 자기 이야기를 듣는 사람들 중에서 품위 없게도 웃음을 터뜨리려는 사람들이 몇몇 있음을 알아차리고 기침을 해야겠다고 생각했다.

"여러분, 고인이 되신 대법관님은 저를 아주 아끼셨습니다." 펠 씨가 말했다.

"아주 존경할 만한 분이셨군요." 웰러 씨가 끼어들었다.

"맞아, 맞아." 펠 씨의 의뢰인이 동의했다. "왜 안 아꼈겠어?"

"아, 정말 그렇지!" 얼굴이 무척 빨간 남자가 말했는데 그는 지금까지 아무 말도 하지 않았고, 앞으로도 더 이상 아무 말도 하지 않을 것 같았다. "왜 안 아꼈겠어?"

사람들이 중얼중얼 동의를 표했다.

"여러분, 저는 잘 기억하고 있습니다." 펠 씨가 말했다. "한번은 대법관님과 같이 식사를 했지요. 우리 둘밖에 없었지만 손님이 스무 명은 되는 것처럼 아주 화려했습니다. 대법관님 오른쪽의 탁자에는 커다란 인장이 놓여 있고, 주머니 가발[136]에 갑옷, 실크 스타킹 차림의 남자가 칼을 뽑은 채 대법관의 권위를 상징하는 봉을 지키고 있었지요. 그걸 밤이고 낮이고 끊임없이 지키는 거예요. 그때 대법관님이 제게 말씀하셨지요. '펠, 입에 발린 칭찬이 아니라네. 자네는 재능이 뛰어난 남자야. 파산 법정에서 누구든 빼낼 수 있지. 영국은 자네를 자랑스러워해야 돼.' 바로 이렇게 말씀하셨습니다. 그래서 제가 말했지요. '대법관님, 과찬이십니다.' 대법관님이 말씀하셨어요. '펠, 사실이 아니라면 내가 유죄를 받아도 좋네.'"

"진짜 그렇게 말했습니까?" 웰러 씨가 물었다.

"그랬습니다." 펠이 대답했다.

"음, 그러면 의회가 잡아갔어야지." 웰러 씨가 말했다. "그 사람이 가난했다면 잡아갔을 텐데."

"하지만 말입니다." 펠 씨가 반론했다. "그건 우리끼리 이야기였습니다."

"뭐라고요?" 웰러 씨가 말했다.

"비밀이었다고요."

"아! 그렇군요." 웰러 씨가 잠시 생각한 뒤 대답했다. "그렇다면 얘기가 달라지죠."

"당연합니다. 당연히 아시겠지만, 차이가 명확하지요." 펠 씨가 말했다.

---

136 18세기에 남성들이 치장할 때 썼던 가발로, 가발의 꼬리 부분을 새틴이나 실크 주머니에 집어넣고 나비매듭으로 묶어서 이런 이름이 붙었다.

"완전히 달라지는군요." 웰러 씨가 말했다. "계속하시죠."

"아니요, 계속하지 않겠습니다." 펠 씨가 낮고 진지한 목소리로 말했다. "사적인 대화였다는 사실을 일깨워주셨으니까요. 사적인 대화였고 비밀이었지요. 여러분, 저는 전문가입니다. 제가제 분야에서 크게 존경받을 수도 있고, 그렇지 않을 수도 있습니다. 대부분의 사람들은 알지요. 그러나 저는 아무 말도 하지 않겠습니다. 이미 이 방에서 판단이 이루어졌습니다. 그 과정에서저의 고귀한 친구에게 약간의 폐를 끼치게 되었지만요. 용서해주십시오, 여러분. 제가 경솔했습니다. 대법관님의 동의가 없는한 제가 그 일을 언급할 권리가 없다는 생각이 드는군요. 감사합니다, 감사합니다." 펠 씨는 이렇게 말하며 주머니에 양손을 찔러넣고 얼굴을 험상궂게 찌푸리더니 무척 비장하게 1페니 반짜리동전을 꺼냈다.

이 고결한 결단이 채 끝나기도 전에 떼어놓을 수 없는 동반자인 소년과 파란 가방이 거칠게 돌진하여 들어와서 말하기를(적어도 소년은 말을 했고, 파란 가방은 소식을 알리는 데 아무 역할도 하지 않았다) 곧 재판이 시작한다고 했다. 일행은 이 소식을 듣자마자 서둘러 길을 건넜고, 법정으로 들어가려고 몸싸움을 벌였다. 이것은 법정에 들어가기 위한 예비 의식으로 보통의경우 30분 정도로 예상되었다.

웰러 씨는 뚱뚱했기 때문에 어디든 자신한테 맞는 자리에 도착하기를 간절히 바라면서 사람들 사이로 몸을 던졌다. 그러나기대했던 성공을 거두지는 못했다. 그는 깜빡 잊고 모자를 벗지 않았는데, 보이지 않는 누군가의 발가락을 실수로 상당히 세게 밟았더니 그 사람이 웰러 씨의 모자를 눈까지 푹 눌러 씌웠던 것이다. 상대방은 자신의 성급함을 바로 후회하는 듯했고 깜짝 놀라 불분명한 비명을 웅얼거리더니 웰러 씨를 복도로 끌고 나가서 격렬하게 애를 쓴 끝에 모자를 벗겨 머리와 얼굴을 드러나게 해주었다.

"새뮤얼!" 웰러 씨가 자신을 구해준 사람을 보고 외쳤다.

샘이 고개를 끄덕였다.

"정말 착하고 애정이 넘치는 아들이구나, 안 그러냐?" 웰러 씨가 말했다. "여기까지 일부러 찾아와서 늙은 아버지의 모자를 눌러 씌우다니 말이다."

"누군지 제가 어떻게 알았겠어요?" 아들이 대답했다. "발 무게만 가지고 아버지인 줄 알았겠어요?"

"그건 그렇구나, 새미." 웰러 씨가 바로 누그러져서 대답했다. "그런데 여기서 뭘 하고 있는 거냐? 네 주인은 여기 와봤자 아무 소용 없어. 평결을 통과시키지 않을 거야, 통과시키지 않을 거라고." 웰러 씨가 법률에 입각하여 엄숙하게 고개를 저었다.

"아버지는 진짜 심술궂고 비뚤어진 노인이에요!" 샘이 외쳤다. "맨날 평결이니 알리바이니 그런 말만 하고. 평결에 대해서 누가 뭐래요?"

웰러 씨는 아무 대답도 하지 않았지만 모든 것을 다 안다는 듯 다시 한번 고개를 저었다.

"머리 좀 그만 흔들어요, 그러다 떨어져 나가겠네." 샘이 안절

부절 못하며 말했다. "이성적으로 좀 구세요. 저는 어젯밤에 아버지를 찾아서 마키스 오브 그랜비까지 갔다고요."

"그랜비 후작 부인을 만났냐, 새미?" 웰러 씨가 한숨을 쉬며 물었다.

"네, 만났어요." 샘이 대답했다.

"그 사랑스러운 여자가 어때 보이던?"

"아주 이상했어요." 샘이 말했다. "파인애플 럼이나 뭐 그런 독한 술을 퍼마시면서 몸을 서서히 망가뜨리고 있는 것 같아요."

"진심은 아니겠지, 새미?" 아버지가 진지하게 말했다.

"사실 진심이에요." 아들이 대답했다.

웰러 씨는 아들의 손을 잡고 꼭 쥐었다가 놓았는데, 그때 그의 얼굴에 드러난 표정은 경악이나 걱정이 아니라 기분 좋고 온화한 희망에 더 가까웠다. 그런 다음 이렇게 천천히 말할 때는 그의 얼굴에 받아들이겠다는 기색이, 심지어는 유쾌한 기색이 스쳤다. "잘 모르겠구나, 새미. 나중에 실망할지도 모르니까 확실하다고 말하고 싶지는 않지만 아들아, 내 생각에는 목자의 간이 안 좋은 것 같다!"

"상태가 나빠 보여요?" 샘이 물었다.

"안색이 이상하게 창백해." 아버지가 대답했다. "코만 빼고, 코는 예전보다 더 빨갛지. 식욕은 그저 그렇지만 술은 엄청나게 마시더라."

웰러 씨는 이렇게 말하다가 목자에 대한 생각이 불쑥 떠올랐는지 우울하고 생각에 잠긴 표정을 지었지만 금방 기운을 되찾

왔다. 특히 기쁠 때 늘 그러듯이 눈을 계속 깜빡이는 것을 보면
알 수 있었다.

"자, 이제 제 얘기를 할게요." 샘이 말했다. "귀를 잘 열고 제 말
이 끝날 때까지 아무 말도 하지 마세요." 그런 다음 샘은 픽윅 씨
와 나누었던 잊을 수 없는 마지막 대화를 최대한 간결하게 설명
했다.

"거기서 혼자 지낸다니, 불쌍하게도!" 아버지 웰러 씨가 외쳤
다. "편들어줄 사람 하나 없이 말이다! 그럴 순 없다, 새뮤얼! 그
럴 순 없어."

"당연하죠." 샘이 단호하게 말했다. "오기 전부터 그건 알고 있
었어요."

"그 사람들이 네 주인을 산 채로 잡아먹을 거야!" 웰러 씨가 외
쳤다.

샘이 자기도 그렇게 생각한다는 뜻으로 고개를 끄덕였다.

"네 주인은 거기에 알몸으로 들어갔어." 웰러 씨가 비유적으로
말했다. "나올 때는 완전히 갈색으로 다 타버려서 제일 친한 친
구들도 못 알아볼 거다. 그에 비하면 구운 비둘기는 아무것도 아
니야."

샘 웰러가 다시 고개를 끄덕였다.

"그래선 안 된다, 새뮤얼." 웰러 씨가 엄숙하게 말했다.

"그래선 안 되죠." 샘이 말했다.

"확실히 안 되지." 웰러 씨가 말했다.

"예언만 계속하시네요." 샘이 말했다. "6페니짜리 소책자 삽화

에 나오는 얼굴이 빨간 닉슨[137]처럼요."

"그게 누구냐?" 웰러 씨가 물었다.

"신경 쓰지 마세요." 샘이 쏘아붙였다. "마부는 아니었어요, 아버지한테는 그거면 충분하죠?"

"똑같은 이름을 가진 여관 마부를 알았었는데." 웰러 씨가 생각에 잠겨 말했다.

"그 사람 아니에요." 샘이 말했다. "제가 말하는 사람은 예언자였어요."

"예언자가 뭐냐?" 웰러 씨가 엄격한 얼굴로 아들을 바라보며 물었다.

"미래에 무슨 일이 일어날지 미리 말해주는 사람이에요." 샘이 대답했다.

"내가 그 사람을 알았으면 좋았을 텐데 말이다." 웰러 씨가 말했다. "방금 얘기했던 그 간 질환에 대해서 조금이라도 알려줄 수 있었을 텐데. 하지만 그 사람은 죽었고 아무도 그 뒤를 잇지 않았으니 어쩔 수 없군. 계속해라, 새미." 웰러 씨가 한숨을 쉬며 말했다.

"아버지는 주인님을 혼자 내버려두면 어떻게 될지 예언했잖아요." 샘이 말했다. "주인님을 보살필 수 있는 방법은 몰라요?"

"모른다." 웰러 씨가 생각에 잠긴 표정으로 말했다.

"전혀요?" 샘이 물었다.

---

137 영국의 전설적인 예언자로, 18세기에 나온 소책자 삽화에 빨간 얼굴로 그려졌다.

"전혀." 웰러 씨가 말했다. "아니면 혹시!" 그의 표정에 총명한 빛이 한 줄기 반짝이더니 목소리를 낮추고 아들의 귀에다 속삭였다. "혹시 침대를 뒤집어서 간수 몰래 숨겨서 나오거나 초록색 베일을 쓴 노파로 분장하면 모르겠지만 말이다."

샘 웰러는 예상치 못하게도 두 방법을 모두 무시했고 다시 질문을 던졌다.

"모르겠다." 노신사가 말했다. "네 주인이 네가 거기서 지내는 걸 허락하지 않으면 방법이 없을 것 같구나. 거기가 대로도 아니고 말이다, 새미. 대로가 아니잖니."

"음, 그렇다면 제가 알려드리죠." 샘이 말했다. "제가 아버지한테 25파운드를 빌릴 거예요."

"그래서 어쩌겠다는 거냐?"

"아무것도 아니에요." 샘이 대답했다. "5분 뒤에 아버지가 갚으라고 할 수도 있겠지요. 제가 못 갚겠다고 하고 화를 낼지도 몰라요. 설마, 극악무도한 무뢰한처럼 돈 때문에 자기 아들을 체포해서 플리트 감옥으로 보내버릴 생각은 아니겠죠?"

샘이 이렇게 말하고 나서 부자는 의미심장한 고갯짓과 손짓을 은밀한 암호처럼 교환했고, 그런 다음 아버지 웰러 씨가 돌계단에 털썩 주저앉더니 얼굴이 자주색으로 변할 때까지 웃었다.

"뭐 하시는 거예요!" 시간 낭비에 화가 난 샘이 외쳤다. "할 일이 얼마나 많은데 거기 앉아서 대문 손잡이 같은 얼굴을 하고 있어요! 돈 어디 있어요?"

"짐칸에 있다, 새미. 짐칸에 있어." 웰러 씨가 표정을 가다듬으며 말했다. "내 모자 좀 들고 있어라, 새미."

웰러 씨는 거치적거리는 모자를 벗은 다음 갑자기 몸을 한쪽으로 비틀더니 능숙하게 몸을 꼬아서 더없이 넉넉한 주머니에 오른손을 겨우 넣었고, 숨을 헐떡거리며 애를 쓴 끝에 커다란 가죽끈으로 묶은 8절판 크기의 지갑을 꺼냈다. 그는 지갑에서 채찍 끈 두어 개, 버클 서너 개, 옥수수 견본이 든 작은 주머니 하나, 마침내 아주 더러운 지폐를 작게 돌돌 만 뭉치를 꺼냈고, 지폐 뭉치에서 필요한 만큼의 돈을 꺼내서 샘에게 주었다.

"자, 새미." 노신사가 지갑에 채찍 끈, 버클, 견본 주머니를 전부 다시 넣고 주머니 깊숙이 지갑을 돌려놓은 다음 말했다. "남은 일을 순식간에 처리해 줄 사람을 안다. 법을 움직이는 손발이지. 개구리처럼 뇌가 손가락 끝까지 온몸에 퍼져 있어. 대법관의 친구란다, 새미. 그 사람한테 뭘 원하는지 말만 하면 너를 평생 감옥에 처넣어줄 거다."

"그런 뜻은 아닌데요." 샘이 말했다.

"무슨 뜻이 아니라고?" 웰러 씨가 물었다.

"법에 위배되는 방법은 안 쓴다고요." 샘이 쏘아붙였다. "인신 보호 영장은 영구운동 다음으로 정말 고마운 거니까요. 신문에서 자주 읽었어요."

"음, 그게 무슨 상관이냐?" 웰러 씨가 물었다.

"그냥 제가 생각한 방법으로 들어갈래요." 샘이 말했다. "대법관한테 소곤거리는 거 말고요. 그건 싫어요. 다시 나오려면 위험할지도 몰라요."

웰러 씨는 이 부분에 대한 아들의 느낌을 존중하여 즉시 유식한 솔로몬 펠을 찾았고, 25파운드와 소송비용에 대한 영장을 즉시 발부하여 새뮤얼 웰러라는 사람에게 집행하고 싶다는 뜻을 알렸다. 그로 인해 발생하는 비용은 솔로몬 펠에게 미리 지불하기로 했다.

변호사는 무척 기분이 좋은 상태였다. 곤경에 처했던 마부를 바로 석방하라는 명령이 떨어졌기 때문이다. 펠은 주인에 대한 샘의 애정을 무척 높이 샀고, 그 이야기를 들으니 대법관에 대한 자신의 애정이 떠오른다고 말했다. 그런 다음 아버지 웰러 씨를 템플로 곧장 데리고 갔고, 소년이 파란 가방의 도움을 받아 그 자리에서 작성한 진술서에 선서를 받았다.

한편 샘은 채무를 면제받은 신사와 친구들에게 벨 새비지 웰러 씨의 아들로 정식으로 소개되어 특별한 대접을 받았고, 무죄 방면을 기념하는 자리에 초대받았다. 물론 그는 이 초대를 거리낌 없이 받아들였다.

보통 이들과 같은 계급의 신사들은 무척 장엄하고 조용하게 즐기지만 이번만큼은 특히 신나는 축하 행사였기 때문에 그만큼 더 편안하게 즐겼다. 그날 발군의 능력을 보여준 솔로몬 펠 씨와 수석 사무관을 위해 떠들썩하게 건배를 하고 나자 파란색 숄을 두른 얼룩덜룩한 얼굴의 신사가 누군가 노래를 하는 게 어떠냐고 제안했다. 당연히 노래를 듣고 싶은 본인이 노래하라는 제안이 나왔지만 그는 완강하고 다소 공격적으로 거절했다. 그런 다음 다소 험한 대화가 이어졌는데 이러한 경우에는 드문 일도 아니었다.

"여러분." 무죄 방면된 마부가 말했다. "이 즐거운 분위기가 깨지지 않도록 새뮤얼 웰러 씨가 노래를 불러주실 겁니다."

"여러분." 샘이 말했다. "저는 악기 없이는 노래를 잘 부르지 않지만 조용히 지내려면 뭐든 해야 하는 법이지요. 어떤 남자가 등대에 취직했을 때 말한 것처럼요."

그런 다음 샘 웰러 씨는 다음과 같은 야성적이고도 아름다운 전설을 노래했는데, 널리 알려지지 않은 노래인 듯하므로 여기에 인용하기로 한다. 노래하는 사람에게 숨 돌릴 틈을 주는 동시에 운율에도 큰 도움이 되는 2행과 4행의 단음절에 특히 주목하기를 요청하는 바이다.

로맨스[138]

I.
용맹한 터핀이 언젠가 하운슬로 히스에서
용감한 암말 베스에 걸터앉아 있다가 ―에에
저 멀리서 주교가 탄 마차가
길을 따라 달려오는 것을 보았네 ―에에
그는 마차까지 전력질주하여
마차 안으로 머리를 집어넣었네

---

[138] 호러스 스미스의 〈터핀과 비숍〉을 각색했다. 딕 터핀은 전설적인 노상강도였다.

주교가 말했다네, "이자는 틀림없이
용맹한 터핀이군!"
(합창) 주교가 말했다네, "이자는 틀림없이
용맹한 터핀이군!"

II.
터핀이 말했다네, "납 총알을 소스 삼아서
네가 뱉은 말을 다시 먹어라."[139]
그는 주교의 입에 권총을 넣고
목구멍에 대고 방아쇠를 당겼네.
이 사태에 놀란 마부가
쏜살같이 도망쳤지만
딕은 그의 머리에 총을 두 방 쏘아
그의 발걸음을 멈추었다네.
(합창, 빈정대듯이) 딕은 그의 머리에 총을 두 방 쏘아
그의 발걸음을 멈추었다네.

"이 노래는 마부에 대한 인신공격이라는 생각이 드는군." 얼룩
덜룩한 얼굴의 신사가 끼어들어 말했다. "마부의 이름을 가르쳐
주게."

"아무도 몰랐어요." 샘이 대답했다. "주머니에 명함이 없었거

---

139 '네가 한 말을 취소하라'는 뜻이다.

든요."

"정치를 개입시키는 건 반대일세." 얼룩덜룩한 얼굴의 신사가 말했다. "여러분 앞에서 분명히 말하지만, 이 노래는 정치적입니다. 게다가 사실도 아니에요. 나는 마부가 도망친 것이 아니라 용감하게 싸우다 죽었다고, 꿩처럼 용감하게 싸웠다고[140] 주장하겠어요. 반론은 듣지 않겠소."

얼룩덜룩한 얼굴의 신사가 완고하고 열정적으로 말했다. 일동의 의견이 갈려서 다시 언쟁이 벌어지려는 순간 정말 시의적절하게도 웰러 씨와 펠 씨가 도착했다.

"다 됐다, 새미." 웰러 씨가 말했다.

"경관이 4시에 여기로 올 겁니다." 펠 씨가 말했다. "그사이에 도망치지는 않겠지요? 하하!"

"그 전에 잔인한 아버지의 마음이 풀릴지도 모르죠." 샘이 활짝 웃으며 대답했다.

"절대 아니야." 아버지 웰러 씨가 말했다.

"그러지 마세요." 샘이 말했다.

"절대 안 돼." 가차 없는 채권자가 대답했다.

"한 달에 6펜스씩 드릴게요." 샘이 말했다.

"안 받을 거다." 웰러 씨가 말했다.

"하하하! 좋습니다, 아주 좋아요." 비용 계산서를 작성하던 솔로몬 펠 씨가 말했다. "정말 재미있군요. 벤저민, 이걸 복사해라."

---

140 '용감하게 죽었다die game'의 'game'에는 사냥감이라는 뜻도 있기 때문에 대표적인 사냥감인 꿩을 연상하고 있다.

펠 씨가 웰러 씨에게 비용을 알려주며 다시 미소를 지었다.

"감사합니다, 정말 감사합니다." 웰러 씨가 지갑에서 꺼내준 기름으로 얼룩진 지폐를 받으며 변호사가 말했다. "10펜스 세 개에 10펜스 하나니까 총 50실링이군요. 정말 감사합니다, 웰러 씨. 아드님은 정말 칭찬할 만한 젊은이군요, 정말입니다. 젊은이 에게는 정말 좋은 특질이지요, 정말로요." 펠 씨가 돈을 넣고 단 추를 채우면서, 주변을 보고 평온하게 미소 지으며 덧붙였다.

"정말 재미있군!" 아버지 웰러 씨가 킥킥거리며 말했다. "대단 한 천재 아들이라니까!"

"탕자겠죠. 탕자[141] 아들이네요." 펠 씨가 온화하게 말했다.

"됐습니다." 웰러 씨가 위엄 있게 말했다. "저도 어느 정도는 압 니다. 모르면 그때 물어보지요."

경관이 도착했을 때 샘은 모두에게 인기를 얻었기 때문에 그 자리에 모여 있던 신사들이 다 같이 그를 감옥까지 배웅하기로 했다. 그렇게 해서 모두 같이 출발했다. 원고와 피고가 팔짱을 끼고 걷고, 경관이 앞장서고, 뚱뚱한 마부 여덟 명이 뒤를 따랐 다. 일행은 서전츠인의 카페에 들러 간단하게 한잔 마셨고, 법률 적 절차가 모두 마무리되자 다시 움직였다.

여덟 명의 신사가 재미삼아 네 명씩 나란히 걷겠다고 고집했 기 때문에 플리트 거리에 작은 소동이 생겼다. 게다가 얼굴이 얼 룩덜룩한 신사가 짐꾼과 싸움이 붙는 바람에 돌아오는 길에 데

---

[141] '천재prodigy'와 '탕자prodigal'는 발음이 비슷하다.

려가기로 하고 두고 가야 했다. 가는 일에 일어난 사건은 이 정도였다. 플리트 감옥 정문에 도착하자 행렬은 원고의 시간을 빼앗으며 피고를 위해서 크게 세 번 만세를 불렀고, 모두 악수를 나눈 다음 그를 두고 떠났다.

샘이 교도관에게 정식으로 넘겨지자 로커는 크게 놀랐고 둔감한 네디마저 무척 흥분했다. 샘은 감옥으로 들어가서 주인의 방으로 곧장 걸어가 문을 두드렸다.

"들어와요." 픽윅 씨가 말했다.

샘이 모습을 드러내고 모자를 벗더니 미소를 지었다.

"아, 샘, 착하기도 하지." 픽윅 씨가 친구를 다시 만나 무척 기뻐하며 말했다. "어제 그런 말로 자네의 감정을 상하게 할 의도는 없었네. 샘, 모자를 내려놓게, 내 말이 무슨 뜻이었는지 조금 더 길게 설명하겠네."

"잠시 후에 하면 안 될까요?" 샘이 물었다.

"물론 괜찮네." 픽윅 씨가 말했다. "그런데 왜 지금은 안 되지?"

"지금은 좀 그렇습니다." 샘이 대답했다.

"왜지?" 픽윅 씨가 물었다.

"그냥요." 샘이 주저하며 말했다.

"뭣 때문인가?" 하인의 태도에 깜짝 놀란 픽윅 씨가 물었다.

"제가 하고 싶은 일이 좀 있어서요." 샘이 대답했다.

"무슨 일인가?" 픽윅 씨가 샘의 혼란스러운 태도에 놀라며 말했다.

"별일 아닙니다." 샘이 대답했다.

"아, 별일 아니라면 나랑 먼저 얘기하지." 픽윅 씨가 미소를 지으며 말했다.

"그 일을 먼저 얼른 하는 게 나을 것 같은데요." 샘이 여전히 주저하며 말했다.

픽윅 씨는 놀란 듯했지만 아무 말도 하지 않았다.

"사실은……." 샘이 말을 꺼내다가 멈추었다.

"말해보게, 샘." 픽윅 씨가 말했다.

"음, 사실은요." 샘이 절박하게 애를 쓰며 말했다. "먼저 제 침대를 알아보는 게 좋을 것 같아서요."

"자네 침대라고?" 픽윅 씨가 깜짝 놀라서 외쳤다.

"네, 제 침대요." 샘이 대답했다. "저는 수감자예요. 오늘 오후에 빚 때문에 체포됐습니다."

"빚 때문에 체포됐다고!" 픽윅 씨가 의자에 털썩 주저앉으며 외쳤다.

"네, 빚 때문에요." 샘이 대답했다. "저를 여기 집어넣은 사람은 절대로 내보내주지 않을 거예요. 주인님이 나가실 때까지는요."

"세상에 이럴 수가!" 픽윅 씨가 소리쳤다. "무슨 뜻인가?"

"제 말은요." 샘이 대답했다. "앞으로 40년이 지나도 저는 수감자일 거고, 그래서 아주 기쁘다는 거예요. 뉴게이트 감옥이라 해도 마찬가지였을 겁니다. 자, 이게 바로 비밀입니다. 제길, 이제 됐어요."

샘 웰러는 무척 격렬하게 강조하면서 같은 이야기를 한 번 더 되풀이했고, 평소와 달리 크게 흥분해서 모자를 바닥에 내동댕

이치고 팔짱을 끼더니 단호한 표정으로 주인의 얼굴을 뚫어져라
바라보았다.

44장

플리트에서 일어난 여러 가지 사소한 일과
윙클 씨의 수수께끼 같은 행동,
가련한 대법원 죄수가 마침내 풀려나다

픽윅 씨는 샘의 따뜻한 애정에 너무나 크게 감동했기 때문에 기한 없이 채무자 감옥에 자진해서 몸을 맡긴 그의 저돌적인 행동에 화를 내거나 불쾌함을 드러낼 수 없었다. 그가 설명을 들어야겠다고 고집한 부분은 샘을 감옥에 넣은 채권자의 이름밖에 없었지만 웰러 씨는 고집스럽게도 말하지 않았다.

"그래 봤자 소용없습니다." 샘이 다시, 또다시 말했다. "사악하고, 성질 더럽고, 속물적이고, 심술궂고, 복수심 강한 사람이에요. 조금도 누그러지지 않는 딱딱한 심장을 가졌다고요. 수종에 걸린 노신사가 자기 재산으로 예배당을 지을 바에야 차라리 아내에게 재산을 남기겠다고 했을 때 고결한 성직자가 그에 대해서 한 말처럼요."

"하지만 생각해 보게, 샘." 픽윅 씨가 항의했다. "얼마 안 되는 돈이니 금방 갚을 수 있고, 나 역시 자네가 같이 지내도 좋다고 결정을 내렸으니 자네가 감옥 담장 밖으로 나갈 수 있으면 얼마나 더 도움이 될지 생각해 보라고."

"정말 감사합니다." 웰러 씨가 진지하게 대답했다. "하지만 그러고 싶지 않아요."

"뭘 그러고 싶지 않다는 건가?"

"냉혹한 원수에게 허리를 숙이고 자비를 구걸하고 싶지 않아요."

"하지만 그 사람에게 돈을 받으라고 하는 건 자비를 구걸하는 것이 아니네, 샘." 픽윅 씨가 따졌다.

"죄송하지만 말이에요." 샘이 대답했다. "그 돈을 준다는 건 엄청난 자비를 베푼다는 건데, 그 사람은 받을 자격이 없어요."

여기서 픽윅 씨가 짜증 난다는 듯이 코를 문질렀기 때문에 샘은 화제를 바꾸는 것이 좋겠다고 생각했다.

"저는 원칙에 따라서 결정한 겁니다." 샘이 말했다. "주인님도 원칙에 따라서 결정하셨겠지요. 그러고 보니 원칙에 따라서 자살한 남자가 생각나는군요, 당연히 그 얘기를 들어보셨겠지요?" 여기서 웰러 씨는 말을 멈추고 우스꽝스러운 표정으로 주인을 흘끔 보았다.

"이런 경우에 물론이라는 건 없다네." 픽윅 씨는 샘의 고집 때문에 답답했지만 서서히 미소를 지으며 말했다. "그 신사의 명성이 내 귀까지 와닿지 못했어."

"그럴 수가!" 웰러 씨가 외쳤다. "정말 깜짝 놀랐네요. 그 사람은 정부 기관에서 일하는 관리였습니다."

"그랬나?" 픽윅 씨가 말했다.

"네, 그랬죠." 웰러 씨가 대답했다. "그리고 아주 유쾌한 신사였어요. 비가 오면 고무로 된 비상용 소화 양동이에 발을 넣고, 어린 시절 친구라고는 토끼 가죽[142]밖에 없는 그런 정확하고 깔끔한 사람이었지요. 그는 원칙에 따라 돈을 모으고, 원칙에 따라 매일 깨끗한 셔츠를 입고, 원칙에 따라 친척들과 절대 대화를 하지 않았습니다. 돈을 빌려달라고 할까 봐서요. 그리고 아주 보기 드물 정도로 기분 좋은 사람이었지요. 그는 원칙에 따라 2주일에 한 번 머리를 잘랐고, 경제적 원칙에 따라 1년에 옷을 세 벌 맞추고 입던 옷은 돌려보내는 계약을 했어요. 그는 아주 규칙적인 신사였기 때문에 매일 같은 곳에서 식사를 했는데 커다란 고깃덩이가 1실링 9펜스였고, 가게 주인이 눈물을 흘리며 자주 말했듯이 그만한 가치가 있었지요. 겨울이면 난롯불을 들쑤시곤 해서 하루에 4,5페니나 손해였는데 그 모습을 보기만 해도 화가 나는 것은 말할 필요도 없었습니다. 게다가 얼마나 당당했는지 모릅니다! 그는 매일 노래하듯 외치죠. '대기 중인 다음 손님은 돌아가라고 하세요. 〈타임스〉 좀 찾아봐요, 토머스. 〈모닝 헤럴드〉 나오자마자 갖다주고. 〈크로니클〉 예약하는 거 잊지 말고, 〈타임스〉 가져다줘요.' 그런 다음 시계에 시선을 고정시키고 있다

---

142 털이 있는 쪽을 맨살에 대는 방한용 가슴 보호대. '어린 시절 친구bosom friend'를 이용한 말장난.

가, 딱 15초 전에 나가서 석간 파는 소년을 불러 세웁니다. 그런 다음 아주 흥미롭다는 듯이 신문을 손에서 놓지 않는 통에 다른 손님들은 자포자기하여 미쳐버릴 지경이 되죠. 특히 성미 급한 노신사의 경우에는 고기 자르는 칼로 경솔한 행동을 할까 봐 급사가 날카롭게 지켜봐야 했어요. 남자는 이 가게에서 제일 좋은 자리를 세 시간 동안 지키고 앉아서 식사 후에는 아무것도 안 먹고 잠만 자다가, 좀 떨어진 카페로 가서 커피 작은 주전자 하나와 크럼핏[143] 네 개를 먹은 다음 켄싱턴의 집으로 걸어가서 잠자리에 들었습니다. 그러던 어느 날 밤, 몸이 무척 아파서 사람을 보내 의사를 불러옵니다. 의사는 녹색 경마차를 타고 왔는데 로빈슨 크루소 같은 계단이 달려 있어서, 의사가 마차에서 내릴 때 직접 계단을 내렸다가 마차에 타고 나서 직접 올릴 수 있기 때문에 마부가 내렸다 탔다 할 필요가 없지요. 그래서 마부가 제복 바지 없이 상의만 입고 있어도 사람들에게 들키지 않았습니다. 의사가 말하지요. '무슨 일입니까?' 환자가 말해요. '너무 아픕니다.' 의사가 말하죠. '뭘 드셨습니까?' 환자가 말해요. '구운 송아지 고기요.' 의사가 말합니다. '마지막으로 드신 게 뭐죠?' 환자가 말해요. '크럼핏이요.' 의사가 말합니다. '그것 때문이군요. 약을 한 상자 보내드릴 테니 더 이상 먹지 마세요.' 환자가 말하지요. '뭘 먹지 말라고요? 약 말입니까!' 의사가 말했죠. '아니요, 크럼핏 말입니다.' 환자가 침대에서 깜짝 놀라 일어나 앉으며 말해

---

143 우유, 밀가루, 이스트를 반죽하여 프라이팬에 구운 빵.

요. '왜요? 저는 원칙에 따라 15년 동안 매일 저녁 크럼핏을 4개씩 먹었는데요.' 의사가 말합니다. '그렇다면 그 원칙을 포기하시는 게 좋겠군요.' 환자가 말해요. '크럼핏은 건강에 좋아요.' 의사가 아주 매섭게 말하죠. '크럼핏은 건강에 좋지 않습니다.' 환자가 약간 멈칫거리며 말해요. '하지만 싸단 말입니다. 배도 많이 부르고요.' 의사가 말하지요. '그게 얼마든 당신한테는 너무 비쌀 겁니다. 그걸 먹고 돈을 받아도 마찬가지예요. 하룻밤에 크럼핏을 4개나 먹다니, 그러다간 6개월 후에 죽을 거예요!' 환자가 의사를 똑바로 바라보면서 마음속으로 오랫동안 생각하다가 마침내 말하지요. '정말입니까?' 의사가 말하죠. '의사로서의 제 명성을 걸겠습니다.' 환자가 말합니다. '한 번에 크럼핏을 몇 개나 먹으면 그 자리에서 바로 죽을까요?' 의사가 말하죠. '모르겠군요.' 환자가 말해요. '반 크라운어치면 죽을까요?' 의사가 말합니다. '그럴 것 같네요.' 환자가 말하지요. '3실링어치면 확실하게 죽겠네요?' 의사가 말해요. '확실하죠.' 환자가 말합니다. '좋습니다. 안녕히 가세요.' 그는 다음 날 아침에 일어나서 불을 피운 다음 크럼핏을 3실링어치 주문해서 전부 구워 먹었고, 총으로 머리를 쏴서 죽었습니다."

"왜 그런 짓을 한 거지?" 픽윅 씨가 이야기의 비극적인 결말에 상당히 놀라서 불쑥 물었다.

"왜 그런 짓을 했냐고요?" 샘이 주인의 말을 그대로 반복했다. "크럼핏이 몸에 좋다는 위대한 원칙을 위해서, 누구도 자기 방식을 방해하지 못한다는 걸 보여주려고요!"

웰러 씨는 이런 식으로 화제를 바꿔가며 그날 밤 자신이 플리트 감옥에서 지내게 된 것에 대한 주인의 신문에 대응했다. 아무리 부드럽게 타일러도 소용없음을 깨달은 픽윅 씨는 결국 샘이 위층의 작은 방을 빌려 쓰는 대머리 구두 수선공과 일주일 단위 계약을 맺어 방을 같이 쓰는 것에 마지못해 동의했다. 웰러 씨는 로커 씨에게 돈을 주고 빌린 매트리스와 침구를 그 초라한 방으로 옮겼고, 밤이 되어 잠자리에 눕자 마치 감옥에서 자란 것처럼, 온 가족이 삼대째 그곳에서 무위도식하며 살았던 것처럼 편안하게 느껴졌다.

"항상 침대에 누워서도 담배를 피웁니까?" 두 사람 모두 잠자리에 들었을 때 웰러 씨가 방주인에게 물었다.

"그렇다네." 구두 수선공이 대답했다.

"왜 그 나무 탁자 밑에서 자는지 물어봐도 되겠습니까?" 샘이 말했다.

"여기 오기 전에는 늘 기둥이 있는 침대에서 잤거든. 탁자 다리가 딱 맞아서 말이야." 구두 수선공이 대답했다.

"특이하시네요." 샘이 말했다.

"나한테 그런 점은 없다네." 그가 고개를 저으며 대답했다. "좋은 걸 찾고 싶어도 여기서 맞는 것을 찾기는 힘들 거야."

위와 같은 짧은 대화를 나눌 때 웰러 씨는 방 한구석의 매트리스 위에 몸을 쭉 펴고 누워 있었고, 구두 수선공은 반대쪽 구석의 자기 자리에 누워 있었다. 방을 비추는 불빛은 골풀 양초와 탁자 밑에서 뜨거운 석탄처럼 번득이는 구두 수선공의 파이프에서 나왔다. 대화는 짧았지만 웰러 씨는 방주인에게 호감을 갖게 되었고, 그래서 지금까지는 그럴 시간도 생각도 없었지만 이제 팔꿈치를 괴고 몸을 약간 일으켜 그의 외모를 한참동안 살펴보았다.

남자는 구두 수선공이 다 그렇듯 혈색이 나빴고, 구두 수선공이 다 그렇듯 억센 수염을 길렀다. 얼굴은 기묘하고 유쾌하면서 좀 비뚤어진 모양이었고, 두 눈이 아직도 반짝이는 것을 보니 한때는 기쁨에 넘쳤을 것이 분명했다. 나이는 예순 살이었지만 수감 생활을 얼마나 했는지는 아무도 몰랐으므로 그가 기쁨이나 만족과 비슷한 표정을 짓는 것은 무척 이례적이었다. 그는 키가 작았고, 침대에서는 몸을 반쯤 구부리고 있었기 때문에 다리가 없는 것처럼 보였다. 그는 입에 빨갛고 큰 파이프를 물고 담배를 피우면서 부러울 만큼 평온하게 골풀 양초 불빛을 바라보고 있었다.

"여기 들어온 지 얼마나 됐습니까?" 샘이 한동안 지속된 침묵을 깨뜨리며 물었다.

"12년." 구두 수선공이 파이프 끝을 깨물면서 대답했다.

"모욕죄인가요?" 샘이 물었다.

구두 수선공이 고개를 끄덕였다.

"그렇다면 말입니다." 샘이 약간 단호하게 말했다. "왜 고집을 부리면서 거대한 공설 우리 같은 이곳에서 소중한 인생을 낭비합니까? 왜 대법관에게 굴복하고 법정을 모독해서 죄송하다고, 다시는 안 그러겠다고 말하지 않지요?"

구두 수선공은 파이프를 입꼬리로 치우고 미소를 지은 다음 다시 원래 자리로 돌려놓았지만 아무 말도 하지 않았다.

"왜요?" 샘이 질문을 열심히 밀어붙였다.

"아." 구두 수선공이 말했다. "이해를 못 하는군. 자네는 내가 왜 파멸했다고 생각하나?"

"글쎄요." 샘이 양초 심지를 다듬으며 말했다. "처음에는 빚 때문이었겠지요, 아닙니까?"

"나는 한 푼도 빚진 적이 없네." 구두 수선공이 말했다. "다시 맞춰보게."

"음, 그렇다면 집을 샀나 보군요." 샘이 말했다. "그건 미쳤다는 뜻이지요. 아니면 건물을 세웠거나요. 의학 용어로는 치료 불가라고 하죠."

구두 수선공이 고개를 젓고 말했다. "다시 맞춰보게."

"누굴 고소한 건 아니겠지요?" 샘이 미심쩍다는 듯 말했다.

"평생 한 번도 그런 적 없네." 구두 수선공이 대답했다. "나는 돈을 물려받아서 파멸했다네."

"이봐요, 이봐요." 샘이 말했다. "그건 아니죠. 어느 돈 많은 원수가 저를 그런 식으로 파멸시키면 좋겠습니다. 그런 일이라면 당해주겠어요."

"아, 당연히 못 믿겠지." 구두 수선공이 조용히 파이프 담배를 피우며 말했다. "내가 자네라도 안 믿을 거야. 하지만 사실이라네."

"어떻게 된 거죠?" 구두 수선공의 표정을 보고 이미 사실이라고 반쯤 믿게 된 샘이 물었다.

"어떻게 된 거냐면 말이지." 구두 수선공이 대답했다. "시골에서 어느 노신사 밑에서 일했는데 그분의 어느 미천한 친척과 결혼을 했지. 그녀는 죽었다네. 주님께서 그녀를 축복하시기를, 그리고 주님께 감사를. 그런데 그 신사가 갑자기 발작을 일으켜서 가버렸지."

"어디로요?" 샘이 말했다. 하루에 너무 많은 사건을 겪어서 점차 졸음이 몰려왔다.

"어디로 갔는지 내가 어떻게 알겠나?" 구두 수선공이 파이프를 열심히 피우느라 코로 소리를 내며 말했다. "죽었단 말일세."

"아, 그렇군요." 샘이 말했다. "그래서요?"

"음." 구두 수선공이 말했다. "노신사는 5천 파운드를 남겼어."

"정말 고마운 사람이네요." 샘이 말했다.

"그중 천 파운드를 나에게 남겼지." 구두 수선공이 말을 이었다. "알다시피 내가 그의 친척과 결혼했으니까."

"아주 잘됐네요." 샘이 중얼거렸다.

"그분은 항상 재산을 두고 말다툼을 벌이고 싸우는 조카들한테 둘러싸여 있었기 때문에 나를 유언 집행인으로 삼고 나머지는 신탁으로 맡겼지, 유언장에 따라서 나눠 주라고."

"신탁으로 맡겼다는 게 무슨 뜻이죠?" 샘이 잠에서 약간 깨어 물었다. "현금이 아니면 무슨 소용이에요?"

"그냥 법률 용어일 뿐이네." 구두수선공이 말했다.

"아닌 것 같은데요." 샘이 고개를 저으며 말했다. "법률이라는 건 신용할 수 없는 건데 말입니다. 아무튼, 계속하세요."

"음." 구두 수선공이 말했다. "내가 유언장을 검인하려 했더니 돈을 전부 물려받지 못해서 크게 실망한 조카들이 절차 정지 신청에 들어갔지."

"그게 뭡니까?" 샘이 물었다.

"법적 수단인데, 다 틀렸다는 거야." 구두 수선공이 대답했다.

"그렇군요." 샘이 말했다. "인신 보호 영장의 이복형제 같은 거군요. 알겠어요."

"하지만 말이야." 구두 수선공이 말을 이었다. "자기들끼리 합의가 안 돼서 유언장에 대한 소송도 내지 못하게 되니까 절차 정지 신청을 취소했고, 내가 상속세를 전부 냈다네. 그게 거의 끝났을 때 조카 하나가 유언장 파기 소송을 냈어. 소송은 몇 달 뒤에 시작됐는데, 세인트 폴 대성당 묘지 근처 어느 뒷방의 귀머거리 노신사가 담당이었지. 변호사 네 명이 하루에 한 명씩 노신사를 귀찮게 굴었고, 노신사는 1~2주 동안 여섯 권짜리 증거를 읽고 심리했네. 그러고서 유언자가 제정신이 아니었다고, 내가 돈을 다 돌려주고 비용도 전부 내야 한다는 판결을 내렸지. 나는 항소했어. 꾸벅꾸벅 조는 신사 서너 명이 담당했는데, 이전 법정에서 할 일 없이 앉아 있던 변호사들이었기 때문에 이 사건에 대해서 전부 들었지. 하나 차이가 있다면 거기서는 박사라고 불렸지만 다른 데서는 대표라고 불렸다는 거야. 자네가 이해할지 모르겠지만 말일세. 그 사람들은 노신사의 결정을 충실하게 확정했지. 그래서 대법원까지 갔는데, 거기서 멈춰버렸네. 앞으로도 계속 그렇겠지. 내가 받은 천 파운드는 변호사들이 이미 오래전에 다 가져갔고, 그 사람들이 말하는 부동산권이니 소송비용이니 하는 것들이 만 파운드가 되어서 여기 들어온 걸세. 여기서 죽을 때까지 신발이나 고치겠지. 어떤 사람들은 사건을 의회에 제출하라고 했는데, 의원들이 나를 찾아올 시간이 있고 내가 의원들한테 갈 힘이 있었다면 당연히 그렇게 했을 걸세. 어쨌든 의원들은 내가 보낸 기나긴 편지에 질려서 이 사건을 기각해 버렸어. 이게 바로 단 한 마디도 빼거나 보태지 않은 진실이고, 이 안이나 저 밖에 있는 사람들 중에서 최소 50명은 아주 잘 알고 있다네."

구두 수선공은 샘이 자신의 이야기를 듣고 뭐라고 하는지 확인하려고 말을 멈췄지만 그가 잠든 것을 알고 파이프의 재를 떨고, 한숨을 쉬고, 파이프를 내려놓은 다음 머리 위로 이불을 덮고 잠들었다.

다음 날 아침 픽윅 씨가 혼자 아침 식사를 하고, 샘은 구두 수선공의 방에서 분주하게 주인의 신발에 광을 내고 검은 각반의 먼지를 떨고 있을 때, 누가 방문을 두드리더니 픽윅 씨가 들어오라고 외치기도 전에 벨벳 모자와 그것을 쓴 머리가 나타났다. 픽윅 씨는 둘 다 스맹글 씨의 것임을 쉽게 알아보았다.

"안녕하십니까?" 이 대단한 남자가 머리를 몇 번이고 끄덕이면서 물었다. "혹시 아침에 누구 찾아올 사람 계십니까? 세 사람이―아주 신사 같은 사람들이―아래층에서 당신을 찾으면서 현관이 있는 층의 문이란 문은 다 두드리는 바람에 수고스럽게도 문을 열어준 수감자들이 크게 화를 내고 있어요."

"이런! 그렇게 멍청한 짓을 하다니." 픽윅 씨가 일어서며 말했다. "네, 분명 어제 만나기로 한 친구들일 겁니다."

"친구분이라고요!" 스맹글 씨가 픽윅 씨의 손을 잡으며 외쳤다. "아무 말도 마세요. 그분들은 이제부터 제 친구이고 미빈스의 친구입니다. 미빈스는 정말 유쾌하고 신사 같은 친구죠, 안 그렇습니까?" 스맹글 씨가 무척 격렬하게 말했다.

"나는 그 사람을 거의 모릅니다." 픽윅 씨가 머뭇머뭇 말했다. "나는……."

"잘 아시잖아요." 스맹글 씨가 픽윅 씨의 어깨를 잡으며 끼어들었다. "더욱 잘 알게 되실 겁니다. 좋아하실 거예요. 그 사람은 드루어리 레인 극장에 서도 될 만큼 재미있는 사람입니다."

"그래요?" 픽윅 씨가 말했다.

"아, 그렇고말고요!" 스맹글 씨가 대답했다. "미빈스가 땅 짚고 걷기를 하면서 고양이 네 마리―제 명예를 걸고 말씀드리지만 서로 다른 고양이 네 마리입니다―흉내 내는 걸 들어보세요. 정말 대단하다는 걸 아실 겁니다. 정말이지, 미빈스를 좋아할 수밖에 없다니까요. 말씀드렸던 것처럼 딱 하나 단점이 있지만요."

스맹글 씨가 여기서 동정적인 태도로 은밀한 이야기를 하듯이 고개를 젓자 픽윅 씨는 무슨 말이든 해야 할 것 같아서 "아!"라고 말한 다음 초조하게 문을 바라보았다.

"아!" 스맹글 씨가 긴 한숨을 쉬며 따라서 말했다. "참 재밌는 녀석이에요, 미빈스 말입니다. 어디에서도 더 나은 친구는 본 적이 없어요. 하지만 한 가지 단점이 있죠. 만약 지금 자기 할아버지의 망령이 눈앞에 나타나도 18페니짜리 인지를 내밀면서 돈을 빌려달라고 할 녀석이거든요."

"세상에!" 픽윅 씨가 외쳤다.

"맞아요." 스맹글 씨가 덧붙였다. "망령을 다시 불러낼 힘이 있으면 두 달 사흘 뒤에 차용증을 갱신하자면서 또다시 불러낼 거예요."

"정말 대단하군요." 픽윅 씨가 말했다. "그런데 우리가 이야기하는 동안 친구들이 나를 못 찾아서 아주 당황할 것 같은데요."

"제가 그분들을 안내하겠습니다." 스맹글 씨가 문으로 향하며 말했다. "좋은 하루 보내세요. 친구분들이랑 계시는 동안은 방해하지 않을게요. 그럼……."

스맹글 씨가 말하다 말고 갑자기 딱 멈추더니, 열었던 문을 다시 닫고 픽윅 씨에게 사뿐사뿐 돌아와 발뒤꿈치를 들고 가까이 다가서서 아주 작은 목소리로 속삭였다.

"혹시 다음 주말까지 반 크라운만 빌려주실 수 있을까요?"

픽윅 씨는 떠오르는 미소를 참기 힘들었지만 겨우겨우 진중한 태도를 유지하면서 동전을 꺼내서 스맹글 씨의 손바닥에 올려놓았다. 그러자 스맹글 씨는 무척 수수께끼 같은 태도로 수없이 고개를 끄덕이고 눈을 찡긋거리며 낯선 사람 세 명을 찾아서 사라졌고, 곧 그들과 함께 돌아왔다. 그는 픽윅 씨에게 돈을 잊지 않고 갚겠다는 뜻으로 기침을 세 번 하고 수없이 고개를 끄덕이더니 무척 붙임성 있게 모두와 악수를 나누고서 드디어 사라졌다.

"여러분." 픽윅 씨가 문제의 세 손님인 터프먼 씨, 윙클 씨, 스노드그래스 씨와 차례로 악수하며 말했다. "만나서 정말 반갑네."

삼인조는 큰 충격을 받았다. 터프먼 씨는 개탄하며 고개를 저었고, 스노드그래스 씨는 무척 감상적으로 손수건을 꺼냈으며, 윙클 씨는 창가로 물러가서 큰 소리로 코를 킁킁거렸다.

"안녕하십니까, 여러분!" 샘이 신발과 각반을 가지고 들어오며 말했다. "우울함은 떨쳐버리세요. 여선생님이 죽었을 때 어떤 꼬맹이가 말한 것처럼요. 학교에 잘 오셨습니다, 여러분."

"이 멍청이가 말일세." 샘이 무릎을 꿇고 각반 단추를 채우는데 픽윅 씨가 그의 머리를 톡톡 치면서 말했다. "내 곁에 있으려고 스스로 체포당해서 들어왔다네."

"뭐라고요!" 세 친구가 외쳤다.

"맞습니다." 샘이 말했다. "저는—아, 똑바로 서보세요—저는 죄수입니다, 여러분. 어느 여인이 말한 것처럼 감금 중이지요."[144]

"죄수가 됐다니!" 윙클 씨가 설명할 수 없을 만큼 격렬하게 외쳤다.

"안녕하십니까!" 샘이 올려다보며 대답했다. "왜 그러세요?"

"샘, 나는…… 아니야, 아무것도 아닐세." 윙클 씨가 말했다.

윙클 씨의 태도가 왠지 너무나 갑작스럽고 불안했기 때문에 픽윅 씨가 자기도 모르게 설명을 듣고자 다른 두 친구를 보았다.

"우리도 모릅니다." 터프먼 씨가 말없는 질문에 소리 내어 답했다. "지난 이틀 내내 이랬습니다. 크게 흥분한 데다가 행동이

---

144 '감금 중confined'이라는 단어에는 '해산 중'이라는 뜻도 있다.

평소랑 전혀 달라요. 무슨 일이 있는 게 아닌가 걱정되지만 아무 일도 없다고 극구 부인하는군요."

"아니, 아닙니다." 윙클 씨가 픽윅 씨의 시선에 얼굴을 붉히며 말했다. "정말로 아무 일도 없습니다. 아무 일도 없다고 장담합니다. 개인적인 일로 런던을 잠시 떠나야 하는데, 샘을 데려가도 좋은지 여쭤보고 싶었을 뿐입니다."

픽윅 씨는 조금 전보다 더욱 놀랐다.

"제 생각에는요." 윙클 씨가 더듬더듬 말했다. "샘도 반대하지 않을 것 같아서요. 하지만 물론 샘이 여기 갇혀 있으니 불가능하지요. 혼자 가야겠군요."

윙클 씨가 이렇게 말할 때 샘이 깜짝 놀란 것처럼 손가락을 떨었기 때문에 픽윅 씨는 의아했다. 윙클 씨가 말을 마치자 샘이 그를 올려다보았고, 두 사람은 아주 잠깐 시선을 교환했을 뿐이지만 서로 이해하는 듯했다.

"뭐 아는 거라도 있나, 샘?" 픽윅 씨가 날카롭게 말했다.

"아니요, 없습니다." 웰러 씨가 부지런히 단추를 채우며 대답했다.

"확실한가, 샘?" 픽윅 씨가 말했다.

"그럼요." 웰러 씨가 대답했다. "분명 지금까지 이 문제에 대해서 아무것도 들은 게 없습니다." 샘이 윙클 씨를 보며 덧붙였다. "제가 추측할 수는 있어도 말할 권리는 없지요, 틀렸을지도 모르니까요."

"아무리 절친한 친구라 해도 개인적인 일을 더 이상 캐물을 권리는 나에게 없네." 짧은 침묵이 흐른 뒤에 픽윅 씨가 말했다. "지금으로서는 전혀 모르겠다는 말밖에 할 수 없군. 자, 이제 이 이야기는 그만하지."

픽윅 씨가 자기 의견을 밝히고 다른 이야기로 넘어가자 윙클 씨는 점차 편안해지는 듯했지만, 완전히 편안한 것과는 거리가 멀었다. 모두들 할 이야기가 너무 많았기 때문에 아침 시간은 빠르게 지나갔다. 3시에 웰러 씨가 작은 탁자에 구운 양고기 다리와 거대한 고기 파이를 내놓고 의자든 소파 겸 침대든 자리가 있는 곳에 각종 채소 요리, 포터 맥주 주전자를 차리자 감옥 조리실에서 구입해 요리한 고기와 만들어 구운 파이임에도 불구하고 다들 실컷 먹고 싶어졌다.

그런 다음 아주 좋은 와인을 한두 병 마셨는데, 픽윅 씨가 민사회관의 혼 카페로 심부름꾼을 보내 사 온 것이었다. 사실 한두 병이 아니라 한 여섯 병이라는 말이 더 적절할 텐데, 와인을 마시고 차까지 다 마시자 외부인의 퇴장 시간을 알리는 종이 울리기 시작했기 때문이다.

오전에 윙클 씨가 보였던 태도가 설명하기 힘든 것이었다면, 친구를 두고 떠날 때의 행동은—치밀어 오른 감정과 나눠 마신 한 여섯 병의 와인 때문에—정말 이 세상 것 같지 않고 엄숙했다. 윙클 씨는 터프먼 씨와 스노드그래스 씨가 나간 후에도 남아서 머뭇거리더니, 갑자기 깊고 굳은 결심과 응축된 우울함이 무섭게 뒤섞인 듯한 표정으로 픽윅 씨의 손을 열렬하게 잡았다.

"안녕히 계십시오, 픽윅 씨." 윙클 씨가 꽉 다문 잇새로 말했다.

"잘 가게, 친구." 인정 많은 픽윅 씨가 젊은 친구의 손을 똑같이 꽉 잡으며 말했다.

"이제 가지." 터프먼 씨가 복도에서 소리쳤다.

"네, 네, 바로 가겠습니다." 윙클 씨가 대답했다. "안녕히 계십시오."

"잘 가게." 픽윅 씨가 말했다.

안녕히 계시라는 인사가 한 번 더, 다시 한 번 더 오가고 그 뒤로도 여섯 번쯤 더 오갔지만 윙클 씨는 여전히 친구의 손을 꼭 잡고서 똑같이 이상한 표정으로 그의 얼굴을 바라보고 있었다.

"무슨 일 있나?" 마침내 몇 번이나 악수를 하느라 팔이 시큰거리자 픽윅 씨가 물었다.

"아무 일도 아닙니다." 윙클 씨가 말했다.

"그렇다면 잘 가게." 픽윅 씨가 손을 빼내며 말했다.

"픽윅 씨, 당신의 저의 은인이며 존경하는 친구입니다." 윙클 씨가 픽윅 씨의 손목을 잡으며 중얼거렸다. "저를 너무 냉혹하게 판단하지는 말아주십시오. 부탁드립니다, 저는 절망적인 장애물 때문에 어떻게도 할 수가 없어서……."

"이만 가지." 터프먼 씨가 문가에 다시 모습을 드러내며 말했다. "갈 텐가? 아니면 우리 모두 여기 갇혀도 괜찮은가?"

"네네, 가시지요." 윙클 씨가 이렇게 대답하고 억지로 방을 나섰다.

픽윅 씨가 복도에서 멀어지는 친구들을 말없이 바라보고 있는데, 샘 웰러가 계단 꼭대기에서 모습을 드러내더니 윙클 씨의 귀에 뭐라고 속삭였다.

"아 물론이지, 나한테 맡기게." 윙클 씨가 크게 말했다.

"감사합니다. 잊지 않으시겠지요?" 샘이 말했다.

"당연하지." 윙클 씨가 대답했다.

"그럼, 행운을 빌겠습니다." 샘이 모자를 건드리며 말했다. "저도 정말 같이 가고 싶습니다. 하지만 물론 주인님이 제일 중요하니까요."

"여기 남다니 자네는 정말 대단해." 윙클 씨가 말했다. 그런 다음 일행은 계단 아래로 사라졌다.

"정말 이상하군." 픽윅 씨가 자기 방으로 돌아가서 탁자 앞에 앉아 생각에 잠긴 채 말했다. "저 젊은 친구가 도대체 뭘 하려는 걸까?"

픽윅 씨가 그곳에 앉아 한동안 생각에 잠겨 있는데, 들어가도 되냐고 묻는 간수 로커의 목소리가 들렸다.

"물론입니다." 픽윅 씨가 말했다.

"더 푹신한 베개를 가지고 왔습니다." 로커가 말했다. "어젯밤에 임시로 쓰신 베개 대신요."

"고맙소." 픽윅 씨가 말했다. "와인 한잔하시겠습니까?"

"정말 친절하시군요. 건배!" 로커 씨가 와인을 받으며 말했다.

"고맙습니다." 픽윅 씨가 말했다.

"유감스러운 말이지만, 오늘 밤 방주인의 상태가 아주 나쁩니다." 로커가 잔을 내려놓고 모자를 다시 쓰기 전에 모자 안감을 살피며 말했다.

"대법원 죄수 말입니까?" 픽윅 씨가 외쳤다.

"곧 대법원 죄수가 아니게 될 겁니다." 로커가 말했다. 그는 모자 제조업자의 이름을 위쪽으로 하려고 모자 안을 들여다보며 돌리고 있었다.

"무슨 뜻입니까?" 픽윅 씨가 물었다.

"그 사람은 폐결핵을 오래 앓았습니다." 로커 씨가 말했다. "오늘 밤에 호흡이 무척 나빠졌어요. 6개월 전에 의사가 그랬지요, 요양을 가지 않는 한 살아날 방법이 없다고요."

"세상에!" 픽윅 씨가 외쳤다. "6개월 동안 법률이 그를 천천히 죽이고 있었다는 말입니까?"

"그건 모르겠습니다." 로커가 양손으로 모자 테를 잡고 무게를 가늠하며 대답했다. "어디서든 똑같았겠지요. 오늘 아침 진료소에 들어갔습니다. 의사가 최대한 기운을 내야 한다고 해서 교도소장이 집에서 와인과 고기 국물 등을 보내줬습니다. 아시겠지만 소장님의 잘못은 아니지요."

"물론 아니지요." 픽윅 씨가 얼른 대답했다.

"하지만 걱정입니다." 로커가 고개를 저으며 말했다. "이제 아마 끝이겠지요. 네디에게 6페니짜리 물 탄 진을 두 잔 주겠다고 했는데 받으려 하지를 않네요. 그게 맞는 듯합니다. 감사합니다. 안녕히 주무세요."

"잠깐만요." 픽윅 씨가 진지하게 말했다. "진료소가 어디 있습니까?"

"바로 위층입니다." 로커가 대답했다. "가고 싶으시면 안내해

드리죠." 픽윅 씨는 말없이 자기 모자를 낚아채고 곧장 뒤따랐다.

간수는 침묵 속에서 앞장섰고 진료소 문 걸쇠를 조용히 들어 올린 다음 픽윅 씨에게 들어가라고 손짓했다. 크고 황량하고 기둥 없는 침대 몇 개 외에는 아무것도 없는 방이었는데, 그중 하나에 어떤 남자의 그림자가 길게 누워 있었다. 파리하고 창백하고 유령 같았다. 숨소리는 거칠고 탁했고, 숨을 쉴 때마다 고통스럽게 신음했다. 침대 옆에는 구두 수선공 앞치마를 두른 작은 노인이 앉아 있었는데, 안경을 쓰고서 성경을 소리 내어 읽고 있었다. 운 좋은 유산 수령자였다.

병자가 간병인의 팔에 손을 얹고 그만 하라고 손짓하자 노인이 책을 덮어 침대에 올려두었다.

"창문을 열어줘." 병자가 말했다.

간병인이 그렇게 했다. 마차와 짐마차 소리, 덜컹거리는 바퀴 소리, 어른들과 아이들의 고함 소리, 생명력이 넘치고 일을 하느라 바쁜 수많은 사람들의 분주한 소리가 섞여서 하나의 굵직한 중얼거림이 되어 방으로 실려 들어왔다. 거칠고 시끄러운 소리 위로 가끔 활기찬 웃음소리가 들렸다. 어느 들뜬 사람의 기분 좋은 노랫소리가 잠깐 귓가를 스쳤다가 시끄러운 목소리와 쿵쾅거리는 발소리 사이로 사라지기도 했다. 바깥의 넘실거리는 생명의 바다에서 파도가 치는 소리였다. 언제든지 조용히 귀를 기울이면 구슬퍼지는 소리인데, 죽음의 침상을 지키는 사람에게는 얼마나 더 구슬플까!

"여기에는 공기가 없어." 병자가 희미하게 말했다. "이곳이 공기를 오염시키고 있어. 몇 년 전에 저 바깥을 걸어 다닐 때는 공기가 신선했는데, 이 담장을 통과하면서 뜨겁고 불쾌해져. 숨을 쉴 수가 없어."

"우리는 오랫동안 같이 이곳 공기를 마셨잖나." 노인이 말했다. "자, 힘을 내게."

짧은 침묵이 흐르는 사이에 두 구경꾼이 침대로 다가갔다. 병자는 오랜 동료 수감자의 손을 자기 쪽으로 끌어당겨서 양손으로 애정 어리게 꼭 쥐고서 놓지 않았다.

"내가 바라는 건 말이야." 잠시 후 그가 헐떡이며 말했다. 너무나 희미했기 때문에 그들은 차갑고 파란 입술이 내뱉는, 반쯤 되다 만 소리를 알아들으려고 침대 가까이 귀를 가져가야 했다. "자비로운 주님께서 내가 이 땅에서 받은 무거운 벌을 기억해 주시면 좋겠네. 무려 20년이야, 친구. 이 끔찍한 무덤에서 20년을 살았어. 아이가 죽었을 때는 심장이 부서지는 것 같았고, 작은 관에 누운 아이에게 입맞춤도 못 했네. 그 이후로 나는 이 시끄럽고 소란스러운 곳에서 정말 끔찍하게 외로웠다네. 주님께서 나를 용서하시기를! 주님은 오랫동안 머뭇거리던 내 고독한 죽음을 다 보셨네."

병자가 손을 포개고 뭐라고 더 중얼거렸지만 알아들을 수 없었고, 그는 곧 잠들었다. 처음에는 잠든 것뿐이었다. 그러다 차츰 그의 얼굴에 떠오른 미소가 보였다.

그들이 잠시 서로 속삭였고, 간수가 베개 위로 몸을 굽히더니 얼른 다시 폈다. "그는 풀려났습니다. 주님의 손으로요!" 그가 말했다.

그랬다. 하지만 그는 살아 있을 때에도 죽은 자와 너무 비슷했으므로 그가 언제 죽었는지 아무도 알지 못했다.

45장

새뮤얼 웰러 씨와 가족의 감동적인 만남,
픽윅 씨가 자신이 살고 있는 작은 세상을
둘러보고 최대한 멀리하기로 결심하다

감옥에 들어오고 며칠이 지났을 때, 새뮤얼 웰러 씨는 주인의 방을 세심하게 정리하고 주인이 편히 앉아서 책과 신문을 읽는 모습을 확인한 다음, 한두 시간을 최대한 즐겁게 보내려고 물러갔다. 날씨가 좋았기 때문에 바깥 공기를 쐬면서 포터 맥주 1파인트를 마시면 다른 소소한 오락을 즐기는 것 못지않게 마음이 가벼워질 것 같았다.

이렇게 결심한 샘은 술집으로 가서 맥주를 사고 이틀 전 신문을 구한 다음 스키틀스 구장으로 가서 벤치에 앉아 무척 차분하고 꼼꼼한 태도로 즐거운 시간을 보내기 시작했다.

그는 우선 맥주를 시원하게 한 모금 마시고 창가에서 감자를 깎고 있던 아가씨를 올려다보며 플라토닉한 윙크를 보냈다. 그

989

런 다음 신문을 펼쳐서 경찰 기사가 바깥으로 나오도록 접기 시
작했는데, 바람이 불어서 무척 짜증 나고 힘들었으므로 다 접고
나서 맥주를 한 모금 더 마셨다. 샘은 신문 기사를 두어 줄 읽다
말고 라켓 경기를 마무리하던 두 남자를 보았고, 경기가 끝나자
칭찬하듯이 아주 잘했다고 소리치고서 다른 구경꾼들도 자신과
같은 생각인지 확인했다. 이를 위해 창문을 몇 번 더 올려다봐야
했고, 아가씨가 아직 거기 있었으므로 당연한 예의에 따라 샘은
윙크를 한 번 더 하고 맥주를 한 모금 더 마시면서 말없이 그녀
의 건강을 위해 건배했다. 그러고 나서 자신의 마지막 행동을 지
켜보던 남자아이를 향해 얼굴을 무섭게 찌푸려 보인 다음 다리
를 꼬고 앉아 양손으로 신문을 들고 진지하게 읽기 시작했다.

　샘이 마음을 가라앉히고 정신을 집중하기도 전에 어딘가 먼
복도에서 누가 그의 이름을 부르는 것 같았다. 착각이 아니었다.
웰러를 부르는 고함 소리가 입에서 입으로 전해지더니 몇 초 만
에 공기 중에 울려 퍼졌다.

　"여기 있어요!" 샘이 아주 큰 목소리로 외쳤다. "무슨 일입니
까? 누가 웰러를 찾아요? 시골집에 불이 났다는 급한 전갈이라
도 왔습니까?"

　"현관에서 누가 자네를 찾네." 옆에 서 있던 남자가 말했다.

　"신문이랑 맥주 좀 봐주실래요?" 샘이 말했다. "갑니다. 변호
사 임명식도 이렇게 시끄럽지는 않겠군."

　그는 찾는 사람이 가까이 있는 줄도 모르고 온 힘을 다해서
'웰러'라고 소리치던, 앞서 말한 아이의 머리를 가볍게 톡톡 친 다

음 마당을 가로지르고 계단을 올라 현관으로 갔다. 그의 시야에 제일 처음 들어온 것은 손에 모자를 들고 계단 맨 아랫단에 앉아서 제일 큰 목소리로 30초에 한 번씩 크게 외치는 사랑하는 아버지의 모습이었다.

"왜 그렇게 소리를 질러요?" 노신사가 다시 한번 소리치자 샘이 화를 내며 말했다. "얼굴에 열이 올라서 꼭 병 걸린 유리 직공 같아요. 무슨 일이에요?"

"아하!" 노신사가 대답했다. "리젠트 파크로 산책이라도 갔나 걱정하던 참이다, 새미."

"왜 이러세요." 샘이 말했다. "그런 말로 탐욕의 피해자를 놀리지 말고 계단에서 내려오세요. 왜 거기 앉아 있어요? 제가 거기 사는 것도 아닌데."

"널 위해서 아주 재미있는 일을 가져왔단다, 새미." 아버지 웰러 씨가 일어나며 말했다.

"잠시만요, 바지 엉덩이가 새하얘졌어요." 샘이 말했다.

"괜찮다. 털어주렴." 웰러 씨가 말했고, 아들이 먼지를 털었다. "옷에 하얗게 묻히고 다니면[145] 여기서는 인신공격처럼 느껴지겠지, 새미?"

여기서 웰러 씨가 발작적으로 웃음을 터뜨리려는 징조를 보였기 때문에 샘이 끼어들어 말렸다.

"조용히 하세요, 제발!" 샘이 말했다. "트럼프 카드도 아버지

---

145 법원에서 파산이나 빚을 탕감해 주는 것을 가리킬 때도 같은 표현whitewash을 썼다.

같지는 않겠어요. 왜 이렇게 요란이에요?"

"새미." 웰러 씨가 이마를 닦으며 말했다. "언젠가 웃다가 뇌졸중이 올까 봐 걱정이다."

"그러면 왜 웃는 거예요?" 샘이 말했다. "자, 할 말이 뭐예요?"

"여기 내가 누구를 데리고 왔을 것 같으냐, 새뮤얼?" 웰러 씨가 한두 걸음 물러서서 입을 꾹 다물고 눈을 크게 뜨며 말했다.

"펠 씨요?" 샘이 말했다.

웰러 씨가 고개를 저었고, 출구를 찾으려고 애쓰는 웃음 때문에 붉은 뺨이 부풀어 올랐다.

"그럼, 얼굴이 얼룩덜룩한 남자요?" 샘이 말했다.

다시 웰러 씨가 고개를 저었다.

"그럼 누군데요?" 샘이 물었다.

"네 계모다." 웰러 씨가 말했다. 그래서 다행이었는데, 아니었으면 뺨이 부풀다 못해 금이 갔을 것이 분명했다.

"네 계모 말이다, 새미." 웰러 씨가 말했다. "그리고 딸기코랑, 아들아. 딸기코 사내 말이다. 하하하!"

웰러 씨가 발작적으로 웃음을 터뜨렸고, 샘은 얼굴 전체로 서서히 퍼져 나가는 웃음을 지으며 아버지를 보았다.

"그 두 사람이 너랑 진지한 이야기를 하려고 왔단다, 새뮤얼." 웰러 씨가 눈을 닦으며 말했다. "돈 받을 생각이 없는 채권자 이야기는 한 마디도 하지 마라, 새미."

"누군지 몰라요?" 샘이 물었다.

"전혀 모르지." 그의 아버지가 대답했다.

"어디 있어요?" 샘이 노신사의 웃음에 역시 웃음으로 답하며 말했다.

"술집에." 웰러 씨가 대답했다. "그 딸기코 사내는 술이 없는 곳에 가는 법이 없지, 그렇고말고. 오늘 아침 마키스 여관에서 마차를 타고 출발해서 아주 즐거운 여행을 했단다." 말이 똑똑히 나오게 되자 아버지 웰러 씨가 말했다. "네 계모의 첫 번째 남편이 가지고 있던 작은 마차에다가 늙은 얼룩말을 매서 왔는데, 목자를 위해서 안락의자까지 실었지 뭐냐, 세상에." 웰러 씨가 무척 업신여기는 표정으로 말했다. "우리 집 앞 도로에서 목자가 마차에 탈 수 있게 이동식 계단까지 놨다니까."

"설마 진짜는 아니죠?" 샘이 말했다.

"진짜라니까, 새미." 그의 아버지가 말했다. "계단을 올라가면서 마차를 얼마나 꽉 붙잡는지 네가 봤어야 하는데. 6피트 아래로 곤두박질쳐서 백만 개의 원자로 산산조각 날까 봐 무서운 사람처럼 말이다. 하지만 결국은 목자가 올라탔고 우리는 출발했지. 내 생각에는—그냥 내 생각이다, 새뮤얼—모퉁이를 돌 때마다 아마 좀 덜컹거렸을 거야."

"기둥에 한두 번 정도 박았을 것 같은데요?" 샘이 말했다.

"아무래도 말이다." 웰러 씨가 무척 기뻐서 눈을 반짝반짝 빛내며 말했다. "아무래도 한두 번은 그랬나 보다, 새미. 오는 내내 안락의자에서 굴러떨어졌거든."

말을 마친 노신사는 좌우로 고개를 저었고, 안에서 그릉그릉하는 소리가 울리면서 얼굴이 극심하게 부풀어 오르더니 갑자기 이목구비가 커졌다. 이 모습을 보고 그의 아들이 적잖이 놀랐다.

"겁먹지 마라, 새미. 겁먹지 마." 노신사가 안간힘을 쓰면서 경련을 일으키듯 발로 바닥을 쿵쿵 구른 끝에 목소리를 되찾고 말했다. "그냥 조용하게 웃으려고 애쓰는 것뿐이란다, 새미."

"그렇다면 다시는 애를 안 쓰는 게 좋겠어요." 샘이 말했다. "상당히 위험한 방법이네요."

"마음에 안 드냐?" 노신사가 물었다.

"전혀요." 샘이 대답했다.

"음." 웰러 씨가 여전히 눈물을 흘리며 말했다. "할 수만 있었으면 참 괜찮은 방법이었을 텐데, 네 계모랑 투닥거릴 필요도 없고 말이다. 하지만 네 말이 맞는 것 같구나. 뇌졸중은 위험해. 너무 위험하지."

이렇게 대화를 나누다 보니 술집 문 앞에 도착했고, 샘은 잠깐 멈춰서 어깨 뒤를 돌아보며 여전히 낄낄거리던 존경스러운 아버지를 장난스럽게 흘끔거린 다음 안으로 들어갔다.

"새어머니." 샘이 예의바르게 인사하며 말했다. "이렇게 와주셔서 감사합니다. 목자님, 안녕하세요?"

"오, 새뮤얼!" 웰러 부인이 말했다. "끔찍한 일이구나."

"전혀 안 그래요, 어머니." 샘이 대답했다. "그렇죠, 목자님?"

스티긴스 씨가 양손을 위로 들고 눈동자의 흰자—아니, 노른자—만 보일 때까지 눈을 치켜떴지만 아무 대답도 하지 않았다.

"이분 어디 많이 아프세요?" 샘이 설명을 바라듯 계모를 보면서 말했다.

"이 착하신 분은 널 여기서 봐서 슬퍼하시는 거란다, 새뮤얼."
웰러 부인이 대답했다.

"아, 그래요?" 샘이 말했다. "마지막으로 오이를 드실 때 후추를 깜빡 잊고 안 치셨나 했죠. 앉으세요, 목자님. 앉는 데 추가 요금은 없어요. 왕이 대신들을 호되게 꾸짖을 때 말했던 것처럼요."[146]

"젊은이." 스티긴스 씨가 과시하듯 말했다. "감옥에 갇혀서도 물러지지 않은 것 같아 걱정이군."

"실례지만 뭐라고 하셨죠?" 샘이 대답했다.

"이런 벌을 받으면서도 성질이 물러진 것 같지 않아서 걱정이네." 스티긴스 씨가 큰 목소리로 말했다.

"목자님, 그런 말씀을 해주시다니 정말 친절하시군요." 샘이 대답했다. "저는 머리가 무른 사람이 되기는 싫거든요. 높은 평가에 정말 감사드려요."[147]

대화가 여기까지 흐르자 아버지 웰러 씨가 앉아 있는 의자에서 웃음에 가까운 상스러운 소리가 났고, 그러자 웰러 부인은 이 상황을 황급히 고려해 본 다음 점점 신경질을 부리는 것이 자신의 마땅한 의무라고 생각했다.

"웰러." 웰러 부인이 구석에 앉아 있는 노신사에게 말했다. "웰러! 이리 와요."

---

146 '추가 요금extra charge'의 요금은 비난, 혐의라는 뜻도 있다.

147 '무르다soft'라는 표현을 스티긴스 씨는 온화하다는 뜻으로, 샘은 멍청하다는 뜻으로 말하고 있다.

"정말 고맙소, 여보." 웰러 씨가 대답했다. "하지만 난 이 자리
가 편하다오."

그러자 웰러 부인이 눈물을 터뜨렸다.

"무슨 일이에요, 어머니?" 샘이 말했다.

"오, 새뮤얼!" 웰러 부인이 대답했다. "네 아버지는 나를 비참하
게 한단다. 저 사람한테는 정말 아무것도 소용이 없는 걸까?"

"이 말 들리세요?" 샘이 말했다. "아버지한테는 아무것도 소용
이 없는지 알고 싶으시대요."

"웰러 부인의 예의 바른 질문에 무한히 감사드린다고 전해라,
새미." 노신사가 대답했다. "내 생각에 파이프가 나한테는 소용
이 많을 것 같구나. 파이프 담배 좀 피울 수 있을까, 새미?"

그러자 웰러 부인이 더욱 눈물을 흘렸고 스티긴스 씨는 신음
했다.

"여기요! 이 불쌍한 신사분이 또 아프신 것 같아요." 샘이 주변
을 둘러보며 말했다. "이번엔 어디가 안 좋으세요?"

"같은 곳이라네, 젊은이." 스티긴스 씨가 힙겹게 대답했다. "같
은 곳이야."

"그게 어딘가요?" 샘이 아무것도 모르는 척 물었다.

"가슴이 아프다네, 젊은이." 스티긴스 씨가 우산을 조끼에 넣
으며 대답했다.

이 감격적인 대답에 웰러 부인은 감정을 억누르지 못하고 소
리 내어 흐느끼면서 딸기코 남자는 분명 성인聖人이 틀림없다고
확신하며 말했다. 그러자 아버지 웰러 씨는 낮은 목소리로 그가

시외 성 시몬 및 시내 성 워커 교구 연합[148]의 대표가 틀림없다고 말했다.

"어머니." 샘이 말했다. "이분이 얼굴을 잔뜩 찌푸리신 것을 보니 눈앞의 우울한 광경 때문에 목이 마르신가 봐요. 맞죠?"

이 고결한 부인은 대답을 구하듯 스티긴스 씨를 보았고, 그는 눈을 여러 번 굴리면서 목이 마르다는 뜻으로 오른손으로 목을 붙잡고 뭔가 마시는 흉내를 냈다.

"새뮤얼, 감정이 북받쳐서 목이 마르신 것 같구나." 웰러 부인이 슬퍼하며 말했다.

"평소에는 어떤 술을 드세요, 목자님?" 샘이 말했다.

"오, 친애하는 젊은이!" 스티긴스 씨가 대답했다. "모든 술은 헛되다네."

"정말 그래요, 정말로요." 웰러 부인이 신음을 내더니 동의의 뜻으로 고개를 저으며 중얼거렸다.

"음, 그럴지도 모르겠네요." 샘이 말했다. "그래도 특히 좋아하시는 헛됨은 무엇입니까? 어떤 맛의 헛됨을 제일 좋아하세요?"

"오, 친애하는 젊은이." 스티긴스 씨가 대답했다. "전부 경멸한다네." 스티긴스 씨가 말했다. "그중에서 약간 덜 혐오스러운 것이 있다면 바로 럼이지. 따뜻하게 설탕 세 덩어리를 넣은 것으로."

"정말 죄송합니다." 샘이 말했다. "이 건물에서 그 헛됨은 판매 금지라서요."

---

148   정확한 뜻은 불분명하지만 시몬은 6펜스를 가리키는 속어이고, 워커는 믿을 수 없다는 뜻의 일종의 감탄사이다.

"아, 이 완고한 인간들의 마음은 얼마나 냉혹한지!" 스티긴스 씨가 외쳤다. "아, 인정머리 없는 박해자들은 얼마나 잔인한지!"

스티긴스 씨는 이렇게 말하면서 다시 눈을 치켜뜨고 우산으로 가슴을 두드렸는데, 이 목사를 위해서 분명히 밝히자면 그의 분노는 아주 진실하고 거짓이 없어 보였다.

웰러 부인과 딸기코 신사가 이 인정머리 없는 관습을 무척 강하게 비난하고 이러한 관습을 만든 사람들에게 경건하고도 신성한 각종 저주를 쏟아낸 다음, 딸기코 신사는 물 약간과 향신료, 설탕을 넣고 데운 포트와인이 위에 좋고 수많은 다른 혼합주보다 덜 헛되다며 추천했다. 따라서 그대로 주문을 했고 술이 나오기를 기다리는 동안 딸기코 사내와 웰러 부인은 아버지 웰러를 보며 신음했다.

"음, 새미." 아버지 웰러 씨가 말했다. "이 유쾌한 방문으로 네 기분이 나아지면 좋겠구나. 정말 재미있고 유익한 대화야. 안 그러냐?"

"아버지는 주님께 버림받은 사람이에요." 샘이 대답했다. "저한테 그런 은혜도 모르는 말은 더 이상 하지 말아주세요."

아버지 웰러 씨는 바람직한 대답을 듣고도 전혀 교화되는 기색 없이 크게 싱긋 웃었고, 이 굽힐 줄 모르는 행동에 웰러 부인과 스티긴스 씨는 의자에 앉은 채 눈을 감고 괴로운 듯 몸을 앞뒤로 흔들었다. 그러자 웰러 씨는 갖가지 몸짓으로 스티긴스 씨의 코를 때리고 비틀고 싶다는 마음을 드러냈는데, 이러한 행동이 그에게 정신적으로 큰 위안을 주는 듯했다. 한 번은 그런 몸짓을 들킬 뻔했는데, 니거스가 나오자 스티긴스 씨가 몸을 움찔하는 바람에 몇 분 동안 스티긴스 씨의 귀 바로 옆에서 불꽃놀이 같은 모양을 그리던 웰러 씨의 주먹이 그의 머리와 부딪쳤던 것이다.

"왜 그렇게 거칠게 잔에 팔을 뻗어요?" 샘이 얼른 말했다. "이 신사분이랑 부딪친 거 안 보이세요?"

"그럴 생각은 아니었다, 새미." 이 예상치 못한 일에 약간 부끄러워진 웰러 씨가 말했다.

"한번 복용해 보세요, 목자님." 안쓰러운 표정으로 머리를 어루만지는 딸기코 신사에게 샘이 말했다. "따뜻한 헛됨은 좀 어떤가요?"

스티긴스 씨는 아무 대답도 하지 않았지만 그의 태도가 잘 말해주었다. 그는 샘이 손에 쥐여준 잔의 내용물을 맛보더니 바닥에 우산을 내려놓고 다시 맛보았고, 배에 손을 대고 평온하게 두세 번 쓰다듬었다. 그런 다음 단숨에 마시고 입을 쩝쩝거리며 더 달라고 잔을 내밀었다.

술을 맛볼 때에는 웰러 부인도 뒤지지 않았다. 이 고결한 부인은 처음에는 한 방울도 마실 수 없다고 저항하더니, 작게 한 방울 마시고, 크게 한 방울 마시고, 그다음으로는 수없이 여러 방울을 마셨다. 그녀의 감정은 맛이 센 물을 복용하면 크게 영향을 받는 특성이 있었기 때문에 그녀는 니거스를 한 방울 마실 때마다 눈물을 한 방울 흘렸고, 감정이 점점 풀어지다가 마침내는 아주 비통하고 훌륭한 불행의 구렁텅이에 빠졌다.

아버지 웰러 씨는 무척 역겨운 티를 내며 이러한 징후들을 바라보았고, 니거스를 두 병째 비운 다음 스티긴스 씨가 우울하게 한숨을 쉬기 시작하자 여러 가지 말을 앞뒤 없이 중얼거리며 이 상황이 마음에 들지 않는다는 것을 분명히 드러냈다. 그중에서 알아들을 수 있는 것은 화를 내며 여러 번 반복하는 '엉터리'라는 말밖에 없었다.

"아들아, 내가 하나 말해줄까?" 노신사가 자기 부인과 스티긴스 씨를 한참 동안 빤히 바라보고 나서 말했다. "저 딸기코 사내뿐 아니라 네 계모도 속이 뭔가 잘못된 게 틀림없어."

"무슨 뜻이에요?" 샘이 말했다.

"저 사람들이 마시는 게 영양분이 되는 것 같지가 않아. 전부 따뜻한 물로 변해서 눈에서 쏟아져 나오니 말이다. 생각해 봐라, 새미, 몸 어딘가에 병이 있는 거야." 노신사가 대답했다.

웰러 씨가 확실하다는 듯 얼굴을 찌푸리고 여러 번 고개를 끄덕이며 이 과학적인 의견을 내놓았고, 그 모습을 본 웰러 부인이 둘이서 자신이나 스티긴스 씨, 혹은 두 사람 모두를 헐뜯고 있다는 결론을 내리고 한없이 상태가 더 나빠지려는 순간, 스티긴스 씨가 최대한 똑바로 일어서더니 일동을 위해서, 특히 샘을 위해서 교훈적인 이야기를 시작했다. 그는 무척 감동적인 말로 샘에게 지금 내던져진 악의 소굴에서 조심하라고, 모든 위선과 자만을 멀리하라고, 그(스티긴스)의 귀감을 그대로 받아들여 따르라고, 그러면 조만간 그와 마찬가지로 샘 역시 가장 칭송받아 마땅하고 비난의 여지없는 인물이며 다른 모든 지인과 친구는 구제할 수 없을 만큼 파렴치하고 품행 나쁜 악한이라는 기분 좋은 결론에 도달할 것이라고 말했다. 또한 이렇게 생각하면 더없이 활기 넘치는 만족을 느낄 수밖에 없을 것이라고 말했다.

더 나아가 스티긴스 씨는 샘에게 무엇보다도 음주라는 악을 멀리하라며 그것을 돼지의 더러운 버릇에, 또 입으로 씹으면 기억을 훔쳐간다는 그 유독하고 해로운 악에 비유했다. 이야기가 이쯤 되자 거룩하고 코가 빨간 신사는 확실히 일관성이 없어졌고, 자기 웅변에 흥분해서 앞뒤로 비틀거리며 똑바로 선 자세를 유지하려고 의자 등받이를 잡았다.

스티긴스 씨는 자기 말을 듣는 자들에게 거짓 예언자들과 종교를 비웃는 사악한 자들을 조심하라고, 그들에게는 가장 중요한 교리를 소상하게 설명할 분별도, 가장 중요한 원칙을 느낄 가슴도 없다고, 질 나쁜 범죄자들보다도 이 사회에 더욱 위험하다고, 반드시 가장 허약하고 무지한 사람들을 이용한다고, 가장 신성하게 여겨야 할 것을 업신여기고 경멸한다고, 불공평하게도 수많은 훌륭한 종파와 파벌의 덕이 뛰어나고 행실이 훌륭한 사람들의 평판을 떨어뜨린다고 역설하지 않았다. 그러나 상당한 시간 동안 의자 등받이에 기대어 서서 한쪽 눈을 감고 한쪽 눈을 계속 깜빡인 것을 보아 이 모든 것을 생각을 떠올린 것은 분명하지만 혼자 간직한 것으로 보인다.

웰러 부인은 연설을 듣는 내내 흐느끼다가 연설이 끝나자 엉엉 울었고, 샘은 의자에 다리를 꼬고 앉아 등받이에 팔을 올린 채 무척 온화하고 얌전한 태도로 연사를 보면서 가끔 노신사를 향해 알겠다는 표정을 지어 보였으며, 노신사는 처음에는 즐거워하더니 중간쯤 잠들었다.

"브라보! 정말 멋집니다!" 딸기코 남자가 말을 끝내자 샘이 말했다. 남자는 낡은 장갑을 꼈는데 손가락 끝에 구멍이 나서 관절이 다 드러났다. "정말 멋집니다!"

"너에게 도움이 되면 좋겠구나, 새뮤얼." 웰러 부인이 엄숙하게 말했다.

"그럴 거예요, 어머니." 샘이 대답했다.

"네 아버지에게도 도움이 되면 좋으련만." 웰러 부인이 말했다.

"고맙소, 여보." 아버지 웰러 씨가 말했다. "당신은 어떤 기분이오, 여보?"

"연설을 비웃다니!" 웰러 부인이 말했다.

"미개한 인간!" 스티긴스 목사가 말했다.

"당신의 그 허튼소리보다 더 좋은 빛을 만나지 못한다면 나는 길에서 완전히 내려올 때까지 계속 야간 마차를 몰겠구려."[149] 아버지 웰러 씨가 말했다. "자, 웰러 부인, 얼룩말을 더 맡겼났다가는 돌아갈 때는 성질이 나서 목자를 태운 채로 산울타리 위로 몇 번 쓰러져버릴지도 모르겠소."

스티긴스 씨는 이러한 추측에 깜짝 놀라서 모자와 우산을 주섬주섬 챙기더니 즉시 출발하자고 했고 웰러 부인도 찬성했다. 샘은 그들과 함께 간수실이 있는 정문까지 걸어가서 예의 바르

---

149 '허튼소리moonshine'는 달빛이라는 뜻도 있다.

게 인사했다.

"아듀, 새뮤얼." 노신사가 말했다.

"아듀가 뭐예요?" 샘이 물었다.

"음, 그러면 잘 있어라." 노신사가 말했다.

"아, 그런 뜻이었어요?" 샘이 말했다. "안녕히 가세요."

"새미." 웰러 씨가 조심스레 주변을 둘러보며 속삭였다. "네 주인에게 안부 전해다오. 그리고 생각이 바뀌면 나한테 연락하시라고 해. 내가 가구 만드는 친구랑 같이 네 주인을 여기서 꺼낼 계획을 세워놓았다. 피아노야, 새뮤얼. 피아노라고!" 웰러 씨가 손등으로 아들의 가슴을 치면서 이렇게 말하더니 한두 걸음 물러섰다.

"무슨 뜻이에요?" 샘이 말했다.

"피아노포르테야, 새뮤얼." 웰러 씨가 더욱 수수께끼처럼 대답했다. "돈을 내고 빌리면 돼. 연주가 안 되는 피아노 말이다."

"그게 무슨 소용인데요?" 샘이 말했다.

"네 주인이 가구 만드는 내 친구한테 사람을 보내서 피아노를 가지고 오면 돼." 웰러 씨가 대답했다. "이제 알겠냐?"

"아니요." 샘이 대답했다.

"안이 텅 비어 있다." 그의 아버지가 속삭였다. "네 주인이 쉽게 들어갈 거야. 모자랑 신발까지 전부 말이다. 피아노 다리 쪽으로 숨도 쉴 수 있지. 미국으로 갈 배표도 준비하고, 네 주인한테 돈이 있다는 것을 알면 미국 정부는 절대 네 주인을 넘겨주지 않을 거다. 바델 부인이 죽거나 도슨과 포그가 교수형 당할 때까지 미국에서 사는 거야. 아마 두 사람이 교수형 당하는 쪽이 빠를 거다. 그런 다음 영국으로 돌아와서 미국에 대한 책을 쓰면 비용을 다 메우고도 남을 거야, 충분히 과장만 하면 말이야."

웰러 씨는 허둥거리면서 대략적인 계획을 열렬히 속삭인 다음, 더 이상 대화를 나누면 이 어마어마한 이야기의 효과가 미약해질까 봐 걱정이라도 되는 것처럼 마부식 인사를 건네고 급히 사라졌다.

샘이 존경하는 아버지의 비밀스러운 이야기 때문에 크게 흔들린 표정을 원래대로 되돌리기도 전에 픽윅 씨가 그를 불렀다.

"샘." 픽윅 씨가 말했다.

"네." 웰러 씨가 대답했다.

"감옥을 한 바퀴 둘러보려는데 같이 가도록 하지. 저기 우리가 아는 수감자가 오고 있군." 픽윅 씨가 미소를 지으며 말했다.

"누구요?" 웰러 씨가 물었다. "머리카락이 풍성한 사람 말입니까, 스타킹을 신은 웃긴 죄수 말입니까?"

"둘 다 아닐세." 픽윅 씨가 대답했다. "더 오래된 자네 친구지."

"제 친구라고요?" 웰러 씨가 외쳤다.

"자네는 이 사람을 아주 잘 기억할 거야, 장담하지." 픽윅 씨가 말했다. "그렇지 않다면 자네가 내 생각보다 옛 지인에게 더 무심한 사람이겠지. 쉿! 아무 말도 하지 말게, 샘. 한 마디도 안 돼. 저기 왔군."

픽윅 씨가 말하는 사이 징글이 다가왔다. 그는 픽윅 씨의 도움으로 전당포에서 약간 낡은 옷을 되찾아서 입고 있었기 때문에 이전보다 덜 비참해 보였다. 깨끗한 셔츠도 입었고 머리카락도 잘랐다. 그러나 무척 창백하고 여위었고, 지팡이에 기대어 천천히 다가오는 모습을 보니 그동안 질병과 가난으로 크게 고생했고 아직도 몸이 무척 약하다는 사실을 쉽게 알 수 있었다. 픽윅 씨가 인사하자 그는 모자를 벗었고, 샘 웰러를 보고 더욱 초라하고 부끄러워진 듯했다.

바로 뒤에서 따라오는 사람은 바로 잡 트로터 씨였는데, 그가 저지른 악행 목록에 동료에 대한 신의와 애정 부족은 절대로 오를 수 없었다. 잡은 여전히 지저분하고 누추했지만 며칠 전 픽윅 씨를 처음 만났을 때만큼 움푹 꺼진 얼굴은 아니었다. 그는 우리의 인자하고 나이 많은 친구를 보고 모자를 벗더니 띄엄띄엄 감사의 말을 중얼거렸고, 덕분에 굶어 죽지 않았다고 웅얼거렸다.

"그래, 그래." 픽윅 씨가 성급하게 끼어들며 말했다. "자네는 샘과 함께 따라오게. 징글 씨, 자네와 이야기를 하고 싶네. 트로터가 부축하지 않아도 걸을 수 있나?"

"물론입니다 ― 준비됐습니다 ― 너무 빠르지는 않게요. 다리가 떨려서요 ― 머리도 어지럽습니다 ― 빙빙 돌아요. 지진이 난 느낌입니다 ― 정말로."

"자, 팔을 이리 주게." 픽윅 씨가 말했다.

"아니, 아닙니다." 징글이 주저하며 대답했다. "정말 안 됩니다 ― 싫습니다."

"어서 나한테 기대게." 픽윅 씨가 말했다.

징글이 혼란스럽고 놀라서 어쩔 줄 몰라 하자 픽윅 씨가 병약한 방랑자의 팔을 잡아당겨 팔짱을 끼고 그 문제에 대해서는 더 이상 한 마디도 없이 끌고 갔다.

그동안 새뮤얼 웰러 씨의 얼굴에는 최고로 당황하고 얼이 빠질 만큼 놀란 표정이 떠올랐다. 그가 깊은 침묵 속에서 잡과 징글을, 또 징글과 잡을 번갈아 바라본 다음 조용히 내뱉었다. "이런, 기절초풍하겠군!" 샘은 이 말을 적어도 스무 번은 되풀이하더니 할 말을 완전히 잃은 듯했고, 다시 당혹과 혼란 속에서 말없이 두 사람을 번갈아 보았다.

"가지, 샘." 픽윅 씨가 돌아보며 말했다.

"가요, 갑니다." 웰러 씨가 기계적으로 주인을 따르며 대답했지만 옆에서 말없이 걷는 잡 트로터 씨에게서 여전히 시선을 떼지 못했다.

잡은 한동안 시선을 땅에 고정시켰고 샘은 잡의 얼굴에 시선을 고정시킨 채 지나가는 사람들과 부딪치고, 아이들에게 걸려 넘어지고, 계단과 난간에 부딪쳐 비틀거리면서도 그 사실을 알아차리지 못하는 듯했다. 마침내 잡이 힐끔 올려다보며 말했다.

"잘 지내셨습니까, 웰러 씨?"

"정말 그 녀석이잖아!" 샘이 소리쳤다. 잡의 정체를 확실히 깨달은 그가 자기 다리를 탁 치더니 길고 새된 휘파람으로 감정을 표현했다.

"제가 사정이 좀 변했습니다." 잡이 말했다.

"그런 것 같군." 웰러 씨가 놀라움을 숨기지도 않고 옆 사람이 걸친 누더기를 보며 말했다. "나쁘게 변한 것 같군, 트로터 씨. 어느 신사가 멀쩡한 반 크라운이랑 부적 삼아 주머니에 넣어 다니던 의심스러운 2실링 6펜스를 바꿨을 때 말했던 것처럼."

"그렇지요." 잡이 고개를 저으며 대답했다. "이제 속임수는 없습니다, 웰러 씨." 잡이 잠깐 교활한 표정을 지으며 말했다. "눈물은 고통을 드러내는 유일한 증거도, 가장 좋은 증거도 아니지요."

"그렇지." 샘이 의미심장하게 대답했다.

"거짓으로 꾸며낼 수도 있으니까요, 웰러 씨." 잡이 말했다.

"나도 알아." 샘이 말했다. "실제로 어떤 사람들은 언제든지 눈물을 흘릴 준비가 되어 있고, 내킬 때마다 마개를 뽑을 수 있지."

"네." 잡이 대답했다. "하지만 이런 것들은 쉽게 속일 수 없습니다, 웰러 씨. 그리고 이렇게 만들기까지 훨씬 더 고통스럽지요." 그가 푹 꺼진 뺨을 가리킨 다음 소매를 걷어 올려 팔을 드러냈는데, 건드리기만 해도 뼈가 부러질 듯했고 어찌나 뾰족하고 부서지기 쉬워 보이는지 뼈에 얇은 가죽만 덧씌운 것 같았다.

"도대체 스스로에게 무슨 짓을 한 거야?" 샘이 뒷걸음질 치며 말했다.

"아무것도 안 했습니다." 잡이 대답했다.

"아무것도 안 했다고!" 샘이 따라서 말했다.

"벌써 몇 주일째 아무것도 안 했습니다." 잡이 말했다. "먹고 마신 것도 거의 없지요."

샘은 알겠다는 표정으로 트로터 씨의 홀쭉한 얼굴과 비참한 복장을 보더니 그의 팔을 붙잡고 거칠게 끌고 가기 시작했다.

"어디 가십니까, 웰러 씨?" 잡이 오랜 원수의 강력한 손아귀 안에서 헛되이 몸부림치며 말했다.

"따라와." 샘이 말했다. "가자고." 그는 더 이상의 설명 없이 술집으로 가더니 포터 맥주를 한 잔 시켰다.

"자." 샘이 말했다. "마지막 한 방울까지 다 마셔. 그런 다음 잔을 뒤집어서 약을 다 마셨는지 확인시켜 주고."

"웰러 씨." 잡이 항변했다.

"마셔." 샘이 단호하게 말했다.

트로터 씨는 그의 요구에 따라 주전자를 입술로 가져가더니 거의 알아볼 수도 없을 만큼 조금씩 기울였다. 그는 숨을 쉬려고 한 번, 딱 한 번 멈추었지만 술잔에서 얼굴도 들지 않았고 잠시 후 팔을 쭉 뻗어 술잔을 거꾸로 들었다. 아무것도 쏟아지지 않았고 거품 몇 방울만이 테두리에서 게으르게 떨어졌다.

"잘했군. 이제 어때?" 샘이 말했다.

"좀 낫습니다. 나아진 것 같아요." 잡이 대답했다.

"당연히 그렇겠지." 샘이 따지듯이 말했다. "풍선에 가스를 넣는 거나 마찬가지니까. 이렇게 마시고 나니 조금 더 살이 붙는 게 맨눈으로도 보이는군. 똑같은 크기로 한 잔 더 어때?"

"안 마시는 게 좋겠습니다. 정말 감사합니다." 잡이 대답했다. "더 안 마시는 게 좋겠어요."

"음, 그러면 먹을 건?"

"당신의 훌륭하신 주인님 덕분에 말입니다." 트로터 씨가 말했다. "우리는 3시 15분 전에 양 다리 반쪽을 구워서 먹었습니다, 감자를 삶는 대신 그 밑에 넣었지요."

"뭐라고! 주인님이 당신들을 먹여 살리고 있었다고?" 샘이 강한 어조로 물었다.

"그렇습니다." 잡이 대답했다. "게다가 웰러 씨, 저희 주인님이 무척 아프시다 보니 픽윅 씨가 우리에게 방을 빌려주시고—그전에는 개집 같은 곳에서 지냈죠—돈도 내주셨습니다. 그리고 아무도 모르게 밤마다 우리를 보러 오셨지요." 잡이 이번만큼은 진짜 눈물을 흘리며 말했다. "웰러 씨, 저는 그분 발치에 쓰러져 죽을 때까지라도 그분을 모실 수 있습니다."

"분명히 말해두는데 그런 짓을 하면 가만두지 않겠어." 샘이 말했다.

잡 트로터가 놀란 표정을 지었다.

"분명히 말하지만 그런 짓은 안 돼, 젊은 친구." 샘이 단호하게 다시 말했다. "나 말고는 아무도 주인님을 모실 수 없어. 말이 나왔으니 내가 비밀을 하나 더 알려주지." 샘이 술값을 내면서 말했다. "내가 기억하는 한 딱 붙는 바지에 각반을 찬 천사 같은 건 본 적도 없고 이야기책에서 읽은 적도 없고 그림에서 본 적도 없어. 안경을 낀 천사도 마찬가지야. 내가 아는 거랑 정반대일지도 모르지만 잘 들어, 잡 트로터. 그럼에도 불구하고 우리 주인님은 진짜 천사야. 누구든 더 나은 천사를 알고 있다고 말하려면 한번 보여줘 보라고." 웰러 씨는 도전적으로 말하면서 허리에 찬 호주머니에 잔돈을 넣고 단추를 채웠고, 확실히 그렇다고 말하듯이 수없이 고개를 끄덕이고 손짓을 하면서 지금까지 나눈 이야기의 주인공을 찾아서 걸어갔다.

그들이 마침내 찾아냈을 때 픽윅 씨는 징글과 무척 진지하게 대화를 나누며 라켓 운동장에 모인 사람들에게는 눈길 한 번 주지 않았다. 운동장에 모인 사람들 역시 무척 잡다했기 때문에 한가한 호기심이라면 지켜볼 만도 했다.

"음." 샘과 트로터가 가까이 다가갈 때 픽윅 씨가 말했다. "자네 건강 상태를 주시하면서 그동안 생각을 해보게. 괜찮겠다는 생각이 들면 나한테 말해주고. 나도 잘 생각해 본 다음 자네와 이야기를 나누도록 하지. 이제 방으로 돌아가게. 자네는 지쳤어. 몸이 약해서 바깥바람을 오래 쐬면 안 돼."

앨프리드 징글 씨는 예전과 같은 활기 하나도 없이—픽윅 씨가 비참한 그를 처음으로 우연히 마주쳤을 때 짐짓 꾸몄던 음산한 쾌활함조차도 없이—말없이 고개를 숙여 인사하고 잡에게 지금은 따라오지 말라고 손짓한 다음, 천천히 느릿느릿 걸어갔다.

"참 신기한 광경이야, 안 그런가, 샘?" 픽윅 씨가 명랑하게 주변을 둘러보며 말했다.

"정말 그렇습니다." 샘이 대답했다. "놀라운 일은 절대 끝이 없다니까. 징글 씨가 분명히 울고 있잖아!" 샘이 혼잣말을 하며 덧붙였다.

플리트 감옥 안에서 픽윅 씨가 서 있는 구역 중 담장과 인접한 부분은 좋은 라켓장으로 쓸 만큼 넓었는데 한쪽은 물론 담장으로 막혀 있었고 다른 한쪽은 세인트 폴 대성당을 내다보는 (혹은 담장이 없었다면 내다봤을) 감옥의 일부로 막혀 있었다. 수많은 채무자들은 아무것도 할 일이 없을 때 멍하니 취할 수 있는 모든 자세로 어슬렁거리거나 자리에 앉아 있었는데, 대부분은 파산 법정이 열리기 전에 자신이 올라가는 날이 올 때까지 감옥에서 기다리고 있었고, 다른 사람들은 각종 기한 동안 재구류되어 최대한 빈둥거리며 시간을 보냈다. 몇몇은 초라했고, 몇몇은 깔끔했으며, 대부분은 더러웠고, 소수는 깨끗했다. 그러나 이들은 모두 동물원의 동물들처럼 기운이나 목적 없이 어슬렁거리고 배회하고 살금살금 걸었다.

이러한 산책길이 내려다보이는 창가에 많은 사람들이 맥없이 서 있었는데 몇몇은 아래의 지인과 시끄럽게 대화를 나누었고, 몇몇은 바깥에서 공을 던지는 대담한 사람들과 공놀이를 했으며, 또 몇몇은 라켓을 치는 사람들이나 응원하는 남자아이들을 보았다. 더럽고 단정치 못한 복장의 여자들이 마당 한구석 조리실로 통하는 길을 지나다녔고, 아이들은 다른 쪽 구석에서 소리를 지르고 싸우고 같이 놓았다. 스키틀이 쓰러지는 소리와 스키틀즈를 하는 사람들의 고함 소리가 수백 가지 다른 소리들과 끝없이 뒤섞였다. 사방이 시끄럽고 소란스러웠다. 어젯밤에 세상을 떠난 대법관 죄수의 시체가 엉터리 검시를 기다리며 조용하고 창백하게 누워 있는 초라한 헛간만 제외하고. 시체! 그것은 살아 있는 사람을 구성하는, 끊임없이 소용돌이치는 걱정과 불안, 애정, 희망, 슬픔의 덩어리를 일컫는 변호사의 용어와 같다.[150] 법률이 그의 몸을 가져갔고, 그것은 우중충한 옷을 입고 법률의 온화

---

150   법적 용어로 사람을 가리키는 '신병body'은 시체와 같은 단어를 쓴다.

한 자비가 어떤 것인지 보여주는 무시무시한 증인으로서 거기 누워 있었다.

"휘파람 가게에 가보시겠어요?" 잡 트로터가 물었다.

"무슨 뜻인가?" 이것이 픽윅 씨가 맞받아친 질문이었다.

"휘파람 가게요." 웰러 씨가 끼어들었다.

"그게 뭔가, 샘? 조류 애호가의 가게인가?" 픽윅 씨가 물었다.

"세상에, 아닙니다." 잡이 대답했다. "휘파람 가게는 독주를 파는 곳입니다." 잡 트로터 씨는 감옥 내에 독주가 금지되어 있으므로 누구든 채무자 감옥에 독주를 들여오면 무거운 처벌을 받게 되어 있는데, 여기 갇힌 신사 숙녀들은 그 필수품을 무척 귀하게 여기기 때문에 투기를 좋아하는 간수가 값비싼 보수를 받으며 묵인해 주면 수감자 두세 명이 사람들이 제일 좋아하는 진을 팔면서 이익을 남긴다고 짧막하게 설명했다.

"이런 방법이 모든 채무자 감옥으로 서서히 퍼졌지요." 트로터 씨가 말했다.

"여기에는 아주 큰 장점이 있어요." 샘이 말했다. "간수는 자기한테 돈을 내지 않고 독주를 들여오는 사람들을 전부 엄하게 단속하거든요. 그런 다음 서류를 올리면 부지런히 경계한다고 칭찬을 받지요. 양쪽으로 이익인 거예요. 다른 사람들한테는 겁을 줘서 장사를 못 하게 만드는 동시에 자기 평판을 높이는 거죠."

"바로 그겁니다, 웰러 씨." 잡이 말했다.

"음, 하지만 독주가 숨겨져 있지 않은지 방을 검사하지 않나?" 픽윅 씨가 말했다.

"물론 하지요." 샘이 대답했다. "하지만 간수가 한발 먼저 휘파람 장사꾼들한테 언질을 준 다음 검사하러 갈 때 휘파람을 불면 됩니다."

잡이 문을 두드리자 머리를 빗지 않은 신사가 문을 열어주었고, 그들이 들어가자 빗장을 지르고 싱긋 웃었다. 그러자 잡이 싱긋 웃었고, 샘 역시 웃었다. 픽윅 씨는 자기도 그렇게 해야 하나 싶어서 이 방문이 끝날 때까지 계속 미소를 지었다.

머리를 빗지 않은 신사는 이 침묵의 거래에 무척 만족한 듯했다. 그가 침대 밑에서 2쿼트 정도 들어갈 듯한 납작한 돌 병을 꺼내서 잔 세 개에 진을 채우자 잡 트로터와 샘은 더없이 능숙하게 마셨다.

"더 드릴까요?" 휘파람 부는 신사가 말했다.

"됐습니다." 잡 트로터가 대답했다.

픽윅 씨가 돈을 내고 빗장이 풀리고 그들이 밖으로 나왔다. 머리를 빗지 않은 신사가 때마침 지나가던 로커 씨에게 친근하게 고개를 끄덕였다.

여기서부터 픽윅 씨는 계단을 오르락내리락하며 모든 층을 걸어 다녔고, 그런 다음 다시 마당 전체를 돌아다녔다. 감옥 인구 전체가 전부 미빈스와 스맹글, 목사, 푸주한, 사기꾼 같았다. 똑같은 더러움, 똑같은 소동과 소음, 구석구석 어디든, 제일 좋은 곳이든 제일 나쁜 곳이든, 전체적인 특징이 다 똑같았다. 감옥 전체가 어지럽고 어수선했고 사람들은 불안한 꿈속에서 이리저리 획획 지나다니는 그림자처럼 북적거렸다.

"충분히 봤어." 픽윅 씨가 자신의 작은 방으로 돌아와 의자에 몸을 던지며 말했다. "아까 본 장면들 때문에 머리가 지끈거리고 심장이 아프군. 이제부터 내 방에 갇혀서 안 나갈 테다."

픽윅 씨는 이 결심을 확고하게 지켰다. 석 달이라는 긴 시간 동안 그는 온종일 방에 갇혀 있었고, 동료 수감자들 대부분이 잠자리에 들거나 자기 방에서 흥청대며 노는 밤중에 잠시 나가서 바람을 쐴 뿐이었다. 갑갑하게 갇혀 지내느라 건강이 나빠졌지만 퍼커와 친구들이 아무리 자주 간청해도, 또 새뮤얼 웰러 씨가 더욱 자주 경고하고 타일러도 픽윅 씨의 굳은 결심은 조금도 바뀌지 않았다.

46장

도슨 씨와 포그 씨가 약간의 장난과 함께
자상한 마음으로 감동적인 행동을 하다

7월이 끝나고 일주일도 되지 않아서 전세 이륜 포장마차가 고스웰 스트리트를 빠르게 달리는 모습이 목격되었다. 마차 안에는 마부 외에 세 사람이 비좁게 끼어 앉아 있었고, 마부는 물론 옆쪽의 자그마한 전용석에 앉아 있었다. 좌석 앞의 가로판에는 숄 두 개가 걸려 있었는데 어느 모로 보나 가로판 뒤에 앉은 작고 입심 사나워 보이는 두 여인의 것이었고, 두 사람 사이 작은 공간에 꼭 끼어 앉은 사람은 느릿느릿하고 얌전한 신사로, 그가 큰맘 먹고 무슨 말을 할 때마다 입심 사나운 두 여인 중 하나가 말을 잘랐다. 결국 입심 사나운 두 여인과 느릿한 신사는 서로 다른 지시를 내렸지만 바델 부인의 집 문 앞에 멈춰야 한다는 것만은 일치했다. 입심 사나운 여인들은 노란 문이라고 했고 느릿한 신사는 녹색 문이라고 주장했다.

"녹색 문 앞에 세워주시오." 묵직한 신사가 말했다.

"아! 고집불통 같으니!" 입심 사나운 여인 중 하나가 외쳤다. "노란 문까지 가주세요."

그러자 녹색 문 앞에 마차를 급히 세우려던 마부가 말을 너무 높이 잡아당기는 바람에 승객 좌석으로 떨어질 뻔했지만, 말이 앞다리를 다시 내리게 하고 마차를 멈추었다.

"어디 서라는 겁니까?" 마부가 물었다. "합의를 보세요. 그것만 좀 부탁드릴게요."

그러자 더욱 격렬한 말다툼이 새로 시작되었다. 파리가 말의 콧등에 앉아서 귀찮게 하고 있었기 때문에 마부는 이 틈을 이용해서 인정을 베풀어 반대 자극 법칙에 따라 말의 머리 부근에 채찍질을 했다.

"사람 많은 쪽이 이기는 거죠." 드디어 입심 사나운 여인 중 한 명이 말했다. "노란 문 앞에 세워주세요."

그러나 입심 사나운 여인 중 한 명이 득의양양하게 말했듯이 전세 마차가 '자기 마차를 타고 올 때보다 훨씬 더 요란하게' 노란 문 앞까지 멋들어지게 질주한 다음 마부가 부인들을 부축하기 위해 마부석에서 내렸을 때, 빨간 대문 집 창문에서 토머스 바델 군의 작고 둥근 머리가 나왔다.

"성질내게!" 마지막으로 언급했던 입심 사나운 여인이 기를 죽이는 눈빛으로 느릿한 신사를 쏘아보며 말했다.

"여보, 내 잘못이 아니에요." 신사가 말했다.

"나한테 말하지 말아요, 하지 마!" 여인이 쏘아붙였다. "빨간 대문 집으로 가줘요. 아! 틈만 나면 남들 앞에서 아내에게 망신을 주면서 자부심과 기쁨을 느끼는 악당 때문에 괴로워하는 여자가 있다면 그게 바로 나예요!"

"부끄러운 줄 알아요, 래들." 또 다른 자그마한 여인이 말했는데, 그녀는 다름 아닌 클러핀스 부인이었다.

"내가 뭘 어쨌는데요?" 래들 씨가 물었다.

"말하지 말아요, 이 망나니 같으니! 너무 화가 나서 믿음도 잊고서 당신을 때릴까 봐 걱정이니까." 래들 부인이 말했다.

이런 대화가 오가는 동안 마부는 정말 수치스럽게도 굴레를 잡고 말을 끌고 걸어가서 빨간 대문 집 앞에 도착했고, 바델 군이 이미 문을 열어두었다. 친구 집에 가는 방법으로는 너무나 창피하고 저속했다! 말을 맹렬하게 달리지도 않고, 마부가 뛰어내려 문을 요란하게 두드리지도 않고, 부인들이 바람을 맞을까 봐 제일 마지막에야 가로판을 열지도 않고, 전세 마차 마부가 전속 마부처럼 숄을 건네주지도 않다니. 이 모든 장점이 사라지니 걸어오느니만 못했다.

"그래, 토미." 클러핀스 부인이 말했다. "가련한 네 어머니는 어떠시니?"

"아, 잘 지내세요." 바델 군이 대답했다. "앞쪽 응접실에 계세요. 준비도 다 됐고요. 저도 준비됐어요." 바델 군은 주머니 속에 양손을 넣고 폴짝폴짝 뛰면서 문 앞 계단을 올라갔다 내려갔다 했다.

"우리 말고 또 누가 가니, 토미?" 클러핀스 부인이 망토를 가다듬으며 말했다.

"샌더스 부인이요." 토미가 대답했다. "저도 가요, 저도."

"이 괘씸한 꼬맹이는 자기 생각밖에 안 한다니까." 자그마한 클러핀스 부인이 말했다. "얘, 토미야."

"네." 바델 군이 말했다.

"또 누가 가니?" 클러핀스 부인이 짐짓 상냥하게 말했다.

"아! 로저스 부인도 가세요." 바델 군이 눈을 크게 뜨고 정보를 알려주었다.

"뭐라고! 하숙하는 부인이!" 클러핀스 부인이 소리쳤다.

바델 군은 주머니에 손을 더욱 깊이 넣고서 다름 아닌 바로 그 하숙하는 부인이라는 뜻으로 정확히 서른다섯 번 고개를 끄덕였다.

"세상에!" 클러핀스 부인이 말했다. "대단한 파티가 되겠네."

"아, 찬장에 뭐가 있는지 알면 그렇게 말씀하실 거예요." 바델 군이 대답했다.

"뭐가 있는데?" 클러핀스 부인이 구슬리듯 말했다. "나한테는 말해줄 거지, 토미? 난 알아."

"아니, 안 할 거예요." 바델 군이 고개를 젓고 다시 계단을 오르락내리락 뛰며 대답했다.

"괘씸한 꼬맹이 같으니!" 클러핀스 부인이 중얼거렸다. "정말 짜증 나는 꼬맹이라니까! 얘, 토미, 사랑하는 클러피 아주머니한 테 말해주렴."

"엄마가 말하면 안 된댔어요." 바델 군이 대답했다. "나도 좀 먹을 거예요, 먹을 거예요." 조숙한 소년은 이 생각에 기분이 좋아져서 어린이용 트레드밀 같은 계단을 오르락내리락했다.

클러핀스 부인이 어린 아이를 심문하는 동안 래들 부부와 마부는 요금을 두고 언쟁을 벌였고, 마부의 승리로 끝난 뒤에 래들 부인이 계단을 비틀비틀 올라왔다.

"어머, 메리 앤! 무슨 일이야?" 클러핀스 부인이 말했다.

"온몸이 떨려, 벳시." 래들 부인이 대답했다. "래들은 남자도 아니야, 뭐든지 나한테 떠맡긴다니까."

불운한 래들 씨에게는 불공평한 말이었는데, 언쟁을 시작할 때 이 대단한 아내가 그를 옆으로 밀치면서 아무 말도 하지 말라고 단호하게 명령했던 것이다. 그러나 래들 부인이 기절의 낌새를 확실하게 드러냈기 때문에 그는 변명도 하지 못했고, 거실 창문으로 이 모습을 본 바델 부인과 샌더스 부인, 하숙인, 하숙인의 하녀가 황급히 달려 나와서 래들 부인을 집 안으로 옮겼다. 모두들 동시에 말을 하면서 래들 부인이 이 지구상에서 가장 고통받는 사람이라도 되는 것처럼 다양한 방식으로 동정과 위로를 표현했다. 래들 부인은 앞쪽 응접실로 옮겨져 소파에 앉혀졌고, 위층에서 내려온 부인이 다시 달려 올라가서 탄산암모늄을 가지고 돌아와 래들 부인의 목을 꽉 붙잡고 아주 친절하게 동정하며 래들 부인의 코에 그것을 들이댔다. 마침내 래들 부인은 몇 번이나 쓰러지고 몸부림을 친 끝에 훨씬 나아졌다고 선언했다.

"아, 불쌍하기도 해라!" 로저스 부인이 말했다. "어떤 느낌인지 알아요, 너무 잘 알죠."

"아, 불쌍하기도 하지! 저도요." 샌더스 부인이 말했다. 그런 다음 모든 여인이 하나가 되어 신음했고, 그게 어떤 것인지 너무 잘 안다고 말하며 래들 부인을 진심으로 동정했다. 열세 살에 키가 3피트인 하숙인의 어린 하녀조차도 동정의 말을 중얼거렸다.

"그런데 무슨 일이었기에 그래요?" 바델 부인이 말했다.

"아, 왜 몸이 안 좋아지셨어요, 부인?" 로저스 부인이 물었다.

"크게 당황했답니다." 래들 부인이 비난하듯이 대답했다. 그러자 여인들은 래들 씨에게 분노의 시선을 보냈다.

"아니, 사실은 말입니다." 불행한 신사가 앞으로 나서며 말했다. "우리가 이 집 문 앞에 내렸을 때 마부랑 언쟁이 벌어졌는데……." 이 말에 그의 아내가 크게 비명을 질렀기 때문에 나머지 설명을 들리지 않았다.

"정신을 차릴 때까지 우리가 돌보는 게 좋겠어요, 래들." 클러핀스 부인이 말했다. "당신이 여기 있는 한 부인은 절대 낫지 않을 거예요."

모든 여인이 이 생각에 동의했기 때문에 래들 씨는 밖으로 밀려났다. 뒷마당에서 바람이나 좀 쐬라는 말에 15분 정도 그러고 있었더니, 바델 부인이 엄숙한 얼굴로 이제 들어와도 된다고, 하지만 아내를 대할 때 행동을 무척 조심해야 한다고 말했다. 바델 부인은 래들 씨가 무정하게 굴려는 생각이 아니라는 것은 알지만 메리 앤은 몸이 너무 약하기 때문에 그가 잘 보살피지 않으면 생각도 못한 때에 그녀를 잃을지도 모르고, 나중에 다시 생각하면 정말 끔찍한 일일 것이라는 둥의 말을 했다. 래들 씨는 이 모든 말을 무척 온순하게 들었고, 더없이 순한 양처럼 곧장 응접실로 돌아갔다.

"어머, 로저스 부인." 바델 부인이 말했다. "아직 소개를 안 했군요. 이쪽을 래들 씨, 이쪽은 클러핀스 부인, 이쪽은 래들 부인이에요."

"클러핀스 부인의 여동생이죠." 샌더스 부인이 설명했다.

"어머, 그렇군요!" 로저스 부인이 정중하게 말했다. 그녀는 하숙인인 데다가 하녀도 있었기 때문에 자신의 위치에 맞게 친밀하기보다는 정중하게 행동했다.

래들 부인이 상냥하게 미소를 지었고, 래들 씨가 고개 숙여 인사했으며, 클러핀스 부인은 "로저스 부인에 대해서 좋은 이야기를 많이 들었는데 이렇게 직접 만날 기회가 생겨서 정말로 행복하다"고 말했고, 로저스 부인은 이 칭찬에 우아하게 자신을 낮추며 감사를 표했다.

"자, 래들 씨." 바델 부인이 말했다. "햄프스테드의 스패니어즈까지 이렇게 많은 여인들을 토미와 단둘이서 에스코트하다니 정말 영광이시겠어요. 분명 그러실 것 같지 않아요, 로저스 부인?"

"아, 물론이죠, 부인." 로저스 부인이 대답했다. 그러자 다른 모든 여인들도 "아, 물론이죠"라고 대답했다.

"물론 그렇습니다, 부인." 래들 씨가 약간 밝아진 기분을 드러내며 말했다. "정말이지, 사실대로 말씀드리자면 우리가 마차를 타고 올 때……."

너무나 고통스러운 기억을 일깨우는 단어가 다시 나오자 래들 부인은 다시 손수건을 눈가에 가져다 대고 반쯤 억눌린 비명을 질렀다. 그러자 바델 부인이 래들 씨를 향해 얼굴을 찌푸리며 더 이상 아무 말도 하지 않는 게 좋겠다는 신호를 보냈고, 로저스 부인의 하녀에게 점잔을 빼며 와인을 내오라고 말했다.

이것은 찬장에 숨겨진 보물을 내오라는 신호였는데, 그 보물이란 바로 오렌지와 비스킷이 담긴 여러 개의 접시, 잘 익은 포트와인 한 병—1실링 9펜스—와 14펜스짜리 유명한 동인도 셰리주였다. 전부 하숙인을 환영하기 위한 것으로, 다들 무척 흡족했다. 토미가 찬장에 대해서 엄한 심문을 받았다는 이야기를 꺼내는 바람에 클러핀스 부인이 크게 놀란 뒤 (토미가 잘 익은 와인 반 잔을 실수로 마시고 몇 초 동안 목숨이 위태로워지는 바람에 다행히 그 이야기는 싹부터 잘렸다) 일행은 햄프스테드로 타고 갈 마차를 찾아서 같이 걸어갔다. 마차를 금방 구해서 두 시간 뒤 다 같이 스패니어즈 티 가든에 안전하게 도착했는데, 운 나쁜 래들 씨가 그곳에서 제일 먼저 한 행동 때문에 그의 훌륭한 부인은 다시 몸이 안 좋아졌다. 그 행동이란 바로 차를 더도 덜도 아닌 딱 일곱 잔 주문한 것이었다. 사실 (여인들이 너나없이 말했듯이) 급사가 보지 않는 틈을 타서 토미가 누군가의, 또는 모두의 잔에 든 차를 마시면 얼마나 쉬울 것이며, 그러면 차를 한 잔이나 덜 시켜도 모두 즐길 수 있지 않은가!

그러나 이제 어쩔 도리가 없었고, 쟁반에는 찻잔과 받침 일곱 개가 놓여서 나왔으며, 버터 바른 빵도 마찬가지였다. 바델 부인은 만장일치로 좌장에 뽑혔고, 로저스 부인이 그녀의 오른쪽에, 래들 부인이 그녀의 왼쪽에 앉아서 식사는 즐겁고 성공적으로 흘러갔다.

"시골은 정말 향긋해요, 정말로요!" 로저스 부인이 한숨을 쉬었다. "저는 항상 시골에 살고 싶었어요."

"오, 별로 마음에 안 드실 거예요, 부인." 바넬 부인이 황급하게 대답했다. 하숙을 생각하면 그런 생각을 부추기는 것이 전혀 바람직하지 않았기 때문이다.

"아! 부인은 활기도 넘치고 찾는 사람도 많아서 시골에 만족하지 못할 거예요." 자그마한 클러핀스 부인이 말했다.

"그럴지도 모르죠, 부인. 그럴지도요." 위층의 하숙인이 한숨을 쉬며 말했다.

"신경 쓰는 사람도 돌봐주는 사람도 없고 마음에 상처가 있거나 뭐 그런 외로운 사람들한테는 시골이 아주 좋지요." 래들 씨가 약간 기운을 내서 주변을 둘러보며 말했다. "시골은 상처받은 영혼을 위한 곳이라고들 하잖아요."

이 불행한 남자가 할 수 있는 하고 많은 말들 중에서 무엇이 됐든 이 말보다는 나았을 것이다. 당연하게도 바넬 부인이 눈물을 터뜨리더니 당장 일어나고 싶다고 했고, 그러자 그녀의 사랑하는 아이도 더없이 우울하게 울기 시작했다.

"누가 믿겠어요, 부인." 래들 부인이 위층 하숙인을 향해 맹렬하게 고개를 돌리고 외쳤다. "어떤 여자가 이렇게 남자답지 못한 사람이랑, 이 사람처럼 매일 매시간 여자의 감정을 건드리는 남자랑 결혼할 수 있다고 말이에요, 네?"

"여보." 래들 씨가 항의했다. "난 아무 뜻도 없었어요, 여보."

"아무 뜻도 없었다고요!" 래들 부인이 남편을 엄청나게 업신여기고 경멸하면서 따라서 말했다. "저리 가요. 당신을 보는 것조차 견딜 수가 없어요, 이 짐승 같은 인간!"

"흥분하면 안 돼, 메리 앤." 클러핀스 부인이 끼어들었다. "네몸을 생각해야지. 자기 몸 생각은 절대 안 한다니까. 저리 가요, 래들. 아니면 상태만 더 나빠질 거예요."

"차를 가져가시는 게 좋겠어요." 로저스 부인이 기절한 사람을 깨우는 약병을 다시 가져다 대며 말했다.

버터 바른 빵을 분주히 먹고 있던 샌더스 부인 역시 같은 의견을 표명했고, 래들 씨는 조용히 물러갔다.

그런 다음 끌어안기에는 조금 큰 바델 군이 어머니의 품에 안겼고, 그 과정에서 그의 장화가 쟁반에 닿아서 찻잔과 받침에 소동이 생겼다. 그러나 여인들 사이에 전염력이 있는 기절 소동은 오래가는 일이 드물기 때문에 바델 군이 입맞춤을 잔뜩 받고 약간 울고 나자 바델 부인은 기운을 차렸고 바델 군을 다시 놓아준 다음, 왜 그렇게 바보 같았을까 생각하면서 차를 조금 더 따랐다.

바로 이때 바퀴가 다가오는 소리가 들렸고, 여인들이 고개를 들어 보니 전세 마차가 정원 대문 앞에 멈췄다.

"손님이 더 왔네요." 샌더스 부인이 말했다.

"신사분이에요." 래들 부인이 말했다.

"아니, 도슨 앤드 포그 사무실의 잭슨 씨잖아요!" 바델 부인이 외쳤다. "아니, 이런! 픽윅 씨가 배상금을 내지는 않았겠죠!"

"아니면 청혼을 하거나요!" 클러핀스 부인이 말했다.

"세상에, 저분은 정말 느리네요." 로저스 부인이 외쳤다. "왜 빨리 오지 않는 거죠?"

그녀가 이렇게 말할 때 잭슨이 마차 앞에서 꽉 끼는 검정 바지를 입은 초라한 남자에게 뭐라고 이야기하다가 돌아섰는데, 초라한 남자는 끝에 쇠가 붙은 지팡이를 손에 들고 마차에서 내린 참이었다. 잭슨은 여인들이 앉아 있는 곳으로 다가오면서 모자 테 밑으로 머리카락을 돌돌 꼬았다.

"무슨 일 있어요? 무슨 일이 일어나기라도 했나요, 잭슨 씨?" 바델 부인이 열심히 물었다.

"아무 일도 없습니다, 부인." 잭슨 씨가 대답했다. "안녕하십니까, 여러분? 방해해서 죄송합니다. 하지만 법률 문제라서요, 법률 문제요." 잭슨 씨가 이렇게 사과하며 미소를 지었고, 모두를 향해 고개 숙여 인사한 다음 머리를 다시 한번 꼬았다. 로저스 부인이 래들 부인에게 정말 우아한 청년이라고 속삭였다.

"고스웰 스트리트에 갔었습니다." 잭슨이 말을 이었다. "여기 계신다는 이야기를 듣고 마차를 타고 왔지요. 저희 사무실에서 바로 런던으로 오시라는군요, 바델 부인."

"어머!" 바델 부인이 갑작스러운 이야기에 깜짝 놀라 외쳤다.

"네." 잭슨이 입술을 깨물며 말했다. "아주 중요하고 급한 일이라서요, 무슨 일이 있어도 미룰 수가 없습니다. 도슨 씨가 저에게 확실히 그렇게 말했고, 포그 씨도 그랬지요. 마차를 돌려보내지 않은 것도 부인과 함께 타고 가야 해서입니다."

"정말 이상하군요!" 바델 부인이 외쳤다.

여인들은 정말 이상하다고 동의했지만 아주 중요한 일이 분명하다고, 아니면 도슨과 포그가 절대 사람을 보내지 않았을 것이라고, 다급한 일이니 바델 부인이 도슨과 포그에게 당장 가야 한다고 만장일치로 결론을 내렸다.

바델 부인에게는 변호사가 다급하게 찾는다고 하니 왠지 자랑스럽고 중요한 사람이 된 느낌이 든 데다가, 특히 위층의 하숙인에게 더욱 중요해 보일 것이라고 생각되었으므로 절대 기분 나쁜 일이 아니었다. 그녀는 살짝 억지웃음을 짓고, 무척이나 귀찮고 망설여지는 척한 다음 마침내 가야 할 것 같다는 결론을 내렸다.

"하지만 기분 전환 삼아 산책이라도 하지 않으시겠어요, 잭슨 씨?" 바델 부인이 설득하듯 말했다.

"아니요, 정말로 낭비할 시간이 없습니다." 잭슨이 대답했다. "여기 친구도 같이 왔고요." 그가 지팡이 든 남자를 보며 말했다.

"아, 친구분도 이리 오시라고 하세요." 바델 부인이 말했다. "친구분도 이쪽으로 청하세요."

"감사합니다만, 그러지 않는 게 좋겠어요." 잭슨 씨가 약간 당황하며 말했다. "저 친구는 부인들 모임에 별로 익숙하지 않아서요. 부끄러움을 타거든요. 급사에게 뭐든 독한 술을 한 잔 가져다주라고 해도 바로 마시지 않을 걸요? 한번 시험해 보시죠." 잭슨 씨는 이렇게 말하면서 코 근처에 손가락을 대고 흔들어 듣는 사람들에게 반어법임을 경고했다.

급사가 부끄러움을 타는 신사에게 곧장 보내졌고 부끄러움을 타는 신사가 무언가를 마셨다. 잭슨 씨 역시 무언가를 마셨고 부인들은 손님을 대접하느라 무언가를 마셨다. 그런 다음 잭슨 씨가 갈 시간이라고 말했고 그러자 샌더스 부인, 클러핀스 부인, 토미(이들은 바델 부인과 같이 가기로 했고 나머지는 래들 씨가 보호하기로 했다)가 마차에 올랐다.

"아이작." 바델 부인이 마차에 타려고 하자 잭슨이 지팡이 든 남자를 올려다보며 말했다. 그 남자는 마부석에 앉아서 시가를 피우고 있었다.

"그래."

"이분이 바델 부인이야."

"아까부터 알고 있었어." 남자가 말했다.

바델 부인이 마차에 오르고 잭슨 씨가 뒤따라 탄 다음 마차가 멀어졌다. 바델 부인은 잭슨 씨의 친구가 한 말에 대해서 곰곰이 생각하지 않을 수 없었다. 변호사는 빈틈이 없다. 세상에, 사람들을 얼마나 잘 찾아내는지!

"우리 사무실 비용 문제는 참 곤란하네요." 클러핀스 부인과 샌더스 부인이 잠들었을 때 잭슨이 말했다. "부인의 소송비용 말입니다."

"비용을 못 받으셔서 정말 유감이에요." 바델 부인이 대답했다. "하지만 변호사들은 추정에 따라서 이런 일을 하니까 가끔 손해를 볼 수밖에 없죠. 아시잖아요."

"재판이 끝난 뒤 부인의 비용 금액에 대해서 승인서[151]를 써주셨다고 들었습니다." 잭슨이 말했다.

"네. 형식적인 절차로요." 바델 부인이 대답했다.

"그렇지요." 잭슨이 건조하게 대답했다. "형식적 절차죠. 그렇고말고요."

마차는 계속 달렸고 바델 부인은 잠들었다. 얼마간 시간이 지나고 마차가 멈춰서 그녀가 잠에서 깼다.

"세상에!" 그녀가 말했다. "프리먼스 코트인가요?"

"거기까지 안 갑니다." 잭슨이 대답했다. "내리시지요."

아직 잠이 덜 깬 바델 부인이 그의 말에 따랐다. 내린 곳은 신기한 곳이었다. 중간에 문이 달린 커다란 담장이 있었고, 안에서 가스등이 타올랐다.

"자, 여러분." 지팡이를 든 남자가 마차 안을 들여다보더니 샌더스 부인을 흔들어 깨우며 외쳤다. "내리세요."

샌더스 부인이 친구를 깨운 다음 마차에서 내렸다. 바델 부인은 잭슨의 팔에 의지하며 토미의 손을 잡고 이미 포치에 들어섰다. 그녀의 친구들이 뒤를 따랐다.

그들이 들어간 방은 포치보다 훨씬 더 이상했다. 이렇게 많은 남자들이 서 있다니! 게다가 이렇게 사람을 빤히 보다니!

"여기가 어디죠?" 바델 부인이 걸음을 멈추고 물었다.

---

151 원고의 요구가 정당함을 인정하는 피고의 승인서. 여기서는 승인서에 따라 도슨과 포그가 소송을 제기할 필요 없이 바델 부인에게 비용을 청구할 수 있다.

"그냥 공공 기관입니다." 잭슨이 이렇게 말하며 그녀를 데리고 서둘러 안으로 들어갔고, 다른 여자들이 따라오고 있는지 돌아보며 확인했다. "조심해, 아이작."

"아무 문제 없어." 지팡이를 든 남자가 대답했다. 그들 뒤로 문이 묵직하게 닫혔고, 일행은 작은 계단을 내려갔다.

"드디어 다 왔습니다. 정신 바짝 차리세요, 바델 부인!" 잭슨이 크게 기뻐하며 주위를 둘러보고 말했다.

"무슨 뜻이죠?" 바델 부인이 두근거리는 심장을 안고 말했다.

"별거 아닙니다." 잭슨이 그녀를 한쪽 옆으로 슬쩍 이끌며 대답했다. "겁내지 마세요, 바델 부인. 도슨보다 자상한 사람은 없고, 포그보다 인정 많은 사람은 없습니다. 업무상 비용을 강제 집행하기 위해서 당신을 여기로 데려올 수밖에 없었어요. 하지만 두 분은 부인의 감정을 배려하려고 무척 고심했답니다. 이 일을 어떻게 처리했는지 생각하시면 분명 큰 위안이 되겠지요! 여기는 플리트입니다, 부인. 안녕히 계세요, 바델 부인. 안녕, 토미."

잭슨이 지팡이를 든 남자와 서둘러 떠나자 열쇠를 들고 이들을 지켜보던 또 다른 남자가 당황한 여인을 데리고 두 번째 짧은 계단을 지나 문을 향해 걸어갔다. 바델 부인은 격렬하게 비명을 질렀고, 토미는 으르렁거렸으며, 클러핀스 부인은 움츠러들었고, 샌더스 부인은 더 이상의 소동 없이 급히 달아났다. 바로 거기에 피해자인 픽윅 씨가 밤바람을 쐬며 서 있었고, 그의 옆에 새뮤얼 웰러가 몸을 숙이고 있었기 때문이었다. 웰러는 바델 부인을 보고 정중한 척 모자를 벗었고 그의 주인은 화를 내며 돌아섰다.

"여자를 괴롭히지 마." 간수가 웰러에게 말했다. "방금 막 들어왔어."

"수감자라고요?" 샘이 재빨리 모자를 쓰며 말했다. "원고가 누군데요? 빨리 말해요!"

"도슨과 포그야." 남자가 대답했다. "비용에 대한 승인서를 집행했지."

"여기야 잡, 잡." 샘이 복도로 달려가며 외쳤다. "퍼커 씨한테 당장 달려가, 잡. 그 사람을 바로 데리고 와. 뭔가 잘될 것 같은데. 재미있군. 만세! 주인님은 어디 계시지?"

그러나 아무도 이 질문에 대답하지 않았다. 잡은 임무를 받자마자 맹렬하게 출발했고 바델 부인은 기절했기 때문이었다.

47장

도슨과 포그의 일시적인 이익에 관하여,
놀라운 상황에서 윙클 씨가 다시 등장하다,
픽윅 씨의 인자한 마음이 완고한 마음보다
강하다는 사실이 증명되다

잡 트로터는 대로에 남자와 여자, 아이들, 마차가 붐비는 정도에
따라서 가끔은 길 한가운데, 가끔은 인도, 가끔은 도랑을 통해
서 속도를 줄이는 일 없이 홀번 지역을 달렸고, 그레이즈인 대문
에 도착할 때까지 어떤 장애물을 맞닥뜨려도 단 한 번도 멈추지
않았다. 그러나 이렇게 신속하게 달려왔음에도 불구하고 대문은
그가 도착하기 족히 30분 전에 닫혔고, 퍼커 씨의 세탁부—그녀
는 결혼한 딸과 살았는데, 딸의 남편은 가게에 출퇴근을 하는 급
사였고, 세 사람은 양조장과 무척 가까운 거리 어느 번지의 2층
방에서 살고 있었다—를 발견했을 때는 감옥 문을 닫을 때까지
15분도 채 남지 않은 시각이었다. 그래도 맥파이 앤드 스텀프 여
관의 뒤쪽 응접실에서 로텐 씨를 찾아낼 수 있었는데 잡이 이 모

든 일을 완수하고 샘 웰러의 메시지를 전하자마자 시계가 10시를 알렸다.

"너무 늦었습니다." 로텐이 말했다. "오늘은 못 들어가요. 쫓겨날 겁니다."

"저는 신경 쓰지 마세요." 잡이 대답했다. "저는 어디서든 잘 수 있습니다. 하지만 오늘 밤에 퍼커 씨를 만나는 것이 좋지 않을까요? 내일 아침에 제일 먼저 찾아갈 수 있도록 말입니다."

"글쎄요." 로텐이 잠시 생각한 뒤 대답했다. "다른 사람의 일이었다면 제가 집으로 찾아가는 것을 퍼커 씨가 좋아하지 않겠지만 픽윅 씨의 일이니 마차를 타고 사무실로 가도 괜찮을 것 같습니다." 이렇게 행동 노선을 정한 로텐 씨는 모자를 집어 들고 모여 있던 사람들에게 자신이 잠시 자리를 비우는 사이 대리 좌장을 지명하라고 부탁했고, 가장 가까운 마차 역으로 가서 제일 괜찮아 보이는 마차를 부른 다음, 마부에게 러셀 스퀘어의 몬터규 플레이스로 가라고 지시했다.

퍼커 씨는 그날 디너파티 중이었다. 응접실 창문에 비친 불빛, 개량 그랜드피아노 소리, 응접실에서 흘러나오는 개량의 여지가 있는 각료들의 목소리가, 또 계단과 출입구에 퍼진 강렬한 고기 요리 향기가 그 사실을 잘 알려주었다. 사실 아주 뛰어난 지방 대리인 두 명이 동시에 런던으로 오게 되어서 그들을 만나기 위해 작고 기분 좋은 파티가 열렸고, 생명보험 회사 사무관 스닉스 씨, 유명한 법률 고문 프로시 씨, 사무 변호사 세 명, 파산 심사관 한 명, 템플의 특별 중재자, 눈이 작고 거만한 젊은 신사, 양도법에 대해서 수많은 주석과 참조가 달린 인상적인 책을 쓴 그의 제자, 그리고 여러 저명하고 뛰어난 인물들이 모였다. 자그마한 퍼커 씨는 서기가 찾아왔다는 귓속말을 듣고 손님들을 두고 나와 거실로 갔고, 부엌 촛불 속에서 아주 흐릿하고 어둑해 보이는 로텐 씨와 잡 트로터 씨를 발견했다. 이 촛불은 4분기 급료를 받으려고 친히 찾아온 플러시 반바지와 면 셔츠 차림의 신사가 사무실과 관련된 모든 것과 서기에 대한 마땅한 경멸을 담아서 탁자에 올려둔 것이었다.

"그래, 로텐." 자그마한 퍼커 씨가 문을 닫으며 말했다. "무슨 일인가? 중요한 편지가 온 건 아니겠지?"

"아닙니다." 로텐이 대답했다. "이 사람은 픽윅 씨가 보낸 심부름꾼입니다."

"픽윅 씨가?" 작은 남자가 재빨리 잡을 향하며 말했다. "그래, 무슨 일이지?"

"도슨과 포그가 소송비용 강제집행으로 바델 부인을 잡아넣었습니다." 잡이 말했다.

"그럴 수가!" 퍼커가 주머니에 손을 넣고 식기대에 몸을 기대며 외쳤다.

"그렇습니다." 잡이 말했다. "재판 직후 비용에 대한 피고 승인서를 받아둔 것 같습니다."

"세상에!" 퍼커가 주머니에서 양손을 꺼내 오른손 관절로 왼손 손바닥에 치면서 강하게 말했다. "그렇게 똑똑한 건달들은 처음이군!"

"제가 지금까지 본 중에 가장 날카로운 변호사들입니다." 로
텐이 말했다.

"날카롭다고!" 퍼커가 따라서 말했다. "그 사람들을 어떡해야
할지 모르겠어."

"정말입니다, 그렇지요." 로텐이 대답했다. 그런 다음 상사와
부하는 인간의 지식이 찾아낸 가장 아름답고 독창적인 발견에
대해 생각하는 것처럼 생생한 표정으로 몇 초간 사색에 잠겼다.
그들이 무아지경의 감탄에서 어느 정도 빠져나오자 잡 트로터가
자기 임무의 나머지 부분을 이야기했다. 퍼커가 생각에 잠겨 고
개를 끄덕이더니 시계를 꺼냈다.

"정확히 10시까지 가겠네." 자그마한 남자가 말했다. "샘이 옳
아. 그렇게 전하게. 와인 한 잔 마시겠나, 로텐?"

"감사하지만 괜찮습니다."

"좋다는 뜻이군." 자그마한 남자가 디캔터와 잔을 찾으려고
식기대를 향해 돌아서며 말했다.

로텐은 정말로 좋다는 뜻이었으므로 그 문제에 대해서 더 이
상 아무 말도 하지 않았다. 그는 아주 잘 들리는 속삭임으로 잡
에게 난로 맞은편에 걸린 퍼커의 초상이 정말 닮지 않았느냐고
물었고, 잡은 물론 그렇다고 대답했다. 잔에 와인을 채우자 로텐
이 퍼커 부인과 아이들을 위해서, 잡은 퍼커를 위해서 건배한 다
음 마셨다. 플러시 반바지와 면 셔츠 차림의 신사는 사무실에서
온 사람들을 배웅하는 것은 자기 일에 들어가지 않는다는 생각
에 종이 울려도 계속 무시했고, 두 사람은 알아서 밖으로 나갔

다. 변호사는 응접실로, 서기는 맥파이 앤드 스텀프로, 잡은 야채 상자 안에서 밤을 보내기 위해 코벤트 가든 마켓으로 갔다.

다음 날, 명랑하고 자그마한 변호사가 정확히 약속한 시간에 픽윅 씨의 방문을 두드리자 샘 웰러가 잽싸게 열었다.

"퍼커 씨입니다." 샘이 픽윅 씨에게 손님이 누구인지 알렸다. 픽윅 씨는 창가에 앉아 생각에 잠겨 있었다. "이렇게 우연히 들러주시다니 아주 기쁘군요. 주인님께서도 몇 마디 나누고 싶으실 겁니다."

이것은 사람을 보내 퍼커를 불러왔다는 말을 하지 말라는 뜻이었으므로 퍼커는 샘에게 알아들었다는 표정을 지었고, 가까이 오라고 손짓하더니 그의 귀에 짧게 속삭였다.

"아니, 정말입니까?" 샘이 너무 놀라 뒷걸음질을 치며 말했다.

퍼커가 고개를 끄덕이고 미소를 지었다.

새뮤얼 웰러는 자그마한 변호사를 보고, 픽윅 씨를 보고, 천장을 보고, 다시 퍼커 씨를 보더니 싱긋 웃었다가 소리 내어 웃음을 터뜨리고는 마침내 양탄자에 놓인 모자를 집어 들고 아무 설명 없이 사라졌다.

"무슨 일입니까?" 픽윅 씨가 깜짝 놀라 퍼커를 보며 물었다. "샘이 왜 저러지요?"

"오, 아무것도 아닙니다, 아니에요." 퍼커가 대답했다. "이리 오세요, 의자를 탁자 쪽으로 당기시지요. 드릴 말씀이 많습니다."

"그건 무슨 서류입니까?" 자그마한 남자가 빨간 테이프로 묶은 작은 서류 꾸러미를 탁자에 내려놓자 픽윅 씨가 물었다.

"바델 대 픽윅 사건 서류입니다." 퍼커가 이빨로 테이프를 풀며 대답했다.

픽윅 씨는 의자 다리를 바닥에 대고 끌더니 털썩 앉아서 손을 포갠 다음 엄격한 시선을—그가 엄격해 보일 수 있다면—법조계의 친구에게 보냈다.

"사건명을 듣고 싶지 않으신가요?" 작은 남자가 여전히 바쁘게 매듭을 풀면서 말했다.

"그래요, 사실 듣고 싶지 않습니다." 픽윅 씨가 대답했다.

"죄송하게 됐군요." 퍼커가 다시 말을 이었다. "이제부터 우리가 나눌 대화의 주제거든요."

"우리 사이에 그 화제는 언급하지 않으면 좋겠습니다, 퍼커." 픽윅 씨가 황급히 끼어들었다.

"이런, 픽윅 씨." 작은 남자가 꾸러미를 풀고 픽윅 씨를 열심히 흘끔거리며 말했다. "언급해야만 합니다. 저는 목적을 가지고 여기 왔습니다. 자, 제가 해야 할 말을 들으실 준비가 되셨습니까? 서두르지 마세요, 기다릴 수 있습니다. 오늘 아침 신문을 가지고 왔지요. 읽으면서 기다리겠습니다." 그런 다음 작은 남자는 다리를 꼬더니 침착하게 신문을 열심히 읽는 척했다.

"자, 자." 픽윅 씨가 한숨을 쉬고는 곧 누그러져 미소를 지으며 말했다. "해야 할 말을 해봐요. 이전과 같은 이야기겠지요?"

"하지만 다른 점이 있습니다, 픽윅 씨. 달라졌어요." 퍼커 씨가 신문을 조심스레 접어서 주머니에 다시 넣으며 대답했다. "사건의 원고인 바델 부인이 지금 이 감옥 안에 있습니다."

"압니다." 픽윅 씨가 대답했다.

"잘됐군요." 퍼커 씨가 받아쳤다. "어떻게 해서 들어왔는지도 아시겠지요. 그러니까 어떤 근거로, 누구의 고발로 들어왔는지 말입니다."

"네. 적어도 샘의 설명은 들었소." 픽윅 씨가 신경 쓰지 않는 척하며 말했다.

"감히 말씀드리지만요." 퍼커가 대답했다. "샘의 설명은 아주 정확합니다. 제가 드려야 할 첫 번째 질문은, 그 여인이 여기 남아 있어야 하느냐는 것입니다."

"여기 남아 있어야 하느냐고요!" 픽윅 씨가 되풀이했다.

"여기 남아 있어야 하느냐입니다, 픽윅 씨." 퍼커가 의자에 기대어 앉아 의뢰인을 빤히 보면서 대답했다.

"어떻게 그걸 나한테 물을 수 있습니까?" 픽윅 씨가 말했다. "그건 도슨과 포그의 손에 달려 있지요. 잘 알지 않습니까."

"저는 그런 건 모릅니다." 퍼커가 확고하게 대꾸했다. "그 문제는 도슨과 포그에게 달려 있지 않아요. 픽윅 씨, 당신은 그 사람들을 저만큼이나 잘 압니다. 이 문제는 오로지, 완전히, 전적으로 당신에게 달려 있어요."

"나한테요?" 픽윅 씨가 이렇게 말하며 의자에서 초조하게 일어났다가 바로 다시 앉았다.

"당신한테요." 작은 남자가 코담배 상자 뚜껑을 두 번 두드리고 열더니, 잔뜩 집고, 뚜껑을 다시 닫고, 같은 말을 반복했다. "바델 부인이 금방 석방될지 영원히 수감될지는 오로지 당신에게만 달려 있습니다. 제 말을 잘 들으시고, 그렇게 흥분하지 마세요. 그래 봤자 땀만 나고 좋을 게 없으니까요." 퍼커는 하나씩 제안을 할 때마다 손가락을 하나씩 접으며 말을 이었다. "바델 부인을 이 비참한 소굴에서 구할 사람은 당신밖에 없습니다. 그렇게 하려면 이 소송의 비용을—원고와 피고 모두의 비용을—프리먼스 코트의 상어들에게 지불하는 방법밖에 없습니다. 자, 조용히 해주세요, 픽윅 씨."

이 말을 듣는 동안 정말 놀랍게도 얼굴이 계속 변하며 분명 크게 화를 터뜨리기 직전이었던 픽윅 씨가 최대한 화를 가라앉혔고, 퍼커 씨는 코담배에서 언쟁할 힘을 얻은 다음 말을 이었다.

"오늘 아침 바델 부인을 만났습니다. 당신이 비용을 지불하면 손해배상 책임에서 완전히 벗어날 수 있어요. 게다가—제가 알기로 당신에게는 이 문제가 훨씬 더 중요한 고려 대상일 텐데요—바델 부인은 저에게 보내는 편지 형식으로 도슨과 포그라는 사람들이 처음부터 이 일을 조장하고 부추기고 진행했다는 자발적인 진술서를 쓸 겁니다. 당신에게 피해를 주고 곤란하게 만든 일의 도구가 된 것을 깊이 후회한다고, 저에게 중재해 달라고, 당신의 용서를 간청한다고 부탁하는 내용으로요."

"만약 내가 바델 부인의 비용을 대신 지불한다면 말이죠." 픽윅 씨가 분개하며 말했다. "그거 참 소중한 문서겠군요!"

"만약이 아닙니다, 픽윅 씨." 퍼커가 당당하게 말했다. "제가 말한 바로 그 편지가 여기 있습니다. 오늘 아침 9시에, 제가 여기 발을 들이거나 바델 부인과 대화를 하기도 전에 다른 여인이 제 사무실로 가져왔지요. 맹세합니다." 그런 다음 작은 변호사는 꾸러미에서 편지를 골라내서 픽윅 씨의 팔꿈치 앞에 두고 눈도 깜빡이지 않은 채 2분 동안 코담배를 흡입했다.

"제게 할 말이 그것뿐입니까?" 픽윅 씨가 온화하게 물었다.

"아닙니다." 퍼커가 대답했다. "피고 승인서에서 쓴 표현이, 표면적인 이유의 성격이, 그리고 우리가 이 소송에 대해 수집할 수 있는 증거가 공동모의로 기소할 만큼 충분한지 지금은 말씀드릴 수 없습니다. 충분하지 않을 것이라고 생각됩니다. 그들은 너무 영리하니까요. 하지만 저는 이 모든 사실을 합치면 합리적인 사람이라면 누구나 당신이 정당하다고 생각하기에 충분하다는 말씀을 드리고 싶습니다. 자, 픽윅 씨, 이렇게 말씀드리죠. 150파운드라는 돈은, 혹은 얼마가 됐든—대강 계산했을 때—그 돈은 당신에게 아무것도 아닙니다. 배심원은 당신에게 불리한 판결을 내렸어요. 음, 그들의 평결이 틀렸지만 어쨌거나 그들은 옳다고 생각하는 결론을 내렸고, 그것이 당신에게는 불리합니다. 당신은 여기 남는 것보다 더 쉬운 방법으로 더 높은 곳으로 올라갈 기회가 있어요. 당신을 모르는 사람들은 당신이 순전하고, 끈덕지고, 비뚤어지고, 잔인한 완고함 때문에 여기 남아 있다고 하겠지요. 그것뿐입니다, 제 말을 믿으세요. 친구들에게로, 예전에 추구하던 일로 돌아가서 건강하고 즐겁게 지낼 수 있는데 그 기회 앞에서 주저하시겠습니까? 당신의 남은 평생 동안 감옥에 같이 갇혀 있을 충실하고 애정 넘치는 하인을 석방시킬 수 있는데도요? 무엇보다도, 이 여인을 불행과 방탕의 소굴에서 풀어주는 아주 관대한 복수를―픽윅 씨, 당신이 그것을 진심으로 바란다는 것을 저는 압니다―할 수 있는데도요? 만약 제 마음대로 할 수 있는 일이라면, 어떤 남자도 여기에 몰아넣어서는 안 되지만, 이곳이 여성에게 끼치는 고난은 무시무시하고 잔인합니다. 저는 법적 조언자로서만이 아니라 진실한 친구로서 당신에게 묻겠습니다. 고작 몇 파운드가 두 악당의 주머니로 들어간다는 하찮은 생각 때문에 이 모든 목적을 달성하고 이 모든 선행을 베풀 기회를 놓치시겠습니까? 그 돈이 그들에게 가봤자 크게 달라지는 것도 없고, 오히려 돈을 손에 넣을수록 더 많은 돈을 쫓아서 조만간 결국 파멸로 끝날 수밖에 없는 부정행위에 휘말릴 텐데요? 저는 이러한 생각들을 아주 미약하고 불완전하게 제안할 뿐이지만, 생각해 보시기를 부탁드립니다. 원하시는 만큼 오랫동안 마음속으로 궁리해 보세요. 저는 여기 끈기 있게 앉아서 당신의 대답을 기다리겠습니다."

픽윅 씨가 대답을 하기도 전에, 퍼커 씨가 이처럼 예외적일 만큼 긴 연설을 한 탓에 곧장 흡입해야 했던 코담배를 20분의 1도 흡입하기 전에, 밖에서 중얼거리는 여러 목소리가 들리더니 누군가가 주저하며 문을 두드렸다.

"이런, 이런." 친구의 호소에 분명 마음이 흔들린 픽윅 씨가 외쳤다. "저 문은 정말 성가시군! 누구요?"

"접니다." 샘 웰러가 머리를 들이밀며 대답했다.

"지금은 대화할 수 없네, 샘." 픽윅 씨가 말했다. "지금은 바빠."

"실례합니다." 웰러 씨가 대답했다. "하지만 여성분이 찾아오셨어요. 꼭 밝히실 게 있답니다."

"어떤 여성도 만날 수 없네." 바델 부인의 모습이 마음 가득 떠오른 픽윅 씨가 대답했다.

"저라면 그렇게 딱 잘라 말하지 않을 텐데요." 웰러 씨가 고개를 저으며 말했다. "여기 누가 있는지 아시면 생각을 바꾸실 겁니다. 유럽울새가 지저귀는 소리를 듣고 매가 명랑하게 웃으면서 했던 혼잣말처럼요."

"누구지?" 픽윅 씨가 물었다.

"만나실 겁니까?" 웰러 씨가 아주 진기한 동물이라도 숨기고 있는 것처럼 손으로 문을 잡은 채 물었다.

"그래야겠지." 픽윅 씨가 퍼커를 보며 말했다.

"그렇다면 우선 모두 들어가시죠." 샘이 외쳤다. "징이 울리고 막이 오르고 두 명의 공모자가 등장합니다."

샘 웰러가 이렇게 말하며 문을 활짝 열었을 때 소란스럽게 방으로 뛰어든 사람은 바로 너새니얼 윙클 씨였고, 그의 손에 이끌려 들어오는 젊은 여인은 다름 아닌 딩리 델에서 모피 장식 장화를 신고 있던 바로 그 아가씨였다. 연보라색 실크 옷, 세련된 모자, 레이스가 풍성한 베일 차림에 혼란으로 얼굴을 붉힌 그녀는 그 어느 때보다도 예뻤다.

"애러벨라 앨런 양!" 픽윅 씨가 의자에서 일어나며 외쳤다.

"아닙니다." 윙클 씨가 무릎을 꿇으며 대답했다. "이제 윙클 부인이죠. 죄송합니다, 픽윅 씨, 용서해 주세요."

픽윅 씨는 자신의 감각이 보여주는 증거를 믿을 수 없을 지경이었다. 퍼커 씨의 미소 짓는 얼굴과 그 뒤로 보이는 샘과 예쁜 하녀의 존재라는 확증이 없었다면 믿지 않았을 것이다. 예쁜 하녀는 생생한 만족감을 느끼며 이 광경을 지켜보는 듯했다.

"아, 픽윅 씨." 애러벨라가 침묵에 깜짝 놀란 듯 낮은 목소리로 말했다. "저의 경솔함을 용서해 주시겠어요?"

픽윅 씨는 이 호소에 대답하지 않았지만 황급히 안경을 벗고 젊은 여인의 양손을 잡더니 수없이 여러 번―어쩌면 필요한 것보다 훨씬 많이―입맞춤을 했고, 그녀의 한쪽 손을 놓지 않은 채 윙클 씨를 뻔뻔한 녀석이라고 부르며 일어나라고 말했다. 그러자 몇 초 동안 용서를 비는 자세를 하고 모자챙으로 코를 긁던 윙클 씨가 시키는 대로 했고, 픽윅 씨는 그의 등을 여러 번 때린 다음 퍼커 씨와 진심 어린 악수를 나누었다. 인사를 나누는 일에 빠질 수 없었던 퍼커 씨는 신부와 예쁜 하녀에게 기분 좋게 인사했고, 윙클 씨의 손을 더없이 진심으로 꽉 잡은 다음 평범한 코를 가진 남자 여섯 명이 평생 재채기를 할 정도로 많은 코담배를 흡입하는 것으로 기쁨의 표시를 마무리했다.

"이런, 애러벨라." 픽윅 씨가 말했다. "이게 다 어떻게 된 일입니까? 이리 와요, 앉아요. 전부 다 말해봐요. 정말 아름답군, 안 그렇소 퍼커?" 픽윅 씨는 애러벨라가 자기 딸이라도 되는 것처럼 무척 자랑스럽고 기쁜 표정으로 그녀의 얼굴을 찬찬히 보며 말했다.

"정말 기쁘군요, 픽윅 씨." 자그마한 남자가 대답했다. "제가 결혼한 몸이 아니었다면 당신을 질투했을 겁니다, 분명." 작은 변호사는 윙클 씨에게 이렇게 말하며 그의 가슴을 쿡 찔렀고, 윙클 역시 되갚아주었다. 그런 다음 두 사람은 아주 크게 웃었지만, 찬장 문 뒤에 숨어서 예쁜 하녀에게 입을 맞춤으로써 자신의 감정을 표현한 새뮤얼 웰러 씨의 웃음소리만큼 크지는 않았다.

"정말 너무나 감사해요, 샘. 정말로요." 애러벨라가 상상할 수 있는 가장 사랑스러운 미소를 지으며 말했다. "클리프턴 정원에서 당신이 얼마나 애를 썼는지, 정말 잊지 못할 거예요."

"그런 말씀 마세요, 부인." 샘이 대답했다. "저는 자연의 힘을 도왔을 뿐입니다. 아이가 피를 흘리고 죽었을 때 의사가 아이 엄마한테 말했던 것처럼요."

"메리, 앉아요." 픽윅 씨가 샘의 인사를 끊으며 말했다. "자, 결혼한 지 얼마나 됐습니까?"

애러벨라가 부끄러운 듯 남편을 보았고, 그가 대답했다. "사흘밖에 안 됐습니다."

"사흘밖에 안 됐다고?" 픽윅 씨가 말했다. "아니, 석 달 동안 자네 도대체 뭘 한 건가?"

"그러게 말입니다." 퍼커 씨가 끼어들었다. "자, 왜 그렇게 게을렀는지 설명해 봐요. 아시겠지요? 픽윅 씨가 놀란 것은 벌써 몇 달 전에 끝나지 않아서니까요."

"사실은요." 윙클 씨가 얼굴을 붉히는 젊은 아내를 보며 대답했다. "벨라에게 같이 도망가자고 설득하는 데 오래 걸렸어요. 마침내 설득한 뒤에는 기회를 찾느라 오래 걸렸고요. 메리도 일을 그만두려면 한 달 전에 미리 알려야 했는데, 메리의 도움 없이는 도망칠 수 없었죠."

"이거 참." 픽윅 씨가 외쳤다. 그는 안경을 다시 쓰고 애러벨라와 윙클을, 또 윙클과 애러벨라를 번갈아 보았고, 그의 표정에는 인간의 얼굴이 드러낼 수 있는 가장 따뜻한 인정과 친절한 마음만큼이나 기쁨도 드러나 있었다. "이거 참! 아주 체계적으로 일을 진행한 것 같군. 당신 오라버니도 이 모든 일을 압니까?"

"오, 아니에요." 애러벨라가 얼굴색을 바꾸며 대답했다. "픽윅 씨, 오빠에게 이 사실을 알리려면 픽윅 씨를 통해야만 해요. 오로지 픽윅 씨의 입을 통해야 해요. 오라버니는 너무 거칠고 편견이 심해요. 그리고 그동안 너무…… 친구인 소여 씨만 걱정했어요." 애러벨라가 시선을 떨어뜨리며 덧붙였다. "그래서 저는 무슨 일이 벌어질지 너무 무서워요."

"아, 당연하지요." 퍼커 씨가 진지하게 말했다. "픽윅 씨, 당신이 이 일을 맡아주셔야 합니다. 그 젊은이들은 누구의 말도 듣지 않지만 당신은 존중할 겁니다. 곤란한 일을 막으셔야 해요. 그 청년들은 혈기가 왕성하지요." 그런 다음 자그마한 남자가 주의를 촉구하듯 코담배를 집고 의심스러운 듯 고개를 저었다.

"내가 수감자라는 사실을 잊고 있군요." 픽윅 씨가 부드럽게 말했다.

"아니, 잊지 않았어요, 픽윅 씨." 애러벨라가 대답했다. "절대 잊지 않을 거예요. 이 충격적인 곳에서 픽윅 씨가 얼마나 고생하실까 잠시도 생각하지 않은 적이 없지만, 본인을 위해서는 나가지 않으시더라도 우리의 행복 때문이라면 그렇게 해주실지도 모른다고 바라고 있었어요. 오라버니가 이 소식을 픽윅 씨에게서 먼저 들으면 우리는 분명 화해할 수 있을 거예요. 오라버니는 이 세상에 하나밖에 없는 제 혈육이에요. 저 대신 픽윅 씨가 간청해 주지 않으시면 저는 오라버니를 잃을지도 몰라요. 저는 잘못을 저질렀어요. 아주아주 큰 잘못을요. 저도 알아요." 여기서 가련한 애러벨라는 손수건에 얼굴을 숨기고 비통하게 울었다.

픽윅 씨는 이 눈물에 마음이 크게 움직였다. 게다가 윙클 부인이 눈물을 닦고 나서 더없이 사랑스럽고 사랑스러운 목소리로 구슬리며 간청하자 더욱 어찌할 바를 몰랐고, 안경알과 코, 딱 붙는 바지, 머리, 각반을 계속 초조하게 문지르는 것으로 보아 어떻게 행동할지 마음을 못 정한 것이 분명했다.

이러한 망설임의 표시를 포착한 퍼커 씨(젊은 부부는 그날 아침 곧장 그를 찾아간 것 같았다)는 아버지 윙클 씨가 아들이 인생의 계단에서 중요한 단을 올랐다는 사실을 아직 모르고 있고, 아들의 장래는 아버지 윙클 씨가 그를 조금도 줄어들지 않은 사랑과 애착으로 계속 바라볼 것인지에 전적으로 달려 있으며, 이 중요한 일을 오랫동안 비밀로 하면 그렇게 될 가능성이 거의 없고, 따라서 픽윅 씨가 브리스톨로 앨런 씨를 찾아갔다가 똑같은 임무를 띠고 브링엄에 있는 아버지 윙클 씨를 찾아가야 한다고 말했다. 그는 마지막으로 아버지 윙클 씨는 픽윅 씨를 자기 아들의 후원자이자 조언자로 어느 정도 인정할 이유가 있다고, 그러므로 앞서 말한 아버지 윙클 씨에게 이 사건의 전체적인 상황과 픽윅 씨가 이 일에서 담당한 부분을 직접 만나서 알리는 것이 그의 의무이며 그의 성격에 어울리는 일이라고 법적인 근거를 들며 날카롭게 촉구했다.

이렇게 간청하고 있을 때 너무나 시의적절하게도 터프먼 씨와 스노드그래스 씨가 도착했고, 그들에게 일의 사정과 여러 가지 찬반의 이유를 전부 설명해야 했으므로 논쟁 전체가 처음부터 다시 반복되었으며, 그런 다음 모두 자기 방식대로 길거나 짧게 모든 주장을 펼쳤다. 결국 각종 논쟁과 반박으로 인해 결심이 흔들리고 이제 거의 정신이 나갈 지경에 처한 픽윅 씨가 애러벨라를 안고서 그녀는 정말 사랑스러운 존재라고, 왜인지는 자기도 모르지만 처음부터 그녀를 무척 좋아했다고 선언했고, 자신은 젊은 사람들의 행복을 절대 진심으로 방해할 수 없으니 자신을 마음대로 하라고 말했다.

이 허락의 말을 들은 웰러 씨의 첫 번째 반응은 잡 트로터 씨를 훌륭한 펠 씨에게 보내서 그의 신중한 아버지가 선견지명을 발휘해 언제든 급히 필요할 경우에 대비해서 이 학식 있는 신사에게 맡긴 정식 석방장을 받아 오게 한 것이었다. 그다음으로는 수중에 가지고 있던 돈을 다 털어 포터 맥주 25갤런을 사서 라켓장에 가서 원하는 사람 누구에게나 직접 나누어 주었다. 그런 다음에는 목소리가 안 나올 때까지 온 건물을 돌아다니면서 만세를 외치고 나서 평소처럼 침착하고 철학적인 상태로 조용히 돌아갔다.

그날 오후 3시, 픽윅 씨는 자신이 쓰던 작은 방을 마지막으로 둘러보고 그와 악수를 하려고 열심히 밀려드는 채무자들을 헤치며 나아가 간수실 앞 계단에 도착했다. 여기서 주변을 둘러보는 그의 눈이 밝아졌다. 창백하고 야윈 얼굴들 속에서 그의 동정과 자비를 느끼며 그것만으로 행복해하지 않는 얼굴은 단 하나도 없었다.

"퍼커." 픽윅 씨가 어느 젊은이를 가까이 부르며 말했다. "이 사람이 내가 말했던 징글 씨요."

"알겠습니다, 픽윅 씨." 퍼커가 징글을 뚫어져라 보면서 대답했다. "내일 다시 만나러 오겠습니다. 젊은이, 그때 제가 당신에게 하는 말을 사는 동안 평생 기억하기 바랍니다."

징글은 존경심을 담아 고개를 숙였고, 픽윅 씨가 내민 손을 덜덜 떨며 잡은 다음 물러갔다.

"잡은 알겠지요?" 픽윅 씨가 그를 소개하며 말했다.

"이 악당은 알지요." 퍼커 씨가 유쾌하게 대답했다. "친구를 잘 돌보고 내일 1시에 이 근처로 와 있게, 알았나? 자, 더 하실 말씀 있습니까?"

"없소." 픽윅 씨가 대답했다. "내가 맡긴 꾸러미는 방주인에게 잘 전했겠지, 샘?"

"네." 샘이 대답했다. "울음을 터뜨리더니 주인님이 정말 관대하고 사려 깊은 분이라고, 빨리 폐결핵 접종을 받고 싶다고 했어요. 여기 오래 살았던 친구는 죽었고 다른 친구를 찾을 수도 없다고요."

"아아, 가련하기도 하지!" 픽윅 씨가 말했다. "축복을 빕니다, 여러분!"

픽윅 씨가 작별 인사를 하자 군중이 크게 고함을 질렀고 많은 이들이 다시 악수를 하려고 몰려들었다. 퍼커 씨의 팔짱을 끼고 감옥에서 서둘러 나오는 픽윅 씨는 처음 이곳에 들어갈 때보다 훨씬 슬프고 우울했다. 아아! 슬프고 불행한 사람들을 얼마나 많이 남기고 왔는지! 아직까지도 거기 갇혀 있는 사람이 얼마나 많은지!

적어도 조지 앤드 벌처 여관의 어느 일행에게는 행복한 밤이었고, 다음 날 아침 그 따스한 문을 나서는 두 사람의 마음은 가볍고 유쾌했다. 두 사람은 바로 픽윅 씨와 샘 웰러였는데 전자는 재빨리 편안한 우편 마차 안에 올라탔고, 후자는 뒷좌석에 아주 유연하게 올라탔다.

"주인님." 웰러 씨가 주인을 불렀다.

"그래, 샘." 픽윅 씨가 창문으로 고개를 내밀며 대답했다.

"이 말들이 플리트 감옥에 3개월 넘게 있었더라면 얼마나 좋을까요."

"왜지?" 픽윅 씨가 물었다.

"그랬다면 얼마나 빨리 달리겠어요!" 웰러 씨가 손을 문지르며 외쳤다.

48장

픽윅 씨가 새뮤얼 웰러 씨의 도움을 받아 벤저민 앨런 씨의 마음을 누그러뜨리고 로버트 소여 씨의 분노를 달래다

벤 앨런 씨와 밥 소여 씨는 가게 뒤쪽 작은 진료소에 앉아서 간 송아지 고기와 앞으로의 전망에 대해서 토론하고 있었는데, 이 야기는 자연스럽게 밥이 확보한 환자들과 그가 몰두하고 있는 존경할 만한 이 직종에서 완전히 독립할 가능성으로 흘러갔다.

"그래서 내 생각에는 말이야." 밥 소여 씨가 하던 이야기를 이 으며 말했다. "벤, 좀 의심스러워."

"뭐가 의심스러워?" 벤 앨런 씨가 맥주 한 모금으로 정신을 날 카롭게 가다듬으며 물었다.

"음, 가능성 말이야." 밥 소여 씨가 대답했다.

"잊고 있었군." 벤 앨런 씨가 말했다. "맥주를 마셨더니 잊었다 는 게 생각났어. 그래, 의심스럽긴 하지."

"가난한 사람들이 날 특별히 돌봐주는 것에는 참 놀랐어." 밥 소여 씨가 생각에 잠겨 말했다. "밤에 아무 때나 날 두들겨 깨우지, 내가 불가능하다고 생각한 만큼 약을 먹지, 더 나은 데 쓰면 좋겠다 싶을 정도의 끈기로 발포제나 거머리를 견디지, 정말 대단한 방식으로 가족을 늘리잖아. 아까 말한 얼마 안 되는 금액의 약속어음 여섯 장은 전부 지급일이 같은 데다가 전부 내 앞으로 돼 있어."

"정말 고마운 일이군, 안 그래?" 벤 앨런 씨가 간 송아지 고기를 더 먹으려고 접시를 들고 말했다.

"아, 무척 고맙지. 1~2실링 정도 여윳돈을 가진 환자가 믿어 주는 것만큼 고맙지는 않지만 말이야. 광고에 우리 일이 아주 대단한 것처럼 나왔었지, 벤. 이 일은 규모가 정말 막대한 장사지. 그뿐이야."

"밥." 벤 앨런 씨가 나이프와 포크를 내려놓고 친구의 얼굴에 시선을 고정시킨 채 말했다.

"왜 그러나?" 밥 소여 씨가 물었다.

"자네는 최대한 빨리 애러벨라의 천 파운드를 자네 것으로 만들어야 해."

"영국 은행 총재의 장부에 애러벨라의 이름으로 된 이자 3퍼센트의 통합 채권이 있지." 밥 소여 씨가 법적 용어로 덧붙였다.

"정확해." 벤이 말했다. "애러벨라는 성년이 되거나 결혼하면 그 돈을 받게 돼. 성년이 되려면 1년 있어야 하지만 자네가 용기를 내면 결혼하는 데 한 달도 안 걸려."

"애러벨라는 정말 매력적이고 상대방을 기분 좋게 하는 사람이지." 밥 소여 씨가 대답했다. "그리고 내가 아는 한 결점은 하나밖에 없어. 불행히도 유일한 흠은 안목이 부족하다는 거야. 그녀는 날 좋아하지 않아."

"걘 자기가 뭘 좋아하는지도 몰라." 벤 앨런 씨가 경멸하듯 말했다.

"그럴지도 모르지." 밥 소여 씨가 말했다. "하지만 자기가 뭘 좋아하지 않는지는 아는 것 같아. 그게 더 중요하지."

"내가 바라는 건 말이야." 벤 앨런 씨가 이를 악물면서, 나이프와 포크로 다진 송아지 고기를 먹는 온순하고 젊은 신사가 아니라 손으로 늑대 날고기를 뜯어먹는 야만적인 전사처럼 말했다. "어느 악당이 정말로 애러벨라를 건드렸는지, 걔의 애정을 얻으려고 애쓰고 있는지 알고 싶어. 내가 그 사람을 죽여야 할 것 같아, 밥."

"그 사람을 찾아내면 총알을 박아주지." 소여 씨가 맥주를 길게 한 모금 마시다 말고 악의 넘치는 시선으로 잔 너머를 응시하며 말했다. "그래도 안 죽으면 나중에 그 총알을 제거해서 죽이겠어."

벤저민 앨런 씨가 말없이 친구를 멍하니 몇 분간 바라보다가 말했다.

"직접적으로 청혼한 적은 없지?"

"없어. 소용없다는 걸 아니까." 밥 소여 씨가 대답했다.

"하루라도 나이를 더 먹기 전에 그렇게 해야 돼." 벤이 아주 차분하게 대꾸했다. "걘 널 받아들일 수밖에 없어. 그렇지 않으면 내가 그 이유를 알아낼 거야. 오빠로서의 권위를 행사해야지."

"그래." 밥 소여 씨가 말했다. "두고 보자고."

"두고 보자고, 친구." 벤 앨런 씨가 격렬하게 대답했다. 그는 몇 초간 말을 멈추었다가 감정이 실려 갈라진 목소리로 덧붙였다. "넌 어렸을 때부터 그 애를 사랑했지, 밥. 우리가 학교에 다니던 꼬맹이 때부터 걜 사랑했어. 그때도 걘 제멋대로였고 너의 어린 감정을 무시했지. 기억나? 어린아이 나름대로 열정적인 사랑의 표시로 개한테 작은 비스킷 두 개랑 달콤한 사과를 하나 줬잖아. 연습장 한 장으로 동그랗고 깔끔하게 싸서 말이야."

"기억나." 밥 소여 씨가 대답했다.

"걘 그걸 무시했어, 맞지?" 벤 앨런 씨가 말했다.

"그랬어." 밥이 대답했다. "내 코듀로이 바지에 너무 오래 넣고 다녀서 사과가 기분 나쁘게 따뜻하다고 했지."

"기억난다." 앨런 씨가 우울하게 말했다. "그래서 우리가 먹었지, 한 입씩 번갈아 가면서."

밥 소여 씨는 우울하게 얼굴을 찌푸리며 그때의 기억을 떠올렸고, 두 친구는 한동안 각자의 생각에 빠져 있었다.

밥 소여 씨와 벤저민 앨런 씨 사이에 이런 대화가 오가고, 회색 제복을 입은 소년이 평소보다 길어진 식사 시간에 놀라서 가끔 유리문을 초조하게 바라보며 자신이 먹을 간 송아지 고기의 양에 대해서 속으로 걱정하느라 정신이 팔렸을 때, 개인 경마차 한 대가 브리스톨 거리를 침착하게 달려오고 있었다. 울적한 초록색 마차를 끄는 것은 통통한 갈색 말이었고, 말 사육 담당자 같은 하의와 마부 같은 상의 차림의 무뚝뚝해 보이는 남자가 마차를 몰고 있었다. 이러한 겉모습은 경제적인 습관의 노부인이 소유하고 관리하는 수많은 탈것의 공통점이었는데, 바로 이 마차 안에 그 주인인 노부인이 앉아 있었다.

"마틴!" 노부인이 앞쪽 창문을 통해 무뚝뚝한 남자를 불렀다.

"부르셨습니까?" 무뚝뚝한 남자가 모자에 손을 올리며 대답했다.

"소여 씨네로." 노부인이 말했다.

"거기로 가고 있었습니다." 무뚝뚝한 남자가 말했다.

노부인은 무뚝뚝한 남자의 선견지명에 흡족함을 느끼며 고개를 끄덕였고, 남자는 통통한 말에게 채찍질을 했다. 두 사람은 밥 소여 씨의 집으로 향했다.

"마틴!" 마차가 구 노크모프, 현 로버트 소여 씨의 가게 문 앞에 도착했을 때 노부인이 말했다.

"네?" 마틴이 말했다.

"아이한테 나와서 말을 좀 보라고 해."

"제가 말을 보려고 했는데요." 마틴이 채찍을 마차 지붕에 놓으며 말했다.

"무슨 일이 있어도 허락 못하네." 노부인이 말했다 "자네의 증언이 아주 중요해. 같이 들어가야겠어. 내 옆에 꼼짝도 말고 붙어 있어. 알았지?

"알겠습니다." 마틴이 대답했다.

"왜 가만히 서 있지?"

"아, 아닙니다." 마틴이 대답했다. 오른발 발가락 끝으로 균형을 잡고 서 있던 무뚝뚝한 남자가 바퀴에서 내려와 회색 제복을 입은 소년을 부르고, 마차 문을 열고, 계단을 내리고, 검은 염소 가죽 장갑 낀 손을 집어넣어서 노부인이 판지 상자라도 되는 것처럼 무심한 태도로 그녀를 부축했다.

"이런." 노부인이 외쳤다. "여기 도착하니 너무 당황해서 온몸이 떨리는군."

마틴 씨는 검은 염소가죽 장갑으로 입을 가리고 기침을 했지만 그 이상의 동정은 드러내지 않았다. 자세를 가다듬은 노부인이 밥 소여 씨의 가게 계단을 올랐고, 마틴 씨가 그 뒤를 따랐다. 노부인이 가게에 들어가자마자 물 탄 술을 보이지 않게 치우고 담배 냄새를 가리려고 구역질 나는 약을 뿌리던 벤저민 앨런 씨와 밥 소여 씨는 기쁨과 애정으로 어쩔 줄 몰라 하며 서둘러 마중 나왔다.

"고모님!" 벤 앨런 씨가 외쳤다. "이렇게 찾아주시다니 정말 친절하시군요. 이쪽은 소여 씨입니다. 제가 말씀 드렸던 친구 밥 소여 씨예요. 왜, 그 문제로⋯⋯ 아시잖아요." 이때 딱히 멀쩡한 정신이 아니었던 벤 앨런 씨는 '애러벨라'라고 속삭이려고 했지만 실제로는 특이나 또렷한 목소리로 말했고, 들으려고 한다면 누구나 그 소리를 들을 수 있었다.

"사랑하는 벤저민." 노부인이 숨을 헐떡거리고 머리끝부터 발끝까지 몸을 덜덜 떨면서 말했다. "놀라지 마라, 사랑하는 조카야. 하지만 내가 잠깐 소여 씨와 단둘이 이야기를 하는 게 좋겠구나. 잠깐이면 돼."

"밥." 벤 앨런 씨가 말했다. "고모님을 진료실로 모시고 가겠나?"

"물론이지." 밥이 더없이 전문가다운 목소리로 대답했다. "이쪽으로 오시죠, 부인. 무서워하지 마세요. 금방 멀쩡하게 해드릴 수 있을 겁니다. 이쪽입니다, 부인. 자." 밥 소여 씨는 이렇게 말하면서 노부인을 의자에 앉히고 문을 닫고 의자를 가까이 끌어당겨 앉아서 증상을 자세히 들으려고 기다렸다. 그는 이 대화를 통해서 상당히 오랫동안 수익이 생길 것이라 기대하고 있었다.

노부인이 제일 먼저 한 일은 수없이 고개를 저으며 울음을 터뜨리는 것이었다.

"신경과민이군요." 밥 소여 씨가 만족스러운듯이 말했다. "장뇌 시럽과 물을 하루 세 번 드시고 밤에는 진정제를 드세요."

"어떻게 말을 꺼내야 할지 모르겠군요, 소여 씨." 노부인이 말했다. "정말 고통스럽고 괴롭답니다."

"말을 꺼내실 필요 없습니다, 부인." 밥 소여 씨가 대답했다. "뭐라고 하실지 다 알아요. 머리가 문제죠."

"심장이 문제라면 정말 유감일 거예요." 노부인이 약간 신음하며 말했다.

"그럴 위험은 전혀 없습니다, 부인." 밥 소여가 대답했다. "위가 원인입니다."

"소여 씨!" 노부인이 깜짝 놀라 외쳤다.

"전혀 의심의 여지가 없습니다, 부인." 밥이 다 안다는 표정으로 대답했다. "시간 맞춰서 약을 드시면 전부 예방할 수 있을 겁니다."

"소여 씨." 노부인이 이전보다 더 당황하여 말했다. "이 행동은 저와 같은 상황에 처한 사람에게 무척 실례되는 태도이거나, 아니면 당신이 제 방문 목적을 오해했기 때문인 것 같군요. 제가 약이나 선견지명의 힘으로 이미 일어난 일을 예방할 수 있었다면 분명 그렇게 했을 거예요. 당장 제 조카를 만나는 게 좋겠어요." 화가 난 노부인이 작은 가방을 빙빙 돌리며 이렇게 말하고 일어섰다.

"잠시만요, 부인." 밥 소여 씨가 말했다. "죄송하지만 무슨 말씀이신지 모르겠군요. 무슨 일인가요?"

"제 조카딸 말이에요, 소여 씨." 노부인이 말했다. "당신 친구의 여동생이요."

"네, 부인." 밥이 초조하게 말했다. 노부인은 무척 흥분했지만 노부인들이 종종 그러듯 더없이 사람을 애태우며 말했기 때문이었다.

"소여 씨, 그 아이는 사흘 전에 제 여동생을 방문하는 척 집에서 나갔답니다. 그 애의 다른 고모 말이에요. 제 여동생은 세 번째 이정표 바로 너머에서 커다란 기숙학교를 운영하는데 아주 커다란 금사슬나무와 오크나무 대문이 있지요." 노부인이 여기서 잠깐 말을 멈추고 눈물을 닦았다.

"아, 빌어먹을 금사슬나무!" 밥이 너무 흥분해서 의사로서의 위엄도 잊고 말했다. "조금만 더 빨리 얘기해 주세요. 조금만 더 힘을 내세요, 부인, 부탁드립니다."

"오늘 아침에요." 노부인이 천천히 말했다. "오늘 아침에 그 애가……."

"돌아왔나 보군요." 밥이 무척 쾌활하게 말했다. "돌아왔습니까?"

"아니, 안 왔어요. 편지를 썼어요." 노부인이 대답했다.

"뭐라던가요?" 밥이 열심히 물었다.

"소여 씨, 걔가 뭐라고 했냐면요." 노부인이 대답했다. "벤저민이 이 이야기를 듣기 전에 천천히, 조심스럽게 마음의 준비를 하도록 도와주시면 좋겠는데요, 그 애가 말하기를 자신은…… 소여 씨, 제 주머니에 편지가 있지만 안경이 마차에 있으니 그 부분을 짚어드리려 해도 시간 낭비일 뿐일 거예요. 간단히 말해서 소여 씨, 애러벨라가 결혼을 했대요."

"뭐라고요!" 밥 소여 씨가 말했다, 아니 소리쳤다.

"결혼했다고요." 노부인이 다시 말했다.

밥 소여 씨는 부인의 말을 더 이상 듣지도 않고 진료실에서 나와 아주 큰 목소리로 외쳤다. "벤, 그녀가 도망쳤다네!"

카운터 뒤에서 무릎 아래 반 피트쯤까지 고개를 푹 숙이고 잠들어 있던 벤 앨런 씨는 이 무시무시한 말을 듣자마자 마틴 씨에게 허둥지둥 달려가더니 말없는 하인의 목도리를 잡아 비틀면서 그 자리에서 목을 졸라버리겠다는 의향을 드러냈고, 종종 절박함의 결과인 신속함으로 활기 넘치는 의학적 솜씨를 발휘해서 그 말을 즉시 실행에 옮기기 시작했다.

말이 거의 없고 웅변이나 설득도 할 줄 모르는 마틴 씨는 몇 초 정도 아주 차분하고 유쾌한 표정으로 이 행동에 굴복했다. 그러나 앞으로 식사를 포함하든 포함하지 않든 어떤 임금도 요구할 수 없게 될 결과로 빠르게 이어질 위험에 처하자, 그는 항의의 말을 불분명하게 중얼거리면서 벤저민 앨런 씨를 땅으로 쓰러뜨렸다. 앨런 씨의 손이 마틴의 크라바트에 얽혀 있었기 때문에 두 사람은 함께 바닥으로 쓰러질 수밖에 없었다. 그들이 거기 누워서 몸싸움을 하고 있을 때 가게 문이 열리고 예상치 못한 손님들이 도착하여 일행이 늘어났는데, 다름 아닌 픽윅 씨와 새뮤얼 웰러 씨였다.

웰러 씨는 이 장면을 보고 마틴 씨가 구 노크모프, 현 로버트 소여 의원에 고용된 사람으로, 약효가 강한 약을 먹거나, 실험을 위해서 발작을 일으키거나, 새로운 해독제를 시험하기 위해서 가끔 독을 먹거나, 아무튼 위대한 의학의 발전을 위해 뭔가를 하면서 이 두 과학자의 가슴에서 열렬히 타오르는 탐구 정신을 충족시키는 중이라고 생각했다. 그래서 샘은 끼어들지 않고 가만히 서서 지금 진행 중인 실험의 결과가 무척 궁금하다는 듯 쳐다보았다. 하지만 픽윅 씨는 그렇지 않았다. 그는 깜짝 놀란 싸움꾼들에게 평소처럼 대단한 기세로 즉시 달려들었고, 구경꾼들에게 빨리 말리라고 크게 외쳤다.

그러자 친구의 광란에 넋을 잃었던 밥 소여 씨가 정신을 차렸고, 픽윅 씨가 그의 도움을 받아 벤 앨런 씨를 일으켰다. 마틴 씨는 자기 혼자 바닥에 누워 있음을 깨닫고 일어나서 주변을 둘러보았다.

"앨런 씨!" 픽윅 씨가 말했다. "무슨 일입니까?"

"신경 쓰지 마십시오." 앨런 씨가 오만하게 반항하며 대답했다.

"앨런 씨가 어디 아픕니까?" 픽윅 씨가 밥 소여 씨를 보면서 물었다.

밥이 대답하기도 전에 벤 앨런 씨가 픽윅 씨의 손을 잡고 슬픈 어조로 중얼거렸다. "제 여동생이, 픽윅 씨, 여동생 때문입니다."

"아, 그것 때문이군요!" 픽윅 씨가 말했다. "우리가 그 문제를 쉽게 정리할 수 있을 겁니다. 당신 여동생은 무사히 잘 지내고 있고, 제가 여기에 온 것은……."

"왕이 의회를 해산시키면서 했던 말처럼, 이렇게 즐거운 일에 끼어들어서 죄송합니다만." 유리문 안을 들여다보던 웰러 씨가 끼어들었다. "여기서 또 다른 실험을 하고 있나 본데요. 훌륭하신 노부인께서 양탄자에 누워서 해부인지, 직류 전기 요법인지, 아무튼 과학적인 소생법을 기다리고 계시네요."

"깜빡했군!" 벤 앨런 씨가 외쳤다. "저희 고모님입니다."

"이런." 픽윅 씨가 말했다. "가련하게도! 살살하게, 샘, 살살."

"같은 가족이시면서 참 이상한 일을 하시네요." 샘 웰러가 고모를 의자에 앉히며 말했다. "자, 소본 대리인, 휘발성 물질을 가져와."

마지막 말은 회색 제복 소년에게 한 말이었는데, 소년은 마차를 순찰꾼에게 맡기고 돌아왔다가 시끄러운 소리가 들리자 이게

다 무슨 일인가 싶어서 보러 왔다. 회색 제복 소년, 밥 소여 씨, 벤저민 앨런 씨(고모를 깜짝 놀라게 해서 기절시켰던 그는 애정 넘치는 태도로 그녀의 회복을 걱정하고 있었다) 사이에서 노부인은 결국 의식을 되찾았다. 이제 벤 앨런 씨가 어리둥절한 표정으로 픽윅 씨를 보면서 무슨 말을 하려던 참이었는지 물었다.

"자, 우리는 모두 친구지요?" 픽윅 씨가 목을 가다듬더니 말수가 없고 무뚝뚝한 표정에 통통한 말이 끄는 마차를 모는 남자를 보았다.

그러자 회색 제복 소년이 눈을 크게 뜨고 탐욕스러운 귀를 기울이며 이 장면을 보고 있다는 생각이 밥 소여 씨에게 떠올랐다. 그는 어린 약제사의 옷깃을 잡고 들어 올려서 문밖으로 던진 다음 픽윅 씨에게 거리낌 없이 말해도 된다고 말했다.

"당신 여동생은 런던에 있습니다." 픽윅 씨가 벤저민 앨런을 향해서 말했다. "건강하고 행복하지요."

"저에게 그 애의 행복은 아무 상관 없습니다." 벤저민 앨런 씨가 손을 내저으며 말했다.

"제가 상관하는 건 그 애의 남편입니다." 밥 소여 씨가 말했다. "그 남자는 저에게 열두 걸음 떨어진 과녁이고,[152] 저는 그를 아주 멋지게 만들어줄 겁니다. 그 비열한 악당을요!" 이 말 자체는 어엿한 비난인 데다가 당당하기까지 했지만 결국 밥 소여 씨가 이에 비해서 평범한, 머리를 때리고 눈을 튀어나오게 하는 것에

---

152 결투를 암시한다.

대한 일반적은 이야기를 늘어놓는 바람에 그 효과가 다소 약화되었다.

"잠시만요." 픽윅 씨가 말했다. "문제의 신사에게 욕을 하기 전에 그가 무슨 잘못을 했는지 냉정하게 생각해 보고, 무엇보다도 그가 제 친구라는 것을 기억해 주십시오."

"뭐라고요?" 밥 소여 씨가 말했다.

"그자의 이름이 뭡니까?" 벤 앨런 씨가 외쳤다.

"너새니얼 윙클 씨입니다." 픽윅 씨가 단호하게 말했다.

벤저민 앨런 씨는 자기 안경을 발뒤꿈치로 밟아서 부수더니 조각난 안경을 집어 세 개의 주머니의 따로따로 넣은 다음 팔짱을 끼고, 입술을 깨물고, 위협적인 태도로 픽윅 씨의 온화한 얼굴을 바라보았다.

"그렇다면 두 사람을 부추기고 맺어준 사람이 바로 당신이군요?" 마침내 벤저민 앨런 씨가 물었다.

"바로 당신의 하인이군요." 노부인이 끼어들었다. "내 집 주변에서 살금살금 다니면서 내 하인들을 속여서 주인에게 등을 돌리고 공모를 꾸미려고 한 사람 말이에요, 마틴!"

"네?" 무뚝뚝한 남자가 나섰다.

"네가 길가에서 본 젊은이가, 그날 아침에 나한테 얘기한 사람이 이자냐?"

이미 본 것처럼 과묵한 남자였던 마틴 씨가 샘 웰러를 보고 고개를 끄덕이더니 으르렁거리며 말했다. "이 사람입니다." 절대 거만하지 않았던 웰러 씨는 무뚝뚝한 남자와 눈이 마주치자 친밀하게 아는 척 미소를 짓고 예의 바른 말로 예전에 본 적 있다고 인정했다.

"그런데 이 충실한 하인을 목 졸라 죽일 뻔했군요!" 벤 앨런 씨가 외쳤다. "픽윅 씨, 어떻게 당신 밑에서 일하는 녀석이 내 여동생의 납치에 가담하도록 두실 수가 있습니까? 이 일에 대해서 설명을 요구합니다."

"설명하세요!" 밥 소여 씨가 맹렬하게 외쳤다.

"음모입니다." 벤 앨런 씨가 말했다.

"틀림없는 책략이야." 밥 소여 씨가 덧붙였다.

"수치스러운 사기예요." 노부인이 말했다.

"소동이지요." 마틴이 말했다.

"제 말을 좀 들어보세요." 픽윅 씨가 간청했고, 벤 앨런 씨는 환자들이 피를 흘렸던 의자에 털썩 앉아서 손수건을 꺼내 눈물을 터뜨렸다. "저는 이 일에 아무 도움도 주지 않았습니다. 딱 한 번 두 젊은이가 만나는 자리에 있었던 것만 빼면요. 저는 그 만남을 막을 수 없었고, 따라서 제가 같이 있으면 그 일이 부적절하다는 편견을 조금이나마 덜어줄 수 있을 것이라고 생각했습니다. 이 일에 제가 관여된 부분은 그것뿐이고, 곧 결혼할 생각인지도 전혀 몰랐습니다." 픽윅 씨가 황급히 말을 멈추고 덧붙였다. "물론 결혼할 생각임을 알았더라면 막아야 했다는 뜻은 아닙니다."

"다들 들었죠, 들었지요?" 벤저민 앨런 씨가 말했다.

"저도 바라는 바입니다." 픽윅 씨가 주변을 둘러보며 온화하게 말한 다음 얼굴을 붉히며 덧붙였다. "그리고 다음 말도 들어주시면 좋겠군요. 제가 들은 바에 따르면 당신이 그런 식으로 여동생의 의향을 강요한 것은 절대 정당화할 수 없습니다. 당신은 그녀가 어렸을 때부터 알지 못했던 더 가까운 부모를 대신하려고 친절하고 조심스럽게 노력했어야 한다고 저는 단언합니다. 저의 젊은 친구에 대해서 이야기하자면 세속적인 이점이라는 모든 면에서 당신보다 더 낮지는 않더라도 적어도 동등한 위치를 차지하고 있으며, 이 문제를 침착하고 절도 있게 논의하지 않는 이상 이 문제에 대한 이야기는 더 이상 듣지 않겠습니다."

"방금 존경스러운 신사분께서 하신 말씀에 제가 몇 가지 덧붙이고 싶은데요." 웰러 씨가 앞으로 나서며 말했다. "우리 중 누군가가 저를 녀석이라고 불렀습니다."

"그건 이 일과 아무 상관이 없네, 샘." 픽윅 씨가 끼어들었다. "제발 아무 말 말게."

"그 문제에 대해서는 더 이상 말하지 않겠습니다." 샘이 대답했다. "하지만 이것만 말하죠. 저분은 아가씨가 좋아하는 사람이 있었다고 생각하실지도 모르지만 그런 건 없었습니다. 아가씨는 저분을 처음 알게 됐을 때부터 참을 수 없었다고 말씀하셨으니까요. 아무도 아가씨를 저 사람한테서 빼앗지 않았습니다. 아가씨가 윙클 씨를 못 만났어도 마찬가지였을 거예요. 제가 하고 싶은 말은 그겁니다. 제 얘기를 듣고 부디 마음이 편안해지시면 좋겠네요."

웰러 씨의 위안이 되는 말이 끝난 후 짧은 침묵이 흘렀고, 벤 앨런 씨가 의자에서 일어나 애러벨라의 얼굴을 두 번 다시 보지 않겠다고 항변했으며, 밥 소여 씨는 행복한 신랑에게 무시무시한 복수를 맹세했다.

그러나 한껏 고조된 상황이 전혀 가라앉을 기미가 보이지 않을 때 픽윅 씨는 노부인에게 큰 도움을 받았는데, 그가 자기 조카딸을 옹호하는 태도에 크게 감명받은 그녀는 몇 가지 위안이 되는 생각으로 밴저민 앨런 씨를 달랬다. 주로 더 나쁜 상황이 아니라서 다행일지도 모른다, 나쁜 일에 대해서는 말하지 않는 게 상책이다, 결국 뭐가 그렇게 나쁜지 전혀 모르겠다, 끝난 일은 다시 시작할 수 없고 고칠 수 없는 것은 견뎌야 한다, 등등의 신선하고 힘이 되는 설명이었다. 이에 벤저민 앨런은 고모님이든 누구에게든 무례하게 굴고 싶지 않지만 어쨌거나 마찬가지라면 자기 방식대로 하게 두었으면 좋겠다, 자신은 죽을 때까지, 아니 죽은 뒤에도 여동생을 계속 미워하고 싶다고 대답했다.

결국 이러한 결심을 50번쯤 되풀이했을 때 노부인이 갑자기 머리를 들고 턱을 당기며 아주 위엄 있는 표정을 짓더니, 자신이 뭘 어쨌기에 그 나이와 지위에 대해 아무런 존중도 받지 못하냐고, 자신은 조카가 약 25년 전에 태어났을 때도 기억하고, 이도 없던 시절을 잘 알 뿐만 아니라 처음으로 머리를 자를 때에도 곁에 있었으며 그 밖에도 각종 행사에 참석하고 수없이 도움을 주었으므로 그의 애정과 순종, 공감을 언제까지든 요구할 수 있을 텐데 그런 조카에게 자신이 애원하고 간청해야 하는 것인지 알고 싶다고 물었다.

훌륭한 부인이 벤 앨런 씨를 꾸짖는 동안 밥 소여와 픽윅 씨는 안쪽 방으로 가서 긴밀한 대화를 나누었고, 거기서 전자는 검은 병의 주둥이를 여러 번 입에 대더니, 그 영향으로 이목구비가 점차 유쾌하고 심지어는 쾌활한 표정까지 떠올랐다. 마침내 밥 소여 씨가 병을 들고 방에서 나가 유감스러운 말이지만 그동안 스스로를 바보로 만들었다면서 윙클 부부의 건강과 행복을 기원하자고 간청했고, 그는 두 사람의 행복을 시샘하기는커녕 누구보다도 먼저 축복해 주고 싶다고 말했다. 이 말을 들은 벤 앨런 씨가 갑자기 의자에서 일어나 검은 병을 잡고 진심으로 건배를 하며 마셨고, 독한 술 때문에 그의 얼굴이 병만큼이나 새까매졌다. 검은 병이 다 빌 때까지 돌고 수많은 악수와 칭찬이 오갔고 금속 같은 얼굴의 마틴 씨조차 미소를 짓지 않을 수 없었다.

"자." 밥 소여 씨가 손을 문지르며 말했다. "즐거운 밤을 보냅시다."

"죄송합니다만 저는 여관으로 돌아가야 합니다." 픽윅 씨가 말했다. "요즘은 피로에 익숙하지 않은데 여행 때문에 너무 지쳤군요."

"차를 좀 드시겠어요, 픽윅 씨?" 노부인이 저항할 수 없을 만큼 상냥하게 말했다.

"감사하지만 안 마시는 게 좋겠습니다." 픽윅 씨가 대답했다. 사실, 노부인의 점점 더 커지는 찬양이야말로 픽윅 씨가 자리를 떠나려는 주된 이유였다. 그는 바델 부인을 떠올랐고, 노부인이 그를 흘끗 볼 때마다 식은땀이 흘렀다.

어떻게 해도 픽윅 씨를 설득할 수 없었으므로 그의 제안에 따라 벤저민 앨런 씨가 아버지 윙클 씨에게 함께 가기로 약속하고 다음 날 아침 9시에 집 앞으로 마차를 부르기로 했다. 픽윅 씨는 그곳을 나와 새뮤얼 웰러와 함께 부시 여관으로 갔다. 작별 인사를 할 때 마틴 씨는 샘과 악수를 나누면서 얼굴에 끔찍한 경련을 일으켰고 미소를 짓는 동시에 욕을 했는데, 그의 독특한 습관을 잘 아는 사람들은 그가 웰러 씨를 알게 되어서 무척 기쁘고 앞으로도 더 알고 싶다고 요청하는 뜻이라고 추론했음을 밝혀두는 것이 좋겠다.

"개인실을 달라고 할까요?" 두 사람이 부시 여관으로 돌아갔을 때 샘이 물었다.

"아니네, 샘." 픽윅 씨가 대답했다. "카페에서 식사를 하고 바로 잠자리에 들 테니 그럴 필요 없어. 여행자 휴게실에 누가 있는지 봐주게."

웰러 씨는 심부름을 하러 갔다가 바로 돌아와서 애꾸눈 신사 한 명과 여관 주인밖에 없고, 두 사람이 같이 비숍[153]을 마시고 있다고 말했다.

"그들과 함께하겠네." 픽윅 씨가 말했다.

"참 이상한 손님이에요, 그 애꾸눈 신사 말입니다." 웰러 씨가 길을 안내하며 말했다. "여관 주인한테 엄청난 허풍을 떨어서 주인은 자기가 똑바로 서 있는지 물구나무를 서고 있는지도 모를 정도예요."

---

153 향신료를 넣고 데운 포트와인.

픽윅 씨가 들어갔을 때 샘이 말한 사람은 가장 안쪽에 앉아서 커다란 네덜란드 파이프를 피우고 있었고, 그의 눈은 여관 주인의 둥근 얼굴에 고정되어 있었다. 여관 주인은 유쾌해 보이는 노인으로, 자신을 똑바로 보는 애꾸눈 사내를 마주 보면서 "정말 못 믿겠군! 내가 들어본 중에 가장 이상한 이야기야! 그런 일이 가능하다니 생각도 못하겠어!"를 비롯해서 놀라움을 갖가지 지리멸렬한 방식으로 표현하고 있는 것을 보니, 조금 전까지 애꾸눈 손님이 무척 놀라운 이야기를 하고 있었던 것이 분명했다.

"안녕하십니까." 애꾸눈 사내가 픽윅 씨에게 말했다. "좋은 밤입니다."

"정말 그렇군요." 픽윅 씨가 대답했다. 급사가 작은 디캔터에 담긴 브랜디와 뜨거운 물을 그의 앞에 내려놓았다.

픽윅 씨가 브랜디와 물을 섞는 동안 애꾸눈 사내가 가끔 진지하게 주변을 둘러보더니 마침내 말했다.

"어디서 뵌 적이 있는 듯하네요."

"기억이 나질 않는군요." 픽윅 씨가 대답했다.

"아마 그럴 겁니다." 애꾸눈 남자가 말했다. "저를 모르시겠지만, 선거 때 이턴스윌 피콕 여관에서 묵었던 친구 두 분을 뵌 적 있지요."

"아, 그렇군요!" 픽윅 씨가 외쳤다.

"네. 그분들에게 저의 지인 톰 스마트 이야기를 해드렸지요. 어쩌면 들어보셨을지도 모르겠군요." 애꾸눈 남자가 말했다.

"자주 들었습니다." 픽윅 씨가 미소를 지으며 대답했다. "당신 숙부였지요?"

"아니, 아닙니다. 숙부의 친구였지요." 애꾸눈 남자가 말했다.

"하지만 아주 멋진 분이셨지요, 당신 숙부 말입니다." 여관 주인이 고개를 저으며 말했다.

"음, 저는 그렇다고 생각합니다. 그렇다고 말할 수 있을 거예요." 애꾸눈 남자가 말했다. "여러분, 바로 그 숙부에 대한 이야기를 해드릴까요? 아마 놀라실 겁니다."

"그래요?" 픽윅 씨가 말했다. "그렇다면 꼭 듣고 싶군요."

애꾸눈 외판원은 니거스를 한 잔 떠서 마시고 네덜란드 파이프를 길게 한 번 빨아들인 다음, 문 근처에서 서성이던 샘 웰러를 불러서 자신이 하려는 이야기는 비밀이 아니므로 가기 싫으면 남아 있어도 된다고 말했다. 그런 다음 여관 주인에게 시선을 고정시키고 이야기를 시작했다.

49장

외판원의 숙부 이야기

여러분, 제 숙부는 지금까지 살았던 사람들 중에서 가장 명랑하고 쾌활하고 똑똑한 사람이었습니다. 여러분이 제 숙부를 알았더라면 좋겠군요. 하지만 다시 생각해 보면, 여러분이 제 숙부를 알지 못해서 다행입니다. 만약 아셨다면 여러분은 지금쯤 자연의 평범한 흐름에 따라 세상을 떠나지는 않았다 해도 죽을 때가 다 되어서 집에 틀어박혀 사람들과 어울리지 않았을 테니, 제가 지금 여러분에게 이렇게 이야기를 하는 헤아릴 수 없을 정도의 기쁨을 누리지 못했겠지요. 여러분, 저는 여러분의 아버지와 어머니가 제 숙부를 알았다면 좋겠습니다. 분명히 무척 좋아하셨을 겁니다, 특히 여러분의 훌륭한 어머니들이 말입니다. 틀림없어요. 숙부의 수많은 미덕 가운데에서 그의 인품을 돋보이게 하는 많은 미덕들보다 우세한 것이 두 가지 있었다면 그것은 바로 펀치를 만드는 솜씨와 저녁 식사 후에 부르는 노래라고 할 것입니다. 세상을 떠난 소중한 사람을 떠올리는 것을 용서하십시오. 떠난 사람을 매일 볼 수 있는 것은 아니니까요.

여러분, 저는 숙부가 런던 케이티턴 거리 빌슨 앤드 슬럼 여관을 운영하는 톰 스마트의 절친한 친구이자 동료라는 점에서 정말 대단하다고 생각했습니다. 제 숙부는 티긴 앤드 웰프스 소속으로 수금을 했지만 오랫동안 톰과 거의 같은 길을 다녔습니다. 두 사람이 처음 만난 날 밤, 숙부는 톰이 마음에 들었고 톰은 숙부가 마음에 들었지요. 서로 알게 된 지 30분도 안 돼서 누가 펀치 1쿼트를 제일 맛있게 만들고 누가 그것을 제일 빨리 마시는지 내기했습니다. 만드는 것은 숙부가 이겼지만 마시는 것은 톰 스마트가 반 스푼 차이로 이겼지요. 두 사람은 각각 1쿼트씩 더 시켜서 서로의 건강을 위해 마셨고, 그 뒤로 충실한 친구가 되었습니다. 이런 일은 운명이지요, 여러분. 우리가 어떻게 할 수 없습니다.

겉모습을 보자면 제 숙부는 중간보다 아주 약간 작았고, 보통 사람들보다 약간 뚱뚱했으며, 얼굴은 아주 약간 더 붉었다고 할 수 있습니다. 정말 유쾌한 얼굴을 가지고 있었지요. 〈펀치와 주디〉의 펀치와 비슷하지만 코와 턱이 더 잘생겼고, 눈은 항상 명랑하게 반짝반짝 빛났으며, 미소가—생기 없고 딱딱한 웃음이 아니라 진실하고 즐겁고 따뜻하고 싹싹한 미소가—얼굴을 떠나지 않았습니다. 한번은 숙부가 마차에서 떨어져서 이정표에 머리를 부딪친 적이 있었어요. 숙부는 기절해서 누워 있었고, 옆에 쌓여 있던 자갈에 얼굴이 찢어지는 바람에 본인의 강한 표현을 그대로 쓰자면, 어머니가 이 세상에 다시 내려와도 알아보지 못할 정도였습니다. 여러분, 사실 저는 분명 그랬으리라 생각하는데, 할머니는 숙부가 겨우 두 살 하고도 7개월 때 돌아가셨으므로 자갈이 아니었더라도 숙부의 쾌활하고 빨간 얼굴은 말할 것도 없고 가죽 장식 장화를 보고 상당히 놀라셨을 겁니다. 하지만 숙부는 거기 누워 있었고, 나중에 여러 번 이야기했듯이 그를 일으켜준 남자의 말에 따르면 마치 자기가 좋아서 구르기라도 한 것처럼 너무나 즐겁게 미소를 짓고 있었다고 합니다. 사람들이 숙부의 피를 뽑고 나서 희미한 의식이 돌아오자마자 숙부는 침대에서 벌떡 일어나 크게 웃더니, 대야를 들고 있던 젊은 여자에게 입을 맞추고 당장 양고기 토막과 호두 절임을 가져오라고 했지요. 여러분, 숙부는 절인 호두를 정말 좋아했습니다. 식초를 빼고 먹으면 맥주 맛이 난다고 했지요.

숙부의 대단한 여행이 시작된 것은 나뭇잎이 떨어지기 시작할 때였는데, 숙부는 북부에서 대금을 수금하고 주문을 받았지요. 런던에서 에든버러로, 에든버러에서 글래스고로, 글래스고에서 다시 에든버러로 갔다가 배를 타고 런던으로 돌아왔습니다. 두 번째로 에든버러에 간 것은 자신의 즐거움을 위해서였음을 알아두셔야 합니다. 숙부는 오랜 친구들을 만나러 에든버러로 돌아가서 일주일 동안 지내곤 했고, 이 친구와 아침을, 저 친구와 점심을, 또 다른 친구와 정찬을, 또 다른 친구와 저녁을 함께하면서 꽤 빡빡한 시간을 보냈지요. 여러분, 정말로 실하고 후한 스코틀랜드식 아침 식사를 한 다음 밖으로 나가서 점심으로 굴을 잔뜩 먹으며 에일을 열두 병쯤 마시고, 위스키 한두 잔으로 마무리를 해보신 적이 있는지 모르겠군요. 그런 적이 있으신 분은 거기에다 정찬과 저녁까지 들려면 술이 상당히 세야 한다는 제 말에 동의하실 겁니다.

하지만 숙부에게는 아무것도 아니었습니다. 숙부는 무척 숙련되었기 때문에 그 정도는 어린애들의 장난에 지나지 않았지요. 저는 숙부가 언제든지 던디 사람과 나갔다가 비틀거리지 않고 집까지 걸어서 돌아올 수 있다고 말하는 것을 들었습니다. 던디 사람들이라고 하면 남극과 북극 사이에서 만날 수 있는 그 누구에게도 뒤지지 않을 만큼 술이 세고, 아주 강한 펀치를 마시는 사람들이죠. 저는 글래스고 사람과 던디 사람이 한자리에 앉아서 열다섯 시간 동안 내기를 했다는 얘기를 들은 적이 있습니다. 그들은 거의 동시에 숨이 막혀버렸지만 이 사소한 예외를 빼면 두 사람은 전혀 취하지 않았습니다.

어느 날 밤, 런던행 배를 탈 때까지 하루도 남지 않았을 때, 숙부는 아주 오래된 친구, 'Mac' 뒤에 네 음절이 더 붙는 이름을 가진 부시장의 집에서 저녁을 먹었습니다. 그는 에든버러 구 시가지에 살았습니다. 부시장의 아내, 세 딸, 다 자란 아들, 그리고 친구가 숙부에게 경의를 표하고 분위기를 즐겁게 하려고 초대한, 뚱뚱하고 눈썹이 짙고 유쾌한 스코틀랜드 사람 서너 명이 있었지요. 정말 유쾌한 저녁이었습니다. 훈제 연어, 훈제 대구, 양 머리고기, 해기스[154]가 있었지요. 숙부는 이 요리가 식탁에 올라오면 꼭 큐피드의 위장 같다고 말하곤 했습니다. 그 밖에도 여러 가지 요리가 있었는데, 이름은 잊었지만 어쨌든 정말 맛있는 요리들이 었지요. 여자애들은 예쁘고 싹싹했고, 부시장의 아내는 정말로 좋은 여자였기 때문에 숙부는 신이 났습니다. 젊은 여인들은 킥 킥거리며 웃었고, 노부인은 소리 내어 웃었으며, 부시장과 친구 들은 얼굴이 빨개질 때까지 왁자지껄하게 웃었습니다. 그 사람 들이 저녁 식사 후에 위스키 토디[155]를 몇 잔이나 마셨는지 모르 지만 새벽 1시쯤 부시장의 다 큰 아들이 〈윌리가 맥아주를 잔뜩 만들었네〉의 첫 소절을 부르려다가 정신을 잃었다는 것은 압니 다. 그 전까지 30분 동안 식탁 위로 보이는 사람은 부시장의 아 들밖에 없었기 때문에 숙부는 이제 슬슬 가야 할 시간이 다 되었 다는 생각이 들었습니다. 너무 늦지 않게 집으로 돌아갈 수 있도 록 저녁 7시부터 술을 마시기 시작했으니 더욱 그랬지요. 하지만 바로 일어나는 것은 예의가 아니라는 생각이 들었기 때문에 숙 부는 스스로 투표를 통해서 좌장이 된 다음, 술을 한 잔 더 만들 고, 자리에서 일어나 자신의 건강을 위해서 건배를 하고, 자신을 멋지게 칭찬하는 연설을 한 후 열정적으로 술을 마셨습니다. 그 러나 아무도 깨지 않았기 때문에 숙부는 조금 더 마셨습니다. 토 디 때문에 속이 좋지 않을까 봐 이번에는 물을 타지 않고 그대로 마셨지요. 그러고 나서 굉장한 기세로 모자를 집어 들고 거리로

154 양의 내장을 잘게 썰어서 양념하여 위에 넣고 끓인 스코틀랜드 전통 요리.
155 위스키에 따뜻한 물과 설탕 등을 탄 것.

나갔습니다.

숙부가 밖으로 나가자 밤바람이 세차게 불었습니다. 숙부는 바람에게 빼앗기지 않도록 모자를 단단히 쓰고 주머니에 손을 넣은 다음 하늘을 올려다보면서 날씨를 잠깐 살폈지요. 아찔할 정도로 빠르게 떠다니는 구름이 달을 완전히 가리기도 하고 구름이 흩어져 달이 완연한 모습을 드러내고 주변 모든 물체에 빛을 비추기도 했습니다. 하지만 곧 구름이 훨씬 빠른 속도로 달을 가리더니 이내 모든 것을 어둠으로 덮었습니다. "정말이지 안 되겠군." 숙부가 개인적으로 기분이 상하기라도 한 것처럼 날씨에게 말을 걸었습니다. "이래서야 배를 탈 수나 있겠어? 도저히 안 되겠는걸." 숙부가 무척 강하게 말했습니다. 그런 다음 같은 말을 여러 번 반복하고 힘들게 균형을 되찾아서—하늘을 오래 올려다보느라 어지러웠거든요—유쾌하게 걸어갔습니다.

부시장의 집은 캐논게이트에 있었고 숙부는 리스 워크 반대쪽 끝까지 가야 했는데, 1마일이 조금 넘는 거리였지요. 양쪽에는 어두운 하늘 아래 높고 음산한 집들이 아무렇게나 흩어져 있었는데, 정면은 세월로 얼룩졌고 창문은 인간의 눈처럼 노령으로 인해 침침하고 푹 꺼졌습니다. 집들은 7층, 8층, 9층 높이였지요. 아이들이 카드를 쌓는 것처럼 층 위에 층이 쌓여서 거칠게 포장된 도로에 어두운 그림자를 드리워 밤을 더욱 어둡게 만들었습니다. 석유등 몇 개가 띄엄띄엄 흩어져 있었지만 좁은 공터로 들어가는 더러운 입구를 보여주거나 구불구불 여러 층으로 이어지는 가파르고 복잡한 공용 계단을 비출 뿐이었습니다. 숙부는 이런 것들을 너무 자주 봐왔기 때문에 이제는 별로 신경도 쓰이지 않는다는 듯 흘끔거리면서 조끼 주머니에 양쪽 엄지를 넣고 길 한가운데를 걸었습니다. 가끔 여러 가지 노래를 아주 유쾌하고 신나게 조금씩 흥얼거리는 통에 이제 막 잠든 조용하고 성실한 사람들이 그 소리가 멀어질 때까지 침대에서 뒤척였습니다. 그들은 방금 지나간 사람이 집을 찾아가는 취객일 뿐이라고 생각하면서 이불을 덮어 몸을 따뜻하게 하고 다시 만족스럽게 잠들었지요.

여러분, 저는 숙부가 조끼 주머니에 엄지를 넣고 길 한가운데로 걸어갔다고 설명했는데요, 본인이 종종 말했듯이 (그리고 어엿한 이유도 있지요) 절대 감탄할 만하거나 낭만적인 기질을 가진 사람이 아니라는 것을 처음부터 명확히 이해하지 않으면 이 이야기는 전혀 놀랍지 않기 때문입니다.

여러분, 숙부는 조끼 주머니에 엄지를 넣고 혼자 길 한가운데를 차지하고서 사랑 노래를 불렀다가 술에 대한 노래를 불렀고, 둘 다 질리면 휘파람으로 곡조를 불다가 마침내 에든버러 구시가지와 신시가지를 연결하는 노스 브리지에 도착했습니다. 숙부는 여기 잠시 멈춰서 겹겹이 높게 쌓여 멀리 무척 높은 곳에서 반짝이는, 별처럼 보이는 기묘하고 불규칙한 빛의 덩어리를 보았는데 일부는 성벽에서, 또 일부는 캘턴 힐에서 반짝였습니다. 마치 하늘의 진짜 성들에 불을 밝힌 것 같았지요. 오래된 그림 같은 마을은 그 아래 어둠과 우울함 속에서 깊이 잠들어 있었습니다. 숙부의 친구가 종종 말했듯이 밤이나 낮이나 옛 아서 왕의 왕좌가 지키는 성과 홀리루드 교회는 숙부가 그토록 오랫동안 바라보았던 오래된 도시 위로 우락부락한 수호신처럼 말없이 우뚝 솟아 있었습니다. 여러분, 저는 숙부가 여기에서 잠시 주변을 둘러보려고 멈췄다고 말했습니다. 그런 다음 숙부는 달이 지고 있었지만 약간 갠 날씨에 감사하면서 아까와 마찬가지로 다시 왕처럼 당당하게, 아주 위엄 있게 도로 한 가운데로 걸어갔고, 거리에 대한 소유권을 두고 싸움을 거는 누군가와 만나고 싶은 표정이었습니다. 그러나 숙부와 거리의 소유권을 다투려는 사람은 나타나지 않았고, 숙부는 다시 조끼 주머니에 엄지를 넣고서 어린 양처럼 평화롭게 걸었습니다.

리스 워크 끝에 도착했을 때 숙부는 꽤 커다란 황무지를 가로질러야 했습니다. 그래야 짧은 거리로 들어서서 하숙집으로 곧장 갈 수 있었지요. 당시 그 황무지에는 어느 마차 바퀴 제조인 소유의 땅이 있었는데, 그는 우체국과 계약을 맺고 낡고 오래된 우편 마차를 사게 되어 있었습니다.

마차를 무척 좋아했던 숙부는 오로지 난간 사이로 이 우편 마차들을 들여다보기 위해서 길을 벗어나야겠다고 생각했습니다. 숙부가 본 기억이 있는 마차 열두 대 정도가 무척 쓸쓸하게 모여 있었는데 설비는 모두 없어진 상태였습니다. 여러분, 제 숙부는 무척 열정적이고 감정이입을 잘하는 사람이었습니다. 그래서 난간 사이로는 안이 잘 보이지 않자 난간을 넘어 가서 낡은 차축에 조용히 앉아 무척 진지하게 우편 마차들을 바라보기 시작했습니다.

마차는 열두 대나 그보다 조금 더 많았을 것입니다. 숙부는 이 부분을 정확히 기억하지 못했고, 수에 대해서 무척 꼼꼼하고 정확한 사람이었기 때문에 딱 잘라 말하려 하지 않았지요. 어쨌든 마차는 상상할 수 있는 가장 황폐한 상태로 그곳에 모여 있었습니다. 문짝은 경첩에서 뜯겨 나갔고, 내장은 벗겨져서 여기저기 녹슨 못에 작은 조각만 붙어 있었습니다. 램프는 사라졌고 기둥은 오래전에 없어졌으며 철제 부분은 녹슬었고 칠은 벗겨졌습니다. 아무것도 없는 목제 부분의 틈으로 바람이 소리를 내며 불었고, 지붕에 모인 빗물이 공허하고 우울한 소리를 내며 안으로 똑똑 떨어졌지요. 그것들은 죽은 우편 마차의 썩어가는 해골이었고, 그 외로운 밤에, 그들은 춥고 쓸쓸해 보였습니다.

숙부는 두 손으로 머리를 받치고 수년 전에 이 오래된 마차를 덜컹덜컹 타고서 바쁘게 돌아다녔을 사람들을, 그리고 지금은 마차와 마찬가지로 조용하게 변했을 사람들을 생각했습니다. 숙부는 이렇게 무너져 내린 마차가 몇 년 동안이나 매일 밤 어떤 날씨에든 열심히 달려 걱정하며 기다리던 소식, 열심히 찾던 송금환, 건강하고 무사하다는 확인, 질병과 죽음의 갑작스러운 통지를 전달했던 수많은 사람들을 생각했습니다. 상인, 연인, 아내, 과부, 어머니, 학생, 우체부가 문 두드리는 소리에 문으로 아장아장 걸어갔던 아이는 모두 낡은 마차가 도착하기를 얼마나 고대했을까요. 그리고 그들은 모두 지금 어디에 있을까요!

여러분, 숙부는 이런 생각을 했다고 말하곤 했지만 저는 숙부가 나중에 어느 책에서 읽은 것이 아닌가 생각합니다. 숙부는 망가진 마차를 바라보면서 낡은 차축에 앉아 있을 때 꾸벅꾸벅 졸았다고, 2시를 알리는 커다란 교회 종소리에 갑자기 깼다고 분명히 말했으니까요. 숙부는 생각이 빠른 사람이 절대 아니었으므로 이 모든 생각을 했다면 적어도 2시 반은 되었을 것이라고 저는 상당히 확신합니다. 여러분, 그러므로 저는 숙부가 아무 생각도 없이 꾸벅꾸벅 졸았을 것이라고 굳게 믿습니다.

아무튼 교회 종이 2시를 쳤습니다. 숙부는 잠에서 깨어 눈을 문지르다가 깜짝 놀라서 벌떡 일어났지요.

시계가 2시를 치자마자 버려지고 조용했던 그곳 전체가 생명과 활기로 넘치는 더없이 놀라운 광경으로 바뀌었습니다. 우편 마차의 문에 경첩에 달려 있었고, 내장이 돌아왔으며, 철제 부분은 새것 같았고, 칠도 멀쩡해졌고, 램프에 불이 밝혀져 있었습니다. 마부석마다 쿠션과 외투가 놓여 있었고, 짐꾼들이 짐칸마다 꾸러미를 밀어 넣고 있었으며, 차장들은 편지 자루를 채우고 있었고, 마부들은 양동이로 새로 단 바퀴에 물을 끼얹고 있었습니다. 수많은 사람들이 황급히 움직이면서 마차마다 장대를 달았고, 승객들이 도착했으며, 가죽 트렁크들이 건네졌고, 말들은 달릴 준비를 마쳤지요. 곧 그곳에 있던 모든 우편 마차가 출발할 것이 아주 분명했습니다. 여러분, 숙부가 이 광경을 보고 눈을 어찌나 크게 떴는지, 마지막 숨을 거둘 때까지도 눈을 어떻게 다시 감을 수 있었는지 모르겠다고 자주 말하곤 했습니다.

"당신은 실내석으로 예약됐습니다. 타세요." 숙부의 어깨에 어떤 손이 느껴졌고, 어느 목소리가 말했습니다.

"내가 예약을 했다고요?" 숙부가 돌아서며 말했습니다.

"물론이죠."

여러분, 숙부는 너무 놀라서 아무 말도 못 했습니다. 무엇보다도 가장 이상한 것은, 사람들이 그렇게 많았지만, 매 순간 새로운 얼굴이 계속 쏟아져 들어오고 있었지만, 그들이 어디에서 오는지 알 수 없었다는 것입니다. 그들은 땅이나 하늘에서 이상하게 불쑥 나온 듯했고 똑같은 방식으로 사라지는 듯했습니다. 어느 짐꾼은 마차에 짐을 넣고 요금을 받자 돌아서서 사라졌습니다. 그 짐꾼이 어떻게 되었을까 숙부가 이상하게 여기기도 전에 새로운 사람 여섯 명이 나타나더니 너무 커서 그들을 뭉개버릴 듯한 짐의 무게 때문에 비틀거렸습니다. 승객들의 옷차림 또한 무척 이상했습니다. 소맷부리와 옷깃이 무척 크고 옷자락이 넓은 커다란 상의에다가—여러분, 게다가 가발을—뒤쪽에 끈이 달린 커다란 가발을 쓰고 있었습니다. 숙부는 전혀 이해할 수 없었지요.

"이봐요, 탈 거요?" 조금 전에 숙부에게 이야기했던 사람이 말했습니다. 그는 차장 복장에, 머리에는 가발을 쓰고 상의 소매는 무척 넓었습니다. 한 손에는 등불, 한 손에는 커다란 나팔총을 들고 있었는데 나팔총을 작은 무기 상자에 넣으려 하고 있었지요. "탈 겁니까, 잭 마틴?" 차장이 숙부의 얼굴에 등불을 들이밀며 말했습니다.

"안녕하십니까." 숙부가 한두 걸음 물러서며 말했지요. "너무 허물없는 말투군요!"

"명단에 그렇게 적혀 있습니다." 차장이 대답했습니다.

"존칭은 안 붙어 있습니까?" 숙부가 물었습니다. 알지도 못하는 차장이 자신을 잭 마틴이라고 부르는 것을 우체국 측에서 알았더라면 허락하지 않았을 무례한 언행이라고 느꼈기 때문이지요.

"아니요, 없습니다." 차장이 냉정하게 대답했지요.

"요금은 이미 냈습니까?" 숙부가 물었습니다.

"물론입니다." 차장이 대답했지요.

"그렇군요." 숙부가 말했습니다. "그렇다면, 어느 마차죠?"

"이겁니다." 차장이 구식 우편 마차를 가리키며 말했는데 계단이 내려져 있고 문이 열려 있었습니다. "잠깐, 여기 다른 승객들이 있습니다. 이분들부터 태우죠."

차장이 이렇게 말하자 갑자기 숙부 바로 앞에 젊은 신사가 나타났습니다. 가루를 뿌린 가발에다가 옷자락이 넓고 은색으로 장식된 하늘색 상의 차림이었는데, 옷자락에는 버크럼[156]이 대어져 있었습니다. 여러분, 티긴 앤드 웰프스는 프린트한 캘리코나 조끼 원단 사업을 했기 때문에 숙부는 모든 원단을 바로 알아보았습니다. 그는 무릎까지 오는 반바지에 비단 양말 위로 꼭 끼는 바지를 입고 버클 달린 신발을 신고 있었습니다. 손목에는 주름 장식이 달려 있고 머리에는 삼각모를 쓰고 있었으며 옆구리에는 길고 끝이 가느다란 칼을 차고 있었지요. 조끼 자락이 허벅지 반

---

156 아교나 풀로 빳빳하게 만들어 심으로 쓰는 천.

정도까지 내려왔고 크라바트는 허리에 닿았습니다. 그는 엄숙하게 마차 문까지 걸어와서 모자를 벗고 팔을 쭉 뻗으면서 허세를 부리는 사람들이 찻잔을 들 때처럼 허공에서 새끼손가락을 구부렸습니다. 그런 다음 두 발을 모으고 엄숙하게 고개를 깊이 숙여 인사한 다음 왼손을 내밀었습니다. 숙부가 앞으로 나서서 진심으로 악수를 하려던 순간, 이러한 관심이 자신을 향한 것이 아니라 바로 그때 계단 앞에 나타난, 허리와 스토마커[157]가 긴 구식 초록색 벨벳 드레스를 입은 젊은 여인을 향한 것임을 깨달았습니다. 여러분, 그녀는 머리에 보닛을 쓰지 않았고 검정색 비단 후드로 감싸고 있었습니다. 하지만 마차에 탈 준비를 하면서 잠깐 주변을 둘러보았는데 숙부는 그렇게 아름다운 얼굴은 한 번도 본 적이 없었지요. 그림에서조차 말입니다. 여인이 한 손으로 드레스를 잡고 마차에 올랐습니다. 이 이야기를 할 때마다 항상 단호하게 맹세했듯이, 숙부는 자기 눈으로 보지 않았다면 다리와 발이 그토록 완벽한 모양을 취할 수 있다는 사실을 믿지 않았을 것입니다.

그러나 그 아름다운 얼굴을 한번 흘깃 본 것만으로도 숙부는 젊은 여인이 그에게 애원하는 눈빛을 보내는 것을, 겁에 질리고 괴로워한다는 것을 알 수 있었습니다. 숙부는 또한 가루 뿌린 가발을 쓴 젊은이가 아주 세련되고 당당하게 정중한 척하고 있지만 여인이 마차에 탈 때 그녀의 손목을 꽉 잡는 것을, 그리고 바

---

157   15~16세기에 착용했던 호화로운 삼각형 가슴 장식.

로 뒤따라 타는 것을 눈치챘습니다. 답답한 갈색 가발과 짙은 보라색 옷차림에, 아주 커다란 칼을 차고 엉덩이까지 올라오는 장화를 신은 아주 못생긴 일행도 있었습니다. 그가 젊은 여인 옆에 앉자 여인이 구석으로 몸을 움츠렸기 때문에 숙부는 뭔가 음울하고 수수께끼 같은 일이 일어나고 있다는, 혹은 항상 스스로에게 말했듯이 '어딘가 느슨해진 나사가 있다는' 첫인상을 받았습니다. 놀랍게도 숙부는 여인에게 도움이 필요하다면 어떤 위험이 있어도 돕겠다고 순식간에 결심했지요.

"죽음과 번개!" 숙부가 마차에 오르자 갑자기 젊은 신사가 칼에 손을 얹으며 외쳤습니다.

"피와 천둥!" 다른 신사가 우레와 같이 외쳤지요. 그는 이렇게 말하면서 칼을 뽑더니 더 이상의 말도 없이 숙부에게 달려들었습니다. 숙부는 무기가 없었지만 못생긴 신사의 머리에서 삼각모를 아주 능숙하게 낚아채서 정수리 부분으로 칼끝을 받고 모자 양옆을 꽉 눌러 칼을 잡았습니다.

"뒤에서 찔러!" 못생긴 남자가 칼을 되찾으려고 애쓰며 동료에게 외쳤습니다.

"안 그러는 게 좋을걸." 숙부가 이렇게 외치면서 한쪽 발을 위협적으로 들었지요. "뇌가 있다면 걷어차서 뇌를 날려버리고, 없다면 두개골을 부숴주지." 숙부는 온 힘을 다해 못생긴 남자의 칼을 비틀어 빼앗아서 마차 창밖으로 날려버렸고, 그러자 더 젊은 신사가 다시 "죽음과 번개!"라고 외치더니 아주 맹렬하게 칼자루에 손을 얹었지만 뽑지는 않았습니다. 여러분, 어쩌면 숙부가 미소를 지으며 자주 말했듯이, 어쩌면 그는 여인을 놀라게 할까 봐 두려웠을지도 모릅니다.

"자, 여러분." 숙부가 조심스럽게 자리에 앉으며 말했습니다. "저는 숙녀 앞에서 번개가 있든 없든 죽고 싶지 않고, 피와 천둥이라면 한 번의 여행에서는 충분할 만큼 맛봤습니다. 그러니 괜찮다면 조용한 승객들처럼 각자 자리에 앉읍시다. 자, 차장, 저 신사의 고기 써는 칼 좀 갖다줘요."

숙부가 이렇게 말하자마자 차장이 신사의 칼을 들고 차창에 모습을 드러냈지요. 그는 등불을 높이 들고 숙부 얼굴을 빤히 보면서 칼을 건넸고, 그 불빛에 밖을 보니 창가에 우편 마차 차장들이 어마어마하게 떼를 지어 모여서 역시 숙부에게 빤히 시선을 고정하고 있었기 때문에 숙부는 깜짝 놀랐습니다. 평생 이렇게 많은 하얀 얼굴과 붉은 몸, 진지한 눈을 본 적이 없었지요.

'정말 이상한 일이군.' 숙부가 생각했습니다. "모자를 돌려드리지요."

못생긴 신사는 말없이 삼각모를 받았고, 뭔가를 묻는 듯 중앙에 난 구멍을 보더니 결국 가발 위에 모자를 썼는데, 그때 심한 재채기를 하면서 모자를 떨어뜨리는 바람에 그 장엄한 태도의 효과가 약간 줄어들고 말았습니다.

"됐습니다!" 등불을 든 차장이 뒤쪽의 작은 좌석에 올라타며 외쳤습니다. 마차가 출발했지요. 마차가 출발할 때 숙부가 차창 밖을 보니 마부, 차장, 말, 승객을 모두 갖춘 우편 마차들이 시속 5마일 정도의 느린 걸음으로 뱅뱅 돌고 있었습니다. 여러분, 숙부는 분개했습니다. 상인이었던 숙부는 편지 자루를 아무렇게나 다루면 안 된다고 생각했고, 런던에 도착하자마자 이 문제에 대해서 우체국에 탄원서를 넣겠다고 결심했지요.

그러나 당장은 마차 제일 안쪽 구석에 후드로 얼굴을 단단히 가리고 앉아 있는 젊은 여인에게 사로잡혔습니다. 하늘색 상의의 신사가 맞은편에 앉았고 짙은 보라색 옷을 입은 남자가 그녀 옆에 앉았는데, 두 사람 모두 그녀를 열심히 지켜보았습니다. 그녀가 후드를 부스럭거리기라도 하면 못생긴 남자가 칼을 꽉 잡는 소리가 들렸고, 또 다른 남자의 숨소리를 들으면 (너무 어두워서 얼굴은 보이지 않았습니다) 그가 한입에 먹어치울 기세로 그녀를 무섭게 노려보고 있음을 알 수 있었지요. 그래서 숙부는 점점 더 흥분했고, 무슨 일이 있어도 끝을 보고야 말겠다고 결심했습니다. 숙부는 반짝이는 눈, 사랑스러운 얼굴, 예쁜 다리와 발을 무척 좋아했습니다. 즉 숙부는 여자를 좋아했지요. 여러분, 그것은 우리 집안의 특질입니다. 저도 그렇지요.

숙부는 여인의 관심을 끌려고, 혹은 수수께끼 같은 신사들과 대화를 하려고 온갖 방법을 생각했습니다. 하지만 모두 소용없었지요. 남자들은 말을 하지 않으려고 했고 여자는 감히 말을 하지 못했습니다. 가끔 숙부는 차창 밖으로 고개를 내밀고 왜 더 빨리 가지 않느냐고 고함을 쳤지요. 그러나 목이 쉴 때까지 고함을 쳐도 아무도 숙부에게 신경을 쓰지 않았습니다. 숙부는 마차에 기대어 앉아서 아름다운 얼굴을, 다리와 발을 생각했지요. 이게 더 보람 있었습니다. 그러면 그럭저럭 시간을 보낼 수 있었고,

자신이 어디로 가고 있는지, 어쩌다 이렇게 이상한 상황에 놓였는지 생각하지 않아도 되었으니까요. 숙부가 걱정을 했다는 뜻은 아닙니다. 힘세고 자유롭고 편안하며 늘 방랑하고 아무것도 신경 쓰지 않는 사람이었으니까요. 여러분, 저희 숙부는 그런 사람이었습니다.

갑자기 마차가 멈췄습니다.

"무슨 일이지?" 숙부가 말했죠.

"여기서 내리세요." 차장이 계단을 내리며 말했습니다.

"여기서요?" 숙부가 외쳤지요.

"여깁니다." 차장이 대답했습니다.

"절대 안 내립니다." 숙부가 말했지요.

"좋습니다, 그럼 거기 계세요." 차장이 말했습니다.

"그럴 거요." 숙부가 말했어요.

"그러시죠." 차장이 말했습니다.

다른 승객들은 이 대화를 무척 관심 있게 지켜보았습니다. 그런 다음 숙부가 내리지 않기로 결심한 것을 알고 더 젊은 남자가 그의 앞을 지나쳐 내린 다음 여인을 부축하려고 손을 내밀었습니다. 이때 못생긴 남자는 삼각모 정수리의 구멍을 살피고 있었지요. 젊은 여인이 지나가면서 장갑 한 짝을 숙부의 손에 떨어뜨렸고, 따뜻한 숨결이 숙부의 코에 느껴질 정도로 가까이 다가온 그녀의 입술이 조용히 속삭였습니다. 도와달라는 딱 한 마디였지요. 여러분, 그러자 숙부는 마차 스프링이 다시 덜컹거릴 정도로 거칠게 곧장 뛰어내렸습니다.

"아! 생각을 바꾸셨군요?" 땅에 서 있는 숙부를 보고 차장이 말했습니다.

숙부는 몇 초 동안 차장을 바라보면서 저 나팔총을 빼앗아서 큰 칼을 찬 남자의 얼굴에 쏘고 개머리판으로 다른 남자의 머리를 때린 다음, 아름다운 여인을 낚아채서 휙 사라지는 게 좋지 않을까 생각했습니다. 그러나 다시 생각해 보니 너무 신파적인 것 같아서 이 계획을 버리고 수수께끼 같은 두 남자를 뒤쫓았습니다. 그들은 여인을 사이에 두고 마차가 멈춰 선 낡은 집으로 들어가고 있었지요. 그들이 복도로 들어서자 숙부가 뒤를 따랐습니다.

숙부가 봤던 무너지고 황량한 곳들 중에서도 가장 심한 곳이었습니다. 한때는 많은 사람들을 대접했던 집이었던 듯했지만 지금은 지붕이 여러 군데 무너져 내렸고 계단은 가파르고 울퉁불퉁하고 부서졌습니다. 그들이 걸어 들어간 방에는 커다란 난로가 있었고 굴뚝은 연기로 까맣게 그을렸지만 따뜻하게 빛나는 불은 없었습니다. 다 타버린 나무의 흰색 깃털 같은 재가 아직도 흩뿌려져 있었지만 스토브는 차가웠고 모든 것이 어둡고 음산했지요.

"음." 숙부가 주변을 둘러보며 말했습니다. "우편 마차를 타고 시속 6.5마일로 얼마인지도 모르는 시간을 달려서 이렇게 누추한 곳에 도착하다니 상당히 비정상적인 일이군. 알려야겠어. 신문에 투고해야지."

숙부는 할 수만 있다면 두 낯선 사람과 대화를 하겠다는 생각으로 무척 거리낌 없는 태도에 꽤 큰 목소리로 이렇게 말했습니다. 하지만 두 사람 모두 숙부를 신경 쓰지 않고 서로 속삭이기만 했고, 그러면서 숙부를 향해 얼굴을 찌푸렸습니다. 여인은 방의 가장 안쪽에 있었고, 한 번은 숙부의 도움을 간청하듯이 손을 흔들었습니다.

드디어 두 남자가 약간 앞으로 나왔고 대화가 정말로 시작되었습니다.

"여기가 개인실이라는 걸 모르나 보군." 하늘색 신사가 말했지요.

"모릅니다." 숙부가 대답했어요. "여기가 특별히 주문한 개인실이라면 공용실은 아주 편안하겠네요." 숙부가 이렇게 말하면서 등받이가 높은 의자에 앉아서 눈으로 상대방을 아주 정확하게 가늠했기 때문에 티긴 앤드 웰프스가 그 계산만으로 옷을 만들 프린트 캘리코를 그에게 주었다면 1인치도 크거나 작지 않았을 것입니다.

"이 방에서 당장 나가라." 두 남자가 칼을 잡으며 동시에 말했습니다.

"뭐?" 숙부가 그들을 말뜻을 전혀 알아듣지 못한 것처럼 되물었지요.

"이 방에서 나가라, 아니면 넌 죽은 목숨이다." 큰 칼을 찬 못생긴 남자가 칼을 뽑아서 휘두르며 말했습니다.

"쓰러뜨려!" 하늘색 신사가 역시 칼을 뽑더니 뒤로 물러서며 말했습니다. 그러자 여인이 크게 비명을 질렀습니다.

자, 숙부는 항상 대단히 용감하고 무척 냉철했습니다. 숙부는 너무나 무심해 보였지만 사실은 던질 만한 물건이나 방어할 무기를 찾아서 교묘하게 주위를 둘러보고 있었고, 두 남자가 칼을 뽑는 순간 굴뚝 구석에 녹슨 칼집에 든 낡은 바구니 모양 날밑이 달린 쌍날검이 서 있는 것을 알아차렸지요. 숙부는 단번에 껑충 뛰어서 검을 뽑아 머리 위로 용맹하게 흔들면서 큰소리로 여인에게 비키라고 외쳤고 하늘색 남자에게는 의자를, 진보라색 남자에게는 칼집을 던진 다음 혼란을 틈타 두 사람에게 덤벼들었습니다.

여러분, 오래된 이야기가 하나 있습니다. 실화라고 해도 좋은 이야기인데요. 어느 젊은 아일랜드 신사에게 바이올린을 켤 수 있냐고 묻자, 분명 켤 수 있지만 한 번도 켜보지 않아서 확실하게 말할 수는 없다고 대답했지요. 숙부와 펜싱에 대해서도 같은 말을 할 수 있을 겁니다. 숙부는 연극에서 리처드 3세 역할을 맡았을 때를 빼면 칼을 쥐어본 적이 없었는데, 그때에도 싸우는 장면은 보여주지 않고 리치먼드가 등 뒤에서 찌르기로 미리 정해두었지요. 그러나 숙부는 숙련된 검사 두 명을 상대로 찌르고, 베고, 돌진하고, 막고, 휘두르면서 더없이 남자답고 능숙하게 해냈습니다. 그때까지 자신이 검술에 대해 알고 있다고 의식도 하지 못했는데 말입니다. 이것은 시도해 보기 전까지는 무엇을 할 수 있는지 아무도 모른다는 오랜 격언이 얼마나 맞는 말인지 보여줄 뿐입니다, 여러분.

싸우는 소리는 무척 컸고, 세 사람 모두 기병처럼 욕을 했으며, 검들은 뉴포트 시장[158]의 모든 칼과 금속 제품이 동시에 덜컹거리는 것처럼 시끄럽게 부딪쳤습니다. 싸움이 최고조에 달했을 때 여인이 아마도 숙부를 응원하기 위해서 얼굴을 가린 후드를 벗고 눈부시게 아름다운 얼굴을 드러냈기 때문에, 숙부는 그 얼굴에 떠오른 미소를 한 번 보고 죽을 수 있다면 50명도 상대할 수 있었을 겁니다. 숙부는 예전에도 놀라운 일들을 했지만, 이제는 고함을 지르는 미친 거인처럼 돌진하기 시작했습니다.

이때 하늘색 신사가 돌아서서 얼굴을 드러낸 젊은 여인을 보고 분노와 질투로 고함을 지르더니, 무기를 그녀의 아름다운 가슴으로 향하고 심장을 겨누었기 때문에 숙부는 건물이 울릴 정도로 크게 고함을 질렀습니다. 여인은 가볍게 비켜서더니 젊은 남자가 균형을 되찾기 전에 검을 빼앗아서 남자를 벽으로 몰았고, 손잡이만 남을 때까지 검을 남자와 패널에게 푹 찔러 넣어서 그를 벽에 단단히 고정시켰습니다. 정말 멋진 모습이었지요. 숙부가 승리의 고함을 크게 지르면서 저항할 수 없는 힘으로 적을 같은 방향으로 물러서게 만들었고, 낡은 쌍날검을 그의 조끼 무늬 중 크고 빨간 꽃 한가운데 꽂아 그의 친구 옆에 고정시켰지요. 여러분, 두 사람 모두 노끈으로 움직이는 장난감 가게의 인형들처럼 고통으로 팔다리를 움직이며 서 있었습니다. 그 뒤 숙부는 항상 말씀하셨지요. 이것이 적을 해치우는 가장 확실한 방법이지만, 한 명을 불구로 만들 때마다 칼을 하나씩 잃게 되므로

---

158   런던 레스터 광장 근처 뉴포트 코트의 정육 시장 및 도축장.

비용을 근거로 반대할 수는 있다고 말입니다.

"우편 마차, 우편 마차요!" 여인이 숙부에게 달려와 그의 목에 아름다운 팔을 두르며 말했습니다. "아직 도망칠 수 있을지도 몰라요."

"도망친다고요?" 숙부가 말했습니다. "죽일 사람이 또 있는 건 아니겠지요?"

여러분, 숙부는 약간 실망했습니다. 이렇게 적들을 살육한 다음에는 화제를 바꾸기 위해서라도 애정의 말을 약간 교환해도 좋겠다고 생각했기 때문이지요.

"여기서 낭비할 시간이 없어요." 젊은 숙녀가 말했습니다. "저 하늘색 남자는 권세가 필레토빌 후작의 외아들이에요."

"음, 그렇다면 작위는 못 잇겠군요." 제가 말한 것처럼 왕풍뎅이같이 벽에 고정되어 있던 젊은 신사를 냉정하게 바라보며 숙부가 말했습니다. "당신이 상속을 끊어버렸소, 아가씨."

"저 악당들이 저를 납치했어요." 젊은 숙녀의 얼굴이 분노로 번득였습니다. "한 시간만 더 지났으면 저는 무력으로 결혼했을 거예요."

"저런 뻔뻔스러운 놈이!" 숙부는 죽어가는 필레토빌의 상속자를 경멸하듯 보며 말했습니다.

"지금까지 보신 바로 추측하실 수 있겠지만, 제가 누구에게든 도움을 청하면 저들은 저를 죽일 준비가 되어 있었어요." 젊은 숙녀가 말했습니다. "저들의 한패가 우리를 발견하면 끝장이에요. 2분만 지나도 너무 늦을 거예요. 어서 우편 마차를!" 그녀는 이렇게 말하면서 감정이 치밀어 오르고 젊은 펠리토빌 후작을 찌르느라 지친 탓에 숙부 품으로 쓰러졌습니다. 숙부가 그녀를 부축해서 현관으로 데리고 갔지요. 꼬리가 길고 갈기가 흐르는 듯한 검은 말 네 마리가 마구를 갖추고 달려 있는 우편 마차가 서 있었지만 마차를 모는 마부도, 차장도, 말을 돌보는 마부도 없었습니다.

여러분, 저는 제 생각을 이야기하면서 숙부의 기억을 왜곡하고 싶지 않습니다. 숙부는 미혼이었지만 몇몇 여인을 품에 안아보았습니다. 저는 또 숙부가 술집 여급에게 입을 맞추는 버릇이 있었다고 생각하며, 한두 번인가는 숙부가 확실히 여주인을 안고 있는 모습을 본 믿을 만한 목격자들이 있음을 알고 있습니다. 제가 이런 이야기를 언급하는 것은 숙부에게 그토록 영향을 끼칠 만큼, 이 아름다운 숙녀가 얼마나 드문 부류의 사람이었는지 알려드리기 위해서입니다. 숙부는 그녀의 길고 검은 머리카락이 자신의 팔을 휘감고 그녀의 아름답고 검은 눈이 자신의 얼굴에 고정되었는데, 어쩌나 초조하고 이상한 기분이 드는지 다리가 후들거렸다고 말하곤 했지요. 하지만 이상한 느낌도 없이 사랑스럽고 부드러운 검은 눈을 바라볼 수 있는 사람이 어디 있겠습니까? 여러분, 저는 못 합니다. 저는 제가 아는 눈도 바라보는 것이 두렵습니다, 사실이지요.

"저를 절대로 떠나지 않으실 거죠?" 젊은 숙녀가 중얼거리며 물었습니다.

"절대로요." 숙부가 말했지요. 진심이었습니다.

"나의 사랑스러운 구원자!" 아가씨가 외쳤습니다. "친절하고 용감한 구원자!"

"그러지 말아요." 숙부가 끼어들어 말했습니다.

"왜죠?" 젊은 아가씨가 물었지요.

"당신이 말할 때마다 움직이는 그 입술이 너무 아름다워서요." 숙부가 대답했습니다. "제가 무례하게도 입을 맞출까 봐 걱정됩니다."

젊은 여인은 숙부에게 그러지 말라고 주의를 주듯이 손을 들고 말했습니다―아니, 아무 말도 하지 않았습니다―그녀는 미소를 지었지요. 세상에서 가장 아름다운 입술을 바라보고 있는데 그 입술이 부드럽게 벌어지며 장난스러운 미소를 짓는 것을 본다면, 그리고 당신이 그 입술과 무척 가깝고 근처에 아무도 없다면, 그 아름다운 모양과 색에 대한 경탄을 증명하는 가장 좋은 방법은 즉시 입을 맞추는 것이지요. 숙부는 그렇게 했고, 저는 그 점에서 숙부를 존경합니다.

"들어봐요!" 젊은 여인이 깜짝 놀라며 외쳤습니다. "말과 바퀴 소리예요."

"그렇군요." 숙부가 귀를 기울이며 말했습니다. 그는 바퀴 소리와 말발굽이 달가닥거리는 소리를 잘 알았는데, 멀리서 그들을 향해 덜컹덜컹 달리는 말과 마차가 너무나 많은 듯해서 그 수를 추측하는 것조차 불가능했습니다. 각각 여섯 마리의 순종 말들이 끄는 대형 사륜마차 50대가 내는 소리 같았습니다.

"쫓아오고 있어요!" 젊은 여인이 양손을 꼭 쥐며 외쳤습니다.

"쫓아오고 있어요. 제 희망은 당신밖에 없어요."

그녀의 아름다운 얼굴에 너무나 두려워하는 표정이 떠올랐기 때문에 숙부는 즉시 결심했습니다. 그는 아가씨를 마차에 태우고 무서워하지 말라고 말한 다음 한 번 더 입을 맞추었고, 찬 공기가 들어오지 않게 창문을 닫으라고 조언한 후 마부석에 올랐습니다.

"잠시만요!" 젊은 숙녀가 외쳤습니다.

"왜 그래요?" 숙부가 마부석에서 말했습니다.

"당신에게 말하고 싶어요." 젊은 여인이 말했지요. "한 마디만 하면 돼요."

"제가 내릴까요?" 숙부가 물었습니다. 여인은 아무 대답도 없이 다시 미소를 지었지요. 그 미소라니, 여러분! 그 미소 앞에서는 무엇도 중요하지 않았습니다. 숙부는 순식간에 마부석에서 내렸습니다.

"무슨 일이죠?" 숙부가 차창을 들여다보며 말했습니다. 마침 동시에 여인이 몸을 숙였고, 숙부는 그녀가 그 어느 때보다 아름다워 보인다고 생각했지요. 여러분, 숙부는 그녀와 너무나 가까이 있었으니 분명 잘 알았을 것입니다.

"무슨 일이지요?" 숙부가 말했습니다.

"평생 저만을 사랑하고 다른 사람과 결혼하지 않을 거죠?" 젊은 여인이 말했습니다.

숙부는 절대 다른 사람과 결혼하지 않겠다고 맹세했고, 젊은 여인은 마차 안으로 고개를 넣고 창문을 닫았습니다. 숙부는 마부석에 올라타서 팔꿈치를 직각으로 구부리고, 고삐를 조절하고, 지붕에 놓여 있던 채찍을 잡고, 오른쪽 선두의 말에게 채찍질을 했고, 그러자 꼬리가 길고 갈기가 흐르는 듯한 검은 말 네 마리가 시속 15마일을 될 듯한 속도로 낡은 우편 마차를 끌고 달리기 시작했습니다. 휴! 얼마나 빨리 달렸는지요!

그러나 뒤에서 들려오는 소리는 더욱 커졌습니다. 낡은 우편 마차가 빨리 달릴수록 뒤쫓는 사람들도 속도를 냈습니다. 남자, 말, 개 모두 하나가 되어 쫓아왔지요. 소리는 무시무시했지만 젊은 여인의 목소리가 숙부를 재촉하며 외쳤습니다. "더 빨리! 더 빨리!"

그들은 허리케인 속에서 휘날리는 깃털처럼 검은 나무들을 쏜살같이 지나쳤습니다. 집, 대문, 교회, 건초더미, 온갖 사물들을 갑자기 풀려난 콸콸 흐르는 물처럼 빠르고 시끄럽게 지나쳤습니다. 그러나 쫓아오는 소리는 여전히 점점 커졌고, 숙부는 젊은 여인이 "더 빨리! 더 빨리!"라고 외치는 소리가 아직도 들렸습니다.

숙부는 채찍과 고삐를 부지런히 놀렸고, 말들은 입에 하얀 거품을 물 때까지 날아가듯 달렸지만 뒤에서 들리는 소리는 계속 커졌고 젊은 여인은 계속해서 "더 빨리! 더 빨리!"라고 외쳤습니다. 숙부는 순간적으로 힘을 내려고 마부석에서 시끄럽게 발을 굴렀고, 정신을 차려보니 회색빛 아침이었습니다. 숙부는 낡은 에든버러 우편 마차의 마부석에 앉아서 춥고 몸이 젖어서 벌벌 떨면서, 몸을 데우려고 발을 구르고 있었습니다. 숙부는 마차에서 내려 아름다운 여인을 찾아서 안을 열심히 들여다보았습니다. 아아! 마차에는 문도 좌석도 없었고 껍데기뿐이었지요.

이 일에 뭔가 수수께끼가 숨어 있다는 것을, 그가 이야기하곤 하던 그대로 모든 일이 일어났다는 것을 숙부는 잘 알았습니다. 숙부는 아름다운 여인에게 했던 맹세를 흔들림 없이 지켰고, 그녀를 위해서 괜찮은 여관 여주인들을 여러 명 거절했으며, 결국 독신으로 죽었습니다. 숙부는 난간을 뛰어넘는 작은 우연으로 망령과 같은 우편 마차와 말, 차장, 마부, 승객이 매일 밤 여행을 계속한다는 사실을 발견한다니 정말 기묘한 일이라고 말하곤 했습니다. 숙부는 그 마차에 탄 살아 있는 승객은 자기밖에 없을 거라고 덧붙였고 저는 숙부의 말이 맞다고 생각합니다. 여러분, 적어도 저는 다른 사람이 탔다는 이야기를 들어보지 못했습니다.

*

"우편 마차의 망령들이 자루에 뭘 싣고 다녔을지 궁금하군요." 이야기를 집중해서 듣던 여관 주인이 말했다.

"물론 죽은 편지[159]들이겠지요." 외판원이 말했다.

"아, 그렇겠네요. 그 생각을 못했군요." 주인이 대답했다.

---

159 주소를 잘못 써서 배달할 수 없는 편지.

50장

픽윅 씨가 임무를 수행하며
예상하지 못했던 조력자와 합류하다

다음 날 아침, 9시 15분 전에 딱 맞춰서 마차가 준비됐고, 픽윅 씨와 샘 웰러는 실내와 실외에 각각 앉았으며, 기수에게 우선 벤저민 앨런 씨를 태우러 밥 소여 씨의 집으로 가라고 지시했다.

빨간 등불이 달리고 '구 노크모프 현 로버트 소여'라고 새겨진 문 앞에 마차가 섰을 때, 차창으로 고개를 내민 픽윅 씨는 회색 제복을 입은 소년이 분주하게 셔터를 닫고 있는 것을 보고 적잖이 놀랐다. 아침 시간에 무척 예외적이고 사업에 어울리지 않는 행동이었기 때문에 그의 마음속에 두 가지 추측이 바로 떠올랐다. 하나는 밥 소여 씨의 훌륭한 친구 겸 환자가 죽었다는 것이었고, 또 하나는 밥 소여 씨가 파산했다는 것이었다.

"무슨 일인가?" 픽윅 씨가 소년에게 말했다.

"아무 일도 아닙니다." 소년이 입을 얼굴 너비만큼 벌려 활짝 미소를 지으며 말했다.

"좋아, 좋아." 문 앞에 갑자기 나타난 밥 소여 씨가 외쳤다. 그는 한 손에 축 늘어지고 더러운 자그마한 가죽 배낭을 들고 다른 팔에는 거칠거칠한 상의와 숄을 걸치고 있었다. "여러분, 저도 갑니다."

"당신이!" 픽윅 씨가 외쳤다.

"네." 밥 소여가 대답했다. "대단한 여행이 될 겁니다. 자, 샘, 조심하게." 밥 소여 씨가 샘에게 잠시 말을 걸면서 뒷자리에 가죽 배낭을 불쑥 놓자 일련의 과정을 감탄스럽게 바라보던 샘이 즉시 그것을 좌석 밑에 넣었다. 그런 다음 밥 소여 씨는 소년의 도움을 받아 몇 사이즈 작은 거칠거칠한 상의에 몸을 욱여넣고 차창으로 가서 머리를 집어넣고 활기차게 웃었다.

"정말 대단한 출발이군요, 안 그렇습니까?" 밥이 거친 상의 한쪽 소매로 눈물을 닦으며 말했다.

"같이 가시는 줄은 몰랐습니다." 픽윅 씨가 약간 당황하며 말했다.

"바로 그겁니다." 밥이 픽윅 씨 상의 깃을 잡으며 말했다. "바로 그게 재미있는 부분이지요."

"아, 이게 재미있는 부분이군요?" 픽윅 씨가 말했다.

"물론입니다." 밥이 대답했다. "그게 바로 요점입니다. 사업이 저를 신경 쓰지 않기로 결심한 모양이니 혼자 굴러가게 두는 거죠." 밥 소여 씨는 셔터를 닫는 것을 이렇게 설명하면서 가게를 가리켰고, 다시 더없이 즐거운 상태로 빠져들었다.

"세상에! 설마 돌봐줄 사람도 없이 환자들을 두고 가겠다고 생각할 정도로 정신이 나간 건 아니겠지요?" 픽윅 씨가 진지한 어조로 항변했다.

"왜 안 됩니까?" 밥이 대답 대신 물었다. "아시겠지만 그편이 절약됩니다. 아무도 돈을 안 내거든요." 밥이 목소리를 낮춰 은밀하게 속삭였다. "게다가 환자들도 그게 나을 거예요. 약이 거의 다 떨어졌는데 지금은 외상을 늘릴 수가 없어서 염화수은을 줘야 했거든요. 몇몇 환자한테는 분명 안 맞았을 겁니다. 그러니 모두에게 잘된 거죠."

픽윅 씨는 이 대답에 담긴 철학과 설득력에 대꾸할 준비가 되어 있지 않았다. 그는 잠시 멈추었다가 아까보다 덜 확실한 말투로 덧붙였다.

"하지만 이 마차에는 두 명밖에 못 타는데 앨런 씨에게 이미 약속을 했어요."

"제 생각은 조금도 하지 마십시오." 밥이 대답했다. "제가 다 준비해 됐습니다. 샘과 제가 뒷자리에 같이 타고 갈 겁니다. 여기 보세요. 이 작은 전단지를 가게에 붙일 거예요. '구 노크모프, 로버트 소여. 길 건너 크립스 부인에게 문의하시오.' 크립스 부인은 제 조수의 어머니지요. 그녀는 이렇게 말할 거예요. '소여 씨가 정말 죄송하대요, 어쩔 수가 없었어요. 오늘 아침 일찍 영국 일류 외과 의사들과 협의를 하러 갔어요. 소여 씨가 없으면 안 된대요. 어떤 대가를 치러서라도 데려가려 해요. 엄청난 수술이래요.'" 밥이 이렇게 말을 끝맺었다. "사실은 여기 남는 것보다 저한테 더 좋을 거라고 생각합니다. 혹시 지역신문에 그 얘기가 실리면 크게 성공할 거예요. 벤이 왔군요. 자, 그럼 타지."

밥 소여 씨가 황급히 말하고 나서 마부 조수를 제치고 친구를 마차에 태운 다음 문을 쾅 닫고, 계단을 올리고, 길가로 난 문에 전단을 붙이고, 문을 잠그고, 주머니에 열쇠를 넣고, 뒷자리에 뛰어올라 출발하라고 소리쳤다. 무척 급하게 출발했기 때문에 밥 소여 씨를 데려가야 할지 말지 생각해 보기도 전에 일행은 이미 달리고 있었고, 어느새 밥 소여 씨는 마차의 가장 중요한 일부가 되어 있었다.

마차가 브리스톨 거리를 달리는 동안 경박한 밥은 직업에 어울리는 녹색 안경을 끼고 이에 어울리는 침착하고 진중한 태도로 새뮤얼 웰러 씨에게만 여러 가지 재치 있는 말을 할 뿐이었다. 하지만 탁 트인 도로에 들어서자 녹색 안경과 함께 진중함까지 던져버리고 온갖 장난을 쳤는데, 전부 지나가는 사람들의 시선을 끌고, 마차와 그 안에 탄 사람들을 더욱 큰 호기심의 대상으로 만들려고 계산된 것이었다. 갖가지 장난 중에서 가장 눈에 덜 띄는 것은 나팔 소리를 흉내 내고 지팡이에 매단 심홍색 실크 손수건을 보란 듯이 내거는 것이었고, 손수건은 우월함과 저항을 나타내는 각종 손짓과 함께 가끔 나부꼈다.

"이상하군." 픽윅 씨가 밴 앨런과 함께 그의 여동생과 윙클 씨의 수많은 장점에 대해서 더없이 침착한 대화를 나누다가 말했다. "정말 이상해. 지나가는 사람들이 왜 우리를 저렇게 빤히 보는 걸까요?"

"훌륭한 마차니까요." 벤 앨런 씨가 어딘지 자랑스러운 말투로 대답했다. "이런 마차를 매일 볼 수 있는 건 아니겠지요."

"그럴지도 모르겠군요." 픽윅 씨가 대답했다. "그럴지도요. 그런가 봅니다."

픽윅 씨는 정말 그렇게 믿었을지도 모르지만 마침 그때 차창을 내다보았다가 사람들의 얼굴에 떠오른 표정이 절대 존경스러운 놀라움이 아니라는 것을 깨달았다. 그들과 마차 바깥에 있는 사람들 사이에 각종 신호가 오가는 듯했고, 그러자 혹시라도 로버트 소여 씨의 익살스러운 품행 때문일지도 모른다는 생각이 불쑥 들었다.

"우리의 쾌활한 친구가 뒷자리에서 엉뚱한 짓을 하고 있는 게 아니라면 좋겠군요." 픽윅 씨가 말했다.

"오, 아닙니다." 벤 앨런 씨가 대답했다. "밥은 흥분했을 때만 빼면 살아 숨 쉬는 생명체 중에서 가장 조용한 사람이에요." 바로 그때 나팔을 흉내 내는 소리가 들리고 환호와 비명이 이어졌는데, 숨 쉬는 생명체 중에서 가장 조용한 사람, 더욱 단순하게 지목하자면 다름 아닌 밥 소여 씨의 목과 폐에서 나오는 것이 분명했다.

픽윅 씨와 벤 앨런 씨는 의미심장한 눈빛을 교환했고, 픽윅 씨가 모자를 벗고서 조끼 전체가 밖으로 나갈 정도로 창밖으로 몸을 내밀자 그의 까불거리는 친구가 흘깃 보였다.

밥 소여 씨는 뒷자리가 아니라 마차 지붕에 앉아서 다리를 편하게 쫙 벌리고, 머리에 새뮤얼 웰러 씨의 모자를 비뚤게 쓰고, 한 손에는 거대한 샌드위치, 한 손에는 상당히 크고 네모난 병을 들고 있었다. 그는 둘 다 아주 맛있게 먹으면서 가끔 길게 소리를 지르거나 지나가는 모르는 사람과 활기찬 농담을 주고받으며 이 지루한 일에 변화를 주었다. 심홍색 깃발은 뒷자리 난간에 묶여서 똑바로 세워져 있었고, 밥 소여 씨의 모자를 쓴 새뮤얼 웰러 씨는 뒷자리 가운데 앉아서 생기발랄한 얼굴로 샌드위치 두 개를 먹고 있었다. 그의 표정은 이 모든 일을 전적으로 완벽하게 찬성한다는 뜻을 나타냈다.

이것만으로도 픽윅 씨처럼 점잖은 신사를 짜증나게 만들기에 충분했지만 여기서 끝이 아니었다. 그 순간 실내외 좌석이 꽉 찬 역마차와 마주쳤는데 승객들의 경악이 생생하게 드러났기 때문이었다. 마차를 따라오면서 계속 구걸하던 아일랜드인 가족도 무척 떠들썩하게 환호했는데 특히 이들의 마차가 정치 행렬이나 어떤 축하 행렬 중에서 가장 중요한 부분이라고 생각했던 가장이 가장 시끄럽게 환호했다.

"소여 씨!" 픽윅 씨가 크게 흥분하여 소리쳤다. "소여 씨!"

"안녕하십니까!" 소여 씨가 더없이 차분하게 마차 옆을 내려다보며 대답했다.

"정신이 나갔습니까?" 픽윅 씨가 물었다.

"전혀 아닙니다." 밥이 대답했다. "그냥 신나서요."

"신난다고요!" 픽윅 씨가 외쳤다. "저 수치스러운 손수건 좀 내려요. 부탁입니다, 아니 강력하게 주장하겠습니다. 샘, 당장 저걸 내리게."

샘이 끼어들기도 전에 밥 소여 씨가 우아하게 깃발을 내려 주머니에 넣고 픽윅 씨를 향해 예의 바르게 고개를 끄덕이더니 네모난 병 주둥이를 닦아서 입에 댔다. 이로써 그는 불필요한 말을 낭비할 필요 없이 이것이 픽윅 씨의 행복과 번영을 기원하는 건배임을 알렸다. 그런 다음 코르크 마개를 무척 조심스럽게 다시 막고 온화한 표정으로 픽윅 씨를 내려다보았고, 샌드위치를 크게 한 입 베어 물고 미소를 지었다.

"자." 픽윅 씨가 말했다. 그의 순간적인 화는 밥의 태연자약한 침착함에도 전혀 가라앉지 않았다. "이렇게 엉뚱한 행동은 더 이상 하지 맙시다."

"네, 네." 밥이 웰러 씨와 다시 모자를 바꾸며 대답했다. "그럴 생각은 아니었는데 마차를 타니 너무 흥분해서 어쩔 수 없었습니다."

"어떻게 보일지 생각해 봐요." 픽윅 씨가 타일렀다. "보이는 모습도 좀 신경 쓰도록 합시다."

"아, 물론이지요." 밥이 말했다. "그러려던 건 아니었습니다. 이제 다 끝났어요."

픽윅 씨는 밥의 확언에 만족하여 마차 안으로 몸을 다시 넣고 유리창을 닫았다. 그러나 밥 소여 씨 때문에 중단되었던 대화를 다시 시작하기도 전에 창문 밖에 타원형의 작고 검은 물체의 망령이 나타나는 바람에 픽윅 씨는 깜짝 놀랐고, 그 물체는 들어오고 싶어 죽겠다는 듯이 창문을 여러 번 두드렸다.

"이게 뭡니까!" 픽윅 씨가 외쳤다.

"네모난 병 같은데요." 벤 앨런 씨가 안경을 통해서 문제의 물체를 흥미롭게 바라보며 말했다. "밥의 물건 같습니다."

그의 인상은 정확했다. 밥 소여 씨가 우정을 다지며 사이좋게 지내기 위해 마차 안에 탄 친구들도 술병 안의 내용물을 같이 마시면 좋겠다는 뜻으로 지팡이 끝에 병을 매달아 창문을 두드렸기 때문이다.

"어떻게 해야 할까요?" 픽윅 씨가 병을 보며 말했다. "아까보다 더 어이가 없군요."

"아무래도 받는 게 제일 좋을 것 같습니다." 벤 앨런 씨가 대답했다. "밥한테는 우리가 술병을 받아서 가지고 있는 게 제일 좋을 거예요."

"그렇겠군요." 픽윅 씨가 말했다. "그럼 받을까요?"

"그것이 우리가 선택할 수 있는 가장 적절한 행동 같습니다."

픽윅 씨는 이 충고가 자신의 생각과도 일치했기 때문에 창문을 조심스럽게 내리고 지팡이에서 병을 풀었다. 그러자 지팡이가 위로 올라가고 밥 소여 씨의 기분 좋은 웃음소리가 들렸다.

"정말 유쾌한 사람이군요." 픽윅 씨가 병을 들고 동행을 보며 말했다.

"그렇지요."

"저 사람한테는 도저히 화를 낼 수 없겠군요."

"확실히 그렇지요."

픽윅 씨는 이렇게 짧게 소회를 나누면서 멍하니 병마개를 열었다.

"그게 뭡니까?" 벤 앨런 씨가 무심하게 물었다.

"모르겠습니다." 픽윅 씨가 마찬가지로 무심하게 대답했다. "제 생각에는 밀크 펀치와 무척 비슷한 냄새가 나는 것 같군요."

"아, 정말 그렇네요!" 벤이 말했다.

"제 생각은 그렇습니다." 픽윅 씨가 진실이 아닌 말을 하고 있을 가능성에 대해서 무척 주의하며 대답했다. "하지만 맛을 보지 않고서는 확실히 말할 수 없다는 것을 명심하세요."

"맛을 보는 게 좋겠습니다." 벤이 말했다. "뭔지 알려면 그렇게 해야지요."

"그렇게 생각하십니까?" 픽윅 씨가 대답했다. "음, 당신이 알고 싶다면 저도 이의는 없습니다."

픽윅 씨는 친구를 위해 자신의 감정을 기꺼이 희생하면서 꽤 길게 맛을 보았다.

"뭡니까?" 벤 앨런 씨가 픽윅 씨와 마찬가지로 초조하게 끼어들며 물었다.

"신기하군요." 픽윅 씨가 입을 쩝쩝거리며 말했다. "아직 잘 모르겠습니다." 픽윅 씨가 한 번 더 맛본 다음 말했다. "아, 맞네요. 펀치가 맞습니다."

벤 앨런 씨가 픽윅 씨를 보았고, 픽윅 씨가 벤 앨런 씨를 보았다. 벤 앨런 씨가 미소를 지었고, 픽윅 씨는 미소를 짓지 않았다.

"우리가 이걸 마지막 한 방울까지 마셔버리는 게 소여 씨에게는 좋을 겁니다." 픽윅 씨가 짐짓 엄격하게 말했다.

"저도 딱 그렇게 생각했습니다." 벤 앨런 씨가 말했다.

"그렇군요!" 픽윅 씨가 대답했다. "그렇다면 소여 씨의 건강을 위해서." 이 걸출한 인물은 이렇게 말하면서 병에 든 내용물을 더 없이 힘차게 마신 다음 벤 앨런 씨에게 건넸고, 그 역시 본보기를 신속하게 따랐다. 이제 두 사람 모두 미소를 지었고 밀크 펀치는 점차 기분 좋게 사라졌다.

"어쨌거나 말입니다." 픽윅 씨가 마지막 한 방울을 비우며 말했다. "소여 씨의 장난은 정말 무척 재미있습니다. 사실 아주 즐겁지요."

"그렇지요." 벤 앨런 씨가 대답했다. 그런 다음 자신의 친구가 살아 있는 사람들 중에서 가장 재미있다는 증거로 소여 씨가 술을 마시고 흥분해서 머리를 삭발했던 길고 상세한 이야기를 들려주어 픽윅 씨를 즐겁게 해주었다. 이 유쾌하고 재미있는 이야기는 마차가 말을 교환하기 위해 버클리 히스의 벨 여관에 들렀을 때에야 끝났다.

"여기서 정찬을 들도록 할까요?" 밥이 창문을 들여다보며 말했다.

"정찬이라고요!" 픽윅 씨가 말했다. "아니, 아직 19마일밖에 안 왔고 앞으로 87.5마일을 더 가야 합니다."

"그러니 피로를 견디려면 뭘 좀 먹어야지요." 밥 소여 씨가 항변했다.

"아, 낮 11시 반에 정찬을 먹는 것은 불가능합니다." 픽윅 씨가 자기 시계를 보며 말했다.

"그렇지요." 밥이 대답했다. "점심이 좋겠습니다. 여보시오! 점심 3인분을 바로 주시고, 말은 15분 동안 뒤쪽에 매놓으시오. 차가운 요리는 전부 식탁에 올리고 병에 든 에일도 달라고 해줘요. 그리고 여기서 제일 좋은 마데이라주[160] 맛 좀 봅시다." 밥 소여 씨는 무척 거드름을 피우면서 분주하게 주문한 다음 식사 준비를 감독하러 급히 여관으로 들어갔다. 5분도 지나지 않아 돌아온 그는 전부 훌륭하다고 선언했다.

점심 식사는 밥 소여 씨의 찬사를 완전히 증명할 만한 것이었고, 벤 앨런 씨와 픽윅 씨 역시 점심을 충분히 즐겼다. 세 사람은 병에 담긴 에일과 마데이라주를 신속하게 비웠고, (말을 다시 매고) 짧은 시간 내에 구할 수 있는 밀크 펀치의 가장 좋은 대체재를 네모난 병에 가득 채워서 자리에 앉았다. 나팔 소리가 들리고 붉은 깃발이 펄럭였지만 픽윅 씨는 조금도 반대하지 않았다.

일행은 튜크스베리의 호프 폴 여관에 멈춰서 정찬을 들면서 병에 든 에일을 조금 더 마시고 마데이라주도 약간 마셨으며 포트와인까지 마셨다. 여기서 네모난 병을 네 번째로 가득 채웠다. 각종 자극제의 영향으로 픽윅 씨와 벤 앨런 씨는 30마일 동안 숙면을 취했고, 밥과 웰러 씨는 뒷좌석에서 이중창을 불렀다.

픽윅 씨가 잠에서 깨 창밖을 내다보았을 때는 꽤 어두웠다. 길가 여기저기 흩어진 오두막들, 보이는 모든 것이 띠고 있는 거무스름한 색조, 어둑어둑한 대기, 재와 벽돌 가루가 뿌려진 길, 저

---

160 마데이라 제도에서 나는 포도주. 독특한 향미가 있고 가장 오래 보존할 수 있는 것으로 유명하다.

멀리 보이는 용광로 불길의 짙은 빨간색 불빛, 높고 기울어진 굴뚝에서 뿜어져 나와 주변 모든 것을 흐릿하게 만드는 짙은 연기, 멀리서 번득이는 빛, 철컹거리는 쇠막대나 무거운 짐을 싣고 힘겹게 달리는 육중한 짐마차들, 이 모든 것들이 거대한 산업도시 버밍엄으로 빠르게 접근하고 있음을 알려주었다.

그들이 소란의 중심부로 이어지는 좁은 길을 따라 덜컹덜컹 달리자 열심히 일하는 모습과 소리가 감각을 더욱 세게 강타했다. 거리는 노동자들로 북적거렸다. 모든 집에서 일하는 소리가 울렸고, 다락방의 긴 여닫이창에서 빛이 번득였으며, 바퀴의 회전과 기계의 소음이 떨리는 벽을 흔들었다. 몇 마일을 달리는 내내 도시의 공장과 커다란 작업장에서 맹렬히 피어오르는 붉고 음침한 불빛이 계속 보였다. 크고 시끄러운 망치 소리, 뿜어져 나오는 증기, 묵직하게 철컹거리는 엔진 소리는 모든 지역에 흐르는 거슬리는 음악 소리였다.

마부가 탁 트인 거리를 따라 빠른 속도로 달리며 시 외곽에서 오래된 로열 여관까지 조명이 밝고 멋진 거리들을 지날 때 픽윅 씨는 그를 이곳까지 데려온 임무가 얼마나 어렵고 까다로운 일인지 생각하기 시작했다.

이 임무는 까다롭고 만족스럽게 실행하기 어려운 일이었고, 밥 소여 씨의 자발적인 동행으로 인해 조금도 더 쉬워지지 않았다. 사실대로 말하자면 소여 씨의 존재가 아무리 사려 깊고 즐겁다 하더라도 픽윅 씨가 기꺼이 받아들일 영광은 절대 아니었다. 사실 그는 밥 소여 씨를 당장 50마일 이상 떨어진 곳으로 보낼 수만 있다면 상당한 금액이라도 기꺼이 지불했을 것이다.

픽윅 씨는 아버지 윙클 씨와 서신을 한두 번 교환하고 아들의 도덕적 성격과 행동에 대한 그의 질문에 만족스러운 대답을 보낸 적은 있지만 직접 만나서 대화를 한 적은 단 한 번도 없었다. 그는 약간 취한 밥 소여 씨와 벤 앨런 씨를 데리고 윙클 씨를 처음으로 방문하는 것이 그에게 호감을 살 수 있는 가장 기발하고 가능성 높은 방법은 아니라는 사실을 초조하게 의식하고 있었다.

"하지만 나는 최선을 다해야 해." 픽윅 씨가 스스로 납득하려고 애를 쓰며 말했다. "굳게 약속한 대로 오늘 밤에 만나야 해. 두 사람이 함께 가겠다고 고집을 부리면 만나는 시간을 최대한 짧게 하고 두 사람이 스스로를 위해 정체를 드러내지 않기만을 바라야겠군."

픽윅 씨가 이런 생각으로 스스로를 위로하고 있을 때 마차가 올드 로열 여관 앞에 멈췄다. 벤 앨런 씨가 정신없이 자다가 살짝 깨자 새뮤얼 웰러 씨가 그의 옷깃을 잡아 끌어냈고, 그러자 픽윅 씨도 마차에서 내릴 수 있었다. 일행은 편안한 방으로 안내받았고, 픽윅 씨는 윙클 씨 집이 어디인지 즉시 급사에게 물었다.

"가깝습니다." 급사가 말했다. "여기서 500야드도 안 되지요. 윙클 씨는 운하의 선창 주인입니다. 그분 저택은 여기서—아, 안 돼, 실례합니다—여기서 500야드도 안 돼요." 급사는 초를 불어서 껐다가 다시 켜는 시늉을 했는데, 픽윅 씨가 질문을 더 할 기회를 주기 위해서였다.

"뭐라도 드시겠습니까?" 픽윅 씨의 침묵에 절박해진 급사가 초에 불을 붙이며 말했다. "차나 커피 드릴까요? 정찬을 드시겠어요?"

"지금은 아무것도 필요없소."

"알겠습니다. 저녁을 주문하시겠습니까?"

"지금은 아닙니다."

"알겠습니다." 급사가 문을 향해 조용히 걸어가다가 걸음을 멈추고 돌아서더니 무척 온화하게 말했다.

"하녀를 보내드릴까요?"

"원한다면 그래도 좋소." 픽윅 씨가 대답했다.

"손님께서 원하신다면요."

"소다수도 가져다줘요." 밥 소여 씨가 말했다.

"소다수요? 네, 알겠습니다." 마침내 주문을 받아서 어마어마한 마음의 짐을 내려놓은 듯한 급사는 어느새 사라졌다. 급사는 걷거나 뛰지 않는다. 그들은 방에서 미끄러지듯 나가는 독특하고 신비한 힘을 가지고 있는데, 이것은 다른 인간에게는 없는 능력이다.

소다수를 마시고 생체 징후를 약간 되찾은 벤 앨런 씨는 겨우겨우 얼굴과 손을 씻고 샘의 빗질을 얌전히 받아들였다. 픽윅 씨와 밥 소여 씨도 마차를 타고 오느라 헝클어진 복장을 가다듬은 다음 세 사람은 팔짱을 끼고 윙클 씨 집으로 출발했다. 밥 소여 씨는 걸어가면서 담배 연기로 공기를 물들였다.

조용하고 부유해 보이는 거리를 4분의 1마일 정도 걸어가니 현관 앞에 세 단짜리 계단이 달린 오래된 붉은 벽돌집이 서 있었고, 놋쇠 문패에는 통통한 로마식 대문자로 '윙클'이라고 적혀 있었다. 계단은 무척 희고 벽돌은 무척 붉었으며 집은 무척 깨끗했다. 시계가 10시를 쳤을 때 픽윅 씨, 벤저민 앨런 씨, 밥 소여 씨는 그 앞에 서 있었다.

문을 두드리자 말끔한 소녀가 나와서 세 명의 낯선 남자를 바라보았다.

"윙클 씨 댁에 계십니까?" 픽윅 씨가 물었다.

"곧 저녁 식사를 하실 거예요." 소녀가 대답했다.

"이 명함을 좀 전해줘요." 픽윅 씨가 대답했다. "너무 늦은 시간에 귀찮게 해서 죄송하다고 전해주시오. 오늘 밤 그분을 꼭 만나야 하는데 제가 방금 막 도착해서요."

소녀는 겁에 질린 얼굴로 밥 소여 씨를 바라보았는데, 그는 놀라운 방식으로 다양하게 얼굴을 찌푸리며 그녀의 매력에 대한 찬탄을 표현하고 있었다. 하녀는 복도에 걸린 모자와 외투를 보더니 다른 하녀를 불러 자신이 위층으로 올라간 동안 문을 지키라고 했다. 하녀가 금방 돌아왔기 때문에 파수꾼의 임무는 곧 끝났고, 그녀는 거리에 세워두어서 미안하다고 사과한 다음 바닥에 양탄자가 깔린 뒤쪽 방으로 안내했다. 그곳은 집무실 겸 옷방으로, 유용성과 장식성 모두에서 주된 가구는 책상, 세면대, 면도용 거울, 신발장, 장화 벗는 기구, 등받이 없는 높은 의자, 의자 네 개, 탁자, 오래된 8일 시계였다. 난로 선반에는 철제 금고의 움푹 들어간 문들이 있었고, 벽에는 걸이식 책 선반 두 개와 천문력,

먼지 쌓인 서류들이 벽을 장식하고 있었다.

"기다리시게 해서 정말 죄송합니다." 소녀가 램프에 불을 붙이고 매력적인 미소를 지으며 픽윅 씨에게 말했다. "하지만 저에게는 낯선 분들이셔서요. 여기는 부랑자들이 많이 와서 뭐든 훔치려고 하거든요, 정말……."

"전혀 사과할 필요 없습니다." 픽윅 씨가 유쾌하게 말했다.

"조금도 없어요." 밥 소여 씨가 거들며 장난스럽게 두 팔을 뻗어서 아가씨가 방에서 나가지 못하게 하려는 듯이 이리저리 뛰어다녔다.

젊은 여인은 이러한 행동에 전혀 매혹되지 않았는데, 즉시 밥 소여 씨에게 "끔찍한 사람"이라고 말했기 때문이다. 그가 조금 더 간절하게 관심을 드러내자 그녀는 그의 얼굴에 아름다운 손가락 자국을 남기고 혐오감과 경멸을 수없이 여러 번 드러내며 방에서 튀어 나갔다.

젊은 여인이 사라지자 밥 소여 씨는 관심을 돌려 책상을 엿보고, 서랍을 전부 열어보고, 금고 자물쇠를 따는 척하고, 천문력을 뒤집어서 걸고, 자기 장화 위에다가 윙클 씨의 장화를 신으려 하고, 방 안에 있는 가구를 가지고 각종 우스꽝스러운 시도를 했다. 픽윅 씨는 이 모든 행동에 형언할 수 없을 정도의 반감과 고통을 느꼈고, 밥 소여 씨는 그만큼 즐거워했다.

마침내 문이 열리고 코담배 색깔의 옷차림에 머리가 벗어진 것만 빼면 아들 윙클 씨와 무척 비슷한 자그마한 노신사가 한 손에는 픽윅 씨의 명함을, 한 손에는 은촛대를 들고 방으로 들어왔다.

"픽윅 씨, 안녕하십니까?" 노신사 윙클이 촛대를 내려놓고 손을 내밀며 말했다. "건강하게 잘 지내시겠지요. 만나서 반갑습니다. 앉으시지요, 픽윅 씨. 이 신사분은……."

"제 친구인 소여 씨입니다." 픽윅이 끼어들었다. "아드님의 친구지요."

"안녕하시오." 노신사 윙클 씨가 밥을 근엄하게 바라보며 말했다.

"아주 건강합니다." 밥 소여 씨가 대답했다.

"이쪽 신사분은 말입니다." 픽윅 씨가 외쳤다. "제가 전해드릴 편지를 읽으면 아시겠지만, 아드님의 매우 가까운 친척, 아니 아주 특별한 친구입니다. 앨런이라고 하지요."

"저 신사분이 말입니까?" 윙클 씨가 명함으로 벤 앨런 씨를 가리키며 물었는데, 그는 등과 상의 옷깃밖에 보이지 않는 자세로 잠들어 있었다.

픽윅 씨가 이 질문에 대답하면서 벤저민 앨런 씨의 이름과 그의 존경할 만한 특징을 장황하게 늘어놓으려고 하는데, 쾌활한 밥 소여 씨가 친구를 깨워야겠다는 생각에 팔의 살이 드러난 부분을 깜짝 놀랄 만큼 세게 꼬집는 바람에 그가 큰 소리로 비명을 지르며 깼다. 벤 앨런 씨는 낯선 사람 앞이라는 사실을 문득 깨닫고 앞으로 나서더니 양손으로 윙클 씨의 손을 붙잡고 약 5분 동안 더없이 애정 어리게 흔들었고, 반밖에 알아들을 수 없는 토막 난 문장으로 그를 만나서 정말 기쁘다고 중얼거리면서 산책

후에 뭔가 먹고 싶은지, 아니면 정찬 시간까지 기다리는 게 더 좋은지 따뜻하게 물었다. 그런 다음 자리에 앉아서 자신이 어디에 있는지 전혀 모르겠다는 듯이 주변을 멍하니 보았는데, 실제로 전혀 몰랐다.

픽윅 씨는 이 모든 상황이 더없이 당황스러웠고, 노신사 윙클 씨가 두 친구의—어이없는 것까지는 아니더라도—특이한 행동에 뚜렷한 놀라움을 드러냈기 때문에 더욱 그랬다. 그는 즉시 용건으로 넘어가 주머니에서 편지를 꺼내서 윙클 씨에게 주며 말했다.

"아드님의 편지입니다. 내용을 읽어보시면 당신이 아버지로서 아드님의 행복과 안녕을 얼마나 호의적으로 생각하시느냐에 아드님의 장래가 달려 있음을 깨달으실 겁니다. 침착하고 냉정하게 읽으신 다음 저와 함께 이 문제에 걸맞은 마음과 분위기로 이야기를 나누도록 하지요. 당신의 결정이 아드님께 얼마나 중요한지, 또 아드님이 이 문제로 얼마나 걱정을 하고 있는지는 제가 이렇게 늦은 시간에 미리 연락도 드리지 않고 찾아온 것만 봐도 짐작이 가실 것입니다." 픽윅 씨가 두 동행을 슬쩍 흘끔거리며 덧붙였다. "이렇게 바람직하지 못한 상황에서 말이지요."

픽윅 씨는 이렇게 말을 꺼낸 다음 깜짝 놀란 윙클 씨의 손에 반질반질한 질 좋은 종이 네 장에 빽빽하게 쓴 참회의 편지를 내려놓았다. 그런 다음 자기 자리로 돌아가서 상대방의 표정과 태도를 초조하게, 그러나 변명이 필요한 일을 아무것도 하지 않았다는 듯한 솔직한 표정으로 바라보았다.

나이 많은 선창 주인은 편지를 뒤집어서 앞면을 보고, 뒷면을 보고, 옆면을 보고, 봉인의 작은 뚱보 소년을 세밀하게 관찰한 다음 시선을 들어 픽윅 씨의 얼굴을 보았다. 그런 다음 등받이 없는 높은 의자에 앉아서 램프를 가까이 끌어당기고 봉인을 뜯어 서신을 펼친 다음, 그것을 램프 가까이 들고 읽을 준비를 했다.

바로 그때 몇 분 동안 얌전히 있던 밥 소여 씨가 양손을 무릎에 얹고 광대 고故 그리말디 씨[161]의 초상을 흉내 냈다. 하필 그때 노신사 윙클 씨는 밥 소여 씨의 생각과 달리 편지를 읽는 일에 깊이 몰두하는 대신 편지 너머로 다름 아닌 소여 씨를 보고 있었고, 그가 자신을 조롱하고 비웃고 있다고 추측했다. 그가 아주 엄한 표정으로 밥을 뚫어져라 바라보자 그리말디 씨의 이목구비는 혼란과 굴욕의 표정으로 서서히 바뀌었다.

"지금 뭐라고 하셨습니까?" 끔찍한 침묵이 흐른 뒤 노신사 윙클 씨가 말했다.

"아, 아닙니다." 밥이 대답했다. 극도로 붉어진 뺨을 제외하면 광대의 흔적은 남아 있지 않았다.

"정말 아닙니까?"

"이런! 네, 물론입니다."

"뭐라고 하신 줄 알았습니다." 노신사가 화가 나서 강조하며 말했다. "아니면, 혹시 저를 보고 계셨습니까?"

---

161 18~19세기의 유명한 배우이자 광대.

"오, 아닙니다! 전혀 아닙니다." 밥이 무척 공손하게 대답했다.

"그렇다면 다행이군요." 윙클 씨가 말했다. 노신사는 당혹한 밥에게 무척 엄숙하게 얼굴을 찌푸린 다음 다시 편지를 불빛으로 가져가서 진지하게 읽기 시작했다.

픽윅 씨가 열심히 지켜보는 가운데 그는 첫 장 마지막 줄에서 두 번째 장 첫 줄로, 두 번째 장 마지막 줄에서 세 번째 장 첫 줄로, 세 번째 장 마지막 줄에서 네 번째 장 첫 줄로 넘어갔지만 아들의 결혼 소식을 어떤 기분으로 받아들이고 있는지 단서를 줄 표정 변화는 전혀 없었다. 픽윅 씨는 그 소식이 맨 처음 여섯 줄 안에 나온다는 사실을 알고 있었다.

노신사는 편지를 마지막 한 단어까지 전부 읽은 다음 사업가답게 아주 조심스럽고 정확하게 다시 접었고, 픽윅 씨가 뭔가 감정이 크게 터져 나오기를 기대했을 때 잉크스탠드에 펜을 담그더니 더없이 평범한 회계 문제에 대해서 이야기하는 것처럼 조용히 물었다.

"너새니얼의 주소가 뭐지요, 픽윅 씨?"

"지금은 조지 앤드 벌처 여관입니다." 픽윅 씨가 대답했다.

"그게 어디 있지요?"

"롬버드 스트리트 조지 야드입니다."

"런던인가요?"

"그렇습니다."

노신사는 편지 뒷면에 주소를 꼼꼼하게 기입한 다음 그것을 책상 서랍에 넣고 잠갔고, 의자에서 내려와 열쇠 꾸러미를 주머니에 넣으며 말했다.

"이제 우리를 여기에 더 붙들어둘 일은 없겠지요, 픽윅 씨?"

"아무것도 없습니다!" 인정 많은 신사가 깜짝 놀라고 분노하여 말했다. "아무것도 없지요! 우리 젊은 친구의 인생에 일어난 이 중대한 사건에 대해서 표명하실 의견이 없으신가요? 저를 통해서 아드님을 계속 사랑하고 보호하겠다는 약속을 전하지도 않으시고, 아드님에게, 그리고 그에게 평안과 지지를 의지하는 초조한 소녀에게 기운을 주고 격려할 말이 하나도 없습니까? 생각해 보십시오."

"생각해 보겠소." 노신사가 대답했다. "지금은 할 말이 없습니다. 저는 사업가입니다, 픽윅 씨. 저는 어떤 일도 서두르고 싶지 않고, 지금으로서는 이 상황이 마음에 들지 않는군요. 천 파운드는 적은 돈이 아니지요, 픽윅 씨."

"옳으신 말씀입니다." 자신이 천 파운드를 아무 어려움 없이 썼다는 사실을 알 만큼 잠에서 깬 벤 앨런 씨가 끼어들었다. "정말 명석한 분이시군요. 밥, 이 사람은 뭘 좀 아는 친구야."

"인정해 주시니 감사하군요." 노신사 윙클 씨가 심오하게 고개를 젓는 벤 앨런 씨를 경멸하듯 바라보며 말했다. "사실은 말입니다, 픽윅 씨, 제가 아들에게 1년 정도 여기저기 다니면서 세상 사람들과 풍습을 겪어보라고 허락한 것은 (당신의 보호하에 그렇게 다녔지요) 세상에 나갈 때 누구에게나 잘 속는 기숙학교 출신의 나약한 인간이 되지 말라고 그런 것이었지, 이런 결과를 기대한 것이 아니었습니다. 그 아이도 아주 잘 압니다. 그러니 제가 지원을 끊어도 놀라지 않을 것입니다. 아들에게 연락하겠습니다. 안녕히 가십시오. 마거릿, 문을 열어라."

그동안 밥 소여 씨는 뭔가 적절한 말을 하라고 벤 앨런 씨를 쿡쿡 찔렀고, 그러자 벤은 아무런 예고도 없이 짧지만 열정적인 웅변을 쏟아냈다.

"윙클 씨." 벤 앨런 씨가 무척 흐릿하고 맥없는 눈으로 노신사를 보면서, 그리고 오른팔을 위아래로 맹렬히 흔들면서 말했다. "당신은 부끄러운 줄 아셔야 합니다."

"물론 당신은 숙녀의 오라버니로서 이 문제를 가장 잘 판단할 수 있겠지요." 윙클 씨가 쏘아붙였다. "자, 됐습니다. 이제 그만합시다. 안녕히 가십시오, 여러분."

노신사는 촛대를 들고 방문을 열더니 예의 바르게 복도를 가리켰다.

"후회하실 겁니다." 픽윅 씨가 분통을 가라앉히려고 이를 꽉 물고 말했다. 이러한 노력이 자신의 젊은 친구에게 얼마나 중대할지 충분히 느끼고 있었기 때문이었다.

"지금 제 생각은 다릅니다만." 아버지 윙클 씨가 침착하게 대답했다. "다시 한번 여러분, 안녕히 가십시오."

픽윅 씨는 화가 나서 성큼성큼 거리로 나섰다. 노신사의 단호한 태도에 완전히 얌전해진 밥 소여 씨도 그렇게 했다. 밖으로 나오자마자 벤 앨런 씨의 모자가 계단을 굴렀고, 벤 앨런 씨의 몸도 곧장 그 뒤를 따랐다. 일행은 말없이 저녁도 먹지 않고 잠자리에 들었고, 픽윅 씨는 잠들기 직전에 윙클 씨가 이토록 사업가적인 사람이라는 사실을 알았다면 절대 그를 찾아가지 않았을 것이라고 생각했다.

51장

픽윅 씨가 옛 지인을 만나다,
위대한 두 사람이 전혀 예상치
못한 곳에서 맞닥뜨리다,
이야기가 기록되다

8시에 픽윅 씨의 시야를 밝힌 아침은 결코 그의 기운을 북돋거나 그가 맡은 임무의 예기치 않은 결과가 불러일으킨 우울함을 덜어주지 않았다. 하늘은 어둡고 음울했고, 공기는 축축하고 으슬으슬했으며, 거리는 비에 젖어 질척거렸다. 연기는 위로 올라갈 용기가 없는 듯 굴뚝 꼭대기에 게으르게 걸려 있었고, 비는 쏟아질 기운도 없는 듯 느릿느릿 끈질기게 내렸다. 마구간 마당의 싸움닭은 평소의 활활 타오르는 활기를 전부 잃고서 구석에 한쪽 다리로 서서 음산하게 균형을 잡았고, 헛간의 좁은 지붕 밑에서 우울하게 고개를 수그린 당나귀는 생각에 잠긴 비참한 표정으로 보아 자살을 고민하는 듯했다. 거리에 보이는 것이라고는 우산밖에 없었고 들리는 소리라고는 덧신이 딸깍거리는 소리와 빗방울 튀는 소리밖에 없었다.

아침 식사를 방해하는 대화는 거의 없었다. 밥 소여 씨마저도 전날의 흥분과 날씨의 영향을 느꼈다. 본인의 무척 의미심장한 표현에 따르면 그는 '바닥에 가라앉았다.' 벤 앨런 씨도 마찬가지였다. 픽윅 씨도 똑같았다.

날씨가 좀처럼 개지 않았기 때문에 사람들은 할 일이 극단적으로 없을 때에만 그러듯이 엄청난 관심을 가지고 런던에서 온 어제 날짜의 석간을 읽고 또 읽었다. 이와 비슷한 끈기로 양탄자 위를 구석구석 빠짐없이 걸었고, 추가 세금[162]이 정당화될 만큼 창밖을 내다보았으며, 온갖 화제를 꺼냈지만 전부 실패했다. 결국 정오가 되어도 날씨가 조금도 나아지지 않자 픽윅 씨가 결연히 종을 울려 마차를 꺼내라고 명령했다.

길은 진창이었고 보슬비는 지금까지보다 더 세차게 내렸으며 마차의 열린 창문으로 진흙과 물이 튀어서 안에 탄 두 사람도 밖에 탄 두 사람만큼 불편할 정도였다. 그러나 움직인다는 사실, 자리에서 일어나 뭔가를 한다는 사실에는 어둑한 방에 갇혀 있는 것보다 더 우월한 느낌이 있었기 때문에 일행은 출발하자마자 흐릿한 거리에 뚝뚝 떨어지는 지루한 비를 보면서 변화가 큰 개선이라는 말에 모두 동의했고, 왜 이렇게 오랫동안 출발을 미뤘을까 의아하게 여겼다.

말을 교환하려고 코벤트리에 들렀을 때, 말에서 구름처럼 피

---

162 1695년부터 1851년까지 창문에 대한 세금을 냈다.

어오르는 김 때문에 보이지 않는 여관 마부가 기수의 모자를 벗겨주면서 다음번에는 자기가 인도주의 협회[163]의 금메달을 받겠다고 말하는 소리가 들렸다. 보이지 않는 마부는 자신이 정신을 차리고 모자를 벗긴 다음 작은 짚단으로 얼굴을 닦아주지 않았다면 모자챙에서 쏟아지는 비 때문에 기수가 물에 빠져 죽을 뻔했다고 말했다.

"이거 참 기분 좋군요." 밥 소여 씨가 옷깃을 세우고 방금 마신 브랜디의 향기를 응축시키려고 숄을 들어 입을 가리며 말했다.

"정말로 그렇네요." 샘이 차분하게 말했다.

"당신은 별로 신경 쓰지 않는 것 같은데요." 밥이 말했다.

"아니, 신경을 쓴다고 어떻게 되는 것도 아니니까요." 샘이 대답했다.

"그 말에는 할 말이 없네요." 밥이 말했다.

"네." 웰러 씨가 대답했다. "무슨 일이든 괜찮으니까요. 젊은 귀족이 어머니의 삼촌의 아내의 할아버지가 휴대용 부싯깃 상자로 왕의 파이프에 불을 붙여줬다는 이유로 연금 수령자 명단에 올랐을 때 기분 좋게 말했던 것처럼요."

"나쁜 생각은 아니군요, 샘." 밥 소여 씨가 만족스러운 듯이 말했다.

"젊은 귀족은 남은 일생 동안 4분기 지급일마다 그렇게 말했지요." 웰러 씨가 대답했다.

---

163 1774년에 설립된 왕립 인도주의 협회Royal Humane Society는 물에 빠진 사람의 구조와 소생을 장려했고 물에 빠진 자를 구조한 사람에게 상을 주었다.

"혹시, 불려가신 적 있습니까?" 짧은 침묵이 흐른 뒤 샘이 마부를 흘끔거리면서 목소리를 낮춰 속삭였다. "의사 수련생일 때 기수 왕진에 불려가신 적 있습니까?"

"그런 기억은 없군요." 밥 소여 씨가 대답했다.

"당신이 돌아다니던 (망령에 대해서 이야기할 때 쓰는 표현이지만요) 병원에서 기수는 한 번도 본 적 없지요?" 샘이 물었다.

"없어요." 밥 소여 씨가 대답했다. "없는 것 같군요."

"기수의 비석이 세워진 교회 묘지는 알지도 못하고, 기수의 시체를 본 적도 없지요?" 샘이 질문 공세를 이어가며 물었다.

"없어요. 한 번도 없군요." 밥이 대답했다.

"없고말고요." 샘이 당당하게 대답했다. "앞으로도 절대 없을 겁니다. 사람이 절대 볼 수 없는 게 하나 더 있는데, 그게 바로 죽은 당나귀예요. 죽은 당나귀는 아무도 본 적이 없어요. 산양을 기르는 젊은 여자를 알았던, 검정색 실크 속옷을 입은 신사만 빼고요.[164] 하지만 그건 프랑스 당나귀였으니 제대로 된 당나귀가 아니었겠죠."

"음, 그게 기수랑 무슨 상관이지요?" 밥 소여 씨가 물었다.

"보세요." 샘이 대답했다. "분별 있는 사람들의 말처럼 기수와 당나귀는 불멸의 존재라고까지 단언하지는 않겠지만, 제 말은 이거예요. 기수와 당나귀는 몸이 뻣뻣해지고 더 이상 일을 못하겠다 싶으면 그냥 가버려요. 늘 기수 한 명에 당나귀 한 쌍이 같

---

164   로렌스 스턴의 《감상적인 여행 A Sentimental Journey》에 나오는 이야기를 말한다.

이 사라지죠. 그들이 어떻게 되는지 아무도 모르지만 어디 다른 세상에 놀러가는 것일지도 모르지요. 당나귀나 기수가 이 세상에서 놀고 있는 모습을 본 사람은 아무도 없으니까요!"

샘 웰러는 이렇게 박식하고 인상적인 이론을 길게 설명하고 수많은 신기한 통계와 그 밖의 사실을 근거로 들면서 마차가 던처치에 도착할 때까지 시간을 보냈고, 던처치에서 비에 젖지 않은 기수와 새 말을 구했다. 다음 역은 대븐트리, 그다음은 토스터였다. 각 구간이 끝날 때마다 그 구간을 시작할 때보다 비가 더 심해졌다.

"있잖아요." 토스터의 새러선스 헤드 여관 앞에 섰을 때 밥 소여 씨가 차창 안을 들여다보며 항의했다. "아시겠지만 더 이상은 안 되겠는데요."

"이런!" 방금 막 낮잠에서 깬 픽윅 씨가 말했다. "젖으신 것 같군요."

"젖은 것 같지요?" 밥이 대답했다. "네, 맞습니다. 좀 그렇죠. 약간 불편할 만큼 축축한 것 같네요."

밥의 목, 팔꿈치, 소매, 옷자락, 무릎에서 비가 줄줄 떨어지고 있었다. 그의 복장 전체가 물에 젖어 반짝였기 때문에 전부 유포로 만들었다고 착각할 정도였다.

"제가 약간 젖었습니다." 밥이 물에 들어갔다가 막 나온 뉴펀들랜드[165]처럼 몸을 흔들어 주변에 물을 뿌리며 말했다.

---

[165] 보통 흑색 털을 가진 큰 개로, 물에 빠진 사람을 구조한다.

"더 이상 가는 건 무리일 것 같습니다." 벤이 끼어들었다.

"당연하지요." 샘 웰러가 논의를 도우려고 입을 뗐다. "더 가라고 하는 건 짐승한테 너무 잔인한 짓이죠. 여기 잠자리도 있습니다." 샘이 주인에게 말했다. "깨끗하고 편안해요. 간단하고 맛있는 정찬도 30분이면 준비될 겁니다. 닭고기랑 송아지 고기 커틀릿, 강낭콩, 감자, 파이, 아주 많지요. 여기서 묵는 게 좋을 것 같습니다. 의사의 말처럼 충고를 받아들이세요."

때마침 새러선스 헤드 여관 주인이 나타나서 여관 설비에 대한 웰러 씨의 말이 옳다고 확인해 주었고 도로 상황에 대한 갖가지 우울한 추측, 다음 역에서 새 말을 구할 수 있을지에 대한 의구심, 밤새 비가 내릴 것이라는 전적인 확신, 아침이면 날이 갤 것이라는 똑같이 전적인 확신, 그 밖에 여관 주인들이 보통 그러듯 묵고 가라고 권유하며 샘의 주장을 뒷받침했다.

"하지만 어떤 방법을 쓰든 편지가 내일 아침 일찍 전해지도록 런던으로 보내야 하네. 그렇지 않으면 무슨 위험이 있어도 가야 해." 픽윅 씨가 말했다.

여관 주인이 기뻐하며 미소를 지었다. 그에게 갈색 봉투에 편지를 넣어서 버밍엄의 야간 마차나 우편으로 보내는 것보다 더 쉬운 일은 없었다. 손님이 편지를 최대한 빨리 보내고 싶어 할 경우 겉봉에 "즉시 전달할 것"이라고 쓰면 확실했고, "즉시 전달할 경우 전달자에게 반 크라운 추가로 지급할 것"이라고 쓰면 더욱 확실했다.

"아주 좋습니다. 여기 묵도록 하지요." 픽윅 씨가 말했다.

"태양[166] 방에 불을 켜라, 존. 난롯불도 지피고, 손님들이 젖으셨다." 주인이 외쳤다. "이쪽입니다, 여러분. 기수는 염려하지 마시고요. 종을 울려 찾으시면 바로 보내드리겠습니다. 자, 존, 초를 다오."

하인이 초를 가져왔고, 불을 지폈고, 새로운 장작을 던져 넣었다. 10분 뒤에는 급사가 정찬을 위해 식탁보를 깔고 있었고, 커튼이 드리워지고, 불은 환하게 타올랐으며, 마치 (괜찮은 영국 여관에서는 항상 그렇듯이) 며칠 전부터 여행자들이 올 것을 미리 예상하고 안락하게 준비해 둔 것 같았다.

픽윅 씨는 윙클 씨에게 보낼 편지를 급히 써서 날씨의 압박으로 지체되었지만 다음 날에는 반드시 런던에 도착할 것이라고만 알렸고, 그때까지 일의 진척 상황에 대한 더 자세한 설명은 미루었다. 이 편지를 급히 꾸러미로 만들어서 새뮤얼 웰러 씨가 술집으로 가져갔다.

샘은 편지를 여주인에게 맡기고 돌아와서 주인의 장화를 벗긴 다음 부엌 난롯가에 앉아서 몸을 말렸다. 그리고 별생각 없이 방의 반쯤 열린 문 안쪽을 들여다보았는데, 옅은 갈색 머리카락을 가진 신사가 탁자에 커다란 신문 다발을 놓고 앉아서 코를 비롯한 모든 이목구비로 오만한 경멸을 드러내며 장엄하게 비웃는 표정으로 사설을 읽고 있는 모습이 그의 시선을 사로잡았다.

"이런!" 샘이 말했다. "저 머리랑 얼굴을 아는데! 안경도 그렇

---

166 새러선즈 헤드 여관의 유명한 방 이름.

고 챙 넓은 실크해트도 그렇고 말이야. 틀림없이 이턴스윌 사람이군."

샘은 신사의 주의를 끌기 위해서 기침 소리를 냈고, 그 신사가 기침 소리에 깜짝 놀라 안경 쓴 눈을 들자 〈이턴스윌 거제트〉 포트 씨의 심오하고 생각에 잠긴 얼굴이 드러났다.

"실례합니다." 샘이 고개를 숙여 인사하고 다가가며 말했다. "저희 주인님도 여기 계십니다, 포트 씨."

"쉿!" 포트 씨가 이상하게도 아주 걱정스러운 표정으로 샘을 방 안으로 끌어당겨 문을 닫았다.

"무슨 일이세요?" 샘이 그를 멍하니 보며 말했다.

"내 이름은 속삭여서도 안 되네." 포트 씨가 대답했다. "여기는 버프파 동네야. 내가 여기 있다는 걸 알면 성급하고 쉽게 흥분하는 이 동네 사람들이 나를 산산조각 낼 걸세."

"설마요, 정말 그럴까요?" 샘이 물었다.

"분노의 희생양이 될 거야." 포트 씨가 대답했다. "자, 젊은이, 주인은 어떠신가?"

"런던으로 가시는 길인데 오늘은 친구 두 명과 여기 묵으실 겁니다." 샘이 대답했다.

"윙클 씨도 있나?" 포트 씨가 얼굴을 약간 찌푸리며 물었다.

"아닙니다. 윙클 씨는 지금 집에 계세요. 결혼하셨습니다." 샘이 대답했다.

"결혼했다고!" 포트 씨가 무시무시할 만큼 격렬하게 외쳤다. 그가 말을 멈추고 음울한 미소를 짓더니 낮고 복수심에 찬 말투로 덧붙였다. "어울리는군!"

포트 씨는 쓰러진 적에 대한 치명적인 악의와 냉혹한 승리감을 이토록 잔인하게 드러낸 다음 픽윅 씨의 친구들이 '블루파'인지 물었고, 그 문제에 대해서 포트만큼이나 잘 아는 샘이 그렇다고 대답하자 만족한 그는 샘과 함께 픽윅 씨를 찾아가기로 했다. 픽윅 씨의 방으로 가자 진심 어린 환영이 그를 반겼고 그 자리에서 같이 정찬을 들자는 협정이 체결, 승인되었다.

"이턴스윌은 어떻습니까?" 포트 씨가 불가에 자리를 잡은 다음 일행 모두가 젖은 장화를 벗고 보송보송한 슬리퍼를 신었을 때 픽윅 씨가 물었다. "〈인디펜던트〉는 아직 있습니까?"

"〈인디펜던트〉 말씀이시지요." 포트 씨가 대답했다. "〈인디펜던트〉는 그 졸렬하고 끈질긴 경력을 질질 끌면서 그 비참하고 수치스러운 존재를 아는 몇 안 되는 사람들에게서 경멸과 혐오를 사고 있습니다. 그 불쾌한 신문은 자기가 실컷 뿌린 오물에 숨이 막히고, 자기가 미소를 지으며 내뿜은 발산물에 눈과 귀가 멀었고, 행복하게도 자신이 얼마나 타락했는지 모른 채 불안한 진흙 아래로 빠르게 가라앉고 있습니다. 이 사회의 천하고 타락한 계층이 든든한 발판을 제공하는 것처럼 보이지만 사실 그동안 진흙이 그 혐오스러운 머리 위까지 차오르고 있고 곧 영원히 삼켜버릴 겁니다."

편집장은 이렇게 열정적으로 선언한 다음(지난주 그가 쓴 사설의 일부였다) 잠시 멈춰 숨을 돌리고 밥 소여 씨를 당당하게 보았다.

"당신은 젊군요." 포트 씨가 말했다.

밥이 고개를 끄덕였다.

"당신도 그렇고요." 포트 씨가 벤 앨런 씨에게 말했다.

벤은 이 조용한 책망을 인정했다.

"두 분 모두 블루파의 원칙을 마음 깊이 받아들이고 있군요. 제가 살아 있는 한 지지하고 주장하겠다고 이 왕국의 국민들에게 맹세한 그 원칙 말입니다." 포트 씨가 말했다.

"아니, 그런 건 잘 모르겠습니다." 밥 소여 씨가 대답했다. "저는……."

"버프파는 아니겠지요, 픽윅 씨." 포트 씨가 의자를 뒤로 당기며 끼어들었다. "당신 친구가 버프파는 아니겠지요?"

"아니, 아닙니다." 밥이 대답했다. "저는 지금 말하자면 격자무늬입니다. 온갖 색이 합쳐져 있죠."

"갈팡질팡하는 사람이라." 포트 씨가 엄숙하게 말했다. "〈이턴스윌 거제트〉에 실렸던 여덟 편의 연재 기사를 보여주고 싶군요. 감히 말씀드리지만 곧 확고하고 단단한 바탕 위에 의견을 확립할 수 있을 겁니다."

"분명 다 읽기도 전에 파랗게 물들 것 같네요."[167]

포트 씨가 몇 초 동안 밥 소여를 의심스럽게 바라보더니 픽윅 씨에게 말했다.

"지난 3개월 동안 〈이턴스윌 거제트〉에 띄엄띄엄 실렸던 문학

---

167   블루파의 의견에 물든다는 뜻도 되지만 얼굴이 파랗게 질린다는 뜻이기도 하다.

기사를 보셨겠지요. 정말 널리 흥미를 일으켰습니다. 아주 보편적인 관심과 경탄이라고 해도 되겠지요?"

"아, 사실 제가 다른 일들로 바빠서 읽어볼 기회가 없었습니다." 픽윅 씨가 이 질문에 약간 당황하며 대답했다.

"읽어보셔야 합니다." 포트 씨가 심각한 얼굴로 말했다.

"꼭 읽겠습니다." 픽윅 씨가 말했다.

"중국의 형이상학을 다룬 작품의 아주 상세한 비평이었지요." 포트 씨가 말했다.

"아." 픽윅 씨가 말했다. "당신이 쓰셨겠지요?"

"저희 평론가가 썼습니다." 포트 씨가 위엄 있게 대답했다.

"난해한 주제군요." 픽윅 씨가 말했다.

"무척 그렇지요." 포트 씨가 더없이 점잔을 빼며 대답했다. "그 친구는 전문적이면서도 표현력이 풍부한 용어를 쓰기 위해서 벼락치기 공부를 했습니다. 제가 그에게 백과사전에서 해당 주제를 찾아 읽으라고 했지요."

"그렇군요!" 픽윅 씨가 말했다. "그 소중한 책에 중국 형이상학에 대한 내용도 있는지는 몰랐습니다."

"그가 읽은 것은 말입니다." 포트 씨가 픽윅 씨의 무릎에 손을 올리고 지적 우월감이 가득한 미소를 지으며 말했다. "그는 형이상학 편과 중국 편을 찾아서 읽은 다음 정보를 합쳤습니다!"

포트 씨가 문제의 박식한 기사에 드러났던 힘과 연구를 떠올리며 더욱 위엄 있는 표정을 지었기 때문에 픽윅 씨가 대화를 재개할 용기를 낼 때까지 몇 분이 흘렀다. 결국 편집장의 얼굴이 평소처럼 도덕적인 우월감을 드러내는 표정으로 점차 바뀌자 픽윅 씨가 다음과 같은 질문으로 대화를 다시 시작했다.

"무슨 일로 먼 곳까지 오셨는지 여쭤봐도 되겠습니까?"

"어떤 막대한 수고를 하든 저를 움직이고 저에게 생기를 주는 것은 우리나라의 이익이지요." 포트 씨가 차분한 미소를 지으며 말했다.

"공무인가 보군요." 픽윅 씨가 말했다.

"그렇습니다." 포트 씨가 다시 말했다. 그런 다음 픽윅 씨를 향해 몸을 숙이고 깊고 낮은 목소리로 속삭였다. "버프파 무도회가 내일 저녁에 버밍엄에서 열립니다."

"세상에!" 픽윅 씨가 외쳤다.

"네 그렇습니다. 저녁 식사도 나오죠." 포트가 덧붙였다.

"그럴 수가!" 픽윅 씨가 외쳤다.

포트 씨가 거창하게 고개를 끄덕였다.

픽윅 씨는 그의 폭로에 깜짝 놀란 척했지만 지역 정치를 거의 몰랐기 때문에 그것이 의미하는 무시무시한 음모가 얼마나 중요한지 제대로 이해할 수 없었다. 그 모습을 보고 포트 씨가 〈이턴스월 거제트〉 최신호를 꺼내서 뒤적이더니 다음 같은 문단을 직접 읽어주었다.

버프파의 은밀한 모임

벌레처럼 비열한 우리의 동시대 신문은 훌륭하고 뛰어난 대표 슬럼키 각하―현재와 같은 고귀하고 높은 지위를 얻기 오래 전부터 우리가 언젠가는 지금처럼 조국의 가장 빛나는 영예, 조국의 가장 영광스러운 자랑, 조국의 용맹한 방위자이자 가장 정직한 자존심이 되리라 예측해왔던 바로 그 슬럼키 각하―의 명성을 더럽히겠다는 헛되고 가망 없는 시도로 최근 시커먼 독을 내뿜었다. 이 비열한 동시대 신문은 훌륭한 부조를 새긴 도금석탄 통을, 기쁨에 들뜬 선거구민들이 이 영예로운 인물에게 바친 선물을 비웃고 있는데, 차마 입에 담지 못할 이 치사한 신문은 그 구입 경위에 대해서 슬럼키 각하가 집사의 믿을 만한 친구를 통해 총 모금액의 4분의 3 이상을 직접 냈다고 넌지시 비추고 있다. 땅 위를 기어 다니는 곤충과 마찬가지인 그 신문은 설사 그 주장이 사실이라 하더라도 슬럼키 각하가 그 어느 때보다 더욱―그것이 가능하다면 말이다―기분 좋고 환한 빛에 둘러싸인 것처럼 보일 뿐이라는 사실을 왜 모르는가? 그 신문이 아무리 우둔하다고 해도, 선거구민들의 바람을 실현해 주고자 하는 이 상냥하고 감동적인 슬럼키 각하의 소망이야말로 돼지보다 못한 사람들, 즉 우리의 동시대 신문만큼 천한 사람들을 제외한 모든 동료 시민들이 그를 마음과 영혼을 다해 사랑하게 만든다는 사실을 인식하지 못하는 것인가? 은밀한 버프 모임이라는 비열한 책략을 쓰다니! 그들의 계략은 이것뿐만이 아니다. 반역이 드러났다. 우리는 이제 폭로하지 않을 수 없는 상황에 처했으므로 용맹하게 사실을 밝히며, 조국과 순경의 보호에 우리를 맡기는 바이다. 우리는 바로 지금 이 순간 버프 마을에서, 버프지지파의 심장이자 중심에서 버프파 무도회 준비가 비밀리에 진행되고 있음을 용맹하게 밝히는 바이다. 이 행사는 버프파 예식 담당관이 지도할 예정이며, 버프파 거물 의원 네 명이 참석할 것이고, 버프파가 발행한 표가 있어야 들어갈 수 있다! 극악무도한 동시대 신문은 우리의 정보력에 놀랐는가? 그들이 악의를 끌어안고 무력하게 몸부림칠 말을 더 하자면, "우리가 거기 참석할 것이다."

*

"이겁니다." 포트 씨가 지쳐서 신문을 접으며 말했다. "이렇게 된 겁니다."

그때 여관 주인과 급사가 정찬을 가지고 들어오자 포트 씨는 픽윅 씨의 손에 자기 목숨이 달려 있으며 그가 비밀을 지키리라 믿는다는 표시로 손가락을 입술에 가져다 댔다. 불손하게도 〈이턴스윌 거제트〉를 낭독하고 뒤이어 토론을 하는 동안 잠들어버린 밥 소여 씨와 벤저민 앨런 씨는 그들의 귀에 '정찬'이라는 주문과도 같은 단어가 들리자마자 잠에서 깼고, 왕성한 식욕으로 급사의 시중을 받으며 힘차게 식사를 시작했다.

정찬을 마치고 같이 앉아서 시간을 보내는 동안 포트 씨는 잠시 집안 이야기로 내려와 현재 부인은 이턴스윌의 공기가 맞지 않아서 예전과 같은 건강과 기운을 되찾기 위해 유행하는 온천 도시들을 다니고 있다고 픽윅 씨에게 말했다. 이것은 포트 부인이 계속 되풀이하던 별거 위협을 실행에 옮겨 그녀의 오라버니인 중위가 협상하고 포트 씨가 결정한 타협안에 따라 〈이턴스윌 거제트)의 판매와 편집장직에 따른 연간 수입과 이익의 절반을 받기로 하고 충실한 경호원과 함께 영원히 도망쳤다는 사실을 미묘하게 은폐하는 말이었다.

위대한 포트 씨가 이를 비롯한 여러 가지 문제에 대해서 곰곰이 생각하면서 가끔 자신의 역작을 다양하게 인용하여 대화에 활기를 더하는 동안, 소포 배달을 위해 여관에 들른 역마차 차창에서 험악하게 생긴 낯선 이가 필요한 잠자리를 제공할 수 있는지 물었다.

"물론입니다." 여관 주인이 대답했다.

"묵을 수 있는 거죠?" 낯선 이가 습관적으로 의심이 많은 표정과 태도로 물었다.

"물론입니다." 여관 주인이 대답했다.

"좋소." 낯선 이가 말했다. "마부, 나는 여기서 내리겠소. 차장, 내 가방을 주시오."

낯선 이는 다른 승객들에게 잘 가라고 퉁명스럽게 인사한 다음 마차에서 내렸다. 그는 키가 약간 작은 듯한 신사로, 검은 머리카락이 구둣솔처럼 빳빳하게 서 있었다. 그의 외모는 오만하고 위협적이었고, 태도는 독단적이었으며, 날카로운 눈은 조금도 가만히 있지 못했다. 그는 어마어마한 자신감과 다른 사람들에 대한 무한한 우월감을 온몸으로 뿜어내고 있었다.

이 신사는 조금 전까지 애국적인 포트 씨가 쓰던 방으로 안내받았다. 놀라운 우연에 깜짝 놀란 급사의 말에 따르면, 그가 촛불을 켜자마자 이 신사는 모자를 푹 눌러쓰고 신문을 꺼내서 한 시간 전에 그의 힘을 쏙 빠지게 만들었던 포트 씨의 당당한 얼굴에 떠올랐던 바로 그 표정으로 신문을 읽기 시작했다. 급사는 또한 포트 씨의 경멸을 일으킨 것은 〈이턴스윌 인디펜던트〉라는 신문이었고, 이 신사의 압도적인 멸시를 일깨운 것은 〈이턴스윌 거제트〉라는 신문이었다고 말했다.

"주인을 불러주게." 낯선 이가 말했다.

"네, 손님." 급사가 대답했다.

여관 주인이 불려왔다.

"당신이 주인이요?" 신사가 물었다.

"그렇습니다." 여관 주인이 대답했다.

"나를 아시오?" 신사가 물었다.

"죄송하지만 잘 모르겠습니다." 주인이 대답했다.

"내 이름은 슬러크요." 신사가 말했다.

주인이 고개를 약간 기울였다.

"슬러크입니다." 남자가 오만하게 되풀이했다. "이제 날 알아보겠소?"

여관 주인이 머리를 긁고 천장을 본 다음, 낯선 이를 보더니 희미하게 미소를 지었다.

"나를 아시오?" 낯선 이가 화를 내며 물었다.

주인은 무척 애를 쓰다가 결국 이렇게 대답했다. "손님, 잘 모르겠습니다."

"세상에!" 낯선 이가 주먹으로 탁자를 쾅 치며 말했다. "인기란 바로 이런 거군!"

주인이 문 쪽으로 한두 걸음 다가갔고, 낯선 이가 그에게 시선을 고정한 채 다시 말했다.

"이런 것인가." 낯선 이가 말했다. "대중을 위해 몇 년 동안이나 일하고 연구한 대가가 이런 것이로군. 지치고 비에 젖어 마차에서 내렸는데 영웅을 맞이하려고 밀려드는 열정적인 군중도 없고, 교회 종도 조용하고, 그 이름마저 무기력한 그들의 가슴에서 어떤 반응도 끌어내지 못하는군." 흥분한 슬러크 씨가 앞뒤로 서성이며 말했다. "펜에 묻은 잉크를 딱딱하게 굳히고 대의를 영영 저버리게 만들기 충분한 일이야."

"물 탄 브랜디를 달라고 하셨나요?" 여관 주인이 용기를 내서 말했다.

"럼." 슬러크 씨가 맹렬하게 그를 돌아보며 말했다. "불은 없소?"

"바로 피워드릴 수 있습니다." 여관 주인이 말했다.

"그러면 잘 때나 돼야 따뜻하겠지." 슬러크 씨가 끼어들었다. "부엌에 누구 있소?"

아무도 없었다. 부엌에는 아름다운 불이 있었다. 모두 돌아갔고 오늘 밤은 이만 문을 닫았다.

"부엌 불가에서 물 탄 럼을 마시겠소." 슬러크 씨가 말했다. 그는 모자와 신문을 들고 주인을 따라 초라한 부엌으로 엄숙하게 걸어가서 불가에 자리를 잡고 앉아 다시 경멸하는 표정으로 말없이 위엄 있게 신문을 읽으며 술을 마시기 시작했다.

그때 불화의 악령이 새러선즈 헤드 여관 위를 날아가다가 순전히 한가한 호기심 때문에 아래를 내려다보았고, 부엌 불가에 편안하게 자리 잡은 슬러크 씨와 또 다른 방에서 와인 덕분에 약간 기분이 좋아진 포트 씨를 우연히 보았다. 사악한 악령은 포트 씨가 있는 방으로 쏜살같이 내려와 즉시 밥 소여 씨의 머리로 들어가서 사악한 목적을 위해 다음과 같이 말하게 만들었다.

"음, 불이 꺼졌군요. 비가 와서 그런지 몹시 춥네요, 안 그렇습니까?"

"정말 그렇군요." 픽윅 씨가 벌벌 떨며 대답했다.

"부엌 불가에서 시가를 한 대 피우는 것도 괜찮지 않을까요?" 악령의 부추김을 받은 밥 소여 씨가 말했다.

"아주 편안할 것 같군요." 픽윅 씨가 대답했다. "포트 씨, 어떻습니까?"

포트 씨는 선뜻 좋다고 했다. 그래서 네 명의 여행자는 각자의 잔을 손에 들고 곧장 부엌으로 출발했고, 샘이 맨 앞에서 길을 안내했다.

여전히 신문을 읽고 있던 낯선 이가 시선을 들었다가 깜짝 놀랐다. 포트 씨도 깜짝 놀랐다.

"무슨 일입니까?" 픽윅 씨가 속삭였다.

"이 벌레 같은 놈!" 포트 씨가 대답했다.

"무슨 벌레요?" 픽윅 씨가 지나치게 큰 바퀴벌레나 수종에 걸린 것처럼 퉁퉁해진 거미라도 밟았을까 봐 주변을 둘러보며 말했다.

"저 벌레요!" 포트 씨가 픽윅 씨의 팔을 잡고 낯선 이를 가리키며 말했다. "저 벌레, 〈인디펜던트〉의 슬러크 말입니다!"

"우리는 이만 물러가는 게 좋겠습니다." 픽윅 씨가 속삭였다.

"절대 안 됩니다." 술에 취해 용감해진 포트 씨가 대답했다. "절대로요." 포트 씨는 이렇게 말하며 반대편에 자리를 잡고 앉아서 신문 뭉치 중 하나를 골라 적에게 맞서 읽기 시작했다.

포트 씨는 〈인디펜던트〉를 읽었고 슬러크 씨는 〈거제트〉를 읽었다. 두 신사는 쓸쓸하게 웃거나 코웃음을 치면서 상대방의 글에 대한 경멸을 귀에 들리게 표현하다가 결국에는 "말도 안 되는", "졸렬한", "잔인무도한", "사기꾼", "깡패 같은 짓", "쓰레기", "오물", "진흙", "하수"처럼 더욱 분명한 표현을 쓰면서 온갖 비판을 쏟아냈다.

밥 소여 씨와 벤 앨런 씨는 이러한 경쟁과 혐오의 표현을 어느 정도 즐기며 바라보았고, 아주 원기 왕성하게 피우는 시가가 한층 더 맛있게 느껴졌다. 포트 씨와 슬러크 씨의 기세가 약해지기 시작하자 장난기 많은 밥 소여 씨가 슬러크 씨에게 더없이 정중하게 말했다.

"다 읽으시면 제가 그 신문을 좀 봐도 될까요?"

"이 한심한 신문을 수고스럽게 읽어봤자 거의 아무것도 얻지 못할 겁니다." 슬러크 씨가 포트를 향해 악마처럼 얼굴을 찌푸리며 말했다.

"당장 이 신문을 읽어보세요." 분노로 얼굴이 창백해진 포트 씨가 시선을 들고 역시 분노 때문에 떨리는 목소리로 말했다. "하하! 이 자식이 얼마나 뻔뻔스러운지 읽어보면 정말 재미있을 겁니다."

두 편집장의 얼굴이 도발로 번득이기 시작했다.

"이 비열한 사람의 상스러운 말은 야비할 정도로 구역질이 나죠." 포트 씨가 밥 소여 씨에게 말하는 척하며 슬러크 씨를 음울하게 노려보았다.

그러자 슬러크 씨는 진심으로 깔깔 웃더니 새로운 단을 쉽게 볼 수 있도록 신문을 접고 이 멍청이 때문에 정말 웃기다고 말했다.

"이 자식은 정말 뻔뻔한 얼간이라니까요." 포트 씨가 분홍색 얼굴을 진홍색으로 물들이며 말했다.

"이자의 어리석은 글을 읽어보셨습니까?" 슬러크 씨가 밥 소여 씨에게 물었다.

"아니요." 밥이 대답했다. "그렇게 엉망인가요?"

"아, 충격적입니다! 충격적이에요!" 슬러크 씨가 대답했다.

"정말이지 세상에, 이건 너무 무도하군!" 포트 씨가 여전히 신문에 푹 빠진 척하며 외쳤다.

"악의와 비열함, 거짓, 위증, 배신, 위선으로 점철된 문장 몇 개만 참을 수 있다면 이 문법도 안 맞는 쓸데없는 기사를 보면서 큰 웃음으로 보답받을 수 있을 겁니다." 슬러크 씨가 신문을 밥에게 건네며 말했다.

"뭐라고요?" 포트 씨가 격정으로 온 몸을 떨면서 물었다.

"무슨 상관이십니까?" 슬러크 씨가 대답했다.

"문법도 안 맞는 쓸데없는 말이라고 하셨지요?" 포트 씨가 말했다.

"네, 그렇습니다." 슬러크 씨가 말했다. "아니면 블루 보어[168]라고 해드릴까요? 하하!"

포트 씨는 이 익살맞은 모욕에 한 마디도 대꾸하지 않았지만 〈인디펜던트〉를 신중하게 접어서 땅에 조심스럽게 내려놓고 장화로 밟은 다음, 아주 장엄하게 침을 뱉고 난로에 던져 넣었다.

"어떻습니까?" 포트 씨가 난롯가에서 물러나며 말했다. "저 신문을 만든 음흉한 사람한테 이렇게 해주고 싶군요. 그 사람에게는 정말 다행스럽게도 조국의 법률이 저를 막지만 않는다면 말입니다."

"해보시지요!" 슬러크 씨가 벌떡 일어나며 말했다. "그렇다 해도 그 사람은 절대 법률에 호소하지 않을 테니 말입니다. 그렇게 해보시지요!"

"찬성! 찬성!" 밥 소여 씨가 말했다.

"그보다 더 공정할 순 없겠군요." 벤 앨런 씨가 말했다.

"그렇게 하시지요!" 슬러크 씨가 큰 목소리로 되풀이했다.

포트 씨는 닻이라도 오그라들게 할 만한 경멸 어린 표정으로 쏘아보았다.

"그렇게 해보시지요!" 슬러크 씨가 아까보다 더 큰 목소리로 말했다.

"안 하겠습니다." 포트 씨가 대답했다.

---

168 따분한 사람이라는 뜻으로 블루파를 연상시키는 표현이다.

"오, 안 하신다고요! 안 하실 거죠?" 슬러크 씨가 놀리듯 말했다. "여러분 들으셨지요! 안 하겠답니다. 무서워서 못 하는 게 아니라요. 오, 아니죠! 안 하겠답니다. 하하!"

"전 당신이 음흉한 사람이라고 생각합니다." 이 조롱에 자극을 받은 포트 씨가 말했다. "전 당신이 뻔뻔하고 수치스럽고 가증스러운 행동을 공개적으로 함으로써 이 사회의 바른길을 벗어나는 사람이라고 생각합니다. 저는 개인적으로든 정치적으로든 당신이 전대미문의 아주 음흉한 사람이라고 생각합니다."

분개한 〈인디펜던트〉는 인신공격이 끝날 때까지 기다리지 않고 각종 물건이 들어 있던 여행 가방을 들어서 돌아서는 포트 씨를 향해 허공에 던졌다. 가방은 원을 그리면서 하필이면 두꺼운 빗이 든 쪽이 포트 씨의 머리를 때리면서 부엌 전체에 날카로운 소리가 울렸고, 포트 씨는 곧장 바닥에 쓰러졌다.

"여러분!" 포트 씨가 일어나서 부삽을 붙잡았을 때 픽윅 씨가 외쳤다. "여러분, 제발 진정하세요! 도와주게, 샘! 여기야! 제발, 여러분, 누구든 좀 말려요!"

픽윅 씨가 이렇게 일관성 없는 말을 외치면서 분노한 싸움꾼들 사이로 달려들었고, 때마침 날아온 여행 가방에 몸 한쪽을, 그리고 부삽에 반대쪽을 맞았다. 이턴스윌 대중의 감정을 대변하는 두 사람이 적개심에 눈이 멀어서인지, 혹은 둘 다 논리적으로 예리한 사람들이라서 중간에서 전부 맞아주는 제삼자가 있다는 이점을 파악해서인지는 모르지만, 아무튼 픽윅 씨에게는 조금도 관심을 기울이지 않고 엄청난 기세로 서로 부추기면서 여행 가방과 부삽을 아주 대담하게 휘둘렀다는 사실만은 분명하다. 주인의 비명을 듣고 달려온 웰러 씨가 곡물 자루를 낚아채 힘센 포트의 머리와 어깨에 쏟아붓고 팔꿈치를 꽉 잡아서 싸움을 멈추지 않았다면 픽윅 씨는 분명 인정 때문에 끼어들었다가 심하게 다쳤을 것이다.

"저 미친 사람한테서 가방을 뺏어요!" 샘이 벤 앨런 씨와 밥 소여 씨에게 말했다. 두 사람은 각자 거북이 등껍질로 만든 수술칼을 손에 들고 제일 먼저 기절한 사람의 피를 뺄 준비를 한 채 이리저리 피해 다니기만 했다. "그만둬요, 아니면 그 가방으로 싸버릴 거예요."

〈인디펜던트〉는 위협에 놀라고 숨이 차서 즉시 무기를 내려놓았다. 샘이 포트 씨에게서 부삽을 빼앗고 주의를 주며 그를 놓아주었다.

"둘 다 조용히 방으로 가세요." 샘이 말했다. "그렇지 않으면 제가 두 사람을 방에 집어넣고 입을 묶어버린 다음 끝까지 싸우게 할 겁니다. 당신들 같은 사람이 또 있으면 저는 몇 번이라도 그렇게 할 거예요. 자, 주인님, 이쪽으로 오세요."

샘은 픽윅 씨에게 이렇게 말하며 팔을 붙잡고 데리고 나갔고, 경쟁지 편집장들은 밥 소여 씨와 벤 앨런 씨의 감시하에 각각 여관 주인에게 이끌려 방으로 돌아갔다. 두 사람은 멀어지면서 포악한 위협을 수없이 되풀이했고, 다음 날 끝까지 싸우자는 애매한 약속을 정했다. 그러나 다시 생각해 보니 신문을 통해서 싸우는 게 훨씬 낫다는 느낌이 들었기 때문에 두 사람은 지체 없이 무시무시한 전쟁을 재개했고, 그들의 용맹함이 이턴스윌 전체에 울렸다. 인쇄된 종이 위에서 말이다.

다음 날 아침, 두 사람은 다른 여행자들이 기척도 하기 전에 각자 마차를 타고 떠났고, 날이 개자 픽윅 씨 일행은 다시 마차에 올라 런던을 향했다.

52장

웰러 가문의 중대한 변화와
딸기코 스티긴스 씨의 몰락

픽윅 씨는 젊은 부부가 온전히 준비될 때까지 밥 소여나 벤 앨런을 만나게 하지 않는 것이 배려라 생각했다. 최대한 애러벨라의 기분을 상하게 하고 싶지 않았기 때문에 조지 앤드 벌처 여관 근처에서 내리면서 두 젊은이에게는 당분간 다른 곳에서 지내는 것이 좋겠다고 제안했다. 두 사람 역시 기꺼이 동의했고 그의 제안에 따랐다. 벤 앨런 씨와 밥 소여 씨는 버로에서 가장 외딴 지역의 동떨어진 선술집으로 갔다. 술집 뒤쪽에 분필로 적은 길고 복잡한 계산 맨 위에 두 사람의 이름이 종종 적혀 있던 곳이었다.

"어머[169], 웰러 씨." 예쁜 하녀가 샘을 맞이하며 말했다.

---

[169] 영어로는 "dear me"이기 때문에 샘이 자신을 애정 어린 말 dear로 불러달라고 뒤에서 대꾸하고 있다.

"날 그렇게 애정 어린 이름으로 계속 불러주면 좋겠네요." 샘이 주인의 귀에 들리지 않도록 멀리 떨어지며 말했다. "당신은 정말 너무 아름다워요, 메리!"

"어머, 웰러 씨, 말도 안 되는 소리 하지 말아요!" 메리가 말했다. "제발 하지 마세요, 웰러 씨."

"뭘 하지 말아요, 사랑스러운 메리?" 샘이 말했다.

"그런 말이요." 예쁜 하녀가 대답했다. "아, 허튼소리 그만해요." 예쁜 하녀는 이렇게 샘을 혼내면서 미소를 지으며 그를 벽으로 밀었고, 샘 때문에 모자가 흐트러지고 머리가 풀렸다고 말했다.

"게다가 할 말도 있었단 말이에요." 메리가 덧붙였다. "나흘 동안 당신을 기다리는 편지가 있어요. 당신이 떠난 지 30분도 안 돼서 왔는데, 겉봉에 급하다고 적혀 있어요."

"어디 있어요?" 샘이 물었다.

"당신을 위해서 잘 됐어요. 아니면 벌써 오래전에 어디론가 사라졌을 거예요." 메리가 대답했다. "자, 받아요. 당신한테는 과분하죠."

메리는 이렇게 말하면서 수많은 걱정과 의심을 요염하게 늘어놓았다. 그리고 잃어버린 것은 아니었으면 좋겠다고 말하면서 더없이 작고 예쁜 모슬린 터커[170] 뒤에서 편지를 꺼내 샘에게 건넸고, 샘은 무척 용감하고 헌신적으로 편지에 입을 맞췄다.

170　레이스 등으로 만들어 깃에 다는 목장식.

"세상에!" 메리가 터커를 바로잡으며 모르는 척 말했다. "갑자기 편지가 무척 좋아졌나 봐요."

그러자 웰러 씨는 대답으로 눈을 찡긋했고, 그 강렬한 의미는 어떤 말로도 전달할 수 없었다. 그는 메리 옆 창가 자리에 앉아서 편지를 열고 내용을 흘끔 보았다.

"세상에!" 샘이 외쳤다. "이게 다 뭐지?"

"무슨 일이 생긴 건 아니죠?" 메리가 그의 어깨 너머를 흘끔거리며 말했다.

"아, 당신 눈은 너무 아름다워요." 샘이 고개를 들며 말했다.

"내 눈은 신경 쓰지 말아요. 당신은 편지를 읽는 게 좋겠어요." 예쁜 하녀가 눈을 너무나 장난스럽고 아름답게 빛내며 말했기 때문에 저항할 수 없을 정도였다.

샘은 입맞춤으로 기운을 얻은 다음 편지를 읽었다.

친애하는 샘

나쁜 소식을 전하게 되어 유감스럽지만 네 계모가 경솔하게도 목자의 이야기를 들으려고 빗속에서 축축한 풀밭에 너무 오래 앉아 있다가 감기에 걸렸는데 목자는 물 탄 브랜디를 너무 많이 마셔서 술이 깰 때까지 몇 시간이나 걸려서 밤늦게까지 연설을 그만둘 수가 없었다 의사 말이 네 어머니가 따뜻한 물 탄 브랜디를 그 전이 아니라 그 후에 마셨으면 그렇게 심해지지는 않았을 거라지만 말이다 네 계모가 빨리 움직일 수 있도록 기름칠도 하고

할 수 있는 모든 일을 하면서 네 아버지는 네 어머니가
평소처럼 기운을 되찾기를 바랐지만 모퉁이를 돌았을 때
잘못된 길로 들어서서 엄청나게 빠른 속도로 언덕을 내
려갔고 의사들이 즉시 약을 줬지만 전혀 소용없이 어제
저녁 6시 20분 전에 네 어머니는 마지막 요금소를 지나
버리고 시간에 맞춰서 여행을 끝낸 것이다 네 아버지는
아마도 싣고 있는 짐이 적었기 때문이라고 한다 네가 와
서 나를 만나면 새미 그는 아주 기뻐할 것이다 왜냐면 나
는 무척 외롭구나 새뮤얼 주의해라 그는 네 이름을 그렇
게 쓰겠지만 나는 그게 아니라고 말하고 있다 정리할 일
이 아주 많기 때문에 그는 네 주인이 반대하지 않을 거라
고 믿는다 물론이지 새미 네 주인은 반대하지 않을 거다
내가 네 주인을 더 잘 아니까 그가 너에게 안부를 전해
달라는구나 나도 마찬가지다 새뮤얼

토니 웰러

"이런, 무슨 말인지 하나도 못 알아보겠군." 샘이 말했다. "이랬
다가 저랬다가 왔다 갔다 하니 무슨 뜻인지 누가 알겠어! 서명만
빼면 아버지 필체도 아닌데."

"다른 사람한테 써달라고 한 다음에 서명만 하셨을지도 몰라
요." 예쁜 하녀가 말했다.

"잠깐만요." 샘이 이렇게 대답한 다음 편지를 다시 읽으면서
중간중간 멈춰서 생각에 잠겼다. "당신 말이 맞아요. 편지를 쓴

사람은 불행한 일을 적절한 방식으로 이야기하고 있지만 아버지가 옆에서 참견을 해서 일을 복잡하게 만들었군요. 아버지가 하실 만한 행동이죠. 당신 말이 맞아요, 메리."

이렇게 납득한 샘은 편지를 처음부터 끝까지 다시 한번 읽었고, 처음으로 그 내용을 정확하게 이해한 것처럼 편지를 접으며 생각에 잠겨 말했다.

"불쌍한 분이 돌아가셨군! 불쌍해라. 목자들이 가만히 놔두기만 했다면 그렇게 나쁜 여자는 아니었는데. 정말 유감이야."

웰러 씨가 아주 심각한 태도로 말했기 때문에 하녀는 눈을 내리뜨고 아주 진지한 표정을 지었다.

"어쨌거나 그럴 수밖에 없었지요." 샘이 작게 한숨을 쉬며 주머니에 편지를 넣고 말했다. "그럴 수밖에. 어느 노부인이 하인과 결혼한 다음에 말한 것처럼 이제는 어쩔 수 없잖아요. 안 그래요, 메리?"

메리가 고개를 끄덕인 다음 역시 한숨을 쉬었다.

"황제에게 부탁드려 휴가를 받아야겠군요." 샘이 말했다.

메리가 다시 한숨을 쉬었다. 편지의 힘이 너무나 강력했다.

"잘 있어요!" 샘이 말했다.

"잘 가요." 예쁜 하녀가 고개를 돌리며 대답했다.

"음, 악수는 해줄 거죠?" 샘이 말했다.

예쁜 하녀가 하녀치고는 아주 작은 손을 내민 다음 가려고 일어섰다.

"자리를 오래 비우지는 않을 거예요." 샘이 말했다.

"당신은 항상 자리를 비우죠." 메리가 고개를 아주 살짝 젖히며 불만스레 말했다. "웰러 씨, 당신은 항상 돌아오자마자 곧 떠나잖아요."

웰러가 아름다운 하녀를 가까이 끌어당겨 뭐라고 속삭였고, 오래 지나지 않아 하녀가 고개를 돌리고 그를 다시 보았다. 두 사람이 헤어질 때 하녀는 자기 방으로 돌아가지 않을 수 없었고, 주인에게 다시 모습을 드러내기 전에 모자와 머리를 가다듬어야 했다. 그녀는 준비를 하기 위해 계단을 올라가면서 난간 너머로 샘에게 여러 번 고개를 끄덕이고 미소를 지었다.

"하루, 길어도 이틀을 넘지는 않을 겁니다." 샘이 픽윅 씨에게 상을 알리며 말했다.

"필요한 만큼 다녀오게, 샘." 픽윅 씨가 대답했다. "전적으로 허락하지."

샘이 고개 숙여 인사했다.

"아버지께 말씀드리게. 무슨 일이든 내가 도움을 줄 수 있다면 기꺼이 돕겠다고 말일세." 픽윅 씨가 말했다.

"감사합니다. 그렇게 말씀드리겠습니다." 샘이 대답했다.

그런 다음 주인과 하인은 서로에게 온정과 관심을 표현하고 나서 헤어졌다.

7시 정각에 새뮤얼 웰러는 도킹을 지나는 역마차 마부석에서 내려 마키스 오브 그랜비 여관에서 몇백 야드 떨어진 곳에 섰다. 춥고 음산한 저녁이었다. 작은 거리는 황량하고 음침해 보였고, 당당하고 웅장한 마키스 여관의 마호가니로 된 얼굴은 바람 속에서 앞뒤로 흔들리고 구슬프게 삐걱거리면서 평소보다 더 슬프고 우울한 표정을 짓고 있는 듯했다. 블라인드는 내려져 있고 덧문은 일부 닫혀 있었다. 보통 문 근처에서 어슬렁거리던 사람들이 하나도 보이지 않았다. 고요하고 적막했다.

들어가기 전에 미리 물어볼 만한 사람이 아무도 보이지 않았기 때문에 샘은 주변을 흘끔거리며 조용히 걸어 들어갔고, 멀리서 아버지를 금방 알아보았다.

홀아비는 술집 뒤 작은 방의 작고 둥근 탁자 앞에 앉아서 파이프 담배를 피우고 있었고, 시선은 난롯불에 고정되어 있었다. 그날 장례식이 열렸던 것이 분명했다. 그의 모자에 여전히 붙어 있는 1야드 반 정도의 검은 띠가 의자 맨 위쪽 가로대에 걸쳐져서 아무렇게나 드리워져 있었기 때문이다. 웰러 씨는 무척 멍하고 생각에 깊이 잠긴 듯했다. 샘이 여러 번 불러도 조용하고 굳은 표정으로 담배만 계속 피웠고, 아들이 그의 어깨에 손을 얹고 난 뒤에야 생각에서 깨어났다.

"새미." 웰러 씨가 말했다. "잘 왔다."

"여섯 번은 불렀어요." 샘이 못에 모자를 걸며 말했다. "그런데 못 들으시더라고요."

"아니다, 새미." 웰러 씨가 다시 생각에 잠겨 불을 보면서 대답했다. "나는 생각 중이었다."

"무슨 생각이요?" 샘이 불가로 의자를 끌어당기며 물었다.

"생각 중이었어." 아버지 웰러 씨가 대답했다. "그 여자에 대해서 말이다, 새뮤얼." 웰러 씨가 도킹 교회 묘지 쪽으로 고갯짓을 하여 고인이 된 웰러 부인의 이야기라고 말없이 설명했다.

"새미, 나는 그 여자가 죽은 게 얼마나 슬픈지 생각하고 있었다." 웰러 씨는 자신의 선언이 아무리 놀랍고 믿을 수 없게 느껴지더라도 차분하고 신중하게 하는 말임을 알려주듯이 파이프 너머로 아들을 무척 진지하게 바라보았다.

"음, 당연히 그래야죠." 샘이 대답했다.

웰러 씨가 그렇다는 뜻으로 고개를 끄덕이더니 다시 난롯불에 시선을 고정시킨 다음 구름 속에 몸을 감추고 깊은 생각에 잠겼다.

"그 여자가 했던 말은 정말 분별 있었단다." 긴 침묵이 흐른 뒤 웰러 씨가 손으로 연기를 훑으며 말했다.

"무슨 말이요?" 샘이 물었다.

"병에 걸리고 나서 한 말 말이다." 노신사가 대답했다.

"뭐라고 했는데요?"

"대충 이런 말이었어. '웰러, 내가 당신한테 해줬어야 하는 일을 하지 않은 게 아닐까요. 당신은 정말 다정한 사람이고 난 이 집을 더 편안하게 만들었어야 해요. 너무 늦었지만 이제야 알겠어요. 결혼한 여자가 종교를 믿고 싶으면 집에서 해야 할 의무를 먼저 다해야 한다는 것을, 주변 사람을 먼저 행복하고 즐겁게 해줘야 한다는 것을요. 정해진 시간에 교회나 예배당에 가면서 게으름이나 방종, 그보다 더한 것에 대한 핑계로 삼지 않도록 조심해야 한다는 것을 말이에요. 나는 그랬어요. 그런 사람들한테 시간과 돈을 낭비했어요. 하지만 웰러, 내가 죽으면 그 사람들을 알기 전의 모습으로, 내가 원래 타고난 모습으로 기억해 줘요.' 나는 그 말에 허를 찔렸단다. 부인하지는 않으마, 아들아. 내가 말했다. '수전, 당신은 나에게 정말 좋은 아내였소, 그런 말은 하지 말고 힘을 내요, 내가 그 스티긴스의 머리를 때리는 걸 살아서 봐야지.' 그랬더니 미소를 짓더구나." 노신사가 파이프로 한숨을 억누르며 말했다. "하지만 결국 죽었어."

노신사가 잠시 고개를 천천히 저으며 엄숙하게 담배를 피우자, 샘이 아버지를 위로했다. "아버지, 우리 모두 언젠가는 그렇게 돼요."

"그렇겠지, 새미." 아버지 웰러 씨가 말했다.

"그게 신의 섭리예요." 샘이 말했다.

"물론이지." 아버지가 엄숙하게 고개를 끄덕이며 대답했다. "아니면 장의사들은 어떻게 되겠냐, 새미?"

이 대화가 열어준 드넓은 추측의 세계에 푹 빠진 아버지 웰러 씨가 탁자에 파이프를 내려놓고 생각에 잠긴 표정으로 불을 지폈다.

그때 상복 차림으로 술집에서 분주히 움직이던 활기차 보이는 요리사가 미끄러지듯 들어와 샘에게 알은척하며 몇 번이고 생글생글 웃음을 지어 보였다. 그러고는 아버지의 의자 뒤에서 작은 기침으로 자신의 존재를 알렸다가, 그것이 무시당하자 더 크게 기침을 했다.

"어이!" 아버지 웰러 씨가 부지깽이를 떨어뜨리고 돌아보더니 황급히 의자를 멀리 떨어뜨리며 말했다. "무슨 일입니까?"

"여기, 차 한 잔 드세요." 활기찬 여성이 달래듯 말했다.

"안 마셔요." 웰러 씨가 약간 거칠게 대답했다. "나중에, 나중에 얘기합시다." 웰러 씨가 급히 마음을 가라앉히며 낮은 목소리로 덧붙였다.

"아, 이런, 이런. 역경을 겪으면 사람이 얼마나 변하는지!" 여인이 위를 올려다보며 말했다.

"이 여자랑 의사 중에서 내 상태를 변화시킬 수 있는 사람이 있다면 바로 이 여자일 거야." 웰러 씨가 중얼거렸다.

"이렇게 화를 잘 내는 사람은 처음 본다니까." 활기찬 여성이 말했다.

"신경 쓰지 말아요, 다 나를 위해서니까. 학교에서 매질을 당하고 뉘우치던 아이가 자기 기분을 달래면서 생각했던 것처럼." 노신사가 대답했다.

활기찬 요리사는 동정하듯 고개를 저었다. 그런 다음 샘에게 아버지가 풀이 죽을 게 아니라 기운을 내려고 애써야 하는 게 아니냐고 물었다.

"있잖아요, 새뮤얼 씨." 활기찬 여성이 말했다. "내가 어제 이 사람한테 말한 것처럼, 지금은 당연히 외로울 거예요. 그건 어쩔 수 없다 하더라도 기운을 내야 하잖아요. 세상에, 우리는 뭐든 할 준비가 돼 있어요. 새뮤얼 씨, 살면서 고칠 수 없는 상황이란 건 없잖아요. 내 남편이 죽었을 때 아주 훌륭한 사람이 해준 말이랍니다." 여기서 여인은 손으로 입을 가리고 다시 기침을 한 다음 웰러 씨를 애정 어린 눈빛으로 바라보았다.

"나는 지금 이런 대화가 필요 없으니 제발 좀 그만 가주겠소?" 아버지 웰러 씨가 진지하고 차분한 목소리로 물었다.

"나는 단지 친절한 마음으로 하는 말이에요." 활기찬 여인이 말했다.

"그렇겠지요. 새뮤얼, 나가는 길을 안내해 드리고 문을 닫아라." 웰러 씨가 대답했다.

여인은 말귀를 알아듣고 즉시 방을 나가더니 문을 쾅 닫았다. 그러자 아버지 웰러 씨가 엄청나게 땀을 흘리며 의자에 털썩 앉아서 말했다.

"새미, 내가 여기 일주일만 혼자 있었으면, 딱 일주일만 말이다. 일주일이 끝나기도 전에 저 여자와 강제로 결혼했을 거다."

"저 여자가 아버지를 정말 좋아하나 봐요?" 샘이 물었다.

"좋아하냐고?" 아버지가 대답했다. "도무지 나한테서 떨어지지를 않아. 내가 불도 안 붙는 상자에 특허받은 브라마 자물쇠로 잠겨 있어도 저 여자는 어떻게든 나를 꺼낼 거다."

"이 나이에 여자들이 이렇게 쫓아다니다니요!" 샘이 미소를 지으며 말했다.

"나는 하나도 자랑스럽지 않다, 새미." 웰러 씨가 격하게 불을 쑤석이며 대답했다. "끔직한 상황이야. 그것 때문에 쫓겨날 판이라니까. 네 불쌍한 계모가 마지막 숨을 내쉬기도 전에 어떤 늙은 여자가 잼을 한 병 보내질 않나, 다른 여자가 젤리를 한 병 보내질 않나. 또 어떤 여자는 캐모마일 차를 큰 주전자 하나 가득 내려서 직접 가지고 왔다니까!" 웰러 씨가 정말 역겹다는 듯 말을 멈추었다가 주변을 둘러보더니 낮은 목소리로 덧붙였다. "전부 다 과부란다, 새미. 전부 다! 캐모마일 차를 가져온 여자만 빼고. 그 여자는 쉰세 살 먹은 독신녀야."

샘이 대답 대신 우스꽝스러운 표정을 지어 보였고, 노신사는 끈질긴 석탄 덩어리가 마치 과부들 중 한 사람의 머리라도 되는 것처럼 아주 진지하고 악의 넘치는 표정으로 깨뜨리더니 말을 이었다.

"새미, 간단히 말해서 나는 마부석에 앉아 있을 때만 안전하다는 느낌이 들어."

"어째서 거기가 다른 곳보다 더 안전하다는 거예요?" 샘이 끼어들었다.

"마부는 특권을 가진 사람이니까." 웰러 씨가 아들을 빤히 보며 대답했다. "마부는 다른 사람이라면 의심을 살 만한 일도 의심을 사지 않고 할 수 있으니까. 마부가 80마일을 늘어설 정도로 많은 여자들과 아주 친하게 지내도, 그중 하나랑 결혼하려 한다고는 아무도 생각하지 않을 테니까. 그런 직업이 또 어디 있겠냐, 새미?"

"음, 확실히 대단하네요." 샘이 말했다.

"네 주인이 마부라고 생각해 봐라." 웰러 씨가 논리적으로 말했다. "배심원이 유죄 평결을 내렸겠냐? 그 일이 그렇게 극단까지 갔겠어? 절대 안 그랬을 거다."

"왜요?" 샘이 폄하하듯 말했다.

"왜냐니!" 웰러 씨가 대답했다. "배심원의 양심에 어긋나는 일이니까! 제대로 된 마부는 독신과 결혼을 잇는 연결 고리 같은 거야. 제대로 된 인간이라면 다 알지."

"마부는 누구에게나 인기가 많지만 아무도 마부를 이용하려 하지 않는다는 뜻이에요?" 샘이 말했다.

그의 아버지가 고개를 끄덕였다.

"어떻게 해서 그렇게 되었는지 나도 몰라." 아버지 웰러가 다시 말을 이었다. "장거리 역마차 마부가 어째서 가는 마을에서마다 젊은 여자들한테 존경을 받는지 아니, 감탄한다고 해야겠지. 내가 아는 건 이것뿐이야. 그게 자연의 법칙이라는 거 말이다. 네 불쌍한 계모가 말했듯이 진료소지."

"섭리겠죠."[171] 샘이 노신사의 말을 정정했다.

"좋다, 새뮤얼. 네 뜻이 정 그렇다면 섭리라고 해라." 웰러 씨가 대꾸했다. "나는 그걸 진료소라고 부른다. 공짜로 병에 약을 넣어주는 곳에는 항상 그렇게 적혀 있다."

웰러 씨는 이렇게 말하며 파이프를 다시 채우고 불을 다시 붙였고, 다시 한번 생각에 잠긴 표정을 떠올리며 말을 이었다.

"그러니까 아들아, 여기 남아서 원하든 원하지 않든 결혼을 하는 것도 바람직하지 않고, 또 재미있는 마부들이랑 헤어지기도 싫으니까 다시 벨 새비지에서 지내면서 마차를 몰기로 결심했다. 그게 내 천직이니까."

"그럼 이 여관은 어떻게 해요?" 샘이 물었다.

---

171 '진료소dispensary'와 '섭리dispensation'는 영어로 비슷하다.

"여관 말이지, 새뮤얼." 노신사가 대답했다. "영업권이랑 재고품, 설비는 팔 거고, 네 계모가 죽기 전에 부탁한 대로 200파운드는 네 이름으로 투자할 거다. 그걸 뭐라고 하지?"

"뭘요?" 샘이 물었다.

"런던에서 맨날 올랐다 내렸다 하는 거."

"합승 마차요?" 샘이 물었다.

"말도 안 되는 소리." 웰러 씨가 대답했다. "수시로 변하면서 국채나 재무부 증권 뭐 그런 거랑 관련 있는 거 있잖냐."

"오! 공채요." 샘이 말했다.

"아!" 웰러 씨가 대답했다. "공채! 200파운드는 널 위해서 공채에 투자할 거다. 4.5퍼센트 저리 채권[172]으로 말이다, 새미."

"나를 그렇게 생각해 주다니, 새어머니도 참 친절하네요." 샘이 말했다. "정말 감사해요."

"나머지는 내 이름으로 투자할 거다." 아버지 웰러 씨가 말을 이었다. "내가 세상을 뜨면 너한테 갈 거야. 그러니 한 번에 다 쓰지 않도록 조심해라, 아들아. 그리고 어떤 과부한테도 네 재산을 들키지 마라, 그러면 끝장이야."

웰러 씨는 이렇게 경고한 다음 더욱 차분한 표정으로 다시 파이프 담배를 피웠다. 이 사실을 알리고 나니 마음이 무척 편해진 듯했다.

"누가 문을 두드리는데요." 샘이 말했다.

---

172 3퍼센트의 낮은 reduced 이자를 지급하는 통합 채권 consol 을 말하는데, 톰 웰러는 저리 채권 reduced consols 이 아니라 몰락한 변호사 reduced counsels 라고 말하고 있다.

"두드리라고 해." 그의 아버지가 위엄 있게 대답했다.

샘은 시키는 대로 했다. 그러자 문을 다시, 또다시 두드리는 소리가 났고, 그런 다음 길게 한참을 두드렸기 때문에 샘이 왜 들여보내지 않느냐고 물었다.

"쉿." 웰러 씨가 걱정스러운 표정으로 속삭였다. "모르는 척해라, 새미. 아마 과부들 중 하나일 거야."

아무도 아는 척하지 않자 보이지 않는 손님은 잠시 후 문을 열고 안을 들여다보았다. 약간 열린 문틈으로 들어온 것은 여자의 머리가 아니라 길고 검은 머리카락과 스티긴스 씨의 빨간 얼굴이었다. 웰러 씨의 손에서 파이프가 떨어졌다.

목사는 거의 알아차릴 수 없을 정도로 조금씩 문을 열더니 그의 호리호리한 몸이 통과할 정도로 열리자 미끄러지듯 들어와서 무척 조심스럽고 조용조용히 문을 닫았다. 그는 샘을 향해 양손을 들고 이 가족에게 닥친 불행에 대한 말할 수 없는 슬픔이 담긴 눈빛을 보냈다. 그러고는 등받이가 높은 의자를 자신이 항상 앉던 불가 구석 자리로 가져와서 의자 끝에 걸터앉은 다음, 갈색 손수건을 꺼내서 눈가에 댔다.

이 일이 벌어지는 내내 아버지 웰러 씨는 눈을 크게 뜨고 무릎에 손을 올린 채 크게 놀라서 꼼짝도 없이 앉아 있었다. 샘은 한마디도 없이 맞은편에 앉아서 예리한 호기심으로 이 장면이 어떻게 끝날지 기다리고 있었다.

스티긴스 씨가 몇 분 동안 손수건을 눈에 대고서 신음하더니 애써 감정을 추스르고 손수건을 주머니에 넣은 다음 단추를 잠갔다. 그런 다음 불을 쑤석이고 손을 문지르더니 마침내 샘을 바라보았다.

"아, 젊은 친구." 스티긴스 씨가 아주 낮은 목소리로 침묵을 깨뜨리며 말했다. "정말 슬픈 불행이군."

샘이 아주 약간 고개를 끄덕였다.

"성미 사나운 사람에게도 그렇지!" 스티긴스 씨가 덧붙였다. "사람 마음에 피가 나게 한다니까!"

웰러 씨는 아들이 사람 코에도 피가 나게 해주겠다고 중얼거리는 것을 들었지만 스티긴스 씨는 듣지 못했다.

"젊은이, 혹시 알고 있나?" 스티긴스 씨가 의자를 샘 가까이 끌어당기며 속삭였다. "자네 새어머니가 이매뉴얼에게 뭔가 남겼는지?"

"그게 누구죠?" 샘이 물었다.

"예배당일세." 스티긴스 씨가 대답했다. "우리 예배당, 우리 양 떼의 우리 말이네."

"신도들한테도, 목자한테도, 양들한테도 아무것도 안 남기셨어요." 샘이 단호하게 말했다. "개들한테도요."

스티긴스 씨가 교활하게 샘을 보더니 잠든 것처럼 눈을 감고 앉아 있는 노신사를 흘끔거리고서 의자를 더욱 가까이 끌어당기며 말했다.

"나한테도?"

샘이 고개를 저었다.

"뭔가 있을 텐데. 잘 생각해 보게. 작은 유품 하나도 없나?" 스티긴스 씨가 나름대로 최대한 창백해진 얼굴로 말했다.

"당신의 낡은 우산 정도의 가치가 나가는 것도 없는데요." 샘이 대답했다.

"어쩌면 말이야." 스티긴스 씨가 몇 초 동안 깊은 생각에 잠겼다가 머뭇머뭇 말했다. "어쩌면 나에게 성미 사나운 사람을 부탁하지 않았을까?"

"아버지 말씀을 들으면 그랬을지도 모르겠네요." 샘이 대답했다. "아버지가 방금 당신 이야기를 하고 있었거든요."

"아, 그랬나?" 스티긴스 씨가 표정을 환히 밝히며 외쳤다. "아! 아버지가 변하셨군. 이제 우리 다 같이 아주 편하게 지낼 수 있겠지? 자네가 없을 때 내가 자네 아버지의 재산을 보살필 수 있어, 아주 잘 보살피겠네."

스티긴스 씨가 긴 한숨을 내쉬며 잠시 말을 멈추고 반응을 기다렸다. 샘이 고개를 끄덕였고, 아버지 웰러 씨가 놀라운 소리를 냈는데, 그것은 신음도, 끙끙거림도, 헐떡거림도, 으르렁거림도 아니었지만 각각의 특징을 조금씩 가지고 있었다.

그 소리를 후회나 회한의 표시라고 이해한 스티긴스 씨는 더욱 힘입어 주변을 둘러보면서 손을 문지르고, 울었다가, 미소를 지었다가, 다시 울었다가, 잘 기억하고 있는 한쪽 구석으로 조용히 걸어가서 잔을 꺼내고 아주 신중하게 설탕 네 덩어리를 넣었다. 그런 다음 주변을 다시 둘러보고 슬프게 한숨을 내쉬었다. 그러면서 술집으로 조용히 걸어가더니 잔에 파인애플 럼을 반쯤 채우고 금방 돌아와 불 위에서 즐겁게 노래하는 주전자로 가서 그로그주를 만들고, 그것을 저어서 홀짝인 후 다시 자리에 앉았다. 그가 물 탄 럼을 길게 한 모금 들이켠 다음 숨을 돌렸다.

정말 이상하고 어색한 모습으로 아직도 잠든 척을 이어가던 아버지 웰러 씨는 내내 한 마디도 하지 않았지만, 스티긴스 씨가 숨을 돌리려고 잠시 말을 멈추자 그에게 달려들어서 잔을 빼앗고 남은 술을 얼굴에 끼얹었더니 난로망에 잔을 내던졌다. 그런 다음 목자의 옷깃을 단단히 잡고 갑자기 땅으로 쓰러지면서 분노에 차서 스티긴스 씨를 발로 찼고, 장화로 스티긴스 씨를 걸어찰 때마다 그의 육체에 거칠고 앞뒤가 맞지 않는 저주를 마구 퍼부었다.

"새미!" 웰러 씨가 말했다. "내 모자를 꽉 눌러 씌워라."

샘은 아버지가 시키는 대로 긴 띠가 달린 모자를 더욱 눌러 씌웠고, 노신사는 이전보다 훨씬 더 유연하게 발길질을 다시 시작하더니 스티긴스 씨와 함께 술집으로, 복도로, 정문으로, 마침내 거리로 굴러갔다. 발차기는 가죽 장식 장화가 올라갈 때마다 약해지기는커녕 더 거세지면서 계속되었다.

딸기코 남자가 웰러 씨의 손아귀에서 몸부림치는 것은 무척 아름답고 멋진 광경이었고, 발길질이 빠르게 이어질 때마다 그의 온몸이 덜덜 떨렸다. 웰러 씨가 거센 몸싸움 끝에 스티긴스 씨의 머리를 물이 가득 찬 말구유에 처박고 거의 질식할 때까지 붙잡고 있는 모습은 더욱 신났다.

"자." 스티긴스 씨가 겨우 머리를 꺼내도록 놓아준 웰러 씨가 더없이 복잡한 마지막 발길질에 모든 에너지를 쏟으며 말했다.

"게으른 목자 아무나 여기로 보내봐, 내가 곤죽이 되도록 두들겨 팬 다음 물에 빠뜨릴 테니까. 새미, 날 좀 부축해 다오. 브랜디 한 잔 주고. 숨이 차는구나, 아들아."

53장

징글 씨와 잡 트로터의 마지막 퇴장,
그레이즈인 스퀘어의 바쁜 아침,
퍼커 씨의 사무실을 두드리는 두 번의 노크

픽윅 씨가 친절하게 사전 준비를 끝낸 다음, 절대 기운을 꺾일 필요 없다고 거듭 말하면서 애러벨라에게 버밍엄 방문의 불만족스러운 결과를 알려주자 그녀는 눈물을 터뜨리더니 소리 내어 울었고, 자신이 아버지와 아들 사이에 불화를 일으켰다며 가슴 아픈 말로 한탄했다.

"애러벨라." 픽윅 씨가 상냥하게 말했다. "당신 잘못이 아니에요. 아들의 결혼에 그렇게 강력한 반감을 가질 거라고 예견할 수 없었잖아요." 픽윅 씨가 그녀의 예쁜 얼굴을 보며 덧붙였다. "그 노인은 자신이 어떤 기쁨을 거부하고 있는지 전혀 모를 겁니다."

"아, 픽윅 씨." 애러벨라가 말했다. "그분이 우리에게 계속 화를 내시면 어떻게 해야 할까요?"

"음, 그 사람이 생각을 바꿀 때까지 기다려봅시다."

"하지만 픽윅 씨, 그분이 원조를 끊어버리면 너새니얼은 어떻게 되죠?"

"그럴 경우에는 말입니다." 픽윅 씨가 대답했다. "그가 세상에 나갈 수 있도록 주저 없이 도와줄 다른 친구를 반드시 찾을 거라고 내가 장담하지요."

픽윅 씨가 대답의 의미를 능숙하게 숨기지 못했기 때문에 애러벨라는 단번에 그 뜻을 알아들었다. 그래서 그녀는 픽윅 씨의 목을 끌어안고 애정 어린 입맞춤을 하며 더욱 크게 흐느꼈다.

"자, 자." 픽윅 씨가 애러벨라의 손을 잡으며 말했다. "여기서 며칠 더 기다리면서 당신 남편의 아버지가 뭐라고 편지를 보낼지, 어떻게 연락을 취할지 두고 봅시다. 아무 소식도 없을 경우에 대비해서 내가 여섯 가지 정도 계획을 세워두었고, 그중 무엇을 택하든 당신은 바로 행복해질 겁니다. 자, 애러벨라, 이제 그만."

픽윅 씨는 애러벨라의 손을 부드럽게 꼭 쥐고서 이제 눈물을 닦고 남편을 힘들게 하지 말라고 했다. 그러자 마음씨 착한 애러벨라는 손수건을 손가방에 넣었고, 윙클 씨가 들어왔을 때는 처음 그를 사로잡았던 바로 그 빛나는 미소와 반짝이는 눈을 완전히 되찾았다.

'이 젊은이들에게는 정말 괴로운 고난이야.' 다음 날 아침, 픽윅 씨가 옷을 입으며 생각했다. '퍼커 씨 사무실로 가서 이 일에 대해 상담해야겠군.'

픽윅 씨는 지금 당장 그레이즈인 스퀘어로 가서 마음씨 좋고 자그마한 변호사와 함께 금전적인 해결 방법을 찾아야겠다는 초조한 마음이 들었다. 서둘러 아침 식사를 한 그가 이 결심을 어찌나 신속하게 실행에 옮겼는지, 그레이즈인에 도착했을 때는 아직 10시도 되지 않은 시각이었다.

퍼커의 사무실 계단을 올라가니 10시가 되기 10분 전이었다. 서기들이 아직 오지 않았기 때문에 픽윅 씨는 계단 창밖을 보며 시간을 보냈다.

날씨 좋은 10월 아침의 건강한 햇빛에 초라하고 낡은 집들조차도 약간 환해졌다. 몇몇 먼지 낀 창문은 번득이는 햇빛을 받아서 쾌활해 보이기까지 했다. 서기들이 몇 개의 출입구를 통해 차례차례 광장으로 서둘러 들어왔고, 홀의 시계를 올려다보며 자기 사무실이 평소에 문을 여는 시각에 따라 걸음을 빨리하거나 늦추었다. 출근 시간이 9시 반인 사람들은 갑자기 활기차게 걸었고, 출근 시간이 10시인 신사들은 더없이 귀족적이고 느릿한 속도로 걸었다. 시계가 10시를 알리자 서기들이 그 어느 때보다 빠르게 쏟아져 들어왔는데, 각각 앞서 온 사람보다 땀을 더 많이 흘렸다. 잠금장치를 풀고 문을 여는 소리가 사방에서 울리고 또 울렸고, 마법처럼 모든 창문에서 머리가 나타났으며, 짐꾼들은 하루의 일을 시작하기 위해 자리를 잡았다. 단정치 못한 세탁부들이 걸음을 재촉했고, 우체부가 사무실마다 뛰어다녔으며, 법조계라는 벌집 전체가 분주해졌다.

"일찍 오셨네요, 픽윅 씨." 뒤에서 어떤 목소리가 말했다.

"아, 로텐 씨." 뒤를 돌아본 픽윅 씨가 오랜 지인을 알아보고 대답했다.

"걸어오니 꽤 덥네요, 그렇죠?" 로텐이 이렇게 말하며 먼지가 들어가지 않도록 작은 플러그를 꽂아둔 브라마 열쇠를 주머니에서 꺼냈다.

"정말 더워 보이는군요." 픽윅 씨가 말 그대로 새빨개진 서기를 보고 미소를 지으며 대답했다.

"서둘러 왔거든요." 로텐이 대답했다. "폴리곤[173]을 통과할 때이미 30분을 알리더라고요. 하지만 그분보다 빨리 왔으니 괜찮습니다."

로텐 씨는 이러한 생각으로 스스로를 위로하며 열쇠에서 플러그를 빼서 문을 연 다음 브라마 열쇠에 플러그를 다시 끼워 주머니에 넣었고, 우체부가 상자를 통해 넣은 편지를 줍고 픽윅 씨를 사무실로 안내했다. 그는 눈 깜짝할 새에 상의를 벗고, 책상에서 꺼낸 닳아빠진 옷을 입고, 모자를 걸고, 겹쳐진 종이와 흡묵지를 꺼내고, 귓등에 펜을 꽂고, 무척 만족스럽다는 듯 양손을 비볐다.

"자, 저는 준비 다 됐습니다, 픽윅 씨." 그가 말했다. "사무실용 상의도 입었고 패드도 꺼냈으니 이제 그분이 언제든지 오셔도 됩니다. 혹시 코담배는 없지요?"

"네, 없습니다." 픽윅 씨가 대답했다.

"아쉽네요." 로텐이 말했다. "신경 쓰지 마세요. 바로 나가서 소다수를 한 병 사 와야겠습니다. 제 눈이 좀 이상해 보이지는 않

173　서머스 타운 클래런던에 모여 있는 집들.

습니까, 픽윅 씨?"

픽윅 씨가 멀리서 로텐 씨의 눈을 살피더니 예외적인 이상함은 보이지 않는다는 의견을 드러냈다.

"다행이네요." 로텐이 말했다. "어젯밤에 스텀프에서 분위기가 꽤 달아오르는 바람에 몸이 좀 안 좋아서요. 참, 퍼커 씨가 당신 일을 하고 있었습니다."

"무슨 일 말입니까?" 픽윅 씨가 물었다. "바델 부인 소송비용 말인가요?"

"아니, 그거 말고요." 로텐이 대답했다. "우리가 어음할인업자한테 1파운드당 10실링씩 내준 그 고객—플리트 감옥에서 빼내기 위해서요—을 데메라라[174]로 보내는 문제 말입니다."

"아, 징글 씨요." 픽윅 씨가 얼른 말했다. "네, 그래서요?"

"음, 준비가 다 됐습니다." 로텐이 펜을 손보며 말했다. "리버풀의 중개인 말이 픽윅 씨가 사업을 하실 때 몇 번이나 도움을 받았다며 당신 추천이라면 기꺼이 그 사람을 고용하겠답니다."

"아주 잘됐군요." 픽윅 씨가 말했다. "그 이야기를 들으니 기쁩니다."

"하지만 말입니다. 다른 한 사람은 정말 어리석더군요!"

"누구 말입니까?"

"있잖아요, 그 하인인지 친구인지 하는…… 아시죠? 트로터 말입니다."

174 가이아나에서 사탕수수를 주로 재배하는 지역.

"아." 픽윅 씨가 미소를 지으며 말했다. "저는 항상 그 반대라고 생각했는데요."

"음, 저도 처음에는 그렇게 생각했습니다." 로텐이 대답했다. "뭐, 사람이 얼마나 속기 쉬운지 보여줄 뿐이죠. 그 사람도 데메라라에 가는 건 어떻게 생각하세요?"

"뭐라고요? 여기서 제안하는 것은 포기하고 말입니까?" 픽윅 씨가 외쳤다.

"주급 18실링에다가 잘하면 더 올려주겠다는 퍼커의 제안을 헌신짝 취급하더군요." 로텐이 대답했다. "꼭 같이 가야겠다고 하더라고요. 그래서 두 사람이 편지를 다시 써달라고 퍼커를 설득했고, 그 사람에게도 일을 주기로 했습니다. 퍼커의 말에 따르면 범죄자가 새 옷을 입고 재판정에 출석하면 얻을 수 있는 뉴사우스웨일스의 일자리보다도 안 좋다는군요."

"멍청한 녀석." 픽윅 씨가 눈을 빛내며 말했다. "멍청하기도 하지."

"아, 멍청한 것보다 더 나빠요. 완전 아첨이죠." 로텐이 경멸 어린 표정으로 펜대에 펜촉을 꽂으며 대답했다. "그 사람은 자신의 유일한 친구고, 자기는 그를 좋아하고, 뭐 그렇다는군요. 우정이라는 건 나름대로 좋은 겁니다. 예를 들면, 우리 모두 스텀프에서 그로그주를 마시면서 서로에게 무척 상냥하게 대하죠. 격식 없이 편히 지내고 다들 각자 술값을 내고요. 하지만 다른 사람을 위해서 자신을 희생하다니! 남자가 애정을 갖는 대상은 둘을 넘을 수가 없어요. 첫째는 자기 자신이고 둘째는 여성이죠. 하하!" 로텐 씨는 반쯤은 익살을 부리고 반쯤은 조롱을 담아 큰소리로 웃으며 말을 마쳤는데, 퍼커의 발소리가 들리는 바람에 웃음은 멈추었고 아주 놀라운 유연성으로 등받이 없는 자기 의자에 뛰어올라 열심히 뭔가를 썼다.

픽윅 씨와 그의 법률 조언자는 따뜻하고 우호적인 인사를 나누었다. 그러나 의뢰인이 변호사의 안락의자에 앉자마자 문 두드리는 소리가 나더니 퍼커 씨가 안에 있는지 물었다.

"이런!" 퍼커 씨가 말했다. "우리의 방랑자 친구들 중 하나군요. 징글입니다, 픽윅 씨. 만나보시겠어요?"

"어떻게 생각하십니까?" 픽윅 씨가 주저하며 물었다.

"그러는 게 나을 듯합니다. 자, 이름이 어떻게 되시죠? 들어오세요."

이 허물없는 초대에 징글과 잡이 걸어 들어왔지만 픽윅 씨를 보고 혼란스러워서 뚝 멈추었다.

"음." 퍼커 씨가 말했다. "저 신사분을 모르십니까?"

"당연히 알지요." 징글이 앞으로 나서며 대답했다. "픽윅 씨—정말 깊이 감사드립니다—목숨을 구해주신 분—저를 사람으로 만드셨죠. 절대 후회하지 않으실 겁니다."

"그 말을 들으니 기쁘네." 픽윅 씨가 말했다. "훨씬 좋아 보이는군."

"감사합니다—크나큰 변화죠—국왕 폐하의 플리트—건강에 나쁜 곳이죠—정말로." 징글이 고개를 저으며 말했다. 그는 깔끔한 복장이었고 잡도 마찬가지였다. 잡은 징글 뒤에 똑바로

서서 강철 같은 표정으로 픽윅 씨를 빤히 보았다.

"리버풀에 언제 갑니까?" 픽윅 씨가 퍼커 씨를 향해 반쯤 몸을 돌리고 물었다.

"오늘 저녁 7시입니다." 잡이 한발 나서며 말했다. "런던에서 큰 마차를 타고 갑니다."

"좌석은 구했는가?"

"그렇습니다." 잡이 대답했다.

"가기로 완전히 마음을 정했소?"

"그렇습니다." 잡이 대답했다.

"징글이 꼭 필요한 것에 대해서 말씀드리겠습니다." 변호사가 픽윅 씨에게 말했다. "그가 4분기마다 받는 급료에서 소액을 공제하도록 조치해 두었습니다. 1년 동안만 공제하고 정기적으로 송금 받아서 비용을 지불할 겁니다. 자신의 노력과 선행이 따르지 않는 것을 당신이 해주는 것은 절대 반대합니다."

"물론입니다." 징글이 아주 확고하게 끼어들었다. "명석한 분이군요— 세상을 잘 아시는 분— 맞는 말입니다— 완벽하게 맞아요."

"채권자와 합의하고, 전당포에서 옷을 되찾고, 감옥에서 풀어주고, 뱃삯도 냈지요." 퍼커 씨가 징글의 말을 알아차리지 못하고 말을 이었다. "이미 50파운드 이상 잃으셨습니다."

"잃은 게 아니에요." 징글이 얼른 말했다. "전부 낼 겁니다— 일을 꾸준히 할 거예요— 빚을 청산할 겁니다— 한 푼도 빼지 않고요. 어쩌면 황열에 걸릴지도 모르지요— 그건 어쩔 수 없지만 그렇지만 않으면……." 여기서 징글이 말을 멈추고 엄청난 힘으로 자기 모자 정수리를 때린 다음 손으로 눈을 가리고 자리에 앉았다.

"이분 말은 이런 뜻입니다." 잡이 몇 걸음 나서며 말했다. "열병에 걸려 죽지만 않는다면 돈을 갚을 거라고요. 살아 있는 한 갚을 겁니다, 픽윅 씨. 제가 그렇게 하도록 지켜보겠습니다. 저는 알아요, 징글 씨는 갚을 겁니다." 잡이 무척 열정적으로 말했다. "맹세해도 좋습니다."

"알겠소, 알겠소." 퍼커 씨를 향해 몇 번이고 얼굴을 찌푸리던 픽윅 씨가 자신이 베푼 친절을 요약하는 것을 막으려 했지만 자그마한 변호사는 완고하게 무시했다. "이제 필사적인 크리켓 경기를 하거나 토머스 블레이조 경과 다시 친하게 지내지 않도록 조심하게, 징글. 그러면 건강을 잃을 염려는 없을 테니."

징글 씨는 이 재치 있는 말에 미소를 지었지만, 그럼에도 불구하고 약간 멍청한 표정을 지었기 때문에 픽윅 씨가 화제를 바꾸었다.

"당신의 그 다른 친구는 어떻게 되었는지 모르는가? 내가 로체스터에서 만났던, 신분이 더 낮은 사람 말일세."

"음침한 제미 말입니까?" 징글이 물었다.

"맞네."

징글이 고개를 저었다.

"영리한 불량배죠―묘한 녀석이에요. 남을 속이는 데 천재죠―잡의 동생입니다."

"잡의 동생이라고?" 픽윅 씨가 외쳤다. "음, 자세히 보니 닮은 부분이 있군."

"사람들이 항상 닮았다고들 했지요." 눈가에 교활함을 슬쩍 드러내며 잡이 말했다. "저는 진지한 성격이고 동생은 그렇지 않지만요. 제미는 쫓는 사람이 너무 많아서 편하게 살려고 미국으로 갔습니다. 그 뒤로 소식을 못 들었죠."

"그래서 보내주기로 한 원고를 못 받은 거로군. 로체스터 다리에서 자살을 고민하는 듯하던 어느 아침에 보내주겠다고 약속했는데." 픽윅 씨가 미소를 지으며 말했다. "그의 음침한 행동이 타고난 것인지, 꾸며낸 것인지 물을 것도 없겠군."

"그는 뭐든지 꾸며낼 수 있습니다." 잡이 말했다. "제미한테서 그렇게 쉽게 벗어난 것을 다행으로 생각하셔야 해요. 제미는 친해지면 훨씬 더 위험한 지인입니다. 그……" 잡이 징글을 흘깃거리면서 망설이더니 마침내 이렇게 덧붙였다. "그…… 그…… 저보다 말입니다."

"참 장래가 기대되는 집안이군요, 트로터 씨." 퍼커 씨가 방금 막 다 쓴 편지를 봉하며 말했다.

"네." 잡이 대답했다. "무척 그렇지요."

"그럼, 당신이 그 명성을 깨뜨리면 좋겠군요." 자그마한 남자가 웃으며 말했다. "리버풀에 도착하면 이 편지를 중개인에게 전하세요. 그리고 한 가지 충고하죠. 서인도 제도에서는 너무 아는 척하지 마세요. 이 기회를 날리면 두 사람 모두 교수형 당할 가능성이 다분한데, 저는 반드시 그럴 거라고 생각하니까요. 이제 픽윅 씨와 저를 위해 자리를 피해주시죠. 둘이서 할 이야기가 있는데, 시간은 귀중하니까요." 퍼커 씨가 이렇게 말하면서 배웅을 최대한 간소화하고 싶은 분명한 바람을 드러내며 문 쪽을 바라보았다.

징글의 경우에는 충분히 간소했다. 그는 자그마한 변호사에게 친절하고 신속하게 도와주어 고맙다고 황급히 인사한 다음 은인을 향해 돌아서더니 무슨 말을 할지, 어떻게 행동해야 할지 망설이듯 몇 초간 가만히 서 있었다. 잡 트로터가 픽윅 씨에게 겸손하고 감사하는 태도로 고개 숙여 인사함으로써 그의 당혹함을 덜어주었고, 친구의 팔을 잡고 밖으로 이끌었다.

"잘 어울리는 두 사람이군요." 그들 뒤로 문이 닫히자 퍼커가 말했다.

"그렇게 되면 좋겠습니다." 픽윅 씨가 대답했다. "어떻게 생각합니까? 저들이 영원히 뉘우칠 가능성이 있을까요?"

퍼커 씨는 의심스럽다는 듯 어깨를 으쓱했지만 픽윅 씨의 초조하고 실망한 표정을 보고 이렇게 대답했다.

"물론 가능성은 있습니다. 그랬으면 좋겠군요. 두 사람은 지금 분명히 뉘우치고 있습니다. 아주 최근까지 고생한 기억이 아직은 생생하지요. 하지만 그 기억이 흐릿해지면 어떻게 될지는 알 수 없는 문제입니다." 그가 픽윅 씨의 어깨에 손을 올리며 말했다. "하지만 픽윅 씨, 결과와 상관없이 당신의 목적은 똑같이 고결합니다. 자선을 베푸는 사람이 이용당하지 않고 자기애를 다치지 않도록 아주 신중하고 원시안적으로 가끔 베푸는 자선이 진짜

자선인지 세속적인 거짓인지는 저보다 현명한 사람들에게 판단을 맡기겠습니다. 하지만 저 두 사람이 내일 강도질을 저지른다해도 저는 당신의 행동을 똑같이 높이 평가할 겁니다."

퍼커 씨는 평소 법조인의 모습일 때보다 훨씬 더 활기차고 진지하게 말한 다음 의자를 책상 가까이로 끌어당기고 윙클 노인의 고집에 대한 픽윅 씨의 설명을 들었다.

"일주일만 두고 보시죠." 퍼커 씨가 예언하듯 고개를 끄덕이며 말했다.

"그 사람이 마음을 바꾸겠소?" 픽윅 씨가 물었다.

"제 생각에는 그렇습니다. 그렇지 않다면 숙녀분이 설득하도록 해봐야죠. 당신이 아니라면 누구나 애초에 그렇게 했을 겁니다."

퍼커 씨가 다양하고 기묘한 방식으로 얼굴을 찌푸리면서 코담배를 한 번 흡입하더니 젊은 여인들의 설득력을 칭송하고 있는데, 바깥 사무실에서 뭔가 묻고 답하는 소리가 웅얼웅얼 들리더니 로텐이 문을 두드렸다.

"들어와요." 자그마한 남자가 외쳤다.

서기가 안으로 들어와 아주 수수께끼 같은 태도로 문을 닫았다.

"무슨 일인가?" 퍼커 씨가 물었다.

"변호사님을 찾습니다."

"누가 날 찾지?"

로텐이 픽윅 씨를 보더니 기침을 했다.

"누가 날 찾지? 말 못하나, 로텐 씨?"

"그게……" 로텐이 대답했다. "도슨 씨입니다. 포그 씨도 같이 왔고요."

"세상에!" 자그마한 남자가 시계를 보며 말했다. "픽윅 씨, 당신 사건을 마무리하기 위해서 11시 반까지 오라고 했거든요. 당신을 감옥에서 석방하는 조건으로 약속을 했으니까요. 골치 아픈 상황이군요. 어떻게 하시겠습니까? 옆방으로 가시겠어요?"

옆방은 바로 도슨과 포그가 지금 있는 방이었기 때문에 픽윅 씨는 여기에 남겠다고, 특히 자신이 도슨 씨와 포그 씨를 보고 부끄러워할 게 아니라 그들이 부끄러워해야 하므로 더욱 그렇다고 대답했다. 그는 얼굴을 빛내고 분노의 말을 수없이 하며 퍼커 씨에게 마지막 말을 반드시 명심해 달라고 말했다.

"알겠습니다, 알겠어요." 퍼커 씨가 대답했다. "도슨과 포그가 당신을, 또는 누구든, 직접 만난다고 해서 수치나 혼란을 느낄 거라고 기대하신다면 당신은 제가 만난 가장 낙천적인 사람일 겁니다. 안으로 들여보내요, 로텐 씨."

로텐이 싱긋 웃으며 사라졌다가 곧 돌아와서 이름 순서에 따라서 도슨을 먼저, 포그를 그다음으로 안내했다.

"픽윅 씨를 만나신 적이 있겠지요?" 퍼커 씨가 펜으로 픽윅 씨가 앉아 있는 방향을 가리키며 도슨에게 말했다.

"안녕하십니까, 픽윅 씨?" 도슨이 큰 목소리로 말했다.

"이런." 포그가 외쳤다. "안녕하세요, 픽윅 씨? 잘 지내셨겠지요. 아는 얼굴이다 싶었습니다." 포그가 의자를 당기고 미소 띤 얼굴로 주변을 둘러보며 말했다.

픽윅 씨는 고개를 아주 약간 숙여 인사에 답했고, 포그가 상의 주머니에서 종이 다발을 꺼내는 것을 보고 자리에서 일어나 창가로 걸어갔다.

"픽윅 씨가 움직이실 필요는 없습니다, 퍼커 씨." 포그가 작은 꾸러미를 감싼 빨간 테이프를 풀며 말했고, 아까보다 더욱 상냥하게 다시 미소를 지었다. "픽윅 씨는 이런 절차에 대해서 잘 아실 테고, 우리 사이에 비밀은 없으니까요. 헤헤헤!"

"많지는 않지요." 도슨이 말하더니 두 파트너가 같이 웃었다. 곧 돈을 받을 사람들이 종종 그러듯 유쾌하고 경쾌한 웃음이었다.

"픽윅 씨가 엿보시는 대가로 돈을 받아야겠네요." 포그가 서류를 펼치며 나름대로 농담을 했다. "소송비용은 총 133파운드 6실링 4펜스입니다, 퍼커 씨."

이렇게 금액을 공표한 후 포그와 퍼커는 한참 동안 서류를 한 장씩 넘기며 비교했고, 그동안 도슨 씨가 픽윅 씨에게 상냥하게 말했다.

"지난번에 뵈었을 때만큼 튼튼해 보이지는 않으시네요, 픽윅 씨."

"아마 그렇겠지요." 픽윅 씨가 대답했다. 그는 맹렬한 분노의 표정을 번득이고 있었지만 이 약아빠진 변호사들에게는 아무 영향이 없었다. "최근에 건달들한테 괴롭힘을 당하면서 고생을 했거든요."

퍼커 씨가 격렬하게 기침을 하더니 픽윅 씨에게 조간을 읽고 싶지 않은지 물었고, 픽윅 씨는 아주 단호하게 거절했다.

"그렇겠지요." 도슨이 말했다. "플리트에서 분명 괴롭힘을 당하셨겠지요. 참 이상한 패거리들이 좀 있거든요. 묵으신 방들은 어디쯤이었지요?"

"방을 딱 하나 썼는데, 카페가 있는 층이었습니다." 크게 기분이 상한 신사가 대답했다.

"아, 그렇군요!" 도슨이 말했다. "아주 쾌적한 구역이지요."

"그렇지요." 픽윅 씨가 건조하게 대답했다.

이 모든 대화는 어딘가 냉정했고, 쉽게 흥분하는 기질의 신사는 이런 분위기 때문에 분노가 치밀었다. 포그가 수표를 작은 지갑에 넣으면서 여드름투성이 얼굴에 의기양양한 미소를 띄우자 도슨도 같이 미소를 지었는데, 이를 본 픽윅 씨는 분노 때문에 피가 뺨으로 모여들어 따끔거릴 지경이었다.

"자, 도슨 씨." 포그가 지갑을 넣고 장갑을 끼며 말했다. "그만 가시죠."

"아주 좋습니다." 도슨이 일어서며 말했다. "저도 준비되었습니다."

"저는 픽윅 씨를 알게 되어서 정말 기쁩니다." 수표를 받고 기분이 누그러진 포그가 말했다. "저희를 너무 나쁘게 생각하지는 않으셨으면 좋겠군요, 픽윅 씨."

"저도 그렇습니다." 도슨이 비방당한 사람처럼 높은 어조로 말했다. "이제 픽윅 씨도 저희를 더 잘 아실 것이라 믿습니다. 우리 같은 사람들을 어떻게 생각하시든, 분명히 말씀드리지만, 제 파트너가 방금 언급한 콘힐 프리먼스 코트의 사무실에서 드러내셨던 그 태도에 대해 저는 어떤 적의나 복수심도 없습니다."

"오, 없지요, 없어요. 저도 마찬가지입니다." 포그가 용서라도 베푸는 듯이 말했다.

"어떤 경우든 저희의 행동이 스스로 말하고 정당화할 것입니다. 저희는 여러 해 동안 이 일을 해왔고 훌륭한 의뢰인들의 믿음을 얻었답니다. 안녕히 계십시오."

"안녕히 계세요, 픽윅 씨." 포그가 말했다. 그는 겨드랑이에 우산을 끼우고 오른쪽 장갑을 벗더니 머리끝까지 화가 난 신사에게 화해의 손을 내밀었고, 그 신사는 옷자락에 양손을 넣고 조롱하는 듯한 표정으로 변호사를 보았다.

"로텐!" 퍼커 씨가 외쳤다. "문을 열게."

"잠시만요." 픽윅 씨가 말했다. "퍼커, 할 말이 있습니다."

"픽윅 씨, 부디 이 일은 이대로 끝내시지요." 내내 초조하게 걱정하던 자그마한 변호사가 말했다. "픽윅 씨, 제발……."

"나는 입 다물고 있지 않을 겁니다." 픽윅 씨가 황급히 대답했다. "도슨 씨, 당신은 저에게 몇 가지 말을 했지요."

도슨이 돌아서서 온순하게 고개를 숙이고 미소를 지었다.

"몇 가지 말을 했습니다." 픽윅 씨가 거의 숨도 못 쉬면서 되풀이했다. "그리고 당신 파트너는 나에게 손을 내밀었고 두 사람 모두 고매하게 용서를 베푸는 듯 말하는데, 정말 상상도 하지 못한 뻔뻔함이군요. 아무리 당신들이라고 해도 말입니다."

"뭐라고요?" 도슨이 외쳤다.

"뭐라고요?" 포그가 되풀이했다.

"내가 당신들의 음모와 계략의 희생양이었다는 사실을 알고는 있습니까?" 픽윅 씨가 말을 이었다. "당신들이 나를 감옥에 집어넣고 내 돈을 빼앗았다는 사실은 아십니까? 당신들이 바델 대 픽윅 사건에서 원고 측 변호사였음을 알고는 있는 겁니까?"

"네, 잘 알고 있습니다." 도슨이 대답했다.

"물론 알고 있지요." 포그가 주머니를 치면서—아마 우연이었을 것이다—말했다.

"그 일을 아주 흡족하다는 듯이 떠올리는군요." 픽윅 씨가 평생 처음으로 냉소를 지으려다가 크게 실패하며 말했다. "나는 당신들을 어떻게 생각하는지 오래전부터 솔직하게 표현하고 싶었지만, 내 친구 퍼커가 바라는 대로 이번 기회마저 흘려보내야 했을지도 모릅니다. 하지만 도저히 용서할 수 없는 당신들의 그 말투, 거만한 뻔뻔함! 거만한 뻔뻔함이라고 했습니다." 픽윅 씨가 이렇게 말하며 포그를 향해 아주 맹렬하게 손짓을 했기 때문에 포그는 황급히 문 쪽으로 물러섰다.

"조심하세요!" 넷 중 가장 몸집이 큰 도슨이 포그 뒤로 몸을 숨기면서 창백한 얼굴로 말했다. "저 사람이 공격하게 두세요, 포그 씨. 무슨 일이 있어도 되갚으면 안 됩니다."

"네, 네, 되갚지 않을 겁니다." 포그가 약간 뒤로 물러서며 말했다. 그러자 그의 파트너는 눈에 띄게 안심했고, 점점 더 바깥 사무실 쪽으로 밀려 나갔다.

"당신들은 말입니다." 픽윅 씨가 하던 말을 이었다. "당신들은 아주 잘 어울리는 한 쌍입니다, 불량배에다가 궤변을 늘어놓는 강도죠."

"픽윅 씨, 다 하셨습니까?" 자그마한 변호사가 끼어들었다.

"비열하고 불량배에다가 궤변을 늘어놓는 강도라는 말에 다 들어 있습니다." 픽윅 씨가 대답했다.

"자." 퍼커 씨가 더없이 달래는 듯한 말투로 말했다. "여러분, 픽윅 씨는 하실 말씀을 다 하셨습니다. 이제 그만 가시죠. 로텐, 문이 열려 있나?"

로텐이 멀리서 낄낄거리며 그렇다고 대답했다.

"자, 자, 안녕히 가세요, 안녕히 가세요. 이제 끝입니다. 로텐 씨, 문!" 자그마한 남자가 싫은 기색도 없이 도슨과 포그를 사무실 밖으로 밀며 외쳤다. "이쪽입니다, 여러분. 이제 질질 끄지 마시고! 이런, 로텐 씨! 문을, 빨리 배웅하지 않고 뭘합니까?"

"영국에 법률이 있다면 말입니다." 도슨이 모자를 쓰면서 픽윅 씨를 돌아보고 말했다. "당신은 이 일을 후회하게 될 겁니다."

"당신들은 비열하고……."

"잊지 마세요. 이 일로 큰 대가를 지불하게 될 겁니다." 포그가 주먹을 흔들며 말했다.

"불량배에다가 궤변을 늘어놓는 강도요!" 픽윅 씨가 자신을 향한 위협에 전혀 신경 쓰지 않으며 말했다.

"강도라고!" 픽윅 씨가 두 변호사를 따라 계단으로 달려가며 말했다.

"강도!" 픽윅 씨가 로텐과 퍼커의 손을 뿌리치고 계단 창문으로 고개를 내밀고 외쳤다.

창문으로 고개를 다시 넣은 픽윅 씨는 온화하게 미소를 짓는 얼굴이었다. 그는 사무실로 조용히 돌아가면서 마음의 큰 짐을 덜었다고, 더없이 편안하고 행복하다고 말했다.

퍼커 씨는 코담배 상자를 비운 뒤 다시 채워 오라고 로텐을 내보낼 때까지 아무 말도 하지 않았다. 그러다 갑자기 웃음이 터져서 5분 동안 실컷 웃더니 화를 내야 하지만 아직은 이 일을 심각하게 생각할 수가 없다고, 그럴 수 있을 때 그렇게 하겠다고 말했다.

"자, 그럼." 픽윅 씨가 말했다. "이제 이야기를 끝맺도록 하지요."

"아까 일 말씀이십니까?" 퍼커 씨가 다시 웃으며 물었다.

"꼭 그런 건 아닙니다." 픽윅 씨가 지갑을 꺼내더니 키 작은 남자의 손을 잡고 진심으로 악수를 하며 대답했다. "저는 금전적인 문제를 생각하고 있었습니다. 당신이 저에게 베푼 여러 가지 친절은 제가 갚을 수 없을 정도이고, 저는 그것을 갚을 생각도 없습니다. 앞으로도 그 은혜를 계속 받고 싶으니까요."

이 말을 시작으로 두 친구는 무척 복잡한 정산과 수령증 이야기로 들어갔고, 변호사가 계산을 확실히 보여주고 정밀하게 검토하자 픽윅 씨는 존경과 우정을 수없이 드러내며 즉시 값을 지불했다.

그들은 이 단계에 다다랐을 때 깜짝 놀랄 정도로 난폭하게 문 두드리는 소리가 났다. 평범하게 두 번 똑똑 두드리는 것이 아니라 문에 달린 쇠고리가 영구 운동을 시작하거나 바깥에 선 사람이 멈추는 법을 잊은 것처럼 아주 큰 소리로 끊임없이 두드리는 소리였다.

"이런, 무슨 소리지요?" 퍼커 씨가 깜짝 놀라 외쳤다.

"문 두드리는 소리 같군요." 이 사실에 아주 작은 의혹이라도 있다는 듯이 픽윅 씨가 말했다!

그러자 문 두드리는 사람은 말보다 더욱 열정적인 방법으로 대답을 했는데, 바로 놀랄 만한 힘과 소리로 잠시도 쉬지 않고 문을 계속 쾅쾅 두드리는 것이었다.

"세상에!" 퍼커 씨가 종을 울리며 말했다. "그레이즈인 전체가 깜짝 놀라겠군. 로텐 씨, 문 두드리는 소리 안 들립니까?"

"금방 나갑니다." 서기가 말했다.

그러자 밖에 서 있던 사람이 더 이상은 기다릴 수 없다는 듯이 문을 두들겨댔다.

"정말 무시무시하군요." 픽윅 씨가 귀를 막으며 말했다.

"서둘러요, 로텐 씨!" 퍼커 씨가 외쳤다. "문이 우그러지겠어요."

어둑한 화장실에서 손을 씻던 로텐 씨가 황급히 문으로 가서 손잡이를 돌리자 그의 눈앞에 우리가 다음 장에서 설명할 광경이 펼쳐졌다.

54장

문 두드리는 소리를 비롯한
여러 가지에 대한 상세한 설명,
스노드그래스 씨와 젊은 숙녀와
관련된 흥미로운 발각

깜짝 놀란 서기의 눈앞에 나타난 대상은 소년—놀랄 만큼 뚱뚱한 소년—이었고, 하인 복장으로 매트에 서 있었지만 눈은 잠든 것처럼 감겨 있었다. 서기는 이동식 동물원 안에서든 밖에서든 이렇게 뚱뚱한 소년을 한 번도 본 적이 없었다. 게다가 그토록 요란하게 문을 두드린 사람에게 합리적으로 기대하는 것과는 너무나도 다른, 더없이 고요하고 평안한 모습까지 더해지자 서기는 너무나도 깜짝 놀랐다.

"무슨 일입니까?" 서기가 물었다.

이 놀라운 소년은 한 마디도 대답하지 않고 고개를 한 번 끄덕이더니—서기가 생각하기로는—약하게 코를 고는 듯했다.

"어디서 왔습니까?" 서기가 물었다.

소년은 아무런 신호도 보이지 않았다. 그는 숨을 거칠게 쉬었지만 다른 모든 면에서는 꼼짝도 하지 않았다.

서기가 질문을 세 번 반복한 후에도 답이 없자 문을 닫으려고 하는데, 소년이 갑자기 눈을 뜨고 여러 번 깜빡인 다음 재채기를 한 번 하더니 다시 문을 두드리려는 것처럼 손을 들었다. 그러다가 문이 이미 열린 것을 깨닫고 크게 놀라서 주변을 두리번거리더니 결국 로텐 씨의 얼굴에 시선을 고정시켰다.

"도대체 문을 왜 그렇게 두드리는 거요?" 서기가 화를 내며 물었다.

"어떻게요?" 소년이 느리고 졸린 목소리로 말했다.

"전세 마차 마부 마흔 명이 한꺼번에 두드리는 것처럼요." 서기가 대답했다.

"주인님이 문을 열어줄 때까지 쉬지 말고 두드리라고 시키셨거든요. 제가 잠들까 봐요." 소년이 말했다.

"전할 말이 뭡니까?" 서기가 물었다.

"아래층에 계십니다." 소년이 대답했다.

"누가요?"

"주인님이요. 사무실에 사람이 있는지 알고 싶어 하셨어요."

그래서 로텐 씨는 창밖을 내다보았다. 그가 몹시 초조하게 위를 올려다보는 원기 왕성한 노신사를 보고 손짓으로 부르자 노신사가 곧장 마차에서 뛰어내렸다.

"마차에 타신 분이 당신 주인인가요?" 로텐이 말했다.

소년이 고개를 끄덕였다.

노신사 워들 씨가 등장하면서 더 이상의 질문은 필요 없어졌다. 워들 씨는 계단을 달려 올라와 로텐에게 알은척을 한 다음 곧장 퍼커 씨의 방으로 들어갔다.

"픽윅!" 노신사가 말했다. "손을 주시오, 친구. 당신이 감옥에 갇혀 고생했다는 얘기를 왜 내가 그저께에야 들은 겁니까? 그리고 자네는 왜 나에게 알려주지 않았나, 퍼커?"

"어쩔 수 없었습니다." 퍼커 씨가 미소를 짓더니 코담배를 흡입하며 대답했다. "픽윅 씨가 얼마나 완고하신지 아시잖아요."

"물론 알지, 알다마다." 노신사가 대답했다. "그래도 만나서 정말로 반갑군. 이제 절대로 시야에서 놓치면 안 되겠어."

워들 씨는 픽윅 씨와 한 번 더 악수를 하고, 퍼커 씨와도 악수를 나눈 다음 안락의자에 털썩 앉았다. 그의 쾌활하고 붉은 얼굴이 다시 미소와 활기로 빛났다.

"자." 워들 씨가 말했다. "온갖 일들이 일어나고 있어. 퍼커, 코담배 좀 주게. 이런 시절은 없었소, 안 그렇습니까?"

"무슨 뜻입니까?" 픽윅 씨가 물었다.

"무슨 뜻이냐니요! 여자들이 전부 미쳐가고 있는 것 같소. 새로운 일이 아닌가요? 아닐지도 모르지만, 어쨌든 사실이오."

"그 이야기를 하려고 런던까지 오신 건 아니겠지요?" 퍼커 씨가 물었다.

"아니, 그것만은 아닐세." 워들 씨가 대답했다. "그게 주된 이유이긴 하지만. 애러벨라는 어떻소?"

"아주 잘 지냅니다." 픽윅 씨가 대답했다. "당신을 보면 분명 기뻐할 겁니다, 분명해요."

"검은 눈의 꼬맹이 바람둥이 같으니!" 워들 씨가 대답했다. "가끔 그녀와 결혼하려는 생각도 했었지요. 하지만 기쁩니다, 아주 기뻐요."

"그 소식을 어떻게 들었습니까?" 픽윅 씨가 물었다.

"아, 물론 내 딸들이 연락을 받았지요. 애러벨라가 그저께 편지를 보내서 남편 아버지의 승낙도 없이 도둑 결혼을 했다고, 그래서 반대해도 이미 어쩔 수 없을 때 픽윅 씨가 승낙을 받으러 갔다는 소식을 전했소. 이 기회에 딸들에게 진지한 이야기를 해야겠다는 생각이 들어서 자식이 부모의 승낙 없이 결혼하는 것은 끔찍한 일이라고 했지만, 아무 소용도 없었지요. 딸들은 신부 들러리도 없이 결혼식을 올렸다는 것을 훨씬 더 끔찍하게 여겼고, 나는 조한테 설교를 한 것이나 마찬가지였지요."

여기서 노신사가 말을 멈추고 웃음을 터뜨리더니 실컷 웃고 나서 이야기를 다시 시작했다.

"하지만 거기서 끝이 아닌 듯합니다. 사랑의 속삭임도, 계획도 그게 끝이 아니에요. 우리는 지난 6개월 동안 지뢰밭을 걷고 있었고, 결국 지뢰가 터졌다오."

"그게 무슨 뜻입니까?" 픽윅 씨가 창백해져서 외쳤다. "누가 또 비밀 결혼을 했다는 말은 아니겠지요?"

"아니, 아닙니다." 노신사 워들 씨가 대답했다. "그 정도로 나쁜 상황은 아니오."

"그럼 도대체 뭡니까?" 픽윅 씨가 물었다. "나도 그 일과 관련이 있습니까?"

"내가 이 질문에 대답해야 하나, 퍼커?" 워들 씨가 물었다.

"대답해서 비난을 받을 상황만 아니라면요."

"그렇다면, 맞소."

"어떻게요?" 픽윅 씨가 초조하게 물었다. "어떤 방식으로 말입니까?"

"정말이지. 당신은 너무 쉽게 격하는 청년이라 말을 꺼내기도 겁나는군요. 하지만 어쨌든, 퍼커가 우리 사이에 앉아서 곤란한 일을 막아준다면 기꺼이 말하지요."

노신사가 방문을 닫고 퍼커의 코담배를 한 번 더 흡입하여 기운을 돋운 다음 큰 비밀을 털어놓았다.

"사실은 내 딸 벨라가, 트런들과 결혼한 딸 벨라 말입니다."

"그래, 그래, 다 압니다." 픽윅 씨가 초조하게 말했다.

"시작부터 날 괴롭히지 말아요. 그날 밤에 에밀리가 애러벨라의 편지를 읽어준 다음 머리가 아프다며 침실로 물러난 뒤에 벨라가 옆에 앉더니 결혼이니 뭐니 하는 문제에 대해서 이야기를 시작했소. 벨라가 말했지요. '음, 아빠. 어떻게 생각하세요?' 내가 말했소. '음, 글쎄다. 다 잘된 것 같구나. 잘되기를 바라야지.' 나는 난롯가에 앉아서 생각에 잠겨 그로그주를 마시고 있었기 때문에 그렇게 대답했어요. 내가 불확실한 말을 가끔 던지면 벨라가 계속 이야기한다는 것을 알았거든요. 내 딸들은 둘 다 엄마를 꼭 닮았소. 나는 나이가 들면서 딸들과 앉아 있는 것을 좋아하게 되었지요. 애들 목소리를 듣고 모습을 보면 그 순간만큼은 예전처럼 젊어지는 것 같으니 말이오. 예전만큼 마음이 가볍지는 않아도 말입니다. 짧은 침묵이 흐르고 벨라가 말했소. '사랑 때문에 하는 결혼이에요, 아빠.' 내가 말했지요. '그렇구나. 하지만 그런 결혼이 항상 가장 행복한 것은 아니란다.'"

"그 말에 이의 있습니다, 잊지 마십시오." 픽윅 씨가 열렬히 끼어들었다.

"좋습니다." 워들 씨가 대답했다. "말할 차례가 되면 얼마든지 이의를 제기하시오. 내가 말할 때는 끼어들지 마시고."

"실례했군요." 픽윅 씨가 말했다.

"괜찮소." 워들 씨가 대답했다. "벨라가 얼굴을 약간 붉히며 말했지요. '아버지가 사랑 때문에 하는 결혼에 반대하신다니 유감이네요.' 나는 거칠고 늙은 사람으로서 최선을 다해 상냥하게 벨라의 뺨을 톡톡 치며 말했소. '내가 틀렸다. 그런 말을 하는 게 아니었는데. 네 엄마도 그런 결혼이었고 너도 그랬지.' 벨라가 말했어요. '그런 뜻이 아니에요, 아빠. 사실은 에밀리에 대해서 말씀드리고 싶어요.'"

픽윅 씨가 깜짝 놀랐다.

"왜 그러십니까?" 워들 씨가 이야기를 멈추고 물었다.

"아무것도 아닙니다." 픽윅 씨가 대답했다. "계속하시지요."

"이야기를 찬찬히 풀어나가는 건 정말 못하겠군." 워들 씨가 불쑥 말했다. "조만간 나올 테니 바로 말해버리는 게 우리 모두의 시간이 절약되겠어요. 핵심만 얘기하자면, 그랬더니 벨라가 마침내 용기를 그러모아서 에밀리가 아주 불행하다고 말했소.

에밀리가 자네의 젊은 친구 스노드그래스와 지난 크리스마스 이후 계속 편지를 주고받고 있는데, 오랜 친구이자 학교 친구인 애러벨라를 멋지게 흉내 내서 그와 도망치기로 굳게 결심했다는 겁니다. 하지만 양심의 가책이 들었고, 내가 항상 두 사람을 상냥하게 대했으니 평범한 방식으로 결혼하는 데 이의가 있는지 먼저 물어보는 게 좋겠다고 생각한 거지요. 자, 픽윅 씨, 자네 눈을 평소 크기로 줄일 수 있다면, 그리고 우리가 어떻게 해야 할지 생각을 말해준다면 아주 고맙겠습니다."

노신사가 다소 화난 사람처럼 마지막 말을 한 것을 부당하다고만 할 수는 없었다. 픽윅 씨의 얼굴에 보기 신기할 정도로 놀라고 당혹한 표정이 떠올랐기 때문이다.

"스노드그래스가! 지난 크리스마스부터!" 이것이 바로 혼란에 빠진 신사의 입에서 처음 나온 불완전한 문장이었다.

"지난 크리스마스부터요." 워들 씨가 대답했다. "충분히 확실하지요. 지금까지 알아차리지 못하다니 우리 안경이 아주 별로인가 봅니다."

"이해가 안 되는군요." 픽윅 씨가 곰곰이 생각하며 말했다. "정말 이해가 안 돼요."

"이해하기 어려울 것 없소." 화를 잘 내는 노신사가 대답했다. "우리가 더 젊었다면 이미 오래전에 비밀을 알았을 겁니다." 워들 씨가 몇 초 정도 망설이다가 덧붙였다. "게다가 사실, 이런 사정을 전혀 모르고 지난 4~5개월 동안 에밀리에게 동네 젊은 신사의 구애를 받아들이라고 압박했거든요. 물론 에밀리가 그럴 수 있다면 말입니다. 나는 절대 딸의 의향을 강요하지 않아요. 분명 소녀다운 발상으로 자신의 가치를 높이고 스노드그래스 씨의 열정을 더욱 부추기려는 생각에 에밀리가 이 일을 무척 과장했고, 두 사람 모두 자기들이 불운하고 끔찍하게 박해받는 연인이라고, 비밀 결혼이나 숯[175] 말고는 방법이 없다고 결론을 내린 모양입니다. 이제 문제는, 뭘 어떻게 해야 할까요?”

“그래서 워들 씨는 어떻게 했습니까?” 픽윅 씨가 물었다.

“나 말입니까?”

“결혼한 딸이 이 이야기를 했을 때 어떻게 했냐는 뜻입니다.”

“아, 물론 나는 바보짓을 했지요.” 워들 씨가 대답했다.

“그러셨겠지요.” 시곗줄을 잡아당기고, 코를 심하게 문지르고, 각종 방법으로 성마름을 드러내며 대화를 듣던 퍼커 씨가 끼어들었다. “아주 당연하지요. 하지만 어떤 방법으로요?”

“내가 크게 흥분하는 바람에 어머니가 겁에 질려서 발작을 일으키셨지.” 워들 씨가 말했다.

“그것 참 현명하시네요. 그리고 또요?”

“다음 날 내내 애태우고 화를 내면서 큰 소동을 일으켰지.” 노신사가 대답했다. “결국 내 기분을 잡치는 게 지겨워서 모든 사람을 불행하게 만든 셈이야. 그래서 머글턴 마차를 불러서 내 말을 매고 런던으로 왔지, 에밀리를 애러벨라와 만나게 해준다는 구실로.”

---

175 숯 연기를 들이마셔서 자살하는 것을 뜻한다.

"그럼 워들 양이 함께 있습니까?" 픽윅 씨가 말했다.

"물론이오." 워들 씨가 대답했다. "지금 어델피의 오스본 호텔에 있소. 자네의 진취적인 친구가 에밀리를 데리고 도망치지만 않았다면 말입니다."

"그럼 화해하셨습니까?" 변호사가 물었다.

"전혀 아니네. 그 뒤로 에밀리는 어젯밤만 빼고 계속 풀이 죽어서 울기만 했지. 어제는 차를 마신 다음 저녁 식사 전까지 편지를 여러 통 쓰던데, 나는 모른 척했네."

"제 조언을 듣고 싶으신가요?" 퍼커 씨가 이렇게 말하면서 생각에 잠긴 픽윅 씨의 얼굴과 열심히 경청하는 워들 씨의 얼굴을 차례로 보더니 가장 좋아하는 자극제를 여러 번 연달아 흡입했다.

"그런 것 같군." 워들 씨가 픽윅 씨를 보며 말했다.

"물론이지." 픽윅 씨가 대답했다.

"그렇다면요." 퍼커 씨가 자리에서 일어나 의자를 뒤로 밀며 말했다. "제 조언은 두 분이 같이 걸어 나가시거나 마차를 타든 어떤 방법으로든 멀리 가셔서, 이 문제에 대해 둘이서 이야기하시라는 겁니다. 저는 지겨우니까요. 다음번에 만나 뵐 때까지 해결이 안 되면 그때 어떻게 해야 할지 알려드리죠."

"아주 만족스럽군." 워들 씨가 미소를 지어야 할지 기분 나빠해야 할지 모른 채 말했다.

"후후, 워들 씨." 퍼커 씨가 대답했다. "저는 두 분을 본인들보다 훨씬 더 잘 압니다. 두 분은 이미 결정을 내리셨군요."

자그마한 신사는 자기 생각을 말하며 코담배 상자로 처음에는 픽윅 씨의 가슴을, 그다음으로는 워들 씨의 조끼를 쿡쿡 찔렀고, 그러자 세 사람 모두 웃음을 터뜨렸다. 특히 뒤에 언급한 두 신사가 더욱 크게 웃었고, 두 사람은 뚜렷하거나 특정한 이유도 없이 다시 악수를 나누었다.

"오늘 정찬을 같이하세." 워들 씨가 두 사람을 밖으로 안내하는 퍼커 씨에게 말했다.

"약속은 못 합니다, 워들 씨. 약속은 못 해요." 퍼커 씨가 대답했다. "어쨌든 저녁에 들르겠습니다."

"5시에 기다리고 있겠네." 워들 씨가 말했다. "가자, 조." 조가 간신히 일어나자 두 친구는 워들 씨의 마차를 타고 떠났다. 사려 깊게도 마차에는 뚱보 소년이 탈 뒷좌석이 달려 있었는데, 뒷좌석이 아니라 발판만 있었다면 소년은 잠들자마자 마차에서 굴러떨어져 죽었을 것이다.

두 사람이 조지 앤드 벌처 여관으로 가보니 애러벨라와 하녀는 에밀리로부터 런던에 왔다는 짧은 쪽지를 받자마자 즉시 전세 마차를 불러서 어델피로 가고 없었다. 워들 씨는 런던에서 할일이 있었기 때문에 마차와 뚱보 소년을 호텔로 돌려보냈고, 그와 픽윅 씨가 5시에 정찬을 하러 같이 돌아갈 것이라는 소식도 전했다.

뚱보 소년은 이 소식을 가지고 돌 위를 덜컹거리는 뒷좌석에서 시계태엽 위에 놓인 깃털 침대에라도 누운 것처럼 편안하게 잠든 채 돌아갔다. 마차가 멈추자 소년은 놀라운 기적처럼 스스로 잠에서 깼고, 몸을 흔들어 정신적 기능을 완전히 깨운 다음 임무를 완수하러 위층으로 올라갔다.

몸을 흔들자 기능이 제대로 정리된 것이 아니라 뒤엉켜버렸는지, 아니면 새로운 생각이 너무 많아서 일상적인 형식과 의식을 전부 잊었는지, 그것도 아니면 (이 역시 가능성이 높은데) 계단을 올라가면서 다시 잠들어버렸는지 모르지만, 아무튼 뚱보 소년은 문을 두드리지도 않고 거실로 들어갔고, 따라서 소파에서 신사가 애인의 옆자리에 앉아서 허리를 끌어안고 무척 사랑스럽게 바라보는 모습을 목격했다. 애러벨라와 예쁜 하녀는 방 반대쪽 끝에서 창밖을 내다보는 일에 몰두하는 척하고 있었다. 거의 동시에 뚱보 소년은 이 광경을 보고 감탄을 내뱉었고, 여인들은 비명을 질렀으며, 신사는 욕을 했다.

"비열한 녀석, 여기 무슨 일이냐?" 말할 필요도 없이 스노드그래스 씨가 분명한 신사가 말했다.

그러자 뚱보 소년이 상당히 겁에 질려 짧게 대답했다. "아가씨……."

"나한테 무슨 볼일이지?" 에밀리가 고개를 돌리며 말했다. "멍청한 것."

"주인님이 픽윅 씨와 함께 5시에 정찬을 들러 오실 거예요." 뚱보 소년이 대답했다.

"여기서 당장 나가." 스노드그래스 씨가 당황한 소년을 노려보며 말했다.

"아니, 아니, 아니에요." 에밀리가 황급히 덧붙였다. "벨라, 나

어떡하지?"

그러자 에밀리와 스노드그래스 씨, 애러벨라와 메리가 한구석
으로 몰려가서 몇 분 동안 진지하게 속삭이며 대화를 나누었고,
뚱보 소년은 졸음에 빠졌다.

"조." 드디어 애러벨라가 더없이 매력적인 미소를 짓고 돌아보
며 말했다. "잘 지냈니?"

"조." 에밀리가 말했다. "착하기도 하지. 나는 널 절대 잊지 않
을 거야."

"조." 스노드그래스 씨가 깜짝 놀란 청년에게 다가가 그의 손
을 잡으며 말했다. "예전엔 자네를 잘 몰랐지. 자, 여기 5실링이
있네."

"나도 나중에 5실링 줄게." 애러벨라가 말했다. "우리가 알고
지낸 지도 오래됐잖아." 그런 다음 비대한 침입자에게 더없이 매
혹적인 미소를 보냈다.

뚱보 소년은 인식이 느렸기 때문에 처음에는 자신에게 호의적
인 갑작스러운 변화를 이해하지 못하고 어리둥절한 표정을 지었
다. 크게 놀라서 주변을 두리번거리던 그의 넓은 얼굴이 넓이와
비례하는 웃음의 징조를 드러내기 시작했고, 그런 다음 소년은
양쪽 주머니에 반 크라운씩 넣고 손과 손목까지 넣은 다음 쉰
목소리로 웃음을 터뜨렸다. 평생 처음이자 마지막이었다.

"우리를 이해하는구나." 애러벨라가 말했다.

"즉시 먹을 걸 주는 게 좋을 거야." 에밀리가 말했다.

뚱보 소년은 이 제안을 듣고 한 번 더 웃음 뻔했다. 속삭임이

좀 더 오간 뒤 메리가 앞으로 나서서 말했다.

"괜찮으시면 제가 오늘 같이 식사를 할게요."

"이쪽입니다." 뚱보 소년이 열심히 말했다. "진짜 맛있는 고기 파이가 있어요!"

뚱보 소년이 그녀를 아래층으로 안내했고, 예쁜 동행인은 그를 따라 식당으로 가면서 모든 급사를 사로잡고 모든 하녀들의 분노를 샀다.

소년이 그토록 감격적으로 말했던 고기 파이가 있었다. 게다가 스테이크와 감자 요리, 포터 한 주전자도 있었다.

"앉아요." 뚱보 소년이 말했다. "으아, 내 눈이야, 정말 멋진데! 배고파죽겠다."

소년은 너무나도 기뻐서 자기 눈을 대여섯 번 부른 다음 작은 탁자의 상석에 앉았고 메리는 반대쪽에 앉았다.

"이것 좀 드실래요?" 뚱보 소년이 나이프와 포크를 손잡이까지 파이에 푹 찔러 넣으며 말했다.

"괜찮으시면 조금만요." 메리가 대답했다.

뚱보 소년은 메리에게 약간 잘라준 다음 자신은 잔뜩 가져갔고, 먹으려던 순간 갑자기 나이프와 포크를 파이에서 떼고 몸을 앞으로 숙이더니 나이프와 포크를 손에 든 채 무릎에 올리고 아주 천천히 말했다.

"정말 근사하시네요!"

그는 무척 감탄하듯 말했는데, 여기까지는 기분 좋은 말이었지만 젊은 신사의 눈에는 이 칭찬을 의심스럽게 만드는 식인종 같은 분위기가 있었다.

"어머, 조지프." 메리가 얼굴을 붉히는 척하며 말했다. "무슨 뜻이에요?"

뚱보 소년은 천천히 이전 자세로 돌아가서 묵직한 한숨으로 대답했고, 잠시 생각에 잠긴 채 포터 맥주를 길게 한 모금 마셨다. 그런 다음 한숨을 다시 쉬더니 파이를 부지런히 먹었다.

"에밀리 양은 정말 좋은 분이세요!" 긴 침묵 끝에 메리가 말을 꺼냈다.

이제 뚱보 소년은 파이를 다 먹었다. 그가 메리에게 시선을 고정하고 대답했다.

"저는 더 좋은 분을 알죠."

"정말로요?" 메리가 말했다.

"네, 정말로요." 뚱보 소년이 드물게도 명랑하게 대답했다.

"이름이 뭔데요?" 메리가 물었다.

"당신 이름은 뭐죠?"

"메리요."

"그녀도요." 뚱보 소년이 말했다. "당신이 그 사람이에요." 뚱보 소년이 칭찬을 더욱 강조하려고 싱긋 웃고 눈을 사팔뜨기 비슷하게 떴는데 추파를 던지려는 듯했다.

"저한테 그런 식으로 말하면 안 돼요." 메리가 말했다. "진심이 아니잖아요."

"아닌가요?" 뚱보 소년이 대답했다. "저는……."

"그래요."

"여기 자주 올 거예요?"

"아니요." 메리가 고개를 저으며 대답했다. "오늘 밤에 다시 떠날 거예요."

"아!" 뚱보 소년이 격렬하게 말했다. "당신이 여기 있으면 같이 식사를 즐길 수 있을 텐데!"

"가끔 당신을 보러 올 수도 있죠." 메리가 수줍어하는 척 식탁보를 만지며 말했다. "제 부탁 하나만 들어준다면요."

뚱보 소년은 부탁이 어떤 방식으로든 먹을 것과 관련이 있다고 생각하는지 파이 접시와 스테이크를 차례로 보았다. 그런 다음 반 크라운짜리 동전을 하나 꺼내서 초조하게 흘끔거렸다.

"제 말 모르겠어요?" 메리가 그의 뚱뚱한 얼굴을 은밀하게 바라보며 말했다.

소년은 다시 반 크라운을 보고 희미하게 말했다. "네."

"에밀리 양과 윙클 부인은 당신이 위층에 젊은 신사분이 계셨다는 이야기를 하지 않기를 바라서요. 저도 그걸 바라고요."

"그게 다예요?" 뚱보 소년이 반 크라운을 주머니에 다시 넣으며 크게 마음을 놓고 말했다. "당연히 말 안 하죠."

"알겠죠?" 메리가 말했다. "스노드그래스 씨는 에밀리 양을 무척 좋아하고, 에밀리 양도 그분을 무척 좋아해요. 당신이 그 얘기를 하면 노신사께서 당신을 시골로 데려가실 거고, 그러면 당신은 아무도 못 만날 거예요."

"아니, 아니, 말 안 할 거예요." 뚱보 소년이 완강하게 말했다.

"좋아요." 메리가 말했다. "이제 위층으로 올라가서 윙클 부인이 옷 갈아입는 걸 도와드릴 시간이에요."

"아직 가지 말아요." 뚱보 소년이 간청했다.

"가야 해요." 메리가 대답했다. "그럼, 지금은 이만."

뚱보 소년이 코끼리처럼 장난스럽게 억지로 입맞춤을 하려고 양팔을 벌렸지만 딱히 유연하지 않아도 그의 품에서 쉽게 빠져나갈 수 있었으므로 그를 노예로 만드는 아름다운 여인은 소년이 끌어안기도 전에 사라지고 없었다. 그러자 무표정한 소년은 감상적인 표정으로 스테이크를 1파운드 정도 먹고 곧바로 잠들었다.

위층에서는 할 이야기가 너무나 많았다. 노신사 워들 씨가 계속 잔인하게 나올 경우 가출해서 결혼할 계획도 조정해야 했으므로 스노드그래스 씨가 마지막으로 작별 인사를 했을 때는 정찬 시간까지 30분밖에 남아 있지 않았다. 여자들은 옷을 입으러 에밀리의 침실로 갔고 연인은 모자를 집어 들고 방을 나섰다. 그가 문을 나서자마자 큰 소리로 말하는 워들 씨의 목소리가 들려서 난간을 내다보니 워들 씨가 어느 신사와 함께 계단을 올라오고 있었다. 이곳의 구조를 전혀 모르는 스노드그래스 씨는 혼란에 빠져 방금 나온 거실로 얼른 들어갔고, 거기서 안쪽 방(워들 씨의 침실)으로 들어가 조용히 문을 닫자마자 그가 얼핏 보았던 사람들이 거실로 들어왔다. 바로 워들 씨와 픽윅 씨였고, 너새니얼 윙클 씨와 벤저민 앨런 씨의 목소리도 어렵지 않게 알아들을 수 있었다.

'정신 차리고 피해서 다행이야.' 스노드그래스 씨가 미소를 지으며 이렇게 생각하고 발끝으로 서서 침대 근처 다른 문으로 갔다. '이 문을 열면 같은 복도가 나올 거야. 조용하게 편안하게 걸어 나가면 돼.'

그러나 그가 조용하고 편안하게 걸어 나가는 데에는 딱 한 가지 장애물이 있었으니, 바로 문이 잠겨 있고 열쇠가 없다는 사실이었다.

"오늘은 여기서 제일 좋은 와인을 맛보도록 하지." 노신사 워들 씨가 손을 문지르며 말했다.

"아주 좋은 와인을 준비하겠습니다." 급사가 대답했다.

"숙녀들에게 우리가 왔다고 알리게."

"네."

스노드그래스 씨는 여자들이 자신도 다시 들어왔다는 사실을 깨닫기를 열심히, 경건하게 바랐다. 한번은 열쇠 구멍 사이로 급사를 부를까 생각했지만 엉뚱한 급사가 올지도 모른다는 가능성이 떠올랐고, 동시에 자신의 상황이 최근 이웃 호텔에서 발견된 또 다른 신사의 상황(그의 불행에 대한 설명은 그날 조간의 '경찰 동향' 편에 나왔다)과 무척 비슷하다는 느낌이 들어서 그는 여행 가방에 앉아 격렬하게 몸을 떨었다.

"퍼커를 기다리지는 않을 겁니다." 워들 씨가 자기 시계를 보며 말했다. "그 사람은 항상 정확하거든. 올 생각이면 정각에 나타날 거고, 정각에 오지 않으면 기다려 봐야 소용없지요. 하! 애러벨라!"

"내 여동생!" 벤저민 앨런 씨가 더없이 낭만적으로 그녀를 끌어안으며 말했다.

"오, 벤. 왜 담배 냄새가 나지?" 애러벨라가 애정 표현에 약간 압도되어 말했다.

"그래?" 벤저민 앨런 씨가 말했다. "그러니? 음, 그럴지도"

커다란 난로가 있는 자그마한 뒷방에서 의대생 열두 명이 모인 작은 흡연 파티에서 이제 막 왔으므로 그럴지도 몰랐다.

"하지만 만나서 정말 반갑다." 벤 앨런 씨가 말했다. "축하해, 벨라."

"자." 애러벨라가 몸을 숙여 오빠에게 입을 맞추며 말했다. "이제 그만 놔줘. 오빠 때문에 다 헝클어지잖아."

이 화해의 순간에 벤 앨런 씨는 자신의 감정과 담배, 포터 맥주에 압도당해서 안경을 적신 채 주변 사람들을 둘러보았다.

"나한테 할 말은 없나?" 워들 씨가 팔을 벌리며 말했다.

"무척 많지요." 애러벨라가 노인의 진심 어린 포옹과 축하를 받으며 속삭였다. "워들 씨는 매정하고 감정도 없고 잔인한 괴물이에요!"

"넌 꼬맹이 반항아지." 워들 씨가 똑같은 어조로 말했다. "안됐지만 앞으로 너를 우리 집에 못 오게 해야겠다. 너처럼 다른 이들이 반대하는 결혼을 하는 사람은 사회에 풀어두면 안 되지." 노신사가 큰소리로 덧붙였다. "하지만 이리 와라, 정찬을 준비했으니 내 옆에 앉으렴. 조, 아니, 이 빌어먹을 자식, 안 자잖아!"

주인이 정말 당황스럽게도 뚱보 소년은 깜짝 놀랄 만큼 말짱하게 깨어 있었고, 눈을 크게 뜨고 있었으며 앞으로도 계속 뜨고 있을 듯한 표정이었다. 태도 역시 설명할 수 없는 기민함이 있었다. 소년은 에밀리나 애러벨라와 눈이 마주칠 때마다 싱글싱글 선웃음을 지었고, 한 번은 눈을 찡긋거렸다고 워들 씨가 맹세할 수도 있었다.

뚱보 소년의 태도가 이렇게 변한 것은 자신이 중요한 사람이라는 느낌이 강해졌기 때문이었고, 또 젊은 여인들과 비밀을 공유하고 있다는 생각에서 오는 위엄 때문이었다. 선웃음과 윙크는 그의 충성을 믿어도 된다는 수많은 확인이었다. 그러나 이러한 신호는 의심을 잠재우기보다는 일으켰고, 게다가 조금 당황스러웠기 때문에 가끔 애러벨라가 표정을 찌푸리거나 고개를 저어 답했다. 그러면 뚱보 소년은 경계를 늦추지 말라는 뜻으로 해석하고 완벽하게 이해했다는 의미로 두 배는 더 열심히 싱글싱글 선웃음을 짓고 눈을 깜빡였다.

"조, 내 코담배 상자가 소파에 있나?" 주머니를 다 뒤져도 찾지 못한 워들 씨가 물었다.

"아닙니다." 뚱보 소년이 대답했다.

"아, 기억났다. 오늘 아침에 화장대에 놓았지." 워들 씨가 말했다. "방으로 가서 가져오너라."

뚱보 소년은 옆방으로 가서 1분 정도 있다가 코담배 상자를 들고 평생 가장 창백한 얼굴로 돌아왔다.

"쟤가 어떻게 된 거지?" 워들 씨가 외쳤다.

"아무 문제 없습니다." 조가 초조하게 대답했다.

"유령이라도 봤나?" 노신사가 물었다.

"아니면 술이라도 마셨나?" 벤 앨런이 덧붙였다.

"당신 말이 맞는 것 같군." 워들 씨가 탁자 건너편에서 속삭였다. "술에 취했어, 분명해."

벤 앨런 씨도 그런 것 같다고 대답했다. 이 신사는 문제의 질병을 수없이 본 사람이었으므로 워들은 30분 동안 마음속에 맴돌던 생각에 확신을 가졌고 즉시 뚱보 소년이 무척 취했다는 결론을 내렸다.

"몇 분 동안 지켜보지." 워들 씨가 중얼거렸다. "취했는지 아닌지 곧 알 수 있을 거야."

운 나쁜 소년은 스노드그래스 씨와 몇 마디를 나누었을 뿐이었는데, 그 신사는 자신을 풀어달라는 말을 친구에게 몰래 전하라고 한 다음, 자리를 너무 오래 비우면 들킬지도 모른다며 코담배 상자와 함께 그를 떠밀어 내보냈다. 뚱보 소년은 더없이 불안한 표정으로 잠시 고민한 다음 메리를 찾아서 방을 나섰다.

그러나 메리는 주인에게 옷을 입힌 후 집으로 돌아갔기 때문에 뚱보 소년은 이전보다 더욱 불안한 상태로 돌아왔다.

워들 씨와 벤 앨런 씨가 눈짓을 주고받았다.

"조." 워들 씨가 말했다.

"네."

"뭐 하러 갔다 왔지?"

뚱보 소년은 탁자에 둘러앉은 모두의 얼굴을 절망적으로 바라보았고, 자기도 모르겠다고 더듬더듬 말했다.

"아." 워들 씨가 말했다. "모르겠다고? 그럼 이 치즈를 픽윅 씨께 전해드려라."

픽윅 씨는 건강하고 기운찼기 때문에 정찬 시간 내내 아주 즐거웠고, 지금은 에밀리와 윙클 씨와 활발하게 대화를 나누고 있었다. 그는 예의 바르게 고개를 숙이며 이야기를 강조했고, 왼손을 살짝 흔들어 자기 의견에 힘을 실었는데, 그러는 내내 온화한 미소를 빛냈다. 그가 접시에서 치즈 한 조각을 집어서 고개를 돌리고 대화를 다시 시작하려는데 뚱보 소년이 몸을 굽혀 픽윅 씨와 머리를 나란히 하더니 엄지로 어깨 너머를 가리키면서 무언극에서밖에 본 적 없는 끔찍하고 무시무시한 표정을 지었다.

"세상에!" 픽윅 씨가 깜짝 놀라 말했다. "이게 무슨……." 그가 말을 멈추었다. 뚱보 소년이 몸을 일으키더니 잠에 빠졌거나, 혹은 자는 척을 했기 때문이었다.

"무슨 일이오?" 워들 씨가 물었다.

"조는 정말로 독특하군요." 픽윅 씨가 소년을 불안하게 보면서 대답했다. "이상한 말일지도 모르지만, 정말이지, 가끔 이 애가 약간 미친 게 아닌가 싶다니까요."

"오! 픽윅 씨! 부디 그런 말은 하지 마세요." 에밀리와 애러벨라가 동시에 외쳤다.

"물론 확실한 건 아닙니다." 심오한 침묵과 음울한 표정들 속에서 픽윅 씨가 이렇게 말했다. "하지만 지금 나를 대하는 태도는 정말로 이상해요. 앗!" 픽윅 씨가 갑자기 짧은 비명을 지르며 벌떡 일어났다. "실례합니다 숙녀 여러분, 하지만 지금 이 아이가 날카로운 도구로 내 다리를 찔렀어요! 정말 위험한 아이입니다."

"취했군." 노신사 워들 씨가 격노하여 으르렁거리며 말했다. "종을 울려라, 급사들을 불러! 취했다."

"아닙니다." 주인이 옷깃을 잡자 뚱보 소년이 털썩 무릎을 꿇으며 말했다. "안 취했어요!"

"그럼 미쳤구나! 그게 더 나쁘지. 급사들을 불러라." 노신사가 말했다.

"저 안 미쳤어요, 제정신이에요." 뚱보 소년이 이렇게 대답하더니 울기 시작했다.

"도대체 왜 픽윅 씨의 다리를 찌른 거냐?" 워들 씨가 화를 내며 물었다.

"저를 안 보시잖아요." 소년이 대답했다. "픽윅 씨랑 얘기를 하고 싶었단 말이에요."

"무슨 말을 하고 싶었는데?" 여섯 명의 목소리가 한꺼번에 물었다.

뚱보 소년이 숨을 헉 들이마시더니 침실 문을 보고 다시 숨을 들이마셨고, 양쪽 검지로 눈물 두 방울을 닦아냈다.

"도대체 무슨 말이 하고 싶은 거냐고!" 워들 씨가 소년을 흔들며 물었다.

"잠깐." 픽윅 씨가 말했다. "내게 맡겨요. 나한테 무슨 말이 하고 싶었느냐, 불쌍한 아이야?"

"픽윅 씨에게 속삭이고 싶었어요." 뚱보 소년이 대답했다.

"귀를 물어뜯고 싶었겠지." 워들 씨가 말했다. "가까이 가지 마세요, 저 애는 위험합니다. 종을 울려서 아래층으로 데려가."

윙클 씨가 종의 줄을 잡으려는 순간 일동의 깜짝 놀란 표정을 보고 딱 멈췄다. 사랑에 빠진 연인이 혼란으로 타오르는 듯한 얼굴을 하고 갑자기 침실에서 걸어 나오더니 모두에게 고개를 숙여 인사했다.

"아니!" 워들 씨가 뚱보 소년의 옷깃을 놓고 비틀비틀 물러서며 외쳤다. "이게 무슨 일이야!"

"저는 워들 씨가 돌아오셨을 때부터 옆방에 숨어 있었습니다." 스노드그래스 씨가 설명했다.

"에밀리." 노신사 워들 씨가 나무라듯 말했다. "나는 비열함과 속임수가 싫다. 이건 정말로 상스럽고 정당화할 수 없는 일이구나. 나는 너에게 이런 일을 당할 이유가 없다, 정말로."

"아버지." 에밀리가 말했다. "저는 전혀 모르는 일이에요. 오거스터스, 세상에, 설명을 해봐요."

자기 이야기를 하려고 기다리고 있던 스노드그래스 씨는 곧장 어떻게 하다가 이 괴로운 고난에 처했는지 자세히 이야기했다. 가정에 불화를 일으킬까 봐 두려워서 워들 씨가 들어오자 몸을 피했으며, 다른 문으로 나가려고 했지만 잠겨 있었기 때문에 자기 의지와 달리 기다릴 수밖에 없었다고 말이다. 고통스러운 상황이었지만 지금은 별로 후회하지 않는데, 친구들 앞에서 자신이 워들 씨의 딸을 진심으로 깊이 사랑한다는 사실을 인정할 기회가 생겼기 때문이다. 그는 자랑스럽게도 그 감정이 상호적인 것이라 선언할 수 있으며, 두 사람이 수천 마일 떨어져 있거나 둘 사이에 바다가 흐른다 해도 처음 만났던 행복한 나날을 단한 순간도 잊을 수 없다는 말을 쏟아냈다.

스노드그래스 씨는 자기 생각을 전달하고 나서 다시 한번 고개 숙여 인사하고는 모자 정수리를 내려다보며 문 쪽으로 다가갔다.

"잠깐!" 워들 씨가 외쳤다. "아니, 이런……."

"피 끓는." 더 나쁜 말이 나오리라 생각한 픽윅 씨가 부드럽게 제안했다.

"음…… 피 끓는 젊은이들을 봤나!" 워들 씨가 픽윅 씨의 제안을 받아들이며 말했다. "애초에 나한테 전부 이야기할 수는 없었나?"

"아니면 나한테 털어놓거나?" 픽윅 씨가 덧붙였다.

"이런, 이런." 애러벨라가 편을 들며 말했다. "지금 와서 그런 걸 물어봐야 무슨 소용이에요. 워들 씨는 특하나 탐욕스럽고 늙은 마음을 이미 돈 많은 사위에게 준 데다가 거칠고 사나우니까 다들 무서워하잖아요. 저만 빼고요. 스노드그래스 씨랑 악수하고 저분 식사나 주문해 주세요, 굶어죽을 것 같은 표정이니까. 그리고 당장 와인을 드세요. 워들 씨는 최소 두 병 마실 때까지는 정말 참을 수 없으니까요."

훌륭한 노신사는 애러벨라의 귀를 잡아당겨 아무 거리낌 없이 입을 맞추었고, 딸에게도 크나큰 애정을 담아 입맞춤을 한 뒤 스노드그래스 씨와 따뜻한 악수를 나누었다.

"어쨌거나 맞는 말을 하나는 했군." 노신사가 쾌활하게 말했다. "종을 울려 와인을 시켜라."

와인이 왔고, 동시에 퍼커 씨도 위층으로 올라왔다. 스노드그래스 씨는 옆 테이블에서 식사를 했고, 식사를 마치자 에밀리 옆으로 의자를 당겨 앉았지만 노신사는 전혀 반대하지 않았다.

저녁 시간은 정말 즐거웠다. 자그마한 퍼커 씨는 여러 가지 우스운 이야기를 들려주고 진지한 노래를 불렀는데, 노래는 이야기만큼이나 웃겼다. 애러벨라는 무척 매력적이었고, 워들 씨는 무척 명랑했으며, 픽윅 씨는 사람들과 무척 잘 어울렸고, 벤 앨런 씨는 무척 소란스러웠고, 연인들은 무척 조용했고, 윙클 씨는 무척 말이 많았고, 모두가 무척 행복했다.

55장

솔로몬 펠 씨가 엄선된 마부들의
도움을 받아 아버지 웰러 씨의
문제를 해결하다

"새뮤얼." 장례식 다음 날 아침, 웰러 씨가 아들에게 말을 걸었다. "찾았다, 새미. 거기 있을 줄 알았어."

"뭐가요?" 샘이 물었다.

"네 새어머니의 유언장 말이다." 웰러 씨가 대답했다. "이 유언 장에 따라서 내가 어젯밤에 말한 대로 공채를 사려고 한 거다."

"뭐요? 유언장이 어디 있는지 어머니가 말 안 해줬어요?" 샘이 물었다.

"전혀 안 했단다." 웰러 씨가 대답했다. "우리는 사소한 의견 차이를 조정하는 중이었고, 나는 네 새어머니의 기운을 북돋고 돌보느라 물어보는 걸 까먹었지. 사실 기억했다고 한들 물어봤 어야 하는 건지도 모르겠다." 웰러 씨가 덧붙였다. "새미, 아픈 사람을 돌보면서 그 사람 재산을 궁금해하는 건 이상한 일 아니냐? 마차에서 떨어진 실외석 승객을 다시 태우고 상태는 어떠냐고 물으면서 그 사람 주머니에 손을 넣는 거나 똑같잖냐."

웰러 씨는 이러한 비유로 자신의 말뜻을 설명한 다음 지갑을 열어 더러운 종이 한 장을 꺼냈는데, 거기에는 다양한 문자들이 빼곡하게 들어차 놀라운 혼돈을 이루고 있었다.

"이게 그 문서다." 웰러 씨가 말했다. "술집 찬장 꼭대기 칸에 있는 작은 검정색 찻주전자 안에서 찾았지. 네 계모는 결혼하기 전에 거기에 지폐를 넣어두곤 했단다. 돈을 내려고 뚜껑을 여는 모습을 수없이 많이 봤지. 불쌍한 사람 같으니, 집 안에 있는 찻주전자란 찻주전자는 전부 지폐로 채우고서는 썩 불편한지도 몰랐겠지. 요즘 금주회가 열릴 때만 빼면 차도 별로 안 마셨으니. 그 사람들은 차를 마신 다음 그 힘으로 기운을 냈단다."

"뭐라고 써 있어요?" 샘이 물었다.

"내가 너한테 말한 대로란다, 아들아." 아버지가 대답했다. "내 의붓아들 새뮤얼에게 200파운드 상당의 저리 채권을, 그 외의 재산은 종류를 불문하고 모두 내 남편 토니 웰러에게 주고, 토니 웰러를 나의 유일한 유언집행자로 지명한다."

"그게 전부죠?" 샘이 말했다.

"그게 전부야." 웰러 씨가 대답했다. "당사자는 우리 둘 밖에 없고, 우리 둘 다 그 내용에 만족하니까 이 종이는 불에 넣어서 태워버리자꾸나."

"미쳤어요?" 아무것도 모르는 아버지가 이 말을 실행에 옮기기에 앞서 불을 쑤석이자 샘이 종이를 낚아채며 말했다. "정말 훌륭한 유언집행자시네요."

"왜 안 되냐?" 웰러 씨가 부지깽이를 손에 들고 엄하게 주변을 둘러보며 말했다.

"왜 안 되냐고요?" 샘이 외쳤다. "유언장을 입증하고, 검인하고, 선서하고, 그런 형식을 다 거쳐야 하니까요."

"진심은 아니지?" 웰러 씨가 부지깽이를 내려놓으며 말했다.

샘은 안주머니에 유언장을 조심스럽게 넣고 단추를 채웠다. 그러고서 진심이라고, 게다가 아주 진지하다는 표정을 지었다.

"그럼 하나 말해두마." 웰러 씨가 잠깐 생각한 후에 말했다. "이건 그 대법관의 비밀 친구한테 딱 맞는 사건이야. 펠이 유언장을 봐줄 거다, 새미. 그 사람은 법적으로 어려운 문제를 다루지. 곧장 파산 법정으로 가자."

"이렇게 정신없는 노인은 처음 보겠네!" 샘이 짜증을 내며 외쳤다. "머릿속에 올드 베일리니, 파산 법정이니, 알리바이니, 그런 말도 안 되는 생각밖에 없다니. 가만히 서서 아무것도 모르는 일에 대해서 설교나 늘어놓지 말고 외출복을 입고 런던으로 가서 이 일을 해결하는 게 낫겠어요."

"좋다, 새미." 웰러 씨가 대답했다. "이 일을 해치울 수 있다면 뭐든 좋다. 하지만 잊지 마라. 펠 말고는 안 된다, 펠 말고 다른 법적 조언자는 안 돼."

"나도 다른 사람은 됐어요." 샘이 대답했다. "자, 안 가세요?"

"잠깐 기다려라, 새미." 웰러 씨가 대답했다. 그는 창문에 달린 작은 거울을 보면서 숄을 두른 다음, 이제는 상의를 입느라 아주 힘들게 애쓰고 있었다. "잠깐 기다려. 너도 네 아버지만큼 나이가 들면 옷 입는 게 지금처럼 쉽지 않을 거다."

"그렇게 고생할 것 같으면 차라리 안 입고 말래요." 아들이 대답했다.

"지금은 그렇게 생각하겠지." 웰러 씨가 노인다운 위엄을 뽐내며 말했다. "하지만 몸의 폭이 넓어질수록 현명해진다는 사실을 깨달을 거다. 너비와 현명함은 항상 같이 자란단다."

웰러 씨는 절대 틀림없는 격언—여러 해에 걸친 개인적인 경험과 관찰의 결과—을 중얼거리면서 몸을 능숙하게 꼬아서 상의 맨 아래 단추를 제대로 끼우려고 애썼다. 그런 다음 몇 초 동안 숨을 돌린 후 팔꿈치로 모자를 털고 준비가 다 됐다고 선언했다.

"네 사람의 머리가 두 사람의 머리보다 낫지." 마차를 타고 런던의 도로를 따라 달리면서 웰러 씨가 말했다. "그리고 이 모든 재산이 법조계 신사에게는 아주 큰 유혹이니까, 잘못하면 뭐라고 말해줄 친구 몇 명을 데리고 갈 거다. 그날 너도 플리트에서 본 친구들이지. 그 친구들이 보는 눈은 최고거든." 웰러 씨가 반쯤 속삭이며 덧붙였다. "말을 보는 눈은 최고야."

"변호사를 보는 눈도 최고예요?" 샘이 물었다.

"짐승을 정확히 판단할 수 있는 사람은 뭐든 정확히 판단할 수 있지." 그의 아버지가 대답했다. 너무나 독단적인 대답이었기 때문에 샘은 반박할 생각도 하지 않았다.

이 탁월한 결심을 이행하기 위해서 아버지 웰러 씨는 얼굴이 얼룩덜룩한 신사와 뚱뚱한 마부 두 명—아마도 그들의 너비와 그에 따른 지혜를 보고 골랐을 것이다—에게 도움을 청했다. 이렇게 사람들의 도움을 확보한 다음 일행은 포르투갈 거리의 선술집으로 갔고, 그곳에서 길 건너 파산 법정으로 사람을 보내 솔로몬 펠 씨에게 즉시 와달라고 요청했다.

심부름꾼은 다행히도 법정에서 솔로몬 펠 씨를 찾았는데, 그는 일이 없어서 애버네티 비스킷과 새벌로이 소시지[176]로 간단한 식사를 하고 있었다. 심부름꾼이 전언을 속삭이자마자 그는 먹던 음식을 각종 서류와 함께 주머니에 밀어 넣고 서둘러 길을 건넜는데, 어찌나 빨랐던지 심부름꾼이 법정에서 빠져나오기도 전에 그는 술집에 도착했다.

"여러분, 안녕하십니까." 펠 씨가 모자를 건드리며 말했다. "제가 일을 봐드리죠. 아부를 하는 것은 아닙니다만, 오늘 저를 법정에서 달려 나오게 할 수 있는 사람은 이 세상에 다섯 명도 안 됩니다."

"그렇게 바쁘세요?" 샘이 말했다.

"완전히 녹초가 됐지요. 고인이 되신 제 친구 대법관께서 상원에 청원을 끝내고 나올 때 수없이 말했던 것처럼요. 불쌍한 분! 그분은 피로에 정말 약했어요. 항상 청원을 온몸으로 느꼈지요. 정말이지, 쓰러지지는 않을까 생각한 적이 한두 번이 아니었다니

---

176 캐러웨이 씨가 든 딱딱한 비스킷과 양념을 강하게 한 훈제 돼지고기 소시지.

까요."

여기서 펠 씨는 고개를 젓고 말을 멈췄다. 그러자 웰러 씨는 이 변호사가 높은 사람들과 연줄이 얼마나 많은지 보라고 옆자리의 친구를 쿡쿡 찌르면서 펠 씨에게 문제의 그 일이 고귀한 친구의 몸에 영구적인 악영향을 끼쳤는지 물었다.

"거기서 회복하지 못했다고 생각합니다." 펠이 대답했다. "사실 그랬다고 확신하죠. 그분은 저에게 수없이 말씀하셨습니다. '펠, 자네가 그런 정신노동을 도대체 어떻게 견디는지 수수께끼라네.' 저는 이렇게 대답하곤 했지요. '글쎄요, 저도 제가 어떻게 견디는지 전혀 모르겠습니다.' 대법관님이 한숨을 쉬고 약간 부러운 듯 저를 보며 덧붙였지요. '자네는 참 놀라워, 놀랍다고.' 아! 여러분, 여러분도 그분을 알았다면 무척 좋아했을 겁니다. 3페니짜리 럼을 갖다줘요."

펠 씨는 슬픔을 억누르는 말투로 여급에게 마지막 말을 한 다음 한숨을 쉬고, 자기 신발을 내려다보고, 천장을 올려다보았다. 그런 다음 럼이 나오자 단번에 비웠다.

"하지만 말입니다." 펠이 의자를 탁자 가까이 끌어당기며 말했다. "전문 직종을 가진 자는 법률적인 도움을 필요로 하는 사람이 있을 때 자신의 사사로운 우정에 대해서 생각할 권리가 없어요. 여러분, 저번에 여기서 여러분을 만난 이후로 우리는 무척 슬픈 사건 때문에 울어야 했지요."

펠 씨는 울어야 했다는 말을 할 때 주머니에서 손수건을 꺼냈지만 윗입술에 남아 있던 럼 방울을 닦는 데 그쳤을 뿐이다.

"저는 〈에드버타이저〉 신문에서 그 소식을 읽었습니다, 웰러 씨." 펠이 말을 이었다. "세상에, 쉰두 살도 안 됐는데! 이런, 생각해 보세요."

생각에 잠기라는 말은 얼룩덜룩한 얼굴의 남자를 향한 것이었는데, 펠 씨는 우연히 그와 눈이 마주쳤다. 그러자 보통 모든 일을 안개가 낀 것처럼 흐리멍덩하게 이해하는 얼룩덜룩한 얼굴의 남자는 자기 자리에서 불안하게 뒤척였고, 그런 일이야말로 어떻게 일어나는지 아무도 말할 수 없다는 의견을 내놓았다. 이 말에는 논박하기 어려운 의견이 담겨 있었기 때문에 누구도 반론하지 않았다.

"아주 좋은 여자였다는 말을 들은 적이 있습니다, 웰러 씨." 펠이 동정하듯 말했다.

"네, 그랬지요." 아버지 웰러 씨가 대답했다. 그는 이 문제에 대해서 토론하는 분위기가 마음에 들지 않았지만 그래도 고인이 된 대법관과 오랫동안 친하게 지낸 변호사이니 교양에 대해서는 제일 잘 알 것이라고 생각했다. "제가 처음 알았을 때에도 아주 좋은 여자였습니다. 그때는 과부였지요."

"아니, 정말 신기하군요." 펠이 슬픈 미소를 띠고 주변을 둘러보며 말했다. "제 아내도 과부였지요."

"정말 신기하군요." 얼굴이 얼룩덜룩한 남자가 말했다.

"음, 신기한 우연이네요." 펠이 말했다.

"전혀 그렇지 않아요." 아버지 웰러 씨가 퉁명스럽게 말했다. "독신녀보다 과부들이 더 결혼을 많이 하죠."

"좋습니다, 좋아요." 펠이 말했다. "당신 말이 맞습니다, 웰러 씨. 펠 부인은 아주 우아하고 세련된 여자였지요. 그녀의 태도에 대해서 우리 마을의 모든 사람들이 감탄하며 말했답니다. 저는 그녀가 춤추는 것을 보면 자랑스러웠지요. 그녀의 움직임에는 아주 확실하고 위엄 있으면서도 자연스러운 뭔가가 있었어요. 그녀의 몸놀림은 단순함 그 자체였습니다. 아! 그래요, 그래! 이런 질문을 해서 죄송합니다만, 새뮤얼 씨." 변호사가 더 낮은 목소리로 말을 이었다. "당신 새어머니는 키가 컸습니까?"

"별로요." 샘이 대답했다.

"펠 부인은 키가 컸답니다." 펠이 말했다. "멋진 여자였어요. 우아한 몸매에, 명령을 내리기 위해 만들어진 당당한 코였지요. 그녀는 저를 무척 사랑했답니다, 아주 많이요. 그리고 신분 높은 사람들과도 연이 깊었지요. 여러분, 제 아내의 어머니의 오빠는 법률가 대서인으로, 800파운드 때문에 파산했답니다."

"음." 이야기가 진행되는 동안 다소 초조해진 웰러 씨가 말했다. "일 이야기 말인데요."

이 말이 펠의 귀에는 음악처럼 들렸다. 그는 마음속으로 일을 맡기긴 할 것인지, 아니면 그냥 물 탄 브랜디나 펀치를 한 잔 하라거나 그와 비슷한 인사로 초대받은 건지 생각하고 있었는데, 이제 자신이 적극적으로 물어볼 필요도 없이 의문이 해결되었다. 그는 눈을 번득이며 탁자에 모자를 내려놓고 말했다.

"음, 일이라 함은 어떤 일인지요? 여러분 중 누군가 법정에 가고 싶은 분이 계신가요? 체포가 필요하지요. 아시겠지만 우호적인 체포로 충분하니까요. 우리는 모두 친구 사이 아닙니까?"

"서류를 줘라, 새미." 웰러 씨가 아들에게서 유언장을 받았다. 샘은 이 모임을 무척 즐기는 듯했다. "우리는 이걸 검사하고 싶습니다."

"검인이겠지요." 펠이 말했다.

"검사든 검인이든 거기서 거기지요. 제 말이 무슨 뜻인지 모르신다면 아는 사람을 찾아보겠습니다." 웰러 씨가 날카롭게 대꾸했다.

"기분 상하신 건 아니겠지요?" 펠이 온순하게 말했다. "당신이 유언집행자군요." 그가 서류를 보며 덧붙였다.

"그렇소." 웰러 씨가 대답했다.

"여기 다른 분들은 피유증자인가요?" 펠이 축하의 미소를 지으며 물었다.

"새미가 피유증자요." 웰러 씨가 대답했다. "다른 사람들은 내 친구들인데, 일이 잘 진행되는지 지켜보러 왔지요. 일종의 심판입니다."

"아주 좋아요. 이의 없습니다. 시작하기 전에 먼저 5파운드 받겠습니다, 하하하!"

위원회가 5파운드를 선금으로 줘도 괜찮다는 결론을 내리자 웰러 씨가 돈을 냈고, 특별한 주제도 없이 긴 상담이 이어졌다. 펠 씨는 일의 진행을 지켜보던 신사들에게 이 일을 자신에게 맡기지 않았다면 전부 엉망진창이 되었을 것임을 증명했기 때문에 모두 무척 만족했다. 정확한 이유를 설명하지는 않았지만 어쨌

거나 의심의 여지는 없었다. 펠 씨는 중요한 요점을 전달한 후에
유산 관리 비용으로 고기 세 조각과 맥주, 증류주를 먹고 마시며
기운을 돋웠고, 그런 다음 다 같이 민사회관으로 갔다.

일행은 다음 날 민사회관을 다시 찾아갔고, 술에 취한 증인 마
부가 심한 욕을 제외하면 아무 선서도 하지 않으려고 해서 사무
변호사와 유언 검인 판사에게 큰 반감을 사는 소동이 있었다. 다
음 주에는 민사회관에 더욱 여러 번 찾아갔고, 유산세 사무소에
도 한 번 찾아갔으며, 임대차 계약과 사업의 처분 및 승인을 위한
협정을 시작했다. 재산 목록을 만들고, 점심과 저녁을 먹고, 그
밖에 돈이 되는 갖가지 일을 처리하면서 서류가 어마어마하게
쌓여서 솔로몬 펠 씨와 조수, 파란 가방이 전부 어찌나 뚱뚱해졌
는지 며칠 전 포르투갈 거리를 서성이는 같은 남자와 소년, 가방
을 봤던 그 누구도 알아볼 수 없을 지경이었다.

마침내 중대한 문제가 전부 해결되고, 재고품을 판매하고 옮
길 날이 정해졌고, 솔로몬 펠 씨가 추천해 준 윌킨스 플래셔 귀하
를 만날 날도 정해졌다. 플래셔 씨는 주식 중개인으로, 영국 중앙
은행 근처에 사무실이 있었다.

흥겨운 행사였기 때문에 일행도 그에 맞게 옷을 차려입었다.
웰러 씨는 장화를 새로 닦았고 옷도 특별히 손보아 준비했다. 얼
룩덜룩한 얼굴의 신사는 단춧구멍에 커다란 달리아 여러 송이를
잎까지 같이 꽂았고, 그의 두 친구는 월계수와 상록수로 만든 작
은 꽃다발로 상의를 장식했다. 세 사람 모두 엄연한 축제 복장이
었다. 즉 그들은 턱까지 감싸고 옷을 최대한 껴입었는데, 그것이

바로 역마차가 만들어진 이래 모든 역마차 마부가 생각하는 성장盛裝이었다.

펠 씨는 약속한 시간에 평소 만나던 곳에서 기다리고 있었다. 그조차도 장갑과 깨끗한 셔츠 차림이었는데, 셔츠는 자주 빨아서 깃과 소매가 해져 있었다.

"2시 15분 전이군요." 펠이 술집 시계를 보며 말했다. "플래셔 씨를 만나러 가는 게 제일 좋겠습니다."

"맥주부터 한잔하는 게 어떻습니까?" 얼룩덜룩한 얼굴의 남자가 제안했다.

"차가운 소고기도 조금 들고요." 두 번째 마부가 말했다.

"아니면 굴이라도." 세 번째 남자가 말했는데 둥글둥글한 다리와 쉰 목소리를 가진 신사였다.

"찬성, 찬성!" 펠이 말했다. "재산을 물려받게 된 웰러 씨를 축하합시다. 하하!"

"저도 좋습니다, 여러분." 웰러 씨가 대답했다. "새미, 종을 울려라."

샘이 시키는 대로 했다. 포터 맥주, 차가운 소고기, 굴이 즉시 나왔고 모두들 점심을 실컷 즐겼다. 다들 활발하게 참여했기 때문에 구별을 짓는 것은 불공평한 일이겠으나, 어떤 한 사람이 다른 사람보다 더 큰 힘을 발휘했다면 그것은 바로 쉰 목소리의 마부였는데, 그는 아무 감정도 드러내지 않은 채 굴과 함께 식초 1파인트를 먹었다.

"펠 씨." 아버지 웰러 씨가 물 탄 브랜디를 저으면서 말했다. 굴

껍데기를 치우고 모든 사람들 앞에 물 탄 브랜디가 한 잔씩 놓인 참이었다. "저는 공채에 대해서 건배를 제안할 생각이었는데, 새 뮤얼이 저한테 속삭이더군요."

여기서 조용한 미소를 띤 채 말없이 굴을 먹던 새뮤얼 웰러 씨 가 아주 큰 목소리로 "찬성"이라고 외쳤다.

"새뮤얼이 저한테 속삭이기를, 당신의 성공과 번영을 위해 건 배를 하는 게 더 좋겠답니다. 그리고 이 일을 마무리 지어준 것에 도 감사하고요. 당신 건강을 위해서 건배합시다."

"잠시만!" 얼룩덜룩한 얼굴의 신사가 갑자기 힘차게 말했다. "저를 봐주세요, 여러분."

그가 이렇게 말하면서 자리에서 일어났고, 다른 신사들도 일 어섰다. 얼굴이 얼룩덜룩한 신사가 좌중을 살피며 천천히 손을 들었고, 그러자 모두(얼룩덜룩한 얼굴의 신사를 포함해서) 길게 숨을 들이마시더니 각자의 입에 잔을 댔다. 얼굴이 얼룩덜룩한 신사가 순식간에 손을 내리자, 모두가 잔을 비우고 내려놓았다. 이 놀라운 의식이 만들어낸 짜릿한 효과를 말로 설명하기란 불 가능하다. 엄숙하고 장엄하고 인상적인 이 의식은 웅장함의 모 든 요소를 합친 것이었다.

"자, 여러분." 펠 씨가 말했다. "제가 할 수 있는 말은, 이러한 믿음의 증거가 전문직을 가진 사람에게는 무척 감사한 일이라 는 것밖에 없습니다. 저는 이기적으로 들릴 만한 말은 절대로 하 고 싶지 않지만, 여러분을 위해서, 여러분이 제게 오셔서 정말 기 쁩니다. 여러분이 저급한 변호사에게 갔다면 지금쯤 아주 곤란한 상태에 빠졌을 것이라고 확신하며, 그것이 사실이라고 분명히 말씀드릴 수 있습니다. 제 고귀한 친구가 살아서 제가 이 사건을 어떻게 처리했는지 봤다면 얼마나 좋을까 생각합니다. 저는 자부심에서 이렇게 이야기하는 것이 아니라, 제 생각에는……하지만 여러분, 저는 이런 생각으로 여러분을 괴롭히지 않겠습니다. 보통 이곳에서 저를 찾을 수 있지만 여기나 길 건너에 제가 없을 경우 이 주소로 오시면 됩니다. 제 수임료가 무척 저렴하고 합리적이라는 사실은 알고 계시겠지만 저처럼 의뢰인을 잘 돌보는 사람은 없습니다. 앞으로 제 업무에 대한 지식도 조금씩 늘려갈 생각입니다. 혹시 기회가 닿아서 저를 친구분들에게 추천해 주시면 아주 감사드리겠습니다. 그분들도 저를 알게 되면 여러분께 감사할 것입니다. 여러분의 건강을 위하여!"

솔로몬 펠 씨는 이렇게 자신의 감정을 표현하며 웰러 씨의 친구들 앞에 손으로 쓴 작은 명함을 세 장 놓았고, 시계를 다시 보더니 이제 출발할 시간이라고 말했다. 그러자 웰러 씨가 계산을 하고 밖으로 나갔고, 유언집행자, 피유증자, 변호사, 심판들이 시내를 향했다.

주식 거래소의 윌킨스 플래셔 귀하 사무실은 영국 중앙은행 뒤 법원 2층이었고, 윌킨스 플래셔 귀하의 집은 서리의 브릭스턴이었으며, 윌킨스 플래셔 귀하의 말과 경마차는 근처 마차 보관소에 있었고, 윌킨스 플래셔 귀하의 마부는 사냥감을 전달하러 웨스트 엔드로 가는 중이었고, 윌킨스 플래셔 귀하의 서기는 식사를 하러 가고 없었다. 따라서 펠 씨 일행이 집무실 문을 두드렸을 때 윌킨스 플래셔 귀하가 직접 들어오라고 소리쳤다.

"안녕하십니까." 펠이 아부하듯 고개 숙여 인사하며 말했다. "괜찮으시면 명의변경을 좀 하고 싶은데요."

"아, 들어오시죠." 플래셔 씨가 말했다. "잠시 앉으세요. 금방 봐드리겠습니다."

"감사합니다." 펠이 말했다. "서두르실 것 없습니다. 웰러 씨, 앉으세요."

웰러 씨가 의자에 앉았고, 샘은 상자에 앉았고, 심판들은 아무 데나 앉을 수 있는 곳에 앉아서 천문력과 벽에 붙은 종이 한두 장을 거장의 가장 뛰어난 그림이라도 되는 것처럼 눈을 크게 뜨고 경의를 드러내며 바라보았다.

"음, 거기 클라레 여섯 잔 걸지. 자." 윌킨스 플래셔 귀하가 이렇게 말하며 펠 씨가 들어오면서 잠시 중단되었던 대화를 다시 시작했다.

이것은 모자를 오른쪽으로 기울여 쓰고 책상 위에서 빈둥거리며 자로 파리를 잡고 있던 아주 말쑥하고 젊은 신사에게 하는 말이었다. 윌킨스 플래셔 귀하는 등받이 없는 사무실 의자의 두 다리 위에서 균형을 맞추며 펜나이프로 봉함지 상자를 찌르고 있었고, 가끔 밖으로 비어져 나온 작고 빨간 봉함지의 정중앙을 아주 능숙하게 맞추었다. 두 신사 모두 돌돌 말린 옷깃과 활짝 열린 조끼 차림에 아주 작은 장화와 무척 커다란 반지들을 착용하고 아주 작은 시계와 아주 큰 사슬, 대칭적인 바지와 향수 뿌린 손수건을 가지고 있었다.

"여섯 잔은 절대 안 걸어요." 다른 신사가 말했다. "열두 잔으로 하죠."

"좋아, 시머리, 그렇게 하지!" 윌킨스 플래셔 귀하가 말했다.

"기권하면 돈 내는 거예요." 상대방이 말했다.

"물론이지." 윌킨스 플래셔 귀하가 대답했다. 그런 다음 윌킨스 플래셔 귀하는 금필통이 달린 작은 책에 이 내용을 기입했고, 다른 신사 역시 또 다른 금필통이 달린 작은 책에 기입했다.

"오늘 아침에 보퍼에 대한 통지가 나왔던데요." 시머리 씨가 말했다. "불쌍하게도 쫓겨났더라고요."

"목을 그어 자살한다는 데 자네가 5기니 걸면 난 10기니 걸지." 윌킨스 플래셔 귀하가 말했다.

"좋아요." 시머리 씨가 대답했다.

"잠깐! 조건이 있어." 윌킨스 플래셔 귀하가 생각에 잠겨 말했다. "목을 맬지도 몰라."

"좋아요." 시머리 씨가 금필통을 다시 꺼내며 대답했다. "자, 어떤 방법으로든 죽는 걸로 하죠."

"자살이야." 윌킨스 플래셔 귀하가 말했다.

"그래요." 시머리 씨가 그 내용을 적으며 대답했다. "'플래셔―5기니에 10기니 검―보퍼가 자살한다.' 기한은 언제까지로 하죠?"

"2주일?" 윌킨스 플래셔 귀하가 제안했다.

"반대예요, 안 돼요." 시머리 씨가 자로 파리를 때려잡느라 잠시 멈추며 대답했다. "일주일로 해요."

"절충하지." 윌킨스 플래셔 귀하가 말했다. "열흘로 해."

"좋아요, 열흘." 시머리 씨가 대답했다.

그렇게 해서 작은 책에 보퍼가 열흘 내에 자살하지 않으면 윌킨스 플래셔 귀하가 프랭크 시머리 귀하에게 10기니를 주고, 보퍼가 같은 기간 내에 자살을 하면 프랭크 시머리 귀하가 윌킨스 플래셔 귀하에게 5기니를 주기로 한다고 적혔다.

"그 사람이 실패하다니 안됐군." 윌킨스 플래셔 귀하가 말했다. "멋진 정찬을 대접했었는데."

"포트와인도 아주 좋았죠." 시머리 씨가 말했다. "내일 경매장에 우리 집사를 보내서 64년산을 몇 병 사 오라고 해요."

"자네 정말 못됐군!" 윌킨스 플래셔 귀하가 말했다. "우리 집사도 보내야지. 우리 집사가 자네 집사를 상대로 경매를 따낸다에 5기니 걸지."

"좋아요."

금필통이 달린 작은 책에 다시 내기 내용이 적혔다. 이제 시머리 씨는 파리도 다 죽였고 내기도 다 정했기 때문에 무슨 일이 있는지 알아보러 증권거래소로 갔다.

윌킨스 플래셔 귀하는 솔로몬 펠 씨의 이야기를 들었고, 인쇄된 서식을 채운 다음 은행으로 자신을 따라오라고 했기 때문에 일행은 그렇게 했다. 웰러 씨와 세 친구는 모든 일이 진행되는 것을 끝없이 놀라며 바라보았고, 샘은 모든 일을 무척 침착하게 마주하면서 무엇에도 놀라지 않았다.

일행은 아주 시끄럽고 분주한 안마당을 가로지른 다음 모퉁이로 달려가는 빨간 소방차에 맞춰서 옷을 입은 듯한 문지기 두 명을 지나서 사무실로 들어갔고, 그곳에서 펠과 플래서 씨는 일행을 잠시 세워두고 위층 유언장 사무실로 올라갔다.

"여기는 뭐 하는 데지?" 얼룩덜룩한 얼굴의 신사가 아버지 웰러 씨에게 물었다.

"변호사 사무실이야." 유언집행인이 속삭이며 대답했다.

"카운터 뒤에 앉아 있는 사람들은 다 뭐지?" 목 쉰 마부가 물었다.

"아마 몰락한 변호사겠지." 웰러 씨가 대답했다. "저 사람들이 몰락한 변호사 아니냐, 새뮤얼?"

"아버지, 설마 살아 있는 사람이라고 생각하신 건 아니죠?" 샘이 약간 경멸하듯 물었다.

"내가 어떻게 알겠냐?" 웰러 씨가 쏘아붙였다. "몰락한 변호사처럼 생겼다고 생각했지. 그럼 저 사람들은 뭐냐?"

"서기예요." 샘이 대답했다.

"왜 다들 햄 샌드위치를 먹는 거냐?" 그의 아버지가 물었다.

"그게 의무라서 그런가 보죠." 샘이 대답했다. "그게 제도의 일부예요. 저 사람들은 온종일 여기서 일한다고요!"

웰러 씨와 친구들이 이 나라의 화폐제도와 관련된 이 독특한 규칙에 대해 생각할 시간도 없이 펠과 윌킨스 플래셔 귀하가 돌아왔고, 두 사람은 카운터 중에서 둥근 칠판에 'W'라고 크게 적힌 곳으로 그들을 이끌었다.

"저건 뭡니까?" 웰러 씨가 문제의 칠판을 가리키며 펠에게 물었다.

"사망자의 머리글자예요." 펠이 대답했다.

"이런." 웰러 씨가 심판들을 돌아보며 말했다. "뭔가 잘못됐어. 우리 머리글자는 V인데. 이걸론 안 돼."

심판들은 즉시 W로는 이 일을 법적으로 진행할 수 없다는 일치된 의견을 내놓았고, 샘이 신속하지만 얼핏 보기에는 불효로 보이는 행동을 하지 않았다면 아마 적어도 하루는 그 상태가 지속되었을 것이다. 샘은 아버지의 옷자락을 붙잡고 카운터로 끌고 가서 법률 문서 두 장에 서명을 할 때까지 꼼짝도 못하게 잡아두었는데, 인쇄체로 쓰는 웰러 씨의 습관 때문에 노력과 시간이 무척 많이 들었기 때문에 그가 서명하는 동안 담당 서기는 립스톤 피핀 사과를 세 개나 깎아서 먹었다.

아버지 웰러 씨가 자기 몫을 팔겠다고 고집을 부려서 일행은 증권거래소 정문으로 갔고, 그곳에서 윌킨스 플래셔 귀하가 잠시 자리를 비웠다가 페인 앤드 스미스 은행의 수표로 530파운드를 가지고 돌아왔다. 두 번째 웰러 부인의 공채 저축 잔액 중에서 그날 시세로 웰러 씨가 받게 된 돈의 총액이었다. 샘에게 남겨진 200파운드는 그의 명의로 변경되었고, 윌킨스 플래셔 귀하는 수수료를 받아서 상의 주머니에 아무렇게나 넣고 자기 사무실로 어슬렁어슬렁 돌아갔다.

웰러 씨는 처음에 수표를 전부 1파운드 금화로 바꾸겠다고 고집을 부렸다. 하지만 심판들이 그렇게 하면 집까지 운반할 작은 자루에 비용이 발생한다고 설명하자 5파운드짜리 지폐로 받겠다고 동의했다.

일행이 은행을 나설 때 웰러 씨가 말했다. "아들과 나는 오늘 오후에 특별한 약속이 있어요. 이 일을 빨리 마무리 짓고 싶으니 회계를 마무리할 수 있는 곳으로 바로 갑시다."

곧 조용한 방을 찾아서 회계를 결산하고 감사했다. 펠 씨의 계산서는 샘이 정산했고, 일부 비용은 심판들이 인정하지 않았다. 그러나 펠 씨가 다들 너무 인색하다고 엄숙하게 주장했지만 이것은 지금까지 그가 처리했던 일들보다 몇 배나 더 수익이 좋았고, 이 돈으로 6개월은 먹고 자고 씻을 수 있었다.

수고비를 조금씩 받은 심판들은 그날 밤 런던을 떠나야 했기 때문에 악수를 하고 바로 출발했다. 솔로몬 펠 씨는 더 이상 먹거나 마실 일이 없음을 깨닫고 아주 우호적으로 작별을 고했고, 샘과 아버지만 남았다.

"자." 웰러 씨가 지갑을 주머니에 넣으며 말했다. "임대차 계약금까지 해서 여기 1만 1천80파운드가 있다. 내 아들 새뮤얼, 이제 조지 앤드 벌처 여관으로 말 머리를 돌리자꾸나."

56장

픽윅 씨와 새뮤얼 웰러 씨가
아버지 웰러 씨의 도움을 받으며
중요한 회의를 하다,
코담배색 정장을 입은 노신사가
예상치 못하게 방문하다

픽윅 씨가 홀로 앉아서 여러 가지 일에 대해 생각하면서, 무엇보다도 현재의 불안정한 상태로 그에게 끊임없는 후회와 걱정을 안겨주는 젊은 부부를 지원해 줄 가장 좋은 방법이 무엇일까 고민하고 있을 때, 메리가 민첩하게 방으로 들어와 탁자로 다가오더니 다소 급하게 말했다.

"지금 아래층에 새뮤얼과 웰러 씨가 있는데, 픽윅 씨를 만나 뵈어도 되겠냐는데요?"

"물론이지." 픽윅 씨가 대답했다.

"감사합니다." 메리가 문 쪽으로 돌아가며 말했다.

"샘이 여기 온 지 오래되지는 않았지?" 픽윅 씨가 물었다.

"오, 아니에요." 메리가 열심히 대답했다. "이제 막 왔어요. 더

1226

이상 휴가를 요청하지 않을 거래요."

메리는 자신이 이 마지막 정보를 필요한 것보다 더 열렬하게 말했다는 사실을 의식했을지도 모르고, 혹은 말을 마쳤을 때 픽윅 씨가 그녀를 보면서 지은 유쾌한 미소를 알아차렸을지도 모른다. 어쨌든 그녀는 분명 고개를 숙였고, 아주 깔끔하고 작은 앞치마 한쪽 귀퉁이를 필요한 것보다 더 면밀하게 살폈다.

"즉시 올라와도 된다고 전해줘요." 픽윅 씨가 말했다.

메리가 안심한 표정으로 전언을 가지고 서둘러 사라졌다.

픽윅 씨는 왼손으로 턱을 문지르면서 방을 두세 번 오갔고, 생각에 빠진 듯했다.

"그래, 그래." 마침내 픽윅 씨가 상냥하지만 어딘가 우울한 어조로 말했다. "그게 바로 그의 애정과 충성에 보답하는 제일 좋은 방법이야. 반드시 그렇게 하자. 주변 사람들이 새로운 애정을 찾아서 떠나는 것이야말로 외로운 노인의 운명이지. 내 경우만 다르리라 생각할 권리는 없어. 아니지, 아니야." 픽윅 씨가 더욱 경쾌하게 덧붙였다. "그건 이기적이고 고마운 줄 모르는 행동이야. 이렇게 멋진 보답을 할 기회가 생긴 걸 기뻐해야지. 기쁘지, 물론 기쁘고말고."

너무 깊이 생각에 빠져 있던 픽윅 씨는 문 두드리는 소리가 세 번인가 네 번 되풀이된 다음에야 겨우 그 소리를 들었다. 그는 얼른 자리에 앉아서 평소의 기분 좋은 표정을 지은 다음 샘 웰러와 그의 아버지를 맞이했다.

"돌아와서 반갑군, 샘." 픽윅 씨가 말했다. "잘 지내셨습니까,

웰러 씨?"

"아주 잘 지냈습니다, 감사합니다." 홀아비 웰러 씨가 대답했다. "픽윅 씨도 건강하시지요?"

"네, 감사합니다." 픽윅 씨가 대답했다.

"대화를 좀 나누고 싶어서요." 웰러 씨가 말했다. "5분만 시간을 내주시면 고맙겠습니다."

"물론이지요." 픽윅 씨가 대답했다. "샘, 아버님께 의자를 내드리게."

"고맙다, 새뮤얼. 여기 의자 있다." 웰러 씨가 의자를 하나 가져오며 말했다. "드물게도 좋은 날이네요." 노신사가 바닥에 모자를 내려놓고 자리에 앉으며 덧붙였다.

"정말 그렇습니다." 픽윅 씨가 대답했다. "계절에 딱 맞는 날씨군요."

"지금까지 본 적도 없을 만큼 계절에 딱 맞는 날씨지요." 웰러 씨가 대답했다. 여기서 노신사는 갑자기 발작적으로 기침을 시작했고, 기침이 끝나자 고개를 끄덕이고, 눈을 찡긋거리고, 자기 아들을 향해 갖가지 탄원하고 위협하는 몸짓을 취했지만, 샘 웰러는 하나도 보지 않았다.

픽윅 씨는 노신사가 당황한 것을 알고 옆에 놓인 책장을 뜯는 데 몰두한 척하면서 웰러 씨가 방문 목적을 꺼낼 때까지 참을성 있게 기다렸다.

"너처럼 사람을 화나게 하는 녀석은 처음 본다, 새뮤얼." 웰러 씨가 분개하여 아들을 보며 말했다. "평생 처음이야."

"뭘 어쨌습니까, 웰러 씨?" 픽윅 씨가 물었다.

"가만히만 있잖아요." 웰러 씨가 대답했다. "특별한 용건이 있을 때 제가 말을 못 꺼내는 걸 뻔히 알면서 제가 여기서 창피한 꼴을 보이며 당신의 귀중한 시간을 빼앗는 것을 가만히 서서 보기만 하고 한 마디도 도와주질 않잖아요. 그건 아들다운 행동이 아니다, 새뮤얼." 웰러 씨가 이마를 닦으며 말했다. "그런 것과는 아주 거리가 멀어."

"아버지가 얘기하신다고 하셨잖아요." 샘이 대답했다. "처음부터 말도 못 꺼낼 줄 내가 어떻게 알았겠어요?"

"나를 보고 알았을 거 아니냐." 아버지가 대답했다. "내가 길을 잘못 들어서 울타리 안으로 뒷걸음질 친다든가, 아무튼 온갖 불쾌한 일을 당하고 있는데, 너는 도와주려고 손 하나 내밀지 않다니. 네가 부끄럽다, 새뮤얼."

"사실은요, 아버지가 돈을 찾으셨어요." 샘이 고개를 약간 숙이며 말했다.

"잘했다, 아주 잘했어." 웰러 씨가 만족스러운 듯 고개를 끄덕이며 말했다. "심한 말을 하려던 건 아니다, 새미. 잘했어. 그렇게 시작해야지. 바로 요점으로 들어가는 거야. 정말 잘했다."

웰러 씨는 너무나 기뻐서 몇 번이나 고개를 끄덕였고, 샘이 다시 말할 때까지 기다렸다.

"우선 앉게, 샘." 이 만남이 예상보다 길어질 것을 깨닫고 픽윅 씨가 말했다.

샘이 다시 고개를 숙이고 자리에 앉았다. 그의 아버지가 주변을 둘러보았고, 샘이 말을 이었다.

"아버지가 530파운드를 찾으셨어요."

"몰락한 변호사죠." 아버지 웰러 씨가 낮은 목소리로 끼어들었다.

"몰락한 변호사인지는 별로 안 중요해요." 샘이 말했다. "총 530파운드예요, 그렇죠?"

"맞다, 새뮤얼." 웰러 씨가 대답했다.

"거기에다가 집이랑 가게 세준 거랑……."

"임차금, 영업권, 재고, 정착물을 더해서요." 웰러 씨가 끼어들었다.

"그래서 다 합쳐서 1만 1천80파운드예요."

"이거 참!" 픽윅 씨가 말했다. "정말 좋은 소식이군요. 그렇게나 성공하셨다니 축하드립니다."

"잠깐만요." 웰러 씨가 항의하듯 손을 들며 말했다. "계속해라, 새뮤얼."

"이 돈을 말이에요." 샘이 약간 주저하며 말했다. "안전한 어딘가에 두고 싶어 하세요. 저도 걱정이고요. 아버지가 돈을 갖고 계시면 누군가한테 빌려주거나 말에 투자하거나 지갑을 통풍구에 떨어뜨리거나, 아무튼 이집트 미라 같은 꼴이 되어버릴 테니까요."

"아주 잘한다, 새뮤얼." 웰러 씨는 샘이 그의 신중함과 선견지명을 극찬하기라도 한 것처럼 자랑스럽게 말했다. "아주 잘하고 있어."

"그런 이유로 말입니다." 샘이 초조하게 모자챙을 잡아 뜯으며 말을 이었다. "그런 이유로 아버지가 오늘 돈을 찾아서 저랑 같이 오신 거예요. 말씀을 드리려고요. 그러니까 제안을 하려는데, 그게……."

"이렇게 말씀드리려고 말입니다." 아버지 웰러 씨가 조바심을 내며 말했다. "이 돈이 저한테는 소용없다고요. 저는 마차를 계속 몰 생각이고 돈을 둘 곳도 없어요. 아니면 비용을 내고 돈을 지킬 경호원을 쓰든가 마차 주머니에 넣고 다녀야 하는데, 그러면 승객들한테 유혹이 되겠지요. 그러니 당신이 맡아주시면 정말 감사하겠습니다." 웰러 씨가 픽윅 씨에게 다가가서 귀에 대고 속삭였다. "어쩌면 그 유죄판결 쪽으로 돈이 조금 갈지도 모르지요. 제 말은, 제가 돌려달라고 할 때까지만 맡아주시라는 겁니다." 웰러 씨가 이렇게 말하며 지갑을 픽윅 씨의 손에 쥐여주더니 자기 모자를 집어 들고서 비대한 사람에게는 예상하기 힘들 만큼 빠른 속도로 달려 나갔다.

"아버지를 잡게, 샘!" 픽윅 씨가 진지하게 외쳤다. "따라잡아서 즉시 모셔 오게! 웰러 씨, 돌아오세요!"

샘은 주인의 명령에 따라야 한다는 사실을 깨닫고 계단을 내려가는 아버지의 팔을 붙잡아서 억지로 끌고 왔다.

"웰러 씨, 당신의 진실한 믿음에 깊이 감동했습니다." 픽윅 씨가 노인의 손을 잡으며 말했다.

"저는 그런 거 모르겠는데요." 웰러 씨가 완고하게 대답했다.

"분명히 말씀드리지만 저는 필요한 것보다 더 많은 돈을 가지고 있어요. 제 나이 정도 되는 사람이 남은 평생 쓰고도 남을 정도지요." 픽윅 씨가 말했다.

"써보지 않으면 자기가 얼마나 쓸 수 있는지 모르는 법입니다." 웰러 씨가 말했다.

"그럴지도 모르지요." 픽윅 씨가 대답했다. "하지만 그런 실험을 할 생각은 없으니 모자라지 않을 겁니다. 부디 이 돈을 다시 가져가세요."

"알겠습니다." 웰러 씨가 무척 불만스러운 표정으로 말했다. "내 말 잘 들어라, 새미. 나는 이 돈으로 지독한 일을 할 거다, 지독한 일을!"

"안 그러시는 게 좋아요." 샘이 대답했다.

웰러 씨가 잠시 생각하더니 엄청난 결의에 차서 상의 단추를 잠그며 말했다.

"도로 요금소 징수원이 되련다."

"뭐라고요?" 샘이 외쳤다.

"도로 요금소 말이다." 웰러 씨가 꽉 다문 잇새로 대답했다. "요금소 징수원이 될 테다. 네 아버지한테 작별 인사를 해라, 새뮤얼. 나는 남은 평생을 도로 요금소에 바치련다."

이것은 너무나 끔찍한 협박이었고, 게다가 이 협박을 실행에 옮길 결의로 가득한 웰러 씨는 픽윅 씨의 거절에 너무나 굴욕을 느낀 듯 보였기 때문에 픽윅 씨가 잠시 생각한 다음 말했다.

"자, 자, 웰러 씨. 제가 돈을 맡겠습니다. 제가 그 돈을 당신보다 잘 활용할 수 있겠지요."

"바로 그겁니다, 물론이지요." 웰러 씨가 얼굴을 밝히며 말했다. "당연히 그렇지요."

"그 이야기는 더 이상 하지 맙시다." 픽윅 씨가 책상에 지갑을 넣고 잠그며 말했다. "진심으로 감사합니다, 친애하는 웰러 씨. 이제 다시 앉으시지요. 당신의 조언을 구하고 싶습니다."

웰러 씨는 방문 목적을 성공적으로 이루었다는 생각에 속으로 웃음이 터져서 얼굴뿐만 아니라 팔과 다리, 몸통까지 경련을 일으켰지만 곧장 더없이 위엄 있고 진중한 태도를 취했다.

"잠시 바깥에서 기다려주겠나, 샘?" 픽윅 씨가 말했다.

샘이 즉시 물러났다.

픽윅 씨가 다음과 같은 말로 대화를 시작했을 때 웰러 씨는 드물게도 진지하고 무척 놀란 표정이었다.

"웰러 씨는 결혼에 별로 찬성하지 않으시지요?"

웰러 씨가 고개를 끄덕였다. 그는 말을 할 수가 없었는데, 어느 사악한 과부가 픽윅 씨에 대한 흉계를 꾸며 성공했다는 어렴풋한 생각이 떠올라 말이 막혔기 때문이었다.

"조금 전 아드님과 들어오실 때 혹시 아래층에서 젊은 여인을 보셨습니까?" 픽윅 씨가 물었다.

"네, 젊은 여자를 봤습니다." 웰러 씨가 금방 대답했다.

"솔직하게 어떻게 생각하셨습니까?"

"아주 포동포동하고 균형이 잘 잡혔다고 생각했지요." 웰러 씨가 평가하듯 말했다.

"그렇습니다." 픽윅 씨가 말했다. "그렇지요. 태도는 어떻다고 생각하셨습니까?"

"아주 괜찮았습니다." 웰러 씨가 대답했다. "아주 괜찮고 고분
고분했지요."

웰러 씨가 '고분고분하다'는 표현을 정확히 어떤 의미로 썼는
지 분명하지는 않았지만, 말투로 보아 호의적인 뜻이 분명했기
때문에 픽윅 씨는 그 문제에 대해 확실한 설명을 들은 것이나 다
름없이 만족했다.

"저는 그녀에게 큰 관심을 가지고 있습니다, 웰러 씨." 픽윅 씨
가 말했다.

웰러 씨가 기침을 했다.

"그녀가 잘 사는 것에 말입니다." 픽윅 씨가 말을 다시 시작했
다. "그녀가 편안하고 유복하게 지냈으면 좋겠습니다. 아시겠습
니까?"

"아주 확실히요." 웰러 씨가 이렇게 대답했지만 아직 아무것도
이해하지 못했다.

"그 젊은 여인은 당신 아드님을 사랑합니다, 윌러 씨." 픽윅 씨
가 말했다.

"새뮤얼 웰러를요!" 그의 아버지가 외쳤다.

"네." 픽윅 씨가 말했다.

"당연하지요." 잠시 생각 후 웰러 씨가 말했다. "당연하지만 좀
놀랍군요. 새미가 조심해야겠어요."

"무슨 뜻입니까?" 픽윅 씨가 물었다.

"그 여자한테 아무 말도 하지 않게 아주 조심해야 한다고요."

웰러 씨가 대답했다. "아무것도 모르고서 혼약 파기 유죄 판결로 이어질 수 있는 말을 순간적으로 하지 않도록 아주 조심해야지요. 여자가 흉계를 꾸미면 남자는 절대로 안전하지 않아요, 픽윅 씨. 여자가 무슨 생각을 하는지 알 수가 없고, 그걸 고민하는 사이에 붙잡혀 버린다니까요. 저는 첫 번째 결혼을 그런 식으로 했고, 새미가 그 작전의 결과지요."

"그 말씀을 들으니 제가 하려던 말을 계속하기가 힘들군요." 픽윅 씨가 말했다. "하지만 바로 말하는 게 낫겠습니다. 이 젊은 여인만 아드님을 사랑하는 것이 아니라 아드님도 그녀를 사랑합니다, 웰러 씨."

"음." 웰러 씨가 말했다. "아버지가 듣기에는 아주 기분 좋은 말이군요!"

"저는 두 사람을 여러 번 지켜보았습니다." 픽윅 씨가 웰러 씨의 마지막 말에 아무 대꾸도 없이 말을 이었다. "의문의 여지가 없어요. 제가 두 사람이 남편과 아내로서 괜찮은 생계를 꾸릴 수 있는 작은 사업이나 일자리를 구해서 편안하게 자리 잡기를 바란다면 어떻게 생각하십니까?"

처음에 웰러 씨는 자신과 관련된 누군가의 결혼에 대한 제안을 찡그린 얼굴로 들었지만, 픽윅 씨가 조목조목 이야기하고 메리는 과부가 아니라는 사실을 무척 강조하자 점점 온순해졌다. 픽윅 씨는 그에게 영향력이 컸고, 그는 메리의 외모에 무척 큰 인상을 받았으며, 사실은 이미 그녀에게 무척 아버지답지 않은 윙크를 여러 번 했다. 결국 그는 자기가 픽윅 씨의 의향에 반대할 수는 없다고, 기꺼이 그의 조언을 따르겠다고 말했고, 픽윅 씨는 그의 말을 기쁘게 받아들이고 샘을 다시 불렀다.

"샘." 픽윅 씨가 목청을 가다듬으며 말했다. "자네 아버지와 내가 자네에 대해서 대화를 좀 나누었네."

"너에 대해서 말이다, 새뮤얼." 웰러 씨가 엄숙하고 생색을 내는 목소리로 말했다.

"자네가 오래 전부터 윙클 부인의 하녀에게 친근한 감정 이상을 가지고 있다는 사실을 보지 못할 만큼 내 눈이 멀지는 않았다네." 픽윅 씨가 말했다.

"듣고 있냐, 새뮤얼?" 웰러 씨가 아까처럼 진중한 말투로 아들에게 물었다.

"부인할 수 없을 만큼 예쁘고 행동도 바른 젊은 여자한테 젊은 남자가 눈길을 주는 것이 잘못은 아니면 좋겠는데요." 샘이 주인을 향해 말했다.

"물론 아니지." 픽윅 씨가 말했다.

"절대 아니다." 웰러 씨가 상냥하면서도 위엄 있게 말했다.

"자연스러운 행동에 잘못이 있다고 생각하는 건 전혀 아니네." 픽윅 씨가 다시 말을 시작했다. "오히려 나는 자네를 도와주고 싶어. 이런 생각으로 자네 아버지와 잠깐 이야기를 나누었는데 웰러 씨도 나와 같은 생각을……."

"그 아가씨는 과부가 아니니까." 웰러 씨가 끼어들었다.

"그 아가씨는 과부가 아니니까." 픽윅 씨가 미소를 지으며 말했다. "나는 현재 자네의 위치로 인한 구속에서 자네를 풀어주고

싫네. 그리고 자네의 충성과 수많은 뛰어난 자질을 인정하는 의미에서, 자네가 이 아가씨와 곧장 결혼해서 가족과 함께 독립적인 생계를 꾸릴 수 있도록 해주고 싶네. 나는 자네가 자랑스러울 걸세, 샘." 픽윅 씨가 말했다. 여기서부터 목소리가 약간 떨렸지만 그는 평소와 같은 어조로 말을 이었다. "내가 감사의 마음으로 두 사람의 장래를 특별히 보살필 수 있다면 정말 자랑스럽고 행복할 걸세."

잠시 깊은 침묵이 흘렀고, 샘이 낮고 쉰 목소리로, 그러나 확고하게 말했다.

"정말 주인님다우신 친절을 베풀어주셔서 무척 감사합니다만, 그럴 수는 없습니다."

"그럴 수 없다니?" 픽윅 씨가 깜짝 놀라 소리쳤다.

"새뮤얼!" 웰러 씨가 위엄 있게 말했다.

"그럴 수는 없다고요." 샘이 더 큰 목소리로 반복했다. "그러면 주인님은 어떻게 되는데요?"

"샘." 픽윅 씨가 대답했다. "최근 내 친구들의 변화로 인해 내 삶도 완전히 변할 걸세. 게다가 나도 점점 나이가 드니 휴식과 안락함이 필요하다네. 나의 산책은 끝났네."

"그걸 어떻게 압니까?" 샘이 말했다. "지금은 그렇게 생각하시겠죠! 주인님 마음이 바뀐다고 생각해 보세요. 가능성이 없지도 않아요. 주인님의 정신은 아직 스물다섯 살이니까요. 저 없이 어떻게 하시려고요? 그럴 순 없어요, 그럴 순 없다고요!"

"아주 좋다, 새뮤얼, 아주 맞는 말이야." 웰러 씨가 응원하듯 말했다.

"샘, 오랫동안 생각한 끝에 내 말을 지키겠다는 확신을 가지고 하는 말이네." 픽윅 씨가 고개를 저으며 말했다. "새로운 장면은 이제 끝났어. 내 산책은 끝에 다다랐네."

"좋습니다." 샘이 대답했다. "그러면 더더욱 주인님을 이해하고 주인님에게 기운을 주고 주인님을 편안하게 해줄 사람이 필요하겠지요. 더 세련된 사람을, 더 괜찮은 사람을 원하신다면 그렇게 하세요. 하지만 임금을 주시든 안 주시든, 해고 통지를 하든 안 하든, 숙식을 제공하든 제공하지 않든, 주인님이 버로의 낡은 여관에서 데려오신 샘 웰러는 무슨 일이 있어도 주인님 곁을 지킬 겁니다. 그 누가, 그 어떤 일이 아무리 방해해도 저를 막지 못할 겁니다!"

샘이 무척 격한 감정으로 토로한 선언이 끝나자 아버지 웰러 씨는 의자에서 일어나 시간도 장소도 예절도 잊고 머리 위로 모자를 흔들며 격렬한 만세를 세 번 외쳤다.

"샘." 웰러 씨가 흥분한 것을 약간 부끄러워하며 다시 자리에 앉자 픽윅 씨가 말했다. "젊은 여인도 생각해야지."

"젊은 여인도 생각한 겁니다." 샘이 말했다. 제가 어떤 상황인지 말했는데, 준비될 때까지 기다릴 수 있다고 했어요. 기다릴 거예요. 만약 기다리지 않는다면 제가 생각했던 여자가 아닌 것이니 기꺼이 포기할 겁니다. 제가 어떤 사람인지 주인님도 아시잖아요. 저는 마음을 먹었고, 무엇도 그 마음을 못 바꿉니다."

누가 이러한 결심에 맞설 수 있을까? 픽윅 씨는 아니었다. 그가 그 순간 미천한 친구들의 사심 없는 애정에서 얻을 수 있었던 자부심과 풍성한 감정은 살아 있는 가장 위대한 인물들의 만 가지 단언이 그의 마음에 일깨울 수 있는 것보다 훨씬 컸다.

픽윅 씨의 방에서 이런 대화가 오가고 있을 때, 코담배색 정장을 입은 자그마한 노신사가 작은 여행 가방을 든 짐꾼을 이끌고 아래층에 나타났다. 그는 그날 잘 방을 구한 다음 급사에게 윙클 부인이라는 사람이 여기 묵고 있는지 물었고, 급사는 물론 그렇다고 대답했다.

"혼자 있나?" 자그마한 노신사가 물었다.

"아마 그럴 겁니다." 급사가 대답했다. "부인의 하녀를 불러드릴 수 있는데요……."

"아니, 필요 없네." 노신사가 재빨리 말했다. "내가 왔다는 말은 하지 말고 그녀의 방으로 안내해 주게."

"네?" 급사가 말했다.

"귀가 먹었나?" 자그마한 노신사가 물었다.

"아닙니다."

"그러면 잘 좀 듣게. 이제 내 말이 들리나?"

"네."

"잘됐군. 내가 왔다는 말은 하지 말고 나를 윙클 부인 방으로 안내하게."

자그마한 노신사는 이렇게 명령하면서 급사의 손에 5실링을 쥐여준 다음 그를 빤히 바라보았다.

"하지만, 손님." 급사가 말했다. "이러시면 제가……."

"아! 자네는 결국 안내하게 될 거야." 자그마한 노신사가 말했다. "지금 당장 하는 게 좋을 걸세. 시간이 절약되니까."

이 노신사의 태도에는 너무나도 냉정하고 태연한 면이 있었기 때문에 급사는 5실링을 주머니에 넣고 더 이상의 대꾸 없이 계단을 올라 안내했다.

"이 방인가?" 노신사가 말했다. "자네는 가도 좋네."

급사는 그의 말에 따라 물러나면서 도대체 저 신사가 누구일까, 무엇을 원하는 걸까 생각했다. 자그마한 노신사는 급사가 보이지 않을 때까지 기다렸다가 문을 두드렸다.

"들어오세요." 애러벨라가 말했다.

"음, 어쨌든 목소리는 예쁘군." 자그마한 노신사가 중얼거렸다. "하지만 중요한 건 그게 아니지." 그는 이렇게 말하면서 문을 열고 걸어 들어갔다. 앉아서 일을 하던 애러벨라가 낯선 사람을 보고 일어섰다. 약간 혼란스러워보였지만 절대 품위 없게 굴지는 않았다.

"일어나지 마십시오, 부인." 모르는 사람이 걸어 들어와 문을 닫으며 말했다. "윙클 부인되시지요?"

애러벨라가 고개를 기울였다.

"버밍엄에 사는 노인의 아들과 결혼한 너새니얼 윙클 부인이시지요?" 낯선 남자가 호기심을 드러내며 애러벨라를 보았다.

다시 한번 애러벨라는 고개를 기울였고, 도움을 청해야 할지 말아야 할지 잘 모르겠다는 듯 주변을 불안하게 둘러보았다.

"이런, 제가 놀라게 해드렸군요." 노신사가 말했다.

"솔직히 좀 그렇습니다." 애러벨라가 점점 더 궁금하게 여기며 대답했다.

"괜찮으시다면 의자에 좀 앉겠습니다." 낯선 이가 말했다.

그는 의자에 앉았고, 주머니에서 안경집을 꺼내더니 여유롭게 안경을 꺼내서 썼다.

"저를 모르시지요, 부인?" 그가 말했다. 낯선 남자가 애러벨라를 너무나 열심히 바라보았기 때문에 그녀는 무척 두려워지기 시작했다.

"네." 그녀가 소심하게 대답했다.

"모르는 게 당연하지요. 하지만 제 이름은 아실 겁니다." 노신사가 왼쪽 다리를 문지르며 말했다.

"제가요?" 애러벨라가 이유도 모른 채 덜덜 떨면서 말했다. "성함이 뭔지 여쭤봐도 될까요?"

"곧 알려드리지요, 곧 말입니다." 낯선 남자가 그녀의 얼굴에서 시선을 떼지 않은 채 말했다. "최근에 결혼하셨지요?"

"네." 애러벨라는 하던 일을 내려놓고 들릴락 말락 한 목소리로 대답했고, 조금 전에 떠오른 생각이 점점 더 크게 다가왔기 때문에 무척 흥분하기 시작했다.

"남편이 의지하고 있는 부친에게 먼저 의논하지도 않고 말이지요?" 낯선 이가 말했다.

애러벨라가 손수건을 눈가에 가져다 댔다.

"부친이 당연히 큰 관심을 가지고 있는 그 일에 대해 어떤 생각을 가지고 있는지 에둘러 확인하려는 노력도 없이 말이지요?"

"부인할 수 없네요." 애러벨라가 말했다.

"그리고 당신도 알고 있듯이 남편이 부친의 바람에 따라 결혼했다면 얻을 수 있었을 세속적인 이익을 대신해서 남편에게 영구적인 도움을 줄 수 있는 충분한 재산도 없으면서 말이지요?" 노신사가 말했다. "이게 아이들이 말하는 사심 없는 사랑이지요, 본인이 아이들을 가질 때까지는 말입니다. 그때가 되면 더욱 괴롭고 아주 다른 시각에서 그것을 보게 되지만요."

애러벨라의 눈에서 눈물이 주르륵 흘렀다. 그녀는 어리고 미숙해서 오로지 애정만으로 그런 방법을 택했다고, 아주 어렸을 때부터 부모님의 조언과 지도를 받지 못했다고 변명했다.

"그건 잘못된 행동이었습니다." 노신사가 더 온화한 어조로 말했다. "아주 잘못됐지요. 낭만적이고 비능률적이고 어리석은 행동이었어요."

"제 잘못입니다, 전부 제 잘못이에요." 가련한 애러벨라가 울면서 대답했다.

"그가 당신과 사랑에 빠진 건 당신 잘못이 아니겠지요. 네, 하지만 맞습니다." 노신사가 애러벨라를 교활하게 바라보며 말했다. "당신 잘못이었어요. 그 아이는 어쩔 수 없었지요."

이 사소한 칭찬, 혹은 자그마한 신사가 칭찬을 하는 기묘한 방식, 혹은 그의 바뀐—처음보다 훨씬 더 상냥했다—태도, 혹은 이 세 가지 모두 때문에 애러벨라는 눈물을 흘리면서 자기도 모르게 미소를 지었다.

"남편은 어디 있습니까?" 노신사가 막 얼굴에 떠오르던 미소를 멈추고 불쑥 물었다.

"저는 매 순간 그를 기다린답니다." 애러벨라가 말했다. "오늘 아침에 산책을 좀 하고 오라고 설득했어요. 부친의 소식을 듣지 못해서 무척 우울하고 비참해하고 있거든요."

"자업자득이지요." 노신사가 말했다.

"저를 생각해서 그런 것 같아요." 애러벨라가 말했다. "그리고 사실, 저 역시 그를 생각해서 우울하지요. 그 사람이 지금 같은 상황에 빠진 건 오로지 저 때문이니까요."

"남편을 생각해서 그럴 필요 없습니다, 부인." 노신사가 말했다. "자업자득이니까. 그래서 나는 기쁩니다. 당신 남편에 관해서만큼은 그렇게 돼서 기뻐요."

노신사의 말이 끝나기도 전에 계단을 올라오는 발소리가 들렸고, 노신사와 애러벨라가 그 소리를 동시에 알아차렸다. 자그마한 노신사는 안색이 창백해졌고, 윙클 씨가 방으로 들어오자 침착해 보이려고 무척 애를 쓰면서 자리에서 일어났다.

"아버지!" 윙클 씨가 깜짝 놀라 움찔하며 말했다.

"음." 자그마한 노신사가 대답했다. "그래요, 나한테 할 말이 있습니까?"

윙클 씨는 아무 말도 하지 않았다.

"스스로가 부끄러웠으면 좋겠군요." 노신사가 말했다.

그래도 윙클 씨는 아무 말이 없었다.

"스스로가 부끄럽지 않습니까?" 노신사가 물었다.

"아닙니다." 윙클 씨가 애러벨라의 팔을 자기 쪽으로 잡아당기며 대답했다. "저는 제 자신도, 제 아내도 부끄럽지 않습니다."

"세상에!" 노신사가 빈정거리며 외쳤다.

"아버지의 애정을 잃을 만한 행동을 한 것은 무척 유감입니다." 윙클 씨가 말했다. "하지만 동시에 저는 이 여인을 아내로 맞이한 것을, 아버지의 며느리로 맞이한 것을 부끄러워할 이유가 없습니다."

"이런, 너새니얼." 노신사가 이전과는 확연히 달라진 목소리로 말했다. "어서 손을 다오, 아들아. 내게 입맞춤을 해다오, 아가. 어쨌거나 너는 정말로 멋진 며느리구나!"

몇 분 후 윙클 씨가 픽윅 씨를 데려오더니 아버지에게 소개했고, 두 사람은 5분 동안 계속 악수를 나눴다.

"픽윅 씨, 제 아들에게 베풀어주신 친절에 정말 진심으로 감사드립니다." 아버지 윙클 씨가 화통하고 솔직하게 말했다. "저는 성급한 사람이라, 지난번에 뵈었을 때 신경질이 나고 좀 놀랐지요. 지금 제 눈으로 판단하니 만족스러운 것 이상입니다. 이보다 더 사과를 드려야 할까요?"

"아닙니다." 픽윅 씨가 대답했다. "당신은 제 행복에서 딱 하나 부족한 점을 채워주셨습니다."

그 후로 악수가 5분간 더 이어졌고 수많은 칭찬이 오갔다. 단순한 인사말에 지나지 않는 것이 아니라 진심이라는 새로운 장점까지 덧붙은 말들이었다.

샘은 아버지를 벨 새비지까지 충실하게 배웅했고, 돌아오는 길에 에밀리 워들의 편지를 전달하러 온 뚱보 소년을 만났다.

"있잖아요." 드물게도 말이 많아진 조가 말했다. "메리는 정말 예쁘지 않아요? 난 메리가 정말 좋아요, 진짜로요!"

웰러 씨는 아무 대답도 하지 않았지만 뚱보 소년의 뻔뻔함에 어쩔 줄 몰라 잠시 그를 지켜보았다. 그러고는 옷깃을 붙잡고 구석으로 끌고 가서 일종의 형식 삼아서 위험하지 않게 한 번 걷어찬 다음, 휘파람을 불며 집으로 걸어갔다.

57장
마침내 픽윅 클럽이 해산하고
모든 일이 모두에게 만족스럽게 끝나다

버밍엄에서 윙클 씨가 도착한 행복한 날로부터 일주일 내내 픽윅 씨와 샘 웰러는 온종일 집을 비웠다가 정찬 시간에 맞춰 돌아왔고, 두 사람으로서는 무척 드물게도 수수께끼 같고 중대한 분위기를 풍겼다. 매우 중요하고 파란만장한 일이 진행 중인 것이 분명했고 다양한 추측이 떠돌았다. 몇몇(이 중에는 터프먼 씨도 있었다)은 픽윅 씨가 결혼 계획을 세우고 있다고 생각했지만, 이 생각은 여자들이 가장 열심히 부인했다. 또 몇몇은 그가 멀리 여행을 떠날 계획을 세워서 그 준비에 몰두하고 있다고 생각했지만, 이 역시 샘이 강하게 부인했는데, 메리가 엄하게 따져 묻자 그는 절대 새로운 여행을 떠나지 않을 것이라고 확실하게 말했다. 결국 모두가 기나긴 엿새 동안 헛된 추측으로 머리를 혹사한 끝에, 픽윅 씨를 불러서 그의 행동에 대한 설명을 들어야 한다고, 그를 존경하는 친구들 곁을 왜 비웠는지 분명히 설명해야 한다고 만장일치로 결정했다.

이를 위해서 워들 씨가 어델피의 정찬에 모두를 초대했고, 디캔터가 식탁을 두 번 돈 다음 용건을 꺼냈다.

"우리는 모두 알고 싶소." 노신사가 말했다. "무슨 일로 우리에게 기분이 상했기에 우리를 버리고 그렇게 혼자 외롭게 다니는지 말입니다."

"마침 전부 설명할 생각이었으니 참 기묘하군요. 와인을 한 잔만 더 주시면 여러분의 호기심을 충족시켜 드리도록 하지요." 픽윅 씨가 말했다.

평소와 다른 민첩함으로 디캔터가 손에서 손으로 전달되었고, 픽윅 씨가 유쾌한 미소를 띠고 주변 친구들의 얼굴을 둘러보며 말을 시작했다.

"우리들 가운데 일어난 모든 변화, 그러니까 이미 치러진 결혼과 앞으로 치러질 결혼, 그에 따른 변화 때문에 나는 즉시 미래의 계획에 대해서 진지하게 생각할 필요가 생겼습니다. 그리고 런던 근처의 조용하고 아름다운 동네로 은퇴하겠다고 결심했지요. 딱 맞는 집을 발견해서 집을 사고 가구를 들였어요. 이제 준비가 완벽하게 끝났고 아직 여러 해 동안 평화로운 은퇴 생활을 조용히 즐길 수 있다고 믿으며 그 집으로 바로 들어갈 생각입니다. 친구들과 어울리면서 유쾌하게 살다가, 나중에 죽어서는 그들에게 애정 어린 기억으로 남는 것이 제 바람입니다."

여기서 픽윅 씨가 잠시 말을 멈추자 식탁에 둘러앉은 사람들이 나직하게 웅성거렸다.

"내가 마련한 집은 덜위치에 있습니다. 정원이 크고 런던과 가까우면서 아주 기분 좋은 곳에 위치해 있지요. 편안하게 지낼 수 있도록 다 갖춰졌고, 어쩌면 약간 우아할지도 모릅니다. 하지만 판단은 여러분이 해야지요. 샘이 나와 함께 갈 겁니다. 퍼커에게 부탁해서 가정부를—아주 나이가 많지요—한 명 고용했고, 가정부의 판단에 따라서 다른 하인들도 구할 생각이에요. 그곳에서 내가 특히 관심을 기울이고 있는 예식을 치름으로써 내 은거처를 축성하고 싶군요. 내 친구 워들에게 아무 이견이 없다면, 그 집에 들어가는 날 워들의 따님이 나의 새집에서 결혼식을 올리면 좋겠습니다." 픽윅 씨가 약간 감격하며 말했다. "젊은 사람들의 행복은 내 인생의 주된 기쁨이었습니다. 나에게 가장 소중한 친구들의 행복을 내 집 지붕 밑에서 지켜볼 수 있다면 내 마음이 정말 따뜻해질 겁니다."

픽윅 씨는 다시 말을 멈추었고, 에밀리와 애러벨라가 소리 내어 흐느꼈다.

"나는 픽윅 클럽과 편지를 주고받기도 하고 직접 만나기도 하면서 제 의도를 알렸습니다." 픽윅 씨가 다시 말을 이었다. "우리가 오래 자리를 비우는 동안 픽윅 클럽은 수많은 내부 분쟁에 시달렸고, 내 이름을 빼는 것과 몇 가지 다른 사정이 겹쳐져서 클럽은 해산하게 되었습니다. 이제 픽윅 클럽은 존재하지 않습니다."

픽윅 씨가 낮은 목소리로 말을 이었다. "내가 새로움을 추구하는 것이 많은 이들에게는 변덕으로 보였겠지만, 나는 2년이라는 시간의 대부분을 온갖 성격을 가진 다양한 사람들과 어울린 것을 절대 후회하지 않습니다. 그전까지 나는 사업과 부를 추구하는 것에 삶의 대부분을 바쳤기 때문에 생각도 하지 못했던 수많은 장면을 목격할 수 있었습니다. 그로 인해 내 마음이 넓어지고 지식이 커졌기를 바랍니다. 내가 좋은 일은 별로 못 했더라도 나쁜 일은 그보다 더 적게 했기를 바라며, 내가 겪은 모험은 말년의 나에게 즐겁고 기분 좋은 추억이 아닌 다른 것이 되지 않으리라 생각합니다. 여러분 모두에게 축복을 빕니다."

픽윅 씨는 이렇게 말하며 떨리는 손으로 와인을 가득 채운 다음 비웠고, 친구들이 다 같이 일어서서 진심으로 그를 위해 건배하자 눈가가 촉촉해졌다.

스노드그래스 씨의 결혼을 위해서 준비할 것은 거의 없었다. 그는 아버지도 어머니도 없었고, 픽윅 씨가 그의 후견인이었으므로 그의 재산과 전망을 완벽하게 잘 알았다. 이 점에 대한 픽윅 씨의 설명이 워들 씨에게는 흡족했고—이 훌륭한 노신사는 무척 유쾌하고 친절했으므로 어떤 설명이라도 흡족했을 것이다—에밀리가 상당한 지참금을 받았기 때문에 결혼식은 그로부터 나흘 뒤에 올리기로 결정했다. 이 급작스러운 준비 때문에 부인복 재봉사 세 명과 신사복 재봉사 한 명은 거의 미칠 지경에 몰렸다.

다음 날, 노신사 워들 씨는 마차에 말을 매고 어머니를 모시러 출발했다. 그가 특유의 성급함으로 어머니에게 소식을 알리자 노부인은 그 자리에서 기절했지만, 바로 정신을 차리고 양단 가운을 챙기라고 지시했다. 그런 다음 이와 비슷한 상황에서 고故 레이디 톨림글로워의 장녀 결혼식에 참석했던 이야기를 세 시간 동안 늘어놓았지만 반도 끝내지 못했다.

런던에서 결혼식을 바쁘게 준비하고 있다고 트런들 부인에게 전부 알려야 했지만, 그녀의 건강 상태가 좋지 않았기 때문에 이 소식이 무리가 되지 않도록 트런들 씨를 통해 알렸다. 그러나 전혀 무리가 아니었으니, 그녀는 즉시 머글턴으로 편지를 보내 새로운 모자와 검정색 새틴 가운을 주문했고, 결혼식에 직접 참석하겠다는 결심을 알렸다. 그러자 트런들 씨는 의사를 불렀고, 의사는 트런들 부인의 상태는 본인이 제일 잘 안다고 말했으며, 트런들 부인은 가기로 결심했다고 대답했다. 그러자 현명하고 신중하며 다른 사람들뿐 아니라 자신에게도 무엇이 좋은지 잘 아는 의사는 트런들 부인이 집에 남으면 애를 태우느라 더 무리가 될 테니 가는 게 낫다고 말했다. 그래서 트런들 부인은 런던으로 갔고, 의사는 가는 길에 마실 약을 여섯 병이나 보냈다.

이러한 소동 외에도 워들 씨가 신부 들러리 역할을 해줄 자그마한 아가씨 두 명에게 짧은 편지를 전달했고, 편지를 받은 두 아가씨는 이토록 중요한 행사 준비가 하나도 되지 않았는데 준비할 시간도 없다는 사실에 절망했다. 자그마한 두 아가씨의 훌륭한 두 아버지는 이 상황에 오히려 만족했다. 그러나 원래 있던 드레스를 손보고 새 보닛을 맞추자 두 아가씨는 예상했던 만큼 아름다웠고, 이어진 예식에서 두 사람은 적절한 곳에서 울고 적절한 때에 몸을 떨어 지켜보던 사람들의 감탄을 샀다.

가난한 친척 두 명이 어떻게 런던까지 왔는지—걸어왔는지, 마차 뒤에 타고 왔는지, 짐마차를 얻어 탔는지, 서로를 업고 왔는지—분명하지 않지만 어쨌든 두 사람은 워들 앞에 나타났다. 결혼식 날 아침, 픽윅 씨 집의 문을 가장 처음 두드린 사람은 바로 셔츠 옷깃을 달고 만면에 미소를 띤 가난한 친척 두 명이었다.

그러나 그들은 진심 어린 환영을 받았으니, 부유한지 가난한지는 픽윅 씨에게 아무런 영향도 주지 않았기 때문이었다. 새로 고용된 하인들은 모두 민첩하고 기민했다. 샘은 견줄 사람이 없을 정도로 신이 나서 흥분했고, 단정한 리본을 맨 메리는 아름답게 빛났다.

결혼식 2~3일 전부터 이 집에서 지냈던 신랑은 픽윅 씨, 벤 앨런 씨, 밥 소여 씨, 터프먼 씨와 함께 신부를 만나러 덜위치 교회로 용감하게 출격했고, 샘 웰러는 연인이 준 흰 리본을 단춧구멍에 달고 특별히 이 행사를 위해 만든 멋진 새 제복 차림으로 밖에서 기다렸다. 일행을 맞이한 것은 워들 가족, 윙클 부부, 신부와 신부 들러리들, 트런들 부부였다. 결혼식을 올린 뒤 아침 식사를 위해서 마차들이 덜컹거리며 픽윅 씨의 집으로 향했고, 그곳에서는 자그마한 퍼커 씨가 이미 그들을 기다리고 있었다.

여기서 의식의 더욱 장엄한 부분이 가벼운 구름처럼 지나갔다. 모든 얼굴이 기쁨으로 빛났고 사방에서 축하와 칭찬의 말밖에 들리지 않았다. 모든 것이 너무나도 아름다웠다! 집 앞의 잔디, 집 뒤의 정원, 자그마한 온실, 식당, 응접실, 침실들, 흡연실은 물론이고 무엇보다도 그림과 편안한 의자, 진귀한 장식장, 특이한 탁자, 수없이 많은 책들로 장식된 서재가 있었는데, 서재의 크고 기분 좋은 창문은 잔디밭 쪽으로 열려 여기저기 흩어진 작은 집들이 나무들에 거의 가려진 아름다운 풍경을 보여주었다. 게다가 커튼, 양탄자, 소파도 훌륭했다! 다들 모든 것이 너무나 아름답고, 너무나 옹골차고, 너무나 깔끔하고 우아해서 무엇을 보고 제일 감탄해야 할지 정말 모르겠다고 말했다.

픽윅 씨는 이 모든 것들 가운데에서 미소로 얼굴을 밝히며 서 있었다. 그 어떤 남자나 여자, 혹은 아이도 거부할 수 없는 미소였다. 일행 중에서 가장 행복한 픽윅 씨는 같은 사람과 악수를 하고 또 했고, 그렇지 않을 때에는 기뻐하며 손을 문질렀으며, 매번 큰 기쁨이나 호기심을 드러내는 표정을 새롭게 떠올리며 주변을 둘러보았기 때문에 모두 그의 기쁘고 즐거운 표정을 보며 감명을 받았다.

아침 식사가 준비되었다는 말이 전해졌다. 픽윅 씨는 노부인(레이디 톨림글로워에 대한 이야기를 잔뜩 늘어놓고 있었다)을 긴 탁자의 상석으로 안내했다. 워들 씨가 맨 끝자리에 앉았고, 친구들이 양쪽에 자리를 잡았으며, 샘이 주인의 의자 뒤에 자리를 잡자 웃음과 말소리가 그쳤다. 픽윅 씨가 기도를 드린 다음 잠시 멈추고 주변을 둘러보았다. 그러자 너무나도 충만한 기쁨에 눈물이 뺨을 타고 흘러내렸다.

이제 우리의 옛 친구를 아무것도 섞이지 않은 이 순수한 행복의 순간에 남겨두기로 하자. 이처럼 행복한 순간은 우리가 구한다면 가끔 찾을 수 있고, 이 세상의 덧없는 우리 존재에 기운을 준다. 이 땅에는 어두운 그림자가 존재하지만 빛은 더욱 강하다. 어떤 사람들은 박쥐나 올빼미처럼 빛보다 어둠 속에서 더 잘 보지만, 우리는 그런 시력을 갖지 못했으므로 이 세상의 짧은 햇빛이 환히 비출 때 우리의 수많은 외로운 시간을 함께 해준 환상 속의 친구들을 마지막으로 보며 작별을 고하는 것이 더 기쁜 일이리라.

*

진정한 친구들을 수없이 사귀고 자연의 흐름 속에서 그들을 잃는 것은 세상과 어울리며 인생의 장년기에 도달한 사람들 대부분의 운명이다. 또한 상상 속의 친구를 만들고 예술의 흐름 속에서 그들을 잃는 것은 모든 작가의 운명이다. 그들의 불행은 여기에서 그치지 않는다. 그 친구들의 이야기를 꾸며내야 하기 때문이다.

이러한 관습─분명 나쁜 관습이다─에 따라 우리는 픽윅 씨의 집에 모인 일행에 관하여 몇 가지 전기적 내용을 부언하기로 한다.

윙클 부부는 얼마 후 노신사의 전폭적인 지지를 받으며 픽윅 씨의 집에서 반 마일도 채 떨어지지 않은 곳에 새로 집을 지어 들어갔다. 윙클 씨는 런던에서 아버지의 대리인 내지는 주재원으로 일하면서 예전에 입고 다니던 옷 대신 평범한 영국인 복장을 했고, 그 뒤로 쭉 교양 있는 기독교인의 외양을 갖추었다.

스노드그래스 부부는 딩리 델에 정착하여 작은 농장을 구입해서 경작했는데, 이익을 위해서라기보다는 뭐든 일을 하기 위해서였다. 가끔 생각에 빠져 우울해지는 스노드그래스 씨는 지금까지도 친구들과 지인들 사이에서 위대한 시인으로 유명하지만, 우리는 그가 그러한 믿음을 얻을 만한 작품을 썼다는 사실은 발견하지 못했다. 그러나 우리는 문학이나 철학, 그 밖의 어느 분야에서든 비슷한 상황에서 높은 이름을 얻은 인물들을 많이 알고 있다.

터프먼 씨는 친구들이 결혼하고 픽윅 씨가 정착하자 리치먼드에서 하숙집을 구해 쭉 그곳에 살고 있다. 그는 여름이면 젊고 활발하게 테라스를 끊임없이 걸어 다니고, 따라서 근처에 홀로 사는 수많은 노부인들의 찬탄의 대상이 되었다. 그는 두 번 다시 청혼하지 않았다.

한 번 파산을 겪은 밥 소여 씨는 벤저민 앨런 씨와 함께 벵골로 건너갔고, 두 신사 모두 동인도 회사의 의사로 채용되었다. 그들은 각각 황열에 열네 번씩 걸린 후 절주를 결심하여 그 이후로 건강하게 지내고 있다.

바델 부인은 재산이 많고 말이 잘 통하는 수많은 독신 신사들을 하숙집에 들였지만 두 번 다시 혼약 파기 소송을 걸지 않았다. 그녀의 변호사 도슨 씨와 포그 씨는 사업을 계속하여 큰 수입을 얻었으며, 교활한 변호사들 중에서도 가장 교활하다고 널리 알려졌다.

샘 웰러는 자기가 한 말을 지켜 2년 동안 결혼하지 않았다. 나이 많은 가정부가 세상을 뜨자 픽윅 씨는 메리를 가정부로 승격

시키면서 즉시 웰러 씨와 결혼한다는 조건을 달았고, 그녀는 한 마디 불평 없이 그렇게 했다. 뒷마당 대문에서 튼튼한 남자아이 두 명이 여러 번 목격된 상황으로 보아 우리는 샘이 가정을 꾸렸다고 생각할 이유가 있다.

노인 웰러 씨는 12개월 동안 마차를 몰았지만 통풍을 앓으면서 어쩔 수 없이 은퇴했다. 그러나 픽윅 씨가 그를 위해 지갑의 내용물을 훌륭하게 투자했기 때문에 은퇴를 해도 충분할 만큼 상당한 독립 자금이 생겼고, 지금까지 슈터스 힐 근처의 멋진 선술집에서 살고 있다. 그곳에서 그는 현인으로 존경을 받으면서 픽윅 씨와의 친분을 무척 뽐내고 있고, 과부에 대한 극복할 수 없는 반감을 가지고 있다.

픽윅 씨는 새집에서 살면서 여유가 날 때면 비망록—한때 유명했던 클럽의 비서에게 나중에 전달된다—을 정리하거나 샘 웰러가 생각나는 대로 설명을 더해서 큰 소리로 읽어주는 것을 들었는데, 샘의 설명은 항상 픽윅 씨를 무척 즐겁게 했다. 처음에 픽윅 씨는 자기 아이들의 대부가 되어달라는 스노드그래스 씨, 윙클 씨, 트런들 씨의 수많은 요청에 곤혹스러워했으나 이제 무척 익숙해져서 당연히 대부 역할을 하고 있다. 그는 징글 씨에게 선심을 베푼 것을 결코 후회하지 않았는데, 징글 씨와 잡 트로터 모두 시간이 흐르자 이 사회의 훌륭한 일원이 되었기 때문이다. 그러나 두 사람은 그들의 옛 세력권이자 유혹의 장소로 돌아오는 것을 꾸준히 거부했다. 픽윅 씨는 이제 약간 노쇠했으나 여전히 예전처럼 젊은 정신을 가지고 있으며, 덜위치 미술관에서 그림을 감상하거나 날씨 좋은 날 기분 좋게 동네 산책을 즐기는 모습을 자주 볼 수 있다. 그는 근처의 모든 가난한 이들에게 유명하고, 이들은 그를 지나칠 때 반드시 크나큰 존경심을 드러내며 모자를 벗어 인사한다. 아이들은 픽윅 씨를 우상으로 여기는데 사실 동네 사람들 모두가 그렇다. 매년 픽윅 씨는 워들 씨의 집에서 열리는 떠들썩한 대규모 가족 모임에 참석한다. 픽윅 씨는 항상 충실한 샘의 보필을 받으며, 둘 사이에는 죽음 외에는 갈라놓을 수 없는 서로에 대한 확고한 애정이 있다.

시대의 간극을 뛰어넘는
생생한 인물의 힘

허진(번역가)

루이자 메이 올콧의 시대를 초월하는 명작 《작은 아씨들》에는 찰스 디킨스의 팬인 네 자매가 《픽윅 클럽 여행기》를 흉내 내서 각각 픽윅 씨와 세 친구들 역할을 맡아 회지도 만들고 회의도 하는 장면이 꽤 자세하게 등장한다. 어린 시절 《작은 아씨들》을 읽을 때마다 주인공들이 이렇게 즐겁게 읽고 우스꽝스럽게 흉내 내는 인물들의 이야기가 항상 궁금했는데, 드디어 그 작품을 만나게 되었다.

한국어 번역본으로는 처음 소개되는 《픽윅 클럽 여행기》는 찰스 디킨스의 첫 장편소설, 픽윅 클럽 회원 네 명이 시골 지역을 여행하며 겪는 사건들과 만나는 사람들의 이야기이다. 처음부터 한 권으로 나온 것은 아니었고, 1836년 4월부터 1837년 11월까지 매달 2, 3장章 분량을 한 권씩 발표하는 연재 형식이었다. 게다가 원래 기획은 당시 인기 삽화가였던 로버트 시모어의 그림을 중심으로 런던 신사들이 사냥이나 낚시를 하러 시골에 가서 겪는 우스꽝스러운 모험을 보여주는 연재물이었기 때문에 본문은 각각의 그림을 연결해줄 부차적인 역할에 지나지 않았다. 이 책을 기획한 채프먼 앤드 홀 출판사가 몇몇 작가에게 의뢰했지만 거절당했고,《보즈의 스케치》가 성공하면서 이제 막 주목받기 시작했던 스물네 살의 디킨스는 사냥이나 낚시에 대해서 아는 바가 없었지만 클럽이라는 장치를 이용해서 글을 써달라는 제안을 받아들였다. 그러나 2권까지 삽화를 그린 시모어가 자살로 세상을 떠나 다른 삽화가로 대체되면서 디킨스가 서서히 주도권을 가지게 되었고, 책이 점차 인기를 끌면서 상황은 반전되어 이야기가 중심이 되고 삽화는 내용을 설명하는 보조적인 역할로 물러났다.

《픽윅 클럽 여행기》가 그러한 상황을 반전시킬 정도로 인기를 얻은 이유이자 이 책이 갖는 문학적 가치 중 하나는 디킨스가 생생하게 그려내는 인물들에 있을 것이다. 캐리커처에 능한 디킨스는 각 인물의 특정한 측면을 과장함으로써 시대와 지역을 떠나서 누구나 쉽게 이해하고 공감하는, 또 웃고 즐길 수 있는 다양한 인물들을 코믹하게 그려낸다. 항상 인자한 미소를 띠고 점잖은 말투로 설교하지만 때로는 청년 같은 혈기를 드러내는 이 책의 주인공 픽윅 씨, 사냥이나 승마와 같은 스포츠에 뛰어난 척 허세를 부리지만 형편없는 실력으로 항상 곤경에 처하는 윙클 씨,

시적 감상이 넘치고 시를 사랑하지만 막상 작품을 쓰는 모습은 찾아볼 수 없는 스노드그래스 씨, 어디에서든 여성에게 지극한 관심을 쏟는 터프먼 씨는 디킨스의 뛰어난 필력으로 생명을 얻어 독자들에게 웃음을 선사한다. 디킨스는 주인공들뿐 아니라 조연이나 단역 격인 인물들에게도 제각각 독특한 성격과 개성을 불어넣어 생생하게 그려내기 때문에 아무리 짧막하게 등장해도 흐릿한 인상을 남기는 인물은 하나도 없다.

인물에 대해서 이야기하자면 픽윅 씨의 엉뚱하면서도 영리한 하인 샘 웰러 씨를 빼놓을 수 없다. 이상주의적인 픽윅 씨와 세상 물정에 밝은 샘 웰러는 돈키호테와 산초 판사와도 흔히 비교되며, 이들의 콤비 플레이는 이 책이 선사하는 즐거움의 많은 부분을 차지한다. 샘 웰러는 엉뚱하고 독특한 화법으로 세상 물정에 대한 지식을 드러내는데, 어떤 일을 아이러니하게 설명하는 특유의 화법에서 클리셰나 속담을 문자 그대로 해석하면 어긋나는 경우를 가리키는 웰러리즘이라는 용어까지 생겨났다. 연재 형식으로 발표되던 당시에도 샘 웰러가 등장하자마자 소설의 인기가 폭발적으로 높아지는 바람에 완결되기도 전에 연극으로 각색되기도 하고 샘 웰러의 농담을 모은 책을 비롯해서 각종 상품이 등장하기도 했다. 특히 웰러 부자가 주고받는 통통 튀는 대화는 지금 읽어도 자연스럽게 웃음이 나올 만큼 엉뚱하고 재기 넘친다.

디킨스는 이 책을 통해서 독자들에게 웃음을 주는 것에 그치지 않고 인물과 사회에 대한 풍자까지 매끄럽게 엮어 넣는다. 작가는 픽윅 씨가 엉뚱한 오해 때문에 재판을 받는 과정을 상세하게 묘사하여 그 당시 법정의 모습을 생생하게 보여줄 뿐 아니라 평범한 사람을 이용하는 탐욕스러운 변호사와 억지로 끼워 맞춘 달변으로 선량한 사람을 죄인으로 만드는 변호사, 오만하고 편협한 판사를 유머러스하면서도 날카롭게 그려낸다. 또 픽윅 씨가 당시 악명 높았던 채무자 감옥 플리트에 들어가서 관찰한 광경이나 그곳에서 만난 사람들의 여러 가지 사연은 당시 영국 사회의 부패와 제도의 부조리함을 통렬하게 보여준다.

180여 년이 지난 외국 작품의 번역을 시작할 때에는 현재의 우리가 이 책에서 무엇을 얻을 것인가라는 생각이 자연스럽게 떠오를 수밖에 없는데, 사실 그러한 고민은 얼마 가지 않았다. 솔직하게 말하자면 19세기 영국 작품을 읽으면서 이렇게 소리 내어 웃을 수 있으리라고는 상상하지 못했다. 현대의 한국 독자들은 이 책을 읽으면서 분명 180년 전 영국의 독자들과 똑같은 대목에서 진심으로 웃고 똑같은 대목에서 마음이 아플 것이다. 시대의 간극을 메우는 가장 큰 힘은 아무래도 생생한 인물을 그려내는 디킨스의 역량에 있다. 그는 어느 시대 어느 지역에 살든 사람이 사는 모습은 비슷하다는 평범한 진리를 다시 한번 깨우쳐준다. 문학의 보편성은 지역만이 아니라 시대까지도 뛰어넘는다는 사실을 깨닫게 해준 작품이었다. 이 책은 분명 180년 전의 영국 독자들도, 비슷한 시대의 미국 소녀들도, 2020년대의 한국 독자들도 매료시킬 만한 작품이다.

2월 7일 영국 포츠머스에서 해군 경리국 직원으로 일하던 존 디킨스와 엘리자베스 디킨스의 여덟 자녀 중 둘째로 태어남.	1812
아버지의 근무지인 켄트 주 채텀으로 이주, 불우한 어린 시절 중 비교적 행복한 시기를 보냄.	1817
경제적 어려움으로 인해 이사를 반복하던 가족이 런던 캠던 타운에 정착. 디킨스는 남은 학기를 마치기 위해 채텀에 좀 더 머물다 홀로 런던으로 향함. 이때의 런던 풍경이 평생토록 깊은 인상을 남김.	1822
아버지가 빚을 지고 채무자 감옥에 세 달 동안	1824

수감됨. 당시 관례에 따라 가족들이 감옥에 함께 거주하게 되자, 디킨스는 홀로 하숙을 하며 구두약 공장에서 일함. 매일 10시간씩 일하며 주당 6실링을 받았던 혹독한 경험이 후일 여러 작품의 토대가 됨. 아버지가 유산을 상속받게 되면서 부채를 해결하고 디킨스는 학업을 재개함.

집안 사정으로 학교를 다시 그만두고 변호사 사무실의 사환으로 근무.	1827
속기법을 익힌 후 의회의 속기 기자로 근무. 《데이비드 코퍼필드》의 '도라'의 모델로 알려진 마리아 비드넬을 만나 사랑에 빠지나 비드넬의 부모가 그녀를 파리로 유학 보내면서 헤어짐.	1832
《먼슬리 매거진》에 첫 단편 〈포플러 거리의 만찬〉 발표.	1833
《모닝 크로니클》에서 기자로 근무. '보즈'라는 필명으로 런던의 일상을 그린 단편들을 발표하여 상당한 인기를 얻음.	1834
《이브닝 크로니클》의 편집인 조지 호가스의 딸 캐서린과 약혼.	1835
첫 작품집 《보즈의 스케치》 출간. 4월, 캐서린 호가스와 결혼.	1836 《보즈의 스케치》

1월, 열 자녀 중 첫째 찰리 출생. 동생 프레더릭과 처제 메리와 함께 블룸즈버리에 정착. 같은 해 갑작스러운 죽음을 맞이한 메리는 이후 《오래된 골동품 상점》의 '넬'을 비롯한 여러 여주인공들의 모델이 됨. 6월, 연재소설 형식으로 발표되었던 첫 장편 《픽윅 클럽 여행기》가 단행본으로 출간되어 4만 부라는 당시로서는 획기적인 판매를 이룸. 12월, 문예 잡지 《벤틀리스 미셀러니》의 초대 편집장을 맡음.	1837 《픽윅 클럽 여행기》
1837년부터 1839년까지 매달 《벤틀리스 미셀러니》에 연재되었던 《올리버 트위스트》 출간. 어린아이를 주인공으로 한 빅토리아 시대 최초의 소설인 이 작품은 다수의 표절작이 나올 정도로 큰 인기를 끔.	1838 《올리버 트위스트》
세 번째 장편 《니컬러스 니클비》 출간. 런던 리젠트 파크로 이사.	1839 《니컬러스 니클비》
장편 《오래된 골동품 상점》과 첫 역사소설 《바너비 러지》 출간.	1841 《오래된 골동품 상점》 《바너비 러지》
1월부터 6월까지 북미 지역 방문. 극진한 환대를 받았으나 노예제도 등에 부정적인 인상을 받음. 귀국 후 여행기 《아메리칸 노트》 출간.	1842 《아메리칸 노트》
12월 19일 《크리스마스 캐럴》 출간. 일주일 만에 6천 부가 판매되는 큰 성공을 거둠. 이 작품을 시작으로 1848년까지 매년 12월 크	1843 《크리스마스 캐럴》

리스마스 서적을 출간(《돔비와 아들》 연재로
바빴던 1847년 제외).

《마틴 처즐위트》 출간. 가족과 함께 이탈리아,   1844 《마틴 처즐위트》
스위스, 프랑스를 여행. 두 번째 크리스마스   《종소리》
서적《종소리》 출간에 앞서 잠시 런던으로 귀
국, 친구들 앞에서 낭독회를 가짐.

가족들과 함께 이탈리아에서 돌아옴. 세 번째   1845 《화롯가의 귀뚜라미》
크리스마스 서적《화롯가의 귀뚜라미》 출간.

여행기《이탈리아의 초상》과 네 번째 크리스   1846 《이탈리아의 초상》
마스 서적《생의 전투》 출간.   《생의 전투》

집 없는 여성들의 쉼터인 '우라니아 코티지'를   1847
설립하고 운영을 도움.

1846년부터 1848년까지 매달 연재되었던   1848 《돔비와 아들》
《돔비와 아들》 출간. 12월, 마지막 크리스마   《유령의 선물》
스 서적《유령의 선물》 출간.

주간지《하우스홀드 워즈》 발간. 1849년부터   1850 《데이비드 코퍼필드》
1850년까지 연재했던《데이비드 코퍼필드》
출간.

《하우스홀드 워즈》에 〈영국 어린이의 역사〉를   1851
정기적으로 기고. 12월 호에 수록된 〈늙어가
는 우리에게 크리스마스란 무엇인가〉를 시작
으로 1858년까지 매년 12월 호에 크리스마

스 단편을 게재.

아홉 번째 장편 《블릭 하우스》 출간. 첫 번째 자선 낭독회 개최.	1853 《블릭 하우스》
《하우스홀드 워즈》에 《어려운 시절》 연재를 마치고 출간.	1854 《어려운 시절》
《리틀 도릿》 출간. 윌키 콜린스의 연극 〈얼어붙은 바다〉에 출연하면서 배우 엘런 터넌과 사랑에 빠짐.	1857 《리틀 도릿》
아내 캐서린과 별거. 낭독회를 점차 확대해 나감. 4월부터 다음 해 2월까지 영국 49개 도시에서 129차례의 낭독회를 개최.	1858
주간지 《올 더 이어 라운드》 발간. 4월 호부터 매주 《두 도시 이야기》 연재 후 출간. 12월 호에 수록된 〈귀신 들린 집〉을 시작으로 1867년까지 매년 12월 호에 크리스마스 관련 단편을 발표.	1859 《두 도시 이야기》
1860년부터 1861년까지 《올 더 이어 라운드》에 연재했던 열세 번째 장편 《위대한 유산》 출간. 초자연 현상에 대한 관심으로 '유령 클럽'의 멤버로 가입.	1861 《위대한 유산》
엘런 터넌과 파리 여행에서 돌아오던 중 열차 전복 사고를 겪음. 외상은 없었으나 큰 충격	1865 《우리 공통의 친구》

을 남긴 경험이었고, 이후 단편 〈신호수〉를 비롯한 몇몇 환상·공포 소설들의 토대가 됨. 디킨스 생전의 마지막 장편 《우리 공통의 친구》 출간.

두 번째 미국 여행을 떠남. 이 기간 중 에머슨, 롱펠로 등 저명한 작가들과 만남. 워싱턴, 뉴욕 등지에서 70여 차례의 낭독회를 개최하여 1만 9천 파운드의 수익을 올림. 계속되는 강연으로 스스로 '미국 카타르'라고 불렀던 염증에 시달림.   1867

4월, 강연 수익과 관련된 연방법 등의 문제로 영국으로 귀국. 10월, 영국 전역에 걸쳐 진행될 고별 낭독회 시작. 과도한 일정으로 건강이 더욱 악화됨.   1868

4월, 낭독회 일정을 소화하던 중 랭커셔 프레스턴에서 마비 증세를 겪고 쓰러짐. 의사의 조언에 따라 낭독회 취소. 열두 권의 대작으로 기획된 미스터리 소설 《에드윈 드루드의 미스터리》 집필 시작.   1869

런던 세인트 제임스 홀에서 열린 고별 낭독회에서 《크리스마스 캐럴》과 《픽윅 클럽 여행기》를 낭독함. 6월 8일, 《에드윈 드루드의 미스터리》 집필 도중 심장마비로 쓰러져 의식을 회복하지 못하고 다음 날 영면. 소박한 장례를 원했던 본인의 바람과는 달리, "그의 죽음으   1870

로 영국은 가장 위대한 작가를 잃었다"는 찬
사와 더불어 셰익스피어, 초서, 밀턴 등과 함께
웨스트민스터 대성당의 시인 묘역에 안장됨.

옮긴이 **허진**

서강대학교 영어영문학과와 이화여자대학교 통번역대학원 번역학과를 졸업했다. 옮긴 책으로는 《친구들과의 대화》, 《시간의 틈》, 《황금방울새》, 《작은 친구들》, 《런던 필즈》, 《누가 개를 들여놓았나》, 《택시》, 《미라마르》, 《지하실의 검은 표범》 등이 있다.

찰스 디킨스 선집

픽윅 클럽 여행기

2020년 3월 24일 초판 1쇄 발행
2020년 5월 15일 초판 2쇄 발행

지은이 찰스 디킨스
옮긴이 허진
발행인 윤호권 박헌용

책임편집 조예원
마케팅 조용호 정재영 이재성 임슬기 문무현 서영광 이영섭 박보영

발행처 (주)시공사
출판등록 1989년 5월 10일(제3-248호)

주소 서울특별시 서초구 사임당로82(우편번호 06641)
전화 편집 (02)2046-2869 · 마케팅 (02)2046-2881
팩스 편집 · 마케팅 (02)585-1755
홈페이지 www.sigongsa.com

ISBN 978-89-527-5109-6 04840
       978-89-527-5106-5 (set)

이 도서의 국립중앙도서관 출판예정도서목록(CIP)은 서지정보유통지원시스템 홈페이지
(http://seoji.nl.go.kr)와 국가자료종합목록 구축시스템(http://kolis-net.nl.go.kr)에서
이용하실 수 있습니다. (CIP제어번호 : CIP2020000261)